Shriman MAHĀBHĀRATAM

Part III

5. UDYOGAPARVA

6. BHĪṢMAPARVA

WITH

Bharata Bhawadeepa By Nīalkaṇṭha.

NAG PUBLISHERS

11A/U.A. (POST OFFICE BUILDING) JAWAHAR NAGAR, DELHI-7.

This publication has been brought out with the financial assistance from the Govt. of India, Ministry of Human Resource Development.

[If any defect is found in this book please return per V.P.P. for postage expences for exchange of free of cost].

© **NAG PUBLISHERS**

(i)   11A/U.A. (POST OFFICE BUILDING), JAWAHAR NAGAR, DELHI-110 007

(ii)   8A/U.A.-3, JAWAHAR NAGAR, DELHI-110 007

(iii)   JALALPUR MAFI (CHUNAR-MIRZAPUR) U.P.

ISBN 81-7081-185-6

I S B N : 81-7081-182-1 (7 Vols Set)

R E P R I N T
1988

PRICE Rs.   7 Vols. Set

PRINTED IN INDIA

Published by : NAG SHARAN SINGH FOR NAG PUBLISHERS
11A/U.A., Jawahar Nagar, Delhi-110 007 and Printed at New Gian Offset Printers
495. D.D.A. Complex, Shahzada Bagh Extn., Daya Basti, Delhi .

श्रीमन्महाभारतम्

तृतीय खण्ड

५. उद्योगपर्व

६. भीष्मपर्व

चतुर्धरवंशावतंसश्रीमन्नीलकण्ठविरचितभारतभावदीपाख्यटीकया समेतम् ।

NAG PUBLISHERS

नाग प्रकाशक

११ ए/यू. ए., जवाहर नगर, दिल्ली-७

नाग पब्लिशर्स

१. ११ए/यू. ए. (पोस्ट आफिस बिल्डिंग),
जवाहरनगर, दिल्ली ११०००७

२. ८ए/यू. ए. ३ जवाहरनगर दिल्ली ११०००७

३. जलालपुरमाफी (चुनार-मिर्जापुर) उ० प्र०

पुनर्मुद्रित
१९८८

नागशरण सिंह द्वारा नाग पब्लिशर्स, जवाहर नगर, दिल्ली-७ के लिए प्रकाशित तथा न्यू ज्ञान आफसेट प्रिंटर्स, ४९५ डो० डो० ए० कम्पलेक्स, शाहजादा बाग एक्सटेंशन, दयाबस्ती, दिल्ली-३५ द्वारा मुद्रित।

अथ श्रीमहाभारते उद्योगपर्वप्रारंभः

उद्योगपर्व-५
भीष्म
श्रीकृष्ण
धृतराष्ट्र
सात्यकी
विदुर

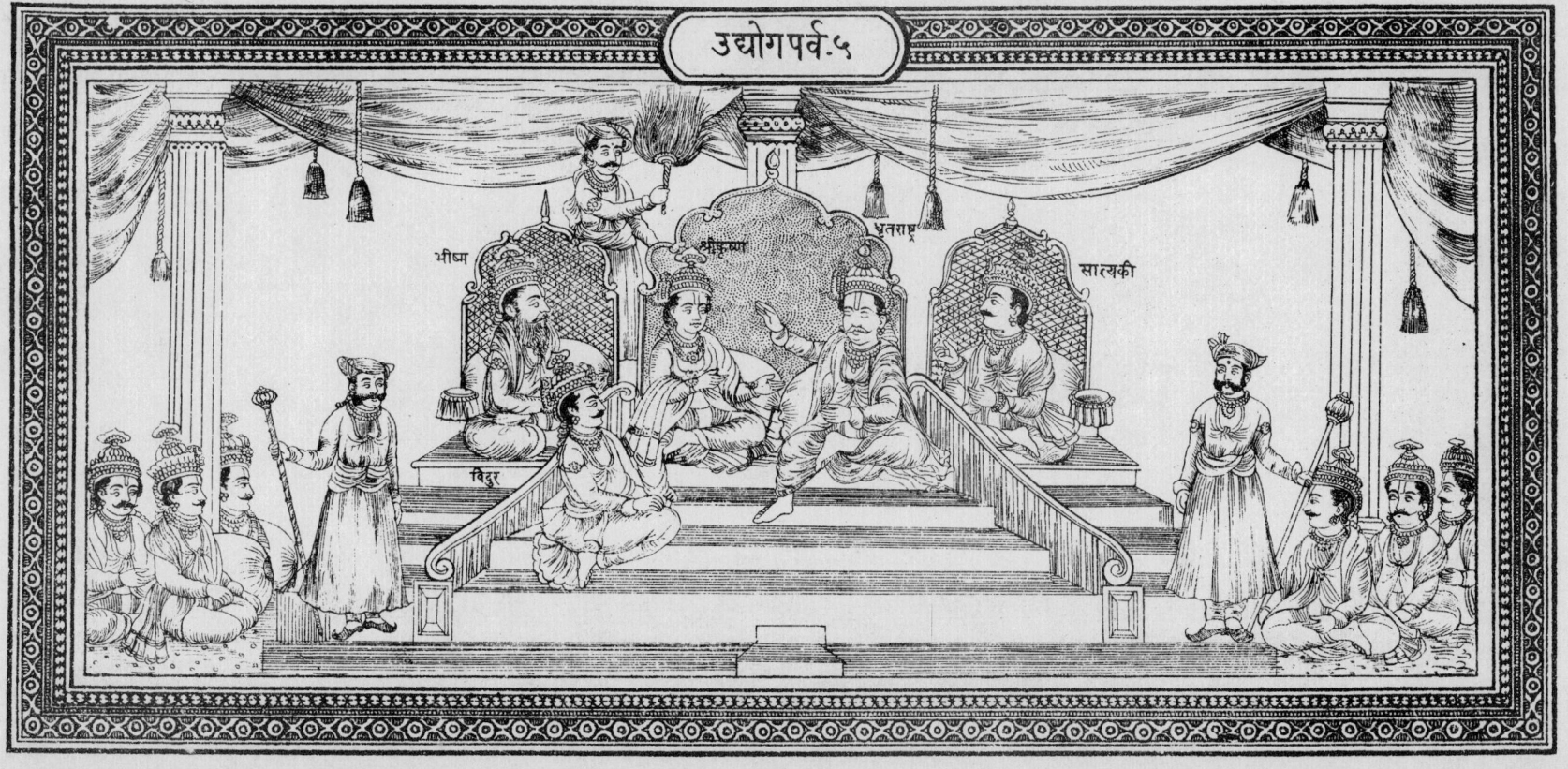

उद्योगपर्व ।

—५—

विषयानुक्रमणिका ।

अध्यायः विषयः पृष्ठम् ।

(१) सेनोद्योगपर्व

१ अभिमन्योर्विवाहार्थं समागतेषु नृपेषु विराटस्य सभायामुपविष्टेषु भगवता श्रीकृष्णेन कौरवाणां दौःशील्यं पाण्डवानां धर्मज्ञत्वं चोक्त्वा सर्वैर्युद्धे पाण्डवानां साहाय्यं कर्तव्यमिति सूचनम्... ... ... १

२ युधिष्ठिरापराधकृतैवेयं पाण्डवानां विपत्तिर्नतु तत्र दुर्योधनो हेतुरतो दूतं प्रेष्य प्रणिपातपूर्वकमेवार्धराज्यं याचन्तां पाण्डवा इति बलदेवस्य राज्ञः प्रत्युक्तिः ... १

३ बलदेववाक्यं श्रुत्वा पाण्डवानां निरागस्त्वोपपादनपूर्वकं सात्यकिना बलदेववाक्यगर्हणम्... ... १

४ दुर्योधनो न सामसाध्योऽतः शीघ्रं प्रस्थाप्यन्तां मित्रेभ्यो दूताः, नोचेत् दुर्योधनेन पूर्वं प्रार्थितास्ते तमेव भजेयुः। एवं मम पुरोहितो धृतराष्ट्रं प्रति गृहीतसंदेशो गच्छतु इति द्रुपदवाक्यम्... ... ... २

५ द्रुपदवाक्यमभिनन्द्य तं प्रति भवानेव श्रुतवयोभ्यां गुरुरसि नः सर्वेषामिति भवत्संदिष्टं वचोऽस्माकं संमतमिति श्रीकृष्णवचनम्। कृष्णस्य द्वारकां प्रति गमनम्। कुरुपाण्डवानां युद्धोद्योगवर्णनम्... २

६ प्रशंसापूर्वकं धृतराष्ट्रं प्रति कर्तव्यार्थमुपदिश्य द्रुपदेन स्वपुरोधसो हास्तिनपुरप्रेषणम्... ... २

७ सर्वपार्थिवाह्वानार्थं दूतसंप्रेषणानन्तरमर्जुनस्य श्रीकृष्णसाहाय्ययाचनार्थं द्वारकां प्रति गमनम्। तेनैव हेतुना दुर्योधनस्यापि गमनम्। कृष्णगृहं प्रविष्टयोस्तयोर्द्वयोर्निद्रितस्य श्रीकृष्णस्य पाददेशेऽर्जुनस्तस्थौ शिरोदेशे दुर्योधनश्च। दुर्योधनकृष्णयोः संवादानन्तरमर्जुनः कृष्णमेव वव्रे दुर्योधनस्तु नारायणगणानेव वव्रे। बलदेवेनोभयोरपि साहाय्येऽनङ्गीकृते ससैन्यो दुर्योधनः स्वगृहं प्रति जगाम। कृष्णार्जुनयोः संवदतोः सतोरर्जुनप्रार्थनया कृष्णेन तत्सारथ्याङ्गीकरणम्। कृतकार्यस्यार्जुनस्य युधिष्ठिरसमीपे गमनम्... ... ३

८ सैन्येन सह पाण्डवान्प्रति प्रस्थितं मद्रराजं शल्यं मध्येमार्गं वञ्चयित्वा दुर्योधनेन स्वसाहाय्यकरणवरग्रह-

णम्। अथ युधिष्ठिरदर्शनार्थं गतेन शल्येन तत्प्रार्थनया कर्णस्य तेजोवधकरणाङ्गीकारः... ... ४

९ कथमिन्द्रेण दुःखं प्राप्तमिति युधिष्ठिरेण प्रश्ने कृते शल्येन युधिष्ठिराय वृत्रवधाख्याननिरूपणम्। इन्द्रद्रोहात्त्वष्ट्रा प्रजापतिना निर्मिते त्रिशिरासि विश्वरूपे तपस्यति तत्तपोभंगार्थमिन्द्रेणाप्सरसां प्रेषणम्। अप्सरस्सु प्रतिहतासु विश्वरूपवधोपायं चिन्तयतेन्द्रेण तस्योपरि वज्रप्रहारः। तच्छिरश्छेदे इन्द्रेणाज्ञप्तेन तक्ष्णा तच्छिरस्सु छिन्नेषु तेभ्योऽण्डजानामुत्पत्तिः। पुत्रवधं श्रुत्वेन्द्रविनाशार्थं त्वष्ट्रा वृत्रस्योत्पादनम्। वृत्रेण संग्रामे देवराजस्य पराजयः ... ५

१० वृत्रवधोपायजिज्ञासया विष्णुं प्रति शरणं गतानामृषिगणसहितानामिन्द्रादिदेवानां वाक्यम्। विष्णुना वृत्रेण सह सन्धिकरणे आज्ञप्तानां सर्षीणां देवानां वृत्रसमीपगमनम्। महर्षिभिर्देवादिसख्यार्थं प्रेरितो वृत्रेण 'न शुष्केण न चार्द्रेण' इत्यादिना शक्रस्य न वध्यो भवेयमिति तेभ्यो वरग्रहणम्। तत इन्द्रेण कदाचित्समुद्रान्ते उपासीनाय वृत्राय सफेनस्य वज्रस्य प्रक्षेपः। फेनप्रविष्टेन विष्णुना वृत्रस्य वधः। इन्द्रस्य ब्रह्महत्याभिभवाददर्शनम्... ... ... ६

११ ऋषिभिर्देवैश्च चक्षुर्विषयवर्तिनस्तेजोहरणवरेण संवर्ध्य नहुषस्य देवराज्येऽभिषेचनम्। ततः कदाचिद्देवकन्याभिः सह क्रीडता तेन शचीं दृष्ट्वा देवान् प्रति शची कस्मान्मां नोपतिष्ठत इति प्रश्नः। ततस्तद्भीतया शच्या त्राणार्थं बृहस्पतेर्देवगुरोराश्रयणम्... ... ... ८

१२ देवैः प्रतिषिद्धस्यापि नहुषस्य शच्यां प्रतिनिवेशः। ततो देवैः शचीदानाय बृहस्पतिप्रार्थनम्। बृहस्पतिना तदत्यागप्रतिज्ञापूर्वकं सर्वैः सह संमन्त्र्य कालयाचनार्थं नहुषसमीपे शचीप्रेषणम्... ... ... ८

१३ शच्या प्रार्थिते समये नहुषेणाङ्गीकृते सति पुनर्बृहस्पतिं प्रति तस्या आगमनम्। शक्रान्वेषणं चिन्तयतां देवानां विष्णुसमीपे गमनम्। इन्द्रपावनार्थमश्वमेधकरणे विष्ण्वाज्ञया देवेन्द्रसमीपं गतेषु सत्स्वश्वमेधप्रवृत्तिः। ब्रह्महत्याविभागानन्तरं निष्पापोऽपीन्द्रो वरदानादिप्रभावान्नहुषतेजसो दुःसहत्वमालोच्य पुनरन्तर्दधे। इन्द्रेऽन्तर्हिते विलापपूर्वकं शच्या कृतमुपश्रुत्याह्वानम्.. ८

१४ इन्द्राणीं प्रति उपश्रुतेरुपस्थितिः। तया हिमवत उत्तरे पार्श्वे कस्मिंश्चिन्महाद्वीपे महासरसि पद्मनाले प्रविष्टस्येन्द्रस्येन्द्राण्यै दर्शनम्। इन्द्राण्यास्तं प्रति नहुषवधप्रार्थना ८

१५ इन्द्रोपदेशाच्छच्या नहुषं प्रति सप्तर्षियानेनोपसृतस्य तेऽहं वशगा स्यामित्युक्तिः। नहुषेण तत्प्रतिश्रुत्य स्ववाहने ऋषीणां योजना। इन्द्रान्वेषणाय शचीप्रार्थितेन बृहस्पतिनाग्नेः निरूप्येन्द्रान्वेषणाध्येषणा। अग्निना जलादन्यत्रेन्द्रस्यासत्त्वकथनम्... ... ९

१६ बृहस्पतिना स्तुत्या मन्त्रैश्च संवर्धितेनाग्निना जलं प्रविश्य पद्मनालगतमिन्द्रमुपलभ्य बृहस्पतये तदाख्यानम्। तत्र गतेन बृहस्पतिना स्तुत्वा संवर्धितायेन्द्राय नहुषात्पीडाकथनम्। इन्द्रेण लोकपालैःसह नहुषवधोपायचिन्तनम्... ... ९

१७ नहुषवधोपायं चिन्तयन्तमिन्द्रं प्रत्यागतेनागस्त्येन तस्मै नहुषस्य नास्तिक्याद्ब्राह्मणावमाननाच्च स्वर्गात्परिभ्रंशकथनम्। शक्रादीनां स्वर्गगमनोत्तरं देवर्षिगन्धर्वादिभिरागत्येन्द्रस्याभिनन्दनम्... ... १०

१८ इन्द्रेण देवैः सह त्रिविष्टपं प्रविश्य

शच्या समेत्य त्रैलोक्यपालनम्— ‘इन्द्र इव भवानपि शत्रून्निर्जित्य राज्यं भोक्ष्यसे’ इति युधिष्ठिरमाश्वास्य तत्प्रार्थितं कर्णतेजोवधकरणं प्रतिज्ञाय शल्यस्य दुर्योधनसमीपगमनम्... ... ... १०

१९ सात्यकेर्धृष्टकेत्वादीनां च युधिष्ठिरं प्रत्यागमनं भगदत्तादीनां वीराणां दुर्योधनं प्रत्यागमनं च-११

२) सञ्जययानपर्व

२० धृतराष्ट्रसभायां गतस्य द्रुपदपुरोहितस्य महात्मानः पाण्डवा युष्मत्कृतानपराधान् पृष्ठतः कृत्वा लोकानामविनाशाय साम काङ्क्षन्ति । तस्मात्तेषां प्रभावं च विचिन्त्य राज्यार्धदानेन भवद्भिस्तत्साम कर्तव्यमिति वचनम्... ... ... ११

२१ द्रुपदपुरोहितोक्तमर्थमनुमन्यमानस्य भीष्मस्य वाक्यमाक्षिप्य कर्णेन समयमुल्लङ्घ्य युध्यतः पाण्डवान्वयं जेष्याम इति ध्वननम् । भीष्मेण तद्गर्हणम् । धृतराष्ट्रेण कर्णं निर्भर्त्स्य पाण्डवान् प्रति सञ्जयं प्रेषयामीत्युक्त्वा सत्कृत्य द्रुपदपुरोहितप्रतियापनम्... ... ... १२

२२ धृतराष्ट्रेण सञ्जयस्याग्रे ‘पाण्डवांस्तत्पक्षीयांश्च धर्मतो बलतश्च संस्तूय यथा ते युद्धाय न स्पृहयेयुस्तथा तेषु भाषेथाः’ इत्युक्त्वा तत्प्रेषणम्...१२

२३ उपप्लव्यं गतेन सञ्जयेन धृतराष्ट्रवचनाद्युधिष्ठिरं प्रत्यनामयप्रश्नः । युधिष्ठिरेण तं प्रति कुरूणां कुशलं ब्राह्मणेषु वृत्तिं चापृच्छ्य, द्रोणादीनां पाण्डवेषु कीदृशी मतिः? दुर्योधनादयश्च भीमादीनां दिग्विजयादिकर्माणि स्मरन्ति न वा? इत्यादयः प्रश्नाः... ... ... १३

२४ सर्वेषामनामयं ब्राह्मणवृत्तीनामलोपनं चोक्त्वा सञ्जयेन पुत्रादिभिः सह धृतराष्ट्रवचनश्रवणप्रार्थनम् १४

२५ युधिष्ठिरानुमतेन सञ्जयेन धृतराष्ट्रानुशिष्टस्य युद्धे बहुविधदोषसत्त्वाच्छमविधानपरस्य वाक्यस्याभिधानम्... ... ... १५

२६ युधिष्ठिरेण स्वपरयोः शुभाशुभाभिसन्धिकथनपूर्वकं स्वस्याजय्यत्वमभिधाय इन्द्रप्रस्थे राज्यदाने शान्तिकथनम्... ... ... १५

२७ युद्धे भीष्मादीनां हननेन राज्यसंपादनापेक्षया भैक्ष्यचर्यादिकं वरमित्यादिका युधिष्ठिरं प्रति सञ्जयस्योक्तिः... ... ... १६

२८ धर्मेणैवाहं स्वं भागं कामये, अधर्मेण त्रिदशानामपि राज्यं नेच्छामि धर्माधर्मविनिर्णयः सुदुष्करस्तस्माद्भगवान् धर्मेश्वरो वासुदेव एव ब्रवीतु यदत्र धर्म्यमिति युधिष्ठिरवचनम्... ... ... १७

२९ भगवता विग्रातः कर्मणो ज्यायस्त्वं राज्ञां युद्धेऽपि धर्मतन्त्रत्व, धार्तराष्ट्राणां राज्यापहारित्वाद्दर्होव्यवहरणाच्च वध्यत्वमुपपाद्य पाण्डवस्य शमे युद्धे च शक्तत्वकथनम्... १८

३० हास्तिनपुरं प्रस्थितस्य सञ्जयस्य युधिष्ठिरेण तत्पुरवासिषु ब्राह्मणादिदासपर्यन्तेषु तत्तत्कुशलप्रश्नस्वकुशलनिवेदनयोरन्धादीनां भरणाश्वासने दुर्योधनं प्रति च सर्वकुरूणामैकाधिपत्यकामासिद्धिकथने चोदनम्... ... ... १९

३१ युधिष्ठिरेण सञ्जयस्य स्वोक्तार्थस्य धृतराष्ट्रे याथातथ्येन कथने दुर्योधनं प्रति च कुरुवधं परिहर्तुं पञ्चभिरपि ग्रामैः शमाय युद्धाय च शक्तोऽस्मीति कथने चोदनम्... ... २१

३२ युधिष्ठिरसकाशात्प्रत्यागतः सञ्जयो द्वारपालद्वारा धृतराष्ट्रानुज्ञां प्राप्य तत्समीपं जगाम । युधिष्ठिरः स्वधर्मेण भवतः सकाशाद्राज्यादिकमिच्छतीत्याद्युक्त्वा तदकरणेऽनर्थं

चोक्त्वा सञ्जयेन धृतराष्ट्राज्ञया स्व-
स्थानगमनम्... ... २१

(३) प्रजागरपर्वे

३३ सञ्जयवाक्यानुनेन धृतराष्ट्रेण
द्वाःस्थद्वारा222हृतस्य विदुरस्य तत्स-
मीपागमनम्। उभयोः संवादान्तरं
परं धर्म्यं ते वचः श्रोतुमिच्छामीति
धृतराष्ट्रप्रश्ने विदुरस्य सदुपदेशः।
पण्डित मूर्खयोर्लक्षणानि कथयित्वा
साधारणीं नीतिं कथयता विदुरेणा-
सुरेन्द्र...इतिहासकथनद्वारा राज-
नीतिकथनम्... ... ५७

३४ 'जाग्रतो दह्यमानस्य' इत्यादिके धृ-
तराष्ट्रेणोक्ते विदुरेण सर्वोपयोगि
सन्नीतिकथनम्... ... २६

३५ 'ब्रूहि भूयो महाबुद्धे' इत्यादिना
पुनधृतराष्ट्रेणोक्ते विदुर उपदि-
शन् विरोचनकेशिनीसुधन्वसंवाद-
रूपामितिहासमाह। तस्माद्राजेन्द्र
भूम्यर्थे नानृतं वक्तुमर्हसीत्याक्त्वा
मद्यमांसादिवर्जनं, साक्ष्ये वजनी-

यान्मनुष्यान्, ब्रह्मघ्नसमान्मनुष्यांश्च
कथयित्वा विदुरः पुनर्नीतिमु- ३९
वाच... ... २८

३६ विदुरेणात्रेयसाध्यसंवादरूपे इति
हास कथिते तं प्रति धृतराष्ट्रस्य
महाकुलविषयः प्रश्नः। विदुरो महा-
कुललक्षणानि कुलदूषणानि वृत्त-
प्रशंसां च कथयित्वा पुनर्हितवा-
क्यान्युवाच। पुनधृतराष्ट्रप्रश्नान्तरं
विदुरेण नीत्युपदेशः... ... ३०

३७ विदुरेण सप्तदशसु मूर्खेषु कथितेषु
तं प्रति धृतराष्ट्रस्यायुःक्षयविषय
कः प्रश्नः। अतिमानादीनामायुर्नाश-
कत्वं कथयित्वा विदुरः पाण्डवैः
सह विग्रहे दोषादिकमाह। पुरुषाणां
पञ्चविधं बलं कथयित्वा पुनर्हिन्-
मुपदिदेश... ... ३२

३८ वृद्धानामातिथ्यं चिकि...
तदभावमविक्रेयद्रव्याणि निह्णक्...
लक्षणानि तापसलक्षणानि च कथ्...
यित्वा विदुरः पुना राजनीत्यादि

कथयामास... ... ३४

विदुरहितोपदेशानन्तरं 'दुर्योधनं
त्यक्तुं नोत्सहे' इत्यादि वदन्तं धृतराष्ट्रं
प्रति विदुरो दोषिणां वजनाद्धि
ज्ञातिविग्रहे दोषकथनपूर्वकं हित-
मुपदेश विदुरः। तापसादीनां
बलमबाधीनामवतत्त्वं वेदादीनां
मलादिकं च कथयित्वा विदुरो
दानं प्रशशंस... ... ३५

पुनर्हितमुपदिशन् विदुरो विद्या-
शास्त्रं विद्यार्थिनां सप्त दोषानाह स्मा
आशादीनां धृतिनाशकत्वं गृहे स्था-
पनार्हाणि वैराग्योत्पादकवाक्यानि
चाभ्यधात्। धृत्यादिभिः शिष्योद्-
रादिजयं कथयित्वा ब्राह्मणादिधर्म-
नभ्याचष्ट... ... ३७

(४) सनत्सुजातपर्वे

धृतराष्ट्रविदुरयोः पूर्वकथितावाङ्ग
ष्टकथनविषये संवादः। धृतराष्ट्रेण
ब्रह्मतत्त्वं पृष्टे विदुर आत्मनः शूद्र
योनात्पूर्वक्तत्वं विचिन्त्य सनत्सुजातं

चिन्तयामास। विदुरस्मृतिमात्रेण
सन्निहितं सनत्सुजातं प्रति 'मया
वक्तुमशक्यं धृतराष्ट्रस्य संशयं वक्तुं
महसि' इत्यादि विदुरप्रार्थनम्... ३८

'न मृत्युरस्तीति तव प्रवादम्' इत्या-
दिके धृतराष्ट्रप्रश्ने प्रमादापेक्षयान्यो
मृत्युर्नास्तीति सोपपत्तिकं कथ-
यित्वा तत्त्वज्ञानं ब्रह्मज्ञानमन्तरा
नास्तीत्याह सनत्सुजातः... ...३८

एतदन्ते प्रमादात्मकमृत्युप्रतिरोध
कर्तव्येनोक्तानि यानि मौनादीनि तेषा-
मेव धृतराष्ट्रप्रश्नपूर्वकं विवरणम्।
एतत्प्रसङ्गे दोषत्वेन क्रोधादिगण
कथनं त्रयोदशनृशंसकथनं च... ४२

ब्रह्मविद्यासाधनस्य ब्रह्मचर्यस्य वि-
स्तरतो निरूपणं ब्रह्मस्वरूपनिरू-
पणं च... ... ... ४६

ब्रह्मविद्याप्राप्तिसाधनं निरूपयितुं पुनः
प्रागुक्तानेव दोषान् हेयत्वेन गुणा-
श्रोपादेयत्वेनाह सनत्सुजातः.. ४५

ब्रह्मचर्यादिसाधनैः सद्रूपं ब्रह्मैव

प्रत्यगभिन्नत्वेन ज्ञेयमित्यस्मिन्नर्थे मन्त्रान् योगिप्रत्यक्षं च प्रमाणत्वेनाह स्म सनत्सुजातः... ... ४९

(५) यानसंधिपर्व

४७ सनत्सुजातेन विदुरेण च सह कथाः कथयतो धृतराष्ट्रस्य राज्यामतीतायां प्रभाते तेन सह भीष्मादयो दुर्योधनादयश्च सभामाविविशुः । सभां प्रविष्टः सञ्जयो युधिष्ठिरस्य प्रणामादि कथयति स्म... ५२

४८ अर्जुनोक्तिश्रवणविषये धृतराष्ट्रप्रश्ने सञ्जयस्योत्तरम् । युधिष्ठिर—भीम—नकुल—सहदेवाभिमन्युप्रभृतीनां स्वस्य च भाविमुद्धप्रसङ्गे दुर्योधनस्यानुतापविषयकमर्जुनवाक्यमाह सञ्जयः । श्रीकृष्णप्रशंसापूर्वकमर्जुनेन कृतायाः कौरवनाशप्रतिज्ञायाः कथनम्... ... ५२

४९ अर्जुनस्य नरावतारत्वं बोधयितुं भीष्मो दुर्योधनं प्रति नरनारायण-

वृत्तान्तं कथयति स्म । वासुदेवार्जुनयोः नरनारायणावतारत्वेनाज्ञ्यत्वं कथयित्वा भीष्मो दुर्योधनमनुनयति स्म । कर्णस्य दर्पोक्तिं श्रुत्वा भीष्मो धृतराष्ट्रं प्रति कर्णनिन्दारूपं वाक्यं व्याजहार । धृतराष्ट्रं प्रति भीष्मवाक्यानुकूलमेव द्रोणवाक्यम्... ... ५५

५० ' युधिष्ठिरः किमभाषत ' इत्यादिके धृतराष्ट्रप्रश्ने तं प्रति सञ्जयस्योक्तिः । पाण्डवसैन्यजिज्ञासया धृतराष्ट्रप्रश्नं श्रुत्वा सञ्जयस्य कदमलप्राप्तिः । पुनः प्रत्याश्वस्तो युधिष्ठिरादीनां पाण्डवानां प्रशंसामुक्त्वा शिखण्डिप्रभृतीनां राज्ञां साहाय्यकरणादि व्याहरति स्म ५६

५१ धृतराष्ट्रो भीष्माद्रयं जायते इत्युक्त्वा भीष्मपराक्रमस्य स्मरणेनात्यन्तमन्वतप्त... ... ५७

५२ अर्जुनस्य पराक्रमं चिन्तयानो धृत-

राष्ट्रः शोचति... ... ५८

५३ धृतराष्ट्रः पाण्डवपक्षपातिनां पराक्रममुक्त्वा युधिष्ठिरादिकोयाद्रयं भवतीत्याद्यभिधाय युधिष्ठिरं प्रश्नस्य युद्धपरमाभिप्रायमाह स्म..५९

५४ युद्धे त्वदीयानां क्षयो नियतोऽनीशस्य ते विलपनं च व्यर्थमिति सञ्जयस्य धृतराष्ट्रं प्रत्युक्तिः... ...१५८

५५ सञ्जयवाक्यश्रवणोत्तरं दुर्योधनो भीष्मादिभिर्दत्तपूर्वं युद्धानुमोदनं कथयित्वा धृतराष्ट्रमाश्वासयामास । दुर्योधन आत्मानं प्रशस्य भीष्मादिसाहाय्यमुक्त्वा कर्णप्रशंसापूर्वकमेकादशाक्षैहिणीबलमभिधाय पुनर्धृतराष्ट्रमाश्वासयामास... ५९

५६ दुर्योधनसञ्जयसंवादस्तत्राजुनाद्यग्रदिप्रश्ने सञ्जयकृतं तत्कथनं च... ६१

५७ पाण्डवसैन्यजिज्ञासया धृतराष्ट्रस्य प्रश्ने सञ्जयस्योत्तरम् । कृष्णादीनां पाण्डवसाहाय्यार्थमागमनस्य कथ-

नम् । पाण्डवसैनिकैः शिखण्डिप्रभृतिभिर्भीष्माद्यैः सखभागत्वेन कल्पिता इति कथनम् । धृतराष्ट्रः स्वपुत्रनिन्दापूर्वकं पाण्डवबलं प्रशंसन् पाण्डवसैन्यनेतॄणां नामानि व्याजहार । पाण्डवाधीपकः क इति प्रश्ने धृष्टद्युम्नोत्साहादिकथनम् ६१

५८ अर्जुनपराक्रमाक्रान्तिभिया धृतराष्ट्रेण भीष्मादयो युद्धं नेच्छन्ति नापि त्वं स्वेच्छया किंतु कर्णशकुनिदुःशासनैः पापैः प्रयुक्त एवेत्युक्तो दुर्योधनः कर्णाद्यश्रोतार एव वयं शत्रून् हनिष्यामो नाहं भीष्मादिषु भारं कृत्वा पाण्डवान् समाह्वये इत्युक्तवान् । ततो धृतराष्ट्रस्य विलपनम्... ... ६२

५९ ' वासुदेवार्जुनौ यदब्रूतां तत्कथय ' इति धृतराष्ट्रणोक्तं सञ्जयस्तदभिहितवान् । एकासनस्थितयोः कृष्णार्जुनयोः सन्निपे स्वप्रवेशमभ्यधात् सञ्जयः । भोग्यदानादिकं विधर्ये मह-

द्वो भयमागतमित्याद्यर्जुनप्रशंसासहितं कृष्णसन्देशं सञ्जय आचख्यौ... ... ... ६३
६० वचसो गुणदोषौ स्वपरयोर्बलाबले च निश्चित्य 'देवाः पुत्रप्रीत्याऽग्निश्च प्रत्युपकारेच्छया युद्धे पाण्डवानां साहाय्यं करिष्यति' इति धृतराष्ट्रस्य दुर्योधनं प्रत्युक्तिः... ... ६३
६१ देवत्वभ्रंशभयान्न देवाः पाण्डवानां साहाय्यं करिष्यन्ति दैवं बलं मय्यप्यस्तीति दुर्योधनोक्तिः... .. ६४
६२ अहमेव पाण्डवान् हन्तुं 'समर्थो भीष्मादयस्तिष्ठन्तु ते समीपे' इति धृतराष्ट्रस्य पुरत आत्मानं श्लाघमानः कर्णो भीष्मेण गर्हितो 'भीष्मेऽप्रशान्ते नाहं योत्स्ये' इति प्रतिज्ञाय सभां विहाय स्वं भवनं जगाम। भीष्मः सभातो निर्गतं कर्णं विनिन्दन् दुर्योधनमुवाच... ... ६४
६३ 'ममायं युद्धसमारंभो न भवत्सु भारं कृत्वा प्रवृत्तः, अहं कर्णदुःशासनाभ्यां सहितः शत्रून् हनिष्यामि' इति भीष्मं प्रति क्रुधा ब्रुवाणं दुर्योधनमुद्दिश्य विदुरो दमं प्रशंसति... .. .. ६५
६४ विदुरेण शकुनिद्वयवृत्तान्तकथनेन किरातवृत्तान्तकथनेन च विवादस्योभयनाशं कथयित्वाऽविवादोपदेशः... ... ... ६६
६५ पाण्डवास्त्वया जेतुं न शक्या इति दुर्योधनं प्रति धृतराष्ट्रोक्तिः.. ६६
६६ पृच्छते धृतराष्ट्राय सञ्जयेन यथा रणयज्ञे सर्वे राजानो न हताः स्युस्तथा प्रयतध्वमिति तत्र समागताः पार्थिवास्त्वया वाच्या इत्यर्जुनवचनकथनम... ... ... ६६
६७ सभात उत्थितेषु राजस्वेकान्ते धृतराष्ट्रः सञ्जयं प्रति स्वपरसैन्ययोर्बलाबले पृच्छति स्म—एकान्ते त्वामेकं प्रत्येव न कथयामि व्यासं गान्धारीं चानय, तयोः सांनिध्ये कथयामीति सञ्जयेनोक्ते विदुरस्तावानयामास। व्यासः कथयितुं सञ्जय प्रेरयामास... ... ... ६७
६८ व्यासवचनात् सञ्जयेन धृतराष्ट्राय कृष्णार्जुनयोर्याथातथ्यकथनम् ६७
६९ 'कथं त्वं माधवं वेत्थ' इत्यादिके धृतराष्ट्रप्रश्ने 'विद्यया तात जानामि' इत्यादिना तदुत्तरकथनं सञ्जयेन। कृष्णार्जुनयोर्माहात्म्यं श्रुतवता धृतराष्ट्रेण 'श्रीकृष्णं शरणं गच्छ' इति दुर्योधनोपदेशः। तत्प्रत्याचक्षाणस्य दुर्योधनस्य गान्धार्या गर्हणम्। सञ्जयेन धृतराष्ट्राय पृच्छते भगवत्प्राप्त्युपायकथनम्... ... ... ६७
७० वासुदेवादिनाम्नामर्थज्ञानार्थं धृतराष्ट्रप्रश्ने सञ्जयेन कृष्णस्य कतिपयनाम्नां निरुक्तिः... ... ... ६८
७१ धृतराष्ट्रस्य चक्षुष्मद्भाग्यस्पृहापूर्वकं श्रीकृष्णं प्रति शरणगमनम्... ६९

(६) भगवद्यानपर्व

७२ आपत्तारणं प्रार्थयन्तं युधिष्ठिरं प्रति भगवतस्त्वत्कथितं करिष्यामीत्युक्तिः। धृतराष्ट्रो राज्याप्रदानेन शममिच्छतीत्याद्युक्त्वा स्वप्रार्थनीयानविस्थलादीन् पञ्च ग्रामान् कथयति स्म युधिष्ठिरः। युधिष्ठिरो लोभात्प्रीतीनां प्रज्ञादिनाशकत्वमभिधाय निर्धनस्यानर्थप्रातिकमं धनिकस्यार्थप्राप्त्यादि चोक्त्वा स्वस्य युद्धनिवारणाभिप्रायं निवेदयति स्म। शूद्रादीनां धर्माद्यभिधाय युद्धे दोषकथनादि कुर्वतो युधिष्ठिरस्य कृष्णेन संवादः... ... ... ६९
७३ 'दुर्योधनः प्रागिव संप्रत्यपि त्वय्यपकारशीलो जीवंस्ते राज्यं दातुं नालमिति परैः सहाहं युद्धमेवाशंसे, तदहं तत्र गत्वा राज्ञां मध्ये तव गुणान् दुर्योधनस्य च व्यातिक्रमान् कीर्तयिष्यामि। येन सर्वे त्वां धर्मात्मानं संप्रतिपद्य धृतराष्ट्रं दुर्योधनं

उद्योगपर्वविषयानुक्रमणिका ।

च गर्हयिष्यन्ति' इति श्रीकृष्णस्य युधिष्ठिरं प्रति वचनम्... ७१

७५ कौरवान् प्रति यास्यते कृष्णाय भरतानां दयमानस्य भीमस्यानुकूपूर्वं वचनं—'दुर्योधनोऽत्यन्तमर्षं नोत्सृक्तः शमं गृह्णीयादिति मृदु ब्रूयाः । अपि वयमश्वरा भूत्वा तमनुयास्यामः मा स्म भरता नशन्' इति... ... ७२

७५ कृष्णेन सन्तेजनार्थं भीमस्योपालम्भः... ७२

७६ कश्याभिहितेनैव सद्दंभेन भगवदुपालम्भेन भीमेन स्वपौरुषाविष्करणम्... ७३

७७ दैवपौरुषयोर्बलाबलानवधारणात्पौरुषं कर्तव्यमेवेति बुद्ध्वा युद्धाख्यपौरुषाभिमुखं त्वां तत्र प्रवर्तयितुमहं किञ्चित् परुषमिवोक्तवानिति भीमं प्रति भगवदुक्तिः... ७३

७८ यदि परेषु भवान् प्रशममसुकरं

मन्यते न च तन् वधार्हांस्तस्माच्छमः श्रेयस्तदाशु क्रियतामिति कृष्णं प्रत्यर्जुनस्योक्तिः... ७४

७९ कार्यसिद्धिर्हि दैवपुरुषकाराभ्यां व्यक्ता. तन्मया शमं याचितोऽपि न स गृह्णीयान्न चाहं दैवमन्यथयितुं शक्नोमि न च शमामिच्छामीति जानन्नपि कथमद्य मामभिशङ्कसे इत्यर्जुनं प्रति भगवदुक्तिः... ७४

८० नकुलेन श्रीकृष्णं प्रति यद्भवान् प्रातःकालं शमं च मन्यते तत्करोतिवितिति कथनम्... ७५

८१ सहदेवेन श्रीकृष्णस्य कौरवैः सह युद्धयोजनप्रार्थनं सर्वैस्तदनुमोदनं च... ७५

८२ द्रौपद्याः स्वपरिभवादिकथनपूर्विका श्रीकृष्णं प्रत्युक्तिः। अर्जुनाद्याक्षेपपूर्वकं दुःशासनगृहीतकेशान् दर्शयित्वातिविषादेन भीममाक्षिप्य कृष्णादीनाम्रे रुरोद द्रौपदी. श्रीकृष्णो

द्रौपदीं सान्त्वायित्वा दुर्योधनादिनाशनं प्रतिजज्ञे... ७५

८३ अर्जुनकृष्णयोरुक्तिप्रयुक्त्यनन्तरं गमनसामग्र्यश्चाङ्गल्यकरणपूर्वकं सात्यकिना सज्जीकृते रथे तेन सह श्रीकृष्ण आरुरोह । गमनसमये वायुवादीनाननुकूल्ये सति वसिष्ठादीन्प्रदक्षिणीकृत्य निर्गतं श्रीकृष्णं प्रति युधिष्ठिरादयोऽनुजग्मुः । श्रीकृष्णं प्रति सन्देशं कथयित्वा युधिष्ठिरे निवृत्ते सति स्वमभिप्रायं निवेदयतोऽर्जुनस्योक्तिं श्रुत्वा भीमे हृष्टेऽर्जुनाद्यो निवृत्तिरे । मार्गे ऋषीन् दृष्ट्वाभिवन्दनपुरःसरं श्रीकृष्णप्रश्ने जामदग्न्यः सभागतस्य तव भाषणादि श्रोतुमागच्छाम इत्युवाच । दशभिर्महारथैः सह कृष्णे गते तत्प्रयाणे कानि निमित्तान्यभवन्निति जनमेजयप्रश्ने वैशम्पायनकृतं तेषां कथनम्... ७६

८४ मार्गे उपद्रव्यवासिभिः पूजितः

कृष्णो वृकस्थलमागत्य रथादवरुह्य सन्ध्यावन्दनादि विधाय रात्रौ तत्रैव वसंस्तत्रत्येऽब्राह्मणे सत्कृतस्तानपि पूजयति स्म... ... ७५

८५ धृतराष्ट्रानुमते दुर्योधनेन श्रीकृष्णपूजार्थं पथि सर्वकामसमृद्धसभानिर्माणम् । अनवेक्षमाणस्यैव भगवतो हास्तिनपुरप्राप्तिः ... ७८

८६ धृतराष्ट्रः श्रीकृष्णाय देयत्वेन संकल्पितानि रथादिवस्तूनि विदुरं श्रावयति... ७९

८७ न त्वयार्थेन पाण्डवेभ्यः कृष्णो भेदयितुं शक्य इति धृतराष्ट्रं प्रति विदुरोक्तिः... ७९

८८ 'पूज्यतममपि कृष्णं सम्प्रति वयं न सत्कर्तुमर्हाम' इति दुर्योधनवचः श्रुत्वा भीष्मेण कृष्णो नावधेयस्तद्द्वारा पाण्डवैः सह शमः कर्तव्य इत्युक्ते दुर्योधनेन तन्नियनोपायं पृष्टस्य भीष्मस्य क्रुधा सभाया निर्गमनम्... ... ७९

८९ प्रातर्वृकस्थलान्निर्गतः कृष्णः प्रत्युद्गतैर्भीष्मादिभिर्वृतो हास्तिनपुरमेत्य धृतराष्ट्रगृहं प्रविवेश। धृतराष्ट्रादिभिः सत्कृतः श्रीकृष्णो विदुरगृहमाजगाम। पूजापूर्वकं विदुरेण पाण्डवकुशलं पृष्टः श्रीकृष्णस्तं प्रति तत्कथयामास... ... ८०

९० कुन्तीगृहं प्रति गतं श्रीकृष्णं प्रति कुन्त्याः पाण्डवा वने कथमूषुरित्यादि वाक्यम्। युधिष्ठिरादिप्रशंसनपूर्वकं कुन्त्या कृतं श्रीकृष्णाग्रे स्वविषादप्रकाशनम्। कुन्ती विदुरं प्रशस्य स्वदुःखं कथयित्वा युधिष्ठिरादीन् प्रति वक्तव्यं स्वसंदेशं कृष्णं प्रति कथयामास। कुन्ती कृष्णं प्रत्यर्जुनोत्पत्तिकालिकं वृत्तान्तं कथयति स्म। कृष्णेन कुन्तीं प्रशस्य पाण्डवानां युद्धोत्साहमभिधाय पाण्डवाभिवादने निवेदिते तं प्रति कुन्त्युक्तिः... ... ... ८०

९१ कुन्तीमापृच्छ्य दुर्योधनगृहं गतः श्रीकृष्णः प्रत्युत्थानादिना सत्कृतो दुर्योधनेन भोजनार्थं निमन्त्रितस्तन्नाङ्गीचकार। दुर्योधनेन 'भवता सह नो वैराभावादस्मत्प्रयुक्तपूजादेरग्रहणं न युक्तम्' इत्युक्ते श्रीकृष्णेन 'संप्रीतिभोज्यान्यन्नानि आपद्भोज्यानि वा पुनः॥ न च संप्रीयसे राजन्न चैवापद्गता वयम्' इत्याद्युक्त्वान्ते 'धर्मे स्थितैः पाण्डवैः सह द्वेष एव मे द्वेषस्तस्मात्तैरभिसंहितं त्वदन्नं न भोक्तव्यम्' इत्यभिधाय विदुरगृहगमनम्। ततो द्रोणादिभिः सह संभाषणानन्तरं विदुरपूजामङ्गीकृत्य कृष्णस्तदन्नं बुभुजे ८२

९२ 'निर्मर्यादानां दुष्टचेतसां धार्तराष्ट्राणां मध्ये तवावतरणं मे न रोचते' इति विदुरो धार्तराष्ट्रनिन्दारूपं वाक्यमुक्त्वा कौरवाणामनभिमतं सन्धिकरणमित्याह। विदुरः श्रीकृष्णं प्रति संधियत्नवारणाभिप्रायकं सभागमनवारणाभिप्रायकं च वाक्यमुक्त्वा तद्दर्शनजां स्वप्रीतिं च निवेदयति स्म... ... ८३

९३ न मे पर्याप्ताः सर्वे पार्थिवाः, किं च पाण्डवानामर्थमहापयन्यादि कुरूणां शममाचरेयं तदा मे पुण्यं चरितं स्यादिति बुद्ध्याऽहमागतोऽस्मीत्युक्त्वा श्रीकृष्णो विदुरवाक्यमभिनन्द्य स्वागमनप्रयोजनादि कथयित्वा सुष्वाप... ... ... ८४

९४ प्रभाते सूतादिभिर्बोधितं श्रीकृष्णमावश्यकं प्राभातिकं कृत्वा संध्यामुपास्यमानं प्रति शकुनिदुर्योधनावाजग्मतुः। ताभ्यां धृतराष्ट्रादीनां सभाप्रवेशे निवेदिते श्रीकृष्णो ब्राह्मणेभ्यो हिरण्यादि दत्त्वाऽग्निं प्रदक्षिणीकृत्य रथमारुरोह। दुर्योधनादिभिरनुगतं वाद्यघोषपुरःसरं कौरवसभां प्रविशन्तं श्रीकृष्णं प्रति धृतराष्ट्रादयोऽभ्युत्थानादिनाऽर्चयामासुः। आकाशे समागतानृषीन् दृष्ट्वा श्रीकृष्णेन प्रेरितो भीष्मस्तेभ्य आसनादि ददौ। दुःशासनादयश्च सात्यकिप्रभृतिभ्यो ददुः..... ८४

९५ "त्वं स्वबन्धुषु नृशंसवद्व्यवहरतः स्वपुत्रान्निगृह्णीष्व न चेदस्मिन्कुले त्वन्निमित्तः सर्वपार्थिवक्षयो भवेत्। पाण्डवास्तु त्वया प्राणेषु वित्तेषु चासकृत्प्रहृता अपि सौशील्यात्त्वामेवान्ववर्तन्त। संप्रति च शुश्रूषयितुं योद्धुं च स्थिताः। तदत्र यत्पथ्यं मन्यसे तत्कुरु" इति श्रीकृष्णः स्वागमनाभिप्रायमुक्त्वा कौरवकुलप्रशंसां विधाय धृतराष्ट्रं प्रति शमविधानार्थकं वाक्यमभिधाय युद्धे दोषानब्रवीत्। तथैव पाण्डवसंदेशमभिधायाधर्माचरणे सभ्यदोषानुद्भाव्य धृतराष्ट्रं प्रति हितमुपदिश्य युधिष्ठिरादीनां धैर्यादिकमभिदधाति स्म... ... ... ८५

उद्योगपर्वविषयानुक्रमणिका ।

९६ श्रीकृष्णवाक्यं श्रुत्वा सर्वेषु राजसु तूष्णींभूतेषु दम्भोद्भवराजवृत्तान्तकथनपूर्वकं परशुरामस्योपदेशः । 'अस्ति कश्चिद्युधि मत्समः' इति दर्पात्पृच्छन्तं दम्भोद्भवं प्रति नरनारायणाभ्यां युद्धं कुर्विति ब्राह्मैरुक्ते तयोराश्रमं स जगाम । आतिथ्यादिना सत्कृतो युद्धं याचमानस्ताभ्यां निवारितोऽपि दम्भोद्भवो यदा नाश्रौषीत्तदा नर इषीकामुष्टिमादाय युद्धार्थे प्रवृत्ते । इषीकास्त्रेण पराभूतं स्वपादयोः पतन्तं दम्भोद्भवं प्रति नरस्योपदेशः । रामोऽप्यर्जुनं शरणं गच्छेद्युक्त्वाऽर्जुनस्याजय्यत्वकथनपूर्वकं शमुपदिदेश ... ५६

९७ कण्वो दुर्योधनं प्रति कृष्णार्जुनप्रशंसावाक्यमुक्त्वा मातलिवरान्वेषणाख्यानमाचख्यौ । कन्याया वरं चिन्तयन् मातलिः कन्याजन्मनिन्दापूर्वकं देवादिलोकानन्विष्य तया सह नागलोकं गन्तुं प्रतस्थे ... ५७

९८ पथि गच्छतो मातलेर्मार्गमध्ये दृष्टेन नारदेन सहोक्तिप्रत्युक्ती । नारदमातल्योर्वरुणलोकदर्शनाद्यनन्तरं नागलोके भ्रमतोः सतोर्नारदो मातलिं प्रति वरुणपुत्रादीनां नामरूपादि व्याजहार । नारदकृतं वरुणलोकसंपत्कथनम् ... ५८

९९ नारदेन सह मातलिना पातालदर्शनम् ... ५८

१०० उभयोर्हिरण्यपुरनामकदैत्यस्थानगमनम् । हिरण्यपुरनिर्माणादिकथनपूर्वकं तत्र कालखञ्जादिवस्त्यादि कथयन्तं नारदं प्रत्यन्यत्र गमनाय मातल्यनुज्ञा ... ५९

१०१ सुपर्णलोकं गत्वा तद्वृत्तान्तकथनपूर्वकं सुवर्णचूडादीनां नामानि कथयति स्म नारदः ... ५९

१०२ नारदो रसातलं गत्वा तद्वृत्तान्तं कथयंस्तत्रत्यसुरभिप्रशंसापूर्वकं तल्लोकं प्रशंसन् ... ५९

१०३ वरान्वेषणाय वासुकिपालितो भोगवतीं गत्वा तद्वृत्तान्तं कथयन्वासुक्यादीनां नामान्यभिधाय 'अत्र ते रोचते कश्चित्' इत्याह मातलिं नारदः । तत्रार्यकपुत्रं सुमुखं दृष्ट्वा प्रश्नमुखेन नारदात्तज्जन्मवृत्तान्तं श्रुत्वा 'एष मे रुचितो वरः' इत्याद्याह मातलिः ... ६०

१०४ आर्यकं प्रति मातलिप्रशंसापूर्वकं सुमुखायार्यं स्वकन्यां दातुमिच्छत्याह नारदः । मासानन्तरं सुमुखभक्षणं गरुडेन प्रतिज्ञातमित्याद्यार्यवाक्यं श्रुत्वा तं प्रति मातलिः सुमुखस्य स्वेन सहेन्द्रं प्रति गमनं प्रार्थयति स्म । सुमुखेन सह नारदमातल्योरिन्द्रसमीपगमनानन्तरं तं प्रति नारदो विवाहादिवृत्तमकथयत् । विष्णोरनुमत्या नारदमातलिभ्यां प्रार्थितेन्द्रेण सुमुखाय चिरायुप्रदानम् ... ६०

१०५ सुमुखायायुप्रदानश्रवणक्रुद्धेन गरुडेनेन्द्रोपेन्द्रयोरात्मानमविकलवत्त्वेन विकत्थ्य भर्त्सनम् । गरुडवाक्यं श्रुत्वा ममेमं सव्येतरं बाहुं धारयेत्युक्त्वा विष्णुना निहितस्य बाहोर्भारेण गरुडः पपात । अनन्तरं गतदर्पेण गरुडेन प्रार्थितस्य विष्णोः प्रसादादि । स उपेन्द्र एवायं वासुदेवस्तेन द्वारीभूतेनात्मानं रक्षेत्युक्तवतः कण्वस्य दुर्योधनेनोपहसनम् ... ६१

१०६ जनमेजयप्रश्नानन्तरं नारदकृतमुपदेशं कथयांचक्रे वैशंपायनः । दुर्योधनं प्रति हितमुपदिशन्नारदो गालवचारित्रं कथयति स्म । विश्वामित्रे एकदा वसिष्ठप्रवेशेन स्वसमीपमागतस्य धर्मस्य कृते चरुं श्रपयति स्म । चरुश्रपणसमाप्तिप्रत्यासन्नान्यत्र भुक्तवति वसिष्ठे श्रपितं चरुं गृहीत्वा आगतो विश्वामित्रो 'भुक्तं मयाऽन्यत्र त्वं तिष्ठ' इति वसिष्ठेनोक्तस्तथैव शतं वर्षाणि

महाभारते-

१०

तस्थौ । पुनरागते धर्मे भुक्त्वा प्रसन्ने गते सति तत्कालकृतया गालवसेवया तुष्टेन विश्वामित्रेणा- नुज्ञातो गालव आग्रहपूर्वकं गुरुदक्षि- णार्थं प्रार्थितवान् । 'एकतः श्याम- कर्णानां हयानामष्टौ शतानि देहि' इति गालवं प्रत्याह विश्वा- मित्रः... ... ... ६१

१०७ आहारादिपरित्यागपूर्वकं यतमा- नोऽपि दक्षिणामलभमानो गालवो विललाप । विलपन्तं गालवं प्रति तत्सखा गरुड आगत्य दक्षिणा- संपादनार्थं यत्र यत्र त्वया गन्तव्यं तत्र तत्र त्वां प्रापयिष्यामीत्यु- वाच... ... ... ६२

१०८ गरुडेन गालवाय प्राचीवर्णनम् ६२
१०९ दक्षिणस्या दिशो वर्णनम्... ६३
११० प्रतीच्या वर्णनम्... ... ६४
१११ उदीची वर्णनम्... ... ६४
११२ पूर्वार्धाध्यायान्ते 'कां दिशं जिग-

मिषासे' इत्युक्तवन्तं गरुडं प्रति पूर्वां दिशं प्रयाहीति गालव उवाच। गरुडपृष्ठमारुह्य गच्छन् गालव- स्तद्वेगमसहमानो 'न मे प्रयोजनं किंचित्' इत्याद्याह गरुडं प्रति । ऋषभपर्वते विश्रान्ति गृहीत्वा निवर्तिष्यावह इत्याद्याह स्म गरुडो गालवम्... ... ६५

११३ ऋषभपर्वते शाण्डिलीं दृष्ट्वा तस्या आश्रमे भुक्त्वा तदनुज्ञया सुप्तयोः पश्चात्प्रतिबुद्धयोर्गालवगरुडयोर्मध्ये गरुडो गलितपक्षो मांसपिंडाकृति- श्चाभूत् । गालवेन तथाविधाकृतिर्ग- रुडः पृष्टस्तत्कारणं कथयति स्म । प्रार्थनातुष्टायाः शाण्डिल्याः प्रसा- दाल्लब्धपक्षबले गरुडेऽलब्धाभ्यो गालवः प्रत्याजगाम । मध्येमार्गं विश्वामित्रवाक्यं श्रुत्वा गरुडो दक्षिणालाभार्थं मन्त्रयिष्याव इत्याह गालवम्... ... ६५

११४ ययातिर्मम सखाऽस्ति तन्निकटं ग- च्छाव इति गरुडेनोक्ते तौ ययातिं ययतुः:---ययाति प्रति गरुडेन गाल- ववृत्तान्ते कथिते गालवो गुरुदक्षि- णामयाचत... ... ... ६६

११५ क्रतुषु क्षीणवित्तेन ययातिना धनं याचमानाय गालवाय माधवी- नाम्न्याः स्वकन्याया धनार्जनोपाय- तया दानम् । कन्यामादाय शुल्कार्थं हर्यश्वं प्रति गालवगमनम्... ६६

११६ हर्यश्वेनैकपुत्रोत्पादनायैकतः श्याम- कर्णानामश्वानां द्विशत्या मूल्येन कन्यापरिक्रयणम् । पुत्रमुत्पाद्य पुनः कन्याभूतां तामादाय दिवो- दासं प्रति गालवगमनम्... ६६

११७ दिवोदासेनापि तेनैव मूल्येनैकं पुत्र- मुत्पादयितुं माधवीस्वीकरणं पुत्रमुत्पाद्य गालवाय निवर्तनं च ६७

११८ गालवेन पुनरौशीनराय तेनैव मूल्ये- नैकं पुत्रं जनयितुं माधवीदानम् ।

पुत्रमुत्पाद्य तेन निर्यातितां तामा- दाय गच्छता गालवेन पथि सुपर्ण- दर्शनम्... ... ... ६७

११९ सुपर्णवचसा ज्ञाताधिकाश्वालाभेन गालवेनाश्वघट्शत्या सहैकपुत्रोत्पा- दनाय विश्वामित्राय माधवीदानम् । एवं गुरुदक्षिणां निर्यात्य विश्वा- मित्रेण पुत्रोत्पादनान्ते पुनः कन्या- भूताया माधव्यास्तत्पित्रे निर्या- तनम्... ... ... ६८

१२० राज्ञोपक्रान्तस्वयंवरया माधव्या वनं गत्वा तपश्चरणम् । बहुना कालेन स्व- गतस्य ययातेः सर्वावमानेन क्षीण- पुण्यस्य तत्रस्थैरनभिज्ञानान्निस्तेज- स्त्वप्राप्तिः... ... ... ६८

१२१ ययातेः स्वदौहित्राणां प्रतर्दना- दीनां वाजपेयेन यजमानानां मध्ये पतितस्य माधवीगालवाभ्यां स्व- स्वतपसोऽर्धेनार्धभागेन च तारणम्... ... ... ६९

१२२ प्रतर्दनादिभिः स्वसर्वपुण्यदानेन

महाभारते- १४

लुनानां शतानि वाऽमोघेषुं मामासाद्य दश दिशो विद्रोष्यन्ति, अहं वासुदेवभयात्तथा युष्माकं भयाद्वा राज्यं न प्रतिप्रदास्यामि" इति संदेशं पाण्डवेभ्यः कथयेत्युलूकं प्रति बिडालव्रताख्यानकथनपूर्विका दुर्योधनोक्तिः १२६

१६१ उलूकः पाण्डवान् प्रति गत्वा युधिष्ठिरादभयं लब्ध्वा दुर्योधनकथितं संदेशं युधिष्ठिरार्जुनौ प्रत्याह १२८

१६२ उलूकवाक्यश्रवणेन क्रुद्धेषु पाण्डवेषु श्रीकृष्णः "प्रयाहि गच्छ" इत्याद्याहोलूकम् । कृष्णाधिक्षेपेण क्रुद्धेषु राजसु भीमः सहदेवश्च क्रमेणोलूकं प्रत्यूचतुः । भीमं धृष्टद्युम्नादींश्च प्रत्यर्जुनेनोक्तं वाक्यं श्रुत्वा राजानोऽर्जुनं प्रशशंसुः । दुर्योधनं प्रति वक्तव्यमुलूकं प्रत्याहार्जुनः श्रीकृष्णश्च १२९

१६३ भीष्मं पुरस्कृत्य युद्ध्यमानं दुर्योधनमधिक्षिप्योलूकनिकटे भीष्महननप्रतिज्ञादि विधाय वक्तव्यं संदेशमाहार्जुनः । युधिष्ठिर-भीम-नकुल सहदेव-विराट-द्रुपद-शिखण्डि-धृष्टद्युम्ना अपि स्वस्वसंदेशमुलूकं प्रत्याहुः । पुनर्युधिष्ठिरसंदेशवाक्यं श्रुत्वा तदनुज्ञया ततो निर्गत उलूको दुर्योधनमागत्यार्जुनादिसंदेशान् कथयामास । दुर्योधनः सेनाप्रस्थाने कर्णादीनाज्ञापयामास १३०

१६४ उलूकवाक्यं श्रुत्वा युधिष्ठिरेण निर्यापितायाः सेनाया अग्रेसरो धृष्टद्युम्नः "अर्जुनं सूतपुत्राय" इत्यादिना सर्वेषां योधानां भागान् कल्पयित्वा स्वस्य द्रोणं भागमकल्पयत् १३२

(९) रथातिरथसंख्यानपर्व

१६५ सञ्जयं प्रति धृतराष्ट्रप्रश्नः । अभिषिक्तेन भीष्मेण समाश्वासितो दुर्योधनस्तं प्रत्युभयपक्षीयाणां रथातिरथसंख्यां पप्रच्छ । भीष्मः स्वसैन्यगतानां महारथादीनां संख्यां कथयन् रथातिरथविभागकथनपूर्वकं दुर्योधनादीनां पराक्रमं स्वस्य कृतवर्मादीनां सिन्धुराजस्य च पराक्रमं कथयामास १३२

१६६ काम्बोजादीनारभ्य कृपपर्यन्तानां रथातिरथसंख्यानपूर्वकं पराक्रमकथनम् १३२

१६७ शकुन्यश्वत्थामद्रोणप्रभृतिभगदत्तान्तानां संख्यानपूर्वकं पराक्रमकथनम् १३३

१६८ अचलवृषकयोः पराक्रमकथनानन्तरं कर्णनिन्दापूर्वकं तमर्धरथत्वेन गणयति स्म भीष्मो द्रोणश्च तदेवान्वमोदत । भीष्मं प्रति सक्रोधं निन्दावाक्यमुक्त्वा दुर्योधनं प्रति भीष्मत्यागादिकं कथयन्तं कर्णं प्रति भीष्मः सक्रोधमुवाच । भीष्मं क्षमापयन् दुर्योधनः परेषां रथातिरथसंख्यां शुश्रूषुः पप्रच्छ ... १३४

१६९ पाण्डवानां रथातिरथसंख्यानं कथयन् भीष्मो युधिष्ठिरादीनामर्जुनस्य च पराक्रमं वर्णयति स्म । भीष्मकथितं पाण्डवपराक्रमं श्रुतवतां योधानां बाहवः शिथिला बभूवुरित्याह वैशम्पायनः १३५

१७० द्रौपदेयानारभ्य विराटद्रुपदपर्यन्तानां पराक्रमं कथयामास भीष्मः २७३

१७१ शिखण्डिप्रभृति काश्याद्यन्तानां पराक्रमकथनम् १३५

१७२ कुन्तिभोजप्रभृतिघटोत्कचाद्यन्तानां पराक्रममभिधाय शिखण्डिनं नाहं हन्यामित्याद्यभिदधाति स्म भीष्मः १३६

(१०) अम्बोपाख्यानपर्व

१७३ दुर्योधने भीष्मं प्रति शिखण्डिनोऽहनने निमित्तं पृच्छति भीष्म

१४९ 'धृतराष्ट्रो दुर्योधनं प्रति वदंश्चंद्रवंशविवरणपूर्वकमात्मनो राज्यानाधिकारमुक्त्वा युधिष्ठिरस्यैवैतद्राज्यमित्याद्याह स्म' ११९

१५० भीष्मादिभिरेवं बोधितोऽप्यबुध्यमानो दुर्योधनः कुरुक्षेत्रगमनार्थं राज्ञ आदिदेश। श्रीकृष्णो युधिष्ठिरं प्रति बहुप्रकारं स्वकर्तव्यं कथयामास ११९

(७) सैन्यनिर्याणपर्व

१५१ युधिष्ठिरः सेनाविभागार्थं भ्रातॄनादिश्य द्रुपदादीन् सप्ताक्षौहिणीपतीन्निर्दिश्य सप्तानामपि नियन्तारमेकं सेनापतिं ब्रूहीति सहदेवमब्रवीत्। सेनापतिकरणे सहदेवादीनां मतभेदे युधिष्ठिरप्रेरणया श्रीकृष्णो धृष्टद्युम्नमेवान्वमोदत। हृष्टानां सैनिकानां सन्नहनपूर्वकं कुरुक्षेत्रगमनम् ११९

१५२ युधिष्ठिराज्ञया धृष्टद्युम्नादयो धृतराष्ट्रसैनिकान् विद्राव्य हिरण्वत्यास्तीरे महार्हाणि शिबिराणि निर्माय परिखादि चक्रुः। तत्र काष्ठादीनां सञ्चयादिकं ज्याधनुर्वाणादीनां शिबिरे स्थापनं चाकुर्वन् ... १२१

१५३ 'पाण्डवसेनां निविष्टां श्रुत्वा किमकार्षीत् दुर्योधनः' इति जनमेजयप्रश्ने वैशम्पायनस्योत्तरम्। दुर्योधनः शिबिरादिनिर्मापणार्थं कर्णादीनाज्ञापयामास। आसनेभ्य उत्थिता राजानो धार्तराष्ट्राश्च युद्धोत्साहं प्रकाशयांचक्रुः १२१

१५४ युधिष्ठिरेण श्रीकृष्णं प्रति कथमस्मिन्काले स्वधर्मान्न च्यवेमहीति प्रश्नः। भगवता न वयमत्यर्थं परित्यागेन शममिच्छाम इत्युक्ते युधिष्ठिरेण युद्धमाज्ञाप्य गुरुभिः सह संग्रामस्य शोचनमर्जुनेन कुन्तीविदुराभ्यामपि तथोपदेशान्नात्राधर्मशङ्का युक्तेति समाधानम्। युद्धार्थे कृतनिश्चयाः पाण्डवाः कुरुक्षेत्र ऊषुः १२२

१५५ दुर्योधनेन विभक्तस्य सैन्यस्य वर्णनम्। सेनादीनां पत्त्यादीनां च लक्षणकथनं कृपादीनां पृथगक्षौहिणीपातित्वकथनं च... ... १२२

१५६ सैनापत्यार्थं दुर्योधनेन प्रार्थितो भीष्मस्तदङ्गीकृत्य प्रतिदिनमयुतसेनानाशनं प्रतिजज्ञे। भीष्मे कर्णमाक्षिपति स यावद्गाङ्गेयो जीवति तावदहं न योत्स्ये इति प्रतिजज्ञे। भीष्मस्य सैनापत्याभिषेके कृते दुर्निमित्तान्यभूवन्। सर्वैः सैनिकैः सह कुरुक्षेत्रमागतो दुर्योधनः शिबिरादिकं कारयामास १२३

१५७ भीष्मं युद्धाय दीक्षितं श्रुत्वा युधिष्ठिरादयः किमभाषन्तेति जनमेजयप्रश्ने वैशम्पायनस्योत्तरम्। धार्तराष्ट्रैर्भीष्मं सैनापत्येऽभिषिक्तं श्रुत्वा युधिष्ठिरो द्रुपदादीनक्षौहिणीपतित्वे धृष्टद्युम्नं सर्वसेनापतित्वेऽभिषिच्यार्जुनं च सेनापतिं कृत्वा कृष्णं तस्यापि नेतारं चक्रे। अत्रान्तरे बलरामस्तत्रागत्य पाण्डवैः पूजितो युद्धात्समुत्तीर्णान्भवतो द्रक्ष्यामीत्युक्त्वा कौरवान्नश्यत उपेक्षितुमशक्तस्तीर्थयात्रां प्रययौ ... १२४

१५८ अस्मिन्नेव काले रुक्मी महत्या सेनया पाण्डवानुपेत्यार्जुनं 'यदि भीतोऽसि साहाय्यं ते करिष्यामि' इति वदन्नर्जुनेन प्रत्याख्यातो धार्तराष्ट्रं गतस्तत्रापि पूर्ववद्वदंस्तेनापि प्रत्याख्यातः स्वनगरे ययौ ... १२५

१५९ युद्धदोषान् दुर्योधने आधित्सन्तं धृतराष्ट्रं प्रति त्वमात्मनो दुश्चरितादनर्थमापन्नो न दुर्योधनं कालमीश्वरं वा दूषयितुमर्हसीति सञ्जयवचनम् १२५

(८) उलूकदूतागमनपर्व

१६० हिरण्वत्यां पाण्डवेषु निविष्टेषु तत्र दुर्योधनो बलं निवेश्य कर्णादिभिः सह मन्त्रयित्वोपह्वरे वासुदेवस्य शृण्वतः "वासुदेवसहस्रं वा फा-

महाभारते-

१२

थर्हानिपुत्रवात्सल्यं खरीवात्सल्य-
त्वेन विगर्हा मनस्विपुरुषस्वभाव-
वर्णनेन तद्विपरीतः पुत्रोऽथार्ऽधम-
त्वेनोक्तः पुनः करुणं ब्रुवन् शत्रु-
वधानन्तरं त्वां पूजयिष्यामीति तया
समाश्वासितः कोशाभावादात्म-
नमवजानुपायमपृच्छतुः मात्रा22स्त-
मन्यवज्ञाया अयुक्तत्वस्य शत्रुजयो-
पायस्य च कथनम् १०८

२३६ मातुः शत्रुजयोपायनिगूढकोश-
निचयौ शृण्वता सञ्जयेन शत्रुजयो-
द्योगप्रतिज्ञानम् । कुन्त्यास्याख्यान-
स्य जयनामत्व-वीरप्रसवेहेतुत्वयोः
कथनम् ११०

२३७ कुन्त्याऽर्जुनादिभ्यः प्रनष्टस्वांशोद्धा-
रावश्यकत्व-शत्रुकृतापराधाऽक्षमत्व-
परसन्देशप्रेषणम् । भगवता कुन्ती-
मभिवाद्य स्वर्थे कर्णमारोप्य तेन
सह सुचिरं मन्त्रयित्वोपट्टद्वयगम-
नम् ११०

१३८ भीष्मद्रोणौ दुर्योधनं प्रत्यर्जुनप्रशं-
सापूर्वकं शमार्थं युद्धनिवारणार्थं च
वाक्यमूचतुः १११

१३९ स्ववचनश्रवणेन विमनसं दुर्योधनं
दृष्ट्वा भीष्मद्रोणाभ्यां शुश्रूषुणा पार्थे-
न सहावश्यंभाविवियुद्धप्रसंगं शो-
चित्वा दुर्योधनं च विगर्ह्य पाण्ड-
वानामजय्यत्वमात्मनश्च जीवित
उदासीनत्वमुक्त्वा पुनः शमोप-
देशः १११

१५० कृष्णः कर्णं प्रति किमब्रवीदिति
धृतराष्ट्रप्रश्नः । ' कर्णं प्रति भगवता
धर्मतस्त्वं पाण्डोः पुत्रोऽसि तद्‍दु-
र्योधनादीन् परित्यज्य युधिष्ठिरं
समाश्रय पार्थाश्चाग्रजत्वात्त्वामेव
राज्येऽभिषेक्ष्यन्तीत्युक्तम् ' इति सञ्ज-
येन धृतराष्ट्रं प्रति कथनम् ... ११२

१४१ इदानीं मया पाण्डवाश्रयणे मम
तेषां चाकीर्तिः स्यात् किं चाधि-
रथदुर्योधनादीनां सौहार्दादपि

तथा कर्तुं नोत्सहे युद्धे च पाण्डवा-
नामेव जयो भवितेत्यादि कर्णस्य
भाषणम् ११२

१४२ कृष्णः कर्णं प्रति पाण्डवजयनिश्चयं
कथयित्वार्जुनयुद्धं प्रशंसन् द्रोण-
भीष्मादीन् प्रति वक्तव्यं संदेशं
कथयामास ११४

१४३ कालः क्षत्रं नाशयिष्यति तत्र नि-
मित्तमात्रं वयं किं च पाण्डवघात-
राष्ट्राणां क्रमेण शुभाशुभशंसीनि
निमित्तानि दृश्यन्ते तेन पाण्डवा-
नामेव जयो भवितेत्युक्तवतः कर्णस्य
भगवता विसर्जनम् ११४

१४४ कौरवनिन्दारूपं वाक्यं वदन्तं विदुरं
प्रति विषादोक्तिपूर्वकं कर्णजन्मवृत्ता-
न्तं कथयित्वा गङ्गासमीपं गतवत्याः
कुन्त्याः कर्णदर्शनादि ... ११५

१४५ कुन्त्या कर्णं प्रति त्वं सूर्यान्मयि
जातोऽसि न राधेयस्तस्मान्मद्वच-
नाद्रातेराग्रान्परित्यज्य पाण्डवैः सं-

गच्छस्वेति कथनम् ११६

१४६ कुन्तीवाक्यानुमोदकं सूर्यवाक्यं श्रु-
त्वा कुन्त्यै पञ्चपूर्वकमर्जुनं विना तव
पुत्रान् हनिष्यामीति कर्णेन
प्रतिज्ञाते सत्युभौ यथास्थानं
जग्मतुः ११६

१४७ उपप्लव्यमागत्य सर्वं वृत्तान्तं संक्षेपे-
णोक्त्वा विश्रान्तं कृष्णं प्रति भाना-
वस्तं गते युधिष्ठिरेण प्रश्ने कृते स
दुर्योधनं प्रति स्वोक्तिमाह । भीष्मा-
दयः किमुक्तवन्त इति युधिष्ठिरेण
पृष्टे दुर्योधनं प्रति भीष्मेण कथित
शन्तनुमारभ्य पाण्डवपर्यन्तं रा-
ज्याधिकारिक्रमेण पाण्डवा एव रा-
ज्याधिकारिण इत्यादि वाक्यमाह
स्म भगवान् श्रीकृष्णः ... ११७

१४८ ' दुर्योधननिन्दापूर्विका भीष्मं
प्रति विदुरोक्तिः । क्रुद्धा गान्धारी
दुर्योधनं प्रति पाण्डोर्वैतत्राद्वयमि-
त्याद्युवाच ' ११८

उद्योगपर्वविषयानुक्रमणिका।

ययातेः स्वर्गारोपणम् ... ८९

१२३ पुनः स्वर्गतस्य ययातेर्दैवैतैरभिन-
न्दनम्। ययातिना स्वपतनहेतुं पृष्टेन
ब्राह्मणाऽभिमान इति कथनम्।
नारदेन दुर्योधनाय मानत्यागो-
पदेशः ९९

१२४ धृतराष्ट्रप्रार्थितेन श्रीकृष्णेन शामार्थं
दुर्योधनस्य बहुविधानुनयः ... १००

१२५ भीष्मद्रोणाभ्यां विदुरेण धृतराष्ट्रेण
च भगवद्वचनावमानने दोषानुक्त्वा
तद्वचनकरणोपदेशः १०१

१२६ भीष्मद्रोणाभ्यां दुर्योधनाय शमस्य
श्रेयस्त्वोपदेशः १०२

१२७ न मया पाण्डवानां सूक्ष्ममप्यप-
राद्धं न च तीक्ष्णतरया सूच्या याव-
द्विद्ध्येतावदपि भूमेः मया
पाण्डवान्प्रति परित्याज्येति दुर्यो-
धनस्य दर्पोक्तिः १०२

१२८ भगवता श्रीकृष्णेन द्रौपदीसभा-
प्रवेशन—लाक्षागृहदाह—विषप्रदा-

नादिदुर्योधनव्यतिक्रमेषु श्राविषेतु
भीष्मादोनानाट्य महता क्रोधेन
सभातो दुर्योधनप्रस्थानम्। कर्ण—
शकुनि—दुःशासन—दुर्योधनानां नि-
ग्रह एव प्राप्तकाल इति कुरून्प्रति
भगवदुक्तिः १०२

१२९ धृतराष्ट्रेण दुर्योधनमनुनेतुं गान्धार्या-
नयनम्—गान्धार्या धृतराष्ट्राज्ञया
विदुरेण पुनः सभां प्रवेशिताय
पुत्राय पाण्डवेभ्यो राज्यार्धदानो-
पदेशः १०३

१३० मातुर्वाक्यमनाट्य पुनः सभातो
निष्क्रम्य दुःशासनादिभिः कृष्ण-
बन्धनं मन्त्रयमाणस्य दुर्योधनस्या-
भिप्रायमिङ्गितेन ज्ञात्वा सात्यकि-
ना कृतवर्मणे सभाद्वाररक्षणाय
सेनायोजनमादिश्य कृष्णं प्रति तेषा-
मभिप्रायमुक्त्वा स्मितपूर्वं धृतराष्ट्र-
विदुराभ्यां तत्कथनम्। विदुरेण
धृतराष्ट्रो! पुत्रास्ते परीतकाला इत्यु-

क्ते श्रीकृष्णेन दुर्योधनादिभिः स्व-
निग्रहणं स्वेन वा तन्निग्रहणं यत्स्या-
त्तदनुजानीहीति सर्वेषु शृण्वत्सु
धृतराष्ट्रप्रार्थनम्। धृतराष्ट्रेण पुन-
र्दुर्योधनं सानुजं सहामात्यं च
सभामानाय्य बहु गर्हयित्वा कृष्ण-
धर्षणेत्वस्याप्यशक्यत्वप्रतिपादनम्।
विदुरेणापि कृष्णस्येश्वरत्वप्रति-
पादनमुखेन तथैव प्रतिपा-
दनम् १०४

१३१ श्रीकृष्णो दुर्योधनं प्रति 'त्वमेका-
किनं मां मन्यसे चेत्सर्वमेतन्मयि
पश्य' इत्युक्त्वा विश्वरूपं दर्शया-
मास। तद् दृष्ट्वा सर्वेषु राजसु भयेन
निमीलितनेत्रेषु सत्सु द्रोणादयो
भगवत्तादिव्यदृष्ट्या तत्पश्यन्त
एव तस्थुः। ततः सभाया निर्गतं
कौरवैरनुयातं श्रीकृष्णं प्रति धृत-
राष्ट्रस्य प्रार्थनोक्तिः। धृतराष्ट्राद-
नामन्त्र्य निर्गतः श्रीकृष्णः कुन्तीं

द्रष्टुं ययौ १०५

१३२ पृथागृहगतेन भगवता तस्यै सभा-
वृत्तान्तकथनम्। तया तं प्रति
युधिष्ठिराय क्षत्रियोचिताचरण-
सन्देशः १०६

१३३ युधिष्ठिरमिव क्षत्रियोचिताचारप-
राङ्मुखं परपरिभूतं स्वपुत्रं विदुला
नाम राज्ञया बहु गर्हयित्वा शत्रु-
जये प्रावर्तयत्ततो विक्रमोपार्जित-
मेव क्षत्रियस्य प्रशस्यतरं नतु याञ्च-
योपनतं तस्माद्युद्धमेव प्रवर्तताभिति
भवता युधिष्ठिरो वक्तव्य इत्युक्त्वा
कुन्त्या श्रीकृष्णाय विदुलातत्पु-
त्रयोः संवादकथनम् ... १०७

१३४ विदुलया अनुद्यमनिमित्तेन पुत्रं
बहु विनिन्द्य क्षत्रस्वभावं च नि-
र्वर्ण्य तस्य शत्रूसादनचो-
दनम् १०८

१३५ पुनः पुनर्युद्धचोदनात्पुत्रेण निष्क-
रुणत्वेनाऽऽक्षिप्तया विदुलया धर्मा-

आह स्म । विचित्रवीर्यस्य विवाहा-
र्थं भीष्मः काशीं गत्वा काशिप-
तेस्तिस्रः कन्या आजहार। कन्या-
हरणसमये युध्यमानानां राज्ञां
भीष्मात्पराजयः १३६

१७४ कन्यानां विचित्रवीर्येण सह
उपक्रान्ते विवाहे ज्येष्ठयाऽम्बया
मया मनसा शाल्वो वृतस्तेन चा-
हं रहसि वृतेति तं प्रति मां प्रेष-
येति भीष्मप्रार्थना १३७

१७५ भीष्मेण सर्वानुमत्या वृद्धादिभि-
र्गुप्तायास्तस्याः शाल्वाय प्रेषणं
भीष्मभयाच्च शाल्वेन तस्याः प-
रित्यागः । तया खदुःखस्य भीष्मं
हेतुं निश्चित्य तद्बधाय तपस्सिद्धि-
र्थेया तपोवनं गत्वा प्राव्राज्यदी-
क्षार्थं तापसप्रार्थनम्... १३७

१७६ तापसेष्वम्बया संवदत्स्वकस्मा-
दागतं होत्रवाहनं प्रति तापसा

अम्बावृत्तान्तं कथयांचक्रुः ।
होत्रवाहनस्तापसवाक्यं श्रुत्वा
अम्बां स्वाङ्कमारोप्य पृष्टया तया
कथितं वृत्तान्तं च श्रुत्वा राम-
समीपगमनार्थं तामाज्ञापयति
स्म । एतस्मिन्नेवावसरेऽकस्मा-
दागतेन रामाचरेणाकृतव्रणेन
श्वः प्रभाते रामोऽत्रागमिष्यतीति
कथिते तं प्रति होत्रवाहनोऽम्बा-
वृत्तं निवेदयामास... १३८

१७७. अकृतव्रणाम्बयोः संवादः । तत्रा-
गतं रामं प्रति होत्रवाहनेन 'अ-
स्याः वृत्तं शृणु' इत्युक्ते स्वसमीपे
रुदत्यम्बा रामेण पृष्टा अति दुःखि-
तां मामुद्धरेति सामान्यतः उवा-
च । 'किमियं वक्ष्यति' इति
चिन्तयन्तं जामदग्न्यं प्रत्यम्बा
विशेषतः स्वं वृत्तं निवेद्य भीष्म-
वधार्थं प्रार्थयामास... १३९

१७८ रामाम्बयोः संवदतोरकृतव्रणे

शरणागताभिमां मा त्यज'
इत्युक्तवति तदङ्गीकरणवाक्यं
प्रति राम उवाच । रामे कन्य-
या सह कुरुक्षेत्रमागत्य भीष्मं
प्रतीमां प्रतिगृह्णीष्वेत्युक्तवति स-
त्युभयोरुक्तिप्रत्युक्ती । आक्षेप-
पूर्वकं स्वस्य युद्धाभिप्रायं प्रकटी-
कृत्य भर्त्स्यमानं भीष्मं प्रति रामः
सक्रोधमुवाच । भीष्मेण सह
युद्धार्थं रामः कुरुक्षेत्रमाजगाम ।
जामदग्न्यभीष्मयोर्युद्धोपक्रमः ।
तदात्वे गङ्गा युद्धनिवारणार्थं
भीष्मं बोधयित्वा तस्मिन्नश्रृण्व-
ति राममागत्य प्रार्थयित्वा त-
स्मिन्नश्रृण्वति पुनरपि भीष्ममु-
पससर्प १४०

१७९. भीष्मरामयोरुक्तिप्रत्युक्त्यनन्त-
रमुभयोस्तुमुले युद्धे प्रसक्ते बाण-
प्रहारेण मोहितं रामं दृष्टवतो
भीष्मस्य पश्चात्तापः ... १४१

१८० पुनर्द्वितीये दिवसे युद्धप्रवृत्त्यन-

न्तरं रामबाणप्रहारेण मोहिते
भीष्मे अकृतव्रणादयो जह्रुषुः । ल-
ब्धसंज्ञस्य भीष्मस्य बाणप्रहारेण
रामे मूर्च्छिते सति तत्समीप-
गतैरकृतव्रणादिभिः संज्ञां लब्धि-
मतस्य तस्य भीष्मं प्रति 'तिष्ठ
भीष्म' इत्यादि वाक्यम्... १४२

१८१ तृतीये दिवसे दिव्यैरस्त्रैर्युध्य-
मानयोरुभयोः परस्परं बाणैर्गा-
ढविद्धयोः सायं युद्धविरामः १४३

१८२ चतुर्थदिवसे पुनरुद्धे प्रसक्ते बा-
णजालविद्धे भीष्मसारथौ मृते
रामबाणप्रहारेण मोहितो भीष्मो-
ऽष्टभिर्दोह्णैः संज्ञां लब्धिमतः सा-
रथिस्थाने स्थित्वा हयान् सगृह-
तान् स्वमातरं गङ्गां दृष्ट्वा भीष्मः
प्रणामपूर्वकं तां विसृज्य स्वयं
रश्मीन् गृहीत्वा रुद्धं चकार ।
भीष्मबाणप्रहारमोहिते रामे प-
तिते सत्यौत्पातिका उल्कापाता-
दयो बभूवुः । एवं प्रतिदिनं

युध्यमानयोस्त्रयोविंशतिदिना--
न्यतीयुः १४३
१८३ वसुभिः स्वप्ने 'त्वं रामं जेष्यसि
न त्वां रामो जेता, प्रस्वापनास्त्रं
च त्वामुपस्थास्यति यद्रामो न
वेद' इति भीष्मं प्रति कथ-
नम् १४४
१८४ ततः परेद्युरुभाभ्यामपि तुमुले
युद्धे प्रसक्ते भीष्मेण ब्रह्मास्त्रे यो-
जिते तत्प्रतीघातार्थं रामेणापि त-
स्मिन् प्रयोजिते तत्तेजसा द्योम्नि
प्रज्वालिते लोकेषु च हाहाकारेषु
जातेषु प्रस्वापनं नामास्त्रं मोक्तुका-
मस्य भीष्मस्य तत्प्रतिभानम् १४४
१८५ प्रस्वापनास्त्रं प्रयुञ्जानो भीष्मो देवै-
र्नारदेन च निवारितः स्वप्नदृष्ट-
ब्राह्मणवाक्याच्च तत्संजहार।
ऋचीकादिषु रामपितृष्वागत्य
भीष्मं रामं च प्रति युद्धान्निवृ-
त्तिमाज्ञापयत्स्वपि यदोभौ नाङ्गी-
चक्रतुस्तदा भागीरथ्या सह ते
सर्वे रणाजिरं प्रतिरुध्य रामं
शस्त्रं न्यासयांचक्रिरे। 'ततः स्वप्न-
दृष्टब्राह्मणवाक्यादहमपि रामस्य
पादवन्दनाद्यकार्षमित्याद्याह भी-
ष्मः १४५
१८६ "त्वं यथेष्टं गच्छ भीष्मं वा प्रप-
द्यस्व" इत्याद्युक्तवन्तं रामं प्रति
भीष्मगमनानङ्गीकारपूर्वकं 'यत्र
गत्वा स्वयमेव भीष्मं हनिष्यामि
तत्रैव गमिष्यामि' इत्युक्त्वा
तपःसङ्कल्पं कृत्वा जगामाम्बा।
तस्यास्तपःसङ्कल्पं श्रुत्वा चिन्त-
यन्तं भीष्मं प्रति व्यासना-
रदावागत्याऽऽश्वासयामासतुः।
तपश्चरणार्थं वत्सभूमिमागत्य
नन्दाश्रमादिषु तपश्चरन्त्या अ-
म्बाया गङ्गायाश्चोक्तिप्रत्युक्ती।
तीर्थलोभादितस्ततो धावन्ती
पतिताऽम्बा गङ्गाशापात्स्तीर्था
सरित् कन्या च बभूव ... १४५
१८७ कन्याशरीरेण तत्र पुनस्तपसि प्रवृ-
त्तयाऽम्बया दर्शितस्वरूपादीश्व-
रात् 'भवान्तरे भीष्मं हनिष्यसि
ककन्या भूत्वा पश्चात्पुमांश्च भवि-
ष्यसि' इति वरं लब्ध्वाऽग्निप्रवे-
शनम् १४६
१८८ कन्या भूत्वा कथं पुरुषो भवेदिति
दुर्योधनप्रश्ने भीष्मस्योत्तरकथ-
नम्। अपत्यार्थं तपस्यन् द्रुपद-
स्तुष्टान्महादेवात् 'स्त्रीपुमांस्ते भ-
विष्यति' इति वरं लब्ध्वा स्व-
भार्यां प्रति कथयामास। शिख-
ण्डिनो जन्मादिवृत्तान्तकथ-
नम् १४६
१८९ यौवनस्थां कन्यां दृष्ट्वा चिन्तय-
न्द्रुपदो भार्ययाऽऽश्वासितः सन्
दशार्णकन्यया सह शिखण्डिनो
विवाहमकरोत्। शिखण्डिन्याः
स्त्रीत्वं ज्ञात्वा दशार्णकन्या स्वधा-
त्रीभ्यो न्यवेदयत, ताश्च स्वदासी-
द्वारा दशार्णाय निवेदयामासुः।
तच्छ्रुत्वा क्रुद्धेन दशार्णाधिप-
तिना प्रेषितो दूतो द्रुपदमागत्य
तत्सन्देशमेकान्ते कथयामास
... ... १४७
१९० इदमसादिति दूतद्वारा द्रुपदसन्दे-
शं श्रुत्वा दशार्णाधिपतिः पुन-
र्निश्चित्य सैन्येन सह द्रुपदमभि-
यास्यन् युद्धाय स्थिरो भवेत्या-
दि सन्देशं दूतद्वारा प्रेषयति स्म।
दशार्णसन्देशश्रवणेन भीतो द्रु-
पदो भार्यां प्रति पृच्छति स्म। १४७
१९१ ततो भार्यावाक्यं श्रुत्वा द्रुपदे
मन्त्रिभिः सह चिन्तयति शिख-
ण्डिनी प्राणत्यागनिश्चयं कृत्वा
वनं जगाम। वनगतेन स्थूणाकर्ण-
यक्षेण पृष्टा शिखण्डिनी तं प्रति
स्ववृत्तांतं कथयित्वा दशार्णपरा-
वर्तनपर्यन्तं पुंस्त्वं मे देहीति
ययाचे १४८
१९२ समयबन्धनपूर्वकं यक्षशिखण्डि-
न्योरन्योन्यलिङ्गपरिवर्तनानन्तरं
शिखण्डी पुंस्त्वं लब्ध्वा स्वपुरमा-
जगाम। शिखण्डिपुंस्त्वसन्देशं-

उद्योगपर्वविषयानुक्रमणिका । १७

द्रुपदप्रेषितदूतमुखाच्छ्रुत्वाऽप्यावि-
श्वस्तो दशार्णः काम्पल्यनगरमे-
त्य द्रुपदं प्रति स्वपुरोहितं प्रेषया-
मास । पुनर्द्रुपदप्रेषितदूतवाक्यं
श्रुत्वा दशार्णः शिखण्डिसमीपे
परीक्षार्थं युवतीः प्रेषयामास। युव-
तीमुखाच्छिखण्डिनः पुंस्त्वं श्रुत्वा
दाशार्णो हृष्टः सन् द्रुपदगृहे वस-
ति स्म। एतदन्तरे वने समाग-
तस्य कुबेरस्य पूर्ववत् प्रत्युद्गम-
नादिकमकुर्वन्तं स्थूणाकर्णं प्रति
शिखण्डिजीवनपर्यन्तं तव स्त्री-
त्वं तिष्ठत्विति कुबेरः शशाप।
एतदनन्तरं एवंसङ्केतानुरोधेन
पुंस्त्वं दातुमागतः शिखण्डी स्थू-
णाकर्णेन कुबेरशापादिकथन-
पूर्वकं विसर्जितः सन् स्वगृहं
प्रत्याजगाम। एवं शिखण्डिवृत्तं
कथयित्वा स्त्रीपूर्वत्वादेनं न
हनिष्यामीति भीष्मः प्राति-
जज्ञे १४८
१९३ सर्वां पाण्डवसेनां कतिदिनैर्हनि-
ष्यसीति भीष्मादीन् प्रति दुर्यो-
धनप्रश्ने भीष्म-द्रोण-कृपाश्वत्था-
मानो मासादीनवधीन् कथया-
मासुः। कर्णेन पञ्चरात्रावधौ क-
थिते भीष्मो जहास ... १५०
१९४ भीष्मप्रतिज्ञां श्रुत्वा युधिष्ठिरेण
पृष्टोऽर्जुनः स्वबलं कथयित्वा स्व-
सैनिकानां पराक्रममुवाच १५०
१९५ पाण्डवान् प्रति गन्तुं दुर्योधने-
न प्रेरिताः ससैन्या राजानः
कुरुक्षेत्रस्य पश्चार्धे आगत्य दुर्यो-
धनेन कारितानि शिबिराणि
प्रविविशुः १५०
१९६ युधिष्ठिरः प्रथमं धृष्टद्युम्नादीन्,
अनन्तरं भीमादींश्च प्रेषयित्वा
विराटादिभिः सह स्वयं निर्ज-
गाम। भीमादिसैन्यसम्बन्धिना-
मश्वादीनां परिगणनम् ... १५१
परिशिष्टम्–विषं भुङ्क्ष्वेत्यादिकूटश्लोक-
स्य निर्वचनम् भविष्यत्पर्व
सूचनपूर्वकमुद्योगपर्वसमाप्तिश्च
... ... १५२

समाप्तेयमुद्योगपर्वविषयानुक्रमणिका। ॥ शुभं भवतु ॥

॥ श्रीगणेशायनमः ॥ श्रीमद्गोपालमानम्यश्रीलक्ष्मणपदानुगः ॥ नीलकंठोभावदीपंकरोत्युद्योगपर्वणि ॥ १ ॥ गोपालनारायणलक्ष्मणार्याधीरेशगंगाधरनीलकंठाः ॥ चिंतामणिःसांबशिवश्चपूज्यादिश
न्तुसर्वेगुरवोमतिंमे ॥ २ ॥ भारतेसारमुद्योगमितिवृद्धानुशासनम् ॥ अतोविस्तरतस्तत्रव्याख्यानमुपपद्यते ॥ ३ ॥ अभिमन्योःस्वपक्षाःयादवपांडवाद्याः तस्यैवविवाहंकृत्वा मुदिताअभूवन्निति शेषः प्र
तीताःप्रबुद्धाः १ मणयोमुक्ताप्रवालादयः तेषांप्रवेकोजालादिरूपःसमूहःतेन उत्तमरत्नैःहीरपद्मरागाद्यैश्चचित्रा ' मणिःस्त्रीपुंसयोरश्मजातौमुक्तादिकेष्वपि ' इतिमेदिनी २ आविशतामुपविष्टौ पित्रा

॥ श्रीगणेशायनमः ॥ श्रीवेदव्यासायनमः ॥ नारायणंनमस्कृत्यनरंचैवनरोत्तमम् ॥ देवींसरस्वतींचैवततोजयमुदीरयेत् १ ॥ वैशंपायनउवाच ॥ कृत्वावि
वाहंतुकुरुप्रवीरास्तदाऽभिमन्योर्मुदिताःस्वपक्षाः ॥ विश्रम्यरात्रावुषसिप्रतीताःसभांविराटस्यततोऽभिजग्मुः १ सभातुसामत्स्यपतेःसमृद्धामणिप्रवेकोत्तमरत्नचि
त्रा ॥ न्यस्तासनामाल्यवतीसुगंधातामभ्ययुस्तेनरराजवृद्धाः २ अथासनान्याविशतांपुरस्तादुभौविराटद्रुपदौनरेंद्रौ ॥ वृद्धौचमान्यौपृथिवीपतीनांपित्रासमंराम
जनार्दनौच ३ पांचालराजस्यसमीपतस्तुशिनिप्रवीरःसहरौहिणेयः ॥ मत्स्यस्यराज्ञस्तुसुसन्निकृष्टौजनार्दनश्चैवयुधिष्ठिरश्च ४ सुताश्चसर्वेद्रुपदस्यराज्ञोभीमा
र्जुनौमाद्रवतीसुतौच ॥ प्रद्युम्नसांबौचयुधिप्रवीरौविराटपुत्रैश्चसहाभिमन्युः ५ सर्वेचशूराःपितृभिःसमानावीर्येणरूपेणबलेनचैव ॥ उपाविशन्द्रौपदेयाःकुमाराःसु
वर्णचित्रेषुवरासनेषु ६ ततोपविष्टेषुमहारथेषुविराजमानाभरणांबरेषु ॥ रराजसाराजवतीसमृद्धाग्रहैरिवद्यौर्विमलैरुपेता ७ ततःकथास्तेसमवाययुक्ताःकृत्वावि
चित्राःपुरुषप्रवीराः ॥ तस्थुर्मुहूर्तंपरिचिन्तयन्तःकृष्णंनृपास्तेसमुदीक्षमाणाः ८ कथांतमासाद्यचमाधवेनसंघट्टिताःपांडवकार्यहेतोः ॥ तेराजसिंहाःसहिताह्यशृण्व
न्वाक्यंमहार्थंसुमहोदयंच ९ ॥ श्रीकृष्णउवाच ॥ सर्वैर्भवद्भिर्विदितंयथाऽयंयुधिष्ठिरःसौबलेनाक्षवत्याम् ॥ जितोनिकृत्याऽपहृतंचराज्यंवनप्रवासेसमयःकृतश्च
१० शक्तैर्विजेतुंतरसामहींचसत्येस्थितैःसत्त्यरथैर्यथावत् ॥ पांडोःसुतैस्तद्व्रतमुग्ररूपंवर्षाणिषट्सप्तचचीर्णमग्र्यैः ११ त्रयोदशश्चैवसुदुस्तरोऽयमज्ञायमानैर्भव
तांसमीपे ॥ क्लेशानसह्यान्विविधान्सहद्भिर्महात्मभिश्चापिवनेनिविष्टम् १२ एतैःपरप्रेष्यनियोगयुक्तैरिच्छद्भिराप्तंस्वकुलेनराज्यम् ॥ एवंगतेधर्मसुतस्यराज्ञोदु
र्योधनस्यापिचयद्धितंस्यात् १३ तच्चिंतयध्वंकुरुपुंगवानांधर्म्यंचयुक्तंचयशस्करंच ॥ अधर्मयुक्तंनचकामयेतराज्यंसुराणामपिधर्मराजः १४ धर्मार्थयुक्तंतुमही
पतित्वंग्रामेऽपिकस्मिंश्चिदयंबुभूषेत् ॥ पित्र्यंहिराज्यंविदितंनृपाणांयथाऽपकृष्टंधृतराष्ट्रपुत्रैः १५ मिथ्योपचारेणयथाह्यनेनकृच्छ्रंमहत्प्राप्तमसह्यरूपम् ॥ नचा
पिपार्थोविजितोरणेतैःस्वतेजसाधृतराष्ट्रस्यपुत्रैः १६ तथाऽपिराजासहितःसुहृद्भिरभीप्सतेऽनामयमेवतेषाम् ॥ यत्तुस्वयंपांडुसुतैर्विजित्यसमाहृतंभूमिपतीन्प्रपी
ड्य १७ तत्प्रार्थयंतेपुरुषप्रवीराःकुंतीसुतामाद्रवतीसुतौच ॥ बालास्त्विमेतैर्विविधैरुपायैःसंप्रार्थिताहंतुममित्रसंघैः १८

वसुदेवेन ३ रौहिणेयःबलरामः ४ । ५ । ६ । ७ । ८ संघट्टिताःसन्नद्धीकृताः महार्थंसारार्थं महोदयंश्रेष्ठफलम् ९ अक्षवत्यांद्यूतक्रीडायां निकृत्याछलेन समयःपणः १० सत्त्यरथैःसत्पृथिव्यप्तेजांसि
त्यत्वाय्याकाशौ उभयत्रअकुंठितोरथोयेषांतैरितिमध्यमपदलोपेनसमासः सत्यंरथवदारोढुंयोग्यंतेषांवा पाठांतरेसत्यैकप्रियैः ११ । १२ । १३ । १४ बुभूषेत्प्राप्तुमिच्छेत् तद्भावआर्षः १५ । १६
अनामयंकुशलं यत्तुधनादिकंस्वयमेवसमाहृतं नपित्रादिभिः १७ । १८

१९ पारयित्वेतिपाठेसमाप्य २० अतोराज्यार्धप्रदानात् कार्यैराज्यलाभनिमित्तं तैर्धार्तराष्ट्रैःकृतंविप्रकारंअपकारं निशम्यज्ञात्वा तान्पांडवान् २१ यदिइमान्बाधेयुः तर्हिएतेऽपितान्कौरवान्हन्युः इमेपांडवाः २२ । २३ । २४ । २५ । २६ ॥ इतिउद्योगपर्वणि नीलकंठीये भारतभावदीपे प्रथमोऽध्यायः ॥ १ ॥ ॥ ॥ १ अर्धंराज्यस्यविसृज्य तस्यकृते अर्धस्यराज्यस्यार्थे २ राज्यंराज्या

राज्यंजिहीर्षद्भिरसद्भिरुग्रैःसर्वंचतद्वोविदितंयथावत् ॥ तेषांचलोभंप्रसमीक्ष्यवृद्धंधर्मज्ञतांचापियुधिष्ठिरस्य १९ संबंधितांचापिसमीक्ष्यतेषांमतिंकुरुध्वंसहिताः पृथक्च ॥ इमेचसत्येऽभिरताःसदैवतंपालयित्वासमयंयथावत् २० अतोऽन्यथातैरुपचर्यमाणाहन्युःसमेतान्धृतराष्ट्रपुत्रान् ॥ तैर्विप्रकारंचनिशम्यकार्येसुहृज्ज नास्तान्परिवारयेयुः २१ युद्धेनबाधेयुरिमांस्तथैवंतैर्बाध्यमानायुधितांश्चहन्युः ॥ तथाऽपिनेमेऽल्पतयासमर्थास्तेषांजयायेतिभवेन्मतंवः २२ समेत्यसर्वेसहि ताःसुहृद्भिस्तेषांविनाशाययतेयुरेव ॥ दुर्योधनस्यापिमतंयथावन्नज्ञायतेकिंनुकरिष्यतीति २३ अज्ञायमानेचमतेपरस्यकिंस्यात्समारभ्यतमंमतंवः ॥ तस्मादि तोगच्छतुधर्मशीलःशुचिःकुलीनःपुरुषोऽप्रमत्तः २४ दूतःसमर्थःप्रशमायतेषांराज्यार्धदानाययुधिष्ठिरस्य ॥ निशम्यवाक्यंतुजनार्दनस्यधर्मार्थयुक्तंमधुरंसमंच २५ समाददेवाक्यमथाग्रजोऽस्यसंपूज्यवाक्यंतदतीवराजन् २६ ॥ इतिश्रीमहाभारतेउद्योगपर्वणिसेनोद्योगपर्वणिपुरोहितयानेप्रथमोऽध्यायः ॥ १ ॥ ॥ बल देवउवाच ॥ श्रुतंभवद्भिर्गदपूर्वजस्यवाक्यंयथाधर्मवदर्थवच्च ॥ अजातशत्रोश्चहितंहितंचदुर्योधनस्यापितथैवराज्ञः १ अर्धंहिराज्यस्यविसृज्यवीराःकुंतीसुता स्तस्यकृतेयतंते ॥ प्रादायचार्धंधृतराष्ट्रपुत्रःसुखीसहास्माभिरतीवमोदेत् २ लब्ध्वाहिराज्यंपुरुषप्रवीराःसम्यक्प्रवृत्तेषुपरेषुचैव ॥ ध्रुवंप्रशांताःसुखमाविशेयुस्ते षांप्रशांतिश्चहितंप्रजानाम् ३ दुर्योधनस्यापिमतंचवेत्तुंवक्तुंचवाक्यानियुधिष्ठिरस्य ॥ प्रियंचमेस्याद्यदितत्रकश्चिद्व्रजेच्छमार्थंकुरुपांडवानाम् ४ सभीष्ममामंत्र्यकुरु प्रवीरंवैचित्रवीर्यंचमहानुभावम् ॥ द्रोणंसपुत्रंविदुरंकृपंचगांधारराजंचससूतपुत्रम् ५ सर्वेचयेऽन्येधृतराष्ट्रपुत्राबलप्रधानानिगमप्रधानाः ॥ स्थिताश्चधर्मेषुतथा स्वकेषुलोकप्रवीराःश्रुतकालवृद्धाः ६ एतेषुसर्वेषुसमागतेषुपौरेषुवृद्धेषुचसंगतेषु ॥ ब्रवीतुवाक्यंप्रणिपातयुक्तंकुंतीसुतस्यार्थकरंयथास्यात् ७ सर्वास्वव स्थासुचतेनकोप्याग्रस्तोहिसोऽर्थोबलमाश्रितैस्तैः ॥ प्रियाभ्युपेतस्ययुधिष्ठिरस्यद्यूतेप्रसक्तस्यहृतंचराज्यम् ८ निवार्यमाणश्चकुरुप्रवीरःसर्वैःसुहृद्भिर्ह्ययमप्यतज्ज्ञः ॥ सदीव्यमानःप्रतिदीव्यचैनंगांधरराजस्यसुतंमताक्षम् ९ हित्वाहिकर्णंचसुयोधनंचसमाह्वयद्देवितुमाजमीढः ॥ दुरोदरास्तत्रसहस्रशोऽन्येयुधिष्ठिरोयान्विषहेतजेतुम् १० उत्सृज्यतान्सौबलमेवचायंसमाह्वयत्तेनजितोऽक्षवत्याम् ॥ सदीव्यमानःप्रतिदेवनेनअक्षेपुनित्यंतुपराङ्मुखेषु ११

ॐ ३ । ४ । ५ बलंचतुरंगं निगमोनीतिशास्त्रं तेउभेप्रधानंयेषां श्रुतेनकालेनचवृद्धाः वृत्ताइतिपाठे श्रुतंकालवृत्तंसर्वसंहारकर्तव्यंयैस्ते ६ समागतेषुसभायामितिशेषः ७ वाक्यमेवाह सर्वास्विति । सर्वथाऽपितेपांडवाःनकोप्याः भवद्भिरिविशेषः सोऽर्थोग्रस्तःवनवासादिप्रतिज्ञानिस्तीर्णेत्यर्थः बलंसत्यपालनेसामर्थ्यं पूर्वकोपिताअपिअतःपरंनकोप्याइतिभावः ८ अयंयुधिष्ठिरः अतज्ज्ञःद्यूता नभिज्ञः ९ । १० । ११

संरंभमाणः हठंकुर्वाणः संरब्धमानइतिपाठेसंवृद्धदर्पइत्यर्थः १२ । १३ युद्धेअनयःभविताभविष्यति इहसामोपायेसोऽर्थःअनयःन १४ । १५ ॥ इतिउद्योगपर्वणिनीलकंठीये भारतभावदीपे बलदेववाक्येद्वितीयोऽध्यायः ॥ २ ॥ ॥ यादृशआत्माशुद्धःपापोवातादृशंशुद्धंपापंवाभाषते १ । २ फलाफलवती सुपोलुकआर्षःपूर्वसवर्णोवा ३ तेतववाक्यं तत्रापराधःशकुनेर्नकश्चिदितिपूर्वोक्तंकौरवपक्षपातयुक्तं ४ । ५ यथाश्रद्धंद्यूतेआसक्तिरहितमिव धर्मेजयःधर्मनिमित्तंजयःकुतः किंतु अधर्ममूलकएवतेषांजयइत्यर्थः ६ । ७ प्रणिपतेत्शरणागतोभवेत् पणंकृत्वावनवासप्रतिज्ञांनिस्तीर्य ८ पैतामहमितिन्यायलभ्यत्वंसू

संरंभमाणोविजितःप्रसह्यतत्रापराधःशकुनेर्नकश्चित् ॥ तस्मात्प्रणम्यैववचोब्रवीतुवैचित्रवीर्यंबहुसामयुक्तम् १२ तथाहिशक्योधृतराष्ट्रपुत्रःस्वार्थेनियोक्तुंपुरुषेणतेन ॥ अयुद्धमाकांक्षतकौरवाणांसाम्नैवदुर्योधनमाह्वयध्वम् १३ साम्नाजितोऽर्थोऽर्थकरोभवेतयुद्धेऽनयोभवितानेहसोऽर्थः १४ ॥ वैशंपायनउवाच ॥ एवंब्रुवत्येवमधुप्रवीरे शिनिप्रवीरःसहसोत्पपात ॥ तच्चापिवाक्यंपरिनिंद्यतस्यसमाददेवाक्यमिदंसमन्युः १५ इतिश्रीमहाभारतेउद्योगपर्वणिसेनोद्योगपर्वणिबलदेववाक्येद्वितीयोऽध्यायः ॥ २ ॥ ॥ सात्यकिरुवाच ॥ यादृशःपुरुषस्यात्मातादृशंसंप्रभाषते ॥ यथारूपोऽन्तरात्मातेतथारूपंप्रभाषसे १ संतिवैपुरुषाःशूराःसंतिकापुरुषास्तथा ॥ उभावेतौदृढौपक्षौदृश्येतेपुरुषान्प्रति २ एकस्मिन्नेवजायेतेकुलेक्लीबमहाबलौ ॥ फलाफलवतीशाखेयथैकस्मिन्वनस्पतौ ३ नाभ्यसूयामितेवाक्यंब्रुवतोलांगलध्वज ॥ येतुशृण्वंतितेवाक्यंतानसूयामिमाधव ४ कथंहिधर्मराजस्यदोषमल्पमपिब्रुवन् ॥ लभतेपरिषन्मध्येव्याहर्तुमकुतोभयः ५ समाहूयमहात्मानंजितवंतोऽक्षकोविदाः ॥ अनक्षज्ञंयथाश्रद्धंतेषुधर्मजयःकुतः ॥ यदिकुंतीसुतंगेहेक्रीडंतंभ्रातृभिःसह ६ अभिगम्यजयेयुस्तेतत्तेषांधर्मतोभवेत् ॥ समाहूयतुराजानंक्षत्रधर्मरतंसदा ७ निकृत्याजितवंतस्तेकिंनुतेषांपरंशुभम् ॥ कथंप्रणिपतेच्चायमिहकृत्वापणंपरम् ८ वनवासाद्विमुक्तस्तुप्राप्तःपैतामहंपदम् ॥ यद्ययंपापवित्तानिकामयेतयुधिष्ठिरः ९ एवमप्ययमत्यंतंपरान्नार्हतियाचितुम् ॥ कथंचधर्मयुक्तास्तेनचराज्यंजिहीर्षवः १० निवृत्तवासान्कौन्तेयान्यआहुर्विदिताइति ॥ अनुनीताहिभीष्मेणद्रोणेनविदुरेणच ११ नव्यवस्यंतिपांडूनांप्रदातुंपैतृकंवसु ॥ अहंतुतान्शितैर्बाणैरनुनीयरणेबलात् १२ पादयोःपातयिष्यामिकौंतेयस्यमहात्मनः ॥ अथतेनव्यवस्यंतिप्रणिपातायधीमतः १३ गमिष्यंतिसहामात्यायमस्यसदनंप्रति ॥ नहितेयुयुधानस्यसंरब्धस्ययुयुत्सतः १४ वेगंसमर्थाःसंसोढुंवज्रस्येवमहीधराः ॥ कोहिगांडीवधन्वानंकश्चचक्रायुधंयुधि ॥ मांचापिविषहेत्क्रुद्धंकश्चभीमंदुरासदम् १५ यमौचदृढधन्वानौयमकालोपमद्युती ॥ विराटद्रुपदौवीरौयमकालोपमद्युती १६ कोजिजीविषुरासादेद्धृष्टद्युम्नंचपार्षतम् ॥ पंचैतान्पांडवेयांस्तुद्रौपद्याःकीर्तिवर्धनान् १७

चितं ९ । १० विदिताअज्ञातचर्यायामितिशेषः अनुनीताःपरिमितःकालःएतैरतिवाहितइतिबोधिताः ११ । १२ । १३ । १४ । १५ यमः शरीरात्प्राणानामुद्धर्ता कालःआयुःपरिच्छेदकर्ता १६ पांडवेयान् पांडवीद्रौपदीतत्पुत्रान् । पुंयोगलक्षणङीषंतावत्स्त्रीभ्योढगितिढक् १७

पांडूनांपांडुतुल्यानांपांडवानां १८ । १९ । २० तस्यपांडवस्य २१ । २२ । २३ ॥ इतिउद्योगपर्वणिनीलकंठीये भारतभावदीपेतृतीयोऽध्यायः ॥ ३ ॥ ॥ मधुरेणसाम्ना १ कार्पण्यादतदन्नभक्षणेन

समप्रमाणान्पांडूनांसमवीर्यान्मदोत्कटान् ॥ सौभद्रंचमहेष्वासममरैरपिदुःसहम् १८ गदप्रद्युम्नसांबांश्चकालसूर्यानलोपमान् ॥ तेवयंधृतराष्ट्रस्यपुत्रंशकुनिनासह
१९ कर्णंचैवनिहत्याजावभिषेक्ष्यामपांडवम् ॥ नाधर्मोविद्यतेकश्चिच्छत्रून्हत्वाऽऽततायिनः २० अधर्म्यमयशस्यंचशात्रवाणांप्रयाचनम् ॥ हृद्गतस्तस्ययःकाम
स्तंकुरुध्वमतंद्रिताः २१ निसृष्टंधृतराष्ट्रेणराज्यंप्राप्नोतुपांडवः ।। अद्यपांडुसुतोराज्यंलभतांवायुधिष्ठिरः २२ निहतावारणेसर्वेस्वप्स्यंतिवसुधातले २३ इतिश्री
महाभारतेउद्योगपर्वणिसेनोद्योगपर्वणिसात्यकिक्रोधवाक्येतृतीयोऽध्यायः ॥ ३ ॥ ॥ द्रुपदउवाच ॥ एवमेतन्महाबाहोभविष्यतिनसंशयः ॥ नहिदुर्योधनोरा
ज्यंमधुरेणप्रदास्यति १ अनुवर्त्स्यंतितंचापिधृतराष्ट्रःसुतप्रियः ॥ भीष्मद्रोणौचकार्पण्यान्मौर्ख्याद्राधेयसौबलौ २ बलदेवस्यवाक्यंतुममज्ञानेनयुज्यते ॥ एत
द्धिपुरुषेणाग्रेकार्यंसुनयमिच्छता ३ नतुवाच्योमृदुवचोधार्त्तराष्ट्रःकथंचन ॥ नहिमार्दवसाध्योऽसौपापबुद्धिर्मतोमम ४ गर्दभेमार्दवंकुर्याद्गोषुतीक्ष्णंसमाचरेत् ॥
मृदुदुर्योधनेवाक्यंयोब्रूयात्पापचेतसि ५ मृदुंवैमन्यतेपापोभाषमाणमशक्तिकम् ॥ जितमर्थंविजानीयादबुधोमार्दवेसति ६ एतच्चैवकरिष्यामोयत्नश्चक्रियतामिह ॥
प्रस्थापयाममित्रेभ्योबलान्युद्योजयंतुनः ७ शल्यस्यधृष्टकेतोश्चजयत्सेनस्यवाविभो ॥ केकयानांचसर्वेषांदूतागच्छंतुशीघ्रगाः ८ सचदुर्योधनोनूनंप्रेषयिष्यतिस
र्वशः ।। पूर्वाभिपन्नाःसंतश्चभजंतेपूर्वचोदनम् ९ तत्त्वरध्वंनरेंद्राणांपूर्वमेवप्रचोदने ॥ महद्धिकार्यंवोढव्यमितिमेवर्त्ततेमतिः १० शल्यस्यप्रेष्यतांशीघ्रंयेचतस्यानु
गान्नृपाः ॥ भगदत्तायराज्ञेचपूर्वसागरवासिने ११ अमितौजसेतथोग्रायहार्दिक्यायांधकायच ॥ दीर्घप्रज्ञायशूरायरोचमानायवाविभो १२ आनीयतांबृहंतश्चसेना
बिंदुश्चपार्थिवः ॥ सेनजित्प्रतिविंध्यश्चचित्रवर्मासुवास्तुकः १३ बाल्हीकोमुंजकेशश्चचैद्याधिपतिरेवच ॥ सुपार्श्वश्चसुबाहुश्चपौरवश्चमहारथः १४ शकानांपल्ह
वानांचदरदानांचयेनृपाः ॥ सुरारिश्चनदीजश्चकर्णवेष्टश्चपार्थिवः १५ नीलश्चवीरधर्माचभूमिपालश्चवीर्यवान् ॥ दुर्जयोदंतवक्रश्चरुक्मीचजनमेजयः १६ आषाढो
वायुवेगश्चपूर्वपालीचपार्थिवः ॥ भूरितेजादेवकश्चएकलव्यःसहात्मजैः १७ कारूषकाश्चराजानःक्षेमधूर्त्तिश्चवीर्यवान् ॥ कांबोजाऋषिकायेचपश्चिमानूपकाश्चये १८
जयत्सेनश्चकाश्यश्चतथापंचनदानृपाः ॥ क्राथपुत्रश्चदुर्द्धर्षःपार्वतीयाश्चयेनृपाः १९ जानकिश्चसुशर्माचमणिमान्योऽतिमत्सकः ॥ पांशुराष्ट्राधिपश्चैवधृष्टकेतुश्च
वीर्यवान् २० तुंडश्चदंडधारश्चबृहत्सेनश्चवीर्यवान् ॥ अपराजितोनिषादश्चश्रेणिमान्वसुमानपि २१ बृहद्बलोमहौजाश्चबाहुःपरपुरंजयः ॥ समुद्रसेनोराजाचस
हपुत्रेणवीर्यवान् २२ उद्भवःक्षेमकश्चैववाटधानश्चपार्थिवः ॥ श्रुतायुश्चदृढायुश्चशाल्वपुत्रश्चवीर्यवान् २३

दैन्याद् २ ज्ञानेज्ञानवतांसमाजे नयुज्यते अयुक्तमित्यर्थः एतद्वक्ष्यमाणं ३ । ४ । ५ । ६ । ७ । ८ पूर्वाभिपन्नाःपूर्वंसाहाय्यार्थंवृताः पूर्वचोदनंपूर्वचोदनाप्रेरणायस्यतम् ९ । १० । ११ । १२ । १३
१४ । १५ । १६ । १७ । १८ । १९ । २० । २१ । २२ । २३

२४ । २५ । २६ ॥ इतिउद्योगपर्वणिनीलकंठीयेभारतभावदीपे चतुर्थोऽध्यायः ॥ ४ ॥ ॥ ॥ उपपन्नंयुक्तं १ । २ संबंधकंतुल्यमिति । पांडवेषुकुंतीद्वारा कुरुषुदुर्योधनकन्यायाःसांबेनाह

कुमारश्चकलिंगानामीश्वरोयुद्धदुर्मदः ॥ एतेषांप्रेष्यतांशीघ्रमेतद्धिममरोचते २४ अयंचब्राह्मणोविद्वान्ममराजन्पुरोहितः ॥ प्रेष्यतांधृतराष्ट्रायवाक्यमस्मैप्रदीयताम् २५ यथादुर्योधनोवाच्योयथाशांतनवोनृपः ॥ धृतराष्ट्रोयथावाच्योद्रोणश्चरथिनांवरः २६ ॥ इतिश्रीमहाभारतेउद्योगपर्वणिसेनोद्योगपर्वणिद्रुपदवाक्येचतुर्थोऽध्यायः ॥ ४ ॥ ॥ वासुदेवउवाच ॥ उपपन्नमिदंवाक्यंसोमकानांधुरंधुरे ॥ अर्थसिद्धिकरंराज्ञःपांडवस्यामितौजसः १ एतच्चपूर्वंकार्यंनःसुनीतमभिकांक्षताम् ॥ अन्यथाह्याचरन्कर्मपुरुषःस्यात्सुबालिशः २ किंतुसंबंधकंतुल्यमस्माकंकुरुपांडुषु ॥ यथेष्टंवर्त्तमानेषुपांडवेषुचतेषुच ३ तेविवाहार्थमानीतावयंसर्वेतथाभवान् ॥ कृतेविवाहेमुदितागमिष्यामोगृहान्प्रति ४ भवान्वृद्धतमोराज्ञांवयसाचश्रुतेनच ॥ शिष्यवत्तेवयंसर्वेभवामेहनसंशयः ५ भवंतंधृतराष्ट्रश्चसततंबहुमन्यते ॥ आचार्ययोःसखाचासिद्रोणस्यचकृपस्यच ६ सभवान्प्रेषयत्वद्यपांडवार्थकरंवचः ॥ सर्वेषांनिश्चितंतन्नःप्रेषयिष्यतियद्भवान् ७ यदितावच्छमंकुर्यान्न्यायेनकुरुपुंगवः ॥ नभवेत्कुरुपांडूनांसौभ्रात्रेणमहान्क्षयः ८ अथदर्पान्वितोमोहान्नकुर्याद्धृतराष्ट्रजः ॥ अन्येषांप्रेषयित्वाचपश्चादस्मान्समाह्वयेः ९ ततोदुर्योधनोमंदःसहामात्यःसबांधवः ॥ निष्ठामापत्स्यतेमूढःक्रुद्धेगांडीवधन्वनि १० ॥ वैशंपायनउवाच ॥ ततःसत्कृत्यवार्ष्णेयंविराटःपृथिवीपतिः ॥ गृहात्प्रस्थापयामाससगणंसहबांधवम् ११ द्वारकांतुगतेकृष्णेयुधिष्ठिरपुरोगमाः ॥ चक्रुःसांग्रामिकंसर्वंविराटश्चमहीपतिः १२ ततःसंप्रेषयामासविराटःसहबांधवैः ॥ सर्वेषांभूमिपालानांद्रुपदश्चमहीपतिः १३ वचनात्कुरुसिंहानांमत्स्यपांचालयोश्चते ॥ समाजग्मुर्महीपालाःसंप्रहृष्टामहाबलाः १४ तच्छ्रुत्वापांडुपुत्राणांसमागच्छन्महद्बलम् ॥ धृतराष्ट्रसुताश्चापिसमानिन्युर्महीपतीन् १५ समाकुलामहीराजन्कुरुपांडवकारणात् ॥ तदासमभवत्कृत्स्नासंप्रयाणेमहीक्षिताम् १६ संकुलाचतदाभूमिश्चतुरंगबलान्विता ॥ बलानितेषांवीराणामागच्छंतिततस्ततः १७ चालयंतीवगांदेवींसपर्वतवनामिमाम् ॥ ततःप्रज्ञावयोवृद्धंपांचाल्यःस्वपुरोहितम् ॥ कुरुभ्यःप्रेषयामासयुधिष्ठिरमतेस्थितः १८ ॥ इतिश्रीमहाभारतेउद्योगपर्वणिसेनोद्योगपर्वणिपुरोहितयानेपंचमोऽध्यायः ॥ ५ ॥ ॥ द्रुपदउवाच ॥ भूतानांप्राणिनःश्रेष्ठाःप्राणिनांबुद्धिजीविनः ॥ बुद्धिमत्सुनराःश्रेष्ठानरेष्वपिद्विजातयः १ द्विजेषुवैद्याःश्रेयांसोवैद्येषुकृतबुद्धयः ॥ कृतबुद्धिषुकर्त्तारःकर्तृषुब्रह्मवादिनः २ सभवान्कृतबुद्धीनांप्रधानइतिमेमतिः ॥ कुलेनचविशिष्टोऽसिवयसाचश्रुतेनच ३ प्रज्ञयासदृशश्चासिशुक्रेणांगिरसेनच ॥ विदितंचापितेसर्वंयथावृत्तःसकौरवः ४

रणात् ३ । ४ । ५ । ६ वचःसंदेशवाक्यम् ७ । ८ प्रेषयित्वादूतमितिशेषः ९ निष्ठांनाशं 'निष्ठानिष्पत्तिनाशांतयाञ्चानिर्वहणेषुच' इतिविश्वः १० । ११ । १२ । १३ । १४ । १५ । १६ । १७ । १८ ॥ इतिउद्योगपर्वणिनीलकंठीये भारतभावदीपे पंचमोऽध्यायः ॥ ५ ॥ ॥ ॥ १ वैद्याःविद्यावंतः कृतबुद्धयःसिद्धांतज्ञाः २ । ३ । ४

॥ ३ ॥

पांडवश्चयथावृत्तःकुंतीपुत्रोयुधिष्ठिरः ॥ धृतराष्ट्रस्यविदितेवंचिताःपांडवाःपरैः ५ विदुरेणानुनीतोऽपिपुत्रमेवानुवर्त्तते ॥ शकुनिर्बुद्धिपूर्वंहिकुंतीपुत्रंसमाह्वयत् ६ अ०

अनक्षज्ञंमताक्षःसन्क्षत्रवृत्तेस्थितंशुचिम् ॥ तेतथावंचयित्वातुधर्मराजंयुधिष्ठिरम् ७ नकस्यांचिदवस्थायांराज्यंदास्यंतिवैस्वयम् ॥ भवांस्तुधर्मसंयुक्तंधृतराष्ट्रं ७

वन्वचः ८ मनांसितस्ययोधानांध्रुवमावर्त्तयिष्यति ॥ विदुरश्चापितद्वाक्यंसाधयिष्यतितावकम् ९ भीष्मद्रोणकृपादीनांभेदंसंजनयिष्यति ॥ अमात्येषुचभि

न्नेषुयोधेषुविमुखेषुच १० पुनरेकत्रकरणंतेषांकर्मभविष्यति ॥ एतस्मिन्नंतरेपार्थाःसुखमेकाग्रबुद्धयः ११ सेनाकर्मकरिष्यंतिद्रव्याणांचैवसंचयम् ॥ भिद्यमा

नेषुचस्वेषुलंबमानेतथात्वयि १२ नतथातेकरिष्यंतिसेनाकर्मनसंशयः ॥ एतत्प्रयोजनंचात्रप्राधान्येनोपलभ्यते १३ संगत्याधृतराष्ट्रश्चकुर्याद्धर्म्यंवचस्तव ॥

सभवान्धर्मयुक्तश्चधर्म्यंतेषुसमाचरन् १४ कृपालुषुपरिक्लेशान्पांडवीयान्प्रकीर्त्तयन् ॥ वृद्धेषुकुलधर्मंचब्रुवन्पूर्वैरनुष्ठितम् १५ विभेत्स्यतिमनांस्येषामितिमेनात्र

संशयः ॥ नचतेभ्योभयंतेऽस्तिब्राह्मणोह्यसिवेदवित् १६ दूतकर्मणियुक्तश्चस्थविरश्चविशेषतः ॥ सभवान्पुष्ययोगेनमुहूर्त्तेनजयेनच ॥ कौरवेयान्प्रयात्वाशुकौन्तेय

स्यार्थसिद्धये १७ ॥ वैशंपायनउवाच ॥ तथाऽनुशिष्टःप्रययौद्रुपदेनमहात्मना ॥ पुरोधावृत्तसंपन्नोनगरंनागसाह्वयम् १८ शिष्यैःपरिवृतोविद्वान्नीतिशा

स्त्रार्थकोविदः ॥ पांडवानांहितार्थायकौरवान्प्रतिजग्मिवान् १९ ॥ ॥ इतिश्रीमहाभारतेउद्योगपर्वणिसेनोद्योगपर्वणिपुरोहितयानेषष्ठोऽध्यायः ॥ ६ ॥ ॥

वैशंपायनउवाच ॥ पुरोहितंतंप्रस्थाप्यनगरंनागसाह्वयम् ॥ दूतान्प्रस्थापयामासुःपार्थिवेभ्यस्ततस्ततः १ प्रस्थाप्यदूतानन्यत्रद्वारकांपुरुषर्षभः ॥ स्वयंजगाम

कौरव्यःकुंतीपुत्रोधनंजयः २ गतेद्वारवतींकृष्णेबलदेवेचमाधवे ॥ सहवृष्ण्यंधकैःसर्वैर्भोजैश्चशतशस्तदा ३ सर्वमागमयामासपांडवानांविचेष्टितम् ॥ धृतराष्ट्रा

त्मजोराजागूढैःप्रणिहितैश्चरैः ४ सश्रुत्वामाधवंयांतंसदश्वैरनिलोपमैः ॥ बलेननातिमहताद्वारकामभ्ययात्पुरीम् ५ तमेवदिवसंचापिकौन्तेयःपांडुनंदनः ॥ आ

नर्त्तनगरींरम्यांजगामाशुधनंजयः ६ तौयात्वापुरुषव्याघ्रौद्वारकांकुरुनंदनौ ॥ सुप्तंददृशतुःकृष्णंशयानंचाभिजग्मतुः ७ ततःशयानेगोविंदेप्रविवेशसुयोधनः ॥

उच्छीर्षतश्चकृष्णस्यनिषसादवरासने ८ ततःकिरीटीतस्यानुप्रविवेशमहामनाः ॥ पश्चाच्चैवसकृष्णस्यप्रह्वोऽतिष्ठत्कृतांजलिः ९ प्रतिबुद्धःसवार्ष्णेयोददर्शाग्रेकि

रीटिनम् ॥ सतयोःस्वागतंकृत्वायथावत्प्रतिपूज्यतौ १० तदागमनजंहेतुंपप्रच्छमधुसूदनः ॥ ततोदुर्योधनःकृष्णमुवाचप्रहसन्निव ११ विग्रहेऽस्मिन्भवान्सा

ह्यंममदातुमिहार्हति ॥ समंहिभवतःसख्यंममचैवार्जुनेऽपिच १२

१३ । १४ । १५ । १६ प्रवारणंईप्सितप्रदाने 'काम्यदानंप्रवारणम्' इतिविश्वः पूर्वमर्हः त्वत्तःकनिष्ठत्वादित्यर्थः १७ । १८ । १९ । २० । २१ । २२ । २३ अपहृतंरिक्तंकृतम् २४

तथासंबंधकंतुल्यमस्माकंत्वयिमाधव ॥ अहंचाभिगतःपूर्वंत्वामद्यमधुसूदन १३ पूर्वंचाभिगतंसंतोभजंतेपूर्वसारिणः ॥ त्वंचश्रेष्ठतमोलोकेसतामद्यजनार्दन १४ सत
तंसंमतश्चैवसद्वृत्तमनुपालय ॥ कृष्णउवाच ॥ भवानभिगतःपूर्वमत्रमेनास्तिसंशयः ॥ दृष्टस्तुप्रथमंराजन्मयापार्थोधनंजयः १५ तवपूर्वाभिगमनात्पूर्वंचाप्यस्य
दर्शनात् ॥ साहाय्यमुभयोरेवकरिष्यामिसुयोधन १६ प्रवारणंतुबालानांपूर्वंकार्यमितिश्रुतिः ॥ तस्मात्प्रवारणंपूर्वमर्हःपार्थोधनंजयः १७ मत्संहननतुल्यानांगोपा
नामर्बुदंमहत् ॥ नारायणाइतिख्याताःसर्वेसंग्रामयोधिनः १८ तेवायुधिदुराधर्षाभवंत्वेकस्यसैनिकाः ॥ अयुध्यमानःसंग्रामेन्यस्तशस्त्रोऽहमेकतः १९ आभ्यामन्य
तरंपार्थयत्तेहृद्यतरंमतम् ॥ तद्वृणीतांभवानग्रेप्रवार्यस्त्वंहिधर्मतः २० ॥ वैशंपायनउवाच ॥ एवमुक्तस्तुकृष्णेनकुंतीपुत्रोधनंजयः ॥ अयुध्यमानंसंग्रामेवरयामासके
शवम् २१ नारायणममित्रघ्नंकामाज्जातमजंनृपु ॥ सर्वक्षत्रस्यपुरतोदेवदानवयोरपि २२ दुर्योधनस्तुतत्सैन्यंसर्वमावरयत्तदा ॥ सहस्राणांसहस्रंतुयोधानांप्राप्यभारत
२३ कृष्णंचापहृतंज्ञात्वासंप्रापपरमांमुदम् ॥ दुर्योधनस्तुतत्सैन्यंसर्वमादायपार्थिवः २४ ततोऽभ्ययाद्भीमबलोरौहिणेयंमहाबलम् ॥ सर्वंचागमनेहेतुंसतस्मै
संन्यवेदयत् ॥ प्रत्युवाचततःशौरिर्धार्तराष्ट्रमिदंवचः २५ ॥ बलदेवउवाच ॥ विदितंतेनरव्याघ्रसर्वंभवितुमर्हति ॥ यन्मयोक्तंविराटस्यपुरावैवाहिकेतदा
२६ निगृह्योक्तोहृषीकेशस्त्वदर्थंकुरुनंदन ॥ मयासंबंधकंतुल्यमितिराजन्पुनःपुनः २७ नचतद्वाक्यमुक्तंवैकेशवंप्रत्यपद्यत ॥ नचाहमुत्सहेकृष्णंविनास्था
तुमपिक्षणम् २८ नाहंसहायःपार्थस्यनापिदुर्योधनस्यवै ॥ इतिमेनिश्चिताबुद्धिर्वासुदेवमवेक्ष्यह २९ जातोऽसिभारतेवंशेसर्वपार्थिवपूजिते ॥ गच्छयुध्य
स्वधर्मेणक्षात्रेणपुरुषर्षभ ३० ॥ वैशंपायनउवाच ॥ इत्येवमुक्तस्तुतदापरिष्वज्यहलायुधम् ॥ कृष्णंचापहृतंज्ञात्वायुद्धान्मेनेजितंजयम् ३१ सोऽभ्यया
त्कृतवर्माणंधृतराष्ट्रसुतोनृपः ॥ कृतवर्माददौतस्यसेनामक्षौहिणींतदा ३२ सतेनसर्वसैन्येनभीमेनकुरुनंदनः ॥ वृतःप्रतिययौहृष्टःसुहृदःसंप्रहर्षयन् ३३ ततः
पीतांबरधरोजगत्स्रष्टाजनार्दनः ॥ गतेदुर्योधनेकृष्णःकिरीटिनमथाब्रवीत् ३४ अयुध्यमानःकांबुद्धिमास्थायाहंवृतस्त्वया ॥ अर्जुनउवाच ॥ भवान्सम
र्थस्तान्सर्वान्निहंतुंनात्रसंशयः ॥ निहंतुमहमप्येकःसमर्थःपुरुषर्षभ ३५ भवांस्तुकीर्तिमाँल्लोकेतद्यशस्त्वांगमिष्यति ॥ यशसांचाहमप्यर्थीतस्मादसिमया
वृतः ३६ सारथ्यंतुत्वयाकार्यमितिमेमानसंसदा ॥ चिररात्रेप्सितंकामंतद्भवान्कर्तुमर्हति ३७ ॥ वासुदेवउवाच ॥ उपपन्नमिदंपार्थयत्स्पर्द्धसिमयासह ॥
सारथ्यंतेकरिष्यामिकामःसंपद्यतांतव ३८

२५ । २६ । २७ । २८ । २९ । ३० । ३१ । ३२ । ३३ । ३४ । ३५ । ३६ । ३७ । ३८

३१ इतिउद्योगपर्वणिनीलकंठीये भारतभावदीपेसप्तमोऽध्यायः ॥ ७ ॥ ॥ शल्यइति १ । २ । ३ । ४ । ५ येनयत्रदेशे तत्रययौ ६ । ७ । ८ । ९ । १० । ११ । १२ । १३ । १४ : १५ दिदित्सुःदद

॥ वैशंपायनउवाच ॥ एवंप्रमुदितःपार्थःकृष्णेनसहितस्तदा ॥ वृतोदाशार्हप्रवरैःपुनरायाद्युधिष्ठिरम् ३१ इतिश्रीमहाभारतेउद्योगपर्वणिसेनोद्योगपर्वणिकृष्णसारथ्यस्वीकारेसप्तमोऽध्यायः ॥ ७ ॥ ॥ वैशंपायनउवाच ॥ शल्यःश्रुत्वातुदूतानांसैन्येनमहतावृतः ॥ अभ्ययात्पांडवान्राजन्सहपुत्रैर्महारथैः १ तस्यसेनानिवेशोऽभूदध्यर्द्धमिवयोजनम् ॥ तथाहिविपुलांसेनांबिभर्तिसनरर्षभः २ अक्षौहिणीपतीराजन्महावीर्यपराक्रमः ॥ विचित्रकवचाःशूराविचित्रध्वजकार्मुकाः ३ विचित्राभरणाःसर्वेविचित्ररथवाहनाः ॥ विचित्रस्रग्धराःसर्वेविचित्रांबरभूषणाः ४ स्वदेशवेषाभरणावीराःशतसहस्रशः ॥ तस्यसेनाप्रणेतारोबभूवुःक्षत्रियर्षभाः ५ व्यथयन्निवभूतानिकंपयन्निवमेदिनीम् ॥ शनैर्विश्रामयन्सेनांसययौयेनपांडवः ६ ततोदुर्योधनःश्रुत्वामहात्मानंमहारथम् ॥ उपायांतमभिद्रुत्यस्वयमानर्चभारत ७ कारयामासपूजार्थंतस्यदुर्योधनःसभाः ॥ रमणीयेषुदेशेषुरत्नचित्राःस्वलंकृताः ८ शिल्पिभिर्विविधैश्चैवक्रीडास्तत्रप्रयोजिताः ॥ तत्रमाल्यानिमांसानिभक्ष्यंपेयंचसत्कृतम् ९ कूपाश्चविविधाकारामनोहर्षविवर्धनाः ॥ वाप्यश्चविविधाकाराऔदकानिगृहाणिच १० सताःसभाःसमासाद्यपूज्यमानोयथाऽमरः ॥ दुर्योधनस्यसचिवैर्देशेदेशेसमंततः ११ आजगामसभामन्यांदेवावसथवर्चसम् ॥ सतत्रविषयैर्युक्तैःकल्याणैरतिमानुषैः १२ मेनेऽभ्यधिकमात्मानमवमेनेपुरंदरम् ॥ पप्रच्छसततःप्रेष्यान्प्रहृष्टःक्षत्रियर्षभः १३ युधिष्ठिरस्यपुरुषाःकेऽत्रचक्रुःसभाइमाः ॥ आनीयंतांसभाकाराःप्रदेयार्हाहिमेमताः १४ प्रसादमेषांदास्यामिकुंतीपुत्रोऽनुमन्यताम् ॥ दुर्योधनायतत्सर्वंकथयंतिस्मविस्मिताः १५ संप्रहृष्टोयदाशल्योदिदित्सुरपिजीवितम् ॥ गूढोदुर्योधनस्तत्रदर्शयामाससमातुलम् १६ तंदृष्ट्वामद्रराजश्चज्ञात्वायत्नंचतस्यतम् ॥ परिष्वज्याब्रवीत्प्रीतइष्टोऽर्थोगृह्यतामिति १७ दुर्योधनउवाच ॥ सत्यवाग्भवकल्याणवरोवैममदीयताम् ॥ सर्वसेनाप्रणेतावैभवान्भवितुमर्हति १८ ॥ वैशंपायनउवाच ॥ कृतमित्यब्रवीच्छल्यःकिमन्यत्क्रियतामिति ॥ कृतमित्येवगांधारिःप्रत्युवाचपुनःपुनः १९ ॥ शल्यउवाच ॥ गच्छदुर्योधनपुरंस्वकमेवनरर्षभ ॥ अहंगमिष्येद्रष्टुंवैयुधिष्ठिरमरिंदमम् २० दृष्ट्वायुधिष्ठिरंराजन्क्षिप्रमेष्येनराधिप ॥ अवश्यंचापिद्रष्टव्यःपांडवःपुरुषर्षभः २१ दुर्योधनउवाच ॥ क्षिप्रमागम्यतांराजन्पांडवंवीक्ष्यपार्थिव ॥ त्वय्यधीनाःस्मराजेंद्रवरदानंस्मरस्वनः २२ ॥ शल्यउवाच ॥ ॥ क्षिप्रमेष्यामिभद्रंतेगच्छस्वस्वपुरंनृप ॥ परिष्वज्यतथाऽन्योन्यंशल्यदुर्योधनावुभौ २३ सतथाशल्यमामंत्र्यपुनरायात्स्वकंपुरम् ॥ शल्योजगामकौन्तेयानाख्यातुंकर्मतस्यतत् २४ उपप्लव्यंसगत्वातुस्कंधावारंप्रविश्यच ॥ पांडवानथतान्सर्वान्शल्यस्तत्रददर्शह २५

दानेऽस्यरूपम् १६ । १७ । १८ । १९ । २० । २१ । २२ गच्छस्वकम्पुरं ब्रूहि स्वपुरंस्वराज्यम् २३ । २४ उपप्लव्यंविराटनगरस्यप्रदेशविशेषं स्कंधावारंसेनानिवेशस्थानम् २५

२६ । २७ कृष्णाविति । भीमोऽपिकृष्णएवासीदितिगम्यते इष्टाविति पाठःसुगमः २८ । २९ । ३० । ३१ । ३२ ' तंत्रंप्रधानेसिद्धांते ' इत्यमरः ३३ । ३४ । ३५ वदान्यःमंजुलवाक् ' वदान्योवल्गुवा

समेत्यचमहाबाहुःशल्यःपांडुसुतैस्तदा ॥ पाद्यमर्घ्यंचगांचैवप्रत्यगृह्णाद्यथाविधि २६ ततःकुशलपूर्वंहिमद्रराजोऽरिसूदनः ॥ प्रीत्यापरमयायुक्तःसमाश्लिष्ययुधिष्ठि
रम् २७ तथाभीमार्जुनौकृष्णौस्वस्रीयौचयमावुभौ ॥ आसनेचोपविष्टस्तुशल्यःपार्थमुवाचह २८ कुशलंराजशार्दूलकच्चित्तेकुरुनंदन ॥ अरण्यवासाद्दिष्ट्याऽसि
विमुक्तोजयतांवर २९ सुदुष्करंकृतंराजन्निर्जनेवसतात्वया ॥ भ्रातृभिःसहराजेंद्रकृष्णयाचानयासह ३० अज्ञातवासंघोरंचवसतादुष्करंकृतम् ॥ दुःखमेवकुतः
सौख्यंभ्रष्टराज्यस्यभारत ३१ दुःखस्यैतस्यमहतोधार्त्तराष्ट्रकृतस्यवै ॥ अवाप्स्यसिसुखंराजन्हत्वाशत्रून्परंतप ३२ विदितंतेमहाराजलोकतंत्रंनराधिप ॥ तस्मा
ल्लोभकृतंकिंचित्तवतातनविद्यते ३३ राजर्षीणांपुराणानांमार्गमन्विच्छभारत ॥ दानेतपसिसत्येचभवतातयुधिष्ठिर ३४ क्षमादमश्चसत्यंचअहिंसाचयुधिष्ठिर ॥
अद्भुतश्चपुनर्लोकस्त्वयिराजन्प्रतिष्ठितः ३५ मृदुर्वदान्योब्रह्मण्योदाताधर्मपरायणः ॥ धर्मास्तेविदिताराजन्बहवोलोकसाक्षिकाः ३६ सर्वंजगदिदंतातविदितंतेपरं
तप ॥ दिष्ट्याकृच्छ्रमिदंराजन्पारितंभरतर्षभ ३७ दिष्ट्यापश्यामिराजेंद्रधर्मात्मानंसहानुगम् ॥ निस्तीर्णदुष्करंराजंस्त्वांधर्मनिचयंप्रभो ३८ ॥ वैशंपायनउवाच ॥
ततोऽस्याकथयद्राजादुर्योधनसमागमम् ॥ तच्चशुश्रूषितंसर्वंवरदानंचभारत ३९ ॥ युधिष्ठिरउवाच ॥ सुकृतंतेकृतंराजन्प्रहृष्टेनांतरात्मना ॥ दुर्योधनस्ययद्वीरत्व
यावाचाप्रतिश्रुतम् ४० एकंत्विच्छामिभद्रंतेक्रियमाणंमहीपते ॥ राजन्नकर्त्तव्यमपिकर्तुमर्हसिसत्तम ४१ ममत्ववेक्षयावीरशृणुविज्ञापयामिते ॥ भवानिहमहा
राजवासुदेवसमोयुधि ४२ कर्णार्जुनाभ्यांसंप्राप्तेद्वैरथेराजसत्तम ॥ कर्णस्यभवताकार्यंसारथ्यंनात्रसंशयः ४३ तत्रपाल्योऽर्जुनोराजन्यदिमत्प्रियमिच्छसि ॥ ते
जोवधश्चतेकार्यःसौतेरस्मज्जयावहः ४४ अकर्तव्यमपिह्येतत्कर्तुमर्हसिमातुल ॥ शल्यउवाच ॥ शृणुपांडवभद्रंतेयद्ब्रवीषिमहात्मनः ॥ तेजोवधनिमित्तंमांसूतपुत्र
स्यसंगमे ४५ अहंतस्यभविष्यामिसंग्रामेसारथिर्ध्रुवम् ॥ वासुदेवेनहिसमंनित्यंमांसहिमन्यते ४६ तस्याहंकुरुशार्दूलप्रतीपमहितंवचः ॥ ध्रुवंसंकथयिष्यामियोद्धुका
मस्यसंयुगे ४७ यथासहृतदर्पश्चहृततेजाश्चपांडव ॥ भविष्यतिसुखंहंतुंसत्यमेतद्ब्रवीमिते ४८ एवमेतत्करिष्यामियथाताततत्वमात्थमाम् ॥ यच्चान्यदपिशक्ष्यामित
त्करिष्यामितेप्रियम् ४९ यच्चदुःखंत्वयाप्राप्तंद्यूतेवैकृष्णयासह ॥ परुषाणिचवाक्यानिसूतपुत्रकृतानिवै ५० जटासुरात्परिक्लेशःकीचकाच्चमहाद्युते ॥ द्रौपद्याऽधिग
तंसर्वंदमयंत्यायथाऽशुभम् ५१ सर्वंदुःखमिदंवीरसुखोदर्कंभविष्यति ॥ नात्रमन्युस्त्वयाकार्योविधिर्हिबलवत्तरः ५२

गपि ' इत्यमरः ३६ पारितंनिस्तीर्णं ३७ । ३८ । ३९ । ४० । ४१ । ४२ । ४३ । ४४ । ४५ । ४६ प्रतीपंप्रसंगप्रतिकूलं अहितंपरिणामविरुद्धम् ४७ । ४८ । ४९ । ५० । ५१ मन्युर्दैन्यम् ५२

म.भा.टी. ॥ ५३ । ५४ ॥ इतिउद्योगपर्वणि नीलकंठीये भारतभावदीपे अष्टमोऽध्यायः ॥ ८ ॥ ॥ १ । २ । ३ । ४ । ५ । ६ । ७ । ८ । ९ । १० हावाःशृंगारचेष्टाःभावाःचित्तविकाराःहर्षादयस्तैर्युक्ताः उद्यो० अ० ९

दुःखानिहिमहात्मानःप्राप्नुवंतियुधिष्ठिर ॥ देवैरपिहिदुःखानिप्राप्तानिजगतीपते ५३ इंद्रेणश्रूयतेराजन्सभार्येणमहात्मना ॥ अनुभूतंमहद्दुःखंदेवराजेनभारत ५४
॥ ९ ॥ इतिश्रीमहाभारतेउद्योगपर्वणिसेनोद्योगपर्वणिशल्यवाक्येअष्टमोऽध्यायः ॥ ८ ॥ ॥ युधिष्ठिरउवाच ॥ कथमिंद्रेणराजेंद्रसभार्येणमहात्मना ॥ दुःखंप्राप्तंपरंघोरमे
तदिच्छामिवेदितुम् १ ॥ शल्यउवाच ॥ शृणुराजन्पुरावृत्तमितिहासंपुरातनम् ॥ सभार्येणयथाप्राप्तंदुःखमिंद्रेणभारत २ त्वष्टाप्रजापतिर्ह्यासीद्देवश्रेष्ठोमहात
पाः ॥ सपुत्रंवैत्रिशिरसमिंद्रद्रोहात्किलासृजत् ३ ऐंद्रंसप्रार्थयत्स्थानंविश्वरूपोमहाद्युतिः ॥ तैस्त्रिभिर्वदनैर्घोरैःसूर्येंदुज्वलनोपमैः ४ वेदानेकेनसोऽधीतेसुरामे
केनचापिबत् ॥ एकेनचदिशःसर्वाःपिबन्निवनिरीक्षते ५ सतपस्वीमृदुर्दान्तोधर्मेतपसिचोद्यतः ॥ तपस्तस्यमहत्तीव्रंसुदुश्चरमरिंदम ६ तस्यदृष्ट्वातपोवीर्यंसत्यं
चामिततेजसः ॥ विषादमगमच्छक्रइंद्रोऽयंमाभवेदिति ७ कथंसज्जेच्चभोगेषुनचतप्येन्महत्तपः ॥ विवर्धमानस्त्रिशिराःसर्वंहिभुवनंग्रसेत् ८ इतिसंचिंत्यबहुधा
बुद्धिमान्भरतर्षभ ॥ आज्ञापयत्सोऽप्सरसस्त्वष्टृपुत्रप्रलोभने ९ यथासंसज्जेत्रिशिराःकामभोगेषुवैभृशम् ॥ क्षिप्रंकुरुतगच्छध्वंप्रलोभयतमाचिरम् १० शृंगार
वेषाःसुश्रोण्योहारैर्युक्तामनोहरैः ॥ हावभावसमायुक्ताःसर्वाःसौंदर्यशोभिताः ११ प्रलोभयतभद्रंवःशमयध्वंभयंमम ॥ अस्वस्थंह्यात्मनाऽऽत्मानंलक्षयामिवरांग
नाः ॥ भयंतन्मेमहाघोरंक्षिप्रंनाशयताबलाः १२ ॥ अप्सरसऊचुः ॥ ॥ तथायत्नंकरिष्यामःशक्रतस्यप्रलोभने ॥ यथानावाप्स्यसिभयंतस्माद्बलनिषूदन १३
निर्दहन्निवचक्षुर्भ्यांयोऽसावास्तेतपोनिधिः ॥ तंप्रलोभयितुंदेवगच्छामःसहितावयम् १४ यतिष्यामोवशेकर्तुंव्यपनेतुंचतेभयम् ॥ शल्यउवाच ॥ ॥ इंद्रेणता
स्त्वनुज्ञाताजग्मुस्त्रिशिरसोऽन्तिकम् ॥ तत्रताविविधैर्भावैर्लोभयंत्योवरांगनाः १५ नित्यंसंदर्शयामासुस्तथैवांगेषुसौष्ठवम् ॥ नाभ्यगच्छत्प्रहर्षंताःसपश्यन्सुमहा
तपाः १६ इंद्रियाणिवशेकृत्वापूर्वसागरसन्निभः ॥ तास्तुयत्नंपरंकृत्वापुनःशक्रमुपस्थिताः १७ कृतांजलिपुटाःसर्वादेवराजमथाब्रुवन् ॥ नसशक्यःसुदुर्धर्षो
धैर्याच्चालयितुंप्रभो १८ यत्तेकार्यंमहाभागक्रियतांतदनंतरम् ॥ संपूज्याप्सरसःशक्रोविसृज्यचमहामतिः १९ चिंतयामासतस्यैववधोपायंयुधिष्ठिर ॥ सतूष्णीं
चिंतयन्वीरोदेवराजःप्रतापवान् २० विनिश्चितमतिर्धीमान्वधेत्रिशिरसोऽभवत् ॥ वज्रमस्याक्षिपाम्यद्यसक्षिप्रंनभविष्यति २१ शत्रुःप्रवृद्धोनोपेक्ष्योदुर्बलोऽपि
बलीयसा ॥ शास्त्रबुद्ध्याविनिश्चित्यकृत्वाबुद्धिंवधेदृढाम् २२ अथवैश्वानरनिभंघोररूपंभयावहम् ॥ मुमोचवज्रंसंक्रुद्धःशक्रस्त्रिशिरसंप्रति २३ सपपातहतस्तेन
वज्रेणदृढमाहतः ॥ पर्वतस्येवशिखरंप्रणुन्नंमेदिनीतले २४ तंतुवज्रहतंदृष्ट्वाशयानमचलोपमम् ॥ नशर्मलेभेदेवेंद्रोदीपितस्तस्यतेजसा २५ हतोऽपिदीप्ततेजाःस
जीवन्निवहिदृश्यते ॥ घातितस्यशिरांस्याजौजीवंतीवाद्भुतानिवै २६ ॥ ९ ॥

११ । १२ । १३ । १४ । १५ सौष्ठवंसौंदर्यं प्रहर्षंलब्धभोगोऽस्मीतितोषम् १६ । १७ । १८ । १९ । २० । २१ । २२ । २३ । २४ । २५ । २६

वर्धकिः तक्षा २७ । २८ । २९ नभविष्यतिनंक्ष्यति ३० । ३१ । ३२ । ३३ । ३४ । ३५ । ३६ । ३७ । ३८ । ३९ ४० । ४१ ४२ ४३ । ४४

ततोऽतिभीतगात्रस्तुशक्रआस्तेविचारयन् ॥ अथाजगामपरशुंस्कंधेनादायवर्धकिः २७ तदरण्यंमहाराजयत्रास्तेऽसौनिपातितः ॥ सभीतस्तत्रतक्षाणंघटमानं शचीपतिः २८ अपश्यदब्रवीच्चैनंसत्वरंपाकशासनः ॥ क्षिप्रंछिंधिशिरांस्यस्यकुरुष्ववचनंमम २९ ॥ तक्षोवाच ॥ महास्कंधोभृशंह्येषपरशुर्नभविष्यति ॥ कर्तुंचाहंनशक्ष्यामिकर्मसद्भिर्विगर्हितम् ३० ॥ इंद्रउवाच ॥ माभैस्त्वंशीघ्रमेतद्वैकुरुष्ववचनंमम ॥ मत्प्रसादाद्धितेशस्त्रंवज्रकल्पंभविष्यति ३१ ॥ तक्षोवाच ॥ कंभवंतमहंविद्यांघोरकर्माणमद्यवै ॥ एतदिच्छाम्यहंश्रोतुंतत्त्वेनकथयस्वमे ३२ ॥ इंद्रउवाच ॥ अहमिंद्रोदेवराजस्तक्षन्विदितमस्तुते ॥ कुरुष्वैतद्यथोक्तं मेतक्षन्माऽत्रविचारय ३३ ॥ तक्षोवाच ॥ क्रूरेणनापत्रपसेकथंशक्रेहकर्मणा ॥ ऋषिपुत्रमिमंहत्वाब्रह्महत्याभयंनते ३४ ॥ शक्रउवाच ॥ पश्चाद्धर्मंचरिष्या मिपावनार्थंसुदुश्चरम् ॥ शत्रुरेषमहावीर्योवज्रेणनिहतोमया ३५ अद्यापिचाहमुद्विग्नस्तक्षन्नस्माद्बिभेमिवै ॥ क्षिप्रंछिंधिशिरांसित्वंकरिष्येऽनुग्रहंतव ३६ शिरः पशोस्तेदास्यंतिभागंयज्ञेषुमानवाः ॥ एषतेऽनुग्रहस्तक्षन्क्षिप्रंकुरुममप्रियम् ३७ ॥ शल्यउवाच ॥ एतच्छ्रुत्वातुतक्षासमहेंद्रवचनात्तदा ॥ शिरांस्यथत्रिशिरसः कुठारेणाच्छिनत्तदा ३८ निकृत्तेषुततस्तेषुनिष्क्रामन्नंडजास्त्वथ ॥ कपिंजलास्तित्तिराश्चकलविंकाश्चसर्वशः ३९ येनवेदानधीतेस्मपिबतेसोममेवच ॥ तस्मा द्वक्त्राद्विनिश्चेरुःक्षिप्रंतस्यकपिंजलाः ४० येनसर्वादिशोराजन्पिबन्निवनिरीक्षते ॥ तस्माद्वक्त्राद्विनिश्चेरुस्तित्तिरास्तस्यपांडव ४१ यत्सुरापंतुतस्यासीद्वक्त्रंत्रि शिरसस्तदा ॥ कलविंकाःसमुत्पेतुःश्येनाश्चभरतर्षभ ४२ ततस्तेपुनिकृत्तेषुविज्वरोमघवानथ ॥ जगामत्रिदिवंहृष्टस्तक्षाऽपिस्वगृहान्ययौ ४३ मेनेकृतार्थमा त्मानंहत्वाशत्रुंसुरारिहा ॥ त्वष्टाप्रजापतिःश्रुत्वाशक्रेणाथहतंसुतम् ४४ क्रोधसंरक्तनयनइदंवचनमब्रवीत् ॥ त्वष्टोवाच ॥ तप्यमानंतपोनित्यंक्षांतंदांतंजितें द्रियम् ॥ विनाऽपराधेनयतःपुत्रंहिंसितवान्मम ४५ तस्माच्छक्रविनाशायवृत्रमुत्पादयाम्यहम् ॥ लोकाःपश्यंतुमेवीर्यंतपसश्चबलंमहत् ४६ सचपश्यतुदेवें द्रोदुरात्मापापचेतनः ॥ उपस्पृश्यततःक्रुद्धस्तपस्वीसुमहायशाः ४७ अग्नौहुत्वासमुत्पाद्यघोरंवृत्रमुवाचह ॥ इंद्रशत्रोविवर्धस्वप्रभावात्तपसोमम ४८ सोऽवर्द्ध तदिवंस्तब्ध्वासूर्यवैश्वानरोपमः ॥ किंकरोमीतिचोवाचकालसूर्यइवोदितः ४९ शक्रंजहीतिचाप्युक्तोजगामत्रिदिवंततः ॥ ततोयुद्धंसमभवद्वृत्रवासवयोर्महत् ५० संक्रुद्धयोर्महाघोरंप्रसक्तंकुरुसत्तम ॥ ततोजग्राहदेवेन्द्रंवृत्रोवीरःशतक्रतुम् ५१ अपावृत्याक्षिपद्वक्त्रेशक्रंकोपसमन्वितः ॥ ग्रस्तेवृत्रेणशक्रेतुसंभ्रांतास्त्रिदिवेश्वराः ॥ ५२ असृजंस्तेमहासत्वाजृंभिकांवृत्रनाशिनीम् ॥ विजृंभमाणस्यततोवृत्रस्यास्यादपावृतात् ५३

४५ । ४६ । उपस्पृश्य आचम्य ४७ । ४८ । ४९ । ५० । ५१ अपावृत्यमुखंसंप्रसार्य ५२ । ५३

॥ ५४ ॥ ५५ ॥ ५६ ॥ ५७ ॥ ५८ ॥ ५९ ॥ इत्युद्योगपर्वणिनीलकंठीये भारतभावदीपे नवमोऽध्यायः ॥ ९ ॥ ॥ ॥ ॥ ॥ १ । २ । ३ इत्यर्थद्वहं

स्वान्यंगान्यभिसंक्षिप्यनिष्क्रांतोबलनाशनः ॥ ततःप्रभृतिलोकस्य जृंभिकाप्राणसंश्रिता �54 जहृषुश्चसुराःसर्वेशक्रंदृष्ट्वाविनिःसृतम् ॥ ततःप्रवृत्तेयुद्धंत्रेवा
सवयोःपुनः ॥५५ संरब्धयोस्तदावारंसुचिरंभरतर्षभ ॥ यदान्यवर्धतरणेत्रोबलसमन्वितः ॥५६ त्वष्टुस्तेजोबलाविद्धस्तदाशक्रोन्यवर्तत ॥ निट्टसेचतदा
देवाविषादमगमन्परम् ५७ समेत्यसहस्रकेणत्वष्टुस्तेजोवमोहिताः ॥ अमंत्रयंततेसर्वेमुनिभिःसहभारत ५८ किंकार्यमितिवैराजन्विचिंत्यभयमोहिताः ॥
जग्मुःसर्वेमहात्मानंमनोभिर्विष्णुमव्ययम् ॥ उपविष्टंमंदराग्रेसर्वेत्रत्रधेपंसवः ५९ ॥ इतिश्रीमहाभारतेउद्योगपर्वणिसेनोद्योगपर्वणिइंद्रविजयेनवमोऽध्यायः ॥ ९ ॥
इंद्रउवाच ॥ सर्वव्याप्तमिदंदेवात्रत्रेणजगदव्ययम् ॥ नह्वस्यसदृशंकिंचित्प्रतिघाताययद्रवेत् १ समर्थोऽभवत्पूर्वमसमर्थोऽस्मिसांप्रतम् ॥ कथंनुकार्यंभद्रंवोउर्ध्वं
षेःसहिमेमतः २ तेजस्वीचमहात्माचयुद्धेचामितविक्रमः ॥ असेत्रिभुवनंसर्वेसदेवासुरमानुषम् ३ तस्माद्विनिश्चयमिमंशृणुध्वंत्रिदिवौकसः ॥ विष्णोःक्षयमुपा
गम्यसमेत्यचमहात्मना ४ तेनसंमंत्र्यवेत्स्यामोवधोपायंदुरात्मनः ॥ शल्यउवाच ॥ एवमुक्तेववतादेवाःसर्षिगणास्तदा ॥ शरण्यंशरणंदेवंजग्मुर्विष्णुंमहाब
लम् ५ ऊचुश्चसर्वेदेवेशंविष्णुंवृत्रभयार्दिताः ॥ त्रयोलोकास्त्वयाक्रांतास्त्रिभिर्विक्रमणैःपुरा ६ अमृतंचाहृतंविष्णोदैत्याश्चनिहतारणे ॥ बलिबद्ध्वामहादैत्यंश
क्रोदेवाधिपःकृतः ७ त्वंप्रभुःसर्वदेवानांत्वयासर्वमिदंततम् ॥ त्वंहिदेवोमहादेवसर्वलोकनमस्कृतः ८ गतिर्भवत्वंदेवानांसेंद्राणाममरोत्तम ॥ जगद्व्याप्तमिदंस
र्वंत्रत्रेणासुरसूदन ९ ॥ ॥ विष्णुरुवाच ॥ ॥ अवश्यंकरणीयंमेभवतांहितमुत्तमम् ॥ तस्मादुपायंवक्ष्यामियथाऽसौनभविष्यति १० गच्छध्वंस
र्षिगंधर्ववायत्रासौविश्वरूपधृक् ॥ सामतस्यप्रयुंजध्वंततएनंविजेष्यथ ११ भविष्यतिजयोदेवाःशक्रस्यममतेजसा ॥ अदृश्यश्चप्रवेक्ष्यामिवज्रेह्वस्यायुधोत्तमे १२
गच्छध्वमृषिभिःसार्द्धंगंधर्वैश्चसुरोत्तमाः ॥ वृत्रस्यसहशक्रेणसंधिंकुरुतमाचिरम् १३ ॥ ॥ शल्यउवाच ॥ ॥ एवमुक्तेसुरेन्द्रऋषयस्त्रिदशास्तथा ॥
ययुःसमेत्यसहिताःशक्रंकृत्वापुरःसरम् १४ समीपमेत्यचयदासर्वेएवमहौजसः ॥ तंतेजसाप्रज्वलितंप्रतपन्तंदिशोदश १५ असन्तमिवलोकांस्त्रीन्सूर्याचंद्रमसौय
था ॥ ददृशुस्ततोत्रत्रंशक्रेणसहदेवताः १६ ऋषयोऽथततोऽभ्येत्यवृत्रंऊचुःप्रियंवचः ॥ व्याप्तंजगदिदंसर्वेतेजसातावदुर्जय १७ नचशक्रोषिनिर्जेतुंवासवंबलि
नांवर ॥ युध्यतोश्चापिवांकालोव्यतीतःसुमहानिह १८ पीड्यंतेचप्रजाःसर्वाःसदेवासुरमानुषाः ॥ सल्यंभवतुतेत्रत्रशक्रेणसहनित्यदा १९ अवाप्स्यसिसुखं
त्वंचशक्रलोकांश्चशाश्वतान् ॥ ऋषिवाक्यंनिशम्याथत्रत्रःसतुमहाबलः २०

' निलयापचयौक्षयौ ' इत्यमरः ॥ ४ । ५ । ६ । ७।८।९।१०।११।१२। १३ । १४ १५ । १६ । १७ । १८ १९ २०

२१ । २२ । २३ । २४ । २५ । २६ । २७ । २८ । २९ । ३० । ३१ । ३२ । ३३ । ३४ । ३५ । ३६ । ३७ । ३८ । ३९ । ४० । ४१ । ४२ । ४३ । ४४

उवाचतानृषीन्सर्वान्प्रणम्यशिरसाऽसुरः ॥ सर्वेयूयंमहाभागागंधर्वाश्चैवसर्वशः २१ यद्ब्रूथतच्छ्रुतंसर्वंममापिशृणुतानघाः ॥ संधिःकथंवैभवितामममशक्रस्यचोभयोः ॥
तेजसोर्हिद्वयोर्देवाःसख्यंवैभविताकथम् २२ ॥ ऋषयऊचुः ॥ सकृत्सतांसंगतंलिप्सितव्यंततःपरंभविताभव्यमेव ॥ नातिक्रामेत्सत्पुरुषेणसंगतंतस्मात्सतांसंगतंलि
प्सितव्यम् २३ दृढंसतांसंगतंचापिनित्यंब्रूयाच्चार्थंह्यर्थकृच्छ्रेषुधीरः ॥ महार्थवत्सत्पुरुषेणसंगतंतस्मात्संतंनजिघांसेतधीरः २४ इंद्रःसतांसंमतश्चनिवासश्चमहात्म
नाम् ॥ सत्यवादीह्यनिंद्यश्चधर्मवित्सूक्ष्मनिश्चयः २५ तेनतेसहशक्रेणसंधिर्भवतुनित्यदा ॥ एवंविश्वासमागच्छमातेभूद्बुद्धिरन्यथा २६ ॥ शल्यउवाच ॥ महर्षिव
चनंश्रुत्वातानुवाचमहाद्युतिः ॥ अवश्यंभगवंतोमेमाननीयास्तपस्विनः २७ ब्रवीमियदहंदेवास्तत्सर्वंक्रियतेयदि ॥ ततःसर्वंकरिष्यामियदूचुर्मांद्विजर्षभाः २८ नशु
ष्केणनचार्द्रेणनाश्मनानचदारुणा ॥ नशस्त्रेणनचास्त्रेणनदिवानतथानिशि २९ वध्योभवेयंविप्रेंद्राःशक्रस्यसहदैवतैः ॥ एवंमेरोचतेसंधिःशक्रेणसहनित्यदा ३० बाढ
मित्येवऋषयस्तमूचुर्भरतर्षभ ॥ एवंवृत्तेतुसंधानेवृत्रःप्रमुदितोऽभवत् ३१ युक्तःसदाऽभवच्चापिशक्रोहर्षसमन्वितः ॥ वृत्रस्यवधसंयुक्तानुपायानन्वचिंतयत् ३२
छिद्रान्वेषीसमुद्विग्नःसदावसतिदेवराट् ॥ सकदाचित्समुद्रांतेसमपश्यन्महासुरम् ३३ संध्याकालउपावृत्तेमुहूर्त्तेचातिदारुणे ॥ ततःसंचिन्त्यभगवान्वरदानंमहात्म
नः ३४ संध्येयंवर्त्ततेरौद्रानरात्रिर्दिवसंनच ॥ वृत्रश्चावश्यवध्योऽयंममसर्वहरोरिपुः ३५ यदिवृत्रंनहन्म्यद्यवंचयित्वामहासुरम् ॥ महाबलंमहाकायंनमेश्रेयोभवि
ष्यति ३६ एवंसंचिंतयन्नेवशक्रोविष्णुमनुस्मरन् ॥ अथफेनंतदाऽपश्यत्समुद्रेपर्वतोपमम् ३७ नायंशुष्कोनचार्द्रोऽयंनचशस्त्रमिदंतथा ॥ एनंक्षेप्स्यामिवृत्रस्यक्षणा
देवनशिष्यति ३८ सवज्रमथफेनंतंक्षिप्रंवृत्रेनिसृष्टवान् ॥ प्रविश्यफेनंतंविष्णुरथवृत्रंव्यनाशयत् ३९ निहतेतुततोवृत्रेदिशोवितिमिराऽभवन् ॥ प्रववौचशिवोवायुः
प्रजाश्चजहृषुस्तथा ४० ततोदेवाःसगंधर्वायक्षरक्षोमहोरगाः ॥ ऋषयश्चमहेन्द्रंतमस्तुवन्विविधैःस्तवैः ४१ नमस्कृतःसर्वभूतैःसर्वभूतान्यसांत्वयत् ॥ हत्वाशत्रुंप्र
हृष्टात्मावासवःसहदैवतैः ४२ विष्णुंत्रिभुवनश्रेष्ठंपूजयामासधर्मवित् ॥ ततोहतेमहावीर्येवृत्रेदेवभयंकरे ४३ अनृतेनाभिभूतोऽभूच्छक्रःपरमदुर्मनाः ॥ त्रैशीर्षयाऽभि
भूतश्चसपूर्वंब्रह्महत्यया ४४ सोऽन्तमाश्रित्यलोकानांनष्टसंज्ञोविचेतनः ॥ नप्राज्ञायतदेवेंद्रस्त्वभिभूतःसकल्मषैः ४५ प्रतिच्छन्नोऽवसच्चाप्सुचेष्टमानइवोरगः ॥ ततः
प्रनष्टेदेवेंद्रेब्रह्महत्याभयार्दिते ४६ भूमिःप्रध्वस्तसंकाशानिर्वृक्षाशुष्ककानना ॥ विच्छिन्नस्रोतसोनद्यःसरांस्यनुदकानिच ४७ संक्षोभश्चापिसत्वानामनावृष्टिकृतो
ऽभवत् ॥ देवाश्चापिभृशंत्रस्तास्तथासर्वेमहर्षयः ४८

४५ । ४६ । ४७ । ४८

४९ । ५० ॥ ॥ इतिउद्योगपर्वणिनीलकंठीयेभारतभावदीपे दशमोऽध्यायः ॥ १० ॥ ॥ ॥ १ नोऽस्माकंराजाभव २ । ३ । ४ । ५ । ६ । ७ । ८ । ९ । १० । ११ । १२ । १३

अराजकंजगत्सर्वमभिभूतमुपद्रवैः ॥ ततोभीताऽभवन्देवाःकोनोराजाभवेदिति ४९ दिविदेवर्षयश्चापिदेवराजविनाकृताः ॥ नस्मकश्चनदेवानांराज्यैवैकुरुतेमतिम् ५० ॥ इतिश्रीमहाभारतेउद्योगपर्वणिसेनोद्योगपर्वणिवृत्रवधेइंद्रविजयोनामदशमोऽध्यायः ॥ १० ॥ शल्यउवाच ॥ ॥ ऋषयोऽथाब्रुवन्सर्वेदेवाश्चत्रिदिवेश्वराः ॥ अयंवैनहुषःश्रीमान्देवराज्येऽभिषिच्यताम् १ तेजस्वीचयशस्वीचधार्मिकश्चैवनित्यदा ॥ तेगत्वात्वब्रुवन्सर्वेराजानोभवपार्थिव २ सतानुवाचनहुषोदेवानृषिगणांस्तथा ॥ पितृभिःसहितान्राजन्परीप्सन्हितमात्मनः ३ दुर्बलोऽहंनमेशक्तिर्भवतांपरिपालने ॥ बलवान्जायतेराजाबलंशक्रेहिनित्यदा ४ तमब्रुवन्पुनःसर्वेदेवाऋषिपुरोगमाः ॥ अस्माकंतपसायुक्तःपाहिराज्यंत्रिविष्टपे ५ परस्परभयंघोरमस्माकंहिनसंशयः ॥ अभिषिच्यस्वराजेंद्रभवराजात्रिविष्टपे ६ देवदानवयक्षाणामृषीणांरक्षसांतथा ॥ पितृगंधर्वभूतानांचक्षुर्विषयवर्तिनाम् ७ तेजआदास्यसेपश्यन्बलवांश्चभविष्यसि ॥ धर्मंपुरस्कृत्यसदासर्वलोकाधिपोभव ८ ब्रह्मर्षींश्चापिदेवांश्चगोपायस्वत्रिविष्टपे ॥ अभिषिक्तःसराजेंद्रततोराजात्रिविष्टपे ९ धर्मंपुरस्कृत्यतदासर्वलोकाधिपोऽभवत् ॥ सुदुर्लभंवरंलब्ध्वाप्राप्यराज्यंत्रिविष्टपे १० धर्मात्मासततंभूत्वाकामात्मासमपद्यत ॥ देवोद्यानेषुसर्वेषुनंदनोपवनेषुच ११ कैलासेहिमवत्पृष्ठेमंदरेश्वेतपर्वते ॥ सह्येमहेंद्रेमलयेसमुद्रेषुसरित्सुच १२ अप्सरोभिःपरिवृतोदेवकन्यासमावृतः ॥ नहुषोदेवराजोऽथक्रीडन्बहुविधंतदा १३ शृण्वन्दिव्याबहुविधाःकथाःश्रुतिमनोहराः ॥ वादित्राणिचसर्वाणिगीतंचमधुरस्वनम् १४ विश्वावसुर्नारदश्चगंधर्वाप्सरसांगणाः ॥ ऋतवःषट्चदेवेंद्रंमूर्तिमंतउपस्थिताः १५ मारुतःसुरभिर्वातिमनोज्ञःसुखशीतलः ॥ एवंचक्रीडतस्तस्यनहुषस्यदुरात्मनः १६ संप्राप्तादर्शनंदेवीशक्रस्यमहिषीप्रिया ॥ सतांसंदृश्यदुष्टात्माप्राहसर्वान्सभासदः १७ इंद्रस्यमहिषीदेवीकस्मान्मांनोपतिष्ठति ॥ अहमिंद्रोऽस्मिदेवानांलोकानांचतथेश्वरः १८ आगच्छतुशचीमह्यंक्षिप्रमद्यनिवेशनम् ॥ तच्छ्रुत्वादुर्मनादेवीबृहस्पतिमुवाचह १९ रक्षमांनहुषाद्ब्रह्मंस्त्वामस्मिशरणंगता ॥ सर्वलक्षणसंपन्नांब्रह्मंस्त्वंमांप्रभाषसे २० देवराजस्यदयितामत्यंतंसुखभागिनीम् ॥ अवैधव्येनयुक्तांचाप्येकपत्नींपतिव्रताम् २१ उक्तवानसिमांपूर्वमृतांतांकुरुवैगिरम् ॥ नोक्तपूर्वंचभगवन्मृषातेकिंचिदीश्वर २२ तस्मादेतद्भवेत्सत्यंत्वयोक्तंद्विजसत्तम ॥ बृहस्पतिरथोवाचशक्राणींभयमोहिताम् २३ यदुक्ताऽसिमयादेविसत्यंतद्भविताध्रुवम् ॥ द्रक्ष्यसेदेवराजानमिंद्रंशीघ्रमिहागतम् २४ नभेतव्यंचनहुषात्सत्यमेतद्ब्रवीमिते ॥ समानयिष्येशक्रेणनचिराद्भवतीमहम् २५

१४ । १५ । १६ । १७ । १८ । १९ । २० । २१ । २२ शक्राणीमिंद्राणीं आर्षआनुक् २३ । २४ । २५

२६ ॥ इतिश्रीमहाभारतेउद्योगपर्वणिनीलकंठीये भारतभावदीपेएकादशोऽध्यायः ॥ ११ ॥ ॥ १ । २ । ३ । ४ । ५ । ६ वैधर्म्याणित्वाष्ट्रवधादीनि उपधाःवृत्रसख्यादीनिछलानि ७ । ८ । ९

अथशुश्रावनहुषःशक्राणींशरणंगताम् ॥ बृहस्पतेरंगिरसश्चुक्रोधसनृपस्तदा ॥ २६ ॥ ॥ इतिश्रीमहाभारतेउद्योगपर्वणिसेनोद्योगपर्वणिइंद्राणीभयेएकादशो
ऽध्यायः ॥ ११ ॥ ॥ शल्यउवाच ॥ क्रुद्धंतुनहुषंदृष्ट्वादेवाऋषिपुरोगमाः ॥ अब्रुवन्देवराजानंनहुषंघोरदर्शनम् १ देवराजजहिक्रोधंत्वयिक्रुद्धेजगद्विभो ॥
त्रस्तंसासुरगंधर्वंसकिंनरमहोरगम् २ जहिक्रोधमिमंसाधोनकुप्यंतिभवद्विधाः ॥ परस्यपत्नीसादेवीप्रसीदस्वसुरेश्वर ३ निवर्तयमनःपापात्परदाराभिमर्श
नात् ॥ देवराजोऽसिभद्रंतेप्रजाधर्मेणपालय ४ एवमुक्तोनजग्राहतद्वचःकाममोहितः ॥ अथदेवानुवाचेदमिंद्रंप्रतिसुराधिपः ५ अहल्याधर्षितापूर्वमृषिपत्नीय
शस्विनी ॥ जीवतोभर्तुरिंद्रेणसवःकिंननिवारितः ६ बहूनिचनृशंसानिकृतानींद्रेणवैपुरा ॥ वैधर्म्याण्युपधाश्चैवसवःकिंननिवारितः ७ उपतिष्ठतुदेवीमामेत
दस्याहितंपरम् ॥ युष्माकंचसदादेवाःशिवमेवंभविष्यति ८ ॥ देवाऊचुः ॥ इंद्राणीमानयिष्यामोयथेच्छसिदिवस्पते ॥ जहिक्रोधमिमंवीरप्रीतोभवसुरेश्वर
९ ॥ शल्यउवाच ॥ इत्युक्त्वातंतदादेवाऋषिभिःसहभारत ॥ जग्मुर्बृहस्पतिंवक्तुमिंद्राणींचाशुभंवचः १० जानीमःशरणंप्राप्तामिंद्राणींतववेश्मनि ॥ दत्ता
भयांचविप्रेंद्रत्वयादेवर्षिसत्तम ११ तेत्वांदेवाःसगंधर्वाऋषयश्चमहाद्युते ॥ प्रसादयंतिचेंद्राणीनहुषायप्रदीयताम् १२ इंद्राद्विशिष्टोनहुषोदेवराजोमहाद्युतिः ॥
वृणोत्विमंवरारोहाभर्तृत्वेवरवर्णिनी १३ एवमुक्तेतुसादेवीबाष्पमुत्सृज्यसस्वनम् ॥ उवाचरुदतीदीनाबृहस्पतिमिदंवचः १४ नाहमिच्छामिनहुषंपतिंदेवर्षि
सत्तम ॥ शरणागताऽस्मितेब्रह्मंस्त्रायस्वमहतोभयात् १५ ॥ बृहस्पतिरुवाच ॥ शरणागतंनत्यजेयमिंद्राणिममनिश्चयः ॥ धर्मज्ञांसत्यशीलांचनत्यजेयमनिं
दिते १६ नाकार्यंकर्तुमिच्छामिब्राह्मणःसन्विशेषतः ॥ श्रुतधर्मासत्यशीलोजानन्धर्मानुशासनम् १७ नाहमेतत्करिष्यामिगच्छध्वंवैसुरोत्तमाः ॥ अस्मिंश्चा
र्थेपुरागीतंब्रह्मणाश्रूयतामिदम् १८ नतस्यबीजंरोहतिरोहकालेनतस्यवर्षंवर्षतिवर्षकाले ॥ भीतंप्रपन्नंप्रददातिशत्रवेनसत्रातारंलभतेत्राणमिच्छन् १९ मोघ
मन्नंविंदतिचाप्यचेताःस्वर्गाल्लोकाद्भ्रश्यतिनष्टचेष्टः ॥ भीतंप्रपन्नंप्रददातियोवैनतस्यहव्यंप्रतिगृह्णंतिदेवाः २० प्रमीयतेचास्यप्रजाह्यकालेसदाविवासंपितरोऽ
स्यकुर्वते ॥ भीतंप्रपन्नंप्रददातिशत्रवेसेंद्रादेवाःप्रहरंत्यस्यवज्रम् २१ एतदेवंविजानन्वैनदास्यामिशचीमिमाम् ॥ इंद्राणींविश्रुतांलोकेशक्रस्यमहिषींप्रियाम्
२२ अस्याहितंभवेद्यच्चममचापिहितंभवेत् ॥ क्रियतांतत्सुरश्रेष्ठानहिदास्याम्यहंशचीम् २३ ॥ शल्यउवाच ॥ अथदेवाःसगंधर्वागुरुमाहुरिदंवचः ॥
कथंसुनीतंनुभवेन्मंत्रयस्वबृहस्पते २४

१० । ११ । १२ । १३ । १४ । १५ । १६ । १७ । १८ प्रपन्नंशरणागतं १९ अचेताःदुर्बलचित्तः २० । २१ । २२ । २३ । २४

कालांतरंकालावधिं २५ । २६ । २७ । २८ । २९ । ३० । ३१ । ३२ ॥ इतिउद्योगपर्वणिनीलकंठीयेभारतभावदीपेद्वादशोऽध्यायः ॥ १२ ॥ ॥ ॥ ॥ १ । २ । ३ । ४ । ५

॥ ८ ॥

॥ बृहस्पतिरुवाच ॥ नहुषंयाचतांदेवीकिंचित्कालांतरंशुभा ॥ इंद्राणीहितमेतद्धितथाऽस्माकंभविष्यति २५ बहुविघ्नःसुराःकालःकालःकालंनयिष्यति ॥ गर्वितोबलवांश्चापिनहुषोवरसंश्रयात् २६ ॥ शल्यउवाच ॥ ततस्तेनतथोक्तेतुप्रीतादेवास्तथाऽब्रुवन् ॥ ब्रह्मन्साध्विदमुक्तंतेहितंसर्वदिवौकसाम् २७ एवमेतद्विजश्रेष्ठदेवीचेयंप्रसाद्यताम् ॥ ततःसमस्ताइंद्राणींदेवाश्चाग्निपुरोगमाः २८ ऊचुर्वचनमव्यग्रालोकानांहितकाम्यया ॥ देवाऊचुः ॥ त्वयाजगदिदंसर्वंधृतंस्थावरजंगमम् ॥ एकपत्न्यसिसत्याचगच्छस्वनहुषंप्रति २९ क्षिप्रंत्वामभिकामश्वविनशिष्यतिपापकृत् ॥ नहुषोदेविशक्रश्चसुरैश्वर्यमवाप्स्यति ३० एवंविनिश्चयंकृत्वाइंद्राणीकार्यसिद्धये ॥ अभ्यगच्छतसव्रीडानहुषंघोरदर्शनम् ३१ दृष्ट्वातांनहुषश्चापिवयोरूपसमन्विताम् ॥ समहृष्यतदुष्टात्माकामोपहतचेतनः ३२ ॥ इतिश्रीमहाभारतेउद्योगपर्वणिसेनोद्योगपर्वणिइंद्राणीकालावधियाचनेद्वादशोऽध्यायः ॥ १२ ॥

॥ शल्यउवाच ॥ अथतामब्रवीद्दृष्ट्वानहुषोदेवराट्तदा ॥ त्रयाणामपिलोकानामहमिंद्रःशुचिस्मिते १ भजस्वमांवरारोहेपतित्वेवरवर्णिनि ॥ एवमुक्तातुसादेवीनहुषेणपतिव्रता २ प्रावेपतभयोद्विग्नाप्रवातेकदलीयथा ॥ प्रणम्यसाहिब्रह्माणंशिरसातुकृतांजलिः ३ देवराजमथोवाचनहुषंघोरदर्शनम् ॥ कालमिच्छाम्यहंलब्धुंत्वत्तःकंचित्सुरेश्वर ४ नहिविज्ञायतेशक्रःकिंवाप्राप्तःक्ववागतः ॥ तत्त्वमेतत्तुविज्ञाययदिनज्ञायतेप्रभो ५ ततोऽहंत्वामुपस्थास्येसत्यमेतद्ब्रवीमिते ॥ एवमुक्तःसइंद्राण्यानहुषःप्रीतिमानभूत् ६ ॥ नहुषउवाच ॥ एवंभवतुसुश्रोणियथामामिहभाषसे ॥ ज्ञात्वाचागमनंकार्यंसत्यमेतदनुस्मरेः ७ नहुषेणविसृष्टाचनिश्चक्रामततःशुभा ॥ बृहस्पतिनिकेतंचसाजगामयशस्विनी ८ तस्याःसंश्रुत्यचवचोदेवाश्चाग्निपुरोगमाः ॥ चिंतयामासुरेकाग्राःशक्रार्थंराजसत्तम ९ देवदेवेनसंगम्यविष्णुनाप्रभविष्णुना ॥ ऊचुश्चैनंसमुद्विग्नावाक्यंवाक्यविशारदाः १० ब्रह्मवध्याभिभूतोवैशक्रःसुरगणेश्वरः ॥ गतिश्चनस्त्वंदेवेशपूर्वजोजगतःप्रभुः ११ रक्षार्थंसर्वभूतानांविष्णुत्वमुपजग्मिवान् ॥ त्वद्वीर्येनिहतेवृत्रेवासवोब्रह्महत्यया १२ वृतःसुरगणश्रेष्ठमोक्षंतस्यविनिर्दिश ॥ तेषांतद्वचनंश्रुत्वादेवानांविष्णुरब्रवीत् १३ मामेवयजतांशक्रःपावयिष्यामिवज्रिणम् ॥ पुण्येनहयमेधेनमामिष्ट्वापाकशासनः १४ पुनरेष्यतिदेवानामिंद्रत्वमकुतोभयः ॥ स्वकर्मभिश्चनहुषोनाशंयास्यतिदुर्मतिः १५ किंचित्कालमिदंदेवामर्षयध्वमतंद्रिताः ॥ श्रुत्वाविष्णोःशुभांसत्यांवाणींताममृतोपमाम् १६ ततःसर्वेसुरगणाःसोपाध्यायाःसहर्षिभिः ॥ यत्रशक्रोभयोद्विग्नस्तंदेशमुपचक्रमुः १७ तत्राश्वमेधःसुमहान्महेंद्रस्यमहात्मनः ॥ ववृतेपावनार्थंवैब्रह्महत्यापहोनृप १८

॥ ८ ॥

६ । ७ । ८ । ९ । १० । ११ विष्णुत्वंव्यापकत्वं अव्यापकेनजगद्रक्षायाअसंभवात् १२ । १३ । १४ । १५ । १६ । १७ । १८

१९ । २० अकंपत् अकंपत तद्भावआर्षः २१ । २२ । २३ । २४ । २५ उपश्रुतिंसंदेहनिर्णायिकांदेवीं आकरोत्आकारितवती २६ यत्रेति । आयंचार्थः ' आनोयाह्युपश्रुत्युक्थेषुरणयाइह दिवो अमुष्यशासतोदिवंययदिवावसो ' इतिमंत्रोक्तउपबृंहितः मंत्रार्थस्तु हेउपश्रुति नःअस्मान्प्रतिआयाहि उक्थेषुकाम्येषुकर्मसु इहरणयइष्टंकामंगमयप्रापय रणगतावित्यस्यरूपं अमुष्यबुद्धिस्थस्यदिवंशासतइं

विभज्यब्रह्महत्यांतुवृक्षेषुचनदीषुच ॥ पर्वतेषुपृथिव्यांचस्त्रीषुचैवयुधिष्ठिर १९ संविभज्यचभूतेपुविसृज्यचसुरेश्वरः ॥ विज्वरोधूतपाप्माचवासवोऽभवदात्मवान्
२० अकंपन्नहुषंस्थानाद्दृष्ट्वाबलनिषूदनः ॥ तेजोघ्नंसर्वभूतानांवरदानाच्चदुःसहम् २१ ततःशचीपतिर्देवःपुनरेवव्यनश्यत ॥ अदृश्यःसर्वभूतानांकालाकांक्षीच
चारह २२ प्रनष्टेतुततःशक्रेशचीशोकसमन्विता ॥ हाशक्रेतितदादेवीविललापसुदुःखिता २३ यदिदत्तंयदिहुतंगुरवस्तोषितायदि ॥ एकभर्तृत्वमेवास्तुसत्यंय
द्यस्तिवामयि २४ पुण्यांचेमामहंदिव्यांप्रवृत्तामुत्तरायणे ॥ देवींरात्रिंनमस्यामिसिध्यतांमेमनोरथः २५ प्रयताचनिशांदेवीमुपातिष्ठततत्रसा ॥ पतिव्रतात्वात्सत्ये
नसोपश्रुतिमथाकरोत् २६ यत्रास्तेदेवराजोऽसौतंदेशंदर्शयस्वमे ॥ इत्याहोपश्रुतिंदेवींसत्यंसत्येनदृश्यताम् २७ ॥ इतिश्रीमहाभारतेउद्योगपर्वणिसेनोद्योगपर्वणि
उपश्रुतियाचनेत्रयोदशोऽध्यायः ॥ १३ ॥ ॥ ॥ शल्यउवाच ॥ अथैनांरूपिणीसाध्वीमुपातिष्ठदुपश्रुतिः ॥ तांवयोरूपसंपन्नांदृष्ट्वादेवीमुपस्थिताम्
१ इंद्राणीसंप्रहृष्टात्मासंपूज्यैनामथाब्रवीत् ॥ इच्छामित्वामहंज्ञातुंकात्वंब्रूहिवरानने २ ॥ उपश्रुतिरुवाच ॥ उपश्रुतिरहंदेवितवांतिकमुपागता ॥ दर्शनंचैवसं
प्राप्तातवसत्येनभाविनि ३ पतिव्रताचयुक्ताचयमेननियमेनच ॥ दर्शयिष्यामितेशक्रंदेवंवृत्रनिषूदनम् ४ क्षिप्रमन्वेहिभद्रंतेद्रक्ष्यसेसुरसत्तमम् ॥ ततस्तांप्रहितां
देवीमिंद्राणीसासमन्वगात् ५ देवारण्यान्यतिक्रम्यपर्वतांश्चबहूंस्ततः ॥ हिमवंतमतिक्रम्यउत्तरंपार्श्वमागमत् ६ समुद्रंचसमासाद्यबहुयोजनविस्तृतम् ॥ आ
ससादमहाद्वीपंनानाद्रुमलतावृतम् ७ तत्रापश्यत्सरोदिव्यंनानाशकुनिभिर्वृतम् ॥ शतयोजनविस्तीर्णंतावदेवायतंशुभम् ८ तत्रदिव्यानिपद्मानिपंचवर्णानिभार
त ॥ षट्पदैरुपगीतानिप्रफुल्लानिसहस्रशः ९ सरसस्तस्यमध्येतुपद्मिनीमहतीशुभा ॥ गौरेणोन्नतनालेनपद्मेनमहतावृता १० पद्मस्यभित्वानालंचविवेशसहिता
तया ॥ बिसतंतुप्रविष्टंचतत्रापश्यच्छतक्रतुम् ११ तंदृष्ट्वाचसुसूक्ष्मेणरूपेणावस्थितंप्रभुम् ॥ सूक्ष्मरूपधरादेवीबभूवोपश्रुतिश्चसा १२ इंद्रंतुष्टावचेंद्राणीवि
श्रुतैःपूर्वकर्मभिः ॥ स्तूयमानस्ततोदेवःशचीमाहपुरंदरः १३ किमर्थमसिसंप्राप्ताविज्ञातश्चकथंत्वहम् ॥ ततःसाकथयामासनहुषस्यविचेष्टितम् १४ इंद्रत्वंत्रिषु
लोकेषुप्राप्यवीर्यसमन्वितः ॥ दर्पाविष्टश्चदुष्टात्मामामुवाचशतक्रतो १५ उपतिष्ठेतिसक्रूरःकालंचकृतवान्मम ॥ यदिनत्रास्यसिविभोकरिष्यतिसमांवशे १६ एते
नचाहंसंप्राप्ताद्रुतंशक्रतवांतिकम् ॥ जहिरौद्रंमहाबाहोनहुषंपापनिश्चयम् १७

द्रस्य दिवंप्रकाशं ययगमय यच्छेत्यर्थः व्ययगतावित्यस्यलोटिरूपंवलोपआर्षः हेदिवावसोअह्नोधनंसूर्यस्तद्वत्तमोग्रस्तमर्थंप्रकाशयितुंसमर्थ २७ ॥ ॥ इतिउद्योगपर्वणि नीलकंठीये भारतभावदीपे त्रयोदशोऽध्यायः १३ ॥ ॥ १ । २ । ३ । ४ प्रहितांप्रस्थिताम् ५ । ६ । ७ । ८ । ९ । १० । ११ । १२ । १३ । १४ । १५ त्रास्यसिपालयिष्यसि तद्भावआर्षः १६ । १७

म.भा.टी. १८ ॥ इतिउद्योगपर्वणिनीलकंठीये भारतभावदीपेचतुर्दशोऽध्यायः ॥ १४ ॥ ॥ ॥ १ । २ । ३ । ४ । ५ । ६ । ७ । ८ । ९ । १० । ११ उद्यो०

प्रकाशयाऽऽत्मनाऽऽत्मानंदैत्यदानवसूदन ॥ तेजःसमाप्नुहिविभोदेवराज्यंप्रशाधिच १८ ॥ ॥ इतिश्रीमहाभारतेउद्योगपर्वणिसेनोद्योगपर्वणिइंद्राणींद्रस्तवेच तुर्दशोऽध्यायः ॥ १४ ॥ ॥ शल्यउवाच ॥ एवमुक्तःसभगवान्शच्यातांपुनरब्रवीत् ॥ विक्रमस्यनकालोऽयंनहुषोबलवत्तरः १ विवर्द्धितश्चऋषिभिर्हव्यक व्यैश्चभाविनि ॥ नीतिमत्रविधास्यामिदेवितांकर्तुमर्हसि २ गुह्यंचैतत्त्वयाकार्यंनाख्यातव्यंशुभेक्वचित् ॥ गत्वानहुषमेकांतेब्रवीहिचसुमध्यमे ३ ऋषियानेनदिव्ये नमामुपैहिजगत्पते ॥ एवंतववशेप्रीताभविष्यामीतितंवद ४ इत्युक्तादेवराजेनपत्नीसाकमलेक्षणा ॥ एवमस्त्वित्यथोक्त्वातुजगामनहुषंप्रति ५ नहुषस्तांततो दृष्ट्वासस्मितोवाक्यमब्रवीत् ॥ स्वागतंतेवरारोहेकिंकरोमिशुचिस्मिते ६ भक्तंमांभजकल्याणिकिमिच्छसिमनस्विनि ॥ तवकल्याणियत्कार्यंतत्करिष्येसुमध्यमे ७ नचव्रीडात्वयाकार्यासुश्रोणिमयिविश्वसेः ॥ सत्येनवैशपेदेविकरिष्येवचनंतव ८ ॥ इंद्राण्युवाच ॥ योमेकृतस्त्वयाकालस्तमाकांक्षेजगत्पते ॥ ततस्त्वमेवभर्तामेभ विष्यसिसुराधिप ९ कार्यंचहृदिमेयत्तद्देवराजावधारय ॥ वक्ष्यामियदिमेराजन्प्रियमेतत्करिष्यसि १० वाक्यंप्रणयसंयुक्तंततःस्यांवशगातव ॥ इंद्रस्यवाजि नोवाहाहस्तिनोऽथरथास्तथा ११ इच्छाम्यहमथापूर्वंवाहनंतेसुराधिप ॥ यन्नविष्णोर्नरुद्रस्यनासुराणांनरक्षसाम् १२ वहंतुत्वांमहाभागाऋषयःसंगताविभो ॥ सर्वेशिबिकयाराजन्नेतद्धिममरोचते १३ नासुरेषुनदेवेषुतुल्योभवितुमर्हसि ॥ सर्वेषांतेजआदत्सेस्वेनवीर्येणदर्शनात् ॥ नतेप्रमुखतःस्थातुंकश्चिच्छक्नोतिवी र्यवान् १४ शल्यउवाच ॥ एवमुक्तस्तुनहुषःप्राहृष्यततदाकिल ॥ उवाचवचनंचापिसुरेंद्रस्तामनिंदिताम् १५ ॥ नहुषउवाच ॥ अपूर्वंवाहनमिदंत्वयोक्तंवर वर्णिनि ॥ दृढंमेरुचितंदेवित्वद्वशोऽस्मिवरानने १६ नह्यल्पवीर्योभवतियोवाहान्कुरुतेमुनीन् ॥ अहंतपस्वीबलवान्भूतभव्यभवत्प्रभुः १७ मयिक्रुद्धेजगन्न स्यान्मयिसर्वंप्रतिष्ठितम् ॥ देवदानवगंधर्वाःकिन्नरोरगराक्षसाः १८ नमेक्रुद्धस्यपर्याप्ताःसर्वेलोकाःशुचिस्मिते ॥ चक्षुषायंप्रपश्यामितस्यतेजोहराम्यहम् १९ तस्मात्तेवचनंदेविकरिष्यामिनसंशयः ॥ सप्तर्षयोमांवक्ष्यंतिसर्वेब्रह्मर्षयस्तथा २० पश्यमाहात्म्ययोगंमेऋद्धिंचवरवर्णिनि ॥ शल्यउवाच ॥ एवमुक्त्वातुतां देवींविसृज्यचवराननाम् २१ विमानेयोजयित्वाचऋषीन्नियममास्थितान् ॥ अब्रह्मण्योबलोपेतोमत्तोमदबलेनच ॥ कामवृत्तःसदुष्टात्मावाहयामासतानृषीन् २२ नहुषेणविसृष्टाचबृहस्पतिमथाब्रवीत् ॥ समयोऽल्पावशेषोमेनहुषेणेहयःकृतः २३ शक्रंमृगयशीघ्रंत्वंभक्तायाःकुरुमेदयाम् ॥ बाढमित्येवभगवान्बृहस्प तिरुवाचताम् २४ नभेतव्यंत्वयादेविनहुषाद्दुष्टचेतसः ॥ नह्येषस्थास्यतिचिरंगतएषनराधमः २५

१२ । १३ । १४ । १५ । १६ । १७ । १८ । १९ मांवक्ष्यंति ममवहनंकरिष्यंति २० । २१ । २२ । २३ । २४ । २५ ॥ ९ ॥

२६ । २७ अन्विष्यतांअनुगच्छतुभवान् इषगतावित्यस्यदिवादेरूपम् । २८ । २९ । ३० । ३१ । ३२ । ३३ । ३४॥ इतिउद्योगपर्वणिनीलकंठीये भारतभावदीपेपंचदशोऽध्यायः ॥ १५ ॥ १ एकंजा

अधर्मज्ञोमहर्षीणांवाहनाच्चततःशुभे ॥ इष्टिंचाहंकरिष्यामिविनाशायास्यदुर्मतेः २६ शक्रंचाधिगमिष्यामिमाभैस्त्वंभद्रमस्तुते ॥ ततःप्रज्वाल्यविधिवज्जुहावप
रमंहविः २७ बृहस्पतिर्महातेजादेवराजोपलब्धये ॥ हुत्वाग्निंसोऽब्रवीद्राजञ्छक्रमन्विष्यतामिति २८ तस्माच्चभगवान्देवःस्वयमेवहुताशनः ॥ स्त्रीवेषम
द्भुतंकृत्वातत्रैवांतरधीयत २९ सदिशःप्रदिशश्चैवपर्वतानिवनानिच ॥ पृथिवींचांतरिक्षंचविचिंत्याथमनोगतिः ३० निमेषांतरमात्रेणबृहस्पतिमुपागमत् ॥ अग्नि
रुवाच ॥ बृहस्पतेनपश्यामिदेवराजमिहक्वचित् ॥ आपःशेषाःसदाचापःप्रवेष्टुंनोत्सहाम्यहम् ३१ नमेतत्रगतिर्ब्रह्मन्किमन्यत्करवाणिते ॥ तमब्रवीद्देवगुरुरपो
विशमहाद्युते ३२ ॥ अग्निरुवाच ॥ ॥ नापःप्रवेष्टुंशक्ष्यामिक्षयोमेऽत्रभविष्यति ॥ शरणंत्वांप्रपन्नोऽस्मिस्वस्तितेऽस्तुमहाद्युते ३३ अद्भ्योग्निर्ब्रह्मतःक्षत्रम
श्मनोलोहमुत्थितम् ॥ तेषांसर्वत्रगंतेजःस्वासुयोनिषुशाम्यति ३४ ॥ इतिश्रीमहाभारतेउद्योगपर्वणिसेनोद्योगपर्वणिबृहस्पत्यग्निसंवादेपंचदशोऽध्यायः ॥१५॥
॥ बृहस्पतिरुवाच ॥ ॥ त्वमग्नेसर्वदेवानांमुखंत्वमसिहव्यवाट् ॥ त्वमंतःसर्वभूतानांगूढश्चरसिसाक्षिवत् १ त्वामाहुरेकंकवयस्त्वामाहुस्त्रिविधंपुनः ॥ त्वयात्य
क्तंजगच्चेदंसद्योनश्येद्धुताशन २ कृत्वातुभ्यंनमोविप्राःस्वकर्मविजितांगतिम् ॥ गच्छंतिसहपत्नीभिःसुतैरपिचशाश्वतीम् ३ त्वमेवाग्नेहव्यवाहस्त्वमेवपरमंहविः ॥
यजंतिसत्रैस्त्वामेवयज्ञैश्चपरमाध्वरे ४ सृष्ट्वालोकांस्त्रीनिमान्हव्यवाहप्राप्तेकालेपचसिपुनःसमिद्धः ॥ त्वंसर्वस्यभुवनस्यप्रसूतिस्त्वमेवाग्नेभवसिपुनःप्रतिष्ठा ५ त्वा
मग्नेजलदानाहुर्विद्युतश्चमनीषिणः ॥ वहंतिसर्वभूतानित्वत्तोनिष्क्रम्यहेतयः ६ त्वय्यापोनिहिताःसर्वास्त्वयिसर्वमिदंजगत् ॥ नतेऽस्त्यविदितंकिंचित्त्रिषुलोकेषु
पावक ७ स्वयोनिंभजतेसर्वोविशस्वापोऽविशंकितः ॥ अहंत्वांवर्धयिष्यामिब्राह्मैर्मंत्रैःसनातनैः ८ एवंस्तुतोहव्यवाट्सभगवान्कविरुत्तमः ॥ बृहस्पतिमथोवाच
प्रीतिमान्वाक्यमुत्तमम् ९ दर्शयिष्यामितेशक्रंसत्यमेतद्ब्रवीमिते ॥ शल्यउवाच ॥ ॥ प्रविश्यापस्ततोवन्हिःससमुद्राःसपल्वलाः ॥ आससादसरस्तच्चगूढोयत्र
शतक्रतुः १० अथतत्रापिपद्मानिविचिन्वन्भरतर्षभ ॥ अपश्यत्सतुदेवेंद्रंबिसमध्यगतंतदा ११ आगत्यचततस्तूर्णंतमाचष्टबृहस्पतेः ॥ अणुमात्रेणवपुषापद्म
तंत्वाश्रितंप्रभुम् १२ गत्वादेवर्षिगंधर्वैःसहितोऽथबृहस्पतिः ॥ पुराणैःकर्मभिर्देवंतुष्टावबलसूदनम् १३ महासुरोहतःशक्रनमुचिर्दारुणस्त्वया ॥ शंबरश्चबलश्चैव
तथोभौघोरविक्रमौ १४ शतक्रतोविवर्धस्वसर्वान्शत्रून्निषूदय ॥ उत्तिष्ठशक्रसंपश्यदेवर्षींश्चसमागतान् १५ महेंद्रदानवान्हत्वालोकास्त्रातास्त्वयाविभो ॥ अपांफे
नंसमासाद्यविष्णुतेजोतिबृंहितम् ॥ त्वयात्रत्रोहतःपूर्वंदेवराजजगत्पते १६

तं । त्रिविधंगार्हपत्यदक्षिणाग्न्याहवनीयरूपेणत्वयैकेन २ तुभ्यंत्रिविधाय ३ । ४ प्रसूतिःउत्पत्तिस्थानं प्रतिष्ठालयस्थानम् ५ हेतयःज्वालाः । ६ । ७ । ८ । ९ । १० । ११ । १२ । १३ । १४ । १५ । १६

म.भा.टी. १७ । १८ । १९ । २० । २१ । २२ । २३ । २४ । २५ । २६ । २७ । २८ नहुषस्यांतरेण अंतरंभेदः बुद्धिभेदार्थमित्यर्थः २९ । ३० । ३१ । ३२ । ३३ । ३४ ॥ ॥ इतिउद्योगपर्वणिनीलकं उद्यो० अ० १७

॥ १० ॥

त्वंसर्वभूतेषुशरण्यईड्यस्त्वयासमंविद्यतेनेहभूतम् ॥ त्वयाधार्यंतेसर्वभूतानिशक्रत्वंदेवानांमहिमानंचकर्थ १७ पाहिसर्वांश्चलोकांश्चमहेंद्रबलमाप्नुहि ॥ एवंसंस्तूय मानश्चसोऽवर्धतशनैःशनैः १८ स्वंचैववपुरास्थायबभूवसबलान्वितः ॥ अब्रवीच्चगुरुंदेवोबृहस्पतिमवस्थितम् १९ किंकार्यमवशिष्टंवोहतस्त्वाष्ट्रोमहासुरः ॥ वृत्रश्चसुमहाकायोयोवैलोकाननाशयत् २० ॥ बृहस्पतिरुवाच ॥ मानुषोनहुषोराजादेवर्षिगणतेजसा ॥ देवराज्यमनुप्राप्तःसर्वान्नोबाधतेभृशम् २१ ॥ इंद्रउवाच ॥ कथंचनहुषोराज्यंदेवानांप्रापदुर्लभम् ॥ तपसाकेनवायुक्तःकिंवीर्योवाबृहस्पते २२ ॥ बृहस्पतिरुवाच ॥ देवाभीताःशक्रमकामयंतत्वयात्यक्तंमहदैंद्रंपदंतत् ॥ तदादेवाः पितरोऽथर्षयश्चगंधर्वमुख्याश्चसमेत्यसर्वे २३ गत्वाऽब्रुवन्नहुषंतत्रशक्रत्वंनोराजाभवभुवनस्यगोप्ता ॥ तानब्रवीन्नहुषोनास्मिशक्तआप्यायध्वंतपसातेजसामाम् २४ एवमुक्तैर्वर्द्धितश्चापिदेवैराजाऽभवन्नहुषोघोरवीर्यः ॥ त्रैलोक्येचप्राप्यराज्यंमहर्षीन्कृत्वावाहान्यातिलोकान्दुरात्मा २५ तेजोहरंदृष्टिविषंसुघोरंमात्वंपश्येर्नहुषंवैकदा चित् ॥ देवाश्चसर्वेनहुषंभृशार्तानपश्यंतेगूढरूपाश्चरंतः २६ ॥ ॥ शल्यउवाच ॥ एवंवदत्यंगिरसांवरिष्ठेबृहस्पतौलोकपालःकुबेरः ॥ वैवस्वतश्चैवयमःपुराणोदेव श्चसोमोवरुणश्चाजगाम २७ तेवैसमागम्यमहेंद्रमूचुर्दिष्ट्यात्वाष्ट्रोनिहतश्चैववृत्रः ॥ दिष्ट्याचत्वांकुशलिनमक्षतंचपश्यामोवैनिहतारिंचशक्र २८ सतान्यथावच्चहि लोकपालान्समेत्यवैप्रीतमनामहेंद्रः ॥ उवाचचैनान्प्रतिभाष्यशक्रःसंचोदयिष्यन्नहुषस्यांतरेण २९ राजादेवानांनहुषोघोररूपस्तत्रसाह्यंदीयतांमेभवद्भिः ॥ तेचा ब्रुवन्नहुषोघोररूपोदृष्टीविषस्तस्यबिभीमईश ३० त्वंचेद्राजानंनहुषंपराजयेस्ततोवयंभागमर्हामशक्र ॥ इंद्रोऽब्रवीद्भवतुभवानपांपतिर्यमःकुबेरश्चमयाऽभिषेकम् ३१ सं प्राप्नुवंत्वद्यसहैवदेवतैरिपुंजयामतंनहुषंघोरदृष्टिम् ॥ ततःशक्रंज्वलनोऽप्याहभागंप्रयच्छमह्यंतवसाह्यंकरिष्ये ॥ तमाहशक्रोभविताऽग्नेतवापिचैंद्राग्न्योवैभागएकोमहा क्रतौ ३२ ॥ शल्यउवाच ॥ एवंसंचिंत्यभगवान्महेंद्रःपाकशासनः ॥ कुबेरंसर्वयक्षाणांधनानांचप्रभुंतथा ३३ वैवस्वतंपितॄणांचवरुणंचाप्यपांतथा ॥ आधिपत्यंद दौशक्रःसंचिंत्यवरदस्तथा ३४ ॥ इतिश्रीमहाभारतेउद्योगपर्वणिसेनोद्योगपर्वणिइंद्रवरुणादिसंवादेषोडशोऽध्यायः ॥ १६ ॥ ॥ शल्यउवाच ॥ अथसंचिंतयानस्य देवराजस्यधीमतः ॥ नहुषस्यवधोपायंलोकपालैःसदैवतैः १ तपस्वीतत्रभगवानगस्त्यःप्रत्यदृश्यत ॥ सोऽब्रवीदर्च्यदेवेंद्रंदिष्ट्यावैवर्धतेभवान् २ विश्वरूपविना शेनवृत्रासुरवधेनच ॥ दिष्ट्याऽद्यनहुषोभ्रष्टोदेवराज्यात्पुरंदर ३ दिष्ट्याहतारिंपश्यामिभवंतंबलसूदन ॥ इंद्रउवाच ॥ स्वागतंतेमहर्षेऽस्तुप्रीतोऽहंदर्शनात्तव ॥ पाद्य माचमनीयंचगामर्घ्यंचप्रतीच्छमे ४

॥ १० ॥

ठीये भारतभावदीपे षोडशोऽध्यायः ॥ १६ ॥ ॥ १ अर्च्य अभ्यर्च्य २ । ३ । ४

५ । ६ । ७ । ८ गवांप्रोक्षणेप्रोक्षणोपाकरणमारणादिसंस्कारे येमंत्राः ‘ देवांश्चयाभिर्यजतेददातिच गावःसोमस्यप्रथमस्यभक्षः ’ इत्यादयः । याभिःपशुभूताभिर्गोभिः भक्षइतिभक्षणांतयागउच्यते ९ नहुष
स्तु ‘ ब्राह्मणाश्चैवगावश्चकुलमेकंद्विधाकृतं ॥ एकत्रमंत्रास्तिष्ठंतिहविरेकत्रतिष्ठति ’ इतिशास्त्रप्रामाण्याद्ब्राह्मणवद्गवामवध्यत्वंमन्वानोवेदमप्रमाणीचकार वेदस्यब्राह्मणानांचावमानादधोगतिःप्राप्यतइत्याख्या

॥ शल्यउवाच ॥ ॥ पूजितंचोपविष्टंतमासनेमुनिसत्तमम् ॥ पर्यपृच्छतदेवेशःप्रहृष्टोब्राह्मणर्षभम् ५ एतदिच्छामिभगवन्कथ्यमानंद्विजोत्तम ॥ परिभ्रष्टः
कथंस्वर्गान्नहुषःपापनिश्चयः ६ ॥ ॥ अगस्त्यउवाच ॥ ॥ शृणुशक्रप्रियंवाक्यंयथाराजादुरात्मवान् ॥ स्वर्गाद्भ्रष्टोदुराचारोनहुषोबलदर्पितः ७ श्रमार्त्ता
स्त्ववहंतस्तंनहुषंपापकारिणम् ॥ देवर्षयोमहाभागास्तथाब्रह्मर्षयोऽमलाः ८ पप्रच्छुर्नहुषंदेवसंशयंजयतांवर ॥ यइमेब्राह्मणाप्रोक्तामंत्रावैप्रोक्षणेगवाम् ९ एतेप्रमा
णंभवतउताहोनेतिवासव ॥ नहुषोनेतितानाहतमसामूढचेतनः १० ॥ ॥ ऋषयऊचुः ॥ ॥ अधर्मेसंप्रवृत्तस्त्वंधर्मंनप्रतिपद्यसे ॥ प्रमाणमेतदस्माकंपू
र्वंप्रोक्तंमहर्षिभिः ११ ॥ ॥ अगस्त्यउवाच ॥ ॥ ततोविवदमानःसमुनिभिःसहवासव ॥ अथमामस्पृशन्मूर्ध्निपादेनाधर्मपीडितः १२ तेनाभूद्धततेजाश्चनिः
श्रीकश्चमहीपतिः ॥ ततस्तंतमसाऽऽविग्नमवोचंभृशपीडितम् १३ यस्मात्पूर्वैःकृतंराजन्ब्रह्मर्षिभिरनुष्ठितम् ॥ अदुष्टंदूषयसिमेयच्चमूर्ध्न्यस्पृशःपदा १४ यच्चापि
त्वमृषीन्मूढब्रह्मकल्पान्दुरासदान् १५ वाहान्कृत्वावाहयसितेनस्वर्गाद्धतप्रभः ॥ ध्वंसपापपरिभ्रष्टःक्षीणपुण्योमहीतले १६ दशवर्षसहस्राणिसर्परूपधरोम
हान् ॥ विचरिष्यसिपूर्णेषुपुनःस्वर्गमवाप्स्यसि १७ एवंभ्रष्टोदुरात्मासदेवराज्यादरिंदम ॥ दिष्ट्यावर्धामहेशक्रहतोब्राह्मणकंटकः १८ त्रिविष्टपंप्रपद्यस्वपाहि
लोकान्शचीपते ॥ जितेंद्रियोजितामित्रःस्तूयमानोमहर्षिभिः १९ ॥ ॥ शल्यउवाच ॥ ॥ ततोदेवाभृशंतुष्टामहर्षिगणसंवृताः ॥ पितरश्चैवयक्षाश्चभु
जगाराक्षसास्तथा २० गंधर्वादेवकन्याश्चसर्वेचाप्सरसांगणाः ॥ सरांसिसरितःशैलाःसागराश्चविशांपते २१ उपागम्याब्रुवन्सर्वेदिष्ट्यावर्धसिशत्रुहन् ॥ हतश्च
नहुषःपापोदिष्ट्याऽगस्त्येनधीमता ॥ दिष्ट्यापापसमाचारःकृतःसर्पोमहीतले २२ ॥ ॥ इतिश्रीमहाभारतेउद्योगपर्वणिसेनोद्योगपर्वणिइंद्रागस्त्यसंवादेनहु
षभ्रंशेसप्तदशोऽध्यायः ॥ १७ ॥ ॥ ॥ शल्यउवाच ॥ ततःशक्रःस्तूयमानोगंधर्वाप्सरसांगणैः ॥ ऐरावतंसमारुह्यद्विपेंद्रंलक्षणैर्युतम् १ पावकःसुम
हातेजामहर्षिश्चबृहस्पतिः ॥ यमश्चवरुणश्चैवकुबेरश्चधनेश्वरः २ सर्वैर्देवैःपरिवृतःशक्रोवृत्रनिषूदनः ॥ गंधर्वैरप्सरोभिश्चयातस्त्रिभुवनंप्रभुः ३ ससमेत्यमहेंद्रा
ण्यादेवराजःशतक्रतुः ॥ मुदापरमयायुक्तःपालयामासदेवराट् ४ ततःसभगवांस्तत्रअंगिराःसमदृश्यत ॥ अथर्ववेदमंत्रैश्चदेवेंद्रंसमपूजयत् ५ ततस्तुभगवानिं
द्रःसंहृष्टःसमपद्यत ॥ वरंचप्रददौतस्मैअथर्वांगिरसेतदा ६

यिकातात्पर्यम् १० । ११ । १२ । १३ । १४ । १५ । १६ । १७ । १८ । १९ । २० । २१ । २२ ॥ इतिउद्योगपर्वणिनीलकंठीये भारतभावदीपेनहुषभ्रंशेसप्तदशोऽध्यायः ॥ १७ ॥ ॥
१ । २ । ३ । ४ । ५ । ६

अथर्वांगिरसोनामेति । यतोऽगिराअथर्ववेदमंत्रैरिंद्रंतुष्टाव ततोऽथर्वांगिरसोनामाऽभवत् अस्मिन्वेदेअथर्ववेदे अथर्ववेदस्यऋषिरित्यर्थः उदाहरणंवाक्यमेतत् अथवेदरूपंयस्यवाक्यंसऋषिरितिपरिभाषाव

अथर्वांगिरसोनामवेदेस्मिन्वैभविष्यति ॥ उदाहरणमेतद्धियज्ञभागंचलप्स्यसे ७ एवंसंपूज्यभगवानथर्वांगिरसंतदा ॥ व्यसर्जयन्महाराजदेवराजःशतक्रतुः ८ संपूज्यसर्वांस्त्रिदशानृषींश्चापितपोधनान् ॥ इंद्रःप्रमुदितोराजन्धर्मेणापालयत्प्रजाः ९ एवंदुःखमनुप्राप्तमिंद्रेणसहभार्यया ॥ अज्ञातवासश्चकृतःशत्रूणांवधकांक्षया १० नात्रमन्युस्त्वयाकार्योयत्क्लिष्टोऽसिमहावने ॥ द्रौपद्यासहराजेंद्रभ्रातृभिश्चमहात्मभिः ११ एवंत्वमपिराजेंद्रराज्यंप्राप्स्यसिभारत ॥ वृत्रंहत्वायथाप्राप्तःशक्रः कौरवनंदन १२ दुराचारश्चनहुषोब्रह्मद्विट्पापचेतनः ॥ अगस्त्यशापाभिहतोविनष्टःशाश्वतीःसमाः १३ एवंतवदुरात्मानःशत्रवःशत्रुसूदन ॥ क्षिप्रंनाशंगमिष्यंति कर्णदुर्योधनादयः १४ ततःसागरपर्यंतांभोक्ष्यसेमेदिनीमिमाम् ॥ भ्रातृभिःसहितोवीरद्रौपद्याचसहानया १५ उपाख्यानमिदंशक्रविजयंवेदसंमितम् ॥ राज्ञाव्यू ढेष्वनीकेषुश्रोतव्यंजयमिच्छता १६ तस्मात्संश्रावयामित्वांविजयंजयतांवर ॥ संस्तूयमानावर्धंतेमहात्मानोयुधिष्ठिर १७ क्षत्रियाणामभावोऽयंयुधिष्ठिरमहात्मनाम् ॥ दुर्योधनापराधेनभीमार्जुनबलेनच १८ आख्यानमिंद्रविजयंयइदंनियतःपठेत् ॥ धूतपाप्माजितस्वर्गःपरत्रेहचमोदते १९ नचारिजंभयंतस्यनापुत्रोवाभवेन्नरः ॥ नापदंप्राप्नुयात्कांचिद्दीर्घमायुश्चविंदति ॥ सर्वत्रजयमाप्नोतिनकदाचित्पराजयम् २० ॥ वैशंपायनउवाच ॥ एवमाश्वासितोराजाशल्येनभरतर्षभ ॥ पूजयामासवि धिवच्छल्यंधर्मभृतांवरः २१ श्रुत्वातुशल्यवचनंकुंतीपुत्रोयुधिष्ठिरः ॥ प्रत्युवाचमहाबाहुर्मद्रराजमिदंवचः २२ भवान्कर्णस्यसारथ्यंकरिष्यतिनसंशयः ॥ तत्रते जोवधःकार्यःकर्णस्यार्जुनसंस्तवः २३ ॥ शल्यउवाच ॥ एवमेतत्करिष्यामियथामांसंप्रभाषसे ॥ यच्चान्यदपिशक्ष्यामितत्करिष्याम्यहंतव २४ ॥ वैशंपायनउवाच ॥ ततस्त्वामंत्र्यकौंतेयाञ्छल्योमद्राधिपस्तदा ॥ जगामसबलःश्रीमान्दुर्योधनमरिंदम २५ ॥ ॥ इतिश्रीमहाभारतेउद्योगपर्वणिसेनोद्योगपर्वणिशल्यगमने ऽष्टादशोऽध्यायः ॥ १८ ॥ ॥ ॥ वैशंपायनउवाच ॥ युयुधानस्ततोवीरःसात्वतानांमहारथः ॥ महताचतुरंगेणबलेनागाद्युधिष्ठिरम् १ तस्ययोधामहा वीर्यानानादेशसमागताः ॥ नानाप्रहरणावीराःशोभयांचक्रिरेबलम् २ परश्वधैर्भिंदिपालैःशूलतोमरमुद्गरैः ॥ परिघैर्यष्टिभिःपाशैःकरवालैश्चनिर्मलैः ३ खड्गकार्मु कनिर्व्यूहैःशरैश्चविविधैरपि ॥ तैलधौतैःप्रकाशद्भिःसदाऽशोभतवैबलम् ४ तस्यमेघप्रकाशस्यसौवर्णैःशोभितस्यच ॥ बभूवरूपंसैन्यस्यमेघस्येवसविद्युतः ५ अक्षौहिणीतुसासेनातदायौधिष्ठिरंबलम् ॥ प्रविश्यांतर्दधेराजन्सागरंकुनदीयथा ६ तथैवाक्षौहिणींगृह्यचेदीनामृषभोबली ॥ धृष्टकेतुरुपागच्छत्पांडवानमितौ जसः ७ मागधश्चजयत्सेनोजारासंधिर्महाबलः ॥ अक्षौहिण्यैवसैन्यस्यधर्मराजमुपागमत् ८

चनात् ७ । ८ । ९ । १० । ११ । १२ । १३ । १४ । १५ । १६ । १७ । १८ । १९ । २० । २१ । २२ शत्रुतेजसोवधोयेनतादृशोऽर्जुनसंस्तवः २३ । २४ । २५ ॥ इतिउद्योगपर्वणिनीलकंठीये भारतभावदीपे अष्टादशोऽध्यायः ॥ १८ ॥ ॥ युयुधानःसात्यकिः १ । २ । ३ । ४ । ५ । ६ । ७ । ८

९ । १० । ११ । १२ । १३ । १४ । १५ । १६ । १७ वनमालाआपादलंबिनीमाला १८ । १९ । २० । २१ समावायःसमूहः २२ । २३ आवंत्यौविंदानुविंदौ २४ । २५ । २६

तथैवपांड्योराजेंद्रसागरानूपवासिभिः ॥ वृतोबहुविधैर्योधैर्युधिष्ठिरमुपागमत् ९ तस्यसैन्यमतीवासीत्तस्मिन्बलसमागमे ॥ प्रेक्षणीयतरंराजन्सुवेषंबलवत्तदा १०
द्रुपदस्याप्यभूत्सेनानानादेशसमागतैः ॥ शोभितापुरुषैःशूरैःपुत्रैश्चास्यमहारथैः ११ तथैवराजामत्स्यानांविराटोवाहिनीपतिः ॥ पार्वतीयैर्महीपालैःसहितःपांड
वानियात् १२ इतश्चेतश्चपांडूनांसमाजग्मुर्महात्मनाम् ॥ अक्षौहिण्यस्तुसप्तैताविविधध्वजसंकुलाः १३ युयुत्समानाःकुरुभिःपांडवान्समहर्षयन् ॥ तथैवधार्तरा
ष्ट्रस्यहर्षंसमभिवर्धयन् १४ भगदत्तोमहीपालःसेनामक्षौहिणींददौ ॥ तस्यचीनैःकिरातैश्चकांचनैरिवसंवृतम् १५ बभौबलमनाधृष्यंकर्णिकारवनंयथा ॥ तथा
भूरिश्रवाःशूरःशल्यश्चकुरुनंदन १६ दुर्योधनमुपायातावक्षौहिण्यापृथक्पृथक् ॥ कृतवर्माचहार्दिक्योभोजांधककुकुरैःसह १७ अक्षौहिण्यैवसेनायादुर्योधनमुपाग
मत् ॥ तस्यतैःपुरुषव्याघ्रैर्वनमालाधरैर्बलम् १८ अशोभतयथामत्तैर्वनंप्रक्रीडितैर्गजैः ॥ जयद्रथमुखाश्चान्येसिंधुसौवीरवासिनः १९ आजग्मुःपृथिवीपालाःकंपयं
तइवाचलान् ॥ तेषामक्षौहिणीसेनाबहुलाविबभौतदा २० विधूयमानोवातेनबहुरूपइवांबुदः ॥ सुदक्षिणश्चकांबोजोयवनैश्चशकैस्तथा २१ उपाजगामकौरव्यम
क्षौहिण्याविशांपते ॥ तस्यसेनासमावायःशलभानामिवाबभौ २२ सचसंप्राप्यकौरव्यंतत्रैवांतर्दधेतदा ॥ तथामाहिष्मतीवासीनीलोनीलायुधैःसह २३ महीपालो
महावीर्यैर्दक्षिणापथवासिभिः ॥ आवंत्यौचमहीपालौमहाबलसुसंवृतौ २४ पृथगक्षौहिणीभ्यांतावभियातौसुयोधनम् ॥ केकयाश्चनरव्याघ्राःसोदर्याःपंचपार्थिवाः २५
संहर्षयंतःकौरव्यमक्षौहिण्यासमाद्रवन् ॥ ततस्ततस्तुसर्वेषांभूमिपानांमहात्मनाम् २६ तिस्रोऽन्याःसमवर्ततवाहिन्योभरतर्षभ ॥ एवमेकादशावृत्ताःसेनादुर्योधन
स्यताः २७ युयुत्समानाःकौन्तेयान्नानाध्वजसमाकुलाः ॥ नहास्तिनपुरेराजन्नवकाशोऽभवत्तदा २८ राज्ञांस्वबलमुख्यानांप्राधान्येनापिभारत ॥ ततःपंचनदंचैवकृ
त्स्नंचकुरुजांगलम् २९ तथारोहितकारण्यंमरुभूमिश्चकेवला ॥ अहिच्छत्रंकालकूटंगंगाकूलंचभारत ३० वारणंवाटधानंचयामुनश्चैवपर्वतः ॥ एषदेशःसुविस्ती
र्णःप्रभूतधनधान्यवान् ३१ बभूवकौरवेयाणांबलेनातीवसंवृतः ॥ तत्रसैन्यंतथायुक्तंददर्शसपुरोहितः ३२ यःसपांचालराजेनप्रेषितःकौरवान्प्रति ३३ इतिश्रीमहा
भारतेउद्योगपर्वणिसेनोद्योगपर्वणिपुरोहितसैन्यदर्शनेएकोनविंशोऽध्यायः ॥ १९ ॥ ॥ समाप्तमिदंसेनोद्योगपर्व ॥ अथसंजययानपर्व ॥ ॥ वैशंपायनउवाच ॥
सचकौरव्यमासाद्यद्रुपदस्यपुरोहितः ॥ सत्कृतोधृतराष्ट्रेणभीष्मेणविदुरेणच १ सर्वंकौशल्यमुक्त्वाऽऽदौपृष्ट्वाचैवमनामयम् ॥ सर्वसेनाप्रणेतॄणांमध्येवाक्यमुवाचह २
सर्वैर्भवद्भिर्विदितोराजधर्मःसनातनः ॥ वाक्योपादानहेतोस्तुवक्ष्यामिविदितेसति ३

२७ । २८ । २९ अहिच्छत्रादयःप्रदेशविशेषाः ३० । ३१ । ३२ । ३३ ॥ इतिउद्योगपर्वणिनीलकंठीये भारतभावदीपे एकोनविंशोऽध्यायः ॥ १९ ॥ ॥ ॥ १ । २
वाक्येति । भवद्भिःकिंचिद्वक्तव्यमतोहेतोरित्यर्थः ३

४ । ५ । ६ शेषवन्तःआयुःशेषयुक्ताः ७ । ८ । ९ । १० योन्यंतरगतेरिवेति । तैर्दत्तान्क्लेशान्जन्मांतरव्यवहितानिवनस्मरंतीत्यर्थः ११ । १२ । १३ । १४ । १५ १६ । १७ । १८

धृतराष्ट्रश्चपांडुश्चसुतावेकस्यविश्रुतौ ॥ तयोःसमानंद्रविणंपैतृकंनात्रसंशयः ४ धृतराष्ट्रस्ययेपुत्राःप्राप्तंतैःपैतृकंवसु ॥ पांडुपुत्राःकथंनामनप्राप्ताःपैतृकंवसु ५ एवं
॥२२॥ गतेपांडवेयैर्विदितंवःपुरायथा ॥ नप्राप्तंपैतृकंद्रव्यंधृतराष्ट्रेणसंवृतम् ६ प्राणांतिकैरप्युपायैःप्रयतद्भिरनेकशः ॥ शेषवंतोनशकितानेतुंवैयमसादनम् ७ पुनश्चव
र्द्धितंराज्यंस्वबलेनमहात्मभिः ॥ छद्मनाऽपहृतंक्षुद्रैर्धार्तराष्ट्रैःससौबलैः ८ तदप्यनुमतंकर्मयथायुक्तमनेनवै ॥ वासिताश्चमहारण्येवर्षाणीहत्रयोदश ९ सभायां
क्लेशितैर्वीरैःसहभार्यैस्तथाभृशम् ॥ अरण्येविविधाःक्लेशाःसंप्राप्तास्तैःसुदारुणाः १० तथाविराटनगरेयोन्यंतरगतैरिव ॥ प्राप्तःपरमसंक्लेशोयथापापैर्महात्मभिः ११
तेसर्वेपृष्ठतःकृत्वातत्सर्वंपूर्वकिल्बिषम् ॥ सामैवकुरुभिःसार्धमिच्छंतिकुरुपुंगवाः १२ तेषांचवृत्तमाज्ञायवृत्तंदुर्योधनस्यच ॥ अनुनेतुमिहार्हतिधार्तराष्ट्रंसुहज्ज
नाः १३ नहितेविग्रहंवीराःकुर्वंतिकुरुभिःसह ॥ अविनाशेनलोकस्यकांक्षन्तेपांडवाःस्वकम् १४ यश्चापिधार्तराष्ट्रस्यहेतुःस्याद्विग्रहंप्रति ॥ सचहेतुर्नमंतव्योब
लीयांसस्तथाहिते १५ अक्षौहिण्यश्चसप्तैवधर्मपुत्रस्यसंगताः ॥ युयुत्समानाःकुरुभिःप्रतीक्षंतेऽस्यशासनम् १६ अपरेपुरुषव्याघ्राःसहस्राक्षौहिणीसमाः ॥ सात्य
किर्भीमसेनश्चयमौचसुमहाबलौ १७ एकादशैताःपृतनाएकतश्चसमागताः ॥ एकतश्चमहाबाहुर्बहुरूपीधनंजयः १८ यथाकिरीटीसर्वाभ्यःसेनाभ्योव्यतिरिच्यते ॥
एवमेवमहाबाहुर्वासुदेवोमहाद्युतिः १९ बहुलत्वंचसेनानांविक्रमंचकिरीटिनः ॥ बुद्धिमत्त्वंचकृष्णस्यबुद्ध्वायुध्येतकोनरः २० तेभवंतोयथाधर्मंयथासमयमेवच ॥
प्रयच्छंतुप्रदातव्यंमावःकालोऽत्यगादयम् २१ इतिश्रीमहाभारतेउद्योगपर्वणिसंजययानपर्वणिपुरोहितयानेविंशोऽध्यायः ॥ २० ॥ ॥ वैशंपायनउवाच ॥
तस्यतद्वचनंश्रुत्वाप्रज्ञावृद्धोमहाद्युतिः ॥ संपूज्यैनंयथाकालंभीष्मोवचनमब्रवीत् १ दिष्ट्याकुशलिनःसर्वेसहदामोदरेणते ॥ दिष्ट्यासहायवंतश्चदिष्ट्याधर्मेचतेरताः २
दिष्ट्याचसंधिकामास्तेभ्रातरःकुरुनंदनाः ॥ दिष्ट्यानयुद्धमनसःपांडवाःसहबांधवैः ३ भवतासत्यमुक्तंतुसर्वमेतन्नसंशयः ॥ अतितीक्ष्णंतुतेवाक्यंब्राह्मण्यादितिमे
मतिः ४ असंशयंक्लेशितास्तेवनेचेहचपांडवाः ॥ प्राप्ताश्चधर्मतःसर्वेपितुर्धनमसंशयम् ५ किरीटीबलवान्पार्थःकृतास्त्रश्चमहारथः ॥ कोहिपांडुसुतंयुद्धेविषहेतधनं
जयम् ६ अपिवज्रधरःसाक्षात्किमुतान्येधनुर्भृतः ॥ त्रयाणामपिलोकानांसमर्थइतिमेमतिः ७ भीष्मेब्रुवतितद्वाक्यंधृष्टमाक्षिप्यमन्युना ॥ दुर्योधनंसमालोक्य
कर्णोवचनमब्रवीत् ८ नतत्राविदितंब्रह्मन्लोकेभूतेनकेनचित् ॥ पुनरुक्तेनकिंतेनभाषितेनपुनःपुनः ९ दुर्योधनार्थेशकुनिर्द्यूतेनिर्जितवान्पुरा ॥ समयेनग
तोऽरण्यंपांडुपुत्रोयुधिष्ठिरः १०

१९ । २० । २१ ॥ इतिउद्योगपर्वणिनीलकंठीये भारतभावदीपेविंशोऽध्यायः ॥ २० ॥ ॥ ॥ १ । २ । ३ । ४ । ५ । ६ । ७ । धृष्टंधर्षणायुक्तंयथास्यात्तथा ॥१२॥
आक्षिप्यतिरस्कृत्य ८ तत्रपांडवपक्षे ९ । १०

तंसमयंकालं तच्चसंकेतवाक्यंत्रयोदशवर्षैर्ज्ञातैःपुनर्वनेवस्तव्यमित्येवंरूपंवा समयइत्युपक्रम्य ' संकेतेकालभाषयोः ' इतिमेदिनी आश्रित्यनिर्वाह्य पैतृकंराज्यांशंनेच्छति किंतुतदतिक्रमेणैवपैतृकमिच्छती त्यर्थः ११ पादंचतुर्थांशमपिकिमुतार्धमित्यर्थः १२ । १३ । १४ । १५ । १६ । १७ । १८ । १९ । २० । २१ ॥ इतिउद्योगपर्वणिनीलकंठीयेभारतभावदीपेपुरोहितयानेएकविंशोऽध्यायः ॥ २१ ॥
प्राप्तानिति । दिष्ट्याभाग्येन आनद्धसंनद्धोभूत्वा स्थानंस्थितिमुपस्थितःप्राप्तः इतिसभाजयेथाःपूजयेथाः १ स्वस्तिमंतोत्रयमितिसर्वान्वदेः कृच्छ्रंनिरुष्यापितेषांशांतिरक्रोधोऽस्मासुविद्यते मिथ्यापेतानांनिष्कप

सतंसमयमाश्रित्यराज्यंनेच्छतिपैतृकम् ॥ बलमाश्रित्यमत्स्यानांपांचालानांचमूर्खवत् ११ दुर्योधनोभयाद्विद्वन्नदद्यात्पादमंततः ॥ धर्मतस्तुमहींकृत्स्नांप्रदद्याच्छत्रवेऽपिच १२ यदिकांक्षन्तितेराज्यंपितृपैतामहंपुनः ॥ यथाप्रतिज्ञंकालंतंचरंतुवनमाश्रिताः १३ ततोदुर्योधनस्यांकेवर्ततामकुतोभयाः ॥ अधार्मिकींतुमाबुद्धिंमौर्ख्यात्कुर्वंतुकेवलात् १४ अथतेधर्ममुत्सृज्ययुद्धमिच्छंतिपांडवाः ॥ आसाद्येमान्कुरुश्रेष्ठान्स्मरिष्यंतिवचोमम १५ ॥ भीष्मउवाच ॥ किंनुराधेयवाचातेकर्मतत्स्मर्तुमर्हसि ॥ एकएवयदापार्थःषड्रथाञ्जितवान्युधि १६ बहुशोजीयमानस्यकर्मदृष्टंतदैवते ॥ नचेदेवंकरिष्यामोयदयंब्राह्मणोऽब्रवीत् ॥ ध्रुवंयुधिहतास्तेनभक्षयिष्यामपांसुकान् १७ १७ ॥ वैशंपायनउवाच ॥ धृतराष्ट्रस्ततोभीष्ममनुमान्यप्रसाद्यच ॥ अवभर्त्स्यचराधेयमिदंवचनमब्रवीत् १८ अस्मद्धितंवाक्यमिदंभीष्मःशांतनवोऽब्रवीत् ॥ पांडवानांहितंचैवसर्वस्यजगतस्तथा १९ चिंतयित्वातुपार्थेभ्यःप्रेषयिष्यामिसंजयम् ॥ सभवान्प्रतियात्वद्यपांडवानेवमाचिरम् २० सतंसत्कृत्यकौरव्यःप्रेषयामासपांडवान् ॥ सभामध्येसमाहूयसंजयंवाक्यमब्रवीत् २१ ॥ इतिश्रीमहाभारतेउद्योगपर्वणिसंजययानपर्वणिपुरोहितयानेएकविंशोऽध्यायः ॥ २१ ॥ ॥ धृतराष्ट्रउवाच ॥ प्राप्तानाहुःसंजयपांडुपुत्रानुपप्लव्येतान्विजानीहिगत्वा ॥ अजातशत्रुंचसभाजयेथादिष्ट्यानद्धस्थानमुपस्थितस्त्वम् १ सर्वान्वदेःसंजयस्वस्तिमंतःकृच्छ्रंवासमतदर्हान्निरुष्य ॥ तेषांशांतिर्विद्यतेऽस्मासुशीघ्रंमिथ्यापेतानामुपकारिणांसताम् २ नाहंक्वचित्संजयपांडवानांमिथ्यावृत्तिंकांचनजात्वपश्यम् ॥ सर्वांश्रियंह्यात्मवीर्येणलब्धांपर्याकार्षुःपांडवामह्यमेव ३ दोषंह्येषांनाध्यगच्छंपरीच्छन्नित्यंकंचिद्येनगर्हेयपार्थान् ॥ धर्मार्थाभ्यांकर्मकुर्वन्तिनित्यंसुखप्रियेनानुरुध्यंतिकामात् ४ घर्मंशीतंक्षुत्पिपासेतथैवनिद्रांतंद्रींक्रोधहर्षौप्रमादम् ॥ धृत्याचैवप्रज्ञयाचाभिभूयधर्मार्थयोगान्प्रयतंतिपार्थाः ५ त्यजंतिमित्रेषुधनानिकालेनसंवासाज्जीर्यतितेषुमैत्री ॥ यथार्हमानार्थकराहिपार्थास्तेषांद्वेष्टानास्त्याजमीढस्यपक्षे ६ अन्यत्रपापाद्विषमान्मंदबुद्धेर्दुर्योधनात्क्षुद्रतराच्चकर्णात् ॥ तेषांहीमौहीनसुखप्रियाणांमहात्मनांसंजनयतोहितेजः ७ उत्थानवीर्यःसुखमेधमानोदुर्योधनःसुकृतंमन्यतेतत् ॥ तेषांभागंयच्चमन्येतबालःशक्यंहर्तुंजीवतांपांडवानाम् ८

टानाम् २ मह्यंपर्याकार्षुःमदर्थंपरितआनीतवंतः ३ धर्मार्थाभ्यां धर्मार्थंअर्थार्थंच सुखंप्रीतिः प्रियंपुत्रादितदनुरोधेनकामात्धर्मंनत्यजंतीत्यर्थः ४ तंद्रीजाग्रतएवमौढ्यम् ५ यथार्हमानंअर्थंचकुर्वंतितेतथा ६ तेजःक्रोधं ७ उत्थानेआरंभकालेएववीर्यंनप्रसंगेयस्यसउत्थानवीर्यः यत्तेषांभागंहर्तुंशक्यंमन्यते तत्सुकृतंयुक्तमितिमन्यते मौर्ख्यादितिभावः ८

यस्यपदवींयांतियस्यानुगाइत्यर्थः तस्यतस्मैप्रदानभागप्रदानम् ९ जिष्णुर्जयशीलः १० वरेण्यःभोगमोक्षकामैर्वरणीयः ११ नकेवलंमध्यदेशापेक्षयाउदीचीं किंतुउत्तरानकुरूनहिमाचलादप्युदकूदेशान्स्वर्गभूमिरूपान् १२ जातवेदसेउपाहरत् खांडवमितिविपरिणामेनानुषंगः १३ । १४ । १५ । १६ एतत्परिदृश्यमानंबलं भीष्मद्रोणादीनांसामर्थ्यंतदपिसत्यं तथाऽपितान्पांडवान्प्राप्यनास्तीतिमन्ये तुच्छमित्यर्थः १७ प्रबर्हःश्रेष्ठः संत्यक्तात्मात्यक्तदेहः १८ सहोषितोवर्षमात्रं चरितार्थःगोग्रहेरक्षितः मात्स्येयानांमत्स्यदेशजानाम् १९ केकयेभ्योदेशेभ्यः अवरुद्धाःबहिर्निःसारिताःपंचभ्रातरःकेकयानां

यस्यार्जुनःपदवींकेशवश्चवृकोदरःसात्यकोऽजातशत्रोः ॥ माद्रीपुत्रौसृंजयाश्चापियांतिपुरायुद्धात्साधुतस्यप्रदानम् ९ सद्यैवैकःपृथिवींसव्यसाचीगांडीवधन्वाप्रणुदेद्रथस्थः ॥ तथाजिष्णुःकेशवोऽप्यप्रधृष्योलोकत्रयस्याधिपतिर्महात्मा १० तिष्ठेतकस्तस्यमर्त्यःपुरस्ताद्यःसर्वलोकेषुवरेण्यएकः ॥ पर्जन्यघोषान्प्रवपन्शरौघान्पतंगसंघानिवशीघ्रवेगान् ११ दिशंह्युदीचीमपिचोत्तरान्कुरून्गांडीवधन्वैकरथोजिगाय ॥ धनंचैषामाहरत्सव्यसाचीसेनानुगान्द्रविडांश्चैवचक्रे १२ यश्चैवदेवान्खांडवेसव्यसाचीगांडीवधन्वाप्रजिगायसेंद्रान् ॥ उपाहरत्पांडवोजातवेदसेयशोमानंवर्धयन्पांडवानाम् १३ गदाभृतांनास्तिसमोऽत्रभीमाद्धस्त्यारोहोनास्तिसमश्चतस्य ॥ रथेऽर्जुनादाहुरहीनमेनंबाह्वोर्बलेनायुतनागवीर्यम् १४ सुशिक्षितःकृतवैरस्तरस्वीदहेत्क्षुद्रांस्तरसाधार्तराष्ट्रान् ॥ सदात्यमर्षीनबलात्सशक्योयुद्धेजेतुंवासवेनापिसाक्षात् १५ सुचेतसौबलिनौशीघ्रहस्तौसुशिक्षितौभ्रातरौफाल्गुनेन ॥ श्येनौयथापक्षिपूगान्रुजंतौमाद्रीपुत्रौशेषयेतांनशत्रून् १६ एतद्बलंपूर्वमस्माकमेवंयत्सत्यंतान्प्राप्यनास्तीतिमन्ये ॥ तेषांमध्येवर्तमानस्तरस्वीधृष्टद्युम्नःपांडवानामिहैकः १७ सहामात्यःसोमकानांप्रबर्हःसंत्यक्तात्मापांडवार्थेश्रुतोमे ॥ अजातशत्रुंप्रसहेतकोऽन्योयेषांसस्याद्ग्रणीर्वृष्णिसिंहः १८ सहोषितश्चरितार्थोवयस्थोमात्स्येयानामधिपोवैविराटः ॥ सवैसपुत्रःपांडवार्थेचशश्वद्युधिष्ठिरेभक्तइतिश्रुतंमे १९ अवरुद्धारथिनःकेकयेभ्योमहेष्वासाभ्रातरःपंचसंति ॥ केकयेभ्योराज्यमाकांक्षमाणायुद्धार्थिनश्चानुवसंतिपार्थान् २० सर्वांश्चवीरान्पृथिवीपतीनांसमागतान्पांडवार्थेनिविष्टान् ॥ शूरानहंभक्तिमतःशृणोमिप्रीत्यायुक्तान्संश्रितान्धर्मराजम् २१ गिर्याश्रयादुर्गनिवासिनश्चयोधाःपृथिव्यांकुलजातिशुद्धाः ॥ म्लेच्छाश्चनानायुधवीर्यवंतःसमागताःपांडवार्थेनिविष्टाः २२ पांड्यश्चराजासमितींद्रकल्पोयोधप्रवीरैर्बहुभिःसमेतः ॥ समागतःपांडवार्थेमहात्मालोकप्रवीरोऽप्रतिवीर्यतेजाः २३ अस्त्रंद्रोणादर्जुनाद्वासुदेवात्कृपाद्भीष्माद्येनवृतंशृणोमि ॥ यंतंकार्ष्णिप्रतिममाहुरेकंससात्यकिःपांडवार्थेनिविष्टः २४ उपाश्रिताश्चेदिकरूषकाश्चसर्वोद्योगैर्भूमिपालाःसमेताः ॥ तेषांमध्येसूर्यमिवातपंतंश्रियावृतंचेदिपतिंज्वलंतम् २५ अस्तंभनीयंयुधिमन्यमानोज्याकर्षतांश्रेष्ठतमंपृथिव्याम् ॥ सर्वोत्साहंक्षत्रियाणांनिहत्यप्रसह्यकृष्णस्तरसासंममर्द २६

यतःकेकयेभ्यःराज्यंप्राप्तुमिच्छंतः पूर्वंअस्मदीयाअपि संप्रतिपांडवान्अनुवसंतिअनुसरंति तेनस्वपक्षहानिःपरपक्षपुष्टिश्चदर्शिता २० । २१ । २२ समितिसंग्रामे 'समित्याजिसमिद्युधः' इतिकोशः अप्रतिवीर्यतेजाः अतुल्यतेजाः २३ कार्ष्णिःप्रद्युम्नस्तत्तुल्यम् २४ चेदिपतिंशिशुपालं कृष्णोममर्देत्युत्तरेणान्वयः २५ ज्यांधनुर्गुणंकर्षतांधनुर्भृताम् २६

यस्यमानंवर्धयंतितंशिशुपालंअभिनदितिसंबंधः २७ चेदिपतिंविहायअन्येतंकृष्णंकेप्राद्रवन्नकेपि किंतुसएवतेनस्पर्द्धांचकारेत्यर्थः २८ आशंसमानोजयमितिशेषः अशेतशयनंकृतवान्शिशुपालः २९
यत्यतः अवेदयंतज्ञापितवंतः चाराइतिशेषः ३० कृष्णोवासुदेवार्जुनौ ३१ संगरंचेन्नगच्छेत्तदाशर्मलभेत नोचेत्अन्यथा इंद्रोविष्णुश्चअर्जुनवासुदेवौनिर्दहेतामित्यन्वयः ३२ शक्रपुत्रत्वात्शक्रसमः

यशोमानौवर्धयन्पांडवानांपुराऽभिनच्छिशुपालंसमीक्ष्य ॥ यस्यसर्वेवर्धयंतिस्ममानंकरूषराजप्रमुखानरेंद्राः २७ तमसह्यंकेशवंतत्रमत्वासुग्रीवयुक्तेनरथेनकृष्णम् ॥
केप्राद्रवंश्चेदिपतिंविहायसिंहंदृष्ट्वाक्षुद्रमृगाइवान्ये २८ यस्तंप्रतीपस्तरसाप्रत्युदीयादाशंसमानोद्वैरथेवासुदेवम् ॥ सोऽशेतकृष्णेनहतःपरासुर्वातेनेवोन्मथितःकर्णि
कारः २९ पराक्रमंमेयदवेदयंततेषामर्थेसंजयकेशवस्य ॥ अनुस्मरंस्तस्यकर्माणिविष्णोर्गावल्गणेनाधिगच्छामिशांतिम् ३० नजातुतान्शत्रुरन्यःसहेतयेषांसस्या
दग्रणीर्वृष्णिसिंहः ॥ प्रवेपतेमेहृदयंभयेनश्रुत्वाकृष्णावेकरथेसमेतौ ३१ नचेद्गच्छेत्संगरंमंदबुद्धिस्ताभ्यांलभेच्छर्मतदासुतोमे ॥ नोचेत्कुरून्संजयनिर्दहेतामिंद्रावि
ष्णूदैत्यसेनांयथैव ३२ मतोहिमेशक्रसमोधनंजयःसनातनोवृष्णिवीरश्चविष्णुः ॥ धर्मारामोन्हीनिषेवस्तरस्वीकुंतीपुत्रःपांडवोऽजातशत्रुः ३३ दुर्योधनेननिकृतो
मनस्वीनोचेत्क्रुद्धःप्रदहेद्धार्तराष्ट्रान् ॥ नाहंतथाह्यर्जुनाद्वासुदेवाद्भीमाद्वाऽहंयमयोर्वाबिभेमि ३४ यथाराज्ञःक्रोधदीप्तस्यसूतमन्योरहंभीततरःसदैव ॥ महातपाब्रह्म
चर्येणयुक्तःसंकल्पोऽयंमानसस्तस्यसिद्ध्येत् ३५ तस्यक्रोधंसंजयाहंसमीक्ष्यस्थानेजानन्भृशमस्म्यद्यभीतः ॥ सगच्छशीघ्रंप्रहितोरथेनपांचालराजस्यचमूनिवेश
नम् ३६ अजातशत्रुंकुशलंस्मपृच्छेःपुनःपुनःप्रीतियुक्तंवदेस्त्वम् ॥ जनार्दनंचापिसमेत्यतातमहामात्रंवीर्यवतामुदारम् ३७ अनामयंमद्वचनेनपृच्छेर्धृतराष्ट्रःपां
डवैःशांतिमीप्सुः ॥ नतस्याकिंचिद्वचनंनकुर्यात्कुंतीपुत्रोवासुदेवस्यसूत ३८ प्रियश्चैषामात्मसमश्चकृष्णोविद्वांश्चैषांकर्मणिनित्ययुक्तः ॥ समानीतान्पांडवान्सृंज
यांश्चजनार्दनंयुयुधानंविराटम् ३९ अनामयंमद्वचनेनपृच्छेःसर्वांस्तथाद्रौपदेयांश्चपंच ॥ यद्यत्तत्रप्राप्तकालंपरेभ्यस्त्वंमन्येथाभारतानांहितंच ॥ तद्भाषेथाःसंजय
राजमध्येनमूर्च्छयेद्यन्नचयुद्धहेतुः ४० ॥ इतिश्रीमहाभारतेउद्योगपर्वणिसंजययानेधृतराष्ट्रसंदेशेद्वाविंशोऽध्यायः ॥ २२ ॥ ॥ वैशंपायनउवाच ॥ राज्ञस्तुवच
नंश्रुत्वाधृतराष्ट्रस्यसंजयः ॥ उपप्लव्यंययौद्रष्टुंपांडवानमितौजसः १ सतुराजानमासाद्यकुंतीपुत्रंयुधिष्ठिरम् ॥ अभिवाद्यततःपूर्वंसूतपुत्रोऽभ्यभाषत २ गावल्ग
णिःसंजयःसूतसूनुरजातशत्रुमवदत्प्रतीतः ॥ दिष्ट्याराजंस्त्वामरोगंप्रपश्येसहायवंतंचमहेंद्रकल्पम् ३ अनामयंपृच्छतित्वाऽम्बिकेयोवृद्धोराजाधृतराष्ट्रोमनीषी ॥
कच्चिद्भीमःकुशलीपांडवाग्र्योधनंजयस्तौचमाद्रीतनूजौ ४

धर्मपुत्रत्वात्धर्मारामः ३३ निकृतोवंचितः मनस्वीजितमनाः ३४ मन्योःक्रोधात् ३५ स्थानेजानन्युक्तंपश्यन् ३६ महामात्रंमहाभागं ३७ शांतिमीप्सुरस्तीतिवदेत्यध्याहारः ३८ समानीतान्एकत्रस्थि
तान् ३९ नमूर्च्छयेत् वर्धयेत् क्रोधमितिशेषः ४० ॥ ॥ इतिउद्योगपर्वणिनीलकंठीयेभारतभावदीपेद्वाविंशोऽध्यायः ॥ २२ ॥ ॥ १ । २ प्रतीतोहृष्टः ३ । ४

यत्रआसक्तो त्वंस्वस्तिकामःकल्याणार्थी यांश्चइष्टान्कामान्भोग्यान्गजरथादीन्वांछसि तेसर्वेकुशलिनःकच्चिदित्यनुषंगः ५ । ६ । ७ वृत्तिरस्मासुस्नेहः ८ । ९ । १० कुरुभ्यःस्पृहयंतिकच्चिदित्यनुषंगः
कुरूणांकल्याणंअयुद्धेनवांछंतिकच्चिदितिभावः ११ येषांराष्ट्रेनिवसतितेषांकुरूणांमध्ये धनुर्भृतःकच्चिन्मानंलभंते १२ । १३ महानस्योमहानसेपरिचारिकाः वध्वः स्नुषाः अव्यलीकाःनिष्कपटाः १४ वृत्तिं
 जीविकांदातुमितिशेषः दायान्प्रदत्तान्ग्रामादीन् १५ अतिक्रमान्नोपेक्षतइत्युत्तरार्धान्वयोऽपकर्षेणयोज्यं १६ एतद्ब्राह्मणानांवृत्तेःपालनं ज्योतिःपरलोकप्रकाशकं जीवलोकेइहशुक्लंयशस्करं दोषंलोभं

कच्चित्कृष्णाद्रौपदीराजपुत्रीसत्यव्रतावीरपत्नीसपुत्रा ॥ मनस्विनीयत्रचवांछसित्वमिष्टान्कामान्भारतस्वस्तिकामः ५ ॥ ॥ युधिष्ठिरउवाच ॥ गावल्गणेसंजयस्वागतंतेप्रियामहेतेवयंदर्शनेन ॥ अनामयंप्रतिजानेतवाहंसहानुजैःकुशलीचास्मिविद्वन् ६ चिरादिदंकुशलंभारतस्यश्रुत्वाराज्ञःकुरुवृद्धस्यसूत ॥ मन्येसाक्षाद्दृष्टमहंनरेंद्रंदृष्ट्वैवत्वांसंजयप्रीतियोगात् ७ पितामहोनःस्थविरोमनस्वीमहाप्राज्ञःसर्वधर्मोपपन्नः ॥ सकौरव्यःकुशलीतातभीष्मोयथापूर्ववृत्तिरस्त्यस्यकच्चित् ८ कच्चिद्राजाधृतराष्ट्रःसपुत्रोवैचित्रवीर्यःकुशलीमहात्मा ॥ महाराजोबाह्लिकःप्रातिपेयःकच्चिद्विद्वान्कुशलीसूतपुत्र ९ ससोमदत्तःकुशलीतातकच्चिद्भूरिश्रवाःसत्यसंधःशलश्च ॥ द्रोणःसपुत्रश्चकृपश्चविप्रोमहेष्वासाःकच्चिदेतेऽप्यरोगाः १० सर्वेकुरुभ्यःस्पृहयंतिसंजयधनुर्धरायेपृथिव्यांप्रधानाः ॥ महाप्रज्ञाःसर्वशास्त्रावदाताधनुर्भृतांमुख्यतमाःपृथिव्याम् ११ कच्चिन्मानंतातलभंतएतेधनुर्भृतःकच्चिदेतेप्यरोगाः ॥ येषांराष्ट्रेनिवसतिदर्शनीयोमहेष्वासःशीलवान्द्रोणपुत्रः १२ वैश्यापुत्रःकुशलीतातकच्चिन्महाप्राज्ञोराजपुत्रोयुयुत्सुः ॥ कर्णोऽमात्यःकुशलीतातकच्चित्सुयोधनोयस्यमंदोविधेयः १३ स्त्रियोवृद्धाभारतानांजनन्योमहानस्योदासभार्याश्चसूत ॥ वध्वःपुत्राभागिनेयाभगिन्योदौहित्रावाकच्चिदप्यव्यलीकाः १४ कच्चिद्राजाब्राह्मणानांयथावत्प्रवर्ततेपूर्ववत्तातवृत्तिम् ॥ कच्चिद्दायान्मामकान्धार्तराष्ट्रोद्विजातीनांसंजयनोपहंति १५ कच्चिद्राजाधृतराष्ट्रःसपुत्रउपेक्षतेब्राह्मणातिक्रमान्वै ॥ स्वर्गस्यकच्चिन्नतथावर्त्मभूतामुपेक्षतेतेषुसदैववृत्तिम् १६ एतज्ज्योतिश्चोत्तमंजीवलोकेशुक्लंप्रजानांविहितंविधात्रा ॥ तेचेद्दोषंनियच्छंतिमंदाःकृत्स्नोनाशोभविताकौरवाणाम् १७ कच्चिद्राजाधृतराष्ट्रःसपुत्रोबुभूषतेवृत्तिममात्यवर्गे ॥ कच्चिन्नभेदेनजिजीविषंतिसुहृद्रूपादुर्हृदश्चैकमत्यात् १८ कच्चिन्नपापंकथयंतितातातेपांडवानांकुरवःसर्वएव ॥ द्रोणःसपुत्रश्चकृपश्चवीरोनास्मासुपापानिवदंतिकच्चित् १९ कच्चिद्राज्येधृतराष्ट्रंसपुत्रंसमेत्याहुःकुरवःसर्वएव ॥ कच्चिद्दृष्ट्वादस्युसंघान्समेतान्स्मरंतिपार्थस्ययुधांप्रणेतुः २० मौर्वीभुजाग्रप्रहितान्स्मतातदोधूयमानेनधनुर्धरेण ॥ गांडीवनुन्नांस्तनयित्नुघोषानजिह्मगान्कच्चिदनुस्मरंति २१

ब्राह्मण्यवृत्त्युपघातेननियच्छंति १७ बुभूषतेआपयितुमिच्छति भेदेनजिजीविषंति शत्रुभिर्भेदिताःसंतस्तद्दत्तैर्धनैर्जीवितुमिच्छंति १८ । १९ पार्थस्यअर्जुनस्यकृत्यंस्मरंति युधांसंग्रामाणांप्रणेतुर्निर्वाहकस्य
आहुःशमंकुर्विंतिशेषः शमेतिपाठे शमशाम्यशांतिमिच्छेत्यर्थः २० मौर्व्याःभुजःकौटिल्यंतस्यअग्रमिवाग्रंशरसंधानदेशः ततःप्रहितान्प्रेषितान् २१

सुवाससःसुपुंखाः हस्तवापोहस्तक्षेपः वचनभेदेऽपिसामानाधिकरण्यंशतंस्त्रियोऽस्यपरिग्रहइतिवत् एकषष्टिर्बाणाअस्य एकेनबल्लेनप्रक्षेप्याइत्यर्थः २२ नड्वलेषुसतृणेषुस्थलेषु २३ दंतकूरे कूरंअन्नं दंताः क्रोधावेशात्कूरवच्चर्व्यंतेऽस्मिन्निति दंतकूरःसंग्रामःतस्मिन् अस्यन्नक्षिपन् २४ । २५ जयःअर्जुनः २६ अहंअर्जुनस्यतदापृष्ठरक्षकःप्रेरकोऽभवमित्यर्थः भीमसेनश्चमाद्रीसुतयोःपृष्ठरक्षकोऽभूत् पंचभिरप्य स्माभिस्तेमोचिताइत्यर्थः २७ नकर्मणेति । सर्वात्मनासर्वोपायैः दानभेददंडैश्चेत्धृतराष्ट्रस्यपुत्रंजेतुंनशक्नुमस्तर्हि एकेनसाधुनाकर्मणासामाख्येनोपायेनसुखंसुखेनजेतुंनैवशक्यंभवतिसाम्नाऽसाध्येहिदानादयःप्रयु

नचापश्यंकंचिदहंपृथिव्यांयोधंसमंवाऽधिकमर्जुनेन ॥ यस्यैकषष्टिर्निशितास्तीक्ष्णधाराःसुवाससःसंमतोहस्तवापः २२ गदापाणिर्भीमसेनस्तरस्वीप्रवेपयञ्छत्रुसं घानीके ॥ नागःप्रभिन्नइवनड्वलेषुचंक्रम्यतेकच्चिदेनंस्मरंति २३ माद्रीपुत्रःसहदेवःकलिंगान्समागतानजयद्दंतकूरे ॥ वामेनास्यन्दक्षिणेनैवयोवैमहाबलंकच्चि देनंस्मरंति २४ पुराजेतुंनकुलःप्रेषितोऽयंशिबींस्त्रिगर्तान्संजयपश्यतस्ते ॥ दिशंप्रतीचींवशमानयन्मेमाद्रीसुतंकच्चिदेनंस्मरंति २५ पराभवोद्वैतवनेयआसीद्दुर्मं त्रितेघोषयात्रागतानाम् ॥ यत्रमंदाञ्छत्रुवशंप्रयातानमोचयद्भीमसेनोजयश्च २६ अहंपश्चादर्जुनमभ्यरक्षंमाद्रीपुत्रौभीमसेनोऽभ्यरक्षत् ॥ गांडीवधन्वाशत्रुसंघानुद स्यस्वस्त्यागमत्कच्चिदेनंस्मरंति २७ नकर्मणासाधुनैकेननूनंसुखंशक्यंवैभवतीहसंजय ॥ सर्वात्मनापरिजेतुंवयंचेन्नशक्नुमोधृतराष्ट्रस्यपुत्रम् २८ ॥ इतिश्रीमहाभारते उद्योगपर्वणिसंजयपर्व॰युधिष्ठिरप्रश्नेत्रयोविंशोऽध्यायः ॥ २३ ॥ ॥ संजयउवाच ॥ यथाऽऽत्थमेपांडवतत्तथैवकुरून्कुरुश्रेष्ठजनंचपृच्छसि ॥ अनाम यास्तातमनस्विनस्तेकुरुश्रेष्ठान्पृच्छसिपार्थयांस्त्वम् १ संत्येववृद्धाःसाधवोधार्तराष्ट्रेसंत्येवपापाःपांडवतस्यविद्धि ॥ दद्यादरिपुभ्योऽपिहिधार्तराष्ट्रःकुतोदायांल्लोपये द्ब्राह्मणानाम् २ यद्युष्माकंवर्त्ततेसौनधर्म्यमद्रुग्धेषुद्रुग्धवत्तन्नसाधु ॥ मित्रध्रुक्स्याद्धृतराष्ट्रःसपुत्रोयुष्मान्द्विषन्साधुवृत्तानसाधुः ३ नचानुजानातिभृशंचतप्यते शोचत्यंतःस्थविरोऽजातशत्रो ॥ शृणोतिहिब्राह्मणानांसमेत्यमित्रद्रोहःपातकेभ्योगरीयान् ४ स्मरंतितुभ्यंनरदेवसंयुगेयुद्धेचजिष्णोश्चयुधांप्रणेतुः ॥ समुत्कृष्टेदुंदु भिशंखशब्देगदापाणिंभीमसेनंस्मरंति ५ माद्रीसुतौचापिरणाजिमध्येसर्वादिशःसंपतंतौस्मरंति ॥ सेनांवर्षंतौशरवर्षैरजस्रंमहारथौसमरेदुष्प्रकंपौ ६ नत्वेवमन्ये पुरुषस्यराजन्ननागतंज्ञायतेयद्भविष्यम् ॥ त्वंचेत्तथासर्वधर्मोपपन्नःप्राप्तःक्लेशंपांडवकृच्छ्ररूपम् ॥ त्वमेवैतत्कृच्छ्रगतश्चभूयःसमीकुर्याःप्रज्ञयाऽजातशत्रो ७ नकामार्थं संत्यजेयुर्हिधर्मंपांडोःसुताःसर्वएवेंद्रकल्पाः ॥ त्वमेवैतत्प्रज्ञयाऽजातशत्रोसमीकुर्यायेनशर्माप्नुयुस्ते ८ धार्त्तराष्ट्राःपांडवाःसृंजयाश्चयेचाप्यन्येसन्निविष्टानरेंद्राः ॥ यन्मां ब्रवीद्धृतराष्ट्रोनिशायामजातशत्रोवचनंपितातेः ९

ज्यंते तैरप्यसाध्यःकथंसाममात्रेणसाध्यःस्यात् अतोदंडैकसाध्यःसइतिभावः पाठांतरेपरिजेतुंस्वायत्तीकर्तुं २८ ॥ इतिउद्योगपर्वणि नीलकंठीये भारतभावदीपे त्रयोविंशोऽध्यायः ॥ २३ ॥ १ । २ यदिति । अद्रुग्धेषुअनपकृतेषुधार्तराष्ट्रेषु यत्युष्माकं द्रुग्धवत् अपकृतस्येव सौनःसूनावान्हिंस्रः तद्धर्मादनपेतंसौनधर्म्यंक्रौर्यंवर्ततेतन्नसाधु द्रुग्धैरपिभवद्भिस्तेषुप्रव्राजनकालेऽपिद्रोहोनकृतइदानींतुसुतरांनकर्त व्यइत्याशयः तेतुस्वकृतंभोक्ष्यंत्येवेत्याह मित्रध्रुगिति ३ नचानुजानाति संधिनानुमोदते तप्यतेचपुत्रनाशभयात् गरीयानितिशृणोतिचेतिसंबंधः ४ कच्चिदस्मान्स्मरंतीतिपृष्टंतत्राह स्मरंतीति । तुभ्यंत्वाम् ५ रणोयोधध्वनिस्तद्विशिष्टायाआजिःसंग्रामस्तन्मध्ये 'रक्षणस्त्राणेरणःक्वणे' इत्यमरः ६ अनागतंअज्ञातं अदृष्टमित्यर्थः ७ । ८ । ९

१० ॥ इतिउद्योगपर्वणिनीलकंठीये भारतभावदीपे चतुर्विंशोऽध्यायः ॥ २४ ॥ ॥ ॥ १ । २ । ३ रथमयोजयतइहआगंतुं राज्ञोवचनं पांडवानांरोचतां ततश्चशमोऽस्तु ४ संस्थाने नाकारेण मार्दवेनकृपया आर्जवेनअकौटिल्येन अनृशंसाःअनुग्राः ह्रीनिषेवाःलज्जापरायणाः ५ ह्रीनंहिंस्रं सत्त्वंबुद्धिसत्वंसाधुत्वंवा भीमसेनाःभीषणसैन्याः ६ सर्वक्षयः अभावसंस्थः शून्येएवपरिसमाप्तःक्षयः तत्र तत्प्रथमार्थेत्रल् जयोऽपिबंधुनाशात्पराजयएव ७ ज्ञातीनांदुर्योधनादीनांकार्यं घोषयात्रायांगंधर्वेभ्योमोचनादिकं उपकृष्टंनिंदितम् ८ निर्णायनिश्चयंकृत्वानिगृह्यहत्वेत्यर्थः ९ ननुयुद्धेजयपराज

सहामात्यःसहपुत्रश्चराजन्समेत्यतांवाचमिमांनिबोध १० ॥ इतिश्रीमहाभारतेउद्योगपर्वणिसंजययानपर्वणि संजयवाक्येचतुर्विंशोऽध्यायः ॥ २४ ॥ युधिष्ठिर उवाच ॥ समागताःपांडवाःसृंजयाश्चजनार्दनोयुयुधानोविराटः ॥ यत्तेवाक्यंधृतराष्ट्रानुशिष्टंगावल्गणेब्रूहितत्सूतपुत्र १ ॥ संजयउवाच ॥ अजातशत्रुंचवृकोदरंच धनंजयंमाद्रवतीसुतौच ॥ आमंत्रयेवासुदेवंचशौरिंयुयुधानंचेकितानंविराटम् २ पंचालानामधिपंचैववृद्धंधृष्टद्युम्नंपार्षतंयाज्ञसेनिम् ॥ सर्वेवाचंशृणुतेमांमदीयांवक्ष्यामियांभूतिमिच्छन्कुरूणाम् ३ शमंराजाधृतराष्ट्रोऽभिनंदन्नयोजयत्त्वरमाणोरथंमे ॥ सभ्रातृपुत्रस्वजनस्यराज्ञस्तद्रोचतांपांडवानांशमोऽस्तु ४ सर्वैर्धर्मैःसमुपेतास्तुपार्थाःसंस्थानेनमार्दवेनार्जवेन ॥ जाताःकुलेह्यनृशंसावदान्याह्रीनिषेवाःकर्मणांनिश्चयज्ञाः ५ नयुज्यतेकर्मयुष्मासुहीनंसत्वंहिवस्तादृशंभीमसेनाः ॥ उद्भासेतेह्यंजनबिंदुवत्तच्छुभ्रेवस्त्रेयद्भवेत्किल्बिषंवः ६ सर्वक्षयोदृश्यतेयत्रकृत्स्नःपापोदयोनिरयोऽभावसंस्थः ॥ कस्तत्रकुर्याज्जातुकर्मप्रजानन्पराजयोयत्रसमोजयश्च ७ ते वैधन्यायैःकृतंज्ञातिकार्यंतेवैपुत्राःसुहृदोबांधवाश्च ॥ उपकृष्टंजीवितंसंत्यजेयुर्यतःकुरूणांनियतोवैभवःस्यात् ८ तेचेत्कुरूननुशिष्याथपार्थानिर्णीयसर्वान्द्विषतोनिगृह्य ॥ समंवस्तज्जीवितंमृत्युनास्याद्यज्जीवध्वंज्ञातिवधेनसाधु ९ कोह्येवयुष्मान्सहकेशवेनसचेकितानान्पार्षतबाहुगुप्तान् ॥ ससात्यकीन्विषहेतप्रजेतुंलब्ध्वाऽपिदेवान्सचिवान्सहेंद्रान् १० कोवाकुरून्द्रोणभीष्माभिगुप्तानश्वत्थाम्नाशल्यकृपादिभिश्च ॥ रणेविजेतुंविषहेतराजन्राधेयगुप्तान्सहभूमिपालैः ११ महद्बलंधार्तराष्ट्रस्यराज्ञःकोवैशक्तोहंतुमक्षीयमाणः ॥ सोऽहंजयेचैवपराजयेचनिःश्रेयसंनाधिगच्छामिकिंचित् १२ कथंहिनीचाइवदौष्कुलेयानिर्धर्मार्थंकर्मकुर्युश्चपार्थाः ॥ सोऽहंप्रसाद्यप्रणतोवासुदेवंपंचालानामधिपंचैववृद्धम् १३ कृतांजलिःशरणंवःप्रपद्येकथंस्वस्तिस्यात्कुरुसृंजयानाम् ॥ नह्येवमेवंवचनंवासुदेवोधनंजयोवा जातुकिंचिन्नकुर्यात् १४ प्राणान्दद्याद्याचमानःकुतोऽन्यदेतद्विद्वन्साधनार्थंब्रवीमि ॥ एतद्राज्ञोभीष्मपुरोगमस्यमतंयद्वःशांतिरिहोत्तमास्यात् १५ ॥ इतिश्री म० उद्योगपर्वणि संजययानपर्वणि संजयवाक्येपंचविंशोऽध्यायः ॥ २५ ॥

यावनित्यावित्याह कोहीतिद्वाभ्यां १० । ११ निःश्रेयसंनिश्चयं १२ निर्धर्मार्थंधर्मार्थयोर्विरुद्धंकर्मकथंकुर्युः प्रणतोऽस्मीतिशेषः १३ एवमेवंवचनमितिद्विरुक्तयाविकल्पवाक्यंनकुर्यात् १४ प्राणानिति । एतत्भवतांजयोऽपिपराजयएवेतिदीनवचनं कोवाकुरूनजयेतेतितीक्ष्णवचनं कथंस्वस्तिस्यादित्युभयनाशवचनंचसाधनार्थंसंधिकार्यस्यसिद्ध्यर्थंब्रवीमि ननुयुष्मान्भीषयामीत्यर्थः १५ ॥ ॥ इतिउद्योगपर्वणिनीलकंठीये भारतभावदीपे पंचविंशोऽध्यायः ॥ २५ ॥ ॥ ॥

१ अकुर्वतश्चेत्संकल्पःसिद्धयेत्तर्हिकर्मनकुर्यात् असिद्धावपियुद्धादन्यत्रअन्यत् अत्रापिप्रथमार्थेत्वल्लघीयोऽपिकर्मकुर्यान्नतुयुद्धम् २ अहीनंअनपगतम् ३ धर्मोदयंसुखंनिदाघेगंगावगाहादिजं नत्वधर्मो
दयंहिंसादिजं तत्त्वतोवस्तुतस्तुसर्वंकर्मदुःखमेव यतःकृच्छ्रोपायंक्लेशसाध्यं तर्हिकुतःकर्मकुर्वंतीत्याशंक्याह सुखमिति ४ कामाभिध्याविषयध्यानं ययेति । सर्वात्मनाविषयविस्मरणेमहत्सुखमस्तीतिभावः
भोगान्निष्कामतानसंभवतीत्याह यथेति ५ उक्तमर्थंप्रकृतेयोजयतिसंपश्येति । अस्माभिरित्यत्रधार्तराष्ट्रान्अंतर्भाव्याह पंचाधिकेनपुत्रशतेनसहधृतराष्ट्रस्यभोगंमहांतंपश्य अथापिकृत्स्नंस्वस्यैवभवत्वितिबुद्ध्याऽ
स्मान्राज्याद्दूरीकृत्य ततोभोगात्तृप्तिंनलभतइतिभावः ६ पितृव्यनिंदादोषाद्भीतःपुनराह नाश्रेयानिति । यःपुण्यतरः सविग्रहाणामीश्वरोभवति परैःसहविरोधंकृत्वास्वोत्कर्षंकरोति अन्यस्तुतेनैवनश्यति
अतःसपुण्यवत्तरएव अस्मद्दोषात्तुवयंवनेदुःखमनुभवामोनतुपरापराधेनेतिभावः ७ प्रावारान्दिव्यवासांसि संविवस्तेपरिधत्ते अन्यथाअश्रेयांश्चेद्रानातर्हिअस्मान्कुरुभ्यःकथंसंप्रणुदेतद्दूरीकुर्यात् शत्रूणांराज्याद्

॥ युधिष्ठिरउवाच ॥ कांनुवाचंसंजयमेशृणोषियुद्धैषिणींयेनयुद्धाद्बिभेषि ॥ अयुद्धंवैतातयुद्धाद्गरीयःकस्तल्लब्ध्वाजातुयुद्ध्येतसूत १ अकुर्वतश्चेत्पुरुषस्यसंजय
सिद्ध्येत्संकल्पोमनसायंयमिच्छेत् ॥ नकर्मकुर्याद्विदितंममैतदन्यत्रयुद्धाद्बहुयल्लघीयः २ कुतोयुद्धंजातुनरोऽवगच्छेत्कोदेवशप्तोहिवृणीतयुद्धम् ॥ सुखैषिणःकर्म
कुर्वंतिपार्थाधर्मादहीनंयच्चलोकस्यपथ्यम् ३ धर्मोदयंसुखमाशंसमानाःकृच्छ्रोपायंतत्त्वतःकर्मदुःखम् ॥ सुखंप्रेप्सुर्विजिघांसुश्चदुःखंयइंद्रियाणांप्रीतिरसानुगामी ४
कामाभिध्यास्वशरीरंदुनोतिययाप्रमुक्तोनकरोतिदुःखम् ॥ यथेध्यमानस्यसमिद्धतेजसोभूयोबलंवर्धतेपावकस्य ५ कामार्थलाभेनतथैवभूयोनतृप्यतेसर्पिषेवाग्निरिद्धः ॥
संपश्येमंभोगचयंमहांतंसहास्माभिर्धृतराष्ट्रस्यराज्ञः ६ नाश्रेयानीश्वरोविग्रहाणांनाश्रेयान्वैगीतशब्दंशृणोति ॥ नाश्रेयान्वैसेवतेमाल्यगंधान्नचाप्यश्रेयाननुलेपनानि
७ नाश्रेयान्वैप्रावारान्संविवस्तेकथंत्वस्मान्संप्रणुदेत्कुरुभ्यः ॥ अत्रैवस्यादबुधस्यैवकामःप्रायःशरीरेहृदयंदुनोति ८ स्वयंराजाविषमस्थःपरेषुसामर्थ्यमन्विच्छ
तितन्नसाधु ॥ यथात्मनःपश्यतिवृत्तमेवतथापरेषामपिसोऽभ्युपैति ९ आसन्नमग्निंतुनिदाघकालेगंभीरकक्षेगहनेविसृज्य ॥ यथाविवृद्धंवायुवशेनशोचेत्क्षे
मंमुमुक्षुःशिशिरव्यपाये १० प्राप्तैश्वर्योधृतराष्ट्रोऽद्यराजालालप्यतेसंजयकस्यहेतोः ॥ प्रगृह्यदुर्बुद्धिमनार्जवेरतंपुत्रंमंदंमूढममंत्रिणंतु ११ अनाप्तवच्चाप्ततम
स्यवाचःसुयोधनोविदुरस्यावमत्य ॥ सुतस्यराजाधृतराष्ट्रःप्रियैषीसंबुध्यमानोविशतेऽधर्ममेव १२ मेधाविनंह्यर्थकामंकुरूणांबहुश्रुतंवाग्मिनंशीलवंतम् ॥
संतंराजाधृतराष्ट्रःकुरुभ्योनसस्मारविदुरंपुत्रकाम्यात् १३

भ्रंशनंहिपुण्यवतामेवकर्म नाश्रेयसामितिभावः अत्रेति । यद्यप्येवंतथापि अंतर्दाहकरोऽयंकामःअबुधस्यदुर्योधनादेरेवउचितोनबुधस्यास्मदादेरित्यर्थः शरीरेशरीरमध्येस्थितंहृदयंदुनोतिखेदयति ८ अबुधत्व
मेवाह स्वयमिति । विषमस्थःसंकटस्थःसन् परेषुकर्णादिषु आत्मनोवृत्तंअशक्तत्वं तथापरेषांकर्णादीनामपिसदुर्योधनोभ्युपैति ९ गंभीरकक्षेबहुतृणेगहनेवने क्षेमंशोचेत्ममसुखंनास्तीतिशोकंकुर्यात् मुमुक्षुः तस्मा
द्दाहादात्मानंमोचयितुमिच्छुः शिशिरव्यपायेवसंते तत्रापि निदाघकालेदाहकालेमध्याह्ने १० लालप्यतेदीनवद्भाषते मंदंअभाग्यम् ११ विदुरस्यवाचोऽवमत्य सुतस्यप्रियैषी अधर्ममेवसंविशतेआश्रयते
१२ कुरुभ्यःकुरूणांहितार्थं नसस्मारनादृतवान् पुत्रकाम्यात्पुत्रलोभात् १३

असौराजासुतस्यप्रियैषी धर्मकामौमाजहात्त्यक्तवानितिद्वयोःसंबंधः ईर्षोःपरोत्कर्षासहिष्णोः संरंभिणःक्रोधिनः मन्युवशानुगस्यदैन्यभाजांकर्णादीनामनुगस्य दौर्हृदैःपापैः भावितस्यपूजितस्य १४ अनेयस्यअशिक्षणीयस्य अश्रेयसःअभाग्यस्य प्रपश्यमानःपश्यन्नपि १५ प्रशंसांविदुरेणसम्यगुक्तमितिस्तुतिंधार्तराष्ट्राद्विदुरोनलेभे १६ । १७ । १८ । १९ तस्मिन्नलुब्धेशमःनउपलभ्यः यःमद्गतेममत्वंनप्रतिगमनेसतिसर्वस्वकमेवार्थंमन्यतेइतियोज्यम् २० पारणीयंजेतुंशक्यं युद्धानिगोग्रहादौआसन् द्वीपोद्वीपवत् युद्धप्रवाहेणउह्यमानस्याश्रयः २१ यथेति । गंधर्वतोबंधनमार्तिंसूचयति २२ जानंतीति । अविद्यमानेइति

मानघ्नस्यासौमानकामस्यचेर्षोःसंरंभिणश्चार्थधर्मातिगस्य ॥ दुर्भाषिणोमन्युवशानुगस्यकामात्मनोदौर्हृदैर्भावितस्य १४ अनेयस्याश्रेयसोदीर्घमन्योर्मित्रद्रुहः संजयपापबुद्धेः ॥ सुतस्यराजाधृतराष्ट्रःप्रियैषीप्रपश्यमानःप्राजहाद्धर्मकामौ १५ तदैवमेसंजयदीव्यतोऽभून्मतिःकुरूणामागतःस्यादभावः ॥ काव्यांवाचंविदुरोभाषमाणोनविंदतेयद्धार्तराष्ट्रात्प्रशंसाम् १६ क्षत्तुर्यदानान्ववर्तंतबुद्धिंकृच्छ्रंकुरून्सूततदाऽभ्याजगाम ॥ यावत्प्रज्ञामन्ववर्तंततस्यतावत्तेषांराष्ट्रवृद्धिर्बभूव १७ तदर्थलुब्धस्यनिबोधमेऽद्ययेमंत्रिणोधार्तराष्ट्रस्यसूत ॥ दुःशासनःशकुनिःसूतपुत्रोगावल्गणेपश्यसंमोहमस्य १८ सोऽहंनपश्यामिपरीक्षमाणःकथंस्वस्तिस्यात्कुरुसृंजयानाम् ॥ आत्तैश्वर्योधृतराष्ट्रःपरेभ्यःप्रव्राजितेविदुरेदीर्घदृष्टौ १९ आशंसतेवैधृतराष्ट्रःसपुत्रोमहाराज्यमसपत्नंपृथिव्याम् ॥ तस्मिन्शमःकेवलंनोपलभ्यःसर्वस्वकंमद्गतेमन्यतेऽर्थम् २० यत्तत्कर्णोमन्यतेपारणीयंयुद्धेगृहीतायुधमर्जुनंवै ॥ आसंश्चयुद्धानिपुरामहांतिकथंकर्णोनाभवद्द्वीपएषाम् २१ कर्णश्चजानातिसुयोधनश्चद्रोणश्चजानातिपितामहश्च ॥ अन्येचयेकुरवस्तत्रसंतियथाऽर्जुनान्नास्त्यपरोधनुर्धरः २२ जानंत्येतत्कुरवःसर्वएवयेचाप्यन्येभूमिपालाःसमेताः ॥ दुर्योधनेराज्यमिहाभवद्यथाअरिंदमेफाल्गुनेऽविद्यमाने २३ तेनानुबंधंमन्यतेधार्तराष्ट्रःशक्यंहर्तुंपांडवानांममत्वम् ॥ किरीटिनातालमात्रायुधेनतद्वेदिनासंयुगंतत्रगत्वा २४ गांडीवविस्फारितशब्दमाजावशृण्वानाधार्तराष्ट्राध्रियंते ॥ क्रुद्धंनचेदीक्षतेभीमसेनंसुयोधनोमन्यतेसिद्धमर्थम् २५ इंद्रोऽप्येतन्नोत्सहेत्ताततहर्तुमैश्वर्यंनोजीवतिभीमसेने ॥ धनंजयेनकुलेचैवसूततथावीरेसहदेवेसहिष्णौ २६ सचेदेतांप्रतिपद्येतबुद्धिंवृद्धोराजासहपुत्रेणसूत ॥ एवंरणेपांडवकोपदग्धानश्येयुःसंजयधार्तराष्ट्राः २७ जानासित्वंक्लेशमस्मासुवृत्तंत्वांपूजयन्संजयाहंक्षमेयम् ॥ यच्चास्माकंकौरवैर्भूतपूर्वंयानोवृत्तिर्धार्तराष्ट्रेतदाऽऽसीत् २८ अद्यापितत्तत्रतथैववर्ततांशांतिंगमिष्यामियथात्वमात्थ ॥ इंद्रप्रस्थेभवतुममैवराज्यंसुयोधनोयच्छतुभारताग्र्यः २९ ॥ इतिश्रीमहाभारतेउद्योगपर्वणिसंजययानपर्वणियुधिष्ठिरवाक्येषड्विंशोऽध्यायः ॥ २६ ॥ ॥ ॥ ॥ ॥ ॥ ॥

च्छेदः २३ अनुबंधंबध्नातीतिबंधोराज्यादिः तमनुगम्य वर्तमानंपांडवानांममत्वंधार्तराष्ट्रोहर्तुंशक्यंमन्यते किंकृत्वातेनकिरीटिनासहतत्रराज्येनिमित्तेसतिसंयुगंसंग्रामंगत्वाप्राप्य तालोहस्तचतुष्टयं तद्वेदिनाधनुर्विद्यावेदिना २४ ध्रियंतेजीवंति २५ । २६ एतांबुद्धिंराज्यस्यअप्रदानेनाशोऽस्तीत्येवंरूपां २७ भूतपूर्वंभीमवधनजतुगृहदाहादि २८ इंद्रप्रस्थइत्युपराज्यंममभवतु भारताग्र्यइतिहस्तिनापुरंसुयोधनस्यास्त्वितिसूचितं २९ ॥ इतिउद्योगपर्वणिनीलकंठीये भारतभावदीपे षड्विंशोऽध्यायः ॥ २६ ॥ ॥ ॥ ॥ ॥ ॥

महानश्रावःश्रवणंयस्यमहाकीर्तीत्यर्थः पाठांतरेतु महानस्रावोगतिर्यस्यअतिचंचलमित्यर्थः माव्यनीनशःक्रोधेनधार्त्तराष्ट्रान्मानाशय १ । २ । ३ प्रसभंतेस्पृशंति ४ गृध्नुःस्पृहावान् ५ कर्मणां
अर्थकामाद्यर्थानांमध्ये ६ परंस्थानंपरलोकं मन्यमानेनमानयता वर्षपूगंवर्षगणं तत्रत्यसुखेभ्यस्तदर्थंत्वयाआत्माऽपिदत्तः ७ सुखप्रियेभोगान्पुत्रादींश्चसेवमानः योगाभ्यासेचित्तवृत्तिनिरोधमभ्यसितुं
कर्मआसनप्राणायामादिकंनकरोति । ब्रह्मचर्येति ब्रह्मणिचर्याआत्मानुसंधानं तत्रअप्रसक्तःप्रकर्षेणअनासक्तः योगाद्व्यावृत्तः धर्मंचयज्ञादिरूपंहित्वा यःअधर्ममेवप्रकरोतिसंचिनोति ८। ९ ननु ‘ धर्मेणपापमपनु
दति ’ इतिश्रुतेः कालांतरेअधर्मस्यनाशार्थंधर्ममप्यनुष्ठास्यामः किंमुक्त्येत्याशंक्याह नकर्मणामिति । कृतंकर्मभोगंविनाआत्मज्ञानंविनावाननश्यतीत्यर्थः ‘ नाभुक्तंक्षीयतेकर्म । क्षीयंतेचास्यकर्माणितस्मि

संजयउवाच ॥ धर्मनित्यापांडवतेविचेष्टालोकेश्रुतादृश्यतेचापिपार्थ ॥ महाश्रावंजीवितंचाप्यनित्यंसंपश्यत्वंपांडवमाव्यनीनशः १ नचेद्भागंकुरवोऽन्यत्रयु
द्धात्प्रयच्छेरंस्तुभ्यमजातशत्रो ॥ भैक्षचर्यामंधकवृष्णिराज्येश्रेयोमन्येनतुयुद्धेनराज्यम् २ अल्पकालंजीवितंयन्मनुष्येमहास्रावंनित्यदुःखंचलंच ॥ भूय
श्चतद्यशसोनानुरूपंतस्मात्पापंपांडवमाकृथास्त्वम् ३ कामामनुष्यंप्रसजंतएतेधर्मस्ययेविघ्नमूलंनरेंद्र ॥ पूर्वंनरस्तान्मतिमान्प्रणिघ्नन्लोकेप्रशंसांलभतेऽनव
द्याम् ४ निबंधनीह्यर्थतृष्णेहपार्थतामिच्छतांबध्यतेधर्मएव ॥ धर्मंतुयःप्रवृणीतेसबुद्धःकामेगृध्नोहीयतेऽर्थानुरोधात् ५ धर्मंकृत्वाकर्मणांतातमुख्यंमहाप्र
तापःसवितेवभाति ॥ हीनोहिधर्मेणमहीमपीमांलब्ध्वानरःसीदतिपापबुद्धिः ६ वेदोऽधीतश्चरितंब्रह्मचर्यंयज्ञैरिष्टंब्राह्मणेभ्यश्चदत्तम् ॥ परंस्थानंमन्यमानेनभूय
आत्मादत्तोवर्षपूगंसुखेभ्यः ७ सुखप्रियेसेवमानोऽतिवेलंयोगाभ्यासेयोनकरोतिकर्म ॥ वित्तक्षयेहीनसुखोऽतिवेलंदुःखंशेतेकामवेगप्रणुन्नः ८ एवंपुनर्ब्रह्मचर्या
प्रसक्तोहित्वाधर्मंयःप्रकरोत्यधर्मम् ॥ अश्रद्दधत्परलोकायमूढोहित्वादेहंतप्यतेप्रेत्यमंदः ९ नकर्मणांविप्रणाशोऽस्त्यमुत्रपुण्यानांवाऽप्यथवापापकानाम् ॥ पूर्वं
कर्तुर्गच्छतिपुण्यपापंपश्चात्त्वेनमनुयात्येवकर्ता १० न्यायोपेतंब्राह्मणेभ्योऽथदत्तंश्रद्धापूतंगंधरसोपपन्नम् ॥ अन्वाहार्येषूत्तमदक्षिणेषुतथारूपंकर्मविख्यायतेते
११ इहक्षेत्रेक्रियतेपार्थकार्यंनवैकिंचित्क्रियतेप्रेत्यकार्यम् ॥ कृतंत्वयापारलौक्यंचकर्मपुण्यंमहत्सद्भिरतिप्रशस्तम् १२ जहातिमृत्युंचजरांभयंचनक्षुत्पिपासेमन
सोऽप्रियाणि ॥ नकर्तव्यंविद्यतेतत्रकिंचिदन्यत्रवैचेंद्रियप्रीणनाद्धि १३ एवंरूपंकर्मफलंनरेंद्रमाऽत्रावहंहृदयस्यप्रियेण ॥ सक्रोधजंपांडवहर्षजंचलोकावुभौमाप्रहा
सीश्चिराय १४

न्दृष्टेपरावरे ’ इत्यादिवाक्येभ्यः उदाहृतश्रुतिस्तुप्रायश्चित्तादिनापापनाशोभवति सोऽपिअत्रैवव्यवहार्यत्वमापादयति नतुपरलोकेऽपिपापास्पर्शायप्रभवतीत्येवंपरा १० अन्वाहार्येष्विसनेनश्रौतमिष्ट्या
दिकंलक्ष्यते तत्रहिअन्वाहार्योदक्षिणात्वेनदीयते ११ कार्यंधर्मः प्रेत्यमृत्वा १२ परलोकेकर्मनास्तीत्याह जहातीति १३ एवंरूपमिति । हृदयस्यप्रियेणकामेन ईदृशंक्षयिष्णु इंद्रियप्रीतिमात्रहेतुकर्म
फलं तत्अत्रअस्मिन्लोकेमाऽवहं नैववहेयं अत्रकर्मकुर्वन्कामवशादमुत्रफलंनप्रार्थयेतेत्यर्थः ततश्चकोलाभइत्यतआह सइति । सःत्वंएवंनिष्कामकर्मकृत् क्रोधजंलोकंनरकं हर्षजंस्वर्गंचेत्युभौलोकौचिरा
यअपुनरावृत्तये माप्रहासीःमागच्छ ओहाङ्गतावित्यस्यरूपंतङभावआर्षः कर्मजंफलंत्यक्त्वा परेणवैराग्येणसंपन्नोमोक्षार्थंयोगाभ्यासमेवकुरुष्व किंराज्येनबंधुनाशलभ्येनेत्यर्थः १४

एवंज्ञानेनकर्मणांअंतंनाशंगत्वाप्राप्य 'ज्ञानाग्निःसर्वकर्माणिभस्मसात्कुरुतेऽर्जुन' इतिभगवद्वचनात्बुद्धतत्त्वोऽपिकृतकृत्योऽपि सत्रादिकंमात्यजअश्वमेधादीनिकर्माण्यपिलोकसंग्रहार्थंकुरु परंतुपापस्यकर्मणोंतं समीपंपुनर्मागाः ज्ञानोत्तरकालंकृतमपिकर्मनज्ञानिनंस्पृशतीतिभावः 'तद्यथापुष्करपलाशआपोनश्लिष्यंत एवमेवंविदिपापकंकर्मनश्लिष्यते' इतिश्रुतेः १५ तच्चेदिति। भोपार्थाःभोपांडवाः तत्पापंकर्म गोत्रवधरूपं द्वेषरूपेणचिरायमागेवचेत्करिष्यध्वं तर्हियद्वनेवर्षपूगान्दुखंवासंनिवसध्वं तद्धर्मएवेतियत्तत्पदाध्याहारेणयोज्यं राज्यार्थंसर्वलोकनाशमिच्छतांभवतांदुर्योधनेनयोवनवासःकारितःसधर्मएवेत्यर्थः १६ ननुतदानींसहायाभावादस्माभिर्वनवासोंऽगीकृतोनदुर्योधनाज्ञयेत्याशंक्याह अप्रव्रज्येति। इमाइमानिराज्यादीनि सुपांसुलुगितिसुपोडादेशः पुरस्तात्प्रव्रजनकालेएवहित्वा धार्ताेरूपं बलेनधृत्वा अप्रव्रज्यवनेप्रव्रजनमकृत्वैवआस्मभवेमवयं पांडवान्आत्मन्यंतर्भाव्य उत्तमपुरुषप्रयोगः यत्यतः पुरस्तादपिएतद्बलंआत्माधीनमेवासीत् १७। १८। १९ हीनकालंगतेकालेइत्यर्थः २० एवंपूर्वंयुद्धमकुर्वता

अंतंगत्वाकर्मणांमाप्रजह्याःसत्यंदमंचार्जवमानृशंस्यम् ॥ अश्वमेधंराजसूयंतथेज्याःपापस्यांतंकर्मणोमापुनर्गाः १५ तच्चेदेवंद्वेषरूपेणपार्थाःकरिष्यध्वंकर्मपापं चिराय ॥ निवसध्वंवर्षपूगान्वनेषुदुःखंवासंपांडवाधर्मएव १६ अप्रव्रज्येमास्महित्वापुरस्तादात्माधीनंबद्बलंह्येतदासीत् ॥ नित्यंचवश्याःसचिवास्तवेमेजनार्दनोयुयुधानश्चवीरः १७ मत्स्योराजारुक्मरथःसपुत्रःप्रहारिभिःसहपुत्रैर्विराटः ॥ राजानश्चयेविजिताःपुरस्तात्त्वामेवतेसंश्रयेयुःसमस्ताः १८ महासहायःप्रतपनूबलस्थःपुरस्कृतोवासुदेवार्जुनाभ्याम् ॥ वरान्हनिष्यन्द्विषतोरंगमध्येव्यनेष्यथाधार्तराष्ट्रस्यदर्पम् १९ बलंकस्माद्वर्धयित्वापरस्यनिजान्कस्मात्कर्शयित्वासहायान् ॥ निरुष्यकस्माद्वर्षपूगान्वनेषुयुयुत्ससेपांडवहीनकालम् २० अप्राज्ञोवापांडवयुद्ध्यमानोऽधर्मज्ञोवाभूतिमथोऽभ्युपैति ॥ प्रज्ञावान्वाबुद्ध्यमानोऽपिधर्मंसंरंभाद्वासोऽपिभूतेरपैति २१ नाधर्मेतेधीयतेपार्थबुद्धिर्नसंरंभात्कर्मचकर्थपापम् ॥ आत्थकिंतत्कारणंयस्यहेतोःप्रज्ञाविरुद्धंकर्मचिकीर्षसीदम् २२ अव्याधिजंकटुकंशीर्षरोगियशोमुषंपापफलोदयंवा ॥ सतांपेयंयन्नपिबंत्यसंतोमन्युंमहाराजपिबप्रशाम्य २३ पापानुबंधंकोनुतंकामयेतक्षमैवतेज्यायसीनोतभोगाः ॥ यत्रभीष्मःशांतनवोहतःस्याद्यत्रद्रोणःसहपुत्रोहतःस्यात् २४ कृपःशल्यःसौमदत्तिर्विकर्णोविविंशतिःकर्णदुर्योधनौच ॥ एतान्हत्वाकीदृशंतत्सुखंस्याद्यद्विंदेथास्तदनुब्रूहिपार्थ २५ लब्ध्वाऽपीमांपृथिवींसागरांतांजरामृत्यूनैवहित्वंप्रजह्याः ॥ प्रियाप्रियेसुखदुःखेचराजन्नेवंविद्वान्नैवयुद्धंकुरुत्वम् २६ अमात्यानांयदिकामस्यहेतोरेवंयुक्तंकर्मचिकीर्षसित्वम् ॥ अपक्रमेःस्वंप्रदायैवतेषांमागास्त्वंवैदेवयानात्पथोऽद्य २७ ॥ ॥ इतिश्रीमहाभारतेउद्योगपर्वणिसेनोद्योगपर्वणि संजययानपर्वणिसंजयवाक्येसप्तविंशोऽध्यायः ॥ २७ ॥

इदानीमपितन्नकर्तव्यमित्युक्तं अथसर्वथाऽपियुद्धंकनकर्त्तव्यं जयपराजययोरव्यवस्थितत्वादित्याह अप्राज्ञइति। मूढोऽधर्मज्ञोवायुद्ध्यन्ऐश्वर्यंलभते प्राज्ञोधर्मज्ञःअयुद्ध्यन्दैवात्ऐश्वर्यात्भ्रश्यतीत्यर्थः २१ ग्रंथतात्पर्यमाह नेति। संरंभात्कोपात् पूर्वमपिपापभयादेवत्वयानकृतं तर्हिइदानींप्रज्ञाविरुद्धंतत्किमर्थंचिकीर्षसीतिभावः २२ अव्याधिजंकटुकं पित्तादिकंविनाप्यरोचकं यशोमुषंयशोहरं पेयंगिलनीयं मन्युंक्रोधं प्रशाम्यशांतोभव २३ पापेऽनुबध्नातितंतथाविधं पापस्यमूलंतंमन्युं यत्रभोगेषुनिमित्तेषु एतेनभीष्मादीनांगुरूणामपिवधोराज्यार्थिनस्त्वत्तोभविष्यतीतिदर्शितं २४। २५। २६ देवयानात्पथोर्चिरादिमार्गादपुनरावृत्तिफलात् गोत्रद्रोहेणमागाइत्यर्थः २७ ॥ इतिउद्योगपर्वणिनीलकंठीये भारतभावदीपे सप्तविंशोऽध्यायः ॥ २७ ॥ ॥ ॥ ॥ ॥ ॥

असंशयंयदिधर्मंचरेयं यदिवाअधर्मं तदुभयंज्ञात्वापरीक्ष्याधर्माचरणंउपलभ्य गर्हयेःनिंदस्व १ धर्माधर्मपरीक्षायांत्रैविध्यमाह यत्रेति । यत्रपुरुषेदंभादिमति अधर्मः अभिचारार्थमंत्रजपादिः धर्मइत्यैवान्येजानंति तथाप्रच्छन्नयोगिनिदत्तात्रेयादौ धर्मोरागद्वेषादिशून्यतारूपोयोगधर्मोऽपि उन्मत्तवदाचरणादधर्मरूपइवदृश्यते यत्रवसिष्ठादौधर्मःधर्मरूपएव यद्यपिचांडालादौअधर्मोप्यधर्मरूपएवास्तितथाऽपि तस्यानुपादेयत्वात्त्रयमेवविचार्यं पाठांतरेऽधर्मेतिच्छेदः एतच्चत्वयाऽपि विदुषामर्यविचार्यमित्याशयः २ अत्रआद्ययोःप्रच्छन्नत्वातचिरकालेनतत्त्वनिश्चयः अंत्येतुप्रत्यक्षलिंगेऽपिआपत्कालवशाद्धर्माधर्मयोर्व्यत्यासोजायतइत्याह एवमिति । एतदेवंरूपंलोकप्रत्यक्षंलिंगंब्राह्मणस्यस्वाध्यायप्रवचनादि क्षत्रियस्यशौर्यादि वैश्यस्यकृष्यादि तत्तथैवयथोक्तमेव तथापिनित्यवृत्तीनित्यंवर्तेतेतौनित्यवृत्तीधर्माधर्मौतल्लिंगंभजेतां अयंभावः क्षत्रलिंगंब्राह्मणवैश्ययोरापदिधर्मःअनापद्यधर्मः तथाचैकस्यैवलिंगस्यवर्णांतरेअवस्थाभेदाद्धर्मत्वमधर्मत्वंचानित्यमिति तत्रापिविशेषमाहआद्यमिति । आद्यंब्राह्मणलिंगंयाजनादियस्यास्तिब्राह्मणस्यतस्यैवतत्प्रमाणंअव्यभिचारि आपद्यपिक्षत्रियेणयाजनाध्यापानादिकंनकर्त्तव्यमित्यर्थः एवंविधंतंआपद्धर्मंशास्त्रान्निबोधबुद्धयस्व ३ ननुकथंतर्हिएकचक्रायांभिक्षाटनंब्राह्मणस्यैवासाधारणत्वेनविहितंभवद्भिःकृतमित्याशंक्याह लुप्तायामिति । प्रकृतिःजीविकाहेतुभूतंधनं तच्चक्षत्रियस्यभूमिशस्त्रादिकं वैश्यस्यधनपश्वादिकं तस्मिन्सर्वात्म

॥ युधिष्ठिरउवाच ॥ असंशयंसंजयसत्यमेतद्धर्मोवरःकर्मणांयत्त्वमात्थ ॥ ज्ञात्वातुमांसंजयगर्हयेस्त्वंयदिधर्मंयद्यधर्मंचरेयम् १ यत्राधर्मोधर्मरूपाणिधत्तेधर्मःकृत्स्नोदृश्यतेऽधर्मरूपः ॥ बिभ्रद्धर्मोधर्मरूपंतथाचविद्वांसस्तंसंप्रपश्यंतिबुद्ध्या २ एवंतथैवापदिलिंगमेतद्धर्माधर्मौनित्यवृत्तीभजेताम् ॥ आद्यंलिंगंयस्यतस्यप्रमाणमापद्धर्मंसंजयतंनिबोध ३ लुप्तायांतुप्रकृतौयेनकर्मनिष्पादयेत्तत्परीप्सेद्विहीनः ॥ प्रकृतिस्थश्चापदिवर्तमानउभौगर्ह्यौभवतःसंजयैतौ ४ अविनाशमिच्छतांब्राह्मणानांप्रायश्चित्तंविहितंयद्विधात्रा ॥ संपश्येथाःकर्मसुवर्तमानान्विकर्मस्थान्संजयगर्हयेस्त्वम् ५ मनीषिणांसत्त्वविच्छेदनायविधीयतेसत्सुवृत्तिःसदैव ॥ अब्राह्मणाःसंतितुयेनवैद्याःसर्वोत्संगंसाधुमन्येततेभ्यः ६

नानष्टेसति येनकर्मसंध्योपासनादिकंनिष्पादयेत् तत्भिक्षाटनादिकमपिपरीप्सेत्कर्तुमिच्छेत् अन्यथाजीविकायाअभावात्कर्मलोपः प्राणनाशश्चस्यादतोऽस्वंतापदितावान्निम्नधर्मोऽपीतरैरनुष्ठेयएव प्रकृतिस्थश्चेति । आपदिआपद्धर्मंप्रकृतिस्थोऽपियद्यापद्धर्ममनुसरेत्सलोभाद्गर्ह्यः आपत्स्थोऽपियदिप्राकृतंधर्ममनुसरेत्सजीवनलोपात्कुटुंबहिंसयाचगर्ह्यइत्यर्थः ४ अविनाशमिति । यत्यस्माद्धेतोः विधात्राअविनाशोवृत्त्यंतरोपजीवनेनब्राह्मण्यस्यनाशोविनाशस्तदभावमिच्छतांब्राह्मणानांआपदुत्तीर्णानांप्रायश्चित्तंविहितं तस्माद्धेतोरापदिअन्यस्यान्यधर्माश्रयणंप्रसक्तमेवेतिज्ञायते । अतएवएकचक्रायामस्माभिःकृतंभिक्षाटनंनानुचितमित्यर्थः । एवमनापदिकर्मसुवर्तमानान् आपदिचविकर्मस्थान्संपश्येथाः सम्यगेवेदमितिपश्येथाः अन्यथातु आपदिकर्मस्थान्आत्मपरहिंस्रान् अनापदिविकर्मस्थांश्चातिलुब्धान्विगर्हयेस्त्वं ५ किंचमनीषिणांमनसःनिग्रहंनाशंकर्तुमिच्छतां ईषगतिर्हिंसादर्शनेष्वित्यस्यरूपं सत्त्वविच्छेदनाय सत्त्वस्यबुद्धिसत्त्वस्यचिदात्मनासहएकलोलीभूतस्यविच्छेदनाय मुंजेषीकान्यायेनपृथक्करणाय सत्सुसतांगृहेषुवृत्तिर्जीविकाशास्त्रेविधीयते 'वेदानिमंलोकममुंचपरित्यज्यात्मनात्मानमन्विच्छेत्' इतिश्रुत्याऽत्मान्वेषणायसर्वसंन्यासपूर्वकंभिक्षाचर्यविधानात्नब्राह्मीवृत्तिःकस्यापिनिंद्यायेतुअब्राह्मणाअपिवैद्याःविद्यानिष्ठाःनभवंतितेषांभिक्षाचर्यस्याविधानात् तेभ्यःतेषामर्थे सर्वोत्संगंसर्वेषामुत्संगंसमीपंस्वधर्मसंयोगं आपदनापदोरुचितंसाधुमन्येत । सर्वोच्छेदमितिपाठे तेभ्यस्तेषामर्थेभिक्षाटनंसर्वधर्मोच्छेदायमन्येतेत्यर्थः ६

तदध्वानइति । पित्रादयःयज्ञैषिणोयेतेसर्वैतदध्वानः सएवमयोक्तोऽध्वामार्गोयेषांतेतदध्वानोऽभूवन् हिप्रसिद्धं येचकर्मनकुर्युः संन्यासिनइत्यर्थः तेसर्वेतदध्वानः अहमपिआस्तिकोऽस्मीनिततोन्यंअध्वानंन मन्ये ७ एवंस्वस्यनीतिज्ञत्वप्रकाशनप्रसंगादापद्धर्मान्योगिधर्मांश्चोक्त्वा प्रकृतमनुसरतियत्किंचेति ८ धर्मेश्वरःधर्मफलस्यदाता ९ यदिसामविसृजन्स्यांतर्हिगर्ह्यःस्यां यदिवायुध्यमानःस्वधर्मजह्यां तदाग र्ह्यःस्यां ममतुद्वयमपीष्टमेवेतिभावः १० । ११ कृष्णप्रणीताःकृष्णेनैवनीतिपथंनीताः १२ । १३ । १४ ॥ ॥ इति उद्योगपर्वणिनीलकंठीये भारतभावदीपे युधिष्ठिरवाक्येअष्टाविंशो ऽध्यायः ॥ २८ ॥ ॥ ॥ ॥ ॥ १ शाम्यतेतिवचनादन्यत्तान्प्रतिनब्रूयां पांडवानांसमक्षंराज्ञोयुधिष्ठिराच्चएतदेवशृणोमि अहंचएतन्मन्येमानयामि २ तत्रराज्येनि

तदध्वानःपितरोयेचपूर्वेपितामहायेचतेभ्यःपरेऽन्ये ॥ यज्ञैषिणोयेचहिकर्मकुर्युर्नान्यंततोनास्तिकोऽस्मीतिमन्ये ७ यत्किंचनेदंवित्तमस्यांपृथिव्यांयद्देवानांत्रिदशा नांपरंयत् ॥ प्राजापत्यंत्रिदिवंब्रह्मलोकंनाधर्मतःसंजयकामयेयम् ८ धर्मेश्वरःकुशलोनीतिमांश्चाप्युपासिताब्राह्मणानांमनीषी ॥ नानाविधांश्चैवमहाबलांश्चराज न्यभोजाननुशास्तिकृष्णः ९ यदिह्यहंविसृजन्सामगर्ह्योनियुद्ध्यमानोयदिजह्यांस्वधर्मम् ॥ महायशाःकेशवस्तद्ब्रवीतुवासुदेवस्तूभयोरर्थकामः १० शैनेयोऽयंचेद यश्चांधकाश्चवार्ष्णेयभोजाःकुकुराःसृंजयाश्च ॥ उपासीनावासुदेवस्यबुद्धिंनिगृह्यशत्रून्सुहृदोनंदयंति ११ वृष्ण्यंधकाह्युग्रसेनादयोवैकृष्णप्रणीताःसर्वएवेंद्रकल्पाः ॥ मनस्विनःसत्यपरायणाश्चमहाबलायादवाभोगवंतः १२ काश्योबभ्रुःश्रियमुत्तमांगतोलब्ध्वाकृष्णंभ्रातरमीशितारम् ॥ यस्मैकामान्वर्षतिवासुदेवोग्रीष्मात्ययेमेघइव प्रजाभ्यः १३ ईदृशोऽयंकेशवस्तातविद्वान्विद्धिह्येनंकर्मणांनिश्चयज्ञम् ॥ प्रियश्चनःसाधुतमश्चकृष्णोनातिक्रामेवचनंकेशवस्य १४ ॥ इतिश्रीमहाभारतेउद्योगप र्वणिसंजययानपर्वणियुधिष्ठिरवाक्येअष्टाविंशोऽध्यायः ॥ २८ ॥ ॥ ॥ वासुदेवउवाच ॥ अविनाशंसंजयपांडवानामिच्छाम्यहंभूतिमेषांप्रियंच ॥ तथा राज्ञोधृतराष्ट्रस्यसूतसमाशंसेबहुपुत्रस्यवृद्धिम् १ कामोहिमेसंजयनित्यमेवनान्यद्ब्रूयांतान्प्रतिशाम्यतेति ॥ राज्ञश्चहिप्रियमेतच्छृणोमिमन्येचैतत्पांडवानांसमक्षम् २ सुदुष्करस्तत्रशमोहिनूनंप्रदर्शितःसंजयपांडवेन ॥ यस्मिन्गृद्धोधृतराष्ट्रःसपुत्रःकस्मादेषांकलहोनावमूर्च्छेत् ३ नत्वंधर्मंविचरंसंजयेहमत्तश्चजानासियुधिष्ठिराच्च ॥ अथोकस्मात्संजयपांडवस्यउत्साहिनःपूरयतःस्वकर्म ४ यथाख्यातमावसतःकुटुंबेपुराकस्मात्साधुविलोपमात्थ ॥ अस्मिन्विधौवर्तमानेयथावदुच्चावचामतयोब्राह्म णानाम् ५ कर्मणाऽऽहुःसिद्धिमेकेपरत्रहित्वाकर्मविद्ययासिद्धिमेके ॥ नाभुंजानोभक्ष्यभोज्यस्यतृप्येद्विद्वानपीहविहितंब्राह्मणानाम् ६

मित्तेगृद्धःलिप्सावान् एवंसतिएषांकौरवाणांकस्माद्धेतोःकलहःनावमूर्च्छेत् ३ विचरंविचलितं पूरयतःपालयतः ४ यथाख्यातंप्रसिद्धिमनतिक्रम्यआवसतःअधितिष्ठतः साधुविलोपंधर्मलोपं युधिष्ठिरेकस्माद्धेतोःआत्थउक्तवानत्वं अस्मिन्विधौ शुचिरद्रोही कुटुंबेशुचौदेशे स्वाध्यायमधीयानोयावदायुष्यंवर्त्तयेदित्येवंरूपेवर्त्तमानेऽपि ब्राह्मणानां उच्चावचामतयो गार्हस्थ्यस्यअपरिग्रहे वा त्यागेवा नैष्ठिकब्रह्मचर्ये पारिव्राज्येवा भवंति ५ तत्रहेतुमाह कर्मणेति । सिद्धिंमोक्षं एके 'कर्मणैवहिसंसिद्धिमास्थिताजनकादयः' इत्येकेआहुः 'नकर्मणानप्रजयाधनेनत्यागेनैकेअमृतत्वमानशुः' इत्ये केआहुः यद्यपिएवंकुटुंबेऽवस्थितिः संन्यासश्च द्वयमपितुल्यवत् शास्त्रेणविहितं तथाऽपिकृत्स्नभावात्तु गृहिणोपसंहारन्यायेन आश्रमांतरसाध्यंज्ञानं गृहस्थेनसाधयितुंशक्यं नतुगृहस्थेन–

साध्यंयज्ञादिकंआश्रमांतरेऽप्यस्तीतिकृत्स्नोधर्मोगार्हस्थ्येएवप्राप्यतइत्याशयेनाह नाभुंजानइति । यतोविद्वानोपि अभुंजानोनतृप्यात यतश्चब्राह्मणानांसंन्यासिनामपिगृहस्थगृहेविहितंभोजनादिक ६ तेनक
र्मणामनुकूलायाविद्यास्ताएवफलवत्योनतुतत्प्रतिकूलाउदासाद याइति । तथाहि ‘ सर्वाणिहवाइमानिभूतानिप्राणमेवाभिसंविशंति प्राणमभ्युज्जिहतेसैषादेवताप्रस्तावमन्वायत्ता ’ इतिच्छांदोग्येसर्व
भूतसंवेशनोद्गमनलिंगेन जगत्कारणतयानिश्चितस्यप्राणाख्यपरमात्मनोविद्यायाःप्रस्तावकर्मसाधकत्वंदृष्टं तासांकर्मसाधकानांविद्यानांफलमस्ति नेतरासांस्वतंत्राणां अयंभावः गृहस्थःस्वात्मानम
न्यांश्चपित्रादींस्तारयति यतींश्चपुष्णाति यतिस्त्वात्मानमेवतारयतिनपित्रादीन् पोषणंचस्वस्यापिनकरोतिभैक्षोपजीवित्वादतोगार्हस्थ्यमेवश्रेष्ठमिति किंचनैष्कर्म्यंदृष्टविरुद्धमपीत्याह तत्रेति । तत्रकर्म

यावैविद्याःसाधयंतीहकर्मतासांफलंविद्यतेनेतरासाम् ॥ तत्रेहवैदृष्टफलंतुकर्मपीत्वोदकंशाम्यतितृष्णयाऽऽर्तः ७ सोऽयंविधिर्विहितःकर्मणैवसंवर्ततेसंजयतत्र
कर्म ॥ तत्रयोऽन्यत्कर्मणःसाधुमन्येन्मोघंतस्यालपितंदुर्बलस्य ८ कर्मणाऽमीभांतिदेवाःपरत्रकर्मणैवेहप्लवतेमातरिश्वा ॥ अहोरात्रेविदधत्कर्मणैवअतंद्रितोनि
त्यमुदेतिसूर्यः ९ मासार्धमासानथनक्षत्रयोगानतंद्रितश्चंद्रमाश्चाभ्युपैति ॥ अतंद्रितोदहतेजातवेदाःसमिद्ध्यमानःकर्मकुर्वन्प्रजाभ्यः १० अतंद्रिताभारमिमं
महांतंबिभर्तिदेवीपृथिवीबलेन ॥ अतंद्रिताःशीघ्रमपोवहंतिसंतर्पयंत्यःसर्वभूतानिनद्यः ११ अतंद्रितोवर्षतिभूरितेजाःसन्नादयन्नंतरिक्षंदिशश्च ॥ अतंद्रितोब्रह्म
चर्यंचचारश्रेष्ठत्वमिच्छन्बलभिद्देवतानाम् १२ हित्वासुखंमनसश्चप्रियाणितेनशक्रःकर्मणाश्रैष्ठ्यमाप ॥ सत्यंधर्मंपालयन्नप्रमत्तोदमंतितिक्षांसमतांप्रियंच १३
एतानिसर्वाण्युपसेवमानःसदेवराज्यंमघवान्प्रापमुख्यम् ॥ बृहस्पतिर्ब्रह्मचर्यंचचारसमाहितःसंशितात्मायथावत् १४ हित्वासुखंप्रतिरुद्ध्येंद्रियाणितेनदेवा
नामगमद्गौरवंसः ॥ तथानक्षत्राणिकर्मणाऽमुत्रभांतिरुद्रादित्यावसवोऽथापिविश्वे १५ यमोराजावैश्रवणःकुबेरोगंधर्वयक्षाप्सरसश्चसूत ॥ ब्रह्मविद्यांब्रह्मचर्यंक्रि
यांचनिषेवमाणाऋषयोऽमुत्रभांति १६ जानन्निमंसर्वलोकस्यधर्मंविप्रेंद्राणांक्षत्रियाणांविशांच ॥ सकस्मात्त्वंजानतांज्ञानवान्सन्व्यायच्छसेसंजयकौरवार्थे १७ आ
म्नायेषुनित्यसंयोगमस्यतथाऽश्वमेधेराजसूयेचविद्धि ॥ संयुज्यतेधनुषावर्मणाचहस्त्यश्वाद्यैरथशस्त्रैश्चभूयः १८ तेचेदिमेकौरवाणामुपायमवगच्छेयुरवधेनैवपार्थाः ॥
धर्मत्राणंपुण्यमेषांकृतंस्यादार्यवृत्तेभीमसेनंनिगृह्य १९ तेचेत्पित्र्येकर्मणिवर्तमानाआपद्येरन्दिष्टवशेनमृत्युम् ॥ यथाशक्त्यापूरयंतःस्वकर्मतदप्येषांनिधनंस्या
त्प्रशस्तम् २० उताहोत्वंमन्यसेशाम्यमेवराज्ञांयुद्धेवर्ततेधर्मतंत्रम् ॥ अयुद्धेवावर्ततेधर्मतंत्रंतथैवतेवाचमिमांशृणोमि २१

तद्भावतारतम्येविचारणीये कर्मइहैवदृष्टफलम् ७ सोऽयंज्ञानविधिःकर्मणैवसहविहितः तत्रचअनुष्ठीयमानेकर्मण्युद्वर्ततेउच्छिद्यते कर्मसमवेतमेवज्ञानंसकलकर्मोच्छेदहेतुरित्यर्थः कर्मणोऽन्यत्संन्यासं
मन्येतमन्यते ८ कर्मसमुच्चितंज्ञानंस्तौति कर्मणाऽमीभांतीत्यादिना । ब्रह्मविद्यांब्रह्मचर्यंक्रियांचनिषेवमाणाइत्युपसंहारात् ९ । १० । ११ । १२ । १३ । १४ । १५ । १६ व्यायच्छसेनिग्रहंकरोषि
१७ आम्नायेष्विति । विद्याधर्मःशौर्यंचयुधिष्ठिरेपुष्कलमस्तीतिनायमन्येनशिक्षणीयोजेतुंवाशक्यइत्यर्थः १८ कौरवाणांअवधेनउपायं राज्यप्राप्ताविितिशेषः एषांएतैः भीमसेनंआर्यवृत्तेअहिंसायांनिगृह्य
पुण्यमेवकृतंस्यात् १९ पित्र्येकर्मणिक्षात्रधर्मेयुद्धे पूरयंतःपालयंतः २० शाम्यमेवशमःकार्यएवेतिमन्यसेतर्हि धर्मतंत्रंधर्मानुष्ठानं युद्धपक्षेऽस्तिउतअयुद्धपक्षे तयोर्मध्येयदेववक्ष्यसितथैवतेवाचंशृणोमिक
रिष्यामीत्यर्थः २१

ननुक्षत्रधर्मलोपेऽपिगोत्रधर्मोनकर्तव्यइत्याशंक्याह चातुर्वर्ण्यस्येत्यादिना २२ प्रतीच्छेत्प्रतिगृह्णीयात् २३। २४ सःक्षत्रियःअधीत्यप्राप्य यदिच्छयाबस्यधर्मस्यइच्छयाबलेनब्रह्मलोकंगच्छति नोचेज्जन कादिवदिहैवकृतकृत्योभवतीत्यर्थः भोगमोक्षकरःक्षात्रोधर्मोदुस्त्यजइतिभावः २५ नाधीयीतवेदाध्ययनंनकुर्यात् यज्ञःश्रौतःस्मार्तश्चप्रतिषिद्धः ' तस्माच्छूद्रोयज्ञेऽनवक्लृप्तः ' इतिश्रुतेः २६ एता निति। यथासर्वाश्रमपालकत्वाद्गृहस्थस्यश्रैष्ठ्यं तथासर्ववर्णपालकत्वात्धर्मेणराज्यकरणमपिश्रेष्ठतममित्यर्थः २७ तस्मात्राज्ञःश्रेयान्प्रशस्ततरः अभिज्ञातः ज्ञानतःधर्मतश्चयदिकश्चिदस्ति सतंयुधिष्ठिरं प्रजानां कर्मणिषष्ठी प्रजाःद्रष्टुंराज्यंप्राप्तुमित्यर्थः अनुशिष्यन् अनुशासितुमिच्छन् एतन्मदुक्तंधर्मजातंयुधिष्ठिरेऽस्तीतिबुध्येत नचतस्मिन्नसाधुः युधिष्ठिरेऽसाधुरधर्मोनचास्तीत्यपिबुध्येत यद्वा एवंसत्यपितस्मिन्ननुशास्तरि राजासाधुर्नइतिन अपितुसाधुरेव यदिकेनइतोऽधिकंज्ञायतेउच्यतेच तर्हितस्यापिवचनंकरिष्यत्येवेत्यर्थः। अनुशिष्यात्प्रजानांनचेद्बुध्येदितितस्मिन्नसाध्वितिपाठे श्रेयांश्चेत्

चातुर्वर्ण्यस्यप्रथमंसंविभागमवेक्ष्यत्वंसंजयस्वंचकर्म ॥ निशम्याथोपांडवानांचकर्मप्रशंसवानिंदवायामतिस्ते २२ अधीयीतब्राह्मणोवैयजेतदद्यादीयात्तीर्थमुख्या निचैव ॥ अध्यापयेद्याजयेच्चापियाज्यान्प्रतिग्रहान्वाविहितान्प्रतीच्छेत् २३ तथाराजन्योरक्षणंवैप्रजानांकृत्वाधर्मेणाप्रमत्तोऽथदत्वा ॥ यज्ञैरिष्ट्वासर्ववेदानधी त्यदारान्कृत्वापुण्यकृदावसेद्गृहान् २४ सधर्मात्माधर्ममधीत्यपुण्यंयदिच्छयाव्रजतिब्रह्मलोकम् ॥ वैश्योऽधीत्यकृषिगोरक्षपण्यैर्वित्तंचिन्वपालयन्नप्रमत्तः २५ प्रियंकुर्वन्ब्राह्मणक्षत्रियाणांधर्मशीलःपुण्यकृदावसेद्गृहान् ॥ परिचर्यावंदनंब्राह्मणानांनाधीयीतप्रतिषिद्धोऽस्ययज्ञः ॥ नित्योत्थितोभूतयेऽतंद्रितःस्यादेवंस्मृतःशूद्रध र्मःपुराणः २६ एतान्राजापालयन्नप्रमत्तोनियोजयन्सर्ववर्णान्स्वधर्मे ॥ अकामात्मासमवृत्तिःप्रजासुनाधार्मिकाननुरुद्ध्येतकामात् २७ श्रेयांस्तस्माद्यदिविद्ये तकश्चिदभिज्ञातःसर्वधर्मोपपन्नः ॥ सतंद्रष्टुमनुशिष्यन्प्रजानांनचैतद्बुद्ध्येदितितस्मिन्नसाधुः २८ यदागृद्ध्येत्परभूतौनृशंसोविधिप्रकोपाद्बलमाददानः ॥ ततो राज्ञामभवद्युद्धमेतत्तत्रजातंवर्मशस्त्रंधनुश्च २९ इंद्रेणैतद्दस्युवधायकर्मउत्पादितंवर्मशस्त्रंधनुश्च ३० तत्रपुण्यंदस्युवधेनलभ्यतेसोऽयंदोषःकुरुभिस्तीव्ररूपः ॥ अध र्मज्ञैर्धर्ममबुध्यमानैःप्रादुर्भूतःसंजयसाधुतन्न ३१ तत्रराजाधृतराष्ट्रःसपुत्रोधर्म्यंहरेत्पांडवानामकस्मात् ॥ नावेक्षंतेराजधर्मंपुराणंतदन्वयाःकुरवःसर्वएव ३२ स्ते नोहरेद्यत्रधनंह्यदृष्टःप्रसह्यवायत्रहरेतदृष्टः ॥ उभौगर्ह्यौभवतःसंजयैतौकिंवैपृथक्त्वंधृतराष्ट्रस्यपुत्रे ३३

द्रष्टुंधर्मंदर्शयितुंअनुशिष्यात् नचेत्प्रजानांप्रजाःराज्यंनगृध्येदितिहेतोस्तस्मिन्युधिष्ठिरेसाध्वेववर्ततइतिशेषः २८ धर्मतस्तु नृशंसत्वातदुर्योधनोधार्मिकेणराज्ञावध्यएवेतिसूचयन्नाह यदेत्यादिनासार्द्धेन। परभूतौ परैश्वर्ये नृशंसश्चोरकल्पोराजा विधिप्रकोपात्दैवप्रातिकूल्यात्गृद्ध्येत् ततोहेतोः राज्ञांपरस्परंयुद्धंसमभवत् अनेनयुद्धाख्यस्यकर्मणउत्पत्तिरुक्ता २९ कर्मयुद्धं तत्रोत्पत्तिशिष्टंगुणत्रयमाह वर्मकवचं शस्त्रंखड्गादि धनुश्चेति। यतइंद्रेणदस्युवधायैतत्त्रयंउत्पादितमत एतैरेवधर्मोदस्युंदुर्योधनंयदिहन्यात्सएवधर्मइतिभावः ३० दुर्योधनेदस्युत्वंनिरूपयति तत्रेत्यादिना। कुरुभिर्निमित्तभूतैरयंदोषःवं चनारूपःप्रादुर्भूतः पारदार्यदोषइवइंद्रात् ३१ धर्म्यंधर्मादागतंपित्र्यंराज्यं तदन्वयास्तदनुसारिणः ३२ पृथक्त्वंस्तेनादन्यत्वम् ३३

एतंछलेनराज्यापहारं निविष्टःवनवासादूर्ध्वंराज्यंग्राह्यमितिकौरवेषुन्यासरूपेणस्थितः तंभागं नःअस्माकं परेकस्मात् आददीरन्गृहीतवंतः ३४ पदेपदनीयेअवश्यग्राह्येभागेनिमित्ते ३५ । ३६ कामानुगेन
रजसाऽपरुद्धांगृहकर्मतोनिरुद्धां पाठांतरेरजसाऽपरुद्धंयथास्यात्तथाव्रजंतीं ३७ तंदुःशासनंयद्यवारयिष्यत् तदाममप्रियंअकरिष्यत् अस्यपुत्राणांचदुर्योधनादीनांप्रियंकृतमभविष्यत् दुःशासनस्यानिवारणा
न्मत्प्रियस्याकरणाच्चतत्पुत्राणांनाशोभविष्यतीतितत्त्वोक्तिः ३८ प्रातिलोम्यात् अक्रमेण श्वशुराणांमध्ये कृष्णांसभांनिनायेतिसंबंधः किंचित्करुणंव्यपेक्ष्यदीनंयथास्यात्तथाकिंचिदालोच्येत्यर्थः क्षत्तुरन्यंना

सोऽयंलोभान्मन्यतेधर्ममेतंयमिच्छतिक्रोधवशानुगामी ॥ भागःपुनःपांडवानांनिविष्टस्तंनःकस्मादाददीरन्परेवै ३४ अस्मिन्पदेयुद्ध्यतांनोवधोऽपिश्लाघ्यःपित्र्यंपर
राज्याद्विशिष्टम् ॥ एतान्धर्मान्कौरवाणांपुराणानाचक्षीथाःसंजयराजमध्ये ३५ एतेमदान्मृत्युवशाभिपन्नाःसमानीताधार्तराष्ट्रेणमूढाः ॥ इदंपुनःकर्मपापीयएव
सभामध्येपश्यवृत्तंकुरूणाम् ३६ प्रियांभार्यांद्रौपदींपांडवानांयशस्विनींशीलवृत्तोपपन्नाम् ॥ यदुपैक्षंतकुरवोभीष्ममुख्याःकामानुगेनोपरुद्धांव्रजंतीम् ३७ तंचेत्त
दातेसकुमारवृद्धाअवारयिष्यन्कुरवःसमेताः ॥ ममप्रियंधृतराष्ट्रोऽकरिष्यत्पुत्राणांचकृतमस्याभविष्यत् ३८ दुःशासनःप्रातिलोम्यान्निनायसभामध्येश्वशुराणांच
कृष्णाम् ॥ सातत्रनीताकरुणंव्यपेक्ष्यनान्यंक्षत्तुर्नाथमवापकिंचित् ३९ कार्पण्यादेवसहितास्तत्रभूपानाशक्नुवन्प्रतिवक्तुंसभायाम् ॥ एकःक्षत्ताधर्म्यमर्थंब्रुवाणो
धर्मंबुद्ध्याप्रत्युवाचाल्पबुद्धिम् ४० अनुक्त्वात्वंधर्ममेतंसभायामथेच्छसेपांडवस्योपदेष्टुम् ॥ कृष्णात्वेतत्कर्मचकारशुद्धंसुदुष्करंतत्रसभांसमेत्य ४१ येनकृच्छ्रा
त्पांडवानुज्जहारतथाऽऽत्मानंनौरिवसागरौघात् ॥ यत्राब्रवीत्सूतपुत्रःसभायांकृष्णांस्थितांश्वशुराणांसमीपे ४२ नतेगतिर्विद्यतेयाज्ञसेनिप्रपद्यदासीधार्तराष्ट्रस्य
वेश्म ॥ पराजितास्तेपतयोनसंतिपतिंचान्यंभाविनित्वंवृणीष्व ४३ योबीभत्सोर्हृदयेप्रोतआसीदस्थिच्छिदन्मर्मघातीसुघोरः ॥ कर्णाच्छरोवाङ्मयस्तिग्मतेजाः
प्रतिष्ठितोहृदयेफाल्गुनस्य ४४ कृष्णाजिनानिपरिधित्समानान्दुःशासनःकटुकान्यभ्यभाषत् ॥ एतेसर्वेषंढतिलाविनष्टाःक्षयंगतानरकंदीर्घकालम् ४५ गांधारराजः
शकुनिर्निकृत्यायदब्रवीद्द्यूतकालेसपार्थम् ॥ पराजितोनंदनःकिंतवास्तिकृष्णयात्वंदीव्यवैयाज्ञसेन्या ४६ जानासित्वंसंजयसर्वमेतद्द्यूतेवाक्यंगर्ह्यमेवंयथोक्तम् ॥
स्वयंत्वहंप्रार्थयेतत्रगंतुंसमाधातुंकार्यमेतद्विपन्नम् ४७ अहापयित्वायदिपांडवार्थंशमंकुरूणामपिचेच्छकेयम् ॥ पुण्यंचमेस्याच्चरितंमहोदयंमुच्येरंश्चकुरवोमृत्यु
पाशात् ४८ अपिमेवाचंभाषमाणस्यकाव्यांधर्मारामामर्थवतीमहिंस्राम् ॥ अवेक्षेरन्धार्तराष्ट्राःसमक्षंमांचप्राप्तंकुरवःपूजयेयुः ४९ अतोऽन्यथारथिनाफाल्गुनेनभी
मेनचैवाहवदंशितेन ॥ परासिक्तान्धार्त्तराष्ट्रांश्चविद्धिप्रदह्यमानान्कर्मणास्वेनपापान् ५०

थंरक्षितारंनअवाप ३९ कार्पण्यात्दैन्यात् ४० पांडवस्यधर्मंउपदेष्टुंइच्छसे हेसंजयेतिशेषः ४१ । ४२ प्रपद्यगच्छ ४३ । ४४ परिधित्समानान्परिधातुमिच्छतः ४५ नंदनआनंद
यिताकनिष्ठभ्राता ४६ विपन्नंनष्टं समाधातंसमीकर्तुं ४७ शकेयंशक्तःस्यां ४८ काव्यांशोकीं नीतियुक्तामित्यर्थः ४९ परासिक्तान्निर्धूतान्संपदाहीनान् ५०

रौद्राःमर्मच्छिदः रूक्षाःनिःस्नेहाः भाषतेश्रूयमाणेऽभाषत ५१ । ५२ अर्हईश्वरः ब्रह्मवेदः ब्राह्मणाश्च धार्तराष्ट्रोच्छेदेएकोधृतराष्ट्रएवशोच्योभवेत् पांडवोच्छेदेतुवयंत्रयोऽपिशोच्याभविष्यामइतिश्लोकद्वयस्यार्थः बहूनामुच्छेदोनभविष्यतीतितात्पर्यम् ५३ । ५४ । ५५ लतेति । पांडवाश्रयेणैवधार्तराष्ट्राणांजीवनंनान्यथेतिभावः ५६ । ५७ । ५८ ॥ ॥ इतिश्रीमहाभारतेउद्योगपर्वणि

अ०

पराजितान्पांडवेयांस्तुवाचोरौद्रारूक्षाभाषतेधार्त्तराष्ट्रः ॥ गदाहस्तोभीमसेनोऽप्रमत्तोदुर्योधनंस्मारयिताहिकाले ५१ सुयोधनोमन्युमयोमहाद्रुमःस्कंधःकर्णः

३० शकुनिस्तस्यशाखा ॥ दुःशासनःपुष्पफलेसमृद्धेमूलंराजाधृतराष्ट्रोऽमनीषी ५२ युधिष्ठिरोधर्ममयोमहाद्रुमःस्कंधोऽर्जुनोभीमसेनोऽस्यशाखा ॥ माद्रीपुत्रौपुष्पफलेसमृद्धेमूलंत्वहंब्रह्मचब्राह्मणाश्च ॥ वनंराजाधृतराष्ट्रःसपुत्रोव्याघ्रास्तेवैसंजयपांडुपुत्राः ५३ मावनंछिंधिसव्याघ्रंमाव्याघ्राऽनीनशन्वनात् ५४ निर्वनोवध्यते व्याघ्रोनिर्व्याघ्रंछिद्यतेवनम् ॥ तस्माद्व्याघ्रोवनंरक्षेद्वनंव्याघ्रंचपालयेत् ५५ लताधर्माधार्त्तराष्ट्राःशालाःसंजयपांडवाः ॥ नलतावर्धतेजातुमहाद्रुममनाश्रिता ५६ स्थिताःशुश्रूषितुंपार्थाःस्थितायोद्धुमरिंदमाः ॥ यत्कृत्यंधृतराष्ट्रस्यतत्करोतुनराधिपः ५७ स्थिताःशमेमहात्मानःपांडवाधर्मचारिणः ॥ योधाःसमर्थास्तद्विद्वन्नाचक्षीथायथातथम् ५८ ॥ इतिश्रीमहाभारतेउद्योगपर्वणिसंजययानपर्वणिकृष्णवाक्येएकोनत्रिंशोऽध्यायः ॥ २९ ॥ ॥ ॥ ॥ संजयउवाच ॥ आमंत्रयेत्वांनरदेवदेवगच्छाम्यहंपांडवस्वस्तितेऽस्तु ॥ कच्चिन्नवाचावृजिनंहिकिंचिदुच्चारितंमेमनसोऽभिषंगात् १ जनार्दनंभीमसेनार्जुनौचमाद्रीसुतौसात्यकिंचेकितानम् ॥ आमंत्र्यगच्छामिशिवंसुखंवःसौम्येनमांपश्यतचक्षुषानृपाः २ ॥ युधिष्ठिरउवाच ॥ अनुज्ञातःसंजयस्वस्तिगच्छननःस्मरस्यप्रियंजातुविद्वन् ॥ विद्मश्चत्वांतेचवयंचसर्वेशुद्धात्मानंमध्यगतंसभास्थम् ३ आप्तोदूतःसंजयसुप्रियोऽसिकल्याणवाक्शीलवांस्तृप्तिमांश्च ॥ नमुह्येस्त्वंसंजयजातुमत्यानचक्रुद्ध्येरुच्यमानोदुरुक्तैः ४ नमर्मगांजातुवक्ताऽसिरूक्षांनोपश्रुतिंकटुकांनोतमुक्ताम् ॥ धर्मारामामर्थवतीमहिंस्रामेतांवाचंतवजानीमसूत ५ त्वमेवनःप्रियतमोऽसिदूतइहागच्छेद्विदुरोवाद्वितीयः ॥ अभीक्ष्णदृष्टोऽसिपुराहिनस्त्वंधनंजयस्यात्मसमःसखाऽसि ६ इतोगत्वासंजयक्षिप्रमेवउपातिष्ठेथाब्राह्मणान्येतदर्हाः ॥ विशुद्धवीर्यांश्चरणोपपन्नाःकुलेजाताःसर्वधर्मोपपन्नाः ७ स्वाध्यायिनोब्राह्मणाभिक्षवश्चतपस्विनोयेचनित्यावनेषु ॥ अभिवाद्यावैमद्वचनेनवृद्धास्तथेतरेषांकुशलंवदेथाः ८ पुरोहितंधृतराष्ट्रस्यराज्ञस्तथाचार्यानृत्विजोयेचतस्य ॥ तैश्चत्वंतातसहितैर्यथार्हंसंगच्छेथाःकुशलेनैवसूत ९ अश्रोत्रियायेचवसंतिवृद्धामनस्विनःशीलबलोपपन्नाः ॥ आशंसन्तोऽस्माकमनुस्मरंतोयथाशक्तिधर्ममात्रांचरंतः १०

नीलकंठीयेभारतभावदीपेएकोनत्रिंशोऽध्यायः ॥ २९ ॥ ॥ ॥ ॥ अभिषंगात् आवेशात् १ । २ । ३ । ४ उपश्रुतिंवार्तां रूक्षांमर्मगांचनोवक्ताऽसि कटुकांनीरसां मुक्तांनक्तांकार्येहीनां वा ५ । ६ चरणंब्रह्मचर्येणाध्ययनम् । ७ । ८ । ९ अश्रोत्रियाःअत्रैवर्णिकाःशूद्रादयः वृद्धत्वात्स्वधर्ममात्रांधर्मलेशंचरंतः १०

श्लाघस्वस्तुहिपूर्वं जघन्यंपश्चात्तेभ्यस्तेषांअनामयंपृच्छेः । व्यवहारेणवाणिज्यादिना पालयंतःस्थानाधिकारिणः ११ चतुष्पात् मंत्रउपचारःप्रयोगःसंहारश्चेतिचत्वारःपादाअस्येतिअस्त्रं १२

श्लाघस्वमांकुशलिनंस्मतेभ्योह्यनामयंतातपृच्छेर्जघन्यम् ॥ येजीवंतिव्यवहारेणराष्ट्रेयेपालयंतोनिवसंतिराष्ट्रे ११ आचार्यइष्टोनयगोविधेयोवेदानभीप्सन्ब्रह्मचर्यंच
चार ॥ योऽस्त्रंचतुष्पात्पुनरेवचक्रेद्रोणःप्रसन्नोऽभिवाद्यस्त्वयाऽसौ १२ अधीतविद्यश्चरणोपपन्नोयोऽस्त्रंचतुष्पात्पुनरेवचक्रे ॥ गंधर्वपुत्रप्रतिमंतरस्विनंतमश्वत्था
मानंकुशलंस्मपृच्छेः १३ शारद्वतस्यावसथंस्मगत्वामहारथस्यात्मविदांवरस्य ॥ त्वंमामभीक्ष्णंपरिकीर्तयन्वैकृपस्यपादौसंजयपाणिनास्पृशेः १४ यस्मिन्शौ
र्यमानृशंस्यंतपश्चप्रज्ञाशीलंश्रुतिसत्वेधृतिश्च ॥ पादौगृहीत्वाकुरुसत्तमस्यभीष्मस्यमांतत्रनिवेदयेथाः १५ प्रज्ञाचक्षुर्यःप्रणेताकुरूणांबहुश्रुतोवृद्धसेवीमनीषी ॥ त
स्मैराज्ञेस्थविरायाभिवाद्यआचक्षीथाःसंजयमामरोगम् १६ ज्येष्ठःपुत्रोधृतराष्ट्रस्यमंदोमूर्खःशठःसंजयपापशीलः ॥ प्रशास्तावैपृथिवींयेनसर्वांसुयोधनंकुशलंतात
पृच्छेः १७ भ्राताकनीयानपितस्यमंदस्तथाशीलःसंजयसोऽपिशश्वत् ॥ महेष्वासःशूरतमःकुरूणांदुःशासनःकुशलंतातवाच्यः १८ यस्यकामोवर्ततेनित्यमेवना
न्यच्छमाद्भारतानामितिस्म ॥ सबाल्हिकानामृषभोमनीषीत्वयाऽभिवाद्यःसंजयसाधुशीलः १९ गुणैरनेकैःप्रवरैश्चयुक्तोविज्ञानवान्नैवचनिष्ठुरोयः ॥ स्नेहादमर्षंस
हतेसदैवससोमदत्तःपूजनीयोमतोमे २० अर्हत्तमःकुरुषुसौमदत्तिःसनोभ्रातासंजयमत्सखाच ॥ महेष्वासोरथिनामुत्तमोऽर्हःसहामात्यःकुशलंतस्यपृच्छेः २१ येचै
वान्येकुरुमुख्यायुवानःपुत्राःपौत्राभ्रातरश्चैवयेनः ॥ यंयमेषांमन्यसेयेनयोग्यंतत्तत्प्रोच्यानामयंसूतवाच्याः २२ येराजानःपांडवायोधनायसमानीताधार्तराष्ट्रेणके
चित् ॥ वशातयःशाल्वकाःकेकयाश्चतथांऽबष्ठायेत्रिगर्ताश्चमुख्याः २३ प्राच्योदीच्यादाक्षिणात्याश्चशूरास्तथाप्रतीच्याःपार्वतीयाश्चसर्वे ॥ अनृशंसाःशीलवृत्तोप
पन्नास्तेषांसर्वेषांकुशलंसूतपृच्छेः २४ हस्त्यारोहारथिनःसादिनश्चपदातयश्चार्यसंघामहांतः ॥ आख्यायमांकुशलिनंस्मनित्यमनामयंपरिपृच्छेःसमग्रान् २५ त
थाराज्ञोह्यर्थयुक्तानमात्यान्दौवारिकान्येचसेनांनयंति ॥ आयव्ययंयेगणयंतिनित्यमर्थांश्चयेमहतश्चिंतयंति २६ वृंदारकंकुरुमध्येष्वमूढंमहाप्रज्ञंसर्वधर्मोपपन्नम् ॥
नतस्ययुद्धंरोचतेवैकदाचिद्वैश्यापुत्रंकुशलंतातपृच्छेः २७ निकर्तनेदेवनेयोऽद्वितीयश्छन्नोपधःसाधुदेवीमताक्षः ॥ योदुर्जयोदेवरथेनसंख्येसचित्रसेनःकुशलंतातवा
च्यः २८ गांधारराजःशकुनिःपार्वतीयोनिकर्तनीयोऽद्वितीयोऽक्षदेवी ॥ मानंकुर्वन्धार्तराष्ट्रस्यसूतमिथ्याबुद्धेःकुशलंतातपृच्छेः २९ यःपांडवानेकरथेनवीरःसमु
त्सहत्यप्रधृष्यान्विजेतुम् ॥ योमुह्यतांमोहयिताऽद्वितीयोवैकर्तनःकुशलंतस्यपृच्छेः ३० सएवभक्तःसगुरुःसभर्तासवैपितासचमातासुहृच्च ॥ अगाधबुद्धिर्विदुरो
दीर्घदर्शीसनोमंत्रीकुशलंतंस्मपृच्छेः ३१

गंधर्वेति सौंदर्यसंगीतंचतस्मिन्द्योतितम् १३ । १४ । १५ । १६ । १७ । १८ १९ । २० । २१ । २२ पांडवायोधनाय पांडवैःसहयुद्धाय तथाऽवंत्याइत्यपिपाठः २३ । २४ । २५ । २६ वृंदारकंश्रेष्ठम्
२७ निकर्तनेऽर्थापहारेसाध्ये प्रथमांतपाठेऽर्थापहर्त्ता छन्नोपधोगुप्तच्छलः २८ । २९ मुह्यतांधार्तराष्ट्राणाम् ३० । ३१

३२ । ३३ नइतिधार्त्तराष्ट्रान्अंतर्भाव्योक्तं तेषांभार्याइत्यर्थः सुसंगुप्ताइतिकुशलप्रश्नप्रकारकथनं ३४ । ३५ । ३६ । ३७ लघुशीघ्रहारि वेशस्त्रियोवेश्याः । ३८ । ३९ आनृशंस्यंदयामर्हतीत्यानृशंस्यः ४० । ४१ शत्रून्धार्त्तराष्ट्रान्निगृह्य वःयुष्मान्भरिष्येपोषयिष्ये इतिब्रूयाइतिशेषः ४२ संतीति । मेमयाकृतानिवत्सरदेयानिनोवर्तयंतिनचालयंतित्वदीयाअधिकारिणः तान्यहंयथायथा

वृद्धाःस्त्रियोयाश्चगुणोपपन्नाज्ञायंतेनःसंजयमातरस्ताः ॥ ताभिःसर्वाभिःसहिताभिःसमेत्यस्त्रीभिःसवृद्धाभिरभिवादंवदेथाः ३२ कच्चित्पुत्राजीवपुत्राःसुसम्यग्वर्तंते वोवृत्तिमनृशंसरूपाः ॥ इतिस्मोक्त्वासंजयब्रूहिपश्चादजातशत्रुःकुशलीसपुत्रः ३३ यानोभार्याःसंजयवेत्थतत्रतासांसर्वासांकुशलंतातपृच्छेः ॥ सुसंगुप्ताःसुरभयोऽनवद्याःकच्चिद्गृहानावसथाप्रमत्ताः ३४ कच्चिद्वृत्तिंश्वशुरेषुभद्राःकल्याणींवर्तध्वमनृशंसरूपाम् ॥ यथाचवःस्युःपतयोनुकूलास्तथावृत्तिमात्मनःस्थापयध्वम् ३५ यानःस्नुषाःसंजयवेत्थतत्रप्राप्ताःकुलेभ्यश्चगुणोपपन्नाः ॥ प्रजावत्योब्रूहिसमेत्यताश्चयुधिष्ठिरोवोऽभ्यवदत्प्रसन्नः ३६ कन्याःस्वजेथाःसदनेषुसंजयअनामयंमद्वचनेनपृष्ट्वा ॥ कल्याणावःसंतुपतयोऽनुकूलायूयंपतीनांभवताऽनुकूलाः ३७ अलंकृतावस्त्रवत्यःसुगंधाअबीभत्साःसुखिताभोगवत्यः ॥ लघुयासांदर्शनंवाक्चलघ्वीवेशस्त्रियःकुशलंतातपृच्छेः ३८ दास्यःस्युर्यायेचदासाःकुरूणांतदाश्रयाबहवःकुब्जखंजाः ॥ आख्यायमांकुशलिनंस्मतेभ्योऽप्यनामयंपरिपृच्छेर्जघन्यम् ३९ कच्चिद्वृत्तिंवर्ततेवैपुराणींकच्चिद्भोगान्धार्तराष्ट्रोददाति ॥ अंगहीनान्कृपणान्वामनान्वायानानृशंस्योधृतराष्ट्रोबिभर्ति ४० अंधांश्चसर्वान्स्थविरांस्तथैवहस्त्याजीवाबहवोयेऽत्रसंति ॥ आख्यायमांकुशलिनंस्मतेभ्योऽप्यनामयंपरिपृच्छेर्जघन्यम् ४१ माभैष्टदुःखेनकुजीवितेननूनंकृतंपरलोकेषुपापम् ॥ निगृह्यशत्रून्सुहृदोऽनुगृह्यवासोभिरन्नेनचवोभरिष्ये ४२ संत्येवमेब्राह्मणेभ्यःकृतानिभावीन्यथोनोबतवर्त्तयंति ॥ तान्पश्यामियुक्तरूपांस्तथैवतामेवसिद्धिंश्रावयेथानृपंतम् ४३ येचानाथादुर्बलाःसर्वकालमात्मन्येवप्रयतंतेऽथमूढाः ॥ तांश्चापित्वंकृपणान्सर्वथैवास्मद्वाक्यात्कुशलंतातपृच्छेः ४४ येचाप्यन्येसंश्रिताधार्तराष्ट्रान्नानादिग्भ्योऽभ्यागताःसूतपुत्र ॥ दृष्ट्वातांश्चैवार्हतश्चापिसर्वान्संपृच्छेथाःकुशलंचाव्ययंच ४५ एवंसर्वानागताभ्यागतांश्चराज्ञोदूतान्सर्वदिग्भ्योऽभ्युपेतान् ॥ पृष्ट्वासर्वान्कुशलंतांश्चसूतपश्चादहंकुशलीतेषुवाच्यः ४६ नहीदृशाःसंत्यपरेपृथिव्यांयेयोधकाधार्तराष्ट्रेणलब्धाः ॥ धर्मस्तुनित्योममधर्मएवमहाबलःशत्रुनिबर्हणाय ४७ इदंपुनर्वचनंधार्तराष्ट्रंसुयोधनंसंजयश्रावयेथाः ॥ यस्तेशरीरेहृदयंदुनोतिकामःकुरूनसपत्नोऽनुशिष्याम् ४८

वत्पश्यामि तथैवतांसिद्धिंत्वद्दत्तंसम्यक्परिपालयामीतितद्द्वारामांश्रावयेथाइतितंनृपंदुर्योधनंब्रूहीतिशेषः । एतेनब्राह्मणवृत्तिषुपक्षपातोदुर्योधनेचकनिष्ठत्वादाज्ञाप्रतिपालनौचित्यंचदर्शितं ४३ आत्मन्येवप्रयतंते नतुकर्तुंशक्नुवंति ४४ । ४५ । ४६ नहीति । धर्मबलेनैवजयोभविष्यति नसहायैरित्यर्थः नित्यःअविनाशिफलः ४७ । ४८

युक्तिःसंभावना एतस्यार्थस्यनविद्यते शक्रपुरींइंद्रप्रस्थं ४९ ॥ इतिउद्योगपर्वणिनीलकंठीये भारतभावदीपेत्रिंशोऽध्यायः ॥ ३० ॥ ॥ संतंसाधुं असंतंदुष्टं धाताईश्वरः १ शुक्रंबीजभूतंप्राचीनं

नविद्यतेयुक्तिरेतस्यका।चिन्नैवंविधाःस्यामयथाप्रियंते ॥ ददस्ववाशक्रपुरींममैवयुद्ध्यस्ववाभारतमुख्यवीर ४९ ॥ इतिश्रीमहाभारतेउद्योगपर्वणिसंजययानपर्वणि
युधिष्ठिरसंदेशेत्रिंशोऽध्यायः ॥ ३० ॥ ॥ युधिष्ठिरउवाच ॥ उतसन्तमसन्तंवाबालंवृद्धंचसंजय ॥ उताबलंबलीयांसंधाताप्रकुरुतेवशे १ उतबालायपां
डित्यंपंडितायोतबालताम् ॥ ददातिसर्वमीशानःपुरस्ताच्छुक्रमुच्चरन् २ बलंजिज्ञासमानस्यआचक्षीथायथातथम् ॥ अथमंत्रंमंत्रयित्वायाथातथ्येनहृष्टवत्
३ गावल्गणेकुरून्गत्वाधृतराष्ट्रंमहाबलम् ॥ अभिवाद्योपसंगृह्यततःपृच्छेरनामयम् ४ ब्रूयाश्चैनंत्वमासीनंकुरुभिःपरिवारितम् ॥ तवैवराजन्वीर्येणसुखंजी
वंतिपांडवाः ५ तवप्रसादाद्बालास्तेप्राप्ताराज्यमरिंदम ॥ राज्येतान्स्थापयित्वाऽग्रेनोपेक्षस्वविनश्यतः ६ सर्वमप्येतदेकस्यनालंसंजयकस्यचित् ॥ तातसंह
त्यजीवामोद्विषतांमावशंगमः ७ तथाभीष्मंशांतनवंभारतानांपितामहम् ॥ शिरसाऽभिवदेथास्त्वंममनामप्रकीर्तयन् ८ अभिवाद्यचवक्तव्यस्ततोऽस्माकंपिता
महः ॥ भवताशांतनोर्वंशोनिमग्नःपुनरुधृतः ९ सत्वंकुरुतथातातस्वमतेनपितामह ॥ यथाजीवंतितेपौत्राःप्रीतिमंतःपरस्परम् १० तथैवविदुरंब्रूयाःकुरूणां
मंत्रधारिणम् ॥ अयुद्धंसौम्यभाषस्वहितकामोयुधिष्ठिरे ११ अथदुर्योधनं[illegible]राजपुत्रममर्षणम् ॥ मध्येकुरूणामासीनमनुनीयपुनःपुनः १२ अपापांयदुपै
क्षस्त्वंकृष्णामेतांसभागताम् ॥ तद्दुःखमतितिक्षाममावधीष्मकुरूनिति १३ एवंपूर्वापरान्क्लेशानतितिक्षंतपांडवाः ॥ बलीयांसोऽपिसंतोयत्तत्सर्वंकुरवोविदुः
१४ यन्नःप्रव्राजयेःसौम्यअजिनैःप्रतिवासितान् ॥ तद्दुःखमतितिक्षाममावधीष्मकुरूनिति १५ यत्कुंतींसमतिक्रम्यकृष्णांकेशेष्वधर्षयत् ॥ दुःशासनस्तेऽनु
मतेतच्चास्माभिरुपेक्षितम् १६ अथोचितंस्वकंभागंलभेमहिपरंतप ॥ निवर्तयपरद्रव्याद्बुद्धिंगृद्धांनरर्षभ १७ शांतिरेवंभवेद्राजन्प्रीतिश्चैवपरस्परम् ॥ राज्यै
कदेशमपिनःप्रयच्छशममिच्छताम् १८ अविस्थलंवृकस्थलंमाकंदींवारणावतम् ॥ अवसानंभवत्वत्रकिंचिदेकंचपंचमम् १९ भ्रातॄणांदेहिपंचानांपंचग्रामान्सु
योधन ॥ शांतिर्नोऽस्तुमहाप्राज्ञज्ञातिभिःसहसंजय २० भ्राताभ्रातरमन्वेतुपितापुत्रेणयुज्यताम् ॥ स्मयमानाःसमायांतुपांचालाःकुरुभिःसह २१ अक्षता
न्कुरुपांचालान्पश्येयमितिकामये ॥ सर्वेसुमनसस्तातशाम्यामभरतर्षभ २२ अलमेवशमायास्मितथायुद्धायसंजय ॥ धर्मार्थयोरलंचाहंमृदवेदारुणायच २३
॥ इतिश्रीमहाभारतेउद्योगपर्वणिसंजययानपर्वणियुधिष्ठिरसंदेशेएकत्रिंशोऽध्यायः ॥ ३१ ॥ ॥ वैशंपायनउवाच ॥ अनुज्ञातःपांडवेनप्रययौसंजयस्तदा ॥
शासनंधृतराष्ट्रस्यसर्वंकृत्वामहात्मनः १ संप्राप्यहास्तिनपुरंशीघ्रमेवप्रविश्यच ॥ अंतःपुरंसमास्थायद्वाःस्थंवचनमब्रवीत् २

कर्म उच्चरन् उद्दीपयन् २ । ३ । ४ । ५ । ६ सर्वब्रह्मांडंसंहृत्यएकीभूय ७ । ८ । ९ । १० । ११ । १२ अतितिक्षामक्षांतवंतोवयं तत्रहेतुःमावधीष्मेति १३ । १४ । १५ । १६ गृद्धांलुब्धां
१७ । १८ अवसानंवसतिस्थानं १९ । २० । २१ । २२ । २३ ॥ ॥ इतिउद्योगपर्वणिनीलकंठीये भारतभावदीपे एकत्रिंशोऽध्यायः ॥ ३१ ॥ ॥ अनुज्ञातःगच्छेत्युक्तः १ । २

३ आत्ययिकंआवश्यकं ४ । ५ कल्पंदृढं अकल्पःदर्शनेअसमर्थः सक्तःनिरुद्धः ६ प्राज्ञाःशूराःआर्याःसाधवश्चतैर्गुप्तं ७ । ८ नमृभिःपुत्रस्यपुत्रैः ९ अजातशत्रुंसुखेनअभिनंदयत्वांप्रतिवदा मिकच्चिदिति १० तेतवअग्रेयत्आत्मनः पूर्वरूपमार्षं राज्यधनादिकंअभूततत्बुभूषतेप्राप्तुमिच्छति । अग्रेमनोऽभूदितिपाठे अनुद्भूतात्प्राक्यक्तयादत्तंतद्बुभूषतेइतिज्ञेयं निर्णिक्तौदोषमलहीनौधर्मार्थौक रोतीतिसतथा मनस्वीउदारःदृष्टिश्चानुक्रांतदर्शी ११ परोमुख्यःआनृशंस्यंदया ततःपरोऽमुख्यः वित्तचयात्जातइतिशेषः वित्तसाध्यःयज्ञदानादिः किंचतस्यबुद्धिः अनपार्थे नअपार्थेनिष्प्रयोजनेसप्रयो जने सुखप्रिये संधिरार्षः नुनिश्चितं रुध्यतेअनुरुध्यते अन्नादिजंदेहपुष्टिसुखंपुत्रादिप्रियंचसपरोपकारार्थमेवानुरुध्यते नकामकारेणेत्यर्थः पार्थइतिपाठेतस्यबुद्धिरित्युत्तरान्वयिइतीतिशेषः १२ परेणईश्वरेणप्रयुक्तः

आचक्ष्वधृतराष्ट्रायद्वाःस्थमांसमुपागतम् ॥ सकाशात्पांडुपुत्राणांसंजयंमाचिरंकृथाः ३ जागर्तिचेदभिवदेस्त्वंहिद्वाःस्थप्रविशेयंविदितोभूमिपस्य ॥ निवेद्यम त्रात्ययिकंहिमेऽस्तिद्वाःस्थोऽथश्रुत्वानृपतिंजगाद ४ ॥ द्वाःस्थउवाच ॥ संजयोऽयंभूमिपतेनमस्तेदिदृक्षयाद्वारमुपागतस्ते ॥ प्राप्तोदूतःपांडवानांसकाशात्प्र शाधिराजन्किमयंकरोतु ५ ॥ धृतराष्ट्रउवाच ॥ आचक्ष्वमांकुशलिनंकल्पमस्मैप्रवेश्यतांस्वागतंसंजयाय ॥ नचाहमेतस्यभवाम्यकल्पःसमेकस्माद्वारितिष्ठेच्चस क्तः ६ ॥ वैशंपायनउवाच ॥ ततःप्रविश्यानुमतेनृपस्यमहद्वेश्मप्राज्ञशूरार्यगुप्तम् ॥ सिंहासनस्थंपार्थिवमाससादवैचित्रवीर्यंप्रांजलिःसूतपुत्रः ७ ॥ संजयउवाच ॥ संजयोऽहंभूमिपतेनमस्तेप्राप्तोऽस्मिगत्वानरदेवपांडवान् ॥ अभिवाद्यत्वांपांडुपुत्रोमनस्वीयुधिष्ठिरःकुशलंचान्वपृच्छत् ८ सतेपुत्रान्पृच्छतिप्रीयमाणःकच्चित्पुत्रैःप्रीयसे नप्तृभिश्च ॥ तथासुहृद्भिःसचिवैश्चराजन्येचापित्वामुपजीवंतितैश्च ९ ॥ धृतराष्ट्रउवाच ॥ अभिनंद्यत्वांतातवदामिसंजयअजातशत्रुंचसुखेनपार्थम् ॥ कच्चित्सराजाकु शलीसपुत्रःसहामात्यःसानुजःकौरवाणाम् १० ॥ संजयउवाच ॥ सहामात्यःकुशलीपांडुपुत्रोबुभूषतेयच्चतेऽग्रेऽऽत्मनोभूत् ॥ निर्णिक्तधर्मार्थकरोमनस्वीबहु श्रुतोदृष्टिमान्शीलवांश्च ११ परोधर्मात्पांडवस्यानृशंस्यंधर्मःपरोवित्तचयान्मतोऽस्य ॥ सुखप्रियेधर्महीनेऽनपार्थेनुरुध्यतेभारततस्यबुद्धिः १२ परप्रयुक्तःपुरु षोविचेष्टतेसूत्रप्रोतादारुमयीवयोषा ॥ इमंदृष्ट्वानियमंपांडवस्यमन्येपरंकर्मदैवंमनुष्यात् १३ इमंचदृष्ट्वातवकर्मदोषंपापोदर्कंघोरमवर्णरूपम् ॥ यावत्परःकामय तेऽतिवेलंतावन्नरोऽयंलभतेप्रशंसाम् १४ अजातशत्रुस्तुविहायपापंजीर्णांत्वचंसर्पइवासमर्थाम् ॥ विरोचतेऽहार्यवृत्तेनवीरोयुधिष्ठिरस्त्वयिपापंविसृज्य १५ हंता त्मनःकर्मनिबोधराजन्धर्मार्थयुक्तादार्यवृत्तादपेतम् ॥ उपक्रोशंचेहगतोऽसिराजन्भूयश्चपापंप्रसजेदमुत्र १६

नियमंनिग्रहं मनुष्यात्मनुष्यकारात् दैवंऐश्वरंकर्म परंश्रेष्ठंमन्ये १३ अवर्णरूपंअवर्णनीयरूपंअवाच्यमित्यर्थः यावत्परःउत्कृष्टःशत्रुःकामयतेतिष्ठत्वयंकंचित्कालमितीच्छतितावदपरोनरःप्रशंसांलभते १४ जीर्णत्वादेवदेहेस्थातुमसमर्थां अहार्येणस्वाभाविकेनवृत्तेन योहिस्वस्वरूपेतिष्ठतितस्यपापंशत्रुष्वेवगच्छति तथाचश्रुतिः ' तस्यपुत्रादायमुपयंतिसुहृदःसाधुकृत्यां द्विषंतःपापकृत्याम् ' इति १५ हंतआ लोचने सानुग्रहसंबोधनेवा उपक्रोशंनिंदां अमुत्रपरलोके पापंदुःखंनरकमित्यर्थः १६

तैर्विनाएकाकिनासंशयितंदुर्लभमपिभार्दोंससेभाग्धुं अस्यतवमहान्पृथिव्यांअधर्मशब्दोऽकीर्तिर्भवेत् १७ एवंधर्मानईदृशधर्मयुक्तामपुरुषान् १८ धर्माधर्मौसत्यानृतेग्रथितौ सत्यंविनाऽनृतंनास्ति निरधिष्ठानक
भ्रमाद्भवात् अनृतंदेहंविनाचसत्यंब्रह्मनप्रथते अतउभयंयोधत्ते केवलंबाह्मनिष्ठोनभवति सहिसएवदिष्टस्यवशातभाग्यवशात् अस्यकुलेजातत्वादिगुणजातस्य कर्मणिषष्ठी इदंगुणषट्कमुपैति प्राप्नोति
त्वंतुकुलेजातोऽपि केवलंअन्नोपजीवित्वात् गुणांतरहीनोऽसीतिभावः १९ अतएवसत्यामपिसंपदि त्वयामौर्ख्यात्नृशंसंकृतमित्याह कथमिति । मंत्रएवअग्र्यःश्रेष्ठोयेषांतेमंत्राग्र्याःभीष्मादयः तेषांधरोधर्ता
तैरेवंउक्तरीत्याधूर्तमाकुर्वित्युक्तः कथंनृशंसंकर्मपांडवप्रव्राजनंकुर्यान्नकथमपीत्यर्थः २० अमीकर्णादयः तेषां कुरुक्षयेकुरुक्षयनिमित्तं अयंराज्यंनदेयमितिनिश्चयः नियमेनउदपादिउत्पन्नः २१ अकालिकं
अकस्मादेवकुरवोनाभविष्यननष्टाःस्युश्चेत् तवपापेनकर्मणाप्रेरितोऽजातशत्रुः त्वयिपापंइच्छेत् नन्वेवंतर्हितस्यगोत्रवधदोषःस्यादित्याशंक्याह त्वयीति । स्वनाशहेतुं अधर्मंकुर्वतित्वयि चोरेइवपापंनिंदांचवि
सृज्य राजानिष्पापोऽनिंद्यश्चस्यादित्यर्थः २२ ईश्वराणांदेवानांविषयादन्यत्रकिं सर्वंदेवाधीनमित्यर्थः यत्रयतः पार्थोऽर्जुनःपरलोकंद्रष्टुंअत्यक्रामत् इमंलोकंसशरीरएवसक्तवान् सताहृशः नारदादिव

सत्वमर्थंसंशयितंविनातैगशंशसेपुत्रवशानुगोऽस्य ॥ अधर्मशब्दश्चमहान्पृथिव्यांनेदंकर्मत्वत्समंभारताग्र्य १७ हीनप्रज्ञोदौष्कुलेयोनृशंसोदीर्घवैरीक्षत्रविद्यास्वधीरः ॥
एवंधर्मानापदःसंश्रयेयुर्हीनवीर्योयश्चभवेदशिष्टः १८ कुलेजातोबलवान्योयशस्वीबहुश्रुतःसुखजीवीयतात्मा ॥ धर्माधर्मौग्रथितौयोबिभर्तिसह्यस्यादिष्टस्यवशादुपैति
१९ कथंहिमंत्राग्र्यधरोमनीषीधर्मार्थयोरापदिसंप्रणेता ॥ एवमुक्तःसर्वमंत्रैरहीनोनरोनृशंसंकर्मकुर्यादमूढः २० तवह्यमीमंत्रविदःसमेत्यसमासतेकर्मसुनित्ययुक्ताः ॥
तेषामयंबलवान्निश्चयश्चकुरुक्षयेनियमेनोदपादि २१ अकालिकंकुरवोनाभविष्यन्पापेनचेत्पापमजातशत्रुः ॥ इच्छेज्जातुत्वयिपापंविसृज्यनिंदाचेयंतवलोकेऽभविष्यत्
२२ किमन्यत्रविषयादीश्वराणांयत्रपार्थःपरलोकंस्मद्रष्टुम् ॥ अत्यक्रामत्सतथासंमतःस्यान्नसंशयोनास्तिमनुष्यकारः २३ एतान्गुणान्कर्मकृतानवेक्ष्यभावाभावौवर्त
मानावनित्यौ ॥ बलिर्हिराजापारमविंदमानोनान्यत्कालात्कारणंतत्रमेने २४ चक्षुःश्रोत्रेनासिकात्वक्चजिह्वाज्ञानस्यैतान्यायतनानिजंतोः ॥ तानिप्रीतान्येवतृष्णा
क्षयांतेतान्यव्यथोदुःखहीनःप्रणुद्यात् २५ नत्वेवमन्येपुरुषस्यकर्मसंवर्ततेसुप्रयुक्तंयथावत् ॥ मातुःपितुःकर्मणाऽभिप्रसूतःसंवर्धतेविधिवद्भोजनेन २६ प्रियाप्रिये
सुखदुःखेचराजन्निंदाप्रशंसेचभजंतएव ॥ परस्त्वेनंगर्हयतेऽपराधेप्रशंसतेसाधुवृत्तंतमेव २७

दुभयलोकसंचारयोग्यत्वेन साधूनांसंमतोपि यदितथावनवासेनक्लेशसहःस्यात् तदामनुष्यकारोनास्तीत्यस्मिन्नर्थेसंशयोन २३ एतानिति । एतान्शौर्यादीन्गुणान् कर्मकृतान्कर्मानुसारेण वृद्धिन्हास
युक्तान्अवेक्ष्य अतएवभावाभावौऐश्वर्यानैश्वर्ये अनित्यौआगमापायिनौचअवेक्ष्य बलिराजापूर्वपूर्वकर्मकारणपारंअंतंआविंदमानःसन् कालात्ईश्वरादन्यत्कारणंअभ्युदयादिहेतुरन्यत्किंचिन्नास्तीतिमेने २४
अतःसर्वस्यदेवायत्तत्वात् तृष्णाक्षयेणैवइंद्रियप्रीतिःसंपादनीया नतुनानायत्नसाध्यतद्विषयसमर्पणेनेत्याह चक्षुरिति । ननुस्वस्वविषयालाभे तेषांकथंप्रीतिःस्यादित्याशंक्यतानिनिरोध्यान्येवेत्याह तानीति ।
अव्यथः लाभालाभादौवैषम्यहीनः प्रणुद्यात् स्वस्वगोचरेभ्योनिवर्त्तयेत् २५ एतद्दूषयति नत्विति । एवंप्राप्तेसति अन्येआहुः । तदेवाह पुरुषस्येति । संवर्त्ततेसम्यक्फलवत्प्रवर्त्तते । तदेवाह मातुरिति । कर्मा
भावेजन्मवृद्धीनस्यातामित्यर्थः । पाठांतरेतेनैवस्यातामित्यर्थः २६ । २७

किंच नोचेदिति । इदंमयाउच्यमानंकर्मपांडवेभ्योराज्यांशप्रदानात्मकं तवनोचेत्तंमतमितिशेषः तर्हितवापराधात्कृष्णवर्त्माग्निःकक्षंयथादहति एवंकृष्णवर्त्मा कृष्णएवमार्गइवमुखप्रापकोयस्यसकृष्णवर्त्माऽर्जुनः कुरूनदहेदित्यावृत्त्यायोज्यं २८ श्लाघनःआत्मानंकृतार्थमन्वानः नागाःनगतवानसि २९ अनाप्तानांकर्णादीनां आप्तानांविदुरादीनांनिग्रहात्दूरीकरणात ३० अत्रधूतस्तिरस्कृतःअतएवश्रांतःप्रपद्ये प्राप्नुयां आवसथंगृहं परेहिगच्छ प्रपद्यस्वसेवस्व ३१ । ३२ ॥ इतिउद्योगपर्वणिनीलकंठीये भारतभावदीपेद्वात्रिंशोऽध्यायः ॥ ३२ ॥ ॥ ॥ ॥ १ । २ । ३ । ४ अकल्पोनर्किंतु

सत्वांगर्हेभारतानांविरोधादंतोनूनंभविताऽयंप्रजानाम् ॥ नोचेदिदंतवकर्मापराधात्कुरून्दहेत्कृष्णवर्त्मेवकक्षम् २८ त्वमेवैकोजातुपुत्रस्यराजन्वशंगत्वासर्वलोके
नरेंद्र ॥ कामात्मनःश्लाघनोद्यूतकालेनागाःशमंपश्यविपाकमस्य २९ अनाप्तानांसंग्रहात्त्वंनरेंद्रतथाऽऽप्तानांनिग्रहाच्चैवराजन् ॥ भूमिंस्फीतांदुर्बलत्वादनंतामशक्तस्त्वं
रक्षितुंकौरवेय ३० अनुज्ञातोरथवेगावधूतःश्रांतोऽभिपद्येशयनंनृसिंहः ॥ प्रातःश्रोतारःकुरवःसभायामजातशत्रोर्वचनंसमेताः ३१ ॥ धृतराष्ट्रउवाच ॥ अनुज्ञातोऽ
स्यावसथंपरेहिप्रपद्यस्वशयनंसूतपुत्र ॥ प्रातःश्रोतारःकुरवःसभायामजातशत्रोर्वचनंत्वयोक्तम् ३२ ॥ इतिश्रीमहाभारतेउद्योगपर्वणिसंजययानप० धृतराष्ट्रसंजयसंवादे
द्वात्रिंशोऽध्यायः ॥ ३२ ॥ समाप्तंचेदंसंजययानपर्व ॥ अतःपरंप्रजागरपर्व ॥ ॥ वैशंपायनउवाच ॥ द्वाःस्थंप्राहमहाप्राज्ञोधृतराष्ट्रोमहीपतिः ॥ विदुरंद्रष्टुमिच्छा
मितमिहानयमाचिरम् १ प्रहितोधृतराष्ट्रेणदूतःक्षत्तारमब्रवीत् ॥ ईश्वरस्त्वांमहाराजोमहाप्राज्ञदिदृक्षति २ एवमुक्तस्तुविदुरःप्राप्यराजनिवेशनम् ॥ अब्रवीद्धृतराष्ट्राय
द्वाःस्थंमांप्रतिवेदय ३ ॥ द्वाःस्थउवाच ॥ विदुरोऽयमनुप्राप्तोराजेंद्रतवशासनात्॥ द्रष्टुमिच्छतितेपादौकिंकरोतुप्रशाधिमाम् ४ ॥ धृतराष्ट्रउवाच ॥ प्रवेशयमहाप्राज्ञं
विदुरंदीर्घदर्शिनम् ॥ अहंहिविदुरस्यास्यनाकल्पोजातुदर्शने ५ ॥ द्वाःस्थउवाच ॥ प्रविशांतःपुरंक्षत्तर्महाराजस्यधीमतः ॥ नहितेदर्शनेकल्पोजातुराजाऽब्रवी
द्धिमाम् ६ ॥ वैशंपायनउवाच ॥ ततःप्रविश्यविदुरोधृतराष्ट्रनिवेशनम् ॥ अब्रवीत्प्रांजलिर्वाक्यंचिंतयानंनराधिपम् ७ विदुरोऽहंमहाप्राज्ञसंप्राप्तस्तवशासनात् ॥
यदिकिंचनकर्तव्यमयमस्मिप्रशाधिमाम् ८ ॥ धृतराष्ट्रउवाच ॥ संजयोविदुरप्राप्तोगर्हयित्वाचमांगतः ॥ अजातशत्रोःश्वोवाक्यंसभामध्येसवक्ष्यति ९ तस्याद्यकुरु
वीरस्यनविज्ञातंवचोमया ॥ तन्मेदहतिगात्राणितदकार्षीत्प्रजागरम् १० जाग्रतोदह्यमानस्यश्रेयोयदनुपश्यसि ॥ तद्ब्रूहित्वंहिनस्तातधर्मार्थकुशलोह्यसि ११ यतः
प्राप्तःसंजयःपांडवेभ्योनमेयथावन्मनसःप्रशांतिः ॥ सर्वेंद्रियाण्यप्रकृतिंगतानिकिंवक्ष्यतीत्येवमेऽद्यप्रचिंता १२ ॥ विदुरउवाच ॥ अभियुक्तंबलवतादुर्बलंहीनसाधनम् ॥
हृतस्वंकामिनंचोरमाविशंतिप्रजागराः १३ कच्चिदेतैर्महादोषैर्नस्पृष्टोऽसिनराधिप ॥ कच्चिन्नपरवित्तेषुगृध्यन्परितप्यसे १४ ॥ धृतराष्ट्रउवाच ॥ श्रोतुमिच्छामिते
धर्म्यंपरंनैःश्रेयसंवचः ॥ अस्मिन्राजर्षिवंशेहित्वमेकःप्राज्ञसंमतः १५

कल्पः समर्थएव सर्वदाविदुरसंदर्शनंममअप्रत्याख्येयमित्यर्थः जातुकदाचित्अथवाकल्पः कल्पनासंशयइत्यर्थः ५ । ६ । ७ । ८ । ९ प्रजागरंनिद्राया अभावं १० । ११ । यतःयदाप्राप्तःसंजयस्तदारभ्ये त्यर्थः प्रचिंताप्रकृष्टाचिंता १२ अभियुक्तमित्यर्धोपात्तएकः त्रयोऽन्येचप्रजागरावेशभाजनानि १३ गृद्ध्यन्लिप्सावान् १४ । १५

क्वचित्पुस्तकांतरेस्थितस्यमूलस्यटिप्पणं । प्रेष्यः प्रकर्षेणएषणीयः प्रार्थ्यइतियावत् । तेत्वयाप्रेषितोवनमितिशेषः १ विपरीतःराजलक्षणहीनः सर्वेषांद्वेष्यः भागधेयेराज्यांशे अर्चिषांनेत्ररश्मीनांप्रक्षयात्नसंमतस्त्वं धर्मात्माऽपिसन्नितिउपहासः । अथवाभागधेयेनराज्यभागित्वेनहेतुनाऽपिसंमतइत्यप्युपहासएव २ आनृशंस्यात्क्रूरत्वाभावात् । अनुक्रोशात्दयालुत्वात् तितिक्षतेयुधिष्ठिरइतिशेषः ३ एतेष्विति । एतेषामधीनोभूत्वेत्यर्थः ४ एतेषुपांडित्यंनास्तीतिव्यक्तुंपंडितलक्षणान्याह आत्मज्ञानमित्यादिना । आत्मज्ञानंशास्त्रीयापेक्षं । समारंभःशक्त्यपेक्षः । तितिक्षावैराग्यापेक्षा धर्मनित्यताश्रद्धापेक्षा । एतानिअयथाभूतानि मूढान्पुरुषार्थात्भ्रंशयंति नतुपंडितानित्यर्थः ५ अनास्तिकः परलोकाद्यस्तीतिजानन् श्रद्दधानःश्रद्धागुरुवेदवाक्यादिषुफलावश्यंभावनिश्चयस्तद्वान् १६ दर्पःपरावज्ञानं स्तंभःअसन्नतिः मान्यमानिता मान्यंमानार्हंआत्मानंमन्यतइतिमान्यमानीतस्यभावस्तत्ता १७ । १८ । १९ संसारिणीस्वभावतोऽनवस्थिताऽपिकामात्ऐहिकसुखात्उभयलोकसुखावहंधर्ममर्थंवृणीतेसपंडितः । कामोध

॥ ' विदुरउवाच ॥ राजालक्षणसंपन्नस्त्रैलोक्यस्याधिपोभवेत् ॥ प्रेष्यस्तेप्रेषितश्चैवधृतराष्ट्रयुधिष्ठिरः १ विपरीततरश्चत्वंभागधेयेनसंमतः ॥ अर्चिषांप्रक्षयाच्चैवधर्मात्माधर्मकोविदः २ आनृशंस्यादनुक्रोशाद्धर्मात्सत्यात्पराक्रमात् ॥ गुरुत्वात्त्वयिसंप्रेक्ष्यबहून्क्लेशांस्तितिक्षते ३ दुर्योधनेसौबलेचकर्णेदुःशासनेतथा ॥ एतेष्वैश्वर्यमाधायकथंत्वंभूतिमिच्छसि ४ आत्मज्ञानंसमारंभस्तितिक्षाधर्मनित्यता ॥ यमर्थान्नापकर्षंतिसवैपंडितउच्यते ५ ' निषेवतेप्रशस्तानिनिंदितानिनसेवते ॥ अनास्तिकःश्रद्दधानएतत्पंडितलक्षणम् १६ क्रोधोहर्षश्चदर्पश्चह्रीस्तंभोमान्यमानिता ॥ यमर्थान्नापकर्षंतिसवैपंडितउच्यते १७ यस्यकृत्यंनजानंतिमंत्रंवामंत्रितंपरे ॥ कृतमेवास्यजानंतिसवैपंडितउच्यते १८ यस्यकृत्यंनविघ्नंतिशीतमुष्णंभयंरतिः ॥ समृद्धिरसमृद्धिर्वासवैपंडितउच्यते १९ यस्यसंसारिणीप्रज्ञाधर्मार्थावनुवर्तते ॥ कामादर्थंवृणीतेयःसवैपंडितउच्यते २० यथाशक्तिचिकीर्षंतियथाशक्तिचकुर्वते ॥ नकिंचिदवमन्यंतेनराःपंडितबुद्धयः २१ क्षिप्रंविजानातिचिरंशृणोतिविज्ञायचार्थंभजतेनकामात् ॥ नासंपृष्टोव्युपयुंक्तेपरार्थेतत्प्रज्ञानंप्रथमंपंडितस्य २२ नाप्राप्यमभिवांच्छंतिनष्टंनेच्छंतिशोचितुम् ॥ आपत्सुचनमुह्यंतिनराःपंडितबुद्धयः २३ निश्चित्ययःप्रक्रमतेनांतर्वसतिकर्मणः ॥ अवंध्यकालोवश्यात्मासवैपंडितउच्यते २४ आर्यकर्मणिरज्यंतेभूतिकर्माणिकुर्वते ॥ हितंचनाभ्यसूयंतिपंडिताभरतर्षभ २५ नहृष्यत्यात्मसंमानेनावमानेनतप्यते ॥ गांगोह्रदइवाक्षोभ्योयःसपंडितउच्यते २६ तत्त्वज्ञःसर्वभूतानांयोगज्ञःसर्वकर्मणाम् ॥ उपायज्ञोमनुष्याणांनरःपंडितउच्यते २७ प्रवृत्तवाक्चित्रकथऊहवान्प्रतिभानवान् ॥ आशुग्रंथस्यवक्ताचयःसपंडितउच्यते २८

र्मार्थापेक्षयानिकृष्टइत्यर्थः । कामादिति । यस्तुकामंत्यक्त्वाअर्थंवृणीतेसःअर्थार्थी मोक्षादेवसर्वंअर्थंविंदति ज्ञानफलेमोक्षेकृत्स्नस्यार्थस्यांतर्भावात् सजनकादितुल्यः अतःपंडितउच्यते २० । २१ चिरंशृणोति ज्ञानदार्ढ्याय । असंपृष्टःयथावदपृष्टः । व्युपयुंक्तेवाग्व्ययंकरोति । परार्थेविषये प्रज्ञानंचिन्हम् २२ । २३ निश्चित्यस्वयत्नसाध्यत्वं कर्मणःअंतर्मध्येनवसतिनोपरमते किंतुसमापयत्येव । अवंध्यकालः सर्वदासप्रयोजनमेवकर्माचरन् २४ आर्याःशिष्टाः तद्योग्यकर्मणि भूतिरैश्वर्यं तत्प्राप्त्यर्थकर्माणि २५ । २६ तत्त्वंविनाशित्वं । भूतानांजातानामैश्वर्यादीनां । योगोरचनाप्रकारः उपायस्तदर्थसामग्री । मनुष्याणांमध्येसनरःपंडितः २७ प्रवृत्तवाक्अकुंठितवचनः । चित्रकथोलोककथाभिज्ञः । ऊहस्तर्कः । प्रतिभानंतत्कालस्फूर्तिः २८

प्रज्ञानुगंबुद्धिवश्यं श्रुतानुगाशास्त्रानुसारिणी २९ अकर्मणाहीनकर्मणाप्यूनादिनेत्यर्थः तादृशोदुर्योधनः ३० स्वमर्थमितितादृशःशकुनिः ३१ अकामानत्वयिभक्तिहीनान्कर्णादीन् । कामयानानत्वयि भक्तिमतःपांडवान् बलवंतंयुधिष्ठिरं ३२ दुष्टंजतुगृहदाहादि ३३ संसारयतिभृत्यादिद्वारामवर्तयति ३४ । ३५ । ३६ । ३७ नैष्कर्म्यमतिअयत्नतः ३८ शून्यंराजद्वारादीन्अज्ञातंयथास्यात्तथाउपास्ते कदर्यमदातारं ३९ असमुन्नद्धःअनुद्धतः ४० । ४१ । ४२ । ४३ एकयेति । बुद्धिर्बुद्धिमतेत्युपक्रमादेकयाबुद्ध्येतिव्याख्याद्वयेऽपिसमानं द्वेनीतौकार्याकार्ये । अध्यात्मपक्षेनित्यानित्येविनिश्चित्यसम्यगव धार्य त्रीन् नीतो मित्रोदासीनशत्रून् । पक्षे कामक्रोधलोभान् । चतुर्भिःसामदानभेददंडैः मित्रंसाम्नैव दानभेदाभ्यामुदासीनं सर्वैःशत्रुं वशीकुरु । पक्षे शमदमोपरमश्रद्धाभिः पंच पक्षद्वयेऽपिइं

श्रुतंप्रज्ञानुगंयस्यप्रज्ञाचैवश्रुतानुगा ॥ असंभिन्नार्यमर्यादःपंडिताख्यांलभेतसः २९ अश्रुतश्चसमुन्नद्धोदरिद्रश्चमहामनाः ॥ अर्थांश्चाकर्मणाप्रेप्सुर्मूढइत्युच्यतेबुधैः ३० स्वमर्थंयःपरित्यज्यपरार्थमनुतिष्ठति ॥ मिथ्याचरतिमित्रार्थेयश्चमूढःसउच्यते ३१ अकामान्कामयतियःकामयानान्परित्यजेत् ॥ बलवंतंचयोद्वेष्टितमाहुर्मूढचेतसम् ३२ अमित्रंकुरुतेमित्रंमित्रंद्वेष्टिहिनस्तिच ॥ कर्मचारभतेदुष्टंतमाहुर्मूढचेतसम् ३३ संसारयतिकृत्यानिसर्वत्रविचिकित्सते ॥ चिरंकरोतिक्षिप्रार्थेसमूढोभर तर्षभ ३४ श्राद्धंपितृभ्योनददातिदैवतानिनचार्चति ॥ सुहृन्मित्रंनलभतेतमाहुर्मूढचेतसम् ३५ अनाहूतःप्रविशतिअपृष्टोबहुभाषते ॥ अविश्वस्तेविश्वसितिमूढ चेतानराधमः ३६ परंक्षिपतिदोषेणवर्तमानःस्वयंतथा ॥ यश्चक्रुध्यत्यनीशानःसचमूढतमोनरः ३७ आत्मनोबलमज्ञायधर्मार्थपरिवर्जितम् ॥ अलभ्यमिच्छन्नै ष्कर्म्यान्मूढबुद्धिरिहोच्यते ३८ अशिष्यंशास्तियोराजन्यश्चशून्यमुपासते ॥ कदर्यंभजतेयश्चतमाहुर्मूढचेतसम् ३९ अर्थंमहांतमासाद्यविद्यामैश्वर्यमेववा ॥ विच रत्यसमुन्नद्धोयःसपंडितउच्यते ४० एकःसंपन्नमश्नातिवस्तेवासश्चशोभनम् ॥ योऽसंविभज्यभृत्येभ्यःकोनृशंसतरस्ततः ४१ एकःपापानिकुरुतेफलंभुंक्तेमहाज नः ॥ भोक्तारोविप्रमुच्यंतेकर्तादोषेणलिप्यते ४२ एकंहन्यान्नवाहन्यादिषुर्मुक्तोधनुष्मता ॥ बुद्धिर्बुद्धिमतोत्सृष्टाहन्याद्राष्ट्रंसराजकम् ४३ एकयाद्वेविनिश्चित्यत्रींश्चतुर्भिर्वशेकुरु ॥ पंचजित्वाविदित्वाषट्सप्तहित्वासुखीभव ४४ एकंविषरसोहंतिशस्त्रेणैकश्चवध्यते ॥ सराष्ट्रंसप्रजंहंतिराजानंमंत्रविप्लवः ४५ एकःस्वादुनभुंजी तएकश्चार्थान्नचिन्तयेत् ॥ एकोनगच्छेदध्वानंनैकःसुप्तेषुजागृयात् ४६ एकमेवाद्वितीयंतद्यद्राजन्नावबुध्यसे ॥ सत्यंस्वर्गस्यसोपानंपारावारस्यनौरिव ४७ एकःक्ष मावतांदोषोद्वितीयोनोपपद्यते ॥ यदेनंक्षमयायुक्तमशक्तंमन्यतेजनः ४८ सोऽस्यदोषोनमंतव्यःक्षमाहिपरमंबलम् ॥ क्षमागुणोह्यशक्तानांशक्तानांभूषणंक्षमा ४९ क्षमावशीकृतिर्लोकेक्षमयाकिंनसाध्यते ॥ शांतिखड्गःकरेयस्यकिंकरिष्यतिदुर्जनः ५०

द्रियाणिजित्वा । षड्विदित्वासंधिविग्रहादीन्ज्ञात्वा । पक्षेअशनायापिपासांशोकंमोहंजरांमृत्युंच । सप्तहित्वा 'स्त्रियोऽक्षामृगयापानंवाक्पारुष्यंचपंचमं । महच्चदंडपारुष्यमर्थदूषणमेवच ' इतिसप्तहेया नि । पक्षे पंचेंद्रियाणिबुद्धिमनसीचत्यक्त्वासुखीभव । तथाचश्रुतिः । 'यदापंचावतिष्ठंतेज्ञानानिमनसासह । बुद्धिश्चनविचेष्टेततामाहुःपरमांगतिम् ' इति । पूर्वंइंद्रियाणांप्रत्याहारउक्तः इदानींतुप्रविलापनमिति भेदः ४४ । ४५ । ४६ । सत्यंयथार्थभाषणं । स्वर्गस्य पक्षे सत्यंब्रह्म स्वर्गोमोक्षः । पारावारस्यसमुद्रस्य ४७ । ४८ । ४९ । ५०

५१ अहिंसेति । पुत्राणांविग्रहेणकुलक्षयंमाकुर्वितिभावः ५२ द्वावित्यादिषुकिंचित्प्रकृतोपयोग्युच्यते किंचित्प्रसंगात्दृष्टांतार्थंचेतिज्ञेयम् ५३ असतःशकुन्यादींस्त्वमर्चयसीतिभावः ५४ पूजितेति ।
पुत्रेणपूजितंकर्णंत्वमपिपूजयसीत्यर्थः ५५ अनीश्वरस्त्वंत्वत्पुत्रे ५६ निरारंभउदासीनस्त्वंपुत्रकलहनिवारणे ५७ प्रभुःपांडवः ५८ पात्रेधर्मे ५९ अप्रदातारंत्वत्पुत्रम् ६० । ६१ उपायाइति
छेदः युद्धंकनीयान् भेददानेमध्यमः सामउत्तमः । अपायाइतिच्छेदे काम्ययोगःकनीयान् काम्यधर्मोमध्यमः इहलोकलोभोऽधमः । त्रयोन्यायाइतिपाठःस्पष्टार्थः ६२ यथावन्नियोजयेत् त्रयात्वधमाः
कर्णादयउत्तमेमंत्रकार्येनियुज्यंतइतिभावः ६३ त्वयिसतित्वत्पुत्रोऽधनोऽतस्त्वमेवपांडवानांराज्यंदातुंप्रभुरसीत्यर्थः ६४ हरणादयस्त्रयोऽपिदोषाः कामादित्रयसहितास्त्वय्येवसंतीत्यर्थः ६५ । ६६ शत्रो

अतृणेपतितोवह्निःस्वयमेवोपशाम्यति ॥ अक्षमावान्परंदोषैरात्मानंचैवयोजयेत् ५१ एकोधर्मःपरंश्रेयःक्षमैकाशांतिरुत्तमा ॥ विद्यैकापरमातृप्तिरहिंसैकासुखा
वहा ५२ द्वाविमौग्रसतेभूमिःसर्पोबिलशयानिव ॥ राजानंचाविरोद्धारंब्राह्मणंचाप्रवासिनम् ५३ द्वेकर्मणीनरःकुर्वन्नस्मिँल्लोकेविरोचते ॥ अब्रुवन्परुषंकिं
चिदसतोऽनर्चयंस्तथा ५४ द्वाविमौपुरुषव्याघ्रपरप्रत्ययकारिणौ ॥ स्त्रियःकामितकामिन्योलोकःपूजितपूजकः ५५ द्वाविमौकंटकौतीक्ष्णौशरीरपरिशोषिणौ ॥
यश्चाधनःकामयतेयश्चकुप्यत्यनीश्वरः ५६ द्वावेवनविराजेतेविपरीतेनकर्मणा ॥ गृहस्थश्चनिरारंभःकार्यवांश्चैवभिक्षुकः ५७ द्वाविमौपुरुषौराजन्स्वर्गस्योपरिति
ष्ठतः ॥ प्रभुश्चक्षमयायुक्तोदरिद्रश्चप्रदानवान् ५८ न्यायागतस्यद्रव्यस्यबोद्धव्यौद्वावतिक्रमौ ॥ अपात्रेप्रतिपत्तिश्चपात्रेचाप्रतिपादनम् ५९ द्वावंभसिनि
वेष्टव्यौगलेबध्वादृढांशिलाम् ॥ धनवंतमदातारंदरिद्रंचातपस्विनम् ६० द्वाविमौपुरुषव्याघ्रसूर्यमंडलभेदिनौ ॥ परिव्राड्योगयुक्तश्चरणेचाभिमुखोहतः ६१ त्र
योपायामनुष्याणांश्रूयंतेभरतर्षभ ॥ कनीयान्मध्यमःश्रेष्ठइतिवेदविदोविदुः ६२ त्रिविधाःपुरुषाराजन्नुत्तमाधममध्यमाः ॥ नियोजयेद्यथावत्तांस्त्रिविधेष्वेव
कर्मसु ६३ त्रयएवाधनाराजन्भार्यादासस्तथासुतः ॥ यत्तेसमधिगच्छंतियस्यतेतस्यतद्धनम् ६४ हरणंचपरस्वानांपरदाराभिमर्शनम् ॥ सुहृदश्चपरित्याग
स्त्रयोदोषाःक्षयावहाः ६५ त्रिविधंनरकस्येदंद्वारंनाशनमात्मनः ॥ कामःक्रोधस्तथालोभस्तस्मादेतत्त्रयंत्यजेत् ६६ वरप्रदानंराज्यंचपुत्रजन्मचभारत ॥ शत्रो
श्चमोक्षणंकृच्छ्रात्त्रीणिचैकंचतत्समम् ६७ भक्तंचभजमानंचतवास्मीतिचवादिनम् ॥ त्रीनेतान्छरणंप्राप्तान्विषमेऽपिनसंत्यजेत् ६८ चत्वारिराज्ञातुमहाबलेन
वर्ज्यान्याहुःपंडितस्तानिविद्यात् ॥ अल्पप्रज्ञैःसहमंत्रंनकुर्यान्नदीर्घसूत्रैरभसैश्चारणैश्च ६९ चत्वारितेतातगृहेवसंतुश्रियाभिजुष्टस्यगृहस्थधर्मे ॥ वृद्धोज्ञातिरवसन्नः
कुलीनःसखादरिद्रोभगिनीचानपत्या ७० चत्वार्याहमहाराजसाद्यस्कानिबृहस्पतिः ॥ पृच्छतेत्रिदशेंद्रायतानीमानिनिबोधमे ७१

र्युधिष्ठिरस्य कृच्छ्राद्द्रोणवधात् ६७ भक्तादयःपांडवाः शरणंगृहं विषमेऽपिसंकटेपि तवतुतन्नास्तीत्यर्थः ६८ दीर्घसूत्रैः क्षिप्रसाध्येकार्येचिरंकुर्वद्भिः रभसैःहर्षतरलैः अलसैरित्यपिपाठः चारणैः
स्नावकैः अरणैरितिच्छेदोवा रणविरोधिभिर्द्यूताद्यासक्तैरित्यर्थः अशनैरितिपाठेबहुभोक्तृभिः ६९ वृद्धःकुलधर्मानुपदिशति कुलीनःशिशून्आचारंग्राहयति सखाहितंवदति तादृशाभीष्मद्रोणविदुराः ।
भगिनीधनंरक्षति तवगृहेसर्वेऽपिसंतिपरंतूपदेशंनगृण्हासीतिभावः ७० साद्यस्कानिसद्यःफलानि ७१

देवताः स्वर्गभाजः स्वर्गपदार्थश्च ' यन्नदुःखेनसंभिन्नंनचग्रस्तमनंतरम् ॥ अभिलाषोपनीतंचतत्सुखंस्वःपदास्पदम् ' इत्येवंरूपः । अतस्तेषांसत्यसंकल्पाः धीमतामगस्त्यादीनामनुभावंसमुद्रपानादिप्रभावं तेपिदेवतुल्याइत्यर्थः । विनयोऽपिगुरुप्रसादकरत्वेनसद्यःफलः विनाशंविनाशहेतुकर्मापिचौर्यादिकंतद्वत्सद्यएवास्ति तत्रतुसर्वकर्मममानार्थमेवेतिभावः ७२ । ७३ अग्निवत्पित्रादयोऽपिपूज्याएवनावस्कंदनीयाः तत्रपुत्रस्तुगुरुंयुधिष्ठिरंनपूजयतीतिभावः ७४ पितॄनग्निष्वात्तादीन् गोत्रप्रवर्त्तकानृषींश्च मनुष्यान्पित्रादीन् ' ज्येष्ठोभ्रातापितुःसमः ' इति पितृतुल्यस्त्वत्पुत्रस्ययुधिष्ठिरइतिभावः ७५ त्वातत्वां उपजीव्याःगुरवः इहलोकेसाधितामित्रादयः इहपरलोकेजन्मांतरेवास्वंस्वंकार्यंकुर्वंतीत्यर्थः मित्रेषुपांडवेषुमैत्रीमाचरेतिभावः त्वंतुअंधत्वात् दुर्जनवचनप्रतारितः पांडवानांगुणा

देवतानांचसंकल्पमनुभावंचधीमताम् ॥ विनयंकृतविद्यानांविनाशंपापकर्मणाम् ७२ चत्वारिकर्माण्यभयंकराणिभयंप्रयच्छंत्ययथाकृतानि ॥ मानाग्निहोत्रमुतमानमौनंमानेनाधीतमुतमानयज्ञः ७३ पंचाग्नयोमनुष्येणपरिचर्याःप्रयत्नतः ॥ पितामाताऽग्निरात्माचगुरुश्चभरतर्षभ ७४ पंचैवपूजयन्लोकेयशःप्राप्नोतिकेवलम् ॥ देवान्पितॄन्मनुष्यांश्चभिक्षूनतिथिपंचमान् ७५ पंचत्वानुगमिष्यंतियत्रयत्रगमिष्यसि ॥ मित्राण्यमित्रामध्यस्थाउपजीव्योपजीविनः ७६ पंचेंद्रियस्यमर्त्यस्यछिद्रंचेदेकमिंद्रियम् ॥ ततोऽस्यस्रवतिप्रज्ञादृतेःपात्रादिवोदकम् ७७ षड्दोषाःपुरुषेणेहहातव्याभूतिमिच्छता ॥ निद्रातंद्रीभयंक्रोधआलस्यंदीर्घसूत्रता ७८ षडिमान्पुरुषोजह्याद्भिन्नांनावमिवार्णवे ॥ अप्रवक्तारमाचार्यमनधीयानमृत्विजम् ७९ अरक्षितारंराजानंभार्यांचाप्रियवादिनीम् ॥ ग्रामकामंचगोपालंवनकामंचनापितम् ८० षडेवतुगुणाःपुंसानहातव्याःकदाचन ॥ सत्यंदानमनालस्यमनसूयाक्षमाधृतिः ८१ अर्थागमोनित्यमरोगिताचप्रियाचभार्याप्रियवादिनीच ॥ वश्यश्चपुत्रोऽर्थकरीचविद्याषड्जीवलोकस्यसुखानिराजन् ८२ षण्णामात्मनिनित्यानामैश्वर्यंयोऽधिगच्छति ॥ नसपापैःकुतोऽनर्थैर्युज्यतेविजितेंद्रियः ८३ षडिमेषट्सुजीवंतिसप्तमोनोपलभ्यते ॥ चौराःप्रमत्तेजीवंतिव्याधितेषुचिकित्सकाः ८४ प्रमदाःकामयानेषुयजमानेषुयाजकाः ॥ राजाविवदमानेषुनित्यंमूर्खेषुपंडिताः ८५ षडिमानिविनश्यंतिमुहूर्तमनवेक्षणात् ॥ गावःसेवाकृषिर्भार्याविद्यावृषलसंगतिः ८६ षडेतेह्यवमन्यंतेनित्यंपूर्वोपकारिणम् ॥ आचार्यंशिक्षिताःशिष्याःकृतदाराश्चमातरम् ८७ नारींविगतकामास्तुकृतार्थाश्चप्रयोजकम् ॥ नावंनिस्तीर्णकांताराआतुराश्चचिकित्सकम् ८८ आरोग्यमानृण्यमविप्रवासःसद्भिर्मनुष्यैःसहसंप्रयोगः ॥ स्वप्रत्ययावृत्तिरभीतवासःषड्जीवलोकस्यसुखानिराजन् ८९

न्नपश्यसीतिभावः ७६ दृतेश्चर्ममयाज्जलपात्रात् ७७ पडिति । क्रोधोऽत्रतन्मूलकोद्वेषोग्राह्यः ७८ । ७९ पांडवानांअरक्षिताराजात्वं अन्येषामपित्याज्योभविष्यसीत्यर्थः ८० दुर्योधनत्यागार्थंतव धृतिर्धैर्यंनास्तीतिभावः ८१ । ८२ षण्णामिति । आत्मनिचित्ते नित्यानांषण्णां ' कामक्रोधौशोकमोहौमदमानौचषट्पदी इत्युक्तानां । ऐश्वर्यंवशित्वं त्वंतुराज्यकामः पापैरनर्थैश्चयुक्तोऽसीतिभावः ८३ । ८४ पंडिताः पांडवाः मूर्खेषुत्वत्पुत्रेषु राज्यंलप्स्यंतएवेत्यर्थः ८५ वृषलःशूद्रः पुत्रस्नेहाक्रांतेनत्वयामद्विद्याऽनवेक्षणान्नाशिता अन्यथासत्यंनजह्याइतिभावः ८६ । ८७ आतुराआरोग्ये सतीतिशेषः त्वंतुकृत्स्नराज्यलाभेनकृतकृत्यत्वात्पांडवानवमन्यसे ८८ स्वप्रत्ययास्वानुकूलावृत्तिर्जीविका तत्रसत्संगोनास्तीत्यर्थः ८९

ईर्षुरिति । त्वयितुईर्षुत्वं घृणादया तवतुवश्यःपुत्रोनास्तीतिभावः ९० । ९१ वाक्पारुष्यंदंडपारुष्यंचपांडवेपुत्वत्पुत्रैःकृतम् ९२ द्वेष्टिमनसाऽनिष्टंचिन्तयति विरुध्यतेकर्मणा ९३ अष्टसुचरमंत्वत्पुत्रैर्मैत्रेयस्याव मानतोभविष्यतीतिजानामीतिभावः ९४ । ९५ । ९६ । ९७ जनसंसदिसभायांद्रौपद्याआनयनेनपूजाऽपितवनष्टा ९८ । ९९ नवेति । श्रोत्रादिपंचकंमनोबुद्ध्यहंकाराःस्थूलशरीरंचेतिनव द्वाराणीवद्वाराणि विषयग्रहणमार्गायस्मिंस्तत् तिस्रःस्थूणाः स्तंभाइवविधारकायस्य तेच अविद्याकामःकर्मच वेश्मगृहं देहद्वयात्मकं पंचसाक्षिवदुदासीनाः शब्दादयोग्राह्यायस्मिन् । पंचभूमिकमितिपाठे पंचभूमयः प्रचा

ईर्षुर्घृणीनसंतुष्टःक्रोधनोनित्यशंकितः ॥ परभाग्योपजीवीचषडेतेनित्यदुःखिताः ९० सप्तदोषाःसदाराज्ञाहातव्याव्यसनोदयाः ॥ प्रायशोयैर्विनश्यंतिकृतमूलाअपी
श्वराः ९१ स्त्रियोऽक्षामृगयापानंवाक्पारुष्यंचपंचमम् ॥ महच्चदंडपारुष्यमर्थदूषणमेवच ९२ अष्टौपूर्वनिमित्तानिनरस्यविनशिष्यतः ॥ ब्राह्मणान्प्रथमंद्वेष्टिब्राह्म
णैश्चविरुध्यते ९३ ब्राह्मणस्वानिचादत्तेब्राह्मणांश्चजिघांसति ॥ रमतेनिंदयाचैषांप्रशंसांनाभिनंदति ९४ नैनान्स्मरतिकृत्येषुयाचितश्चाभ्यसूयति ॥ एतान्दोषान्नरः
प्राज्ञोबुध्येद्बुध्वाविसर्जयेत् ९५ अष्टाविमानिहर्षस्यनवनीतानिभारत ॥ वर्तमानानिदृश्यंतेतान्येवस्वसुखान्यपि ९६ समागमश्चसखिभिर्महांश्चैवधनागमः ॥ पुत्रेण
चपरिष्वंगःसन्निपातश्चमैथुने ९७ समयेचप्रियालापःस्वयूथ्येषुसमुन्नतिः ॥ अभिप्रेतस्यलाभश्चपूजाचजनसंसदि ९८ अष्टौगुणाःपुरुषंदीपयंतिप्रज्ञाचकौल्यंचदमः
श्रुतंच ॥ पराक्रमश्चाबहुभाषिताचदानंयथाशक्तिकृतज्ञताच ९९ नवद्वारमिदंवेश्मत्रिस्थूणंपंचसाक्षिकम् ॥ क्षेत्रज्ञाधिष्ठितंविद्वान्योवेदसपरःकविः १०० दशधर्मं
नजानंतिधृतराष्ट्रनिबोधतान् ॥ मत्तःप्रमत्तउन्मत्तःश्रांतःक्रुद्धोबुभुक्षितः १ त्वरमाणश्चलुब्धश्चभीतःकामीचतेदश ॥ तस्मादेतेषुसर्वेषुनप्रसज्जेतपंडितः १०२ अत्रै
वोदाहरंतीममितिहासंपुरातनम् ॥ पुत्रार्थमसुरेंद्रेणगीतंचैवसुधन्वना ३ यःकाममन्यूप्रजहातिराजापात्रेप्रतिष्ठापयतेधनंच ॥ विशेषविच्छ्रुतवान्क्षिप्रकारीतंसर्वलोकः
कुरुतेप्रमाणम् ४ जानातिविश्वासयितुंमनुष्यान्विज्ञातदोषेषुदधातिदंडम् ॥ जानातिमात्रांचतथाक्षमांचतंतादृशंश्रीर्जुषतेसमग्रा ५ सुदुर्बलंनावजानातिकंचिद्युक्तो
रिपुंसेवतेबुद्धिपूर्वम् ॥ नविग्रहंरोचयतेबलस्थैःकालेचयोविक्रमतेसधीरः ६ प्राप्यापदंनव्यथतेकदाचिदुद्योगमन्विच्छतिचाप्रमत्तः ॥ दुःखंचकालेसहतेमहात्मा
धुरंधरस्तस्यजिताःसपत्नाः ७ अनर्थकंविप्रवासंगृहेभ्यःपापैःसंधिंपरदाराभिमर्शम् ॥ दंभंस्तैन्यंपैशुनंमद्यपानंनसेवतेयश्चसुखीसदैव ८ नसंरंभेणारभतेत्रिवर्गमाकारितः
शंसतितत्त्वमेव ॥ नमित्रार्थेरोचयतेविवादंनापूजितःकुप्यतिचाप्यमूढः १०९

रस्थानानीतितएव पांचभौतिकमित्यर्वाचीनःपाठउपेक्ष्यः । क्षेत्रज्ञेनचिदात्मनाअधिष्ठितमिदंक्षेत्रंतत्त्वेनयोविद्वान्वेद सपरःसर्वोत्कृष्टः कविर्ब्रह्मविदित्यर्थः १०० मत्तोमद्यादिना प्रमत्तोविषयांतरास क्तयाऽनवहितः उन्मत्तोधातुदोषात् एतेषांमध्येत्वंलुब्धोसीतिभावः १०१ । १०२ । १०३ काममन्यूकामक्रोधौ विशेषविद्वृतारतम्यज्ञः १०४ मात्रांअपराधानुसारेणदंडप्रमाणं ब्राह्मणादौअपराध स्यक्षमांचजानाति १०५ युक्तःछिद्रप्रेक्षणेऽवहितः १०६ धुरंधरःकार्यभारसहः १०७ । १०८ संरंभेणक्रोधेन त्रिवर्गंधर्मकामार्थान् आकारितःआहूतः पाठांतरेमात्रार्थेअल्पार्थे १०९

प्रातिभाव्यंप्रतिकूलोभावःचित्ताभिप्रायः तस्यभावःप्रातिभाव्यंविरोधं अत्याहअति[illegible]म्यब्रवीति १.१० । ११ । १२ । १३ समयान्भाषाभेदान् बुभूषतेऐश्वर्यंप्राप्तुमिच्छति परावरज्ञःउत्तमाधमविवेकवान् १४ दंभंपरवंचनेच्छयाधर्मानुष्ठानं मोहंअनात्मन्यात्मबुद्धिं मत्सरंद्वेषं पापकृत्संपापक्रियांअभिचारादिरूपां पूगवैरंबहुभिःसहवैरं १५ । १६ । १७ । १८ । ११९ जात्यःअभिजातःउत्तमेआकरेजातः १२०

नयोऽभ्यसूयत्यनुकंपतेचनदुर्बलःप्रातिभाव्यंकरोति ॥ नात्याहकिंचित्क्षमतेविवादंसर्वत्रतादृग्लभतेप्रशंसाम् ११० योनोद्धतंकुरुतेजातुवेषंनपौरुषेणापिविकत्थतेऽन्यान् ॥ नमूर्च्छितःकटुकान्याहकिंचित्प्रियंसदातंकुरुतेजनोहि ११ नवैरमुद्दीपयतिप्रशांतंनदर्पमारोहतिनास्तमेति ॥ नदुर्गतोऽस्मीतिकरोत्यकार्यंतमार्यशीलंपरमाहुरार्याः १२ नस्वेसुखेवैकुरुतेप्रहर्षंनान्यस्यदुःखेभवतिप्रहृष्टः ॥ दत्वानपश्चात्कुरुतेनतापंसकथ्यतेसत्पुरुषार्यशीलः १३ देशाचारान्समयान्जातिधर्मान्बुभूषतेयःसपरावरज्ञः ॥ सयत्रतत्राभिगतःसदैवमहाजनस्याधिपत्यंकरोति १४ दंभंमोहंमत्सरंपापकृत्यंराजद्विष्टंपैशुनंपूगवैरम् ॥ मत्तोन्मत्तैर्दुर्जनैश्चापिवादंयःप्रज्ञावान्वर्जयेत्सप्रधानः १५ दानंहोमंदैवतंमंगलानिप्रायश्चित्तान्विविधाँल्लोकवादान् ॥ एतानियःकुरुतेनैत्यकानितस्योत्थानंदेवताराधयंति १६ समैर्विवाहंकुरुतेनहीनैःसमैःसख्यंव्यवहारंकथांच ॥ गुणैर्विशिष्टांश्चपुरोदधातिविपश्चितस्तस्यनयाःसुनीताः १७ मितंभुंक्तेसंविभज्याश्रितेभ्योमितंस्वपित्यमितंकर्मकृत्वा ॥ ददात्यमित्रेष्वपियाचितःसंस्तमात्मवन्तंप्रजहत्यनर्थाः ११८ चिकीर्षितंविप्रकृतंचयस्यनान्येजनाःकर्मजानन्तिकिंचित् ॥ मन्त्रेगुप्तेसम्यगनुष्ठितेचनाल्पोऽप्यस्यच्यवतेकश्चिदर्थः १९ यःसर्वभूतप्रशमेनिविष्टःसत्योमृदुर्मानकृच्छुद्धभावः ॥ अतीवसज्ञायतेज्ञातिमध्येमहामणिर्जात्यइवप्रसन्नः १२० यआत्मनाऽपत्रपतेभृशंनरःससर्वलोकस्यगुरुर्भवत्युत ॥ अनंततेजाःसुमनाःसमाहितःस्वतेजसासूर्यइवावभासते २१ वनेजाताःशापदग्धस्यराज्ञःपांडोःपुत्राःपंचपंचेंद्रकल्पाः ॥ त्वयैवबालावर्धिताःशिक्षिताश्चतवादेशंपालयंत्यांबिकेय २२ प्रदायैषामुचितंतातराज्यंसुखीपुत्रैःसहितोमोदमानः ॥ नदेवानांनापिचमानुषाणांभविष्यसित्वंतर्कणीयोनरेंद्र १२३ ॥ इतिश्रीमहाभारतेउद्योगपर्वणिप्रजागरपर्वणिविदुरनीतिवाक्येत्रयस्त्रिंशोऽध्यायः ॥ ३३ ॥ ॥ धृतराष्ट्रउवाच ॥ जाग्रतोदह्यमानस्ययत्कार्यमनुपश्यसि ॥ तद्ब्रूहित्वंहिनस्तात[illegible]कुशलोह्यसि १ त्वंमांयथावद्विदुरप्रशाधिप्रज्ञापूर्वंसर्वमजातशत्रोः ॥ यन्मन्यसेपथ्यमदीनसत्वश्रेयस्करंब्रूहितद्वैकुरूणाम् २ पापाशंकीपापमेवानुपश्यन्पृच्छामित्वांव्याकुलेनात्मनाऽहम् ॥ कवेतन्मेब्रूहिसर्वंयथावन्मनीषितंसर्वमजातशत्रोः ३ ॥ विदुरउवाच ॥ शुभंवायदिवापापंद्वेष्यंवायदिवाप्रियम् ॥ अपृष्टस्तस्यतद्ब्रूयाद्यस्यनेच्छेत्पराभवम् ४

आत्मनाअपत्रपते परैरज्ञातेऽपिस्वव्यलीकेस्वयमेवलज्जते २१ । २२ । तर्कणीयःशंक्यः १२३ ॥ इतिउद्योगपर्वणिनीलकंठीये भारतभावदीपे त्रयस्त्रिंशोऽध्यायः ॥ ३३ ॥ ॥ दह्यमानस्यचिंताग्निनेतिशेषः धर्मार्थयोःकुशलः मोक्षेस्यवक्तुमनधिकाराद्द्वयोरेवग्रहः १ अजातशत्रोःपथ्यं कुरूणांचश्रेयस्करं २ पापाशंकीभाविदुःखादुद्विजन् पापंस्वकृतंपूर्वापरार्थंपश्यन् कवेहेसर्वज्ञ ३ । ४

६ मिथ्योपेतानिकपटकृतादीनि अनुपायैःअसदुपायैःप्रयुक्तानिदुःखफलानीत्यर्थः ६ । ७ अनुबंधानप्रयोजनानि संप्रधार्यनिश्चित्य ८ विपाकःफलसिद्धावपिपरिपाकः उत्थानंउद्यमं वानवेति । सिद्धिपक्षे कुर्वीतनान्यथेत्यर्थः ९ प्रमाणंनिश्चयद्वारं स्थानादीनिसर्वदाविचार्याणीत्यर्थः स्थानेदुर्गादौ दंडेसेनायाम १० एतानिस्थानादिज्ञापकानि प्रमाणादिलेख्यादीनि ११ असांप्रतंअयुक्तं यथास्यात्तथानवर्ति तव्यम् १२ भक्ष्येति । मुखेमिष्टमंतेमृत्युदंकर्मनकर्तव्यमित्यर्थः अनुबंधंपश्चाद्बन्धनं १३ आद्यंभक्षणीयं १४ । १५ । १६ । १७ अंगारकारकोहिमूलतउत्कृत्यकाष्ठंदहति अंगारइंगालः १८ । १९

तस्माद्वक्ष्यामितेराजन्हितंयत्स्यात्कुरून्प्रति ॥ वचःश्रेयस्करंधर्म्यंब्रुवतस्तन्निबोधमे ५ मिथ्योपेतानिकर्माणिसिद्ध्येयुर्यानिभारत ॥ अनुपायप्रयुक्तानि मास्मतेषुमनःकृथाः ६ तथैवयोगविहितंयत्तुकर्मनसिद्ध्यति ॥ उपाययुक्तंमेधावीनतत्रग्लपयेन्मनः ७ अनुबंधानपेक्षेतसानुबंधेषुकर्मसु ॥ संप्रधार्यचकुर्वीतनवेगेनसमाचरेत् ८ अनुबंधंचसंप्रेक्ष्यविपाकंचैवकर्मणाम् ॥ उत्थानमात्मनश्चैवधीरःकुर्वीतवानवा ९ यःप्रमाणंनजानातिस्थानेवृद्धौतथाक्षये ॥ कोशेजनपदेदंडेनसराज्येऽवतिष्ठते १० यस्त्वेतानिप्रमाणानियथोक्तान्यनुपश्यति ॥ युक्तोधर्मार्थयोर्ज्ञानेसराज्यमधिगच्छति ११ नराज्यंप्राप्तमित्येववर्तितव्यमसांप्रतम् ॥ श्रियंह्यविनयोहंतिजरारूपमिवोत्तमम् १२ भक्ष्योत्तमप्रतिच्छन्नंमत्स्योबडिशमायसम् ॥ लोभाभिपातीग्रसतेनानुबंधमवेक्षते १३ यच्छक्यंग्रसितुंग्रस्यंग्रस्तंपरिणमेच्चयत् ॥ हितंचपरिणामेयत्तदाद्यंभूतिमिच्छता १४ वनस्पतेरपक्वानिफलानिप्रचिनोतियः ॥ सनाप्नोतिरसंतेभ्योबीजंचास्यविनश्यति १५ यस्तुपक्वमुपादत्तेकालेपरिणतंफलम् ॥ फलाद्रसंसलभतेबीजाच्चैवफलंपुनः १६ यथामधुसमादत्तेरक्षन्पुष्पाणिषट्पदः ॥ तद्वदर्थान्मनुष्येभ्यआदद्यादविहिंसया १७ पुष्पंपुष्पंविचिन्वीतमूलच्छेदंनकारयेत् ॥ मालाकारइवारामेनयथांगारकारकः १८ किंनुमेस्यादिदंकृत्वाकिंनुमेस्यादकुर्वतः ॥ इतिकर्माणिसंचिंत्यकुर्याद्वापुरुषोनवा १९ अनारभ्याभवंत्यर्थाःकेचिन्नित्यंतथागताः ॥ कृतःपुरुषकारोहिभवेद्येषुनिरर्थकः २० प्रसादोनिष्फलोयस्यक्रोधश्चापिनिरर्थकः ॥ नतंभर्तारमिच्छंतिषंढंपतिमिवस्त्रियः २१ कांश्चिदर्थान्नरःप्राज्ञोलघुमूलान्महाफलान् ॥ क्षिप्रमारभतेकर्तुंनविघ्नयतितादृशान् २२ ऋजुपश्यतियःसर्वंचक्षुषानुपिबन्निव ॥ आसीनमपितूष्णीकमनुरज्यंतितंप्रजाः २३ सुपुष्पितःस्यादफलःफलितःस्याद्दुरारुहः ॥ अपक्वःपक्वसंकाशोनतुशीर्येतकर्हिचित् २४ चक्षुषामनसावाचाकर्मणाचचतुर्विधम् ॥ प्रसादयतियोलोकंतंलोकोऽनुप्रसीदति २५ यस्मात्त्रस्यंतिभूतानिमृगव्याधान्मृगाइव ॥ सागरांतामपिमहींलब्ध्वासपरिहीयते २६ पितृपैतामहंराज्यंप्राप्तवान्स्वेनकर्मणा ॥ वायुरभ्रमिवासाद्यभ्रंशयत्यनयेस्थितः २७

अनारभ्याः प्रबलैःसहवैरादयः अगताःकदाचिदप्यप्राप्ताः २० । २१ लघुमूलान्अल्पोपायान् २२ चक्षुषाप्रीतिमयेन २३ सुपुष्पितः वाचाचक्षुषाचानुग्रहंदर्शयन्नपिअफलःस्यात् भृत्यंनधनेनवर्धयेत् । सफलोऽपिसन्दुरारुहः भृत्यवश्योनभवेत् । अपक्वइति । अंतर्बलहीनोऽपि बलवत्तांबहिःप्रकाशयेदेवेत्यर्थः २४ कर्मणादानेन लोकंभृत्यवर्गम् । २५ । २६ अनयेस्थितःअनीतिमान् २७

१ भावमिच्छन्कुरूनितिपाठः ।

२८ प्रतिसंवेष्टतेसंकुचति बहुफलंनप्रयच्छतीत्यर्थः २९ । ३० नजहातिश्रियम् ३१ । ३२ सुव्याहृतानिपांडित्यवचनानि सूक्तानिशोभनतयाउक्तानिमातृपितृगुर्वादीनि सुकृतानितदुपदिष्टकर्माणि । शिलंकणिशाद्यर्जनं । 'उंच्छःकणशआदानं कणिशाद्यर्जनंशिलं' इतियादवः । त्वमपिअस्मदादिवाक्यात्सारंगृण्हीष्वेतिभावः ३३ गंधेनेति । पांडवबलंज्ञातुंचारान्नियुंक्ष्वेतिभावः ३४ भूयांसमिति श्लोकत्र यतात्पर्यं पांडवान्प्रतित्वयानम्रीभवितव्यं तेनबलाधिष्ठात्रीदेवताइंद्रश्चत्वामनुग्रहीष्यतीति ३५ । ३६ । ३७ एतद्यमंत्रिभिःसहालोचनीयं सत्यंचसंरक्ष्यमित्याह पर्जन्येतित्रिभिः ३८ योगेनअभ्यासेन मृजयाउद्वर्तनेन ३९ अनुक्रमःव्यायामशिक्षादिः ४० प्रमाणंधर्मस्यकारणंनकुलमितिद्वयोर्वृत्तमाश्रय ईर्ष्यांत्यजेतिभावः ४१ । ४२ अकालेइष्टसिद्धेःप्राक्भीतःस्यात्

धर्ममाचरतोराज्ञःसद्भिश्चरितमादितः ॥ वसुधावसुसंपूर्णावर्धतेभूतिवर्धनी २८ अथसंत्यजतोधर्ममधर्मंचानुतिष्ठतः ॥ प्रतिसंवेष्टतेभूमिरग्नौचर्माहितंयथा २९ यएवयत्नःक्रियतेपरराष्ट्रविमर्दने ॥ सएवयत्नःकर्तव्यःस्वराष्ट्रपरिपालने ३० धर्मेणराज्यंविंदेतधर्मेणपरिपालयेत् ॥ धर्ममूलांश्रियंप्राप्यनजहातिनहीयते ३१ अप्युन्मत्तात्प्रलपतोबालाच्चपरिजल्पतः ॥ सर्वतःसारमादद्यादश्मभ्यइवकांचनम् ३२ सुव्याहृतानिसूक्तानिसुकृतानिततस्ततः ॥ संचिन्वन्धीरआसीतशिलाहारीशिलंयथा ३३ गंधेनगावःपश्यंतिवेदैःपश्यंतिब्राह्मणाः ॥ चारैःपश्यंतिराजानश्चक्षुर्भ्यामितरेजनाः ३४ भूयांसंलभतेक्लेशंयागौर्भवतिदुर्दुहा ॥ अथयासुदुहाराजन्नैवतांवितुदंत्यपि ३५ यदतप्तंप्रणमतिनतत्संतापयंत्यपि ॥ यच्चस्वयंनतंदारुनतत्संतापयंत्यपि ३६ एतयोपमयाधीरःसन्नमेतबलीयसे ॥ इंद्रायसप्रणमतेनमतेयोबलीयसे ३७ पर्जन्यनाथाःपशवोराजानोमंत्रिबांधवाः ॥ पतयोबांधवाःस्त्रीणांब्राह्मणावेदबांधवाः ३८ सत्येनरक्ष्यतेधर्मोविद्यायोगेनरक्ष्यते ॥ मृजयारक्ष्यतेरूपंकुलंवृत्तेनरक्ष्यते ३९ मानेनरक्ष्यतेधान्यमश्वान्रक्षत्यनुक्रमः ॥ अभीक्ष्णदर्शनंगाश्चस्त्रियोरक्ष्याःकुचेलतः ४० नकुलंवृत्तहीनस्यप्रमाणमितिमेमतिः ॥ अंतेष्वपिहिजातानांवृत्तमेवविशिष्यते ४१ यईर्षुःपरवित्तेषुरूपेवीर्येकुलान्वये ॥ सुखसौभाग्यसत्कारेतस्यव्याधिरनंतकः ४२ अकार्यकरणाद्भीतःकार्याणांचविवर्जनात् ॥ अकालेमंत्रभेदाच्चयेनमाद्येन्नतत्पिबेत् ४३ विद्यामदोधनमदस्तृतीयोऽभिजनोमदः ॥ मदाएतेऽवलिप्तानामेतएवसतांदमाः ४४ असंतोऽभ्यर्थिताःसद्भिःक्वचित्कार्येकदाचन ॥ तावन्नतस्यसुकृतंकिंचित्कार्यंकदाचन ॥ मन्यंतेसंतमात्मानमसंतमपिविश्रुतम् ४५ गतिरात्मवतांसंतःसंतएवसतांगतिः ॥ असतांचगतिःसंतोनत्वसंतःसतांगतिः ४६ जितासभावस्त्रवतामिष्टाशागोमताजिता ॥ अध्वाजितोयानवतासर्वंशीलवताजितम् ४७ शीलंप्रधानंपुरुषेतद्यस्येहप्रणश्यति ॥ नतस्यजीवितेनार्थोनधनेननबंधुभिः ४८

येनमाद्येत्लोभादिना तन्नापिबेत्नाश्रयेत ४३ अभिजनःसहायः तद्वतुभयंदमश्चनास्तीत्यर्थः ४४ असंतइतिसार्द्धश्लोकोवाक्यं सद्भिरर्थिता असंतस्तत्कार्यमल्पमप्यकृत्वा असंतमिविख्यातमप्यात्मानंसंतंमन्यतइतितदर्थः किंचिदपितस्यकार्यंयावत्सुष्ठुनकृतंतावदेवमन्यंतइतियोजना ४५ गतिरिति । पांडवाएवत्वामुपकरिष्यंति नतुत्वंतानितिभावः ४६ जितेति । शीलंसंरक्ष्यं त्वयेतिद्वयोर्भावः ४७ । ४८

आढ्यानामिति भक्ष्यशीलत्वात्स्नेहादिरिष्यमाणैरपि श्रेयइतिभावः ४९ संपन्नंमिष्टं ५० । ५१ शीलाभावेसत्सु अवमानोमहान्क्लेशइत्याह अवृत्तिरिति ५२ ऐश्वर्यमदःपापिष्ठोनिंदिततमोयेभ्यस्तेपान मदादयोमदाः ५३ इंद्रियार्थेषुशब्दादिषु ग्रहैःसूर्यादिभिःआक्रमोऽत्रतापनं ५४ पंचवर्गःश्रोत्रादिगणः त्वमैश्वर्यमत्तोऽजितेंद्रियश्चावश्यमापदंप्राप्स्यसीतित्रयस्यभावः ५५ । ५६ आत्मानंमनः अमात्यान्पुत्रादीन् द्वेष्यरूपेणशत्रुवत् मनएवप्रथमंजेतव्यंततोऽमात्यादीन्विजिगीषते तत्नमोघंननिष्फलंभवति ५७ त्वंत्वजितमनस्कतयापुत्रादिवशोनलक्ष्मीयोग्यइतित्रयाणांभावः ५८ एतदेवरथिर थादिरूपककल्पनयाआह रथइति ५९ व्यापादयितुंनाशयितुं अविधेयाःअवशाः ६० अर्थतोऽर्थहेतोः अनर्थतःअन्यायतः ६१ इंद्रियाणांवशइच्छातदनुसारीइंद्रियवशानुगः ६२ । ६३ कृत्स्नस्यो

आढ्यानांमांसपरमंमध्यानांगोरसोत्तरम् ॥ तैलोत्तरंदरिद्राणांभोजनंभरतर्षभ ४९ संपन्नतरमेवान्नंदरिद्राभुंजतेसदा ॥ क्षुत्स्वादुतांजनयतिसाचाढ्येषुसुदुर्लभा ५० प्रायेणश्रीमतांलोकेभोक्तुंशक्तिर्नविद्यते ॥ जीर्यंत्यपिहिकाष्ठानिदरिद्राणांमहीपते ५१ अवृत्तिर्भयमंत्यानांमध्यानांमरणाद्भयम् ॥ उत्तमानांतुमर्त्यानामवमानात्परंभयम् ५२ ऐश्वर्यमदपापिष्ठामदाःपानमदादयः ॥ ऐश्वर्यमदमत्तोहिनापतित्वाविबुध्यते ५३ इन्द्रियैरिंद्रियार्थेषुवर्तमानैरनिग्रहैः ॥ तैरयंताप्यते लोकोनक्षत्राणिग्रहैरिव ५४ योजितःपंचवर्गेणसहजेनात्मकर्षिणा ॥ आपदस्तस्यवर्धंतेशुक्लपक्षइवोडुराट् ५५ अविजित्ययथाऽऽत्मानममात्यान्विजिगीषते ॥ अमित्रान्वाऽजितामात्यःसोऽवशःपरिहीयते ५६ आत्मानमेवप्रथमंद्वेष्यरूपेणयोजयेत् ॥ ततोऽमात्यानमित्रांश्चनमोघंविजिगीषते ५७ वश्येंद्रियंजितात्मानं धृतदंडंविकारिषु ॥ परीक्ष्यकारिणंधीरमत्यंतंश्रीर्निषेवते ५८ रथःशरीरंपुरुषस्यराजन्नात्मानियंतेंद्रियाण्यस्यचाश्वाः ॥ तैरप्रमत्तःकुशलीसदश्वैर्दांतैःसुखंयाति रथीवधीरः ५९ एतान्यनिगृहीतानिव्यापादयितुमप्यलम् ॥ अविधेयाइवादांताहयाःपथिकुसारथिम् ६० अनर्थमर्थतःपश्यन्नर्थंचैवाप्यनर्थतः ॥ इंद्रियैरजितैर्बालःसुदुःखंमन्यतेसुखम् ६१ धर्मार्थौयःपरित्यज्यस्यादिंद्रियवशानुगः ॥ श्रीप्राणधनदारेभ्यःक्षिप्रंसपरिहीयते ६२ अर्थानामीश्वरोयःस्यादिंद्रियाणामनीश्वरः ॥ इंद्रियाणामनैश्वर्यादैश्वर्याद्भ्रश्यतेहिसः ६३ आत्मनाऽऽत्मानमन्विच्छेन्मनोबुद्धींद्रियैर्यतैः ॥ आत्माह्येवात्मनोबंधुरात्मैवरिपुरात्मनः ६४ बंधुरात्माऽऽत्मनस्तस्ययेनैवात्माऽऽत्मनाजितः ॥ सएवनियतोबंधुःसएवनियतोरिपुः ६५ क्षुद्राक्षेणेवजालेनझषावपिहितावुरू ॥ कामश्चराजन्क्रोधश्चतौप्रज्ञानंविलुंपतः ६६ समवेक्ष्येहधर्मार्थौसंभारान्योऽधिगच्छति ॥ सवैसंभृतसंभारःसततंसुखमेधते ६७

पदेशस्यफलमाह आत्मनेत्यर्द्धेन । आत्मनाबुद्ध्याआत्मानंप्रत्यक्चैतन्यरूपंअन्विच्छेत् तत्रोपायमाह मनसःसंकल्पात्मकस्यबुद्धेश्चतन्मूलभूतायाःइंद्रियाणांचनिग्रहेणेत्यर्थः अत्रनतत्सहायांतरापेक्षेत्याहात्मेति । धीजयएवपुरुषार्थइत्यर्थः ६४ सएवधीरेवजीवस्यबंधुःरिपुश्च ६५ द्वावपिमोहजालपिहितौ झषौमीनौ उरूमहांतौ तत्रद्वितीयोऽन्यस्यजातिस्वभावाच्छत्रुरपिजालच्छेदार्थंमित्रत्वमापन्नोबंधुरपिभवति एवंधीश्चिदात्मनःसंसारप्रदत्वाच्छत्रुरपिमोहच्छेदार्थंतस्यमित्रमपिभवतीतिभावः क्षुद्राक्षेणसूक्ष्मछिद्रेण यद्वा उत्तरान्वय्येवायमर्धः कामक्रोधयोरावरकंप्रज्ञानं तौनाशयतः जालमिवमहामीनावित्यर्थः ६६ समवेक्ष्यअनुरुध्य संभारान्जयसाधनानि ६७

आभ्यंतरान् श्रोत्रादीन् मनोमयान्मनसोविकारभूतान् तथाचश्रुतिः ' मनसाह्येवपश्यतिमनसाशृणोति ' इति ६८ राजानोरावणादयः राज्यविभ्रमैःऐश्वर्यविलासैः स्वकर्मभिःसीताहरणादिभिः ६९ । ७० पंचइंद्रियाणिपंचप्रयोजनानिशब्दश्रवणादीनियेषांतान् उत्पततःउत्पथेनगच्छतः त्वंतुअजितचित्तत्वाद्दुःसंगाचापद्ग्रस्तोऽसीतिभावः ७१ अनायासः अचांचल्यं ७२ तितिक्षाद्वंद्वसहनशीलता वाक्गुप्तःअसंबद्धप्रलापाद्रक्षिता अंत्येषुनीचेषु स्वत्पुत्रेष्वार्जवादिकंगुप्तवाक्त्वंचनास्तीतिर्नेऽत्याः ७३ आक्रोशोरूक्षभाषणं परिवादोनिंदा तयोर्वक्तात्वत्पुत्रः हिंस्रश्चातोनानौजयभाक् ७४ । ७५ वाक्संयमोनियतंवचनं विचित्रंचमत्कारयुक्तम् ७६ । ७७ बीभत्संनिंदितं यतोनसंरोहति ७८ कर्णीकर्णाकृतिफलकोबाणः नालीकःनलिकयाप्रक्षेप्योबाणः निर्हरंतिनिःसारयंति ७९

यःपंचाभ्यंतरान्शत्रूनविजित्यमनोमयान् ॥ जिगीषतिरिपूनन्यान्रिपवोऽभिभवंतितम् ६८ दृश्यंतेहिमहात्मानोबध्यमानाःस्वकर्मभिः ॥ इंद्रियाणामनीशत्वाद्राजानोराज्यविभ्रमैः ६९ असंत्यागात्पापकृतामपापांस्तुल्योदंडःस्पृशतेमिश्रभावात् ॥ शुष्केणार्द्रंदह्यतेमिश्रभावात्तस्मात्पापैःसहसंधिंनकुर्यात् ७० निजानुत्पततःशत्रून्पंचपंचप्रयोजनान् ॥ योमोहान्ननिगृह्णातितमापद्ग्रसतेनरम् ७१ अनसूयाऽऽर्जवंशौचंसंतोषःप्रियवादिता ॥ दमःसत्यमनायासोनभवंतिदुरात्मनाम् ७२ आत्मज्ञानमनायासस्तितिक्षाधर्मनित्यता ॥ वाक्चैवगुप्तादानंचनैतान्यंत्येषुभारत ७३ आक्रोशपरिवादाभ्यांविहिंसंत्यबुधाबुधान् ॥ वक्तापापमुपादत्तेक्षममाणोविमुच्यते ७४ हिंसाबलमसाधूनांराज्ञांदंडविधिर्बलम् ॥ शुश्रूषातुबलंस्त्रीणांक्षमागुणवतांबलम् ७५ वाक्संयमोहिनृपतेसुदुष्करतमोमतः ॥ अर्थवच्चविचित्रंचनशक्यंबहुभाषितुम् ७६ अभ्यावहतिकल्याणंविविधंवाक्सुभाषिता ॥ सैवदुर्भाषिताराजन्ननर्थायोपपद्यते ७७ रोहतेसायकैर्विद्धंवनंपरशुनाहतम् ॥ वाचादुरुक्तंबीभत्संनसंरोहतिवाक्क्षतम् ७८ कर्णिनालीकनाराचान्निर्हरंतिशरीरतः ॥ वाक्शल्यस्तुननिर्हर्तुंशक्योहृदिशयोहिसः ७९ वाक्सायकावदनान्निष्पतंतियैराहतःशोचतिरात्र्यहानि ॥ परस्यनामर्मसुतेपतंतितान्पंडितोनावसृजेत्परेभ्यः ८० यस्मैदेवाःप्रयच्छंतिपुरुषायपराभवम् ॥ बुद्धिंतस्यापकर्षंतिसोवाचीनानिपश्यति ८१ बुद्धौकलुषभूतायांविनाशेप्रत्युपस्थिते ॥ अनयोनयसंकाशोहृदयान्नापसर्पति ८२ सेयंबुद्धिःपरीतातेपुत्राणांभरतर्षभ ॥ पांडवानांविरोधेननचैनानवबुध्यसे ८३ राजालक्षणसंपन्नस्त्रैलोक्यस्यापियोभवेत् ॥ शिष्यस्तेशासितासोऽस्तुधृतराष्ट्रयुधिष्ठिरः ८४ अतीवसर्वान्पुत्रांस्तेभागधेयपुरस्कृतः ॥ तेजसाप्रज्ञयाचैवयुक्तोधर्मार्थतत्त्ववित् ८५ अनुक्रोशादानृशंस्याद्योसौधर्मभृतांवरः ॥ गौरवात्तवराजेंद्रबहून्क्लेशांस्तितिक्षति ८६ ॥ इतिश्रीमहाभारतेउद्योगपर्वणिप्रजागरपर्वणिविदुरनीतिवाक्येचतुस्त्रिंशोऽध्यायः ॥ ३४ ॥ ॥ ॥ ॥ धृतराष्ट्रउवाच ॥ ब्रूहिभूयोमहाबुद्धेधर्मार्थसहितंवचः ॥ शृण्वतोनास्तिमेतृप्तिर्विचित्राणीहभाषसे १

नामर्मसुकिंतुमर्मस्वेव सभायांद्रौपदींप्रतिदुर्वचनंवदतांत्वत्पुत्राणामपराधःक्षंतुमयोग्योऽस्तीतिभावः ८० अवाचीनानिनीचकर्माणि ८१ । ८२ । ८३ शिष्यस्त्वेत्त्वदाज्ञाकारी शासितापृथिव्याः ८४ भागधेयेराज्यांशे पुरस्कृतः मूर्धाभिषिक्तस्यपांडोःपुत्रास्तेराज्यार्हाः अतथाभूतस्यांधस्यतवपुत्रास्तेनराज्यार्हाइत्यर्थः ८५ अनुक्रोशात्दयालुत्वात् आनृशंस्यात्अक्रौर्यात् ८६ ॥ इतिउद्योगपर्वणिनीलकंठीये भारतभावदीपे विदुरवाक्ये चतुस्त्रिंशोऽध्यायः ॥ ३४ ॥ १ ॥ ॥ ॥ ॥ ॥ ॥ ॥ ॥ ॥ ॥ ॥ ॥

आर्जवंअवैषम्यं २ । ३ । ४ । ५ । ६ । ७ सुधन्वाब्राह्मणःपर्यंकंअधिरोहत्येव त्वंतुनीचोदैत्यःसन्किमर्थंतत्प्रत्याख्यानंकरोषीतिभावः ८ । ९ इहस्थानेउपस्थानेमामुपस्थातुं वांदैत्यब्राह्मणौ अहंपश्येयं १० । ११ । १२ समागच्छत्उभयोःसंमुखंअगच्छत् समागतंसंमुखंप्राप्तं १३ विरोचनेन सौवर्णेपीठेमयासहउपवेश्यतामितिप्रार्थितःसुधन्वाउवाच अन्वालभेस्पृशाम्येव हेप्रह्लाद एकत्वंत्वयासहसाम्यंउपसंपन्न

विदुरउवाच ॥ सर्वतीर्थेषुवास्नानंसर्वभूतेषुचार्जवम् ॥ उभेत्वेतेसमेस्यातामार्जवंवाविशिष्यते २ आर्जवंप्रतिपद्यस्वपुत्रेषुसततंविभो ॥ इहकीर्तिंपरांप्राप्यप्रेत्यस्वर्गमवाप्स्यसि ३ यावत्कीर्तिर्मनुष्यस्यपुण्यालोकेप्रगीयते ॥ तावत्सपुरुषव्याघ्रस्वर्गलोकेमहीयते ४ अत्राप्युदाहरंतीममितिहासंपुरातनम् ॥ विरोचनस्यसंवादंकेशिन्यर्थेसुधन्वना ५ स्वयंवरेस्थिताकन्याकेशिनीनामनामतः ॥ रूपेणाप्रतिमाराजन्विशिष्टपतिकाम्यया ६ विरोचनोऽथदैतेयस्तदातत्राजगामह ॥ प्राप्तुमिच्छंस्ततस्तत्रदैत्येंद्रंप्राहकेशिनी ७ ॥ केशिन्युवाच ॥ किंब्राह्मणाःस्विच्छ्रेयांसोदितिजाःस्विद्विरोचन ॥ अथकेनस्मपर्यंकंसुधन्वानाधिरोहति ८ ॥ विरोचनउवाच ॥ प्राजापत्यास्तुवैश्रेष्ठावयंकेशिनिसत्तमाः ॥ अस्माकंखल्विमेलोकाःकेदेवाःकेद्विजातयः ९ ॥ केशिन्युवाच ॥ इहैवावांप्रतीक्षावउपस्थानेविरोचन ॥ सुधन्वाप्रातरागंतापश्येयंवांसमागतौ १० ॥ विरोचनउवाच ॥ तथाभद्रेकरिष्यामियथात्वंभीरुभाषसे ॥ सुधन्वानंचमांचैवप्रातर्द्रष्टाऽसिसंगतौ ११ ॥ विदुरउवाच ॥ अतीतायांचशर्वर्यामुदितेसूर्यमंडले ॥ अथाजगामतंदेशंसुधन्वाराजसत्तम ॥ विरोचनोयत्रविभोकेशिन्यासहितःस्थितः १२ सुधन्वाचसमागच्छत्प्राह्लादिंकेशिनींतथा ॥ समागतंद्विजंदृष्ट्वाकेशिनीभरतर्षभ ॥ प्रत्युत्थायासनंतस्मैपाद्यमर्घ्यंददौपुनः १३ ॥ सुधन्वोवाच ॥ अन्वालभेहिरण्मयंप्राह्लादेतेवरासनम् ॥ एकत्वमुपसंपन्नोनत्वासेऽहंत्वयासह १४ ॥ विरोचनउवाच ॥ तवार्हतेतुफलकंकूर्चंवाऽप्यथवाबृसी ॥ सुधन्वन्नत्वमर्होऽसिमयासहसमासनम् १५ ॥ सुधन्वोवाच ॥ पितापुत्रौसहासीतांद्वौविप्रौक्षत्रियावपि ॥ वृद्धौवैश्यौचशूद्रौचनत्वन्यावितरेतरम् १६ पिताहितेसमासीनमुपासीतैवमामधः ॥ बालःसुखैधितोगेहेनत्वंकिंचनबुध्यसे १७ ॥ विरोचनउवाच ॥ हिरण्यंचगवाश्वंचयद्वित्तमसुरेषुनः ॥ सुधन्वन्विपणेतेनप्रश्नंपृच्छावयेविदुः १८ ॥ सुधन्वोवाच ॥ हिरण्यंचगवाश्वंचतवैवास्तुविरोचन ॥ प्राणयोस्तुपणंकृत्वाप्रश्नंपृच्छावयेविदुः १९ ॥ विरोचनउवाच ॥ आवांकुत्रगमिष्यावःप्राणयोर्विपणेकृते ॥ नतुदेवेष्वहंस्थातानमनुष्येषुकर्हिचित् २० ॥ सुधन्वोवाच ॥ पितरंतेगमिष्यावःप्राणयोर्विपणेकृते ॥ पुत्रस्यापिसहेतोर्हिप्रह्लादोनानृतंवदेत् २१ ॥ विदुरउवाच ॥ एवंकृतपणौक्रुद्धौतत्राभिजग्मतुस्तदा ॥ विरोचनसुधन्वानौप्रह्लादोयत्रतिष्ठति २२ ॥ प्रह्लादउवाच ॥ इमौतौसंप्रदृश्येतेयाभ्यांनचरितंसह ॥ आशीविषाविवक्रुद्धावेकमार्गाविहागतौ २३ किंवैसहैवंचरथोनपुराचरथःसह ॥ विरोचनैतत्पृच्छामिकिंतेसख्यंसुधन्वना २४

श्वेत्भवेदहंगच्छेयमितिशेषः नतुत्वयासहएकासनेआमेउपविशामि १४ फलकंकाष्ठपीठं कूर्चंबृसीवर्तितदर्भमयंपीठंवा तवअर्हंतेयोग्यंभवति १५ । १६ उपासीतसेवेत अधःस्थित्वेतिशेषः १७ प्रश्नंआवयोः कःश्रेष्ठइतिप्रश्नं येविदुस्तान्पृच्छाव १८ । १९ । २० । २१ । २२ सहनचरितंवैरात् २३ । २४

२५ पीवरीपुष्टा कृतामधुपर्कार्थंउपकल्पिता २६ पथिष्विति। प्रश्ननिर्णयेनैतत्प्राप्तमितिभावः २७ । २८। २९ दुर्विवक्तादुष्टविवेककर्ता अभ्याख्यवक्तेत्यर्थः किंवसेत्किंदुःखंप्राप्नुयात् ३० अधिविन्नाकृतसपत्नी काश्चीतांरात्रिंवसेत्तद्दुःखंप्राप्नुयात् ३१ नगरेइति । शरणमलभमानःक्षुधार्तःशत्रुभिर्वेष्टितश्चयद्दुःखंलभतेसःअनृतसाक्ष्यवक्ताऽपिलभतेत्यर्थः ३२ पंचपूर्वजान्पश्वनृतेअजादिपश्वर्थमनृतेउक्तेसतिहंतिनाशयति परलोकात्च्यावयति एवमुत्तरत्र ३३ भूमितुल्याकेशिनीतदर्थंअनृतंभूम्यनृतं ३४ अंगिराःसुधन्वनःपिता त्वत्तत्वत्तः ३५ । ३६ । ३७ पादप्रक्षालनंहरिद्रयापादधावनं कुमार्याःकेशिन्याःविवाहे दंपत्योः

विरोचनउवाच ॥ नमेसुधन्वनासख्यंप्राणयोर्विपणावहे ॥ प्रह्रादतस्त्वांपृच्छामिमाप्रश्नमनृतंवदेः २५ ॥ प्रह्रादउवाच ॥ उदकंमधुपर्कंवाऽप्यानयंतुसुधन्वने ॥ ब्रह्मन्नभ्यर्चनीयोऽसिश्वेतागौःपीवरीकृता २६ ॥ सुधन्वोवाच ॥ उदकंमधुपर्कंचपथिष्वेवार्पितंमम ॥ प्रह्रादत्वंतुमेतथ्यंप्रश्नंप्रब्रूहिपृच्छतः ॥ किंब्राह्मणाःस्विच्छ्रेयांसउताहोस्विद्विरोचनः २७ ॥ प्रह्रादउवाच ॥ पुत्रएकोममब्रह्मंस्त्वंचसाक्षादिहास्थितः ॥ तयोर्विवदतोःप्रश्नंकथमस्मद्विधोवदेत् २८ ॥ सुधन्वोवाच ॥ गांप्रदद्यास्त्वौरसायद्वाऽन्यत्स्यात्प्रियंधनम् ॥ द्वयोर्विवदतोस्तथ्यंवाच्यंचमतिमंस्त्वया २९ ॥ प्रह्रादउवाच ॥ अथयोनैवप्रब्रूयात्सत्यंवायदिवाऽनृतम् ॥ एतत्सुधन्वन्पृच्छामिदुर्विवक्तास्मकिंवसेत् ३० ॥ सुधन्वोवाच ॥ यांरात्रिमधिविन्नास्त्रीयांचैवाक्षपराजितः ॥ यांचभाराभितप्तांगोदुर्विवक्तास्मतांवसेत् ३१ नगरेप्रतिरुद्धःसन्बहिर्द्वारेबुभुक्षितः ॥ अमित्रान्भूयसःपश्येद्यःसाक्ष्यमनृतंवदेत् ३२ पंचपश्वनृतेहंतिदशहंतिगवानृते ॥ शतमश्वानृतेहंतिसहस्रंपुरुषानृते ३३ हंतिजातानजातांश्चहिरण्यार्थेऽनृतंवदन् ॥ सर्वंभूम्यनृतेहंतिमास्मभूम्यनृतंवदेः ३४ ॥ प्रह्रादउवाच ॥ मत्तःश्रेयानंगिरावैसुधन्वात्वद्विरोचन ॥ माताऽस्यश्रेयसीमातुस्तस्मात्त्वंतेनवैजितः ३५ विरोचनसुधन्वाऽयंप्राणानामीश्वरस्तव ॥ सुधन्वन्पुनरिच्छामित्वयादत्तंविरोचनम् ३६ ॥ सुधन्वोवाच ॥ यद्धर्ममवृणीथास्त्वंनकामादनृतंवदीः ॥ पुनर्ददामितेपुत्रंतस्मात्प्रह्राददुर्लभम् ३७ एषप्रह्रादपुत्रस्तेमयादत्तोविरोचनः ॥ पादप्रक्षालनंकुर्यात्कुमार्याःसन्निधौमम ३८ ॥ विदुरउवाच ॥ तस्माद्राजेंद्रभूम्यर्थेनानृतंवक्तुमर्हसि ॥ मागमःससुतामात्योनाशंपुत्रार्थमब्रुवन् ३९ नदेवादंडमादायरक्षंतिपशुपालवत् ॥ यंतुरक्षितुमिच्छंतिबुद्ध्यासंविभजंतितम् ४० यथायथाहिपुरुषःकल्याणेकुरुतेमनः ॥ तथातथाऽस्यसर्वार्थाःसिद्ध्यंतेनात्रसंशयः ४१ नैनंछंदांसिवृजिनात्तारयंतिमायाविनंमाययावर्तमानम् ॥ नीडंशकुंताइवजातपक्षाश्छंदांस्येनंप्रजहत्यंतकाले ४२ मद्यपानंकलहंपूगवैरंभार्यापत्योरंतरंज्ञातिभेदम् ॥ राजद्विष्टंस्त्रीपुंसयोर्विवादंवर्ज्यान्याहुर्यश्चपंथाःप्रदुष्टः ४३

परस्परंहरिद्रयापादधावनंकुर्वतीतिप्रसिद्धं अस्यैवभार्याकेशिनीभवत्वित्यर्थः ३८ प्रकृतेआख्यायिकोपयोगमाह तस्मादिति । अब्रुवन्सत्यमितिशेषः ३९ तवदैवंमतिकूलंअधीतंचनिष्फलमित्याहत्रयेण नदेवाइति ४० । ४१ छंदांसिवेदाः ४२ अंतरंवियोगं विवादंवैरप्रवर्तनं ज्ञातिभेदेकलहेचलवमवृत्तिर्नयोग्येतिभावः ४३

सामुद्रिकंहस्तरेखादिपरीक्षकं वणिजंचोरपूर्वं पूर्वंचोरःपश्चाद्वणिग्भूतस्तं कूटतुलावंतंवा शलाकधूर्तं शलाकयापाशादिनावाशकुनादिकमुक्त्वायोऽन्यान्वंचयतितं अरिंविपरीतमाक्ष्वभयात् । मित्रंपरीक्षकाणामविश्वासात् । कुशीलवंकुत्सितंशीलंवातिअनुसरतीतितं नर्तकीदासं विटोन्मत्तादिकंवा । तत्तुकूटद्यूतकारीशकुनिःकुशीलवएवप्रमाणं ४४ मत्कर्मद्वाराऽपितस्यसाधुत्वंनमंतव्यमित्याह मानेति । मानःलोकेषुउत्कर्षः तदर्थान्यग्निहोत्रादीनिभयदानीत्यर्थः मौनंध्यानं ४५ कुंडाशीभगभक्षः जीवतिभर्तरिजाराज्जातःकुंडस्तेननिमित्तेनाशितुंशीलः सोमविक्रयीप्रसिद्धः । पर्वकारःशरकृत आयुधमात्रकर्तेत्यर्थः । सूचीसूचकोनक्षत्रादीनां परदोषाणांच ज्यौतिषिकःपिशुनोवा ४६ काकःकाकवत्क्षतोद्वर्तनेनदुःखितस्यापिदुःखप्रदः । नास्तिकःपरलोकादिद्वेषी ४७ स्रुवप्रग्रहणःराजकीयवृत्तिबलेनसर्वेभ्योवणिग्भ्यःस्रुवेणधान्यादिकमादत्ते ‘ खोंचीग्राहक ’ इतिभाषायांप्रसिद्धः ग्रामपुरोहितइत्यन्ये । व्रात्यःअतीतोपनयनकालःपतितसावित्रीकोवा । कीनाशःकर्षकः । आत्मवान्ममर्त्रोऽपियोरक्षेत्यु

सामुद्रिकंवणिजंचोरपूर्वंशलाकधूर्तंचचिकित्सकंच ॥ अरिंचमित्रंचकुशीलवंचनैतान्साक्ष्येत्वधिकुर्वीतसप्त ४४ मानाग्निहोत्रमुतमानमौनंमानेनाधीतमुतमानयज्ञः ॥ एतानिचत्वार्यभयंकराणिभयंप्रयच्छंत्ययथाकृतानि ४५ अगारदाहीगरदःकुंडाशीसोमविक्रयी ॥ पर्वकारश्चसूचीचमित्रध्रुक्पारदारिकः ४६ भ्रूणहागुरुतल्पीचयश्चस्यात्पानपोद्विजः ॥ अतितीक्ष्णश्चकाकश्चनास्तिकोवेदनिंदकः ४७ स्रुवप्रग्रहणोव्रात्यःकीनाशश्चात्मवानपि ॥ रक्षेत्युक्तश्चयोहिंस्यात्सर्वेब्रह्महभिःसमाः ४८ तृणोल्कयाज्ञायतेजातरूपंवृत्तेनभद्रोव्यवहारेणसाधुः ॥ शूरोभयेष्वर्थकृच्छ्रेषुधीरःकृच्छ्रेष्वापत्सुसुहृदश्चारयश्च ४९ जरारूपंहरतिहिधैर्यमाशामृत्युःप्राणान्धर्मचर्यामसूया ॥ क्रोधःश्रियंशीलमनार्यसेवाह्रियंकामःसर्वमेवाभिमानः ५० श्रीर्मंगलात्प्रभवतिप्रागल्भ्यात्संप्रवर्धते ॥ दाक्ष्यात्तुकुरुतेमूलंसंयमात्प्रतितिष्ठति ५१ अष्टौगुणाःपुरुषंदीपयंतिप्रज्ञाचकौल्यंचदमःश्रुतंच ॥ पराक्रमश्चाबहुभाषिताचदानंयथाशक्तिकृतज्ञताच ५२ एतान्गुणांस्तातमहानुभावानेकोगुणःसंश्रयतेप्रसह्य ॥ राजायदासत्कुरुतेमनुष्यंसर्वान्गुणानेषगुणोविभाति ५३ अष्टौनृपेमानिमनुष्यलोकेस्वर्गस्यलोकस्यनिदर्शनानि ॥ चत्वार्येषामन्ववेतानिसद्भिश्चत्वारिचैषामनुयांतिसंतः ५४ यज्ञोदानमध्ययनंतपश्चचत्वार्येतान्यन्ववेतानिसद्भिः ॥ दमःसत्यमार्जवमानृशंस्यंचत्वार्येतान्यनुयांतिसंतः ५५ इज्याध्ययनदानानितपःसत्यंक्षमाघृणा ॥ अलोभइतिमार्गोऽयंधर्मस्याष्टविधःस्मृतः ५६ तत्रपूर्वचतुर्वर्गोदंभार्थमपिसेव्यते ॥ उत्तरश्चचतुर्वर्गोनामहात्मसुतिष्ठति ५७ नसासभायत्रनसंतिवृद्धानतेवृद्धायेनवदंतिधर्मम् ॥ नासौधर्मोयत्रनसत्यमस्तिनतत्सत्यंयच्छलेनाभ्युपेतम् ५८

क्तोहिंस्यात् । एतेष्वाद्यंद्वयंत्वत्पुत्रेषुदृष्टं ४८ तृणोल्कयातृणज्वालयाजातरूपंरूपवद्वस्तुज्ञायतेऽन्धकारेसति । भद्रोवृषःधर्मइतियावत् । वृत्तेनशीलेनसोऽस्तिनास्तीतिज्ञायते । व्यवहारेणअहिंसादिप्रधानेन । कृच्छ्रेषुदुर्भिक्षादिसंकटेषु । त्वत्पुत्रेषुधर्मःसाधुत्वंचनास्तीत्यर्थः ४९ जरेति । त्वत्पुत्रेऽभिमानदोषोऽस्ति ५० श्रीरिति । दाक्ष्यंशीघ्रकारित्वं त्वयिसंयमाभावाच्छ्रीःस्थास्यति ५१ अष्टाविति । राज्ञापुरस्कृतंपुरुषं प्रज्ञादयोहठादनुसरंतीतिश्लोकद्वयार्थः ५२ एषगुणोराजसत्कारः विभातिभासयति कर्णादिषुसत्कृतेषुआगंतुकाएतेगुणाःनतुनिस्वाभाविकाः अतस्तेनोपयोक्ष्यंतइतिभावः ५३ इमानिवक्ष्यमाणानि अन्ववेतानिनित्यसंबद्धानि अनुयांतियत्नेनभजंति ५४ । ५५ । ५६ तत्रेति । असत्यपिदमादौदंभार्थयज्ञादिसंभवात् ५७ । ५८

रूपंविनयपुत्रा श्रुतंअध्ययनं विद्यादेवतायुपासनं चित्रभाष्यंयुक्तियुक्तंवचनं दशसंसर्गजागुणाइतिपाठेतथुक्तेःमहत्संगेकृतेएनेजायंतेतेनमत्संगःकर्तव्यइतिभावः ५९ पापकीर्तिः कलंकित्वेनप्रसिद्धः ६० ६१ । ६२ । ६३ दंदशूको मर्मच्छेत्ता निष्ठुरःअप्रियवाक् नचिरातशीघ्रम् ६४ नकृच्छ्रं समस्तंपदंसुखवाचि ६५ आगमयति आनयति ६६ वर्षाइत्यत्यंतसंयोगेद्वितीया ६७ । ६८ गतपारं प्राप्ततत्त्वम् ६९ परिपाकसुखंकर्मलत्पुत्रानकुर्वीत अन्यायेनचसुखंलिप्संति तत्तुविपरीतमेवेत्याह धनेनेति ७० आत्मवतांजितचित्तानां प्रच्छन्नपापोदुर्योधनः ७१ प्रभवःमाहात्म्यं । ' प्रभवोजन्ममूले

सत्यंरूपंश्रुतंविद्याकौल्यंशीलंबलंधनम् ॥ शौर्यंचचित्रभाष्यंचदशेमेस्वर्गयोनयः ५९ पापंकुर्वन्पापकीर्तिःपापमेवाश्नुतेफलम् ॥ पुण्यंकुर्वन्पुण्यकीर्तिःपुण्यमत्यंतमश्नुते ६० तस्मात्पापंनकुर्वीतपुरुषःशंसितव्रतः ॥ पापंप्रज्ञांनाशयतिक्रियमाणंपुनःपुनः ६१ नष्टप्रज्ञःपापमेवनित्यमारभतेनरः ॥ पुण्यंप्रज्ञां वर्धयतिक्रियमाणंपुनःपुनः ६२ वृद्धप्रज्ञःपुण्यमेवनित्यमारभतेनरः ॥ पुण्यंकुर्वन्पुण्यकीर्तिःपुण्यंस्थानंस्मगच्छति ॥ तस्मात्पुण्यंनिषेवेतपुरुषःसुसमाहितः ६३ असूयकोदंदशूकोनिष्ठुरोवैरकृच्छठः ॥ सकृच्छ्रंमहदाप्नोतिनचिरात्पापमाचरन् ६४ अनसूयुःकृतप्रज्ञःशोभनान्याचरन्सदा ॥ नकृच्छ्रंमहदाप्नोतिसर्वत्रचविरोचते ६५ प्रज्ञामेवागमयतियःप्राज्ञेभ्यःसपंडितः ॥ प्राज्ञोह्यवाप्यधर्मार्थौशक्नोतिसुखमेधितुम् ६६ दिवसेनैवतत्कुर्यायेनरात्रौसुखंवसेत् ॥ अष्टमासेनतत्कुर्यायेनवर्षाःसुखंवसेत् ६७ पूर्वेवयसितत्कुर्यायेनवृद्धःसुखंवसेत् ॥ यावज्जीवेनतत्कुर्यायेनप्रेत्यसुखंवसेत् ६८ जीर्णमन्नंप्रशंसंतिभार्यांचगतयौवनाम् ॥ शूरंविजितसंग्रामंगतपारंतपस्विनम् ६९ धनेनाधर्मलब्धेनयच्छिद्रमपिधीयते ॥ असंवृतंतद्भवतिततोऽन्यदवदीर्यते ७० गुरुरात्मवतांशास्ताशास्ताराजादुरात्मनाम् ॥ अथप्रच्छन्नपापानांशास्तावैवस्वतोयमः ७१ ऋषीणांचनदीनांचकुलानांचमहात्मनाम् ॥ प्रभवोनाधिगंतव्यःस्त्रीणांदुश्चरितस्यच ७२ द्विजातिपूजाभिरतोदाताज्ञातिषुचार्जवी ॥ क्षत्रियःशीलभाग्राजंश्चिरंपालयतेमहीम् ७३ सुवर्णपुष्पांपृथिवींचिन्वंतिपुरुषास्त्रयः ॥ शूरश्चकृतविद्यश्चयश्चजानातिसेवितुम् ७४ बुद्धिश्रेष्ठानिकर्माणिबाहुमध्यानिभारत ॥ तानिजंघाजघन्यानिभारप्रत्यवराणिच ७५ दुर्योधनेऽथशकुनौमूढेदुःशासनेतथा ॥ कर्णेचैश्वर्यमाधायकथंत्वंभूतिमिच्छसि ७६ सर्वैर्गुणैरुपेतास्तुपांडवाभरतर्षभ ॥ पितृवत्त्वयिवर्तंतेतेषुवर्तस्वपुत्रवत् ७७ ॥ इतिश्रीमहाभारतेउद्योगपर्वणिप्रजागरपर्वणिविदुरहितवाक्येपंचत्रिंशोऽध्यायः ॥ ३५ ॥ ॥ विदुरउवाच ॥ ॥ अत्रैवोदाहरंतीममितिहासंपुरातनम् ॥ आत्रेयस्यचसंवादंसाध्यानांचेतिनःश्रुतम् १ चरंतंहंसरूपेणमहर्षिंसंशितव्रतम् ॥ साध्यादेवामहाप्राज्ञंपर्यपृच्छंतवैपुरा २

स्याज्जन्महेतौपराक्रमे ' इतिमेदिनी । नाधिगंतव्यः नाधिगंतुंशक्योऽनंतत्वात् ७२ ज्ञातिषुअजार्जवीदुर्योधनः ७३ शूराःपांडवाः सर्वत्रसुवर्णभाजइतिभावः ७४ बुद्धिरेवयेषांफलसिद्धौसाधनंतानिबुद्धिश्रेष्ठानिप्रशस्ततमानिकर्माणि । बाहुमध्यानि बाहुबलसाध्यानिमध्यानि । जंघेतिगोपनीयत्वंलक्ष्यते तेनकपटसाध्यानिजघन्यानिनीचानि येषांसिद्धौस्वशिरसिभारःसंकटंपततितानिनीचतराणि ७५ तत्रांत्यद्वयंवंतोदुर्योधनाद्यइतिमत्वाप्राह दुर्योधनेइति ७६ । ७७ ॥ ॥ इति उद्योगपर्वणिनीलकंठीये भारतभावदीपे पंचत्रिंशोऽध्यायः ॥ ३५ ॥ ॥ अत्रैवेति १ हंसरूपेणपरिव्राजकरूपेण २

अनुमातुंलिंगेनज्ञातुं काव्यांविद्वल्लक्षणाभिधायिनीम् मेमयासंश्रुतंगुरुभ्यइतिशेषः तदेवाहधृतिरिति । धृतिः दुःखैरभिघातेऽपिअवैकल्यं दमःसर्वेंद्रियजयः सत्यधर्माः ब्रह्मप्रापकाधर्माः धारणा ध्यानसमाधयः तेषामनुवृत्तिरविच्छेदः तैश्चग्रंथिंचिज्जडयोरात्मांतःकरणयोरैकलोलीभावंविनीय तयोःपृथक्करणेनंशिथिलीकृत्य प्रियाप्रियेसुखदुःखे आत्मसमंआत्मसाम्यं नयीतप्रापयेत् प्रियाप्रिय धर्मिणोंतःकरणस्यात्मन्यध्यस्तस्य स्वाधिष्ठानेप्रलयेसति तयोरपितत्रैवलयइत्यर्थः यथारज्ज्वांरज्जुसर्पेलीनेसतिभीषणत्वादयोऽपितत्रैवलीयंतेतद्वत् ३ । ४ नाक्रोशेत्नशपेत् यतस्तितिक्षतोमन्युः क्रोधएव आक्रोष्टारंदहति ५ रुषतींरोषवतीं पाठांतरेउषतींदाहिकांवा ६ । ७ निर्ऋतिंअलक्ष्मींमृत्युंवा ८ बाणैःवाग्बाणैः दधातिपुष्णाति ९ त्वत्पुत्रारूक्षवाचस्त्वमपितत्संगात्तादृशोभविष्यसी

॥ साध्याऊचुः ॥ साध्यादेवावयमेतमहर्षेदृष्ट्वाभवंतंनशक्नुमोनुमातुम् ॥ श्रुतेनधीरोबुद्धिमांस्त्वंमतोनःकाव्यांवाचंवक्तुमर्हस्युदाराम् ३ ॥ हंसउवाच ॥ एतत्कार्यममराःसंश्रुतंमेधृतिःशमःसत्यधर्मानुवृत्तिः ॥ ग्रंथिंविनीयहृदयस्यसर्वंप्रियाप्रियेचात्मसमंनयीत ४ आक्रुश्यमानोनाक्रोशेन्मन्युरेवतितिक्षतः ॥ आक्रोष्टारंनिर्दहतिसुकृतंचास्यविंदति ५ नाक्रोशीस्यान्नावमानीपरस्यमित्रद्रोहीनोतनीचोपसेवी ॥ नचाभिमानीनचहीनवृत्तोरूक्षांवाचंरुषतींवर्जयीत ६ मर्माण्यस्थीनिहृदयंतथाऽसूनूरूक्षावाचोनिर्दहंतीहपुंसाम् ॥ तस्माद्वाचमुषतींरूक्षरूपांधर्मारामोनित्यशोवर्जयीत ७ अरुंतुदंपरुषंरूक्षवाचंवाक्कंटकैर्वितुदंतंमनुष्यान् ॥ विद्यादलक्ष्मीकतमंजनानांमुखेनिबद्धांनिर्ऋतिंवैवहंतम् ८ परश्चेदेनमभिविद्ध्येतबाणैर्भृशंसुतीक्ष्णैरनलार्कदीप्तैः ॥ सविद्ध्यमानोऽप्यतिदह्यमानोविद्यात्कविःसुकृतंमेदधाति ९ यदिसंतंसेवतियद्यसंतंतपस्विनंयदिवास्तेनमेव ॥ वासोयथारंगवशंप्रयातितथासतेषांवशमभ्युपैति १० अतिवादंनप्रवदेन्नवादयेद्योऽनाहतःप्रतिहन्यान्नघातयेत् ॥ हंतुंचयोनेच्छतिपापकंवैतस्मैदेवाःस्पृहयंत्यागताय ११ अव्याहृतंव्याहृताच्छ्रेयआहुःसत्यंवदेद्व्याहृतंतद्द्वितीयम् ॥ प्रियंवदेद्व्याहृतंतत्तृतीयंधर्म्यंवदेद्व्याहृतंतच्चतुर्थम् १२ यादृशैःसन्निविशतेयादृशांश्चोपसेवते ॥ यादृगिच्छेच्चभवितुंतादृग्भवतिपूरुषः १३ यतोयतोनिवर्ततेततस्ततोविमुच्यते ॥ निवर्तनाद्धिसर्वतोनवेत्तिदुःखमण्वपि १४ नजीयतेचानुजिगीषतेऽन्यान्नवैरकृच्चाप्रतिघातकश्च ॥ निंदाप्रशंसासुसमस्वभावोनशोचतेहृष्यतिनैवचायम् १५ भावमिच्छतिसर्वस्यनाभावेकुरुतेमनः ॥ सत्यवादीमृदुर्दांतोयःसउत्तमपूरुषः १६ नानर्थकंसांत्वयतिप्रतिज्ञायददातिच ॥ रंध्रंपरस्यजानातियःसमध्यमपूरुषः १७

त्याह यदीति। रंगस्यनीलादेर्वशंनीलताम १० अतिप्रोक्तोऽपिनवदेत् वादयेद्वा अनाहतोनैव प्रतिहन्यात्। अहतोऽपिपापकंहंतारंयदिहंतुंनेच्छेत् सदेवानामपिश्रेष्ठोभवतीत्यर्थः ११ अव्याहृतंमौनं ततोपिश्रेयः सत्यवचनं सत्यमपिप्रियंचेत्ततोऽपिश्रेयः तदपिधर्मादनपेतंचेत्श्रेष्ठतममित्यर्थः १२ तस्मात्सत्संगएवत्वयाऽपिकर्तव्यइत्याशयेनाह यादृशैरिति १३ यतोयतइति । यथास्वप्नेबाह्याद्विषयान्निवृत्तस्तज्जेनदुःखेनमुच्यते एवंजाग्रतिस्वाप्नविषयजेन सुषुप्तौसमाधौचसर्वतोनिवृत्तोदुःखलेशमपिनभजतेऽतोनिवृत्तिरेवत्वयाकार्येतिभावः १४ अस्यामवस्थायांपुरुषस्यनकिंचिद्दुःखादिकमस्तीत्याह नजीयतेचेति । नानुजिगीषतेइतिपाठे नापुरुषः १५ भावंकल्याणं अभावेअकल्याणे १६ अनर्थकंमिथ्यानसांत्वयति १७

उपहतोगदयाघोषयात्रायांगंधर्वैस्ताडितः अभिशस्तःअभितःशस्त्रैर्विदीर्णः मन्युवशात्क्रोधवशात् नावर्ततेनऋजुर्भवति यतःकृतघ्नःपांडवैस्तदामोचितोऽपितदुपकारंहंत्येव एताःकलाःचिह्नस्यत्र स्तयःअधमस्यैव १८ अधमलक्षणमाह नेति । परेभ्यःगुरुभ्यः आत्मन्येवशंकितः विश्वासहीनः १९ । २० । २१ महाकुलेभ्यइतिस्पृहेरीप्सितइतिकर्मणिचतुर्थी २२ तपःकृच्छ्रचांद्रायणादि दमः इंद्रियजयः ब्रह्मवित्तंब्राह्मणस्यधनंवेदाध्ययनंवेदाध्यापनंच वितानाःयज्ञकर्माणि सम्यग्वृत्ताश्रये तानि क्लीबत्वंविधेयापेक्षया महाकुलानिविद्धि २३ नव्यथतेनचलति नयोनिः पित्रादयोऽपियेषांदोषेणनव्य

दुःशासनस्तूपहतोऽभिशस्तोनावर्ततेमन्युवशात्कृतघ्नः ॥ नकस्यचिन्मित्रमथोदुरात्माकलाश्चैताअधमस्येहपुंसः १८ नश्रद्दधातिकल्याणंपरेभ्योऽप्यात्मशं कितः ॥ निराकरोतिमित्राणियोवैसोऽधमपूरुषः १९ उत्तमानेवसेवेतप्राप्तकालेतुमध्यमान् ॥ अधमांस्तुनसेवेतयइच्छेद्भूतिमात्मनः २० प्राप्नोतिवैवित्तमस द्बलेननित्योत्थानात्प्रज्ञयापौरुषेण ॥ नत्वेवसम्यग्लभतेप्रशंसांनवृत्तमाप्नोतिमहाकुलानाम् २१ ॥ धृतराष्ट्रउवाच ॥ महाकुलेभ्यःस्पृहयंतिदेवाधर्मार्थनित्याश्चब हुश्रुताश्च ॥ पृच्छामित्वांविदुरप्रश्नमेतंभवंतिवैकानिमहाकुलानि २२ ॥ विदुरउवाच ॥ तपोदमोब्रह्मवित्तंवितानाःपुण्याविवाहाःसततान्नदानम् ॥ येष्वेवैतेसप्त गुणावसंतिसम्यग्वृत्तास्तानिमहाकुलानि २३ येषांनवृत्तंव्यथतेनयोनिश्चित्तप्रसादेनचरंतिधर्मम् ॥ येकीर्तिमिच्छंतिकुलेविशिष्टांत्यक्तानृतास्तानिमहाकुलानि २४ अनिज्ययाकुविवाहैर्वेदस्योत्सादनेनच ॥ कुलान्यकुलतांयांतिधर्मस्यातिक्रमेणच २५ देवद्रव्यविनाशेनब्रह्मस्वहरणेनच ॥ कुलान्यकुलतांयांतिब्राह्म णातिक्रमेणच २६ ब्राह्मणानांपरिभवात्परिवादाच्चभारत ॥ कुलान्यकुलतांयांतिन्यासापहरणेनच २७ कुलानिसमुपेतानिगोभिःपुरुषतोऽर्थतः ॥ कुल संख्यांनगच्छंतियानिहीनानिवृत्ततः २८ वृत्ततस्त्वविहीनानिकुलान्यल्पधनान्यपि ॥ कुलसंख्यांचगच्छंतिकर्षंतिचमहद्यशः २९ वृत्तंयत्नेनसंरक्षेद्वित्तमे तिचयातिच ॥ अक्षीणोवित्ततःक्षीणोवृत्ततस्तुहतोहतः ३० गोभिःपशुभिरश्वैश्चकृष्याचसुसमृद्धया ॥ कुलानिनप्ररोहंतियानिहीनानिवृत्ततः ३१ मानःकु लेवैरकृत्कश्चिदस्तुराजाऽमात्योमापरस्वापहारी ॥ मित्रद्रोहीनैकृतिकोऽनृतीवापूर्वाशीवापितृदेवातिथिभ्यः ३२ यश्चनोब्राह्मणान्हन्याद्यश्चनोब्राह्मणान्द्विषेत ॥ ननःससमितिंगच्छेद्यश्चनोनिर्वपेत्कृषिम् ॥ ३३ तृणानिभूमिरुदकंवाक्चतुर्थीचसूनृता ॥ सतामेतानिगेहेषुनोच्छिद्यंतेकदाचन ३४ श्रद्धयापरयाराजन्नु पनीतानिसत्कृतिम् ॥ प्रवृत्तानिमहाप्राज्ञधर्मिणांपुण्यकर्मिणाम् ३५ सूक्ष्मोऽपिभारंनृपतेस्यंदनोवैशक्तोवोढुंनतथाऽन्येमहीजाः ॥ एवंयुक्ताभारसहाभवंतिमहा कुलीनानतथाऽन्येमनुष्याः ३६

थंते किंतुगुणैरेवतुष्यंति २४ । २५ । २६ परिभवात्ताडनात्परिवादात्निंदातः २७ गोभिर्वाग्भिर्विषयेत्यर्थः पुरुषतःसत्पुरुषैः अर्थतःधनैश्च कुलानिकुलमंख्यां कुलेषुगणनांसमुपेतानिभवंति २८ वृ त्ततःधर्मेण कर्षंतिआहरंति २९ । ३० गोभिर्विद्याभिः ३१ नैकृतिकःकपटी वैरकृदादयः कुलघ्नाइत्यर्थः ३२ प्रसंगाद्वृत्तलक्षणमाह यश्चेति । नइतिअस्मच्छब्दस्यादेशचतुर्थ्यंनःसइतिपाठे नत स्येतिपाठेतुत्रबमेव निर्वपेत्कुर्यात् पितृनितिपाठेनोनिषेधार्थः ३३ नोच्छिद्यंतेकिंत्वतिथीनुपगच्छंत्येव ३४ सत्कृतिंसत्कारंकर्तुंप्रवृत्तानितृणादीनि ३५ युक्ताःस्यंदनवद्विकलाः ३६

प्रकृतमाह नतदिति । तवतुशंकाकुलस्यमय्यपिमित्रत्वबुद्धिर्नास्तीतिभावः संगतानिसंबंधमात्राणि ३७ मूर्खस्यतुदुर्योधनादेः कुलशीलादिभिरसंबद्धोऽपिकर्णादिर्मित्रभावेनास्तीत्याशयेनाह यइति । बंधुःसंबंधी
मित्रंउपकारकृत् ३८ पारिप्लवमतेः चलबुद्धेः ३९ । ४० समभिवर्ततेसम्यगभितएववर्ततेनतुस्पृशंति समतिवर्ततइत्यपिपठंति अभ्रंमेघः ४१ मित्राणांहितायेतिशेषः ४२ अनर्थयन्प्रार्थनाशून्यः लुब्धस्तुमित्रा
णांसारफल्गुत्वेनजानातीत्यतःसकार्यार्थीवणिक्तुल्योनतुमित्रम् ४३ संतापात्इष्टवियोगात्शोकात् ४४ अनवाप्यंनप्राप्यं शोकेनशोकमात्रेणइष्टमितिशेषः ४५ दुःखादेरागमापायित्वादपिनशोकादिकं
कर्तव्यमित्याह पुनरिति ४६ सर्वपुरुषमात्रं ४७ षष्ठमनसासह श्रोत्रादीनिपंचस्रवते स्वार्थात्क्षरयति ततोविषयमेवनात् ४८ तनुःशरीरमभिव्यक्तिस्थानंकाष्ठं तत्ररुद्धोऽनभिव्यक्तःशिखीअग्निःतथाऽ

नतन्मित्रंयस्यकोपाद्बिभेतियद्वामित्रंशंकितेनोपचर्यम् ॥ यस्मिन्मित्रेपितरीवाश्वसीततद्वैमित्रंसंगतानीतराणि ३७ यःकश्चिदप्यसंबद्धोमित्रभावेनवर्तते ॥ सएव
बंधुस्तन्मित्रंसागतिस्तत्परायणम् ३८ चलचित्तस्यवैपुंसोवृद्धाननुपसेवतः ॥ पारिप्लवमतेर्नित्यमध्रुवोमित्रसंग्रहः ३९ चलचित्तमनात्मानमिंद्रियाणांवशानुगम् ॥
अर्थाःसमभिवर्ततेहंसाःशुष्कंसरोयथा ४० अकस्मादेवकुप्यंतिप्रसीदंत्यनिमित्ततः ॥ शीलमेतदसाधूनामभ्रंपारिप्लवंयथा ४१ सत्कृताश्चकृतार्थाश्चमित्राणांनभवं
तिये ॥ तान्मृतानपिक्रव्यादाःकृतघ्नान्नोपभुंजते ४२ अर्चयेदेवमित्राणिसतिवाऽसतिवाधने ॥ नानर्थयन्प्रजानातिमित्राणांसारफल्गुताम् ४३ सन्तापाद्भ्रश्यतेरूपं
सन्तापाद्भ्रश्यतेबलम् ॥ सन्तापाद्भ्रश्यतेज्ञानंसंतापाद्व्याधिमृच्छति ४४ अनवाप्यंचशोकेनशरीरंचोपतप्यते ॥ अमित्राश्चप्रहृष्यन्तिमास्मशोकेमनःकृथाः ४५ पुनर्न
रोम्रियतेजायतेचपुनर्नरोहीयतेवर्द्धतेच ॥ पुनर्नरोयाचतियाच्यतेचपुनर्नरःशोचतिशोच्यतेच ४६ सुखंचदुःखंचभवाभवौचलाभालाभौमरणंजीवितंच ॥ पर्यायशः
सर्वमेतेस्पृशंतितस्माद्धीरोनचहृष्येन्नशोचेत् ४७ चलानिहीमानिषडिंद्रियाणितेषांयद्यद्वर्द्धतेयत्रयत्र ॥ ततस्ततःस्रवतेबुद्धिरस्यच्छिद्रोदकुंभादिवनित्यमंभः ४८
॥ धृतराष्ट्रउवाच ॥ तनुरुद्धःशिखीराजामिथ्योपचरितोमया ॥ मंदानांममपुत्राणांयुद्धेनांतंकरिष्यति ४९ नित्योद्विग्नमिदंसर्वंनित्योद्विग्नमिदंमनः ॥ यत्तत्पदमनु
द्विग्नंतन्मेवदमहामते ५० ॥ विदुरउवाच ॥ नान्यत्रविद्यातपसोर्नान्यत्रेंद्रियनिग्रहात् ॥ नान्यत्रलोभसंत्यागाच्छांतिंपश्यामितेऽनघ ५१ बुद्ध्याभयंप्रणुदतितपसा
विंदतेमहत् ॥ गुरुशुश्रूषयाज्ञानंशांतिंयोगेनविंदति ५२ अनाश्रितादानपुण्यंवेदपुण्यमनाश्रिताः ॥ रागद्वेषविनिर्मुक्ताविचरंतीहमोक्षिणः ५३ स्वधीतस्यसुयुद्ध
स्यसुकृतस्यचकर्मणः ॥ तपसश्चसुतप्तस्यतस्यांतेसुखमेधते ५४

यंराजाधर्मेणरुद्धः तनुनासूक्ष्मेणधर्मेणवारुद्धः ४९ उद्विग्नंभीतंचलितंच अनुद्विग्नमभयमचलंच पदंपदनीयंप्राप्यंब्रह्म ५० तत्प्राप्तिसाधनान्येवाह नान्यत्रेति । विद्याऽध्ययनजा तपःस्वधर्माचरणं त्वंतुलोभी
तत्पदंप्राप्तुमनर्हइतिभावः शांतिकल्याणं ५१ बुद्ध्याआत्मज्ञानेन भयंसंसारं विंदतेमहत्सद्गुरुशास्त्रादिकंलभते ततोगुरुशुश्रूषयाज्ञानंग्रंथजं योगेनसर्वचित्तवृत्तिनिरोधेनशांतिं ५२ शांतिप्राप्तौसर्वंतुच्छमित्याह
अनाश्रिताइति । दानजंपुण्यंतत्फलंस्वर्गादीत्यर्थः अनाश्रिताःनाश्रयंतेतुच्छत्वात्तस्य ५३ तस्यांतेस्वधीतादीनांकर्मणामंतेनाशेसुखंपरमानंदंविंदते जगत्कारणदर्शनादेवसकलकर्मनाशेसति अकारणंशुद्धंप्राप्नोती
त्यर्थः 'क्षीयंतेचास्यकर्माणितस्मिन्दृष्टेपरावरे' परोहिरण्यगर्भोऽवरोनीचोयस्मात्कारणात्तस्मिन्दृष्टेसति ५४

तदन्यद्दुःखरूपमेवेत्याह स्वास्तीर्णानीति । भिन्नाःभेददृष्टिमंतः ' द्वितीयाद्वैभयंभवति ' इतिश्रुतेरद्वैतत्त्वात्प्रच्युताइत्यर्थः पक्षेभिन्नाःज्ञातिभेदवंतः ५५ प्रशमंअक्रोधं ५६ योगःअलब्धलाभः क्षेमंलब्धपरिपालनं तदुभयंनकल्पतेनयुज्यते ५७ तदेवाह संपन्नमिति । संपन्नंक्षीरादिसंपत्तिः ५८ तंतवःकुलतंतवः पांडवाःआप्यायिताःत्वयैवसंवर्द्धिताः पूर्वरूपमार्षं तनवःसूक्ष्माःबालाइत्यर्थः बहुलाःसमाःबहून्संवत्सरान् बहुत्वात्बंधूनामन्येषांचऋषीणांबहुत्वात् वनेआयासान्सहंतिअतःसतांउपमाभवंति पांडवाइवसंतइतिलोकेवदंति अतःसत्तमाःपांडवास्त्वयानवंचनीयाइतिभावः ५९ अन्येतुज्ञातयोनपांडवतुल्याइत्याह धूमायंतेइति । व्यपेतानि पृथग्भूतानि ६० ब्राह्मणादिसाहचर्यात्ज्ञातयोऽप्यत्रायुद्धार्थिनएवग्राह्याः तादृशांश्चपांडवान्जिघांसंतःपतिष्यंत्येवेत्यर्थः ६१ एकजःएकाकी प्रसह्यःशक्यः ६२ । ६३ । ६४ । ६५

स्वास्तीर्णानिशयनानिप्रपन्नानवैभिन्नाजातुनिद्रांलभंते ॥ नस्त्रीषुराजन्रतिमाप्नुवंतिनमागधैःस्तूयमानानसूतैः ५५ नवैभिन्नाजातुचरंतिधर्मंनवैसुखंप्राप्नुवंतीह भिन्नाः ॥ नवैभिन्नागौरवंप्राप्नुवंतिनवैभिन्नाःप्रशमंरोचयंति ५६ नवैतेषांस्वदतेपथ्यमुक्तंयोगक्षेमंकल्पतेनैवतेषाम् ॥ भिन्नानांवैमनुजेंद्रपरायणंनविद्यतेकिंचिदन्यद्विनाशात् ५७ संपन्नंगोषुसंभाव्यंसंभाव्यंब्राह्मणेतपः ॥ संभाव्यंचापलंस्त्रीषुसंभाव्यंज्ञातितोभयम् ५८ तंतवोऽप्यायितानित्यंतनवोबहुलाःसमाः ॥ बहून्बहुत्वादायासान्सहंतीत्युपमासताम् ५९ धूमायंतेव्यपेतानिज्वलंतिसहितानिच ॥ धृतराष्ट्रोल्मुकानीवज्ञातयोभरतर्षभ ६० ब्राह्मणेषुचयेशूराःस्त्रीषुज्ञातिषुगोषुच ॥ वृंतादिवफलंपक्वंधृतराष्ट्रपतंतिते ६१ महानप्येकजोवृक्षोबलवान्सुप्रतिष्ठितः ॥ प्रसह्यएववातेनसस्कंधोमर्दितुंक्षणात् ६२ अथयेसहितावृक्षाःसंघशःसुप्रतिष्ठिताः ॥ तेहिशीघ्रतमान्वातान्सहंतेन्योन्यसंश्रयात् ६३ एवंमनुष्यमप्येकंगुणैरपिसमन्वितम् ॥ शक्यंद्विषंतोमन्यंतेवायुर्द्रुममिवैकजम् ६४ अन्योन्यसमुपष्टंभादन्योन्यापाश्रयेणच ॥ ज्ञातयःसंप्रवर्द्धंतेसरसीवोत्पलान्युत ६५ अवध्याब्राह्मणागावोज्ञातयःशिशवःस्त्रियः ॥ येषांचान्नानिभुंजीतयेचस्युःशरणागताः ६६ नमनुष्येगुणःकश्चिद्राजन्सधनतामृते ॥ अनातुरत्वाद्भद्रंतेमृतकल्पाहिरोगिणः ६७ अव्याधिजंकटुकंशीर्षरोगिपापानुबंधंपरुषंतीक्ष्णमुष्णम् ॥ सतांपेयंयन्नपिबंत्यसंतोमन्युंमहाराजपिबप्रशाम्य ६८ रोगार्दितानफलान्याद्रियंतेनवैलभंतेविषयेषुतत्त्वम् ॥ दुःखोपेतारोगिणोनित्यमेवनबुध्यंतेधनभोगान्नसौख्यम् ६९ पुराह्युक्तंनाकरोस्त्वंवचोमेद्यूतेजितांद्रौपदींप्रेक्ष्यराजन् ॥ दुर्योधनंवारयेत्यक्षवत्यांकितवत्वंपंडितावर्जयंति ७० नतद्बलंयन्मृदुनाविरुध्यतेसूक्ष्मोधर्मस्तरसासेवितव्यः ॥ प्रध्वंसिनीक्रूरसमाहिताश्रीर्मृदुप्रौढागच्छतिपुत्रपौत्रान् ७१

६६ सधनतांऋतेविनाअनातुरत्वात्ऋतेच भद्रंतेऽस्तुइत्याशीर्वचनमाप्तत्वसूचनार्थं ६७ धनवाननातुरश्चत्वंगुणीसन्शमंप्राप्नुहीत्याह अव्याधिजमिति । कटुकंअरोचकं परुषंरूक्षं तीक्ष्णंछेदकं उष्णंदुःसहस्पर्शं पेयंगिलनीयं मन्युंदैन्यं ' मन्युर्दैन्येक्रतौक्रुधि ' इतिकोशात् प्रशाम्यशांतिंक्षमांप्राप्नुहि ६८ संतापाद्व्याधिमृच्छतीत्युक्तमतस्तौद्वावपिनिंदति फलानिपुत्रपश्वादीनि तत्त्वमिष्टानिष्टविवेकं पित्तोपहतरसनत्वात् एवंसर्वत्र भोगःस्त्र्यादिसंगः धनादिजंसुखंलब्धमपिनबुध्यंते अतः संतापंजागरादिद्वारारोगोत्पादकंत्यजेत्यर्थः ६९ । ७० कितवत्वंद्यूतप्रियत्वं मृदुनासहिष्णुना धर्मःदायविभागाख्यः क्रूरेत्वत्पुत्रेसमाहिता मृदुनायुधिष्ठिरेणप्रौढासती ७१

मेढीभूतःस्वयंनिर्व्यापारोऽपि परितःसंचरमाणानांवलीवर्दानामिवपुत्राणांयथेष्टप्रचारनिरोधकः ७२ । ७३ अंतरंभेदं स्थापययुद्धान्निवर्त्तयस्व ७४ ॥ इतिउद्योगपर्वणिनीलकंठीयेभारतभावदीपेषट्त्रिंशोऽ
ध्यायः ॥ ३६ ॥ ॥ सप्तदशेति १ दानूनांमेघानांसमूहोदानवंतस्मिन् सुपांसुलुगितिसप्तम्यालुक्डादेशोवा इंद्रस्यधनुःवर्षासुदृश्यमानंअनाम्यंधूमज्योतिषोःसन्निपातरूपत्वात्नामयितुमयोग्य नम्रतः
नामयतः मरीचिनःमरीचिमतःसूर्यचंद्रादेः श्रीश्चादित्वान्मत्वर्थीयइनिः पादान्रश्मीन् आकाशहननादिकमकार्यंकुर्वतोऽतिमूढानित्यर्थः २ अशिष्यंशासनानर्हंदुर्योधनादिंयःशास्ति तुष्येत् अल्पलाभेनेति
शेषः द्विषंतंभजतेस्वकार्यार्थमितिशेषः कार्यमेवाहभद्रमश्नुतइति । शत्रुसेवयास्त्रीरक्षयाचयोभद्रमश्नुतेतौद्वौमूर्खावित्यर्थः यःकत्थतेकिंचित्कृत्वा श्लाघतेसःपंचमोमूर्खः ३ अभिजातःकुलीनः ४ श्वशुरःसन्योव
ध्वापुत्रभार्ययासह अवहासंपरिहासं तत्पित्रादिभिरिवमन्यते सएकादशः वध्वास्नुषयाभूतया अवसन्नभयोनष्टभयः वधूपित्रादिभिरापदित्रातोऽपितत्रैवमानंकामयतेयःसद्वादशोःमूर्खः अन्येतुवध्वासहरतिं

धार्तराष्ट्राःपांडवान्पालयंतुपांडोःसुतास्तवपुत्रांश्चपांतु ॥ एकारिमित्राःकुरवोह्येककार्याजीवंतुराजन्सुखिनःसमृद्धाः ७२ मेढीभूतःकौरवाणांत्वमद्यत्वय्याधीनंकुरुकुल
माजमीढ ॥ पार्थान्बालान्वनवासप्रतप्तान्गोपायस्वस्वंयशस्तातरक्षन् ७३ संधत्स्वत्वंकौरवपांडुपुत्रैर्माऽन्तरंरिपवःप्रार्थयंतु ॥ सत्येस्थितास्तेनरदेवसर्वेदुर्योधनं
स्थापयत्वंनरेंद्र ७४ ॥ इतिश्रीमहाभारतेउद्योगपर्वणिप्रजागरपर्वणिविदुरहितवाक्येषट्त्रिंशोऽध्यायः ॥ ३६ ॥ ॥ विदुरउवाच ॥ सप्तदशेमान्राजेन्द्रमनुः
स्वायंभुवोऽब्रवीत् ॥ वैचित्रवीर्यपुरुषानाकाशंमुष्टिभिर्घ्नतः १ दानवेंद्रस्यचधनुरनाम्यंनमतोऽब्रवीत् ॥ अथोमरीचिनःपादानग्राह्यान्गृह्णतस्तथा २ यश्चाशिष्यंशास्ति
वैयश्चतुष्येद्यश्चातिवेलंभजतेद्विषंतम् ॥ स्त्रियश्चयोरक्षतिभद्रमश्नुतेयश्चायाच्यंयाचतेकत्थतेवा ३ यश्चाभिजातःप्रकरोत्यकार्यंयश्चाबलोबलिनानित्यवैरी ॥ अश्रद्दधा
नायचयोब्रवीतियश्चाकाम्यंकामयतेनरेंद्र ४ वध्वाऽवहासंश्वशुरोमन्यतेयोवध्वाऽवसन्नभयोमानकामः ॥ परक्षेत्रेनिर्वपतियश्चबीजंस्त्रियंचयःपरिवदतेऽतिवेलम् ५
यश्चापिलब्ध्वानस्मरामीतिवादीदत्वाचयःकत्थतियाच्यमानः ॥ यश्चासतःसत्त्वमुपानयीतएतान्नयंतिनिरयंपाशहस्ताः ६ यस्मिन्यथावर्ततेयोमनुष्यस्तस्मिंस्तथाव
र्तितव्यंसधर्मः ॥ मायाचारोमाययावर्तितव्यःसाध्वाचारःसाधुनाप्रत्युपेयः ७ जरारूपंहरतिहिधैर्यमाशामृत्युःप्राणान्धर्मचर्यामसूया ॥ कामोह्रियंवृत्तमनार्यसेवाक्रोधः
श्रियंसर्वमेवाभिमानः ८ ॥ धृतराष्ट्रउवाच ॥ शतायुरुक्तःपुरुषःसर्ववेदेषुवैयदा ॥ नाप्नोत्यथचतत्सर्वमायुःकेनेहहेतुना ९ ॥ विदुरउवाच ॥ अतिमानोऽतिवाद
श्चतथाऽत्यागोनराधिप ॥ क्रोधश्चात्मविधित्साचमित्रद्रोहश्चतानिषट् १०

कुर्वन्नपिअभयोमानकामश्चेतिव्याचख्युः तद्द्विगीतत्वादुपेक्ष्यंपरक्षेत्रइत्यनेनसंगृहीतंच ५ दत्वातीर्थेवाचादानंकृत्वा गृहेयाचकेनयाच्यमानःसन्कत्थते दानमकृत्वैवश्लाघते असतोदुष्टस्यसत्त्वंसाधुत्वं अनतःसूत्रा
र्थस्यसत्त्वंसत्यत्वंवाउपानयीतसमर्थयेतसप्तदशोमूर्खः ६ यस्मिन्निति । साधुरुपांडवेषुत्वयाऽपिसाधुनाभवितव्यंइत्याशयः ७ जरेति । अभिमानंत्यजेतिभावः ८ अभिमानःसर्वंहरइत्युक्तेऽभिमानवतांत्वत्पुत्राणांय
दिस्वल्पमेवायुरस्तितर्हिसक्तेऽप्यभिमानेनजीविष्यंति यदिबहुतर्हितत्यपिनाश्नन्नमरिष्यंतीत्याशयेनाह शतायुरिति ९ अत्यागःउत्कृष्टोऽपरावश्चौर्यादिर्गरदानादिर्वा अत्याशइतिपाठेबहुभोजित्वं आत्म
विधित्सेति पोषणार्थस्यधाञःसनिरूपं आत्मपोषणेच्छा शिश्नोदरपरायणतेत्यर्थः १०

असयःखड्गाः भद्रमस्तुतेएतेषांषण्णांत्यागेनतवपुत्राःशतायुषोमवंत्वित्यर्थः ११ वृषलीशूद्रा द्विजस्त्रैवर्णिकः पानपःमद्यपः १२ आदेशकृतग्रामणीः प्रेषकःद्विजान्दास्येनियोजयन् समेत्यसंसृज्य यदित्व त्पुत्राअतिमानादीन्नत्यजंतितर्हितेषांपांडववृत्तिहंतॄणांसंगस्त्वयानकार्यइतिभावः १३ गृहीतवाक्यःविद्यावान् नयवित्नीतिज्ञः वदान्योदाता । गृहीतवाग्योऽनपविद्धवाक्यइतिपाठे मितभाषी अनिरस्तगुरु वचनः १४ । १५ । १६ । १७ । १८ । १९ इदंद्यूतंनयुक्तमितिवचनंमयाउक्तमितिसंबंधः २० । २१ भक्तस्यसेवांकुर्वतः २२ अपूर्वपरकीयं स्निग्धाहिस्नेहवंतोऽपि २३ कृत्यानिपरिसंख्याय साध्या

३७

एतएवासयस्तीक्ष्णाःकृन्तन्त्यायूंषिदेहिनाम् ॥ एतानिमानवान्घ्नंतिनमृत्युर्भद्रमस्तुते ११ विश्वस्तस्यैतियोदारान्यश्चापिगुरुतल्पगः ॥ वृषलीपतिर्द्विजोयश्चपान पश्चैवभारत १२ आदेशकृद्वृत्तिहंताद्विजानांप्रेषकश्चयः ॥ शरणागतहाचैवसर्वेब्रह्महणःसमाः ॥ एतैःसमेत्यकर्तव्यंप्रायश्चित्तमितिश्रुतिः १३ गृहीतवाक्योनय विद्वदान्यःशेषान्नभोक्ताह्यविहिंसकश्च ॥ नानर्थकृत्याकुलितःकृतज्ञःसत्योमृदुःस्वर्गमुपैतिविद्वान् १४ सुलभाःपुरुषाराजन्सततंप्रियवादिनः ॥ अप्रियस्यतुपथ्य स्यवक्ताश्रोताचदुर्लभः १५ योहिधर्मंसमाश्रित्यहित्वाभर्तुःप्रियाप्रिये ॥ अप्रियाण्याहपथ्यानितेनराजासहायवान् १६ त्यजेत्कुलार्थेपुरुषंग्रामस्यार्थेकुलंत्य जेत् ॥ ग्रामंजनपदस्यार्थेआत्मार्थेपृथिवींत्यजेत् १७ आपदर्थेधनंरक्षेद्दारान्रक्षेद्धनैरपि ॥ आत्मानंसततंरक्षेद्दारैरपिधनैरपि १८ द्यूतमेतत्पुराकल्पेदृष्टंवैरकरं नृणाम् ॥ तस्माद्द्यूतंनसेवेतहास्यार्थमपिबुद्धिमान् १९ उक्तंमयाद्यूतकालेऽपिराजन्नेदंयुक्तंवचनंप्रातिपेय ॥ तदौषधंपथ्यमिवातुरस्यनरोचतेतववैचित्रवीर्य २० काकैरिमांश्चित्रबर्हान्मयूरान्पराजयेथाःपांडवान्धार्तराष्ट्रैः ॥ हित्वासिंहान्क्रोष्टुकान्गूहमानःप्राप्तेकालेशोचितात्वंनरेंद्र २१ यस्तातनक्रुध्यतिसर्वकालंभृत्यस्यभक्तस्य हितेरतस्य ॥ तस्मिन्भृत्याभर्तरिविश्वसंतिनचैनमापत्सुपरित्यजंति २२ नभृत्यानांवृत्तिसंरोधनेनराज्यंधनंसंजिघृक्षेदपूर्वम् ॥ त्यजंतिह्येनंवंचितावैविरुद्धाःस्निग्धा ह्यमात्याःपरिहीनभोगाः २३ कृत्यानिपूर्वंपरिसंख्यायसर्वाण्यायव्ययेचानुरूपांचवृत्तिम् ॥ संगृह्णीयादनुरूपान्सहायान्सहायसाध्यानिहिदुष्कराणि २४ अभिप्रा यंयोविदित्वातुभर्तुःसर्वाणिकार्याणिकरोत्यतंद्री ॥ वक्ताहितानामनुरक्तआर्यःशक्तिज्ञआत्मेवहिसोऽनुकंप्यः २५ वाक्यंतुयोनाद्रियतेऽनुशिष्टःप्रत्याहयश्चापिनियुज्य मानः ॥ प्रज्ञाभिमानीप्रतिकूलवादीत्याज्यःसताद्दक्त्वरयैवभृत्यः २६ अस्तब्धमक्लीबमदीर्घसूत्रंसानुक्रोशंश्लक्ष्णमहार्यमन्यैः ॥ अरोगजातीयमुदारवाक्यंदूतंवदं त्यष्टगुणोपपन्नम् २७ नविश्वासाज्जातुपरस्यगेहेगच्छेन्नरश्चेतयानोविकाले ॥ नचत्वरेनिशितिष्ठेन्निगूढोनराजकाम्यांयोषितंप्रार्थयीत २८

साध्यनिश्चयंकृत्वा तथावृत्तिंभृत्यजीविकांआयव्ययानुरूपांकृत्वेत्यर्थः दुष्कराणिपरराष्ट्रग्रहणादीनि २४ अनुकंप्योमादृशोवचनस्वीकारेणानुग्राह्यइतिप्रार्थयते २५ प्रत्याहमत्याख्यानंकरोतिप्रतिकूलंआज्ञाविरुद्धं वदतीतिप्रतिकूलवादी २६ अस्तब्धंदर्पशून्यं अक्लीबंसामर्थ्यवंतं अदीर्घसूत्रंक्षिप्रकारिणं सानुक्रोशंसदयं श्लक्ष्णंमंजुलं अहार्यअभेद्यं अरोगजातीयंरोगलेशशून्यं उदारंयुक्तियुक्तंमहार्थंचवाक्यंयस्यतं दूतंमेष्यम् २७ विकालेसायंकाले परस्यअविश्वस्तस्यगेहेनगच्छेत् प्रार्थयीतभोक्तुमितिशेषः २८

संसृष्टःबहुकर्तृकत्वेनमिश्रोमंत्रोयस्यत्वादृशस्यकर्णादिसहायवतोराज्ञोनिन्हवंमंत्रस्यअपहारं नगच्छेत् मादृशःतंमंत्रंनदूषयेत् तैःसर्वैःसहविरोधापत्तेरितिभावः । त्वयिबहूनांशास्येअहंनाश्वसिमीतिनब्रूयात् किंतुममकिंचित्कार्यमस्तीतितथाव्यपदेशंव्याजंकृत्वा तादृशान्मंत्रादपसरेदेवेत्यर्थः २९ घृणीलज्जावान् सहियथोक्तंदंडंअधमर्णेषुपातयितुंनशक्तः क्रूरोऽयमितिलोकापवादभयात् । उद्धृतभूतिः दूरीकृताधिकारः एतेव्यवहारेधनदानादौवर्जनीयाः द्रव्यनाशभयात् एतेभ्योनग्राह्यंच । अधमर्णोघृणीलज्जावांश्चेदतिनिर्बंधेनयाच्यमानःप्राणानेवजह्यात् एवमन्यत्राप्यूह्यं त्वमपिनाशभयात्पुत्रायराज्यंमादेहीतिभावः ३० । ३१ । ३२ स्वरोध्वनिः तस्यप्रशुद्धिःमंजुलता । वर्णाःकादयः तेषांप्रशुद्धिर्यथास्थानकरणं विस्पष्टमुच्चारणं स्पर्शः मृदुता सौकुमार्यंलावण्यम् ३३ मितभुक्तंमितभोजिनं आहूनंबहुभोजीतिक्षिपंतिनिंदंति ३४ अनिष्टवेषं क्षपणकादिवेषधरम् ३५ कदर्यंअदातारं । आक्रोशकं गालयितारं । अश्रुतंमूर्खं । वनौकसंकैवर्त्तकं । धूर्तंकितवं । निष्ठूरिणं निर्दयं ।

ननिह्नवंमंत्रगतस्यगच्छेत्संसृष्टमंत्रस्यकुसंगतस्य ॥ नचब्रूयान्नाश्वसिमित्वयीतिसकारणंव्यपदेशंतुकुर्यात् २९ घृणीराजापुंश्चलीराजभृत्यःपुत्रोभ्राताविधवाबालपुत्रा ॥ सेनाजीवीचोद्धृतभूतिरेवव्यवहारेषुवर्जनीयाःस्युरेते ३० अष्टौगुणाःपुरुषंदीपयंतिप्रज्ञाचकौल्यंचश्रुतंदमश्च ॥ पराक्रमश्चाबहुभाषिताचदानंयथाशक्तिकृतज्ञताच ३१ एतान्गुणांस्तातमहानुभावानेकोगुणःसंश्रयतेप्रसह्य ॥ राजायदासत्कुरुतेमनुष्यंसर्वान्गुणानेषगुणोबिभर्ति ३२ गुणादशस्नानशीलंभजंतेबलंरूपंस्वरवर्णप्रशुद्धिः ॥ स्पर्शश्चगंधश्चविशुद्धताचश्रीःसौकुमार्यंप्रवराश्चनार्यः ३३ गुणाश्चषण्मितभुक्तंभजंतेआरोग्यमायुश्चबलंसुखंच ॥ अनाविलंचास्यभवत्यपत्यंनचैनमाहूनइतिक्षिपंति ३४ अकर्मशीलंचमहाशनंचलोकद्विष्टंबहुमायंनृशंसम् ॥ अदेशकालज्ञमनिष्टवेषमेतान्गृहेनप्रतिवासयेत ३५ कदर्यमाक्रोशकमश्रुतंचवनौकसंधूर्तममान्यमानिनम् ॥ निष्ठूरिणंकृतवैरंकृतघ्नमेतान्भृशार्त्तोऽपिनजातुयाचेत् ३६ संक्लिष्टकर्माणमतिप्रमादंनित्यानृतंचादृढभक्तिकंच ॥ विसृष्टरागंपटुमानिनंचाप्येतान्नसेवेतनराधमान्षट् ३७ सहायबंधनाह्यर्थाःसहायाश्चार्थबंधनाः ॥ अन्योन्यबंधनावेतौविनान्योन्यंनसिद्ध्यतः ३८ उत्पाद्यपुत्राननृणांश्चकृत्वावृत्तिंचतेभ्योऽनुविधायकांचित् ॥ स्थानेकुमारीःप्रतिपाद्यसर्वाअरण्यसंस्थोऽथमुनिर्बुभूषेत् ३९ हितंयत्सर्वभूतानामात्मनश्चसुखावहम् ॥ तत्कुर्यादीश्वरेह्येतन्मूलंसर्वार्थसिद्धये ४० वृद्धिःप्रभावस्तेजश्चसत्वमुत्थानमेवच ॥ व्यवसायश्चयस्यस्यात्तस्यावृत्तिभयंकुतः ४१ पश्यदोषान्पांडवैर्विग्रहेत्वंयत्रव्यथेयुरपिदेवाःसशक्राः ॥ पुत्रैर्वैरंनित्यमुद्विग्नवासोयशःप्रणाशोद्विषतश्चहर्षः ४२

हिंस्रंकृतवैरमन्येनस्वेनवा ३६ संक्लिष्टकर्माणं आततायिनं सचषड्विधः ‘ अग्निदोगरदश्चैवशस्त्रपाणिर्धनापहः ॥ क्षेत्रदारहरश्चैवषडेतेआततायिनः ’ इतिप्रसिद्धः । अतिप्रमादंसदाव्यग्रं । विसृष्टरागंत्यक्तस्नेहं । पटुमानिनंकुशलंमन्यम् ३७ एवंनिर्गुणानांस्वपुत्राणांपक्षपातेन सगुणान्पांडुपुत्रानमात्यजेत्युक्तं । संप्रतिसर्वेषामैकमत्येनाभ्युदयंप्रसाध्य स्वहितमेवकुर्वित्याह सहायेत्यादिना ३८ । ३९ ईश्वरेकालांतरीयफलप्रतिभूभूते एतदेवस्वपरहिताचरणं मूलंहेतुभूतं एतद्विनाईश्वरोऽपिफलंदातुंनसमर्थइत्यर्थः ४० ननुपरहितकरणेस्वहितंकथंस्यादित्यतआह वृद्धिरिति । वृद्धिःसहायमेलनेनधनादीनांप्रचयः । बुद्धिरितिपाठे मित्रसंग्रहधीः । प्रभावःशत्रूणांपराजयः । तेजः तद्धेतुभूतंशौर्यं । सत्वंधर्मज्ञानैश्वर्यरूपं । उत्थानंउद्यमः । व्यवसायःनिश्चयः । अवृत्तिर्जीविकायाअभावः ४१ । ४२

श्वेतोग्रहःधूमकेतुः ४३ । ४४ नीनशन्नाशंप्राप्नुयुः ४५ । ४६ परेषांपांडवानां पापचेतसोदुर्योधनाद्याः ४७ । ४८ आत्मा चित्तं पापात् इदंमेस्यादिदंमेस्यादित्येवंरूपात्संकल्पात् । कल्याणे भूमानंदेब्रह्मणि । प्रकृतिस्त्रिगुणात्मिकामाया । विकृतिर्महदादिः । आत्मज्ञानात्सर्वज्ञानप्रसिद्धेः ४९ मोक्षानधिकारिणंप्रसाह यइति ५० । ५१ । ५२ । ५३ अभिजातबलंकुलबलम् ५४ । ५५ ५६ । ५७ औषधाद्याश्चिकित्सकाःनसंति तैरचिकित्स्यइत्यर्थः । आथर्वणावेदमंत्राअपि किंपुनर्भाषामंत्रादयः । सुसिद्धाःअगदाःपारदादयः ५८ कुलपुत्रोज्ञातिः ५९ । ६० । ६१ कुलेजाताःपां

॥ ३४ ॥ अ० ३७

भीष्मस्यकोपस्तवचैवेंद्रकल्पद्रोणस्यराज्ञश्चयुधिष्ठिरस्य ॥ उत्सादयेल्लोकमिमंप्रवृद्धःश्वेतोग्रहस्तिर्यगिवापतन्खे ४३ तवपुत्रशतंचैवकर्णःपंचचपांडवाः ॥ पृथिवीमनुशासेयुरखिलांसागरांबराम् ४४ धार्तराष्ट्रावनंराजन्व्याघ्राःपांडुसुतामताः ॥ मावनंछिंधिसव्याघ्रंमाव्याघ्रानीनशन्वनात् ४५ नस्याद्वनमृतेव्याघ्रान्व्याघ्रानस्युर्ऋतेवनम् ॥ वनंहिरक्ष्यतेव्याघ्रैर्व्याघ्रान्रक्षतिकाननम् ४६ नतथेच्छंतिकल्याणान्परेषांवेदितुंगुणान् ॥ यथैषांज्ञातुमिच्छंतिनैर्गुण्यंपापचेतसः ४७ अर्थसिद्धिंपरामिच्छन्धर्ममेवादितश्चरेत् ॥ नहिधर्मादपैत्यर्थःस्वर्गलोकादिवामृतम् ४८ यस्यात्माविरतःपापात्कल्याणेचनिवेशितः ॥ तेनसर्वमिदंबुद्धंप्रकृतिर्विकृतिश्चया ४९ योधर्ममर्थंकामंचयथाकालंनिषेवते ॥ धर्मार्थकामसंयोगंसोऽमुत्रेहचविंदति ५० सन्नियच्छतियोवेगमुत्थितंक्रोधहर्षयोः ॥ सश्रियोभाजनंराजन्यश्चापत्सुनमुह्यति ५१ बलंपंचविधंनित्यंपुरुषाणांनिबोधमे ॥ यत्तुबाहुबलंनामकनिष्ठंबलमुच्यते ५२ अमात्यलाभोभद्रंतेद्वितीयंबलमुच्यते ॥ तृतीयंधनलाभंतुबलमाहुर्मनीषिणः ५३ यत्त्वस्यसहजंराजन्पितृपैतामहंबलम् ॥ अभिजातबलंनामतच्चतुर्थंबलंस्मृतम् ५४ येनत्वेतानिसर्वाणिसंगृहीतानिभारत ॥ यद्बलानांबलंश्रेष्ठंतत्प्रज्ञाबलमुच्यते ५५ महतेयोऽपकारायनरस्यप्रभवेन्नरः ॥ तेनवैरंसमासज्यदूरस्थोऽस्मीतिनाश्वसेत् ५६ स्त्रीषुराजसुसर्पेषुस्वाध्यायप्रभुशत्रुषु ॥ भोगेष्वायुषिविश्वासंकःप्राज्ञःकर्तुमर्हति ५७ प्रज्ञाशरेणाभिहतस्यजंतोश्चिकित्सकाःसंतिनचौषधानि ॥ नहोममंत्रानचमंगलानिनाथर्वणानाप्यगदाःसुसिद्धाः ५८ सर्पश्चाग्निश्चसिंहश्चकुलपुत्रश्चभारत ॥ नावज्ञेयामनुष्येणसर्वेह्येतेऽतितेजसः ५९ अग्निस्तेजोमहल्लोकेगूढस्तिष्ठतिदारुषु ॥ नचोपयुंक्तेतद्दारुयावन्नोद्दीप्यतेपरैः ६० सएवखलुदारुभ्योयदानिर्मथ्यदीप्यते ॥ तद्दारुचवनंचान्यन्निर्दहत्याशुतेजसा ६१ एवमेवकुलेजाताःपावकोपमतेजसः ॥ क्षमावंतोनिराकाराःकाष्ठेऽग्निरिवशेरते ६२ लताधर्मात्वंसपुत्रःशालाःपांडुसुतामताः ॥ नलतावर्धतेजातुमहाद्रुममनाश्रिता ६३ वनंराजंस्तवपुत्रोऽम्बिकेयसिंहान्वनेपांडवांस्तातविद्धि ॥ सिंहैर्विहीनंहिवनंविनश्येत्सिंहाविनश्येयुर्ऋतेवनेन ६४ ॥ इतिश्रीमहाभारतेउद्योगपर्वणिप्रजागरपर्वणिविदुरवाक्येसप्तत्रिंशोऽध्यायः ॥ ३७ ॥ ॥ विदुर उवाच ॥ ऊर्ध्वंप्राणाह्युत्क्रामंतियूनःस्थविरआयति ॥ प्रत्युत्थानाभिवादाभ्यांपुनस्तान्प्रतिपद्यते १

डवाः ६२ शालाःमहावृक्षाः पांडवान्आश्रित्यसपुत्रोवर्द्धस्वेत्यर्थः ६३ त्वत्पुत्राविहसपांडवाअपिस्नेहान्नश्येयुरेवेतिभावः ६४ ॥ ॥ इति श्रीउद्योगपर्वणि नीलकंठीयेभारतभावदीपे सप्तत्रिंशोऽध्यायः ॥ ३७ ॥ ॥ ॥ ऊर्ध्वमिति । आयतिआगच्छति १

॥ ३४ ॥

निर्णिज्यप्रक्षाल्य आत्मसंस्थांस्वस्थितिं प्रतिवेद्यनिवेद्य २ यस्यकदर्यस्यभयात् राज्यादिषुधनिकत्वप्रथाभयात् अदीयमानत्वादेवनप्रतिगृण्हाति तस्यजीवितंअनर्थंव्यर्थम ३ शल्यकर्त्ताकांड
कृत् अवकीर्णीनष्टब्रह्मचर्यः नोदकार्हउदकमात्रानर्होऽपि अतिथिः भृशंप्रियः प्रियवज्जामात्रादिवदर्चनीयएवेत्यर्थः ४ श्रुतिविक्रायकप्रसंगादन्यदप्यविक्रेयंयोविक्रीणातिसोऽपिमान्यएवेतिविवक्षा
याऽविक्रेयाण्याह अविक्रेयमिति ५ दोषवानप्यतिथिःपूज्यः किमुतगुणवानितिवक्तुंतद्गुणानाह अरोषणइति । गतसंधिविग्रहःस्नेहवैररहितः उदासीनवत्रागद्वेषादिराहित्यात् ६ चोद्यःविधेयः
सावधानइत्यर्थः तापसोदरिद्रोऽप्यतिथिष्वप्रमत्तोभवेत्किंपुनर्भाग्यवानितिभावः ७ दीर्घौबाहू बुद्ध्यादूरस्थमप्यादातुंशक्तुवइत्यर्थः हिंसतिहिनस्ति अतिथिभक्तादूरस्थाअपिपांडवानहेलनीयाइतिभावः

पीठंदत्वासाधवेऽभ्यागतायआनीयापःपरिनिर्णिज्यपादौ ॥ सुखंपृष्ट्वाप्रतिवेद्यात्मसंस्थांततोदद्यादन्नमवेक्ष्यधीरः २ यस्योदकंमधुपर्कंचगांचनमंत्रवित्प्रतिगृह्णा
तिगेहे ॥ लोभाद्भयादथकार्पण्यतोवातस्यानर्थंजीवितमाहुरार्याः ३ चिकित्सकःशल्यकर्ताऽवकीर्णीस्तेनःक्रूरोमद्यपो भ्रूणहाच ॥ सेनाजीवीश्रुतिविक्रायकश्च
भृशंप्रियोऽप्यतिथिर्नोदकार्हः ४ अविक्रेयंलवणंपक्वमन्नंदधिक्षीरंमधुतैलंघृतंच ॥ तिलामांसंफलमूलानिशाकंरक्तंवासःसर्वगंधागुडाश्च ५ अरोषणोयःसमलो
ष्टाश्मकांचनःप्रहीणशोकोगतसंधिविग्रहः ॥ निंदाप्रशंसोपरतःप्रियाप्रियेत्यजन्नुदासीनवदेषभिक्षुकः ६ नीवारमूलेंगुदशाकवृत्तिःसुसंयतात्माऽग्निकार्येषुचोद्यः ॥
वनेवसन्नतिथिष्वप्रमत्तोधुरंधरःपुण्यकृदेषतापसः ७ अपकृत्यबुद्धिमतोदूरस्थोऽस्मीतिनाश्वसेत् ॥ दीर्घौबुद्धिमतोबाहूयाभ्यांहिंसतिहिंसितः ८ नविश्वसेद
विश्वस्तेविश्वस्तेनातिविश्वसेत् ॥ विश्वासाद्भयमुत्पन्नंमूलान्यपिनिकृंतति ९ अनीर्षुर्गुप्तदारश्चसंविभागीप्रियंवदः ॥ श्लक्ष्णोमधुरवाक्स्त्रीणांनचासांवशगोभ
वेत् १० पूजनीयामहाभागाःपुण्याश्चगृहदीप्तयः ॥ स्त्रियःश्रियोगृहस्योक्तास्तस्माद्रक्ष्याविशेषतः ११ पितुरंतःपुरंदद्यान्मातुर्दद्यान्महानसम् ॥ गोषुचा
त्मसमंदद्यात्स्वयमेवकृषिंव्रजेत् १२ भृत्यैर्वाणिज्यचारंचपुत्रैःसेवेतचद्विजान् ॥ अद्भ्योऽग्निर्ब्रह्मतःक्षत्रमश्मनोलोहमुत्थितम् १३ तेषांसर्वत्रगंतेजःस्वासुयोनिषुशाम्य
ति ॥ नित्यंसंतःकुलेजाताःपावकोपमतेजसः १४ क्षमावंतोनिराकाराःकाष्ठेऽग्निरिवशेरते ॥ यस्यमंत्रंनजानंतिबाह्याश्चाभ्यंतराश्चये १५ सराजासर्वतश्चक्षु
श्चिरमैश्वर्यमश्नुते ॥ करिष्यन्नप्रभाषेतकृतान्येवतुदर्शयेत् १६ धर्मकामार्थकार्याणितथामंत्रोनभिद्यते ॥ गिरिपृष्ठमुपारुह्यप्रासादंवारहोगतः १७ अरण्येनिः
शलाकेवातत्रमंत्रोभिधीयते ॥ नासुहृत्परमंमंत्रंभारतार्हतिवेदितुम् १८ अपंडितोऽवापिसुहृत्पंडितोऽवाप्यनात्मवान् ॥ नापरीक्ष्यमहीपालःकुर्यात्सचिवमात्मनः
१९ अमात्येह्यर्थलिप्साचमंत्ररक्षणमेवच ॥ कृतानिसर्वकार्याणियस्यपारिषदाविदुः २०

८ अविश्वस्तेभीमेनविश्वासःकार्यः ९ अनीर्षुरित्यादिसार्द्धश्लोकत्रयस्य गुप्तदाराःपांडवाःतेषांस्त्रीश्रीतुल्याद्रौपदीमापित्रात्वयारक्षणीयैवानस्तदतिक्रमात्तवभयमस्तीतितात्पर्यं १० । ११ । १२
प्रसंगात्प्रकृतेऽनुपयुक्तानपिधर्मानाह अद्भ्यइति । एतेपांचयथालाभंप्रकृतोपयोगित्वमप्यूह्यं अद्भ्यइत्यादिनाभीमादीनांब्राह्मणानामवज्ञानकार्येतिसूचितम १३ । १४ । १५ सर्वतश्चक्षुश्चारैःपरमं
त्रंजानन् १६ । १७ निःशलाकेतृणैरनावृते तत्रापिकश्चिल्लीनश्चेन्मंत्रभेदःसंभवेदितिभावः १८ अनात्मवान् चपलवाक् १९ पार्षदाःसभासदः कृतान्येवविदुः किमुतान्ये २०

२१ अप्रशस्तानिर्निंद्यानि विपरिभ्रंशात्विपरीतत्वेन भ्रंशात् २२ । २३ षाड्गुण्यं षण्णांसंधिविग्रहयानासनद्वैधीभावसमाश्रयाणांसमूहः नश्रुतोयेनसः २४ षाड्गुण्याभिज्ञत्वेनविदितआत्मास्वरूपंयस्यतस्यस्थानंयथास्थितत्वावस्था अनवज्ञातंसत्कृतंशीलमस्य २५ नवेक्षिणइतिपाठे नवमिवादरेणईक्षितुंशीलमस्य आत्मनैवप्रत्ययोज्ञानंयस्य स्वयमेवज्ञातकोशस्य २६ नाममात्रेणैवराजा भवेत् भोगांस्तुभृत्यैःसमानानेवभुंजीत २७ । २८ । २९ । ३० । ३१ । ३२ लोकस्यपर्यायः इहलोकपरलोकवत्त्वं तेनतद्विषयवृत्तांतं कर्मफलाधीनत्वस्वरूपंप्राज्ञोजानाति नतुबुद्ध्या

धर्मेचार्थेचकामेचसराजाराजसत्तमः ॥ गूढमंत्रस्यनृपतेस्तस्यसिद्धिरसंशयम् २१ अप्रशस्तानिकार्याणियोमोहादनुतिष्ठति ॥ सतेषांविपरिभ्रंशाद्भ्रश्यतेजीवितादपि २२ कर्मणांतुप्रशस्तानामनुष्ठानंसुखावहम् ॥ तेषामेवाननुष्ठानंपश्चात्तापकरंमतम् २३ अनधीत्ययथावेदान्नविप्रःश्राद्धमर्हति ॥ एवमश्रुतषाड्गुण्योनमंत्रंश्रोतुमर्हति २४ स्थानवृद्धिक्षयज्ञस्यषाड्गुण्यविदितात्मनः ॥ अनवज्ञातशीलस्यस्वाधीनापृथिवीनृप २५ अमोघक्रोधहर्षस्यस्वयंकृत्वाऽन्ववेक्षिणः ॥ आत्मप्रत्ययकोशस्यवसुदैववसुंधरा २६ नाममात्रेणतुष्येतच्छत्रेणचमहीपतिः ॥ भृत्येभ्योविसृजेदर्थान्नैकःसर्वहरोभवेत् २७ ब्राह्मणंब्राह्मणोवेदभर्तावेदस्त्रियंतथा ॥ अमात्यंनृपतिर्वेदराजाराजानमेवच २८ नशत्रुर्वशमापन्नोमोक्तव्योवध्यतांगतः ॥ न्यग्भूत्वापर्युपासीतवध्यंहन्याद्बलेसति ॥ अहताद्धिभयंतस्माज्जायतेनचिरादिव २९ दैवतेषुप्रयत्नेनराजसुब्राह्मणेषुच ॥ नियंतव्यःसदाक्रोधोवृद्धबालातुरेषुच ३० निरर्थंकलहंप्राज्ञोवर्जयेन्मूढसेवितम् ॥ कीर्तिंचलभतेलोकेनचानर्थेनयुज्यते ३१ प्रसादोनिष्फलोयस्यक्रोधश्चापिनिरर्थकः ॥ नतंभर्तारमिच्छंतिषंढंपतिमिवस्त्रियः ३२ नबुद्धिर्धनलाभायनजाड्यमसमृद्धये ॥ लोकपर्यायवृत्तांतंप्राज्ञोजानातिनेतरः ३३ विद्याशीलवयोवृद्धान्बुद्धिवृद्धांश्चभारत ॥ धनाभिजातवृद्धांश्चनित्यंमूढोऽवमन्यते ३४ अनार्यवृत्तमप्राज्ञमसूयकमधार्मिकम् ॥ अनर्थाःक्षिप्रमायांतिवाग्दुष्टंक्रोधनंतथा ३५ अविसंवादनंदानंसमयस्याव्यतिक्रमः ॥ आवर्त्तयंतिभूतानिसम्यक्प्रणिहिताचवाक् ३६ अविसंवादकोदक्षःकृतज्ञोमतिमानृजुः ॥ अपिसंक्षीणकोशोऽपिलभतेपरिवारणम् ३७ धृतिःशमोदमःशौचंकारुण्यंवागनिष्ठुरा ॥ मित्राणांचानभिद्रोहःसप्तैताःसमिधःश्रियः ३८ असंविभागीदुष्टात्माकृतघ्नोनिरपत्रपः ॥ तादृङ्नराधिपोलोकेवर्जनीयोनराधिप ३९ नचरात्रौसुखंशेतेससर्पइववेश्मनि ॥ यःकोपयतिनिर्दोषंसदोषोऽभ्यंतरंजनम् ४० येषुदुष्टेषुदोषःस्याद्योगक्षेमस्यभारत ॥ सदाप्रसादनंतेषांदेवतानामिवाचरेत् ४१ येऽर्थाःस्त्रीषुसमायुक्ताःप्रमत्तपतितेषुच ॥ येचानार्येसमासक्ताःसर्वेतेसंशयंगताः ४२ यत्रस्त्रीयत्रकितवोबालोयत्रानुशासिता ॥ मज्जंतितेऽवशाराजन्नद्यामश्मप्लवाइव ४३

धनं जाड्येनवादारिद्र्यंलभ्यते सर्वत्रव्यभिचारदर्शनादितिभावः ३३ अभिजातः कुलीनः ३४ । ३५ अविसंवादनंवंचनाशून्यं समयस्यस्वपरकृतमर्यादायाः आवर्त्तयंतिशत्रूनपिस्वीयान्कुर्वंति प्रणिहिताप्रयुक्ता ३६ परिवारणंपरिवारान्भृत्यमित्रादीन् ३७ समिधः उद्दीपिकाः ३८ असंविभागीपोष्येभ्योऽदत्वास्वयंभुंजानः ३९ । ४० दुष्टेषुदूषितेषुवेतनाद्यतिक्रमात् ४१ समासक्ता निहिताः संशयंगताःकदाचित्प्राप्याइत्यर्थः ४२ । ४३

येभृत्याः विशेषाआधिक्यानि तेषुहिमदर्श्यमानेषुपरस्परंस्वीयानामेवकलहप्रसंगान्मुख्यंप्रयोजनंनश्यतीतिभावः प्रसंगिनःप्रसंगःसंघर्षस्तत्कारिणः ४४ । ४५ । ४६ । ४७ ॥ इत्युद्यो
गपर्वणिनीलकंठीये भारतभावदीपेअष्टत्रिंशोऽध्यायः ॥ ३८ ॥ ॥ ॥ अनीश्वरोऽयमिति । भवाभवेऐश्वर्यानैश्वर्ये दिष्टस्यदैवस्य यदैवनतुमांदूषयेतिभावः धूलःधृतिमान् १ बुद्ध्यवज्ञानं
अवज्ञातबुद्धित्वं २ मंत्रबलेनमूलबलेनचप्रियकृत्प्रियोभवति सचदानाद्यभावेपुनरप्रियोभवति अहंतुनतथाऽतस्त्वयाप्राप्तकालेमदुक्तेऽनादरोनकर्तव्यइतिभावः ३ द्वेष्येइति । योयस्यद्वेष्यस्तस्मिन्तद्दृ

प्रयोजनेषुयेसक्तानविशेषेषुभारत ॥ तानहंपंडितान्मन्येविशेषाहिप्रसंगिनः ४४ यंप्रशंसन्तिकितवायंप्रशंसन्तिचारणाः ॥ यंप्रशंसन्तिबंधक्योनसजीवतिमानवः
४५ हित्वातान्परमेष्वासान्पांडवानमितौजसः ॥ आहितंभारतैश्वर्यंत्वयादुर्योधनेमहत् ४६ तंद्रक्ष्यसिपरिभ्रष्टंतस्मात्त्वमचिरादिव ॥ ऐश्वर्यमदसंमूढंबलिंलो
कत्रयादिव ४७ ॥ इतिश्रीमहाभारतेउद्योगपर्वणिप्रजागरपर्वणिविदुरवाक्येअष्टत्रिंशोऽध्यायः ॥ ३८ ॥ ॥ धृतराष्ट्रउवाच ॥ अनीश्वरोऽयंपुरुषोभवाभवेसूत्रप्रो
तादारुमयीवयोषा ॥ धात्रातुदिष्टस्यवशेकृतोऽयंतस्माद्वदत्वंश्रवणेधृतोऽहम् ॥ १ ॥ विदुरउवाच ॥ अप्राप्तकालंवचनंबृहस्पतिरपिब्रुवन् ॥ लभतेबुद्ध्यवज्ञान
मवमानंचभारत २ प्रियोभवतिदानेनप्रियवादेनचापरः ॥ मंत्रमूलबलेनान्योयःप्रियःप्रियएवसः ३ द्वेष्योनसाधुर्भवतिनमेधावीनपंडितः ॥ प्रियेशुभानिकार्याणि
द्वेष्येपापानिचैवह ४ उक्तंमयाजातमात्रेऽपिराजन्दुर्योधनंत्यजपुत्रंत्वमेकम् ॥ तस्यत्यागात्पुत्रशतस्यवृद्धिरस्यात्यागात्पुत्रशतस्यनाशः ५ नवृद्धिर्बहुमन्तव्या
यावृद्धिःक्षयमावहेत् ॥ क्षयोऽपिबहुमन्तव्योयःक्षयोवृद्धिमावहेत् ६ नसक्षयोमहाराजयःक्षयोवृद्धिमावहेत् ॥ क्षयःसत्विहमंतव्योयंलब्ध्वाबहुनाशयेत् ७ समृ
द्धागुणतःकेचिद्भवन्तिधनतोऽपरे ॥ धनवृद्धान्गुणैर्हीनान्धृतराष्ट्रविवर्जय ८ ॥ धृतराष्ट्रउवाच ॥ सर्वंत्वमायतीयुक्तंभाषसेप्राज्ञसम्मतम् ॥ नचोत्सहेसुतंत्यक्तुंयतो
धर्मस्ततोजयः ९ ॥ विदुरउवाच ॥ अतीवगुणसंपन्नोनजातुविनयान्वितः ॥ सुसूक्ष्ममपिभूतानामुपमर्दमुपेक्षते १० परापवादनिरताःपरदुःखोदयेषुच ॥ पर
स्परविरोधेचयतन्तेसततोत्थिताः ११ सदोषंदर्शनंयेषांसंवासेसुमहद्भयम् ॥ अर्थादानेमहान्दोषःप्रदानेचमहद्भयम् १२ येवैभेदनशीलास्तुसकामानिस्त्रपाःशठाः ॥
येपापाइतिविख्याताःसंवासेपरिगर्हिताः १३ युक्ताश्चान्यैर्महादोषैर्येनरास्तान्विवर्जयेत् ॥ निवर्तमानेसौहार्देप्रीतिर्नीचेप्रणश्यति १४ याचैवफलनिर्वृत्तिःसौहृदे
चैवयत्सुखम् ॥ यततेचापवादाययत्नमारभतेक्षये १५ अल्पेऽप्यपकृतेमोहान्नशांतिमधिगच्छति ॥ तादृशैःसंगतंनीचैर्नृशंसैरकृतात्मभिः १६ निशम्यनिपुणंबुद्ध्या
विद्वान्दूराद्विवर्जयेत् ॥ योज्ञातिमनुगृह्णातिदरिद्रंदीनमातुरम् १७

ष्ट्यासाधुत्वादिकंसदपिनास्ति प्रियेत्वसदपितद्दृष्ट्याऽस्तीतिभावः ४ । ५ । ६ । ७ । ८ आयतीयुक्तंउदर्केहितं ९ पुत्रंत्यक्तुमशक्तेनदुष्टाःशकुन्यादयोवात्याज्याइत्याशयेनाह अती
वेति । कुलविनाशोनोपेक्षणीयइतिभावः १० । ११ । १२ । १३ सौहार्देमैत्रीहेतौनिवर्तमानेसति प्रीतिःफलनिर्वृत्तिःसुखंचप्रणश्यति सनीचोऽपवादाययतते क्षयेचयत्नमारभते शांतिंचनगच्छतीतिद्वयोःसंबंधः
१४ । १५ संगतंसंबंधं १६ निशम्यविचार्य १७

१८ । १९ । २० । २१ । २२ शुभार्थिनाऐश्वर्यलिप्सुना २३ । २४ । २५ । २६ दिग्धहस्तंविषाक्तबाणहस्तं सश्रीमान् एनस्तस्यज्ञातेरवसादजंपापंविंदति मृगवधजंपापंव्याधइवे त्यर्थः २७ । २८ खट्वांसमारूढःश्वितागारंप्रविष्टः लोकेआगंतुंलज्जमानइत्यर्थः २९ नकश्चिदिति । भार्गवात्शुक्रादन्यत्रनीतिशास्त्रकर्त्तारंशुक्रंविहायअन्यःकश्चिदपिनअपनयतेइतिन अपितुसर्वोऽप्यपन यते अनीतिंकरोति अतःयत्अतीतंतत्अतीतमेव शेषस्यतत्कालोचितस्यअर्थस्यप्रतिपत्तिःविचारःकर्त्तव्यइत्यर्थः ३० तदेवाह दुर्योधनेनेति । प्रत्यानेयंप्रतिकर्त्तव्यं ३१ प्रतीकारमेवाह तानिति । प्रतिष्ठाप्य राज्यांशदानेनस्थिरीकृत्य ३२ धीराणांउपदेष्टॄणांसुव्याहृतानिवचनानि अध्यवस्यतिनिश्चयंकरोति उत्तमफलंकर्मारभतइत्यर्थः ३३ सुकुशलैरप्युपयुक्तंउपदिष्टंतत्ज्ञानं असम्यगेव यतःउपलभ्यंज्ञेयं तेन

सपुत्रपशुभिर्वृद्धिंश्रेयश्चानंत्यमश्नुते ॥ ज्ञातयोवर्द्धनीयास्तैर्यइच्छंत्यात्मनःशुभम् १८ कुलवृद्धिंचराजेंद्रतस्मात्साधुसमाचर ॥ श्रेयसायोक्ष्यतेराजन्कुर्वाणोज्ञा तिसत्क्रियाम् १९ विगुणाह्यपिसंरक्ष्याज्ञातयोभरतर्षभ ॥ किंपुनर्गुणवंतस्तेत्वत्प्रसादाभिकांक्षिणः २० प्रसादंकुरुवीराणांपांडवानांविशांपते ॥ दीयंतांग्राम काःकेचित्तेषांवृत्त्यर्थमीश्वर २१ एवंलोकेयशःप्राप्तंभविष्यतिनराधिप ॥ वृद्धेनहित्वयाकार्यंपुत्राणांताततशासनम् २२ मयाचापिहितंवाच्यंविद्धिमांत्वद्धितै षिणम् ॥ ज्ञातिभिर्विग्रहस्तातनकर्तव्यःशुभार्थिना ॥ सुखानिसहभोज्यानिज्ञातिभिर्भरतर्षभ २३ सम्भोजनंसंकथनंसंप्रीतिश्चपरस्परम् ॥ ज्ञातिभिःसहकार्या णिनविरोधःकदाचन २४ ज्ञातयस्तारयन्तीहज्ञातयोमज्जयंतिच ॥ सुवृत्तास्तारयन्तीहदुर्वृत्तामज्जयन्तिच २५ सुवृत्तोभवराजेंद्रपांडवान्प्रतिमानद ॥ अधर्षणी यःशत्रूणांतैर्वृतस्त्वंभविष्यसि २६ श्रीमंतंज्ञातिमासाद्ययोज्ञातिरवसीदति ॥ दिग्धहस्तंमृगइवसएनस्तस्यविंदति २७ पश्चादपिनरश्रेष्ठतवतापोभविष्यति ॥ तान्वाहतान्सुतान्वाऽपिश्रुत्वातदनुचिंतय २८ येनखट्वांसमारूढःपरितप्येतकर्मणा ॥ आदावेवनतत्कुर्यादध्रुवेजीवितेसति २९ नकश्चिन्नापनयतेपुमानन्यत्रभार्ग वात् ॥ शेषसंप्रतिपत्तिस्तुबुद्धिमत्स्वेवतिष्ठति ३० दुर्योधनेनयद्येतत्पापंतेषुपुराकृतम् ॥ त्वयातत्कुलवृद्धेनप्रत्यानेयंनरेश्वर ३१ तांस्त्वंपदेप्रतिष्ठाप्यलोकेवि गतकल्मषः ॥ भविष्यसिनरश्रेष्ठपूजनीयोमनीषिणाम् ३२ सुव्याहृतानिधीराणांफलतःपरिचिंत्ययः ॥ अध्यवस्यतिकार्येषुचिरंयशसितिष्ठति ३३ असम्यगु पयुक्तंहिज्ञानंसुकुशलैरपि ॥ उपलभ्यंचाविदितंविदितंचाननुष्ठितम् ३४ पापोदयफलंविद्वान्योनारभतिवर्द्धते ३५ यस्तुपूर्वकृतंपापमविमृश्यानुवर्तते ३६ अ गाधपंकेदुर्मेधाविषमेविनिपात्यते ॥ मंत्रभेदस्यषट्प्राज्ञोद्वाराणीमानिलक्षयेत् ३७ अर्थसंततिकामश्चरक्षेदेतानिनित्यशः ॥ मदंस्वप्नमविज्ञानमाकारंचात्मसंभवम् ३८ दुष्टामात्येषुविश्रंभंदूताच्चाकुशलादपि ॥ द्वाराण्येतानियोज्ञात्वासंवृणोतिसदानृप ३९

अविदितंनज्ञातं विदितंज्ञातंवातत्नानुष्ठितं । मदुक्तंत्वयिनिष्फलमेवेतिभावः ३४ यस्यश्येनादेःफलंब्रह्मत्वर्थादिपापोदयंपापंहेतुःतत्फलंफलहेतुभूतंकर्मयोनारभतेसवर्धते ३५ अविमृश्यअविचार्यपापमेवानु वर्त्ततेसततंकरोति ३६ पंकेनरके ३७ अर्थसंततिःअर्थानामविच्छेदेनवृद्धिःतत्कामः । मदंसुरापानजंचित्तवैक्लव्यं । स्वप्नंनिद्रां । अविज्ञानंपरकीयगुप्तचारादेरज्ञानं । आत्मसंभवंआकारंनेत्रवक्त्रविकारा दिकं । तावतैवपरदूतामंत्रमुन्नयंति ३८ मंत्रभेदस्यद्वाराणिसंवृणोतिपिदधाति ३९

श्रुतंशास्त्रं ४० । ४१ मत्यामननेन युक्तिभिरनुर्चितनेन जात्येतिपाठेकुलीनत्वेन बुद्ध्यास्वानुभवेनसंपाद्यकार्ययोग्यतांनिश्चित्य ४२ श्रुत्वापरतः दृष्ट्वास्वयं आकृत्याज्ञात्वा विज्ञायपुनःपुनर्विशे
षेणज्ञात्वा माज्ञतां ४३ परिच्छदःभोग्यवस्तुसामग्री क्षेत्रेणजन्मस्थानेन कुग्रामवासिषुप्रायेणविवेकाभावात् परिचर्ययाआचारेण ४४ । ४५ वैद्यंविद्यावंतं ४६ । ४७ चित्तंज्ञानमात्रंनि
भृतंगूढाचारप्रवृत्तं मंत्रयंत्रादि प्रज्ञाविशेषतोऽर्थोन्नयनक्षमता ४८ । ४९ रौद्राःकोपनाः साहसिकाःअविमृश्यकारिणस्तेषु ५० । ५१ इंद्रियाणांउत्सर्गोविषयेषुप्रवृत्तिः अनुत्सर्गोविषयेभ्योनि

त्रिवर्गाचरणेयुक्तःसशत्रूनधितिष्ठति ॥ नवैश्रुतमविज्ञायवृद्धाननुपसेव्यवा ४० धर्मार्थौवेदितुंशक्यौबृहस्पतिसमैरपि ॥ नष्टंसमुद्रेपतितंनष्टंवाक्यमशृण्वति ४१
अनात्मनिश्रुतंनष्टंनष्टंहुतमनग्निकम् ॥ मत्यापरीक्ष्यमेधावीबुद्ध्यासंपाद्यचासकृत् ४२ श्रुत्वादृष्ट्वाऽथविज्ञायप्राज्ञैर्मैत्रींसमाचरेत् ॥ अकीर्तिंविनयोहंतिहंत्यनर्थं
पराक्रमः ४३ हंतिनित्यंक्षमाक्रोधमाचारोहंत्यलक्षणम् ॥ परिच्छदेनक्षेत्रेणवेश्मनापरिचर्यया ४४ परीक्षेतकुलंराजन्भोजनाच्छादनेनच ॥ उपस्थितस्यका
मस्यप्रतिवादोनविद्यते ४५ अपिनिर्मुक्तदेहस्यकामरक्तस्यकिंपुनः ॥ प्राज्ञोपसेविनंवैद्यंधार्मिकंप्रियदर्शनम् ४६ मित्रवंतंसुवाक्यंचसुहृदंपरिपालयेत् ॥ दुष्कु
लीनःकुलीनोवामर्यादांयोनलंघयेत् ४७ धर्मापेक्षीमृदुर्ह्रीमान्सकुलीनशताद्वरः ॥ ययोश्चित्तेनवाचित्तंनिभृतंनिभृतेनवा ४८ समेतिप्रज्ञयाप्रज्ञातयोर्मैत्रीनजी
र्यति ॥ दुर्बुद्धिमकृतप्रज्ञंछन्नंकूपंतृणैरिव ४९ विवर्जयीतमेधावीतस्मिन्मैत्रीप्रणश्यति ॥ अवलिप्तेषुमूर्खेषुरौद्रसाहसिकेषुच ५० तथैवापेतधर्मेषुनमैत्रीमा
चरेद्बुधः ॥ कृतज्ञंधार्मिकंसत्यमक्षुद्रंदृढभक्तिकम् ५१ जितेन्द्रियंस्थितंस्थित्यांमित्रमत्यागिचेष्यते ॥ इंद्रियाणामनुत्सर्गोमृत्युनाऽपिविशिष्यते ५२ अत्यर्थंपु
नरुत्सर्गःसादयेद्दैवतानपि ॥ मार्दवंसर्वभूतानामनसूयाक्षमाधृतिः ५३ आयुष्याणिबुधाःप्राहुर्मित्राणांचाविमानना ॥ अपनीतंसुनीतेनयोऽर्थंप्रत्यानिनीषते
५४ मतिमास्थायसुदृढांतदकापुरुषव्रतम् ॥ अयत्यांप्रतिकारज्ञस्तदात्वेदृढनिश्चयः ५५ अतीतेकार्यशेषज्ञोनरोऽर्थैर्नप्रहीयते ॥ कर्मणामनसावाचायदभीक्ष्णं
निषेवते ५६ तदेवापहरत्येनंतस्मात्कल्याणमाचरेत् ॥ मंगलालंभनंयोगःश्रुतमुत्थानमार्जवम् ५७ भूतिमेतानिकुर्वंतिसतांचाभीक्ष्णदर्शनम् ॥ अनिर्वेदः
श्रियोमूलंलाभस्यचशुभस्यच ५८ महान्भवत्यनिर्विण्णःसुखंचानंत्यमश्नुते ॥ नातःश्रीमत्तरंकिंचिदन्यत्पथ्यतमंमतम् ५९ प्रभविष्णोर्यथातातक्षमासर्वत्रसर्व
दा ॥ क्षमेदशक्तःसर्वस्यशक्तिमान्धर्मकारणात् ॥ अर्थानर्थौसमौयस्यतस्यनित्यंक्षमाहिता ६० यत्सुखंसेवमानोऽपिधर्मार्थाभ्यांनहीयते ॥ कामंतदुप
सेवेतनमूढव्रतमाचरेत् ६१ दुःखार्तेषुप्रमत्तेषुनास्तिकेष्वलसेषुच ॥ नश्रीर्वसत्यदांतेषुयेचोत्साहविवर्जिताः ६२

वृत्तिः सामृत्युतुल्यादुरनुष्ठेयेत्यर्थः ५२ । ५३ अयुष्याणिआयुःकराणि अपनीतंअन्यायेननाशितं ५४ आयत्यांआगामिनिकालेदुःखस्यप्रतीकारज्ञः तदात्वेवर्त्तमानेदृढनिश्चयः भोगंविनाप्रा
प्तस्यदुःखस्यनाशोनास्तीतिज्ञात्वातत्संबंधेऽपिनोत्तपति ५५ । ५६ मंगलानांदधिदूर्वागवादीनांआलंभनंस्पर्शः योगःसहायसंपत् उत्थानंउद्यमः ५७ अनिर्वेदःउद्योगात्अनुपरमः ५८ । ५९ तस्यम
ध्यमस्य योनशक्तःनाप्यशक्तस्तस्येत्यर्थः सर्वेषांक्षमाश्रेयस्करीत्यर्थः ६० मूढव्रतंआहारादौअतिनिर्बंधं ६१ अदांतेषुलिप्साहीनेषु ६२

सव्यपत्रपसक्षत्रं ६३ अत्यार्यं अत्यंतमकुटिलं ६४ । ६५ । ६६ और्ध्वदेहिकं परलोकहितं यज्ञदानादि ६७ । ६८ संयमः इंद्रियाणांनिग्रहः भवस्य ऐश्वर्यस्य ६९ । ७० ब्राह्मणकाम्याब्राह्म णस्यइच्छातदाज्ञयेत्यर्थः ७१ संदध्यात्कुर्यात् अन्योऽधर्मःकामात्इच्छयासाधुनाकर्मणा ७२ । ७३ स्त्रीधूर्तकेस्त्रियांधूर्तेचैतेकवद्भावः ७४ । ७५ । ७६ । ७७ अनभ्यासस्यदूषणं ७८ अना

आर्जवेननरंयुक्तमार्जवात्सव्यपत्रपम् ॥ अशक्तंमन्यमानास्तुधर्षयंतिकुबुद्धयः ६३ अत्यार्यमतिदातारमतिशूरमतिव्रतम् ॥ प्रज्ञाभिमानिनंचैवश्रीर्भयान्नोपसर्पति ६४ नचातिगुणवत्स्वेषानात्यंतंनिर्गुणेषुच ॥ नैषागुणान्कामयतेनैर्गुण्यान्नानुरज्यते ॥ उन्मत्तागौरिवांधाश्रीःक्वचिदेवावतिष्ठते ६५ अग्निहोत्रफलावेदाःशी लवृत्तफलंश्रुतम् ॥ रतिपुत्रफलानारीदत्तभुक्तफलंधनम् ६६ अधर्मोपार्जितैरर्थैर्यःकरोत्यौर्ध्वदेहिकम् ॥ नसतस्यफलंप्रेत्यभुंक्तेऽर्थस्यदुरागमात् ६७ कांता रेवनदुर्गेषुकृच्छ्रेस्वापत्सुसंभ्रमे ॥ उद्यतेषुचशस्त्रेषुनास्तिसत्ववतांभयम् ६८ उत्थानंसंयमोदाक्ष्यमप्रमादोधृतिःस्मृतिः ।। समीक्ष्यचसमारम्भोविद्धिमूलंभवस्य तु ६९ तपोबलंतापसानांब्रह्मब्रह्मविदांबलम् ॥ हिंसाबलमसाधूनांक्षमागुणवतांबलम् ७० अष्टौतान्यव्रतघ्नानिअपोमूलंफलंपयः ॥ हविर्ब्राह्मणकाम्याचगुरोर्वचन मौषधम् ७१ नतत्परस्यसंदध्यात्प्रतिकूलंयदात्मनः ॥ संग्रहेणैषधर्मःस्यात्कामादन्यःप्रवर्तते ७२ अक्रोधेनजयेत्क्रोधमसाधुंसाधुनाजयेत् ॥ जयेत्कदर्यंदानेनज येत्सत्येनचानृतम् ७३ स्त्रीधूर्तकेऽलसेभीरौचंडेपुरुषमानिनि ॥ चौरेकृतघ्नेविश्वासोनकार्योनचनास्तिके ७४ अभिवादनशीलस्यनित्यंवृद्धोपसेविनः ॥ चत्वा रिसंप्रवर्धंतेकीर्तिरायुर्यशोबलम् ७५ अतिक्लेशेनयेऽर्थाःस्युर्धर्मस्यातिक्रमेणवा ॥ अरेर्वाप्रणिपातेनमास्मतेषुमनःकृथाः ७६ अविद्यःपुरुषःशोच्यःशोच्यंमैथु नमप्रजम् ॥ निराहाराःप्रजाःशोच्याःशोच्यंराष्ट्रमराजकम् ७७ अध्वाजरादेहवतांपर्वतानांजलंजरा ॥ असंभोगोजरास्त्रीणांवाक्शल्यंमनसोजरा ७८ अनाम्नायम लावेदाब्राह्मणस्याव्रतंमलम् ॥ मलंपृथिव्याबाह्लीकाःपुरुषस्यानृतंमलम् ७९ कौतूहलमलासाध्वीविप्रवासमलाःस्त्रियः ८० सुवर्णस्यमलंरूप्यंरूप्यस्यापिम लंत्रपु ॥ ॥ ज्ञेयंत्रपुमलंसीसंसीसस्यापिमलंमलम् ८१ नस्वप्नेनजयेन्निद्रांनकामेनजयेत्स्त्रियः ॥ नेन्धनेनजयेदग्निंनपानेनसुरांजयेत् ८२ यस्यदानजितंमित्रं शत्रवोयुधिनिर्जिताः ॥ अन्नपानजितादाराःसफलंतस्यजीवितम् ८३ सहस्रिणोऽपिजीवंतिजीवंतिशतिनस्तथा ॥ धृतराष्ट्रविमुंचेच्छांनकथंचिन्नजीव्यते ८४ यत्पृथिव्यांव्रीहियवंहिरण्यंपशवःस्त्रियः ॥ नालमेकस्यतत्सर्वमितिपश्यन्नमुह्यति ८५ राजन्भूयोब्रवीमित्वांपुत्रेषुसममाचर ॥ समतायदितेराजन्स्वेषुपांडुसुते षुवा ८६ ॥ इतिश्रीमहाभारतेउद्योगपर्वणिप्रजागरपर्वणिविदुरवाक्येएकोनचत्वारिंशोऽध्यायः ॥ ३९ ॥ ॥ ॥ ॥ ॥

म्नायः अनभ्यासएवमलंयेषां बाल्हीकाः 'पंचानांसिंधुषष्ठानांनदीनांयत्रसंगमः बाल्हीकानामतेदेशाः' ७९ विप्रवासःप्रवासः ८० । ८१ स्वप्नेनशयनेन ८२ । ८३ । ८४ । ८५ यदिते स्वेषुपुत्रेषुपांडवेषुचसमताऽस्ति तर्हिसर्वेषुसममेवाचर यथाभागंराज्यंतेभ्योदेहीत्यर्थः ८६ ॥ इतिउद्योगपर्वणिनैलकंठीये भारतभावदीपे एकोनचत्वारिंशोऽध्यायः ॥ ३९ ॥ ॥ ॥ ॥

योऽभ्यर्चितइति । असज्जमानःअभिमानशून्यः शक्तिंअहापयित्वाअनतिक्रम्ययथाशक्तीत्यर्थः संतंसाधुंउपैतिलभते यतःप्रसन्नाःसंतःसाधवःसुखायअलंसुखंदातुंपर्याप्ताः १ अनपाकृष्टःपरैरपकर्षंअप्रापितोऽपि
२ समुत्कर्षःअनृतेनजयइत्यर्थः ३ एकपदंसर्वात्मना ४ स्तब्धताऔद्धत्यं अभिमानःदर्पःतद्वत्त्वं अत्यागित्वंलुब्धता मदमोहौएकीकृत्यसप्त ५ । ६ । ७ । ८ आकर्षः विषादीनां ९ अजेनसहितः
उक्षाअजोक्षा औदुंबरंताम्रमयंपात्रजातं ‘ उदुंबरंस्मृतंताम्रे ’ इतिविश्वः विषंलोहमितिसर्वज्ञः स्वर्णनाभःशालग्रामः दक्षिणावर्तःशंखइतिनारायणः १० धन्यानिमंगलावहानि ११ सर्वपरंसर्वेभ्यःपुण्यहेतुभ्यः

विदुरउवाच ॥ योऽभ्यर्चितःसद्भिरसज्जमानःकरोत्यर्थंशक्तिमहापयित्वा ॥ क्षिप्रंयशस्तंसमुपैतिसंतमलंप्रसन्नाहिसुखायसंतः १ महांतमप्यर्थमधर्मयुक्तंयःसंत्यजत्यनपा
कृष्टएव ॥ सुखंसुदुःखान्यवमुच्यशेतेजीर्णांत्वचंसर्पइवावमुच्य २ अनृतेचसमुत्कर्षोराजगामिचपैशुनम् ॥ गुरोश्चालीकनिर्बंधःसमानिब्रह्महत्यया ३ असूयैकपदंमृत्युर
तिवादःश्रियोवधः ॥ अशुश्रूषात्वराश्लाघाविद्यायाःशत्रवस्त्रयः ४ आलस्यंमदमोहौचचापलंगोष्ठिरेवच ॥ स्तब्धताचाभिमानित्वंतथाऽत्यागित्वमेवच ५ एतेवैसप्तदो
षाःस्युःसदाविद्यार्थिनांमताः ॥ सुखार्थिनःकुतोविद्यानास्तिविद्यार्थिनःसुखम् ॥ सुखार्थीवात्यजेद्विद्यांविद्यार्थीवात्यजेत्सुखम् ६ नाग्निस्तृप्यतिकाष्ठानांनापगानांम
होदधिः ॥ नांतकःसर्वभूतानांनपुंसांवामलोचना ७ आशाधृतिंहंतिसमृद्धिमंतकःक्रोधःश्रियंहंतियशःकदर्यता ॥ अपालनंहंतिपशूंश्चराजन्नेकःक्रुद्धोब्राह्मणोहं
तिराष्ट्रम् ८ अजाश्चकांस्यंरजतंचनित्यंमध्वाकर्षःशकुनिःश्रोत्रियश्च ॥ वृद्धोज्ञातिरवसन्नःकुलीनएतानितेसंतुगृहेसदैव ९ अजोक्षाचंदनंवीणाआदर्शोमधुसर्पिषी ॥
विषमौदुंबरंशंखःस्वर्णनाभोऽथरोचना १० गृहेस्थापयितव्यानिधन्यानिमनुरब्रवीत् ॥ देवब्राह्मणपूजार्थमतिथीनांचभारत ११ इदंचत्वांसर्वपरंब्रवीमिपुण्यंपदं
तातमहाविशिष्टम् ॥ नजातुकामान्नभयान्नलोभाद्धर्मंजह्याज्जीवितस्यापिहेतोः १२ नित्योधर्मःसुखदुःखेत्वनित्येजीवोनित्योहेतुरस्यत्वनित्यः ॥ त्यक्त्वानित्यंप्रति
तिष्ठस्वनित्येसंतुष्यत्वंतोषपरोहिलाभः १३ महाबलान्पश्यमहानुभावान्प्रशास्यभूमिंधनधान्यपूर्णाम् ॥ राज्यानिहित्वाविपुलांश्चभोगान्गतान्नरेंद्रान्वशमंत
कस्य १४ मृतंपुत्रंदुःखपुष्टंमनुष्याउत्क्षिप्यराजन्स्वगृहान्निर्हरंति ॥ तंमुक्तकेशाःकरुणंरुदंतिचितामध्येकाष्ठमिवक्षिपंति १५ अन्योधनंप्रेतगतस्यभुंक्तेवयांसि
चाग्निश्चशरीरधातून् ॥ द्वाभ्यामयंसहगच्छत्यमुत्रपुण्येनपापेनचवेष्ट्यमानः १६ उत्सृज्यविनिवर्तंतेज्ञातयोसुहृदःसुताः ॥ अपुष्पानफलान्वृक्षान्यथातातप
तत्रिणः १७ अग्नौप्रास्तंतुपुरुषंकर्मान्वेतिस्वयंकृतम् ॥ तस्मात्तुपुरुषोयत्नाद्धर्मंसंचिनुयाच्छनैः १८ अस्माल्लोकादूर्ध्वममुष्यचाधोमहत्तमस्तिष्ठतिह्यंधकारम् ॥
तद्वैमहामोहनमिंद्रियाणांबुद्ध्यस्वमात्वांप्रलभेतराजन् १९

परंउत्कृष्टं महाविशिष्टंमहेनउत्सवेनअविशिष्टंसमानंमांगलिकमित्यर्थः १२ अस्यजीवत्वस्यहेतुरविद्या अनित्यं सुखदुःखे अविद्यांच नित्येधर्मेनिरवद्ये आत्मनिचप्रतितिष्ठस्वनिष्ठांकुरु संतुष्यसंतोषंप्राप्नुहि
तोषःपरउत्कृष्टःयस्मिन्लाभे १३ । १४ गृहाद्वनिर्हरंतिदूरीकुर्वंति १५ । १६ उत्सृज्यमृतस्यदेहंत्यक्त्वा १७ । १८ अस्माल्लोकादूर्ध्वंस्वर्गे अमुष्यअमुष्मात्स्वर्गात् चाव अस्माच्चअधः पाताले महत्तमःतमोगुण
प्रधानैःपुरुषैःप्राप्यंस्थानं अंधकारंअप्रकाशंतत् अंधंतमःअंधतामिस्राख्यंनरकं बुद्ध्यस्व मात्वांरागोमोहःप्रलभेतस्पृशेत १९

मतिपत्तुंशक्नोतु शक्ष्यसिचेदितिसंबंधः २० आत्माजीवोनदी पुण्यंधर्मएवतीर्थंयस्यां सत्यंजलं तस्मादुदयोयस्याः तस्यांस्नातः निष्णातःमत्यग्रूपेमग्नइत्यर्थः पूयतेशुद्ध्यतिकः पुण्यकर्मापुण्यमपिकिं नित्यमलोभ
एव वैराग्यात्परंपुण्यमित्यर्थः २१ नदींसंसारनदीं जन्मदुर्गाणिसंतर मोक्षार्थंयतस्वेत्यर्थः २२ । २३ धृत्येति । कामंअशनायांचधैर्येणजित्वा शिश्नोदरंदोषावरक्षेत सम्यग्दृष्ट्वावस्तूनामादानेन दृष्टपूतेस्थले
पदन्यासेनच पाणिपादंचक्षुषारक्षेत चक्षुःश्रोत्रेमनसैवपरस्त्र्यादिभ्यःकुशब्देभ्यश्चव्यावर्तनेनरक्षेत मनोवाचंचकर्मणासंयमेनरक्षेत् २४ नित्योदकी नित्यंयथाकालंस्नानाचमनपरः २५ परिसंस्तीर्यांग्नीन्परि
स्तरणैः एतेनाग्निहोत्रमुपलक्षयतीतिनारायणः परिसंस्तीर्यवितत्य स्वेस्वेस्थानेआधायेत्यर्थः ततोयज्ञैरिष्ट्वा शस्त्रपूतःअंतरात्माचित्तंयस्य गोब्राह्मणार्थंमृतइत्यर्थः संग्रामेहतोवाक्षत्रियः २६ अधीत्यवेदंशास्त्र

इदंवचःशक्ष्यसिचेद्यथावन्निशम्यसर्वंप्रतिपत्तुमेव ॥ यशःपरंप्राप्स्यसिजीवलोकेभयंनचामुत्रनचेहतेऽस्ति २० आत्मानदीभारतपुण्यतीर्थासत्योदयाधृतिकूलादयोर्मिः ॥
तस्यांस्नातःपूयतेपुण्यकर्मापुण्योह्यात्मानित्यमलोभएव २१ कामक्रोधग्राहवतींपंचेंद्रियजलांनदीम् ॥ नावंधृतिमयींकृत्वाजन्मदुर्गाणिसंतर २२ प्रज्ञावृद्धंधर्मवृद्धंस्व
बंधुंविद्यावृद्धंवयसाचापिवृद्धम् ॥ कार्याकार्येपूजयित्वाप्रसाद्ययःसंपृच्छेन्नसमुह्येत्कदाचित् २३ धृत्याशिश्नोदरंरक्षेत्पाणिपादंचचक्षुषा ॥ चक्षुःश्रोत्रेचमनसामनोवाचं
चकर्मणा २४ नित्योदकीनित्ययज्ञोपवीतीनित्यस्वाध्यायीपतितान्नवर्जी ॥ सत्यंब्रुवन्गुरवेकर्मकुर्वन्नब्राह्मणश्च्यवतेब्रह्मलोकात् २५ अधीत्यवेदान्परिसंस्तीर्यचाग्नीं
निष्ट्वायज्ञैःपालयित्वाप्रजाश्च ॥ गोब्राह्मणार्थेशस्त्रपूतांतरात्माहतःसंग्रामेक्षत्रियःस्वर्गमेति २६ वैश्योऽधीत्यब्राह्मणान्क्षत्रियांश्चधनैःकालेसंविभज्याश्रितांश्च ॥ त्रेतापू
तंधूममाघ्रायपुण्यंप्रेत्यस्वर्गेदिव्यसुखानिभुंक्ते २७ ब्रह्मक्षत्रंवैश्यवर्णंचशूद्रःक्रमेणैतान्न्यायतःपूजयानः ॥ तुष्टेष्वेतेष्वव्यथोदग्धपापस्त्यक्त्वादेहंस्वर्गसुखानिभुंक्ते २८
चातुर्वर्ण्यस्यैषधर्मस्तवोक्तोहेतुंचानुब्रुवतोमेनिबोध ॥ क्षात्राद्धर्माद्धीयतेपांडुपुत्रस्तंत्वंराजन्राजधर्मेनियुंक्ष्व २९ ॥ धृतराष्ट्रउवाच ॥ एवमेतद्यथात्वंमामनुशाससि
नित्यदा ॥ ममापिचमतिःसौम्यभवत्येवंयथाऽऽत्थमाम् ३० सातुबुद्धिःकृताऽप्येवंपांडवान्प्रतिमेसदा ॥ दुर्योधनंसमासाद्यपुनर्विपरिवर्तते ३१ नदिष्टमभ्यतिक्रांतुं
शक्यंभूतेनकेनचित् ॥ दिष्टमेवध्रुवंमन्येपौरुषंतुनिरर्थकम् ३२ ॥ इतिश्रीमहाभारतेउद्योगपर्वणिप्रजागरपर्वणिविदुरवाक्येचत्वारिंशोऽध्यायः ॥ ४० ॥ ॥
॥ समाप्तमिदंप्रजागरपर्व ॥ अथसनत्सुजातपर्व ॥ धृतराष्ट्रउवाच ॥ अनुक्तंयदितेकिंचिद्वाचाविदुरविद्यते ॥ तन्मेशुश्रूषतोब्रूहिविचित्राणिहिभाषसे १ ॥ विदुरउवाच ॥
धृतराष्ट्रकुमारोवैयःपुराणःसनातनः ॥ सनत्सुजातःप्रोवाचमृत्युर्नास्तीतिभारत २ सतेगुह्यान्प्रकाशांश्चसर्वान्हृदयसंश्रयान् ॥ प्रवक्ष्यतिमहाराजसर्वबुद्धिमतांवरः ३

मितिशेषः त्रेताअग्नित्रयं तस्याःपूतंधूमंआघ्राय पुण्यंपावनं प्रेत्यमृत्वा २७ । २८ क्षात्राद्धर्मात्पृथिवीपालनरूपात् राज्यादितियावत् राजधर्मेराज्ये २९ मांअनुशाससिअनुशास्ति ३० । ३१ । ३२
॥ इतिउद्योगपर्वणिनीलकंठीयेभारतभावदीपेचत्वारिंशोऽध्यायः ॥ ४० ॥ एवंब्रह्मविद्याधिकारिविशेषणीभूतासाधनसंपत्तिःसम्यगुपपादिता तत्रकचित्कचित्प्रसंगात् यतोयतोनिवर्ततइत्यादिनासंक्षेपेण
विद्यासूचिता तांविस्तरेणश्रोतुकामोधृतराष्ट्रउवाच अनुक्तमिति । तेत्वया १ मृत्युःजन्ममरणप्रवाहात्मकःसंसारः २ तेतुभ्यं गुह्यान् गोप्यान् योगकलादीन् प्रकाशान्शमादीन् हृदयसंश्रयान्धर्मान्प्रवक्ष्यति ३

वर्णाश्रमक्रममुल्लंघ्यब्रह्मविद्यांनोपदिशेदित्याख्यायिकामुखेनाह किंत्वमित्यादिना । सनातनापरनामासनत्सुजातः ४ । ५ । ६ । ७ । ८ विधिदृष्टेनशास्त्रादवगतेनकर्मणा मधुपर्कादिना ९ । १० विद्याप्राप्तिफलमाह यंश्रुत्वेति ११ विषहेरन् बाधेरन् अमर्षःअसहिष्णुता उद्भवउत्कृष्टैश्वर्यं क्षयोदयौतयोर्हेतुभूतेपापपुण्येच १२ ॥ ॥ इति उद्योगपर्वणि नीलकंठीये भारतभावदीपे एकचत्वारिंशोऽध्यायः ॥ ४१ ॥ ॥ ॥ उद्योगपर्वणिसनत्सुजातीयेभाष्यकारादिभिर्व्याख्यातान्संप्रतितनपुस्तकेषुचस्थितान्पाठान्श्लोकांश्च गुणोपसंहारन्यायेनैकीकृत्यव्याख्यायते । ततोराजेति । मनीषीशास्त्रसंस्कृतमनीषावान् रहितेएकांते परमांबुद्धिंपरविद्यां ' अथपराययातदक्षरमधिगम्यते ' इतिश्रुतिप्रसिद्धांपप्रच्छ । एतेनविषयोदर्शितः । प्रयोजनंदर्शयति महात्माबुभूषन्निति । परंब्रह्मभवितुमिच्छन् ' ब्रह्मवेदब्रह्मैवभवति ' इतिब्रह्मज्ञानस्यब्रह्मभावफलकत्वश्रवणात् विदुरेरितंवाक्यं ' सनत्सुजातःप्रोवाचमृत्युर्नास्तीतिभारत ' इतिमृत्युशब्दितस्यबंधस्याभावंश्रुत्वा प्रतिपूज्यासंगत्वात्कपटवतोऽपिममपापाद्भयंनास्तीतिसंतोषंप्राप्य तेनज्ञानस्यसर्वकर्मोन्मूलनहेतुत्वंदर्शितं यथोक्तं ' हत्वाऽपिसइमांल्लोकान्नहंतिननिबध्यते ' इति १ प्रश्नमेवाह सनत्सुजातेति । मृत्युरिति । ध्रुवंज

॥ धृतराष्ट्रउवाच ॥ किंत्वंनवेदतद्भूयोयन्मेब्रूयात्सनातनः ॥ त्वमेवविदुरब्रूहिप्रज्ञाशेषोऽस्तिचेत्तव ४ ॥ विदुरउवाच ॥ शूद्रयोनावहंजातोनातोऽन्यद्वक्तुमुत्सहे ॥
कुमारस्यतुयाबुद्धिर्वेदतांशाश्वतीमहम् ५ ब्राह्मींहियोनिमापन्नःसुगुह्यमपियोवदेत् ॥ नतेनगर्ह्योदेवानांतस्मादेतद्ब्रवीमिते ६ ॥ धृतराष्ट्रउवाच ॥ ब्रवीहिविदुरत्वंमेपु
राणंतंसनातनम् ॥ कथमेतेनदेहेनस्यादिहैवसमागमः ७ ॥ वैशंपायनउवाच ॥ चिंतयामासविदुरस्तमृषिंशंसितव्रतम् ॥ सचतच्चिंतितंज्ञात्वादर्शयामासभारत
८ सचैनंप्रतिजग्राहविधिदृष्टेनकर्मणा ॥ सुखोपविष्टंविश्रांतमथैनंविदुरोऽब्रवीत् ९ भगवन्संशयःकश्चिद्धृतराष्ट्रस्यमानसः ॥ योनशक्योमयावक्तुंत्वमस्मैवक्तु
मर्हसि १० यंश्रुत्वाऽयंमनुष्येन्द्रःसर्वदुःखातिगोभवेत् ॥ लाभालाभौप्रियद्वेष्यौयथैनंनजरांतकौ ११ विषहेरन्भयामर्षौक्षुत्पिपासेमदोद्भवौ ॥ अरतिश्चैवतंद्री
चकामक्रोधौक्षयोदयौ १२ ॥ इतिश्रीमहाभारतेउद्योगपर्वणिसनत्सुजातीयपर्वणिविदुरकृतसनत्सुजातप्रार्थनेएकचत्वारिंशोऽध्यायः ॥ ४१ ॥ ॥ वैशंपा
यनउवाच ॥ ततोराजाधृतराष्ट्रोमनीषीसंपूज्यवाक्यंविदुरेरितंतत् ॥ सनत्सुजातंरहितेमहात्मापप्रच्छबुद्धिंपरमांबुभूषन् १ ॥ धृतराष्ट्रउवाच ॥ सनत्सुजातय
दिदंशृणोमिनमृत्युरस्तीतितवप्रवादम् ॥ देवासुराह्याचरन्ब्रह्मचर्यममृत्यवेतत्कतरन्नुसत्यम् २ ॥ सनत्सुजातउवाच ॥ अपृच्छःकर्मणायन्नमृत्युर्नास्तीतिचापरम् ॥
शृणुमेब्रुवतोराजन्यथैतन्माविशंकिथाः ३

न्मृतस्यचेतिसाहचर्याज्जन्ममरणप्रवाहरूपोबंधउच्यते सनास्तीतितवप्रकर्षेणवादंपूर्वोक्तंविदुरादीनांमुखाच्छृणोमि । हेसनत्सुजात सनवसर्वदा सुष्ठुजातंजन्मयस्य नित्यकुमारत्वेनजराम्रणविवर्जितस्यर्थः श्रुतिश्चैतदाह ' ननिरोधोनचोत्पत्तिर्नबद्धोनचसाधकः ॥ नमुमुक्षुर्नवैमुक्तइत्येषापरमार्थता , इति । नुतथा अमृत्यवेमृत्योरभावाय एकशतंवर्षाणिमघवान्प्रजापतौब्रह्मचर्यमुवासेति बंधनिवृत्त्यर्थोयत्नश्चश्रूयते । नह्यसतोनित्यनिवृत्तस्यनिवृत्त्यर्थंयत्नोयुज्यते । तदनयोःपक्षयोःकतरत्मतंसत्यंतद्ब्रूहीतिशेषः २ यत्कर्मणाब्रह्मचर्येणमृत्युर्नास्तीति तेनसत्यस्यबंधस्यसाधनेननाशइतिअपृच्छः पृष्टवानसि । यच्चापरं मृत्युःस्वरूपतएवनास्तीत्यपृच्छः । एततएतयोःपक्षयोःपरस्परविरुद्धत्वं माविशंकिथाः मामंस्थाः । अमृत्युःकर्मणाकेचिदितिपाठे कर्मसाध्यंअमृतत्वंउतब्रह्मसाध्यमितिपक्षद्वयोपन्यासः तयोश्चक्रमसमुच्चयपक्षाश्रयेणविरोधभावंमन्वानोमाविशंकिथाइतिब्रवीतीत्यर्थः ३

अविरोधमेवाह उभेइति । एतस्यएकस्यैवपुंसोऽवस्थाभेदेनउभेअपिसत्येएव हेक्षत्रियविद्धि अविद्यावस्थायांबंधःसत्यःकर्मनाशश्च विद्यावतांतुरज्जूरगवत्कालत्रयेऽपिनास्ति । मोहाद्ध्रासमानस्यतुज्ञानमात्रेणनिवृत्तिर्भवतीतिभावः । आद्यप्रवृत्तेइतिपाठे उभेअपिमतेअनादिनी नित्येइत्यर्थः । सिद्धांतमाह मोहादिति । निर्मोहानांतुनास्त्येवमृत्युरित्यर्थः । मोहंविवृणोति प्रमादमिति । आत्मतत्त्वानवेक्षणंप्रमादः मूलाज्ञानमितियावत् तदेवमृत्युः 'मृत्युर्वैतमः' इतिश्रुतेः । अप्रमादंअवहिततांसम्यगवेक्षणंज्ञानमितियावत् । 'ज्ञानंसम्यगवेक्षणम्' इतिस्मृतेः । अमृतत्वंअमृतत्वहेतुः ४ प्रमादात्अज्ञानात् असुराः असुषुरममाणाःकामक्रोधाद्यासुरवृत्तिभिराक्रांताः पराभवन्मृत्युवशाअभूवन् । तथाअप्रमादात्ज्ञानात् ब्रह्मभूताःपूर्वंब्रह्मैवसंतःअविद्ययाऽब्रह्मत्वमात्मनोमन्यमानाः विद्यया पुनर्ब्रह्मैवभवंति । 'ब्रह्मैवसन्ब्रह्माप्येति' इतिश्रुतेः । सुराश्चेतिपाठे सुराःशमदमादिमंतः ब्रह्मभूताःब्रह्मभावंगताइत्यर्थः । मृत्युरज्ञानं जंतून्अत्ति संसारसंकटेपातयति नतुव्याघ्रइवदृश्यते कार्यमेवास्यदृश्यतेनस्वरूपमित्यर्थः । हियतःअस्यरूपंनिरीक्ष्यमाणमपिनउपलभ्यते नहिरज्जूरगोपादानमज्ञानमुरगवद्द्रष्टुंशक्यमित्यर्थः ५ ननुयदिमृत्योःरूपंनोपलभ्यतेतर्हितत्सत्त्वेकिंप्रमाणमतआह यममिति । अतःअज्ञानाख्यान्मृत्योरन्यंयमसंज्ञंएकेमूढाःमृत्युमाहुः । 'अथसत्यवतःकायात्पाशबद्धंवशंगतम् ॥ अंगुष्ठमात्रंपुरुषंनिश्चकर्षयमोबलात्' इति । अस्यव्यतिरेकमुखेनआत्मनिकल्पितत्वमाह आत्मावसन्नमिति । आत्मनिप्रतीच्येवाऽवसन्नंलीनं । तेनरज्जूरगादिवद्यमादिकमपि आत्मनिकल्पितमेवेत्यर्थः । आत्मावासमितिपाठेआत्माश्रयमित्यर्थः । यमप्रशमोपायमाहामृतमिति । ब्रह्मचर्यंब्रह्मणिचर्याआत्मानुसंधानं निरस्ताखिलकल्पनाजालं अमृतंमोक्षहेतुः योगिनांयमभयंनास्तीत्यर्थः । 'नतस्यरोगोनजरानमृत्युः' इति श्रुतेः । ननुकल्पितस्ययमस्यमृगजलादेरिवार्थक्रियाकारित्वंनयुक्तमतआह पितृलोकइति । यादृशोयक्षस्तादृशोबलिरितिन्यायेनआत्मनिकल्पितगरुडभावस्यविषनिवर्तकत्ववत् तत्राप्यर्थक्रियाकारित्वमस्तीतिभावः । अत्रयुक्तिमाह शिवइति । शीतोष्णादिवदेकस्मिन्सत्यस्यविरुद्धधर्मद्वयस्यासंभवात् तस्मिन्नेवशिवत्वाशिवत्वेरज्ज्वांसर्पदंडादिवत्कल्पितेइत्यर्थः ६ अस्येति । अस्ययमस्यआदेशादाज्ञातः क्रोधादिरूपोमृत्युर्मरणहेतुर्निःसरन्उद्भवति अत्रयथाऽज्ञानाभिमानिनीदेवतायमः एवंक्रोधाद्यभिमानिन्योऽपिदेवताःयमस्यदासभूताःसंतीत्यधिदैवमर्थः । अध्यात्मंतु अज्ञानादेवक्रोधादयउद्भवंति ततोम्रियतइत्यर्थः । ननुयद्यात्मावासमज्ञानंतर्हितत्आत्मनःपृथक्सिद्धमपृथक्सिद्धंवा । अंत्येमुक्तानामपिपुनर्बंधापत्तिः । आद्येसांख्यप्रकृतिवत्तदनाशापत्तिरित्याशंक्यमृत्युंविशिनष्टि नराणांअहंगतेनैवविमार्गान्चरन्निति जीवानांयोऽहंकारस्तेनसहगतंगमनंअहंकारसाहित्यं तेनविमार्गान्अनात्मगान्मार्गान्चरन् विषयान्भुंजानइत्यर्थः मुक्तौअज्ञानाश्रयस्यअहमर्थस्यचिदाभासस्यनष्टत्वात् नशुद्धादात्मनःसकाशादज्ञानंपुनरुदेतिनापिपृथगवतिष्ठतइतिभावः । ननुसुषुप्तावहंकारलयेपिदृश्यतइत्यतआह नचेति । तदानीमपि सूक्ष्मस्याहमर्थस्यसत्त्वान्नकश्चित्ज्ञानंविनाआत्मयोगंउपैति स्वरूपंप्राप्नोतीत्यर्थः । अतोऽहंकारनाशात्प्राक्आत्मनःक्रोधादिरूपस्यमृत्योरुदयोयुज्यतएवेत्यर्थः । आस्यादेषइतिपाठे आस्तेऽस्मिन्नित्यास्यमज्ञानस्याधिष्ठानंअहंकारस्तस्मान्निःसरतइतिपूर्ववत् ७

उभेसत्येक्षत्रियैतस्यविद्धिमोहान्मृत्युःसम्मतोऽयंकवीनाम् ॥ प्रमादंवैमृत्युमहंब्रवीमितथाऽप्रमादममृतत्वंब्रवीमि ४ प्रमादाद्वैअसुराःपराभवन्नप्रमादाद्ब्रह्मभूताभवंति ॥ नैवमृत्युर्व्याघ्रइवात्तिजंतून्नह्यस्यरूपमुपलभ्यतेहि ५ यमंत्वेकेमृत्युमतोऽन्यमाहुरात्मावसन्नममृतंब्रह्मचर्यम् ॥ पितृलोकेराज्यमनुशास्तिदेवःशिवःशिवानामशिवोऽशिवानाम् ६ अस्यादेशान्निःसरतेनराणांक्रोधःप्रमादोलोभरूपश्चमृत्युः ॥ अहंगतेनैवचरन्विमार्गान्नचात्मनोयोगमुपैतिकश्चित् ७

आत्मयोगाभावेदोषमाह तेइति । तेनराःमोहिताःक्रोधादिभिरितिशेषः तद्वशेक्रोधादिरूपस्यमृत्योर्वशेवर्तमानाःसंतः इतोऽस्माल्लोकातप्रेताःगताःसंतः तत्रयमलोके पुनरित्यसकृद्गमनसूचनमर्थं पतंतिगच्छंति नरकादावितिशेषः ततस्तान्तत्रगतान् अनुदेवाइंद्रियाणिप्लवंतेतत्रैवगच्छंति 'तमुत्क्रामंतंप्राणोऽनूत्क्रामतिप्राणमनूत्क्रामंतंसर्वेप्राणा अनूत्क्रामंति' इतिश्रुतेः मृङ्प्राणत्यागेइत्यनुशासनाच्च मृत्युशब्दोमरण संज्ञामपिलभते अयंभावः 'मृत्युरत्यंतविस्मृतिः' इतिस्मृतेरज्ञानंप्रत्यगात्मनोविस्मारकत्वेन यमश्चप्रत्यक्त्वेनगृहीतस्यदेहस्यचविस्मारकत्वेनसाम्यात्तद्द्वयमपिमृत्युशब्दितं । तथाचमुख्योमृत्युरज्ञानंगौणोयमइति ८ ननुप्राङ्मरणान्मृत्युभयंमृतस्यतुकृतकृत्यतैवास्तीत्याशंक्याह कर्मोदयइति । भोगप्रदस्यकर्मणउदयेसतिकर्मफलभोगेऽनुरागोयेषांतेतथाभूताःतत्रस्वर्गादौअनुयांति भोगवासनयापूर्वदेहंत्यक्त्वागच्छंति अतोमृत्युंनतरंति देहनाशमात्रेणनमुच्यंतइत्यर्थः तथाचश्रुतिः 'येयंप्रेतेविचिकित्सामनुष्येऽस्तीत्येकेनायमस्तीतिचैके' इति मृतस्यास्तित्वनास्तित्वेउपक्षिप्य 'योनिमन्येप्रपद्यंतेशरीरत्वायदेहिनः ॥ स्थाणुमन्ये ऽनुसंयंतियथाकर्मयथाश्रुतं' इति अस्तीत्येवोपलब्धव्यइतिचास्तित्वंदेहांतरप्राप्तिंचाह अत्रहेतुः सदर्थेति । सत्ब्रह्मतत्प्राप्त्यर्थोयोगः तदर्थयोगःयमाद्यष्टांगोपेतः तस्यानवगमादलाभात्समंतात्ऊर्ध्वाधस्तिर्यग्यो निषुभोगयोगेनभोगलिप्सयादेहीदेहाभिमानीप्रवर्तते ९ भोगमेवाभिनंदति तद्धाइति । यत्अस्यपुंसः मिथ्याभूतेषुअर्थेषुशब्दादिविषयेषु योगोरागस्तदर्थंगतिःप्रवृत्तिःनित्यास्वाभाविकी तदेवइंद्रियाणांमहामोहनं अर्थानांमिथ्यात्वंसंकल्पकृतत्वात् यदाहाक्षपादः दोषनिमित्तंरूपादयोविषयाःसंकल्पकृताःइति दोषोरागादिःमिथ्यार्थयोगेनविषयसंगेनअभिहतांतरात्माव्यथितचित्तःसन् विषयान्स्मरन्स्मरणपूर्वकंउपास्ते हेतौ

तेमोहितास्तद्वशेवर्तमा नाइतःप्रेतास्तत्रपुनःपतन्ति ॥ ततस्तान्देवाअनुपिप्लवन्तेअतोमृत्युर्मरणाख्यामुपैति ८ कर्मोदयेकर्मफलानुरागास्तत्रानुतेयांतिनतरन्ति मृत्युम् ॥ सदर्थयोगानवगमात्समंतात्प्रवर्ततेभोगयोगेनदेही ९ तद्वैमहामोहनमिंद्रियाणांमिथ्यार्थयोगस्यगतिर्हिनित्या ॥ मिथ्यार्थयोगाभिहतांतरात्मास्म रन्नुपास्तेविषयान्समन्तात् १० अभिध्यावैप्रथमंहंतिलोकान्कामक्रोधावनुगृह्याशुपश्चात् ॥ एतेबालान्मृत्यवेप्रापयंतिधीरास्तुधैर्येणतरन्तिमृत्युम् ११ सोऽभिध्या यन्नुत्पतितान्निहन्यादनादरेणाप्रतिबुद्ध्यमानः ॥ नैनंमृत्युर्मृत्युरिवात्तिभूत्वाएवंविद्वान्योविनिहंतिकामान् १२ कामानुसारीपुरुषःकामाननुविनश्यति ॥ कामान्व्युद स्यधुनुतेयत्किंचित्पुरुषोरजः १३ तमोऽप्रकाशोभूतानांनरकोऽयंप्रदृश्यते ॥ मुह्यंतइवधावंतिगच्छंतःश्वभ्रवत्सुखम् १४

शतृप्रत्ययःस्मरणमेवविषयोपासनाहेतुरतस्तेषांविस्मरणमेवकर्तव्यमित्यर्थः १० तत्स्मरणेदोषमाह अभिध्येति । अभिध्याविषयस्मरणंप्रथमं ततःकामास्तत्प्राप्त्यभिलाषः केनचिन्निमित्तेनतत्प्रतिहतौक्रोधः एतेअ भिध्यादयः एवंक्रमेणबालान्अजितचित्तान् मृत्यवेमोहायप्रापयंति । येतुधीराःजितचित्ताःनिष्कामास्तेमृत्युंतरंति । पाठांतरेधर्मयोगाभ्यासंचरंति ११ सइति । सःमृत्युतरणकामः योगीवा अभि ध्यायन् आत्मानंचिंतयन् उत्पतितान्कामानेवनिहन्यात् हननोपायमाह अनादरेणतुच्छत्वबुद्ध्या पथिपतिततृणवत् रूपादीन्प्राप्तानपिअप्रतिबुद्ध्यमानः अचिंतयन् यएवंविद्वान्भूत्वाकामान्निहंति एनंपुरुषंमृत्युरज्ञानंमृत्युरिवयमइवनात्तिनग्रसते निष्कामस्यमृत्युभयंनास्तीत्यर्थः १२ सकामंनिंदतिकामानुसारीति विषयार्थीविषयमनुविनश्यति यथोक्तं 'कुरंगमातंगपतंगभृंगमीनाहताःपंचभिरेवपंच' इति । फलितमाह कामानिति । विषयांस्त्यक्त्वा रजोदुःखरूपंयत्किंचित्सर्वंधुनुतेनाशयति १३ विपक्षेदोषमाह तमइति । अयंकामः भूतानांतमःअज्ञानं तत्कार्यकरत्वात् यतः अप्रकाशो नास्तिप्रका शोविषयविवेकोयस्मिन्सतथा अतएवनरकवद्दुःखदः । एतदेवाह मुह्यंतइति । यथामुह्यंतोमदिरामत्ताः । गृह्यंतइतिपाठे ग्रहगृहीताः पथिगच्छंतः श्वभ्रवत्गर्तयुक्तंदेशंधावंति । तथाकामिनःसंसारेवर्त्तमानाः सुखंसुखप्रदंभार्यादिंप्रतिधावंतीत्यर्थः १४

अमूढवृत्तेःकामेनानभिभूतचित्तस्यपुंसस्तु तृणमयव्याघ्रवत्मृत्युर्यमःकिंकुर्यान्नकिमपीत्यर्थः यस्मादेवंतस्मात्अस्यकामस्यआयुःजीवनंमूलाज्ञानंनिर्णुदन् अपनेष्यन् अन्यत्किंचित्काम्यमानंस्त्र्यादिकंअमन्य
मानःअगणयन्नाधीयीतनस्मरेत् तुच्छत्वबुद्ध्याविषयविस्मरणमेवकाममूलोच्छेदहेतुरित्यर्थः यदाह वसिष्ठः 'अनस्यजागतस्यास्यजातस्याकाशवर्णवत् ॥ अपुनःस्मरणंमन्येसाधोविस्मरणंवरं ॥ तथाऽपित
वनस्वास्थ्यंसर्वविस्मरणादृते' इतिच १५ यमंत्वेकेइत्यत्रआत्मावसन्नमितियमोप्यात्मनिकल्पितइत्युक्तंतद्व्याचष्टे सक्रोधलोभाविति । यस्त्वच्छरीरेएषःअहंप्रत्ययविषयःअंतरात्मा बाह्यात्मानंशरीरमपेक्ष्यआंतरः
चिदचिद्ग्रंथिरूपोजीवः समोहवान् अर्वास्मिस्तद्बुद्धिर्मोहः अनात्मनिदेहादावात्मबुद्धिर्विपर्ययरूपंज्ञानंतद्वान् क्रोधलोभमृत्युरूपोभवति शुकनलिकान्यायेनस्वयंबंधहीनोऽपिअज्ञानात्स्वात्मानंबद्धंमन्यते तेनका
मादिवशोभवतीत्यर्थः उपसंहरतिएवमिति । जायमानंमोहादितिशेषः मोहविरोधिनिज्ञानेतिष्ठन्निष्ठावान्यमान्नबिभेति तत्रदृष्टांतः विषयेगोचरेतस्यज्ञानस्यमृत्युर्बंधःविनश्यते मृत्योर्यमस्य मर्त्यःदेहः
अज्ञानकृतोबंधोज्ञानेनैवनश्यतिनकर्मणेतिप्रघट्टकार्थः १६ अत्रशंकतेयानिति । साधुइज्ययासोपासनेनअश्वमेधादिनाकर्मणा पुण्यतमान्इंद्रलोकाद्यपेक्षयापुण्यान्सनातनान् व्यवहारापेक्षयानित्यान्
लोकान्सत्यलोकाख्यान् इहवेदेआहुःवेदविदः तेषांलोकानांपरार्थपरार्थत्वंमोक्षप्रापकत्वंवेदाःकथयंति एतत्कर्मणांक्रममुक्तिहेतुत्वंविद्वान्जानन् कर्मकथंनुनउपैतिनशरणीकरोति कर्मभिरेवमोक्षसिद्धौकिंज्ञानेने

अमूढवृत्तेःपुरुषस्येहकुर्यात्किंवैमृत्युस्तार्णइवास्यव्याघ्रः ॥ अमन्यमानःक्षत्रियकिंचिदन्यन्नाधीयीतनिर्णुदन्निवास्यचायुः १५ सक्रोधलोभौमोहवानन्तरात्मासवै
मृत्युस्त्वच्छरीरेयएषः ॥ एवंमृत्युंजायमानंविदित्वाज्ञानेतिष्ठन्नबिभेतीहमृत्योः ॥ विनश्यतेविषयेतस्यमृत्युर्मृत्योर्यथाविषयंप्राप्यमर्त्यः १६ ॥ धृतराष्ट्रउवाच ॥
यानेवाहुरिज्ययासाधुलोकान्द्विजातीनांपुण्यतमान्सनातनान् ॥ तेषांपरार्थंकथयन्तीहवेदाएतद्विद्वान्नोपैतिकथंनुकर्म १७ ॥ सनत्सुजातउवाच ॥ एवंह्यविद्वा
नुपयातितत्रतत्रार्थजातंचवदंतिवेदाः ॥ अनीहयायातिपरंपरात्माप्रयातिमार्गेणनिहत्यमार्गान् १८ ॥ धृतराष्ट्रउवाच ॥ कोसौनियुंक्तेतमजंपुराणंसचेदिदंसर्वमनु
क्रमेण ॥ किंवाऽस्यकार्यमथवासुखंचतन्मेविद्वन्ब्रूहिसर्वंयथावत् १९

तिभावः १७ समाधत्ते एवमिति । अविद्वान्एवंत्वदुक्तक्रमेणतत्रमोक्षपदेउपयाति तथैवअर्थजातंभोगमोक्षाख्यंप्रयोजनसामान्यंवेदाःवदंति तथाअनीहोनिष्कामःपरात्मापरंअनात्मानंदेहादिकंअविद्ययाआत्म
त्वेनगृह्णन्जीवःपरंनिर्गुणात्मानंआयातिआभिमुख्येनप्राप्नोति निष्कामस्ततदुपाध्याकारतांत्यक्त्वानिष्कलेनरूपेणावतिष्ठतइत्यर्थः । अन्यथातु सएवजीवःमार्गेणसुषुम्नानाड्या मार्गान्तत्तल्लोकप्रापकान्
निहत्यनिरस्य ब्रह्मलोकद्वारापरंप्रयाति 'तयोर्ध्वमायन्नमृतत्वमेति' इतिश्रुतेः । तथाचबृहदारण्यके 'तद्यथापेशस्कारीपेशसोमात्रामुपादायान्यन्नवतरंकल्याणतरंरूपंकुरुते एवमेवेदंशरीरंनिहत्यविद्यांगम
यित्वान्यन्नवतरंकल्याणतररूपंकुरुते पित्र्यंवागांधर्ववादैवंवाप्राजापत्यंवाब्राह्मंवेतितुकामयमानोऽथाकामयमानोयोऽकामोनिष्कामआप्तकामःस्यान्नतस्यप्राणाउत्क्रामंत्यत्रैवसमवनीयंते' इति कामयमानस्य
अस्माद्देहादुत्क्रांतस्यदेहंमरणेनासद्रूपत्वंनयतःस्वर्णकारदृष्टांतेनपित्र्यगांधर्वादिरूपांतरकर्तृत्वमुक्त्वा निष्कामस्यपूर्णब्रह्मभावंगतस्यउत्क्रांतिर्निषिध्यते १८ ननुजीवःपरंप्राप्नोतिचेदन्यस्यान्यात्मताऽयोगात्पर
एवजीवत्वंप्राप्नोतीत्युक्तंभवति तच्चायुक्तं अनियोज्यब्रह्मात्मत्वात्परस्येत्याशंकते कोसाविति । तंपरमात्मानं अजंजन्मादिहीनंपुराणंपुराऽपिनवमित्यनेनपरिणामित्वंनिरस्तं तादृशंपरंकोऽसौनियुंक्ते
बन्धियोगादयंदुःखादिभाग्भवति नियोजकांतरसत्वेतस्याप्यन्यस्तस्याप्यन्यइतिपराऽनवस्थेतिभावः । ननुपरएवनियोजकांतरंविनाइदंसर्वंचेतनाचेतनंविश्वं 'तत्सृष्ट्वातदेवानुप्राविशत्' इतिश्रुतेःक्रमेणभवतीति–

—शंकते सचेदिति । एतद्दूषयतिर्किवेति । अस्यपरस्यावाप्तकामतयानिष्कामस्यकिंवाकार्यकर्त्तव्यमस्तिनकिमपीत्यर्थः ‘ प्रयोजनमनुद्दिश्यनमंदोऽपिप्रवर्त्तते ’इतिन्यायेन प्रयोजनंविनापरेप्रवृत्तिर्नसंभवतीत्यर्थः ननुलोकवत्तुलीलाकैवल्यमितिन्यायेनलोकेनिष्प्रयोजनाऽपिचतुरंगादिक्रीडादृश्यते तद्वत्परस्यापिलीलैवजगत्सृष्टिप्रवेशादिकमित्याशंक्याहाथवेति । चतुरंगादिक्रीडाऽपिसुखार्थमेवक्रियते नचपरस्य सुखलिप्सास्ति नचस्वात्मानंस्वयमेवसंकटेपातयतःसुखंवाऽस्तीतिनपरस्यस्वतःसृष्टौप्रवृत्तिःसंभवति नापितेनसहजीवस्याभेदःसंभवति जीवपरयोर्भेदेतुजीवादृष्टानुरोधेनराजवत्परोजीवभोगार्थंसृष्ट्यादौ प्रवर्त्तते स्वकृतमर्यादापरिपालनार्थंचेतियुज्यतेऽतःनतयोरभेदःसंभवतीत्यर्थः १९ उत्तरमाह दोषइति । विभेदयोगेविशेषेणभेदोययोस्तौविभेदौविभिन्नौतयोर्योगेअभेदेनऐक्येमहान्दोषः अन्यस्यान्यात्मत्वासं भवात् अतोजीवपरयोस्तात्विकोभेदोनयुक्तइत्यर्थः किंतर्हिअनादियोगेन नअत्तुंशीलमस्येसनादिर्भोग्यवर्गःस्थूलसूक्ष्मदेहद्वयात्मकानिक्षेत्राणितैःसहयोगेनसंबंधेन पुंसःपरस्मात्सकाशात्नित्याःजीवाः घटाकाशजलचंद्रादिन्यायेनभवंति तथातेनऔपाधिकेनभेदेनास्यआधिक्यंकिंचिदपिनअपैति नहिजलचंद्रेकंपमानेमुख्यश्चंद्रःकंपते नापिघटाकाशेचलतिमुख्येआकाशेचलनंसंभाव्यते । तथाचश्रुतयः ‘ एकएवतुभूतात्माभूतेभूतेप्रकाशते ॥ एकधाबहुधाचैवदृश्यतेजलचंद्रवत् ॥ यथाह्ययंज्योतिरात्माविवस्वानपोभिन्नाबहुधैकोऽनुगच्छन् ॥ उपाधिनाक्रियतेभेदरूपोदेवःक्षेत्रेष्वेवमजोऽयमात्मा ॥ घटसं वृतमाकाशंनीयमानेयथाघटे ॥ घटोनीयेतनाकाशंतद्वज्जीवोनभोपमः ’ इत्याद्या औपाधिकंजीवपरयोर्भेदंदर्शयंति । एकधेतिईश्वररूपेण बहुधेतिजीवरूपेणएकएवशुद्धः जलाशयतरंगचंद्र

सनत्सुजातउवाच ॥ दोषोमहानत्रविभेदयोगेह्यनादियोगेनभवंतिनित्याः ॥ तथाऽस्यनाधिक्यमपैतिकिंचिदनादियोगेनभवंतिपुंसः २०

यएतद्वाभगवान्सनित्योविकारयोगेनकरोतिविश्वम् ॥ तथाचतच्छक्तिरितिस्ममन्यतेतथार्थयोगेचभवंतिवेदाः २१

न्यायेनप्रकाशतइत्याद्यश्रुतेरर्थः एवंचजीवेशभेदप्रयुक्तःसर्वोऽपिव्यवहारःसेत्स्यति नचपरांतरकल्पनाऽवतरतीतिसिद्धं । कथंभूतेनअनादियोगाख्येनक्षेत्रसंबंधेन अनादियोगेनअनादिनाआदिशून्येनाज्ञा नेनहेतुनायोगःसंबंधोऽस्यसोनादियोगस्तेनभवंतिजन्मादिभाजइतिशेषः पुंसःपुमांसः अज्ञानयोगोत्थःक्षेत्रयोगइत्यर्थः २० जीवेशयोर्भेदंनिरस्यापिपरमेश्वरात्पृथक्सत्वंवारयति यएतद्वेति । वाशब्दउप मार्थे यइतिपुंस्त्वंविधेयापेक्षया एतत्परिदृश्यमानंजगत्यज्जगदिवभातिसनित्योऽविकारीभगवान्सर्वैश्वर्यसंपन्नःपरमात्मैव वाशब्दोमिथ्यात्वद्योतकः तथाहि ‘ यत्रहिद्वैतमिवभवतितदितरइतरंपश्यति ’ अहमद्यस्वप्नेगजमिवाद्राक्षमितिवेदेलोकेचमिथ्यार्थानुवादेइवशब्दःप्रयुज्यते श्रुतिश्च ‘ इदंसर्वंयदयमात्माब्रह्मैवेदंविश्वंसर्वंखल्विदंब्रह्म ’ इत्याद्या । प्रपंचस्यब्रह्मानन्यत्वमाह विकारोऽनृतंमायात योगेनविश्वंकरोतिस्वप्नेंद्रजालवन्नतुकनककुंडलवज्जगद्ब्रह्मणोःपरमार्थतोविकारविकारीभावोऽस्ति ब्रह्मणोऽप्यनित्यत्वापत्तेरित्यर्थः । ननुनित्यंपरिणामिचप्रधानंस्वतंत्रमेवजडस्यजगतोजडमेवकारणमस्तुसा दृश्यात् नतुचेतनंवैलक्षण्यादित्याशंक्याह तथाचतच्छक्तिरिति । तथाचेतेनैवप्रकारेणस्वात्मनिस्वप्नवज्जगदवभासयंती तस्यपरमात्मनःशक्तिस्तदनन्याऽस्तीतिवेदोऽपिमन्यतेस्म तथाच श्रूयते ‘ देवात्मशक्तिंस्वगुणैर्निगूढाम् ’ इति । ‘ पराऽस्यशक्तिर्विविधैवश्रूयते ’ इतिच । ननुभोग्यत्वात्शक्तिःआत्मनःस्वं भोक्तृत्वादात्मातत्स्वामी तथाचतयोर्भेदइत्याशं क्याह तथार्थेति । शक्तिर्हिनशक्तिमतःपृथग्दृष्टा वन्हेरिवदहनप्रकाशनशक्तिः । वेदाअपि ‘ बहुस्यां प्रजायेयेतिसच्चत्यच्चाभवत् ’इत्यादयः चकाराल्लोकेशक्तिग्रहोऽपितादृशार्थयोगेशक्तिशक्तिमतो रभेदेनसंबंधेप्रमाणंभवतीत्यर्थः २१

एवंजीवेशयोरभेदाज्जगतोमिथ्यात्वाज्जगज्जन्मादिनिमित्तेभूतायाःप्रकृतेर्ब्रह्मानन्यत्वाच्चब्रह्माद्वैतंसिद्धं तेनमृत्युर्नास्तीतिपक्षःस्थिरः । येषांचमतेकर्मणामृत्युनाशस्तेषामपिक्रममुक्तिप्रणाड्याकर्मणांमोक्ष
हेतुत्वंचस्थितं । येकेचित्तुअस्मिन्मोक्षेनिमित्ते धर्मान् अग्निहोत्रादीनिकर्माणिनाचरंति किंतुमोक्षार्थंसंन्यासमेवकुर्वंति येकेचित्क्रममुक्त्यर्थंकर्माण्येवउपासनासहितानिकुर्वंति येषांतुताहशोमहा
न्धर्मोनास्ति किंतुअल्पएवाग्निहोत्रादिर्नित्यानुष्ठानात्मकोऽस्ति तेषामपिसधर्मःपापेनरागादिदोषेणहन्यते उतधर्मएवपापंहंतीतिप्रश्नार्थः २२ उत्तरमाह उभयमिति । तत्रमोक्षेउभयंसंन्यासःसोपासनं
कर्मचउपयुज्यते तथाधर्मस्यफलंस्वर्गःचित्तशुद्धिर्वा इतरस्यअधर्मस्यपापस्यनित्यकर्मत्यागस्यवाफलंनरकःउपयुज्यतइति २३ इदमेवसंग्रहवाक्यंविवृणोति तस्मिन्स्थिताविति द्वाभ्यां । उभयंसंन्या
सःसोपासनंकर्मच तस्मिन्मोक्षेस्वस्वरूपेस्थितौस्थितिनिमित्तंनित्यंअविचलं वाशब्दएवार्थः तयोर्विशेषमाह ज्ञानेनेति । संन्यासपूर्वकेणज्ञानेनब्रह्मविद्ययासिद्धंनित्यनिर्वृत्तंब्रह्मप्रतिहंति अनृतजडदुःखादि
प्रातिकूल्येनसच्चिदानंदात्मकंगच्छतिप्राप्नोति हंतेरत्रगत्यर्थत्वंज्ञेयं तथासोपासनेनकर्मणा अन्यथासिद्धाद्विपरीतंसाध्यंपुण्यंप्रशस्तंदेवतादिभावंउपैति यतःदेहीदेहाभिमानीभवति तथागतंतेनप्रकारेण
स्थितंसिद्धंनरदेहाभिमानजंपापमपिकदाचित्उपैति देवभावंप्राप्तोऽपिकदाचिन्मुच्यतेऽन्यथाजयविजयादिवत्ततोभ्रश्यत्यपीतिज्ञानमेवश्रेष्ठमितिभावः २४ फलंधर्मस्यैवेतरस्यचेत्युत्तरार्द्धंविवृणोति
गत्वेति । उभयंपुण्यस्यपापस्यचफलंस्वर्गनरकाख्यं तच्चअस्थिरंक्षयिष्णु गत्वाप्राप्य पुनरस्मिन्लोके कर्मणापूर्वसंस्कारानुगुणेनतत्तद्योन्युचितेनयुज्यतेयोगंप्राप्नोति कर्मकृत्वातत्फलंभुक्त्वापुनः

॥ धृतराष्ट्रउवाच ॥ ॥ येस्मिन्धर्मान्नाचरंतीहकेचित्तथाधर्मान्केचिदिहाचरंति ॥ धर्मःपापेनप्रतिहन्यतेस्विदुताहोधर्मःप्रतिहंतिपापम् २२ ॥ ॥ सनत्सुजातउवाच ॥ ॥ उभयमेवतत्रोपयुज्यतेफलंधर्मस्यैवेतरस्यच २३ तस्मिन्स्थितौवाऽप्युभयंहिनित्यंज्ञानेनविद्वान्प्रतिहंतिसिद्धम् ॥ तथाऽन्यथापुण्यमुपैतिदेहीतथागतंपापमुपैतिसिद्धम् २४ गत्वोभयंकर्मणायुज्यतेस्थिरंशुभस्यपापस्यसचापिकर्मणा ॥ धर्मेणपापंप्रणुदतीहविद्वान्धर्मोबलीयानितितस्यसिद्धिः २५ ॥ ॥ धृतराष्ट्रउवाच ॥ ॥ यानिहाहुःस्वस्यधर्मस्यलोकान्द्विजातीनांपुण्यकृतांसनातनान् ॥ तेषांक्रमान्कथयततोऽपिचान्यान्नैतद्विद्वन्वेतुमिच्छामिकर्म २६ ॥ ॥ सनत्सुजातउवाच ॥ ॥ येषांव्रतेऽथविस्पर्धाबलेबलवतामिव ॥ तेब्राह्मणाइतःप्रेत्यब्रह्मलोकप्रकाशकाः २७

कर्मैवकुरुतेतेनकर्मपाशान्नमुच्यतेइत्यर्थः यद्यप्येवंतथाऽपिसचापिकर्मयोगी कर्मणाधर्मेणधर्मरूपेणपापंप्रणुदतिदूरीकरोतिविद्वान् मूढस्तुकर्मणःफलंस्वर्गपश्वादिकमेवेच्छतीतिभावः अतोहेतोर्धर्मोबली
यान्नतत्वधर्मः इतिहेतोस्तस्यधर्मंकुर्वतःसिद्धिः कालेनरागादिदोषनाशद्वारामोक्षोऽप्यस्तीत्यर्थः । विद्धीतिपाठेसिद्धिमितिशेषः २५ काम्योधर्मःपापंचबंधहेतुर्नित्यधर्मजंपुण्यंमोक्षहेतुरितिमन्वानः
पृच्छति यानिहाहुरिति । 'अपामसोमममृताअभूम । अक्षय्यंहवैचातुर्मास्ययाजिनःसुकृतंभवति । यस्यैतेऽष्टाचत्वारिंशत्संस्काराःसब्रह्मणःसायुज्यंसलोकतांगच्छति' इत्याद्याःश्रुतयःस्मृतय
श्च पुण्यकृतांद्विजातीनांस्वधर्मस्यफलभूतान्सनातनान्नित्यान्लोकान्आहुः तेषांक्रमान् धर्मतारतम्येनउच्चनीचभावंकथय । ततोऽपिचान्यान्निरतिशयान्प्रत्यगानंदरूपान् बहुत्वंपूजायां मोक्षसुखं
चकथय । एतत्स्वधर्मादन्यत्स्वाभाविकप्रवृत्तिविषयभूतंनिषिद्धंकाम्यंचकर्मवेदितुंनइच्छामि एतेनस्वस्यवैराग्यंदर्शितं प्रकृतेचतदुपयोगोस्तीतिज्ञेयम् २६ उत्तरमाह येषामिति । व्रतेयमनियमा
दिरूपेविस्पर्द्धाअहमन्येभ्योऽधिकंयमादीन्साधयिष्यामिअहमन्येभ्यइतिसंघर्षः विश्वामित्रादिवत्तपस्यभिनिवेशइतियावत् बलवतांमल्लादीनामिव तेयोगिनःब्राह्मणाःसगुणब्रह्मविदइतोदेहात्प्रेत्यगत्वा
ब्रह्मलोकेतेजस्विनःपूज्याभवंति ततोमुक्तिंचब्रह्मणासहप्राप्नुवंति तथाचस्मर्यते 'ब्रह्मणासहतेसर्वेसंप्राप्तेप्रतिसंचरे । परस्यांतेकृतात्मानःप्रविशंतिपरंपदम्' इति २७

सर्वधर्मश्रेष्ठस्ययोगधर्मस्यफलमुक्त्वाइज्यादिधर्मस्यफलमाह येषामिति अहमेवयज्ञादीन्सर्वोत्कर्षणानुतिष्ठेयमितियेषामाग्रहः तेषांतत्यज्ञादिकंज्ञानस्यसाधनंविविदिषोत्पादनद्वाराभवति तथाचश्रुतिः ' तमेतं
तंवेदानुवचनेनब्राह्मणाविविदिषंति यज्ञेनदानेनतपसाऽनाशकेन ' इति त्रिविष्टपंदेवलोकंक्रतुसत्यलोकं विविदिषाद्यर्थमपिकर्मानुतिष्ठतांआनुषंगिकंस्वर्गफलमपिभवतीत्यर्थः यदाहापस्तंबः ' तद्य
थाऽऽम्रेफलार्थेनिर्मितेछायागंधइत्यनूत्पद्यंते एवंधर्मंचर्यमाणमर्थाअनूत्पद्यंते ' इति २८ येतुअकरणेप्रत्यवायंमत्वाधर्माधिमेवधर्ममनुतिष्ठंतिनज्ञानार्थंनापिस्वर्गार्थंतानाह तस्येति । तस्यधर्मस्यसमाचारं
सम्यगनुष्ठानं वेदविदोवैदिकत्वाभिमानिनोजनाःसम्यगित्याहुः नतुततःकिंचिदैहिकमामुष्मिकंवाफलंकामयंते एनंजनंएनान्जनान् भूयिष्ठंअत्यंतंनमन्येतनमानयेत् किंधित्तुमानयेदेवेत्यर्थः । तमेव
विशिनष्टि बाह्यंआत्मनिवर्णाश्रमवयोवस्थाभिमानित्वात्बहिर्मुखं वैदिकत्वान्निष्कामत्वाच्चआभ्यंतरं यतःअकामहतस्यश्रोत्रियस्यकामोपमर्दतारतम्येन हिरण्यगर्भादर्वाचीनानांमानुषादीनामानंदगणना
यांउत्तरोत्तरशतगुणितायां सएकइंद्रस्यानंदःसएकःप्रजापतेरानंदःइतिप्रतिपर्यायंश्रोत्रियस्यचाकामहतस्यइतिआनंदोत्कर्षःश्रूयते २९ एवंयोगिनामात्मविविदिषूणांनिष्कामवर्णाश्रमाभिमानि
नांचधर्मःउत्तममध्यमाधमभावेनप्रोक्तः संप्रतिअहिंसाप्रधानान्योगिधर्मानाह यत्रमन्येतेति । यत्रगृहेऽन्नंपानंचब्राह्मणस्यसंन्यासिनःभूयिष्ठमस्तीतिमन्येतजानीयात् ततगृहंप्राप्यजोवेत्प्राणयात्रांकुर्यात् ।
नक्षीणवृत्तिंगृहस्थंपीडयेदितिभावः प्रावृषिवर्षाकालेतृणंचउलपःउच्छ्रिततरंतृणं ' उलपोनस्त्रीगुल्मिन्यांनातृणांतरे ' इतिमेदिनी । तृणोदकमितिपाठांतरं नानुसंज्वरेत्क्षुद्बाधयाआत्मानंनपीडयेदित्य

येषांधर्मेषविस्पर्धातेषांतज्ज्ञानसाधनम् ॥ तेब्राह्मणाइतोमुक्ताःस्वर्गंयांतित्रिविष्टपम् २८ तस्यसम्यक्समाचारमाहुर्वेदविदोजनाः ॥ नैनंमन्येतभूयिष्ठंबाह्यमाभ्यं
तरंजनम् २९ यत्रमन्येतभूयिष्ठंप्रावृषीवतृणोलपम् ॥ अन्नंपानंब्राह्मणस्यतज्जीवेन्नानुसंज्वरेत् ३० यत्राकथयमानस्यप्रयच्छत्यशिवंभयम् ॥ अतिरिक्तमि
वाकुर्वन्सश्रेयान्नेतरोजनः ३१ योवाकथयमानस्यह्यात्मानंनानुसंज्वरेत् ॥ ब्रह्मस्वंनोपभुंजीततदन्नंसंमतंसताम् ३२ यथास्वंवांतमश्नातिश्वावैनित्यमभूतये ॥
एवंतेवांतमश्नंतिस्ववीर्यस्योपसेवनात् ३३ नित्यमज्ञातचर्यामेइतिमन्येतब्राह्मणः ॥ ज्ञातीनांतुवसन्मध्येतंविदुर्ब्राह्मणंबुधाः ३४ कोह्यनंतरमात्मानंब्राह्मणोहं
तुमर्हति ॥ निर्लिङ्गमचलंशुद्धंसर्वद्वैतविवर्जितम् ३५

र्थः ३० यत्रदेशेअकथयमानस्यस्वमाहात्म्यंअप्रकाशयतः अशिवममंगलंभयंप्रयच्छति सम्मन्यंतमिदं भयप्रदेऽपिदेशेस्थित्वासत्यपिसामर्थ्येतत्रत्यजनमध्येआत्मानंस्वविद्यादिनाअतिरिक्तमधिक
मिवअकुर्वन् स्वोत्कर्षमप्रकाशयन् योजनोभवतिसश्रेयान्प्रशस्ततरः । परपीडांमानंचत्यजेदितिश्लोकद्वयार्थः ३१ ईदृशेनकस्यान्नंभोक्तव्यंतमाह यइति । यःपुमान्आत्मानंकथयमानस्वदस्वमो
ढिंदर्शयतोनरस्योपरिनानुसंज्वरेत्परोत्कर्षंदृष्ट्वानसंतप्येत् तथाब्रह्मस्वं ' यतिश्चब्रह्मचारीचपक्वान्नस्वामिनावुभौ ' इतिस्मृतेर्यत्यादिभ्योऽदत्वायद्भोजनंतद्ब्रह्मस्वभोजनंअकुर्वंश्चयोभवतितदन्नंतस्यान्नं
सतांसंमतं आसूयारहितस्यश्रद्धापूर्वकंप्रयच्छतएवान्नंभोज्यमित्यर्थः ३२ श्वाशुनकः तेसंन्यासिनः स्ववीर्यस्यस्वपांडित्यस्यउपजीवनात्पांडित्यादिकंप्रकाश्यभिक्षामिच्छन्यतिर्वांताशीभवतीत्यर्थः ३३
यःब्राह्मणःब्रह्मवित्ज्ञातीनांमध्येवसन्नपिज्ञातयोमेममनित्यंअज्ञाताचर्यायाभिस्ताअज्ञातचर्याःसंतुइतिमन्येत ज्ञातयोमेयोगगतिंमाज्ञासिषुरितियस्यप्रच्छन्नतेजसोमतिः तंब्राह्मणंब्रह्मिष्ठंबुधाःतल्लक्षणज्ञाः
विदुः ३४ ईदृशींचर्यांविनाअनंतरंउपाधिकृतव्यवधानशून्यंआत्मानंप्रत्यंचंनिर्लिंगंअनुमानाद्यगम्यं अचलं व्यापकं शुद्धं असंगं सर्वद्वैतविवर्जितं सजातीयविजातीयस्वगतभेदशून्यं हंतुंगंतुं हंतेर्गत्य
र्थत्वमत्रज्ञेयं ज्ञातुमित्यर्थः कोऽर्हतिनकोऽपीत्यर्थः ३५

तस्माद्ब्राह्मणस्यापिक्षत्रियादेरीदृक्चर्यावतः कर्मणिषष्ठी क्षत्रियमपिब्रह्मस्वप्रकाशेनआवसतिअधिरूढंभवति येनसोप्यात्मनोब्रह्मभावंपश्यतीतिसार्धश्लोकोवाक्यं पाठांतरंतुसुगमम् ३६ आत्मा
ज्ञानेदोष्माह यइति । अन्यथाआत्मत्वेनभासमानाद्देहादेर्विपरीतंसंतंअन्यथाकर्त्रादिरूपं शेषंस्पष्टम् ३७ आत्मतत्त्वप्रतिपत्त्युपायमाह अश्रांतइति । अश्रांतःश्रमहीनः यतःअनादाताआदानशून्यःनिष्परि
ग्रहइत्यर्थः अतएवसंमतःशिष्टानां निरुपद्रवश्चस्वयंभवति तथाशिष्टोऽपिशिष्टवन्नस्यात्शिष्टत्वंनप्रकाशयेत् । पाठांतरेअशिष्टवत्यथेष्टाचरणकृन्नस्यात्किंतुशिष्टएव वैदिकमर्यादापरिपालनपरएवस्यात्
कविःक्रांतदर्शी ३८ मानुषेवित्तेचक्षुर्ग्राह्यधनदारादिरूपेविषयेअनाढ्याःदरिद्राः सर्वसंगत्यागिनइत्यर्थः दैवेवित्तेश्रोत्रग्राह्येपारलौकिकेधर्मादौआढ्याःसंपन्नाः तथाक्रतौईश्वरोपासनायां सक्रतुंकु
र्वीतेत्युपासनायामपिक्रतुशब्दप्रयोगदर्शनात् वैराग्यपूर्वककर्मोपासनानुष्ठानपरानिर्भयाभवंतीत्यर्थः तनुंस्वरूपम् ३९ सर्वक्रतुभ्योब्रह्मज्ञानमेवश्रेष्ठमित्याह सर्वानिति । स्विष्टंशोभनंइष्टंदिव्यरूपअन्नपाना
दिकं येयागेनप्रीताःसंतोयजमानायकुर्वंतितेस्विष्टकृतोदेवाः तान्सर्वान्योऽश्वमेधांतसकलक्रतुकर्तावेदसाक्षात्कुर्यात्सोऽपिब्राह्मणस्यब्रह्मविदःसमानोनभवति तत्रहेतुःतस्मिन्निति । यतःतस्मिन्स्विष्टेनिमित्ते
स्वयंप्रयततेयत्नवान्भवति अयंभावः स्विष्टंक्रियासाध्यत्वादनित्यफलं ब्रह्मतुस्वतःसिद्धमेवाभिव्यज्यतइतितज्ज्ञानफलभूतोमोक्षोऽपिस्वतःसिद्धत्वान्नित्यइति नस्विष्टंब्रह्मज्ञानसममिति ४० यमिति ।

तस्माद्धिक्षत्रियस्यापिब्रह्मावसतिपश्यति ३६ योऽन्यथासंतमात्मानमन्यथाप्रतिपद्यते ॥ किंतेननकृतंपापंचोरेणात्मापहारिणा ३७ अश्रांतःस्यादनादातासं
मतोनिरुपद्रवः ॥ शिष्टोनशिष्टवत्सस्याद्ब्राह्मणोब्रह्मवित्कविः ३८ अनाढ्यामानुषेवित्तेआढ्यादैवेतथक्रतौ ॥ तेदुर्धर्षादुष्प्रकंप्यास्तान्विद्याद्ब्रह्मणस्तनुम् ३९ सर्वा
न्स्विष्टकृतोदेवान्विद्याद्यइहकश्चन ॥ नसमानोब्राह्मणस्यतस्मिन्प्रयततेस्वयम् ४० यमप्रयतमानंतुमानयंतिसमानितः ॥ नमान्यमानोमन्येतनमान्यमभिसं
ज्वरेत् ४१ लोकःस्वभाववृत्तिर्हिनिमेषोन्मेषवत्सदा ॥ विद्वांसोमानयंतीहइतिमन्येतमानितः ४२ अधर्मनिपुणामूढालोकेमायाविशारदाः ॥ नमान्यंमा
नयिष्यंतिमान्यानामवमानिनः ४३ नवैमानंचमौनंचसहितौवसतःसदा ॥ अयंहिलोकोमानस्यअसौमौनस्यतद्विदुः ४४ श्रीःसुखस्येहसंवासःसाचापिपरिपंथि
नी ॥ ब्राह्मीसुदुर्लभाश्रीर्हिप्रज्ञाहीनेनक्षत्रिय ४५

यंअप्रयतमानंनिरारंभंयादृशंमानयंतिदेवादयः सएवब्रह्मात्मवित्मानितोभवति यंतुयज्ञादिकर्त्रायमितिमानयंतिसदेवानांपशुरमानितएव तथाचश्रुतिः ‘ अथयोन्यांदेवतामुपास्तेऽन्योऽसावन्योऽहमस्मी
तिनसवेदयथापशुरेवसदेवानाम् ’ इति उपास्तेयज्ञादिनातर्पयति ततोहेतोःआत्मानमन्यैर्मान्यमानमपि मान्यंनमन्येत नापिअभिसंज्वरेत्अवमानेसतीतिशेषः नकारोभिन्नक्रमः ४१ लोकः
स्वभावादेवमांमानयतिनतुमयिमानयोग्यताऽस्तीतिमत्वादर्पंनप्राप्नुयादित्याह लोकइति ४२ येनमानयंतितेऽपिपशुवन्निर्विवेकत्वादुपेक्ष्याएव नतुदंडनीयाइत्याह अधर्मेति ४३ नवाइति । मानं क्लीव
त्वमार्षं । मुनेःकर्ममौनंयोगिचर्या मानार्थिनांपरलोकोदुःसंपादः परलोकार्थिनांमौनिनांचइहलोकोदुःसंपादइतिभावः ४४ श्रीरिति । धनाभिजनैश्वर्यरूपालक्ष्मीःसुखस्यमानरूपस्यसंवासोऽधिष्ठानं तथा
ऽपिसापरिपंथिनीचोरतुल्यापरलोकस्यनाशिनी योगिनांतुसुतरामनिष्टकरीत्यर्थः ब्राह्मीब्राह्मणस्ययोग्याश्रीःऋग्यजुःसामात्मिका ‘ ऋचःसामानियजूंषि साहिश्रीरमृतासताम् ’ इतिश्रुतेः प्रज्ञाहीनेनऋगा
दीनांरहस्यंनप्राप्तुंशक्यमित्यर्थः ४५

तस्यब्राह्मसुखस्य द्वाराणिप्राप्तिसाधनानि दुराधराणिदुःसंरक्ष्याणि सत्यंयथार्थभाषणं आर्जवंअवक्रता। ह्रीःलोकापवादभयं। दमइंद्रियनिग्रहः। शौचंमृज्जलाभ्यांबाह्यं आंतरंतुमनःशुद्धिः। विद्यावेदशास्त्राधिगमः। यथेति। एतेषुसत्सु अनादिवासनया आगतोऽपिमोहोयथावन्नप्रभवति। षण्मानमोहप्रतिबंधकानीतिपाठेस्पष्टोऽर्थः ४६॥ इतिउद्योगपर्वणिनीलकंठीये भारतभावदीपे द्विचत्वारिंशोऽध्यायः॥ ४२॥ पूर्वाध्यायांतेमौनंब्राह्मीश्रीःसत्यादिषट्कंचमोहात्मकस्यमृत्योःप्रतिरोधकानीत्युक्तं तान्येवप्रश्नपूर्वकंविवरीतुमध्यायांतरमारभते कस्यैषमौनइत्यादि। न्यासपूर्वकंस्वीक्रियमाणोमुनेर्धर्मोयौनसंज्ञः कस्यप्रयोजनस्यार्थेइत्येकःप्रश्नः। लोकप्रसिद्धेर्वाङ्नियमोवा। 'अमौनंचमौनंचनिर्विद्याथब्राह्मणः' इतिश्रौतप्रसिद्धेरमौनशब्दितात्पांडित्यबाल्यापरपर्यायात् श्रवणमननाख्यात्द्वयादन्यत्ततसमनियतं निदिध्यासनंवामौनशब्दितं तयोर्मध्येऽत्रकतरन्मौनशब्दाभिधेयमितिद्वितीयः। तस्यचभावंस्वलक्षणंब्रूहीति तृतीयः। तेनमौनेनविद्वान् मौनंमनःप्राणेंद्रियक्रियाणांनिरवशेषेणोपरमंनिर्विकल्पंपदमितियावत् तद्गुतथपियातीतिचतुर्थः। कथंवाकेनप्रकारेणमौनमाचरंतीतिपंचमःप्रश्नः १ पंचानामपिप्रश्नानांतंत्रेणोत्तरमाह यतइति। यस्माद्धेतोः एनंप्रत्यगात्मानंमनसासह वेदानअनुप्रविशंति। 'यतोवाचोनिवर्त्तन्तेअप्राप्यमनसासह' इतिवाङ्मनसातीतत्वश्रुतेः। ततोहेतोः मौनमिति एतन्नामेत्यर्थः। एतेनवाङ्मनसातीतपदप्राप्तिर्मौनस्यप्रयोजनं तच्चवागादिबाह्येंद्रियनिग्रहरूपं मनोनिग्रहरूपं तेनचक्रमाद्बाह्याभ्यंतरप्रपंचयोरभानं तेनचाभानेनप्राप्यंवाङ्मनसातीतंपदमितिप्रश्नचतुष्टयस्योत्तरमुक्तंभवति। पंचमप्रश्नस्योत्तरमाह यत्रोत्थितइति। यत्रअधिष्ठानेभूमब्रह्मात्मनि वेदशब्दस्तथाअयमितिलौकिकशब्दश्चउत्थितः

द्वाराणितस्येहवदन्तिसन्तोबहुप्रकाराणिदुराधराणि॥ सत्यार्जवेह्रीर्दमशौचविद्यायथानमोहप्रतिबोधनानि ४६॥ इतिश्रीमहाभारतेउद्योगपर्वणिसनत्सुजातपर्वणि
द्विचत्वारिंशोऽध्यायः॥ ४२॥ ॥ धृतराष्ट्रउवाच॥ कस्यैषमौनःकतरन्नुमौनंप्रब्रूहिविद्वन्निहमौनभावम्॥ मौनेनविद्वानुतयातिमौनंकथंमुनेमौनमिहाचरन्ति १
॥ सनत्सुजातउवाच॥ यतोनवेदामनसासहैनमनुप्रविशंतिततोऽथमौनम्॥ यत्रोत्थितोवेदशब्दस्तथाऽयंसतन्मयत्वेनविभातिराजन् २॥ धृतराष्ट्रउवाच॥ ऋचो
यजूंषियोवेदसामवेदंचवेदयः॥ पापानिकुर्वन्पापेनलिप्यतेकिंनलिप्यते ३॥ सनत्सुजातउवाच॥ नैनंसामान्यृचोवाऽपिनयजूंष्यविचक्षणम्॥ त्रायन्तेकर्मणःपा
पान्नतेमिथ्याब्रवीम्यहम् ४ नच्छन्दांसिवृजिनात्तारयन्तिमायाविनंमाययावर्तमानम्॥ नीडंशकुन्ताइवजातपक्षाश्छन्दांस्येनंप्रजहत्यन्तकाले ५

क्षेत्रेअंकुरइव समुद्रेतरंगइवचाविर्भूतः सभूतात्मा तन्मयत्वेनशब्दमयत्वेन विभातिप्रकाशते हेराजन्। अयंभावः वेदशब्देनवेदस्यसारतरःप्रणवः 'भूरित्येवऋग्वेदादजायत भुवइतियजुर्वेदात्स्वरिति सामवेदात्तानिशुक्राण्यभ्यतपत्तेभ्योऽभितप्तेभ्यस्त्रयोवर्णाअजायंताकारउकारोमकारइतितानेकधासमभरत्तदेतदोमिति' बह्वृचब्राह्मणात्। तस्यचप्रणवस्य 'ओमित्येतदक्षरमिदंसर्वमिति सार्वात्म्यश्रुतेस्तन्मात्राणांचअकारोकारमकराणां क्रमात्स्थूलसूक्ष्मकारणप्रपंचवाचकानां वाच्यवाचकयोरभेदात्पूर्वपूर्वस्यउत्तरोत्तरत्रप्रविलापनेगुरूक्तयुक्त्याक्रियमाणेस्थूलस्यजगतःसूक्ष्मे लवणोदकन्यायेनप्रविलयोभवति। तथासूक्ष्मस्यकारणेकारणस्यतुरीयेऽर्धमात्रावाच्येऽमात्राख्ये 'शिवमद्वैतंचतुर्थंमन्यंते' इतिश्रुतेर्गलिताखिलद्वैतभानेवाङ्मनसातीतेप्रविलयोभवति अतःप्रणवाख्यशब्दमयत्वेनतद्द्वारावाङ्मनसातीतंवस्तुभातीतियुक्तमिति २ ननुयदिवेदशब्दमयत्वेनतद्द्वारावाङ्मनसातीतंपदंभातितज्ज्ञानाच्च 'यथैषीकातूलमग्नौप्रोतंप्रदूयेतैवंह्यस्यसर्वेपाप्मानःप्रदूयंते' इतिश्रुतेः सर्वपापनाशश्चभवति तर्हिमौनहीनस्यापिऋगाद्यभ्यासेनतदुभयंभविष्यतीत्याशंकते ऋचइति ३ अविचक्षणंवाङ्मनसनिग्रहासमर्थम् ४ छंदांसिवेदाः वृजिनात्पापात्। ननु 'अथागमोयांयांदेवतांनिराहतस्यास्तस्यास्ताद्भाव्यमनुभवति' इति वचनात् 'यंयंवाऽपिस्मरन्भावं' इतिस्मृतेश्च नित्याभ्यासादंतकालेयद्दैवत्यंमंत्रंस्मरति तद्दैवताताद्भाव्यमस्यभविष्यतीति किंवाङ्मनसनिग्रहरूपेणमौनेनेत्याशंक्याह नीडमिति। मौनाभावेऽन्तकाले छंदांस्येवनस्फुरंतीत्यर्थः ५

धर्मस्वाभाविकं । 'शमोदमस्तपः शौचं क्षांतिरार्जवमेवच ॥ ज्ञानंविज्ञानमास्तिक्यंब्रह्मकर्मस्वभावजम्' इति गीतामुक्तंविना प्रलापः 'ऋग्यजुःसामभिःपूतोब्रह्मलोकेमहीयते । यावतीर्वैदेवतास्ताः सर्वावेदविदिब्राह्मणेवसंति' इति ब्राह्मणानांमाहात्म्यप्रख्यापकोऽनर्थकोवाक्यसंदर्भःप्रवृत्तइतिशेषः सनातनोऽनादिः ६ उत्तरमाह तस्येति । 'अस्यमहतोभूतस्यनिःश्वसितमेतद्यदृग्वेदोयजुर्वेदःसामवेदः' इत्यादिश्रुतेर्यस्यप्रलापोऽयंवेदशास्त्रादिप्रपंचस्तस्यैवपरमात्मनःस्वयंअव्याकृतस्य नामरूपात्मनाऽव्याकृतस्यस्वरूपं इदंजगद्भाति । नामादिविशेषरूपैरितीत्थं भावेतृतीया । नामरूपात्मकोयोविशेषस्तदात्मकस्वरूपस्येत्यर्थः तथाचश्रुतिः । 'तद्धेदंतर्ह्यव्याकृतमासीत्तन्नामरूपाभ्यामेवव्याक्रियतासौनामाऽयमिदंरूपइति' इति हेमहानुभाव 'निर्दिश्यद्वेवावब्रह्मणोरूपेमूर्तंचैवामूर्तंच' इत्यादिना कृत्स्नंदृश्यमदृश्यंचविश्वंब्रह्मरूपत्वेननिर्दिश्य ब्रह्मैवेदमितिसम्यक्प्रवदंतीत्यध्यारोपप्रसंगे अपवादप्रसंगेच ततब्रह्मविश्वस्मान्मूर्तामूर्तात् विरूपमेववैरूप्यंविलक्षणंउदाहरंतिवेदाएव 'अथातआदेशोनेतिनेति नह्येतस्मादन्यत्परमस्तीतिनेति' इत्यादयः । अत्रनेतिनेतीतिनञ्द्वयेन प्रकृतेमूर्तामूर्तेनिषिद्ध्य शून्यशेषत्वेप्रसक्तेएतस्मादात्मनोऽन्यत्परंकार्यंकारणंवाऽतिरिक्तंनास्तीतिहेतोर्नेतीत्युच्यते नतुशून्यमवशेष्यतइति श्रुत्यैवब्रह्मणोविश्ववैरूप्यमुक्तं । ततश्चयत्रभवत्वेनवेदोमान्यस्तंवेदोक्तमार्गाननुष्ठानेनावजानतोवेदाध्ययनमपिनिष्फलंभवति भगवदाज्ञाभंगदोषादितिभावः श्रूयतेच । नतस्यवाच्यपिभागोअस्तीति । देहाद्यात्मबुद्ध्यापरमात्मानास्तीतिमत्वातंसजतः देहोच्चारणमात्रसंभवेऽपिफलांशोनास्तीतिश्रुत्यर्थः ७ तदर्थमिति । यत्विश्वस्माद्विलक्षणंब्रह्मप्रोक्तं तदर्थंतत्प्राप्त्यर्थं एतत्प्रसिद्धंतपःकृच्छ्रचांद्रायणादिध्यानधारणादिचउक्तं 'तपसाब्रह्मविजिज्ञासस्व' इतिश्रुत्याप्रोक्तं । तथाएषाइज्यायागादिरपितदर्थमेव तत्रक्रममाह ताभ्यामिति । इज्यातपोभ्यांपुण्योत्पत्तिः पुण्येनपापनाशः निष्पापस्तुज्ञानेनब्रह्माकारयाचेतो

धृतराष्ट्रउवाच ॥ नचेद्वेदाविनाधर्मंत्रातुंशक्ताविचक्षण ॥ अथकस्मात्प्रलापोऽयंब्राह्मणानांसनातनः ६ ॥ सनत्सुजातउवाच ॥ तस्यैवनामादिविशेषरूपैरिदंजगद्भातिमहानुभाव ॥ निर्दिश्यसम्यक्प्रवदन्तिवेदास्तद्विश्ववैरूप्यमुदाहरन्ति ७ तदर्थमुक्तंतपएतदिज्याताभ्यामसौपुण्यमुपैतिविद्वान् ॥ पुण्येनपापंविनिहत्यपश्चात्संजायतेज्ञानविदीपितात्मा ८ ज्ञानेनचात्मानमुपैतिविद्वानथान्यथावर्गफलानुकांक्षी ॥ अस्मिन्कृतंतत्परिगृह्यसर्वममुत्रभुंक्तेपुनरेतिमार्गम् ९ अस्मिँल्लोकेतपस्तप्तंफलमन्यत्रभुज्यते ॥ ब्राह्मणानामिमेलोकाधात्वेतपसितिष्ठताम् १०

वृत्त्या विदीपितात्मा प्रकाशितात्मतत्त्वोभवति । एतेनइज्यातपसोः साक्षान्मोक्षहेतुत्वनिरसनेनज्ञानकर्मसमुच्चयपक्षोनिर्मूलोवेदितव्यः ८ किमात्मतत्त्वप्रकाशेनेत्यतआह ज्ञानेनचात्मानमुपैतीति । आत्मलाभान्नपरंविद्यते । 'आत्मानंचेद्विजानीयादयमस्मीतिपूरुषः । किमिच्छन्कस्यकामायशरीरमनुसंज्वरेत्' इत्यादिशास्त्रादात्मप्राप्तिरेवपरमपुरुषार्थइतिभावः । विपक्षेदोषमाह अथेति । अथेतिपक्षांतरे अन्यथा आत्मज्ञानाभावेनानात्मनिपुरुषार्थत्वबुद्ध्यावर्गफलानुकांक्षीभवति । वृंक्तेआत्मानंस्वस्वविषयोपहारमुखेनावृणोतीतिवर्गःइंद्रियगणस्तस्यप्रियंफलंविषयसुखं तदाकांक्षीसन् अस्मिन्लोकेकृतंयत्पुण्यंपापंवा तत्तत्सर्वंपरिगृह्य 'तंविद्याकर्मणीसमन्वारभेतेपूर्वप्रज्ञाच' इतिश्रुतेः । तंउत्क्रामंतमितिश्रुतिपदस्यार्थः अमुत्रस्वर्गेनरकेवातत्फलंसुखंदुःखंवाभुंक्ते । ततःपुनरिमंमार्गंलोकंकर्मशेषेणउपैति । तस्मिन्यावत्संपातमुषित्वाऽथैतमेवाध्वानंपुनर्निवर्तते । 'तस्माल्लोकात्पुनरैत्यस्मैलोकायकर्मणे' इत्यादिश्रुतिभ्यः । संपतत्यनेनेतिसंपातःकर्म ९ नन्वेवंतर्हि स्वाध्यायप्रवचनेएवेतिनाकोमौद्गल्यः तद्धितपस्तद्धितपः' इत्यादेरध्ययनाध्यापनयोर्मुख्यतपस्त्वश्रवणादस्तितयोरपिमोक्षहेतुत्वंतत्कथमुच्यते नच्छंदांसिवृजिनात्तारयंतीतिमत्वाविद्वदविद्वत्तपसोर्भेदमाह अस्मिन्निति । अविदुषांतपसःफलंआमुष्मिकं विदुषांब्राह्मणानांतुइमेएवलोकाःफलदाः ज्ञानंदृष्टफलमित्यर्थः । कीदृशानां धात्वेतपसितिष्ठतां धात्वेधातव्ये । कृत्यार्थेतवैकेन्केन्यत्वनइतिधाञस्त्वन् । अवश्यकर्तव्येइत्यर्थः । तच्चशमोदमस्तपःशौचमितिप्रागेवोक्तं । वृद्धेतपसीतिपाठेस्पष्टोऽर्थः १०

समृद्धंविदुषःअसमृद्धंअविदुषश्चएकमेवतपःकेवलंशुद्धंसत्कथंद्वैविध्यंप्राप्नोतीतिपृच्छति कथमिति ११ उत्तरमाह निष्कल्मषमिति। कल्मषंकामःश्रद्धादिराहित्यंचतद्रहितंतपःकेवलंकैवल्यसाधनत्वात्केवलमित्यु च्यते। तदेवश्रद्धाद्युपेतमपिसकामंचेत्समृद्धमित्युच्यते। यत्तुकेवलंदंभार्थमेवक्रियतेतदृद्धं तथाचश्रुतौ 'यदेवविद्ययाकरोतिश्रद्धयोपनिषदातदेववीर्यवत्तरंभवति' इतितरप्प्रत्ययश्रुतेर्विद्याहीनस्यापितपसो वीर्यवत्त्वावगमादृद्धत्वंगम्यते १२ तपएवप्रशंसति तपइति। इदंसर्वंभोग्यंतपोमूलंतपःप्राप्यंपरं अमृतंमुक्तिं १३ ननुनिष्कल्मषंतपःश्रुतं तत्रकिंतत्किल्बिषं यद्रहितेनतपसासनातनंगुह्यंब्रह्मविद्यांजानीयामितिपृच्छ ति कल्मषमिति १४ तदेवाह क्रोधादयइति। क्रोधादिगणोद्वादशकः दशत्रित्रयोदशेत्यर्थः तावान्नृशंसवर्गश्चतपसःकल्मषं धर्मादिगणविरुद्धत्वात्। तद्रहितधर्माद्युपेतंतुतपोनिष्कल्मषंमोक्षहेतुरित्यर्थः पितॄणां वंशकर्तॄणांमन्वादीनां। आततानाइत्यपिपाठः १५ क्रोधःइच्छाप्रतीघातोत्थआक्रोशताडनादिहेतुर्मनस्तापः १ कामःस्त्र्यभिलाषः २ लोभोधनव्ययभीरुत्वं ३ मोहः कृत्याकृत्यविवेकराहित्यं ४ विधित्सासत्य प्युत्तरोत्तरलाभेपिपासाख्याअतृप्तिः धेट्पानेइत्यस्यरूपम् ५ अकृपानिर्दयत्वम् ६ असूयापरगुणेषुदोषदर्शनम् ७ मानआत्मनिपूज्यताबुद्धिः ८ शोकइष्टार्थनाशेसतिमनोवैक्लव्यं ९ स्पृहाभोग्यवर्गेष्वादरः १० ईर्ष्यापरोत्कर्षासहिष्णुत्वं ११ जुगुप्सापरनिंदा बीभत्सतावा १२ मनुष्याणांयोगिनामयोगिनांचैतेदोषाःसर्वेषामपिवर्ज्याइत्यर्थः १६ एतेषांमध्येएकैकोऽपिमनुष्यंनाशयितुंसमर्थः किंतुकतिपयस

॥ धृतराष्ट्रउवाच ॥ कथंसमृद्धमसमृद्धंतपोभवतिकेवलम् ॥ सनत्सुजाततद्ब्रूहियथाविद्यामतद्वयम् ११ ॥ सनत्सुजातउवाच ॥ निष्कल्मषंतपस्त्वेतत्केवलंपरि
चक्षते ॥ एतत्समृद्धमप्यृद्धंतपोभवतिकेवलम् १२ तपोमूलमिदंसर्वंयन्मांपृच्छसिक्षत्रिय ॥ तपसावेदविद्वांसःपरंत्वमृतमाप्नुयुः १३ ॥ धृतराष्ट्रउवाच ॥ कल्मषं
तपसोब्रूहिश्रुतंनिष्कल्मषंतपः ॥ सनत्सुजातयेनेदंविद्यांगुह्यंसनातनम् १४ ॥ सनत्सुजातउवाच ॥ क्रोधादयोद्वादशयस्यदोषास्तथानृशंसानिदशत्रिराजन् ॥
धर्मादयोद्वादशैतेपितॄणांशास्त्रेगुणायेविदिताद्विजानाम् १५ क्रोधःकामोलोभमोहौविधित्साऽकृपाऽसूयेमानशोकौस्पृहाच ॥ ईर्ष्याजुगुप्साचमनुष्यदोषावर्ज्याःसदा
द्वादशैतेनराणाम् ॥ १६ एकैकःपर्युपास्तेहमनुष्यान्मनुजर्षभ ॥ लिप्समानोऽन्तरंतेषांमृगाणामिवलुब्धकः १७ विकत्थनःस्पृहयालुर्मनस्वीबिभ्रत्कोपंचपलोऽरक्ष
णश्च ॥ एतान्पापाःषण्नराःपापधर्मान्प्रकुर्वतेनोत्रसंतःसुदुर्गे १८ संभोगसंविद्विषमोऽतिमानीदत्तानुतापीकृपणोबलीयान् ॥ वर्गप्रशंसीवनितासुद्वेष्टाएतेपरे
सप्तनृशंसवर्गाः १९

मुदायःसर्वसमुदायोनेत्याह एकैकइति। अंतरंछिद्रं १७ त्रयोदशनृशंसानिहिंस्राण्याहद्वाभ्यां विकत्थनइति। विकत्थनः परगुणाक्षेपेणस्वगुणोत्कर्षाभिधानशीलः १ स्पृहयालुःअतियत्नपूर्वकंपरस्त्र्यादिभोगे च्छावान् २ मनस्वी गर्वाधिक्यात्परावमाननशीलः ३ बिभ्रत्कोपं निमित्तंविनाऽपिसदाकोपपरः ४ चपलः मित्रभावादिष्वस्थिरः ५ अरक्षणःशक्तौसत्यांस्त्रीकृतस्त्र्यादेःपालनमकुर्वन् ६ एतान्षट् पापधर्मान् पापाःपापिनोनराःकुर्वते। केतेयेसुदुर्गेमहासंकटे इहपरत्रवाउपस्थितेनोत्रसंतःत्रासंअकुर्वंतः एकमिदंपदं सुप्सुपेतिसमासः एतेषडत्यंतंहिंस्राइत्यर्थः १८ संभोगःस्त्रीसंगादिस्तद्विषयासंवित्संमतिस्तदेव पुरुषार्थइतियाबुद्धिस्तयाविषमोदुर्व्यवस्थितः १ अतिमानीअत्यंतंदर्पवान् २ पाठांतरे संभोगसंविद्भोगेबुद्धिमान् द्विषंद्वेषमेधमानोवर्धयन्। दत्तानुतापीदानंकृत्वाऽपिलोभवशान्ममधनंनष्टमितिसंतापवान् ३ कृपणःप्राणांतेऽपिवित्तव्ययमसहमानः ४ बलीयान्अतिशयेनबलिमान् पूर्वराजेभ्योऽप्यधिकंप्रजानांसकाशाद्बलिंगृह्णन्नित्यर्थः ५ वर्गप्रशंसी वर्गोनुजिनेपराभिभवस्तत्प्रशंसनशीलः ६ अन्येषांदुःखेनसुखी त्यर्थः। वनितासुपरिणीतासुद्वेष्टा ७ एतेसप्तनृशंसाः पूर्वेचषट् एवंत्रयोदश १९

गुणानाह धर्मइति । धर्मोवर्णाश्रमनियतःसंध्योपासनादिः १ सत्यंहिंसावर्जंयथार्थभाषणं २ दमःजिह्वोपस्थादिनिग्रहः ३ तपःकृच्छ्रचांद्रायणादि ४ अमात्सर्यं मत्सरःपरगुणासहिष्णुत्वंतदभावः ५ ह्रीर्लज्जा ६ तितिक्षासत्यपिक्रोधनिमित्तेतदनुत्पादः ७ अनसूयापरगुणेषुदोषाविष्करणमसूयातदभावः ८ यज्ञोज्योतिष्टोमादिः ९ दानंबहिर्वेदिसंविभागः १० धृतिःअत्यंतापद्यपिव्रतादेरत्यागः ११ श्रुतंअर्थग्रहणसहितंवेदाध्ययनम् १२ ब्राह्मणस्यब्रह्मप्राप्तुमिच्छोः २० यस्त्विति । सर्वगुणाढ्योब्रह्मवित्सत्यकामादिगुणभाक्भवति । 'यस्तमात्मानमनुविद्यविजानातिससर्वांश्चलोकानाप्नोतिसर्वांश्चकामान्' इतिश्रुतेः । एतेषांमध्येत्रिभिर्द्वाभ्यांएकतोवाअर्थितःअर्थःवित्तंसंजातमस्यसतथा स्वंदैवंवित्तं २१ दमःजितेंद्रियत्वं । त्यागःकर्मणामीश्वरेऽर्पणं । अप्रमादस्तत्त्वानुसंधानं । अमृतंमुक्तिः । सत्यमुखानिसत्यप्रधानान्येवएतानिफलानिभवंतीत्यर्थः २२ अष्टादशदोषत्यागादष्टादशगुणत्वंदमस्याह दमइति । कृतेकर्मणिवैदिकेप्रतिकूलंअश्रद्धाआलस्यादिच । अकृतेउपवासव्रतादौप्रतिकूलंक्षुधाजिव्हालौल्यादि इदंद्वयमेकोदोषः १ अनृताऽभ्यसूयेप्रसिद्धे ३ कामःस्त्र्यभिलाषः ४ अर्थोधनार्जनार्थेऽतियत्नः ५ स्पृहाधनाद्यभिलाषः ६ । २३ पैशुन्यंपरदोषसूचकत्वं ११ परितापःअतिदुःखित्वं १४ अरतिःसत्क्रियाऽनभिलाषः

धर्मश्चसत्यंचदमस्तपश्च अमात्सर्यंह्रीस्तितिक्षाऽनसूया ॥ यज्ञश्चदानंचधृतिःश्रुतंचव्रतानिवैद्वादशब्राह्मणस्य २० यस्त्वेतेभ्यःप्रभवेद्द्वादशभ्यःसर्वामपीमांपृथिवींसशिष्यात् ॥ त्रिभिर्द्वाभ्यामेकतोवाऽर्थितोयस्तस्यस्वमस्तीतिसवेदितव्यः २१ दमस्त्यागोऽप्रमादश्चएतेष्वमृतमाहितम् ॥ तानिसत्यमुखान्याहुर्ब्राह्मणायेमनीषिणः २२ दमोह्यष्टादशगुणःप्रतिकूलंकृताकृते ॥ अनृतंचाभ्यसूयाचकामार्थौचतथास्पृहा २३ क्रोधःशोकस्तथातृष्णालोभःपैशुन्यमेवच ॥ मत्सरश्चविहिंसाचपरितापस्तथाऽरतिः २४ अपस्मारश्चातिवादस्तथासंभावनाऽऽत्मनि ॥ एतैर्विमुक्तोदोषैर्यःसदांतःसद्भिरुच्यते २५ मदोऽष्टादशदोषःस्यात्त्यागोभवतिषड्विधः ॥ विपर्ययाःस्मृताएतेमददोषाउदाहृताः २६ श्रेयांस्तुषड्विधस्त्यागस्तृतीयोदुष्करोभवेत् ॥ तेनदुःखंतरत्येवभिन्नंतस्मिन्जितंकृते २७ श्रेयांस्तुषड्विधस्त्यागःश्रियंप्राप्यनहृष्यति ॥ इष्टापूर्तेद्वितीयंस्यान्नित्यवैराग्ययोगतः २८ कामत्यागश्चराजेन्द्रसतृतीयइतिस्मृतः ॥ अप्यवाच्यंवदंत्येतंसतृतीयोगुणःस्मृतः २९ त्यक्तैर्द्रव्यैर्यद्भवतिनोपयुक्तैश्चकामतः ॥ नचद्रव्यैस्तद्भवतिनोपयुक्तैश्चकामतः ३०

१५ । २४ अपस्मारःकर्तव्यविस्मरणं १६ अतिवादःपराक्रोशः १७ संभावनामहत्त्वबुद्धिः १८ । २५ मदइति । येषांविपर्ययादमगुणत्वेनउक्तास्तएवकृताकृतप्रतिकूलादयोऽष्टादश तथावक्ष्यमाणस्यषड्विधत्यागस्यचविपर्ययाःषट् तेच लक्ष्मीप्राप्तौहर्षः १ अप्रियेजातेव्यथा २ स्वीयेषुयाच्ञा ३ पात्रेष्वप्रदानं ४ सत्यधिकारेइष्टापूर्तयोरकरणं ५ कामस्यात्यागःप्रमादश्च ६ एतेचतुर्विंशतिर्मददोषाः २६ श्रेयान्प्रशस्ततरःतृतीयोवक्ष्यमाणःकामत्यागः तस्मिन्कामत्यागेकृतेसति भिन्नंभेदः भावेनिष्ठा द्वैतमितियावत् सएवदुःखं 'द्वितीयाद्वैभयंभवति । यत्रान्यत्पश्यत्यन्यच्छृणोतितदल्पं अथयदल्पंतद्दुःखम्' इत्यादिश्रुतिभ्यः कामत्यागादेवसर्वदुःखनिवृत्तिरूपोमोक्षःसिद्धः तथाचश्रुतिः 'यदासर्वेप्रमुच्यंतेकामायेऽस्यहृदिस्थिताः ॥ अथमर्त्योऽमृतोभवत्यत्रब्रह्मसमश्नुते' इति २७ त्यागमेवाह श्रेयानिति । श्रियंलक्ष्मींविद्यांच नहृष्यतिनहृष्यति १ इष्टंयागहोमादिआपूर्तंतडागारामादि २ । २८ कामत्यागस्यपरांकाष्ठामाह अपीति । अवाच्यंनिर्वृत्तिकत्वात् तथाचोदाहृतं'यदासर्वेप्रमुच्यंते'इति २९ त्यक्तैरिति । द्रव्यैःस्त्र्यादिभिस्त्यक्तैरेवयत् निष्कामत्वंभवति तत्कामपूर्वकंउपभुक्तैर्नभवति यथोक्तं 'नजातुकामःकामानामुपभोगेनशाम्यति' इति । निष्कामत्वंबहुभिर्लब्धैरपिद्रव्यैर्नभवति नाप्युपयुक्तैःकाम्यद्वारान्वयीकृतैरित्यर्थः ३०

॥ ४४ ॥

नदुःखंकुर्यादितिशेषः तेनचदुःखेननग्लपेतग्लानिंनप्राप्नुयात गुणैःकीर्त्यादिभिः ३१ अप्रियेकीर्तिविनाशादिप्रभवेसमुत्पन्नेऽपि योव्यथांनगच्छतिसचतुर्थस्त्यागइत्यर्थः ४ पंचमंसागमपाअव्यमाह इष्टानिति ५ । ३२ षष्ठमाह अर्हतेइति । अर्हतेयोग्याय ६ षड्विधत्यागफलमाह अप्रमादीति । सचअप्रमादश्च ३३ सत्यंयथार्थवचनं १ ध्यानं मूर्तेरीश्वरस्यआत्मनोवाऽनुसंधानं २ समाधानं संप्रज्ञातासंप्रज्ञातभेदेनद्विविधःसमाधिः ३ चोद्यं तर्कः येनसमाधिफलेसार्वकाम्यादौदोषमुत्प्रेक्षयंति ४ वैराग्यमुपरमः ५ अस्तेयं परस्वापहरणाभावः ६ ब्रह्मचर्यं स्त्रीसंगराहित्यं ७ असंग्रहोनिष्परिग्रहता ८ । ३४ उक्तमनुवदत्यप्रमादप्रतियोगिनंप्रमादंवक्तुं एवमिति ३५ पंचभ्यइंद्रियेभ्यःषष्ठान्मनसश्चस्वस्वविषयेरागद्वेषोत्थाःषट्प्रमादाः अतीते नष्टपुत्रशोकादिजःसप्तमः अनागतेपुत्रकामस्यतदभावेयःक्लेशःसोऽष्टमःप्रमादः एतेभ्यःप्रमादेभ्योमुक्त्युपेतोमुक्तिप्राप्तःसुखीभवेत ३६ दमत्यागाप्रमादानुक्त्वातेषांसत्यमुखत्वंप्रागुक्तंविवृणोति सत्यात्मेति । सत्येआत्माचित्तंयस्यसतथा तान्दमत्यागाप्रमादान् ३७ दोषनिवृत्त्यैवतपःसिद्धिर्धात्राकृतेत्याह निवृत्तेनैवेति ३८ प्रश्नव्याख्यानमुपसंहरति दोषैरिति ३९ । ४० एवंविधासाधनान्यधिगम्यअध्ययनगृहीताद्वेदादधिगतवेद्यानामनेकत्वंमन्वानः किंतद्वेद्यंश्रेष्ठमितिपृच्छति आख्यानेति । आख्यानंइतिहासपुराणादिपंचमंयेषुतैर्वेदैः ' सर्वंखल्विदंब्रह्मब्रह्मैवेदंविश्वंपुरुषएवेदंसर्वं ' इत्यादिभिर्भूयिष्ठंनामादिप्रपंचादधिकतमंभूमाख्यंपरंब्रह्म तदेवजनः

नचकर्मस्वसिद्धेषुदुःखंतेनचनग्लपेत् ॥ सर्वैरेवगुणैर्युक्तोद्रव्यवानपियोभवेत् ३१ अप्रियेचसमुत्पन्नेव्यथांजातुनगच्छति ॥ इष्टान्पुत्रांश्चदारांश्चनयाचेतकदाचन
३२ अर्हतेयाचमानायप्रदेयंतच्छुभंभवेत् ॥ अप्रमादीभवेदेतैःसचाप्यष्टगुणोभवेत् ३३ सत्यंध्यानंसमाधानंचोद्यंवैराग्यमेवच ॥ अस्तेयंब्रह्मचर्यंचतथाऽसंग्रहमेवच
३४ एवंदोषामदस्योक्तास्तान्दोषान्परिवर्जयेत् ॥ तथात्यागोऽप्रमादश्चसचाप्यष्टगुणोमतः ३५ अष्टौदोषाःप्रमादस्यतान्दोषान्परिवर्जयेत् ॥ इंद्रियेभ्यश्च
पंचभ्योमनसश्चैवभारत ॥ अतीतानागतेभ्यश्चमुक्त्युपेतःसुखीभवेत् ३६ सत्यात्माभवराजेन्द्रसत्येलोकाःप्रतिष्ठिताः ॥ तांस्तुसत्यमुखानाहुःसत्येह्यमृतमाहितम्
३७ निवृत्तेनैवदोषेणतपोव्रतमिहाचरेत् ॥ एतद्धात्राकृतंवृत्तंसत्यमेवसतांव्रतम् ३८ दोषैरेतैर्वियुक्तस्तुगुणैरेतैःसमन्वितः ॥ एतत्समृद्धमत्यर्थंतपोभवतिकेवलम्
३९ यन्मांपृच्छसिराजेन्द्रसंक्षेपात्प्रब्रवीमिते ॥ एतत्पापहरंपुण्यंजन्ममृत्युजरापहम् ४० धृतराष्ट्रउवाच ॥ आख्यानपंचमैर्वेदैर्भूयिष्ठंकथ्यतेजनः ॥ तथाचान्येच
तुर्वेदास्त्रिवेदाश्चतथापरे ४१ द्विवेदाश्चैकवेदाश्चाप्यनृचश्चतथापरे ॥ तेषांतुकतरःसस्याद्यमहंवेदवैद्विजम् ४२

स्थावरजंगमरूपंजगदितिकथ्यते अन्येशाखिनःपुनश्चतुर्वेदाःचत्वारिवेदयंतितेतथा चत्वारःपुरुषाइति । वाक्षःशरीरपुरुषश्छंदःपुरुषोवेदपुरुषोमहापुरुषइति । छंदोगायत्र्यादिनियताक्षरपादं तच्चयजुःसाम्नोरप्युपलक्षणं । वेदःकर्मचोदनात्मकंब्राह्मणं । तथात्रिवेदाः त्रीन्क्षरमक्षरमुत्तमंचेतिपुरुषंवेदयंतेत्रिवेदाः क्षरंप्रधानंअमृताऽक्षरंहक्षरात्मानावीशतेदेवएकःइति अमृतोजीवःकूटस्थःसोऽक्षरं मुक्तोपभार्थः ईशतेईष्टे ' क्षरःसर्वाणिभूतानिकूटस्थोऽक्षरउच्यते । उत्तमःपुरुषस्त्वन्यःपरमात्मेत्युदाहृतः ' इति ४१ तथाद्विवेदाःद्वेब्रह्मणीवेदितव्येशब्दब्रह्मपरंचयदितिवाच्यवाचकयोरभेदेनशब्दब्रह्मशब्देनात्र कृत्स्नोनामरूपात्मकःप्रपंचउच्यते परंचतदतीतमितिद्वयमपिवेद्यत्वेनवदंति एकवेदाः ' एकधैवानुद्रष्टव्यंनेहनानाऽस्तिकिंचन ' इत्यादयएकमेववेद्यंवेदयंति अनृचश्च ऋच्यतेस्तूयतेइतिऋक्‌ईश्वरः सपृथक्त्वेननास्तियेषांतेऽनृचः ब्रह्माद्वैतवादिनः एकवेदानांव्युत्थानकालेद्वैतमस्तिसमाधौतुबाधितंतद्भवति । अनृचांतुअवस्थाद्वयेऽपिद्वैताभावस्तुल्यइतिभेदः । एतेषांपण्णांमध्येसकतरःकतमःयमहंवेद जानीयां द्विजंब्राह्मणंब्रह्मविदमित्यर्थः अत्रभूयिष्ठंजनइतिप्रथमःसविशेषाद्वैतपक्षः द्वितीयोनिरीश्वरपक्षः सांख्यानांमीमांसकानांच त्रिवेदास्तुपातंजलाजनवेद्यजनयोर्भेदंवदंतः द्विवेदास्त्वौडुलोमाःदार्श्च-

भेदं कारणात्मना अभेदं च सत्यमेवत्वदंतः यथाकटकमुकुटाद्यात्मनाभेदोऽपिसत्यः कनकात्मनाऽभेदोऽपिसत्यएवेति । एकत्वेदात्ज्ञानपिकिंचिद्वाच्ययोग्यंसत्त्वासत्त्वाभ्यामनिर्वचनीयंद्वैतमस्त्येव व्यावहारिकंप्रा
तिभासिकात्मस्थोबाध्यात्रज्जूरगादेर्विलक्षणंयावन्मोक्षमबाध्यं अनृचांतुदृष्टिसृष्टिवादिनांयथारज्ज्वामुरगःस्वकृचकल्पिता एवमात्मनिजाग्रत्स्वप्नौसमसत्ताकौइतिभेदः । तत्राध्यारोपापवादाभ्यांनिष्प्र
॥ ४५ ॥ पंचंप्रपंच्यतेइतिन्यायेन आद्यंपक्षचतुष्टयंव्यवहारस्यपारमार्थिकत्वपरमध्यारोपदृष्ट्योपन्यस्तं अंत्यःपक्षोऽपवाददृष्ट्याव्यवहारापलापेन । एकवेदपक्षस्तुव्यामिश्रदृष्ट्याऽनिर्वचनीयाख्यया एवमेवदृष्टित्रय
माश्रित्यशास्त्रमपिप्रवृत्तंआत्मकृतेःपरिणामादिति । अध्यारोपकालेपरिणामदृष्टिःसूचिता ब्रह्मैवकनककुंडलन्यायेनजगदाकारेणपरिणतं तथाचश्रुतिः ‘ तदात्मानंस्वयमकुरुत सत्यंचानृतंचसत्यमभवत ’
सत्यंव्यावहारिकंजाग्रद्रज्ज्वादि । अनृतंप्रातिभासिकंस्वप्नरज्जूरगादि एतदुभयात्मकंसत्यंकालत्रयाबाध्यंब्रह्मैवप्राप्तमितिश्रुत्यर्थः । तथाआत्मनिचैवंविचित्राश्चहीतिस्वप्नकालेआत्मनिजाग्रत्कालेमायेंद्र
जालमरीचिकोदकादयोहिप्रसिद्धतराःसृष्टयोभवंति विचित्राश्चताः नचमानसंतीतिवक्तुंशक्यं अनुभूयमानत्वात् । नापिसंतीति ज्ञानेनसद्योबाधात् । एवंब्रह्मण्यपिविचित्राऽनिर्वचनीयासृष्टिरस्तीति
सूत्रार्थः तथाचास्यजगतोऽनिर्वचनीयत्वंश्रुतिराह ‘ कोअद्धावेदकइहप्रवोचत्कुतआजाताकुतइयंविसृष्टिः ’ इति तंकोऽपिनवेदनकोपिप्रावोचदितिश्रुत्यर्थः । सेयंव्यामिश्रदृष्टिः अपवाददृष्टिस्तुआहचत
न्मात्रमितिसूचिता । सयथासैंधवखिल्यउदकेप्रास्तउदकमेवानुविलीयेत । सयथासैंधवघनोऽनंतरोऽबाह्यःकृत्स्नोरसघनएवंवाअरेऽयमात्माकृत्स्नःप्रज्ञानघनः इतिश्रुत्याचदर्शिता यथाजलेप्रास्तःसैंधवखि
ल्यःस्वोपादानंउदकंजलेलीनमनुस्वयमपिलीयते अन्यथाकरकालयेइवजलेपरिमाणाधिक्यंस्यात् । अतःसःअंतरंकारणंबाह्यंघनीभावःतदुभयवर्जितःकेवलरसनन्मात्रात्मनाजलेऽभिव्यक्तोदृश्यते एवमयंप्र

सनत्सुजातउवाच ॥ एकस्यवेदस्याज्ञानाद्वेदास्तेबहवःकृताः ॥ सत्यस्यैकस्यराजेन्द्रसत्येकश्चिदवस्थितः ४३
एवंवेदमविज्ञायप्राज्ञोऽहमितिमन्यते ॥ दानमध्ययनंयज्ञोलोभादेतत्प्रवर्तते ४४
सत्यात्प्रच्यवमानानांसंकल्पश्चतथाभवेत् ॥ ततोयज्ञःप्रतायेतसत्यस्यैवावधारणात् ४५

पंचःकार्यकारणोभयस्वरूपहीनः समाधौकेवलप्रज्ञानघनोऽभिव्यज्यतेइतिश्रुत्यर्थः अनेनदृष्टित्रयेणजनबोधार्थंशास्त्रंप्रवृत्तं यथोक्तंसंक्षेपशारीरके ‘ आरोपदृष्टिरपवादकदृष्टिरेवंव्यामिश्रदृष्टिरितिदृष्टिविभागमेनं ।
संगृह्यसूत्रकृदयंपुरुषंमुमुक्षुंसम्यक्प्रबोधयितुमुत्सहतेक्रमेण ’ इत्यादिना । ‘ श्रुतिवचांसिमुनिस्मरणानिचद्वयविशारदगीरपिसर्वशः । त्रयमपेक्ष्यदृशांत्रितयंविनानहिघटामुपयांतिकदाचन ’ इत्यंतेन ४२
एवमनेकेषुपक्षेषूपस्थापितेषुसिद्धांतमाह एकस्येति । ब्रह्मैवएकंवेद्यंतच्चसत्यं कालत्रयेऽप्यबाध्यं तस्यअज्ञानात्बहूनिवेद्यानि उपास्यानिअब्रह्मभूतानिकृतानिकल्पितानिवेदेसत्यप्रतिपत्त्यर्थं तेषामब्रह्मत्वंवेदए
वाह ‘ तदेवब्रह्मत्वंविद्धिनेदंयदिदमुपासते ’ इति तस्मिंश्चसत्येब्रह्मणिकश्चिदेवअवस्थितःब्रह्मलाभोऽतिदुर्घटइत्यर्थः श्रुतिरप्यज्ञानकार्यत्वंजगतआह ‘ तुच्छेनाऽऽभ्वपिहितंयदासीत् तमसस्तन्महिनाऽ
जायतैकम ’ इति तुच्छेनरज्जूरगादिवदध्यस्तेनमिथ्याभूतेनतमसा आभुसर्वव्यापकंब्रह्मअपिहितंआच्छादितंयत् आसीत्तत्एकमेवसत् तमसःअज्ञानस्य तपसइतिपाठेआलोचनस्यसंकल्पमात्रस्यमहिनामाहा
त्म्येनअजायतप्रपंचाकारेणआविर्बभूव यथारज्जुरज्ञानावृतासर्पाकारेणाविर्भवतितद्वदितिश्रुत्यर्थः ४३ एवमिति । सत्यंप्रत्यगद्वयानंदंवेद्यंअज्ञात्वाबाह्यसुखलोभात्एतद्दानादिकंकर्तुंप्रवर्ततइत्यर्थः ४४ सत्यादि
ति । तथाभवेत्परमानंदात्प्रच्युतस्यक्षुद्रानंदविषयोभिलाषोभवेत् ततश्चासौयज्ञोज्योतिष्टोमादिःप्रतायेतसंतन्यते सत्यस्यवेदवचनस्य ‘ ज्योतिष्टोमेनस्वर्गकामोयजेत ’ इत्यादेःअवधारणात्प्रामाण्यनिश्चयात्
संकल्पोपिततोभवेदितिपाठेसत्यज्ञस्यैवसत्यसंकल्पत्वं अन्यस्यतुसंकल्पोबंधइत्यर्थः । सनत्सुजातेयज्ञोऽपिसत्यस्यानवधारणादापरोक्ष्येणअनिश्चयादेवप्रवर्तते । ज्ञातेतुसत्ये ‘ एतद्बुद्ध्वाबुद्धिमान्स्यात्कृतकृत्य ॥ ४६ ॥
श्चभारत ’ इतिकृतकृत्यत्वंप्रसमर्थ्यते ४५

मनसेति । यज्ञःत्यज्जुकृष्यते अन्यस्यएकस्ययज्ञोमनसादेवताध्यानादिरूपोभवति । वाचाब्रह्मयज्ञजपादिरूपोयज्ञोभवति । कर्मणाप्रसिद्धोज्योतिष्टोमादिः एतेषांपूर्वःपूर्वोज्यायान् संकल्पसिद्धःसत्यसंकल्पः
संकल्पानांकल्पनीयपदार्थानांब्रह्मलोकादीनामधिष्ठाताभवतिब्रह्मवित् तथाचश्रुतिः 'आप्नोतिस्वाराज्यं । आप्नोतिमनसस्पतिं । वाक्पतिश्चक्षुष्पतिः । श्रोत्रपतिर्विज्ञानपतिः' इतिस्वराजोभावः
स्वाराज्यंब्रह्मैश्वर्यं ४६ तस्यसंकल्पस्यअनैभृत्येनअदार्ढ्येनआत्माज्ञानाद्बंध्यसंकल्पत्वेसतीत्यर्थः दीक्षितव्रतंमुष्टीकरणवाग्यमनादिकंकुर्यात् एतन्नामदीक्षितइतितद्दीक्षव्रतादेशेइत्यनेनधातुनानिष्ठाप्रत्ययांतेन
निष्पन्नं कर्मजःसंस्कारआगंतुकोविनाशीचेत्यर्थः सतांतुसत्यमेवपरंब्रह्मैवश्रेष्ठंअकृतकत्वेविनाशित्वात् ४७ एतदेवस्पष्टयति ज्ञानमिति । प्रत्यक्षंशोकमोहनिवृत्तिरूपंज्ञानफलंप्रत्यक्षमित्यर्थः तपःकायिकंवाचिकंमा
नसिकंच तत्परोक्षंआमुष्मिकफलप्रदमित्यर्थः विद्यादिसर्द्धेनपरोक्षज्ञानस्यव्यावृत्तिरिहउच्यते ४८ उक्तमेवोपसंहरति तस्मादिति । जल्पितेनैवकेवलाध्ययनेनैव सत्यात्प्रत्यगद्वयानंदात् तथाचश्रुतिः । 'योवा
एतदक्षरंगार्ग्यविदित्वाऽस्माल्लोकात्प्रैतिसब्राह्मणः' इत्यपरोक्षज्ञानिनोब्राह्मणत्वमुक्त्वाऽर्थादितरस्याब्राह्मणत्वंदर्शयति ४९ नन्वेवमध्ययनयागादेर्वैयर्थ्यंस्यादित्याशंक्येष्टापत्तिमाह छंदांसीति । एतउपनिषत्
प्रसिद्धःअथर्वामहामुनिर्महर्षिसंघो यानिपुराजगौतान्येवच्छंदांसिउपनिषद्रूपाणि नामनिश्चितं 'छादयंतिहवाएनंछंदांसिपापात्कर्मणः' इतिश्रुत्याछंदःशब्दनिर्वचनात् 'ब्रह्मास्तेअरहायज्ञरूपाः' इतिअथ

मनसाऽन्यस्यभवतिवाचाऽन्यस्याथकर्मणा ॥ संकल्पसिद्धःपुरुषःसंकल्पानधितिष्ठति ४६ अनैभृत्येनचैतस्यदीक्षितव्रतमाचरेत् ॥ नामैतद्धातुनिर्वृत्तंसत्यमेवसतां
परम् ४७ ज्ञानंवैनामप्रत्यक्षंपरोक्षंजायतेतपः ॥ विद्याद्बहुपठंतंतुद्विजंवैबहुपाठिनम् ४८ तस्मात्क्षत्रियमामंस्थाजल्पितेनैववैद्विजम् ॥ यएवसत्यान्नापैतिसज्ञेयो
ब्राह्मणस्त्वया ४९ छंदांसिनामक्षत्रियतान्यथर्वापुराजगौमहर्षिसंघएषः ॥ छंदोविदस्तेयउतनाधीतवेदानवेदवेद्यस्यविदुर्हितत्त्वम् ५० छंदांसिनामद्विपदांवरिष्ठस्वच्छं
दयोगेनभवंतितत्र ॥ छंदोविदस्तेनचतानधीत्यगतानवेदस्यनवेद्यमार्याः ५१ नवेदानांवेदिताकश्चिदस्तिकश्चित्त्वेतान्बुद्ध्यतेवापिराजन् ॥ योवेदवेदान्नसवेद
वेद्यंसत्येस्थितोयस्तुसवेदवेद्यम् ५२

र्वणोपनिषदियज्ञानांपापात्रक्षितुमसामर्थ्यदर्शनात्ब्रह्मविद्यार्थानांछंदसांमुख्यंछंदस्त्वं कर्मार्थानांतुगौणमितिभावः किंचउतअपियेऽपिअधीतवेदाः सोपनिषत्कंवेदंपाठतोऽर्थतश्चअधीतवंतस्तेऽपिनच्छंदोविदःयतः
वेदवेद्यस्यऔपनिषदस्यपुरुषस्य तत्त्वंयाथात्म्यंनविदुः नजानंति । 'अधेन्वाचरतिमाययैषवाचंशुश्रुवांअफलामपुष्पाम्' इति । पुष्पंहिफलंवाचःसत्यमिति श्रुतिश्चैतदाह सत्यंपरंब्रह्म ५० छंदांसिनामेति द्विपदां
मनुष्याणांमध्येवरिष्ठ तत्रसत्येब्रह्मणिविषये छंदांसिवेदाः स्वच्छंदयोगेनस्वातंत्र्यसंबंधेनैवभवंति कर्मकांडार्थज्ञानवत्ब्रह्मकांडार्थज्ञानं नमध्येऽनुष्ठानांतरमपेक्षते तथाहि 'तद्धैतत्पश्यन्नृषिर्वामदेवःप्रतिपेदेऽहं
मनुरभवंसूर्यश्च' इतिश्रुत्यादर्शनसार्वात्म्ययोर्मध्येतिष्ठन्गायतीत्यादौतिष्ठतिगायत्योर्मध्येइवकार्यांतरंवार्यते तेनचज्ञातेनसत्येन चकारएवकारार्थे तेनैवेत्यर्थः छंदोविदोभवंतिनकर्ममात्रज्ञानेन तान्छंदो
ज्ञान्अधीत्यप्राप्यआर्याःवेदस्यवेद्यंवेदनीयंब्रह्मनगताइतिनअपितुगताःप्राप्ताएवेत्यर्थः एतेनतद्विज्ञानार्थसगुरुमेवाभिगच्छेदित्यस्याःश्रुतेरर्थोदर्शितः ५१ तथापिब्रह्मणोदुर्ज्ञेयत्वमाह नेति । वेदानांरहस्यंवेदिता
ज्ञाताकश्चिन्नास्ति । कश्चित्तुएतान्वेदान्रहस्यप्रतिपादकान्चित्तशुद्ध्यतिशयाद्बुध्यते योव्युत्थितस्तत्त्वमसिवाक्यार्थानुसंधाता वा वेदान्वेद ससविकल्पकः निर्विकल्पकंवेद्यंसर्ववृत्तिलयेप्रकाशमानंब्रह्मनवेद
किंतुसत्येसर्ववृत्तिशाखाअधिभूतेसकृत्वेनत्येस्थितएवनिर्विकल्पकंमुखंवेद ५२

इममेवार्थंभंग्यंतरेणाह नेति । वेदानांवेद्यानामहंकारादीनामचेतनानांमध्येकश्चिद्वेदितानास्ति अतोहेतोः वेद्येनचेनसावेदंवेदबोध्यमात्मानंनविदुः । नापिवेद्यंअनात्मानमपिनविदुः आत्माऽनात्माचनजडस्यविषया वित्यर्थः । ननुजडयाधीवृत्त्या आत्माज्ञायतएव 'दृश्यतेत्वग्र्ययाबुद्धया' इतिश्रुतेरित्याशंक्याह वेदंआत्मानंयोवेदसएववेद्य मनात्मानंसर्ववेदआत्मप्रभवत्वात्सर्वस्य । यस्तुबहिर्मुखः वेद्यंअनात्मानंवेदससत्यंब्रह्मनवेद तयाचक्षुरीभवतः 'आत्मनोवाअरेदर्शनेनश्रवणेनमत्याविज्ञानेनेदंसर्वंविदितं परांचिखानिव्यतृणत्स्वयंभूस्तस्मात्पराङ्पश्यतिनांतरात्मन्' इति । व्यतृणत्हिंसितवान् ५३ किंच यश्चिदात्मासर्वेषांसत्यपत्वे नप्रसिद्धः वेदान्वेदयंतितेवेदाःतान्प्रमाणानिवेद सएववेद्यंप्रमेयमपिवेद नतुतानिवेद्यंविदुः जडत्वात् तंच 'प्राणस्यप्राणमुतचक्षुषश्चक्षुःश्रोत्रस्यश्रोत्रंमनसोयेमनोविदुः' इतिप्राणादीनांप्रवर्तकत्वेनप्रसिद्धं वेदाःप्रमाणानिवेदविदःप्रमातारश्चनविदुः 'यतोवाचोनिवर्तंतेअप्राप्यमनसासह' इतिवस्तवाङ्मनसातीतत्वश्रुतेः यद्यप्येवंतथापिवेदंवेदितारमात्मानं वेदेनैवप्रमाणेनअहंब्रह्मास्मीत्यादिनाविदंतिजानंति । केतेयेब्राह्मणाः वेदविदोवेदंपाठतोऽर्थतोऽनुष्ठानतश्चविदंतितेवेदविदः अध्ययनयज्ञादिनासंस्कृतचित्ताएववाक्यादात्मानंलक्षणयाजानंति नत्वन्येइत्यर्थः ५४ इदमेवदृष्टांतेनप्रतिपादयति धामांशेति । धाम तेजःतन्मयाःअंशायस्यसतेजोमयोऽर्थाच्चंद्रः तस्यभागःकलाप्रतिपद्गतातस्यसंवेदनेज्ञापने यथाचयथैव द्विप्रसिद्धं महीरुहस्यशाखाउपादीयते तथाहिनयैव वेदाः परमात्मनःसंवेदनेऽर्थेपरमपुरुषार्थरूपेसत्ये सर्वथाऽप्यबाध्ये वेदाः उपादीयंतइतिआमनंति तंत्वौपनिषदंपुरुषंपृच्छामीत्यौपनिषदत्वविशेषणात् वाचामगोचरत्वश्रुतेश्चसोऽयंदेवदत्तइत्यादिवाक्यवत् तत्त्वमस्यादिवाक्यमपिलक्षणयास्वार्थंप्रमापयत्ये

नवेदानांवेदिताकश्चिदस्तिवेद्येनवेदंनविदुर्नवेद्यम् ॥ योवेदवेदंसचवेदवेद्यंयोवेदवेद्यंनसवेदसत्यम् ५३ योवेदवेदान्सचवेदवेद्यंनतंविदुर्वेदविदोनवेदाः ॥ तथापिवेदे नविदंतिवेदंयेब्राह्मणावेदविदोभवंति ५४ धामांशभागस्यतथाहिवेदायथाचशाखाहिमहीरुहस्य ॥ संवेदनेचैवयथाऽऽमनंतितस्मिन्हिसत्येपरमात्मनोऽर्थे ॥ ५५ अभिजानामिब्राह्मणंव्याख्यातारंविचक्षणम् ॥ यश्छिन्नविचिकित्सःसव्याचष्टेसर्वसंशयान् ५६ नास्यपर्येषणंगच्छेत्प्राचीनंनोतदक्षिणम् ॥ नार्वाचीनंकुतस्तिर्यङ् नादिशंतुकथंचन ५७ तस्यपर्येषणंगच्छेत्प्रत्यर्थिषुकथंचन ॥ अविचिन्वन्निमंवेदेतपःपश्यतितंप्रभुम् ५८ तूष्णींभूतउपासीतनचेष्टेन्मनसाऽपिच ॥ उपावर्तस्वतद्ब्रह्म अंतरात्मनिविश्रुतम् ५९ मौनान्नसमुनिर्भवतिनारण्यवसनान्मुनिः ॥ स्वलक्षणंतुयोवेदसमुनिःश्रेष्ठउच्यते ६०

येत्यर्थः ५५ एवं गुरूपसदनपूर्वकंवाक्यार्थप्रतिपत्त्युपायमुक्त्वा गुरुलक्षणान्याह अभीति । ब्राह्मणंब्रह्मविदं लक्षणतोऽभिजानामि लक्षणमेवाह व्याख्यातारं उपक्रमोपसंहारैकरूप्यादिषड्विधतात्पर्य लिंगानुसारेणवाक्यार्थवर्णनकुशलं विचक्षणंश्रुतार्थस्ययुक्तिभिरनुचिंतनेसमर्थं निदिध्यासनपरिपाकेनापरोक्षसाक्षात्कारबलात्यश्छिन्नविचिकित्सोनिःसंशयःसन् परस्यापिसर्वसंशयान्व्याचष्टेनिवृणोति । अत्रस्वरूपव्याक्रियैवपराक्रियेतिन्यायेनसंशयान्दूरीकरोतीत्यर्थः ५६ परीष्यतेऽस्मिन्नितिपर्येषणं अन्वेषणस्थानं प्राचीनंप्राग्दिक्स्थंनापिदक्षिणादिदिक्स्थंनापिअदिशंदिग्विहीनं अंतर्हृदयइत्यर्थः ५७ एतदेवाह तस्येति । प्रत्यर्थिषुआत्मत्वेनप्रथमानेष्वनात्मसुपंचसुकोशेषुपर्येषणमन्वेषणंगच्छेत्कुर्यादित्यर्थः कथंचनेत्यव्यक्तमालंबनंक्लेशसाध्यमितिसूचयति । 'अव्यक्ताहिगतिर्दुःखंदेहवद्भिरवाप्यते' इतिस्मृतेः वेदेइमंआत्मानंअविचिन्वन् वेदांतन्यायानप्यचिंतयन्नित्यर्थः तपःतपस्वीआलोचनवान् ध्यायी तंप्रभुंपश्यति । 'तंपश्यतिनिष्कलंध्यायमानः' इतिश्रुतेः ५८ तूष्णींभूतइत्यनेनवागादिबाह्येंद्रिय व्यापारोपरमउक्तः मनसाऽपिनचेष्टेत् नचेष्टेतेत्यनेन मानसव्यापारोपरमउक्तः अंतरात्मनिहार्दाकाशेविश्रुतं वेदेप्रख्यातंतद्वाचामगोचरंब्रह्म उपावर्तस्वउपागच्छ ५९ मौनात्ध्यानमात्रात्समुनिर्भवति नापि अरण्यवासात्संन्यासमात्रात् किंतर्हि यः स्वलक्षणंस्वस्यप्रत्यगात्मनोलक्षणंजगज्जन्मादिहेतुत्वंसच्चिदानंदात्मकत्वंचयोवेदजानातिसश्रेष्ठः संन्यासिभ्योयोगिभ्यश्चज्ञानीश्रेष्ठइत्यर्थः ६०

सर्वार्थानांव्याकरणात्प्रकटीकरणात् सर्वज्ञत्वाद्यंज्ञानीवैयाकरणइत्युच्यते तथाव्य ।करणंकरोतेर्चेष्योगात्धर्मप्रसासव्यावदंतितम्गिराचष्टे मूलतइति । अस्याज्ञानाद्धि सर्वविज्ञानंभूयनेनप्रभाजज्ञानात् अन्यतोवामूल
तइतिल्यब्लोपेपंचमी मूलंकारणंब्रह्मप्राप्येसर्वः तथाव्याकर्तापरमात्मैव तत्रायकपाभ्यामेवव्याक्रियत नामरूपेव्याकरवाणिइतिश्रुतिभ्यामित्याह व्याकरोतीति । श्रोतव्युत्पत्तिप्रदर्शनमेतत् ६१ सार्वज्ञ्यमपिब्रह्म
विदामनोपचारिकमित्याह प्रत्यक्षेति । सत्येतिष्ठन् नतुभूत्यंतरेदेहाद्याकारे ब्राह्मणःब्रह्मवित् तद्विद्वानब्रह्मविद्वानितिब्राह्मणपदव्युत्पत्तिप्रदर्शनम् ६२ अध्यायार्थमुपसंहरति धर्मादिष्विति । धर्मश्चसत्यंचदमस्त
पश्चस्वादिषुद्वादशसुस्थितः तथा सत्वादिरूपेअष्टविधेअप्रमादेवास्थितः एवंसाधनवान् वेदेषुपूर्वोक्तेषु आरोपदृष्टिव्यामिश्रदृष्ट्यपवाददृष्टिरूपेषु आनुपूर्व्येणसोपानारोहणन्यायेन परमेपदेस्थितोऽहमेतत्स्वानु
भवसिद्धं बुद्ध्यास्वतःस्नेहवत्तया तेतुभ्यंब्रवीमि । सोपानक्रमस्तुसूतसंहितायामपि सूत्रते ' ओतानुज्ञात्रनुज्ञाऽविकल्पैरिति ' । अस्यार्थः ' ओतत्वंकारणव्याप्तिःकार्येयद्वन्मृदोघटे । सर्वकार्येतिताप्रत्यासने
परिणामतः १ कार्यस्यासमसत्त्वंयत्कारणेसमुदीरितं । तदनुज्ञानुज्ञाकार्योपितेनारिविवर्जनम् २ एतस्मिन्नात्ततोभूत्वाजगन्मिथ्येतिजानते । अनुज्ञास्यांतमनुच्छंक्षप्रसूंमादिचन्मतम् ३ एवंसो
पानरीत्यैवभूमित्रितयलंघनात् । अविकल्पंपरंयत्तदहंब्रह्मास्मिनिर्भयम् ' इति ४ ६३ ॥ ॥ इतिउद्योगपर्वणिनीलकंठीये भारतभावदीपे त्रिचत्वारिंशोऽध्यायः ॥ ४३ ॥ ॥ ॥ ॥

सर्वार्थानांव्याकरणाद्वैयाकरणउच्यते ॥ तन्मूलतोव्याकरणं ।करोतीतितत्तथा ६१ प्रत्यक्षदर्शीलोकानांसर्वदर्शीभवेन्नरः ॥ सत्येवैब्राह्मणस्तिष्ठंस्तद्विद्वान्सर्वविद्भवेत्
६२ धर्मादिषुस्थितोऽप्येवंक्षत्रियब्रह्मपश्यति ॥ वेदानांचानु पूर्व्येणएतद्बुद्ध्याब्रवीमिते ६३ ॥ इतिश्रीमहाभारतेउद्योगपर्वणिसनत्सुजातपर्वणिसनत्सुजातवाक्येत्रि
चत्वारिंशोऽध्यायः ॥ ४३ ॥ ॥ धृतराष्ट्रउवाच ॥ सनत्सुजातयामिमांपरांत्वंब्राह्मींवाचंवदसेविश्वरूपाम् ॥ परांहिकामेनसुदुर्लभांकथांप्रब्रूहिमेवाक्यमिदंकुमार १
॥ सनत्सुजातउवाच ॥ नैतद्ब्रह्मत्वरमाणेनलभ्यंयन्मांपृच्छसि तिहृष्यस्यतीव ॥ बुद्धौविलीनेमनसिप्रचिंत्याविद्याहिसाब्रह्मचर्येणलभ्या २ ॥ धृतराष्ट्रउवाच ॥ अत्यंत
विद्यामितियत्सनातनींब्रवीषित्वंब्रह्मचर्येणसिद्धाम् ॥ अन ।रभ्यांवसतीहकार्यकालेकथंब्राह्मण्यममृतत्वंलभेत ३

एवंआत्मज्ञानप्रकर्षंश्रुत्वा तस्यांतरंगसाधनंयोगंश्रोतुंपृच्छति सनत्सुजातेति । परांउत्कृष्टादपिअत्युत्कृष्टां ब्राह्मींब्रह्मप्रापिकांवाचंउपनिषदं वदसेआत्मनेपदं आत्मनेपदंभाषणानेनितरां विश्वंरूपयतिप्रकाशतेऽस्यां
यांब्रह्मविद्यायां सालक्षणाऽत्रज्ञातव्यंनात्रशिष्यतइत्यर्थः कामेनकाम्यमानेनविषयेण परांदूरीभूतां विषयवार्ताहीनामित्यर्थः अतएवसुदुर्लभांकथांकथनीयांप्रब्रूहि । हेकुमारइदंमेमम्वाक्यंत्वांप्रतिप्रार्थनारूपंवचनं अथवेही
विशेषः १ ब्रह्मविद्यायाःदुर्लभत्वंदर्शयन्सनत्सुजातउवाच नैतदिति । हृष्यसिअहंब्रह्मविद्याधिकारीस्मीतिहृष्यसि । पाठांतरेअभिपन्नेनिर्बंधेन विद्यालक्षणमाह बुद्धाविति । सर्वव्यापींद्रियाणांनिरोधेन
मनोमात्रमनुपरतंसंकल्पात्मकं तिष्ठति तस्मिन्नपिअहंकारमात्रेणनिश्चयस्वभावायांबुद्धौविलीनेसति । प्रचिंत्यामनतांचिंत्यंचस्वांता निरुद्धसर्ववृत्तिकाकाचिदवस्थाविद्येत्युच्यते साचब्रह्म
चर्येणगुरुकुलवासेनलभ्या २ अत्यंते अंतस्त्रिविधपरिच्छेदः तमतिक्रांतंअत्यंतंब्रह्म तद्विषयांविद्यां सनातनींनित्यसिद्धां प्रत्यगात्मनोनित्यापरोक्षत्वात् यत्साक्षादपरोक्षाद्ब्रह्मेतिश्रुतेः ।
सिद्धांअभिव्यज्यमानां । तत्रहेतुः अनारभ्यांकर्मवदारंभायोग्यां । याचकार्यकालेइहआत्मन्येववसति नित्यसिद्धत्वात् एवंसति ब्राह्मण्यंब्राह्मणस्ययोग्यंअमृतत्वंकथंलभेत नहिलब्धस्यलाभसं
भवोऽपेक्ष्यतइतिब्रह्मचर्याद्यनुष्ठानाक्षेपः ३

अत्रोत्तरमाह अव्यक्तेति । बुद्ध्याद्युपाधिसंबंधजनितकालुष्यादविरक्ततयानव्यक्तमव्यक्तब्रह्मतत्त्वविद्या अवभावः । यद्यपिब्रह्मनित्यापरोक्षंआत्मत्वात् तथापि अशनायाद्यतीतस्यतस्यविविक्तस्यपरोक्षत्वात्तदापरोक्ष्यायययत्नोयुक्तइति ४ अंजसाआर्जवेन ५ आचार्येति । योनिःस्थानं 'योनिष्टइंद्रनिषदेअकारि । स्वेयोनौनिषदतंसरूपा' इत्यादौदर्शनात् । गर्भेभूत्वातस्यनिष्कपटसेवयाअंतरंगत्वंप्राप्येत्यर्थः । शास्त्रकाराःशास्त्रकर्तृत्वंब्रह्मण्येवश्रुतं महतोभूतस्यनिःश्वसितमेतदृग्वेदइत्यादिना । गुरोरनुग्रहादिहैवब्रह्मभावंप्राप्नुवंतीत्यर्थः । परमंअपुनरावृत्तियोगंब्रह्मणासहऐक्यंयांति ६ अस्मिन्निति । ये जितकामाःब्राह्मींस्थितिंप्राप्नुयेचद्वंद्वसहाः तेदेहादात्मानंनिर्हरंतिपृथक्कुर्वंति सत्वसंस्थाःसत्वगुणभाजः श्रुतिश्च । 'तंस्वाच्छरीरात्प्रवृहेन्मुंजादिवइषीकांधैर्येण' इति प्रवृहेत्पृथक्कुर्यात् ७ आचार्यःशास्ताउपदेष्टायस्यांसाजातिर्जन्म । यथाब्राह्मणस्यसावित्रीप्राप्त्यासावित्र्यंद्वितीयं जन्म एवंआचार्यात् परब्रह्मविद्याप्राप्त्याऽपितस्यजन्मांतरंभवति तच्चमोक्षहेतुत्वात्पुण्यत्वादिगुणसंयुक्तम् ८ आचार्यमाहात्म्यप्रख्यापकंमंत्रंपठति यःप्रावृणोतीति । यःआचार्यःवर्णान्ब्राह्मणादीन् अवितथे नवितथमनृतमनात्माजडंतदन्येनसत्येनचिदात्मना प्रकर्षेणआवृणोति सबाह्याभ्यंतरंवासयति । द्वैतोत्थभयनिवारणेनपालयतीत्यर्थः ।

सनत्सुजातउवाच ॥ अव्यक्तविद्यामभिधास्येपुराणींबुद्ध्या चतेषांब्रह्मचर्येणसिद्धाम् ॥ यांप्राप्यैनंमर्त्यलोकंत्यजंतियावैविद्यागुरुवृद्धेषुनित्या ४ ॥ धृतराष्ट्रउवाच ॥ ब्रह्मचर्येणयाविद्याशक्यावेदितुमंजसा ॥ तत्कथंब्रह्मचर्यं स्यादेतद्ब्रह्मन्ब्रवीहिमे ५ ॥ सनत्सुजातउवाच ॥ आचार्ययोनिमिहयेप्रविश्यभूत्वागर्भंब्रह्मचर्यंचरंति ॥ इहैवतेशास्त्रकाराभवंतिप्रहायदेहंपरमंयांतियोगम् ६ अस्मिँल्लोकेवैजयंतीहकामान्ब्राह्मींस्थितिंह्यनुतितिक्षमाणाः ॥ तआत्मानंनिर्हरंतीहदेहान्मुंजादिषीकामिवसत्वसंस्थाः ७ शरीरमेतौकुरुतःपितामाताचभारत ॥ आचार्यशास्तायाजातिःसापुण्यासाऽजराऽमरा ८ यःप्रावृणोत्यवितथेनवर्णानृतंकुर्वन्नमृतंसंप्रयच्छन् ॥ तंमन्येतपितरंमातरंचतस्मैनद्रुह्येत्कृतमस्यजानन् ९ गुरुंशिष्योनित्यमभिवादयीतस्वाध्यायमिच्छेच्छुचिरप्रमत्तः ॥ मानंनकुर्यान्नादधीतरोषमेषप्रथमोब्रह्मचर्यस्यपादः १० शिष्यवृत्तिक्रमेणैवविद्यामाप्नोतियःशुचिः ॥ ब्रह्मचर्यव्रतस्यास्यप्रथमःपादउच्यते ११ आचार्यस्यप्रियंकुर्यात्प्राणैरपिधनैरपि ॥ कर्मणामनसावाचाद्वितीयःपादउच्यते १२ समागुरौयथावृत्तिर्गुरुपत्न्यांतथाऽऽचरेत् ॥ तत्पुत्रेचतथाकुर्वन्द्वितीयःपादउच्यते १३ आचार्येणात्मकृतंविजानन्ज्ञात्वाचार्थंभावितोस्मीत्यनेन ॥ यन्मन्यतेतंप्रतिहृष्टबुद्धिःसवैतृतीयो ब्रह्मचर्यस्यपादः १४ नाचार्यस्यानपाकृत्यप्रवासंप्राज्ञःकुर्वीतनैतदहंकरोमि ॥ इतीवमन्येतनभाषयेतसवैचतुर्थोब्रह्मचर्यस्यपादः १५

ऋतंब्रह्मकुर्वन्वाचाआविष्कुर्वन् तस्यफलमाह अमृतंसंप्रयच्छन्निति । अमृतंमोक्षं कृतंतत्कृतमुपकारम् ९ शुचिःस्नानादिनाभावशुद्ध्याच अप्रमत्तःगुरुशुश्रूषायांसावधानः मानंनकुर्यात् तुच्छमपिकार्यंशिशूनांशौचादिकंतदपिकर्तव्यमेवेत्यर्थः अत्यंतंश्रमेऽपिरोषंनादधीतनविदध्यात् १० शिष्यवृत्तिःकार्यंप्रातर्भिक्षणेनजीवनंतेनैवक्रमेणनतुगुर्वन्नोपजीवनेनेत्यर्थः ११ द्वाभ्यांश्लोकाभ्यांब्रह्मचर्यस्यप्रथमंपादमुक्त्वा द्वाभ्यांद्वितीयंपादमाह आचार्यस्येति १२ । १३ प्राप्तविद्योविद्यासुखेनहृष्यन्आचार्ययत्अत्यंतंमानयति सब्रह्मचर्यस्यतृतीयःपादइत्याह आचार्येणेति । आत्मकृतंस्वस्मैउपकृतं विद्यादानेनतस्यचअर्थंप्रयोजनंदुःखनिवृत्तिमानंदावाप्तिंचज्ञात्वाऽनुभूयअनेनाचार्येणभावितोवर्धितोऽस्मीतिजानन् यन्मन्यते १४ अनपाकृत्यविद्यायानिष्क्रयार्थमृणमर्थदानेनअपरिहृत्य प्रवासंगुरुगृहादन्यत्राश्रमांतरेस्थितिंनकुर्वीत । एतत् गुरवेअर्थप्रदानमहंकरोमीतिनैवमन्येत । मनसानचभाषयेत स्वार्थेणिच् वदेद्वाचा

चतुष्पाद्ब्रह्मचर्येण लभ्यां चतुष्पदीं विद्यामाह काऽलेनेति । कालेन बुद्धिपरिपाकेन । उत्साहयोगेन बुद्धिवैभवेन । शास्त्रेण सहाध्यायिभिर्विचारेण । क्रमस्तु न विवक्षितः उक्तं च 'आचार्यात्पादमा दत्ते पादं शिष्यः स्वमेधया । कालेन पादमादत्ते पादं स ब्रह्मचारिभिः' इति १६ धर्मादय इति । यस्य ब्रह्मचर्यस्य रूपं स्वरूपभूता इत्यर्थः अन्यानि चांगानि आसनप्राणजयादीनि । बलं योगेनित्यो युक्तता ब्रह्मार्थो वेदार्थः कर्मब्रह्म णीतयोर्योगेन अधिगमे ब्रह्मचर्यं फलतीत्यर्थः १७ एवमिति । अहं करोमीत्यभिमानं विना तत्प्रकाशकं वचनं च विना गुर्वर्थार्थं प्रवृत्तः सः आचार्यः वृत्तिजीविकां एति प्राप्नोति वृत्तिर्व र्तनं शिष्यस्येति शेषः १८ वसन्ब्रह्मचर्ये इति शेषः सर्वेः सर्वैः प्रकारैः वर्धति वर्धते वर्षंति धनैरिति शेषः १९ । २० । २१ आकांक्ष्येति । रसभेदः पारदगुटिकाविशेषः चिंतामणितंत्रसर्वं चिंतितव स्तुप्रदं अर्थ्यंते तेषां रसभेदार्थिनां यथा आकांक्ष्यस्य [illegible] पार्थस्य संयोगः प्राप्तिस्ततो यादृक् भावो भवति एवमेव एते देवादयः समाज्ञाय ब्रह्मचर्यमुपेत्य तादृग्भावं सत्यसंकल्पत्वाच्चिंतितवस्तुप्रदत्वं गताः २२ यदिति । सर्वं चतुष्पाद्ब्रह्मचर्यं य आश्रयेत् शरीरं च पावयेत् । बाल्यं रागद्वेषादिराहित्यं वेदांतार्थानां युक्तिपूर्वकमनुचिंतनेन तत्त्वानं श्रयंता । अंतकाले इत्यनेन यावज्जीवं उक्तप्रकारे बाल्ये तिष्ठेदिति दर्शितं कथो

कालेन पादं लभते तथार्थं ततश्च पादं गुरुयोगतश्च ॥ उत्साहयोगेन च पादमृच्छेच्छास्त्रेण पादं च ततोऽभियाति १६ धर्मादयो द्वादश यस्य रूपमन्यानि चांगानि तथा बलं च ॥ आचार्ययोगे फलतीति चाहुर्ब्रह्मार्थयोगेन च ब्रह्मचर्यम् १७ एवं प्रवृत्तो यदुपालभेत वै धनमाचार्याय तदनुप्रयच्छेत् ॥ सतां वृत्तिं बहुगुणामेवमेति गुरोः पुत्रे भवति च वृत्तिरेषा १८ एवं वसन्सर्वतो वर्धतीह बहून्पुत्राँल्लभते च प्रतिष्ठाम् ॥ वर्षंति चास्मै प्रदिशो दिशश्च वसंत्यस्मिन्ब्रह्मचर्ये जनाश्च १९ एतेन ब्रह्मचर्येण देवा देवत्वमाप्नुवन् ॥ ऋषयश्च महाभागा ब्रह्मलोकं मनीषिणः २० गंधर्वाणामनेनैव रूपमप्सरसामभूत् ॥ एतेन ब्रह्मचर्येण सूर्योऽप्यह्नाय जायते २१ आकांक्ष्यार्थस्य संयोगाद्रसभेदार्थिनामिव ॥ एवं ह्येते समाज्ञाय तादृग्भावं गता इमे २२ य आश्रयेत्पावयेच्चापि राजन्सर्वं शरीरं तपसा तप्यमानः ॥ एतेन वै बाल्यमभ्येति विद्वान्मृत्युं तथा स जयत्यंतकाले २३ अन्तवतः क्षत्रिय ते जयंति लोकाञ्जनाः कर्मणा निर्मलेन ॥ ब्रह्मैव विद्वांस्तेन चाभ्येति सर्वं नान्यः पन्था अयनाय विद्यते २४ धृतराष्ट्र उवाच ॥ आभाति शुक्लमिव लोहितमिवाथो कृष्णमथांजनं काद्रवं वा ॥ सद्ब्रह्मणः पश्यति योऽत्र विद्वान्कथं रूपं तदमृतमक्षरं पदम् २५ ॥ सनत्सुजात उवाच ॥ आभाति शुक्लमिव लोहितमिवाथो कृष्णमायसमर्कवर्णम् ॥ न पृथिव्यां तिष्ठति नान्तरिक्षे नैतत्समुद्रे सलिलं बिभर्ति २६

क्तं । शक्नोतीहैव यः सोढुं प्राक्शरीरविमोक्षणात् । कामक्रोधोद्भवं वेगं स युक्तः स सुखी नरः' इति २३ अंतेति । ते अविद्वांसः अंतवतः अनित्याँल्लोकान्कर्मणा जयंति विद्वांस्तु ब्रह्मैव सार्वात्म्यात्सर्वं [illegible] तेन ब्रह्मणा अभ्येति अतस्तस्य कर्मप्राप्यं किंचित्फलं नावतिष्ठते इत्यर्थः अतः ज्ञानादन्यः पंथाः अयनाय मोक्षाय न विद्यते । ज्ञानादेव तु कैवल्यमित्यवधारणात् २४ नान्यः पंथा अयनाय विद्यत इति श्रुत्वा 'तूष्णींभूत उपासीत न चेष्टेन्मनसाऽपि च । उपावर्तस्व तद्ब्रह्म अंतरात्मनि विश्रुतम्' इति प्रागुक्तप्रकारेण आत्मानमनुसंदधानस्तमनवाप्य नानावर्णाकारोपाधिगोचर अंतर्हृदये पश्यन्पृच्छति आभातीति । सद्ब्रह्मणोरूपं यो विद्वान्नहृदये पश्यति स शुक्लादिरूपमिव अनवस्थितरूपं ब्रह्म पश्यति । अतः कथं रूपं कीदृक् रूपं तदक्षरं व्यापकं अमृतम् अविनाशि पदं पदनीयं तद्ब्रूहीति शेषः काद्रवं कुत्सितः परपीडकः द्रवो गतिर्यस्य सः काद्र

१७ वो धूमः तद्वर्णं काद्रवं कद्रु पिंगलं तद्वर्णं श्रूयंते च ब्रह्ममार्गे रूपाणि । 'तस्मिन् शुक्लमुत नीलमाहुः पिंगलं हरितं लोहितं च । एष पंथा ब्रह्मणा हानुवित्तस्तेनैति ब्रह्मवित्पुण्यकृत्तैजसश्च' इति २५ उत्तरमाह—

आभातीति । ब्रह्ममार्गेयद्यपिशुक्लादिरूपाणिभांतितथाऽपियत्ब्रह्मणोरूपंतत्पृथिव्यादिषुनास्ति । ' अशब्दमस्पर्शमरूपमव्ययंतथाऽरसंनित्यमगंधवच्चयत् ' इति तत्रशब्दादीनांनिषेधात् तेषांशब्दादिमत्त्वात् रूपांतराणितुब्रह्मप्राप्तिचिन्हानि नतुब्रह्मरूपाणि तथाचश्रुतिः । ' नीहारधूमार्कानिलाऽनलानांखद्योतविद्युत्स्फटिकशशीनां । एतानिरूपाणिपुरःसराणिब्रह्मण्यभिव्यक्तिकराणियोगे ' इति । समुद्रेसंसारसागरे एनंपरमात्मानंसलिलंसलिलोपलक्षितःपंचभूतात्मकोदेहः नबिभर्ति । जीवानामिवब्रह्मणउपाधिजंदुःखंनास्तीत्यर्थः । यद्वा सामुद्रेजलेएतद्रूपंनास्तीत्यर्थः २६ नतारकास्वितिरूपादिराहित्यस्यैवप्रपंचः २७ नामरूपात्मकेप्रपंचेसतितद्रहितत्वंब्रह्मणोवक्तुंरूपप्रपंचादन्यत्वमुक्त्वानामप्रपंचादप्यन्यत्वमाह नैवर्क्षुतदित्यादिना । तदित्यनेनअर्थात्ब्रह्मणोनामनिर्दिश्यते विमलेषुवैश्वानरसामादिषु रथंतरबार्हद्रथेचपृष्ठ्यसामनी । महाव्रतेयज्ञविशेषेऽपिनैवतद्दृश्येतपश्येत् कर्मभिरपितद्दर्शनंनप्राप्यतइत्यर्थः । ' नास्त्यकृतःकृतेन ' इतिश्रुतेः । अकृतःमोक्षःकृतेनकर्मणानास्तीतिश्रुत्यर्थः । यतः तत्ध्रुवंनित्यम् २८ अपारणीयंअनतिक्रमणीयंअद्वयत्वात् तमसःअज्ञानरूपादुपाधेःपरस्तात्पराचीनं । अंतकःकालः तत्ब्रह्मअप्येतिगच्छति । प्रलयांतकालेऽपिनतत्रनश्यतइत्यर्थः । अणीयइतिदुर्लक्ष्यं । क्षुरधारयासममितिअत्यंतावहितेनग्राह्यं । महच्चपर्वतेभ्यइतिउपलक्षणंसर्वस्य सर्वस्मादपिमहदित्यर्थः २९ प्रतिष्ठाअधिष्ठानं अमृतंनिर्विकारं । विकारोहिविकारांतरमापद्यमानोऽमृतउच्यते । लोक्यंतइतिलोकाःदृश्यमात्रं । ब्रह्मबृहत् यशोरमणीयमपितदेव । ' तस्यनाममहद्यशः ' इतिहिश्रुतेः । तस्मादुपादानात्कनकात्कुंडलादीनिवभूतानिजातानि । यतः तत्रैवप्रलयंमृदिघटइवयांति । एतेनब्रह्मणोजगत्कारणत्वमुक्तं तथाचश्रुतिः ' यतोवाइमानिभूतानिजायंते । येनजातानिजीवंति । यत्प्रयंत्यभिसंविशंतीति । तद्विजिज्ञासस्वतद्ब्रह्मेति ' ३० अनामयंनिर्द्वंद्वंउद्यतंजगदाकारेणउद्गतं महद्यशः परंव्यापकं आकाशादिभ्योऽपिमहदित्यर्थः । वाचइतिषष्ठीतृतीयार्थे कवयःविकारंवाचैवास्तीतिवदंतिनस्वरूपेणास्तीत्यर्थः तथाचश्रुतिः ' वाचारंभणंविकारोनामधेयम ' इति वागालंबनत्वंविकारस्याह । यस्मिन्निदंजगत्प्रतिष्ठितंरज्ज्वामुरगवल्लीनं तद्येविदुस्तेअमृताःमुक्ताभवंति ३१ ॥ इतिउद्योगपर्वणिनीलकंठीयेभारतभावदीपे चतुश्चत्वारिंशोऽध्यायः ॥ ४४ ॥

नतारकासुनचविद्युदाश्रितंनचाभ्रेषुदृश्यतेरूपमस्य ॥ नचापिवायौनचदेवतासुनैतच्चंद्रेदृश्यतेनोतसूर्ये २७ नैवर्क्षुतन्नयजुष्षुनाप्यथर्वसुनदृश्यतेवैविमलेषुसामसु ॥ रथंतरेबार्हद्रथेवाऽपिराजन्महाव्रतेनैवदृश्येद्ध्रुवंतत् २८ अपारणीयंतमसःपरस्तात्तदंतकोऽप्येतिविनाशकाले ॥ अणीयोरूपंक्षुरधारयासमंमहच्चरूपंतद्वैपर्वतेभ्यः २९ साप्रतिष्ठातदमृतंलोकास्तद्ब्रह्मतद्यशः ॥ भूतानिजज्ञिरेतस्मात्प्रलयंयांतितत्रहि ३० अनामयंतन्महदुद्यतंयशोवाचोविकारंकवयोवदंति ॥ यस्मिन्जगत्सर्वमिदंप्रतिष्ठितंयेतद्विदुरमृतास्तेभवंति ३१ ॥ इतिश्रीमहाभारतेउद्योगपर्वणिसनत्सुजातपर्वणिसनत्सुजातवाक्येचतुश्चत्वारिंशोऽध्यायः ॥ ४४ ॥

॥ सनत्सुजातउवाच ॥ शोकःक्रोधश्चलोभश्चकामोमानःपरासुता ॥ ईर्ष्यामोहोविधित्साचकृपाऽसूयाजुगुप्सुता १

॥ समाप्ताज्ञानप्रधानायोगोपसर्जनात्ब्रह्मविद्या । इदानींयोगप्रधानांज्ञानोपसर्जनांतांवक्तुमध्यायद्वयमारभ्यते । यत्रपूर्वंचित्तवृत्तिनिरोधेनत्वंपदार्थंज्ञात्वापश्चाद्वेदांतश्रवणादिनातस्यब्रह्मत्वंनिश्चीयतेसाआद्या । यत्रतुश्रवणादिनापूर्वंपारोक्ष्येणप्रतीचोब्रह्मभावंनिश्चित्यपश्चान्निदिध्यासनेनसःअपरोक्षीक्रियतेसाद्वितीया । क्रमद्वयेऽपिफलैक्यात्साधनजातमप्येकरूपमेवेतिदर्शयितुंप्रागुक्तानेवहेयान्दोषान्उपादेयान्गुणांश्चदर्शयति शोकःक्रोधश्चेत्यादिना । तत्रक्रोधादयःप्राग्व्याख्याताएव तथाऽपिकेचिद्विशेषाःसंभवंतेसएवव्याख्यायते । लोभःस्पृहा । मोहःप्रज्ञायाभभावः । अत्रापिलोभइतिपाठेऽपिसएवार्थः लुभविमोहनइतिधात्वर्थानुगमात् । परासुतानिद्रापरत्वं । कृपाऽत्रस्नेहः १

पापंपापफलंकर्म व्यवस्यतिआरभते मूढसंज्ञःमूढबुद्धिः २ उग्रःनिर्दयः परुषःरूक्षवाक् वदान्योबहुभाषी नसभाजयंतेपरंनमानयंति ३ बहुप्रशंसीआत्मस्तुतिपरः ४ महाव्रतामहाव्रतानि सुपांसुलुगि
तिसुपोडादेशश्छांदसः ५ नास्यस्वंस्वीयंकिमपिनास्ति धर्मादिष्वेकैकस्मिन्नपिपक्षपातेसतितदर्थंसर्वंत्यजतीत्यर्थः ६ ब्रह्मैवमुख्यंप्राप्यंयेषांतेषाम् ७ परीवादःपरदोषकीर्तनं सत्यथार्थभूतं असत्आ
रोपितम् ८ अप्रकीर्तितइति । दमविरोधिनएवप्रातिकूल्यादयोमददोषत्वेनसूचिताअपिशृंगग्राहिकयाप्रकर्षेणविधिमुखेननप्रोक्ताइत्यर्थः । लोकद्वेष्यंपारदार्यादि । प्रातिकूल्यंधर्मादौविघ्नाचरणं । अभ्य
सूयागुणिषुदोषारोपः ९ कामःस्त्र्यभिलापः । पारतंत्र्यंमद्यादिवशत्वं । पैशुनंराजद्वारादौपरदोषसूचनं । अर्थहानिःनटनर्तकवेश्यादिषु दंडेनवा वित्तनाशः । विवादोवैरम् १० मोदोहर्षः दर्पहेतुः ।
हृष्टोदृप्यतीत्यापस्तंबोक्तेः । अतिवादोनिर्मर्यादंवचनं । संज्ञानाशःकार्याकार्यविवेकराहित्यं । अभ्यसूयितानैरंतर्येणपरद्रोहशीलत्वा । एतत्मदवस्त्वंविगर्हितंनिंदितंसद्भिः । सदाहीत्यापत्कालेऽपिना

द्वादशैतेमहादोषामनुष्यप्राणनाशनाः ॥ एकैकमेतेराजेंद्रमनुष्यान्पर्युपासते ॥ यैराविष्टोनरःपापंमूढसंज्ञोव्यवस्यति २ स्पृहयालुरुग्रःपरुषोवावदान्यःक्रोधंबि
भ्रन्मनसावैविकत्थी ॥ नृशंसधर्माःषडिमेजनावैप्राप्याप्यर्थंनोतसभाजयंते ३ संभोगसंविद्विषमोऽतिमानीदत्वाविकत्थीकृपणोदुर्बलश्च ॥ बहुप्रशंसीवनिताद्वि
ट्सदैवसप्तैवोक्ताःपापशीलानृशंसाः ४ धर्मश्चसत्यंचतपोदमश्चअमात्सर्यंह्रीस्तितिक्षाऽनसूया ॥ दानंश्रुतंचैवधृतिःक्षमाचमहाव्रताद्वादशब्राह्मणस्य ५ योनैते
भ्यःप्रच्यवेद्द्वादशभ्यःसर्वामपीमांपृथिवींसशिष्यात् ॥ त्रिभिर्द्वाभ्यामेकतोवार्थितोयोनास्यस्वमस्तीतिचवेदितव्यम् ६ दमस्त्यागोऽथाप्रमादइत्येतेष्वमृतं
स्थितम् ॥ एतानिब्रह्ममुख्यानांब्राह्मणानांमनीषिणाम् ७ सद्वाऽसद्वापरीवादोब्राह्मणस्यनशस्यते ॥ नरकप्रतिष्ठास्तेस्युर्यएवंकुर्वतेजनाः ८ मदोऽष्टादशदोषःसस्या
त्पुराप्रकीर्तितः ॥ लोकद्वेष्यंप्रातिकूल्यमभ्यसूयामृषावचः ९ कामक्रोधौपारतंत्र्यंपरिवादोऽथपैशुनम् ॥ अर्थहानिर्विवादश्चमात्सर्यंप्राणपीडनम् १० ईर्ष्या
मोदोऽतिवादश्चसंज्ञानाशोऽभ्यसूयिता ॥ तस्मात्प्राज्ञोनमाद्येतसदाह्येतद्विगर्हितम् ११ सौहृदेवैषड्गुणावेदितव्याःप्रियेहृष्यंत्यप्रियेचव्यथंते ॥ स्यादात्मनःसु
चिरंयाचतेयोददात्ययाच्यमपिदेयंखलुस्यात् ॥ इष्टान्पुत्रान्विभवान्स्वांश्चदारानभ्यर्थितश्चार्हतिशुद्धभावः १२ त्यक्तद्रव्यःसंवसेन्नेहकामाद्भुंक्तेकर्मस्वाशिषंबाधतेच
१३ द्रव्यवान्गुणवानेवंत्यागीभवतिसात्विकः ॥ पंचभूतानिपंचभ्योनिवर्तयतितादृशः १४

श्रयणीयमितिसूचितम् ११ सुहृदांप्रियेसतिहर्षः अप्रियेसतिव्यथेतिद्वौसौहृदगुणौ । तृतीयमाह स्यादिति । सुहितमितिपाठेसुतरांहितंइष्टंपुष्टिकरं । देयंदातारं । भव्यगेयेतिवत्कर्तरिकृत्यः । योदा
तारंअयाच्यमपिपुत्रादिकंमुख्यंकर्मभूतंयाचतेसअभ्यर्थितःप्रार्थितोदाता तस्मैइष्टादीन्अर्हतिदातुमितिशेषः सार्धश्लोकोवाक्यम् १२ चतुर्थमाह त्यक्तेति । यस्मैसर्वस्वंदत्तंतस्यगृहेकामात् मयाऽयमुपकृत
इतिबुद्धितःनसंवसेत् । तेनकदाचिदनादृतःसन्सौहार्दभंगंकुर्यादितिभावः । पंचममाह भुंक्तेकर्मेति । स्वकर्मार्जितमेवधनंभुंक्ते नतुमित्राद्यर्जितं अन्यथाकालेनहेलनांप्राप्यसौहृदभंगोमाभूदिति । षष्ठमाह
स्वाशिषंबाधतेचस्वस्यश्रेयोऽपिमित्रहितार्थंनाशयतीत्यर्थः । पाठांतरेस्वासिवंस्वस्थानंराज्यादिकंआस्तेऽस्मिन्निितिव्युत्पत्त्याज्ञेयं । स्वाशिवमितिपाठेस्वस्यआसमंतात्अशिवंश्रेयस्करमित्यर्थः १३ द्रव्यवा
न्गृहस्थः एवंउक्तरीत्यागुणवान् त्यागीदाता सात्विकःसत्वप्रधानश्चयोभवतिवादृशःपुरुषःपंचभ्यःशब्दादिभ्यः पंचभूतानिश्रोत्राद्याकारेणपरिणतानिइंद्रियाणिनिवर्तयति १४

एतत्स्वविषयेभ्यइंद्रियाणांनिवर्तनंसमृद्धंपुष्कलमपिकेवलंतपएवऊर्ध्वंऊर्ध्वगतिप्रदंभवति नत्वज्ञानवदिहैवकृतकृत्यतामापादयतीत्यर्थः । केषामित्यतआह सत्वादिति । येतत्वात्धैर्यात्च्यवंतेतीव्रवैराग्याभावा त्तेपांचसंकल्पेनब्रह्मलौकिकान्दिव्यान्भोगान्भोक्ष्येइत्येवंरूपेणसमाहितंसंभृतंतपोभवतितेनतेऊर्ध्वगतिर्भवतीत्यर्थः १५ यतःसंकल्पात्यज्ञाःप्रवर्तंते तस्यैवसत्यस्यसंकल्पस्यावधारणात् । 'संकल्पादे वास्यपितरःसमुत्तिष्ठंति' इतिश्रुतेर्योगीसत्यसंकल्पोभवति । अन्यस्यएकस्ययज्ञःमनसैवभवतिसत्यसंकल्पत्वात् । तथाहिपाख्यायते त्रितोनाममुनिर्भ्रातृभ्यांकूपेपातितःसन्तत्रैवमनसा कृत्स्नंयज्ञंचकारेति । 'त्रितःकूपेऽवहितोदेवान्हवतऊतये' इतिमंत्रवर्णोप्येतद्गम्यते । अत्रहितोध्यायन् हवतेआह्वयति ऊतयेयज्ञरक्षायै । अन्यस्यमध्यमस्यवाचत्रह्मयज्ञजपादितायज्ञोभवति । अन्यस्यमधमस्य कर्मणाआ ज्यपशुपुरोडाशीयादिद्रव्यानयाक्रियया १६ संकल्पेति । सगुणब्रह्मवेदनात्सत्यसंकल्पंपुरुषं असंकल्पश्चिदात्माऽधितिष्ठतिभृत्यमिवराजा । ननुअतएवचानन्याधिपतिरितिविदुषःसत्यसंकल्पत्वादेवअनन्या धिपतित्वंकथंस्यादित्याशंक्य । ईश्वरांतराभिप्रायेणेतिगृहाण तथाचश्रुतिः । 'तस्यहनदेवाश्चनाभूत्याईशतआत्माह्येषांसभवति' इति । देवाश्चनदेवाअपिहमतिद्वं तस्यब्रह्मविदःअभूत्यैअनैश्वर्यायनईशतेनसमर्था भवंति तत्रहेतुःआत्माहीति इतिश्रुत्यर्थः । किंचअन्यदपिमेमत्तःशृणु । तदेवाह ब्राह्मणस्यनिर्गुणब्रह्मविदःसंकल्पविशेषेणअसंकल्पोऽधितिष्ठति । सगुणोपासकापेक्षयानिर्गुणविदिसत्यसंकल्पत्वादिकम

एतत्समृद्धमप्यूर्ध्वंतपोभवतिकेवलम् ॥ सत्वात्प्रच्यवमानानांसंकल्पेनसमाहितम् १५ यतोयज्ञाःप्रवर्तंतेसत्यस्यैवावरोधनात् ॥ मनसाऽन्यस्यभवतिवाचा ऽन्यस्याथकर्मणा १६ संकल्पसिद्धंपुरुषमसंकल्पोऽधितिष्ठति ॥ ब्राह्मणस्यविशेषेणकिंचान्यदपिमेशृणु १७ अध्यापयेन्महदेतद्यशस्यंवाचोविकाराःक वयोवदंति ॥ अस्मिन्योगेसर्वमिदंप्रतिष्ठितंयेतद्विदुरमृतास्तेभवंति १८ नकर्मणासुकृतेनैवराजन्सत्यंजयेज्जुहुयाद्वायजेद्वा ॥ नैतेनबालोऽमृत्युमभ्येतिराजन्रतिं चासौनलभत्यंतकाले १९ तूष्णीमेकउपासीतचेष्टेतमनसाऽपिन ॥ तथासंस्तुतिनिंदाभ्यांप्रीतिरोषौविवर्जयेत् २० अत्रैवतिष्ठन्क्षत्रियब्रह्माविशतिपश्यति ॥ वेदेषुचानुपूर्व्येणएतद्विद्वन्ब्रवीमिते २१ ॥ इतिश्रीमहाभारतेउद्योगपर्वणिसनत्सुजातपर्वणिसनत्सुजातवाक्येपंचचत्वारिंशोऽध्यायः ॥ ४५ ॥ ॥ सनत्सु जातउवाच ॥ यत्तच्छुक्रंमहज्ज्योतिर्दीप्यमानंमहद्यशः ॥ तद्वैदेवाउपासतेतस्मात्सूर्योविराजते ॥ योगिनस्तंप्रपश्यंतिभगवंतंसनातनम् १

तिशयेनाविर्भवतीत्यर्थः १७ एतद्योगशास्त्रंअध्यापयेत् शिष्यान्ग्राहयेत् यतःयशस्यंयशसेब्रह्मणेहितंब्रह्मप्राप्त्यैवेदितं । इतोऽन्यत्शास्त्रंवाचोविकाराएव एवंकवयोवदंति । योगेयोगिनितदधीनंसर्वमित्यर्थः येतद्योगंविदुः तेऽमृताः १८ कर्मणासत्यंब्रह्मनजयेत्नप्राप्नुयात्यत्जुहुयात्यत्यजेद्वाएतेनहोमयागात्मकेनकर्मणाबालःअविद्वान् अमृत्युंमोक्षं नजयतिनप्राप्नोति रतिंआनंदं लभतिलभते १९ तूष्णी मित्यर्धंव्याख्यातः । स्तुत्यापीतिं निंदयारोषंचवर्जयेत् २० अत्रेति । हेक्षत्रिय वेदेषुपूर्वोक्तदृष्टिभेदेषु आनुपूर्व्येणआरोपव्यामिश्रापवादक्रमेणगतिकुर्वन् अत्रैवब्रह्मपश्यति आविशतितादात्म्यंच महा काशघटाकाशन्यायेनउपाधिविलयात्प्राप्नोति तस्मादृष्टार्थोऽनंतफलाचब्रह्मविद्याऽदृष्टार्थाविनाशिफलात्कर्मणःश्रेयसीतिज्ञात्वाज्ञानार्थमेवयतेतेतितेतुभ्यंब्रवीमि २१ ॥ ॥ इतिउद्योगपर्वणिनीलकंठीये भारतभावदीपेपंचचत्वारिंशोऽध्यायः ॥ ४५ ॥ ॥ ॥ पूर्वाध्यायांतेमनसाऽपिनचेष्टेतेत्युक्तंतत्रमनसश्चेष्टाराहित्येसतिमृढताब्रह्मचर्यादियत्नेनशून्यशेषतैवसाधिताभवतीत्याशंक्यशू न्यवादेनिर्विशेषशून्यतावस्थापिप्रकाशकंसद्रूपंब्रह्मास्त्यगभिन्नत्वेनज्ञेयमस्तीत्यभिप्रायेणमंत्रानुदाहरतियोगिप्रत्यक्षंचपुनःपुनःप्रमाणत्वेनोपन्यस्यति यत्तच्छुक्रमित्यादिनाऽध्यायेन । यत्तच्छुक्रंबीजमिवबीजंविश्वो त्पत्त्यादिमूलकारणंसर्वचेष्टाप्रवर्तकंआनंदरूपं । महत्वृत्तिरूपोपाधिशून्यं । ज्योतिर्ज्ञप्तिमात्रं । दीप्यमानंसूर्यादिरूपेण । महद्यशोनामकं । तद्देवादेवाइंद्रियाणिउपासतेअनुसरंति तस्मादेवमूलकार–

णात्सूर्योजगतः सर्वधर्मामायोपाधिरीश्वरोविराजते तथाचश्रुतयः । ' आनंदाद्ध्येवखल्विमानिभूतानिजायंते । आनंदेनजातानिजीवंति । आनंदंप्रयंत्यभिसंविशंतीति । कोह्येवान्यात्कःप्राण्यात् यदेष आकाशआनंदोनस्यात् । येनसूर्यस्तपतितेजसेद्धः । नतस्येशेकश्चनतस्यनाममहद्यशः । नप्राणेननापानेनमर्त्योजीवतिकश्चन । इतरेणतुजीवंतियस्मिन्नेतावुपाश्रितौ । प्राणस्यप्राणमुतचक्षुषश्चक्षुः ' इत्यादयः । तंपरमात्मानंयोगिनःचित्तवृत्तिनिरोधेनभगवंतंसर्वैश्वर्यवंतंसंप्रज्ञाते । असंप्रज्ञातेतुसनातनंअखंडैकरसंपश्यंतीतिसर्वत्रज्ञेयं योगेनैवतंपरमात्मानंपश्येन्नान्यथा यथाऽऽहदक्षः । ' स्वसंवेद्यंहितद्ब्रह्मकुमारीस्त्रीसुखं यथा । अयोगीनैवजानातिजात्यंधोहियथाघटं ' इति १ अस्यैवमंत्रस्यविवरणार्थाउत्तरेमंत्राः शुक्रात् आनंदात् तंप्राप्येत्यर्थः ब्रह्मजगतोबृंहकंपरमव्योमाख्यंअव्याकृतंयाऽवस्तुसदपिचैतन्यप्रतिबिंबंप्राप्य प्रभवति जगज्जन्मादिकार्येसमर्थंभवति तेनैवचवर्द्धते । अतस्तच्छुक्रंज्योतिषांसूर्यादीनांमध्येऽन्तःस्थित्वातपतिप्रकाशतेतथाचगीता । ' यदादित्यगतंतेजोजगद्भासयतेऽखिलं । यच्चंद्रमसियच्चाग्नौतत्तेजोविद्धिमामकम् 'इति । अतप्तंअन्येनाप्रकाशितंस्वयंज्योतिरित्यर्थः । तापनंसूर्यादीनामपिभयप्रदं । भीषास्माद्वातःपवतेभीषोदेतिसूर्यः । भीषाऽस्मादग्निश्चेंद्रश्चमृत्युर्धावतिपंचमइति ' इतिश्रुतेः २ अपइति । सलिलस्यसलिलमिवसलिलंएकरसंब्रह्म ' सलिलएकोद्रष्टाऽद्वैतोभवति ' इतिश्रुतिप्रसिद्धं तस्यमध्येस्थिताभ्योऽद्भ्यः अनुपलक्षितेभ्यःपंचमहाभूतेभ्यःसकाशादुत्पन्नाःअपःपांचभौतिकंदेहं अंतरिक्षेहृदयाकाशेशिश्रियातेश्रयतः कौ उभौदेवौचिद्रूपत्वेनद्योतमानौजीवेश्वरौसुषुप्तिप्रलययोःक्रमेणतद्भावंतौ ताभ्यामन्यःअतंद्रितःनिर्मायःसवितुःजगत्कारणस्य विवस्वान् वसआच्छादने वस्वान् आच्छादनवान् त

शुक्राद्ब्रह्मप्रभवतिब्रह्मशुक्रेणवर्द्धते ॥ तच्छुक्रंज्योतिषांमध्येऽतप्तंतपतितापनम् ॥ योगिनस्तंप्रपश्यंतिभगवंतंसनातनम् २ अपोऽथअद्भ्यःसलिलस्यमध्येउभौ देवौशिश्रियातेऽन्तरिक्षे ॥ अतंद्रितःसवितुर्विवस्वानुभौबिभर्तिपृथिवींदिवंच ॥ योगिनस्तंप्रपश्यंतिभगवंतंसनातनम् ३ उभौचदेवौपृथिवींदिवंचदिशःशुक्रोभुवनं बिभर्ति ॥ तस्माद्दिशःसरितश्चस्रवंतितस्मात्समुद्राविहितामहांताः ॥ योगिनस्तंप्रपश्यंतिभगवंतंसनातनम् ४ चक्रेरथस्यतिष्ठंतोऽध्रुवस्याव्ययकर्मणः ॥ केतुमंतंवहं त्यश्वास्तंदिव्यमजरंदिवि ॥ योगिनस्तंप्रपश्यंतिभगवंतंसनातनम् ५ नसादृश्येतिष्ठतिरूपमस्यनचक्षुषापश्यतिकश्चिदेनम् ॥ मनीषयाऽथोमनसाहृदाचयएनंविदुर मृतास्तेभवंति ॥ योगिनस्तंप्रपश्यंतिभगवंतंसनातनम् ६

द्विपरीतोविवस्वान् अपरिच्छिन्नसंविद्रूपः संततमनुदितानस्तमितप्रकाशःसर्वाधिष्ठानभूतः उभौजीवेश्वरौपृथिवींदिवंचबिभर्त्ति । आसध्रीचीःसविषूचीर्वसानाविति पाठे सःशुक्रसंज्ञःशुद्धआत्मा । कीदृशौउभौदेवौ सध्रीचीःविषूचीश्चआवसानौ दिशःउपदिशश्चपदच्छादयंतौ दिगंतपर्यंतंविस्तीर्णावित्यर्थः । व्यवहिताश्चेतिच्छांदसंक्रियोपसर्गयोर्व्यवधानं शेषंप्राग्वदेव ३ एतदेवाह उभाविति । देवौजीवेश्वरौपृथिव्यादिकंभुवनंब्रह्मांडंशुक्रोबिभर्ति । तस्मात्सर्वोत्पत्तिमाह तस्मादिति । महान्दुरधिगमोऽन्तोयेषांतेमहांताः समुद्राःकामाः कामंसमुद्रमाविशेतिमंत्रलिंगात् ४ चक्रेइति । रथस्यशरीरस्य । ' रथःस्यंदनदेहयोः ' इतिविश्वः । अध्रुवस्यविनाशिनोऽपिअव्ययंअविनाशिकर्मयस्यतस्यअव्ययकर्मणः । चक्रेचक्रवत्कालकेप्राक्कर्मणिनिमित्तेसतितिष्ठंतःकर्माधीनाइत्यर्थः । अश्वाः इंद्रियाणि शरीररथंविषयदेशंप्रतिनयतः केतुमंतंप्रज्ञावंतंजीवं । क्रिज्ञानेऽस्मात्तुन् । तंपरमात्मानंप्रति वहन्ति वहतिर्द्विकर्मा । वश्यैरिंद्रियाश्वैर्देहरथेयोजितैःजीवःपरमात्मतांनीयते अन्यथाशरीरेनष्टेऽपितत्कृतकर्मनक्षीयतेऽतःशरीरांतरेण सएवबद्ध्यते । दिव्यंअलौकिकंअहंप्रत्ययविषयादन्यप्रशनायाद्यतीतमित्यर्थः अजरमितिसर्वविकारप्रतिषेधः दिविहार्दाकाशे ५ अस्यरूपंआकृतिःसादृश्येननतिष्ठतिअनुपमस्वरूपमित्यर्थः । नचक्षुषेतिसर्वेंद्रियगोचरत्वंनिषिद्ध्यते ' अशब्दमस्पर्शमरूपमव्ययं ' इतिरूपादिहीनत्वश्रुतेः । मनीषयामनसोनिग्रहेण मनसासूक्ष्मेण ' मनसैवानुद्रष्टव्यम् ' इतितस्यकरणत्वश्रुतेः । हृदाहृदुपलक्षितेदेशेविशुद्धेनमनसा येएनंविदुःतेअमृताःमुक्ताभवंति ६

॥५८॥ तद्वेदनेसंसारानुच्छेदमाह द्वादशेति । द्वादशसंख्याःपूगाःसमुदायायस्यांतांद्वादशपूगां तेच । ' चित्तादिपूगःस्मरणादिपूगःश्रोत्रादिपूगःश्रवणादिपूगः । वागादिपूगोवचनादिपूगःशब्दादिपूगोवियदादिपूगः प्राणादिपूगःश्वसनादिपूगःसंस्कारपूगःसुकृतादिपूगः । एतैर्महापूगवरैरविद्यानद्यामयश्चोपरिचैतिजीवः ' तादृशींनित्यप्रवाहवर्तींसरितमविद्याख्यांपिबंतस्तत्कृतैरिष्टैःपुत्रपश्वादिभिर्लब्धैस्तृप्यंतः देवैश्चक्षुरादीनामनुग्राहकैःसूर्यादिभिस्तत्तद्विषयदर्शनद्वाराऽनेकसंस्कारसंततिसंतन्वानैःरक्षितांदेवरक्षितां तेजीवाःतस्याअविद्यानद्याःमधु पुत्रपश्वादिकंमधुरंफलंईक्षंतःपश्यंतस्तल्लिप्सयाइहशुक्राख्येऽधिष्ठानेभासमानांघोरां महाभयंकरांसंचरंति ऊर्ध्वाधोमार्गेषुपुनःपुनरावर्त्ततइत्यर्थः । इहयत्राधिष्ठानेसंचरंतितंपरमेश्वरंयोगिनःपश्यंति ७ ननुइहकृतस्यकर्मणःकृत्स्नस्यअमुत्रैवभोगातकर्मशेषाभावेकुतःपुनरावृत्तिःकिंतुमुक्तिरेवभवतीत्याशंक्याह तदर्द्धेति । तत्मधुकर्मफलं अर्धमासंअर्धमासश्चंद्रोयस्मिन्भोग्यत्वेनतत्अर्धमासंभवति तथाहि । ' तेषांसोमोराजाऽन्नंतंदेवाभक्षयंति ' इतिश्रुत्याऽमुत्रगत्वादेवभावंप्राप्ताइष्टादिकारिणःसोमरूपममृतंपिबंतीतिदर्शितं । तथाचभ्रमरोजीवःइतस्ततोभ्रमणशीलःअमुत्रसोमरूपमर्धंकर्मफलंभुंक्तेशेषेणात्रावर्त्ततइत्यर्थः । संचिंत्येत्यनेनआमुष्मिकफलभोगानंतरंऐहिकफलभोगवासनाऽप्यस्तीतिसूचितं । द्विविधंहिकर्म किंचिदामुष्मिकफलं किंचिदैहिकफलं तत्रैकंभुक्त्वाइतरार्थमत्रावतरतीतिश्लिष्टं श्रुतिश्च । ' यावत्संपातमुषित्वाऽथैतमेवाध्वानंपुनर्निवर्त्ततेतद्यइहरमणीयचरणाअभ्याशोहतेरमणीयांयोनिमापद्यंतेकपूयचरणाःकपूयांयोनिमापद्यंते ' इत्याह । संपातःकर्म चरणंकर्मशेषःअभ्याशोहशीघ्रमेवेतिश्रुतिपदानामर्थः । यएवंविधोजीवःसएवईशानःअंतर्यामीसर्वभूतेषुतिष्ठति । सएवचहविर्भूतंहविर्भिःसिद्धंयज्ञंचकल्पितवान् वेदस्य

द्वादशपूगांसरितंपिबंतोदेवरक्षिताम् ॥ मध्वीक्षंतश्चतेतस्याःसंचरंतीहघोराम् ॥ योगिनस्तंप्रपश्यंतिभगवंतंसनातनम् ७ तदर्धमासंपिबतिसंचित्यभ्रमरोमधु ॥ ईशानःसर्वभूतेषुहविर्भूतमकल्पयत् ॥ योगिनस्तंप्रपश्यंतिभगवंतंसनातनम् ८ हिरण्यपर्णमश्वत्थमभिपद्यह्यपक्षकाः ॥ तेतत्रपक्षिणोभूत्वाप्रपतंतियथादिशम् ॥ योगिनस्तंप्रपश्यंतिभगवंतंसनातनम् ९ पूर्णात्पूर्णान्युद्धरंतिपूर्णात्पूर्णानिचक्रिरे ॥ हरंतिपूर्णात्पूर्णानिपूर्णमेवावशिष्यते ॥ योगिनस्तंप्रपश्यंतिभगवंतंसनातनम् १०

वैदिकमार्गस्यचप्रवर्त्तकइत्यर्थः । एतेनत्वंपदार्थस्यतत्पदार्थाभेदउक्तः । योयज्ञंअकल्पयत्तंयोगिनःपश्यंति ८ ननुईश्वरस्यजीवभावेकिंकारणमतआह हिरण्येति । हिरण्यानिहरणशीलानिआपातरमणीयत्वात्पर्णानीवपर्णानिअवयवाःस्त्रीपुत्रादयोयस्यतंहिरण्यपर्णं अश्वत्थंनश्वोऽपितिष्ठतीत्यश्वत्थोनश्वरःअविद्यावृक्षः तमभिपद्यप्राप्य अपक्षकाःनसंतिपक्षाःउत्क्रमणहेतवउपाधयःप्राणरूपायेषांतेचिदात्मानः तत्र अविद्यायांपक्षिणोभूत्वाप्राणाद्युपाधिप्राप्त्याउत्क्रमणयोग्याभूत्वा यथादिशंयथावासनंप्रपतंति तासुतासुयोनिष्वित्यर्थात् । बहुवचनंऔपाधिकरूपभेदापेक्षया श्रूयतेचप्राणोपाधिकमुत्क्रमणंचिदात्मनः । प्रश्नोपनिषदि । षोडशकलंपुरुषंप्रस्तुत्य ' सईक्षांचक्रेकस्मिन्नहमुत्क्रांतेउत्क्रांतोभविष्यामिकस्मिन्वाप्रतिष्ठितेप्रतिष्ठास्यामीतिसप्राणमसृजत 'इति ९ एवंईश्वरस्यापिजीवत्वेउपाधिसंबंधएवकारणमित्युक्तं तत्रकिंउपाधिभिःकृत्स्नंब्रह्मउपाधीयते उतब्राह्मणोंऽशाएवोपधीयंते आद्येजीवबहुत्वानुपपत्तिः । अंत्येब्रह्मणोनिष्कलत्वानुपपत्तिः । अंशस्यांशित्वायोगाज्जीवेशयोरभेदानुपपत्तिश्चेत्याशंक्याह पूर्णादिति । पूर्णात्व्यापकात्चिदाकाशात्पूर्णानिचित्प्रतिबिंबभूतानिजीवरूपाणिउद्धरंतिपृथक्कुर्वंति । प्राणादयउपाधिदर्पणाः ननुउपाधीनांपृथक्सत्त्वेपूर्णस्यपूर्णत्वमेवव्याहन्येतेत्याशंक्याह पूर्णादिति । पूर्णानिप्राणादीनिपूर्णादेवचक्रिरेकृतानि अयंभावः घटाकाशन्यायेनोपाध्युपधेययोःपरस्परपरिच्छेदकत्वेऽन्यतरस्यापिपूर्णत्वंनयुज्यतेऽतउपाधिरप्यध्यस्तएव तथाचाधिष्ठानाध्यस्तयोर्विषमसत्ताकत्वान्नपरस्परपरिच्छेदकत्वं किंत्वितरेतरतिरोधायकत्वमेवास्तीतिस्वस्वप्रतीतिकालेद्वयोरपिपूर्णत्वं प्रतियोगिनस्तदानीमदर्शनात् । कल्पितउपाधिर्जीवेश्वरभेदेहेतुरित्यर्थः । यदातुपूर्णानिप्राणादीनिब्रह्मण्यध्यस्तानि ततःसकाशात्हरंति सम्यग्ज्ञे- ॥५०॥

–क्षणेनदूरीकुर्वंति रज्जुतइवसर्प तदाजीवेशभेदनिमित्तस्योपाधेरभावात्पूर्णंब्रह्मैवावशिष्यते यथोक्तंविष्णुपुराणे । ‘ विभेदजनकेऽज्ञानेनाशमात्यंतिकंगते । आत्मनोब्रह्मणाभेदमसंतंकःकरिष्यति ” इति । एवंचअंशांशित्वरूपेणजीवेशयोर्भेदानुपगमादनुपचरितस्तयोरभेदप्रतिपादकस्तत्त्वमस्यहंब्रह्मास्म्ययमात्माब्रह्मेत्यादिरागमइतिसिद्धं यत्पूर्णंशिष्यतेतंभगवंतंयोगिनःपश्यंति १० तस्मात्पूर्णात् वायुरिति पंचानामपिभूतानामुपलक्षणं । ‘ तस्माद्वाएतस्मादात्मनआकाशःसंभूतः आकाशाद्वायुः वायोरग्निः अग्नेरापः अद्भ्यःपृथिवी ’ इतिततएवसर्वभूतोद्भवश्रुतेः । प्रयतःनिगृहीतः एतेनतत्रैवलयं दर्शयतातदुपादानकत्वंभूतानामुक्तं अग्निर्भोक्ता सोमोभोज्यं प्राणइतिदेहेंद्रियादिसंघातग्रहणम् ११ इदंसर्वंततएवआततंतस्माज्जातं तत्आत्मत्वेनप्रसिद्धं तत्तच्छब्दवाच्यं । ‘ तदितिवाएतस्यमह तोभूतस्यनामभवति ’ इतिश्रुतिप्रसिद्धेः । वक्तुंनशक्नुमः वाचामगोचरंयोगिनःपश्यंति १२ इदानींतद्दर्शनाभ्युपायंयोगंसंक्षेपेणाह अपानमिति । गिरतिउपसंहरतिस्वात्मनियोगशास्त्रोक्तरीत्या । ‘ पार्ष्णिनागुदमापीड्यदंतैर्दंतानसंस्पृशन् । दृढासनोऽपानवायुमुन्नयेच्चशनैःशनैः । तंप्राणेनैकतांनत्वास्थिरंकृत्वाहृदंबरे । चेतोमात्रेणतिष्ठेतत्चबुद्धौविलापयेत् ’ चंद्रमाअन्नमनः आदित्यो बुद्धिः परःपरमात्मा एवंयआदित्यंगिरतितंयोगिनःपश्यंति १३ ननुनित्यापरोक्षंब्रह्मयत्साक्षादपरोक्षादितिश्रुतेः अतःकिंयोगेनेत्याशंक्याह एकमिति । हंसइवहंसःपरामात्माशरीरवृक्षमारूढोऽपितेन असंबद्धः सचतुष्पात् ‘ सोऽयमात्माचतुष्पात् ’ इतिश्रुतेः । चतुर्णांपादानांजाग्रत्स्वप्नसुषुप्ततुरीयाख्यानांमध्येएकंपादंतुरीयंनोत्क्षिपतिनप्रकाशयति । कीदृशः सलिलात्निर्विशेषात्अतिगंभीरात्उच्चरन्नुपर्ये

तस्माद्वैवायुरायातस्तस्मिंश्चप्रयतःसदा ॥ तस्मादग्निश्चसोमश्चतस्मिंश्चप्राणआततः ११ सर्वमेवततोविद्यात्तत्तद्वक्तुंनशक्नुमः ॥ योगिनस्तंप्रपश्यंतिभगवन्तंसनातनम् १२ अपानंगिरतिप्राणःप्राणंगिरतिचंद्रमाः ॥ आदित्योगिरतेचंद्रमादित्यंगिरतेपरः ॥ योगिनस्तंप्रपश्यंतिभगवंतंसनातनम् १३ एकंपादंनोत्क्षिपतिसलिलाद्धंसउच्चरन् ॥ तंचेत्संततमूर्ध्वायनमृत्युर्नामृतंभवेत् ॥ योगिनस्तंप्रपश्यंतिभगवंतंसनातनम् १४ अंगुष्ठमात्रःपुरुषोऽन्तरात्मालिंगस्ययोगेनसयातिनित्यम् ॥ तमीशमीड्यमनुकल्पमाद्यंपश्यंतिमूढानविराजमानम् ॥ योगिनस्तंप्रपश्यंतिभगवंतंसनातनम् १५ असाधनावाऽपिससाधनावासमानमेतद्दृश्यतेमानुषेषु ॥ समानमेतदमृतस्येतरस्यमुक्तास्तत्रमध्वउत्संसमापुः ॥ योगिनस्तंप्रपश्यंतिभगवंतंसनातनम् १६

वपादत्रयेणचरन् ‘ तंतुरीयंपादंशिवमद्वैतंचतुर्थंमन्यन्ते सआत्मासविज्ञेयः ’ इतिश्रुतिप्रसिद्धं ऊर्ध्वायउपरितनायपादत्रयायविश्वतैजसप्राज्ञाख्याय तेषांचालनायेत्यर्थः । संततंव्याप्तं तुरीयंत्रिषुसंततमित्युक्तेः । नहिचैतन्यानुवंधंविनाविश्वादयःस्वकार्येप्रभवंति तंचेत्पश्यतितदामृत्युरमृतंचअज्ञानकृतंद्वयंसतिज्ञानेकालत्रयेऽपिनास्तीत्यर्थः । यद्यपिनित्यापरोक्षंब्रह्मतथाऽपिउपाधिविशिष्टेनैवरूपेणपरोक्षं नतुततोनिष्कृष्टरूपेणातस्तदापरोक्ष्याययोगोऽपेक्षितइत्यर्थः । सततमृत्विजमितिपाठेऋत्विग्वत्पादत्रयक्रियानिमित्तमित्यर्थः १४ अंगुष्ठेति । अंगुष्ठमात्रेहृदयेप्रतिष्ठितत्वादंगुष्ठमात्रः एतेनहृदयपुंडरीकंध्यानस्थलमुपदिष्टंभवति । पुरुषःपूर्णः अंतरात्माबाह्यात्मभ्योऽन्नमयादिभ्यःपंचभ्यआंतरः लिंगस्यपंचप्राणमनोबुद्धिदशेंद्रियात्मकस्यलिंगशरीरस्यसंबंधेननित्यंसयातिइहलोकपरलोकौजाग्रत्स्वप्नौवागच्छति । तंईशंयमयितारं ईड्यंस्तुत्यं । अनुकल्पंउपाधिमनुसर्वकार्येषुसमर्थं । आद्यंमूलकारणं । विराजमानंप्रत्यक्चैतन्यरूपेणप्रकाशमानमपिमूढाःनपश्यंति । तंयोगिनःपश्यंति १५ नन्वंगुष्ठमात्रस्यहृदयेस्थितस्यहृदयतापेनतापप्राप्तिरपिस्यात्तथाचतापस्वभावस्यकुतोमुक्तिरित्याशंक्यतस्यकदाचिदपितापोनास्तीत्याह असाधनाइति । मानुषेषुसंघाताभिमानिषुजीवेषुकेचिदसाधनाःशमादिहीनाः केचित्ससाधनास्तद्युक्तावाभवंतु तत्स्थंएतद्ब्रह्म समानंनिर्विकारं असंगोह्ययंपुरुषइत्यसंगत्वश्रुतेः । एवंमुक्तबद्धयोरपीत्याह समानमिति । कस्तर्हिमुक्तेषुविशेषइत्यतआह मुक्ताइति । तत्रतेष–

—मध्येमुक्ताः मध्वःमधुनः ब्रह्मरसस्यउत्संउत्कर्षपरांकाष्ठांसमापुःसंप्राप्ताः । अयंभावः अवस्थांतरगतस्यदुःखस्यावस्थांतरेऽदर्शनादुपाधिधर्मएवदुःखंभ्रांत्याउपहितेऽपिभाति स्फटिकेइवजपाकुसुमलौहित्यं सर्वात्मनाउपाधित्यागात्तुमुक्तानांनदुःखस्पर्शोऽस्तीतितेनिरतिशयानंदभाजइति यएवंसमानस्तंयोगिनःपश्यंति १६ एवंब्रह्मप्राप्तौसर्वफलावाप्तिंकृतकृत्यतांचाह उभाविति । उभौलोकौआत्मलोकं अनात्मलोकंच विद्ययाब्रह्माकारयाअंतःकरणवृत्त्याअहमेवेदंसर्वोस्मीतिसार्वात्म्याकारयाचवृत्त्याव्याप्यप्रकाश्यज्ञात्वायातिप्रारब्धकर्मावष्टब्धदेहःसन्संचरतिविद्वान् यदैवंतदाअहुतमप्यग्निहोत्रंअस्यहुतमेवभवति ज्ञानेसर्वाणिकर्मफलान्यंतर्भवंतीत्यर्थः । अतः ब्राह्मीवाक्तेतवअहंमहानस्मीतिवदतः लघुतांनीचत्वंमादधीतमाकरोतु । अहंदासोस्मीतिमाब्रूहीत्यर्थः । तंचेद्ब्रूयुरतिवाद्यसीत्यतिवाद्यस्मीतिब्रूयान्नापन्हुवीतेतिश्रुत्यैव ब्रह्मविदाप्रतिवादित्वदोषोनास्तीतिप्रदर्शितं । प्रज्ञानमितिअस्यनामैवस्यात् ‘ प्रज्ञानंब्रह्मेतिब्रह्मविद्ब्रह्मैवेति ’ चश्रुतिभ्यां ब्रह्मणाविद्वद्रूपेणस्वमाहात्म्यंनगोपनीयमधिकारिष्वेव प्राकृतेषुतुगोपनीयमेव । ‘ तथाचरेतवैयोगीसतांधर्ममदूषयन् । जनायथाऽवमन्येरन्गच्छेयुर्नैवसंगतम् ’ इति । एतच्चप्रज्ञानमितिनामधीराःध्यानवंतएवलभंते । यस्यनामप्रज्ञानंतंयोगिनःपश्यंति १७ एवंरूपोवाङ्मनसातीतोजगज्जन्मादियोनिर्निर्विकारोयोगैकगम्योवज्ज्ञानान्महापूज्यत्वंलभ्यते कर्मलोपदोषश्चनास्तिसएवंरूपः परमात्मापावकंभोक्तारंजीवंगिरन्आत्मनिसंहरन् पुरुषंपूर्णंतंयोवेदतस्यअर्थःपुरुषार्थोमोक्षोनरिष्यतेनहिंस्यते । कर्मफलवत्ज्ञानफलंनानित्यमित्यर्थः । यस्यज्ञानादर्थनाशोनास्तितंयोगिनःपश्यंति १८ नकेवलंमोक्षएवज्ञानतःस्यात्अपितुसर्वंदूरस्थमपिआत्मन्यंतर्भूत

उभौलोकौविद्ययाव्याप्ययातितदाहुतंचाहुतमग्निहोत्रम् ॥ मातेब्राह्मीलघुतामादधीतप्रज्ञानंस्यान्नामधीरालभंते ॥ योगिनस्तंप्रपश्यंतिभगवंतंसनातनम् १७

एवंरूपोमहात्मासपावकंपुरुषोगिरन् ॥ योवैतंपुरुषंवेदतस्येहार्थोनरिष्यते ॥ योगिनस्तंप्रपश्यंतिभगवंतंसनातनम् १८ यःसहस्रंसहस्राणांपक्षान्संतत्यसंपतेत् ॥ मध्यमेमध्यआगच्छेदपिचेत्स्यान्मनोजवः ॥ योगिनस्तंप्रपश्यंतिभगवंतंसनातनम् १९ नदर्शनेतिष्ठतिरूपमस्यपश्यंतिचैनंसुविशुद्धसत्वाः ॥ हितोमनीषीमनसानतप्यतेयेप्रव्रजेयुरमृतास्तेभवंति ॥ योगिनस्तंप्रपश्यन्तिभगवन्तंसनातनम् २० गूहंतिसर्पाइवगह्वराणिस्वशिक्षयास्वेनवृत्तेनमर्त्याः ॥ तेषुप्रमुह्यंतिजनाविमूढायथाऽध्वानंमोहयंतेभयाय ॥ योगिनस्तंप्रपश्यंतिभगवंतंसनातनम् २१

मेवास्तीत्याह यइति । दशलक्षाणिअनंतान्वापक्षान्कृत्वायोदूरंगच्छेत्सोऽपिमध्येशरीरान्तःमध्यमेमध्यस्थेहृदयस्थेपरमेश्वरेआगच्छेदेव । विप्रकृष्टमप्यर्थंहार्दाकाशेयोगिनःपश्यंतीत्यर्थः । एतच्चातीतानागतादेरप्युपलक्षणं । तथाचहार्दाकाशंप्रकृत्यश्रूयते । ‘ यच्चास्येहास्तियच्चनास्तिसर्वंतदत्रगत्वाविंदते ’ इति । यत्रदूरस्थोऽप्यस्तितंयोगिनःपश्यंति १९ एवंविधस्यात्मनोदर्शनार्थंयोगानुगुणानिसाधनांतराण्याह नेति । चक्षुराद्यग्राह्यंरूपंनंशुद्धचित्ताएवचित्तेनगृह्णंतीतिपूर्वार्धार्थः किंचयदाऽयंहितःजगन्मित्रंमनीषीमनोनिग्रहशीलश्चभवति तथामनसाचपुत्रादीनांनाशेसत्यपिनतप्यतेतदैवचित्तशुद्धिर्जातेतिज्ञेयं । एवंज्ञात्वायेप्रव्रजेयुःविक्षेपहेतून्गृहादींस्त्यजेयुस्तेसंन्यासिनःअमृताभवंतीति । तंअमृतंयोगिनःपश्यंति २० संन्यासंकृत्वाऽपिवंचकानांसंगतिर्नकर्तव्येत्याह गूहंतीति । मर्त्याःकौलिकाःस्वशिक्षयास्वेषांगुरूणांशिक्षयास्वेनवृत्तेनवा बहिर्दृष्टीनांरमणीयेनचदंभरूपेणगह्वराणिपापानिमद्यमांसपरस्त्रीसेवनादीनिगूहंतिछादयंति यथासर्पाःखलाःपरमुद्वेजयंतोऽपिबिलादौनिलीयआत्मानंगूहंतितद्वत् । तेषुबाह्यतोरमणीयेषुतेषांसमीपेविमूढाःजनाःमुह्यंति । एतदेवाह यथाऽध्वानंमार्गमनतिक्रम्यशिष्टमालोकदृष्टमाचारमत्यजतः भयायनरकायप्रापयितुंतान्मोहयंते मद्यमांसाद्यशुचित्वतोपदेशेनप्रतारयंतिअतः सम्यक्परीक्षितःसद्वस्तुसंगतिर्यत्नाभावकर्तव्या तंयोगिनःपश्यंति २१

एवंसर्वकर्मास्पर्शिनांयोगिनामपिदुःसंगत्यागमावश्यकतयोक्त्वाजीवन्मुक्तानांतेषामनुभवमनुवदति नाहमिति । अहंसदाकालत्रयेऽपिअसत्कृतःअसतादेहेंद्रियादिनातादात्म्याध्यासेनतद्वत्कृतः सुखदुःखज रामरणादिधर्मवान्कुतःअसत्कृतःनस्यांनभवेयं देहादीनामसत्त्वादेवेत्यर्थः । अतएवदेहवियोगरूपोमृत्युरपिनास्ति नापिअमृत्युस्तद्विरोधिजन्मलाभः जन्ममरणप्रवाहरूपस्यमृत्युसंज्ञितस्यबंधस्याभावात् । अ मृतंमोक्षोऽपिममकुतःनकुतश्चिदित्यर्थः । तत्रहेतुः सत्यंघटादि अनृतंरज्जूरगादि तेउभेअपिसत्यसमानबंधे सत्यंअबाधितं समानंसर्वदासर्वदेशेषुचैकरूपंब्रह्मतदेवबंधोनिग्रहस्थानंययोस्तेतथा । सर्वंजग द्ब्रह्माधीनमित्यर्थः । सतःकार्यस्यअसतःकारणस्यचयोनिःउत्पत्तिप्रलयस्थानंअहंएकएवतंमांयोगिनःपश्यंति तथाचश्रुतिः 'ननिरोधोनचोत्पत्तिर्नबद्धोनचसाधकः । नमुमुक्षुर्नवैमुक्तइत्येषापरमार्थता' इतिसृष्ट्यादिकंसर्वंमय्येवकल्पितमित्याह २२ 'सनसाधुनाकर्मणाभूयान्नोएवासाधुनाकनीयान्' इतिश्रुतिसिद्धंकर्मास्पर्शंब्रह्मविद्याफलमाह नसाधुनेति । असाधनावाऽपिससाधनावेत्यत्रब्रह्मणःअसंगत्वमुक्तं इहतुब्रह्मविदःपापास्पर्शउच्यते एतद्ब्रह्मचिद्रूपंब्रह्मसाधुनाकर्मणासमानंउत्कृष्टंनभवति । उतअपिअसाधुनाकर्मणाऽसमानंअपकृष्टंचनभवति । मानुषेषुदेहाभिमानिषुतुएतद्दृश्यतएवउच्चावचंकर्मफलंनतथाब्र ह्मविदीत्यर्थः । अत्रहेतुः समानमिति । एतद्ब्रह्मचिद्रूपंब्रह्मअमृतस्यकैवल्यस्यसमानंयथाकैवल्येसर्वशादिसंमतपुण्यपापयोरस्पर्शएवंब्रह्मविद्यपीत्यर्थः अतएवंपूर्वोक्तप्रकारेणयुक्तोयोगवान् तन्मयुब्रह्म ।

नाहंसदाऽसत्कृतःस्यांनमृत्युर्नचामृत्युरमृतंमेकुतःस्यात् ॥ सत्यानृतेसत्यसमानबंधेसतश्चयोनिरसतश्चैकएव ॥ योगिनस्तंप्रपश्यन्तिभगवन्तंसनातनम् २२
नसाधुनानोतअसाधुनावाऽसमानमेतद्दृश्यतेमानुषेषु ॥ समानमेतदमृतस्यविद्यादेवंयुक्तोमधुतद्वैपरीप्सेत् ॥ योगिनस्तंप्रपश्यन्तिभगवन्तंसनातनम् २३
नास्यातिवादाहृदयंतापयंतिनानधीतंनाहुतमग्निहोत्रम् ॥ मनोब्राह्मीलघुतामादधीतप्रज्ञांचास्मैनामधीरालभंते ॥ योगिनस्तंप्रपश्यन्तिभगवन्तंसनातनम् २४
एवंयःसर्वभूतेषुआत्मानमनुपश्यति ॥ अन्यत्रान्यत्रयुक्तेषुकिंसशोचेत्ततःपरम् २५ यथोदपानेमहतिसर्वतःसंप्लुतोदके ॥ एवंसर्वेषुवेदेषुआत्मानमनुजानतः २६
अंगुष्ठमात्रःपुरुषोमहात्मानदृश्यतेऽसौहृदिसंनिविष्टः ॥ अजश्चरोदिवारात्रमतंद्रितश्चसतंमत्वाकविरास्तेप्रसन्नः २७

मद्वितिपाठेऽपिसएवार्थः निरवधिकस्यवस्तुस्वस्यतत्रैवपर्यवसानात् । परीप्सेत्सर्वप्रकारेणप्राप्तुमिच्छेत् । तमेवचयोगिनःपश्यंति २३ नास्येति । अस्यआत्मविदःअतिवादाःनिंदावचनानिहृदयंनता पयंति । अथवामयानाधीतंमयानहुतमित्यादिकमपिअस्यमनइतिपूर्वान्वयि । श्रूयतेच 'नैनंकृताकृतेतपतेइति । एतंहवावनतपति किमहंसाधुनाकरवं किमहंपापमकरवम्' इतिच । ब्राह्मीब्रह्म संबंधिनीयंविद्याअस्मैपुरुषायलघुशीघ्रं तांप्रज्ञां यामधिकृत्यस्मरति । 'प्रज्ञाप्रासादमारुह्यअशोच्यःशोचतोजनान् । भूमिष्ठानिवशैलस्थःसर्वान्प्राज्ञोऽनुपश्यति' इति तांप्रज्ञामृतंभराख्यांआदधीतसमर्प येत् । आत्मवित्सर्वविद्भवतीत्यर्थः । तांकांयांप्रज्ञांधीराःध्यानवंतोनाममनिश्चितंलभंतेनान्ये । एतेनशोकमोहनिवृत्तिःसर्वज्ञत्वंचब्रह्मविद्याफलमुक्तंभवति । यंनतापयंतितंविद्वदभिन्नंपरमेश्वरंयोगिनःपश्यंति २४ एवमनेनप्रकारेणयःसर्वभूतेषुसद्रूपेणअनुस्यूतमात्मानंगुरूक्तिमनुपश्यति ध्यानेनसाक्षात्करोतिसःअन्यत्रदारादौ अन्यत्रकर्मादौयुक्तेषुपुरुषांतरेषुसत्सुकिंशोचतिनैवशोचति किंतुतएवशोचंतीत्यर्थः २५ उद कंपीयतेऽस्मिन्नित्युदपानंकासारादौतृषार्तस्ययावताजलेनस्नानपानादिसिद्धिस्तावत्तैवसर्वेषुवेदेषुआत्मज्ञस्यध्यायिनइष्टसिद्धिः । अतोग्रंथभारवहनंवृथैव किंतुतदंतर्गतंस्वोपयुक्तंसारमात्रंगुरुवाक्याद्गृहीत्वायो गेनकृतकृत्योभवेदित्यर्थः २६ अंगुष्ठेति । उपाधितोऽल्पपरिमाणोऽपिस्वतोमहात्माव्यापकःनदृश्यतेरूपादिहीनत्वात् । अजोजन्मादिशून्यः । दिवारात्रंचरतीतिचरःजगन्नियमनेनित्योद्युक्तइत्यर्थः । सःअ धिकारी तंआत्मानं मत्वाज्ञात्वा कविःक्रांतदर्शी आस्तेकर्मभ्यउपरतोभवतिकृतकृत्यत्वात् । अतएवप्रसन्नःउपाधिकृतकालुष्यत्यागान्निर्मलः २७

अथेदानींब्रह्मविदात्मनोब्रह्मभावंवामदेववदपरोक्षीकुर्वन्स्वस्यसार्वात्म्यंस्तौति अहमेवेति । नास्तिअतीतानागतं । अस्तिवर्त्तमानं । सर्वेषामंतरात्माचाहमेवास्मि २८ पितामहइति । एवमात्मनिसर्वमारो
प्यअपवदति नमेयूयंनवोवयमिति । यद्यपिरज्ज्वामुरगआरोपितस्तथापितयोर्नकश्चित्संबंधोऽस्तिअधिष्ठानव्यतिरेकेणाध्यस्तस्यासत्त्वात् । एवंप्रत्यगात्मजगतोरप्यसंबंधोद्रष्टव्यः २९ अहमेवमुमुक्षूणांज्ञेय
इत्याह आत्मैवेति । ममस्थानंअधिष्ठानंआत्मैव । 'स्वेमहिम्निप्रतिष्ठितः' इतिश्रुतेः । अतएवममजन्मजननहेतुरपिआत्मैव । अजत्वादेवअहंकार्येओतःप्रोतश्चतिर्यगूर्ध्वंचपटेतंतवइवानुस्यूतोऽस्मि ।
अजराअप्रच्युतस्वभावाप्रतिष्ठाअधिष्ठानत्वंयस्यसतथाअजश्चरइतिपादोव्याख्यातः । मांसर्वेषांभूतानामंतरात्मानंसर्वेश्वरंसर्वकर्तारंविज्ञाय कविःप्रसन्नआस्ते ३० प्रकरणार्थमुपसंहरति अणोरिति ।
अणोरप्यणुतरोदुर्लक्ष्यःनत्वणुतरपरिमाणवान् । अस्थूलमनण्वह्रस्वमदीर्घमितिब्रह्मणिचतुर्विधपरिमाणनिषेधात् एतेननिर्गुणंरूपमुक्तं । सुमनाः शोभनंमनोदिव्यंचक्षुर्मायाख्यंअतीतादिसर्वप्रकाशकंयस्य

अहमेवस्मृतोमातापितापुत्रोऽस्म्यहंपुनः ॥ आत्माऽहमपिसर्वस्ययच्चनास्तियदस्तिच २८ पितामहोऽस्मिस्थविरःपितापुत्रश्चभारत ॥ ममैवयूयमात्मस्थान
मेयूयंनवोवयम् २९ आत्मैवस्थानंममजन्मचात्माओतप्रोतोऽहमजरप्रतिष्ठः ॥ अजश्चरोदिवारात्रमतंद्रितोऽहंमांविज्ञायकविरास्तेप्रसन्नः ३० अणोरणीयान्सुमनाः
सर्वभूतेषुजाग्रति ॥ पितरंसर्वभूतेषुपुष्करेनिहितंविदुः ३१ इतिश्रीमहाभारतेउद्योगपर्वणिसनत्सुजातपर्वणिषट्चत्वारिंशोऽध्यायः ॥ ४६ ॥ ॥ समाप्तमिदं
सनत्सुजातपर्व ॥ अथयानसंधिपर्व ॥ ॥ वैशंपायनउवाच ॥ ॥ एवंसनत्सुजातेनविदुरेणचधीमता ॥ सार्धंकथयतोराज्ञःसाव्यतीयायशर्वरी १ तस्यां र
जन्यांव्युष्टायांराजानःसर्वएवते ॥ सभामाविविशुर्हृष्टाःसूतस्योपदिदृक्षया २ शुश्रूषमाणाःपार्थानांवाचोधर्मार्थसंहिताः ॥ धृतराष्ट्रमुखाःसर्वेययूराजसभांशुभाम्
३ सुधावदातांविस्तीर्णांकनकाजिरभूषिताम् ॥ चंद्रप्रभांसुरुचिरांसिक्तांचंदनवारिणा ४ रुचिरैरासनैःस्तीर्णांकांचनैर्दारवैरपि ॥ अश्मसारमयैर्दान्तैःस्वास्तीर्णैःसो
त्तरच्छदैः ५ भीष्मोद्रोणःकृपःशल्यःकृतवर्माजयद्रथः ॥ अश्वत्थामाविकर्णश्चसोमदत्तश्चबाह्लिकः ६ विदुरश्चमहाप्राज्ञोयुयुत्सुश्चमहारथः ॥ सर्वेचसहि
ताःशूराःपार्थिवाभरतर्षभ ७ धृतराष्ट्रंपुरस्कृत्यविविशुस्तांसभांशुभाम् ॥ दुःशासनश्चित्रसेनःशकुनिश्चापिसौबलः ८ दुर्मुखोदुःसहःकर्णउलूकोऽथविविंशतिः ॥
कुरुराजंपुरस्कृत्यदुर्योधनममर्षणम् ९ विविशुस्तांसभांराजन्सुराःशक्रसदोयथा ॥ आविशद्भिस्तदाराजन्शूरैःपरिघबाहुभिः १० शुशुभेसासभाराजन्सिंहैरिवगिरेर्गु
हा ॥ तेप्रविश्यमहेष्वासाःसभांसर्वेमहौजसः ११ आसनानिविचित्राणिभेजिरेसूर्यवर्चसः ॥ आसनस्थेषुसर्वेषुतेषुराजसुभारत १२

मनोऽस्यदैवंचक्षुः' इतिश्रुतेः ससुमनाः एतेनसगुणंरूपमुक्तं । सर्वभूतेषुजाग्रतिअंतर्यामिरूपेणजागर्ति शपोऽलुगार्षःगुणाभावश्च । पितरंअर्थाद्वियदादीनांजरायुजादीनांच । सर्वभूतेषुसर्वदेहेषुपुष्करेहृदय
पुंडरीकेनिहितंस्थितंविदुर्ब्राह्मणाजानंति । एवंगुणविशिष्टंप्रत्यगात्मानंहृदयेविचिंतनेनसाक्षात्कृत्यकृतकृत्योभवतीत्यर्थः ३१ ॥ इतिश्रीमत्पदवाक्यप्रमाणज्ञमर्यादाधुरधरचतुर्धरवंशावतंसश्रीगोविंदसूरिसूनोःश्री
नीलकंठस्यकृतौउद्योगपर्वणिभारतभावदीपे षट्चत्वारिंशोऽध्यायः ॥ ४६ ॥ ॥ प्रासंगिकमध्यात्मंसमाप्यप्रस्तुतांकथामेवानुसंधत्ते एवंसनत्सुजातेनेत्यादिना कथयतःकथाभितिशेषः १ सूतस्यसंज
यस्य २ । ३ कनकमयेनअजिरेणअंगणेनभूषितां ४ अश्मसारमयैः रत्नखचितैः ५ । ६ । ७ । ८ । ९ । १० । ११ । १२

१३ उपेयायउपाजगाम प्रस्कंधउत्तीर्य १४ यथावयः वयसोऽनुरूपम् १५ । १६ । १७ ॥ ॥ इतिश्रीमहाभारतेउद्योगपर्वणिनीलकंठीये भारतभावदीपे सप्तचत्वारिंशोऽध्यायः ॥ ४७ ॥ पृच्छामी
ति १ । २ अन्वत्रस्तइत्यनुशब्दस्यअवोचदित्यनेनसंबंधः । व्यवहिताश्चेतिधातूपसर्गयोश्छांदसंव्यवहितत्वं । विदानःजानन् उपह्वरेसमीपे कुरूणांमध्येधार्तराष्ट्रंब्रूयाइत्यन्ववोचदितिसंबंधः ३
४ पांडवायोधनायपांडवैःसहयुद्धाय ५ । ६ । ७ कर्मपापं अनिर्विष्टंअनुपभुक्तं अश्विभ्यांअश्विपुत्राभ्याम् ८ अपध्यानात्अपकारचिंतनमात्रात् गांपृथ्वीम् ९ निर्वृत्तःसिद्धः सकलइत्ययुद्धपक्षेऽर्धस्यैवा

द्वाःस्थोनिवेदयामाससूतपुत्रमुपस्थितम् ॥ अयंसरथआयातियोऽयासीत्पांडवान्प्रति १३ दूतोनस्तूर्णमायातःसैन्धवैःसाधुवाहिभिः ॥ उपेयायसतुक्षिप्रंरथात्प्र
स्कन्धकुण्डली ॥ प्रविवेशसभांपूर्णांमहीपालैर्महात्मभिः १४ ॥ संजयउवाच ॥ प्राप्तोऽस्मिपांडवान्गत्वातंविजानीतकौरवाः ॥ यथावयःकुरून्सर्वान्प्रतिनंद
तिपांडवाः १५ अभिवादयंतिवृद्धांश्चवयस्यांश्चवयस्यवत् ॥ यूनश्चाभ्यवदन्पार्थाःप्रतिपूज्ययथावयः १६ यथाऽहंधृतराष्ट्रेणशिष्टःपूर्वमितोगतः ॥ अब्रुवंपां
डवान्गत्वातन्निबोधतपार्थिवाः १७ ॥ इतिश्रीमहाभारतेउद्योगपर्वणियानसंधिपर्वणिसंजयप्रत्यागमनेसप्तचत्वारिंशोऽध्यायः ॥ ४७ ॥ ॥ धृतराष्ट्रउवाच ॥
पृच्छामित्वांसंजयराजमध्येकिमब्रवीद्वाक्यमदीनसत्वः ॥ धनंजयस्तातयुधांप्रणेतादुरात्मनांजीवितच्छिन्महात्मा १ ॥ संजयउवाच ॥ दुर्योधनोवाचमिमांशृणो
तुयदब्रवीदर्जुनोयोत्स्यमानः ॥ युधिष्ठिरस्यानुमतेमहात्माधनंजयःशृण्वतःकेशवस्य २ अन्वत्रस्तोबाहुवीर्यंविदानउपह्वरेवासुदेवस्यधीरः ॥ अवोचन्मांयोत्स्य
मानःकिरीटीमध्येब्रूयाधार्तराष्ट्रंकुरूणाम् ३ संशृण्वतस्तस्यदुर्भाषिणोवैदुरात्मनःसूतपुत्रस्यसूत ॥ योयोद्धुमाशंसतिमांसदैवमंदप्रज्ञःकालपक्वोऽतिमूढः ४ येवैरा
जानःपांडवायोधनायसमानीताःशृण्वतांचापितेषाम् ॥ यथासमग्रंवचनंमयोक्तंसहामात्यंश्रावयेथानृपंतत् ५ यथानूनंदेवराजस्यदेवाःशुश्रूषंतेवज्रहस्तस्यसर्वे ॥ तथा
ऽशृण्वन्पांडवाःसंजयाश्चकिरीटिनावाचमुक्तांसमर्थाम् ६ इत्यब्रवीदर्जुनोयोत्स्यमानोगांडीवधन्वालोहितपद्मनेत्रः ॥ नचेद्राज्यंमुंचतिधार्तराष्ट्रोयुधिष्ठिरस्याजमीढस्य
राज्ञः ७ अस्तिनूनंकर्मकृतंपुरस्तादनिर्विष्टंपापकंधार्तराष्ट्रैः ॥ येषांयुद्धंभीमसेनार्जुनाभ्यांतथाश्विभ्यांवासुदेवेनचैव ८ शैनेयेनध्रुवमात्तायुधेनधृष्टद्युम्नेनाथशिखंडिना
च ॥ युधिष्ठिरेणेंद्रकल्पेनचैवयोऽपध्यानान्निर्दहेद्गांदिवंच ९ तैश्चेद्योद्धुंमन्यतेधार्तराष्ट्रोनिर्वृत्तोऽर्थःसकलःपांडवानाम् ॥ मातत्कार्षीःपांडवस्यार्थहेतोरुपैहि
युद्धंयदिमन्यसेत्वम् १० यांतांवनेदुःखशय्यामवात्सीत्प्रव्राजितःपांडवोधर्मचारी ॥ आप्नोतुतांदुःखतरामनर्थामंत्यांशय्यांधार्तराष्ट्रःपरासुः ११ ह्रियाज्ञानेनतप
सादमेनशौर्येणाथोधर्मगुप्त्याधनेन ॥ अन्यायवृत्तिःकुरुपांडवेयानध्यातिष्ठद्धार्तराष्ट्रोदुरात्मा १२

र्धस्यलाभोभवेत्सचानभिमतइतिसूचितं । तत्राज्यार्धदानेमाकार्षीः पांडवस्यअर्थहेतोःहितार्थम् १० दुःखशय्यांदुःखवासं अंत्यांशय्यांयुद्धेमरणंप्राप्तःसन् ११ त्वंएतावत्कुर्वित्याह ह्रियेति । यान्लोकान्
अन्यायवृत्तिर्धार्तराष्ट्रोऽध्यतिष्ठत्तान्ह्रीप्रभृतिभिर्गुणैरुपलक्षितेपांडवेअनुरक्तान्कुरु । दुर्योधनेनह्रेप्रज्ञानामस्मदभिमुखीकरणंत्वकार्यं नतुतेनसहअस्माकंसंधानमितिभावः १२

मायया कपटेन उपधीयंते उपस्थाप्यंते ते मायोपधाश्छलवादाः तान् मायोपधः । आतोधातोरितिद्वितीयांबहुवचनेपरेआलोपः । प्रतिपन्नःप्राप्तः प्रणिपातादिभिरूपेतः सत्यंब्रुवंश्चातिवेलंक्लिश्यमानोऽपि तिति क्षमाणएवास्तेइतिशेषः १३ क्रोधंअवसृष्टाऊत्स्रक्ष्यति । उद्वृत्तंक्रोधाक्रांतंचेतोयस्यसःउद्वृत्तचेताः । जन्मनासुवृत्तचेताअपिसन् अन्वतप्स्यत् शोचिष्यति । आर्षोलकारव्यत्ययः १४ कृष्णवर्त्मादाहेनकृष्णीकृतभूभागइतिप्राञ्चः । वस्तुतस्तु अग्निहोत्रेवस्वादिसप्तरूपोऽग्निःश्रूयते यदग्निमुद्धरतीत्यनुवाके तत्रकृष्णवर्त्मेत्यन्वर्थसंज्ञातोधूमायन्रौद्रोऽग्निरुच्यते । ज्वलितइतिकिंचित्प्रदीप्तः समिद्धइतिसर्वशोदीप्तः दग्धाधक्ष्यति १५ । १६ दंशितंसन्नद्धंस्वालक्षणंस्त्रीयानामपिअलक्षणं नास्तिलक्षणंसम्यगवलोकनं यस्यतंस्वालक्षणं । रणेआवेशवशात्स्वैरपिदुर्दर्शमित्यर्थः । यतःअंतकसन्निकाशं वचनस्यवचनम् १७ । १८ गाःवःइवेतिच्छेदः वःयुष्मान्गाइव १९ । २० शैक्येनशिक्यसदृशेनपाशेननागान्विगृण्हन् वैपरीत्येनगृण्हन् । गलेपादेवापाशंदत्वामृतवत्सत्वरकर्षन्नित्यर्थः अन्ये

मायोपधःप्रणिपातार्जवाभ्यांतपोदमाभ्यांधर्मगुप्त्याबलेन ॥ सत्यंब्रुवन्प्रतिपन्नोनृपोनस्तितिक्षमाणःक्लिश्यमानोऽतिवेलम् १३ यदाज्येष्ठःपांडवःसंशितात्मा क्रोधंयत्तंवर्षपूगान्सुघोरम् ॥ अवस्रष्टाकुरुषूद्वृत्तचेतास्तदायुद्धंधार्तराष्ट्रोऽन्वतप्स्यत् १४ कृष्णवर्त्मेवज्वलितःसमिद्धोयथादहेत्कक्षमग्निर्निदाघे ॥ एवंदग्धाधार्तराष्ट्रस्यसेनांयुधिष्ठिरःक्रोधदीप्तोऽन्ववेक्ष्य १५ यदाद्रष्टाभीमसेनंरथस्थंगदाहस्तंक्रोधविषंवमंतम् ॥ अमर्षणंपांडवंभीमवेगंतदायुद्धंधार्तराष्ट्रोऽन्वतप्स्यत् १६ सेनाग्रगं दंशितंभीमसेनंस्वालक्षणंवीरहणंपरेषाम् ॥ घ्नंतंचमूमंतकसन्निकाशंतदास्मर्तावचनस्यातिमानी १७ यदाद्रष्टाभीमसेनेननागान्निपातितान्गिरिकूटप्रकाशान् ॥ कुंभैरिवास्रग्वमतोभिन्नकुंभांस्तदायुद्धंधार्तराष्ट्रोऽन्वतप्स्यत् १८ महासिंहोगावइवप्रविश्यगदापाणिर्धार्तराष्ट्रानुपेत्य ॥ यदाभीमोभीमरूपोनिहंतातदायुद्धंधार्तराष्ट्रोऽन्वतप्स्यत् १९ महाभयेवीतभयःकृतास्त्रःसमागमेशत्रुबलावमर्दी ॥ सकृद्रथेनाप्रतिमान्रथौघान्पदातिसंघान्गदयाऽभिनिघ्नन् २० शैक्येननागांस्तरसाविगृह्णन्यदाछेत्ताधार्तराष्ट्रस्यसैन्यम् ॥ छिंदन्वनंपरशुनेवशूरस्तदायुद्धंधार्तराष्ट्रोऽन्वतप्स्यत् २१ तृणप्रायंज्वलनेनेवदग्धंग्रामंयथाधार्तराष्ट्रान्समीक्ष्य ॥ पक्वंसस्यं वैद्युतेनेवदग्धंपरासिक्तंविपुलंस्वंबलौघम् २२ हतप्रवीरंविमुखंभयार्तंपराङ्मुखंप्रायशोऽधृष्टयोधम् ॥ शस्त्रार्चिषाभीमसेनेनदग्धंतदायुद्धंधार्तराष्ट्रोऽन्वतप्स्यत् २३ उपासंगानाचरेद्दक्षिणेनवरांगानांनकुलश्चित्रयोधी ॥ यदारथाग्र्योरथिनःप्रचेतातदायुद्धंधार्तराष्ट्रोऽन्वतप्स्यत् २४ सुखोचितोदुःखशय्यांवनेपुदीर्घकालंनकुलोयामशेत ॥ आशीविषःक्रुद्धइवोद्वमन्विषंतदायुद्धंधार्तराष्ट्रोऽन्वतप्स्यत् २५ त्यक्तात्मानःपार्थिवायोधनायसमादिष्टाधर्मराजेनसूत ॥ रथैःशुभ्रैःसैन्यमभिद्रवंतो दृष्ट्वापश्चात्तप्स्यतेधार्तराष्ट्रः २६

तुविगृह्णन्निति पाठांतरंकल्पयित्वाशैक्येनखड्गेनेतिव्याचख्युः २१ तृणप्रायं तृणगृहमयंग्रामं परासिक्तंदूरेनिरस्तम् २२ अधृष्टयोधंअप्रगल्भयोधं २३ उपेति । वरांगानांशिरसांउपासंगान् उच्चयान्दक्षिणेनकुशलेन अनायासेनेतियावत् आचरेत्कुर्यात् रथिनःयोधान्प्रचेताकूटीकरिष्यति पाठांतरे उपासंगेन निषंगेणदक्षिणभागस्थेन शतात्परंआचरन् तत्रस्थैः शताधिकैः शरैर्युध्यन् वामहस्तेनाक्षिशरप्रक्षेपस्यअभ्यस्तत्वात् । दुःखशय्यामशेतेत्युत्तरस्मादपकृष्यते अतएवदुःखाद्रथिनःप्रचेतेतिपूर्वत्र २४ दुःखशय्यांअशेतेत्युत्तरंतांयदास्मरिष्यतीतिशेषः । अतएवदुःखात्रथिनःप्रचेतेतिपूर्वस्मादनुकृष्यते २५ हेपार्थिव आयोधनायुद्धायसमादिष्टाः सैन्यंतावकंद्रष्टारानितिशेषः २६

शिशून्द्रौपदीपुत्रान्प्रतिविंध्यादीन् आद्रवंतःआद्रवतः २७ गतोद्वाहंअपगतोद्वृत्तगतिंअनुकूलगतिमित्यर्थः अकूजनोनिःशब्दोऽक्षोयस्यतं सुवर्णस्यतारोदीर्घतंतुःतं अतिवेगादलातचक्रवत्सुवर्णरेखावत्
त्वमित्यर्थः दांतैःविनीतैःअश्वैरित्यर्थात् २८ विवर्तमानंविविधैर्मंडलैर्वर्तमानंचरंतं २९ गांधारिंशकुनिंआच्छिंदन्गच्छन् ३० आयतःआगच्छतः ३१ विगाहिताअभिभविष्यति ३२ । ३३ क्षेप्तारः

शिशून्कृतास्त्रानशिशुप्रकाशान्यदाद्रष्टाकौरवःपंचशूरान् ॥ त्यक्त्वाप्रणान्कौरवानाद्रवंतस्तदायुद्धंधार्तराष्ट्रोऽन्वतप्स्यत् २७ यदागतोद्वाहमकूजनाक्षंसुवर्णतारं
रथमाततायी ॥ दांतैर्युक्तंसहदेवोऽधिरूढःशिरांसिराज्ञांक्षेप्स्यतेमार्गणौघैः २८ महाभयेसंप्रवृत्तेरथस्थंविवर्तमानंसमरेकृतास्त्रम् ॥ सर्वादिशःसंपतंतंसमीक्ष्य
तदायुद्धंधार्तराष्ट्रोऽन्वतप्स्यत् २९ ह्रीनिषेवोनिपुणःसत्यवादीमहाबलःसर्वधर्मोपपन्नः ॥ गांधारिमार्छंस्तुमुलेक्षिप्रकारीक्षेप्ताजनान्सहदेवस्तरस्वी ३० यदाद्र
ष्टाद्रौपदेयान्महेषून्शूरान्कृतास्त्रान्रथयुद्धकोविदान् ॥ आशीविषान्घोरविषानिवायतस्तदायुद्धंधार्तराष्ट्रोऽन्वतप्स्यत् ३१ यदाभिमन्युःपरवीरघातीशरैःपरान्मेघ
इवाभिवर्षन् ॥ विगाहिताकृष्णसमःकृतास्त्रस्तदायुद्धंधार्तराष्ट्रोऽन्वतप्स्यत् ३२ यदाद्रष्टाबालमबालवीर्यंद्विषच्चमूंमृत्युमिवोत्पतंतम् ॥ सौभद्रमिंद्रप्रतिमंकृतास्त्रं
तदायुद्धंधार्तराष्ट्रोऽन्वतप्स्यत् ३३ प्रभद्रकाःशीघ्रतरायुवानोविशारदाःसिंहसमानवीर्याः ॥ यदाक्षेप्तारोधार्तराष्ट्रान्ससैन्यांस्तदायुद्धंधार्तराष्ट्रोऽन्वतप्स्यत् ३४ वृ
द्धौविराटद्रुपदौमहारथौपृथक्चमूभ्यामभिवर्तमानौ ॥ यदाद्रष्टारौधार्तराष्ट्रान्ससैन्यांस्तदायुद्धंधार्तराष्ट्रोऽन्वतप्स्यत् ३५ यदाकृतास्त्रोद्रुपदःप्रचिन्वन्शिरांसियूनांस
मरेरथस्थः ॥ क्रुद्धःशरैश्छेत्स्यतिचापमुक्तैस्तदायुद्धंधार्तराष्ट्रोऽन्वतप्स्यत् ३६ यदाविराटःपरवीरघातीममत्तरेशत्रुचमूंप्रवेष्टा ॥ मत्स्यैःसार्धमनृशंसरूपैस्तदायुद्धं
धार्तराष्ट्रोऽन्वतप्स्यत् ३७ ज्येष्ठंमात्स्यमनृशंसार्यरूपंविराटपुत्रंरथिनंपुरस्तात् ॥ यदाद्रष्टादंशितंपांडवार्थेतदायुद्धंधार्तराष्ट्रोऽन्वतप्स्यत् ३८ रणेहतेकौरवाणां
प्रवीरेशिखंडिनासत्तमेशांतनूजे ॥ नजातुनःशत्रवोधारयेयुरसंशयंसत्यमेतद्ब्रवीमि ३९ यदाशिखंडीरथिनःप्रचिन्वन्भीष्मंरथेनाभियातावरूथी ॥ दिव्यैर्हयै
रवमृद्नन्रथौघांस्तदायुद्धंधार्तराष्ट्रोऽन्वतप्स्यत् ४० यदाद्रष्टासृंजयानामनीकेधृष्टद्युम्नंप्रमुखेरोचमानम् ॥ अस्त्रंयस्मैगुह्यमुवाचधीमान्द्रोणस्तदातप्स्यतिधार्तराष्ट्रः
४१ यदाससेनापतिरप्रमेयःपरामृद्नन्निषुभिर्धार्तराष्ट्रान् ॥ द्रोणंरणेशत्रुसहोऽभियातातदायुद्धंधार्तराष्ट्रोऽन्वतप्स्यत् ४२ ह्रीमान्मनीषीबलवान्मनस्वीसलक्ष्मीवा
न्सोमकानांप्रबर्हः ॥ नजातुतंशत्रवोऽन्येसहेरन्येषांसस्यादग्रणीर्वृष्णिसिंहः ४३ इदंचब्रूयामावृणीष्वेतिलोकेयुद्धेऽद्वितीयंसचिवंरथस्थम् ॥ शिनेर्नप्तारंप्र
वृणीमसात्यकिंमहाबलंवीतभयंकृतास्त्रम् ४४

क्षेप्स्यंति ३४ । ३५ । ३६ ममत्तरेभृशंमथ्नातीतिममत् यङ्लुगंतात्क्विप्ततस्तरप् बलवत्तरे ममदितिनिपातोबलवद्वाचकोवा संग्रामेइत्यर्थः सहोत्तरइत्याधुनिकाःपठंति ३७ । ३८ शांत
नूजे दैर्घ्यमार्षं धारयेयुःजीवेयुः ३९ वरूथीरथगुप्तिमान् ४० । ४१ । ४२ । ४३ इदंचेतिसन्निहितंयुद्धमूलमुच्यते राज्यंचमावृणीष्वमाप्रार्थयस्वइतिब्रूयाः दुर्योधनंप्रतीत्यर्थात् यतःवयंयुद्धेऽ
द्वितीयंसहायंसात्यकिंप्रवृणीमवृतवंतःः तस्मिन्नवृतेतुकदाचित्तवजयोऽपिसंभाव्येतेतिभावः ४४

४५ । ४६ अस्मात्ल्यब्लोपेपंचमी एनंप्राप्यसंचेष्टंतेइतस्ततोभ्रमंति ४७ । ४८ चित्रःविस्मयकृत सूक्ष्मःदुर्लक्ष्यः श्लक्ष्णइतिपाठेरमणीयः शूराणामुत्साहकरत्वात् सुकृतःसुशिक्षितः अक्षयो गोऽस्त्रलाभः वृष्णिसिंहस्यकृष्णस्ययथाविधंयादृक्प्रकारंयोगमाहुःतैःसर्वैर्गुणैःसात्यकिरुपेतः ४९ । ५० । ५१ । ५२ । ५३ सुपुंखान्यदाद्रष्टेतिद्वयोःसंबंधः ५४ आददानान्प्रसमाधान ५५

महोरस्कोदीर्घबाहुःप्रमाथीयुद्धेऽद्वितीयःपरमास्त्रवेदी ॥ शिनेर्नप्तातालमात्रायुधोऽयंमहारथोवीतभयःकृतास्त्रः ४५ यदाशिनीनामधिपोमयोक्तःशरैःपरान्मेघइवप्रवर्षन् ॥ प्रच्छादयिष्यत्यरिहायोधमुख्यांस्तदायुद्धंधार्तराष्ट्रोऽन्वतप्स्यत् ४६ यदाधृतिंकुरुतेयोत्स्यमानःसदीर्घबाहुर्दृढधन्वामहात्मा ॥ सिंहस्येवगंधमाघ्रायगावःसंचेष्टंतेशत्रवोऽस्माद्रणाग्रे ४७ सदीर्घबाहुर्दृढधन्वामहात्माभिंद्याद्गिरीन्संहरेत्सर्वलोकान् ॥ अस्त्रेकृतीनिपुणःक्षिप्रहस्तोदिविस्थितःसूर्यइवाभिभाति ४८ चित्रःसूक्ष्मःसुकृतोयादवस्यअस्त्रेयोगोवृष्णिसिंहस्यभूयान् ॥ यथाविधंयोगमाहुःप्रशस्तंसर्वैर्गुणैःसात्यकिस्तैरुपेतः ४९ हिरण्मयंश्वेतहयैश्चतुर्भिर्यदायुक्तंस्यन्दनंमाधवस्य ॥ द्रष्टायुद्धेसात्यकेर्धार्तराष्ट्रस्तदातप्स्यत्यकृतात्मासमंदः ५० यदारथंहेममणिप्रकाशंश्वेताश्वयुक्तंवानरकेतुमुग्रम् ॥ द्रष्टामामाप्यास्थितंकेशवेनतदातप्स्यत्यकृतात्मासमंदः ५१ यदामौर्व्यास्तलनिष्पेषमुग्रंमहाशब्दंवज्रनिष्पेषतुल्यम् ॥ विधूयमानस्यमहारणेमयासगांडिवस्यश्रोष्यतिमंदबुद्धिः ५२ तदामूढोधृतराष्ट्रस्यपुत्रस्तप्तायुद्धेदुर्मतिर्दुःसहायः ॥ दृष्ट्वासैन्यंबाणवर्षांधकारेप्रभज्यंतंगोकुलवद्रणाग्रे ५३ बलाहकादुच्चरतःसुभीमान्विद्युत्स्फुलिंगानिवघोररूपान् ॥ सहस्रघ्नान्द्विषतांसंगरेषुअस्थिच्छिदोमर्मभिदःसुपुंखान् ५४ यदाद्रष्टाज्ज्यामुखाद्बाणसंघान्गांडीवमुक्तानापततःशिताग्रान् ॥ हयान्गजान्वर्मिणश्चाददानांस्तदायुद्धंधार्तराष्ट्रोऽन्वतप्स्यत् ५५ यदामंदःपरबाणान्विमुक्तान्ममेषुभिर्ह्रियमाणान्प्रतीपम् ॥ तिर्यग्विध्यच्छिद्यमानान्पृषत्कैस्तदायुद्धंधार्तराष्ट्रोन्वतप्स्यत् ५६ यदाविपाठामद्भुजविप्रमुक्ताद्विजाःफलानीवमहीरुहाग्रात् ॥ प्रचेतारउत्तमांगानियूनांतदायुद्धंधार्तराष्ट्रोऽन्वतप्स्यत् ५७ यदाद्रष्टापततःस्यन्दनेभ्योमहागजेभ्योऽश्वगतान्सुयोधनान् ॥ शरैर्हतान्पातितांश्चैवरंगेतदायुद्धंधार्तराष्ट्रोऽन्वतप्स्यत् ५८ असंप्राप्तानस्त्रपथंपरस्ययदाद्रष्टानश्यतोधार्तराष्ट्रान् ॥ अकुर्वतःकर्मयुद्धेसमंतात्तदायुद्धंधार्तराष्ट्रोऽन्वतप्स्यत् ५९ पदातिसंघान्रथसंघान्समंताद्व्यात्ताननःकालइवाततेषुः ॥ प्रणोत्स्यामिज्वलितैर्बाणवर्षैःशत्रूंस्तदातप्स्यतिमंदबुद्धिः ६० सर्वादिशःसंपततारथेनरजोध्वस्तंगांडिवेनप्रकृत्तम् ॥ यदाद्रष्टास्वबलंसंप्रमूढंतदापश्चात्तप्स्यतिमंदबुद्धिः ६१ कांदिग्भूतंछिन्नगात्रंविसंज्ञंदुर्योधनोद्रक्ष्यतिसर्वसैन्यम् ॥ हताश्ववीराग्र्यनरेंद्रनागंपिपासितंश्रांतपत्रंभयार्तम् ६२

तिर्यकविद्ध्यविद्धा पृषत्कैश्छिद्यमानान्यदाद्रष्टेतिपूर्वेणान्वयः ५६ विपाठाःविस्तृतबाणाः प्रचेतारःराशीकरिष्यंति ५७ । ५८ अस्त्रपथंअसंप्राप्तान् अस्त्रंदृष्ट्वैवनश्यतइत्यर्थः युद्धेकर्मअकुर्वतः भयेनवैक्लव्यात् ५९ आततबाःसंतताःअविच्छिन्नधाराःइषवोयस्य प्रणोत्स्यामिदूरीकरिष्यामि ६० रजोध्वस्तंरजसाव्याकुलीभूयरथादिभ्यःपतितं प्रकृत्तंछिन्नं ६१ कांदिग्भूतंभयेनपलायितं श्रांतपत्रंश्रांतवाहनम् ६२

॥ ५४ ॥

प्रजापतेःकर्मयथेति यथावाजपेयेप्रजापतिदैवत्याःसप्तदशपशवोविशस्यंतेतद्वद्बहूनामिहापिविशसनंकर्म तेनबीभत्सत्वंलक्ष्यते अर्थःस्वर्गोराज्यंच तदर्थंनिष्ठितंसंजातनिश्चयम् ६३ देवदत्तंअर्जुन
स्यशंखम् ६४ दस्युसंघान् न्यायतःप्रदेयस्यराज्यस्याप्रदानाद्दस्यवोधार्तराष्ट्राः ' यथाकथाचपरप्रतिग्रहमभिमन्यतेस्तेनोभवति ' इतिस्मृतेः । युगांतेशत्रूणांसंहारेजातेसतिअन्ययुगंधर्मप्रधा
नंकालंप्रवर्तयन् " राजाकालस्यकारणम् ' इतिस्मृतेः ६६ दर्पस्यअंतेनाशे ६५ उदकांतेसंध्यावंदनाचमनांते ६७ पुरस्तात्इंद्रोरक्षतुइत्यपकृष्यते ६८ । ६९ । ७० सागरं

आर्तस्वरंहन्यमानंहतंचविकीर्णकेशास्थिकपालसंघम् ॥ प्रजापतेःकर्मयथार्थनिष्ठितंतदादृष्ट्वातप्स्यतिमंदबुद्धिः ६३ यदारथेगांडिवंवासुदेवंदिव्यंशंखंपांचजन्यंह
यांश्च ॥ तूणावक्षय्यौदेवदत्तंचमांचदृष्ट्वायुद्धेधार्तराष्ट्रोऽन्वतप्स्यत् ६४ उद्वर्तयन्दस्युसंघान्समेतान्प्रवर्तयन्युगमन्यद्युगांते ॥ यदाधक्ष्याम्यग्निवत्कौरवेयां
स्तदातप्ताधृतराष्ट्रःसपुत्रः ६५ सभ्रातावैसहसैन्यःसभृत्योभ्रष्टैश्वर्यःक्रोधवशोऽल्पचेताः ॥ दर्पस्यांतेनिहतोवेपमानःपश्चान्मंदस्तप्स्यतिधार्तराष्ट्रः ६६ पूर्वाह्णे
मांकृतजप्यंकदाचिद्विप्रःप्रोवाचोदकांतेमनोज्ञम् ॥ कर्तव्यंतेदुष्करंकर्मपार्थयोद्धव्यंतेशत्रुभिःसव्यसाचिन् ६७ इंद्रोवातेहरिवान्वज्रहस्तःपुरस्ताद्यातुसमरेऽ
रीन्विनिघ्नन् ॥ सुग्रीवयुक्तेनरथेनवातेपश्चात्कृष्णोरक्षतुवासुदेवः ६८ वव्रेचाहंवज्रहस्तान्महेंद्रादस्मिन्युद्धेवासुदेवंसहायम् ॥ समेलब्धोदस्युवधायकृष्णोमन्ये
चैतद्विहितंदैवतैर्मे ६९ अयुद्ध्यमानोमनसाऽपियस्यजयंकृष्णःपुरुषस्याभिनंदेत् ॥ एवंसर्वान्सव्यतीयादमित्रान्सेंद्रान्देवान्मानुषेनास्तिचिंता ७० सबाहु
भ्यांसागरमुत्तितीर्षेन्महोदधिंसलिलस्याप्रमेयम् ॥ तेजस्विनंकृष्णमत्यंतशूरंयुद्धेनयोवासुदेवंजिगीषेत् ७१ गिरिंयइच्छेत्तुतलेनभेत्तुंशिलोच्चयंश्वेतमतिप्रमाणम् ॥
तस्यैवपाणिःसनखोविशीर्येन्नचापिकिंचित्सगिरेस्तुकुर्यात् ७२ अग्निंसमिद्धंशमयेद्भुजाभ्यांचंद्रंचसूर्यंचनिवारयेत ॥ हरेद्देवानाममृतंप्रसह्ययुद्धेनयोवासुदेवंजिगी
षेत् ७३ योरुक्मिणीमेकरथेनभोजानुत्साद्यराज्ञःसमरेप्रसह्य ॥ उवाहभार्यांयशसाज्वलंतींयस्यांजज्ञेरौक्मिणेयोमहात्मा ७४ अयंगांधारांस्तरसासंप्रमथ्यजि
त्वापुत्रान्नग्नजितःसमग्रान् बद्धंमुमोचविनदंतंप्रसह्यसुदर्शनंवैदेवतानांललामम् ७५ अयंकपाटेनजघानपांड्यंतथाकलिंगान्दंतकूरेममर्द ॥ अनेनजग्धावर्षपूगान्वि
नाथावाराणसीनगरीसंबभूव ७६ अयंस्मयुद्धेमन्यतेऽन्यैरजेयंतमेकलव्यंनामनिषादराजम् ॥ वेगेनैवशैलमभिहत्यजंभःशेतेकृष्णेनहतःपरासुः ७७ ततोग्रसेनस्य
सुतंसुदुष्टंवृष्ण्यंधकानांमध्यगतंसभास्थम् ॥ अपातयद्बलदेवद्वितीयोहत्वाददौचोग्रसेनायराज्यम् ७८

सगरैर्वर्द्धितंसलिलस्यमहोदधिंजलसमुद्रं अप्रमेयंअनंतत्वात् ७१ तलेनचपेटिकया शिलोच्चयमितिकाठिन्यप्रदर्शनार्थंविशेषणं श्वेतंकैलासं बलवदाश्रितत्वमनेनसूचितम् ७२ । ७३ । ७४
सुदर्शनंनामराजानं नग्नजितःपुत्रैर्बद्धंमुमोच देवतानांललामंरत्नभूतं देवैरपिशिरसाधार्यमित्यर्थः ७५ कपाटेनवक्षस्तटाघातेन दंतकूरेसंग्रामे अन्येतु कपाटेनिजघानेतिपाठंप्रकल्प्यकपाटेनगरे एवंदंत
कूरेचेतिव्याचख्युः अनाथासंबभूवेतियोज्यम् ७६ अयंकृष्णः तंयुद्धेमन्यते युद्धार्थंप्रार्थयतेसर्वदैव सःइदानींतेनैवकृष्णेनहतःशेते यथाजंभोदैत्यःशैलंवेगेनअभिहत्यशैलाघातात्स्वयंकृतात्
हतःशेतेतद्वत् ७७ ततोग्रसेनस्येतिसंधिरार्षः तथैतिवापाठः ७८

खस्थंखेचरं विभीषणंनिर्भयं शतघ्नींशक्तिशाल्वेनक्षिप्तां दोर्भ्यांपाणिभ्यांकंदुकवत्प्रत्यगृण्हात् ७९ भौमोभूमिपुत्रः ८० शेकुर्जेतुमितिशेषः ८१ प्रकृतिंस्वभावं दस्युहननशीलतां प्रतिशुश्राव अंगीचकार सिद्धिषुकार्यसिद्धिषूपस्थितासु ऐश्वर्यवान्सामर्थ्यवान् ८२ निर्मोचनेनगरे क्षुरांतान्तीक्ष्णधारान् लोहमयानित्यर्थः ओघसंज्ञंरक्षः ८३ । ८४ । ८५ वराणिवरान् अददत्

अयंसौभंयोधयामासखस्थंविभीषणंमाययाशाल्वराजम् ॥ सौभद्वारिप्रत्यगृण्हाच्छतघ्नींदोर्भ्यांकएनंविषहेतमर्त्यः ७९ प्राग्ज्योतिषंनामबभूवदुर्गंपुरंघोरमसुराणा मसह्यम् ॥ महाबलोनरकस्तत्रभौमोजहारादित्यामणिकुंडलेशुभे ८० नतंदेवाःसहशक्रेणशेकुःसमागतायुधिमृत्योरभीताः ॥ दृष्ट्वाचतंविक्रमंकेशवस्यबलंतथै वास्त्रमवारणीयम् ८१ जानंतोऽस्यप्रकृतिंकेशवस्यन्ययोजयन्दस्युवधायकृष्णम् ॥ सतत्कर्मप्रतिशुश्रावदुष्करमैश्वर्यवान्सिद्धिषुवासुदेवः ८२ निर्मोचनेषट्सह स्राणिहत्वासंच्छिद्यपाशान्सहसाक्षुरांतान् ॥ मुरंहत्वाविनिहत्यौघरक्षोनिर्मोचनंचापिजगामवीरः ८३ तत्रैवतेनास्यबभूवयुद्धंमहाबलेनातिबलस्यविष्णोः ॥ शे तेसकृष्णेनहतःपरासुर्वातेनेवमथितःकर्णिकारः ८४ आहृत्यकृष्णोमणिकुंडलेतेहत्वाचभौमंनरकंमुरंच ॥ श्रियावृतोयशसाचैवविद्वान्प्रत्याजगामाप्रतिमप्रभावः ८५ अस्मैवराण्यददंस्तत्रदेवादृष्ट्वाभीमंकर्मकृतंरणेतत् ॥ श्रमश्चतेयुद्ध्यमानस्यनस्यादाकाशेचाप्सुचतेक्रमःस्यात् ८६ शस्त्राणिगात्रेनचतेक्रमेरन्नित्येवकृष्णश्चततःकृ तार्थः ॥ एवंरूपेवासुदेवेऽप्रमेयेमहाबलेगुणसंपत्सदैव ८७ तमसह्यंविष्णुमनंतवीर्यमाशंसतेधार्तराष्ट्रोविजेतुम् ॥ सदाह्येनंतर्कयतेदुरात्मातच्चाप्ययंसहतेऽस्मान्स मीक्ष्य ८८ पर्यागतंममकृष्णस्यचैवयोमन्यतेकलहंसंप्रसह्य ॥ शक्यंहर्तुंपांडवानांममत्वंतद्वेदितासंयुगंतत्रगत्वा ८९ नमस्कृत्वाशांतनवायराज्ञेद्रोणायाथोसहपुत्रा यचैव ॥ शारद्वतायाप्रतिद्वंद्विनेचयोत्स्याम्यहंराज्यमभीप्समानः ९० धर्मेणास्तंनिधनंतस्यमन्येयोयोत्स्यतेपांडवैःपापबुद्धिः ॥ मिथ्याग्लहेनिर्जितावैनृशंसैः संवत्सरान्वैद्वादशराजपुत्राः ९१ वासःकृच्छ्रोविहितश्चाप्यरण्येदीर्घंकालंचैकमज्ञातवर्षम् ॥ तेहिकस्माज्जीवतांपांडवानांनंदिष्यंतेधार्तराष्ट्राःपदस्थाः ९२ तेचे दस्मान्युद्ध्यमानान्जयेयुर्देवैर्महेन्द्रप्रमुखैःसहायैः ॥ धर्मादधर्मश्चरितोगरीयांस्ततोध्रुवंनास्तिकृतंचसाधु ९३ नचेदिमंपुरुषंकर्मबद्धंनचेदस्मान्मन्यतेऽसौविशिष्टा न् ॥ आशंसेऽहंवासुदेवद्वितीयोदुर्योधनंसानुबंधंनिहंतुम् ९४ नचेदिदंकर्मनरेंद्रवंध्यंनचेद्भवेत्सुकृतंनिष्फलंवा ॥ इदंचतच्चाभिसमीक्ष्यनूनंपराजयोधार्तराष्ट्रस्य साधुः ९५ प्रत्यक्षंवःकुरवोयद्ब्रवीमियुध्यमानाधार्तराष्ट्रानसंति ॥ अन्यत्रयुद्धात्कुरवोयादिस्युर्नयुद्धेवैशेषइहास्तिकश्चित् ९६ हत्वात्वहंधार्तराष्ट्रान्सकर्णान्राज्यं कुरूणामवजेतासमग्रम् ॥ यद्वःकार्यंतत्कुरुध्वंयथास्वमिष्टान्दारानात्मभोगान्भजध्वम् ९७

दत्तवंतः क्रमःगतिः ८६ । ८७ तर्कयतेवद्धुंयतते ८८ प्रसह्यपर्यागतंहठात्प्राप्तंमन्यतेवांछति अस्मासुमित्रभेदंप्रार्थयतेइत्यर्थः तेनचपांडवानांकृष्णेममत्वंअस्मदीयत्वे हर्तुंशक्यमितिमन्यतेतत्तत्रकुरु क्षेत्रेसंयुगंगत्वाप्राप्य वेदिताज्ञास्यति ८९ । ९० । ९१ । ९२ साधुकृतंसत्कर्मनास्ति निष्फलत्वात् वृथैवधर्मइत्यर्थः ९३ नचेदिति । यदिकर्मबद्धःपुरुषोनस्यात् यदिवावयंतेभ्यःश्रेष्ठाःनस्याम तर्हितस्यैवजयोभविष्यतीत्यर्थः ९४ इदंराज्यस्यामदानं इदानींतनं तच्चराज्यापहारःपूर्वतनं अभिसमीक्ष्यआलोच्य पापवशात्पराजयएवतस्येत्यर्थः ९५ । ९६ । ९७

९८ दिव्याअनागतार्थज्ञापकाःमृगचक्राः चक्राणिसर्वतोभद्रादीनिशैवागमप्रसिद्धानि मृगयंतेकिंनक्षत्रंकेनग्रहेणविद्धमितिविचारयंतिसदसत्फलकथनार्थंतेचक्रमृगाः पूर्वनिपातआर्षः मृगःन्वेषमार्गितानिचक्रा
णियैस्तेइतिवा ९९ संशयंयुद्धेजयपराजयविषयेनपश्यति यतःअपरोक्षविद्यः दिव्यदृष्ट्याऽतीतानागतादिकंपश्यन् १०० पुराणीयोगप्रभाववती नव्यथतेनतिरस्क्रता १०१ । १०२ । १०३ । १०४

अप्येवंनोब्राह्मणाःसंतिवृद्धाबहुश्रुताःशीलवन्तःकुलीनाः ॥ सांवत्सराज्ज्योतिषिचाभियुक्तानक्षत्रयोगेषुचनिश्चयज्ञाः ९८ उच्चावचंदैवयुक्तंरहस्यंदिव्याःप्रश्नामृगचक्रा
मुहूर्ताः ॥ क्षयंमहांतंकुरुसृंजयानांनिवेदयन्तेपांडवानांजयंच ९९ यथाहिनोमन्यतेऽजातशत्रुःसंसिद्धार्थोद्विषतांनिग्रहाय ॥ जनार्दनश्चाप्यपरोक्षविद्योनसं
शयंपश्यतिवृष्णिसिंहः १०० अहंतथैवंखलुभाविरूपंपश्यामिबुद्ध्यास्वयमप्रमत्तः ॥ दृष्टिश्चमेनव्यथतेपुराणीसंयुध्यमानाधार्तराष्ट्रानसन्ति १ अनालब्धंजृंभ
तिगांडिवंधनुरनाहताकंपतिमेधनुर्ज्या ॥ बाणाश्चमेतूणमुखाद्विसृत्यमुहुर्मुहुर्गंतुमुशंतिचैव २ खड्गःकोशान्निःसरतिप्रसन्नोहित्वेवजीर्णामुरगस्त्वचंस्वाम् ॥ ध्व
जेवाचोरौद्ररूपाभवन्तिकदारथोयोक्ष्यतेतेकिरीटिन् ३ गोमायुसंघाश्चनदंतिरात्रौरक्षांस्यथोनिष्पतंत्यंतरिक्षात् ॥ मृगाःशृगालाःशितिकंठाश्चकाकागृध्राबकाश्चैवत
रक्षवश्च ४ सुवर्णपत्राश्चपतंतिपश्चाद्दृष्ट्वारथंश्वेतहयप्रयुक्तम् ॥ अहंह्येकःपार्थिवान्सर्वयोधान्शरान्वर्षन्मृत्युलोकंनयेयम् ५ समाददानःपृथगस्त्रमार्गान्यथाग्निरि
द्धोगहनंनिदाघे ॥ स्थूणाकर्णंपाशुपतंमहास्त्रंब्राह्मंचास्त्रंयच्चशक्रोऽप्यदान्मे ६ वधेधृतोवेगवतःप्रमुंचन्नाहंप्रजाःकिंचिदिहावशिष्ये ॥ शांतिंलप्स्येपरमोह्येषभावः
स्थिरोममब्रूहिगावल्गणेतान् ७ येवैजय्याःसमरेसूतलब्ध्वादेवानपींद्रप्रमुखान्समेतान् ॥ तैर्मन्यतेकलहंसंप्रसह्यसधार्तराष्ट्रःपश्यतमोहमस्य ८ वृद्धोभीष्मःशां
तनवःकृपश्चद्रोणःसपुत्रोविदुरश्चधीमान् ॥ एतेसर्वेयद्वदंतेतदस्तुआयुष्मंतःकुरवःसंतुसर्वे १०९ ॥ इतिश्रीमहाभारतेउद्योगपर्वणियानसंधिपर्वणिअर्जुनवाक्यनिवेद
नेऽष्टचत्वारिंशोऽध्यायः ॥ ४८ ॥ ॥ वैशंपायनउवाच ॥ समवेतेषुसर्वेषुतेषुराजसुभारत ॥ दुर्योधनमिदंवाक्यंभीष्मःशांतनवोऽब्रवीत् १ बृहस्पतिश्चोश
नाचब्रह्माणंपर्युपस्थितौ ॥ मरुतश्चसहेंद्रेणवसवश्चाग्निनासह २ आदित्याश्चैवसाध्याश्चयेचसप्तर्षयोदिवि ॥ विश्वावसुश्चगंधर्वःशुभाश्चाप्सरसांगणाः ३ नमस्कृ
त्योपजग्मुस्तेलोकवृद्धंपितामहम् ॥ परिवार्यचविश्वेशंपर्यासतदिवौकसः ४ तेषांमनश्चतेजश्चाप्याददानाविवौजसा ॥ पूर्वदेवौव्यतिक्रांतौनरनारायणावृषी ५ बृह
स्पतिस्तुपप्रच्छब्रह्माणंकाविमाविति ॥ भवंतंनोपतिष्ठेतेतौनःशंसपितामह ६ ॥ ॥ ब्रह्मोवाच ॥ ॥ यावेतौपृथिवींद्यांचभासयंतौतपस्विनौ ॥ ज्वलंतौ
रोचमानौचव्याप्यातीतौमहाबलौ ७ नरनारायणावेतौलोकाल्लोकंसमास्थितौ ॥ ऊर्जितौस्वेनतपसामहासत्वपराक्रमौ ८ एतौहिकर्मणालोकंनंदयामासतुर्ध्रुवम् ॥
द्विधाभूतौमहाप्राज्ञौविद्धिब्रह्मन्परंतपौ ॥ असुराणांविनाशायदेवगंधर्वपूजितौ ९

१०५ । १०६ वधेधृतःवधार्थंसज्जः वेगवतःबाणान् १०७ विजयःकर्मयेषांतेवैजय्याः देवानपिलब्ध्वाविजयवंतएवेत्यर्थः १०८ । १०९ ॥ ॥ इतिउद्योगपर्वणि नीलकंठीये भारतभावदीपे अष्टच
त्वारिंशोऽध्यायः ॥ ४८ ॥ ॥ समवेतेष्विति १ । २ । ३ पर्यासतपरिवार्यतस्थुः ४ । ५ । ६ । ७ लोकात्मानुषात् लोकंब्राह्मम् ८ । ९

१० अयाचतइंद्रः ११ सहांसाहाय्यम् १२ । १३ । १४ भ्रांतेअस्थिरेऽपिरथेलक्ष्यातनव्यैपतीत्याश्चर्यम् १५ आरुजत् पीडितवान् १६ । १६ भूयसोबहून् १८ । १९ सत्त्वंबुद्धिसत्त्वं एकः५
देवोयोगप्रभावाद्रूपद्वयेनवर्ततेइत्यर्थः २० अश्नुवातेव्याप्नुतः २१ कर्मयुद्धंकर्तव्यंतयोरितिशेषः आचष्टआख्यातवान्नारदएव २२ । २३ । २४ । २५ । २६ । २७ । २८ । २९ । ३०

॥ वैशंपायनउवाच ॥ जगामशक्रस्तच्छ्रुत्वायत्रतौतेपतुस्तपः ॥ सार्धंदेवगणैःसर्वैर्बृहस्पतिपुरोगमैः १० तदादेवासुरेयुद्धेभयेजातेदिवौकसाम् ॥ अयाचतमहात्मानौनरनारायणौवरम् ॥ ११ तावब्रूतांवृणीष्वेतितदाभरतसत्तम ॥ अथैतावब्रवीच्छक्रःसह्यंनःक्रियतामिति १२ ततस्तौशक्रमब्रूतांकरिष्यावोयदिच्छसि ॥ ताभ्यांचसहितःशक्रोविजिग्येदैत्यदानवान् १३ नरइंद्रस्यसंग्रामेहत्वाशत्रून्परंतपः ॥ पौलोमान्कालखंजांश्चसहस्राणिशतानिच १४ एषभ्रांतेरथेतिष्ठन्भल्लेनापाहरच्छिरः ॥ जंभस्यग्रसमानस्यतदाह्यर्जुनआहवे १५ एषपारेसमुद्रस्यहिरण्यपुरमारुजत् ॥ जित्वाषष्टिंसहस्राणिनिवातकवचान्रणे १६ एषदेवान्सहेंद्रेणजित्वापरपुरंजयः ॥ अतर्पयन्महाबाहुरर्जुनोजातवेदसम् १७ नारायणस्तथैवात्रभूयसोऽन्यान्जघानह ॥ एवमेतौमहावीर्यौतौपश्यतसमागतौ १८ वासुदेवार्जुनौवीरौसमवेतौमहारथौ ॥ नरनारायणौदेवौपूर्वदेवाविितिश्रुतिः १९ अजेयौमानुषेलोकेसेंद्रैरपिसुरासुरैः ॥ एषनारायणःकृष्णःफाल्गुनश्चनरःस्मृतः ॥ नारायणोनरश्चैवसत्त्वमेकंद्विधाकृतम् २० एतौहिकर्मणालोकानश्नुवातेऽक्षयान्ध्रुवान् ॥ तत्रतत्रैवजायेतेयुद्धकालेपुनःपुनः २१ तस्मात्कर्मैवकर्तव्यमितिहोवाचनारदः ॥ एतद्धिसर्वमाचष्टवृष्णिचक्रस्यवेदवित् २२ शंखचक्रगदाहस्तंयदाद्रक्ष्यसिकेशवम् ॥ पर्याददानंचास्त्राणिभीमधन्वानमर्जुनम् २३ सनातनौमहात्मानौकृष्णावेकरथेस्थितौ ॥ दुर्योधनतदातातस्मर्ताऽसिवचनंमम २४ नोचेदयमभावःस्यात्कुरूणांप्रत्युपस्थितः ॥ अर्थाच्चतातधर्माच्चतवबुद्धिरुपप्लुता २५ नचेद्ग्रहीष्यसेवाक्यंश्रोताऽसिसुबहून्हतान् ॥ तवैवहिमतंसर्वेकुरवःपर्युपासते २६ त्रयाणामेवचमतंतत्त्वमेकोऽनुमन्यसे॥रामेणचैवशप्तस्यकर्णस्यभरतर्षभ २७ दुर्जातेःसूतपुत्रस्यशकुनेःसौबलस्यच ॥तथाक्षुद्रस्यपापस्यभ्रातुर्दुःशासनस्यच २८ ॥ कर्णउवाच ॥ नैवमायुष्मतावाच्यंयन्मामात्थपितामह ॥ क्षत्रधर्मेस्थितोह्यस्मिस्वधर्मादनपेयिवान् २८ किंचान्यन्मयिदुर्वृत्तंयेनमांपरिगर्हसे ॥ नहिमेवृजिनंकिंचिद्धार्तराष्ट्राविदुःक्वचित् ३० नाचरंवृजिनंकिंचिद्धार्तराष्ट्रस्यनित्यशः ॥ अहंहिपांडवान्सर्वान्हनिष्यामिरणेस्थितान् ३१ प्राग्विरुद्धैःशमंसद्भिःकथंवाक्रियतेपुनः ॥ राज्ञोहिधृतराष्ट्रस्यसर्वंकार्यंप्रियंमया ॥ तथादुर्योधनस्यापिसहिराज्येसमाहितः ३२ ॥ वैशंपायनउवाच ॥ कर्णस्यतुवचःश्रुत्वाभीष्मःशांतनवःपुनः ॥ धृतराष्ट्रंमहाराजसंभाष्येदंवचोऽब्रवीत् ३३ यदयंकत्थतेनित्यंहंताऽहंपांडवानिति ॥ नायंकलाऽपिसंपूर्णापांडवानांमहात्मनाम् ३३ अनयोयोऽयमागंतापुत्राणांतेदुरात्मनाम् ॥ तदस्यकर्मजानीहिसूतपुत्रस्यदुर्मतेः ३५ एतमाश्रित्यपुत्रस्तेमंदबुद्धिःसुयोधनः ॥ अवामन्यततान्वीरान्देवपुत्रानरिंदमान् ३६

३१ सहिराज्येइति । अस्यवचनंमयानकर्तव्यंकिंतुराज्ञएवेतिभावः ३२ । ३३ कलाऽपिषोडशांशोऽपि ३४ । ३५ । ३६

३७ । ३८ । ३९ न्हियतेयधदा वृषायते वृषवन्नर्दति ४० । ४१ । ४२ । ४३ । ४४ । ४५ । ४६ । ४७ । ४८ ॥ इतिश्रीमहाभारतेउद्योगपर्वणिनीलकंठीये भारतभावदीपे ऊनपंचाशत्तमोऽ

किंचाप्येतेनतत्कर्मकृतपूर्वंसुदुष्करम् ॥ तैर्यथापांडवैःसर्वैरेकैकेनकृतंपुरा ३७ दृष्ट्वाविराटनगरेभ्रातरंनिहतंप्रियम् ॥ धनंजयेनविक्रम्यकिमनेनतद नम् ३८
सहितान्हिकुरून्सर्वानभियातोधनंजयः ॥ प्रमथ्यचाच्छिनद्वासःकिमयंप्रोषितस्तदा ३९ गंधर्वैर्घोषयात्रायांह्रियतेयत्सुतस्तव ॥ क्वतदासूतपुत्रोऽभूद्यइदानीं
वृषायते ४० ननुतत्रापिभीमेनपार्थेनचमहात्मना ॥ यमाभ्यामेवसंगम्यगंधर्वास्तेपराजिताः ४१ एतान्यस्यमृषोक्तानिबहूनिभरतर्षभ ॥ विकत्थनस्यभद्रंते
सदाधर्मार्थलोपिनः ४२ भीष्मस्यतुवचःश्रुत्वाभारद्वाजोमहामनाः ॥ धृतराष्ट्रमुवाचेदंराजमध्येऽभिपूजयन् ४३ यदाहभरतश्रेष्ठोभीष्मस्तत्क्रियतांनृप ॥ न
काममर्थलिप्सूनांवचनंकर्तुमर्हसि ४४ पुरायुद्धात्साधुमन्येपांडवैःसहसंगतम् ॥ यद्वाक्यमर्जुनेनोक्तंसंजयेननिवेदितम् ४५ सर्वंतदपिजानामिकरिष्यतिचपांड
वः ॥ नह्यस्यत्रिषुलोकेषुसदृशोऽस्तिधनुर्धरः ४६ अनादृत्यतुतद्वाक्यमर्थवद्द्रोणभीष्मयोः ॥ ततःससंजयंराजापर्यपृच्छतपांडवान् ४७ तदैवकुरवःसर्वेनि
राशाजीवितेऽभवन् ॥ भीष्मद्रोणौयदाराजानसम्यगनुभाषते ४८ ॥ इतिश्रीमहाभारतेउद्योगपर्वणिसंजय० पर्वणिभीष्मद्रोणवाक्येऊनपंचाशत्तमोऽध्यायः ॥ ४९ ॥
॥ धृतराष्ट्रउवाच ॥ किमसौपांडवोराजाधर्मपुत्रोऽभ्यभाषत ॥ श्रुत्वेहबहुलाःसेनाःप्रीत्यर्थंनःसमागताः १ किमसौचेष्टतेसूतयोत्स्यमानोयुधिष्ठिरः ॥ केवा
ऽस्यभ्रातृपुत्राणांपश्यंत्याज्ञेप्सवोमुखम् २ केस्विदेनंवारयंतियुद्धाच्छाम्येतिवापुनः ॥ निकृत्याकोपितंमंदैर्धर्मज्ञंधर्मचारिणम् ३ ॥ संजयउवाच ॥ राज्ञोमु
खमुदीक्षंतेपांचालाःपांडवैःसह ॥ युधिष्ठिरस्यभद्रंतेससर्वाननुशास्तिच ४ पृथग्भूताःपांडवानांपांचालानांरथव्रजाः ॥ आयांतमभिनंदंतिकुंतीपुत्रंयुधिष्ठिरम्
५ नभःसूर्यमिवोद्यंतंकौन्तेयंदीप्ततेजसम् ॥ पांचलाःप्रतिनंदंतितेजोराशिमिवोदितम् ६ आगोपालाविपालाश्चनंदमानायुधिष्ठिरम् ॥ पांचालाःकेकयामत्स्याः
प्रतिनंदन्तिपांडवम् ७ ब्राह्मण्योराजपुत्र्यश्चविशांदुहितरश्चयाः ॥ क्रीडंत्योऽभिसमायांतिपार्थंसन्नद्धमीक्षितुम् ८ ॥ धृतराष्ट्रउवाच ॥ संजयाचक्ष्वयेनास्मा
न्पांडवाअभ्ययुंजत ॥ धृष्टद्युम्नस्यसैन्येनसोमकानांबलेनच ९ ॥ वैशंपायनउवाच ॥ गावल्गणिस्तुतत्पृष्टःसभायांकुरुसंसदि ॥ निःश्वस्यसुभृशंदीर्घंमुहुःसं
चिंतयन्निव १० तत्रानिमित्ततोदैवात्सूतंकश्मलमाविशत् ॥ तदाचचक्षेविदुरःसभायांराजसंसदि ११ संजयोऽयंमहाराजमूर्छितःपतितोभुवि ॥ वाचंनसृजते
कांचिद्धीनप्रज्ञोऽल्पचेतनः १२ ॥ धृतराष्ट्रउवाच ॥ अपश्यत्संजयोनूनंकुन्तीपुत्रान्महारथान् ॥ तैरस्यपुरुषव्याघ्रैर्भृशमुद्वेजितंमनः १३ ॥ वैशंपायनउ
वाच ॥ संजयश्चेतनांलब्ध्वाप्रत्याश्वस्येदमब्रवीत् ॥ धृतराष्ट्रंमहाराजसभायांकुरुसंसदि १४ ॥ संजयउवाच ॥ दृष्टवानस्मिराजेंद्रकुंतीपुत्रान्महारथान् ॥
मत्स्यराजगृहावासनिरोधेनावकर्शितान् १५

ध्यायः ॥ ४९ ॥ ॥ किमसाविति १ । २ । ३ । ४ । ५ । ६ । ७ । ८ येनसहायेनअस्मानालक्ष्य अभ्ययुंजतसंनद्धाअभूवन् ९ कुरवःसंसीदंत्यस्यांसभायां १० । ११ । १३ । १४ । १५

॥ ५७ ॥ शृणुयैर्हिमहाराजपांडवाअभ्ययुंजत ॥ धृष्टद्युम्नेनवीरेणयुद्धेवस्तेऽभ्ययुंजत १६ योनैवरोषान्नभयान्नलोभान्नार्थकरणात् ॥ नहेतुवादाद्धर्मात्मासत्यंजह्यात्कदा अ०
चन १७ यःप्रमाणंमहाराजधर्मेधर्मभृतांवरः ॥ अजातशत्रुणातेनपांडवाअभ्ययुंजत १८ यस्यबाहुबलेतुल्यःपृथिव्यांनास्तिकश्चन ॥ योवैसर्वान्महीपाला
न्वशेचक्रेधनुर्धरः ॥ यःकाशीनंगमगधान्कलिंगांश्चयुधाऽजयत् १९ तेनवोभीमसेनेनपांडवाअभ्ययुंजत ॥ यस्यवीर्येणसहसाचत्वारोभुविपांडवाः २० निःसृत्य ५०
जतुगेहाद्वैहिडिंबात्पुरुषादकात् ॥ यश्चैषामभवद्द्वीपःकुंतीपुत्रोवृकोदरः २१ याज्ञसेनीमथोयत्रसिंधुराजोऽपकृष्टवान् ॥ तत्रैषामभवद्द्वीपःकुंतीपुत्रोवृकोदरः २२
यश्चतान्संगतान्सर्वान्पांडवान्वारणावते ॥ दह्यतोमोचयामासतेनवस्तेऽभ्ययुंजत २३ कृष्णायांचरताप्रीतिंयेनक्रोधवशाहताः ॥ प्रविश्यविषमंघोरंपर्वतंगंधमाद
नम् २४ यस्यनागायुतैर्वीर्यंभुजयोःसारमर्पितम् ॥ तेनवोभीमसेनेनपांडवाअभ्ययुंजत २५ कृष्णद्वितियोविक्रम्यतुष्ट्यर्थंजातवेदसः ॥ अजयद्यःपुरावीरोयु
ध्यमानंपुरंदरम् २६ यःससाक्षान्महादेवंगिरिशंशूलपाणिनम् ॥ तोषयामासयुद्धेनदेवदेवमुमापतिम् २७ यश्चसर्वान्वशेचक्रेलोकपालान्धनुर्धरः ॥ तेनवोवि
जयेनाजौपांडवाअभ्ययुंजत २८ यःप्रतीचींदिशंचक्रेवशेम्लेच्छगणायुताम् ॥ सतत्रनकुलोयोद्धाचित्रयोधीव्यवस्थितः २९ तेनवोदर्शनीयेनवीरेणातिधनुर्भृ
ता ॥ माद्रीपुत्रेणकौरव्यपांडवाअभ्युयुंजत ३० यःकाशीनंगमगधान्कलिंगांश्चयुधाऽजयत् ॥ तेनवःसहदेवेनपांडवाअभ्ययुंजत ३१ यस्यवीर्येणसदृशाश्चत्वा
रोभुविमानवाः ॥ अश्वत्थामाधृष्टकेतूरुक्मीप्रद्युम्नएवच ३२ तेनवःसहदेवेनयुद्धंराजन्महात्ययम् ॥ यवीयसानृवीरेणमाद्रीनंदिकरेणच ३३ तपश्चचारयाघोरं
काशिकन्यापुरासती ॥ भीष्मस्यवधमिच्छंतीप्रेत्यापिभरतर्षभ ३४ पांचालस्यसुताजज्ञेदैवाच्चसपुनःपुमान् ॥ स्त्रीपुंसोःपुरुषव्याघ्रयःसवेदगुणागुणान् ३५ यः
कलिंगान्समापेदेपांचाल्योयुद्धदुर्मदः ॥ शिखंडिनावःकुरवःकृतास्त्रेणाभ्ययुंजत ३६ यंयक्षःपुरुषंचक्रेभीष्मस्यनिधनेच्छया ॥ महेष्वासेनरौद्रेणपांडवाअभ्ययुं
जत ३७ महेष्वासाराजपुत्राभ्रातरःपंचकेकयाः ॥ आमुक्तकवचाःशूरास्तैश्चवस्तेऽभ्ययुंजत ३८ योदीर्घबाहुःक्षिप्रास्त्रोधृतिमान्सत्यविक्रमः ॥ तेनवोवृष्णिवी
रेणयुयुधानेनसंगरः ३९ यआसीच्छरणंकालेपांडवानांमहात्मनाम् ॥ रणेतेनविराटेनभवितावःसमागमः ४० यःसकाशिपतीराजावाराणस्यांमहारथः ॥ सते
षामभवद्योद्धातेनवस्तेऽभ्ययुंजत ४१ शिशुभिर्दुर्जयैःसंख्येद्रौपदेयैर्महात्मभिः ॥ आशीविषसमस्पर्शैःपांडवाअभ्ययुंजत ४२ यःकृष्णसदृशोवीर्येयुधिष्ठिरसमो
दमे ॥ तेनाभिमन्युनासंख्येपांडवाअभ्ययुंजत ४३ यश्चैवाप्रतिमोवीर्येधृष्टकेतुर्महायशाः ॥ दुःसहःसमरेक्रुद्धःशैशुपालिर्महारथः ४४

३३ । ३४ । ३५ । ३६ । ३७ । ३८ । ३९ । ४० । ४१ । ४२ । ४३ । ४४ ॥ ५७ ॥

४५ । ४६ करकर्षेणकरकर्षसंज्ञेनभ्रात्रा ४७ । ४८ । ४९ । ५० ॥ इतिश्रीमहाभारतेउद्योगपर्वणिनीलकंठीयेभारतभावदीपे पंचाशत्तमोऽध्यायः ॥ ५० ॥ ॥ ॥ सर्वेइति १

तेनवश्चेदिराजेनपांडवाअभ्ययुंजत ॥ अक्षौहिण्यापरिवृतःपांडवान्योऽभिसंश्रितः ४५ यःसंश्रयःपांडवानांदेवानामिववासवः ॥ तेनवोवासुदेवेनपांडवाअभ्ययुंजत
४६ तथाचेदिपतेर्भ्राताशरभोभरतर्षभ ॥ करकर्षेणसहितस्ताभ्यांवस्तेऽभ्ययुंजत ४७ जारासंधिःसहदेवोजयत्सेनश्वतावुभौ ॥ युद्धेप्रतिरथेवीरौपांडवार्थेव्यवस्थितौ
४८ द्रुपदश्चमहातेजाबलेनमहतावृतः ॥ त्यक्तात्मापांडवार्थाययोत्स्यमानोव्यवस्थितः ४९ एतेचान्येचबहवःप्राच्योदीच्यामहीक्षितः ॥ शतशोयानुपाश्रित्यधर्म
राजोव्यवस्थितः ५० ॥ इतिश्रीमहाभारतेउद्योगपर्वणियानसंधिपर्वणिसंजयवाक्येपंचाशत्तमोऽध्यायः ॥ ५० ॥ ॥ ॥ धृतराष्ट्रउवाच ॥ सर्वएतेमहो
त्साहायेत्वयापरिकीर्तिताः ॥ एकतस्त्वेवतेसर्वेसमेताभीमएकतः १ भीमसेनाद्धिमेभूयोभयंसंजायतेमहत् ॥ क्रुद्धादमर्षणात्तातव्याघ्रादिवमहारुरोः २ जागर्मिरात्रयः
सर्वादीर्घमुष्णंचनिःश्वसन् ॥ भीतोवृकोदरात्तातसिंहात्पशुरिवापरः ३ नहितस्यमहाबाहोःशक्रप्रतिमतेजः ॥ सैन्येऽस्मिन्प्रतिपश्यामियएनंविषहेद्युधि ४ अमर्षणश्च
कौन्तेयोदृढवैरश्चपांडवः ॥ अनर्महासीसोन्मादस्तिर्यक्प्रेक्षीमहास्वनः ५ महावेगोमहोत्साहोमहाबाहुर्महाबलः ॥ मंदानांममपुत्राणांयुद्धेनांतंकरिष्यति ६ उरुग्राह
गृहीतानांगदांबिभ्रद्वृकोदरः ॥ कुरूणामृषभोयुद्धेदंडपाणिरिवांतकः ७ अष्टास्रिमायसींघोरांगदांकांचनभूषणाम् ॥ मनसाऽहंप्रपश्यामिब्रह्मदंडमिवोद्यतम् ८
यथामृगाणांयूथेषुसिंहोजातबलश्चरेत् ॥ मामकेषुतथाभीमोबलेषुविचरिष्यति ९ सर्वेषांममपुत्राणांसएकःक्रूरविक्रमः ॥ बह्वाशीविप्रतीपश्चबाल्येऽपिरभसःसदा
१० उद्वेपतेमेहृदयंयेमेदुर्योधनादयः ॥ बाल्येऽपितेनयुद्ध्यंतोवारणेनेवमर्दिताः ११ तस्यवीर्येणसंक्लिष्टानित्यमेवसुतामम ॥ सएवहेतुर्भेदस्यभीमोभीमपराक्रमः १२
ग्रसमानमनीकानिनरवारणवाजिनाम् ॥ पश्यामीवाग्रतोभीमंक्रोधमूर्च्छितमाहवे १३ अस्त्रेद्रोणार्जुनसमंवायुवेगसमंजवे ॥ महेश्वरसमंक्रोधेकोहन्याद्भीममाहवे १४
संजयाचक्ष्वमेशूरंभीमसेनममर्षणम् ॥ अतिलाभंतुमन्येहंयत्तेनरिपुघातिना १५ तदैवनहताःसर्वेपुत्राममममनस्विना ॥ येनभीमबलायक्षाराक्षसाश्चपुराहताः ॥
१६ कथंतस्यरणेवेगंमानुषःप्रसहिष्यति ॥ नसजातुवशेतस्थौममबाल्येऽपिसंजय १७ किंपुनर्ममदुष्पुत्रैःक्लिष्टःसंप्रतिपांडवः ॥ निष्ठुरोरोषणोऽत्यर्थंभज्येता
पिनसंनमेत् ॥ तिर्यक्प्रेक्षीसंहतभ्रूःकथंशाम्येद्वृकोदरः १८ शूरस्तथाऽप्रतिबलोगौरस्तालइवोन्नतः ॥ प्रमाणतोभीमसेनःप्रादेशेनाधिकोऽर्जुनात् १९ जवेनवाजिनो
ऽत्येतिबलेनात्येतिकुंजरान् ॥ अव्यक्तजल्पीमध्वक्षोमध्यमःपांडवोबली २०

महारुरोः महामृगस्य २ । ३ । ४ अनर्महासी नर्मवृथोपहासः तदन्योहासः सत्यमेवकृत्वाशत्रूनुपहसतीत्यर्थः ५ । ६ उरुग्राहःमहानिर्बंधस्तेनगृहीतानांवशीकृतानाम् ७ । ८ । ९ रभसःवेगवान्
१० । ११ । १२ । १३ । १४ । १५ । १६ । १७ संहतेक्रोधेनग्रथितेभ्रुवौयस्यसंहतभ्रूः १८ । १९ । २०

इतीति पुरापुराणंनिकटेऽतिष्ठदमितिवार्थः ' पुरापुराणेऽतिष्ठे ' इतिमेदिनी ' पुराभाविपुराणयोः प्रबंधेनिकटेऽतीते ' इतिविश्वलोचनः २१ । २२ । २३ निष्कर्णाअवक्रांतिर्यग्भावहीनांशत

इतिबाल्येश्रुतःपूर्वंमयाव्यासमुखात्पुरा ॥ रूपतोवीर्यतश्चैवयाथातथ्येनपांडवः २१ आयसेनसदंडेनरथान्नागानान्नरान्हयान् ॥ हनिष्यतिरणेकुद्धोरौद्रःक्रूरपराक्रमः २२ अमर्षीनित्यसंरब्धोभीमःप्रहरतांवरः ॥ मयातातप्रतीपानिकुर्वन्पूर्वंविमानितः २३ निष्कर्णामायसींस्थूलांसुपार्श्वांकांचनींगदाम् ॥ शतघ्नींशतनिर्ह्रादांकथंशक्ष्यंतिमेसुताः २४ अपारमप्लवागाधंसमुद्रंशरवेधनम् ॥ भीमसेनमयंदुर्गंतातमंदास्तितीर्षवः २५ क्रोशतोमेनशृण्वंतिबालाःपंडितमानिनः ॥ विषमंनहिमन्यंतेप्रपातंमधुदर्शिनः २६ संयुगंयेगमिष्यंतिनररूपेणमृत्युना ॥ नियतंचोदिताधात्रासिंहेनेवमहामृगाः २७ शैक्यांतातचतुष्किष्कुंषडस्रिममितौजसम् ॥ प्रहितांदुःखसंस्पर्शांकथंशक्ष्यंतिमेसुताः २८ गदांभ्रामयतस्तस्यभिंदतोहस्तिमस्तकान् ॥ सृक्किणीलेलिहानस्यबाष्पमुत्सृजतोमुहुः २९ उद्दिश्यनागान्पततःकुर्वतोभैरवान्रवान् ॥ प्रतीपंपततोमत्तान्कुंजरान्प्रतिगर्जतः ३० विगाह्यरथमार्गेषुवरानुद्दिश्यनिघ्नतः ॥ अग्नेःप्रज्वलितस्येवअपिमुच्येतमेप्रजा ३१ वीथींकुर्वन्महाबाहुर्द्रावयन्ममवाहिनीम् ॥ नृत्यन्निवगदापाणिर्युगांतंदर्शयिष्यति ३२ प्रभिन्नइवमातंगःप्रभंजन्पुष्पितान्द्रुमान् ॥ प्रवेक्ष्यतिरणेसेनांपुत्राणांमेवृकोदरः ३३ कुर्वन्रथान्विपुरुषान्विसारथिहयध्वजान् ॥ आरुजन्पुरुषव्याघ्रोरथिनःसादिनस्तथा ३४ गंगावेगइवानूपांस्तीरजान्विविधान्द्रुमान् ॥ प्रभंक्ष्यतिरणेसेनांपुत्राणांममसंजय ३५ दिशोनूनंगमिष्यंतिभीमसेनभयार्दिताः ॥ ममपुत्राश्चभृत्याश्चराजानश्चैवसंजय ३६ येनराजामहावीर्यःप्रविश्यान्तःपुरंपुरा ॥ वासुदेवसहायेनजरासंधोनिपातितः ३७ कृत्स्नेयंपृथिवीदेवीजरासंधेनधीमता ॥ मागधेंद्रेणबलिनावशेकृत्वाप्रतापिता ३८ भीष्मप्रतापात्कुरवोनयेनांधकवृष्णयः ॥ यन्नतस्यवशेजग्मुःकेवलंदैवमेवतत् ३९ सगत्वापांडुपुत्रेणतरसाबाहुशालिना ॥ अनायुधेनवीरेणनिहतःकिंततोऽधिकम् ४० दीर्घकालसमासक्तंविषमाशीविषोयथा ॥ समोक्ष्यतिरणेतेजःपुत्रेषुममसंजय ४१ महेन्द्रइववज्रेणदानवान्देवसत्तमः ॥ भीमसेनोगदापाणिःसूदयिष्यतिमेसुतान् ४२ अविषह्यमनावार्यंतीव्रवेगपराक्रमम् ॥ पश्यामीवातिताम्राक्षमापतंतंवृकोदरम् ४३ अगदस्याप्यधनुषोविरथस्यविवर्मणः ॥ बाहुभ्यांयुद्ध्यमानस्यकस्तिष्ठेदग्रतःपुमान् ४४ भीष्मोद्रोणश्चविप्रोऽयंकृपःशारद्वतस्तथा ॥ जानंत्येतेयथैवाहंवीर्यज्ञस्तस्यधीमतः ४५ आर्यव्रतंतुजानंतःसंगरांतंविधित्सवः ॥ सेनामुखेपुस्थास्यंतिमामकानांनरर्षभाः ४६ बलीयःसर्वतोदिष्टंपुरुषस्यविशेषतः ॥ पश्यन्नपिजयंतेषांननियच्छामियत्सुतान् ४७ तेपुराणंमहेष्वासामार्गमैन्द्रंसमास्थिताः ॥ त्यक्ष्यंतितुमुलेप्राणान्रक्षंतःपार्थिवंयशः ४८

निर्ह्रादांमहाशब्दवतीं २४ । २५ । २६ । २७ शैक्यांशिक्यस्थांअधःपतनेनभूमिविदारणशंकयाशिक्येस्थापितां २८ । २९ । ३० । ३१ वीथींरथमार्गं ३२ । ३३ । ३४ अनूपान्सजलदेशोत्थितान् ३५ । ३६ । ३७ । ३८ । ३९ । ४० । ४१ । ४२ । ४३ अगदस्यगदाहीनस्य ४४ । ४५ संगरेअंतस्वस्यनाशंस्थास्यंतिभीष्मादयः ४६ । ४७ ऐंद्रंमार्गंस्वर्गमार्गं ४८

४९ अपचितिंनिष्कृतिं ५० । ५१ विक्रुष्टंउच्चैरुक्तं ५२ एतत्प्रभाविदुःखंअतिबलंज्ञानेनअनिवार्यं ५३ निर्मुक्ताःजीवन्मुक्ताः ५४ । ५५ क्षमंशक्यं उत्तरंउत्तरकार्यंप्रतीकारः ५६ । ५७ पर्यायधर्मःविपरीत
धर्मः प्रधिर्नेमिः अस्यकालवशस्य तृतीयार्थेषष्ठी ५८ । ५९ । ६० । ६१ ॥ इतिउद्योगपर्वणिनीलकंठीये भारतभावदीपेएकपंचाशत्तमोऽध्यायः ॥ ५१ ॥ ॥ ॥ यस्येति । सधनंजयःयस्ययोद्धेतित

यथैषांमामकास्तातततथैषांपांडवाअपि ॥ पौत्राभीष्मस्यशिष्याश्चद्रोणस्यचकृपस्यच ४९ येत्वस्मदाश्रयंकिंचिद्दत्तमिष्टंचसंजय ॥ तस्यापचितिमार्यत्वात्कर्तारः
स्थविरास्त्रयः ५० आददानस्यशस्त्रंहिक्षत्रधर्मंपरीप्सतः ॥ निधनंक्षत्रियस्याजौवरमेवाहुरुत्तमम् ५१ सर्वेशोचामिसर्वान्वैयेयुयुत्संतिपांडवैः ॥ विक्रुष्टंविदुरेणादौतद
तद्भयमागतम् ५२ नतुमन्येविघातायज्ञानंदुःखस्यसंजय ॥ भवत्यतिबलंह्येतज्ज्ञानस्याप्युपघातकम् ५३ ऋषयोह्यपिनिर्मुक्ताःपश्यंतोलोकसंग्रहान् ॥ सुखैर्भवंति
सुखिनस्तथादुःखेनदुःखिताः ५४ किंपुनर्योऽहमासक्तस्तत्रतत्रसहस्रधा ॥ पुत्रेषुराज्यदारेषुपौत्रेष्वपिचबंधुषु ५५ संशयेतुमहत्यस्मिन्किंनुमेक्षममुत्तरम् ॥ विनाशंह्ये
वपश्यामिकुरूणामनुचिंतयन् ५६ द्यूतप्रमुखमाभातिकुरूणांव्यसनंमहत् ॥ मंदेनैश्वर्यकामेनलोभात्पापमिदंकृतम् ५७ मन्येपर्यायधर्मोऽयंकालस्यात्यंतगामिनः ॥
चक्रेप्रधिरिवासक्तोनास्यशक्यंपलायितुम् ५८ किंनुकुर्यांकथंकुर्यांक्वनुगच्छामिसंजय ॥ एतेनश्यंतिकुरवोमंदाःकालवशंगताः ५९ अवशोऽहंतदातातपुत्राणांनिहते
शते ॥ श्रोष्यामिनिनदंस्त्रीणांकथंमांमरणंस्पृशेत् ६० यथानिदाघेज्वलनःसमिद्धोदहेत्कक्षंवायुनाचोद्यमानः ॥ गदाहस्तःपांडवोवैतथैवहंतामदीयान्सहितोऽर्जुनेन
६१ ॥ इतिश्रीमहाभारतेउद्योगपर्वणियानसंधिपर्वणिधृतराष्ट्रवाक्येएकपंचाशत्तमोऽध्यायः ॥ ५१ ॥ ॥ धृतराष्ट्रउवाच ॥ यस्यवैनानृतावाचःकदाचिदनु
शुश्रुम ॥ त्रैलोक्यमपितस्यस्याद्योद्धायस्यधनंजयः १ तस्यैवचनपश्यामियुधिगांडीवधन्वनः ॥ अनिशंचिंतयानोऽपियःप्रतीयाद्रथेनतम् २ अस्यतःकर्णिनाली
कान्मार्गणान्हृदयच्छिदः ॥ प्रत्येतानसमःकश्चिद्युधिगांडीवधन्वनः ३ द्रोणकर्णौप्रतीयातांयदिवीरौनरर्षभौ ॥ कृतास्त्रौबलिनांश्रेष्ठौसमरेष्वपराजितौ ४ महान्स्या
त्संशयोलोकेनत्वस्तिविजयोमम ॥ घृणीकर्णःप्रमादीचआचार्यःस्थविरोगुरुः ५ समर्थोबलवान्पार्थोदृढधन्वाजितक्लमः ॥ भवेत्सुतुमुलंयुद्धंसर्वशोऽप्यपराजयः ६
सर्वेह्यस्त्रविदःशूराःसर्वेप्राप्तामहद्यशः ॥ अपिसर्वामरैश्वर्यंत्यजेयुर्नपुनर्जयम् ७ वधेनूनंभवेच्छांतिस्तयोर्वाफाल्गुनस्यच ॥ नतुहंताऽर्जुनस्यास्तिजेताचास्यनविद्यते
८ मन्युस्तस्यकथंशाम्येन्मंदान्प्रतियउत्थितः ॥ अन्येऽप्यस्त्राणिजानंतिजीयंतेचजयंतिच ९ एकांतविजयस्त्वेवश्रूयतेफाल्गुनस्यह ॥ त्रयस्त्रिंशत्समाऽऽहूय
खांडवेग्निमतर्पयत् १० जिगायचसुरान्सर्वान्नास्यविद्मःपराजयम् ॥ यस्ययंताहृषीकेशःशीलवृत्तसमोयुधि ११ ध्रुवस्तस्यजयस्तातयथेंद्रस्यजयस्तथा ॥
कृष्णावेकरथेयत्तावधिज्यंगांडिवंधनुः १२

च्छब्दाध्याहारेणपूरणीयम् १ तस्यतंप्रतियोद्धारंनपश्यामि यएनंप्रतीयादित्यध्याहृत्ययोज्यम् २ । ३ । ४ घृणीकृपावान्भीमादिषु प्रमादीअंतेविद्यांनस्मरिष्यतीतिभावः ५ अपराजयस्तेषामितिशेषः ६ । ७
तयोःकर्णद्रोणयोर्वधेअस्मदीयानांशांतिः फाल्गुनस्यवधेतुपरेषामित्यर्थः ८ । ९ त्रयस्त्रिंशत्समाःवर्षाणिअतीताइत्यर्थः संधिरार्षः १० । ११ । १२

१३ । १४ अस्ताःक्षिप्ताः १५ । १६ । १७ । १८ । १९ कुरूणांप्रकारान् छेदभेदपलायनादीनावसथेगृहे श्रोताऽस्मिश्रोष्यामि २० ॥ इतिउद्योगपर्वणिनीलकंठीयेभारतभावदीपे द्विपंचाशत्तमोऽध्यायः ॥ ५२ ॥
यथैवेति । अभिसराःपुरोगाः १ । २ जगतःस्रष्टाकृष्णः ३ । ४ । ५ । ६ जालंअस्त्रं अंतरासैन्यमध्ये ७ । ८ युद्धयोजकैःयुद्धोद्योगिभिः ९ नैभृत्येनमंत्रगुप्त्या १० । ११ तंअभिमुखःपतिष्यति १२ तनुरुद्ध

युगपत्त्रीणितेजांसिसमेतान्यनुशुश्रुम ॥ नैवास्तिनोधनुस्ताहक्क्नयोद्धानचसारथिः १३ तच्चमंदानजानंतिदुर्योधनवशानुगाः ॥ शेषयेदग्निर्दीप्तोविपतन्मूर्ध्निसंजय
१४ नतुशेषंशरास्तातकुर्युरस्ताःकिरीटिना ॥ अपिचास्यग्निवाभातिनिघ्नन्निवधनंजयः १५ उद्धरन्निवकायेभ्यःशिरांसिशरवृष्टिभिः ॥ अपिबाणमयंतेजःप्रदीप्तमिव
सर्वतः १६ गांडीवोत्थंदहेताजौपुत्राणांममवाहिनीम् ॥ अपिसारथघोषेणभयार्तासव्यसाचिनः १७ वित्रस्ताबहुधासेनाभारतीप्रतिभातिमे ॥ यथाकक्षंमहानग्निः
प्रदहेत्सर्वतश्चरन् ॥ महार्चिरनिलोद्धूतस्तद्वद्धक्ष्यतिमामकान् १८ यदोद्वमन्निशितान्बाणसंघांस्तानाततायीसमरेकिरीटी ॥ सृष्टोऽन्तकःसर्वहरोविधात्रायथाभवेत्त
द्वदपारणीयः १९ यदाह्यभीक्ष्णंसुबहून्प्रकारान्श्रोताऽस्मितानावसथेकुरूणाम् ॥ तेषांसमंताच्चतथारणाग्रेक्षयःकिलायंभरतानुपैति २० ॥ इतिश्रीमहाभारतेउद्योग
पर्वणियानसं० धृतराष्ट्रवाक्येद्विपंचाशत्तमोऽध्यायः ॥ ५२ ॥ धृतराष्ट्रउवाच ॥ यथैवपांडवाःसर्वेपराक्रांताजिगीषवः ॥ तथैवाभिसरास्तेषांत्यक्तात्मानोजयेधृताः
१ त्वमेवहिपराक्रांतानाचक्षीथाःपरान्मम ॥ पंचालान्केकयान्मत्स्यान्मागधान्वत्सभूमिपान् २ यश्चसेन्द्रानिमांल्लोकानिच्छन्कुर्याद्वशेबली ॥ सस्रष्टाजगतःकृष्णः
पांडवानांजयेधृतः ३ समस्तामर्जुनाद्विद्यांसात्यकिःक्षिप्रमाप्तवान् ॥ शैनेयःसमरेस्थाताबीजवत्प्रवपन्शरान् ४ धृष्टद्युम्नश्चपांचाल्यःक्रूरकर्मामहारथः ॥ मामकेषुरणं
कर्ताबलेषुपरमास्त्रवित् ५ युधिष्ठिरस्यचक्रोधादर्जुनस्यचविक्रमात् ॥ यमाभ्यांभीमसेनाच्चभयंमेतातजायते ६ अमानुषंमनुष्येन्द्रैर्जालंविततमंतरा ॥ नमेसैन्यास्तरिष्यं
तिततःक्रोशामिसंजय ७ दर्शनीयोमनस्वीचलक्ष्मीवान्ब्रह्मवर्चसी ॥ मेधावीसुकृतप्रज्ञोधर्मात्मापांडुनंदनः ८ मित्रामात्यैःसुसंपन्नःसंपन्नोयुद्धयोजकैः ॥ भ्रातृभिः
श्वशुरैर्वीरैरुपपन्नोमहारथैः ९ धृत्याचपुरुषव्याघ्रोनैभृत्येनचपांडवः ॥ अनृशंसोवदान्यश्चह्रीमान्सत्यपराक्रमः १० बहुश्रुतःकृतात्माचवृद्धसेवीजितेंद्रियः ॥ तंसर्वगुण
संपन्नंसमिद्धमिवपावकम् ११ तपंतमभिकोमंदःपतिष्यतिपतंगवत् ॥ पांडवाग्निमनावार्यमुमूर्षुर्नष्टचेतनः १२ तनुरुद्धःशिखीराजामिथ्योपचरितोमया ॥ मंदानां
ममपुत्राणांयुद्धेनांतंकरिष्यति १३ तैरयुद्धंसाधुमन्येकुरवस्तन्निबोधत ॥ युद्धेविनाशःकृत्स्नस्यकुलस्यभविताध्रुवम् १४ एषामेपरमाबुद्धिर्ययाशाम्यतिमेमनः ॥
यदित्वयुद्धमिष्टंवोवयंशांत्यैयतामहे १५ नतुनःक्लिश्यमानानामुपेक्षेतयुधिष्ठिरः ॥ जुगुप्सतिह्यधर्मेणमामेवोद्दिश्यकारणम् १६ ॥ इतिश्रीमहाभारतेउद्योगपर्वणियान
संधिपर्वणिधृतराष्ट्रवाक्येत्रिपंचाशत्तमोऽध्यायः ॥ ५३ ॥

इतिपाठेऽपितनुःराज्यापहारादल्पः स्वतस्तुउच्चएव शिखीवह्निरिववह्निः १३ । १४ । १५ क्लिश्यमानानांकर्मणिषष्ठी अस्मान्नउपेक्षेतमामेवअधर्मेणकलहस्यकारणंउद्दिश्य जुगुप्सतिनिंदति सकथंप्रार्थितःसन्
कलहंकरिष्यतीतिभावः १६ ॥ इतिउद्योगपर्वणिनीलकंठीये भारतभावदीपेत्रिपंचाशत्तमोऽध्यायः ॥ ५३ ॥ ॥ ॥ ॥ ॥ ॥ ॥ ॥ ॥ ॥

एवमिति १ । २ एषकालः एषाकलनाबुद्धिस्तवनैवस्थास्यति ३ प्रणिहितात्मवान् सावधानचित्तः ४ स्मयसेतप्यसे ५ । ६ । ७ । ८ । ९ । १० । ११ अस्यतांबाणान्क्षिपतांमध्ये १२ । १३ । १४

॥ संजयउवाच ॥ एवमेतन्महाराजयथावदसिभारत ॥ युद्धेविनाशःक्षत्रस्यगांडीवेनप्रदृश्यते १ इदंतुनाभिजानामितवधीरस्यनित्यशः ॥ यत्पुत्रवशमागच्छे
स्तत्त्वज्ञःसव्यसाचिनः २ नैषकालोमहाराजतवशश्वत्कृतागसः ॥ त्वयाह्येवादितःपार्थानिकृताभरतर्षभ ३ पिताश्रेष्ठःसुहृद्यश्वसम्यक्प्रणिहितात्मवान् ॥
आस्थेयंहिहितंतेननद्रोग्धागुरुरुच्यते ४ इदंजितमिदंलब्धमितिश्रुत्वापराजितान् ॥ द्यूतकालेमहाराजस्मयसेस्मकुमारवत् ५ परुषाण्युच्यमानांश्चपुरापार्थानुपे
क्षसे ॥ कृत्स्नंराज्यंजयंतीतिप्रपातंनानुपश्यसि ६ पित्र्यंराज्यंमहाराजकुरवस्तेसजांगलाः ॥ अथवीरैर्जितामुर्वीमखिलांप्रत्यपद्यथाः ७ बाहुवीर्यार्जिताभूमिस्त
वपार्थैर्निवेदिता ॥ मयेदंकृतमित्येवमन्यसेराजसत्तम ८ ग्रस्तान्गंधर्वराजेनमज्जतोह्यप्लवेऽम्भसि ॥ आनिनायपुनःपार्थःपुत्रांस्तेराजसत्तम ९ कुमारवच्चस्मयसे
द्यूतेविनिकृतेषुयत् ॥ पांडवेषुवनेराजन्प्रव्रजत्सुपुनःपुनः १० प्रवर्षतःशरव्रातानर्जुनस्याशितान्बहून् ॥ अप्यर्णवाविशुष्येयुःकिंपुनर्मांसयोनयः ११ अस्यतांफा
ल्गुनःश्रेष्ठोगांडीवंधनुषांवरम् ॥ केशवःसर्वभूतानामायुधानांसुदर्शनम् १२ वानरोरोचमानश्चकेतुःकेतुमतांवरः ॥ एवमेतानिसरथोबहून्श्वेतहयोरणे १३ क्षपयि
ष्यतिनोराजन्कालचक्रमिवोद्यतम् ॥ तस्याद्यवसुधाराजन्निखिलाभरतर्षभ १४ यस्यभीमार्जुनौयोधौसराजाराजसत्तम ॥ तथाभीमहतप्रायांमज्जंतींतववाहिनीम्
१५ दुर्योधनमुखाद्दृष्ट्वाक्षयंयास्यंतिकौरवाः ॥ नभीमार्जुनयोर्भीतालप्स्यंतेविजयंविभो १६ तवपुत्रामहाराजराजानश्चानुसारिणः ॥ मत्स्यास्त्वामद्यनार्चेतिपंचालाश्च
सकेकयाः १७ शाल्वेयाःशूरसेनाश्चसर्वेत्वामवजानते ॥ पार्थंह्येतेगताःसर्वेवीर्यज्ञास्तस्यधीमतः १८ भक्त्याह्यस्यविरुद्ध्यंतेतवपुत्रैःसदैवते ॥ अनर्हानेवतुवधेधर्म
युक्तान्विकर्मणा १९ योऽक्लेशयत्पांडुपुत्रान्योविद्वेष्टयधुनाऽपिवै ॥ सर्वोपायैर्नियंतव्यःसानुगःपापपूरुषः २० तवपुत्रोमहाराजनानुशोचितुमर्हसि ॥ द्यूतका
लेमयाचोक्तंविदुरेणचधीमता २१ यदिदंतेविलपितंपांडवान्प्रतिभारत ॥ अनीशेनेवराजेंद्रसर्वमेतन्निरर्थकम् २२ ॥ इतिश्रीमहाभारतेउद्योगपर्वणियानसंधिपर्व
णिसंजयवाक्येचतुःपंचाशत्तमोऽध्यायः ॥ ५४ ॥ ॥ ॥ ॥ दुर्योधनउवाच ॥ नभेतव्यंमहाराजनशोच्याभवतावयम् ॥ समर्थाःस्मपरान्जेतुं
बलिनःसमरेविभो १ वनेप्रव्राजितान्पार्थान्यदाऽऽयान्मधुसूदनः ॥ महताबलचक्रेणपरराष्ट्रावमर्दिना २ केकयाधृष्टकेतुश्चधृष्टद्युम्नश्चपार्षतः ॥ राजानश्चान्वयुः
पार्थान्बहवोऽन्येऽनुयायिनः ३ इंद्रप्रस्थस्यचादूरात्समाजग्मुर्महारथाः ॥ व्यगर्हयंश्चसंगम्यभवंतंकुरुभिःसह ४ तेयुधिष्ठिरमासीनमजिनैःप्रतिवासितम् ॥ कृष्ण
प्रधानाःसंहत्यपर्युपासंतभारत ५ प्रत्यादानंचराज्यस्यकार्यमूचुर्नराधिपाः ॥ भवतःसानुबंधस्यसमुच्छेदंचिकीर्षवः ६

भीमेनभीमसेनेनहतप्रायां १५ । १६ । १७ । १८ । १९ । २० । २१ । २२ ॥ इतिउद्योगपर्वणिनीलकंठीये भारतभावदीपे चतुःपंचाशत्तमोऽध्यायः ॥ ५४ ॥ ॥ नभेतव्यमिति १ यदाऽऽयात्आ
गतस्तदाभीष्मद्रोणकृपाः मयाउक्ताइतिषष्ठेनान्वयः १ । २ । ३ । ४ । ५ । ६

ब. भा. टी. ॥ ६० ॥

७ । ८ ममसंबंधिनः ९ । १० प्रणिपातोवासंध्यर्थः पलायनंवाळज्जया ११ । १२ । १३ प्रणिपातेदोषोत्रशक्षयकृतोनास्ति किंतुसंधिरेवभवति तथापिममयुद्धमेवरोचतइत्याशयेनाह पितरमिति १४ हेनरोत्तमधृतराष्ट्र तवपुत्रैःअस्माभिः १५ प्रतिकरिष्यन्ति प्रतियातयिष्यंति १६ ततइति पूर्ववृत्तांतकथनम् १७ नःअस्माभिःपरेचेत्यद्यपिअभिद्रुग्धाःद्रोहविषयंनीताःतथाऽपिनभेतव्यम् १८ । १९ । २० । २१

श्रुत्वाचैवंमयोक्तास्तुभीष्मद्रोणकृपास्तदा ॥ ज्ञातिक्षयभयाद्राजन्भीतेनभरतर्षभ ७ ततःस्थास्यंतिसमयेपांडवाइतिमेमतिः ॥ समुच्छेदंहिनःकृत्स्नंवासुदेवश्चिकीर्षति ८ ऋतेचविदुरात्सर्वेयूयंवध्यामताःमम ॥ धृतराष्ट्रस्तुधर्मज्ञोनवध्यःकुरुसत्तमः ९ समुच्छेदंचकृत्स्नंनःकृत्वाताततजनार्दनः ॥ एकराज्यंकुरूणांस्मचिकीर्षतियुधिष्ठिरे १० तत्रकिंप्राप्तकालंनःप्रणिपातःपलायनम् ॥ प्राणान्वासंपरित्यज्यप्रतियुद्ध्यामहेपरान् ११ प्रतियुद्धेतुनियतःस्यादस्माकंपराजयः ॥ युधिष्ठिरस्यसर्वेहिपार्थिवावशवर्तिनः १२ विरक्तराष्ट्राश्चवयंमित्राणिकुपितानिनः ॥ धिक्कृताःपार्थिवैःसर्वैःस्वजनेनचसर्वशः १३ प्रणिपातेनदोषोस्तिसंधिर्नःशाश्वतीःसमाः ॥ पितरंत्वेवशोचामिप्रज्ञानेत्रंजनाधिपम् १४ मत्कृतेदुःखमापन्नंक्लेशंप्राप्तमनंतकम् ॥ कृतंहितवपुत्रैश्चपरेषामवरोधनम् ॥ मत्प्रियार्थंपुरैवैतद्विदितंतेनरोत्तम १५ तेराज्ञोधृतराष्ट्रस्यसामात्यस्यमहारथाः ॥ वैरंप्रतिकरिष्यंतिकुलोच्छेदेनपांडवाः १६ ततोद्रोणोऽब्रवीद्भीष्मःकृपोद्रौणिश्चभारत ॥ मत्वामांमहतींचिंतामास्थितंव्यथितेंद्रियम् १७ अभिद्रुग्धाःपरेचेन्नोनभेतव्यंपरंतप ॥ असमर्थाःपरेजेतुमस्मान्युधिसमास्थितान् १८ एकैकशःसमर्थाःस्मोविजेतुंसर्वपार्थिवान् ॥ आगच्छंतुविनेष्यामोदर्पमेषांशितैःशरैः १९ पुरैकेनहिभीष्मेणविजिताःसर्वपार्थिवाः ॥ मृतेपितर्यतिक्रुद्धोरथेनैकेनभारत २० जघानसुबहूंस्तेषांसंरब्धःकुरुसत्तमः ॥ ततस्तेशरणंजग्मुर्देवव्रतमिमंभयात् २१ सभीष्मःसुसमर्थोऽयमस्माभिःसहितोरणे ॥ परान्विजेतुंतस्मात्तेव्येतुभीर्भरतर्षभ २२ इत्येषांनिश्चयोह्यासीत्तत्कालेऽमिततेजसाम् ॥ पुरापरेषांपृथिवीकृत्स्नाऽऽसीद्वशवर्तिनी २३ अस्मान्पुनरमीनाद्यसमर्थाजेतुमाहवे ॥ छिन्नपक्षाःपरेह्यद्यवीर्यहीनाश्चपांडवाः २४ अस्मत्संस्थाचपृथिवीवर्ततेभरतर्षभ ॥ एकार्थाःसुखदुःखेषुसमानीताश्चपार्थिवाः २५ अप्यग्निंप्रविशेयुस्तेसमुद्रंवापरंतप ॥ मदर्थेपार्थिवाःसर्वेतद्विद्धिकुरुसत्तम २६ उन्मत्तमिवचापित्वांप्रहसंतीहदुःखितम् ॥ विलपंतंबहुविधंभीतंपरविकत्थने २७ एषांह्येकैकशोराज्ञांसमर्थःपांडवान्प्रति ॥ आत्मानंमन्यतेसर्वोव्येतुतेभयमागतम् २८ जेतुंसमग्रांसेनांमेवासवोऽपिनशक्नुयात् ॥ हंतुमक्षय्यरूपेयंब्रह्मणोपिस्वयंभुवः २९ युधिष्ठिरःपुरंहित्वापंचग्रामान्सयाचति ॥ भीतोह्निमामकात्सैन्यात्प्रभावाच्चैवमेविभो ३० समर्थंमन्यसेयच्चकुंतीपुत्रंवृकोदरम् ॥ तन्मिथ्यानहिमेकृत्स्नंप्रभावंवेत्सिभारत ३१ मत्समोहिगदायुद्धेपृथिव्यांनास्तिकश्चन ॥ नासीत्कश्चिदतिक्रांतोभवितानचकश्चन ३२ युक्तोदुःखोषितश्चाहंविद्यापारगतस्तथा ॥ तस्मान्नभीमान्नान्येभ्योभयंमेविद्यतेक्वचित् ३३

२२ । २३ । २४समानीताः मयेतिशेषः २५ । २६ परविकत्थनेपरेषांगुणाख्याने २७ । २८ ब्रह्मणोऽपिअक्षय्यरूपाहंतुमशक्या २९ । ३० । ३१ । ३२ युक्तोऽभियोगवान् दुःखोषितःगुरुकुले ३३

उपावसंशिष्यत्वेनपर्यचरम् ३४ । ३५ । ३६ । ३७ । ३८ । ३९ । ४० । ४१ । ४२ । ४३ पार्थिवीपृथ्वीसंबंधिनी पार्थिवानांराज्ञांवा ४४ । ४५ । ४६ । ४७ । ४८ । ४९।५०।५१

दुर्योधनसमोनास्तिगदायामितिनिश्चयः ॥ संकर्षणस्यभद्रंतेयत्तद्दैनमुपावसम् ३४ युद्धेसंकर्षणसमोबलेनाभ्यधिकोभुवि ॥ गदाप्रहारंभीमोमेनजातुविषहेद्युधि
३५ एकंप्रहारंयंदद्यांभीमायरुषितोनृप ॥ सएवैनंनयेद्धोरःक्षिप्रंवैवस्वतक्षयम् ३६ इच्छेयंचगदाहस्तंराजन्द्रष्टुंवृकोदरम् ॥ सुचिरंप्रार्थितोह्येषममनित्यंमनो
रथः ३७ गदयानिहतोह्याजौमयापार्थोवृकोदरः ॥ विशीर्णगात्रःपृथिवींपरासुःप्रपतिष्यति ३८ गदाप्रहाराभिहतोहिमवानपिपर्वतः ॥ सकृन्मयाविदीर्येतगि
रिःशतसहस्रधा ३९ सचाप्येतद्विजानातिवासुदेवार्जुनौतथा ॥ दुर्योधनसमोनास्तिगदायामितिनिश्चयः ४० तत्तेवृकोदरमयंभयंव्येतुमहाहवे ॥ व्यपने
ष्याम्यहंह्येनंमाराजन्विमनाभव ४१ तस्मिन्मयाहतेक्षिप्रमर्जुनंबहवोरथाः ॥ तुल्यरूपाविशिष्टाश्चक्षेप्स्यंतिभरतर्षभ ४२ भीष्मोद्रोणःकृपोद्रौणिःकर्णोभूरि
श्रवास्तथा ॥ प्राग्ज्योतिषाधिपःशल्यःसिंधुराजोजयद्रथः ४३ एकैकएषांशक्तस्तुहंतुंभारतपांडवान् ॥ समेतास्तुक्षणेनैतान्नेष्यंतियमसादनम् ॥ समग्रापार्थिवीसे
नापार्थमेकंधनंजयम् ४४ कस्मादशक्तानिर्जेतुमितिहेतुर्नविद्यते ॥ शरव्रातैस्तुभीष्मेणशतशोनिचितोऽवशः ४५ द्रोणद्रौणिकृपैश्चैवगंतापार्थोयमक्षयम् ॥ पिताम
होऽपिगांगेयःशांतनोरधिभारत ४६ ब्रह्मर्षिसदृशोजज्ञेदेवैरपिसुदुःसहः ॥ नहंताविद्यतेचापिराजन्भीष्मस्यकश्चन ४७ पित्राह्युक्तःप्रसन्नेननाकामस्त्वंमरिष्य
सि ॥ ब्रह्मर्षेश्चभरद्वाजाद्द्रोणोद्रोण्यामजायत ४८ द्रोणाज्जज्ञेमहाराजद्रौणिश्चपरमास्त्रवित् ॥ कृपश्चाचार्यमुख्योऽयंमहर्षेर्गौतमादपि ४९ शरस्तंबोद्भवःश्रीमान
वध्यइतिमेमतिः ॥ अयोनिजास्त्रयोह्येतेपितामाताचमातुलः ५० अश्वत्थाम्नोमहाराजसचशूरःस्थितोमम ॥ सर्वएतेमहाराजदेवकल्पामहारथाः ५१ शक्रस्या
पिव्यथांकुर्युःसंयुगेभरतर्षभ ॥ नैतेषामर्जुनःशक्तएकैकंप्रतिवीक्षितुम् ५२ सहितास्तुनरव्याघ्राहनिष्यंतिधनंजयम् ॥ भीष्मद्रोणकृपाणांचतुल्यःकर्णोमतोमम
५३ अनुज्ञातश्चरामेणमत्समोसीतिभारत ॥ कुंडलेरुचिरेचास्तांकर्णस्यसहजेशुभे ५४ तेशच्यर्थंमहेंद्रेणयाचितःसपरंतपः ॥ अमोघयामहाराजशक्त्यापरमभी
मया ५५ तस्यशक्त्योपगूढस्यकस्माज्जीवेद्धनंजयः ॥ विजयोमेध्रुवंराजन्फलंपाणाविवाहितम् ५६ अभिव्यक्तःपरेषांचकृत्स्नोभुविपराजयः ॥ अह्नाह्येकेनभीष्मो
ऽयंप्रयुतंहंतिभारत ५७ तत्समाश्चमहेष्वासाद्रोणद्रौणिकृपाअपि ॥ संशप्तकानांवृंदानिक्षत्रियाणांपरंतप ५८ अर्जुनंवयमस्मान्वानिहन्यात्कपिकेतनः ॥ तंचाल
मितिमन्यंतेसव्यसाचिवधेधृताः ५९ पार्थिवाःसभवांस्तेभ्योह्यकस्माद्व्यथतेकथम् ॥ भीमसेनेचनिहतेकोऽन्योयुध्येतभारत ६० परेषांतन्ममाचक्ष्वयदिवेत्थपरं
तप ॥ पंचतेभ्रातरःसर्वेधृष्टद्युम्नोऽथसात्यकिः ६१ परेषांसप्तयेराजन्योधाःसारंबलंमतम् ॥ अस्माकंतुविशिष्टायेभीष्मद्रोणकृपादयः ६२

५२ । ५३ । ५४ शक्त्यामूल्यभूतया तेकुंडलेयाचितः ५५ तस्यपुरतइतिशेषः ५६ । ५७ । ५८ तंअर्जुनम् ५९ तेभ्यःपांडवेभ्यः ६० । ६१ । ६२

६३। ६४। ६५ त्रिगुणतस्तृतीयांशेनहीनं त्रिगुणाद्यंशेनाधिका ६६। ६७। ६८ विवित्सुःविज्ञातुमिच्छुः प्राप्तकालानिकर्माणि ६९ ॥ ॥ इतिउद्योगपर्वणि नीलकंठीये भारतभावदीपे पंचपंचाशत्तमोऽध्यायः ॥ ५५ ॥ ॥ अक्षौहिणीरिति १। २ मंत्रंअस्त्रप्रयोजकं जिज्ञासमानः परीक्षितुमिच्छन् ३। ४ तथाअवैमीतिच्छेदः ५ भौमनोविश्वकर्मा धाताप्रजापतिः ६। ७ तेत्वष्टृशक्रधातारः रूपाणिचक्रुः ८

द्रौणिर्विकर्तनःकर्णःसोमदत्तोऽथबाह्लिकः ॥ प्राग्ज्योतिषाधिपःशल्यआवंत्यौचजयद्रथः ६३ दुःशासनोदुर्मुखश्चदुःसहश्चविशांपते ॥ श्रुतायुश्चित्रसेनश्चपुरुमित्रोविविंशतिः ६४ शलोभूरिश्रवाश्चैवविकर्णश्चतवात्मजः ॥ अक्षौहिण्योहिमेराजन्दशैकाचसमाहृताः ६५ न्यूनाःपरेषांसमैवकस्मान्मेस्यात्पराजयः ॥ बलंत्रिगुणतोहीनंयोध्यंप्राहबृहस्पतिः ॥ परेभ्यस्त्रिगुणाचेयंममराजन्ननीकिनी ६६ गुणहीनंपरेषांचबहुपश्यामिभारत ॥ गुणोदयंबहुगुणमात्मनश्चविशांपते ६७ एतत्सर्वंसमाज्ञायबलाग्र्यंममभारत ॥ न्यूनतांपांडवानांचनमोहंगंतुमर्हसि ६८ इत्युक्त्वासंजयंभूयःपर्यपृच्छतभारत ॥ विवित्सुःप्राप्तकालानिज्ञात्वापरपुरंजयः ६९ ॥ इति श्रीमहाभारतेउद्योगपर्वणियानसंधिपर्वणिदुर्योधनवाक्येपंचपंचाशत्तमोऽध्यायः ॥ ५५ ॥ दुर्योधनउवाच ॥ अक्षौहिणीःसप्तलब्ध्वाराजभिःसहसंजय ॥ किंस्विदिच्छतिकौन्तेयोयुद्धप्रेप्सुर्युधिष्ठिरः १ ॥ संजयउवाच ॥ अतीवमुदितोराजन्युद्धप्रेप्सुर्युधिष्ठिरः ॥ भीमसेनार्जुनौचोभौयमावपिनबिभ्यतः २ रथंतुदिव्यंकौन्तेयःसर्वाविभ्राजयन्दिशः ॥ मंत्रंजिज्ञासमानःसन्बीभत्सुःसमयोजयत् ३ तमपश्यामसन्नद्धंमेघंविद्युत्युतंयथा ॥ समंतात्समभिध्यायहृष्यमाणोऽभ्यभाषत ४ पूर्वरूपमिदंपश्यवयंजेष्यामसंजय ॥ बीभत्सुर्मांयथोवाचतथाऽवैम्यहमप्युत ५ ॥ दुर्योधनउवाच ॥ प्रशंसस्यभिनंदंस्तान्पार्थानक्षपराजितान् ॥ अर्जुनस्यरथेब्रूहिकथमश्वाःकथंध्वजाः ६ ॥ संजयउवाच ॥ भौमनःसहशक्रेणबहुचित्रंविशांपते ॥ रूपाणिकल्पयामासत्वष्टाधातासदाविभो ७ ध्वजेहितस्मिन्रूपाणिचक्रुस्तेदेवमायया ॥ महाधनानिदिव्यानिमहांतिचलघूनिच ८ भीमसेनानुरोधायहनूमान्मारुतात्मजः ॥ आत्मप्रतिकृतिंतस्मिन्ध्वजआरोपयिष्यति ९ सर्वादिशोयोजनमात्रमंतरंसतिर्यगूर्ध्वंचरुरोधवैध्वजः ॥ नसंसज्जत्यसौतरुभिःसंवृतोऽपितथाहिमायाविहिताभौमनेन १० यथाऽकाशेशक्रधनुःप्रकाशतेनचैकवर्णंनचविद्मिकिंनुतत् ॥ तथाध्वजोविहितोभौमनेनबह्वाकारंदृश्यतेरूपमस्य ११ यथाग्निधूमोदिवमेतिरुद्ध्वावर्णान्बिभ्रत्तैजसांश्चित्ररूपान् ॥ तथाध्वजोविहितोभौमनेनननचेद्भारोभवितानोतरोधः १२ श्वेतास्तस्मिन्वातवेगाःसदश्वादिव्यायुक्ताश्चित्ररथेनदत्ताः ॥ भुव्यंतरिक्षेदिविवानरेन्द्रयेषांगतिर्हीयतेनात्रसर्वा ॥ शतंयत्तत्पूर्यतेनित्यकालंहतंहतंदत्तवरंपुरस्तात् १३ तथाराज्ञोदंतवर्णाबृहंतोरथेयुक्ताभांतितद्वीर्यतुल्याः ॥ ऋक्षप्रख्याभीमसेनस्यवाहारथेवायोस्तुल्यवेगाबभूवुः १४ कल्माषांगास्तित्तिरिचित्रपृष्ठाभ्रात्रादत्ताःप्रीयताफाल्गुनेन ॥ भ्रातुर्वीरस्यस्वैस्तुरंगैर्विशिष्टामुदायुक्ताःसहदेवंवहंति १५

९ रुरोधस्वतेजसेतिशेषः १०। ११ भारोरथे रोधःद्वाराद्रो द्वयमपिनभवेत् १२ यत्तत्अश्वानांशतंहतंपुनःपुनःकतिपयाश्वहननेऽपिदिव्यप्रभावात्शतंपूर्यते यतःपुरस्ताद्दत्तवरम् १३ तथाअमराःराज्ञोदंतवर्णाःश्वेताःरथेयुक्ताअश्वाःभांति ऋक्षप्रख्याः सप्तर्षितुल्यतेजसः 'ऋक्षाइतिहस्मवैपुरासप्तऋषीनाचक्षते' इतिशतपथश्रुतेः। पाठांतरेऋश्योमृगभेदः १४। १५

॥ ६१ ॥

१६ देवदत्ताःचित्ररथेनदत्ताः १७ ॥ इतिश्रीउद्योगपर्वणिनीलकंठीये भारतभावदीपे षट्पंचाशत्तमोध्यायः ॥ ५६ ॥ ॥ ॥ ॥ ॥ ॥ कांस्तत्रेति १ । २ । ३ । ४ । ५ । ६

माद्रीपुत्रंनकुलंत्वाजमीढमहेंद्रदत्ताहरयोवाजिमुख्याः ॥ समावायोर्बलवंतस्तरस्विनोवहंतिवीरंवृत्रशत्रुंयथेंद्रम् १६ तुल्यांश्चैभिर्वयसाविक्रमेणमहाजवाश्चित्ररूपाः सदश्वाः ॥ सौभद्रादीन्द्रौपदेयान्कुमारान्वहंत्यश्वादेवदत्ताबृहन्तः १७॥ इतिश्रीमहाभारतेउद्योगपर्वणियानसंधिपर्वणिसंजयवाक्येषट्पंचाशत्तमोऽध्यायः ॥ ५६ ॥

॥ धृतराष्ट्रउवाच ॥ कांस्तत्रसंजयापश्यःप्रीत्यर्थेनसमागतान् ॥ येयोत्स्यंतेपांडवार्थेपुत्रस्यममवाहिनीम् १ ॥ संजयउवाच ॥ मुख्यमंधकवृष्णीनामपश्यंकृष्णमागतम् ॥ चेकितानंचतत्रैवयुयुधानंचसात्यकिम् २ पृथगक्षौहिणीभ्यांतुपांडवानभिसंश्रितौ ॥ महारथौसमाख्यातावुभौपुरुषमानिनौ ३ अक्षौहिण्याऽथपांचाल्योदशभिस्तनयैर्वृतः ॥ सत्यजित्प्रमुखैर्वीरैर्धृष्टद्युम्नपुरोगमैः ४ द्रुपदोवर्धयन्मानंशिखंडिपरिपालितः ॥ उपायात्सर्वसैन्यानांप्रतिच्छाद्यतदावपुः ५ विराटःसहपुत्राभ्यांशंखेनैवोत्तरेणच ॥ सूर्यदत्तादिभिर्वीरैर्मदिराक्षपुरोगमैः ६ सहितःपृथिवीपालोभ्रातृभिस्तनयैस्तथा ॥ अक्षौहिण्यैवसैन्यानांवृतःपार्थसमाश्रितः ७ जारासंधिर्मागधश्चधृष्टकेतुश्चचेदिराट् ॥ पृथक्पृथगनुप्राप्तौपृथगक्षौहिणीवृतौ ८ केकयाभ्रातरःपंचसर्वेलोहितकध्वजाः ॥ अक्षौहिणीपरिवृताःपांडवानभिसंश्रिताः ९ एतानेतावतस्तत्रतानपश्यंसमागतान् ॥ येपांडवार्थेयोत्स्यंतिधार्तराष्ट्रस्यवाहिनीम् १० योवेदमानुषंव्यूहंदैवंगांधर्वमासुरम् ॥ सतत्रसेनाप्रमुखेधृष्टद्युम्नोमहारथः ११ भीष्मःशांतनवोराजन्भागःक्लृप्तःशिखंडिनः ॥ तंविराटोऽनुसंयातासार्धंमत्स्यैःप्रहारिभिः १२ ज्येष्ठस्यपांडुपुत्रस्यभागोमद्राधिपोबली ॥ तौतुतत्राब्रुवन्केचिद्विषमौनोमताविति १३ दुर्योधनःसहसुतःसार्धंभ्रातृशतेनच ॥ प्राच्याश्चदाक्षिणात्याश्चभीमसेनस्यभागतः १४ अर्जुनस्यतुभागेनकर्णोवैकर्तनोमतः ॥ अश्वत्थामाविकर्णश्चसैंधवश्चजयद्रथः १५ अशक्याश्चैवयेकेचित्पृथिव्यांशूरमानिनः ॥ सर्वांस्तानर्जुनःपार्थःकल्पयामासभागतः १६ महेष्वासाराजपुत्राभ्रातरःपंचकेकयाः ॥ केकयानेवभागेनकृत्वायोत्स्यंतिसंयुगे १७ तेषामेवकृतोभागोमालवाःशाल्वकास्तथा ॥ त्रिगर्तानांचैवमुख्यौयौतौसंशप्तकाविति १८ दुर्योधनसुताःसर्वेतथादुःशासनस्यच ॥ सौभद्रेणकृतोभागोराजाचैवबृहद्बलः १९ द्रौपदेयामहेष्वासाःसुवर्णविकृतध्वजाः ॥ धृष्टद्युम्नमुखाद्रोणमभियास्यंतिभारत २० चेकितानःसोमदत्तंद्वैरथेयोद्धुमिच्छति ॥ भोजंतुकृतवर्माणंयुयुधानोयुयुत्सति २१ सहदेवस्तुमाद्रेयःशूरःसंक्रंदनोयुधि ॥ स्वमंशंकल्पयामासश्यालंतेसुबलात्मजम् २२ उलूकंचैवकैतव्यंयेचसारस्वतागणाः ॥ नकुलःकल्पयामासभागंमाद्रवतीसुतः २३ येचान्येपार्थिवाराजन्प्रत्युद्यास्यंतिसंगरे ॥ समाह्वानेनतांश्चापिपांडुपुत्राअकल्पयन् २४

७ । ८ । ९ । १० । ११ । १२ । १३ । १४ । १५ । १६ । १७ । १८ । १९ । २० । २१ । २२ । २३ समाह्वानेनतत्तन्नामाख्यानेन २४

अकालिकंकालविलंबंविना २५ । २६ प्रोक्षिताःपशुवत्वधार्थंसंस्कृताःकालधर्मणायजमानेनवा २७ । २८ । २९ । ३० । ३१ । ३२ । ३३ । ३४ । ३५ । ३६ । ३७ । ३८ । ३९

एवमेषामनीकानिप्रविभक्तानिभागशः ॥ यत्तेकार्यंसपुत्रस्यक्रियतांतदकालिकम् २५ ॥ धृतराष्ट्रउवाच ॥ नसंतिसर्वेपुत्रामेमूढादुर्द्यूतदेविनः ॥ येषांयुद्धंबलवता भीमेनरणमूर्धनि २६ राजानःपार्थिवाःसर्वेप्रोक्षिताःकालधर्मणा ॥ गांडीवाग्निंप्रवेक्ष्यंतिपतंगाइवपावकम् २७ विद्रुतांवाहिनींमन्येकृतवैरैर्महात्मभिः ॥ तांरणेकेऽनुयास्यंतिप्रभग्नांपांडवैर्युधि २८ सर्वेह्यतिरथाःशूराःकीर्तिमंतःप्रतापिनः ॥ सूर्यपावकयोस्तुल्यास्तेजसासमितिंजयाः २९ येषांयुधिष्ठिरोनेतागोप्ताचमधुसूदनः ॥ योधौचपांडवौवीरौसव्यसाचिवृकोदरौ ३० नकुलःसहदेवश्चधृष्टद्युम्नश्चपार्षतः ॥ सात्यकिर्द्रुपदश्चैवधृष्टकेतुश्चसानुजः ३१ उत्तमौजाश्चपांचाल्योयुधामन्युश्चदुर्जयः ॥ शिखंडीक्षत्रदेवश्चतथावैराटिरुत्तरः ३२ काशयश्चेदयश्चैवमत्स्याःसर्वेचसृंजयाः ॥ विराटपुत्रोबभ्रुश्चपांचालाश्चप्रभद्रकाः ३३ येषामिंद्रोऽप्यकामानांनहरेत्पृथिवीमिमाम् ॥ वीराणांरणधीराणांयेभिंद्युःपर्वतानपि ३४ तान्सर्वगुणसंपन्नानमनुष्यप्रतापिनः ॥ क्रोशतोममदुष्पुत्रोयोद्धुमिच्छतिसंजय ३५ ॥ दुर्योधनउवाच ॥ उभौस्वएकजातीयौतथोभौभूमिगोचरौ ॥ अथकस्मात्पांडवानामेकतोमन्यसेजयम् ३६ पितामहंचद्रोणंचकृपंकर्णंचदुर्जयम् ॥ जयद्रथंसोमदत्तमश्वत्थामानमेवच ३७ सुतेजसोमहेष्वासानिंद्रोऽपिसहितोऽमरैः ॥ अशक्तःसमरेजेतुंकिंपुनस्तातपांडवाः ३८ सर्वेचपृथिवीपालामदर्थेतातपांडवान् ॥ आर्याःशस्त्रभृतःशूराःसमर्थाःप्रतिबाधितुम् ३९ नमामकान्पांडवास्तेसमर्थाःप्रतिवीक्षितुम् ॥ पराक्रांतोह्यहंपांडून्सपुत्रान्योद्धुमाहवे ४० मत्प्रियंपार्थिवाःसर्वेयेचिकीर्षंतिभारत ॥ तेतानावारयिष्यंतिऐणेयानिवतंतुना ४१ महतारथवंशेनशरजालैश्चमामकैः ॥ अभिद्रुताभविष्यंतिपांचालाःपांडवैःसह ४२ ॥ धृतराष्ट्रउवाच ॥ उन्मत्तइवमेपुत्रोविलपत्येषसंजय ॥ नहिशक्तोरणेजेतुंधर्मराजंयुधिष्ठिरम् ४३ जानातिहियथाभीष्मःपांडवानांयशस्विनाम् ॥ बलवत्तांसपुत्राणांधर्मज्ञानांमहात्मनाम् ४४ यतोनारोचयदयंविग्रहंतैर्महात्मभिः ॥ किंतुसंजयमेब्रूहिपुनस्तेषांविचेष्टितम् ४५ कस्तांस्तरस्विनोभूयःसंदीपयतिपांडवान् ॥ अर्चिष्मतोमहेष्वासान्हविषापावकानिव ४६ ॥ संजयउवाच ॥ धृष्टद्युम्नःसदैवैतान्संदीपयतिभारत ॥ युद्ध्यध्वमितिमाभैष्टयुद्धाद्भरतसत्तमाः ४७ येकेचित्पार्थिवास्तत्रधार्तराष्ट्रेणसंवृताः ॥ युद्धेसमागमिष्यंतितुमुलेशस्त्रसंकुले ४८ तान्सर्वानाहवेक्रुद्धान्सानुबंधान्समागतान् ॥ अहमेकःसमादास्येतिमिर्मत्स्यानिवोदकात् ४९ भीष्मंद्रोणंकृपंकर्णंद्रौणिंशल्यंसुयोधनम् ॥ एतांश्चापिनिरोत्स्यामिवेलेवमकरालयम् ५० तथाब्रुवंतंधर्मात्माप्राहराजायुधिष्ठिरः ॥ तवधैर्यंचवीर्यंचपांचालाःपांडवैःसह ५१ सर्वेसमाधिरूढाःस्मसंग्रामान्नःसमुद्धर ॥ जानामित्वांमहाबाहोक्षत्रधर्मेव्यवस्थितम् ५२

४० ऐणेयान्हरिणशावान् तंतुनापाशेन ४१ । ४२ । ४३ । ४४ । ४५ । ४६ । ४७ । ४८ । ४९ । ५० । ५१ । ५२

५३ । ५४ । ५५ । ५६ । ५७ शरद्वतःआयुष्मतः विरुद्धलक्षणयागतायुषइत्यर्थः ५८ । ५९ दद्धंददत ६० । ६१ कुद्धंकुरुध्वं ६२ ॥ ॥ इतिउद्यो० प० नी० भारतभा० सप्तपंचाशत्तमोऽध्यायः ॥ ५७॥
क्षेत्रेति १ । २ । ३ । ४ जातएषतवाभावइत्यत्र शमएवमहच्छ्रेयइत्याधुनिकःपाठः । तराभ्यावइतिपाठेः तराणामश्वादीनांवेगवतांवाहनानामभ्यावःसर्वतःस्वादनं कंडूरोगाद्युपद्रवइतियावत् । अवरक्षणग

समर्थमेकंपर्याप्तंकौरवाणांविनिग्रहे ॥ पुरस्तादुपयातानांकौरवाणांयुयुत्सताम् ५३ भवतायद्विधातव्यंतन्नःश्रेयःपरंतप ॥ संग्रामादपयातानांभग्नानांशरणैषि
णाम् ५४ पौरुषंदर्शयन्शूरोयस्तिष्ठेदग्रतःपुमान् ॥ क्रीणीयात्तंसहस्रेणइतिनीतिमतांमतम् ५५ सत्वंशूरश्चवीरश्चविक्रांतश्चनरर्षभ ॥ भयार्तानांपरित्रातासंयु
गेषुनसंशयः ५६ एवंब्रुवतिकौन्तेयेधर्मात्मनियुधिष्ठिरे ॥ धृष्टद्युम्नउवाचेदंमांवचोगतसाध्वसम् ॥ सर्वान्जनपदान्सूतयोधादुर्योधनस्यये ५७ सबाह्लिकान्कु
रून्ब्रूयाःप्रातिपेयान्शरद्वतः ॥ सूतपुत्रंतथाद्रोणंसहपुत्रंजयद्रथम् ५८ दुःशासनंविकर्णंचतथादुर्योधनंनृपम् ॥ भीष्मंचब्रूहिगत्वात्वमाशुगच्छचमाचिरम् ५९
युधिष्ठिरःसाधुनैवाभ्युपेयोमावोऽवधीदर्जुनोदेवगुप्तः ॥ राज्यंदद्ध्वंधर्मराजस्यतूर्णंयाचध्वंवैपांडवंलोकवीरम् ६० नैतादृशोहियोधोऽस्तिपृथिव्यामिहकश्चन ॥ यथा
विधःसव्यसाचीपांडवःसत्यविक्रमः ६१ देवैर्हिसंभृतोदिव्योरथोगांडीवधन्वनः ॥ नसजेयोमनुष्येणमास्मकृद्ध्वंमनोयुधि ६२ ॥ इतिश्रीभहाभारतेउद्योगप
र्वणियानसंधिपर्वणिसंजयवाक्येसप्तपंचाशत्तमोऽध्यायः ॥ ५७ ॥ ॥ धृतराष्ट्रउवाच ॥ क्षत्रतेजाब्रह्मचारीकौमारादपिपांडवः ॥ तेनसंयुगमेष्यंतिमंदावि
लपतोमम १ दुर्योधननिवर्तस्वयुद्धाद्भरतसत्तम ॥ नहियुद्धंप्रशंसंतिसर्वावस्थमरिंदम २ अलमर्धंपृथिव्यास्तेसहामात्यस्यजीवितुम् ॥ प्रयच्छपांडुपुत्रा
णांयथोचितमरिंदम ३ एतद्धिकुरवःसर्वेमन्यंतेधर्मसंहितम् ॥ यत्त्वंप्रशांतिमन्येथाःपांडुपुत्रैर्महात्मभिः ४ अंगेमांसमवेक्षस्वपुत्रस्वामेववाहिनीम् ॥ जातएष
तवाभावस्त्वंतुमोहान्नबुद्ध्यसे ५ नत्वहंयुद्धमिच्छामिनैतदिच्छतिबाह्लिकः ॥ नचभीष्मोनचद्रोणोनाश्वत्थामानसंजयः ६ नसोमदत्तोनशलोनकृपोयुद्धमिच्छति ॥
सत्यव्रतःपुरुमित्रोजयोभूरिश्रवास्तथा ७ येषुसंप्रतितिष्ठेयुःकुरवःपीडिताःपरैः ॥ तेयुद्धंनाभिनंदंतितत्तुभ्यंतातरोचताम् ८ नत्वंकरोषिकामेनकर्णःकारयितातव ॥
दुःशासनश्चपापात्माशकुनिश्चापिसौबलः ९ ॥ दुर्योधनउवाच ॥ नाहंभवतिनद्रोणेनाश्वत्थाम्निनसंजये ॥ नभीष्मेनचकांबोजेनकृपेनचबाह्लिके १० सत्य
व्रतेपुरुमित्रेभूरिश्रवसिवापुनः ॥ अन्येषुवातावकेषुभारंकृत्वासमाह्वयम् ११ अहंचतातकर्णश्चरणयज्ञंवितत्यवै ॥ युधिष्ठिरंपशुंकृत्वादीक्षितौभरतर्षभ १२
रथोवेदीस्रुवःखड्गोगदास्रुक्कवचंसदः ॥ चातुर्होत्रंचधुर्यामेशरादर्भाहविर्यशः १३ आत्मयज्ञेननृपतेइष्ट्वावैवस्वतंरणे ॥ विजित्यचसमेष्यावोहतामित्रौश्रिया
वृतौ १४ अहंचतातकर्णश्चभ्रातादुःशासनश्चमे ॥ एतेवयंहनिष्यावःपांडवान्समरेत्रयः १५

 तिकांतीत्यादेःखादनार्थाद्धञ् । आस्रावइतिपाठे आस्रावःक्षतं यानेषूपद्रवः पराजयलक्षणमितिभावः ५ । ६ । ७ । ८ । ९ । १० । ११ । १२ चातुर्होत्रंचतुर्णांहोतॄणांऋत्विजांकर्म १३ । १४ । १५

१६ । १७ । १८ । १९ रुरूणामिवेत्यत्र कुरूणां लाटभाषया अजानामितिपाठोयुक्तः । पक्षे कुरूणांमध्येवरानवरान् व्याघ्राइवेतियोजना २० भारतीसेनास्त्रीरूपकेननिर्दिष्टा २१ धनंवलम् २२ प्राकारमिव

अहंहिपांडवान्हत्वाप्रशास्ताप्रृथिवीमिमाम् ॥ मांवाहत्वापांडुपुत्राभोक्तारःपृथिवीमिमाम् १६ त्यक्तंमेजीवितंराज्यंधनंसर्वंचपार्थिव ॥ नजातुपांडवैःसार्धंवसेय महमच्युत १७ यावद्धिसूच्यास्तीक्ष्णायाविध्येदग्रेणमारिष ॥ तावदप्यपरित्याज्यंभूमेर्नःपांडवान्प्रति १८ ॥ धृतराष्ट्रउवाच ॥ सर्वान्वस्तातशोचामित्यक्तोदुर्योध नोमया ॥ येमंदमनुयास्यध्वंयांतंवैवस्वतक्षयम् १९ रुरूणामिवयूथेषुव्याघ्राःप्रहरतांवराः ॥ वरान्वरान्हनिष्यंतिसमेतायुधिपांडवाः २० प्रतीपमिवमेभातियु युधानेनभारती ॥ व्यस्तासीमंतिनीग्रस्ताप्रमृष्टादीर्घबाहुना २१ संपूर्णंपूरयन्भूयोधनंपार्थस्यमाधवः ॥ शैनेयःसमरेस्थाताबीजवत्प्रवपन्शरान् २२ सेनामुखे प्रयुद्धानांभीमसेनोभविष्यति ॥ तंसर्वेसंश्रयिष्यंतिप्राकारमकुतोभयम् २३ यदाद्रक्ष्यसिभीमेनकुंजरान्विनिपातितान् ॥ विशीर्णदंतान्गिर्याभान्भिन्नकुंभान्स शोणितान् २४ तानभिप्रेक्ष्यसंग्रामेविशीर्णानिवपर्वतान् ॥ भीतोभीमस्यसंस्पर्शात्स्मर्ताऽसिवचनस्यमे २५ निर्दग्धंभीमसेनेनसैन्यंरथहयद्विपम् ॥ गतिमग्ने रिवप्रेक्ष्यस्मर्ताऽसिवचनस्यमे २६ महद्वोभयमागामिनचेच्छाम्यथपांडवैः ॥ गदयाभीमसेनेनहताःशममुपैष्यथ २७ महावनमिवच्छिन्नंयदाद्रक्ष्यसिपातितम् ॥ बलंकुरूणांभीमेनतदास्मर्ताऽसिमेवचः २८ ॥ वैशंपायनउवाच ॥ एतावदुक्त्वाराजातुसर्वांस्तान्पृथिवीपतीन् ॥ अनुभाष्यमहाराजपुनःपप्रच्छसंजयम् ॥ २९ ॥ ॥ इतिश्रीमहाभारतेउद्योगपर्वणियानसंधिप० धृतराष्ट्रवाक्येऽष्टपंचाशत्तमोऽध्यायः ॥ ५८ ॥ ॥ ॥ धृतराष्ट्रउवाच ॥ यदब्रूतांमहात्मा नौवासुदेवधनंजयौ ॥ तन्मेब्रूहिमहाप्राज्ञशुश्रूषेवचनंतव १ ॥ संजयउवाच ॥ शृणुराजन्यथादृष्टौमयाकृष्णधनंजयौ ॥ ऊचतुश्चापियद्वीरौतत्तेवक्ष्यामिभारत २ पादांगुलीरभिप्रेक्षन्प्रयतोऽहंकृतांजलिः ॥ शुद्धांतंप्राविशंराजन्नाख्यातुंनरदेवयोः ३ नैवाभिमन्युर्नयमौतंदेशमभियांतिवै ॥ यत्रकृष्णौचकृष्णाचसत्यभामाच भामिनी ४ उभौमध्वासवक्षीबावुभौचंदनरूषितौ ॥ स्रग्विणौवरवस्त्रौतौदिव्याभरणभूषितौ ५ नैकरत्नविचित्रंतुकांचनंमहदासनम् ॥ विविधास्तरणाकीर्णंयत्रा सातामरिंदमौ ६ अर्जुनोत्संगगौपादौकेशवस्योपलक्षये ॥ अर्जुनस्यचकृष्णायांसत्यायांचमहात्मनः ७ कांचनंपादपीठंतुपार्थोमेप्रादिशत्तदा ॥ तदहंपाणिनास्पृष्ट्वा ततोभूमावुपाविशम् ८ ऊर्ध्वरेखातलौपादौपार्थस्यशुभलक्षणौ ॥ पादपीठादपहृतौतत्रापश्यमहंशुभौ ९ श्यामौबृहंतौतरुणौशालस्कंधाविवोद्गतौ ॥ एकासनग तौदृष्ट्वाभयंमांमहदाविशत् १० इंद्रविष्णूसमावेतौमंदात्मानावबुद्ध्यते ॥ संश्रयाद्द्रोणभीष्माभ्यांकर्णस्यचविकत्थनात् ११ निदेशस्थाविमौयस्यमानसस्तस्यसे त्स्यते ॥ संकल्पोधर्मराजस्यनिश्चयोमेतदाऽभवत् १२

भीमंसंश्रयिष्यंति २३ । २४ । २५ । २६ । २७ । २८ । २९ ॥ इतिउद्योगप० नीलकंठीयेभारतभावदीपे अष्टपंचाशत्तमोऽध्यायः ॥ ५८ ॥ ॥ ॥ ॥ यदब्रूतामिति १ । २ । ३ । ४ । ५ आसातामुपविष्टौ ६ । ७ । ८ । ९ । १० द्रोणभीष्माभ्यांद्रोणभीष्मयोः ११ मानसःसंकल्पःसेत्स्यते १२

१३ । १४ । १५ । १६ । १७ । १८ । १९ । २० । २१ ऋणमिति । वस्त्रापहरणकालेगोविंदेतिचुक्रोश तद्वस्त्रप्रदानमात्रेणतस्याक्रोशस्यऋणंनपरिहृतं ।किंतु कौरवाणामुच्छेदंविनातद्हृदयान्नापसर्पतीत्यर्थः
२२ । २३ । २४ । २५ । २६ । २७ । २८ बलंशारीरं वीर्यंमानसोत्साहः तेजः शौर्यं । शीघ्रताशीघ्रंकार्यावबोधः । लघुहस्ततावेगेनबाणप्रक्षेप्तृता २९ । ३० । ३१ ॥ इतिउद्योगपर्वणि नीलकंठीये

सत्कृतश्चान्नपानाभ्यामासीनोलब्धसत्क्रियः ॥ अंजलिंमूर्ध्निसंधायतौसंदेशमचोदयम् १३ धनुर्गुणकिणांकेनपाणिनाशुभलक्षणम् ॥ पादमानमयन्पार्थःकेशवं
समचोदयत् १४ इंद्रकेतुरिवोत्थायसर्वाभरणभूषितः ॥ इंद्रवीर्योपमःकृष्णःसंविष्टोमाभ्यभाषत १५ वाचंसवदतांश्रेष्ठोह्लादिनींवचनक्षमाम् ॥ त्रासिनींधार्तराष्ट्रा
णांमृदुपूर्वांसुदारुणाम् १६ वाचंतांवचनार्हस्यशिक्षाक्षरसमन्विताम् ॥ अश्रौषमहमिष्टार्थांपश्चाद्धृदयहारिणीम् १७ ॥ वासुदेवउवाच ॥ संजयेदंवचोब्रूयाधृतरा
ष्ट्रंमनीषिणम् ॥ कुरुमुख्यस्यभीष्मस्यद्रोणस्यापिचशृण्वतः १८ आवयोर्वचनात्सूतज्येष्ठानप्यभिवादयन् ॥ यवीयसश्चकुशलंपश्चात्पृष्ट्वैवमुत्तरम् १९ यजध्वं
विविधैर्यज्ञैर्विप्रेभ्योदत्तदक्षिणाः ॥ पुत्रैर्दारैश्चमोदध्वंमहद्वोभयमागतम् २० अर्थांस्त्यजतपात्रेभ्यःसुतान्प्राप्नुतकामजान् ॥ प्रियंप्रियेभ्यश्चरतराजाहित्वरतेजये २१
ऋणमेतत्प्रवृद्धंमेहृदयान्नापसर्पति ॥ यद्गोविंदेतिचुक्रोशकृष्णामांदूरवासिनम् २२ तेजोमयंदुराधर्षंगांडीवंयस्यकार्मुकम् ॥ मद्द्वितीयेनतेनेहवैरंवःसव्यसाचिना
२३ मद्द्वितीयंपुनःपार्थंकःप्रार्थयितुमिच्छति ॥ योनकालपरीतोवाऽप्यपिसाक्षात्पुरंदरः २४ बाहुभ्यामुद्वहेद्भूमिंदहेत्क्रुद्धइमाःप्रजाः ॥ पातयेत्त्रिदिवाद्देवा
न्योऽर्जुनंसमरेजयेत् २५ देवासुरमनुष्येषुयक्षगन्धर्वभोगिषु ॥ नतंपश्याम्यहंयुद्धेपांडवंयोऽभ्ययाद्रणे २६ यत्तद्विराटनगरेश्रूयतेमहदद्भुतम् ॥ एकस्यचबहूनां
चपर्याप्तंतन्निदर्शनम् २७ एकेनपांडुपुत्रेणविराटनगरेयदा ॥ भग्नाःपलायर्तादिशःपर्याप्तंतन्निदर्शनम् २८ बलंवीर्यंचतेजश्चशीघ्रतालघुहस्तता ॥ अविषा
दश्चधैर्यंचपार्थान्नान्यत्रविद्यते २९ इत्यब्रवीद्धृषीकेशःपार्थमुद्धर्षयन्गिरा ॥ गर्जन्समयवर्षीवगगनेपाकशासनः ३० केशवस्यवचःश्रुत्वाकिरीटीश्वेतवाहनः ॥
अर्जुनस्तन्महाद्वाक्यमब्रवीद्रोमहर्षणम् ३१ ॥ ॥ इतिश्रीमहाभारतेउद्योगपर्वणियानसंधिपर्वणिसंजयेनश्रीकृष्णवाक्यकथनेएकोनषष्टितमोऽध्यायः ॥ ५९ ॥
॥ वैशंपायनउवाच ॥ संजयस्यवचःश्रुत्वाप्रज्ञाचक्षुर्जनेश्वरः ॥ ततःसंख्यातुमारेभेतद्वचोगुणदोषतः १ प्रसंख्यायचसौक्ष्म्येणगुणदोषान्विचक्षणः ॥ यथाव
न्मतितत्त्वेनजयकामःसुतान्प्रति २ बलाबलंविनिश्चित्ययाथातथ्येनबुद्धिमान् ॥ शक्तिंसंख्यातुमारेभेतदावैमनुजाधिपः ३ देवमानुषयोःशक्त्यातेजसाचैवपांड
वान् ॥ कुरून्शक्त्याऽल्पतरयादुर्योधनमथाब्रवीत् ४ दुर्योधनेयंचिंतामेशश्वन्नव्युपशाम्यति ॥ सत्यंह्येतदहंमन्येप्रत्यक्षंनानुमानतः ५ आत्मजेषुपरंस्नेहंस
र्वभूतानिकुर्वते ॥ प्रियाणिचैषांकुर्वंतियथाशक्तिहितानिच ६ एवमेवोपकर्तॄणांप्रायशोलक्षयामहे ॥ इच्छंतिबहुलंसंतःप्रतिकर्तुंमहत्प्रियम् ७

भारतभावदीपे एकोनषष्टितमोऽध्यायः ॥ ५९ ॥ ॥ ॥ ॥ ॥ संजयस्येति १ । २ । ३ वचसएवगुणान्दोषांश्चनिश्चित्य स्वेषांपरेषांचबलाबलंनिश्चित्याह देवेति । पांडवेषुदैवंमानुषं
चबलमस्ति अस्माकंतुकेवलंमानुषमेवास्तीत्यर्थः शक्त्यापरिच्छिद्येतिशेषः ४ । ५ । ६ । ७

दैवंबलाधिक्यंपांडवेषुदर्शयति अग्निरिति भीमेभयंकरे ८ जातिगृद्ध्याजन्मग्रहणाद्धेतोःयुधिष्ठिरादीनांपितरोधर्मादयोऽपितेषांसहायाःसंति ९ रिरक्षिषन्तःरक्षितुमिच्छंतः संरंभंक्रोधं १० । ११ । १२ । १३ । १४ । १५ । १६ । १७ । १८ । १९ । २० । २१ । २२ । २३ ॥ इतिउद्योगपर्वणिनीलकंठीये भारतभावदीपेषष्टितमोऽध्यायः ॥ ६० ॥ ॥ पितुरिति १ । २ अकामेति । कामद्वेषयोरसंयोगात्

अग्निःसाचिव्यकर्तास्यात्खांडवेतत्कृतंस्मरन् ॥ अर्जुनस्यापिभीमेऽस्मिन्कुरुपांडुसमागमे ८ जातिगृद्ध्याभिपन्नाश्चपांडवानामनेकशः ॥ धर्मादयःसमेष्यंतिसमाहूतादिवौकसः ९ भीष्मद्रोणकृपादीनांभयादशनिसन्निभम् ॥ रिरक्षिषंतःसंरंभंगमिष्यंतीतिमेमतिः १० तेदेवैःसहिताःपार्थानशक्याःप्रतिवीक्षितुम् ॥ मानुषेणनरव्याघ्रावीर्यवंतोऽस्त्रपारगाः ११ दुरासदंयस्यदिव्यंगांडीवंधनुरुत्तमम् ॥ दारुणौचाक्षयौदिव्यौशरपूर्णौमहेषुधी १२ वानरश्चध्वजेदिव्योनिःसंगोधूमवद्गतिः ॥ रथश्चचतुरंतायांयस्यनास्तिसमःक्षितौ १३ महामेघनिभश्चापिनिर्घोषःश्रूयतेजनैः ॥ महाशनिसमःशब्दःशात्रवाणांभयंकरः १४ यंचातिमानुषंवीर्यैकृत्स्नोलोकोव्यवस्यति ॥ देवानामपिजेतारंयंविदुःपार्थिवारणे १५ शतानिपंचचैवेषून्योगृह्णन्नेवदृश्यते ॥ निमेषांतरमात्रेणमुंचन्दूरंचपातयन् १६ यमाहभीष्मोद्रोणश्चकृपोद्रौणिस्तथैवच ॥ मद्रराजस्तथाशल्योमध्यस्थायेचमानवाः १७ युद्धायावस्थितंपार्थंपार्थिवैरतिमानुषैः ॥ अशक्यंनरशार्दूलंपराजेतुमरिंदमम् १८ क्षिपत्येकेनवेगेनपंचबाणशतानियः ॥ सदृशंबाहुवीर्येणकार्तवीर्यस्यपांडवम् १९ तमर्जुनंमहेष्वासंमहेन्द्रोपेंद्रविक्रमम् ॥ निघ्नंतमिवपश्यामिविमर्देऽस्मिन्महाहवे २० इत्येवंचिंतयन्कृत्स्नमहोरात्राणिभारत ॥ अनिद्रोनिःसुखश्चास्मिकुरूणांशमचिंतया २१ क्षयोदयोऽयंसुमहान्कुरूणांप्रत्युपस्थितः ॥ अस्यचेत्कलहस्यांतःशमादन्योनविद्यते २२ शमोमेरोचतेनित्यंपार्थैस्तातनविग्रहः ॥ कुरुभ्योहिसदामन्येपांडवान्शक्तिमत्तरान् २३ ॥ इतिश्रीमहाभारतेउद्योगपर्वणियानसंधिपर्वणिधृतराष्ट्रविवेचनेषष्टितमोऽध्यायः ॥ ६० ॥

॥ वैशंपायनउवाच ॥ ॥ पितुरेतद्वचःश्रुत्वाधार्तराष्ट्रोत्यमर्षणः ॥ आधायविपुलंक्रोधंपुनरेवेदमब्रवीत् १ अशक्यादेवसचिवाःपार्थाःस्युरितियद्भवान् ॥ मन्यतेतद्भयंव्येतुभवतोराजसत्तम २ अकामद्वेषसंयोगाद्द्रोहाल्लोभाच्चभारत ॥ उपेक्षयाचभावानांदेवादेवत्वमाप्नुवन् ३ इतिद्वैपायनोव्यासोनारदश्चमहातपाः ॥ जामदग्न्यश्चरामोनःकथामकथयत्पुरा ४ नैवमानुषवद्देवाःप्रवर्तंतेकदाचन ॥ कामात्क्रोधात्तथालोभाद्द्वेषाच्चभरतर्षभ ५ यदाह्यग्निश्चवायुश्चधर्मइंद्रोऽश्विनावपि ॥ कामयोगात्प्रवर्त्तेरन्नपार्थादुःखमाप्नुयुः ६ तस्मान्नभवताचिंताकार्यैषास्यात्कथंचन ॥ दैवेष्वपेक्षकाह्येतेशश्वद्भावेषुभारत ७ अथचेत्कामसंयोगाद्द्वेषोलोभश्चलक्ष्यते ॥ देवेषुदैवप्रामाण्यान्नैषांतद्विक्रमिष्यति ८ मयाभिमंत्रितःशश्वज्जातवेदाःप्रशाम्यति ॥ दिधक्षुःसकलाँल्लोकान्परिक्षिप्यसमंततः ९ यद्वापरमकंतेजोयेनयुक्तादिवौकसः ॥ ममाप्यनुपमंभूयोदेवेभ्योविद्धिभारत १०

३ । ४ । ५ । ६ दैवेष्विति । एतेदेवादयःदैवेषुभावेषुशमदमादिषुशश्वदपेक्षकाअपेक्षमाणाः नतुआसुरेषुभावेषुकामक्रोधादिषु तस्माद्देवाःपांडवानांसहायंनकरिष्यंतीतिभावः ७ अथेति । दैवप्रामाण्यादेवप्रामाण्यात्कामादिमताकृतमपिनिष्फलंभविष्यतीत्यर्थः ८ दैवंबलमप्यस्तीत्याह मयाऽभीति ९ । १०

११ । १२ । १३ । १४ । १५ । १६ । १७ । १८ मद्विषःमच्छत्रून् १९ । २० अभिध्यामिचिंतयामि २१ । २२ । २३ । २४ । २५ । २६ । २७ । २८ इतीति । इतिएवंदुर्योधनोक्तंधृतराष्ट्रः संजयंप्र
तिउक्त्वाप्राप्तकालंपूर्वंप्रस्तुतंअर्जुनमाहात्म्यमेवअपृच्छत् इदंमत्पुत्रस्यबलंज्ञात्वापांडवबलंचत्वंब्रूहीत्यर्थः युयुत्सोःवैश्यापुत्रस्यपांडवेष्वनुरक्तस्यकार्याणिज्ञात्वा एतेषांसर्वेषांविनाशेनतस्यैवराज्यलाभरूपाणि

विदीर्यमाणांवसुधांगिरीणांशिखराणिच ॥ लोकस्यपश्यतोराजन्स्थापयाम्यभिमंत्रणात् ११ चेतनाचेतनस्यास्यजंगमस्थावरस्यच ॥ विनाशायसमुत्पन्नमहं
घोरंमहास्वनम् १२ अश्मवर्षंचवायुंचशमयामीहनित्यशः ॥ जगतःपश्यतोऽभीक्ष्णंभूतानामनुकंपया १३ स्तंभितास्वप्सुगच्छंतिमयारथपदातयः ॥ देवा
सुराणांभावानामहमेकःप्रवर्तिता १४ अक्षौहिणीभिर्यान्देशान्यामिकार्येणकेनचित् ॥ तत्राश्वामेप्रवर्ततेयत्रयत्राभिकामये १५ भयानकानिविषयेव्यालादीनि
नसंतिमे ॥ मंत्रगुप्तानिभूतानिनहिंसंतिभयंकराः १६ निकामवर्षीपर्जन्योराजन्विषयवासिनाम् ॥ धर्मिष्ठाश्वप्रजाःसर्वाईतयश्चनसंतिमे १७ अश्विनावथवाय्वग्नीम
रुद्भिःसहवृत्रहा ॥ धर्मश्चैवमयाद्विष्टान्नोत्सहंतेऽभिरक्षितुम् १८ यदिह्येतेसमर्थाःस्युर्मद्विषस्त्रातुमंजसा ॥ नस्मत्रयोदशसमाःपार्थादुःखमवाप्नुयुः १९ नैवदेवा
नगंधर्वानासुरानचराक्षसाः ॥ शक्तास्त्रातुंमयाद्विष्टंसत्यमेतद्ब्रवीमिते २० यदभिध्याम्यहंशश्वच्छुभंवायदिवाऽशुभम् ॥ नैतद्विपन्नपूर्वंमेमित्रेष्वरिषुचोभयोः २१
भविष्यतीदमितिवायद्ब्रवीमिपरंतप ॥ नान्यथाभूतपूर्वंचसत्यवागितिमांविदुः २२ लोकसाक्षिकमेतन्मेमाहात्म्यंदिक्षुविश्रुतम् ॥ अश्वासनार्थंभवतःप्रोक्तंनश्लाघ
यानृप २३ नह्यहंश्लाघनोराजन्भूतपूर्वःकदाचन ॥ असदाचरितंह्येतद्यदात्मानंप्रशंसति २४ पांडवांश्चैवमत्स्यांश्चपांचालान्केकयैःसह ॥ सात्यकिंवासुदेवंच
श्रोताऽसिविजितान्मया २५ सरितःसागरंप्राप्ययथानश्यंतिसर्वशः ॥ तथैवतेविनंक्ष्यंतिमामासाद्यसहान्वयाः २६ पराबुद्धिःपरंतेजोवीर्यंचपरमंमम ॥ प
राविद्यापरोयोगोममतेभ्योविशिष्यते २७ पितामहश्चद्रोणश्चकृपःशल्यःशलस्तथा ॥ अस्त्रेषुयत्प्रजानंतिसर्वंतन्मयिविद्यते २८ इत्युक्त्वासंजयंभूयःपर्यपृच्छ
तभारतः ॥ ज्ञात्वायुयुत्सोःकार्याणिप्राप्तकालमरिन्दमः २९ ॥ ॥ इतिश्रीमहाभारतेउद्योगपर्वणियानसंधिपर्वणिदुर्योधनवाक्येएकषष्टितमोऽध्यायः ॥ ६१ ॥
॥ वैशंपायनउवाच ॥ ॥ तथातुपृच्छंतमतीवपार्थंवैचित्रवीर्यंतमचिंतयित्वा ॥ उवाचकर्णोधृतराष्ट्रपुत्रंप्रहर्षयन्संसदिकौरवाणाम् १ मिथ्याप्रतिज्ञायमयायद
स्त्रंरामात्कृतंब्रह्ममयंपुरस्तात् ॥ विज्ञायतेनास्मितदेवमुक्तस्तेनांतकालेप्रतिभाऽस्यतीति २ महापराधेह्यपियन्नतेनमहर्षिणाऽहंगुरुणाचशप्तः ॥ शक्तःप्रदग्धुंह्यपि
तिग्मतेजाःससागरामप्यवनिंमहर्षिः ३ प्रसादितंह्यस्यमयामनोऽभूच्छुश्रूषयास्वेनचपौरुषेण ॥ तदस्तिशास्त्रंममसावशेषंतस्मात्समर्थोऽस्मिममैषभारः ४

कार्याणिभविष्यंतीतिज्ञात्वेत्यर्थः २९ ॥ इतिउद्योगपर्वणिनीलकंठीये भारतभावदीपेएकषष्टितमोऽध्यायः ॥ ६१ ॥ तथेति । पार्थंपृच्छंतंवैचित्रवीर्यंअचिंतयित्वेतिसंबंधः १ हेस्तेन अंतकालेप्रतिभाअस्त्रस्मृतिः
अस्यतिक्षिपतित्वांत्यक्ष्यतीत्यर्थः २ । ३ सावशेषंममआयुरस्तिअतोऽन्तकालस्यानुपस्थितत्वात्तदस्त्रंममास्तीतिअहंसमर्थोऽस्मिअर्जुनंजेतुमित्यर्थः ४

प्रपत्स्येप्रापयिष्ये ५ । ६ प्रधानेत्वयिहतेसतिसर्वेहताःस्युरतआत्मानंगोपायेत्युपहासः ७ आत्मामनोनियंतुंयुक्तः अर्जुनद्वेषादुपरमःकर्तव्यस्तस्यदुर्जयत्वंज्ञात्वेतिभावः ८ । ९ । १० । ११ । १२ मांकृतविजयंसभायांद्रक्ष्यति अयंभावः यद्यहंयोत्स्येतर्हिएतस्यजीवनंभविष्यतितन्माभूदतोऽयंनिःसारोम्रियतामिति १३ । १४ सत्यप्रतिज्ञःपूर्वंआदावेवयोत्स्यइत्युक्त्वाइदानींमयिसातिनयोत्स्यइतिवदतिम

निमेषमात्रात्तमृषेःप्रसादमवाप्यपांचालकरूषमत्स्यान् ॥ निहत्यपार्थान्सहपुत्रपौत्रैर्लोकानहंशस्त्रजितान्प्रपत्स्ये ५ पितामहस्तिष्ठतुतेसमीपेद्रोणश्चसर्वेचनरेंद्रमुख्याः ॥ यथाप्रधानेनबलेनगत्वापार्थान्हनिष्यामिममैषभारः ६ एवंब्रुवंतंतमुवाचभीष्मः किंकत्थसेकालपरीतबुद्धे ॥ नकर्णजानासियथाप्रधानेहतेहताःस्युर्धृतराष्ट्रपुत्राः ७ यत्खांडवंदाहयताकृतंहिकृष्णद्वितीयेनधनंजयेन ॥ श्रुत्वैवतत्कर्मनियंतुमात्मायुक्तस्त्वयावैसहबांधवेन ८ यांचापिशक्तिंत्रिदशाधिपस्तेददौमहात्माभगवान्महेंद्रः ॥ भस्मीकृतांतांसमरेविशीर्णांचक्राहतांद्रक्ष्यसिकेशवेन ९ यस्तेशरःसर्पमुखोविभातिसदाऽग्र्यमाल्यैर्महितःप्रयत्नात् ॥ सपांडुपुत्राभिहतःशरौघैःसहत्वयायास्यतिकर्णनाशम् १० बाणस्यभौमस्यचकर्णहंताकिरीटिनंरक्षतिवासुदेवः ॥ यस्त्वादृशानांचवरीयसांचहंतारिपूणांतुमुलेप्रगाढे ११ ॥ कर्णउवाच ॥ असंशयंवृष्णिपतिर्यथोक्तस्तथाचभूयांश्चततोमहात्मा ॥ अहंयदुक्तःपरुषंतुकिंचित्पितामहस्तस्यफलंशृणोतु १२ न्यस्यामिशस्त्राणिनजातुसंख्येपितामहोद्रक्ष्यतिमांसभायाम् ॥ त्वयिप्रशांतेतुममप्रभावंद्रक्ष्यंतिसर्वेभुविभूमिपालाः १३ ॥ वैशंपायनउवाच ॥ इत्येवमुक्त्वासमहाधनुष्मान्हित्वासभांस्वंभवनंजगाम ॥ भीष्मस्तुदुर्योधनमेवराजन्मध्येकुरूणांप्रहसन्नुवाच १४ सत्यप्रतिज्ञःकिलसूतपुत्रस्तथासभारंविषहेतकस्मात् ॥ व्यूहंप्रतिव्यूह्यशिरांसिभित्त्वालोकक्षयंपश्यतभीमसेनात् १५ आवंत्यकालिंगजयद्रथेषुचेदिध्वजेतिष्ठतिबाह्लिकेच ॥ अहंहनिष्यामिसदापरेषांसहस्रशश्चायुतशश्चयोधान् १६ यदैवरामेभगवत्यनिंद्येब्रह्मब्रुवाणःकृतवांस्तदस्त्रम् ॥ तदैवधर्मश्चतपश्चनष्टंवैकर्तनस्याधमपूरुषस्य १७ ॥ वैशंपायनउवाच ॥ तथोक्तवाक्येनृपतींद्रभीष्मेनिक्षिप्यशस्त्राणिगतेचकर्णे ॥ वैचित्रवीर्यस्यसुतोऽल्पबुद्धिर्दुर्योधनःशांतनवंबभाषे ॥ १८ ॥ इतिश्रीमहाभारतेउद्योगपर्वणियानसंधिपर्वणिकर्णभीष्मवाक्येद्विषष्टितमोऽध्यायः ॥ ६२ ॥

॥ दुर्योधनउवाच ॥ सदृशानांमनुष्येषुसर्वेषांतुल्यजन्मनाम् ॥ कथमेकांततस्तेषांपार्थानांमन्यसेजयम् १ वयंचतेपितुल्यावैवीर्येणचपराक्रमैः ॥ समेनवयसाचैवप्रातिभेनश्रुतेनच २ अस्त्रेणयोधयुग्याचशीघ्रत्वेकौशलेतथा ॥ सर्वेस्मसमजातीयाःसर्वेमानुषयोनयः ३ पितामहविजानीषेपार्थेषुविजयंकथम् ॥ नाहंभवतिनद्रोणेनकृपेनचबाल्हिके ४ अन्येषुचनरेन्द्रेषुपराक्रम्यसमारभे ॥ अहंवैकर्तनःकर्णोभ्रातादुःशासनश्चमे ५ पांडवान्समरेपंचहनिष्यामःशितैःशरैः ॥ ततोराजन्महायज्ञैर्विविधैर्भूरिदक्षिणैः ६

जीवनपर्यंतंत्वत्क्षयमुपेक्षतेसकथंमित्रमितिभावः १५ । १६ ब्रह्मब्रुवाणःब्राह्मणोऽहमितिवदन् १७ । १८ ॥ इतिश्रीमहाभारतेउद्योगपर्वणिनीलकंठीयेभारतभावदीपे द्विषष्टितमोऽध्यायः ॥ ६२ ॥ सदृशानामिति १ प्रातिभेनसमयस्फूर्त्या २ योधयुग्याशूरसमृध्या युजेरौणादिकःकिः कुत्वमार्षं ३ । ४ । ५ । ६

॥ ६५ ॥

तरित्रानौरक्षकाःकर्णधारादयः तद्रहितान् जलंयथापरिहरतिआवर्तेषुपातयति अनरित्रानितिपाठे अरित्रंकेनिपातनं नौचालनदंडस्तद्रहितानित्यर्थः तद्वन्मामकास्तान्रणेबाहुभ्यांपरिहरिष्यंति ७ । ८
अदांतोऽयंकुलक्षयंकरिष्यतीतिवक्ष्यन्दममेवप्रशंसन्विदुरउवाच इहेति । किंतन्निःश्रेयसंकल्याणं ब्राह्मणस्यब्रह्मजिज्ञासोःदमएवसनातनोऽनादिर्मुख्योधर्मः ९ तस्यपुंसःदानंक्षमासिद्धिर्मोक्षश्चउपपद्यंते कस्यय
स्यदमःदानादीन्अनुवर्त्तते । दांतःसन्योदानादिकंकरोति सदानफलंक्षमांसिद्धिंचप्राप्नोतीत्यर्थः १० विंदतेलभतेदमेन महद्ब्रह्म ११ । १२ समुदयःउदयहेतुः १३ तान्येवाह क्षमापरेभ्यस्ताडनादि
प्राप्तावपिसंतापानुदयः । धृतिःकामादिभिरननुतप्तता । अहिंसावाङ्मनःशरीरैःपरस्यपीडायाअकरणं समताशत्रुमित्रादौतुल्यत्वं सत्यंयथार्थभाषणं आर्जवमकौटिल्यं । इंद्रियाणांजयःधैर्यंअत्यंतापद्य
पिमनसोऽवैक्लव्यं । मार्दवंप्रियवादिता । ह्रीरकार्यान्निवृत्तिः । अचापलंस्थैर्यंवाङ्मनःकायानां एतेदांतानांगुणाः १४ । १५ कामइति । कामादिमत्वादयमदांतइत्यर्थः अजिह्ममकुटिलं अशठंसुशीलं

ब्राह्मणांस्तर्पयिष्यामिगोभिरश्वैर्धनेनच ॥ यदापरिकरिष्यंतिऐणेयानिवतंतुना ॥ अतरित्रानिवजलेबाहुभिर्मामकारणे ७ पश्यंतस्तेपरांस्तत्ररथनागसमाकुलान् ॥
तदादर्पंविमोक्ष्यंतिपांडवाःसचकेशवः ८ ॥ विदुरउवाच ॥ इहनिःश्रेयसंप्राहुर्वृद्धानिश्चितदर्शिनः ॥ ब्राह्मणस्यविशेषेणदमोधर्मःसनातनः ९ तस्यदानंक्षमासिद्धिर्य
थावदुपपद्यते ॥ दमोदानंतपोज्ञानमधीतंचानुवर्तते १० दमस्तेजोवर्धयतिपवित्रंदमउत्तमम् ॥ विपाप्मावृद्धतेजास्तुपुरुषोविंदतेमहत् ११ क्रव्याद्भ्यइवभूतानामदांते
भ्यःसदाभयम् ॥ येषांचप्रतिषेधार्थंक्षत्रंसृष्टंस्वयंभुवा १२ आश्रमेषुचतुर्ष्वाहुर्दममेवोत्तमंव्रतम् ॥ तस्यलिंगंप्रवक्ष्यामियेषांसमुदयोदमः १३ क्षमाधृतिरहिंसाचसम
तासत्यमार्जवम् ॥ इंद्रियाभिजयोधैर्यंमार्दवंह्रीरचापलम् १४ अकार्पण्यमसंरंभःसंतोषःश्रद्दधानता ॥ एतानियस्यराजेंद्रसदांतःपुरुषःस्मृतः १५ कामोलोभश्चदर्पश्च
मन्युर्निद्राविकत्थनम् ॥ मानईर्ष्याचशोकश्चनैतद्दांतोनिषेवते ॥ अजिह्ममशठंशुद्धमेतद्दांतस्यलक्षणम् १६ अलोलुपस्तथाऽल्पेप्सुःकामानामविचिंतिता ॥
समुद्रकल्पःपुरुषःसदांतःपरिकीर्तितः १७ सुवृत्तःशीलसंपन्नःप्रसन्नात्माऽऽत्मविद्बुधः ॥ प्राप्येहलोकेसंमानंसुगतिंप्रेत्यगच्छति १८ अभयंयस्यभूतेभ्यःसर्वेषामभयं
यतः ॥ सवैपरिणतप्रज्ञःप्रख्यातोमनुजोत्तमः १९ सर्वभूतहितोमैत्रस्तस्मान्नोद्विजतेजनः ॥ समुद्रइवगंभीरःप्रज्ञातृप्तःप्रशाम्यति २० कर्मणाऽऽचरितंपूर्वंसद्भिरा
चरितंचयत् ॥ तदेवास्थायमोदंतेदांताःशमपरायणाः २१ नैष्कर्म्यंवासमास्थायज्ञानतृप्तोजितेंद्रियः ॥ कालाकांक्षीचरँल्लोकेब्रह्मभूयायकल्पते २२ शकुनीनामिवा
काशेपदंनैवोपलभ्यते ॥ एवंप्रज्ञानतृप्तस्यमुनेर्वर्त्मनदृश्यते २३

शुद्धंमनसा १६ अलोलुपःआशाहीनः कामानांस्त्र्यादीनांअविचिंतिताध्यानमकुर्वन् समुद्रकल्पःगम्भीराशयः १७ प्रसन्नात्माशुद्धचित्तः अतएवात्मवित्बुधःज्ञातज्ञेयः प्रेत्यमृत्वा १८ । १९ । २० कर्मणेति ।
दैवदत्तैर्भोगैःसदाचारेणचयेयुक्तास्तेदांतास्तएवचमोदंते २१ नैष्कर्म्यंवाङ्मनःशरीराणांसर्वात्मनाअप्रवृत्तिः निर्विकल्पकावस्था तत्रहेतुः ज्ञानतृप्तःश्रवणमननजेनापरोक्षज्ञानेनतृप्तः रागद्वेषशून्यः तत्रापिहेतुः
जितेंद्रियःकालाकांक्षीसर्वत्रममताशून्यःब्रह्मभूयायब्रह्मभावायकल्पते योग्योभवति २२ ब्रह्मभूयफलमाह शकुनीनामिति । 'नतस्यप्राणाउत्क्रामंत्यत्रैवसमवनीयंतेब्रह्मैवसन्ब्रह्माप्येति' इतिश्रुतेर्ब्रह्मविदोऽनुपाख्यं
रूपंगतस्यगगनवद्विश्वव्यापिनोगत्यभावात्स्वर्गिणामिवतस्यमार्गोनदृश्यते २३

केवलंसन्यासात्क्रममुक्तिस्थानमाह उत्सृज्येति । मोक्षंमोक्षाश्रमं शाश्वताःपुनरावृत्तिशून्याः २४ ॥ ॥ इति उद्योगपर्वणि नीलकंठीये भारतभावदीपे त्रिषष्टितमोऽध्यायः ॥ ६३ ॥ ॥ ॥ दमस्य श्रेष्ठ्यंप्रतिपाद्याद्यांतयोःकलहंकुर्वतोर्द्वयोरपिनाशइतिप्रतिपादयन्नाख्यायिकामुखेनाह शकुनीनामिति । पूर्वेषांमुखात् १ । २ विहायसंव्योम ३ । ४ । ५ । ६ । ७ । ८ । ९ अमित्रेतिच्छेदः १० । ११

॥ ६६ ॥ उत्सृज्यैवगृहान्यस्तुमोक्षमेवाभिमन्यते ॥ लोकास्तेजोमयास्तस्यकल्पंतेशाश्वतादिवि २४ ॥ इतिश्रीमहाभारतेउद्योगपर्वणियानसंधिपर्वणिविदुरवाक्येत्रिषष्टितमोऽध्यायः ॥ ६३ ॥ ॥ विदुरउवाच ॥ शकुनीनामिहार्थायपाशंभूमावयोजयत् ॥ कश्चिच्छाकुनिकस्तातपूर्वेषामितिशुश्रुम १ तस्मिंस्तौशकुनौबद्धौयुगपत्सहचारिणौ ॥ तावुपादायतंपाशंजग्मतुःखचरावुभौ २ तौविहायसमाक्रांतौदृष्ट्वाशाकुनिकस्तदा ॥ अन्वधावदनिर्विण्णोयेनयेनस्मगच्छतः ३ तथातमनुधावंतंमृगयुंशकुनार्थिनम् ॥ आश्रमस्थोमुनिःकश्चिद्ददर्शाथकृताह्निकः ४ तावंतरिक्षगौशीघ्रमनुयांतंमहीचरम् ॥ श्लोकेनानेनकौरव्यपप्रच्छसमुनिस्तदा ५ विचित्रमिदमाश्चर्यंमृगहन्प्रतिभातिमे ॥ प्लवमानौहिखचरौपदातिरनुधावसि ६ ॥ शाकुनिकउवाच ॥ पाशमेकमुभावेतौसहितौहरतोमम ॥ यत्रवैविवदिष्येतेतत्रमेवशमेष्यतः ७ ॥ विदुरउवाच ॥ तौविवादमनुप्राप्तौशकुनौमृत्युसंधितौ ॥ विगृह्यचसुदुर्बुद्धीपृथिव्यांसंनिपेततुः ८ तौयुद्ध्यमानौसंरब्धौमृत्युपाशवशानुगौ ॥ उपसृत्यापरिज्ञातोजग्राहमृगहातदा ९ एवंयेज्ञातयोऽर्थेषुमिथोगच्छंतिविग्रहम् ॥ तेऽमित्रवशमायांतिशकुनाविवविग्रहात् १० संभोजनंसंकथनंसंप्रश्नोऽथसमागमः ॥ एतानिज्ञातिकार्याणिनविरोधःकदाचन ११ यस्मकालेसुमनसःसर्वेवृद्धानुपासते ॥ सिंहगुप्तमिवारण्यमप्रधृष्याभवंतिते १२ येऽर्थंसंततमासाद्यदीनाइवसमासते ॥ श्रियंतेसंप्रयच्छंतिद्विषद्भ्योभरतर्षभ १३ धूमायंतेव्यपेतानिज्वलंतिसहितानिच ॥ धृतराष्ट्रोल्मुकानीवज्ञातयोभरतर्षभ १४ इदमन्यत्प्रवक्ष्यामियथादृष्टंगिरौमया ॥ श्रुत्वातदपिकौरव्ययथाश्रेयस्तथाकुरु १५ वयंकिरातैःसहितागच्छामोगिरिमुत्तरम् ॥ ब्राह्मणैर्देवकल्पैश्चविद्याजंभकवार्तिकैः १६ कुंजभूतंगिरिंसर्वमभितोगंधमादनम् ॥ दीप्यमानौषधिगणंसिद्धगंधर्वसेवितम् १७ तत्रापश्यामवैसर्वेमधुपीतकमाक्षिकम् ॥ मरुप्रपातेविषमेनिविष्टंकुंभसंमितम् १८ आशीविषैरक्ष्यमाणंकुबेरदयितंभृशम् ॥ यत्प्राप्यपुरुषोमर्त्योऽप्यमरत्वंनियच्छति १९ अचक्षुर्लभतेचक्षुर्वृद्धोभवतिवैयुवा ॥ इतितेकथयंतिस्मब्राह्मणाजंभसाधकाः २० ततःकिरातास्तद्दृष्ट्वाप्रार्थयंतोमहीपते ॥ विनेशुर्विषमेतस्मिन्ससर्पेगिरिगह्वरे २१ तथैवतवपुत्रोऽयंपृथिवीमेकइच्छति ॥ मधुपश्यतिसंमोहात्प्रपातंनानुपश्यति २२ दुर्योधनोयोद्धुमनाःसमरेसव्यसाचिना ॥ नचपश्यामितेजोऽस्यविक्रमंवातथाविधम् २३ एकेनरथमास्थायपृथिवीयेननिर्जिता ॥ भीष्मद्रोणप्रभृतयःसंत्रस्ताःसाधुयायिनः २४ विराटनगरेभग्नाःकिंतत्रतवदृश्यताम् ॥ प्रतीक्षमाणोयोवीरःक्षमतेवीक्षितंतव २५

१२ । १३ । १४ । १५ विद्याजंभकवार्तिकाः विद्यामंत्रयंत्रादिरूपा जंभकऔषधिलाभनानितद्वार्ताप्रियाःविद्याजंभकवार्तिकाः १६ कुंजभूतंसर्वतोलताभिःपरिवृतम् १७ पीतकमाक्षिकंसुवर्णमाक्षिकं धातुविशेषः १८ । १९ । २० । २१ । २२ । २३ । २४ तवदृश्यतांत्वयाद्रष्टव्यंबलमितिशेषः योवीरःकर्णादिः २५

युद्धयतोरन्यतरस्यनाशोऽपित्वन्नाशएवेतिभावः २७ ॥इतिउद्योगप०नी०भारतभा०चतुःषष्टितमोऽध्यायः ॥ ६४ ॥ दुर्योधनेति । उत्पथंअमार्गमेवमार्गमन्यसे १ । २ परांगातिंमरणं असंप्रेत्यअप्राप्यमरिष्यस्येवे त्यर्थः ३ । ४ । ५ नशातयेत्नच्छिद्यात् ६ । ७ प्रतिमानेनतुल्यत्वेन ८ । ९ । १० भीष्मंतितिक्षस्वतद्वाक्यंगृहाणेत्यर्थः ११ । १२ । १३ । १४ । १५ वृत्त्याराज्यार्धदानेनप्रतिपादयसंभावय १६

द्रुपदोमत्स्यराजश्वसंक्रुद्धश्चधनंजयः ॥ नशेषयेयुःसमरेवायुयुक्ताइवाग्नयः २६ अंकेकुरुष्वराजानंधृतराष्ट्रयुधिष्ठिरम् ॥ युध्यतोर्हिद्वयोर्युद्धेनैकांतेनभवेज्जयः २७ इतिश्रीमहाभारतेउद्योगपर्वणियानसंधिपर्वणिविदुरवाक्येचतुःषष्टितमोऽध्यायः ॥ ६४ ॥ ॥ ॥ ॥ धृतराष्ट्रउवाच ॥ दुर्योधनविजानीहियत्त्वांवक्ष्यामिपुत्रक ॥ उत्पथंमन्यसेमार्गमनभिज्ञइवाध्वगः १ पंचानांपांडुपुत्राणांयत्तेजःप्रजिहीर्षसि ॥ पंचानामिवभूतानांमहतांलोकधारिणाम् २ युधिष्ठिरंहिकौंतेयंपरंधर्ममिहास्थितम् ॥ परांगतिमसंप्रेत्यनत्वंजेतुमिहार्हसि ३ भीमसेनंचकौंतेयंयस्यनास्तिसमोबले ॥ रणांतकंतर्जयसेमहावातमिवद्रुमः ४ सर्वशस्त्रभृतांश्रेष्ठंमेरुंशिखरिणामिव ॥ युधिगांडीवधन्वानंकोनुयुद्धयेतबुद्धिमान् ५ धृष्टद्युम्नश्चपांचाल्यःकमिवाद्यनशातयेत् ॥ शत्रुमध्येशरान्मुंचन्देवराडशनीमिव ६ सात्यकिश्चापिदुर्धर्षःसंमतोऽन्धकवृष्णिषु ॥ ध्वंसयिष्यतितेसेनांपांडवेयहितेरतः ७ यःपुनःप्रतिमानेनत्रीँल्लोकानतिरिच्यते ॥ तंकृष्णंपुंडरीकाक्षंकोनुयुद्धयेतबुद्धिमान् ८ एकतोह्यस्यदाराश्चज्ञातयश्चसबांधवाः ॥ आत्माचपृथिवीचेयमेकतश्चधनंजयः ९ वासुदेवोऽपिदुर्धर्षोयतात्मायत्रपांडवः ॥ अविषह्यंपृथिव्याऽपितद्बलंयत्रकेशवः १० तिष्ठतातसतांवाक्येसुहृदामर्थवादिनाम् ॥ वृद्धंशांतनवंभीष्मंतितिक्षस्वपितामहम् ११ मांचब्रुवाणंशुश्रूषकुरूणामर्थदर्शिनम् ॥ द्रोणंकृपंविकर्णंचमहाराजंचबाह्लिकम् १२ एतेह्यपियथैवाहंमंतुमर्हसितांस्तथा ॥ सर्वेधर्मविदोह्येतेतुल्यस्नेहाश्चभारत १३ यत्तद्विराटनगरेसहभ्रातृभिरग्रतः ॥ उत्सृज्यगाःसुसंत्रस्तंबलंतेसमशीर्यत १४ यच्चैवनगरेतस्मिन्श्रूयतेमहदद्भुतम् ॥ एकस्यचबहूनांचपर्याप्तंतन्निदर्शनम् १५ अर्जुनस्तत्तथाऽकार्षीत्किंपुनःसर्वएवते ॥ सभ्रातॄनभिजानीहिवृत्त्यातंप्रतिपादय १६ ॥ इतिश्रीमहाभारतेउद्योगपर्वणियानसं० धृतराष्ट्रवाक्येपंचषष्टितमोऽध्यायः ॥ ६५ ॥ वैशंपायनउवाच ॥ एवमुक्त्वामहाप्राज्ञोधृतराष्ट्रःसुयोधनम् ॥ पुनरेवमहाभागःसंजयंपर्यपृच्छत १ ब्रूहिसंजययच्छेषंवासुदेवादनंतरम् ॥ यदर्जुनउवाचत्वांपरंकौतूहलंहिमे २ ॥ संजयउवाच ॥ वासुदेववचःश्रुत्वाकुंतीपुत्रोधनंजयः ॥ उवाचकालेदुर्धर्षोवासुदेवस्यशृण्वतः ३ पितामहंशांतनवंधृतराष्ट्रंचसंजय ॥ द्रोणंकृपंचकर्णंचमहाराजंचबाह्लिकम् ४ द्रौणिंचसोमदत्तंचशकुनिंचापिसौबलम् ॥ दुःशासनंशलंचैवपुरुमित्रंविविंशतिम् ५ विकर्णंचित्रसेनंचजयत्सेनंचपार्थिवम् ॥ विंदानुविंदावावंत्यौदुर्मुखंचापिकौरवम् ६ सैंधवंदुःसहंचैवभूरिश्रवसमेवच ॥ भगदत्तंचराजानंजलसंधंचपार्थिवम् ७ येचाप्यन्येपार्थिवास्तत्रयोद्धुंसमागताःकौरवाणांप्रियार्थम् ॥ मुमूर्षवःपांडवाग्नौप्रदीप्तेसमानीताधार्तराष्ट्रेणहोतुम् ८ यथान्यायंकौशलंवंदनंचसमागतामद्वचनेनवाच्याः ॥ इदंब्रूयाःसंजयराजमध्येसुयोधनंपापकृतांनिधानम् ९

॥ इतिउद्योगपर्वणिनीलकंठीये भारतभावदीपे पञ्चषष्टितमोऽध्यायः ॥ ६५ ॥ ॥ एवमिति १ । २ । ३ । ४ । ५ । ६ । ७ । ८ । ९

१० लोहितांतेआयतेचअक्षिणीयस्यसलोहितांतायताक्षः ११ । १२ शराणांमिथःसन्निपातजोग्निस्तस्यधूमोयस्मिन् यद्वेइतिशेषः रथध्वनिरेवमंत्रस्थाने धनुःस्रुवेणअस्त्रबलेनप्रसरति शास्त्रबलेनेवयज्ञः १३ । १४ चतुर्भुजमिति । संजयस्यापियोगिदृश्यंभगवतश्चतुर्भुजरूपंसदादृष्टिगोचरमासीदित्यनुमीयते १५ ॥ इति उद्योगपर्वणि नीलकंठीये भारतभावदीपे षट्षष्टितमोऽध्यायः ॥ ६६ ॥ ॥ ॥ दुर्योधनेइति

अमर्षणंदुर्मतिंराजपुत्रंपापात्मानंधार्तराष्ट्रंसुलुब्धम् ॥ सर्वममैतद्वचनंसमग्रंसहामात्यंसंजयश्रावयेथाः १० एवंप्रतिष्ठाप्यधनंजयोमांततोऽर्थवद्धर्मवच्चापिवाक्यम् ॥ प्रोवाचेदंवासुदेवंसमीक्ष्यपार्थोधीमाँल्लोहितांतायताक्षः ११ यथाश्रुतंतेवदतोमहात्मनोमधुप्रवीरस्यवचःसमाहितम् ॥ तथैववाच्यंभवताहिमद्वचःसमागतेषुक्षितिपेषुसर्वशः १२ शराग्निधूमेरथनेमिनादितेधनुःस्रुवेणास्त्रबलप्रसारिणा ॥ यथानहोमःक्रियतेमहामृधेसमेत्यसर्वेप्रयतध्वमादृताः १३ नचेत्प्रयच्छध्वममित्रघातिनोयुधिष्ठिरस्यांशमभीप्सितंस्वकम् ॥ नयामिवःसाश्वपदातिकुंजरान्दिशंपितॄणामशिवांशितैःशरैः १४ ततोऽहमामंत्र्यतदाधनंजयंचतुर्भुजंचैवनमस्यसत्वरः ॥ जवेनसंप्राप्तइहामरद्युतेतवांतिकंप्रापयितुंवचोमहत् १५ ॥ इतिश्रीमहाभारतेउद्योगपर्वणि यानसंधिपर्वणिसंजयवाक्येषट्षष्टितमोऽध्यायः ॥ ६६ ॥ ॥ वैशंपायनउवाच ॥ दुर्योधनेधार्त्तराष्ट्रेतद्वचोनाभिनंदति ॥ तूष्णींभूतेषुसर्वेषुसमुत्तस्थुर्नरर्षभाः १ उत्थितेषुमहाराजपृथिव्यांसर्वराजसु ॥ रहितेसंजयंराजापरिप्रष्टुंप्रचक्रमे २ आशंसमानोविजयंतेषांपुत्रवशानुगः ॥ आत्मनश्चपरेषांचपांडवानांचनिश्चयम् ३ ॥ धृतराष्ट्रउवाच ॥ गावल्गणेब्रूहिनःसारफल्गुस्वसेनायांयावदिहास्तिकिंचित् ॥ त्वंपाण्डवानांनिपुणंवेत्थसर्वंकिमेषांज्यायःकिमुतेषांकनीयः ४ त्वमेतयोःसारवित्सर्वदर्शीधर्मार्थयोर्निपुणोनिश्चयज्ञः ॥ समेपृष्टःसंजयब्रूहिसर्वंयुध्यमानाःकतरेऽस्मिन्नसंति ५ ॥ संजयउवाच ॥ नत्वांब्रूयांरहितेजातुकिंचिदसूयाहित्वांप्रविशेतराजन् ॥ आनयस्वपितरंमहाव्रतंगांधारींचमहिषीमाजमीढ ६ तौतेऽसूयांविनयेतांनरेंद्रधर्मज्ञौतौनिपुणौनिश्चयज्ञौ ॥ तयोस्तुत्वांसन्निधौतद्वदेयंकृत्स्नंमतंकेशवपार्थयोर्यत् ७ ॥ वैशंपायनउवाच ॥ इत्युक्तेनचगांधारीव्यासश्चात्राजगामह ॥ आनीतौविदुरेणेहसभांशीघ्रंप्रवेशितौ ८ ततस्तन्मतमाज्ञायसंजयस्यात्मजस्यच ॥ अभ्युपेत्यमहाप्राज्ञःकृष्णद्वैपायनोऽब्रवीत् ९ ॥ व्यासउवाच ॥ संपृच्छतेधृतराष्ट्रायसंजयआचक्ष्वसर्वंयावदेषोऽनुयुंक्ते ॥ सर्वंयावद्वेत्थतस्मिन्यथावद्याथातथ्यंवासुदेवेऽर्जुनेच १० ॥ ॥ इतिश्रीमहाभारतेउद्योगपर्वणि यानसंधिपर्वणिव्यासगांधार्यागमने सप्तषष्टितमोऽध्यायः ॥ ६७ ॥ ॥ संजयउवाच ॥ अर्जुनोवासुदेवश्चधन्विनौपरमार्चितौ ॥ कामादन्यत्रसंभूतौसर्वभावायसंमितौ १

१ । २ परेषांतटस्थानां ३ । ४ युद्ध्यमानानसंतिउदासीनाइत्यर्थः ५ असूयामयिदोषदृष्टिः पितरंव्यासम् ६ । ७ । ८ । ९ अनुयुंक्तेपृच्छति १० ॥ ॥ इतिउद्योगपर्वणिनीलकंठीये भारतभावदीपे सप्तषष्टितमोऽध्यायः ॥ ६७ ॥ ॥ अर्जुनइति । कामादितिकामपूर्वकंकर्मोच्यते अकर्मजंतयोर्जन्मलोकानुग्रहार्थंसूर्यवदाविर्भावमात्रमित्यर्थः सर्वभावायब्रह्मभावाय संमितौतुल्यौ उभावपिसाक्षाद्ब्रह्मरूपावित्यर्थः १

व्यामांतरं प्रसारितयोर्हस्तयोर्यावान्विस्तारःपंचहस्तमितःतावद्अंतरंमध्यप्रमाणंयस्यतद्व्यामांतरं यथामुक्तंयथायथारूपंयावत्प्रमाणंचितितंतावत्प्रमाणंभूत्वायतमुक्तंभवतिमाययादुर्लक्ष्यरूपेणेत्यर्थः २ सापह्नवं ससंहारं अतएवपांडवानांसुसंमतं ३ । ४ मनसैवसंकल्पमात्रेणविशिष्टात्माश्रेष्ठरूपः वशीऐश्वर्यवान् ५ । ६ । ७ । ८ । ९ विचेष्टयतिचालयति यतोभूतात्मासर्वेषांभूतानामंतरात्मा १० सत्रंमिषं 'सत्रमाच्छादनेयज्ञेसदादानेचकैतवे' इतिविश्वः संमोहयन्आत्मनोजगत्कर्तृत्वेऽपिअकर्तृत्वंदर्शयन् ११ कालचक्रंसंवत्सरात्मकं । जगच्चक्रंजगतोजन्मस्थितिलयप्रवाहं । युगचक्रंकर्मचक्रं कृतंयत्रधर्मश्चतुष्पात् । त्रेतायांत्रिपाद्धर्मएकपादधर्मः । द्वापरेऽर्धधर्मोऽर्धमधर्मः । कलौत्रिपात्पापंएकपाद्धर्मइति तदिदंकर्मचक्रंपुनःपुनर्जन्ममरणयोर्हेतुभूतं पुनःकर्मपुनःसंसारःपुनःकर्मेत्येवंरूपं आत्मयोगेनचैतन्यसंबंधेन नहिसंवत्सरादिकंकेवलजडाश्रयंभवितुमर्हति सर्वस्यचिदेकप्रकाश्यत्वात् १२ कालःआयुःपरिच्छेदकर्त्रीदेवता मृत्युर्देहप्राणयोर्वियोगकर्त्री ईशतेईष्टे १३ ईशन्नपिईशानोऽपि शपोऽलुक्परस्मैपदंचार्षं

व्यामांतरंसमास्थाययथामुक्तंमनस्विनः ॥ चक्रंतद्वासुदेवस्यमाययावर्ततेविभो २ सापह्नवंकौरवेषुपांडवानांसुसंमतम् ॥ सारासारबलंज्ञात्वातुतेजःपुंजावभासितम् ३ नरकंशंबरंचैवकंसंचैद्यंचमाधवः ॥ जितवान्घोरसंकाशान्क्रीडन्निवमहाबलः ४ पृथिवींचांतरिक्षंचद्यांचैवपुरुषोत्तमः ॥ मनसैवविशिष्टात्मानयत्यात्मवशंवशी ५ भूयोभूयोहियद्राजन्पृच्छसेपांडवान्प्रति ॥ सारासारबलंज्ञात्वातत्समासेनमेशृणु ६ एकतोवाजगत्कृत्स्नमेकतोवाजनार्दनः ॥ सारतोजगतःकृत्स्नादतिरिक्तो जनार्दनः ७ भस्मकुर्याज्जगदिदंमनसैवजनार्दनः ॥ नतुकृत्स्नंजगच्छक्तंभस्मकर्तुंजनार्दनम् ८ यतःसत्यंयतोधर्मोयतोह्रीरार्जवंयतः ॥ ततोभवतिगोविंदोयतः कृष्णस्ततोजयः ९ पृथिवींचांतरिक्षंचदिवंचपुरुषोत्तमः ॥ विचेष्टयतिभूतात्माक्रीडन्निवजनार्दनः १० सकृत्वापांडवान्सत्रंलोकंसंमोहयन्निव ॥ अधर्मनिरतान्मूढान्दग्धुमिच्छतितेसुतान् ११ कालचक्रंजगच्चक्रंयुगचक्रंचकेशवः ॥ आत्मयोगेनभगवान्परिवर्तयतेऽनिशम् १२ कालस्यचहिमृत्योश्चजंगमस्थावरस्यच ॥ ईशतेभगवानेकःसत्यमेतद्ब्रवीमिते १३ ईशन्नपिमहायोगीसर्वस्यजगतोहरिः ॥ कर्माण्यारभतेकर्तुंकीनाशइववर्धनः १४ तेनवंचयतेलोकान्मायायोगेनकेशवः ॥ येतमेवप्रपद्यंतेनतेमुह्यंतिमानवाः ॥ १५ ॥ इतिश्रीमहाभारतेउद्योगपर्वणियानसंधिपर्वणिसंजयवाक्येऽष्टषष्टितमोऽध्यायः ॥ ६८ ॥ ॥ धृतराष्ट्रउवाच ॥ कथंत्वंमाधवंवेत्थसर्वलोकमहेश्वरम् ॥ कथमेनंनवेदाहंतन्ममाचक्ष्वसंजय १ ॥ संजयउवाच ॥ शृणुराजन्नतेविद्यामामविद्यानहीयते ॥ विद्याहीनस्तपोध्वस्तोनाभिजानातिकेशवम् २ विद्ययातातजानामित्रियुगंमधुसूदनम् ॥ कर्तारमकृतंदेवंभूतानांप्रभवाप्ययम् ३

कीनाशःकर्षकः वर्धनःधान्यादिवृद्धिकृत् यद्वा कीनाशोयमः वर्धनःदेहादेश्छेत्ता १४ तेनरानमुष्णंति १५ ॥ इतिउद्योगपर्वणिनीलकंठीयेभारतभावदीपे अष्टषष्टितमोऽध्यायः ॥ ६८ ॥ ॥ कथंकेन प्रकारेण कानिज्ञानसाधनानिकानिवाज्ञानप्रतिबंधकानीतिप्रश्नार्थः १ विद्यातत्त्वमस्यादिवाक्यजंज्ञानंतेननहीनोयःसतमोध्वस्तस्तमसास्वस्वरूपात्निर्विषयानंदमात्रात्च्युतः २ विद्ययातमोविरोधिन्या त्रियुगंत्रीणिस्थूलसूक्ष्मकारणशरीराणियुज्यंतेरज्जूरगवत्संबध्यंतेयस्मिन्अधिष्ठानभूतेतंत्रियुगं अज्ञानकल्पितस्यावस्थात्रयस्यविद्ययाबाधेसतिनिरुपाधिमप्रत्यगात्मरूपंज्ञायतइत्यर्थः कर्त्तारंविश्वस्यनिमित्तकारणं । अकृतंकर्मभिरसाध्यंनित्यसिद्धत्वात् भूतानांवियदादीनां प्रभवंउत्पत्तिस्थानं अप्ययंलयस्थानम् ३

भक्तिः आराध्यत्वेनज्ञानं तच्चकीदृशं किंभेदेनराजवत्तटस्थतयाभगवान्ध्येयउतप्रत्यगात्मत्वेनेतिभावः ४ मायांपुत्रकलत्राद्याकारेणपरिणतामविद्यांनसेवे वृथाधर्मभगवदर्पणंविनानचरामि शुद्धभावंमनसःकामक्रोधादिराहित्येननैर्मल्यंगतःप्राप्तः भक्त्याध्यानेन शास्त्रात्तत्त्वमसीत्यागमात् जनार्दनंजगल्लयाधिष्ठानंज्ञानमात्रव्यवहितंब्रह्म नास्मिसंसारीब्रह्मैवास्मीतिनत्त्वालोचनात्मकेनज्ञानेनैवप्राप्यते नायंसर्पोरज्जुरेवेयमितिवत् नतुकीटभृंगन्यायेनभावनादित्यर्थः ५ । ६ अर्जुनेविशुद्धेकामक्रोधादिमलशून्येसख्यंवदन्भगवानस्ति अत्रकामाद्याक्रांतदशायां नाहंगच्छेनप्राप्नुयां आसुरोभावोनमया त्यक्तुंशक्योऽतोनमेतत्प्राप्तिसंभावनाऽपीत्यर्थः ७ अवाक्अधोनरकमित्यर्थः श्रेयसांसाधूनांवचनातिगःउपदेशावमानी ८ । ९ । १० । ११ ऐकाग्र्यंशुश्रूषमाणंत्वमानंत्वांमोक्ष्यतेमोचयिष्यति १२ सिताः

धृतराष्ट्रउवाच ॥ गावल्गणेऽत्रकाभक्तिर्यातेनित्याजनार्दने ॥ ययात्वमभिजानासित्रियुगंमधुसूदनम् ४ ॥ संजयउवाच ॥ मायांनसेवेभद्रंतेनवृथाधर्ममाचरे ॥ शुद्धभावंगतोभक्त्याशास्त्राद्वेद्मिजनार्दनम् ५ ॥ धृतराष्ट्रउवाच ॥ दुर्योधनहृषीकेशंप्रपद्यस्वजनार्दनम् ॥ आप्तोनःसंजयस्तातशरणंगच्छकेशवम् ६ दुर्योधनउवाच ॥ भगवान्देवकीपुत्रोलोकांश्चेन्निहनिष्यति ॥ प्रवदन्नर्जुनेसख्यंनाहंगच्छेऽद्यकेशवम् ७ ॥ धृतराष्ट्रउवाच ॥ अवाग्गांधारिपुत्रस्तेगच्छत्येषसुदुर्मतिः ॥ ईर्षुर्दुरात्मामानीचश्रेयसांवचनातिगः ८ ॥ गांधार्युवाच ॥ ऐश्वर्यकामदुष्टात्मन्वृद्धानांशासनातिग ॥ ऐश्वर्यजीवितेहित्वापितरंमांचबालिश ९ वर्धयन्दुर्हृदांप्रीतिंमांचशोकेनवर्धयन् ॥ निहतोभीमसेनेनस्मर्ताऽसिवचनंपितुः १० ॥ व्यासउवाच ॥ प्रियोऽसिराजन्कृष्णस्यधृतराष्ट्रनिबोधमे ॥ यस्यतेसंजयोदूतोयस्त्वांश्रेयसियोक्ष्यते ११ जानात्येषहृषीकेशंपुराणंयच्चवैपरम् ॥ शुश्रूषमाणमैकाग्र्यंमोक्ष्यतेमहतोभयात् १२ वैचित्रवीर्यपुरुषाःक्रोधहर्षसमावृताः ॥ सिताबहुविधैःपाशैर्येनतुष्टाःस्वकैर्धनैः १३ यमस्यवशमायांतिकाममूढाःपुनःपुनः ॥ अंधनेत्रायथैवांधानीयमानाःस्वकर्मभिः १४ एषएकायनःपंथायेनयांतिमनीषिणः ॥ तंदृष्ट्वामृत्युमत्येतिमहांस्तत्रनसज्जति १५ ॥ धृतराष्ट्रउवाच ॥ अंगसंजयमेशंसपंथानमकुतोभयम् ॥ येनगत्वाहृषीकेशंप्राप्नुयांसिद्धिमुत्तमाम् १६ ॥ संजयउवाच ॥ नाकृतात्माकृतात्मानंजातुविद्याज्जनार्दनम् ॥ आत्मनस्तुक्रियोपायोनान्यत्रेंद्रियनिग्रहात् १७ इंद्रियाणामुदीर्णानांकामत्यागोऽप्रमादतः ॥ अप्रमादोऽविहिंसाचज्ञानयोनिरसंशयम् १८ इंद्रियाणांयमेयत्तोभवराजन्नतंद्रितः ॥ बुद्धिश्चतेमाच्यवतुनियच्छैनांयतस्ततः १९ एतज्ज्ञानंविदुर्विप्राध्रुवमिंद्रियधारणम् ॥ एतज्ज्ञानंचपंथाश्चयेनयांतिमनीषिणः २०

बद्धाः पाशैःकामादिभिः १३ अंधोनेतायेषांतेअंधनेत्राः १४ एषःज्ञानमार्गः एकायनःएकस्यब्रह्मणःप्रापकः तंदृष्ट्वातंमार्गंज्ञात्वा मृत्युंसंसारं अत्येतिअतिक्रम्यगच्छति अभ्येतीतिपाठेआत्मत्वेनमृत्युरप्येनंप्रविशतीत्यर्थः तथाचश्रुतिः 'तस्यहनदेवाश्चनाभूत्याईशतआत्माह्येषांसभवति' इति देवाश्चनदेवाअपितत्रसंसारेमहान्नसज्जतिसक्तोनभवति १५ सिद्धिंमोक्षं १६ अकृतात्माअजितमनाःकृतात्मानंनित्यसिद्धंप्रत्यगात्मानं आत्मनःस्वस्यइंद्रियनिग्रहादन्यत्रइंद्रियनिग्रहंविनाक्रियायागादिरूपउपायःप्राप्त्युपायोनास्ति १७ इंद्रियाणांअप्रमादतःअवहिततयाकामत्यागःअप्रमादः अविहिंसेतिच्छेदः ज्ञानस्ययोनिःकारणं १८ माच्यवतुतत्त्वात्प्रच्युतामाभूत् यतस्ततःसर्वेभ्यआंतरेभ्योबाह्येभ्यश्चविषयेभ्योनियच्छनिगृह्णीष्व १९ इंद्रियाणांसमनस्कानांधारणंनिग्रहणम् २०

आगमाधिगमात्शास्त्रयुक्तयोर्लाभात् योगात्चित्तवृत्तिनिरोधात् वशीईश्वरः तत्त्वेस्वयाथात्म्येविषयेप्रसीदतिज्ञानदानेनअनुगृण्हाति २१ ॥ इतिश्रीउद्योगपर्वणिनीलकंठीयेभारतभावदीपेऊनसप्ततितमोऽध्यायः ॥ ६९ ॥ ॥ भूयइति । नाम्नांकर्मणांचअर्थवित्भूत्वा १ यावदभिजानेतावत् वदामीतिशेषः वस्तुतस्तुसःअप्रमेयोवाचामगोचरः २ वस्तेआच्छादयतिमायया आवृणोतीतिवावस्यतिस्तभ्नातिभुवनामितिवा वसत्यस्मिन्भुवनमितिवावासुः सचासौदेवोद्योतमानश्चवासुदेवः वसंतिदेवाअस्मिन्निति वा करणग्रामस्योद्भवप्रलयस्थानमित्यर्थः बृहत्वाद्व्यापकत्वात्वेवेष्टिव्याप्नोतिसर्वमितिविष्णुः ३ मौनात्ध्यानाच्चयोगाच्चेति माधीवृत्तिः तांस्वस्यउपाधिभूतांमौनादिभिःधवयतिदूरीकरोतीतिमाधवः मौनंमुनेःकर्ममननंशास्त्रतोयुक्तितश्चतत्त्वालोचनं ध्यानंनिश्चितेतत्त्वेचेतसःप्रणिधानं योगस्तस्यैवचेतसोनिरोधः मधुसूदनोमधोर्दैत्यस्यनाशकःश्रीकृष्णः सर्वाणि चतुर्विंशतिसंख्यानितत्त्वानितन्मयत्वात्तत्प्रधानत्वात्मधुहा मधूनिपृथिव्यादीनिहंतिसंहरतिगच्छंतिवाएनमितिमधुहा इयंपृथिवीसर्वेषांभूतानांमध्वस्यैपृथिव्यैसर्वाणिभूतानिमध्वितिश्रुत्यापृथिव्यादितत्त्वजातस्यमधुशब्देनैवनिर्देशात् ४ कृषिःकर्षत्यात्मनिसर्वंसंहरतीतिकृषिःसर्वप्रपंचबाधावभिभूतंसत्तामात्रं भूवाचकःभवतीतिभूःसत्तातद्वाचकःकृषिरितिशब्दःणश्चनिर्वृतिःसुखंविष्णुस्तद्भावयो

अप्राप्यःकेशवोराजन्निंद्रियैरजितैर्नृभिः ॥ आगमाधिगमाद्योगाद्वशीतत्त्वेप्रसीदति २१ ॥ इतिश्रीमहाभारतेउ० यानसं० संजयवाक्येऊनसप्ततितमोऽध्यायः ॥ ६९ ॥
॥ धृतराष्ट्रउवाच ॥ भूयोमेपुंडरीकाक्षंसंजयाचक्ष्वपृच्छतः ॥ नामकर्मार्थवितातप्राप्नुयांपुरुषोत्तमम् १ ॥ संजयउवाच ॥ श्रुतंमेवासुदेवस्यनामानिर्वचनंशुभम् ॥ यावत्तत्राभिजानेऽहमप्रमेयोहिकेशवः २ वसनात्सर्वभूतानांवसुत्वाद्देवयोनितः ॥ वासुदेवस्ततोवेद्योबृहत्वाद्विष्णुरुच्यते ३ मौनाद्ध्यानाच्चयोगाच्चविद्धिभारत माधवम् ॥ सर्वतत्त्वमयत्वाच्चमधुहामधुसूदनः ४ कृषिर्भूवाचकःशब्दोणश्चनिर्वृतिवाचकः ॥ विष्णुस्तद्भावयोगाच्चकृष्णोभवतिसात्वतः ५ पुंडरीकंपरंधामनित्यमक्षयमव्ययम् ॥ तद्भावात्पुंडरीकाक्षोदस्युत्रासाज्जनार्दनः ६ यतःसत्वान्नच्यवतेयच्चसत्वान्नहीयते ॥ सत्वतःसात्वतस्तस्मादार्षभाद्वृषभेक्षणः ७ नजायतेजनित्राऽयमजस्तस्मादनीकजित् ॥ देवानांस्वप्रकाशत्वाद्दमाद्दामोदरोविभुः ८ हर्षात्सुखात्सुखैश्वर्याद्धृषीकेशत्वमश्नुते ॥ बाहुभ्यांरोदसीबिभ्रन्महाबाहुरितिस्मृतः ९ अधोनक्षीयते जातुयस्मात्तस्मादधोक्षजः ॥ नराणामयनाच्चापिततोनारायणःस्मृतः १०

र्धात्वर्थयोर्योगात्कृष्णःसन्मात्रानंदरूपोभवतीत्यर्थः ५ पुंडरीकंश्वेतपद्मंतत्सदृशंपुंडरीकमिवपुंडरीकंहृदयकमलंधामवासस्थानंतत्रसन्नपिअक्षोनक्षीयतेहन्यतेवेतिपुंडरीकाक्षः तथाचश्रुतिः'नास्यजरयैतज्जीर्यतिनवधेनास्यहन्यते' इति । हृत्पद्मदोषैर्जरानाशादिभिःपरमात्मनोऽस्पृष्टत्वमाह दस्युत्रासात्जनंदस्युजनंअर्दयतिपीडयतीतिजनार्दनइत्यर्थः ६ सत्वमबाधितत्वमस्यास्तीतिसत्वतः तप्पर्वमरुद्भ्यामितिस्मृतोमत्वर्थीयस्तप्प्रत्ययोबाहुलकात्सत्त्वशब्दादपिबोध्यः अत्रसत्वेनअत्याज्यःसत्वंचयस्यअत्याज्यंससत्वतःसत्वतएवसात्वतः राक्षसवायसादिवत्स्वार्थेतद्धितः आर्षवेदस्तेनभातीत्यार्षभऔपनिषदःपुरुषःउपनिषद्वेद्यत्वाद्योगात्वृषभेक्षणः तथाचायंयोगःवृषंधर्मंभासयतीतिवृषभोवेदस्तदेवईक्षणंचक्षुरिवज्ञापकंयस्यसःवृषभेक्षणइति ७ नजायतइत्यजः अनीकजित्सेनाजित्कृष्णः देवानांइंद्रियाणांमध्येस्वप्रकाशत्वात् ऋगतावित्यस्मादुत्पूर्वात्अप् उत्उत्कर्षेणऋच्छतिप्रकाशतइतिउदरः दमोऽस्यास्तीतिदामःदामश्चासावुदरश्चेतिदामोदरः दामादितिपाठेदमएवदामस्तस्मात् ८ हर्षादिति । हृष्यत्यनेनेतिहृषीकंवृत्तिसुखं सुखंस्वरूपानंदःईशःईशनवान् अतोहृषीकेशः ९ अधोनक्षीयतेजातुइतिविग्रहवाक्येउत्तरपदावयवलोपेनअधोक्षजः सततोर्ध्वरूपः संसारधर्मेणास्पृष्टइत्यर्थः १०

पूरयतीतिपुरुः सीदंत्यस्मिन्निति सः तस्मात्पुरुषः सचासावुत्तमश्चपुरुषोत्तमः असतःकारणस्य सतःकार्यस्यप्रभवाप्ययात्उत्पत्तिप्रलयस्थानत्वात ११ सत्येधर्मे १२ सत्यात्धर्मात्तत्फलात्ब्रह्मलोकात्वधेरपि सत्यं
अबाधितंअतःसत्योऽपिनामतः विशेषेणस्तौति विस्रवनेगच्छतीतिविष्णुरित्यर्थः एवंजयतीतिजिष्णुः १३ शाश्वतत्वात्शश्वद्भवत्वात् गवांइंद्रियाणांवेदनात्लाभात्प्रकाशाद्वागोविंदः अतत्त्वंमिथ्याभूतंजमत्तत्त्वं
सत्यमिवस्वीयसत्तास्फूर्तिप्रदानेनकरोतितेनहेतुनालोकान्मोहयति १४ धर्मेनित्यंसन्निधानात्धर्मनित्यः आगंताआगमिष्यति आनृशंस्यार्थंकुरूणांक्षयोमाभूदितिकृपांकर्तुम् १५ ॥ इतिउद्योगपर्वणिनीलकंठीये
भारतभावदीपेसप्ततितमोऽध्यायः ॥ ७० ॥ ॥ ॥ चक्षुष्मतांभाग्यायस्पृहयामि धन्याश्चक्षुष्मंतइत्यर्थः चक्षुष्मतांज्ञानवतांवा परेणचिन्मात्रेणवपुषास्वरूपेण १ भारतानांपांडवानांभारतींवाचंईरयंतंअस्म

पूरणात्सदनाच्चापिततोऽसौपुरुषोत्तमः ॥ असतश्चसतश्चैवसर्वस्यप्रभवाप्ययात् ११ सर्वस्यचसदाज्ञानात्सर्वमेतंप्रचक्षते ॥ सत्येप्रतिष्ठितःकृष्णःसत्यमत्रप्रतिष्ठितम्
१२ सत्यात्सत्यंतुगोविंदस्तस्मात्सत्योऽपिनामतः ॥ विष्णुर्विक्रमणाद्देवोजयनाज्जिष्णुरुच्यते १३ शाश्वतत्वादनंतश्चगोविंदोवेदनाद्गवाम् ॥ अतत्त्वंकुरुतेतत्त्वंतेनमो
हयतेप्रजाः १४ एवंविधोधर्मनित्योभगवान्मधुसूदनः ॥ आगंताहिमहाबाहुरानृशंस्यार्थमच्युतः १५ ॥ इतिश्रीमहाभारतेउद्योगपर्वणियानसंधिपर्वणिसंजयवाक्ये
सप्ततितमोऽध्यायः ॥ ७० ॥ ॥ ॥ धृतराष्ट्रउवाच ॥ चक्षुष्मतांवैस्पृहयामिसंजयद्रक्ष्यंतियेवासुदेवंसमीपे ॥ विभ्राजमानंवपुषापरेणप्रकाशयंतंप्रदिशो
दिशश्च १ ईरयंतंभारतींभारतानामभ्यर्चनीयांशंकरींसृंजयानाम् ॥ बुभूषद्भिर्ग्रहणीयामनिंद्यांपरासूनामग्रहणीयरूपाम् २ समुद्यंतंसात्वतमेकवीरंप्रणेतारमृषभंया
दवानाम् ॥ निहंतारंक्षोभणंशात्रवाणांमुष्णंतंचद्विषतांवैयशांसि ३ द्रष्टारोहिकुरवस्तंसमेतामहात्मानंशत्रुहणंवरेण्यम् ॥ ब्रुवंतंवाचमनृशंसरूपांवृष्णिश्रेष्ठंमोहयंतंमदी
यान् ४ ऋषिंसनातनतमंविपश्चितंवाचःसमुद्रंकलशंयतीनाम् ॥ अरिष्टनेमिंगरुडंसुपर्णंहरिंप्रजानांभुवनस्यधाम ५ सहस्रशीर्षंपुरुषंपुराणमनादिमध्यांतमनंत
कीर्तिम् ॥ शुक्रस्यधातारमजंचनित्यंपरंपरेषांशरणंप्रपद्ये ६ त्रैलोक्यनिर्माणकरंजनित्रंदेवासुराणामथनागरक्षसाम् ॥ नराधिपानांविदुषांप्रधानमिंद्रानुजंतंशरणं
प्रपद्ये ७ ॥ इतिश्री०उ० यानसं० धृतराष्ट्रवाक्येएकसप्ततितमोऽध्यायः ॥ ७१ ॥ ॥ समाप्तंचयानसंधिपर्व ॥ अथभगवद्यानपर्व ॥ वैशंपायनउवाच ॥ संजयेप्र
तियातेतुधर्मराजोयुधिष्ठिरः ॥ अभ्यभाषतदाशार्हमृषभंसर्वसात्वताम् १ अयंसकालःसंप्राप्तोमित्राणांमित्रवत्सल ॥ नचत्वदन्यंपश्यामियोनआपत्सुतारयेत् २
त्वांहिमाधवमाश्रित्यनिर्भयामोघदर्पितम् ॥ धार्तराष्ट्रंसहामात्यंस्वयंसमनुयुंक्ष्महे ३

त्सभायांकथयंतं शंकरींकल्याणकरीं बुभूषद्भिःऐश्वर्यमिच्छद्भिः परासूनांमृतानां २ उद्यंतंप्रकटीभवंतं देहरूपेणेत्यर्थात्शाश्वतंनित्यम् ३ वरेण्यंवरणीयम् ४ ऋषिंमुख्यंनारायणं विपश्चितंआत्मज्ञं यतीनांसंन्यां
सिनांकलशमिवकलशंकरग्राह्यं समुद्रंयोगमुद्रयोपेतं अरिष्टःअहिंसितःनेमिःपादोयस्यसःअरिष्टनेमिरितिप्राञ्चः अरिष्टनेमिर्नामतः··अहिंसितमर्यादः नेमिरिवनेमिर्मर्यादा गरुडंजातितः सुपर्णंशोभनपक्षं हारें
हर्त्तारम् ५ आदिःकारणं शुक्रस्यकर्मजन्यस्यबीजभूतस्यपुण्यादेः धातारंप्रतिभूरूपं परेषांविराडादीनांपरंश्रेष्ठम् ६ निर्माणंरचना जनित्रंजनयितारम् ७ ॥ ॥ इतिश्रीमहाभारतेउद्योगपर्वणिनीलकंठीये
भारतभावदीपेएकसप्ततितमोऽध्यायः ॥ ७१ ॥ ॥ ॥ ॥ ॥ ॥ ॥ ॥ संजयेइति १ । २ मोघंदार्पितंयस्य अनुयुंक्ष्महे प्रार्थयामहे ३

४ । ५ । ६ विवृतांतरःप्रकाशितभावः ७ । ८ । छद्मनाअज्ञानचर्यया ९ स्थातास्थास्यति नःअस्माकं तस्मिन्चतुर्दशेवर्षेस्वंराज्यंगृण्हीतेत्यस्मिन् नअहास्मनत्यक्तवंतोवयं १० । ११ । १२ मातरं
संविधातुंसम्यक्प्रोपयितुं ततःतत्रस्थामित्यर्थः मित्राणांकर्मणिषष्ठी मातुरितिपाठेअंततोऽन्येषांवणिक्प्रभृतीनांनागरिकाणांपरित्यागेऽपिमातरंमित्राणिचविदुरादीनिसंविधातुमितिप्राग्वत् १३

यथाहिसर्वास्वापत्सुपासिनृष्णीनरिंदम ॥ तथातेपांडवारक्ष्याःपाह्यस्मान्महतोभयात् ४ ॥ श्रीभगवानुवाच ॥ अयमस्मिमहाबाहोब्रूहियत्तेविवक्षितम् ॥ क
रिष्यामिहितत्सर्वंयत्त्वंवक्ष्यसिभारत ५ ॥ युधिष्ठिरउवाच ॥ श्रुतंतेधार्तराष्ट्रस्यसपुत्रस्यचिकीर्षितम् ॥ एतद्धिसकलंकृष्णसंजयोमांयदब्रवीत् ६ तन्मतंधृत
राष्ट्रस्यसोऽस्यात्माविवृतांतरः ॥ यथोक्तंदूतआचष्टेवध्यःस्यादन्यथाब्रुवन् ७ अप्रदानेनराज्यस्यशांतिमस्मासुमार्गति ॥ लुब्धःपापेनमनसाचरन्नसममात्मनः ८
यत्तद्द्वादशवर्षाणिवनेषुह्युषितावयम् ॥ छद्मनाशरदंचैकांधृतराष्ट्रस्यशासनात् ९ स्थातानःसमयेतस्मिन्धृतराष्ट्रइतिप्रभो ॥ नाहास्मसमयंकृष्णतद्धिनोब्राह्मणा
विदुः १० गृद्धोराजाधृतराष्ट्रःस्वधर्मंनानुपश्यति ॥ वश्यत्वात्पुत्रगृद्धित्वान्मंदस्यान्वेतिशासनम् ११ सुयोधनमतेतिष्ठन्राजाऽस्मासुजनार्दन ॥ मिथ्याचर
तिलुब्धःसन्चरन्हिप्रियमात्मनः १२ इतोदुःखतरंकिंनुयदहंमातरंततः ॥ संविधातुंनशक्नोमिमित्राणांवाजनार्दन १३ काशिभिश्चेदिपांचालैर्मत्स्यैश्चमधुसूदन ॥
भवताचैवनाथेनपंचग्रामावृतामया १४ अविस्थलंवृकस्थलंमाकंदीवारणावतम् ॥ अवसानंचगोविंदकिंचिदेवात्रपंचमम् १५ पंचनस्तातदीयंतांग्रामावानगराणि
वा ॥ वसेमसहितायेषुमाचनोभरतानशन् १६ नचतानपिदुष्टात्माधार्तराष्ट्रोऽनुमन्यते ॥ स्वाम्यमात्मनिमत्वाऽसावतोदुःखतरंनुकिम् १७ कुलेजातस्यवृद्ध
स्यपरवित्तेषुगृद्ध्यतः ॥ लोभःप्रज्ञानमाहंतिप्रज्ञाहंतिहताह्रियम् १८ ह्रीर्हताबाधतेधर्मंधर्मोहंतिहतःश्रियम् ॥ श्रीर्हतापुरुषंहंतिपुरुषस्याधनंवधः १९ अध
नाद्धिनिवर्ततेज्ञातयःसुहृदोद्विजाः ॥ अपुष्पादफलाद्वृक्षाद्यथाकृष्णपतत्रिणः २० एतच्चमरणंतातयन्मत्तःपतितादिव ॥ ज्ञातयोविनिवर्तन्तेप्रेतसत्वादिवासवः २१
नातःपापीयसींकांचिदवस्थांशंबरोऽब्रवीत् ॥ यत्रनैवाद्यनप्रातर्भोजनंप्रतिदृश्यते २२ धनमाहुःपरंधर्मंधनेसर्वंप्रतिष्ठितम् ॥ जीवंतिधनिनोलोकेमृतायेत्वधना
नराः २३ येधनादपकर्षंतिनरंस्वबलमास्थिताः ॥ तेधर्ममर्थंकामंचप्रमथ्नंतिनरंचतम् २४ एतामवस्थांप्राप्यैकेमरणंवव्रिरेजनाः ॥ ग्रामायैकेवनायैकेनाशायैकेप्रवव्रजुः
२५ उन्मादमेकेपुष्यंतियांत्यन्येद्विषतांवशम् ॥ दास्यमेकेचगच्छंतिपरेषामर्थहेतुना २६

काशिभिःराजभिः नाथेननाथवता भवदनुग्रहातशक्तेनापीत्यर्थः १४ अवसीयतेसंस्थीयतेऽस्मिन्नित्यवसानंयावज्जीवनंवासस्थानम् १५ नःअस्माकंकृतेभरताःभरतवंश्याभीष्मादयः मानशन् मानश्यंतु
१६ तानपिभरतानपि १७ कुलेइतिद्वाभ्यांगर्वजादोषसंततिरुक्ता १८ । १९ द्विजाःअर्थिनः २० प्रेतसत्वात्प्रगतबुद्धेर्मृतादित्यर्थः २१ । २२ धर्मंधर्मकारणंसर्वंयज्ञदानादि येअधनास्तेमृताएव
२३ । २४ एतांनिर्धनताख्यां एकेनागरिकाः ग्रामायकुग्रामवासार्थं वनायास्मदादयः नाशायमरणाय २५ । २६

आपत्पदार्थमाह श्रियोविनाशइति । तद्धिश्रीर्हि २७ धर्म्यदेहस्वभावात्प्राप्तं नतुदारिद्र्याद्यपराधजं मरणंतच्छाश्वतंअनिमित्तमित्यर्थः समंतात्सर्वत्र अपरिहार्यमितिशेषः नात्येतिनातिक्रामति २८ । २९ तदासंपत्कालेआत्मापराधेनचित्तदोषेणरागादिना नात्मानंचेत्यस्यनचात्मानमित्यर्थः ३० अस्यव्यसनस्यनिबर्हणेनाशनिमित्तम् ३१ तत्तदासर्वदेत्यर्थः मन्युःक्रोधःसतद्वानेवेत्यर्थः मुह्यतिकार्याकार्येनजानाति ३२ । ३३ एवंश्रियायुक्तानांनरकप्राप्तिमुक्त्वातेषामुद्धारोपायमाह तस्येति । तस्यश्रीमतः अविद्यायानिद्राणस्यप्रज्ञाविवेकःसएवप्रबोधोजागरणं यतःप्रज्ञाचक्षुःपुमान्तरिष्यति अविद्यामितिशेषः ३४ तरणे

आपदेवास्यमरणात्पुरुषस्यगरीयसी ॥ श्रियोविनाशस्तद्ध्यस्यनिमित्तंधर्मकामयोः २७ यदस्यधर्म्यंमरणंशाश्वतंलोकवर्त्मतत् ॥ समंतात्सर्वभूतानांनतदत्येतिकश्चन २८ नतथाबाध्यतेकृष्णप्रकृत्यानिर्धनोजनः ॥ यथाभद्रांश्रियंप्राप्यतयाहीनःसुखैधितः २९ सतदाऽऽत्मापराधेनसंप्राप्तोव्यसनंमहत् ॥ सेंद्रान्गर्हयतेदेवान्नात्मानंचकथंचन ३० नचास्यसर्वशास्त्राणिप्रभवंतिनिबर्हणे ॥ सोभिकुद्ध्यतिभृत्यानांसुहृदश्चाभ्यसूयति ३१ तत्तदामन्युरेवैतिसभूयःसंप्रमुह्यति ॥ समोहवशमापन्नःक्रूरंकर्मनिषेवते ३२ पापकर्मतयाचैवसंकरंतेनपुष्यति ॥ संकरोनरकायैवसाकाष्ठापापकर्मणाम् ३३ नचेत्प्रबुद्ध्यतेकृष्णनरकायैवगच्छति ॥ तस्यप्रबोधःप्रज्ञैवप्रज्ञाचक्षुस्तरिष्यति ३४ प्रज्ञालाभेहिपुरुषःशास्त्राण्येवान्ववेक्षते ॥ शास्त्रनिष्ठःपुनर्धर्मंतस्यह्रीरंगमुत्तमम् ३५ ह्रीमान्हिपापंप्रद्वेष्टितस्यश्रीरभिवर्धते ॥ श्रीमान्सयावद्भवतितावद्भवतिपूरुषः ३६ धर्मनित्यःप्रशांतात्माकार्ययोगवहःसदा ॥ नाधर्मेकुरुतेबुद्धिंनचपापेप्रवर्तते ३७ अह्रीकोवाविमूढोवानैवस्त्रीनपुनःपुमान् ॥ नास्याधिकारोधर्मेस्तियथाशूद्रस्तथैवसः ३८ ह्रीमानवतिदेवांश्चपितॄनात्मानमेवच ॥ तेनामृतत्वंव्रजतिसाकाष्ठापुण्यकर्मणाम् ३९ तदिदंमयितेदृष्टंप्रत्यक्षंमधुसूदन ॥ यथाराज्यात्परिभ्रष्टोवसामिवसतीरिमाः ४० तेवयंनश्रियंहातुमलंन्यायेनकेनचित् ॥ अत्रनोयतमानानांवधश्चेदपिसाधुतत् ४१ तत्रनःप्रथमःकल्पोयद्वयंतेचमाधव ॥ प्रशांताःशमभूताश्चश्रियंतामश्नुवीमहि ४२ तत्रैषापरमाकाष्ठारौद्रकर्मक्षयोदया ॥ यद्वयंकौरवान्हत्वातानिराष्ट्राण्यवाप्नुमः ४३ येपुनःस्युरसंबद्धाअनार्याःकृष्णशत्रवः ॥ तेषामप्यवधःकार्यःकिंपुनर्येस्युरीदृशाः ४४ ज्ञातयश्चैवभूयिष्ठाःसहायागुरवश्चनः ॥ तेषांवधोऽतिपापीयान्किंनुयुद्धेऽस्तिशोभनम् ४५ पापःक्षत्रियधर्मोऽयंवयंचक्षत्रबंधवः ॥ सनःस्वधर्मोऽधर्मोवावृत्तिरन्याविगर्हिता ४६ शूद्रःकरोतिशुश्रूषांवैश्याबैपण्यजीविकाः ॥ वयंवधेनजीवामःकपालंब्राह्मणैर्वृतम् ४७

क्रममाह प्रज्ञेति । धर्मंकरोतीतिशेषः तस्यधर्मस्यह्रीरकार्यकरणान्निवृत्तिहेतुश्चेतोवृत्तिविशेषः ह्रीहीनेनकृतोधर्मोऽप्यधर्मएवेतिभावः ३५ । ३६ । ३७ अह्रीकःतिर्यक्स्थावरतुल्योनमनुष्यइत्यर्थः ३८ । ३९ इदंह्रीमत्त्वंतेत्वयामयिदृष्टम् ४० अत्रश्रीनिमित्तं नःअस्माकम् ४१ प्रथमःकल्पःमुख्यःपक्षः समभूताःनिर्वैरत्वंगताः ४२ रौद्रकर्मरौद्रकर्मणां सुपांसुलुगितिसप्तम्याश्चलुक् क्षयोदयाक्षयपूर्वकउदयोयस्यांसा रौद्रकर्मणांपरमाकाष्ठेतिसंबंधः ४३ असंबद्धाःअबांधवाः अवधःवधविरुद्धंपालनं । ईदृशाइति । बांधवाआर्याअशत्रवश्चयेतेषामवधःकार्यइतिकिमाश्चर्यमित्यर्थः ४४ तदेवाह ज्ञातयइति । भूयिष्ठाःअतिमहांतः ४५ । ४६ कपालंभिक्षापात्रम् ४७

यथायेनप्रकारेणआगतःकुलपरंपरयाप्राप्तस्तंपश्येतियोजना ४८ बलमिति । नीतिमेवबलंकृत्वायुध्येयोत्स्ये जयपराजयौतुआत्मच्छंदेनस्वेच्छयानभवतः तथातद्वत्भूतानांजीवितंमरणंचस्वेच्छयानस्तः ४९ । ५०
५१ पराजयभयाद्यपयानेपलायनेऽपिअपचयःक्षयव्ययौचदृष्टौभवतएव अपचयोदीनता क्षयोमरणं तत्रहेतुः व्ययःद्रव्यादेर्नाशः ५२ । ५३ विजयोऽप्यजयःपराजयएवइष्टजननाशादित्याह यस्येति ५४
दयितंपुत्रादि हेअंग बलहीनस्यजातिबलहीनस्य ५५ । ५६ यवीयान्कनिष्ठः अनुशयःपश्चात्तापः ५७ अनुबंधोदोषोत्पादःसचपापःकष्टप्रदः शेषःशत्रोः शेषंस्वस्य ५८ । ५९ । ६० अनिर्वृत्तेनअस्वस्थेन

क्षत्रियःक्षत्रियंहंतिमत्स्योमत्स्येनजीवति ॥ श्वाश्वानंहंतिदाशार्हपश्यधर्मोयथागतः ४८ युद्धेकृष्णकलिर्नित्यंप्राणाःसीदंतिसंयुगे ॥ बलंतुनीतिमाधाययुद्ध्येजय
पराजयौ ४९ नात्मच्छंदेनभूतानांजीवितंमरणंतथा ॥ नाप्यकालेसुखंप्राप्यंदुःखंवापियदूत्तम ५० एकोह्यपिबहून्हंतिघ्नंत्येकंबहवोऽप्युत ॥ शूरंकापुरुषोहंतिअयश
स्वीयशस्विनम् ५१ जयोनैवोभयोर्दृष्टोनोभयोश्चपराजयः ॥ तथैवापचयोदृष्टोव्यपयानेक्षयव्ययौ ५२ सर्वथावृजिनंयुद्धंकोघ्नन्नप्रतिहन्यते ॥ हतस्यचहृषीकेश
समौजयपराजयौ ५३ पराजयश्चमरणान्मन्येनैवविशिष्यते ॥ यस्यस्याद्विजयःकृष्णतस्याप्यपचयोध्रुवम् ५४ अंततोदयितंघ्नंतिकेचिदप्यपरेजनाः ॥ तस्यांगबल
हीनस्यपुत्रान्भ्रातॄनपश्यतः ५५ निर्वेदोजीवितेकृष्णसर्वतश्चोपजायते ॥ येह्येवधीराह्रीमंतआर्याःकरुणवेदिनः ५६ तएवयुद्धेहन्यंतेयवीयान्मुच्यतेजनः ॥ हत्वा
प्यनुशयोनित्यंपरानपिजनार्दन ५७ अनुबंधश्चपापोत्रशेषश्चाप्यवशिष्यते ॥ शेषोहिबलमासाद्यनशेषमनुशेषयेत् ५८ सर्वोच्छेदेचयततेवैरस्यांतविधित्सया ॥
जयोवैरंप्रसृजतिदुःखमास्तेपराजितः ५९ सुखंप्रशांतःस्वपितिहित्वाजयपराजयौ ॥ जातवैरश्चपुरुषोदुःखंस्वपितिनित्यदा ६० अनिर्वृत्तेनमनसाससर्पइववेश्मनि ॥
उत्सादयतियःसर्वंयशसासविमुच्यते ६१ अकीर्तिंसर्वभूतेषुशाश्वतींसनियच्छति ॥ नहिवैराणिशाम्यंतिदीर्घकालधृतान्यपि ६२ आख्यातारश्चविद्यंतेपुमांश्चे
द्विद्यतेकुले ॥ नचापिवैरंवैरेणकेशवव्युपशाम्यति ६३ हविषाग्निर्यथाकृष्णभूयएवाभिवर्धते ॥ अतोऽन्यथानास्तिशांतिर्नित्यमंतरमंततः ६४ अंतरंलिप्स
मानानामयंदोषोनिरंतरः ॥ पौरुषेयोहिबलवानाधिर्हृदयबाधनः ॥ तस्यत्यागेनवाशांतिर्मरणेनापिवाभवेत् ६५ अथवामूलघातेनद्विषतांमधुसूदन ॥ फलनिर्वृ
त्तिरिद्धास्यात्तन्नृशंसतरंभवेत् ६६ यातुत्यागेनशांतिःस्यात्तदृतेवधएवसः ॥ संशयाच्चसमुच्छेदाद्द्विषतामात्मनस्तथा ६७ नचत्यक्तुंतदिच्छामोनचेच्छामःकुल
क्षयम् ॥ अत्रयाप्रणिपातेनशांतिःसैवगरीयसी ६८

६१ । ६२ । ६३ अतइति । यतःअंतरंछिद्रंनित्यंअपरिहार्यं अतोहेतोःअंततोऽन्यथास्वस्यशत्रोर्वानाशंविनाशांतिर्नास्ति ६४ अयंदोषःनाशाख्यः अंततइत्येतद्व्याचष्टेपौरुषेयइतिसार्धेन ६५ द्विषतांमूलघातेनफल
निर्वृत्तिःनिष्कंटकराज्यप्राप्तिः इद्धाप्रदीप्तास्यात्तावताचनृशंसतरंनभवेत्नृशंसंतुभवेदेवेत्यर्थः अतःशमएवश्रेयानितिभावः ६६ त्यागेनराज्यस्येतिशेषः तदृतेराज्यंविनाद्विषतांसंशयात् किंशत्रवश्छिद्रंप्रहरिष्यंति
उतउपेक्षांकरिष्यंतीत्येवंरूपात् आत्मनःभ्रष्टश्रीकस्यसद्यःसमुच्छेदात्नाशसंभवात् अतोराज्यत्यागोनयुक्तइतिभावः ६७ सिद्धांतमाह नचेति ६८

सर्वथासामदानभेदैःराज्यार्थंयतमानानांयुद्धंप्रसिद्धं अवश्यंकर्त्तव्यमित्यर्थः नतुअपराक्रमःक्लीबत्वंयुक्तइतिशेषः ६९ दारुणंयुद्धंतच्छुनामिवनिंद्यमित्यर्थः ७० दृष्टांतंविवृणोति लांगूलेति । अत्रलांगूलेनध्वजउप मीयते क्ष्वेडाध्वनिःकौटिल्यंपरस्परछिद्रान्वेषणंच प्रतिवाचःपरस्परनिंदास्वप्रशंसाच विवर्त्तनंभूमौलुंठनं दंतदर्शनंमुखस्यव्यादानेन आरावः भषणं पक्षेसिंहनादः ७१ । ७२ सर्वथेति । अनादरेराज्यस्याप्राप्तिः

सर्वथायतमानानामयुद्धमभिकांक्षताम् ॥ सांत्वेप्रतिहतेयुद्धंप्रसिद्धंनापराक्रमः ६९ प्रतिघातेनसांत्वस्यदारुणंसंप्रवर्तते ॥ तच्छुनामिवसंपातेपंडितैरुपलक्षितम् ७० लांगूलचालनंक्ष्वेडाप्रतिवाचोविवर्तनम् ॥ दंतदर्शनमारावस्ततोयुद्धंप्रवर्तते ७१ तत्रयोबलवान्कृष्णजित्वासोत्तितदामिषम् ॥ एवमेवमनुष्येषुविशेषोनास्ति कश्चन ७२ सर्वथात्वेतदुचितंदुर्बलेषुबलीयसाम् ॥ अनादरोविरोधश्चप्रणिपातीहिदुर्बलः ७३ पिताराजाचवृद्धश्चसर्वथामानमर्हति ॥ तस्मान्मान्यश्चपूज्यश्चधृत राष्ट्रोजनार्दन ७४ पुत्रस्नेहश्चबलवान्धृतराष्ट्रस्यमाधव ॥ सपुत्रवशमापन्नःप्रणिपातंप्रहास्यति ७५ तत्रकिंमन्यसेकृष्णप्राप्तकालमनंतरम् ॥ कथमर्थाच्चधर्माच्चनही येमहिमाधव ७६ ईदृशेऽत्यर्थकृच्छ्रेस्मिन्कमन्यंमधुसूदन ॥ उपसंप्रष्टुमर्हामित्वामृतेपुरुषोत्तम ७७ प्रियश्चप्रियकामश्चगतिज्ञःसर्वकर्मणाम् ॥ कोहिकृष्णास्ति नस्त्वादृक्सर्वनिश्चयवित्सुहृत् ७८ ॥ वैशंपायनउवाच ॥ एवमुक्तःप्रत्युवाचधर्मराजंजनार्दनः ॥ उभयोरेववामर्थेयास्यामिकुरुसंसदम् ७९ शमंतत्रलभेयंचेद्युष्मदर्थ महापयन् ॥ पुण्यंमेसुमहद्राजंश्चरितंस्यान्महाफलम् ८० मोचयेयंमृत्युपाशात्संरब्धान्कुरुसृंजयान् ॥ पांडवान्धार्तराष्ट्रांश्चसर्वांचपृथिवीमिमाम् ८१ ॥ युधिष्ठिरउवाच ॥ नममैतन्मतंकृष्णयत्त्वंयायाःकुरून्प्रति ॥ सुयोधनःसूक्तमपिनकरिष्यतितेवचः ८२ समेतंपार्थिवंक्षत्रंदुर्योधनवशानुगम् ॥ तेषांमध्याव तरणंतवकृष्णनरोचये ८३ नहिनःप्रीणयेद्द्रव्यंनदेवत्वंकुतःसुखम् ॥ नचसर्वामरैश्वर्यंतवद्रोहेणमाधव ८४ ॥ श्रीभगवानुवाच ॥ जानाम्येतांमहाराजधार्तराष्ट्रस्यपाप ताम् ॥ अवाच्यास्तुभविष्यामःसर्वलोकेमहीक्षिताम् ८५ नचापिममपर्याप्ताःसहिताःसर्वपार्थिवाः ॥ क्रुद्धस्यसंयुगेस्थातुंसिंहस्येवेतरेमृगाः ८६ अथचेत्तेप्रवर्ते तमयिकिंचिदसांप्रतम् ॥ निर्दहेयंकुरून्सर्वानितिमेधीयतेमतिः ८७ नजातुगमनंपार्थभवेत्तत्रनिरर्थकम् ॥ अर्थप्राप्तिःकदाचित्स्यादंततोवाप्यवाच्यता ८८ ॥ युधिष्ठिरउवाच ॥ यत्तुभ्यंरोचतेकृष्णस्वस्तिप्राप्नुहिकौरवान् ॥ कृतार्थंस्वस्तिमंतंत्वांद्रक्ष्यामिपुनरागतम् ८९ विष्वक्सेनकुरून्गत्वाभरतान्शमयन्प्रभो ॥ यथासर्वेसुमनसःसहस्यामसुचेतसः ९० भ्राताचासिसखाचासिबीभत्सोर्ममचप्रियः ॥ सौहृदेनाविशंक्योऽसिस्वस्तिप्राप्नुहिभूतये ९१ अस्मान्वेत्थपरान्वेत्थवेत्थार्था न्वेत्थभाषितुम् ॥ यद्यदस्मद्धितंकृष्णतत्तद्वाच्यःसुयोधनः ९२

युद्धेकुलक्षयः प्रणिपातेतुदौर्बल्यप्रसिद्धिः ७३ अंत्यःपक्षोपिनसेत्स्यतीत्याह पितेतिद्वाभ्यां ७४ प्रहास्यतिनस्वीकरिष्यति ७५ । ७६ । ७७ । ७८ । ७९ । ८० । ८१ । ८२ । ८३ । ८४ । ८५ । ८६ तेत्वत्संबंधिनिमयियेत्कुरुकृतंअसांप्रतंअयुक्तंवधबंधादिप्रवर्तेततदानिर्दहेयंकुरूनित्यन्वयः ८७ । ८८ । ८९ कुरून्गत्वातथावदेतिशेषः ९० । ९१ । ९२

यदीति । अधर्मेणसांत्वंनोराज्यार्थार्हाणांपंचग्रामदानेन   अधर्मेणइतरत्द्यूतेनैवराज्यस्त्यादानं । बृहदश्वादक्षहृदयस्यप्राप्तत्वात् । यद्यद्धर्मेणेतिसत्यंवेतिचपाठेत्वनृतस्यधर्मसंयुक्तत्वर्महिंसाप्राधान्येनबोध्यम् १३
॥इतिउद्योगपर्वणिनीलकंठीये भारतभावदीपेद्विसप्ततितमोऽध्यायः ॥ ७२ ॥   ॥   ॥ संजयस्येति १ । २ नैष्ठिकंकर्मयावज्जीवंब्रह्मचर्यं पारिव्राज्यंचविहितमितिशेषः ३ कार्पण्यंग्रामपंचकंदेहीतिदीनव
चनम् ४ वृत्तिःजीविका कर्तुमितिशेषः ५ अतिगृद्धाःअत्यंतलुब्धाः ६ पर्यायउपायः यद्येन बलवत्तां स्वस्येतिशेषः ७ । ८ अनुक्रोशात्भवत्सुकृपातः कार्पण्यात्स्वस्यदैन्यात् अलंकर्तुंपूर्णंकर्तुंनसमर्थाः ९

यद्यधर्मेणसंयुक्तमुपपद्येद्धितंवचः ॥ तत्तत्केशवभाषेथाःसांत्वंवायदिवेतरत् १३ ॥ इतिश्रीमहाभारतेउद्योगपर्वणिभगवद्यानपर्वणियुधिष्ठिरकृतकृष्णप्रेरणेद्विसप्तति
तमोऽध्यायः ॥ ७२ ॥ ॥ ॥ ॥ श्रीभगवानुवाच ॥ संजयस्यश्रुतंवाक्यंभवतश्चश्रुतंमया ॥ सर्वंजानाम्यभिप्रायंतेषांचभवतश्चयः १ तवधर्माश्रिताबु
द्धिस्तेषांवैराश्रयामतिः ॥ यदयुद्धेनलभ्येतततत्तेबहुमतंभवेत् २ नचैवंनैष्ठिकंकर्मक्षत्रियस्यविशांपते ॥ आहुराश्रमिणःसर्वेनभैक्षंक्षत्रियश्चरेत् ३ जयोवधोवासं
ग्रामेधात्रादिष्टःसनातनः ॥ स्वधर्मःक्षत्रियस्यैषकार्पण्यंनप्रशस्यते ४ नहिकार्पण्यमास्थायशक्यावृत्तिर्युधिष्ठिर ॥ विक्रमस्वमहाबाहोजहिशत्रून्परंतप ५ अति
गृद्धाःकृतस्नेहादीर्घकालंसहोषिताः ॥ कृतमित्राःकृतबलाधार्तराष्ट्राःपरंतप ६ नपर्यायोऽस्तियत्साम्यंत्वयिकुर्युर्विशांपते ॥ बलवत्तांहिमन्यंतेभीष्मद्रोणकृपा
दिभिः ७ यावच्चमार्दवेनैतान्राजन्नुपचरिष्यसि ॥ तावदेतेहरिष्यंतितवराज्यमरिंदम ८ नानुक्रोशान्नकार्पण्यान्नचधर्मार्थकारणात् ॥ अलंकर्तुंधार्तराष्ट्रास्तवकाम
मरिंदम ९ एतदेवनिमित्तंतेपांडवास्तुयथात्वयि ॥ नान्वतप्यंतकौपीनंतावत्कृत्वाऽपिदुष्करम् १० पितामहस्यद्रोणस्यविदुरस्यचधीमतः ॥ ब्राह्मणानांच
साधूनांराज्ञश्चनगरस्यच ११ पश्यतांकुरुमुख्यानांसर्वेषामेवतत्त्वतः ॥ दानशीलंमृदुंदांतंधर्मशीलमनुव्रतम् १२ यत्त्वामुपधिनाराजन्द्यूतेवंचितवांस्तदा ॥
नचापत्रपतेतेननृशंसःस्वेनकर्मणा १३ तथाशीलसमाचारेराजन्माप्रणयंकृथाः ॥ वध्यास्तेसर्वलोकस्यकिंपुनस्तवभारत १४ वाग्भिस्त्वप्रतिरूपाभिरतुदत्त्वांस
हानुजम् ॥ श्लाघमानःप्रहृष्टःसन्भ्रातृभिःसहभाषते १५ एतावत्पांडवानांहिनास्तिकिंचिदिहस्वकम् ॥ नामधेयंचगोत्रंचतदप्येषांनशिष्यते १६ कालेनमह
ताचैषांभविष्यतिपराभवः ॥ प्रकृतिंतेभजिष्यंतिनष्टप्रकृतयोमयि १७ दुःशासनेनपापेनतदाद्यूतेप्रवर्तिते ॥ अनाथवत्तदादेवीद्रौपदीसुदुरात्मना १८ आकृष्य
केशेरुदतीसभायांराजसंसदि ॥ भीष्मद्रोणप्रमुखतोगौरितिव्याहृतामुहुः १९ भवतावारिताःसर्वेभ्रातरोभीमविक्रमाः ॥ धर्मपाशनिबद्धाश्चनकिंचित्प्रतिपेदिरे २०
एताश्चान्याश्चपरुषावाचःससमुदीरयन् ॥ श्लाघतेज्ञातिमध्येस्मत्वयिप्रव्रजितेवनम् २१

निमित्तंअशमेकारणं हेपांडव त्वयिकौपीनंधारयतिसतितेकौरवाःनान्वतप्यंतपश्चात्तापंनकृतवंतः तावत्वनवासादि १० पितामहादीननादृत्यउपधिनाछलेनत्वांद्यूतेवंचितवानितिसार्धद्वयसंबंधः ११ । १२ । १३
१४ अतुदत्पीडितवान् १५ । १६ प्रकृतिंपंचतां मयिमत्समीपे नष्टाप्रकृतिःशौर्यादिरूपःस्वभावोयेषाम् १७ । १८ गौरिवसर्वभोग्येत्युपहासोगौर्गौरिति १९ । २० । २१

२२ । २३ । २४ । २५ ईषत्कार्यः अनायाससाध्यः प्रस्कुन्देनचक्राकारयावेदिकया । 'कुंदश्चक्रभ्रमेमेघे' इतिविश्वः पारस्करादित्वात्सुट् । प्रस्कंदेनेतिपाठेमध्यमाशिफयेतिप्राञ्चः २६ । २७ । २८ द्विधाभावः अयंसाधुरसाधुर्वेतिसंशयः २९ प्रातिपौरुषिकान् सर्वपुरुषसाधारणान् ३० । ३१ । ३२ । ३३ । ३४ हतेनिंद्यतयाजष्टप्राये ३५ यात्वागत्वा ३६ निशम्यआलोच्य ३७ । ३८ । ३९ चेदिहांतकोऽनुप्राप्तोनो

येतत्रासन्समानीतास्तेदृष्ट्वात्वामनागसम् ॥ अश्रुकंठारुदंतश्चसमभायामासतेसदा २२ नचैनमभ्यनंदंस्तेराजानोब्राह्मणैःसह ॥ सर्वेदुर्योधनंतत्रनिंदंतिस्मसभासदः २३ कुलीनस्यचयानिंदावधोवाऽमित्रकर्शन ॥ महागुणोवधोराजन्नतुनिंदाकुजीविका २४ तदैवनिहतोराजन्यदैवनिरपत्रपः ॥ निंदितश्चमहाराजपृथिव्यांसर्वराजभिः २५ ईषत्कार्योवधस्तस्ययस्यचारित्रमीदृशम् ॥ प्रस्कुंदेनप्रतिस्तब्धश्छिन्नमूलइवद्रुमः २६ वध्यःसर्पइवानार्यःसर्वलोकस्यदुर्मतिः ॥ जह्येनंत्वममित्रघ्नमाराजन्विचिकित्सिथाः २७ सर्वथात्वत्क्षमंचैतद्रोचतेचममानघ ॥ यत्त्वंपितरिभीष्मेचप्रणिपातंसमाचरेः २८ अहंतुसर्वलोकस्यगत्वाछेत्स्यामिसंशयम् ॥ येषामस्तिद्विधाभावोराजन्दुर्योधनंप्रति २९ मध्येराज्ञामहंतत्रप्रातिपौरुषिकान्गुणान् ॥ तवसंकीर्तयिष्यामियेचतस्यव्यतिक्रमाः ३० ब्रुवतस्तत्रमेवाक्यंधर्मार्थसहितंहितम् ॥ निशम्यपार्थिवाःसर्वेनानाजनपदेश्वराः ३१ त्वयिसंप्रतिपत्स्यंतेधर्मात्मासत्यवागिति ॥ तस्मिंश्चाधिगमिष्यंतियथालोभादवर्तत ३२ गर्हयिष्यामिचैवैनंपौरजानपदेष्वपि ॥ वृद्धबालानुपादायचातुर्वर्ण्येसमागते ३३ शममेवायाचमानस्त्वंनाधर्मंतत्रलप्स्यसे ॥ कुरून्विगर्हयिष्यंतिधृतराष्ट्रंचपार्थिवाः ३४ तस्मिँल्लोकपरित्यक्तेकिंकार्यमवशिष्यते ॥ हतेदुर्योधनेराजन्यदन्यत्क्रियतामिति ३५ यात्वाचाहंकुरून्सर्वान्युष्मदर्थमहापयन् ॥ यतिष्येप्रशमंकर्तुंलक्षयिष्येचचेष्टितम् ३६ कौरवाणांप्रवृत्तिंचगत्वायुद्धाधिकारिकाम् ॥ निशम्यविनिवर्तिष्येजयायतवभारत ३७ सर्वथायुद्धमेवाहमाशंसामिपरैःसह ॥ निमित्तानिहिसर्वाणितथाप्रादुर्भवंतिमे ३८ मृगाःशकुंताश्चवदंतिघोरंहस्त्यश्वमुख्येषुनिशामुखेषु ॥ घोराणिरूपाणितथैवचाग्निर्वर्णान्बहून्पुष्यतिघोररूपान् ३९ मनुष्यलोकक्षयकृत्सुघोरोनोचेदनुप्राप्तइहांतकःस्यात् ॥ शस्त्राणियंत्रंकवचारथांश्चनागान्हयांश्चप्रतिपादयित्वा ४० योधाश्चसर्वेकृतनिश्चयास्तेभवंतुहस्त्यश्वरथेषुयत्ताः ॥ सांग्रामिकंतेयदुपार्जनीयंसर्वंसमग्रंकुरुतन्नरेन्द्र ४१ दुर्योधनोनह्यलमद्यदातुंजीवंस्तवैतन्नृपतेकथंचित् ॥ यत्तेपुरस्तादभवत्समृद्धंद्यूतेहृतंपांडवमुख्यराज्यम् ४२ ॥ इतिश्रीमहाभारतेउद्योगपर्वणिभगवद्यानपर्वणिकृष्णवाक्येत्रिसप्ततितमोऽध्यायः ॥ ७३ ॥

॥ भीमउवाच ॥ यथायथैवशांतिःस्यात्कुरूणांमधुसूदन ॥ तथातथैवभाषेथामास्मयुद्धेनभीषयेः १ अमर्षीजातसंरंभःश्रेयोद्वेषीमहामनाः ॥ नोग्रंदुर्योधनोवाच्यःसाम्नैवैनंसमाचरेः २

स्यात्तर्हिएतत्कस्यादितिशेषः यंत्रंगोलकोत्क्षेपणं कवचा कवचानिवर्माणि सुपांसुलुगितिसुपोडादेशः नांतपाठेपुंस्त्वमार्षं प्रतिपादयित्वा सज्जीकृत्य ४० । ४१ ४२ ॥ इतिउद्योगप० नीलकंठीयेभारतभावदीपे त्रिसप्ततितमोऽध्यायः ॥ ७३ ॥ यथेति । शांतिबाधकंभयंतेवांमाकुर्वित्याह तथेति १ महामनाःस्तब्धः समाचरेः प्रागपिसमाहितवानसि २

३ निष्ठूरीनिष्ठुरवाक् क्षेप्तानिंदकः अनेयःशिक्षयितुमयोग्यः ४ । ५ अबाचीनोविपरीतः ६ । ७ । ८ । ९ । १० ज्ञातीन्सगोत्रान् सुहृदःमित्राणि बांधवान्श्यालश्वशुरादीन् ११ पर्यायकाले

प्रकृत्यापापसत्वश्चतुल्यचेतास्तुदस्युभिः ॥ ऐश्वर्यमदमत्तश्चकृतवैरश्चपांडवैः ३ अदीर्घदर्शीनिष्ठूरीक्षेप्ताक्रूरपराक्रमः ॥ दीर्घमन्युरनेयश्चपापात्मानिकृतिप्रियः
४ म्रियेतापिनभज्येतनैवजह्यात्स्वकंमतम् ॥ तादृशेनशमःकृष्णमन्येपरमदुष्करः ५ सुहृदामप्यवाचीनस्त्यक्तधर्माप्रियानृतः ॥ प्रतिहंत्येवसुहृदांवाचश्चैवमनां
सिच ६ समन्युवशमापन्नःस्वभावंदुष्टमास्थितः ॥ स्वभावात्पापमभ्येतितृणैश्छन्नइवोरगः ७ दुर्योधनोहियत्सेनःसर्वथाविदितस्तव ॥ यच्छीलोयत्स्वभावश्च
यद्बलोयत्पराक्रमः ८ पुराप्रसन्नाःकुरवःसहपुत्रास्तथावयम् ॥ इंद्रज्येष्ठाइवाभूममोदमानाःसबांधवाः ९ दुर्योधनस्यक्रोधेनभरतामधुसूदन ॥ धक्ष्यंतेशिशिरापा
येवनानीवहुताशनैः १० अष्टादशेमेराजानःप्रख्यातामधुसूदन ॥ येसमुच्चिच्छिदुर्ज्ञातीन्सुहृदश्चसबांधवान् ११ असुराणांसमृद्धानांज्वलतामिवतेजसा ॥
पर्यायकालेधर्मस्यप्राप्तेकलिरजायत १२ हैहयानांमुदावर्त्तोनीपानांजनमेजयः ॥ बहुलस्तालजंघानांकृमीणामुद्धतोवसुः १३ अजबिंदुःसुवीराणांसुराष्ट्राणांरु
षर्द्धिकः ॥ अर्कजश्चबलीहानांचीनानांधौतमूलकः १४ हयग्रीवोविदेहानांवरयुश्चमहौजसाम् ॥ बाहुःसुंदरवंशानांदीप्ताक्षाणांपुरूरवाः १५ सहजश्चेदिमत्स्यानां
प्रवीराणांवृषध्वजः ॥ धारणश्चंद्रवत्सानांमुकुटानांविगाहनः १६ शमश्चनंदिवेगानामित्येतेकुलपांसनाः ॥ युगांतेकृष्णसंभूताःकुलेकुपुरुषाधमाः १७ अप्य
यंनःकुरूणांस्याद्युगांतेकालसंभृतः ॥ दुर्योधनःकुलांगारोजघन्यःपापपूरुषः १८ तस्मान्मृदुशनैर्ब्रूयाधर्मार्थसहितंहितम् ॥ कामानुबद्धंबहुलंनोग्रमुग्रपराक्रम
१९ अपिदुर्योधनंकृष्णसर्वेवयमधश्चराः ॥ नीचैर्भूत्वाऽनुयास्यामोमास्मनोभरतानशन् २० अप्युदासीनवृत्तिःस्याद्यथानःकुरुभिःसह ॥ वासुदेवतथाकार्यंन
कुरूननयःस्पृशेत् २१ वाच्यःपितामहोवृद्धोयेचकृष्णसभासदः ॥ भ्रातॄणामस्तुसौभ्रात्रंधार्तराष्ट्रःप्रशाम्यताम् २२ अहमेतद्ब्रवीम्येवंराजाचैवप्रशंसति ॥ अ
र्जुनोनैवयुद्धार्थीभूयसीहिदयार्जुने २३ ॥ इतिश्रीमहाभारतेउद्योगपर्वणिभगवद्यानपर्वणिभीमवाक्येचतुःसप्ततितमोऽध्यायः ॥ ७४ ॥ ॥ वैशं
पायनउवाच ॥ एतच्छ्रुत्वामहाबाहुःकेशवःप्रहसन्निव ॥ अभूतपूर्वंभीमस्यमार्दवोपहितंवचः १ गिरेरिवलघुत्वंतच्छीतत्वमिवपावके ॥ मत्वारामानुजःशौरिः
शार्ङ्गधन्वावृकोदरम् २ संतेजयंस्तदावाग्भिर्मातरिश्वेवपावकम् ॥ उवाचभीममासीनंकृपयाऽभिपरिप्लुतम् ३ ॥ श्रीभगवानुवाच ॥ त्वमन्यदाभीमसेनयुद्ध
मेवप्रशंससि ॥ वधाभिनन्दिनःक्रूरान्धार्तराष्ट्रान्निमर्दिषुः ४ नचस्वपिषिजागर्षिन्युब्जःशेषेपरंतप ॥ घोरामशांतांरुषतींसदावाचंप्रभाषसे ५ निःश्वसन्नग्निवत्तेनसं
तप्तःस्वेनमन्युना ॥ अप्रशांतमनाभीमसधूमइवपावकः ६

धर्मांतकाले १२ । १३ । १४ । १५ । १६ । १७ । १८ कामानुबंधबहुलंबाहुल्येनतस्यचित्तानुसारि १९ । २० अनयःकुलक्षयकृतोदोषः २१ । २२ प्रशंसतिशममेवेतिशेषः २३ ॥ इतिउद्योगपर्व
णिनीलकंठीये भारतभावदीपे चतुःसप्ततितमोऽध्यायः ॥ ७४ ॥ ॥ ॥ एतदिति १ । २ । ३ । ४ रुषतींरोषवतीं ५ अग्निवत्अग्निनेव ६

आरुज्यभंक्त्वा अस्मिन्वनेजनेनब्राह्मणसमूहेनक्षिपसिनयसिकालमितिशेषः ७ । ८ । ९ । १० । ११ शुक्रंतेजः निर्मुक्तोऽस्तंगतः ध्रुवंनिश्चलं पुनःपर्येतिमेरुंपुनःपुनःप्रदक्षिणीकरोति १२ नियमेनहंताऽस्मी

एकांतेनिःश्वसन्शेषेभारार्तइवदुर्बलः ॥ अपित्वांकेचिदुन्मत्तंमन्यंतेतद्विदोजनाः ७ आरुज्यवृक्षान्निर्मूलान्गजःपरिरुजन्निव ॥ निघ्नन्पद्भिःक्षितिंभीमनिष्टनन्प
रिधावसि ८ नास्मिन्जनेनरमसेरहःक्षिपसिपांडव ॥ नान्यंनिशिदिवाचापिकदाचिदभिनंदसि ९ अकस्मात्स्मयमानश्चरहस्यास्सेरुदन्निव ॥ जान्वोर्मूर्धानमा
धायचिरमास्सेप्रमीलितः १० भ्रुकुटिंचपुनःकुर्वन्नोष्ठौचविदशन्निव ॥ अभीक्ष्णंदृश्यसेभीमसर्वंतन्मन्युकारितम् ११ यथापुरस्तात्सवितादृश्यतेशुक्रमुच्चरन् ॥
यथाचपश्चान्निर्मुक्तोध्रुवंपर्येतिरश्मिवान् १२ तथासत्यंब्रवीम्येतन्नास्तितस्यव्यतिक्रमः ॥ हंताऽहंगदयाऽभ्येत्यदुर्योधनममर्षणम् १३ इतिस्ममध्येभ्रातॄणांसत्ये
नालभसेगदाम् ॥ तस्यतेप्रशमेबुद्धिर्धीयतेऽद्यपरंतप १४ अहोयुद्धाभिकांक्षाणांयुद्धकालउपस्थिते ॥ चेतांसिविप्रतीपानियत्त्वांभीर्भीमविंदति १५ अहोपार्थनि
मित्तानिविपरीतानिपश्यसि ॥ स्वप्नांतेजागरांतेचतस्मात्प्रशममिच्छसि १६ अहोनाशंससेकिंचित्पुंस्त्वंक्लीबइवात्मनि ॥ कश्मलेनाभिपन्नोऽसितेनतेविकृतंमनः
१७ उद्वेपतेतेहृदयंमनस्तेप्रतिसीदति ॥ ऊरुस्तंभगृहीतोऽसितस्मात्प्रशममिच्छसि १८ अनित्यंकिलमर्त्यस्यपार्थचित्तंचलाचलम् ॥ वातवेगप्रचलिताअष्ठीला
शाल्मलेरिव १९ तवैषाविकृताबुद्धिर्गवांवागिवमानुषी ॥ मनांसिपांडुपुत्राणांमज्जयत्यप्लवानिव २० इदंमेमहदाश्चर्यंपर्वतस्येवसर्पणम् ॥ यदीदृशंप्रभाषेथा
भीमसेनासमंवचः २१ सदृष्ट्वास्वानिकर्माणिकुलेजन्मचभारत ॥ उत्तिष्ठस्वविषादंमाकृथावीरस्थिरोभव २२ नचैतदनुरूपंतेयत्तेग्लानिररिंदम ॥ यदोजसानलभ
तेक्षत्रियोनतदश्नुते २३ ॥ इतिश्रीमहाभारतेउद्योगपर्वणिभगवद्यानपर्वणिभीमोत्तेजकश्रीकृष्णवाक्येपंचसप्ततितमोऽध्यायः ॥ ७५ ॥ ॥ वैशंपायनउवाच ॥
तथोक्तोवासुदेवेननित्यमन्युरमर्षणः ॥ सदश्ववत्समाधावद्बभाषेतदनंतरम् १ ॥ भीमसेनउवाच ॥ अन्यथामांचिकीर्षंतमन्यथामन्यसेऽच्युत ॥ प्रणीतभावमत्यर्थं
युधिसत्यपराक्रमम् २ वेत्सिदाशार्हसत्यंमेदीर्घकालंसहोषितः ॥ उतवामांनजानासिप्लवन्हृदइवाप्लवे ३ तस्मादनभिरूपाभिर्वाग्भिर्मांत्वंसमर्छसि ॥ कथंहिभीमसेनंमां
जानन्कश्चनमाधव ४ ब्रूयादप्रतिरूपाणियथामांवक्तुमर्हसि ॥ तस्मादिदंप्रवक्ष्यामिवचनंवृष्णिनंदन ५ आत्मनःपौरुषंचैवबलंचनसमंपरैः ॥ सर्वथानार्यकर्मैत
त्प्रशंसास्वयमात्मनः ६ अतिवादापविद्धस्तुवक्ष्यामिबलमात्मनः ॥ पश्येमेरोदसीकृष्णययोरासन्निमाःप्रजाः ७ अचलेचाप्रतिष्ठेचाप्यनंतेसर्वमातरौ ॥ यदिमेस
हसाक्रुद्धेसमेयातांशिलेइव ८ अहमेतेनिगृह्णीयांबाहुभ्यांसचराचरे ॥ पश्यैतदंतरंबाह्वोर्महापरिघयोरिव ९

तिशेषः १३ । १४ । १५ निमित्तानिमहिपारोहणवामनेत्रस्फुरणादीनि स्वप्नांतेस्वप्ने जागरांतेजागरे १६ । १७ । १८ अष्ठीलाफलांतर्ग्रंथिः साचशाल्मलेकेवलंतूलमयीभवति १९ । २० । २१ । २२ । २३
॥ इतिउद्योगपर्वणि नीलकंठीये भारतभावदीपे पंचसप्ततितमोऽध्यायः ॥ ७५ ॥ तथोक्तइति । समाधावत् तीव्रवेगंयथास्यात्तथा १ । २ । ३ । ४ । ५ । ६ रोदसीद्यावाभूमी ७ । ८ । । ९

१० । ११ । १२ । १३ संबाधेसंकीर्णे १४ वैशसेविशसनवति १५ । १६ । १७ । १८ ॥ इतिउद्योगपर्वणिनीलकंठीये भारतभावदीपे षट्सप्ततितमोऽध्यायः ॥ ७६ ॥ ॥ भावमिति ।
विवक्षयात्वयास्वरूपंवक्तव्यमितीच्छया प्रागेवतस्यज्ञातत्वात् १ वेदवेद्मि २ । ३ । ४ कुतस्तर्हिमांनिंदितवानसीत्याशंक्याह जिज्ञासंतइति । दैवमानुषयोर्धर्मस्यपर्यायमितिसंबंधः दैवधर्मस्यभा
विनःपुण्यपापफलस्यपर्यायंपर्यंतंदैवज्ञादेःसकाशाज्जिज्ञासंतोज्ञातुमिच्छंतोऽपिनाध्यवस्यंतिननिश्चिन्वंति कदाचिदैवज्ञाद्युक्तावपिविसंवाददर्शनात् तथामानुषधर्मस्यपुरुषकारस्यपर्यायंबलाबलनिर्णयंइतिपू
र्ववत् शूरस्यापिकदाचित्क्लीबत्वदृष्टेरितिभावः ५ सएवधर्मएव संदिग्धंसंदिग्धफलं ६ परिदृष्टानिकर्तव्यत्वेननिश्चितानिकार्याणि ७ सुनीतंसम्यगनुष्ठितम् विरुध्यतेनिष्फलंक्रियते ८ अकृतंभो

यएतत्प्राप्यमुच्येतनतंपश्यामिपूरुषम् ॥ हिमवांश्चसमुद्रश्चवज्रीचाबलभित्स्वयम् १० मयाऽभिपन्नंत्रायेरन्बलमास्थायनत्रयः ॥ युद्धार्हान्क्षत्रियान्सर्वान्पांड
वेष्वाततायिनः ११ अधःपादतलेनैतानधिष्ठास्यामिभूतले ॥ नहित्वंनाभिजानासिममविक्रममच्युत १२ यथामयाविनिर्जित्यराजानोवशगाःकृताः ॥ अथचेन्मांन
जानासिसूर्यस्येवोद्यतःप्रभाम् १३ विगाढेयुधिसंबाधेवेत्स्यसेमांजनार्दन ॥ परुषैराक्षिपसिकिंव्रणंपूतिमिवोन्नयन् १४ यथामतिब्रवीम्येतद्विद्धिमामधिकंततः ॥
द्रष्टाऽसियुधिसंबाधेप्रवृत्तेवैशसेऽहनि १५ मयाप्रणुन्नान्मातंगान्रथिनःसादिनस्तथा ॥ तथानरानभिक्रुद्धंनिघ्नंतंक्षत्रियर्षभान् १६ द्रष्टामांत्वंचलोकश्चविकर्षंतंव
रान्वरान् ॥ नमेसीदंतिमज्जानोनममोद्वेपतेमनः १७ सर्वलोकादभिक्रुद्धान्नभयंविद्यतेमम ॥ किंतुसौहृदमेवैतत्कृपयामधुसूदन ॥ सर्वास्तितिक्षेसंक्लेशान्मा
स्मनोभरतानशन् १८ ॥ इतिश्रीमहाभारतेउद्योगपर्वणिभगवद्यानपर्वणिभीमसेनवाक्येषट्सप्ततितमोऽध्यायः ॥ ७६ ॥ ॥ ॥ श्रीभगवानुवाच ॥ ॥
भावंजिज्ञासमानोऽहंप्रणयादिदमब्रुवम् ॥ नचाक्षेपान्नपांडित्यान्नक्रोधान्नविवक्षया १ वेदाहंतवमाहात्म्यमुततेवेदयद्बलम् ॥ उततेवेदकर्माणिनत्वांपरिभवाम्य
हम् २ यथाचात्मनिकल्याणंसंभावयसिपांडव ॥ सहस्रगुणमप्येतत्त्वयिसंभावयाम्यहम् ३ यादृशेचकुलेजन्मसर्वराजाभिपूजिते ॥ बंधुभिश्चसुहृद्भिश्चभीमत्व
मसितादृशः ४ जिज्ञासंतोहिधर्मस्यसंदिग्धस्यवृकोदर ॥ पर्यायंनाध्यवस्यंतिदैवमानुषयोर्जनाः ५ सएवहेतुर्भूत्वाहिपुरुषस्यार्थसिद्धिषु ॥ विनाशेऽपिसएवा
स्यसंदिग्धंकर्मपौरुषम् ६ अन्यथापरिदृष्टानिकविभिर्दोषदर्शिभिः ॥ अन्यथापरिवर्त्तंतेवेगाइवनभस्वतः ७ सुमंत्रितंसुनीतंचन्यायतश्चोपपादितम् ॥ कृतंमानुष्य
कंकर्मदैवेनापिविरुद्ध्यते ८ दैवमप्यकृतंकर्मपौरुषेणविहन्यते ॥ शीतमुष्णंतथावर्षंक्षुत्पिपासेचभारत ९ यदन्यद्दिष्टभावस्यपुरुषस्यस्वयंकृतम् ॥ तस्मादनुपरोध
श्चविद्यतेतत्रलक्षणम् १०

गायानारब्धंकर्मपुण्यादिकमागामिदुःखंदैवज्ञादिभिरुपदिष्टतयानिश्चितसद्भावंपौरुषेणविहन्यते तेनकाम्यकर्मणामपिफलवत्त्वमस्त्येवेतिसिद्धं यद्वा अकृतंकालस्वभावजंकर्मअनुभूयमानंशीतोष्णादितत्पौरुषे
णप्रावरणादिसंपादनेननिवार्यतइत्यर्थः ९ यदन्यदिति । दिष्टःफलभोगायआज्ञप्तःभावःसत्तायस्यतत् दिष्टभावंप्रारब्धकर्म पंचम्यर्थेषष्ठी प्रारब्धादन्यदित्यर्थः पुरुषस्यपुरुषेणसंचितंयत्स्वयंकृतंकर्मतस्मादनुपरो
धोजन्मांतरेनिरोधोनास्ति तत्रज्ञानेनप्रायश्चित्तेनवासंचितपापानांनाशेलक्षणंज्ञापकंश्रुतिस्मृतिजातंविद्यते ' क्षीयन्तेचास्यकर्माणितस्मिन्दृष्टेपरावरे । धर्मेणपापमपनुदति ज्ञानाग्निःसर्वकर्माणिभस्मसात्कुरुते–

तथा ' इति । भावःप्रारब्धकर्म । यद्वा अकृतात्दैवात्शीतादेरन्यत्स्वयंकृतंदैवंदेहांतःकरणसंतापहेतुः तस्मादपिउपरोधोऽत्रैवनास्तियतस्तत्रापिलक्षणंचिकित्साविवेकहेतुःशास्त्रंप्रवर्तते सर्वेष्वपिपौरुषंकर्तव्यमितिभावः १० एतदेवाहलोकस्येति । कर्मणोऽन्यत्रपौरुषंविनाअन्यतएकस्माद्दैवादेववृत्तिर्जीविकानास्ति । एवंबुद्धिःईदृक्ज्ञानवान्सन्प्रवर्त्तेतपुरुषकारंकुर्यात तथासतिउभयान्वयेदैवपौरुषयोःसंबंधेफलंभवतिनान्यतरदृत्यर्थः ११ यइति । यथाकर्षकःकर्मकृत्वादैवानुकूल्यात्फलंलब्ध्वाऽपिनहृष्यति अनाकस्मिकत्वात्फलस्य दैवप्रातिकूल्यादलब्धाऽपिनव्यथते अनुचितस्याकरणात् तद्वदत्रापिज्ञेयमित्याशयः १२ तंप्रकृतेयोजयति तत्रेति । अनुमात्राऽवधारणंनिश्चयइत्यर्थः ' मात्रंकार्त्स्न्येऽवधारणे ' इतिकोशः लिंगव्यत्ययआर्षः १३ प्रहीणरश्मिः निष्प्रभः । भावःप्रारब्धंकर्म । अच्छेतप्राप्नुयात् १४ । १५ । १६ तेकुरवइतिसंबंधः १७ अस्मिन्निति । रथोपस्थोभीमः अश्वोपमोऽर्जुनः १८ अहमिति । युद्धकामोऽप्यहं अर्जुनमीसेसारथ्यंकरिष्यामीत्यर्थः १९ । २०

लोकस्यनान्यतोवृत्तिःपांडवान्यत्रकर्मणः ॥ एवंबुद्धिःप्रवर्त्तेतफलंस्यादुभयान्वये ११ यएवंकृतबुद्धिःसकर्मस्वेवप्रवर्तते ॥ नासिद्धौव्यथतेतस्यनसिद्धौहर्षमश्नुते १२ तत्रेयमनुमात्रामेभीमसेनविवक्षिता ॥ नैकांतसिद्धिर्वक्तव्याशत्रुभिःसहसंयुगे १३ नातिप्रहीणरश्मिःस्यात्तथाभावविपर्यये ॥ विषादमर्छेद्ग्लानिंवाऽप्येतमर्थंब्रवीमिते १४ श्वोभूतेधृतराष्ट्रस्यसमीपंप्राप्यपांडव ॥ यतिष्येप्रशमंकर्तुंयुष्मदर्थमहापयन् १५ शमंचेत्तेकरिष्यंतिततोऽनन्तंयशोमम ॥ भवतांचकृतःकामस्तेषांचश्रेयउत्तमम् १६ तेचेदभिनिवेक्ष्यंतेनाभ्युपेष्यंतिमेवचः ॥ कुरवोयुद्धमेवात्रघोरंकर्मभविष्यति १७ अस्मिन्युद्धेभीमसेनत्वयिभारःसमाहितः ॥ धूरर्जुनेनधार्यास्याद्वोढव्यइतरोजनः १८ अहंहियंताबीभत्सोर्भवितासंयुगेसति ॥ धनंजयस्यैषकामोनहियुद्धंनकामये १९ तस्मादाशंकमानोऽहंवृकोदरमतिंतव ॥ गदतःक्लीबयावाचातेजस्तेसमदीदिपम् २० ॥ इतिश्रीमहाभारतेउद्योगपर्वणिभगवद्यानपर्वणिकृष्णवाक्येसप्तसप्ततितमोऽध्यायः ॥ ७७ ॥ ॥ ॥ अर्जुनउवाच ॥ उक्तंयुधिष्ठिरेणैवयावद्वाच्यंजनार्दन ॥ तववाक्यंतुमेश्रुत्वाप्रतिभातिपरंतप १ नैवप्रशममत्रत्वंमन्यसेसुकरंप्रभो ॥ लोभाद्वाधृतराष्ट्रस्यदैन्याद्वासमुपस्थितात् २ अफलंमन्यसेवापिपुरुषस्यपराक्रमम् ॥ नचांतरेणकर्माणिपौरुषेणबलोदयः ३ तदिदंभाषितंवाक्यंतथाचनतथैवतत ॥ नचैतदेवंद्रष्टव्यमसाध्यमपिकिंचन ४ किंचैतन्मन्यसेकृच्छ्रमस्माकमवसादकम् ॥ कुर्वंतितेषांकर्माणियेषांनास्तिफलोदयः ५

॥ इतिउद्योगपर्वणिनीलकंठीये भारतभावदीपे सप्तसप्ततितमोऽध्यायः ॥ ७७ ॥ ॥ ॥ ॥ उक्तमिति १ दैन्याद्वाअस्मदीयात् २ पराक्रमंसर्वेषांरक्षणेयत्नं कर्माणिजीवनबीजानिप्राक्तनानि तदभावाददलद्वयहितार्थंकृतोऽपियत्नोनिष्फलइतिमत्वाशममेवेच्छसीत्यर्थः ३ मंत्रकारणमाह तदिदमिति । नहियुद्धंनकामयेइतियत्त्वयाभाषितं तथाचनतथापिच चनशब्दोऽप्यर्थे यद्यपिमयैतदनिष्टंतथापित्वयायद्भाषितंतत्तथैवभविष्यतीत्यर्थः परंतुशमोऽपितवनासाध्योस्तीत्याह नचेति ४ एततकृच्छ्रंयुद्धंसंकटंमन्यसेऽङ्गीकरोषि अस्माकंकुरुपांडवानांशमासंभवाद्युद्धमिच्छसीत्याह कुर्वंतीति । येषांपुंसांफलोदयोनास्तितेषांकर्माणिक्रियमाणान्यपिसामादीनिकुर्वंतिकृण्वंतिहिंसंति कृञ्हिंसायामित्यस्यस्वादिगणस्थस्यरूपं तनादित्वमस्यार्षं लेखकप्रमादजंवा । चतुर्थोपायसाध्येतुरिपौसांत्वमपक्रियेत्यभियुक्तोक्तेर्जीवनादृष्टाभावाद्दंडैकसाध्येषुसांत्वप्रयोगोदुष्करइत्यर्थः ५

एवंजानन्नपिसामैवचेन्मन्यसेतत्राह संपाद्येति । तत्कर्मसम्यक्संपाद्यमानंभवेत्तत्सफलंस्यादितिसंबंधः प्रभोइत्यनेनअसाध्यसाधनसामर्थ्यमस्यदर्शयति फलितमाह सइति ६ । ७ निरामयंकुशलं ८ कार्यं
तांऔचित्यं कार्यकर्म ९ । १० शर्मेति । कृष्णात्स्वस्यव्यवहारतोभेदान्मतभेदमुक्त्वातत्त्वमाह विचार्यमाणइति । गुरुःउपदेष्टा ' प्राणस्यप्राणमुतचक्षुषश्चक्षुरुतश्रोत्रस्यश्रोत्रंमनसोयेमनोविदुस्तेनिचिक्युर्ब्र
ह्मपुराणमग्र्यं ' इतिश्रुतेरस्मन्मनसोपिमनसस्त्वमतस्तवयःकामःसएवास्मत्कामस्यप्रवर्त्तकइतिभावः वस्तुतस्तुतवैवकामोयुक्तइत्याह नसइत्यादिना ११ धार्मिष्ठंयुद्धादिकं १२ हृताश्रीः १३ समाहूतोद्यूतार्थं
१४ निर्गतःनिश्चयेनप्राप्तः कथंचकथमपि मुख्याफलवती मृदुनासाम्ना इतरेणयुद्धेन १५ । १६ । १७ नामनिश्चितं सपांडवेषुसम्यग्वर्तेतेतिबुद्धिर्मेनसंजायतेनोत्पद्यते १८ । १९ ॥ इतिउद्योगपर्वणि

संपाद्यमानंसम्यक्स्यात्कर्मसफलंप्रभो ॥ सतथाकृष्णवर्तस्वयथाशर्मभवेत्परैः ६ पांडवानांकुरूणांचभवान्नःप्रथमःसुहृत् ॥ सुराणामसुराणांचयथावीरप्रजापतिः ७
कुरूणांपांडवानांचप्रतिपत्स्वनिरामयम् ॥ अस्मद्धितमनुष्ठानंमन्येतवनदुष्करम् ८ एवंचकार्यतामेतिकार्यंतवजनार्दन ॥ गमनादेवमेवत्वंकरिष्यसिजनार्दन ९
चिकीर्षितमथान्यत्तेतस्मिन्वीरदुरात्मनि ॥ भविष्यतिचतत्सर्वंयथातवचिकीर्षितम् १० शर्मतैःसहवानोऽस्तुतववायच्चिकीर्षितम् ॥ विचार्यमाणोयःकामस्तवकृष्ण
सनोगुरुः ॥ नसनार्हतिदुष्टात्मावधंससुतबांधवः ११ येनधर्मसुतेदृष्टानसाश्रीरुपमर्षिता ॥ यच्चाप्यपश्यतोपायंधर्मिष्ठंमधुसूदन १२ उपायेननृशंसेनहृतादुर्द्यूतदे
विना ॥ कथंहिपुरुषोजातःक्षत्रियेषुधनुर्धरः १३ समाहूतोनिवर्तेतप्राणत्यागेऽप्युपस्थिते ॥ अधर्मेणजितान्दृष्ट्वावनेप्रव्रजितांस्तथा १४ वध्यतांममवार्ष्णेयनिर्गतो
सौसुयोधनः ॥ नचैतदद्भुतंकृष्णमित्रार्थेयच्चिकीर्षसि ॥ क्रियाकथंचमुख्यास्यान्मृदुनाचेतरेणवा १५ अथवामन्यसेज्यायान्वधस्तेषामनंतरम् ॥ तदेवक्रियतामा
शुनविचार्यमतस्त्वया १६ जानासिहियथैतेनद्रौपदीपापबुद्धिना ॥ परिक्लिष्टासभामध्येतच्चतस्यापमर्षितम् १७ सनामसम्यग्वर्तेतपांडवेष्वितिमाधव ॥ नमेसंजा
यतेबुद्धिर्बीजमुप्तमिवोषरे १८ तस्माद्यन्मन्यसेयुक्तंपांडवानांहितंचयत् ॥ तथाऽऽशुकुरुवार्ष्णेययन्नःकार्यमनंतरम् १९ ॥ इतिश्रीमहाभारतेउद्योगपर्वणिभगवद्यानपर्व
णिअर्जुनवाक्येऽष्टसप्ततितमोऽध्यायः ॥ ७८ ॥ श्रीभगवानुवाच ॥ एवमेतन्महाबाहोयथावदसिपांडव ॥ पाण्डवानांकुरूणांचप्रतिपत्स्येनिरामयम् १ सर्वंत्विदंममा
यत्तंबीभत्सोकर्मणोर्द्वयोः ॥ क्षेत्रंहिरसवच्छुद्धंकर्मणैवोपपादितम् २ ऋतेवर्षान्नकौन्तेयजातुनिर्वर्तयेत्फलम् ॥ तत्रवैपौरुषंब्रूयुरासेकंयत्रकारितम् ३ तत्रचापिध्रुवं
पश्येच्छोषणंदैवकारितम् ॥ तदिदंनिश्चितंबुद्ध्यापूर्वैरपिमहात्मभिः ४ दैवेचमानुषेचैवसंयुक्तंलोककारणम् ॥ अहंहितत्करिष्यामिपरंपुरुषकारतः ५ दैवंतुनमया
शक्यंकर्मकर्तुंकथंचन ॥ सहिधर्मंचलोकंचत्यक्त्वाचरतिदुर्मतिः ६

नीलकंठीयेभारतभावदीपेअष्टसप्ततितमोऽध्यायः ॥ ७८ ॥ ॥ ॥ एवमिति १ द्वयोःकर्मणोःशमयुद्धयोर्मध्येइदंअनामयंसर्वंकृत्स्नंममदृतस्यायत्तंअधीनं तथापिदैवानुकूल्यमत्रापेक्षित
मित्याह क्षेत्रमिति । कर्मणाकर्षणेनवाप्यादिजलदानेनचशुद्धंभूदोषहीनंरसवदार्द्रंचउपपादितंकृतंतत्कदाचिद्वर्षंविनाऽपिफलप्रदंभवेत् २ अत्रकेवलंपौरुषस्यैवश्रेष्ठ्यंदृष्टमित्याह तत्रेति ३ एतदपिदैवाधीनमेवे
त्याह तत्रचापीति । शोषणंवाप्यादेः सर्वथावृष्ट्यभावेयथानफलनिष्पत्तिस्तद्वद्दैवाभावेऽपीत्यर्थः ४ संयुक्तंआहितं लोककारणंलोकहितसाधनं ५ दैवंकर्मप्राक्तनंकर्म कर्तुंअन्यथाकर्तुं ६

७ पुरुषकाराच्छमोऽप्यत्रदुःसंपादइत्याह सहीति । त्यागेनदानेन ८ सानुबंधःसपरिवारः नचेति । एकोराज्यंत्यक्तुंनेच्छतिपरोदातुंनेच्छतीत्यर्थः ९ शासनंपंचग्रामान्देहीतितत्नवक्तव्यःदैन्यद्योतकत्वा दितिभावः अफलत्वाच्चनैवंसवाच्यइत्याह उक्तमिति । प्रयोजनंशमम् १० । ११ । १२ । १३ । १४ । १५ अभिशंकसेमांशममनिच्छंतमिवमन्यसे १६ दिव्यंविधानंभूभारापहारार्थंस्वर्गादेवानामवतरणम् १७ आशंसेसंभावयामि १८ कथमिति । भीष्मेणएतच्छर्मयाच्यमानोऽपिसःहितंकथंनोक्तः अपितुउक्तउपदिष्टएवदुर्योधनस्तथापिनस्वीकृतवानितिभावः संवत्सरगतेगतसंवत्सरे १९ संकल्पिताः वध्यत्वेननिश्चिताः

नहिसंतप्यतेतेनतथारूपेणकर्मणा ॥ तथापिबुद्धिंपापिष्ठांवर्धयंत्यस्यमंत्रिणः ७ शकुनिःसूतपुत्रश्चभ्राताःदुःशासनस्तथा ॥ सहित्यागेनराज्यस्यनशमंसमुपैष्यति ८ अंतरेणबधंपार्थसानुबंधःसुयोधनः ॥ नचापिप्रणिपातेनत्यक्तुमिच्छतिधर्मराट् ॥ याच्यमानश्चराज्यंसनप्रदास्यतिदुर्मतिः ९ नतुमन्येसतद्वाच्योयद्युधिष्ठिर शासनम् ॥ उक्तंप्रयोजनंयत्तुधर्मराजेनभारत १० तथापापस्तुतत्सर्वंनकरिष्यतिकौरवः ॥ तस्मिंश्चाक्रियमाणेऽसौलोकेवध्योभविष्यति ११ ममचापिसवध्योहि जगतश्चापिभारत ॥ येनकौमारकेयूयंसर्वेविप्रकृताःसदा १२ विप्रलुप्तंचवोराज्यंनृशंसेनदुरात्मना ॥ नचोपशाम्यतेपापःश्रियंदृष्ट्वायुधिष्ठिरे १३ असकृच्चाप्यहंतेन त्वत्कृतेपार्थभेदितः ॥ नमयातद्गृहीतंचपापंतस्यचिकीर्षितम् १४ जानासिहिमहाबाहोत्वमप्यस्यपरंमतम् ॥ प्रियंचिकीर्षमाणंचधर्मराजस्यमामपि १५ संजानंस्त स्यचात्मानंममचैवपरंमतम् ॥ अजानन्निवमांकस्मादर्जुनाद्याभिशंकसे १६ यच्चापिपरमंदिव्यंतच्चाप्यनुगतंत्वया ॥ विधानंविहितंपार्थकथंशर्मभवेत्परैः १७ यत्तुवा चामयाशक्यंकर्मणावापिपांडव ॥ करिष्येतदहंपार्थनत्वाशंसेशमंपरैः १८ कथंगोहरणेह्युक्तोनैतच्छर्मतथाहितम् ॥ याच्यमानोहिभीष्मेणसंवत्सरगतेऽध्वनि १९ तदैवतेपराभूतायदासंकल्पितास्त्वया ॥ लवशःक्षणशश्चापिनचतुष्टःसुयोधनः २० सर्वथातुमयाकार्यंधर्मराजस्यशासनम् ॥ विभाव्यंतस्यभूयश्चकर्मपापंदुरात्मनः ॥ २१ ॥ इतिश्रीमहाभारतेउद्योगपर्वणिभगवद्यानपर्वणिश्रीकृष्णवाक्येऊनाशीतितमोऽध्यायः ॥ ७९ ॥ ॥ ॥ नकुलउवाच ॥ उक्तंबहुविधंवाक्यंधर्म राजेनमाधव ॥ धर्मज्ञेनवदान्येनश्रुतंचैवहितत्त्वया १ गतमाज्ञायराज्ञश्चभीमसेनेनमाधव ॥ संशमोबाहुवीर्यंचख्यापितंमाधवात्मनः २ तथैवफाल्गुनेनापियदुक्तंतत्त्व याश्रुतम् ॥ आत्मनश्चमतंवीरकथितंभवतासकृत् ३ सर्वमेतदतिक्रम्यश्रुत्वापरमतंभवान् ॥ यत्प्राप्तकालंमन्येथास्तत्कुर्याःपुरुषोत्तम ४ तस्मिंस्तस्मिन्निमित्तेहिमतं भवतिकेशव ॥ प्राप्तकालंमनुष्येणक्षमंकार्यमरिंदम ५

लवशःक्षणशः लवोंशः क्षणःस्वीकारः राज्यलेशस्यस्वीकारेऽपिनसंतुष्टइत्यर्थः क्रमेणषष्ठ्यर्थेप्रथम्यर्थेचशसप्रत्ययः २० विभाव्यंविचारणीयम् २१ ॥ इतिउद्योगपर्वणिनीलकंठीयेभारतभावदीपेऊनाशी तितमोऽध्यायः ॥ ७९ ॥ ॥ ॥ ॥ उक्तमिति १ राज्ञोमतंआज्ञाय संशमःसम्यक्शमःख्यापितः हेमाधवमधुदेशज आत्मनःमतंआज्ञायबाहुवीर्यंख्यापितं हेमाधवलक्ष्मीपते २ । ३ । ४ तस्मिन्निति । निमित्तभेदान्मतभेदोभवति कुलधुर्यस्ययुधिष्ठिरस्यमतंकुलोच्छेदोमाभूदिति केशाकर्षणक्लिष्टायाःद्रौपद्यानतंशत्रवोनिर्मूलंउन्मूलनीयाइति तत्रकालानुरूपंयत्क्षमंयोग्यंतत्त्वयाकार्यमित्यर्थः ५

अनित्यावाशवतीमतिर्येषांते ६ नकेवलंव्यक्तिभेदान्मतभेदः किंतुव्यक्त्यैक्येऽपिअवस्थाभेदान्मतभेदोभवतीत्याह अन्यथेत्यादिना अदृश्येष्विति । अज्ञातवासकालेकथमनावृत्तार्थरिष्यामइत्येवमनोरथआसीत्
दृश्येषुइदानींभव्येषुअस्मासु कदाराज्यंप्राप्स्यामइत्यस्तीतिभावः । ७ प्रणयआदरः ८ नव्यथेतक्रुद्धयेत ९ । १० । ११ । १२ । १३ । १४ । १५ । १६ । १७ अर्थप्रयोजनं निवर्ततंभ्रश्यंतम् १८

अन्यथा।चिंतितोह्यर्थःपुनर्भवतिसोऽन्यथा ॥ अनित्यमतयोलोकेनराःपुरुषसत्तम ६ अन्यथाबुद्धयोह्यासन्नस्मासुवनवासिषु ॥ अदृश्येष्वन्यथाकृष्णदृश्येषुपु
नरन्यथा ७ अस्माकमपिवार्ष्णेयवनेविचरतांतदा ॥ नतथाप्रणयोराज्येयथासंप्रतिवर्तते ८ निवृत्तवनवासान्नःश्रुत्वावीरसमागताः ॥ अक्षौहिण्योहिसप्तेमा
स्त्वत्प्रसादाज्जनार्दन ९ इमान्हिपुरुषव्याघ्रानचिंत्यबलपौरुषान् ॥ आत्तशस्त्रान्रणेदृष्ट्वानव्यथेदिहकःपुमान् १० सभवान्कुरुमध्येतंसांत्वपूर्वंभयोत्तरम् ॥ ब्रूया
द्वाक्यंयथामंदोनव्यथेतसुयोधनः ११ युधिष्ठिरंभीमसेनंबीभत्सुंचापराजितम् ॥ सहदेवंचमांचैवत्वांचरामंचकेशव १२ सात्यकिंचमहावीर्यंविराटंचसहात्म
जम् ॥ द्रुपदंचसहामात्यंधृष्टद्युम्नंचमाधव १३ काशिराजंचविक्रांतंधृष्टकेतुंचचेदिपम् ॥ मांसशोणितभृन्मर्त्यःप्रतियुध्येतकोयुधि १४ सभवान्गमनादेवसा
धयिष्यत्यसंशयम् ॥ इष्टमर्थंमहाबाहोधर्मराजस्यकेवलम् १५ विदुरश्चैवभीष्मश्चद्रोणश्चसहबाह्लिकः ॥ श्रेयःसमर्थाविज्ञातुमुच्यमानास्त्वयाऽनघ १६ तेचै
नमनुनेष्यंतिधृतराष्ट्रंजनाधिपम् ॥ तंचपापसमाचारंसहामात्यंसुयोधनम् १७ श्रोताचार्थस्यविदुरस्त्वंचवक्ताजनार्दन ॥ कमिवार्थंनिवर्तंतंस्थापयेतांनवर्त्मनि
१८ ॥ इतिश्रीमहाभारतेउद्योगपर्वणिभगवद्यानपर्वणिनकुलवाक्येअशीतितमोऽध्यायः ॥ ८० ॥ सहदेवउवाच ॥ यदेतत्कथितंराज्ञाधर्मएषसनातनः ॥ यथा
ऽयुद्धमेवस्यात्तथाकार्यमरिंदम १ यदिप्रशममिच्छेयुःकुरवःपांडवैःसह ॥ तथापियुद्धंदाशार्हयोजयेथाःसहैवतैः २ कथंनुदृष्ट्वापांचालींतथाकृष्णसभागताम् ॥
अवधेनप्रशाम्येतममममन्युःसुयोधने ३ यदिभीमार्जुनौकृष्णधर्मराजश्चधार्मिकः ॥ धर्ममुत्सृज्यतेनाहंयोद्धुमिच्छामिसंयुगे ४ ॥ सात्यकिरुवाच ॥ सत्यमाह
महाबाहोसहदेवोमहामतिः ॥ दुर्योधनवधेशांतिस्तस्यकोपस्यमेभवेत् ५ नजानासियथादृष्ट्वाचीराजिनधरान्वने ॥ तवापिमन्युरुद्भूतोदुःखितान्प्रेक्ष्यपांडवान्
६ तस्मान्माद्रीसुतःशूरोयदाहरणकर्कशः ॥ वचनंसर्वयोधानांतन्मतंपुरुषोत्तम ७ ॥ वैशंपायनउवाच ॥ एवंवदतिवाक्यंतुयुयुधानेमहामतौ ॥ सुभीमःसिंह
नादोऽभूद्योधानांतत्रसर्वशः ८ सर्वेहिसर्वशोवीरास्तद्वचःप्रत्यपूजयन् ॥ साधुसाध्वितिशैनेयंहर्षयंतोयुयुत्सवः ९ ॥ इतिश्रीमहाभारतेउद्योगपर्वणिभगवद्यानपर्वणि
सहदेवसात्यकिवाक्येएकाशीतितमोऽध्यायः ॥ ८१ ॥ ॥ ॥ ॥ वैशंपायनउवाच ॥ ॥ राज्ञस्तुवचनंश्रुत्वाधर्मार्थसहितंहितम् ॥
कृष्णाद्दाशार्हमासीनमब्रवीच्छोककर्शिता १

॥ इतिउद्योगपर्वणि नीलकंठीयेभारतभावदीपे अशीतितमोऽध्यायः ॥ ८० ॥ यदेतदिति १ । २ । ३ यदियद्यपिभीमादयोधार्मिकाःस्युः तथापिअहंधर्ममुत्सृज्यतेनसहयोद्धुमिच्छामि ४ महाबाहोहेकृष्ण ५
६ । ७ । ८ । ९ इतिश्रीमहाभारते उद्योगपर्वणि नीलकंठीयेभारतभावदीपे एकाशीतितमोऽध्यायः ॥ ८१ ॥ राज्ञस्त्विति १

स्त्रंभितायतमूर्धजा अतिकृष्णादीर्घाश्चकेशायस्याः २ । ३ । ४ मंत्रंशमप्रधानं ५ । ६ । ७ । ८ । ९ । १० प्रतितमासितुंप्रतिपक्षनयास्थातुं ११ कश्चनअर्थःशमोपायःशक्यःकर्तुमितिशेषः १२

सुताद्रुपदराजस्यस्वसितायतमूर्धजा ॥ संपूज्यसहदेवंचसात्यकिंचमहारथम् २ भीमसेनंचसंशांतंदृष्ट्वापरमदुर्मनाः ॥ अश्रुपूर्णेक्षणावाक्यमुवाचेदंमनस्विनी ३
विदितंतेमहाबाहोधर्मज्ञमधुसूदन ॥ यथानिकृतिमास्थायभ्रंशिताःपांडवाःसुखात् ४ धृतराष्ट्रस्यपुत्रेणसामात्येनजनार्दन ॥ यथाचसंजयोराज्ञामंत्रंरहसिश्रा
वितः ५ युधिष्ठिरस्यदाशार्हतच्चापिविदितंतव ॥ यथोक्तःसंजयश्चैवतच्चसर्वंश्रुतंत्वया ६ पंचनस्तातदीयंतांग्रामाइतिमहाद्युते ॥ अविस्थलंवृकस्थलंमाकंदींवा
रणावतम् ७ अवसानंमहाबाहोकंचिदेकंचपंचमम् ॥ इतिदुर्योधनोवाच्यःसुहृदश्चास्यकेशव ८ नचाप्यकरोद्वाक्यंश्रुत्वाकृष्णसुयोधनः ॥ युधिष्ठिरस्यदाशा
र्हश्रीमतःसंधिमिच्छतः ९ अप्रदानेनराज्यस्ययदिकृष्णसुयोधनः ॥ संधिमिच्छेन्नकर्तव्यंतत्रगत्वाकथंचन १० शक्ष्यंतिहिमहाबाहोपांडवाःसृंजयैः
सह ॥ धार्तराष्ट्रबलंघोरंक्रुद्धंप्रतिसमासितुम् ११ नहिसाम्नानदानेनशक्योऽर्थस्तेषुकश्चन ॥ तस्मात्तेषुनकर्तव्याकृपातेमधुसूदन १२ साम्नादानेनवाकृष्णये
नशाम्यंतिशत्रवः ॥ मोक्तव्यस्तेषुदंडःस्याज्जीवितंपरिरक्षता १३ तस्मात्तेषुमहादंडःक्षेप्तव्यःक्षिप्रमच्युत ॥ त्वयाचैवमहाबाहोपांडवैःसहसृंजयैः १४ एतत्समर्थं
पार्थानांतवचैवयशस्करम् ॥ क्रियमाणंभवेत्कृष्णक्षत्रस्यचसुखावहम् १५ क्षत्रियेणहिहंतव्यःक्षत्रियोलोभमास्थितः ॥ अक्षत्रियोवादाशार्हस्वधर्ममनुतिष्ठता
१६ अन्यत्रब्राह्मणात्तातसर्वपापेष्ववस्थितात् ॥ गुरुर्हिसर्ववर्णानांब्राह्मणःप्रसृताग्रभुक् १७ यथाऽवध्येवध्यमानेभवेद्दोषोजनार्दन ॥ सवध्यस्यावधेदृष्टइतिधर्म
विदोविदुः १८ यथात्वांनस्पृशेदेषदोषःकृष्णतथाकुरु ॥ पांडवैःसहदाशार्हैःसृंजयैश्चससैनिकैः १९ पुनरुक्तंचवक्ष्यामिविस्रंभेणजनार्दन ॥ कातुसीमंतिनीमा
दृक्पृथिव्यामस्तिकेशव २० सुताद्रुपदराजस्यवेदिमध्यात्समुत्थिता ॥ धृष्टद्युम्नस्यभगिनीतवकृष्णप्रियासखी २१ आजमीढकुलंप्राप्तास्नुषापांडोर्महात्मनः ॥
महिषीपांडुपुत्राणांपंचेंद्रसमवर्चसाम् २२ सुतामेपंचभिर्वीरैःपंचजातामहारथाः ॥ अभिमन्युर्यथाकृष्णतथातेतवधर्मतः २३ साऽहंकेशग्रहंप्राप्तापरिक्लिष्टासभां
गता ॥ पश्यतांपांडुपुत्राणांत्वयिजीवतिकेशव २४ जीवत्सुपांडुपुत्रेषुपंचालेष्वथवृष्णिषु ॥ दासीभूताऽस्मिपापानांसभामध्येव्यवस्थिता २५ निरमर्षेष्वचे
ष्टेषुप्रेक्षमाणेषुपांडुषु ॥ पाहिमामितिगोविंदमनसाचिंतितोऽसिमे २६ यत्रमांभगवान्राजाश्वशुरोवाक्यमब्रवीत् ॥ वरंवृणीष्वपांचालिवरार्हाऽसिमतामम २७
अदासाःपांडवाःसंतुसरथाःसायुधाइति ॥ मयोक्तेयत्रनिर्मुक्तावनवासायकेशव २८ एवंविधानांदुःखानामभिज्ञोऽसिजनार्दन ॥ त्रायस्वपुंडरीकाक्षसभर्तृज्ञातिबां
धवान् २९ नन्वहंकृष्णभीष्मस्यधृतराष्ट्रस्यचोभयोः ॥ स्नुषाभवामिधर्मेणसाहंदासीकृताबलात् ३०

१३ । १४ समर्थंयुक्तम् १५ । १६ प्रसृतंप्रदत्तंचतदग्र्यंचतस्यभोक्ताप्रसृताग्रभुक्पूज्यइत्यर्थः १७ । १८ । १९ । २० । २१ । २२ । २३ । २४ । २५ । २६ । २७ । २८ । २९ । ३०

३१ । ३२ मृदुसंहारंवेणीरूपेणसमाहृतमपिमृदुं वृजिनाग्रंकुटिलाग्रंकेशवत्सूक्ष्माग्रंवा ' वृजिनःकुटिलेऽन्यवत् ' इतिविश्वः सुदर्शनंरमणीयं ३३ । ३४ । ३५ । ३६ । ३७ । ३८ । ३९ । ४० हेभीमशत्रु
भयंकरकृष्ण योऽयंभवान् ४१ । ४२ अत्युष्णंवार्हि ४३ । ४४ रोत्स्यंतिरोदिष्यंति ४५ । ४६ । ४७ । ४८ । ४९ ॥ इतिउद्योगपर्वणिनीलकंठीये भारतभावदीपे द्व्यशीतितमोऽध्यायः ॥ ८२ ॥

धिक्पार्थस्यधनुष्मत्तांभीमसेनस्यधिग्बलम् ॥ यत्रदुर्योधनःकृष्णमुहूर्तमपिजीवति ३१ यदितेऽहमनुग्राह्यायदितेऽस्तिकृपामयि ॥ धार्तराष्ट्रेषुवैकोपःसर्वःकृष्णविधी
यताम् ३२ ॥ वैशंपायनउवाच ॥ इत्युक्त्वामृदुसंहारंवृजिनाग्रंसुदर्शनम् ॥ सुनीलमसितापांगीसर्वगंधाधिवासितम् ३३ सर्वलक्षणसंपन्नंमहाभुजगवर्चसम् ॥
केशपक्षंवरारोहागृह्यवामेनपाणिना ३४ पद्माक्षीपुंडरीकाक्षमुपेत्यगजगामिनी ॥ अश्रुपूर्णेक्षणाकृष्णाकृष्णंवचनमब्रवीत् ३५ अयंतेपुंडरीकाक्षदुःशासनकरोद्धृतः ॥
स्मर्तव्यःसर्वकार्येषुपरेषांसंधिमिच्छता ३६ यदिभीमार्जुनौकृष्णकृपणौसंधिकामुकौ ॥ पितामेयोत्स्यतेवृद्धःसहपुत्रैर्महारथैः ३७ पंचचैवमहावीर्याःपुत्रामेमधुसू
दन ॥ अभिमन्युंपुरस्कृत्ययोत्स्यंतेकुरुभिःसह ३८ दुःशासनभुजंश्यामंसंछिन्नंपांसुगुंठितम् ॥ यद्यहंतुनपश्यामिकाशांतिर्हृदयस्यमे ३९ त्रयोदशहिवर्षाणिप्र
तीक्षंत्यागतानिमे ॥ विधायहृदयेमन्युंप्रदीप्तमिवपावकम् ४० विदीर्यतेमेहृदयंभीमवाक्शल्यपीडितम् ॥ योऽयमद्यमहाबाहुर्धर्मंसमनुपश्यति ४१ इत्युक्त्वाबा
ष्परुद्धेनकंठेनायतलोचना ॥ रुरोदकृष्णासोत्कंपंसस्वरंबाष्पगद्गदम् ४२ स्तनौपीनायतश्रोणीसहिताविभवर्षति ॥ द्रवीभूतमिवात्युष्णंमुंचतीवारिनेत्रजम् ४३
तामुवाचमहाबाहुःकेशवःपरिसांत्वयन् ॥ अचिराद्द्रक्ष्यसेकृष्णेरुदतीर्भरतस्त्रियः ४४ एवंताभीरुरोत्स्यंतिनिहतज्ञातिबांधवाः ॥ हतमित्राहतबलायेषांक्रुद्धाऽसिभा
मिनी ४५ अहंचतत्करिष्यामिभीमार्जुनयमैःसह ॥ युधिष्ठिरनियोगेनदैवाच्चविधिनिर्मितात् ४६ धार्तराष्ट्राःकालपक्वानचेच्छृण्वंतिमेवचः ॥ शेष्यंतेनिहताभूमौ
श्वसृगालादनीकृताः ४७ चलेद्धिहिमवान्शैलोमेदिनीशतधाफलेत् ॥ द्यौःपतेच्चसनक्षत्रानमेमोघंवचोभवेत् ४८ सत्यंतेप्रतिजानामिकृष्णेबाष्पोनिगृह्यताम् ॥
हतामित्रान्श्रियायुक्तानचिराद्द्रक्ष्यसेपतीन् ४९ ॥ इतिश्रीमहाभारतेउद्योगपर्वणिभगवद्यानपर्वणिद्रौपदीकृष्णसंवादेद्व्यशीतितमोऽध्यायः ॥ ८२ ॥ ॥ अर्जु
नउवाच ॥ कुरूणामद्यसर्वेषांभवान्सुहृदनुत्तमः । संबंधीदयितोनित्यमुभयोःपक्षयोरपि १ पांडवैर्धार्तराष्ट्राणांप्रतिपाद्यमनामयम् ॥ समर्थःप्रशमंचैवकर्तुमर्हसिकेशव
२ त्वमितःपुंडरीकाक्षसुयोधनममर्षणम् । शांत्यर्थंभ्रातरंब्रूयायत्तद्वाच्यममित्रहन् ३ त्वयाधर्मार्थयुक्तंचेदुक्तंशिवमनामयम् ॥ हितंनादास्यतेबालोदिष्टस्यवशमे
ष्यति ४ ॥ श्रीभगवानुवाच ॥ धर्म्यमस्मद्धितंचैवकुरूणांयदनामयम् ॥ एषयास्यामिराजानंधृतराष्ट्रमभीप्सया ५ ॥ वैशंपायनउवाच ॥ ततोव्यपेततमसिसू
र्येविमलवद्गते ॥ मैत्रेमुहूर्तेसंप्राप्तेमृद्वर्चिषिदिवाकरे ६

कुरूणामिति १ प्रतिपाद्यंसंपाद्यं अनामयंकुशलं २ । ३ । ४ यास्यामि तदेवकर्तुमितिशेषः अभीप्सयाप्राप्तुमिच्छया ५ विमलवद्गतेनिर्मलाकाशगेमैत्रेजन्मनक्षत्रादिष्टमतारायां दूतस्यहिस्त्रामिवले
वबलवत्त्वमित्यर्थः ६

कौमुदेकार्तिके रेवत्यां अर्जुनस्यफल्गुनीजातस्यरेवतीमैत्राराभवतीतिप्रसिद्धं ७ । ८ । ९ । १० प्रतिज्ञायअनुस्मृत्य ११ । १२ । १३ । १४ आकाशगःसूर्यः । आकाशमिवचेतिपाठेजंगमाकाश

कौमुदेमासिरेवत्यांशरदंतेहिमागमे ॥ स्फीतसस्यसुखेकालेकल्यःसत्ववतांवरः ७ मंगल्याःपुण्यनिर्घोषावाचःशृण्वंश्चसूनृताः ॥ ब्राह्मणानांप्रतीतानामृषीणामि
ववासवः ८ कृत्वापौर्वाह्णिकंकृत्यंस्नातःशुचिरलंकृतः ॥ उपतस्थेविवस्वंतंपावकंचजनार्दनः ९ ऋषभंपृष्ठआलभ्यब्राह्मणानभिवाद्यच ॥ अग्निंप्रदक्षिणंकृत्वापश्यन्क
ल्याणमग्रतः १० तत्प्रतिज्ञायवचनंपांडवस्यजनार्दनः ॥ शिनेर्नप्तारमासीनमभ्यभाषतसात्यकिम् ११ रथआरोप्यतांशंखश्चक्रंचगदयासह ॥ उपासंगाश्चश
क्त्यश्चसर्वप्रहरणानिच १२ दुर्योधनश्चदुष्टात्माकर्णश्चसहसौबलः ॥ नचशत्रुरवज्ञेयोदुर्बलोऽपिबलीयसा १३ ततस्तन्मतमाज्ञायकेशवस्यपुरःसराः ॥ प्रसस्रुर्योजयि
ष्यंतोरथंचक्रगदाभृतः १४ तंदीप्तमिवकालाग्निमाकाशगमिवाशुगम् ॥ सूर्यचंद्रप्रकाशाभ्यांचक्राभ्यांसमलंकृतम् १५ अर्धचन्द्रैश्चचन्द्रैश्चमत्स्यैःसमृगपक्षिभिः ॥
पुष्पैश्चविविधैश्चित्रंमणिरत्नैश्चसर्वशः १६ तरुणादित्यसंकाशंबृहंतंचारुदर्शनम् ॥ मणिहेमविचित्रांगंसुध्वजंसुपताकिनम् १७ सूपस्करमनाधृष्यंवैयाघ्रपरिवारणम्
॥ यशोघ्नंप्रत्यमित्राणांयदूनांनंदिवर्धनम् १८ वाजिभिःशैब्यसुग्रीवमेघपुष्पबलाहकैः ॥ स्नातैःसंपादयामासुःसंपन्नैःसर्वसंपदा १९ महिमानंतुकृष्णस्यभूयएवा
भिवर्धयन् ॥ सुघोषःपतगेंद्रेणध्वजेनयुयुजेरथः २० तंमेरुशिखराकारंमेघदुंदुभिनिःस्वनम् ॥ आरुरोहरथंशौरिर्विमानमिवकामगम् २१ ततःसात्यकिमारोप्यप्र
ययौपुरुषोत्तमः ॥ पृथिवींचांतरिक्षंचरथघोषेणनादयन् २२ व्यपोढाभ्रस्ततःकालःक्षणेनसमपद्यत ॥ शिवश्चानुववौवायुःप्रशांतमभवद्रजः २३ प्रदक्षिणानुलोमा
श्चमंगल्यामृगपक्षिणः ॥ प्रयाणेवासुदेवस्यबभूवुरनुयायिनः २४ मंगल्यार्थपदैःशब्दैरन्ववर्तंतसर्वशः ॥ सारसाःशतपत्राश्चहंसाश्चमधुसूदनम् २५ मंत्राहुति
महाहोमैर्हूयमानश्चपावकः ॥ प्रदक्षिणमुखोभूत्वाविधूमःसमपद्यत २६ वसिष्ठोवामदेवश्चभूरिद्युम्नोगयःक्रथः ॥ शुक्रनारदवाल्मीकामरुतःकुशिकोभृगुः २७ देवब्रह्मर्ष
यश्चैवकृष्णंयदुसुखावहम् ॥ प्रदक्षिणमवर्तंतसहितावासवानुजम् २८ एवमेतैर्महाभागैर्महर्षिगणसाधुभिः ॥ पूजितःप्रययौकृष्णःकुरूणांसदनंप्रति २९ तंप्रयांत
मनुप्रायात्कुन्तीपुत्रोयुधिष्ठिरः ॥ भीमसेनार्जुनौचोभौमाद्रीपुत्रौचपांडवौ ३० चेकितानश्चविक्रांतोधृष्टकेतुश्चचेदिपः ॥ द्रुपदःकाशिराजश्चशिखंडीचमहारथः ३१
धृष्टद्युम्नःसपुत्रश्चविराटःकेकयैःसह ॥ संसाधनार्थंप्रययुःक्षत्रियाःक्षत्रियर्षभम् ३२ ततोऽनुव्रज्यगोविंदंधर्मराजोयुधिष्ठिरः ॥ राज्ञांसकाशेद्युतिमानुवाचेदंवचस्तदा
३३ योवैनकामान्नभयान्नलोभान्नार्थकारणात् ॥ अन्यायमनुवर्तेतस्थिरबुद्धिरलोलुपः ३४ धर्मज्ञोधृतिमान्प्राज्ञःसर्वभूतेषुकेशवः ॥ ईश्वरःसर्वभूतानांदेवदेवःसना
तनः ३५ तंसर्वगुणसंपन्नंश्रीवत्सकृतलक्षणम् ॥ संपरिष्वज्यकौन्तेयःसंदेष्टुमुपचक्रमे ३६

तुल्यमित्यर्थः विशालत्वात्नक्षत्रोपमरत्नरचितत्वाच्च तदेवाह सूर्येति १५ । १६ । १७ सूपस्करंशोभनैरुपकरणैरुपेतं १८ संपादयामासुःसज्जीकृतवंतः १९ । २० । २१ । २२ । २३ । २४ मंगल्या
र्थपदैःविजयीभवेत्यादिमंगलार्थैः २५ । २६ । २७ । २८ । २९ । ३० । ३१ संसाधनार्थंकार्यनिष्पत्त्यर्थम् ३२ । ३३ । ३४ । ३५ । ३६

३७ । ३८ । ३९ । ४० । ४१ ऊढातविवाहात् यद्वा ‘ ऊढस्तंद्रितबालयोः ’ इतिविश्वः बाल्यादित्यर्थः उभयत्रभावप्रधानोनिर्देशः ४२ । ४३ । ४४ । ४५ । ४६ । ४७ । ४८ । ४९ । ५०

युधिष्ठिरउवाच ॥ यासाबाल्यात्प्रभृत्यस्मान्पर्यवर्धयताबला ॥ उपवासतपःशीलासदास्वस्त्ययनेरता ३७ देवतातिथिपूजासुगुरुशुश्रूषणेरता ॥ वत्सलाप्रियपुत्रा
चप्रियाऽस्माकंजनार्दन ३८ सुयोधनभयाद्यानोऽत्रायतामित्रकर्शन ॥ महतोमृत्युसंबाधादुत्तरेन्नौरिवार्णवात् ३९ अस्मत्कृतेचसततंययादुःखानिमाधव ॥ अनु
भूतान्यदुःखार्हातांस्मपृच्छेरनामयम् ४० भृशमाश्वासयेश्चैनांपुत्रशोकपरिप्लुताम् ॥ अभिवाद्यस्वजेथास्त्वंपांडवान्परिकीर्त्तयन् ४१ ऊढात्प्रभृतिदुःखानिश्वशुराणा
मरिंदम ॥ निकारानतदर्हाचपश्यंतीदुःखमश्नुते ४२ अपिजातुसकालःस्यात्कृष्णदुःखविपर्ययः ॥ यदहंमातरंक्लिष्टांसुखंदद्यामरिंदम ४३ प्रव्रजंतोऽनुधावंतींकृपणां
पुत्रगृद्धिनीम् ॥ रुदतीमुपहायैनामगच्छामवयंवनम् ४४ ननूनंम्रियतेदुःखैःसाचेज्जीवतिकेशव ॥ तथापुत्राधिभिर्गाढमार्त्ताह्यानर्त्तसत्कृत ४५ अभिवाद्याऽथसाकृष्ण
त्वयामद्वचनाद्विभो ॥ धृतराष्ट्रश्चकौरव्योराजानश्चवयोधिकाः ४६ भीष्मंद्रोणंकृपंचैवमहाराजंचबाह्लिकम् ॥ द्रौणिंचसोमदत्तंचसर्वांश्चभरतान्प्रति ४७ विदुरंचमहा
प्राज्ञंकुरूणांमंत्रधारिणम् ॥ अगाधबुद्धिंमर्मज्ञंस्वजेथामधुसूदन ४८ इत्युक्त्वाकेशवंतत्रराजमध्येयुधिष्ठिरः ॥ अनुज्ञातोनिववृतेकृष्णंकृत्वाप्रदक्षिणम् ४९ व्रजन्ने
वतुबीभत्सुःसखायंपुरुषर्षभम् ॥ अब्रवीत्परवीरघ्नंदाशार्हमपराजितम् ५० यदस्माकंविभोवृत्तंपुरावैमंत्रनिश्चये ॥ अर्धराज्यस्यगोविंदविदितंसर्वराजसु ५१ तच्चेद्दद्या
दसंगेनसत्कृत्याऽनवमन्यच ॥ प्रियंमेस्यान्महाबाहोमुच्येरन्महतोभयात् ५२ अतश्चेदन्यथाकर्ताधार्तराष्ट्रोऽनुपायवित् ॥ अंतंनूनंकरिष्यामिक्षत्रियाणांजनार्दन ५३
॥ वैशंपायनउवाच ॥ एवमुक्तेपांडवेनसमहृष्यद्वृकोदरः ॥ मुहुर्मुहुःक्रोधवशात्प्रावेपतचपांडवः ५४ वेपमानश्चकौन्तेयःप्राक्रोशन्महतोरवान् ॥ धनंजयवचः
श्रुत्वाहर्षोत्सिक्तमनाभृशम् ५५ तस्यतंनिनदंश्रुत्वासंप्रावेपंतधन्विनः ॥ वाहनानिचसर्वाणिशकृन्मूत्रंप्रसुस्रुवुः ५६ इत्युक्त्वाकेशवंतत्रतथाचोक्त्वाविनिश्चयम् ॥
अनुज्ञातोनिववृतेपरिष्वज्यजनार्दनम् ५७ तेषुराजसुसर्वेषुनिवृत्तेषुजनार्दनः ॥ तूर्णमभ्यगमद्धृष्टःशैब्यसुग्रीववाहनः ५८ तेहयावासुदेवस्यदारुकेणप्रचोदिताः ॥
पंथानमाचेमुरिवग्रसमानाइवांबरम् ५९ अथापश्यन्महाबाहुर्ऋषीनध्वनिकेशवः ॥ ब्राह्म्याश्रियादीप्यमानान्स्थितानुभयतःपथि ६० सोऽवतीर्यरथात्तूर्णमभि
वाद्यजनार्दनः ॥ यथावृत्तानृषीन्सर्वानभ्यभाषतपूजयन् ६१ कच्चिल्लोकेषुकुशलंकच्चिद्धर्मःस्वनुष्ठितः ॥ ब्राह्मणानांत्रयोवर्णाःकच्चित्तिष्ठंतिशासने ६२ तेभ्यः
प्रयुज्यतांपूजांप्रोवाचमधुसूदनः ॥ भगवंतःक्वसंसिद्धाःकावीथीभवतामिह ६३ किंवाकार्यंभगवतामहंकिंकरवाणिवः ॥ केनार्थेनोपसंप्राप्ताभगवंतोमहीतलम् ६४
तमब्रवीज्जामदग्न्यउपेत्यमधुसूदनम् ॥ परिष्वज्यचगोविंदंसुरासुरपतेःसखा ६५

५१ । ५२ । ५३ । ५४ । ५५ । ५६ । ५७ । ५८ । ५९ । ६० । ६१ । ६२ । ६३ वीथीमार्गः ६४ । ६५

६६ । ६७ । ६८ । ६९ । ७० । ७१ । ७२ इतिउद्योगपर्वणिनैलकंठीयेभारतभावदीपेत्र्यशीतितमोऽध्यायः ॥ ८३ ॥ ॥ ॥ प्रयांतमिति १ । २ । ३ दैवानिशकुनानि औत्पातिकानिअशकुनानि

देवर्षयःपुण्यकृतोब्राह्मणाश्चबहुश्रुताः ॥ राजर्षयश्चदाशार्हमानयंतस्तपस्विनः ॥ देवासुरस्यद्रष्टारःपुराणस्यमहामते ६६ समेतंपार्थिवंक्षत्रंदिदृक्षंतश्चसर्वतः ॥ सभासदश्चराजानस्त्वांचसत्यंजनार्दनम् ६७ एतन्महत्प्रेक्षणीयंद्रष्टुंगच्छामकेशव ॥ धर्मार्थसहितावाचःश्रोतुमिच्छाममाधव ६८ त्वयोच्यमानाःकुरुषुराजमध्येपरंतप ॥ भीष्मद्रोणादयश्चैवविदुरश्चमहामतिः ६९ त्वंचयादवशार्दूलसभायांवैसमेष्यथ ॥ तववाक्यानिदिव्यानितथातेषांचमाधव ७० श्रोतुमिच्छामगोविंदसत्यानिचहितानिच ॥ आपृष्टोऽसिमहाबाहोपुनर्द्रक्ष्यामहेवयम् ७१याह्यविघ्नेनवैवीरद्रक्ष्यामस्त्वांसभागतम्॥ आसीनमासनेदिव्येबलतेजःसमाहितम् ७२॥इतिश्रीमहाभारते०उ०प० भगवद्यानपर्वणिश्रीकृष्णप्रस्थानेत्र्यशीतितमोऽध्यायः॥८३॥ वैशंपायनउवाच ॥ प्रयांतंदेवकीपुत्रंपरवीररुजोदश॥महारथामहाबाहुमन्वयुःशस्त्रपाणयः१पदातीनांसहस्रंचसादिनांचपरंतप ॥ भोज्यंचविपुलंराजन्प्रेष्याश्चशतशोपरे २ ॥ जनमेजयउवाच ॥ कथंप्रयातोदाशार्होमहात्मामधुसूदनः ॥ कानिवाव्रजतस्तस्यनिमित्तानिमहौजसः ३ ॥ वैशंपायनउवाच ॥ तस्यप्रयाणेयान्यासन्निमित्तानिमहात्मनः ॥ तानिमेशृणुसर्वाणिदैवान्यौत्पातिकानिच ४ अनभ्रेऽशनिनिर्घोषःसविद्युत्समजायत ॥ अन्वगेवचपर्जन्यःप्रावर्षद्विघनेभृशम् ५ प्रत्यग्ययुर्महानद्यःप्राङ्मुखाःसिंधुसप्तमाः ॥ विपरीतादिशःसर्वानप्राज्ञायतकिंचन ६ प्राज्वलन्नग्नयोराजन्पृथिवीसमकंपत ॥ उदपानाश्चकुंभाश्चप्रासिंचन्शतशोजलम् ७ तमःसंवृतमप्यासीत्सर्वंजगदिदंतथा ॥ नदिशोनादिशोराजन्प्रज्ञायंतेस्मरेणुना ८ प्रादुरासीन्महाञ्छब्दःखेशरीरंनदृश्यते ॥ सर्वेषुराजन्देशेषुतदद्भुतमिवाभवत् ९ प्रामथ्नाद्धास्तिनपुरंवातोदक्षिणपश्चिमः ॥ आरुजन्गणशोवृक्षान्परुषोऽशनिनिःस्वनः १० यत्रयत्रचवार्ष्णेयोवर्ततेपथिभारत ॥ तत्रतत्रसुखोवायुःसर्वंचासीत्प्रदक्षिणम् ११ ववर्षपुष्पवर्षंचकमलानिचभूरिशः ॥ समश्चपंथानिर्दुःखोव्यपेतकुशकंटकः १२ संस्तुतोब्राह्मणैर्गीर्भिस्तत्रतत्रसहस्रशः ॥ अर्च्यतेमधुपर्कैश्चवसुभिश्चवसुप्रदः १३ तंकिरंतिमहात्मानंवन्यैःपुष्पैःसुगंधिभिः ॥ स्त्रियःपथिसमागम्यसर्वभूतहितेरतम्॥ १४ सशालिभवनंरम्यंसर्वसस्यसमाचितम् ॥ सुखंपरमधर्मिष्ठमभ्यगाद्भरतर्षभ १५ पश्यन्बहुपशून्ग्रामान्रम्यान्हृदयतोषणान् ॥ पुराणिचव्यतिक्रामन्राष्ट्राणिविविधानिच १६ नित्यंहृष्टाःसुमनसोभारतैरभिरक्षिताः ॥ नोद्विग्नाःपरचक्राणांव्यसनानामकोविदाः १७ उपप्लव्यादथागम्यजनाःपुरनिवासिनः ॥ पथ्यतिष्ठंतसहिताविष्वक्सेनदिदृक्षया १८ तेतुसर्वेसमायांतमग्निमिद्धमिवप्रभुम् ॥ अर्चयामासुरर्चार्हंदेशातिथिमुपस्थितम् १९ वृकस्थलंसमासाद्यकेशवःपरवीरहा ॥ प्रकीर्णरश्मावादित्येव्योम्निवैलोहितायति २०

४ । ५ प्रत्यक्प्रतीपं ऊढुःप्रवाहंकृतवत्यः ६ । ७ । ८ खेशरीरंछायापुरुषशरीरं ९ दक्षिणपश्चिमःनिर्ऋतिदेशः १० औत्पातिकान्युक्त्वादैवान्याह यत्रयत्रेति ११ । १२ । १३ । १४ भवंतिअस्मिन्निति भवनंक्षेत्रं १५ । १६ । १७ उपप्लव्यात्ग्रामात् १८ । १९ । २०

२१ । २२ । २३ । २४ । २५ । २६ । २७ । २८ । २९ ॥ इतिउद्योगपर्वणिनीलकंठीये भारतभावदीपेचतुरशीतितमोऽध्यायः ॥ ८४ ॥ तथादूतैरिति १ । २ । ३ । ४ । ५ । ६ । ७ अभिप्रायान्

अवतीर्यरथात्तूर्णंकृत्वाशौचंयथाविधि ॥ रथमोचनमादिश्यसंध्यामुपविवेशह २१ दारुकोपिहयान्मुक्त्वापरिचर्यचशास्त्रतः ॥ मुमोचसर्वयोक्त्रादिमुक्त्वाचैतान
वासृजत् २२ अभ्यतीत्यतुतत्सर्वमुवाचमधुसूदनः ॥ युधिष्ठिरस्यकार्यार्थमिहवत्स्यामहेक्षपाम् २३ तस्यतन्मतमाज्ञायचक्रुरावसथंनराः ॥ क्षणेनचान्नपानानि
गुणवंतिसमार्जयन् २४ तस्मिन्ग्रामेप्रधानास्तुयआसन्ब्राह्मणान्नृप ॥ आर्याःकुलीनाह्रीमंतोब्राह्मींवृत्तिमनुष्ठिताः २५ तेऽभिगम्यमहात्मानंहृषीकेशमरिंदमम्
॥ पूजांचक्रुर्यथान्यायमाशीर्मंगलसंयुताम् २६ तेपूजयित्वादाशार्हंसर्वलोकेषुपूजितम् ॥ न्यवेदयंतवेश्मानिरत्नवंतिमहात्मने २७ तान्प्रभुःकृतमित्युक्त्वासत्कृ
त्यचयथार्हतः ॥ अभ्येत्यचैषांवेश्मानिपुनरायात्सहैवतैः २८ सुमृष्टंभोजयित्वाचब्राह्मणांस्तत्रकेशवः ॥ भुक्त्वाचसहतैःसर्वैरवसत्तांक्षपांसुखम् २९ इतिश्री
महाभारतेउद्योगपर्वणिभगवद्यानपर्वणिश्रीकृष्णप्रयाणेचतुरशीतितमोऽध्यायः ॥ ८४ ॥ ॥ वैशंपायनउवाच ॥ ॥ तथादूतैःसमाज्ञायप्रयांतंमधु
सूदनम् ॥ धृतराष्ट्रोऽब्रवीद्भीष्ममर्चयित्वामहाभुजम् १ द्रोणंचसंजयंचैवविदुरंचमहामतिम् ॥ दुर्योधनंसहामात्यंहृष्टरोमाऽब्रवीदिदम् २ अद्भुतंमहदाश्चर्यंश्रूयते
कुरुनंदन ॥ स्त्रियोबालाश्चवृद्धाश्चकथयंतिगृहेगृहे ३ सत्कृत्याचक्षतेचान्येतथैवान्येसमागताः ॥ पृथग्वादाश्चवर्ततेचत्वरेषुसभासुच ४ उपायास्यतिदाशार्हः
पांडवार्थेपराक्रमी ॥ सनोमान्यश्चपूज्यश्चसर्वथामधुसूदनः ५ तस्मिन्हियात्रालोकस्यभूतानामीश्वरोहिसः ॥ तस्मिन्धृतिश्चवीर्यंचप्रज्ञाचौजश्चमाधवे ६ समा
न्यतांनरश्रेष्ठःसहिधर्मःसनातनः ॥ पूजितोहिसुखायस्यादसुखःस्यादपूजितः ७ सचेत्तुष्यतिदाशार्हउपचारैररिंदमः ॥ कृष्णात्सर्वानभिप्रायान्प्राप्स्यामःसर्वरा
जसु ८ तस्यपूजार्थमद्यैवसंविधत्स्वपरंतप ॥ सभाःपथिविधीयंतांसर्वकामसमन्विताः ९ यथाप्रीतिर्महाबाहोत्वयिजायेततस्यवै ॥ तथाकुरुष्वगांधारेकथंवाभी
ष्ममन्यसे १० ततोभीष्मादयःसर्वेधृतराष्ट्रंजनाधिपम् ॥ ऊचुःपरममित्येवंपूजयंतोऽस्यतद्वचः ११ तेषामनुमतंज्ञात्वाराजादुर्योधनस्तदा ॥ सभावास्तूनिर
म्याणिप्रदेष्टुमुपचक्रमे १२ ततोदेशेषुदेशेषुरमणीयेषुभागशः ॥ सर्वरत्नसमाकीर्णाःसभाश्चक्रुरनेकशः १३ आसनानिविचित्राणियुतानिविविधैर्गुणैः ॥ स्त्रियोगंधान
लंकारान्सूक्ष्माणिवसनानिच १४ गुणवंत्यन्नपानानिभोज्यानिविविधानिच ॥ माल्यानिचसुगंधीनितानिराजाददौततः १५ विशेषतश्चवासार्थंसभांग्रामेवृक
स्थले ॥ विदधेकौरवोराजाबहुरत्नांमनोरमाम् १६ एतद्विधायवैसर्वंदेवार्हमतिमानुषम् ॥ आचख्यौधृतराष्ट्रायराजादुर्योधनस्तदा १७ ताःसभाःकेशवःसर्वा
रत्नानिविविधानिच ॥ असमीक्ष्यैवदाशार्हउपायात्कुरुसद्मतत् १८ ॥ इतिश्रीमहाभारतेउद्योगपर्वणिभगवद्यानपर्वणिमार्गेसभानिर्माणेपंचाशीतितमोऽध्यायः॥८५॥

मनोरथान् ८ । ९ । १० । ११ । १२ । १३ । १४ । १५ । १६ । १७ । १८ ॥ ॥ इतिउद्योगपर्वणिनीलकंठीये भारतभावदीपे पंचाशीतितमोऽध्यायः ॥ ८५ ॥ ॥ ॥ ॥

उपप्लव्यादिति १ । २ प्रपितामहः पितामहस्यब्रह्मणोऽपिपिता ३ । ४ । ५ । ६ ईषालांगलदंडस्तत्सदृशदंतान् अष्टौ अनुचराः यस्यगजस्य ७ । ८ । ९ । १० । ११ । १२ । १३ । १४ । १५ । १६

॥ धृतराष्ट्रउवाच ॥ उपप्लव्यादिहक्षत्तरुपायातोजनार्दनः ॥ वृकस्थलेनिवसतिसचप्रातरिहैष्यति १ आहुकानामधिपतिःपुरोगःसर्वसात्वताम् ॥ महामनामहावीर्यो महासत्वोजनार्दनः २ स्फीतस्यवृष्णिराष्ट्रस्यभर्तागोप्ताचमाधवः ॥ त्रयाणामपिलोकानांभगवान्प्रपितामहः ३ वृष्ण्यंधकाःसुमनसोयस्यप्रज्ञामुपासते ॥ आदित्यावसवोरुद्रायथाबुद्धिंबृहस्पतेः ४ तस्मैपूजांप्रयोक्ष्यामिदाशार्हायमहात्मने ॥ प्रत्यक्षंतवधर्मज्ञतांमेकथयतःशृणु ५ एकवर्णैःसुकृतांगैर्बाह्लिजातैर्हयोत्तमैः ॥ चतुर्युक्तान्रथांस्तस्मैरौक्मान्दास्यामिषोडश ६ नित्यप्रभिन्नान्मातंगानीषादंतान्प्रहारिणः ॥ अष्टानुचरमेकैकमष्टौदास्यामिकौरव ७ दासीनामप्रजातानांशुभानांरुक्मवर्चसाम् ॥ शतमस्मैप्रदास्यामिदासानामपितावताम् ८ आविकंचसुखस्पर्शंपार्वतीयैरुपाहृतम् ॥ तदप्यस्मैप्रदास्यामिसहस्राणिदशाष्टच ९ अजिनानांसहस्राणिचीनदेशोद्भवानिच ॥ तान्यप्यस्मैप्रदास्यामियावदर्हतिकेशवः १० दिवारात्रौचभात्येषसुतेजाविमलोमणिः ॥ तमप्यस्मैप्रदास्यामितमर्हतिहिकेशवः ११ एकेनाभिपतत्यह्नायोजनानिचतुर्दश ॥ यानमश्वतरीयुक्तंदास्येतस्मैतदप्यहम् १२ यावंतिवाहनान्यस्ययावंतःपुरुषाश्चते ॥ ततोऽष्टगुणमप्यस्मैभोज्यंदास्याम्यहंसदा १३ ममपुत्राश्चपौत्राश्चसर्वेदुर्योधनादृते ॥ प्रत्युद्यास्यंतिदाशार्हंरथैर्मृष्टैःस्वलंकृताः १४ स्वलंकृताश्चकल्याण्यःपादैरेवसहस्रशः ॥ वारमुख्यामहाभागंप्रत्युद्यास्यंतिकेशवम् १५ नगरादपियाःकाश्चिद्गमिष्यंतिजनार्दनम् ॥ द्रष्टुंकन्याश्चकल्याण्यस्ताश्चयास्यंत्यनावृताः १६ सस्त्रीपुरुषबालंचनगरंमधुसूदनम् ॥ उदीक्षतांमहात्मानंभानुमंतमिवप्रजाः १७ महाध्वजपताकाश्चक्रियंतांसर्वतोदिशः ॥ जलावसिक्तोविरजाःपंथास्तस्येतिचान्वशात् १८ दुःशासनस्यचगृहंदुर्योधनगृहाद्वरम् ॥ तदद्यक्रियतांक्षिप्रंसुसंमृष्टमलंकृतम् १९ एतद्धिरुचिराकारैःप्रासादैरुपशोभितम् ॥ शिवंचरमणीयंचसर्वर्तुसुमहाधनम् २० सर्वमस्मिन्गृहेरत्नंममदुर्योधनस्यच ॥ यद्यदर्हतिवार्ष्णेयस्तत्तद्देयमसंशयम् २१ ॥ इतिश्रीमहाभारतेउद्योगपर्वणिभगवद्यानपर्वणिधृतराष्ट्रवाक्येषडशीतितमोऽध्यायः ॥ ८६ ॥ ॥ ॥ विदुरउवाच ॥ राजन्बहुमतश्चासित्रैलोक्यस्यापिसत्तमः ॥ संभावितश्चलोकस्यसंमतश्चासिभारत १ यत्त्वमेवंगतेब्रूयाःपश्चिमेवयसिस्थितः ॥ शास्त्राद्वासुप्रतर्काद्वासुस्थिरःस्थविरोह्यसि २ लेखाशशिनिभाःसूर्येमहोर्मिरिवसागरे ॥ धर्मस्त्वयितथाराजन्नितिव्यवसिताःप्रजाः ३ सदैवभावितोलोकोगुणौघैस्तवपार्थिव ॥ गुणानांरक्षणेनित्यंप्रयतस्वसबांधवः ४ आर्जवंप्रतिपद्यस्वमाबाल्याद्बहुधानीनशः ॥ राजन्पुत्रांश्चपौत्रांश्चसुहृदश्चैवसुप्रियान् ५ यत्त्वमिच्छसिकृष्णायराजन्नतिथयेबहु ॥ एतदन्यच्चदाशार्हःपृथिवीमपिचार्हति ६ नतुत्वंधर्ममुद्दिश्यतस्यवाप्रियकारणात् ॥ एतद्दित्ससिकृष्णायसत्येनात्मानमालभे ७

१७ । १८ । १९ । सर्वर्तुमर्वैऋतवोयुगपदस्मिन्संतीतितथा २० । २१ ॥ इति उद्योगपर्वणि नीलकंठीये भारतभावदीपे षडशीतितमोऽध्यायः ॥ ८६ ॥ ॥ ॥ ॥ राजन्निति १ । २ । ३ भावितःहृष्टः ४ मानीनशः हेतुमण्णिच् मानाशंप्राप्नुहि ५ । ६ । ७

मायाइंद्रजालं छद्मवंचनं ८ । ९ विभेत्स्यसिशल्यवत्पृथक्करिष्यसि १० । ११ वेदवेद्मि १२ नैवेक्ष्यतिनैवांगीकरिष्यति १३ आतिथ्यंशमरूपं १४ उपाकुरुअर्पय १५ । १६ । १७ ॥ इतिउद्योगपर्वणि
नीलकंठीये भारतभावदीपे सप्ताशीतितमोऽध्यायः ॥ ८७ ॥ यदाहेति । असंहार्यः हर्तुमशक्यः १ । २ देशइति । यद्यपिकेशवोऽर्चामर्हत्येवतथाऽपिअर्चायांदेशःकालश्चायुक्तइत्यर्थः तदेवाह मंस्यतीति ३

मायैषासत्यमेवैतच्छद्मैतद्भूरिदक्षिण ॥ जानामित्वन्मतंराजन्गूढंबाह्येनकर्मणा ८ पंचपंचैवलिप्स्यंतिग्रामकान्पांडवान्नृप ॥ नचदित्ससितेभ्यस्तांस्तच्छमंनक
रिष्यसि ९ अर्थेनतुमहाबाहुंवार्ष्णेयंत्वंजिहीर्षसि ॥ अनेनचाप्युपायेनपांडवेभ्योविभेत्स्यसि १० नचवित्तेनशक्योऽसौनोद्यमेननगर्हया ॥ अन्योधनंजया
त्कर्तुमेतत्तत्त्वंब्रवीमिते ११ वेदकृष्णस्यमाहात्म्यंवेदास्यदृढभक्तिताम् ॥ अत्याज्यमस्यजानामिप्राणैस्तुल्यंधनंजयम् १२ अन्यत्कुंभादपांपूर्णादन्यत्पादावसेचनात् ॥
अन्यत्कुशलसंप्रश्नान्नैवेक्ष्यतिजनार्दनः १३ यत्त्वस्यप्रियमातिथ्यंमानार्हस्यमहात्मनः ॥ तदस्मैक्रियतांराजन्मानार्होऽसौजनार्दनः १४ आशंसमानःकल्याणंकुरून
भ्येतिकेशवः ॥ येनैवराजन्नर्थेनतदेवास्माउपाकुरु १५ शममिच्छतिदाशार्हस्तवदुर्योधनस्यच ॥ पांडवानांचराजेंद्रतदस्यवचनंकुरु १६ पितासिराजन्पुत्रास्तेवृद्ध
स्त्वंशिशवःपरे ॥ वर्तस्वपितृवत्तेषुवर्तंतेतेहिपुत्रवत् १७ ॥ इतिश्रीमहाभारतेउद्योगपर्वणिभगवद्यानपर्वणिविदुरवाक्येसप्ताशीतितमोऽध्यायः ॥ ८७ ॥ ॥
दुर्योधनउवाच ॥ यदाहविदुरःकृष्णेसर्वंतत्सत्यमच्युते ॥ अनुरक्तोह्यसंहार्यःपार्थान्प्रतिजनार्दनः १ यत्तत्सत्कारसंयुक्तंदेयंवसुजनार्दने ॥ अनेकरूपंराजेंद्रनतद्देयंकदा
चन २ देशःकालस्तथाऽयुक्तोनहिनार्हतिकेशवः ॥ मंस्यत्यधोक्षजोराजन्भयादर्चतिमामिति ३ अवमानश्चयत्रस्यात्क्षत्रियस्यविशांपते ॥ नतत्कुर्याद्बुधःका
र्यमितिमेनिश्चितामतिः ४ सहिपूज्यतमोलोकेकृष्णःपृथुललोचनः ॥ त्रयाणामपिलोकानांविदितंममसर्वथा ५ नतुतस्मैप्रदेयंस्यात्तथाकार्यगतिःप्रभो ॥ वि
ग्रहःसमुपारब्धोनहिशाम्यत्यविग्रहात् ६ ॥ ॥ वैशंपायनउवाच ॥ ॥ तस्यतद्वचनंश्रुत्वाभीष्मःकुरुपितामहः ॥ वैचित्रवीर्यंराजानमिदंवचनमब्रवीत् ७ स
त्कृतोऽसत्कृतोवाऽपिनक्रुद्ध्येतजनार्दनः ॥ नालमेनमवज्ञातुंनावज्ञेयोहिकेशवः ८ यत्तुकार्यंमहाबाहोमनसाकार्यतांगतम् ॥ सर्वोपायैर्नतच्छक्यंकेनचित्कर्तुमन्य
था ९ सयद्ब्रूयान्महाबाहुस्तत्कार्यमविशंकया ॥ वासुदेवेनतीर्थेनक्षिप्रंसंशाम्यपांडवैः १० धर्म्यमर्थ्यंचधर्मात्माध्रुवंवक्ताजनार्दनः ॥ तस्मिन्वाच्याःप्रियावाचोभ
वताबांधवैःसह ११ ॥ दुर्योधनउवाच ॥ नपर्यायोऽस्तियद्राजन्श्रियंनिष्केवलामहम् ॥ तैःसहेमामुपाश्नीयांयावज्जीवंपितामह १२ इदंतुसुमहत्कार्यंशृणुमेयत्समर्थि
तम् ॥ परायणंपांडवानांनियच्छामिजनार्दनम् १३ तस्मिन्बद्धेभविष्यन्तिवृष्णयःपृथिवीतथा ॥ पांडवाश्चविधेयामेसचप्रातरिहैष्यति १४ अत्रोपायान्यथासम्यङ्न
बुद्ध्येतजनार्दनः ॥ नचापायोभवेत्कश्चित्तद्भवान्प्रब्रवीतुमे १५

४ । ५ कार्यगतिःकर्त्तव्यरीतिः अविग्रहात् आतिथ्यमात्रेण ६ । ७ नालंनपर्याप्तोऽसि ८ । ९ तीर्थेनअवतरणवर्त्मना संशाम्यशांतोभव १० । ११ पर्यायःप्रकारांतरं निष्केवलांकृत्स्नांपांडवान्यथादास
वद्दासयेयंतथाप्रकारोनास्तीत्यर्थः १२ । १३ । १४ । १५

१६।१७।१८।१९।२०।२१।२२।२२ ॥ इतिउद्योगपर्वणिनीलकंठीये भारतभावदीपे अष्टाशीतितमोऽध्यायः ॥ ८८ ॥ प्रातरिति १।२।३।४।५।६।७।८।९। १०

॥ वैशंपायनउवाच ॥ तस्यतद्वचनंश्रुत्वाघोरंकृष्णाभिसंहितम् ॥ धृतराष्ट्रःसहामात्योव्यथितोविमनाऽभवत् १६ ततोदुर्योधनमिमंधृतराष्ट्रोऽब्रवीद्वचः ॥ मैवंवो
चःप्रजापालनैषधर्मःसनातनः १७ दूतश्चहिहृषीकेशःसंबंधीचप्रियश्चनः ॥ अपापःकौरवेयेषुसकथंबंधमर्हति १८ ॥ भीष्मउवाच ॥ परीतस्तवपुत्रोऽयंधृतराष्ट्रसुमं
दधीः ॥ वृणोत्यनर्थंनैवार्थंयाच्यमानःसुहृज्जनैः १९इममुत्पथिवर्ततंपापंपापानुबंधिनम् ॥ वाक्यानिसुहृदांहित्वात्वमप्यस्यानुवर्तसे २० कृष्णमक्लिष्टकर्माणमासाद्या
यंसुदुर्मतिः ॥ तवपुत्रःसहामात्यःक्षणेननभविष्यति २१ पापस्यास्यनृशंसस्यत्यक्तधर्मस्यदुर्मतेः ॥ नोत्सहेऽनर्थसंयुक्ताःश्रोतुंवाचःकथंचन २२ इत्युक्त्वाभर
तश्रेष्ठोवृद्धःपरममन्युमान् ॥ उत्थायतस्मात्प्रातिष्ठद्भीष्मःसत्यपराक्रमः २३ ॥ ॥ इतिश्रीमहाभारतेउद्योगपर्वणिभगवद्यानपर्वणिदुर्योधनवाक्येअष्टाशीति
तमोऽध्यायः ॥ ८८ ॥ ॥ ॥ ॥ वैशंपायनउवाच ॥ प्रातरुत्थायकृष्णस्तुकृतवान्सर्वमाह्निकम् ॥ ब्राह्मणैरभ्यनुज्ञातःप्रययौनगरंप्रति १ तं
प्रयांतंमहाबाहुमनुज्ञाप्यमहाबलम् ॥ पर्यवर्ततते सर्वेवृकस्थलनिवासिनः २ धार्तराष्ट्रास्तमायांतंप्रत्युज्जग्मुःस्वलंकृताः ॥ दुर्योधनादृतेसर्वेभीष्मद्रोणकृपादयः ३ पौ
राश्चबहुलाराजन्हृषीकेशंदिदृक्षवः ॥ यानैर्बहुविधैरन्यैःपद्भिरेवतथापरे ४ सवैपथिसमागम्यभीष्मेणाक्लिष्टकर्मणा ॥ द्रोणेनधार्तराष्ट्रैश्चतैर्वृतोनगरंययौ ५ कृष्ण
संमाननार्थंचनगरंसमलंकृतम् ॥ बभूवराजमार्गश्चबहुरत्नसमाचितः ६ नचकश्चिद्गृहेराजंस्तदाऽसीद्भरतर्षभ ॥ नस्त्रीनवृद्धोनशिशुर्वासुदेवदिदृक्षया ७ राजमार्गे
नरास्तस्मिन्संस्तुवंत्यवनिंगताः ॥ तस्मिन्कालेमहाराजहृषीकेशप्रवेशने ८ आवृतानिवरस्त्रीभिर्गृहाणिसुमहांत्यपि ॥ प्रचलंतीवभारेणदृश्यंतेस्ममहीतले ९ त
थाचगतिमंतस्तेवासुदेवस्यवाजिनः ॥ प्रनष्टगतयोऽभूवन्राजमार्गेनरैर्वृते १० सगृहंधृतराष्ट्रस्यप्राविशच्छत्रुकर्शनः ॥ पांडुरंपुंडरीकाक्षःप्रासादैरुपशोभितम् ११
तिस्रःकक्ष्याव्यतिक्रम्यकेशवोराजवेश्मनः ॥ वैचित्रवीर्यंराजानमभ्यगच्छदरिंदमः १२ अभ्यागच्छतिदाशार्हेप्रज्ञाचक्षुर्नराधिपः ॥ सहैवद्रोणभीष्माभ्यामुदतिष्ठन्म
हायशाः १३ कृपश्चसोमदत्तश्चमहाराजश्चबाह्लिकः ॥ आसनेभ्योऽचलन्सर्वेपूजयंतोजनार्दनम् १४ ततोराजानमासाद्यधृतराष्ट्रंयशस्विनम् ॥ सभीष्मंपूजया
मासवार्ष्णेयोवाग्भिरंजसा १५ तेषुधर्मानुपूर्वींतांप्रयुज्यमधुसूदनः ॥ यथावयःसमीयायराजभिःसहमाधवः १६ अथद्रोणंसबाह्लीकंसपुत्रंचयशस्विनम् ॥ कृपं
चसोमदत्तंचसमीयायजनार्दनः १७ तत्रासीदूर्जितंमृष्टंकांचनंमहदासनम् ॥ शासनाद्धृतराष्ट्रस्यतत्रोपाविशदच्युतः १८ अथगांमधुपर्कंचाप्युदकंचजनार्दने ॥ उपज
ह्रुर्यथान्यायंधृतराष्ट्रपुरोहिताः १९ कृतातिथ्यस्तुगोविंदःसर्वान्परिहसन्कुरून् ॥ अस्तेसांबंधिकंकुर्वन्कुरुभिःपरिवारितः २०

११।१२।१३।१४।१५।१६।१७ मृष्टंशोधितम् १८।१९ परिहसन् नर्मकुर्वन् सांबंधिकंधनंजयादिसंबंधहेतुकंव्यवहारम् २०

पूजितःस्तुतः २१ । २२ । २३ । २४ । २५ । २६ विदुरःपांडवानांविचेष्टितंतस्यतंकृष्णंप्रतिअपृच्छदित्यन्वयः सार्धश्लोकएकंवाक्यं अपृच्छदितिपूर्वस्मादनुकृष्यते प्रीयमाणस्येत्यादिषष्ठयोद्वितीयार्थे २७

सोऽर्चितोधृतराष्ट्रेणपूजितश्चमहायशाः ॥ राजानंसमनुज्ञाप्यनिरक्रामदरिंदमः २१ तैःसमेत्ययथान्यायंकुरुभिःकुरुसंसदि ॥ विदुरावसथंरम्यमुपातिष्ठतमाधवः २२ विदुरःसर्वकल्याणैरभिगम्यजनार्दनम् ॥ अर्चयामासदाशार्हंसर्वकामैरुपस्थितम् २३ यामेप्रीतिःपुष्कराक्षत्वद्दर्शनसमुद्भवा ॥ साकिमाख्यायतेतुभ्यमंतरात्माऽसिदेहिनाम् २४ कृतातिथ्यंतुगोविंदंविदुरःसर्वधर्मवित् ॥ कुशलंपांडुपुत्राणामपृच्छन्मधुसूदनम् २५ प्रीयमाणस्यसुहृदोविदुरोबुद्धिसत्तमः ॥ धर्मार्थनित्यस्यसतोगतरोषस्यधीमतः २६ तस्यसर्वंसविस्तारंपांडवानांविचेष्टितम् ॥ क्षत्तुराचष्टदाशार्हःसर्वंप्रत्यक्षदर्शिवान् २७ ॥ इतिश्रीमहाभारतेउद्योगपर्वणिभगवद्यानपर्वणिधृतराष्ट्रगृहप्रवेशपूर्वकंश्रीकृष्णस्यविदुरगृहप्रवेशेएकोननवतितमोऽध्यायः ॥ ८९ ॥ ॥ ॥ वैशंपायनउवाच ॥ अथोपगम्यविदुरमपराह्णेजनार्दनः ॥ पितृष्वसारंसपृथामभ्यगच्छदरिंदमः १ सादृष्ट्वाकृष्णमायांतंप्रसन्नादित्यवर्चसम् ॥ कंठेगृहीत्वाप्राक्रोशत्स्मरंतीतनयान्पृथा २ तेषांसत्ववतांमध्येगोविंदंसहचारिणम् ॥ चिरस्यदृष्ट्वावार्ष्णेयंबाष्पमाहारयत्पृथा ३ साऽब्रवीत्कृष्णमासीनंकृतातिथ्यंयुधांपतिम् ॥ बाष्पगद्गदपूर्णेनमुखेनपरिशुष्यता ४ येतेबाल्यात्प्रभृत्येवगुरुशुश्रूषणेरताः ॥ परस्परस्यसुहृदःसंमताःसमचेतसः ॥ निकृत्याभ्रंशिताराज्याज्जनार्हानिर्जनंगताः ५ विनीतक्रोधहर्षाश्चब्रह्मण्याःसत्यवादिनः ॥ त्यक्त्वाप्रियसुखेपार्थारुदतीमपहायमाम् ६ अहार्षुश्चवनंयांतःसमूलंहृदयंमम ॥ अतदर्हामहात्मानःकथंकेशवपांडवाः ७ ऊषुर्महावनेतातसिंहव्याघ्रगजाकुले ॥ बालाविहीनाःपित्रातेमयासततलालिताः ८ अपश्यंतश्चपितरौकथमूषुर्महावने ॥ शंखदुंदुभिनिर्घोषैर्मृदंगैर्वेणुनिःस्वनैः ९ पांडवाःसमबोध्यंतबाल्यात्प्रभृतिकेशव ॥ येस्मवारणशब्देनहयानांहेषितेनच १० रथनेमिनिनादैश्चव्यबोध्यंततदागृहे ॥ शंखभेरीनिनादेनवेणुवीणानुनादिना ११ पुण्याहघोषमिश्रेणपूज्यमानाद्विजातिभिः ॥ वस्त्रैरत्नैरलंकारैःपूजयंतोद्विजन्मनः १२ गीर्भिर्मंगलयुक्ताभिर्ब्राह्मणानांमहात्मनाम् ॥ अर्चितैरर्चनार्हैश्चस्तुवद्भिरभिनन्दिताः १३ प्रासादाग्रेष्वबोध्यंतरांकवाजिनशायिनः ॥ क्रूरंचनिनदंश्रुत्वाश्वापदानांमहावने १४ नस्मोपयांतिनिद्रांतेनतदर्हाजनार्दन ॥ भेरीमृदंगनिनदैःशंखवैणवनिःस्वनैः १५ स्त्रीणांगीतनिनादैश्चमधुरैर्मधुसूदन ॥ बंदिमागधसूतैश्चस्तुवद्भिर्बोधिताःकथम् १६ महावनेप्यबोध्यंतश्वापदानांरुतेनच ॥ ह्रीमान्सत्यधृतिर्दांतोभूतानामनुकंपिता १७ कामद्वेषौवशेकृत्वासतांवर्त्मानुवर्तते ॥ अंबरीषस्यमांधातुर्ययातेर्नहुषस्यच १८ भरतस्यदिलीपस्यशिबेरौशीनरस्यच ॥ राजर्षीणांपुराणानांधुरंधत्तेदुरुद्वहाम् १९ शीलवृत्तोपसंपन्नोधर्मज्ञःसत्यसंगरः ॥ राजासर्वगुणोपेतस्त्रैलोक्यस्यापियोभवेत् २०

॥ इतिउद्योगपर्वणि नीलकंठीये भारतभावदीपे एकोननवतितमोऽध्यायः ॥ ८९ ॥ ॥ ॥ अथेति १ । २ । ३ । ४ । ५ प्रियंराज्यादि सुखंभोगोत्थआह्लादः ६ । ७ । ८ । ९ । १० । ११ । १२ । १३ । १४ । १५ । १६ । १७ । १८ धुरंभारम् १९ । २०

प्रियोदर्शोदर्शनंयस्य दर्शादिश्राद्धकर्मवायस्य २१ सामर्षत्वादेवपांडवः पांडुरेवपांडवः स्वार्थेतद्धितः यद्वापांडवःपांडुपुत्रः 'पांडुःकुंतीपतौसिते' इतिविश्वः २२ । २३ । २४ । २५ । २६ । २७ । २८

अजातशत्रुर्धर्मात्माशुद्धजांबूनदप्रभः ॥ श्रेष्ठःकुरुषुसर्वेषुधर्मतःश्रुतवृत्ततः ॥ प्रियदर्शोदीर्घभुजःकथंकृष्णयुधिष्ठिरः २१ यःसनागायुतप्राणोवातरंहामहाबलः ॥ सामर्षःपांडवोनित्यंप्रियोभ्रातुःप्रियंकरः २२ कीचकस्यतुसज्ञातेर्योहंतामधुसूदन ॥ शूरःक्रोधवशानांचहिडिंबस्यबकस्यच २३ पराक्रमेशक्रसमोमातरिश्वसमोबले ॥ महेश्वरसमःक्रोधेभीमःप्रहरतांवरः २४ क्रोधंबलममर्षंचयोनिधायपरंतपः ॥ जितात्मापांडवोऽमर्षीभ्रातुस्तिष्ठतिशासने २५ तेजोराशिंमहात्मानंवरिष्ठममितौजसम् ॥ भीमंप्रदर्शनेनापिभीमसेनंजनार्दन २६ तंममाचक्ष्ववार्ष्णेयकथमद्यवृकोदरः ॥ आस्तेपरिघबाहुःसमध्यमःपांडवोबली २७ अर्जुनेनार्जुनोयःसकृष्णबाहुसहस्रिणा ॥ द्विबाहुःस्पर्धतेनित्यमतीतेनापिकेशव २८ क्षिपत्येकेनवेगेनपंचबाणशतानियः ॥ इष्वस्त्रेसदृशोराज्ञःकार्तवीर्यस्यपांडवः २९ तेजसाऽऽदित्यसदृशोमहर्षिसदृशोदमे ॥ क्षमयापृथिवीतुल्योमहेंद्रसमविक्रमः ३० आधिराज्यंमहद्दीप्तंप्रथितंमधुसूदन ॥ आहृतंयेनवीर्येणकुरूणांसर्वराजसु ३१ यस्यबाहुबलंसर्वेपांडवाःपर्युपासते ॥ ससर्वरथिनांश्रेष्ठःपांडवःसत्यविक्रमः ३२ यंगत्वाऽभिमुखःसंख्येनजीवन्कश्चिदाव्रजेत् ॥ योजेतासर्वभूतानामजेयोजिष्णुरच्युत ३३ योऽपाश्रयःपांडवानांदेवानामिववासवः ॥ सतेभ्रातासखाचैवकथमद्यधनंजयः ३४ दयावान्सर्वभूतेषुह्रीनिषेवोमहास्त्रवित् ॥ मृदुश्चसुकुमारश्चधार्मिकश्चप्रियश्चमे ३५ सहदेवोमहेष्वासःशूरःसमितिशोभनः ॥ भ्रातॄणांकृष्णशुश्रूषुर्धर्मार्थकुशलोयुवा ३६ सदैवसहदेवस्यभ्रातरोमधुसूदन ॥ वृत्तंकल्याणवृत्तस्यपूजयंतिमहात्मनः ३७ ज्येष्ठापचायिनंवीरंसहदेवंयुधांपतिम् ॥ शुश्रूषुंममवार्ष्णेयमाद्रीपुत्रंप्रचक्ष्वमे ३८ सुकुमारोयुवाशूरोदर्शनीयश्चपांडवः ॥ भ्रातॄणांचैवसर्वेषांप्रियःप्राणोबहिश्चरः ३९ चित्रयोधीचनकुलोमहेष्वासोमहाबलः ॥ कच्चित्सकुशलीकृष्णवत्सोममसुखैधितः ४० सुखोचितमदुःखार्हंसुकुमारंमहारथम् ॥ अपिजातुमहाबाहोपश्येयंनकुलंपुनः ४१ पक्ष्मसंपातजेकालेनकुलेनविनाकृता ॥ नलभामिधृतिंवीरसाद्यजीवामिपश्यमाम् ४२ सर्वैःपुत्रैःप्रियतराद्रौपदीमेजनार्दन ॥ कुलीनारूपसंपन्नासर्वैःसमुदितागुणैः ४३ पुत्रलोकात्पतिलोकंवृण्वानासत्यवादिनी ॥ प्रियान्पुत्रान्परित्यज्यपांडवाननुरुध्यते ४४ महाभिजनसंपन्नासर्वकामैःसुपूजिता ॥ ईश्वरीसर्वकल्याणीद्रौपदीकथमच्युत ४५ पतिभिःपंचभिःशूरैरग्निकल्पैःप्रहारिभिः ॥ उपपन्नामहेष्वासैर्द्रौपदीदुःखभागिनी ४६ चतुर्दशमिदंवर्षंयन्नापश्यमरिंदम ॥ पुत्रादिभिःपरिद्यूनांद्रौपदींसत्यवादिनीम् ४७ ननूनंकर्मभिःपुण्यैरश्नुतेपुरुषःसुखम् ॥ द्रौपदीचेत्तथावृत्तानाश्नुतेसुखमव्ययम् ४८

२९ । ३० । ३१ । ३२ । ३३ । ३४ । ३५ । ३६ । ३७ ज्येष्ठापचायिनंज्येष्ठानांभाववृद्धिकरम् ३८ । ३९ । ४० । ४१ पक्ष्मणोःसंपातजेनिमेषमात्रइत्यर्थः ४२ । ४३ पुत्रलोकात्पुत्रमभिकांक्ष्यत्यक्त्वा पतिलोकंपतिसन्निधिंवृण्वाना ४४ । ४५ । ४६ । ४७ तथावृत्तापुण्यशीला ४८

४९ । ५० । ५१ । ५२ । ५३ । ५४ । ५५ कच्चिदितिकाकासुखावहत्वंनास्तीतिव्यज्यते एषांमत्पुत्रभर्त्रादीनां ५६ नकुशलंमरणं ५७ । ५८ अवरोधःराज्याप्रदानरूपोवृत्तिनिरोधः ५९ यदिसुखंपुण्यक्षय
रूपंअर्थाद्दुःखंपापक्षयरूपं तर्हिदुःखात्पापक्षयहेतोस्ततसुखंनःअस्माकंस्यात्तथाचनवयंदुःखाद्भयंप्राप्नुमइत्यर्थः ६० अस्मात्भाविनःकुरुपांडवसंग्रामात् गोत्रकलहेविषमधियामेवावमर्दःसमबुद्धीनांतुसुखमेवेतिभावः
६१ सर्ववृत्तंएषांपांडवानां तथाविधंअविषमम् ६२ वृत्तैर्वदान्यत्वेनरूयातैर्धनंयथाअक्लेशेनार्प्यतेतद्वत्येनाहमर्पिता । 'वृत्तोऽतीतेदृढेख्याते' इतिविश्वः । धूर्तैरिवेत्यपपाठः । आर्यकःपितामहःतुभ्यंतव ६३ श्वशुरैर्भी

नप्रियोममकृष्णायाबीभत्सुर्नयुधिष्ठिरः ॥ भीमसेनोयमौवापियदपश्यंसभागताम् ४९ नमेदुःखतरंकिंचिद्भूतपूर्वंततोऽधिकम् ॥ स्त्रीधर्मिणींद्रौपदींयच्छ्वशुराणां
समीपगाम् ५० आनायितामनार्येणक्रोधलोभानुवर्तिना ॥ सर्वेप्रैक्षंतकुरवएकवस्त्रांसभागताम् ५१ तत्रैवधृतराष्ट्रश्चमहाराजश्चबाह्लिकः ॥ कृपश्चसोमदत्तश्चनि
र्विण्णाःकुरवस्तथा ५२ तस्यांसंसदिसर्वेषांक्षत्तारंपूजयाम्यहम् ॥ वृत्तेनहिभवत्यार्योनधनेननविद्यया ५३ तस्यकृष्णमहाबुद्धेर्गंभीरस्यमहात्मनः ॥ क्षत्तुःशील
मलंकारोलोकान्विष्टभ्यतिष्ठति ५४ ॥ वैशंपायनउवाच ॥ साशोकार्ताचहृष्टाचदृष्ट्वागोविंदमागतम् ॥ नानाविधानिदुःखानिसर्वाण्येवान्वकीर्तयत् ५५ पूर्वैराचरि
तंयत्तत्कुराजभिररिंदम ॥ अक्षद्यूतंमृगवधःकच्चिदेषांसुखावहम् ५६ तन्मांदहतियत्कृष्णासभायांकुरुसन्निधौ ॥ धार्तराष्ट्रैःपरिक्लिष्टायथानकुशलंतथा ५७ निर्वा
सनंचनगरात्प्रव्रज्याचपरंतप ॥ नानाविधानांदुःखानामभिज्ञाऽस्मिजनार्दन ५८ अज्ञातचर्याबालानामवरोधश्चमाधव ॥ नमेक्लेशतमंतत्स्यात्पुत्रैःसहपरंतप ५९
दुर्योधनेननिकृतावर्षमद्यचतुर्दश ॥ दुःखादपिसुखंनःस्याद्यदिपुण्यफलक्षयः ६० नमेविशेषोजात्वासीत्धार्तराष्ट्रेषुपांडवैः ॥ तेनसत्येनकृष्णत्वांहतामित्रंश्रियावृ
तम् ॥ अस्माद्विमुक्तंसंग्रामात्पश्येयंपांडवैःसह ६१ नैवशक्याःपराजेतुंसत्वंह्येषांतथाविधम् ॥ पितरंत्वेवगर्हेयंनात्मानंनसुयोधनम् ६२ येनाहंकुंतिभोजायधनं
वृत्तैरिवार्पिता ॥ बालांमामार्यकस्तुभ्यंक्रीडंतींकंदुहस्तिकाम् ६३ अदात्तुकुंतिभोजायसखासख्येमहात्मने ॥ साऽहंपित्राचनिकृताश्वशुरैश्चपरंतप ॥ अत्यंत
दुःखिताकृष्णकिंजीवितफलंमम ६४ यन्मांवागब्रवीन्नक्तंसूतकेसव्यसाचिनः ॥ पुत्रस्तेपृथिवींजेतायशश्चास्यदिवंस्पृशेत् ६५ हत्वाकुरून्महाजन्येराज्यंप्राप्य
धनंजयः ॥ भ्रातृभिःसहकौन्तेयस्त्रीन्मेधानाहरिष्यति ६६ नाहंतामभ्यसूयामिनमोधर्मायवेधसे ॥ कृष्णायमहतेनित्यंधर्मोधारयतिप्रजाः ६७ धर्मश्चेदस्ति
वार्ष्णेययथावागभ्यभाषत ॥ त्वंचापितत्तथाकृष्णसर्वंसंपादयिष्यसि ६८ नमांमाधववैधव्यंनार्थनाशोनवैरता ॥ तथाशोकायदहतियथापुत्रैर्विनाभवः ६९ याऽहं
गांडीवधन्वानंसर्वशस्त्रभृतांवरम् ॥ धनंजयंनपश्यामिकाशांतिर्हृदयस्यमे ॥ इतश्चतुर्दशंवर्षंयन्नापश्यंयुधिष्ठिरम् ७०

ष्मादिभिःधृतराष्ट्रोऽपिभर्तुर्ज्येष्ठत्वात्श्वशुरएव ६४ । ६५ महाजन्येमहायुद्धे मेधान्अश्वमेधान् ६६ अभ्यसूयामिनिंदामि वेधसेविश्वकर्त्रे महतेइतिकृष्णस्येश्वरस्यानिंदार्थमुपहासः कर्मणएवप्राबल्यंधर्मपदस्या
र्थदर्शनेनाह धर्मइति । धारयतीतिधर्मइतिव्युत्पत्त्याधर्मएवकर्ताधारयिता ईश्वराराधनंतुव्यर्थमेवेतिभावः ६७ धर्मश्चेदिति । धर्मेऽपिसंशयंदर्शयति सतोऽपीश्वरस्याकिंचित्करत्वमाह त्वंचेति ६८ । ६९ । ७०

७१ । ७२ । ७३ । ७४ अतिक्रमिष्यतिअयुद्धेनेत्यर्थः ७५ सुनृशंसंअसंबद्धबीभत्सम ७६ । ७७ । ७८ । ७९ । ८० । ८१ । ८२ । ८३ । ८४ । ८५ । ८६ । ८७ । ८८ । ८९ । ९० । ९१ । ९२

धनंजयंचगोविंदयमौतंचवृकोदरम् ॥ जीवनाशंप्रनष्टानांश्राद्धंकुर्वंतिमानवाः ७१ अर्थतस्तेममृतास्तेषांचाहंजनार्दन ॥ ब्रूयामाधवराजानंधर्मात्मानंयुधिष्ठिरम्
७२ भूयांस्तेहीयतेधर्मोमापुत्रकवृथाकृथाः ॥ पराश्रयावासुदेवयाजीवतिधिगस्तुताम् ७३ वृत्तेःकार्पण्यलब्धायाअप्रतिष्ठैवज्यायसी ॥ अथोधनंजयंब्रूयानित्यो
द्युक्तंवृकोदरम् ७४ यदर्थंक्षत्रियासूतेतस्यकालोऽयमागतः ॥ अस्मिंश्चेदागतेकालेमिथ्याचातिक्रमिष्यति ७५ लोकसंभाविताःसंतःसुनृशंसंकरिष्यथ ॥ नृशंसेनच
वोयुक्तांस्त्यजेयंशाश्वतीःसमाः ७६ कालेहिसमनुप्राप्तेत्यक्तव्यमपिजीवनम् ॥ माद्रीपुत्रौचवक्तव्यौक्षत्रधर्मरतौसदा ७७ विक्रमेणार्जितान्भोगान्वृणीतंजीवितादपि ॥
विक्रमाधिगताह्यर्थाःक्षत्रधर्मेणजीवतः ७८ मनोमनुष्यस्यसदाप्रीणंतिपुरुषोत्तम ॥ गत्वाब्रूहिमहाबाहोसर्वशस्त्रभृतांवरम् ७९ अर्जुनंपांडवंवीरंद्रौपद्याःपदवींचर ॥
विदितौहितवात्यंतंक्रुद्धौतौतुयथाऽन्तकौ ८० भीमार्जुनौनयेतांहिदेवानपिपरांगतिम् ॥ तयोश्चैतदवज्ञानंयत्साकृष्णासभांगता ८१ दुःशासनश्चकर्णश्चपरुषाण्यभ्य
भाषताम् ॥ दुर्योधनोभीमसेनमभ्यगच्छन्मनस्विनम् ८२ पश्यतांकुरुमुख्यानांतस्यद्रक्ष्यतियत्फलम् ॥ नहिवैरंसमासाद्यप्रशाम्यतिवृकोदरः ८३ सुचिराद
पिभीमस्यनहिवैरंप्रशाम्यति ॥ यावदंतंननयतिशात्रवाञ्छत्रुकर्शनः ८४ नदुःखंराज्यहरणंनचद्यूतेपराजयः ॥ प्रव्राजनंतुपुत्राणांनमेतद्दुःखकारणम् ८५ यत्तुसा
बृहतीश्यामाएकवस्त्रासभांगता ॥ अशृणोत्परुषावाचःकिंनुदुःखतरंततः ८६ स्त्रीधर्मिणीवरारोहाक्षत्रधर्मरतासदा ॥ नाभ्यगच्छत्तदानाथंकृष्णानाथवतीसति ८७
यस्याममसपुत्रायास्त्वंनाथोमधुसूदन ॥ रामश्चबलिनांश्रेष्ठःप्रद्युम्नश्चमहारथः ८८ साऽहमेवंविधंदुःखंसहेयंपुरुषोत्तम ॥ भीमेजीवतिदुर्धर्षेविजयेचापलायिनि
८९ ॥ वैशंपायनउवाच ॥ ततआश्वासयामासपुत्राधिभिरभिप्लुताम् ॥ पितृष्वसारंशोचंतींशौरिःपार्थसखःपृथाम् ९० ॥ वासुदेवउवाच ॥ कातुसीमंतिनीत्वा
दृक्लोकेष्वस्तिपितृष्वसः ॥ शूरस्यराज्ञोदुहिताआजमीढकुलंगता ९१ महाकुलीनाभवतीह्रदाद्ध्रदमिवागता ॥ ईश्वरीसर्वकल्याणीभर्त्रापरमपूजिता ९२
वीरसूर्वीरपत्नीत्वंसर्वैःसमुदितागुणैः ॥ सुखदुःखेमहाप्राज्ञेत्वादृशीसोढुमर्हति ९३ निद्रातंद्रेक्रोधहर्षौक्षुत्पिपासेहिमातपौ ॥ एतानिपार्थानिर्जित्यनित्यंवीरसुखेरताः
९४ त्यक्तग्राम्यसुखाःपार्थानित्यंवीरसुखप्रियाः ॥ नतुस्वल्पेनतुष्येयुर्महोत्साहामहाबलाः ९५ अंतंधीरानिषेवंतेमध्यंग्राम्यसुखप्रियाः ॥ उत्तमांश्चपरिक्लेशान्
भोगांश्चातीवमानुषान् ९६ अंतेषुरेमिरेधीरानतेमध्येषुरेमिरे ॥ अंतप्राप्तिंसुखामाहुर्दुःखमंतरमेतयोः ९७

९३ । ९४ । ९५ अंतंराज्यंवावनंवा मध्यंअल्पैश्वर्यं अंतपदंव्याचष्टे उत्तमानिति । तीव्रवैराग्यज्ञानपरिक्लेशान्शीतवातादीन् ९६ अंतेषुअंतयोः परब्रह्मानंदेसुषुप्तौवा उभयत्रैवद्वैतादर्शनात्सुखमस्ति
एतयोरंतरंजाग्रत्स्वप्नौ दुःखंदुःखरूपं स्वयमात्मा निर्दुःखएवजाग्रत्स्वप्नयोस्तूपाधिसंबंधात्तत्रभासमानंदुःखंआगमापायित्वात्तवपुत्राःसहंतेतत्त्वंचसहस्वेतिभावः ९७

९८।९९ अबुद्धिजंअज्ञानजं तमोविपर्ययज्ञानं अनात्मनिदेहादावात्माभिमानरूपम् १०० । १ अनिकृत्याअच्छलेन २ त्वमेवेतिभगवतःसार्वात्म्यंसर्वाधिष्ठानत्वंमोक्षम् ३ । ४ । १०५ ॥ इतिउद्योगपर्वणिनील
कंठीये भारतभावदीपे नवतितमोऽध्यायः ॥ ९० ॥ ॥ ॥ पृथामिति । तामामंत्र्येतिपूर्वश्लोकेनमस्थानमात्रमुक्त्वापृथामामंत्र्येत्यत्रतुतदर्थानुवादपूर्वकंदुर्योधनगृहमाभिरुच्यतइत्यपौनरुक्त्यम्

अभिवादयंतिभवतींपांडवाःसहकृष्णया ॥ आत्मानंचकुशलिनंनिवेद्याहुरनामयम् ९८ अरोगान्सर्वसिद्धार्थान्क्षिप्रंद्रक्ष्यसिपांडवान् ॥ ईश्वरान्सर्वलोकस्य
हतामित्राञ्छ्रियावृतान् ९९ एवमाश्वासिताकुन्तीप्रत्युवाचजनार्दनम् ॥ पुत्राधिभिरभिध्वस्तानिगृह्याबुद्धिजंतमः १०० ॥ कुन्त्युवाच ॥ यद्यत्तेषांमहाबाहोप
थ्यंस्यान्मधुसूदन ॥ यथायथात्वंमन्येथाःकुर्याःकृष्णतथातथा १०१ अविलोपेनधर्मस्यअनिकृत्यापरंतप ॥ प्रभावज्ञाऽस्मितेकृष्णसत्यस्याभिजनस्यच १०२
व्यवस्थायांचमित्रेषुबुद्धिविक्रमयोस्तथा ॥ त्वमेवनःकुलेधर्मस्त्वंसत्यंत्वंतपोमहत् १०३ त्वंत्रातात्वंमहद्ब्रह्मत्वयिसर्वंप्रतिष्ठितम् ॥ यथैवात्थतथैवैतत्त्वयिसत्यंभविष्य
ति १०४ ॥ वैशंपायनउवाच ॥ तामामंत्र्यचगोविंदःकृत्वाचाभिप्रदक्षिणम् ॥ प्रातिष्ठतमहाबाहुर्दुर्योधनगृहान्प्रति १०५ ॥ इतिश्रीमहाभारतेउद्योगपर्वणिभग
वद्यानपर्वणिकृष्णकुंतीसंवादेनवतितमोऽध्यायः ॥ ९० ॥ ॥ ॥ वैशंपायनउवाच ॥ ॥ पृथामामंत्र्यगोविंदःकृत्वाचाभिप्रदक्षिणम् ॥ दुर्योधनगृहं
शौरिरभ्यगच्छदरिंदमः १ लक्ष्म्यापरमयायुक्तंपुरंदरगृहोपमम् ॥ विचित्रैरासनैर्युक्तंप्रविवेशजनार्दनः २ तस्यकक्ष्याव्यतिक्रम्यतिस्रोद्वाःस्थैरवारितः ॥ ततोऽ
भ्रघनसंकाशंगिरिकूटमिवोच्छ्रितम् ३ श्रियाज्वलंतंप्रासादमारुरोहमहायशाः ॥ तत्रराजसहस्रैश्चकुरुभिश्चाभिसंवृतम् ४ धार्तराष्ट्रंमहाबाहुंददर्शासीनमासने ॥
दुःशासनंचकर्णंचशकुनिंचापिसौबलम् ५ दुर्योधनसमीपेतानासनस्थान्ददर्शसः ॥ अभ्यागच्छतिदाशार्हेधार्तराष्ट्रोमहायशाः ६ उदतिष्ठत्सहामात्यःपूजयन्मधु
सूदनम् ॥ समेत्यधार्तराष्ट्रेणसहामात्येनकेशवः ७ राजभिस्तत्रवार्ष्णेयःसमागच्छद्यथावयः ॥ तत्रजांबूनदमयंपर्यंकंसुपरिष्कृतम् ८ विविधास्तरणास्तीर्णम
भ्युपाविशदच्युतः ॥ तस्मिन्गांमधुपर्कंचाप्युदकंचजनार्दने ९ निवेदयामासतदागृहान्राज्यंचकौरवः ॥ तत्रगोविंदमासीनंप्रसन्नादित्यवर्चसम् १० उपा
सांचक्रिरेसर्वेकुरवोराजभिःसह ॥ ततोदुर्योधनोराजावार्ष्णेयंजयतांवरम् ११ न्यमंत्रयद्भोजनेननाभ्यनंदच्चकेशवः ॥ ततोदुर्योधनःकृष्णमब्रवीत्कुरुसंसदि १२
मृदुपूर्वंशठोदर्कंकर्णमाभाष्यकौरवः ॥ कस्मादन्नानिपानानिवासांसिशयनानिच १३ त्वदर्थमुपनीतानिनाग्रहीस्त्वंजनार्दन ॥ उभयोश्चददत्साह्यमुभयोश्चहिते
रतः १४ संबंधीदयितश्चासिधृतराष्ट्रस्यमाधव ॥ त्वंहिगोविंदधर्मार्थौवेत्थतत्त्वेनसर्वशः ॥ तत्रकारणमिच्छामिश्रोतुंचक्रगदाधर १५ ॥ वैशंपायनउवाच ॥
सएवमुक्तोगोविंदःप्रत्युवाचमहामनाः ॥ उद्यन्मेघस्वनःकालेप्रगृह्यविपुलंभुजम् १६

१ । २ अभ्रघनःसजलोमेघःसहिमविद्युत् तत्साद्दश्येनमाहेंद्रनीलमणिमयत्वंसुवर्णमयत्वंचसूचितं । अन्येतु अभ्रघनःआकाशमात्रवर्तिघनः सहिशरत्संबंधाद्धवलइतिव्याचख्युः ३ । ४ । ५ । ६ । ७ । ८ । ९
१० । ११ । १२ शठोदर्कंशाठ्यपर्यवसानं आभाष्यसंबोधनेनोन्मुखीकृत्य १३ । १४ तत्रअन्नादेरग्रहणे १५ प्रगृह्यउद्यम्य १६

अलघूकृतंप्रयत्नशैथिल्यहीनकरणं पाठांतरेअनंबूकृतंअनिष्ठीवनं अनन्यकृतमित्यपिपठंति अग्रस्तमलुप्ताक्षरं अनिरस्तंस्थानभ्रंशरहितं असंकुलंअसंकीर्णवर्णं १७ । १८ असाम्प्रतंप्रतिपत्तुंअयुक्तंकर्तुं १९ । २० । २१ वैरंद्वेषःविग्रहोयुद्धं २२ । २३ संरंभात्क्रोधात् हेतुवादात्कपटात् २४ । २५ द्वेष्टिभवान् २६ । २७ । २८ विरुरुत्सति विरोधंकर्तुमिच्छति २९ मोहात्अदुष्टेदुष्टबुद्धिर्मोहः लोभःपरकी

अलघूकृतमग्रस्तमनिरस्तमसंकुलम् ॥ राजीवनेत्रोराजानंहेतुमद्वाक्यमुत्तमम् १७ कृतार्थाभुंजतेदूताःपूजांगृह्णंतिचैवह ॥ कृतार्थंमांसहामात्यंसमर्चिष्यसिभारत १८ एवमुक्तःप्रत्युवाचधार्तराष्ट्रोजनार्दनम् ॥ नयुक्तंभवतास्मासुप्रतिपत्तुमसांप्रतम् १९ कृतार्थंवाऽकृतार्थंचत्वांवयंमधुसूदन ॥ यतामहेपूजयितुंदाशार्हनचशक्नुमः २० नचतत्कारणंविद्मोयस्मिन्नोमधुसूदन ॥ पूजांकृतांप्रीयमाणैर्नामंस्थाःपुरुषोत्तम २१ वैरंनोनास्तिभवतागोविंदनचविग्रहः ॥ सभवान्प्रसमीक्ष्यैतन्नेदृशंवक्तुमर्हति २२ ॥ वैशंपायनउवाच ॥ एवमुक्तःप्रत्युवाचधार्तराष्ट्रंजनार्दनः ॥ अभिवीक्ष्यसहामात्यंदाशार्हःप्रहसन्निव २३ नाहंकामान्नसंरंभान्नद्वेषान्नार्थकारणात् ॥ नहेतुवादाल्लोभाद्वाधर्मंजह्यांकथंचन २४ संप्रीतिभोज्यान्यन्नानिआपद्भोज्यानिवापुनः ॥ नचसंप्रीयसेराजन्नचैवापद्गतावयम् २५ अकस्माद्द्वेष्टिवैराजन्जन्मप्रभृतिपांडवान् ॥ प्रियानुवर्तिनोभ्रातॄन्सर्वैःसमुदितान्गुणैः २६ अकस्माच्चैवपार्थानांद्वेषणंनोपपद्यते ॥ धर्मेस्थिताःपांडवेयाःकस्तान्किंवक्तुमर्हति २७ यस्तान्द्वेष्टिसमांद्वेष्टियस्ताननुसमामनु ॥ ऐकात्म्यंमांगतंविद्धिपांडवैर्धर्मचारिभिः २८ कामक्रोधानुवर्तीहियोमोहाद्विरुरुत्सति ॥ गुणवन्तंचयोद्वेष्टितमाहुःपुरुषाधमम् २९ यःकल्याणगुणान्ज्ञातीन्मोहाल्लोभाद्दिदृक्षते ॥ सोऽजितात्माऽजितक्रोधोनचिरंतिष्ठतिश्रियम् ३० अथयोगुणसंपन्नान्हृदयस्याप्रियानपि ॥ प्रियेणकुरुतेवश्यांश्चिरंयशसितिष्ठति ३१ सर्वमेतदभोक्तव्यमन्नंदुष्टाभिसंहितम् ॥ क्षत्तुरेकस्यभोक्तव्यमितिमेधीयतेमतिः ३२ एवमुक्त्वामहाबाहुर्दुर्योधनममर्षणम् ॥ निश्चक्रामततःशुभ्राद्धार्तराष्ट्रनिवेशनात् ३३ निर्यायचमहाबाहुर्वासुदेवोमहामनाः ॥ निवेशायययौवेश्मविदुरस्यमहात्मनः ३४ तमभ्यगच्छद्द्रोणश्चकृपोभीष्मोऽथबाह्लिकः ॥ कुरवश्चमहाबाहुंविदुरस्यगृहेस्थितम् ३५ तऊचुर्माधवंवीरंकुरवोमधुसूदनम् ॥ निवेदयामोवार्ष्णेयसरत्नांस्तेगृहान्वयम् ३६ तानुवाचमहातेजाःकौरवान्मधुसूदनः ॥ सर्वेभवंतोगच्छंतुसर्वामेऽपचितिःकृता ३७ यातेषुकुरुषुक्षत्तादाशार्हमपराजितम् ॥ अभ्यर्चयामासतदासर्वकामैःप्रयत्नवान् ३८ ततःक्षत्ताऽन्नपानानिशुचीनिगुणवंतिच ॥ उपाहरदनेकानिकेशवायमहात्मने ३९ तैस्तर्पयित्वाप्रथमंब्राह्मणान्मधुसूदनः ॥ वेदविद्भ्योददौकृष्णःप्रथमंद्रविणान्यपि ४० ततोऽनुयायिभिःसार्धंमरुद्भिरिववासवः ॥ विदुरान्नानिबुभुजेशुचीनिगुणवंतिच ४१ ॥ इतिश्रीमहाभारतेउद्योगपर्वणिभगवद्यानपर्वणिकृष्णदुर्योधनसंवादे एकनवतितमोऽध्यायः ॥ ९१ ॥ ॥ वैशंपायनउवाच ॥ ॥ तंभुक्तवंतमाश्वस्तंनिशायांविदुरोऽब्रवीत् ॥ नेदंसम्यग्व्यवसितंकेशवागमनंतव १

यधनापहारेच्छा अजितक्रोधइतिछेदः ३० । ३१ । ३२ शुभ्रात्नानारत्नमयत्वेनप्रदीप्तात् 'शुभ्रंप्रदीप्तेधवलेंऽभ्रकेच' इति विश्वः ३३ । ३४ । ३५ । ३६ अपचितिःपूजा ३७ । ३८ । ३९ । ४० । ४१

॥ इतिउद्योगपर्वणि नीलकंठीये भारतभावदीपे एकनवतितमोऽध्यायः ॥ ९१ ॥ ॥ तंभुक्तवंतमिति १

२ प्रग्रहंनिर्बंधं अत्यन्ताभिनिवेशमित्यर्थः अनेयः अप्रापणीयःश्रेयसां कर्मणिषष्ठी ३ सर्वशंकितासर्वत्रविश्वासहीनः ४ । ५ । ६ भूयसींनीतिंकां एतेयुद्धेनमधंराज्यंदास्यन्तीत्याशयेत्यर्थः ७ । ८ पार्थि

अर्थधर्मातिगोमंदःसंरंभीचजनार्दन ॥ मानघ्नोमानकामश्चवृद्धानांशासनातिगः २ धर्मशास्त्रातिगोमूढोदुरात्माप्रग्रहंगतः ॥ अनेयःश्रेयसांमंदोधार्तराष्ट्रोजनार्दन ३ कामात्माप्राज्ञमानीचमित्रध्रुक्सर्वशंकिता ॥ अकर्ताचाकृतज्ञश्चत्यक्तधर्माप्रियानृतः ४ मूढश्चाकृतबुद्धिश्चइंद्रियाणामनीश्वरः ॥ कामानुसारीकृत्येषुसर्वेष्व कृतनिश्चयः ५ एतैश्चान्यैश्चबहुभिर्दोषैरेवसमन्वितः ॥ त्वयोच्यमानःश्रेयोऽपिसंरंभान्नग्रहीष्यति ६ भीष्मेद्रोणेकृपेकर्णेद्रोणपुत्रेजयद्रथे ॥ भूयसींवर्ततेवृत्तिंनश मंकुरुतेमनः ७ निश्चितंधार्तराष्ट्राणांसकर्णानांजनार्दन ॥ भीष्मद्रोणमुखान्पार्थानशक्ताःप्रतिवीक्षितुम् ८ सेनासमुदयंकृत्वापार्थिवंमधुसूदन ॥ कृतार्थंम न्यतेबालआत्मानमविचक्षणः ९ एकःकर्णःपरान्जेतुंसमर्थइतिनिश्चितम् ॥ धार्तराष्ट्रस्यदुर्बुद्धेःसशमंनोपयास्यति १० संविच्चधार्तराष्ट्राणांसर्वेषामेवकेशव ॥ शमेप्रयतमानस्यतवसौभ्रात्रकांक्षिणः ११ नपांडवानामस्माभिःप्रतिदेयंयथोचितम् ॥ इतिव्यवसितास्तेषुवचनंस्यान्निरर्थकम् १२ यत्रसूक्तंदुरुक्तंचसमंस्यान्मधुसू दन ॥ नतत्रप्रलपेत्प्राज्ञोबधिरेष्विवगायनः १३ अविजानत्सुमूढेषुनिर्मर्यादेषुमाधव ॥ नत्वंवाक्यंब्रुवन्युक्तश्चांडालेषुद्विजोयथा १४ सोऽयंबलस्थोमूढश्चन करिष्यतितेवचः ॥ तस्मिन्निरर्थकंवाक्यमुक्तंसंपत्स्यतेतव १५ तेषांसमुपविष्टानांसर्वेषांपापचेतसाम् ॥ तवमध्यावतरणंममकृष्णनरोचते १६ दुर्बुद्धीनाम शिष्टानांबहूनांदुष्टचेतसाम् ॥ प्रतीपंवचनंमध्येतवकृष्णनरोचते १७ अनुपासितवृद्धत्वाच्छ्रियोदर्पाच्चमोहितः ॥ वयोदर्पादमर्षाच्चनतेश्रेयोग्रहीष्यति १८ बलंबलवदप्यस्ययदिवक्ष्यसिमाधव ॥ त्वय्यस्यमहतीशंकानकरिष्यतितेवचः १९ नेदमद्ययुधाशक्यमिंद्रेणापिसहामरैः ॥ इतिव्यवसिताःसर्वेधार्तराष्ट्राजनार्दन २० तेष्वेवमुपपन्नेषुकामक्रोधानुवर्तिषु ॥ समर्थमपितेवाक्यमसमर्थंभविष्यति २१ मध्येतिष्ठन्हस्त्यनीकस्यमंदोरथाश्वयुक्तस्यबलस्यमूढः ॥ दुर्योधनोमन्यतेवी तभीतिःकृत्स्नामयेयंपृथिवीजितेति २२ आशंसतेवैधृतराष्ट्रस्यपुत्रोमहाराज्यमसपत्नंपृथिव्याम् ॥ तस्मिन्शमःकेवलोनोपलभ्योबद्धंसंतमन्यतेलब्धमर्थम् २३ पर्यस्तेयंपृथिवीकालपक्वादुर्योधनार्थेपांडवान्योद्धुकामाः ॥ समागताःसर्वयोधाःपृथिव्यांराजानश्चक्षितिपालैःसमेताः २४ सर्वेचैतेकृतवैराःपुरस्तात्त्वयाराजानोहृ तसाराश्चकृष्ण ॥ तवोद्वेगात्संश्रिताधार्तराष्ट्रान्सुसंहताःसहकर्णेनवीराः २५ त्यक्तात्मानःसहदुर्योधनेनहृष्टायोद्धुंपांडवान्सर्वयोधाः ॥ तेषांमध्येप्रविशेथायदित्वंन तन्मतंममदाशार्हवीर २६ तेषांसमुपविष्टानांबहूनांदुष्टचेतसाम् ॥ कथंमध्यंप्रपद्येथाःशत्रूणांशत्रुकर्शन २७ सर्वथात्वंमहाबाहोदेवैरपिदुरुत्सहः ॥ प्रभावंपौरु षंबुद्धिंजानामितवशत्रुहन् २८ यामेप्रीतिःपांडवेषुभूयःसात्वयिमाधव ॥ प्रेम्णाचबहुमानाच्चसौहृदाच्चब्रवीम्यहम् २९

वंपृथ्वीसम्बन्धिनं ९ । १० । ११ प्रतिदेयंपरावृत्त्यदेयं व्यवसिताःनिश्चिताः १२ । १३ । १४ । १५ । १६ । १७ तेत्वत्तः १८ । १९ । २० । २१ । २२ बद्धंभवदीयत्वेनप्रतिबद्धमपिलब्ध सेवमन्यते २३ । २४ । २५ । २६ । २७ । २८ । २९

३० ॥ इतिश्रीमहाभारते उद्योगपर्वणि नीलकंठीयेभारतभावदीपे द्विनवतितमोऽध्यायः ॥ ९२ ॥ ॥ यथेति १ । २ । ३ । ४ पर्यस्तांअन्यथाभूतां ५ यतन्यतमानः ६ । ७ । ८ । ९ तन्नृशं

यामेप्रीतिःपुष्कराक्षत्वद्दर्शनसमुद्भवा ॥ साकिमाख्यायतेतुभ्यमंतरात्माऽसिदेहिनाम् ३० ॥ इतिश्रीमहाभारतेउद्योगपर्वणिभगवद्यानपर्वणिश्रीकृष्णविदुरसंवादे द्विनवतितमोऽध्यायः ॥ ९२ ॥ ॥ ॥ श्रीभगवानुवाच ॥ यथाब्रूयान्महाप्राज्ञोयथाब्रूयाद्विचक्षणः ॥ यथावाच्यस्त्वद्विधेनभवतामद्विधःसुहृत् १ धर्मार्थयुक्तंतथ्यंचयथात्वय्युपपद्यते ॥ तथावचनमुक्तोऽस्मित्वयैतत्पितृमातृवत् २ सत्यंप्राप्तंचयुक्तंवाऽप्येवमेवयथाऽऽत्थमाम् ॥ शृणुष्वागमनेहेतुंविदुरावहितोभव ३ दौरात्म्यंधार्तराष्ट्रस्यक्षत्रियाणांचवैरताम् ॥ सर्वमेतदहंजानन्क्षत्तःप्राप्तोऽद्यकौरवान् ४ पर्यस्तांपृथिवींसर्वांसाश्वांसरथकुंजराम् ॥ योमोचयेन्मृत्युपाशात्प्राप्नुयाद्धर्ममुत्तमम् ५ धर्मकार्यंयतन्शक्त्यानोचेत्प्राप्नोतिमानवः ॥ प्राप्तोभवतितत्पुण्यमत्रमेनास्तिसंशयः ६ मनसाचिंतयन्पापंकर्मणानातिरोचयन् ॥ नप्राप्नोतिफलंतस्येत्येवंधर्मविदोविदुः ७ सोऽहंयतिष्येप्रशमंक्षत्तःकर्तुममायया ॥ कुरूणांसृंजयानांचसंग्रामेविनशिष्यताम् ८ सेयमापन्महाघोराकुरुष्वेवसमुत्थिता ॥ कर्णदुर्योधनकृतासर्वेह्येतेतदन्वयाः ९ व्यसनेक्लिश्यमानंहियोमित्रंनाभिपद्यते ॥ अनर्थाययथाशक्तितन्नृशंसंविदुर्बुधाः १० आकेशग्रहणान्मित्रमकार्यात्संनिवर्तयन् ॥ अवाच्यःकस्यचिद्भवतिकृतयत्नोयथाबलम् ११ तत्समर्थंशुभंवाक्यंधर्मार्थसहितंहितम् ॥ धार्तराष्ट्रःसहामात्योग्रहीतुंविदुरार्हति १२ हितंहिधार्तराष्ट्राणांपाण्डवानांतथैवच ॥ पृथिव्यांक्षत्रियाणांचयतिष्येऽहममायया १३ हितेप्रयतमानंमांशंकेद्दुर्योधनोयदि ॥ हृदयस्यचमेप्रीतिरानृण्यंचभविष्यति १४ ज्ञातीनांहिमिथोभेदेयन्मित्रंनाभिपद्यते ॥ सर्वयत्नेनमाध्यस्थंनतन्मित्रंविदुर्बुधाः १५ नमांब्रूयुरधर्मिष्ठामूढाह्यसुहृदस्तथा ॥ शक्तोनावारयत्कृष्णःसंरब्धान्कुरुपांडवान् १६ उभयोःसाधयन्नर्थमहमागतइत्युत ॥ तत्रयत्नमहंकृत्वागच्छेयंनृष्ववाच्यताम् १७ ममधर्मार्थयुक्तंहिश्रुत्वावाक्यमनामयम् ॥ नचेदादास्यतेबालोदिष्टस्यवशमेष्यति १८ अहापयन्पांडवार्थंयथावच्छमंकुरूणांयदिचाचरेयम् ॥ पुण्यंचमेस्याच्चरितंमहात्मन्मुच्येरंश्चकुरवोमृत्युपाशात् १९ अपिवाचंभाषमाणस्यकाव्यांधर्मारामामर्थवतीमहिंस्राम् ॥ अवेक्षेरन्धार्तराष्ट्राःशमार्थंमांचप्राप्तंकुरवःपूजयेयुः २० नचापिममपर्याप्ताःसहिताःसर्वपार्थिवाः ॥ क्रुद्धस्यप्रमुखेस्थातुंसिंहस्येवेतरेमृगाः २१ ॥ वैशंपायनउवाच ॥ इत्येवमुक्त्वावचनंवृष्णीनामृषभस्तदा ॥ शयनेसुखसंस्पर्शेशिश्येयदुसुखावहः २२ ॥ इतिश्रीमहाभारतेउद्योगपर्वणिभगवद्यानपर्वणिश्रीकृष्णवाक्येत्रिनवतितमोऽध्यायः ॥ ९३ ॥ वैशंपायनउवाच ॥ तथाकथयतोरेवतयोर्बुद्धिमतोस्तदा ॥ शिवानक्षत्रसंपन्नासाव्यतीयायशर्वरी १ धर्मार्थकामयुक्ताश्चविचित्रार्थपदाक्षराः ॥ शृण्वतोविविधावाचोविदुरस्यमहात्मनः २

संअनर्थायविदुरितिसंबंधः अनुनीयेत्यपिपाठः १० । ११ । १२ हितंकर्तुमितिशेषः १३ । १४ नाभिपद्यतेनोपकरोति १५ । १६ । १७ । १८ । १९ । २० २१ । २२ ॥ इतिउद्योगपर्वणि नीलकंठीयेभारतभावदीपे त्रिनवतितमोऽध्यायः ॥ ९३ ॥ ॥ नक्षत्रसंपन्ना शरदिनिरभ्रत्वात् १ । २

३ । ४ । ५ उदकंस्नानाचमनादि अनुजप्यंसंध्योपासनादि तेउपेक्रुतेयेनसः क्रुतोदकानुजप्यः ६ तिष्ठंतंउपासीनम् ७ । ८ । ९ । १० । ११ । १२ । १३ । १४ । १५ । १६ । १७ । १८ चित्राश्वैरथाश्च

कथाभिरनुरूपाभिःक्रुष्णस्यामिततेजसः ॥ अकामस्यैवक्रुष्णस्यसाव्यतीयायशर्वरी ३ ततस्तुस्वरसंपन्नाबहवःसूतमागधाः ॥ शंखदुंदुभिनिर्घोषैःकेशवंप्रत्यबोध
यन् ४ ततउत्थायदाशार्हऋषभःसर्वसात्वताम् ॥ सर्वमावश्यकंचक्रेप्रातःकार्यंजनार्दनः ५ क्रुतोदकानुजप्यःसहुताग्निःसमलंक्रुतः ॥ ततश्चादित्यमुद्यंतमुपातिष्ठत
माधवः ६ अथदुर्योधनःक्रुष्णंशकुनिश्चापिसौबलः ॥ संध्यांतिष्ठंतमभ्येत्यदाशार्हमपराजितम् ७ आचक्षेतांतुक्रुष्णस्यधृतराष्ट्रंसभागतम् ॥ कुरूंश्चभीष्मप्रमुखान्
राज्ञःसर्वांश्चपार्थिवान् ८ त्वामर्थयंतेगोविंददिविशक्रमिवामराः ॥ तावभ्यनंदद्गोविंदःसाम्नापरमवल्गुना ९ ततोविमलआदित्येब्राह्मणेभ्योजनार्दनः ॥ ददौहिरण्यं
वासांसिगाश्चाश्वांश्चपरंतपः १० विसृज्यबहुरत्नानिदाशार्हमपराजितम् ॥ तिष्ठंतमुपसंगम्यववंदेसारथिस्तदा ११ ततोरथेनशुभ्रेणमहताकिंकिणीकिना ॥ हयोत्तम
युजाशीघ्रमुपातिष्ठतदारुकः १२ तमुपस्थितमाज्ञायरथंदिव्यंमहामनाः ॥ महाभ्रवननिर्घोषंसर्वरत्नविभूषितम् १३ अग्निंप्रदक्षिणंक्रुत्वाब्राह्मणांश्चजनार्दनः ॥
कौस्तुभंमणिमामुच्यश्रियापरमयाज्वलन् १४ कुरुभिःसंव्रुतःक्रुष्णोव्रुष्णिभिश्चाभिरक्षितः ॥ आतिष्ठतरथंशौरिःसर्वयादवनंदनः १५ अन्वारुरोहदाशार्हंविदुरःसर्वध
र्मवित् ॥ सर्वप्राणभृतांश्रेष्ठंसर्वबुद्धिमतांवरम् १६ ततोदुर्योधनःक्रुष्णंशकुनिश्चापिसौबलः ॥ द्वितीयेनरथेनैनमन्वयातांपरंतपम् १७ सात्यकिःक्रुतवर्माचव्रुष्णीनां
चापरेरथाः ॥ पृष्ठतोऽनुययुःक्रुष्णंगजैरश्वैरथैरपि १८ तेषांहेमपरिष्कारैर्युक्ताःपरमवाजिभिः ॥ गच्छतांघोषिणश्चित्ररथाराजन्विरेजिरे १९ संमृष्टसंसिक्तरजःप्रति
पेदेमहापथम् ॥ राजर्षिचरितंकालेक्रुष्णोधीमान्श्रियाज्वलन् २० ततःप्रयातेदाशार्हेप्रावाद्यंतैकपुष्कराः ॥ शंखाश्चदध्मिरेतत्रवाद्यान्यन्यानियानिच २१ प्रवीराः
सर्वलोकस्ययुवानःसिंहविक्रमाः ॥ परिवार्यरथंशौरेरगच्छंतपरंतपाः २२ ततोऽन्येबहुसाहस्राविचित्राद्भुतवाससः ॥ असिप्रासायुधधराःक्रुष्णस्यासन्पुरःसराः २३
गजाःपंचशतास्तत्ररथाश्चासन्सहस्रशः ॥ प्रयांतमन्वयुर्वीरंदाशार्हमपराजितम् २४ पुरंकुरूणांसंव्रुत्तंद्रष्टुकामंजनार्दनम् ॥ सबालव्रुद्धंसस्त्रीकंरथ्यागतमरिंदम २५
वेदिकामाश्रिताभिश्चसमाक्रांतान्यनेकशः ॥ प्रचलंतीवभारेणयोषिद्भिर्भवनान्युत २६ सपूज्यमानःकुरुभिःसंशृण्वन्मधुराःकथाः ॥ यथार्हंप्रतिसत्कुर्वन्प्रेक्षमाणः
शनैर्ययौ २७ ततःसभांसमासाद्यकेशवस्यानुयायिनः ॥ सशंखैर्वेणुनिर्घोषैर्दिशःसर्वाव्यनादयन् २८ ततःसासमितिःसर्वाराज्ञाममिततेजसाम् ॥ संप्राकंपतहर्षेण
क्रुष्णागमनकांक्षया २९ ततोऽभ्याशगतेक्रुष्णेसमहृष्यन्नराधिपाः ॥ श्रुत्वातंरथनिर्घोषंपर्जन्यनिनदोपमम् ३० आसाद्यतुसभाद्वारमृषभःसर्वसात्वताम् ॥ अवतीर्य
रथाच्छौरिःकैलासशिखरोपमात् ३१ नवमेघप्रतीकाशांज्वलंतीमिवतेजसा ॥ महेंद्रसदनप्रख्यांप्रविवेशसभांततः ३२

१९ संमृष्टंदूरीक्रुतंसंसिक्तंजलेनाप्लावितंचरजोयस्मात्तं अविभक्तिकंपदम् २० एकपुष्कराःकाहलाः २१ । २२ । २३ । २४ । २५ । २६ । २७ । २८ । २९ । ३० । ३१ । ३२

३३ । ३४ । ३५ । ३६ । ३७ । ३८ । ३९ । ४० । ४१ । ४२ । ४३ । ४४ । ४५ । ४६ । ४७ । ४८ । ४९ । ५० । ५१ । ५२ । ५३ । ५४ ॥ ॥ इति उद्योगपर्वणि नीलकंठीये भारत
म. भा. टी. उद्यो० अ० ९४

पाणौगृहीत्वाविदुरंसात्यकिंचमहायशाः ॥ ज्योतींष्यादित्यवद्राजन्कुरून्प्राच्छादयन्श्रिया ३३ अग्रतोवासुदेवस्यकर्णदुर्योधनावुभौ ॥ वृष्णयःकृतवर्माचाप्यासन्कृष्णस्यपृष्ठतः ३४ धृतराष्ट्रंपुरस्कृत्यभीष्मद्रोणादयस्ततः ॥ आसनेभ्योऽचलन्सर्वेपूजयंतोजनार्दनम् ३५ अभ्यागच्छतिदाशार्हेप्रज्ञाचक्षुर्नरेश्वरः ॥ सहैवद्रोणभीष्माभ्यामुदतिष्ठन्महायशाः ३६ उत्तिष्ठतिमहाराजेधृतराष्ट्रेजनेश्वरे ॥ तानिराजसहस्राणिसमुत्तस्थुःसमंततः ३७ आसनंसर्वतोभद्रंजांबूनदपरिष्कृतम् ॥ कृष्णार्थेकल्पितंतत्रधृतराष्ट्रस्यशासनात् ३८ स्मयमानस्तुराजानंभीष्मद्रोणौचमाधवः ॥ अभ्यभाषतधर्मात्माराज्ञश्चान्यान्यथावयः ३९ तत्रकेशवमानर्चुःसम्यगभ्यागतंसभाम् ॥ राजानःपार्थिवाःसर्वेकुरवश्चजनार्दनम् ४० तत्रतिष्ठन्सदाशार्होराजमध्येपरंतपः ॥ अपश्यदंतरिक्षस्थानृषीन्परपुरंजयः ॥ ततस्तानभिसंप्रेक्ष्यनारदप्रमुखानृषीन् ४१ अभ्यभाषतदाशार्होभीष्मंशांतनवंशनैः ॥ पार्थिवींसमितिंद्रष्टुमृषयोऽभ्यागतानृप ४२ निमंत्र्यंतामासनैश्चसत्कारेणचभूयसा ॥ नैतेष्वनुपविष्टेषुशक्यंकेनचिदासितुम् ४३ पूजाप्रयुज्यतामाशुमुनीनांभावितात्मनाम् ॥ ऋषीन्शांतनवोदृष्ट्वासभाद्वारमुपस्थितान् ४४ त्वरमाणस्ततोभृत्यानासनानीत्यचोदयत् ॥ आसनान्यथमृष्टानिमहांतिविपुलानिच ४५ मणिकांचनचित्राणिसमाजह्रुस्ततस्ततः ॥ तेषुतत्रोपविष्टेषुगृहीतार्घेषुभारत ४६ निषसादासनेकृष्णोराजानश्चयथासनम् ॥ दुःशासनःसात्यकयेददावासनमुत्तमम् ४७ विविंशतिर्ददौपीठंकांचनंकृतवर्मणे ॥ अविदूरेतुकृष्णस्यकर्णदुर्योधनावुभौ ४८ एकासनेमहात्मानौनिषीदतुरमर्षणौ ॥ गांधारराजःशकुनिर्गांधारैरभिरक्षितः ४९ निषसादासनेराजासहपुत्रोविशांपते ॥ विदुरोमणिपीठेतुशुक्लस्पर्ध्याजिनोत्तरे ५० संस्पृशन्नासनंशौरेर्महामतिरुपाविशत् ॥ चिरस्यदृष्ट्वादाशार्हंराजानःसर्वएवते ५१ अमृतस्येवनातृप्यन्प्रेक्षमाणाजनार्दनम् ॥ अतसीपुष्पसंकाशःपीतवासाजनार्दनः ५२ व्यभ्राजतसभामध्येहेम्नीवोपहितोमणिः ५३ ततस्तूष्णींसर्वमासीद्गोविंदगतमानसम् ॥ नतत्रकश्चित्किंचिद्धिव्याजहारपुमान्क्वचित् ५४ ॥ ॥ इतिश्रीमहाभारतेउद्योगपर्वणिभगवद्यानपर्वणिश्रीकृष्णसभाप्रवेशेचतुर्नवतितमोऽध्यायः ॥ ९४ ॥ ॥ ॥

॥ वैशंपायनउवाच ॥ तेष्वासीनेषुसर्वेषुतूष्णींभूतेषुराजसु ॥ वाक्यमभ्याददेकृष्णःसुदंष्ट्रोदुंदुभिस्वनः १ जीमूतइववर्मांतेसर्वांसंश्रावयन्सभाम् ॥ धृतराष्ट्रमभिप्रेक्ष्यसमभाषतमाधवः २ ॥ श्रीभगवानुवाच ॥ कुरूणांपांडवानांचशमःस्यादितिभारत ॥ अप्रणाशेनवीराणामेतद्याचितुमागतः ३ राजन्नान्यत्प्रवक्तव्यंतवनैःश्रेयसंवचः ॥ विदितंह्येवतेसर्वंवेदितव्यमरिंदम ४ इदंह्यद्यकुलंश्रेष्ठंसर्वराजसुपार्थिव ॥ श्रुतवृत्तोपसंपन्नंसर्वैःसमुदितंगुणैः ५

भावदीपेचतुर्नवतितमोऽध्यायः ॥ ९४ ॥ ॥ तेष्विति १ । २ आगतोऽस्मीतिशेषः ३ । ४ । ५

कृपापरस्यसुखार्थेयत्नः अनुकंपापरदुःखदर्शनेत्रासः कारुण्यंपरदुःखप्रहाणार्थोयत्नः आनृशंस्यंपरदुःखाप्रदानम् ६ असांप्रतंकृपादिभ्योविपरीतं परस्यदुःखार्थोयत्नः परदुःखदर्शनेआल्हादः परस्यसुखनाशार्थोयत्नः परस्यदुःखसंपादनंकौटिल्यादिकञ्च तच्चायुक्तं ७ बाह्येषुद्यूतादिषु आभ्यंतरेषुजतुगृहादिषु ८ । ९ । १० कुरुष्वेवभवत्स्वेव नतुपांडवेषु ११ नदित्ससिकुलंनच्छेत्तुमि

कृपाऽनुकंपाकारुण्यमानृशंस्यंचभारत ॥ तथार्जवंक्षमासत्यंकुरुष्वेतद्विशिष्यते ६ तस्मिन्नेवंविधेराजन्कुलेमहतितिष्ठति ॥ त्वन्निमित्तंविशेषेणनेहयुक्तमसांप्रतम् ७ त्वंहिधारयिताश्रेष्ठःकुरूणांकुरुसत्तम ॥ मिथ्याप्रचरतांतातबाह्येष्वाभ्यंतरेषुच ८ तेपुत्रास्तवकौरव्यदुर्योधनपुरोगमाः ॥ धर्मार्थौपृष्ठतःकृत्वाप्रचरंतिनृशंसवत् ९ अशिष्टागतमर्यादालोभेनहृतचेतसः ॥ स्वेषुबंधुषुमुख्येषुतद्वेत्थपुरुषर्षभ १० सेयमापन्महाघोराकुरुष्वेवसमुत्थिता ॥ उपेक्ष्यमाणाकौरव्यपृथिवींघातयिष्यति ११ शक्याचेयंशमयितुंनचेदिच्छसिभारत ॥ नदुष्करोह्यत्रशमोमतोमेभरतर्षभ १२ त्वय्यधीनःशमोराजन्मयिचैवविशांपते ॥ पुत्रान्स्थापयकौरव्यस्थापयिष्याम्यहंपरान् १३ आज्ञातवहिराजेंद्रकार्यापुत्रैःसहान्वयैः ॥ हितंबलवदप्येषांतिष्ठतांतवशासने १४ तवचैवहितंराजन्पांडवानामथोहितम् ॥ शमेप्रयतमानस्यममशासनकांक्षिणः १५ स्वयंनिष्फलमालक्ष्यसंविधत्स्वविशांपते ॥ सहायभूताभरतास्तवैवस्युर्जनेश्वर १६ धर्मार्थयोस्तिष्ठराजन्पांडवैरभिरक्षितः ॥ नहिशक्यास्तथाभूतायत्नादपिनराधिप १७ नहित्वांपांडवैर्जेतुंरक्ष्यमाणंमहात्मभिः ॥ इंद्रोपिदेवैःसहितःप्रसहेतकुतोनृपः १८ यत्रभीष्मश्चद्रोणश्चकृपःकर्णोविविंशतिः ॥ अश्वत्थामाविकर्णश्चसोमदत्तोऽथबाह्लिकः १९ सैंधवश्चकलिंगश्चकांबोजश्चसुदक्षिणः ॥ युधिष्ठिरोभीमसेनःसव्यसाचीयमौतथा २० सात्यकिश्चमहातेजायुयुत्सुश्चमहारथः ॥ कोनुतान्विपरीतात्मायुद्ध्येतभरतर्षभ २१ लोकस्येश्वरतांभूयःशत्रुभिश्चाप्यधृष्यताम् ॥ प्राप्स्यसित्वममित्रघ्नसहितःकुरुपांडवैः २२ तस्यतेपृथिवीपालास्त्वत्समाःपृथिवीपते ॥ श्रेयांसश्चैवराजानःसंधास्यंतेपरंतप २३ सत्वंपुत्रैश्चपौत्रैश्चपितृभिर्भ्रातृभिस्तथा ॥ सुहृद्भिःसर्वतोगुप्तःसुखंशक्ष्यसिजीवितुम् २४ एतानेवपुरोधायसत्कृत्यचयथापुरा ॥ अखिलांभोक्ष्यसेसर्वांपृथिवींपृथिवीपते २५ एतैर्हिसहितःसर्वैःपांडवैःस्वैश्चभारत ॥ अन्यान्विजेष्यसेशत्रूनेषस्वार्थस्तवाखिलः २६ तैरेवोपार्जितांभूमिंभोक्ष्यसेचपरंतप ॥ यदिसंपत्स्यसेपुत्रैःसहामात्यैर्नराधिप २७ संयुगेवैमहाराजदृश्यतेसुमहान्क्षयः ॥ क्षयेचोभयतोराजन्कंधर्ममनुपश्यसि २८ पांडवैर्निहतैःसंख्येपुत्रैर्वाऽपिमहाबलैः ॥ यद्विंदेथाःसुखंराजंस्तद्ब्रूहिभरतर्षभ २९ शूराश्चहिकृतास्त्राश्चसर्वेयुद्धाभिकांक्षिणः ॥ पांडवास्तावकाश्चैवतान्रक्षमहतोभयात् ३०

च्छसि त्वंचेदिच्छसीतिपाठेकुरून्स्थापयितुमिच्छसितर्हिशमोनदुष्करः १२ । १३ बलवत्अत्यन्तंएषामेव अपिशब्दएवार्थे १४ शासनकांक्षिणःपुत्रान्शासितुमिच्छतस्तव १५ निष्फलंवैरंसंविधत्स्व शमंकुरु १६ । १७ । १८ । १९ । २० । २१ । २२ पांडवैःसहसन्धास्यन्तेसन्धिंकरिष्यंति २३ । २४ अखिलांनिष्कंटकां २५ । २६ । २७ । २८ । २९ । ३०

३१ । ३२ प्रकृतिंसत्त्वगुणं ३३ । ३४ । ३५ । ३६ हार्दंप्रीतिः आसीत्पूर्वबाल्ये ३७ । ३८ । ३९ । ४० ४१ स्थातास्थास्यति ४२ । ४३ । ४४ गुरोःगुरौ ४५ । ४६ परिषदंधर्मज्ञस

नपश्येमकुरून्सर्वान्पांडवांश्चैवसंयुगे ॥ क्षीणानुभयतःशूरान्रथिनोरथिभिर्हतान् ३१ समवेताःपृथिव्यांहिराजानोराजसत्तम ॥ अमर्षवशमापन्नानाशयेयुरिमाः प्रजाः ३२ त्राहिराजन्निमंलोकंननश्येयुरिमाःप्रजाः ॥ त्वयिप्रकृतिमापन्नेशेषःस्यात्कुरुनंदन ३३ शुक्लावदान्याह्रीमंतआर्याःपुण्याभिजातयः ॥ अन्योन्यसचि वाराजंस्तान्पाहिमहतोभयात् ३४ शिवेनेमेभूमिपालाःसमागम्यपरस्परम् ॥ सहभुक्त्वाचपीत्वाचप्रतियांतुयथागृहम् ३५ सुवाससःस्रग्विणश्चसत्कृताभरत र्षभ ॥ अमर्षंचनिराकृत्यवैराणिचपरंतप ३६ हार्दंयत्पांडवेष्वासीत्प्राप्तेऽस्मिन्नायुषःक्षये ॥ तदेवतेभवत्वद्यसंधत्स्वभरतर्षभ ३७ बालाविहीनाःपित्रातेत्वयै वपरिवर्धिताः ॥ तान्पालययथान्यायंपुत्रांश्चभरतर्षभ ३८ भवतैवहिरक्ष्यास्तेव्यसनेषुविशेषतः ॥ मातेधर्मस्तथैवार्थोनश्येतभरतर्षभ ३९ आहुस्त्वांपांडवारा जन्नभिवाद्यप्रसाद्यच ॥ भवतःशासनाद्दुःखमनुभूतंसहानुगैः ४० द्वादशेमानिवर्षाणिवनेनिर्व्युषितानिनः ॥ त्रयोदशंतथाऽज्ञातैःसजनेपरिवत्सरम् ४१ स्था तानःसमयेतस्मिन्पितेतिकृतनिश्चयाः ॥ नाहास्मसमयंताततच्चनोब्राह्मणाविदुः ४२ तस्मिन्नःसमयेतिष्ठस्थितानांभरतर्षभ ॥ नित्यंसंक्लेशिताराजन्स्वराज्यां शंलभेमहि ४३ त्वंधर्ममर्थंसंजानन्सम्यङ्नस्त्रातुमर्हसि ॥ गुरुत्वंभवतिप्रेक्ष्यबहून्क्लेशांस्तितिक्ष्महे ४४ सभवान्मातृपितृवदस्मासुप्रतिपद्यताम् ॥ गुरोर्गरीयसी वृत्तिर्याचशिष्यस्यभारत ४५ वर्तामहेत्वयिचतांत्वंचवर्तस्वनस्तथा ॥ पित्रास्थापयितव्याहिवयमुत्पथमास्थिताः ४६ संस्थापयपथिष्वस्मांस्तिष्ठधर्मेसुवर्त्म नि ॥ आहुश्चेमांपरिषदंपुत्रास्तेभरतर्षभ ४७ धर्मज्ञेषुसभासत्सुनेहयुक्तमसांप्रतम् ॥ यत्रधर्मोह्यधर्मेणसत्यंयत्रानृतेनच ४८ हन्यतेप्रेक्षमाणानांहतास्तत्रस भासदः ॥ विद्धोधर्मोह्यधर्मेणसभांयत्रप्रपद्यते ४९ नचास्यशल्यंकृंततिविद्धास्तत्रसभासदः ॥ धर्मएतानारुजतियथानद्यनुकूलजान् ५० येधर्ममनुपश्यंतस्तू ष्णींध्यायंतआसते ॥ तेसत्यमाहुर्धर्म्यंचन्याय्यंचभरतर्षभ ५१ शक्यंकिमन्यद्वक्तुंतेदानादन्यज्जनेश्वर ॥ ब्रुवंतुतेमहीपालाःसभायांयेसमासते ५२ धर्मार्थौसं प्रधार्यैवयदिसत्यंब्रवीम्यहम् ॥ प्रमुंचेमान्मृत्युपाशात्क्षत्रियान्पुरुषर्षभ ५३ प्रशाम्यभरतश्रेष्ठमामन्युवशमन्वगाः ॥ पित्र्यंतेभ्यःप्रदायांशंपाण्डवेभ्योयथोचितम् ५४ ततःसपुत्रःसिद्धार्थोभुंक्ष्वभोगान्परंतप ॥ अजातशत्रुंजानीषेस्थितंधर्मेसतांसदा ५५ सपुत्रेत्वयिवृत्तिंचवर्ततेयांनराधिप ॥ दाहितश्चनिरस्तश्चत्वामेवोपाश्रितःपुनः ॥ ५६ इंद्रप्रस्थंत्वयैवासौसपुत्रेणविवासितः ॥ सतत्रनिवसन्सर्वान्वशमानीयपार्थिवान् ५७ त्वन्मुखानकरोद्राजन्नचत्वामत्यवर्तत ॥ तस्यैवंवर्तमानस्यसौबलेनजिहीर्षता ५८ राष्ट्राणिधनधान्यंचप्रयुक्तःपरमोपधिः ॥ सतामवस्थांसंप्राप्यकृष्णांप्रेक्ष्यसभांगताम् ५९

भां पुत्राःपांडवाः ४७ । ४८ । ४९ आरुजतिहिनस्ति अनुकूलजान्कूलंकूलमनुसृत्यजातान्वृक्षादीन् ५० येपांडवास्तूष्णीमासतेकालंनिर्वाह्यभवद्भयोराज्यांशंलब्धुमिच्छंतितेसत्यंधर्म्यंन्याय्यंचाहुः ५१ ५२ । ५३ । ५४ । ५५ दाहितःजतुगृहे निरस्तोद्यूतेनराज्याद्दूरीकृतः ५६ । ५७ । ५८ । ५९

६० । ६१ । ६२ । ६३ ॥ इतिउद्योगपर्वणिनीलकंठीयेभारतभावदीपेपंचनवतितमोऽध्यायः ॥ ९५ ॥ ॥ तस्मिन्निति १ । २ । ३ । ४ । ५ । ६ । ७ । ८ । ९ । १० वेदप्रत्ययदर्शिनःवेदजःप्रत्य

क्षत्रधर्मादमेयात्मानाकंपतयुधिष्ठिरः ॥ अहंतुतवतेषांचश्रेयइच्छामिभारत ६० धर्मादर्थात्सुखाच्चैवमाराजन्नीनशःप्रजाः ॥ अनर्थमर्थमन्वानोऽप्यर्थंचानर्थमात्मनः
६१ लोभेऽतिप्रसृतान्पुत्रान्निगृह्णीष्वविशांपते ॥ स्थिताःशुश्रूषितुंपार्थाःस्थितायोद्धुमरिंदमाः ॥ यत्तेपथ्यतमंराजंस्तस्मिंस्तिष्ठपरंतप ६२ ॥ वैशंपायनउवाच ॥
तद्वाक्यंपार्थिवाःसर्वेहृदयैःसमपूजयन् ॥ नतत्रकश्चिद्वक्तुंहिवाचंप्राक्रामदग्रतः ६३ ॥ इतिश्रीमहाभारतेउद्योगपर्वणिभगवद्यानपर्वणिश्रीकृष्णवाक्येपंचनव
तितमोऽध्यायः ॥ ९५ ॥ ॥ वैशंपायनउवाच ॥ तस्मिन्नभिहितेवाक्येकेशवेनमहात्मना ॥ स्तिमिताहृष्टरोमाणआसन्सर्वेसभासदः १ कश्चिदुत्तरमेतेषांवक्तुंनोत्स
हतेपुमान् ॥ इतिसर्वेमनोभिस्तेचिन्तयंतिस्मपार्थिवाः २ तथातेषुचसर्वेषुतूष्णींभूतेपुराजसु ॥ जामदग्न्यइदंवाक्यमब्रवीत्कुरुसंसदि ३ इमांमेसोपमांवाचंशृणुसत्याम
शंकितः ॥ तांश्रुत्वाश्रेयआदत्स्वयदिसाध्वितिमन्यसे ४ राजादंभोद्भवोनामसार्वभौमःपुराऽभवत् ॥ अखिलांबुभुजेसर्वांपृथिवीमितिनःश्रुतम् ५ सस्मनित्यंनिशा
पायेप्रातरुत्थायवीर्यवान् ॥ ब्राह्मणान्क्षत्रियांश्चैवपृच्छन्नास्तेमहारथः ६ अस्तिकश्चिद्विशिष्टोवामद्विधोवाभवेद्युधि ॥ शूद्रोवैश्यःक्षत्रियोवाब्राह्मणोवाऽपिशस्त्र
भृत् ७ इतिब्रुवन्नन्वचरत्सराजापृथिवीमिमाम् ॥ दर्पेणमहतामत्तःकंचिदन्यमचिंतयन् ८ तंचवैद्याअकृपणाब्राह्मणाःसर्वतोऽभयाः ॥ प्रत्यषेधंतराजानंश्लाघमानं
पुनःपुनः ९ निषिध्यमानोऽप्यसकृत्पृच्छत्येवसवैद्विजान् ॥ अतिमानंश्रियामत्तंतमूचुर्ब्राह्मणास्तदा १० तपस्विनोमहात्मानोवेदप्रत्ययदर्शिनः ॥ उदीर्यमाणं
राजानंक्रोधदीप्ताद्विजातयः ११ अनेकजयिनौसंख्येयौवैपुरुषसत्तमौ ॥ तयोस्त्वंनसमोराजन्भविताऽसिकदाचन १२ एवमुक्तःसराजातुपुनःपप्रच्छतान्
द्विजान् ॥ क्वतौवीरौक्वजन्मानौकिंकर्माणौचकौचतौ १३ ॥ ब्राह्मणाऊचुः ॥ नरोनारायणश्चैवतापसावितिनःश्रुतम् ॥ आयातौमानुषेलोकेताभ्यांयुद्ध्यस्व
पार्थिव १४ श्रूयेतेतौमहात्मानौनरनारायणावुभौ ॥ तपोघोरमनिर्देश्यंतप्यतेगंधमादने १५ सराजामहतींसेनांयोजयित्वाषडंगिनीम् ॥ अमृष्यमाणःसंप्रायाद्य
त्रतावपराजितौ १६ सगत्वाविषमंघोरंपर्वतंगंधमादनम् ॥ मृगयाणोऽन्वगच्छत्तौतापसौवनमाश्रितौ १७ तौदृष्ट्वाक्षुत्पिपासाभ्यांकृशौधमनिसंततौ ॥ शीतवा
तातपैश्चैवकर्शितौपुरुषोत्तमौ १८ अभिगम्योपसंगृह्यपर्यपृच्छदनामयम् ॥ तमर्चित्वामूलफलैरासनेनोदकेनच १९ न्यमंत्रयेतांराजानंकिंकार्यंक्रियतामिति ॥ तत
स्तामानुपूर्वींसपुनरेवान्वकीर्तयत् २० बाहुभ्यांमेजिताभूमिर्निहताःसर्वशत्रवः ॥ भवद्भ्यांयुद्धमाकांक्षन्नुपयातोऽस्मिपर्वतम् २१ आतिथ्यंदीयतामेतत्कांक्षितंमेचिरं
प्रति ॥ नरनारायणावूचतुः ॥ अपेतक्रोधलोभोऽयमाश्रमोराजसत्तम २२

योऽब्रह्मात्मैक्यापरोक्ष्यंतद्देवद्रष्टुंशीलंयेषांते ११ । १२ । १३ । १४ तप्यतेताभ्यामितिशेषः १५ षडंगिनीं रथनागाश्वपादातखरकटोष्ट्रवतीम् १६ । १७ । १८ । १९ । २० । २१ । २२

२३ । २४ । २५ । २६ । २७ । २८ । २९ । ३० । ३१ । ३२ । ३३ । ३४ । ३५ । ३६ । ३७ । ३८ । ३९ । ४० । ४१ काकुदीकमित्यादयोऽष्टावस्त्रजातयः येनास्त्रेणाभिभूतारथगजादीनांकुक्षे वशेरतेतत्काकुदीकंप्रस्वापनंनाम येनशुकनलिकान्यायेनअभयेऽपिभयदर्शिनोहयरथादिपादेषुगाढंश्लिष्यंतितत्शुकंमोहनंनाम येनस्वर्गेनगरंपश्यतितन्नाकंउन्मादनंनाम येनक्षिप्तमात्रेणानुविद्धास्त्रासात्वशकृन्मूत्रं

नह्यस्मिन्नाश्रमेयुद्धंकुतःशस्त्रंकुतोऽनृजुः ॥ अन्यत्रयुद्धमाकांक्षबहवःक्षत्रियाःक्षितौ २३ ॥ रामउवाच ॥ उच्यमानस्तथाऽपिस्मभूयएवाभ्यभाषत ॥ पुनःपुनः क्षम्यमाणःसांत्व्यमानश्चभारत २४ दंभोद्भवोयुद्धमिच्छन्नाह्वयत्येवतापसौ ॥ ततोनरस्त्विषीकाणांमुष्टिमादायभारत २५ अब्रवीदेहियुद्धयस्वयुद्धकामुकक्षत्रिय ॥ सर्वशस्त्राणिचादत्स्वयोजयस्वचवाहिनीम् २६ अहंहितेविनेष्यामियुद्धश्रद्धामितःपरम् ॥ दंभोद्भवउवाच ॥ यद्येतदस्त्रमस्मासुयुक्तंतापसमन्यसे २७ एतेनापित्वयायोत्स्येयुद्धार्थीह्यहमागतः ॥ रामउवाच ॥ इत्युक्त्वाशरवर्षेणसर्वतःसमवाकिरत् २८ दंभोद्भवस्तापसंतंजिघांसुःसहसैनिकः ॥ तस्यतानस्यतोघोरानिषूनपरतनुच्छिदः २९ कदर्थीकृत्यसमुनिरिषीकाभिःसमार्पयत् ॥ ततोऽस्मैप्रासृजद्घोरमैषीकमपराजितः ३० अस्त्रमप्रतिसंधेयंतदद्भुतमिवाभवत् ॥ तेषामक्षीणिकर्णांश्चनासिकाश्चैवमायया ३१ निमित्तवेधीसमुनिरिषीकाभिःसमार्पयत् ॥ सदृष्ट्वाश्वेतमाकाशमिषीकाभिःसमाचितम् ३२ पादयोर्न्यपतद्राजास्वस्तिमेस्त्विवतिचाब्रवीत् ॥ तमब्रवीन्नरोराजन्शरण्यःशरणैषिणाम् ३३ ब्रह्मण्योभवधर्मात्मामाचस्मैवंपुनःकृथाः ॥ नैतादृक्पुरुषोराजन्क्षत्रधर्ममनुस्मरन् ३४ मनसानृपशार्दूलभवेत्परपुरंजयः ॥ माचदर्पसमाविष्टःक्षेप्सीःकांश्चित्कथंचन ३५ अल्पीयांसंविशिष्टंवातत्तेराजन्समाहितम् ॥ कृतप्रज्ञोवीतलोभोनिरहंकारआत्मवान् ३६ दांतःक्षांतोमृदुःसौम्यप्रजाःपालयपार्थिव ॥ मास्मभूयःक्षिपेःकंचिदविदित्वाबलाबलम् ३७ अनुज्ञातःस्वस्तिगच्छमैवंभूयःसमाचरेः ॥ कुशलंब्राह्मणान्पृच्छेरावयोर्वचनाद्भृशम् ३८ ततोराजातयोःपादावभिवाद्यमहात्मनोः ॥ प्रत्याजगामस्वपुरंधर्मंचैवाचरद्भृशम् ३९ सुमहच्चापितत्कर्मयन्नरेणकृतंपुरा ॥ ततोगुणैःसुबहुभिःश्रेष्ठोनारायणोऽभवत् ४० तस्माद्यावद्धनुःश्रेष्ठेगांडीवेऽस्त्रंनयुज्यते ॥ तावत्त्वंमानमुत्सृज्यगच्छराजन्धनंजयम् ४१ काकुदीकंशुकंनाकमक्षिसंतर्जनंतथा ॥ संतानंनर्तकंघोरमास्यमोदकमष्टमम् ४२ एतैर्विद्धाःसर्वएवमरणंयांतिमानवाः ॥ कामक्रोधौलोभमोहौमदमानौतथैवच ४३ मात्सर्याहंकृतीचैवक्रमादेतउदाहृताः ॥ उन्मत्ताश्चविचेष्टंतेनष्टसंज्ञाविचेतसः ४४ स्वपंतिचप्लवंतेचच्छर्दयंतिचमानवाः ॥ मूत्रयंतेचसततंरुदंतिचहसंतिच ४५ निर्मातासर्वलोकानामीश्वरःसर्वकर्मवित् ॥ यस्यनारायणोबंधुरर्जुनोदुःसहोयुधि ४६ कस्तमुत्सहतेजेतुंत्रिषुलोकेषुभारत ॥ वीरंकपिध्वजंजिष्णुंयस्यनास्तिसमोयुधि ४७ असंख्येयागुणाःपार्थेतद्विशिष्टोजनार्दनः ॥ त्वमेवभूयोजानासिकुंतीपुत्रंधनंजयम् ४८

स्रवंतितत्अक्षिसंतर्जनंत्रासनंनाम संतानंअविच्छेदेनशस्त्राणांवृष्टिकरं ऐंद्रादिदिव्यं नर्तकंनर्तनकरंपैशाचं घोरंकदनकरंराक्षसं आस्यमोदकंयेनाभिहताःमुखेपाषाणंदत्वामरणार्थमेवप्रतिष्ठंतेतत्याम्यंनाम अत्रैवउन्मत्ताश्चेतिश्लोकोक्तादोषायथायोग्यंसंबंधनीयाः ४२ । ४३ । ४४ । ४५ । ४६ । ४७ । ४८

४९ । ५० । ५१ । ५२ ॥ इतिउद्योगपर्वणि नीलकंठीये भारतभावदीपे षण्णवतितमोऽध्यायः ॥ ९६ ॥ ॥ ॥ जामदग्न्येति १ अव्ययःअपचयशून्यः २ प्रभवत्यस्मादितिप्रभुर्जगत
उपादानकारणंघटस्येवमृत्पिंडः ३ निमित्तमरणाइति । नाशवंतइत्यर्थः पाठांतरेनिमित्तकारणानि चक्रचीवरकुलालादिस्थानीयानि ४ । ५ । ६ तरुणाइति । भोगकालेयुद्धेनमरणंप्राप्नुवंतीत्यर्थः ७

नरनारायणौयौतौतावेवार्जुनकेशवौ ॥ विजानीहिमहाराजप्रवीरौपुरुषोत्तमौ ४९ यद्येतदेवंजानासिनचमामभिशंकसे ॥ आर्यांमतिंसमास्थायशाम्यभारतपांड वैः ५० अथचेन्मन्यसेश्रेयोनमेभेदोभवेदिति ॥ प्रशाम्यभरतश्रेष्ठमाचयुद्धेमनःकृथाः ५१ भवतांचकुरुश्रेष्ठकुलंबहुमतंभुवि ॥ तत्तथैवास्तुभद्रंतेस्वार्थमेवोप चिंतय ५२ ॥ इतिश्रीमहाभारतेउद्योगपर्वणिभगवद्यानपर्वणिदंभोद्भवोपाख्यानेषण्णवतितमोऽध्यायः ॥ ९६ ॥ ॥ वैशंपायनउवाच ॥ जामदग्न्यवचःश्रुत्वा कण्वोऽपिभगवानृषिः ॥ दुर्योधनमिदंवाक्यमब्रवीत्कुरुसंसदि १ ॥ कण्वउवाच ॥ अक्षयश्चाव्ययश्चैवब्रह्मालोकपितामहः ॥ तथैवभगवंतौतौनरनारायणा वृषी २ आदित्यानांहिसर्वेषांविष्णुरेकःसनातनः ॥ अजय्यश्चाव्ययश्चैवशाश्वतःप्रभुरीश्वरः ३ निमित्तमरणाश्चान्येचंद्रसूर्यौमहीजलम् ॥ वायुरग्निस्तथाऽका शंग्रहास्तारागणास्तथा ४ तेचक्षयांतेजगतोहित्वालोकत्रयंसदा ॥ क्षयंगच्छंतिवैसर्वेसृज्यंतेचपुनःपुनः ५ मुहूर्तमरणास्त्वन्येमानुषामृगपक्षिणः ॥ तैर्यग्योन्य श्चयेचान्येजीवलोकचरास्तथा ६ भूयिष्ठेनतुराजानःश्रियंभुक्त्वाऽऽयुषःक्षये ॥ तरुणाःप्रतिपद्यंतेभोक्तुंसुकृतदुष्कृते ७ सभवान्धर्मपुत्रेणशमंकर्तुमिहार्हति ॥ पांडवाःकुरवश्चैवपालयंतुवसुंधराम् ८ बलवानहमित्येवनमंतव्यंसुयोधन ॥ बलवंतोबलिभ्योहिदृश्यंतेपुरुषर्षभ ९ नबलंबलिनांमध्येबलंभवतिकौरव ॥ ब लवंतोहितेसर्वेपांडवादेवविक्रमाः १० अत्राप्युदाहरंतीममितिहासंपुरातनम् ॥ मातलेर्दातुकामस्यकन्यांमृगयतोवरम् ११ मतस्त्रिलोकराजस्यमातलिर्नामसा रथिः ॥ तस्यैकैवकुलेकन्यारूपतोलोकविश्रुता १२ गुणकेशीतिविख्यातानाम्नासादेवरूपिणी ॥ श्रियाचवपुषाचैवस्त्रियोऽन्याःसाऽतिरिच्यते १३ तस्याः प्रदानसमयंमातलिःसहभार्यया ॥ ज्ञात्वाविममृशेराजंस्तत्परःपरिचिंतयन् १४ धिक्खल्वलघुशीलानामुच्छ्रितानांयशस्विनाम् ॥ नराणांमृदुसत्वानां कुलेकन्याप्ररोहणम् १५ मातुःकुलंपितृकुलंयत्रचैवप्रदीयते ॥ कुलत्रयंसंशयितंकुरुतेकन्यकासताम् १६ देवमानुषलोकौद्वौमानुषेणैवचक्षुषा ॥ अवगाह्यैववि चितौनचमेरोचतेवरः १७ ॥ कण्वउवाच ॥ नदेवान्नैवदितिजान्नगंधर्वान्नमानुषान् ॥ अरोचयद्वरकृतेतथैवबहुलानृषीन् १८ भार्ययाऽनुससंमंत्र्यसहराज्ञौसु धर्मया ॥ मातलिर्नागलोकायचकारगमनेमतिम् १९ नमेदेवमनुष्येषुगुणकेश्याःसमोवरः ॥ रूपतोदृश्यतेकश्चिन्नागेषुभविताध्रुवम् २० इत्यामंत्र्यसुधर्मांसकृत्वा चाभिप्रदक्षिणम् ॥ कन्यांशिरस्युपाघ्रायप्रविवेशमहीतलम् २१ ॥ इतिश्रीमहाभारतेउद्योगपर्वणिमातलिवरान्वेषणेसप्तनवतितमोऽध्यायः ॥ ९७ ॥

८ । ९ बलंसैन्यं बलिनांऔरसबलवतां बलंसामर्थ्यंनभवति १० मातलेरितिइहासमितिसंबंधः ११ । १२ । १३ । १४ उच्छ्रितानांमहत्तयाख्यातानाम् १५ । १६ चक्षुषाज्ञानेनविचितौअन्वेषितौ १७
१८ । १९ । २० । २१ ॥इतिश्रीउद्योगपर्वणिनीलकंठीये भारतभावदीपे सप्तनवतितमोऽध्यायः ॥ ९७ ॥ ॥ ॥ ॥ ॥ ॥ ॥ ॥ ॥ ॥ ॥

मातलिरिति १ । २ । ३ । ४ । ५ । ६ । ७ । ८ यंतुःयंतारंमातलिंप्रति ९ । १० गोपतेःवारिपतेः 'भूवाग्वारिषुगौर्मता' इतिविश्वः ११ । १२ द्वितीयांसोमपुत्रीं तथाअदित्याःपुत्रःसूर्यःश्रेष्ठःकृतः भर्ताकृतः १३ वारुण्यंवारुण्यासुरायाइदंवारुण्यं सुराविद्यतेयेषांतेसुराः १४ । १५ विवर्ततेप्रक्षिप्तान्यपिपुनःप्रहर्तुर्हस्तमायांति १६ जात्यःजातीयाः पूर्वदैवतानिपूर्वदेवाःदैत्याः सर्वेतिपाठेनिर्मिताःनिश्चये नप्रक्षिप्ताः १७ अग्निरिति । हविष्मताऽग्निनाआविद्धंरुद्धं विष्णुचक्रजमप्यत्रभयंनास्तीत्यर्थः १८ गांडीखड्गाख्यःपशुविशेषः तस्यविकारोगांडीमयः तस्यहिपशूनांवापृष्ठवंशस्यधनुःकर्तुंशक्यं यतःगां

॥ कण्वउवाच ॥ मातलिस्तुव्रजन्मार्गेनारदेनमहर्षिणा ॥ वरुणंगच्छताद्रष्टुंसमागच्छद्यदृच्छया १ नारदोऽथाब्रवीदेनंक्वभवान्गंतुमुद्यतः ॥ स्वेनवास्व तकार्येणशासनाद्वाशतक्रतोः २ मातलिर्नारदेनैवंसंपृष्टःपथिगच्छता ॥ यथावत्सर्वमाचष्टस्वकार्यंनारदंप्रति ३ तमुवाचाथसमुनिर्गच्छावःसहिताविति ॥ सलि लेशदिदृक्षार्थमहप्युद्यतोदिवः ४ अहंतेसर्वमाख्यास्येदर्शयन्वसुधातलम् ॥ दृष्ट्वातत्रवरंकंचिद्रोचयिष्यावमातले ५ अवगाह्यतुतौभूमिमुभौमातलिनारदौ ॥ ददृ शातेमहात्मानौलोकपालमपांपतिम् ६ तत्रदेवर्षिसदृशींपूजांसमापनारदः ॥ महेंद्रसदृशींचैवमातलिःप्रत्यपद्यत ७ तावुभौप्रीतमनसौकार्यवंतौनिवेद्यह ॥ वरुणे नाभ्यनुज्ञातौनागलोकंविचेरतुः ८ नारदःसर्वभूतानामंतर्भूमिनिवासिनाम् ॥ जानंश्चकारव्याख्यानंयंतुःसर्वमशेषतः ९ ॥ नारदउवाच ॥ दृष्टस्तेवरुणःसूतपुत्रपौ त्रसमावृतः ॥ पश्योदकपतेःस्थानंसर्वतोभद्रमृद्धिमत् १० एषपुत्रोमहाप्राज्ञोवरुणस्येहगोपतेः ॥ एषवैशीलवृत्तेनशौचेनचविशिष्यते ११ एषोऽस्यपुत्रोऽभिमतः पुष्करःपुष्करेक्षणः ॥ रूपवान्दर्शनीयश्चसोमपुत्र्यावृतःपतिः १२ ज्योत्स्नाकालीतियामाहुर्द्वितीयांरूपतःश्रियम् ॥ अदित्याश्चैवयःपुत्रोज्येष्ठःश्रेष्ठःकृतःस्मृतः १३ भवनंपश्यवारुण्यंयदेतत्सर्वकांचनम् ॥ यत्प्राप्यसुरतांप्राप्ताःसुराःसुरपतेःसखे १४ एतानिहृतराज्यानांदैतेयानांस्ममातले ॥ दीप्यमानानिदृश्यंतेसर्वप्रहर णान्युत १५ अक्षयाणिकिलैतानिविवर्ततेस्ममातले ॥ अनुभावप्रयुक्तानिसुरैरवजितानिह १६ अत्रराक्षसजात्यश्चदैत्यजात्यश्चमातले ॥ दिव्यप्रहरणाश्चा सन्पूर्वदैवतनिर्मिताः १७ अग्निरेषमहार्चिष्मान्जागर्तिवारुणेह्रदे ॥ वैष्णवंचक्रमाविद्धंविधूमेनहविष्मता १८ एषगांडीमयश्चापोलोकसंहारसंभृतः ॥ रक्ष्य तेदैवतैर्नित्यंयतस्तद्गांडिवंधनुः १९ एषकृत्येसमुत्पन्नेतत्तद्धारयतेबलम् ॥ सहस्रशतसंख्येनप्राणेनसततंध्रुवः २० अशास्यानपिशास्त्येषरक्षोबंधुषुराजसु ॥ सृष्टः प्रथमतश्चंडोब्रह्मणाब्रह्मवादिना २१ एतच्छत्रंनरेंद्राणांमहच्चक्रेणभासितम् ॥ पुत्राःसलिलराजस्यधारयंतिमहोदयम् २२ एतत्सलिलराजस्यच्छत्रंछत्रगृहेस्थितम् सर्वतःसलिलंशीतंजीमूतइववर्षति २३

डीमयत्वादेवतद्गांडीवंनामधनुरभूत् गांडीशब्दाद्विकारार्थोवप्रत्ययःकल्प्यतइतिभावः गांडीवज्जग्रंथिस्तन्मयइत्यन्ये १९ एषचापःकृत्येअभेद्यभेदने तत्ततावच्चावत्प्राणेनबलेन सर्वदालक्षचापतुल्यबलोऽप्ययंचापःकार्यकालेऽधिकबलोऽपिभवतीत्यनंतबलइत्यर्थः २० रक्षोबंधुषुरक्षस्तुल्येषु २१ एतच्छत्रंधनुः चक्रेणचक्रादपि । एतच्छात्रंनरेंद्राणांमहच्छुक्रेणभाषितमितिपाठे नीतिशास्त्रं शुक्रेणकाव्येन छत्रे णेतिवापाठः २२ । २३

मूर्छितंअभिभूतंआवृतमितियावत् येनहेतुनाजनोऽस्यदर्शनंनार्छतिनप्राप्नोति २४ । २५ ॥ इतिउद्योगपर्वणिनीलकंठीये भारतभावदीपे अष्टनवतितमोऽध्यायः ॥ ९८ ॥ ॥ एतदिति १ अद्भिः समंप्राप्ताःजलवेगेनानीताः २ व्यापारेणयत्नेन धृतःमर्यादायांस्थापितः अन्यथासद्यःकृत्स्नंसमुद्रंलोकांश्चदहेत् आत्मानंनिबद्धंदेवैरितिशेषः समबुध्यतअग्निरित्यर्थः धृतात्मेतिसंधिरार्षः ३ निहितंस्थापितं अतःसोमस्येति । कंदुकाकारंभूगोलंप्रदक्षिणीकुर्वतःसूर्यस्यसोमस्यवाकेनचिद्भूगोलप्रदेशेनआवरणात्कदाचिददर्शनंभवति सैवतेषांरात्रिः । येतुगोलस्यशिरसिअधस्ताच्चतिष्ठंतितेसर्वदैवसूर्यादीन्पश्यंति तत्रजलमयंचंद्रमंडलंसूर्यरश्मिभिस्तैजसैःप्रकाश्यते तयोश्चयथायथाविप्रकर्षःतथातथाऽधिकंचंद्रोऽवभासते यथायथासन्निकर्षःतथातथाऽधिकंसूर्यपुरोवर्तिभिरग्न्यादिभिर्देवताभिस्तिरोधीयतेऽस्मद्दृष्ट्या ।

एतच्छत्रात्परिभ्रष्टंसलिलंसोमनिर्मलम् ॥ तमसामूर्छितंभातियेननार्छतिदर्शनम् २४ बहून्यद्भुतरूपाणिद्रष्टव्यानीहमातले ॥ तवकार्याविरोधस्तुतस्माद्गच्छाव माचिरम् २५ ॥ इतिश्रीमहाभारतेउद्योगपर्वणिभगवद्या॰मातलिवरान्वेषणेऽष्टनवतितमोऽध्यायः ॥ ९८ ॥ ॥ नारदउवाच ॥ एतत्तुनागलोकस्यनाभिस्थानेस्थितंपुरम् ॥ पातालमितिविख्यातंदैत्यदानवसेवितम् १ इदमद्भिःसमंप्राप्तायेकेचिज्जंगमाः ॥ प्रविशंतोमहानादंनदंतिभयपीडिताः २ अत्रासुरोऽग्निःसततंदीप्यतेवारिभोजनः ॥ व्यापारेणधृतात्मानंनिबद्धंसमबुध्यत ३ अत्रामृतंसुरैःपीत्वानिहितंनिहतारिभिः ॥ अतःसोमस्यहानिश्चवृद्धिश्चैवप्रदृश्यते ४ अत्रादित्योहयशिराःकालेपर्वणिपर्वणि ॥ उत्तिष्ठतिसुवर्णाख्यंवाग्भिरापूरयञ्जगत् ५ यस्मादलंसमस्तास्ताःपतंतिजलमूर्तयः ॥ तस्मात्पातालमित्येवख्यायते पुरमुत्तमम् ६ ऐरावणोऽस्मात्सलिलंगृहीत्वाजगतोहितः ॥ मेघेष्वामुंचतेशीतंयन्महेंद्रःप्रवर्षति ७ अत्रनानाविधाकारास्तिमयोनैकरूपिणः ॥ अप्सुसोमप्रभांपीत्वावसंतिजलचारिणः ८ अत्रसूर्यांशुभिर्भिन्नाःपातालतलमाश्रिताः ॥ मृताहिदिवसेसूतपुनर्जीवंतिवैनिशि ९ उदयन्नित्यशश्चात्रचंद्रमारश्मिबाहुभिः ॥ अमृतंस्पृश्यसंस्पर्शात्संजीवयतिदेहिनः १० अत्रतेधर्मनिरताबद्धाःकालेनपीडिताः ॥ दैतेयानिवसंतिस्मवासवेनहृतश्रियः ११ अत्रभूतपतिर्नामसर्वभूतमहेश्वरः ॥ भूतयेसर्वभूतानामचरत्तपउत्तमम् १२ अत्रगोव्रतिनोविप्राःस्वाध्यायाम्नायकर्शिताः ॥ त्यक्तप्राणाजितस्वर्गानिवसंतिमहर्षयः १३ यत्रतत्रशयोनित्यंयेनकेनचिदाशितः ॥ येनकेनचिदाच्छन्नःसगोव्रतइहोच्यते १४ ऐरावणोनागराजोवामनःकुमुदोऽञ्जनः ॥ प्रसूताःसुप्रतीकस्यवंशेवारणसत्तमाः १५ पश्य यद्यत्रतेकश्चिद्रोचतेगुणतोवरः ॥ वरयिष्यामितंगत्वायत्नमास्थायमातले १६

एतदेवाभिलक्ष्य 'प्रथमांपिबतेवह्निर्द्वितीयांपिबतेरविः' इत्यादिशास्त्रंप्रवृत्तं । पानंचेहसान्निध्यादाप्यायनमात्रं पातालनाभिस्थानांतुमेरुशिखरस्थानामिवसर्वदासंपूर्णएवचंद्रोऽवभासते । तद्दृश्यप्रदेशोऽग्न्याद्यावरणाभावात् अतःस्थानात्चंद्रस्यह्रासवृद्धीप्रदृश्येतेइतिविरुद्धलक्षणयानदृश्येतेइत्यर्थः । नदृश्यतेइत्येवपाठोलेखकप्रमादाद्भ्रष्टोवा ४ आदित्योऽदितेःपुत्रोविष्णुर्हयग्रीवरूपीसुवर्णाख्यंजगत्वेदरूपीनामात्मकःप्रपंचः । 'नामवाऋग्वेदः' इत्यादिश्रुतेः तंवाग्भिरापूरयन्उत्तिष्ठतिवेदाध्यायिनांध्वनिंउपबृंहयितुमाविर्भवतीत्यर्थः ५ जलमूर्तयश्चंद्राद्याःपतंतिचंद्रकांतवज्जलंस्रवंतिअतोऽयंपतज्जलइतिवक्तव्येपातालइत्यर्थः ६ । ७ । ८ प्रदेशांतरंगत्वाऽऽह अत्रसूर्यांशुभिरिति । दिवसेऽस्मदीयरात्रौ निशिअस्मदीयदिवसे ९ । १० । ११ १२ स्वाध्यायाम्नायोवेदपाठः १३ गोव्रतंव्याचष्टे यत्रेति १४ । १५ । १६

आप्रजानांनिसर्गात्प्रजोत्पत्तिमारभ्य १७ जातिजन्म निसर्गस्वभावं ततःपूर्वमुत्पन्नस्यकस्यचिदभावात् १८ । १९ । २० ॥ इतिउद्योगपर्वणि नीलकंठीये भारतभावदीपे ऊनशततमोऽध्यायः ॥ ९९ ॥
हिरण्येति १ । २ । ३ । ४ । ५ । ६ । ७ । ८ । ९ । १० शैलानिशिलामयानि ११ । १२ । १३ आक्रीडान्क्रीडास्थानानि १४ । १५ । १६ । १७ । १८ आत्मानंअहिंसापरंजानामि हिंसात्म

अंडमेतज्जलेन्यस्तंदीप्यमानमिवश्रिया ॥ आप्रजानांनिसर्गाद्वैनोद्भिद्यतिनसर्पति १७ नास्यजातिंनिसर्गंवाकथ्यमानंशृणोमिवै ॥ पितरंमातरंचापिनास्यजानातिकश्चन १८ अतःकिलमहानग्निरंतकालेसमुत्थितः ॥ धक्ष्यतेमातलेसर्वंत्रैलोक्यंसचराचरम् १९ मातलिस्त्वब्रवीच्छ्रुत्वानारदस्याथभाषितम् ॥ नमेऽत्ररोचतेकश्चिदन्यतोव्रजमाचिरम् २० ॥ इतिश्रीमहाभारतेउद्योगपर्वणिभगवद्यानपर्वणिमातलिवरान्वेषणेऊनशततमोऽध्यायः ॥ ९९ ॥ ॥ नारदउवाच ॥ हिरण्यपुरमित्येतत्ख्यातंपुरवरंमहत् ॥ दैत्यानांदानवानांचमायाशतविचारिणाम् १ अनल्पेनप्रयत्नेननिर्मितंविश्वकर्मणा ॥ मयेनमनसासृष्टंपातालतलमाश्रितम् २ अत्रमायासहस्राणिविकुर्वाणामहौजसः ॥ दानवानिवसंतिस्मशूरादत्तवराःपुरा ३ नैतेशक्रेणनान्येनयमेनवरुणेनवा ॥ शक्यंतेवशमानेतुंतथैवधनदेनच ४ असुराःकालखंजाश्चतथाविष्णुपदोद्भवाः ॥ नैर्ऋतायातुधानाश्चब्रह्मपादोद्भवाश्चये ५ दंष्ट्रिणोभीमवेगाश्चवातवेगपराक्रमाः ॥ मायावीर्योपसंपन्नानिवसंत्यत्रमातले ६ निवातकवचानामदानवायुद्धदुर्मदाः ॥ जानासिचयथाशक्रोनैतान्शक्नोतिबाधितुम् ७ बहुशोमातलेत्वंचतवपुत्रश्चगोमुखः ॥ निर्भग्नोदेवराजश्चसहपुत्रःशचीपतिः ८ पश्यवेश्मानिरौक्माणिमातलेराजतानिच ॥ कर्मणाविधियुक्तेनयुक्तान्युपगतानिच ९ वैदूर्यमणिचित्राणिप्रवालरुचिराणिच ॥ अर्कस्फटिकशुभ्राणिवज्रसारोज्ज्वलानिच १० पार्थिवानीवचाभांतिपद्मरागमयानिच ॥ शैलानीवचदृश्यंतेदारवाणीवचाप्युत ११ सूर्यरूपाणिचाभांतिदीप्ताग्निसदृशानिच ॥ मणिजालविचित्राणिप्रांशूनिनिबिडानिच १२ नैतानिशक्यंनिर्देष्टुंरूपतोद्रव्यतस्तथा ॥ गुणतश्चैवसिद्धानिप्रमाणगुणवंतिच १३ आक्रीडान्पश्यदैत्यानांतथैवशयनान्युत ॥ रत्नवंतिमहार्हाणिभाजनान्यासनानिच १४ जलदाभांस्तथाशैलांस्तोयप्रस्रवणानिच ॥ कामपुष्पफलांश्चापिपादपान्कामचारिणः १५ मातलेकश्चिदत्रापिरुचिरस्तेवरोभवेत् ॥ अथवाऽन्यांदिशंभूमेर्गच्छावयदिमन्यसे १६ मातलिस्त्वब्रवीदेनंभाषमाणंतथाविधम् ॥ देवर्षेनैवमेकार्यंविप्रियंत्रिदिवौकसाम् १७ नित्यानुषक्तवैराहिभ्रातरोदेवदानवाः ॥ परपक्षेणसंबंधंरोचयिष्याम्यहंकथम् १८ अन्यत्रसाधुगच्छावद्रष्टुंनार्हामिदानवान् ॥ जानामितवचात्मानंहिंसात्मकमनंतथा १९ ॥ इतिश्रीमहाभारतेउद्योगपर्वणिभगवद्यानपर्वणिमातलिवरान्वेषणेशततमोध्यायः ॥ १०० ॥ ॥ नारदउवाच ॥ अयंलोकःसुपर्णानांपक्षिणांपन्नगाशिनाम् ॥ विक्रमेगमनेभारेनैषामस्तिपरिश्रमः १

नांतथाहिंसात्मकमनंहिंसाप्रधानानांदैत्यानांकमनंअपेक्षणीयंचाहिंसोदर्कतयाजानामि अन्येतुदित्सात्मकमलंतथेतिपाठंमकल्प्य दित्सात्मकंदानेच्छाप्रचुरंअलंअत्यर्थंइतिव्याचक्षते १९ ॥ ॥ इतिउद्योगपर्वणिनीलकंठीये भारतभावदीपे शततमोऽध्यायः ॥ १०० ॥ ॥ ॥ अयमिति १

२ मप्रत्याप्रकृष्टगत्या जवेनवृद्धिमंतीत्यर्थः ३ । ४ । ५ निर्घृणाःनिर्दयाः ६ । ७ । ८ । ९ । १० । ११ । १२ । १३ । १४ । १५ । १६ इतिश्रीमहाभारतेउद्योगपर्वणि नीलकंठीयेभारतभावदीपे
एकाधिकशततमोऽध्यायः ॥ १०१ ॥ ॥ ॥ ॥ इदंरसातलमिति १ । २ वदनात्मुखादुदतिष्ठत्तेनमुखजेनब्राह्मणेनतस्याएककुलत्वं यथोक्तं ' ब्राह्मणाश्चैवगावश्चकुलमेकंद्विधाकृतम् ' इति

वैनतेयसुतैःसूतषड्भिस्ततमिदंकुलम् ॥ सुमुखेनसुनाम्नाचसुनेत्रेणसुवर्चसा २ सुरुचापक्षिराजेनसुबलेनचमातले ॥ वर्धितानिप्रसूत्यावैविनताकुलकर्तृभिः ३ पक्षि
राजाभिजात्यानांसहस्राणिशतानिच ॥ कश्यपस्यततोवंशेजातैर्भूतिविवर्धनैः ४ सर्वेह्येतेश्रियायुक्ताःसर्वेश्रीवत्सलक्षणाः ॥ सर्वेश्रियमभीप्संतोधारयंतिबलान्युत ५
कर्मणाक्षत्रियाश्चैतेनिर्घृणाभोगिभोजिनः ॥ ज्ञातिसंक्षयकर्तृत्वाद्ब्राह्मण्यंनलभंतिवै ६ नामानिचैषांवक्ष्यामियथाप्राधान्यतःशृणु ॥ मातलेश्लाघ्यमेतद्धिकुलंविष्णुप
रिग्रहम् ७ दैवतंविष्णुरेतेषांविष्णुरेवपरायणम् ॥ हृदिचैषांसदाविष्णुर्विष्णुरेवसदागतिः ८ सुवर्णचूडोनागाशीदारुणश्चंडतुंडकः ॥ अनिलश्चानलश्चैवविशालाक्षोऽ
थकुंडली ९ पंकजिद्वज्रविष्कंभोवैनतेयोऽथवामनः ॥ वातवेगोदिशाचक्षुर्निमेषोऽनिमिषस्तथा १० त्रिरावःसप्तरावश्चवाल्मीकिर्दीपकस्तथा ॥ दैत्यद्वीपःसरिद्द्वीपः
सारसःपद्मकेतनः ११ सुमुखश्चित्रकेतुश्चचित्रबर्हस्तथाऽनघः ॥ मेषहृत्कुमुदोदक्षःसर्पांतःसोमभोजनः १२ गुरुभारःकपोतश्चसूर्यनेत्रश्चिरांतकः ॥ विष्णुधर्मा
कुमारश्चपरिबर्होहरिस्तथा १३ सुस्वरोमधुपर्कश्चहेमवर्णस्तथैवच ॥ मालायोमातरिश्वाचनिशाकरदिवाकरौ १४ एतेप्रदेशमात्रेणमयोक्तागरुडात्मजाः ॥ प्राधान्य
तस्तेयशसाकीर्तिताःप्राणिनश्चये १५ यद्यत्रनरुचिःकाचिदेहिगच्छावमातले ॥ तंनयिष्यामिदेशंत्वांवरंयत्रोपलप्स्यसे १६ ॥ इतिश्रीमहाभारतेउद्योगपर्वणिभगव
द्यानपर्वणिमातलिवरान्वेषणेएकाधिकशततमोऽध्यायः ॥ १०१ ॥ ॥ नारदउवाच ॥ इदंरसातलंनामसप्तमंपृथिवीतलम् ॥ यत्रास्तेसुरभिर्मातागवाममृत
संभवा १ क्षरंतीसततंक्षीरंपृथिवीसारसंभवम् ॥ षण्णांरसानांसारेणरसमेकमनुत्तमम् २ अमृतेनाभितृप्तस्यसारमुद्गिरतःपुरा ॥ पितामहस्यवदनादुदतिष्ठदनि
न्दिता ३ यस्याःक्षीरस्यधारायानिपतंत्यामहीतले ॥ ह्रदःकृतःक्षीरनिधिःपवित्रंपरमुच्यते ४ पुष्पितस्येवफेनेनपर्यंतमनुवेष्टितम् ॥ पिबंतोनिवसंत्यत्रफेनपामु
निसत्तमाः ५ फेनपानामतेख्याताःफेनाहाराश्चमातले ॥ उग्रेतपसिवर्ततेयेषांबिभ्यतिदेवताः ६ अस्याश्चतस्रोधेन्वोऽन्यादिक्षुसर्वासुमातले ॥ निवसंतिदिशांपाल्यो
धारयंत्योदिशःस्मताः ७ पूर्वांदिशंधारयतेसुरूपानामसौरभी ॥ दक्षिणांहंसिकानामधारयत्यपरांदिशम् ८ पश्चिमावारुणीदिक्चधार्यतेवैसुभद्रया ॥ महानुभावया
नित्यंमातलेविश्वरूपया ९ सर्वकामदुघानामधेनुर्धारयतेदिशम् ॥ उत्तरांमातलेधर्म्यांतथैलविलसंज्ञिताम् १० आसांतुपयसामिश्रंपयोनिर्मथ्यसागरे ॥ मंथानं
मंदरंकृत्वादेवैरसुरसंहितैः ११ उद्धृतावारुणीलक्ष्मीरमृतंचापिमातले ॥ उच्चैःश्रवाश्चाश्वराजोमणिरत्नंचकौस्तुभम् १२

३ । ४ फेनेनपुष्पितस्येवश्वेतस्यास्यपर्यंततीरप्रदेशंफेनेनैवानुवेष्टितंपिबंतःसादरमवलोकयंतएववसंति तेनैवफेनपाइत्युच्यंते ५ एतेभ्योऽन्येफेनाहाराश्चेत्यर्थः ६ । ७ । ८ । ९ इलविलस्येमांऐलविल
संज्ञिताम् १० असुरसंहितैः असुरसहितैः ११ । १२

सुधेति । सर्पपितृदेवानांतत्तद्योग्याहाररूपंपयःक्षरतीत्यर्थः सुधासर्पस्यभोजनं स्वधाभोजिनःपितरः अमृताशेषुदेवेषु १३ । १४ परिवासःनिवासः सुखःसुखकरः १५ ॥ इतिउद्योगपर्वणिनीलकंठीयेभारत

सुधाहारेषुचसुधांस्वधाभोजिषुचस्वधाम् ॥ अमृतंचामृताशेषुसुरभीक्षरतेपयः १३ अत्रगाथापुरागीतारसातलनिवासिभिः ॥ पौराणीश्रूयतेलोकेगीयतेयामनीषिभिः १४ ननागलोकेनस्वर्गेनविमानेत्रिविष्टपे ॥ परिवासःसुखस्तादृग्रसातलतलेयथा १५ ॥ इतिश्रीमहाभारतेउद्योगपर्वणिभगवद्यानपर्वणि मातलिवरान्वेषणे द्व्यधिकशततमोऽध्यायः ॥ १०२ ॥ ॥ नारदउवाच ॥ इयंभोगवतीनामपुरीवासुकिपालिता ॥ यादृशीदेवराजस्यपुरीवर्याऽमरावती १ एषशेषःस्थितोनागोयेनेयंधार्यतेसदा ॥ तपसालोकमुख्येनप्रभावसहितामही २ श्वेताचलनिभाकारोदिव्याभरणभूषितः ॥ सहस्रंधारयन्मूर्ध्नांज्वालाजिह्वोमहाबलः ३ इहनानाविधाकारानानाविधविभूषणाः ॥ सुरसायाःसुतानागानिवसंतिगतव्यथाः ४ मणिस्वस्तिकचक्रांकाःकमंडलुकलक्षणाः ॥ सहस्रसंख्याबलिनःसर्वेरौद्राःस्वभावतः ५ सहस्रशिरसःकेचित्केचित्पंचशताननाः ॥ शतशीर्षास्तथाकेचित्केचित्त्रिशिरसोऽपिच ६ द्विपंचशिरसःकेचित्केचित्सप्तमुखास्तथा ॥ महाभोगामहाकायाःपर्वताभोगभोगिनः ७ बहूनीहसहस्राणिप्रयुतान्यर्बुदानिच ॥ नागानामेकवंशानांयथाश्रेष्ठंतुमेशृणु ८ वासुकिस्तक्षकश्चैवकर्कोटकधनंजयौ ॥ कालीयोनहुषश्चैवकंबलाश्वतरावुभौ ९ बाह्यकुंडोमणिर्नागस्तथैवापूरणःखगः ॥ वामनश्चैलपत्रश्चकुकुरःकुकुणस्तथा १० आर्यकोनंदकश्चैवतथाकलशपोतकौ ॥ कैलासकःपिंजरकोनागश्चैरावतस्तथा ११ सुमनोमुखोदधिमुखःशंखोनंदोपनंदकौ ॥ आप्तःकोटरकश्चैवशिखीनिष्ठूरिकस्तथा १२ तित्तिरिर्हस्तिभद्रश्चकुमुदोमाल्यपिंडकः ॥ द्वौपद्मौपुंडरीकश्चपुष्पोमुद्गरपर्णकः १३ करवीरःपीठरकःसंवृत्तोवृत्तएवच ॥ पिंडारोबिल्वपत्रश्चमूषिकादःशिरीषकः १४ दिलीपःशंखशीर्षश्चज्योतिष्कोऽथापराजितः ॥ कौरव्योधृतराष्ट्रश्चकुहुरःकृशकस्तथा १५ विरजाधारणश्चैवसुबाहुर्मुखरोजयः ॥ बधिरांधौविशुंडिश्चविरसःसुरसस्तथा १६ एतेचान्येचबहवःकश्यपस्यात्मजाःस्मृताः ॥ मातलेपश्ययद्यत्रकश्चित्तेरोचतेवरः १७ ॥ कण्वउवाच ॥ मातलिस्त्वेकमव्यग्रःसततंसंनिरीक्ष्यवै ॥ पप्रच्छनारदंतत्रप्रीतिमानिवचाभवत् १८ ॥ मातलिरुवाच ॥ स्थितोयएषपुरतःकौरव्यस्यार्यकस्यतु ॥ द्युतिमान्दर्शनीयश्चकस्यैषकुलनंदनः १९ कःपिताजननीचास्यकतमस्यैषभोगिनः ॥ वंशस्यकस्यैषमहान्केतुभूतइवस्थितः २० प्रणिधानेनधैर्येणरूपेणवयसाचमे ॥ मनःप्रविष्टोदेवर्षेगुणकेश्याःपतिर्वरः २१ ॥ कण्वउवाच ॥ मातलिंप्रीतमनसंदृष्ट्वासुमुखदर्शनात् ॥ निवेदयामासतदामाहात्म्यंजन्मकर्मच २२ ॥ नारदउवाच ॥ ऐरावतकुलेजातःसुमुखोनामनागराट् ॥ आर्यकस्यमतःपौत्रोदौहित्रोवामनस्यच २३ एतस्यहिपितानागश्चिकुरोनाममातले ॥ नचिराद्वैनतेयेनपंचत्वमुपपादितः २४

भावदीपे द्व्यधिकशततमोऽध्यायः ॥ १०२ ॥ ॥ ॥ ॥ ॥ ॥ इयमिति १ । २ । ३ । ४ कमंडलुकलक्षणाः पानपात्रसदृशचिह्नाः ५ । ६ । ७ । ८ । ९ । १० । ११ । १२ । १३ । १४ । १५ । १६ । १७ । १८ । १९ । २० । २१ । २२ । २३ । २४

२५ । २६ ॥ इतिउद्योगपर्वणिनीलकंठीये भारतभावदीपे त्र्यधिकशततमोऽध्यायः ॥ १०३ ॥ ॥ ॥ ॥ ॥ ॥ ॥ ॥ ॥ सूतइति १ । २

ततोऽब्रवीत्प्रीतमनामातलिर्नारदंवचः ॥ एषमेरुचितस्तातजामाताभुजगोत्तमः २५ क्रियतामत्रयत्नोवैप्रीतिमानस्म्यनेनवै ॥ अस्मैनागायवैदातुंप्रियांदुहितरंमुने
२६ ॥ इतिश्रीमहाभारतेउद्योगपर्वणि भगवद्यानपर्वणि मातलिवरान्वेषणेत्र्यधिकशततमोऽध्यायः ॥ १०३ ॥ ॥ नारदउवाच ॥ सूतोऽयंमातलिर्नामशक्रस्य
दयितःसुहृत् ॥ शुचिःशीलगुणोपेतस्तेजस्वीवीर्यवान्बली १ शक्रस्यायंसखाचैवमंत्रीसारथिरेवच ॥ अल्पांतरप्रभावश्चवासवेनरणेरणे २ अयंहरिसहस्रेणयुक्तंजैत्रं
रथोत्तमम् ॥ देवासुरेषुयुद्धेषुमनसैवनियच्छति ३ अनेनविजितानश्वैर्दोर्भ्यांजयतिवासवः ॥ अनेनबलभित्पूर्वंप्रहृतेप्रहरत्युत ४ अस्यकन्यावरारोहारूपेणासदृशी
भुवि ॥ सत्यशीलगुणोपेतागुणकेशीतिविश्रुता ५ तस्यास्ययत्नाच्चरतस्त्रैलोक्यममरद्युते ॥ सुमुखोभवतःपौत्रोरोचतेदुहितुःपतिः ६ यदितेरोचतेसम्यग्भुजगो
त्तममाचिरम् ॥ क्रियतामार्यकक्षिप्रंबुद्धिःकन्यापरिग्रहे ७ यथाविष्णुकुलेलक्ष्मीर्यथास्वाहाविभावसोः ॥ कुलेतवतथैवास्तुगुणकेशीसुमध्यमा ८ पौत्रस्याथभवांस्त
स्माद्गुणकेशींप्रतीच्छतु ॥ सदृशींप्रतिरूपस्यवासवस्यशचीमिव ९ पितृहीनमपिह्येनंगुणतोवरयामहे ॥ बहुमानाच्चभवतस्तथैवैरावतस्यच १० सुमुखस्यगुणैश्चैव
शीलशौचदमादिभिः ॥ अभिगम्यस्वयंकन्यामयंदातुंसमुद्यतः ११ मातलिस्तस्यसंमानंकर्तुमर्होभवानपि ॥ कण्वउवाच ॥ सतुदीनःप्रहृष्टश्चप्राहनारदमार्यकः
१२ व्रियमाणेतथापौत्रेपुत्रेचनिधनंगते ॥ कथमिच्छामिदेवर्षेगुणकेशींस्नुषांप्रति १३ ॥ आर्यकउवाच ॥ नमेनैतद्बहुमतंमहर्षेवचनंतव ॥ सखाशक्रस्यसंयुक्तःकस्या
यंनेप्सितोभवेत् १४ कारणस्यतुदौर्बल्याच्चिंतयामिमहामुने ॥ अस्यदेहकरस्तातममपुत्रोमहाद्युते १५ भक्षितोवैनतेयेनदुःखार्त्तास्तेनवैवयम् ॥ पुनरेवचतेनोक्तं
वैनतेयेनगच्छता ॥ मासेनान्येनसुमुखंभक्षयिष्यइतिप्रभो १६ ध्रुवंतथातद्भविताजानीमस्तस्यनिश्चयम् ॥ तेनहर्षःप्रनष्टोमेसुपर्णवचनेनवै १७ ॥ कण्वउवाच ॥
मातलिस्त्वब्रवीदेनंबुद्धिरत्रकृतामया ॥ जामातृभावेनवृतःसुमुखस्तवपुत्रजः १८ सोऽयंमयाचसहितोनारदेनचपन्नगः ॥ त्रिलोकेशंसुरपतिंगत्वापश्यतुवासवम्
१९ शेषेणैवास्यकार्येणप्रज्ञास्याम्यहमायुषः ॥ सुपर्णस्यविघातेचप्रयतिष्यामिसत्तम २० सुमुखश्चमयासार्धंदेवेशमभिगच्छतु ॥ कार्यसंसाधनार्थायस्वस्तितेऽ
स्तुभुजंगम २१ ततस्तेसुमुखंगृह्यसर्वएवमहौजसः ॥ ददृशुःशक्रमासीनंदेवराजंमहाद्युतिम् २२ संगत्यातत्रभगवान्विष्णुरासीच्चतुर्भुजः ॥ ततस्तत्सर्वमाचख्यौ
नारदोमातलिंप्रति २३ ॥ वैशंपायनउवाच ॥ ततःपुरंदरंविष्णुरुवाचभुवनेश्वरम् ॥ अमृतंदीयतामस्मैक्रियताममरैःसमः २४ मातलिर्नारदश्चैवसुमुखश्चैववासव ॥
लभंतांभवतःकामात्काममेतंयथेप्सितम् २५

३ । ४ । ५ । ६ । ७ । ८ । ९ । १० । ११ । १२ । १३ । १४ । १५ । १६ । १७ । १८ । १९ । २० । २१ । २२ । २३ । २४ । २५

२६ । २७ । २८ । २९ । ३० ॥ इतिश्रीमहाभारते उद्योगपर्वणि नीलकंठीयेभारतभावदीपे चतुरधिकशततमोऽध्यायः ॥ १०४ ॥ ॥ ॥ गरुडइति १ । २

उद्यो०

पुरंदरोऽथसंचिंत्यवैनतेयपराक्रमम् ॥ विष्णुमेवाब्रवीदेनंभवानेवददात्विति २६ ॥ विष्णुरुवाच ॥ ईशस्त्वंसर्वलोकानांचराणामचराश्चये ॥ त्वयादत्तमदत्तंकः
कर्तुमुत्सहतेविभो २७ प्रादाच्छक्रस्ततस्तस्मैपन्नगायायुरुत्तमम् ॥ नत्वेनममृतप्राशंचकारबलवृत्रहा २८ लब्ध्वावरंतुसुमुखःसुमुखःसंबभूवह ॥ कृतदारोयथाकामं
जगामचगृहान्प्रति २९ नारदस्त्वार्यकश्चैवकृतकार्यौमुदायुतौ ॥ अभिजग्मतुरभ्यर्च्यदेवराजंमहाद्युतिम् ३० ॥ इतिश्रीमहाभारतेउद्योगपर्वणिभगवद्यानपर्वणिमा
तलिवरान्वेषणेचतुरधिकशततमोऽध्यायः ॥ १०४ ॥ कण्वउवाच ॥ गरुडस्तत्रशुश्रावयथावृत्तंमहाबलः ॥ आयुःप्रदानंशक्रेणकृतंनागस्यभारत १ पक्षवाते
नमहतारुद्ध्वात्रिभुवनंखगः ॥ सुपर्णःपरमक्रुद्धोवासवंसमुपाद्रवत् ॥ २ गरुडउवाच ॥ भगवन्किमवज्ञानाद्वृत्तिःप्रतिहताम ॥ कामकारवरंदत्वापुनश्चलितवान
सि ३ निसर्गोत्सर्वभूतानांसर्वभूतेश्वरेणमे ॥ आहारोविहितोधात्राकिमर्थंवार्यतेत्वया ४ वृतश्चैषमयानागःस्थापितःसमयश्चमे ॥ अनेनचमयादेवभर्तव्यःप्रस
वोमहान् ५ एतस्मिंस्तुतथाभूतेनान्यंहिंसितुमुत्सहे ॥ क्रीडसेकामकारेणदेवराजयथेच्छकम् ६ सोऽहंप्राणान्विमोक्ष्यामितथापरिजनोमम ॥ येचभृत्याममगृ
हेप्रीतिमान्भववासव ७ एतच्चैवाहमर्हामिभूयश्चबलवृत्रहन् ॥ त्रैलोक्यस्येश्वरोयोऽहंपरभृत्यत्वमागतः ८ त्वयितिष्ठतिदेवेशनविष्णुःकारणंमम ॥ त्रैलोक्यराज
राज्यंहित्वयिवासवशाश्वतम् ९ ममापिदक्षस्यसुताजननीकश्यपःपिता ॥ अहमप्युत्सहेलोकान्समंताद्वोढुमंजसा १० असह्यंसर्वभूतानांममापिविपुलंबलम् ॥
मयापिसुमहत्कर्मकृतंदैतेयविग्रहे ११ श्रुतश्रीःश्रुतसेनश्चविवस्वान्रोचनामुखः ॥ प्रसृतःकालकाक्षश्चमयापिदितिजाहताः १२ यत्तुध्वजस्थानगतोयत्नात्परिच
राम्यहम् ॥ वहामिचैवानुजंतेतेनमामवमन्यसे १३ कोऽन्योभारसहोह्यस्तिकोऽन्योस्तिबलवत्तरः ॥ मयायोऽहंविशिष्टःसन्वहामीमंसबांधवम् १४ अवज्ञा
यतुयत्तेहंभोजनाद्व्यपरोपितः ॥ तेनमेगौरवंनष्टंत्वत्तश्चास्माच्चवासव १५ अदित्यांयइमेजाताबलविक्रमशालिनः ॥ त्वमेषांकिलसर्वेषांबलेनबलवत्तरः १६ सोऽहं
पक्षैकदेशेनवहामित्वांगतक्लमः ॥ विमृशत्वंशनैस्तातकोन्वत्रबलवानिति १७ ॥ कण्वउवाच ॥ सतस्यवचनंश्रुत्वाखगस्योदर्कदारुणम् ॥ अक्षोभ्यंक्षोभयंस्ता
र्क्ष्यमुवाचरथचक्रभृत् १८ गरुत्मन्मन्यसेऽऽत्मानंबलवंतंसुदुर्बलम् ॥ अलमस्मत्समक्षंतेस्तोतुमात्मानमंडज १९ त्रैलोक्यमपिमेकृत्स्नमशक्तंदेहधारणे ॥
अहमेवात्मनाऽऽत्मानंवहामित्वांचधारये २० इमंतावन्ममैकंत्वंबाहुंसव्येतरंवह ॥ यद्येनंधारयस्येकंसफलंतेविकत्थितम् २१ ततःसभगवांस्तस्यस्कंधेबाहुंसमा
सजत् ॥ निपपातसभारार्तोविह्वलोनष्टचेतनः २२ यावान्हिभारःकृत्स्नायाःपृथिव्याःपर्वतैःसह ॥ एकस्यादेहशाखायास्तावद्भारममन्यत २३

२४ । २५ । २६ । २७ । २८ । २९ । ३० । ३१ । ३२ । ३३ । ३४ । ३५ । ३६ । ३७ । ३८ । ३९ । ४० ॥ इतिउद्योगपर्वणि नीलकंठीये भारतभावदीपे पंचाधिकशततमोऽध्यायः ॥ १०५ ॥
अनर्थेइति । परार्थेपरस्वनिमित्तम् १ । २ भगवान्पितामहोव्यासोनतुभीष्मः उत्तरेतस्यपृथगुपादानातउक्तमित्यस्यावृत्तिदर्शनाच्च ३ । ४ सुहृदमत्युपकारमनपेक्ष्यउपकर्तामादृशः तदीयवाक्यस्यश्रोतासुहृच्छ्रो

नत्वेनंपीडयामासबलेनबलवत्तरः ॥ ततोहिजीवितंतस्यनव्यनीनशदच्युतः २४ व्यात्तास्यःस्रस्तकायश्चविचेताविह्वलःखगः ॥ मुमोचपत्राणितदागुरुभारप्रपीडि
तः २५ सविष्णुंशिरसापक्षीप्रणम्यविनतासुतः ॥ विचेताविह्वलोदीनःकिंचिद्वचनमब्रवीत् २६ भगवन्लोकसारस्यसदृशेनवपुष्मता ॥ भुजेनस्वैरमुक्तेननिष्पि
ष्टोस्मिमहीतले २७ क्षंतुमर्हसिमेदेवविह्वलस्याल्पचेतसः ॥ बलदाहविदग्धस्यपक्षिणोध्वजवासिनः २८ नहिज्ञातंबलंदेवमयातेपरमंविभो ॥ तेनमन्याम्य
हंवीर्यमात्मनोनसमंपरैः २९ ततश्चक्रेसभगवान्प्रसादंवैगरुत्मतः ॥ मैवंभूयइतिस्नेहात्तदाचैनमुवाचह ३० पादांगुष्ठेनचिक्षेपससुमुखंगरुडोरसि ॥ ततःप्रभृति
राजेंद्रसहसर्पेणवर्तते ३१ एवंविष्णुबलाक्रांतोगर्वनाशमुपागतः ॥ गरुडोबलवान्राजन्वैनतेयोमहायशाः ३२ ॥ कण्वउवाच ॥ तथात्वमपिगांधारेयावत्पांडुसुता
न्रणे ॥ नासादयसितान्वीरांस्तावज्जीवसिपुत्रक ३३ भीमःप्रहरतांश्रेष्ठोवायुपुत्रोमहाबलः ॥ धनंजयश्चेंद्रसुतोनहन्यात्तांतुकंरणे ३४ विष्णुर्वायुश्चशक्रश्चधर्मस्तौ
चाश्विनावुभौ ॥ एतेदेवास्त्वयाकेनहेतुनावीक्षितुंक्षमाः ३५ तदलंतेविरोधेनशमंगच्छनृपात्मज ॥ वासुदेवेनतीर्थेनकुलंरक्षितुमर्हसि ३६ प्रत्यक्षदर्शीसर्वस्य
नारदोयंमहातपाः ॥ माहात्म्यस्यतदाविष्णोःसोऽयंचक्रगदाधरः ३७ ॥ वैशंपायनउवाच ॥ दुर्योधनस्तुतच्छ्रुत्वानिःश्वसन्भ्रुकुटीमुखः ॥ राधेयमभिसंप्रे
क्ष्यजहासस्वनवत्तदा ३८ कदर्थीकृत्यतद्वाक्यमृषेःकण्वस्यदुर्मतिः ॥ ऊरुंगजकराकारंताडयन्निदमब्रवीत् ३९ यथैवेश्वरसृष्टोऽस्मियद्भावियाचमेगतिः ॥ तथामह
र्षेवर्तामिकिंप्रलापःकरिष्यति ४० ॥ इतिश्रीमहाभारतेउद्योगपर्वणिभगवद्यानपर्वणिमातलिवरान्वेषणेपंचाधिकशततमोऽध्यायः ॥ १०५ ॥ जनमेजयउवाच ॥ अन
र्थेजातनिर्बंधंपरार्थेलोभमोहितम् ॥ अनार्यकेष्वभिरतंमरणेकृतनिश्चयम् १ ज्ञातीनांदुःखकर्तारंबंधूनांशोकवर्धनम् ॥ सुहृदांक्लेशदातारंद्विषतांहर्षवर्धनम् २ कथंनैनं
विमार्गस्थंवारयंतीहबांधवाः ॥ सौहृदाद्वासुहृत्स्निग्धोभगवान्वापितामहः ३ ॥ वैशंपायनउवाच ॥ उक्तंभगवतावाक्यमुक्तंभीष्मेणयत्क्षमम् ॥ उक्तंबहुविधंचै
वनारदेनापितच्छृणु ४ ॥ नारदउवाच ॥ दुर्लभोवैसुहृच्छ्रोतादुर्लभश्चहितःसुहृत् ॥ तिष्ठतेहिसुहृद्यत्रनबंधुस्तत्रतिष्ठते ५ श्रोतव्यमपिपश्यामिसुहृदांकुरुनं
दन ॥ नकर्तव्यश्चनिर्बंधोनिर्बन्धोहिसुदारुणः ६ अत्राप्युदाहरंतीममितिहासंपुरातनम् ॥ यथानिर्बंधतःप्राप्तोगालवेनपराजयः ७ विश्वामित्रंतपस्यंतंधर्मोजिज्ञासया
पुरा ॥ अभ्यगच्छत्स्वयंभूत्वावसिष्ठोभगवानृषिः ८ सप्तर्षीणामन्यतमंवेषमास्थायभारत ॥ बुभुक्षुःक्षुभितोराजन्नाश्रमंकौशिकस्यतु ९

तामूढोऽयंहितमप्युक्तंनश्रोष्यतीतिभावः तिष्ठतेस्थिरोभवतियत्रमहासंकटेतत्रबंधुःउपकारमपेक्ष्योपकर्ताकर्णादिःनतिष्ठतेनप्रकाशते प्रकाशनस्थेयाख्ययोश्चेत्युभयत्रतङ् बंधुतोऽपिसुहृद्वचःश्रेयस्करमित्यर्थः ५
श्रोतव्यंश्रोतुंयुक्तं निर्बंधःसत्यपिबलवद्बाधकेतत्रैवाग्रहः सुदारुणोनाशकारी ६ । ७ वसिष्ठमूर्त्याधर्मोऽभ्यागच्छत् ८ । ९

नप्रत्यपालयत् अन्नसिद्धिपर्यंतंनप्रतीक्षितवान् १० तेनर्षिणावसिष्ठेन उपागमत्वसिष्ठसमीपं ११ । १२ मूर्ध्नाबाहुभ्यांचशिरसिधृत्वा अभ्याशेसमीपेआश्रमस्य १३ गौरवात्गुरुत्वात्बहुमानात्लोकपूज्यत्वात् हार्देनप्रीत्या १४ । १५ । १६ । १७ । १८ शुश्रूषयासेवया भक्त्याआराध्यत्वज्ञानेन १९ । २० गुरुकर्मणिब्रह्मचर्यव्रतसमाप्तौसत्यां २१ मानवमितिपाठेसिद्ध्यतिसिद्धंकृतकृत्यंकरोतीत्यर्थः एतदेवाह दक्षिणानामिति । अपवर्गेणफलप्राप्त्या २२ क्रतुफलंदक्षिणाप्रदएवप्राप्नोति 'हतोयज्ञस्त्वदक्षिणः' इतिस्मृतेरदक्षिणस्यक्रतोर्हतत्वेनाफलत्वात् शांतिःसर्वोपद्रवहारिणीउच्यतेवेदेन ।

विश्वामित्रोऽथसंभ्रांतःश्रपयामासवैचरुम् ॥ परमान्नस्ययत्नेननचतंप्रत्यपालयत् १० अन्नंतेनयदाभुक्तमन्यैर्दत्तंतपस्विभिः ॥ अथगृह्यान्नमत्युष्णंविश्वामित्रोऽप्युपागमत् ११ भुक्तंमेतिष्ठतावत्त्वमित्युक्त्वाभगवान्ययौ ॥ विश्वामित्रस्ततोराजन्स्थितएवमहाद्युतिः १२ भक्तंप्रगृह्यमूर्ध्नावैबाहुभ्यांसंशितव्रतः ॥ स्थितःस्थाणुरिवाभ्याशेनिश्चेष्टोमारुताशनः १३ तस्यशुश्रूषणेयत्नमकरोद्गालवोमुनिः ॥ गौरवाद्बहुमानाच्चहार्देनप्रियकाम्यया १४ अथवर्षशतेपूर्णेधर्मःपुनरुपागमत् ॥ वासिष्ठंवेषमास्थायकौशिकंभोजनेप्सया १५ सदृष्ट्वाशिरसाभक्तंध्रियमाणंमहर्षिणा ॥ तिष्ठतावायुभक्षेणविश्वामित्रेणधीमता १६ प्रतिगृह्यततोधर्मस्तथैवोष्णंतथानवम् ॥ भुक्त्वाप्रीतोऽस्मिविप्रर्षेतमुक्त्वासमुनिर्गतः १७ क्षत्रभावादपगतोब्राह्मणत्वमुपागतः ॥ धर्मस्यवचनात्प्रीतोविश्वामित्रस्तथाऽभवत् १८ विश्वामित्रस्तुशिष्यस्यगालवस्यतपस्विनः ॥ शुश्रूषयाचभक्त्याचप्रीतिमानित्युवाचह १९ अनुज्ञातोमयावत्सयथेष्टंगच्छगालव ॥ इत्युक्तःप्रत्युवाचेदंगालवोमुनिसत्तमम् २० प्रीतोमधुरयावाचाविश्वामित्रंमहाद्युतिम् ॥ दक्षिणाःकाःप्रयच्छामिभवतेगुरुकर्मणि २१ दक्षिणाभिरुपेतंहिकर्मसिद्ध्यतिमानद ॥ दक्षिणानांहिदातावैअपवर्गेणयुज्यते २२ स्वर्गेक्रतुफलंतद्धिदक्षिणाशांतिरुच्यते ॥ किमाहरामिगुर्वर्थंब्रवीतुभगवानिति २३ जानानस्तेनभगवान्जितःशुश्रूषणेनवै ॥ विश्वामित्रस्तमसकृद्गच्छगच्छेत्यचोदयत् २४ असकृद्गच्छगच्छेतिविश्वामित्रेणभाषितः ॥ किंददानीतिबहुशोगालवःप्रत्यभाषत २५ निर्बंधतस्तुबहुशोगालवस्यतपस्विनः ॥ किंचिदागतसंरंभोविश्वामित्रोऽब्रवीदिदम् २६ एकतःश्यामकर्णानांहयानांचंद्रवर्चसाम् ॥ अष्टौशतानिमेदेहिगच्छगालवमाचिरम् २७ ॥ इतिश्रीमहाभारतेउद्योगपर्वणिभगवद्यानपर्वणिगालवचरितेषडधिकशततमोऽध्यायः ॥ १०६ ॥

॥ नारदउवाच ॥ ॥ एवमुक्तस्तदातेनविश्वामित्रेणधीमता ॥ नास्तेनशेतेनाहारंकुरुतेगालवस्तदा १ त्वगस्थिभूतोहरिणश्चिंताशोकपरायणः ॥ शोचमानोऽतिमात्रंसदह्यमानश्चमन्युना ॥ गालवोदुःखितोदुःखाद्विललापसुयोधन २ कुतःपुष्टानिमित्राणिकुतोऽर्थाःसंचयःकुतः ॥ हयानांचंद्रशुभ्राणांशतान्यष्टौकुतोमम ३

दक्षिणांकर्मकृणुतेविजानन्निति २३ जानानःशुश्रूषणेनैवदक्षिणाकर्ममामाप्स्यिरिति । सजानंस्तेनेतिपाठेतेनगालवेनशुश्रूषणेनैवजितोवशीकृतोऽस्मीतिजानन्नित्यन्वयः २४ । २५ । २६ । श्यामोहरितः एकतःबहिःप्रदेशेएवश्यामाःकर्णायेषांएकतःश्यामकर्णानां २७ ॥ इतिउद्योगपर्वणिनैलकंठीये भारतभावदीपेषडधिकशततमोऽध्यायः ॥ १०६ ॥ ॥ ॥ एवमिति १ हरिणःपांडुरः मन्युनादैन्येन दह्यमानश्चिंताग्निना २ । ३

४ परंपरातदूरादपिदूरं आत्मानंदेहं ५ अनीहयाअनुद्यमेन ६ ईप्सितंप्रणयंकृत्वाईप्सितंदास्यामीतिविश्वासमुत्पाद्य । 'प्रणयःप्रेम्णिविस्रंभे'इतिविश्वः ७ एतदेवाह प्रतिश्रुत्येति। करिष्येतीतिसंधिरार्षः ८ अनृतस्यमत्यहीनस्य रूपंस्वरूपं जीवन्नेवसमृतइत्यर्थः ९ । १० तंत्रणंकुटुंबधारणं पाठांतरेमंत्रणंइष्टैःसहविचारणं अविश्वसनीयत्वादित्यर्थः ११ तत्भाषितमितिसंबंधः १२ अनुत्तमंयत्नंअधमोपायं विषोद्बंधनादिरूपंकृत्वाप्राणान्मोक्ष्यामीत्यर्थः अर्थितायाञ्चा १३ अहंत्विति । अत्राहमितिपदस्यद्विरावृत्तिर्वक्तुर्वैक्लव्याददोषः १४ भोगाःभोग्यवर्गोवियदादिः प्रतिष्ठंतेनिःसरंतिबीजादिववृक्षाः १५ तस्यविष्णुदास

कुतोमेभोजनेश्रद्धासुखश्रद्धाकुतश्चमे ॥ श्रद्धामेजीवितस्यापिछिन्नाकिंजीवितेनमे ४ अहंपारेसमुद्रस्यपृथिव्यावापरंपरात् ॥ गत्वाऽऽत्मानंविमुंचामिकिंफलं जीवितेनमे ५ अधनस्याकृतार्थस्यत्यक्तस्यविविधैःफलैः ॥ ऋणंधारयमाणस्यकुतःसुखमनीहया ६ सुहृदांहिधनंभुक्त्वाकृत्वाप्रणयमीप्सितम् ॥ प्रतिकर्तुमशक्तस्यजीवितान्मरणंवरम् ७ प्रतिश्रुत्यकरिष्येतिकर्तव्यंतदकुर्वतः ॥ मिथ्यावचनदग्धस्यइष्टापूर्तंप्रणश्यति ८ नरूपमनृतस्यास्तिनानृतस्यास्तिसंततिः ॥ नानृतस्याधिपत्यंचकुतएवगतिःशुभा ९ कुतःकृतघ्नस्ययशःकुतःस्थानंकुतःसुखम् ॥ अश्रद्धेयःकृतघ्नोहिकृतघ्नेनास्तिनिष्कृतिः १० नजीवत्यधनःपापःकुतःपापस्यतंत्रणम् ॥ पापोध्रुवमवाप्नोतिविनाशंनाशयन्कृतम् ११ सोऽहंपापःकृतघ्नश्चकृपणश्चानृतोऽपिच ॥ गुरोर्यःकृतकार्यःसंस्तत्करोमिनभाषितम् १२ सोऽहंप्राणान्विमोक्ष्यामिकृत्वायत्नमनुत्तमम् ॥ अर्थितानमयाकाचित्कृतपूर्वादिवौकसाम् १३ मानयंतिचमांसर्वेत्रिदशायज्ञसंस्तरे ॥ अहंतुविबुधश्रेष्ठंदेवंत्रिभुवनेश्वरम् ॥ विष्णुंगच्छाम्यहंकृष्णंगतिंगतिमतांवरम् १४ भोगायस्मात्प्रतिष्ठंतेव्याप्यसर्वान्सुरासुरान् ॥ प्रणतोद्रष्टुमिच्छामिकृष्णंयोगिनमव्ययम् १५ एवमुक्तेसखातस्यगरुडोविनतात्मजः ॥ दर्शयामासतंप्राहसंहृष्टःप्रियकाम्यया १६ सुहृद्भवान्ममतःसुहृदांचमतःसुहृत् ॥ ईप्सितेनाभिलाषेणयोक्तव्योविभवेसति १७ विभवश्चास्तिमेविप्रवासवावरजोद्विज ॥ पूर्वमुक्तस्त्वदर्थंचकृतःकामश्चतेनमे १८ सभवानेतुगच्छावनयिष्येत्वांयथासुखम् ॥ देशंपारंपृथिव्यावागच्छगालवमाचिरम् १९ इतिश्रीमहाभारतेउद्योगपर्वणि भगवद्यानपर्वणि गालवचरितेसप्ताधिकशततमोऽध्यायः ॥ १०७ ॥ ॥ ॥ सुपर्णउवाच ॥ अनुशिष्टोऽस्मिदेवेनगालवज्ञानयोनिना ॥ ब्रूहिकामंतुकांयामिद्रष्टुंप्रथमतोदिशम् १ पूर्वांवांदक्षिणांवाऽहमथवापश्चिमांदिशम् ॥ उत्तरांवाद्विजश्रेष्ठकुतोगच्छामिगालव २ यस्यामुदयतेपूर्वंसर्वलोकप्रभावनः ॥ सवितायत्रसंध्यायांसाध्यानावर्ततेतपः ३

त्वेनसखानतुपूर्वोपकारादिना १६ सुहृदां विश्वंविष्णुरितिबुद्ध्यासर्वलोकमित्राणां १७ वासवादवरजोविष्णुः उक्तःअहंगालवस्यसाहाय्यंकर्तुमिच्छामीतिप्रार्थितः तेनविष्णुना १८ देशंपृथिव्यंतर्गतमेरपृथिव्याःपारःसमुद्रः १९ ॥ इतिउद्योगपर्वणिनीलकंठीयेभारतभावदीपेसप्ताधिकशततमोऽध्यायः ॥ १०७ ॥ ॥ अनुशिष्टआज्ञापितः ज्ञानयोनिनाधीप्रवर्तकेनविष्णुना पाठांतरेअज्ञातयोनिनासर्वादित्वात्अज्ञानःरूपादिहीनत्वाच्चतादृशोऽपियोनिःजगदुदयप्रलयस्थानंतेन कामंयथेष्टम् १ । २ साध्यानांदेवताविशेषाणां तपआलोचनं वर्ततेअनुवर्तते । साध्यादेवाइहध्यायंतःसत्यकामाबभूवुरित्यर्थः ३

मतिर्बुद्धिः यावामाप्ता प्रातःसंध्यायांसवितुःप्रसादादवनथमंयत्रधीमाप्तिर्भवति । गायत्र्यांसवितुर्धीप्रवर्तकत्वदर्शनादित्यर्थः चक्षुषीआज्यभागाख्येअग्नीषोमदैवत्ये धर्मस्ययज्ञस्ययंत्रत्वेयत्रणार्थयंत्रयते स्तुमवतंतत्प्रे त्ययोर्वैदिकस्तकारलोपश्च ४ तदेवाह कृतंसंस्कृतंहव्यं यतोहुतंतयोर्मध्येहुतंसत् 'तदाज्यभागावंतरेणाहुतीःप्रतिपादयेत्' इतिश्रुतेर्यज्ञस्यरक्षणंभवति अन्यत्रगतंत्वर्थाद्धर्मनाशकंभवतीतिभावः अध्वनःदेव यानस्यपितृयाणस्यवा ५ दाक्षायण्यःअदितिर्दितिर्दनुःकाष्ठाइत्यादयः प्रजाःलोकान् ६ । ७ । ८ पूर्वपूर्वंतंस्थानि सुखमीप्सतासुखार्थिना ९ । १० यजूंषिदत्तानियाज्ञवल्क्यायेतिशेषः ११ स्वांयो निंसोमाज्यपयआदिरूपंजलं १२ पूर्वंमित्रावरुणयोर्यज्ञकाले पौराणस्यपुराणस्य स्वार्थेतद्धितः निधनंनिमिशापात्स्थूलदेहवियोगः सूतिःकुंभात्तस्मिन्नेवयज्ञे १३ दशशतीशब्दस्यपृषोदरादिशकारलो

यस्यांपूर्वंमनिर्यातायया्याप्तमिदंजगत् ॥ चक्षुषीयत्रधर्मस्ययंत्रवैसुप्रतिष्ठिते ४ कृतंयतोहुतंहव्यंसर्पतेसर्वतोदिशम् ॥ एतद्वारंद्विजश्रेष्ठदिवसस्यतथाऽध्वनः ५ अत्रपूर्वंप्रसूतावैदाक्षायण्यःप्रजाःस्त्रियः ॥ यस्यांदिशिप्रवृद्धाश्चकश्यपस्यात्मसंभवाः ६ अतोमूलंसुराणांश्रीर्यत्रशक्रोऽभ्यषिच्यत ॥ सुरराज्येनविप्रर्षेदेवैश्चात्र तपश्चितम् ७ एतस्मात्कारणाद्ब्रह्मन्पूर्वेत्येषादिगुच्यते ॥ यस्मात्पूर्वतरेकालेपूर्वमेवावृतासुरैः ८ अतएवचसर्वेषांपूर्वामाशांप्रचक्षते ॥ पूर्वेसर्वाणिकार्याणि दैवानिसुखमीप्सता ९ अत्रवेदाञ्जगौपूर्वंभगवाँल्लोकभावनः ॥ अत्रैवोक्तासवित्राऽऽसीत्सावित्रीब्रह्मवादिषु १० अत्रदत्तानिसूर्येणयजूंषिद्विजसत्तम ॥ अत्र लब्धवरःसोमःसुरैःक्रतुषुपीयते ११ अत्रतृप्ताहुतवहाःस्वांयोनिमुपभुंजते ॥ अत्रपातालमाश्रित्यवरुणःश्रियमापच १२ अत्रपूर्वंवसिष्ठस्यपौराणस्यद्विजर्षभ ॥ सूतिश्चैवप्रतिष्ठाचनिधनंचप्रकाशते १३ ओंकारस्यात्रजायंतेसृतयोदशतीर्दश ॥ पिबंतिमुनयोयत्रहविर्धूमंस्मधूमपाः १४ प्रोक्षितायत्रबहवोवराहाद्यामृगाव ने ॥ शक्रेणयज्ञभागार्थेदैवतेषुप्रकल्पिताः १५ अत्राहिताःकृतघ्नाश्चमानुषाश्चासुराश्चये ॥ उदयंस्तान्हिसर्वान्वैक्रोधाद्धंतिविभावसुः १६ एतद्वारंत्रिलोकस्य स्वर्गस्यचसुखस्यच ॥ एषपूर्वोदिशांभागोविशावोऽत्रयदीच्छसि १७ प्रियंकार्यंहिमेतस्ययस्यास्मिवचनेस्थितः ॥ ब्रूहिगालवयास्यामिशृणुचाप्यपरांदिशम् १८ ॥ ॥ इतिश्रीमहाभारतेउद्योगपर्वणि भगवद्यानपर्वणि गालवचरिते अष्टाधिकशततमोऽध्यायः ॥ १०८ ॥ ॥ सुपर्णउवाच ॥ इयंवि वस्वतापूर्वंश्रौतेनविधिनाकिल ॥ गुरवेदक्षिणादत्तादक्षिणेत्युच्यतेचदिक् १ अत्रलोकत्रयस्यास्यपितृपक्षःप्रतिष्ठितः ॥ अत्रोष्मपाणांदेवानांनिवासःश्रूयतेद्विज २ अत्रविश्वेसदादेवाःपितृभिःसार्धमासते ॥ इज्यमानाःस्मलोकेषुसंप्राप्तास्तुल्यभागताम् ३

पेनदशतीशब्दःसहस्रवाची सृतयोमार्गाः 'ओंकारोवैसर्वावाक्' इतिश्रुतेर्वेदस्यशाखाप्रशाखादिभेदोऽत्रैवजातइत्यर्थः १४ । १५ येमानुषाःकृतघ्नाःयेवासुरास्तान्अत्रैवोदयन्हंति तेषामायुरल्पीकरोती त्यर्थः १६ विशावःप्रविशावः १७ । १८ ॥ इतिश्रीमहाभारतेउद्योगपर्वणिनैलकंठीयेभारतभावदीपेअष्टाधिकशततमोऽध्यायः ॥ १०८ ॥ ॥ इयमिति । श्रौतेनेतिपाठे श्रुतेनहूयतेऽस्मिन्नितिश्रौतो विधिर्यज्ञः गुरवेकश्यपाय १ उष्मपाणांउष्णान्नभोजिनां । 'यावदुष्णंभवत्यन्नंपितरस्तावदश्नंति' इतिस्मृतेः २ विश्वेत्रयोदशमितागणः ३

द्वितीयंदेवस्यधर्मस्यद्वारं पूर्वादिक्प्रथमं तदपेक्षयापित्र्यस्यधर्मस्यद्वारमिदंद्वितीयं । 'प्राक्संस्थानिदैवानिकर्माणिदक्षिणसंस्थानिपित्र्याणि' इतिस्मृतेः ४ । ५ कर्मपुण्यापुण्यरूपं निगद्यतेप्रकाश्यतेचित्रगुप्तादिभिः अवसायिनांमृतानां कर्मनिग्रहानुग्रहरूपं ६ सर्वःमुमूर्षुमात्रः वृताछन्ना अनवबोधेनतमसा पुण्यवान्पापीवामरणकालेअत्यंतमूढत्वाद्दुःखेवसन्नेतांदिशंगच्छतीत्यर्थः कृत्वात्वनवरोधेनेतिपाठे अनवः प्राक्संचितेनकर्मणाऽवरुस्थितोरोधोमोहस्तेन सर्वःकृत्वाकर्तापुरुषः । आतोमनिन्क्वनिब्वनिपश्चेतिसूत्रात्क्वनिबित्यनुवर्तमानेऽन्येभ्योऽपिदृश्यंतइतिकृञ्जःकर्तरिक्वनिप् ७ । ८ चित्तंचबुद्धिश्चतयोर्हराः योगिनांतत्त्वानुसंधानंप्रपंचमिथ्यात्वनिश्चयंचहरंतीत्यर्थः ९ गाथाःवर्णमय्योमंत्राद्याः सामानितदाश्रयाणिगीतानिश्रुत्वाऽतीतंकालमजानन्भूर्लोकेआगत्यदाराभ्रष्टान्ज्ञात्वावनंगतइतिपौराणीकथा १० साव

एतद्द्वितीयंवेदस्यद्वारमाचक्षतेद्विज ॥ त्रुटिशोलवशश्चापिगण्यतेकालनिश्चयः ४ अत्रदेवर्षयोनित्यंपितृलोकर्षयस्तथा ॥ तथाराजर्षयःसर्वेनिवसंतिगतव्यथाः
५ अत्रधर्मश्चसत्यंचकर्मचात्रनिगद्यते ॥ गतिरेषाद्विजश्रेष्ठकर्मणामवसायिनाम् ६ एषादिक्साद्विजश्रेष्ठयांसर्वःप्रतिपद्यते ॥ वृतात्वनवबोधेनसुखंतेननगम्यते ७
नैर्ऋतानांसहस्राणिबहून्यत्रद्विजर्षभ ॥ सृष्टानिप्रतिकूलानिद्रष्टव्यान्यकृतात्मभिः ८ अत्रमंदरकुंजेषुविप्रर्षिसदनेषु च ॥ गायंतिगाथागंधर्वाश्चित्तबुद्धिहराद्विज ९
अत्रसामानिगाथाभिःश्रुत्वागीतानिरैवतः ॥ गतदारोगतामात्योगतराज्योवनंगतः १० अत्रसावर्णिनाचैवयवक्रीतात्मजेनच ॥ मर्यादास्थापिताब्रह्मन्यांसूर्योनाति
वर्तते ११ अत्रराक्षसराजेनपौलस्त्येनमहात्मना ॥ रावणेनतपश्चीर्त्वासुरेभ्योऽमरतावृता १२ अत्रवृत्तेनवृत्रोऽपिशक्रशत्रुत्वमीयिवान् ॥ अत्रसर्वासवःप्राप्ताःपुनर्ग
च्छंतिपंचधा १३ अत्रदुष्कृतकर्माणोनराःपच्यंतिगालव ॥ अत्रवैतरणीनामनदीवितरणैर्वृता १४ अत्रगत्वासुखस्यांतंदुःखस्यांतंप्रपद्यते ॥ अत्रवृत्तोदिनकरःसुर
संक्षरतेपयः १५ काष्ठांचासाद्यवासिष्ठींहिममुत्सृजतेपुनः ॥ अत्राहंगालवपुराक्षुधार्त्तःपरिचिंतयन् १६ लब्धवान्युध्यमानौद्वौबृहंतौगजकच्छपौ ॥ अत्रचक्रधनुर्ना
मसूर्याज्जातोमहानृषिः १७ विदुर्यंकपिलंदेवंयेनार्त्ताःसगरात्मजाः ॥ अत्रसिद्धाःशिवानामब्राह्मणावेदपारगाः १८ अधीत्यसकलान्वेदाँल्लेभिरेमोक्षमक्षयम् ॥
अत्रभोगवतीनामपुरीवासुकिपालिता १९ तक्षकेणचनागेनतथैवैरावतेनच ॥ अत्रनिर्याणकालेऽपितमःसंप्राप्यतेमहत् २० अभेद्यंभास्करेणापिस्वयंवाकृ
ष्णवर्त्मना ॥ एषतस्यापितेमार्गःपरिचार्यस्यगालव ॥ ब्रूहिमेयदिगंतव्यंप्रतीचींशृणुचापराम् २१ ॥ इतिश्रीमहाभारतेउद्योगपर्वणिभगवद्यानपर्वणि
गालवचरिते नवाधिकशततमोऽध्यायः ॥ १०९ ॥ ॥ ॥ ॥ ॥ ॥ ॥ ॥ ॥ ॥

र्णिनामनुना मर्यादासूर्यरथस्यवीथीनांवाहकानांदेवतानांचनियमः ११ । १२ सर्वासवःसर्वेषांप्राणा अत्रप्राप्ताःसंतःपुनःपंचधागच्छंतिदेहंप्राप्नुवंति प्राणापानादिभेदेनेत्यर्थः १३ वितरणैःवैतरणीनदीसंज्ञकनरकगामिभिः १४ सुखस्यांतंनरकं दुःखस्यांतंस्वर्गसुखं आवृत्तःकर्कायनगतः तदाहिप्रायेणार्द्रानक्षत्रंभवतितच्चवर्षाकालस्यादिभूतंप्रसिद्धं १५ वासिष्ठींकाष्ठांउदीचीं वसिष्ठोपलक्षितसप्तर्षिभिरधिष्ठितां । धानिष्ठीमितिपाठेऽतिशयेनधनवान्धनिष्ठःकुबेरस्तदीयां उत्सृजतेत्यजति १६ । १७ । १८ । १९ निर्याणकालेमरणकाले तमःआंध्यं २० तस्यतेतव परिचार्यस्यसेव्यस्य २१ ॥ इतिश्रीमहाभारतउद्योगपर्वणिनीलकंठीयेभारतभावदीपे नवाधिकशततमोऽध्यायः ॥ १०९ ॥ ॥ ॥ ॥ ॥ ॥ ॥ ॥ ॥ ॥ ॥ ॥

गोपतेःसूर्यस्यप्रतिष्ठेतिसंबंधः १ एतदेवाह पश्चादहइति। अह्नःपश्चाद्भागे गाःरश्मीन्विसर्जयतिअतएवपश्चिमाअंतिमेत्यर्थः २ । ३ । ४ पश्चात्कृताःविमुखीकृताःसंयताःसन्नद्धाःसंतः ५ । ६ अर्धंआयुषो हर्तुंनिद्रयाव्ययीकर्तुमित्यर्थः ७ । ८ मंदरंसमुद्रेमग्नं एतेनहिमवन्मूलस्यसमुद्रजलस्यचाप्रमेयत्वमुक्तम् ९ कांचनमयानिअम्बुरुहाणियत्र तस्यउदधेःसमुद्रतुल्यस्यसरसः १० । ११ सुवर्णशिरसोमुनेःहरिरोम्णः अपलितस्यनित्यतरुणस्येत्यर्थः १२ हरिमेधसोमुनेःकुमारी तिष्ठतिष्ठेतिसूर्यस्यशासनात् १३ अत्रवायुरिति। वाय्वादयोऽत्रदुःखदंशीतोष्णस्पर्शंविमुंचंति सदासुखसंस्पर्शाएवेत्यर्थः १४ अतःप्रभृतीति। मेरुंप्रदक्षिणीकुर्वन्सूर्यःसर्वदातिर्यग्गतिरेवसन् लोकदृष्ट्याऽपर्यधश्चगच्छतीत्येवभाति । अतःपरंलोकदृष्ट्यभावात्तिर्यगेवावर्त्ततइत्यर्थः आदित्यमंडलंकर्तृ ज्योतींष्यग्न्यादीन्विशति । 'आदित्योवा

॥ सुपर्णउवाच ॥ इयंदिग्दयिताराज्ञोवरुणस्यतुगोपतेः ॥ सदासलिलराजस्यप्रतिष्ठाचादिरेवच १ अत्रपश्चादहःसूर्योविसर्जयतिगाःस्वयम् ॥ पश्चिमेत्यभिविख्यातादिगियंद्विजसत्तम २ यादसामत्रराज्येनसलिलस्यचगुप्तये ॥ कश्यपोभगवान्देवोवरुणंस्माभ्यषेचयत् ३ अत्रपीत्वासमस्तान्वैवरुणस्यरसांस्तुषट् ॥ जायतेतरुणःसोमःशुक्लस्यादौतमिस्रहा ४ अत्रपश्चात्कृतादैत्यावायुनासंयतास्तदा ॥ निःश्वसंतोमहावातैरर्दिताःसुषुपुर्द्विज ५ अत्रसूर्यंप्रणयिनंप्रतिगृह्णातिपर्वतः ॥ अस्तोनामयतःसंध्यापश्चिमाप्रतिसर्पति ६ अतोरात्रिश्चनिद्राचनिर्गतादिवसक्षये ॥ जायतेजीवलोकस्यहर्तुमर्धमिवायुषः ७ अत्रदेवींदितिंसुप्तामात्मप्रसवधारिणीम् ॥ विगर्भामकरोच्छक्रोयत्रजातोमरुद्गणः ८ अत्रमूलंहिमवतोमंदरंयातिशाश्वतम् ॥ अपिवर्षसहस्रेणनचास्यांतोऽधिगम्यते ९ अत्रकांचनशैलस्यकांचनांबुरुहस्यच ॥ उदधेस्तीरमासाद्यसुरभिःक्षरतेपयः १० अत्रमध्येसमुद्रस्यकबंधःप्रतिदृश्यते ॥ स्वर्भानोःसूर्यकल्पस्यसोमसूर्यौजिघांसतः ११ सुवर्णशिरसोऽप्यत्रहरिरोम्णःप्रगायतः ॥ अदृश्यस्याप्रमेयस्यश्रूयतेविपुलोध्वनिः १२ अत्रध्वजवतीनामकुमारीहरिमेधसः ॥ आकाशेतिष्ठतिष्ठेतितस्थौसूर्यस्यशासनात् १३ अत्रवायुस्तथावह्निरापःखंचापिगालव ॥ आह्निकंचैवनैशंचदुःखंस्पर्शंविमुंचति १४ अतःप्रभृतिसूर्यस्यतिर्यगावर्त्ततेगतिः ॥ अत्रज्योतींषिसर्वाणिविशंत्यादित्यमंडलम् १५ अष्टाविंशतिरात्रंचचंक्रम्यसहभानुना ॥ निष्पतंतिपुनःसूर्यात्सोमसंयोगयोगतः १६ अत्रनित्यंस्रवंतीनांप्रभवःसागरोदयः ॥ अत्रलोकत्रयस्यापस्तिष्ठंतिवरुणालये १७ अत्रपन्नगराजस्याप्यनंतस्यनिवेशनम् ॥ अनादिनिधनस्यात्रविष्णोःस्थानमनुत्तमम् १८ अत्रानलसखस्यापिपवनस्यनिवेशनम् ॥ महर्षेःकश्यपस्यात्रमारीचस्यनिवेशनम् १९ एषतेपश्चिमोमार्गोदिग्द्वारेणप्रकीर्तितः ॥ ब्रूहिगालवगच्छावोबुद्धिःकाद्विजसत्तम २० ॥ ॥ इतिश्रीमहाभारते उद्योगपर्वणिभगवद्यानपर्वणि गालवचरितेदशाधिकशततमोऽध्यायः ॥ ११० ॥ ॥ ॥ ॥ ॥ ॥ ॥ ॥

अस्तंयत्यग्निमनुप्रविशति' इतिस्मृतेः नक्षत्रादीन्यपिअम्मयत्वादप्रकाशानिआदित्यप्रभयैवभासंतेरात्रौ दिवातुतयैवतिरोभवंतीतिप्रसिद्धिः १५ अष्टेति। अष्टाविंशतितमेदिने एकैकंनक्षत्रंभानुनाचंद्रेणसहसंक्रम्यएकोनात्रिंश्यांरात्रौनिष्पततिबहिर्निर्गच्छति चंद्रादेवपुनस्तद्वत्सोमसंयोगसदृशेनयोगेनसंबंधेनसूर्येणसहापिसंक्रम्यकालेनिष्पततीत्यर्थः । एवंचंद्रवत्सर्वेषामपिनक्षत्राणांसर्वग्रहयोगस्तुल्यः १६ स्रवंतीनांनदीनां सागरस्यउदयःपूर्त्तिर्येनताहशःप्रभवः १७ । १८ । १९ दिग्द्वारेणसंक्षेपप्रकारेण तेतव २० ॥ इतिउद्योगपर्वणिनीलकंठीये भारतभावदीपे दशाधिकशततमोऽध्यायः ॥ ११० ॥ ॥ ॥

यस्मादिति । उत्तरेणपथागतानांहिपापनाशःस्वर्गप्राप्तिश्चभवतीतियोगादुत्तराउत्कृष्टतराइयंदिगित्यर्थः १ परिवापःस्थानं हिरण्यस्यनिधीनामित्यर्थः उत्तरंयन्निधिस्थानंततःस्वर्गमार्गःदिग्भ्यामुपलक्षितोम ध्यप्राज्ञेयइतिभावः २ अविधेयात्माअजितचित्तः ३ । ४ प्रकृत्याउमया ५ नसःमायाविशिष्टोपिनदृश्योदर्शनार्हःकिमुतमायारहितःशुद्धचिन्मात्रः ६ सहस्रशिरसइत्यकारांतःशब्दः माययाऽपेतभि निवेशः वस्तुतोऽस्यप्रत्यगात्मत्वेनद्रष्टृदृश्यभावस्याभावादितिभावः सगुणब्रह्मभावप्राप्तिपूर्विकैवनिर्गुणप्राप्तिरितिप्रघट्टकार्थः यथोक्तं 'सोपाधिर्निरुपाधिश्चद्वेधाब्रह्मविदुच्यते । सोपाधिकःस्यात्सर्वात्मानिरुपाख्यो ऽनुपाधिकः ' इति । एतच्चसम्यग्व्युत्पादितमस्माभिर्वेदांतकतके ७ , ८ । ९ । १० । ११ । १२ शाद्वलंजंबालंदेवताभेदः कदलीवैजयंतीपताकातस्याःस्कंधवदुच्छ्रितं । ' अथकदलीपताकामृगभे

॥ सुपर्णउवाच ॥ यस्मादुत्तार्यतेपापाद्यस्मान्निःश्रेयसोऽश्नुते ॥ अस्मादुत्तारणबलादुत्तरेत्युच्यतेद्विज १ उत्तरस्यहिरण्यस्यपरिवापश्चगालव ॥ मार्गःपश्चिम पूर्वाभ्यांदिग्भ्यांवैमध्यमःस्मृतः २ अस्यांदिशिवरिष्ठायामुत्तरायांद्विजर्षभ ॥ नासौम्योनाविधेयात्मानाधर्मोवसतेजनः ३ अत्रनारायणःकृष्णोजिष्णुश्चैवनरोत्त मः ॥ बदर्यामाश्रमपदेतथाब्रह्माचशाश्वतः ४ अत्रवैहिमवत्पृष्ठेनित्यमास्तेमहेश्वरः ॥ प्रकृत्यापुरुषःसार्धंयुगांताग्निसमप्रभः ५ नसदृश्योमुनिगणैस्तथादेवैः सवासवैः ॥ गंधर्वयक्षसिद्धैर्वानरनारायणादृते ६ अत्रविष्णुःसहस्राक्षःसहस्रचरणोऽव्ययः ॥ सहस्रशिरसःश्रीमानेकःपश्यतिमायया ७ अत्रराज्येनविप्राणांचंद्र माश्चाभ्यषिच्यत ॥ अत्रगंगांमहादेवःपतंतींगगनाच्च्युताम् ८ प्रतिगृह्यददौलोकेमानुषेब्रह्मवित्तम ॥ अत्रदेव्यातपस्तप्तंमहेश्वरपरीप्सया ९ अत्रकामश्चरोष श्चशैलश्चोमाचसंबभुः ॥ अत्रराक्षसयक्षाणांगंधर्वाणांचगालव १० आधिपत्येनकैलासेधनदोऽप्यभिषेचितः ॥ अत्रचैत्ररथंरम्यमत्रवैखानसाश्रमः ११ अत्र मंदाकिनीचैवमंदरश्चद्विजर्षभ ॥ अत्रसौगंधिकवनंनैर्ऋतैरभिरक्ष्यते १२ शाद्वलंकदलीस्कंधमत्रसंतानकानगाः ॥ अत्रसंयमनित्यानांसिद्धानांस्वैरचारिणाम् १३ विमानान्यनुरूपाणिकामभोग्यानिगालव ॥ अत्रतेऋषयःसप्तदेवीचारुंधतीतथा १४ अत्रतिष्ठतिवैस्वातिरत्रास्याउदयःस्मृतः ॥ अत्रयज्ञंसमासाद्यध्रुवंस्था तापितामहः १५ ज्योतींषिचंद्रसूर्यौचपरिवर्ततिनित्यशः ॥ अत्रगंगामहाद्वारंरक्षंतिद्विजसत्तम १६ धामानाममहात्मानोमुनयःसत्यवादिनः ॥ नतेषांज्ञाय तेमूर्तिर्नाकृतिर्नतपश्चितम् १७ परिवर्तःसहस्राणिकामभोज्यानिगालव ॥ यथायथाप्रविशतितस्मात्परतरंनरः १८ तथातथाद्विजश्रेष्ठप्रविलीयतिगालव ॥ नैत त्केनचिदन्येनगतपूर्वंद्विजर्षभ १९ ऋतेनारायणंदेवंनरंवाजिष्णुमव्ययम् ॥ अत्रकैलासमित्युक्तंस्थानमैलविलस्यतत् २० अत्रविद्युत्प्रभानामजज्ञिरेऽप्सरसोद श ॥ अत्रविष्णुपदेनामक्रमताविष्णुनाकृतम् २१ त्रिलोकविक्रमेब्रह्मन्नुत्तरांदिशमाश्रितम् ॥ अत्राज्ञामरुत्तेनयज्ञेनेष्टंद्विजोत्तम २२

दयोः ' इतिमेदिनी । नगाःवृक्षाःकल्पद्रुमाः संयमोधारणाध्यानादिभिर्नित्योनत्याज्योयेषांतेषाम् १३ । १४ । १५ गंगामहाद्वारमित्यत्रगायंतिकाद्वारमितिपाठेगायंतिकाबिलविशेषः १६ मूर्तिःपिंडः आकृतिःसंस्थानविशेषः १७ परिवर्तोगतागतं सहस्राणिमत्रेऽन्नपरिवेषणपात्राणि कामभोज्यानिचज्ञायंतेस्थूलदृष्टिभिरित्यर्थः तस्मात्हिमस्थानात् १८ प्रविलीयतिहिमेननश्यति १९ ऐलविलस्यकुबेरस्य २० । २१ २२

उशीरबीजेस्थाने २३ कनकाकरः जीमूतस्यउपसमीपेतस्थेप्रकाशंगतः प्रकाशनस्थेयारूपयोश्चेतितङ् २४ वत्रेब्राह्मणेभ्यः मेत्रामकमेतदस्त्विति २५ उत्तराउत्कृष्टतरा २६ । २७।२८ ॥ इतिउद्योगपर्वणिनीलकंठीये भारतभावदीपे एकादशाधिकशततमोऽध्यायः ॥ १११ ॥ ॥ ॥ गरुत्मन्निति । पूर्वेणपूर्वस्यांदिशि चक्षुषीअग्नीषोमौ १ । २ समागंतुंएकीभवितुम् ३ । ४

उशीरबीजेविप्रर्षेयत्रजांबूनदंसरः ॥ जीमूतस्यात्रविप्रर्षेरुपतस्थेमहात्मनः २३ साक्षाद्वैश्रवणःपुण्योविमलःकनकाकरः ॥ ब्राह्मणेषुचयत्कृत्स्नंस्वंतंकृत्वाधनंमहत् २४ वव्रेधनंमहर्षिःसजैमूतंतद्धनंततः ॥ अत्रनित्यंदिशांपालाःसायंप्रातर्द्विजर्षभ २५ कस्यकार्यंकिमितिवैपरिक्रोशंतिगालव ॥ एवमेषाद्विजश्रेष्ठगुणैरन्यैर्दिगुत्तरा २६ उत्तरेतिपरिख्यातासर्वकर्मसुचोत्तरा ॥ एताविस्तरशस्तातवसंकीर्तितादिशः २७ चतस्रःक्रमयोगेनकामाशांगंतुमिच्छसि ॥ उद्यतोऽहंद्विजश्रेष्ठतवदर्शयितुंदिशः ॥ पृथिवींचाखिलांब्रह्मंस्तस्मादारोहमांद्विज २८ ॥ इतिश्रीमहाभारतेउद्योगपर्वणिभगवद्यानपर्वणिगालवचरितेएकादशाधिकशततमोऽध्यायः १११ ॥ ॥ ॥ गालवउवाच ॥ गरुत्मन्भुजगेंद्रारेसुपर्णविनतात्मज ॥ नयमांतार्क्ष्यपूर्वेणयत्रधर्मस्यचक्षुषी १ पूर्वमेतांदिशंगच्छयापूर्वंपरिकीर्तिता ॥ देवतानांहिसान्निध्यमत्रकीर्तितवानसि २ अत्रसत्यंचधर्मश्चत्वयासम्यक्प्रकीर्तितः ॥ इच्छेयंतुसमागंतुंसमस्तैर्दैवतैरहम् ॥ भूयश्चतान्सुरान्द्रष्टुमिच्छेयमरुणानुज ३ ॥ नारदउवाच ॥ तमाहविनतासूनुरारोहस्वेतिवैद्विजम् ॥ आरुरोहाथसमुनिर्गरुडंगालवस्तदा ४ ॥ गालवउवाच ॥ क्रममाणस्यतेरूपंदृश्यतेपन्नगाशन ॥ भास्करस्येवपूर्वाह्णेसहस्रांशोर्विवस्वतः ५ पक्षवातप्रणुन्नानांवृक्षाणामनुगामिनाम् ॥ प्रस्थितानामिवसमंपश्यामीहगतिंखग ६ ससागरवनामुर्वींसशैलवनकाननाम् ॥ आकर्षन्निवचाभासिपक्षवातेनखेचर ७ समीननागनक्रंचखमिवारोप्यतेजलम् ॥ वायुनाचैवमहतापक्षवातेनचानिशम् ८ तुल्यरूपाननान्मत्स्यांस्तथातिमितिमिंगिलान् ॥ नागांश्चनरवक्त्रांश्चपश्याम्युन्मथितानिव ९ महार्णवस्यचरवैःश्रोत्रेमेबधिरेकृते ॥ नशृणोमिनपश्यामिनात्मनोवेद्मिकारणम् १० शनैःसतुभवान्यातुब्रह्मवध्यामनुस्मरन् ॥ नदृश्यतेरविस्तातनदिशोनचखंखग ११ तमएवतुपश्यामिशरीरंतेनलक्षये ॥ मणीवजात्यौपश्यामिचक्षुषीतेऽहमंडज १२ शरीरंतुनपश्यामितवचैवात्मनश्चह ॥ पदेपदेतुपश्यामिशरीरादग्निमुत्थितम् १३ समेनिर्वाप्यसहसाचक्षुषीशाम्यतेपुनः ॥ तन्नियच्छमहावेगंगमनेविनतात्मज १४ नमेप्रयोजनंकिंचिद्गमनेपन्नगाशन ॥ संनिवर्तमहाभागनवेगंविषहामिते १५ गुरवेसंश्रुतानीहशतान्यष्टौहिवाजिनाम् ॥ एकतःश्यामकर्णानांशुभ्राणांचंद्रवर्चसाम् १६ तेषांचैवापवर्गायमार्गंपश्यामिनांडज ॥ ततोऽयंजीवितत्यागेदृष्टोमार्गोमयाऽऽत्मनः १७

सहस्रांशोर्विवस्वतइति पक्षवातानुगामिनांगरुडप्रभयाऽवभासितानांवृक्षाणामंशुसाम्यंनिरावरणत्वेचाभिप्रेत्यविशेषणद्वयं एतच्चवाक्यशेषाद्वयक्तंभविष्यति वसआच्छादनेऽस्मादक्किपिवःवस्त्रादितद्वान्वस्वान्तद्विपरीतोविवस्वानित्यर्थः ५ । ६ ७ खमिवारोप्यतेखेवस्थाप्यतइव ८ । ९ रवैःशब्दैः कारणंप्रयोजनमपिनवेद्मिनस्मरामि १० । ११ तेतव मणीवेति इवार्थेवशब्दः १२ । १३ निर्वाप्यमंदीकृत्य १४ संनिवर्तनिवर्तस्व १५ । १६ । १७

१८ । १९ योऽऽत्मानंसंधिरार्थः कृत्रिमःस्वेच्छासंपाद्यः कालोमृत्युः २०। २१ निर्वर्तिष्याविेत्यर्थस्तकोऽभावः २२ ॥ इतिउद्योगपर्वणिनीलकंठीये भारतभावदीपे द्वादशाधिकशततमोऽध्यायः ॥ ११२ ॥

नैवमेऽस्तिधनंकिंचिन्नधनेनान्वितःसुहृत् ॥ नचार्थेनापिमहताशक्यमेतद्व्यपोहितुम् १८ ॥ नारदउवाच ॥ एवंबहुचदीनंचब्रुवाणंगालवंतदा ॥ प्रत्युवाचत्र
जन्नेवप्रहसन्विनतात्मजः १९ नातिप्रज्ञोऽसिविप्रर्षेयोऽऽत्मानंत्यक्तुमिच्छसि ॥ नचापिकृत्रिमःकालःकालोहिपरमेश्वरः २० किमहंपूर्वमेवेहभवतानाभिचोदितः
॥ उपायोऽत्रमहानस्तियेनैतदुपपद्यते २१ तदेषऋषभोनामपर्वतःसागरांतिके ॥ अत्रविश्रम्यभुक्त्वाचनिवर्तिष्यावगालव २२ ॥ इतिश्रीमहाभारतेउद्योगपर्व
णिभगवधानपर्वणि गालवचरिते द्वादशाधिकशततमोऽध्यायः ॥ ११२ ॥ ॥ नारदउवाच ॥ ऋषभस्यततःशृंगेनिपत्यद्विजपक्षिणौ ॥ शांडि
लींब्राह्मणींतत्रददृशातेतपोन्विताम् १ अभिवाद्यसुपर्णस्तुगालवश्चाभिपूज्यताम् ॥ तयाचस्वागतेनोक्तौविष्टरेसन्निषीदतुः २ सिद्धमन्नंतयादत्तंबलिमंत्रोपबृं
हितम् ॥ भुक्त्वातृप्तावुभौभूमौसुप्तौतावनुमोहितौ ३ मुहूर्तात्प्रतिबुद्धस्तुसुपर्णोगमनेप्सया ॥ अथभ्रष्टतनूजांगमात्मानंददृशेखगः ४ मांसपिंडोपमोऽभूत्स
मुखपादान्वितःखगः ॥ गालवस्तंतथादृष्ट्वाविमनाःपर्यपृच्छत ५ किमिदंभवताप्राप्तमिहागमनजंफलम् ॥ वासोऽयमिहकालंतुकियन्तंनौभविष्यति ६ किंनुते
मनसाध्यातमशुभंधर्मदूषणम् ॥ नह्ययंभवतःस्वल्पोव्यभिचारोभविष्यति ७ सुपर्णोऽथाब्रवीद्विप्रंप्रध्यातंवैमयाद्विज ॥ इमांसिद्धामितोनेतुंतत्रयत्रप्रजापतिः
८ यत्रदेवोमहादेवोयत्रविष्णुःसनातनः ॥ यत्रधर्मश्चयज्ञश्चतत्रेयंनिवसेदिति ९ सोऽहंभगवतीयाचेप्रणतःप्रियकाम्यया ॥ मयैतन्नामप्रध्यातंमनसाशोचताकिल
१० तदेवंबहुमानात्तेमयेहानीप्सितंकृतम् ॥ सुकृतंदुष्कृतंवात्वंमाहात्म्यात्क्षंतुमर्हसि ११ सातौतदाऽब्रवीत्तुष्टापतगेंद्रद्विजर्षभौ ॥ नभेतव्यंसुपर्णोऽसिसुपर्णत्य
जसंभ्रमम् १२ निंदिताऽस्मित्वयावत्सनचानिंदांक्षमाम्यहम् ॥ लोकेभ्यःसपदिभ्रश्येद्योमांनिन्देतपापकृत् १३ हीनयाऽलक्षणैःसर्वैस्तथाऽनिंदितयामया ॥ आ
चारंप्रतिगृह्णंत्यासिद्धिःप्राप्तेयमुत्तमा १४ आचारःफलतेधर्ममाचारःफलतेधनम् ॥ आचाराच्छ्रियमाप्नोतिआचारोहंत्यलक्षणम् १५ तदायुष्मन्खगपतेयथे
ष्टंगम्यतामितः ॥ नचतेगर्हणीयाऽहंगर्हितव्याःस्त्रियःक्वचित् १६ भवितासियथापूर्वंबलवीर्यसमन्वितः ॥ बभूवतुस्ततस्तस्यपक्षौद्रविणवत्तरौ १७ अनुज्ञात
स्तुशांडिल्यायथागतमुपागमत् ॥ नैवचासादयामासतथारूपांस्तुरंगमान् १८ विश्वामित्रोऽथतंदृष्ट्वागालवंचाध्वनिस्थितः ॥ उवाचवदतांश्रेष्ठोवैनतेयस्यसन्नि
धौ १९ यस्त्वयास्वयमेवार्थःप्रतिज्ञातोममद्विज ॥ तस्यकालोऽपवर्गस्ययथावामन्यतेभवान् २० प्रतीक्षिष्याम्यहंकालमेतावंतंतथापरम् ॥ यथासंसिद्ध्य
तेविप्रसमार्गस्तुनिशम्यताम् २१ सुपर्णोऽथाब्रवीद्दीनंगालवंभृशदुःखितम् ॥ प्रत्यक्षंखल्विदानीमेविश्वामित्रोयदुक्तवान् २२

ऋषभस्येति १ । २ । ३ भ्रष्टतनूजंछिन्नपक्षमंगंयस्यतंभ्रष्टतनूजांगं ४ । ५ । ६ व्यभिचारोधर्मातिक्रमः । ७ । ८ । ९ शोचताकथमियमत्रवसतीति १० । ११ । १२।१३।१४।१५ । १६ द्रविणवत्तरौ
३३ बलवत्तरौ १७ । १८ । १९ अपवर्गस्यफलप्राप्तेः २० निशम्यतांविचार्यतां २१ । २२

आसितुंस्थातुं २३ ॥ इतिउद्योगपर्वणिनीलकंठीयेभारतभावदीपेत्रयोदशाधिकशततमोऽध्यायः ॥ ११३ ॥ ॥ हिरण्यपदप्रवृत्तिनिमित्तमाह निर्मितमिति । भूम्यंतर्गतमेवपार्थिवेषुपांसुषुवह्निनाधम्यमा
नेषुव्यक्तीभवतीतिवह्निनानिर्मितं वायुनावन्हिमुद्दीपयताविशोधितं वायुनाबोधितमित्यपिपाठः सर्वजगद्वहिरण्मयंहिरण्यप्रधानं तेनभूमेःसारत्वाद्शुद्धत्वात्सर्वजगन्मोहकत्वाच्चहिरण्यमित्युच्यतइत्यर्थः १ धत्ते
पुष्णाति धारयतेजीवयति २ नित्यमिति । प्रोष्ठपदाभ्यामितितृतीया मूलेनावाहयेद्देवीमितिवत्सप्तम्यर्थे । तेनतस्मिन्नक्षत्रद्वयेशुक्रेशुक्रवासरेतद्योगेसतिशुक्रोऽग्निःधनपतौकुबेरस्यवृद्ध्यर्थंमनुष्येभ्यःसंप्रदानेभ्यः

तदागच्छद्विजश्रेष्ठमंत्रयिष्यावगालव ॥ नादत्वागुरवेशक्यंकृत्स्नमर्थंत्वयाऽऽसितुम् २३ ॥ इतिश्रीमहाभारतेउद्योगपर्वणिभगवद्यानपर्वणिगालवचरितेत्रयोदशाधिक शततमोऽध्यायः ॥ ११३ ॥ ॥ नारदउवाच ॥ अथाहगालवंदीनंसुपर्णःपततांवरः ॥ निर्मितंवह्निनाभूमौवायुनाशोधितंतथा ॥ यस्माद्धिरण्मयंसर्वंहि रण्यंतेनचोच्यते १ धत्तेधारयतेचेदमेतस्मात्कारणाद्धनम् ॥ तदेतत्त्रिषुलोकेषुधनंतिष्ठतिशाश्वतम् २ नित्यंप्रोष्ठपदाभ्यांचशुक्रेधनपतौतथा ॥ मनुष्येभ्यःसमा दत्तेशुक्रश्चित्तार्जितंधनम् ३ अजैकपादहिर्बुध्न्यैरक्ष्यतेधनदेनच ॥ एवंनशक्यतेलब्धुमलब्धव्यंद्विजर्षभ ॥ ऋतेचधनमश्वानांनावाप्तिर्विद्यतेतव ४ सत्वंया चात्रराजानंकंचिद्राजर्षिवंशजम् ॥ अपीडयराजापौरान्हियोनौकुर्यात्कृतार्थिनौ ५ अस्तिसोमान्ववायेमेजातःकश्चिन्नृपःसखा ॥ अभिगच्छावहेतंवैतस्यास्ति विभवोभुवि ६ ययातिर्नामराजर्षिर्नाहुषःसत्यविक्रमः ॥ सदास्यतिमयाचोक्तोभवताचार्थितःस्वयम् ७ विभवश्चास्यसुमहानासीद्धनपतेरिव ॥ एवंगुरुधनंवि द्वन्दानेनैवविशोधय ८ तथातौकथयंतौचचिंतयंतौचयत्क्षमम् ॥ प्रतिष्ठानेनरपतिंययातिंप्रत्युपस्थितौ ९ प्रतिगृह्यचसत्कारैरर्घ्यपाद्यादिकंवरम् ॥ पृष्टश्चा गमनेहेतुमुवाचविनतासुतः १० अयंमेनाहुषसखागालवस्तपसोनिधिः ॥ विश्वामित्रस्यशिष्योऽभूद्वर्षाण्ययुतशोनृप ११ सोऽयंतेनाभ्यनुज्ञातउपकारेप्सया द्विजः ॥ तमाहभगवान्कालेददानिगुरुदक्षिणाम् १२ असकृत्तेनचोक्तेनकिंचिदागतमन्युना ॥ अयमुक्तःप्रयच्छेतिजानताविभवंलघु १३ एकतःश्यामकर्णा नांशुभ्राणांशुद्धजन्मनाम् ॥ अष्टौशतानिमेदेहिहयानांचंद्रवर्चसाम् १४ गुर्वर्थोदीयतामेषयदिगालवमन्यसे ॥ इत्येवमाहसक्रोधोविश्वामित्रस्तपोधनः १५ सोऽयंशोकेनमहतातप्यमानोद्विजर्षभः ॥ अशक्तःप्रतिकर्तुंतद्भवंतंशरणंगतः १६ प्रतिगृह्यनरव्याघ्रत्वत्तोभिक्षांगतव्यथः ॥ कृत्वाऽपवर्गंगुरवेचरिष्यतिमहत्त पः १७ तपसःसंविभागेनभवंतमपियोक्ष्यते ॥ स्वेनराजर्षितपसापूर्णंत्वांपूरयिष्यति १८ यावंतिरोमाणिहयेभवंतीहनरेश्वर ॥ तावंतोवाजिनोलोकान्प्रा प्नुवंतिमहीपते १९

धनंदत्तेददाति शुक्रश्चित्तार्जितमित्यनेनवन्हिरेतस्त्वंतस्यप्रदर्श्यते । 'शुक्रःकाव्येऽनलेज्येष्ठे' इतिविश्वः । धनार्थीउक्तनक्षत्रवारयोगेवन्हिंप्रार्थयेत् तच्चधनंयागादिद्वाराबाभूमौनिखननेनवासर्वंकुबेरंप्रत्ये
वगच्छतीतिभावः ३ अजेति। अजएकपात्पूर्वप्रोष्ठपदादेवता अहिर्बुध्न्यउत्तरप्रोष्ठपदादेवता धनदश्चतदध्यक्षस्तस्मादेतानिप्रार्थयताधनंलब्धुंशक्यंनान्यथेत्यर्थः ४ याचयाचस्व यःराजा नौआवाम् ५ । ६
विशोधयपरिहर ७ । ८ । ९ । १० । ११ । १२ । १३ । १४ । १५ । १६ । १७ । १८ । १९

२० ॥ इतिश्रीउद्योगपर्वणिनीलकंठीये भारतभावदीपे चतुर्दशाधिकशततमोऽध्यायः ॥ ११४ ॥ ॥ ॥ एवमुक्तइति १ । २ । ३ । ४ । ५ । ६ । ७ हताशोऽतिथिरितिशेषः ८ । ९ । १०
११ । १२ । १३ । १४ । १५ । १६ । १७ । १८ । १९ । २० । २१ ॥ इतिउद्योगपर्वणि नीलकंठीये भारतभावदीपे पंचदशाधिकशततमोऽध्यायः ॥ ११५ ॥ ॥ हर्यश्वइति

पात्रंप्रतिग्रहस्यायंदातुंपात्रंतथाभवान् ॥ शंखेक्षीरमिवासक्तंभवत्वेतत्तथोपमम् २० ॥ इतिश्रीमहाभारतेउद्योगपर्वणिभगवद्यानपर्वणिगालवचरितेचतुर्दशाधि
कशततमोऽध्यायः ॥ ११४ ॥ ॥ ॥ नारदउवाच ॥ एवमुक्तःसुपर्णेनतथ्यंवचनमुत्तमम् ॥ विमृश्यावहितोराजानिश्चित्यचपुनःपुनः १ यष्टा
क्रतुसहस्राणांदातादानपतिःप्रभुः ॥ ययातिःसर्वकाशीशइदंवचनमब्रवीत् २ दृष्ट्वाप्रियसखंतार्क्ष्यंगालवंचद्विजर्षभम् ॥ निदर्शनंचतपसोभिक्षांश्लाघ्यांचकीर्तिता
म् ३ अतीत्यचनृपानन्यानादित्यकुलसंभवान् ॥ मत्सकाशमनुप्राप्तावेतांबुद्धिमवेक्ष्यच ४ अद्यमेसफलंजन्मतारितंचाद्यमेकुलम् ॥ अद्यायंतारितोदेशोमम
तार्क्ष्यत्वयाऽनघ ५ वक्तुमिच्छामितुसखेयथाजानासिमांपुरा ॥ नतथावित्तवानस्मिक्षीणंवित्तंचमेसखे ६ नचशक्तोऽस्मितेकर्तुंमोघमागमनंखग ॥ नचाशा
मस्यविप्रर्षेर्वितथीकर्तुमुत्सहे ७ ततुदास्यामियत्कार्यमिदंसंपादयिष्यति ॥ अभिगम्यहताशोहिनिवृत्तोदहतेकुलम् ८ नातःपरंवैनतेयकिंचित्पापिष्ठमुच्यते ॥
यथाऽऽशानाशनाल्लोकेदेहिनास्तीतिवावचः ९ हताशोह्यकृतार्थःसन्हतःसंभावितोनरः ॥ हिनस्तितस्यपुत्रांश्चपौत्रांश्चाकुर्वतोहितम् १० तस्माच्चतुर्णांवंशानांस्था
पयित्रीसुताम मम ॥ इयंसुरसुतप्रख्यासर्वधर्मोपचायिनी ११ सदादेवमनुष्याणामसुराणांचगालव ॥ कांक्षितारूपतोबालासुतामेप्रतिगृह्यताम् १२ अस्याः
शुल्कंप्रदास्यंतिनृपाराज्यमपिध्रुवम् ॥ किंपुनःश्यामकर्णानांहयानांद्वेचतुःशते १३ सभवान्प्रतिगृह्णातुममैतांमाधवींसुताम् ॥ अहंदौहित्रवान्स्यांवैवरएषममप्र
भो १४ प्रतिगृह्यचतांकन्यांगालवःसहपक्षिणा ॥ पुनर्द्रक्ष्यावइत्युक्त्वाप्रतस्थेसहकन्यया १५ उपलब्धमिदंद्वारमश्वानामितिचांडजः ॥ उक्त्वागालवमापृ
च्छ्यजगामभवनंस्वकम् १६ गतेपतगराजेतुगालवःसहकन्यया ॥ चिंतयानःक्षमंदानेराज्ञांवैशुल्कतोगमत् १७ सोऽगच्छन्मनसेक्ष्वाकुंहर्यश्वंराजसत्तमम् ॥
अयोध्यायांमहावीर्यंचतुरंगबलान्वितम् १८ कोशधान्यबलोपेतंप्रियपौरंद्विजप्रियम् ॥ प्रजाभिकामंशाम्यंतंकुर्वाणंतपउत्तमम् १९ तमुपागम्यविप्रःसहर्यश्वंगा
लवोऽब्रवीत् ॥ कन्येयंममराजेंद्रप्रसवैःकुलवर्धिनी २० इयंशुल्केनभार्यार्थेहर्यश्वप्रतिगृह्यताम् ॥ शुल्कंतेकीर्तयिष्यामितच्छ्रुत्वासंप्रधार्यताम् २१ ॥ इतिश्री
महाभारतेउद्योगपर्वणिभगवद्यानपर्वणिगालवचरितेपंचदशाधिकशततमोऽध्यायः ॥ ११५ ॥ ॥ नारदउवाच ॥ हर्यश्वस्त्वब्रवीद्राजाविचिंत्यबहुधाततः ॥ दी
र्घमुष्णंचनिःश्वस्यप्रजाहेतोर्नृपोत्तमः १ उन्नतेषून्नताषट्सुसूक्ष्मासूक्ष्मेषुसप्तसु ॥ गंभीरात्रिषुगंभीरेष्वियंरक्ताचपंचसु २

१ षट्सुकरपृष्ठयोःपादपृष्ठयोःकुचयोश्च । स्तनयोर्नितंबयोश्चक्षुषोश्चेतिप्राञ्चः । 'वक्षःकुक्ष्यलकस्कंधकरवक्त्रंषडुन्नतम' इति काशीखंडोक्तिः । सप्तसुसूक्ष्मा त्वक्केशदशनेषुकरांगुलिषुपादांगुलिषुत
दुभयपर्वसुचसूक्ष्मा । त्रिषु स्वरसत्वनाभिषुगंभीरा । पंचसुपाणितलेनेत्रांतेतालुनिजिह्वायांअधरोष्ठेचरक्ता २

बहुभिर्देवैरसुरैश्च अलोकयितुंयोग्याबहुदेवासुरालोका गंधर्वाणांदर्शनंशास्त्रसंगीतादिविषयायस्यांसातथा ३ । ४ । ५ । ६ । ७ । ८ । ९ । १० । ११ । १२ । १३ । १४ । १५ । १६ । १७ । १८

बहुदेवासुरालोकाबहुगंधर्वदर्शना ॥ बहुलक्षणसंपन्नाबहुप्रसवधारिणी ३ समर्थेयंजनयितुंचक्रवर्तिनमात्मजम् ॥ ब्रूहिशुल्कंद्विजश्रेष्ठसमीक्ष्यविभवंमम ४ गा
लवउवाच ॥ एकतःश्यामकर्णानांशतान्यष्टौप्रयच्छमे ॥ हयानांचंद्रशुभ्राणांदेशजानांवपुष्मताम् ५ ततस्तवभवित्रीयंपुत्राणांजननीशुभा ॥ अरणीवहुता
शानांयोनिरायतलोचना ६ ॥ नारदउवाच ॥ एतच्छ्रुत्वावचोराजाहर्यश्वःकाममोहितः ॥ उवाचगालवंदीनोराजर्षिर्ऋषिसत्तमम् ७ द्वेमेशतेसंनिहितेहया
नायद्विधास्तव ॥ एष्टव्याःशतशस्त्वन्येचरंतिममवाजिनः ८ सोऽहमेकमपत्यंवैजनयिष्यामिगालव ॥ अस्यामेतंभवान्कामंसंपादयतुमेवरम् ९ एतच्छ्रुत्वातुसा
कन्यागालवंवाक्यमब्रवीत् ॥ ममदत्तोवरःकश्चित्केनचिद्ब्रह्मवादिना १० प्रसूत्यंतेप्रसूत्यंतेकन्यैवत्वंभविष्यसि ॥ सत्वंददस्वमांराज्ञेप्रतिगृह्यहयोत्तमान् ११
नृपेभ्योहिचतुर्भ्यस्तेपूर्णान्यष्टौशतानिमे ॥ भविष्यंतितथापुत्राममचत्वारएवच १२ क्रियतामुपसंहारोगुर्वर्थेद्विजसत्तम ॥ एषातावन्ममप्रज्ञायथावामन्यसेद्विज
१३ एवमुक्तस्तुसमुनिःकन्ययागालवस्तदा ॥ हर्यश्वंपृथिवीपालमिदंवचनमब्रवीत् १४ इयंकन्यानरश्रेष्ठहर्यश्वप्रतिगृह्यताम् ॥ चतुर्भागेनशुल्कस्यजनयस्वैक
मात्मजम् १५ प्रतिगृह्यसतांकन्यांगालवंप्रतिनंद्यच ॥ समयेदेशकालेचलब्धवान्सुतमीप्सितम् १६ ततोवसुमनानामवसुभ्योवसुमत्तरः ॥ वसुप्रख्योनरप
तिःसबभूववसुप्रदः १७ अथकालेपुनर्धीमान्गालवःप्रत्युपस्थितः ॥ उपसंगम्यचोवाचहर्यश्वंप्रीतमानसम् १८ जातोनृपसुतस्तेऽयंबालोभास्करसन्निभः ॥ का
लोगंतुंनरश्रेष्ठभिक्षार्थमपरंनृपम् १९ हर्यश्वःसत्यवचनेस्थितःस्थित्वाचपौरुषे ॥ दुर्लभत्वाद्धयानांचप्रददौमाधवींपुनः २० माधवीचपुनर्दीप्तांपरित्यज्यनृपश्रि
यम् ॥ कुमारीकामतोभूत्वागालवंपृष्ठतोऽन्वयात् २१ त्वय्येवतावत्तिष्ठंतुहयाइत्युक्तवान्द्विजः ॥ प्रययौकन्ययासार्धंदिवोदासंप्रजेश्वरम् २२ ॥ इतिश्रीमहा
भारतेउद्योगपर्वणिभगवद्यानपर्वणिगालवचरितेषोडशाधिकशततमोऽध्यायः ॥ ११६ ॥ ॥ ॥ गालवउवाच ॥ ॥ महावीर्योमहीपालःकाशीना
मीश्वरःप्रभुः ॥ दिवोदासइतिख्यातोभैमसेनिर्नराधिपः १ तत्रगच्छावहेभद्रेशनैरागच्छमाशुचः ॥ धार्मिकःसंयमेयुक्तःसत्येचैवजनेश्वरः २ ॥ नारदउवाच ॥
तमुपागम्यसमुनिर्न्यायतस्तेनसत्कृतः ॥ गालवःप्रसवस्यार्थेतंनृपंप्रत्यचोदयत् ३ ॥ ॥ दिवोदासउवाच ॥ ॥ श्रुतमेतन्मयापूर्वंकिमुक्त्वाविस्तरंद्वि
ज ॥ कांक्षितोहिमयैषोऽर्थःश्रुत्वैवद्विजसत्तम ४ एतच्चमेबहुमतेयदुत्सृज्यनराधिपान् ॥ मामेवमुपयातोऽसिभाविचैतदसंशयम् ५ सएवविभवोऽस्माकमश्वा
नामपिगालव ॥ अहमप्येकमेवास्यांजनयिष्यामिपार्थिवम् ६

१९ । २० कामतइच्छयायोगवलेनकुमारीभूत्वा यौवनंपरित्यज्येत्यर्थः २१ । २२ ॥ ॥ इतिउद्योगपर्वणिनीलकंठीये भारतभावदीपे षोडशाधिकशततमोऽध्यायः ॥ ११६ ॥ ॥
महावीर्यइति १ । २ । ३ । ४ । ५ । ६

७ । ८ ९ । १० । ११ । १२ । १३ । १४ । १५ । १६ । १७ । १८ । १९ । २० । २१ इतिउद्योगपर्वणिनीलकंठीये भारतभावदीपेसप्तदशाधिकशततमोऽध्यायः ॥ ११७ ॥

तथेत्युक्त्वाद्विजश्रेष्ठःप्रादात्कन्यांमहीपतेः ॥ विधिपूर्वंचतांराजाकन्यांप्रतिगृहीतवान् ७ रेमेसतस्यांराजर्षिःप्रभावत्यांयथारविः ॥ स्वाहायांचयथावह्निर्यथाशच्यां
चवासवः ८ यथाचंद्रश्चरोहिण्यांयथाधूमोर्णयायमः ॥ वरुणश्चयथागौर्यांयथाचर्ध्यांधनेश्वरः ९ यथानारायणोलक्ष्म्यांजाह्नव्यांचयथोदधिः ॥ यथारुद्रश्च
रुद्राण्यांयथावेद्यांपितामहः १० अदृश्यंत्यांचवासिष्ठोवसिष्ठश्चाक्षमालया ॥ च्यवनश्चसुकन्यायांपुलस्त्यःसंध्ययायथा ११ अगस्त्यश्चापिवैदर्भ्यांसावित्र्यांसत्य
वान्यथा ॥ यथाभृगुःपुलोमायामदित्यांकश्यपोयथा १२ रेणुकायांयथार्चीकोहैमवत्यांचकौशिकः ॥ बृहस्पतिश्चतारायांशुक्रश्चशतपर्वणा १३ यथाभूम्यांभूमि
पतिरुर्वश्यांचपुरूरवाः ॥ ऋचीकःसत्यवत्यांचसरस्वत्यांयथामनुः १४ शकुंतलायांदुष्यंतोधृत्यांधर्मश्चशाश्वतः ॥ दमयंत्यांनलश्चैवसत्यवत्यांचनारदः १५ जरत्कारु
र्जरत्कार्वांपुलस्त्यश्चप्रतीच्यया ॥ मेनकायांयथोर्णायुस्तुंबुरुश्चैवरंभया १६ वासुकिःशतशीर्षायांकुमार्यांचधनंजयः ॥ वैदेह्यांचयथारामोरुक्मिण्यांचजनार्दनः १७
तथातुरममाणस्यदिवोदासस्यभूपतेः ॥ माधवीजनयामासपुत्रमेकंप्रतर्दनम् १८ अथाजगामभगवान्दिवोदासंसगालवः ॥ समयेसमनुप्राप्तेवचनंचेदमब्रवीत् १९
निर्यातयतुमेकन्यांभवांस्तिष्ठंतुवाजिनः ॥ यावदन्यत्रगच्छामिशुल्कार्थंपृथिवीपते २० दिवोदासोऽथधर्मात्मासमयेगालवस्यताम् ॥ कन्यांनिर्यातयामासस्थितः
सत्येमहीपतिः २१ ॥ इतिश्रीमहाभा० उ० प० भगवद्यानप० गालवचरितेसप्तदशाधिकशततमोऽध्यायः ॥ ११७ ॥ ॥ नारदउवाच ॥ तथैवतांश्रियंत्यक्त्वा
कन्याभूत्वायशस्विनी ॥ माधवीगालवंविप्रमभ्ययात्सत्यसंगरा १ गालवोविमृशन्नेवस्वकार्यगतमानसः ॥ जगामभोजनगरंद्रष्टुमौशीनरंनृपम् २ तमुवाचाथगत्वा
सनृपतिंसत्यविक्रमम् ॥ इयंकन्यासुतौद्वौतेजनयिष्यतिपार्थिवौ ३ अस्यांभवानवाप्तार्थोभवितापेत्यचेहच ॥ सोमार्कप्रतिसंकाशौजनयित्वासुतौनृप ४ शुल्कंतुसर्व
धर्मज्ञहयानांचंद्रवर्चसाम् ॥ एकतःश्यामकर्णानांदेयंमह्यंचतुःशतम् ५ गुर्वर्थोऽयंसमारंभोनहयैःकृत्यमस्तिमे ॥ यदिशक्यंमहाराजक्रियतामविचारितम् ६ अन
पत्योऽसिराजर्षेपुत्रौजनयपार्थिव ॥ पितॄन्पुत्रप्लवेनत्वमात्मानंचैवतारय ७ नपुत्रफलभोक्ताहिराजर्षेपात्यतेदिवः ॥ नयातिनरकंघोरंयथागच्छंत्यनात्मजाः ८ एत
च्चान्यच्चविविधंश्रुत्वागालवभाषितम् ॥ उशीनरःप्रतिवचोददौतस्यनराधिपः ९ श्रुतवानस्मितेवाक्यंयथावदसिगालव ॥ विधिस्तुबलवान्ब्रह्मन्प्रवणंहिमनोमम
१० शतेद्वेतुममाश्वानामीदृशानांद्विजोत्तम ॥ इतरेषांसहस्राणिसुबहूनिचरंतिमे ११ अहमप्येकमेवास्यांजनयिष्यामिगालव ॥ पुत्रंद्विजगतंमार्गंगमिष्यामिपरै
रहम् १२ मूल्येनापिसमंकुर्यांतवाहंद्विजसत्तम ॥ पौरजानपदार्थंतुममार्थोनात्मभोगतः १३

तथेति १ । २ । ३ । ४ । ५ । ६ । ७ । ८ । ९ प्रवणंपुत्रोत्पत्तौतत्परं १० । ११ । १२ । १३

म.भा.टी. १४ । १५ । १६ । १७ । १८ । १९ । २० । २१॥ इतिश्रीमहाभारते उद्योगपर्वणि नीलकंठीयेभारतभावदीपे अष्टादशाधिकशततमोऽध्यायः ॥ ११८ ॥ ॥ ॥ गालवमिति

॥ ९८ ॥ कामतोहिधनंराजापारक्यंयःप्रयच्छति ॥ नसधर्मेणधर्मात्मन्युज्यतेयशसानच १४ सोहंप्रतिग्रहीष्यामिददात्वेतांभवान्मम ॥ कुमारींदेवगर्भाभामेकपुत्रभवायमे १५ तथातुबहुधाकन्यामुक्तवंतंनराधिपम् ॥ उशीनरंद्विजश्रेष्ठोगालवःप्रत्यपूजयत् १६ उशीनरंप्रतिग्राह्यगालवःप्रययौवनम् ॥ रेमेसतांसमासाद्यकृतपुण्यइव श्रियम् १७ कंदरेषुचशैलानांनदीनांनिर्झरेषुच ॥ उद्यानेषुविचित्रेषुवनेषूपवनेषुच १८ हर्म्येषुरमणीयेषुप्रासादशिखरेषुच ॥ वातायनविमानेषुतथागर्भगृहेषुच १९ ततोऽस्यसमयेजज्ञेपुत्रोबालरविप्रभः ॥ शिबिर्नाम्नाऽभिविख्यातोयःसपार्थिवसत्तमः २० उपस्थायसतंविप्रोगालवःप्रतिगृह्यच ॥ कन्यांप्रयातस्तांराजन्दृष्टवान्विन तात्मजम् २१ ॥ इतिश्रीमहाभारतेउद्योगपर्वणिभगवद्यानपर्वणिगालवचरितेअष्टादशाधिकशततमोऽध्यायः ॥ ११८ ॥ ॥ नारदउवाच ॥ गालवंवैनतेयोऽ थप्रहसन्निदमब्रवीत् ॥ दिष्ट्याकृतार्थंपश्यामिभवंतमिहवैद्विज १ गालवस्तुवचःश्रुत्वावैनतेयेनभाषितम् ॥ चतुर्भागावशिष्टंतदाचख्यौकार्यमस्यहि २ सुपर्णस्त्वब्रवी देनंगालवंवदतांवरः ॥ प्रयत्नस्तेनकर्तव्योनैषसंपत्स्यतेतव ३ पुराहिकान्यकुब्जेवैगाधेःसत्यवतींसुताम् ॥ भार्यार्थेवरयत्कन्यामृचीकस्तेनभाषितः ४ एकतःश्याम कर्णानांहयानांचंद्रवर्चसाम् ॥ भगवन्दीयतांमह्यंसहस्रमितिगालव ५ ऋचीकस्तुतथेत्युक्त्वावरुणस्यालयंगतः ॥ अश्वतीर्थेहयाँल्लब्ध्वादत्तवान्पार्थिवायवै ६ इष्ट्वातेपुंडरीकेणदत्ताराज्ञाद्विजातिषु ॥ तेभ्योद्वेद्वेशतेक्रीत्वाप्राप्तेतैःपार्थिवैस्तदा ७ अपराण्यपिचत्वारिशतानिद्विजसत्तम ॥ नीयमानानिसंतारेहृतान्यासन्वित स्तया ८ एवंनशक्यमप्राप्यंप्राप्तुंगालवकर्हिचित् ॥ इमामश्वशताभ्यांवैद्वाभ्यांतस्मैनिवेदय ९ विश्वामित्रायधर्मात्मन्षड्भिरश्वशतैःसह ॥ ततोऽसिगतसंमोहःकृत कृत्योद्विजोत्तम १० गालवस्तंतथेत्युक्त्वासुपर्णसहितस्ततः ॥ आदायाश्वांश्चकन्यांचविश्वामित्रमुपागमत् ११ अश्वानांकांक्षितार्थानांषडिमानिशतानिवै ॥ शत द्वयेनकन्येयंभवताप्रतिगृह्यताम् १२ अस्यांराजर्षिभिःपुत्राजातावैधार्मिकास्त्रयः ॥ चतुर्थंजनयत्वेकंभवानपिनरोत्तमम् १३ पूर्णान्येवंशतान्यष्टौतुरगाणांभवंतुते ॥ भव तोह्यनृणोभूत्वातपःकुर्यांयथासुखम् १४ विश्वामित्रस्तुतंदृष्ट्वागालवंसहपक्षिणा ॥ कन्यांचतांवरारोहामिदमित्यब्रवीद्वचः १५ किमियंपूर्वमेवेहनदत्तामममगालव ॥ पुत्रामेभवचत्वारोभवेयुःकुलभावनाः १६ प्रतिगृह्णामितेकन्यामेकपुत्रफलायवै ॥ अश्वाश्चाश्रममासाद्यचरंतुममसर्वशः १७ सतयारममाणोऽथविश्वामित्रोमहा द्युतिः ॥ आत्मजंजनयामासमाधवीपुत्रमष्टकम् १८ जातमात्रंसुतंतंचविश्वामित्रोमहामुनिः ॥ संयोज्यार्थैस्तथाधर्मैरश्वैस्तैःसमयोजयत् १९ अथाष्टकःपुरंप्रायात्त दासोमपुरप्रभम् ॥ निर्यात्यकन्यांशिष्यायकौशिकोऽपिवनंययौ २० ॥ ९८ ॥

१ । २ । ३ । ४ । ५ । ६ । ७ संतारेमार्गे ८ । ९ । १० । ११ । १२ । १३ । १४ । १५ । १६ । १७ । १८ । १९ निर्यात्यसमर्प्य शिष्यायगालवाय २०

२१ । २२ । २३ । २४ इतिउद्योगपर्वणिनीलकंठीयेभारतभावदीपेएकोनविंशत्यधिकशततमोऽध्यायः ॥ ११९ ॥ सतुराजाआश्रमपदमुपगम्यकर्तुकामःअभूदितिशेषः १ पर्यधावत्तांवराऽन्वेषणायेत्यर्थः

गालवोऽपिसुपर्णेनसहनिर्यात्यदक्षिणाम् ॥ मनसाऽतिप्रतीतेनकन्यामिदमुवाचह २१ जातोदानपतिःपुत्रस्त्वयाशूरस्तथापरः ॥ सत्यधर्मरतश्चान्योयज्वा चापितथापरः २२ तदागच्छवरारोहेतारितस्तेपितासुतैः ॥ चत्वारश्चैवराजानस्तथाचाहंसुमध्ये २३ गालवस्त्वभ्यनुज्ञायसुपर्णंपन्नगाशनम् ॥ पितुर्निर्या त्यतांकन्यांप्रययौवनमेवह २४ ॥ इतिश्रीमहाभारतेउद्योगपर्वणिभगवद्यानपर्वणिगालवचरितेएकोनविंशत्यधिकशततमोऽध्यायः ॥ ११९ ॥ नारदउवाच ॥ सतुराजापुनस्तस्याःकर्तुकामःस्वयंवरम् ॥ उपगम्याश्रमपदंगंगायमुनसंगमे १ गृहीतमाल्यदामांतांरथमारोप्यमाधवीम् ॥ पूरुर्यदुश्चभगिनीमाश्रमेपर्यधाव ताम् २ नागयक्षमनुष्याणांगंधर्वमृगपक्षिणाम् ॥ शैलद्रुमवनौकानामासीत्तत्रसमागमः ३ नानापुरुषदेश्यानामीश्वरैश्चसमाकुलम् ॥ ऋषिभिर्ब्रह्मकल्पैश्चसमं तादावृतंवनम् ४ निर्दिश्यमानेपुतुसावरेषुवरवर्णिनी ॥ वरानुत्क्रम्यसर्वांस्तान्वरंवृतवतीवनम् ५ अवतीर्यरथात्कन्यानमस्कृत्यचबंधुषु ॥ उपगम्यवनंपुण्यंतप स्तेपेययातिजा ६ उपवासैश्चविविधैर्दीक्षाभिर्नियमैस्तथा ॥ आत्मनोलघुतांकृत्वाबभूवमृगचारिणी ७ वैदूर्यांकुरकल्पानिमृदूनिहरितानिच ॥ चरंतीश्लक्ष्ण शष्पाणितिक्तानिमधुराणिच ८ स्रवंतीनांचपुण्यानांसुरसानिशुचीनिच ॥ पिबंतीवारिमुख्यानिशीतानिविमलानिच ९ वनेषुमृगराजेषुव्याघ्रविप्रोषितेषुच ॥ दावाग्निविप्रयुक्तेषुशून्येषुगहनेषुच १० चरंतीहरिणैःसार्धंमृगीववनचारिणी ॥ चचारविपुलंधर्मंब्रह्मचर्येणसंवृतम् ११ ययातिरपिपूर्वेषांराज्ञांवृत्तमनुष्ठितः ॥ बहु वर्षसहस्रायुर्युयुजेकालधर्मणा १२ पूरुर्यदुश्चद्वौवंशेवर्धमानौनरोत्तमौ ॥ ताभ्यांप्रतिष्ठितोलोकेपरलोकेचनाहुषः १३ महीपतेनरपतिर्ययातिःस्वर्गमास्थितः ॥ महर्षि कल्पोनृपतिःस्वर्गाग्र्यफलभुग्विभुः १४ बहुवर्षसहस्राख्येकालेबहुगुणेगते ॥ राजर्षिषुनिषण्णेषुमहीयःसुमहर्षिषु १५ अवमेनेनरान्सर्वान्देवानृषिगणांस्तथा ॥ ययातिर्मूढविज्ञानोविस्मयाविष्टचेतनः १६ ततस्तंबुबुधेदेवःशक्रोबलनिषूदनः ॥ तेचराजर्षयःसर्वेधिग्धिगित्येवमब्रुवन् १७ विचारश्चसमुत्पन्नोनिरीक्ष्यन हुषात्मजम् ॥ कोन्वयंकस्यवाराज्ञःकथंवास्वर्गमागतः १८ कर्मणाकेनसिद्धोऽयंक्ववाऽनेनतपश्चितम् ॥ कथंवाज्ञायतेस्वर्गेकेनवाज्ञायतेऽप्युत १९ एवंविचा रयंतस्तेराजानंस्वर्गवासिनः ॥ दृष्ट्वापप्रच्छुरन्योन्यंययातिंनृपतिंप्रति २० विमानपालाःशतशःस्वर्गद्वाराभिरक्षिणः ॥ पृष्टाआसनपालाश्चनजानीमेत्यथाब्रुवन् २१ सर्वेतेह्यावृतज्ञानानाभ्यजानंततंनृपम् ॥ समुहूर्तादथनृपोहतौजाश्चाभवत्तदा २२ ॥ इतिश्रीमहाभारतेउद्योगपर्वणि भगवद्यानपर्वणि गालवचरिते यया तिमोहे विंशत्यधिकशततमोऽध्यायः ॥ १२० ॥

२ । ३ । ४ वनंवनवासं ५ । ६ । आत्मनःचित्तस्यलघुतांरागद्वेषादिमलराहित्येनसूक्ष्मार्थभेदनेशीघ्रतां ७ । ८ । ९ व्याघ्राणांविप्रोषितंपर्यटनंयेषु १० । ११ युयुजेयोगंप्राप्तवान् कालधर्मणामृ त्युना १२ नाहुषःययातिः १३ । १४ । १५ । १६ । १७ । १८ । १९ । २० । २१ । २२ ॥ इतिउद्योगपर्वणि नीलकंठीये भारतभावदीपे विंशत्यधिकशततमोऽध्यायः ॥ १२० ॥

अथेति १। २। ३ धर्मदूषणंपुण्यनाशकं ४। ५। ६। ७ प्रज्ञायसेहीनतेजस्त्वेनअप्रकाशत्वात् ८। ९ शिबिरौशीनरइत्येकः १०। ११ एकइवशब्दःपादपूरणार्थः गंगांनदीमिवधूममयींलेखामालं

॥ ९९ ॥ ॥ नारदउवाच ॥ अथप्रचलितःस्थानादासनाच्चपरिच्युतः ॥ कंपितेनेवमनसाधर्षितःशोकवन्हिना १ म्लानस्रग्भ्रष्टविज्ञानःप्रभ्रष्टमुकुटांगदः ॥ विघूर्णन्स्र स्तसर्वांगःप्रभ्रष्टाभरणांबरः २ अदृश्यमानस्तान्पश्यन्नपश्यंश्चपुनःपुनः ॥ शून्यःशून्येनमनसाप्रपतिष्यन्महीतलम् ३ किंमयामनसाध्यातमशुभंधर्मदूषणम् ॥ येनाहंचलितःस्थानादितिराजाव्यचिंतयत् ४ तेतुतत्रैवराजानःसिद्धाश्चाप्सरसस्तथा ॥ अपश्यंतनिरालंबंतंययातिंपरिच्युतम् ५ अथैत्यपुरुषःकश्चित्क्षी णपुण्यनिपातकः ॥ ययातिमब्रवीद्राजन्देवराजस्यशासनात् ६ अतीवमदमत्तस्त्वंनकंचिन्नावमन्यसे ॥ मानेनभ्रष्टःस्वर्गस्तेनार्हस्त्वंपार्थिवात्मज ७ नचप्र ज्ञायसेगच्छपतस्वेतितमब्रवीत् ॥ पतेयंसत्स्वितिवचस्त्रिरुक्तानहुषात्मजः ८ पतिष्यंश्चिंतयामासगतिंगतिमतांवरः ॥ एतस्मिन्नेवकालेतुनैमिषेपार्थिवर्षभान् ९ चतुरोऽपश्यतनृपस्तेषांमध्येपपातह ॥ प्रतर्दनोवसुमनाःशिबिरौशीनरोऽष्टकः १० वाजपेयेनयज्ञेनतर्पयंतिसुरेश्वरम् ॥ तेषामध्वरजंधूमंस्वर्गद्वारमुपस्थितम् ११ ययातिरुपजिघ्रन्वैनिपपातमहींप्रति ॥ भूमौस्वर्गेचसंबद्धांनदींधूममयीमिव ॥ गंगांगामिवगच्छंतीमालंब्यजगतीपतिः १२ श्रीमत्स्ववभृथाग्र्येषुचतुर्षु प्रतिबंधुषु ॥ मध्येनिपतितोराजालोकपालोपमेषुसः १३ चतुर्षुहुतकल्पेषुराजसिंहमहाग्निषु ॥ पपातमध्येराजर्षिर्ययातिःपुण्यसंक्षये १४ तमाहुःपार्थि वाःसर्वेदीप्यमानमिवश्रिया ॥ कोभवान्कस्यवाबंधुर्देशस्यनगरस्यवा १५ यक्षोवाऽप्यथवादेवोगंधर्वोराक्षसोऽपिवा ॥ नहिमानुषरूपोऽसिकोवाऽर्थःकांक्ष्यतेत्वया १६ ॥ ययातिरुवाच ॥ ययातिरस्मिराजर्षिःक्षीणपुण्यश्च्युतोदिवः ॥ पतेयंसत्स्वितिध्यायन्भवत्सुपतितस्ततः १७ ॥ राजानऊचुः ॥ ॥ सत्यमेतद्भ वतुतेकांक्षितंपुरुषर्षभ ॥ सर्वेषांनःक्रतुफलंधर्मश्चप्रतिगृह्यताम् १८ ॥ ययातिरुवाच ॥ नाहंप्रतिग्रहधनोब्राह्मणःक्षत्रियोह्यहम् ॥ नचमेप्रवणाबुद्धिःपर पुण्यविनाशने १९ नारदउवाच ॥ एतस्मिन्नेवकालेतुमृगचर्याक्रमागताम् ॥ माधवींप्रेक्ष्यराजानस्तेऽभिवाद्येदमब्रुवन् २० किमागमनकृत्यंतेकिंकुर्मःशास नंतव ॥ आज्ञाप्याहिवयंसर्वेतवपुत्रास्तपोधने २१ तेषांतद्भाषितंश्रुत्वामाधवीपरयामुदा ॥ पितरंसमुपागच्छद्ययातिंसाववंदच २२ स्पृष्ट्वामूर्धनितान्पुत्रांस्ताप सीवाक्यमब्रवीत् ॥ दौहित्रास्तवराजेंद्रममपुत्रानतेपराः २३ इमेत्वांतारयिष्यंतिदृष्टमेतत्पुरातने ॥ अहंतेदुहिताराजन्माधवीमृगचारिणी २४ मयाऽप्युप चितोधर्मस्ततोऽर्धंप्रतिगृह्यताम् ॥ यस्माद्राजन्नराःसर्वेअपत्यफलभागिनः २५ तस्मादिच्छंतिदौहित्रान्यथात्वंवसुधाधिप ॥ ततस्तेपार्थिवाःसर्वेशिरसाजननीं तदा २६ अभिवाद्यनमस्कृत्यमातामहमथाब्रुवन् ॥ उच्चैरनुपमैःस्निग्धैःस्वरैरापूर्यमेदिनीम् २७ ॥ ९९ ॥

र्यनिपपातेतिसंबंधः १२ प्रतिबंधुषुदौहित्ररूपेषु १३। १४। बंधुःपालयिता १५। १६। १७। १८। १९। २०। २१। २२। २३ पुरातनेअनादिकालप्रवृत्तेवेदे २४। २५। २६। २७

अष्टभागेनअष्टमांशेन २८ ॥ इतिउद्योगपर्वणि नीलकंठीये भारतभावदीपे एकविंशाधिकशततमोऽध्यायः ॥ १२१ ॥ प्रत्यभिज्ञातेति १ । २ । ३ । ४ आधानेअग्न्याधानोपलक्षितेश्रौतधर्मे ५ । ६ । ७

मातामहंनृपतयस्तारयंतोदिवश्च्युतम् ॥ अथतस्मादुपगतोगालवोऽप्याहपार्थिवम् ॥ तपसोमेऽष्टभागेनस्वर्गमारोहतांभवान् २८ ॥ इतिश्रीमहाभारतेउद्योगप
र्वणिभगवद्यानपर्वणिगालवचरितेययातिस्वर्गभ्रंशे एकविंशाधिकशततमोऽध्यायः ॥ १२१ ॥ ॥ ॥ नारदउवाच ॥ प्रत्यभिज्ञातमात्रोऽथसद्भिस्तै
र्नरपुंगवः ॥ समारुरोहनृपतिरस्पृशन्वसुधातलम् ॥ ययातिर्दिव्यसंस्थानोबभूवविगतज्वरः १ दिव्यमाल्यांबरधरोदिव्याभरणभूषितः ॥ दिव्यगंधगुणोपेतोन
पृथ्वीमस्पृशत्पदा २ ततोवसुमनाःपूर्वमुच्चैरुच्चारयन्वचः ॥ ख्यातोदानपतिर्लोकेव्याजहारनृपंतदा ३ प्राप्तवानस्मियल्लोकेसर्ववर्णेष्वगर्हया ॥ तदप्यथचदास्या
मितेनसंयुज्यतांभवान् ४ यत्फलंदानशीलस्यक्षमाशीलस्ययत्फलम् ॥ यच्चमेफलमाधानेतेनसंयुज्यतांभवान् ५ ततःप्रतर्दनोऽप्याहवाक्यंक्षत्रियपुंगवः ॥ यथाध
र्मरतिर्नित्यंनित्यंयुद्धपरायणः ६ प्राप्तवानस्मियल्लोकेक्षत्रवंशोद्भवंयशः ॥ वीरशब्दफलंचैवतेनसंयुज्यतांभवान् ७ शिबिरौशीनरोधीमानुवाचमधुरांगिरम् ॥ यथा
बालेषुनारीषुवैहार्येषुतथैवच ८ संगरेषुनिपातेषुतथातद्व्यसनेषुच ॥ अनृतंनोक्तपूर्वंमेतेनसत्येनखंव्रज ९ यथाप्राणांश्चराज्यंचराजन्कामसुखानिच ॥ त्यजेयंनपुनः
सत्यंतेनसत्येनखंव्रज १० यथासत्येनमेधर्मोयथासत्येनपावकः ॥ प्रीतःशतक्रतुश्चैवतेनसत्येनखंव्रज ११ अष्टकस्त्वथराजर्षिःकौशिकोमाधवीसुतः ॥ अनेकश
तयज्वानंनाहुषंप्राप्यधर्मवित् १२ शतशःपुंडरीकामेगोसवाश्चरिताःप्रभो ॥ क्रतवोवाजपेयाश्चतेषांफलमवाप्नुहि १३ नमेरत्नानिनधनंनतथाऽन्येपरिच्छदाः ॥ क्रतु
ष्वनुपयुक्तानितेनसत्येनखंव्रज १४ यथायथाहिजल्पंतिदौहित्रास्तंनराधिपम् ॥ तथातथावसुमतींत्यक्त्वाराजादिवंययौ १५ एवंसर्वेसमस्तैस्तेराजानःसुकृतैस्तदा ॥
ययातिंस्वर्गतोभ्रष्टंतारयामासुरंजसा १६ दौहित्राःस्वेनधर्मेणयज्ञदानकृतेनवै ॥ चतुर्षुराजवंशेषुसंभूताःकुलवर्धनाः ॥ मातामहंमहाप्राज्ञंदिवमारोपयंतते १७
॥ राजानऊचुः ॥ राजधर्मगुणोपेताःसर्वधर्मगुणान्विताः ॥ दौहित्रास्तेवयंराजन्दिवमारोहपार्थिव १८ ॥ ॥ इतिश्रीमहाभारतेउद्योगपर्वणिभगवद्यानप
र्वणिगालवचरितेययातिस्वर्गारोहणेद्वाविंशत्यधिकशततमोऽध्यायः ॥ १२२ ॥ ॥ ॥ नारदउवाच ॥ सद्भिरारोपितःस्वर्गंपार्थिवैर्भूरिदक्षिणैः ॥ अभ्य
नुज्ञायदौहित्रान्ययातिर्दिवमास्थितः १ अभिवृष्टश्चवर्षेणनानापुष्पसुगंधिना ॥ परिष्वक्तश्चपुण्येनवायुनापुण्यगंधिना २ अचलंस्थानमासाद्यदौहित्रफलनिर्जितम् ॥
कर्मभिःस्वैरुपचितोजज्वालपरयाश्रिया ३ उपगीतोपनृत्तश्चगंधर्वाप्सरसांगणैः ॥ प्रीत्याप्रतिगृहीतश्चस्वर्गेदुंदुभिनिःस्वनैः ४ अभिष्टुतश्चविविधैर्देवराजर्षिचा
रणैः ॥ अर्चितश्चोत्तमार्घेणदैवतैरभिनंदितः ५ प्राप्तःस्वर्गफलंचैवतमुवाचपितामहः ॥ निर्वृतंशांतमनसंवचोभिस्तर्पयन्निव ६

वैहार्येषुपरिहासेनलालनीयेषुस्यालसंबंध्यादिषु ८ आपत्सुसंकटेषु व्यसनेषुद्यूतादिषु खंस्वर्गं ९ । १० । ११ । १२ । १३ । १४ । १५ । १६ । १७ । १८ ॥ ॥ इतिश्रीमहाभारतेउद्योगपर्वणि नीलकंठीये भारतभावदीपे द्वाविंशत्यधिकशततमोऽध्यायः ॥ १२२ ॥ ॥ सद्भिरिति १ वर्षेणवृष्ट्या २ । ३ । ४ । ५ । ६

चतुष्पादः तपोयज्ञज्ञानदानवान् अहिंसासत्यमस्तेयमानृण्यंचेतिवापादाः ७ सुकृतेनसम्यक्संपादितेनकर्मणा मयासमोऽन्योनास्तीतिवाक्प्रयोगेण तमसाक्रोधेन ८ नाभिजानंतिश्रेष्ठोयमितिनांगीकुर्वंति ततोहेतोः अज्ञातः अकीर्त्यातिरोभूतः ९ । १० । ११ । १२ । १३ १४ । १५ शाठ्यंविश्वासघातः मायाअद्भुतार्थप्रदर्शनरंजनपूर्वकंपरवंचनम् १६ । १७ । १८ । १९ २० । २१ पापिष्ठत्वेनत्वत्कृ

चतुष्पादस्त्वयाधर्मश्चितोलोक्येनकर्मणा ॥ अक्षयस्तवलोकोऽयंकीर्तिश्चैवाक्षयादिवि ७ पुनस्त्वयैवराजर्षेसुकृतेनविघातितम् ॥ आवृतंतमसाचेतःसर्वेषांस्वर्गवासिनाम् ८ येनत्वांनाभिजानंतिततोऽज्ञातोऽसिपातितः ॥ प्रीत्यैवचासिदौहित्रैस्तारितस्त्वमिहागतः ९ स्थानंचप्रतिपन्नोऽसिकर्मणास्वेननिर्जितम् ॥ अचलंशाश्वतंपुण्यमुत्तमंध्रुवमव्ययम् १० ॥ ययातिरुवाच ॥ भगवन्संशयोमेऽस्तिकश्चित्तंछेत्तुमर्हसि ॥ नह्यन्यमहमर्हामिप्रष्टुंलोकपितामह ११ बहुवर्षसहस्रांतंप्रजापालनवर्धितम् ॥ अनेकक्रतुदानौघैरर्जितंमेमहत्फलम् १२ कथंतदल्पकालेनक्षीणंयेनास्मिपातितः ॥ भगवन्वेत्थलोकांश्चशाश्वतान्ममनिर्मितान् ॥ कथंनुममतत्सर्वंविप्रनष्टंमहाद्युते १३ ॥ पितामहउवाच ॥ बहुवर्षसहस्रांतंप्रजापालनवर्धितम् ॥ अनेकक्रतुदानौघैर्यत्त्वयोपार्जितंफलम् १४ तदनेनैवदोषेणक्षीणंयेनासिपातितः ॥ अभिमानेनराजेंद्रधिक्कृतःस्वर्गवासिभिः १५ नायंमानेनराजर्षेनबलेननहिंसया ॥ नशाठ्येननमायाभिर्लोकोभवतिशाश्वतः १६ नावमान्यास्त्वयाराजन्नधमोत्कृष्टमध्यमाः ॥ नहिमानप्रदग्धानांकश्चिदस्तिशमःक्वचित् १७ पतनारोहणमिदंकथयिष्यंतियेनराः ॥ विषमाण्यपितेप्राप्तास्तरिष्यंतिनसंशयः १८ ॥ नारदउवाच ॥ एषदोषोऽभिमानेनपुराप्राप्तोययातिना ॥ निर्बंधतःऽतिमात्रंचगालवेनमहीपते १९ श्रोतव्यंहितकामानांसुहृदांहितमिच्छताम् ॥ नकर्तव्योहिनिर्बंधोनिर्बंधोहिक्षयोदयः २० तस्मात्त्वमपिगांधारेमानंक्रोधंचवर्जय ॥ संधत्स्वपांडवैर्वीरसंरंभंत्यजपार्थिव २१ ददातियत्पार्थिवयत्करोतियद्वातपस्तप्यतियज्जुहोति ॥ नतस्यनाशोऽस्तिनचापकर्षोनान्यस्तदश्नातिसएवकर्ता २२ इदंमहाख्यानमनुत्तमंहितंबहुश्रुतानांगतरोषरागिणाम् ॥ समीक्ष्यलोकेबहुधाप्रधारितंत्रिवर्गदृष्टिःपृथिवीमुपाश्नुते २३ ॥ इतिश्रीमहाभारतेउद्योगपर्वणिभगवद्यानपर्वणिगालवचरितेत्रयोविंशत्यधिकशततमोऽध्यायः ॥ १२३ ॥ धृतराष्ट्रउवाच ॥ भगवन्नेवमेवैतद्यथावदसिनारद ॥ इच्छामिचाहमप्येवंनत्वीशोभगवन्नहम् १ ॥ वैशंपायनउवाच ॥ एवमुक्त्वाततःकृष्णमभ्यभाषतकौरवः ॥ स्वर्ग्यंलोक्यंचमामात्थधर्म्यंन्याय्यंचकेशवः २ नत्वहंस्ववशस्तातक्रियमाणंनमेप्रियम् ॥ अंगदुर्योधनंकृष्णमंदंशास्त्रातिगंमम ३ अनुनेतुंमहाबाहोयतस्वपुरुषोत्तम ॥ नशृणोतिमहाबाहोवचनंसाधुभाषितम् ४ गांधार्याश्चहृषीकेशविदुरस्यचधीमतः ॥ अन्येषांचैवसुहृदांभीष्मादीनांहितैषिणाम् ५ सत्वंपापमतिंक्रूरंपापचित्तमचेतनम् ॥ अनुशाधिदुरात्मानंस्वयंदुर्योधनंनृपम् ६ सुहृत्कार्यंतुसुमहत्कृतंतेस्याज्जनार्दन ॥ ततोऽभ्यावृत्यवार्ष्णेयोदुर्योधनममर्षणम् ७ अब्रवीन्मधुरांवाचंसर्वधर्मार्थतत्त्ववित् ॥ दुर्योधननिबोधेदंमद्वाक्यंकुरुसत्तम ८

तंपापंत्वयैवभोक्तव्यं नतुभ्रात्रादिभिरित्याशयेनाह ददातीति । किंतुकर्तैवतदाप्नोति २२ बहुधानानाशास्त्रयुक्त्यादिभिः प्रधारितंनिश्चितम् २३ ॥ इतिउद्योगपर्वणि नीलकंठीये भारतभावदीपे त्रयोविंशत्यधिकशततमोऽध्यायः ॥ १२३ ॥ ॥ ॥ ॥ भगवन्निति १ । २ । ३ । ४ । ५ । ६ अभ्यावृत्त्यपुनःपुनः ७ । ८

९ । १० । ११ । १२ । १३ । १४ । १५ । १६ । १७ । १८ शास्त्रेशासने १९ । २० । २१ किंपाकंमहाकालफलम् २२ । २३ निःश्रेयसंकल्याणम् २४ अर्थकामस्यइष्टार्थिनः २५ । २६ । २७

शर्मार्थंतेविशेषेणसानुबंधस्यभारत ॥ महाप्रज्ञकुलेजातःसाध्वेतत्कर्तुमर्हसि ९ श्रुतवृत्तोपसंपन्नःसर्वैःसमुदितोगुणैः ॥ दौष्कुलेयादुरात्मानोनृशंसानिरपत्रपाः १०
तएतदीदृशंकुर्युर्यथात्वंतातमन्यसे ॥ धर्मार्थयुक्तालोकेऽस्मिन्प्रवृत्तिर्लक्ष्यतेसताम् ११ असतांविपरीतातुलक्ष्यतेभरतर्षभ ॥ विपरीतात्वियंवृत्तिरसकृल्लक्ष्यतेत्वयि
१२ अधर्मश्चानुबंधोऽत्रघोरःप्राणहरोमहान् ॥ अनिष्टश्चानिमित्तश्चनचशक्यश्चभारत १३ तमनर्थंपरिहरन्नात्मश्रेयःकरिष्यसि ॥ भ्रातॄणामथभृत्यानांमित्राणां
चपरंतप १४ अधर्म्यादयशस्याच्चकर्मणस्त्वंप्रमोक्ष्यसे ॥ प्राज्ञैःशूरैर्महोत्साहैरात्मवद्भिर्बहुश्रुतैः १५ संधत्स्वपुरुषव्याघ्रपांडवैर्भरतर्षभ ॥ तद्धितंचप्रियंचैवधृतराष्ट्र
स्यधीमतः १६ पितामहस्यद्रोणस्यविदुरस्यमहामतेः ॥ कृपस्यसोमदत्तस्यबाह्लीकस्यचधीमतः १७ अश्वत्थाम्नोविकर्णस्यसंजयस्यविविंशतेः ॥ ज्ञातीनांचैव
भूयिष्ठंमित्राणांचपरंतप १८ शमेशर्मभवेत्तातसर्वस्यजगतस्तथा ॥ ह्रीमानसिकुलेजातःश्रुतवाननृशंसवान् ॥ तिष्ठतातपितुःशास्त्रेमातुश्चभरतर्षभ १९ एतच्छ्रेयो
हिमन्यंतेपितायच्छास्तिभारत ॥ उत्तमापद्गतःसर्वःपितुःस्मरतिशासनम् २० रोचतेतेपितुस्तातपांडवैःसहसंगमः ॥ सामात्यस्यकुरुश्रेष्ठतत्तुभ्यंतातरोचताम् २१
श्रुत्वायःसुहृदांशास्त्रंमर्त्योनप्रतिपद्यते ॥ विपाकांतेदहत्येनंकिंपाकमिवभक्षितम् २२ यस्तुनिःश्रेयसंवाक्यंमोहान्नप्रतिपद्यते ॥ सदीर्घसूत्रोहीनार्थःपश्चात्तापेन
युज्यते २३ यस्तुनिःश्रेयसंश्रुत्वाप्राक्तदेवाभिपद्यते ॥ आत्मनोमतमुत्सृज्यसलोकेसुखमेधते २४ योऽर्थकामस्यवचनंप्रातिकूल्यान्नमृष्यते ॥ शृणोतिप्रतिकूलानि
द्विषतांवशमेतिसः २५ सतांमतमतिक्रम्ययोऽसतांवर्ततेमते ॥ शोचंतेव्यसनेतस्यसुहृदोनचिरादिव २६ मुख्यानमात्यानुत्सृज्ययोनिहीनान्निषेवते ॥ सघोरामा
पदंप्राप्यनोत्तारमधिगच्छति २७ योऽसत्सेवीवृथाचारोनश्रोतासुहृदांसताम् ॥ परान्वृणीतेस्वान्द्वेष्टितंगौस्त्यजतिभारत २८ सत्वंविरुद्ध्यतैर्वीरैरन्येभ्यस्त्राणमिच्छ
सि ॥ अशिष्टेभ्योऽसमर्थेभ्योमूढेभ्योभरतर्षभ २९ कोहिशक्रसमान्ज्ञातीनतिक्रम्यमहारथान् ॥ अन्येभ्यस्त्राणमाशंसेत्त्वदन्योभुविमानवः ३० जन्मप्रभृतिकौन्तेया
नित्यंविनिकृतास्त्वया ॥ नचतेजातुकुप्यंतिधर्मात्मानोहिपांडवाः ३१ मिथ्योपचरितास्तातजन्मप्रभृतिबांधवाः ॥ त्वयिसम्यङ्महाबाहोप्रतिपन्नायशस्विनः ३२
त्वयाऽपिप्रतिपत्तव्यंतथैवभरतर्षभ ॥ स्वेषुबंधुषुमुख्येषुमामन्युवशमन्वगाः ३३ त्रिवर्गयुक्तःप्राज्ञानामारंभोभरतर्षभ ॥ धर्मार्थावनुरुद्ध्यंतेत्रिवर्गासंभवेनराः ३४
पृथक्चविनिविष्टानांधर्मंधीरोऽनुरुध्यते ॥ मध्यमोऽर्थंकलिंबालःकाममेवानुरुद्ध्यते ३५ इंद्रियैःप्राकृतोलोभाद्धर्मंविप्रजहातियः ॥ कामार्थावनुपायेनलिप्समानोविन
श्यति ३६ कामार्थौलिप्समानस्तुधर्ममेवादितश्चरेत् ॥ नहिधर्मादपैत्यर्थःकामोवाऽपिकदाचन ३७

२८ । २९ । ३० । ३१ उपचरिताःप्रतारिताः ३२ । ३३ । ३४ अर्थंकलिंकलहहेतुम् ३५ अनुपायेनहीनोपायेन ३६ । ३७

३८ । ३९ । छिद्यात् लोभादिना दूषयेत् ४० । ४१ । ४२ छिद्यते प्रमाणमार्गात् च्युतो भवतीत्यर्थः प्रमाणं लोकवेदप्रसिद्धं दुर्जनात् संगिनः पांडवैः संगतं श्रेयः ४३ निर्मितां वशीकरणेनोत्पादितां ४४ । ४५ । ४६

उपायंधर्ममेवाहुस्त्रिवर्गस्यविशांपते ॥ लिप्समानोहितेनाशुकक्षेऽग्निरिववर्धते ३८ सत्वंतातानुपायेनलिप्ससेभरतर्षभ ॥ आधिराज्यंमहद्दीप्तंप्रथितंसर्वराजसु ३९ आत्मानंतक्षतिह्येषवनंपरशुनायथा ॥ यःसम्यग्वर्तमानेषुमिथ्याराजन्प्रवर्तते ॥ नतस्यहिमतिंछिंद्याद्यस्यनेच्छेत्पराभवम् ४० अविच्छिन्नमतेरस्यकल्याणेधीयतेमतिः ॥ आत्मवान्नावमन्येतत्रिषुलोकेषुभारत ४१ अप्यन्यंप्राकृतंकिंचित्किमुतान्पांडवर्षभान् ॥ अमर्षवशमापन्नोनकिंचिद्बुध्यतेजनः ४२ छिद्यतेह्याततंसर्वंप्रमाणंपश्यभारत ॥ श्रेयस्तेदुर्जनात्तातपांडवैःसहसंगतम् ४३ तैर्हिसंप्रीयमाणस्त्वंसर्वान्कामानवाप्स्यसि ॥ पांडवैर्निर्मितांभूमिंभुंजानोराजसत्तम ४४ पांडवान्पृष्ठतःकृत्वात्राणमाशंससेऽन्यतः ॥ दुःशासनेदुर्विषहेकर्णेचापिससौबले ४५ एतेष्वैश्वर्यमाधायभूतिमिच्छसिभारत ॥ नचैतेतवपर्याप्ताज्ञानेधर्मार्थयोस्तथा ४६ विक्रमेचाप्यपर्याप्ताःपांडवान्प्रतिभारत ॥ नहीमेसर्वराजानःपर्याप्ताःसहितास्त्वया ४७ क्रुद्धस्यभीमसेनस्यप्रेक्षितुंमुखमाहवे ॥ इदंसंनिहितंतातसमग्रंपार्थिवंबलम् ४८ अयंभीष्मस्तथाद्रोणःकर्णश्चायंतथाकृपः ॥ भूरिश्रवाःसौमदत्तिरश्वत्थामाजयद्रथः ४९ अशक्ताःसर्वएवैतेप्रतियोद्धुंधनंजयम् ॥ अजेयोह्यर्जुनःसंख्येसर्वैरपिसुरासुरैः ॥ मानुषैरपिगंधर्वैर्मायुद्धेचेतआधिथाः ५० दृश्यतांवापुमान्कश्चित्समग्रेपार्थिवेबले ॥ योऽर्जुनंसमरेप्राप्यस्वस्तिमानाव्रजेद्गृहान् ५१ किंतेजनक्षयेणेहकृतेनभरतर्षभ ॥ यस्मिन्जितेजितंतत्स्यात्पुमानेकःसदृश्यताम् ५२ यःसदेवान्सगंधर्वान्सयक्षासुरपन्नगान् ॥ अजयत्खांडवप्रस्थेकस्तंयुद्धेचेतमानवः ५३ तथाविराटनगरेश्रूयतेमहदद्भुतम् ॥ एकस्यचबहूनांचपर्याप्तंतन्निदर्शनम् ५४ युद्धेयेनमहादेवःसाक्षात्संतोषितःशिवः ॥ तमजेयमनाधृष्यंविजेतुंजिष्णुमच्युतम् ॥ आशंससीहसमरेवीरमर्जुनमूर्जितम् ५५ मद्द्वितीयंपुनःपार्थंकःप्रार्थयितुमर्हति ॥ युद्धेप्रतीपमायांतमपिसाक्षात्पुरंदरः ५६ बाहुभ्यामुद्धरेद्भूमिंदहेत्क्रुद्धइमाःप्रजाः ॥ पातयेत्रिदिवाद्देवान्योऽर्जुनंसमरेजयेत् ५७ पश्यपुत्रांस्तथाभ्रातॄन्ज्ञातीन्संबंधिनस्तथा ॥ त्वत्कृतेनविनश्येयुरिमेभरतसत्तमाः ५८ अस्तुशेषंकौरवाणांमापराभूदिदंकुलम् ॥ कुलघ्नइतिनोच्येथानष्टकीर्तिर्नराधिप ५९ त्वामेवस्थापयिष्यंतियौवराज्येमहारथाः ॥ महाराज्येऽपिपितरंधृतराष्ट्रंजनेश्वरम् ६० मातातश्रियमायांतीमवमंस्थाःसमुद्यताम् ॥ अर्धंप्रदायपार्थेभ्योमहतींश्रियमाप्नुहि ६१ पांडवैःसंशमंकृत्वाकृत्वाचसुहृदांवचः ॥ संप्रीयमाणोमित्रैश्चचिरंभद्राण्यवाप्स्यसि ६२ ॥इतिश्रीमहाभारतेउद्योगपर्वणिभगवद्यानपर्वणि भगवद्वाक्येचतुर्विंशाधिकशततमोऽध्यायः ॥ १२४ ॥ ॥ वैशंपायनउवाच ॥ ततःशांतनवोभीष्मोदुर्योधनममर्षणम् ॥ केशवस्यवचःश्रुत्वाप्रोवाचभरतर्षभ १

४७ । ४८ । ४९ । ५० । ५१ यस्मिन्नर्जुनेजितेसतितेतवजितंजयःस्यात् ५२ । ५३ । ५४ । ५५ । ५६ । ५७ । ५८ । ५९ । ६० । ६१ । ६२ ॥ इतिउद्योगपर्वणिनीलकंठीये भारतभावदीपे चतुर्विंशाधिकशततमोऽध्यायः ॥ १२४ ॥ ॥ ॥ ॥ ततइति १

२ । ३ मन्नीनशःमानाशय ४ । ५ । ६ । ७ कुलघ्नोमाभूरितिशेषः ८ । ९ । १० । ११ । १२ एतेकर्णादयः कृत्यायजयाय परेषांअस्मदादीनां १३ माऽजीघनःमाघातययत्रतान्अजेयान्विद्धि

कृष्णेनवाक्यमुक्तोऽसिसुहृदांशममिच्छता ॥ अन्वपद्यस्वतत्तातमामन्युवशमन्वगाः २ अकृत्वावचनंतातकेशवस्यमहात्मनः ॥ श्रेयोनजातुनसुखंनकल्याण
मवाप्स्यसि ३ धर्म्यमर्थ्यंमहाबाहुराहत्वांतातकेशवः ॥ तदर्थमभिपद्यस्वमाराजन्नीनशःप्रजाः ४ ज्वलितांत्वमिमांलक्ष्मींभारतींसर्वराजसु ॥ जीवतोधृतराष्ट्र
स्यदौरात्म्याद्भ्रंशयिष्यसि ५ आत्मानंचसहामात्यंसपुत्रभ्रातृबांधवम् ॥ अहमित्यनयाबुद्ध्याजीविताद्भ्रंशयिष्यसि ६ अतिक्रामन्केशवस्यतथ्यंवचनमर्थवत् ॥
पितुश्चभारतश्रेष्ठविदुरस्यचधीमतः ७ माकुलघ्नःकुपुरुषोदुर्मतिःकापथंगमः ॥ मातरंपितरंचैवमामज्जीःशोकसागरे ८ अथद्रोणोऽब्रवीत्तत्रदुर्योधनमिदंवचः ॥
अमर्षवशमापन्नंनिःश्वसंतंपुनःपुनः ९ धर्मार्थयुक्तंवचनमाहत्वांतातकेशवः ॥ तथाभीष्मःशांतनवस्तज्जुषस्वनराधिप १० प्राज्ञौमेधाविनौदांतावर्थकामौबहु
श्रुतौ ॥ आहतुस्त्वांहितंवाक्यंतज्जुषस्वनराधिप ११ अनुतिष्ठमहाप्राज्ञकृष्णभीष्मौयदूचतुः ॥ माधवंबुद्धिमोहेनमाऽवमंस्थाःपरंतप १२ येत्वांप्रोत्साह
यंत्येतेनैतेकृत्यायकर्हिचित् ॥ वैरंपरेषांग्रीवायांप्रतिमोक्ष्यंतिसंयुगे १३ माऽजीघनःप्रजाःसर्वाःपुत्रान्भ्रातृंस्तथैवच ॥ वासुदेवार्जुनौयत्रविद्ध्यजेयानलंहितान्
१४ एतच्चैवमतंसत्यंसुहृदोःकृष्णभीष्मयोः ॥ यदिनादास्यसेतातपश्चात्तप्स्यसिभारत १५ यथोक्तंजामदग्न्येनभूयानेषततोऽर्जुनः ॥ कृष्णोहिदेवकीपुत्रोदेवैर
पिसुदुःसहः ॥ किंतेसुखप्रियेणेहप्रोक्तेनभरतर्षभ १६ एतत्तेसर्वमाख्यातंयथेच्छसितथाकुरु ॥ नहित्वामुत्सहेवक्तुंभूयोभरतसत्तम १७ ॥ वैशंपायनउवाच
॥ तस्मिन्वाक्यांतरेवाक्यंक्षत्ताऽपिविदुरोऽब्रवीत् ॥ दुर्योधनमभिप्रेक्ष्यधार्तराष्ट्रममर्षणम् १८ दुर्योधननशोचामित्वामहंभरतर्षभ ॥ इमौतुवृद्धौशोचामिगां
धारींपितरंचते १९ यावनाथौचरिष्येतेत्वयानाथेनदुर्हृदा ॥ हतमित्रौहतामात्यौलूनपक्षाविवांडजौ २० भिक्षुकौविचरिष्येतेशोचंतौपृथिवीमिमाम् ॥ कुल
घ्नमीदृशंपापंजनयित्वाकुपूरुषम् २१ अथदुर्योधनंराजाधृतराष्ट्रोऽभ्यभाषत ॥ आसीनंभ्रातृभिःसार्धंराजभिःपरिवारितम् २२ दुर्योधननिबोधेदंशौरिणोक्तंम
हात्मना ॥ आदत्स्वशिवमत्यंतंयोगक्षेमवदव्ययम् २३ अनेनहिसहायेनकृष्णेनाक्लिष्टकर्मणा ॥ इष्टान्सर्वानभिप्रायान्प्राप्स्यामःसर्वराजसु २४ सुसंहतःकेश
वेनतातगच्छयुधिष्ठिरम् ॥ चरस्वस्त्ययनंकृत्स्नंभरतानामनामयम् २५ वासुदेवेनतीर्थेनतातगच्छस्वसंशमम् ॥ कालप्राप्तमिदंमन्येमात्वंदुर्योधनातिगाः २६
शमंचेद्याचमानंत्वंप्रत्याख्यास्यसिकेशवम् ॥ त्वदर्थमभिजल्पंतंनतवास्त्यपराभवः २७ ॥ इतिश्रीमहाभारतेउद्योगपर्वणिभगवद्यानपर्वणिभीष्मादिवाक्येपंच
विंशाधिकशततमोऽध्यायः ॥ १२५ ॥

१४ । १५ सुखंहितावद्दप्रियंचन्यायोपेतत्वात्तेनसुखप्रियेणप्रोक्तेनवचनेनतवमूढस्यकिं नकिमपीत्यर्थः १६ । १७ । १८ । १९ । २० । २१ । २२ । २३ । २४ सुसंहतःसुष्ठुएकीभूतः २५ तीर्थेनउपायेन
२६ अपराभवोजयः २७ ॥ इतिउद्योगपर्वणिनीलकंठीये भारतभावदीपे पंचविंशाधिकशततमोऽध्यायः ॥ १२५ ॥

धृतराष्ट्रवचइति १ मेधाग्नौसंग्रामाग्नौ मेधोयज्ञः'यान्येवसंग्रामनामानितानियज्ञनामानि' इतियास्कः २ वैशसंवैरं ३ । ४ । ५ । ६ । ७ । ८ । ९ उरस्सुनिपात्यंतइतिउत्तरेणसंबंधः १० । ११ । १२ । १३ रत्नयुक्तौषधिबद्धेष्टयतीतिरत्नौषधिरत्नांगुलीयकं । रत्नाबंधसमेतेनेतिपाठःस्वच्छः । 'आबंधोदृढबंधेस्यात्प्रेमालंकारयोरपि'इतिविश्वः रत्नालंकारेणरत्नैःप्रेम्णाचवासमेतेनेतिभावः । रत्नवदारक्तानिअंगुलितला

॥ वैशंपायनउवाच ॥ धृतराष्ट्रवचःश्रुत्वाभीष्मद्रोणौसमव्यथौ ॥ दुर्योधनमिदंवाक्यमूचतुःशासनातिगम् १ यावत्कृष्णावसन्नद्धौयावत्तिष्ठतिगांडिवम् ॥ यावद्धौम्योनमेधाग्नौजुहोतीहद्विषद्बलम् २ यावन्नप्रेक्षतेक्रुद्धःसेनांतवयुधिष्ठिरः ॥ ह्रीनिषेवोमहेष्वासस्तावच्छाम्यतुवैशसम् ३ यावन्नदृश्यतेपार्थःस्वेप्यनीकेव्यवस्थितः ॥ भीमसेनोमहेष्वासस्तावच्छाम्यतुवैशसम् ४ यावन्नचरतेमार्गान्पृतनामभिधर्षयन् ॥ भीमसेनोगदापाणिस्तावत्संशाम्यपांडवैः ५ यावन्नशातयत्याजौशिरांसिगजयोधिनाम् ॥ गदयावीरघातिन्याफलानीववनस्पतेः ६ कालेनपरिपक्कानितावच्छाम्यतुवैशसम् ॥ नकुलःसहदेवश्चधृष्टद्युम्नश्चपार्षतः ७ विराटश्चशिखंडीचशैशुपालिश्चदंशिताः ॥ यावन्नप्रविशंत्येतेनक्राइवमहार्णवम् ८ कृतास्त्राःक्षिप्रमस्यंतस्तावच्छाम्यतुवैशसम् ॥ यावन्नसुकुमारेषुशरीरेषुमहीक्षिताम् ॥ गार्ध्रपत्राःपतंत्युग्रास्तावच्छाम्यतुवैशसम् ९ चंदनागुरुदिग्धेषुहारनिष्कधरेषुच ॥ नोरःसुयावद्योधानांमहेष्वासैर्महेषवः १० कृतास्त्रैःक्षिप्रमस्यद्भिर्दूरपातिभिरायसाः ॥ अभिलक्ष्यैर्निपात्यंतेतावच्छाम्यतुवैशसम् ११ अभिवादयमानंत्वांशिरसाराजकुंजरः ॥ पाणिभ्यांप्रतिगृह्णातुधर्मराजोयुधिष्ठिरः १२ ध्वजांकुशपताकांकंदक्षिणंतेसुदक्षिणः ॥ स्कंधेनिक्षिपतांबाहुंशांतयेभरतर्षभ १३ रत्नौषधिसमेतेनरत्नांगुलितलेनच ॥ उपविष्टस्यपृष्ठंतेपाणिनापरिमार्जतु १४ शालस्कंधोमहाबाहुस्त्वांस्वजानोवृकोदरः ॥ साम्नाऽभिवदतांचापिशांतयेभरतर्षभ १५ अर्जुनेनयमाभ्यांचत्रिभिस्तैरभिवादितः ॥ मूर्ध्नितान्समुपाघ्रायप्रेम्णाभिवदपार्थिव १६ दृष्ट्वात्वांपांडवैर्वीरैर्भ्रातृभिःसहसंगतम् ॥ यावदानंदजाश्रूणिप्रमुंचंतुनराधिपाः १७ घुष्यतांराजधानीषुसर्वसंपन्महीक्षिताम् ॥ पृथिवीभ्रातृभावेनभुज्यतांविज्वरोभव १८ ॥ इतिश्रीमहाभारतेउद्योगपर्वणिभगवद्यानपर्वणिभीष्मद्रोणवाक्येषड्विंशाधिकशततमोऽध्यायः ॥ १२६ ॥ वैशंपायनउवाच ॥ श्रुत्वादुर्योधनोवाक्यमप्रियंकुरुसंसदि ॥ प्रत्युवाचमहाबाहुंवासुदेवंयशस्विनम् १ प्रसमीक्ष्यभवानेतद्वक्तुमर्हतिकेशव ॥ मामेवहिविशेषेणविभाष्यपरिगर्हसे २ भक्तिवादेनपार्थानामकस्मान्मधुसूदन ॥ भवान्गर्हयतेनित्यंकिंसमीक्ष्यबलाबलम् ३ भवान्क्षत्ताचराजावाऽप्याचार्योवापितामहः ॥ मामेवपरिगर्हंतेनान्यंकंचनपार्थिवम् ४ नचाहंलक्षयेकंचिद्व्यभिचारमिहात्मनः ॥ अथसर्वेभवंतोमांविद्विषंतिसराजकाः ५ नचाहंकंचिदत्यर्थमपराधमरिंदम ॥ विचिंतयन्प्रपश्यामिसुसूक्ष्ममपिकेशव ६ प्रियाभ्युपगतेद्यूतेपांडवामधुसूदन ॥ जिताःशकुनिनाराज्यंतत्रकिंममदुष्कृतम् ७

नियस्यतेनरत्नांगुलितलेन १४ स्वजानःवक्षसिमिलितः । स्वंजपरिष्वंगे १५ । १६ । १७ सर्वसंपत्परस्परंप्रीतिः १८ ॥ इतिउद्योगपर्वणिनीलकंठीये भारतभावदीपे षड्विंशाधिकशततमोऽध्यायः ॥ १२६ ॥

॥ श्रुत्वेति १ प्रसमीक्ष्यविचार्य विभाष्यपरुषमुक्त्वा २ । ३ । ४ व्यभिचारंअन्याय्यं ५ । ६ प्रियाभ्युपगतेप्रीत्यास्वीकृते ७

८ । ९ । १० । ११ । १२ । १३ । १४ । १५ । १६ । १७ । १८ उद्यच्छेदेवउद्यमंकुर्यादेव अपर्वणिअप्रस्तावे । ' पर्वस्यादुत्सवेग्रंथौप्रस्तावेलक्षणांतरे ' इतिविश्वः १९ मातंगःमुनिः २० । २१ । २२

यत्पुनर्द्रविणंकिंचित्तत्राजीयंतपांडवाः ॥ तेभ्यएवाभ्यनुज्ञातंतत्तदामधुसूदन ८ अपराधोनचास्माकंयत्तेह्यक्षैःपराजिताः ॥ अजेयाजयतांश्रेष्ठपार्थाःप्रव्राजिता
वनम् ९ केनवाऽप्यपवादेनविरुद्ध्यंत्यरिभिःसह ॥ अशक्ताःपांडवाःकृष्णप्रहृष्टाःप्रत्यमित्रवत् १० किमस्माभिःकृतंतेषांकस्मिन्वापुनरागसि ॥ धार्तराष्ट्रान्जिघां
संतिपांडवाःसृंजयैःसह ११ नचापिवयमुग्रेणकर्मणावचनेनवा ॥ प्रभ्रष्टाःप्रणमामेहभयादपिशतक्रतुम् १२ नचतंकृष्णपश्यामिक्षत्रधर्ममनुष्ठितम् ॥ उत्सहेतयुधा
जेतुंयोनःशत्रुनिबर्हण १३ नहिभीष्मकृपद्रोणाःसकर्णामधुसूदन ॥ देवैरपियुधाजेतुंशक्याःकिमुतपांडवैः १४ स्वधर्ममनुपश्यंतोयदिमाधवसंयुगे ॥ अस्त्रेणनिधनं
कालेप्राप्स्यामःस्वर्ग्यमेवतत् १५ मुख्यश्चैवैषनोधर्मःक्षत्रियाणांजनार्दन ॥ यच्छयीमहिसंग्रामेशरतल्पगतावयम् १६ तेवयंवीरशयनंप्राप्स्यामोयदिसंयुगे ॥ अप्र
णम्यैवशत्रूणांननस्तप्स्यंतिमाधव १७ कश्चजातुकुलेजातःक्षत्रधर्मेणवर्तयन् ॥ भयाद्वृत्तिंसमीक्ष्यैवंप्रणमेदिहकर्हिचित् १८ उद्यच्छेदेवननमेदुद्यमोह्येवपौरुषम् ॥
अप्यपर्वणिभज्येतननमेदिहकर्हिचित् १९ इतिमातंगवचनंपरीप्स्यंतिहितेप्सवः ॥ धर्मायचैवप्रणमेद्ब्राह्मणेभ्यश्चमद्विधः २० अचिंतयन्कंचिदन्यंयावज्जीवंतथाऽ
चरेत् ॥ एषधर्मःक्षत्रियाणांमतमेतच्चमेसदा २१ राज्यांशश्चाभ्यनुज्ञातोयोमेपित्रापुराऽभवत् ॥ नसलभ्यःपुनर्जातुमयिजीवतिकेशव २२ यावच्चराजाध्रियतेधृत
राष्ट्रोजनार्दन ॥ न्यस्तशस्त्रावयंतेवाऽप्युपजीवाममाधव ॥ अप्रदेयंपुरादत्तंराज्यंपरवतोमम २३ अज्ञानाद्वाभयाद्वापिमयिबालेजनार्दन ॥ नतदद्यपुनर्लभ्यंपांडवैर्वृ
ष्णिनंदन २४ ध्रियमाणेमहाबाहौमयिसंप्रतिकेशव ॥ यावद्धितीक्ष्णयासूच्याविध्येदग्रेणकेशव ॥ तावदप्यपरित्याज्यंभूमेर्नःपांडवान्प्रति २५ ॥ इतिश्रीमहा
भारतेउद्योगपर्वणिभगवद्यानपर्वणिदुर्योधनवाक्येसप्तविंशाधिकशततमोऽध्यायः ॥ १२७ ॥ ॥ वैशंपायनउवाच ॥ ततःप्रहस्यदाशार्हःक्रोधपर्याकुलेक्षणः ॥
दुर्योधनमिदंवाक्यमब्रवीत्कुरुसंसदि १ लप्स्यसेवीरशयनंकाममेतदवाप्स्यसि ॥ स्थिरोभवसहामात्योविमर्दोभवितामहान् २ यच्चैवंमन्यसेमूढनमेकश्चिद्व्यतिक्रमः ॥
पांडवेष्वितितत्सर्वंनिबोधतनराधिपाः ३ श्रियासंतप्यमानेनपांडवानांमहात्मनाम् ॥ त्वयादुर्मंत्रितंद्यूतंसौबलेनचभारत ४ कथंचज्ञातयस्तातश्रेयांसः
साधुसंमताः ॥ अथान्याय्यमुपस्थातुंजिह्मेनाजिह्मचारिणः ५ अक्षद्यूतंमहाप्राज्ञसतांमतिविनाशनम् ॥ असतांतत्रजायंतेभेदाश्चव्यसनानिच ६ तदिदंव्यसनंघोरं
त्वयाद्यूतमुखंकृतम् ॥ असमीक्ष्यसदाचारैःसार्धंपापानुबंधनैः ७ कश्चान्योभ्रातृभार्यांवैविप्रकर्तुंतथाऽर्हति ॥ आनीयचसभांव्यक्तंयथोक्ताद्रौपदीत्वया ८ कुलीनाशी
लसंपन्नाप्राणेभ्योऽपिगरीयसी ॥ महिषीपांडुपुत्राणांतथाविनिकृतात्वया ९

न्यस्तशस्त्राः त्यक्तक्षत्रियधर्माः उपजीवामभिक्षुकवत्सिद्धमन्नंभोक्ष्यामइत्यर्थः २३ । २४ । २५ ॥ इतिउद्योगपर्वणिनीलकंठीयेभारतभावदीपे सप्तविंशाधिकशततमोऽध्यायः ॥ १२७ ॥ ॥ ततइति
प्रहस्यविचार्य १ । २ । ३ । ४ । ५ । ६ । ७ । ८ । ९

म. भा. टी

॥१०३॥

१० | ११ | १२ | १३ | १४ | १५ | १६ | १७ विमतिपद्यसेविवादंकुरुषे मात्रादिभिःसह १८ | १९ | २० | २१ | २२ | २३ | २४ | | २५ | २६ | २७ २८ | २९

उद्यो०

३०

१२८

जानंतिकुरवःसर्वेथय्येकाःकुहंसादि ॥ दुःशासनेनकौन्तेयाःपत्रजंतःपरंतपाः १० सम्यग्वृत्तेष्वलुब्धेषुसततंधर्मचारिषु ॥ स्वेपुत्रंघुपुकःसाधुर्भेदेवमसांप्रतम् ११ नृशंसानामनार्याणांपुरुषाणांचभाषणम् ॥ कर्णदुःशासनभ्यांचत्वयाचबहुशःकृतम् १२ सहमात्रापदग्घुंनाल्बालकान्वारणावते ॥ आस्थितःपरमंयत्नमेनसमृद्धंचत तव १३ ऊपुश्वुचिरंकालंप्रच्छन्नाःपांडवास्तदा ॥ मात्रासहैकचक्रायांब्राह्मणस्यनिवेशने १४ विषेणसर्पेणवैधैश्वयतिताःपांडवास्त्वया ॥ सर्वोपायैर्विनाशायानसमृद्धं चत्तव १५ एवंबुद्धिःपांडवेषुमिथ्यात्वृत्तिःसदाभवान् ॥ कथेतेनापराधोऽस्तिपांडवेषुमहात्मसु १६ यद्वैभ्योयाचमानेभ्यःपित्र्यमंशंनदिस्सि ॥ तच्चपापप्रदाता सिभ्रष्टैश्वयोनिपातितः १७ कृत्वाबहून्यकार्याणिपांडवेषुनृशंसवत् ॥ मिथ्यात्वृत्तिरनार्येसन्त्वयिविप्रतिपद्यसे १८ मातापितृभ्यांभीष्मेणद्रोणेनविदुरेणच ॥ शाम्ये तिमुहुरुक्तोऽसिनचशाम्यसिपार्थिव १९ शमेहिसुमहाँल्लाभस्तवपार्थस्यचोभयोः ॥ नचरोचयसेराजन्किमन्यद्बुद्धिलाघवात् २० नशर्मप्राप्स्येसेराजन्स्वुल्कम्यसुहृदां ॥ एवंब्रुवतिदाशार्हेदुर्योधनममर्षणम् ॥ दुःशासनइदंवाक्यमब्रवीत्कुरुसंसदि २२ नचेत्संधा स्यसेराजन्स्वेनकामेनपांडवैः ॥ बध्वाकिलत्वांदास्यंतिकुंतीपुत्रायकौरवाः २३ वैकर्तनंत्वांचमांचत्रीनेतान्मनुजर्षभ ॥ पांडवेभ्यःप्रदास्यंतिभीष्मोद्रोण्पिताचते २४ भ्रातुरेतद्वचःश्रुत्वायातेराष्ट्रःसुयोधनः ॥ कुद्धःप्रातिष्ठतोत्थायमहानागैव्वश्वसन् २५ विदुरंधृतराष्ट्रंचमहाराजंचबाह्लिकम् ॥ कृपंचसोमदत्तंचभीष्मंद्रोणंजनार्दनम् २६ सर्वानेतान्नाद्यदुर्मतिनिरपत्रपः ॥ अशिष्टवदमर्यादोमानीमान्यावमानिता २७ तंप्रस्थितमभिप्रेक्ष्यभ्रातरोमनुजर्षभम् ॥ अनुजग्मुःसाहामात्यराजानश्चापि सर्वशः २८ सभायामुत्थितंकुद्धंप्रस्थितंभ्रादृभिःसह ॥ दुर्योधनमभिप्रेक्ष्यभीष्मःशांतनवोऽब्रवीत् २९ धर्मार्थावभिसंत्यज्यसंरंभयोऽनुमन्यते ॥ हंसंतिव्यसनेतस्य दुर्हृद्दोनविराद्दिव ३० दुरात्माराजपुत्रोऽयंधार्तराष्ट्रेऽनुपायकृत् ॥ मिथ्याभिमानीराज्यस्यक्रोधलोभवशानुगः ३१ कालपक्किमिदंमन्येसर्वक्षत्रंजनार्दन ॥ सर्वेह्यनु मृतामोहात्पार्थिवाःसहमंत्रिभिः ३२ भीष्मस्याथवचःश्रुत्वादाशार्हेपुष्करेक्षणः ॥ भीष्मद्रोणमुखान्सर्वानभ्यभाषतवीर्यवान् ३३ सर्वेषांकुरुवृद्धानांमहानय मतिक्रमः ॥ प्रसह्यमंदमैश्वर्येणनियच्छतयूप्रुपम् ३४ तत्रकार्यमहंमन्येकालप्राप्तमरिंदमाः ॥ क्रियमाणेभवेच्छ्रेयस्तच्छृणुध्वंतन्मघाः ३५ प्रत्यक्षमेतद्वत्वांद्दस्या मिहितंवचः ॥ भवतामानुकूल्येनयदिरोचेतभारताः ३६ भोजराजस्यत्वद्वस्यदुराचारोद्वनात्मवान् ॥ जीवतःपितुरैश्वर्यंहृत्वांमृत्युनंशंगतः ३७ उग्रसेनसुतःकंसःपरि त्यक्तःसबांधवैः ॥ ज्ञातीनांहितकामेनमयाशस्तोमहामृधे ३८

३० | ३१ | ३२ | ३३ | ३४ | ३५ | ३६ | ३७ | ३८

३९ । ४० । ४१ । ४२ भविष्यंतिजेष्यंति ४३ । ४४ । ४५ । ४६ । ४७ । ४८ । ४९ । ५० ॥ इतिउद्योगपर्वणिनीलकंठीये भारतभावदीपे अष्टाविंशत्यधिकशततमोऽध्यायः ॥ १२८ ॥ कृष्णस्येति ।

आहुकःपुनरस्माभिर्ज्ञातिभिश्चाभिसत्कृतः ॥ उग्रसेनःकृतोराजाभोजराजन्यवर्धनः ३९ कंसमेकंपरित्यज्यकुलार्थेसर्वयादवाः ॥ संभूयसुखमेधंतेभारतांधकवृष्णयः
४० अपिचाप्यवदद्राजन्परमेष्ठीप्रजापतिः ॥ व्यूढेदेवासुरेयुद्धेऽभ्युद्यतेष्वायुधेषुच ४१ द्वैधीभूतेषुलोकेषुविनश्यत्सुचभारत ॥ अब्रवीत्सृष्टिमान्देवोभगवाँल्लोक
भावनः ४२ पराभविष्यंत्यसुरादैतेयादानवैःसह ॥ आदित्यावसवोरुद्राभविष्यंतिदिवौकसः ४३ देवासुरमनुष्याश्चगंधर्वोरगराक्षसाः ॥ अस्मिन्युद्धेसुसंक्रुद्धाहनिष्यं
तिपरस्परम् ४४ इतिमत्वाऽब्रवीद्धर्मंपरमेष्ठीप्रजापतिः ॥ वरुणायप्रयच्छेतान्बद्ध्वादैतेयदानवान् ४५ एवमुक्तस्ततोधर्मोनियोगात्परमेष्ठिनः ॥ वरुणायददौसर्वान्
बद्ध्वादैतेयदानवान् ४६ तान्बद्ध्वाधर्मपाशैश्चस्वैश्चपाशैर्जलेश्वरः ॥ वरुणःसागरेयत्तोनित्यंरक्षतिदानवान् ४७ तथादुर्योधनंकर्णंशकुनिंचापिसौबलम् ॥ बद्ध्वादुःशास
नंचापिपांडवेभ्यःप्रयच्छथ ४८ त्यजेत्कुलार्थेपुरुषंग्रामस्यार्थेकुलंत्यजेत् ॥ ग्रामंजनपदस्यार्थेआत्मार्थेपृथिवींत्यजेत् ४९ राजन्दुर्योधनंबद्ध्वाततःसंशाम्यपांडवैः ॥
त्वत्कृतेनविनश्येयुःक्षत्रियाःक्षत्रियर्षभ ५० ॥ इतिश्रीमहाभारतेउद्योगपर्वणिभगवद्यानपर्वणिकृष्णवाक्येअष्टाविंशत्यधिकशततमोऽध्यायः ॥ १२८ ॥
॥ वैशंपायनउवाच ॥ कृष्णस्यतुवचःश्रुत्वाधृतराष्ट्रोजनेश्वरः ॥ विदुरंसर्वधर्मज्ञंत्वरमाणोऽभ्यभाषत १ गच्छतातमहाप्राज्ञांगांधारींदीर्घदर्शिनीम् ॥ आनयेहतया
सार्धमनुनेष्यामिदुर्मतिम् २ यदिसाऽपिदुरात्मानंशमयेद्दुष्टचेतसम् ॥ अपिकृष्णस्यसुहृदस्तिष्ठेमवचनेवयम् ३ अपिलोभाभिभूतस्यपंथानमनुदर्शयेत् ॥ दुर्बुद्धेर्दुःस
हायस्यशमार्थंब्रुवतीवचः ४ अपिनोव्यसनंघोरंदुर्योधनकृतंमहत् ॥ शमयेच्चिररात्राययोगक्षेमवदव्ययम् ५ राज्ञस्तुवचनंश्रुत्वाविदुरोदीर्घदर्शिनीम् ॥ आनयामास
गांधारींधृतराष्ट्रस्यशासनात् ६ ॥ धृतराष्ट्रउवाच ॥ एषगांधारिपुत्रस्तेदुरात्माशासनातिगः ॥ ऐश्वर्यलोभादैश्वर्यंजीवितंचप्रहास्यति ७ अशिष्टवदमर्यादःपापैःसह
दुरात्मवान् ॥ सभायानिर्गतोमूढोव्यतिक्रम्यसुहृद्वचः ८ ॥ वैशंपायनउवाच ॥ साभर्तृवचनंश्रुत्वाराजपुत्रीयशस्विनी ॥ अन्विच्छंतीमहच्छ्रेयोगांधारीवाक्यम
ब्रवीत् ९ ॥ गांधार्युवाच ॥ आनाययसुतंक्षिप्रंराज्यकामुकमातुरम् ॥ नहिराज्यमशिष्टेनशक्यंधर्मार्थलोपिना १० आप्तुमाप्तंतथापीदमविनीतेनसर्वथा ॥ त्वंह्येवात्र
भृशंगर्ह्योधृतराष्ट्रसुतप्रियः ११ योजानन्पापतामस्यतत्प्रज्ञामनुवर्तसे ॥ सएषकाममन्युभ्यांप्रलब्धोलोभमास्थितः १२ अशक्योऽद्यत्वयाराजन्विनिवर्तयितुंबलात् ॥
राष्ट्रप्रदानेमूढस्यबालिशस्यदुरात्मनः १३ दुःसहायस्यलुब्धस्यधृतराष्ट्रोऽश्नुतेफलम् ॥ कथंहिस्वजनेभेदमुपेक्षेतमहीपतिः ॥ भिन्नंहिस्वजनेनत्वांप्रहसिष्यंतिशत्रवः १४
याहिशक्यामहाराजसाम्नाभेदेनवापुनः ॥ निस्तर्तुमापदःस्वेषुदंडंकस्तत्रपातयेत् १५

१ । २ । ३ । ४ चिररात्रायचिरकालंयोगक्षेमवत् बहुकालंअप्राप्तस्यप्राप्तिःप्राप्तस्यसंरक्षणंचनिर्विघ्नंभवेदित्यर्थः ५ । ६ । ७ । ८ । ९ । १० । ११ । १२ । १३ । १४ । १५

म.भा.टी. १६ । १७ । १८ आयत्यांपरिणामे १९ । २० अपचितिःपूजा २१ । २२ दीर्घमंतरंचिरकाले २३ । २४ । २५ महद्राज्यं । 'महद्राज्यविशालयोः' इतिविश्वः २६ अविधेयानिअवशीकृतानि व्यापाद उद्यो० अ० १२९

॥१०४॥ ॥ वैशंपायनउवाच ॥ शासनाद्धृतराष्ट्रस्यदुर्योधनममर्षणम् ॥ मातुश्चवचनात्क्षत्तासभांप्रावेशयत्पुनः १६ समातुर्वचनाकांक्षीप्रविवेशपुनःसभाम् ॥ अभिताम्रेक्षणःक्रोधान्निःश्वसन्निवपन्नगः १७ तंप्रविष्टमभिप्रेक्ष्यपुत्रमुत्पथमास्थितम् ॥ विगर्हमाणागांधारीशमार्थंवाक्यमब्रवीत् १८ दुर्योधननिबोधेदंवचनंममपुत्रक ॥ हितंतेसानुबंधस्यतथाऽऽयत्यांसुखोदयम् १९ दुर्योधनयदाहत्वांपिताभरतसत्तम ॥ भीष्मोद्रोणःकृपःक्षत्तासुहृदांकुरुतद्वचः २० भीष्मस्यतुपितुश्चैवममचापचितिःकृता ॥ भवेद्द्रोणमुखानांचसुहृदांशाम्यतात्वया २१ नहिराज्यंमहाप्राज्ञस्वेनकामेनशक्यते ॥ अवाप्तुंरक्षितुंवापिभोक्तुंभरतसत्तम २२ नह्यवश्येंद्रियोराज्यमश्नीयादीर्घमंतरम् ॥ विजितात्मातुमेधावीसराज्यमभिपालयेत् २३ कामक्रोधौहिपुरुषमर्थेभ्योव्यपकर्षतः ॥ तौतुशत्रूविनिर्जित्यराजाविजयतेमहीम् २४ लोकेश्वरप्रभुत्वंहिमहदेतद्दुरात्मभिः ॥ राज्यंनामेप्सितंस्थानंनशक्यमभिरक्षितुम् २५ इंद्रियाणिमहत्प्रेप्सुर्नियच्छेदर्थधर्मयोः ॥ इंद्रियैर्नियतैर्बुद्धिर्वर्धतेऽग्निरिवेन्धनैः २६ अविधेयानिहीमानिव्यापादयितुमप्यलम् ॥ अविधेयाइवादांताहयाःपथिकुसारथिम् २७ अविजित्ययआत्मानममात्यान्विजिगीषते ॥ अमित्रान्वाऽजितामात्यःसोऽवशःपरिहीयते २८ आत्मानमेवप्रथमंद्वेष्यरूपेणयोजयेत् ॥ ततोऽमात्यानमित्रांश्चनमोघंविजिगीषते २९ वश्येंद्रियंजितामात्यंधृतदंडंविकारिषु ॥ परीक्ष्यकारिणंधीरमत्यर्थंश्रीर्निषेवते ३० क्षुद्राक्षेणेवजालेनझषावपिहितावुभौ ॥ कामक्रोधौशरीरस्थौप्रज्ञानंतौविलुंपतः ३१ याभ्यांहिदेवाःस्वर्यातुःस्वर्गस्यपिदधुर्मुखम् ॥ बिभ्यतोऽनुपरागस्यकामक्रोधौस्मवर्धितौ ३२ कामंक्रोधंचलोभंचदंभंदर्पंचभूमिपः ॥ सम्यग्विजेतुंयोवेदसमहीमभिजायते ३३ सततंनिग्रहेयुक्तइंद्रियाणांभवेन्नृपः ॥ ईप्सन्नर्थंचधर्मंचद्विषतांचपराभवम् ३४ कामाभिभूतःक्रोधाद्वायोमिथ्याप्रतिपद्यते ॥ स्वेषुचान्येषुवातस्यनसहायाभवंत्युत ३५ एकीभूतैर्महाप्राज्ञैःशूरैरिरिनिबर्हणैः ॥ पांडवैःपृथिवींतातभोक्ष्यसेसहितःसुखी ३६ यथाभीष्मःशांतनवोद्रोणश्चापिमहारथः ॥ आहतुस्ताततत्सत्यमजेयौकृष्णपांडवौ ३७ प्रपद्यस्वमहाबाहुंकृष्णमक्लिष्टकारिणम् ॥ प्रसन्नोहिसुखायस्यादुभयोरेवकेशवः ३८ सुहृदामर्थकामानांयोनतिष्ठतिशासने ॥ प्राज्ञानांकृतविद्यानांसनरःशत्रुनंदनः ३९ नयुद्धेतातकल्याणंनधर्मार्थौकुतःसुखम् ॥ नचापिविजयोनित्यंमायुद्धेचेतआधिथाः ४० भीष्मेणहिमहाप्राज्ञपित्रातेबाह्लिकेनच ॥ दत्तोंशःपांडुपुत्राणांभेदाद्भीतैररिंदम ४१ तस्यचैतत्प्रदानस्यफलमद्यानुपश्यसि ॥ यद्भुंक्षेपृथिवींकृत्स्नांशूरैर्निहतकंटकाम् ४२ प्रयच्छपांडुपुत्राणांयथोचितमरिंदम ॥ यदीच्छसिसहामात्योभोक्तुमर्धंप्रदीयताम् ४३

यितुंहंतुं २७ । २८ । २९ । ३० क्षुद्राक्षेणसूक्ष्मच्छिद्रेण ३१ अनुपरागस्यअनासक्तस्यापिकामक्रोधौस्वर्गनिरोधकावित्यर्थः ३२ अभिजायतेशास्तीत्यर्थः ३३ । ३४ यःकामेनअभिभूतःक्रोधाद्वाअभिभूतः ॥१०४॥
मिथ्याकपटेनवाऽभिभूतःप्रतिपद्यतेईप्सितार्थादीन् तस्यसहायानभवंतीत्यर्थः ३५ । ३६ । ३७ । ३८ । ३९ । ४० अंशःभाग ४१ । ४२ । ४३

४४ । ४५ । ४६ निकारःअपकारः समाःवर्षाणि ४७ यःत्वंपार्थानांअर्थंअभीप्ससिसएषत्वंनशक्तःतदर्थापहारायेत्यर्थः नापिसूतपुत्रादयःशक्ताः ४८ । ४९ मागमत्मागच्छतु ५० । ५१ । ५२

अलमर्धंपृथिव्यास्तेसहामात्यस्यजीवितुम् ॥ सुहृदांवचनेतिष्ठन्यशःप्राप्स्यसिभारत ४४ श्रीमद्भिरात्मवद्भिस्तैर्बुद्धिमद्भिर्जितेंद्रियैः ॥ पांडवैर्विग्रहस्तातभ्रंशये
न्महतःसुखात् ४५ निगृह्यसुहृदांमन्युंशाधिराज्यंयथोचितम् ॥ स्वमंशंपांडुपुत्रेभ्यःप्रदायभरतर्षभ ४६ अलमंगनिकारोऽयंत्रयोदशसमाःकृतः ॥ शमयैनं
महाप्राज्ञकामक्रोधसमेधितम् ४७ नचैषशक्तःपार्थानांयस्त्वमर्थमभीप्ससि ॥ सूतपुत्रोदृढक्रोधोभ्रातादुःशासनश्चते ४८ भीष्मेद्रोणेकृपेकर्णेभीमसेनेधनंजये ॥
धृष्टद्युम्नेचसंक्रुद्धेनस्युःसर्वाःप्रजाध्रुवम् ४९ अमर्षवशमापन्नोमाकुरूंस्तातजीघनः ॥ एषाहिपृथिवीकृत्स्नामाऽगमत्त्वत्कृतेवधम् ५० यच्चत्वंमन्यसेमूढभीष्म
द्रोणकृपादयः ॥ योत्स्यंतेसर्वशक्त्येतिनैतदद्योपपद्यते ५१ समंहिराज्यंप्रीतिश्चस्थानंहिविदितात्मनाम् ॥ पांडवेष्वथयुष्मासुधर्मस्त्वभ्यधिकस्ततः ५२
राजपिंडभयादेतेयदिहास्यंतिजीवितम् ॥ नहिशक्ष्यंतिराजानंयुधिष्ठिरमुदीक्षितुम् ५३ नलोभादर्थसंपत्तिर्नराणामिहदृश्यते ॥ तदलंतातलोभेनप्रशाम्यभरत
र्षभ ५४ ॥ इतिश्रीमहाभारतेउद्योगपर्वणिभगवद्यानपर्वणिगांधारीवाक्येऊनत्रिंशाधिकशततमोऽध्यायः ॥ १२९ ॥ ॥ वैशंपायनउवाच ॥ तत्तुवाक्य
मनादृत्यसोर्थऽवन्मातृभाषितम् ॥ पुनःप्रतस्थेसंरंभात्सकाशमकृतात्मनाम् १ ततःसभायानिर्गम्यमंत्रयामासकौरवः ॥ सौबलेनमताक्षेणराज्ञाशकुनिनासह
२ दुर्योधनस्यकर्णस्यशकुनेःसौबलस्यच ॥ दुःशासनचतुर्थानामिदमासीद्विचेष्टितम् ३ पुराऽयमस्मान्गृह्णातिक्षिप्रकारीजनार्दनः ॥ सहितोधृतराष्ट्रेणराज्ञा
शांतनवेनच ४ वयमेवहृषीकेशंनिगृह्णीमबलादिव ॥ प्रसह्यपुरुषव्याघ्रमिंद्रोवैरोचनिंयथा ५ श्रुत्वागृहीतंवार्ष्णेयंपांडवाहतचेतसः ॥ निरुत्साहाभविष्यंतिभ
ग्नदंष्ट्राइवोरगाः ६ अयंह्येषांमहाबाहुःसर्वेषांशर्मवर्मच ॥ अस्मिन्गृहीतेवरदेऋषभेसर्वसात्वताम् ७ निरुद्यमाभविष्यंतिपांडवाःसोमकैःसह ॥ तस्माद्वय
मिहैवैनंकेशवंक्षिप्रकारिणम् ८ क्रोशतोधृतराष्ट्रस्यबद्ध्वायोत्स्यामहेरिपून् ॥ तेषांपापमभिप्रायंपापानांदुष्टचेतसाम् ९ इंगितज्ञःकविःक्षिप्रमन्वबुद्ध्यतसात्य
किः ॥ तदर्थमभिनिष्क्रम्यहार्दिक्येनसहास्थितः १० अब्रवीत्कृतवर्माणंक्षिप्रंयोजयवाहिनीम् ॥ व्यूढानीकःसभाद्वारमुपतिष्ठस्वदंशितः ११ यावदाख्या
म्यहंचैतत्कृष्णायाक्लिष्टकारिणे ॥ सप्रविश्यसभांवीरःसिंहोगिरिगुहामिव १२ आचष्टतमभिप्रायंकेशवायमहात्मने ॥ धृतराष्ट्रंततश्चैवविदुरंचान्वभाषत १३ तेषा
मेतमभिप्रायमाचचक्षेस्मयन्निव ॥ धर्मादर्थाच्चकामाच्चकर्मसाधुविगर्हितम् १४ मंदाःकर्तुमिहेच्छंतिनचावाप्यंकथंचन ॥ पुराविकुर्वतेमूढाःपापात्मानःसमागताः १५

५३ । ५४ ॥ इतिउद्योगपर्वणिनीलकंठीयेभारतभावदीपे ऊनत्रिंशाधिकशततमोऽध्यायः ॥ १२९ ॥ ॥ ॥ ॥ तत्त्विति १ । २ । ३ । ४ वैरोचनिंबलिं ५ । ६ । ७ केशवंबध्वारिपून्योत्स्याम
६ हेइत्युत्तरश्लोकेनान्वयः ८ । ९ । १० । ११ । १२ । १३ । कर्मदूतनिग्रहाख्यं १४ विकुर्वतेविकारंकलहाख्यंकुर्वते १५

१६ । १७ । १८ अशक्यंनचकर्तुंशक्यं १९ वासवानुजंविष्णुंत्रिविक्रममित्यर्थः २० नभविष्यंतिमरिष्यंति २१ । २२ । २३ । २४ । २५ पांडवार्थेपांडवधने लुभ्यंतःलोभंकुर्वंतः २६ । २७

धर्षिताःकाममन्युभ्यांक्रोधलोभवशानुगाः ॥ इमंहिपुंडरीकाक्षंजिघृक्षंत्यल्पचेतसः १६ पटेनाग्निंप्रज्वलितंयथाबालायथाजडाः ॥ सात्यकेस्तद्वचःश्रुत्वावि
दुरोदीर्घदर्शिवान् १७ धृतराष्ट्रंमहाबाहुमब्रवीत्कुरुसंसदि ॥ राजन्परीतकालास्तेपुत्राःसर्वेपरंतप १८ अशक्यमयशस्यंचकर्तुंकर्मसमुद्यताः ॥ इमंहिपुंडरी
काक्षमभिभूयप्रसह्यच १९ निग्रहीतुंकिलेच्छंतिसहितावासवानुजम् ॥ इमंपुरुषशार्दूलमप्रधृष्यंदुरासदम् २० आसाद्यनभविष्यंतिपतंगाइवपावकम् ॥ अय
मिच्छन्हितान्सर्वान्युद्ध्यमानाञ्जनार्दनः २१ सिंहोनागानिवक्रुद्धोगमयेद्यमसादनम् ॥ नत्वयंनिंदितंकर्मकुर्यात्पापंकथंचन २२ नचधर्मादपक्रामेदच्युतःपु
रुषोत्तमः ॥ विदुरेणैवमुक्तेतुकेशवोवाक्यमब्रवीत् २३ धृतराष्ट्रमभिप्रेक्ष्यसुहृदांशृण्वतांमिथः ॥ राजन्नेतेयदिक्रुद्धामांनिगृह्णीयुरोजसा २४ एतेवामामहंवैना
ननुजानीहिपार्थिव ॥ एतान्हिसर्वान्संरब्धान्नियंतुमहमुत्सहे २५ नत्वहंनिंदितंकर्मकुर्यांपापंकथंचन ॥ पांडवार्थेहिलुभ्यंतःस्वार्थान्हास्यंतितेसुताः २६
एतेचेदेवमिच्छंतिकृतकार्योयुधिष्ठिरः ॥ अद्यैवह्यहमेनांश्चयेचैनाननुभारत २७ निगृह्यराजन्पार्थेभ्योदद्यांकिंदुष्कृतंभवेत् ॥ इदंतुनप्रवर्तेयंनिंदितंकर्मभारत २८
सन्निधौतेमहाराजक्रोधजंपापबुद्धिजम् ॥ एषदुर्योधनोराजन्यथेच्छतितथाऽस्तुतत् २९ अहंतुसर्वांस्तनयाननुजानामितेनृप ॥ एतच्छ्रुत्वातुविदुरंधृतराष्ट्रोऽभ्य
भाषत ॥ क्षिप्रमानयतंपापंराज्यलुब्धंसुयोधनम् ३० सहमित्रंसहामात्यंससोदर्यंसहानुगम् ॥ शक्नुयांयदिपंथानमवतारयितुंपुनः ३१ ततोदुर्योधनंक्षत्ता
पुनःप्रावेशयत्सभाम् ॥ अकामंभ्रातृभिःसार्धंराजभिःपरिवारितम् ३२ अथदुर्योधनंराजाधृतराष्ट्रोऽभ्यभाषत ॥ कर्णदुःशासनाभ्यांचराजभिश्चापिसंवृतम् ३३
नृशंसपापभूयिष्ठक्षुद्रकर्मसहायवान् ॥ पापैःसहायैःसंहत्यपापंकर्मचिकीर्षसि ३४ अशक्यमयशस्यंचसद्भिश्चापिविगर्हितम् ॥ यथात्वादृशकोमूढोव्यवस्येत्कु
लपांसनः ३५ त्वमिमंपुंडरीकाक्षमप्रधृष्यंदुरासदम् ॥ पापैःसहायैःसंहत्यनिग्रहीतुंकिलेच्छसि ३६ योनशक्योबलात्कर्तुंदेवैरपिसवासवैः ॥ तंत्वंप्रार्थय
सेमंदबालश्चंद्रमसंयथा ३७ देवैर्मनुष्यैर्गंधर्वैरसुरैरुरगैश्चयः ॥ नसोढुंसमरेशक्यस्तंनबुद्ध्यसिकेशवम् ३८ दुर्ग्राह्यःपाणिनावायुर्दुस्पर्शःपाणिनाशशी ॥ दुर्ध
रापृथिवीमूर्ध्नादुर्ग्राह्यःकेशवोबलात् ३९ इत्युक्तेधृतराष्ट्रेणक्षत्ताऽपिविदुरोऽब्रवीत् ॥ दुर्योधनमभिप्रेत्यधार्तराष्ट्रममर्षणम् ४० ॥ विदुरउवाच ॥ दुर्योधन
निबोधेदंवचनंममसांप्रतम् ॥ सौभद्वारेवानरेंद्रोद्विविदोनामनामतः ॥ शिलावर्षेणमहताछादयामासकेशवम् ४१ ग्रहीतुकामोविक्रम्यसर्वयत्नेनमाधवम् ॥
ग्रहीतुंनाशकच्चैनंतंत्वंप्रार्थयसेबलात् ४२ प्राग्ज्योतिषगतंशौरिंनरकःसहदानवैः ॥ ग्रहीतुंनाशकत्तत्रतंत्वंप्रार्थयसेबलात् ४३

इदंतुकर्मकर्तुमितिशेषः २८ । २९ । ३० पंथानंअवतारयितुंसत्पथेनिवेशयितुं ३१ । ३२ । ३३ । ३४ । ३५ । ३६ । ३७ । ३८ । ३९ । ४० । ४१ । ४२ । ४३

४४ निर्मोचनेनगरविशेषे ४५ । ४६ । ४७ । ४८ । ४९ । ५० । ५१ । ५२ । ५३ ॥ इतिउद्योगपर्वणि नीलकंठीये भारतभावदीपे त्रिंशदधिकशततमोऽध्यायः ॥ १३० ॥ ॥

अनेकयुगवर्षायुर्निहत्यनरकंमृधे ॥ नीत्वाकन्यासहस्राणिउपयेमेयथाविधि ४४ निर्मोचनेषट्सहस्राःपाशैर्बद्धामहासुराः ॥ ग्रहीतुंनाशकंश्चैनंतंत्वंप्रार्थयसेब
लात् ४५ अनेनहिहताबाल्येपूतनाशकुनीतथा ॥ गोवर्धनोधारितश्चगवार्थेभरतर्षभ ४६ अरिष्टोधेनुकश्चैवचाणूरश्चमहाबलः ॥ अश्वराजश्चनिहतःकंसश्चारिष्ट
माचरन् ४७ जरासंधश्चवक्रश्चशिशुपालश्चवीर्यवान् ॥ बाणश्चनिहतःसंख्येराजानश्चनिषूदिताः ४८ वरुणोनिर्जितोराजापावकश्चामितौजसा ॥ पारिजातंच
हरताजितःसाक्षाच्छचीपतिः ४९ एकार्णवेचस्वपतानिहतौमधुकैटभौ ॥ जन्मांतरमुपागम्यहयग्रीवस्तथाहतः ५० अयंकर्तानक्रियतेकारणंचापिपौरुषे ॥ य
द्यदिच्छेदयंशौरिस्तत्तत्कुर्यादयत्नतः ५१ तंनबुध्यसिगोविंदंघोरविक्रममच्युतम् ॥ आशीविषमिवक्रुद्धंतेजोराशिमनिंदितम् ५२ प्रधर्षयन्महाबाहुंकृष्णमक्लिष्ट
कारिणम् ॥ पतंगोऽग्निमिवासाद्यसामात्योनभविष्यसि ५३ ॥ इतिश्रीमहाभारतेउद्योगपर्वणिभगवद्यानपर्वणिविदुरवाक्येत्रिंशदधिकशततमोऽध्यायः ॥ १३० ॥
वैशंपायनउवाच ॥ विदुरेणैवमुक्तस्तुकेशवःशत्रुपूगहा ॥ दुर्योधनंधार्तराष्ट्रमभ्यभाषतवीर्यवान् १ एकोहमितियन्मोहान्मन्यसेमांसुयोधन ॥ परिभूयसुदुर्बुद्धे
ग्रहीतुंमांचिकीर्षसि २ इहैवपांडवाःसर्वेतथैवांधकवृष्णयः ॥ इहादित्याश्चरुद्राश्चवसवश्चमहर्षिभिः ३ एवमुक्त्वाजहासोच्चैःकेशवःपरवीरहा ॥ तस्यसंस्मयतः
शौरेर्विद्युद्रूपामहात्मनः ४ अंगुष्ठमात्रास्त्रिदशामुमुचुःपावकार्चिषः ॥ अस्यब्रह्माललाटस्थोरुद्रोवक्षसिचाभवत् ५ लोकपालाभुजेष्वासन्नग्निरास्यादजायत ॥
आदित्याश्चैवसाध्याश्चवसवोऽथाश्विनावपि ६ मरुतश्चसहेंद्रेणविश्वेदेवास्तथैवच ॥ बभूवुश्चैकरूपाणियक्षगंधर्वरक्षसाम् ७ प्रादुरास्तांतथादोर्भ्यांसंकर्षणधनंज
यौ ॥ दक्षिणेऽथार्जुनोधन्वीहलीरामश्चसव्यतः ८ भीमोयुधिष्ठिरश्चैवमाद्रीपुत्रौचपृष्ठतः ॥ अंधकावृष्णयश्चैवप्रद्युम्नप्रमुखास्ततः ९ अग्रेबभूवुःकृष्णस्यसमुद्यत
महायुधाः ॥ शंखचक्रगदाशक्तिशार्ङ्गलांगलनंदकाः १० अदृश्यंतोद्यतान्येवसर्वप्रहरणानिच ॥ नानाबाहुषुकृष्णस्यदीप्यमानानिसर्वशः ११ नेत्राभ्यांनस्त
तश्चैवश्रोत्राभ्यांचसमंततः ॥ प्रादुरासन्महारौद्राःसधूमाःपावकार्चिषः १२ रोमकूपेषुचतथासूर्यस्येवमरीचयः ॥ तंदृष्ट्वाघोरमात्मानंकेशवस्यमहात्मनः १३
न्यमीलयंतनेत्राणिराजानस्त्रस्तचेतसः ॥ ऋतेद्रोणंचभीष्मंचविदुरंचमहामतिम् १४ संजयंचमहाभागमृषींश्चैवतपोधनान् ॥ प्रादात्तेषांसभगवान्दिव्यंचक्षुर्ज
नार्दनः १५ तद्दृष्ट्वामहदाश्चर्यंमाधवस्यसभातले ॥ देवदुंदुभयोनेदुःपुष्पवर्षंपपातच १६ धृतराष्ट्रउवाच ॥ त्वमेवपुंडरीकाक्षसर्वस्यजगतोहितः ॥ तस्मात्त्वं
यादवश्रेष्ठप्रसादंकर्तुमर्हसि १७ भगवन्ममनेत्राणामंतर्धानंवृणेपुनः ॥ भवंतंद्रष्टुमिच्छामिनान्यंद्रष्टुमिहोत्सहे १८

विदुरेणेति १ । २ । ३ । ४ । ५ । ६ । ७ । ८ । ९ । १० । ११ । १२ । १३ महामार्तिंधृतराष्ट्रं १४ । १५ । १६ । १७ । १८

अदृश्यमानेऽतरैरिनिशेषः १९ । २० । २१ । २२ । २३ । २४ । २५ । २६ । २७ । २८ वरूथिनारथगुप्तिमता २९ । ३० । ३१ । ३२ । ३३ । ३४ । ३५ । ३६ मंदोदुर्योधनः ३७

ततोऽब्रवीन्महाबाहुर्धृतराष्ट्रंजनार्दनः ॥ अदृश्यमानेनेत्रेद्वेभवेतांकुरुनंदन १९ तत्राद्भुतंमहाराजधृतराष्ट्रस्यचक्षुषी ॥ लब्धवान्वासुदेवाच्चविश्वरूपदिदृक्षया २०
लब्धचक्षुषमासीनंधृतराष्ट्रंनराधिपाः ॥ विस्मितात्रर्षिभिःसार्धंतुष्टुवुर्मधुसूदनम् २१ चचालचमहीकृत्स्नासागरश्चापिचुक्षुभे ॥ विस्मयंपरमंजग्मुःपार्थिवाभरत
र्षभ २२ ततःसपुरुषव्याघ्रःसंजहारवपुःस्वकम् ॥ तांदिव्यामद्भुतांचित्रामृद्धिमत्तामरिंदमः २३ ततःसात्यकिमादायपाणौहार्दिक्यमेवच ॥ ऋषिभिस्तैरनु
ज्ञातोनिर्ययौमधुसूदनः २४ ऋषयोऽन्तर्हिताजग्मुस्ततस्तेनारदादयः ॥ तस्मिन्कोलाहलेवृत्तेतदद्भुतमिवाभवत् २५ तंप्रस्थितमभिप्रेक्ष्यकौरवाःसहराजभिः ॥
अनुजग्मुर्नरव्याघ्रंदेवाइवशतक्रतुम् २६ अचिंतयन्नमेयात्मासर्वंतद्राजमंडलम् ॥ निश्चक्रामततःशौरिःसधूमइवपावकः २७ ततोरथेनशुभ्रेणमहताकिंकिणीकि
ना ॥ हेमजालविचित्रेणलघुनामेघनादिना २८ सूपस्करेणशुभ्रेणवैयाघ्रेणवरूथिना ॥ शैब्यसुग्रीवयुक्तेनप्रत्यदृश्यतदारुकः २९ तथैवरथमास्थायकृतवर्मा
महारथः ॥ वृष्णीनांसंमतोवीरोहार्दिक्यःसमदृश्यत ३० उपस्थितरथंशौरिंप्रयास्यंतमरिंदमम् ॥ धृतराष्ट्रोमहाराजःपुनरेवाभ्यभाषत ३१ यावद्बलंमेपुत्रेषु
पश्यतस्तेजनार्दन ॥ प्रत्यक्षंतेनतेकिंचित्परोक्षंशत्रुकर्शन ३२ कुरूणांशममिच्छंतंयतमानंचकेशव ॥ विदित्वैतामवस्थांमेनाभिशंकितुमर्हसि ३३ नमेपापोऽ
स्त्यभिप्रायःपांडवान्प्रतिकेशव ॥ ज्ञातमेवहितंवाक्यंयन्मयोक्तःसुयोधनः ३४ जानंतिकुरवःसर्वेराजानश्चैवपार्थिवाः ॥ शमेप्रयतमानंमांसर्वयत्नेनमाधव ३५
॥ वैशंपायनउवाच ॥ ततोऽब्रवीन्महाबाहुर्धृतराष्ट्रंजनार्दनः ॥ द्रोणंपितामहंभीष्मंक्षत्तारंबाह्लिकंकृपम् ३६ प्रत्यक्षमेतद्भवतांयद्वृत्तंकुरुसंसदि ॥ यथाचाशिष्टव
न्मंदोरोषादद्यसमुत्थितः ३७ वदत्यनीशमात्मानंधृतराष्ट्रोमहीपतिः ॥ आपृच्छेभवतःसर्वान्गमिष्यामियुधिष्ठिरम् ३८ आमंत्र्यप्रस्थितंशौरिंरथस्थंपुरुषर्षभम् ॥
अनुजग्मुर्महेष्वासाःप्रवीराभरतर्षभाः ३९ भीष्मोद्रोणःकृपःक्षत्ताधृतराष्ट्रोऽथबाह्लिकः ॥ अश्वत्थामाविकर्णश्चयुयुत्सुश्चमहारथः ४० ततोरथेनशुभ्रेणमहताकिं
किणीकिना ॥ कुरूणांपश्यतांद्रष्टुंस्वसारंसपितुर्ययौ ४१ ॥ इतिश्रीमहाभारतेउद्योगपर्वणिभगवद्यानपर्वणिविश्वरूपदर्शनेएकत्रिंशदधिकशततमोऽध्यायः ॥ १३१ ॥
॥ वैशंपायनउवाच ॥ प्रविश्याथगृहंतस्याश्चरणावभिवाद्यच ॥ आचख्यौतत्समासेनयद्वृत्तंकुरुसंसदि १ ॥ वासुदेवउवाच ॥ उक्तंबहुविधंवाक्यंग्रहणीयंसहेतुकम् ॥
ऋषिभिश्चैवचमयानचासौतद्गृहीतवान् २ कालपक्वमिदंसर्वंसुयोधनवशानुगम् ॥ आपृच्छेभवतींशीघ्रंप्रयास्येपांडवान्प्रति ३ किंवाच्याःपांडवेयास्तेभवत्याव
चनान्मया ॥ तद्ब्रूहित्वंमहाप्राज्ञेशुश्रूषेवचनंतव ४

३८ । ३९ । ४० किंकिणीकंक्षुद्रघंटिकाजालंतद्वताकिंकिणीकिना ४१ ॥ इतिउद्योगपर्वणिनीलकंठीये भारतभावदीपे एकत्रिंशदधिकशततमोऽध्यायः ॥ १३१ ॥ प्रविश्येति १ । २ ३ । ४

भूयानपृथ्वीपालनजोधर्मः ५ श्रोत्रियस्यवेदाध्यायिनः मंदकस्यअर्थज्ञानशून्यस्य अनुवाकेनअत्यन्तंवेदाक्षराहृत्त्या हतानष्टा ६ । ७ । ८ । ९ । १० । ११ । १२ । १३ दंडनीतिःस्वामिनाप्रयुक्तेतिसंबंधः धर्मेभ्यःधर्मार्थंनियच्छतिनिर्बंधंकरोतिदंडनीतिरेव १४ । १५ राजाधर्मंअधर्मवाप्रवर्तयन्कृतत्रेतादियुगरूपस्यकालस्यकारणं । एवंचसर्वस्मिन्नपिकालेधर्मादितारतम्याद्युगचतुष्टयमस्तीतिभावः

॥ कुंत्युवाच ॥ ब्रूयाःकेशवराजानंधर्मात्मानंयुधिष्ठिरम् ॥ भूयांस्तेहीयतेधर्मोमापुत्रकवृथाकृथाः ५ श्रोत्रियस्येवतेराजन्मंदकस्याविपश्चितः ॥ अनुवाकहता
बुद्धिर्धर्ममेवैकमीक्षते ६ अंगावेक्षस्वधर्मंत्वंयथासृष्टःस्वयंभुवा ॥ बाहुभ्यांक्षत्रियाःसृष्टाबाहुवीर्योपजीविनः ७ क्रूरायकर्मणेनित्यंप्रजानांपरिपालने ॥ शृणुचात्रो
पमामेकांयावृद्धेभ्यःश्रुतामया ८ मुचुकुंदस्यराजर्षेरददत्पृथिवीमिमाम् ॥ पुरावैश्रवणःप्रीतोनचासौतद्गृहीतवान् ९ बाहुवीर्यार्जितंराज्यमश्नीयामितिकामये ॥
ततोवैश्रवणःप्रीतोविस्मितःसमपद्यत १० मुचुकुंदस्ततोराजासोन्वशासद्वसुंधराम् ॥ बाहुवीर्यार्जितांसम्यक्क्षत्रधर्ममनुव्रतः ११ यंहिधर्मंचरंतीहप्रजाराज्ञासु
रक्षिताः ॥ चतुर्थंतस्यधर्मस्यराजाविंदेतभारत १२ राजाचरतिचेद्धर्मंदेवत्वायैवकल्पते ॥ सचेदधर्मंचरतिनरकायैवगच्छति १३ दंडनीतिश्वधर्मेभ्यश्चातुर्वर्ण्यं
नियच्छति ॥ प्रयुक्तास्वामिनासम्यगधर्मेभ्यश्चयच्छति १४ दंडनीत्यांयदाराजासम्यक्कात्स्न्येंनवर्तते ॥ तदाकृतयुगंनामकालःश्रेष्ठःप्रवर्तते १५ कालोवाका
रणंराज्ञोराजावाकालकारणम् ॥ इतितेसंशयोमाभूद्राजाकालस्यकारणम् १६ राजाकृतयुगस्रष्टात्रेतायाद्वापरस्यच ॥ युगस्यचचतुर्थस्यराजाभवतिकारणम् १७
कृतस्यकरणाद्राजास्वर्गमत्यंतमश्नुते ॥ त्रेतायाःकरणाद्राजास्वर्गंनात्यंतमश्नुते १८ प्रवर्तनाद्द्वापरस्ययथाभागमुपाश्नुते ॥ कलेःप्रवर्तनाद्राजापापमत्यंतमश्नुते
१९ ततोवसतिदुष्कर्मानरकेशाश्वतीःसमाः ॥ राजदोषेणहिजगत्स्पृश्यतेजगतःसच २० राजधर्मानवेक्षस्वपितृपैतामहोचितान् ॥ नैतद्राजर्षिवृत्तंहियत्रत्वंस्था
तुमिच्छसि २१ नहिवैक्लव्यसंसृष्टआनृशंस्यव्यवस्थितः ॥ प्रजापालनसंभूतंफलंकिंचनलब्धवान् २२ नह्येतामाशिषंपांडुर्नचाहंनपितामहः ॥ प्रयुक्तवंतःपू
र्वंतेयथाचरसिमेधया २३ यज्ञोदानंतपःशौर्यंप्रज्ञासंतानमेवच ॥ माहात्म्यबलमोजश्चनित्यमाशंसितंमया २४ नित्यंस्वाहास्वधानित्यंदद्युर्मानुषदेवताः ॥ दीर्घ
मायुर्धनंपुत्रान्सम्यगाराधिताःशुभाः २५ पुत्रेष्वाशासतेनित्यंपितरोदैवतानिच ॥ दानमध्ययनंयज्ञःप्रजानांपरिपालनम् २६ एतद्धर्ममधर्मंवाजन्मनैवाभ्यजाय
थाः ॥ तेतुवैद्याःकुलेजाताअवृत्त्यातातपीडिताः २७ यत्रदानपतिंशूरंक्षुधिताःपृथिवीचराः ॥ प्राप्यतुष्टाःप्रतिष्ठंतेधर्मःकोऽभ्यधिकस्ततः २८ दानेनान्यंब
लेनान्यंतथासूनृतयापरम् ॥ सर्वतःप्रतिगृह्णीयाद्राज्यंप्राप्येहधार्मिकः २९

१६ । १७ । १८ । १९ जगतःदोषेणसचराजास्पृश्यते २० । २१ फलंनलब्धवान्आशंसवान्अभीतिशेषः २२ । २३ । २४ नित्यमिति । मानुषाश्चदेवाश्चसम्यगाराधिताःसत्यः इहलोकेआयुरादीनिपरलोकसाधनानिस्वधादीनिसत्कर्माणिचदद्युः २५ । २६ एततूमद्वाक्यंधर्मंधर्मयुक्तंअधर्मंवा जन्मनैवस्वभावतएवअभ्यजायथाःअभिजानीषे हेकृष्ण तेतुपांडवास्तुवैद्याःविद्यावंतः २७ दानपतिंपालनाधिकारिणं देहपालनेअस्यरूपं २८ । २९

३० । ३१ । ३२ । ३३ । ३४ ॥ इतिउद्योगपर्वणि नीलकंठीये भारतभावदीपे द्वात्रिंशदधिकशततमोऽध्यायः ॥ १३२ ॥ ॥ अत्रेति १ ततःमदुक्तात् श्रेयःप्रशस्ततरं भूयोऽधिकतरं मन्युमतीदैन्यवती विभावरीकुपिता । 'विभावरीरजन्यांचवक्रयोषिति' इतिविश्वः २ । ३ राजन्यामूर्धाभिषिक्ता । 'मूर्धाभिषिक्तोराजन्यः' इत्यमरः । जगर्हेनिंदितवती ४ अनंदनकुपुत्रकुत्सार्थेऽत्र नञ् ५ असंख्येयःअगणनीयःतुच्छत्वात् क्लीबंनिर्वीर्यसाधनंबाह्वादिकंयस्यसतथा ६ माबीभरःमापालय प्रतिसंहर भयमितिशेषः ७ माशेष्वनिरुद्योगोमाभूः ८ । ९ पराक्रमेःपराक्रमंकुरु १०

ब्राह्मणःप्रचरेद्भैक्षंक्षत्रियःपरिपालयेत् ॥ वैश्योधनार्जनंकुर्याच्छूद्रःपरिचरेच्चतान् ३० भैक्षंविप्रतिषिद्धंतेकृषिर्नैवोपपद्यते ॥ क्षत्रियोऽसिक्षतात्त्राताबाहुवीर्योपजीविता ३१ पित्र्यमंशंमहाबाहोनिमग्नंपुनरुद्धर ॥ साम्नाभेदेनदानेनदंडेनाथनयेनवा ३२ इतोदुःखतरंकिंनुयदहंहीनबांधवा ॥ परपिंडमुदीक्षेवैत्वांसूत्वामित्रनंदन ३३ युद्धयस्वराजधर्मेणमानिमज्जीःपितामहान् ॥ माऽगमःक्षीणपुण्यस्त्वंसानुजःपापिकांगतिम् ३४ ॥ इतिश्रीमहाभारतेउद्योगपर्वणिभगवद्यानपर्वणि कुंतीवाक्येद्वात्रिंशदधिकशततमोऽध्यायः ॥ १३२ ॥ ॥ कुंत्युवाच ॥ अत्राप्युदाहरंतीममितिहासंपुरातनम् ॥ विदुलायाश्चसंवादंपुत्रस्यचपरंतप १ ततःश्रेयश्चभूयश्चयथावद्वक्तुमर्हसि ॥ यशस्विनीमन्युमतीकुलेजाताविभावरी २ क्षत्रधर्मरतादांताविदुलादीर्घदर्शिनी ॥ विश्रुताराजसंसत्सुश्रुतवाक्याबहुश्रुता ३ विदुलानामराजन्याजगर्हेपुत्रमौरसम् ॥ निर्जितंसिंधुराजेनशयानंदीनचेतसम् ॥ ४ ॥ विदुलोवाच ॥ अनंदनमयाजातद्विषतांहर्षवर्धन ॥ नमयात्वंनपित्राचजातःक्वाभ्यागतोह्यसि ५ निर्मन्युश्चाप्यसंख्येयःपुरुषःक्लीबसाधनः ॥ यावज्जीवंनिराशोऽसिकल्याणायधुरंवह ६ माऽऽत्मानमवमन्यस्वमैनमल्पेनबीभरः ॥ मनःकृत्वासुकल्याणंमाभैस्त्वंप्रतिसंहर ७ उत्तिष्ठहेकापुरुषमाशेष्वैवंपराजितः ॥ अमित्रान्नंदयन्सर्वान्निर्मानोबंधुशोकदः ८ सुपूरावैकुनदिकासुपूरोमूषिकांजलिः ॥ सुसंतोषःकापुरुषःस्वल्पकेनैवतुष्यति ९ अप्यहेरारुजन्दंष्ट्रामाश्वेवनिधनंव्रज ॥ अपिवासंशयंप्राप्यजीवितेऽपिपराक्रमेः १० अप्यरेःश्येनवच्छिद्रंपश्येस्त्वंविपरिक्रमन् ॥ विवदन्वाऽथवातूष्णींव्योम्नीवापरिशंकितः ११ त्वमेवंप्रेतवच्छेषेकस्माद्वज्रहतोयथा ॥ उत्तिष्ठहेकापुरुषमास्वाप्सीःशत्रुनिर्जितः १२ माऽस्तंगमस्त्वंकृपणोविश्रूयस्वस्वकर्मणा ॥ मामध्येमाजघन्येत्वंमाऽधोभूस्तिष्ठगर्जितः १३ अलातंतिंदुकस्येवमुहूर्तमपिहिज्वल ॥ मातुषाग्निरिवानर्चिर्धूमायस्वजिजीविषुः १४ मुहूर्तंज्वलितंश्रेयोनचधूमायितंचिरम् ॥ माहस्मकस्यचिद्गेहेजनिराज्ञःखरोमृदुः १५

विवदन्शत्रुजयार्थंअनेकान्पक्षानुद्भावयन्वातूष्णींभूतोरेश्छिद्रंपश्येः यथाव्योम्निअपरिशंकितः शत्रोराधिक्याद्भयमपश्यन्श्येनस्तद्वत् ११ । १२ विश्रूयस्वख्यातोभव । मामध्यइति । सामभेदौजघन्यमध्यमौ । दानमधमोनीचउपायः । दंडस्तूत्तमः । तत्रायत्रयकर्तामाभूः किंतुर्गर्जितोदंडयितैवभवेत्यर्थः ऊर्जितइतिवापाठः १३ तिंदुकस्यअलातंयथादिक्षुस्फुलिंगान्विक्षिपतिज्वलतितद्वत्ज्वलदीप्यस्व । परंतुतुषाग्निवदनर्चिर्माधूमायस्व । काकरंखाजिजीविषुरितिपाठांतरे काकरंखाः काकरमण्यगारं माखाःमानाशय । खैतुस्थैर्येखदनहिंसयोरितिखायतेरिदंरूपं । काकरंखइतिपाठे काकवत्रंखतिपलायतेवाकाकरंखः । रखिगतावित्यस्यरूपम् १४ माजनिमाउत्पद्यतां खरःकर्कशः । खरीतिपाठेखरत्ववानितिसएवार्थः मृदुर्दयालुः १५

आर्जिसंग्रामं सृत्वाऽभिहृत्य मानुष्यकंमनुष्यस्योचितं १६ प्राणानांप्राणाःबलंतस्साध्यानांकार्याणांआनंतर्यंअविच्छेदेनकार्यधारामारभतेइत्यर्थः नधनायतेधनंआत्मनोनेच्छति तृष्णांत्यजतीत्यर्थः १७
ध्रुवांगतिंमरणं अग्रतइत्युपहासः पृष्ठतःकृत्वेत्यर्थः १८ भोगमूलंराज्यंधनंवाः १९ निमज्जताप्रपतिष्यताचशत्रुर्जंघायांग्राह्यः तेनैवसहनिमज्जेत्पतेद्वेत्यर्थः नविषीदेन्ननिरुद्यमोनभवेत् २० उद्यम्यउद्यमंकृत्वा
धुरंभारमुत्कर्षेत्उद्यच्छेत् आजानेयाःजात्यश्वाःतेषांकृतंकर्मयुद्धेऽनवसादरूपंस्मरन् विद्धिप्राप्नुहि २१ स्वत्कृतेमग्नमितिसंबंधः २२ राशिवर्धनःसंख्यापूरकोनतुप्रयोजनांतरार्हः २३ मातुःउच्चारोविष्ठा

कृत्वामानुष्यकंकर्मसृत्वाऽऽजिंयावदुत्तमम् ॥ धर्मस्यानृण्यमाप्नोतिनचात्मानंविगर्हते १६ अलब्ध्वायदिवालब्ध्वानानुशोचतिपंडितः ॥ आनंतर्यंचारभतेनप्राणा
नांधनायते १७ उद्भावयस्ववीर्यंवातांवागच्छध्रुवांगतिम् ॥ धर्मंपुत्राग्रतःकृत्वाकिंनिमित्तंहिजीवसि १८ इष्टापूर्तंहितेक्लीबकीर्तिश्चसकलाहता ॥ विच्छिन्नंभोगमूलं
तेकिंनिमित्तंहिजीवसि १९ शत्रुर्निमज्जताग्राह्योजंघायांप्रपतिष्यता ॥ विपरिच्छिन्नमूलोऽपिनविषीदेत्कथंचन २० उद्यम्यधुरमुत्कर्षेदाजानेयकृतंस्मरन् ॥
कुरुसत्त्वंचमानंचविद्धिपौरुषमात्मनः २१ उद्भावयकुलंमग्नंत्वत्कृतेस्वयमेवहि ॥ यस्यवृत्तंनजल्पंतिमानवामहदद्भुतम् २२ राशिवर्धनमात्रंसनैवस्त्रीनपुनःपुमान् ॥
दानेतपसिसत्येचयस्यनोच्चरितंयशः २३ विद्यायामर्थलाभेवामातुरुच्चारएवसः ॥ श्रुतेनतपसावाऽपिश्रियावाविक्रमेणवा २४ जनान्योऽभिभवत्यन्यान्कर्मणा
हिसवैपुमान् ॥ नत्वेवजाल्मींकापालींवृत्तिमेषितुमर्हसि २५ नृशंस्यामयशस्यांचदुःखांकापुरुषोचिताम् ॥ यमेनमभिनंदेयुरमित्राःपुरुषंकृशम् २६ लोकस्यसम
वज्ञातंनिहीनासनवाससम् ॥ अहोलाभकरंहीनमल्पजीवनमल्पकम् २७ नेदृशंबंधुमासाद्यबांधवःसुखमेधते ॥ अवृत्त्यैवविपत्स्यामोवयंराष्ट्रात्प्रवासिताः २८
सर्वकामरसैर्हीनाःस्थानभ्रष्टाअकिंचनाः ॥ अवल्गुकारिणंसत्सुकुलवंशस्यनाशनम् २९ कलिंपुत्रप्रवादेनसंजयत्वामजीजनम् ॥ निरमर्षंनिरुत्साहंनिर्वीर्यमरिनंद
नम् ३० मास्मसीमंतिनीकाचिज्जनयेत्पुत्रमीदृशम् ॥ माधूमायज्वलात्यंतमाक्रम्यजहिशात्रवान् ३१ ज्वलमूर्धन्यमित्राणांमुहूर्तमपिवाक्षणम् ॥ एतावानेवपुरुषो
यदमर्षीयदक्षमी ३२ क्षमावान्निरमर्षश्चनैवस्त्रीनपुनःपुमान् ॥ संतोषोवैश्रियंहंतितथाऽनुक्रोशएवच ३३ अनुत्थानभयेचोभेनिरीहोनाश्नुतेमहत् ॥ एभ्योनिकृति
पापेभ्यःप्रमुंचात्मानमात्मना ३४ आयसंहृदयंकृत्वामृगयस्वपुनःस्वकम् ॥ परंविषहतेयस्मात्तस्मात्पुरुषउच्यते ३५ तमाहुर्व्यर्थनामानंस्त्रीवद्यइहजीवति ॥
शूरस्योर्जितसत्वस्यासिंहविक्रांतचारिणः ३६

२४ कापालींवृत्तिंभिक्षाचर्यां २५ यंएनंअमित्राअभिनंदेयुःतंबंधुंबांधवःआसाद्यनसुखमेधतइतितृतीयश्लोकेनसंबंधः २६ अहोलाभकरंअल्पेऽपिलाभेअहोलाभोजातइतिविस्मयंकुर्वाणं २७ अवृत्त्याजी
वनोपायाभावेन विपत्स्यामःमरिष्यामः २८ अवल्गुअमंगलं अकर्मेतिवापाठः तत्कारिणंनिश्चेष्टं कुलंज्ञातयः वंशःसोमसूर्यादिमूलोत्पत्तिस्थानं २९ संजयेतितस्यनाम ३० । ३१ । ३२
अनुक्रोशोदया ३३ अनुत्थानंशत्रुप्रसनवस्थानंभयंचतेउभेचश्रियंहतइतिपूर्वेणसंबंधः निरीहोनिश्चेष्टोनाश्नुते महत्पदमितिशेषः । निकृतिपापेभ्यःपराभवदोषेभ्यः ३४ स्वकंधनादिकं परंविषहतेइति
पुरुषपदनिर्वचनंवर्णविकारादिनाज्ञेयं ३५ । ३६

दिष्टभात्वंमरणं प्रजासंततिः प्रियंपुत्रादि सुखंतत्परिष्वंगादिजोहर्षः ३७ । ३८ मामपश्यंत्यास्तेपृथिव्याकिमितिसंबंधः ३९ किमद्यकाकिंभोक्तव्यमितियेचिन्तयंतिनिर्धनास्तेषांकिमद्यकानां यद्वा । किमद्य त्वरयाऽश्वएवशत्रून्जेष्यामइतिविलंबशीलानां इन्यमानस्येतिपाठेअनुद्रुतस्य । अत्रहंतिर्गत्यर्थः । अनाहतामामितिपाठेशश्वैरक्षतानां । अनाद्दतानामितिपाठेअलसानां निर्मन्युकानामित्यपिपाठः ४० ४१ । ४२ । ४३।४४।४५ इतिउद्योगपर्वणि नीलकंठीयेभारतभावदीपे त्रयस्त्रिंशदधिकशततमोऽध्यायः ॥ १३३ ॥ ॥ ॥ अथेति १ । २ । ३ । ४ सहायोपचितिंसहायसंपत्तिंकृत्वापि

दिष्टभावंगतस्यापिविषयेमोदतेप्रजा ॥ यआत्मनःप्रियसुखेहित्वामृगयतेश्रियम् ३७ अमात्यानामथोहर्षमादधात्यचिरेणसः ३८ ॥ पुत्रउवाच ॥ किंनुतेमाम पश्यंत्याःपृथिव्याअपिसर्वया ॥ किमाभरणकृत्यंतेकिंभोगैर्जीवितेनवा ३९ ॥ मातोवाच ॥ किमद्यकानांयेलोकाद्विषंतस्तानवाप्नुयुः ॥ येत्वाद्दतात्मनांलोकाः सुहृदस्तान्व्रजंतुनः ४० भृत्यैर्विहीयमानानांपरपिंडोपजीविनाम् ॥ कृपणानामसत्वानांमावृत्तिमनुवर्तिथाः ४१ अनुत्वांतातजीवंतुब्राह्मणाःसुहृदस्तथा ॥ पर्जन्य मिवभूतानिदेवाइवशतक्रतुम् ४२ यमाजीवंतिपुरुषंसर्वभूतानिसंजय ॥ पक्वंद्रुममिवासाद्यतस्यजीवितमर्थवत् ४३ यस्यशूरस्यविक्रांतैरेधंतेबांधवाःसुखम् ॥ त्रिदशाइवशक्रस्यसाधुतस्येहजीवितम् ४४ स्वबाहुबलमाश्रित्ययोऽभ्युज्जीवतिमानवः ॥ सलोकेलभतेकीर्तिंपरत्रचशुभांगतिम् ४५ ॥ इतिश्रीमहाभारतेउद्योग पर्वणिभगवद्यानपर्वणि विदुलापुत्रानुशासने त्रयस्त्रिंशाधिकशततमोऽध्यायः ॥ १३३ ॥ ॥ विदुलोवाच ॥ अथैतस्यामवस्थायांपौरुषंहातुमिच्छसि ॥ निहीनसेवितंमार्गंगमिष्यस्यचिरादिव १ योहितेजोयथाशक्तिनदर्शयतिविक्रमात् ॥ क्षत्रियोजीविताकांक्षीस्तेनइत्येवतंविदुः २ अर्थवंत्युपपन्नानिवाक्यानिगुण वंतिच ॥ नैवसंप्राप्नुवन्तित्वांमुमूर्षुमिवभेषजम् ३ संतिवैसिंधुराजस्यसंतुष्टानतथाजनाः ॥ दौर्बल्यादासतेमूढाव्यसनौघप्रतीक्षिणः ४ सहायोपचितिंकृत्वाव्यवसाय्य ततस्ततः ॥ अनुदुष्येयुरपरेपश्यंतस्तवपौरुषम् ५ तैःकृत्वासहसंघातंगिरिदुर्गालयंचर ॥ कालेव्यसनमाकांक्षन्नैवायमजरामरः ६ संजयोनामतश्चत्वंनचपश्यामि तत्त्वयि ॥ अन्वर्थनामाभवमेपुत्रमाव्यर्थनामकः ७ सम्यग्दृष्टिर्महाप्राज्ञोबालंत्वांब्राह्मणोऽब्रवीत् ॥ अयंप्राप्यमहत्कृच्छ्रंपुनर्वृद्धिंगमिष्यति ८ तस्यस्मरंतीवचन माशंसेविजयंतव ॥ तस्मात्तातब्रवीमित्वांवक्ष्यामिचपुनःपुनः ९ यस्यह्यर्थाभिनिर्वृत्तौभवंत्याप्यायिताःपरे ॥ तस्यार्थसिद्धिर्नियतानयेष्वर्थानुसारिणः १० समृद्धि रसमृद्धिर्वापूर्वेषांममसंजय ॥ एवंविद्वान्युद्धमनाभवमाप्रत्युपाहरः ११

अपरेस्वकीयास्तवपौरुषमपश्यंतोयत्ननैष्फल्यादनुदुष्येयुः शत्रुपक्षंश्रयेयुरित्यर्थः ५ स्वीयानांसंग्रहेउपायमाह तैरिति । तैःस्वीयैः संघातंऐक्यं व्यसनंपरस्य अयंतवशत्रुः ६ । ७ मेमत्वांब्राह्मणोऽब्रवीदिति संबंधः ८ । ९ अर्थाभिनिर्वृत्तौप्रयोजननिष्पत्तौ परेतत्संबंधिनःतेनार्थेनआप्यायिताभवंति तस्यतद्भाग्याद्देवार्थसिद्धिः नयेषुनीतिमार्गेषु १० पूर्वेषांममचयुद्धेसमृद्धिरसमृद्धिर्वाऽवश्यंभाविनीत्येवंविद्वान्युद्धमना भव लाभालाभौसमौकृत्वायुद्धयस्वेतिभावः । माप्रत्युपाहरःप्रत्युपहारंयुद्धोपसंहारंमाकार्षीरित्यर्थः ११

अयुध्यतोदरिद्रतंस्याद्‌त्वानिष्टंमित्याह नातइति १२ पर्यायमरणंदारिद्र्यं नामांतरेणमरणमेवेत्यर्थः १३ । १४ । १५ । १६ अस्मान्प्रजहतः अस्मत्त्यागंकुर्वतः १७ कृत्यंकर्तव्यंपराक्रमम् १८ १९ श्रोतारःपराज्ञायाः । पाठांतरेश्रेतारआश्रयितारः २० । २१ शक्याःजेतुमितिशेषः सह्याइतिपाठेसहनीयाः २२ निर्विण्णात्माविरक्तचित्तः यतोहतमनानष्टसंकल्पः विश्रुतिंख्यातिं २३ ग्रहं सोमपात्रं प्रग्रहमितिपाठेनियमनं नियंतृत्वमित्यर्थः । 'प्रग्रहश्चतुलासूत्रेवंध्यांनियमनेभुजे' इतिविश्वः २४ । २५ । २६ कापुरुषाःजनाः रणेआत्मानंदेहंत्यक्त्वारणेदक्षंशूरंसमृद्धिभिस्तर्पयंतिस्मेतिसं

नातःपापीयसींकांचिदवस्थांशंबरोऽब्रवीत् ॥ यत्रनैवाद्यनप्रातर्भोजनंप्रतिदृश्यते १२ पतिपुत्रवधादेतत्परमंदुःखमब्रवीत् ॥ दारिद्र्यमितियत्प्रोक्तंपर्यायमरणंहि तत् १३ अहंमहाकुलेजाताहृदाद्ध्रदमिवागता ॥ ईश्वरीसर्वकल्याणीभर्त्रापरमपूजिता १४ महार्हमाल्याभरणांसुमृष्टांबरवाससम् ॥ पुराहृष्टःसुहृद्वर्गोमा मपश्यत्सुहृद्गताम् १५ यदामांचैवभार्यांचद्रष्टाऽसिभृशदुर्बलाम् ॥ नतदाजीवितेनार्थोभवितातवसंजय १६ दासकर्मकरान्भृत्यानाचार्यर्त्विक्पुरोहितान् ॥ अवृत्त्याऽस्मान्प्रजहतोदृष्ट्वाकिंजीवितेनते १७ यदिकृत्यंनपश्यामितवाद्याहंयथापुरा ॥ श्लाघनीयंयशस्यंचकाशांतिर्हृदयस्यमे १८ नेतिचेद्ब्राह्मणंब्रूयांदीर्येतहृ दयंमम ॥ नह्यहंनचमेभर्तानेतिब्राह्मणमुक्तवान् १९ वयमाश्रयणीयाःस्मनश्रोतारःपरस्यच ॥ साऽन्यमासाद्यजीवंतीपरित्यक्ष्यामिजीवितम् २० अपारे भवनःपारमप्लवेभवनःप्लवः ॥ कुरुष्वस्थानमस्थानेमृतान्संजीवयस्वनः २१ सर्वेतेशत्रवःशक्यानचेज्जीवितुमर्हसि ॥ अथचेदीदृशींवृत्तिंक्लीबामभ्युपपद्यसे २२ निर्विण्णात्माहतमनामुंचैतांपापजीविकाम् ॥ एकशत्रुवधेनैवशूरोगच्छतिविश्रुतिम् २३ इंद्रोवृत्रवधेनैवमहेन्द्रःसमपद्यत ॥ माहेंद्रंचग्रहंलेभेलोकानांचेश्वरोऽ भवत् २४ नामविश्राव्यवैसंख्येशत्रूनाहूयदंशितान् ॥ सेनाग्रंचापिविद्राव्यहत्वावापुरुषंवरम् २५ यदैवलभतेवीरःसुयुद्धेनमहद्यशः ॥ तदैवप्रव्यथंतेऽस्यश त्रवोविनमंतिच २६ त्यक्त्वाऽऽत्मानंरणेदक्षंशूरंकापुरुषाजनाः ॥ अवशास्तर्पयंतिस्मसर्वकामसमृद्धिभिः २७ राज्यंवाप्युग्रविभ्रंशंसंशयोजीवितस्यवा ॥ नल ब्धस्यहिशत्रोर्वैशेषंकुर्वंतिसाधवः २८ स्वर्गद्वारोपमंराज्यमथवाऽप्यमृतोपमम् ॥ रुद्धमेकायनंमत्वापतोल्मुकइवारिषु २९ जहिशत्रून्रणेराजन्स्वधर्ममनुपा लय ॥ मात्वादृशंसुकृपणंशत्रूणांभयवर्धनम् ३० अस्मदीयैश्चशोचद्भिर्नदद्भिश्चपरैर्वृतम् ॥ अपित्वांनानुपश्येयंदीनादीनमिवास्थितम् ३१ हृष्यसौवीरकन्या भिःश्लाघस्वार्थैर्यथापुरा ॥ माचसैंधवकन्यानामवसन्नोवशंगमः ३२ युवारूपेणसंपन्नोविद्ययाऽभिजनेनच ॥ यस्त्वादृशोविकुर्वीतयशस्वीलोकविश्रुतः ३३

बंधः २७ उग्रविभ्रंशंमहाप्रपातं जीवितस्यसंशयोमरणं लब्धस्यार्जितस्यशेषंपुनःस्वल्पेनविभवेनावस्थापनम् २८ रुद्धंग्रस्तंमत्वा एकायनंस्वर्गराज्ययोर्मध्येएकंमार्गं पतगच्छ २९ मात्वेति । शत्रूणां भयवर्धनंभयच्छेदनम् अनुग्रत्वात् सुकृपणंदीनं त्वात्वां मादृशंमाद्राक्षं दृशमितिमाङ्योगादडभावेइरितोवेत्यङ्पक्षेदृशिर्प्रेक्षणेऽस्यलुङुत्तमैकवचनं । पाठांतरंतुमूढजनकल्पितंनादरणीयम् ३० । ३१ हृष्यहर्षमाप्नुहि सौवीरकन्याभिःस्वदारैः माचेति सैंधवकन्यानांशत्रुदेशजकन्यानां ३२ विकुर्वीतअपसरणंकुर्वीत ३३

अधुर्यवत् अदांतवृषभवत् अनड्वानिवेत्यपिपाठः तत् विकारकरणम् ३४ । ३५ वेदवेद्यं परिशाश्वतं सर्वथैवैकरूपं अक्षीणमित्यर्थः ३६ पूर्वैः स्ववंशजैः परैरन्यवंशीयैः परतरैर्वृद्धैः अव्ययं अपक्ष यहीनं क्षत्रहृदयं प्रोक्तमिति पूर्वेण संबंधः ३७ आजातः सम्यग्जातः कुलेजातइत्यर्थः यआजातः सभयात्कस्यचिन्नमेत् वृत्तिसमीक्षोवृत्तिं समीक्षमाणोवाननमेत् ३८ उद्यच्छेत् उद्यमं कुर्यात् अपर्वणि अकांडे वृथाऽपीत्यर्थः ३९ परीयात् पर्यटनं कुर्यात् ४० दुष्कृतः पापिष्ठान् ४१ ॥ ॥ इति श्रीमहाभारते उद्योगपर्वणि नीलकंठीये भारतभावदीपे चतुस्त्रिंशदधिकशततमोऽध्यायः ॥ १३४ ॥
कृष्णायसस्य लोहस्य संहत्य पिंडीकृत्य १ । २ एकजं अभ्रातृकं ३ । ४ सर्वावस्था गार्हस्थ्यादिरूपा सर्वारंभा इतिपाठांतरं तावेव धर्मार्थावेव अचूचुदं प्रेरितवत्यस्मि ५ समीक्ष्यक्रमोपेतः

अधुर्यवद्ववोढव्येमन्येमरणमेवतत् ॥ यदित्वामनुपश्यामिपरस्यप्रियवादिनम् ३४ पृष्ठतोऽनुव्रजंतंवाकाशांतिर्हृदयस्यमे ॥ नास्मिन्जातुकुलेजातोगच्छेद्योऽन्यस्यपृष्ठतः ३५ नत्वंपरस्यानुचरस्तातजीवितुमर्हसि ॥ अहंहिक्षत्रहृदयंवेदयत्परिशाश्वतम् ३६ पूर्वैःपूर्वतरैःप्रोक्तंपरैःपरतरैरपि ॥ शाश्वतंचाव्ययंचैवप्रजापतिविनिर्मितम् ३७ योवैकश्चिदिहाजातःक्षत्रियःक्षत्रकर्मवित् ॥ भयाद्वृत्तिसमीक्षोवानानमेदिहकस्यचित् ३८ उद्यच्छेदेवननमेदुद्यमोह्येवपौरुषम् ॥ अप्यपर्वणिभज्येतननमेतेहकस्यचित् ३९ मातंगोमत्तइवचपरीयात्समहामनाः ॥ ब्राह्मणेभ्योनमेन्नित्यंधर्मायैवचसंजय ४० नियच्छन्नितरान्वर्णान्विनिघ्नन्सर्वदुष्कृतः ॥ ससहायोऽसहायोवायावज्जीवंतथाभवेत् ४१ ॥ इतिश्रीमहाभारतेउद्योगपर्वणिभगवद्यानपर्वणि विदुलापुत्रानुशासनेचतुस्त्रिंशदधिकशततमोऽध्यायः ॥१३४

॥ पुत्रउवाच ॥ कृष्णायसस्येवचतेसंहत्यहृदयंकृतम् ॥ मममातस्त्वकरुणेवीरप्रज्ञेह्यमर्षणे १ अहोक्षत्रसमाचारोयत्रमामितरंयथा ॥ नियोजयसियुद्धायपरमातेवमांतथा २ ईदृशंवचनंब्रूयाद्भवतीपुत्रमेकजम् किंनुतेमामपश्यंत्याःपृथिव्याअपिसर्वया ३ किमाभरणकृत्यंतेनकिंभोगैर्जीवितेनवा ॥ मयिवासंगरहतेप्रियपुत्रेविशेषतः ४ ॥ मातोवाच ॥ सर्वावस्थाहिविदुषांतातधर्मार्थकारणात् ॥ तावेवाभिसमीक्ष्याहंसंजयत्वामचूचुदम् ५ ससमीक्ष्यक्रमोपेतोमुख्यःकालोऽयमागतः ॥ अस्मिंश्चेदागतेकालेकार्यंनप्रतिपद्यसे ६ असंभावितरूपस्त्वमानृशंस्यंकरिष्यसि ॥ तंत्वामयशसास्पृष्टंनब्रूयांयदिसंजय ७ खरीवात्सल्यमाहुस्तन्निःसामर्थ्यमहेतुकम् ॥ सद्भिर्विगर्हितंमार्गंत्यजमूर्खनिषेवितम् ८ अविद्यावैमहत्यस्तियामिमांसंश्रिताःप्रजाः ॥ तवस्याद्यदिसद्वृत्तंतेनमेत्वंप्रियोभवेः ९ धर्मार्थगुणयुक्तेननेतरेणकथंचन ॥ दैवमानुषयुक्तेनसद्भिराचरितेनच १० योह्येवमविनीतेनरमतेपुत्रनप्तृणा ॥ अनुत्थानवताचापिदुर्विनीतेनदुर्धिया ११

द्रष्टुंयोग्येनपराक्रमेणयुक्तः अस्मिन्कालेचेत् कार्यं कर्तव्यंयुद्धं नप्रतिपद्यसे ६ आनृशंस्यंशत्रुपुस्त्वदेहेवादयांकरिष्यसि तर्हित्वं असंभावितरूपस्तिरस्कृतरूपोभविष्यसीतिसंबंधः ७ खरीति । उभयलोकानुपयुक्तेपिपुत्रे वृथावात्सल्यंखरीकरोति तद्वदहमपिस्यामित्यर्थः ८ अविद्या अनात्मनिदेहेआत्मबुद्धिः सायदितवस्यात् तर्हिसत् समीचीनं तवदेहनाशादात्मनाशंपश्यतोवृत्तंशीलं उपहासार्थमिदमुच्यते तेनदेहात्मभावेनममदेहादन्यमात्मानंपश्यंत्याःप्रियोभवेः अयमप्युपहासः । देहात्मवादीदुर्वृत्तोममद्वेष्यश्चभविष्यसीत्यर्थः ९ धर्मार्थेति । त्वयाभाव्यमितिशेष १० । ११

॥ १०९ ॥

१२ । १३ । १४ निकृतेन अपकृतेनापि शत्रून्प्रतिजिगीषया भस्थातव्यमेवेतिशेषः १५ । १६ स्वल्पमैश्वर्यं अप्रियमनिष्टं इच्छतिमन्यते प्राज्ञः यस्यतु अल्पमेवैश्वर्यं प्रियं तस्य ध्रुवं निश्चितं तदेवाल्पं प्रियत्वेन गृहीतं अ
प्रियमनर्थकरं स्यात् तेनराज्ञाऽल्पसंतुष्टेन न भवितव्यमित्यर्थः १७ अभावं नाशं १८ कारुण्यमेवपश्यहितत्वेनेतिशेषः १९ अतोवचनान्मेमम भूयसीनंदिः समृद्धिः भवितेतिशेषः यतएवं कारुण्यं देहेक्रूपां अ
नुपश्यसि हितत्वेन एवं सत्यपि त्वमेव वाच्यं दूषणं चोदयसि प्रेरयसि कारुण्यं कुर्विति अथापि वज्रहृदयाऽहं ते तुभ्यं चोदयामि २० सैंधवान् हत्वा कृच्छ्रेण भावितं तैतव विजयं यदा पश्यामि द्रक्ष्यामि अथत्वां पूजयिष्यामी
तियोजना २१ एतां अवस्थां दारुणां आत्मनि आत्मनास्वयं विदित्वा मेमन्भावश्चित्तं राज्यान्निवृत्तइत्युत्तरेणसंबंधः २२ । २३ । २४ अर्थाः धर्माद्याः बालिशैरमर्षणैर्वनारब्धव्याः पण्डितैस्तु आदरेण आ

रमतेयस्तुपुत्रेणमोघंतस्यप्रजाफलम् ॥ अकुर्वंतोहिकर्माणिकुर्वन्तोनिंदितानिच १२ सुखंनैवेहनामुत्रलभंतेपुरुषाधमाः ॥ युद्धायक्षत्रियःसृष्टःसंजयेहजयायच
१३ जयन्वावध्यमानोवाप्राप्नोतींद्रसलोकताम् ॥ नशक्रभवनेपुण्येदिवितद्विद्यतेसुखम् ॥ यदमित्रान्वशेकृत्वाक्षत्रियःसुखमेधते १४ मन्युनादह्यमानेनपुरुषेण
मनस्विना ॥ निकृतेनेहबहुशःशत्रून्प्रतिजिगीषया १५ आत्मानंवापरित्यज्यशत्रुंवाविनिपात्यच ॥ अतोन्येनप्रकारेणशांतिरस्यकुतोभवेत् १६ इहप्राज्ञोहिपु
रुषःस्वल्पमप्रियमिच्छति ॥ यस्यस्वल्पंप्रियंलोकेध्रुवंतस्याल्पमप्रियम् १७ प्रियाभावाच्चपुरुषोनैवप्राप्नोतिशोभनम् ॥ ध्रुवंचाभावमभ्येतिगत्वागंगेवसागरम्
१८ ॥ पुत्रउवाच ॥ नेयंमतिस्त्वयावाच्यामातःपुत्रेविशेषतः ॥ कारुण्यमेवात्रपश्यभूत्वेहजडमूकवत् १९ ॥ मातोवाच ॥ अतोमेभूयसीनंदिर्यदेवमनुपश्यसि ॥
चोद्यंमांचोदयस्येतद्भृशंवैचोदयामिते २० अथत्वांपूजयिष्यामिहत्वावैसर्वसैंधवान् ॥ अहंपश्यामिविजयंकृच्छ्रभावितमेवते २१ ॥ पुत्रउवाच ॥ अकोशस्यास
हायस्यकुतःसिद्धिर्जयोमम ॥ इत्यवस्थांविदित्वैतामात्मनात्मनिदारुणाम् २२ राज्याद्भावोनिवृत्तोमेत्रिदिवादिवदुष्कृतः ॥ ईदृशंभवतीकंचिदुपायमनुपश्यति २३
तन्मेपरिणतप्रज्ञेसम्यक्प्रब्रूहिपृच्छते ॥ करिष्यामिहितत्सर्वंयथावदनुशासनम् २४ ॥ मातोवाच ॥ पुत्रनात्माऽवमंतव्यःपूर्वाभिरसमृद्धिभिः ॥ अभूत्वाहिभ
वंत्यर्थाभूत्वानश्यंतिचापरे ॥ अमर्षेणैववाप्यर्थानारब्धव्याःसुबालिशैः २५ सर्वेषांकर्मणांतातफलेनित्यमनित्यता ॥ अनित्यमितिजानंतोनभवंतिभवंतिच २६
अथयेनैवकुर्वंतिनैवजातुभवंतिते ॥ ऐकगुण्यमनीहायामभावःकर्मणांफलम् २७ अथद्वैगुण्यमीहायांफलंभवतिवानवा ॥ यस्यप्रागेवविदितासर्वार्थानामनित्यता
२८ नुदेद्वृद्धिसमृद्धीसप्रतिकूलेनृपात्मज ॥ उत्थातव्यंजागृतव्यंयोक्तव्यंभूतिकर्मसु २९ भविष्यतीत्येवमनःकृत्वासततमव्यथैः ॥ मंगलानिपुरस्कृत्यब्राह्मणां
श्चेश्वरैःसह ३० प्राज्ञस्यनृपतेराशुवृद्धिर्भवतिपुत्रक ॥ अभिवर्ततिलक्ष्मीस्तंप्राचीमिवदिवाकरः ३१

रब्धव्याएवेतिभावः २५ अनित्यमितिजानंतःपंडिताआरभमाणानभवंति कदाचिदैश्वर्यंनलभंते भवंतिचकदाचित्सिद्धार्थाः २६ अकुर्वाणान्निंदति अथेति । अनीहायांचेष्टायाअभावेऐकगुण्यंएकगुणमेव
फलं यत्कर्मणामीप्सिततमानामभावोऽप्राप्तिः २७ ईहायांतुद्वैगुण्यंगुणद्वयंयत्फलंभवतिवानवेति अभावनिश्चयापेक्षयापाक्षिकफलसद्भाववतीप्रवृत्तिरेवश्रेष्ठेत्यर्थः २८ वृद्धिःपीडा वृधुहिंसायामित्यस्यरूपं समृद्धि
रैश्वर्यं तेउभेनुदेत् दूरीकुर्यात् आत्मनःपीडांपरस्यैश्वर्यंचनुदेदित्यर्थः योक्तव्यंसज्जीभवितव्यम् २९ ईश्वरैर्देवैः ३० । ३१

उद्धर्षणानिप्रोत्साहकानि अनुदर्शितंरूपंलोकवृत्तांतोयस्मैसतथा ३२ । ३३ । ३४ तेषांक्रुद्धादीनांअग्रप्रदायीभक्तंवेतनंचसर्वेभ्यःप्रथमंदेयं नचेत्सद्यःकुपितास्तेत्यजेयुरित्यर्थः ३५ त्यक्तजीवितंयुद्धेजीवितनिराकांक्षंशत्रुर्जीविताकांक्षीउद्विजते ३६ तमिति । तंशत्रुंपराक्रांतंपराक्रमवंतंविदित्वा अशक्त्यावशेस्वाज्ञायांयदिनकरोतितर्हिएनंनिर्वादैःपरिनिष्ठितैर्दूतैर्निर्वेदेवपरिनिष्ठांप्रापयेत् । सामदानेनवातंपर्यवस्थापयेदित्यर्थः । 'निर्वादःस्यात्परीवादेपरिनिष्ठितवादयोः' इति विश्वः । अंततःफलतःतवशत्रोर्वशीकरणंभविष्यति ३७ तत्रोपायमाह निर्वादादिति । एवंपरिनिष्ठिततयाआस्पदंस्थानंप्राप्तंचेत् शत्रुणाऽनुपद्रुतस्यधनवृद्ध्यादिकंसर्वंसेत्स्यतीत्यर्थः ३८ स्खलितार्थंच्युतधनं नआश्वसंतेइतिच्छेदः विश्वासंनकुर्वंतीत्यर्थः ३९ संभाव्यमेवैतदित्युपहासः असंभावितमेतत् यच्छत्रौविश्वासंकृत्वाऽपि

निदर्शनान्युपायांश्चबहून्युद्धर्षणानिच ॥ अनुदर्शितरूपोऽसिपश्यामिकुरुपौरुषम् ३२ पुरुषार्थमभिप्रेतंसमाहर्तुमिहार्हसि ॥ क्रुद्धानलुब्धान्परिक्षीणानवलिप्तान्विमानितान् ३३ स्पर्धिनश्चैवयेकेचित्तान्युक्तउपधारय ॥ एतेनत्वंप्रकारेणमहतोभेत्स्यसेगणान् ३४ महावेगइवोद्भूतोमातरिश्वाबलाहकान् ॥ तेषामग्रप्रदायीस्याःकल्योत्थायीप्रियंवदः ॥ तेत्वांप्रियंकरिष्यंतिपुरोधास्यंतिचध्रुवम् ३५ यदैवशत्रुर्जानीयात्सपत्नंत्यक्तजीवितम् ॥ तदैवास्मादुद्विजतेसर्पाद्वेश्मगतादिव ३६ तंविदित्वापराक्रांतंवशेनकुरुतेयदि ॥ निर्वादैर्निर्वदेदेनमंततस्तद्भविष्यति ३७ निर्वादादास्पदंलब्ध्वाधनवृद्धिर्भविष्यति ॥ धनवंतंहिमित्राणिभजंतेचाश्रयंतिच ३८ स्खलितार्थंपुनस्तानिसंत्यजंतिचबांधवाः ॥ अप्यस्मिन्नाश्वसंतेचजुगुप्संतेचतादृशम् ३९ शत्रुंकृत्वायःसहायंविश्वासमुपगच्छति ॥ अतःसंभाव्यमेवैतद्यद्राज्यंप्राप्नुयादिति ४० ॥ इतिश्रीमहाभारतेउद्योगपर्वणिभगवद्यानपर्वणिविदुलापुत्रानुशासने पंचत्रिंशदधिकशततमोऽध्यायः ॥ १३५ ॥ ॥

॥ मातोवाच ॥ नैवराज्ञादरःकार्योजातुकस्यांचिदापदि ॥ अथचेदपिदीर्णःस्यान्नैववर्तेतदीर्णवत् १ दीर्णंहिदृष्ट्वाराजानंसर्वमेवानुदीर्यते ॥ राष्ट्रंबलममात्याश्चपृथक्कुर्वंतितेमतीः २ शत्रूनेकेप्रपद्यंतेप्रजहत्यपरेपुनः ॥ अन्येतुप्रजिहीर्षंतियेपुरस्ताद्विमानिताः ३ यएवात्यंतसुहृदस्तएनंपर्युपासते ॥ अशक्तयःस्वस्तिकामाबद्धवत्साइडाइव ४ शोचंतमनुशोचंतिपतितानिवबांधवान् ॥ अपितेपूजिताःपूर्वमपितेसुहृदोमताः ५ येराष्ट्रमभिमन्यंतेराज्ञोव्यसनमीयुषः ॥ मादीदरस्त्वंसुहृदोमात्वांदीर्णंप्रहासिषुः ६ प्रभावंपौरुषंबुद्धिंजिज्ञासंत्यामयातव ॥ विदधत्यासमाश्वासमुक्तंतेजोविवृद्धये ७ यदेतत्संविजानासियदिसम्यग्ब्रवीम्यहम् ॥ कृत्वाऽसौम्यमिवात्मानंजयायोत्तिष्ठसंजय ८ अस्तिनःकोशनिचयोमहान्हिविदितस्तव ॥ तमहंवेदनान्यस्तमुपसंपादयामिते ९ संतिनैकशतमाभूयःसुहृदस्तवसंजय ॥ सुखदुःखसहावीरसंग्रामादनिवर्तिनः १०

राज्यंप्राप्नुयादिति ४० ॥ इतिउद्योगपर्वणिनीलकंठीये भारतभावदीपे पंचत्रिंशदधिकशततमोऽध्यायः ॥ १३५ ॥ ॥ ॥ दरोभयं जातुकदाचित् दीर्णोभीतः १ महीमितिपाठे महीस्थानलोकान् २ अपरेस्वीयाःप्रजिहीर्षंतिप्रहर्तुंताडितुमिच्छंति ३ इडाधेनवः इडाःधेनुःतद्वत्सानआगादितिमंत्रवर्णात् ४ नैतवापिसुहृदःसंति ५ येराष्ट्रंअस्मदीयमिदंअस्माभीरक्षणीयं राजाचव्यसनादुद्धर्तव्यइतिअभिमन्यन्तेअभिमानवंतः मादीदरःमाविदारय ६ समाश्वासंधैर्यं ७ । ८ । ९ । १०

११ स्वल्पचेतसोऽपितस्यतमोऽपागमदितिसंबंधः १२ उदकेमज्जंतीवभूःपिथ्र्यंराज्यं धूरितिपाठेऽपिसएवार्थः इयंमयाधार्या मग्नंराज्यंवाउद्धर्तव्यं प्रवणेनपातेवायुद्धाख्येवामर्तव्यं ननुएवमेवनिर्व्यापारेण स्थेयं नेत्रीशिक्षयित्री १३ अपरापरंअपरमपरंउत्तरोत्तरमितियावत प्रतिवदन्प्रतिकूलंवदन आयसंहृदयंतवेतिपुत्रेनिःस्नेहासीत्यादि १४ बांधवात्बंधुतः उद्यच्छामिउद्यमंकरोमि नियमार्थंनिग्रहार्थं बांध

ताद्दशाहिसहायावैपुरुषस्यबुभूषतः ॥ इष्टंजिहीर्षतःकिंचित्सचिवाःशत्रुकर्शन ११ यस्यास्त्वीदृशकंवाक्यंश्रुत्वाऽपिस्वल्पचेतसः ॥ तमस्त्वपागमत्तस्यसुचित्रार्थं पदाक्षरम् १२ ॥ पुत्रउवाच ॥ उदकेभूरियंधार्यामर्तव्यंप्रवणेमया ॥ यस्यमेभवतीनेत्रीभविष्यद्भूतिदर्शिनी १३ अहंहिवचनंत्वत्तःशुश्रूषुरपरापरम् ॥ किंचित्किंचि त्प्रतिवदंस्तूष्णीमासंमुहुर्मुहुः १४ अतृप्यन्नमृतस्येवकृच्छ्राल्लब्धस्यबांधवात् ॥ उद्यच्छाम्येषशत्रूणांनियमार्थंजयायच १५ ॥ कुंत्युवाच ॥ सदश्वइवसक्षिप्तःप्रणुन्नो वाक्यसायकैः ॥ तच्चकारतथासर्वंयथावदनुशासनम् १६ इदमुद्धर्षणंभीमंतेजोवर्धनमुत्तमम् ॥ राजानंश्रावयेन्मंत्रीसीदंतंशत्रुपीडितम् १७ जयोनामेतिहासोऽयंश्रो तव्योविजिगीषुणा ॥ महींविजयतेक्षिप्रंश्रुत्वाशत्रूंश्चमर्दति १८ इदंपुंसवनंचैववीराजननमेवच ॥ अभीक्ष्णंगर्भिणीश्रुत्वाध्रुवंवीरंप्रजायते १९ विद्याशूरंतपःशूरंदान शूरंतपस्विनम् ॥ ब्राह्म्याश्रियादीप्यमानंसाधुवादेचसंमतम् २० अर्चिष्मंतंबलोपेतंमहाभागंमहारथम् ॥ धृतिमंतमनाधृष्यंजेतारमपराजितम् २१ नियंतारमसाधू नांगोप्तारंधर्मचारिणाम् ॥ ईदृशंक्षत्रियासूतेवीरंसत्यपराक्रमम् २२ ॥ इतिश्रीमहाभारतेउद्योगपर्वणिभगवद्यानपर्वणिविदुलापुत्रानुशासनसमाप्तौषट्त्रिंशदधिक शततमोऽध्यायः ॥ १३६ ॥ ॥ कुंत्युवाच ॥ अर्जुनंकेशवब्रूयास्त्वयिजातेस्मसूतके ॥ उपोपविष्टानारीभिराश्रमेपरिवारिता १ अथांतरिक्षेवागासीद्दिव्यरूपा मनोरमा ॥ सहस्राक्षसमःकुंतिभविष्यत्येषतेसुतः २ एषजेष्यतिसंग्रामेकुरून्सर्वान्समागतान् ॥ भीमसेनद्वितीयश्चलोकमुद्वर्तयिष्यति ३ पुत्रस्तेपृथिवींजेतायश श्चास्यदिवंस्पृशेत् ॥ हत्वाकुरूंश्चसंग्रामेवासुदेवसहायवान् ४ पित्र्यमंशंप्रनष्टंचपुनरप्युद्धरिष्यति ॥ भ्रातृभिःसहितःश्रीमांस्त्रीन्मेधानाहरिष्यति ५ ससत्यसंधोबीभत्सुः सव्यसाचीयथाऽच्युत ॥ तथात्वमेवजानासिबलवंतंदुरासदम् ६ तथातदस्तुदाशार्हयथावागभ्यभाषत ॥ धर्मश्चेदस्तिवार्ष्णेयतथासत्यंभविष्यति ७ त्वंचापितत्तथा कृष्णसर्वंसंपादयिष्यसि ॥ नाहंतदभ्यसूयामियथावागभ्यभाषत ८ नमोधर्मायमहतेधर्मोधारयतिप्रजाः ॥ एतद्धनंजयोवाच्योनित्योद्युक्तोवृकोदरः ९ यदर्थंक्षत्रिया सूतेतस्यकालोऽयमागतः ॥ नहिवैरंसमासाद्यसीदंतिपुरुषर्षभाः १० विदितातेसदाबुद्धिर्भीमस्यनसशाम्यति ॥ यावदंतंनकुरुतेशत्रूणांशत्रुकर्शन ११ सर्वधर्मविशे षज्ञांस्नुषांपांडोर्महात्मनः ॥ ब्रूयामाधवकल्याणींकृष्णांकृष्णांयशस्विनीम् १२

वानितिपाठेउद्यच्छामिधारयामि १५ । १६ । १७ । १८ पुंसवनंपुत्रप्रसवकरं वीराणांआजननंयेनतद्वीराजननं प्रजायतेजनयति १९ । २० । २१ । २२ ॥ ॥ इतिउद्योगपर्वणिनीलकंठीये भारतभावदीपे षट्त्रिंशदधिकशततमोऽध्यायः ॥ १३६ ॥ ॥ अर्जुनमिति १ । २ उद्वर्तयिष्यतिआकुलीकरिष्यति लोकंशत्रुजनम् ३ । ४ । मेधान् अश्वमेधान् ५ । ६ । ७।८ । ९ । १० । ११ । १२

१३ । १४ । १५ धर्मोपचायिनांधर्मवर्धनशीलानां १६ । १७ । १८ । १९ पदवींचरमार्गमनुसर शत्रुस्त्रीणांवैधव्यार्थंयतस्वेत्यर्थः २० परांगतिंमरणं २१ । २२ । २३ । २४ । २५ । २६ । २७ नैतदस्ति

युक्तमेतन्महाभागेकुलेजातेयशस्विनि ॥ यन्मेपुत्रेपुसर्वेषुयथावत्त्वमवर्त्तिथाः १३ माद्रीपुत्रौचवक्तव्यौक्षत्रधर्मरतावुभौ ॥ विक्रमेणार्जितान्भोगान्वृणीतंजीविता दपि १४ विक्रमाधिगताह्यर्थाःक्षत्रधर्मेणजीवतः ॥ मनोमनुष्यस्यसदाप्रीणंतिपुरुषोत्तम १५ युष्मवःप्रेक्षमाणानांसर्वधर्मोपचायिनाम् ॥ पांचालीपरुषाण्युक्ताकोनु तत्क्षंतुमर्हति १६ नराज्यहरणंदुःखंद्यूतेचापिपराजयः ॥ प्रव्राजनंसुतानांवानमेतद्दुःखकारणम् १७ यत्रसाबृहतीश्यामासभायांरुदतीतदा ॥ अश्रौषीत्परुषावाचस्त न्मेदुःखतरंमहत् १८ स्त्रीधर्मिणीवरारोहाक्षत्रधर्मरतासदा ॥ नाध्यगच्छत्तदानाथंकृष्णानाथवतीसती १९ तंवैब्रूहिमहाबाहोसर्वशस्त्रभृतांवरम् ॥ अर्जुनंपुरुषव्याघ्रं द्रौपद्याःपदवींचर २० विदितंहितवात्यंतंक्रुद्धाविवयमांतकौ ॥ भीमार्जुनौनयेतांहिदेवानपिपरांगतिम् २१ तयोश्चैतदवज्ञानंयत्साकृष्णासभागता ॥ दुःशासनश्चय द्भीमंकटुकान्यभ्यभाषत २२ पश्यतांकुरुवीराणांतच्चसंस्मारयेःपुनः ॥ पांडवान्कुशलंपृच्छेःसपुत्रान्कृष्णयासह २३ मांचकुशलिनींब्रूयास्तेपुभूयोजनार्दन ॥ अरिष्टं गच्छपंथानंपुत्रान्मेप्रतिपालय २४ ॥ वैशंपायनउवाच ॥ अभिवाद्याथतांकृष्णःकृत्वाचापिप्रदक्षिणम् ॥ निश्चक्राममहाबाहुःसिंहखेलगतिस्ततः २५ ततोविसर्ज यामासभीष्मादीन्कुरुपुंगवान् ॥ आरोप्याथरथेकर्णंप्रायात्सात्यकिनासह २६ ततःप्रयातेदाशार्हेकुरवःसंगतामिथः ॥ जजल्पुर्महदाश्चर्यंकेशवेपरमाद्भुतम् २७ प्रमू ढापृथिवीसर्वामृत्युपाशवशीकृता ॥ दुर्योधनस्यबालिश्यान्नैतदस्तीतिचाब्रुवन् २८ ततोनिर्यायनगरात्प्रययौपुरुषोत्तमः ॥ मंत्रयामासचतदाकर्णेनसुचिरंसह २९ विसर्जयित्वाराधेयंसर्वयादवनंदनः ॥ ततोजवेनमहतातूर्णमश्वानचोदयत् ३० तेपिबंतइवाकाशंदारुकेणप्रचोदिताः ॥ हयाजग्मुर्महावेगामनोमारुतरंहसः ३१ तेव्यतीत्यमहाध्वानंक्षिप्रंश्येनाइवाशुगाः ॥ उच्चैर्जग्मुरुपप्लव्यंशार्ङ्गधन्वानमावहन् ३२ ॥ इतिश्रीमहाभारतेउद्योगपर्वणिभगवद्यानपर्वणि कुंतीवाक्येसप्तत्रिंशद धिकशततमोऽध्यायः ॥ १३७ ॥ ॥ वैशंपायनउवाच ॥ कुंत्यास्तुवचनंश्रुत्वाभीष्मद्रोणौमहारथौ ॥ दुर्योधनमिदंवाक्यमूचतुःशासनातिगम् १ श्रुतंते पुरुषव्याघ्रकुंत्याःकृष्णस्यसंनिधौ ॥ वाक्यमर्थवदत्युग्रमुक्तंधर्म्यमनुत्तमम् २ तत्करिष्यंतिकौन्तेयावासुदेवस्यसंमतम् ॥ नहितेजातुशाम्येरन्नृतेराज्येनकौरव ३ क्लेशिताहित्वयापार्थाधर्मपाशसितास्तदा ॥ सभायांद्रौपदीचैवतैश्चतन्मर्षितंतव ४ कृतास्त्रंह्यर्जुनंप्राप्यभीमंचकृतनिश्चयम् ॥ गांडीवंचेषुधीचैवरथंचध्वजमेवच ५ नकुलंसहदेवंचबलवीर्यसमन्वितौ ॥ सहायंवासुदेवंचनक्षंस्यतियुधिष्ठिरः ६ प्रत्यक्षंतेमहाबाहोयथापार्थेनधीमता ॥ विराटनगरेपूर्वंसर्वेस्मयुधिनिर्जिताः ७ दानवा घोरकर्माणोनिवातकवचायुधि ॥ रौद्रमस्त्रंसमादायदग्धावानरकेतुना ८

राष्ट्रमितिशेषः २८ निर्यायनिर्गत्य २९ । ३० । ३१ उपप्लव्यंविराटनगरं ३२ ॥ इतिउ० नीलकण्ठीये भारतभावदीपे सप्तत्रिंशदधिकशततमोऽध्यायः ॥१३७॥ कुंत्याइति १ । २ । ३ । ४ । ५ । ६ । ७ । ८

प्रशाम्यप्रशमंकुरु ९ । १० । ११ । १२ । १३ । १४ । १५ । १६ आश्विनेयौ अश्विनोःपुत्रौनकुलसहदेवौ १७ । १८ । १९ वारणंप्रतिषेधम् २० । २१ । २२ । २३ दीप्तांदिसमितिदिग्दाहा

कर्णप्रभृतयश्चेमेत्वंचापिकवचीरथी ॥ मोक्षितोघोषयात्रायांपर्याप्तंतन्निदर्शनम् ॥ प्रशाम्यभरतश्रेष्ठभ्रातृभिःसहपांडवैः ९ रक्षेमांपृथिवींसर्वांमृत्योर्दंष्ट्रांतरंग
ताम् ॥ ज्येष्ठोभ्राताधर्मशीलोवत्सलःश्लक्ष्णवाक्कविः १० तंगच्छपुरुषव्याघ्रंव्यपनीयेहकिल्बिषम् ॥ दृष्टश्चत्वंपांडवेनव्यपनीतशरासनः ११ प्रशांतभ्रुकुटिः
श्रीमान्कृताशांतिःकुलस्यनः ॥ तमभ्येत्यसहामात्यःपरिष्वज्यनृपात्मजम् १२ अभिवादयराजानंयथापूर्वमरिंदम ॥ अभिवादयमानंत्वांपाणिभ्यांभीमपूर्वजः
१३ प्रतिगृह्णातुसौहार्दात्कुंतीपुत्रोयुधिष्ठिरः ॥ सिंहस्कंधोरुबाहुस्त्वांवृत्तायतमहाभुजः १४ परिष्वजतुबाहुभ्यांभीमःप्रहरतांवरः ॥ कंबुग्रीवोगुडाकेशस्ततस्त्वां
पुष्करेक्षणः १५ अभिवादयतांपार्थःकुंतीपुत्रोधनंजयः १६ आश्विनेयौनरव्याघ्रौरूपेणाप्रतिमौभुवि ॥ तौचत्वांगुरुवत्प्रेम्णापूजयाप्रत्युदीयताम् १७ मुंचं
त्वानंदजाश्रूणिदाशार्हप्रमुखानृपाः ॥ संगच्छभ्रातृभिःसार्धंमानंसंत्यज्यपार्थिव १८ प्रशाधिपृथिवींकृत्स्नांततस्त्वंभ्रातृभिःसह ॥ समालिंग्यचहर्षेणनृपायां
तुपरस्परम् १९ अलंयुद्धेनराजेन्द्रसुहृदांशृणुवारणम् ॥ ध्रुवंविनाशोयुद्धेहिक्षत्रियाणांप्रदृश्यते २० ज्योतींषिप्रतिकूलानिदारुणामृगपक्षिणः ॥ उत्पातावि
विधावीरदृश्यंतेक्षत्रनाशनाः २१ विशेषतइहास्माकंनिमित्तानिनिवेशने ॥ उल्काभिर्हिप्रदीप्ताभिर्बाध्यतेपृतनातव २२ वाहनान्यप्रहृष्टानिरुदंतीवविशांपते ॥
गृध्रास्तेपर्युपासंतेसैन्यानिचसमंततः २३ नगरंनयथापूर्वंतथाराजनिवेशनम् ॥ शिवाश्चाशिवनिर्घोषादीप्तांसेवंतिवैदिशम् २४ कुरुवाक्यंपितुर्मातुरस्मा
कंचहितैषिणाम् ॥ त्वय्यायत्तोमहाबाहोशमोव्यायामएवच २५ नचेत्करिष्यसिवचःसुहृदामरिकर्शन ॥ तप्स्यसेवाहिनींदृष्ट्वापार्थबाणप्रपीडिताम् २६ भीम
स्यचमहानादंनदतःशुष्मिणोरणे ॥ श्रुत्वास्मर्तासिमेवाक्यंगांडीवस्यचनिःस्वनम् ॥ यद्येतदपसव्यंतेवचोममभविष्यति २७ ॥ इतिश्रीमहाभारते उद्योग
पर्वणिभगवद्यानपर्वणिभीष्मद्रोणवाक्ये अष्टत्रिंशदधिकशततमोऽध्यायः ॥ १३८ ॥ ॥ वैशंपायनउवाच ॥ एवमुक्तस्तुविमनास्तिर्यग्दृष्टिरधोमुखः
॥ संहत्यचभ्रुवोर्मध्यंनकिंचिद्व्याजहारह १ तंवैविमनसंदृष्ट्वासंप्रेक्ष्यान्योन्यमंतिकात् ॥ पुनरेवोत्तरंवाक्यमुक्तवंतौनरर्षभौ २ ॥ भीष्मउवाच ॥ शुश्रूषुमनसू
यंचब्रह्मण्यंसत्यवादिनम् ॥ प्रतियोत्स्यामहेपार्थमतोदुःखतरंनुकिम् ३ ॥ द्रोणउवाच ॥ अश्वत्थाम्नियथापुत्रेभूयोममधनंजये ॥ बहुमानःपरोराजन्सन्नति
श्चकपिध्वजे ४ तंचपुत्रात्प्रियतमंप्रतियोत्स्येधनंजयम् ॥ क्षात्रंधर्ममनुष्ठायधिगस्तुक्षत्रजीविकाम् ५ यस्यलोकेसमोनास्तिकश्चिदन्योधनुर्धरः ॥ मत्प्रसादा
त्सबीभत्सुःश्रेयानन्यैर्धनुर्धरैः ६ मित्रध्रुग्दुष्टभावश्चनास्तिकोऽथानृजुःशठः ॥ नसत्सुलभतेपूजांयज्ञेमूर्खइवागतः ७

त्पयउत्पातउक्तः २४ । २५ । २६ शुष्मिणःबलिनः अपसव्यंविपरीतं यदिनिर्घातसदृशमितिपाठे निर्घातसदृशंवज्रपाततुल्यं २७ ॥ ॥ इति उद्योगपर्वणि नीलकंठीये भारतभावदीपे अष्टत्रिंशद
धिकशततमोऽध्यायः ॥ १३८ ॥ ॥ ॥ ॥ एवमिति १ । २ । ३ । ४ । ५ । ६ पूजांनलभवे हेदुर्योधनत्वद्वव ७

८ एतेपांडवास्त्वयामिथ्योपचरिताअपिअनुपश्चात्तिरयेरर्तमामा हिप्रसिद्धं तत्रतुदोषाःद्वेषादयःअहितत्वायवैरभावायकल्पंते ९ । १० उष्णगेउष्णातिम .र्षाकाले ११ वासएवेतिपाठेवासगृहे पाठांतरे त्यक्तंवासोवस्त्रंपरकीयंस्वीयमितिमन्यसेइतियोज्यं १२ । १३ ऐलविलंकुबेरंआसाद्यरणेप्राप्य १४ । १५ । १६ । १७ । १८ । १९ । २० । २१ । २२ इतिउद्योगपर्वणिनीलकंठीयेभारतभावदीपेएको

॥११२॥ वार्यमाणोऽपिपापेभ्यःपापात्मापापमिच्छति ॥ चोद्यमानोऽपिपापेनशुभात्माशुभमिच्छति ८ मिथ्योपचरिताह्येतेवर्तमानाह्यनुप्रिये ॥ अहितत्वायकल्पंतेदो षाभरतसत्तम ९ त्वमुक्तःकुरुवृद्धेनमयाचविदुरेणच ॥ वासुदेवेनचतथाश्रेयोनैवाभिमन्यसे १० अस्तिमेबलमित्येवसहसात्वंतितीर्षसि ॥ सग्राहनक्रमकरंगं गावेगमिवोष्णगे ११ वासश्चैवयथाहित्वंप्रावृण्वानोऽभिमन्यसे ॥ स्रजंत्यक्तामिवप्राप्यलोभाद्यौधिष्ठिरींश्रियम् १२ द्रौपदीसहितंपार्थंसायुधैर्भ्रातृभिर्वृतम् ॥ वनस्थमपिराज्यस्थःपांडवंकोविजेष्यति १३ निदेशेयस्यराजानःसर्वेतिष्ठंतिकिंकराः ॥ तमैलविलमासाद्यधर्मराजोव्यराजत १४ कुबेरसदनंप्राप्यततोरत्नान्य वाप्यच ॥ स्फीतमाक्रम्यतेराष्ट्रंराज्यमिच्छंतिपांडवाः १५ दत्तंहुतमधीतंचब्राह्मणास्तर्पिताधनैः ॥ आवयोर्गतमायुश्चकृतकृत्यौचविद्धिनौ १६ त्वंतुहित्वासु खंराज्यंमित्राणिचधनानिच ॥ विग्रहंपांडवैःकृत्वामहद्व्यसनमाप्स्यसि १७ द्रौपदीयस्यचाशास्तेविजयंसत्यवादिनी ॥ तपोघोरव्रतादेवीकथंजेष्यसिपांडवम् १८ मंत्रीजनार्दनोयस्यभ्रातायस्यधनंजयः । सर्वशस्त्रभृतांश्रेष्ठःकथंजेष्यसिपांडवम् १९ सहायाब्राह्मणायस्यधृतिमंतोजितेंद्रियाः ॥ तमुग्रतपसंवीरंकथंजेष्यसिपांडव म् २० पुनरुक्तंचवक्ष्यामियत्कार्यंभूतिमिच्छता ॥ सुहृदामज्जमानेषुसुहृत्सुव्यसनार्णवे २१ अलंयुद्धेनतैर्वीरैःशाम्यत्वंकुरुवृद्धये ॥ मागमःससुतामात्यःस बलश्चपराभवम् २२ ॥ इतिश्रीमहाभारतेउद्योगपर्वणिभगवद्यानपर्वणिभीष्मद्रोणवाक्येएकोनचत्वारिंशदधिकशततमोऽध्यायः ॥ १३९ ॥ धृतराष्ट्रउवाच ॥ राजपुत्रैःपरिवृतस्तथाभृत्यैश्चसंजय ॥ उपारोप्यरथेकर्णंनिर्यातोमधुसूदनः १ किमब्रवीद्रथेयात्माराधेयंपरवीरहा ॥ कानिसांत्वानिगोविंदःसूतपुत्रेप्रयुक्तवान् २ उद्यन्मेघस्वनःकालेकृष्णःकर्णमथाब्रवीत् ॥ मृदुवायदिवातीक्ष्णंतन्ममाचक्ष्वसंजय ३ ॥ संजयउवाच ॥ आनुपूर्व्येणवाक्यानितीक्ष्णानिचमृदूनिच ॥ प्रियाणिधर्मयुक्तानिसत्यानिचहितानिच ४ हृदयग्रहणीयानिराधेयंमधुसूदनः ॥ यान्यब्रवीदमेयात्मातानिमेशृणुभारत ५ ॥ वासुदेवउवाच ॥ उपासि तास्तेराधेयब्राह्मणावेदपारगाः तत्त्वार्थंपरिपृष्टाश्चनियतेनानसूयया ६ त्वमेवकर्णजानासिवेदवादान्सनातनान् ॥ त्वमेवधर्मशास्त्रेषुसूक्ष्मेषुपरिनिष्ठितः ७ कानी नश्चसहोढश्चकन्यायांयश्चजायते ॥ वोढारंपितरंतस्यप्राहुःशास्त्रविदोजनाः ८ सोऽसिकर्णतथाजातःपांडोःपुत्रोऽसिधर्मतः ॥ निग्रहाद्धर्मशास्त्राणामेहिराजाभ विष्यसि ९ पितृपक्षेचतेपार्थामातृपक्षेचवृष्णयः ॥ द्वौपक्षावभिजानीहित्वमेतौपुरुषर्षभ १० मयासार्द्धमितोयातमद्यत्वांतातपांडवाः ॥ अभिजानंतुकौन्तेयं पूर्वजातंयुधिष्ठिरात् ११ पादौतवग्रहीष्यंतिभ्रातरःपंचपांडवाः ॥ द्रौपदेयास्तथापंचसौभद्रश्चापराजितः १२ ॥११२॥

नचत्वारिंशदधिकशततमोऽध्यायः ॥ १३९ । राजपुत्रैरिति १ । २ । ३ । ४ । ५ । ६ । ७ कानीनोद्विविधः सहोढःविवाहादूर्ध्वंजातः विवाहात्प्राग्जातश्चतन्मातुर्वोढारंतस्यपितरंप्राहुः ८ । ९ । १० । ११ । १२

१३ । १४ । १५ । १६ । १७ । १८ । १९ । २० । २१ । २२ । २३ । २४ । २५ । २६ । २७ । २८ । २९ ॥ इतिउद्योगपर्वणि नीलकंठीये भारतभावदीपे चत्वारिंशद

राजानोराजपुत्राश्चपांडवार्थंसमागताः ॥ पादौतवग्रहीष्यंतिसर्वेचांधकवृष्णयः १३ हिरण्मयांश्चतेकुंभान्राजतान्पार्थिवांस्तथा ॥ ओषध्यःसर्वबीजानिसर्वरत्ना
निवीरुधः १४ राजन्याराजकन्याश्चाप्यानयंत्वभिषेचनम् ॥ षष्ठेत्वांचतथाकालेद्रौपद्युपगमिष्यति १५ अग्निंजुहोतुवैधौम्यःसंशितात्माद्विजोत्तमः ॥ अ
द्यत्वामभिषिंचंतुचातुर्वैद्याद्विजातयः १६ पुरोहितःपांडवानांब्रह्मकर्मण्यवस्थितः ॥ तथैवभ्रातरःपंचपांडवाःपुरुषर्षभाः १७ द्रौपदेयास्तथापंचपंचालाश्चेदय
स्तथा ॥ अहंचत्वाऽभिषेक्ष्यामिराजानंपृथिवीपतिम् १८ युवराजोऽस्तुतेराजाधर्मपुत्रोयुधिष्ठिरः ॥ गृहीत्वाव्यजनंश्वेतंधर्मात्मासंशितव्रतः १९ उपान्वारो
हतुरथंकुंतीपुत्रोयुधिष्ठिरः ॥ छत्रंचतेमहाश्वेतंभीमसेनोमहाबलः २० अभिषिक्तस्यकौन्तेयोधारयिष्यतिमूर्धनि ॥ किंकिणीशतनिर्घोषंवैयाघ्रपरिवारणम् २१
रथंश्वेतहयैर्युक्तमर्जुनोवाहयिष्यति ॥ अभिमन्युश्चतेनित्यंप्रत्यासन्नोभविष्यति २२ नकुलःसहदेवश्चद्रौपदेयाश्चपंचये ॥ पंचालाश्चानुयास्यंतिशिखंडीचमहा
रथः २३ अहंचत्वाऽनुयास्यामिसर्वेचांधकवृष्णयः ॥ दाशार्हाःपरिवारास्तेदाशार्णाश्चविशांपते २४ भुंक्ष्वराज्यंमहाबाहोभ्रातृभिःसहपांडवैः ॥ जपैर्होमैश्च
संयुक्तोमंगलैश्चपृथग्विधैः २५ पुरोगमाश्चतेसंतुद्रविडाःसहकुंतलैः ॥ आंध्रास्तालचराश्चैवचूचुपावेणुपास्तथा २६ स्तुवंतुत्वांचबहुभिःस्तुतिभिःसूतमागधाः ॥
विजयंवसुषेणस्यघोषयंतुचपांडवाः २७ सत्वंपरिवृतःपार्थैर्नक्षत्रैरिवचंद्रमाः ॥ प्रशाधिराज्यंकौन्तेयकुंतींचप्रतिनंदय २८ मित्राणितेप्रहृष्यंतुव्यथंतुरिपवस्तथा ॥
सौभ्रात्रंचैवतेऽद्यास्तुभ्रातृभिःसहपांडवैः २९ ॥ इतिश्रीमहाभारतेउद्योगपर्वणिभगवद्यानपर्वणिश्रीकृष्णवाक्येचत्वारिंशदधिकशततमोऽध्यायः ॥ १४० ॥ ॥
॥ कर्णउवाच ॥ असंशयंसौहृदान्मेप्रणयाच्चात्थकेशव ॥ सख्येनचैववार्ष्णेयश्रेयस्कामतयैवच १ सर्वंचैवाभिजानामिपांडोःपुत्रोऽस्मिधर्मतः ॥ निग्रहाद्धर्म
शास्त्राणांयथात्वंकृष्णमन्यसे २ कन्यागर्भंसमाधत्तभास्करान्मांजनार्दन ॥ आदित्यवचनाच्चैवजातंमांसाव्यसर्जयत् ३ सोस्मिकृष्णतथाजातःपांडोःपुत्रोस्मिधर्मतः ॥
कुंत्यात्वहमपाकीर्णोयथानकुशलंतथा ४ सूतोहिमामधिरथोदृष्ट्वैवाभ्यानयद्गृहान् ॥ राधायाश्चैवमांप्रादात्सौहार्दान्मधुसूदन ५ मत्स्नेहाच्चैवराधायाःसद्यःक्षीरम
वातरत् ॥ सामेमूत्रंपुरीषंचप्रतिजग्राहमाधव ६ तस्याःपिंडव्यपनयंकुर्यादस्मद्विधःकथम् ॥ धर्मविद्धर्मशास्त्राणांश्रवणेसततंरतः ७ तथामामभिजानाति
सूतश्चाधिरथःसुतम् ॥ पितरंचाभिजानामितमहंसौहृदात्सदा ८ सहिमेजातकर्मादिकारयामासमाधव ॥ शास्त्रदृष्टेनविधिनापुत्रप्रीत्याजनार्दन ९ नामवैवसु
षेणेतिकारयामासवैद्विजैः ॥ भार्याश्चोढाममप्राप्तेयौवनेतत्परिग्रहात् १०

धिकशततमोऽध्यायः ॥ १४० ॥ ॥ ॥ ॥ असंशयमिति १ । २ । ३ । ४ । ५ । ६ । ७ । ८ । ९ । १०

११ । १२ । १३ आवाहाःकुलधर्माः आवाषाइतिपाठेऽपिसएवार्थः १४ मांचमित्रमितिशेषःशस्त्रसमुद्यमःयुद्धोत्साहः १५ । १६ वधात्त्वंप्राप्यापि बंधात्निर्बंधात्कुंतीसंबंधाद्वा भयात्पराजयभयात् १७ उभयोरपिअकीर्तिःउभाभ्यामप्यन्योन्यवधस्यप्रतिज्ञातत्वात् १८ ब्रूयास्त्वंपांडवान्प्रतीतिशेषः त्वद्वशित्वात्त्वमेववशीनियामकोयेषांतेषांभावस्तत्त्वंततः १९ मंत्रस्य कर्णःकुंतीसुतइत्येवंविधस्य आवयोर्गुप्तपरिभाषणस्यनियमंगोपनंयुधिष्ठिरेऽप्रकाशनमितियावत् २० अन्यथाबाधकमाह यदीति २१ इष्टापत्तिमाशंक्याह प्राप्येति। अधर्मिष्ठस्यदुर्योधनस्यराज्यंलोकनाशकरमितिभावः २२ । २३ । २४ । २५

तासुपुत्राश्चपौत्राश्चममजाताजनार्दन ॥ तासुमेहृदयंकृष्णसंजातंकामबंधनम् ११ नष्टथिव्यासकलयानसुवर्णस्यराशिभिः ॥ हर्षाद्भयाद्वागोविंदमिथ्याकर्तुंतदुत्सहे १२ धृतराष्ट्रकुलेकृष्णदुर्योधनसमाश्रयात् ॥ मयात्रयोदशसमाभुक्तंराज्यमकंटकम् १३ इष्टंचबहुभिर्यज्ञैःसहसूतैर्मयाऽसकृत् ॥ आवाहाश्चविवाहाश्चसहसूतैर्मयाकृताः १४ मांचकृष्णसमासाद्यकृतःशस्त्रसमुद्यमः ॥ दुर्योधनेनवार्ष्णेयविग्रहश्चापिपांडवैः १५ तस्माद्रणेद्वैरथेमांप्रत्युद्यातारमच्युत ॥ हृतवान्परमंकृष्णप्रतीपंसव्यसाचिनः १६ वधाद्बंधाद्भयाद्वाऽपिलोभाद्वापिजनार्दन ॥ अनृतंनोत्सहेकर्तुंधार्तराष्ट्रस्यधीमतः १७ यदिह्यद्यनगच्छेयंद्वैरथंसव्यसाचिना ॥ अकीर्तिःस्याद्धृषीकेशममपार्थस्यचोभयोः १८ असंशयंहितार्थायब्रूयास्त्वंमधुसूदन ॥ सर्वेचपांडवाःकुर्युस्त्वद्वशित्वान्नसंशयः १९ मंत्रस्यनियमंकुर्यास्त्वमत्रमधुसूदन ॥ एतदत्रहितंमन्येसर्वयादवनंदन २० यदिजानातिमांराजाधर्मात्मासंयतेंद्रियः ॥ कुंत्याःप्रथमजंपुत्रंनसराज्यंग्रहीष्यति २१ प्राप्यचापिमहद्राज्यंतदहंमधुसूदन ॥ स्फीतंदुर्योधनायैवसंप्रदद्यामरिंदम २२ सएवराजाधर्मात्माशाश्वतोऽस्तुयुधिष्ठिरः ॥ नेतायस्यहृषीकेशोयोद्धायस्यधनंजयः २३ पृथिवीतस्यराष्ट्रंचयस्यभीमोमहारथः ॥ नकुलःसहदेवश्चद्रौपदेयाश्चमाधव २४ धृष्टद्युम्नश्चपांचाल्यःसात्यकिश्चमहारथः ॥ उत्तमौजायुधामन्युःसत्यधर्माचसौमकिः २५ चैद्यश्चचेकितानश्चशिखंडीचापराजितः ॥ इंद्रगोपकवर्णाश्चकेकयाभ्रातरस्तथा ॥ इंद्रायुधसवर्णश्चकुंतिभोजोमहामनाः २६ मातुलोभीमसेनस्यश्येनजिच्चमहारथः ॥ शंखःपुत्रोविराटस्यनिधिस्त्वंचजनार्दन २७ महानयंकृष्णकृतःक्षत्रस्यसमुदानयः ॥ राज्यंप्राप्तमिदंदीप्तंप्रथितंसर्वराजसु २८ धार्तराष्ट्रस्यवार्ष्णेयशस्त्रयज्ञोभविष्यति ॥ अस्ययज्ञस्यवेत्तात्वंभविष्यसिजनार्दन २९ आध्वर्यवंचतेकृष्णक्रतावस्मिन्भविष्यति ॥ होताचैवात्रबीभत्सुःसन्नद्धःसकपिध्वजः ३० गांडीवंस्रुक्तथाचाऽऽज्यंवीर्यंपुंसांभविष्यति ॥ ऐंद्रंपाशुपतंब्राह्मंस्थूणाकर्णंचमाधव ॥ मंत्रास्तत्रभविष्यंतिप्रयुक्ताःसव्यसाचिना ३१

इंद्रगोपकःवर्षासुप्रचलन्रक्तजंतुस्तद्वर्णास्ताम्राइत्यर्थः इंद्रायुधंइंद्रधनुः २६ निधिस्त्वंचजनार्दन निधिरिवाक्षयःकामपूरकः २७ समुदानयःसमुदायीकरणं २८ अस्ययज्ञस्यवेत्ताउपद्रष्टा २९ आध्वर्यवंयज्ञस्यनेतृत्वं लोकेहिउपद्रष्टाऽन्योऽध्वर्युरन्योदृश्यते अत्रतुत्वमेवईश्वररूपेणकर्ताब्रह्मरूपेणसाक्षीचेतिभावः ३० । ३१

अनुयातोऽनुगतःपितृसमइत्यर्थः गीतंस्तोत्रंप्रगीतमंत्रप्रसाध्यांस्तुतिं उद्गातृकर्मेत्यर्थः ततसौभद्रःभविष्यतिअनुभविष्यतिकरिष्यतीत्यर्थः ३२ । ३३ कारयिष्यतिस्वार्थेणिच् करिष्यतीत्यर्थः ३४ नाद एवसुब्रह्मण्योयुद्धयज्ञेभोक्तुःकालस्यावाहनकर्ता ३५ शामित्रंक्षत्रियपशूनांमारणं ३६ कल्माषदंडाश्चिब्रध्वजाः ३७ कर्णिप्रभृतयोवत्सदन्तांताःउपबृंहणाःअध्वर्योःसोमाहुतिप्रक्षेपकालेसहायाश्चमसाध्वर्यव इत्यर्थः । सोमकलशाःसोमरसग्रहणपात्राणि तोमराःतोमरच्छायाः पवित्राणिसोमोत्पवनसाधनानिबाणोत्क्षेपणसाम्यात्धनूंषि ३८ कपालानिशिरःपुरोडाशपाचकानिखर्परशकलानि । हविःसा माज्यपयोरूपं ३९ इध्माःअग्निसमिंधनार्था समिधःशक्तयः परिधयःअग्नेःपरितःआहुतिरक्षणार्थंस्थापितानिकाष्ठानिगदाः ४० परिस्तोमाःसोमचमसादयः ४१ प्रतिप्रस्थाताऽध्वर्योस्तवद्द्वितीयः

अनुयातश्चपितरमधिकोवापराक्रमे ॥ गीतंस्तोत्रंससौभद्रःसम्यक्कृतत्रभविष्यति ३२ उद्गाताऽत्रपुनर्भीमःप्रस्तोतासुमहाबलः ॥ विनदन्सनरव्याघ्रोनागानीकांतकृद्रणे ३३ सचैवतत्रधर्मात्माशश्वद्राजायुधिष्ठिरः ॥ जपैर्होमैश्चसंयुक्तोब्रह्मत्वंकारयिष्यति ३४ शंखशब्दाःसमुरजाभेर्यश्चमधुसूदन ॥ उत्कृष्टसिंहनादश्चसुब्रह्मण्योभविष्यति ३५ नकुलःसहदेवश्चमाद्रीपुत्रौयशस्विनौ ॥ शामित्रंतौमहावीर्यौसम्यक्कृतत्रभविष्यतः ३६ कल्माषदंडागोविंदविमलारथशक्तयः ॥ यूपाःसमुपकल्पन्तामस्मिन्यज्ञेजनार्दन ३७ कर्णिनालीकनाराचावत्सदन्तोपबृंहणाः ॥ तोमराःसोमकलशाःपवित्राणिधनूंषिच ३८ असयोऽत्रकपालानिपुरोडाशाःशिरांसिच ॥ हविस्तुरुधिरंकृष्णतस्मिन्यज्ञेभविष्यति ३९ इध्माःपरिधयश्चैवशक्तयोविमलागदाः ॥ सदस्याद्रोणशिष्याश्चकृपस्यचशरद्वतः ४० इषवोऽत्रपरिस्तोमामुक्तागांडीवधन्वना ॥ महारथप्रयुक्ताश्चद्रोणद्रौणिप्रचोदिताः ४१ प्रतिप्रास्थानिकंकर्मसात्यकिस्तुकरिष्यति ॥ दीक्षितोधार्तराष्ट्रोऽत्रपत्नीचास्यमहाचमूः ४२ घटोत्कचोऽत्रशामित्रंकरिष्यतिमहाबलः ॥ अतिरात्रेमहाबाहोवितितेयज्ञकर्मणि ४३ दक्षिणात्वस्ययज्ञस्यधृष्टद्युम्नःप्रतापवान् ॥ वैतानिकेकर्ममुखेजातोयत्कृष्णपावकात् ४४ यदब्रुवमहंकृष्णकटुकानिस्मपांडवान् ॥ प्रियार्थंधार्तराष्ट्रस्यतेनतप्येह्यकर्मणा ४५ यदाद्रक्ष्यसिमांकृष्णनिहतंसव्यसाचिना ॥ पुनश्चित्तिस्तदाचास्ययज्ञस्याथभविष्यति ४६ दुःशासनस्यरुधिरंयदापास्यतिपांडवः ॥ आनर्दंनर्दतःसम्यक्तदासूत्यंभविष्यति ४७ यदाद्रोणंचभीष्मंचपांचाल्यौपातयिष्यतः ॥ तदायज्ञावसानंतद्भविष्यतिजनार्दन ४८ दुर्योधनंयदाहंताभीमसेनोमहाबलः ॥ तदासमाप्स्यतेयज्ञोधार्तराष्ट्रस्यमाधव ४९ स्नुषाश्चप्रस्नुषाश्चैवधृतराष्ट्रस्यसंगताः ॥ हतेश्वरानष्टपुत्राहतनाथाश्चकेशव ५० रुदंत्यःसहगांधार्याश्वगृध्रकुरराकुले ॥ सयज्ञेऽस्मिन्नवभृथोभविष्यतिजनार्दन ५१

तस्यकर्मप्रतिप्रास्थानिकं ४२ अतिरात्रेक्रतौ श्लेषेणनिशीथेचघटोत्कचःरात्रिचरत्वात्शामित्रंकरिष्यति ४३ वैतानिकेवितानोऽग्नीनांविस्तरःतत्रविदितेवैतानिकेश्रौतयज्ञे कर्ममुखेकर्मप्रभवेद्वारेक मैवमुखंनिर्गमद्वारंयस्मिन्क्रतुयोनिःतस्मिन् ४४ पांडवेषुस्नेहंदर्शयतियदब्रुवमिति ४५ पुनश्चित्तिर्यज्ञानंतरंचयनारंभोयज्ञविशेषेपूक्तः ४६ आनर्दंमहानादंनर्दतःणमुलंतंपूर्वपदं सूत्यंसोमाभिषवः राजसूयसूर्येतिनिपातनात्उपपदयोगस्त्वनित्यःआर्षोवा तदभावेऽपिसुञः क्यप्दीर्घश्च सुत्यमित्यपिपठंति ४७ यज्ञावसानंयज्ञस्यमध्येमध्येविरम्यावस्थानं ४८ । ४९ प्रस्नुषाःस्नुषाणामपिस्नुषाः संगताएकीभूताः हतेश्वराःईश्वरोराजा नाथःपतिः ५० स्नुपादयोयद्रुदन्त्योऽश्रुभिरार्द्रदेहाःसएवार्द्रीभावोऽवभृथइत्यर्थः ५१

इदंयुद्धंश्रेयएवेत्याह विद्येति । वृथाअयुद्धेन ५२ । ५३ । ५४ । ५५ समागमेषुसंग्रामेषु यशोजयःपराक्रमेणमृत्युर्वातदेवक्षत्रियाणांधनं ५६ । ५७ ॥ ॥ इतिउद्योगपर्वणिनीलकंठीयेभारतभावदीपे एकचत्वारिंशदधिकशततमोऽध्यायः ॥ १४१ ॥ ॥ कर्णस्येति १ राज्यलंभोपपादनंराज्यप्राप्त्युपायस्त्वांनलभेतनस्पृशेत् तंनस्वीयंमन्यसेइत्यर्थः २ । ३ भौमनेनविश्वकर्मणा दर्शयंतिपश्यंति । स्वाश्रयंगतोऽयंकंडवादेराकृतिगणत्वात् अत्रध्वजे ४ । ५ अग्निमारुतेआग्नेयंमारुतंच ६ नतदेति । कृतेहिसर्वेकृतकृत्याएवेतिनत्रिवर्गंकश्चिदपेक्षते । त्रेतायांतुधर्मप्राधान्येनार्थकामावानुषंगिकत्वेनचापेक्षंते ।

विद्यात्वृद्धावयोवृद्धाःक्षत्रियाःक्षत्रियर्षभ ॥ वृथामृत्युंनकुर्वीरंस्त्वत्कृतेमधुसूदन ५२ शस्त्रेणनिधनंगच्छेत्समृद्धंक्षत्रमंडलम् ॥ कुरुक्षेत्रेपुण्यतमेत्रैलोक्यस्यापि केशव ५३ तदत्रपुंडरीकाक्षविधत्स्वयदभीप्सितम् ॥ यथाकार्त्स्न्येनवार्ष्णेयक्षत्रंस्वर्गमवाप्नुयात् ५४ यावत्स्थास्यंतिगिरयःसरितश्चजनार्दन ॥ तावत्कीर्तिभवःशब्दःशाश्वतोऽयंभविष्यति ५५ ब्राह्मणाःकथयिष्यंतिमहाभारतमाहवम् ॥ समागमेषुवार्ष्णेयक्षत्रियाणांयशोधनम् ५६ समुपानयकौन्तेयंयुद्धायमकेशव ॥ मंत्रसंवरणंकुर्वन्नित्यमेवपरंतप ५७ ॥ इतिश्रीमहाभारतेउद्योगपर्वणिभगवद्यानपर्वणिकर्णोपनिवादेएकचत्वारिंशदधिकशततमोऽध्यायः ॥ १४१ ॥ संजयउवाच ॥ कर्णस्यवचनंश्रुत्वाकेशवःपरवीरहा ॥ उवाचप्रहसन्वाक्यंस्मितपूर्वमिदंयथा १ ॥ श्रीभगवानुवाच ॥ अपित्वांनलभेत्कर्णराज्यलंभोपपादनम् ॥ मयादत्तांहिपृथिवींनप्रशासितुमिच्छसि २ ध्रुवोजयःपांडवानामितीदंनसंशयःकश्चनविद्यतेऽत्र ॥ जयध्वजोदृश्यतेपांडवस्यसमुच्छ्रितोवानरराजउग्रः ३ दिव्यामायाविहिताभौमनेनसमुच्छ्रिताइंद्रकेतुप्रकाशा ॥ दिव्यानिभूतानिजयावहानिदर्शयंतिचैवात्रभयानकानि ४ नसज्जतेशैलवनस्पतिभ्यऊर्ध्वंतिर्यग्योजनमात्ररूपः श्रीमान्ध्वजःकर्णधनंजयस्यसमुच्छ्रितःपावकतुल्यरूपः ५ यदाद्रक्ष्यसिसंग्रामेश्वेताश्वंकृष्णसारथिम् ॥ ऐन्द्रमस्त्रंविकुर्वाणमुभेचाप्यग्निमारुते ६ गांडीवस्यच निर्घोषंविस्फूर्जितमिवाशनेः ॥ नतदाभवितात्रेतानकृतंद्वापरंनच ७ यदाद्रक्ष्यसिसंग्रामेकुंतीपुत्रंयुधिष्ठिरम् ॥ जपहोमसमायुक्तंस्वांरक्षंतंमहाचमूम् ८ आदित्यमिवदुर्धर्षंतपंतंशत्रुवाहिनीम् ॥ नतदाभवितात्रेतानकृतंद्वापरंनच ९ यदाद्रक्ष्यसिसंग्रामेभीमसेनंमहाबलम् ॥ दुःशासनस्यरुधिरंपीत्वानृत्यंतमाहवे १० प्रभिन्नमिवमातंगंप्रतिद्विरदघातिनम् ॥ नतदाभवितात्रेतानकृतंद्वापरंनच ११ यदाद्रक्ष्यसिसंग्रामेद्रोणंशांतनवंकृपम् ॥ सुयोधनंचराजानंसैन्धवंचजयद्रथम् १२ युद्धायापततस्तूर्णंवारितान्सव्यसाचिना ॥ नतदाभवितात्रेतानकृतंद्वापरंनच १३ यदाद्रक्ष्यसिसंग्रामेमाद्रीपुत्रौमहाबलौ ॥ वाहिनींधार्तराष्ट्राणांक्षोभयंतौगजाविव १४ विगाढेशस्त्रसंपातेपरवीररथारुजौ ॥ नतदाभवितात्रेतानकृतंद्वापरंनच १५ ब्रूयाःकर्णइतोगत्वाद्रोणंशांतनवंकृपम् ॥ सौम्योऽयंवर्ततेमासःसुप्रापयवसेन्धनः १६

द्वापरेतुअर्थकामौप्राधान्येनधर्मंचतदंगत्वेन । तत्रकृतंनभवितेतिमोक्षात्भ्रंशउक्तः नत्रेतेतिधर्मोच्छेदउक्तः सचदुर्योधनादीनामस्त्येव । द्वापरंनभवितेतितेषामर्थकामावपिनभविष्यतोयुद्धेनमरणस्यावश्यंभावादित्यर्थः ७ । ८ । ९ । १० । ११ । १२ । १३ । १४ रथारुजौरथभंजकौ १५ सौम्यःचन्द्रिकयाभिरामः १६

१७ संग्रामःसंग्रामसाधनकलापः युज्यतांएकीभूयावतिष्ठतां संग्रामारंभस्तुदिनांतरेएवेतिवक्ष्यते १८ । १९ । २० ॥ इतिउद्योगपर्वणिनीलकंठीयेभारतभावदीपे द्विचत्वारिंशदधिकशततमोऽध्यायः ॥ १४२ ॥
केशवस्येति। शुभंराज्यादिलाभं आहितःप्रवेशितःप्रलोभितइत्यर्थः १ । २ । ३ । ४ । ५ । ६ । ७ प्राजापत्यंरोहिणीनक्षत्रं प्रजानांपतिर्दुर्योधनस्तदीयंनामनक्षत्रं उत्तराभाद्रपदाख्यमितिवा तेनपत्युःपीडया प्राणिनामपिपीडेतियुक्तं। यद्वा पृथ्वीकूर्मोदरस्थांरोहिणीं शनैश्चरःपीडयति तेनमध्यदेशेमहान्क्षयो राज्ञोनाशश्चेतिभावः ८ कृत्वाचेति। ज्येष्ठांअप्राप्ययदिभौमोवक्रीभवेत्तर्हिज्येष्ठस्यराज्ञोयेमित्रभूतास्तेसर्वेनश्येयुरि

सर्वौषधिवनस्फीतःफलवानल्पमक्षिकः ॥ निष्पंकोरसवत्तोयोनात्युष्णशिशिरःसुखः १७ सप्तमाच्चापिदिवसादमावास्याभविष्यति ॥ संग्रामोयुज्यतांतस्यांता माहुःशक्रदेवताम् १८ तथाराज्ञोवदेःसर्वान्येयुद्धायाभ्युपागताः ॥ यद्वोमनीषितंतद्वैसर्वंसंपादयाम्यहम् १९ राजानोराजपुत्राश्चदुर्योधनवशानुगाः ॥ प्राप्य शस्त्रेणनिधनंप्राप्स्यंतिगतिमुत्तमाम् २० ॥ इतिश्रीमहाभारतेउद्योगपर्वणिभगवद्यानपर्वणिकर्णोपनिवादेभगवद्वाक्येद्विचत्वारिंशदधिकशततमोऽध्यायः ॥ १४२ ॥

॥ संजयउवाच ॥ केशवस्यतुतद्वाक्यंकर्णःश्रुत्वाऽऽहितःशुभम् ॥ अब्रवीदभिसंपूज्यकृष्णंतंमधुसूदनम् १ जानन्मांकिंमहाबाहोसंमोहयितुमिच्छसि ॥ योऽयंपृथिव्याःकात्स्न्र्येनविनाशःसमुपस्थितः २ निमित्तंतत्रशकुनिरहंदुःशासनस्तथा ॥ दुर्योधनश्चनृपतिर्धृतराष्ट्रसुतोऽभवत् ३ असंशयमिदंकृष्णमहद्यु द्धमुपस्थितम् ॥ पांडवानांकुरूणांचघोरंरुधिरकर्दमम् ४ राजानोराजपुत्राश्चदुर्योधनवशानुगाः ॥ रणेशस्त्राग्निनादग्धाःप्राप्स्यंतियमसादनम् ५ स्वप्नाहिबह वोघोरादृश्यंतेमधुसूदन ॥ निमित्तानिचघोराणितथोत्पाताःसुदारुणाः ६ पराजयंधार्तराष्ट्रेविजयंचयुधिष्ठिरे ॥ शंसंतइववार्ष्णेयविविधारोमहर्षणाः ७ प्राजा पत्यंहिनक्षत्रंग्रहस्तीक्ष्णोमहाद्युतिः ॥ शनैश्चरःपीडयतिपीडयन्प्राणिनोऽधिकम् ८ कृत्वाचांगारकोवक्रंज्येष्ठायांमधुसूदन ॥ अनुराधांप्रार्थयतेमैत्रंसंगमय न्निव ९ नूनंमहद्भयंकृष्णकुरूणांसमुपस्थितम् ॥ विशेषेणहिवार्ष्णेयचित्रांपीडयतेग्रहः १० सोमस्यलक्ष्मव्यावृत्तंराहुरर्कमुपैतिच ॥ दिवश्चोल्कापतंत्येताः सनिर्घाताःसकंपनाः ११ निष्टनंतिचमातंगामुंचन्त्यश्रूणिवाजिनः ॥ पानीयंयवसंचापिनाभिनंदंतिमाधव १२ प्रादुर्भूतेषुचैतेषुभयमाहुरुपस्थितम् ॥ निमित्ते षुमहाबाहोदारुणंप्राणिनाशनम् १३ अल्पेभुक्तेपुरीषंचप्रभूतमिहदृश्यते ॥ वाजिनांवारणानांचमनुष्याणांचकेशव १४ धार्तराष्ट्रस्यसैन्येषुसर्वेषुमधुसूदन ॥ परा भवस्यतल्लिंगमितिप्राहुर्मनीषिणः १५ प्रहृष्टंवाहनंकृष्णपांडवानांप्रचक्षते ॥ प्रदक्षिणामृगाश्चैवतत्तेषांजयलक्षणम् १६ अपसव्यामृगाःसर्वेधार्त्तराष्ट्रस्यकेशव ॥ वाचश्चाप्यशरीरिण्यस्तत्पराभवलक्षणम् १७

तिभावः । मैत्रंमित्रसमूहंसंगमयन्नाशयन् । वैवस्वतंसंगमनंजनानामित्यादौ संपूर्वस्यगमेर्मारणार्थत्वदर्शनात् ९ चित्रां ग्रहोमहापाताख्योज्योतिःशास्त्रप्रसिद्धः तेनराकारस्यवेधाद्राजजातीयानांक्षयोभवितेतिभावः १० लक्ष्मव्यावृत्तंक्षीणत्वादमावास्यासान्निध्यात्क्षीणचंद्रोऽपिपापएव । तस्मिंश्चामावास्यायामर्केणयुक्ते उभयोःशत्रुःसदावक्रीराहुरर्कउपैतिचेदयंकर्त्तरीयोगः सोमवंश्यानांसूर्यवंश्यानांचराज्ञां क्षयकरइत्यर्थः ११ । १२ । १३ । १४ । १५ । १६ । १७

पुण्यशकुनाहंसादयएव पाठांतरेपुष्पशकुनाःकुक्कुटाः जीवंजीवकाःपक्षिविशेषाः येजीवजीवेत्येवशब्दंकुर्वन्तितेषांसंघाश्चकोरादयः १८ पाठांतरेबलाःकाकाः १९ । २० उदपानाःकूपादयोजलाशयाः २१ । २२ गंधर्वनगरंसप्राकारंपरिघःपरिवेशः तत्राकाशेगंधर्वनगरोपर्येव २३ शिवाक्रोष्ट्री वाशतेशब्दंकरोति २४ एकपक्षाक्षिचरणाःपक्षिणो महाराष्ट्रभाषायां 'पाकोळी' इतिप्रसिद्धाः घोरंबीभत्सं मलमूत्रादिकमित्यर्थः

मयूराःपुण्यशकुनाहंससारसचातकाः ॥ जीवंजीवकसंघाश्चाप्यनुगच्छंतिपांडवान् १८ गृध्राःकंकाबकाःश्येनायातुधानास्तथावृकाः ॥ मक्षिकाणांचसंघाताअनुधावंतिकौरवान् १९ धार्तराष्ट्रस्यसैन्येषुभेरीणांनास्तिनिःस्वनः ॥ अनाहताःपांडवानांनदंतिपटहाःकिल २० उदपानाश्चनर्दंतियथागोवृषभास्तथा ॥ धार्तराष्ट्रस्यसैन्येषुतत्पराभवलक्षणम् २१ मांसशोणितवर्षंचवृष्टंदेवेनमाधव ॥ तथागंधर्वनगरंभानुमत्समुपस्थितम् २२ सप्राकारंसपरिखंसवप्रंचारुतोरणम् ॥ कृष्णश्चपरिघस्तत्रभानुमावृत्यतिष्ठति २३ उदयास्तमनेसंध्येवेदयंतीमहद्भयम् ॥ शिवाचवाशतेघोरंतत्पराभवलक्षणम् २४ एकपक्षाक्षिचरणाःपक्षिणोमधुसूदन ॥ उत्सृजंतिमहद्घोरंतत्पराभवलक्षणम् २५ कृष्णग्रीवाश्चशकुनारक्तपादाभयानकाः ॥ संध्यामभिमुखायांतितत्पराभवलक्षणम् २६ ब्राह्मणान्प्रथमंद्वेष्टिगुरूंश्चमधुसूदन ॥ भृत्यान्भक्तिमतश्चापितत्पराभवलक्षणम् २७ पूर्वादिग्लोहिताकाराशस्त्रवर्णाचदक्षिणा ॥ आमपात्रप्रतीकाशापश्चिमामधुसूदन ॥ उत्तराशंखवर्णाभादिशांवर्णाउदाहृताः २८ प्रदीप्ताश्चदिशःसर्वाधार्तराष्ट्रस्यमाधव ॥ महद्भयंवेदयंतितस्मिन्नुत्पातदर्शने २९ सहस्रपादंप्रासादंस्वप्नांतेस्मयुधिष्ठिरः ॥ अधिरोहन्मयादृष्टःसहभ्रातृभिरच्युत ३० श्वेतोष्णीषाश्चदृश्यंतेसर्वेवैशुक्लवाससः ॥ आसनानिचशुभ्राणिसर्वेषामुपलक्षये ३१ तवचापिमयाकृष्णस्वप्नांतेरुधिराविला ॥ अंत्रेणपृथिवीदृष्टापरिक्षिप्ताजनार्दन ३२ अस्थिसंचयमारूढश्चामितौजायुधिष्ठिरः ॥ सुवर्णपात्र्यांसंहृष्टोभुक्तवान्घृतपायसम् ३३ युधिष्ठिरोमयादृष्टोग्रसमानोवसुंधराम् ॥ त्वयादत्तामिमांव्यक्तंभोक्ष्यतेसवसुंधराम् ३४ उच्चंपर्वतमारूढोभीमकर्मावृकोदरः ॥ गदापाणिर्नरव्याघ्रोग्रसन्निवमहीमिमाम् ३५ क्षपयिष्यतिनःसर्वान्ससुव्यक्तंमहारणे ॥ विदितंमेहृषीकेशयतोधर्मस्ततोजयः ३६ पांडुरंगजमारूढोगांडीवीसधनंजयः ॥ त्वयासार्धंहृषीकेशश्रियापरमयाज्वलन् ३७ यूयंसर्वेवधिष्यध्वंतत्रमेनास्तिसंशयः ॥ पार्थिवान्समरेकृष्णदुर्योधनपुरोगमान् ३८ नकुलःसहदेवश्चसात्यकिश्चमहारथः ॥ शुक्लकेयूरकंठत्राःशुक्लमाल्यांबरावृताः ३९ अधिरूढानरव्याघ्रानरवाहनमुत्तमम् ॥ त्रयएतेमयादृष्टाःपांडुरच्छत्रवाससः ४० श्वेतोष्णीषाश्चदृश्यंतेत्रयएतेजनार्दन ॥ धार्तराष्ट्रेषुसैन्येषुतान्विजानीहिकेशव ४१ अश्वत्थामाकृपश्चैवकृतवर्माचसात्वतः ॥ रक्तोष्णीषाश्चदृश्यंतेसर्वेमाधवपार्थिवाः ४२ उष्ट्रप्रयुक्तमारूढौभीष्मद्रोणौमहारथौ ॥ मयासार्धंमहाबाहोधार्तराष्ट्रेणवाविभो ४३

२५ । २६ । २७ । २८ । २९ सहस्रपादंसहस्रस्तंभं ३० । ३१ तवपृथिवीतिसंबंधःत्वच्छरीरमित्यर्थः । परिक्षिप्तापरिवेष्टिता ३२ वसुंधरांग्रसमानोभक्षणंकुर्वन् ३३ । ३४ । ३५ । ३६ । ३७ । ३८ शुक्लानिमौक्तिकमयत्वात्केयूराणिबाहुभूषणानि कंठत्राणिकंठपूरकाख्यानि शिरोदेशमारभ्यअंसपर्यंतंलंबमानानिकंठावरणानियेषांतेशुक्लकेयूरकंठत्राः ३९ । ४० । ४१ । ४२ । ४३

४४ । ४५ तवहृदयंकर्तृ ममवचोनोपैतिनांगीकरोति ४६ । ४७ । ४८ । ४९ पीडितंयथास्यात्तथागाढंपरिष्वज्येत्यर्थः ५० । ५१ । ५२ ॥ इतिकरणे कर्णोपनिवादः कर्णस्यभेदनम् ॥
॥ इतिउद्योगपर्वणि नीलकंठीये भारतभावदीपे त्रिचत्वारिंशदधिकशततमोऽध्यायः ॥ १४३ ॥ ॥ ॥ ॥ असिद्धानुनये विफलविनये १ क्रोशतइत्यनादरेषष्ठी २ । ३ उप

अगस्त्यशास्तांचदिशंप्रयाताःस्मजनार्दन ॥ अचिरेणैवकालेनप्राप्स्यामोयमसादनम् ४४ अहंचान्येचराजानोयच्चतत्क्षत्रमंडलम् ॥ गांडीवाग्निंप्रवेक्ष्यामइतिमेना
स्तिसंशयः ४५ ॥ कृष्णउवाच ॥ उपस्थितविनाशेयंनूनमद्यवसुंधरा ॥ यथाहिमेवचःकर्णनोपैतिहृदयंतव ४६ सर्वेषांतातभूतानांविनाशेप्रत्युपस्थिते ॥
अनयोनयसंकाशोहृदयान्नापसर्पति ४७ ॥ कर्णउवाच ॥ अपित्वांकृष्णपश्यामजीवन्तोऽस्मान्महारणात् ॥ समुत्तीर्णामहाबाहोवीरक्षत्रविनाशनात् ४८ अथ
वासंगमःकृष्णस्वर्गेनोभविताध्रुवम् ॥ तत्रेदानींसमेष्यामःपुनःसार्धंत्वयाऽनघ ४९ ॥ संजयउवाच ॥ इत्युक्त्वामाधवंकर्णःपरिष्वज्यचपीडितम् ॥ विसर्जितःके
शवेनरथोपस्थादवातरत् ५० ततःस्वरथमास्थायजांबूनदविभूषितम् ॥ सहास्माभिर्निववृतेराधेयोदीनमानसः ५१ ततःशीघ्रतरंप्रायात्केशवःसहसात्यकिः ॥
पुनरुच्चारयन्वाणींयाहियाहीतिसारथिम् ५२ ॥ इतिश्रीमहाभारतेउद्योगपर्वणिभगवद्यानपर्वणिकर्णोपनिवादेकृष्णकर्णसंवादेत्रिचत्वारिंशदधिकशततमोऽध्यायः ॥
॥ १४३ ॥ ॥ ॥ वैशंपायनउवाच ॥ असिद्धानुनयेकृष्णेकुरुभ्यःपांडवान्गते ॥ अभिगम्यपृथांक्षत्ताशनैःशोचन्निवाब्रवीत् १ जानासिमेजीवपुत्रिभा
वंनित्यमविग्रहे ॥ क्रोशतोनचगृह्णीतेवचनंमेसुयोधनः २ उपपन्नोह्यसौराजाचेदिपांचालकेकयैः ॥ भीमार्जुनाभ्यांकृष्णेनयुयुधानयमैरपि ३ उपप्लव्येनिविष्टोऽ
पिधर्ममेवयुधिष्ठिरः ॥ कांक्षतेज्ञातिसौहार्दाद्बलवान्दुर्बलोयथा ४ राजातुधृतराष्ट्रोऽयंवयोवृद्धोनशाम्यति ॥ मत्तःपुत्रमदेनैवविधर्मेपथिवर्तते ५ जयद्रथस्य
कर्णस्यतथादुःशासनस्यच ॥ सौबलस्यचदुर्बुद्ध्यामिथोभेदःप्रपत्स्यते ६ अधर्मेणहिधर्मिष्ठंकृतंवैकार्यमीदृशम् ॥ येषांतेषामयंधर्मःसानुबंधोभविष्यति ७ क्रियमा
णेबलाद्धर्मेकुरुभिःकोनसंज्वरेत् ॥ असाम्नाकेशवेयातेसमुद्योक्ष्यंतिपांडवाः ८ ततःकुरूणामनयोभवितावीरनाशनः ॥ चिंतयन्नलभेनिद्रामहःसुचनिशासुच ९ श्रुत्वा
तुकुंतीतद्वाक्यमर्थकामेनभाषितम् ॥ सानिःश्वसंतीदुःखार्तामनसाविममर्शह १० धिगस्त्वर्थंयत्कृतेयंमहान्ज्ञातिवधःकृतः ॥ वत्स्यंतेसुहृदांचैवयुद्धेस्मिन्वैपरा
भवः ११ पांडवाश्चेदिपंचालायादवाश्चसमागताः ॥ भारतैःसहयोत्स्यंतिकिंनुदुःखमतःपरम् १२

प्लव्ये विराटनगरे ४ विधर्मेधर्महीने ५ । ६ अधर्मेणेति । हियस्मात् येषांअधर्मेणकृतमपि वैकार्यंविकारजनकंवैरं ईदृशं चतुर्दशेवर्षेस्वंराज्यंप्राप्स्यथेतिप्रतिज्ञायाअयथाकरणरूपं धर्मिष्ठंधर्मयुक्तमेवभवति
तेषामधर्मकृतमेववैरंधर्मवद्भातीत्यर्थः तेषांअयंविकृतोधर्मः सानुबंधःसफलोभविष्यति अधर्मफलंविनाशस्तेषांभविष्यत्येवेत्यर्थः ७ बलाद्धर्मे पार्खंडिनांपारदार्यंउभयसंबोपकरमितिद्वयोरपिधर्महेतुरितिवला
त्कुलनाशात्स्वबंधिर्भूतातद्धृदयमपीत्यर्थः ८ । ९ अर्थकामेनहितकामेन १० कृतःनिश्चितत्वात्कृतइव ११ । १२

पश्येपश्यामि आर्षमात्मनेपदं अयुद्धेयुद्धाभावे १३ । १४ । १५ । १६ । १७ । १८ । १९ । २० । २१ । २२ २३ तंलब्ध्वामंत्रंप्राप्य आचरं तेनमंत्रेणदेवतावाहनाख्यंकार्यंकृतवती आसादयंलब्धवती २४ पुत्रवत्परिरक्षितइत्यत्रकामंचपरिवासितइतिपाठेस्वेच्छयात्यक्तइत्यर्थः २५ कार्यार्थंभवश्यकर्तव्यंमयोजनं २६ घृणिनःदयालोः सत्यसंगिनःसत्यरतस्य २७ । २८ उत्तरवाससिउत्तरीयवस्त्रच्छायायां

पश्येदोषंध्रुवंयुद्धेतथाऽयुद्धेपराभवम् ॥ अधनस्यमृतंश्रेयोनहिज्ञातिक्षयोजयः १३ इतिमेचिंतयंत्यावैहृदिदुःखंप्रवर्तते ॥ पितामहःशांतनवआचार्यश्चयुधांपतिः १४ कर्णश्चधार्तराष्ट्रार्थेवर्धयंतिभयंमम ॥ नाचार्यःकामवान्शिष्यैर्द्रोणोयुद्ध्येतजातुचित् १५ पांडवेषुकथंहार्दंकुर्यान्नचपितामहः ॥ अयंत्वेकोवृथादृष्टिर्धार्तराष्ट्रस्यदुर्मतेः १६ मोहानुवर्तीसततंपापोद्वेष्टिचपांडवान् ॥ महत्यनर्थेनिर्बंधीबलवांश्चविशेषतः १७ कर्णःसदापांडवानांतन्मेदहतिसंप्रति ॥ आशंसेत्वद्यकर्णस्यमनोऽहंपांडवान्प्रति १८ प्रसादयितुमासाद्यदर्शयंतीयथातथम् ॥ तोषितोभगवान्यत्रदुर्वासामेवरंददौ १९ आह्वानंमंत्रसंयुक्तंवसंत्याःपितृवेश्मनि ॥ साहमंतःपुरेराज्ञःकुंतीभोजपुरस्कृता २० चिन्तयंतीबहुविधंहृदयेनविदूयता ॥ बलाबलंचमंत्राणांब्राह्मणस्यचवाग्बलम् २१ स्त्रीभावाद्बालभावाच्चचिंतयंतीपुनःपुनः ॥ धात्र्याविस्रब्धयागुप्तासखीजनवृतातदा २२ दोषंपरिहरंतीचपितुश्चारित्र्यरक्षिणी ॥ कथंनुसुकृतंमेस्यान्नापराधवतीकथम् २३ भवेयमितिसंचिंत्यब्राह्मणंतंनमस्यच ॥ कौतूहलात्तुतंलब्ध्वाबालिश्यादाचरंतदा ॥ कन्यासतीदेवमर्कमासादयमहंततः २४ योऽसौकानीनगर्भोमेपुत्रवत्परिरक्षितः ॥ कस्मान्नकुर्याद्वचनंपथ्यंभ्रातृहितंतथा २५ इतिकुंतीविनिश्चित्यकार्यंनिश्चयमुत्तमम् ॥ कार्यार्थमभिनिश्चित्यययौभागीरथींप्रति २६ आत्मजस्यततस्तस्यघृणिनःसत्यसंगिनः ॥ गंगातीरेपृथाऽश्रौषीद्वेदाध्ययननिःस्वनम् २७ प्राङ्मुखस्योर्ध्वबाहोःसापर्यतिष्ठतपृष्ठतः ॥ जप्यावसानंकार्यार्थंप्रतीक्षंतीतपस्विनी २८ अतिष्ठत्सूर्यतापार्ताकर्णस्योत्तरवाससि ॥ कौरव्यपत्नीवार्ष्णेयीपद्ममालेवशुष्यती २९ आपृष्ठतापाज्जप्त्वासपरिवृत्त्ययतव्रतः ॥ दृष्ट्वाकुंतीमुपातिष्ठदभिवाद्यकृतांजलिः ३० यथान्यायंमहातेजामानीधर्मभृतांवरः ॥ उत्स्मयन्प्रणतःप्राहकुंतींवैकर्तनोवृषः ३१ ॥ इतिश्रीमहाभारतेउद्योगपर्वणिभगवद्यानपर्वणि कुंतीकर्णसमागमेचतुश्चत्वारिंशदधिकशततमोऽध्यायः ॥ १४४ ॥ ॥ ॥ ॥ कर्णउवाच ॥ ॥ राधेयोऽहमाधिरथिःकर्णस्त्वामभिवादये ॥ प्राप्ताकिमर्थंभवतीब्रूहिकिंकरवाणिते १ ॥ कुन्त्युवाच ॥ कौन्तेयस्त्वंनराधेयोनतवाधिरथःपिता ॥ नासिसूतकुलेजातःकर्णतद्विद्धिमेवचः २ कानीनस्त्वंमयाजातःपूर्वजःकुक्षिणाधृतः ॥ कुंतिराजस्यभवनेपार्थस्त्वमसिपुत्रक ३ प्रकाशकमातपनोयोऽयंदेवोविरोचनः ॥ अजीजनत्त्वांमय्येषकर्णशस्त्रभृतांवरम् ४ कुंडलीबद्धकवचोदेवगर्भःश्रियावृतः ॥ जातस्त्वमसिदुर्धर्षमयापुत्रपितुर्गृहे ५ सत्वंभ्रातॄनसंबुद्ध्यमोहाद्यदुपसेवसे ॥ धार्तराष्ट्रान्नतद्युक्तंत्वयिपुत्रविशेषतः ६

२९ आपृष्ठतापादपराह्णपर्यंतमित्यर्थः ३० उत्स्मयनउद्गतविस्मयः ३१ ॥ ॥ इतिउद्योगपर्वणिनीलकंठीये भारतभावदीपे चतुश्चत्वारिंशदधिकशततमोऽध्यायः ॥ १४४ ॥ ॥ ॥ राधेयइति १ । २ । ३ । ४ । ५ । ६

॥११६॥

एकंपुत्रमेवस्नेहेनपश्यंतीएकदर्शिनी ७ ८ संनमंतांप्रह्वाभवंतु ९ भवेतांवर्धेतां संहितात्मनोःमिलितचेतसोः १० । ११ सूतपुत्रेतिशब्दोमाभूदितिशेषः १२ ॥ इतिउद्योगपर्वणिनीलकंठीयेभारतभावदीपे पंचचत्वारिंशदधिकशततमोऽध्यायः ॥ १४५ ॥ ॥ ॥ ॥ ततइति ॥ १ । २ । ३ नश्रद्धधेकर्तव्यत्वेननमन्ये धर्मद्वारंधर्मापगमद्वारं तवनियोगकरणंत्वदाज्ञप्तार्थानुष्ठानं ४ सुमहात्ययंसुमहान्अत्ययोजातिभ्रंशाख्योविनाशोयस्मात् अपाकीर्णस्त्यक्तः यशोमाहात्म्यख्यातिः कीर्त्तिःसद्भिस्तस्याःकीर्तनं ५ त्वत्कृतेत्वत्सुखार्थं कानीनोगर्भः प्रकटोमाभूदितिहेतोरहंक्षत्रसत्क्रियांचेन्नप्राप्तस्तर्हित्वदन्यः

एतद्धर्मफलंपुत्रनराणांधर्मनिश्चये ॥ यत्तुष्यंत्यस्यपितरोमाताचाप्येकदर्शिनी ७ अर्जुनेनार्जितांपूर्वंहृतांलोभादसाधुभिः ॥ आच्छिद्यधार्तराष्ट्रेभ्योभुंक्ष्वयौधिष्ठिरींश्रियम् ८ अद्यपश्यंतिकुरवःकर्णार्जुनसमागमम् ॥ सौभ्रात्रेणसमालक्ष्यसंनमंतामसाधवः ९ कर्णार्जुनौवैभवेतांयथारामजनार्दनौ ॥ असाध्यंकिंनुलोकेस्याद्युवयोःसंहितात्मनोः १० कर्णशोभिष्यसेनूनंपंचभिर्भ्रातृभिर्वृतः ॥ देवैःपरिवृतोब्रह्मावेद्यामिवमहाध्वरे ११ उपपन्नोगुणैःसर्वैर्ज्येष्ठःश्रेष्ठेषुबन्धुषु ॥ सूतपुत्रेतिमाशब्दःपार्थस्त्वमसिवीर्यवान् १२ ॥ इतिश्रीमहाभारते उद्योगपर्वणि भगवद्यानपर्वणिकुंतीकर्णसमागमेपंचचत्वारिंशदधिकशततमोऽध्यायः ॥ १४५ ॥

॥ वैशंपायनउवाच ॥ ततःसूर्यान्निश्चरितांकर्णःशुश्रावभारतीम् ॥ दुरत्ययांप्रणयिनींपितृवद्भास्करेरिताम् १ सत्यमाहपृथावाक्यंकर्णमातृवचःकुरु ॥ श्रेयस्तेस्यान्नरव्याघ्रसर्वमाचरतस्तथा २ ॥ वैशंपायनउवाच ॥ एवमुक्तस्यमात्राचस्वयंपित्राचभानुना ॥ चचालनैवकर्णस्यमतिःसत्यधृतेस्तदा ३ ॥ कर्णउवाच ॥ नचैतच्छ्रद्दधेवाक्यंक्षत्रियेभाषितंत्वया ॥ धर्मद्वारंममैतत्स्यान्नियोगकरणंतव ४ अकरोन्मयियत्पापंभवतीसुमहात्ययम् ॥ अपाकीर्णोऽस्मियन्मातस्तद्यशःकीर्तिनाशनम् ५ अहंचेत्क्षत्रियोजातोनप्राप्तःक्षत्रसत्क्रियाम् ॥ त्वत्कृतेकिंनुपापीयःशत्रुःकुर्यान्ममाहितम् ६ क्रियाकालेत्वनुक्रोशमकृत्वात्वमिमंमम ॥ हीनसंस्कारसमयमद्यमांसमचूचुदः ७ नवैममहितंपूर्वंमातृवच्चेष्टितंत्वया ॥ सामांसंबोधयस्यद्यकेवलात्महितैषिणी ८ कृष्णेनसहितात्कोवैनव्यथेतधनंजयात् ॥ कोऽद्यभीतंनमांविद्यात्पार्थानांसमितिंगतम् ९ अभ्रातावितिदतःपूर्वंयुद्धकालेप्रकाशितः ॥ पांडवान्यदिगच्छामिकिंमांक्षत्रंवदिष्यति १० सर्वकामैःसंविभक्तःपूजितश्चयथासुखम् ॥ अहंवैधार्तराष्ट्राणांकुर्यांतदफलंकथम् ११ उपनह्यपरैर्वैरंयेमांनित्यमुपासते ॥ नमस्कुर्वन्तिचसदावसवोवासवंयथा १२ ममप्राणेनयेशत्रून्शक्ताःप्रतिसमासितुम् ॥ मन्यंतेतेकथंतेषामहंछिंद्यांमनोरथम् १३ मयाप्लवेनसंग्रामंतितीर्षंतिदुरत्ययम् ॥ अपारेपारकामायेत्यजेयंतानहंकथम् १४ अयंहिकालःसंप्राप्तोधार्तराष्ट्रोपजीविनाम् ॥ निर्वेष्टव्यंमयातत्रप्राणानपरिरक्षता १५ कृतार्थाःसुभृतायेहिकृत्यकालेह्युपस्थिते ॥ अनवेक्ष्यकृतंपापाविकुर्वंत्यनवस्थिताः १६

कःशत्रुः किंममाहितंपापीयइतिइतोऽपिपापतरंकुर्यान्नकोपीत्यर्थः ६ क्रियाकालेक्षत्रियोचितसंस्कारकाले अनुक्रोशंदयां समुचूचुदःस्वकार्यार्थंप्रेरितवत्यसि ७ । ८ । ९ । १० । ११ उपनह्यबद्ध्वा १२ प्रतिसमासितुंजेतुं १३ । १४ । निर्वेष्टव्यंभुक्तस्यतदन्नादेरानृण्यंकर्तव्यं १५ । १६

१७ । १८ । १९ वध्यानवधार्हान् विषह्यानहंतुंशक्यानपीत्यर्थः २० । २१ । २२ । २३ । २४ । २५ । २६ साचसचतौ धर्माधर्मौनत्यजतोधर्माधर्मैकसंश्रयौ । प्रार्थितावपिपित्राद्यैःकर्णदुर्योध
नाविवेतिकृत्स्नाख्यायिकातात्पर्यम् २७ ॥ इतिउद्योगपर्वणिनीलकंठीयेभारतभावदीपे षट्चत्वारिंशदधिकशततमोऽध्यायः ॥ १४६ ॥ ॥ आगम्येति । पांडवानांपुरइतिशेषः १ । २ । ३ । ४ नागपुरं

राजकिल्बिषिणांतेषांभर्तृपिंडापहारिणाम् ॥ नैवायंनपरोलोकोविद्यतेपापकर्मणाम् १७ धृतराष्ट्रस्यपुत्राणामर्थेयोत्स्यामितेसुतैः ॥ बलंचशक्तिंचास्थायनवैत्व
य्यनृतंवदे १८ आनृशंस्यमथोवृत्तंरक्षन्सत्पुरुषोचितम् ॥ अतोऽर्थकरमप्येतन्नकरोम्यद्यतेवचः १९ नचतेऽयंसमारंभोमयिमोघोभविष्यति ॥ वध्यान्वि
षह्यान्संग्रामेनहनिष्यामितेसुतान् २० युधिष्ठिरंचभीमंचयमौचैवार्जुनादृते ॥ अर्जुनेनसमंयुद्धमपियौधिष्ठिरेबले २१ अर्जुनंहिनिहत्याजौसंप्राप्तंस्यात्फलंमया ॥
यशसाचापियुज्येयंनिहतःसव्यसाचिना २२ नतेजातुनशिष्यंतिपुत्राःपंचयशस्विनि ॥ निरर्जुनाःसकर्णावासार्जुनावाहतेमयि २३ इतिकर्णवचःश्रुत्वाकुं
तीदुःखात्प्रवेपती ॥ उवाचपुत्रमाश्लिष्यकर्णंधैर्यादकंपनम् २४ एवंवैभाव्यमेतेनक्षयंयास्यंतिकौरवाः ॥ यथात्वंभाषसेकर्णदैवंतुबलवत्तरम् २५ त्वयाचतु
र्णांभ्रातृणामभयंशत्रुकर्शन ॥ दत्तंतत्प्रतिजानीहिसंगरप्रतिमोचनम् २६ अनामयंस्वस्तिचेतिपृथाऽथोकर्णमब्रवीत् ॥ तांकर्णोऽथतथेत्युक्त्वाततस्तौजग्मतुःपृ
थक् २७ ॥ इतिश्रीमहाभारतेउद्योगपर्वणिभगवद्यानपर्वणि कुंतीकर्णसमागमे षट्चत्वारिंशदधिकशततमोऽध्यायः ॥ १४६ ॥ ॥ ॥ ॥ वैशंपाय
नउवाच ॥ आगम्यहास्तिनपुरादुपप्लव्यमरिंदमः ॥ पांडवानांयथावृत्तंकेशवःसर्वमुक्तवान् १ संभाष्यसुचिरंकालंमंत्रयित्वापुनःपुनः ॥ स्वमेवभवनंशौरि
र्विश्रामार्थंजगामह २ विसृज्यसर्वान्नृपतीन्विराटप्रमुखांस्तदा ॥ पांडवाभ्रातरःपंचभानावस्तंगतेसति ३ संध्यामुपास्यध्यायंतस्तमेवगतमानसाः ॥ आना
य्यकृष्णंदाशार्हंपुनर्मंत्रममंत्रयन् ४ ॥ युधिष्ठिरउवाच ॥ त्वयानागपुरंगत्वासभायांधृतराष्ट्रजः ॥ किमुक्तःपुंडरीकाक्षतन्नःशंसितुमर्हसि ५ ॥ वासुदेवउवाच ॥
मयानागपुरंगत्वासभायांधृतराष्ट्रजः ॥ तथ्यंपथ्यंहितंचोक्तोनचगृह्णातिदुर्मतिः ६ ॥ युधिष्ठिरउवाच ॥ तस्मिन्नुत्पथमापन्नेकुरुवृद्धःपितामहः ॥ किमुक्त
वान्हृषीकेशदुर्योधनममर्षणम् ७ आचार्योवामहाभागभारद्वाजःकिमब्रवीत् ॥ पितावाधृतराष्ट्रस्तंगांधारीवाकिमब्रवीत् ८ पितायवीयानस्माकंक्षत्ताधर्मविदां
वरः ॥ पुत्रशोकाभिसंतप्तःकिमाहधृतराष्ट्रजम् ९ किंचसर्वेनृपतयःसभायांयेसमासते ॥ उक्तवंतोयथातत्त्वंतद्ब्रूहित्वंजनार्दन १० उक्तवान्हिभवान्सर्वंवचनंकु
रुमुख्ययोः ॥ धार्तराष्ट्रस्यतेषांहिवचनंकुरुसंसदि ११ कामलोभाभिभूतस्यमंदस्यप्राज्ञमानिनः ॥ अप्रियंहृदयेमह्यंतन्नतिष्ठतिकेशव १२ तेषांवाक्यानिगो
विंदश्रोतुमिच्छाम्यहंविभो ॥ यथाचनाभिपद्येतकालस्तातत्तथाकुरु ॥ भवान्हिनोगतिःकृष्णभवान्नाथोभवान्गुरुः १३ ॥ वासुदेवउवाच ॥ शृणुराजन्यथावाक्य
मुक्तोराजासुयोधनः ॥ मध्येकुरूणांराजेन्द्रसभायांतन्निबोधमे १४

हास्तिनपुरम् ५ पथ्यंन्यायोपेतं हितंउभयकुलजयावहम् ६ । ७ । ८
९ । १० कुरुमुख्ययोःभीष्मधृतराष्ट्रयोः तेषांराज्ञांचवचनं यच्चभवानुक्तवान्वचनंमह्यंमदर्थंतत्सर्वंधार्तराष्ट्रस्यहृदयेनतिष्ठतीतिद्वयोःसंबंधः ११ । १२ नाभिपद्येत नातिक्रामेत्कालोऽस्माकम् १३ । १४

१५ । १६ । १७ । १८ कालींसत्यवतीम् १९ प्रतीतःतुष्टः २० । २१ । २२ । २३ विप्रवासितः दूरेस्थापितः रामभयात्स्वयंपलायनेनप्रजाभिस्तदीयशिबिरस्यशून्यताकरणात् २४

मयाविश्राविते वाक्येजहासधृतराष्ट्रजः ॥ अथभीष्मःसुसंक्रुद्धइदंवचनमब्रवीत् १५ दुर्योधननिबोधेदंकुलार्थेयद्ब्रवीमिते ॥ तच्छ्रुत्वाराजशार्दूलस्वकुलस्यहितं
कुरु १६ ममतातपिताराजन्शांतनुर्लोकविश्रुतः ॥ तस्याहमेकएवासंपुत्रःपुत्रवतांवरः १७ तस्यबुद्धिःसमुत्पन्नाद्वितीयःस्यात्कथंसुतः ॥ एकपुत्रमपुत्रंवैप्रवदंति
मनीषिणः १८ नचोच्छेदंकुलंयायाद्विस्तीर्येच्चकथंयशः ॥ तस्याहमीप्सितंबुद्ध्वाकालींमातरमावहम् १९ प्रतिज्ञांदुष्करांकृत्वापितुरर्थेकुलस्यच ॥ अराजाचो
र्ध्वरेताश्चयथासुविदितंतव ॥ प्रतीतोनिवसाम्येषप्रतिज्ञामनुपालयन् २० तस्यांजज्ञेमहाबाहुःश्रीमान्कुरुकुलोद्वहः ॥ विचित्रवीर्योधर्मात्माकनीयान्ममपार्थिव
२१ स्वर्यातेऽहंपितरितंस्वराज्येसन्न्यवेशयम् ॥ विचित्रवीर्यराजानंभृत्योभूत्वाह्यधश्चरः २२ तस्याहंसदृशान्दारान्राजेन्द्रसमुपाहरम् ॥ जित्वापार्थिवसंघातम
पितेबहुशःश्रुतम् २३ ततोरामेणसमरेद्वंद्वयुद्धमुपागमम् ॥ सहिरामभयादेभिर्नागरैर्विप्रवासितः २४ दारेष्वप्यतिसक्तश्चयक्ष्माणंसमपद्यत ॥ यदात्वराजकेराष्ट्रे
नववर्षसुरेश्वरः ॥ तदाऽभ्यधावन्मामेवप्रजाःक्षुद्भयपीडिताः २५ ॥ प्रजाऊचुः ॥ उपक्षीणाःप्रजाःसर्वाराजाभवभवायनः ॥ ईतीःप्रणुदभद्रंतेशांतनोःकुलवर्धन
२६ पीड्यंतेतेप्रजाःसर्वाव्याधिभिर्भृशदारुणैः ॥ अल्पावशिष्टागांगेयताःपरित्रातुमर्हसि २७ व्याधीन्प्रणुदवीरत्वंप्रजाधर्मेणपालय ॥ त्वयिजीवतिमाराष्ट्रंविना
शमुपगच्छतु २८ ॥ भीष्मउवाच ॥ प्रजानांक्रोशतीनांवैनैवाक्षुभ्यतमेमनः ॥ प्रतिज्ञांरक्षमाणस्यसद्वृत्तंस्मरतस्तथा ॥ ततःपौरामहाराजमाताकालीचमेशुभा
२९ भृत्याःपुरोहिताचार्याब्राह्मणाश्चबहुश्रुताः ॥ मामूचुर्भृशसंतप्ताभवराजेतिसंततम् ३० प्रतीपरक्षितंराष्ट्रंत्वांप्राप्यविनशिष्यति ॥ सत्वमस्मद्धितार्थंवैराजा
भवमहामते ३१ इत्युक्तःप्रांजलिर्भूत्वादुःखितोभृशमातुरः ॥ तेभ्योन्यवेदयंतत्रप्रतिज्ञांपितृगौरवात् ३२ ऊर्ध्वरेताह्यराजाचकुलस्यार्थेपुनःपुनः ॥ विशेषतस्त्वद
र्थंचधुरिमामांनियोजय ३३ ततोऽहंप्रांजलिर्भूत्वामातरंसंप्रसादयम् ॥ नांबशांतनुनाजातःकौरववंशमुद्वहन् ३४ प्रतिज्ञांवितथांकुर्यामितिराजन्पुनःपुनः ॥ वि
शेषतस्त्वदर्थंचप्रतिज्ञांकृतवानहम् ३५ अहंप्रेष्यश्चदासश्चतवाद्यसुतवत्सले ॥ एवंतामनुनीयाहंमातरंजनमेवच ३६ अयाचंभ्रातृदारेषुतदाव्यासंमहामुनिम् ॥
सहमात्रामहाराजप्रसाद्यतमृषिंतदा ३७ अपत्यार्थंमहाराजप्रसादंकृतवांश्चसः ॥ त्रीन्सपुत्रानजनयत्तदाभरतसत्तम ३८ अंधःकरणहीनत्वान्नवैराजापितातव ॥ रा
जातुपांडुरभवन्महात्मालोकविश्रुतः ३९ सराजातस्यतेपुत्राःपितुर्दायाद्यहारिणः ॥ मातातकलहंकार्षीराज्यस्यार्धंप्रदीयताम् ४० मयिजीवतिराज्यंकःसंप्रशासेत्पु
मानिह ॥ मावमंस्थावचोमह्यंशममिच्छामिवःसदा ४१ नविशेषोऽस्तिमेपुत्रत्वयितेषुचपार्थिव ॥ मतमेतत्पितुस्तुभ्यंगांधार्याविदुरस्यच ४२

२५ ईतीः अनावृष्ट्यादिरूपाः २६ । २७ । २८ । २९ । ३० । ३१ । ३२ । ३३ । ३४ । ३५ । ३६ । ३७ । ३८ । ३९ । ४० ४१ । ४२

४३ ॥ इतिउद्योगपर्वणि नीलकंठीये भारतभावदीपे सप्तचत्वारिंशदधिकशततमोऽध्यायः ॥ १४७ ॥ ॥ भीष्मेणोक्तइति १ २ ३ ज्येष्ठोऽन्धत्वादनर्हः क्षत्ताविदुरोनिन्द्यत्वादनर्हइतिसूचयन् यथाज्येष्ठा

श्रोतव्यंखलुवृद्धानांनाभिशंकीर्वचोमम ॥ नाशयिष्यसिमासर्वमात्मानंपृथिवींतथा ४३ ॥ इतिश्रीमहाभारतेउद्योगपर्वणिभगवद्यानपर्वणिभगवद्वाक्येसप्तचत्वारिंशदधिकशततमोऽध्यायः ॥ १४७ ॥ ॥ वासुदेवउवाच ॥ भीष्मेणोक्तेततोद्रोणोदुर्योधनमभाषत ॥ मध्येनृपाणांभद्रंतेवचनंवचनक्षमः १ प्रातीपःशांतनुस्तातकुलस्यार्थेयथास्थितः ॥ यथादेवव्रतोभीष्मःकुलस्यार्थेस्थितोऽभवत् २ तथापांडुर्नरपतिःसत्यसंधोजितेंद्रियः ॥ राजाकुरूणांधर्मात्मासुव्रतःसुसमाहितः ३ ज्येष्ठायराज्यमददद्धृतराष्ट्रायधीमते ॥ यवीयसेतथाक्षत्त्रेकुरूणांवंशवर्धनः ४ ततःसिंहासनेराजन्स्थापयित्वैनमच्युतम् ॥ वनंजगामकौरव्योभार्याभ्यांसहितोनृपः ५ नीचैःस्थित्वातुविदुरउपास्तेस्मविनीतवत् ॥ प्रेष्यवत्पुरुषव्याघ्रोवालव्यजनमुत्क्षिपन् ६ ततःसर्वाःप्रजास्तातधृतराष्ट्रंजनेश्वरम् ॥ अन्वपद्यंतविधिवद्यथापांडुंजनाधिपम् ७ विसृज्यधृतराष्ट्रायराज्यंसविदुरायच ॥ चचारपृथिवींपांडुःसर्वांपरपुरंजयः ८ कोशसंवननेदानेभृत्यानांचान्ववेक्षणे ॥ भरणेचैवसर्वस्यविदुरःसत्यसंगरः ९ संधिविग्रहसंयुक्तोराज्ञांसंवाहनक्रियाः ॥ अवैक्षतमहातेजाभीष्मःपरपुरंजयः १० सिंहासनस्थोनृपतिर्धृतराष्ट्रोमहाबलः ॥ अन्वास्यमानःसततंविदुरेणमहात्मना ११ कथंतस्यकुलेजातःकुलभेदंव्यवस्यसि ॥ संभूयभ्रातृभिःसार्धंभुंक्ष्वभोगान्जनाधिप १२ ब्रवीम्यहंनकार्पण्यान्नार्थहेतोःकथंचन ॥ भीष्मेणदत्तमिच्छामिनत्वयाराजसत्तम १३ नाहंत्वत्तोऽभिकांक्षिष्येवृत्त्युपायंजनाधिप ॥ यतोभीष्मस्ततोद्रोणोयद्भीष्मस्त्वाहतत्कुरु १४ दीयतांपांडुपुत्रेभ्योराज्यार्धमरिकर्शन ॥ सममाचार्यकंतातत्वतेषांचमेसदा १५ अश्वत्थामायथामह्यंतथाश्वेतहयोमम ॥ बहुनाकिंप्रलापेनयतोधर्मस्ततोजयः १६ ॥ वासुदेवउवाच ॥ एवमुक्तेमहाराजद्रोणेनामिततेजसा ॥ व्याजहारततोवाक्यंविदुरःसत्यसंगरः ॥ पितुर्वदनमन्वीक्ष्यपरिवृत्त्यचधर्मवित् १७ ॥ विदुरउवाच ॥ देवव्रतनिबोधेदंवचनंममभाषतः ॥ प्रनष्टःकौरवोवंशस्त्वयाऽयंपुनरुद्धृतः १८ तन्मेविलपमानस्यवचनंसमुपेक्षसे ॥ कोऽयंदुर्योधनोनामकुलेस्मिन्कुलपांसनः १९ यस्यलोभाभिभूतस्यमतिंसमनुवर्तसे ॥ अनार्यस्याकृतज्ञस्यलोभेनहृतचेतसः २० अतिक्रामतियःशास्त्रंपितुर्धर्मार्थदर्शिनः ॥ एतेनश्यंतिकुरवोदुर्योधनकृतेनवै २१ यथातेनप्रणश्येयुर्महाराजतथाकुरु ॥ मांचैवधृतराष्ट्रंचपूर्वमेवमहामते २२ चित्रकारइवालेख्यंकृत्वास्थापितवानसि ॥ प्रजापतिःप्रजाःसृष्ट्वायथासंहरतेतथा २३ नोपेक्षस्वमहाबाहोपश्यमानःकुलक्षयम् ॥ अथतेऽद्यमतिर्नष्टाविनाशेप्रत्युपस्थिते २४

यादददत्तथाक्षत्त्रेविदुरायापिन्यासभूतमददादितिभावः ४ । ५ । ६ । ७ । ८ संवननमात्मीयताकरणं ९ संवाहनक्रियाः संवाहनंसंप्रापणंदानोपदानादिकंताएवक्रियाः १० । ११ । १२ कार्पण्याद्युद्धभयात् १३ । १४ । १५ । १६ पितुर्भीष्मस्य १७ । १८ । १९ । २० शास्त्रंआज्ञां दुर्योधनकृतेन दुर्योधनकर्मणा २१ । २२ । २३ । २४

वनंगच्छेति। तावतात्वयात्वदनुगामिनाद्रोणेनचत्यक्तोऽयंहीनपक्षोदुर्योधनःपांडवेभ्योभयंप्राप्स्यतीत्याशयः २५। २६। २७। २८। २९। ३०। ३१। ३२। ३३। ३४। ३५। ३६ ॥इतिउद्योगपर्वणि

वनंगच्छमयासार्धंधृतराष्ट्रेण वैवह ॥ बद्धावानिकृतिप्रज्ञंधार्तराष्ट्रंसुदुर्मतिम् २५ शाधीदंराज्यमद्याशुपांडवैरभिरक्षितम् ॥ प्रसीदराजशार्दूलविनाशोदृश्यतेम
हान् २६ पांडवानांकुरूणांचराज्ञाममिततेजसाम् ॥ विररामैवमुक्त्वातुविदुरोदीनमानसः ॥ प्रध्यायमानःसतदानिःश्वसंश्चपुनःपुनः २७ ततोऽथराज्ञःसुब
लस्यपुत्रीधर्मार्थयुक्तंकुलनाशभीता ॥ दुर्योधनंपापमतिंनृशंसंराज्ञांसमक्षंसुतमाहकोपात् २८ येपार्थिवाराजसभांप्रविष्टाब्रह्मर्षयोयेचसभासदोऽन्ये ॥ शृण्वंतु
वक्ष्यामितवापराधंपापस्यसामात्यपरिच्छदस्य २९ राज्यंकुरूणामनुपूर्वभोज्यंक्रमागतोनःकुलधर्मएषः ॥ त्वंपापबुद्धेऽतिनृशंसकर्मन्राज्यंकुरूणामनयाद्विहंसि
३० राज्येस्थितोधृतराष्ट्रोमनीषीतस्यानुजोविदुरोदीर्घदर्शी ॥ एतावतिक्रम्यकथंनृपत्वंदुर्योधनप्रार्थयसेऽद्यमोहात् ३१ राजाचक्षत्ताचमहानुभावौभीष्मेस्थि
तेपरवंतौभवेताम् ॥ अयंतुधर्मज्ञतयामहात्मानकामयेद्योनृवरोनदीजः ३२ राज्यंतुपांडोरिदमप्रधृष्यंतस्याद्यपुत्राःप्रभवंतिनान्ये ॥ राज्यंतदेतन्निखिलंपांडवा
नांपैतामहंपुत्रपौत्रानुगामि ३३ यद्वैब्रूतेकुरुमुख्योमहात्मादेवव्रतःसत्यसंधोमनीषी ॥ सर्वंतदस्माभिरहत्यकार्यंराज्यंस्वधर्मान्परिपालयद्भिः ३४ अनुज्ञयाचा
थमहाव्रतस्यब्रूयान्नृपोऽयंविदुरस्तथैव ॥ कार्यंभवेत्तत्सुहृद्भिर्नियोज्यंधर्मंपुरस्कृत्यसुदीर्घकालम् ३५ न्यायागतंराज्यमिदंकुरूणांयुधिष्ठिरःशास्तुवैधर्मपुत्रः ॥
प्रचोदितोधृतराष्ट्रेणराज्ञापुरस्कृतःशांतनवेनचैव ३६ ॥ इतिश्रीमहाभारतेउद्योगपर्वणिभगवद्यानपर्वणिकृष्णवाक्येअष्टचत्वारिंशदधिकशततमोऽध्यायः ॥ १४८ ॥
॥ वासुदेवउवाच ॥ एवमुक्तेतुगांधार्याधृतराष्ट्रोजनेश्वरः ॥ दुर्योधनमुवाचेदंराजमध्येजनाधिप १ दुर्योधननिबोधेदंयत्त्वांवक्ष्यामिपुत्रक ॥ तथातत्कुरुभद्रं
तेयद्यस्तिपितृगौरवम् २ सोमःप्रजापतिःपूर्वंकुरूणांवंशवर्धनः ॥ सोमाद्बभूवषष्ठोऽयंययातिर्नहुषात्मजः ३ तस्यपुत्राबभूवुर्हिपंचराजर्षिसत्तमाः ॥ तेषांयदु
र्महातेजाज्येष्ठःसमभवत्प्रभुः ४ पूरुर्यवीयांश्चततोयोऽस्माकंवंशवर्धनः ॥ शर्मिष्ठयासंप्रसूतोदुहितावृषपर्वणः ५ यदुश्चभरतश्रेष्ठदेवयान्याःसुतोऽभवत् ॥ दौहि
त्रस्तातशुक्रस्यकाव्यस्यामिततेजसः ६ यादवानांकुलकरोबलवान्वीर्यसंमतः ॥ अवमेनेसतुक्षत्रंदर्पपूर्णःसुमंदधीः ७ नचातिष्ठत्पितुःशास्त्रेबलदर्पविमोहितः ॥
अवमेनेचपितरंभ्रातॄंश्चाप्यपराजितः ८ पृथिव्यांचतुरंतायांयदुरेवाभवद्बली ॥ वशेकृत्वासनृपतीन्न्यवसन्नागसाह्वये ९ तंपितापरमक्रुद्धोययातिर्नहुषात्मजः
॥ शशापपुत्रंगांधारेराज्याच्चापिव्यरोपयत् १० येचैनमन्ववर्तंतभ्रातरोबलदर्पिताः ॥ शशापतानभिक्रुद्धोययातिस्तनयानथ ११ यवीयांसंततःपूरुंपुत्रंस्ववश
वर्तिनम् ॥ राज्येनिवेशयामासविधेयंनृपसत्तमः १२ एवंज्येष्ठोऽप्यथोत्सिक्तोनराज्यमभिजायते ॥ यवीयांसोऽपिजायंतेराज्यंवृद्धोपसेवया १३ तथैवसर्वध
र्मज्ञःपितुर्ममपितामहः ॥ प्रतीपःपृथिवीपालस्त्रिषुलोकेषुविश्रुतः १४

नीलकंठीयेभारतभावदीपे अष्टचत्वारिंशदधिकशततमोऽध्यायः ॥ १४८ ॥ एवमुक्तइति १। २। ३। ४। ५। ६। ७। ८। ९। १०। ११। १२ अभिजायतेप्राप्नोति जायंतेलभंते १३। १४

१५ । १६ त्वग्दोषीकुष्ठी १७।१८।१९। २० वृद्धःप्रतीपः २१ । २२ आत्मजंदेवापिम् २३ । २४ । २५ । २६ राज्यंत्यक्त्वामातुलकुलंसमाश्रितइतिसंबंधः २७

तस्यपार्थिवसिंहस्यराज्यंधर्मेणशासतः ॥ त्रयःप्रजज्ञिरेपुत्रादेवकल्पायशस्विनः १५ देवापिरभवच्छ्रेष्ठोबाह्लीकस्तदनंतरम् ॥ तृतीयःशांतनुस्तातधृतिमान्मे पितामहः १६ देवापिस्तुमहातेजास्त्वग्दोषीराजसत्तमः ॥ धार्मिकःसत्यवादीचपितुःशुश्रूषणेरतः १७ पौरजानपदानांचसंमतःसाधुसत्कृतः ॥ सर्वेषांबालवृद्धा नांदेवापिर्हृदयंगमः १८ वदान्यःसत्यसंधश्चसर्वभूतहितेरतः ॥ वर्तमानःपितुःशास्त्रेब्राह्मणानांतथैवच १९ बाह्लीकस्यप्रियोभ्राताशांतनोश्चमहात्मनः ॥ सौ भ्रात्रंचपरंतेषांसहितानांमहात्मनाम् २० अथकालस्यपर्यायेवृद्धोनृपतिसत्तमः ॥ संभारानभिषेकार्थंकारयामासशास्त्रतः २१ कारयामाससर्वाणिमंगलार्थानि वैविभुः ॥ तंब्राह्मणाश्चवृद्धाश्चपौरजानपदैःसह २२ सर्वेनिवारयामासुर्देवापेरभिषेचनम् ॥ सतच्छ्रुत्वातुनृपतिरभिषेकनिवारणम् ॥ अश्रुकंठोऽभवद्रा जापर्यशोचतचात्मजम् २३ एवंवदान्योधर्मज्ञःसत्यसंधश्चसोऽभवत् ॥ प्रियःप्रजानामपिसंस्त्वग्दोषेणप्रदूषितः २४ हीनांगंपृथिवीपालंनाभिनंदंतिदेवताः ॥ इतिकृत्वानृपश्रेष्ठंप्रत्यषेधन्द्विजर्षभाः २५ ततःप्रव्यथितांगोऽसौपुत्रशोकसमन्वितः ॥ निवारितंनृपंदृष्ट्वादेवापिःसंश्रितोवनम् २६ बाह्लीकोमातुलकुलंत्यक्त्वा राज्यंसमाश्रितः ॥ पितृभ्रातॄन्परित्यज्यप्राप्तवान्परमर्द्धिमत् २७ बाह्लीकेनत्वनुज्ञातःशांतनुर्लोकविश्रुतः ॥ पितर्युपरतेराजन्राजाराज्यमकारयत् २८ तथै वाहंमतिमतापरिचिंत्येहपांडुना ॥ ज्येष्ठःप्रभ्रंशितोराज्याद्धीनांगइतिभारत २९ पांडुस्तुराज्यंसंप्राप्तःकनीयानपिसन्नृपः ॥ विनाशेतस्यपुत्राणामिदंराज्यम रिंदम ३० मय्यभागिनिराज्यायकथंत्वंराज्यमिच्छसि ॥ अराजपुत्रोह्यस्वामीपरस्वंहर्तुमिच्छसि ३१ युधिष्ठिरोराजपुत्रोमहात्मान्यायागतंराज्यमिदंचतस्य ॥ सकौरवस्यास्यकुलस्यभर्ताप्रशासिताचैवमहानुभावः ३२ ससत्यसंधःसतथाऽप्रमत्तःशास्त्रेस्थितोबंधुजनस्यसाधुः ॥ प्रियःप्रजानांसुहृदानुकंपीजितेंद्रियःसाधुज नस्यभर्ता ३३ क्षमातितिक्षादमआर्जवंचसत्यव्रतत्वंश्रुतमप्रमादः ॥ भूतानुकंपाह्यनुशासनंचयुधिष्ठिरेराजगुणाःसमस्ताः ३४ अराजपुत्रस्त्वमनार्यवृत्तोलु ब्धःसदाबंधुषुपापबुद्धिः ॥ क्रमागतंराज्यमिदंपरेषांहर्तुंकथंशक्ष्यसिदुर्विनीत ३५ प्रयच्छराज्यार्धमपेतमोहःसवाहनंत्वंसपरिच्छदंच ॥ ततोऽवशेषंतवजीवितस्य सहानुजस्यैवभवेन्नरेंद्र ३६ ॥ इतिश्रीमहाभारतेउद्योगपर्वणिभगवद्यानपर्वणिधृतराष्ट्रवाक्यकथनेएकोनपंचाशदधिकशततमोऽध्यायः ॥ १४९ ॥ वासुदेवउवाच ॥ एवमुक्तेतुभीष्मेणद्रोणेनविदुरेणच ॥ गांधार्याधृतराष्ट्रेणनवैमंदोऽन्वबुध्यत १ अवधूयोत्थितोमंदःक्रोधसंरक्तलोचनः ॥ अन्वद्रवंततंपश्चाद्राजानस्त्यक्तजीविताः २

अकारयत् अकरोत् २८ । २९ । ३० । ३१ । ३२ आसमंतात् अनुकंपीदयावान् ३३ । ३४ । ३५ । ३६ ॥ इतिश्रीउद्योगपर्वणिनीलकंठीयेभारतभावदीपेएकोनपं चाशदधिकशततमोऽध्यायः ॥ १४९ ॥ ॥ एवमुक्तेइति १ । २

पुष्योऽद्येति। पुष्यनक्षत्रंहि अश्विन्याःपौर्णमास्याउपरिअष्टम्यांभवति पूर्वमपि सप्तमादिवसादूर्ध्वममावस्याभविष्यतिसंग्रामंयोजयेत्तस्यामित्युक्तत्वात् ३ । ४ । ५ । ६ । ७ साम्यंसाम्नोभावःसामेतियावत् ८
पुनर्भेदश्चकर्णेनसहोपसंवादेन ९ । १० । ११ । १२ । १३ । १४ । १५ । १६ पंचग्राममात्रस्वीकारेणकृत्स्नराज्यसमर्पणरूपंदानमपिप्रयुक्तम् १७ दंडएवोपायोनान्यइत्याह दंडमिति १८ । १९ । २०

आज्ञापयच्चराज्ञस्तान्पार्थिवान्नष्टचेतसः ॥ प्रयाध्वंवैकुरुक्षेत्रंपुष्योऽद्येतिपुनःपुनः २ ततस्तेपृथिवीपालाःप्रययुःसहसैनिकाः ॥ भीष्मंसेनापतिंकृत्वासंहृष्टाःकाल
चोदिताः ४ अक्षौहिण्योदशैकाचकौरवाणांसमागताः ॥ तासांप्रमुखतोभीष्मस्तालकेतुर्व्यरोचत ५ यदत्रयुक्तंप्राप्तंचतद्विधत्स्वविशांपते ॥ उक्तंभीष्मेणयद्वाक्यं
द्रोणेनविदुरेणच ६ गांधार्याधृतराष्ट्रेणसमक्षंममभारत ॥ एतत्तेकथितंराजन्यद्वृत्तंकुरुसंसदि ७ साम्यमादौप्रयुक्तंमेराजन्सौभ्रात्रमिच्छता ॥ अभेदायास्यवंशस्यप्रजा
नांचविवृद्धये ८ पुनर्भेदश्चमेयुक्तोयदासामनगृह्यते ॥ कर्मानुकीर्तनंचैवदेवमानुषसंहितम् ९ यदानाद्रियतेवाक्यंसामपूर्वंसुयोधनः ॥ तदामयासमानीयभेदिताःसर्व
पार्थिवाः १० अद्भुतानिचघोराणिदारुणानिचभारत ॥ अमानुषाणिकर्माणिदर्शितानिमयाविभो ११ निर्भर्त्सयित्वाराज्ञस्तांस्तृणीकृत्यसुयोधनम् ॥ राधेयंभीषयि
त्वाचसौबलंचपुनःपुनः १२ द्यूततोधार्तराष्ट्राणांनिंदांकृत्वातथापुनः ॥ भेदयित्वानृपान्सर्वान्वाग्भिर्मंत्रेणचासकृत् १३ पुनःसामाभिसंयुक्तंसंप्रदानमथाब्रुवम् ॥
अभेदात्कुरुवंशस्यकार्ययोगात्तथैवच १४ तेशूराधृतराष्ट्रस्यभीष्मस्यविदुरस्यच ॥ तिष्ठेयुःपांडवाःसर्वेहित्वामानमधश्चराः १५ प्रयच्छंतुचतेराज्यमनीशास्तेभवंतुच ॥
यथाऽऽहराजागांगेयोविदुरश्चहितंतव १६ सर्वंभवतुतेराज्यंपंचग्रामान्विसर्जय ॥ अवश्यंभरणीयाहिपितुस्तेराजसत्तम १७ एवमुक्तोऽपिदुष्टात्मानैवभागंव्यमुंचत ॥
दंडंचतुर्थंपश्यामितेषुपापेषुनान्यथा १८ निर्याताश्चविनाशायकुरुक्षेत्रंनराधिपाः ॥ एतत्तेकथितंराजन्यद्वृत्तंकुरुसंसदि १९ नतेराज्यंप्रयच्छंतिविनायुद्धेनपांडव ॥
विनाशहेतवःसर्वेप्रत्युपस्थितमृत्यवः २० ॥ इतिश्रीमहाभारतेउद्योगपर्वणिभगवद्यानपर्वणिकृष्णवाक्येपंचाशदधिकशततमोऽध्यायः ॥ १५० ॥ ॥
समाप्तंचभगवद्यानपर्व ॥ अथसैन्यनिर्याणपर्व ॥ ॥ वैशंपायनउवाच ॥ जनार्दनवचःश्रुत्वाधर्मराजोयुधिष्ठिरः ॥ भ्रातॄनुवाचधर्मात्मासमक्षंकेशवस्यह १ श्रुतंभवद्भि
र्यद्वृत्तंसभायांकुरुसंसदि ॥ केशवस्यापियद्वाक्यंतत्सर्वमवधारितम् २ तस्मात्सेनाविभागंमेकुरुध्वंनरसत्तमाः ॥ अक्षौहिण्यश्चसप्तैताःसमेताविजयायवै ३ तासांयेप
तयःसप्तविख्यातास्तान्निबोधत ॥ द्रुपदश्चविराटश्चधृष्टद्युम्नशिखंडिनौ ४ सात्यकिश्चेकितानश्चभीमसेनश्चवीर्यवान् ॥ एतेसेनाप्रणेतारोवीराःसर्वेतनुत्यजः ५ सर्वे
वेदविदःशूराःसर्वेसुचरितव्रताः ॥ ह्रीमंतोनीतिमन्तश्चसर्वेयुद्धविशारदाः ६ इष्वस्त्रकुशलाःसर्वेतथासर्वास्त्रयोधिनः ॥ सप्तानामपियोनेतासेनानांप्रविभागवित् ७ यःस
हेतरणेभीष्मंशरार्चिःपावकोपमम् ॥ तंतावत्सहदेवात्रप्रब्रूहिकुरुनंदन ॥ स्वमतंपुरुषव्याघ्रकोनःसेनापतिःक्षमः ८ ॥ सहदेवउवाच ॥ संयुक्तएकदुःखश्चवीर्यवांश्च
महीपतिः ॥ यंसमाश्रित्यधर्मज्ञंस्वमंशमनुयुंज्महे ९

॥ इतिउद्योगपर्वणिनीलकंठीये भारतभावदीपेपंचाशदधिकशततमोऽध्यायः ॥ १५० ॥ जनार्दनेति १ । २ । ३ । ४ । ५ । ६ । ७ । ८ संयुक्तःसंबंधी ९

१० । ११ । कुलेनवंशेन अभिजनेनस्वजनसमूहेन १२ । १३ । १४ । १५ । १६ अंगिरसोद्रोणस्य १७ । १८ । १९ । २० । २१ । २२ । २३ । २४ । २५ । २६ । २७ । २८ । २९ । ३० । ३१ । ३२

मत्स्योविराटोबलवान्कृतास्त्रोयुद्धदुर्मदः ॥ प्रसहिष्यतिसंग्रामेभीष्मंतांश्चमहारथान् १० ॥ वैशंपायनउवाच ॥ तथोक्तेसहदेवेनवाक्येवाक्यविशारद ॥ नकुलोऽनंतरंतस्मादिदंवचनमाददे ११ वयसाशास्त्रतोधैर्यात्कुलेनाभिजनेनच ॥ ह्रीमान्बलान्वितःश्रीमान्सर्वशास्त्रविशारदः १२ वेदचास्त्रंभरद्वाजाद्दुर्धर्षःसत्यसंगरः ॥ योनित्यंस्पर्धतेद्रोणंभीष्मंचैवमहाबलम् १३ श्लाघ्यःपार्थिववंशस्यप्रमुखेवाहिनीपतिः ॥ पुत्रपौत्रैःपरिवृतःशतशाखइवद्रुमः १४ यस्ततापतपोघोरंसदारःपृथिवीपतिः ॥ रोषाद्द्रोणविनाशायवीरःसमितिशोभनः १५ पितेवास्मान्समाधत्तेयःसदापार्थिवर्षभः ॥ श्वशुरोद्रुपदोऽस्माकंसेनाग्रंसप्रकर्षतु १६ सद्रोणभीष्मावायातौसहेदितिमतिर्मम ॥ सहिदिव्यास्त्रविद्राजासखाचांगिरसोनृपः १७ माद्रीसुताभ्यामुक्तेतुस्वमतेकुरुनन्दनः ॥ वासविर्वासवसमःसव्यसाच्यब्रवीद्वचः १८ योऽयंतपःप्रभावेनऋषिसंतोषणेनच ॥ दिव्यःपुरुषउत्पन्नोज्वालावर्णोमहाभुजः १९ धनुष्मान्कवचीखड्गीरथमारुह्यदंशितः ॥ दिव्यैर्हयवरैर्युक्तमग्निकुंडात्समुत्थितः २० गर्जन्निवमहामेघोरथघोषेणवीर्यवान् ॥ सिंहसंहननोवीरःसिंहतुल्यपराक्रमः २१ सिंहोरस्कःसिंहभुजःसिंहवक्षामहाबलः ॥ सिंहप्रगर्जनोवीरःसिंहस्कंधोमहाद्युतिः २२ सुभ्रूःसुदंष्ट्रःसुहनुःसुबाहुःसुमुखोऽकृशः ॥ सुजत्रुःसुविशालाक्षःसुपादःसुप्रतिष्ठितः २३ अभेद्यःसर्वशस्त्राणांप्रभिन्नइववारणः ॥ जज्ञेद्रोणविनाशायसत्यवादीजितेंद्रियः २४ धृष्टद्युम्नमहंमन्येसहेद्भीष्मस्यसायकान् ॥ वज्राशनिसमस्पर्शान्दीप्तास्यानुरगानिव २५ यमदूतसमान्वेगेनिपातेपावकोपमान् ॥ रामेणाजौविषहितान्वज्रनिष्पेषदारुणान् २६ पुरुषंतंनपश्यामियःसहेतमहाव्रतम् ॥ धृष्टद्युम्नमृतेराजन्नितिमेधीयतेमतिः २७ क्षिप्रहस्तश्चित्रयोधीमतःसेनापतिर्मम ॥ अभेद्यकवचःश्रीमान्मातंगइवयूथपः २८ ॥ भीमसेनउवाच ॥ वधार्थंयःसमुत्पन्नःशिखंडीद्रुपदात्मजः ॥ वदंतिसिद्धाराजेंद्रऋषयश्चसमागताः २९ यस्यसंग्राममध्येतुदिव्यमस्त्रंप्रकुर्वतः ॥ रूपंद्रक्ष्यंतिपुरुषारामस्येवमहात्मनः ३० नतंयुद्धेप्रपश्यामियोभिंद्यात्तुशिखंडिनम् शस्त्रेणसमरेराजन्सन्नद्धंस्यंदनेस्थितम् ३१ द्वैरथेसमरेनान्योभीष्मंहन्यान्महाव्रतम् ॥ शिखंडिनमृतेवीरंसमेसेनापतिर्मतः ३२ ॥ युधिष्ठिरउवाच ॥ सर्वस्यजगतस्तातसारासारंबलाबलम् ॥ सर्वंजानातिधर्मात्मामतमेषांचकेशवः ३३ यमाहकृष्णोदाशार्हःसोऽस्तुसेनापतिर्मम ॥ कृतास्त्रोऽप्यकृतास्त्रोवावृद्धोवायदिवायुवा ३४ एषनोविजयेमूलमेषताततविपर्यये ॥ अत्रप्राणाश्चराज्यंचभावाभावौसुखासुखे ३५ एषधाताविधाताचसिद्धिरत्रप्रतिष्ठिता ॥ यमाहकृष्णोदाशार्हःसोऽस्तुनोवाहिनीपतिः ३६ ब्रवीतुवदतांश्रेष्ठोनिशासमभिवर्तते ॥ ततःसेनापतिंकृत्वाकृष्णस्यवशवर्तिनः ३७ रात्रेःशेषेव्यतिक्रांतेप्रयास्यामोरणाजिरम् ॥ अधिवासितशस्त्राश्चकृतकौतुकमंगलाः ३८

३३ । ३४ । ३५ । ३६ ३७ शस्त्राणामधिवासनंगंधाद्यैःपूजनं कौतुकंरक्षाबंधनं मंगलंस्वस्तिवाचनम् ३८.

धनंजयमवेक्ष्येत्यनेनार्जुनाभिमतोधृष्टद्युम्नःसेनापतिरितिस्वाशयंप्रदर्श्येत्यर्थः ३९ ४० । ४१ । ४२ । ४३ । ४४ । ४५ । ४६ । ४७ अस्माकंबलंकर्तृ धार्तराष्ट्रबलंकर्म ४८ । ४९ योगोयुद्धायरुज्जीभवनं ' द्रव्योपायसन्नहनेष्वपियोगः ' इतिविश्वः ५० । ५१ । ५२ । ५३ । ५४ । ५५ । ५६ । ५७ शकटाअनांसि आपणोषणिग्वीथ्युपलक्षितंविक्रेयद्रव्यं वेशोवेश्याजनाश्रयःपटगृहाणि । यानयुग्यं

॥ वैशंपायनउवाच ॥ तस्यतद्वचनंश्रुत्वाधर्मराजस्यधीमतः ॥ अब्रवीत्पुंडरीकाक्षोधनंजयमवेक्ष्यह ३९ ममाप्येतेमहाराजभवद्भिर्यउदाहृताः ॥ नेतारस्तवसेनायामताविक्रांतयोधिनः ४० सर्वएवसमर्थाहितवशत्रुंप्रबाधितुं ॥ इंद्रस्यापिभयंह्येतेजनयेयुर्महाहवे ४१ किंपुनर्धार्तराष्ट्राणांलुब्धानांपापचेतसाम् ॥ मयापिहिमहाबाहोत्वत्प्रियार्थंमहाहवे ४२ कृतोयत्नोमहांस्तत्रशमःस्यादितिभारत ॥ धर्मस्यगतमानृण्यंनस्मवाच्याविवक्षताम् ४३ कृतास्त्रंमन्यतेबालआत्मानमविचक्षणः ॥ धार्तराष्ट्रोबलस्थंचपश्यत्यात्मानमातुरः ४४ युज्यतांवाहिनीसाधुवधसाध्याहिमेमताः ॥ नधार्तराष्ट्राःशक्ष्यंतिस्थातुंदृष्ट्वाधनंजयम् ४५ भीमसेनंचसंक्रुद्धंयमौचापियमोपमौ ॥ युयुधानद्वितीयंचधृष्टद्युम्नममर्षणम् ४६ अभिमन्युंद्रौपदेयान्विराटद्रुपदावपि ॥ अक्षौहिणीपतींश्चान्यान्नरेन्द्रान्भीमविक्रमान् ४७ सारवद्बलमस्माकंदुष्प्रधर्षंदुरासदम् ॥ धार्तराष्ट्रबलंसंख्येहनिष्यतिनसंशयः ४८ धृष्टद्युम्नमहंमन्येसेनापतिमरिंदम ॥ वैशंपायनउवाच ॥ एवमुक्तेतुकृष्णेनसंप्राहृष्यन्नरोत्तमाः ४९ तेषांप्रहृष्टमनसांनादःसमभवन्महान् ॥ योगइत्यथसैन्यानांत्वरतांसंप्रधावताम् ५० हयवारणशब्दाश्चनेमिघोषाश्चसर्वतः ॥ शंखदुंदुभिघोषाश्चतुमुलाःसर्वतोऽभवन् ५१ तदुग्रंसागरनिभंक्षुब्धंबलसमागमम् ॥ रथपत्तिगजोदग्रंमहोर्मिभिरिवाकुलम् ५२ धावतामाह्वयानानांतनुत्राणिचबध्नताम् ॥ प्रयास्यतांपांडवानांससैन्यानांसमंततः ५३ गंगेवपूर्णादुर्धर्षासमदृश्यतवाहिनी ॥ अग्रानीकेभीमसेनोमाद्रीपुत्रौचदंशितौ ५४ सौभद्रोद्रौपदेयाश्चधृष्टद्युम्नश्चपार्षतः ॥ प्रभद्रकाश्चपंचालाभीमसेनमुखाययुः ५५ ततःशब्दःसमभवत्समुद्रस्येवपर्वणि ॥ हृष्टानांसंप्रयातानांघोषोदिवमिवास्पृशत ५६ प्रहृष्टादंशितायोधाःपरानीकविदारणाः ॥ तेषांमध्येययौराजाकुंतीपुत्रोयुधिष्ठिरः ५७ शकटापणवेशाश्चयानयुग्यंचसर्वशः ॥ कोशंयंत्रायुधंचैवयेचवैद्याश्चिकित्सकाः ५८ फल्गुयच्चबलंकिंचिद्यच्चापिकृशदुर्बलम् ॥ तत्संगृह्यययौराजायेचापिपरिचारकाः ५९ उपप्लव्येतुपांचालीद्रौपदीसत्यवादिनो ॥ सहस्त्रीभिर्निवृत्तेदासीदाससमावृता ६० कृत्वामूलप्रतीकारंगुल्मैःस्थावरजंगमैः ॥ स्कंधावारेणमहताप्रययुःपांडुनंदनाः ६१ ददतोगांहिरण्यंचब्राह्मणैरभिसंवृताः ॥ स्तूयमानाययूराजन्रथैर्मणिविभूषितैः ६२ केकयाधृष्टकेतुश्चपुत्रःकाश्यस्यचाभिभुः ॥ श्रेणिमान्वसुदानश्चशिखंडीचापराजितः ६३ हृष्टास्तुष्टाःकवचिनःसशस्त्राःसमलंकृताः ॥ राजानमन्वयुःसर्वेपरिवार्ययुधिष्ठिरम् ६४ जघनार्धेविराटश्चयाज्ञसेनिश्चसौमकिः ॥ सुधर्माकुंतिभोजश्चधृष्टद्युम्नस्यचात्मजाः ६५

यानेषुयुग्यंयुगमर्हतीतिरथादि । शकटमुपस्करादिभारवहंयुग्यं । इदंतुकेवलंप्रयाणार्हंयुग्यं । युग्यंचपत्रेइतिनिपातनात् । कोशंधनचयं यंत्रायुधंगोलकप्रक्षेपणं नालइत्युच्यतेलोके चिकित्सकाःशस्त्रवैद्याः ५८ । ५९ । ६० मूलप्रतीकारंधनदाररक्षां गुल्मैःस्थावरैःप्राकाररूपैः जंगमैःपरितःस्थानेस्थानेशूरसंघैः स्कंधावारेणसैन्येन ६१ गांभूमिं धेनुंवा ६२ । ६३ । ६४ जघनार्धेपश्चिमार्धे ६५

६६ । ६७ । ६८ । ६९ समहृष्यंतरोमांचितानि ७० । ७१ ॥ इतिश्रीमहाभारते उद्योगपर्वणिनीलकंठीये भारतभावदीपे एकपंचाशदधिकशततमोऽध्यायः ॥ १५१ ॥ ततइति १ । २ मधुरमनोहरे ३ । ४

रथायुतानिचत्वारिहयाः पंचगुणास्तथा ॥ पत्तिसैन्यंदशगुणंगजानामयुतानिषट् ६६ अनाधृष्टिश्चेकितानोधृष्टकेतुश्चसात्यकिः ॥ परिवार्यययुःसर्वेवासुदेवधनंजयौ ६७ आसाद्यतुकुरुक्षेत्रंव्यूढानीकाःप्रहारिणः ॥ पांडवाःसमदृश्यंतनर्दंतोवृषभाइव ६८ तेऽवगाह्यकुरुक्षेत्रंशंखान्दध्मुररिंदमाः ॥ तथैवदध्मतुःशंखंवासुदेवधनंजयौ ६९ पांचजन्यस्यनिर्घोषंविस्फूर्जितमिवाशनेः ॥ निशम्यसर्वसैन्यानिसमहृष्यंतसर्वशः ७० शंखदुंदुभिसंहृष्टःसिंहनादस्तरस्विनाम् ॥ पृथिवींचांतरिक्षंचसागरांश्चान्वनादयत् ७१ ॥ इतिश्रीमहाभारतेउद्योगपर्वणिसैन्यनिर्याणपर्वणिकुरुक्षेत्रप्रवेशेएकपंचाशदधिकशततमोऽध्यायः ॥ १५१ ॥ ॥ ॥ ॥

वैशंपायनउवाच ॥ ततोदेशेसमेस्निग्धेप्रभूतयवसेंधने ॥ निवेशयामासतदासेनांराजायुधिष्ठिरः १ परिहृत्यश्मशानानिदेवतायतनानिच ॥ आश्रमांश्चमहर्षीणांतीर्थान्यायतनानिच २ मधुरानूषरेदेशेशुचौपुण्येमहामतिः ॥ निवेशंकारयामासकुंतीपुत्रोयुधिष्ठिरः ३ ततश्चपुनरुत्थायसुखीविश्रांतवाहनः ॥ प्रययौपृथिवीपालैर्वृतःशतसहस्रशः ४ विद्राव्यशतशोगुल्मान्धार्तराष्ट्रस्यसैनिकान् ॥ पर्यक्रामत्समंताच्चपार्थेनसहकेशवः ५ शिबिरंमापयामासधृष्टद्युम्नश्चपार्षतः ॥ सात्यकिश्चरथोदारोयुयुधानश्चवीर्यवान् ६ आसाद्यसरितंपुण्यांकुरुक्षेत्रेहिरण्वतीम् ॥ सूपतीर्थांशुचिजलांशर्करापंकवर्जिताम् ७ खानयामासपरिखांकेशवस्तत्रभारत ॥ गुप्त्यर्थमपिचादिश्यबलंतत्रन्यवेशयत् ८ विधिर्यःशिबिरस्यासीत्पांडवानांमहात्मनाम् ॥ तद्विधानिनरेन्द्राणांकारयामासकेशवः ९ प्रभूततरकाष्ठानिदुराधर्षतराणिच ॥ भक्ष्यभोज्यान्नपानानिशतशोऽथसहस्रशः १० शिबिराणिमहार्हाणिराज्ञांतत्रपृथक्पृथक् ॥ विमानानीवराजेन्द्रनिविष्टानिमहीतले ११ तत्रासन्शिल्पिनःप्राज्ञाःशतशोदत्तवेतनाः ॥ सर्वोपकरणैर्युक्तावैद्याःशास्त्रविशारदाः १२ ज्याधनुर्वर्मशस्त्राणांतथैवमधुसर्पिषोः ॥ ससर्जरसपांसूनांराशयःपर्वतोपमाः १३ बहूदकंसुयवसंतुषांगारसमन्वितम् ॥ शिबिरेशिबिरेराजासंचकारयुधिष्ठिरः १४ महायंत्राणिनाराचास्तोमराणिपरश्वधाः ॥ धनूंषिकवचादीनिऋष्टयस्तूणसंयुताः १५ गजाःकंटकसन्नाहालोहवर्मोत्तरच्छदाः ॥ दृश्यंतेतत्रगिर्याभाःसहस्रशतयोधिनः १६ निविष्टान्पांडवांस्तत्रज्ञात्वामित्राणिभारत ॥ अभिसस्रुर्यथादेशंसबलाःसहवाहनाः १७ चरितब्रह्मचर्यास्तेसोमपाभूरिदक्षिणाः ॥ जयायपांडुपुत्राणांसमाजग्मुर्महीक्षितः १८ ॥ ॥ इतिश्रीमहाभारतेउद्योगपर्वणिसैन्यनिर्याणपर्वणिशिबिरादिनिर्माणेद्विपंचाशदधिकशततमोऽध्यायः ॥ १५२ ॥ ॥ ॥ ॥ ॥ ॥ ॥

गुल्मान्सैनिकसंघान् ५ । ६ सूपतीर्थांशोभनोपकंठां ७ । ८ तद्विधानिशिबिराणि ९ । १० । ११ । १२ । १३ । १४ । १५ कंटकसन्नाहाः येषांस्पर्शमात्रादपिगजांतराणांकंटकवेधोभवतितादृशाःसन्नाहाः कवचानि कंटकैःकवचैःसन्नहनंयेषामितिप्राञ्चः १६ अभिसस्रुरभ्याजग्मुः १७ । १८ ॥ इतिउद्योगपर्वणिनीलकंठीये भारतभावदीपे द्विपंचाशदधिकशततमोऽध्यायः ॥ १५२ ॥ ॥ ॥ ॥

युधिष्ठिरमिति १ । २ । ३ । ४ । ५ । ६ । ७ । ८ । ९ । १०।११।१२ १३ । १४ आसन्नजलाःकोष्ठाःकक्ष्यायेषुतानितथा अच्छेद्यःशत्रुभिरनिर्वार्यआहारआहारणंवस्तूनांमार्गाश्रयेषुतानिअच्छेद्याहारमा

जनमेजयउवाच ॥ युधिष्ठिरंसहानीकमुपायांतंयुयुत्सया ॥ सन्निविष्टंकुरुक्षेत्रेवासुदेवेनपालितम् १ विराटद्रुपदाभ्यांचसपुत्राभ्यांसमन्वितम् ॥ केकयैर्वृष्णिभिश्चैव
पार्थिवैःशतशोवृतम् २ महेंद्रमिवचादित्यैरभिगुप्तंमहारथैः ॥ श्रुत्वादुर्योधनोराजाकिंकार्यंप्रत्यपद्यत ३ एतदिच्छाम्यहंश्रोतुंविस्तरेणमहामते ॥ संभ्रमेतुमुलेतस्मि
न्यदासीत्कुरुजांगले ४ व्यथयेयुरिमेदेवान्सेंद्रानपिसमागमे ॥ पांडवावासुदेवश्चविराटद्रुपदौतथा ५ धृष्टद्युम्नश्चपांचाल्यःशिखंडीचमहारथः ॥ युधामन्युश्चविक्रांतो
देवैरपिदुरासदः ६ एतदिच्छाम्यहंश्रोतुंविस्तरेणतपोधन ॥ कुरूणांपांडवानांचयद्यदासीद्विचेष्टितम् ७ ॥ वैशंपायनउवाच ॥ प्रतियातेतुदाशार्हेराजादुर्योधन
स्तदा ॥ कर्णंदुःशासनंचैवशकुनिंचाब्रवीदिदम् ८ अकृतेनैवकार्येणगतःपार्थानधोक्षजः ॥ सएनान्मन्युनाऽऽविष्टोध्रुवंधक्ष्यत्यसंशयम् ९ इष्टोहिवासुदेवस्यपांडवैर्मम
विग्रहः ॥ भीमसेनार्जुनौचैवदाशार्हस्यमतेस्थितौ १० अजातशत्रुरत्यर्थंभीमसेनवशानुगः ॥ निकृतश्चमयापूर्वंसहसर्वैःसहोदरैः ११ विराटद्रुपदौचैवकृतवैरौमया
सह ॥ तौचसेनाप्रणेतारौवासुदेववशानुगौ १२ भविताविग्रहःसोऽयंतुमुलोलोमहर्षणः ॥ तस्मात्सांग्रामिकंसर्वंकारयध्वमतंद्रिताः १३ शिबिराणिकुरुक्षेत्रेक्रियंतां
वसुधाधिपाः ॥ स्वपर्याप्तावकाशानिदुरादेयानिशत्रुभिः १४ आसन्नजलकोष्ठानिशतशोऽथसहस्रशः ॥ अच्छेद्याहारमार्गाणिबंधोच्छ्रयचितानिच १५ विविधायुध
पूर्णानिपताकाध्वजवंतिच ॥ समाश्चतेषांपंथानःक्रियंतांनगराद्बहिः १६ प्रयाणंघुष्यतामद्यश्वोभूतइतिमाचिरम् ॥ तेतथेतिप्रतिज्ञायश्वोभूतेचक्रिरेतथा १७ हृष्टरूपा
महात्मानोनिवासायमहीक्षिताम् ॥ ततस्तेपार्थिवाःसर्वेतच्छ्रुत्वाराजशासनम् १८ आसनेभ्योमहार्हेभ्यउदतिष्ठन्नमर्षिताः ॥ बाहून्परिघसंकाशान्संस्पृशंतःशनैःशनैः
१९ कांचनांगददीप्तांश्चचंदनागुरुभूषितान् ॥ उष्णीषाणिनियच्छंतःपुंडरीकनिभैःकरैः ॥ अंतरीयोत्तरीयाणिभूषणानिचसर्वशः २० तेरथान्रथिनःश्रेष्ठाहयांश्चहयको
विदाः ॥ सज्जयंतिस्मनागांश्चनागशिक्षास्वनुष्ठिताः २१ अथवर्माणिचित्राणिकांचनानिबहूनिच ॥ विविधानिचशस्त्राणिचक्रुःसर्वाणिसर्वशः २२ पदातयश्चपुरुषाः
शस्त्राणिविविधानिच ॥ उपाजह्रुःशरीरेषुहेमचित्राण्यनेकशः २३ तदुत्सवइवोदग्रंसंप्रहृष्टनरावृतम् ॥ नगरंधार्तराष्ट्रस्यभारतासीत्समाकुलम् २४ जनौघसलिला
वर्तोरथनागाश्वमीनवान् ॥ शंखदुंदुभिनिर्घोषःकोशसंचयरत्नवान् २५ चित्राभरणवर्मोर्मिःशस्त्रनिर्मलफेनवान् ॥ प्रासादमालाद्रिवृतोरथ्यापणमहाह्रदः २६
योधचंद्रोदयोद्भूतःकुरुराजमहार्णवः ॥ व्यदृश्यतततदाराजंश्चंद्रोदयइवोदधिः २७ ॥ इतिश्रीमहाभारतेउद्योगपर्वणिसैन्यनिर्याणपर्वणिदुर्योधनसैन्यसज्जकरणेत्रिपंचा
शदधिकशततमोऽध्यायः ॥ १५३ ॥ ॥ ॥ ॥ ॥ ॥ ॥ ॥ ॥

र्गाणि १५ । १६ । १७ । १८ । १९ अंतरीयंपरिधानीयं उत्तरीयंप्रावरणवस्त्रं २० । २१ । २२ उपाजह्रुःपरिधानंकृतवंतः २३ । २४ । २५ । २६ । २७ ॥ इतिउद्योगपर्वणिनीलकंठीयेभारत
भावदीपे त्रिपंचाशदधिकशततमोऽध्यायः ॥ १५३ ॥ ॥ ॥ ॥ ॥ ॥ ॥ ॥ ॥

म.भा.टी. ॥१२२॥ उद्यो० अ० १५४

वासुदेवेति १।२।३।४।५।६।७।८।९।१० ।११।१२ युक्तंसम्यक् १३ नकल्याणंअकल्याणं पापंअकल्याणंयत्वदीयेष्वविद्यमानंसर्वंतस्मिन्दुर्योधनेप्रतिष्ठितं १४ परित्यागेन राज्यस्योपेक्षया १५।१६ योगंयुद्धोद्योगम् १७।१८।१९ यदर्थंयन्निवृत्त्यर्थं अनर्थःकुलक्षयः प्रयत्नतोबलात् २० तस्मिन्निति। तस्मिन्ननर्थेनिमित्तेसतियत्नस्तत्परिहारार्थउपायःसद्यःशत्रुवधरूपोभीमं

वैशंपायनउवाच ॥ वासुदेवस्यतद्वाक्यमनुस्मृत्ययुधिष्ठिरः ॥ पुनःपप्रच्छवार्ष्णेयंकथंमंदोऽब्रवीदिदम् १ अस्मिन्नभ्यागतेकालेकिंचनःक्षममच्युत ॥ कथंचवर्तमाना वैस्वधर्मान्नच्यवेमहि २ दुर्योधनस्यकर्णस्यशकुनेःसौबलस्यच॥ वासुदेवमतज्ञोऽसिममसभ्रातृकस्यच ३ विदुरस्यापितद्वाक्यंश्रुतंभीष्मस्यचोभयोः॥ कुंत्याश्चविपुल प्रज्ञप्रज्ञाकात्स्न्येंनतेश्रुता ४ सर्वमेतदतिक्रम्यविचार्यचपुनःपुनः॥ क्षमंयन्नोमहाबाहोतद्ब्रवीह्यविचारयन् ५ श्रुत्वैतद्धर्मराजस्यधर्मार्थसहितंवचः॥ मेघदुंदुभिनिर्घोषः कृष्णोवाक्यमथाब्रवीत् ६ ॥ ॥ कृष्णउवाच ॥ ॥ उक्तवानस्मियद्वाक्यंधर्मार्थसहितंहितम् ॥ नतुतन्निकृतिप्रज्ञेकौरव्येप्रतितिष्ठति ७ नचभीष्मस्यदुर्मेधाः शृणोतिविदुरस्यवा ॥ ममवाभाषितंकिंचित्सर्वमेवातिवर्तते ८ नैषकामयतेधर्मंनैषकामयतेयशः ॥ जितंसमन्यतेसर्वंदुरात्माकर्णमाश्रितः ९ बंधमाज्ञापयामासमम चापिसुयोधनः ॥ नचतंलब्धवान्कामंदुरात्मापापनिश्चयः १० नचभीष्मोनचद्रोणोयुक्तंतत्राहतुर्वचः॥ सर्वेतमनुवर्तंतेऋतेविदुरमच्युत ११ शकुनिःसौबलश्चैवकर्णदुः शासनावपि ॥ त्वय्ययुक्तान्यभाषंतमूढामूढममर्षणम् १२ किंचतेनमयोक्तेनयान्यभाषतकौरवः ॥ संक्षेपेणदुरात्माऽसौनयुक्तंत्वयिवर्तते १३ पार्थिवेषुनसर्वेषुयइमे तवसैनिकाः ॥ यत्पापंयन्नकल्याणंसर्वंतस्मिन्प्रतिष्ठितम् १४ नचापिवयमत्यर्थंपरित्यागेनकर्हिचित् ॥ कौरवैःशममिच्छामस्तत्रयुद्धमनंतरम् १५ ॥ वैशंपायन उवाच ॥ तच्छ्रुत्वापार्थिवाःसर्वेवासुदेवस्यभाषितम् ॥ अब्रुवंतोमुखंराज्ञःसमुदैक्षंतभारत १६ युधिष्ठिरस्त्वभिप्रायमभिलक्ष्यमहीक्षिताम् ॥ योगमाज्ञापयामासभीमा र्जुनयमैःसह १७ ततःकिलकिलाभूतमनीकंपांडवस्यह ॥ आज्ञापितेतदायोगेसमहृष्यंतसैनिकाः १८ अवध्यानांवधंपश्यन्धर्मराजोयुधिष्ठिरः ॥ निःश्वसन्भीमसेनं चविजयंचेदमब्रवीत् १९ यदर्थंवनवासश्चप्राप्तंदुःखंचयन्मया ॥ सोऽयमस्मानुपैत्येवपरोऽनर्थःप्रयत्नतः २० तस्मिन्यत्नःकृतोऽस्माभिःसनोहीनःप्रयत्नतः ॥ अकृते तुप्रयत्नेऽस्मानुपावृत्तःकलिर्महान् २१ कथंह्यवध्यैःसंग्रामःकार्यःसहभविष्यति ॥ कथंहत्वागुरून्वृद्धान्विजयोनोभविष्यति २२ तच्छ्रुत्वाधर्मराजस्यसव्यसाचीपरं तपः ॥ यदुक्तंवासुदेवेनश्रावयामासतद्वचः २३ उक्तवान्देवकीपुत्रःकुंत्याश्चविदुरस्यच ॥ वचनंतत्त्वयाराजन्निखिलेनावधारितम् २४ नचतौवक्ष्यतोऽधर्ममितिमेनै ष्ठिकीमतिः ॥ नापियुक्तंचकौन्तेयनिवर्तितुमयुध्यतः २५ तच्छ्रुत्वावासुदेवोऽपिसव्यसाचिवचस्तदा ॥ स्मयमानोऽब्रवीद्वाक्यंपार्थमेवमितिब्रुवन् २६

स्यद्यूनकालेसंमतः सनोऽस्माकंअस्माभिःक्षमांकुर्वद्भिःप्रयत्नतोबलाद्धीनोव्यर्थःकृतः अकृतेतुअकृतेऽपिप्रयत्नेयुद्धार्थमुद्योगेतथापिअस्मान्कलिरुपावृत्तआगतः २१।२२।२३।२४ तौकुंतीविदुरौ अधर्म मितिच्छेदः अयुद्ध्यतस्तवनिवर्तितुमपिनयुक्तं २५।२६

॥१२२॥

२७ ॥ इतिउद्योगपर्वणिनीलकंठीये भारतभावदीपेचतुःपंचाशदधिकशततमोऽध्यायः ॥ १५४ ॥ ॥ ॥ ॥ ॥ व्युष्टायांव्यतीतायाम् १ सारंपुरोगामि मध्यंमध्यमं फल्गुपाश्चात्यम् २ सानुकर्षा इत्यादीनि नानामणिविभूषिताइत्यंतानिचित्रानीकानांविशेषणानि अनुकर्षः युद्धविमर्देयस्यकस्यचिद्रथावयवस्यनष्टस्यप्रतिसमाधानार्थंयद्रथस्याधोदारुबद्धंधतेतत् । 'अनुकर्षोरथाधःस्थदारुणि' इतिमेदिनी । तूणीरोरथत्राणोबाणकोशः महान्निषंगइतियावत् । वरूथोरथगुप्तिर्व्याघ्रादिचर्ममयी । तोमराःहस्तक्षेप्याःसशल्यादंडाः । उपासंगाःहयगजवाह्यास्तूणाः । निषंगःपश्चिमाद्यःसएव । शक्तिर्लोहदंडः । ऋष्टिर्गुरुतरःकाष्ठदंडः ३ शरासनतोमराः धनुःप्रक्षेप्यास्तोमराःस्थूलबाणाः । पाशाःसमीपागतस्यगलेप्रक्षेपार्थं । परिच्छदाआस्तरणादीनि । परिस्तराइतिपाठेआस्तरणमेव ४ कचग्रहविक्षेपः कचेषुगृहीत्वायेनशत्रुर्विक्षिप्यतेतादृशःकलविंकग्रहतुल्याग्रभागःक्षणद्रव्यांजिताग्रोदंडविशेषः । करग्रहेतिपाठेअंकुशविशेषः । तैलादयःप्रतप्ताःशत्रूणामुपरिक्षिप्यंते । साशीविषघटाःसर्पपूर्णाःकुंभाः । सर्जरसोरालद्रव्यमग्न्युद्दीपकम् ५ सघंटानिफलकानिशस्त्राग्राणियेषांतेसघंटफलकाः घंटासहितंचर्मेत्यन्ये । अयांसिखड्गपट्टिशच्छुरिकादीनि गुडजलंतप्तं उपलायंत्रक्षेप्यागोलाः ।

ततस्तेधृतसंकल्पायुद्धायसहसैनिकाः ॥ पांडवेयामहाराजतांरात्रिंसुखमावसन् २७ ॥ इतिश्रीमहाभारते उद्योगपर्वणि सैन्यनिर्याणपर्वणि युधिष्ठिरार्जुनसंवादे चतुःपंचाशदधिकशततमोऽध्यायः ॥ १५४ ॥ ॥ ॥ ॥ वैशंपायनउवाच ॥ व्युष्टायांवैरजन्यांहिराजादुर्योधनस्ततः ॥ व्यभजत्तान्यनीकानिदशचैकं चभारत १ नरहस्तिरथाश्वानांसारंमध्यंचफल्गुच ॥ सर्वेष्वेतेष्वनीकेषुसंदिदेशनराधिपः २ सानुकर्षाःसतूणीराःसवरूथाःसतोमराः ॥ सोपासंगाःसशक्तीकाःसनिषंगाःसहर्ष्टयः ३ सध्वजाःसपताकाश्चसशरासनतोमराः ॥ रज्जुभिश्चविचित्राभिःसपाशाःसपरिच्छदाः ४ सकचग्रहविक्षेपाःसतैलगुडवालुकाः ॥ साशीविषघटाः सर्वेसर्जरसपांसवः ५ सघंटफलकाःसर्वेसायोगुडजलोपलाः ॥ सशालभिन्दिपालाश्चसमधूच्छिष्टमुद्गराः ६ सकांडदंडकाःसर्वेससीरविषतोमराः ॥ सशूर्पपिटकाःसर्वे सदात्रांकुशतोमराः ७ सकीलकवचाःसर्वेवाशीवृक्षादनान्विताः ॥ व्याघ्रचर्मपरीवाराद्वीपिचर्मावृताश्चते ८ सहर्ष्टयःसशृंगाश्चसप्रासविविधायुधाः ॥ सकुठाराःसकुद्दालाःसतैलक्षौमसर्पिषः ९ रुक्मजालप्रतिच्छन्नानानामणिविभूषिताः ॥ चित्रानीकाःसुवपुषोज्वलिताइवपावकाः १०

शालतेकत्थतेशब्दंकरोतीतिशालः सचासौभिंदिपालोगोफलकः । सशूलेतिगौडपाठः । मधूच्छिष्टंमयनं तदपिद्रवीकृत्यगुडजलवत्प्रक्षेप्यं । मुद्गरःमुशलतुल्योदंडः ६ कांडंबाणफलकंतद्युक्तोदंडःकांडदंडःकंटकदंडइतियावत् दंडकंटकइतिपाठेसएवार्थः । सीरंलांगलं । विषंप्रसिद्धंतेनयुक्तास्तोमराविषतोमराः । शूर्पाणितप्तगुडादिप्रक्षेपार्थानि । पिटकास्तदाश्रयामंजूषाःअस्त्ररोधनार्थावा । दात्रंपरशुप्रभृति । अंकुशतोमराःबदरीकंटकतुल्यलोहकंटकोपेतास्तोमराः । येषामंतःप्रविष्टानांबहिर्निःसरणेअंत्राण्यपिबहिर्निःसरंति ७ कीलकवचवान्द्विपरेणमुष्टियुद्धेजेतुमशक्यः । सकीलक्रकचाइतिपाठेसदंतंकरपत्रं येनतक्षाकाष्ठंपाटयति । वाशीकाष्ठप्रच्छन्नंशस्त्रं । वास्येतिवासीतिवापाठेऽपिसएवार्थः । वृक्षादनाःलोहकंटककीलादीन्युपकरणानिव्याघ्रचर्मणाद्वीपीचित्रव्याघ्रस्तच्चर्मणाचपरिवृतारथाएव ८ ऋष्टिःद्रविडेषुप्रसिद्धंहस्तक्षेप्यंवक्रंकाष्ठफलकं शृंगसाहचर्यात् शृंगंगदाघातेननष्टस्यरक्तस्यमोक्षणार्थं विण्मूत्रोत्सर्जनस्थानंवा । प्रासाःभल्लाः । तैलक्षौमानितैलाक्तवस्त्रविशेषायेषांभस्मप्रहारस्थलेदीयते । सर्पिश्चपुरातनंतदर्थमेव ९ चित्राश्चतेअनीकाश्चचित्रानीकाः चित्राणिसैन्यानि । 'अनीकोऽस्त्रीरणेसैन्ये' इतिमेदिनी १०

विनिवेशितायेषुरथेष्वितिशेषः ११ बद्धानिअरिष्टानिअशुभहराणियंत्रौषधादीनियेषुतेबद्धारिष्टाः ' रिष्टंक्षेमाशुभाभावे ' इतिमेदिनी । बद्धकक्षाःबद्धाःकक्षाः स्पर्धापदानितुरगादिशिरसिघंटामालामौक्तिकगुच्छादीन्यतिशौर्यावद्योतीनिबिरुदानियेषु । ' कक्षास्यादंतरीयस्यपश्चादंचलपल्लवे । स्पर्धापदेनादोर्मूले ' इतिमेदिनी । बद्धानिआभरणानिक्षुद्रघंटिकादीनिनिर्यूहाःशिखराणिचयेषु । ' निर्यूहःशिखरेद्वारे ' इतिमेदिनी १२ । १३ चतुर्युजइत्येतब्द्या वष्टे धुर्ययोरिति । धुर्ययोःधूःसन्निहितयोः पार्ष्णिसारथीचक्ररक्षौ १४ । १५ । १६ अंकुशधरोगजनियंतारौ । उत्तमधनुर्धरोदूरस्थानप्रहर्तुं । असिधरौसमीपस्थान् । शक्तिपिनाकधरोमध्यस्थान् पिनाकःत्रिशूलं । ' पिनाकोऽस्त्रीरुद्रचापेपांशुवर्षत्रिशूलयोः ' इतिमेदिनी १७ । १८ सादिभिःअश्वारोहैः १९ संग्राहःबृहद्द्रंगःद्वेषणपूर्वकमग्रपादाभ्यामुत्प्लवनमितियावत् तद्रहिताःअसंग्राहाः । 'संग्राहोबृहद्द्रंगे ' इतिविश्वः । यतःसुसंपन्नाःसम्यक्शिक्षिताः । भांडंअश्वाभरणंतेनपरिच्छदःपरिष्कारोयेषांते । ' भांडंभूषाश्वभूषयोः ' इतिविश्वः २० रूपविकाराः रक्तकृष्णहयमुखत्वादयः

तथाकवचिनःशूराःशस्त्रेषुकृतनिश्रयाः ॥ कुलीनाहययोनिज्ञाःसारथ्येविनिवेशिताः ११ बद्धारिष्टाबद्धकक्षाबद्धध्वजपताकिनः ॥ बद्धाभरणनिर्यूहाबद्धचर्मासिपट्टिशाः १२ चतुर्युजोरथाःसर्वेसर्वेचोत्तमवाजिनः ॥ सप्रासऋष्टिकाःसर्वेसर्वेशतशरासनाः १३ धुर्ययोर्हययोरेकस्तथान्यौपार्ष्णिसारथी ॥ तौचापिरथिनांश्रेष्ठौरथीचहयवित्तथा १४ नगराणीवगुप्तानिदुराधर्षाणिशत्रुभिः ॥ आसन्रथसहस्राणिहेममालीनिसर्वशः १५ यथारथास्तथानागाबद्धकक्षाःस्वलंकृताः ॥ बभूवुःसप्तपुरुषारत्नवंतइवाद्रयः १६ द्वावंकुशधरौतत्रद्वावुत्तमधनुर्धरौ ॥ द्वौवरासिधरौराजन्नेकःशक्तिपिनाकधृक् १७ गजैर्मत्तैःसमाकीर्णंसवर्मायुधकोशकैः ॥ तद्बभूवबलंराजन्कौरव्यस्यमहात्मनः १८ आमुक्तकवचैर्युक्तैःसपताकैःस्वलंकृतैः ॥ सादिभिश्चोपपन्नास्तुतथाचायुतशोहयाः १९ असंग्राहाःसुसंपन्नाहेमभांडपरिच्छदाः ॥ अनेकशतसाहस्राःसर्वेसादिवशेस्थिताः २० नानारूपविकाराश्चनानाकवचशस्त्रिणः ॥ पदातिनोनरास्तत्रबभूवुर्हेममालिनः २१ रथस्यासन्दशगजागजस्यदशवाजिनः ॥ नरादशहयस्यासन्पादरक्षाःसमंततः २२ रथस्यनागाःपंचाशन्नागस्यासन्शतंहयाः ॥ हयस्यपुरुषाःसप्तभिन्नसंधानकारिणः २३ सेनापंचशतंनागारथास्तावंतएवच ॥ दशसेनाचपृतनापृतनादशवाहिनी २४ सेनाचवाहिनीचैवपृतनाध्वजिनीचमूः ॥ अक्षौहिणीतिपर्यायैर्निरुक्ताचवरूथिनी २५

२१ रथस्येति । एकस्यरथस्ययथोक्तविभागेन दशगजाः शतंअश्वाः सहस्रंपदातयश्चपरिवारइत्यर्थः २२ पक्षांतरमाह रथस्येति । एकस्यरथस्यपंचाशद्गजाः पंचसहस्रंअश्वाः पंचत्रिंशत्सहस्रंपदातयः परिवारइत्यर्थः २३ अत्ररथादीनांप्राधान्याप्राधान्याभिप्रायेणपरिवाराल्पत्वबहुत्वेज्ञेये । साधारणीतुसंख्याआदिपर्वण्युक्ता । ' एकोरथोगजस्त्वेकोनराःपंचपदातयः । त्रयश्चतुरगास्तज्ज्ञैःपत्तिरित्यभिधीयते ' इत्यादिना । तामेवानुसरति सेनेति । तत्रगजानांरथानांचतुल्यसंख्योक्तिःपूर्वोक्तसंख्योपलक्षणार्था तेनपंचविंशतिशतानिमनुष्याः पंचदशशतंतुरगाइत्यपिज्ञेयं । पृतनायांतुपंचसहस्रंनागास्तावंतोरथाः पंचविंशतिसहस्रंनराः पंचदशसहस्रंअश्वाः । वाहिन्यांपंचाशत्सहस्रंनागास्तावंतोरथाः सार्धलक्षद्वयंनराः सार्द्धलक्षंअश्वाइतिज्ञेयं २४ एवमपिपूर्वोक्ताक्षौहिणीसंख्ययाविसंवादएवेत्याशंक्याह सेनेति । सेनादयःशब्दाःपर्यायाः नतुसंख्येयगतांसंख्याभेदमात्रेणनानार्थाः । एकस्मिन्नपिभीष्मसेनेदशनागसहस्रबलत्वस्मरणात् । एवंचबलद्वयेपिएकादशसप्तेतिसंख्यानसंख्येयस्येतिभावः । पांडवानांहीनबलत्वेऽपिअसंख्येयंवासुदेवबलंतत्रसहायीभूतमितिजयोऽभूदितिद्रष्टव्यम् २५

२६ । २७ नराणामिति । अयुतशइत्यनेननराणा मंतोनास्तीतिदर्शितम् २८ । २९ । ३० । ३१ । ३२ । ३३ । ३४ । ३५ ॥ ॥ इतिउद्योगपर्वणिनीलकंठीये भारतभावदीपे पंचपंचाशदधिक

एवंव्यूढान्यनीकानिकौरवेयेणधीमता ॥ अक्षौहिण्योदशैकाचसंख्याताःसप्तचैवह २६ अक्षौहिण्यस्तुसप्तैवपांडवानामभूद्बलम् ॥ अक्षौहिण्योदशैकाचकौरवा
णामभूद्बलम् २७ नराणांपंचपंचाशदेषापत्तिर्विधीयते ॥ सेनामुखंचतिस्रस्तागुल्मइत्यभिशब्दितम् २८ त्रयोगुल्मागणस्त्वासीद्गणास्त्वयुतशोऽभवन् ॥
दुर्योधनस्यसेनासुयोत्स्यमानाःप्रहारिणः २९ तत्रदुर्योधनोराजाशूरान्बुद्धिमतोनरान् ॥ प्रसमीक्ष्यमहाबाहुश्चक्रेसेनापतींस्तदा ३० पृथगक्षौहिणीनांचप्रणेतॄ
न्नरसत्तमान् ॥ विधिवत्पूर्वमानीयपार्थिवानभ्यभाषत ३१ कृपंद्रोणंचशल्यंचसैन्धवंचजयद्रथम् ॥ सुदक्षिणंचकांबोजंकृतवर्माणमेवच ३२ द्रोणपुत्रंचकर्णंच
भूरिश्रवसमेवच ॥ शकुनिंसौबलंचैवबाह्लीकंचमहाबलम् ३३ दिवसेदिवसेतेषांप्रतिवेलंचभारत ॥ चक्रेसविविधाःपूजाःप्रत्यक्षंचपुनःपुनः ३४ तथाविनि
युक्ताःसर्वेयेचतेषांपदानुगाः ॥ बभूवुःसैनिकाराज्ञांप्रियंराज्ञश्चिकीर्षवः ३५ ॥ ॥ इतिश्रीमहाभारतेउद्योगपर्वणिसैन्यनिर्याणपर्वणिदुर्योधनसैन्य
विभागे पंचपंचाशदधिकशततमोऽध्यायः ॥ १५५ ॥ ॥ ॥ ॥ वैशंपायनउवाच ॥ ॥ ततःशांतनवंभीष्मं
प्रांजलिर्धृतराष्ट्रजः ॥ सहसर्वैर्महीपालैरिदंवचनमब्रवीत् १ ऋतेसेनाप्रणेतारंपृतनासुमहत्यपि ॥ दीर्यतेयुद्धमासाद्यपिपीलिकपुटंयथा २ नहिजातु
द्वयोर्बुद्धिःसमाभवतिकर्हिचित् ॥ शौर्यंचबलनेतॄणांस्पर्धतेचपरस्परम् ३ श्रूयतेचमहाप्राज्ञहैहयानमितौजसः ॥ अभ्ययुर्ब्राह्मणाःसर्वेसमुच्छ्रितकुशध्व
जाः ४ तानभ्ययुस्तदावैश्याःशूद्राश्चैवपितामह ॥ एकतस्तुत्रयोवर्णाएकतःक्षत्रियर्षभाः ५ ततोयुद्धेष्वभज्यंतत्रयोवर्णाःपुनःपुनः ॥ क्षत्रियाश्चज
यंत्येवबहुलंचैकतोबलम् ६ ततस्तेक्षत्रियानेवपप्रच्छुर्द्विजसत्तमाः ॥ तेभ्यःशशंसुर्धर्मज्ञायाथातथ्यंपितामह ७ वयमेकस्यशृण्वानामहाबुद्धिमतोरणे ॥ भ
वंतस्तुपृथक्सर्वेस्वबुद्धिवशवर्तिनः ८ ततस्तेब्राह्मणाश्चक्रुरेकंसेनापतिंद्विजम् ॥ नयेषुकुशलंशूरमजयन्क्षत्रियांस्ततः ९ एवंयेकुशलंशूरंहितेप्सितमकल्मषम् ॥
सेनापतिंप्रकुर्वंतितेजयंतिरणेरिपून् १० भवानुशनसातुल्योहितैषीचसदामम ॥ असंहार्यःस्थितोधर्मेसनःसेनापतिर्भव ११ रश्मिवतामिवादित्योवीरुधामिव
चंद्रमाः ॥ कुबेरइवयक्षाणांदेवानामिववासवः १२ पर्वतानांयथामेरुःसुपर्णःपक्षिणांयथा ॥ कुमारइवदेवानांवसूनामिवहव्यवाट् १३ भवताहिवयंगुप्ताःश
क्रेणेवदिवौकसः ॥ अनाधृष्याभविष्यामस्त्रिदशानामपिध्रुवम् १४ प्रयातुनोभवानग्रेदेवानामिवपावकिः ॥ वयंत्वामनुयास्यामःसौरभेयाइवर्षभम् १५

शततमोऽध्यायः ॥ १५५ ॥ ॥ ॥ ॥ ततइति १ । २ । ३ । ४ । ५ । ६ । ७ । ८ । ९ । १० उशनसाशुक्रेण असंहार्यःपितुर्वरदानात् कालेनापिसंह
र्तुमशक्यः ११ । १२ कुमारः कार्त्तिकेयः १३ । १४ पावकिः कार्त्तिकेयएव १५

म. भा. टी.

 १६ । १७ । १८ विवृतोविस्पष्टोभूत्वेत्यर्थः १९ । २० नमेमयाउत्सादनीयाःनाशयितुंशक्याः सदाप्रसह्यं २१ । २२ । २३ । २४ । २५ । २७ । २८

उद्यो०

॥१२४॥ ॥ भीष्मउवाच ॥ एवमेतन्महाबाहोयथावदसिभारत ॥ यथैवहिभवंतोमेतथैवममपांडवाः १६ अपिचैवमयाश्रेयोवाच्यंतेषांनराधिप ॥ संयोद्धव्यंतवार्था
ययथामेससमयःकृतः १७ नतुपश्यामियोद्धारमात्मनःसदृशंभुवि ॥ ऋतेतस्मान्नरव्याघ्रात्कुंतीपुत्राद्धनंजयात् १८ सहिवेदमहाबुद्धिर्दिव्यान्यस्त्राण्यने
कशः ॥ नतुमांविवृतोयुद्धेजातुयुध्येतपांडवः १९ अहंचैवक्षणेनैवनिर्मनुष्यमिदंजगत् ॥ कुर्यांशस्त्रबलेनैवससुरासुरराक्षसम् २० नत्वेवोत्सादनीयामेपांडोः
पुत्राजनाधिप ॥ तस्माद्योधान्हनिष्यामिप्रयोगेणायुतंसदा २१ एवमेषांकरिष्यामिनिधनंकुरुनंदन ॥ नचेत्तेमांहनिष्यंतिपूर्वमेवसमागमे २२ सेनापति
स्त्वहंराजन्समयेनापरेणते ॥ भविष्यामियथाकामंतन्मेश्रोतुमिहार्हसि २३ कर्णोवायुध्यतांपूर्वमहंवापृथिवीपते ॥ स्पर्धतेहिसदाऽत्यर्थंसूतपुत्रोमयारणे २४
॥ कर्णउवाच ॥ नाहंजीवतिगांगेयेराजन्योत्स्येकथंचन ॥ हतेभीष्मेतुयोत्स्यामिसहगांडीवधन्वना २५ ॥ वैशंपायनउवाच ॥ ततःसेनापतिंचक्रेविधिवद्भू
रिदक्षिणम् ॥ धृतराष्ट्रात्मजोभीष्मंसोऽभिषिक्तोव्यरोचत २६ ततोभेरीश्चशंखांश्चशतशोऽथसहस्रशः ॥ वादयामासुरव्यग्रावादकाराजशासनात् २७ सिंहना
दाश्चविविधावाहनानांचनिःस्वनाः ॥ प्रादुरासन्ननभ्रेचवर्षंरुधिरकर्दमम् २८ निर्घाताःपृथिवीकंपागजबृंहितनिःस्वनाः ॥ आसंश्चसर्वयोधानांपातयंतोमनांस्यु
त २९ वाचश्चाप्यशरीरिण्योदिवश्चोल्काःप्रपेदिरे ॥ शिवाश्चभयवेदिन्योनेदुर्दीप्ततराभृशम् ३० सैनापत्येयदाराजागांगेयमभिषिक्तवान् ॥ तदैतान्युग्ररूपा
णिबभूवुःशतशोनृप ३१ ततःसेनापतिंकृत्वाभीष्मंपरबलार्दनम् ॥ वाचयित्वाद्विजश्रेष्ठान्गोभिर्निष्कैश्चभूरिशः ३२ वर्धमानोजयाशीर्भिर्निर्ययौसैनिकैर्वृतः ॥
आपगेयंपुरस्कृत्यभ्रातृभिःसहितस्तदा ३३ स्कंधावारेणमहताकुरुक्षेत्रंजगामह ३४ परिक्रम्यकुरुक्षेत्रंकर्णेनसहकौरवः ॥ शिबिरंमापयामाससमेदेशेजनाधिप ३५
मधुरानूषरेदेशेप्रभूतयवसेन्धने ॥ यथैवहास्तिनपुरंतद्वच्छिबिरमाबभौ ३६ ॥ इतिश्रीमहाभारतेउद्योगपर्वणिसैन्यनिर्याणपर्वणिभीष्मसैनापत्येषट्पंचाशदधिक
शततमोऽध्यायः ॥ १५६ ॥ ॥ ॥ ॥ जनमेजयउवाच ॥ आपगेयंमहात्मानंभीष्मंशस्त्रभृतांवरम् ॥ पितामहंभारतानांध्वजंसर्वमहीक्षि
ताम् १ बृहस्पतिसमंबुद्ध्याक्षमयापृथिवीसमम् ॥ समुद्रमिवगांभीर्येहिमवंतमिवस्थिरम् २ प्रजापतिमिवौदार्येतेजसाभास्करोपमम् ॥ महेंद्रमिवशत्रूणांध्वं
सनंशरवृष्टिभिः ३ रणयज्ञेप्रवितते सुभीमेलोमहर्षणे ॥ दीक्षितंचिररात्रायश्रुत्वातत्रयुधिष्ठिरः ४

पातयंतःमूर्च्छितानिकुर्वंतः २९ । ३० । ३१ । ३२ । ३३ । ३४ । ३५ । ३६॥ ॥ इति उद्योगपर्वणिनीलकंठीये भारतभावदीपे षट्पंचाशदधिकशतत
मोऽध्यायः ॥ १५६ ॥ आपगेयमिति १ । २ । ३ । ४

५ । ६ । ७ । ८ । ९ । १० । ११ । १२ । १३ इद्धात्मदीप्तात् १४ । १५ महात्ययंअत्यंतंक्षयकरम् १६ । १७ । १८ । १९ । २० । २१ । २२ । २३ रौहिणेयोबलरामः २४ । २५ । २६

किमब्रवीन्महाबाहुःसर्वशस्त्रभृतांवरः ॥ भीमसेनार्जुनौवापिकृष्णोवाप्रत्यभाषत ५ ॥ वैशम्पायनउवाच ॥ आपद्धर्मार्थकुशलोमहाबुद्धिर्युधिष्ठिरः ॥ सर्वान्भ्रातॄन्समानीयवासुदेवंचशाश्वतम् ६ उवाचवदतांश्रेष्ठःसांत्वपूर्वमिदंवचः ॥ पर्याक्रामतसैन्यानियत्तास्तिष्ठतदंशिताः ७ पितामहेनवोयुद्धंपूर्वमेवभविष्यति ॥ तस्मात्सप्तसुसेनासुप्रणेतॄन्ममपश्यत ८ ॥ कृष्णउवाच ॥ यथाऽर्हतिभवान्वक्तुमस्मिन्कालेह्युपस्थिते ॥ तथेदमर्थवद्वाक्यमुक्तंतेभरतर्षभ ९ रोचतेमेमहाबाहोक्रियतांयदनंतरम् ॥ नायकास्तवसेनायांक्रियंतामिहसप्तवै १० ॥ वैशम्पायनउवाच ॥ ततोद्रुपदमानाय्यविराटंशिनिपुंगवम् ॥ धृष्टद्युम्नंचपांचाल्यंधृष्टकेतुंचपार्थिव ११ शिखंडिनंचपांचाल्यंसहदेवंचमागधम् ॥ एतान्सप्तमहाभागानवीरान्युद्धाभिकांक्षिणः १२ सेनाप्रणेतॄन्विधिवदभ्यषिंचद्युधिष्ठिरः ॥ सर्वसेनापतिंचात्रधृष्टद्युम्नंचकारह १३ द्रोणांतहेतोरुत्पन्नोयइद्धाज्जातवेदसः ॥ सर्वेषामेवतेषांतुसमस्तानांमहात्मनाम् १४ सेनापतिपतिंचक्रेगुडाकेशंधनंजयम् ॥ अर्जुनस्यापिनेताचसंयंताचैववाजिनाम् १५ संकर्षणानुजःश्रीमान्महाबुद्धिर्जनार्दनः ॥ तद्दृष्ट्वोपस्थितंयुद्धंसमासन्नंमहात्ययम् १६ प्राविशद्भवनंराजन्पांडवानांहलायुधः ॥ सहाक्रूरप्रभृतिभिर्गदसांबोद्धवादिभिः १७ रौक्मिणेयाहुकसुतैश्चारुदेष्णपुरोगमैः ॥ वृष्णिमुख्यैरधिगतैर्व्याघ्रैरिवबलोत्कटैः १८ अभिगुप्तोमहाबाहुर्मरुद्भिरिववासवः ॥ नीलकौशेयवसनःकैलासशिखरोपमः १९ सिंहखेलगतिःश्रीमान्मदरक्तांतलोचनः ॥ तंदृष्ट्वाधर्मराजश्चकेशवश्चमहाद्युतिः २० उदतिष्ठत्ततःपार्थोभीमकर्मावृकोदरः ॥ गांडीवधन्वायेचान्येराजानस्तत्रकेचन २१ पूजयांचक्रिरेतेवैसमायांतंहलायुधम् ॥ ततस्तंपांडवोराजाकरेपस्पर्शपाणिना २२ वासुदेवपुरोगास्तंसर्वएवाभ्यवादयन् ॥ विराटद्रुपदौवृद्धावभिवाद्यहलायुधः २३ युधिष्ठिरेणसहितउपाविशदरिंदमः ॥ ततस्तेषूपविष्टेषुपार्थिवेषुसमंततः ॥ वासुदेवमभिप्रेक्ष्यरौहिणेयोऽभ्यभाषत २४ भविताऽयंमहारौद्रोदारुणःपुरुषक्षयः ॥ दिष्टमेतद्ध्रुवंमन्येनशक्यमतिवर्तितुम् २५ तस्माद्युद्धात्समुत्तीर्णानपिवःससुहृज्जनान् ॥ अरोगानक्षतैर्देहैर्द्रष्टाऽस्मीतिमतिर्मम २६ समेतंपार्थिवंक्षत्रंकालपक्वमसंशयम् ॥ विमर्दश्चमहान्भावीमांसशोणितकर्दमः २७ उक्तोमयावासुदेवःपुनःपुनरुपह्वरे ॥ संबंधिषुसमांवृत्तिंवर्तस्वमधुसूदन २८ पांडवाहियथाऽस्माकंतथादुर्योधनोनृपः ॥ तस्यापिक्रियतांसाह्यंसपर्येतिपुनःपुनः २९ तच्चमेनाकरोद्वाक्यंत्वदर्थेमधुसूदनः ॥ निर्विष्टःसर्वभावेनधनंजयमवेक्ष्यह ३० ध्रुवोजयःपांडवानामितिमेनिश्चितामतिः ॥ तथाह्यभिनिवेशोऽयंवासुदेवस्यभारत ३१ नचाहमुत्सहेकृष्णमृतेलोकमुदीक्षितुम् ॥ ततोऽहमनुवर्तामिकेशवस्यचिकीर्षितम् ३२

२७ उपह्वरेएकांते २८ । २९ । ३० । ३१ । ३२

३३ । ३४ । ३५ ॥ इतिउद्योगपर्वणिनीलकंठीये भारतभावदीपे सप्तपंचाशदधिकशततमोऽध्यायः ॥ १५७ ॥ ॥ एतस्मिन्निति । साक्षात्पुत्रइतिसंबंधः १ आकूतीनांसंकल्पानां सत्यसंकल्पइत्यर्थः

उभौशिष्यौहिमेवीरौगदायुद्धविशारदौ ॥ तुल्यस्नेहोऽस्म्यतोभीमेतथादुर्योधनेनृपे ३३ तस्माद्यास्यामितीर्थानिसरस्वत्यानिषेवितुम् ॥ नहिशक्ष्यामिकौरव्या
न्नश्यमानानुपेक्षितुम् ३४ एवमुक्त्वामहाबाहुरनुज्ञातश्चपांडवैः ॥ तीर्थयात्रांययौरामोनिवर्त्यमधुसूदनम् ३५ ॥ इतिश्रीमहाभारतेउद्योगपर्वणिसैन्यनिर्याणपर्वणि
बलरामतीर्थयात्रागमनेसप्तपंचाशदधिकशततमोऽध्यायः ॥ १५७ ॥ ॥ ॥ वैशंपायनउवाच ॥ एतस्मिन्नेवकालेतुभीष्मकस्यमहात्मनः ॥ हिरण्यरोम्णो
नृपतेःसाक्षादिंद्रसखस्यवै १ आकूतीनामधिपतिर्भोजस्यातियशस्विनः ॥ दाक्षिणात्यपतेःपुत्रोदिक्षुरुक्मीतिविश्रुतः २ यःकिंपुरुषसिंहस्यगंधमादनवासिनः ॥
कृत्स्नंशिष्योधनुर्वेदंचतुष्पादमवाप्तवान् ३ योमाहेन्द्रंधनुर्लेभेतुल्यंगांडीवतेजसा ॥ शार्ङ्गेणचमहाबाहुःसम्मितंदिव्यलक्षणम् ४ त्रीण्येवैतानिदिव्यानिधनूंषिदिवि
चारिणाम् ॥ वारुणंगांडिवंतत्रमाहेंद्रंविजयंधनुः ॥ शार्ङ्गंतुवैष्णवंप्राहुर्दिव्यंतेजोमयंधनुः ५ धारयामासतत्कृष्णःपरसेनाभयावहम् ॥ गांडीवंपावकाल्लेभेखांडवेपाकशास
निः ६ द्रुमाद्रुक्मीमहातेजाविजयंप्रत्यपद्यत ॥ संछिद्यमौरवान्पाशान्निहत्यमुरुमोजसा ७ निर्जित्यनरकंभौममाहृत्यमणिकुंडले ॥ षोडशस्त्रीसहस्राणिरत्नानिविविधानि
च ८ प्रतिपेदेहृषीकेशःशार्ङ्गंचधनुरुत्तमम् ॥ रुक्मीतुविजयंलब्ध्वाधनुर्मेघनिभस्वनम् ९ विभीषयन्निवजगत्पांडवानभ्यवर्तत ॥ नामृष्यतपुरायोऽसौस्वबाहुबलगर्वितः
१० रुक्मिण्याहरणंवीरोवासुदेवेनधीमता ॥ कृत्वाप्रतिज्ञांनाहत्वानिवर्तिष्येजनार्दनम् ११ ततोऽन्वधावद्वार्ष्णेयंसर्वशस्त्रभृतांवरः ॥ सेनयाचतुरंगिण्यामहत्यादूर
पातया १२ विचित्रायुधवर्मिण्यागंगयेवप्रवृद्धया ॥ ससमासाद्यवार्ष्णेयंयोगानामीश्वरंप्रभुम् १३ व्यंसितोव्रीडितोराजन्नाजगामसकुंडिनम् ॥ यत्रैवकृष्णेनरणेनिर्जितः
परवीरहा १४ तत्रभोजकटंनामकृतंनगरमुत्तमम् ॥ सैन्येनमहतातेनप्रभूतगजवाजिना १५ पुरंतद्भुविविख्यातंनाम्नाभोजकटंनृप ॥ सभोजराजःसैन्येनमहता
परिवारितः १६ अक्षौहिण्यामहावीर्यःपांडवान्क्षिप्रमागमत् ॥ ततःसकवचीधन्वीतलीखड्गीशरासनी १७ ध्वजेनादित्यवर्णेनप्रविवेशमहाचमूम् ॥ विदितःपांडवे
यानांवासुदेवप्रियेप्सया १८ युधिष्ठिरस्तुतंराजाप्रत्युद्गम्याभ्यपूजयत् ॥ सपूजितःपांडुपुत्रैर्यथान्यायंसुसंस्तुतः १९ प्रतिगृह्यतुतान्सर्वान्विश्रांतःसहसैनिकः ॥ उवाच
मध्येवीराणांकुंतीपुत्रंधनंजयम् २० सहायोऽस्मिस्थितोयुद्धेयदिभीतोऽसिपांडव ॥ करिष्यामिरणेसाह्यमसह्यंतवशत्रुभिः २१ नहिमेविक्रमेतुल्यःपुमानस्तीहकश्चन ॥
हनिष्यामिरणेभागंयन्मेदास्यसिपांडव २२ अपिद्रोणकृपौवीरौभीष्मकर्णावथोपुनः ॥ अथवासर्वएवैतेतिष्ठंतुवसुधाधिपाः २३ निहत्यसमरेशत्रूंस्तववदास्यामि
मेदिनीम् ॥ इत्युक्तोधर्मराजस्यकेशवस्यचसन्निधौ २४ श्रृण्वतांपार्थिवेन्द्राणामन्येषांचैवसर्वशः ॥ वासुदेवमभिप्रेक्ष्यधर्मराजंचपांडवम् २५

२ । ३ । ४ । ५ । ६ मौरवान्आन्त्रतंतिमयान् यैरिदानींशार्ङ्गेधनुषिज्याक्रियते ७ । ८ । ९ । १० । ११ । १२ । १३ । १४ । १५ । १६ । १७ । १८ । १९ । २० । २१ । २२ । २३ । २४ । २५

२६ द्रोणंअयंममगुरुरितिव्यपदिशन्कथयन् २७ । २८ । २९ । ३० । ३१ उपजीव्यआराध्य रणेयुद्धनिमित्तं ३२ । ३३ । ३४ । ३५ । ३६ । ३७ । ३८ । ३९ । ४० ॥ इतिउद्योगपर्वणिनीलकंठीयेभारतभावदीपे अष्टपंचाशदधिकशततमोऽध्यायः ॥ १५८ ॥ ॥ तथेति १ । २ । ३ क्षयस्यैवउदयोयेभ्यस्तान्क्षयोदयान् ४ निकृतिप्रज्ञंकपटविषयैवप्रज्ञानधर्मविषयायस्यतं ५ । ६

उवाचधीमान्कौन्तेयःप्रहस्यसखिपूर्वकम् ॥ कौरवाणांकुलेजातःपांडोःपुत्रोविशेषतः २६ द्रोणंव्यपदिशन्शिष्योवासुदेवसहायवान् ॥ भीतोऽस्मीतिकथंब्रूयांद
धानोगांडिवंधनुः २७ युध्यमानस्यमेवीरगंधर्वैःसुमहाबलैः ॥ सहायोघोषयात्रायांकस्तदासीत्सखामम २८ तथाप्रतिभयेतस्मिन्देवदानवसंकुले ॥ खांडवेयु
ध्यमानस्यकःसहायस्तदाभवत् २९ निवातकवचैर्युद्धेकालकेयैश्चदानवैः ॥ तत्रमेयुद्ध्यमानस्यकःसहायस्तदाभवत् ३० तथाविराटनगरेकुरुभिःसहसंगरे ॥
युध्यतोबहुभिस्तत्रकःसहायोऽभवन्मम ३१ उपजीव्यरणेरुद्रंशक्रंवैश्रवणंयमम् ॥ वरुणंपावकंचैवकृपंद्रोणंचमाधवम् ३२ धारयन्गांडिवंदिव्यंधनुस्तेजोमयंदृ
ढम् ॥ अक्षय्यशरसंयुक्तोदिव्यास्त्रपरिबृंहितः ३३ कथमस्मद्विधोब्रूयाद्भीतोऽस्मीतियशोहरम् ॥ वचनंनरशार्दूलवज्रायुधमपिस्वयम् ३४ नास्मिभीतोम
हाबाहोसहायार्थश्चनास्तिमे ॥ यथाकामंयथायोगंगच्छवाऽन्यत्रतिष्ठवा ३५ विनिवर्त्यततोरुक्मीसेनांसागरसंनिभाम् ॥ दुर्योधनमुपागच्छत्तथैवभरतर्षभ ३६
तथैवचाभिगम्यैनमुवाचवसुधाधिपः ॥ प्रत्याख्यातश्चतेनापिसतदाशूरमानिना ३७ द्वावेवतुमहाराजतस्माद्युद्धादपेयतुः ॥ रौहिणेयश्चवार्ष्णेयोरुक्मीचवसु
धाधिपः ३८ गतेरामेतीर्थयात्रांभीष्मकस्यसुतेतथा ॥ उपाविशन्पांडवेयामंत्रायपुनरेवच ३९ समितिर्धर्मराजस्यसापार्थिवसमाकुला ॥ शुशुभेतारकैश्चित्रा
द्यौश्चंद्रेणेवभारत ४० ॥ इतिश्रीमहाभारतेउद्योगपर्वणिसैन्यनिर्याणपर्वणिरुक्मिप्रत्याख्यानेअष्टपंचाशदधिकशततमोऽध्यायः ॥ १५८ ॥ ॥ जनमेजय
उवाच ॥ तथाव्यूढेष्वनीकेषुकुरुक्षेत्रेद्विजर्षभ ॥ किमकुर्वंश्चकुरवःकालेनाभिप्रचोदिताः १ ॥ वैशम्पायनउवाच ॥ तथाव्यूढेष्वनीकेषुयत्तेषुभरतर्षभ ॥ धृतरा
ष्ट्रोमहाराजसंजयंवाक्यमब्रवीत् २ एहिसंजयसर्वंमेआचक्ष्वानवशेषतः ॥ सेनानिवेशेयद्वृत्तंकुरुपांडवसेनयोः ३ दिष्टमेवपरंमन्येपौरुषंचाप्यनर्थकम् ॥ यदहंबुद्ध्य
मानोऽपियुद्धदोषान्क्षयोदयान् ४ तथापिनिकृतिप्रज्ञंपुत्रंदुर्द्यूतदेविनम् ॥ नशक्नोमिनियंतुंवाकर्तुंवाहितमात्मनः ५ भवत्येवहिमेसूतबुद्धिर्दोषानुदर्शिनी ॥ दुर्यो
धनंसमासाद्यपुनःसापरिवर्तते ६ एवंगतेवैयद्भावितद्भविष्यतिसंजय ॥ क्षत्रधर्मःकिलरणेतनुत्यागोहिपूजितः ७ ॥ संजयउवाच ॥ त्वयुक्तोयमनुप्रश्नोमहाराजय
थेच्छसि ॥ नतुदुर्योधनेदोषमिममाधातुमर्हसि ८ शृणुष्वानवशेषेणवदतोममपार्थिव ॥ यआत्मनोदुश्चरितादशुभंप्राप्नुयान्नरः ॥ नसकालंनवादेवानेनसागंतुमर्हति
९ महाराजमनुष्येषुनिंद्यंयःसर्वमाचरेत् ॥ सवध्यःसर्वलोकस्यनिंदितानिसमाचरन् १०

७ । ८ एनसादोषेणदेवान्कालंवागंतुंउपालब्धुंनार्हति । दृष्टेसंभवत्यदृष्टकल्पनायाअन्याय्यत्वाद्दृष्टापराधाभावेदेवस्यकालस्यवाउपालंभःकर्तुमुचितोनतुतस्मिन्सतीत्यर्थः । नसकालंनवादेवंवक्तुमेतदि
द्वार्हतीतिपाठेऽप्ययमेवार्थः ९ । १०

निकाराः तिरस्काराः ११ वैशसंवैरं समरेनिमित्ते १२ । १३ । १४ । १५ ॥ इतिउद्योगपर्वणिनीलकंठीयेभारतभावदीपेऊनषष्ट्यधिकशततमोऽध्यायः ॥ १५९ ॥ ॥ ॥ हिरण्वत्यामिति १ गुल्मान्सैन्यान् २ आरक्षस्यरक्षणीयस्यद्रव्यादेःविधिंरक्षाविधानं । 'आरक्षंरक्षणीयेस्यात्' इतिविश्वः ३ । ४ । ५ । ६ । ७ कत्थनावाक्यंआत्मप्रशंसनं ८ । ९ संप्रतिज्ञातंदुःशासनरुधिर

निकाराम्मनुजश्रेष्ठपांडवैस्त्वत्प्रतीक्षया ॥ अनुभूताःसहामात्यैर्निकृतैरधिदेवने ११ हयानांचगजानांचराज्ञांचामिततेजसाम् ॥ वैशसंसमरंवृत्तंयत्तन्मेशृणुसर्वशः १२ स्थिरोभूत्वामहाप्राज्ञसर्वलोकक्षयोदयम् ॥ यथाभूतंमहायुद्धंश्रुत्वाचैकमनाभव १३ नह्येवकर्तापुरुषःकर्मणोःशुभपापयोः ॥ अस्वतंत्रोहिपुरुषःकार्यतेदारुयंत्रवत् १४ केचिदीश्वरनिर्दिष्टाःकेचिदेवयदृच्छया ॥ पूर्वकर्मभिरप्यन्येत्रैधमेतत्प्रदृश्यते ॥ तस्मादनर्थमापन्नःस्थिरोभूत्वानिशामय १५ ॥ ॥ इतिश्रीमहाभारते उद्योगपर्वणि सैन्यनिर्याणपर्वणि संजयवाक्येऊनषष्ट्यधिकशततमोऽध्यायः ॥ १५९ ॥ ॥ समाप्तंचसैन्यनिर्याणपर्व ॥ ॥ अथउलूकदूतागमनपर्व ॥ ॥

॥ संजयउवाच ॥ हिरण्वत्यांनिविष्टेषुपांडवेषुमहात्मसु ॥ न्यविशंतमहाराजकौरवेयायथाविधि १ तत्रदुर्योधनोराजानिवेश्यबलमोजसा ॥ संमानयित्वानृपतीन्न्यस्यगुल्मांस्तथैवच २ आरक्षस्यविधिंकृत्वायोधानांतत्रभारत ॥ कर्णंदुःशासनंचैवशकुनिंचापिसौबलम् ३ आनाय्यनृपतिस्तत्रमंत्रयामासभारत ॥ तत्रदुर्योधनोराजाकर्णेनसहभारत ४ संभाषित्वाचकर्णेनभ्रात्रादुःशासनेनच ॥ सौबलेनचराजेन्द्रमंत्रयित्वानरर्षभ ५ आहूयोपह्वरेराजन्नुलूकमिदमब्रवीत् ॥ उलूकगच्छकैतव्यपांडवान्सहसोमकान् ६ गत्वाममवचोब्रूहिवासुदेवस्यशृण्वतः ॥ इदंतत्समनुप्राप्तंवर्षपूगाभिचिंतितम् ७ पांडवानांकुरूणांचयुद्धंलोकभयंकरम् ॥ यदेतत्कत्थनावाक्यंसंजयोमहदब्रवीत् ८ वासुदेवसहायस्यगर्जतःसानुजस्यते ॥ मध्येकुरूणांकौन्तेयतस्यकालोऽयमागतः ९ यथावःसंप्रतिज्ञातंतत्सर्वंक्रियतामिति ॥ ज्येष्ठंतथैवकौन्तेयंब्रूयास्त्वंवचनान्मम १० भ्रातृभिसहितःसर्वैःसोमकैश्वसकेकयैः ॥ कथंवाधार्मिकोभूत्वात्वमधर्मेमनःकृथाः ११ यइच्छसिजगत्सर्वंनश्यमानंनृशंसवत् ॥ अभयंसर्वभूतेभ्योदातात्वमितिमेमतिः १२ श्रूयतेहिपुरागीतःश्लोकोऽयंभरतर्षभ ॥ प्रह्लादेनाथभद्रंतेहृतेराज्येतुदैवतैः १३ यस्यधर्मध्वजोनित्यंसुराध्वजइवोच्छ्रितः ॥ प्रच्छन्नानिचपापानिबैडालंनामतद्व्रतम् १४ अत्रतेवर्तयिष्यामिआख्यानमिदमुत्तमम् ॥ कथितंनारदेनेहपितुर्ममनराधिप १५ मार्जारःकिलदुष्टात्मानिश्चेष्टःसर्वकर्मसु ॥ ऊर्ध्वबाहुःस्थितोराजन्गंगातीरेकदाचन १६ सवैकृत्वामनःशुद्धिंप्रत्ययार्थंशरीरिणाम् ॥ करोमिधर्ममित्याहसर्वानेवशरीरिणः १७ तस्यकालेनमहताविश्रंभंजग्मुरंडजाः ॥ समेत्यचप्रशंसंतिमार्जारंतंविशांपते १८ पूज्यमानस्तुतैःसर्वैःपक्षिभिःपक्षिभोजनः ॥ आत्मकार्यंकृतंमेनेचर्यायाश्चकृतंफलम् १९ अथदीर्घस्यकालस्यतंदेशंमूषिकाययुः ॥ ददृशुस्तंचतेतत्रधार्मिकंव्रतचारिणम् २०

पानादि १० भ्रातृभिःसहितःकथमधर्मेमनःकृथाइतिसंबंधः ११ दातादास्यसिपारिव्राज्यंकरीष्यसीत्यर्थः १२ । १३ भोसुराइतिदेवान्प्रह्लादःसंबोधयति यस्यत्र तस्यधर्मध्वजोधर्मचिन्हंदर्भपवित्रपाणित्वादि उच्छ्रितःसर्वलोकविदितः १४ । १५ । १६ मनःशुद्धिंहिंसातोनिवृत्तिं १७ विश्रंभंविश्वासं १८ । १९ । २०

२१ बहवश्चतेमित्राणिचेतिबहुमित्राः । बह्वमित्राइत्यपिपाठः । वृद्धाश्चबालाश्चतेषांसमाहारोवृद्धबालंतस्य २२ । २३ । २४ । २५ । २६ । २७ । २८ । २९ । ३० । ३१ । ३२ । ३३ । ३४ । ३५

कार्येणमहतायुक्तंदंभयुक्तेनभारत ॥ तेषांमतिरियंराजन्नासीत्तत्रविनिश्चये २१ बहुमित्रावयंसर्वेतेषांनोमातुलोह्ययम् ॥ रक्षांकरोतुसततंवृद्धबालस्यसर्वशः २२
उपगम्यतुतेसर्वेबिडालमिदमब्रुवन् ॥ भवत्प्रसादादिच्छामश्चर्तुंचैवयथासुखम् २३ भवान्नोगतिरव्यग्राभवान्नःपरमःसुहृत् ॥ तेवयंसहिताःसर्वेभवंतंशरणंगताः २४
भवान्धर्मपरोनित्यंभवान्धर्मेव्यवस्थितः ॥ सनोरक्षमहाप्रज्ञत्रिदशानिववज्रभृत् २५ एवमुक्तस्तुतैःसर्वैर्मूषिकैःसविशांपते ॥ प्रत्युवाचततःसर्वान्मूषिकान्मूषिकांत
कृत् २६ द्वयोर्योगंनपश्यामितपसोरक्षणस्यच ॥ अवश्यंतुमयाकार्यंवचनंभवतांहितम् २७ युष्माभिरपिकर्तव्यंवचनंममनित्यशः ॥ तपसाऽस्मिपरिश्रांतोदृढंनिय
ममास्थितः २८ नचापिगमनेशक्तिंकांचित्पश्यामिचिंतयन् ॥ सोस्मिनेयःसदातातानदीकूलमितःपरम् २९ तथेतितंप्रतिज्ञायमूषिकाभरतर्षभ ॥ वृद्धबालमथोसर्वे
मार्जारायन्यवेदयन् ३० ततःसपापोदुष्टात्मामूषिकानथभक्षयन् ॥ पीवरश्चसुवर्णश्चदृढबंधश्चजायते ३१ मूषिकाणांगणश्चात्रभृशंसंक्षीयतेऽथसः ॥ मार्जारोवर्धते
चापितेजोबलसमन्वितः ३२ ततस्तेमूषिकाःसर्वेसमेत्यान्योन्यमब्रुवन् ॥ मातुलोवर्धतेनित्यंवयंक्षीयामहेभृशम् ३३ ततःप्राज्ञतमःकश्चिड्डिंडिकोनाममूषिकः ॥
अब्रवीद्वचनंराजन्मूषिकाणांमहागणम् ३४ गच्छतांवोनदीतीरंसहितानांविशेषतः ॥ पृष्ठतोऽहंगमिष्यामिसहैवमातुलेनतु ३५ साधुसाध्वितितेसर्वेपूजयांचक्रिरे
तदा ॥ चक्रुश्चैवयथान्यायंडिंडिकस्यवचोऽर्थवत् ३६ अविज्ञानात्ततःसोथडिंडिकंह्युपभुक्तवान् ॥ ततस्तेसहिताःसर्वेमंत्रयामासुरंजसा ३७ तत्रवृद्धत्तमःकश्चित्को
लिकोनाममूषिकः ॥ अब्रवीद्वचनंराजन्ज्ञातिमध्येयथातथम् ३८ नमातुलोधर्मकामश्छद्ममात्रंकृताशिखा ॥ नमूलफलभक्षस्यविष्ठाभवतिलोमशा ३९ अस्य
गात्राणिवर्धंतेगणश्चपरिहीयते ॥ अद्यसप्ताष्टदिवसान्डिंडिकोऽपिनदृश्यते ४० एतच्छ्रुत्वावचःसर्वेमूषिकाविप्रदुद्रुवुः ॥ बिडालोऽपिसदुष्टात्माजगामैवयथा
गतम् ४१ तथात्वमपिदुष्टात्मन्वैडालंव्रतमास्थितः ॥ चरसिज्ञातिषुसदाबिडालोमूषिकेष्विव ४२ अन्यथाकिलतेवाक्यमन्यथाकर्मदृश्यते ॥ दंभनार्थायलोक
स्यवेदाश्चोपशमश्चते ४३ त्यक्त्वाछद्मत्विदंराजन्क्षत्रधर्मसमाश्रितः ॥ कुरुकार्याणिसर्वाणिधर्मिष्ठोऽसिनरर्षभ ४४ बाहुवीर्येणपृथिवींलब्ध्वाभरतसत्तम ॥
देहिदानंद्विजातिभ्यःपितृभ्यश्चयथोचितम् ४५ क्लिष्टायावर्षपूगांश्चमातुर्मातृहितेस्थितः ॥ प्रमार्जाश्रुरणेजित्वासंमानंपरमावह ४६ पंचग्रामावृतायत्ना
न्नास्माभिरपवर्जिताः ॥ युध्यामहेकथंसंख्येकोपयेमचपांडवान् ४७

३६ । ३७ । ३८ शिखाशाखाअमित्रस्यापिमित्रभावरूपंपक्षांतरकृतास्वीकृता । ‘शिखाशाखाबर्हिचुडेति शाखापक्षांतरेयाहौ’ इतिचमेदिनी ३९ गणश्चमूषिकाणां ४० । ४१ । ४२ । ४३ इदंछद्म
अजातशत्रुत्वरूपं धर्मिष्ठोऽसीत्युपहासः ४४ । ४५ प्रमार्जप्रमार्जय ४६ । ४७

४८ । ४९ । ५० । ५१ । ५२ । ५३ । ५४ इंद्रजालंप्रसिद्धं मायाछलं कुहकाकृत्या प्रतिगर्जनाःविपरीतंकोपंत्रहंतिप्रापयंतिनतुभयंजनयंतीत्यर्थः । ' गर्जनंनिनदेकोपे ' इतिमेदिनी ५५ । ५६ पर्यायतःपर्यायोभयप्रदर्शनादिरूपःप्रकारस्तेनसिद्धिःस्वस्यनतुभवति तथापरोऽपितेनबुद्धिमानुषींभयात्मिकांनप्राप्नोति ५७ यतोमनसैवईश्वरेणैववयंवशेकर्तव्यानत्वाहशैर्विभीषिकयेति भावः । पूर्वश्लोकेनत्वित्यत्रनन्वितिपाठेपर्यायतः क्रमतः भावस्तुसएव । ' पर्यायःप्रकारेवसरेक्रमे ' इतिमेदिनी ५८ आचचक्षेआख्यातवान् ५९ । ६० । ६१ । ६२ सशृंगकाःशृं

त्वत्कृतेदुष्टभावस्यसंत्यागोविदुरस्यच ॥ जातुषेचगृहेदाहंस्मरतंपुरुषोभव ४८ यच्चकृष्णमवोचस्त्वमायांतंकुरुसंसदि ॥ अयमस्मिस्थितोराजन्शमायसमरायच ४९
तस्यायमागतःकालःसमरस्यनराधिप ॥ एतदर्थमयासर्वंकृतमेतद्युधिष्ठिर ५० किंनुयुद्धात्परंलाभंक्षत्रियोबहुमन्यते ॥ किंचत्वंक्षत्रियकुलेजातःसंप्रथितोभुवि ५१
द्रोणादस्त्राणिसंप्राप्यकृपाच्चभरतर्षभ ॥ तुल्ययोनौसमबलेवासुदेवंसमाश्रितः ५२ ब्रूयास्त्वंवासुदेवंचपांडवानांसमीपतः ॥ आत्मार्थेपांडवार्थेचयत्तोमांप्रतियोधय ५३
सभामध्येचयद्रूपंमाययाकृतवानसि ॥ तत्तथैवपुनःकृत्वासार्जुनोमामभिद्रव ५४ इंद्रजालंचमायांवैकुहकावापिभीषणा ॥ आत्तशस्त्रस्यसंग्रामेवहंतिप्रतिगर्जनाः ५५
वयमप्युत्सहेमद्यांखंचगच्छेममायया ॥ रसातलंविशामोऽपिऐन्द्रंवापुरमेवतु ५६ दर्शयेमचरूपाणिस्वशरीरेबहून्यपि ॥ नतुपर्यायतःसिद्धिर्बुद्धिमाप्नोतिमानुषीम् ५७
मनसैवहिभूतानिधातैवकुरुतेवशे ॥ यद्ब्रवीषिचवार्ष्णेयधार्तराष्ट्राननहंरणे ५८ घातयित्वाप्रदास्यामिपार्थेभ्योराज्यमुत्तमम् ॥ आचचक्षेचमेसर्वंसंजयस्तवभाषितम्
५९ मद्द्वितीयेनपार्थेनवैरंवःसव्यसाचिना ॥ ससत्यसंगरोभूत्वापांडवार्थेपराक्रमी ६० युद्ध्यस्वाद्यरणेयत्तःपश्यामःपुरुषोभव ॥ यस्तुशत्रुमभिज्ञायशुद्धंपौरुषमा
स्थितः ६१ करोतिद्विषतांशोकंसजीवतिसुजीवितम् ॥ अकस्माच्चैवतेकृष्णख्यातंलोकेमहद्यशः ६२ अद्येदानींविजानीमःसंतिषंडाःसशृंगकाः ॥ मद्विधोनापिनृप
तिस्त्वयियुक्तःकथंचन ६३ सन्नाहंसंयुगेकर्तुंकंसभृत्येविशेषतः ॥ तंचतूबरकंबालंबह्वाशिनमविद्यकम् ६४ उलूकमद्यचोब्रूहिअसकृद्भीमसेनकम् ॥ विराटनगरेपार्थ
यस्त्वंसूदोह्यभूःपुरा ६५ बल्लवोनामविख्यातस्तन्ममैवहिपौरुषम् ॥ प्रतिज्ञातंसभामध्येनतन्मिथ्यात्वयापुरा ६६ दुःशासनस्यरुधिरंपीयतांयदिशक्यते ॥ यद्ब्रवी
षिचकौन्तेयधार्तराष्ट्राननहंरणे ६७ निहनिष्यामितरसातस्यकालोऽयमागतः ॥ त्वंहिभोज्येपुरस्कार्योभक्ष्येपेयेचभारत ६८ क्वयुद्धंक्वचभोक्तव्यंयुध्यस्वपुरुषोभव ॥
शयिष्यसेहतोभूमौगदामालिंग्यभारत ६९

गंपुंस्त्वचिह्नंश्मश्रुलत्वलिंगवत्त्वादिकंतत्सहिताःषंढाःनिर्वीर्याःसंतियेषुतवशौर्यंप्रख्यातमितिभावः ६३ तुबरकंतूबरःप्रौढशृंगोऽनड्वानतत्तुल्यं तूपरइतिपाठेऽपिसएवार्थः अश्मश्रुपुरुषमित्यन्ये । ' तूबरोऽश्मश्रुपुरुषेप्रौढशृंगानडुह्यपि ' इतिमेदिनी । तेषांभीमसेनोनिःश्मश्रुकइतिकल्पनाभवति । अश्वोऽजस्तूपरोगोमृगइतिप्राजापत्याइतिश्रुतौ अश्वादिसाहचर्यात्तूपरोऽपिपशुरेव अविद्यकंमूढं ६४ ६५ । ६६ । ६७ । ६८ । ६९

॥१२७॥

७० । ७१ । ७२ नदृष्टेति। भर्तारःराजानः ७३ अर्थपतिभीराजभिः यतः कालात्ततआरभ्येत्यर्थः मूढायूयंमयिगुणवतिस्वामिनिनसंतुष्टास्थ मूढश्चयुधिष्ठिरोभवदादिषुनिर्गुणेष्वपितुष्यतीतिभावः७४ तत्तस्मा
द्धेतोर्ममवधार्थंचप्रयुद्धयध्वमितिसंबन्धः ७५ । ७६ पापंकर्मकुरुगुरुवधाख्यं स्वार्थमितिपाठेदुष्करपदादेवायमर्थोज्ञेयः ससुहृत्पार्थमितिपाठेतुक्रियाविशेषणमिदं सुहृद्भिःपार्थैश्चसहितंयथास्यात्तथायुद्धयस्वेत्यर्थः

तद्वृथाचसभामध्येवल्गितंतेवृकोदर ॥ उलूकनकुलंब्रूहिवचनान्ममभारत ७० युद्धयस्वाद्यस्थिरोभूत्वापश्यामस्तवपौरुषम् ॥ युधिष्ठिरानुरागंचद्वेषंच
मयिभारत ॥ कृष्णायाश्चपरिक्लेशंस्मरेदानींयथातथम् ७१ ब्रूयास्त्वंसहदेवंचराजमध्येवचोमम ॥ युद्धयेदानींरणेयत्तःक्लेशान्स्मरचपांडव ७२ विराटद्रुप
दौचोभौब्रूयास्त्वंवचनान्मम ॥ नदृष्टपूर्वाभर्तारोभृत्यैरपिमहागुणैः ७३ तथार्थपतिभिर्भृत्यायतःसृष्टाःप्रजास्ततः ॥ अश्लाघ्योऽयंनरपतिर्युवयोरितिचागतम्
७४ तेयूयंसंहताभूत्वातद्वधार्थंममापिच ॥ आत्मार्थंपांडवार्थंचप्रयुद्धयध्वंमयासह ७५ धृष्टद्युम्नंचपांचाल्यंब्रूयास्त्वंवचनान्मम ॥ एषतेसमयःप्राप्तोलब्धव्य
श्चत्वयाऽपिसः ७६ द्रोणमासाद्यसमरेज्ञास्यसेहितमुत्तमम् ॥ युद्धयस्वससुहृत्पापंकुरुकर्मसुदुष्करम् ७७ शिखंडिनमथोब्रूहिउलूकवचनान्मम ॥ स्त्रीतिम
त्वामहाबाहुर्नहनिष्यतिकौरवः ७८ गांगेयोधन्विनांश्रेष्ठोयुद्धयेदानींसुनिर्भय ॥ कुरुकर्मरणेयत्तःपश्यामःपौरुषंतव ७९ एवमुक्त्वाततोराजाप्रहस्योलूकमब्र
वीत् ॥ धनंजयंपुनर्ब्रूहिवासुदेवस्यशृण्वतः ८० अस्मान्वात्वंपराजित्यप्रशाधिपृथिवीमिमाम् ॥ अथवानिर्जितोऽस्माभीरणेवीरशयिष्यसि ८१ राष्ट्रान्नि
र्वासनक्लेशंवनवासंचपांडव ॥ कृष्णायाश्चपरिक्लेशंसंस्मरन्पुरुषोभव ८२ यदर्थंक्षत्रियासूतेसर्वंतदिदमागतम् ॥ बलंवीर्यंचशौर्यंचपरंचाप्यस्त्रलाघवम् ८३
पौरुषंदर्शयन्युद्धेकोपस्यकुरुनिष्कृतिम् ॥ परिक्लिष्टस्यदीनस्यदीर्घकालेषितस्यच ॥ हृदयंकस्यनस्फोटेदैश्वर्याद्भ्रंशितस्यच ८४ कुलेजातस्यशूरस्यपर
वित्तेष्वगृध्यतः ॥ आस्थितंराज्यमाक्रम्यकोपंकस्यनदीपयेत् ८५ यत्तदुक्तंमहद्वाक्यंकर्मणातद्विभाव्यताम् ॥ अकर्मणाकत्थितेनसंतःकुपुरुषंविदुः ८६ अ
मित्राणांवशेस्थानंराज्यंचपुनरुद्धर ॥ द्वावर्थौयुद्धकामस्यतस्मात्तत्कुरुपौरुषम् ८७ पराजितोऽसिद्यूतेनकृष्णाचानायितासभाम् ॥ शक्योमर्षोमनुष्येणकर्तुंपु
रुषमानिना ८८ द्वादशैवतुवर्षाणिवनेधिष्ण्याद्विवासितः ॥ संवत्सरंविराटस्यदास्यमास्थायचोषितः ८९ राष्ट्रान्निर्वासनक्लेशंवनवासंचपांडव ॥ कृष्णायाश्च
परिक्लेशंसंस्मरन्पुरुषोभव ९० अप्रियाणांचवचनंप्रब्रुवत्सुपुनःपुनः ॥ अमर्षंदर्शयस्वत्वममर्षोह्येवपौरुषम् ९१ क्रोधोबलंतथावीर्यंज्ञानयोगोऽस्त्रलाघवम् ॥ इहते
दृश्यतांपार्थयुद्धयस्वपुरुषोभव ९२

अयमेवमूलपाठइतिभाति ७७ । ७८ । ७९ । ८० । ८१ । ८२ । ८३ । ८४ राज्यमाक्रम्यमादृशइतिशेषः ८५ अकर्मणाअयुद्धेन कत्थितेनस्वप्रशंसामात्रेण ८६ स्थानंस्थितिंतत्स्थान
राज्ययोरुद्धरणं पौरुषंपुरुषकर्मकुरु ८७ । ८८ धिष्ण्यात्स्वगृहात् ८९ । ९० अप्रियाणांशत्रूणांवक्तुंयोग्यंवचनं गौर्गौःनसंतिपतयोभद्रेषंढतिलाएतेइत्यादिकंप्रब्रुवत्सुदुःशासनादिषुअमर्षंको
पंदर्शय ९१ । ९२

लोहाभिसारः शस्त्राणांनीराजनादिकं तेषुमंत्रेणदेवतावहानादिकंच अकर्दममितियुद्धयोग्यत्वंभूमेरुक्तम् ९३ । ९४ । ९५ । ९६ वेदयोः श्रुतिधनुर्वेदयोः अंतगंपारगम् ९७ । ९८ युगंकालचक्रम् ९९ । १००
आभ्यांद्रोणभीष्माभ्यां अभिध्यातोहंतव्यत्वेननिश्चितः दारुणेनभयानकेनअस्त्रादिना पदाभूमिमितिमर्त्यउक्तः १०१ दर्दुरोमंडूकः १०२ । १०३ नागबलस्यहस्तिसैन्यस्य १०४ । १०५ पर्यायात्युद्धमक

लोहाभिसारोनिर्वृत्तःकुरुक्षेत्रमकर्दमम् ॥ पुष्टास्तेऽश्वाभृतायोधाःश्वोयुद्धचस्वसकेशवः ९३ असमागम्यभीष्मेणसंयुगेकिंविकत्थसे ॥ आरुरुक्षुर्यथामंदःपर्वतं
गंधमादनम् ९४ एवंकत्थसिकौन्तेयअकत्थन्पुरुषोभव ॥ सूतपुत्रंसुदुर्धर्षंशल्यंचबलिनांवरम् ९५ द्रोणंचबलिनांश्रेष्ठंशचीपतिसमंयुधि ॥ अजित्वासंयुगे
पार्थराज्यंकथमिहेच्छसि ९६ ब्राह्मेधनुषिचाचार्यंवेदयोरंतगंद्वयोः ॥ युधिधुर्यमविक्षोभ्यमनीकचरमच्युतम् ९७ द्रोणंमहाद्युतिंपार्थजेतुमिच्छसितन्मृषा ॥
नहिशुश्रुमवातेनमेरुमुन्मथितंगिरिम् ९८ अनिलोवाऽवहेन्मेरुंद्यौर्वाऽपिनिपतेन्महीम् ॥ युगंवापरिवर्तेतयद्येवंस्याद्यथाऽऽत्थमाम् ९९ कोह्यस्तिजीविताकां
क्षीप्राप्येममरिमर्दनम् ॥ पार्थोवाइतरोवापिकोऽन्यःस्वस्तिगृहान्व्रजेत् १०० कथमाभ्यामभिध्यातःसंस्पृष्टोदारुणेनवा ॥ रणेजीवन्प्रमुच्येतपदाभूमिमुप
स्पृशन् १ किंदर्दुरःकूपशयोयथेमांनबुध्यसेराजचमूंसमेताम् ॥ दुराधर्षांदेवचमूप्रकाशांगुप्तांनरेन्द्रैस्त्रिदशैरिवद्याम् २ प्राच्यैःप्रतीच्यैरथदाक्षिणात्यैरुदीच्यकां
बोजशकैःखशैश्च ॥ शाल्वैःसमत्स्यैःकुरुमध्यदेश्यैर्म्लेच्छैःपुलिन्दैर्द्रविडांध्रकांच्यैः १०३ नानाजनौघंयुधिसंप्रवृद्धंगांगंयथावेगमपारणीयम् ॥ मांचस्थि
तंनागबलस्यमध्येयुयुत्ससेमंदकिमल्पबुद्धे १०४ अक्षय्याविषुधीचैवअग्निदत्तंचतेरथम् ॥ जानीमोहिरणेपार्थकेतुंदिव्यंचभारत १०५ अकत्थमानोयुद्धय
स्वकत्थसेऽर्जुनकिंबहु ॥ पर्यायात्सिद्धिरेतस्यनैतत्सिध्यतिकत्थनात् १०६ यदीदंकत्थनाल्लोकेसिध्येत्कर्मधनंजय ॥ सर्वेभवेयुःसिद्धार्थाःकत्थनेकोहिदुर्गतः
१०७ जानामितेवासुदेवंसहायंजानामितेगांडिवंतालमात्रम् ॥ जानाम्यहंत्वादृशोनास्तियोद्धाजानानस्तेराज्यमेतद्धरामि १०८ नतुपर्यायधर्मेणसिद्धिंप्राप्नो
तिमानवः ॥ मनसैवानुकूलानिधातैवकुरुतेवशे १०९ त्रयोदशसमाभुक्तंराज्यंविलपतस्तव ॥ भूयश्चैवप्रशासिष्येत्वांनिहत्यसबांधवम् ११० क्वतदागांडिवं
तेऽभूद्यत्त्वंदासपणोर्जितः ॥ क्वतदाभीमसेनस्यबलमासीच्चफाल्गुन १११ सगदाद्भीमसेनाद्वाफाल्गुनाद्वासगांडिवात् ॥ नवैमोक्षस्तदायोऽभूद्विनाकृष्णाम
निंदिताम् ११२ सावोदास्येसमापन्नान्मोचयामासपार्षती ॥ अमानुष्यंसमापन्नान्दासकर्मण्यवस्थितान् ११३ अवोचंयत्षंढतिलानहंवस्तथ्यमेवतत् ॥
धृताहिवेणीपार्थेनविराटनगरेतदा ११४

रात् १०६ । १०७ । १०८ पर्यायधर्मेण उपधर्मेणमायादिना । अन्येतुराजपुत्रोऽयंराज्यार्हइतिक्रमधर्मस्तेननकिंतुशौर्येणैवसिद्धिमाप्नोतीत्यर्थः मनसासंकल्पेनधातैवकुरुतेनतुमनुष्यः १०९ । ११०
हेदासवासवइतिपाठेइंद्रपुत्र १११ । ११२ अमानुष्यंनीचमनुष्यत्वं अलवणायवागूरितिवदल्पार्थोऽत्रनञ् ११३ । ११४

११५ वेणींकृत्वाषंढवेषःकन्यांनर्तितवानसीत्येतस्मात्परं श्रोण्यांवेण्यांचकक्ष्यांचसंयुगेयःपलायते इत्यर्धंदृश्यते तस्यार्थः यःषंढवेषः अस्त्रीअपिस्त्रीवेषभृत् श्रोणिकक्षावेण्युपलक्षितेपुरुस्यबमर्दंदर्शनस्थानेषु संयुगेस्मरयुद्धेउपस्थितेसतिपलायते स्त्रीत्वस्मिन्संयुगेस्थिरीभवति अयंतुततोऽप्यधमइतिभावः । कक्षायामित्यपेक्षितेआकारलोपआर्षः ११६ । ११७ नमायेतिव्याख्यातएवश्लोकः ११८ । ११९ भीष्मेणसहसंग्रामः गिरौशिरोभेदनादिवत्स्वनाशकरइत्यर्थः १२० उद्वेलोवृद्धिः १२१ । १२२ ओघःप्रवाहः पुरुमित्रोदुर्योधनभ्राता सएवगाधोगांभीर्यस्यपर्यन्तोयस्मिन् । गाढमितिपाठेतेनगाढंदु

सूदकर्मणिविश्रांतंविराटस्यमहानसे ॥ भीमसेनेनकौन्तेययत्तुतन्ममपौरुषम् ११५ एवमेवसदादंडंक्षत्रियाःक्षत्रियेदधुः ॥ वेणींकृत्वाषंढवेषःकन्यांनर्तितवानसि ११६ नभयाद्वासुदेवस्यनचापितवफाल्गुन ॥ राज्यंप्रतिप्रदास्यामियुद्ध्यस्वसहकेशवः ११७ नमायाहींद्रजालंवाकुहकावापिभीषणा ॥ आत्तशस्त्रस्यसंग्रामेवहंतिप्रतिगर्जनाः ११८ वासुदेवसहस्रंवाफाल्गुनानांशतानिवा ॥ आसाद्यमाममोघेषुंद्रविष्यंतिदिशोदश ११९ संयुगंगच्छभीष्मेणभिंधिवाशिरसागिरिम् ॥ तरस्वामहागाधंबाहुभ्यांपुरुषोदधिम् १२० शारद्वतमहामीनंविविंशतिमहोरगम् ॥ बृहद्बलमहोद्वेलंसौमदत्तितिमिंगिलम् १२१ भीष्मवेगमपर्यंतंद्रोणग्राहदुरासदम् ॥ कर्णशल्यझषावर्तंकांबोजवडवामुखम् १२२ दुःशासनौघंशलशल्यमत्स्यंसुषेणचित्रायुधनागनक्रम् ॥ जयद्रथाद्रिंपुरुमित्रगाधंदुर्मर्षणोदंशकुनिप्रपातम् १२३ शस्त्रौघमक्षय्यमभिप्रवृद्धंयदाऽवगाह्यश्रमनष्टचेताः ॥ भविष्यसित्वंहतसर्वबांधवस्तदामनस्तेपरितापमेष्यति १२४ तदामनस्तेत्रिदिवादिवाशुचेर्निवर्तितापार्थमहीप्रशासनात् ॥ प्रशाम्यराज्यंहिसुदुर्लभंत्वयाबुभूषितःस्वर्गइवातपस्विना १२५ ॥ इतिश्रीमहाभारतेउद्योगपर्वणिउलूकदूतागमनपर्वणिदुर्योधनवाक्येषष्ट्यधिकशततमोऽध्यायः ॥ १६० ॥ ॥ संजयउवाच ॥ सेनानिवेशंसंप्राप्तःकैतव्यःपांडवस्यह ॥ समागतःपांडवेयैर्युधिष्ठिरमभाषत १ अभिज्ञोदूतवाक्यानांयथोक्तंब्रुवतोमम ॥ दुर्योधनसमादेशंश्रुत्वानक्रोद्धुमर्हसि २ ॥ युधिष्ठिरउवाच ॥ उलूकनभयंतेऽस्तिब्रूहित्वंविगतज्वरः ॥ यन्मतंधार्तराष्ट्रस्यलुब्धस्यादीर्घदर्शिनः ३ ततोद्युतिमतांमध्येपांडवानांमहात्मनाम् ॥ सृंजयानांचमत्स्यानांकृष्णस्यचयशस्विनः ४ द्रुपदस्यसपुत्रस्यविराटस्यचसन्निधौ ॥ भूमिपानांचसर्वेषांमध्येवाक्यंजगादह ५ ॥ उलूकउवाच ॥ इदंत्वामब्रवीद्राजाधार्तराष्ट्रोमहामनाः ॥ शृण्वतांकुरुवीराणांतन्निबोधयुधिष्ठिर ६ पराजितोऽसिद्यूतेनकृष्णाचानायितासभाम् ॥ शक्योऽमर्षोमनुष्येणकर्तुंपुरुषमानिना ७ द्वादशैवतुवर्षाणिवनेधिष्ण्याद्विवासितः ॥ संवत्सरंविराटस्यदास्यमास्थायचोषितः ८ अमर्षंराज्यहरणंवनवासंचपांडव ॥ द्रौपद्याश्चपरिक्लेशंसंस्मरन्पुरुषोभव ९ अशक्तेनचयच्छप्तंभीमसेनेनपांडव ॥ दुःशासनस्यरुधिरंपीयतांयदिशक्यते १०

ष्प्रवेशं दुर्मर्षणोदं दुर्मर्षणोदकं सोपिदुर्योधनभ्रातैव१२३।१२४निवर्तितानिवर्तिष्यति प्रशाम्यशांतोभव । प्रशास्येतिपाठे प्रशास्यंचतद्राज्यंचेतिसमासः बुभूषितःप्राप्तुमिष्टः अतपस्विनास्वर्गइवत्वयाराज्यंदुर्लभंलब्धुमशक्यम् १२५ ॥ ॥ इतिउद्योगपर्वणि नीलकंठीये भारतभावदीपे षष्ट्यधिकशततमोऽध्यायः ॥ १६० ॥ ॥ ॥ ॥ ॥ सेनेति १ । २ । ३ । ४ । ५ । ६ । ७ । ८ । ९ शप्तं शपथःकृतः १०

४

लोहाभिसारोनिर्वृत्तःकुरुक्षेत्रमकर्दमम् ॥ समःपंथाभूतास्तेऽश्वाःश्वोयुध्यस्वसकेशवः ११ असमागम्यभीष्मेणसंयुगेकिंविकत्थसे ॥ आरुरुक्षुर्यथामंदःपर्वतं
गंधमादनम् १२ एवंकत्थसिकौन्तेयअकत्थन्पुरुषोभव ॥ सूतपुत्रंसुदुर्धर्षंशल्यंचबलिनांवरम् १३ द्रोणंचबलिनांश्रेष्ठंशचीपतिसमंयुधि ॥ अजित्वासंयुगेपा
र्थराज्यंकथमिहेच्छसि १४ ब्राह्मेधनुषिचाचार्यंवेदयोरंतगंद्वयोः ॥ युधिधुर्यमविक्षोभ्यमनीकचरमच्युतम् १५ द्रोणंमहाद्युतिंपार्थजेतुमिच्छसितन्मृषा ॥ न
हिशुश्रुमवातेनमेरुमुन्मथितंगिरिम् १६ अनिलोवावहेन्मेरुंद्यौर्वापिनिपतेन्महीम् ॥ युगंवापरिवर्तेतयद्येवंस्याद्यथाऽऽत्थमाम् १७ कोह्यस्तिजीविताकांक्षीप्रा
प्येममरिमर्दनम् ॥ गजोवाजीरथोवापिपुनःस्वस्तिगृहान्व्रजेत् १८ कथमाभ्यामभिध्यातःसंसृष्टोदारुणेनवा ॥ रणेजीवन्विमुच्येतपदाभूमिमुपस्पृशन् १९
किंदर्दुरःकूपशयोयथेमांनबुध्यसेराजचमूंसमेताम् ॥ दुराधर्षांदेवचमूप्रकाशांगुप्तांनरेन्द्रैस्त्रिदशैरिवद्याम् २० प्राच्यैःप्रतीच्यैरथदाक्षिणात्यैरुदीच्यकांबोजशकैःखशै
श्च ॥ शाल्वैःसमत्स्यैःकुरुमुख्यदेश्यैर्म्लेच्छैःपुलिंदैर्द्रविडांध्रकांच्यैः २१ नानाजनौघंयुधिसंप्रवृद्धंगांगंयथावेगमपारणीयम् ॥ मांचस्थितंनागबलस्यमध्येयुयु
त्ससेमंदकिमल्पबुद्धे २२ इत्येवमुक्त्वाराजानंधर्मपुत्रंयुधिष्ठिरम् ॥ अभ्याभाष्यपुनर्जिष्णुमुलूकःप्रत्यभाषत २३ अकत्थमानोयुद्ध्यस्वकत्थसेऽर्जुनकिंबहु ॥
पर्यायात्सिद्धिरेतस्यनैतत्सिद्ध्यतिकत्थनात् २४ यदीदंकत्थनाल्लोकेसिद्ध्येत्कर्मधनंजय ॥ सर्वेभवेयुःसिद्धार्थाःकत्थनेकोहिदुर्गतः २५ जानामितेवासुदेवंसहायं
जानामितेगांडिवंतालमात्रम् ॥ जानाम्येतत्त्वादृशोनास्तियोद्धाजानानस्तेराज्यमेतद्धरामि २६ नतुपर्यायधर्मेणराज्यंप्राप्नोतिमानुषः ॥ मनसैवानुकूलानिवि
धाताकुरुतेवशे २७ त्रयोदशसमाभुक्तंराज्यंविलपतस्तव ॥ भूयश्चैवप्रशासिष्येनिहत्यत्वांसबांधवम् २८ क्वतदागांडिवंतेऽभूद्यत्त्वंदासपणैर्जितः ॥ क्वतदाभी
मसेनस्यबलमासीच्चफाल्गुन २९ सगदाद्भीमसेनाद्वापार्थाद्वाऽपिसगांडिवात् ॥ नवैमोक्षस्तदावोऽभूद्विनाकृष्णामनिंदिताम् ३० सावोदास्येसमापन्नान्मोक्ष
यामासपार्षती ॥ अमानुष्यंसमापन्नान्दासकर्मण्यवस्थितान् ३१ अवोचंयत्षंढतिलानहंवस्तथ्यमेवतत् ॥ धृताहिवेणीपार्थेनविराटनगरेतदा ३२ सूदकर्मणि
चश्रांतंविराटस्यमहानसे ॥ भीमसेनेनकौन्तेययच्चतन्ममपौरुषम् ३३ एवमेतत्सदादंडंक्षत्रियाःक्षत्रियेदधुः ॥ वेणींकृत्वाषंढवेषःकन्यांनर्तितवानसि ३४ नभ
याद्वासुदेवस्यनचापितवफाल्गुन ॥ राज्यंप्रतिप्रदास्यामियुद्ध्यस्वसहकेशवः ३५ नमायाहींद्रजालंवाकुहकावापिभीषणा ॥ आत्तशस्त्रस्यमेयुद्धेवहंतिप्रतिगर्जनाः
३६ वासुदेवसहस्रंवाफाल्गुनानांशतानिवा ॥ आसाद्यमाममोघेषुंद्रविष्यंतिदिशोदश ३७ संयुगंगच्छभीष्मेणभिंधिवाशिरसागिरिम् ॥ तरेमंवामहागाधंबा
हुभ्यांपुरुषोदधिम् ३८ शारद्वतमहामीनंविविंशतिमहोरगम् ॥ बृहद्बलमहोद्वेलंसौमदत्तितिमिंगिलम् ३९

व्याख्यातएवायमध्यायः ११ । १२ । १३ । १४ । १५ । १६ । १७ । १८ । १९ । २० । २१ । २२ । २३ । २४ । २५।२६।२७।२८।२९।३० ।३१।३२।३३।३४।३५।३६ । ३७ । ३८ । ३९ ॥१२२॥

४० । ४१ । ४२ । ४३ ॥ इतिउद्योगपर्वणिनीलकंठीयेभारतभावदीपे एकषष्ट्युत्तरशततमोऽध्यायः ॥ १६१ ॥ ॥ ॥ उलूकस्त्विति १ । २ । ३ । ४ । ५ । ६ । ७

भीष्मवेगमपर्यंतंद्रोणग्राहदुरासदम् ॥ कर्णशल्यझषावर्तंकांबोजवडवामुखम् ४० दुःशासनौघंशलशल्यमत्स्यंसुषेणचित्रायुधनागनक्रम् ॥ जयद्रथाद्रिंपुरुमित्रगाधं दुर्मर्षणोदंशकुनिप्रपातम् ४१ शस्त्रौघमक्षय्यमतिप्रवृद्धंयदाऽऽवगाह्यश्रमनष्टचेताः ॥ भविष्यसित्वंहतसर्वबांधवस्तदामनस्तेपरितापमेष्यति ४२ तदामनस्तेत्रिदिवादिवाशुचेर्निवर्तितापार्थमहीप्रशासनात् ॥ प्रशाम्यराज्यंहिसुदुर्लभंत्वयाबुभूषितःस्वर्गइवातपस्विना ४३ ॥ इतिश्रीमहाभारतेउद्योगपर्वणिउलुकदूतागमनपर्वणि उलुकवाक्येएकषष्ट्युत्तरशततमोऽध्यायः ॥ १६१ ॥ ॥ ॥ संजयउवाच ॥ उलूकस्त्वर्जुनंभूयोयथोक्तंवाक्यमब्रवीत् ॥ आशीविषमिवक्रुद्धंतुदन्वाक्यशलाकया १ तस्यतद्वचनंश्रुत्वारुषिताःपांडवाभृशम् ॥ प्रागेवभृशसंक्रुद्धाःकैतव्येनापिधर्षिताः २ आसनेषूदतिष्ठंतबाहूंश्चैवप्रचिक्षिपुः ॥ आशीविषाइवक्रुद्धावीक्षांचक्रुः परस्परम् ३ अवाक्शिराभीमसेनःसमुदैक्षतकेशवम् ॥ नेत्राभ्यांलोहितांताभ्यामाशीविषइवश्वसन् ४ आर्तंवातात्मजंदृष्ट्वाक्रोधेनाभिहतंभृशम् ॥ उत्स्मयन्निव दाशार्हःकैतव्यंप्रत्यभाषत ५ प्रयाहिशीघ्रंकैतव्यब्रूयाश्चैवसुयोधनम् ॥ श्रुतंवाक्यंगृहीतोऽर्थोमतंयत्तेतथास्तुतत् ६ एवमुक्त्वामहाबाहुःकेशवोराजसत्तम ॥ पुनरेवमहाप्राज्ञंयुधिष्ठिरमुदैक्षत ७ सृंजयानांचसर्वेषांकृष्णस्यचयशस्विनः ॥ द्रुपदस्यसपुत्रस्यविराटस्यचसन्निधौ ८ भूमिपानांचसर्वेषांमध्येवाक्यंजगादह ॥ उलूकोऽप्यर्जुनंभूयोयथोक्तंवाक्यमब्रवीत् ९ आशीविषमिवक्रुद्धंतुदन्वाक्यशलाकया ॥ कृष्णादींश्चैवतान्सर्वान्यथोक्तंवाक्यमब्रवीत् १० उलूकस्यतुतद्वाक्यंपापं दारुणमीरितम् ॥ श्रुत्वाविचुक्षुभेपार्थोललाटंचाप्यमार्जयत् ११ तदवस्थंतदादृष्ट्वापार्थंसासमितिर्नृप ॥ नामृष्यंतमहाराजपांडवानांमहारथाः १२ अधिक्षेपेणकृष्णस्यपार्थस्यचमहात्मनः ॥ श्रुत्वातेपुरुषव्याघ्राःक्रोधाज्जज्वलुरच्युत १३ धृष्टद्युम्नःशिखंडीचसात्यकिश्चमहारथः ॥ केकयाभ्रातरःपंचराक्षसश्चघटोत्कचः १४ द्रौपदेयाभिमन्युश्चधृष्टकेतुश्चपार्थिवः ॥ भीमसेनश्चविक्रांतोयमजौचमहारथौ १५ उत्पेतुरासनात्सर्वेक्रोधसंरक्तलोचनाः ॥ बाहून्प्रगृह्यरुचिरान्रक्तचंदनरूषितान् ॥ अंगदैःपारिहार्यैश्चकेयूरैश्चविभूषितान् १६ दंतान्दंतेषुनिष्पिष्यसृक्किणीपरिलेलिहन् ॥ तेषामाकारभावज्ञःकुंतीपुत्रोवृकोदरः १७ उदतिष्ठत्सवेगेनक्रोधेनप्रज्वलन्निव ॥ उद्वृत्यसहसानेत्रेदंतान्कटकटाय्यच १८ हस्तंहस्तेननिष्पिष्यउलूकंवाक्यमब्रवीत् ॥ अशक्तानामिवास्माकंप्रोत्साहननिमित्तकम् १९ श्रुतंतेवचनंमूर्खयत्त्वांदुर्योधनोऽब्रवीत् ॥ तन्मेकथयतोमंदशृणुवाक्यंदुरासदम् २०

८ । ९ । १० । ११ समितिःसभा १२ । १३ । १४ द्रौपदेयैःसहितोऽभिमन्युःद्रौपदेयाभिमन्युः १५ पारिहार्यैःपरितोहारायेषांतेपरिहाराःमौक्तिकगुच्छाःमौक्तिकादिजालानिवातएवपारिहार्याणि स्वार्थेष्यञ् १६ । १७ । १८ । १९ । २०

भा. टी ॥ १३० ॥ उद्यो० अ० १६२

२१ । २२ । २३ । २४ । २५ । २६ । २७ यश्चेति । इहदुःशासनरुधिरपानकालेमामांअभियास्यति २८ आत्मानंआलभेशपामि । अंतरात्मानंईश्वरंवाऽऽस्पृष्ट्वाऽऽह आलभेइति ईश्वरशपथंकरोमीत्यर्थः

सर्वक्षत्रस्यमध्येतंयद्वक्ष्यसिसुयोधनम् ॥ शृण्वतःसूतपुत्रस्यपितुश्चत्वंदुरात्मनः २१ अस्माभिःप्रीतिकामैस्तुभ्रातुर्ज्येष्ठस्यनित्यशः ॥ मर्षितंतेदुराचारतत्त्वंनबहु मन्यसे २२ प्रेषितश्चहृषीकेशःशमाकांक्षीकुरून्प्रति ॥ कुलस्यहितकामेनधर्मराजेनधीमता २३ त्वंकालचोदितोनूनंगंतुकामोयमक्षयम् ॥ गच्छस्वाहवमस्माभि स्तच्चश्वोभविताध्रुवम् २४ मयाऽपिचप्रतिज्ञातोवधःसभ्रातृकस्यते ॥ सतथाभवितापापनात्रकार्याविचारणा २५ वेलामतिक्रमेत्सद्यःसागरोवरुणालयः ॥ पर्वताश्च विशीर्येयुर्मयोक्तंनमृषाभवेत् २६ सहायस्तेयदियमःकुबेरोरुद्रएववा ॥ यथाप्रतिज्ञंदुर्बुद्धेप्रकरिष्यंतिपांडवाः ॥ दुःशासनस्यरुधिरंपाताचास्मियथेप्सितम् २७ यश्चेह प्रतिसंरब्धःक्षत्रियोमाऽभियास्यति ॥ अपिभीष्मंपुरस्कृत्यतंनेष्यामियमक्षयम् २८ यच्चैतदुक्तंवचनंमयाक्षत्रस्यसंसदि ॥ यथैतद्भवितासत्यंतथैवात्मानमालभे २९ भीमसेनवचःश्रुत्वासहदेवोऽप्यमर्षणः ॥ क्रोधसंरक्तनयनस्ततोवाक्यमुवाचह ३० शौटीरशूरसदृशमनीकजनसंसदि ॥ शृणुपापवचोमह्यंयद्वाच्योहिपितात्वया ३१ नास्माकंभविताभेदःकदाचित्कुरुभिःसह ॥ धृतराष्ट्रस्यसंबंधोयदिनस्यात्त्वयासह ३२ त्वंतुलोकविनाशायधृतराष्ट्रकुलस्यच ॥ उत्पन्नोवैरपुरुषःस्वकुलघ्नश्चपाप कृत् ३३ जन्मप्रभृतिचास्माकंपितातेपापपूरुषः ॥ अहितानिनृशंसानिनित्यशःकर्तुमिच्छति ३४ तस्यवैरानुषंगस्यगंताऽस्म्यंतंसुदुर्गमम् ॥ अहमादौनिहत्यत्वां शकुनेःसंप्रपश्यतः ३५ ततोऽस्मिशकुनिंहंतामिषतांसर्वधन्विनाम् ॥ भीमस्यवचनंश्रुत्वासहदेवस्यचोभयोः ३६ उवाचफाल्गुनोवाक्यंभीमसेनंस्मयन्निव ॥ भीमसेननतेसंतियेषांवैरंत्वयासह ३७ मंदागृहेषुसुखिनोमृत्युपाशवशंगताः ॥ उलूकश्चनतेवाच्यःपरुषंपुरुषोत्तम ३८ दूताःकिमपराध्यंतेयथोक्तस्यानुभा षिणः ॥ एवमुक्त्वामहाबाहुर्भीमंभीमपराक्रमम् ३९ धृष्टद्युम्नमुखान्वीरान्सुहृदःसमभाषत ॥ श्रुतंवस्तस्यपापस्यधार्तराष्ट्रस्यभाषितम् ४० कुत्सनंवासु देवस्यममचैवविशेषतः ॥ श्रुत्वाभवंतःसंरब्धाअस्माकंहितकाम्यया ४१ प्रभावाद्वासुदेवस्यभवतांचप्रयत्नतः ॥ समग्रंपार्थिवंक्षत्रंसर्वंनगणयाम्यहम् ४२ भवद्भिःसमनुज्ञातोवाक्यमस्ययदुत्तरम् ॥ उलूकेप्रापयिष्यामियद्वक्ष्यतिसुयोधनम् ४३ श्वोभूतेकत्थितस्यास्यप्रतिवाक्यंचमूमुखे ॥ गांडीवेनाभिधास्यामि क्लीबाहिवचनोत्तराः ४४ ततस्तेपार्थिवाःसर्वेप्रशशंसुर्धनंजयम् ॥ तेनवाक्योपचारेणविस्मिताराजसत्तमाः ४५ अनुनीयचतान्सर्वान्यथामान्यंयथावयः ॥ धर्मराजंतदावाक्यंतत्प्राप्यंप्रत्यभाषत ४६

२९ । ३० शौटीरःसगर्वः शूरोविक्रांतः शौटृऋगर्वेशूरविक्रांतौइतिधातू अनीकजनःसैन्यवासीजनः हेपाप मह्यंमम ३१ नास्माकमिति । धृतराष्ट्रदोषादेववैरंजातंअन्यथातेनबाल्येएवत्वंत्यक्तेसतितवअस्यादिति भावः ३२ । ३३ तेतवपिताअस्माकंअहितानिकर्तुमिच्छतीतिसंबंधः ३४ । ३५ भीमसेनस्येतिप्राचीनपाठेश्रुत्वेत्यध्याहारः ३६ । ३७ । ३८ । ३९ । ४० । ४१ । ४२ । ४३ । ४४ । ४५ । ४६

॥ १३० ॥

४७ । ४८ । ४९ । ५० । ५१ पांडवेष्विति । हेपाप पांडवेषुत्वयोक्तंवैडालव्रतरूपंजिह्मंप्रवर्ततइति तुष्यतुदुर्जनन्यायेनांगीकरोति प्रवर्तसइतिपाठेतुस्पष्टोर्थः पूरयन्वाक्यंतदर्थानुष्ठानेनसमर्थयन् ५२
मान्याःभीष्मद्रोणादयः अमान्याःपुत्राःलक्ष्मणादयः बालवृद्धनाशंमाकार्षीरित्यर्थः ५३ । ५४ नपुंसकंनपुंसकत्वंतव ५५ परेषांकर्णादीनां ५६ । ५७ । ५८ जघन्यकालंचरमकालेऽपिएतन्नभवेन्मा

आत्मानमवमन्वानोनहिस्यात्पार्थिवोत्तमः ॥ तत्रोत्तरंप्रवक्ष्यामितवशुश्रूषणेरतः ४७ उलूकंभरतश्रेष्ठसामपूर्वमथोर्जितम् ॥ दुर्योधनस्यतद्वाक्यंनिशम्यभरतर्ष
भः ४८ अतिलोहितनेत्राभ्यामाशीविषइवश्वसन् ॥ स्मयमानइवक्रोधात्सृक्किणीपरिसंलिहन् ४९ जनार्दनमभिप्रेक्ष्यभ्रातृंश्चैवेदमब्रवीत् ॥ अभ्यभाषतकैत
व्यंप्रगृह्यविपुलंभुजम् ५० उलूकगच्छकैतव्यब्रूहितातसुयोधनम् ॥ कृतघ्नंवैरपुरुषंदुर्मतिंकुलपांसनम् ५१ पांडवेषुसदापापनित्यंजिह्मंप्रवर्तते ॥ स्ववीर्याद्यः
पराक्रम्यपापआह्वयतेपरान् ॥ अभीतःपूरयन्वाक्यमेषवैक्षत्रियःपुमान् ५२ सपापःक्षत्रियोभूत्वाअस्मानाहूयसंयुगे ॥ मान्यामान्यान्पुरस्कृत्ययुद्धंमागाःकुला
धम ५३ आत्मवीर्यंसमाश्रित्यभृत्यवीर्यंचकौरव ॥ आह्वयस्वरणेपार्थान्सर्वथाक्षत्रियोभव ५४ परवीर्यंसमाश्रित्ययःसमाह्वयतेपरान् ॥ अशक्तःस्वयमादा
तुमेतदेवनपुंसकम् ५५ सत्वंपरेषांवीर्येणआत्मानंबहुमन्यसे ॥ कथमेवमशक्तस्त्वमस्मान्समभिगर्जसि ५६ ॥ कृष्णउवाच ॥ मद्वचश्चापिभूयस्तेवक्तव्यःसुसु
योधनः ॥ श्वइदानींप्रपद्येथाःपुरुषोभवदुर्मते ५७ मन्यसेयच्चमूढत्वंनयोत्स्यतिजनार्दनः ॥ सारथ्येनवृतःपार्थैरितित्वंनबिभेषिच ५८ जघन्यकालमप्येतन्न
भवेत्सर्वपार्थिवान् ॥ निर्दहेयमहंक्रोधात्तृणानीवहुताशनः ५९ युधिष्ठिरनियोगात्तुफाल्गुनस्यमहात्मनः ॥ करिष्येयुध्यमानस्यसारथ्यंविजितात्मनः ६० य
द्युत्पतसिलोकांस्त्रीन्यद्याविशसिभूतलम् ॥ तत्रतत्रार्जुनरथंप्रभातेद्रक्ष्यसेपुनः ६१ यच्चापिभीमसेनस्यमन्यसेमोघभाषितम् ॥ दुःशासनस्यरुधिरंपीतमद्यावधा
रय ६२ नत्वांसमीक्षतेपार्थोनापिराजायुधिष्ठिरः ॥ नभीमसेनोनयमौप्रतिकूलप्रभाषिणम् ६३ ॥ इतिश्रीमहाभारतेउद्योगपर्वणिउलूकदूताभिगमनपर्वणिकृष्णा
दिवाक्येद्विषष्ट्यधिकशततमोऽध्यायः ॥ १६२ ॥ ॥ संजयउवाच ॥ दुर्योधनस्यतद्वाक्यंनिशम्यभरतर्षभ ॥ नेत्राभ्यामतिताम्राभ्यांकैतव्यंसमुदैक्षत १ स
केशवमभिप्रेक्ष्यगुडाकेशोमहायशाः ॥ अभ्यभाषतकैतव्यंप्रगृह्यविपुलंभुजम् २ स्ववीर्यंयःसमाश्रित्यसमाह्वयतिवैपरान् ॥ अभीतोयुध्यतेशत्रून्सवैपुरुषउच्यते ३
परवीर्यंसमाश्रित्ययःसमाह्वयतेपरान् ॥ क्षत्रबंधुरशक्तत्वाल्लोकेसपुरुषाधमः ४ सत्वंपरेषांवीर्येणमन्यसेवीर्यमात्मनः ॥ स्वयंकापुरुषोमूढपरांश्चक्षेप्तुमिच्छसि ५ य
स्त्वंवृद्धंसर्वराज्ञांहितबुद्धिंजितेंद्रियम् ॥ मरणायमहाप्राज्ञंदीक्षयित्वाविकत्थसे ६ भावस्तेविदितोऽस्माभिर्दुर्बुद्धेकुलपांसन ॥ नहनिष्यंतिगांगेयंपांडवाघृणयेतिहि ७

भूत् एतदेवाह सर्वेत्यादिना श्लोकशेषेण ५९ । ६० । ६१ । ६२ समीक्षतेगणयति ६३ ॥ इतिश्रीमहाभारते उद्योगपर्वणिनीलकंठीये भारतभावदीपे द्विषष्ट्यधिकशततमोऽध्यायः ॥ १६२ ॥ दुर्योधन
स्येति । समुदैक्षतगुडाकेशइतिसंबंधः १ । २ पूरणात्पुरुषइतिपुरुषशब्दनिर्वचनं अन्यथात्वपुरुषएवेत्यर्थः ३ क्षत्रबंधुः क्षत्रजातिरेवनतुक्षत्रकर्मेत्यर्थः ४ । ५ वृद्धंवाल्हीकंभीष्मंच ६ । ७

म.भा.टी. उद्यो० अ० १६३ ॥१.३१॥

मिषतांपश्यतां ८ कैतव्येति । समेत्यएकीकृत्य निशाव्यपायेश्वोभूते ९ सत्यसंधोभीष्मः भीष्मवाक्यमेवाह अहंहंतेति । हेकैतव्य अहंहंतेत्यादिमदीयंवाक्यंभरतान्पांडवान्प्रतिगत्वावदस्वकिंकृत्वासुयोधनं समेत्यमदीयंसंदेशंदुर्योधनायश्रावयित्वापांडवान्प्रतिकथयेत्यर्थः तेनदुर्योधनसुखंपांडवानांभयंचोदेष्यतीतिभावः १० द्रोणमृतेपिद्रोणंविनाप्यसहायएवाहंलोकंहन्यांततोभीष्मवाक्यात्तेतवभावएवं भूतोजातइत्यर्थः ११ हंताहनिष्यामि कुरुवृद्धंभीष्मं १२ योयुक्तसेनोध्वजीरथीतंरक्षेतेतियोजना द्वीपंमज्जतामाधारं १३ । १४ । १५ । १६ अभिमानःश्रेष्ठोऽस्मीतिबुद्धिः । दर्पःपराभिभवसमर्थोऽस्मी

यस्यवीर्यंसमाश्रित्यधार्तराष्ट्रविकत्थसे ॥ हंताऽस्मिप्रथमंभीष्मंमिषतांसर्वधन्विनाम् ८ कैतव्यगत्वाभरतान्समेत्यसुयोधनंधार्तराष्ट्रंवदस्व ॥ तथेत्युवाचार्जुनःसव्यसाचीनिशाव्यपायेभविताविमर्दः ९ यद्वाऽब्रवीद्वाक्यमदीनसत्वोमध्येकुरूनहर्षयन्सत्यसंधः ॥ अहंहंतासृंजयानामनीकंशाल्वेयकांश्चेतिममैषभारः ॥ कैतव्यगत्वाभरतान्समेत्यसुयोधनंधार्तराष्ट्रंवदस्व १० हन्यामहंद्रोणमृतेऽपिलोकंनतेभयंविद्यतेपांडवेभ्यः ॥ ततोहितेलब्धतमंचराज्यमापद्गताःपांडवाश्चेतिभावः ११ सदर्पपूर्णोनसमीक्षसेत्वमनर्थमात्मन्यपिवर्तमानम् ॥ तस्मादहंतेप्रथमंसमूहेहंतासमक्षंकुरुवृद्धमेव १२ सूर्योदयेयुक्तसेनःप्रतीक्ष्यध्वजीरथीरक्षतसत्यसंधम् ॥ अहंहिवःपश्यतांद्वीपमेनंभीष्मंरथात्पातयिष्यामिबाणैः १३ श्वोभूतेकत्थनावाक्यंविज्ञास्यतिसुयोधनः ॥ आचितंशरजालेनमयादृष्ट्वापितामहम् १४ यदुक्तश्चसभामध्येपुरुषोह्रस्वदर्शनः ॥ क्रुद्धेनभीमसेनेनभ्राातादुःशासनस्तव १५ अधर्मज्ञोनित्यवैरीपापबुद्धिर्नृशंसवत् ॥ सत्यांप्रतिज्ञामचिराद्द्रक्ष्यसेतांसुयोधन १६ अभिमानस्यदर्पस्यक्रोधपारुष्ययोस्तथा ॥ नैष्ठुर्यस्यावलेपस्यआत्मसंभावनस्यच १७ नृशंसतायास्तैक्ष्ण्यस्यधर्मविद्वेषणस्यच ॥ अधर्मस्यातिवादस्यवृद्धातिक्रमणस्यच १८ दर्शनस्यचवक्रस्यकृत्स्नस्यापनयस्यच ॥ द्रक्ष्यसित्वंफलंतीव्रमचिरेणसुयोधन १९ वासुदेवद्वितीयेहिमयिक्रुद्धेनराधम ॥ आशातेजीवितेमूढराज्येवाकेनहेतुना २० शांतेभीष्मेतथाद्रोणेसूतपुत्रेचपातिते ॥ निराशोजीवितेराज्येपुत्रेषुचभविष्यसि २१ भ्रातॄणांनिधनंश्रुत्वापुत्राणांचसुयोधन ॥ भीमसेनेननिहतोदुष्कृतानिस्मरिष्यसि २२ नद्वितीयांप्रतिज्ञांहिप्रतिजानामिकैतव ॥ सत्यंब्रवीम्यहंह्येतत्सर्वंसत्यंभविष्यति २३ युधिष्ठिरोऽपिकैतव्यमुलूकमिदमब्रवीत् ॥ उलूकमद्वचोब्रूहिगत्वातातसुयोधनम् २४ स्वेनवृत्तेनमेवृत्तंनाधिगंतुंत्वमर्हसि ॥ उभयोरंतरंवेदसूनृतानृतयोरपि २५ नचाहंकामयेपापमपिकीटपिपीलयोः ॥ किंपुनर्ज्ञातिषुवधंकामयेयंकथंचन २६ एतदर्थंमयाताततपंचग्रामावृताःपुरा ॥ कथंतववसुदुर्बुद्धेनप्रेक्षेयव्यसनंमहत् २७ सत्वंकामपरीतात्मामूढभावाच्चकत्थसे ॥ तथैववासुदेवस्यनगृह्णासिहितंवचः २८

तिधीः । क्रोधोऽभिज्वलनं पारुष्यंनिष्ठुरवाक्यत्वं । नैष्ठुर्यंनिःस्नेहता । अवलेपोन्येषामवज्ञा । आत्मसंभावनंअहमेवज्ञाताशूरश्चास्मीतिबुद्धिः १७ नृशंसतानिर्दयत्वं । तैक्ष्ण्यंतीक्ष्णताविषदानादिबीभत्सकर्मकारित्वं । धर्मविद्वेषणंकपटद्यूतादिना । अधर्मोयथाप्रतिज्ञातराज्याप्रदानं । अतिवादोधर्मिष्ठेष्वधर्मिष्ठत्वारोपोबैडालव्रतिकोसीत्यादिवचनं । वृद्धातिक्रमणंविदुरादीनामवमाननं १८ दर्शनं कर्णादिषुजयनिश्चयः । वक्रंसेनायाआधिक्यं अपनयःअस्माकंदूरीकरणं एतेषांफलंद्रक्ष्यसि १९ । २० । २१ । २२ । २३ । २४ वेदवेद्मि २५ । २६ कथमिति । हेसुदुर्बुद्धे तवव्यसनंमरणागमंकथमपिनप्रेक्ष्येइतिहेतोःपंचग्रामावृताइतिसंबंधः २७ । २८

२९ । ३० ३१ । ३२ ३३ । ३४ । ३५ । ३६ । ३७ । ३८ । ३९ यत्वइमंक्लेशंश्रुत्वाहृष्टःसन्विकत्थसेतत्ततोहेतोःशोचिष्यसेइतिसंबंधः ४० अश्लाघ्योऽहंनरपतिर्युवयोरितिदुर्योधनवाक्य
स्योत्तरंविराटद्रुपदावाहतुरित्याह विराटेति । साधोःदासभावंनियच्छेत्रनितरांयच्छेत्रप्रार्थयावहे । इषुगमीतिछादेशेयमयतेर्विधिलिङिउत्तमस्यद्विवचनं । इतिआवयोर्मतिरस्तितौचआवांदासावदासौवेतिय

किंचेदानींबहूक्तेनयुध्यस्वसहबांधवैः ॥ ममविप्रियकर्तारंकैतव्यब्रूहिकौरवम् २९ श्रुतंवाक्यंगृहीतोऽर्थोमतंयत्तेतथाऽस्तुतत् ॥ भीमसेनस्ततोवाक्यंभूयआहनृपा
त्मजम् ३० उलूकमद्वचोब्रूहिदुर्मतिंपापपूरुषम् ॥ शठंनैकृतिकंपापंदुराचारंसुयोधनम् ३१ गृध्रोदरेवावस्तव्यंपुरेवानागसाह्वये ॥ प्रतिज्ञातंमयातच्चसभामध्येनरा
धम ३२ कर्ताहंतद्वचःसत्यंसत्येनैवशपामिते ॥ दुःशासनस्यरुधिरंहत्वापास्याम्यहंमृधे ३३ सक्थिनीतवभंक्त्वैवहत्वाहितवसोदरान् ॥ सर्वेषांधार्तराष्ट्राणामहं
मृत्युःसुयोधन ३४ सर्वेषांराजपुत्राणामभिमन्युरसंशयम् ॥ कर्मणातोषयिष्यामिभूयश्चैववचःशृणु ३५ हत्वासुयोधनत्वांवैसहितंसर्वसोदरैः ॥ आक्रमिष्येपदामूर्ध्नि
धर्मराजस्यपश्यतः ३६ नकुलस्तुततोवाक्यमिदमाहमहीपते ॥ उलूकब्रूहिकौरव्यंधार्तराष्ट्रंसुयोधनम् ३७ श्रुतंतेगदतोवाक्यंसर्वमेवयथातथम् ॥ तथाकर्ताऽस्मि
कौरव्ययथात्वमनुशासिमाम् ३८ सहदेवोऽपिनृपतेइदमाहवचोऽर्थवत् ॥ सुयोधनमतिर्यातेनृथैषातेभविष्यति ३९ शोचिष्यसेमहाराजसपुत्रज्ञातिबांधवः ॥ इमंचक्ले
शमस्माकंहृष्टोयत्त्वंविकत्थसे ४० विराटद्रुपदौवृद्धावुलूकमिदमूचतुः ॥ दासभावंनियच्छेवसाधोरितिमतिःसदा ॥ तौचदासावदासौवापौरुषंयस्ययादृशम् ४१
शिखंडीतुततोवाक्यमुलूकमिदमब्रवीत् ॥ वक्तव्योभवताराजापापेष्वभिरतःसदा ४२ पश्यत्वंमांरणेराजन्कुर्वाणंकर्मदारुणम् ॥ यस्यवीर्यंसमासाद्यमन्यसेविजयंयुधि
४३ तमहंपातयिष्यामिरथात्तवपितामहम् ॥ अहंभीष्मवधात्सृष्टोनूनंधात्रामहात्मना ४४ सोऽहंभीष्मंहनिष्यामिमिषतांसर्वधन्विनाम् ॥ धृष्टद्युम्नोऽपिकैतव्यमुलूक
मिदमब्रवीत् ४५ सुयोधनोममवचोवक्तव्योनृपतेःसुतः ॥ अहंद्रोणंहनिष्यामिसगणंसहबांधवम् ४६ अवश्यंचमयाकार्यंपूर्वेषांचरितंमहत् ॥ कर्ताचाहंतथाकर्मयथा
नान्यःकरिष्यति ४७ तमब्रवीद्धर्मराजःकारुण्यार्थंवचोमहत् ॥ नाहंज्ञातिवधंराजन्कामयेयंकथंचन ४८ तवैवदोषाद्दुर्बुद्धेसर्वमेतत्त्वनावृतम् ॥ सगच्छमाचिरंतातउलू
कयदिमन्यसे ४९ इहवातिष्ठभद्रंतेवयंहितवबांधवाः ॥ उलूकस्तुततोराजन्धर्मपुत्रंयुधिष्ठिरम् ५० आमंत्र्यप्रययौतत्रयत्रराजासुयोधनः ॥ उलूकस्ततआगम्यदुर्योधन
ममर्षणम् ५१ अर्जुनस्यसमादेशंयथोक्तंसर्वमब्रवीत् ॥ वासुदेवस्यभीमस्यधर्मराजस्यपौरुषम् ५२ नकुलस्यविराटस्यद्रुपदस्यचभारत ॥ सहदेवस्यचवचोधृष्टद्युम्न
शिखंडिनोः ॥ केशवार्जुनयोर्वाक्यंयथोक्तंसर्वमब्रवीत् ५३ कैतव्यस्यतुतद्वाक्यंनिशम्यभरतर्षभः ॥ दुःशासनंचकर्णंचशकुनिंचापिभारत ५४ आज्ञापयतराज्ञश्चबलं
मित्रबलंतथा ॥ यथाप्रागुदयात्सर्वेयुक्तास्तिष्ठंत्यनीकिनः ५५

स्यतथयादृशंपौरुषंतत्तथैवश्वोद्रक्ष्यावइतिशेषः ४१ । ४२ । ४३ वधात्वधहेतोः ४४ । ४५ । ४६ पूर्वेषांचरितंद्रोणवधेनपितृवैरप्रतियातनं सर्वेषामितिपाठेऽपिसएवार्थः ४७ अनावृतंविस्पष्टं
४८ । ४९ । ५० । ५१ । ५२ । ५३ । ५४ । ५५

५६ । ५७ ॥ इतिउद्योगपर्वणिनीलकंठीये भारतभावदीपेत्रिषष्ट्यधिकशततमोऽध्यायः ॥ १६३ ॥ ॥ ॥ ॥ उलूकस्येति १ । २ । ३ । ४ रथिनःराजन्यान्धृष्टद्युम्नःसमुपादिशदि तिसंबंधः त्वमनेनयुध्यस्वत्वमनेनेत्येवंतत्तदंशव्यवस्थांचकारेत्यर्थः ५ । ६ । ७ । ८ । ९ अंशंअकल्पयत्तत्त्वकीयमितिशेषः १० । ११ । १२ ॥ इतिश्रीमहाभारतेउद्योगपर्वणिनीलकण्ठीये भारतभावदीपे

॥१.३२॥ ततःकर्णसमादिष्टादूताःसंत्वरितारथैः ॥ उष्ट्रवामीभिरप्यन्येसदश्वैश्चमहाजवैः ५६ तूर्णंपरिययुःसेनांकृत्स्नांकर्णस्यशासनात् ॥ आज्ञापयंतोराज्ञश्चयोगःप्रागुदयादिति अ०

५७ ॥ इतिश्रीम० उ० उलूकदूतागमनप० उलूकापयानेत्रिषष्ट्यधिकशततमोऽध्यायः ॥ १६३ ॥ ॥ संजयउवाच ॥ उलूकस्यवचःश्रुत्वाकुंतीपुत्रोयुधिष्ठिरः ॥ १६५

सेनांनिर्यापयामासधृष्टद्युम्नपुरोगमाम् १ पदातिनींनागवतींरथिनीमश्ववृंदिनीम् ॥ चतुर्विधबलांभीमामकंपांपृथिवीमिव २ भीमसेनादिभिर्गुप्तांसार्जुनैश्चमहा रथैः ॥ धृष्टद्युम्नवशांदुर्गांसागरस्तिमितोपमाम् ३ तस्यास्त्वग्रेमहेष्वासःपांचाल्योयुद्धदुर्मदः ॥ द्रोणप्रेप्सुरनीकानिधृष्टद्युम्नोऽभ्यकर्षत ४ यथाबलंयथोत्साहंरथिनः समुपादिशत् ॥ अर्जुनंसूतपुत्रायभीमंदुर्योधनायच ५ धृष्टकेतुंचशल्यायगौतमायोत्तमौजसम् ॥ अश्वत्थाम्नेचनकुलंशैब्यंचकृतवर्मणे ६ सैंधवायचवार्ष्णेयंयुयुधानं समादिशत् ॥ शिखंडिनंचभीष्मायप्रमुखेसमकल्पयत् ७ सहदेवंशकुनयेचेकितानंशलायवै ॥ द्रौपदेयांस्तथापंचत्रिगर्तेभ्यःसमादिशत् ८ वृषसेनायसौभद्रंशेषाणां चमहीक्षिताम् ॥ ससमर्थंहितंमेनेपार्थादभ्यधिकंरणे ९ एवंविभज्ययोधांस्तान्पृथक्कसहचैवह ॥ ज्वालावर्णोमहेष्वासोद्रोणमंशमकल्पयत् १० धृष्टद्युम्नोमहेष्वासः सेनापतिपतिस्ततः ॥ विधिवद्व्यूह्यमेधावीयुद्धायधृतमानसः ११ यथोद्दिष्टानिसैन्यानिपांडवानामयोजयत् ॥ जयायपांडुपुत्राणांयत्तस्तस्थौरणाजिरे १२ ॥ इतिश्रीम० उ० उलूकदूतागमनप० सेनापतिनियोगेचतुःषष्ट्यधिकशततमोऽध्यायः ॥ १६४ ॥ ॥ समाप्तंचोलूकदूतागमनपर्व ॥ अथरथातिरथसंख्यानपर्व ॥ ॥ धृतराष्ट्रउवाच ॥ प्रतिज्ञातेफाल्गुनेनवधेभीष्मस्यसंयुगे ॥ किमकुर्वतमेमंदाःपुत्रादुर्योधनादयः १ हतमेवहिपश्यामिगांगेयंपितरंरणे ॥ वासुदेवसहायेनपार्थेनदृढ धन्वना २ सचापरिमितप्रज्ञस्तच्छ्रुत्वापार्थभाषितम् ॥ किमुक्तवान्महेष्वासोभीष्मःप्रहरतांवरः ३ सैनापत्यंचसंप्राप्यकौरवाणांधुरंधरः ॥ किमचेष्टतगांगेयोमहाबुद्धि पराक्रमः ४ ॥ वैशम्पायनउवाच ॥ ततस्तत्संजयस्तस्मैसर्वमेवन्यवेदयत् ॥ यथोक्तंकुरुवृद्धेनभीष्मेणामिततेजसा ५ ॥ संजयउवाच ॥ सैनापत्यमनुप्राप्यभीष्मः शांतनवोनृप ॥ दुर्योधनमुवाचेदंवचनंहर्षयन्निव ६ नमस्कृत्यकुमारायसेनान्येशक्तिपाणये ॥ अहंसेनापतिस्तेऽद्यभविष्यामिनसंशयः ७ सेनाकर्मण्यभिज्ञोऽस्मिव्यू हेषुविविधेषुच ॥ कर्मकारयितुंचैवभृतानप्यभृतांस्तथा ८ यात्रायानेचयुद्धेचतथाप्रशमनेषुच ॥ भृशंवेदमहाराजयथावेदबृहस्पतिः ९ व्यूहानांचसमारंभान्दैवगां धर्वमानुषान् ॥ तैरहंमोहयिष्यामिपांडवान्व्येतुतेज्वरः १०

चतुःषष्ट्यधिकशततमोऽध्यायः ॥ १६४ ॥ ॥ ॥ ॥ प्रतिज्ञातेइति १ । २ । ३ । ४ । ५ । ६ । ७ भृतान्वेतनभक्षकान् अभृतान्मैत्र्यासमागतान् ८ यात्रार्थंयानेप्रयाणे युद्धेप्रशमनेषुपराज्ञांप्रतीकारेषुविषयेषु वेदवेद्मि वेदवेत्ति ९ । १०

तत्त्वेनअकापट्येन ११ । १२ । १३ । १४ । १५ । १६ । १७ । १८ रथोदारःरथेष्वेवउदारोनतुमहारथस्तादृशाएवदुःशासनादयइतिभावः १९ । २० । २१ । २२ । २३ नत्वात्म

सोऽहंयोत्स्यामितत्त्वेनपालयंस्तववाहिनीम् ॥ यथावच्छास्त्रतोराजन्व्येतुतेमानसोज्वरः ११ ॥ दुर्योधनउवाच ॥ विद्यतेमेनगांगेयभयंदेवासुरेष्वपि ॥ समस्तेषुमहाबाहोसत्यमेतद्ब्रवीमिते १२ किंपुनस्त्वयिदुर्धर्षेसैनापत्येव्यवस्थिते ॥ द्रोणेचपुरुषव्याघ्रेस्थितेयुद्धाभिनंदिनि १३ भवद्भ्यांपुरुषाग्र्याभ्यांस्थिताभ्यांविजयेमम ॥ नदुर्लभंकुरुश्रेष्ठदेवराज्यमपिध्रुवम् १४ रथसंख्यांतुकार्त्स्न्येनपरेषामात्मनस्तथा ॥ तथैवातिरथानांचवेत्तुमिच्छामिकौरव १५ पितामहोहिकुशलःपरेषामात्मनस्तथा ॥ श्रोतुमिच्छाम्यहंसर्वैःसहैभिर्वसुधाधिपैः १६ ॥ भीष्मउवाच ॥ गांधारेशृणुराजेन्द्ररथसंख्यांस्वकेबले ॥ येरथाःपृथिवीपालतथैवातिरथाश्चये १७ बहूनीहसहस्राणिप्रयुतान्यर्बुदानिच ॥ रथानांतवसेनायांयथामुख्यंतुमेशृणु १८ भवानग्रेरथोदारःसहसर्वैःसहोदरैः ॥ दुःशासनप्रभृतिभिर्भ्रातृभिःशतसंमितैः १९ सर्वेकृतप्रहरणाश्छेदभेदविशारदाः ॥ रथोपस्थेगजस्कंधेगदाप्रासासिचर्मणि २० संयंतारःप्रहर्तारःकृतास्त्राभारसाधनाः ॥ इष्वस्त्रेद्रोणशिष्याश्चकृपस्यचशरद्वतः २१ एतेहनिष्यंतिरणेपंचालान्युद्धदुर्मदान् ॥ कृतकिल्बिषाःपांडवेयैर्धार्तराष्ट्रामनस्विनः २२ तथाऽहंभरतश्रेष्ठसर्वसेनापतिस्तव ॥ शत्रून्विध्वंसयिष्यामिकदर्थीकृत्यपांडवान् २३ नत्वात्मनोगुणान्वक्तुमर्हामिविदितोऽस्मिते ॥ कृतवर्मात्वतिरथोभोजःशस्त्रभृतांवरः २४ अर्थसिद्धिंतवरणेकरिष्यतिनसंशयः ॥ शस्त्रविद्भिरनाधृष्योदूरपातीदृढायुधः २५ हनिष्यतिचमूंतेषांमहेन्द्रोदानवानिव ॥ मद्रराजोमहेष्वासःशल्योमेऽतिरथोमतः २६ स्पर्धतेवासुदेवेननित्यंयोवैरणेरणे ॥ भागिनेयान्निजांस्त्यक्त्वाशल्यस्तेऽतिरथोमतः ॥ एषयोत्स्यतिसंग्रामेपांडवांश्चमहारथान् २७ सागरोर्मिसमैर्बाणैःप्लावयन्निवशात्रवान् ॥ भूरिश्रवाःकृतास्त्रश्चतवचापिहितःसुहृत् २८ सौमदत्तिर्महेष्वासोरथयूथपयूथपः ॥ बलक्षयममित्राणांसुमहांतंकरिष्यति २९ सिंधुराजोमहाराजमतोमेद्विगुणोरथः ॥ योत्स्यतेसमरेराजन्विक्रांतोरथसत्तमः ३० द्रौपदीहरणेराजन्परिक्लिष्टश्चपांडवैः ॥ संस्मरंस्तंपरिक्लेशंयोत्स्यतेपरवीरहा ३१ एतेनहितदाराजंस्तपआस्थायदारुणम् ॥ सुदुर्लभोवरोलब्धःपांडवान्योद्धुमाहवे ३२ सएषरथशार्दूलस्तद्वैरंसंस्मरन्रणे ॥ योत्स्यतेपांडवैस्तातप्राणांस्त्यक्त्वासुदुस्त्यजान् ३३ ॥ ॥ इतिश्रीमहाभारतेउद्योगपर्वणिरथातिरथसंख्यानपर्वणि पंचषष्ट्यधिकशततमोऽध्यायः ॥ १६५ ॥ ॥ ॥ ॥

भीष्मउवाच ॥ सुदक्षिणस्तुकांबोजोरथएकगुणोमतः ॥ तवार्थसिद्धिमाकांक्षन्योत्स्यतेसमरेपरैः १ एतस्यरथसिंहस्यतवार्थेराजसत्तम ॥ पराक्रमंयथेन्द्रस्यद्रक्ष्यंतिकुरवोयुधि २ एतस्यरथवंशेहितिग्मवेगप्रहारिणः ॥ कांबोजानांमहाराजशलभानामिवायतिः ३

नइतिस्वस्यासंख्येयत्वंसूचितं २४ । २५ । २६ । २७ । २८ रथयूथपामहारथाःतेषांयूथपोऽतिरथः २९ सिंधुराजोजयद्रथोद्विरथः ३० । ३१ । ३२ । ३३ ॥ ॥ इतिउद्योगपर्वणिनीलकंठीयेभारतभावदीपे पंचषष्ट्यधिकशततमोऽध्यायः ॥ १६५ ॥ ॥ सुदक्षिणइति १ । २ । ३

रथवंशेनरथसंघेनसहितइतिशेषः । 'वंशः पुंसिकुलेवेणौपृष्ठावयववर्गयोः' इतिमेदिनी ४ । ५ । ६ । ७ । ८ । ९ समुद्धततरंगिणींउच्छ्रितपताकांसेनां उच्छ्रितरंगवतींगंगांच १० सत्यरथोनामपंचानांमुख्यं

नीलोमाहिष्मतीवासीनीलवर्मारथस्तव ॥ रथवंशेनकदनंशत्रूणांवैकरिष्यति ४ कृतवैरःपुराचैवसहदेवेनमारिष ॥ योत्स्यतेसततंराजंस्तवार्थेकुरुनंदन ५ विंदानुविंदावावंत्यौसंमतौरथसत्तमौ ॥ कृतिनौसमरेतातदृढवीर्यपराक्रमौ ६ एतौतौपुरुषव्याघ्रौरिपुसैन्यंप्रधक्ष्यतः ॥ गदाप्रासासिनाराचैस्तोमरैश्चकरच्युतैः ७ युद्धाभिकामौसमरेक्रीडंताविवयूथपौ ॥ यूथमध्येमहाराजविचरंतौकृतांतवत् ८ त्रिगर्त्ताभ्रातरःपंचरथोदारामतामम ॥ कृतवैराश्चपार्थैस्तेविराटनगरेतदा ९ मकराइवराजेंद्रसमुद्धततरंगिणीम् ॥ गंगांविक्षोभयिष्यंतिपार्थानांयुधिवाहिनीम् १० तेरथाःपंचराजेन्द्रयेषांसत्यरथोमुखम् ॥ एतेयोत्स्यंतिसंग्रामेसंस्मरंतःपुराकृतम् ११ व्यलीकंपांडवेयेनभीमसेनानुजेनह ॥ दिशोविजयताराजन्श्वेतवाहेनभारत १२ तेहनिष्यंतिपार्थानांतानासाद्यमहारथान् ॥ वरान्वरान्महेष्वासान्क्षत्रियाणांधुरंधरान् १३ लक्ष्मणस्तवपुत्रश्चतथादुःशासनस्यच ॥ उभौतौपुरुषव्याघ्रौसंग्रामेष्वपलायिनौ १४ तरुणौसुकुमारौचराजपुत्रौतरस्विनौ ॥ युद्धानांचविशेषज्ञौप्रणेतारौचसर्वशः १५ रथौतौकुरुशार्दूलमतौमेरथसत्तमौ ॥ क्षत्रधर्मरतौवीरौमहत्कर्मकरिष्यतः १६ दंडधारोमहाराजरथएकोनरर्षभ ॥ योत्स्यतेतवसंग्रामेस्वेनसैन्येनपालितः १७ बृहद्बलस्तथाराजाकौसल्योरथसत्तमः ॥ रथोमममतस्तातमहावेगपराक्रमः १८ एषयोत्स्यतिसंग्रामेस्वान्बन्धून्संप्रहर्षयन् ॥ उग्रायुधोमहेष्वासोधार्तराष्ट्रहितेरतः १९ कृपःशारद्वतोराजन्रथयूथपयूथपः ॥ प्रियान्प्राणान्परित्यज्यप्रधक्ष्यतिरिपूंस्तव २० गौतमस्यमहर्षेर्यआचार्यस्यशरद्वतः ॥ कार्तिकेयइवाजेयःशरस्तंबात्सुतोऽभवत् २१ एषसेनाःसुबहुलाविविधायुधकार्मुकाः ॥ अग्निवत्समरेतातचरिष्यतिविनिर्दहन् २२ ॥ इतिश्रीमहाभारतेउद्योगपर्वणि रथातिरथसंख्यानपर्वणि षट्षष्ट्यधिकशततमोऽध्यायः ॥ १६६ ॥ भीष्मउवाच ॥ शकुनिर्मातुलस्तेऽसौरथएकोनराधिप ॥ प्रयुज्यपांडवैर्वैरंयोत्स्यतेनात्रसंशयः १ एतस्यसेनादुर्धर्षासमरेप्रतियायिनः ॥ विकृतायुधभूयिष्ठावायुवेगसमाजवे २ द्रोणपुत्रोमहेष्वासःसर्वानेवातिधन्विनः ॥ समरेचित्रयोधीचदृढास्त्रश्चमहारथः ३ एतस्यहिमहाराजयथागांडीवधन्वनः ॥ शरासनविनिर्मुक्ताःसंसक्तायांतिसायकाः ४ नैषशक्योमयावीरःसंख्यातुंरथसत्तमः ॥ निर्दहेदपिलोकांस्त्रीनिच्छन्नेषमहारथः ५ क्रोधस्तेजश्चतपसासंभृतोऽऽश्रमवासिनाम् ॥ द्रोणेनानुग्रहीतश्चदिव्यैरस्त्रैरुदारधीः ६ दोषस्त्वस्यमहानेकोयेनैवभरतर्षभ ॥ नमेरथोनातिरथोमतःपार्थिवसत्तमः ७ जीवितंप्रियमत्यर्थमायुष्कामःसदाद्विजः ॥ नह्यस्यसदृशःकश्चिदुभयोःसेनयोरपि ८

श्रेष्ठः ११ व्यलीकंअप्रियं १२ । १३ । १४ । १५ । १६ । १७ । १८ । १९ । २० । २१ । २२॥ इतिश्रीउद्योगपर्वणिनीलकंठीये भारतभावदीपेषट्षष्ट्यधिकशततमोऽध्यायः ॥ ॥ १६६ ॥

शकुनिरिति १ विकृतानिनानाविधानिआयुधानितैर्भूयिष्ठा २ । ३ । ४ । ५ आश्रमवासिनामृषीणांक्रोधस्तेजश्चतयोःसमुदायरूपइत्यर्थः आश्रमेत्याकारस्यपूर्वरूपमार्षं ६ । ७ । ८

९ । १० पृष्ठंशेषम् ११ । १२ । १३ १४ । १५ । १६ । १७ । १८ । १९ २० सत्यश्रवाःसत्यकीर्तिः २१ । २२ । २३ । २४ । २५ । २६ । २७

हन्यादेकरथेनैवदेवानामपिवाहिनीम् ॥ वपुष्मांस्तलघोषेणस्फोटयेदपिपर्वतान् ९ असंख्येयगुणोवीरःप्रहंतादारुणद्युतिः ॥ दंडपाणिरिवासह्यःकालवत्प्रच
रिष्यति १० युगांताग्निसमःक्रोधात्सिंहग्रीवोमहाद्युतिः ॥ एषभारतयुद्धस्यपृष्ठंसंशमयिष्यति ११ पितात्वस्यमहातेजावृद्धोऽपियुवभिर्वरः ॥ रणेकर्ममहत्क
र्ताअत्रमेनास्तिसंशयः १२ अस्त्रवेगानिलोद्भूतःसेनाकक्षेन्धनोत्थितः ॥ पांडुपुत्रस्यसैन्यानिप्रधक्ष्यतिरणेधृतः १३ रथयूथपयूथानांयूथपोऽयंनरर्षभः ॥
भारद्वाजात्मजःकर्ताकर्मतीव्रंहितंतव १४ सर्वमूर्धाभिषिक्तानामाचार्यःस्थविरोगुरुः ॥ गच्छेदंतंसृंजयानांप्रियस्त्वस्यधनंजयः १५ नैषजातुमहेष्वासःपार्थमक्लि
ष्टकारिणम् ॥ हन्यादाचार्यकंदीप्तंसंस्मृत्यगुणनिर्जितम् १६ श्लाघतेऽयंसदावीरपार्थस्यगुणविस्तरैः ॥ पुत्रादभ्यधिकंचैनंभारद्वाजोऽनुपश्यति १७ हन्यादेकर
थेनैवदेवगंधर्वमानुषान् ॥ एकीभूतानपिरणेदिव्यैरस्त्रैःप्रतापवान् १८ पौरवोराजशार्दूलस्तवराजन्महारथः ॥ मतोममरथोदारःपरवीररथारुजः १९ स्वेनसै
न्येनमहताप्रतपन्शत्रुवाहिनीम् ॥ प्रधक्ष्यतिसपंचालान्कक्षमग्निगतिर्यथा २० सत्यश्रवारथस्त्वेकोराजपुत्रोबृहद्बलः ॥ तवराजन्रिपुबलेकालवत्प्रचरिष्यति २१
एतस्ययोधाराजेंद्रविचित्रकवचायुधाः ॥ विचरिष्यंतिसंग्रामेनिघ्नंतःशात्रवांस्तव २२ वृषसेनोरथस्तेऽग्र्यःकर्णपुत्रोमहारथः ॥ प्रधक्ष्यतिरिपूणांतेबलंतुबलिनां
वरः २३ जलसंधोमहातेजाराजन्रथवरस्तव ॥ त्यक्ष्यतेसमरेप्राणान्माधवःपरवीरहा २४ एषयोत्स्यतिसंग्रामेगजस्कंधविशारदः ॥ रथेनवामहाबाहुःक्षपयन्
शत्रुवाहिनीम् २५ रथएषमहाराजमतोमेराजसत्तम ॥ त्वदर्थेत्यक्ष्यतेप्राणान्सहसैन्योमहारणे २६ एषविक्रांतयोधीचचित्रयोधीचसंगरे ॥ वीतभीश्चापितेराजन्
शत्रुभिःसहयोत्स्यते २७ बाह्लीकोऽतिरथश्चैवसमरेचानिवर्त्तनः ॥ ममराजन्मतोयुद्धेशूरोवैवस्वतोपमः २८ नह्येषसमरंप्राप्यनिवर्त्तेतकथंचन ॥ यथासततगो
राजन्सहिहन्यात्परान्रणे २९ सेनापतिर्महाराजसत्यवांस्तेमहारथः ॥ रणेष्वद्भुतकर्माचरथीपररथारुजः ३० एतस्यसमरंदृष्ट्वानव्यथाऽस्तिकथंचन ॥ उत्स्म
यन्नुत्पतत्येषपरान्रथपथेस्थितान् ३१ एषचारिषुविक्रांतःकर्मसत्पुरुषोचितम् ॥ कर्त्ताविमर्देसुमहत्त्वदर्थेपुरुषोत्तमः ३२ अलंबुषोराक्षसेन्द्रःक्रूरकर्मामहारथः ॥
हनिष्यतिपरान्राजन्पूर्ववैरमनुस्मरन् ३३ एषराक्षससैन्यानांसर्वेषांरथसत्तमः ॥ मायावीदृढवैरश्चसमरेविचरिष्यति ३४ प्राग्ज्योतिषाधिपोवीरोभगदत्तःप्रतापवान् ॥
गजांकुशधरश्रेष्ठोरथेचैवविशारदः ३५ एतेनयुद्धमभवत्पुरागांडीवधन्वनः ॥ दिवसान्सुबहून्राजन्नुभयोर्जयगृद्धिनोः ३६ ततःसखायंगांधारेमानयन्पाकशास
नम् ॥ अकरोत्संविदंतेनपांडवेनमहात्मना ३७

२८ । २९ । ३० उत्स्मयन्नुत्स्मयन् ३१ । ३२ । ३३ । ३४ गजांकुशधरेषुगजयुद्धकुशलेषुश्रेष्ठः सप्तमीशौंडैरितिसमासः ३५ । ३६ संविदंमैत्रीम् ३७

३८ ॥ इतिउद्योगपर्वणिनीलकंठीये भारतभावदीपे सप्तषष्ट्यधिकशततमोऽध्यायः ॥ १६७ ॥ ॥ ॥ ॥ अचलइति १ । २ । ३ । ४ विचेतनः मूर्खः ५ घृणीनिंदकः ६ कारणानांसहज कवचादीनां ७ । ८ प्रमादीस्वीयंकल्पनावाक्यंविस्मरतिच ९ । १० । ११ । १२ भवान्कर्णोऽर्धरथोमह्यंममतइति गांगेयोवदेत्तन्मृषेतिसर्वस्यजगतोमतइतिसम्बन्धः त्वद्वाक्यात्सर्वेऽपिमामवमं

एषयोत्स्यतिसंग्रामेगजस्कंधविशारदः ॥ ऐरावतगतोराजादेवानामिववासवः ३८ ॥ इतिश्रीमहाभारतेउद्योगपर्वणिरथातिरथसंख्यानपर्वणिसप्तषष्ट्यधिकशततमोऽध्यायः ॥ १६७ ॥ ॥ ॥ ॥ भीष्मउवाच ॥ अचलोवृषकश्चैवसहितौभ्रातरावुभौ ॥ रथौतवदुराधर्षौशत्रून्विध्वंसयिष्यतः १ बलवंतौनरव्याघ्रौदृढक्रोधौप्रहारिणौ ॥ गांधारमुख्यौतरुणौदर्शनीयौमहाबलौ २ सखातेदयितोनित्यंयएषरणकर्कशः ॥ उत्साहयतिराजंस्त्वांविग्रहेपांडवैःसह ३ परुषःकत्थनोनीचःकर्णोवैकर्तनस्तव ॥ मंत्रीनेताचबंधुश्चमानीचात्यंतमुच्छ्रितः ४ एषनैवरथःकर्णोनचाप्यतिरथोरणे ॥ वियुक्तःकवचेनैषसहजेनविचेतनः ॥ ५ कुंडलाभ्यांचदिव्याभ्यांवियुक्तःसततंघृणी ॥ अभिशापाच्चरामस्यब्राह्मणस्यचभाषणात् ६ करणानांवियोगाच्चतेनमेऽर्धरथोमतः ॥ नैषफाल्गुनमासाद्यपुनर्जीवन्विमोक्ष्यते ७ ततोऽब्रवीत्पुनर्द्रोणःसर्वशस्त्रभृतांवरः ॥ एवमेतद्यथाऽऽत्थत्वंनमिथ्यास्तिकदाचन ८ रणेरणेऽभिमानीचविमुखश्चापिदृश्यते ॥ घृणीकर्णःप्रमादीचतेनमेऽर्धरथोमतः ९ एतच्छ्रुत्वातुराधेयःक्रोधादुत्फाल्यलोचने ॥ उवाचभीष्मंराधेयस्तुदन्वाग्भिःप्रतोदवत् १० पितामहयथेष्टंमांवाक्शरैरुपकृंतसि ॥ अनागसंसदाद्वेषादेवमेवपदेपदे ११ मर्षयामितत्सर्वंदुर्योधनकृतेनवै ॥ त्वंतुमांमन्यसेमंदंयथाकापुरुषंतथा १२ भवानर्धरथोमह्यंमतोवैनात्रसंशयः ॥ सर्वस्यजगतश्चैवगांगेयोनमृषावदेत् १३ कुरूणामहितोनित्यंनचराजाऽवबुध्यते ॥ कोहिनामसमानेषुराजसूदारकर्मसु १४ तेजोवधमिमंकुर्याद्विभेदयिषुराहवे ॥ यथात्वंगुणविद्वेषादपरागंचिकीर्षसि १५ नहायनैर्नपलितैर्नवित्तैर्नचबंधुभिः ॥ महारथत्वंसंख्यातुंशक्यंक्षत्रस्यकौरव १६ बलज्येष्ठंस्मृतंक्षत्रंमंत्रज्येष्ठाद्विजातयः ॥ धनज्येष्ठाःस्मृतावैश्याःशूद्रास्तुवयसाधिकाः १७ यथेच्छकंस्वयंब्रूयारथानतिरथांस्तथा ॥ कामद्वेषसमायुक्तोमोहात्प्रकुरुतेभवान् १८ दुर्योधनमहाबाहोसाधुसम्यगवेक्ष्यताम् ॥ त्यज्यतांदुष्टभावोऽयंभीष्मःकिल्बिषकृत्तव १९ भिन्नाहिसेनानृपतेदुःसंधेयाभवत्युत ॥ मौलाहिपुरुषव्याघ्रकिमुनानासमुत्थिताः २० एषांद्वैधंसमुत्पन्नंयोधानांयुधिभारत ॥ तेजोवधोनःक्रियतेप्रत्यक्षेणविशेषतः २१ रथानांक्वचविज्ञानंक्वचभीष्मोऽल्पचेतनः ॥ अहमावारयिष्यामिपांडवानामनीकिनीम् ॥ २२ आसाद्यमाममोघेषुंगमिष्यंतिदिशोदश ॥ पांडवाःसहपंचालाःशार्दूलंवृषभाइव २३

स्यंतइतिभावः १३ । १४ विभेदयिषुर्भेदंकर्तुमिच्छुः अपरागंद्वेषम् १५ । १६ । १७ प्रकुरुतेप्रकारंभेदंकुरुते । 'प्रकारस्तुल्यभेदयोः' इतिविश्वः १८ । १९ मौलाः पारंपर्यागताः तेऽपिभिन्नाः सन्तोदुःसन्धेयाभवन्ति किमुनानापृथग्भूताःसन्तएककार्यार्थंसमुत्थिताइति २० । २१ । २२ । २३

क्वचेति । युद्धेवृद्धो मंत्रेषुमूर्खश्च अशक्तत्वान्नष्टबुद्धित्वाच्चायोग्यइतिभावः २४ । २५ येऽतिवृद्धास्तेपुनर्बालाएवमेमतास्तादृशश्चायंभीष्मइत्यर्थः २६ । २७ त्वयिहंतरिकुतोभीष्मंयशोगमिष्यतीत्याशंक्याह कृ
तइति । २८ । २९ । ३० । ३१ नहिछिंद्यामित्यन्वयः भेदभयादेवाहंत्वद्वधंनकुर्यामित्यर्थः आशंकायांलकारः ३२ । ३३ । ३४ । ३५ । ३६ । ३७ । ३८ । ३९ । ४० । ४१ रथा

क्वचयुद्धंविमर्दोवामंत्रेसुव्याहृतानिच ॥ क्वचभीष्मोगतवयामंदात्माकालचोदितः २४ एकाकीस्पर्धतेनित्यंसर्वेणजगतासह ॥ नचान्यंपुरुषंकंचिन्मन्यतेमोघ
दर्शनः २५ श्रोतव्यंखलुवृद्धानामितिशास्त्रनिदर्शनम् ॥ नत्वेवह्यतिवृद्धानांपुनर्बालाहितेमताः २६ अहमेकोहनिष्यामिपांडवानामनीकिनीम् ॥ सुयुद्धेरा
जशार्दूलयशोभीष्मंगमिष्यति २७ कृतःसेनापतिस्त्वेषत्वयाभीष्मोनराधिप ॥ सेनापतौयशोगंतानतुयोधान्कथंचन २८ नाहंजीवतिगांगेयेयोत्स्येराजन्क
थंचन ॥ हतेभीष्मेतुयोद्धाऽस्मिसर्वैरेवमहारथैः २९ ॥ भीष्मउवाच ॥ समुद्यतोऽयंभारोमेसुमहान्सागरोपमः ॥ धार्तराष्ट्रस्यसंग्रामेवर्षपूगाभिचिंतितः
३० तस्मिन्नभ्यागतेकालेप्रतप्तेलोमहर्षणे ॥ मिथोभेदोनमेकार्यस्तेनजीवसिसूतज ३१ नह्यहंत्वद्यविक्रम्यस्थविरोऽपिशिशोस्तव ॥ युद्धश्रद्धामहंछिंद्यांजी
वितस्यचसूतज ३२ जामदग्न्येनरामेणमहास्त्राणिविमुंचता ॥ नमेव्यथाकृताकाचित्त्वंतुमेकिंकरिष्यसि ३३ कामंनैतत्प्रशंसंतिसन्तःस्वबलसंस्तवम् ॥ वक्ष्या
मितुत्वांसंतप्तोनिहीनकुलपांसन ३४ समेतंपार्थिवंक्षत्रंकाशिराजस्वयंवरे ॥ निर्जित्यैकरथेनैवयाःकन्यास्तरसाहृताः ३५ ईदृशानांसहस्राणिविशिष्टानामथो
पुनः ॥ मयैकेननिरस्तानिससैन्यानिरणाजिरे ३६ त्वांप्राप्यवैरंपुरुषंकुरूणामनयोमहान् ॥ उपस्थितोविनाशाययतस्वपुरुषोभव ३७ युध्यस्वसमरेपार्थेये
नविस्पर्धसेसह ॥ द्रक्ष्यामित्वांविनिर्मुक्तमस्माद्युद्धात्सुदुर्मते ३८ तमुवाचततोराजाधार्तराष्ट्रःप्रतापवान् ॥ मांसमीक्षस्वगांगेयकार्यंहिमहदुद्यतम् ३९ चिं
त्यतामिदमेकाग्रंममनिःश्रेयसंपरम् ॥ उभावपिभवन्तौमेमहत्कर्मकरिष्यतः ४० भूयश्चश्रोतुमिच्छामिपरेषांरथसत्तमान् ॥ येचैवातिरथास्तत्रयेचैवरथयूथपाः
४१ बलाबलममित्राणांश्रोतुमिच्छामिकौरव ॥ प्रभातायांरजन्यांवैइदंयुद्धंभविष्यति ४२ ॥ इतिश्रीमहाभारतेउद्योगपर्वणिरथातिरथसंख्यानपर्वणिभीष्मक
र्णसंवादेअष्टषष्ट्यधिकशततमोऽध्यायः १६८ ॥ ॥ ॥ भीष्मउवाच ॥ एतेरथास्तवाख्यातास्तथैवातिरथान्नृप ॥ येचाप्यर्द्धरथाराजन्पांडवानामतःशृणु
१ यदिकौतूहलंतेऽद्यपांडवानांबलेनृप ॥ रथसंख्यांशृणुष्वत्वंसहैभिर्वसुधाधिपैः २ स्वयंराजारथोदारःपांडवःकुंतिनन्दनः ॥ अग्निवत्समरेतातचरिष्यतिनसंशयः
३ भीमसेनस्तुराजेन्द्ररथोऽष्टगुणसंमितः ॥ नतस्यास्तिसमोयुद्धेगदयासायकैरपि ४ नागायुतबलोमानीतेजसानसमानुषः ॥ माद्रीपुत्रौचरथिनौद्वावेवपुरुषर्षभौ ५
अश्विनाविवरूपेणतेजसाचसमन्वितौ ॥ एतेचमूमुखगताःस्मरन्तःक्लेशमुत्तमम् ६

दिसंख्यातात्पर्यंतु भीष्मद्रोणौसमर्थावपिपांडवान्नहनिष्यतः कर्णोपिकुंतीवरदानात्भीमादीन्हंतुंशक्तोपिनहनिष्यति अर्जुनस्त्वनेनदुर्जेयएवेतिपांडवानामेवजयइति ४२ ॥ इतिउद्योगपर्वणिनीलकंठीये
भारतभावदीपे अष्टषष्ट्यधिकशततमोऽध्यायः ॥ १६८ ॥ ॥ ॥ एतेइति १ । २ । ३ । ४ । ५ । ६

७ । ८ । ९ । १० । ११ उद्यतांउद्गच्छतांक्षिपतामितियावत् उद्यंतुमितिपाठांतरं भोज्येकौटिल्येमर्मपीडनेइतियावत् भुजकौटिल्येऽस्यरूपं । पांसुविकर्षणेपांसुषुविकर्षणेभूमौमुष्टियुद्धेइत्यर्थः

रुद्रवत्प्रचरिष्यंतितत्रमेनास्तिसंशयः ॥ सर्वएवमहात्मानःशालस्तंभाइवोद्गताः ७ प्रादेशेनाधिकाःपुंभिरन्यैस्तेचप्रमाणतः ॥ सिंहसंहननाःसर्वेपांडुपुत्रामहाब
लाः ८ चरितब्रह्मचर्याश्चसर्वेतातातपस्विनः ॥ ह्रीमंतःपुरुषव्याघ्राव्याघ्राइवबलोत्कटाः ९ जवेप्रहारेसंमर्देसर्वएवातिमानुषाः ॥ सर्वैर्जितामहीपालादिग्जयेभर
तर्षभ १० नचैषांपुरुषाःकेचिदायुधानिगदाःशरान् ॥ विषहंतिसदाकर्तुमधिज्यान्यपिकौरव ११ उद्यतांवागदांगुर्वींःशरान्वाक्षेप्तुमाहवे ॥ जवेलक्ष्यस्यहरणे
भोज्येपांसुविकर्षणे १२ बालैरपिभवंतस्तैःसर्वएवविशेषिताः ॥ एतत्सैन्यंसमासाद्यसर्वएवबलोत्कटाः १३ विध्वंसयिष्यंतिरणेमास्मतैःसहसंगमः ॥ एकै
कशस्तेसंमर्देहन्युःसर्वान्महीक्षितः १४ प्रत्यक्षंतवराजेंद्रराजसूयेयथाऽभवत् ॥ द्रौपद्याश्चपरिक्लेशंद्यूतेचपरुषागिरः १५ तेस्मरंतश्चसंग्रामेचरिष्यंतिचरुद्रवत् ॥ लो
हिताक्षोगुडाकेशोनारायणसहायवान् १६ उभयोःसेनयोर्वीरोरथोनास्तीतितादृशः ॥ नहिदेवेषुवापूर्वंमनुष्येषूरगेषुच १७ राक्षसेष्वथयक्षेषुनरेषुकुतएवतु ॥
भूतोऽथवाभविष्योवारथःकश्चिन्मयाश्रुतः १८ समायुक्तोमहाराजरथःपार्थस्यधीमतः ॥ वासुदेवश्चसंयंतायोद्धाचैवधनंजयः १९ गांडीवंचधनुर्दिव्यंतेचाश्वा
वातरंहसः ॥ अभेद्यंकवचंदिव्यमक्षय्यौचमहेषुधी २० अस्त्रग्रामश्चमाहेन्द्रोरौद्रःकौबेरएवच ॥ याम्यश्चवारुणश्चैवगदाश्चोग्रप्रदर्शनाः २१ वज्रादीनिचमुख्या
निनानाप्रहरणानिच ॥ दानवानांसहस्राणिहिरण्यपुरवासिनाम् २२ हतान्येकरथेनाजौकस्तस्यसदृशोरथः ॥ एषहन्याद्धिसंरंभीबलवान्सत्यविक्रमः २३ तव
सेनांमहाबाहुःस्वांचैवपरिपालयन् ॥ अहंचैनंप्रत्युदियामाचार्योवाधनंजयम् २४ नतृतीयोऽस्तिराजेन्द्रसेनयोरुभयोरपि ॥ यएनंशरवर्षाणिवर्षंतमुदियाद्रथी ॥
२५ जीमूतइववर्मांतेमहावातसमीरितः ॥ समायुक्तस्तुकौन्तेयोवासुदेवसहायवान् ॥ तरुणश्चकृतीचैवजीर्णावावामुभावपि २६ वैशंपायनउवाच ॥ एतच्छ्रु
त्वातुभीष्मस्यराज्ञांदध्वंसिरेतदा ॥ कांचनांगदिनःपीनाभुजाश्चंदनरूषिताः २७ मनोभिःसहसंवेगैःसंस्मृत्यचपुरातनम् ॥ सामर्थ्यंपांडवेयानांयथाप्रत्यक्षदर्श
नात् २८ ॥ इतिश्रीमहाभारतेउद्योगपर्वणिरथातिरथसंख्यानप० पांडवरथातिरथसंख्यायामूनसप्तत्यधिकशततमोऽध्यायः ॥ १६९ ॥ भीष्मउवाच ॥
द्रौपदेयामहाराजसर्वेपंचमहारथाः ॥ वैराटिरुत्तरश्चैवरथोदारोमतोमम १ अभिमन्युर्महाबाहूरथयूथपयूथपः ॥ समःपार्थेनसमरेवासुदेवेनचारिहा २ लब्ध
स्त्रश्चित्रयोधीचमनस्वीचदृढव्रतः ॥ संस्मरन्वैपरिक्लेशंस्वपितुर्विक्रमिष्यति ३ सात्यकिर्माधवःशूरोरथयूथपयूथपः ॥ एषवृष्णिप्रवीराणाममर्षीजितसाध्वसः ४
उत्तमौजास्तथाराजन्रथोदारोमतोमम ॥ युधामन्युश्चविक्रांतोरथोदारोमतोमम ५

१२ । १३ । १४ । १५ । १६ । १७ । १८ । १९ । २० । २१ । २२ । २३ प्रत्युदियांयुद्धेसंमुखःस्यां २४ । २५ । २६ दध्वंसिरेविगलिताः २७ । ॥ इतिश्रीउ
द्योगपर्वणिनीलकंठीयेभारतभावदीपे ऊनसप्तत्यधिकशततमोऽध्यायः ॥ १६९ ॥ ॥ ॥ द्रौपदेयाइति १ । २ । ३ । ४ । ५

६ । ७ । ८ वीरगतेर्वीरैरनुमृते ९ सितौबद्धौ १० । ११ एकायनगतौमरणैकशरणौ घट्टितारौघट्टनंसंघट्टंकरिष्यतः १२ । १३ त्यक्तात्मानौत्यक्तदेहौ १४ ॥ ॥ इतिउद्योगपर्वणिनीलकंठीयेभारत

एतेषांबहुसाहस्रारथानागाहयास्तथा ॥ योत्स्यंतेतेतनूंस्त्यक्त्वाकुंतीपुत्रप्रियेप्सया ६ पांडवैःसहराजेन्द्रतवसेनासुभारत ॥ अग्निमारुतवद्राजन्नाह्वयंतःपरस्परम् ७
अजेयौसमरेवृद्धौविराटद्रुपदौतथा ॥ महारथौमहावीर्यौमतौमेपुरुषर्षभौ ८ वयोवृद्धावपिहितौक्षत्रधर्मपरायणौ ॥ यतिष्येतेपरंशक्त्यास्थितौवीरगतेपथि ९ संबंध
केनराजेन्द्रतौतुवीर्यबलान्वयात् ॥ आर्यवृत्तौमहेष्वासौस्नेहवीर्यसितावुभौ १० कारणंप्राप्यतुनराःसर्वएवमहाभुजाः ॥ शूरावाकातरावाऽपिभवंतिकुरुपुंगव ११ एका
यनगतावेतौपार्थिवौदृढधन्विनौ ॥ प्राणांस्त्यक्त्वापरंशक्त्यायावद्घट्टितारौपरंतप १२ पृथगक्षौहिणोभ्यांतावुभौसंयतिदारुणौ ॥ संबंधिभावंरक्षंतौमहत्कर्मकरिष्यतः
१३ लोकवीरौमहेष्वासौत्यक्तात्मानौचभारत ॥ प्रत्ययंपरिरक्षंतौमहत्कर्मकरिष्यतः १४ ॥ इतिश्रीमहाभारतेउद्योगपर्वणिरथातिरथसंख्यानपर्वणिसप्तत्यधिक
शततमोध्यायः ॥ १७० ॥ ॥ भीष्मउवाच ॥ पंचालराजस्यसुतोराजन्परपुरंजयः ॥ शिखंडीरथमुख्योमेमतःपार्थस्यभारत १ एषयोत्स्यतिसंग्रामेनाशयन्पूर्व
संस्थितम् ॥ परंयशोविप्रथयंस्तवसेनासुभारत २ एतस्यबहुलाःसेनाःपंचालाश्चप्रभद्रकाः ॥ तेनासौरथवंशेनमहत्कर्मकरिष्यति ३ धृष्टद्युम्नश्चसेनानीःसर्वसेनासु
भारत ॥ मतोमेऽतिरथोराजन्द्रोणशिष्योमहारथः ४ एषयोत्स्यतिसंग्रामेसूदयन्वैपरान्रणे ॥ भगवानिवसंक्रुद्धःपिनाकीयुगसंक्षये ५ एतस्यतद्रथानीकंकथयंतिरण
प्रियाः ॥ बहुत्वात्सागरप्रख्यंदेवानामिवसंयुगे ६ क्षत्रधर्मातुराजेंद्रमतोमेऽर्धरथोनृप ॥ धृष्टद्युम्नस्यतनयोबाल्यान्नातिकृतश्रमः ७ शिशुपालसुतोवीरश्चेदिराजो
महारथः ॥ धृष्टकेतुर्महेष्वासःसंबंधीपांडवस्यह ८ एषचेदिपतिःशूरःसहपुत्रेणभारत ॥ महारथानांसुकरंमहत्कर्मकरिष्यति ९ क्षत्रधर्मरतोमह्यंमतःपरपुरंजयः ॥
क्षत्रदेवस्तुराजेंद्रपांडवेषुरथोत्तमः १० जयंतश्चामितौजाश्चसत्यजिच्चमहारथः ॥ महारथामहात्मानःसर्वेपांचालसत्तमाः ११ योत्स्यंतेसमरेतातसंरब्धाइवकुंजराः ॥
अजोभोजश्चविक्रांतोपांडवार्थेमहारथौ १२ योत्स्येतेबलिनौशूरौपरंशक्त्याक्षयिष्यतः ॥ शीघ्रास्त्राश्चित्रयोद्धारःकृतिनोदृढविक्रमाः १३ केकयाःपंचराजेन्द्रभ्रातरोदृढ
विक्रमाः ॥ सर्वेचैवरथोदाराःसर्वेलोहितकध्वजाः १४ काशिकःसुकुमारश्चनीलोयश्चापरोनृप ॥ सूर्यदत्तश्चशंखश्चमदिराश्वश्चनामतः १५ सर्वएवरथोदाराःसर्वेचाहवल
क्षणाः ॥ सर्वास्त्रविदुषःसर्वेमहात्मानोमतामम १६ वार्धक्षेमिर्महाराजमतोमममहारथः ॥ चित्रायुधश्चनृपतिर्मतोमेरथसत्तमः १७ सहिसंग्रामशोभीचभक्तश्चापिकिरी
टिनः ॥ चेकितानःसत्यधृतिःपांडवानांमहारथौ ॥ द्वाविमौपुरुषव्याघ्रौरथोदारौमतौमम १८ व्याघ्रदत्तश्चराजेंद्रचंद्रसेनश्चभारत ॥ मतौममरथोदारौपांडवानांनसंशयः १९

भावदीपेसप्तत्यधिकशततमोऽध्यायः ॥ १७० ॥ पंचालेति १ नाशयन्पूर्वसंस्थितंप्राचीनंक्लीत्वेनावस्थानंअदर्शयन्पौरुषंदर्शयन्नित्यर्थः यद्वा पूर्वसंस्थितंपूर्वव्यूहसंस्थानंनाशयन् सैन्यानिविद्रावयन्नित्यर्थः
२ । ३ । ४ । ५ । ६ । ७ । ८ । ९ । १० । ११ । १२ क्षयिष्यतःसामर्थ्यंदर्शयिष्यतः । ऐश्वर्यार्थोऽयंक्षयतिः १३ । १४ । १५ विदुषःविद्वांसः १६ । १७ । १८ । १९

२० । २१ । २२ । २३ । २४ । २५ । २६ । २७ ॥ इतिउद्योगपर्वणिनीलकंठीये भारतभावदीपेएकसप्तत्यधिकशततमोऽध्यायः ॥ १७१ ॥ ॥ ॥ ॥ रोचमानइति १ भीमसेनस्येति क्रोधो

॥१३६॥

सेनाबिंदुश्वराजेंद्रक्रोधहंतायनामतः ॥ यःसमोवासुदेवेनभीमसेनेनवाविभो २० सयोत्स्यतिहिविक्रम्यसमरेतवसैनिकैः ॥ मांचद्रोणंकृपंचैवयथासंमन्यतेभवान् २१ तथाससमरश्लाघीमंतव्योरथसत्तमः ॥ काश्यःपरमशीघ्रास्त्रःश्लाघनीयोनरोत्तमः २२ रथएकगुणोमह्यंज्ञेयःपरपुरंजयः ॥ अयंचयुधिविक्रांतोमंतव्योऽष्टगुणोरथः २३ सत्यजित्समरश्लाघीद्रुपदस्यात्मजोयुवा ॥ गतःसोऽतिरथत्वंहिधृष्टद्युम्नेनसंमितः २४ पांडवानांयशस्कामःपरंकर्मकरिष्यति ॥ अनुरक्तश्वशूरश्वरथोऽयमपरोमहान् २५ पांड्यराजोमहावीर्यःपांडवानांधुरंधरः ॥ दृढधन्वामहेष्वासःपांडवानांमहारथः २६ श्रेणिमान्कौरवश्रेष्ठवसुदानश्वपार्थिवः ॥ उभावेतावतिरथौमतौपरपुरंजयौ २७ ॥ इतिश्रीमहाभारतेउद्योगपर्वणि रथातिरथसंख्यानपर्वणि एकसप्तत्यधिकशततमोऽध्यायः ॥ १७१ ॥ ॥ भीष्मउवाच ॥ रोचमानोमहाराजपांडवानांमहारथः ॥ योत्स्यतेऽमरवत्संख्येपरसैन्येषुभारत १ पुरुजित्कुंतिभोजश्वमहेष्वासोमहाबलः ॥ मातुलोभीमसेनस्यसचमेऽतिरथोमतः २ एषवीरोमहेष्वासःकृतीचनिपुणश्वह ॥ चित्रयोधीचशक्तश्वमतोमेरथपुंगवः ३ सयोत्स्यतिहिविक्रम्यमघवानिवदानवैः ॥ योधायेचास्यविख्याताःसर्वेयुद्धविशारदाः ४ भागिनेयकृतेवीरःसकरिष्यतिसंगरे ॥ सुमहत्कर्मपांडूनांस्थितःप्रियहितेरतः ५ भैमसेनिर्महाराजहैडिंबोराक्षसेश्वरः ॥ मतोमेबहुमायावीरथयूथपयूथपः ६ योत्स्यतेसमरेतातमायावीसमरप्रियः ॥ येचास्यराक्षसावीराःसचिवावशवर्तिनः ७ एतेचान्येचबहवोनानाजनपदेश्वराः ॥ समेताःपांडवस्यार्थेवासुदेवपुरोगमाः ८ एतेप्राधान्यतोराजन्पांडवस्यमहात्मनः ॥ रथाश्वातिरथाश्वैवयेचान्येऽर्धरथानृप ९ नेष्यंतिसमरेसेनांभीमांयौधिष्ठिरींनृप ॥ महेन्द्रेणेववीरेणपाल्यमानांकिरीटिना १० तैरहंसमरेवीरमायाविद्भिर्जयैषिभिः ॥ योत्स्यामिजयमाकांक्षन्नथवानिधनंरणे ११ वासुदेवंचपार्थंचचक्रगांडीवधारिणौ ॥ संध्यागताविवार्केन्दूसमेष्येतेरथोत्तमौ १२ येचैवतेरथोदाराःपांडुपुत्रस्यसैनिकाः ॥ सहसैन्यानहंतांश्वप्रतीयांरणमूर्धनि १३ एतेरथाश्वातिरथाश्वतुभ्यंयथाप्रधानंनृपकीर्तितामया ॥ तथाऽपरेयेऽर्धरथाश्वकेचित्तथैवतेषामपिकौरवेन्द्र १४ अर्जुनंवासुदेवंचयेचान्येतत्रपार्थिवाः ॥ सर्वांस्तान्वारयिष्यामियावद्रक्ष्यामिभारत १५ पांचाल्यंतुमहाबाहोनाहंहन्यांशिखंडिनम् ॥ उद्यतेषुमथोदृष्ट्वाप्रतियुध्यंतमाहवे १६ लोकस्तंवेदयदहंपितुःप्रियचिकीर्षया ॥ प्राप्तंराज्यंपरित्यज्यब्रह्मचर्यंव्रतेस्थितः १७ चित्रांगदंकौरवाणामाधिपत्येऽभ्यषेचयम् ॥ विचित्रवीर्यंचशिशुंयौवराज्येऽभ्यषेचयम् १८

॥१३६॥

दीपनार्थंभीमसेनसाम्यार्थंवाविशेषणम् २ । ३ । ४ । ५ । ६ । ७ । ८ । ९ । १० । ११ रथोत्तमौउत्तमोऽग्रिदत्तोरथोययोस्तौ । आहिताग्न्यादित्वादुत्तमपदस्यपरनिपातः । यद्वा रथेरथयुद्धेउत्तमौउत्कृष्टतमौ १२ । १३ । १४ पाठांतरेरक्ष्यामिशक्तिमारयामि १५ । १६ । १७ । १८

देवव्रतत्वंब्रह्मचारिव्रतवस्त्वं स्त्रीसंमुखेगमनेहिदृष्टिमैथुनंस्यात स्त्रीपूर्वदर्शनेऽपिमनसातदीयस्त्रीभावस्मरणेनविकारःस्यादितिभावः १९ । २० । २१ ॥ इतिउद्योगपर्वणिनीलकंठीये भारतभावदीपे द्विस

देवव्रतत्वंविज्ञाप्यपृथिवींसर्वराजसु ॥ नैवहन्यांस्त्रियंजातुनस्त्रीपूर्वंकदाचन १९ सहिस्त्रीपूर्वकोराजन्शिखंडीयदितेश्रुतः ॥ कन्याभूत्वापुमान्जातोनयोत्स्येतेनभा
रत २० सर्वांस्त्वन्यान्हनिष्यामिपार्थिवान्भरतर्षभ ॥ यान्समेष्यामिसमरेनतुकुंतीसुतान्नृप २१ ॥ इतिश्रीमहाभारतेउद्योगपर्वणिरथातिरथसंख्यानपर्वणिद्विस
प्तत्यधिकशततमोऽध्यायः ॥ १७२ ॥ ॥ रथातिरथसंख्यानपर्वसमाप्तम् ॥ अथांबोपाख्यानपर्व ॥ दुर्योधनउवाच ॥ किमर्थंभरतश्रेष्ठनैवहन्याःशिखंडि
नम् ॥ उद्यतेषुमथोदृष्ट्वासमरेष्वाततायिनम् १ पूर्वमुक्त्वामहाबाहोपंचालान्सहसोमकैः ॥ हनिष्यामीतिगांगेयतन्मेब्रूहिपितामह २ ॥ भीष्मउवाच ॥ शृ
णुदुर्योधनकथांसहैभिर्वसुधाधिपैः ॥ यदर्थंयुधिसंप्रेक्ष्यनाहंहन्यांशिखंडिनम् ३ महाराजोममपिताशांतनुर्लोकविश्रुतः ॥ दिष्टांतमापधर्मात्मासमयेभरतर्षभ ४
ततोऽहंभरतश्रेष्ठप्रतिज्ञांपरिपालयन् ॥ चित्रांगदंभ्रातरंवैमहाराज्येऽभ्यषेचयम् ५ तस्मिंश्चनिधनंप्राप्तेसत्यवत्यामतेस्थितः ॥ विचित्रवीर्यंराजानमभ्यषिंचंयथाविधि
६ मयाऽभिषिक्तोराजेंद्रयवीयानपिधर्मतः ॥ विचित्रवीर्योधर्मात्मामामेवसमुदैक्षत ७ तस्यदारक्रियांतातचिकीर्षुरहमप्युत ॥ अनुरूपादिवकुलादित्येवचम
नोदधे ८ तथाऽश्रौषंमहाबाहोतिस्रःकन्याःस्वयंवराः ॥ रूपेणाप्रतिमाःसर्वाःकाशिराजसुतास्तदा ॥ अंबांचैवांबिकांचैवतथैवांबालिकामपि ९ राजानश्चस
माहूताःपृथिव्यांभरतर्षभ ॥ अंबाज्येष्ठाऽभवत्तासामंबिकात्वथमध्यमा १० अंबालिकाचराजेन्द्रराजकन्यायवीयसी ॥ सोऽहमेकरथेनैवगतःकाशिपतेःपुरीम् ११
अपश्यंतामहाबाहोतिस्रःकन्याःस्वलंकृताः ॥ राज्ञश्चैवसमाहूतान्पार्थिवान्पृथिवीपते १२ ततोऽहंतान्नृपान्सर्वानाहूयसमरेस्थितान् ॥ रथमारोपयांचक्रेकन्या
स्ताभरतर्षभ १३ वीर्यशुल्काश्चताज्ञात्वासमारोप्यरथंतदा ॥ अवोचंपार्थिवान्सर्वानहंतत्रसमागतान् ॥ भीष्मःशांतनवःकन्याहरतीतिपुनःपुनः १४ तेयतध्वं
परंशक्त्यासर्वेमोक्षायपार्थिवाः ॥ प्रसह्यहिहराम्येषमिषतांवोनरर्षभाः १५ ततस्तेपृथिवीपालाःसमुत्पेतुरुदायुधाः ॥ योगोयोगइतिक्रुद्धाःसारथीनभ्यचोदयन् १६
तेरथैर्गजसंकाशैर्गजैश्चगजयोधिनः ॥ पुष्टैश्चाश्वैर्महीपालाःसमुत्पेतुरुदायुधाः १७ ततस्तेमांमहीपालाःसर्वएवविशांपते ॥ रथव्रातेनमहतासर्वतःपर्यवारयन् १८
तानहंशरवर्षेणसमंतात्पर्यवारयम् ॥ सर्वान्नृपांश्चाप्यजयंदेवराडिवदानवान् १९ अपातयंशरैर्दीप्तैःप्रहसन्भरतर्षभ ॥ तेषामापततांचित्रान्ध्वजान्हेमपरिष्कृतान् २०
एकैकेनहिबाणेनभूमौपातितवानहम् ॥ हयांस्तेषांगजांश्चैवसारथींश्चाप्यहंरणे २१ तेनिवृत्ताश्चभग्नाश्चदृष्ट्वातल्लाघवंमम ॥ अथाहंहास्तिनपुरमायांजित्वामहीक्षितः २२

प्तत्यधिकशततमोऽध्यायः ॥ १७२ ॥ ॥ ॥ किमर्थमिति १ । २ । ३ दिष्टांतंमरणम् ४ । ५ । ६ । ७ । ८ । ९ । १० । ११ । १२ । १३ । १४ मिषतांपश्यतां अनाद
रेषष्ठी १५ । १६ । १७ । १८ । १९ । २० । २१ । २२

म.भा.टी. २३ ॥ इतिउद्योगपर्वणिनीलकंठीये भारतभावदीपे त्रिसप्तत्यधिकशततमोऽध्यायः ॥ १७३ ॥ ततोऽहमिति । मातरंउपसंगृह्य पादयोःपतित्वा १ वीर्यशुल्का वीर्यमेवशुल्कंमौल्यंयासांताः २ । ३ । ४ उद्यो०

ततोऽहंताश्चकन्यावैभ्रातुरर्थायभारत ॥ तच्चकर्ममहाबाहोसत्यवत्यैन्यवेदयम् २३ ॥ इतिश्रीमहाभारतेउद्योगपर्वणिअंबोपाख्यानपर्वणिकन्याहरणेत्रिसप्तत्यधिक

॥१३७॥ शततमोऽध्यायः १७३ ॥ ॥ ॥ भीष्मउवाच ॥ ततोऽहंभरतश्रेष्ठमातरंवीरमातरम् ॥ अभिगम्योपसंगृह्यदाशेयीमिदमब्रुवम् १ इमाःकाशिपतेः अ०

कन्यामयानिर्जित्यपार्थिवान् ॥ विचित्रवीर्यस्यकृतेवीर्यशुल्काहृताइति २ ततोमूर्धन्युपाघ्रायपर्यश्रुनयनानृप ॥ आहसत्यवतीहृष्टादिष्ट्यापुत्रजितंत्वया ३ सत्य १७५

वत्यास्त्वनुमतेविवाहेसमुपस्थिते ॥ उवाचवाक्यंसव्रीडाज्येष्ठाकाशिपतेःसुता ४ भीष्मत्वमसिधर्मज्ञःसर्वशास्त्रविशारदः ॥ श्रुत्वाचवचनंधर्म्यंमह्यंकर्तुमिहार्हसि ५

मयाशाल्वपतिःपूर्वंमनसाभिवृतोवरः ॥ तेनचास्मिवृतापूर्वंरहस्यविदितेपितुः ६ कथंमामन्यकामांत्वंराजधर्ममतीत्यवै ॥ वासयेथागृहेभीष्मकौरवःसन्विशेषतः ७

एतद्बुद्ध्याविनिश्चित्यमनसाभरतर्षभ ॥ यत्क्षमंतेमहाबाहोतदिहारब्धुमर्हसि ८ समांप्रतीक्षतेव्यक्तंशाल्वराजोविशांपते ॥ तस्मान्मांत्वंकुरुश्रेष्ठसमनुज्ञातुमर्हसि ९

कृपांकुरुमहाबाहोमयिधर्मभृतांवर ॥ त्वंहिसत्यव्रतोवीरपृथिव्यामितिनःश्रुतम् १० ॥ इतिश्रीमहाभारतेउद्योगपर्वणिअंबोपाख्यानपर्वणिअंबावाक्ये चतुःसप्त

त्यधिकशततमोऽध्यायः ॥ १७४ ॥ ॥ ॥ ॥ भीष्मउवाच ॥ ॥ ततोऽहंसमनुज्ञाप्यकालींगंधवतींतदा ॥ मंत्रिणश्चर्त्विजश्चैवतथैवचपुरोहितान्

१ समनुज्ञासिषंकन्यामंबांज्येष्ठांनराधिप ॥ अनुज्ञाताययौसातुकन्याशाल्वपतेःपुरम् २ वृद्धैर्द्विजातिभिर्गुप्ताधात्र्याचानुगतातदा ॥ अतीत्यचतमध्वानमासाद्य

नृपतिंतथा ३ सातमासाद्यराजानंशाल्वंवचनमब्रवीत् ॥ आगताऽहंमहाबाहोत्वामुद्दिश्यमहामते ४ तामब्रवीच्छाल्वपतिःस्मयन्निवविशांपते ॥ त्वयाऽन्यपूर्वया

नाहंभार्यार्थीवरवर्णिनि ५ गच्छभद्रेपुनस्तत्रसकाशंभीष्मकस्यवै ॥ नाहमिच्छामिभीष्मेणगृहीतांत्वांप्रसह्यवै ६ त्वंहिभीष्मेणनिर्जित्यनीताप्रीतिमतीतदा ॥

परामृश्यमहायुद्धेनिर्जित्यपृथिवीपतीन् ७ नाहंत्वय्यन्यपूर्वायांभार्यार्थीवरवर्णिनि ॥ कथमस्मद्विधोराजापरपूर्वांप्रवेशयेत् ८ नारींविदितविज्ञानःपरेषांधर्ममा

दिशन् ॥ यथेष्टंगम्यतांभद्रेमात्वांकालोऽत्यगादयम् ९ अंबातमब्रवीद्राजन्ननंगशरपीडिता ॥ नैवंवदमहीपालनैतदेवंकथंचन १० नास्मिप्रीतिमतीनीताभीष्मेणा

मित्रकर्शन ॥ बलान्नीतास्मिरुदतीविद्राव्यपृथिवीपतीन् ११ भजस्वमांशाल्वपतेभक्तांबालामनागसम् ॥ भक्तानांहिपरित्यागोनधर्मेषुप्रशस्यते १२ साऽहमामं

त्र्यगांगेयंसमरेष्वनिवर्तिनम् ॥ अनुज्ञाताचतेनैवततोऽहंभृशमागता १३ नसभीष्मोमहाबाहुर्मामिच्छतिविशांपते ॥ भ्रातृहेतोःसमारंभोभीष्मस्येतिश्रुतंमया १४

भगिन्यौममयेनीतेअंबिकाऽम्बालिकेनृप ॥ प्रादाद्विचित्रवीर्यायगांगेयोहियवीयसे १५

महांमम ५ । ६ । ७ । ८ ९ सत्यव्रतोनित्यंब्रह्मचारी १० ॥ ॥ इतिउद्योगपर्वणिनीलकंठीये भारतभावदीपे चतुःसप्तत्यधिकशततमोऽध्यायः ॥ १७४ ॥ ॥ ततइति ॥ १ समनुज्ञासिषं ॥१३७॥

समनुज्ञातवान् अडभावआर्षः २ । ३ । ४ । ५ ६ परामृश्यहस्तेधृत्वानीता ७ । ८ । ९ । १० । ११ । १२ । १३ । १४ । १५

१६ । १७ । १८ । १९ । २० । २१ संतःसाधवः गतयःरक्षितारःसंतु २२ करुणंदीनंयथार ात्तथापरिदेवतीशोचंती २३ । २४ अदीर्घदर्शिनेतिशाल्वस्याधर्मःसूचितः २५ । २६ वारणेनहस्ति

यथाशाल्वपतेनान्यंवरंध्यामिकथंचन ॥ त्वामृतेपुरुषव्याघ्रतथामूर्धानमालभे १६ नचान्यपूर्वाराजेन्द्रत्वामहंसमुपस्थिता ॥ सत्यंब्रवीमिशाल्वैतत्सत्येनात्मा
नमालभे १७ भजस्वमांविशालाक्षस्वयंकन्यामुपस्थिताम् ॥ अनन्यपूर्वाराजेन्द्रत्वत्प्रसादाभिकांक्षिणीम् १८ तामेवंभाषमाणांतुशाल्वःकाशिपतेःसुताम् ॥
अत्यजद्भरतश्रेष्ठजीर्णांत्वचमिवोरगः १९ एवंबहुविधैर्वाक्यैर्याच्यमानस्तयानृपः ॥ नाश्रद्दधच्छाल्वपतिःकन्यायांभरतर्षभ २० ततःसामन्युनाऽऽविष्टाज्ये
ष्ठाकाशिपतेःसुता ॥ अब्रवीत्साश्रुनयनाबाष्पविप्लुतयागिरा २१ त्वयात्यक्तागमिष्यामियत्रतत्रविशांपते ॥ तत्रमेगतयःसंतुसंतःसत्यंयथाध्रुवम् २२ एवं
तांभाषमाणांतुकन्यांशाल्वपतिस्तदा ॥ परितत्याजकौरव्यकरुणंपरिदेवतीम् २३ गच्छगच्छेतितांशाल्वःपुनःपुनरभाषत ॥ बिभेमिभीष्मात्सुश्रोणित्वंचभी
ष्मपरिग्रहः २४ एवमुक्तातुसातेनशाल्वेनादीर्घदर्शिना ॥ निश्चक्रामपुराद्दीनारुदतीकुररीयथा २५ ॥ भीष्मउवाच ॥ निष्क्रामंतीतुनगराच्चिंतयामासदुः
खिता ॥ पृथिव्यांनास्तियुवतिर्विषमस्थतरामया २६ बंधुभिर्विप्रहीणाऽस्मिशाल्वेनचनिराकृता ॥ नचशक्यंपुनर्गंतुंमयावारणसाह्वयम् २७ अनुज्ञातातु
भीष्मेणशाल्वमुद्दिश्यकारणम् ॥ किंनुगर्हाम्यथात्मानमथभीष्मंदुरासदम् २८ अथवापितरंमूढंयोमेऽकार्षीत्स्वयंवरम् ॥ मयाऽयंस्वकृतोदोषोयाऽहंभीष्मरथा
त्तदा २९ प्रवृत्तेदारुणेयुद्धेशाल्वार्थंनापतंपुरा ॥ तस्येयंफलनिर्वृत्तिर्यदापन्नास्मिमूढवत् ३० धिग्भीष्मंधिक्चमेमंदंपितरंमूढचेतसम् ॥ येनाहंवीर्यशुल्केनपण्य
स्त्रीवप्रचोदिता ३१ धिङ्मांधिक्शाल्वराजानंधिग्धातारमथापिवा ॥ येषांदुर्नीतभावेनप्राप्ताऽस्म्यापदमुत्तमाम् ३२ सर्वथाभागधेयानिस्वानिप्राप्नोतिमानवः
॥ अनयस्यास्यतुमुखंभीष्मःशांतनवोमम ३३ साभीष्मेप्रतिकर्तव्यमहंपश्यामिसांप्रतम् ॥ तपसावायुधावापिदुःखहेतुःसमेमतः ३४ कोनुभीष्मंयुधाजेतुमु
त्सहेतमहीपतिः ॥ एवंसापरिनिश्चित्यजगामनगराद्बहिः ३५ आश्रमंपुण्यशीलानांतापसानांमहात्मनाम् ॥ ततस्तामवसद्रात्रिंतापसैःपरिवारिता ३६ आ
चख्यौचयथावृत्तंसर्वमात्मनिभारत ॥ विस्तरेणमहाबाहोनिखिलेनशुचिस्मिता ॥ हरणंचविसर्गंचशाल्वेनचविसर्जनम् ३७ ततस्तत्रमहानासीद्ब्राह्मणःसंशि
तव्रतः ॥ शैखावत्यस्तपोवृद्धःशास्त्रेचारण्यकेगुरुः ३८ आर्तांतामाहसमुनिःशैखावत्योमहातपाः ॥ निःश्वसंतींसतींबालांदुःखशोकपरायणाम् ३९ एवंगते
तुकिंभद्रेशक्यंकर्तुंतपस्विभिः ॥ आश्रमस्थैर्महाभागेतपोयुक्तैर्महात्मभिः ४० सात्वेनमब्रवीद्राजन्क्रियतांमदनुग्रहः ॥ प्राव्राज्यमहमिच्छामितपस्तप्स्यामिदु
श्चरम् ४१ मयैवयानिकर्माणिपूर्वदेहेतुमूढया ॥ कृतानिनूनंपापानितेषामेतत्फलंध्रुवम् ४२

नासमानाह्वयंसमानाख्यंहस्तिनापुरं २७ । २८ । २९ । ३० । ३१ । ३२ । ३३ । ३४ । ३५ । ३६ । ३७ शैखावत्यः शिखावान्वह्निस्तत्साध्यानिश्रौतस्मार्तकर्माणिशैखावतानितेषुसाधुःशैखावत्यः
कर्मणिनिष्णातः आरण्यकेउपनिषदिगुरुः ब्रह्मविदित्यर्थः ३८ । ३९ । ४० प्राव्राज्यं प्रव्रज्यासंन्यासस्तत्रोचितंकर्मप्राव्राज्यम् ४१ । ४२

४३ तापस्यंतपसेहितंधर्मजातं ४४ दृष्टांतोलौकिकोदाहरणं आगमोवेदः हेतुर्युक्तिस्तैःप्रारब्धकर्मभोगस्यापरिहार्यत्वंज्ञात्वासमाश्वस्ताभवेत्युक्तेत्यर्थः ४५ ॥ इतिउद्योगपर्वणिनीलकंठीयेभारतभावदीपेपंचसप्तत्य

नोत्सहेतुपुनर्गंतुंस्वजनंप्रतितापसाः ॥ प्रत्याख्यातानिरानंदाशाल्वेनचनिराकृता ४३ उपदिष्टमिहेच्छामितापस्यंवीतकल्मषाः ॥ युष्माभिर्देवसंकाशैःकृपाभवतुवोमयि ४४ सतामाश्वासयत्कन्यांदृष्टांतागमहेतुभिः ॥ सांत्वयामासकार्यंचप्रतिजज्ञेद्विजैःसह ४५ ॥ इतिश्रीमहाभारतेउद्योगपर्वणिअंबोपाख्यानपर्वणिशैखावत्यांबासंवादेपंचसप्तत्यधिकशततमोऽध्यायः ॥ १७५ ॥ भीष्मउवाच ॥ ततस्तेतापसाःसर्वेकार्यवंतोऽभवंस्तदा ॥ तांकन्यांचिंतयंतस्तेकिंकार्यमितिधर्मिणः १ केचिदाहुःपितुर्वेश्मनीयतामितितापसाः ॥ केचिदस्मदुपालंभेमतिंचक्रुर्हितापसाः २ केचिच्छाल्वपतिंगत्वानियोज्यमितिमेनिरे ॥ नेतिकेचिद्व्यवस्यंतिप्रत्याख्यातांहितेनसा ३ एवंगतेतुकिंशक्यंभद्रेकर्तुंमनीषिभिः ॥ पुनरूचुश्चतांसर्वेतापसाःसंशितव्रताः ४ अलंप्रव्रजितेनेहभद्रेशृणुहितंवचः ॥ इतोगच्छस्वभद्रंतेपितुरेवनिवेशनम् ५ प्रतिपत्स्यतिराजासपितातेयदनंतरम् ॥ तत्रवत्स्यसिकल्याणिसुखंसर्वगुणान्विता ६ नचतेन्यागतिर्न्याय्याभवेद्भद्रेयथापिता ॥ पतिर्वापिगतिर्नार्याःपितावावरवर्णिनि ७ गतिःपतिःसमस्थायाविषमेचपितागतिः ॥ प्रव्रज्याहिसुदुःखेयंसुकुमार्याविशेषतः ८ राजपुत्र्याःप्रकृत्याचकुमार्यास्तवभामिनि ॥ भद्रेदोषाहिविद्यंतेबहवोवरवर्णिनि ९ आश्रमेवैवसंत्यास्तेनभवेयुःपितुर्गृहे ॥ ततस्त्वन्येऽब्रुवन्वाक्यंतापसास्तांतपस्विनीम् १० त्वामिहैकाकिनींदृष्ट्वानिर्जनेगहनेवने ॥ प्रार्थयिष्यंतिराजानस्तस्मान्मैवंमनःकृथाः ११ ॥ अंबोवाच ॥ नशक्यंकाशिनगरंपुनर्गंतुंपितुर्गृहान् ॥ अवज्ञाताभविष्यामिबांधवानांनसंशयः १२ उषिताऽस्मितथाबाल्येपितुर्वेश्मनितापसाः ॥ नाहंगमिष्येभद्रंवस्तत्रयत्रपितामम ॥ तपस्तप्तुमभीप्सामितापसैःपरिरक्षिता १३ यथापरेऽपिमेलोकेनस्यादेवंमहात्ययः ॥ दौर्भाग्यंतापसश्रेष्ठास्तस्मात्तप्स्याम्यहंतपः १४ ॥ भीष्मउवाच ॥ इत्येवंतेषुविप्रेषुचिंतयत्सुयथातथम् ॥ राजर्षिस्तद्वनंप्राप्तस्तपस्वीहोत्रवाहनः १५ ततस्तेतापसाःसर्वेपूजयंतिस्मतंनृपम् ॥ पूजाभिःस्वागताद्याभिरासनेनोदकेनच १६ तस्योपविष्टस्यसतोविश्रांतस्योपशृण्वतः ॥ पुनरेवकथांचक्रुःकन्यांप्रतिवनौकसः १७ अंबायास्तांकथांश्रुत्वाकाशिराज्ञश्चभारत ॥ राजर्षिःसमहातेजाबभूवोद्विग्नमानसः १८ तांतथावादिनींश्रुत्वादृष्ट्वाचसमहातपाः ॥ राजर्षिःकृपयाऽऽविष्टोमहात्माहोत्रवाहनः १९ सवेपमानउत्थायमातुस्तस्याःपितातदा ॥ तांकन्यामंकमारोप्यपर्यश्वासयतप्रभो २० सतामपृच्छत्कार्त्स्न्येनव्यसनोत्पत्तिमादितः ॥ साचतस्मैयथावृत्तंविस्तरेणन्यवेदयत् २१ ततःसराजर्षिरभूद्दुःखशोकसमन्वितः ॥ कार्यंचप्रतिपेदेतन्मनसासुमहातपाः २२ अब्रवीद्वेपमानश्चकन्यामार्तांसुदुःखितः ॥ मागाःपितुर्गृहंभद्रेमातुस्तेजनकोह्यहम् २३

धिकशततमोऽध्यायः ॥ १७५ ॥ ततइति १ । २ । ३ । ४ । ५ । ६ । ७ । ८ । ९ येदोषाविद्यंतेआश्रमेप्रव्रज्यायांतेदोषाःपितुर्गृहेनभवेयुः सुंदरींतरुणींचत्वांदृष्ट्वामुनयोवामोहंप्राप्स्यंतितत्त्वंवाधर्मात्स्खलिष्यसीतिभावः १० । ११ । १२ । १३ महात्ययःसुखनाशः । 'महडुद्धवउत्सवः' इतिकोशः १४ । १५ । १६ । १७ । १८ । १९ । २० । २१ । २२ । २३

२४ । २५ । २६ । २७ । २८ । २९ । ३० । ३१ । ३२ । ३३ । ३४ । ३५ । ३६ । ३७ । ३८ । ३९ । ४० । ४१ । ४२ । ४३ । ४४ । ४५ । ४६ । ४७ । ४८ । ४९ तंविचित्रवीर्यं वैवाहिकंवि

दुःखंछिंद्यामहंतेवैमयिवर्तस्वपुत्रिके ॥ पर्याप्तंतेमनोवत्सेयदेवंपरिशुष्यसि २४ गच्छमद्धचनाद्रामंजामदग्न्यंतपस्विनम् ॥ रामस्तेसुमहद्दुःखंशोकंचैवापनेष्यति
२५ हनिष्यतिरणेभीष्मंनकरिष्यतिचेद्वचः ॥ तंगच्छभार्गवश्रेष्ठंकालाग्निसमतेजसम् २६ प्रतिष्ठापयितासत्वांसमेपथिमहातपाः ॥ ततस्तुसुस्वरंबाष्पमुत्सृजंती
पुनःपुनः २७ अब्रवीत्पितरंमातुःसातदाहोत्रवाहनम् ॥ अभिवादयित्वाशिरसागमिष्येतवशासनात् २८ अपिनामाद्यपश्येयमार्यंतंलोकविश्रुतम् ॥ कथं
चतीव्रंदुःखंमेनाशयिष्यतिभार्गवः ॥ एतदिच्छाम्यहंज्ञातुंयथायास्यामितत्रवै २९ ॥ होत्रवाहनउवाच ॥ रामंद्रक्ष्यसिभद्रेत्वंजामदग्न्यंमहावने ॥ उग्रेतप
सिवर्ततंसत्यसंधंमहाबलम् ३० महेन्द्रंवैगिरिश्रेष्ठंरामोनित्यमुपास्तिह ॥ ऋषयोवेदविद्वांसोगंधर्वाप्सरसस्तथा ३१ तत्रगच्छस्वभद्रंतेब्रूयाश्चैनंवचोमम ॥ अ
भिवाद्यचतंमूर्ध्नातपोवृद्धंदृढव्रतम् ३२ ब्रूयाश्चैनंपुनर्भद्रेयत्तेकार्यमनीषितम् ॥ मयिसंकीर्तितेरामःसर्वंतत्तेकरिष्यति ३३ ममरामःसखावत्सेप्रीतियुक्तःसुहृच्चमे ॥
जमदग्निसुतोवीरःसर्वशस्त्रभृतांवरः ३४ एवंब्रुवतिकन्यांतुपार्थिवेहोत्रवाहने ॥ अकृतव्रणःप्रादुरासीद्रामस्यानुचरःप्रियः ३५ ततस्तेमुनयःसर्वेसमुत्तस्थुःसहस्र
शः ॥ सचराजावयोवृद्धःसृंजयोहोत्रवाहनः ३६ ततोदृष्ट्वाकृतातिथ्यमन्योन्यंतेवनौकसः ॥ सहिताभरतश्रेष्ठनिषेदुःपरिवार्यतम् ३७ ततस्तेकथयामासुःक
थास्तास्तामनोरमाः ॥ धन्यादिव्याश्वराजेन्द्रप्रीतिहर्षमुदायुताः ३८ ततःकथांतेराजर्षिर्महात्माहोत्रवाहनः ॥ रामंश्रेष्ठंमहर्षीणामपृच्छदकृतव्रणम् ३९ क्व
संप्रतिमहाबाहोजामदग्न्यःप्रतापवान् ॥ अकृतव्रणशक्योवैद्रष्टुंवेदविदांवर ४० ॥ अकृतव्रणउवाच ॥ भवंतमेवसततंरामःकीर्त्तयतिप्रभो ॥ सृंजयोमेप्रियस
खोराजर्षिरितिपार्थिव ४१ इहरामप्रभातेश्वोभवितेतिमतिर्मम ॥ द्रष्टाऽस्येनमिहायांतंतवदर्शनकांक्षया ४२ इयंचकन्याराजर्षेकिमर्थंवनमागता ॥ कस्य
चेयंतवचकाभवतीच्छामिवेदितुम् ४३ ॥ होत्रवाहनउवाच ॥ दौहित्रीयंममविभोकाशिराजसुताप्रिया ॥ ज्येष्ठास्वयंवरेतस्थौभगिनीभ्यांसहानघ ४४ इय
मंबेतिविख्याताज्येष्ठाकाशिपतेःसुता ॥ अंबिकांबालिकेकन्येकनीयस्यौतपोधन ४५ समेतंपार्थिवंक्षत्रंकाशिपुर्यांततोऽभवत् ॥ कन्यानिमित्तंविप्रर्षेतत्रासीदु
त्सवोमहान् ४६ ततःकिलमहावीर्योभीष्मःशांतनवोनृपान् ॥ अधिक्षिप्यमहातेजास्तिस्रःकन्याजहारताः ४७ निर्जित्यपृथिवीपालानथभीष्मोगजाह्वयम् ॥
आजगामविशुद्धात्माकन्याभिःसहभारतः ४८ सत्यवत्यैनिवेद्याथविवाहंसमनंतरम् ॥ भ्रातुर्विचित्रवीर्यस्यसमाज्ञापयतप्रभुः ४९ तंतुवैवाहिकंदृष्ट्वाकन्येयंसमु
पार्जितम् ॥ अब्रवीत्तत्रगांगेयंमंत्रिमध्येद्विजर्षभ ५० मयाशाल्वपतिर्वीरोमनसाऽभिवृतःपतिः ॥ नमामर्हसिधर्मज्ञदातुंभ्रात्रेऽन्यमानसाम् ५१

वाहार्थंमुपयंसमुपार्जितंअभ्यंगकौतुकबंधादिनासंस्कृतंदृष्ट्वा इयंकन्यागांगेयमब्रवीदितियोजना ५० । ५१

५२ । ५३ । ५४ । ५५ उत्पत्तिकारणं ५६ । ५७ । ५८ । ५९ ॥ ॥ इतिउद्योगपर्वणि नीलकंठीये भारतभावदीपे षट्सप्तत्यधिकशततमोऽध्यायः ॥ १७६ ॥ ॥ ॥ दुःखद्वयं दुःखकरद्वयं भीष्मशाल्वाख्यं यद्वा । निर्भर्तृकत्वमेकंदुःखंतच्छत्रोर्वधश्चेतितापसानांदुःखद्वयं तथाऽपिशत्रुद्वयमध्येकतरस्यकंप्रतिकर्तव्यंहंतुंयत्नंचिकीर्षसि यद्वा एकैकस्यगतिहानिर्मरणंवेतिदुःखद्वयंज्ञेयम्

॥१३९॥

तच्छ्रुत्वावचनंभीष्मःसंमंत्र्यसहमंत्रिभिः ॥ निश्चित्यविससर्जेमांसत्यवत्यामतेस्थितः ५२ अनुज्ञातातुभीष्मेणशाल्वंसौभपतिंततः ॥ कन्येयंमुदितातत्रकाले वचनमब्रवीत् ५३ विसर्जिताऽस्मिभीष्मेणधर्मंमांप्रतिपादय ॥ मनसाऽभिवृतःपूर्वंमयात्वंपार्थिवर्षभ ५४ प्रत्याचख्यौचशाल्वोऽस्याश्चारित्रस्याभिशंकितः ॥ सेयंतपोवनंप्राप्तातापस्येऽभिरताभृशम् ५५ मयाचप्रत्यभिज्ञातावंशस्यपरिकीर्त्तनात् ॥ अस्यदुःखस्यचोत्पत्तिंभीष्ममेवेहमन्यते ५६ ॥ अंबोवाच ॥ भगवन्नेवमेवेहयथाऽऽहपृथिवीपतिः ॥ शरीरकर्तामातुर्मेसृंजयोहोत्रवाहनः ५७ नह्युत्सहेस्वनगरंप्रतियातुंतपोधन ॥ अपमानभयाच्चैवव्रीडयाचमहामुने ५८ यत्तुमांभगवान्रामोवक्ष्यतिद्विजसत्तम ॥ तन्मेकार्यतमंकार्यमितिमेभगवन्मतिः ५९ ॥ इतिश्रीमहाभारतेउद्योगपर्वणिअंबोपाख्यानपर्वणिहोत्रवाहनांबासंवादेषट्सप्तत्यधिकशततमोऽध्यायः ॥ १७६ अकृतव्रणउवाच ॥ दुःखद्वयमिदंभद्रेकतरस्यचिकीर्षसि ॥ प्रतिकर्तव्यमबलेतत्त्वंवत्सेवदस्वमे १ यदिसौभपतिर्भद्रेनियोक्तव्योमतस्तव ॥ नियोक्ष्यतिमहात्मासरामस्त्वद्धितकाम्यया २ अथापगेयंभीष्मंत्वंरामेणेच्छसिधीमता ॥ रणेविनिर्जितंद्रष्टुंकुर्यात्तदपिभार्गवः ३ सृंजयस्यवचःश्रुत्वातवचैवशुचिस्मिते ॥ यदत्रतेभृशंकार्यंतदद्यैवविचिंत्यताम् ४ ॥ अंबोवाच ॥ अपनीताऽस्मिभीष्मेणभगवन्नविजानता ॥ नाभिजानातिमेभीष्मोब्रह्मन्शाल्वगतंमनः ५ एतद्विचार्यमनसाभवानेतद्विनिश्चयम् ॥ विचिनोतुयथान्यायंविधानंक्रियतांतथा ६ भीष्मेवाकुरुशार्दूलेशाल्वराजेऽथवापुनः ॥ उभयोरेववाब्रह्मन्युक्तंयत्तत्समाचर ७ निवेदितंमयाह्येतदुःखमूलंयथातथम् ॥ विधानंतत्रभगवन्कर्तुमर्हसियुक्तितः ८ ॥ अकृतव्रणउवाच ॥ उपपन्नमिदंभद्रेयदेवंवरवर्णिनि ॥ धर्मंप्रतिवचोब्रूयाःशृणुचेदंवचोमम ९ यदित्वामापगेयोवैननयेद्गजसाह्वयम् ॥ शाल्वस्त्वांशिरसाभीरुधारयेद्रामचोदितः १० तेन त्वंनिर्जिताभद्रेयस्मान्नीताऽसिभाविनि ॥ संशयःशाल्वराजस्यतेनत्वयिसुमध्यमे ११ भीष्मःपुरुषमानीचजितकाशीतथैवच ॥ तस्मात्प्रतिक्रियायुक्ताभीष्मेकारयितुंतव १२ ॥ अंबोवाच ॥ ममाप्येषसदाब्रह्मन्हृदिकामोऽभिवर्तते ॥ घातयेयंयदिरणेभीष्ममित्येवनित्यदा १३ भीष्मंवाशाल्वराजंवायंवादोषेणगच्छसि ॥ प्रशाधितंमहाबाहोयत्कृतेऽहंसुदुःखिता १४ ॥ भीष्मउवाच ॥ एवंकथयतामेवतेषांसदिवसोगतः ॥ रात्रिश्चभरतश्रेष्ठसुखशीतोष्णमारुता १५ ततोरामःप्रादुरासीत्प्रज्वलन्निवतेजसा ॥ शिष्यैःपरिवृतोराजन्जटाचीरधरोमुनिः १६

१ नियोक्तव्यस्तवपाणिग्रहणार्थमितिशेषः २ भीष्मस्यतुसत्यप्रतिज्ञस्यत्वत्सुखार्थंजयमात्रंकर्तव्यंनतुतावतातवहितमित्याशयेनाह अथेति ३ । ४ । ५ विधानंप्रतीकारं ६ । ७ । ८ । ९ । १० । ११ । १२ । १३ । १४ । १५ । १६

॥१३९॥

१७। १८। १९ आसातांलङिद्विवचनम् २० । २१। २२ वरमंतवविवक्षितंयत्तन्मेऽवश्यंवक्तव्यमित्यर्थः २३ शिरसौश्रेष्ठौ ।' शिरःप्रधानेसेनाग्रे ' इतिमेदिनी पुंस्त्वमार्षम् २४। २५। २६ सृंजयस्य

धनुष्पाणिरदीनात्माखड्गंबिभ्रत्परश्वधी ॥ विरजाराजशार्दूलसृंजयंसोऽभ्ययान्नृपम् १७ ततस्तंतापसाद्दृष्ट्वासचराजामहातपाः ॥ तस्थुःप्रांजलयोराजन्साचकन्या
तपस्विनी १८ पूजयामासुरव्यग्रामधुपर्केणभार्गवम् ॥ अर्चितश्चयथान्यायंनिषसादसहैवतैः १९ ततःपूर्वव्यतीतानिकथयंतौस्मतावुभौ ॥ आसातांजाम
दग्न्यश्चसृंजयश्चैवभारत २० तथाकथांतेराजर्षिर्भृगुश्रेष्ठंमहाबलम् ॥ उवाचमधुरंकालेरामंवचनमर्थवत् २१ रामेयंममदौहित्रीकाशिराजसुताप्रभो ॥ अस्याः
शृणुयथातत्त्वंकार्यंकार्यविशारद २२ परमंकथ्यतांचेतितांरामःप्रत्यभाषत ॥ ततःसाऽभ्यवदद्रामंज्वलंतमिवपावकम् २३ ततोऽभिवाद्यचरणौरामस्यशिरसौ
शुभौ ॥ स्पृष्ट्वापद्मदलाभाभ्यांपाणिभ्यामग्रतःस्थिता २४ रुरोदसाशोकवतीबाष्पव्याकुललोचना ॥ प्रपेदेशरणंचैवशरण्यंभृगुनंदनम् २५ ॥ रामउवाच ॥
यथात्वंसृंजयस्यास्यतथामेत्वंनृपात्मजे ॥ ब्रूहियत्तेमनोदुःखंकरिष्येवचनंतव २६ ॥ अंबोवाच ॥ भगवन्शरणंत्वाद्यप्रपन्नाऽस्मिमहाव्रतम् ॥ शोकपंकार्ण
वान्मग्नांघोरादुद्धरमांविभो २७ ॥ भीष्मउवाच ॥ तस्याश्चदृष्ट्वारूपंचवपुश्चाभिनवंपुनः ॥ सौकुमार्यंपरंचैवरामश्चिंतापरोऽभवत् २८ किमियंवक्ष्यतीत्येवं
विममर्शभृगूद्वहः ॥ इतिदध्यौचिरंरामःकृपयाऽभिपरिप्लुतः २९ कथ्यतामितिसाभूयोरामेणोक्ताशुचिस्मिता ॥ सर्वमेवयथातत्त्वंकथयामासभार्गवे ३०
तच्छ्रुत्वाजामदग्न्यस्तुराजपुत्र्यावचस्तदा ॥ उवाचतांवरारोहांनिश्चित्यार्थविनिश्चयम् ३१ ॥ रामउवाच ॥ प्रेषयिष्यामिभीष्मायकुरुश्रेष्ठायभाविनि ॥ क
रिष्यतिवचोमह्यंश्रुत्वाचसनराधिपः ३२ नचेत्करिष्यतिवचोमयोक्तंजान्हवीसुतः ॥ धक्ष्याम्यहंरणेभद्रेसामात्यंशस्त्रतेजसा ३३ अथवातेमतिस्तत्रराजपुत्रि
नवर्तते ॥ यावच्छाल्वपतिंवीरंयोजयाम्यत्रकर्मणि ३४ ॥ अंबोवाच ॥ विसर्जिताऽहंभीष्मेणश्रुत्वैवभृगुनंदन ॥ शाल्वराजगतंभावंममपूर्वंमनीषितम् ३५
सौभराजमुपेत्याहमवोचंदुर्वचंवचः ॥ नचमांप्रत्यगृह्णात्सचारित्र्यपरिशंकितः ३६ एतत्सर्वंविनिश्चित्यस्वबुद्ध्याभृगुनंदन ॥ यदत्रौपयिकंकार्यंतच्चिंतयितुमर्हसि ३७
ममतुव्यसनस्यास्यभीष्मोमूलंमहाव्रतः ॥ येनाहंवशमानीतासमुत्क्षिप्यबलात्तदा ३८ भीष्मंजहिमहाबाहोयत्कृतेदुःखमीदृशम् ॥ प्राप्ताऽहंभृगुशार्दूलचराम्य
प्रियमुत्तमम् ३९ सहिलुब्धश्चनीचश्चजितकाशीचभार्गव ॥ तस्मात्प्रतिक्रियाकर्तुंयुक्तातस्मैत्वयाऽनघ ४० एषमेक्रियमाणायाभारतेनतदाविभो ॥
अभवद्धृदिसंकल्पोघातयेयंमहाव्रतम् ४१

दौहित्रीतिशेषः २७। २८। २९। ३०। ३१। ३२। ३३। ३४। ३५। ३६। ३७। ३८। ३९ लुब्धोयतोमांहृतवान् नीचोयतोमदंगीकारंस्वयंनकृतवान् अकामुकस्यकन्याहरणंदोषइतिभावः
४० क्रियमाणायाः बलादाहरणेनहिंस्यमानायाः कृञ्हिंसायांस्वादिः ४१

४२ ॥ इतिउद्योगपर्वणिनीलकंठीये भारतभावदीपेसप्तसप्तत्यधिकशततमोऽध्यायः ॥ १७७ ॥ ॥ ॥ ॥ एवमिति १ काश्येकाशिराजकन्ये २ । ३ । ४ । ५ । ६ । ७

तस्मात्काममममाद्येमंरामसंपादयानघ ॥ जहिभीष्ममहाबाहोयथावृत्रंपुरंदरः ४२ ॥ इतिश्रीमहाभारतेउद्योगपर्वणि अंबोपा० रामांबासंवादेसप्तसप्तत्यधिकशततमोऽध्यायः ॥ १७७ ॥ ॥ ॥ ॥ भीष्मउवाच ॥ एवमुक्तस्तदारामोजहिभीष्ममितिप्रभो ॥ उवाचरुदतींकन्यांचोदयंतींपुनःपुनः १ काश्येनकामंगृह्णामिशस्त्रंवैवरवर्णिनि ॥ ऋतेब्रह्मविदांहेतोःकिमन्यत्करवाणिते २ वाचाभीष्मश्चशाल्वश्चममराज्ञिवशानुगौ ॥ भविष्यतोऽनवद्यांगितत्करिष्यामिमाशुच ३ नतुशस्त्रंग्रहीष्यामिकथंचिदपिभाविनि ॥ ऋतेनियोगाद्विप्राणामेषमेसमयःकृतः ४ ॥ अंबोवाच ॥ ममदुःखंभगवताव्यपनेयंयतस्ततः ॥ तत्तुभीष्मप्रसूतंमेतंजहीश्वरमाचिरम् ५ ॥ रामउवाच ॥ काशिकन्येपुनर्ब्रूहिभीष्मस्तेचरणावुभौ ॥ शिरसावंदनार्होऽपिग्रहीष्यतिगिराभम ६ ॥ अंबोवाच ॥ जहिभीष्मंरणेरामगर्जंतमसुरंयथा ॥ समाहूतोरणेराममचेदिच्छसिप्रियम् ॥ प्रतिश्रुतंचयदपितत्सत्यंकर्तुमर्हसि ७ ॥ भीष्मउवाच ॥ तयोःसंवदतोरेवंराजन्रामांबयोस्तदा ॥ ऋषिःपरमधर्मात्माइदंवचनमब्रवीत् ८ शरणागतांमहाबाहोकन्यांनत्यक्तुमर्हसि ॥ यदिभीष्मोरणेरामसमाहूतस्त्वयामृधे ९ निर्जितोऽस्मीतिवाब्रूयात्कुर्याद्वावचनंतव ॥ कृतमस्याभवेत्कार्यंकन्यायाभृगुनंदन १० वाक्यंसत्यंचतेवीरभविष्यतिकृतंविभो ॥ इयंचापिप्रतिज्ञातेतदाराममहामुने ११ जित्वावैक्षत्रियान्सर्वान्ब्राह्मणेषुप्रतिश्रुता ॥ ब्राह्मणःक्षत्रियोवैश्यःशूद्रश्चैवरणेयदि १२ ब्रह्मद्विड्भवितातंवैहनिष्यामीतिभार्गव ॥ शरणार्थेप्रपन्नानांभीतानांशरणार्थिनाम् १३ नशक्ष्यामिपरित्यागंकर्तुंजीवन्कथंचन ॥ यश्चक्षत्रंरणेक्षत्रंविजेष्यतिसमागतम् १४ दीप्तात्मानमहंतंचहनिष्यामीतिभार्गव ॥ सएवंविजयीरामभीष्मःकुरुकुलोद्वहः ॥ तेनयुध्यस्वसंग्रामेसमेत्यभृगुनंदन १५ ॥ रामउवाच ॥ स्मराम्यहंपूर्वकृतांप्रतिज्ञामृषिसत्तम ॥ तथैवचचरिष्यामियथासाम्नैवलप्स्यते १६ कार्यमेतन्महद्ब्रह्मन्काशिकन्यामनोगतम् ॥ गमिष्यामिस्वयंतत्रकन्यामादाययत्रसः १७ यदिभीष्मोरणश्लाघीनकरिष्यतिमेवचः ॥ हनिष्याम्येनमुद्रिक्तमितिमेनिश्चितामतिः १८ नहिबाणामयोत्सृष्टाःसज्जंतीहशरीरिणाम् ॥ कायेषुविदितंतुभ्यंपुराक्षत्रियसंगरे १९ एवमुक्त्वाततोरामःसहतैर्ब्रह्मवादिभिः ॥ प्रयाणायमतिंकृत्वासमुत्तस्थौमहातपाः २० ततस्तेतामुषित्वातुरजनींतत्रतापसाः ॥ हुताग्नयोजप्तजप्याःप्रतस्थुर्मज्जिघांसया २१ अभ्यगच्छत्ततोरामःसहतैर्ब्रह्मवादिभिः ॥ कुरुक्षेत्रंमहाराजकन्ययासहभारत २२ न्यविशंततततःसर्वेपरिगृह्यसरस्वतीं ॥ तापसास्तेमहात्मानोभृगुश्रेष्ठपुरस्कृताः २३ ॥ भीष्मउवाच ॥ ततस्तृतीयेदिवसेसंदिदेशव्यवस्थितः ॥ कुरुप्रियंसमेराजन्प्राप्तोऽस्मीतिमहाव्रतः २४ तमागतमहंश्रुत्वाविषयांतंमहाबलम् ॥ अभ्यगच्छंजवेनाशुप्रीत्यातेजोनिधिंप्रभुम् २५

ऋषिः अकृतव्रणः पाठांतरेतुस्पष्टमेनसकीर्त्यते ८ । ९ । १० । ११ । १२ १३ । १४ । १५ । १६ । १७ । १८ । १९ । २० । २१ । २२ । २३ । २४ । २५

२६ । २७ । २८ । २९ । ३० । ३१ । ३२ । ३३ । ३४ । ३५ । ३६ । ३७ । ३८ । ३९ । ४० । ४१ । ४२ । ४३ । ४४ । ४५ । ४६ । ४७ अवलिप्तस्यदमस्य ४८ । ४९

गांपुरस्कृत्यराजेन्द्रब्राह्मणैःपरिवारितः ॥ ऋत्विग्भिर्देवकल्पैश्चतथैवचपुरोहितैः २६ समामभिगतंदृष्ट्वाजामदग्न्यःप्रतापवान् ॥ प्रतिजग्राहतांपूजांवचनंचेद
मब्रवीत् २७ ॥ रामउवाच ॥ भीष्मकांबुद्धिमास्थायकाशिराजसुतातदा ॥ अकामेनत्वयाऽऽनीतापुनश्चैवविसर्जिता २८ विभ्रंशितात्वयाहीयंधर्मादास्ते
यशस्विनी ॥ परामृष्टांत्वयाहीमांकोहिगंतुमिहार्हति २९ प्रत्याख्याताहिशाल्वेनत्वयानीतेतिभारत ॥ तस्मादिमांमन्नियोगात्प्रतिगृह्णीष्वभारत ३० स्वधर्मं
पुरुषव्याघ्रराजपुत्रीलभत्वियम् ॥ नयुक्तस्त्ववमानोऽयंराज्ञांकर्तुंत्वयाऽनव ३१ ततस्तंवैविमनसमुदीक्ष्याहमथाब्रुवम् ॥ नाहमेनांपुनर्दद्यांब्रह्मन्भ्रात्रेकथंच
न ३२ शाल्वस्याहमितिप्राहपुरामामेवभार्गव ॥ मयाचैवाभ्यनुज्ञातागतेयंनगरंप्रति ३३ नभयान्नाप्यनुक्रोशान्नार्थलोभान्नकाम्यया ॥ क्षात्रंधर्ममहंजह्यामि
तिमेव्रतमाहितम् ३४ अथमामब्रवीद्रामःक्रोधपर्याकुलेक्षणः ॥ नकरिष्यसिचेदेतद्वाक्यंमेनरपुंगव ३५ हनिष्यामिसहामात्यंत्वामद्येतिपुनःपुनः ॥ संरंभाद
ब्रवीद्रामःक्रोधपर्याकुलेक्षणः ॥ ३६ तमहंगीर्भिरिष्टाभिःपुनःपुनररिंदम ॥ अयाचंभृगुशार्दूलंनचैवप्रशशामसः ३७ प्रणम्यतमहंमूर्ध्नाभूयोब्राह्मणसत्तमम् ॥
अब्रुवंकारणंकिंतद्यत्त्वंयुद्धंमयेच्छसि ३८ इष्वस्त्रंममबालस्यभवतैवचतुर्विधम् ॥ उपदिष्टंमहाबाहोशिष्योऽस्मितवभार्गव ३९ ततोमामब्रवीद्रामःक्रोधसंरक्त
लोचनः ॥ जानीषेमांगुरुंभीष्मगृह्णासीमांनचैवह ४० सुतांकाश्यस्यकौरव्यमत्प्रियार्थंमहामते ॥ नहितेविद्यतेशांतिरन्यथाकुरुनंदन ४१ गृहाणेमांमहाबा
होरक्षस्वकुलमात्मनः ॥ त्वयाविभ्रंशिताहीयंभर्तारंनाधिगच्छति ४२ तथाब्रुवंतंतमहंरामंपरपुरंजयम् ॥ नैतदेवंपुनर्भाविब्रह्मर्षेकिंश्रमेणते ४३ गुरुत्वंत्वयि
संप्रेक्ष्यजामदग्न्यपुरातनम् ॥ प्रसादयेत्वांभगवंस्त्यक्तैषातुपुरामया ४४ कोजातुपरभावांहिनारींव्यालीमवस्थिताम् ॥ वासयेतगृहेजानन्स्त्रीणांदोषोमहात्ययः
४५ नभयाद्वासवस्यापिधर्मंजह्यांमहाव्रत ॥ प्रसीदमावायद्वातेकार्यंतत्कुरुमाचिरम् ४६ अयंचापिविशुद्धात्मन्पुराणेश्रूयतेविभो ॥ मरुत्तेनमहाबुद्धेगीतःश्लो
कोमहात्मना ४७ गुरोरप्यवलिप्तस्यकार्याकार्यमजानतः ॥ उत्पथप्रतिपन्नस्यपरित्यागोविधीयते ४८ सत्वंगुरुरितिप्रेम्णामयासंमानितोभृशम् ॥ गुरुवृत्तिंनजा
नीषेतस्माद्योत्स्यामिवैत्वया ४९ गुरुंनहन्यांसमरेब्राह्मणंचविशेषतः ॥ विशेषतस्तपोवृद्धमेवंक्षांतंमयातव ५० उद्यतेषुमथोदृष्ट्वाब्राह्मणंक्षत्रबंधुवत् ॥ योहन्यात्स
मरेकुद्धंयुध्यंतमपलायिनम् ५१ ब्रह्महत्यानतस्यस्यादितिधर्मेषुनिश्चयः ॥ क्षत्रियाणांस्थितोधर्मेक्षत्रियोऽस्मितपोधन ५२ योयथावर्ततेयस्मिंस्तस्मिन्नेवप्रवर्तयन् ॥
नाधर्मंसमवाप्नोतिनचाश्रेयश्चविंदति ५३

५० । ५१ । ५२ यःपुमान्यस्मिन्नरेयथाप्रीत्याद्वेषेणवावर्ततेसनरस्तस्मिन्तथैवप्रीतिंद्वेषंवाप्रवर्तयन् ५३

ननुत्वामर्थेप्रवर्तयन्नहंत्वयिप्रीतिमेवकरोमीत्याशंक्याह अर्थेवेति । अर्थेगुरुवाक्यादारकरणे धर्मेपितृप्रीत्यर्थस्वीकृतेब्रह्मचर्ये विषयेदेशकालानुसारेणसमर्थोविवेककुशलः तत्रधर्मलोपेनगुरुवाक्यात्प्राप्यमाणोऽर्थःश्रेयानुतनेत्यर्थेसंशयवानुतगुरुवाक्यविरोधेनापिपाल्यमानोधर्मःश्रेयानुतनेतिधर्मेसंशयवान् । एतयोर्मध्येअर्थेसंशयमापन्नोऽर्थमननुतिष्ठन्श्रेयान् परिशेषात्धर्मेतुनिःसंशयोधर्ममेवानुतिष्ठन्श्रेयानित्यर्थः

अर्थेवायदिवाधर्मेसमर्थोदेशकालवित् ॥ अर्थसंशयमापन्नःश्रेयान्निःसंशयोनरः ५४ यस्मात्संशयितेऽप्यर्थेऽयथान्यायंप्रवर्तसे ॥ तस्माद्योत्स्यामिसहितस्त्वयाराममहाहवे ५५ पश्यमेबाहुवीर्यंचविक्रमंचातिमानुषम् ॥ एवंगतेऽपितुमयायच्छक्यंभृगुनंदन ५६ तत्करिष्येकुरुक्षेत्रेयोत्स्येविप्रत्वयासह ॥ द्वंद्वेराम यथेष्टंमेसज्जीभवमहाद्युते ५७ तत्रत्वंनिहतोराममयाशरशतार्दितः ॥ प्राप्स्यसेनिर्जिताँल्लोकान्शस्त्रपूतोमहारणे ५८ सगच्छविनिवर्तस्वकुरुक्षेत्रंरणप्रिय ॥ तत्रैष्यामिमहाबाहोयुद्धायत्वांतपोधन ५९ अपियत्रत्वयारामकृतंशौचंपुरापितुः ॥ तत्राहमपिहत्वात्वांशौचंकर्ताऽस्मिभार्गव ६० तत्रराममसमागच्छत्वरितंयुद्धदुर्मद ॥ व्यपनेष्यामितेदर्पंपौराणंब्राह्मणब्रुवः ६१ यच्चापिकत्थसेरामबहुशःपरिवत्सरे ॥ निर्जिताःक्षत्रियालोकेमयैकेनेतितच्छृणु ६२ नतदाजातवान्भीष्मःक्षत्रियोवाऽपिमद्विधः ॥ पश्चाज्जातानितेजांसितृणेपुज्वलितंत्वया ६३ यस्तेयुद्धमयंदर्पंकामंचव्यपनाशयेत् ॥ सोऽहंजातोमहाबाहोभीष्मःपरपुरंजयः ॥ व्यपनेष्यामितेदर्पंयुद्धेरामनसंशयः ६४ ॥ भीष्मउवाच ॥ ततोमामब्रवीद्रामःप्रहसन्निवभारत ॥ दिष्ट्याभीष्ममयासार्धंयोद्धुमिच्छसिसंगरे ६५ अयंगच्छामिकौरव्यकुरुक्षेत्रंत्वयासह ॥ भाषितंतेकरिष्यामितत्रागच्छपरंतप ६६ तत्रत्वांनिहतंमातामयाशरशताचितम् ॥ जान्हवीपश्यतांभीष्मगृध्रकंकबलाशनम् ६७ कृपणंत्वामभिप्रेक्ष्यसिद्धचारणसेविता ॥ मयाविनिहतंदेवीरोदतामद्यपार्थिव ६८ अतदर्हामहाभागाभगीरथसुतानघा ॥ यात्वामजीजनन्मन्दंयुद्धकामुकमातुरम् ६९ एहिगच्छमयाभीष्मयुद्धकामुकदुर्मद ॥ गृहाणसर्वंकौरव्यरथादिभरतर्षभ ७० इतिब्रुवाणंतमहंरामंपरपुरंजयम् ॥ प्रणम्यशिरसाराममेवमस्त्वित्यथाब्रुवम् ७१ एवमुक्त्वाययौरामःकुरुक्षेत्रंयुयुत्सया ॥ प्रविश्यनगरंचाहंसत्यवत्यैन्यवेदयम् ७२ ततःकृतस्वस्त्ययनोमात्राचप्रतिनंदितः ॥ द्विजातीन्वाच्यपुण्याहंस्वस्तिचैवमहाद्युते ७३ रथमास्थायरुचिरंराजतंपांडुरैर्हयैः ॥ सूपस्करंस्वधिष्ठानंवैयाघ्रपरिवारणम् ७४ उपपन्नंमहाशस्त्रैःसर्वोपकरणान्वितम् ॥ तत्कुलीनेनवीरेणहयशास्त्रविदारणे ७५ यत्तंसूतेनशिष्टेनबहुशोदृष्टकर्मणा ॥ दंशितःपांडुरेणाहंकवचेनवपुष्मता ७६ पांडुरंकार्मुकंगृह्यप्रायांभरतसत्तम ॥ पांडुरेणातपत्रेणध्रियमाणेनमूर्धनि ७७

५४ अयथान्यायमितिच्छेदः न्यायातिक्रमेणमांप्रवर्तयसे ५५ बाहुवीर्यंशाणरक्षेपादौ एवंगतेएवंस्थितेत्वयि ५६ । ५७ । ५८ । ५९ अपियत्रेति । पितृवद्गुरुमरणेऽप्याशौचप्राप्तौसत्यांतत्रैवतीर्थेशौचंमचैलस्नानादिनादशमेऽह्निशुद्धिस्तस्यकरिष्यामीत्यर्थः शौचंरुधिरांजलिदानमित्यर्वाचीनः ६० पौराणंपुराकृतम् ६१ । ६२ । ६३ । ६४ । ६५ । ६६ बलाःकाकाःतेषामशनंअन्नभूतं ६७ । ६८ । ६९ । ७० । ७१ । ७२ । ७३ सूपस्करंस्वंगं स्वधिष्ठानंसुचक्रं वैयाघ्रंव्याघ्रचर्मतदेवपरिवारणंआच्छादनंयस्यतं ७४ । ७५ । ७६ । ७७

७८ । ७९ । ८० । ८१ । ८२ । ८३ । ८४ भार्गवस्यरामस्य ८५ देवीगंगा ८६ । ८७ । ८८ क्षत्रियहणःक्षत्रियहंता ८९ । ९० । ९१ । ९२ । ९३ । ९४ । ९५ ॥

॥ इतिश्रीउद्योगपर्व

पांडुरैश्चापिव्यजनैर्वीज्यमानोनराधिप ॥ शुक्लवासाःसितोष्णीषःसर्वशुक्लविभूषणः ७८ स्तूयमानोजयाशीर्भिर्निष्क्रम्यगजसाह्वयात् ॥ कुरुक्षेत्रंरणक्षेत्रमुपायांभर
तर्षभ ७९ तेहयाश्चोदितास्तेनसूतेनपरमाहवे ॥ अवहन्मांभृशंराजन्मनोमारुतरंहसः ८० गत्वाऽहंतत्कुरुक्षेत्रंसचरामःप्रतापवान् ॥ युद्धायसहसाराजन्परा
क्रांतौपरस्परम् ८१ ततःसंदर्शनेऽतिष्ठंरामस्यातितपस्विनः ॥ प्रगृह्यशंखप्रवरंततःप्राधममुत्तमम् ८२ ततस्तत्रद्विजाराजंस्तापसाश्चवनौकसः ॥ अपश्यंत
रणंदिव्यंदेवाःसेन्द्रगणास्तदा ८३ ततोदिव्यानिमाल्यानिप्रादुरासंस्ततस्ततः ॥ वादित्राणिचदिव्यानिमेघवृंदानिचैवह ८४ ततस्तेतापसाःसर्वेभार्गवस्यानुया
यिनः ॥ प्रेक्षकाःसमपद्यंतपरिवार्यरणाजिरम् ८५ ततोमामब्रवीद्देवीसर्वभूतहितैषिणी ॥ मातास्वरूपिणीराजन्किमिदंतेचिकीर्षितम् ८६ गत्वाहंजामदग्न्यं
तुप्रयाचिष्येकुरूद्वह ॥ भीष्मेणसहमायोत्सीःशिष्येणेतिपुनःपुनः ८७ मामैवंपुत्रनिर्बंधंकुरुविप्रेणपार्थिव ॥ जामदग्न्येनसमरेयोद्धुमित्येवभर्त्सयत् ८८ किंन
वैक्षत्रियहणोहरतुल्यपराक्रमः ॥ विदितःपुत्ररामस्तेयतस्तंयोद्धुमिच्छसि ८९ ततोहमब्रुवंदेवीमभिवाद्यकृतांजलिः ॥ सर्वंतद्भरतश्रेष्ठयथावृत्तंस्वयंवरे ९०
यथाचरामोराजेन्द्रमयापूर्वंप्रचोदितः ॥ काशिराजसुतायाश्चयथाकर्मपुरातनम् ९१ ततःसाराममभ्येत्यजननीमेमहानदी ॥ मदर्थंतमृषिंवीक्ष्यक्षमयामासभार्गव
म् ९२ भीष्मेणसहमायोत्सीःशिष्येणेतिवचोऽब्रवीत् ॥ सचतामाहयाचंतींभीष्ममेवनिवर्तय ॥ नचमेकुरुतेकाममित्यहंतमुपागमम् ९३ ॥ वैशंपायनउवाच ॥
ततोगंगासुतस्नेहाद्भीष्मंपुनरुपागमत् ॥ नचास्याश्चाकरोद्वाक्यंक्रोधपर्याकुलेक्षणः ९४ अथादृश्यतधर्मात्माभृगुश्रेष्ठोमहातपाः ॥ आह्वयामासचतदायुद्धायद्विजसत्त
मः ९५ ॥ इतिश्रीमहाभारतेउद्योगपर्वणिअंबोपाख्यानपर्वणिपरशुरामभीष्मयोःकुरुक्षेत्रावतरणेअष्टसप्तत्युत्तरशततमोऽध्यायः ॥ १७८ ॥ भीष्मउवाच ॥ तमहंस्मय
न्निवरणेप्रत्यभाषंव्यवस्थितम् ॥ भूमिष्ठंनोत्सहेयोद्धुंभवंतंरथमास्थितः १ आरोहस्यंदनंवीरकवचंचमहाभुज ॥ बधानसमरेरामयदियोद्धुंमयेच्छसि २ ततोमाम
ब्रवीद्रामःस्मयमानोरणाजिरे ॥ रथोमेमेदिनीभीष्मवाहावेदाःसदश्ववत् ३ सूतश्चमातरिश्वावैकवचंवेदमातरः ॥ सुसंवीतोरणेताभिर्योत्स्येऽहंकुरुनंदन ४ एवं
ब्रुवाणोगांधारेरामोमांसत्यविक्रमः ॥ शरव्रातेनमहतासर्वतःप्रत्यवारयत् ५ ततोऽपश्यंजामदग्न्यंरथमध्येव्यवस्थितम् ॥ सर्वायुधवरेश्रीमत्यद्भुतोपमदर्शने ६ मनसावि
हितेपुण्येविस्तीर्णेनगरोपमे ॥ दिव्याश्वयुजिसन्नद्धेकांचनेनविभूषिते ७ कवचेनमहाबाहोसोमार्ककृतलक्ष्मणा ॥ धनुर्धरोबद्धतूणोबद्धगोधांगुलित्रवान् ८

णिनीलकंठीये भारतभावदीपेअष्टसप्तत्युत्तरशततमोऽध्यायः ॥ १७८ ॥ तमिति।स्मयन्निवहृष्यन्निव १ । २ । ३ वेदमातरोगायत्रीसावित्रीसरस्वत्यः ४ सव्यतिक्रमइतिपाठेलंघितक्रमः ५ अद्भुतोप
मंअभूतोपमंदर्शनंयस्यतस्मिन् ६ । ७ । ८

९ । १० । ११ । १२ । १३ । १४ । १५ । १६ नतुतेजयमाशासेइत्युक्तिर्भूतिमिच्छतात्वयाप्रागेवमदभिवंदनस्यजयहेतोःकृतत्वादितिभावः तथैवमेतत्कुरुश्रेष्ठकर्तव्यंभूतिमिच्छतेत्यनेनसूचितं १७ । १८

सारथ्यंकृतवांस्तत्रयुयुत्सोरकृतव्रणः ॥ सखावेदविदत्यंतंदयितोभार्गवस्यह ९ आह्वयानःसमांयुद्धेमनोहर्षयतीवमे ॥ पुनःपुनरभिक्रोशन्नभियाहीतिभार्गवः १० तमादित्यमिवोद्यंतमनाधृष्यंमहाबलम् ॥ क्षत्रियांतकरंराममेकमेकःसमासदम् ११ ततोऽहंबाणपातेषुत्रिषुवाहान्निगृह्यवै ॥ अवतीर्यधनुर्न्यस्यपदातिरृषिसत्तमम् १२ अभ्यागच्छंतदाराममर्चिष्यन्द्विजसत्तमम् ॥ अभिवाद्यचैनंविधिवदब्रुवंवाक्यमुत्तमम् १३ योत्स्येत्वयारणेरामसदृशेनाधिकेनवा ॥ गुरुणाधर्मशीलेनजयमाशास्वमेविभो १४ ॥ रामउवाच ॥ एवमेतत्कुरुश्रेष्ठकर्तव्यंभूतिमिच्छता ॥ धर्मोह्येषमहाबाहोविशिष्टैःसहयुध्यताम् १५ शपेयंत्वांनचेदेवमागच्छेथाविशांपते ॥ युध्यस्वत्वंरणेयत्तोधैर्यमालंब्यकौरव १६ नतुतेजयमाशासेत्वांविजेतुमहंस्थितः ॥ गच्छयुध्यस्वधर्मेणप्रीतोऽस्मिचरितेनते १७ ततोऽहंतंनमस्कृत्यरथमारुह्यसत्वरः ॥ प्राध्मापयंरणेशंखंपुनर्हेमपरिष्कृतम् १८ ततोयुद्धंसमभवन्ममतस्यचभारत ॥ दिवसान्सुबहून्राजन्परस्परजिगीषया १९ समेतस्मिन्रणेपूर्वंप्राहरत्कंकपत्रिभिः ॥ षष्ट्याशतैश्चनवभिःशराणांनतपर्वणाम् २० चत्वारस्तेनमेवाहाःसूतश्चैवविशांपते ॥ प्रतिरुद्धास्तथैवाहंसमरेदंशितःस्थितः २१ नमस्कृत्यचदेवेभ्योब्राह्मणेभ्योविशेषतः ॥ तमहंस्मयन्निवरणेप्रत्यभाषंव्यवस्थितम् २२ आचार्यतामानितामेनिर्मर्यादेह्यपित्वयि ॥ भूयश्चशृणुमेब्रह्मन्संपदंधर्मसंग्रहे २३ येतेवेदाःशरीरस्थाब्राह्मण्यंयच्चतेमहत् ॥ तपश्चतेमहत्तप्तंनतेभ्यःप्रहराम्यहम् २४ प्रहारेक्षत्रधर्मस्ययंत्वंरामसमाश्रितः ॥ ब्राह्मणःक्षत्रियत्वंहियातिशस्त्रसमुद्यमात् २५ पश्यमेधनुषोवीर्यंपश्यबाह्वोर्बलंमम ॥ एषतेकार्मुकंवीरच्छिनद्मिनिशितेषुणा २६ तस्याहंनिशितंभल्लंचिक्षेपभरतर्षभ ॥ तेनास्यधनुषःकोटिंछित्वाभूमावपातयम् २७ तथैवचपृषत्कानांशतानिनतपर्वणाम् ॥ चिक्षेपकंकपत्राणांजामदग्न्यरथंप्रति २८ कायेविषक्तास्तुतदावायुनासमुदीरिताः ॥ चेलुःक्षरंतोरुधिरंनागाइवचतेशराः २९ क्षतजोक्षितसर्वांगःक्षरन्सरुधिरंरणे ॥ बभौरामस्तदाराजन्मेरुर्धातुमिवोत्सृजन् ३० हेमंतान्तेऽशोकइवरक्तस्तबकमंडितः ॥ बभौरामस्तथाराजन्प्रफुल्लइवकिंशुकः ३१ ततोऽन्यद्धनुरादायरामःक्रोधसमन्वितः ॥ हेमपुंखान्सुनिशितान्शरांस्तान्हिववर्षसः ३२ तेसमासाद्यमांरौद्राबहुधाममर्मभेदिनः ॥ अकंपयन्महावेगाःसर्पानलविषोपमाः ३३ तमहंसमवष्टभ्यपुनरात्मानमाहवे ॥ शतसंख्यैःशरैःक्रुद्धस्तदाराममवाकिरम् ३४ सतैरग्न्यर्कसंकाशैःशरैराशीविषोपमैः ॥ शितैरभ्यर्दितोरामोमंदचेताइवाभवत् ३५ ततोऽहंकृपयाऽऽविष्टोविष्टभ्यात्मानमात्मना ॥ धिग्धिगित्यब्रुवंयुद्धंक्षत्रधर्मंचभारत ३६

१९ । २० । २१ । २२ मेमयामानिता २३ । २४ । २५ । २६ चिक्षेपेतिपारोक्ष्यार्थेलिट्प्रयोगोहेलयाकृतत्वसूचनार्थः २७ । २८ । २९ । ३० । ३१ । ३२ । ३३ । ३४ । ३५ । ३६

३७ । ३८ । ३९ ॥ इतिउद्योगपर्वणिनीलकंठीये भारतभावदीपे ऊनाशीत्यधिकशततमोऽध्यायः ॥ १७९ ॥ ॥ आत्मनइति १ स्नातापत्रूपैःस्नातैःपराङ्मुखैश्च २ । ३ । ४ । ५ सुतेजितान्सुष्ठुतीक्ष्णो

असकृच्चाब्रुवंराजञ्छोकवेगपरिप्लुतः ॥ अहोबतकृतंपापंमयेदंक्षत्रधर्मणा ३७ गुरुर्द्विजातिर्धर्मात्मायदेवंपीडितःशरैः ॥ ततोनप्राहरंभूयोजामदग्न्यायभारत ३८ अथावताप्यपृथिवींपूषादिवससंक्षये ॥ जगामास्तंसहस्रांशुस्ततोयुद्धमुपारमत् ३९ ॥ इतिश्रीमहाभारतेउद्योगपर्वणिअंबोपाख्यानपर्वणि रामभीष्मयुद्धेऊनाशीत्य धिकशततमोऽध्यायः ॥ १७९ ॥ ॥ भीष्मउवाच ॥ आत्मनस्तुततःसूतोहयानांचविशांपते ॥ ममचापनयामासशल्यान्कुशलसंमतः १ स्नातापवृत्तैस्तुरगैर्ल ब्धतोयैरविह्वलैः ॥ प्रभातेचोदितेसूर्येततोयुद्धमवर्तत २ दृष्ट्वामांतूर्णमायांतंदंशितंस्यंदनेस्थितम् ॥ अकरोद्रथमत्यर्थंरामःसज्जंप्रतापवान् ३ ततोऽहंराममायांतंदृष्ट्वा समरकांक्षिणम् ॥ धनुःश्रेष्ठंसमुत्सृज्यसहसाऽवतरंरथात् ४ अभिवाद्यतथैवाहंरथमारुह्यभारत ॥ युयुत्सुर्जामदग्न्यस्यप्रमुखेवीतभीःस्थितः ५ ततोऽहंशरवर्षेणमहता समवाकिरम् ॥ सचमांशरवर्षेणवर्षंतंसमवाकिरत् ६ संक्रुद्धोजामदग्न्यस्तुपुनरेवसुतेजितान् ॥ संप्रैषीन्मेशरान्घोरान्दीप्तास्यानुरगानिव ७ ततोऽहंनिशितैर्भल्लैःशतशोऽ थसहस्रशः ॥ अच्छिदंसहसाराजन्नंतरिक्षेपुनःपुनः ८ ततस्त्वस्त्राणिदिव्यानिजामदग्न्यःप्रतापवान् ॥ मयिप्रयोजयामासतान्यहंप्रत्यषेधयम् ९ अस्त्रैरेवमहाबाहो चिकीर्षन्नधिकांक्रियाम् ॥ ततोदिविमहान्नादःप्रादुरासीत्समंततः १० ततोऽहमस्त्रंवायव्यंजामदग्न्येप्रयुक्तवान् ॥ प्रत्याजघ्नेचतद्रामोगुह्यकास्त्रेणभारत ११ ततोऽहम स्त्रमाग्नेयमनुमंत्र्यप्रयुक्तवान् ॥ वारुणेनैवतद्रामोवारयामासमेविभुः १२ एवमस्त्राणिदिव्यानिरामस्याहमवारयम् ॥ रामश्चममतेजस्वीदिव्यास्त्रविदरिंदमः १३ ततो मांसव्यतोराजन्रामःकुर्वन्द्विजोत्तमः ॥ उरस्यविध्यत्संक्रुद्धोजामदग्न्यःप्रतापवान् १४ ततोऽहंभरतश्रेष्ठसंन्यषीदंरथोत्तमे ॥ ततोमांकश्मलाविष्टंसूतस्तूर्णमुदावहत् १५ ग्लायंतंभरतश्रेष्ठरामबाणप्रपीडितम् ॥ ततोमामपयातंवैभृशंविद्धमचेतसम् १६ रामस्यानुचराहृष्टाःसर्वेदृष्ट्वाविचुक्रुशुः ॥ अकृतव्रणप्रभृतयःकाशिकन्याचभारत १७ ततस्तुलब्धसंज्ञोऽहंज्ञात्वासूतमथाब्रुवम् ॥ याहिसूतयतोरामःसज्जोऽहंगतवेदनः १८ ततोमामवहत्सूतोहयैःपरमशोभितैः ॥ नृत्यद्भिरिवकौरव्यमारुतप्रतिमै र्गतौ १९ ततोऽहंराममासाद्यबाणवर्षैश्चकौरव ॥ अवाकिरंसुसंरब्धःसंरब्धंचजिगीषया २० तानापततएवासौरामोबाणानजिह्मगान् ॥ बाणैरेवाच्छिनत्तूर्णमेकैकं त्रिभिराहवे २१ ततस्तेसूदिताःसर्वेममबाणाःसुसंशिताः ॥ रामबाणैर्द्विधाच्छिन्नाःशतशोऽथसहस्रशः २२ ततःपुनःशरंदीप्तंसुप्रभंकालसंमितम् ॥ असृजंजामदग्न्या यरामायाहंजिघांसया २३ तेनत्वभिहतोगाढंबाणवेगवशंगतः ॥ मुमोहसमरेरामोभूमौचनिपपातह २४ ततोहाहाकृतंसर्वंरामेभूतलमाश्रिते ॥ जगद्भारतसंविग्नंयथार्क पतनेभवेत् २५ ततएनंसमुद्विग्नाःसर्वएवाभिदुद्रुवुः ॥ तपोधनास्तेसहसाकाश्याचकुरुनंदन २६

कृतान् ६ । ७ । ८ । ९ । १० । ११ । १२ । १३ । १४ । १५ । १६ । १७ । १८ । १९ । २० । २१ । २२ । २३ । २४ । २५ । २६

॥१४३॥ ततएनंपरिष्वज्यशनैराश्वासयंस्तदा ॥ पाणिभिर्जलशीतैश्चजयाशीर्भिश्चकौरव २७ ततःसविह्वलंवाक्यंरामउत्थायचाब्रवीत् ॥ तिष्ठभीष्महतोऽसीतिबाणंसंधाय अ०
कार्मुके २८ समुक्तोन्यपतत्तूर्णंसव्येपार्श्वेमहाहवे ॥ येनाहंभृशमुद्विग्नोव्याघूर्णितइवद्रुमः २९ हत्वाहयांस्ततोरामःशीघ्रास्त्रेणमहाहवे ॥ अवाकिरन्मांविस्रब्धोबाणै १८१
स्तैर्लोमवाहिभिः ३० ततोऽहमपिशीघ्रास्त्रंसमरप्रतिवारणम् ॥ अवासृजंमहाबाहोतेऽन्तराधिष्ठिताःशराः ३१ रामस्यममचैवाशुव्योमावृत्यसमंततः ॥ नस्मसूर्यःप्रत
पतिशरजालसमावृतः ३२ मातरिश्वाततस्तस्मिन्मेघरुद्धइवाभवत् ॥ ततोवायोःप्रकंपाच्चसूर्यस्यचगभस्तिभिः ३३ अभिघातप्रभावाच्चपावकःसमजायत ॥ तेशराः
स्वसमुत्थेनप्रदीप्ताश्चित्रभानुना ३४ भूमौसर्वेतदाराजन्भस्मभूताःप्रपेदिरे ॥ तदाशतसहस्राणिप्रयुतान्यर्बुदानिच ३५ अयुतान्यथखर्वाणिनिखर्वाणिचकौरव ॥ रामः
शराणांसंक्रुद्धोमयितूर्णंन्यपातयत् ३६ ततोऽहंतानपिरणेशरैराशीविषोपमैः ॥ संछिद्यभूमौनृपतेपातयंयंनगानिव ३७ एवंतदभवद्युद्धंतदाभरतसत्तम ॥ संध्याकाले
व्यतीतेतुव्यपायात्सचमेगुरुः ३८ ॥ इतिश्रीमहाभारतेउद्योगपर्वणिअंबोपाख्यानपर्वणि रामभीष्मयुद्धेअशीत्यधिकशततमोऽध्यायः ॥ १८० ॥ ॥ ॥
॥ भीष्मउवाच ॥ समागतस्यरामेणपुनरेवातिदारुणम् ॥ अन्येद्युस्तुमुलंयुद्धंतदाभरतसत्तम १ ततोदिव्यास्त्रविच्छूरोदिव्यान्यस्त्राण्यनेकशः ॥ अयोजयत्सधर्मात्मा
दिवसेदिवसेविभुः २ तान्यहंतत्प्रतीघातैरस्त्रैरस्त्राणिभारत ॥ व्यधमंतुमुलेयुद्धेप्राणांस्त्यक्त्वासुदुस्त्यजान् ३ अस्त्रैरस्त्रेषुबहुधाहतेष्वेवचभारत ॥ अक्रुध्यतमहातेजास्त्यक्त
प्राणःससंयुगे ४ ततःशक्तिंप्राहिणोद्घोररूपामस्त्रैरुद्धेजामदग्न्योमहात्मा ॥ कालोत्सृष्टांप्रज्वलितामिवोल्कांसंदीप्ताग्रांतेजसाव्याप्यलोकम् ५ ततोऽहंतामिषुभिर्दीप्य
मानांसमायांतीमंतकालार्कदीप्ताम् ॥ छित्वात्रिधापातयामासभूमौततोववौपवनःपुण्यगंधिः ६ तस्यांछिन्नायांक्रोधदीप्तोऽथरामःशक्तीर्घोराःप्राहिणोद्द्वादशान्याः ॥
तासांरूपंभारतनोतशक्यंतेजस्वित्वाल्लाघवाच्चैववक्तुम् ७ किंत्वेवाहंविह्वलःसंप्रदृश्यदिग्भ्यःसर्वास्तामहोल्काइवाग्नेः ॥ नानारूपास्तेजसोग्रेणदीप्तायथाऽऽदित्या
द्वादशलोकसंक्षये ८ ततोजालंबाणमयंविवृत्तंसंदृश्यभित्वाशरजालेनराजन् ॥ द्वादशेषून्प्राहिणवंरणेऽहंततःशक्तीरप्यधमंघोररूपाः ९ ततोराजन्जामद
ग्न्योमहात्माशक्तीर्घोराव्याक्षिपद्धेमदंडाः ॥ विचित्रिताःकांचनपट्टनद्धायथामहोल्काज्वलितास्तथाताः १० ताश्चाप्युग्राश्चर्मणावारयित्वाखड्गेनाजौपात
यित्वानरेन्द्र ॥ बाणैर्दिव्यैर्जामदग्न्यस्यसंख्येदिव्यानश्वानभ्यवर्षंसमूतान् ११ निर्मुक्तानांपन्नगानांसरूपादृष्ट्वाशक्तीर्हेमचित्रानिकृत्ताः ॥ प्रादुश्चक्रेदिव्यमस्त्रं
महात्माक्रोधाविष्टोहैहयेशप्रमाथी १२ ॥१४३॥

१३ शरकृत्तःबाणैश्छिन्नः १४ । १५ अस्तंमहीध्रं अस्ताचलं १६ ॥ इतिश्रीमहाभारते उद्योगपर्वणिनीलकंठीये भारतभावदीपे एकाशीत्यधिकशततमोऽध्यायः ॥ १८१ ॥ ततइति १ अभ्रांतेमेघ

ततःश्रेण्यःशलभानामिवोग्राःसमापेतुर्विशिखानांप्रदीप्ताः ॥ समाचिनोच्चापिभृशंशरीरंहयान्सूतंसरथंचैवमह्यम् १३ रथःशरैर्मेनिचितःसर्वतोऽभूत्तथावाहाःसार
थिश्चैवराजन् ॥ युगंरथेषांचतथैवचक्रेतथैवाक्षःशरकृत्तोऽथभग्नः १४ ततस्तस्मिन्बाणवर्षेव्यतीतेशरौघेणप्रत्यवर्षंगुरुंतम् ॥ सविक्षतोमार्गणैर्ब्रह्मराशिर्देहादसक्तं
मुमुचेभूरिरक्तम् १५ यथारामोबाणजालाभितप्तस्तथैवाहंसुभृशंगाढविद्धः ॥ ततोयुद्धंव्यरमच्चापराण्हेभानावस्तंप्रतियातेमहीध्रम् १६ ॥ इतिश्रीमहाभारतेउद्यो
गपर्वणिअंबोपाख्यानपर्वणिएकाशीत्यधिकशततमोऽध्यायः ॥ १८१ ॥ भीष्मउवाच ॥ ततःप्रभातेराजेन्द्रसूर्येविमलतांगते ॥ भार्गवस्यमयासार्धंपुनर्युद्ध
मवर्तत १ ततोऽभ्रांतेरथेतिष्ठन्रामःप्रहरतांवरः ॥ ववर्षशरजालानिमयिमेघइवाचले २ ततःसूतोममसुहृच्छरवर्षेणताडितः ॥ अपयातोरथोपस्थान्मनोममवि
षादयन् ३ ततःसूतोममात्यर्थंकश्मलंप्राविशन्महत् ॥ पृथिव्यांचशराघातान्निपपातमुमोहच ४ ततःसूतोऽजहात्प्राणान्रामबाणप्रपीडितः ॥ मुहूर्तादिव
राजेंद्रमांचभीराविशत्तदा ५ ततःसूतेहतेतस्मिन्क्षिपतस्तस्यमेशरान् ॥ प्रमत्तमनसोरामःप्राहिणोन्मृत्युसंमितम् ६ ततःसूतव्यसनिनंविह्वलंमांसभार्गवः ॥ श
रेणाभ्यहनद्गाढंविकृष्यबलवद्धनुः ७ समेभुजांतरेराजन्निपत्यरुधिराशनः ॥ मयैवसहराजेन्द्रजगामवसुधातलम् ८ मत्वातुनिहतंरामस्ततोमांभरतर्षभ ॥ मेघ
वद्विननादोच्चैर्जहृषेचपुनःपुनः ९ तथातुपतितेराजन्मयिरामोमुदायुतः ॥ उदक्रोशन्महानादंसहतैरनुयायिभिः १० ममतत्राभवन्येतुकुरवःपार्श्वतःस्थिताः ॥
आगताअपियुद्धंतज्जनास्तत्रदिदृक्षवः ॥ आर्तिंपरमिकांजग्मुस्तेतदापतितेमयि ११ ततोपश्यंपतितोराजसिंहद्विजानष्टौसूर्यहुताशनाभान् ॥ तेमांसमंतात्परिवा
र्यतस्थुःस्वबाहुभिःपरिधार्याजिमध्ये १२ रक्ष्यमाणश्चतैर्विप्रैर्नाहंभूमिमुपास्पृशम् ॥ अंतरिक्षेधृतोह्यस्मितैर्विप्रैर्बांधवैरिव १३ श्वसन्निवांतरिक्षेचजलबिंदुभिरुक्षितः ॥
ततस्तेब्राह्मणाराजन्नब्रुवन्परिगृह्यमाम् १४ माभैरितिसमंसर्वेस्वस्तितेऽस्त्वितिचासकृत् ॥ ततस्तेषामहंवाग्भिस्तर्पितःसहसोत्थितः ॥ मातरंसरितांश्रेष्ठामपश्यंरथमा
स्थिताम् १५ हयाश्चमेसंगृहीतास्तयाऽऽसन्महानद्यासंयतिकौरवेंद्र ॥ पादौजनन्याःप्रतिगृह्यचाहंतथापितॄणांरथमभ्यरोहम् १६ ररक्षसामांसरथंहयांश्चोपस्क
राणिच ॥ तामहंप्रांजलिर्भूत्वापुनरेवव्यसर्जयम् १७ ततोऽहंस्वयमुद्यम्यहयांस्तान्वातरंहसः ॥ अयुध्यंजामदग्न्येननिवृत्तेऽहनिभारत १८ ततोऽहंभरतश्रेष्ठवे
गवंतंमहाबलम् ॥ अमुंचंसमरेबाणंरामायहृदयच्छिदम् १९ ततोजगामवसुधांममबाणप्रपीडितः ॥ जानुभ्यांधनुरुत्सृज्यरामोमोहवशंगतः २० ततस्तस्मिन्निपति
तेरामेभूरिसहस्रदे ॥ आवव्रुर्जलदाव्योमक्षरंतोरुधिरंबहु २१ उल्काश्चशतशःपेतुःसनिर्घाताःसकंपनाः ॥ अर्कंचसहसादीप्तंस्वर्भानुरभिसंवृणोत् २२

मंडलसमीपे २ । ३ । ४ । ५ । ६ । ७ । ८ । ९ । १० । ११ द्विजान्ब्राह्मणरूपधरान्वसून् १२ । १३ । १४ । १५ । १६ । १७ । १८ । १९ । २० भूरिसहस्रदेस्वर्णसहस्राणांदातरि ।
'भूरिर्नावासुदेवेचहरेचपरमेष्ठिनि । नपुंसकंसुवर्णेचप्राज्येस्याद्वाच्यलिंगके' इतिमेदिनी २१ सकंपनाः सविद्युतः २२

बलाःबलाकाः २३ । २४ । २५ विह्वलःव्याकुलः क्रोधावेशादेववृद्धिमतः २६ बलसंनिभंगंधकरसवत् । ' बलंगंधरसेरूपे ' इतमेदिनी मायमन्निमित्तं आददानंशरमितिशेषः शरंमय्याददानमिति पाठांतरम् २७ मेमयिअहरत्संहृतवान्मुनीनांवाक्यादित्यर्थः २८ मंडलमयाःमरीचयोमंडलंचयस्यसतथा । तथाचश्रुतिः । ' सैषात्रय्येवविद्यातपतीति ' प्रत्यवहारयावःप्रमासंकृतवंतौआवामितिशेषः

वबुश्ववाताःपरुषाश्चलिताचवसुंधरा ॥ गृध्राबलाश्चकंकाश्चपरिपेतुर्मुदायुताः २३ दीप्तायांदिशिगोमायुर्दारुणंमुहुरुन्नदत् ॥ अनाहतादुंदुभयोविनेदुर्भृशनिःस्वनाः २४ एतदौत्पातिकंसर्वंघोरमासीद्भयंकरम् ॥ विसंज्ञकल्पेधरणींगतेरामेमहात्मनि २५ ततोवैसहसोत्थायरामोमामभ्यवर्तत ॥ पुनर्युद्धायकौरव्यविह्वलःक्रोधमूर्छितः २६ आददानोमहाबाहुःकार्मुकंबलसंनिभम् ॥ ततोमय्याददानंतंराममेवन्यवारयन् ॥ २७ महर्षयःकृपायुक्ताःक्रोधाविष्टोऽथभार्गवः ॥ समेऽहरदमेयात्माशरंकालानलोपमम् २८ ततोरविर्मंत्रमरीचिमंडलोजगामास्तंपांसुपुंजावगूढः ॥ निशाव्यगाहत्सुखशीतमारुताततोयुद्धंप्रत्यवहारयावः २९ एवंराजन्नवहारोबभूवततःपुनर्विमलेऽभूत्सुघोरम् ॥ कल्यंकल्यंविंशतिंवैदिनानितथैवचान्यानिदिनानित्रीणि ३० ॥ इतिश्रीमहाभारतेउद्योगपर्वणिअंबोपाख्यानपर्वणिरामभीष्मयुद्धेद्व्यशीत्यधिकशततमोऽध्यायः ॥ १८२ ॥ ॥ ॥ भीष्मउवाच ॥ ततोऽहंनिशिराजेन्द्रप्रणम्यशिरसातदा ॥ ब्राह्मणानांपितृणांचदेवतानांचसर्वशः १ नक्तंचराणांभूतानांराजन्यानांविशांपते ॥ शयनंप्राप्यरहितेमनसासमचिंतयम् २ जामदग्न्येनमेयुद्धमिदंपरमदारुणम् ॥ अहानिचबहून्यद्यवर्ततेसुमहात्ययम् ३ नचरामंमहावीर्यंशक्तोमिरणमूर्धनि ॥ विजेतुंसमरेविप्रंजामदग्न्यंमहाबलम् ४ यदिशक्योमयाजेतुंजामदग्न्यःप्रतापवान् ॥ दैवतानिप्रसन्नानिदर्शयंतुनिशांमम ५ ततोनिशिचराजेन्द्रप्रसुप्तःशरविक्षतः ॥ दक्षिणेनेहपार्श्वेनप्रभातसमयेतदा ६ ततोऽहंविप्रमुख्यैस्तैर्यैरस्मिपतितोरथात् ॥ उत्थापितोधृतश्चैवमाभैरितिचसांत्वितः ७ तएवमांमहाराजस्वप्नदर्शनमेत्यवै ॥ परिवार्याब्रुवन्वाक्यंतन्निबोधकुरूद्वह ८ उत्तिष्ठमाभैर्गांगेयनभयंतेऽस्तिकिंचन ॥ रक्षामहेत्वांकौरव्यस्वशरीरंहिनोभवान् ९ नत्वांरामोरणेजेताजामदग्न्यःकथंचन ॥ त्वमेवसमरेरामंविजेताभरतर्षभ १० इदमस्त्रंसुदयितंप्रत्यभिज्ञास्यतेभवान् ॥ विदितंहितवाप्येतत्पूर्वस्मिन्देहधारणे ११ प्राजापत्यंविश्वकृतंप्रस्वापंनामभारत ॥ नहीदंवेदरामोऽपिपृथिव्यांवापुमान्क्वचित् १२ तत्स्मरस्वमहाबाहोभृशंसंयोजयस्वच ॥ उपस्थास्यतिराजेन्द्रस्वयमेवतवानघ १३ येनसर्वान्महावीर्यान्प्रशासिष्यसिकौरव ॥ नचरामःक्षयंगंतातेनास्त्रेणनराधिप १४ एनसानतुसंयोगंप्राप्स्यसेजातुमानद ॥ स्वप्स्यतेजामदग्न्योऽसौत्वद्बाणबलपीडितः १५ ततोजित्वात्वमेवैनंपुनरुत्थापयिष्यसि ॥ अस्त्रेणदयितेनाजौभीष्मसंबोधनेनवै १६ एवंकुरुष्वकौरव्यप्रभातेरथमास्थितः ॥ प्रसुप्तंवामृतंवेतितुल्यंमन्यामहेवयम् १७

२९ विमलेदिवसेत्रितमसीत्यर्थः कल्यंकल्यंप्रातःप्रातः ३० ॥ इतिउद्योगपर्वणिनीलकंठीये भारतभावदीपे द्व्यशीत्यधिकशततमोऽध्यायः ॥ १८२ ॥ ॥ ततोऽहमिति १ रहितेएकांते २ । ३ । ४ निशांनिशि दर्शयंतुआत्मानंप्रकाशयंतु ५ । ६ । ७ । ८ । ९ । १० प्रत्यभिज्ञापरिचयस्तंप्राप्स्यसेपूर्वस्मिन्वसुभावे ११ । १२ । १३ । १४ । १५ । १६ । १७

१८ । १९ ॥ इतिश्रीउद्योगपर्वणिनीलकंठीये भारतभावदीपे त्र्यशीत्यधिकशततमोऽध्यायः ॥ १८३ ॥ ॥ ॥ ततइति १ । २ । ३ ४ । ५ धिष्ण्यंनक्षत्रं । ' धिष्ण्यंस्थानाग्नि

नचरामेणमर्तव्यंकदाचिदपिपार्थिव ॥ ततःसमुत्पन्नमिदंप्रस्वापंयुज्यतामिति १८ इत्युक्त्वांऽतर्हिताराजन्सर्वएवद्विजोत्तमाः ॥ अष्टौसदृशरूपास्तेसर्वेभासुर
मूर्तयः १९ ॥ इतिश्रीमहाभारतेउद्योगपर्वणिअंबोपाख्यानपर्वणिभीष्मप्रस्वापनास्त्रलाभेत्र्यशीत्यधिकशततमोऽध्यायः ॥ १८३ ॥ ॥ भीष्मउवाच ॥
ततोरात्रौव्यतीतायांप्रतिबुद्धोऽस्मिभारत ॥ ततःसंचिंत्यवैस्वप्नमवापंहर्षमुत्तमम् १ ततःसमभवद्युद्धंममतस्यचभारत ॥ तुमुलंसर्वभूतानांलोमहर्षणमद्भुतम् २
ततोबाणमयंवर्षंववर्षमयिभार्गवः ॥ न्यवारयमहंतच्चशरजालेनभारत ३ ततःपरमसंक्रुद्धःपुनरेवमहातपाः ॥ ह्यस्तनेनचकोपेनशक्तिंवैप्राहिणोन्मयि ४ इंद्रा
शनिसमस्पर्शांयमदंडसमप्रभाम् ॥ ज्वलंतीमग्निवत्संख्येलेलिहानांसमंततः ५ ततोभरतशार्दूलधिष्ण्यमाकाशगंयथा ॥ समामभ्यवधीत्तूर्णंजत्रुदेशेकुरूद्वह ६
अथासृममस्रवद्घोरंगिरेर्गैरिकधातुवत् ॥ रामेणसुमहाबाहोक्षतस्यक्षतजेक्षण ७ ततोऽहंजामदग्न्यायभृशंक्रोधसमन्वितः ॥ चिक्षेपमृत्युसंकाशंबाणंसर्पविषोपमम्
८ सतेनाभिहतोवीरोललाटेद्विजसत्तमः ॥ अशोभतमहाराजसशृंगइवपर्वतः ९ ससंरब्धःसमावृत्त्यशरंकालांतकोपमम् ॥ संदधेबलवत्कृष्यघोरंशत्रुनिबर्हणम्
१० सवक्षसिपपातोग्रःशरोव्यालइवश्वसन् ॥ महींराजंस्ततश्चाहमगमंरुधिराविलः ११ संप्राप्यतुपुनःसंज्ञांजामदग्न्यायधीमते ॥ प्राहिण्वंविमलांशक्तिंज्वलंती
मशनीमिव १२ सातस्यद्विजमुख्यस्यनिपपातभुजांतरे ॥ विह्वलश्चाभवद्राजन्वेपथुश्चैनमाविशत् १३ ततएनंपरिष्वज्यसखाविप्रोमहातपाः ॥ अकृतव्रणःशु
भैर्वाक्यैराश्वासयदनेकधा १४ समाश्वस्तस्ततोरामःक्रोधामर्षसमन्वितः ॥ प्रादुश्चक्रेतदाब्राह्मंपरमास्त्रंमहाव्रतः १५ ततस्तत्प्रतिघातार्थंब्राह्ममेवास्त्रमुत्तमम् ॥
मयाप्रयुक्तंजज्वालयुगांतमिवदर्शयत् १६ तयोर्ब्रह्मास्त्रयोरासीदंतरावैसमागमः ॥ असंप्राप्यैवरामंचमांचभारतसत्तम १७ ततोव्योम्निप्रादुरभूत्तेजएवहिकेवलम्
भूतानिचैवसर्वाणिजग्मुरार्तिंविशांपते १८ ऋषयश्चसगंधर्वादेवताश्चैवभारत ॥ संतापंपरमंजग्मुरस्त्रतेजोभिपीडिताः १० ततश्चचालपृथिवीसपर्वतवनद्रुमा ॥
संतप्तानिचभूतानिविषादंजग्मुरुत्तमम् २० प्रजज्वालनभोराजन्धूमायंतेदिशोदश ॥ नस्थातुमंतरिक्षेचशेकुराकाशगास्तदा २१ ततोहाहाकृतेलोकेसदेवासुररा
क्षसे ॥ इदमंतरमित्येवंमोक्तुकामोऽस्मिभारत २२ प्रस्वापमस्त्रंत्वरितोवचनाद्ब्रह्मवादिनाम् ॥ विचित्रंचतदस्त्रंमेमनसिप्रत्यभात्तदा २३ ॥ इतिश्रीमहाभारते
उद्योगपर्वणिअंबोपाख्यानपर्वणिपरस्परब्रह्मास्त्रप्रयोगे चतुरशीत्यधिकशततमोऽध्यायः ॥ १८४ ॥ ॥ ॥ ॥ ॥ ॥

सद्मसु । शक्तावृक्षेच ' इतिमेदिनी जत्रुदेशेकंठकक्षयोरंतराले ६ असृंशोणितं पाठांतरेऽसृगपितदेव ७ । ८ । ९ कृष्यआकृष्य १० । ११ । १२ । १३ । १४ । १५ । १६ । १७ । १८ । १९
२० । २१ । २२ । २३ ॥ इतिश्रीमहाभारतेउद्योगपर्वणिनीलकण्ठीये भारतभावदीपे चतुरशीत्यधिकशततमोऽध्यायः ॥ १८४ ॥ ॥ ॥ ॥ ॥ ॥ ॥ ॥

म. भा. टी ततइति। दिविदेवानामितिशेषः १। २। ३। ४। ५ । ६ चक्रेकृतवानहं ७ हेभीष्म सुमंदबुद्धिरहंजितोऽस्मीतिसंबंधः ८ । ९ । १० । ११ । १२ । १३ । १४ देवैर्निवारितः उद्यो०

॥ भीष्मउवाच ॥ ततोहलहलाशब्दोदिविराजन्महानभूत् ॥ प्रस्वापंभीष्ममास्राक्षीरितिकौरवनंदन १ अयुंजमेवचैवाहंतदस्त्रंभृगुनंदने ॥ प्रस्वापंमांप्रयुंजा
नंनारदोवाक्यमब्रवीत् २ एतेवियतिकौरव्यदिविदेवगणाःस्थिताः ॥ तेत्वांनिवारयंत्यद्यप्रस्वापंमाप्रयोजय ३ रामस्तपस्वीब्रह्मण्योब्राह्मणश्चगुरुश्चते ॥ तस्याव
मानंकौरव्यमास्मकार्षीःकथंचन ४ ततोऽपश्यंदिविष्ठान्वैतानष्टौब्रह्मवादिनः ॥ तेमांस्मयंतोराजेन्द्रशनकैरिदमब्रुवन् ५ यथाऽऽहभरतश्रेष्ठनारदस्तत्तथाकुरु ॥ ए
तद्धिपरमंश्रेयोलोकानांभरतर्षभ ६ ततश्चप्रतिसंहृत्यतदस्त्रंस्वापनंमहत् ॥ ब्रह्मास्त्रंदीपयांचक्रेतस्मिन्युधियथाविधि ७ ततोरामोहृषितोराजसिंहदृष्ट्वातदस्त्रंविनिव
र्तितंवै ॥ जितोऽस्मिभीष्मेहसुमंदबुद्धिरित्येववाक्यंसहसाव्यमुंचत् ८ ततोऽपश्यत्पितरंजामदग्न्यःपितुस्तथापितरंचास्यमान्यम् ॥ तेतत्रचैनंपरिवार्यतस्थुरूचु
श्चैनंसांत्वपूर्वंतदानीम् ९ ॥ पितरऊचुः ॥ मास्मैवंसाहसंतातपुनःकार्षीःकथंचन ॥ भीष्मेणसंयुगंगंतुंक्षत्रियेणविशेषतः १० क्षत्रियस्यतुधर्मोऽयंयद्युद्धंभृगुनंदन ॥
स्वाध्यायोव्रतचर्याऽथब्राह्मणानांपरंधनम् ११ इदंनिमित्तेकस्मिंश्चिदस्माभिःप्रागुदाहृतम् ॥ शस्त्रधारणमत्युग्रंतच्चाकार्यंकृतंत्वया १२ वत्सपर्याप्तमेतावद्भीष्मेण
सहसंयुगे ॥ विमर्दस्तेमहाबाहोव्यपयाहिरणादितः १३ पर्याप्तमेतद्भद्रंतेतवकार्मुकधारणम् ॥ विसर्जयैतद्दुर्धर्षतपस्तप्यस्वभार्गव १४ एषभीष्मःशांतनवोदेवैः
सर्वैर्निवारितः ॥ निवर्तस्वरणादस्मादितिचैवप्रसादितः १५ रामेणसहमायोत्सीर्गुरुणेतिपुनःपुनः ॥ नहिरामोरणेजेतुंत्वयान्याय्यःकुरूद्वह १६ मानंकुरुष्वगां
गेयब्राह्मणस्यरणाजिरे ॥ वयंतुगुरवस्तुभ्यंतस्मात्त्वांवारयामहे १७ भीष्मोवसूनामन्यतमोदिष्ट्याजीवसिपुत्रक ॥ गांगेयःशांतनोःपुत्रोवसुरेषमहायशाः १८ क
थंशक्यस्त्वयाजेतुंनिवर्तस्वेहभार्गव ॥ अर्जुनःपांडवश्रेष्ठःपुरंदरसुतोबली १९ नरःप्रजापतिर्वीरःपूर्वदेवःसनातनः ॥ सव्यसाचीतिविख्यातस्त्रिषुलोकेषुवीर्यवान् ॥
भीष्ममृत्युर्यथाकालंविहितोवैस्वयंभुवा २० ॥ भीष्मउवाच ॥ एवमुक्तःसपितृभिःपितॄन्रामोऽब्रवीदिदम् ॥ नाहंयुधिनिवर्तेयमितिमेव्रतमाहितम् २१ ननिवर्ति
तपूर्वश्चकदाचिद्रणमूर्धनि ॥ निवर्त्यतामापगेयःकामंयुद्धात्पितामहाः २२ नत्वहंविनिवर्तिष्येयुद्धादस्मात्कथंचन ॥ ततस्तेमुनयोराजन्नृचीकप्रमुखास्तदा २३ नार
देनैवसहिताःसमागम्येदमब्रुवन् ॥ निवर्तस्वरणात्तातमानयस्वद्विजोत्तमम् २४ इत्यवोचमहंतांश्चक्षत्रधर्मव्यपेक्षया ॥ ममव्रतमिदंलोकेनाहंयुद्धात्कदाचन २५ विमु
खोविनिवर्तेयंपृष्ठतोऽभ्याहतःशरैः ॥ नाहंलोभान्नकार्पण्यान्नभयान्नार्थकारणात् २६ त्यजेयंशाश्वतंधर्ममितिमेनिश्चितामतिः ॥ ततस्तेमुनयःसर्वेनारदप्रमुखान्नृप ॥
२७ भागीरथीचमेमातारणमध्यंप्रपेदिरे ॥ तथैवात्तशरोधन्वीतथैवदृढनिश्चयः ॥ स्थिरोऽहमाहवेयोद्धुंततस्तेराममब्रुवन् २८

इत्येतदेवाहुःनिवर्तस्वेति १५ । १६ । १७ । १८ । १९ । २० । २१ । २२ २३ । २४ । २५ । २६ । २७ । २८ ॥ १४५ ॥

शाम्यशांतोभव २९ । ३० न्यासयांचक्रिरेत्याजितवंतः ३१ । ३२ । ३३ । ३४ । ३५ । ३६ ॥ इतिउद्योगपर्वणिनीलकंठीये भारतभावदीपेपंचाशीत्यधिकशततमोऽध्यायः ॥ १८५ ॥ प्रत्यक्षमिति

समेत्यसहिताभूयःसमरेभृगुनंदनम् ॥ नावनीतंहिहृदयंविप्राणांशाम्यभार्गव २९ रामरामनिवर्तस्वयुद्धादस्माद्द्विजोत्तम ॥ अवध्योवैत्वयाभीष्मस्त्वंचभीष्म
स्यभार्गव ३० एवंब्रुवंतस्तेसर्वेप्रतिरुद्धरणाजिरम् ॥ न्यासयांचक्रिरेशस्त्रंपितरोभृगुनंदनम् ३१ ततोऽहंपुनरेवाथतानष्टौब्रह्मवादिनः ॥ अद्राक्षंदीप्यमाना
न्वैग्रहानष्टाविवोदितान् ३२ तेमांसप्रणयंवाक्यमब्रुवन्समरेस्थितम् ॥ प्रैहिराममहाबाहोगुरुंलोकहितंकुरु ३३ दृष्ट्वानिवर्तितंरामंसुहृद्वाक्येनतेनवै ॥ लो
कानांचहितंकुर्वन्नहमप्याददेवचः ३४ ततोऽहंराममासाद्यववंदेभृशविक्षतः ॥ रामश्चाभ्युत्स्मयन्प्रेम्णामामुवाचमहातपाः ३५ त्वत्समोनास्तिलोकेऽस्मिन्क्ष
त्रियःपृथिवीचरः ॥ गम्यतांभीष्मयुद्धेऽस्मिंस्तोषितोऽहंभृशंत्वया ३६ ममचैवसमक्षंतांकन्यामाहूयभार्गवः ॥ उक्तवान्दीनयावाचामध्येतेषांमहात्मनाम् ३७
॥ इतिश्रीमहाभारतेउद्योगपर्वणिअंबोपाख्यानपर्वणियुद्धनिवृत्तौपंचाशीत्यधिकशततमोऽध्यायः ॥ १८५ ॥ ॥ ॥ रामउवाच ॥ प्रत्यक्षमे
तल्लोकानांसर्वेषामेवभाविनि ॥ यथाशक्त्यामयायुद्धंकृतंवैपौरुषंपरम् १ नचैवमपिशक्नोमिभीष्मंशस्त्रभृतांवरम् ॥ विशेषयितुमत्यर्थमुत्तमास्त्राणिदर्शयन् २
एषामेपरमाशक्तिरेतन्मेपरमंबलम् ॥ यथेष्टंगम्यतांभद्रेकिमन्यद्वाकरोमिते ३ भीष्ममेवप्रपद्यस्वनतेन्याविद्यतेगतिः ॥ निर्जितोह्यस्मिभीष्मेणमहास्त्राणिप्रमुंचता ४
एवमुक्त्वाततोरामोविनिःश्वस्यमहामनाः ॥ तूष्णीमासीत्ततःकन्याप्रोवाचभृगुनंदनम् ५ भगवन्नेवमेवैतद्यथाऽऽहभगवांस्तथा ॥ अजेयोयुधिभीष्मोऽयमपिदे
वैरुदारधीः ६ यथाशक्तियथोत्साहंममकार्यंकृतंत्वया ॥ अनिवार्यंरणेवीर्यमस्त्राणिविविधानिच ७ नचैवशक्यतेयुद्धेविशेषयितुमंततः ॥ नचाहमेनंयास्या
मिपुनर्भीष्मंकथंचन ८ गमिष्यामितुतत्राहंयत्रभीष्मंतपोधन ॥ समरेपातयिष्यामिस्वयमेवभृगूद्वह ९ एवमुक्त्वाययौकन्यारोषव्याकुललोचना ॥ तापस्ये
धृतसंकल्पासामेचिंतयतीवधम् १० ततोमहेंद्रंसहितैर्मुनिभिर्भृगुसत्तमः ॥ यथागतंतथासोऽगान्मामुपामंत्र्यभारत ११ ततोरथंसमारुह्यस्तूयमानोद्विजातिभिः
॥ प्रविश्यनगरंमात्रेसत्यवत्यैन्यवेदयम् १२ यथावृत्तंमहाराजसाचमांप्रत्यनंदत ॥ पुरुषांश्चादिशंप्राज्ञान्कन्यावृत्तांतकर्मणि १३ दिवसेदिवसेह्यस्यागतिजल्पि
तचेष्टितम् ॥ प्रत्याहरंश्चमेयुक्ताःस्थिताःप्रियहितेसदा १४ यदैवहिवनंप्रायात्साकन्यातपसेधृता ॥ तदैवव्यथितोदीनोगतचेताइवाभवम् १५ नहिमांक्षत्रियःक
श्चिद्वीर्येणव्यजयद्युधि ॥ ऋतेब्रह्मविदस्ताततपसासंशितव्रतात् १६ अपिचैतन्मयाराजन्नारदेऽपिनिवेदितम् ॥ व्यासेचैवतथाकार्यंतौचोभौमामवोचताम् १७ नविषा
दस्त्वयाकार्योभीष्मकाशिसुतांप्रति १८ दैवंपुरुषकारेणकोनिवर्तितुमुत्सहेत् ॥ साकन्यातुमहाराजप्रविश्याश्रममंडलम् ॥ यमुनातीरमाश्रित्यतपस्तेपेऽतिमानुषम् १९

१ । २ । ३ । ४ । ५ । ६ । ७ । ८ । ९ । १० । ११ । १२ । १३ अस्याः काशिराजकन्यायाः १४ । १५ । १६ । १७ । १८ । १९

२० । २१ । २२ । २३ । २४ । २५ । २६ । २७ । २८ । २९ । ३० । ३१ । ३२ । ३३ वार्षिकीवर्षास्वेववहतीतिवार्षिकी ३४ । ३५ । ३६ । ३७ । ३८ पतितागता परिधावंतीपर्यटंती ३९

निराहाराकृशारुक्षाजटिलामलपंकिनी ॥ षण्मासान्वायुभक्षाचस्थाणुभूतातपोधना २० यमुनाजलमाश्रित्यसंवत्सरमथापरम् ॥ उदवासंनिराहारापारयामा सभाविनी २१ शीर्णपर्णेनचैकेनपारयामाससापरम् ॥ संवत्सरंतीव्रकोपापादांगुष्ठाग्रधिष्ठिता २२ एवंद्वादशवर्षाणितापयामासरोदसी ॥ निवर्त्यमानाऽपि चसाज्ञातिभिर्नैवशक्यते २३ ततोऽगमद्वत्सभूमिंसिद्धचारणसेविताम् ॥ आश्रमंपुण्यशीलानांतापसानांमहात्मनाम् २४ तत्रपुण्येषुतीर्थेषुसाऽऽप्लुतांगीदि वानिशम् ॥ व्यचरत्काशिकन्यासायथाकामविचारिणी २५ नंदाश्रमेमहाराजतथोलूकाश्रमेशुभे ॥ च्यवनस्याश्रमेचैवब्रह्मणःस्थानएवच २६ प्रयागेदेव यजनेदेवारण्येषुचैवह ॥ भोगवत्यांमहाराजकौशिकस्याश्रमेतथा २७ मांडव्यस्याश्रमेराजन्दिलीपस्याश्रमेतथा ॥ रामह्रदेचकौरव्यपैलगर्गस्यचाश्रमे २८ एतेषुतीर्थेषुतदाकाशिकन्याविशांपते ॥ आप्लावयतगात्राणिव्रतमास्थायदुष्करम् २९ तामब्रवीच्चकौरव्यममनाताजलेस्थिता ॥ किमर्थंक्लिश्यसेभद्रेतथ्यमेव वदस्वमे ३० सैनामथाब्रवीद्राजन्कृतांजलिरनिंदिता ॥ भीष्मेणसमरेरामोनिर्जितश्चारुलोचने ३१ कोऽन्यस्तमुत्सहेज्जेतुमुद्यतेषुंमहीपतिः ॥ साऽहंभीष्म विनाशायतपस्तप्स्येसुदारुणम् ३२ विचरामिमहींदेवियथाहन्यामहंनृपम् ॥ एतद्व्रतफलंदेविपरमस्मिन्यथाहिमे ३३ ततोऽब्रवीत्सागरगाजिह्मंचरसिभाविनि ॥ नैषकामोऽनवद्यांगिशक्यःप्राप्तुंत्वयाऽबले ३४ यदिभीष्मविनाशायकाश्येचरसिवैव्रतम् ॥ व्रतस्थाचशरीरंत्वंयदिनामविमोक्ष्यसि ३५ नदीभविष्यसिशुभेकुटि लावार्षिकोदका ॥ दुस्तीर्थानतुविज्ञेयावार्षिकीनाष्टमासिकी ३६ भीमग्राहवतीघोरासर्वभूतभयंकरी ॥ एवमुक्त्वाततोराजन्काशिकन्यांन्यवर्तत ३७ मातामममहाभागास्मयमानेवभाविनी ॥ कदाचिदष्टमेमासिकदाचिद्दशमेतथा ॥ नप्राश्नीतोदकमपिपुनःसावरवर्णिनी ३८ सावत्सभूमिंकौरव्यतीर्थलोभात्ततस्ततः ॥ पतितापरिधावंतीपुनःकाशिपतेःसुता ३९ सानदीवत्सभूम्यांतुप्रथितांबेतिभारत ॥ वार्षिकीग्राहबहुलादुस्तीर्थाकुटिलातथा ४० साकन्यातपसातेनदेहार्धेन व्यजायत ॥ नदीचराजन्वत्सेषुकन्याचैवाभवत्तदा ४१ ॥ इतिश्रीमहाभारतेउद्योगपर्वणिअंबोपाख्यानपर्वणिअंबातपस्यायांषडशीत्यधिकशततमोऽध्यायः ॥ ॥ १८६ ॥ ॥ भीष्मउवाच ॥ ततस्तेतापसाःसर्वेतपसेधृतनिश्चयाम् ॥ दृष्ट्वान्यवर्तयंस्तातकिंकार्यमितिचाब्रुवन् १ तानुवाचततःकन्यातपोवृद्धानृषीं स्तदा ॥ निराकृताऽस्मिभीष्मेणभ्रंशितापतिधर्मतः २ वधार्थंतस्यदीक्षामेनलोकार्थंतपोधनाः ॥ निहत्यभीष्मंगच्छेयंशांतिमित्येवनिश्चयः ३ यत्कृतेदुःख वसतिमिमांप्राप्ताऽस्मिशाश्वतीं ॥ पतिलोकाद्विहीनाचनैवस्त्रीनपुमानिह ४ नाहत्वायुधिगांगेयंनिवर्तिष्येतपोधनाः ॥ एषमेहृदिसंकल्पोयदिदंकथितंमया ५

४० । ४१ ॥ इतिउद्योगपर्वणिनीलकंठीयेभारतभावदीपे षडशीत्यधिकशततमोऽध्यायः ॥ १८६ ॥ ॥ ॥ ॥ ततइति १ । २ । ३ । ४ । ५

६ । ७ । ८ । ९ शांतंशौर्यधर्मरहितं १० । ११ । १२ । १३ । १४ १५ । १६ । १७ । १८ यमुनामभितः यमुनाद्वीपेइत्यर्थः ॥ १९ ॥ इतिउद्योगपर्वणिनीलकंठीये भारतभावदीपेसप्ताशीत्य
धिकशततमोऽध्यायः ॥ १८७ ॥ ॥ ॥ कथंशिखंडीति १ । २ । ३ । ४ स्त्रीपुमान्पूर्वंस्त्रीसैवपश्चात्पुमान् पूर्वकालैकसर्वेतिसमासः ५ । ६ । ७ । ८ द्रुपदंप्रविवेशहतेनसहमिथुनी

स्त्रीभावेपरिनिर्विण्णापुंस्त्वार्थेकृतनिश्चया ॥ भीष्मेप्रतिचिकीर्षामिनास्मिवार्येतिवैपुनः ६ तांदेवोदर्शयामासशूलपाणिरुमापतिः ॥ मध्येतेषांमहर्षीणांस्वेनरूपेण
तापसीम् ७ छंद्यमानावरेणाथसावव्रेमत्पराजयम् ॥ हनिष्यसीतितांदेवःप्रत्युवाचमनस्विनीम् ८ ततःसापुनरेवाथकन्यारुद्रमुवाचह ॥ उपपद्येत्कथंदेवस्त्रियायुधिजयो
मम ९ स्त्रीभावेनचमेगाढंमनःशांतमुमापते ॥ प्रतिश्रुतश्चभूतेशत्वयाभीष्मपराजयः १० यथाससत्योभवतितथाकुरुवृषध्वज ॥ यथाहन्यांसमागम्यभीष्मंशांत
नवंयुधि ११ तामुवाचमहादेवःकन्यांकिलवृषध्वजः ॥ नमेवागनृतंप्राहसत्यंभद्रेभविष्यति १२ हनिष्यसिरणेभीष्मंपुरुषत्वंचलप्स्यसे ॥ स्मरिष्यसिचतत्सर्वंदेह
मन्यंगतासती १३ द्रुपदस्यकुलेजाताभविष्यसिमहारथः ॥ शीघ्रास्त्रश्चित्रयोधीचभविष्यसिसुसंमतः १४ यथोक्तमेवकल्याणिसर्वमेतद्भविष्यति ॥ भविष्यसिपुमा
न्पश्चात्कस्माच्चित्कालपर्ययात् १५ एवमुक्त्वामहादेवःकपर्दीवृषभध्वजः ॥ पश्यतामेवविप्राणांतत्रैवांतरधीयत १६ ततःसापश्यतांतेषांमहर्षीणामनिंदिता ॥
समाहृत्यवनात्तस्मात्काष्ठानिवरवर्णिनी १७ चितांकृत्वासुमहतींप्रदायचहुताशनम् ॥ प्रदीप्तेऽग्नौमहाराजरोषदीप्तेनचेतसा १८ उक्त्वाभीष्मवधायेतिप्रविवेश
हुताशनम् ॥ ज्येष्ठाकाशिसुताराजन्यमुनामभितोनदीम् १९ ॥ इतिश्रीमहाभारतेउद्योगपर्वणिअंबोपाख्यानपर्वणिअंबाहुताशनप्रवेशे सप्ताशीत्यधिकशततमो
ऽध्यायः ॥ १८७ ॥ ॥ ॥ दुर्योधनउवाच ॥ कथंशिखंडीगांगेयकन्याभूत्वापुरातदा ॥ पुरुषोऽभूद्युधिश्रेष्ठतन्मेब्रूहिपितामह १ ॥ भीष्मउवाच ॥ भार्या
तुतस्यराजेन्द्रद्रुपदस्यमहीपतेः ॥ महिषीदयिताह्यासीदपुत्राचविशांपते २ एतस्मिन्नेवकालेतुद्रुपदोवैमहीपतिः ॥ अपत्यार्थंमहाराजतोषयामासशंकरम् ३ अस्मद्वधा
र्थंनिश्चित्यतपोघोरंसमास्थितः ॥ ऋतेकन्यांमहादेवपुत्रोमेस्यादितिब्रुवन् ४ भगवन्पुत्रमिच्छामिभीष्मंप्रतिचिकीर्षया ॥ इत्युक्तोदेवदेवेनस्त्रीपुमांस्तेभविष्यति
५ निवर्तस्वमहीपालनैतज्जात्वन्यथाभवेत् ॥ सतुगत्वाचनगरंभार्यामिदमुवाचह ६ कृतोयत्नोमहादेवस्तपसाऽऽराधितोमया ॥ कन्याभूत्वापुमान्भावीइति
चोक्तोऽस्मिशंभुना ७ पुनःपुनर्याच्यमानोदिष्टमित्यब्रवीच्छिवः ॥ नतदन्यद्धिभविताभवितव्यंहितत्तथा ८ ततःसानियताभूत्वाऋतुकालेमनस्विनी ॥ पत्नीद्रुपद
राजस्यद्रुपदंप्रविवेशह ९ लेभेगर्भंयथाकालंविधिदृष्टेनकर्मणा ॥ पार्षतस्यमहीपालयथामांनारदोऽब्रवीत् १० ततोदधारसादेवीगर्भंराजीवलोचना ॥ तांसराजाप्रियां
भार्यांद्रुपदःकुरुनन्दन ११ पुत्रस्नेहान्महाबाहुःसुखंपर्यचरत्तदा ॥ सर्वानभिप्रायकृतान्भार्याऽलभतकौरव १२

भावंजगाम ९ विधिदृष्टेनशास्त्रदृष्टेनकर्मणागर्भाधानाख्येन पार्षतस्यगर्भंदधारइतिउत्तरेणसंबंधः १० । ११ अभिप्रायकृतान्वासनानिर्मितान्दोहदानीत्यर्थः १२

१३ प्राजायतनरूतवती १४ । १५ । १६ । १७ । १८ । १९ । २० ॥ इतिउद्योगपर्वणिनीलकंठीये भारतभावदीपे अष्टाशीत्यधिकशततमोऽध्यायः ॥ १८८ ॥ चकारेति १ । २ । ३ शूलयुक्तःपाणिः

अपुत्रस्यसतोराज्ञोद्रुपदस्यमहीपतेः ॥ यथाकालंतुसादेवीमहिषीद्रुपदस्यह १३ कन्यांप्रवररूपांतुप्राजायतनराधिप ॥ अपुत्रस्यतुराज्ञःसाद्रुपदस्यमनस्विनी १४ ख्यापयामासराजेन्द्रपुत्रोह्येषममेतिवै ॥ ततःसराजाद्रुपदःप्रच्छन्नायानराधिप १५ पुत्रवत्पुत्रकार्याणिसर्वाणिसमकारयत् ॥ रक्षणंचैवमंत्रस्यमहिषीद्रुपदस्यसा १६ चकारसर्वयत्नेनब्रुवाणापुत्रइत्युत ॥ नचतांवेदनगरेकश्चिदन्यत्रपार्षतात् १७ श्रद्दधानोहितद्वाक्यंदेवस्याच्युततेजसः ॥ छादयामासतांकन्यांपुमानितिचसोऽब्रवीत् १८ जातकर्माणिसर्वाणिकारयामासपार्थिवः ॥ पुंवद्विधानयुक्तानिशिखंडीतिचतांविदुः १९ अहमेकस्तुचारेणवचनान्नारदस्यच ॥ ज्ञातवान्देववाक्येनअंबायास्तपसातथा २० ॥ इतिश्रीमहाभारतेउद्योगपर्वणिअंबोपाख्यानपर्वणिशिखंडयुत्पत्तावष्टाशीत्यधिकशततमोऽध्यायः ॥ १८८ ॥ ॥ भीष्मउवाच ॥ चकार यत्नंद्रुपदःसुतायाःसर्वकर्मसु ॥ ततोलेख्यादिषुतथाशिल्पेषुचपरंतप १ इष्वस्त्रेचैवराजेन्द्रद्रोणशिष्योबभूवह ॥ तस्यमातामहाराजराजानंवरवर्णिनी २ चोदयामास भार्यार्थंकन्यायाःपुत्रवत्तदा ॥ ततस्तांपार्षतोदृष्ट्वाकन्यांसंप्राप्तयौवनाम् ॥ स्त्रियंमत्वाततश्चिंतांप्रपेदेसहभार्यया ३ ॥ द्रुपदउवाच ॥ कन्याममेयंसंप्राप्तायौवनंशोकवर्धिनी ॥ मयाप्रच्छादिताचेयंवचनाच्छूलपाणिनः ४ ॥ भार्योवाच ॥ नतन्मिथ्यामहाराजभविष्यतिकथंचन ॥ त्रैलोक्यकर्ताकस्माद्धिवृथावक्तुमिहार्हति ५ यदितेरोचतेराजन्वक्ष्यामिशृणुमेवचः ॥ श्रुत्वेदानींप्रपद्येथाःस्वांमतिंपृषतात्मज ६ क्रियतामस्ययत्नेनविधिवद्दारसंग्रहः ॥ भवितातद्वचःसत्यमितिमेनिश्चितामतिः ७ ततस्तौनिश्चयंकृत्वातस्मिन्कार्येऽथदंपती ॥ वरयांचक्रतुःकन्यांदशार्णाधिपतेःसुताम् ८ ततोराजाद्रुपदोराजसिंहःसर्वान्राज्ञःकुलतःसन्निशाम्य ॥ दाशार्णकस्यनृपतेस्तनूजांशिखंडिनेवरयामासदारान् ९ हिरण्यवर्मेतिनृपोयोऽसौदाशार्णकःस्मृतः ॥ सचप्रादान्महीपालःकन्यांतस्मैशिखंडिने १० सचराजादशार्णेषुमहानासीत्सुदुर्जयः ॥ हिरण्यवर्मादुर्धर्षोमहासेनोमहामनाः ११ कृतेविवाहेतुतदासाकन्याराजसत्तम ॥ यौवनंसमनुप्राप्तासाचकन्याशिखंडिनी १२ कृतदारःशिखंडीचकांपिल्यंपुनरागमत् ॥ ततःसावेदतांकन्यांकंचित्कालंस्त्रियंकिल ॥ हिरण्यवर्मणःकन्याज्ञात्वातांतुशिखंडिनीम् १३ धात्रीणांचसखीनांचव्रीडयानान्यवेदयत् ॥ कन्यांपंचालराजस्यसुतांतांवैशिखंडिनीम १४ ततस्ताराजशार्दूलधात्र्योदाशार्णिकास्तदा ॥ जग्मुरार्तिंपरांप्रेष्याःप्रेषयामासुरेवच १५ ततोदशार्णाधिपतेःप्रेष्याःसर्वान्यवेदयन् ॥ विप्रलंभंयथावृत्तंसचचुक्रोधपार्थिवः १६

शूलपाणिःसोस्यास्तीतिशूलपाणीतस्यशूलपाणिनः व्रीह्यादित्वान्मत्वर्थीयइनिः ४ । ५ । ६ । ७ । ८ । ९ । १० । ११ । १२ । १३ धात्रीणांपितृगृहादागतानांसखीनांच १४ ताएवधात्र्यःस्वाःप्रेष्या दासीःप्रेषयामासुःदशार्णपतिमितिशेषः १५ विप्रलंभंवंचनां १६

१७ । १८ । १९ उत्सार्यनीत्वा २० अभिषंगात्पराभवात् २१ । २२ उद्धरामिउच्छेत्स्यामि २३ ॥ इतिउद्योगपर्वणिनीलकंठीये भारतभावदीपे ऊननवत्यधिकशततमोऽध्यायः ॥ १८९ ॥

शिखंडयपिमहाराजपुंवद्राजकुलेतदा ॥ विजहारमुदायुक्तःस्त्रीत्वंनैवातिरोचयन् १७ ततःकांतपयाहस्यतच्छ्रुत्वाभरतर्षभ ॥ हिरण्यवर्मोराजेन्द्ररोषादार्तिंजगामह
१८ ततोदाशार्णकोराजातीव्रकोपसमन्वितः ॥ दूतंप्रस्थापयामासद्रुपदस्यनिवेशनम् १९ ततोद्रुपदमासाद्यदूतःकांचनवर्मणः ॥ एकएकांतमुत्सार्यरहोवचनम
ब्रवीत् २० दाशार्णराजोराजंस्त्वामिदंवचनमब्रवीत् ॥ अभिषंगात्प्रकुपितोविप्रलब्धस्त्वयाऽनघ २१ अवमन्यसेमांनृपतेनूनंदुर्मंत्रितंतव ॥ यन्मेकन्यांस्वक
न्यार्थेमोहाद्याचितवानसि २२ तस्याद्यविप्रलंभस्यफलंप्राप्नुहिदुर्मते ॥ एषत्वांसजनामात्यमुद्धरामिस्थिरोभव २३ ॥ इतिश्रीमहाभारतेउद्योगपर्वणिअंबोपा
स्यानपर्वणिहिरण्यवर्मदूतागमनेऊननवत्यधिकशततमोऽध्यायः ॥ १८९ ॥ ॥ ॥ ॥ भीष्मउवाच ॥ एवमुक्तस्यदूतेनद्रुपदस्यतदानृप ॥ चोरस्येव
गृहीतस्यनप्रावर्ततभारती १ सयत्नमकरोत्तीव्रंसम्बन्धिन्यनुमानने ॥ दूतैर्मधुरसंभाषैर्नैतदस्तीतिसंदिशन् २ सराजाभूयएवाथज्ञात्त्वातत्त्वमथागमत् ॥ कन्येतिपां
चालसुतांत्वरमाणोविनिर्ययौ ३ ततःसंप्रेषयामासमित्राणाममितौजसाम् ॥ दुहितुर्विप्रलंभंतंधात्रीणांवचनात्तदा ४ ततःसमुदयंकृत्वाबलानांराजसत्तमः ॥ अ
भियानेमतिंचक्रेद्रुपदंप्रतिभारत ५ ततःसंमंत्रयामाससमंत्रिभिःसमहीपतिः ॥ हिरण्यवर्माराजेन्द्रपांचाल्यंपार्थिवंप्रति ६ तत्रवैनिश्चितंतेषामभूद्राज्ञांमहात्मनाम् ॥
तथ्यंभवतिचेदेतत्कन्याराजन्शिखंडिनी ७ बद्ध्वापंचालराजानमानयिष्यामहेगृहम् ॥ अन्यंराजानमाधायपंचालेषुनरेश्वरम् ८ घातयिष्यामनृपतिंपांचालंसशिखं
डिनम् ९ तत्तदाऽनृतमाज्ञायपुनर्दूतान्नराधिपः ॥ प्रास्थापयत्पार्षतायनिहन्मीतिस्थिरोभव १० ॥ भीष्मउवाच ॥ सहिप्रकृत्यावैभीतःकिल्बिषीचनराधिपः ॥
भयंतीव्रमनुप्राप्तोद्रुपदःपृथिवीपतिः ११ विसृज्यदूतान्दाशार्णेद्रुपदःशोकमूर्छितः ॥ समेत्यभार्यांरहितेवाक्यमाहनराधिपः १२ भयेनमहताऽऽविष्टोहृदिशोके
नचाहतः ॥ पांचालराजोदयितांमातरंवैशिखंडिनः १३ अभियास्यतिमांकोपात्संबंधीसुमहाबलः ॥ हिरण्यवर्मानृपतिःकर्षमाणोवरूथिनीम् १४ किमिदानींक
रिष्यावोमूढौकन्यामिमांप्रति ॥ शिखंडीकिलपुत्रस्तेकन्येतिपरिशंकितः १५ इतिसंचिंत्ययत्नेनसमित्रःसबलानुगः । वंचितोऽस्मीतिमन्वानोमांकिलोद्धर्तुमि
च्छति १६ किमत्रतथ्यंसुश्रोणिमिथ्याकिंब्रूहिशोभने ॥ श्रुत्वात्त्वत्तःशुभंवाक्यंसंविधास्याम्यहंतथा १७ अहंहिसंशयंप्राप्तोबालाचेयंशिखंडिनी ॥ त्वंचराज्ञि
महत्कृच्छ्रंसंप्राप्तावरवर्णिनि १८ सात्वंसर्वविमोक्षायतत्त्वमाख्याहिपृच्छतः ॥ तथाविदध्यांसुश्रोणिकृत्यमाशुशुचिस्मिते १९

एवमिति १ । २ अगमतज्ज्ञातवान् ३ । ४ समुदयंसमुदायं ५ । ६ । ७ । ८ । ९ । १० । ११ । १२ । १३ । १४ । १५ । १६ । १७ । १८ । १९

भार्यायाअदंडयत्वंजानन्स्वस्यनिर्दोषतांख्यापयितुमुभयकृतमप्यपराधंलोकमध्येभार्यायामेवासंजयितुमाह शिखंडिनीति । यद्यप्यहंशिखंडयर्थेत्वयाशिखंडिन्याचवंचितस्तथाऽपित्वंमाभैः शिखंडिनिविषये विधास्येयुवयोर्धारणंचकरिष्येनतुहिंसिष्येइत्यर्थः यद्वा । हेशिखंडिनित्वंमाभैः हेवरारोहेभार्येत्वंचमाभैरितिद्वयोरपिअभयंदत्वाजनमध्येपृच्छति २० मयेति । विधास्येकरिष्ये २१ परस्यशत्रोर्लोकस्यच २२ ॥ इतिउद्योगपर्वणि नीलकंठीये भारतभावदीपे नवत्यधिकशततमोऽध्यायः ॥ १९० ॥ ॥ ॥ ॥ ततइति १ । २ । ३ । ४ ५ सम्बन्धकंसमर्थ्यंयुक्तमेवसांबंधिकं

शिखंडिनिचमाभैस्त्वंविधास्येतत्रतत्त्वतः ॥ कृपयाऽहंवरारोहेवंचितःपुत्रधर्मतः २० मयादाशार्णकोराजावंचितःसमहीपतिः ॥ तदाचक्ष्वमहाभागेविधास्ये तत्रयद्धितम् २१ जानताहिनरेन्द्रेणख्यापनार्थंपरस्यवै ॥ प्रकाशंचोदितादेवीप्रत्युवाचमहीपतिम् २२ ॥ इतिश्रीमहाभारतेउद्योगपर्वणिअंबोपाख्यानपर्वणि द्रुपदप्रश्नेनवत्यधिकशततमोऽध्यायः ॥ १९० ॥ ॥ ॥ ॥ भीष्मउवाच ॥ ततःशिखंडिनोमातायथातत्त्वंनराधिप ॥ आचचक्षेमहाबाहोभर्त्रेकन्यांशिखंडिनीम् १ अपुत्रयामयाराजन्सपत्नीनांभयादिदम् ॥ कन्याशिखंडिनीजातापुरुषोवैनिवेदिता २ त्वयाचैवनरश्रेष्ठतन्मेप्रीत्याऽनुमोदितम् ॥ पुत्रकर्मकृतंचैवकन्यायाःपार्थिवर्षभ ३ भार्याचोढात्वयाराजन्दशार्णाधिपतेःसुता ॥ मयाचप्रत्यभिहितंदेववाक्यार्थदर्शनात् ॥ कन्याभूत्वापुमान्भावीत्येवंचैतदुपेक्षितम् ४ एतच्छ्रुत्वाद्रुपदोयज्ञसेनःसर्वंतत्त्वंमंत्रविद्भ्योनिवेद्य ॥ मंत्रंराजामंत्रयामासराजन्यथायुक्तंरक्षणेवैप्रजानाम् ५ संबंधकंचैवसमर्थ्यतस्मिन्दाशार्णकेवैनृपतौनरेन्द्र ॥ स्वयंकृत्वाविप्रलंभंयथावन्मंत्रैकाग्रोनिश्चयंवैजगाम ६ स्वभावगुप्तंनगरमापत्कालेतुभारत ॥ गोपयामासराजेन्द्रसर्वतःसमलंकृतम् ७ आर्तिंचपरमांराजाजगामसहभार्यया ॥ दशार्णपतिनासार्धंविरोधेभरतर्षभ ८ कथंसंबंधिनासार्धंनमेस्याद्विग्रहोमहान् ॥ इतिसंचिंत्यमनसादेवतामर्चयत्तदा ९ तंतुदृष्ट्वातदाराजन्देवीदेवपरंतदा ॥ अर्चांप्रयुंजानमथोभार्यावचनमब्रवीत् १० देवानांप्रतिपत्तिश्चसत्यंसाधुमतासताम् ॥ किमुदुःखार्णवंप्राप्यतस्मादर्चयतांगुरून् ११ दैवतानिचसर्वाणिपूज्यंतांभूरिदक्षिणम् ॥ अग्नयश्चापिहूयंतांदाशार्णप्रतिषेधने १२ अयुद्धेननिवृत्तिंचमनसाचिंतयप्रभो ॥ देवतानांप्रसादेनसर्वमेतद्भविष्यति १३ मंत्रिभिर्मंत्रितंसार्धंत्वयापृथुललोचन ॥ पुरस्यास्याविनाशाययच्चराजंस्तथाकुरु १४ दैवंहिमानुषोपेतंभृशंसिद्ध्यतिपार्थिव ॥ परस्परविरोधाद्धिसिद्धिरस्तिनचैतयोः १५ तस्माद्विधायनगरेविधानंसचिवैःसह ॥ अर्चयस्वयथाकामंदैवतानिविशांपते १६ एवंसंभाषमाणौतुदृष्ट्वाशोकपरायणौ ॥ शिखंडिनीतदाकन्याव्रीडितेवतपस्विनी १७ ततःसाचिंतयामासमत्कृतेदुःखितावुभौ ॥ इमावितिततश्चक्रेमतिंप्राणविनाशने १८ एवंसानिश्चयंकृत्वाभृशंशोकपरायणा ॥ निर्जगामगृहंत्यक्त्वागहनंनिर्जनंवनम् १९ यक्षेणर्द्धिमताराजन्स्थूणाकर्णेनपालितम् ॥ तद्भयादेवचजनोविसर्जयतितद्वनम् २०

मयाकृतंनप्रतारणाकृतेतिउपपाद्य ६ । ७ । ८ । ९ देवीराज्ञी १० साधुमताकल्याणवतापिदेवानांप्रतिपत्तिःपूजानित्यंकर्तव्येतिशेषः किमुदुःखार्णवंप्राप्यकर्तव्येति तस्मात्भवान्गुरून्देवाराधनार्थंब्राह्मणान्अर्चयतांपूजयतु ११ भूरिदक्षिणंयथास्यात्तथा प्रतिषेधनेपरावृत्त्यर्थं १२ । १३ । १४ । १५ । १६ । १७ । १८ । १९ । २०

सुधामृत्तिकलेपनंसुधाचूर्णंमैवमृत्तिकातयालेपनंयस्य लाजोल्लापिकःलाजानिउशीराणिउल्लापयतिसूचयतीतिलाजोल्लापिकः उशीरपरिमलयुक्तधूमाढ्यमित्यर्थः । 'उशीरेलाजमुद्दिष्टम्' इतिविश्वः २१
२२ । २३ । २४ । २५ । २६ । २७ । २८ । २९ । ३० ॥ इतिउद्योगपर्वणिनीलकंठीयेभारतभावदीपे एकनवत्यधिकशततमोऽध्यायः ॥ १९१ ॥ ॥ शिखंडीति । चिंत्यचिंतयित्वा १

तत्रचस्थूणभवनंसुधामृत्तिकलेपनम् ॥ लाजोल्लापिकधूमाढ्यमुच्चप्राकारतोरणम् २१ तत्प्रविश्यशिखंडीसाद्रुपदस्यात्मजान्नृप ॥ अनश्नानाबहुतिथंशरीरमुद
शोषयत् २२ दर्शयामासतांयक्षःस्थूणोमार्दवसंयुतः ॥ किमर्थोयंतवारंभःकरिष्येब्रूहिमाचिरम् २३ अशक्यमितिसायक्षंपुनःपुनरुवाचह ॥ करिष्यामी
तिवैक्षिप्रंप्रत्युवाचाथगुह्यकः २४ धनेश्वरस्यानुचरोवरदोऽस्मिनृपात्मजे ॥ अदेयमपिदास्यामिब्रूहियत्तेविवक्षितम् २५ ततःशिखंडीतत्सर्वमखिलेनन्यवेदय
त् ॥ तस्मैयक्षप्रधानायस्थूणाकर्णायभारत २६ ॥ शिखंड्युवाच ॥ अपुत्रोमेपितायक्षनचिरान्नाशमेष्यति ॥ अभियास्यतिसक्रोधोदशार्णाधिपतिर्हितम् ॥
२७ महाबलोमहोत्साहःसहेमकवचोनृपः ॥ तस्माद्रक्षस्वमांयक्षमातरंपितरंचमे २८ प्रतिज्ञातोहिभवतादुःखप्रतिशमोमम ॥ भवेयंपुरुषोयक्षत्वत्प्रसादादनिं
दितः २९ यावदेवसराजावैनोपयातिपुरंमम ॥ तावदेवमहायक्षप्रसादंकुरुगुह्यक ३० ॥ इतिश्रीमहाभारतेउद्योगपर्वणिअंबोपाख्यानपर्वणिस्थूणाकर्णसमाग
मेएकनवत्यधिकशततमोऽध्यायः ॥ १९१ ॥ भीष्मउवाच ॥ शिखंडिवाक्यंश्रुत्वाऽथसयक्षोभरतर्षभ ॥ प्रोवाचमनसाचिंत्यदैवेनोपनिपीडितः १
भवितव्यंतथातद्धिममदुःखायकौरव ॥ भद्रेकामंकरिष्यामिसमयंतुनिबोधमे २ किंचित्कालांतरेदास्येपुल्लिंगंस्वमिदंतव ॥ आगंतव्यंत्वयाकालेसत्यंचैववदस्व
मे ३ प्रभुःसंकल्पसिद्धोऽस्मिकामचारीविहंगमः ॥ मत्प्रसादात्पुरंचैवत्राहिबंधूंश्चकेवलम् ४ स्त्रीलिंगंधारयिष्यामितवेदंपार्थिवात्मजे ॥ सत्यंमेप्रतिजानीहि
करिष्यामिप्रियंतव ५ ॥ शिखंड्युवाच ॥ प्रतिदास्यामिभगवन्पुल्लिंगंतवसुव्रत ॥ किंचित्कालांतरंस्त्रीत्वंधारयस्वनिशाचर ६ प्रतियातेदशार्णेतुपार्थिवे
हेमवर्मणि ॥ कन्यैवहिभविष्यामिपुरुषस्त्वंभविष्यसि ७ ॥ भीष्मउवाच ॥ इत्युक्त्वासमयंतत्रचक्रातेतावुभौनृप ॥ अन्योन्यस्याभिसंदेहेतौसंक्रामयतांततः
८ स्त्रीलिंगंधारयामासस्थूणायक्षोऽथभारत ॥ यक्षरूपंचतद्दीप्तंशिखंडीप्रत्यपद्यत ९ शिखंडीपांचाल्यःपुंस्त्वमासाद्यपार्थिव ॥ विवेशनगरंहृष्टःपितरंचसमासदत्
१० यथावृत्तंतुतत्सर्वमाचख्यौद्रुपदस्यतत् ॥ द्रुपदस्तस्यतच्छ्रुत्वाहर्षमाहारयत्परम् ११ सभार्यस्तच्चसस्मारमहेश्वरवचस्तदा ॥ ततःसंप्रेषयामासदशार्णा
धिपतेर्नृपः १२ पुरुषोऽयंममसुतःश्रद्धत्तांमेभवानिति ॥ अथदाशार्णकोराजासहसाऽभ्यागमत्तदा १३ पंचालराजंद्रुपदंदुःखशोकसमन्वितः ॥ ततःकांपि
ल्यमासाद्यदशार्णाधिपतिस्ततः १४ प्रेषयामाससत्कृत्यदूतंब्रह्मविदांवरम् ॥ ब्रूहिमद्वचनाद्दूतपांचाल्यंतंनृपाधमम् १५

२ । ३ विहंगमःआकाशगामी ४ । ५ । ६ । ७ समयंशपथं संदेहेलिंगे सम्यग्दिह्येतेउपचीयेतेरतिकालेप्रथेतेइतिव्युत्पत्तेः । अभिसंदोदेहेइतिपाठेऽपिसंदुह्यतेप्रजाआभ्यामितिव्युत्पत्त्यातेएव ८ । ९
१० । ११ । १२ । १३ । १४ । १५

१६ । १७ । १८ । १९ । २० । २१ । २२ । २३ उत्तरंउत्कृष्टतरं २४ । २५ । २६ आगमःपरीक्षा २७ । २८ । २९ । ३० । ३१ । ३२ । ३३ । ३४ लाज्यैःउशीरजैः पाठांतरेलाजैरुशीरैः । भक्ष्यंल

यन्मेकन्यांस्वकन्यार्थेवृतवानसिदुर्मते ॥ फलंतस्यावलेपस्यद्रक्ष्यस्यद्यनसंशयः १६ एवमुक्तश्चतेनासौब्राह्मणोराजसत्तम ॥ दूतःप्रयातोनगरंदाशार्णनृपचोदितः १७ ततआसादयामासपुरोधाद्रुपदंपुरे ॥ तस्मैपांचालकोराजागामर्घ्यंचसुसत्कृतम् १८ प्रापयामासराजेन्द्रसहतेनशिखंडिना ॥ तांपूजांनाभ्यनंदत्सवाक्यंचेदमुवाचह १९ यदुक्तंतेनवीरेणराज्ञाकांचनवर्मणा ॥ यत्तेऽहमधमाचारदुहित्राऽस्म्यभिवंचितः २० तस्यपापस्यकरणात्फलंप्राप्नुहिदुर्मते ॥ तेहियुद्धंनरपतेममाद्यरणमूर्धनि २१ उद्धरिष्यामितेसद्यःसामात्यसुतबांधवम् ॥ तदुपालंभसंयुक्तंश्रावितःकिलपार्थिवः २२ दशार्णपतिनाचोक्तोमंत्रिमध्येपुरोधसा ॥ अभवद्भरतश्रेष्ठद्रुपदःप्रणयानतः २३ यदाहमांभवान्ब्रह्मन्संबंधिवचनाद्वचः ॥ अस्योत्तरंप्रतिवचोदूतोराज्ञेवदिष्यति २४ ततःसंप्रेषयामासद्रुपदोऽपिमहात्मने ॥ हिरण्यवर्मणेदूतंब्राह्मणंवेदपारगम् २५ तमागम्यतुराजानंदशार्णाधिपतिंतदा ॥ तद्वाक्यमाददेराजन्यदुक्तंद्रुपदेनह २६ आगमःक्रियतांव्यक्तःकुमारोऽयंसुतोमम ॥ मिथ्यैतदुक्तंकेनापितदश्रद्धेयमित्युत २७ ततःसराजाद्रुपदस्यश्रुत्वाविमर्षयुक्तोयुवतीर्वरिष्ठाः ॥ संप्रेषयामाससुचारुरूपाःशिखंडिनंस्त्रीपुमान्वेतिवेत्तुम् २८ ताःप्रेषितास्तत्त्वभावंविदित्वाप्रीत्याराज्ञेतच्छशंसुर्हिसर्वम् ॥ शिखंडिनंपुरुषंकौरवेन्द्रदाशार्णराजायमहानुभावम् २९ ततःकृत्वातुराजासआगमंप्रीतिमानथ ॥ संबंधिनासमागम्यहृष्टोवासमुवासह ३० शिखंडिनेचमुदितःप्रादाद्वित्तंजनेश्वरः ॥ हस्तिनोश्वांश्चगाश्चैवदास्योऽथबहुलास्तथा ३१ पूजितश्चप्रतिययौनिर्भर्त्स्यतनयांकिल ॥ विनीतकिल्बिषेप्रीतेहेमवर्मणिपार्थिवे ३२ प्रतियातेदशार्णेतुहृष्टरूपाशिखंडिनी ॥ कस्यचित्त्वथकालस्यकुबेरोनरवाहनः ॥ लोकयात्रांप्रकुर्वाणःस्थूणस्यागान्निवेशनम् ३३ सतद्गृहस्योपरिवर्तमानआलोकयामासधनाधिगोप्ता ॥ स्थूणस्ययक्षस्यविवेशवेश्मस्वलंकृतंमाल्यगुणैर्विचित्रैः ३४ लाज्यैश्चगंधैश्चतथावितानैरभ्यर्चितंधूपनधूपितंच ॥ ध्वजैःपाताकाभिरलंकृतंचभक्ष्यान्नपेयामिषदंतहोमम् ३५ तत्स्थानंतस्यदृष्ट्वातुसर्वतःसमलंकृतम् ॥ मणिरत्नसुवर्णानांमालाभिःपरिपूरितम् ३६ नानाकुसुमगंधाढ्यंसिक्तसंमृष्टशोभितम् ॥ अथाब्रवीद्यक्षपतिस्तान्यक्षाननुगांस्तदा ३७ स्वलंकृतमिदंवेश्मस्थूणस्यामितविक्रमाः ॥ नोपसर्पतिमांचैवकस्मादद्यसमन्दधीः ३८ यस्माज्जानन्समन्दात्मामामसौनोपसर्पति ॥ तस्मात्तस्मैमहादंडोधार्यःस्यादितिमेमतिः ३९ ॥ यक्षाऊचुः ॥ द्रुपदस्यसुताराजन्राज्ञोजाताशिखंडिनी ॥ तस्यानिमित्तेकस्मिंश्चित्प्रादात्पुरुषलक्षणम् ४०

क्ष्यंइक्षुदंडादिदंतव्यापारग्राह्यं । अन्नंअदनीयंओदनपायसखंडशर्करादिभोज्यंलेह्यरूपं । पेयंसुरासवादि । आमिषंमांसंअभ्यर्हितत्वादस्यभक्ष्यात्पृथक्करणं एतान्येवदंतहोमादन्तैर्हूयंतइतिव्युत्पत्त्याऽभ्यवहार्याणियस्मिन्तंभक्ष्यान्नपेयामिषदंतहोमं । आमिषमप्रमेयमितिपाठस्तुमूर्खकल्पितः ३५ । ३६ । ३७ । ३८ । ३९ । ४०

अग्रहील्लक्षणंस्त्रीणांस्त्रीभूतोतिष्ठतेगृहे ॥ नोपसर्पतितेनासौसव्रीडःस्त्रीसरूपवान् ४१ एतस्मात्कारणाद्राजन्स्थूणोनत्वाद्यसर्पति ॥ श्रुत्वाकुरुयथान्यायंविमानमिह
तिष्ठताम् ४२ आनीयतांस्थूणइतिततोयक्षाधिपोऽब्रवीत् ॥ कर्ताऽस्मिनिग्रहंतस्यप्रत्युवाचपुनःपुनः ४३ सोऽभ्यगच्छतयक्षेन्द्रमाहूतःपृथिवीपते ॥ स्त्रीसरूपोमहा
राजतस्थौव्रीडासमन्वितः ४४ तंशशापाथसंक्रुद्धोधनदःकुरुनंदन ॥ एवमेवभवत्वद्यस्त्रीत्वंपापस्यगुह्यकाः ४५ ततोऽब्रवीद्यक्षपतिर्महात्मायस्माददास्त्ववमन्येहय
क्षान् ॥ शिखंडिनोलक्षणंपापबुद्धेःस्त्रीलक्षणंचाग्रहीःपापकर्मन् ४६ अप्रवृत्तंसुदुर्बुद्धेयस्मादेतत्त्वयाकृतम् ॥ तस्मादद्यप्रभृत्येवस्त्रीत्वंसापुरुषस्तथा ४७ ततःप्रसाद
यामासुर्यक्षावैश्रवणंकिल ॥ स्थूणस्यार्थेकुरुष्वांतंशापस्येतिपुनःपुनः ४८ ततोमहात्मायक्षेन्द्रःप्रत्युवाचानुगामिनः ॥ सर्वान्यक्षगणांस्तातशापस्यांतचिकीर्षया
४९ शिखंडिनिहतेयक्षाःस्वंरूपंप्रतिपत्स्यते ॥ स्थूणायक्षोनिरुद्वेगोभवत्विति महामनाः ५० इत्युक्त्वाभगवान्देवोयक्षराजःसुपूजितः ॥ प्रययौसहितःसर्वैर्निमेषां
तरचारिभिः ५१ स्थूणस्तुशापंसंप्राप्यतत्रैवन्यवसत्तदा ॥ समयेचागमत्तूर्णंशिखंडीतंक्षपाचरम् ५२ सोऽभिगम्याब्रवीद्वाक्यंप्राप्तोऽस्मिभगवन्निति ॥ तमब्रवीत्ततः
स्थूणःप्रीतोऽस्मीतिपुनःपुनः ५३ आर्जवेनागतंदृष्ट्वाराजपुत्रंशिखंडिनम् ॥ सर्वमेवयथावृत्तमाचचक्षेशिखंडिने ५४ ॥ यक्षउवाच ॥ शप्तोवैश्रवणेनाहंत्वत्कृते
पार्थिवात्मज ॥ गच्छेदानींयथाकामंचरलोकान्यथासुखम् ५५ दिष्टमेतत्पुरामन्येनशक्यमतिवर्तितुम् ॥ गमनंतवचेतोहिपौलस्त्यस्यचदर्शनम् ५६ ॥ भीष्म
उवाच ॥ एवमुक्तःशिखंडीतुस्थूणयक्षेणभारत ॥ प्रत्याजगामनगरंहर्षेणमहतावृतः ५७ पूजयामासविविधैर्गंधमाल्यैर्महाधनैः ॥ द्विजातीन्देवताश्चैवचैत्यानथचतु
ष्पथान् ५८ द्रुपदःसहपुत्रेणसिद्धार्थेनशिखंडिना ॥ मुदंचपरमांलेभेपांचाल्यःसहबांधवैः ५९ शिष्यार्थंप्रददौचाथद्रोणायकुरुपुंगव ॥ शिखंडिनंमहाराजपुत्रंस्त्रीपूर्विणं
तथा ६० प्रतिपेदेचतुष्पादंधनुर्वेदंनृपात्मजः ॥ शिखंडीसहयुष्माभिर्धृष्टद्युम्नश्चपार्षतः ६१ ममत्वेतच्चरास्तातयथावत्प्रत्यवेदयन् ॥ जडांधबधिराकारायेमुक्ताद्रुपदे
मया ६२ एवमेषमहाराजस्त्रीपुमान्द्रुपदात्मजः ॥ ससंभूतःकुरुश्रेष्ठशिखंडीरथसत्तमः ६३ ज्येष्ठाकाशिपतेःकन्याअंबानामेतिविश्रुता ॥ द्रुपदस्यकुलेजाताशिखंडी
भरतर्षभ ६४ नाहमेनंधनुष्पाणिंयुयुत्सुंसमुपस्थितम् ॥ मुहूर्तमपिपश्येयंप्रहरेयंनचाप्युत ६५ व्रतमेतन्ममसदापृथिव्यामपिविश्रुतम् ॥ स्त्रियांस्त्रीपूर्वकेचैवस्त्रीना
म्निस्त्रीसरूपिणि ६६ नमुंचेयमहंबाणमितिकौरवनंदन ॥ नहन्यामहमेतेनकारणेनशिखंडिनम् ६७ एतत्तत्त्वमहंवेदजन्मताताशिखंडिनः ॥ ततोनैनंहनिष्यामिसमरे
ष्वाततायिनम् ६८ यदिभीष्मःस्त्रियंहन्यात्संतःकुर्युर्विगर्हणम् ॥ नैनंतस्माद्धनिष्यामिदृष्ट्वापिसमरेस्थितम् ६९

रणप्रयोगप्रतीकारैश्चतुर्भिःपादैर्युक्तम ६१ । ६२ । ६३ । ६४ । ६५ । ६६ । ६७ । ६८ । ६९

युक्तस्त्रीपुंअयुद्धमितिशेषः ७० ॥ इतिउद्योगपर्वणिनीलकंठीये भारतभावदीपे द्विनवत्यधिकशततमोऽध्यायः ॥ १९२ ॥ ॥ प्रभातायामिति १ । २ । ३ । ४ । ५ । ६ । ७ । ८ । ९ । १०

वैशंपायनउवाच ॥ एतच्छ्रुत्वातुकौरव्योराजादुर्योधनस्तदा ॥ मुहूर्तमिवसध्यात्वाभीष्मेयुक्तममन्यत ७० ॥ इतिश्रीमहाभारतेउद्योगपर्वणिअंबोपाख्यानपर्वणि शिखंडिपुंस्त्वप्राप्तौद्विनवत्यधिकशततमोऽध्यायः ॥ १९२ ॥ ॥ संजयउवाच ॥ प्रभातायांतुशर्वर्यांपुनरेवसुतस्तव ॥ मध्येसर्वस्यसैन्यस्यपितामहमपृच्छत १ पांडवेयस्यगांगेययदेतत्सैन्यमुद्यतम् ॥ प्रभूतनरनागाश्वंमहारथसमाकुलम् २ भीमार्जुनप्रभृतिभिर्महेष्वासैर्महाबलैः ॥ लोकपालसमैर्गुप्तंधृष्टद्युम्नपुरोगमैः ३ अप्रधृष्यमनावार्यमुद्धूतमिवसागरम् ॥ सेनासागरमक्षोभ्यमपिदेवैर्महाहवे ४ केनकालेनगांगेयक्षपयेथामहाद्युते ॥ आचार्योवामहेष्वासःकृपोवाऽऽशुमहाबलः ५ कर्णो वासमरश्लाघीद्रौणिर्वाद्विजसत्तमः ॥ दिव्यास्त्रविदुषःसर्वेभवंतोहिबलेमम ६ एतदिच्छाम्यहंज्ञातुंपरंकौतूहलंहिमे ॥ हृदिनित्यंमहाबाहोवक्तुमर्हसितन्मम ७ ॥ भीष्मउवाच ॥ अनुरूपंकुरुश्रेष्ठत्वय्येतत्पृथिवीपते ॥ बलाबलममित्राणांतेषांयदिहपृच्छसि ८ शृणुराजन्ममरणेयाशक्तिःपरमाभवेत् ॥ शस्त्रवीर्यंरणेयच्चभुजयोश्च महाभुज ९ आर्जवेनैवयुद्धेनयोद्धव्यइतरोजनः ॥ मायायुद्धेनमायावीइत्येतद्धर्मनिश्चयः १० हन्यामहंमहाभागपांडवानामनीकिनीम् ॥ दिवसेदिवसेकृत्वाभागं प्रागान्हिकंमम ११ योधानांदशसाहस्रंकृत्वाभागंमहाद्युते ॥ सहस्रंरथिनामेकमेषभागोमतोमम १२ अनेनाहंविधानेनसन्नद्धःसततोत्थितः ॥ क्षपयेयंमहत्सैन्यंकाले नानेनभारत १३ मुंचेयंयदिवास्त्राणिमहांतिसमरेस्थितः ॥ शतसाहस्रघातीनिहन्यांमासेनभारत १४ ॥ संजयउवाच ॥ श्रुत्वाभीष्मस्यतद्वाक्यंराजादुर्योधनस्ततः ॥ पर्यपृच्छतराजेन्द्रद्रोणमंगिरसांवरम् १५ आचार्यकेनकालेनपांडुपुत्रस्यसैनिकान् ॥ निहन्याइतितंद्रोणःप्रत्युवाचहसन्निव १६ स्थविरोऽस्मिमहाबाहोमंदप्राणविचे ष्टितः ॥ शस्त्राग्निनानिर्दहेयंपांडवानामनीकिनीम् १७ यथाभीष्मःशांतनवोमासेनेतिमतिर्मम ॥ एषामेपरमाशक्तिरेतन्मेपरमंबलम् १८ द्वाभ्यामेवतुमासाभ्यां कृपःशारद्वतोऽब्रवीत् ॥ द्रौणिस्तुदशरात्रेणप्रतिजज्ञेबलक्षयम् १९ कर्णस्तुपंचरात्रेणप्रतिजज्ञेमहास्त्रवित् ॥ तच्छ्रुत्वासूतपुत्रस्यवाक्यंसागरगासुतः २० जहाससस्वनं हासंवाक्यंचेदमुवाचह ॥ नहियावद्रणेपार्थंबाणशंखधनुर्धरम् २१ वासुदेवसमायुक्तंरथेनायांतमाहवे ॥ समागच्छसिराधेयतेनैवमभिमन्यसे ॥ शक्यमेवंचभूयश्च त्वयावक्तुंयथेष्टतः २२ ॥ इतिश्रीमहाभारतेउद्योगपर्वणिअंबोपाख्यानपर्वणिभीष्मादिशक्तिकथनेत्रिनवत्यधिकशततमोऽध्यायः ॥ १९३ ॥ ॥ वैशंपायनउवाच ॥ एतच्छ्रुत्वातुकौन्तेयःसर्वान्भ्रातॄनुपह्वरे ॥ आहूयभरतश्रेष्ठइदंवचनमब्रवीत् १ ॥ युधिष्ठिरउवाच ॥ ॥ धार्तराष्ट्रस्यसैन्येषुयेचारपुरुषामम ॥ तेप्रवृत्तिं प्रयच्छंतिममेमांव्युषितांनिशाम् २

प्रागान्हिकंअन्हःपूर्वभागकार्यं ११ । १२ । १३ । १४ । १५ । १६ । १७ । १८ । १९ । २० । २१ । २२ ॥ इतिउद्योगपर्वणिनीलकंठीयेभारतभावदीपे त्रिनवत्यधिकशततमोऽध्यायः ॥ १९३ ॥
॥ एतच्छ्रुत्वेति १ व्युषितांनिशांप्रभातकाले २

२ । ४ । ५ । ६ । ७ । ८ । ९ । १० भूतमुत्पन्नंभव्यमुत्पाद्यमानं अनशोर्बीजभूतयोर्नाशेबीजाभावाद्भविष्यस्यापिनाशोममैवकर्तव्यइत्यर्थः ११ । १२ । १३ । १४ । १५ । १६ वेदांताव

दुर्योधनःकिलअपृच्छदापगेयंमहाव्रतम् ॥ केनकालेनपांडूनांहन्याःसैन्यमितिप्रभो ३ मासेनेतिचतेनोक्तोधार्तराष्ट्रःसुदुर्मतिः ॥ तावताचापिकालेनद्रोणोऽपिप्र
तिजज्ञिवान् ४ गौतमोद्विगुणंकालमुक्तवानितिनःश्रुतम् ॥ द्रौणिस्तुदशरात्रेणप्रतिजज्ञेमहास्त्रवित् ५ तथादिव्यास्त्रवित्कर्णःसंपृष्टःकुरुसंसदि ॥ पंचभिर्दिवसै
र्हंतुंससैन्यंप्रतिजज्ञिवान् ६ तस्मादहमपीच्छामिश्रोतुमर्जुनतेवचः ॥ कालेनकियताशत्रून्क्षपयेरितिफाल्गुन ७ एवमुक्तोगुडाकेशःपार्थिवेनधनंजयः ॥ वासुदेवं
समीक्ष्येदंवचनंप्रत्यभाषत ८ सर्वएतेमहात्मानःकृतास्त्राश्चित्रयोधिनः ॥ असंशयंमहाराजहन्युरेवनसंशयः ९ अपैतुतेमनस्तापोयथासत्यंब्रवीम्यहम् ॥ हन्यां
मेकरथेनैववासुदेवसहायवान् १० सामरानपिलोकांस्त्रीन्सर्वान्स्थावरजंगमान् ॥ भूतंभव्यंभविष्यंचनिमेषादितिमेमतिः ११ यत्तद्घोरंपशुपतिःप्रादादस्त्रंमहन्मम ॥
कैरातेद्वंद्वयुद्धेतुतदिदंमयिवर्तते १२ यद्युगांतेपशुपतिःसर्वभूतानिसंहरन् ॥ प्रयुङ्क्तेपुरुषव्याघ्रतदिदंमयिवर्तते १३ तन्नजानातिगांगेयोनद्रोणोनचगौतमः ॥ नचद्रो
णसुतोराजन्कुतएवतुसूतजः १४ नतुयुक्तंरणेहंतुंदिव्यैरस्त्रैःपृथग्जनम् ॥ आर्जवेनैवयुद्धेनविजेष्यामोवयंपरान् १५ तथेमेपुरुषव्याघ्राःसहायास्तवपार्थिव ॥
सर्वेदिव्यास्त्रविद्वांसःसर्वेयुद्धाभिकांक्षिणः १६ वेदांतावभृथस्नाताःसर्वएतेऽपराजिताः ॥ निहन्युःसमरेसेनांदेवानामपिपांडव १७ शिखंडीयुयुधानश्चधृष्टद्युम्न
श्चपार्षतः ॥ भीमसेनोयमौचोभौयुधामन्यूत्तमौजसौ १८ विराटद्रुपदौचोभौभीष्मद्रोणसमौयुधि ॥ शंखश्चैवमहाबाहुर्हैडिंबश्चमहाबलः १९ पुत्रोऽस्यांजनपर्वा
तुमहाबलपराक्रमः ॥ शैनेयश्चमहाबाहुःसहायोरणकोविदः २० अभिमन्युश्चबलवान्द्रौपद्याःपंचचात्मजाः ॥ स्वयंचापिसमर्थोऽसित्रैलोक्योत्सादनेऽपिच २१
क्रोधाद्यंपुरुषंपश्येस्तथाशक्रसमद्युते ॥ सक्षिप्रंनभवेद्व्यक्तमितित्वांवेद्मिकौरव २२ ॥ इतिश्रीमहाभारतेउद्योगपर्वणिअंबोपाख्यानपर्वणिअर्जुनवाक्येचतुर्नवत्यधिकशत
तमोऽध्यायः ॥ १९४ ॥ ॥ ॥ वैशंपायनउवाच ॥ ॥ ततःप्रभातेविमलेधार्तराष्ट्रेणचोदिताः ॥ दुर्योधनेनराजानःप्रययुःपांडवान्प्रति १ आप्ला
व्यशुचयःसर्वेस्रग्विणःशुक्लवाससः ॥ गृहीतशस्त्राध्वजिनःस्वस्तिवाच्यहुताग्नयः २ सर्वेब्रह्मविदःशूराःसर्वेसुचरितव्रताः ॥ सर्वेकामकृतश्चैवसर्वेचाहवलक्षणाः ३
आहवेषुपरांल्लोकान्जिगीषंतोमहाबलाः ॥ एकाग्रमनसःसर्वेश्रद्दधानाःपरस्परम् ४ विंदानुविंदावावंत्यौकेकयाबाह्लिकैःसह ॥ प्रययुःसर्वएवैतेभारद्वाजपुरो
गमाः ५ अश्वत्थामाशांतनवःसैन्धवोऽथजयद्रथः ॥ दाक्षिणात्याःप्रतीच्याश्चपार्वतीयाश्चयेनृपाः ६ गांधारराजःशकुनिःप्राच्योदीच्याश्चसर्वशः ॥ शकाःकिरा
तायवनाःशिबयोऽथवसातयः ७

भृथस्नाताः वेदग्रहणांतएवदारक्रिययासहैवयागंकृतवंतइत्यर्थः १७ । १८ । १९ । २० । २१ । २२ ॥ इतिउद्योगपर्वणि नीलकंठीये भारतभावदीपे चतुर्नवत्यधिकशततमोऽध्यायः ॥ १९४ ॥
ततःप्रभातेइति १ आप्लाव्यस्नात्वा २ । ३ । ४ । ५ । ६ । ७

भा. टी. ८।९।१०।११।१२।१३।१४ उत्सृज्य उत्कर्षेणसृष्ट्वा पंचयोजनंवर्तुलंपरिधिंकृत्वेत्यर्थः सेनानिवेशाःसैनिकाःवणिक्शूराश्चादयः १५ । १६ । १७।१८।१९ ॥ इतिउद्योगपर्वणि नीलकं

स्वैःस्वैरनीकैःसहिताःपरिवार्यमहारथम् ॥ एतेमहारथाःसर्वेद्वितीयेनिर्ययुर्बले ८ कृतवर्मासहानीकस्त्रिगर्तश्चमहारथः ॥ दुर्योधनश्चनृपतिर्भ्रातृभिःपरिवारितः ९ शलोभूरिश्रवाःशल्यःकौसल्योऽथबृहद्बलः ॥ एतेपश्चादनुगताधार्तराष्ट्रपुरोगमाः १० तेसमेत्ययथान्यायंधार्तराष्ट्रामहाबलाः ॥ कुरुक्षेत्रस्यपश्चार्धेव्यवातिष्ठंतदंशिताः ११ दुर्योधनस्तुशिबिरंकारयामासभारत ॥ यथैवहास्तिनपुरंद्वितीयंसमलंकृतम् १२ नविशेषंविजानंतिपुरस्यशिबिरस्यवा ॥ कुशलाअपिराजेन्द्रनरानगरवासिनः १३ तादृशान्येवदुर्गाणिराज्ञामपिमहीपतिः ॥ कारयामासकौरव्यःशतशोऽथसहस्रशः १४ पंचयोजनमुत्सृज्यमंडलंतद्रणाजिरम् ॥ सेनानिवेशास्तेराजन्नाविशञ्छतसंघशः १५ तत्रतेपृथिवीपालायथोत्साहंयथाबलम् ॥ विविशुःशिबिराण्यत्रद्रव्यवंतिसहस्रशः १६ तेषांदुर्योधनोराजाससैन्यानांमहात्मनाम् ॥ व्यादिदेशसबाह्यानांभक्ष्यभोज्यमनुत्तमम् १७ सनागाश्वमनुष्याणांयेचशिल्पोपजीविनः ॥ येचान्येऽनुगतास्तत्रसूतमागधबंदिनः १८ वणिजोगणिकाश्चारायेचैवप्रेक्षकाजनाः ॥ सर्वांस्तान्कौरवोराजाविधिवत्प्रत्यवैक्षत १९ ॥ इतिश्रीमहाभारतेउद्योगपर्वणिअंबोपाख्यानपर्वणिकौरवसैन्यनिर्याणे पंचनवत्यधिकशततमोऽध्यायः ॥ १९५ ॥ ॥ ॥ ॥ वैशंपायनउवाच ॥ तथैवराजाकौन्तेयोधर्मपुत्रोयुधिष्ठिरः ॥ धृष्टद्युम्नमुखान्वीरांश्चोदयामासभारत १ चेदिकाशिकरूषाणांनेतारंदृढविक्रमम् ॥ सेनापतिममित्रघ्नंधृष्टकेतुमथादिशत् २ विराटंद्रुपदंचैवयुयुधानंशिखंडिनम् ॥ पांचाल्यौचमहेष्वासौयुधामन्यूत्तमौजसौ ३ तेशूराश्चित्रवर्माणस्तप्तकुंडलधारिणः ॥ आज्यावसिक्ताज्वलिताधिष्ण्येष्विवहुताशनाः ४ अशोभंतमहेष्वासाग्रहाःप्रज्वलिताइव ॥ अथसैन्यंयथायोगंपूजयित्वानरर्षभः ५ दिदेशतान्यनीकानिप्रयाणायमहीपतिः ॥ तेषांयुधिष्ठिरोराजाससैन्यानांमहात्मनाम् ६ व्यादिदेशसबाह्यानांभक्ष्यभोज्यमनुत्तमम् ॥ सगजाश्वमनुष्याणांयेचशिल्पोपजीविनः ७ अभिमन्युंबृहंतंचद्रौपदेयांश्चसर्वशः ॥ धृष्टद्युम्नमुखानेतान्प्राहिणोत्पांडुनंदनः ८ भीमंचयुयुधानंचपांडवंचधनंजयम् ॥ द्वितीयंप्रेषयामासबलस्कंधंयुधिष्ठिरः ९ भांडंसमारोपयतांचरतांसंप्रधावताम् ॥ हृष्टानांतत्रयोधानांशब्दोदिवमिवास्पृशत् १० स्वयमेवततःपश्चाद्विराटद्रुपदान्वितः ॥ अथापरैर्महीपालैःसहप्रायान्महीपतिः ११ भीमधन्वायनीसेनाधृष्टद्युम्नेनपालिता ॥ गंगेवपूर्णास्तिमितास्यंदमानाव्यदृश्यत १२ ततःपुनरनीकानिन्ययोजयतबुद्धिमान् ॥ मोहयन्धृतराष्ट्रस्यपुत्राणांबुद्धिनिश्चयम् १३ द्रौपदेयान्महेष्वासानभिमन्युंचपांडवः ॥ नकुलंसहदेवंचसर्वांश्चैवप्रभद्रकान् १४

ठीये भारतभावदीपे पंचनवत्यधिकशततमोऽध्यायः ॥ १९५ ॥ ॥ ॥ ॥ तथैवेति १।२।३।४।५।६।७। ८ बलस्कंधंसैन्यसमुदायं ९ भांडंयुद्धोपकरणम् १० ११ भीमधन्वानःअयन्तेप्रचरन्त्यस्यामितिभीमधन्वायनी १२ । १३ । १४

१५ । १६ । १७ कृतप्रहरणाः कृतयुद्धाः १८ । १९ । २० । २१ । २२ । २३ । २४ । २५ शकटाभांडवंतिअनांसि आपणोवणिक्समुदायः वेशोवेश्याजनः यानंयुद्धयोग्यंवाहनं युग्यंकेवलंवाहनं फल्गुवा

दशचाश्वसहस्राणिद्विसहस्राणिदंतिनाम् ॥ अयुतंचपदातीनांरथाःपंचशतंतथा १५ भीमसेनस्यदुर्धर्षंप्रथमंप्रादिशद्बलम् ॥ मध्यमेचविराटंचजयत्सेनंचपांडवः
१६ महारथौचपांचाल्यौयुधामन्यूत्तमौजसौ ॥ वीर्यवंतौमहात्मानौगदाकार्मुकधारिणौ १७ अन्वयातांतदामध्येवासुदेवधनंजयौ ॥ बभूवुरतिसंरब्धाःकृत
प्रहरणानराः १८ तेषांविंशतिसाहस्राहयाःशूरैरधिष्ठिताः ॥ पंचनागसहस्राणिरथवंशाश्वसर्वशः १९ पदातयश्चयेशूराःकार्मुकासिगदाधराः ॥ सहस्रशोऽ
न्वयुःपश्चादग्रतश्चसहस्रशः २० युधिष्ठिरोयत्रसैन्येस्वयमेवबलार्णवे ॥ तत्रतेपृथिवीपालाभूयिष्ठंपर्यवस्थिताः २१ तत्रनागसहस्राणिहयानामयुतानिच ॥
तथारथसहस्राणिपदातीनांचभारत २२ चेकितानःस्वसैन्येनमहतापार्थिवर्षभ ॥ धृष्टकेतुश्चचेदीनांप्रणेतापार्थिवोययौ २३ सात्यकिश्चमहेष्वासोवृष्णीनांप्रव
रोरथः ॥ वृतःशतसहस्रेणरथानांप्रणुदन्बली २४ क्षत्रदेवब्रह्मदेवौरथस्थौपुरुषर्षभौ ॥ जघनंपालयंतौचपृष्ठतोऽनुप्रजग्मतुः २५ शकटापणवेशाश्चयानंयुग्यं
चसर्वशः ॥ तत्रनागसहस्राणिहयानामयुतानिच ॥ फल्गुसर्वंकलत्रंचयत्किंचित्कृशदुर्बलम् २६ कोशसंचयवाहांश्चकोष्ठागारंतथैवच ॥ गजानीकेनसंगृह्यशनैःप्रा
यात्युधिष्ठिरः २७ तमन्वयात्सत्यधृतिःसौचित्तिर्युद्धदुर्मदः ॥ श्रेणिमान्वसुदानश्चपुत्रःकाश्यस्यवाविभुः २८ रथाविंशतिसाहस्रायेतेषामनुयायिनः ॥ हया
नांदशकोटयश्चमहतांकिंकिणीकिनाम् २९ गजाविंशतिसाहस्राईषादंताःप्रहारिणः ॥ कुलीनाभिन्नकरटामेघाइवविसर्पिणः ३० षष्टिर्नागसहस्राणिदशान्यानि
चभारत ॥ युधिष्ठिरस्ययान्यासन्युधिसेनामहात्मनः ३१ क्षरंतइवजीमूताःप्रभिन्नकरटामुखाः ॥ राजानमन्वयुःपश्चाच्चलंतइवपर्वताः ३२ एवंतस्यबलंभीमं
कुंतीपुत्रस्यधीमतः ॥ यदाश्रित्याथयुयुधेधार्तराष्ट्रंसुयोधनम् ३३ ततोऽन्येशतशःपश्चात्सहस्रायुतशोनराः ॥ नर्दन्तःप्रययुस्तेषामनीकानिसहस्रशः ३४ तत्र
भेरीसहस्राणिशंखानामयुतानिच ॥ न्यवादयंतसंहृष्टाःसहस्रायुतशोनराः ३५ ॥ इतिश्रीमहाभारतेउद्योगपर्वणिअंबोपाख्यानपर्वणिपांडवसेनानिर्याणे षण्णवत्य
धिकशततमोऽध्यायः ॥ १९६ ॥ ॥ समाप्तमुद्योगपर्व ॥ ॥ अस्यानन्तरंभीष्मपर्वभविष्यति तस्यायमाद्यःश्लोकः ॥ जनमेजयउवाच ॥
कथंयुयुधिरेवीराःकुरुपांडवसोमकाः ॥ पार्थिवाःसुमहात्मानोनानादेशसमागताः ॥ १ ॥ ॥ ॥ ॥ ॥ ॥ ॥ ॥

लादिकं कलत्रंकृयादिकं २६ कोशोधनं कोष्ठोधान्यादिसामग्री संगृह्यएकीकृत्य २७ । २८ । २९ । ३० । ३१ । ३२ । ३३ । ३४ । ३५ ॥ इतिश्रीमत्पदवाक्यप्रमाणमर्यादाधुरंधरचतुर्धरवंशावतंस
गोविंदसूरिसूनोः श्रीनीलकंठस्यकृतौ भारतभावदीपे षण्णवत्यधिकशततमोऽध्यायः ॥ १९६ ॥ ॥ ॥ ॥ ॥ ॥ ॥ ॥ ॥ ॥ ॥ ॥ ॥

॥ इति श्रीमहाभारते उद्योगपर्व समाप्तम् ॥

अथ श्रीमहाभारते भीष्मपर्वप्रारंभः

भीष्म पर्व.६
श्रीकृष्ण
अर्जुन.
भीष्म

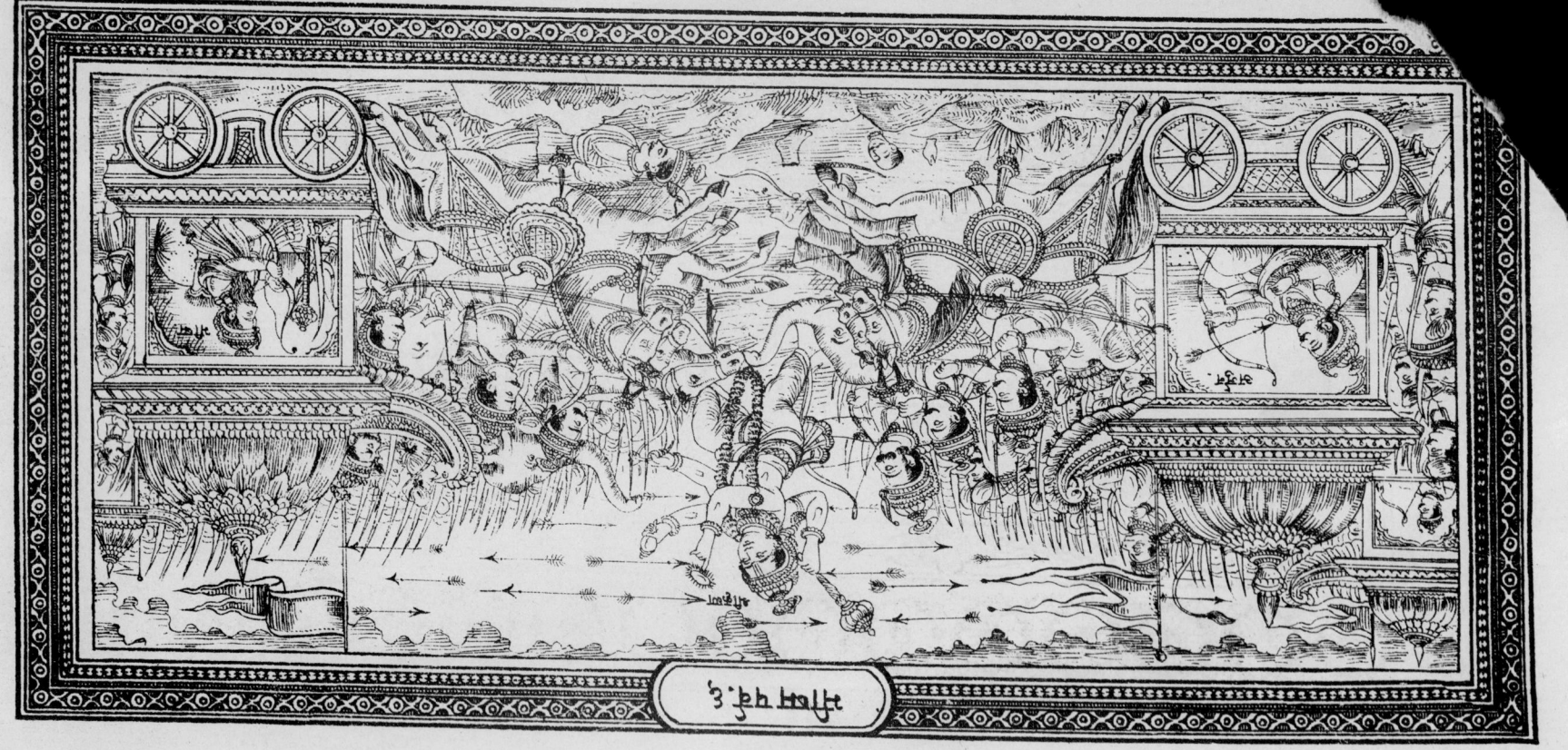

माह । ग्राम्यारण्यसप्तकद्वय-
भेदेन चतुर्दशविधानां पशूनां
नामानि कथयन् भूमिं प्रशशंस
संजयः ४

५ नद्यादीनां नामधेयादि कथये-
त्यादिनि धृतराष्ट्रवाक्ये संजय-
स्योत्तरम्। संजयः क्षित्यादीनां
गुणादि कथयित्वा सक्षेपेण सुद-
र्शनद्वीपवृत्तान्तमाचख्यौ ... ५

६ विस्तरेण शुश्रूषोर्धृतराष्ट्रस्य प्रश्ने
संजयो हिमालयादिवृत्तान्तं क-
थयित्वा सुमेरोः परिमाणादिक-
मभिदधाति स्म। सुमेरुपार्श्वस्थ-
द्वीपवृत्तान्तमुक्त्वा तत्र देवानां
वसतिमभिधाय च तत्पाश्चिमपा-
र्श्वस्थदेशवृत्तान्तमाचचक्षे। ग-
न्धमादनपार्श्वस्थानामारादिक-
थयित्वा ऐरावतादिवर्षवृत्तान्त-
माख्याय कैलासादिवृत्तान्तकथ-
नानन्तरं बिन्दुसरोमाहात्म्यं व-
दन् हिमालयादिषु राक्षसादीनां
वासमाह ६

७ पुनर्धृतराष्ट्रप्रश्ने सञ्जयः सुमेरोरु-
त्तरपार्श्वस्थदेशवृत्तान्तं कथयि-
त्वा पूर्वपार्श्वस्थदेशोदन्तमकथ-
यत्। नीलपर्वतं दक्षिणेन जम्बू-
वृक्षादिवृत्तान्तं कथयित्वा माल्य
वद्वृत्तान्तमाचख्यौ ७

८ वर्षादीनां नामानि कानि? इति
धृतराष्ट्रप्रश्ने संजयेन कथितं
रमणकहिरण्मयैरावतवर्षवृत्ता-
न्तं श्रुत्वा धृतराष्ट्रः पुत्रानुद्दिश्य
ध्यानमन्वगमत् ८

९ भारतवर्षशुश्रूषया धृतराष्ट्रप्रश्ने
संजयो दुर्योधनादिनिन्दापूर्वकं
भारतवर्षवृत्तान्तं कथयति स्म।
भारतवर्षस्थानां पर्वतानां नदीनां
देशानां च नामानि कथयंस्तद्वि-
षये राज्ञामभिलाषं गदति स्म
सञ्जयः ९

१० भारतवर्षस्थानामायुःप्रमाणकथ-
नप्रश्ने सञ्जयश्चतुर्युगस्थमनुष्या-
णामायुः कथयति स्म ... १०

(२) भूमिपर्व

११ जम्बूखण्डस्थशाकद्वीपादीनां च
परिमाणादिविषयके धृतराष्ट्रप्रश्ने
सञ्जयस्तत्कथयामास। शाकद्वी-
पविस्तरं शुश्रूषोर्धृतराष्ट्रस्य प्रश्ने
सञ्जयेन तद्वृत्तान्तकथनम् ... ११

१२ शाकद्वीपस्थवर्षपर्वतनद्यादीनां
नामादिकथनम्। सञ्जयः कुश-
द्वीपादिद्वीपानां वृत्तान्तं कथयं-
स्तत्रत्यवर्षपर्वतनद्यादीनां नामा-
दिकमभिदधाति स्म। धृतराष्ट्र-
प्रश्नानुरोधेन स्वर्भानुचन्द्रसूर्याणां
परिमाणं कथयन्सञ्जयश्चन्द्रसूर्य-
योर्ग्रहणवृत्तान्तमब्रवीत् ... १२

(३) भगवद्गीतापर्व

१३ भीष्ममरणकथां प्रस्तुवन्सञ्जयो
भीष्मस्य शरशय्याशयनकथन-
पूर्वकं तं प्रशशंस ...

१४ भीष्मः कथं हत इत्या
स्तत्प्रशंसापूर्वकं धृ
च्यत। हते भीष्मे
इत्यादिकं पृच्छन्पुन
धृतराष्ट्रो हते भीष्मे
किमकुर्वन्नित्यादि
प्रच्छ ... ...

१५ धृतराष्ट्रप्रश्नमभि
तराष्ट्रं सांत्वा
स्कृत्य युद्धे
णित्याद
शासनं

१६ युद्धारम्भ
प्रत्येकाक्षौ
सर्वसेन
सेनयोः
सञ्जय

१७ सञ्ज
इत्य
भि

॥ महाभारतम् ॥

भीष्मपर्व ।

—६—

विषयानुक्रमणिका ।

अध्यायः विषयः पृष्ठम्।

(१) जम्बूखण्डविनिर्माणपर्व

१ ‘कथं युयुधिरे वीराः’ इत्यादिके जनमेजयप्रश्ने वैशम्पायनस्योत्तरम्। सैन्यानामभिज्ञानादिषु युधिष्ठिरेण कृतेषु सैन्यानां हर्षं दृष्ट्वा वासुदेवार्जुनौ स्वशङ्खौ दध्मतुः। कुरुपाण्डवा युद्धार्थं समयं चक्रुः १

२ तत्कालागतस्य व्यासस्य धृतराष्ट्रेण संवादानन्तरं तेन युद्धश्रवणेच्छायां प्रदर्शितायां युद्धकथनार्थं सञ्जयाय दिव्यां दृशं ददौ व्यासः। तत्कालसञ्जातानि व्यासकथितानि दुर्निमित्तान्याह वैशम्पायनः १

३ दुर्निमित्तानि कथयन् व्यासो धृतराष्ट्रवाक्यं श्रुत्वा किञ्चित्कालं दध्यौ। पुनर्युद्धनिवारणार्थमुपदिशति व्यासे धृतराष्ट्रः स्वसामर्थ्यं प्रकाशयति स्म। ‘यत्ते मनसि वर्तते तत्कथय’ इति व्यासेन प्रेरितो धृतराष्ट्रो विजयैषिणां चिह्नानि श्रोतुमिच्छामीत्याह। व्यासो भाविविजय-

भीष्मपर्वविषयानुक्रमणिका। ३

'जयोऽस्तु पाण्डुपुत्राणाम्' इति पाण्डवशुभाशंसनपूर्वकं त्वदर्थे युयुधाते इत्याह। भीष्मप्रोक्तां नीतिं श्रुत्वा कुरुसैन्यानि युद्धार्थं निर्ययुः। युद्धार्थं निर्गतां सेनां वर्णयन्नामतो भीष्मादीन्वर्णयामास सञ्जयः १५

१८ पुनः सेनागमनसामयिकीं शोभां वर्णयन् भीष्मस्य पृष्ठगोपादीन् वर्णयति स्म १६

१९ पाण्डवव्यूहनिर्माणविषये धृतराष्ट्रेण पृष्टः सञ्जय आह। व्यूढां कौरवसेनां दृष्ट्वा युधिष्ठिरेणाज्ञप्तोऽर्जुनो वज्रव्यूहरचनां प्रतिज्ञाय युद्धार्थं निर्ययौ। अर्जुनेन वज्रव्यूहे रचिते सज्जीभूतेषु सैन्येषु निरभ्र आकाशे सबिन्दुवाय्वादीनि निमित्तान्यभूवन् १७

२० उभयोः सेनयोर्मध्ये के प्राहृष्यन्त' केषां च दुर्निमित्तसुनिमित्तानि? इत्यादिके धृतराष्ट्रप्रश्ने तदनुरूपं सञ्जयस्योत्तरं भीष्मकृतव्यूहरचनाकथनं च ... १७

२१ कुरुसैन्यं दृष्ट्वा विषण्णं युधिष्ठिरमर्जुनः समाश्वासयां चक्रे १८

२२ समाश्वस्ते युधिष्ठिरे प्रतिव्यूह्य स्थितेऽर्जुनरथवर्णनादि कृत्वाऽर्जुनं प्रति कृष्णोक्तिं कथयामास सञ्जयः १८

२३ दुर्गास्तोत्रपाठार्थं कृष्णेन प्रेरितोऽर्जुनो रथादवरुह्य दुर्गास्तवमकरोत्। अर्जुनस्तुत्या तुष्टा दुर्गा तस्मै जयाशीर्वरं ददौ। 'मोहादेतौ न जानन्ति' इत्यादिना सञ्जयो दुर्योधनादीन्निनिन्द ... १९

२४ पुनर्धृतराष्ट्रेण 'केषां योधाः प्रहृष्टाः' इत्यादिके पृष्टे उभयोर्योधानां हर्षादिकमकथयत ... २०

भगवद्गीताविषयानुक्रमः।

२५ 'धर्मक्षेत्रे कुरुक्षेत्रे' इत्यादिना धृतराष्ट्रकृतः सञ्जयं प्रति प्रश्नः। सञ्जयस्य धृतराष्ट्रकृतप्रश्नोत्तरारम्भः। दुर्योधनो द्रोणमुपसङ्गम्य प्राधान्येन पाण्डवयोधान्स्वयोधांश्च कथयित्वा भीष्मरक्षणार्थं द्रोणादीन्प्रत्युवाच। दुर्योधनं हर्षयितुं भीष्मेण शङ्खे वादिते कृष्णार्जुनादयोऽपि स्वस्वशङ्खान् दध्मुः। पाण्डवकृतशङ्खवादनेन धार्तराष्ट्रहृदयव्यथा। युद्धार्थं व्यवस्थितान् धार्तराष्ट्रानवलोक्य विशेषतो युद्धभूस्थितयोद्धृदर्शनार्थं श्रीकृष्णं प्रत्यर्जुनकृता सेनाद्वयमध्ये रथस्थापनप्रार्थना। सेनाद्वयमध्ये श्रीकृष्णकृतस्य रथस्थापनपूर्वकसम्भाषणस्य धृतराष्ट्रं प्रति सञ्जयोक्तिः। युद्धभूमौ पित्रादीन् दृष्ट्वाऽर्जुनस्य विषादः। विषण्णोऽर्जुनः कुलक्षयदोषादीनुक्त्वा सशरं धनुरुत्सृज्य रथोपस्थ उपाविशत २०

२६ सञ्जयवचनम्। 'कुतस्त्वा कश्मलम्' इत्यादि कृष्णवाक्यं श्रुत्वा भीष्मादिभिः कथं योत्स्यामीत्यादि वदन् 'युद्धभैक्ष्ययोर्मध्ये कतरच्छ्रेयस्तद्ब्रूहि' इत्युक्त्वा तूष्णीं बभूवार्जुनः। अर्जुनं प्रति तत्त्वमुपदिशन् श्रीकृष्णो देहानामवश्यनाश्यत्वं कथयित्वा विषयानाभिभूतस्य मोक्षं कथयति स्म। सदसतोर्भावाभावादि कथयित्वा देहानामन्तवत्त्वमात्मनो हननकर्तृत्वकर्मत्वाभावं चोपपाद्य जन्मादिषड्भावविकाराभावमुपपादयति स्म केशवः। 'वासांसि जीर्णानि' इत्यादिदृष्टान्तेनात्मनो देहान्तरप्राप्तिमभिधाय शस्त्राद्यच्छे-

ध्यत्वाद्युक्त्वा जन्यस्य मृत्योरवश्यंभावित्वमाह। आत्मनो दुर्ज्ञेयत्वकथनपूर्वकं युद्धस्य धर्मत्वेन तत्परित्यागे दोषं कथयन् सुखदुःखयोः समत्वेन वर्तमानस्य तत्करणे पापाभावमाह। श्रीकृष्णोऽर्जुनं प्रति कर्मयोगमुपदिशंस्तस्य निष्कामत्वेन कृतस्य प्राशस्त्यं द्योतयन् निष्कामसकामयोर्वैषम्यमभिदधाति स्म। वेदानां त्रैगुण्यविषयत्वकथनपूर्वकं काम्यकर्मणामप्राशस्त्यं वदन् कर्मफलत्यागे फलं कथयति स्म। स्थितप्रज्ञलक्षणादिज्ञानार्थमर्जुनप्रश्ने श्रीकृष्णस्तत्कथयामास। इन्द्रियाणामवशत्वकथनपूर्वकं विषयध्यायिनः सङ्गाद्यनर्थप्राप्तिमुद्भाव्य रागद्वेषरहितानां प्रसादं कथयति स्म। प्रसादस्य सर्वदुःखनाशकत्वमभिधाय कामनापरित्यागे शान्तिप्राप्तिमब्रवीद्धरिः २१

२७ ज्यायसी चेत्कर्मणस्ते मता बुद्धिरित्याद्यर्जुनप्रश्ने न कर्मणामित्यादिना भगवदुत्तरम्। कर्मणामनारम्भान्नैष्कर्म्यं न भवतीत्याद्युक्त्वा निष्कामकर्मकरणमुपदिश्य कर्माकरणे दोषं जगौ। आत्मनः कार्याभावं कथयित्वा निष्कामकर्मणा भगवत्प्राप्तिमाह। श्रेष्ठानामाचारदर्शनेन लोकप्रवृत्तिमभिधाय लोकसंग्रहार्थं स्वस्यापि कर्माचरणमाह। सक्तासक्तयोः कर्मविभागादि दर्शयित्वा मयि सर्वाणि कर्माणीत्याद्युपदिश्य परधर्मस्यानाश्रयणीयत्वमभिदधाति स्म। केन प्रयुक्तो जीवः पापं चरतीत्यर्जुनप्रश्ने काम एष क्रोध एष इत्यादि भगवदुत्तरम् २६

२८ इमं विवस्वत इत्यादिना पूर्वसंप्रदायप्रसिद्ध एव योगो मयोक्त इति भगवतोक्ते संदिहानोऽर्जुनोऽपरं भवत इत्युक्तिपूर्वकं पप्रच्छ। स्वीयजन्मवृत्तान्तं कथयन् यदा यदा हि धर्मस्येत्याद्यवतारप्रयोजनकथनपूर्वकं ये यथा मां प्रपद्यन्त इत्याद्याह भगवान्। भगवानात्मतत्त्वमुपदिश्य कर्मणो गहनां गतिं च प्रदर्श्य निष्कामकर्मिप्रशंसादिकं चकार। द्रव्यादियज्ञान् कथयित्वा कर्मयज्ञापेक्षया ज्ञानयज्ञस्य श्रैष्ठ्यमुपपादयंस्तं प्रशशंस ३२

२९ संन्यासं कर्मणामित्याद्यर्जुनप्रश्ने संन्यासकर्मयोगयोर्मध्ये कर्मयोगस्य वैशिष्ट्यमभिधाय निष्कामकर्मयोगिनां प्रशंसापूर्वकं मोक्षमाह। ब्राह्मणादिषु पण्डितानां समदर्शित्वं कथयित्वेन्द्रियभोगानां दुःखदत्वस्यन्द्रियवेगसहिष्णूनां सुखस्य च कथनादिपूर्वकमुपदिदेश भगवान् ३६

३० निष्कामकर्मयोगस्य सत्त्वशुद्धिद्वारा ध्यानयोगारोहणसाधनत्वात्स्तुतिः। ध्यानयोगेऽवस्थातुमसमर्थस्य निष्कामकर्मयोगः समर्थस्य तु सर्वकर्मसंन्यास इत्युक्तिः। ध्यानयोगारूढलक्षणकथनम्। विस्तरेणासनाहारादिनियमकथनयुतं सफलध्यानयोगनिरूपणम्। उक्तध्यानयोगस्य मनश्चाञ्चल्येन सुदुष्करत्वप्रतिपादकप्रश्नः। अभ्यासवैराग्याभ्यां मनोनिग्रहे ध्यानयोगसिद्धिकथनम्। असंयतात्मना ध्यानयोगस्य दुष्प्रापत्वकथनम्। ध्यानयोगे प्रवृत्तस्य त्यक्तसर्वकर्मणस्तत्फलसम्यग्दर्शनप्राप्तेः प्रागेव देहवियोगे का गतिरित्यर्जुनप्रश्नः। योगभ्रष्टस्य विनाशाभावप्रतिपादनपूर्वकमुत्तमगतिप्राप्ति-

प्रतिपादनम् । ध्यानयोगिनःसर्व-
श्रेष्ठत्वकथनपूर्वकं ध्यानयोगेऽ-
र्जुनस्य प्रवर्तनम् । रुद्रादित्यादि-
ध्यानपराणां मध्ये वासुदेवध्या-
नपरस्य युक्ततमत्वबोध-
नम् ४०
३१ भगवज्ज्ञानयोगं कुर्वतः सम-
स्तविभूतिबलशक्त्यैश्वर्यादिगुण-
संपन्नभगवज्ज्ञानप्राप्तिप्रकारोप-
देशप्रतिज्ञा । ज्ञानदुर्लभत्वप्रकट-
नम् । अपरप्रकृतेरश्रद्धा भिन्नत्व-
कथनम् । जीवभूतपरप्रकृतिकथ-
नपूर्वकमुक्तप्रकृतिद्वयद्वारेणेश्व-
रस्य जगत्कारणत्वप्रदर्शनम् ।
दृष्टान्तेन सर्वभूतानां परमेश्वरे
ग्रथितत्वकथनम् । संक्षेपतो रसा-
दिविभूतिकथनम् । मूढानां
त्रिविधसात्त्विकादिभावैर्मोहित-
त्वाद्भगवत्तत्वानभिज्ञत्वावर्णनम् ।
भगवदेकशरणतया तत्वज्ञानाद्या-

रेण मायातिक्रमकथनम् । दुष्कृ-
तिनां भगवज्जनपराङ्मुखत्व-
कथनम् । सुकृतित्वेन भगवज्जन-
प्रवृत्तिबोधनपूर्वकं भक्तानां चतु-
र्विधत्वकथनम् । चतुर्विधभ-
क्तेषु ज्ञानिनः श्रेष्ठत्वप्रतिपा-
दनम् । अन्यदेवताभजनेऽपह्न-
तविवेकविज्ञानहेतुत्वकथनम् ।
अन्यदेवतोपासकानां तत्तद्देवतो-
पासनश्रद्धादार्ढ्यकरणेन तत्त-
द्देवतास्वरूपिणो मत्त एव काम-
प्राप्तिरिति कथनम् । अन्यदेवतो-
पासकानां फलस्यान्तवत्त्वक-
थनम् । परमार्थतत्वज्ञाने हेतुक-
थनम् । सुकृतिनां भगवज्जनेनोत्त-
मगतिप्राप्तिकथनम् ४४
३२ किं तद्ब्रह्मेत्याद्यर्जुनकृतप्रश्नसप्तक-
म् । अर्जुनोक्तप्रश्नसप्तकस्योत्त-
रम् । अन्त्यभावनानुसारेण देहा-
न्तरप्राप्तिकथनम् । सर्वेषु कालेषु

भगवज्ज्ञानपूर्वकं युद्धादिकरणेऽ-
र्जुनस्य प्रवर्तनम् । योगयुक्तचेत-
सः परमपुरुषावाप्तिकथनम् । प्रण-
वोपासना । ईश्वरं प्राप्तानामपुन-
रावृत्तिकथनम् । स्वर्गादिसत्य-
लोकान्तलोकगतानां सहेतुकं
पुनरावृत्तिकथनम् । परतत्वस्व-
रूपप्रदर्शनम् । परपुरुषस्य ज्ञा-
नलक्षणभक्तिलभ्यत्वकथनम् ।
ध्यानयोगिनां कर्मिणां च क्रमेण
देवयानपितृयाणमार्गद्वयकथनम् ।
शुक्लकृष्णमार्गद्वयगतानां क्रमेणा-
नुत्त्यादिकथनम् । मार्गद्वयार्चि-
न्तनफलम् । योगमाहात्म्यम् ४५
३३ गुह्यतमपरब्रह्मतत्वज्ञानोपदेशः ।
श्रीकृष्णकृतं मूढकृतस्वाज्ञायाः
स्वतत्वज्ञानाभावरूपकारणस्य
कथनम् । महात्मनां भगवद्भक्ति-
लक्षणमोक्षमार्गे प्रवृत्तिकथनम् ।
संक्षेपेण विभूतिकथनम् । सका-
मानां संसारप्राप्तिकथनम् ।

निष्कामभक्तानां सम्यग्दर्शिनां
भगवतो योगक्षेमप्रापकत्वनिरू-
पणम् । अन्यदेवताभक्तानामपि
भगवद्भक्तत्वप्रतिपादनपूर्वकं भज-
नानुसारेण फलप्राप्तिकथनम् ।
भगवदाराधनस्य सुकरत्वप्रति-
पादनम् । भगवदाराधनेऽर्जुनस्य
प्रवर्तनम् । भक्तिमाहात्म्यप्रति-
पादनपूर्वकमर्जुनस्य भक्तिमार्गे
प्रवर्तनम् । ईश्वरभजनैकतव्य-
ताप्रदर्शनम् ४८
३४ भगवान् 'भूय एव महाबाहो'
इत्याद्युक्त्वा स्वस्य सुरादीनां
दुर्ज्ञेयत्वाद्यभिधायाहं सर्वस्य
प्रभव इत्याद्याचख्यौ । विभूति-
योगज्ञानार्थमनुयुक्तो भगवान्
स्वीया विभूतिरभ्यधात्... ५०
३५ विश्वरूपप्रदिदृक्षयार्जुनकृता भग-
वत्प्रार्थना । पश्य मे पार्थेत्यादि
भगवद्भाषणम् । धृतराष्ट्रं प्रति
संजयकृतं हरिः पार्थाय विश्वरूपं

दर्शयामासेत्यादिवृत्तान्तकथनम्। भगवद्दर्शितविश्वरूपस्य स्वानुभवप्रकटीकरणार्थमर्जुनवाक्यम्। स्वस्य भूभारहरणार्थं प्रवृत्तत्वान्मयैवैते निहतास्त्वं निमित्तमात्रं भवेत्यादि श्रीकृष्णभाषणम्। पराजयभयात्करिष्यति संधिमिति बुद्ध्या संजयस्य धृतराष्ट्रं प्रति वृत्तान्तकथनम्। अर्जुनकृता भगवत्स्तुतिः। पूर्वरूपप्रदर्शनार्थमर्जुनकृत भगवत्प्रार्थना। अर्जुनं भीतमुपलभ्य विश्वरूपमुपसंहृत्य प्रियवचनेनाश्वासनार्थं श्रीकृष्णस्योक्तिः। संजयभाषणम्। पूर्वरूपदर्शनेनार्जुनकृतं स्वचित्तस्थैर्यप्रदर्शनम्। विश्वरूपदर्शनस्य भगवत्कृतं भक्त्येकसाध्यत्वप्रतिपादनम्। भगवदर्थकर्मादियुतस्य भगवत्प्राप्तिप्रतिपादनम् ... ५२

३६ योगवित्तमानां ज्ञानार्थमर्जुनप्रश्ने तेषां लक्षणमभिधाय ब्रह्मोपासकानामहमेव प्राप्यः इत्याह भगवान्। ब्राह्मोपासकानां दुःखकथनपूर्वकमनन्यभावेन मद्भक्तानामहमुद्धर्ता इत्यादि कथयित्वा मय्येव मन आधत्स्वेत्याद्याख्यातवान्। अभ्यासादीनामुत्तरोत्तरं विशेषं कथयित्वा स्वस्य प्रियतमान् भक्तानाह भगवान् ... ५५

३७ प्रकृत्यादीनां जिज्ञासयाऽर्जुनस्य प्रश्ने क्षेत्रक्षेत्रज्ञादीनां लक्षणानि कथयित्वा प्रकृत्यादीनामनादित्वमभिधाय पुरुषस्वरूपं निरूपयामास श्रीकृष्णः। पुरुषं जानतां क्षेत्रक्षेत्रज्ञयोर्विशेषं जानतां च मोक्ष इत्याह ५६

३८ उत्तमज्ञानोपदेशकरणं प्रतिज्ञाय त्रयाणां सत्त्वादिगुणानां प्रकृतिसम्भवत्वकथनपूर्वकं तेषां स्वरूपं कार्यं चाचष्ट भगवान्। सत्त्वादिषु प्रलयं गतानां गतिं निरूप्य सत्त्वादिफलकथनपूर्वकं सात्त्विकादीनां प्राप्याँल्लोकानाह। कैर्लिङ्गैर्गुणातीतो भवतीत्याद्यर्जुनप्रश्ने भगवांस्तल्लक्षणमन्वाचष्ट। ६०

३९ संसारस्य वृक्षरूपत्वकल्पना। संसारवृक्षस्यासङ्गशस्त्रेण च्छेदने ब्रह्मपदप्राप्तिकथनम्। ब्रह्मपदलक्षणकथनम्। जीवस्य भगवदंशतायाउत्क्रान्तिकाल इन्द्रियाकर्षकत्वादेश्च कथनम्। मूढानामात्मज्ञानासम्भवकथनम्। संक्षेपेण विभूतिवर्णनम्। क्षराक्षरोत्तमपुरुषाणां निरूपणम्। हेतुकथनपुरःसरं भगवतः पुरुषोत्तमत्वस्य तज्ज्ञानफलस्य च निरूपणम्। भगवत्तत्त्वज्ञानप्रशंसा ... ६२

४० दैवासुरसम्पद्विभागं कथयन् भगवानासुरसम्पद्वतां दम्भादिकं स्वभावं चाह। कामिनामाशाप्रकारस्य गतेश्च स्वरूपकथनपूर्वकं कामादीनां निरयत्वमुपपाद्य कामादित्रयत्यागोपदेशः ६४

४१ शास्त्रविधिमुत्सृज्य श्रद्धया कर्म कुर्वतां का गतिरित्यर्जुनस्य प्रश्नः। श्रद्धात्रय-त्रिविधाहारत्रिविधयज्ञादिकथनम्। कायिकवाचिकमानसिकभेदेन तपसस्त्रिविधत्वम्। सात्त्विकादिभेदेन तपसस्त्रैविध्यम्। सात्त्विकराजसतामसभेदेन दानस्य त्रिविधता। यज्ञादीनां सादृगुण्यार्थोतत्सदितिशब्दत्रयस्य विनियोगप्रदर्शनम्। अश्रद्धया कृतस्य हवनादेः सर्वकर्मणोऽसत्त्वप्रतिपादनम् ... ६५

४२ संन्यासत्यागयोस्तत्त्वविषयकः प्रश्नः। संन्यासत्यागपदार्थोक्तिः। कर्मणस्त्यागात्यागयोः सांख्यमीमांसकपक्षद्वयप्रदर्शनम्। फलासक्तिं त्यक्त्वा नित्यनैमित्तिकानि कर्माणि कर्तव्यानीति स्वम-

तत्प्रदर्शनं भगवतानित्यकर्मत्या-
गोपपत्त्यभावकथनपुरःसरं ताम-
सादिभेदेन त्यागस्य त्रिविध-
त्वम् । फलासक्तित्यागपूर्वकं
नित्यकर्म कुर्वतो नैष्कर्म्यलक्षण-
ज्ञाननिष्ठाप्राप्तिप्रतिपादनम्। कर्म-
फलत्यागिनस्त्यागीत्यभिधान—
कथनम्। संन्यासिनामनिष्टादि-
त्रिविधफलाभावः। सर्वकर्मणा-
मधिष्ठानादिकारणपञ्चकवर्णनम्।
केवलात्मनि कर्तृत्वाभिमानिनां
दुर्मतित्वस्य कथनम् । कर्तृत्वा-
भिमानरहितस्य सुमतित्वकथ-
नम् । कर्मप्रवर्तकज्ञानादित्रयस्य
करणादित्रयस्य च प्रदर्शनम् ।
ज्ञानकर्मकर्तृणां गुणभेदेन त्रैविध्य-
कथनप्रतिज्ञा। सात्त्विकादिभेदेन
ज्ञानकर्मकर्तृणां त्रैविध्यकथनम्।
बुद्धिधृत्योर्गुणभेदेन त्रैविध्यकथ-
नप्रतिज्ञा। सात्त्विकादिभेदेन बु-
द्धिधृतिसुखानां त्रैविध्यकथनम्।
संसारान्तर्गतस्य सर्वस्य त्रिगु-
णात्मकत्वम् । ब्राह्मण-क्षत्रिय-
वैश्य-शूद्रकर्मणां विभागः। ब्रा-
ह्मणादीनां स्वस्वकर्मणा भगव-
दाराधनेन ज्ञाननिष्ठायोग्यताल-
क्षणसिद्धिप्रतिपादनम्। स्वधर्म-
स्यात्याज्यताप्रतिपादनम् । आ-
सक्त्यादिरहितस्य संन्यासेन
ज्ञाननिष्ठालक्षणनैष्कर्म्यसिद्धिक-
थनम् । केवलात्मज्ञाननिष्ठारूप
नैष्कर्म्यलक्षणसिद्धिप्राप्तिक्रमक-
थनप्रतिज्ञा। विस्तरेण परज्ञाननि-
ष्ठाप्राप्तिक्रमकथनम् । उक्तक्रमेण
ज्ञानलक्षणभक्तिप्राप्तिप्रतिपादनम्।
ज्ञानलक्षणभक्त्या भगवत्तत्त्व-
ज्ञानसिद्धिकथनम् । ज्ञाननिष्ठा-
योग्यताफलकस्य भगवद्भक्ति-
योगस्य स्तुतिः। अर्जुनं प्रति श्री
कृष्णकृतो विवेकबुद्ध्या मयीश्वरे
सर्वकर्मसंन्यासपूर्वकं समाहित-
बुद्धित्वाश्रयणेन सर्वदा मदाभि-
न्नेश्वरे चित्तस्थापनोपदेशः। म-
च्चित्तत्वे मत्प्रसादात्सर्वदुर्गतर-
णस्यान्यथा विनाशस्य च कृष्ण-
कृतं कथनम् । अहङ्काराश्रयणेन
युद्धाकरणं निश्चयस्य मिथ्या-
निश्चयत्वकथनपूर्वकमर्जुनस्य प्र-
कृतिपरतन्त्रत्वम् । ईश्वरस्यान्त-
र्यामित्वेन सर्वभूतप्रेरकत्वकथ-
नम् । सर्वभावेनेश्वराश्रयणे-
न शाश्वतपदप्राप्तिकथनम्। उक्त-
गुह्यतरज्ञानविचारेणेच्छानुरूप-
करणानुज्ञा। अर्जुनस्य परमप्रि-
प्रियत्वात्सर्वगुह्यतमवचनश्रवण-
प्रवर्तनम्। गुह्यतमस्य कर्मयोगनि-
ष्ठारहस्यस्येश्वरशरणत्वस्य क-
र्मयोगनिष्ठाफलस्य च सम्यग्द-
र्शनस्योपदेशः अपात्रे शास्त्रोपदे-
शनिषेधस्य, पात्रे तदुपदेशफल-
स्य च प्रतिपादनम् । एतच्छा-
स्त्राध्ययनश्रवणयोः फलकथनम्-
मदुक्तगीताशास्त्रश्रवणेनाज्ञानसं-
मोहः प्रनष्टः कच्चिदित्यर्जुनं प्रति
श्रीकृष्णप्रश्नः। 'नष्टो मोहः स्मृ-
तिर्लब्धा' इत्याद्यर्जुनोत्तरम्। 'इ-
त्यहं वासुदेवस्य' इत्यादिकेन स-
ञ्जयभाषणेन गीताशास्त्रस्य
समाप्तिः ६६

(४.) भीष्मवधपर्व

४३ गीता सुगीतेत्यादिना गीता-
पठनप्रशंसनं गीताश्लोकसंख्या-
कथनं च। गीतोपदेशानन्तरमर्जु-
नेन गाण्डीवे धृते हृष्टाः पाण्डवा-
दयः शङ्खान्दध्मुर्वादयश्च युद्ध-
दर्शनार्थमाजग्मुः । युधिष्ठिरे
भीष्ममभिप्रेक्ष्य रथादवरुह्य
गच्छत्यनुगम्यमानेष्वर्जुनादिषु
पृच्छत्स्वपि निरुत्तरे सति तद-
भिप्रायं श्रीकृष्ण आह। कुरुसैन्ये-
निन्दति सति युधिष्ठिरो भीष्मं
प्रति चरणौ निपीड्य युद्धानुज्ञा-
माशिषं च प्रार्थयति स्म। यद्येव-
मित्यादिनाऽनागमने दोषमभि-

धाय प्रीतोऽहं युध्यस्व त्वं जयं चाप्नुहीत्युक्त्वाऽस्मत्तो वरो व्रियतामित्याह भीष्मः। मदर्थे हितैषी सन् मंत्रयस्व कौरवार्थे च युध्यस्वेति प्रार्थयति युधिष्ठिरे तदंगीकृत्य भीष्मो 'ब्रूहि यत्ते विवक्षितम्' इत्याह। 'कथं जयेयं संग्रामे भवन्तमपराजितम्' इति युधिष्ठिरेण याचिते नैनं पश्यामीत्याद्युक्तवति भीष्मे युधिष्ठिरो वधोपायं ब्रवीहीत्याह। 'न तावन्मृत्युकालोपि पुनरागमनं कुरु' इत्युक्तवति भीष्मे युधिष्ठिरस्तद्वाक्यं शिरसा गृहीत्वा तमभिवाद्य द्रोणाचार्यं प्रति ययौ। भीष्मवदेव द्रोणाद्वरादिकं लब्ध्वा कृपशल्यौ प्रति गत्वा तथैव ताभ्यामपि वरादिकं लब्ध्वा प्रत्यावृत्ते। कृष्णोऽपि कर्णं गत्वा 'यावद्भीष्मजीवनं तावदस्मान्वृणु' इत्युवाच कर्णेन तदनंगीकृते निववृते च। युधिष्ठिरे सैन्ययोर्मध्ये स्थित्वा 'योऽस्मान् वृणोति तमहं' इत्युक्तवत्यागतं युयुत्सुमंगीकृत्य स्व सैन्यमागत्य कवचमग्रहीत। युधिष्ठिरस्येमां कृतिं वीक्ष्य साधु साध्विति सर्वे राजान ऊचुर्हृष्टाश्च संतो भेरीवादनपूर्वकं शङ्खान् दध्मुश्च ७३

प्रथमदिवसयुद्धम्।

४४ के पूर्वं प्राहरन्निति धृतराष्ट्रप्रश्ने संजय आह। युद्धारंभे सेनायास्तुमुलं शब्दं श्रुत्वा नदन्तं भीमं प्रा बाणवर्षपूर्वकं परिवारयद्भिर्दुर्योधनादिभिः सह द्रौपदीपुत्रादीनां युद्धम् ७५

४५ संजयो युद्धारंभसामयिकं सिंहनादादि कथयन् पूर्वं भीष्मार्जुनयोर्द्वंद्वयुद्धान्याह ७५

४६ पितृपुत्रादिसंबंधमविगणय्य युध्यमानानां योधानां संकुलयुद्धं कथयन् संजयो भीष्मदर्शनेन पाण्डवसेनानां कंपादिकमाह ७७

४७ दुर्योधनप्रेरणया दुर्मुखादिषु भीष्मं रक्षत्सु तस्याभिमन्युना सह युद्धम्। अभिमन्युरक्षार्थमागतेषु पाण्डवमहारथेषु भीमेन सह भीष्मस्य युद्धम्। उत्तरशल्ययोर्युध्यमानयोः शल्यशक्तिप्रहारेणोत्तरे पतिते तद्भ्राता श्वेतेन सह शल्यादीनां युद्धम्। शल्यरक्षणार्थं भीष्मादिष्वागतेषु भीष्मस्य भीमादिभिस्तुमुलं युद्धम् ७८

४८ शल्यरथं प्रति श्वेते गते भीमादिभिर्भीष्मस्य कुरुभिः सह श्वेतस्य तुमुलं युद्धम्। भीष्मश्वेतयोर्युध्यमानयोः श्वेतो भीष्मस्य धनुरादि चिच्छेद। भीष्मरक्षार्थं दुर्योधनेन सैन्ये प्रेरिते श्वेतभीष्मयोस्तुमुलं युध्यमानयोः श्वेतप्रेषितां शक्तिं भीष्मश्चिच्छेद। श्वेतप्रेरितया गदया भीष्मे विरथीकृते आकाशवाणीं श्रुत्वा तद्वधे यत्नं कुर्वन् भीष्मो ब्राह्मास्त्रेण तं जघान। श्वेतमरणेन शोचन्तः पाण्डवा अवहारं चक्रुः ७९

४९ धृतराष्ट्रः 'श्वेते हते पाण्डवाः किमकुर्वन्' इत्यादि पृष्टा दुर्योधनाग्रहं निरूप्य धनञ्जयः किमकरोदित्यादिप्रश्नपूर्वकमर्जुनं प्रशस्य श्वेते हते धृष्टद्युम्नः किमकरोदिति पप्रच्छ। सञ्जयो धृतराष्ट्रं निर्भर्त्स्य शल्यं प्रति शङ्खस्य गमनं तद्रक्षार्थं कौरवसैन्यगमनं, शङ्खस्य वधार्थं भीष्मगमनं चाभिधाय शङ्खरक्षणार्थमागतेनार्जुनेन सह भीष्मस्य महद्युद्धमाह। भीष्मे द्रुपदमेत्य पाण्डवसेनां निघ्नति भीतायां तस्यां पाण्डवा

अवहारमकुर्वन् । अयमवहारः प्रथमदिवसीयः ... ८१

द्वितीयदिवसयुद्धम् ।

५० युधिष्ठिरो भ्रातृभिः सह कृष्णमेत्यात्मनो विषादप्रकाशकं वाक्यं वदन् भीमं प्रशस्य भीष्मवधोपायं जिज्ञासुरुवाच । कृष्णेनाश्वासितो युधिष्ठिरो धृष्टद्युम्नप्रोत्साहनं कृत्वा कौञ्चव्यूहरचनार्थं तमादिदेश, स च तं रचयामास ८२

५१ कौञ्चव्यूहं दृष्ट्वा दुर्योधनो द्रोणाचार्यादीन्प्रोत्साहयन् शूरसेनादीन् भीष्मरक्षार्थं नियोजयति स्म । व्यूहं रचयित्वा भीष्मे शङ्खं वादयति कौरवाः पाण्डवाश्च शङ्खनादं कुर्वन्तो युद्धमुपचक्रमिरे ... ८३

५२ कथं प्रहारं चक्रुरिति धृतराष्ट्रप्रश्ने सञ्जयस्योत्तरम् । दुर्योधनाञ्जययोः सैन्ययोस्तुमुलं युध्यमानयोर्भीष्मः सौभद्रादीन्प्राप्ते बाणांस्त्यजाज । भीष्मसमीपगमनार्थमर्जुनेन प्रेरितः कृष्णो यत्तो भवेत्याद्युक्त्वा यावद्रथं प्रेर्यति तावद्भीष्मोऽर्जुनसमीपं जगाम । भीष्मादिभिरर्जुनस्य युद्धे प्रसक्ते सात्यकिप्रभृतयोऽर्जुनरक्षार्थमाजग्मुः । भीष्मार्जुनयोर्युद्धप्रसङ्गेऽश्वत्थामप्रभृतयो भीष्मं ररक्षुः । उभयोर्युध्यमानयोः शरविद्धाङ्गं कृष्णं दृष्ट्वार्जुनक्रोधे देवादयः सर्वे च विस्मयं चक्रुर्योधाश्च परस्परं युयुधिरे द्रोणधृष्टद्युम्नौ च तुमुलं युयुधाते ... ८४

५३ 'द्रोणधृष्टद्युम्नयोः कथं समागमः ?' इति धृतराष्ट्रप्रश्ने सञ्जयः पाण्डवानामजय्यत्वं कथनपूर्वंकं तयोर्युद्धं शशांस । द्रोणेन विरथीकृतं धृष्टद्युम्नं प्रति साहाय्यार्थमागतो भीमो दुर्योधनप्रेषितेन कालिङ्गेन सह युयुधे ... ८५

५४ 'भीमकालिङ्गयोः कथं युद्धम् ?' इति धृतराष्ट्रप्रश्ने सञ्जयस्योत्तरम् । कालिङ्गे भीमरथं त्यागते उभयोः ः तुमुले युद्धे प्रवृत्ते भीमः खसमागतं कालिङ्गपुत्रं शक्रदेवं गदया जघान । पुनः कालिङ्गभीमयोर्युद्धप्रसङ्गे भीमो भानुमन्तं हत्वा गजादिसैन्यं मारयतिस्म । भीमयुद्धदर्शनान्यन्येषु विस्मितेषु सत्सु भीमो रथमारुह्य कालिङ्गादीन् जघान। खसमीपागतेषु कालिङ्गसैन्येषु भीमः सप्तशतानिद्विसहस्त्रयोर्हन्त्वा शङ्खं दधमौ । धृष्टद्युम्नाज्ञया शिखण्डिप्रभृतिष्वाग्रतेषु धृष्टद्युम्नो भीमपार्श्वे स्थित्वा हर्षेण शङ्खवादनादिं चकार । भीमधृष्टद्युम्नयोःपार्श्वे सात्यकावागते बहून् सैन्यानि नाशयन्तं भीमं प्रत्यागतेषु भीष्मादिषु भीष्मेण सह सात्यकिप्रभृतीनां महायुद्धम्, सात्यकिनृतं भीमप्रोत्साहनं च ८६

५५ गतपूर्वाह्णभूयिष्ठे तस्मिन्नह्नि धृष्टद्युम्नेऽश्वत्थामशल्यरूपैर्युध्यमाने तत्साहाय्यार्थमभिमन्युराजगाम । शल्यादिभिर्युध्यमाने सौभद्रे युद्धार्थमागतेन लक्ष्मणेन सह तस्य तुमुले युद्धे प्रसक्ते सौभद्रं प्रति दुर्योधनाद्या आजग्मुः । महारथैर्वेष्टितमभिमन्युं दृष्ट्वा तद्रक्षार्थमागतस्यार्जुनस्य तुमुलं युद्धं दृष्ट्वा भीष्मोऽवहारं चकार । अयं द्वितीयदिवसावहारः ... ८७

तृतीयदिवसयुद्धम् ।

५६ प्रभाते भीष्मेण यानार्थं सेनामादिश्य गारुडव्यूहे रचिते पाण्डवा अप्यर्धचन्द्रव्यूहं रचयामासुस्ततो युद्धारम्भः ... ८८

५७ अर्जुने रथानीकं घ्नत्यभयोः सैन्ययोस्तुमुलयुद्धे प्रवृत्ते नरशोणित-

पृथिवीरजःशान्तौ भीष्मादयः
पाण्डवसेनां जघ्नुर्भीमादयश्च कौ-
रवसेनाम् ८६
५८ क्रुद्धेषु राजसु बाणादीन्प्रहरत्सु
तेषां बाणादीन्निवारयत्यर्जुने दे-
वादयस्तं प्रशशंसुः । सौबलानां
सात्यक्यभिमन्युभ्यां युधिष्ठिरा-
दीनां द्रोणभीष्माभ्यां घटोत्कच-
भीमयोर्दुर्योधनादिभिश्च युद्धे
प्रसक्ते दुर्योधनस्य मोहः । द्रोण-
भीष्मयोर्निवारणमगणय्य पला-
यमानं कौरवसैन्यं दुर्योधनं गत-
मोहं दृष्ट्वा निवर्तते । भीष्ममनु-
नयन् दुर्योधनः क्रुद्धस्य भीष्मस्य
वाक्यं श्रुत्वा हर्षाच्छंखं दध्मौ,
तच्छ्रुत्वा पाण्डवा अपि शंखान्
दध्मुः ८०
५९ 'तत्र भीष्मः किमकरोत्?' इति
धृतराष्ट्रप्रश्नः । कौरवपाण्डव-
योस्तुमुले युद्धे प्रसक्ते तद्युद्धं
प्रशंसन् संजयो योधानां नाना-
विधान् ध्वनीन् कथयामास ।
आश्चर्ययुद्धं कुर्वतो भीष्मस्य
बाणैः पाण्डवसैन्ये भग्ने कृष्णे-
नोक्तोऽर्जुनः सक्रोधमुक्त्वा
भीष्मस्य धनुश्चिच्छेद । अर्जुनं
प्रशस्य भीष्मे कृष्णार्जुनौ प्रति
बाणान् क्षिपति तत्पराक्रमं दृष्ट्वा
कृष्णश्चिन्तयामास । पुनर्भीष्मे
बाणैर्दिश आच्छादयति द्रोणा-
दिषु च युगपद्बाणप्रहारान् कुर्व-
त्सु पलायमानं पाण्डवसैन्यं प्रति
सात्यकिरुवाच । कृष्णे सात्यकिं
प्रति सक्रोधमुक्त्वा चक्रं धृत्वा
भीष्मवधार्थं निर्गते भीष्मस्तं
दृष्ट्वा तुष्टाव । अर्जुनेन रथादव-
प्लुत्य पादौ धृत्वाऽनुनीतः
कृष्णो पुना रथमारुरोह । कृष्णा-
दिषु शंखान्वादयत्सु भूरिश्रवः-
प्रभृतिभिर्युगपद्युद्धे प्रवृत्तेऽर्जुनो
बहु सैन्यं पातयति स्म । अर्जुन-
प्रेरितैन्द्रास्त्रभयेन सभीष्मकौरवे-
ष्वपयातेष्वर्जुनादयोऽपि शिबिरं
जग्मुः। अयं तृतीयदिवसावहारः
... ... ९०

चतुर्थदिवसयुद्धम् ।

६० द्रोणादिषु भीष्मेण सह युद्धभूमिं
गतेषु सत्स्वर्जुनोऽपि ससैन्यो
निर्जगाम । उभयसैनिकेषु युध्य-
मानेषु युध्यमानमर्जुनं प्रत्यागता-
न्भीष्मादीन् दृष्ट्वा साहाय्यार्थ-
मागतोऽभिमन्युर्युयुधे । भीष्मा-
र्जुनावपि महद्युद्धं चक्रतुः ९३
६१ द्रौणिप्रभृतिभिर्युध्यमानमभिमन्युं
प्रति दुर्योधनः पंचविंशति-
सहस्रसंख्यान् योधान् प्रेष-
यामास । मद्रानीकादिभिर्युद्ध्य-
मानो धृष्टद्युम्नः शलपुत्रं जघान ।
तस्मिन्हते कुरुसैन्येषु हाहा-
कारं कुर्वत्सु सांयमनिधृष्टद्युम्नौ
युयुधाते ९४
६२ पुनरनुतप्यमानं धृतराष्ट्रं प्रति
संजयोक्तिः । धृष्टद्युम्नशल्ययो-
र्युद्धानंतरमभिमन्युशल्ययोर्युध्य-
मानयोः शल्यरक्षणार्थं दुर्योधना-
दय आजग्मुः । दुर्योधनादिभि-
र्युध्यमानो भीमो यदा गदां जग्राह
तदा तं दृष्ट्वा कौरवेषु पलायमा-
नेषु दशसहस्रगजानीकसहितं
मगधं पुरस्कृत्य दुर्योधन आज-
गाम । भीमरक्षणार्थं द्रौपदीपुत्रा-
दिषु युध्यमानेष्वभिमन्युर्मागधं
जघान । भीमे गदाप्रहारेण यो-
धान् पशुमारं मारयति पीडिता-
गजा पलायनं चक्रुः ... ९४
६३ भीमं हतेत्युक्त्वा दुर्योधनेन
प्रेषिते सैन्ये भीमपराक्रमं प्रशस्य
तस्य महद्युद्धं प्राह संजयः । भीम-
स्य गदायुद्धं दृष्ट्वा विषीदत्सु
कौरवेषु सैन्यानि ग्रसमाने तस्मि-
न्भीष्म आजगाम । सात्यकिप्रभृ-

भीष्मपर्वविषयानुक्रमणिका।

तिषु भीष्मं प्रति बाणांस्त्यजत्सु
भूरिश्रवा आजगाम ... ६३

६४ सात्यकिभूरिश्रवसोर्युध्यमानयो-
र्भूरिश्रवसं रक्षितुं दुर्योधना-
दय आययुः सात्यकिं रक्षितुं
पाण्डवाश्च । दुर्योधनादिभिर्भी-
ष्मस्य बाणयुद्धे प्रसक्ते दुर्योधन-
बाणप्रहारेण मूर्च्छितं भीमं दृष्ट्वा-
भिमन्युप्रभृतयो युयुधिरे । भीम-
बाणपीडिते दुर्योधने पलायिते
युद्धार्थमागतान् सेनापतिसुषेण-
प्रभृतींस्तद्भ्रातॄन् भीमो जघान ।
भीष्मप्रेरणया आगच्छत्सु महा-
रथेषु भीमसमीपमागतस्य भग-
दत्तस्याभिमन्युप्रभृतिभिर्युद्धम् ।
बाणप्रहारेण मूर्च्छितं भीमं दृष्ट्वा
भगदत्ते सिंहनादं कुर्वति घटो-
त्कचो मायया युयुधे । आर्तनादं
श्रुत्वा भीष्मेण प्रेरिता द्रोणादयो
भगदत्तरक्षणार्थमाययुस्तान् दृष्ट्वा
युधिष्ठिरादयोऽपि । घटोत्कच-

युद्धं दृष्टवता भीष्मेण प्रेरितेषु
कौरवेषु युद्धाद्विवृत्तेषु तान् दृष्ट्वा
पाण्डवा अपि सिंहनादादिपूर्वकं
निवविरे । पराजितेषु कौरवेषु
हृष्टेषु पाण्डवेषु च स्वस्वशिबिरं
गतेषु दुर्योधनो भ्रातृवधेन दीनः
संचिन्तयामास, चतुर्थदिवस-
युद्धसमाप्तिः ... ६७

पञ्चमादिवसयुद्धम्।

६५ अनुतप्तस्य धृतराष्ट्रस्य 'दुर्यो-
धनादयः किं कृतवन्तः' इति प्रश्ने
सञ्जयः पाण्डवान् प्रशस्य कौर-
वान्निन्द्य धृतराष्ट्रभर्त्सनपूर्वकं दुर्यो-
धनभीष्मसंवादमाह । पा-
ण्डवजयकारणे दुर्योधनेन
पृष्टे तं प्रति भीष्मस्तत्कथयन्
विश्वोपाख्यानमाह—गन्धमादन-
पर्वते ऋषिभिः सहोपविष्टो ब्रह्मा-
ऽकस्मादागतं विमानं दृष्ट्वा
विश्वरूपं भगवन्तं तुष्टाव ६९

६६ ब्रह्मस्तवेन तुष्टो भगवान् 'विदितं

तात योगात्मे' इत्याद्युक्तवाऽन्त-
र्दधे । देवर्ष्यादिभिः पृष्टो ब्रह्मा
तान् प्रति नरनारायणावेताविति
कथयित्वा तदज्ञाकरणे दोष-
मभिधाय स्वभवनं जगाम ।
भीष्मो दुर्योधनं प्रति युद्धान्निवृत्ति-
कथनपूर्वकं श्रीकृष्णसंमाननादु-
पदिशंस्तदाश्रयादेव पाण्डवानां
जय इत्याह ... ९९

६७ भगवत्तत्त्वज्ञानार्थं दुर्योधनेन
पृष्टो भीष्मस्तत्त्वं कृष्णप्रसा-
दादिरूपं फलं च कथयतिस्म ९९

६८ भीष्मेण नारदादिोक्ते श्रीकृष्ण-
स्तवे कथिते केशवं बहु मानयन्तं
दुर्योधनं प्रति पुनः शमविधा-
नार्थमुवाच । समाप्तं विश्वो-
पाख्यानम् ... १००

६९ उदिते सूर्ये मकरव्यूहं रचयित्वा
भीष्मे युद्धाय निर्गते पाण्डवा
अपि श्येनव्यूहं विरचय्य नियुजुः
प्रथमं भीमेन बाणैराच्छादिते भीष्मे
बाणवर्षेण पाण्डवसैन्यं मोहयति

सत्यर्जुनः शरसहस्रेण तं विद्याधा
दुर्योधनप्रार्थितो द्रोणः सात्यकि-
प्रभृतिभिर्युयुधे भीष्माद्यश्चा-
भिमन्युप्रभृतिभिर्युयुधिरे ... १००

७० भीष्मे तुमुलं युध्यमाने छिन्नै-
र्मस्तकादिभिर्युद्धभूमौ व्या-
प्तायां कुरुपाण्डवयोस्तुमुलं यु-
द्धम् ... १०१

७१ भीष्मं प्रत्यागतस्यार्जुनस्य गा-
ण्डीववर्धनिं श्रुत्वा योधेषु वि-
भ्यत्सु काम्बोजा युद्धार्थमाजग्मुः ।
भीष्मार्जुनप्रभृतीनां द्वन्द्वयुद्धेषु प्र-
सक्तेषु दुर्निमित्तान्यभूवन् १०१

७२ द्रोणदुर्योधनादिभिरर्जुनभीमप्र-
भृतीनां युद्धे प्रवृत्ते शक्त्याद्या-
युधप्रभाभिर्दिशां शोभावर्णनम् ।
भीष्मभीमयोर्युद्धानन्तरं युध्यमा-
नस्य सात्यकेर्भीष्मबाणेन सार-
थौ पतिते भीष्मादिभिर्दृष्ट्वाक्षुद्धा-
दीनां युद्धम् ... १०२

महाभारते-

७३ भीष्माश्वत्थामप्रभृतिषु विराटा-
र्जुनप्रभृतिभिर्द्वन्द्वशो युध्यमाने-
ष्वभिमन्युलक्ष्मणयोर्युध्यमानयो-
र्लक्ष्मणस्य पलायनम् ... १०३
७४ हुलुलं युध्यमानेन सात्यकिना
सह भूरिश्रवसो युद्धम्। मध्ये
आगतैर्दशभिः सात्यकिपुत्रैर्युध्य-
मानेन भूरिश्रवसा तेषु हतेषु तेन
सह सात्यकेर्महद्युद्धम्। अर्जुन-
कृतपञ्चविंशतिसहस्रमहारथना-
शानन्तरं भीष्मोऽवहारं च-
कार। अयं च पञ्चमो दिवसा-
वहारः १०४

षष्ठदिवसयुद्धम्।

७५ शर्वर्यामतीतायां युद्धार्थं कुरुपा-
ण्डवयोर्निर्गतयोः सतोर्युधिष्ठि-
रवाक्याद्धृष्टद्युम्नो मकरव्यूहं रच-
यामास भीष्मश्च क्रौञ्चव्यूहम्। यु-
द्धारम्भे सेनाद्वयशोभावर्णनपुरः-
सरं भीमद्रोणयोर्युद्धवर्णनम् १०४
७६ अनुतापपूर्वकं दुर्योधननिन्दारू-
पा धृतराष्ट्रस्योक्तिः ... १०५
७७ दुःशासनादीन् दृष्ट्वा क्रुद्धो भीमः
कौरवचमूं प्रविवेश। 'जीव-
ग्राहं गृह्णीम एनम्' इति वदत्सु
दुःशासनादिषु तद्वधं चिन्तयन्
भीमो रथमुत्सृज्य गदामादाय-
युद्धमकरोत्। भीमरथं शून्यं दृष्ट्वा
आगतो धृष्टद्युम्नो विशोकवाक्यं
श्रुत्वा कौरवचमूमध्ये प्रविश्य
भीममाश्वासयामास। दुर्योधन-
प्रेरणया स्वसमीपागतान् दुःशा-
सनादीन् दृष्ट्वा तान् धृष्टद्युम्नो मो-
हनास्त्रेणामोहयत्। तान् दृष्ट्वा
कौरवेषु पलायमानेषु द्रोणो धृष्ट-
द्युम्नमागत्य प्रज्ञास्त्रेण दुःशास-
नादीनां मोहमपाचकार। युधि-
ष्ठिरप्रेरणया साह्यार्थमागतेऽभि-
मन्यौ भीमधृष्टद्युम्नौ जहृषतुः।
धृष्टद्युम्नद्रोणयोर्युद्धे प्रवृत्ते द्रोणेन
विरथीकृतो धृष्टद्युम्नोऽभिमन्यु-
रथमारुरोह १०५
७८ भीमदुर्योधनयोर्युद्धे प्रवृत्ते भीम-
निग्रहार्थं दुःशासनादिषु यतमानेषु
भीमाश्चित्रसेनादीन्प्रति बाणान्मु-
मोच। अभिमन्युविकर्णयोर्द्रौपदे-
यैर्दुर्योधनस्य च युद्धमभिधाय
योधानां युद्धोत्साहमभ्यधात्सं-
जयः १०७
७९ युद्धार्थमागतं दुर्योधनं दृष्ट्वा क्रु-
द्धेन भीमेन 'अयं स कालः'
इत्याद्युक्त्वा तस्य धनुरादिषु
छिन्नेषु तद्रक्षणार्थं जयद्रथादय
आजग्मुः। विकर्णादिभिरभिमन्यु-
प्रभृतीनां द्वंद्वशो युद्धे प्रवृत्ते भी-
ष्मः पाण्डवसैन्यं नाशयित्वाऽव-
हारं चक्रे, युधिष्ठिरादयश्च शि-
बिरं जग्मुः। अयं च षष्ठदिवस-
युद्धावहारः १०७

सप्तमदिवसयुद्धम्।

८० शूरेषु स्वस्वाशिबिराणि गतेषु खि-
द्यमानेन दुर्योधनेन पृष्टो भीष्मः
'अहं सर्वात्मना जीवितं परि-
त्यज्य पाण्डवसेनां प्रति योत्स्या-
मि, सदेवदैत्यान् सर्वान् दहेयं
शत्रुसेनां किमु' इत्यादि व्याजहा-
र तेन स तुष्टो बभूव। दुर्योधना-
ज्ञया योधानां निर्गमनमभिधाय
कौरवसैन्यशोभां वर्णयति स्म
संजयः १०८
८१ भीष्मो दुर्योधनं प्रति पाण्डवाना-
मजय्यत्वाद्यभिधाय 'पाण्डवांश्च
रणे जेष्ये' इति प्रतिज्ञाय तस्मै
विशल्यकरणीमोषधिं दत्वा
प्रातर्मण्डलव्यूहं रचयामास युधि-
ष्ठिरश्च वज्रव्यूहम्। 'भारद्वाजो
ययौ मत्स्यम्' इत्यादिना योध-
प्रतियोधयोर्नामतः कथनम्।
अर्जुनः श्रीकृष्णं प्रत्युक्त्वा बाणान्
ववर्ष १०९
८२ अर्जुनं प्रति भीष्मगमनानंतरम-

र्जुनपराक्रमं दृष्ट्वा दुर्योधन-
प्रेरिताः सुशर्मादयो भीष्म-
माजग्मुः। भीष्मार्जुनौ दृष्ट्वा
सैन्यानि त्रेसुः। द्रोणविराटयो-
र्युध्यमानयोर्द्रोणेन शंखे हते
विराटोऽपययौ। अलंबुषसात्य-
क्योर्युध्यमानयोरलंबुषः पलाय-
ते स्म। धृष्टद्युम्नदुर्योधनयोः कृत-
वर्मभीमयोश्च युद्धम् ... १०९
८३ धृतराष्ट्रवाक्यं श्रुत्वा तं भर्त्स-
यन् संजय इरावदावन्त्ययोर्घटो-
त्कचभगदत्तयोर्युद्धं शशंस।
भयात्पांडवसैन्ये पलायिते घटो-
त्कचेप्यपयाते भगदत्तः पाण्डव-
सैन्यं नाशयति स्म। नकुलसह-
देवयोः शल्येन युद्धे प्रसक्ते सह-
देवबाणप्रहारेण शल्ये मोहिते
द्वावपि शङ्खौ दध्मतुः ... ११०
८४ युधिष्ठिरश्रुतायुषोर्युध्यमानयोर्यु-
धिष्ठिरेण श्रुतायुषो धनुरादिषु
छिन्नेषु स रणाद्वेगेन विप्रदुद्राव।
चेकितानकृपयोः सौमदत्ति-
धृष्टकेत्वोश्चित्रसेनादिभिरभिम-
न्योश्च युद्धवर्णनम्। अभिमन्युं
प्रति गच्छन्तं भीष्मं दृष्ट्वाऽर्जुन—
प्रेरितेन श्रीकृष्णेन तत्र रथे नीतेऽ-
र्जुनेनाधिक्षिप्ताः सुशर्मादयस्त-
मावव्रुः १११
८५ अर्जुनो महद्युद्धं कृत्वा महारथा-
न्नाशयन् यावद्भीष्मसमीपमग-
च्छत्तावत्स्वसमीपमागतांस्त्रि—
गर्तादीन् पराजिग्ये। युधिष्ठिरो
भीष्मेण सह युद्धार्थं गच्छञ्जय-
द्रथादिभिर्युयुधे। युधिष्ठिर-
वाक्याद्भीष्मं प्रति गच्छन् शिख-
ण्डी शल्येन सह युद्धं चकार।
गदां गृहीत्वा जयद्रथं प्रति गच्छ-
न् भीमसेनो गदाप्रहारेण चित्र-
सेनरथं बभंज ११२
८६ भीष्मयुधिष्ठिरयोर्युध्यमानयोर्भी-
ष्मेणाश्वेषु हतेषु रथं त्यक्त्वा
युधिष्ठिरो नकुलरथमारुरोह।
महारथान्नाशयन्भीष्मः सृञ्जयैः
सह युयुधे। विंदानुविंदादिभि-
र्धृष्टद्युम्नादीनां युद्धम्। अर्जुने सुश-
र्मादीन् जित्वा स्वशिबिरंगते
दुर्योधनादयोऽपि स्वस्वशिबि-
राणि जग्मुः, अयं सप्तमदिवस-
युद्धावहारः ११३

अष्टमदिवसयुद्धम्।

८७ प्रभाते वीरेषु युद्धाय निर्गतेषु
भीष्मो महाव्यूहं रचयामास,
धृष्टद्युम्नः शकटव्यूहम्। भीष्मा-
दीनां धृष्टद्युम्नादीनां च युद्धार्थ-
मागमनम् ११४
८८ भीष्मेण संजयादिषु हतेषु तेन
सह युध्यमानो भीमस्तस्य सारथिं
जघान। हते सूते भीष्मरथे प्रद्रु-
ताश्वे सति भीमः सुनाभप्रभृती-
नष्ट दुर्योधनभ्रातॄञ्जघान। हत-
शेषेषु कौरवेषु पलायितेषु भीमं
हतेत्युवाच दुर्योधनः सैनिकान्।
विलपन्तं दुर्योधनं प्रति भीष्मो
भर्त्सयन्नुवाच ११५
८९ अनुतापपूर्वकं दुर्योधनं निन्दन्तं
धृतराष्ट्रं प्रति तन्निन्दारूपं संजय-
वाक्यम्। धृष्टद्युम्नादिषु भीष्मं
प्रति गतेष्वर्जुनादिषु च कौरवा-
न्प्रति गतेषु सत्सु सृंजयैः सह
द्रोणस्य युद्धम्। कौरवसैन्यं
निघ्नता भीमेन कृतं हस्तिसमूह-
नाशनं नकुलसहदेवकृतमश्व-
समूहनाशनं च ११६
९० संजयः शकुन्यादीनां पाण्डवा-
न्प्रत्यागमनमुक्त्वा इरावतोऽर्जु-
नपुत्रस्य तज्जन्मादिवृत्तकथन-
पूर्वकं युद्धार्थमागमनं शशंस।
युद्धार्थमागतैर्गजगवाक्षादिभिर्यु-
द्धं कुर्वन्निरावांस्तेषां मध्यात्पञ्च
जघान। दुर्योधनप्रेरणया गतेना-
र्ष्यशृंगिणा राक्षसेन युध्यमान-
मिरावन्तं स राक्षसो जघान।
पुत्रवधमजानन्नर्जुनो भीष्म-
रक्षिणो राज्ञ आजघान। द्रोण-

पराक्रमदर्शनेन भीतानां पाण्ड-
वानां मिथः सभयोक्तिः ... ११६
९१ इरावन्नाशं दृष्ट्वा महान्तं शब्दं कृ-
त्वा युद्धार्थमागतं घटोत्कचं प्रति
दुर्योधनो जगाम। दुर्योधनघटो-
त्कचयोर्महति युद्धे प्रवृत्ते घटो-
त्कचः सक्रोधः सन् ' अद्यानृण्यं
गमिष्यामि ' इत्याद्युवाच ... ११८
९२ दुर्योधनघटोत्कचयोर्युध्यमानयो-
र्दुर्योधनसाहाय्यार्थमागतस्य वं-
गराजस्य गजं घटोत्कचः
शक्त्या जघान। घटोत्कचशब्दं
श्रुत्वा भीष्मेण प्रेरितानां द्रोणा-
दीनां घटोत्कचसमीपमागमनं ते-
न सह तेषां तुमुलं युद्धं च ... ११८
९३ दुर्योधनं प्रत्यागतस्य घटोत्कच-
स्य शब्दं श्रुत्वा युधिष्ठिरेण प्रेरिते
सत्यधृतिप्रभृतिभिरनुगम्यमाने
भीमे आगते उभयसैन्ययोस्तुमुलं
युद्धम् ११९
९४ दुर्योधनभीमयोर्युध्यमानयोर्भीम-
स्य मोहं दृष्ट्वा घटोत्कचादिष्वा-
गतेषु द्रोणप्रेरणया कृपादयोऽप्या-
जग्मुः। द्रोणभीमयोर्युद्धे प्रसक्ते
भीमबाणप्रहारेण मोहितं द्रोण-
मवलोक्य दुर्योधने आगते गदां
गृहीतवन्तं भीम दृष्ट्वा कौरवा
आजग्मुः। नीलाश्वत्थाम्नोर्युध्य-
मानयोर्नीलं मुह्यन्तं दृष्ट्वा आगत-
तस्य घटोत्कचस्याश्वत्थाम्ना
युद्धे प्रसक्ते निवारयत्यपि भी-
ष्मे कौरवसैन्यं प्रदुद्राव। स्वस-
मीपमागतेन दुर्योधनेन निजप-
राजये कथिते भीष्मस्तं निवार्य
भगदत्तं प्रेरयति स्म स च घटो-
त्कचं जगाम १२०
९५ आगच्छन्तं भगदत्तं दृष्ट्वा आग-
तानां भीमादीनां महति युद्धे
प्रसक्ते भीमो भगदत्तसैन्यं नाश-
यामास। भीमरथं प्रति भगदत्ते-
न प्रेषितो गजो भीमादिबाण-
प्रहारेण पलायमानः पाण्डवसै-
न्यमर्दयत्। गजनाशार्थं घटोत्क-
चेन प्रक्षिप्तं शूलं भङ्क्त्वा भग-
दत्तेन प्रक्षिप्तां शक्तिं सोऽपि जानु-
न्यारोप्य बभंज। भगदत्तेन विर-
थीकृते भीमे गदां गृण्हति तं
दृष्ट्वा कौरवा बिभ्युः। भगदत्तेन
सह युद्धार्थमागतोऽर्जुनो भीमादि-
रावद्वधवृत्तांतं शुश्राव ... १२१
९६ इरावद्वधश्रवणेन विषण्णस्या-
र्जुनस्यानुतापवाक्यं श्रुत्वा श्री-
कृष्णः कौरवान्प्रति वाहान् चोद-
यामास। अर्जुनं प्रति भीष्मादि-
ष्वागतेषु भीमो नव व्यूढोरस्का-
दीन्दुर्योधनभ्रातॄञ्जघान, शेषाश्च
विदुद्रुवुः। द्रोणभीमयोर्भीष्मा-
दिभिरर्जुनादीनां च तुमुले युद्धे
प्रसक्ते धनुरादिप्रभावर्णनपूर्वकं
मृतसैन्याद्यास्तृताया भूमेः शोभां
वर्णयति स्म सञ्जयः। ततः कुरु-
पाण्डवा अवहारं चक्रुः। अयं
चावहारोष्टमदिवसस्य ... १२२

नवमदिवसयुद्धम्।

९७ दुर्योधनादिषु मंत्रयत्सु दुर्योधन-
वाक्यं श्रुत्वा कर्णो भीष्मनिंदा-
पूर्वकं ' भीष्मे रणाद् पयाते अहं
पाण्डवान्हनिष्यामि ' इत्याद्यु-
वाच। अनुयाथि सज्जीकरणार्थं
दुःशासनमाज्ञाप्याहं भीष्ममनु-
नीयागमिष्यामीत्युक्त्वा गतस्य
दुर्योधनस्य भीष्मं प्रत्यनुनय-
वाक्यम्। १२३
९८ दुर्योधनवाक्यं श्रुत्वा क्रुद्धो
भीष्मोऽर्जुनशंसादि कथनपूर्वकं
दुर्योधनं निर्भर्त्स्य ' अहं तु सोम-
कानित्याद्युक्त्वा सुखं स्वपिहि
गांधारे ' इत्यादि प्रतिजज्ञे।
भीष्मवाक्यं श्रुत्वा शिबिर-
मागतेन दुर्योधनेन सेना सज्जी-
करणमाज्ञाप्य भीष्मवाक्यक-
थनपूर्वकं भीष्मरक्षणार्थं दुःशा-
सनादीनाज्ञापयामास। दुर्योधन-
वाक्यात्तथा कृत्वा भीष्मं पुर-

स्कृत्य सेनया सहागतं दुःशासनं निरीक्ष्यार्जुनोऽद्य शिखण्डिनं भीष्माग्रे कुरु, तस्याहं गोप्तेत्याद्युवाच धृष्टद्युम्नम् १२४

९९ युद्धार्थं निर्गच्छन् भीष्मः सर्वतोभद्रव्यूहं रचयामास युधिष्ठिरादयश्च महाव्यूहम् । उभयोर्युद्धार्थं समागमे दुर्निमित्तदर्शनम् १२५

१०० युद्धारंभे वढं युध्यमानस्याभिमन्योर्बाणप्रहारेण पीडितानां सैन्यानामार्तनादं श्रुत्वा दुर्योधनेन प्रेषितस्यार्घ्यशृंगेस्तेन सह युद्धम् । द्रौपदेयादीन् पराजितवता राक्षसेन सहाभिमन्योः पुनर्युद्धम् १२६

१०१ अलंबुषाभिमन्युप्रभृतीनां युद्धविषये धृतराष्ट्रप्रश्ने संजयस्य तत्कथनम् । अभिमन्युवाणप्रहारेण पीडितोऽलंबुषो रथं त्यक्त्वा पलायनपरो बभूव । भीष्मा-

दिभिः सौभद्रस्य कृपस्यार्जुनसात्यकिभ्यां सात्यकेरश्वत्थाम्ना च युद्धम् । द्रोणसात्यक्योर्युद्धानन्तरमर्जुनद्रोणयोः समागमः १२६

१०२ द्रोणार्जुनयोर्युद्धविषये धृतराष्ट्रप्रश्ने संजयस्य तत्कथनम् । द्रोणार्जुनयोर्युध्यमानयोर्दुर्योधनाज्ञया द्रोणसाह्यार्थमागतैः सुशर्मादिभिरर्जुनस्य युद्धम् । भीमो गजानीकं दृष्ट्वा गदामादाय रथादवप्लुत्य तज्जघान, गजाश्च तद्भयात्पलायनं चक्रुः ... १२७

१०३ मध्यंदिने भीष्मे पाण्डवसेनां प्रति तेन सह धृष्टद्युम्नादीनां युद्धम् । अभिमन्वादिषु युद्धार्थं भीष्मसमीपागतेषु कौरवपाण्डवयोस्तुमुलयुद्धे प्रवृत्ते शोणितनदी प्रावर्तत । क्षत्रियेषु दुर्योधनं धृतराष्ट्रं च निन्दत्सु

दुर्योधनस्य भीष्मादीन् प्रति सक्रोधवाक्यं कथयित्वा संजयो धृतराष्ट्रं निनिंद १२८

१०४ सुशर्मप्रभृतिभिरर्जुनस्य युद्धे प्रसक्ते तद्रथ्यातसुशर्मसहायभूतेषु महारथेषु पलायितेषु तत्साहाय्यार्थं दुर्योधन आजगाम । अर्जुनसाहाय्यार्थं पाण्डवेष्वागतेषु भीष्मादीनां संकुलं युद्धम् । द्रोणभयाद्द्रुपदेऽपयाते भीमबाल्हिकयोः सात्यकिभीष्मयोश्च युद्धम् १२९

१०५ रुद्धं भीष्मं दृष्ट्वा दुर्योधनेन प्रेरितः ससैन्यो दुःशासनस्तत्साहाय्यार्थं जगाम । पाण्डवनिवारणार्थं दुर्योधनेन प्रेषिते सैन्ये युधिष्ठिरादिभिः पराजिते दुर्योधनप्रेरणया आगतेन शल्येन सह तेषां युद्धम् १२९

१०६ भीमादीनिति बाणांस्त्यजति भीष्मे नकुलादिषु च बाणैः

प्रहरत्सु वृद्धस्य महायुद्धं कुर्वंतस्त्रय भयात्पाण्डवसेना भङ्गमाप । सैन्यभङ्गं विलोक्यार्जुनं प्रोत्साहयन् श्रीकृष्णस्तद्वाक्यं कृत्वा भीष्मसमीपे रथं नेयामास । भीष्मेण बाणैराच्छादितेऽपि रथेऽर्जुनस्य मृदुयुद्धतां संप्रेक्ष्य कुपितः श्रीकृष्णः प्रतोदं गृहीत्वा रथादवप्लुत्य प्रत्यधावत् । आगच्छन्तं तं श्रीकृष्णं 'प्रति पद्योहि पुण्डरीकाक्ष !' इत्यादिनाऽनुनयति भीष्मेऽर्जुनेन यथाकथञ्चिन्निगृह्य 'निवर्तस्व' इत्याद्युक्त्वा भीष्मवधे प्रतिज्ञाते स पुना रथमारुरोह । भीष्मे शरदृष्टिं कुर्वति तद्रथेन सैन्यं पलायते स्म ... १३०

१०७ सूर्येऽस्तमुपागते युधिष्ठिरो व्यूहारं चकार, अयं नवमदिवसव्यूहारः । भीष्मपराक्रमं दृष्ट्वा चिंतापूर्वकं मंत्रयत्सु पाण्डवेषु

कृष्णेन सांत्वितो युधिष्ठिरस्तदनुमत्या वधोपायजिज्ञासया भीष्मं प्रति कृष्णादिभिः सह जगाम युधिष्ठिरादीन् प्रति भीष्मेण स्वागतप्रश्ने कृते युधिष्ठिरस्तद्वधोपायं पप्रच्छ। भीष्मकथितमात्मवधोपायं श्रुत्वा युधिष्ठिरादिषु स्वशिबिरमागतेषु भीष्मेण सह युद्धमनिच्छन्तमर्जुनं प्रति श्रीकृष्ण उपदिदेश। शिखण्डिनं पुरस्कृत्येत्याद्यर्जुनवाक्यं श्रुत्वा सर्वे हृष्टाः सन्तः स्वानि स्वानि शयनानि भेजिरे... ... ... १३२

दशमदिवसयुद्धम्।

१०८ युद्धार्थं निर्गतैः पाण्डवैर्व्यूहे रचिते कौरवेषु चागतेषु भीष्मस्य महद्युद्धम्। बाणांस्त्यजन्तं शिखण्डिनं प्रति भीष्मेण 'त्वया नाहं योत्स्ये' इत्युक्ते शिखण्डी 'ध्रुवं च त्वां हनिष्यामि' इत्याद्युक्त्वा बाणान् मुमोच। अर्जुनः शिखण्डिनं प्रति 'अहं त्वामनुयास्यामि' इत्याद्युक्त्वा भीष्मं प्रति गन्तुं प्रेरयामास १३३

१०९ 'कथं शिखण्डी' इत्यादिके धृतराष्ट्रप्रश्ने सञ्जयस्योत्तरम्। भीष्मे महायुद्धं कुर्वत्यर्जुन आगत्य बाणान् विसृजन् कालवच्चकार, तद्भयात् कौरवसैन्यं दुद्राव च। तद् दृष्ट्वा दुर्योधनेनोक्तो भीष्मः 'अहं वाद्य हतः शेषे' इत्यादि प्रतिज्ञाय पाण्डवसैन्यं नाशयामास १३४

११० अर्जुनप्रेरितः शिखण्डी भीष्मं प्रति जगाम तमनु धृष्टद्युम्नादयोऽपि। योधप्रतियोधानां द्वंद्वयुद्धानि। धृष्टद्युम्नोऽर्जुनप्रशंसापूर्वकं सर्वान् सैनिकान् भीष्मं प्रेरयात स्म। दुःशासनार्जुनयोर्युद्धम् १३५

१११ अलम्बुषसात्यकयोर्युध्यमानयोरागतेन भगदत्तेन सह सात्यकेर्युद्धम्। दुर्योधनप्रेरितानां तत्क्षत्राणां सात्यकिना सह युद्धम्। आभिमन्युकाम्बोजप्रभृतीनां द्वंद्वशो युद्धम् १३६

११२ युध्यमानो द्रोणो दुर्निमित्तानि दृष्ट्वाऽश्वत्थामानं प्रति तत्कथनपूर्वकमर्जुनाजय्यात्वादिकं कथयामास १३७

११३ भगदत्तादिभिर्दशभिर्भीमस्य युद्धे प्रसक्ते तत्साहाय्यार्थमर्जुने आगते सति दुर्योधनप्रेरितः सुशर्मा तं प्रत्याजगाम ... १३७

११४ भीमार्जुनयोः कौरवैः सह युध्यमानयोरर्जुनपराक्रमं दृष्ट्वा दुर्योधनादिषु भीष्मसमीपं गतेषूभौ कौरवसैन्यं नाशयामासतुः। शल्यार्जुनयोर्भीममागधयोर्द्रोणभीमयोश्च युद्धम्। भीष्मादीनां पाण्डवादीनां च परस्परसमीपगमनोत्तरं महद्युद्धम् ... १३८

११५ भीष्मयुद्धजिज्ञासोर्धृतराष्ट्रस्य प्रश्ने सञ्जयस्य तत्कथनप्रतिज्ञा। भीष्मोऽयुतशो योधान् हत्वा निर्विण्णः सन्नात्मनाशाय समीपस्थं युधिष्ठिरं प्रति प्रेरयति स्म। तच्छ्रुत्वा शिखण्डिनं पुरस्कृत्य पाण्डवेषु भीष्मं प्रति गतेषु दुर्योधनाज्ञया दुःशासनादयोऽर्जुनं प्रत्याजग्मुः। सात्यकिप्रभृतिभिरश्वत्थामप्रभृतीनां युद्धम्... १३९

११६ अभिमन्युदुर्योधनप्रभृतीनां द्वंद्वशो युद्धवर्णनं द्रोणधृष्टद्युम्नयोः सविस्तरं युद्धवर्णनं च। योद्धुं भीष्मं प्रति गच्छन्नर्जुनो मध्ये युद्धायागतस्य भगदत्तस्य गजं प्रति बाणान्वर्षन् शिखण्डिनं प्रति 'याहि भीष्मं जहि' इत्युवाच। भगदत्ते द्रुपदं प्रति गते शिखण्डिनं पुरस्कृत्य युद्धं प्रवर्तयन्नर्जुनः स्वसमीपागतान् कौरववीरान्निजग्राह। शिखण्डिनि बाणान्वर्ष-

ति क्रुद्धः भीष्मोऽस्त्राणि क्षिप्त्वा
सोमकान्निजघ्नन् घोरं युद्धं च-
कार १४०
११७ शिखण्डिना दशभिर्भल्लैर्हृदि ता-
डितोऽपि भीष्मस्तस्य स्त्रीत्वं
बुद्ध्वा न प्रतिजघ्ने । अर्जुनप्रेरण-
या शिखण्डिनि बाणान् वर्षत्य-
पि भीष्मस्तमनादृत्यार्जुनं प्रति
बाणांश्चिक्षेप । अर्जुनदुःशासन-
योर्युध्यमानयोरर्जुनेन विजित-
स्यापि दुःशासनस्य पुनर्युद्धम् ।
शिखण्डिनो बाणवृष्टिं सहमाने
भीष्मेऽर्जुनो दुर्योधनप्रेरणया
स्वसमीपागतान् योधान् प्रति
बाणान् ववर्ष । अर्जुनो बाणप्रहा-
रेण नानाविधान् योधान्नाशयि-
त्वा दुःशासनमागत्य तस्य सा-
रथिं हयांश्च जघान । अर्जुनेन वि-
रथीकृताः कृपादयो युद्धात्संप्रा-
द्रवन् । सञ्जयो युध्यमानस्यार्जु-
नस्य स्वरूपं वर्णयन् शोणितन-
द्यादिकं युद्धभूमिं च वर्णयामा-
स । अभिमुखमायान्तं भीष्मं
प्रति शिखण्डिनि गतेऽर्जुनो
भीष्ममोहनपूर्वकं सैन्यं नि-
जघ्ने १४१
११८ निर्मर्यादे युद्धे प्रवृत्ते शल्यादिभि-
र्विद्धानां भीष्मेण निकृत्तानां पा-
ण्डवसैनिकानां वर्णनम् । पार्थे
सेनां मारयति पराक्रान्तं भीष्म-
मवलोक्य धार्तराष्ट्राः पाण्डवा-
न्प्रति जग्मुः । दुर्योधनकृतक्लेशा-
न् स्मृत्वा पाण्डवेषु निर्भयं युध्य-
मानेषु सेनापतेर्धृष्टद्युम्नस्य प्रेरण-
या योधा भीष्मं प्रति गत्वा श-
रान् ववृषुः । भीष्मो रामात्प्राप्ता-
मस्त्रशिक्षां स्मृत्वा गजाश्वादीन्
निघ्नन् शतानीकं वीरं जघान,
पराक्रान्तं भीष्मं दृष्ट्वा श्रीकृष्णेन प्रे-
रितस्यार्जुनस्य बाणान् स खण्ड-
यामास । भीष्मबाणैः पीड्यमा-
नेषु पाञ्चालराजादिष्वर्जुनेन र-
क्ष्यमाणे शिखण्डिनि भीष्मं प्रति
गते सात्यकिप्रभृतयोऽपि तमभि-
दुद्रुवुः । सात्यकिप्रभृतीनां
बाणान् विधूय सेनां प्रविशति
शिखण्डिनमुपेक्षमाणे भीष्मे
मत्स्यादिभिर्बाणैराच्छन्नेऽर्जुन—
स्य शिखण्डिपुरस्कारेण तत्समी-
पगमनम् १४२
११९ पाण्डवैर्बाणैस्ताडितोऽपि भी-
ष्मोऽव्यथमानो युगान्ताग्निसमो
बभौ । पाञ्चालराजादीनवमत्य
सेनामध्यं प्राप्य सात्यक्यादीन्
विध्यति भीष्मे तद्बाणान्निवार्य ते
बाणांस्तत्यजुः । शिखण्डिपुर-
स्कारेण युध्यमानेनार्जुनेन भीष्म-
धनुषि छिन्ने तदसहमाना द्रोणा-
दयोऽर्जुनाभिमुखं जग्मुः । अर्जुन-
साहाय्यार्थमागतेषु सात्यकि-
प्रमुखेषूभयोः सेनयोर्युद्धे प्रवृत्तेऽ-
र्जुनरक्षितः शिखण्डी भीष्मस्य
धनुरादिकं चिच्छेद । छिन्नश-
क्तिदर्शनेन चिन्ताक्रान्तो भीष्मो
यदा स्वमृत्युं बहु मेने तदा वि-
यत्स्था ऋषयो वसवश्चानुमतिं
दुंदभिनादपूर्वकं ददुर्देवाश्च पु-
ष्पाणि ववृषुः । शिखण्डिबाण-
प्रहारैरचलस्य भीष्मस्यार्जुनो-
मर्माणि विद्ध्वा ध्वजादिकं चि-
च्छेद । अर्जुनबाणेनातिविद्धो
भीष्मो दुःशासनं प्रति तस्याज-
य्यत्वं कथयित्वा तद्बाणप्रहारवेद-
नामभिनयपूर्वकं प्रदर्श्य तं प्रति
शक्तिं चिक्षेप । अर्जुनेन शक्तौ
छिन्नायां भीष्मः खड्गचर्मणी गृ-
हीत्वा यावद्रथादनवरूढस्तावत्त-
च्चर्म शतधा चिच्छेद । युधिष्ठिर-
प्रेरितेषु सैन्येषु भीष्मं प्रत्याग-
तेषु तज्जयेप्सया धार्तराष्ट्रेषु चाग-
तेषूभयोः सैन्ययोस्तुमुलं युद्धम् ।
अर्जुनेन निशितैर्बाणैर्निरन्तरं स-
र्वाङ्गेषु विद्धो भीष्मः प्राक्शिरा
रथात्पपात । दिव्यभावं गतो भी-

ष्मो दैवीं वाचं श्रुत्वोत्तरायणप्रवृत्तिं यावत्प्राणान्धारयति स्म। गङ्गया प्रेषितान्हंसरूपेणागतान्महर्षीन् इति भीष्मो नाह दक्षिणायने गन्तेत्याद्युक्त्वा शरशय्यामधिशिश्ये। भीष्मे पतिते पाण्डवेषु सिंहनादं नदत्सु रुदति च दुर्योधने शङ्खान् वादयत्सु तेषु भीमो ननादोच्चैः। ऋषिषु पितृषु च प्रशंसत्सु भीष्मो महोपनिषदं जपन्नुत्तरायणं प्रतीक्षमाणस्तस्थौ १४३

१२० 'कथमासंस्तदा योधाः' इत्यादिके धृतराष्ट्रप्रश्ने सञ्जयस्योत्तरम्। मेदिनीस्पर्शं वर्जयित्वा भीष्मे शयाने भूतानि हाहाशब्दपूर्वकं 'अयं ब्रह्मविदां श्रेष्ठः' इत्यादिना तं प्रशशंसुः। पतितं भीष्मं दृष्ट्वा दुःशासनो द्रोणसमीपं गत्वा तद्वधं निवेदयति स्म। तच्छ्रुत्वा द्रोणो मोहं प्राप्य पुनः संज्ञां लब्ध्वा सेनां निवारयामास। सर्वेषु योधेषु भीष्मसमीपमागत्याभिवंदनपूर्वकमुपविष्टेषु भीष्मः स्वागतप्रश्नं कृत्वा लम्बमाने स्वशिरस्युपधानं प्रार्थयामास। मृदून्युपधानानि समर्पयतो राज्ञः प्रति 'नैतानि वीरशय्यासु' इत्याद्युक्त्वा भीष्मेण तदर्थमाज्ञप्तोऽर्जुनस्त्रिभिर्बाणैरुपधानं ददौ। तादृगुपधानेन तुष्टो भीष्मोऽर्जुनं प्रशस्य 'शयनस्यानुरूपं मे' इत्याद्युक्त्वा सर्वान्प्रति 'पश्यध्वमुपधानं मे' इत्याद्यभिधाय रक्षणार्थं मां परितः परिखा खन्यतामित्युवाच। आगतेषु शल्योद्धरणवैद्येषु भीष्मवाक्याद्दुर्योधनेन विसर्जितेषु कौरवाः पाण्डवाश्च भीष्मरक्षां विधाय स्वस्वानिवेशनानि जग्मुः। भीष्मपतनेन हृष्टान् पाण्डवान् प्रत्यागतस्य श्रीकृष्णस्य युधिष्ठिरेण सह संवादः १४५

१२१ व्युष्टायां निशि पुनः स्वसमीपागतान् सर्वान् प्रति पिपासाक्रान्तो भीष्मो जलमयाचत। राजभिर्जलकुंभेष्वानीतेषु तदनिच्छन्भीष्मोऽखिलान्विनिन्दन्नर्जुनं द्रष्टुमिच्छामीत्यब्रवीत्। समीपमागतोऽर्जुनो भीष्मेण जले प्रार्थिते रथमारुह्य गाण्डीवमाकृष्य भीष्मदक्षिणपार्श्वभूमिं पर्जन्यास्त्रेण बिभेद। अर्जुनबाणविद्धाया भूमेर्निर्गतया वारिधारया भीष्मस्तुतोष, तद्दृष्ट्वा सर्वेषु विस्मितेषु कौरवाश्चकंपिरे। तेन कर्मणा तुष्टो भीष्मोऽर्जुनप्रशंसां विधाय दुर्योधनमाचिक्षेप। तच्छ्रुत्वा दीनमनसं दुर्योधनं प्रति भीष्मः पाण्डवानामजय्यत्वकथनपूर्वकं तेभ्यो राज्यार्धं दीयतामित्याद्युक्त्वा तूष्णीं बभूव १४७

१२२ तूष्णींभूतेषु राजसु स्वस्वालयेषु गतेषु भीष्मं हतं श्रुत्वा कर्णस्तत्समीपमाजगाम। 'राधेयोऽहं कुरुश्रेष्ठ' इत्यादि कर्णवाक्यं श्रुत्वा नेत्रे उन्मील्य भीष्म एह्येहीत्युक्त्वा प्रशंसापूर्वकं पाण्डवास्ते भ्रातरस्तैः संगच्छस्वेत्युवाच। तच्छ्रुत्वा कर्णः "कुन्त्याहं त्यक्तः" इत्याद्यभिधाय "धनंजयेनाहं योत्स्ये, मामनुजानीहि, मद्दोषो नालोचनीयः" इत्याह। भीष्मो न चेच्छक्यमवस्रष्टुमित्याद्युक्त्वा युद्धानुज्ञां दत्त्वा क्षत्रियस्य युद्धादन्यच्छ्रेयो नास्तीत्युवाच। तच्छ्रुत्वा कर्णो दुर्योधनं प्रति जगाम १४८

॥ समाप्तेयं भीष्मपर्वविषयानुक्रमणिका ॥

श्रीगणेशायनमः ॥ ॥ श्रीलक्ष्मणार्यगुरवेजडजन्तुचक्षुर्बन्धापनोदनमुखेनहिरोचतेऽन्यत ॥ पादावनेजनमुखाऽपचितिस्ततस्तुश्रीभीष्मपर्वणिविदध्महिभावदीपम् ॥ १ ॥ पूर्वस्मिन्पर्वणिभगवद्भक्तःसत्य
पिसामर्थ्येयःसत्यंपालयत्यैश्वर्यंचनप्रकाशयतिकालेप्राप्तेऽन्यस्मैउपकरोतिचेतिपांडवाचारप्रदर्शनव्याजेनदर्शितं । तमेवंभूतंस्वयंभगवान्हितोपदेशेनानुगृह्णातितदीयांप्रतिज्ञांचस्वप्रतिज्ञाबाधेनैवसत्यांकरोतीत्यर्जु
नोपदेशेनभीष्मवधार्थंभगवतःशस्त्रधारणेनचदर्शयिष्यन्भीष्मपर्वारभते । पूर्वत्रयुद्धोद्योगंश्रुत्वायुद्धंश्रोतुकामोजनमेजयउवाच कथंयुयुधिरेवीराइति १ तपःक्षेत्रेइति । खड्गधारातीर्थेऽस्मिन्स्नानमत्युचितमिति

श्रीगणेशायनमः ॥ ॥ श्रीवेदव्यासायनमः ॥ नारायणंनमस्कृत्यनरंचैवनरोत्तमम् ॥ देवींसरस्वतींचैवततोजयमुदीरयेत् ॥ १ ॥ जनमेजयउवाच ॥
कथंयुयुधिरेवीराःकुरुपांडवसोमकाः ॥ पार्थिवाःसुमहात्मानोनानादेशसमागताः १ ॥ वैशम्पायनउवाच ॥ यथायुयुधिरेवीराःकुरुपांडवसोमकाः ॥ कुरुक्षेत्रे
तपःक्षेत्रेशृणुत्वंपृथिवीपते २ तेऽवतीर्यकुरुक्षेत्रंपांडवाःसहसोमकाः ॥ कौरवाःसमवर्तन्तजिगीषंतोमहाबलाः ३ वेदाध्ययनसंपन्नाःसर्वेयुद्धाभिनंदिनः ॥ आशं
संतोजयंयुद्धेबलेनाभिमुखारणे ४ अभियायचदुर्धर्षांधार्त्तराष्ट्रस्यवाहिनीम् ॥ प्राङ्मुखाःपश्चिमेभागेन्यविशंतससैनिकाः ५ समंतपंचकाद्बाह्यंशिबिराणिसहस्र
शः ॥ कारयामासविधिवत्कुंतीपुत्रोयुधिष्ठिरः ६ शून्याचपृथिवीसर्वाबालवृद्धावशेषिता ॥ निरश्वपुरुषेवासीद्रथकुंजरवर्जिता ७ यावत्तपतिसूर्योहिजंबूद्वीप
स्यमंडलम् ॥ तावदेवसमायातंबलंपार्थिवसत्तम ८ एकस्थाःसर्ववर्णास्तेमंडलंबहुयोजनम् ॥ पर्याक्रामंतदेशांश्चनदीःशैलान्वनानिच ९ तेषांयुधिष्ठिरोराजा
सर्वेषांपुरुषर्षभ ॥ व्यादिदेशसबाह्यानांभक्ष्यभोज्यमनुत्तमम् १० शय्याश्चविविधास्ताततेषांरात्रौयुधिष्ठिरः ॥ एवंवेदीवेदितव्यःपांडवेयोऽयमित्युत ११
अभिज्ञानानिसर्वेषांसंज्ञाश्चाभरणानिच ॥ योजयामासकौरव्योयुद्धकालउपस्थिते १२ दृष्ट्वाध्वजाग्रंपार्थस्यधार्तराष्ट्रोमहामनाः ॥ सहसर्वैर्महीपालैःप्रत्यव्यूहतपां
डवम् १३ पांडुरेणातपत्रेणध्रियमाणेनमूर्द्धनि ॥ मध्येनागसहस्रस्यभ्रातृभिःपरिवारितः १४ दृष्ट्वादुर्योधनंहृष्टाःपंचालायुद्धनंदिनः ॥ दध्मुःप्रीतामहाशंखान्भे
र्यश्चमधुरस्वनाः १५ ततःप्रहृष्टांतांसेनामभिवीक्ष्याथपांडवाः ॥ बभूवुर्हृष्टमनसोवासुदेवश्चवीर्यवान् १६ ततोहर्षंसमागम्यवासुदेवधनंजयौ ॥ दध्मतुःपुरुषव्या
घ्रौदिव्यौशंखौरथेस्थितौ १७ पांचजन्यस्यनिर्घोषंदेवदत्तस्यचोभयोः ॥ श्रुत्वातुनिनदंयोधाःशकृन्मूत्रंप्रसुस्रुवुः १८ यथासिंहस्यनदतःस्वनंश्रुत्वेतरेमृगाः ॥
त्रसेयुर्निनदंश्रुत्वातथासीदततद्बलम् १९ उदतिष्ठद्रजोभौमंनप्राज्ञायतकिंचन ॥ अस्तंगतइवादित्यःसैन्येनसहसाऽऽवृते २० ववर्षतत्रपर्जन्योमांसशोणितवृष्टिमान् ॥
दिक्षुसर्वाणिसैन्यानितदद्भुतमिवाभवत् २१

भावः २ जिगीषंतोऽन्योन्यंजेतुमिच्छंतः ३ । ४ अभियायअभ्येत्य. न्यविशंतपांडवीयाइतिशेषः ५ बाह्यंबहिः ६ । ७ यावत्तपतिसूर्यइत्यनेनकृत्स्नंसप्तद्वीपात्मकंभूवलयंजंबूद्वीपशब्देनोच्यते लिंग
समवायाच्छत्रिणोगच्छंतीतिवत् ८ । ९ सबाह्यानांकैवर्तम्लेच्छांत्यादिप्रांत्यदेशवासिनोबाह्यास्तत्सहितानां १० भक्ष्यादिदानफलमाह एवमिति । एवंवेदीविद्वानितिअन्यैःपांडवेयोज्ञातव्यइत्येतदर्थमि
त्यर्थः ११ अभिज्ञानानिस्वकीयचिह्नानि स्वीयाएवस्वीयान्माहिन्युरित्येतदर्थं १२ । १३ । १४ । १५ । १६ । १७ शकृत्पुरीषं १८ असीदतअवसन्नमभूत् १९ । २० । २१

शर्कराःस्थूलवालुकाःकर्षयतीतितथा विनिघ्नन्शर्कराभिरित्यर्थः २२ सागरक्षुभितोपमेक्षुभितसागरोपमे २३ । २४ २५ । २६ धर्मान् पराङ्मुखस्त्यक्तशस्त्रः शरणागतोऽन्येनसंयुक्तश्चनहंतव्यइत्यादीन् २७ धर्मसंस्थापनमेवाह यथापरमिति । यथायोगंतुल्ययोर्योगस्यानतिक्रमणंयथायेनप्रकारेण अपरंअनुत्क्रुष्टंअन्याय्यमित्यर्थः । तथानकस्यचितुल्ययोगातिक्रमःस्यादितिभावः २८ गजधूर्गतःगजस्कंधगतः २९ । ३०

॥ १ ॥ अ० २

वायुस्ततःप्रादुरभून्नीचैःशर्करकर्षगः ॥ विनिघ्नंस्तान्यनीकानिशतशोऽथसहस्रशः २२ उभेसैन्येचराजेन्द्रयुद्धायमुदितेभृशम् ॥ कुरुक्षेत्रेस्थितेयत्तेसागरक्षुभितोपमे २३ तयोस्तुसेनयोरासीदद्भुतःसतुसंगमः ॥ युगांतेसमनुप्राप्तेद्वयोःसागरयोरिव २४ शून्याऽऽसीत्पृथिवीसर्वावृद्धबालावशेषिता ॥ निरश्वपुरुषेवासिद्रथकुंजरवर्जिता २५ तेनसेनासमूहेनसमानीतेनकौरवैः ॥ ततस्तेसमयंचक्रुःकुरुपांडवसोमकाः २६ धर्मान्संस्थापयामासुर्युद्धानांभरतर्षभ ॥ निवृत्तेविहितेयुद्धेस्यात्प्रीतिर्नःपरस्परम् २७ यथापरंयथायोगंनचस्यात्कस्यचित्पुनः ॥ वाचायुद्धप्रवृत्तानांवाचैवप्रतियोधनम् ॥ निष्क्रांताःपृतनामध्यान्नहंतव्याःकदाचन २८ रथीचरथिनायोध्योगजेन गजधूर्गतः ॥ अश्वेनाश्वीपदातिश्चपादातेनैवभारत २९ यथायोगंयथाकामंयथोत्साहंयथाबलम् ॥ समाभाष्यप्रहर्त्तव्यंनविश्वस्तेनविह्वले ३० एकेनसहसंयुक्तःप्रपन्नो विमुखस्तथा ॥ क्षीणशस्त्रोविवर्माचनहंतव्यःकदाचन ३१ नसूतेषुनधुर्येषुनचशस्त्रोपनायिषु ॥ नभेरीशंखवादेषुप्रहर्त्तव्यंकथंचन ३२ एवंतेसमयंकृत्वाकुरुपांडव सोमकाः ॥ विस्मयंपरमंजग्मुःप्रेक्षमाणाःपरस्परम् ३३ निविश्यचमहात्मानस्ततस्तेपुरुषर्षभाः ॥ हृष्टरूपाःसुमनसोबभूवुःसहसैनिकाः ३४ ॥ इतिश्रीमहाभारते भीष्मपर्वणिजंबूखंडविनिर्माणपर्वणिसैन्यशिक्षणेप्रथमोऽध्यायः ॥ १ ॥ ॥ ॥ वैशम्पायनउवाच ॥ ततःपूर्वापरेसैन्येसमीक्ष्यभगवानृषिः ॥ सर्ववेदविदां श्रेष्ठोव्यासःसत्यवतीसुतः १ भविष्यतिरणेघोरेभरतानांपितामहः ॥ प्रत्यक्षदर्शीभगवान्भूतभव्यभविष्यवित् २ वैचित्रवीर्यंराजानंसरहस्यंब्रवीदिदम् ॥ शोचंतमार्त्तं ध्यायंतंपुत्राणामनयंतदा ३ ॥ व्यासउवाच ॥ राजन्परीतकालास्तेपुत्राश्चान्येचपार्थिवाः ॥ तेहिंसंतीवसंग्रामेसमासाद्येतरेतरम् ४ तेषुकालपरीतेषुविनश्यत्स्वेव भारत ॥ कालपर्यायमाज्ञायमास्मशोकेमनःकृथाः ५ यदिचेच्छसिसंग्रामेद्रष्टुमेतान्विशांपते ॥ चक्षुर्ददानितेपुत्रयुद्धंतत्रनिशामय ६ ॥ धृतराष्ट्रउवाच ॥ नरोचये ज्ञातिवधंद्रष्टुंब्रह्मर्षिसत्तम ॥ युद्धमेतत्त्वशेषेणशृणुयांतवतेजसा ७ ॥ वैशंपायनउवाच ॥ एतस्मिन्नेच्छतिद्रष्टुंसंग्रामंश्रोतुमिच्छति ॥ वराणामीश्वरोव्यासःसंजया यवरंददौ ८ ॥ व्यासउवाच ॥ एषतेसंजयोराजन्युद्धमेतद्वदिष्यति ॥ एतस्यसर्वसंग्रामेनपरोक्षंभविष्यति ९ चक्षुषासंजयोराजन्दिव्येनैवसमन्वितः ॥ कथयिष्यति तेयुद्धंसर्वज्ञश्चभविष्यति १० प्रकाशंवाऽप्रकाशंवादिवावाचदिवानिशि ॥ मनसाचिंतितमपिसर्वंवेत्स्यतिसंजयः ११ नैनंशस्त्राणिछेत्स्यंतिनैनंबाधिष्यतेश्रमः ॥ गावल्गणिरयंजीवन्युद्धादस्माद्विमोक्ष्यति १२

३१ । ३२ । ३३ । ३४ ॥ इतिभीष्मपर्वणिनीलकंठीयेभारतभावदीपे प्रथमोऽध्यायः ॥ १ ॥ ॥ ॥ ततइति १ भविष्यतिभाविनि २ । ३ । ४ हिंसंतीवनाशयिष्यंतस्येव ४ पर्यायंवैपरीत्यं ५ निशामयपश्य ६ नपरोक्षमितिपाठेप्रत्यक्षं ७ । ८ । ९ । १० । ११ । १२

१३ । १४ । १५ । १६ नगाग्रेषुवृक्षाग्रेषुसंपतंतिपक्षीभूयपतंति समवायान्संघान् १७ अभ्यग्रंसमीपं क्रव्यादामांसभक्षकाःसृगालकाकादयः १८ वाशंतःशब्दंकुर्वन्तः १९ । २० परिघाःपरिवेषाः कृष्णग्रीवाः श्वेतलोहितपर्यंताश्च मध्येकृष्णास्ततोबहिःश्वेतास्ततोबहिर्लोहिताइतित्रिवर्णाः संधौसंध्यायां अवारयन्अवेष्टयन् २१ निर्विशेषदिनक्षयंअहोरात्रं निश्चयेनविगतःशेषोयस्यतस्यदिनस्यतिथेः क्षयोयस्मिन् सूर्योदयद्वयास्पर्शिनीक्षयतिथिर्यस्मिन्अहोरात्रे तन्मयादृष्टं । तदेवविशिनष्टि ज्वलितेति । अर्केन्द्वोर्नक्षत्रममावास्यायामुभाभ्यामाक्रांतंनक्षत्रंतदेवज्वलितंपापग्रहाक्रांतं यस्मिन्दर्शेक्षयतिथिःतन्नक्ष

अहंतुकीर्तिमेतेषांकुरूणांभरतर्षभ ॥ पांडवानांचसर्वेषांप्रथयिष्यामिमाशुचः १३ दिष्टमेतन्नरव्याघ्रनाभिशोचितुमर्हसि ॥ नचैवशक्यंसंयंतुंयतोधर्मस्ततोजयः १४ ॥ वैशंपायनउवाच ॥ एवमुक्त्वासभगवान्कुरूणांप्रपितामहः ॥ पुनरेवमहाभागोधृतराष्ट्रमुवाचह १५ इहयुद्धेमहाराजभविष्यतिमहान्क्षयः ॥ तथेहचनिमित्तानिभयदान्युपलक्षये १६ श्येनागृध्राश्चकाकाश्चकंकाश्चसहिताबकैः ॥ संपतंतिनगाग्रेषुसमवायांश्चकुर्वते १७ अभ्यग्रंचप्रपश्यंतियुद्धमानंदिनोद्विजाः ॥ क्रव्यादाभक्षयिष्यंतिमांसानिगजवाजिनाम् १८ निर्दयंचाभिवाशंतोभैरवाभयवेदिनः ॥ कंकाःप्रयांतिमध्येनदक्षिणामभितोदिशम् १९ उभेपूर्वापरेसंध्येनित्यंपश्यामिभारत ॥ उदयास्तमनेसूर्यंकबंधैःपरिवारितम् २० श्वेतलोहितपर्यंताःकृष्णग्रीवाःसविद्युतः ॥ त्रिवर्णाःपरिघाःसंधौभानुमंतमवारयन् २१ ज्वलितार्केन्दुनक्षत्रंनिर्विशेषदिनक्षयम् ॥ अहोरात्रंमयादृष्टंतद्भयायभविष्यति २२ अलक्ष्यःप्रभयाहीनःपौर्णमासींचकार्तिकीम् ॥ चंद्रोऽभूदग्निवर्णश्चपद्मवर्णेनभस्तले २३ स्वप्स्यंतिनिहतावीराभूमिमावृत्यपार्थिवाः ॥ राजानोराजपुत्राश्चशूराःपरिघबाहवः २४ अंतरिक्षेवराहस्यवृषदंशस्यचोभयोः ॥ प्रणादंयुद्ध्यतोरात्रौरौद्रंनित्यंप्रलक्षये २५ देवताप्रतिमाश्चैवकंपंतिचहसंतिच ॥ वमंतिरुधिरंचास्यैःखिद्यंतिप्रपतंतिच २६ अनाहतादुंदुभयःप्रणदंतिविशांपते ॥ अयुक्ताश्चप्रवर्तंतेक्षत्रियाणांमहारथाः २७ कोकिलाःशतपत्राश्चचाषाभासाःशुकास्तथा ॥ सारसाश्चमयूराश्चवाचोमुंचंतिदारुणाः २८ गृहीतशस्त्राःक्रोशंतिचर्मिणोवाजिपृष्ठगाः ॥ अरुणोदयेप्रदृश्यंतेशतशःशलभव्रजाः . २९ उभेसंध्येप्रकाशंतेदिशोदाहसमन्विते ॥ पर्जन्यःपांसुवर्षींचमांसवर्षीचभारत ३० यावैषाविश्रुताराजंस्त्रैलोक्येसाधुसंमता ॥ अरुंधतीतयाऽप्येषवसिष्ठःपृष्ठतःकृतः ३१ रोहिणींपीडयन्नेषस्थितोराजन्शनैश्चरः ॥ व्यावृत्तंलक्ष्मसोमस्यभविष्यतिमहद्भयम् ३२ अनभ्रेचमहाघोरःस्तनितःश्रूयतेस्वनः ॥ वाहनानांचरुदतांनिपतंत्यश्रुबिंदवः ३३ ॥ इतिश्रीमहाभारतेभीष्मपर्वणिजंबूखंडविनिर्माणपर्वणिश्रीवेदव्यासदर्शनेद्वितीयोऽध्यायः ॥ २ ॥

त्रेचपापग्रहइत्ययंमहान्दुर्योगइत्यर्थः २२ पद्मवर्णेरक्तपद्मवर्णे । 'लोहिनीद्यौर्भवतियथामंजिष्ठा' इतिश्रुतेर्दिवोरक्तत्वमशुभसूचकं २३ । २४ वराहोगृहकोलो वृषदंशोमार्जारस्तयोर्भूचरयोरप्यंतरिक्षेउत्प्लुत्ययुद्ध्यतोःप्रणादं २५ । २६ अयुक्ताअश्वैरयोजिताअपिप्रवर्ततेचलंति महांतोरथामहारथाः २७ । २८ गृहीतशस्त्राःआत्तलोहालोहतुंडाइतियावत् । 'शस्त्रमायुधलोहयोः' इत्यमरः । चर्मिणोभृंगरिटिसंज्ञाःकृष्णशलभविशेषाः । 'चर्मीफलकपाणौस्याद्भूर्जेभृंगरिटावपि' इतिमेदिनी । तेवाजिपृष्ठगाअश्वांस्तुदंतोदृश्यंतइत्यर्थः २९ । ३० । ३१ व्यावृत्तंनष्टं लक्ष्महीनश्चंद्रोदृश्यतइत्यर्थः ३२ स्तनितःस्वनो गर्जितरूपःशब्दः ३३ ॥ इतिभीष्मपर्वणिनीलकंठीयेभारतभावदीपेद्वितीयोऽध्यायः ॥ २ ॥

खराःप्रजायंतेमिथुनीभवंति उत्पद्यंतइतिवा १ क्रव्यादाःसारमेयादयः २ । ३ विषाणिनःशृंगवंतस्तार्क्ष्याएव ४ । ५ वडवाअश्वा श्वाशुनी करभोमृगविशेषः । 'करभःकलभोवाष्ट्रापदेप्रोक्तोमृ गांतरे'इतिविश्वः ६ प्रजायंतेजनयंति ७ पृथग्जनस्यनीचजनस्यसंबंधिनःक्षुद्रकाःव्यंगाःचंडालादिषुजाताःकाणकुब्जादयइत्यर्थः । 'क्षुद्राव्यंगानटी'इत्यादिमेदिनी ८ । ९ नगराणिकृत्रिमाणिशिशव एवावमृद्नंति पद्मानिमहांतिउत्पलानिक्षुद्राणीतिभेदः कुमुदानिचंद्रोदयविकासीनितान्येव १० वर्त्ततेवर्त्तयतिदीप्यतइत्यर्थः नित्यंदावदाहोभवतीतियावत् कल्पतइतिपाठेपिसएवार्थः । कार्तिक्याःपरंहिसं ग्रामारंभस्तत्रतुलास्थमर्कंराहुरुपैति ११ तदैवश्वेतोग्रहःकेतुश्चित्रामतिक्रामतिस्वात्यादौवर्त्तते नित्यंसमसप्तकस्थौराहुकेतूइदानीमेकराशिगतौमहानिष्टसूचकावितिभावः १२ धूमकेतुरुपग्रहविशेषःसपुष्यंक्षत्रि यनक्षत्रमाक्रम्यतिष्ठति तथावक्ष्यमाणरीत्याज्येष्ठास्थेनापिकेतुनापुष्योविद्धस्तथाचस्वनक्षत्रेक्रूराक्रांतेक्रूरविद्धेचसत्यवश्यंक्षत्रियाणांनाशोभवतीत्यर्थः यथोक्तं । 'कृत्तिकायांतथापुष्येरेवत्यांचपुनर्वसौ ॥ वेधे

व्यासउवाच ॥ खरागोषुप्रजायंतेरमन्तेमातृभिःसुताः ॥ अनार्तवंपुष्पफलंदर्शयंतिवनद्रुमाः १ गर्भिण्योऽजातपुत्राश्चजनयंतिविभीषणान् ॥ क्रव्यादाःपक्षिभि श्चापिसहाश्नंतिपरस्परम् २ त्रिविषाणाश्चतुर्नेत्राःपंचपादाद्विमेहनाः ॥ द्विशीर्षाश्चद्विपुच्छाश्चदंष्ट्रिणःपशवोऽशिवाः ३ जायंतेविवृतास्याश्चव्याहरंतोऽशिवा गिरः ॥ त्रिपदाःशिखिनस्तार्क्ष्याश्चतुर्दंष्ट्राविषाणिनः ४ तथैवान्याश्चदृश्यंतेस्त्रियोवैब्रह्मवादिनाम् ॥ वैनतेयान्मयूरांश्चजनयंतिपुरेतव ५ गोवत्संवडवासूतेश्वा सृगालंमहीपते ॥ कुक्कुरान्करभाश्चैवशुकाश्चाशुभवादिनः ६ स्त्रियःकाश्चित्प्रजायंतेचतस्रःपंचकन्यकाः ॥ जातमात्राश्चनृत्यंतिगायंतिचहसंतिच ७ पृथग्जन स्यसर्वस्यक्षुद्रकाःप्रहसंतिच ॥ नृत्यंतिपरिगायंतिवेदयंतोमहद्भयम् ८ प्रतिमाश्चालिखंत्येताःसशस्त्राःकालचोदिताः ॥ अन्योन्यमभिधावंतिशिशवोदंडपाणयः ९ अन्योन्यमभिमृद्नंतिनगराणियुयुत्सवः ॥ पद्मोत्पलानिवृक्षेषुजायंतेकुमुदानिच १० विष्वग्वाताश्चवांत्युग्रारजोनाप्युपशाम्यति ॥ अभीक्ष्णंवर्त्ततेभूमिरर्के राहुरुपैतिच ११ श्वेतोग्रहस्तथाचित्रांसमतिक्रम्यतिष्ठति ॥ अभावंहिविशेषेणकुरूणांतत्रपश्यति १२ धूमकेतुर्महाघोरःपुष्यंचाक्रम्यतिष्ठति ॥ सेनयोरशिवं घोरंकरिष्यतिमहाग्रहः १३ मघास्वंगारकोवक्रःश्रवणेचबृहस्पतिः ॥ भगंनक्षत्रमाक्रम्यसूर्यपुत्रेणपीड्यते १४ शुक्रःप्रोष्ठपदेपूर्वेसमारुह्यविरोचते ॥ उत्तरेतुप रिक्रम्यसहितःसमुदीक्षते १५ श्वेतोग्रहःप्रज्वलितःसधूमइवपावकः ॥ ऐन्द्रंतेजस्विनक्षत्रंज्येष्ठामाक्रम्यतिष्ठति १६ ध्रुवंप्रज्वलितोघोरमपसव्यंप्रवर्त्तते ॥ रोहि णींपीडयत्येवमुभौचशशिभास्करौ ॥ चित्रास्वात्यंतरेचैवविष्ठितःपरुषग्रहः १७ वक्रानुवक्रंकृत्वाचश्रवणंपावकप्रभः ॥ ब्रह्मराशिंसमावृत्यलोहितांगोव्यवस्थितः १८

सतिक्रमाद्वेधोवर्णेषुब्राह्मणादिषु'इतिनरपतिविजये १३ भगंनक्षत्रंपूर्वाफल्गुनी श्रुतिमतेतूत्तराफल्गुनी १४ पूर्वेप्रोष्ठपदेपूर्वाभाद्रपदानक्षत्रं समारुह्यपरिक्रम्यपरिघाख्यउपग्रहस्तेनसहितः उत्तरेउत्तराभा द्रपदानक्षत्रं उदीक्षतेआक्रांतुमिच्छति १५ श्वेतोद्वितीयउपग्रहःकेतुसंज्ञः ऐन्द्रंज्येष्ठानक्षत्रमितियोज्यं १६ ध्रुवमिति । परुषग्रहोराहुरेकनक्षत्रस्थौशशिभास्करौपीडयति. अपसव्यंप्रवर्त्ततेसर्वदावक्रीसन्सर्व तोभद्रचक्रेवेधेनस्वातीस्थःसन्रोहिणीनक्षत्रंचपीडयतीत्यर्थः १७ वक्रेति । तत्रैवसर्वतोभद्रचक्रेमघास्थोलोहितांगोऽङ्गारकोवक्रानुवक्रंकृत्वापुनःपुनर्वक्रीभूय ब्रह्मणाबृहस्पतिनाऽऽक्रांतंराशिंनक्षत्रंश्रवणंसमावृ त्यसम्यक्पूर्णदृष्ट्याविद्ध्वातिष्ठति १८

परिच्छन्ना आच्छादिता पंचशीर्षाणिशिखीमस्तकानियेषांतेपंचशीर्षाः १९ । २० । २१ २२ शोणितमयाआवर्त्ताःयस्यां रक्तप्रवाहवतीत्यर्थः अतएवध्वजाएवउडुपानिक्षुद्रनावस्तैःसमाकुला वैशसे विरोधे २३ । २४ छर्दयन्श्रोतॄणांक्लेशकरत्वेनरक्तवमनंकारयन्निव २५ शस्त्राणिप्रभयाज्वलंतीव २६ संवत्सरेति । पूर्वंश्रवणस्थोबृहस्पतिर्भगनक्षत्रस्थःसूर्यपुत्रइत्युक्तं तावुभौविशाखासमीपेतिर्यग्वेधे नशतपदेचक्रेविशाखानक्षत्रंविध्यतइत्यर्थः तथाहि तस्मिंश्चक्रेखुखेखोइतिश्रवणांत्यपादत्रयंव्युत्क्रमेण विशाखाद्यपादत्रयेणतितुनेइत्यनेनविद्ध्यते तृतीयेनचतुर्थोद्वितीयेनतृतीयःप्रथमेनद्वितीयइति । तथाउत्तराफल्गुन्याअंत्यपादत्रयेणटोपापीत्यनेन क्रमेण तितुतेइतिविशाखाद्यपादत्रयंतत्रैवचक्रेविध्यतइतितच्चक्रविदांप्रत्यक्षं २७ चंद्रादित्याविति । अपर्वणि पर्वदर्शाख्यंपंचदशेह्निभवति एकतिथिवृद्धौषोडशेवा एकतिथिक्षयेचतुर्दशेवाह्निभवति । तिथिद्वयक्षयस्तुलोकेऽत्यंतमप्रसिद्धइत्यपर्वणीत्युक्तं ग्रहंयातौराहुणाग्रहणंप्राप्तौ एतदेवप्रजासंक्षयहेतुत्वेनशास्त्रेदृष्टमित्याह प्रजेति २८ अशोभिताअमंगलाः २९ चित्रास्वात्यंतरस्थःपरुषांग्रहोरोहिणींपीडयतीत्युक्तं तत्रचित्रांशेस्थित्वारोहिणीमष्टादशत्वेनसामुदायिकनक्षत्रंपीडयति स्वात्यंशेस्थित्वाकृत्तिकांषोडशकत्वेनसांघातिकनक्षत्रंपीडयति सर्वतोभद्रचक्रेतथादर्शनात् तदे

सर्वसस्यपरिच्छन्नापृथिवीसस्यमालिनी ॥ पंचशीर्षायवाश्चापिशतशीर्षाश्चशालयः १९ प्रधानाःसर्वलोकस्ययास्वायत्तमिदंजगत् ॥ तागावःप्रस्नुतावत्सैःशोणितंप्रक्षरंत्युत २० निश्चेरुरर्चिषश्चापात्खड्गाश्चज्वलिताभृशम् ॥ व्यक्तंपश्यंतिशस्त्राणिसंग्रामंसमुपस्थितम् २१ अग्निवर्णायथाभासःशस्त्राणामुदकस्यच ॥ कवचानांध्वजानांचभविष्यतिमहाक्षयः २२ पृथिवीशोणितावर्ताध्वजोडुपसमाकुला ॥ कुरूणांवैशसेराजन्पांडवैःसहभारत २३ दिक्षुप्रज्वलितास्याश्चव्याहरंतिमृगद्विजाः ॥ अत्याहितंदर्शयंतोवेदयंतिमहद्भयम् २४ एकपक्षाक्षिचरणःशकुनिःखचरोनिशि ॥ रौद्रंवदतिसंरब्धःशोणितंछर्दयन्निव २५ शस्त्राणिचैवराजेन्द्रप्रज्वलंतीवसंप्रति ॥ सप्तर्षीणामुदाराणांसमवच्छाद्यतेप्रभा २६ संवत्सरस्थायिनौचग्रहौप्रज्वलितावुभौ ॥ विशाखायाःसमीपस्थौबृहस्पतिशनैश्चरौ २७ चंद्रादित्यावुभौग्रस्तावेकाह्नाहित्रयोदशीम् ॥ अपर्वणिग्रहंयातौप्रजासंक्षयमिच्छतः २८ अशोभितादिशःसर्वापांसुवर्षैःसमंततः ॥ उत्पातमेघारौद्राश्चरात्रौवर्षंतिशोणितम् २९ कृत्तिकांपीडयंस्तीक्ष्णैर्नक्षत्रंपृथिवीपते ॥ अभीक्ष्णवातावायंतेधूमकेतुमवस्थिताः ३० विषमंजनयंत्येतआक्रंदजननंमहत् ॥ त्रिषुसर्वेषुनक्षत्रनक्षत्रेषुविशांपते ॥ गृध्रःसंपततेशीर्षेजनयन्भयमुत्तमम् ३१

तदाह कृत्तिकामित्यर्धेन । तीक्ष्णैःक्रूरैःकर्मभिरुपलक्षितोराहुरित्यर्थः धूमकेतुमुत्पातविशेषमनुलक्ष्यावस्थिताः ३० एतेवायवःविषमंवैरंयुद्धमितियावत् त्रिष्विति । त्रिष्वपिच्छत्रेषुनरपतिविजयप्रोक्तेषु यथाऽश्विन्यादिभिर्नवभिर्नक्षत्रैरौदीच्यस्याश्वपतेश्छत्रे चामरंकलशोवीणाच्छत्रंदंडःपतद्ग्रहआसनंकीलकंरज्जुरित्यवयवाःकल्प्यंते । एवंमघादिनवकेनप्राच्यस्यगजपतेः तथामूलादिनवकेनदक्षिणस्यनरपतेः एवंविधेषुत्रिष्वपिच्छत्रेषुतत्रापिसर्वेषुनक्षत्रेषु नास्तिक्षत्रमेभिरितियोगेनक्षत्रविरोधिषुनक्षत्रेषुनक्षत्राणिचतानिनक्षत्राणिभानितेषुक्रूराक्रांतत्वादिनाक्षत्रियाभावकरेषुनक्षत्रेषु गृध्रःपापग्रहःशीर्षकलशस्थानं संपतते तेनच्छत्रत्रयस्यतदंतर्गतानामन्येषांचमांडलिकानांराज्ञांनाशःसूच्यते । तत्रैवंसतिमघासुकुजोस्तितथायदाभगनक्षत्रंपूर्वाफल्गुनीतदातत्रस्थःशनैश्चरोऽवश्यंयुद्धादिनागजपतेर्महद्भयंकरिष्यति यथोक्तंतत्रैव । ' कलशस्थेभवेद्युद्धंरणेरोगेमहद्भयम । घातपातादिकंसर्वंजायतेनात्रसंशयः ' इति कलशस्थेशनैश्चरेइतिशेषः । तथाविशाखाज्येष्ठेअप्यत्रैवच्छत्रे क्रूरविद्धेक्रूराक्रांतेवर्तेते इत्यवश्यंगजपतेश्छत्रभंगः । एवंप्रथमच्छत्रेऽपिकृत्तिकारोहिण्योःपुष्यस्यचपीडास्ति । तथांतिमच्छत्रेश्रवणप्रोष्ठपदयोर्बृहस्पतिशुक्रौवर्तेतेइतितथाऽपितावनिष्टफलावेव । एवंपूर्वस्यनिरन्वयोनाशः । इतरयोश्छत्रयो-

राजनाशेऽपितत्पुत्राणांच्छत्रप्राप्तिरस्तीतिविशेषः । तथाचमध्यमछत्रे मघासुभौमः स्वात्यांसूर्यचंद्राहवः पूर्वस्यामुत्तरस्यांवाफल्गुन्यांशनैश्चरः विशाखायांवेधेनबृहस्पतिश्चास्ति तेषांफलं तत्रैवोक्तं । 'क्रूरग्रहचतुष्कंचबुधचंद्रेणसंयुतम् । पूर्वच्छत्रविनाशायकथितंपूर्वसूरिभिः' इति । तत्रसिंधुसागरसंगमाद्गोदावरीसागरसंगमपर्यंतमेकारेखा तद्दक्षिणेनरपतिः । ततएवकर्णप्रावरणपर्यंतंद्वितीया तदुत्तरेगजपतिः । तयोरेखयोर्मध्येऽश्वपतिः । हस्तिनापुरंतुईशानदेशस्थत्वाद्गंगाद्वारात्पूर्वभागेऽस्तीतिगजपतिच्छत्रांतर्गतमेव । हरिद्वारंतुदेहलीदीपन्यायेनाश्वपतिगजपत्योरंतर्गतमितितेनहस्तिनापुरस्या नांप्राच्यत्वादत्वंतंक्षयस्तथैवपांचालादीनामपीति । एतच्चनरपतिविजयदर्शिनांस्पष्टं । ईशानदेशाः कूर्मचक्रेप्रोक्ताः । 'रेवतीअश्विनीयाम्येपादेईशानगोचरे । गंगाद्वारंकुरुक्षेत्रंश्रीकंठंहस्तिनापुरम् । अश्वव क्त्रैकपादाश्वकर्णप्रावरणास्तथा । विनश्यंतिचतेसर्वेदेशास्त्वीशानगोचरे' इतिदिक् ३१ चंद्रादित्यावुभौग्रस्तावित्येतेनश्लोकेनोक्तमर्थंविशदयतिद्वाभ्यां चतुर्दशीमिति । त्रयोदशीं त्रयोदशानामन्हांपूरणींअमा वास्यां भूतपूर्वांनाभिजानेनजानामि अतिभूयसाकालेनायंदुर्योगआगतइतिभावः । एकमासींएकस्मिन्नेवमासेभवांपूर्वंत्रयोदश्यांरात्रौपक्षसमाप्त्यासूर्यग्रहणमेवोक्तं इदानींतुएकस्मिन्मासेचंद्रःपूर्णमास्यांराहुणा

चतुर्दशींपंचदशींभूतपूर्वांचषोडशीम् ॥ इमांतुनाभिजानेऽहममावास्यांत्रयोदशीम् ॥ चंद्रसूर्यावुभौग्रस्तावेकमासींत्रयोदशीम् ३२ अपर्वणिग्रहेणैतौप्रजाःसं क्षपयिष्यतः ॥ मांसवर्षंपुनस्तीव्रमासीत्कृष्णचतुर्दशीम् ॥ शोणितैर्वक्त्रसंपूर्णाअतृप्तास्तत्रराक्षसाः ३३ प्रतिस्रोतोमहानद्यःसरितःशोणितोदकाः ॥ फेनाय मानाःकूपाश्चकूर्दन्तिवृषभाइव ३४ पतंत्युल्काःसनिर्घाताःशक्राशनिसमप्रभाः ॥ अद्यचैवनिशांव्युष्टामनयंसमवाप्स्यथ ३५ विनिःसृत्यमहोल्काभिस्तिमिरं सर्वतोदिशम् ॥ अन्योन्यमुपतिष्ठद्भिस्तत्रचोक्तंमहर्षिभिः ३६ भूमिपालसहस्राणांभूमिःपास्यतिशोणितम् ॥ कैलासमंदराभ्यांतुतथाहिमवताविभो ३७ सह स्रशोमहाशब्दःशिखराणिपतंतिच ॥ महाभूताभूमिकंपेचत्वारःसागराःपृथक् ॥ वेलामुद्वर्तयंतीवक्षोभयंतोवसुंधराम् ३८ वृक्षानुन्मथ्यवांत्युग्रावाताःशर्कर कर्षिणः ॥ आभग्नाःसुमहावातैरशनीभिःसमाहताः ३९ वृक्षाःपतंतिचैत्याश्चग्रामेषुनगरेषुच ॥ नीललोहितपीतश्चभवत्यग्निर्हुतोद्विजैः ४० वामार्चिर्दुष्टगं धश्चमुंचन्वैदारुणंस्वनम् ॥ स्पर्शागंधारसाश्चैवविपरीतामहीपते ४१ धूमंध्वजाःप्रमुंचंतिकंपमानामुहुर्मुहुः ॥ मुंचंत्यंगारवर्षंचभेर्यश्चपटहास्तथा ४२ शिखरा णांसमृद्धानामुपरिष्टात्समंततः ॥ वायसाश्चरुवंत्युग्रंवामंमंडलमाश्रिताः ४३ पक्कापक्केतिसुभृशंवावाश्यंतेवयांसिच ॥ निलीयंतेध्वजाग्रेषुक्षयायपृथिवीक्षिताम् ४४

ग्रहेणग्रस्तः सूर्योऽमावास्यायां यदासूर्योग्रस्तस्तदाचंद्रोऽपिग्रस्तएव दर्शेतयोःसंहतत्वात् ३२ अपर्वणीति । उक्तप्रसिद्धपर्वणीतिपूर्ववत्ज्ञेयं ३३ प्रतिस्रोतसोमहानद्यःविपरीतप्रवाहाः विभक्तिलो पआर्षः विशेषणंविशेष्येणबहुलमितिसमासोवा क्रियाविशेषणंवा । कूपाजलाशयाः कूर्दंतिक्रीडंति वातैःक्षुभ्यंतइत्यर्थः ३४ अनयंअनीतिफलं ३५ महोल्काभिःदीपाभावात्क्षणकाष्ठज्वालयारात्रौ विनिःसृत्यगृहाद्बहिर्निर्गत्य ३६ । ३७ महाशब्दःक्रियतइतिशेषः महाभूतावृद्धीभूताः अभूततद्भावेमहच्छब्दाद्ध्वतौपरेडाच् मर्यादामुल्लंघितवंतइवेत्यर्थः ३८ अशनीभिः अशनिर्द्वयोरितिकोशात्स्त्रीत्वं ३९ । ४० । ४१ । ४२ शिखराणांद्रुमाग्राणां । 'शिखरोऽस्त्रीद्रुमाग्रेच' इतिमेदिनी ४३ पक्कापक्केति । विनाशाभिमुखानांपरस्परंयुद्धमिति 'पक्कंपरिणतेऽपिस्याद्विनाशाभिमुखेत्रिषु' इतिमेदिनी । पक्क पक्केतिपक्षिरुतानुकरणं वावाश्यंतेअतिशयेनशब्दंकुर्वंति ४४

प्रकिरंतःशकृन्मूत्रमितिशेषः। व्यालाः दुष्टहस्तिनः सलिलाश्रयाः अत्यंतप्रस्वेदयुक्ताः ४५ । ४६ । ४७ । ४८ । ४९ मुनिःएवंतथेत्युक्त्वेतिसंबंधः धृतराष्ट्रेणहेतुनातदर्थमित्यर्थः। ध्यानंचिंतां ५० सं
क्षयतेक्षिणोति ५१ । ५२ धर्म्यधर्मादनपेतंपंथानंदेशयशिक्षय ५३ अयंदुर्योधनः ५४ सःधर्मः एनंवर्मंइंवारं शक्येऽनापदिसत्यांकिमर्थमापदीवउन्मार्गगामीभवसीत्यर्थः ५५ । ५६ परेणअति

ध्यायंतःप्रकिरंतश्चव्यालावेपथुसंयुताः ॥ दीनास्तुरंगमाःसर्वेवारणाःसलिलाश्रयाः ४५ एतच्छ्रुत्वाभवानत्रप्राप्तकालंव्यवस्यताम् ॥ यथालोकःसमुच्छेदंनायं
गच्छेतभारत ४६ ॥ वैशंपायनउवाच ॥ पितुर्वचोनिशम्यैतद्धृतराष्ट्रोऽब्रवीदिदम् ॥ दिष्टमेतत्पुरामन्येभविष्यतिनरक्षयः ४७ राजानःक्षत्रधर्मेणयदिवध्यं
तिसंयुगे ॥ वीरलोकंसमासाद्यसुखंप्राप्स्यंतिकेवलम् ४८ इहकीर्तिंपरेलोकेदीर्घकालंमहत्सुखम् ॥ प्राप्स्यंतिपुरुषव्याघ्राःप्राणांस्त्यक्त्वामहाहवे ४९
॥ वैशंपायनउवाच ॥ एवंमुनिस्तथेत्युक्त्वाकवीन्द्रोराजसत्तम ॥ धृतराष्ट्रेणपुत्रेणध्यानमन्वगमत्परम् ५० समुहूर्तंतथाध्यात्वापुनरेवाब्रवीद्वचः ॥ असंशयंपा
र्थिवेन्द्रकालःसंक्षयतेजगत् ५१ सृजतेचपुनर्लोकान्नेहविद्यतिशाश्वतम् ॥ ज्ञातीनांचकुरूणांचसंबंधिसुहृदांतथा ५२ धर्म्यंदेशयपंथानंसमर्थोह्यसिवारणे ॥ क्षुद्रं
जातिवधंप्राहुर्माकुरुष्वममाप्रियम् ५३ कालोऽयंपुत्ररूपेणतवजातोविशांपते ॥ नवधःपूज्यतेवेदेहितंनैवकथंचन ५४ हन्यात्सएनंयोहन्यात्कुलधर्मंस्विकांत
नुम् ॥ कालेनोत्पथगंताऽसिशक्येसतियथाऽऽपदि ५५ कुलस्यास्यविनाशायतथैवचमहीक्षिताम् ॥ अनर्थोराज्यरूपेणतवजातोविशांपते ५६ लुप्तधर्मापरेणा
सिधर्मंदर्शयवैसुतान् ॥ किंतेराज्येनदुर्धर्षयेनप्राप्तोऽसिकिल्बिषम् ५७ यशोधर्मंचकीर्तिंचपालयन्स्वर्गमाप्स्यसि ॥ लभंतांपांडवाराज्यंशमंगच्छंतुकौरवाः
५८ एवंब्रुवतिविप्रेन्द्रेधृतराष्ट्रोऽम्बिकासुतः ॥ आक्षिप्यवाक्यंवाक्यज्ञोवाक्यंचैवाब्रवीत्पुनः ५९ ॥ धृतराष्ट्रउवाच ॥ यथाभवान्वेत्तितथैववेत्ताभावाभावौविदितौमे
यथार्थौ ॥ स्वार्थेहिसंमुह्यतितातलोकोमांचापिलोकात्मकमेवविद्धि ६० प्रसादयेत्वामतुलप्रभावंत्वंनोगतिर्दर्शयिताचधीरः ॥ नचापितेमद्वशगामहर्षेनचाधर्मं
कर्तुमर्होहिमेमतिः ६१ त्वंहिधर्मप्रवृत्तिश्चयशःकीर्तिश्चभारती ॥ कुरूणांपांडवानांचमान्यश्चापिपितामहः ६२ ॥ व्यासउवाच ॥ वैचित्रवीर्यनृपतेयत्तेमनसिव
र्तते ॥ अभिधत्स्वयथाकामंछेत्ताऽस्मितवसंशयम् ६३ ॥ धृतराष्ट्रउवाच ॥ यानिलिंगानिसंग्रामेभवंतिविजयिष्यताम् ॥ तानिसर्वाणिभगवञ्श्रोतुमिच्छामितत्त्वतः
६४ ॥ व्यासउवाच ॥ प्रसन्नभाःपावकऊर्ध्वरश्मिःप्रदक्षिणावर्त्तशिखोविधूमः ॥ पुण्यागंधाश्चाहुतीनांप्रवांतिजयस्यैतद्भाविनोरूपमाहुः ६५ गंभीरघोषाश्चमहास्वना
श्चशंखामृदंगाश्चनदंतियत्र ॥ विशुद्धरश्मिस्तपनःशशीचजयस्यैतद्भाविनोरूपमाहुः ६६ इष्टावाचःप्रसृतावायसानांसंप्रस्थितानांचगमिष्यतांच ॥ येपृष्ठतस्तेत्वरयंति
राजन्येचाग्रतस्तेप्रतिषेधयंति ६७ कल्याणवाचःशकुनाराजहंसाःशुकाःक्रौंचाःशतपत्राश्चयत्र ॥ प्रदक्षिणाश्चैवभवंतिसंख्येधुवंजयस्तत्रवदंतिविप्राः ६८

शयेन ५७ । ५८ आक्षिप्यवाक्यंब्रुवतीतिसंबंधः ५९ वेत्ताज्ञाताऽस्मीतिशेषः भावाभावौस्थितिविनाशौपरेषांस्वेषांच ६० गतिःपरायणं दर्शयिताउपदेष्टा ६१ त्वंहिधर्मादौहेतुरित्यर्थः ६२ । ६३
६४ रूपगमकंचिह्नं ६५ । ६६ इष्टाइति । येपृष्ठतोभाषमाणावायसास्तेगंतारंत्वरयंति सिद्धिसूचकाइत्यर्थः येपुरतोभाषमाणास्तेगमनंनिषेधंतीत्यर्थः ६७ । ६८

६९ । ७० प्रविष्टस्यपरसैन्यमितिशेषः इष्टामारितोमारितइति । दक्षिणाःदाक्ष्ययुक्ताहतोसिहतोसीत्याद्याः । पश्चादर्थपाश्चात्यंप्रयोजनंजयाख्यंसंधारयंतिनिश्चिन्वंति याश्चाग्रेप्रतिषेधिका मायुद्धयस्वमरिष्य सीत्येवंजातीयकास्ताअपिमरणस्यैवसूचिकास्ताश्चदुर्योधनंप्रत्येवप्रवर्तंतइतिभावः ७१ । ७२ अनुगाः अनुकूलाः ७३ । ७४ । ७५ । ७६ । ७७ । ७८ । ७९ । ८० उपायविजयंलाभपूर्वकंजयं साम्नाप्रार्थनयादानेनवा शत्रुणावाचाप्रार्थितस्यधनेनवासंतर्पितस्यमुख्योजयः शत्रुंभेदयतोमध्यमः निघ्नतोऽधमइत्यर्थः ८१ सन्निपातोयोधानांसंघर्षः व्यवधूताःदारादिष्वनासक्ताः ८२ । ८३ शूरा

अलंकारैःकवचैःकेतुभिश्चसुखप्रणादैर्हेषितैर्वाहयानाम् ॥ भ्राजिष्मतीदुष्प्रतिवीक्षणीयायेषांचमूस्तेविजयंतिशत्रून् ६९ हृष्टावाचस्तथासत्वंयोधानांयत्रभारत ॥ नम्लायंतिस्रजश्चैवतेतरंतिरणोदधिम् ७० इष्टावाचःप्रविष्टस्यदक्षिणाःप्रविविक्षतः ॥ पश्चात्संधारयंत्यर्थमग्रेचप्रतिषेधिकाः ७१ शब्दरूपरसस्पर्शगंधाश्चावि कृताःशुभाः ॥ सदाहर्षश्चयोधानांजयतामिहलक्षणम् ७२ अनुगावायवोवांतितथाऽभ्राणिवयांसिच ॥ अनुप्लवंतिमेघाश्चतथैवेन्द्रधनूंषिच ७३ एतानिजय मानानांलक्षणानिविशांपते ॥ भवंतिविपरीतानिमुमूर्षूणांजनाधिप ७४ अल्पायांवामहत्यांवासेनायामितिनिश्चयः ॥ हर्षोयोधगणस्यैकोजयलक्षणमुच्यते ७५ एकोदीर्णोदारयतिसेनांसुमहतीमपि ॥ तांदीर्णामनुदीर्यंतेयोधाःशूरतराअपि ७६ दुर्निवर्त्यातदाचैवप्रभग्नामहतीचमूः ॥ अपामिवमहावेगास्त्रस्तामृग गणाइव ७७ नैवशक्यासमाधातुंसन्निपातेमहाचमूः ॥ दीर्णामित्येवदीर्यंतेसुविद्वांसोऽपिभारत ७८ भीतान्भग्नांश्चसंप्रेक्ष्यभयंभूयोऽभिवर्द्धते ॥ प्रभग्नासह साराजन्दिशोविद्रवतेचमूः ७९ नैवस्थापयितुंशक्याशूरैरपिमहाचमूः ॥ सत्कृत्यमहतींसेनांचतुरंगांमहीपतिः ॥ उपायपूर्वंमेधावीयतेतसततोत्थितः ८० उपायविजयंश्रेष्ठमाहुर्भेदेनमध्यमम् ॥ जघन्यएषविजयोयोयुद्धेनविशांपते ८१ महान्दोषःसन्निपातस्तस्याद्यःक्षयउच्यते ॥ परस्परज्ञाःसंहृष्टाव्यवधूताःसुनि श्चिताः ८२ अपिपंचाशतंशूराम्रद्नंतिमहतींचमूम् ॥ अपिवापंचषट्सप्तविजयंत्यनिवर्त्तिनः ८३ नवैनतेयोगरुडःप्रशंसतिमहाजनम् ॥ दृष्ट्वासुपर्णोऽपचि तिंमहत्याअपिभारत ८४ नबाहुल्येनसेनायाजयोभवतिनित्यशः ॥ अध्रुवोहिजयोनामदैवंचात्रपरायणम् ॥ जयवंतोहिसंग्रामेकृतकृत्याभवंतिहि ८५ ॥ इतिश्री महाभारतेभीष्मपर्वणिजंबूखंडविनिर्माणपर्वणिनिमित्ताख्यानेतृतीयोऽध्यायः ३ ॥ ॥ वैशंपायनउवाच ॥ एवमुक्त्वाययौव्यासोधृतराष्ट्रायधीमते ॥ धृतराष्ट्रोऽपितच्छ्रुत्वाध्यानमेवान्वपद्यत १ समुहूर्त्तमिवध्यात्वाविनिःश्वस्यमुहुर्मुहुः ॥ संजयंसंशितात्मानमपृच्छद्भरतर्षभ २ संजयेमेमहीपालाःशूरायुद्धाभि नंदिनः ॥ अन्योन्यमभिनिघ्नंतिशस्त्रैरुच्चावचैरिह ३ पार्थिवाःपृथिवीहेतोःसमभित्यज्यजीवितम् ॥ नवाशाम्यंतिनिघ्नंतोवर्धयंतियमक्षयम् ४ भौममैश्वर्यमि च्छंतोनमृष्यंतेपरस्परम् ॥ मन्येबहुगुणाभूमिस्तन्ममाचक्ष्वसंजय ५ बहूनिचसहस्राणिप्रयुतान्यर्बुदानिच ॥ कोटचश्चलोकवीराणांसमेताःकुरुजांगले ६

णांसहायसंपत्तिर्नापेक्षितेत्यत्रदृष्टांतमाह नवैनतेयइति । महत्याअपिसेनायाअपचितिंप्रतिकारंनाशंवा एकेनैवात्मनाकर्त्तुंशक्यंदृष्ट्वाआलोच्य सुपर्णःशोभनपतत्रोगरुडोनामतोवैनतेयोविनतायाःपुत्रो महाजनंबहु जनसमूहंनप्रशंसतिनकामयतेइत्यर्थः । 'भवेदपचितिःपूजाव्ययनिष्कृतिहानिषु'इतिमेदिनी । शूराणांनसहायापेक्षास्तीत्यक्षौहिणीबाहुल्यान्मत्पुत्राणांजयोऽवश्यंभावीतित्वयानमंतव्यमितिभावः ८४ । ८५ ॥ इतिभीष्मपर्वणिनीलकंठीयेभारतभावदीपे तृतीयोऽध्यायः ॥ ३ ॥ ॥ एवमुक्त्वेति १ । २ । ३ नवाशाम्यंतिनैवशाम्यंति यमक्षयंयमलोकम् ४ । ५ । ६

७ दिव्येति । यथादीपेनांधकारेनाशितेचक्षुषाघटोदृश्यते एवंधीवृत्त्यासर्वविषयावरकाज्ञानतमसिनाशितेसतिचिदात्मरूपेणचक्षुषासर्वंप्रकाशतइत्यर्थः ८ शास्त्रचक्षुरिति । यदाऽहंब्रह्मास्मीतिवाक्योत्थयाधिया
ऽऽत्मानंयोगीपश्यतितदाऽन्धोऽप्यनंधोभवति तथाचश्रुतिः । ' तंवाएतंसेतुंतीर्त्वाऽन्धःसन्ननंधोभवति ' इति सेतुंमर्यादाविधारकंपरमेश्वरंतीर्त्वाप्राप्येतिश्रुतिपदयोरर्थः । अनेनैवाभिप्रायेणाव्रेक्षस्वेत्याह
नमस्तइति । विनयः स्वस्योपदेष्टृत्ववारणायव्यासेनैवत्वमुपदिष्टोऽसीतिभावः ९ त्रसानांजंगमानांयोनिरुत्पत्तिस्थानं अंडजाःपक्षिसरीसृपाद्याः स्वेदजाःयूकालिक्षाद्याः जरायुजाः मनुष्यपश्वाद्याः १०
येषुचतुर्दशसुयज्ञाःप्रतिष्ठिताः तेमानवास्त्रैवर्णिकाः पशवश्चगोऽजाद्याजरायुजानांमध्येप्रवराइतियोजना ११ । १२ ग्राम्याणांवक्ष्यमाणानांपशूनांमध्ये तथाऽरण्यवासिनामित्यपि । ' पुरुषंवैदेवाःपशुमा
लभंततस्मात्त्रयःपशूनांहस्तादानाःपुरुषोहस्तीमर्कटः ' इति विध्यर्थवादादिषुपुरुषेऽपिपशुत्वमस्त्येवेतिग्राम्यपशुषुपुरुषस्यगणनम् १३ उद्भिज्जाः भूमिमुद्भिद्यजाताः वृक्षाअश्वत्थादयः गुल्माःकुशका
शादिस्तंबाः लतावृक्षाद्यारूढागुडूच्यादयः वल्ल्योभूमिप्रसाराःवर्षमात्रस्थायिन्यःकूष्मांडयाद्याः त्वक्सारावेण्वादयः तएवतृणजातयोनतुवृक्षाः १४ तेषामिति । सप्तग्राम्याःपशवःसप्तारण्याःपंचोद्भि

देशानांचपरीमाणंनगराणांचसंजय ॥ श्रोतुमिच्छामितत्त्वेनयतएतेसमागताः ७ दिव्यबुद्धिप्रदीपेनयुक्तस्त्वंज्ञानचक्षुषा ॥ प्रभावात्तस्यविप्रर्षेर्व्यासस्यामिततेजसः
८ ॥ संजयउवाच ॥ यथाप्रज्ञंमहाप्राज्ञभौमान्वक्ष्यामितेगुणान् ॥ शास्त्रचक्षुरवेक्षस्वनमस्तेभरतर्षभ ९ द्विविधानीहभूतानिचराणिस्थावराणिच ॥ त्रसानांत्रिवि
धायोनिरंडस्वेदजरायुजाः १० त्रसानांखलुसर्वेषांश्रेष्ठाराजनजरायुजाः ॥ जरायुजानांप्रवरामानवाःपशवश्चये ११ नानारूपधराराजंस्तेषांभेदाश्चतुर्दश ॥ वेदोक्ताः
पृथिवीपालयेषुयज्ञाःप्रतिष्ठिताः १२ ग्राम्याणांपुरुषाःश्रेष्ठाःसिंहाश्चारण्यवासिनाम् ॥ सर्वेषामेवभूतानामन्योन्येनोपजीवनम् १३ उद्भिज्जाःस्थावराःप्रोक्तास्तेषां
पंचैवजातयः ॥ वृक्षगुल्मलतावल्ल्यस्त्वक्सारास्तृणजातयः १४ तेषांविंशतिरेकोनामहाभूतेषुपंचसु ॥ चतुर्विंशतिरुद्दिष्टागायत्रीलोकसंमता १५ यएतांवेदगाय
त्रींपुण्यांसर्वगुणान्विताम् ॥ तत्त्वेनभरतश्रेष्ठसलोकेनप्रणश्यति १६ अरण्यवासिनःसप्तसप्तैषांग्रामवासिनः ॥ सिंहाव्याघ्रावराहाश्चमहिषावारणास्तथा १७ ऋ
क्षाश्चवानराश्चैवसप्तारण्याःस्मृतानृप ॥ गौरजाविमनुष्याश्चअश्वाश्वतरगर्दभाः १८ एतेग्राम्याःसमाख्याताःपशवःसप्तसाधुभिः ॥ एतेवैपशवोराजन्ग्राम्यारण्याश्चतु
र्दश १९ भूमौचजायतेसर्वंभूमौसर्वंविनश्यति ॥ भूमिःप्रतिष्ठाभूतानांभूमिरेवसनातनम् २० यस्यभूमिस्तस्यसर्वंजगत्स्थावरजंगमम् ॥ तत्रातिगृद्धाराजानोविनि
घ्नन्तीतरेतरम् २१ ॥ इतिश्रीमहाभारतेभीष्मपर्वणिजंबूखंडविनिर्माणपर्वणिभौमगुणकथनेचतुर्थोऽध्यायः ॥ ४ ॥

ज्जाइत्येकोनविंशतिसंख्यानांविकाराणांप्रकृतिभूतेषुपंचसुमहाभूतेषुप्रक्षेपेसति चतुर्विंशत्यक्षरसंख्यासाम्यात्प्रकृतिविकृत्यात्मिकागायत्रीयंभवति अत्रस्वेदजानामुद्भिज्जेष्वंतर्भावः तेहिभूमिमुद्भिद्यजायंते
स्वेदजास्तुजलमुद्भिद्यजायंतइतिसाम्यात् । तृतीयेनावरोधःसंशोकजस्येतिन्यायाच्च अंडजानामपिमैथुनजत्वसाम्याज्जरायुजेष्वेवांतर्भावः जरायुर्गर्भवेष्टनंतद्रूपस्यअंडस्यैवतत्रसत्त्वादित्याशयेनचतुर्विंशतिः
तदिदंकार्यकारणसमुदायात्मकंगायत्र्याख्यंब्रह्म । ' गायत्रीवाइदंसर्वंभूतम् ' इत्युपक्रम्य ' सैषाचतुष्पदाषड्विधागायत्रीतदेतदृचाभ्यनूक्तं तावानस्यमहिमाततोज्यायांश्चपूरुषः । पादोस्यसर्वाभू
तानित्रिपादस्यामृतंदिवि ' इतिच्छांदोग्येउपसंहारदर्शनात् १५ । १६ । १७ । १८ । १९ । २० यस्यभूमिरिति । राजाहिसार्वभौमोराजसूयेनेष्ट्वास्वाराज्यंप्राप्नोति अश्वमेधेनेष्ट्वाक्रममुक्तिस्थानंप्रा
प्नोतीति यस्यकृत्स्नाभूमिस्तस्यइदंसर्वंयज्ञद्वारावशेभवति तथाचवाजसनेयकेश्रूयते । ' पुरुषोहवैनारायणोऽकामयतात्प्रतिष्ठेयंसर्वाणिभूतान्यहमेवेदंसर्वंस्यामिति सएतंपुरुषमेधं पंचरात्रयज्ञक्रतुमप
श्यत ' इत्यादिना २१ ॥ इतिभीष्मपर्वणि नीलकंठीये भारतभावदीपे चतुर्थोऽध्यायः ॥ ४ ॥

॥५॥ एवंवक्ष्यमाणभगवद्गीतोपनिषदर्थज्ञानाधिकारार्थंकर्मणामनुष्ठेयत्वंप्रकारांतरेणोपपाद्याधिकृतानामुत्पन्नात्मविविदिषाणामपिसूक्ष्मतमात्मतत्त्वग्रहणयोग्यतासिद्ध्यर्थंस्थूलेभगवतोरूपेकृत्स्नब्रह्मांडात्मकेचित्तसंयमः कर्तव्यइत्याशयेनभुवनकोशंवर्णयति नदीनांपर्वतानांचेत्यादिना तत्सर्वंश्रुतवानसीत्यंतेनाध्यायाष्टकेन १ । २ तत्रतावत्पंचेमानिमहाराजेत्यादिना तदेषांरूपमैश्वरमित्यंतेन सर्वंवियदादिकंभगवदुपादानकत्वात्कुंडलकनकन्यायेनभगवतएवरूपमितिप्रतिपादयति । महाभूतानिपृथिव्यादीनितान्येवजगतीकृत्स्नब्रह्मांडरूपाणिपिंडरूपाणिचतत्स्थानिचसर्वाणिचैतन्यपदवाच्यानिसमानितुल्यान्येव बहुत्वमुपाधिभेदाभिप्रायेण नहिकुंभद्रोण्याद्युपाधिष्वाकाशस्येवमशकमतंगजादिशरीरेषुचैतन्यस्यस्वतोविषमत्वंदृश्यते तस्मात्सर्वाणिजगतीस्थानिसमान्येवववक्ष्यतिचभगवान् ‘ पंडिताःसमदर्शिनः ’ इति ३ भूमिरिति । वायोरग्निरितिश्रुतेरग्निहेतुर्वायुरग्नेःपरोदृष्टव्यः गुणोत्तराणिपूर्वपूर्वापेक्षयाउत्तरमुत्तरमेकैकगुणाधिकं इदंच । ‘ आकाशाद्वायुर्वायोरग्निरग्नेरापोऽद्भ्यःपृथिवी ’ इतिश्रूयमाणजन्मक्रमाभिप्रायेणोक्तम् ४ शब्दादयोगुणाःप्रसिद्धाः ५ । ६ एतेपंचेति । महाभूतेषुपंचमहाभूतात्मकेषुसर्वेषुलोकेषुभोग्यवस्तुषुशरीरादिपर्यंतेषुएतेपंचगुणाः संति । एतेके येषुगुणेषुभोक्तारोभूताःनित्यनिर्वृत्ताश्चेतनाःपुरुषाःप्रतिष्ठिताः देहेंद्रियादीन्भोग्यानधिष्ठाय चेतनाःशब्दादीनिभोग्यांतराणिभुंजते देहादीनामपिभोगोपकरणत्वाद्भोग्यत्वमेव नभोक्तृत्वमित्यर्थः ७ अन्योन्यमिति । समस्यभावःसाम्यंब्रह्म

धृतराष्ट्रउवाच ॥ नदीनांपर्वतानांचनामधेयानिसंजय ॥ तथाजनपदानांचयेचान्येभूमिमाश्रिताः १ प्रमाणंचप्रमाणज्ञपृथिव्यामसर्वतः ॥ निखिलेनसमाचक्ष्वकाननानिचसंजय २ ॥ संजयउवाच ॥ पंचेमानिमहाराजमहाभूतानिसंग्रहात् ॥ जगतीस्थानिसर्वाणिसमान्याहुर्मनीषिणः ३ भूमिरापस्तथावायुरग्निराकाशमेवच ॥ गुणोत्तराणिसर्वाणितेषांभूमिःप्रधानतः ४ शब्दःस्पर्शश्चरूपंचरसोगंधश्चपंचमः ॥ भूमेरेतेगुणाःप्रोक्ताऋषिभिस्तत्त्ववेदिभिः ५ चत्वारोऽप्सुगुणाराजन्गंधस्तत्रनविद्यते ॥ शब्दःस्पर्शश्चरूपंचतेजसोऽथगुणास्त्रयः ॥ शब्दःस्पर्शश्चवायोस्तुआकाशेशब्दएवतु ६ एतेपंचगुणाराजन्महाभूतेषुपंचसु ॥ वर्ततेसर्वलोकेषुयेषुभूताःप्रतिष्ठिताः ७ अन्योन्यंनाभिवर्ततेसाम्यंभवतिवैयदा ८ यदातुविषमीभावमाविशंतिपरस्परम् ॥ तदादेहैर्देहवंतोव्यतिरोहंतिनान्यथा ९ आनुपूर्व्याद्विनश्यंतिजायंतेचानुपूर्वशः ॥ सर्वाण्यपरिमेयाणितदेषांरूपमैश्वरम् १०

भावः । ‘ समआत्मेतितिविद्यात् निर्दोषंहिसमंब्रह्म ’ इतिश्रुतिस्मृत्योर्ब्रह्मणिसमशब्ददर्शनात् । भोक्तृभोग्ययोर्यदासुषुप्तिप्रलयसमाधिमोक्षेषुब्रह्मभावोभवतितदातेउभेअन्योन्यंनाभिवर्तेते व्यवहारतोविद्यमानमपिभोग्यंभोक्तारंनोपसर्पति नापिभोक्ताऽलुप्तदृगपिभोगायतनस्यदेहेंद्रियादेरभावाद्भोग्यजातमुपसर्पतीत्यर्थः ८ यदात्विति । भोगप्रदकर्मोद्भवकालेविषमीभावंसाम्यात्प्रच्युतिमाविशंतिप्राप्नुवंति तदातएवभोक्तारोभोग्यपदार्थाश्चदेहैःस्वस्वरूपैःदेहवंतःलब्धस्वरूपाभूत्वातैरेवस्वैरूपैःपरस्परंव्यतिरोहंति भोक्तारोभोग्येषुनिपतंति भोग्यार्थाश्चभोक्तरिसूक्ष्मरूपेणस्ववासनांजनयंतीत्यर्थः ९ आनुपूर्व्याद्भूम्यादिक्रमेणविनश्यंति जायंतेचआनुपूर्वशआकाशादिक्रमेण । विपर्ययेणक्रमोऽतउपपद्यतेचेतिन्यायेनसृष्टिक्रमविपरीतत्वात्संहारक्रमस्य अतएवउत्पत्तिविनाशशीलत्वादेवसर्वाण्येतानिभोक्तृभोग्यान्यपरिमेयाणिअनंतानिमरीचिकोदकवद्दुतुल्यत्वात् । नहिमरीचिकोदकमियत्प्रमाणमितिपरिमातुंशक्यं यतएतान्यपरिमेयाणि तत्तस्माद्धेतोःएषांरूपंऐश्वरमेव नतुभौतिकं नह्यध्यस्तस्याधिष्ठानादन्यद्रूपमस्ति अतएव ‘ सर्वंखल्विदंब्रह्म आत्मैवेदंसर्वं ब्रह्मैवेदंसर्वम् ’ इतिसर्वस्यब्रह्मभावश्रवणमुपपद्यतेइत्यर्थः १०

अपरिमेयत्वमेवाह तत्रतत्रेति । सिद्धाअपियत्रब्रह्मांडंभित्वागच्छंतितत्रापिशासनामयाधातवोऽव्यक्तयःपांचभौतिकाःदृश्यंतेऽतोऽपरिमेयाएवते । एवंसत्यपिमनुष्यागणकादयस्तर्केणस्वर्यगत्यादेशभेदेनदिनमान भेदपादच्छायाभेदादिनाचतेषांप्रमाणानि। एतच्चोपलक्षणंआकारभेदस्यापि तथाहि । केचित्कंदुकाकारं केचिच्चतुरस्त्रं केचित्त्रिकोणं केचिच्चक्राकारंचभूमिसंस्थानंकल्पयंति तथाप्रमाणभेदोऽपि जंबूद्वीपपरिणाह गणकाः‘तद्व्यासःकुभुजंगसायकभुवःसिद्धांशकेनाधिका’इतिवदंति । पंचदशशतान्येकाशीतियोजनानि योजनचतुर्विंशांशसहितानि । तथालक्षयोजनंतत्परिणाहइतिपुराणांतरे अत्रापिअष्टादशसहस्राणिषट्दश तानिचेतिवक्ष्यति १.१ कस्तर्ह्यत्रसिद्धांतइत्याशंक्यानिर्वचनीयएवायमर्थोनतर्केणसाधयितुंयोग्यइत्याह अचिंत्याइति। येभावाःजगज्जन्मोपादाननिमित्तपरिमाणधर्माधर्मादयःपदार्थास्ताश्चितयितुमयोग्यास्तान्नतर्केण साधयेत् नहितेतर्केणसाधयितुंशक्यंते तर्कांतरेणतस्यबाधसंभवात्तर्काप्रतिष्ठानादितिन्यायाच्च अतएवास्यश्लोकस्योत्तरार्द्धमन्यत्रपठंति । ‘ नाप्रतिष्ठिततर्केणगंभीरार्थस्यनिश्चयः ’ इति । तथाहि कंदुकाकारे भुवनकोशेकल्प्यमानेयेकंदुकपृष्ठेकमठपृष्ठोपमेतिष्ठंति तेषांकियानपिदेशोजलपशुमनुष्याश्रययोग्योऽस्तीतिवक्तुंयुक्तं येतुतन्निम्नंतदधश्चवसंतितेषांगुरुत्ववतामर्थानामधस्तादाश्रयाभावेनावश्यंपतनंभवतीतितावान्दे शोरिक्तएवास्तीतिवक्तव्यं । तथाचतदाश्रयात्कृताद्वीपांतरकल्पनालोकदृष्टिविरुद्धेतिपामराअपिप्रतियंति । ननुयथापृथिव्याअंतरिक्षेऽवस्थानशक्तिर्दिगंबरादन्यैःसर्वैर्वादिभिःकल्प्यते तथावयमपितस्याआ कर्षणशक्तिमन्यांकल्पयामहे । ययासर्वदिक्स्थाःप्राणिनःपृथिवीपादाधस्थामेवमन्यंतेस्वंचोपरिस्थमिति । तर्हिलोकदृष्टिविरुद्धकल्पनापेक्षयासर्वप्राणिप्रत्यक्षस्वप्रमायेन्द्रजालादितुल्यतैवास्याःकुतोनकल्प्यते ।

तत्रतत्रहिदृश्यंतेधातवःपांचभौतिकाः ॥ तेषांमनुष्यास्तर्केणप्रमाणानिप्रचक्षते ११ अचिन्त्याःखलुयेभावानतांस्तर्केणसाधयेत् ॥ प्रकृतिभ्यःपरंयत्तुतदचिंत्यस्य लक्षणम् १२ सुदर्शनंप्रवक्ष्यामिद्वीपंतुकुरुनंदन ॥ परिमंडलोमहाराजद्वीपोऽसौचक्रसंस्थितः १३ नदीजलप्रतिच्छन्नःपर्वतैश्चाभ्रसन्निभैः ॥ पुरैश्चविविधाकारैरम्यै र्जनपदैस्तथा १४ वृक्षैःपुष्पफलोपेतैःसंपन्नधनधान्यवान् ॥ लवणेनसमुद्रेणसमंतात्परिवारितः १५

ननुस्वप्नादिवदस्याबाधोनदृश्यतइतिचेत् प्राक्ब्रह्मात्मज्ञानात्प्रमादर्शीकिंनच्छिन्नंश्रुत्यातुज्ञातेद्वैतंनविद्यते । नेहनानाऽस्तिकिंचनेत्यादिकयाब्रह्मदर्शनेनरज्जुदर्शनेनसर्पस्येवप्रपंचबाधआम्नायते । तथाचनिष्क लंकात्श्रुतिप्रमाणात्ब्रह्माद्वैतमेवादर्तव्यंनतुसकलंकात्तर्काज्जगतोऽनिर्वचनीयत्वमितिभावः १.२ तर्हिकिमस्यप्रमाणंकावाआकृतिस्तत्राभिमतेत्याशंक्याह सुदर्शनमिति । सुदर्शनोनामजंबूवृक्षविशेषस्तन्नामां कितोऽयंद्वीपःसुदर्शनद्वीपः कृत्स्नंब्रह्मांडमित्यर्थः तंप्रमाणतआकृतितश्चप्रकर्षेणवक्ष्यामि तुशब्दःपक्षांतरव्यावृत्त्यर्थः परिमंडलःपरमाणुमात्रंपरिमाणतोदुर्लक्ष्यइत्यर्थः । ‘ एषोऽणुरात्माचेतसावेदितव्यः ’ इत्या त्मवदितिभावः परिमंडलइत्यस्यसर्वतोवृत्तरूपःकंदुकाकारइतिव्याख्यानेप्रागेवदोषउक्तः अथचक्राकारइत्युच्यतेचेन्न चिपिटाकारेतस्मिन्परिमंडलशब्दस्यायोगात् चक्रसंस्थितइत्यनेनचक्रवद्संस्थितंसंस्थान माकारोऽस्येत्यनेनैवसिद्धत्वाच्च । अयंहिशब्दस्तार्किकाणांपरमाणुपरिमाणेप्रसिद्धः । नचानेनपरिमाणेनोपेतंनिरंशंवस्तुसिद्ध्यति यस्यकस्याप्यल्पपरिमाणस्य दशदिगवच्छेद्यप्रदेशभेदवत्त्वेनतस्यापि निरंशत्वायोगात् नहिपरिमाणोःपूर्वदिगवच्छिन्नोदेशःप्रतीच्याप्यवच्छिद्यतइतिवक्तुंशक्यं दृष्टविरोधात् तस्मात्परिमंडलशब्दोदुर्लक्ष्यसद्वस्तुमात्रवचनः तार्किकाणांपरमाणुरपितादृशएव तत्रपारिभाषिक परिमाणकल्पनंप्रस्थानभेदापादनार्थंशून्यकारणतानिरासार्थंचेतिदिक् । एवंसुदर्शनद्वीपस्यपरिमाणमुक्त्वाआकारमाह चक्रसंस्थितइति । परिदृश्यमानराष्ट्राकारइत्यर्थः । ‘ चक्रंराष्ट्रेऽस्त्रयोरपि ’ इतिविश्वः १.३ तदेवसंस्थानमाहद्वाभ्यां नदीति १४ । १.५

नन्वेवंविधस्यकथमतिसूक्ष्मत्वमुच्यतेऽतआह यथाहीति । चंद्रमंडलेचंद्राधिष्ठितेमनसीत्यर्थः यद्येतद्ब्रह्मांडंमहाप्रमाणंस्यात्कथंतर्हिगिरिगुहैकदेशस्थोयोगीस्वीयेसूक्ष्मेहृदयावकाशेतत्कृत्स्नमादर्शेमुखवत्पश्येत् ।
नह्यल्पप्रमाणेसर्षपादौमहाप्रमाणानांमेर्वादीनांसंनिवेशोयुज्यते प्रपंचस्यस्वप्नादिवदनिर्वचनीयत्वांगीकारंविनेतिभावः १६ द्विरंशइति । तत्रचंद्रमंडलाख्येमनसि अंशेएकदेशे वृत्त्यानंत्यादनन्तस्यमनसएकदेशए
काराद्द्वक्ष्यावृत्तिरंशस्तत्रद्विःकार्यकारणरूपेणस्थूलसूक्ष्मरूपेणवाद्विरावृत्तः पिप्पलोगीतासुवक्ष्यमाणःसंसाराश्वत्थोस्ति सर्वमेतन्मनोमात्रमित्यर्थः द्विरंशेचशशोमहान् चकारात्तत्रेत्यनुवर्तते तस्मिन्नेवमनसिमहान्
॥ ६ ॥ परमात्माशशइवशशः लुतगतिःशीघ्रगामी मनसोजवीयइति । 'तद्धावतोऽन्यानत्येति' इतिचश्रुतेः । अंशेएकदेशेद्विर्वर्त्तनेनियम्यनियामकभावेनेत्यर्थः । तथाचकार्यकारणप्रपंचोजीवईश्वरश्चपरब्रह्मण्यधिष्ठाने
मनसैवकल्पितइत्यर्थः १७ अस्यशशस्यप्रत्यगभेदंवक्ष्यन्प्रपंचादिभ्यःपृथक्त्वमाह आपइति । आपइत्यंबूपलक्षितंभूतपंचकमुच्यते । आपःपुरुषवचसोभवंतीत्यादिश्रुतौतथादर्शनात् । एतेनकृत्स्नंभूतभौतिकं
कार्यंततःशशादन्यत् । तर्हिकारणंवस्तुतदभिन्नंस्यादित्याशंक्याह शेषःसंक्षेपउच्यतेइति । समस्तकार्यप्रलयेसतिशिष्यतइतिशेषः कारणंतदपिसंक्षेपः कार्यस्यैवसूक्ष्मंरूपमाकुंचितावयवकूर्मसमानमुच्यतेऽतो
व्याकृतंकारणमप्यापइवानात्मैवेत्यर्थः । ततोव्याकृताव्याकृताद्द्वयादन्यःशशःशुद्धंब्रह्म तदेवअयंप्रत्यगात्माजीवइत्युच्यते वेदे 'तत्त्वमस्यहंब्रह्मास्मिअयमात्माब्रह्म' इत्यादौपरमात्मनएवप्रत्यगात्मत्वमुच्यते
नततोऽन्योजीवोनामकश्चिच्चिद्धातुरस्तीत्यर्थः । एनंप्रत्यगभिन्नंपरमेश्वरंशशाख्यं संक्षेपवोमयाप्रोच्यमानंशृणु १८ इतिकरणे जंबूइतिजंबूद्वीपः खंडएकदेशोयस्यतस्यब्रह्मांडस्यनिर्माणेविस्तारेइत्यर्थः

यथाहिपुरुषःपश्येदादर्शेमुखमात्मनः ॥ एवंसुदर्शनद्वीपोदृश्यतेचंद्रमंडले १६ द्विरंशेपिप्पलस्तत्रद्विरंशेचशशोमहान् ॥ सर्वौषधिसमावापःसर्वतःपरिवारितः १७
आपस्ततोऽन्याविज्ञेयाःशेषःसंक्षेपउच्यते ॥ ततोऽन्यउच्यतेचायमेनंसंक्षेपतःशृणु १८ ॥ इतिश्रीमहाभारतेभीष्मपर्वणिजंबूखंडनिर्माणपर्वणिसुदर्शनद्वीपवर्णने
पंचमोऽध्यायः ॥ ५ ॥ ॥ ॥ ॥ धृतराष्ट्रउवाच ॥ उक्तोद्वीपस्यसंक्षेपोविधिवद्बुद्धिमंस्त्वया ॥ तत्त्वज्ञश्चासिसर्वस्यविस्तरंब्रूहिसंजय १ यावान्भूम्यव
काशोऽयंदृश्यतेशशलक्षणे ॥ तस्यप्रमाणंप्रब्रूहिततोवक्ष्यसिपिप्पलम् २ ॥ वैशंपायनउवाच ॥ एवंराज्ञासपृष्टस्तुसंजयोवाक्यमब्रवीत् ॥ ॥ संजयउवाच ॥
प्रागायतामहाराजषडेतेवर्षपर्वताः ॥ अवगाढाह्युभयतःसमुद्रौपूर्वपश्चिमौ ३

॥ इतिभीष्मपर्वणिनैलकंठीये भारतभावदीपेपंचमोऽध्यायः ॥ ५ ॥ ॥ पिप्पलशशयोःस्वरूपश्रवणेस्वस्यानधिकारंपश्यन् स्थूलमेवतावद्भगवतोरूपंश्रोतुमिच्छन् धृतराष्ट्रउवाच उक्तोद्वीपस्येति ।
द्वीपस्यविस्तरमितिसंबंधः १ यावानिति । शशलक्षणेपरमात्मनोज्ञापकेमायाशबलेहार्देब्रह्मणि मायाकल्पितोभूम्यवकाशो यावान्व्यवहारदृष्ट्यासत्यवत्प्रतीयमानोयोगिवरैर्दृश्यतेतस्यप्रमाणंप्रब्रूहि ।
ननुकारणमेवादौज्ञातव्यंयज्ज्ञानात्सार्वज्ञ्यंभवतीतिवेदेप्रसिद्धं किंद्वीपज्ञानेनेत्याशंक्याह ततोवक्ष्यसिपिप्पलमिति शशंचवक्ष्यसीतिशेषः । प्रागेवकारणज्ञानात्तत्तद्विभूतिकार्यमेवब्रदेसेतेनतत्रात्यंतमादरोभवती
तिभावः २ प्रागायताः पूर्वपश्चिमसमुद्रस्पर्शिनः अत्रेयंशास्त्रानुभवयोरविरोधेनभूकल्पनाप्रतिभाति । यथाहस्तमात्रस्यचतुरस्रस्य चतुर्विंशत्यंगुलानिपरिणाहः षण्णवत्यंगुलानिपरिधिः
किंचिन्न्यूनानिचतुस्त्रिंशदंगुलानिकर्णोभवति । एवंअष्टादशसहस्राणिषट्शतानिचजंबूपर्वसंज्ञितायाभुवःप्रमाणमुक्तं । तदेवात्रपरिधित्वेनकल्पितंतच्चतुर्थांशत्वेनचत्वारिसहस्राणिषट्शतानिपंचाशच्चयोजनान्ये
कैकोभुजइतितदेवसमचतुरस्रस्यविष्कंभप्रमाणं अस्यकर्णःशुल्वशास्त्रोक्तरीत्याषट्सहस्राणिपंचशतानिषट्सप्ततिश्चयोजनानितस्यास्यभूचतुरस्रास्यचतुर्भिःसमुद्रैर्वेष्टितस्यकोणादिक्षुवर्त्तते तेनदक्षिणस्यांदि
शिरामसेतौद्वयोःसमुद्रयोःसंधिः एवमितरास्वपिदिक्षुसमुद्रसंधयोज्ञेयाः । यस्त्वत्रज्योतिर्विदांभूपरिधिःसप्तांगनंदाब्धियोजन ४९६७ संमितोऽभिमतः सएवास्माकंचतुरस्रविष्कंभः खबाणरसवेदमितः
४६५० यत्तुएतयोरंतरंसप्तेंदुरामाः ३१७ तदपियजमानेनोर्ध्वबाहुनाप्रपदोच्छ्रितेन समपादस्थितेनवाउन्मितस्यसूत्रस्ययःपंचमोंशःसहस्तइति विकल्पस्यकात्यायनादिभिरुक्तत्वाद्धस्तप्रमाण-

भेदकल्पनयायोजनबहुत्वाल्पत्ववचनेनसमाधेयं । तथाभूमेश्चतुरस्रत्वेऽपितन्मध्यस्थमत्युच्छ्रितंमेरुंप्रदक्षिणीकुर्वतःसूर्यस्यमार्गोमंडलाकारोस्तीतिनबौद्धाभिमतंसूर्यद्वयंकल्प्यंभवति अन्यत्सर्वंयुक्त्यविरुद्धंज्यो
तिर्विन्मतमेवात्रानुसर्त्तव्यं । यत्तुपुराणेपंचाशत्कोटियोजनंभूगोलप्रमाणमित्युक्तंतदप्यचिंत्याःखलुयेभावान्नतांस्तर्केणसाधयेदित्यनेनैवप्रत्युक्तं । अव्यवस्थिततत्वान्मतानामनिर्वचनीयवादएवशरणीकरणीयइत्ये
षवरं । यद्वा सर्वत्रयत्प्रमाणंदृष्टंतद्विंशांशेनतद्बोध्यं तेनपंचाशत्कोटिस्थानेसार्द्धकोटिद्वयविस्ताराभूमिः । लक्षस्थानेपंचसहस्रविस्तारोजम्बूद्वीपः । नवसहस्रस्थानेसार्द्धचतुःशतयोजनायामंभरतखंडमि
ति । अस्मिन्पक्षेउदाहरिष्यमाणवैष्णवादिवाक्येभ्योजंबूद्वीपश्चतुर्दलकमलाकारः तस्याश्चांतःपरिधिः षट्शताधिकान्यष्टादशयोजनसहस्राणि । त्रयस्त्रिंशच्छतानिमध्यव्यासः । तेनफलतःपंचसहस्र
व्यासताज्ञेया । एवंसतियदाप्रागायतोहिमाचलःपूर्वपश्चिमसमुद्रौस्पृष्ट्वाऽस्ति तदायंभरतवर्षस्त्रिकोणोभवति तेनपृथिवीत्रिकोणेतिलोकप्रवादोऽनुभवश्चानुसृतोभवति । अन्यथाभरतवर्षस्यधनुराकारत्वे
भूमध्यरेखाया लंकातःसेतुमार्गेणप्रस्थितायाः । ' पुरीरक्षसांदेवकन्याऽथकांचीसितःपर्वतःपर्यलीवत्सगुल्मं । पुरीचोज्जयिन्याह्वयागर्गराटंकुरुक्षेत्रमेपाभुवामध्यरेखा , इतिस्मर्यमाणयामध्यरेखयाकुरुक्षे
त्रस्यरामसेतुःसन्निहितोद्वारकाचदूरेस्यात । द्वारकासमीपेसेतुश्चदूरेइतिप्रत्यक्षमुपलभ्यते । भरतवर्षस्यत्रिकोणत्वमित्येषैवकल्पनासाधीयसीतिदिक् ३ । ४ । ५ एवंदक्षिणांदिशमारभ्य यावदुत्तरसमाप्ति

हिमवान्हेमकूटश्चनिषधश्चनगोत्तमः ॥ नीलश्चवैदूर्यमयःश्वेतश्चशशिसन्निभः ४ सर्वधातुविचित्रश्चशृंगवान्नामपर्वतः ॥ एतेवैपर्वताराजन्सिद्धचारणसेविताः ५
एषामंतरविष्कंभोयोजनानिसहस्रशः ॥ तत्रपुण्याजनपदास्तानिवर्षाणिभारत ६ वसंतितेषुसत्वानिनानाजातीनिसर्वशः ॥ इदंतुभारतंवर्षंततोहैमवतंपरम् ७
हेमकूटात्परंचैवहरिवर्षंप्रचक्षते ॥ दक्षिणेनतुनीलस्यनिषधस्योत्तरेणतु ८ प्रागायतोमहाभागमाल्यवान्नामपर्वतः ॥ ततःपरंमाल्यवतःपर्वतोगंधमादनः ९ प
रिमंडलस्तयोर्मध्येमेरुःकनकपर्वतः ॥ आदित्यतरुणाभासोविधूमइवपावकः १० योजनानांसहस्राणिचतुरशीतिरुच्छ्रितः ॥ अधस्ताच्चतुरशीतिर्योजनानांमही
पते ११ ऊर्ध्वमधश्चतिर्यक्चलोकानावृत्यतिष्ठति ॥ तस्यपार्श्वेष्वमीद्वीपाश्चत्वारःसंस्थिताविभो १२ भद्राश्वःकेतुमालश्चजंबूद्वीपश्चभारत ॥ उत्तराश्चैवकुरवःकृत
पुण्यप्रतिश्रयाः १३ विहगःसुमुखोयस्तुसुपर्णस्यात्मजःकिल ॥ सवैविचिंतयामाससौवर्णान्वीक्ष्यवायसान् १४

षट्प्राक्पश्चिमायताःपर्वतास्तैश्चसप्तवर्षाणिभवंति मध्येमध्येवासयोग्यानिस्थानानिभवंति तेषांस्थानानांवर्षाख्यानामंतरमाह एषामिति । विष्कंभोविस्तारः सहस्रशःशब्दएषशतशःशब्दपरःकर्त्तव्यः लंकाहिमाचल
योरनेकसहस्रयोजनांतराभावात षष्ट्यधिकशतचतुष्कयोजनसंमितस्यैवांतरस्यप्रसिद्धेः । तत्रापित्रिशतंसेतोःपरतःषष्ट्यधिकत्रिशतंयोजनानिसेतुतोहिमालयइतिप्रत्यक्षसिद्धं । वर्षाणिवर्षंतिकामैःसिंचंतिपूरयं
तीतिवर्षाणिरम्यस्थानानि ६ वसंत्येषुतानिवर्षाणीतियोगांतरमाह वसंतीति । हिमावतोदक्षिणेभारतंवर्षं उत्तरतोहैमवतंवर्षंद्वितीयम् ७ हेमकूटनिषधयोर्मध्येहरिवर्षं । निषधनीलयोर्मध्येवर्षविभागमाह
दक्षिणेनेति । दक्षिणेनदक्षिणतःसमीपइत्यर्थः एवमुत्तरेणेत्यादौज्ञेयम् ८ नीलनिषधयोर्मध्येमेरुस्तस्यप्राक्माल्यवान्पूर्वसमुद्रावधिः पश्चिमसमुद्रावधिर्गंधमादनइत्यर्थः ९ परिमंडलशब्दस्यपूर्वोक्तएवार्थः
अत्याश्चर्यमयोमेरुःप्रतिक्षणंनवोनवइत्यर्थः आदित्यतरुणोबालादित्यः १० चतुरशीतिसहस्रस्थानेद्विचत्वारिंशच्छतीउच्छ्रायोबोध्यः अधस्तात्भूमेर्गर्भे ११ तस्यपार्श्वेष्विति । पार्श्वेषुचतुर्दिक्षु द्वीपाइवद्वीपाः
नद्यंतरत्वाद्वर्षाणि १२ भद्राश्वादिसाहचर्याज्जंबूद्वीपशब्दोऽत्रभरतवर्षपरस्तस्यतत्सारत्वज्ञापनार्थः तानेवस्तौति कृतपुण्यप्रतिश्रयाइत्यादिना । कृताविहिताः । पुण्यैःपुण्यवद्भिः प्रतिश्रयाआश्रमायेषुते १३
तत्रसुमुखाख्येनपक्षिणाभेरुंत्यक्त्वाप्रश्रयःकृतइत्याह विहगइतिद्वाभ्याम् १४

एनंत्यजामित्युक्त्वा उत्तरान्कुरूनेवगच्छामीतिशेषः १५ तंमेरुमादित्योऽनुपर्येतिप्रदक्षिणीकरोति १६ । १७ । १८ । १९ । २० । २१ काव्यःकविश्रेष्ठःशुक्रोरमतइतिशेषः तस्यकाव्यस्य २२ तस्मात्काव्यात् ततःकुबेरात् कलांशंषोडशभागस्यापिलेशं २३ कर्णिकाराराजवृक्षास्तेषांवनं २४ । २५ । २६ । २७ क्षीरवत्श्वेताधारायस्याःसागंगा विश्वरूपात्रिश्रोतोविष्णुस्तद्रूपा तथाचस्य रंति । ' योऽसौसर्वगतोविष्णुश्चित्स्वरूपीनिरंजनः । सएवद्रवरूपेणगंगांभोनात्रसंशयः ' इति २८ । २९ तयैवप्रवेगेनमेरुप्राकारात्पतनजनितबलेनखनन्त्यासहृदउत्पादितइतिसंबंधः ३० । ३१

मेरुरुत्तममध्यानामधमानांचपक्षिणाम् ॥ अविशेषकरोयस्मात्तस्मादेनंत्यजाम्यहम् १५ तमादित्योऽनुपर्येतिसततंज्योतिषांवरः ॥ चंद्रमाश्चसनक्षत्रोवायुश्चैवप्रदक्षिणः १६ सपर्वतोमहाराजदिव्यपुष्पफलान्वितः ॥ भवनैरावृतःसर्वैर्जांबूनदपरिष्कृतैः १७ तत्रदेवगणाराजन्गंधर्वासुरराक्षसाः ॥ अप्सरोगणसंयुक्ताःशैलेक्रीडंतिसर्वदा ॥ १८ तत्रब्रह्माचरुद्रश्चशक्रश्चापिसुरेश्वरः ॥ समेत्यविविधैर्यज्ञैर्यजंतेऽनेकदक्षिणैः १९ तुंबुरुर्नारदश्चैवविश्वावसुर्हहाहुहूः ॥ अभिगम्यामरश्रेष्ठांस्तुष्टुवुर्विविधैःस्तवैः २० सप्तर्षयोमहात्मानःकश्यपश्चप्रजापतिः ॥ तत्रगच्छंतिभद्रंतेसदापर्वणिपर्वणि २१ तस्यैवमूर्धन्युशनाःकाव्योदैत्यैर्महीपते ॥ इमानितस्यरत्नानितस्येमेरत्नपर्वताः २२ तस्मात्कुबेरोभगवांश्चतुर्थंभागमश्नुते ॥ ततःकलांशंवित्तस्यमनुष्येभ्यःप्रयच्छति २३ पार्श्वेतस्योत्तरेदिव्यंसर्वर्तुकुसुमैश्चितम् ॥ कर्णिकारवनंरम्यंशिलाजालसमुद्गतम् २४ तत्रसाक्षात्पशुपतिर्दिव्यैर्भूतैःसमावृतः ॥ उमासहायोभगवान्रमतेभूतभावनः २५ कर्णिकारमयींमालांबिभ्रत्पादावलंबिनीम् ॥ त्रिभिर्नेत्रैःकृतोद्योतस्त्रिभिःसूर्यैरिवोदितैः २६ तमुग्रतपसःसिद्धाःसुव्रताःसत्यवादिनः ॥ पश्यंतिनहिदुर्वृत्तैःशक्योद्रष्टुंमहेश्वरः २७ तस्यशैलस्यशिखरात्क्षीरधारानरेश्वर ॥ विश्वरूपापरिमिताभीमनिर्घातनिःस्वना २८ पुण्यापुण्यतमैर्जुष्टागंगाभागीरथीशुभा ॥ प्लवंतीवप्रवेगेनह्रदेचंद्रमसःशुभे २९ तयाह्युत्पादितःपुण्यःसह्रदःसागरोपमः ॥ तांधारयामासतदादुर्धरांपर्वतैरपि ३० शतंवर्षसहस्राणांशिरसैवपिनाकधृक् ॥ मेरोस्तुपश्चिमेपार्श्वेकेतुमालोमहीपते ३१ जंबूखंडेतुतत्रैवमहाजनपदोनृप ॥ आयुर्दशसहस्राणिवर्षाणांतत्रभारत ३२ सुवर्णवर्णाश्चनराःस्त्रियश्चाप्सरसोपमाः ॥ अनामयावीतशोकानित्यंमुदितमानसाः ३३ जायंतेमानवास्तत्रनिष्टप्तकनकप्रभाः ॥ गंधमादनशृंगेषुकुबेरःसहराक्षसैः ३४ संवृतोऽप्सरसांसंघैर्मोदतेगुह्यकाधिपः ॥ गंधमादनपार्श्वेतुपरेत्वपरगंडिकाः ३५ एकादशसहस्राणिवर्षाणांपरमायुषः ॥ तत्रहृष्टानराराजंस्तेजोयुक्तामहाबलाः ॥ स्त्रियश्चोत्पलवर्णाभाःसर्वाःसुप्रियदर्शनाः ३६ नीलात्परतरंश्वेतंश्वेताद्धैरण्यकंपरम् ॥ वर्षमैरावतंराजन्नानाजनपदावृतम् ३७

३२ सुवर्णवर्णाःगौराः ३३ निष्टप्तेति । पीतभास्वराइत्यर्थः ३४ अपरगंडिकाः अन्येगंधमादनस्यैवावयवभूताबुद्बुदोपमाःक्षुद्रशैलाः । 'गंडोभूषणबुद्बुदे' इतिमेदिनी स्वार्थिकःकः ३५ उत्पलवर्णैनआभांतिताः उत्पलवर्णाभाः ३६ नीलात्परतरमिति । नीलोत्पलधरमित्यपपाठः । एवंहिमवतोदक्षिणेभरतवर्षं तदुत्तरेहैमवतंवर्षं हेमकूटादुत्तरेहरिवर्षं । निषधादुत्तरेनीलाच्चदक्षिणेमेरोःपरितइलावृतमेकमेवचतुर्थंवर्षं । अत्रैवकेचिद्भद्राश्वकेतुमालयोर्वर्षांतरत्वंप्रकल्प्यनववर्षाणीत्याचक्षते । ततोनीलात्पर्वतादुत्तरतःश्वेतंपंचमंवर्षं श्वेतात्पर्वतादुत्तरतोहैरण्यकंवर्षंषष्ठं । ततः शृंगवत्पर्वतादैरावतंसप्तमंवर्षम् ३७

धनुःसंस्थेधनुष्कोटी संस्थाशब्दःसमाप्तिवचनः । संतिष्ठतेऽग्निहोत्रमित्यादिप्रयोगदर्शनात् । तेनमिश्रिनधनुष्कोटिद्वयाकारेइत्यर्थः । शार्ङ्गस्यहिधनुषोद्वेकोटीएकीकृतेभवतस्तदामध्येकिंचिन्नतंत्रिकोणंभव
तिअतएवरामसेतौधनुष्कोटिशब्देनैवरत्नाकरमहोदध्याख्यसमुद्रद्वयसंगमप्रदेशोव्यवह्रियते एवमाकारंदक्षिणेभरतवर्षमुत्तरेऐरावतंचमध्येपंचेतिसप्तवर्षाणि ३८ । ३९ समन्वितानिभिन्नभावेनसंगतानि
४० हेमेति । हेमकूटएवकैलासस्तस्योत्तरेमैनाकस्तस्योत्तरतोहिरण्यशृंगः एतयोरंतरालेबिंदुसरोस्तीतिश्लोकत्रयार्थः ४१ । ४२ । ४३ । ४४ । ४५ भूतपतीरुद्रः ४६ । ४७ पावनीसरस्वती
त्येका ४८ प्रभोरीश्वरस्यैषसप्तनद्यात्मकःसंविधिःसमीचीनंलोकोपकारार्थविधानं एषैवेतिसंधिरार्षः कारुण्यात्परमेश्वरेणपावनाःपदार्थानिर्मिताइत्यर्थः ४९ । ५० । ५१ श्वेतपर्वतःस्थानमितिशेषः
गंधर्वावसंतीतिशेषः प्रतिसंचरःव्यवहारस्थानं ५२ इतीति । वर्षाणितत्रउपनिविष्टानि गतिमंतिजंगमानि ध्रुवाणिस्थावराणिचसर्वाणिभूतान्येवसर्वदृश्यमाश्रयाश्रितरूपंपांचभौतिकमेवेत्यर्थः ५३ बुभू

धनुःसंस्थेमहाराजद्वेवर्षेदक्षिणोत्तरे ॥ इलावृत्तंमध्यमंतुपंचवर्षाणिचैवहि ३८ उत्तरोत्तरमेतेभ्योवर्षमुद्रिच्यतेगुणैः ॥ आयुःप्रमाणमारोग्यंधर्मतःकामतोऽर्थतः
३९ समन्वितानिभूतानितेषुवर्षेषुभारत ॥ एवमेषामहाराजपर्वतैःपृथिवीचिता ४० हेमकूटस्तुसुमहान्कैलासोनामपर्वतः ॥ यत्रवैश्रवणोराजन्गुह्यकैःसहमोदते
४१ अस्त्युत्तरेणकैलासंमैनाकंपर्वतंप्रति ॥ हिरण्यशृंगःसुमहान्दिव्योमणिमयोगिरिः ४२ तस्यपार्श्वेमहद्दिव्यंशुभ्रंकांचनवालुकम् ॥ रम्यंबिंदुसरोनामयत्र
राजाभगीरथः ४३ दृष्ट्वाभागीरथींगंगामुवासबहुलाःसमाः ॥ यूपामणिमयास्तत्रचैत्याश्चापिहिरण्मयाः ४४ तत्रेष्ट्वातुगतःसिद्धिंसहस्राक्षोमहायशाः ॥ स्रष्टा
भूतपतिर्यत्रसर्वलोकैःसनातनः ४५ उपास्यतेतिग्मतेजायत्रभूतैःसमंततः ॥ नरनारायणौब्रह्मामनुःस्थाणुश्चपंचमः ४६ तत्रदिव्यात्रिपथगाप्रथमंतुप्रतिष्ठिता
॥ ब्रह्मलोकादपक्रांतासप्तधाप्रतिपद्यते ४७ वस्वौकसारानलिनीपावनीचसरस्वती ॥ जंबूनदीचसीताचगंगासिंधुश्चसप्तमी ४८ अचिंत्यादिव्यसंकाशाप्रभो
रेषैवसंविधिः ॥ उपासतेयत्रसत्रंसहस्रयुगपर्यये ४९ दृश्याऽदृश्याचभवतितत्रतत्रसरस्वती ॥ एतादिव्याःसप्तगंगास्त्रिषुलोकेषुविश्रुताः ५० रक्षांसिवैहिमव
तिहेमकूटेतुगुह्यकाः ॥ सर्पानागाश्चनिषधेगोकर्णेचतपोवनम् ५१ देवासुराणांसर्वेषांश्वेतपर्वतउच्यते ॥ गंधर्वानिषधेनित्यंनीलेब्रह्मर्षयस्तथा ॥ शृंगवांस्तुमहा
राजदेवानांप्रतिसंचरः ५२ इत्येतानिमहाराजसप्तवर्षाणिभागशः ॥ भूतान्युपनिविष्टानिगतिमंतिध्रुवाणिच ५३ तेषामृद्धिर्बहुविधादृश्यतेदैवमानुषी ॥ अशक्या
परिसंख्यातुंश्रद्धेयातुबुभूषता ५४ यांतुपृच्छसिमांराजन्दिव्यामेतांशशाकृतिम् ॥ पार्श्वेशशस्यद्वेवर्षेउक्तेयेदक्षिणोत्तरे ॥ कर्णौतुनागद्वीपश्चकाश्यपद्वीपएवच ५५

षताश्रेयःप्राप्तुमिच्छताश्रद्धेया अदृष्टेष्वर्थेषुश्रद्धावान्हितत्प्राप्त्यर्थंचोदितानिकर्माणिकरोतिनत्वश्रद्दधानइत्यर्थः ५४ एवंभूसंस्थानमुक्त्वाएतदेवपरमात्मनःशरीरमितिचिंतनीयमित्याशयेनाह यांत्विति
दिविमायाशबलेभवांदिव्यांमायिकींशशस्यचिदात्मनःआकृतिंपिप्पलाख्यां । ततोवक्ष्यसिपिप्पलमितिपूर्वंत्वयैवोक्तत्वात्इदानींपृच्छसिअवसरंप्राप्यवक्ष्यसिवर्तमानसामीप्येवर्त्तमानवन्निर्देशः तामहंत्वयाऽपृ
ष्टामपिवक्ष्यामीतिशेषः । तामेवाह पार्श्वेइति । भुक्तस्यान्नादेःसंग्रहस्थानंपार्श्वद्वयंयथाएवंकर्मसंचयस्थानंभरतवर्षमेकंपरमेश्वरस्यदक्षिणपार्श्वत्वेनज्ञेयं । तथाऐरावतवर्षमपियोगसंचयस्थानमुत्तरपार्श्वत्वेनज्ञेयं
तत्रहिब्रह्मलोकच्युतायोगभ्रष्टाविदेहप्रकृतिलयाख्याएवजायंते तेचपूर्वसंस्कारात्पुनर्योगमभ्यस्यंति । भरतवर्षंतुकर्मयोगयोर्द्वयोरप्यनुष्ठानाययोग्यमितिदक्षिणकुक्षित्वेनाभ्यर्हितत्वमस्यसूचितं । यथालौ
किकेशशशरीरेकर्णावत्युच्छ्रितंस्थानंतत्तुल्यौपरमेश्वरशरीरेनागद्वीपकाश्यपद्वीपौ क्रमेणदक्षिणोत्तरौ । अर्चिरादिमार्गप्राप्यःसत्यलोकोयोगिप्राप्यः । धूमादिमार्गप्राप्योदेवलोकःकर्मप्राप्यश्च विश्वकोशे ।—

'नागंतुसीसकेरंगेइत्युपक्रम्य श्रेष्ठेस्थादुत्तरस्थिते'इति सर्वोपरिस्थेश्रेष्ठेहिरण्यगर्भेनागशब्दप्रयोगदर्शनात्तस्यद्वीपइवद्वीपोलोकइतरैरगम्यइतिनागद्वीपःसत्यलोकः । तथाकश्यंमद्यंसुरासोमादिरूपंमादकंकतौयेपि वंतितेकश्यपाःकर्मिणस्तेषामयंकाश्यपद्वीपःस्वर्गः । एवंशशस्यकुक्षिकर्णानुसारेणयेब्रह्मांडेउच्चप्रदेशास्तेकुक्ष्युपरिभागत्वेन । येवाधःप्रदेशास्तेकुक्षेरधोभागत्वेनचकल्पनीयाः तथाचश्रुतिः । 'अग्निर्मूर्द्धाच क्षुषीचंद्रसूर्यौदिशःश्रोत्रेवाग्विवृताश्चवेदाः ॥ वायुःप्राणोहृदयंविश्वमस्यपद्भ्यांपृथिवीह्येषसर्वभूतांतरात्मा'इति । अत्रापिचंद्रसूर्यपदेनकृष्णशुक्लमार्गाविवगृह्येते । दिक्शब्देनचतत्प्राप्यौशशकर्णस्थानीयौदे शभेदावितिज्ञेयं ५५ एवंशशस्यमायिकंबाह्यंप्रथमंरूपमुक्तं तद्वासनोत्थंद्वितीयमांतरंरूपमाह ताम्रेति' रंजनात्मकत्वाद्रक्तंरजस्ताम्रशब्दितंतत्प्रधानंमनोऽपिताम्रमेव तन्मयानिपर्णोपलक्षितानिवस्त्रान्नपान

ताम्रपर्णीशिलोराजञ्छ्रीमान्मलयपर्वतः ॥ एतद्द्वितीयंद्वीपस्यदृश्यतेशशसंस्थितम् ५६ ॥ इतिश्रीमहाभारतेभीष्मपर्वणिजंबूखंडविनिर्माणपर्वणिभूम्यादिपरि माणविवरणेषष्ठोऽध्यायः ॥ ६ ॥ ॥ ॥ ॥ धृतराष्ट्रउवाच ॥ मेरोरथोत्तरंपार्श्वंपूर्वंचाचक्ष्वसंजय ॥ निखिलेनमहाबुद्धेमाल्यवंतंचपर्वतम् १ ॥ संजयउवाच ॥ दक्षिणेनतुनीलस्यमेरोःपार्श्वेतथोत्तरे ॥ उत्तराःकुरवोराजन्पुण्याःसिद्धनिषेविताः २ तत्रवृक्षामधुफलानित्यपुष्पफलोपगाः ॥ पुष्पाणिच सुगंधीनिरसवंतिफलानिच ३ सर्वकामफलास्तत्रकेचिद्वृक्षाजनाधिप ॥ अपरेक्षीरिणोनामवृक्षास्तत्रनराधिप ४ येक्षरंतिसदाक्षीरंषड्रसंचामृतोपमम् ॥ वस्त्रा णिचप्रसूयंतेफलेष्वाभरणानिच ५ सर्वामणिमयीभूमिःसूक्ष्मकांचनवालुका ॥ सर्वर्तुसुखसंस्पर्शानिष्पंकाचजनाधिप ॥ पुष्करिण्यःशुभास्तत्रसुखस्पर्शामनो रमाः ६ देवलोकच्युताःसर्वेजायंतेतत्रमानवाः ॥ शुक्लाभिजनसंपन्नाःसर्वेसुप्रियदर्शनाः ७ मिथुनानिचजायंतेस्त्रियश्चाप्सरसोपमाः ॥ तेषांतेक्षीरिणांक्षीरंपि बंत्यमृतसन्निभम् ८ मिथुनंजायतेकालेसमंतच्चप्रवर्धते ॥ तुल्यरूपगुणोपेतंसमवेषंतथैवच ९ एवमेवानुरूपंचचक्रवाकसमंविभो ॥ निरामयाश्चतेलोका नित्यंमुदितमानसाः १० दशवर्षसहस्राणिदशवर्षशतानिच ॥ जीवंतितेमहाराजनचान्योऽन्यंजहत्युत ११ भारुंडानामशकुनास्तीक्ष्णतुंडामहाबलाः ॥ तान्निर्हरंतीहमृतान्दरीषुप्रक्षिपंतिच १२ उत्तराःकुरवोराजन्व्याख्यातास्तेसमासतः ॥ मेरोःपार्श्वमहंपूर्वंवक्ष्याम्यथयथातथम् १३ तस्यमूर्धाभिषेकस्तुभद्रा श्वस्यविशांपते ॥ भद्रसालवनंयत्रकालाम्रश्चमहाद्रुमः १४

फलपुष्पादीनि श्लिलोपलक्षितानिहर्म्यादीनिचयत्रासौताम्रपर्णशिलः अतएवश्रीमान्मलयपर्वतः मलयेषुआरामेषुपर्वतइवउच्छ्रितःश्रेष्ठतमआरामइत्यर्थः 'मलयोदेशआरामः'इतिविश्वः । आराममस्यपश्यं तिनतंपश्यतिकश्चन' इतिबृहदारण्यकषष्ठेस्वाप्नप्रपंचेआरामपदप्रयोगदर्शनात् । एवतमलयरूपंद्वीपस्यजंबूखंडस्यद्वितीयंवासनामयंशशसंस्थितंशशस्वरूपं । एतेन 'द्वेवावब्रह्मणोरूपेमूर्त्तंचैवामूर्त्तंच' इतिश्रु तिप्रसिद्धेस्थूलसूक्ष्मेपरमेश्वरस्यद्वेरूपेचिंत्यत्वेनदर्शिते । तेउभेधृतराष्ट्रेणापिचिंतनीयेइतिवक्तुराशयः ५६ ॥ इतिभीष्मपर्वणिनीलकंठीयेभारतभावदीपेषष्ठोऽध्यायः ॥ ६ ॥ ॥ ॥ एवमुक्तेऽपि ध्यानमार्गेचित्तदोषेणानधिकारात्कर्मप्राप्याण्येवस्वर्गच्युतानांस्थानानिपृच्छति मेरोरिति १ । २ मधुफलाःस्वादुफलाः ३ । ४ । ५ । ६ शुक्लाभिजनोविष्णुभक्तजनस्तेनसंपन्नास्तत्संगिनः ७ ८ । ९ चक्रवाकौसहचरौपक्षिदंपती १० नजहतिसममेवद्वावपिशरीरंत्यजतइत्यर्थः ११ । १२ । १३ मूर्धाभिषेकोमूर्धाभिषिक्तंमुख्यमितियावत् १४

१५ । १६ । । १७ । १८ । १९ । २० योजनानामिति । अत्राप्येकादशशत्यांविंशोंऽशःपंचपंचाशत २१ एवंसतिसार्धसहस्रद्वयमरत्नीनांतस्यपरिणाहोयत्रतत्रसपादशतंअरत्नयःफलपरिणा
होयुज्यते रसभेदिनांकर्कटीफलवत्पक्वतादशायांभेदशीलानां २२ । २३ । २४ । २५ । २६ । २७ गंडिकाक्षुद्रपर्वतः २८ पंचषट्पंचाशिकाःषट्एकादशेत्यर्थः महारजतंकां चनंतत्संकाशाः २९
ब्रह्मलोकेति । येइतःकर्मणाब्रह्मलोकंगतास्तेततश्च्युताःसंतोमाल्यवतिपर्वतेजन्मलब्ध्वाभूतानांरक्षणार्थंतपस्तप्त्वा दिवाकरंप्रविशंतितेतत्समीपंप्राप्नुवंति ३० । ३१ तत्रापिआदित्यालोकेनक्रुतस्नंविराट्पुरुषंत्र

कालाम्रस्तुमहाराजनित्यपुष्पफलःशुभः ॥ द्रुमश्चयोजनोत्सेधःसिद्धचारणसेवितः १५ तत्रतेपुरुषाःश्वेतास्तेजोयुक्तामहाबलाः ॥ स्त्रियःकुमुदवर्णाश्चसुंदर्यः
प्रियदर्शनाः १६ चंद्रप्रभाश्चंद्रवर्णाःपूर्णचंद्रनिभाननाः ॥ चंद्रशीतलगात्र्यश्चनृत्यगीतविशारदाः १७ दशवर्षसहस्राणितत्रायुर्भरतर्षभ ॥ कालाम्ररसपीता
स्तेनित्यंसंस्थितयौवनाः १८ दक्षिणेनतुनीलस्यनिषधस्योत्तरेणतु ॥ सुदर्शनोनाममहान्जंबूवृक्षःसनातनः १९ सर्वकामफलःपुण्यःसिद्धचारणसेवितः ॥ तस्य
नाम्नासमाख्यातोजंबूद्वीपःसनातनः २० योजनानांसहस्रंचशतंचभरतर्षभ ॥ उत्सेधोवृक्षराजस्यदिवस्पृङ्मनुजेश्वर २१ अरत्नीनांसहस्रंचशतानिदशपंचच ॥ परिणा
हस्तुवृक्षस्यफलानांरसभेदिनाम् २२ पतमानानितान्युर्वीकुर्वन्तिविपुलंस्वनम् ॥ मुंचंतिचरसंराजंस्तस्मिन्रजतसन्निभम् २३ तस्याजंब्वाःफलरसोनदीभूत्वाज
नाधिप ॥ मेरुंप्रदक्षिणंकृत्वासंप्रयात्युत्तरान्कुरून् २४ तत्रतेषांमनःशांतिर्नपिपासाजनाधिप ॥ तस्मिन्फलरसेपीतेनजराबाधतेचतान् २५ तत्रजांबूनदंनाम
कनकंदेवभूषणम् ॥ इंद्रगोपकसंकाशंजायतेभास्वरंतुतत् २६ तरुणादित्यवर्णाश्चजायंतेतत्रमानवाः ॥ तथामाल्यवतःशृंगेदृश्यतेहव्यवाट्सदा २७ नाम्ना
संवर्तकोनामकालाग्निर्भरतर्षभ ॥ तथामाल्यवतःशृंगेपूर्वपूर्वानुगंडिका २८ योजनानांसहस्राणिपंचषण्माल्यवानथ ॥ महारजतसंकाशाजायंतेतत्रमानवाः २९
ब्रह्मलोकच्युताःसर्वेसर्वेसर्वेषुसाधवः ॥ तपस्तप्यंतितेतीव्रंभवंतिह्यूर्ध्वरेतसः ॥ रक्षणार्थंतुभूतानांप्रविशंतेदिवाकरम् ३० षष्टिस्तानिसहस्राणिषष्टिरेवशतानि
च ॥ अरुणस्याग्रतोयांतिपरिवार्यदिवाकरम् ३१ षष्टिंवर्षसहस्राणिषष्टिमेवशतानिच ॥ आदित्यतापतप्तास्तेविशंतिशशिमंडलम् ॥ ३२ ॥ इतिश्रीमहा
भारतेभीष्मपर्वणिजंबूखंडविनिर्माणपर्वणिमाल्यवद्वर्णनेसप्तमोऽध्यायः ॥ ७ ॥ ॥ धृतराष्ट्रउवाच ॥ वर्षाणांचैवनामानिपर्वतानांचसंजय ॥ आचक्ष्वमे
यथातत्त्वंयेचपर्वतवासिनः १ ॥ संजयउवाच ॥ दक्षिणेनतुश्वेतस्यनिषधस्योत्तरेणतु ॥ वर्षंरमणकंनामजायंतेतत्रमानवाः २ शुक्लाभिजनसंपन्नाःसर्वेसुप्रिय
दर्शनाः ॥ निःसपत्नाश्चतेसर्वेजायंतेतत्रमानवाः ३ दशवर्षसहस्राणिशतानिदशपंचच ॥ जीवंतितेमहाराजनित्यंमुदितमानसाः ४

ह्मकालमुपास्य चंद्रंमनसोधिष्ठातारंप्रविशंति सूत्रात्मभावंप्राप्नुवंतीत्यर्थः ३२ ॥ इतिभीष्मपर्वणिनीलकंठीये भारतभावदीपे सप्तमोऽध्यायः ॥ ७ ॥ ॥ ॥ ॥ वर्षाणामिति १ द
क्षिणेनत्विति । यद्यपिश्वेतस्यदक्षिणेनीलस्तस्यदक्षिणेनिषधस्तथाऽपिनिषधो त्तरत्वमस्त्येवेत्यविरोधः । रमणकंयत्पूर्वंनीलादुत्तरतःश्वेताद्दक्षिणतश्चश्वेतवर्षमित्युक्तंतस्यैवरमणकमितिसंज्ञांतरं । दक्षिणेनतुनील
स्यनीलमाल्यवतोर्नीलगंधमादनयोश्चसंधावित्यर्थः निषधस्योत्तरेणतथैवतयोरेवसंधिद्वयेइत्यर्थः २ । ३ । ४

म.भा.टी. ॥ ९ ॥

५ । ६ । ७ शृंगाणि शृंगवतःषष्ठस्यवर्षपर्वतस्यसानूनि ८ । ९ शृंगस्यशृंगवतः १० शृंगंशृंगवत् यस्मात्सर्वधातुविचित्रश्चशृंगवान्नामपर्वतइत्युक्तमहिम्नापर्वतेनपरिच्छिन्नंइदंपैरावताख्यंवर्षं तस्मात् अतःपूर्वोक्ताद्वर्षगणात्परंश्रेष्ठमिदंवर्षमित्यर्थः एतदेवाह नतत्रेत्यादिना ११ । १२ अनिष्यंदाअस्वेदाः देवतुल्याइत्यर्थः १३ । १४ आदित्यतापत्रासास्तेविशंतिशशिमंडलमितितिविराङ्भावं त्यक्त्वासूत्रात्मभावंगच्छंतीत्युक्तं स्थूलसूक्ष्मरूपंकार्यद्वयं । इदानींपिप्पलंतुवदिष्यसीत्युक्तःसंजयोऽवसरंप्राप्यपिप्पलाख्यंकारणमप्याह क्षीरोदस्येति । तत्राधिदैवंलवणेक्षुसुरासर्पिर्दधिक्षीरशुद्धोदकानां सप्तसमुद्राणामुपांत्यःक्षीरोदःअध्यात्मं । अन्नमयःकोशआत्मा प्राणमयस्तुइंद्रियमयप्राणमयभेदेनद्विविधइतिद्वौ चतुर्थोमनोमयः । पंचमोविज्ञानमयः । षष्ठआनंदमयः । सर्वकारणभूतःसप्तमः शुद्धंब्रह्मेति । तत्रक्षीरोदात्परतोमहाविष्णोर्जगज्जन्मादिहेतोःस्थानमस्ति यदिदंदहराद्युपासकैःप्राप्यते । यत्रारण्यश्चार्णवौयत्रप्रभुविमितंहिरण्मयंवेश्मयत्राश्वत्थःसोमसवनइत्यादिचिन्हमुक्तंश्रुतिप्रसिद्धं सप्रभुरंतर्यामी हरिःसर्वसंहर्त्ता वैकुंठोऽकुंठितसामर्थ्यः शकटेशकटवद्चेतनेकनकामयेकनकवद्भास्वरज्योतिर्मये अन्येभ्योऽपिदृश्यतेइतिदीर्घः चिन्मयेशरीरेवसति १५ अस्यवस्तुतृत्त्वायद्य

दक्षिणेनतुनीलस्यनिषधस्योत्तरेणतु ॥ वर्षंहिरण्मयंनामयत्रहैरण्वतीनदी ५ यत्रचायंमहाराजपक्षिराट्पतगोत्तमः ॥ यक्षानुगामहाराजधनिनःप्रियदर्शनाः ६ महाबलास्तत्रजनाराजन्मुदितमानसाः ॥ एकादशसहस्राणिवर्षाणांतेजनाधिप ७ आयुःप्रमाणंजीवंतिशतानिदशपंचच ॥ शृंगाणिचविचित्राणित्रीण्येवमनुजाधिप ८ एकंमणिमयंतत्रतथैकंरौक्ममद्भुतम् ॥ सर्वरत्नमयंचैकंभवनैरुपशोभितम् ९ तत्रस्वयंप्रभादेवीनित्यंवसतिशांडिली ॥ उत्तरेणतुशृंगस्यसमुद्रांतेजनाधिप १० वर्षमैरावतंनामतस्माच्छृंगमतःपरम् ॥ नतत्रसूर्यस्तपतिनजीर्यंतेचमानवाः ११ चंद्रमाश्चसनक्षत्रोज्योतिर्भूतइवावृतः ॥ पद्मप्रभाःपद्मवर्णाःपद्मपत्रनिभेक्षणाः १२ पद्मपत्रसुगंधाश्चजायंतेतत्रमानवाः ॥ अनिष्यंदाइष्टगंधानिराहाराजितेन्द्रियाः १३ देवलोकच्युताःसर्वेतथाविरजसोनृप ॥ त्रयोदशसहस्राणिवर्षाणांतेजनाधिप १४ आयुःप्रमाणंजीवंतिनराभरतसत्तम ॥ क्षीरोदस्यसमुद्रस्यतथैवोत्तरतःप्रभुः ॥ हरिर्वसतिवैकुंठःशकटेकनकामये १५ अष्टचक्रंहितद्यानंभूतयुक्तंमनोजवम् ॥ अग्निवर्णंमहातेजोजांबूनदविभूषितम् १६ सप्रभुःसर्वभूतानांविभुश्चभरतर्षभ ॥ संक्षेपोविस्तरश्चैवकर्त्ताकारयितातथा १७ पृथिव्यापस्तथाकाशंवायुस्तेजश्चपार्थिव ॥ सयज्ञःसर्वभूतानामास्यंतस्यहुताशनः १८

पिचिन्मयत्वं तथापिहिलोकप्रसिद्धं अष्टचक्रंअष्टाभिर्भगवत्तनुभिरुह्यतइतिअष्टचक्रं यानंइहलोकपरलोकगतिसाधनं अष्टौचक्राणितु कर्मेन्द्रियपंचकं ज्ञानेन्द्रियपंचकं मनआदिचतुष्कं प्राणपञ्चकं सूक्ष्मभूतपंचकं अविद्या कामःकर्मचेति पुर्यष्टकात्मकं लिंगंशकटवदचेतनमचलमपि भूतयुक्तंभूतेननित्यसिद्धेनब्रह्मणाअनुप्रविष्टंसत् मनोजवंशीघ्रगंभवति प्राणनादिक्रियाःकरोतीत्यर्थः अतएवश्रूयते ‘ कोह्येवान्यात्कःप्राण्यात्यदेषआकाशआनंदोनस्यात् ’ इति । अग्निवर्णं अग्निवत्वर्णोवर्णनायस्यअत्यंतंसंसारदुःखप्रदमित्यर्थः । महातेजःअनेकविधज्ञानेंद्रियप्रधानं जांबूनदंदिव्यसुवर्णंचेतोहरणं वासनाजालं तेनविभूषितंतन्मयमित्यर्थः अधिदैवंतुस्पष्टएवार्थः १६ सप्रभुरिति । योऽस्मिन्शकटेवसति सएवसर्वेषांजीवानांप्रभुर्नियंता विभुर्व्यापकः संक्षेपःसंहर्त्ता विस्तरःसम्यक्विरचयिता । कर्त्ताजीवरूपेण कारयिताईश्वररूपेण १७ एवमध्यात्मादिदैवरूपत्वमुक्त्वा अधिभूताधियज्ञरूपत्वमपितस्यैवाह पृथिवीति । सर्वेषांभूतानांसंबंधीयथाधिकारंनिर्वर्त्योयज्ञःसएव आस्यंतस्यहुताशनः विशेषतस्तुसयज्ञेनैवतृप्यतीतिभावः १८

॥ ९ ॥

एवंसंजयेनउक्तःउपदिष्टोधृतराष्ट्रोमहामनाः महत्वपिप्पलापरंपर्यायविश्वरूपदर्शनयोग्यंमनोयस्यसएवंभूतो ध्यानंसविकल्पसमाधिंअन्वगमत् संजयवाक्यश्रवणमनुप्राप्तवान् १९ तत्रचयथाऽर्जुनेनविश्वरूप
दर्शनकाले भावीक्षत्रक्षयोदृष्टस्तद्वत्सोऽपि नरनारायणाभ्यांक्रियमाणंसर्वक्षत्रक्षयंदृष्ट्वास्वपुत्रान्प्रतिविचिन्त्यपुनरेवाब्रवीत् । तदेववचनमाह असंशयमिति २० इहलोकंत्वदुक्तेजंबूखंडे शाश्वतंशश्वद्भवंमेत्रा
दिकमपिनास्ति किंतुसर्वंदृष्टनष्टस्वभावंसंकल्पमात्रोत्थं । किंतर्हिशाश्वतमस्ति नरोनारायणश्चेतिजीवेश्वरावेवशाश्वतौ नेत्याह उभयंमिलित्वाएकएवसर्वज्ञःसर्वभूतहृच्च तमेवेश्वरंदेवावैकुंठमाहुः अधिदैवंस

वैशंपायनउवाच ॥ एवमुक्तःसंजयेनधृतराष्ट्रोमहामनाः ॥ ध्यानमन्वगमद्राजन्पुत्रान्प्रतिजनाधिप १९ सविचिंत्यमहातेजाःपुनरेवाब्रवीद्वचः ॥ असंशयंसूतपुत्र
कालःसंक्षिपतेजगत् २० सृजतेचपुनःसर्वंनेहविद्यतिशाश्वतम् ॥ नरोनारायणश्चैवसर्वज्ञःसर्वभूतहृत् २१ देवावैकुंठमित्याहुर्नराविष्णुमितिप्रभुम् २२ ॥ इतिश्री
महाभारतेभीष्मपर्वणि जंबूखंडविनिर्माणपर्वणि धृतराष्ट्रवाक्येऽष्टमोऽध्यायः ॥ ८ ॥ ॥ ॥ धृतराष्ट्रउवाच ॥ यदिदंभारतंवर्षंयत्रेदंमूर्च्छितंबलम् ॥
यत्रातिमात्रलुब्धोऽयंपुत्रोदुर्योधनोमम १ यत्रगृद्धाःपांडुपुत्रायत्रमेसज्जतेमनः ॥ एतन्मेतत्त्वमाचक्ष्वत्वंहिमेबुद्धिमान्मतः २ ॥ संजयउवाच ॥ नतत्रपांडवागृद्धाः
शृणुराजन्वचोमम ॥ गृद्धोदुर्योधनस्तत्रशकुनिश्चापिसौबलः ३ अपरेक्षत्रियाश्चैवनानाजनपदेश्वराः ॥ येगृद्धाभारतेवर्षेनमृष्यंतिपरस्परम् ४ अत्रतेकीर्तयिष्यामिवर्षं
भारतभारतम् ॥ प्रियमिंद्रस्यदेवस्यमनोर्वैवस्वतस्यच ५ पृथोस्तुराजन्वैन्यस्यतथेक्ष्वाकोर्महात्मनः ॥ ययातेरंबरीषस्यमांधातुर्नहुषस्यच ६ तथैवमुचुकुंदस्यशिबेरौ
शीनरस्यच ॥ ऋषभस्यतथैलस्यनृगस्यनृपतेस्तथा ७ कुशिकस्यचदुर्द्धर्षगाधेश्चैवमहात्मनः ॥ सोमकस्यचदुर्द्धर्षदिलीपस्यतथैवच ८ अन्येषांचमहाराजक्षत्रियाणां
बलीयसाम् ॥ सर्वेषामेवराजेन्द्रप्रियंभारतभारतम् ९ तत्तेवर्षंप्रवक्ष्यामियथायथमरिन्दम ॥ शृणुमेगदतोराजन्यन्मांत्वंपरिपृच्छसि १० महेन्द्रोमलयःसह्यःशुक्ति
मानृक्षवानपि ॥ विंध्यश्चपारियात्रश्चसप्तैतेकुलपर्वताः ११ तेषांसहस्रशोराजन्पर्वतास्तेसमीपतः ॥ अविज्ञाताःसारवंतोविपुलाश्चित्रसानवः १२ अन्येततोऽपरि
ज्ञाताह्रस्वाह्रस्वोपजीविनः ॥ आर्याम्लेच्छाश्चकौरव्यतैर्मिश्राःपुरुषाविभो १३ नदींपिबंतिविपुलांगंगांसिंधुंसरस्वतीम् ॥ गोदावरींनर्मदांचबाहुदांचमहानदीम्
१४ शतद्रूंचंद्रभागांचयमुनांचमहानदीम् ॥ दृषद्वतींविपाशांचविपापांस्थूलवालुकाम् १५ नदींवेत्रवतींचैवकृष्णवेणांचनिम्नगाम् ॥ इरावतींवितस्तांचपयो
ष्णींदेविकामपि १६ वेदस्मृतांवेदवतींत्रिदिवामिक्षुलांकृमिम् ॥ करीषिणींचित्रवाहांचित्रसेनांचनिम्नगाम् १७ गोमतींधूतपापांचवंदनांचमहानदीम् ॥
कौशिकींत्रिदिवांकृत्यांनिचितांलोहितारणीम् १८

एववैकुंठाधिपतिरित्युच्यतइत्यर्थः नराजीवास्तुतमेवाविष्णुंअध्यात्मंअंतःप्रविष्टं जनानांशास्तारं अष्टचक्रस्यशकटस्यचालकमाहुः तथापिप्रभुंकृत्वाऽपिलेपशून्यं अतईश्वरस्यचिकीर्षितःक्षत्रक्षयोनास्मद्दोष
जइतिभावः २१ । २२ ॥ ॥ इतिभीष्मपर्वणिनीलकंठीये भारतभावदीपेअष्टमोऽध्यायः ॥ ८ ॥ ॥ यदिदमिति १ गृद्धाःलोभयुक्ताः एतत् एतस्य मेमह्यं तत्त्वंयाथार्थ्यम् २ । ३ । ४ प्रियमिति ।
कर्मभूमित्वादिंद्रादीनामिदंप्रियम् ५ अग्रेस्पष्टार्थोग्रंथः ६ । ७ । ८ । ९ । १० । ११ । १२ । १३ । १४ । १५ । १६ । १७ । १८

| १९ | २० | २१ | २२ | २३ | २४ | २५ | २६ | २७ | २८ | २९ | ३० | ३१ | ३२ | ३३ | ३४ | ३५ | ३६ | ३७ | ३८ | ३९ | ४० |

रहस्यांशतकुंभांचसरयूंचतथैवच ॥ चर्मण्वतींवेत्रवतींहस्तिसोमांदिशांतथा १९ शरावतींपयोष्णींचवेणांभीमरथीमपि ॥ कांवेरींचुलुकांचापिवार्णींशतबलामपि २० नीवारामहितांचापिसुप्रयोगांजनाधिप ॥ पवित्रांकुंडलींसिंधुंराजनींपुरमालिनीम् २१ पूर्वाभिरामांवीरांचभीमामोघवर्तींतथा ॥ पाशाशिनींपापहरांमहेन्द्रांपाट लावतीम् २२ करीषिणींमसिर्कीचकुशचीरांमहानदीम् ॥ मकरींप्रवरामेनांहेमांवृतवर्तींतथा २३ पुरावतीमनुष्णांचशैब्यांकार्पींचभारत ॥ सदानीरामधृष्यांचकुशधारां महानदीम् २४ सदाकांतांशिवांचैवतथावीरवतीमपि ॥ वक्षांसुवर्णांगौरींचकंपनांसहिरण्वतीम् २५ वरांवीरकरांचापिपंचमींचमहानदीम् ॥ रथचित्रांज्योतिरथांविश्वा मित्रांकपिंजलाम् २६ उपेंद्रांबहुलांचैवकुचीरामनुवाहिनीम् ॥ विनदींपिंजलांवेणांतुंगवेणांमहानदीम् २७ विदिशांकृष्णवेणांचत्राम्रांचकपिलामपि ॥ खलुंसुवामांवेदां श्वांहरिश्रावांमहापगाम् २८ शीव्रांचपिच्छिलांचैवभारद्वाजींचनिम्नगाम् ॥ कौशिर्कींनिम्नगांशोणांबाहुदामथचंद्रमाम् २९ दुर्गांचित्रशिलांचैवब्रह्मवेध्यांबृहद्वतीम् ॥ यवक्षामथरोहींचतथाजांबूनदीमपि ३० सुनसांतमसांदासींवसामन्यांवरणासीम् ॥ नीलांवृतवतींचैवपर्णाशांचमहानदीम् ३१ मानवींवृष्पभांचैवब्रह्ममध्यांबृहद्धनीम् ॥ एताश्चान्याश्चबहुधामहानद्योजनाधिप ३२ सदानिरामयांकृष्णांमंदगांमंदवाहिनीम् ॥ ब्राह्मणींचमहागौरींदुर्गांमपिचभारत ३३ चित्रोपलांचित्ररथांमंजुलांवाहिनीं तथा ॥ मंदाकिनींवेतरणींकोपांचापिमहानदीम् ३४ शुक्तिमतीमनंगांचतथैवत्रषसाह्वयाम् ॥ लोहित्यांकरतोयांचतथैवत्रषकाह्वयाम् ३५ कुपारींमृषिकुल्यांचमारिषां चसरस्वतीम् ॥ मंदाकिनींसुपुण्यांचसर्वांगांचभारत ३६ विश्वेषमातरःसर्वाःसर्वाश्चैवमहाफलाः ॥ तथानयस्त्वप्रकाशाःशतशोऽथसहस्रशः ३७ इत्येताःसरितो राजन्समाख्यातायथास्मृति ॥ अतऊर्ध्वेजनपदांनिबोधगदतोमम ३८ तत्रमेकुहवांचालाःशाल्वामाद्रेयजांगलाः ॥ शूरसेनाःपुलिंदाश्चबोधामालास्तथैवच ३९ मत्स्याःकुशल्याःसौशल्याःकुंतयःकांतिकोसलाः ॥ चेदिमत्स्यकरूषाश्चभोजाःसिंधुपुलिंदकाः ४० उत्तमाश्चशार्णाश्चमेकलाश्चोत्कलैःसह ॥ पंचालाःकोसलाश्चैव नैकपृष्ठाघुरंधराः ४१ गोधामद्रकलिंगाश्चकाशयोऽपरकाश्यः ॥ जठराःकुकुराश्चैवसदशार्णाश्चभारत ४२ कुंतयोऽवंतयश्चैवतथैवापरकुंतयः ॥ गोमंतामंडकाःसंडा विदर्भारूपवाहिका ४३ अश्मकाःपांडुराष्ट्राश्चगोपराष्ट्राःकरीतयः ॥ अधिराज्यकुशाद्याश्चमल्लराष्ट्रंचकेवलम् ४४ वारवास्यायवाहाश्चचक्राश्चकातयःशकाः ॥ विदेहा मगधाःस्वक्षामलजाविजयास्तथा ४५ अंगावंगाःकलिंगाश्चयकृल्लोमानएवच ॥ मल्लाःसुदेष्णाःप्रल्हादामाहिकाःशशिकास्तथा ४६ बाह्लिकावाटधानाश्चआभीराः कालतोयकाः ॥ अपरांताःपरांताश्चपंचालाश्चर्ममंडलाः ४७ अटवीशिखराश्चैवमेरुभूताश्चमारिष ॥ उपाट्त्रानुपावृताःस्वराष्ट्राःकेकपास्तथा ४८

| ४१ | ४२ | ४३ | ४४ | ४५ | ४६ | ४७ | ४८ |

४९ । ५० । ५१ । ५२ । ५३ । ५४ । ५५ । ५६ । ५७ । ५८ । ५९ । ६० । ६१ । ६२ । ६३ । ६४ । . । ६६ । ६७ । ६८ । ६९ । ७० यथागुणबलमिति । यथागुणंसत्त्वादिगुणान्

कुंदापरांतामाहेयाःकक्षाःसामुद्रनिष्कुटाः ॥ अंध्राश्चबहवोराजन्नंतर्गिर्यास्तथैवच ४९ बहिर्गिर्योंगमलजामगधामानवर्जकाः ॥ समंतराःप्रावृषेयाभार्गवाश्चजनाधिप ५० पुंड्राभर्गाःकिराताश्चसुदृष्टायामुनास्तथा ॥ शकानिषादानिषधास्तथैवानर्त्तनैर्ऋताः ५१ दुर्गालाःप्रतिमत्स्याश्चकुंतलाःकोसलास्तथा ॥ तीरग्रहाःशूरसेनाईजिकाःकन्यकागुणाः ५२ तिलभारामसीराश्चमधुमंतःसुकंदकाः ॥ काश्मीराःसिंधुसौवीरागांधारादर्शकास्तथा ५३ अभीसाराउलूताश्चशैवलाबाह्लिकास्तथा ॥ दार्वीचवानवादर्वावातजामरथोरगाः ५४ बहुवाद्याश्चकौरव्यसुदामानःसुमल्लिकाः ॥ वध्राःकरीषकाश्चापिकुलिंदोपत्यकास्तथा ५५ वनायवोदशापार्श्वरोमाणःकुशबिंदवः ॥ कच्छागोपालकक्षाश्चजांगलाःकुरुवर्णकाः ५६ किराताबर्बराःसिद्धावैदेहास्ताम्रलिप्तकाः ॥ औंड्राम्लेच्छाःसैसिरिध्राःपार्वतीयाश्चमारिष ५७ अथापरेजनपदादक्षिणाभरतर्षभ ॥ द्रविडाःकेरलाःप्राच्याभूषिकावनवासिकाः ५८ कर्णाटकामहिषकाविकल्पाभूषकास्तथा ॥ झिल्लिकाःकुंतलाश्चैवसौहृदानभकाननाः ५९ कौकुट्टकास्तथाचोलाःकोंकणामालवानराः ॥ समंगाःकरकाश्चैवकुकुरांगारमारिषाः ६० ध्वजिन्युत्सवसंकेतास्त्रिगर्त्ताःशाल्वसेनयः ॥ व्यूकाःकोकबकाःप्रोष्ठाःसमवेगवशास्तथा ६१ तथैवविंध्यचुलिकाःपुलिंदावल्कलैःसह ॥ मालवाबल्लवाश्चैवतथैवापरबल्लवाः ६२ कुलिंदाःकालदाश्चैवकुंडलाःकरटास्तथा ॥ मूषकास्तनबालाश्चसनीपाघटसृंजयाः ६३ अठिदापाःशिवाटाश्चतनयासुनयास्तथा ॥ ऋषिकाविदभाःकाकास्तंगणाःपरतंगणाः ६४ उत्तराश्चापरम्लेच्छाःक्रूराभरतसत्तम ॥ यवनाश्चीनकांबोजादारुणाम्लेच्छजातयः ६५सकृद्ग्रहाःकुलत्थाश्चहूणाःपारसिकैःसह ॥ तथैवरमणाश्चीनास्तथैवदशमालिकाः ६६ क्षत्रियोपनिवेशाश्चवैश्यशूद्रकुलानिच ॥ शूद्राभीराश्चदरदाःकाश्मीराःपशुभिःसह ६७ खाशीराश्चांतचाराश्चपह्लवागिरिगह्वराः ॥ आत्रेयाःसभरद्वाजास्तथैवस्तनपोषिकाः ६८ प्रोषकाश्चकलिंगाश्चकिरातानांचजातयः ॥ तोमराहन्यमानाश्चतथैवकरभंजकाः ६९ एतेचान्येजनपदाःप्राच्योदीच्यास्तथैवच ॥ उद्देशमात्रेणमयादेशाःसंकीर्तिताविभो ७० यथागुणबलंचापित्रिवर्गस्यमहाफलम् ॥ दुह्येतधेनुःकामधुक्भूमिःसम्यगनुष्ठिता ७१ तस्यांगृद्ध्यंतिराजानःशूराधर्मार्थकोविदाः ॥ तेत्यजंत्याहवेप्राणान्वसुगृद्धास्तरस्विनः ७२ देवमानुषकायानांकामंभूमिःपरायणम् ॥ अन्योन्यस्याऽवलुंपंतिसारमेयायथाऽऽमिषम् ७३ राजानोभरतश्रेष्ठभोक्तुकामावसुंधराम् ॥ नचापितृप्तिःकामानांविद्यतेऽद्यापिकस्यचित् ७४ तस्मात्परिग्रहेभूमेर्यततेकुरुपांडवाः ॥ साम्नाभेदेनदानेनदंडेनैवचभारत ७५

अनतिक्रम्य तद्वत्यथाबलंशौर्यंचानतिक्रम्य त्रिवर्गस्यधर्मार्थकामात्मकस्य महाफलंउत्कृष्टफलंहैरण्यगर्भपदप्राप्त्यंतं सम्यमनुष्ठितासम्यक्पालिताभूमिर्दुह्येतप्रपूरयेत्धेनुरिवकामान् अन्यांश्चदुग्धेइतिकामधुक् ७१ गृद्ध्यंतिअभिकांक्षांकुर्वंति वसुगृद्धाः धनलुब्धाः ७२ देवकायानांयज्ञेन मानुषकायानामन्नप्रसवेन भूमिःपरायणंशरणं ७३ । ७४ तस्मात् अतृप्तत्वात् ७५

एवमाधिदैविकंभूमिजयफलमुक्तं अथाध्यात्मंभूमिजयफलमाह पितेति । अच्छिद्रंसंपूर्णंदर्शनंयस्याःसाभूमिः योगमार्गरीत्याकात्स्न्येंनदृष्टासतीपित्रादिवदिहभौतिकेभ्यआघातेभ्यःपाति वज्रकायत्वंप्रयच्छतीत्यर्थः खंखस्थंसूर्यादीनांपदंद्यौःस्वर्गपदंचसैवभवति तत्तत्प्रापयतीत्यर्थः ७६ ॥ इतिभीष्मपर्वणिनीलकंठीयेभारतभावदीपेनवमोऽध्यायः ॥ ९ ॥ ॥ भारतस्येति १ । २ तिष्यंकलियुगं ३ । ४ । ५ । ६ । ७ प्रजायंतेप्रजांजनयंति ८ । ९ वपुष्मंतःप्रशस्तदेहाः १० । ११ सर्वेवर्णाःपरस्परजयैषिणोजायंतइतिसंबंधः १२ । १३ ईर्ष्यापरोत्कर्षासहिष्णुत्वं । मानःस्वस्मिन्पूज्यताबुद्धिः ।

पिताभ्राताचपुत्राश्चखंद्यौश्चनरपुंगव ॥ भूमिर्भवतिभूतानांसम्यगच्छिद्रदर्शना ७६ ॥ इतिश्रीमहाभारतेभीष्मपर्वणिजंबूखंडविनिर्माणपर्वणि भारतीयनदीदेशादिनामकथनेनवमोऽध्यायः ॥ ९ ॥ ॥ ॥ ॥ धृतराष्ट्रउवाच ॥ भारतस्यास्यवर्षस्यतथाहैमवतस्यच ॥ प्रमाणमायुषःसूतबलंचापिशुभाशुभम् १ अनागतमतिक्रांतंवर्त्तमानंचसंजय ॥ आचक्ष्वमेविस्तरेणहरिवर्षंतथैवच २ ॥ संजयउवाच ॥ चत्वारिभारतेवर्षेयुगानिभरतर्षभ ॥ कृतंत्रेताद्वापरंचतिष्यंचकुरुवर्द्धन ३ पूर्वंकृतयुगंनामततस्त्रेतायुगंप्रभो ॥ संक्षेपाद्वापरस्याथततस्तिष्यंप्रवर्त्तते ४ चत्वारितुसहस्राणिवर्षाणांकुरुसत्तम ॥ आयुःसंख्याकृतयुगेसंख्याताराजसत्तम ५ तथात्रीणिसहस्राणित्रेतायांमनुजाधिप ॥ द्वेसहस्रेद्वापरेतुभुवितिष्ठंतिसांप्रतम् ६ नप्रमाणस्थितिर्ह्यस्तितिष्येऽस्मिन्भरतर्षभ ॥ गर्भस्थाश्चम्रियंतेऽत्रतथाजाताम्रियंतिच ७ महाबलामहासत्वाःप्रज्ञागुणसमन्विताः ॥ प्रजायंतेचजाताश्चशतशोऽथसहस्रशः ८ जाताःकृतयुगेराजन्धनिनःप्रियदर्शनाः ॥ प्रजायंतेचजाताश्चमुनयोवैतपोधनाः ९ महोत्साहामहात्मानोधार्मिकाःसत्यवादिनः ॥ प्रियदर्शनावपुष्मंतोमहावीर्याधनुर्द्धराः १० वरार्हायुधिजायंतेक्षत्रियाःशूरसत्तमाः ॥ त्रेतायांक्षत्रियाराजन्सर्वेवैचक्रवर्तिनः ११ सर्ववर्णाश्चजायंतेसदाचैवचद्वापरे ॥ महोत्साहावीर्यवंतःपरस्परजयैषिणः १२ तेजसाल्पेनसंयुक्ताःक्रोधनाःपुरुषानृप ॥ लुब्धाअनृतकाश्चैवतिष्येजायंतिभारत १३ ईर्ष्यामानस्तथाक्रोधोमायाऽसूयातथैवच ॥ तिष्येभवतिभूतानांरागोलोभश्चभारत १४ संक्षेपोवर्त्ततेराजन्द्वापरेऽस्मिन्नराधिप ॥ गुणोत्तरंहैमवतंहरिवर्षंततःपरम् १५ ॥ इतिश्रीमहाभारतेभीष्मपर्वणिजंबूखंडविनिर्माणपर्वणिभारतवर्षेकृताद्यनुरोधेनायुर्निरूपणेदशमोऽध्यायः ॥ १० ॥ समाप्तंचजंबूखंडविनिर्माणपर्व ॥ अथभूमिपर्व ॥ धृतराष्ट्रउवाच ॥ जंबूखंडस्त्वयाप्रोक्तोयथावदिहसंजय ॥ विष्कंभमस्यप्रब्रूहिपरिमाणंतुतत्त्वतः १ समुद्रस्यप्रमाणंचसम्यगच्छिद्रदर्शनम् ॥ शाकद्वीपंचमेब्रूहिकुशद्वीपंचसंजय २ शाल्मलिंचैवतत्त्वेनक्रौंचद्वीपंतथैवच ॥ ब्रूहिगावल्गणेसर्वंराहोःसोमार्कयोस्तथा ३ ॥ संजयउवाच ॥ राजन्सुबहवोद्वीपायैरिदंसंततंजगत् ॥ सप्तद्वीपान्प्रवक्ष्यामिचंद्रादित्यौग्रहंतथा ४

क्रोधोऽभिज्वलनं । मायाकपटं । असूयापरगुणेषुदोषाविष्करणं । रागोविषयेषुप्रीतिः । लोभस्तल्लिप्सा १४ संक्षेपोगुणानामितिशेषः १५ ॥ इतिभीष्मपर्वणिनीलकंठीयेभारतभावदीपेदशमोऽध्यायः ॥ १० ॥ जंबूखंडइति १ । २ । ३ ग्रहंराहुं ४

अष्टादशसहस्राणिषट्शतानिचयोजनानिविष्कंभश्चतुर्दलकमलाकारस्यजंबूद्वीपस्यपत्रांतपरिधिः ताद्दशविस्तारएवपिंडप्रमाणमन्तर्भाव्यपर्वताकृतित्वाज्जंबूपर्वतइत्युच्यते ५ लावणस्येति क्षेत्रफलतःपंचसहस्रा
यामत्वाज्जंबूद्वीपस्यतदुभयतःपंचपंचभिःसहस्रैःसमुद्रस्यविष्कंभोविस्तारः तेनससमुद्रस्यद्वीपस्यपंचदशसहस्रयोजनोव्यासः । द्विगुणःदशसहस्रयोजनःपरिमंडलश्चेदुभयतःसमुद्रवेष्टनेनसहचत्वारिंशत्सहस्रः ।
एवंतृतीयोऽशीतिसहस्रः । चतुर्थःषष्टिसहस्राधिकंलक्षं । पंचमोलक्षत्रयंविंशतिसहस्राणि । षष्ठोलक्षषट्कंचत्वारिंशत्सहस्राणि सप्तमोद्वादशलक्षाण्यशीतिसहस्राणि । एतेषांसंकलनेपंचविंशतिलक्षा

अष्टादशसहस्राणियोजनानिविशांपते ॥ षट्शतानिचपूर्णानिविष्कंभोजम्बुपर्वतः ५ लावणस्यसमुद्रस्यविष्कंभोद्विगुणःस्मृतः ॥ नानाजनपदाकीर्णोमणिविद्रुम
चित्रितः ६ नैकधातुविचित्रैश्चपर्वतैरुपशोभितः ॥ सिद्धचारणसंकीर्णःसागरःपरिमंडलः ७ शाकद्वीपंचवक्ष्यामियथावदिहपार्थिव ॥ शृणुमेत्वंयथान्यायंब्रुवतः
कुरुनंदन ८ जंबूद्वीपप्रमाणेनद्विगुणःसनराधिप ॥ विष्कंभेणमहाराजसागरोऽपिविभागशः ९ क्षीरोदोभरतश्रेष्ठयेनसंपरिवारितः ॥ तत्रपुण्याजनपदास्तत्रन
म्रियतेजनः १० कुतएवहिदुर्भिक्षंक्षमातेजोयुताहिते ॥ शाकद्वीपस्यसंक्षेपोयथावद्भरतर्षभ ११ उक्तएषमहाराजकिमन्यत्कथयामिते ॥ धृतराष्ट्रउवाच ॥ शाक
द्वीपस्यसंक्षेपोयथावदिहसंजय १२ उक्तस्त्वयामहाप्राज्ञविस्तरंब्रूहितत्त्वतः ॥ संजयउवाच ॥ तथैवपर्वताराजन्सप्तात्रमणिभूषिताः १३ रत्नाकरास्तथानद्यस्ते
षांनामानिमेशृणु ॥ अतीवगुणवत्सर्वंतत्रपुण्यंजनाधिप १४ देवर्षिगंधर्वयुतःप्रथमोमेरुरुच्यते ॥ प्रागायतोमहाराजमलयोनामपर्वतः १५ ततोमेघाःप्रवर्तंते
प्रभवंतिचसर्वशः ॥ ततःपरेणकौरव्यजलधारोमहागिरिः १६ ततोनित्यमुपादत्तेवासवःपरमंजलम् ॥ ततोवर्षंप्रभवतिवर्षकालेजनेश्वर १७ उच्चैर्गिरीरैवतकोयत्र
नित्यंप्रतिष्ठिता ॥ रेवतीदिविनक्षत्रंपितामहकृतोविधिः १८ उत्तरेणतुराजेन्द्रश्यामोनाममहागिरिः ॥ नवमेघप्रभःप्रांशुःश्रीमानुज्ज्वलविग्रहः १९ यतःश्याम
त्वमापन्नाःप्रजाजनपदेश्वर ॥ धृतराष्ट्रउवाच ॥ सुमहान्संशयोमेऽद्यप्रोक्तोयंसंजयत्वया २० प्रजाःकथंसूतपुत्रसंप्राप्ताःश्यामतामिह ॥ संजयउवाच ॥ सर्वे
ष्वेवमहाराजद्वीपेषुकुरुनंदन २१ गौरःकृष्णश्चपतगस्तयोर्वर्णांतरेनृप ॥ श्यामोयस्मात्प्रवृत्तोवैतस्माच्छ्यामोगिरिःस्मृतः २२ ततःपरंकौरवेन्द्रदुर्गशैलोमहोदयः ॥
केसरःकेसरयुतोयतोवातःप्रवर्त्तते २३ तेषांयोजनविष्कंभोद्विगुणःप्रविभागशः ॥ वर्षाणितेषुकौरव्यसप्तोक्तानिमनीषिभिः २४ महामेरुर्महाकाशोजलदःकुमु
दोत्तरः ॥ जलधारोमहाराजसुकुमारइतिस्मृतः २५ रैवतस्यतुकौमारःश्यामस्यमणिकांचनः ॥ केसरस्याथमौदाकीपरेणतुमहापुमान् २६

णिपंचत्रिंशत्सहस्राणियोजनानिसप्तानांद्वीपानांससमुद्राणांविस्तारः ६ । ७ । ८ । ९ । । १० । ११ १२ । १३ । १४ । । १५ । १६ । १७ रेवतीज्योतिर्मंडलरूपेणदि
विविभ्रम्यमाणाऽपिदिव्येनरूपेणात्रापिवर्ततेएवंविधिर्मर्यादापितामहेनकृता १८ । १९ । २० । २१ पतगवर्णंव्याचष्टे तयोरिति । मिश्रोवर्णःपतगइत्यर्थः । कारणगुणाःकार्यगुणानारभंतइ
५ तिन्यायेनश्यामपर्वतभवःश्यामवर्णः शाकाद्यन्नपरिणामेनमनुष्याअपिश्यामत्वंगताइत्यर्थः । यस्मात्श्यामोगिरिस्तस्मात्तत्स्थानांश्यामोवर्णःप्रवृत्तइत्यर्थः २२ । २३ । २४ । २५ । २६

म. भा. टी. २७ । २८ । २९ । ३० । ३१ । ३२ । ३३ । ३४ । ३५ । ३६ । ३७ । ३८ । ३९ । ४० ॥ इतिभीष्मपर्वणिनीलकंठीयेभारतभावदीपे एकादशोऽध्यायः ॥ ११ ॥ भीष्म०

॥ १२ ॥ परिवार्यतुकौरव्यदैर्घ्यंह्रस्वत्वमेवच ॥ जंबूद्वीपेनसंख्यातस्तस्यमध्येमहाद्रुमः २७ शाकोनाममहाराजप्रजातस्यसदानुगा ॥ तत्रपुण्याजनपदाःपूज्यतेतत्र अ०
शंकरः २८ तत्रगच्छंतिसिद्धाश्चचारणादैवतानिच ॥ धार्मिकाश्चप्रजाराजंश्चत्वारोतीवभारत २९ वर्णाःस्वकर्मनिरतानचस्तेनोऽत्रदृश्यते ॥ दीर्घायुषोम १२
हाराजजरामृत्युविवर्जिताः ३० प्रजास्तत्रविवर्द्धंतेवर्षास्विवसमुद्रगाः ॥ नद्यःपुण्यजलास्तत्रगंगाचबहुधागता ३१ सुकुमारीकुमारीचशीताशीवेणिकातथा ॥ महा
नदीचकौरव्यतथामणिजलानदी ३२ चक्षुर्वर्धनिकाचैवनदीभरतसत्तम ॥ तत्रप्रवृत्ताःपुण्योदानद्यःकुरुकुलोद्वह ३३ सहस्राणांशतान्येवयतोवर्षतिवासवः ॥ नता
सांनामधेयानिपरिमाणंतथैवच ३४ शक्यंतेपरिसंख्यातुंपुण्यास्ताहिसरिद्वराः ॥ तत्रपुण्याजनपदाश्चत्वारोलोकसंमताः ३५ मंगाश्चमशकाश्चैवमानसामंदगा
स्तथा ॥ मंगाब्राह्मणभूयिष्ठाःस्वकर्मनिरतानृप ३६ मशकेषुतुराजन्याधार्मिकाःसर्वकामदाः ॥ मानसाश्चमहाराजवैश्यधर्मोपजीविनः ३७ सर्वकामसमायुक्ताः
शूराधर्मार्थनिश्चिताः ॥ शूद्रास्तुमंदगानित्यंपुरुषाधर्मशीलिनः ३८ नतत्रराजाराजेन्द्रनदंडोनचदंडिकः ॥ स्वधर्मेणैवधर्मज्ञास्तेरक्षंतिपरस्परम् ३९ एतावदेव
शक्यंतुतत्रद्वीपेप्रभाषितुम् ॥ एतदेवचश्रोतव्यंशाकद्वीपेमहौजसि ४० ॥ इतिश्रीमहाभारतेभीष्मपर्वणिभूमिपर्वणिशाकद्वीपवर्णनेएकादशोऽध्यायः ॥ ११ ॥
॥ ॥ संजयउवाच ॥ ॥ उत्तरेषुचकौरव्यद्वीपेषुश्रूयतेकथा ॥ एवंतत्रमहाराजब्रुवतश्चनिबोधमे १ घृततोयःसमुद्रोऽत्रदधिमंडोदकोऽपरः ॥ सुरोदः
सागरश्चैवतथाऽन्योजलसागरः २ परस्परेणद्विगुणाःसर्वेद्वीपानराधिप ॥ पर्वताश्चमहाराजसमुद्रैःपरिवारिताः ३ गौरस्तुमध्यमेद्वीपेगिरिर्मानःशिलोमहान् ॥
पर्वतःपश्चिमेकृष्णोनारायणसखोनृप ४ तत्ररत्नानिदिव्यानिस्वयंरक्षतिकेशवः ॥ प्रसन्नश्चाभवत्तत्रप्रजनांव्यदधत्सुखम् ५ कुशस्तंबःकुशद्वीपेमध्येजनपदैःसह ॥
संपूज्यतेशाल्मलिश्चद्वीपेशाल्मलिकेनृप ६ क्रौञ्चद्वीपेमहाक्रौञ्चोगिरीरत्नचयाकरः ॥ संपूज्यतेमहाराजचातुर्वर्ण्येननित्यदा ७ गोमंतःपर्वतोराजन्सुमहान्सर्वधातु
कः ॥ यत्रनित्यंनिवसतिश्रीमान्कमललोचनः ८ मोक्षिभिःसंगतोनित्यंप्रभुर्नारायणोहरिः ॥ कुशद्वीपेतुराजेन्द्रपर्वतोविद्रुमैश्चितः ९ स्वनामनामादुर्द्ध
र्षोद्वितीयोहेमपर्वतः ॥ द्युतिमान्नामकौरव्यतृतीयःकुमुदोगिरिः १० चतुर्थःपुष्पवान्नामपंचमस्तुकुशेशयः ॥ षष्ठोहरिगिरिर्नामषडेतेपर्वतोत्तमाः ११ तेषा
मंतरविष्कंभोद्विगुणःसर्वभागशः ॥ औद्भिदंप्रथमंवर्षंद्वितीयंवेणुमंडलम् १२ तृतीयंसुरथाकारंचतुर्थंकंबलंस्मृतम् ॥ धृतिमत्पंचमंवर्षंषष्ठंवर्षंप्रभाकरम् १३
सप्तमंकापिलंवर्षंसप्तैतेवर्षलंभकाः ॥ एतेषुदेवगंधर्वाःप्रजाश्चजगतीश्वरः १४

उत्तरेष्विति १ । २ । ३ मानःशिलोमनःशिलामयः ४ । । ५ । ६ । ७ । ८ । ९ । १० । ११ । १२ । १३ । १४ ॥ १२ ॥

१५ । १६ । १७ । १८ । १९ । २० । २१ । २२ । २३ । २४ । २५ । २६ । २७ । २८ । २९ । ३० । ३१ चतुरस्रंचतुर्दलकमलाकारंजंबूमंडलमितिशेषः तस्यपूर्वअश्रांतपरिधिरुक्तः । अ
ष्टादशसहस्राणिषट्शतानिचभारतेति इहयत्रमध्यममंडलपरिधिस्त्रयस्त्रिंशच्छतयोजनइत्युच्यते । ततश्चपंचसहस्रीतोयावान्यत्राग्रभागोबहिर्वृद्धस्तावानेवत्रयस्त्रिंशतोऽग्रेपंचसहस्रीतोगर्भेभागऊनइतिज्ञेयम् ३२

विहरंतेरमंतेचनतेषुम्रियतेजनः ॥ नतेषुदस्यवःसंतिम्लेच्छजात्योऽपिवानृप १५ गौरप्रायोजनःसर्वःसुकुमारश्चपार्थिव ॥ अवशिष्टेषुसर्वेषुवक्ष्यामिमनुजेश्वर
१६ यथाश्रुतंमहाराजतदव्यग्रमनाःशृणु ॥ क्रौंचद्वीपेमहाराजक्रौंचोनाममहागिरिः १७ क्रौंचात्परोवामनकोवामनादंधकारकः ॥ अंधकरात्परोराजन्मैनाकः
पर्वतोत्तमः १८ मैनाकात्परतोराजन्गोविंदोगिरिरुत्तमः ॥ गोविंदात्परतोराजन्निबिडोनामपर्वतः १९ परस्तुद्विगुणस्तेषांविष्कंभोवंशवर्द्धन ॥ देशांस्तत्रप्रवक्ष्या
मितन्मेनिगदतःशृणु २० क्रौंचस्यकुशलोदेशोवामनस्यमनोनुगः ॥ मनोनुगात्परश्चोष्णोदेशःकुरुकुलोद्वह २१ उष्णात्परःप्रावरकःप्रावारादंधकारकः ॥ अं
धाकारकदेशात्तुमुनिदेशःपरःस्मृतः २२ मुनिदेशात्परश्चैवप्रोच्यतेदुंदुभिस्वनः ॥ सिद्धचारणसंकीर्णोगौरप्रायोजनाधिप २३ एतेदेशामहाराजदेवगंधर्वसेविताः ॥
पुष्करेपुष्करोनामपर्वतोमणिरत्नवान् २४ तत्रनित्यंप्रभवतिस्वयंदेवःप्रजापतिः ॥ तंपर्युपासतेनित्यंदेवाःसर्वेमहर्षयः २५ वाग्भिर्मनोनुकूलाभिःपूजयंतोजना
धिप ॥ जंबूद्वीपात्प्रवर्तन्तेरत्नानिविविधान्युत २६ द्वीपेषुतेषुसर्वेषुप्रजानांकुरुसत्तम ॥ ब्रह्मचर्येणसत्त्येनप्रजानांहिदमेनच २७ आरोग्यायुःप्रमाणाभ्यांद्वि
गुणंद्विगुणंततः ॥ एकोजनपदोराजन्द्वीपेष्वेतेषुभारत ॥ उक्ताजनपदायेषुधर्मश्चैकःप्रदृश्यते २८ ईश्वरोदंडमुद्यम्यस्वयमेवप्रजापतिः ॥ द्वीपानेतान्म
हाराजरक्षंस्तिष्ठतिनित्यदा २९ सराजासशिवोराजन्सपितासप्रपितामहः ॥ गोपायतिनरश्रेष्ठप्रजाःसजडपंडिताः ३० भोजनंचात्रकौरव्यप्रजाःस्वयमुपस्थितम् ॥
सिद्धमेवमहाबाहोतद्धिभुंजंतिनित्यदा ३१ ततःपरंसमानामदृश्यतेलोकसंस्थितिः ॥ चतुरस्रंमहाराजत्रयस्त्रिंशत्तुमंडलम् ३२ तत्रतिष्ठंतिकौरव्यचत्वारोलोकसं
मताः ॥ दिग्गजाभरतश्रेष्ठवामनैरावतादयः ३३ सुप्रतीकस्तथाराजन्प्रभिन्नकरटामुखः ॥ तस्याहंपरिमाणंतुनसंख्यातुमिहोत्सहे ३४ असंख्यातःसनित्यं
हितिर्यगूर्ध्वमधस्तथा ॥ तत्रवैवायवोवांतिदिग्भ्यःसर्वाभ्यएवहि ३५ असंबद्धामहाराजतान्निगृण्हंतितेगजाः ॥ पुष्करैःपद्मसंकाशैर्विकसद्भिर्महाप्रभैः ३६ शत
धापुनरेवाशुतेतान्मुंचंतिनित्यशः ॥ श्वसद्भिर्मुच्यामानास्तुदिग्गजैरिहमारुताः ३७ आगच्छंतिमहाराजततस्तिष्ठंतिवैप्रजाः ॥ धृतराष्ट्रउवाच ॥ परोवैविस्तरो
ऽत्यर्थंत्वयासंजयकीर्तितः ३८ दर्शितंद्वीपसंस्थानमुत्तरंब्रूहिसंजय ॥ संजयउवाच ॥ उक्ताद्वीपामहाराजग्रहंवैशृणुतत्त्वतः ३९ स्वर्भानोःकौरवश्रेष्ठयावदेवप्रमा
णतः ॥ परिमंडलोमहाराजस्वर्भानुःश्रूयतेग्रहः ४०

तत्रपत्रसंधिस्थानेषुचतुर्षु ३३ तस्यगजचतुष्टयस्यपृथिव्याआश्रयभूतस्यतत्कस्योपरिवर्त्ततेइतिदुर्वचं तेनइश्वरशक्त्यैवदिग्गजाध्रियंतइतिभावः ३४ सःगजसमूहः वातरज्जुभिर्गजाबद्धाइत्येतन्मतांतरं
तदपिदूषयति तत्रेति ३५ प्रत्युतवायोरेवनिग्रहंतेकुर्वंतीत्याह तानिति । पुष्करैःशुंडाग्रैः ३६ । ३७ । ३८ उत्तरंसूर्येन्दुराहुप्रमाणम् ३९ । ४०

परिणाहेनपरिधिनाषट्त्रिंशत्सहस्राणि विपुलत्वेनततोऽप्याधिक्येन इदमुत्तरान्वयि ४१ षष्टियोजनानिपरिणाहएवेत्यर्थः ४२ । ४३ । ४४ पतगःशीघ्रगः विभावसुःसूर्यः ४५ । ४६ । ४७ । ४८ ४९ । ५० । ५१ । ५२ । इतिभीष्मपर्वणि नीलकंठीये भारतभावदीपे भूमिपर्वार्थप्रकाशेद्वादशोऽध्यायः ॥ १२ ॥ ॥ अथेति ॥ १ । २ । ३ ककुदंराज्ञांमध्येध्वजतुल्यं । ' ककुदोऽप्य

योजनानांसहस्राणिविष्कंभोद्वादशास्यवै ॥ परिणाहेनषट्त्रिंशद्विपुलत्वेनचानघ ४१ षष्टिमाहुःशतान्यस्यबुधाःपौराणिकास्तथा ॥ चंद्रमास्तुसहस्राणिराजन्नेकादशस्मृतः ४२ विष्कंभेणकुरुश्रेष्ठत्रयस्त्रिंशत्तुमंडलम् ॥ एकोनषष्टिविष्कंभंशीतरश्मेर्महात्मनः ४३ सूर्यस्त्वष्टौसहस्राणिद्वेचान्येकुरुनंदन ॥ विष्कंभेणततोराजन्मंडलंत्रिंशतासमम् ४४ अष्टपंचाशतंराजन्विपुलत्वेनचानघ ॥ श्रूयतेपरमोदारःपतगोऽसौविभावसुः ४५ एतत्प्रमाणमर्कस्यनिर्दिष्टमिहभारत ॥ सराहुश्छादयत्येतौयथाकालंमहत्तया ४६ चंद्रादित्यौमहाराजसंक्षेपोऽयमुदाहृतः ॥ इत्येतत्तेमहाराजपृच्छतःशास्त्रचक्षुषा ४७ सर्वमुक्तंयथातत्त्वंतस्माच्छममवाप्नुहि ॥ यथोद्दिष्टंमयाप्रोक्तंसनिर्माणमिदंजगत् ४८ तस्मादाश्वसकौरव्यपुत्रंदुर्योधनंप्रति ॥ श्रुत्वेदंभरतश्रेष्ठभूमिपर्वमनोनुगम् ४९ श्रीमान्भवतिराजन्यःसिद्धार्थःसाधुसंमतः ॥ आयुर्बलंचकीर्तिश्चतस्यतेजश्चवर्धते ५० यःशृणोतिमहीपालपर्वणीदंयतव्रतः ॥ प्रीयंतेपितरस्तस्यतथैवचपितामहाः ५१ इदंतुभारतंवर्षंयत्रवर्तामहेवयम् ॥ पूर्वैःप्रवर्तितंपुण्यंतत्सर्वंश्रुतवानसि ५२ ॥ इतिश्रीमहाभारतेभीष्मपर्वणि उत्तरद्वीपादिसंस्थानवर्णनेद्वादशोऽध्यायः ॥ १२ ॥ ॥ समाप्तमिदंभूमिपर्व ॥ ॥ अथभगवद्गीतापर्व ॥ ॥ वैशंपायनउवाच ॥ अथगावल्गणिर्विद्वान्संयुगादेत्यभारत ॥ प्रत्यक्षदर्शीसर्वस्यभूतभव्यभविष्यवित् १ ध्यायतेधृतराष्ट्रायसहसोत्पत्यदुःखितः ॥ आचष्टनिहतंभीष्मंभरतानांपितामहम् २ ॥ संजयउवाच ॥ संजयोऽहंमहाराजनमस्तेभरतर्षभ ॥ हतोभीष्मःशांतनवोभरतानांपितामहः ३ ककुदंसर्वयोधानांधामसर्वधनुष्मताम् ॥ शरतल्पगतःसोऽद्यशेतेकुरुपितामहः ४ यस्यवीर्यंसमाश्रित्यद्यूतंपुत्रस्तवाकरोत् ॥ सशेतेनिहतोराजन्संख्येभीष्मःशिखंडिना ५ यःसर्वान्पृथिवीपालान्समवेतान्महामृधे ॥ जिगायैकरथेनैवकाशिपुर्यांमहारथः ६ जामदग्न्यंरणेरामंयोयुध्यदपसंभ्रमः ॥ नहतोजामदग्न्येनसहतोऽद्यशिखंडिना ७ महेन्द्रसदृशःशौर्येस्थैर्येचहिमवानिव ॥ समुद्रइवगांभीर्येसहिष्णुत्वेधरासमः ८ शरदंष्ट्रोधनुर्वक्त्रःखड्गजिह्वोदुरासदः ॥ नरसिंहःपितातेऽद्यपांचाल्येननिपातितः ९ पांडवानांमहासैन्यंयंदृष्ट्वोद्यतमाहवे ॥ प्रावेपतभयोद्विग्नंसिंहंदृष्ट्वेवगोगणः १० परिरक्ष्यससेनांतेदशरात्रमनीकहा ॥ जगामास्तमिवादित्यःकृत्वाकर्मसुदुष्करम् ११ यःसशक्रइवाक्षोभ्योवर्षन्बाणान्सहस्रशः ॥ जघानयुधियोधानामर्बुदंदशभिर्दिनैः १२ सशेतेनिहतोभूमौवातभग्नइवद्रुमः ॥ तवदुर्मंत्रितेराजन्यथानार्हःसभारत १३ ॥ इतिश्रीमहाभारतेभीष्मपर्वणिभगवद्गीतापर्वणिभीष्ममृत्युश्रवणेत्रयोदशोऽध्यायः ॥ १३ ॥

ऽवृषांगेराद्ध्वजेवरे ' इतिमेदिनी । धामतेजः ४ । ५ । ६ अपसंभ्रमोनिर्भयः ७ । ८ । ९ । १० । ११ अर्बुदंकोटिदशकंलक्षंवा पूर्वमयुतस्यप्रत्यहंप्रतिज्ञानात् १२ । १३ ॥
॥ इतिभीष्मपर्वणिनीलकंठीये भारतभावदीपेत्रयोदशोऽध्यायः ॥ १३ ॥ ॥ ॥ ॥ ॥ ॥ ॥ ॥ ॥ ॥

कथमिति १ । २ ३ । ४ । ५ । ६ । ७ । ८ अस्थत्त्वमंतिकेस्थित्वासर्वंदृष्टवानसीतिशेषः ९ । १० । ११ प्रचिन्वंतंपुष्पवदाददानम् १२ समचेष्टतम्रियमाणपशुवद्धस्तपादविक्षेपंकृतवत् १३ । १४

धृतराष्ट्रउवाच ॥ कथंकुरूणामृषभोहतोभीष्मःशिखंडिना ॥ कथंरथात्सन्यपतत्पितामेवासवोपमः १ कथमाचक्ष्वमेयोधाहीनाभीष्मेणसंजय ॥ बलिनादेवकल्पेन
गुर्वर्थेब्रह्मचारिणा २ तस्मिन्हतेमहाप्राज्ञेमहेष्वासेमहाबले ॥ महासत्वेनरव्याघ्रेकिमुआसीन्मनस्तव ३ आर्तिपरामाविशतिमनःशंससिमेहतम् ॥ कुरूणामृषभंवीर
मकंपंपुरुषर्षभम् ४ केतंयांतमनुप्राप्ताःकेवाऽस्यासन्पुरोगमाः ॥ केतिष्ठन्केन्यवर्त्तंतकेन्ववर्त्तंतसंजय ५ केशूरारथशार्दूलमच्युतंक्षत्रियर्षभम् ॥ तथाऽनीकंगाहमानं
सहसापृष्ठतोऽन्वयुः ६ यस्तमोर्कइवापोहन्परसैन्यममित्रहा ॥ सहस्ररश्मिप्रतिमःपरेषांभयमादधत् ७ अकरोद्दुष्करंकर्मरणेपांडुसुतेषुयः ॥ ग्रसमानमनीकानिय
एनंपर्यवारयन् ८ कृतिनंतंदुराधर्षंसंजयास्यत्वमंतिके ॥ कथंशांतनवंयुद्धेपांडवाःप्रत्यवारयन् ९ निकृंतंतमनीकानिशरदंष्ट्रंमनस्विनम् ॥ चापव्यात्ताननंघोरमसि
जिह्वंदुरासदम् १० अनर्हंपुरुषव्याघ्रंह्रीमंतमपराजितम् ॥ पातयामासकौन्तेयःकथंतमजितंयुधि ११ उग्रधन्वानमुग्रेषुवर्त्तमानंरथोत्तमे ॥ परेषामुत्तमांगानिप्रचिन्वं
तमथेषुभिः १२ पांडवानांमहत्सैन्यंयंदृष्ट्वोद्यतमाहवे ॥ कालाग्निमिवदुर्धर्षंसमचेष्टतनित्यशः १३ परिकृष्यससेनांतुदशरात्रमनीकहा ॥ जगामास्तमिवादित्यःकृत्वा
कर्मसुदुष्करम् १४ यःसशक्रइवाक्षय्यंवर्षंशरमयंक्षिपन् ॥ जघानयुधियोधानामर्बुदंदशभिर्दिनैः १५ सशेतेनिहतोभूमौवातभुग्नइवद्रुमः ॥ ममदुर्मंत्रितेनाजौयथानार्ह
तिभारतः १६ कथंशांतनवंदृष्ट्वापांडवानामनीकिनी ॥ प्रहर्तुमशकत्तत्रभीष्मंभीमपराक्रमम् १७ कथंभीष्मेणसंग्रामंप्राकुर्वन्पांडुनंदनाः ॥ कथंचनाजयद्भीष्मो
द्रोणेजीवतिसंजय १८ कृपेसन्निहितेतत्रभरद्वाजात्मजेतथा ॥ भीष्मःप्रहरतांश्रेष्ठःकथंसनिधनंगतः १९ कथंचातिरथस्तेनपांचाल्येनशिखंडिना ॥ भीष्मोविनि
हतोयुद्धेदेवैरपिदुरासदः २० यःस्पर्द्धतेरणेनित्यंजामदग्न्यंमहाबलम् ॥ अजितंजामदग्न्येनशक्रतुल्यपराक्रमम् २१ तंहतंसमरेभीष्मंमहारथकुलोदितम् ॥ संजयाच
क्ष्वमेवीरंयेनशर्मनविद्महे २२ मामकाःकेमहेष्वासानाजहुःसंजयाच्युतम् ॥ दुर्योधनसमादिष्टाःकेवीराःपर्यवारयन् २३ यच्छिखंडिमुखाःसर्वेपांडवाभीष्ममभ्યयुः ॥
कच्चित्तेकुरवःसर्वेनाजहुःसंजयाच्युतम् २४ अश्मसारमयंनूनंहृदयंसुदृढंमम ॥ यच्छ्रुत्वापुरुषव्याघ्रंहतंभीष्मंनदीर्यते २५ यस्मिन्सत्यंचमेधाचनीतिश्चभरतर्षभे ॥
अप्रमेयाणिदुर्धर्षेकथंसनिहतोयुधि २६ मौर्वीघोषस्तनयित्नुःपृषत्कपृषतोमहान् ॥ धनुर्ह्रादमहाशब्दोमहामेघइवोन्नतः २७ योऽभ्यवर्षतकौन्तेयान्सपांचालान्स
सृंजयान् ॥ निघ्नन्पररथान्वीरोदानवानिववज्रभृत् २८ इष्वस्त्रसागरंघोरंबाणग्राहंदुरासदम् ॥ कार्मुकोर्मिणमक्षय्यमद्वीपंचलमप्लवम् २९

१५ । १६ । १७ । १८ । १९ । २० । २१ । २२ अजहुस्त्यक्तवंतः २३ । २४ । २५ । २६ मौर्वीघोषेणस्तनयित्नुर्गर्जन्मेघइव पृषत्कपृषतोबाणबिंदुः धनुषैवह्रादरूपोमहाशब्दो
ऽशनिध्वनिरूपोयस्य २७ । २८ कार्मुकोर्मिणंचापोर्मिमंतं अद्वीपंनिराश्रयं अप्लवंतरणोपायहीनम् २९

३० । ३१ । ३१ । ३२ । ३३ अपासेधन्न्यवारयन् ३४ । ३५ । ३६ । ३७ । ३८ यःप्रजापतेर्दक्षादेःपरमेष्ठीपरमेपदेतिष्ठतीतितथाहिरण्यगर्भइवतस्मिन्क्षितिशेषः ३९ । ४० । ४१ । ४२

गदासिमकरावासंहयावर्त्तंगजाकुलम् ॥ पदातिमत्स्यकलिलंशंखदुंदुभिनिःस्वनम् ३० हयान्गजपदातींश्चरथांश्चतरसाबहून् ॥ निमज्जयंतंसमरेपरवीरापहारिणम्
३१ विदह्यमानंकोपेनतेजसाचपरंतपम् ॥ वेलेवमकरावासंकेवीराःपर्यवारयन् ३२ भीष्मोयदकरोत्कर्मसमरेसंजयारिहा ॥ दुर्योधनहितार्थायकेतस्यास्यपुरोऽ
भवन् ३३ केरक्षन्दक्षिणंचक्रंभीष्मस्यामिततेजसः ॥ पृष्ठतःकेपरान्वीरानपासेधन्यतव्रताः ३४ केपुरस्तादवर्तंतरक्षंतोभीष्ममंतिके ॥ केऽरक्षन्नुत्तरंचक्रंवीरावीरस्ययुध्यतः
३५ वामेचक्रेवर्त्तमानाःकेऽघ्नन्संजयसृंजयान् ॥ अग्रतोऽग्र्यमनीकेषुकेऽभ्यरक्षन्दुरासदम् ३६ पार्श्वतःकेऽभ्यरक्षंतगच्छंतोदुर्गमांगतिम् ॥ समूहेकेपरान्वीरान्प्रत्ययुध्यंत
संजय ३७ रक्ष्यमाणःकथंवीरैर्गोप्यमानाश्चतेनते ॥ दुर्जयानामनीकानिनाजयंस्तरसायुधि ३८ सर्वलोकेश्वरस्येवपरमेष्ठीप्रजापतेः ॥ कथंप्रहर्तुमपितेशेकुःसंजय
पांडवाः ३९ यस्मिन्द्वीपेसमाश्वस्ययुध्यंतेकुरवःपरैः ॥ तंनिमग्नंनरव्याघ्रंभीष्मंशंससिसंजय ४० यस्यवीर्यंसमाश्रित्यममपुत्रोबृहद्बलः ॥ नपांडवानगणयत्कथं
सनिहतःपरैः ४१ यःपुराविबुधैःसर्वैःसहायेयुद्धदुर्मदः ॥ कांक्षितोदानवान्घ्नद्भिःपितामममहाव्रतः ४२ यस्मिन्जातेमहावीर्येशांतनुर्लोकविश्रुतः ॥ शोकंदैन्यंचदुःखंचप्रा
जहात्पुत्रलक्ष्मणि ४३ प्रोक्तंपरायणंप्राज्ञंस्वधर्मनिरतंशुचिम् ॥ वेदवेदांगतत्त्वज्ञंकथंशंससिमेहतम् ४४ सर्वास्त्रविनयोपेतंशांतंदांतंमनस्विनम् ॥ हतंशांतनवंश्रुत्वा
मन्येशेषंहतंबलम् ४५ धर्मादधर्मोबलवान्संप्राप्तइतिमेमतिः ॥ यत्रवृद्धंगुरुंहत्वाराज्यमिच्छंतिपांडवाः ४६ जामदग्न्यःपुरारामःसर्वास्त्रविदनुत्तमः ॥ अंबार्थमुद्यतःसंख्ये
भीष्मेणयुधिनिर्जितः ४७ तमिंद्रसमकर्माणंककुदंसर्वधन्विनाम् ॥ हतंशंससिमेभीष्मंकिंनुदुःखमतःपरम् ४८ असकृत्क्षत्रियव्राताःसंख्येयेनविनिर्जिताः ॥ जाम
दग्न्येनवीरेणपरवीरनिघातिना ४९ नहतोयोमहाबुद्धिःसहतोऽद्यशिखंडिना ॥ तस्माच्चूनंमहावीर्याद्भार्गवाद्युद्धदुर्मदात् ५० तेजोवीर्यबलैर्भूयान्नशिखंडीद्रुपदात्मजः ॥
यःशूरंकृतिनंयुद्धेसर्वशास्त्रविशारदम् ५१ परमास्त्रविदंवीरंजघानभरतर्षभम् ॥ केवीरास्तममित्रघ्नमन्वयुःशस्त्रसंसदि ५२ शंसमेतद्यथाचासीद्युद्धंभीष्मस्यपांडवैः ॥
योषेवहतवीरामेसेनापुत्रस्यसंजय ५३ अगोपमिवचोद्भ्रांतंगोकुलंतद्बलंमम ॥ पौरुषंसर्वलोकस्यपरंयस्मिन्महाहवे ५४ परासक्तेचवस्तस्मिन्कथमासीन्मनस्तदा ॥
जीवितेऽप्यद्यसामर्थ्यंकिमिवास्मासुसंजय ५५ घातयित्वामहावीर्यंपितरंलोकधार्मिकम् ॥ अगाधेसलिलेमग्नांनावंदृष्ट्वेवपारगाः ५६ भीष्मेहतेभृशंदुःखान्मन्ये
शोचंतिपुत्रकाः ॥ अद्रिसारमयंनूनंहृदयंममसंजय ५७

पुत्रलक्ष्मणिपुत्रोत्तमे । 'लक्ष्मचिह्नेप्रधानेच' इतिविश्वः ४३ प्रोक्तंलोकेख्यातम् ४४ सर्वास्त्रविनयोपेतंसर्वास्त्रशिक्षायुक्तं । 'विनयातुबलायांस्त्रीशिक्षायांप्रणतौपुमान्' इतिमेदिनी ४५ । ४६ । ४७
४८ । ४९ । ५० । ५१ । ५२ । ५३ । ५४ परासक्तेपरलोकंप्रिये ५५ । ५६ । ५६

५८ । ५९ । ६० । ६१ । ६२ । ६३ । ६४ । ६५ । ६६ । ६७ । ६८ । ६९ । ७० । ७१ । ७२ । ७३ । ७४ । ७५ । ७६ । ७७ । ७८ । ७९ । ८० ॥ इति भीष्मपर्वणि नीलकंठीये भारत

यच्छ्रुत्वापुरुषव्याघ्रंहतंभीष्मंनदीर्यते । यस्मिन्नस्त्राणिमेधाचनीतिश्चपुरुषर्षभे ५८ अप्रमेयाणिदुर्धर्षेकथंसनिहतोयुधि ॥ नचास्त्रेणनशौर्येणतपसामेधयानच ५९
नधृत्यानपुनस्त्यागान्मृत्योःकश्चिद्विमुच्यते ॥ कालोनूनंमहावीर्यःसर्वलोकदुरत्ययः ६० यत्रशांतनवंभीष्मंहतंशंससिसंजय ॥ पुत्रशोकाभिसंतप्तोमहद्दुःखमचिंत
यम् ६१ आशंसेऽहंपरंत्राणंभीष्माच्छांतनुनंदनात् ॥ यदाऽऽदित्यमिवापश्यत्पतितंभुविसंजय ६२ दुर्योधनःशांतनवंकिंतदाप्रत्यपद्यत ॥ नाहंस्वेषांपरेषांवाबुद्ध्या
संजयचिंतयन् ६३ शेषंकिंचित्प्रपश्यामिप्रत्यनीकेमहीक्षिताम् ॥ दारुणःक्षत्रधर्मोऽयमृषिभिःसंप्रदर्शितः ६४ यत्रशांतनवंहत्वाराज्यमिच्छंतिपांडवाः ॥ वयंवारा
ज्यमिच्छामोघातयित्वामहाव्रतम् ६५ क्षत्रधर्मेस्थिताःपार्थानापराध्यंतिपुत्रकाः ॥ एतदार्येणकर्तव्यंकृच्छ्रास्वापत्सुसंजय ६६ पराक्रमःपराशक्तिस्तत्तुतस्मिन्प्रतिष्ठि
तम् ॥ अनीकानिविनिघ्नन्तंह्रीमंतमपराजितम् ६७ कथंशांतनवंतातंपांडुपुत्रान्यवारयन् ॥ यथायुक्तान्यनीकानिकथंयुद्धंमहात्मभिः ६८ कथंवानिहतोभीष्मःपि
तासंजयमेपरैः ॥ दुर्योधनश्चकर्णश्चशकुनिश्चापिसौबलः ६९ दुःशासनश्चकितवोहतेभीष्मेकिमब्रुवन् ॥ यच्छरीरैरुपास्तीर्णांनरवारणवाजिनाम् ७० शरशक्तिमहा
खङ्गतोमराक्षांमहाभयाम् ॥ प्राविशन्कितवामंदाःसभांयुद्धदुरासदाम् ७१ प्राणद्यूतेप्रतिभयेकेऽदीव्यंतनरर्षभाः ॥ केजीयंतेजितास्तत्रकृतलक्ष्यानिपातिताः ७२ अ
न्येभीष्माच्छांतनवात्तन्ममाचक्ष्वसंजय ॥ नहिमेशांतिरस्तीहश्रुत्वादेवव्रतंहतम् ७३ पितरंभीमकर्माणंभीष्ममाहवशोभिनम् ॥ आर्तिमेहृदयेरूढांमहतींपुत्रहानि
जाम् ७४ त्वंहिमेसर्पिषेवाग्निमुद्दीपयसिसंजय ॥ महांतंभारमुद्यम्यविश्रुतंसार्वलौकिकम् ७५ दृष्ट्वाविनिहतंभीष्मंमन्येशोचंतिपुत्रकाः ॥ श्रोष्यामितानिदुःखानि
दुर्योधनकृतान्यहम् ७६ तस्मान्मेसर्वमाचक्ष्वयद्वृत्तंतत्रसंजय ॥ यद्वृत्तंतत्रसंग्रामेमंदस्याबुद्धिसंभवम् ७७ अपनीतंसुनीतंयत्तन्ममाचक्ष्वसंजय ॥ यत्कृतंतत्रसंग्रामे
भीष्मेणजयमिच्छता ७८ तेजोयुक्तंकृतास्त्रेणशंसतच्चाप्यशेषतः ॥ तथातदभवद्युद्धंकुरुपांडवसेनयोः ७९ क्रमेणयेनयस्मिंश्चकालेयच्चयथाऽभवत् ८० ॥ इतिश्रीम
हाभारते भीष्मपर्वणिभगवद्गीतापर्वणि धृतराष्ट्रप्रश्नेचतुर्दशोऽध्यायः ॥ १४ ॥ ॥ संजयउवाच ॥ त्वद्युक्तोऽयमनुप्रश्नोमहाराजयथाऽर्हसि ॥ नतुदुर्योधनेदोषमि
ममासंक्तुमर्हसि १ यआत्मनोदुश्चरितादशुभंप्राप्नुयान्नरः ॥ एनसातेननान्यंसउपाशंकितुमर्हति २ महाराजमनुष्येषुनिंद्यंयःसर्वमाचरेत् ॥ सवध्यःसर्वलोकस्यनिंदिता
निसमाचरन् ३ निकारोनिकृतिप्रज्ञैःपांडवैस्त्वत्प्रतीक्षया ॥ अनुभूतःसहामात्यैःक्षांतश्चसुचिरंवने ४ हयानांचगजानांचराज्ञांचामिततेजसाम् ॥ प्रत्यक्षंयन्मयादृष्टं
दृष्टंयोगबलेनच ५ शृणुतत्पृथिवीपालमाचशोकेमनःकृथाः ॥ दिष्टमेतत्पुरानूनमिदमेवनराधिप ६ नमस्कृत्वापितुस्तेऽहंपाराशर्यायधीमते ॥ यस्यप्रसादा
द्दिव्यंतत्प्राप्तंज्ञानमनुत्तमम् ७

भावदीपेचतुर्दशोऽध्यायः ॥ १४ ॥ ॥ ॥ ॥ ॥ ॥ त्वद्युक्तइति । आसंक्तुंआसंजयितुम् १ एनसापापेन २ । ३ । ४ । ५ । ६ । ७

८ व्युत्थितस्यउच्छास्त्रवर्तिनउत्पत्तिःकारणंतस्यविज्ञानम् ९ । १० व्यूढेषुव्यूहरचनयास्थितेषु ११ । १२ । १३ । १४ । १५ । १६ । १७ । १८ । १९ । २० । २१ ॥ इतिभीष्मपर्वणिनील

दृष्टिश्चातींद्रियाराजन्दूराच्छ्रवणमेवच ॥ परचित्तस्यविज्ञानमतीतानागतस्यच ८ व्युत्थितोत्पत्तिविज्ञानमाकाशेचगतिःशुभा ॥ अस्त्रैरसंगोयुद्धेषुवरदानान्महात्मनः ९ शृणुमेविस्तरेणेदंविचित्रंपरमाद्भुतम् ॥ भरतानामभूद्युद्धंयथातल्लोमहर्षणम् १० तेष्वनीकेषुयत्तेषुव्यूढेषुचविधानतः ॥ दुर्योधनोमहाराजदुःशासनमथाब्रवीत् ११ दुःशासनरथास्तूर्णंयुज्यंतांभीष्मरक्षिणः ॥ अनीकानिचसर्वाणिशीघ्रंत्वमनुचोदय १२ अयंसमामभिप्राप्तोवर्षपूगाभिचिंतितः ॥ पांडवानांससैन्यानांकुरूणांचसमागमः १३ नातःकार्यतमंमन्येरणेभीष्मस्यरक्षणात् ॥ हन्याद्गुप्तोह्यसौपार्थान्सोमकांश्चससृंजयान् १४ अब्रवीच्चविशुद्धात्मानाहंहन्यांशिखंडिनम् ॥ श्रूयतेस्त्रीह्यसौपूर्वंतस्माद्वर्ज्योरणेमम १५ तस्माद्भीष्मोरक्षितव्योविशेषेणेतिमेमतिः ॥ शिखंडिनोवधेयत्ताःसर्वेतिष्ठंतुमामकाः १६ तथाप्राच्याःप्रतीच्याश्चदाक्षिणात्योत्तरापथाः ॥ सर्वथाऽस्त्रेषुकुशलास्तेरक्षंतुपितामहम् १७ अरक्ष्यमाणंहिवृकोहन्यात्सिंहंमहाबलम् ॥ मासिंहंजंबुकेनेवघातयामःशिखंडिना १८ वामंचक्रंयुधामन्युरुत्तमौजाश्चदक्षिणम् ॥ गोप्तारौफाल्गुनंप्राप्तौफाल्गुनोऽपिशिखंडिनः १९ संरक्ष्यमाणःपार्थेनभीष्मेणचविवर्जितः ॥ यथानहन्याद्गांगेयंदुःशासनतथाकुरु २० ॥ इतिश्रीम०भीष्मपर्वणिभगवद्गीताप०दुर्योधनदुःशासनसंवादेपंचदशोऽध्यायः ॥ १५ ॥ ॥ संजयउवाच ॥ ततोरजन्यांव्युष्टायांशब्दःसमभवन्महान् ॥ क्रोशतांभूमिपालानांयुज्यतांयुज्यतामिति १ शंखदुंदुभिघोषैश्चसिंहनादैश्चभारत ॥ हयहेषितनादैश्चरथनेमिस्वनैस्तथा २ गजानांबृंहतांचैवयोधानांचापिगर्जताम् ॥ क्ष्वेलितास्फोटितोत्क्रुष्टैस्तुमुलंसर्वतोऽभवत् ३ उदतिष्ठन्महाराजसर्वंयुक्तमशेषतः ॥ सूर्योदयेमहत्सैन्यंकुरुपांडवसेनयोः ४ राजेंद्रतवपुत्राणांपांडवानांतथैवच ॥ दुष्प्रधृष्याणिचास्त्राणिसशस्त्रकवचानिच ५ ततःप्रकाशेसैन्यानिसमदृश्यंतभारत ॥ त्वदीयानांपरेषांचशस्त्रवंतिमहांतिच ६ तत्रनागारथाश्चैवजांबूनदपरिष्कृताः ॥ विभ्राजमानादृश्यंतेमेघाइवसविद्युतः ७ रथानीकान्यदृश्यंतनगराणीवभूरिशः ॥ अतीवशुशुभेतत्रपितातेपूर्णचंद्रवत् ८ धनुर्भिर्ऋष्टिभिःखड्गैर्गदाभिःशक्तितोमरैः ॥ योधाःप्रहरणैःशुभ्रैस्तेष्वनीकेष्ववस्थिताः ९ गजाःपदातारथिनस्तुरगाश्चविशांपते ॥ व्यतिष्ठन्वागुराकाराःशतशोऽथसहस्रशः १० ध्वजाबहुविधाकाराव्यदृश्यंतसमुच्छ्रिताः ॥ स्वेषांचैवपरेषांचद्युतिमंतःसहस्रशः ११ कांचनामणिचित्रांगाज्वलंतइवपावकाः ॥ अर्चिष्मंतोव्यरोचन्तगजारोहाःसहस्रशः १२ महेन्द्रकेतवःशुभ्रामहेन्द्रसदनेष्विव ॥ सन्नद्धास्तेप्रवीराश्चददृशुर्युद्धकांक्षिणः १३ उद्यतैरायुधैश्चित्रास्तलबद्धाःकलापिनः ॥ ऋषभाक्षामनुष्येंद्राश्चमूमुखगताबभुः १४

कंठीये भारतभावदीपेपंचदशोऽध्यायः ॥ १५ ॥ ॥ ॥ ॥ ततइति १ । २ । ३ युक्तंसन्नद्धं अशेषतः सर्वप्रकारैः ४ । ५ ६ । ७ । ८ । ९ वागुराकाराः परेषांबंधनार्थमित्यर्थः १० । ११ । १२ । १३ तलबद्धाःतलंज्याघातत्राणंबद्धंयैस्ते कलापिनःतूणवंतः १४

१५ । १६ । १७ । १८ बद्धकृष्णाजिनाइति युद्धेमरणदीक्षांकृतवंतइत्यर्थः १९ । २० । २१ । २२ । २३ । २४ । २५ । २६ तथाविधःसंमर्दइतिशेषः २७ ॥ इतिभीष्मपर्वणिनीलकंठीयेभारतभाव दीपेषोडशोऽध्यायः ॥ १६ ॥ ॥ यथासइति १ मघाविषयगःसोमस्तद्दिनंप्रत्यपद्यतेति । मघापित्र्यंनक्षत्रंतस्यविषयोदेशःपितृलोकस्तद्गतःसोमः कुरुपांडवयुद्धारंभदिनमुक्तंभारतसावित्र्यां । 'हेमंते प्रथमेमासिशुक्लपक्षेत्रयोदशीं प्रवृत्तंभारतंयुद्धंनक्षत्रेयमदैवते' । प्रथमेमार्गशीर्षे अत्रत्रयोदशीशब्देनतद्युक्ताचतुर्दश्येवग्राह्या । अर्जुनेनहतोभीष्मोमाघमासेऽसिताष्टमी' इति ' त्रयोदश्यांतुमध्याह्नेभारद्वाजो निपातितः'इति तत्रैवयुद्धस्यदशमेपंचदशेचाह्निहतयोर्भीष्मद्रोणयोरष्टमीत्रयोदशीसंयोगदर्शनात् अत्रपौषेऽपिमाघशब्दोमकरायनाभिप्रायेण तदानींतत्संभवात् असिताष्टमीतिच्छेदःअन्यथासप्तमीद्वादश्योरेवत योर्हननंप्राप्नोति यत्तुअमावास्यायांदुर्योधनहननंतत्रैवोक्तं तत्राप्यमावास्याशब्दइष्टिदिनेप्रतिपद्येवप्रयुक्तोवेदितव्यः । यमदैवतेतिभरणीनग्राह्या किंतुयुग्मदैवतंमृगशीर्षमेवग्राह्यं तस्यहिपूर्वदलंशुक्रदेवत्यत्वादासुरं

शकुनिःसौबलःशल्यआवंत्योऽथजयद्रथः ॥ विंदानुविंदौकैकेयाःकांबोजश्चसुदक्षिणः १५ श्रुतायुधश्चकालिंगोजयत्सेनश्चपार्थिवः ॥ बृहद्बलश्चकौशल्यःकृतवर्माच सात्वतः १६ दशैतेपुरुषव्याघ्राःशूराःपरिघबाहवः ॥ अक्षौहिणीनांपतयोयज्वानोभूरिदक्षिणाः १७ एतेचान्येचबहवोदुर्योधनवशानुगाः ॥ राजानोराजपुत्राश्चनी तिमंतोमहारथाः १८ सन्नद्धाःसमदृश्यंतस्वेष्वनीकेष्ववस्थिताः ॥ बद्धकृष्णाजिनाःसर्वेबलिनोयुद्धशालिनः १९ हृष्टादुर्योधनस्यार्थेब्रह्मलोकायदीक्षिताः ॥ सम र्थादशवाहिन्यःपरिगृह्यव्यवस्थिताः २० एकादशीधार्त्तराष्ट्रीकौरवाणांमहाचमूः ॥ अग्रतःसर्वसैन्यानांयत्रशांतनवोऽग्रणीः २१ श्वेतोष्णीषंश्वेतहयंश्वेतवर्माणम च्युतम् ॥ अपश्याममहाराजभीष्मंचंद्रमिवोदितम् २२ हेमतालध्वजंभीष्मंराजतेस्यंदनेस्थितम् ॥ श्वेताभ्रइवतीक्ष्णांशुंददृशुःकुरुपांडवाः २३ सृंजयाश्चमहेष्वासा धृष्टद्युम्नपुरोगमाः ॥ जृंभमाणंमहासिंहंदृष्ट्वाक्षुद्रमृगायथा २४ धृष्टद्युम्नमुखाःसर्वेसमुद्विविजिरेमुहुः ॥ एकादशैताःश्रीजुष्टावाहिन्यस्तवपार्थिव २५ पांडवानांतथास प्तमहापुरुषपालिताः ॥ उन्मत्तमकरावर्तौमहाग्राहसमाकुलौ २६ युगांतेसमवेतौद्वौदृश्येतेसागराविव ॥ नैवनस्तादृशोराजन्दृष्टपूर्वोनचश्रुतः ॥ अनीकानांसमे तानांकौरवाणांतथाविधः २७ ॥ इतिश्रीमहाभारतेभीष्मपर्वणिभगवद्गीताप० सैन्यवर्णनेषोडशोऽध्यायः ॥ १६ ॥ संजयउवाच ॥ यथासभगवान्व्यासःकृष्णद्वै पायनोऽब्रवीत् ॥ तथैवसहिताःसर्वेसमाजग्मुर्महीक्षितः १ मघाविषयगःसोमस्तद्दिनंप्रत्यपद्यत ॥ दीप्यमानाश्चसंपेतुर्दिविसप्तमहाग्रहाः २

उत्तरार्द्धंबुधदैवत्यत्वाद्दैवं तेनतत्रासुराणामुपरमोदेवानामभ्युदयश्चसिद्ध्यति किंच । 'चत्वारिंशदहान्यद्यद्वेचमेनिःसृतस्यवै । पुष्येणसंप्रयातोऽस्मिश्रवणेपुनरागतः'इतियुद्धारंभादष्टादशेऽह्नितीर्थयात्रातआग तस्यबलदेवस्यवचनात्श्रवणेयुद्धसमाप्तिर्दृश्यते ततःप्राचीनेऽष्टादशर्क्षेमृगशीर्षएवयुद्धारंभःसंभवति । नत्वेकविंशेभरण्यां अष्टादशदिनमध्येनक्षत्रत्रयक्षयस्यकल्पयितुमयुक्तत्वात् । कार्त्तिकीकृत्तिकायो गानुपातेनचतुर्दश्यांमृगस्यैवसंभावनाच्च एतेनयुद्धारंभप्रकृत्वमघाविषयगःसोमस्तद्दिनंप्रत्यपद्यतेतिभीष्मपर्वणिसंजयवाक्यान्मघायांयुद्धारंभइत्यपिनिरस्तं बलदेववाक्यविरुद्धत्वात् शब्दार्थस्तुमघापदे नतत्सहचराःपितरोलक्ष्यंते तेनयुद्धेमृतानामुत्तमदेहप्रदानार्थंचंद्रस्तदापितृलोकेसन्निहितोऽभूदितिस्वर्गिणांदिव्यदेहलाभश्चंद्राधीनइतिशास्त्रप्रसिद्धेः । तथाद्वादश्यांरात्रियुद्धेचंद्रोदयकालेत्रिभागमात्रशे षायांरात्रौयुद्धमवर्त्ततेत्युक्तं तत्रत्रिभागेत्यस्यत्रिमुहूर्त्तशेषायामित्यर्थः । तथा ' अष्टपंचाशतंरात्र्यःशयानस्याद्यमेगताः ' इतिभीष्मवचनंतु प्रायोऽयंसमनुप्राप्तः त्रिभागमात्रःपक्षोऽयमितिवाक्यशेषानुसारात्—

—अशसंशतहीनंयथास्यात्तथा अष्टपंच अष्टपंचाशद्रात्रयोव्यतीताइतिव्याख्येयंविलोमशोधनात् अष्टपंचाशदूनंशतंरात्रयोद्वाचत्वारिंशद्रात्रयोव्यतीताइत्यर्थः तथाचपौष कृष्णाष्टमीतोमाघशुक्लपंचम्यांतावतीदिनसंख्या पूर्यते पक्षस्यचतृतीयोभागोगतोभवति तत्राप्येकतिथिक्षयात्पंचम्याःद्विचत्वारिंशत्तमत्वंज्ञेयं शेषोभवितुमर्हतीत्यत्रकार्यशेषोदेहत्यागादिरेवशेषोनतुपक्षशेषइतिव्याख्याज्ञेया तत्रायंनिष्कर्षः कार्त्तिकशुक्लद्वादश्यां रेवत्यांकृष्णप्रयाणंततोमार्गशीर्षकृष्णपंचम्यांपुष्येसेनयोर्निर्याणं ततःपंचम्याउपरिषष्ठीमारभ्यसप्तदिनानिगणयित्वातदुपर्यष्टमेऽह्निअमावास्याभविष्यतीत्यनेन त्रयोदशदिनात्मकोऽयंकृष्णपक्षोमहोत्पातजनक इतिसूचितं क्षीणयोश्चतिथ्योःपक्षांतरेपुनर्वृद्ध्यासंख्यापूरणंभवतीतिमार्गशीर्षकृष्णपंचमीमारभ्यपौषशुक्लप्रतिपद्द्विचत्वारिंशीतिथिर्भवतीतिबलदेववाक्योक्तादिनसंख्यानक्षत्रसंख्याचानुगृहीताभवति । यत्तु

द्विधाभूतइवादित्यउदयेप्रत्यदृश्यत ॥ ज्वलंत्याशिखयाभूयोभानुमानुदितोरविः ३ ववाशिरेचदीप्तायांदिशिगोमायुवायसाः ॥ लिप्समानाःशरीराणिमांसशोणित भोजनाः ४ अहन्यहनिपार्थानांवृद्धःकुरुपितामहः ॥ भरद्वाजात्मजश्चैवप्रातरुत्थायसंयतौ ५ जयोस्तुपांडुपुत्राणामित्यूचतुररिंदमौ ॥ युयुधातेतवार्थाययथासस मयःकृतः ६ सर्वधर्मविशेषज्ञःपितादेवव्रतस्तव ॥ समानीयमहीपालानिदंवचनमब्रवीत् ७ इदंवःक्षत्रियाद्वारंस्वर्गायापावृतंमहत् ॥ गच्छध्वंतेनशक्रस्यब्रह्मणः सहलोकताम् ८ एषवःशाश्वतःपंथाःपूर्वैःपूर्वतरैःकृतः ॥ संभावयध्वमात्मानमव्यग्रमनसोयुधि ९ नाभागोऽथययातिश्चमांधातानहुषोनृगः ॥ संसिद्धाःपरमंस्था नंगताःकर्मभिरीदृशैः १० अधर्मःक्षत्रियस्यैषयद्व्याधिमरणंगृहे ॥ यदयोनिधनंयातिसोऽस्यधर्मःसनातनः ११ एवमुक्तामहीपालाभीष्मेणभरतर्षभ ॥ निर्ययुः स्वान्यनीकानिशोभयंतोरथोत्तमैः १२ सतुवैकर्त्तनःकर्णःसामात्यःसहबंधुभिः ॥ न्यासितःसमरेशस्त्रंभीष्मेणभरतर्षभ १३ अपेतकर्णाःपुत्रास्तेराजानश्चैवतावकाः ॥ निर्ययुःसिंहनादेननादयंतोदिशोदश १४ श्वेतैश्छत्रैःपताकाभिर्ध्वजवारणवाजिभिः ॥ तान्यनीकानिशोभंतेगजैरथपदातिभिः १५ भेरीपणवशब्दैश्चदुंदुभीनांच निःस्वनैः ॥ रथनेमिनिनादैश्चबभूवाकुलितामही १६ कांचनांगदकेयूरैःकार्मुकैश्चमहारथाः ॥ भ्राजमानाव्यराजंतसाग्नयःपर्वताइव १७ तालेनमहताभीष्मःपं चतारेणकेतुना ॥ विमलादित्यसंकाशस्तस्थौकुरुचमूपरि १८ येत्वदीयामहेष्वासाराजानोभरतर्षभ ॥ अवर्त्तंतयथादेशंराजन्शांतनवस्यते १९ सतुगोवासनः शैब्यःसहितःसर्वराजभिः ॥ ययौमातंगराजेनराजार्हेणपताकिना ॥ पद्मवर्णस्त्वनीकानांसर्वेषामग्रतःस्थितः २० अश्वत्थामाययौयत्तःसिंहलांगूलकेतुना ॥ श्रुतायुधश्चित्रसेनःपुरुमित्रोविविंशतिः २१ शल्योभूरिश्रवाश्चैवविकर्णश्चमहारथः ॥ एतेसप्तमहेष्वासाद्रोणपुत्रपुरोगमाः २२ स्यंदनैर्वरवर्माणोभीष्मस्यास न्पुरोगमाः ॥ तेषामपिमहोत्सेधाःशोभयंतोरथोत्तमान् २३

'सप्तमाच्चापिदिवसादमावास्याभविष्यति । संग्रामंयोजयेत्तत्रतांह्याहुःशक्रदैवतां । प्रयाध्वंवैकुरुक्षेत्रंपुष्योद्येतिपुनःपुनः' इतिदुर्योधनवाक्यं तत्रसंग्राममित्यनेनसंग्रामेजयसाधनं धाराबंधादिकंतस्यांयोजयेदित्यु क्तं । शक्रदैवतामित्यनेनतस्यांज्येष्ठानक्षत्रयोगउच्यते सचतिथिद्वयक्षयात्तत्रासंभवन्नपितत्रतिथिवदेवनक्षत्रक्षयाद्वातिथिनक्षत्रयोराद्यंतयोगाद्वाज्ञेयं इतिसर्वंसमंजसं महाग्रहाःराहुकेत्वोरुपग्रहत्वात्सप्तैव २ । ३ ववाशिरेशब्दंकृतवंतः ४ । ५ । ६ । ७ । ८ । ९ । १० अयोनिधनंअयसाशस्त्रेणमरणम् ११ । १२ । १३ । १४ । १५ । १६ । १७ तालेनध्वजभूतेन १८ । १९ गोवासनःतद्देश्यः २० । २१ । २२ । २३

२४ । २५ । २६ । २७ अंगपतिनाकर्णपुत्रेणवृषकेतुना २८ वराहेणकेतुमुख्येनेतिसंबंधः २९ । ३० । ३१ । ३२ । ३३ निष्केणकंठाभरणेन ३४ । ३५ । ३६ । ३७ । ३८ । ३९

भ्राजमानाव्यरोचंतजांबूनदमयाध्वजाः ॥ जांबूनदमयीवेदीकमंडलुविभूषिता २४ केतुराचार्यमुख्यस्यद्रोणस्यधनुषासह ॥ अनेकशतसाहस्रमनीकमनुक
र्षतः २५ महान्दुर्योधनस्यासीन्नागोमणिमयोध्वजः ॥ तस्यपौरवकालिंगकांबोजाःससुदक्षिणाः २६ क्षेमधन्वाचशल्यश्चतस्थुःप्रमुखतोरथाः ॥ स्यंदने
नमहार्हेणकेतुनावृषभेणच ॥ प्रकर्षन्नेवसेनाग्रंमागधस्यकृपोययौ २७ तदंगपतिनागुप्तंकृपेणचमनस्विना ॥ शारदांबुधरप्रख्यंप्राच्यानांसुमहद्बलम् २८
अनीकप्रमुखेतिष्ठन्वराहेणमहायशाः ॥ शुशुभेकेतुमुख्येनराजतेनजयद्रथः २९ शतंरथसहस्राणांतस्यासन्वशवर्त्तिनः ॥ अष्टौनागसहस्राणिसादिनामयुतानिषट्
३० तत्सिंधुपतिनाराज्ञापालितंध्वजिनीमुखम् ॥ अनंतरथनागाश्वमशोभतमहद्बलम् ३१ षष्ट्यारथसहस्रैस्तुनागानामयुतेनच ॥ पतिःसर्वकलिंगानांययौकेतुमता
सह ३२ तस्यपर्वतसंकाशाव्यरोचंतमहागजाः ॥ यंत्रतोमरतूणीरैःपताकाभिःसुशोभिताः ३३ शुशुभेकेतुमुख्येनपावकेनकलिंगकः ॥ श्वेतच्छत्रेणनिष्केण
चामरव्यजनेनच ३४ केतुमानपिमातंगंविचित्रपरमांकुशम् ॥ आस्थितःसमरेराजन्मेघस्थइवभानुमान् ३५ तेजसादीप्यमानस्तुवारणोत्तममास्थितः ॥ भग
दत्तोययौराजायथावज्रधरस्तथा ३६ गजस्कंधगतावास्तांभगदत्तेनसंमितौ ॥ विंदानुविंदावावंत्यौकेतुमंतमनुव्रतौ ३७ सरथानीकवान्व्यूहोहस्त्यंगोनृपशीर्षवान् ॥
वाजिपक्षःपतत्युग्रःप्रहसन्सर्वतोमुखः ३८ द्रोणेनविहितोराजन्राज्ञाशांतनवेनच ॥ तथैवाचार्यपुत्रेणबाल्हीकेनकृपेणच ३९ ॥ इतिश्रीमहाभारतेभीष्मपर्व
णिभगवद्गीताप० सैन्यवर्णनेसप्तदशोऽध्यायः ॥ १७ ॥ संजयउवाच ॥ ततोमुहूर्त्तात्तुमुलःशब्दोहृदयकंपनः ॥ अश्रूयतमहाराजयोधानांप्रयुयुत्सताम् १
शंखदुंदुभिघोषैश्चवारणानांचबृंहितैः ॥ नेमिघोषैरथानांचदीर्यतीववसुंधरा २ हयानांहेषमाणानांयोधानांचैवगर्जताम् ॥ क्षणेनैवनभोभूमिःशब्देनापूरितंतदा ३
पुत्राणातवदुर्धर्षपांडवानांतथैवच ॥ समकंपंतसैन्यानिपरस्परसमागमे ४ तत्रनागारथाश्चैवजांबूनदविभूषिताः ॥ भ्राजमानाव्यदृश्यंतमेघाइवसविद्युतः ५
ध्वजाबहुविधाकारास्तावकानांनराधिप ॥ कांचनांगदिनोरेजुर्ज्वलिताइवपावकाः ६ स्वेषांचैवपरेषांचसमदृश्यंतभारत ॥ महेन्द्रकेतवःशुभ्रामहेन्द्रसदनेष्विव
७ कांचनैःकवचैर्वीराज्वलनार्कसमप्रभैः ॥ सन्नद्धाःसमदृश्यंतज्वलनार्कसमप्रभाः ८ कुरुयोधवराराजन्विचित्रायुधकार्मुकाः ॥ उद्यतैरायुधैश्चित्रैस्तलबद्धाःप
ताकिनः ९ ऋषभाक्षामहेष्वासाश्चमूमुखगताबभुः ॥ पृष्ठगोपास्तुभीष्मस्यपुत्रास्तवनराधिप ॥ दुःशासनोदुर्विषहोदुर्मुखोदुःसहस्तथा १० विविंशतिश्चित्र
सेनोविकर्णश्चमहारथः ॥ सत्यव्रतःपुरुमित्रोजयोभूरिश्रवाःशलः ११ रथाविंशतिसाहस्रास्तथैषामनुयायिनः ॥ अभीषाहाःशूरसेनाःशिबयोऽथवसातयः १२

॥ इतिभीष्मपर्वणिनीलकंठीयेभारतभावदीपेसप्तदशोऽध्यायः ॥ १७ ॥ ॥ ततइति १ । २ । ३ । ४ । ५ । ६ । ७ । ८ । ९ । १० । ११ । १२

१३ । १४ । १५ शतानामयुतानिषट् षट्शतान्ययुतगुणानिषष्टिलक्षाणीतियावत् १६ । १७ । १८ ॥ इतिभीष्मपर्वणिनीलकंठीये भारतभावदीपेअष्टमोऽध्यायः ॥ १८ ॥ अक्षौहिण्यइति १ । २ । ३

शाल्वामत्स्यास्तथांबष्ठास्त्रैगर्त्ताःकेकयास्तथा ॥ सौवीराःकैतवाःप्राच्याःप्रतीच्योदीच्यवासिनः १३ द्वादशैतेजनपदाःसर्वेशूरास्तनुत्यजः ॥ महतारथवंशेन तेररक्षुःपितामहम् १४ अनीकंदशसाहस्रंकुंजराणांतरस्विनाम् ॥ मागधोयत्रनृपतिस्तद्रथानीकमन्वयात् १५ रथानांचक्ररक्षाश्चपादरक्षाश्चदंतिनाम् ॥ अभवन्वाहिनीमध्येशतानामयुतानिषट् १६ पादाताश्चाग्रतोऽगच्छन्धनुश्चर्मासिपाणयः ॥ अनेकशतसाहस्रानखरप्रासयोधिनः १७ अक्षौहिण्योदशैकाचतवपुत्रस्यभारत ॥ अदृश्यंतमहाराजगंगेवयमुनांतरा १८ ॥ इतिश्रीमहाभारतेभीष्मपर्वणिभगवद्गीतापर्वणि सैन्यवर्णनेअष्टादशोऽध्यायः ॥ १८ ॥

॥ धृतराष्ट्रउवाच ॥ अक्षौहिण्योदशैकाचव्यूढादृष्ट्वायुधिष्ठिरः ॥ कथमल्पेनसैन्येनप्रत्यव्यूहतपांडवः १ योवेदमानुषंव्यूहंदैवंगांधर्वमासुरम् ॥ कथंभीष्मंसकौन्तेयःप्रत्यव्यूहतसंजय २ ॥ संजयउवाच ॥ धार्तराष्ट्राण्यनीकानिदृष्ट्वाव्यूढानिपांडवः ॥ अभ्यभाषतधर्मात्माधर्मराजोधनंजयम् ३ महर्षेर्वचनात्तातवेदयंतिबृहस्पतेः ॥ संहतान्योधयेदल्पान्कामंविस्तारयेद्बहून् ४ सूचीमुखमनीकंस्यादल्पानांबहुभिःसह ॥ अस्माकंचतथासैन्यमल्पीयःसुतरांपरैः ५ एतद्वचनमाज्ञायमहर्षेर्व्यूहपांडव ॥ एतच्छ्रुत्वाधर्मराजंप्रत्यभाषतपांडवः ६ एषव्यूहामितेव्यूहंराजसत्तमदुर्जयम् ॥ अचलंनामवज्राख्यंविहितंवज्रपाणिना ७ यःसवातइवोद्धूतःसमरेदुःसहःपरैः ॥ सनःपुरोयोत्स्यतेवैभीमःप्रहरतांवरः ८ तेजांसिरिपुसैन्यानांमृद्नन्पुरुषसत्तमः ॥ अग्रेऽग्रणीर्योत्स्यतिनोयुद्धोपायविचक्षणः ९ यंदृष्ट्वाकुरवःसर्वेदुर्योधनपुरोगमाः ॥ निवर्तिष्यंतिसंत्रस्ताःसिंहंक्षुद्रमृगायथा १० तंसर्वेसंश्रयिष्यामःप्राकारमकुतोभयाः ॥ भीमंप्रहरतांश्रेष्ठंदेवराजमिवामराः ११ नहिसोऽस्तिपुमाँल्लोकेयःसंक्रुद्धंवृकोदरम् ॥ द्रष्टुमत्युग्रकर्माणंविषहेतनरर्षभम् १२ एवमुक्त्वामहाबाहुस्तथाचक्रेधनंजयः ॥ व्यूह्यतानिबलान्याशुप्रययौफाल्गुनस्तथा १३ संप्रयातान्कुरून्दृष्ट्वापांडवानांमहाचमूः ॥ गंगेवपूर्णास्तिमितास्पंदमानाव्यदृश्यत १४ भीमसेनोऽग्रणीस्तेषांधृष्टद्युम्नश्चवीर्यवान् ॥ नकुलःसहदेवश्चधृष्टकेतुश्चपार्थिवः १५ विराटश्चततःपश्चाद्राजाऽथाक्षौहिणीवृतः ॥ भ्रातृभिःसहपुत्रैश्चसोऽभ्यरक्षतपृष्ठतः १६ चक्ररक्षौतुभीमस्यमाद्रीपुत्रौमहाद्युती ॥ द्रौपदेयाःससौभद्राःपृष्ठगोपास्तरस्विनः १७ धृष्टद्युम्नश्चपांचाल्यस्तेषांगोप्तामहारथः ॥ सहितःपृतनाशूरैरथमुख्यैःप्रभद्रकैः १८ शिखंडीतुततःपश्चादर्जुनेनाभिरक्षितः ॥ यत्तोभीष्मविनाशायप्रययौभरतर्षभ १९ पृष्ठतोऽप्यर्जुनस्यासीद्युयुधानोमहाबलः ॥ चक्ररक्षौतुपांचाल्यौयुधामन्यूत्तमौजसौ २० कैकेयोधृष्टकेतुश्चचेकितानश्चवीर्यवान् ॥ भीमसेनोगदांबिभ्रद्वज्रसारमयींदृढाम् ॥ चरन्वेगेनमहतासमुद्रमपिशोषयेत् २१ एतेतिष्ठंतिसामात्याःप्रेक्षंतस्तेजनाधिप ॥ धृतराष्ट्रस्यदायादाइतिबीभत्सुरब्रवीत् २२ भीमसेनंतदाराजन्दर्शयस्वमहाबलम् ॥ ब्रुवाणंतुतथापार्थंसर्वसैन्यानिभारत २३

संहतानिति । अल्पैःसंहस्यैवयोद्धव्यंबहुभिस्तुविशकलितैरपियोद्धुंशक्यमित्यर्थः ४ । ५ व्यूहव्यूहंकुरु ६ । ७ । ८ । ९ । १० । ११ । १२ । १३ स्पंदमानाकिंचिच्चलंती १४ । १५ । १६ । १७ १८ । १९ । २० । २१ धृतराष्ट्रस्यदायादाइत्यनेनतवैवैतेभागइतिसूचयति । २२ । २३

२४ । २५ । २६ । २७ । २८ । २९ वारणाराजाननन्वयुरितिसंबंधः अचलाःनिष्कंपाः ३० जीमूताःपर्वताः 'जीमूतोऽद्रौ' इतिमेदिनी ३१ । ३२ । ३३ । ३४ । ३५ प्रावात्प्रववौ सपृषतःसार्द्रबिंदुः ३६ वाताःरूक्षावायवः ३७ आहत्यआस्फाल्य ३८ । ३९ । ४० । ४१ । ४२ । ४३ मज्जानइति। नोऽस्माकंयोधानांमज्जाःधातुविशेषान्ग्रसंतइवेतियोज्यं ४४ भीमसेनंदृष्ट्वाव्यवस्थिता

अपूजयंस्तदावाग्भिरनुकूलाभिराहवे ॥ राजातुमध्यमानीकेकुंतीपुत्रोयुधिष्ठिरः २४ बृहद्भिःकुंजरैर्मत्तैश्चलद्भिरचलैरिव ॥ अक्षौहिण्याऽथपांचाल्योयज्ञसेनोमहामनाः ॥
विराटमन्वयात्पश्चात्पांडवार्थेपराक्रमी २५ तेषामादित्यचंद्राभाःकनकोत्तमभूषणाः ॥ नानाचित्रधराराजत्रथेष्वासन्महाध्वजाः २६ समुत्सार्यततःपश्चाद्धृष्टद्युम्नोमहा
रथः ॥ भ्रातृभिःसहपुत्रैश्चसोऽभ्यरक्षद्युधिष्ठिरम् २७ त्वदीयानांपरेषांचरथेषुविपुलान्ध्वजान् ॥ अभिभूयार्जुनस्यैकोरथेतस्थौमहाकपिः २८ पदातास्त्वग्रतोऽगच्छ
न्नसिशक्त्यृष्टिपाणयः ॥ अनेकशतसाहस्राभीमसेनस्यरक्षिणः २९ वारणादशसाहस्राःप्रभिन्नकरटामुखाः ॥ शूराहेममयैर्जालैर्दीप्यमानाइवाचलाः ३० क्षरंतइवजी
मूतामहार्हाःपद्मगंधिनः ॥ राजानमन्वयुःपश्चाज्जीमूताइववार्षिकाः ३१ भीमसेनोगदांभीमांप्रकर्षन्परिघोपमाम् ॥ प्रचकर्षमहासैन्यंदुराधर्षोमहामनाः ३२ तमर्क
मिवदुष्प्रेक्ष्यंतपंतमिववाहिनीम् ॥ नशेकुःसर्वयोधास्तेप्रतिवीक्षितुमंतिके ३३ वज्रोनामैषसव्यूहोनिर्भयःसर्वतोमुखः ॥ चापविद्युद्ध्वजोघोरोगुप्तोगांडीवधन्वना ३४ यंप्र
तिव्यूह्यतिष्ठंतिपांडवास्तववाहिनीम् ॥ अजेयोमानुषेलोकेपांडवैरभिरक्षितः ३५ संध्यांतिष्ठत्सुसैन्येषुसूर्यस्योदयनंप्रति ॥ प्रावात्सपृषतोवायुर्निरभ्रेस्तनयित्नुमान् ३६
विष्वग्वाताश्चविववुर्नीचैःशर्करकर्षिणः ॥ रजश्चोद्धूयतमहत्तमआच्छादयज्जगत् ३७ पपातमहतीचोल्काप्राङ्मुखीभरतर्षभ ॥ उद्यंतंसूर्यमाहत्यव्यशीर्यतमहास्वना
३८ अथसंनह्यमानेषुसैन्येषुभरतर्षभ ॥ निष्प्रभोऽभ्युदयौसूर्यःसघोषंभूश्चचालच ३९ व्यशीर्यतसनादाचभूस्तदाभरतर्षभ ॥ निर्घाताबहवोराजन्दिक्षुसर्वासुचाभवन्
४० प्रादुरासीद्रजस्तीव्रंनप्राज्ञायतकिंचन ॥ ध्वजानांधूयमानानांसहसामातरिश्वना ४१ किंकिणीजालबद्धानांकांचनस्रग्वरांबरैः ॥ महतांसपताकानामादित्यसमते
जसाम् ४२ सर्वंझणझणीभूतमासीत्तालवनेष्विव ॥ एवंतेपुरुषव्याघ्राःपांडवायुद्धनंदिनः ४३ व्यवस्थिताःप्रतिव्यूह्यतवपुत्रस्यवाहिनीम् ॥ ग्रसंतइवमज्जानंयोधानां
भरतर्षभ ४४ दृष्ट्वाऽग्रतोभीमसेनंगदापाणिमवस्थितम् ४५ ॥ इतिश्रीमहाभारतेभीष्मपर्वणि भगव० पांडवसैन्यव्यूहेएकोनविंशोऽध्यायः ॥ १९ ॥ ॥ धृतराष्ट्र
उवाच ॥ सूर्योदयेसंजयकेनुपूर्वंयुयुत्सवोहृष्यमाणाइवासन् ॥ मामकावाभीष्मनेत्राःसमीपेपांडवावाभीमनेत्रास्तदानीम् १ केषांजघन्यौसोमसूर्यौसवायूकेषांसे
नांश्वापदाश्चाभषंत ॥ केषांयूनांमुखवर्णाःप्रसन्नाःसर्वमेतत्त्वंब्रूहिमेवंयथावत् २ ॥ संजयउवाच ॥ उभेसेनेतुल्यमिवोपयातेउभेव्यूहेहृष्टरूपेनरेन्द्र ॥ उभेचित्रेवनराजिप्रका
शेतथैवोभेनागरथाश्वपूर्णे ३

इतिसंबंधः ४५ ॥ इतिभीष्मपर्वणिनीलकंठीयेभारतभावदीपे एकोनविंशोऽध्यायः ॥ १९ ॥ ॥ भीष्मोनेतानिर्वोढायेषांतेभीष्मनेत्राः १ मेवंपुष्कलंयथास्यात्तथाब्रूहि । मेवमितिमीवतेःपुष्ट्यर्थस्यघञिबाहुलकादुपधाह्रस्वेततोगुणेरूपं । गौडास्त्विदृक्पाठांतरंकल्पयंति सर्वमेतद्ब्रूहिमेत्वंयथावदिति २ व्यूहेस्वेस्वेइतिशेषः ३

भ.भा.टी. ॥ १८ ॥

४ । ५ । ६ । ७ । ८ । ९ । १० भूमींद्रइवपर्वतइवअप्रकंप्यइत्यर्थः ११ । १२ । १३ । १४ येनयत्रतेनतत्र १५ । १६ । १७ । १८ । १९ अनंतरूपाबह्वीत्वदीया नतुपांडवानांसेनाबह्वी

भीष्म० अ० २१

उभेसेनेबृहत्यौभीमरूपेतथैवोभेभारतदुर्विषह्ये ॥ तथैवोभेस्वर्गजयायसृष्टेतथैवोभेसत्पुरुषोपजुष्टे ४ पश्चान्मुखाः कुरवोधार्तराष्ट्राः स्थिताः पार्थाः प्राङ्मुखायोत्स्य
मानाः ॥ दैत्येन्द्रसेनेवचकौरवाणांदेवेन्द्रसेनेवचपांडवानाम् ५ चक्रेवायुःपृष्ठतःपांडवानांधार्त्तराष्ट्रान्श्वापदाव्याहरंत ॥ गजेन्द्राणांमदगंधांश्चतीव्रान्नसेहिरेतवपुत्रस्य
नागाः ६ दुर्योधनोहस्तिनंपद्मवर्णंसुवर्णकक्षंजालवंतंप्रभिन्नम् ॥ समास्थितोमध्यगतःकुरूणांसंस्तूयमानोबंदिभिर्मागधैश्च ७ चंद्रप्रभंश्वेतमथातपत्रंसौवर्णस्र
ग्भ्राजतिचोत्तमांगे ॥ तंसर्वतःशकुनिःपार्वतीयैःसार्द्धंगांधारैर्यातिगांधारराजः ८ भीष्मोऽग्रतःसर्वसैन्यस्यवृद्धःश्वेतच्छत्रःश्वेतधनुःसखड्गः ॥ श्वेतोष्णीषःपांडुरेण
ध्वजेनश्वेतैरश्वैःश्वेतशैलप्रकाशैः ९ तस्यसैन्येधार्त्तराष्ट्राश्चसर्वेबाल्हीकानामेकदेशःशलश्च ॥ येचांबष्ठाःक्षत्रियायेचसिंधोस्तथासौवीराःपंचनदाश्चशूराः १० शोणैर्ह
यैरुक्मरथोमहात्माद्रोणोधनुष्पाणिरदीनसत्वः ॥ आस्तेगुरुःप्रायशःसर्वराज्ञांपश्चाच्चमूमींद्रइवाभियाति ११ वार्द्धक्षत्रिःसर्वसैन्यस्यमध्येभूरिश्रवाःपुरुमित्रोजयश्च ॥
शाल्वामत्स्याःकेकयाश्चेतिसर्वेगजानीकैर्भ्रातरोयोत्स्यमानाः १२ शारद्वतश्चोत्तरधूर्महात्मामहेष्वासोगौतमश्चित्रयोधी ॥ शकैःकिरातैर्यवनैःपल्हवैश्चसार्धंचमू
मुत्तरतोऽभियाति १३ महारथैर्वृष्णिभोजैःसुगुप्तंसुराष्ट्रकैर्विहितैरात्तशस्त्रैः ॥ बृहद्बलंकृतवर्माभिगुप्तंबलंत्वदीयंदक्षिणेनाभियाति १४ संशप्तकानामयुतंरथानांमृ
त्युर्जयोवाऽर्जुनस्येतिसृष्टाः ॥ येनार्जुनस्तेनराजन्कृतास्त्राःप्रयातारस्तेत्रिगर्ताश्चशूराः १५ साग्रंशतसहस्रंतुनागानांतवभारत ॥ नागेनागेरथशतंशतमश्वारथे
रथे १६ अश्वेऽश्वेदशधानुष्काधानुष्केशतचर्मिणः ॥ एवंव्यूढान्यनीकानिभीष्मेणतवभारत १७ संव्यूह्यमानुषंव्यूहंदैवंगांधर्वमासुरम् ॥ दिवसेदिवसेप्राप्तेभीष्मः
शांतनवोग्रणीः १८ महारथौघविपुलःसमुद्रइवघोषवान् ॥ भीष्मेणधार्त्तराष्ट्राणांव्यूहःप्रत्यङ्मुखोयुधि १९ अनंतरूपाध्वजिनीनरेंद्रभीमात्वदीयानतुपांडवा
नाम् ॥ तांचैवमन्येबृहतींदुष्प्रधर्षांयस्यानेताकेशवश्चार्जुनश्च २० ॥ इतिश्री० भी० भ० सैन्यवर्णनेविंशोऽध्यायः ॥ २० ॥ ॥ ॥ ॥ संजय
उवाच ॥ बृहतींधार्त्तराष्ट्रस्यसेनांदृष्ट्वासमुद्यताम् ॥ विषादमगमद्राजाकुंतीपुत्रोयुधिष्ठिरः १ व्यूहंभीष्मेणचाभेद्यंकल्पितंप्रेक्ष्यपांडवः ॥ अभेद्यमिवसंप्रेक्ष्यविव
र्णोऽर्जुनमब्रवीत् २ धनंजयकथंशक्यमस्माभिर्योद्धुमाहवे ॥ धार्त्तराष्ट्रैर्महाबाहोयेषांयोद्धापितामहः ३ अक्षोभ्योऽयमभेद्यश्चभीष्मेणामित्रकर्षिणा ॥ कल्पि
तःशास्त्रदृष्टेनविधिनाभूरिवर्चसा ४ तेवयंसंशयंप्राप्ताःससैन्याःशत्रुकर्षण ॥ कथमस्मान्महाव्यूहादुत्थानंनोभविष्यति ५ अथार्जुनोऽब्रवीत्पार्थंयुधिष्ठिरममि
त्रहा ॥ विषण्णमिवसंप्रेक्ष्यतवराजन्ननीकिनीम् ६ प्रज्ञयाऽभ्यधिकाञ्शूरान्गुणयुक्तान्बहूनपि ॥ जयंत्यल्पतरायेनतन्निबोधविशांपते ७ तत्रतेकारणंराजन्प्रव
क्ष्याम्यनसूयवे ॥ नारदस्तमृषिर्वेदभीष्मद्रोणौचपांडव ८

॥ १८ ॥

तथापितांबृहतीमेवमन्येइतिसंबंधः २० ॥ इतिभीष्मपर्वणिनीलकंठीयेभारतभावदीपे विंशोऽध्यायः ॥ २० ॥ ॥ बृहतीमिति १ । २ । ३ । ४ उत्थानंजयः ५ । ६ । ७ । ८

९ । १० । ११ । १२ गुणभूतोदासभूतः १३ । १४ अकुंठसायकः अप्रतिहतायुधः १५ । १६ । १७ ॥ इतिभीष्मपर्वणिनीलकंठीये भारतभावदीपेएकविंशोऽध्यायः ॥ २१ ॥ ॥ ॥

एनमेवार्थमाश्रित्ययुद्धेदेवासुरेऽब्रवीत् ॥ पितामहःकिलपुरामहेन्द्रादीन्दिवौकसः ९ नतथाबलवीर्याभ्यांजयंतिविजिगीषवः ॥ यथासत्यानृशंस्याभ्यांधर्मेणै
वोद्यमेनच १० ज्ञात्वाधर्ममधर्मंचलोभंचोत्तममास्थिताः ॥ युद्धयध्वमनहंकारायतोधर्मस्ततोजयः ११ एवंराजन्विजानीहिध्रुवोऽस्माकंरणेजयः ॥ यथातुनारदः
प्राहयतःकृष्णस्ततोजयः १२ गुणभूतोजयःकृष्णेपृष्ठतोऽभ्येतिमाधवम् ॥ तद्यथाविजयश्चास्यसन्नतिश्चापरोगुणः १३ अनंततेजागोविंदःशत्रुपूगेषुनिर्व्यथः ॥
पुरुषःसनातनमयोयतःकृष्णस्ततोजयः १४ पुराह्येषहरिर्भूत्वाविकुंठोऽकुंठसायकः ॥ सुरासुरानवस्फूर्जन्नब्रवीत्केजयंत्विति १५ कथंकृष्णजयेमेतियैरुक्तंतत्रतैर्जितम् ॥
तत्प्रसादाद्धित्रैलोक्यंप्राप्तंशक्रादिभिःसुरैः १६ तस्यतेनव्यथांकांचिदिहपश्यामिभारत ॥ यस्यतेजयमाशास्तेविश्वभुक्त्रिदिवेश्वरः १७ ॥ ॥ इतिश्रीमहा
भारतेभीष्मपर्वणिभवद्गीताप० युधिष्ठिरार्जुनसंवादेएकविंशोऽध्यायः ॥ २१ ॥ ॥ ६ ॥ ॥ संजयउवाच ॥ ततोयुधिष्ठिरोराजास्वांसेनां
समनोदयत् ॥ प्रतिव्यूहन्ननीकानिभीष्मस्यभरतर्षभ १ यथोद्दिष्टान्यनीकानिप्रत्यव्यूहंतपांडवाः ॥ स्वर्गंपरममिच्छंतःसुयुद्धेनकुरूद्वहाः २ मध्येशि
खंडिनोऽनीकंरक्षितंसव्यसाचिना ॥ धृष्टद्युम्नश्चरन्नग्रेभीमसेनेनपालितः ३ अनीकंदक्षिणंराजन्युयुधानेनपालितम् ॥ श्रीमतासात्वताग्र्येणशक्रेणेवधनुष्मता ४
महेंद्रयानप्रतिमंरथंतुसोपस्करंहाटकरत्नचित्रम् ॥ युधिष्ठिरःकांचनभांडयोक्त्रंसमास्थितोनागपुरस्यमध्ये ५ समुच्छ्रितंदंतशलाकमस्यसुपांडुरंछत्रमतीवभा
ति ॥ प्रदक्षिणंचैनमुपाचरंतमहर्षयःसंस्तुतिभिर्महेन्द्रम् ६ पुरोहिताःशत्रुवधंवदंतोब्रह्मर्षिसिद्धाःश्रुतवंतएनम् ॥ जप्यैश्चमंत्रैश्चमहौषधीभिःसमंततःस्वस्त्य
यनंब्रुवंतः ७ ततःसवस्त्राणितथैवगाश्चफलानिपुष्पाणितथैवनिष्कान् ॥ कुरूत्तमोब्राह्मणसान्महात्माकुर्वन्ययौशक्रइवामरेशः ८ सहस्रसूर्यःशतकिंकिणीकः
पराद्ध्यर्जांबूनदहेमचित्रः ॥ रथोऽर्जुनस्याग्निरिवार्चिमालीविभ्राजतेश्वेतहयःसुचक्रः ९ तमास्थितःकेशवसंग्रहीतंकपिध्वजोगांडिवबाणपाणिः ॥ धनुर्धरोयस्य
समःपृथिव्यांनविद्यतेनोभविताकदाचित् १० उद्वर्तयिष्यंस्तवपुत्रसेनामतीवरौद्रंसबिभर्तिरूपम् ॥ अनायुधोयःसुभुजोभुजाभ्यांनराश्वनागान्युधिभस्मकु
र्यात् ११ सभीमसेनःसहितोयमाभ्यांवृकोदरोवीररथस्यगोप्ता ॥ तंतत्रसिंहर्षभमत्तखेलंलोकेमहेन्द्रप्रतिमानकल्पम् १२ समीक्ष्यसेनाग्रगतंदुरासदंसंविव्यथुः
पंकगतायथाद्विपाः ॥ वृकोदरंवारणराजदर्पंयोधास्त्वदीयाभयविग्नसत्वाः १३ अनीकमध्येतिष्ठंतंराजपुत्रंदुरासदम् ॥ अब्रवीद्भरतश्रेष्ठंगुडाकेशंजनार्दनः १४
वासुदेवउवाच ॥ यएषरोषात्प्रतपन्बलस्थोयोनःसेनांसिंहइवेक्षतेच ॥ सएषभीष्मःकुरुवंशकेतुर्येनाहृतास्त्रिशतंवाजिमेधाः १५

ततइति १ । २ । ३ । ४ पुरस्यमध्येस्थितंइदानीमानीतमितिभावः ५ । ६ । ७ । ८ सहस्रंसूर्यतुल्यान्यादर्शचक्राणियस्मिन्ससहस्रसूर्यः ९ । १० । ११ । १२ । १३ । १४ पाठांतरे योनः
सेनांयोभीष्मोनोऽस्मभ्यंअस्मत्तःसेनांस्वांआररक्ष अभेद्यव्यूहरचनयारक्षितवान् १५

गूहंतिपरिवारयंति । भरतर्षभेणभीष्मेण १६ ॥ इतिभीष्मपर्वणिनीलकंठीयेभारतभावदीपेद्वाविंशोऽध्यायः ॥ २२ ॥ ॥ ॥ इदानींस्वस्यदिव्यंज्ञानमस्तीतिदर्शयन्संजयउवाच धार्त्त राष्ट्रबलमिति । हितार्थायहितश्चासावर्थश्चहितार्थोजयस्तदर्थं १ दुर्गायाः असुरविहंतृत्वेनप्रसिद्धायाःस्तोत्रंउदीरय असुरांशानांशत्रूणांपराजयाय २ संख्येसंग्रामे ३ हेसिद्धसेनानि सिद्धानांयोगिनां सेनासमुदायस्तस्यनेत्री परमपदप्रापिकायोगसिद्धिकरीत्यर्थः । आर्ये ऋगतौअस्मातऋहलोर्ण्यत् प्राप्यब्रह्मस्वरूपेइत्यर्थः । मंदरेमंदरवनेवसतीतितथा कुमारिअविप्लुतब्रह्मचर्ये जरादिहीनेइतिवा । कालिकालशक्ते । कापालि कपालस्यायंपतिःकापालोरुद्रस्तत्पत्नि । कपिलःकृष्णपिंगलश्चवर्णविशेषौतद्वति ४ भद्रंकल्याणंकालयतिभक्तान्प्रत्यानयतिसाभद्रकाली । महतीचासौकाली चकालयित्रीसंहर्त्रीकालरूपामहाकाली । चंडिचंडस्यकालांतकस्यभार्ये । चंडेप्रगल्भे । तारिणिसंकटोत्तरणकर्त्रि । वरवर्णिनीसर्वसौभाग्यलक्षणोपेतास्त्रीतद्रूपे ५ कात्यायनिकतगोत्रोद्भवे । महाभागेअ

एतान्यनीकानिमहानुभावंगूहंतिमेघाइवरश्मिमंतम् ॥ एतानिहत्वापुरुषप्रवीरकांक्षस्वयुद्धंभरतर्षभेण १६ ॥ इतिश्रीमहाभारतेभीष्मपर्वणिभगवद्गी० श्रीकृष्णार्जुनसंवादेद्वाविंशोऽध्यायः ॥ २२ ॥ ॥ संजयउवाच ॥ धार्त्तराष्ट्रबलंदृष्ट्वायुद्धायसमुपस्थितम् ॥ अर्जुनस्यहितार्थायकृष्णोवचनमब्रवीत् १ ॥ श्रीभगवानुवाच ॥ शुचिर्भूत्वामहाबाहोसंग्रामाभिमुखेस्थितः ॥ पराजयायशत्रूणांदुर्गास्तोत्रमुदीरय २ ॥ संजयउवाच ॥ एवमुक्तोऽर्जुनःसंख्येवासुदेवेनधीमता ॥ अवतीर्यरथात्पार्थःस्तोत्रमाहकृतांजलिः ३ ॥ अर्जुनउवाच ॥ नमस्तेसिद्धसेनानिआर्येमंदरवासिनि ॥ कुमारिकालिकापालिकपिलेकृष्णपिंगले ४ भद्रकालि नमस्तुभ्यंमहाकालिनमोऽस्तुते ॥ चंडिचंडेनमस्तुभ्यंतारिणिवरवर्णिनि ५ कात्यायनिमहाभागेकरालिविजयेजये ॥ शिखिपिच्छध्वजधरेनानाभरणभूषिते ६ अट्टशूलप्रहरणेखड्गखेटकधारिणि ॥ गोपेन्द्रस्यानुजेज्येष्ठेनंदगोपकुलोद्भवे ७ महिषासृक्प्रियेनित्यंकौशिकिपीतवासिनि ॥ अट्टहासेकोकमुखेनमस्तेऽस्तुरणप्रिये ८ उमेशाकंभरिश्वेतेकृष्णेकैटभनाशिनि ॥ हिरण्याक्षिविरूपाक्षिसुधूम्राक्षिनमोऽस्तुते ९ वेदश्रुतिमहापुण्येब्रह्मण्येजातवेदसि ॥ जंबूकटकचैत्येषुनित्यंसन्निहितालये १० त्वंब्रह्मविद्याविद्यानांमहानिद्राचदेहिनाम् ॥ स्कंदमातर्भगवतिदुर्गेकांतारवासिनि ११ स्वाहाकारःस्वधाचैवकलाकाष्ठासरस्वती ॥ सावित्रिवेदमाताचतथावेदांतउच्यते १२ स्तुताऽसित्वंमहादेविविशुद्धेनांतरात्मना ॥ जयोभवतुमेनित्यंत्वत्प्रसादाद्रणाजिरे १३ कांतारभयदुर्गेषुभक्तानांचालयेषुच ॥ नित्यंवससिपातालेयुद्धेजयसिदानवान् १४

तिपूज्ये । करालिक्रूरे । विजयेविशिष्टोजयोयस्याःसा जयप्रदेइत्यर्थः । विजयेजयस्वरूपे ६ अट्टंअत्युत्कटंशूलंतदेवप्रहरणमायुधंयस्याः । खेटकंचर्म ७ कौशिकिकुशिककुलोत्पन्ने । अट्टहासेप्रशस्तस्मिते । कोकंचक्रवत्वृत्तंवारक्तबीजवधेऽसुरादानशीलंवामुखंयस्याःसाकोकमुखा ८ श्वेतेमहेश्वररूपे । कृष्णेवासुदेवरूपे । हिरण्याक्षिपीतनेत्रे । विरूपाक्षिविविधरूपयुक्तनेत्रेमनुष्यादौ । सुधूम्राक्षिमार्जारादौ । एतेनसार्वात्म्यमुक्तंभवति ९ ब्रह्मण्येयज्ञकर्मविप्रादिपुसाध्वीब्रह्मण्या । जातवेदसिअतीतज्ञेअतीतैर्ज्ञातेवा । जंबूकटकेषुजंबूद्वीपराजधानीषु चैत्येषुदेवतालयेषु नित्यंसन्निहितआलयःस्थानं यस्याःसातथा १० महानिद्राब्रह्मविद्याफलभूतामुक्तिः । स्कंदमातरीतिसर्वदेवतारूपत्वोपलक्षणं ११ स्वाहेतिसर्वकर्मरूपत्वं । कलेतिसर्वस्थूलसूक्ष्मकालरूपत्वं । सावित्रीतिसर्ववाङ्मयरूपत्वंचउच्यते १२ रणाजिरेयुद्धांगने १३ । १४

जंभनीतंद्रा । मोहिनीनिद्रा । मायाअद्भुतप्रदर्शनं । ह्रीर्लज्जाख्याचेतोवृत्तिः एतच्चकामादिवृत्तीनामप्युपलक्षणं । श्रीर्लक्ष्मीः त्रिवर्गातपोधनादिसमृद्धिरूपा । संध्यासंधौआदावंतेचभवासंध्या सृष्टिप्रलयकर्त्रीत्यर्थः ।
प्रभावतीचंद्रसूर्यप्रभायुक्ताऽहोरात्ररूपा । सावित्रीसवितुःसूर्यस्यसंबंधिनीप्रभाप्रकाशनशक्तिस्तद्रूपा । जननीमातृवत्पालयित्री १५ तुष्टिःसंतोषः । पुष्टिरुपचयः । धृतिर्धैर्यम् । दीप्तिर्ज्योतिः । ययाकांत्याचं
द्रादित्यौवर्धेतेअसंतंकांतिमंतौभवतः वक्ष्यतिच । ‘यदादित्यगतंतेजोजगद्भासयतेऽखिलं । यच्चंद्रमसियच्चाग्नौतत्तेजोविद्धिमामकम्’ इति । ‘येनसूर्यस्तपतितेजसेद्धः’ इतिश्रुतिश्च । परंचिन्मात्रंब्रह्मैवेत्यर्थः ।
भूतिःऐश्वर्यं भूतिमतांमहेश्वरादीनां । ‘एषाऽस्यपरमासंपत्’ इतिश्रुतेर्ब्रह्मरूपैव । संख्येसम्यक्ख्यानंप्रकाशनंयत्रतस्मिन्नात्मानात्मविवेकरूपेसमाधौसिद्धैर्जीवन्मुक्तैश्चारणैराजानसिद्धैश्चवीक्ष्यसेऽनुभूयसेप्रत्य
गात्मत्वेन तदेवमाकारविशेषोपहितंब्रह्माभिध्यातंसत्सर्वामोक्षादर्वाचीनाराज्यविजयादिसिद्धीःप्रयच्छतीतिप्रदर्शितं तदेववक्ष्यतिभगवान् । ‘येऽप्यन्यदेवताभक्तायजंतेश्रद्धयान्विताः । तेऽपिमामेवकौन्तेययजं

त्वंजंभनीमोहिनीचमायाह्रीःश्रीस्तथैवच ॥ संध्याप्रभावतीचैवसावित्रीजननीतथा १५ तुष्टिःपुष्टिर्धृतिर्दीप्तिश्चंद्रादित्यविवर्धिनी ॥ भूतिर्भूतिमतांसंख्येवीक्ष्यसेसिद्ध
चारणैः ॥ १६ ॥ संजयउवाच ॥ ततःपार्थस्यविज्ञायभक्तिंमानववत्सला ॥ अंतरिक्षगतोवाचगोविंदस्याग्रतःस्थिता ॥ १७ ॥ देव्युवाच ॥ स्वल्पेनैवतुकालेनश
त्रून्जेष्यसिपांडव ॥ नरस्त्वमसिदुर्धर्षनारायणसहायवान् ॥ १८ ॥ अजेयस्त्वंरणेऽरीणामपिवज्रभृतःस्वयम् ॥ इत्येवमुक्त्वावरदाक्षणेनांतरधीयत ॥ १९ ॥ लब्ध्वा
वरंतुकौन्तेयोमेनेविजयमात्मनः ॥ आरुरोहततःपार्थोरथंपरमसंमतम् ॥ २० ॥ कृष्णार्जुनावेकरथौदिव्यौशंखौप्रदध्मतुः ॥ यइदंपठतेस्तोत्रंकल्यउत्थायमानवः
२१ ॥ यक्षरक्षःपिशाचेभ्योनभयंविद्यतेसदा ॥ नचापिरिपवस्तेभ्यःसर्पाद्यायेचदंष्ट्रिणः ॥ २२ ॥ नभयंविद्यतेतस्यसदाराजकुलादपि ॥ विवादेजयमाप्नोतिबद्धोमु
च्यतिबंधनात् ॥ २३ ॥ दुर्गंतरतिचावश्यंतथाचोरैर्विमुच्यते ॥ संग्रामेविजयेन्नित्यंलक्ष्मींप्राप्नोतिकेवलाम् ॥ २४ ॥ आरोग्यबलसंपन्नोजीवेद्वर्षशतंतथा ॥ एतद्दृष्टंप्र
सादात्तुमयाव्यासस्यधीमतः ॥ २५ ॥ मोहादेतौनजानंतिनरनारायणावृषी ॥ तवपुत्रादुरात्मानःसर्वेमन्युवशानुगाः ॥ २६ ॥ प्राप्तकालमिदंवाक्यंकालपाशेनगुं
ठिताः ॥ द्वैपायनोनारदश्चकण्वोरामस्तथाऽनघः ॥ अवारयंस्तवसुतंनचासौतद्गृहीतवान् ॥ २७ ॥

स्यविधिपूर्वकं । लभंतेचततःकामान्मयैवविहितान्हितान्’ इतिच । तथामहतीविमोक्षाख्यासिद्धिरपिसर्वाकारानुपहितब्रह्मज्ञानादेवभवतीतिप्रतिपादनायगीताशास्त्रमारीप्समानेनतत्रविश्वासोत्पत्त्यर्थंसद्यःप्रत्य
यकरंदेवीस्तोत्रंकुर्वीतिनियुक्तोऽर्जुनोदेवींप्रत्यक्षतोदृष्ट्वाजातप्रत्ययोगीतास्वपिश्रद्धांबध्नीयादित्याशयवताभगवताएतदुक्तमितिप्रघट्टकार्थः । एवमेववेदेऽपिकारीर्यादीनांसद्योवृष्ट्यादिफलानांकर्मणांविधानमदृ
ष्टार्थेषुकर्मसुश्रद्धोत्पादनार्थमेवेतिनिर्णीतंपूर्वाचार्यैः १६ ततःपार्थस्येति । अंतरिक्षगतेत्यैश्वर्यप्रदर्शनार्थंविशेषणं १७ नरस्त्वमित्यर्जुनायपूर्वंनरनारायणात्मकंरूपंस्मारयति तेनचतत्स्मृत्यैवसर्वभयनिवृत्तिर्भवति
तद्विस्मरणादेवतुपराजयभयमित्यपिदर्शितं । एवमयंगीताशास्त्रस्यवक्ष्यमाणस्योपोद्घातोदर्शितः १८ । १९ कथामनुसंधत्तेलब्ध्वेत्यादिना २० एतत्स्तोत्रपाठफलमाह यइदमिति । कल्येप्रभाते २१ तेभ्योनभयमिति
पूर्वेणसंबंधः २२ । २३ । २४ । २५ । २६ । २७

यत्रेति । धर्मफलंद्युतिप्रभृतयः तर्हिमत्पक्षेऽपिधर्मोऽस्त्येवेतिमन्वानंप्रत्याह यत्रधर्मस्तत्रकृष्णः त्वत्पक्षेकृष्णाभावाद्धर्मोऽपिनास्ति तत्फलभूताद्युत्यादयोऽपिनसंतीत्यर्थः । फलितमाह यतःकृष्णस्ततोजयइति २८ ॥ इतिभीष्मपर्वणिनीलकंठीये भारतभावदीपेत्रयोविंशोऽध्यायः ॥ २३ ॥ केषामित्यध्यायःस्पष्टार्थः १ । २ । ३ । ४ । ५ । ६ । ७ ॥ इतिश्रीमत्पदवाक्यप्रमाणज्ञमर्यादाधुरंधरचतुर्धरवंशावतंसश्रीगोविंदसूरिसूनोः श्रीनीलकंठस्यकृतौभारतभावदीपे भीष्मपर्वणि जंबूखंडनिर्माणकात्यायनीस्तवांतग्रंथार्थप्रकाशे चतुर्विंशोऽध्यायः ॥ २४ ॥ ओंनमोब्रह्मादिभ्योब्रह्मविद्यासंप्रदायकर्तृभ्योवंशऋषिभ्योनमो गुरुभ्यः । प्रणम्यभगवत्पादान्श्रीधरादींश्चसद्गुरून् ॥ संप्रदायानुसारेणगीताव्याख्यांसमारभे ॥ १ ॥ भारतेसर्ववेदार्थोभारतार्थश्चकृत्स्नशः ॥ गीतायामस्तितेनेयंसर्वशास्त्रमयीमता ॥ २ ॥ कर्मोपास्तिज्ञानभेदैः शास्त्रंकांडत्रयात्मकं ॥ अन्येतूपासनाकांडात्तृतीयोनातिरिच्यते ॥ ३ ॥ तदेवब्रह्मविद्धित्वंनेदंयदुपासते ॥ इतिश्रुत्यैववेद्यस्यह्युपास्यादन्यतेरिता ॥ ४ ॥ इयमष्टादशाध्यायीक्रमात्षट्कत्रिकेणहि ॥ कर्मोपा

यत्रधर्मोद्युतिःकांतिर्यत्रह्रीःश्रीस्तथामतिः ॥ यतोधर्मस्ततःकृष्णोयतःकृष्णस्ततोजयः २८ ॥ इति श्रीम० भीष्मपर्वणिभगवद्गी० दुर्गास्तोत्रेत्रयोविंशोऽध्यायः ॥ २३ ॥
धृतराष्ट्रउवाच ॥ केषांप्रहृष्टास्तत्राग्रेयोधायुध्यंतिसंजय ॥ उदग्रमनसःकेवाकेवादीनाविचेतसः ॥ १ ॥ केपूर्वंप्राहरंस्तत्रयुद्धेहृदयकंपने ॥ मामकाःपांडवेयावातन्ममाचक्ष्वसंजय ॥ २ ॥ कस्यसेनासमुदयेगंधमाल्यसमुद्भवः ॥ वाचःप्रदक्षिणाश्चैवयोधानामभिगर्जताम् ॥ ३ ॥ संजयउवाच ॥ उभयोःसेनयोस्तत्रयोधाजहृषिरेतदा ॥ स्रजःसमाःसुगंधानामुभयत्रसमुद्भवः ४ संहतानामनीकानांव्यूढानांभरतर्षभ ॥ संसर्गात्समुदीर्णानांविमर्दःसुमहानभूत् ॥ ५ ॥ वादित्रशब्दस्तुमुलःशंखभेरीविमिश्रितः ॥ शूराणांरणशूराणांगर्जतामितरेतरम् ॥ ६ ॥ उभयोःसेनयोराजन्महान्व्यतिकरोऽभवत् ॥ अन्योन्यंवीक्ष्यमाणानांयोधानांभरतर्षभ ॥ कुंजराणांचनदतांसैन्यानांचप्रहृष्यताम् ॥ ७ ॥ इ० म० भी० प० भगवद्गीताप० धृतराष्ट्रसंजयसंवादेचतुर्विंशोऽध्यायः ॥ २४ ॥ ॥ धृतराष्ट्रउवाच ॥ धर्मक्षेत्रेकुरुक्षेत्रेसमवेतायुयुत्सवः ॥ मामकाःपांडवाश्चैवकिमकुर्वतसंजय ॥ १ ॥ संजयउवाच ॥ दृष्ट्वातुपांडवानीकंव्यूढंदुर्योधनस्तदा ॥ आचार्यमुपसंगम्यराजावचनमब्रवीत् ॥ २ ॥ पश्यैतांपांडुपुत्राणामाचार्यमहतींचमूम् ॥ व्यूढांद्रुपदपुत्रेणतवशिष्येणधीमता ॥ ३ ॥ अत्रशूरामहेष्वासाभीमार्जुनसमायुधि ॥ युयुधानोविराटश्चद्रुपदश्चमहारथः ॥ ४ ॥ धृष्टकेतुश्चेकितानःकाशिराजश्चवीर्यवान् ॥ पुरुजित्कुंतिभोजश्चशैब्यश्चनरपुंगवः ॥ ५ ॥

स्तिज्ञानकांडत्रितयात्मानिगद्यते ॥ ५ ॥ तत्रयुद्धोद्यमंश्रुत्वौत्सुक्यादग्रिमंवृत्तांतंबुभुत्सुःधृतराष्ट्रउवाच धर्मक्षेत्रइति । तत्रवेदे 'तेषांकुरुक्षेत्रंदेवयजनमास' इतिकर्मकांडप्रसिद्धंकुरुक्षेत्रमन्यत् । 'अविमुक्तंवैकुरुक्षेत्रंदेवानांदेवयजनंसर्वेषांभूतानांब्रह्मसदनम्' इत्यविमुक्तारव्यंब्रह्मप्राप्तिस्थानभूतंकुरुक्षेत्रमन्यत् । ब्रह्मसदनत्वंचास्यात्रहिजंतोःप्राणेषूत्क्रममाणेषुरुद्रस्तारकंब्रह्मव्याचष्टेयेनासावमृतीभूत्वामोक्षीभवतीतिवाक्यशेषेणव्युत्पादितं एतद्व्यावृत्त्यर्थंधर्मक्षेत्रेइतिविशेषणं । कुरुदेशांतरगतंहिकुरुक्षेत्रंधर्मक्षेत्रमेवनतुतत्रब्रह्मसदनं प्रवर्ग्यकांडेतस्यधर्मक्षेत्रत्वमात्रश्रवणात् । तत्रसमवेताःमिलिताः युयुत्सवोयोद्धुमिच्छवः । पांडवानांपृथग्ग्रहणंतेषुममत्वाभावसूचनार्थम् १ व्यूढंव्यूहरचनयास्थितं आचार्यंद्रोणंराजादुर्योधनः राजाऽब्रवीदित्येवसिद्धेवचनपदेनसंक्षिप्तबह्वर्थत्वादिगुणवत्त्वंवाक्यस्यसूच्यते २ द्रुपदपुत्रेणेति । पूर्ववैरसूचनेनक्रोधोद्दीपनार्थंविशेषणम् ३ महेष्वासामहांतइष्वासाःधनूंषियेषांते युयुधानःसात्यकिः द्रुपदश्चमहारथइत्येकः ४ धृष्टकेत्वादयःषट् ५

युधामन्यूत्तमौजसौ सौभद्रोऽभिमन्युः पंचद्रौपदेयाःप्रतिविंध्यादयश्चेत्यष्टौ चकारात्पांडवाघटोत्कचादयश्चातिप्रसिद्धाग्राह्याः सर्वेऽपिमहारथाएव तल्लक्षणंतु 'एकादशसहस्राणियोधयेद्यस्तुधन्विनां ॥ शस्त्र
शास्त्रप्रवीणश्चसवैप्रोक्तोमहारथः ॥ अमितान्योधयेद्यस्तुसंप्रोक्तोऽतिरथस्तुसः ॥ रथस्त्वेकेनयोद्धास्यात्तन्न्यूनोर्धरथःस्मृतः'इति ६ विशिष्टाःश्रेष्ठाः निबोधबुध्यस्व । भौवादिकस्यपरस्मैपदिनोबुधेरिदंरूपं संज्ञार्थं
अस्मत्पक्षेपिशूराःसंतीतिज्ञापनार्थं । परेषुमाबलयंदृष्ट्वातवोत्साहभंगोमाभूदित्यर्थः ७ विकर्णःस्वभ्राता सौमदत्तिर्भूरिश्रवाः । जयद्रथपदस्थाने तथैवचेतिक्वचित्पाठः ८ अन्येशल्यकृतवर्मप्रभृतयः । शस्त्राणिविदार
काणिखड्गादीनि प्रहरणानिकेवलंप्रहारार्थानिगदादीनिनानाविधानियेषांतेनानाशस्त्रप्रहरणाः ९ पर्याप्तंपरितआप्तंपरिवेष्टितं पांडवसैन्यंहितन्सप्ताक्षौहिणी।मितत्वादल्पंबहुनैकादशाक्षौहिणीमितेनास्मत्सैन्येनवेष्टयितुं
शक्यं नतुतदीयेनास्मदीयमित्यर्थः एवंचपर्याप्तमित्यस्यपारणीयमित्यर्थः १० अयनेषु व्यूहरचनयास्थितेसैन्येप्रवेशमार्गेषु स्वेस्वेस्थानेस्थितायूयंमध्यस्थंभीष्ममेवाभिरक्षंतु । अस्यसेनापतेश्चांचल्येसर्वाऽपिसेना

युधामन्युश्चविक्रांतउत्तमौजाश्चवीर्यवान् ॥ सौभद्रोद्रौपदेयाश्चसर्वएवमहारथाः ६ अस्माकंतुविशिष्टायेतान्निबोधद्विजोत्तम ॥ नायकाममसैन्यस्यसंज्ञार्थंतान्ब्र
वीमिते ७ भवान्भीष्मश्चकर्णश्चकृपश्चसमितिंजयः ॥ अश्वत्थामाविकर्णश्चसौमदत्तिर्जयद्रथः ८ अन्येचबहवःशूरामदर्थेत्यक्तजीविताः ॥ नानाशस्त्रप्रहरणाःसर्वे
युद्धविशारदाः ९ अपर्याप्तंतदस्माकंबलंभीष्माभिरक्षितम् ॥ पर्याप्तंत्विदमेतेषांबलंभीमाभिरक्षितम् १० अयनेषुचसर्वेषुयथाभागमवस्थिताः ॥ भीष्ममेवाभिरक्षं
तुभवंतःसर्वएवहि ११ तस्यसंजनयन्हर्षंकुरुवृद्धःपितामहः ॥ सिंहनादंविनद्योच्चैःशंखंदध्मौप्रतापवान् १२ ततःशंखाश्चभेर्यश्चपणवानकगोमुखाः ॥ सहसैवाभ्य
हन्यन्तसशब्दस्तुमुलोऽभवत् १३ ततःश्वेतैर्हयैर्युक्तेमहतिस्यंदनेस्थितौ ॥ माधवःपांडवश्चैवदिव्यौशंखौप्रदध्मतुः १४ पांचजन्यंहृषीकेशोदेवदत्तंधनंजयः ॥ पौण्ड्रंद
ध्मौमहाशंखंभीमकर्मावृकोदरः १५ अनंतविजयंराजाकुंतीपुत्रोयुधिष्ठिरः ॥ नकुलःसहदेवश्चसुघोषमणिपुष्पकौ १६ काश्यश्चपरमेष्वासःशिखंडीचमहारथः ॥
धृष्टद्युम्नोविराटश्चसात्यकिश्चापराजितः १७ द्रुपदोद्रौपदेयाश्चसर्वशःपृथिवीपते ॥ सौभद्रश्चमहाबाहुःशंखान्दध्मुःपृथक्पृथक् १८ सघोषोधार्तराष्ट्राणांहृदया
निव्यदारयत् ॥ नभश्चपृथिवींचैवतुमुलोव्यनुनादयन् १९ अथव्यवस्थितान्दृष्ट्वाधार्तराष्ट्रान्कपिध्वजः ॥ प्रवृत्तेशस्त्रसंपातेधनुरुद्यम्यपांडवः २० हृषीकेशंतदा
वाक्यमिदमाहमहीपते ॥ अर्जुनउवाच ॥ सेनयोरुभयोर्मध्येरथंस्थापयमेऽच्युत २१ यावदेतान्निरीक्षेऽहंयोद्धुकामानवस्थितान् ॥ कैर्मयासहयोद्धव्यमस्मिन्रण
समुद्यमे २२ योत्स्यमानानवेक्षेऽहंयएतेऽत्रसमागताः ॥ धार्तराष्ट्रस्यदुर्बुद्धेर्युद्धेप्रियचिकीर्षवः २३ ॥ ॥

आकुलीभवेत् तत्स्थैर्येस्थिराचभवेदतःसएवरक्ष्यइत्यर्थः ११ तस्यैवंवदतोदुर्योधनस्य संजयवाक्यमिदं सिंहनादमितिणमुलंतं तेनविनद्येत्यस्यानुप्रयोगःकषादित्वात् समूलकापंकषतिहवदैत्यानित्या
दिवत् । कुरुवृद्धोभीष्मः प्राग्विराटनगरादौदृष्टप्रभावान्पांडवान्दृष्ट्वाराज्ञोभयंमाभूदितिशंखंदध्मौ हर्षंयुद्धोत्साहंजनयन् हेत्वर्थेशतृप्रत्ययः हर्षजननार्थमित्यर्थः १२ अभ्यहन्यंतअभिहताः कर्मकर्तरिप्र
योगः १३ । १४ । १५ । १६ । १७ । १८ । १९ व्यवस्थितान् भयोद्विग्नतयावैषम्येणावस्थितान् कपिध्वजपांडवपदाभ्यांभीषणध्वजत्वंशौर्यंचप्रदृश्यते २० हृषीकेशंसर्वेषामिंद्रियाणांप्र
वर्तकत्वेनपरचित्ताभिज्ञं । वाक्यमेवाहनतुकंचिदर्थमितिद्योतनार्थंवाक्यपदं वाक्यमेवाह सेनयोरिति २१ रथस्थापनप्रयोजनमाह यावदिति । कैःसहमयायोद्धव्यंमयासहवाकैर्योद्धव्यमित्युभयत्रसहशब्दसंबंधः ।
केवामांजेतुंयतंतेमयावाकेजेतव्याइत्यालोचनार्थमित्यर्थः २२ योत्स्यमानान् नतुशांतिकामान् यतोदुर्बुद्धेःप्रियंचिकीर्षन्ति तेनतेषामपितत्तुल्यत्वंसूचितम् २३

रयोत्तमंस्थापयित्वाउवाचेतिद्वयोःसंबंधः २४ महीक्षितांपृथिवीश्वराणाम् २५ पितृन् पितृव्यादीन्भूरिश्रवःप्रभृतीन् पितामहान्भीष्मादीन् मातुलान्शल्यादीन् भ्रातॄन्दुर्योधनादीन् पुत्रान्लक्ष्मणादीन् पौत्रान्लक्ष्मणादिपुत्रान् सखीन्अश्वत्थामादीन् २६ सुहृदःकृतवर्मादीन् २७ कृपयास्नेहेन सचस्वजनमितिविशेषणेनमदर्श्यते २८ सीदंतिनिश्चेष्टानिभवंति रोमहर्षोरोमांचः २९ । ३० निमित्तानिलोकक्षयकराणिभूमिकंपादीनि ३१ । ३२ । ३३ स्यालाइति । स्यालशब्दोदंत्यादिः । 'विजामातुरुतवाघास्यालात्' इतिमंत्रवर्णात् । स्याल्लाजानावपतीतिवा लाजालाजतेःस्यंशूर्पस्य तेरितियास्कः ३४ हंतुमिच्छाऽपिममनभवति किमुतहंतृत्वमित्यर्थः । महीकृतेपृथिव्यर्थे ३५ आततायिनः 'अग्निदोगरदश्चैवशस्त्रपाणिर्धनापहः ॥ क्षेत्रदारहरश्चैवषडेतेआततायिनः ॥ आततायिनमायांतंहन्यादेवाविचारयन् ॥ नाततायिवधेदोषोहंतुर्भवतिकश्चन' इति यद्यप्येवं तथापि एतान्हत्वाअस्मान्पापमेवआश्रयेत् आततायिवधोहिअर्थशास्त्रविहितः । 'नहिंस्यात्सर्वभूतानि'इतितुधर्मशास्त्रंत

॥ संजयउवाच ॥ एवमुक्तोहृषीकेशोगुडाकेशेनभारत ॥ सेनयोरुभयोर्मध्येस्थापयित्वारथोत्तमम् २४ भीष्मद्रोणप्रमुखतःसर्वेषांचमहीक्षिताम् ॥ उवाचपार्थपश्यैतान्समवेतान्कुरूनिति २५ तत्रापश्यत्स्थितान्पार्थःपितॄनथपितामहान् ॥ आचार्यान्मातुलान्भ्रातॄन्पुत्रान्पौत्रान्सखींस्तथा २६ श्वशुरान्सुहृदश्चैवसेनयोरुभयोरपि ॥ तान्समीक्ष्यसकौन्तेयःसर्वान्बन्धूनवस्थितान् २७ कृपयापरयाऽऽविष्टोविषीदन्निदमब्रवीत् ॥ अर्जुनउवाच ॥ दृष्ट्वेमंस्वजनंकृष्णयुयुत्सुंसमुपस्थितम् २८ सीदन्तिममगात्राणिमुखंचपरिशुष्यति ॥ वेपथुश्चशरीरेमेरोमहर्षश्चजायते २९ गाण्डीवंस्रंसतेहस्तात्त्वक्चैवपरिदह्यते ॥ नचशक्नोम्यवस्थातुंभ्रमतीवचमेमनः ३० निमित्तानिचपश्यामिविपरीतानिकेशव ॥ नचश्रेयोऽनुपश्यामिहत्वास्वजनमाहवे ३१ नकांक्षेविजयंकृष्णनचराज्यंसुखानिच ॥ किंनोराज्येनगोविंदकिंभोगैर्जीवितेनवा ३२ येषामर्थेकांक्षितंनोराज्यंभोगाःसुखानिच ॥ तइमेऽवस्थितायुद्धेप्राणांस्त्यक्त्वाधनानिच ३३ आचार्याःपितरःपुत्रास्तथैवचपितामहाः ॥ मातुलाःश्वशुराःपौत्राःस्यालाःसम्बन्धिनस्तथा ३४ एतान्नहन्तुमिच्छामिघ्नतोऽपिमधुसूदन ॥ अपित्रैलोक्यराज्यस्यहेतोःकिन्नुमहीकृते ३५ निहत्यधार्त्तराष्ट्रान्नःकाप्रीतिःस्याज्जनार्दन ॥ पापमेवाश्रयेदस्मान्हत्वैतानाततायिनः ३६ तस्मान्नार्हावयंहन्तुंधार्त्तराष्ट्रान्सबान्धवान् ॥ स्वजनंहिकथंहत्वासुखिनःस्याममाधव ३७ यद्यप्येतेनपश्यन्तिलोभोपहतचेतसः ॥ कुलक्षयकृतंदोषंमित्रद्रोहेचपातकम् ३८ कथंनज्ञेयमस्माभिःपापादस्मान्निवर्त्तितुम् ॥ कुलक्षयकृतंदोषंप्रपश्यद्भिर्जनार्दन ३९ कुलक्षयेप्रणश्यन्तिकुलधर्माःसनातनाः ॥ धर्मेनष्टेकुलंकृत्स्नमधर्मोऽभिभवत्युत ४० ॥ ॥ ॥

त्पूर्वस्मात्प्रबलं यथोक्तंयाज्ञवल्क्येन । 'स्मृत्योर्विरोधेन्यायस्तुबलवान्व्यवहारतः ॥ अर्थशास्त्रात्तुबलवद्धर्मशास्त्रमितिस्थितिः' इति । अस्मान्हत्वाएतान्आततायिनःपापमेवाश्रयेदित्यपरायोजना तथाच एतएवास्मद्वधेननश्यंतुनतुवयमेतेषांवधेननंक्ष्यामइतिभावः ३६ । ३७ । ३८ ननु'आहूतोननिवर्त्तेतद्यूतादपिरणादपि'इतिविजितंक्षत्रियस्येतिचयुद्धादनिवृत्तिर्हिंसयाचवृत्तिःक्षत्रियस्येष्टा तत्कथंयुद्धान्निवृत्तिमिच्छसीत्याशंक्याह कथमिति । साहिलोभमूलिकास्मृतिःकुलक्षयदोषविधिनाबाध्यते यथा औदुंबरींस्पृष्ट्वोद्गायेदितिस्पर्शनविधिनाविरुद्धासती औदुंबरीसर्वावेष्टयितव्येतिसर्ववेष्टनस्मृतिर्बाध्यते लोभमूलकत्वात्तद्वत् । नहिविधिमात्राद्यत्किंचित्कर्त्तव्यं श्येनादीनामधर्मरूपाणामप्यवश्यानुष्ठेयत्वापत्तेः तस्माद्यत्फलतोनदुष्यतितदेवविहितंधर्मरूपमनुष्ठेयं यथोक्तम 'फलतोऽपिचयत्कर्मनानर्थेनानुबध्यते । केवलंप्रीतिहेतुत्वात्तद्धर्मइतिकथ्यते' इति । श्येनादिवत्पापानुबंधित्वात्युद्धंत्याज्यमेवेत्यर्थः ३९ प्रणश्यंति अनुष्ठातॄणांवृद्धानामभावात् अवशिष्टबालादिरूपंदंशं धर्मलोपादधर्मोऽभिभवति ४०

दुष्टासुपुत्रार्थवर्णांतरमुपासीनासु ४१ कथंतर्हिजामदग्न्येनरामेणक्षत्रियेषुहतेषुतत्स्त्रियःपुनःपुनर्ब्राह्मणेभ्यःपुत्रान्जनयामासुरित्युपाख्यायते कथंवाधृतराष्ट्रादीनांअसंकरजत्वमित्याशंक्याहपतंतीति । हिशब्दो वैदिकींप्रसिद्धिंद्योतयति । साहि'नशेषोअग्नेअन्यजातमस्ति'इतिश्रुतिः अन्यस्माज्जातंशेषोऽपत्यंनास्तीतितदर्थः । अन्योदर्योमनसाऽपिनमंतव्योममायंपुत्रइतिशास्कवचनाच्च । येयजामहइतिशास्त्राव येवयंस्मस्तेवयंयजामहइत्यर्थकाद्दृश्यमानस्यपित्रादेःसंशयग्रस्तत्वादयंममपितैवेतिनिश्चयस्यदुःसाध्यत्वात् मंत्रश्च'योऽहमस्मिससन्यजे' ब्राह्मणेऽर्थवादश्च । नचैतद्विद्मोब्राह्मणाःस्मोवयमब्राह्मणावेति । तस्माद्बीजपतेरेवपिंडादिप्राप्तिर्नतुक्षेत्रपतेरितिलुप्तपिंडोदकक्रियत्वादवश्यंपितॄणांपातोभवति क्षेत्रजपुत्रस्मृतिस्तुइहलोकेवंशस्थापनमात्रपरानतुतेनक्षेत्रपतेःकश्चिदामुष्मिकउपकारोऽस्ति उदाहृतश्रुतिविरो धात् । अयंचसंकरोऽस्माभिःस्वयंकृतश्चेदवश्यमस्मान्बाधिष्यतएवेतिभावः ४२ एतदेवविवृणोतिद्वाभ्यां दोषैरिति ४३ । ४४ । ४५ । ४३ संख्येसंग्रामे ४७ ॥ इतिश्रीनीलकंठीयेभारत भावदीपे भीष्मपर्वप्रकाशेभगवद्गीतासुप्रथमोऽध्यायः ॥ १ ॥ ॥ पर्वणितुपंचविंशोऽध्यायः ॥ २५ ॥ ॥ अर्जुनेयुद्धादुपरतेमत्पुत्रानिष्कंटकंराज्यंप्राप्स्यंतीत्याशावंतंराजानंप्रतिसंजय उवाच तंतथेति । तमर्जुनं तथा 'स्वजनंहिकथंहत्वासुखिनःस्याममाधव'इत्युक्तप्रकारेण कृपयास्नेहेन नतुदययापरदुःखप्रहाणेच्छारूपया तस्याःपरदौर्बल्यनिश्चयोत्तरभाविन्याःअर्जुनेयदिवानोजयेयुरिति

अधर्माभिभवात्कृष्णप्रदुष्यंतिकुलस्त्रियः ॥ स्त्रीषुदुष्टासुवार्ष्णेयजायतेवर्णसंकरः ४१ संकरोनरकायैवकुलघ्नानांकुलस्यच ॥ पतंतिपितरोह्येषांलुप्तपिंडोदक क्रियाः ४२ दोषैरेतैःकुलघ्नानांवर्णसंकरकारकैः ॥ उत्साद्यन्तेजातिधर्माःकुलधर्माश्चशाश्वताः ४३ उत्सन्नकुलधर्माणांमनुष्याणांजनार्दन ॥ नरकेनियतंवासो भवतीत्यनुशुश्रुम ४४ अहोबतमहत्पापंकर्तुंव्यवसितावयम् ॥ यद्राज्यसुखलोभेनहंतुंस्वजनमुद्यताः ४५ यदिमामप्रतीकारमशस्त्रंशस्त्रपाणयः ॥ धार्त्तराष्ट्रा रणेहन्युस्तन्मेक्षेमतरंभवेत् ४६ ॥ संजयउवाच ॥ एवमुक्त्वाऽर्जुनःसंख्येरथोपस्थउपाविशत् ॥ विसृज्यसशरंचापंशोकसंविग्नमानसः ४७ ॥ इतिश्रीमहाभा रतेश्रीमद्भगवद्गीतासूपनिषत्सु ब्रह्मविद्यायांयोगशास्त्रे श्रीकृष्णार्जुनसंवादेऽर्जुनविषादयोगोनामप्रथमोऽध्यायः ॥ १ ॥ पर्वणितुपंचविंशोऽध्यायः ॥ २५ ॥ ॥ संजयउवाच ॥ तंतथाकृपयाविष्टमश्रुपूर्णाकुलेक्षणम् ॥ विषीदंतमिदंवाक्यमुवाचमधुसूदनः १ ॥ श्रीभगवानुवाच ॥ कुतस्त्वाकश्मलमिदंविष मेसमुपस्थितम् ॥ अनार्यजुष्टमस्वर्ग्यमकीर्तिकरमर्जुन २ क्लैब्यंमास्मगमःपार्थनैतत्त्वय्युपपद्यते ॥ क्षुद्रंहृदयदौर्बल्यंत्यक्त्वोत्तिष्ठपरंतप ३ ॥ अर्जुनउवाच ॥ कथंभीष्ममहंसंख्येद्रोणंचमधुसूदन ॥ इषुभिःप्रतियोत्स्यामिपूजार्हावरिसूदन ४ ॥ ॥ ॥

स्वपराजयमाशंकमानेदुर्भणत्वात् । यानेवहत्वानजिजीविषामइतिस्नेहातिशयसूचकवाक्यशेषविरोधाच्च आविष्टंव्याप्तंविषीदंतंसीदंतिममगात्राणीत्यादिनाउक्तरूपंविषादंप्राप्नुवंतं इदंवक्ष्यमाणंवाक्यंवचनी यमुवाच मधुसूदनइतिदुष्टहंतृत्वादेवार्जुनंनिमित्तीकृत्यत्वत्पुत्रानपिहनिष्यत्येवेतित्वयाजयाशानकार्येतिभावः १ अर्जुनमुद्योजयन्श्रीभगवानुवाच कुतइति । कश्मलंवैक्लव्यं विषमेयुद्धसंकटे अनार्यैर्भीरुभि र्जुष्टंसेवितंनतुत्वादृशैःशूरैः नआर्यैर्जुष्टमितिवा यत्तु आर्यैरजुष्टमितिविग्रहोदर्शितस्तदर्थैक्येऽपिपदव्युत्क्रमदोषादुपेक्ष्यं अतएवास्वर्ग्यमकीर्त्तिकरंच हेअर्जुन स्वच्छस्वभाव तवनैतद्युक्तमितिभावः २ तदेवाह क्लैब्यमिति । क्लैब्यंनिर्वीर्यत्वंनचशक्नोम्यवस्थातुमित्युक्तरूपं मागाः नैतत्त्वयिमहादेवप्रतिभटेयुक्तं अतःक्षुद्रंतुच्छंहृदयकृतमेवतवदौर्बल्यंनतुशक्तिसहायाद्यभावकृतं तत्त्यक्त्वाउत्तिष्ठयुद्धा य परंतपशत्रुतापन ३ न[illegible]त्रवोवास्वभावदुष्टावातापनीयाःनतुबान्धवाःस्ताधवश्चेत् अर्जुनउवाच कथमिति । मधुसूदनारिसूदनेतिसंबोधयन् तवापिदुष्टानपिशत्रूनेवतापयतःपूजार्हौअदुष्टौगुरूच भीष्मद्रोणौजहीतिवक्तुमयुक्तमितिसूचयति समानार्थकमिदंसंबोधनद्वयंवक्तुःशोकेनविक्लवत्वान्नपौनरुक्त्यदोषावहमित्यन्ये इषुभिरितिताभ्यांसहवाचापियोद्धुमशक्यंकिमुतबाणैरितिभावः ४

ननुयुद्धोद्यतानांगुरूणामपिवधःश्रेयानित्याशंक्याह गुरूनिति । यद्यपित्वदुक्तंप्रशस्तमेवतथापिमहानुभावान्गुरूनहत्वाभैक्षमेवभोक्तुंश्रेयःप्रशस्ततरं । एवंतर्हिगुरूंस्त्यक्त्वादुर्योधनादीनेवदुष्टान्जहीत्याशं क्याह अर्थकामानिति । धनार्थिनोगुरवोऽवश्यंदुर्योधनसाहाय्यंकरिष्यंतितेनतद्वधोऽपिप्रसक्तएवेत्यर्थः तुशब्दःपक्षांतरोपन्यासार्थः इहैवनतुपरलोके भुंजीयेतिसंप्रश्नेलिङ् गुरूनहत्वाभैक्षंश्रेयः उतहत्वा भोगसंपादनंश्रेयइतिसंप्रश्नेस्वयमेवांत्यपक्षेदूषणमाह रुधिरप्रदिग्धानिति ५ एवंतर्हिभैक्षमेवतवश्रेयइत्याशंक्याह नचैतदिति । यद्यप्यक्षत्रियस्यभैक्षमेवेष्टंतथापिनःअस्माकंक्षत्रियाणांभैक्षभोगयोर्मध्येकतरत् गरीयइतिवयंनविद्मः । ननूक्तंयुद्धमेवगरीयइतितत्राह यद्वेति । यदिवावयंजयेमशत्रून् यदिवानोऽस्मान्शत्रवएवजयेयुः इदमपिनविद्मः अंत्यपक्षेपुनर्मरणमप्रार्थितंभैक्षमेववाऽऽपद्यतइतिभावः । ननुमयिसहायेसतितवजयएवनिश्चितइत्यतआह यानेवेति । इष्टनाशाज्जयोऽपिपराजयरूपएवेत्यर्थः । यत्तुनिश्चितेऽपिभैक्षश्रेयस्त्वेपुनर्युद्धभैक्षयोःकतरत्श्रेयइतिसंशयोनोचितः अतोनःअस्माकंमध्येकतरत् सैन्यंगरीयइतिव्याख्येयमिति तदसत् । धर्मसंमूढचेताइतिवाक्यशेषादुक्तसंशयस्यैवोचितत्वात् सैन्यगरीयस्त्वसंशयेनैवजयसंशयेऽन्यथासिद्धेऽन्यतरसंशयस्यैवैयर्थ्यात् विशेषाध्याहारदोषाच्च ६ उक्तसंशयवानेवपृच्छति कार्पण्येति । कार्पण्यंदीनत्वं स्वभावःशौर्यंतेजोधृतिर्दाक्ष्यमित्यादिनावक्ष्यमाणलक्षणः शेषंस्पष्टम् ७ ननुक्षुद्रंहृदयदौर्बल्यंत्यक्त्वोत्तिष्ठपरंतपेतियुद्धमेवश्रेयइत्युक्तंकिंपुनः

गुरूनहत्वाहिमहानुभावान्श्रेयोभोक्तुंभैक्ष्यमपीहलोके ॥ हत्वाऽर्थकामांस्तुगुरूनिहैवभुंजीयभोगान्रुधिरप्रदिग्धान् ५ नचैतद्विद्मःकतरन्नोगरीयोयद्वाजयेमयदिवा नोजयेयुः ॥ यानेवहत्वानजिजीविषामस्तेऽवस्थिताःप्रमुखेधार्त्तराष्ट्राः ६ कार्पण्यदोषोपहतस्वभावःपृच्छामित्वांधर्मसंमूढचेताः ॥ यच्छ्रेयःस्यान्निश्चितंब्रूहितन्मे शिष्यस्तेऽहंशाधिमांत्वांप्रपन्नम् ७ नहिप्रपश्यामिममापनुद्याद्यच्छोकमुच्छोषणमिंद्रियाणाम् ॥ अवाप्यभूमावसपत्नमृद्धंराज्यंसुराणामपिचाधिपत्यम् ८ ॥ संजय उवाच ॥ एवमुक्त्वाहृषीकेशंगुडाकेशःपरंतप ॥ नयोत्स्यइतिगोविंदमुक्त्वातूष्णींबभूवह ९ तमुवाचहृषीकेशःप्रहसन्निवभारत ॥ सेनयोरुभयोर्मध्येविषीदंतमिदंवचः १० ॥ श्रीभगवानुवाच ॥ अशोच्यानन्वशोचस्त्वंप्रज्ञावादांश्चभाषसे ॥ गतासूनगतासूंश्चनानुशोचंतिपंडिताः ११ ॥

पृच्छसीत्यतआह नहीति । बंधुनाशनिमित्तःशोकोराज्यलाभेनस्वर्गाधिपत्यलाभेनवानिवर्त्तयिष्यतइतियुद्धादन्यंकंचित्निवृत्तिरूपंशमोपायंब्रूहीत्याशयः अत्रार्जुनविषादव्याजेनब्रह्मविद्याधिकारिविशेषणं भैक्षचर्याइहामुत्रार्थफलभोगविरागश्चदर्शितः ८ । ९ तमिति । मूढोऽप्ययममूढवद्वदतीतिप्रहसन्निव इदंवक्ष्यमाणं १० अर्जुनस्यदेहनाशेआत्मनाशधीः स्वधर्मेयुद्धेचाधर्मधीरितिमोहद्वयं तत्राद्यं ब्रह्मविद्यासूत्रभूतैर्विंशत्याश्लोकैरपनिनीषन्श्रीभगवानुवाच अशोच्यानन्वशोचस्त्वमिति । 'जीवापेतंवावकिलेदंम्रियतेनजीवोम्रियते' इतिश्रुतेर्देहाद्युपाधिनाशेऽप्याकाशवन्नाशरहितत्वेनअशोचनीयान्भीष्मादी नन्वशोचः कथमेतेगुरवोमयाहंतव्याःकथंवातैर्विनाऽहंजीविष्यामीतिशोकंकृतवानसि एवंमूढोऽपित्वंप्रज्ञावादान्प्रज्ञावतांदेहादन्यमात्मानंजानतांवादान्शब्दान् नरकेनियतंवासः पतंतिपितरोह्येषामित्या दीन्भाषसे परंनतुप्रज्ञावानसि तत्रहेतुः गतासूनिति । गतासून्गतप्राणान्देहान्नानुशोचंतिप्रत्युतनिर्हरंत्येव एतेनप्राणएवेष्टोनतुदेहः तथाचश्रुतिः । 'प्राणोहपिताप्राणोमाताप्राणआचार्यः'इत्यादिः अतएवसप्राणानेतानवगणयंतंनरंपित्रादिहंतात्वमसिधिक्त्वामितिवदंतिउत्क्रान्तप्राणान्दहंतमपिनैवंवदंतीतिलोकवेदप्रसिद्धिः तस्मात्आत्मादेहादन्यः चेतनत्वात् व्यतिरेकेणघटवत्देहोनचेतनः दृश्यत्वात् घटवत् यदिदेहश्चेतनःस्यात्मृतेऽपितत्रचैतन्यमुपलभ्येत तस्माद्देहनाशेनात्मनाशंमन्वानोमूर्खएवासीत्यर्थः । यत्तुप्रज्ञानांपंडितानांअवादान्वक्तुमयोग्यान्भाषसेइतितार्किकव्याख्यानंतत्अर्हार्थप्रत्ययाभावाद्दुर्लभ त्वात्विशेषाध्याहारसापेक्षत्वाच्चोपेक्ष्यम् ११ ॥ ॥ ॥ ॥ ॥

ननुदेहादन्योऽपिदेहनाशेननश्यतांकोशकारइवकोशनाशेनेतितत्राह नत्वेवाहमिति । त्वमहमिमेचसर्वेअनादयोऽनंताश्चस्मइत्यर्थः । जातुकदाचिन्नअहंनआसंइतिनअपितुआसमेव । तथात्वमपिनासीरिति नअपित्वासीरेव । इमेजनाधिपाःराजानइत्युपलक्षणं सर्वस्यजंतुजातस्यनासन्निति नअपित्वासन्नेवेतियोजना अनादित्वादनंताश्चेत्याह नचेति । नभविष्यामइतिनैवकिंतुसर्वेभविष्यामएव । ननुदेहस्यानात्मत्वेकथंतत्पीडयाऽयंपीड्यतइतिचेद्यक्षवत्तदभिमानमात्रादितिब्रूमः । यदाहियक्षःपरशरीरेविशतितदातत्पीडयादेहपतिर्नबाध्यतेतस्यतदानींदेहाभिमानाभावात् । यक्षस्तुबाध्यतेऽभिमानसत्त्वादिति लोकेप्रसिद्धम् । किंचप्राचीनकर्मव्यतिरेकेणजीवनंनोपपद्यतेकृतहानाकृताभ्यागमप्रसंगात् वृक्षादिष्वपिप्राक्कर्मास्तीत्यनुमेयम् स्थावरजीविकाप्राक्कर्मपूर्विकाजीविकात्वात् पाकादिक्रियापूर्वकास्मदादिजीविकावत् । अपिचक्रियावैचित्र्यात्कार्यवैचित्र्यंदृष्टंघटशरावोदंचनादिषुतद्वदिहापिसुखदुःखादिवैचित्र्यंप्राक्कर्मवैचित्र्यादनुमेयम् । तथासद्योजातस्यगोवत्सस्यस्तनपानादौप्रवृत्तिर्जन्तुमात्रस्यमरणत्रासश्च प्राग्भवीयानुभवजनितसंस्कारजन्यौ भोजनादिप्रवृत्तिश्वोच्छ्वासादिवदित्यतोऽस्तिप्राचीनंकर्म । अपिचकौलिकशास्त्रप्रसिद्धमेतत् यथादेवदत्तःस्वशरीरेकंटकवेधेनखिद्यते एवंशत्रुकृतायांदेवदत्तप्रतिमायांकंटकेनविद्धायांदेवदत्तोव्यथते । तत्रव्यथाहेतुर्नांतरंधातुवैषम्यंनापिबाह्यंकंटकवेधादि किंतुकेवलंप्राक्कर्ममात्रम् । एवंचबीजांकुरन्यायेनकर्मतज्जन्यसंस्कारपरंपरयाऽनादिःसंसारइतिनदेहनाशादात्मनाशोऽस्तीतिनभीष्मादयःशोचनीयाः । अत्रपूर्वस्मिन्श्लोकेआत्मनोदेहादन्यत्वमुक्तंगतासून्देहानितिविशेषणेन । अत्रसूक्ष्मशरीरविशिष्टस्यात्मनोव्यवहारदृष्ट्यानित्यत्वंसाधितमितिभेदः १२ यद्यप्येवंतथापीष्टदेहवियोगजःशोकोभवत्येवेत्याशंक्याह देहिनइति । देहौस्थूलसूक्ष्मौविद्येतेअस्यसदेहीचिदात्मा तस्ययथास्मिन्स्थूलशरीरेकौमाराद्यवस्थासुदेहभेदेऽपिएकएवाहंबालआसमिदानींवृद्धोऽस्मीत्यभेदप्रत्यभिमानादैक्यंबालादिशरीरेभ्योऽन्यत्वंच । व्यावृत्तेभ्योऽनुवृत्तंभिन्नंकुसुमेभ्यःसूत्रमिवेतिन्यायात् । एवंदेहांतरप्राप्तिरपिस्थूलाच्छरीरादन्येषांलिंगशरीराणांसूक्ष्माणांस्थूलशरीरानुकारिणांप्राप्तिः अय

नत्वेवाहंजातुनासंनत्वंनेमेजनाधिपाः ॥ नचैवनभविष्यामःसर्वेवयमतःपरम् १२ देहिनोऽस्मिन्यथादेहेकौमारंयौवनंजरा ॥ तथादेहांतरप्राप्तिर्धीरस्तत्रनमुह्यति १३ मात्रास्पर्शास्तुकौन्तेयशीतोष्णसुखदुःखदाः ॥ आगमापायिनोऽनित्यास्तांस्तितिक्षस्वभारत १४ ॥

मर्थः । यथाएकमपिस्थूलंशरीरंकौमाराद्यवस्थाभेदादनेकरूपम् एवंनित्यमपिलिंगशरीरंप्राणिकर्मभेदात्सुरनरतिर्यगाद्यवस्थाभेदादनेकंभवति । ततश्चोक्तन्यायेनस्थूलादिवत्सूक्ष्मादपिशरीरादात्माविविक्त एव एवंचशोकादिधर्मिणोलिंगादपिविभिन्नस्यतवइष्टवियोगजःशोकोऽपिनयुक्तः । अतएवतत्रतस्मिन्विषयेधीरोनमुह्यति । आभिमानिकौशोकमोहौदेहद्वयाभिमानत्यागाद्धीरंनबाधेते अतस्त्वमपिधीरोभवेतिभावः । पूर्वश्लोकयोर्गतासूनिनित्वयमितिचबहुवचनंउपाधिभेदाभिप्रायम् । अत्रतुदेहिनइत्येकवचनंउपधेयचिदात्मैक्याभिप्रायमितिज्ञेयम् तथाचश्रुतिरेकस्यात्मनऔपाधिकंभेदमाह । 'यथाह्ययंज्योतिरात्माविवस्वानपोभिन्नाबहुधैकोऽनुगच्छन् ॥ उपाधिनाक्रियतेभेदरूपोदेवःक्षेत्रेष्वेवमजोऽयमात्मा'इति । क्षेत्रेषुवक्ष्यमाणलक्षणेषुस्थूलसूक्ष्मदेहद्वयात्मकेषु । 'एकोदेवःसर्वभूतेषुगूढःसर्वव्यापीसर्वभूतांतरात्मा'इतिच एकत्वाच्चविभुत्वमप्यस्यसिद्धम् तेनदेहादीनामनित्यानामविभूनांचपराभिमतमात्मत्वंप्रत्याख्यातंवेदितव्यम् १३ ननुआत्मनोलिंगशरीरादन्यत्वेऽप्यहंदुःखीत्याद्यनुभवाद्दुःखादिधर्माश्रयत्वंदुर्वारं ततश्चभीष्मादिबंधुवर्गनाशेसतिदुःखसंबंधोभवत्येवेत्याशंक्याह मात्रास्पर्शाइति । मीयंतेविषयाआभिस्तामात्राइंद्रियवृत्तयः । यद्वा दशप्रज्ञामात्राःवागादयः दशभूतमात्राःनामादयःकौषीतकिप्रसिद्धाइंद्रियविषयरूपाग्राह्याः तासांस्पर्शाःपरस्परंविषयविषयिभावेनसंबंधाइतिव्याख्येयम् । यद्वा मात्राप्रमात्रासहस्पर्शाःविषयेन्द्रियसंबंधाः स्पर्शशब्दस्यतद्वाचित्वंस्पर्शान्कृत्वाबहिर्बाह्यानित्यत्रदृष्टम् तत्रस्पर्शपदेनतद्वतोर्विषयेन्द्रिययोरपिलाभः तेनप्रमातुःप्रमाणद्वाराप्रमेयेणसहसंबंधाःसर्वेशीतोष्णादिवदागमापायिनउत्पत्तिविनाशशीलाअतएवानित्याश्चतद्वदेवसुखदुःखदाश्च अतस्तान्तितिक्षस्वसहस्व हेकौन्तेयभारतेत्युत्तमवंश्यत्वेनधीरत्वमस्यसूचयति प्रमातृत्वादिरनर्थोहिसुप्तिसमाधिग्रहावेशादिष्वभावाज्जाग्रत्स्वप्नादौभावाच्चकादाचित्कतयाआत्मनिप्रतीयमानोऽपिरज्जूरगादिवन्मिथ्याभूतःसन्नतद्धर्मत्वंभजते ।

र्ऽद्धयत्राभेदेनकदाचिद्भातिकदाचिन्नतत्तत्राध्यस्तंरज्ज्वामिवसर्पः । प्रमात्रादिश्चप्रतीचिप्रत्यगभेदेनकदाचिद्भातिअतोमिथ्येतिनिश्चितम् तेनप्रतीचिप्रमातृसंबंधएवनास्ति सत्यमिथ्यावस्तुनोर्वास्तवसंबंधा योगात् । प्रमातृधर्माणांदुःखादीनांतुप्रतीचिसंबन्धोदूरापेतएव । कथंतर्ह्यात्मनिदुःखित्वप्रत्ययः तत्तदुपाधितादात्म्याद्ध्यासादितिब्रूमः अतएवजाग्रतिदृष्टंदुःखंस्वप्नेनानुवर्त्तते स्वप्नदृष्टंवाजाग्रतिनदृश्यते तथाचश्रुतिः । 'सयत्तत्रपश्यतिपुण्यंचपापंचानन्वागतस्तेनभवत्यसंगोह्ययंपुरुषः' इति । 'कामःसंकल्पोविचिकित्सा' इत्यादिश्रुतिरेतत्सर्वंमनएवेतिअभेदनिर्देशात्कामादिसर्वविकारोपादानत्वंमनसएवाह । तस्मात्स्वप्नइवात्मनिदुःखित्वप्रतीतिर्भ्रांतिरेवेतीष्टवियोगजनितांतांतितिक्षस्वेतिभावः १.४ तितिक्षाफलंप्रत्यक्षमेवेत्याह यंहीति । एतेमात्रास्पर्शाःप्राक्व्याख्यातरीत्यात्रिविधाअपि यंजाग्रतिस्वप्नेऽसंप्रज्ञा तसमाधौवानव्यथयंतिस्वास्थ्यान्नप्रच्यावयंति । पुरुषंपूर्षुअष्टासुवसतीतिपुरुषस्तं पुरश्च । 'कर्मेन्द्रियाणिखलुपंचतथापराणिज्ञानेन्द्रियाणिमनआदिचतुष्टयंच ॥ प्राणादिपंचकमथोवियदादिकंचकामश्च कर्मचतमःपुनरष्टमीपूः' इतिप्रसिद्धाः । यद्वास्थूलसूक्ष्मोपाधिमध्येएवइतरासामंतर्भावादत्रपूरितितमएवग्राह्यं तेनकारणोपाधेरप्यात्मनोविविक्तत्वंदर्शितम् पुरुषर्षभेतित्वमप्येतदनुभवितुंयोग्योऽसिसर्वपुरुष श्रेष्ठत्वादितिसूचयति उपाधित्रयत्यागादेवसमेदुःखसुखेयस्यतं नहिसमाधिस्थस्यसुखायदुःखायवाशीतोष्णस्पर्शौभवतइतियुक्तमस्यसमदुःखसुखत्वं धीरंध्यायिनंयोगिनंनव्यथयंतिसोऽमृतत्वायमोक्षायकल्प तेयोग्योभवति १.५ ननुसुप्तिसमाध्यादौत्यक्तोपाधेरात्मनःसमदुःखसुखत्वेऽपिसोपाधिकदशायांतप्तायःपिंडस्यदग्धृत्वमिवतस्यदुःखित्वंदुर्वारम् । उपाधिश्चमूलप्रकृतेर्व्यापिकायामात्रारूपइतितत्सत्त्वेतुननि र्मूलोच्छेदमर्हत्यतःसोऽमृतत्वायकल्पतइत्यनुपपन्नमित्याशंक्याह नासतइति । प्रमात्रादेरागमापायित्वेनकादाचित्कत्वात्रज्जूरगादिवत्असतःभावःसत्ताकालत्रयेऽपिनास्ति । अयमर्थः प्रमात्रादिर्मूला ज्ञानेनचिदात्मनिकल्पितः मूलाज्ञानस्यचात्मज्ञानेननिवृत्तौकारणाभावान्नपुनःप्रमात्राद्युद्भवोऽस्तीतिनिष्प्रत्यूहममृतत्वंज्ञानात्सिद्ध्यतीति । नन्वप्रतीतिमात्रात्प्रमात्रादेर्मिथ्यात्वोपगमेआत्मनोऽपिसुप्त्यादाव

यंहिनव्यथयन्त्येतेपुरुषंपुरुषर्षभ ॥ समदुःखसुखंधीरंसोऽमृतत्वायकल्पते १५

नासतोविद्यतेभावोनाभावोविद्यतेसतः ॥ उभयोरपिदृष्टोऽन्तस्त्वनयोस्तत्त्वदर्शिभिः १६

प्रतीयमानत्वाविशेषान्मिथ्यात्वमस्तुउभयोर्वासत्यत्वमस्तुइत्याशंक्याह नाभावोविद्यतेसतइति । सद्वस्तुनःअभावोऽसत्त्वंकदाचिदपिनविद्यते सुषुप्त्यादावप्यनुभूतयोःसुखाज्ञानयोः सुखमहमस्वाप्संनकिंचि दवेदिषमित्युत्थानेपरामर्शदर्शनात् तदनुभवमंतरेणतयोःपरामर्शासंभवात् अतःसतोऽसत्त्वंनास्ति श्रुतिरपिसुप्तिकैवल्ययोःप्रमात्राद्यभावंदृशोनित्यत्वंचाह 'यद्वैतन्नपश्यतिपश्यन्वैतन्नपश्यतिनहिद्रष्टुर्दृष्टेर्विपरि लोपोविद्यतेऽविनाशित्वान्नतुतद्द्वितीयमस्तिततोऽन्यद्विभक्तंयत्पश्येदिति' । यदिप्रमात्रादिःसत्यस्तर्हिसतोऽर्थस्यसुषुप्त्यादावदर्शनंसान्निध्याभावाद्वाद्रष्टुर्दृग्लोपाद्वावक्तव्यं नाद्यः आत्मनिदृष्टनष्टस्वभावस्या न्यत्रसद्भावकल्पनायोगात् नांत्यः उदाहृतयाश्रुत्यैवतन्निषेधात् तस्मादुभयोरपिसत्यत्वेनमिथ्यात्वेनवासाम्यंदुर्वचं । ननुसतआकाशादेःक्वचिदपिदेशेकालेचाभावोयद्यपिनास्तितथापिसतएवपरमाणोर्देशां तरेऽभावोऽस्तिप्रागसतोऽपिघटादेर्भावश्चदृष्टः तत्कथमुच्यतेनासतोविद्यतेभावोनाभावोविद्यतेसतइत्याशंक्यविद्वदनुभवेननिरस्यति उभयोरपीति। अंतोयाथात्म्यं । यथास्वप्नेनभःकुंभरज्जूरगादयोनित्यत्वानित्यत्व सत्यत्वासत्यत्वादिधर्मोपेततयानिश्चिताअपिप्रबोधेनबाध्यंते तद्वज्जाग्रद्दृष्टाअपितेतत्वज्ञानेनबाध्यंते । ननुजाग्रद्वासनावशात्स्वप्नगतनभआदौनित्यत्वादिनिश्चयोभ्रमइतिचेत् अनादिकालप्रवृत्त प्राग्भवीयसंस्कारवशात्जाग्रन्नभआदावपिसभ्रमएवेतितुल्यं । ननुस्वरूपसदेवरजतादिकंशुक्त्यादावध्यस्यतेनत्वसत्शशशृंगादिकं गगनादिकंतुत्वद्रीत्यास्वरूपेणासदपिकथमात्मन्यध्यस्यतइतिचेन्न अध्या सेहिपूर्वानुभवमात्रमपेक्षतेनत्वनुभूतस्यस्वरूपेणसत्त्वमपि दर्पणप्रतिबिंबितेगगनेऽपिनैल्याध्यासदर्शनात् । नचगगनेनैल्यंस्वरूपेणसत्यमस्तिअथचान्यत्राध्यस्यतेतस्मात्भ्रमपरंपरायाःसंभवात्स्वप्नद्रष्टृभिरि वास्माभिरदृष्टमपिसदसतोर्याथात्म्यंप्रबुद्धैर्द्रष्टुंशक्यमेव तथाचश्रुतयः । 'नेहनानाऽस्तिकिंचन । अस्तीत्येवोपलब्धव्यः । अतोऽन्यदार्त्तम्'इत्याद्याःअनात्मनोऽसत्त्वंचात्मनश्चसत्त्वंप्रतिपादयंति । एवंसतोज्ञानेनासतोबाधात्कैवल्यंसिद्ध्यतीतिभावः १६ ॥ ॥ ॥ ॥ ॥

यस्याभावोनास्तितस्यसतःसत्त्वेकिंमानमित्याशंक्याह अविनाशीति । तच्छब्देनप्रकृतंसत्परामृश्यते येनसताइदंसर्वंवियदादिततंव्याप्तंघटःसन्पटःसन्नितिसर्वस्यसदभेदानुभवात् । यथाघटोमृत्शरावोमृ
दितिघटादीनांमृदभेदानुभवान्मृदुपादानकत्वंतद्वत्सर्वस्यापिसदुपादानकत्वंबोध्यम् । ननुमृद्वत्सदपिकिंविकारवद्भवतीत्याशंक्याह अविनाशीति । तत्सत्अविनाशिविद्धि । अयमर्थः पूर्वावस्थापरित्या
गोऽत्रविनाशः मृद्धिपिंडाकारतांत्यक्त्वाघटीभवति अतःसाविनाशशीला विकारधाराश्रयत्वात् ब्रह्मतुनतथा । किंतर्हिरज्जुवत्स्वयमविनश्यदेवकार्याकारंभवति स्वकीयेचसत्तास्फुरणेकार्येऽर्पयति
अतोऽविनाशि तथाचश्रुतयः । 'अजायमानोबहुधाविजायते' । 'जातएवनजायतेकोन्वेनंजनयेत्पुनः' अजायमानोजन्माख्यंविकारमलभमानोऽपिविजायतेवियदादिरूपेणाविर्भवति । तथालोकदृष्ट्या
जातोघटादिःपरमार्थदृष्ट्यानजायते परिणाम्युपादानस्याभावात् मृदादेस्तुस्वाप्नमृदादिवत्तुच्छत्वात् अतएनंघटादिकोनुजनयेत्कोपि । कुतस्तर्हिभासनइतिचेत्रज्जूरगादिवदितिदत्तोत्तरमेतत् । तथा
'प्राणावैसत्यंतेषामेषसत्यम्' । 'तस्यभासासर्वमिदंविभाति' इति सतःसत्यत्वेनप्राणोपलक्षितस्यप्रपंचस्यसत्यत्वंसतोभानमेवप्रपंचस्यभानमिति तथाचप्रपंचगतेसत्तास्फूर्तीसतःसत्त्वेप्रमाणमित्यर्थः । श्रुतिश्च
'अन्नेनसोम्यशुंगेनापोमूलमन्विच्छअद्भिःसोम्यशुंगेनतेजोमूलमन्विच्छतेजसासोम्यशुंगेनसन्मूलमन्विच्छसन्मूलाःसोम्येमाःप्रजाःसदायतनाःसत्प्रतिष्ठाः' इतिसतोजगदुपादानत्वंकार्यलिंगेनद्रढयति । सतोऽ
विनाशित्वंचविनाशहेत्वभावादित्याह विनाशमिति। नव्येतिनापक्षीयतइत्यव्ययम् । एतेनसर्वविकारशून्यस्यविनाशोनास्तीत्यर्थः । अपक्षयोहिजन्मादिविकारवतएवभवतीतिसएवात्रसर्वविकारोपलक्षण
तयाबोध्यः । नकश्चिदित्यनेनतदन्यस्यविनाशहेतोरभावोदर्शितः । 'द्वितीयाद्वैभयंभवति' इतिश्रुतेः १७ एवंसतआत्मनोनित्यत्वमसतोदेहादेरनित्यत्वंचोक्तमुपसंहरन्नेनंयुद्धाभिमुखंकरोति अंतवन्त
इति । यद्यपिनासतोविद्यतेभावइत्यसतांदेहानांकालत्रयेऽपिसत्त्वंनास्तीतिपरमार्थदृष्ट्योक्तंतथापितांदृष्टिमप्रतिपद्यमानस्यनरकादिभयमनुरुध्यमानस्यव्यवहाराभिप्रायेणनित्यानित्यविभागमभिप्रेत्यदेहानामंत

अविनाशितुतद्विद्धियेनसर्वमिदंततम् ॥ विनाशमव्ययस्यास्यनकश्चित्कर्तुमर्हति १७ अन्तवन्तइमेदेहानित्यस्योक्ताःशरीरिणः ॥ अनाशिनोऽप्रमेयस्यतस्माद्यु
ध्यस्वभारत १८ यएनंवेत्तिहंतारंयश्चैनंमन्यतेहतम् ॥ उभौतौनविजानीतोनायंहन्तिनहन्यते १९ ॥ ॥ ॥

वत्त्वमुच्यतइतिनदोषः । नित्यत्वंकालापरिच्छेद्यत्वंतच्चव्यवहारेनभसोऽप्यस्तीत्यतउक्तमनाशिनइति । नाशःअदर्शनंतद्वान्नहिआकाशः 'नभआत्मनिलीयते'इतिस्मृतेः अयंतुनतथेत्यनाशी सर्वदैवप्रका
शमानइत्यर्थः । एतदपिनघटादिवद्दृश्यत्वेनेत्याह अप्रमेयस्येति । तथाचश्रुतिरात्मनोऽप्रमेयत्वमाह । एतदप्रमयंध्रुवमिति अप्रमयमित्यस्याप्रमेयमित्यर्थः एतच्चात्मनिप्रमाणाप्रसराज्ज्ञेयं तथाचश्रुतिः
'येनेदंसर्वंविजानातितंकेनविजानीयाद्विज्ञातारमरेकेविजानीयात्'इतिप्रसिद्धिस्त्वस्यप्रत्यगात्मत्वादेव । 'यत्साक्षादपरोक्षाद्ब्रह्मयआत्मासर्वांतरः' इतिश्रुतेः उक्तंच । 'प्रमाणमप्रमाणंचप्रमाभासस्तथैवच ॥
यत्प्रसादात्प्रसिद्ध्यंतितदसंभावनाकुतः'इति तस्माद्युद्धयस्वभारत भीष्मादिदेहानांमिथ्यात्वादनित्यत्वाच्चस्वयमेवनष्टप्रायतयाहननान्निवृत्त्यात्वयास्वधर्मोनत्याज्यइतिभावः १८ ननुनासतोविद्यतेभावइति
न्यायेनासतोमात्रादेर्मिथ्यात्वेननिःस्वरूपत्वात्कर्तृत्वंनसंभवति अतःसतएवकर्तृत्वंबंधमोक्षभाक्त्वंचवाच्यम् अन्यथाऽन्तःकरणेबंधआत्मनश्चमोक्षइतितयोर्वैयधिकरण्यंस्यात् तथायेनसर्वमिदंततमितिसतोदेहाद्युपा
दानत्वंचोक्तम् । तथाचहननक्रियांप्रत्येकस्यैवकर्तृत्वंकर्मत्वंचापततितच्चविरुद्धम् स्वात्मनिस्वव्यापारायोगात् नहिवन्हिर्वन्हिंदहतीतियुक्तमित्याशंक्याह यएनमिति । यश्चतार्किकादिरेनमात्मानंहंतारं
हननक्रियायाःकर्त्तारंमन्यते । यश्चचार्वाकादिरेनंहतंहननक्रियायाःकर्मीभूतंमन्यते तावुभावपिनजानीतःआत्मतत्त्वमितिशेषः यस्मान्नायंहंतिनहन्यते । नहियःकर्त्तासआत्मानापिदेहआत्मा तयोःप्राग्दे
वात्मत्वावधारणात् अयंभावः । यथाऽयःपिंडेवन्हिसंबंधादेवदग्धृत्वंनतुस्वतः एवंमात्राद्युदयसमनियतंकर्तृत्वंमात्रादिधर्मएवनात्मनः । आत्मनितुकर्तृत्वप्रतीतिर्मात्रादिसंबंधादेव अतोमात्रादिविशि
ष्टस्यैवबंधोनकेवलस्य । मोक्षश्चमात्रादिवियोगएवेतिनबंधमोक्षयोर्वैयधिकरण्यम् । नचमात्रादेर्निःस्वरूपत्वमस्तिसत्त्वासत्त्वाभ्यामनिर्वचनीयस्यव्यवहारयोग्यस्यब्रह्मज्ञानैकबाध्यस्यस्वप्नमायागंधर्वनगरादि

तुल्यस्यतत्स्वरूपस्याभ्युपगमात् तस्मात्रकर्तृत्वमात्मधर्मः यथोक्तम् । 'आत्माकर्त्रादिरूपश्चेन्माकांक्षीस्तर्हिमुक्तताम् ॥ नहिस्वभावोभावानांव्यावर्त्तेतौष्ण्यवद्रवेः'इति । किंच कर्तृत्वंरागद्वेषादिविकारवतएवसंभवति तद्वांश्चदुःखीत्यात्मनोऽनुभूयमानंसाक्षित्वंबाध्येत यथोक्तम् । 'नर्त्तेस्याद्विक्रियांदुःखीसाक्षिताकाविकारिणः ॥ धीविक्रियासहस्राणांसाक्ष्यतोऽहमविक्रियः'इति । नचसतोदेहाद्युपादानत्वेनहननक्रियाकर्मत्वंसंभवति विवर्त्तवादाभ्युपगमात् । नह्यध्यस्तस्यधर्मैरधिष्ठानेविकारोदृश्यते यथोक्तंभाष्ये । 'यत्रयदध्यस्तंसत्तत्कृतेनगुणेनदोषेणवाऽणुमात्रेणापिनसंबध्यते'इति विद्वत्तंचैतद्वृद्धैः 'नहिभूमिरूषरवतीमृगतृट्जलवाहिनींसरितमुद्वहति ॥ मृगवारिपूरपरिपूरवतीननदीतथोषरभुवंस्पृशतीति' । एतेनकर्तृत्वकर्मत्वयोरनात्मधर्मत्वादनात्मनश्चानेकरूपत्वादेकत्रात्मनितदुभयविरोधोद्भावनमपिनिरस्तंवेदितव्यं । एवंचार्वाकतार्किकाभिमतौदेहात्मकर्त्रात्मवादौ 'हंताचेन्मन्यतेहंतुंहतश्चेन्मन्यतेहतं ॥ उभौतौनविजानीतोनायंहंतिनहन्यते'इतिकाठकोक्तेनमंत्रेणपूर्वार्धेपाठभेदात्पठितेनपरिहृतौवेदितव्यौ १९ नायंहंतिनहन्यतइत्युक्तंतत्रनहन्यतइत्येतदुपपादयतितत्रस्थेनैवद्वितीयेनमंत्रेण नजायतइति । अयंआत्माकदाचितनजायतेअभिनवोनोत्पद्यते । नवाम्रियतेनिरन्वयोननश्यति तार्किकाभिमतघटवत् । तत्रक्रमेणहेतुद्वयं अजोनित्यइति । अजत्वान्नजायतेनित्यत्वाच्चनवाम्रियतइत्यर्थः । अस्तुतर्हिक्षणिकविज्ञानधारारूपः तस्याविज्ञानवादिभिरजत्वनित्यत्वाभ्युपगमादित्याशंक्याह भूत्वाभवितावानभूयइति । अयमित्यनुवर्तते अयंभूत्वाभूयोभविताननभूयोऽसकृत्भूत्वाभवितेतिभवनक्रियाद्वयस्यक्त्वाप्रत्ययोक्तंसमानकर्तृत्वंधारैक्याभिप्रायेण भूत्वैवभवितानतुभूत्वास्थित्वाविनश्यति । तार्किकाणांहिविज्ञानमुत्पत्तिस्थितिनाशक्षणव्यापित्वात्त्रिक्षणावस्थायि । विज्ञानवादिनांतुपूर्वस्यनाशक्षणएवोत्तरस्योत्पत्तिक्षणः सएवतस्यस्थितिक्षणश्चेतिक्षणिकत्वाद्विज्ञानानांभवनक्रियाद्वयस्याव्यवधानाद्भूत्वाभवितेत्युक्तम् । तादृशोऽप्ययंनयतः शाश्वतःशश्वदेकरूपःयोऽहंबाल्येपितरावन्वभूवंसोऽहंस्थाविरेप्रणप्तॄननुभवामीतिबाल्यस्थाविरयोरात्मैक्यप्रत्यभिज्ञानात् । नचसादृश्यात्प्रत्यभिज्ञानंसादृश्यग्रहीतुःस्थिरस्याभावात् ।

नजायतेम्रियतेवाकदाचिन्नायंभूत्वाभवितावानभूयः ॥ अजोनित्यःशाश्वतोऽयंपुराणोनहन्यतेहन्यमानेशरीरे २०
वेदाविनाशिनंनित्यंयएनमजमव्ययम् ॥ कथंसपुरुषःपार्थकंघातयतिहन्तिकम् २१

यद्वा जन्ममरणहीनोऽपिधर्मांतरविशिष्टःपूर्वंभूत्वापुनर्धर्मांतरविशिष्टोभविताइत्यपिन भूत्वैवभवितानत्वभूत्वेतियोजना । आर्हताहिशरीरपरिमाणमात्मानमभ्युपगच्छंतोनित्यस्यैवात्मनःक्रमेणव्युत्क्रमेणवामशकमनुजमतंगजशरीरप्राप्तौपरिमाणभेदंमन्यमानाभूतस्यैवात्मनोविशेषणीभूतपरिमाणभवनादौपचारिकंभवनमभ्युपगच्छंति तदपिन शाश्वतत्वादुपचयापचयवतोमध्यमपरिमाणस्यवस्तुनोनित्यत्वायोगात् । अनेनैवसुखदुःखादिधर्मांतरोत्पत्त्याऽऽत्मनोभाक्तंभूत्वाभवनंप्रत्याख्येयम् नहिदुःखादिधर्मिणःस्वनाशमंतरेणात्यंतिकदुःखोच्छेदःसंभवति घटादौयावद्रूपनाशादर्शनात् । नन्वजत्वंनित्यत्वंशाश्वतत्वंचाकाशेऽप्यस्तिअतआह पुराणइति । पुराअपियदादिसृष्टेःप्रागपिनवएव एतेनअपक्षयादिधर्मराहित्यान्मुख्यमजत्वादिकंआत्मनएववियदादेस्त्वमुख्यंतदितिदर्शितं । अतएवशरीरेहन्यमानेनहन्यते । भाष्येतुवाशब्दश्चार्थेनजायतेम्रियतेचेत्यर्थः तत्रोपपत्तिः । अयंनभूत्वाअनुत्पद्यनभविताघटादिवदतोनजायते । अथवानञःपूर्वान्वयित्वंनजायतेनवाम्रियतइति । यतोभूत्वाअभविताघटवद्विनाशीनअतोनम्रियतइति । शाश्वतःपुराणइत्येताभ्यामुपचयापचयौनिषिध्येतेइतिनहन्यतेनविपरिणम्यतइतिचव्याख्यातं । केचिदेवमाहुः नजायतेम्रियतइतिप्रतिज्ञा । कदाचिदित्यादिनातस्याउपपादनंअजइत्यादिरुपसंहारइति २० नायंहंतीत्येतदुपपादयति वेदेति । विनष्टुंअदर्शनंगंतुंशीलमस्येतिविनाशिरज्जूरगतुल्यमुपाधित्रयंस्थूलसूक्ष्मकारणशरीराख्यंततोऽन्यंअविनाशिनं अतएवनित्यंनाशहीनं तत्रहेतुः अजं जन्मवान्हिअनित्यःअयंतुअजत्वान्नित्यश्चेत्यर्थः । ननुविनाशिनःस्वकार्यापेक्षयाअन्यत्वमजत्वंनित्यत्वंचसांख्याभिमतेप्रधानेतार्किकाभिमतेनभसिचास्ति अतउक्तंअव्ययमिति । नव्येतिपूर्वावस्थांत्यजतीत्यव्ययमपरिणामिप्रधानंतुचलं गुणवृत्तमितिन्यायेनगुणसाम्यावस्थायामपिपरिणममाणमेवसर्वदास्तीतितेषामभ्युपगमात् । आकाशस्यापि 'तस्माद्वाएतस्मादात्मनआकाशःसंभूतः' इतिउत्पत्तिश्रवणादजत्वा

भावादेवनाध्ययत्वं ताद्दशंआत्मानंयोवेदअपरोक्षीकरोतिसपुमान्कथंकेनप्रकारेणकमन्यंघातयतिहननक्रियायांप्रवर्त्तयति कंवाहंति नकेनचित्प्रकारेणकमपिघातयतिनवाहंतीत्यर्थः द्वैताभावात् तथाहि श्रुतिर्विद्यावस्थायांसर्वकारकव्यापारंनिषेधति । यत्रत्वस्यसर्वमात्मैवाभूत्तत्केनकंपश्येदित्यादि अविद्यावस्थायामेवचसर्वकारकव्यवहारंदर्शयति । 'यत्रहिद्वैतमिवभवतितदितरइतरंपश्यति' इत्यादि एतेनसर्वकारकोपमर्दिन्याविद्यायाःसर्वकारसापेक्षैःकर्मभिःसहसमुच्चयोनिरस्तः परस्परविरुद्धस्वभावत्वेनशीतोष्णयोरिवद्वयोरेककार्यकारित्वस्यरथाश्वन्यायेनासंभवादित्यन्यत्रविस्तरः । माद्दशा नांज्ञानिनांव्युत्थानकालेअविद्यालेशानुवृत्त्याघातयितृत्वादेःप्रसक्तावपिविद्ययातस्यबाधितत्वादागामिकर्मणामश्लेषाच्चनदोषः तथाचवक्ष्यते । 'हत्वाऽपिसइमाँल्लोकान्नहंतिननिबध्यते'इति २१ ननुब्राह्म णोयजेतजातपुत्रःकृष्णकेशोऽग्नीनादधीतेतिआत्मानंवयोवर्णादिविशेषणवंतमेवाधिकृत्यकर्मविधयःप्रवर्त्ततेतेननीलादुत्पलमिवदेहादन्यआत्माऽवधारयितुंनशक्यतइत्याशंक्याह वासांसीति । दण्डीप्रैषानन्वा हेतिदण्डस्यविशेषणत्वेऽपि नप्रैषानुवक्तृस्वरूपांतर्गतत्वम् एवंब्राह्मणत्वादेरपिनस्वर्गकामस्वरूपांतर्गतत्वमितिवस्त्रदेवदत्तयोरिवजडाजडयोर्देहात्मनोरत्यंतविलक्षणत्वमस्तीतिवस्त्रनाशेनदेवदत्तनाशंमन्वानस्ये वतवदेहनाशादात्मनाशंमन्वानस्यात्यंतमौढ्यंस्पष्टमितिभावः स्पष्टार्थश्चश्लोकः २२ कीद्दशोऽसौदेहीत्यतआह नैनमिति । एनंशस्त्राणिनच्छिदंतिनद्वैधाकुर्वंतिअस्थूलत्वात् । तर्हिपार्थिवपरमाणुवत्पा कजरूपाद्याश्रयोभविष्यतिइत्याशंक्याह नैनंदहतिपावकइति । अनणुत्वात् । आपश्चैनंनक्लेदयंति अस्पर्शत्वात् । स्पर्शवद्धिद्रव्यमद्भिरार्द्रीकर्त्तव्यंनत्वस्पर्शम् । नशोषयतिमारुतः अस्नेहत्वात् । एतेन 'अदीर्घमस्थूलमनणुअशब्दमस्पर्शमरूपमव्ययंतथाऽरसंनित्यमगंधवच्चयत्' इतिश्रुतिप्रसिद्धानामदीर्घत्वाशब्दत्वादीनामपिसंग्रहोज्ञेयः २३ कुतोहेतोरस्यशस्त्रादीनिच्छेदादीन्नकुर्वंतीत्याशंक्यतस्य

वासांसिजीर्णानियथाविहायनवानिगृह्णातिनरोऽपराणि ॥ तथाशरीराणिविहायजीर्णान्यन्यानिसंयातिनवानिदेही २२ नैनंछिन्दन्तिशस्त्राणिनैनंदहतिपावकः ॥ नचैनंक्लेदयन्त्यापोनशोषयतिमारुतः २३ अच्छेद्योऽयमदाह्योऽयमक्लेद्योऽशोष्यएवच ॥ नित्यःसर्वगतःस्थाणुरचलोऽयंसनातनः २४ अव्यक्तोऽयमचिन्त्योऽयम विकार्योऽयमुच्यते ॥ तस्मादेवंविदित्वैनंनानुशोचितुमर्हसि २५ ॥ ॥ ॥

च्छेदाद्ययोग्यत्वादित्याह अच्छेद्योऽयमिति ।अत्राच्छेद्यत्वादौपूर्वोक्तान्येवअस्थूलत्वादीनिकारणानिज्ञेयानि । एवमच्छेद्यत्वादिनास्थूलादीनभावरूपान्गुणानुक्त्वाभावरूपानपिगुणानाह नित्यइति । सर्वैर्विशेषणैरखंडैकरसस्यैववस्तुनोलक्ष्यत्वात्नित्यत्वादिभिरुत्पाद्यत्वादिकंनिराक्रियते । यतोनित्यःअतोघटवदनुत्पाद्यः । यतःसर्वगतःअतोग्रामवदप्राप्यः । यतःस्थाणुःपूर्वरूपापरित्यागेनस्थिर स्वभावः अतःक्षीरादिवदविकार्यः । अचलःयथादर्पणःस्वतःस्वाच्छ्यादप्रच्युतोऽपिमलरूपेणावरणेनस्वाच्छ्यात्प्रच्याव्यतेएवंस्त्वयंस्थाणुरपिअन्यसंयोगाच्चांचल्यमश्नुवीतसचदोषापकर्षणलक्षणंसंस्कारम पेक्षते । अयंतुअचलत्वान्नतथा । एवंचउत्पत्त्याप्तिविकृतिसंस्कृतिरूपंचतुर्विधंक्रियाफलमात्मनिनसंभवतीत्युक्तम् तत्रहेतुः सनातनइति । सनाइत्यव्ययंनैरंतय तच्चदेशतःकालतोवस्तुतश्चपरिच्छेदरा हित्यम् । परमतेपरमाणूनांकालतःपरिच्छेदाभावेपिदेशतःपरिच्छेदोस्ति आकाशस्यतदुभयाभावेऽपिवस्तुतःपरिच्छेदोऽस्ति सोऽपित्रिविधः सजातीयविजातीयस्वगतभेदरूपः यथा । 'वृक्षस्यस्वगतोभेदःपत्रपुष्पफलादितः । वृक्षांतरात्सजातीयोविजातीयःशिलादितः' । ततश्चसनानैरंतर्येणत्रिविधपरिच्छेदराहित्येनभवतिअस्तीतिसनातनोऽखंडैकरसोयस्मात्तस्मान्नोत्पत्त्याद्याश्रयइत्यर्थः २४ एवंज्ञेयंवस्तूक्तंतच्चतत्राध्यस्तदेहत्रयनिरासेनअपरोक्षीकर्त्तव्यमित्याह अव्यक्तोऽयमिति । व्यक्तंस्थूलशरीरंप्रत्यक्षगम्यंतदन्योऽयंप्रत्यगात्मा । तथाअचिन्त्योऽयंचिन्त्यंचिन्तायोग्यंरूपादिप्रकाशका र्येणानुमेयंचक्षुरादिसमुदायात्मकंलिंगशरीरंअप्रत्यक्षंततोऽप्यन्योऽयम् । तथाअविकार्योऽयंविकारंस्थूलसूक्ष्मकार्यभावेनावस्थानमर्हतीतिविकार्यंत्रिगुणात्मकंमूलाज्ञानंकारणशरीरंसुप्तोत्थितस्यनकिंचिदवे दिषमितिपरामर्शदर्शनादहंनजानामीत्यनुभवाच्चसाक्ष्येकगम्यंततोऽप्यन्योऽयम् । उच्यतेऽव्यक्तादिनिषेधमुखेननतुशृंगग्राहिकयाऽयमेवंविधइतिविधिमुखेनोच्यते । यस्मादेवमयमुच्यते । तस्मादेनंवि

दित्वानानुशोचितुमर्हसि । 'तरतिशोकमात्मवित्' इतिश्रुतेरात्मविद्भूत्वाबंधुवियोगजंशोकंमाकार्षीरित्यर्थः उक्तंचात्मनोऽवस्थात्रयातीतत्वम् । 'स्वप्ननिद्रायुतावाद्यौप्राज्ञस्त्वस्वप्ननिद्रया । नानिद्रां नैवचस्वप्नंतुर्येपश्यंतिनिश्चिताः' इति २५ एवंतत्त्वदृष्ट्याशोकोनोचितइत्युक्तंइदानींप्राकृतजनदृष्ट्याऽपिशोकोनोचितइत्याह अथचेति । नित्यंनियमेनजातंनित्यजातमितिचार्वाकपक्षः । नित्यंसर्वदाजात मितिक्षणिकविज्ञानवादिपक्षः । नित्यश्चासौअपूर्वदेहेन्द्रियसंबंधाज्जातश्चेतितार्किकादिपक्षः । एवंनित्यंवामन्यसेमृतमित्यपियोज्यम् पक्षत्रयेऽपिशोकोनयुक्तः महाबाहोइतियुद्धार्थमुत्साहयति २६ शोचितुंनार्हसीत्युक्तंतत्रहेतुमाह जातस्येति । ध्रुवोऽपरिहार्यः मृत्युर्मरणंअपरिहार्येअर्थेमरणाख्येत्वदुद्योगंविनापिअवश्यंभाविनिविषयेनत्वंशोचितुमर्हसि वक्ष्यतिच मयैवैतेनिहताःपूर्वमेवेति २७ अस्त्वा त्मनोऽशोच्यत्वंतथापिइष्टदेहविनाशजःशोकोभवत्येवेत्याशंक्यसकारणस्यदेहादेर्मिथ्यात्वंसाधयति अव्यक्तादीनीति । भूतानिवियदादीनितद्विकारभूतानिजरायुजादीनिचनव्यक्तमव्यक्तमज्ञानंआदिर्येषांतथाविधा नि । व्यक्तःस्पष्टःमध्यःउत्पत्तिमारभ्यमरणात्प्रागवस्थायेषाम् । अव्यक्तेएवनिधनंलयोयेषामिति । अयमर्थः रज्जूरगादिकारणमज्ञानंनरज्जुवत्उरगवद्वाव्यक्तमस्ति । परीक्ष्यमाणंचनदृष्टिपथमवतरति । अतस्तदव्यक्तम् ततउत्पन्नःसर्पस्तत्रैवलीयतेनरज्ज्वाम् । एवंआत्मनिकल्पितानांभूतानांआदिरंतश्चाव्यक्तमेव तेनआदावंतेचयन्नास्तिवर्त्तमानेऽपितत्तथेतिन्यायेनमध्येभासमानान्यपितानिरज्जूरगवदस संत्येव एवंविधेतत्रतस्मिन्विषयेकापरिदेवनाकोवाविलापः नहिमरुमरीचिकाह्रदोनष्टइतिकश्चित्तत्त्वविद्विलपति । अतएवभूतानांरज्जूरगादीनामिवप्रतीतिसमकालिकींसृष्टिमभिप्रेत्यकौषीतकिब्राह्मणेस्वापप्र बोधयोर्जगल्लयोदयौपठ्येते 'सयदास्वपितितदैनंवाक्सर्वैर्नामभिःसहाप्येतिचक्षुःसर्वैरूपैःसहाप्येतिश्रोत्रंसर्वैःशब्दैःसहाप्येतिमनःसर्वैर्ध्यानैःसहाप्येतिसयदाप्रबुध्यतेऽथैतस्मादात्मनःसर्वेप्राणायथायतनंविप्र

अथचैनंनित्यजातंनित्यंवामन्यसेमृतम् ॥ तथापित्वंमहाबाहोनैनंशोचितुमर्हसि २६ जातस्यहिध्रुवोमृत्युर्ध्रुवंजन्ममृतस्यच ॥ तस्मादपरिहार्येऽर्थेनत्वंशोचितुमर्हसि
२७ अव्यक्तादीनिभूतानिव्यक्तमध्यानिभारत ॥ अव्यक्तनिधनान्येवतत्रकापरिदेवना २८ आश्चर्यवत्पश्यतिकश्चिदेनमाश्चर्यवद्वदतितथैवचान्यः ॥ आश्चर्यवच्चै
नमन्यःशृणोतिश्रुत्वाऽप्येनंवेदनचैवकश्चित् २९ ॥ ॥ ॥ ॥

तिष्ठन्तेप्राणेभ्योदेवादेवेभ्योलोकाः' इति प्राणाश्चक्षुरादींद्रियाणि । देवास्तदनुग्राहकाःसूर्यादयः । लोकाःरूपादयः । नन्विहान्यत्रचआत्मैवसर्वभूतानांलयोदयस्थानमित्युच्यतेनान्यत् । तत्कथमेवा मव्यक्तंलयोदयस्थानमित्युच्यते सत्यम् अज्ञानाश्रयत्वाद्ब्रह्मणितथात्वव्यपदेशोनवस्तुगत्या नहिअपरिणामिनःकूटस्थस्यमृद्वत्कार्यप्रविलयोदयस्थानत्वंसंभवति यथोक्तम् । 'अस्यद्वैतेन्द्रजालस्ययदुपादानका रणम् । अज्ञानंतदुपाश्रित्यब्रह्मकारणमुच्यते' इति २८ ननुवज्रपंजरतुल्यस्यसर्वप्रमाणसिद्धस्यवियदादिप्रपंचस्यकथंरज्जूरगादिवदज्ञानप्रभवत्वेनात्यंततुच्छत्वमुच्यते । कथंवाकर्मज्ञानकांडापेक्षितमा त्मनोयज्ञादिकर्तृत्वंश्रवणादिकर्तृत्वंचापन्हूयतइत्याशंक्याह आश्चर्यवदिति । कश्चिद्विज्ञातात्मतत्त्वएनमतीतानंतरश्लोकोक्तंभूतग्राममाश्चर्यवत् आश्चर्यमद्भुतंस्वप्नमायेन्द्रजालादितेनतुल्यंआश्चर्यवत्तथाभूतंप श्यति । तथाकश्चिदेनंआश्चर्यवद्वदतिसत्त्वेनअसत्वेनवानिर्वक्तुमशक्यमपिअनिर्वचनीयेनैवलोकाप्रसिद्धेनरूपेणोपपादयति । तथाहिरज्जूरगवत्प्रपंचःसंश्चेत् 'नेहनानाऽस्तिकिंचन' इतिश्रुत्यानबाध्येत । असं श्चेन्नप्रतीयेततस्मादनिर्वचनीयोऽयमिति । तदिदंसर्वव्यवहारास्पदस्यापिप्रपंचस्यमिथ्यात्वोपपादनमत्याश्चर्यमित्यर्थः । तथाएनंप्रपंचमन्यआश्चर्यवच्छृणोति । इमेलोकाइमेदेवाइमेवेदाइदंसर्वंयदयमा त्मेतिप्रत्यक्षेणानात्मतयाउपलभ्यमानस्यापिप्रपंचस्ययत्प्रत्यगभिन्नत्वेनश्रवणंतदत्यन्तमाश्चर्यम् । नहीयंश्रुतिर्यजमानःप्रस्तरइत्यादिवदुपचरितार्था प्रपंचस्यात्मनःपृथक्त्वे 'आत्मनोवाअरेदर्शनेनश्रवणेनमत्या विज्ञानेनेदंसर्वंविदितंभवति' इत्येकविज्ञानात्सर्वविज्ञानप्रतिज्ञोपरोधापत्तेः । नचप्रतिज्ञाऽप्यौपचारिकी प्रदेशांतरेश्रुतस्य 'यथासौम्यैकेनमृत्पिंडेनसर्वंमृन्मयंविज्ञातंस्यात्' इतिदृष्टांतस्योपरोधापत्तेः । तस्मात्प्रतिज्ञादृष्टान्त निगमनानामेकवाक्यत्वात्नप्रपंचस्यात्मान्यत्वम् । तच्चभेदग्राहिप्रत्यक्षविरोधादाश्चर्यमिवशृणोति । तथाकश्चिदेनंप्रपंचंप्रत्यगनन्यत्वेनश्रुत्वाअपिशब्दात्उक्त्वास्वप्नादिदृष्टान्तैरुपपाद्यदृष्ट्वाध्यानेनचसाक्षा

त्कृत्वाऽपितत्त्वतोनवेदनजानाति तथाहि । प्राप्ताऽपिप्रज्ञातीव्रविक्षेपवतःपरिहीयतइतिवक्ष्यति तस्मादात्मैवयात्संभवत्येवप्रपंचस्यरज्जूरगादितुल्यत्वेनतुच्छत्वम् । यद्वा एनंआत्मानंकर्तृत्वभोक्तृत्वदुः
खित्वानित्यत्वजडत्वसंगित्वपरिच्छिन्नत्वादिधर्मवत्तयाप्रसिद्धमपितत्त्वमसीत्यागमोत्थयाब्रह्माकारान्तःकरणवृत्त्याब्रह्मविद्याख्ययाअकर्त्तारमभोक्तारमानंदघनंसत्यचिद्रूपमसंगमनंतमपरोक्षीकरोतीतिमहदाश्चर्यम्।
यत्पश्यतितदाश्चर्यवदितिक्रियाविशेषणंवा आविद्यकमपिदर्शनमविद्यांस्वात्मानंचकतकरजोवन्निवर्त्तयतीति । यद्वा यःपश्यतिसआश्चर्यवदितिकर्तृविशेषणंयतएकएवविद्वान्समाधिव्युत्थानयोःपरस्परविरुद्धमा
त्मनोब्रह्मभावंजीवभावंचयावदारब्धकर्मक्षयमनुभवतीतितथावाङ्मनसातीतमप्यात्मानंयद्वाचावदतितदप्याश्चर्यम् । अगृहीतसंगतिकेनापिशब्देनयथासुप्तःप्रबोध्यतेतद्वत् यथोक्तंवार्तिके । 'अगृहीत्वैवसंबन्ध
मभिधानाभिधेययोः ॥ हित्वानिद्रांप्रबुध्यन्तेसुषुप्तेबोधिताःपरैः ॥ जाग्रद्वन्नयतःशब्दंसुषुप्तेवेत्तिकश्चन ॥ ध्वस्तेऽतोज्ञानतोज्ञानेब्रह्मास्मीतिभवेत्फलम् ॥ अविद्याघातिनःशब्दाद्याहंब्रह्मेतिधीर्भवेत् ॥
नश्यत्यविद्ययासार्द्धंहत्वारोगमिवौषधम्'इति । तथायःशृणोतिसोऽपिआश्चर्यवत्अतिदुर्लभइत्यर्थः । 'श्रवणायापिबहुभिर्योनलभ्यः'इतिश्रुतेः । 'शृण्वन्तोऽपिबहवोयन्नविद्युः'इतिश्रुतिद्वितीयपादार्थसंगृ
ह्णाति श्रुत्वाप्येनमिति । 'आश्चर्योवक्ताकुशलोऽस्यलब्धाआश्चर्योज्ञाताकुशलेनानुशिष्टः' इतिउत्तरार्द्धस्तुश्लोकपूर्वार्द्धेनसंगृहीतइतिज्ञेयम् दुर्विज्ञेयोऽयमात्मातस्त्वंतज्ज्ञानार्थंयतस्वेतिभावः २९ प्रकृतमर्थमुप
संहरति देहीति । सर्वाणिभूतानिकथमेतेदीनाअल्पबलाबलवत्तरेणमयाहंतव्याःकथमेषांपुत्रादयएतैर्विनाजीविष्यन्ति कथंवाहंभीष्मादिभिर्गुरुभिर्विनाजीविष्यामीतिशोचितुंनार्हसीत्यर्थः ३० अर्जुनस्यअना

देहीनित्यमवध्योयंदेहेसर्वस्यभारत ॥ तस्मात्सर्वाणिभूतानिनत्वंशोचितुमर्हसि ३० स्वधर्ममपिचावेक्ष्यनविकम्पितुमर्हसि ॥ धर्म्याद्धियुद्धाच्छ्रेयोन्यत्क्षत्रियस्यन
विद्यते ३१ यदृच्छयाचोपपन्नंस्वर्गद्वारमपावृतम् ॥ सुखिनःक्षत्रियाःपार्थलभन्तेयुद्धमीदृशम् ३२ अथचेत्त्वमिमंधर्म्यंसंग्रामंनकरिष्यसि ॥ ततःस्वधर्मंकीर्तिंचहि
त्वापापमवाप्स्यसि ३३ अकीर्तिंचापिभूतानिकथयिष्यन्तितेऽव्ययाम् ॥ संभावितस्यचाकीर्तिर्मरणादतिरिच्यते ३४ भयाद्रणादुपरतंमंस्यन्तेत्वांमहारथाः॥ येषां
चत्वंबहुमतोभूत्वायास्यसिलाघवम् ३५ अवाच्यवादांश्चबहून्वदिष्यन्तितवाहिताः ॥ निन्दन्तस्तवसामर्थ्यंततोदुःखतरंनुकिम् ३६ हतोवाप्राप्स्यसिस्वर्गंजित्वावा
भोक्ष्यसेमहीम् ॥ तस्मादुत्तिष्ठकौन्तेययुद्धायकृतनिश्चयः ३७ सुखदुःखेसमेकृत्वालाभालाभौजयाजयौ ॥ ततोयुद्धाययुज्यस्वनैवंपापमवाप्स्यसि ३८ ॥

त्मनिदेहेआत्मधीरूपोमोहोनिवारितः । इदानींस्वधर्मेयुद्धेअधर्मधीरूपंमोहंनिवारयति स्वधर्ममपीत्यादिना । युद्धंक्षत्रियस्यस्वोधर्मःतमवेक्ष्यापिविकंपितुंचलितुंनार्हसि हियस्मात्धर्म्यात्धर्मादनपेताद्युद्धाद
न्यत्क्षत्रियस्यश्रेयःप्रशस्ततरंनास्ति ३१ किंचयदृच्छयाअप्रार्थितमप्युपपन्नमुपस्थितंस्वर्गद्वारमपावृतमुद्घाटितंयेक्षत्रियालभंतेतेसुखिनोधन्याभवंतीतिसंबन्धः ३२ युद्धत्यागेइष्टनाशोऽनिष्टप्राप्तिश्चभवतीत्याह
अथचेदिति ३३ अव्ययांदीर्घकालाम् ३४ अकीर्तिमेवाह भयादिति । त्वंबहुमतोभूत्वास्वतएवअतिश्लाघ्यवृत्तःसन्लाघवंलघुभावंकातर्याख्यंयेषांपुरतोयास्यसितेमहारथास्त्वांभयाद्रणादुपरतंमंस्यंतइतियो
जना ३५ किंचअवाच्यवादानवक्तुमयोग्यान्शब्दान्षंढतिलोऽर्जुनइत्यादीन् सामर्थ्यंनिन्दन्तःधिगस्यशौर्यंयोभीष्मादिभयात्पलायितइतिइदंवचनंमरणादप्यधिकंदुःखंइतोऽन्यद्दुःखतरमधिकदुःखंकिंनकिम
पीत्यर्थः ३६ यद्वाजयेमयदिवानोजयेयुरित्युक्तंतत्राह हतोवेति । रणेस्थितस्यस्वर्गोवाराज्यंवासिद्धमस्तीतिपक्षद्वयमपिहितावहमित्यर्थः ३७ स्वधर्मस्ययुद्धस्याकरणेधर्मकीर्त्योर्नाशःपापावाप्तिश्चाथचेदितिश्लो
केनभगवतायद्यप्युक्तातथापियुद्धस्यअर्जुनाभिमतेकाम्यत्वपक्षे । 'अहोबतमहत्पापंकर्तुंव्यवसितावयम् ॥ यद्राज्यसुखलोभेनहन्तुंस्वजनमुद्यताः' इतितत्करणेपापप्रसक्तिरस्तितांनिवारयितुंसिद्ध्यसिद्ध्योः
समत्वलक्षणंयोगमाह सुखदुःखेइति । समेकृत्वासुखदुःखयोस्तद्धेत्वोःराज्यलाभालाभयोस्तद्धेत्वोश्चजयाजययोःरागद्वेषावकृत्वेत्यर्थः । केवलंस्वधर्मोऽयमितिमत्वायुद्धाययुज्यस्वघटस्व एवंकुर्वंस्त्वंपापंनावा

स्यमि । यस्तुराज्यलोभेनसुहृद्वधंकरोतितस्यास्त्येवपापमितिभावः । कथंतर्हिस्वधर्मत्वेनानुष्ठितेऽपियुद्धेहतोवाप्राप्स्यसिस्वर्गमित्यादिफलस्मरणंआनुषंगिकमितिब्रूमः तथाचापस्तंबः । 'तद्यथाऽऽम्रेफलार्थेनिर्मितेछायागंधइत्यनूत्पद्येतेएवंधर्मंचर्यमाणमर्थाअनूत्पद्यंतेनधर्महानिर्भवति'इतिआम्रनिदर्शनेनप्रतिपादयति ३८ एवमर्जुनस्यपूर्वोक्तौद्वावपिमोहावपनीतौतत्रकंघातयतिहन्तिकमितिकर्तृत्वकारयितृत्वयोरात्मन्यसंभवउक्तः । ततोयुद्धाययुज्यस्वेतिनियोगश्चोक्तः । नह्यकर्तुराकाशवत्सर्वगतस्यनियोज्यत्वंसंभवतीतिपरस्परव्याहतमेतदितीमामाशंकांअधिकारिभेदेनोभयंव्यवस्थापयन्परिहरति एषातेइति । एषातेतुभ्यंअभिहिता अशोच्यानन्वशोचस्त्वमित्यादिनास्वधर्ममपिचावेक्ष्येत्यतःप्राक्तनेनसंदर्भेणउक्ता । सांख्येसम्यक्ख्यायतेप्रकथ्यतेवस्तुतत्त्वमनयेतिसंख्याउपनिषद्तत्रविदितेसांख्येऔपनिषदेब्रह्मणिविषयेबुद्धिर्ज्ञानंसंसारनिवर्तकंएषातेसांख्येबुद्धिरभिहितेतिसंबन्धः । योगेसिद्ध्यसिद्ध्योःसमोभूत्वासमत्वंयोगउच्यतइतिवक्ष्यमाणलक्षणेविषये तुशब्दःपूर्ववैलक्षण्यद्योतनार्थः । वक्ष्यतिचज्ञानकर्मनिष्ठयोर्विभिन्नाधिकारिकत्वम् । 'लोकेऽस्मिन्द्विविधानिष्ठापुराप्रोक्तामयाऽनघ ॥ ज्ञानयोगेनसांख्यानांकर्मयोगेनयोगिनां'इति एतेनज्ञानकर्मणोःसमुच्चयशंकाऽप्यपास्ता । इमांस्वधर्ममपिचावेक्ष्येत्यादिनाऽनंतरग्रंथेनोक्तामपिविस्तरेणाभिधीयमानांशृणुइमामेवबुद्धिंस्तौतिसार्धेन बुद्ध्येत्यादिना । ननुकर्मबंधप्रहाणमात्मज्ञानेनैवश्रूयते । 'तपसैवात्मपदंविदित्वानलिप्यतेकर्मणापापकेन'इतिश्रुतेः कर्मयोगस्तुकर्मबंधंदृढीकरिष्यत्येवेतिकथमुच्यतेकर्मबन्धंप्रहास्यसीतिचेत्श्रुतिबलादितिब्रूमः तथाहि । 'ईशावास्यमिदंसर्वंयत्किंचिज्जगत्यांजगत् ॥ तेनत्यक्तेनभुंजीथामागृधःकस्यचिद्धनम्' । 'कुर्वन्नेवेहकर्माणिजिजीविषेच्छतंसमाः । एवंत्वयिनान्यथेतोऽस्तिनकर्मलिप्यतेनरे'इतिश्रुतिरीश्वरेणेदंसर्वंस्तंभितमस्तीतिनकश्चित्किंचित्स्वेच्छयाकर्तुंप्रभवति । अतः सर्वत्रममताहीनःसन्भोक्तृत्वकर्तृत्वाभिमानत्यागेनैवभो

एषातेऽभिहितासांख्येबुद्धिर्योगेत्विमांशृणु ॥ बुद्ध्यायुक्तोययापार्थकर्मबन्धंप्रहास्यसि ३९
नेहाभिक्रमनाशोऽस्तिप्रत्यवायोनविद्यते ॥ स्वल्पमप्यस्यधर्मस्यत्रायतेमहतोभयात् ४०

गान्भुंक्ष्वकर्माणिचकुरु । एवंकुर्वतित्वयिकर्मलेपोनास्तिइतोऽन्यदुपायान्तरंचनास्तीतिवदति । तस्मात्कनककार्ष्णायसादिवत्केनचिद्विशेषरूपेणोपेतंकर्मैवसजातीयोच्छेदनिमित्तंभविष्यतीतियुक्तमुक्तम् कर्मयोगेनापिकर्मबन्धंप्रहास्यसीति ३९ एतदेवोपपादयति नेहेति । इहकर्मबन्धप्रहाणार्थेकर्मयोगेऽनुष्ठीयमाने अभिक्रम्यतेव्याप्यतइत्यभिक्रमःकर्मारंभःकर्मैववातस्यनाशोनास्तिअन्यत्फलंदत्वानश्यतिनत्विदमिष्टफलस्याजननात् । नन्वेतस्यापिकाम्यांतःपातितयानित्याकरणजनितःप्रत्यवायउत्पद्येतैवसकृदनुष्ठितस्यबन्धप्रहाणप्रत्यवायपरिहाराख्यफलद्वयहेतुत्वायोगादित्याशंक्याह प्रत्यवायोनविद्यतइति । 'तमेतंवेदानुवचनेनब्राह्मणाविविदिषंतियज्ञेनदानेनतपसाऽनाशकेन' इतिश्रुत्यासंयोगपृथक्त्वन्यायेनदध्नेन्द्रियकामस्यजुहुयादित्यनेननित्यस्यदध्नोवीर्यार्थत्वमिवनित्यानामपिकर्मणांविविदिषार्थत्वंविनियोगबलात्सिद्ध्यति । ततश्चकाम्येनैवप्रयोगेणनित्यस्यापिसिद्धेर्ननित्याकरणनिमित्तोवाऽकाम्यत्वात्सर्वांगानुपसंहारनिमित्तोवाप्रत्यवायोविद्यते नित्यानामेवविनियोगात् । नित्येषुचयथाशक्त्युपबन्धस्यानुज्ञानात्वार्तिकेतुकाम्यानामप्यत्रविनियोगोदृष्टः यथा । 'वेदानुवचनादीनामैकात्म्यज्ञानजन्मने ॥ तमेतमितिवाक्येननित्यानांवक्ष्यतेविधिः ॥ यद्वाविविदिषार्थत्वंकाम्यानामपिकर्मणाम् ॥ तमेतमितिवाक्येनसंयोगस्यपृथक्त्वतः'इति । अस्मिन्पक्षेकाम्यानामपितुल्यफलत्वात्नित्यवद्यथाशक्त्युपबन्धोभविष्यतीतिनसर्वांगानुपसंहारजनितःप्रत्यवायोविद्यतेस्वल्पमपिअस्ययोगधर्मस्यानुष्ठितंअनुपभुक्तबीजकल्पम् । 'जन्मजन्मांतराभ्यस्तंदानमध्ययनंतपः ॥ तेनैवाभ्यासयोगेनतच्चैवाभ्यसतेपुनः'इतिस्मृतेरुत्तरोत्तरसंस्काराधानद्वारास्वसजातीयवृद्धेर्निमित्तंसत्कामादिदोषक्षपणद्वारामहतोभयात्संसारात्त्रायते । तस्मात्सांख्यानधिकारिणाकर्मयोगएवानुष्ठेयइतिभावः ४० ॥ ॥ ॥ ॥

नत्वेवंसांख्ययोगयोर्महाभयात्राणहेतुत्वंतुल्यंचेत्कोऽनयोर्विशेषइत्याशंक्यसांख्यानांपातशंकानास्तियोगिनांतुयावद्विदेहकैवल्यंपातशंकाऽस्तीत्याह व्यवसायात्मिकेति । व्यवसायस्तत्त्वनिश्चयस्तदात्मिकातदाका
राबुद्धिरन्तःकरणवृत्तिःअहंब्रह्मास्मीतिवाक्यजन्याब्रह्माकारांतःकरणवृत्तिर्ब्रह्मविद्याभिधानासमस्तवृत्त्यंतरबाधेनसम्यगभ्युदिताएकाएकैव 'सकृद्विभातोह्येषब्रह्मलोकः'इतिश्रुतेः ब्रह्मैवलोकोब्रह्मलोकइह
ब्रह्मैव नहिसकृत्ज्ञातेब्रह्मणिज्ञातव्यंकर्त्तव्यंवाकिंचिदवशिष्यते कृतकृत्यत्वाद्ब्रह्मविदोऽतोऽस्यपातशंकानास्ति । अव्यवसायिनामज्ञानिनांतुबुद्धयोऽनन्ताः ताश्चप्रत्येकंबहुशाखाइतिइदमेवममश्रेयइतिनि
श्चयस्यदुर्लभत्वात्कदाचिदश्रेयस्यापिश्रेयोबुद्धौसत्यांपातशंकास्तीतिमहांस्तयोर्विशेषइतिभावः ४१ उत्तरार्धमेवविवृणोति यामिमामित्यादिना । यांपुष्पितांपुष्पितद्रुमवद्दूरतोरमणीयांवाचम् । 'अक्षय्यं
हवैचातुर्मास्ययाजिनःसुकृतंभवति' 'अपामसोमममृताअभूम'इत्येवंरूपांप्रवदंति अविपश्चितःअव्यवसायिनोमूढाः यतोवेदवादरताः वेदांतर्गतेषुअर्थवादेषु 'यस्यपर्णमयीजुहूर्भवतिनपापःश्लोकःशृणोति'इत्ये
वमादिषुरताःबद्धश्रद्धाः अतएवकर्मणोऽन्यत्आत्मज्ञानंतत्फलंमोक्षश्चनास्तीतिवादिनोवदनशीलाः ४२ तथाभोगश्चऐश्वर्यंचतयोर्गतिःप्राप्तिस्तांप्रतितदर्थमित्यर्थः कामात्मानःकामग्रस्तचित्ताः अतएवस्व
र्गपराः । कीदृशींभोगैश्वर्यगतिम् जन्मकर्मफलप्रदाम् प्राप्तभोगैश्वर्योहिपुरुषस्तद्वासनावासितःपुनर्भोगैश्वर्यप्राप्तयेजन्मलभतेतदर्थंकर्माणिचकुरुतेफलंचततोभोगादिकंप्राप्नोतीतिचक्रमनिशमावर्त्तते तेननिष्ठा
तश्च्युतोभवतीत्यर्थः । किंचक्रियाविशेषेणबहुलां यथायथावित्तव्ययायासाद्याधिक्यम् तथातथाभोगैश्वर्यप्राप्तेरप्याधिक्यमित्यर्थः । एतेनात्यंतायाससाध्येष्वपिकर्मसुफललोभात्सज्जंतइत्युक्तम् । भाष्येभोगै
श्वर्यगतिंप्रतिसाधनभूताःयेक्रियाविशेषाअग्निहोत्रादयःतद्बहुलांजन्मरूपंयत्कर्मफलंतत्प्रदांचवाचमेवेतिव्याख्यातम् ४३ भोगेति । तयापुष्पितयावाचाअपहृतचेतसांपुंसांबुद्धिःसमाधौसमाध्यनुष्ठानका

व्यवसायात्मिकाबुद्धिरेकेहकुरुनन्दन ॥ बहुशाखाह्यनन्ताश्चबुद्धयोऽव्यवसायिनाम् ४१ यामिमांपुष्पितांवाचंप्रवदन्त्यविपश्चितः॥ वेदवादरताःपार्थनान्य
दस्तीतिवादिनः ४२ कामात्मानःस्वर्गपराजन्मकर्मफलप्रदाम् ॥ क्रियाविशेषबहुलांभोगैश्वर्यगतिंप्रति ॥ ४३ भोगैश्वर्यप्रसक्तानांतथाऽपहृतचेतसाम् ॥
व्यवसायात्मिकाबुद्धिःसमाधौनविधीयते ४४ त्रैगुण्यविषयावेदानिस्त्रैगुण्योभवार्जुन ॥ निर्द्वन्द्वोनित्यसत्त्वस्थोनिर्योगक्षेमआत्मवान् ४५ यावानर्थउदपा
नेसर्वतःसम्प्लुतोदके ॥ तावान्सर्वेषुवेदेषुब्राह्मणस्यविजानतः ४६ ॥ ॥ ॥

लेव्यवसायात्मिकाव्यवसायोज्ञानंतदात्मिकाशुद्धचिन्मात्राकारानविधीयतेनभवति कर्मकर्त्तरिलकारः । विरक्तस्यहिबुद्धिःसमाधौचिन्मात्राकाराभवतिनतुभोगाद्यासक्तस्येतिस्पष्टमेव । भाष्येतु समाधौ
अंतःकरणेव्यवसायात्मिकाबुद्धिर्नभवतीतिव्याख्यातम् यद्वा समाध्यनुष्ठानार्थमेवनिश्चयात्मिकातेषांबुद्धिर्नभवतीतिव्याख्येयम् ४४ कस्यतर्हिसमाधौबुद्धिर्भवतीत्यतआह त्रैगुण्येति । त्रैगुण्यंगुणत्र
यकार्यमूर्ध्वमध्याधोगतिरूपंसंसरणंतदेवप्रकाश्यत्वेनविषयोयेषांतादृशाःकर्मकांडपरावेदाः । त्वंतुनिस्त्रैगुण्योभव ऊर्ध्वगतावपिविरक्तोभवेत्यर्थः । वक्ष्यतिचतत्तद्गुणप्रधानंगतित्रयम् ऊर्ध्वंगच्छन्तिसत्वस्था
इति । दिव्येभ्योपिविषयेभ्योविरक्तःसमाधावधिक्रियतइतिभावः । किंलक्षणोऽसौनिस्त्रैगुण्यइत्यतआह निर्द्वन्द्वइति । सुखदुःखेमानापमानौशत्रुमित्रेशीतोष्णेइत्यादीनिद्वन्द्वानिसप्रतिपक्षपदार्थरूपाणिते
भ्योनिर्गतोनिर्द्वन्द्वः सर्वत्रसमबुद्धिरित्यर्थः । ननुबाधमानमुष्णादिकंकथंशीतादिवत्क्षंतुंशक्यमतआह नित्यसत्वस्थइति । नित्यंसर्वदासत्वंधैर्यंसत्वगुणोवातदाश्रितोभूत्वाधीरोहिसर्वंसोढुंशक्तः । सात्विको
वाप्रारब्धकर्मोपस्थापितमिदंदुःखमपरिहार्यंकिमुतप्ततयेतिजानन्सर्वंसोढुंशक्नोत्येव । नन्वत्यन्तदुःसहंक्षुधादिदुःखंकथंनिस्त्रैगुण्येनसर्वथाप्रवृत्तिशून्येनसोढुंशक्यमतआह निर्योगक्षेमइति । अप्राप्तस्यप्राप्तिर्योगः
प्राप्तसंरक्षणंक्षेमः एतद्द्वयमपिप्रारब्धकर्माधीनमितिततोऽपिनिर्गतइत्यर्थः तत्रहेतुः यतआत्मवान्जितचित्तः । सहिसर्वास्वप्यापत्स्वनाकुलोनित्यतृप्ततयानिरुद्यमश्चभवतीतित्वमप्येतादृशोनिस्त्रैगुण्योभवेत्यर्थः ४५
नन्वात्मवत्त्वंचित्तशुद्धौसत्यामेवभवतिसाचसकलवेदोक्तकर्मानुष्ठानसाध्या अतोनिस्त्रैगुण्यत्वंदुर्लभमित्याशंक्याह यावानिति । सर्वतःसंप्लुतोदकेमहतिउदपानेजलाशयेपुरुषस्ययावान्अर्थोयावत्स्नानपानादि

कंप्रयोजनंघटमात्रजलनिर्वर्त्यंभवतिनकृत्स्नजलाशयव्ययनिर्वर्त्यम् तावानेवार्थोविजानतोव्युत्पन्नचित्तस्यब्राह्मणस्यब्रह्मबुभूषोःसर्वेषुवेदेषुवेदैकदेशोपनिषच्छ्रवणमात्रनिर्वर्त्योभवति नकृत्स्नवेदार्थानुष्ठानंस्व सिद्ध्यर्थमपेक्षते एकेनजन्मनाकृत्स्नवेदार्थानुष्ठानासंभवात् । ऐहिकेनजन्मांतरीयेणवाजपादिनाचित्तशुद्धौसत्यामुपनिषच्छ्रवणान्निस्त्रैगुण्यतासंभवतीतिभावः । वृद्धास्तुसर्वतःसंप्लुतोदकस्थानीयेआत्मज्ञाने पुरुषस्यतावानर्थःकृत्स्नोऽपिभवतियावान् अनेककूपरूपोदपानस्थानीयेषुसकलवेदोक्तकर्मस्वनुष्ठितेषुभवति ब्रह्मानन्देक्षुद्रानंदानामंतर्भावात् । तथाचश्रुतिर्ज्ञानेसर्वकर्मफलांतर्भावंदर्शयति । यथा 'कृता याविजितायाधरेयाःसंयंत्येवमेनैनंसर्वंतदभिसमेतियत्किंचप्रजाःसाधुकुर्वंतियस्तद्वेदयत्सवेदेति' । वक्ष्यतिच 'सर्वंकर्माखिलंपार्थज्ञानेपरिसमाप्यते'इति । गंगातुल्यज्ञानोदयात्प्रागेवकूपोपमानिकर्माणिकर्त्तव्या नीतिभावइतिव्याचख्युः । अस्मिन्पक्षेपूर्वार्धेअनेकस्मिन्यथातथाभवतीतिपदचतुष्टयाध्याहारः यावान्तावान्पदयोरनुषंगश्चदार्ष्टान्तिकेद्रष्टव्यः ४६ ननुममाप्यौपनिषदात्मज्ञानार्थिनःशमएवेष्टस्तत्कथंमां युद्धयस्वेतिप्रेरयसीत्याशंक्याह कर्मण्येवेति । कर्मण्येवाधिकारोनज्ञाननिष्ठायाम् माफलेषुसंगोऽस्त्वित्यपकृष्यते कर्मफलंस्वर्गपश्वादिहेतुःकर्मसुप्रवर्त्तकंयस्यतादृशोमाभूः । अकर्मणिकर्माकरणेऽपितवसंगोमाऽस्तु ४७ एतदेवविवृणोति योगस्थइति । योगस्थःसन्संगंफलतृष्णांकर्तृत्वाभिमानंचत्यक्त्वाकर्माणिज्ञानार्थंकुरु हेधनंजय सिद्ध्यसिद्ध्योःकर्मफलस्यविविदिषादेःसिद्धावसिद्धौवासमोहर्षविषादशून्योभूत्वाकर्माणिकुर्वितिसम्बन्धः इदमेवसिद्ध्यसिद्ध्योःसमत्वंयोगइत्युच्यते ४८ इममेवबुद्धियोगंस्तौति दूरेणेति । कर्मफलकामेनक्रियमाणंबुद्धियोगात्पूर्वोक्तान्निष्कामात्कर्मणःदूरेण हिप्रसिद्धम् अवरंअत्यंतनिकृष्टं अतोबुद्धौयोगरूपायांतत्फलभूतायांसांख्यरूपायांवातन्निमित्तंशरणंरक्षितारंआश्रयंत्राईश्वरंअन्विच्छप्रार्थयस्व तत्प्रीत्यर्थंकर्माणिकुर्वित्यर्थः । यतःफलहेतवःफलमेवहेतुःप्रवर्त्तकंयेषांतादृशाः फलतृष्णाव

कर्मण्येवाधिकारस्तेमाफलेषुकदाचन ॥ माकर्मफलहेतुर्भूर्मातेसंगोऽस्त्वकर्मणि ४७ योगस्थःकुरुकर्माणिसंगंत्यक्त्वाधनंजय ॥ सिद्ध्यसिद्ध्योः
समोभूत्वासमत्वंयोगउच्यते ४८ दूरेणह्यवरंकर्मबुद्धियोगाद्धनंजय ॥ बुद्धौशरणमन्विच्छकृपणाःफलहेतवः ४९ बुद्धियुक्तोजहातीहउभेसुकृतदु
ष्कृते ॥ तस्माद्योगाययुज्यस्वयोगःकर्मसुकौशलम् ५० कर्मजंबुद्धियुक्ताहिफलंत्यक्त्वामनीषिणः ॥ जन्मबन्धविनिर्मुक्ताःपदंगच्छन्त्यनामयम् ५१
यदातेमोहकलिलंबुद्धिर्व्यतितरिष्यति ॥ तदागन्तासिनिर्वेदंश्रोतव्यस्यश्रुतस्यच ५२ श्रुतिविप्रतिपन्नातेयदास्थास्यतिनिश्चला ॥ समाधावचलाबु
द्धिस्तदायोगमवाप्स्यसि ५३ ॥ ॥ ॥

न्तःकृपणादीनाभवंति 'योवाएतदक्षरंगार्ग्यविदित्वाऽस्माल्लोकात्प्रैतिसकृपणः' इतिश्रुतेः ४९ किंच बुद्धीति । बुद्धियुक्तःसमत्वबुद्धियुक्तोयोगायसमत्वबुद्धियोगाययुज्यस्वघटस्व योगःसिद्ध्यसिद्ध्योःसमत्वबुद्धिः कर्मसुबंधकेष्वपिकौशलंबंधनिवर्त्तकत्वसंपादनम् । ननुबुद्धियुक्तःकर्मभिर्दुष्कृतंसजतु 'धर्मेणपापमपनुदति' इतिश्रुतेः । सुकृतंतुसजातीयत्वात्तैर्दुष्परिहरमितिकथमुभेसुकृतदुष्कृतेजहातीत्युच्यते । सत्वशुद्धिज्ञानोत्पत्तिद्वारेतिप्राञ्चः अर्वाञ्चस्तुदुष्कृतत्यागमुक्तरीत्याऽभ्युपेत्यफलत्यागात्सुकृतत्यागोऽपिकर्मयोगिनोभवति दुष्कृतफलवन्मोक्षप्रतिबंधकतत्फलस्यानुत्पादात् । यत्तुआपस्तंबोक्ताम्रवृक्षनिदर्शनेननांतरीयकंसुकृतफलमुक्तंनतत्फलत्वेनोपपद्यते नांतरीयकत्वादेव तस्मात्फलद्वारामोक्षप्रतिबंधकेक्रियमाणेएवसुकृतदुष्कृतेकर्मयोगीजहाति ज्ञानीतुसंचितेअपितेजहातीतितयोर्विशेषइत्याहुः ५० एतदेवाह कर्मजमिति । बुद्धियुक्ताःसमत्वबुद्धियुक्ताः क्रियमाणकर्मजंफलंत्यक्त्वा मनीषिणोमनोनिग्रहसमर्थाभूत्वा जन्मरूपेणबंधेनमुक्ताःसन्तोऽनामयंनिरुपद्रवंपदंमोक्षाख्यंगच्छन्ति ५१ कदामनीषिणोभवंतीत्यतआह यदेति । तेतवमोहइष्टानिष्टवियोगसंयोगजपरितापजन्यंवैचित्यंतदेवकलिलमिवकलिलंकालुष्यंबुद्धिगतं बुद्धिर्व्यतितरिष्यतिव्यतिक्रमिष्यति बुद्धिःप्रसन्नाभविष्यति तदा श्रोतव्यस्यशास्त्रभागस्यश्रुतस्यचनिर्वेदंवैराग्यंगंताऽसि । अयंभावः । मलिनायांबुद्धावसकृद्गृहीतस्यापिशास्त्रार्थस्यास्फुरणात्श्रोतव्यंश्रुतंचवृथैव तद्वत्शुद्धायामपिबुद्धौसद्यःशास्त्रार्थस्फुरणात्तयोर्वैयर्थ्यमित्युभयथाऽपितत्रनिर्वेदउचितः । प्रसन्नाचबुद्धिर्निग्रहीतुंयोग्याभवतीतिश्रवणादिकंत्यक्त्वाध्याननिष्ठएवभवेदिति ५२ ननुबुद्धिप्रसादोऽपिकेनलिंगेनज्ञेयइत्यतआह श्रुतीति । श्रुतिभिर्नानाविध

शास्त्रश्रवणैर्विप्रतिपन्नाआत्मानित्योऽनित्योवानित्योऽपिकर्ताऽकर्त्तावाअकर्त्ताऽप्येकोऽनेकोवेत्येवमादिसंशयग्रस्तासतीयदाअसंभावनाविपरीतभावनानिरासपूर्वकं श्रुतितात्पर्यविषयीभूतेब्रह्माद्वैतेनिश्चला पुनः
कुतर्कैरनास्कंदनीयानिर्विचिकित्साऽपरोक्षनिश्चयवतीभूत्वा समाधौनिर्विकल्पकेप्रत्यगात्मनि अचलालयविक्षेपशून्या स्थास्यतिस्थिराभविष्यति तदायोगंविवेकप्रज्ञांप्राप्स्यसि । निश्चलसमाधिलाभएवबुद्धि
प्रसादलिंगमितिभावः ५३ लब्धसमाधेःस्थितप्रज्ञापरनाम्नोलक्षणानिबुभुत्सुरर्जुनउवाच स्थितप्रज्ञस्येति । स्थिताप्रत्यगात्मनिप्रतिष्ठिताप्रज्ञायस्यतस्यस्थितप्रज्ञस्यसमाधिस्थस्यसमाधौस्थितस्यकाभाषाभाष
णंवचनं कथमसौपरैर्भाष्यतेइत्येकःप्रश्नः । स्थितधीःस्थितप्रज्ञःअर्थाद्व्युत्थितःसन्किंप्रभाषेतकथंवदति।कथमास्ते।कथंवाव्रजतिविषयान्भुंक्ते इतिप्रश्नत्रयम् ५४ एतेषांक्रमेणोत्तराण्याहभगवान् प्रज
हातीत्यादिना । अत्रयान्येवकृतार्थलक्षणानितानिज्ञानसाधनानीतिमत्वाउपदिश्यन्तेस्थितप्रज्ञलक्षणानितेषामकृतार्थेषुयत्नसाध्यत्वात्कृतार्थेषुस्वाभाविकत्वात् यथोक्तम् 'उत्पन्नात्मप्रबोधस्यह्यद्वेष्टृत्वादयोगु
णाः ॥ भवन्त्ययत्नतस्तस्यनतुसाधकरूपिणः' इति यदाऽयंयोगीसर्वान्स्थूलसूक्ष्मकारणशरीरभोग्यान्कामान्काम्यमानान्विषयान्प्रकर्षेणसमूलंजहातित्यजति कीदृशान्कामान् मनोगतान्मनस्येवसंक
ल्पविकल्पात्मकेस्थितान्नतुबहिः यथोक्तमक्षपादाचार्यैः । 'दोषनिमित्तंरूपादयोविषयाःसंकल्पकृताइति' । तत्रस्थूलानांकामानांत्यागएकांतसेवनमात्राद्भवतीतिसस्थवीयानेव विलीनकरणग्रामस्यसम
नस्कस्यजाग्रद्वासनामयाःस्वप्नेयेकामाःस्फुरन्तितेषामपित्यागोभगवद्ध्यानादिरूपसद्वासनाभ्यासबलेनभवति येतूपसंहृतकरणस्यसंप्रज्ञातसमाधिकालेदिव्याःकामाःसंकल्पमात्रोपनतादहरविद्यादिषुप्रसिद्धास्तेषाम
पित्यागोऽसंप्रज्ञातसमाध्यभ्यासबलेनभवति । एवंत्रिविधान्कामान्त्यक्त्वाआत्मन्येवाखंडैकरसेआत्मनास्वेनैवस्वरूपानंदेनतुष्टोबाह्यविषयनिरपेक्षोयदाभवतितदाऽयंस्थितप्रज्ञइत्युच्यते ५५ दुःखेषुशास्त्रपा

॥ अर्जुनउवाच ॥ स्थितप्रज्ञस्यकाभाषासमाधिस्थस्यकेशव ॥ स्थितधीःकिंप्रभाषेतकिमासितव्रजेतकिम् ५४ ॥ श्रीभगवानुवाच ॥ प्रजहातियदाका
मान्सर्वान्पार्थमनोगतान् ॥ आत्मन्येवात्मनातुष्टःस्थितप्रज्ञस्तदोच्यते ५५ दुःखेष्वनुद्विग्नमनाःसुखेषुविगतस्पृहः ॥ वीतरागभयक्रोधःस्थितधीर्मुनिरु
च्यते ५६ यःसर्वत्रानभिस्नेहस्तत्तत्प्राप्यशुभाशुभम् ॥ नाभिनन्दतिनद्वेष्टितस्यप्रज्ञाप्रतिष्ठिता ५७ यदासंहरतेचायंकूर्मोऽङ्गानीवसर्वशः ॥ इन्द्रियाणीन्द्रियार्थे
भ्यस्तस्यप्रज्ञाप्रतिष्ठिता ५८ विषयाविनिवर्तन्तेनिराहारस्यदेहिनः ॥ रसवर्जंरसोऽप्यस्यपरंदृष्ट्वानिवर्त्तते ५९ ॥ ॥

तादिषुदुःखसाधनेषुप्राप्तेष्वपिअनुद्विग्नमनाअचंचलमानाः वक्ष्यतिच 'यस्मिन्स्थितोनदुःखेनगुरुणाऽपिविचाल्यते' इति। सुखेषुसुखसाधनेषुस्रक्चंदनादिषुप्राप्तेष्वपिविगतस्पृहोनिर्वृत्तिकत्वाद्भवति । अत
एववीताःरागभयक्रोधायस्मात्सतथा नहितस्यामवस्थायांरागादयोदुःखादयोवासंभवंति एवंविधःसमाधिस्थःस्थितधीःस्थितप्रज्ञउच्यते ५६ स्थितधीःकिंप्रभाषेतेत्यस्योत्तरमाह यःसर्वत्रेति । सर्वेषुधनदा
रदेहजीवनादिषुअनभिस्नेहः अभिस्नेहवान्हिधनदारादिषुविकलेषुसकलेषुवाऽहमेवविकलःसकलोऽस्मीतिदैन्यदर्पोपेतःपूर्वापरानुसंधानरहितोजल्पति अयंतुनतथेतिभावः । तथाशुभंप्राप्यनाभिनंदति
संतुष्टोभूत्वाशुभप्रापयितारंनप्रशंसति । तथाअशुभंप्राप्यनद्वेष्टिदुःखीभूत्वाअशुभप्रापयितारंननिन्दतियस्तस्यप्रज्ञाप्रतिष्ठिता ५७ किमासीतेत्यस्योत्तरमाह यदेति। इंद्रियार्थेभ्यःशब्दादिविषयेभ्यःप्रारब्धकर्म
वशेनव्युत्थितोऽपियोगीद्वैतदर्शनादुद्विग्नःसन्निरोधसंस्कारप्राबल्यात्प्रीत्यासमाधिमनुतिष्ठन्नेवास्तेइत्यर्थः शेषंस्पष्टम् ५८ ननुविषयेभ्यइन्द्रियाणांनिवृत्तिश्चेत्स्थितप्रज्ञताहेतुस्तर्हिसुप्तिमूर्च्छालयग्रहावेशादा
वपिसाऽस्तीतिसर्वोऽपिस्थितप्रज्ञएवेत्याशंक्याह विषयाइति। सत्यंदेहिनोदेहाभिमानवतोमूढस्यसुप्त्यादौनिराहारस्यइन्द्रियैर्विषयाननाहरतोऽभुंजानस्यविषयाविनिवर्तन्तएव तथापिरसवर्जंरसोरागस्तद्वर्जंनिवर्त्तन्ते
तदाऽपिसूक्ष्मरूपेणरागोऽस्ति रागमूलस्यात्माज्ञानस्यादाहान्नासौस्थितप्रज्ञइत्यर्थः । अस्यैवपुनःपरंदृष्ट्वाआत्मानंसाक्षात्कृत्यनिराहारस्यशब्दादीनगृह्णतोरसोऽपिनिवर्त्ततेमूलाज्ञानदाहादित्यस्तिसुप्तादेःसमाधि
स्थस्यचमहान्विशेषइतिभावः । प्राञ्चस्तुरोगिणःकाष्ठतपस्विनोवामूढस्यापिविषयाननाहरतोरसवर्जंविषयाविनिवर्तन्ते तस्यैवपरंदृष्ट्वास्थितस्यरसोऽपिनिवर्त्ततइतिव्याचख्युः ५९ ॥ ॥

किंचसुप्तादेरिन्द्रियाणिश्रांत्यास्वयमेवलीयन्ते समाहितेनतुतानिकूर्मेणांगानीवस्वेच्छयासंहियन्ते एतच्चासंतायाससाध्यमित्याह यततइति । विपश्चितःशास्त्राचार्योपदेशवतोयततोऽपिसमाधिसिद्ध्यर्थंयतमान स्यापिपुरुषस्यइन्द्रियाणिकर्तॄणिमनःप्रतीचिस्थिरीक्रियमाणंकर्मीभूतंहरन्तिविषयप्रवणंकुर्वन्ति यतःप्रमाथीनि यथाबहवश्चोरावनेएकंपुरुषंप्रमथ्यतस्यवित्तंहरन्ति एवमिन्द्रियाणियततोमनोहरन्ति यतःप्रस भमतिशयेनप्रमथनशीलानि ६० यद्यप्येवंतथाऽपितानिनियन्तव्यान्येवान्यथास्थितप्रज्ञत्वस्यैवासिद्धेरित्याह तानीति । संयम्यवशीकृत्य युक्तःसंनद्धो मत्परःअहमेवसर्वेषांप्रत्यगात्मापरःरूपादिभ्योबाह्येभ्योदे हेन्द्रियादिभ्यआंतरेभ्यश्चउत्कृष्टःप्रियतमोयस्यसमत्परःसन्नासीत हियस्मात् वशेआज्ञायां शेषंस्पष्टम् ६१ 'यदापंचावतिष्ठन्तेज्ञानानिमनसासह ॥ बुद्धिश्चनविचेष्टतितामाहुःपरमांगतिम्' इतिश्रुतौइन्द्रि यमनोबुद्धीनांनिग्रहेपरमपदप्राप्तिरित्युक्तंतत्रउपसंहृतकरणस्यबाह्यान्शब्दादीनगृण्हतोमनोमात्रेणावस्थितस्ययोगिनोमनसोऽनिग्रहेकिंस्यादित्याह ध्यायतइतिद्वाभ्याम् । विषयान्शब्दादीन्ध्यायतश्चिन्तयतः पुंसःपुरुषस्य तेषुशब्दादिषुसंगःसंबन्धोजायते। बाह्यार्थेभ्योनिगृहीतान्यपिइन्द्रियाणिमनोदोषात्पुनर्बाह्यार्थानगृण्हन्तीत्यर्थः । ततःसंगात्कामस्तस्मिन्विषयेऽभिलाषःसंजायते । कामात्कुतश्चिद्धेतोःप्रतिह तादभिज्वलनात्माक्रोधोऽभिजायते ६२ ततःक्रोधात्संमोहःकार्याकार्यविवेकाभावोभवति । ततःस्मृतिविभ्रमःशास्त्रार्थानुसंधानस्यविभ्रंशरूपंचलनंभवति । स्मृतिभ्रंशाद्बुद्धिनाशःशास्त्रार्थस्यनिश्चित स्यापितिरोधानंभवति । तस्मिंश्चशास्त्रजेपरोक्षज्ञानेऽपिनष्टेपुरुषोनश्यतिपुरुषार्थायोग्योभवति योहिताद्दशःसनष्टएवेतिलोकेवदन्ति ६३ ननुविषयानध्यायतोऽपियोगिनोव्युत्थानेप्रमाणस्वाभाव्यादिन्द्रिया

यततोह्यपिकौन्तेयपुरुषस्यविपश्चितः ॥ इन्द्रियाणिप्रमाथीनिहरन्तिप्रसभंमनः ६० तानिसर्वाणिसंयम्ययुक्तआसीतमत्परः ॥ वशेहियस्येन्द्रियाणित स्यप्रज्ञाप्रतिष्ठिता ६१ ध्यायतोविषयान्पुंसःसंगस्तेषूपजायते ॥ संगात्संजायतेकामःकामात्क्रोधोऽभिजायते ६२ क्रोधाद्भवतिसम्मोहःसम्मोहात्स्मृति विभ्रमः ॥ स्मृतिभ्रंशाद्बुद्धिनाशोबुद्धिनाशात्प्रणश्यति ६३ रागद्वेषवियुक्तैस्तुविषयानिन्द्रियैश्चरन् ॥ आत्मवश्यैर्विधेयात्माप्रसादमधिगच्छति ६४ प्रसादेसर्वदुःखानांहानिरस्योपजायते ॥ प्रसन्नचेतसोह्याशुबुद्धिःपर्यवतिष्ठते ६५ नास्तिबुद्धिरयुक्तस्यनचायुक्तस्यभावना ॥ नचाभावयतःशा न्तिरशान्तस्यकुतःसुखम् ६६ इन्द्रियाणांहिचरतांयन्मनोऽनुविधीयते ॥ तदस्यहरतिप्रज्ञांवायुर्नावमिवाम्भसि ६७ ॥

णांविषयेषुसंगोदुष्परिहरस्ततश्चोक्तरीत्यातस्यापिनाशप्रसक्तिरित्याशंक्याह रागद्वेषेति । विधेयात्माकिंकरीकृतमनास्तु आत्मवश्यैर्मनोऽधीनैरिन्द्रियैःस्वामिनश्चित्तस्यकिंकरीकृतस्यकामक्रोधहीनत्वात्स्वयमपि रागद्वेषवियुक्तैःविषयान्पथिपतिततृणादीनीवानास्थयाचरन्पश्यन्नपिपुमान्तत्रकामाद्यनुदयात्प्रसादंसंकल्पविकल्पपंकलेपप्रक्षालनेनमनसःस्वाच्छ्यंअधिगच्छति । मनसःस्वाच्छ्यमेवप्रसादात्मनःस्वाच्छ्यं तस्यतद्गुणसारत्वात् । अजितमनस्कमिवजितमनस्कंविषयसंगोनबाधतेऽतोमनोजयोऽवश्यंकर्तव्यइत्यर्थः ६४ किंच चित्तस्यप्रसादेहिअस्यपुंसःसर्वदुःखानांकाममूलकानांकामाभावात्हानिःपरिहारोजायते। कामानुदयेहेतुमाह प्रसन्नेति। हियस्मात्प्रसन्नचेतसःपुंसोबुद्धिर्ब्रह्मात्मैक्यनिश्चयआशुशीघ्रंपर्यवतिष्ठतेसुदृढोभवति तस्मिंश्चसतिप्राप्याभावात्कामोदयइत्यर्थः ६५ समनस्कानामिन्द्रियाणामनिग्रहेदोषउक्तः बुद्धेरपर्यवस्थानेकोदोषइत्यतआह नास्तीति । अयुक्तस्यश्रवणमननयोरनासक्तस्यबुद्धिर्ब्रह्मात्मैक्यनिश्चयोनास्ति प्रमाणविषयासंभावनायाःप्रमेयविषयासंभावनायाश्चानिरासात् । तथाअयुक्तस्यासमाहित मनसोभावनाब्रह्माकारांतःकरणवृत्तिप्रवाहोनास्ति मनसश्चांचल्येनबुद्धेरपिचांचल्यात् । अभावयतोध्यानमकुर्वतः शांतिःसर्वदुःखोपरमश्चनास्ति चेतसोऽनवस्थितत्वेनदुःखावश्यंभावात् । अशांतस्या नुपरतसर्वदुःखस्यसुखंप्रत्यगद्वयानंदात्मकंकुतोनकुतश्चित् दुःखित्वादेव। आद्यमयुक्तस्येतिपदंयुजिर्योगेइत्यस्यरूपम् द्वितीयंयुजसमाधावित्यस्य तस्माद्बुद्धेःपर्यवस्थानमावश्यकम् ६६ तदभावेदोषमाह इन्द्रियाणांहीति। हियस्मादिन्द्रियाणांचरतांस्वस्वविषयेप्रवर्त्तमानानाम् कर्मणिषष्ठी यत्रागादिकलुषितंमनः तान्यनुलक्षीकृत्यविधीयतेप्रवर्त्यते कर्मकर्त्तरिलकारः प्रवर्त्ततइत्यर्थः । तत्इन्द्रियानुसारि

मनोऽस्यसाधकस्यप्रज्ञामात्मतत्त्वाविषयांबुद्धिंहरति तस्यामनोनुसारित्वात् । दृष्टान्तःस्पष्टार्थः। अन्येतुइन्द्रियाणांमध्येयदिन्द्रियमनुलक्षीकृत्यमनःप्रवर्त्ततेतदिन्द्रियमस्यसाधकस्यमनसोवाप्रज्ञांहरतीतियोजयन्तिआ
त्मविषयांप्रज्ञांहृत्वामनोविषयविषयांकरोतीतिभाष्यमप्यालोचनीयम् ६७ यततोह्यपीत्यत्रोपक्रांतमर्थंबहुधाउपपाद्यउपसंहरति तस्मादिति। यस्मादिन्द्रियाधीनंमनोमनोनुगाचप्रज्ञातस्माद्धेमहाबाहोयस्ययतेरिन्द्रि
याणिसर्वशःसर्वप्रकारेणस्वकारणेनमनसासहितानीतियावत् इन्द्रियार्थेभ्यःशब्दादिभ्योनिगृहीतानिभवन्ति तस्यप्रज्ञाप्रतिष्ठितेतिविद्धि ६८ यदापंचावतिष्ठन्तइत्युदाहृतश्रुतेस्तामाहुःपरमांगतिमित्येतंचतुर्थं
पादंव्याचष्टे यानिशेति । सर्वेषांभूतानामज्ञानांयानिशेवनिशायस्यांमध्यंदिनेउलूकाइवानंधाअप्यंधाएवसर्वेप्राणिनोभवन्तितस्यांतस्मिन्प्रत्यग्ज्योतिषि संयमीइन्द्रियमनोबुद्धीनांनिग्रहणशीलोयोगीजागर्ति इन्द्रिया
दीनांदृक्शक्तिलोपेऽप्यनुपरतदृक्शक्तिरेवास्ते तथाचश्रुतिः । 'नहिद्रष्टुर्दृष्टेर्विपरिलोपोविद्यतेऽविनाशित्वात्' इति । यस्यामविद्याख्यायांनिशायांक्रियाकारकादिद्वैतस्वप्नप्रवर्तिकायांसर्वाणिभूतानिजाग्र
तिनिशीथेउलूकाइवस्वस्वव्यापारेप्रवर्त्तन्ते साअविद्या पश्यतोमुनेः आत्मदर्शनवतोयोगिनःप्रारब्धकर्मणाविदेहकैवल्यप्रतिबन्धात्लेशतोऽनुवर्त्तमानाव्युत्थानकालेव्यवहरतोऽस्यगाढान्धकारवतीनिशेवक्लेशकरी
भवति । अतिसुकुमाराहियोगिनोबाह्यव्यवहारादुद्विजन्ते नराइवगाढान्धकारेसंचारात् यथोक्तम् योगभाष्ये अक्षिमात्रकल्पोहिविद्वानत्यल्पदुःखलेशेनाप्युद्विजतइति अत्रवार्तिकानि । 'कारकव्यव
हारेहिशुद्धंवस्तुनवीक्ष्यते ॥ शुद्धेवस्तुनिसिद्धेचकारकव्यापृतिस्तथा ॥ कालोलूकनिशेवायंसंसारोऽज्ञात्मवेदिनोः ॥ यानिशासर्वभूतानामित्यवोचत्स्वयंहरिः'इति । 'बुद्धतत्त्वस्यलोकोऽयंजडोन्मत्तपि
शाचवत् । बुद्धतत्त्वोऽपिलोकस्यजडोन्मत्तपिशाचवत्'इति । तदेवंकिमासीतेत्यस्योत्तरं यदासंहरतेचायमित्यादिनाएतदन्तेनग्रन्थेन स्थितप्रज्ञःसदासमाधिमनुतिष्ठन्परमांगतिंप्राप्यास्तइत्युक्तम् ६९ ननुप्र
जहातियदाकामान्इन्द्रियाणीन्द्रियार्थेभ्योनिगृहीतानीत्यादिनाऽसकृद्विषयाणांप्रहाणंतेभ्यश्चइन्द्रियादीनांप्रत्याहरणमुक्तम् तेनतेषामात्मनःपृथक्सत्त्वमस्तीतिसिद्धम् नचनेहनानास्तिकिंचनेत्यादिश्रुत्याते

तस्माद्यस्यमहाबाहोनिगृहीतानिसर्वशः ॥ इन्द्रियाणीन्द्रियार्थेभ्यस्तस्यप्रज्ञाप्रतिष्ठिता ६८ यानिशासर्वभूतानांतस्यांजागर्तिसंयमी ॥ यस्यांजाग्रति
भूतानिसानिशापश्यतोमुनेः ६९ आपूर्यमाणमचलप्रतिष्ठंसमुद्रमापःप्रविशन्तियद्वत् ॥ तद्वत्कामायंप्रविशन्तिसर्वेसशान्तिमाप्नोतिनकामकामी ७०
विहायकामान्यःसर्वान्पुमांश्चरतिनिःस्पृहः ॥ निर्ममोनिरहंकारःसशान्तिमधिगच्छति ७१ ॥ ॥

षांबाधान्नतदस्तीतिवाच्यम् इहेतिप्रतीच्येवतन्निषेधात् नहिइहभूतलेघटोनास्तीत्युक्तेघटस्यस्वरूपंनिषिध्यते किंतुतस्यभूतलसंबन्धमात्रम् तस्मात्कामानांपृथक्सत्त्वमस्त्यतोनाद्वैतसिद्धिरित्याशंक्यसदृ
ष्टान्तंपरिहरति आपूर्यमाणमिति । प्रविशन्तीभिरद्भिरापूर्यमाणमप्यचलप्रतिष्ठमनुद्रिक्तम् वृद्धिहीनत्वात् एवंनिर्गच्छन्तीभिरद्भीरिच्यमानमप्यचलप्रतिष्ठमरिक्तंह्रासहीनत्वादित्यपिबोध्यम् एवंविधंस
मुद्रंयद्वत्आत्मप्रभवाआपःप्रविशंति तद्वत्यंपुरुषंकामैरापूर्यमाणंहीयमानंवाअचलप्रतिष्ठंनिर्विकारंवृद्धिह्रासहीनत्वात् आत्मप्रभवाःसर्वेकामाःप्रविशन्तिसएवशान्तिंमोक्षमात्यन्तिकंदुःखोपरमंप्राप्नोतिनतुकामकामी
विषयार्थी । अयंभावः । कूटस्थादात्मनःसर्वस्योत्पत्तिस्तत्रैवचलयइतिसर्वश्रुतिस्मृतिप्रसिद्धम् तेनकामानांप्रहाणंतेभ्यश्चेन्द्रियाणांप्रत्याहरणंस्मर्यमाणंनतेषांपरमार्थतःपृथक्सत्त्वंसाधयति बहुप्रमाणविरोधात् ।
किंतुपामरप्रसिद्धंपृथक्सत्त्वमभिप्रेत्यप्रहाणादिकमुक्तम् प्रविलापनंत्वेवमेवव्याख्येयम् । यथा 'अग्नयेपथिकृतेऽष्टाकपालंनिर्वपेत्' इत्यादौनिर्वपतिनायागउच्यतेनतुश्रौतार्थमात्रंतद्वदिहापिज्ञेयम् । नेहनाना
स्तीत्यपीहपरिदृश्यमानेप्रपंचेआत्मातिरिक्तंनानाकिमपिनास्तीत्येवंपरतयाव्याख्येयम् तथाच 'आत्मैवेदंसर्वं ब्रह्मैवेदंसर्वं सर्वंखल्विदंब्रह्म'इत्यादयःश्रुतिवादाःसंगच्छन्ते । आत्मनिकल्पितस्यास्यतत्रैवनिषेधे
नान्यत्रसत्वानुपपत्तेर्नकामानांपृथक्सत्त्वमस्तीतियुक्तएवसमुद्रदृष्टान्तः । यत्तुसमुद्रात्पृथग्गंगायाःसत्त्वमस्तीतितन्न कार्येकारणसत्तातिरिक्तसत्ताया अभावात् वाचारंभणंविकारोनामधेयमितिकार्यस्यवा
गालम्बनमात्रत्वश्रवणादित्यन्यत्रविस्तरः ७० प्रासंगिकीमाशंकांपरिहृत्यव्रजेतकिमित्यस्यप्रश्नस्योत्तरमाह विहायेति । पूर्वोक्तान्त्रिविधान् कामान्विहाययश्चरतिविषयान्भुंक्तेनिस्पृहश्चयतोनिर्ममः ममता
वान्हिइदंममभूयादित्यन्यधनाद्यर्थंस्पृहांकरोति निर्ममोऽपिकुतः यतोनिरहंकारः नह्यहंकारशून्यस्यसुस्यादौममतादृष्टा तस्मादहंकारप्रविलयात्शान्तिंमोक्षंप्राप्नोति । अत्रयःसर्वत्रानभिस्नेहइति

सर्वत्रयच्छब्ददर्शनात्साधनविधिपरएवायंग्रन्थः अन्यथास्थितप्रज्ञस्यप्रकृतत्वात्तदनुवादार्थोयच्छब्दोऽनर्थकःप्राप्नोति लोकेऽपिहिपरस्वभावकथनेसएवंकरोतीतितच्छब्दएवप्रयुज्यतेनतुयच्छब्दः विधौतु यएवंकरोतिसइदंप्राप्नोतीतिद्वयोरपिप्रयोगोदृश्यते लक्षणकथनार्थत्वेऽपितत्रतात्पर्याभावाद्विधावेवपर्यवस्यतीतिदिक् ७१ प्रतिपादितांकर्मयोगप्राप्यांसांख्ययोगनिष्ठांफलेनस्तुवन्नुपसंहरति एषेति । एषा स्थितप्रज्ञलक्षणप्रसंगात्कथिताब्राह्मी ब्रह्मशब्देनात्रब्रह्मविदुच्यते 'ब्रह्मविद्ब्रह्मैवभवति'इतिश्रुतेः तस्येयंब्राह्मीस्थितिर्निष्ठा एनांनिष्ठांप्राप्यनरोनविमुह्यतिपुनर्मोहंनप्राप्नोति । अस्यामंतकालेऽपिस्थित्वेतिसकृ ज्ज्ञातापीयंफलवतीनतूपासनावच्चिराभ्याससापेक्षेत्युक्तं । ब्रह्मऋच्छतिप्राप्नोति । किंलोकांतरवद्गतिप्राप्यंब्रह्मनेत्याह निर्वाणमिति । निर्गतंवानंगमनंयस्मिन्प्राप्येब्रह्मणितन्निर्वाणम् तथाचश्रुतिः । 'नतस्यप्राणाउत्क्रामंत्यत्रैवसमवनीयंतेब्रह्मैवसन्ब्रह्माप्येति'इति । गतिमंतरेणप्राणरूपोपाधिप्रविलयमात्रात्घटाकाशस्यमहाकाशत्वप्राप्तिवत्जीवस्यब्रह्मप्राप्तिमाह अंतकालेऽपीत्यपिशब्दात्योब्रह्मचर्यादा रभ्यात्रतिष्ठतिसब्रह्मनिर्वाणंकैमुतिकन्यायेनप्राप्नोतीतिगम्यते । अस्याध्यायस्यार्थःसंगृहीतोमधुसूदनश्रीपादैः ' ज्ञानंतत्साधनंकर्मसत्त्वशुद्धिश्चतत्फलम् ॥ तत्फलंज्ञाननिष्ठैवेत्यध्यायेऽस्मिन्प्रकीर्त्ति तम् ' ७२ ॥ इतिश्रीमत्पदवाक्य० मर्या० चतुर्धरवंशावतंसश्रीगोविंदसूरिसूनोर्नीलकंठस्यकृतौभार० भगवद्गीताप्रकाशेद्वितीयोऽध्यायः ॥ २ ॥ ॥ पर्वणि० ॥ २६ ॥ ॥ पूर्व स्मिन्नध्यायेएषातेऽभिहितासांख्येबुद्धिर्योगेत्विमांशृण्वितिद्वेबुद्धीप्रदर्श्यव्यवसायात्मिकाबुद्धिरितिश्लोकेनसांख्यनिष्ठावतांपातशंकानास्तिकर्मयोगनिष्ठावतांतुसाऽस्तीत्युक्त्वा यावानर्थउदपानेइतिसांख्यनिष्ठा यांसर्वकर्मफलांतर्भावश्रवणात्तामेवप्रशमात्मिकांस्वाशयानुकूलांमन्वानोऽर्जुनउवाच ज्यायसीति । हेजनार्दन कर्मणोनिष्कामकर्मयोगापेक्षयाबुद्धिःसांख्यनिष्ठालक्षणंज्ञानंज्यायसीप्रशस्ततराचेत्तेतवमतातर्हि

एषाब्राह्मीस्थितिःपार्थनैनांप्राप्यविमुह्यति ॥ स्थित्वाऽस्यामन्तकालेऽपिब्रह्मनिर्वाणमृच्छति ७२ ॥ ॥ इतिश्रीमहाभारतेभीष्मपर्वणि श्रीमद्भगवद्गीता सू० सांख्ययोगोनामद्वितीयोऽध्यायः ॥ २ ॥ ॥ पर्वणितुषड्विंशोऽध्यायः ॥ २६ ॥ ॥ अर्जुनउवाच ॥ ॥ ज्यायसीचेत्कर्मणस्तेमताबुद्धिर्जना र्दन ॥ तत्किंकर्मणिघोरेमांनियोजयसिकेशव १ व्यामिश्रेणेववाक्येनबुद्धिंमोहयसीवमे ॥ तदेकंवदनिश्चित्ययेनश्रेयोऽहमाप्नुयाम् २ ॥ श्रीभगवानु वाच ॥ लोकेऽस्मिन्द्विविधानिष्ठापुराप्रोक्तामयाऽनघ ॥ ज्ञानयोगेनसांख्यानांकर्मयोगेनयोगिनाम् ३ ॥ ॥ ॥

मांभैक्ष्यवृत्त्याऽपितुष्यंतंघोरेबंधुवधाख्येकर्मणिकिंकुतोहेतोर्नियोजयसिपुनःपुनर्युध्यस्वेतिवदन् १ ननुतवज्ञाननिष्ठायामनधिकारात्कर्मैवकुर्वितित्वांब्रवीमीत्याशंक्याह व्यामिश्रेणेति । व्यामिश्रेण अविविक्तेन इवशब्दोविविक्तेपिबुद्धिदोषात्अविविक्ततांगृह्णामीतिसूचयति । तेनवाक्येनत्रैगुण्यविषयावेदानिस्त्रैगुण्योभवार्जुनेतिकचिद्वेदनिष्ठांत्याजयसि । कर्मण्येवाधिकारस्तेइतितामेवचग्राहयसि । तथानिर्द्वंद्वोनित्यसत्वस्थो निर्योगक्षेमआत्मवान्भवेतिनिवृत्तिमार्गमुपदिशसि । धर्म्याद्धियुद्धात्श्रेयोऽन्यत्क्षत्रियस्यनविद्यतइतिप्रवृत्तिमप्युपदिशसि । नह्येकेनमयायुगपदुभयंस्थितिगतिवदनुष्ठातुंशक्यमतोमेममबुद्धिंमोहयसीवत्वस्तुतस्तुमम मोहंनाशयितुंमवृत्तोऽसीतिइवशब्देनोच्यते । तत्तयोर्मध्येयदेकंप्रधानंमद्योग्यंतत्निश्चित्यवद येनानुष्ठितेनाहंश्रेयःकल्याणमाप्नुयाम् २ अत्रोत्तरंश्रीभगवानुवाच लोकेऽस्मिन्निति । पुरापूर्वाध्यायेमयानि ष्ठाएकैवप्रोक्तापरंतुसाद्विविधाद्विप्रकारा एकस्याएवब्रह्मनिष्ठायाःप्रकारद्वयमुक्तमधिकारिभेदेन नतुब्रह्मप्राप्त्येपरस्परनिरपेक्षमार्गद्वयमुक्तमितिभावः । हेऽनघविशुद्धांतःकरण मद्वचनस्यार्थंसम्यगालोचये त्यर्थः । तदेवप्रकारद्वयमाह ज्ञानयोगेनेति । सांख्यानांप्रकृतिपुरुषयोर्विविक्तत्वंजानतामात्मानात्मविवेकज्ञानवतां ज्ञानार्थंयुज्यतेइतिज्ञानयोगःज्ञानोपायोवेदांतश्रवणमनननिदिध्यासनात्मकःतेनज्ञानयोगेनब्र ह्मणिनिष्ठांपरिसमाप्तिंसांख्याःप्राप्नुवंतीत्यर्थः । योगिनां'सिद्ध्यसिद्ध्योःसमोभूत्वासमत्वंयोगउच्यते'इत्युक्तलक्षणयोगवतांकर्मयोगेनसंध्योपासनादिनिर्विकल्पसमाध्यनुष्ठानांतमिहकर्मयोगपदार्थःतेनयोगिनो ब्रह्मनिष्ठांप्राप्नुवंतीत्यर्थः अयंभावः इहजन्मनिजन्मांतरेवाईश्वरप्रीत्यर्थमनुष्ठितैःकर्मभिर्विशुद्धसत्वोविवेकवैराग्यशमादिषट्कोपेतोमुमुक्षुःप्रत्यक्प्रवणचित्तःश्रवणमननाभ्यामेवकृतकृत्योभवति । सचेत्श्रवणादेः-

प्रागसमाहितचित्तस्तर्हिनिदिध्यासनमस्यापेक्षितं अतएव'सहकार्यंतरविधिःपक्षेण'इतिसूत्रकृतानिदिध्यासनस्यपाक्षिकत्वमुक्तंसोऽयंसांख्यमार्गः। तथासर्वाणिकर्माणिपरमगुरावर्पयन्श्रवणमननात्मकंविचारसं तरेणैवकेवलंश्रद्धामात्रात्प्रतीचोनिर्विशेषब्रह्मरूपत्वंगुरुवाक्यतोनिश्चित्यासंभावनादिदोषरहितआचार्यान्निर्गुणब्रह्मोपास्तिप्रकारमधिगम्यकर्मच्छिद्रेषुसमाध्यभ्यासंकुर्वन्निष्कलंप्रत्यगात्मस्वरूपंसाक्षात्करोति सोऽयंयोगमार्गः। तेनऊहापोहकौशलंयेषामस्तितेसांख्याः येषांतन्नास्तितेयोगिनइति अतइयंद्विप्रकारानिष्ठानतुद्वेनिष्ठेइतिभ्रमितव्यं यथोक्तंवसिष्ठेन। 'द्वौक्रमौचित्तनाशस्ययोगोज्ञानंचराघव॥ योगो वृत्तिनिरोधोहिज्ञानंसम्यगवेक्षणं॥ असाध्यःकस्यचिद्योगःकस्यचित्तत्त्वनिश्चयः॥ प्रकारौद्वौततोदेवोजगादपरमःशिवः'इति। चित्तादर्शनोपलक्षितस्यब्रह्मसाक्षात्कारस्यद्वौक्रमौ चित्तादेर्मिथ्यात्वप क्षेज्ञानमेवयथारज्जूरगादिसम्यगवेक्षणेनैवनश्यतितद्वत्। तस्यसत्यत्वपक्षेयोगएव यथासत्यउरगोमंत्रादिनानिरुद्धप्रचारःस्वयमेवनश्यति तद्वच्चित्तमपियोगेननिबद्ध्यमानंनश्यति तस्यनिरन्वयोच्छेदस्तु प्रारब्धकर्मांतेपक्षद्वयेऽपितुल्यइति ३ अनयोःप्रकारयोरंगांगिभावमाह नकर्मणामिति। कर्मणांयज्ञादीनामनारंभादननुष्ठानात् नैष्कर्म्यंज्ञाननिष्ठांनाश्नुतेनप्राप्नोति। विविदिषंतियज्ञेनेतिश्रुत्यायज्ञादीनां विद्यांगत्वेनविधानात्। ननुसन्न्यासप्राधान्यात्कर्मणांविविदिषांगत्वमत्रगम्यते। तेनविविदिषायांयज्ञादिनासिद्धायां'एतमेवप्रव्राजिनोलोकमिच्छंतःप्रव्रजंति'इतिश्रुतेःप्रव्रज्यारूपमेवनैष्कर्म्यमिहज्ञाननिष्ठासा धनंग्राह्यं। नज्ञानंनैष्कर्म्यसिद्धिंपरमामित्यादाविवात्रतद्ग्राहकस्यपरमत्वविशेषणस्याभावात्। ननुकर्मयोगजनितचित्तशुद्ध्यभावेकेवलात्संन्यासात्सिद्धिंसमधिगच्छतीतियोजनायांविप्रकृष्टयोर्ज्ञानकर्मणोः समुच्चयासंभवस्याभीष्टस्यसिद्धेः किमितिनैष्कर्म्यशब्देननिष्ठागृह्यतइतिचेत्सत्यं गुणैःकर्मकार्यतइतिवाक्यशेषान्नैर्गुण्यहेतुकं मुख्यंज्ञानमेवेहनैष्कर्म्यपदार्थोनतुप्रव्रज्या। विविदिषंतियज्ञेनेत्यत्रापिजिगमिषत्य

नकर्मणामनारंभान्नैष्कर्म्यंपुरुषोऽश्नुते॥ नचसंन्यसनादेवसिद्धिंसमधिगच्छति ४ नहिकश्चित्क्षणमपिजातुतिष्ठत्यकर्मकृत्॥ कार्यतेह्यवशःकर्मसर्वःप्रकृ तिजैर्गुणैः ५ कर्मेन्द्रियाणीसंयम्ययआस्तेमनसास्मरन्॥ इन्द्रियार्थान्विमूढात्मामिथ्याचारःसउच्यते ६ ॥ ॥

श्वेनजिघांसत्यसिनेत्यादाविवतृतीयांतस्यधात्वर्थेनैवान्वयादश्वादीनांगमनादाविवयज्ञादीनांवेदनएवान्वयोज्ञेयः। एतमेवेतिश्रुतिस्तुविविदिषासंन्यासाभिप्रायेणप्रवृत्ता। 'एतंवैतमात्मानंविदित्वाब्राह्मणाः पुत्रैषणायाश्चवित्तैषणायाश्चलोकैषणायाश्चव्युत्थायाथभिक्षाचर्यंचरंति'इतिज्ञानपरिपाकार्थस्यजीवन्मुक्तिसुखार्थस्यवायाज्ञवल्क्यादिभिरनुष्ठितस्यविद्वत्संन्यासस्यापिशास्त्रेदर्शनात्। असंन्यासिनोज्ञानमेवनोत्प द्यतइतिप्राचामाग्रहोविक्षेपककर्मत्यागरूपसंन्यासविषयोनतुकाषायपरिधानमात्रविषयः। गर्गीन्याधवासिष्ठादीनामतथाविधानामपिज्ञानोत्पत्त्यवगमादित्यास्तांतावत्। कर्मभिरशोधितचित्तस्यमंदबुद्धेःराग द्वेषादिग्रस्तस्यात्मानात्मविवेकद्वाराचित्तरोधद्वारावानैष्कर्म्यप्राप्तिर्नास्तीतिपूर्वार्द्धार्थः। नन्वभयंसर्वभूतेभ्योदत्वानैष्कर्म्यमाचरेदितिकेवलात्कर्मसंन्यासादपिनैष्कर्म्यसिद्धिःस्मर्यते तत्कथमुच्यतेनकर्मणाम नारंभान्नैष्कर्म्यमस्तीतितत्राह नचेति। कर्मजचित्तशुद्ध्यभावेकृतादपिसंन्यासान्नमोक्षसिद्धिः। उदाहृतस्मृतिस्तुचित्तशुद्धिपूर्वकसंन्यासाभिप्राया। नहिरागादिग्रस्तःसर्वभूतेभ्यःसर्वात्मनाऽभयंदातु मीष्टेऽतोयुक्तमुक्तंनचसंन्यसनादेवेति ४ एतदेवप्रपंचयति नहीति अवशःकर्मजशुद्ध्यभावादजितचित्तः कश्चिदपिजातुकदाचित्समाधिकालेऽपिक्षणमपिअकर्मकृत्कर्माण्यकुर्वन्मनोरथादीनिअकुर्वन्नहिप्रसि द्धंनतिष्ठति। हियस्मात्सर्वोऽपिलोकः प्रकृतिजैर्गुणैः सत्त्वरजस्तमोभिः स्वभावप्रभवैःरागद्वेषादिभिर्वा कर्मकायिकंवाचिकंमानसिकंवा कार्यतेऽवश्यंतत्रप्रवर्त्यते ५ ननुसंन्यासपूर्वकंध्यानेनैवचित्त शुद्धिमपिसंपादयिष्यामिकिंकर्मभिरित्याशंक्याह कर्मेन्द्रियाणीति। योविमूढात्मारागाद्याक्रांतचित्तः कर्मेन्द्रियाणिवागादीनिसंयम्यनिगृह्यआस्तेएकांतेध्यानापदेशेनोपविशतिसमिथ्याचारः तस्यतदा सननियमनादिकमाचरणंमिथ्याअलीकमेवनिष्फलत्वात् तत्रहेतुः इंद्रियार्थान्मनसास्मरन्निति यतःइंद्रियार्थान्शब्दादीन्श्रोत्रादिभिर्गृह्णातिमनसाचस्मरतिअतोमिथ्याचारःसत्विषयाश्रितयन्योगनिष्ठामा

त्मनोलोकेऽभिव्यनक्त्यतःकपटीत्यर्थः तस्मात्कर्मव्यतिरिक्तश्चित्तशुद्ध्युपायोनास्तीतिभावः ६ यस्तुपूर्वस्मान्मिथ्याचाराद्विलक्षणःपुरुषधौरेयइंद्रियाणिमनसासहनियम्यरागद्वेषवियुक्तानिकृत्वाकर्मेन्द्रियैः कर्मयोगंआरभते हेअर्जुनसःकर्मफलेस्वर्गादावैहिकेवाशब्दादावसक्तोऽनासक्तोऽतोविशिष्यते पूर्वस्मादधीकोभवतीत्यर्थः ७ नियतमिति । यस्मादेवंतस्मात्त्वंनियतंसंध्योपासनादिकर्मैवकुरु । यद्वा नियतंनियमेनत्वंकर्मनित्यकाम्यसाधारणंयत्पापनिवर्त्तकस्वभावंतत्तदेवकुरु हियस्मात् अकर्मणःसकलकर्मेन्द्रियनिग्रहेणतदकरणात् चित्तजयशून्यात्कर्मैवज्यायःप्रशस्ततरम् । अपिचतेतवक्षत्रियस्यअकर्मणः सत्यामपिचित्तशुद्धौसर्वकर्मत्यागिनःशरीरयात्रादेहव्यवहारोनप्रसिद्ध्येत् भैक्ष्यचर्यायामनधिकारात् । ब्राह्मणाःपुत्रैषणायाश्चवित्तैषणायाश्चलोकैषणायाश्चव्युत्थायाथभिक्षाचर्यंचरंतीतिसंन्यासविधायकेवाक्ये राजसूयेनस्वाराज्यकामोयजेतेत्यत्रराजपदवद्ब्राह्मणपदस्यविवक्षितस्वार्थत्वात् ' चत्वारआश्रमाब्राह्मणस्यत्रयोराजन्यस्यद्वौवैश्यस्य'इतिस्मृतेश्च । अन्यत्राप्युक्तंपारिव्राज्यंप्रकृत्य'मुखजानामयंधर्मोवैष्णवंलिंगधारणं ॥ बाहुजातोरुजातानांनायंधर्मोविधीयते'इति ८ ननुकर्मणाबध्यतेजंतुरितिकर्मणांबंधकत्वस्मृतेःकथंमुमुक्षुंमांतत्रनियोजयसीत्याशंक्याह यज्ञार्थादिति । यज्ञःपरमेश्वराराधनं । यजदेवपूजायामिति धात्वर्थानुगमात् तदर्थं'यज्ञोवैविष्णुः'इतिश्रुतेर्विष्णुर्वातदाराधनार्थंयत्कर्मततोऽन्यत्रकर्मणिस्वर्गाद्यर्थेप्रवृत्तोऽयंलोकःकर्मबंधनःकर्मणाबध्यतेनत्वीश्वराराधनार्थेन अतस्तदर्थंईश्वराराधनार्थंकर्मवर्णाश्रमोचितं हेकौं

यस्त्विन्द्रियाणिमनसानियम्यारभतेऽर्जुन ॥ कर्मेन्द्रियैःकर्मयोगमसक्तःसविशिष्यते ७ नियतंकुरुकर्मत्वंकर्मज्यायोह्यकर्मणः ॥ शरीरयात्राऽपिचतेनप्रसिद्ध्येदकर्मणः ८ यज्ञार्थात्कर्मणोऽन्यत्रलोकोऽयंकर्मबंधनः ॥ तदर्थंकर्मकौन्तेयमुक्तसंगःसमाचर ९ सहयज्ञाःप्रजाःसृष्ट्वापुरोवाचप्रजापतिः ॥ अनेनप्रसविष्यध्वमेषवोऽस्त्विष्टकामधुक् १० देवान्भावयताऽनेनतेदेवाभावयंतुवः ॥ परस्परंभावयंतःश्रेयःपरमवाप्स्यथ ११ इष्टान्भोगान्हिवोदेवादास्यंतेयज्ञभाविताः ॥ तैर्दत्तानप्रदायैभ्योयोभुंक्तेस्तेनएवसः १२ यज्ञशिष्टाशिनःसंतोमुच्यंतेसर्वकिल्बिषैः ॥ भुंजतेतेत्वघंपापायेपचंत्यात्मकारणात् १३ अन्नाद्भवंतिभूतानिपर्जन्यादन्नसंभवः ॥ यज्ञाद्भवतिपर्जन्योयज्ञःकर्मसमुद्भवः १४ ॥ ॥ ॥

तेयमुक्तसंगःफलाभिलाषशून्यःसन्समाचरसम्यक्कुरु ९ एतदेवार्थवादेनद्रढयति सहेति । यज्ञैःसहेतिसहयज्ञाः वोपसर्जनस्येतिपक्षेसादेशाभावः कर्माधिकृताइतियावत् प्रजास्त्रैवर्णिकाः अनेनयज्ञेन प्रसविष्यध्वंप्रसवोवृद्धिस्तांलभध्वं एषयज्ञोवोयुष्माकमिष्टकामधुक्इष्टार्थपूरकोऽस्तु १० इष्टार्थपूरकत्वमेवाह देवानिति । भावयततर्पयत अनेनदेवतापूजात्मकेनयज्ञेनवःयुष्मान्भावयंतुवृष्ट्यादिदानेन परस्परं भावयंतोदेवाश्चयूयंचश्रेयःपरंप्राप्स्यथ ११ किंचइष्टान्पुत्रपश्वादीन् वःयुष्मभ्यं एभ्योदेवेभ्यस्तद्दत्तानेवव्रीहिपश्वाज्यादीन्अप्रदायअदत्वादेवतोद्देशनद्रव्यत्यागात्मकंयागंनित्यनैमित्तिकरूपंवैश्वदेवाग्निहोत्रजातेष्ट्यादिरूपमकृत्वेत्यर्थः अदत्वायोभुंक्तेसस्तेनएव १२ येतुयज्ञशिष्टाशिनःवैश्वदेवादिशेषान्नभोजनशीलाःसंतःऋणापाकरणात्तेमुच्यंतेसर्वकिल्बिषैःप्रमादकृतैर्विहिताकरणनिमित्तैःपंचसूनानिमित्तैर्वा । येत्वात्मकारणात्स्वार्थमेवपचंतिनतुपंचमहायज्ञार्थंतेपापाःस्वयंपापरूपाएवसंतःपापमेवभुंजते तथाचस्मृतिः ' कंडनीपेषणीचुल्लीउदकुंभीचमार्जनी ॥ पंचसूनागृहस्थस्यताभिःस्वर्गंनविंदति'इति'पंचसूनाकृतंपापंपंचयज्ञैर्व्यपोहति'इतिच । श्रुतिश्च'इदमेवास्यतत्साधारणमन्नंयदिदमद्यतेसयएतदुपास्तेनसपाप्मनोव्यावर्त्ततेमिश्रंह्येतदिति' । मंत्रवर्णोऽपि 'मोघमन्नंविंदतेअप्रचेताः सत्यंब्रवीमिवधइत्सतस्य ॥ नार्यमणंपुष्यतिनोसखायं केवलाघोभवतिकेवलादी'इति १३ जगच्चक्रप्रवृत्तिहेतुत्वादपिकर्मकर्त्तव्यमित्याह अन्नादिति । अन्नाद्रेतोरूपेणपरिणताद्भूतानीप्राणिशरीराणिभवंति

अन्नंचपर्जन्यात् एतत्प्रसिद्धमेव यज्ञाद्भवतिपर्जन्यः । 'अग्नौप्रास्ताहुतिःसम्यगादित्यमुपतिष्ठते ॥ आदित्याज्जायतेवृष्टिर्वृष्टेरन्नंततःप्रजाः' इतिस्मृतेः यज्ञोदेवताराधनजोधर्मः कर्मभ्योयागहोमदानादिभ्यःसमुद्भवतीतिकर्मसमुद्भवः १४ कर्मब्रह्मोद्भवंवेदोद्भवं वेदएवधर्मेप्रमाणंनतुपाखंडादिप्रणीतागमः ब्रह्मवेदोऽपिअक्षरसमुद्भवं । 'अस्यमहतोभूतस्यनिःश्वसितमेतद्यदृग्वेदोयजुर्वेदः' इत्यादिश्रुतेः साक्षात्परमेश्वरादेवोत्पन्नोऽतोनतत्रभ्रमविप्रलंभकत्वादिदोषाक्रांतपाखंडादिवाक्यवदप्रामाण्यशंकाऽस्तीतिभावः । यस्मादेवंतस्मात्सर्वस्मिन्देशेकालेचवर्त्तमानंब्रह्मवेदः एतेनवेदस्यनित्यत्वंशब्दस्यविभुत्वंचदर्शितं नित्यंनियमेनयज्ञेप्रतिष्ठितंतात्पर्येणपर्यवसन्नम् १५ भवत्वेवंततःकिंफलितमित्यत आह एवमिति । भूतानामादौवेदाधिगमस्ततःकर्मानुष्ठानंततोदेवानांतृप्तिस्ततोवृष्टिस्ततोऽन्नंततोभूतानितेषांवेदाधिगमइत्येवंरूपंचक्रमिवचक्रंनिरंतरमावर्त्तमानंजगद्यात्रानिर्वाहकंनानुवर्तयतिनानुतिष्ठतिसःअघायुःपापजीवनः इंद्रियारामोनतुधर्मारामआत्मारामोवा मोघंव्यर्थंदंशमशकादिवज्जीवति यस्त्वेतदनुवर्तयतिसजगदुपकारकोधन्यइतिभावः तथाचश्रुतिः । 'अथोअयंवाआत्मासर्वेषांभूतानांलोकःसयज्जुहोतियद्यजतेतेनदेवानांलोकोऽथयदनुब्रूतेतेनऋषीणामथयत्पितृभ्योनिपृणातियत्प्रजामिच्छतितेनपितॄणामथयन्मनुष्यान्वासयतेयदेभ्योऽशनंददातितेनमनुष्याणामथयत्पशुभ्यस्तृणोदकंविंदतितेनपशूनांयदस्यगृहेषुश्वापदावयांस्यापिपीलिकाभ्यउपजीवंतितेनतेषांलोकइति' १६ एवमीश्वरेणवेदयज्ञपूर्वकंजगच्चक्रंप्रवर्त्तितमज्ञैरधिकृतैरनुवर्तितव्यमित्युक्तं । अस्याननुवर्त्तनेचमहान्प्रत्यवायउक्तः सब्रह्मविदमपिस्पृशेदितिसंभावितामाशंकांपरिहरति यस्त्विति । आत्मन्येवरतिःप्रीतिर्यस्यनतुरूयादौसतथा ।

कर्मब्रह्मोद्भवंविद्धिब्रह्माक्षरसमुद्भवम् ॥ तस्मात्सर्वगतंब्रह्मनित्यंयज्ञेप्रतिष्ठितम् १५ एवंप्रवर्तितंचक्रंनानुवर्त्तयतीहयः ॥ अघायुरिन्द्रियारामोमोघंपार्थसजीवति १६ यस्त्वात्मरतिरेवस्यादात्मतृप्तश्चमानवः ॥ आत्मन्येवचसंतुष्टस्तस्यकार्यंनविद्यते १७ नैवतस्यकृतेनार्थोनाकृतेनेहकश्चन ॥ नचास्यसर्वभूतेषुकश्चिदर्थव्यपाश्रयः १८ तस्मादसक्तःसततंकार्यंकर्मसमाचर ॥ असक्तोह्याचरन्कर्मपरमाप्नोतिपूरुषः १९ ॥ ॥ ॥

नत्वात्मनिप्रीतिःप्राणिमात्रस्यानौपाधिकीअस्तिप्रत्युततदर्थत्वेनैवरूयादिष्वपिप्रीतिर्भवतीत्यतउक्तं आत्मतृप्तइति । आत्मनैवपरमानंदरूपेणतृप्तोनमिष्टान्नादिना । ननुमंदाग्निरपिरूयादौनरमतेनापिमिष्टान्नेनतृप्यतिअतउक्तं आत्मन्येवचसंतुष्टइति मंदाग्निर्हिधातुवृद्धिंजाठरोद्दीपनंचकामयमानऔषधाद्यर्थमितस्ततोधावतिनत्वात्मन्येवतुष्यति विद्वांस्तुरतितृप्तितुष्टीरात्मनैवानुभवति नरूयन्नधनादिभिरितितस्यकार्यंकर्त्तव्यंकिमपिनास्ति क्रियाप्राप्यस्यकस्यचिदप्यर्थस्याभावात् १७ एतदेवाह नैवेति । तस्यात्मरतेःकृतेनकर्मणाअर्थःप्रयोजनंनास्तिस्वर्गादौलिप्साभावात् मोक्षस्यचाक्रियासाध्यत्वात् 'नास्त्यकृतःकृतेन' इतिश्रुतेः अकृतोमोक्षःकृतेनकर्मणानास्तीतिश्रुत्यर्थः । अकृतेनविरुद्धकर्मणाऽपिअर्थोनरकादिरस्यनास्तिअत्रकृताकृतशब्दौमित्रामित्रपदवत्परस्परविरुद्धार्थवाचितयापुण्यपापवचनौ येतुअकृतेनेतिभावेनिष्ठा नित्याकरणात्गर्हितत्वरूपोवाप्रत्यवायप्राप्तिरूपोवाकश्चनार्थोविदुषोनास्तीतिव्याचक्षते तेषामप्यभावाद्भावोत्पत्तेरनभ्युपगमान्नित्यानांकालेयदन्यदविहितंक्रियतेततएवप्रत्यवायोत्पादोवक्तव्यइतिघट्टकुट्यांप्रभातवृत्तांतआपद्यते । अत्रोपपत्तिमाह नचेति । चोहेतौ यस्मात्आत्मरतेःसर्वभूतेषुचेतनाचेतनेषुउत्तममध्यमाधमेषुकश्चिदपिअर्थव्यपाश्रयःसुखभोगात्मकप्रयोजनाभिसंबंधोनास्ति आत्मरतित्वादेव निष्कामत्वाद्विदुषःपुण्यपापफलसंबंधोनास्तीत्यर्थः १८ यस्मान्निष्कामस्यकर्मलेपोनास्तितस्मात्त्वमपिअसक्तःफलासक्तिशून्यःसततंसर्वदाकार्यंअवश्यकर्त्तव्यंकर्मनित्यनैमित्तिकंसमाचर हियस्मात् असक्तःकर्माचरन्परंमोक्षंसत्त्वशुद्धिद्वारेणाप्नोति १९ ॥ ॥ ॥ ॥

अत्रशिष्टाचारंप्रमाणयति कर्मणेति।कर्मणैवमहसंसिद्धिंश्रवणादिसाध्यांज्ञाननिष्ठांगन्तुंआस्थिताःप्रवृत्ताःजनकादयस्त्वादृशाःक्षत्रियाःनतुसंन्यासेन।ननुशुद्धचित्तस्यममनास्तिकर्मापेक्षेत्याशंक्याह लोकेति।लोकस्य संग्रहःस्वधर्मेप्रवर्त्तनम् । ननुस्वप्रयोजनाभावेऽपिकेवलंलोकसंग्रहार्थंचेत्कर्मकर्त्तव्यंतदाविदुषांब्राह्मणानामपिसंन्यासोनस्यात् यतीनेदसंन्यासधर्मान्ग्राहयितुंतेषांसंन्यासइतिचेत्अर्जुनेऽपिनतद्दण्डवारितम स्ति । ननुक्षत्रियस्यसंन्यासेऽधिकारोनास्तीतिचेत्लिंगधारणेऽधिकाराभावेपिभरतऋषभादिवद्विक्षेपकर्मत्यागमात्रेऽधिकारात् वार्तिके 'सर्वाधिकारविच्छेदिज्ञानंचेदभ्युपेयते ॥ कुतोऽधिकारनियमो व्युत्थानेक्रियतेबलात्'इतिविद्वत्संन्यासेक्षत्रियादेरपिअधिकारस्यसाधितत्वात् अतोलोकसंग्रहोनमुख्यंकर्मप्रयोजनमितिचेत्सत्यम् । नमेपार्थास्तिकर्त्तव्यमितिस्वदृष्टान्तेनाधिकारिकत्वादर्जुनएवैवंनियोज्यते नक्षत्रियमात्रमितितुष्यतुभवान् २० । २१ कर्मणिवर्तेएवअहंकरोम्येवेत्यर्थः २२ यद्यहंकर्मणिनवर्तेयंतर्हिमनुष्याःममैववर्त्मानुवर्त्तन्तेअनुवर्त्तेरन् कर्मनकुर्वीरन्नित्यर्थः अतन्द्रितोऽनलसः सर्वशःसर्वप्रकारैः २३ ततश्चकिमित्यतआह उत्सीदेयुरिति। यद्यदाचरतीत्यादेरपरायोजना नकेवलंलोकसंग्रहंपश्यन्कर्त्तुमर्हसिअपितुश्रेष्ठाचारत्वादपीत्याह यद्यदिति। तथाचममश्रेष्ठस्ययादृशआचारस्तादृशएवमदनुवर्त्तिना त्वयाऽनुष्ठेयः नस्वातंत्र्येणान्यइत्यर्थः । कीदृशस्तवाचारोयोमयाऽनुवर्त्तनीयइत्याकांक्षायांनमेपार्थेत्यादिभिस्त्रिभिःश्लोकैस्तत्प्रदर्शनमितिमधुसूदनश्रीपादाः २४ यदिमादृशएवत्वंकृतार्थोऽसितथापिपरा नुग्रहार्थंकर्माणिकुर्वित्याह सक्ताइति। कर्मणिकर्मफले कुर्वंतिकर्माणीतिशेषः असक्तइतिच्छेदः २५ विद्वान्अज्ञानांकर्मस्वासक्तानांबुद्धिभेदंबुद्धेश्चालनंनजनयेत्नोत्पादयेत्किंतुतान्सर्वाणिकर्माणिजो

कर्मणैवहिसंसिद्धिमास्थिताजनकादयः ॥ लोकसंग्रहमेवापिसंपश्यन्कर्तुमर्हसि २० यद्यदाचरतिश्रेष्ठस्तत्तदेवेतरोजनः ॥ सयत्प्रमाणंकुरुतेलोकस्तद
नुवर्त्तते २१ नमेपार्थास्तिकर्तव्यंत्रिषुलोकेषुकिंचन ॥ नानवाप्तमवाप्तव्यंवर्त्तएवचकर्मणि २२ यदिह्यहंनवर्तेयंजातुकर्मण्यतन्द्रितः ॥ ममवर्त्मानुवर्त्तन्ते
मनुष्याःपार्थसर्वशः २३ उत्सीदेयुरिमेलोकानकुर्यांकर्मचेदहम् ॥ संकरस्यचकर्त्तास्यामुपहन्यामिमाःप्रजाः २४ सक्ताःकर्मण्यविद्वांसोयथाकुर्वन्तिभारत ॥
कुर्याद्विद्वांस्तथाऽसक्तश्चिकीर्षुर्लोकसंग्रहम् २५ नबुद्धिभेदंजनयेदज्ञानांकर्मसंगिनाम् ॥ जोषयेत्सर्वकर्माणिविद्वान्युक्तःसमाचरन् २६ प्रकृतेःक्रियमाणा
निगुणैःकर्माणिसर्वशः ॥ अहंकारविमूढात्माकर्त्ताऽहमितिमन्यते २७ तत्त्ववित्तुमहाबाहोगुणकर्मविभागयोः ॥ गुणागुणेषुवर्त्तन्तइतिमत्त्वानसज्जते २८

षयेत्सेवयेत् कथं युक्तआदृतोभूत्वासमाचरन् २६ अविद्वान्कथंकर्मसुसज्जतइत्यतआह प्रकृतेरिति । प्रकृतेःपारमेश्वर्याःसत्वरजस्तमोगुणात्मिकाया 'देवात्मशक्तिंस्वगुणैर्निगूढां' इतिश्रुतिप्रसिद्धायाः शक्तेर्गुणैः'कार्यकारणसंघातात्मकैःक्रियमाणानिकर्माणिअहंकारेणस्वस्मिन्नध्यस्तेनविमूढः तदीयान्कर्तृत्वादीनात्मधर्मत्वेनपश्यन्आत्मनश्चअसंगानंदसंविद्रूपतामपश्यन्आत्माअहंकारेणविमूढश्चासावात्माचेति विग्रहः अहंकर्माणिकर्मणांकर्त्तेतिमन्यतेकर्त्रध्यासेन । कर्ताऽहमितितृन्प्रत्ययस्तेन नलोकाव्ययनिष्ठाखलर्थतृनामितिषष्ठीनिषेधः अन्यथातृचप्रत्ययेकर्मणांकर्त्ताहमितिषष्ठ्याभाव्यम् २७ एवंसक्तस्यकर्मा चरणंप्रदर्श्यासक्तस्यतत्प्रदर्शयति तत्त्वविदिति। गुणकर्मविभागयोःगुणविभागस्यकर्मविभागस्यचतत्त्वविदितिभाष्यम् । नाहंगुणात्मकइतिगुणेभ्यआत्मनोविभागः नाहंकर्मात्मकइतिकर्मभ्यश्चात्मनोविभागः तयोर्गुणकर्मविभागयोस्तत्त्वंवेत्तीतिश्रीधरः । मधुसूदनस्तु गुणाःदेहेन्द्रियांतःकरणानिअहंकारास्पदानि कर्माणिचतेषांव्यापारभूतानिममकारास्पदानि गुणकर्मेतिद्वन्द्वैकवद्भावः विभज्यतेसर्वेषांजडानां भासकत्वेनपृथक्भवतीतिविभागःस्वप्रकाशज्ञानरूपोऽसंगआत्मा गुणकर्मचविभागश्चेतिद्वन्द्वः तयोर्जडाजडयोस्तत्त्वंयोवेत्तिसः गुणाःकरणात्मकाःगुणेषुविषयेषुवर्त्तन्तेइतिमत्वानसज्जतेकर्तृत्वाभिनिवेशंनक रोतीत्यर्थः । गुणविभागस्यकर्मविभागस्यचतत्त्वविदितिपक्षेगुणकर्मणोरित्येवसिद्धेविभागपदंव्यर्थमिति । यद्वा यस्तत्त्ववित्सगुणाःगुणेषुवर्त्ततइतिमत्वागुणविभागेकर्मविभागेचनसज्जतेइतियोजना गुणानां

सत्त्वरजस्तमसांविभागोबुद्ध्यहंकारज्ञानेन्द्रियकर्मेन्द्रियविषयरूपेणविभज्यावस्थानंतस्मिन्नसज्जतेइदमहमितिनमन्यते तथाहि । शरीरेगौरेऽहंगौरोऽस्मिहस्ताभ्यामात्तमयेदमात्तमितिचक्षुषादृष्टमयेदंदृष्टमिति
अहंकारेणाभिमतेममेदमित्यभिमन्यते । बुद्धौविक्रियमाणायामहंसुखीतिचसर्वेषुबुद्ध्यादिषुविभज्यगृह्यमाणेष्वपिप्रत्येकंप्रत्यक्त्वमध्यस्याहमिदमितिममेदंकर्मेतिचमन्यते एतेनकर्मविभागोऽप्यावश्यकत्वेनव्या
ख्यातः । अन्यथाचिदात्मन्येवआदानादिकर्तृत्वंदुःखादिमत्त्वंचापतति अयंचकर्मविभागःश्रुत्यापिदर्शितः । 'अंधोमणिमविंदत् तमनंगुलिरावयत् अग्रीवःप्रत्यमुंचत् तमजिह्वोअसश्चत'इति । अंधः
स्वयंप्रकाशहीनोऽपिचक्षुरादिर्मणिरूपादिकंविषयमविंदत्प्रकाशयति । अनंगुलिःकाष्ठलोष्ठादिवत्जडत्वात्स्वयंकर्मकर्तुमशक्तोऽपिपाण्यादिःआवयत्आसीव्यत्विषयंउपादत्ते । अग्रीवःछिन्नशिरस्कवत्भि
र्जीवोऽहंकारस्तंप्रत्यमुंचत्ग्रीवायांधारयतिमयेदंलब्धमितिमन्यते । अजिह्वोधीधातुःजडत्वात्स्वयंस्वगतसुखदुःखयोःपटइवस्वगतरूपादेःप्रकाशनेअसमर्थोऽपिअहंसुखीदुःखीतिचानुभवति । तथाचआत्माना
त्मनोर्याथात्म्यज्ञोन्यावृत्तेष्वहंकारादिषुतत्कर्मसुचाभिमानादिषुकुसुमेषुसूत्रमिवानुवर्त्तमानमात्मानंतेभ्यःपृथग्भूतंजानन्गुणाधीचक्षुरादयोगुणेषुदुःखरूपादिषुवर्त्तन्तेनत्वात्मेतिमत्वानसज्जतेऽहमेवहस्तादिसं
घातरूपोममैवेदमादानादिकंकर्मेतिनसक्तोभवतीत्यर्थः २८ एवंसक्तासक्तयोःकर्माणिविभज्यसक्तकर्मानुवादपूर्वकंनबुद्धिभेदंजनयेदज्ञानामित्युपक्रांतमुपसंहरति प्रकृतेरिति । गुणैरहंकारादिभिःस्वस्मिन्नध्य
स्तैःसंमूढाःएकीभावेनअभेदाध्यासेनमूढास्तुप्रकृतेःप्रकृतिसंबंधिषुगुणेषुदेहादिषुकर्मसुगमनादिषुचसज्जन्तेअहमयंब्राह्मणोममैवेदंयज्ञादिकंकर्मेतिसज्जन्तेसक्ताभवंतितान्मूढत्वात्अकृत्स्नविदःआत्मज्ञानहीनान्

प्रकृतेर्गुणसंमूढाःसज्जन्तेगुणकर्मसु ॥ तानकृत्स्नविदोमन्दान्कृत्स्नविन्नविचालयेत् २९ मयिसर्वाणिकर्माणिसंन्यस्याध्यात्मचेतसा ॥ निराशीर्निर्ममोभू
त्वायुध्यस्वविगतज्वरः ३० येमेमतमिदंनित्यमनुतिष्ठन्तिमानवाः ॥ श्रद्धावन्तोनसूयन्तोमुच्यन्तेतेऽपिकर्मभिः ३१ येत्वेतदभ्यसूयन्तोनानुतिष्ठन्ति
मेमतम् ॥ सर्वज्ञानविमूढांस्तान्विद्धिनष्टानचेतसः ३२ सदृशंचेष्टतेस्वस्याःप्रकृतेर्ज्ञानवानपि ॥ प्रकृतिंयान्तिभूतानिनिग्रहःकिंकरिष्यति ३३ इन्द्रियस्ये
न्द्रियस्यार्थेरागद्वेषौव्यवस्थितौ ॥ तयोर्नवशमागच्छेत्तौह्यस्यपरिपंथिनौ ३४ ॥ ॥

'आत्मविद्धिकृत्स्नवित् । आत्मनोवाअरेदर्शनेनश्रवणेनमत्याविज्ञानेनेदंसर्वंविदितम्' इतिश्रुतेः मंदान्शास्त्रार्थग्रहणासमर्थान्कृत्स्नवित्आत्मविन्नविचालयेत्कर्मनिष्ठातोनप्रच्यावयेत्तेषामुभयभ्रष्टत्वा
पत्तेः प्रकृतेर्गुणैःसंमूढाःगुणानांकर्मसुसज्जन्तइतिप्राचांयोजना २९ मयीति । त्वंतुअज्ञोमुमुक्षुश्चमयिसर्वान्तर्यामिणिसर्वाणिकर्माणिसंन्यस्यसमर्प्यअध्यात्मचेतसाआत्मानमधिकृत्यप्रवृत्तंशास्त्रंअध्यात्मंतत्र
प्रवणेनचेतसा शाकपार्थिवादिवन्मध्यमपदलोपीसमासः आत्मानात्मविवेकवतेत्यर्थः ईश्वरप्रेरितोऽहंकरोमीत्यनयाबुद्ध्यानिराशीःफलमनिच्छन्निर्ममोलब्धेममत्वाभिमानशून्यश्चभूत्वायुद्ध्यस्वविगत
ज्वरोविशोकःसन् ३० येमइति । येऽन्येऽपित्वादृशाःमेममतंअसक्तयाकर्मानुष्ठानंअनुतिष्ठंतिअनुवर्त्तन्तेमानवाःश्रद्धावन्तःअनसूयन्तः अत्रदोषमपश्यन्तः तेऽपिस्वकर्मभिर्धर्माधर्माख्यैःमुच्यन्ते ३१
विपक्षेदोषमाह येत्विति । सर्वशब्दईश्वरवाची 'सर्वंसमाप्नोषिततोसिसर्वः'इतिनिर्वचनात्तस्यज्ञानेविषयेविशेषेणमूढान्पारोक्ष्येणापितेईश्वरमजानंतोदेहमात्रनिष्ठास्तान्नष्टान्स्वर्गापवर्गभ्रष्टान्अचेतसःविवे
कशून्यान् ३२ ननुतेचेत्त्वमतंनानुतिष्ठंतितर्हिकथंतवांतर्यामित्वमित्यतआह सदृशमिति । स्वस्याःप्रकृतेःस्वकीयस्यप्राग्भवीयधर्माधर्मसंस्कारस्यसदृशमनुरूपंज्ञानवानपिचेष्टतेकिमुमूर्खः पश्वादिभिश्चाविशेषादि
तिन्यायात् तस्मात्प्रकृतिंयांतिअनुसरंतिभूतानिप्राणिनस्तत्रममवान्यस्यवानिग्रहःकिंकरिष्यतिनकिमपि अहमपिपूर्वकर्मापेक्षयैवतान्प्रवर्त्तयामीतिभावः ३३ एवंतर्हिपुरुषस्यस्वातंत्र्याभावाद्विधिनिषेधशास्त्रंव्यर्थमि
त्याशक्याह इंद्रियस्येति । इंद्रियस्येन्द्रियस्येतिद्विर्वचनंवीप्सायां प्रतींद्रियंस्वेस्वेऽर्थेशब्दादौवचनादौचविषयेरागद्वेषौअनुकूलेरागःप्रतिकूलेद्वेषश्चव्यवस्थितौनित्यसंबद्धौ तत्रतयोर्वशंनागच्छेदितिशास्त्रस्या

भ्यनुज्ञा पुरुषस्यचतदनुष्ठानेस्वातंत्र्यमस्तिहियतःतौरागद्वेषावेवास्यप्राणिनःपरिपंथिनौविरोधिनौदृष्टद्वारेणप्रवर्त्तकत्वात्नतुप्रकृत्यनुसारीईश्वरोऽस्यपरिपंथी तस्यवैषम्यादिदोषापत्तेः अयंभावः । यथाह्यस्त
नेनस्वाज्ञोल्लंघनजेनापराधेनकुपितोराजाऽपराधिनंहिनिगडादौनिग्रहीतुंस्वीयान्भटान्प्रवर्त्तयतिसएवाद्यतनेनदानमानेनप्रसादितएनंतेषामेवभटानामाधिपत्येनियुंक्ते । एवंपूर्वकर्मानुसारीईश्वरोरागादिद्वारा
पुरुषंबाधमानोऽपिविधिप्रतिषेधशास्त्रानुसारिणातेनैवभक्तिध्यानप्रणिधानेनावर्जितःएनंरागादिजयेनियुंक्तेतस्माद्विधिप्रतिषेधशास्त्रस्यनानर्थक्यं पुरुषस्यस्वातंत्र्यसत्त्वात् नापीश्वरेवैषम्यादिकं प्राणिकर्मा
यत्तत्वादिति ३४ यस्मादेवंतस्मात्श्रेयान्प्रशस्ततरःस्वधर्मः स्वस्यवर्णाश्रमानुरूप्येणईश्वरेणविहितत्वात् विगुणोहिंसादिमिश्रोऽपिकिंचिदंगहीनोऽपिपरधर्मात्अहिंसादिदोषरहितपरधर्मापेक्षयास्वनुष्ठिता
त्सर्वांगोपसंहारेणसम्यगनुष्ठितादपिसएवश्रेयान् स्वधर्मेयुद्धादौनिधनंमरणमपिश्रेयः विहितत्वात् परस्यधर्मोभैक्षचर्यादिर्भयावहः क्षत्रियस्यतत्रनिषिद्धत्वात् । तस्मात्स्वतंत्रेणत्वयास्वधर्मएवानुष्ठेयइति
भावः ३५ ईश्वरोधर्माधर्मौरागद्वेषौवापुरुषस्यप्रवर्त्तकौभवतइत्यात्मनोऽस्वातंत्र्यंमन्वानोर्जुनउवाच अथकेनेति । केनईश्वरादीनामन्यतमेनान्येनवाप्रयुक्तःप्रवर्तितःसन्नयंपुरुषःपापमनिष्टंचरतिकरोति अनिच्छन्नपि
त्यनेनरागद्वेषयोःप्रवर्त्तकत्वंनिरस्तं सतिहिरागेइच्छाभवति अतइच्छायाअभावाद्रागाभावः रागस्याप्रवर्त्तकत्वेतन्मूलभूतसंस्कारेहेत्वोर्धर्माधर्मयोरप्रवर्त्तकत्वंततश्चतत्सापेक्षस्यईश्वरस्यापीतिसर्वेषामाक्षेपः तस्मान्मुख्यं
प्रवर्त्तकंयत्तद्वाच्यमित्यर्थः बलादिवनियोजितःविष्टिगृहीतइवेत्यर्थः ३६ अत्रोत्तरं।ममयएवायंपुरुषइत्यादिश्रुतिसिद्धंभगवानुवाच कामएषइति । एषप्रसिद्धःकामः 'सोऽकामयतजायामेस्यादथप्रजायेयाथवित्तं
मेस्यादथकर्मकुर्वीय'इतिश्रुतेरिदंमेभूयादिदंमेभूयादितितीव्राभिलाषेहेतुभूतश्चेतसोऽनवस्थितत्वापादकोवृत्तिविशेषःसचचेतोरूपएव।कामःसंकल्पइत्युपक्रम्यैतत्सर्वंमनइत्युपसंहारात् सएषकामःकेनचिन्निमित्तेनप्रति

श्रेयान्स्वधर्मोविगुणःपरधर्मात्स्वनुष्ठितात् ॥ स्वधर्मेनिधनंश्रेयःपरधर्मोभयावहः ३५ ॥ अर्जुनउवाच ॥ ॥ अथकेनप्रयुक्तोऽयंपापंचरतिपूरुषः ॥ अनि
च्छन्नपिवार्ष्णेयबलादिवनियोजितः ३६ ॥ श्रीभगवानुवाच ॥ कामएषक्रोधएषरजोगुणसमुद्भवः ॥ महाशनोमहापाप्माविद्ध्येनमिहवैरिणम् ३७ धूमेनाव्रियते
वह्निर्यथाऽऽदर्शोमलेनच ॥ यथोल्बेनावृतोगर्भस्तथातेनेदमावृतम् ३८ आवृतंज्ञानमेतेनज्ञानिनोनित्यवैरिणा ॥ कामरूपेणकौन्तेयदुष्पूरेणानलेनच ३९

हतःक्रोधरूपेणपरिणमतेऽतःक्रोधोभिज्वलनात्माऽप्येषएवतमेनमिहशरीरेऽन्तःस्थितंवैरिणंविद्धि कुतोवैरी यतःरजोगुणसमुद्भवःरजोरंजनात्मकःप्राकृतोगुणस्तस्यगुणौकार्यभूतौतृष्णासंगौतावेवउद्भवोयस्यसः
रजःकार्यत्वात्दुःखैकफलोऽयमतोवैरी । यद्वा रजोगुणस्यलोभप्रवृत्त्यादिलक्षणस्यसमुद्भवोयस्मात् । ननुविषयाभिलाषात्मकःकामोविषयार्पणेनशाम्यतिविषयस्यदौर्लभ्यनिश्चयेस्वतएववानिवर्त्ततेअंधइ
वरूपदर्शनाभिलाषादित्याशंक्याह महाशनोमहापाप्मेति । महत्दातुमपारणीयंअशनमस्यसतथा यथोक्तं । 'नजातुकामःकामानामुपभोगेनशाम्यति ॥ हविषाकृष्णवर्त्मेवभूयएवाभिवर्धते'इति ।
यत्पृथिव्यांव्रीहियवंहिरण्यंपशवःस्त्रियः ॥ नालमेकस्यतत्सर्वमितिमत्वाशमंव्रजेत्'इति । तथामहापाप्माअत्युग्रः सहिसहस्रशःप्रबोधितोऽपिननिवर्त्ततेतद्धृदयमपिदुश्चिकित्स्यः महाशनत्वान्नायंवैरी
दानसाध्यः नापिसामभेदसाध्यः अत्युग्रत्वात् अतोहंतव्यएवेति ३७ अस्यवैरित्वमेवविवृणोति धूमेनेत्यादिना । उल्बेनगर्भवेष्टनेनजरायुणातेनकामेनइदंवक्ष्यमाणंज्ञानमावृतं आवरणीयस्यत्रैवि
ध्यात्तदनुगुणंदृष्टांतत्रयंज्ञेयम् ३८ आवृतमिति । ज्ञानंअंतःकरणसत्त्वं । 'ह्रीर्धीर्भीरित्येतत्सर्वंमनएव'इतिश्रुतेः एतेनकामेनरजोगुणात्मकेनआवृतं ज्ञानिनःअंतःकरणविशिष्टस्यप्रमातुर्नित्यवैरिणाकाम
रूपेणदुष्पूरयितुमयोग्येन । अयंहिपूर्यमाणोऽनर्थानेवप्रसवेत् अनलेन अथापिपूर्यतेचेत्अनलःनास्त्यलंपर्याप्तिर्यस्यसतथातेनानलेन नह्यनलःकाष्ठैस्तर्पयितुंशक्यःकिंतुवर्धतएवतद्वदयमपीत्यर्थः अयं
भावः । अंतःकरणसत्त्वंहिवह्निवत्प्रकाशात्मकंतत्सहजेनकामेनवन्हिरिवधूमेनावृतंचेत्प्रमातारमनर्थेपातयति अन्यथातदेवस्वभावशुद्धत्वात्विवेकवैराग्योपगंभूत्वातमुद्धरेत् अतोऽयंकामोज्ञानिनोनित्यवैरीति ३९

किंच इंद्रियाणीति । अयमर्थः इंद्रियमनोबुद्धयोहिकामेनाधिष्ठिताबाह्यार्थप्रवणाभवंति तैश्चतथाभूतैरयंकामो ज्ञानंचिदाकाशरूपमादर्शतलप्रख्यं यत्रयोगिनोव्यवहितंविप्रकृष्टमतीतमनागतंवा पश्यंति यथोक्तमाचार्यैः । 'विश्वंदर्पणदृश्यमाननगरीतुल्यंनिजांतर्गतं पश्यंत्यात्मनि'इति निजांतर्गतंशरीरांतर्गतं आत्मनिहार्दाकाशाख्येब्रह्मणि । तत्मलेनादर्शमिवावृत्यदेहिनंदेहाभिमानिनंविशेषेणमोहयति विशब्दात्देहाभिमानशून्यंयोगिनमपिव्युत्थानावस्थायांकिंचिन्मोहयतीतिगम्यतइति अक्षरयोजनास्पष्टा ४० तस्मादिति । यस्मादिंद्रियाण्यस्याधिष्ठानंसामंतस्येवगिरिदुर्गादिकंतस्मात्तान्येवनियम्यवशीकृत्यएनंकामंहिनिश्चयेनप्रजहिप्रकर्षेणनाशय । गिरिदुर्गादीनस्वायत्तीकृत्येवतत्स्थंसामंतंघ्नंतिराजानस्तद्वत् । हंतव्यत्वेहेतुः पाप्मानमत्युग्रं तत्रापिहेतुः ज्ञानविज्ञाननाशनमिति ज्ञानस्यशास्त्राचार्योपदेशजस्यपरोक्षस्यविज्ञानस्यनिदिध्यासनपरिपाकजस्यापरोक्षस्यचनाशनम् ४१ नकेवलंबाह्येन्द्रियजयेनैवकृतार्थत्वांकिंतुमनोबुद्ध्योरपिजयःकर्तव्यःकामस्यसमूलोच्छेदाय त्रिप्राकारदुर्गस्थस्यसामंतस्येवाभ्यंतरप्राकारद्वयजयेन । अतोमनोबुद्ध्योर्जयार्थंयोगंदर्शयति इंद्रियाणीति । अत्रपरत्वंसूक्ष्मत्वेनकारणत्वेनवाबोद्धव्यम् । इंद्रियाणिचक्षुरादीनि पराणिस्वविषयेभ्यः पृथिव्यादिस्वाश्रयसहितेभ्योगंधादिभ्योवित्तपुत्रशरीरेभ्यश्च तेषांतत्कारणत्वात् तथाचकौषीतकिनःसमामनंतिब्राह्मणे 'प्राणेभ्योदेवादेवेभ्योलोकाइति' व्युच्चरंतीत्यनुषज्जते प्राणेभ्यइंद्रियेभ्योदेवास्तदधिष्ठात्र्योदेवताउत्पद्यंते देवेभ्यश्चलोकाभूतभौतिकाउत्पद्यंतइतिश्रुत्यर्थः । इंद्रियेभ्यःपरंमनः'मनसाह्येवपश्यतिमनसाशृणोति'इतिश्रुतेरिंद्रियाणांमनोविकारत्वात् । तेनबाह्यार्थेभ्यइंद्रियाण्याकृष्यमनसिप्रविलापनी

इन्द्रियाणिमनोबुद्धिरस्याधिष्ठानमुच्यते ॥ एतैर्विमोहयत्येषज्ञानमावृत्यदेहिनम् ४० तस्मात्त्वमिन्द्रियाण्यादौनियम्यभरतर्षभ ॥ पाप्मानंप्रजहिह्येनंज्ञानविज्ञाननाशनम् ४१ इन्द्रियाणिपराण्याहुरिन्द्रियेभ्यःपरंमनः ॥ मनसस्तुपराबुद्धिर्योबुद्धेःपरतस्तुसः ४२ एवंबुद्धेःपरंबुद्ध्वासंस्तभ्यात्मानमात्मना ॥ जहिशत्रुंमहाबाहोकामरूपंदुरासदम् ४३ ॥ ॥ इतिश्रीमहाभारतेभीष्मपर्वणिभगवद्गीतासूपनिषत्सुब्रह्मविद्यायांयोगशास्त्रेश्रीकृष्णार्जुनसंवादेकर्मयोगोनामतृतीयोऽध्यायः ॥ ३ ॥ पर्वणितुसप्तविंशोऽध्यायः ॥ २७ ॥ ॥ ॥ श्रीभगवानुवाच ॥ इमंविवस्वतेयोगंप्रोक्तवानहमव्ययम् ॥ विवस्वान्मनवेप्राहमनुरिक्ष्वाकवेऽब्रवीत् १ ॥ ॥ ॥ ॥

यानीतिदर्शितम् । केवलंपरत्वमात्रप्रतिपादनेप्रयोजनाभावात् मनसस्तुपराबुद्धिः 'तस्माद्वाएतस्मान्मनोमयात्अन्योऽन्तरआत्माविज्ञानमयः' इतिश्रुतेः मनसःप्रविलापनंतत्कारणेबुद्धौकर्त्तव्यमित्यर्थः समष्टिबुद्धेरप्यत्रैवांतर्भावः । योबुद्धेःपरतस्तुसः यस्तुतुशब्दोभास्यवर्गात्बुद्ध्यादेर्भासकस्यज्ञानस्यवैलक्षण्यंगमयति योबुद्धेरपिपरतःसज्ञानपदाभिधेयःकामेनउल्बेनगर्भइवआवृतइतिव्यवहितेनसंबन्धः । तथाच श्रुतिः 'यच्छेद्वाङ्मनसीप्राज्ञस्तद्यच्छेज्ज्ञानआत्मनि । ज्ञानमात्मनिमहतितद्यच्छेच्छान्तआत्मनि'इति एतदुक्तंभवति वागादिबाह्येन्द्रियव्यापारमुत्सृज्यमनोमात्रेणावतिष्ठेत मनोऽपिविषयविकल्पाभिमुखंज्ञानात्मशब्दोदितायांबुद्धौधारयेत् तामपिमहत्यात्मनिसमष्टिबुद्धौधारयेत् तत्तंमहांतमात्मानंशांतेनिष्कलेपरस्मिन्ज्योतिषिप्रत्यगात्मनिधारयेदिति ४२ योगफलमाह एवमिति । आत्मानंमनः हार्दाकाशेऽपितत्स्थान्नित्यान्कामान्कामयानम् श्रूयतेहिदहरविद्यायांहार्दाकाशंप्रकृत्य 'यच्चास्येहास्तियच्चनास्तिसर्वंतदत्रगत्वाविंदतइतितत्रत्यानांकामानांसत्त्वंतेपांचसत्यत्वम् । तइमेसत्याःकामाः'इतिश्रुतेः आत्मानंमनःआत्मनामनसैवबुद्ध्यैववासंस्तभ्यनिर्वृत्तिकंकृत्वाबुद्धेःपरंपरमात्मानंबुद्ध्वासमूलघातंकामरूपंशत्रुंशातयितारंजहिनाशय हेमहाबाहोइतिसंबोधयंस्तन्नाशेतवसामर्थ्यमस्तीतिदर्शयति अयमर्थः यावत्काममूलस्याज्ञानस्योच्छेदआत्मतत्त्वज्ञानेनक्रियतेतावत्पर्यन्तंकामस्यनिर्मूलोच्छेदोनभवतीतिबुद्धेःपरंबुद्ध्वाकामोनाशनीयः तस्मिंश्चनष्टेसंसारानर्थोच्छेदोभवतीति । दुरासदंपरबोधंविनादुःखेनापिनाशयितुमशक्यम् । उपायःकर्मनिष्ठाऽत्रप्राधान्येनोपसंहृता ॥ उपेयाज्ञाननिष्ठातुतद्गुणत्वेनकीर्त्तिता ॥ ४३ ॥ इतिनीलकंठीयेभारतभावदीपेतृतीयोऽध्यायः ॥ ३ ॥ ॥ अध्यायद्वयोक्तेर्थेप्रामाण्य

शंकामाभूदितिविद्यावंशसंप्रदायमात्मनश्चभ्रमविप्रलंभकत्वादिनिरासायेश्वरत्वंसर्वज्ञत्वंचदर्शयति । इममित्यादिना । इमंसांख्ययोगंकर्मयोगरूपोपायसहितम् ससंन्यासमितिभाष्यं इमंसंध्योपासनादिनिर्वि
कल्पकसमाध्यनुष्ठानांतंकर्मयोगंज्ञाननिष्ठोपसर्जनंपारिव्राज्यानधिकारिणांराज्ञामेवयोग्यम् । विवस्वतेसूर्यायमंडलाभिमानिनेसर्वेषांक्षत्रियाणामादिभूतायाहमादित्यांतर्यामी'यएषोऽन्तरादित्येहिरण्मयःपुरु
षोदृश्यतेहिरण्यश्मश्रुर्हिरण्यकेशआप्रणखात्सर्वएवसुवर्णस्तस्ययथाकप्यासंपुंडरीकमेवमक्षिणीतस्योदितिनाम'इत्यादिश्रुतिप्रसिद्धःप्रोक्तवान्पुरा अव्ययंअविच्छिन्नसंप्रदायम् तेनानादित्वमपि मनवेस्वपु
त्रायविवस्वान्प्राह इक्ष्वाकवेमनुःस्वपुत्रायाब्रवीत् १ एवमिति । एवंपरंपराप्राप्तमिक्ष्वाकोर्निमिनाभागादिक्रमेण राजर्षयःजनकाजातशत्रुकैकेयप्रभृतयोराजानः ऋषयश्चसनकवसिष्ठाद्याःसूक्ष्मार्थदर्शि
नस्ते राजानएवऋषयइतिवा अविदुर्ज्ञातवन्तः । सिजभ्यस्तविदिभ्यश्चेतिलङोझेर्जुस् । नष्टःअदर्शनंगतः २ सइति । अद्यसंप्रदायविच्छेदेसति भक्तःशरणागतः सखाप्रीतिविषयः रहस्यंगोप्यंअ
भक्तादिभ्योनदेयम् अन्यथानिर्वीर्याविद्याभवेदित्यर्थः तथाचमंत्रवर्णः । 'विद्याहवैब्राह्मणमाजगामगोपायमाशेवधिष्टेऽहमस्मि । असूयकायानृजवेऽयतायनमाब्रूयावीर्यवतीतथास्याम्'इति ३ भगवद्देह
स्यवसुदेवादुत्पत्तिमन्वानोऽर्जुनउवाच अपरमिति । अपरंअर्वाक्कालिकं परंबहुकालिकं विजानीयाम् । यद्यपिशब्दादयमर्थोज्ञातस्तथाऽपिविरुद्धस्यवाक्यस्याबोधकत्वात्कथमेतद्विजानीयामित्युक्तम् पद
योजनास्पष्टा ४ स्वदेहस्याजत्वंसाधयितुंस्वस्यसर्वज्ञत्वंतावदाह बहूनीति । स्पष्टार्थःश्लोकः ५ किंतर्हियोगिनांसर्वज्ञत्वप्रसिद्धेस्त्वंजातिस्मरोजीवोसीत्याशंक्याह अजइति । देहान्निष्कृष्टस्याजत्वाव्यय
त्वेनत्वेवाहंजातुनासमित्यत्रसाधिते इहतुदेहविशिष्टस्यैवतेउच्येते ईश्वरोऽपीत्यनेनदेहान्निष्कृष्टस्यास्मदादेरपीश्वरत्वंतत्त्वमस्यहंब्रह्मास्मीत्यादिश्रुतिप्रसिद्धमतोदेहविशिष्टस्यैवाजत्वनित्यत्वेदृढीक्रियेतेऽन्यथाऽ

**एवंपरंपराप्राप्तमिमंराजर्षयोऽविदुः ॥ सकालेनेहमहतायोगोनष्टःपरंतप २ सएवायंमयातेऽद्ययोगःप्रोक्तःपुरातनः ॥ भक्तोऽसिमेसखाचेतिरहस्यंह्येतदुत्त
मम् ३ ॥ अर्जुनउवाच ॥ ॥ अपरंभवतोजन्मपरंजन्मविवस्वतः ॥ कथमेतद्विजानीयांत्वमादौप्रोक्तवानिति ४ ॥ श्रीभगवानुवाच ॥ ॥
बहूनिमेव्यतीतानिजन्मानितवचार्जुन ॥ तान्यहंवेदसर्वाणिनत्वंवेत्थपरंतप ५ अजोऽपिसन्नव्ययात्माभूतानामीश्वरोऽपिसन् ॥ प्रकृतिंस्वाम
धिष्ठायसंभवाम्यात्ममायया ६ ॥ ॥ ॥ ॥ ॥**

नीश्वरत्वप्रसंगात् । नह्यादित्यांतर्यामिणःपरमेश्वरस्यहिरण्यश्मश्रुत्वादिविशिष्टोदेहोजन्मव्ययवानितिवक्तुंशक्यम् अकर्मजत्वात्कर्मफलस्यहिपराकाष्ठाहैरण्यगर्भशरीरप्राप्तिः नच'पुरुषोहवैनारायणोऽकाम
यतअत्यतिष्ठेयंसर्वाणिभूतानिअहमेवेदंसर्वंस्यामितिसएतंपुरुषमेधंपंचरात्रंयज्ञक्रतुमपश्यत्' इत्यादिनाशतपथेनारायणाख्यस्यपरमात्मनः 'सहस्रशीर्षापुरुषःसहस्राक्षःसहस्रपात् । सभूमिंविश्वतोवृत्वाऽत्यतिष्ठ
द्दशांगुलमिति पादोऽस्यसर्वाभूतानित्रिपादस्यामृतंदिवि'इतिचपुरुषसूक्तप्रतिपाद्यस्यसर्वाणिभूतान्यतिक्रम्यस्थितस्येश्वरस्यापिशरीरंपंचरात्राख्यकर्मविशेषफलमितिश्रूयतेइतिवाच्यम् तत्रनारायणशब्देनहि
रण्यगर्भस्यैवविवक्षितत्वात् । नहिपरमेश्वरस्यपूर्णकामस्यसर्वानतिक्रम्यस्थितस्यपुनरत्यतिष्ठेयंसर्वाणिभूतानीतिकामनाभवति । ननुपरमेश्वरेऽपिकामनादृष्टा'सोऽकामयतबहुस्यांप्रजायेयेति' इतिचेत् श्लाघनीयप्रज्ञो
देवानांप्रियोयत'आप्तकामस्यकास्पृहा' इतिश्रुते':लोकवत्तुलीलाकैवल्यम्'इतिन्यायाच्चनिस्पृहस्यलीलयैवब्रह्मांडकोटीःसृजतोभगवतोराजगोपालस्यकर्मकिंकरेणकर्मणासार्वात्म्यंप्रार्थयतासाम्यमापादयति ।
तस्मान्नकर्मफलंभगवतःशरीरं अतएवनभौतिकं विराट्सूत्रात्मातिरिक्तस्यभौतिकस्याभावात् तस्माद्युक्तमजोऽपिसन्निति । ननुतर्हिभगवच्छरीरस्यकिमुपादानमविद्येतिचेन्न परमेश्वरेतदभावात् । जीवा
विद्याचेन्न शुक्तिरजतादेरिवतुच्छत्वापत्तेः । चिन्मात्रंचेन्न चितःसाकारत्वायोगात् तथात्वेवातस्यातीन्द्रियत्वापत्तिः । तस्मात्किमालंबोभगवद्देहोदेवकीगर्भप्रवेशजननबाल्यकौमारपौगंडयौवनादिमता

तिविषयइतिचेत् शृणु प्रकृतिंस्वामधिष्ठायसंभवाम्यात्ममाययेति अयमर्थः । जीवात्मानोहिअनात्मभूतांप्रकृतितेजोबन्नात्मिकांपंचभूतात्मिकांवाअधिष्ठायसंभवंतिजन्मादींल्लँभन्ते अहंतुस्वांप्रत्यगनन्यां
प्रकृतिप्रत्यक्चैतन्यमेवेत्यर्थः तदेवाधिष्ठायनतूपादानांतरम् आत्ममाययास्वीयमाययासंभवामि । यथाकश्चिन्मायावीस्वयंस्वस्थानादप्रच्युतस्वभावोऽप्यदृश्योभूत्वास्थूलसूक्ष्मभूतान्यनुपादायैवकेवलयामाय
याद्वितीयंमायाविनंस्वसदृशमेवसूत्रमार्गेणगगनमारोहंतंसृजति एवमहंकूटस्थचिन्मात्रोग्राह्यःस्वमाययाचिन्मयमात्मनःशरीरंसृजामितस्यबाल्याद्यवस्थाश्चसूत्रारोहणवद्दर्शयामि । एतावांस्तुविशेषः लौकिक
मायावीमायामुपसंहरन्द्वितीयंमायाविनमप्युपसंहरति अहंतुतामनुपसंहरन्स्वविग्रहमपिनोपसंहरामीति । एवंहिसतिहिरण्यश्मश्रुत्वादिलक्षणविग्रहयोगिनश्चैतन्यस्य 'अंतस्तद्धर्मोपदेशात्' इत्यादिन्यायसिद्धंवियदा
द्युपादानत्वलक्षणंसर्वेश्वरत्वंयुज्यतेनान्यथेति । तस्मात्सिद्धंपरमेश्वरस्यमायामयंशरीरंनित्यमित्येकेनैवदेहेनविवस्वंतमुपदिश्यत्वामप्युपदिशामीति । अन्यत्रापिनित्यैवसाजगन्मूर्तिरितिसावधारणंप्रतिज्ञा
यते । 'देवानांकार्यसिद्ध्यर्थमाविर्भवतिसायदा । उत्पन्नेतितदालोकेसानित्याप्यभिधीयते' इति नित्यायाअप्याविर्भावापेक्षयासूर्यस्येवबाल्यादिकमुत्पत्त्याद्युपगम्यते । भाष्येतु स्वांप्रकृतिंवैष्णवींत्रिगुणा
त्मिकांमायांअधिष्ठायवशीकृत्यआत्ममाययासंभवामिदेहवान्जातइवात्मनोमाययानपरमार्थतोलोकवदितिव्याख्यातम् ६ कदासंभवसीत्यपेक्षायामाह यदेति । ग्लानिर्ह्रासः अभ्युत्थानंवृद्धिः
७ किमर्थमात्मानंमाययासृजसीत्यतआह परित्राणायेति । दुष्कृतांदुष्टंकर्मकुर्वतांपापिनां संभवामिआविर्भवामि ८ जन्ममायामयं कर्मसाधुत्राणं दिव्यंअप्राकृतं योवेत्तिसत्यक्त्वादेहंपुनः

यदायदाहिधर्मस्यग्लानिर्भवतिभारत ।। अभ्युत्थानमधर्मस्यतदाऽऽत्मानंसृजाम्यहम् ७ परित्राणायसाधूनांविनाशायचदुष्कृताम् ।। धर्म
संस्थापनार्थायसंभवामियुगेयुगे ८ जन्मकर्मचमेदिव्यमेवंयोवेत्तितत्त्वतः ।। त्यक्त्वादेहंपुनर्जन्मनैतिमामेतिसोऽर्जुन ९ वीतरागभयक्रोधा
मन्मयामामुपाश्रिताः ।। बहवोज्ञानतपसापूतामद्भावमागताः १० येयथामांप्रपद्यन्तेतांस्तथैवभजाम्यहम् ।। ममवर्त्मानुव
र्तन्तेमनुष्याःपार्थसर्वशः ११ ।। ।। ।। ।। ।।

जन्मनप्राप्नोति किंतुमामेतिमामेवप्राप्नोति । एतेनभगवतोजन्मानिकर्माणिचभगवत्प्राप्तिकामेनज्ञेयानीतिदर्शितम् ९ एतस्यापिभगवत्प्राप्तेर्द्वारमाह वीतेति । रागोविषयेषुप्रीतिः भयंस्वो
च्छेदाशंका क्रोधःस्वपरपीडाहेतुरभिज्वलनं तेत्रयोवीताःयेभ्यस्तेवीतरागभयक्रोधाः अतएवमन्मयाः मदेकप्रधानाः किंजारिणीयथाजारमपिभर्त्तारंचाश्रितायोगक्षेमार्थंतद्वन्नेत्याह मामुपाश्रिताः
ज्ञानतपसाज्ञानमयंतपआलोचनंममजन्मकर्मणोःस्वरूपस्यचनिरंतरांचिंतनं ' यस्यज्ञानमयंतपः ' इतिश्रुतिप्रसिद्धंज्ञानतपः तेनपूताःसंतोमद्भावंमत्तादात्म्यंप्राप्ताइत्यर्थः १० ननुसाध्वसाध्वोस्त्राण
विनाशौकुर्वतस्तववैषम्यनैर्घृण्येस्तोऽतःकितवास्मदादितुल्यस्यजन्मकर्मस्वरूपाणांचितनेनेत्याशंक्याह येयथेति । येमनुष्याःमांसर्वशरीरस्थंयथायेनप्रकारेणशत्रुत्वेनमित्रत्वेनवाप्रपद्यंतेप्राप्नुवंतितांस्तेनै
वप्रकारेणाहमपिभजामिअनुसरामि । येतुममवर्त्मभक्तिध्यानप्रणिधानात्मकमनुवर्त्ततेतान्प्रमात्मभूतांस्तथैवसर्वशःसर्वैःप्रकारैरनुवर्त्तेऽहमितियोजना । ततश्चमद्बिंबभूतेप्राणिजातेयथायःप्रीतिंद्वेषं
वाकरोतितस्मिन्मत्प्रतिबिंबभूतेऽहमपितथैवप्रीतिंद्वेषंचकरोमि । बिंबपूजापरिभवौप्रतिबिंबेएवसंक्रामतोऽतोनममवैषम्यनैर्घृण्येस्तः । तस्मात्श्रेयोर्थिनासर्वस्यकल्याणायैवयतितव्यमितिभावः । भाष्येतु येयथा
येनप्रकारेणयेनप्रयोजनेनआर्ताजिज्ञासवोऽर्थार्थिनोज्ञानिनोवाप्रतिपद्यंतेतांस्तथैवपीडापरिहारेणज्ञानदानेनअर्थदानेनमोक्षदानेनवाऽनुगृह्णामि। सर्वथातेममैववर्त्मानुवर्त्तंतइतिअन्यदेवताभक्ताइतिचैतद्व्याचक्ष्यते११

कांक्षंतइति । हियस्मात्मानुषेलोकेकर्मसिद्धिःकाम्यकर्मफलंपुत्रपश्वादिकंक्षिप्रंभवति नतुनिष्कामकर्मजाचित्तशुद्धिः । अतोयेकर्मणांसिद्धिंफलंइहैवक्षिप्रंकांक्षंतःकांक्षमाणाः देवताःइंद्रादीन्यजंते तेऽपिममैववर्त्मानुवर्त्ततइतिपूर्वेणान्वयः । वक्ष्यतिचयेऽप्यन्यदेवताभक्ताइत्यादि १२ अन्यदेवताभक्ताअपिकस्मात्पुनःकारणात्त्वैववर्त्मानुवर्त्ततेनान्यस्येत्यतआह चातुर्वर्ण्यमिति । चतुर्णांवर्णानांहितंचातुर्वर्ण्यं गुणाश्चकर्माणिचेतिगुणकर्म द्वंद्वैकवद्भावः । कर्माणिअग्निहोत्रादीनि गुणाश्चद्रव्यदेवतादिरूपाः विभागशःसाधारणासाधारणविभागेन तथाहि । दानजपादिकंसर्वसाधारणं । अग्निहोत्रादिकंत्रैवर्णिकस्यैवनशूद्रस्य । राजसूयादिकंराज्ञएवनेतरेषामितिविभागोदृश्यते । यतश्चातुर्वर्ण्यंगुणकर्ममयासृष्टंततोऽन्यदेवतानामपिमदुत्थत्वात्पुत्रप्रीत्यापितुरिवतत्प्रीत्याममैवतृप्तिरस्तीत्यर्थः । यद्वा गुणविभागशःकर्मविभागशइतियोज्यं तथाहि सत्वप्रधानाब्राह्मणास्तेषांकर्मशमदमादिकं । सत्वोपसर्जनरजःप्रधानाःक्षत्रियास्तेषांकर्मशौर्यादि । तमउपसर्जनरजःप्रधानावैश्यास्तेषांकर्मकृष्यादि । रजउपसर्जनतमःप्रधानाःशूद्रास्तेषांकर्मशुश्रूषैवेतिगुणकर्मविभागोदृश्यते । तदाचातुर्वर्ण्यमितिस्वार्थेष्यञ् चत्वारोवर्णाःगुणकर्मविभागशोमयासृष्टाइत्यर्थः । अन्यदेवताभक्ताअपिमदुक्तकर्मकारित्वान्मद्भक्ताएवेतिभावः ननुयथेवंत्वंस्वसंततितर्पणेनस्वाज्ञाकरणेनप्रीयसेतदर्थंचत्वयाचातुर्वर्ण्यंसृष्टंतर्हिमहान्संसारीत्वमसीत्याशंक्याह तस्येति । कर्त्तारंमायायोगात् वस्तुतोऽकर्त्तारं अतएवाव्ययंअविकारिणं १३ ननुकर्त्तुरपिकथमकर्तृत्वमतआह नमामिति । कर्मलेपोऽपिकुतोनास्तीत्यतआह नमेइति । यःकर्तृत्वाभिमानीसलिप्यतेयस्तुफलेच्छुःसएवात्मनःकर्तृत्वंमनुतइतिफलेच्छाभावादकर्त्ताअकर्तृत्वाच्चनलिप्यतेऽयंइतिमांयोऽभिजानातिसकर्मफलस्पृहात्यागात्कर्मभिर्नबध्यते १४ एतदेवशिष्टाचारप्रदर्शनपूर्वकंग्राहयति एवंज्ञात्वेति । पूर्वतरंवेदोक्तत्वात् नत्वधुनाकेनचि

कांक्षन्तःकर्मणांसिद्धिंयजन्तइहदेवताः ॥ क्षिप्रंहिमानुषेलोकेसिद्धिर्भवतिकर्मजा १२ चातुर्वर्ण्यंमयासृष्टंगुणकर्मविभागशः॥ तस्यकर्त्तारमपिमांविद्ध्यकर्त्तारमव्ययम् १३ नमांकर्माणिलिम्पन्तिनमेकर्मफलेस्पृहा ॥ इतिमांयोऽभिजानातिकर्मभिर्नसबध्यते १४ एवंज्ञात्वाकृतंकर्मपूर्वैरपिमुमुक्षुभिः ॥ कुरुकर्मैवतस्मात्त्वंपूर्वैःपूर्वतरंकृतम् १५ किंकर्मकिमकर्मेतिकवयोऽप्यत्रमोहिताः ॥ तत्तेकर्मप्रवक्ष्यामियज्ज्ञात्वामोक्ष्यसेऽशुभात् १६ कर्मणोह्यपिबोद्धव्यंबोद्धव्यंचविकर्मणः ॥ अकर्मणश्चबोद्धव्यंगहनाकर्मणोगतिः १७ कर्मण्यकर्मयःपश्येदकर्मणिचकर्मयः ॥ सबुद्धिमान्मनुष्येषुसयुक्तःकृत्स्नकर्मकृत् १८

त्कल्पितमित्यर्थः पूर्वतरंप्रथमतरंकृतंअत्यावश्यकत्वादितिवार्थः १५ आवश्यकत्वेऽपिनकर्मणोगतानुगतिकतयाऽनुष्ठानंकर्त्तव्यंकिंतुज्ञात्वाकर्माणिकुर्वीतेतिवचनात्कर्माश्रितंकिंचिद्विशेषंज्ञापयितुमुपोद्घातयति किंकर्मेति । यतः कर्माकर्मणीकवीनामपिदुर्निरूपेतत्तस्मात्तेतुभ्यंकर्मअकर्मचाकारप्रश्लेषेणग्राह्यं तेउभेप्रवक्ष्यामियत्द्वयंज्ञात्वाऽशुभात्संसारात्मोक्ष्यसे १६ एतज्ज्ञानमावश्यकमित्याह कर्मणइति । तत्त्वंबोद्धव्यमस्तीतिस्थलत्रयेऽपितत्वमस्तीतिपदद्वयाध्याहारः कर्मणःशास्त्रविहितस्य विकर्मणःप्रतिषिद्धस्य अकर्मणस्तूष्णींभावस्य गहनाकर्मणइत्यत्रकर्मणइतित्रितयोपलक्षणं कर्मविकर्माकर्मणांगतिर्याथात्म्यंतत्त्वंगहनं १७ यत्कर्मादेस्तत्त्वंवक्ष्यामीतिप्रतिज्ञातंतदाह कर्मणीति । कर्मणिकर्माकर्मविकर्मात्मकेदेहेंद्रियादिव्यापारेअविद्ययाप्रत्यगात्मनिआरोपितेसतितत्रअकर्मकर्माभावंनौस्थेनतीरस्तरौचलनेआरोपितेसतितत्त्वबुद्ध्यातत्रचलनाभावमिवयःपश्येत् । तथाचलंगुणवृत्तमितिन्यायेनत्रिगुणात्मकेषुदेहेंद्रियादिषुनित्यकर्मवत्सुयश्चंद्रतारकादौगत्यभावमिवतूष्णींभूतोऽहमास्मिनकिंचित्करोमीत्यध्यस्तेअकर्मणिकर्माभावेकर्मतन्निग्रहाख्यप्रयत्नरूपंयःपश्यतिसमनुष्येषुबुद्धिमान्तत्त्वदर्शी । आत्मनिभ्रांतिजनितव्यापारस्यअनात्मनिचतादृशनिर्व्यापारत्वस्यबाधात्सएवचयुक्तोयोगीकृत्स्नकर्मकृच्चकर्मयोगफलस्यतत्त्वज्ञानस्यप्राप्तत्वादितिस्तुतिमात्रं । आत्मनोऽकर्तृत्वंसंघातस्यैवकर्तृत्वमितिभावयताकर्माणिकर्त्तव्यानीत्यर्थः । यद्यप्येतद्बहुधाप्रपंचितंअव्यक्तोऽयमित्यादौतथापितत्त्वस्यदुर्ज्ञेयत्वात्पुनःपुनरुच्यतइतिप्रांचः । यत्तुकर्मणिनित्येपरमेश्वरार्थेऽनुष्ठीयमानेबंधहेतुत्वाभावादकर्मेदमितियःपश्येत्तथाऽकर्मणिनित्यकर्माकरणेप्रत्यवायहेतुत्वेनकर्मेदमितिचयःपश्येत्सबुद्धिमानितितदसंगतमेव । नित्यकर्मणि

अकर्मैतदमितिज्ञानस्याशुभमोक्षहेतुत्वाभावान्मिथ्याज्ञानत्वेनतस्यैवाशुभत्वाच्च नचैतादृशंमिथ्याज्ञानंबोद्धव्यंतत्त्वंनाप्येतादृशज्ञानेबुद्धिमत्त्वादिस्तुत्युपपत्तिरितिदिक् । येतुकर्मणिज्ञानकर्मणिदृश्येजडेसद्रूपेणस्फुर
णरूपेणवाऽनुस्यूतंसर्वभ्रमाधिष्ठानंअकर्मअवेद्यंस्वप्रकाशचैतन्यंपरमार्थदृष्ट्यायःपश्येत् तथाअकर्मणिस्वप्रकाशेदृग्वस्तुनिकल्पितंकर्मदृश्यंमायामयंनपरमार्थसदितियःपश्यतिसबुद्धिमानितिपरमार्थदर्शित्वाद्वास्तवैरे
वगुणैःस्तूयतइत्यपिव्याचख्युः तदप्यसंगतमेव कर्मकुरुकर्मप्रवक्ष्यामीत्यनुष्ठेयकर्मप्रस्तावेतत्त्वज्ञानानवसरात् नापिकर्तुरीप्सिततमंकर्मेतिपारिभाषिक्याकर्मसंज्ञयादृश्यस्यकर्मशब्दार्थत्वंग्रहीतुंशक्यं तस्याघु
टिभादिसंज्ञानामिवागमार्थनिर्णयानर्हत्वादितिसंक्षेपः । वस्तुतस्तु कर्मणोहीतिश्लोकेकर्मविकर्माकर्मणांगतिशब्दितंपर्यवसानंगहनत्वाद्बोद्धव्यमित्युपक्षिप्तंतद्व्याख्यानंकर्मण्यकर्मयःपश्येत्समनुष्येषुबुद्धिमानिति
तथाहि कर्मणिकर्माकर्मविकर्मरूपेअकर्मतद्वैपरीत्यंशास्त्रतोदृश्यते यथाक्रतुःकर्मणिश्रद्धाहीनस्यकृतोऽप्यकृतएवभवतीत्यकर्मणिपर्यवस्यति । दांभिकस्यतुविकर्मणिपर्यवस्यति यथोक्तं'अश्रद्धयाहुतंदत्तं
तपस्तप्तंकृतंचयत् । असदित्युच्यतेपार्थनचतत्प्रेत्यनोइह' इति 'चत्वारिकर्माण्यभयंकराणिभयंप्रयच्छंत्ययथाकृतानि ॥ मानाग्निहोत्रमुतमानमौनंमानेनाधीतमुतमानयज्ञः'इतिच । एवमौदासीन्यमकर्मापिशक्त
स्यार्त्तपरित्राणाभावाद्विकर्मणिपर्यवस्यति । दीक्षितस्यभगवद्ध्यानाद्यासक्तस्यवास्वकालेपंचयज्ञाद्यकरणंदीक्षितोनददातीत्यादिवचनात्सर्वधर्मान्परित्यज्येत्यादिवचनाच्चकर्मण्येवपर्यवस्यति । नित्यकर्मकालेप्रत्य
वायहेतोरन्यस्याविहितस्याकरणात् । एवंविकर्मापिहिंसा'अग्नीषोमीयंपशुमालभेत'इतिवचनाद्यज्ञेकर्मैवभवति । सैवव्यथानष्टेपशौनकर्म विध्यर्थानिष्पत्तेः । नापिविकर्म कामकारेणाकृतत्वात् किंतुपरिशेषात्कृता
ऽप्यकृतैवेत्यकर्मणिपर्यवस्यति । एवंस्तेनप्रमोचनंतत्सयूथ्यानांकर्मापिराज्ञोविकर्म । स्तेनःप्रमुक्तोराजनिपापंमार्ष्टीतिवचनात् तदेवयतीनामुपेक्षणीयत्वादकर्म । एवंहिंसाफलकेसत्यादौदानफलकेअनृता
दौचविकर्मत्वकर्मत्वेबोध्ये । तस्मात्कर्माकर्मविकर्माख्येकर्मणिअकर्मतद्वैपरीत्यंयःपश्येत्सकार्याकार्यविभागज्ञोबोद्धव्यानामेषांप्रबोधात्बुद्धिमानित्युच्यते । तथाकिंकर्मेतिश्लोकेयत्रकवीनामपिमोहोस्तिययो
श्चज्ञानमशुभमोक्षहेतुस्तेकर्माकर्मणीप्रवक्ष्यामीत्युपक्षिप्तंतद्व्याख्यानमकर्मणिचकर्मयःपश्येत्सयुक्तइति । चकारोदर्शनद्वयसमुच्चयार्थः तेनयोबुद्धिमान्युक्तश्चसएवकृत्स्नकर्मकृत्नत्वेकैकइत्यपिज्ञेयम् तथाहि ।
अकर्मणिस्पंदशून्येकूटस्थेवस्तुनिकर्मसस्पंदंवाह्यंवियदादिआभ्यंतरंप्रमात्रादिकंचाधाराधेयभावेनवाउपादानोपादेयभावेनवाअधिष्ठानाध्यस्तभावेनवापश्यंतःशास्त्रविदःकर्माणिकुर्वन्ति । तत्राद्यःसांख्यःअसंगे
मयिसंघातधर्मएवसन्कर्त्रादिरविवेकात्स्फटिकेलौहित्यमिवभातीतिमन्यते द्वितीयस्तुकनककुंडलवत्ब्रह्मोद्भवंसर्वंब्रह्मैवेतिकर्मतत्साधनादिकंअहंचब्रह्मैवेतिभावयन्करोति । एतौयुक्तावप्यतिबुद्धिमानप्ययुक्तः
करोतितस्यसर्वंअसदेवभवतिनस्वशुभमोक्षाय । 'योवाएतदक्षरंगार्ग्यविदित्वाऽस्मिन्लोकेयजतिददातितपस्तप्यतेऽपिबहूनिवर्षसहस्राण्यंतवदेवास्यतद्भवति'इतिश्रुतेः । यस्तुयुक्तोऽपिनिर्बुद्धित्वादकार्यमपि
करोतिसप्रत्यवेति पापाश्लेषनिमित्तस्यापरोक्षज्ञानस्याभावात् । अनयोश्चाविद्याविद्याशब्दितयोःकर्मपरोक्षज्ञानयोःसमुच्चयःश्रूयतेविद्यांचाविद्यांचेतिमंत्रे यद्वा । द्विविधंकर्मणिकर्मदर्शनंपरोक्षमपरोक्षंच ।
तत्राद्यवानज्ञानकर्मसमुच्चयानुष्ठाताबुद्धिमानुच्यते । अपरोक्षमपिद्विविधं उपास्यसाक्षात्काररूपंतत्त्वसाक्षात्काररूपंच । तत्राद्यमपिव्याकृताव्याकृतरूपोपास्यभेदेनद्विविधम् । तत्रापिव्याकृतंसूत्रंकार्यम्
तद्दर्शीविगतदेहाहंकारत्वात्योगशास्त्रेविदेहउच्यते । अव्याकृतंकारणंतद्दर्शीप्रकृतिलयउच्यते अनयोरुपासनयोःसंभवासंभवसंज्ञयोःसमुच्चयोविधीयते । अन्यदेवाहुःसंभवादित्यादिना सोयंयुक्तइत्यु
च्यते अस्याप्यग्रेकर्त्तव्यमवशिष्टमस्तीतिनायमपिकृत्स्नकर्मकृत् । किंतुयस्यकर्मबाधेनाकर्मदर्शनंमुख्यमस्तिसएवकृतकृत्यत्वान्मुख्यःकृत्स्नकर्मकृदिति एतेष्वाद्योमनुष्येषुदेहाभिमानिष्वेवबुद्धिमानित्यक्रान्त
दर्शित्वादकविरेव । मध्यमौक्रान्तदर्शिनावपितत्त्वविषयेमूढत्वात्कवयोप्यत्रमोहिताइत्युक्तौ । एतयोर्व्यवधानेनाशुभान्मुक्तिः । उत्तमस्तुजीवन्नेवाशुभान्मुक्तइतिश्लोकार्थःप्रतिभाति । 'व्याख्यातु
र्पमेनास्तिभाष्यकारेणतुल्यता ॥ गुहावद्योतिनोऽप्यस्तिकिंदीपस्यार्कतुल्यता' । यद्वा कर्माकर्मणीवक्तव्यत्वेनबोद्धव्यत्वेनचोपक्षिप्याऽत्रतयोर्लक्षणप्रदर्शनमुचितम् अतोयदकर्मणाविशेषितंतदेवकर्मनान्य
दितिकर्मलक्षणम् । यच्चकर्मणाविशेपितंतदेवाकर्मेत्यकर्मलक्षणमितिव्याख्येयम् । अक्षरार्थस्तु कर्मयज्ञादिकंससाधनं तत्राकर्मस्पंदशून्यंकूटस्थंब्रह्मयःपश्येत् कर्मतदंगेषुब्रह्मदृष्टिमध्यस्येत् । 'अहंक्रतुरहंयज्ञः
स्वधाऽहमहमौषधम् ॥ मन्त्रोऽहमहमेवाज्यमहमग्निरहंहुतम्'इत्युक्तप्रकारेण । अन्यथायत्कृतंतद्वृथाचेष्टारूपमेवातोगहनाकर्मणोगतिः । किंतदकर्मयत्कर्मण्यध्यस्यतइत्याकांक्षायांयत्रैतत्कर्मपुण्यपापात्मकंदृश्यते ।
पुण्योवैपुण्येनकर्मणाभवतिपापःपापेनेतितत्फलंचसुखदुःखादिकम् अहंसुखीअहंदुःखीतिसप्रत्ययश्चेतनोऽकर्म तत्रैवेदंकर्म अस्पंदेस्पंदात्मकमसर्पेसर्पइवाध्यस्तमितियःपश्येदिति अयंभावः यथारज्ज्वामध्यस्तंसर्पप
श्यन्नायंसर्पोरज्जुरियमितिवाक्यात्तस्यरज्जुत्वेविक्षेपप्राबल्यादप्रतिपद्यमानोनरःसर्पमिमंरज्जुदृष्ट्योपास्वेतिनियोज्यते । सचोपासनादार्ढ्येसर्पविस्मृत्यरज्जुतत्त्वमेवविंदति । यस्तुवाक्यादेवरज्जुतत्त्वंविंदतिनतस्य

प्रत्ययावृत्तिलक्षणया उपास्त्याप्रयोजनमस्ति । एवमकर्मण्यध्यस्तंकर्त्रादितत्त्वमसीतिवाक्याद्बाधित्वाऽकर्मप्रतिपत्तिर्भवतिशुद्धसत्त्वस्य । अन्यस्यतुकर्त्रादीनेवाकर्मदृष्ट्याउपासीनस्यभावनादार्ढ्यात्कर्त्रादिरूपति रोधानेनाकर्मतत्त्वप्रतिपत्तिरिति । यद्वा कर्मणीवअकर्मण्यपिविकर्मर्माहितेअकर्मदृष्टिर्माभूदित्याशंक्याह कर्मणीति । विहिताकरणेप्रतिषिद्धाचरणेचकर्मदृष्टिरेवभवेत् अकर्मतोबिभ्यत्कर्मब्रह्मदृष्ट्याकुर्यान्नत्वकर्मापि तादृशदृष्ट्याकुर्यादित्यर्थः १८ अविदुषांकर्मण्यकर्मभावनांद्रढयितुंविदुषांकर्मदर्शनंस्तौति यस्यसर्वेसमारंभाइत्यादिभिःषड्भिः।यस्यविदुषःसर्वेसमारभ्यंतइतिसमारंभाः कर्माणि कामेनफलेच्छयासंकल्पेनअहमिदंकरो मीत्यभिमानेनचवर्जिताःतंज्ञानाग्निनाकर्मादावकर्मादिदर्शनेनदग्धानिअंकुरीभावाच्च्यावितानिकर्माणिशुभाशुभानियेनतंपंडितंबुधाआहुः १९ ननुप्रायश्चित्तेनेवज्ञानाग्निनापूर्वकर्मदाहेपिक्रियमाणंतत्फलायभवेदित्य तआह । त्यक्त्वेति । आत्मलाभेर्ननित्यतृप्तत्वात्फलासंगंत्यक्त्वानिराश्रयत्वात् अहंकाराद्याश्रयेणहिकर्मक्रियते निराश्रयोनिरहंकारोयस्मात्ततःकर्मसंगंअहंकरोमीत्यभिमानंचत्यक्त्वाकर्मणिलौकिकेवैदिकेवा अभि तःसर्वांगोपसंहारेणप्रवृत्तोऽपिसनैवकिंचित्करोति अतोऽस्यक्रियमाणमपिकर्मनफलायप्रभवतीत्यर्थः २० नन्वेतस्माद्गौणात्कर्मकरणादकरणंमुख्यमेवतद्वरमित्याशंक्यगृहस्थस्यतत्प्रत्यवायावहमितिव्यतिरेकमुखेनाह निराशीरिति । योनिष्परिग्रहःस्त्र्यादिपरिग्रहरहितःसंन्यासीसचेन्निराशीर्योगैश्वर्यमप्यनिच्छन् यतंचित्तंबुद्धिःआत्माचदेहेंद्रियसंघातोयेनसयतचित्तात्मा समाधिकालेनिरुद्धबाह्याभ्यंतरवृत्तिरित्यर्थः । सव्युत्थानका लेशारीरंशरीरस्थितिमात्रप्रयोजनंभिक्षाटनादितदपिकेवलंकर्तृत्वाभिमानशून्यंपराध्यारोपितकर्तृत्वेनकुर्वन्नपिकिल्बिषंयावज्जीवमग्निहोत्रंजुहुयादितियावज्जीवाधिकारचोदिताग्निहोत्राद्यकरणजंप्रत्यवायंनाप्नोति विधितस्तेषांत्यागात् यस्तुसपरिग्रहःसनिराशीरपियतचित्तात्माऽपिकेवलमपिशारीरंकर्मकुर्वन्विहिताकरणात्किल्बिषंप्राप्नोत्येवेत्यर्थः २१ ननुसपरिग्रहःकुटुंबभरणव्यग्रतयाकथंवित्तव्ययायाससाध्यान्यग्निहो त्रादीन्यनुतिष्ठेदित्याशंक्याह यदृच्छेति । यदृच्छयाअप्रार्थितोपनतोलाभोयदृच्छालाभस्तेनसंतुष्टः तथाहि । ऋतामृताभ्यांजीवनंब्राह्मणस्यत्रिधायव्याख्यातं ‘ ऋतमुंछशिलंप्रोक्तममृतंस्यादयाचितं ’ इति ।

यस्यसर्वेसमारंभाःकामसंकल्पवर्जिताः ॥ ज्ञानाग्निदग्धकर्माणंतमाहुःपंडितंबुधाः १९ त्यक्त्वाकर्मफलासंगंनित्यतृप्तोनिराश्रयः ॥ कर्मण्यभिप्रवृत्तोऽ पिनैवकिंचित्करोतिसः २० निराशीर्यतचित्तात्मात्यक्तसर्वपरिग्रहः ॥ शारीरंकेवलंकर्मकुर्वन्नाप्नोतिकिल्बिषम् २१ यदृच्छालाभसंतुष्टोद्वन्द्वातीतोविम त्सरः ॥ समःसिद्धावसिद्धौचकृत्वाऽपिननिबध्यते २२ गतसंगस्यमुक्तस्यज्ञानावस्थितचेतसः ॥ यज्ञायाचरतःकर्मसमग्रंप्रविलीयते २३

द्वंद्वातीतःबहुलाभेऽलाभेवासुखदुःखाद्यतीतः विमत्सरःपरस्यलाभंदृष्ट्वासंतापहीनः समःयदृच्छालाभेनैवेष्टिपशुचातुर्मास्यादेर्नित्यकर्मणःसिद्धौअसिद्धौवासमोनिर्विकारएवंभूतइष्ट्यादीनिकृत्वाऽपितत्फ लेनस्वर्गादिनाननिबध्यते । अपिशब्दात्तज्जेनप्रत्यवायेनननिबध्यते बंधहेतोःकर्मणस्तत्त्वज्ञानेनैवदाहात् तथाचस्मृतिः । ‘ न्यायागतधनस्तत्त्वज्ञाननिष्ठोऽतिथिप्रियः ॥ श्राद्धकृत्सत्यवादीचगृहस्थो ऽपिविमुच्यते ’ इति । भाष्येत्वयंश्लोकःसंन्यासिपरत्वेनैवव्याख्यातः २२ त्यक्त्वाकर्मफलासंगमित्यादिनाश्लोकत्रयेणविद्वान्कर्माणिकुर्वन्नपिनकरोतिअतोनलिप्यतेलेपाभावाच्चनबध्यतइत्युक्तं तर्कि कर्मणांफलदानशक्तिप्रतिबंधोवाज्ञानेनक्रियतेउतनिरन्वयोच्छेदएवेत्याशंक्याद्येमुक्तस्यापिपुनःसंसारप्रसक्तिंपश्यन्द्वितीयमभ्युपगच्छति गतसंगस्येति । यतोविद्वान्गतसंगःकर्तृत्वाभिमानशून्योऽतोनकरोती त्युक्तं । यतोमुक्तःफलकामनामुक्तःअतोनलिप्यतइत्युक्तं यतोयज्ञायैवयज्ञेश्वरप्रीत्यर्थमेवाचरतिनफलांतरार्थं प्राप्याभावात् अतस्तामेवोत्पाद्यकृतार्थैःकर्मभिर्नबध्यतइत्युक्तं । यतोऽयंज्ञानेसम्यग्दर्शनेऽ वस्थितचेताःप्रतिष्ठितप्रज्ञः अतईश्वरप्रीतिफलस्यज्ञाननिष्ठाप्राप्तिरूपस्यापिप्रागेवलाभात् अस्यगतसंगस्यमुक्तस्ययज्ञायकर्माचरतोज्ञानावस्थितस्यसर्वकर्मक्रियमाणादिकंसर्वप्रकारेणनिष्प्रयोजनंसत्समग्रंअग्रेण फलेनवामनयावासहसमग्रं प्रकर्षेणनिरन्वयंविलीयतेनश्यत्यतोनकदाचिदपिप्रादुर्भवति । अयंचक्रियमाणकर्मप्रलयोविद्वद्दृष्ट्यैव स्वाभाविकस्यतेषांफलजननसामर्थ्यस्यवह्न्यौष्ण्यवदप्रत्याख्येयत्वात् । अत एवज्ञानेनपूर्वकर्मणांदाहउत्तरेषामश्लेषश्चश्रूयतेनतूत्तरेपामपिदाहः । तद्यथैषीकतूलमग्नौप्रोतंप्रदूयेतैवंहास्यसर्वेपाप्मानःप्रदूयंतेइति । तंविदित्वानकर्मणालिप्यतेपापकेनेतिच । तस्यपुत्रादायमुपयंतिसुहृ दःसाधुकृत्यांद्विषन्तःपापकृत्यामिति । विदुषोधनस्येवकर्मणामप्यन्यत्रगमनदर्शनान्नतेषांवस्तुवृत्त्याप्रलयोऽस्तीतिध्येयम् २३ ॥ ॥

कुतोविदुषांकर्माणिप्रविलीयंतइत्याशंक्याह ब्रह्मार्पणमिति । यतस्तेविद्वांसःसविकल्पसमाधौसर्वंजगत्प्रत्यक्चितिशक्तिनिर्मितंपश्यंति तथाचश्रुतिः किंकारणमित्युपक्रम्यकालःस्वभावइतिकालादीनिलोके कदृष्ट्याऽनेकानिकारणान्युपक्षिप्यकारणंनिर्णीय'तेध्यानयोगानुगताअपश्यन्देवात्मशक्तिंस्वगुणैर्निगूढाम्'इतिसमाधिनादर्शयति । तथाचसमाधिनासर्वस्यब्रह्मणिकल्पितत्वंपश्यतांतेषांयदर्पणंअर्पणसाधनंयं त्रजुह्वादितत्ब्रह्मैव । एवशब्दःसर्वत्रानुपंजनीयः यदर्पणीयंहविस्तदपिब्रह्मैव । यत्हुतंहवनक्रियाहुतंतर्पितंदेवब्राह्मणादिवातदपिब्रह्मैव । यत् अग्नौहुतंतदपिब्रह्मण्येवहुतं अत्रब्रह्मणीतिपदमध्याहर्तव्यं । यत्यजमानेनहुतंतद्ब्रह्मणैवहुतं । यत्तेनकर्मणागंतव्यंप्राप्तव्यंफलंतदपिब्रह्मैव किंबहुना यत्किंचित्तस्यकर्मशयनासनादिकंतत्सर्वंब्रह्मैव । तत्रकारणंसमाधिनासमाधिजेनात्मसाक्षात्कारेण । यतः सर्वमस्यब्रह्मात्मकंब्रह्मचप्रत्यगनन्यत्अतःप्रदेयस्यफलस्याभावात्कर्माणिप्रविलीयंतेदाह्याभावाद्दहनइवेतिभावः । यत्तुकर्मणितदंगेषुचनामादिष्विवब्रह्मदृष्टिरत्रविधीयतइतिव्याख्यानंतत्उपक्रमादिविरोधात् ब्रह्मविद्यायाःप्रकृतत्वाच्चासंगतमितिभाष्येएवनिरस्तं । याहिब्रह्मविदांकर्मांगेषुतात्त्विकीब्रह्मदृष्टिःकीर्तितासास्थितप्रज्ञलक्षणवद्ब्रह्मविदामनुष्ठानायैवफलतोभवतीतिनतत्रतस्यास्तात्पर्यंवर्णनीयमितिदिक् २४ एवंसम्यग्दर्शनस्ययज्ञत्वंसंपाद्यतत्स्तुत्यर्थंयज्ञांतराण्युपक्षिपति दैवमेवेत्यादिना । दैवंदेवताप्रधानमेवदर्शपूर्णमासादियज्ञंनान्येएकेयोगिनःकर्मयोगिनःपर्युपासतेअपरेतुब्रह्मैवसत्यज्ञानानंतानंदात्मकमखंडेकरसंवस्तुतदेवअग्नितंसत्सर्वकर्मदग्धृत्वादग्निरिवाग्निर्ब्रह्माग्निस्तत्र यज्ञंजीवं यज्ञशब्दस्यात्मनामसुपाठात् सोपाधियज्ञेनैवआत्मनैवनिरुपाधिकेनरूपेणजुह्वतिघटाकाशमिवमहाकाशेउपाधिप्रहाणेनप्रविलापयंतिसोऽयंज्ञानयज्ञोमुख्यः २५ यज्ञांतरमाह श्रोत्रादीनीति । तत्रकंचित्बाह्यमाभ्यंतरंवाविशेषमुपादायतत्रचेतसोनियमनंक्रियते । तेचसंयमाः अनेकविषयत्वादनेकेपृथक्फलाश्च तथाचयोगसूत्रकृता

ब्रह्मार्पणंब्रह्महविर्ब्रह्माग्नौब्रह्मणाहुतम् ॥ ब्रह्मैवतेनगंतव्यंब्रह्मकर्मसमाधिना २४ दैवमेवापरेयज्ञंयोगिनःपर्युपासते ॥ ब्रह्माग्नावपरेयज्ञंयज्ञेनैवोपजुह्वति
२५ श्रोत्रादीनीन्द्रियाण्यन्येसंयमाग्निषुजुह्वति ॥ शब्दादीन्विषयानन्येइन्द्रियाग्निषुजुह्वति २६ सर्वाणींद्रियकर्माणिप्राणकर्माणिचापरे ॥ आत्म
संयमयोगाग्नौजुह्वतिज्ञानदीपिते २७ द्रव्ययज्ञास्तपोयज्ञायोगयज्ञास्तथाऽपरे ॥ स्वाध्यायज्ञानयज्ञाश्चयतयःसंशितव्रताः २८ ॥ ॥

प्रोक्तं । 'भुवनज्ञानंसूर्येसंयमात्चंद्रेताराव्यूहज्ञानंकंठकूपेक्षुत्पिपासानिवृत्तिः'इत्यादि । तएवाग्नयइंद्रियेन्धनसंहारहेतुत्वात्तेषुसंयमाग्निषुश्रोत्रादीनिजुह्वतिप्रक्षिपंति । तत्रश्रोत्रंअनाहतेध्वनौसंनियम्यहं सोपनिषदुक्तरीत्याघंटानादादीन्दशनादाननुभवंति । नहितत्रसन्नियतेचेतसिशब्दांतरग्रहणंतदाभवति सोऽयंश्रोत्रस्यसंयमाग्नौहोमोबोध्यः । एवमन्यत्रापितद्द्वाराचनिष्कलंतत्त्वंप्रतिपद्यंते । तथाऽन्येविषयेभ्यःप्रत्याहृतकरणाःधारणाध्यानसमाध्यात्मकंमनसःसंयमंएकत्रमूलाधाराद्यन्यतमचक्रेकर्तुमशक्ताः समनस्केंन्द्रियेषुविषयवियोगाद्दग्धेन्धनानलवत्स्वयंविलीनेषुयेषांसमाधिबुद्धिस्तैरिंद्रियेषुविषयाएवोपसंहृतानत्विंद्रियादीनिमनआदिषुपूर्वोक्तरीत्याउपसंहृतानि तानेतानिंद्रियचिंतकान्प्रकृत्योक्तंवायवीये । 'दशमन्वंतराणीहतिष्ठंतींद्रियचिंतकाः'इति २६ इतोविशिष्टंयोगांतरमाह सर्वाणीति । इंद्रियाणांकर्माणिशब्दादिग्रहणानि । प्राणकर्माणिआकुंचनप्रसारणश्वासप्रश्वासादीनि । अपरेयोगिनःआत्मनिबुद्धौसंयमःसएवयोगोग्निश्चतस्मिन् ज्ञानेनदेहेन्द्रियप्राणमनोव्यतिरिक्तात्मज्ञानेनदीपितेप्रकाशितेजुह्वतिप्रविलापयंति । इंद्रिययोगिनांहिसुप्ताविवप्राणोनुपसंहृतएवास्तेतत्सहचरस्यमनसोऽनुपसंहारात् । बुद्धियोगिनांतुमनसोऽप्युपसंहारात्तदायत्तस्यप्राणस्याप्युपसंहारोभवतीतिविशेषः । एतेषामपिबुद्धौबोद्धव्याभावात्पूर्ववल्लीनायांसमाधिबुद्धिरस्तिनत्वेतैर्बुद्धेरन्यत्वेनआत्माज्ञातोनापितस्मिन्बुद्धिरुपसंहृता अतएवैतान्प्रकृत्योक्तंवायवीये । 'बौद्धादशसहस्राणितिष्ठंतिविगतज्वराः' इति बौद्धाबुद्धौलीनाः दशसहस्राणिमन्वंतराणीत्यनुषंगात् २७ एवंयज्ञपंचकंश्लोकत्रयेणोक्तं अथैकेनैवश्लोकेनपंचयज्ञानाह द्रव्येति । द्रव्यसाध्याःवापीकूपारामाःतीर्थेबहिर्वेदिकादानंश्रौतयज्ञानांमागे

वग्रहणाव तएवयज्ञायेषांतेद्रव्ययज्ञाः । तथातपःकृच्छ्रचांद्रायणमासोपवासादितदेवयज्ञस्थानीयंयेषांतेतपोयज्ञाः । तथायोगयज्ञाःसंगफलत्यागपूर्वकंसंध्योपासनादिनिर्विकल्पसमाध्यंतानांकर्मणाम नुष्ठानंतृतीयाध्यायोक्तंयोगः सएवयज्ञोयेषांतेयोगयज्ञाः। यद्वा यमनियमासनप्राणायामप्रत्याहारधारणाध्यानसमाधिरूपोऽष्टांगोपेतोयोगश्चित्तवृत्तिनिरोधइतिसूत्रितोयोगएवयज्ञोयेषांतइति । तथास्वा ध्याययज्ञाः नित्यंवेदाध्ययनरतास्तेस्वाध्याययज्ञाः। ज्ञानंस्वाध्यायार्थस्यपूर्वोत्तरमीमांसाविचारःसएवयज्ञोयेषां स्वाध्याययज्ञाज्ञानयज्ञाश्चेतिस्वाध्यायज्ञानयज्ञाइतिसमासः । यतयोयतनशीलाः संशि तव्रताःसम्यक्शितंतीक्ष्णंव्रतंअहिंसादिकंयेषांतेइतिसर्वेषांविशेषणं २८ एकादशंयज्ञमाह अपानेइति। अपरेअपानेअपानवृत्तौजुह्वतिप्रक्षिपंतिप्राणंप्राणवृत्तिं पूरकाख्यंप्राणायामंकुर्वतीत्यर्थः । तथा प्राणेचअपानंप्रक्षिपंतिरेचकाख्यंप्राणायामंकुर्वतीत्यर्थः प्राणापानगतीरुद्ध्वा मुखनासिकाभ्यांवायोर्निर्गमनंप्राणस्यगतिः तद्विपर्ययेणाधोगमनमपानस्यगतिः तेप्राणापानगतीएतेनिरुध्य प्राणाया मपरायणाः प्राणायामतत्पराः कुंभकाख्यंप्राणायामंकुर्वतीत्यर्थः २९ द्वादशंयज्ञमाह अपरेइति। नियतोनिगृहीतआहारोविषयभोगोयैस्तेनियताहारावैराग्यादिमंतः प्राणान् अत्रसमनस्कानीं द्रियाणिप्राणशब्देनगृह्यंते तान्प्राणेषुमनश्चित्ताहंकारेष्वंतःकरणवृत्तिभेदेषुबुद्धेःप्राग्गृहीतत्वादग्रहणं जुह्वतिप्रविलापयंति । इंद्रियाणिसंकल्पात्मकेमनसिसंहृत्यमनोऽपिस्मरणात्मकेचित्तेसंहृत्यतदपिअ हंकारेसंहरंति सचाभिमानरूपोऽहंकारोऽभिमंतव्याभावात्स्वयमेवदग्धेन्धनानलवद्विलीयते । तत्रयेषांसमाधिबुद्धिरस्तितेआभिमानिकाबुद्धियोगिभ्यःपूर्वोक्तेभ्योनिकृष्टाः अतएवएतान्प्रकृत्योक्तंवाय

अपानेजुह्वतिप्राणंप्राणेऽपानंतथाऽपरे ॥ प्राणापानगतीरुद्ध्वाप्राणायामपरायणाः २९ अपरेनियताहाराःप्राणान्प्राणेषुजुह्वति ॥ सर्वेऽप्येतेयज्ञविदोयज्ञ क्षपितकल्मषाः ३० यज्ञशिष्टामृतभुजोयांतिब्रह्मसनातनम् ॥ नायंलोकोऽस्त्ययज्ञस्यकुतोऽन्यःकुरुसत्तम ३१ एवंबहुविधायज्ञाविततात्रह्मणोमुखे ॥ कर्मजान्विद्धितान्सर्वानेवंज्ञात्वाविमोक्ष्यसे ३२ श्रेयान्द्रव्यमयाद्यज्ञाज्ज्ञानयज्ञःपरंतप ॥ सर्वंकर्माखिलंपार्थज्ञानेपरिसमाप्यते ३३ तद्विद्धिप्रणिपा तेनपरिप्रश्नेनसेवया ॥ उपदेक्ष्यंतितेज्ञानंज्ञानिनस्तत्त्वदर्शिनः ३४ यज्ज्ञात्वानपुनर्मोहमेवंयास्यसिपांडव ॥ येनभूतान्यशेषेणद्रक्ष्यस्यात्मन्यथोमयि ३५

वीये 'सहस्रंत्वाभिमानिकाः'इति सहस्रंमन्वंतराणिइत्यनुषंगः । भौतिकस्तुयोगोऽत्रनोक्तःयदनुष्ठातॄन्प्रकृत्यतत्रैवोक्तं । 'भौतिकास्तुशतंपूर्णं'इति अत्रापिशतंमन्वंतराणीत्यनुषंजनीयं । सर्वेऽ प्येतेयज्ञविदोयज्ञलब्धारोयज्ञेनक्षपितंकल्मषंयेषांतेतथाविधाभवंति । सर्वेयज्ञाःकल्मषक्षयायैवभवंतिनपुनःसाक्षान्मोक्षायेत्यर्थः ३० सर्वेषामेतेषांमध्येऽन्यतममप्यनुष्ठातुमशक्तंप्रतिप्राह यज्ञेति।यज्ञाःपंचम हायज्ञाःतेभ्यःशिष्टमवशिष्टमन्नममृताख्यंयेभुंजतेतेऽपिचित्तशुद्धिद्वारासनातनंब्रह्मयांतिप्राप्नुवंति । अयज्ञस्यपूर्वोक्तेषुद्वादशस्वन्यतमोवानित्याःपंचवायस्ययज्ञानसंतिसअयज्ञस्तस्यअयमपिलोकोनास्ति अन्यः परलोकआत्मलोकोवाकुतोभवेन्नकुतश्चिदित्यर्थः ३१ एवमिति। ब्रह्मणोवदस्यमुखेद्वारे वेदद्वारेणैवविततावित्तारिताःगुरुभिरुपदिष्टाइत्यर्थः। कर्मजान्कायिकवाचिकमानसिककर्मजान्नतुनैष्कर्म्यरूपान्। एवंज्ञात्वाअस्मादशुभात्मोक्ष्यसे तत्त्वज्ञानोत्पत्तिद्वारेणेत्यर्थः ३२ यदर्थमेतेयज्ञाउपन्यस्तास्तंज्ञानयज्ञंस्तौति श्रेयानिति। द्रव्यंबाह्यमाभ्यंतरंचदेहेंद्रियादि तत्साध्याद्द्रव्यमयात्यज्ञात् ज्ञानयज्ञःनिः शेषवाङ्मनःकायप्रवृत्त्युपरमात्मकःश्रेयान्प्रशस्ततरः । ईयसुन्प्रत्ययेनतेषामपिप्रशस्ततरत्वंद्योत्यते । तत्रहेतुः सर्वमिति। कर्मकर्मफलंसर्वंअखिलंसर्वांगोपसंहारयुक्तंज्ञानेपरिसमाप्यतेअंतर्भवति। 'यथा कृतायाविजितायाधरेयाः संयंत्येवमेवैनंवसर्वंतदभिसमेति यत्किंचप्रजाःसाधुकुर्वंतियस्तद्वेदयत्सवेद'इति ३३ तद्विद्धीति। ज्ञानिनःग्रंथज्ञाः तत्त्वदर्शिनःअनुभववंतः ज्ञानंब्रह्म स्पष्टार्थःश्लोकः ३४ ॥ ३६ ॥
यज्ज्ञात्वेति । यत्चिन्मात्रस्वरूपंब्रह्मज्ञात्वा एवंइदानीमिवपुनर्मोहंनयास्यसि अथोअपिचयेनज्ञानेन भूतानिब्रह्मादिस्तंबपर्यंतानिआत्मनिमयित्वंपदलक्ष्यार्थादनन्यभूतेपरमेश्वरे द्रक्ष्यसिनान्योऽतोऽस्ति

द्रष्टेतिप्रतीचोऽन्यस्यद्रष्टुर्निषेधात् । भाष्येतुसाक्षादात्मनिमत्स्थानीमानीतिद्रक्ष्यसि । अथोअपिमयिवासुदेवेपरमेश्वरेचात्मनीतिक्षेत्रज्ञेश्वरैकत्वंसर्वोपनिषत्प्रसिद्धंद्रक्ष्यसीत्यर्थइति ३५ अपिचेदिति ।
वृजिनंवृजिनार्णवं धर्मोऽपीहमुमुक्षोःपापमित्युच्यते ३६ यथेति । एधांसिकाष्ठानि कर्माणिप्रारब्धादन्यानि ३७ नहीति । योगेननिष्कामकर्मानुष्ठानेनसमाधियोगेनवासंसिद्धःसंस्कृतोयोग्यतामा
पन्नः कालेनेतिचिरप्रयत्नसाध्यत्वंज्ञानस्योच्यते ३८ श्रद्धावान्ज्ञानंलभते । श्रद्धावानपिमंदप्रयत्नोमाभूदतआह तत्परइति । तत्परोऽप्यजितेंद्रियोमाभूदतआह संयतेंद्रियइति । परांशां
तिंविदेहकैवल्यंअचिरेणप्रारब्धकर्मसमाप्तौसत्यां ३९ अज्ञइति । अज्ञःसुखेनचिकित्सितुंशक्यः । अश्रद्दधानोयत्नेन । संशयात्मात्वसाध्यएव । यतोमित्रादिष्वपिसंशयंकुर्वतोऽस्यायंलोकोऽ
पिनास्तिनापिपरःवेदवाक्येऽपिसंशयात् अतएवसर्वदासंशयाकुलत्वात्सुखमपितस्यनास्तितस्मात्संशयोनकर्त्तव्यः ४० किंच योगेति । योगेनकर्मण्यकर्मदर्शनात्मकेनसंन्यस्तानिफलतः
स्वरूपतोवात्यक्तानिकर्माणियेनतंयोगसंन्यस्तकर्माणंज्ञानेनसम्यक्दर्शनेनसम्यक्छिन्नाःसंशयाःआत्मादेहोऽन्योवाअन्योऽपिविभुरविभुर्वाविभुरपिकर्त्ताऽकर्त्तावाअकर्त्ताप्येकोऽनेकोवाएकोऽपिसगुणोनिर्गुणो
वेत्येवमादयःयस्यसज्ञानसंछिन्नसंशयस्तं आत्मवंतंशमदमादिपरं कर्माणिकृतानिननिबध्नंति हेधनंजय ४१ तस्मादिति । हृत्स्थंबुद्धिस्थं ज्ञानासिनाज्ञानखड्गेन योगंसम्यग्दर्शनोपायं निष्कामकर्म

अपिचेदसिपापेभ्यःसर्वेभ्यःपापकृत्तमः ॥ सर्वंज्ञानप्लवेनैववृजिनंसंतरिष्यसि ३६ यथैधांसिसमिद्धोऽग्निर्भस्मसात्कुरुतेऽर्जुन ॥ ज्ञानाग्निःसर्वकर्माणिभ
स्मसात्कुरुतेतथा ३७ नहिज्ञानेनसदृशंपवित्रमिहविद्यते ॥ तत्स्वयंयोगसंसिद्धःकालेनात्मनिविंदति ३८ श्रद्धावाँल्लभतेज्ञानंतत्परःसंयतेन्द्रियः ॥
ज्ञानंलब्ध्वापरांशांतिमचिरेणाधिगच्छति ३९ अज्ञश्चाश्रद्दधानश्चसंशयात्माविनश्यति ॥ नायंलोकोऽस्तिनपरोनसुखंसंशयात्मनः ४० योगसंन्यस्त
कर्माणंज्ञानसंछिन्नसंशयम् ॥ आत्मवंतंनकर्माणिनिबध्नंतिधनंजय ४१ तस्मादज्ञानसंभूतंहृत्स्थंज्ञानासिनाऽऽत्मनः ॥ छित्वैनंसंशयंयोगमातिष्ठोत्तिष्ठ
भारत ४२ ॥ इतिश्रीम० भी० भ० ब्र० यो०श्रीकृष्णार्जुनसंवादेयज्ञविभागयोगोनामचतुर्थोध्यायः ॥ ४ ॥ पर्वणितुअष्टाविंशोऽध्यायः ॥ २८ ॥
॥ ॥ अर्जुनउवाच ॥ संन्यासंकर्मणांकृष्णपुनर्योगंचशंससि ॥ यच्छ्रेयएतयोरेकंतन्मेब्रूहिसुनिश्चितम् १ ॥ ॥

आतिष्ठकुरु उत्तिष्ठ युद्धायेतिशेषः ४२ ॥ ॥ इतिभीष्मपर्वणिभगवद्गीता०नीलकंठीयेभारतभावदीपेचतुर्थोऽध्यायः ॥ ४ ॥ तृतीयेऽध्यायेलोकेऽस्मिन्द्विविधानिष्ठेतिविभिन्नाधिकारिकं
निष्ठाद्वयंप्रस्तुत्य नकर्मणामनारंभान्नैष्कर्म्यंपुरुषोश्नुतइत्यादिनाकर्मनिष्ठायाज्ञाननिष्ठांगत्वेनभूयसानिर्बंधेनानुष्ठेयत्वमुक्तं । कर्मण्येवाधिकारस्तइत्यादिनाचतुर्थेतूत्पन्नसम्यग्दर्शनैःकृतमपिकर्माकृतमेवभवति
ज्ञानेनकर्तृत्वादिबाधात् अतस्तैर्यथाचेष्टावत्कर्मवाकर्तव्यंसंन्यासोवाकर्त्तव्यइत्यनास्थयाप्रोक्तं । अथेदानींपंचमषष्ठयोरज्ञानिनाज्ञानार्थिनावैराग्योत्पत्तेःप्राक्कर्मैवानुष्ठेयं । संपन्नेतुवैराग्येदृष्टविक्षेपनि
वृत्त्यर्थंकर्मसंन्यासंकृत्वाज्ञानोत्पत्त्यर्थंयोगोऽनुष्ठेयइत्युच्यते । तत्रचतुर्थेत्यक्तसर्वपरिग्रहइतिसंन्यासोयोगमातिष्ठेतिकर्मयोगश्चैकंमांप्रतिविहितः । नचैतयोःस्थितिगतिवद्युगपदेकेनमयाऽनुष्ठानंकर्त्तुंशक्यतेपर
स्परविरुद्धत्वादितिमन्वानोऽर्जुनउवाच । संन्यासमिति । हेकृष्णपापकर्षण मेमह्यंज्ञानार्थिनेसंन्यासंकर्मयोगंचेतिद्वयंपरस्परविरुद्धंकथंशंससिकथयसि पुनरित्यनेनप्रागपित्वयावेदकर्त्राइदंद्वयंविहितमस्तीतिग
म्यते तथाचश्रुतिस्मृतीभवतः । 'एतमेवप्रव्राजिनोलोकमिच्छंतःप्रव्रजंति । संसारमेवंनिःसारंदृष्ट्वासारदिदृक्षया ॥ प्रव्रजंत्यकृतोद्वाहाःपरंवैराग्यमास्थिताः'इतिच । तथा'तमेतंवेदानुवचनेनब्राह्मणा
विविदिषंतियज्ञेनदानेनतपसाऽनाशकेन' इति । 'महायज्ञैश्चयज्ञैश्चब्राह्मीयंक्रियतेतनुः'इतिच ब्राह्मीब्रह्मदर्शनयोग्या अतएतयोःश्रुतिविहितत्वेनप्रशस्तयोर्मध्येएकंश्रेयःप्रशस्ततरंयत्तन्मेसुनिश्चितंब्रूहीतिप्रश्नः १

अस्योत्तरंभगवानुवाच संन्यासइति । निःश्रेयसकरौज्ञानोत्पत्तिहेतुतया । तथापिकर्मसंन्यासादविरक्तकृतात्कर्मयोगएवविशिष्यते चित्तशुद्धिद्वारावैराग्यादिहेतुत्वात् २ ननुप्रत्यक्षःकर्मयोगिनां विक्षेपःसंन्यासिनांतुसनास्तीतिकथमुच्यतेकर्मयोगोविशिष्यतइत्याशंक्याह ज्ञेयइति । योरागद्वेषरहितःसकर्मसुस्वरूपतस्त्यक्तेष्वत्यक्तेषुवानित्यंसंन्यास्येव एतेनसाधनभूतयोःसांख्ययोगयोरागद्वेषराहित्यकृतंसाम्यमुक्तम् । फलभूतयोस्तुसर्वविकल्पराहित्यरूपसाम्यमनंतरश्लोकाभ्यामुच्यते । तथापिचित्तस्वाभाव्यात्कदाचित्संन्यासिनोरागोदयेपाताशंकास्तिनेतरस्येतिसएवश्रेयानितिभावः । यद्यप्येवं तथाऽपिहिप्रसिद्धं निर्द्वंद्वोद्वंद्वंसत्यानृतयोरात्मानात्मनोर्मिथुनंपरस्पराध्यासस्तद्रहितःसांख्योरागाद्युदयेहेतोरज्ञानस्यात्यंतोच्छेदात् सुखंकर्मकरणायासंविनाऽपिबंधात्संसारात्केवलज्ञानेनैवमुच्यतेनकर्माण्यपेक्षते। यद्वा निर्द्वंद्वो'द्वंद्वंवैमिथुनंतस्माद्द्वंद्वान्मिथुनंप्रजायते'इतिश्रुतेर्द्वंद्वंस्त्रीपुंसयोर्मिथुनंतद्रहितःस्त्र्यादित्यागीसंन्यासी अनायासेनमुच्यते रागादिजयस्योभयत्रतुल्यत्वात् अत्रचकुटुंबभरणवैयग्र्याभावात्सुखंमुच्यतइत्यर्थः ३ नन्वेकत्रपाताशंकाएकत्रकर्मश्रमस्तदनयोःपथोःकतरःश्रेयानित्याशंक्यद्वयोरपिफलतःसाम्यमित्याह सांख्ययोगाविति । सांख्यं समित्येकीभावेइतियास्कः एकीभावेनात्मानन्यत्वेनख्यायतेप्रकाश्यतेवस्तुस्वरूपमनयेतिसंख्यास्थूलसूक्ष्मकारणप्रपंचस्यनिर्विकल्पेप्रत्यगात्मनिप्रविलापनेनोदिताचेतोवृत्तिस्तत्साधनभूतोऽयंसांख्यःसंन्यासः । सचदारादिबुद्ध्यंतानांपदार्थानामात्मन्येकीभावेनन्यसनंत्यागःप्रविलापनम् । तथायोगोप्यग्निहोत्रसंध्योपासनादिर्निर्विकल्पसमाध्यंतमनुष्ठानम् । तत्रमुख्यस्ययोगस्यलक्षणंयोगश्चित्तवृत्तिनिरोधइति । वृत्तयश्चप्रमाणविपर्ययविकल्पनिद्रास्मृतयइतिपंच । तत्रप्रत्यक्षानुमानागमाःप्रमाणानि । तेषुप्रत्यक्षमिंद्रियंतज्जावृत्तिःशुक्त्यादिविषयंयाथार्थ्येनज्ञानम् । विपर्ययस्तुतत्रैवरजतादिविषयंभ्रांतिरूपंज्ञानम् संशयोऽपिइयंशुक्तिर्वारजतंवेतिअनिर्धारितान्यतरकोटिकंज्ञानं सविपर्ययएवांतर्भवति । विकल्पस्तुशब्दज्ञानानुपातीवस्तुशून्यः । यथापुरुषस्यचैतन्यंवंध्यापुत्रइति । नहिपुरुषचैतन्यतत्संबंधानांपृथक्त्वमस्तिकिंतुचैतन्यमेवहिशब्दत्रयेणोच्यते । नापिवंध्यासुतस्यस्वरूपमस्त्यथापिशब्देनाभिलप्यतेसोऽयंविकल्पःशब्दज्ञानानुपातीवस्तुशून्यः । एकस्मिन्ननेकबुद्धिरसतिचसद्बुद्धिरिति । निद्रास्मृतीलोकप्रसिद्धे । एतासांनिरोधेऽपिनिर्विकल्पःप्रत्यगात्मैवावशिष्यते । तावेतौफलभूतौसांख्ययोगौ । साधनभूतौतावेवसंन्यासकर्मयोगाख्यौ । तत्रांत्ययोःसाम्यंज्ञेयःसनित्यसंन्यासीत्यनेनसूचितम् । आद्ययोस्त्वैक्यमत्रोच्यते आस्थितःअनुतिष्ठन् फलंनिर्विकल्पात्मनाऽवस्थितिरूपम् ४ योगैर्योगिभिः अर्शआद्यच्प्रत्ययांतोऽयंयोगशब्दः स्थानंमोक्षाख्यं एकमभिन्नं स्पष्टायोजनाश्लोकद्वयस्य ५ नन्वेवंनिर्विकल्पस्थानप्राप्तयेद्वौमार्गावुक्तौस्यातांतच्च'नान्यःपंथाविद्यतेऽयनाय'इतिश्रुतिविरुद्धमित्याशंक्याह संन्यासस्त्विति । संन्यासोनैष्कर्म्यं अयोगतोयोगंविनाअवाप्तुंदुःखं हेमहाबाहो अयमर्थः । निर्विकल्पकसमाधिरपितत्त्वमसीत्येतद्वाक्यार्थप्रतिपत्त्युपायभूतएवनस्वतःपुरुषार्थइतिद्वितीयमार्गस्याभावान्नोदाहृतश्रुतिविरोधः । 'शांतोदांतउपरतस्तितिक्षुःसमाहितोभूत्वाऽऽत्मन्येवात्मानंपश्यति'इतिश्रुत्यैवशमादिवत्समाधेरप्यात्मदर्शनार्थत्वस्यदर्शितत्वात् तथाचसमाहितपदंवार्त्तिककारैर्व्याख्यातम् । 'स्वातंत्र्यंयेषुकर्त्तुःस्यात्करणाकरणंप्रति ॥ तान्येवतुनिषिद्धानिकर्माणीहशमादिभिः' शमादिश्रुत्या । 'अस्वातंत्र्यंतुयेषुस्यात्करणाकरणंप्रति ॥ समाहितोक्त्याऽथेदानींतन्निरोधोविधीयते' अस्वातंत्र्यंगुरूपदेशापेक्षत्वम् येषुमानमेयव्यवहारनिरोधेषु'पिंडीकृत्येन्द्रियग्रामंबुद्धावारोप्यनिश्चलम् ॥ विषयांस्तत्स्मृतीस्त्यक्त्वातिष्ठेच्चिदनुरोधतः ॥ एषोऽभ्युपायःसर्वत्रवेदांतेषुप्रतिष्ठितः ॥ तत्त्वमस्यादिवाक्यार्थज्ञानोत्पत्त्यर्थमादरात्' इति ।

॥ श्रीभगवानुवाच ॥ संन्यासःकर्मयोगश्चनिःश्रेयसकरावुभौ ॥ तयोस्तुकर्मसंन्यासात्कर्मयोगोविशिष्यते २ ज्ञेयःसनित्यसंन्यासीयोनद्वेष्टिनकांक्षति ॥ निर्द्वंद्वोहिमहाबाहोसुखंबंधात्प्रमुच्यते ३ सांख्ययोगौपृथग्बालाःप्रवदंतिनपंडिताः ॥ एकमप्यास्थितःसम्यगुभयोर्विंदतेफलम् ४ यत्सांख्यैःप्राप्यतेस्थानंतद्योगैरपिगम्यते ॥ एकंसांख्यंचयोगंचयःपश्यतिसपश्यति ५ संन्यासस्तुमहाबाहोदुःखमाप्तुमयोगतः ॥ योगयुक्तोमुनिर्ब्रह्मनचिरेणाधिगच्छति ६ ॥ ॥ ॥ ॥ ॥

एवंव्यतिरेकमुक्त्वाऽन्वयमाह योगयुक्तइति । मुनिःसंन्यासीनचिरेणशीघ्रमेवब्रह्माधिगच्छतिवाक्यश्रवणमात्रेण नतुकेवलसंन्यासी यथोक्तम् । 'नचसंन्यसनादेवसिद्धिंसमधिगच्छति'इति ६ योगेति ।
योगेनर्निर्विकल्पसमाधिनायुक्तोयोगयुक्तः अतएवविशुद्धात्मा वृत्तिसारूप्यदोषेणहीनआत्माप्रत्यक्चेतनोयस्य । निर्विकल्पावस्थायांकेवलएवचेतनोऽस्तिनान्यदेत्युक्तम् । 'तदाद्रष्टुःस्वरूपेऽवस्थानंवृत्ति
सारूप्यमितरत्र'इति । तदा वृत्त्यभावेइतरत्रवृत्तिकालेइतिसौत्रपदद्वयार्थः अत्रहेतुः यतोऽयंविजितात्माविजितचित्तोजितेन्द्रियश्च । एवंशुद्धस्त्वंपदार्थउक्तस्तस्यतत्पदार्थाभेदमाह सर्वभूतात्मेति । सर्वे
षांभूतानांब्रह्मादिस्तंबपर्यंतानांवियदादीनांचचेतनाचेतनानामात्मभूतःउपादानत्वेनस्वरूपभूतः कनकमिवकुंडलादीनांस्वरूपभूतं कारणानन्यत्वात्कार्यस्य सर्वभूतात्मभूतआत्माप्रत्यक्चेतनोयस्यसर्वभूतात्म
भूतात्मा । यत्तुसर्वेषांभूतानामात्मभूतआत्मायस्येतिभाष्यंसर्वभूतात्मेत्येतावतैवार्थलाभादात्मभूतइत्यधिकमितिदूषितंस्वयंचसर्वभूतआत्मभूतश्चात्मायस्येतिविग्रहोदर्शितः तत्रसंकोचेकारणाभावात्सर्वपदेनैव
चिज्जडयोर्ग्रहेपरस्याप्यात्मभूतेत्यधिकमेव सर्वभूतश्चेतनाचेतमप्रपंचभूतआत्मायस्येतितत्रापीष्टार्थलाभात् । सर्वंचआत्मानश्चतद्भूतआत्मायस्येतिविगृह्यसर्वात्मभूतात्मेत्येतावतैवसिद्धेप्रथमभूतपदस्यवैयर्थ्यंचभा
ष्यमतेब्रह्मादीनांप्रत्यग्भूतआत्मायस्येतिश्रुत्यैवजीवेशाभेदउच्यते । परस्यतुउपादानत्वलिंगेनजडसाधारण्येनजीवस्यब्रह्माभेदोऽवगम्यतइतिविद्वद्भिरविनयःक्षंतव्यः । यतोऽयंसर्वेषांप्रत्यगात्माअतोहमित्र
सोऽपिकुर्वन्नपिर्नलिप्यतेअसंगात्मज्ञानात्कर्त्रादेर्बाधितत्वाच्च व्युत्थानेतत्प्रतीतावप्युत्खातदंष्ट्रोरगवदबाधकत्वाच्चेत्यर्थः ७ नलिप्यतइत्येतदुपपादयति नैवेतिद्वाभ्याम् । तत्त्ववित् अहंनैवकिंचित्करोमीतिम
न्येतमन्यते तत्रहेतुः इन्द्रियाणिउपलक्षणमिदंप्राणादेरपि इंद्रियादयइंद्रियार्थेषुस्वेषुविषयेषुवर्त्तंतेइतिधारयन्निश्चिन्वन्नत्वहंविषयेषुवर्त्तेइतिमन्यते धारयन्नितिहेतौशतृप्रत्ययः । अत्रदर्शनादयःपंचज्ञानेन्द्रि

योगयुक्तोविशुद्धात्माविजितात्माजितेन्द्रियः ॥ सर्वभूतात्मभूतात्माकुर्वन्नपिनलिप्यते ७ नैवकिंचित्करोमीतियुक्तोमन्येततत्त्ववित् ॥ पश्यन्शृण्वन्
स्पृशन्जिघ्रन्नश्नन्गच्छन्स्वपन्श्वसन् ८ प्रलपन्विसृजन्गृह्णन्नुन्मिषन्निमिषन्नपि ॥ इन्द्रियाणीन्द्रियार्थेषुवर्त्तंतइतिधारयन् ९ ब्रह्मण्याधायकर्माणिसंगं
त्यक्त्वाकरोतियः ॥ लिप्यतेनसपापेनपद्मपत्रमिवांभसा १० कायेनमनसाबुद्ध्याकेवलैरिन्द्रियैरपि ॥ योगिनःकर्मकुर्वंतिसंगंत्यक्त्वाऽऽत्मशुद्धये ११
युक्तःकर्मफलंत्यक्त्वाशांतिमाप्नोतिनैष्ठिकीम् ॥ अयुक्तःकामकारेणफलेसक्तोनिबध्यते १२ सर्वकर्माणिमनसासंन्यस्यास्तेसुखंवशी ॥ नवद्वारेपुरेदेहीनैवकुर्वन्नकारयन् १३

याणांव्यापाराःगमनविसर्गप्रलपनग्रहणानिकर्मेन्द्रियाणां तानिचानंदस्योपलक्षणानि श्वसन्नितिप्राणस्य स्वपन्नितिबुद्धेः उन्मेषणनिमेषणेकूर्माख्यप्राणस्येतिविभागः क्रमस्त्वविवक्षितः एतानिकुर्वन्नप्यभि
मानाभावान्नलिप्यतेइत्यर्थः ८ । ९ ब्रह्मणीति । यतोविद्वानसंगत्वात्कुर्वन्नपिनलिप्यते तस्माद विद्वानपिब्रह्मणिसर्वांतर्यामिणिकर्माण्याधाय अयमेवकारयितानत्वहंकर्त्तेतिसमर्प्यंयःकर्माणिकरोतिसपापेन
नलिप्यतेऽम्भसापद्मपत्रमिव १० कायेनेति । केवलैरितिविपरिणामेनसर्वत्रसंबन्धनीयम् । केवलेनकायेनअहमयंब्राह्मणोयुवेत्यात्माध्यासशून्येन एवमन्यत्रापि संगंत्यक्त्वादेहादिभ्योविविक्तेऽप्यात्मनि
तार्किकादिवदहंकरोमीत्यभिनिवेशंत्यक्त्वायोगिनःकर्मकुर्वन्ति आत्मशुद्धयेचित्तशुद्ध्यर्थं तस्मात्त्वापितत्रैवाधिकारोऽस्तीतितदेवत्वंकुरु ११ किंच युक्तइति । युक्तोब्रह्मण्याधायकर्माणीत्यादिनाउक्त
लक्षणःकर्मणांफलंत्यक्त्वाईश्वरेसमर्प्यशांतिंकैवल्यम् । नैष्ठिकींसत्वशुद्ध्यादिक्रमप्राप्तब्रह्मनिष्ठाफलभूतांप्राप्नोति अयुक्तस्तद्विपरीतःकामकारेणस्वैरवृत्त्याफलेसक्तःसन्नितरांबध्यते १२ एवमविद्वान्फला
सक्त्यनासक्तिवशात्कर्मभिर्बध्यतेनबध्यतेचेत्युक्तम् । विद्वांस्तुतद्विपरीतइत्याह सर्वकर्माणीति । वशीजितचित्तःसमाधिस्थोयोगीनवद्वारेनवैवपंचज्ञानेन्द्रियाणिषष्ठःप्राणस्तेनैवतत्प्रवर्त्यानांकर्मेन्द्रियाणांसंग्रहः
बुद्ध्यहंकारचित्तानीतिनव एतानिद्वाराणीवपुरपतेर्जीवस्यभोगार्थविषयप्रवेशस्थानानियस्मिन्नवद्वारेशरीराख्येपुरेविचित्रवासनाकल्पितानंतविषयवतिअनेकैःकर्मसचिवैरधिष्ठितेसुखदुःखादिनानापण्यवतिमन
सासर्वद्वारोद्घाटनकुंचिकयासहसर्वाणिकर्माणिपुरपतिरिवराजकार्याणिसंन्यस्यसुखंनिर्विकल्पसंविन्मात्ररूपेणास्ते । कर्माणिक्षेत्रस्यैवधर्मोनत्वात्मनइतिक्षेत्रेत्यक्तुंशक्यान्येव तथाचश्रुतिः । 'शरीरेपाप्म

नोहित्वा'इति । 'यत्रमहार्दःसुकृतोमदंतेविहायरोगंतन्वाःस्वायां'इतिच देहीसन्देहाभिमानकालेव्युत्थानेऽपीत्यर्थः । तदापिनैवकुर्वन्नास्तेनापिकारयन्नास्तेराजेवामात्येषुनिहितभारःसमाधौक्षेत्रेणसहात्म
नःसंबन्धाभावदर्शनात् पुरा । नवद्वाराणिचक्षुःश्रोत्रनासाबिलद्वंद्वानिषट्सप्तमंमुखंअधस्तनेद्वेइति । अस्मिन्पक्षेइन्द्रियाणिपरिचारिकाबुद्धिरमात्योऽहंकारोयुवराजइत्यादिकमूह्यम् । विदुषःकर्मसंबन्धएव
वनास्तिदूरेतत्फलासक्तयनासक्तीइतिभावः १३ नन्वेवंभूत्यवत्कर्तृत्वंस्वामिवत्कारयितृत्वंवाऽस्यमास्तु । अयस्कांतवदविकारस्यैवसतःकर्त्रादिधर्मकाहंकारादिप्रवर्त्तकत्वमस्त्वित्याशंक्याह नकर्तृत्वमिति।
कर्तृत्वमहंकारस्य । कर्माणीइन्द्रियाणांवचन ग्रानादीनिश्रवणदर्शनादीनिच । लोकस्यलोक्यतेप्रकाश्यतइतिलोकोजडवर्गः प्रभुश्चिदात्मासूर्यइवास्मदादीनांप्रकाशकोऽपिनकर्मादौप्रवर्त्तकस्तद्वत् । अस्य
कर्मफलसंयोगंवानसृजतिकिंतुयोयादृक्यस्यस्वभावःसतथाप्रवर्त्तते । यथासूर्येऽभ्युदितेकमलानांविकसनंकुमुदानामुन्मुद्रणंचेति तद्वदेवमात्मनिप्रकाशमानेघटादयोनचेष्टन्तेमनुष्यादयस्तुचेष्टन्ते । नत्वा
त्माकस्यचित्प्रवर्त्तकोनिवर्तकोवा लोहायस्कांतयोरिवसत्यानृतयोरात्मानात्मनोःसंबन्धाभावादितिभावः १४ ननु 'एषह्येवसाधुकर्मकारयतितंयमेभ्योलोकेभ्यउन्निनीषतेएषह्येवासाधुकर्मकारयतितंयमधो
निनीषते'इतिश्रुत्यापरमेश्वरेकारयितृत्वंबोध्यते । तत्कथमुच्यतेस्वभावस्तुप्रवर्त्ततइतितत्राह नादत्तइति। कस्यचित्कर्तुःपापंअयंनादत्तेनापिसुकृतं कारयितृत्वाभावात् यतोविभुर्व्यापकःनिष्क्रियइतिया
वत् । सक्रियोह्यन्यंप्रवर्तयतितदीयंपापंपुण्यंवालभेतअयंतुनतथा किंतुसूर्यवत्प्रकाशतएवनतुस्वप्रकाश्यानांकर्त्रादीनांकर्मणासंबध्यतेइतिभावः कारयितृत्वमप्यस्यसत्तामात्रेणसूर्यवत् यथाघटःप्रकाशतेसविता

नकर्तृत्वंनकर्माणिलोकस्यसृजतिप्रभुः ॥ नकर्मफलसंयोगंस्वभावस्तुप्रवर्तते १४ नादत्तेकस्यचित्पापंनचैवसुकृतंविभुः ॥ अज्ञानेनावृतंज्ञानंतेनमुह्य
न्तिजंतवः १५ ज्ञानेनतुतदज्ञानंयेषांनाशितमात्मनः ॥ तेषामादित्यवज्ज्ञानंप्रकाशयतितत्परम् १६ तद्बुद्धयस्तदात्मानस्तन्निष्ठास्तत्परायणाः ॥
गच्छंत्यपुनरावृत्तिंज्ञाननिर्धूतकल्मषाः १७ विद्याविनयसंपन्नेब्राह्मणेगविहस्तिनि ॥ शुनिचैवश्वपाकेचपंडिताःसमदर्शिनः १८ इहैवतैर्जितःसर्गोयेषांसा
म्येस्थितंमनः ॥ निर्दोषंहिसमंब्रह्मतस्माद्ब्रह्मणितेस्थिताः १९ ॥ ॥ ॥

प्रकाशयतीतिनोदाहृतश्रुतिविरोधः कथंतर्हिईश्वराराधनार्थकर्माणिकुर्वंतितदकरणाच्चबिभ्यतीत्याशंक्याह । अज्ञानेनेति यथाहिमहाराजस्यसार्वभौमस्याहंसर्वेश्वरोनिर्वृतोऽस्मीतिज्ञानंअज्ञानेनसौपुप्तेनावृतंचे
त्सतत्रविविधानिपरचक्रादीनिमहांतिसंकटशतानिपश्यतिअहोअहंदीनोऽस्मिदुःख्यस्मीतिचमुह्यति तद्वदेतेजंतवःस्वस्याहंब्रह्मास्मीतिप्रमाणेनब्रह्मभावमजानंतईश्वरादात्मानंपृथङ्मन्यमानाईशात्मनोःसेव्यसेवक
भावंचपश्यंतोमुह्यंति तथाचश्रुतिः 'अथयोऽन्यांदेवतामुपास्तेऽन्योऽसावन्योहमस्मीतिनसवेदयथापशुरेवसदेवानां'इति एषह्येवेतिश्रुतिरपिभ्रांतजनव्यवहारविषयैवेतिभावः १५ तदात्मनआवरकमज्ञानंयेषां
ज्ञानेनब्रह्मास्मीतिप्रमाणजेननाशितंतेषांतज्ज्ञानंकर्तृआदित्यवदादित्योयथाकृत्स्नंदृश्यंप्रकाशयतितद्वत्परंपरमार्थवस्तुप्रकाशयति अज्ञानजानर्थनिवृत्त्यर्थंज्ञानमेष्टव्यमितिभावः १६ तद्बुद्धयइति। यत्परंब्रह्म
प्रशांतंतत्रैवबुद्धिःअस्तिब्रह्मेतिनिश्चयोयेषामापाततःश्रुत्यर्थविदांतेतद्बुद्धयः तदेवआत्माप्रत्यक्तत्त्वंयेषांश्रवणमननात्मकविचारेणप्रमाणप्रमेयगतासंभावनाविहीनानांतेतदात्मानः । तत्रैवनिष्ठाविजातीयवृत्त्य
नंतरितसजातीयवृत्तिप्रवाहोयेषांदेहादावनात्मनिआत्मधीरूपविपरीतभावनारहितानांतेतन्निष्ठाः । तदेवपरंअयनंअज्ञानरूपोपाधिनिरासेनप्राप्यंयेषामखंडानंदमग्नानांतेतत्परायणाः अपुनरावृत्तिंमोक्षंगच्छन्ति
यतःज्ञानेननिर्धूतंकल्मषंमूलाज्ञानंसंसारबीजभूतंयेषांतेज्ञाननिर्धूतकल्मषाः १७ एतेषांजगतिदृष्टिमाह विद्येति । उत्तमब्राह्मणेचंडालादौवासमंब्रह्मैवसद्रूपेणस्फुरणरूपेणचभासमानंद्रष्टुंशीलंयेषांतेसमदर्शिनः
यथोक्तम् । 'अस्तिभातिप्रियंरूपंनामचेत्यंशपंचकम् ॥ आद्यंत्रयंब्रह्मरूपंजगद्रूपंततोद्वयं'इतिचराचरंजगद्ब्रह्मदृष्ट्यैवपश्यंतीत्यर्थः १८ ननुसमासमाभ्यांविषमसमेपूजातइतितुल्यश्रुतशीलायब्राह्मणद्वयायत्रिष

मांपूजांप्रयुक्तवतः तथा अतुल्यश्रुतशीलायब्राह्मणद्वयायसमांपूजांप्रयुक्तवतश्चाभोज्यान्नत्वंगौतमेनसमर्यतेतत्कथंब्राह्मणचंडालयोःसमदर्शित्वंमुक्तमित्याशंक्याह इहैवेति । येषांमनःसर्वभूतेषुसाम्येब्रह्मभावेस्थितंनिश्चलंतैरिहैवजीवद्भिरेवसर्गोजन्मजितोवशीकृतः । हियस्मान्निर्दोषंसमंसर्वत्राविषमंब्रह्मास्तियथाहिरण्मययोर्देवतातत्पीठयोःस्वर्णदृक्साम्यंपश्यतिपूजकस्तुआकारदृकृतारतम्यंपश्यतितद्वत् । पूजास्मृतिर्भ्रांतिकृततारतम्यविषया । साम्यदृष्टिस्तुतत्त्वविषयेतिभावः । यस्मादेवंतेसाम्यंपश्यंतितस्माद्ब्रह्मणिअखंडैकरसेतेद्रष्टारःस्थिताएकीभावेनसमाप्तिंगताः १९ नप्रहृष्येदिति । यस्मान्निर्दोषंसमंब्रह्मतस्मात्प्रियंपुत्रादिंप्राप्यनप्रहृष्येत् । अप्रियंशत्रुंदुःखदंप्राप्यनोद्विजेत् । बुद्धस्थितिरबुद्धेनानुष्ठेयेतिज्ञापयितुमुभयत्रलिङ्प्रयोगः । स्थिरबुद्धिःप्रत्यगद्वैतेश्रुतियुक्तिभ्यांस्थिरीकृतप्रज्ञःअसंमूढोध्यानजसाक्षात्कारेणनिर्गतमोहःअतएवब्रह्मवित्ब्रह्मभावस्यलब्धा ब्रह्मभावंगतइत्यर्थः । ब्रह्मण्येवप्रत्यगद्वयेव्युत्थानावस्थायामपिस्थितः सर्वंब्रह्मेत्येवपश्यन्नित्यर्थः २० नन्वननुभूतात्मसुखस्यप्रसिद्धंबाह्यंसुखंत्यक्तुमशक्यमतोनप्रहृष्येदित्यसंगतमतआह बाह्येति । बहिर्भवाःबाह्याःस्पर्शाविषयेन्द्रियसंबंधास्तेषु असक्तात्मा अनासक्तचित्तःसन्नात्मनिप्रत्यगद्वयानंदेसुषुप्तिकालेस्थित्वायत्सुखंविंदतिलभतेसतदेवसुखम । विधेयापेक्षंपुंस्त्वं । कस्तत्सुखंयोब्रह्मयोगेब्रह्मणियोगःसमाधिस्तत्रयुक्तोयोजितआत्माबुद्धिर्येनसब्रह्मयोगयुक्तात्मा ब्रह्मविदित्यर्थः । 'ब्रह्मविद्ब्रह्मैवभवति' इतिश्रुतेः। ब्रह्मयोगयुक्तान्मानदेवसुखंविन्दतीतिवक्तव्येब्रह्मविदेवतत्सुखमितितस्यसुखाभिन्नत्वविवक्षयाइदमुक्तम । ननूभयत्रएकमेवसुखंचेत्कःसुप्तसमाधिस्थयोर्विशेषइत्याशंक्याह सुखमिति । अक्षय्यंसुखंमोक्ष

नप्रहृष्येत्प्रियंप्राप्यनोद्विजेत्प्राप्यचाप्रियम् ॥ स्थिरबुद्धिरसंमूढोब्रह्मविद्ब्रह्मणिस्थितः २० बाह्यस्पर्शेष्वसक्तात्माविन्दत्यात्मनियत्सुखम् ॥ सब्रह्मयोगयुक्तात्मासुखमक्षय्यमश्नुते २१ येहिसंस्पर्शजाभोगादुःखयोनयएवते ॥ आद्यन्तवन्तःकौन्तेयनतेषुरमतेबुधः २२ शक्नोतीहैवयःसोढुंप्राक्शरीरविमोक्षणात् ॥ कामक्रोधोद्भवंवेगंसयुक्तःससुखीनरः २३ योऽन्तःसुखोऽन्तरारामस्तथाऽन्तर्ज्योतिरेवयः ॥ सयोगीब्रह्मनिर्वाणंब्रह्मभूतोऽधिगच्छति २४ लभन्तेब्रह्मनिर्वाणमृषयःक्षीणकल्मषाः ॥ छिन्नद्वैधायतात्मानःसर्वभूतहितेरताः २५ ॥ ॥ ॥

स्तमश्नुतेव्याप्नोतिद्वैतादर्शनस्यतुल्यत्वादुभयत्रैकमेवसुखंतथापियोगीमूलाविद्यायानष्टत्वादक्षय्यंसुखमश्नुतेनसुप्तःअविद्यानुच्छेदात् । तथाचमोक्षसुखस्य मुख्यस्याप्यनुभूतत्वात्तदर्थंबाह्यंसुखंसुत्यजमित्यर्थः २१ ननुसुषुप्तितुल्यस्यमोक्षसुखस्यार्थेकःप्राप्तमेवबाह्यंदिव्यस्त्र्यन्नपानगीतवाद्यादिसुखंत्यजेदित्याशंक्यबाह्यसुखमनित्यत्वान्निन्दति येहीति । संस्पर्शजाविषयसंबंधजाः । दुःखयोनित्वेहेतुः आद्यन्तवन्त इति । जातेपुत्रेयत्सुखंतत्तस्मिन्नष्टेनश्यतिदुःखंचमहत्प्रयच्छतीतितेषुभोगेषुबुधःपरिपाकदर्शीनरमते २२ कःपुनर्मुख्यःसुखीत्याह शक्नोतीति । इहैवजीवत्येवदेहेप्राक्शरीरविमोक्षणात्यावद्देहपातंमयाकामक्रोधौजिताविितिविस्रंभोनकर्त्तव्यइत्यर्थः । श्रुतेदृष्टेअनुमितेवाविषयेयोगर्द्धस्तृष्णारूपोऽतृप्तिश्चसकामः क्रोधस्तादृशेएवविषयेद्वेषस्तौकामक्रोधौउद्भवोयस्यवेगस्य सरोमांचहृष्टनेत्रवक्त्रालिंगोऽन्तःकरणप्रक्षोभरूपःकामोद्भवोवेगः गात्रप्रकंपप्रस्वेदसंदष्टौष्ठपुटरक्तनेत्रादिलिंगःक्रोधोद्भवोवेगस्तंकामक्रोधोद्भवंवेगंसोढुंयःशक्नोतिसएवयुक्तोयोगीमुख्यःसुखीचनान्यः २३ कोऽसौयोगीयोमुख्यःसुखीत्युक्तंतत्राह यइति । सुखंविषयसंगजाप्रीतिः । आरामःप्रीतिहेतुःस्त्र्यादिभिःसहक्रीडा । ज्योतिःक्रीडोपकरणानांप्रकाशः । तदेतत्त्रयंयस्यान्तरेवसोन्तःसुखोन्तरारामोऽन्तर्ज्योतिश्चनात्विन्द्रियद्वारकमितिएवशब्दार्थः । यएवंभूतःसयोगीकिमतोयद्येवंब्रह्मनिर्वाणंगत्यप्राप्यपरमानंदंब्रह्मइहैवाधिगच्छति यतोब्रह्मभूतोजीवन्नेवब्रह्मदर्शनेब्रह्मभावंगतः २४ लभन्तइति । ऋषयःसम्यग्दर्शिनः छिन्नद्वैधाश्छिन्नसंशयाः यतात्मानोर्जितचित्ताः २५ ॥ ॥ ॥

॥ ३९ ॥ किंचकामेति । अभितोजीवतांमृतानांच विदितात्मनांज्ञातात्मतत्त्वानाम् २६ एवंसम्यग्दर्शननिष्ठानांसद्योमुक्तिरुक्ता । कर्मयोगश्चसंगफलत्यागेनईश्वरप्रीत्यर्थमनुष्ठितःसत्त्वशुद्धिज्ञानप्राप्तिद्वारेणमोक्षा
यभवतीत्यप्युक्तम् । अथेदानींसम्यग्दर्शनस्यांतरंगसाधनंध्यानयोगंविस्तरेणवक्ष्यामीतितत्सूत्रभूतांस्त्रीन्श्लोकानुपदिशति स्पर्शानिति । अत्रोत्तरार्धेनप्राणायामउक्तः । स्पर्शान्कृत्वाबहिर्बाह्यानिति
प्रत्याहारउक्तः । भ्रुवोरंतरेचक्षुःकृत्वेतिधारणाउक्ता । विगतेच्छाभयक्रोधइतिसाधनभूताःफलभूताश्चद्विविधायमानियमाश्चोक्ताः । यतेन्द्रियइतिवितर्काख्यःसंप्रज्ञातःयतमानइतिविचाराख्यः यतबुद्धिरि
त्यानंदास्मिताख्यौ मोक्षपरायणइत्यसंप्रज्ञातउक्तः शेषेणयोगफलमितिविभागः । पाठक्रममननुरुध्यार्थक्रमेणाक्षरार्थःस्पष्टीक्रियते । तत्रविगतेच्छोविगतभयोविगतक्रोधइतिसंबंधः । योहिइच्छावा
न्सइष्टसिद्ध्यर्थंहिंसानृतस्तेयस्त्रीपरिग्रहान्निच्छेदतोविगतेच्छपदेनतद्विपर्ययानहिंसासत्यास्तेयब्रह्मचर्यापरिग्रहायमाइतिसूत्रोक्तान्यमान्लक्षयति । तथाभयंस्वोच्छेदशंकातयाबुद्धिस्थोनशौचसंतोषतपःस्वाध्याये
श्वरप्रणिधानानिनियमाइतिसूत्रोक्तान्नियमान्स्वीकर्तुमिच्छेदतोविगतभयइत्यनेनतेषांग्रहणम् । तथाक्रोधाक्रान्तोमैत्र्यादीन्भावयितुमशक्तश्चित्तप्रसाधनंकर्तुंनशक्नोतितच्च‘मैत्रीकरुणामुदितोपेक्षाणांसुखदुःख
पुण्यापुण्यविषयाणांभावनातश्चित्तप्रसाधनम्’इतिसूत्रितम् तत्रविगतक्रोधःशांतप्रकृतित्वात्सुखितेषुमैत्रींपरस्येष्टेनममैवेष्टमिदंजातमितिभावयेत् तथादुःखितेषुकरुणांपुण्यवत्सुमुदितःपापवत्सूपेक्षांचभावयेत् ।
नचैतेनप्रसाधनेनविनाचित्तादर्शस्यनैर्मल्यंभवति । एवंसाधनावस्थायांयमनियमचित्तप्रसाधनानांसिद्ध्यर्थंविगतेच्छाभयक्रोधत्वमीप्सितम् । एवंफलावस्थायामपितदीप्सितं तथाहि । संप्रज्ञातसमाधिफ
लभूतायांमधुमत्यांयोगभूमौस्थितंयोगिनंप्रतिदिव्याःकामाउपतिष्ठंतेतत्रापिविगतेच्छत्वमिष्टम् । तथाहि ‘स्थान्युपनिमंत्रणेसंगस्मयाकरणंपुनरनिष्टप्रसंगात्’इतिसूत्रम् । स्थानिनोदेवास्तैरुपनिमंत्रणेइहा
स्यतांइमेरम्यावसथाइमारम्यारामाइमानिजरामरणहराणिरसायनानिइमेवयंकिंकराःस्वपुण्यार्जितमिदंस्थानंत्वयाभुज्यतामितिप्रार्थनायांक्रियमाणायांसंगोलिप्सातत्रनकर्तव्या । नापितल्लाभेनात्मनोमहाभा

कामक्रोधवियुक्तानांयतीनांयतचेतसाम् ॥ अभितोब्रह्मनिर्वाणंवर्ततेविदितात्मनाम् २६
स्पर्शान्कृत्वाबहिर्बाह्यांश्चक्षुश्चैवान्तरेभ्रुवोः ॥ प्राणापानौसमौकृत्वानासाभ्यन्तरचारिणौ २७

गत्वंदेवप्रार्थ्यत्वंमत्वागर्वोऽपिकर्त्तव्यस्तयोःसंगस्मययोर्भ्रंशहेतुत्वादितिसूत्रार्थः । तथाभयमपिद्विविधं योगान्तरायजं वितर्कजंच तत्राद्यम् । व्याधिस्त्यानसंशयप्रमादालस्याविरतिभ्रांतिदर्शनालब्ध
भूमिकत्वानवस्थितत्वानिचित्तविक्षेपास्तेऽन्तरायाःदुःखदौर्मनस्यांगमेजयत्वश्वासप्रश्वासाविक्षेपसहभुवइतिसूत्राभ्यामुक्तंस्त्यानमकर्मण्यता अविरतिरवैराग्यं अंगमेजयत्वंकंपवायुः वितर्काहिंसादयस्तज्जं
चभयम् । आद्यस्यनिवारणमीश्वरप्रणिधानेन तथाचसूत्रितम् । ‘ततःप्रत्यक्चेतनाधिगमोऽन्तरायाभावश्च’इति ततईश्वरप्रणिधानात् । द्वितीयस्यप्रतिपक्षभावनेन तथाचसूत्रितम् । वितर्कबाधने
प्रतिपक्षभावनमिति वितर्काहिंसादयःकृतकारितानुमोदितालोभक्रोधमोहमूलामृदुमध्याधिमात्रादुःखाज्ञानानंतफलाइतिप्रतिपक्षभावनमितिच आदिपदादनृतस्तेयादयः । हिंसादयःप्रत्येकंकृतकारितानुमो
दितभेदेनत्रिविधाः । तेऽपिप्रत्येकंलोभादिमूलकत्वेनत्रिविधाः । तेऽपिमृदुमध्यमाधिमात्रभेदेनप्रत्येकंत्रिविधाः । तेचमूलभूतावितर्कास्त्रयश्चत्वारःपंचअधिकावात्रिस्त्रिगुणिताएकाशीतिरष्टोत्तरशतंपंच
त्रिंशदधिकंशतंअधिकावाभवन्ति शाखाप्रशाखाभेदेनानंताश्च । दुःखरूपंअज्ञानरूपंचअनंतफलंयेषांतेदुःखाज्ञानानंतफलाइत्यनयाप्रतिपक्षभावनयातेनिवर्त्तनीयाइति । एवंयमनियमचित्तप्रसाधनप्रतिपक्ष
भावनैर्निरंतरायंमृदूकृतचित्तोयोगीविविक्तेदेशेआसीनःसंभवादितिन्यायेनस्थिरसुखमासनमध्यासीत । तत्रदेशासनेश्रूयेते । ‘समेशुचौशर्करवह्निवालुकाविवर्जितेशब्दजलाश्रयादिभिः ॥ मनोनुकूलेन
तुचक्षुपीडनेगुहानिवाताश्रयणेप्रयोजयेत् ॥ त्रिरुन्नतंस्थाप्यसमंशरीरंहृदीन्द्रियाणिमनसासंनिरुध्य ॥ ब्रह्मोडुपेनप्रतरेतविद्वान्स्रोतांसिसर्वाणिभयावहानि’इति । चक्षुरित्यत्रविसर्गलोपश्छांदसः ।
त्रिरुन्नतंकटिवक्षःकंधराप्रदेशेषून्नतम् । ततोजितासनःप्राणायाममभ्यसेत् । तेनहिमंदगतौप्राणेसतितदनुसारिमनोऽपिचांचल्यंत्यजति नोचेद्वायुविक्षेपेणविक्षिप्यते तत्रप्राणजयप्रमाणं ‘प्राणान् ॥ ३९ ॥

प्रपीड्येहसयुक्तचेष्टःक्षीणेप्राणेनासिकयोच्छ्वसीत'इतिश्रुत्युक्तमेवसंगृह्णाति । 'प्राणापानौसमौकृत्वानासाभ्यंतरचारिणौ'इति । प्राणापानौसमौतुल्यौऊर्ध्वाधोगतिविच्छेदेननासाभ्यंतरचारिणौकुंभकेनकृत्वाततोबाह्यान्बहिर्भवान्स्पर्शान्विषयसंबंधान्इंद्रियद्वारानित्यंअंतर्बुद्धौक्रियमाणान्योगीन्द्रियाणांप्रत्याहरणेनतान्बहिरेवकुर्यात । ततोविषयेभ्योव्यावृत्तेषुकरणेषुस्वप्नकालेइवांतर्मनोमात्रेणावतिष्ठते इत्यर्थः । इमंप्रत्याहारंकर्त्तुमशक्तस्याविरक्तस्यकागतिरित्यतआह चक्षुश्चैवांतरेभ्रुवोरिति । चशब्दोवाऽर्थे चक्षुरेववाभ्रुवोरन्तरेकुर्यातखेचरींमुद्रामभ्यसेदित्यर्थः । साचोक्तायोगसारे'लंबिकोर्ध्वस्थितेगर्त्तेजिह्वांव्यावृत्त्यधारयेत ॥ दृढासनश्चिरंतिष्ठेन्मुद्रैषाखेचरीमता ॥ भ्रूमध्यदृष्टिरप्येषामहादेवेनकीर्तिता'इति । यएवंसर्वोऽपिबाह्येविषयेसूर्यादौसंयमोयथोक्तंप्रत्याहारमनुष्ठातुमशक्तान्प्रत्येवोपदिश्यतइतिज्ञेयम् २७ यतेन्द्रियेति । यस्मिन्कस्मिंश्चित्स्थूलेविषयेसूर्येतद्रश्मिषुवाविष्णुप्रतिमायांवाऽनाहतध्वनौवाऽन्यत्रवाचक्षुराद्यन्यतमद्वारामनोधारयेततश्चमनस्तद्विषयाकारतांप्राप्तंतत्रैवस्थिराभ्यासेनविश्रांतंस्वदेहमपिनपश्यतिसेयंमहाविदेहानामधारणा अस्यांसिद्धायामिन्द्रियगणःस्वंस्वंविषयंनतुगृह्णाति सोऽयंबहिर्विषयप्रत्याहारः पूर्वोक्तस्त्वांतरइतिभेदः । अतएवतयोस्तुल्यफलत्वंसूत्रितम् । ततःक्षीयतेप्रकाशावरणमिति । ततःअभ्यंतरप्रत्याहारात तथाबहिरकल्पितावृत्तिर्महाविदेहातत्संयमात्प्रकाशावरणक्षयइति । यदाचित्तंदेहमविस्मृत्यैवहठेनपुरःस्थितमूर्त्याद्याकारंक्रियतेतदासाचित्तस्यमूर्त्याकारतारूपावृत्तिःकल्पिता यदातुनिरवशेषेणदेहंविस्मृत्यचेतःकेवलंध्येयाकारमात्रंभवतितदासामहाविदेहानामधारणा तस्याअपिफलंतदेव । तत्संयमात्तस्यांचेतसोनिग्रहात्प्रकाशावरणक्षयोभवतिसोऽयंबाह्यविषयःसमाधिः वितर्काख्योद्विविधः सवितर्कनिर्वितर्कभेदात तत्राद्यस्यलक्षणंसूत्रितम् शब्दार्थज्ञानविकल्पैःसंकीर्णासवितर्केति सवितर्कानामसमापत्तिःसमाधिरित्यर्थः । यदाविष्णुप्रतिमादौपूर्वापरानुसंधानेनशब्दार्थोल्लेखेनचभावनाप्रवर्त्ततेतदासवितर्कासमापत्तिः । अस्मिन्नेवालंबनेपूर्वापरानुसंधानेनशब्दार्थोल्लेखनमन्तरेणभावनाप्रवर्त्ततेतदानिर्वितर्कानामसमापत्तिः । तथाचसूत्रं स्मृतिपरिशु

यतेन्द्रियमनोबुद्धिर्मुनिर्मोक्षपरायणः ॥ विगतेच्छाभयक्रोधोयःसदामुक्तएवसः २८

द्धौस्वरूपशून्येवार्थमात्रनिर्भासानिर्वितर्का । स्मृतेःशब्दार्थस्मरणस्यपरिशुद्धौवर्जनेसतिभावयितुःस्वरूपेणशून्यातदाऽहमिदंभावयामीत्येवमाकारावृत्तिरपिभावयितुर्नास्तीवेतिभाति । यतोऽर्थमात्रनिर्भासाध्येयार्थमात्रमस्यांभासतेनत्वन्यदितिसूत्रार्थः । अस्यांसिद्धायांयोगीजितेन्द्रियइत्युच्यते जितमनाइति । आभ्यंतरप्रत्याहारपूर्वकंयदामनःकल्पितेसूक्ष्मेविषयेपूर्ववतशब्दार्थोल्लेखपूर्वकंतद्वर्जंचमनसोभावनाप्रवर्त्ततेतदातेउभेसमापत्तीसविचारानिर्विचाराख्येभवतः । तथाचसूत्रं एतयैवसविचारानिर्विचाराचसूक्ष्मविषयाव्याख्याताइति । अत्रसूक्ष्मविषयेतिग्रहणात्पूर्वस्यांस्थूलविषयत्वंगम्यते एतयैवद्विविधवितर्कसमापत्त्यैवनिर्विचारसमापत्तौदृढायांयोगीजितमनाइत्युच्यते यदापुनश्चेतसोमूर्त्याकारतांपरित्यज्यसत्त्वोद्रेकातसमष्टिमनोमयविषयाअहमेवेदंसर्वोऽस्मीत्येवमाकाराभावनाप्रवर्त्ततेसोऽयंसानंदःसमाधिः । यदातुतामपिभावनांपरित्यज्यविषयवेदनमंतरेणास्मीत्येतावन्मात्राकाराभावनाप्रवर्त्ततेसाऽस्मिता । अस्मिताहंकारयोर्भेदस्तुक्रमेणविषयवैमुख्यतदाभिमुख्यमात्रकृतः । यथैकएवपूर्वाभिमुखःपश्चिमाभिमुखश्चेतितद्वत । अस्यामवस्थायांयोगीबुद्धितोविविक्तस्यत्वंपदार्थस्यसाक्षात्कारातजितबुद्धिरित्युच्यतेतदेतदुक्तंयतेन्द्रियमनोबुद्धिरिति । एतान्येवप्रसाधनानिगुणपर्वाण्युच्यन्ते तथाचसूत्रम् । विशेषाविशेषलिङ्गमात्रालिङ्गानिगुणपर्वाणीति । तत्रविशेषाःस्थूलभूतानिएकादशेन्द्रियाणिच । अविशेषाःपंचतन्मात्राणिअहंकारश्च । लिङ्गमात्रंमहत्तत्त्वम् । अलिङ्गंप्रधानंतत्रविशेषादविशेषंप्रविविक्ततोयोगिनोदैनंदिनलयाभ्यासात्समनस्कानीन्द्रियाणिलीयन्तेसलयः । बहिर्मुखान्येववाभवन्तिसविक्षेपः । एवंअविशेषेभ्योलिङ्गमात्रंविविक्ततोऽपिलयविक्षेपौस्तः । लिङ्गमात्रात्परंपुरुषंप्रविविक्ततोऽपितौस्तः तावेतौलयविक्षेपौहेयौश्रूयेते । 'लयविक्षेपरहितंमनःकृत्वासुनिश्चलम ॥ यदायात्युन्मनीभावंतदातत्परमंपदं'इति एतेषुत्रिषुलीनेष्वाद्यःसुप्तएव । द्वितीयोविगलितदेहाहंकारत्वाद्विदेहसंज्ञः । तृतीयःप्रकृतिलयइति एतयोःसमाधिर्गौणः अतएवसूत्रितम् । भवप्रत्ययोविदेहप्रकृतिलयानामिति । भवप्रत्ययोजन्मांतरहेतुरेषांसमाधिर्भवति यद्वा जन्मांतरेएतेषांजन्मनैवसमाधि

सिद्धिः पक्षिणामाकाशगमनसिद्धिवद्भवतीतिसूत्रार्थः । सर्वथाऽपितेषांसद्योमुक्तिर्नास्तीतिसिद्धं । यदातुअस्मितामात्रस्यापिनिर्विकल्पेचिन्मात्रेलयोभवतितदाऽयंविद्वान्कैवल्यंधर्ममेघसमाध्याख्यमनुभवति । यमधिकृत्यश्रूयते क्षणमेकंक्रतुशतस्यचतुःसप्तत्यायत्फलंतदवाप्नोतीति । अयमेवमोक्षाख्यः । परंअयनंप्राप्यंस्थानंयस्यसमुनिर्मोक्षपरायणइत्युच्यते । यतोस्यामेवावस्थायांयोगीजीवन्मुक्तइत्युच्यते । विगतेच्छाभयक्रोधइतिपादःप्रागेवव्याख्यातः । यएवंभूतःससदामुक्तःबंधप्रतीतिकालेऽपिसमुक्तएवास्ति अज्ञानमात्रव्यवधानान्मुक्तेः । एतेनाहंकारादेर्बंधस्यकालत्रयेऽपिअसत्त्वोक्त्यामिथ्यात्वंदर्शितम २८ एवंसमाहितचित्तेर्नाकिंविज्ञेयमित्युच्यते भोक्तारमिति । सोपाधिकेनरूपेणयज्ञानांतपसांचकर्तृरूपेणदेवतारूपेणचभोक्तारं । तथासर्वेषांभूतानांहिरण्यगर्भादीनामपिमहांतंव्यापकमीश्वरमीशितारमन्तर्यामिणं । सुहृदंसर्वभूतानांप्राणिनांप्रत्युपकारनिरपेक्षतयोपकारिणंसर्वप्रत्ययसाक्षिणंनारायणंमांप्रत्यगभेदेनज्ञात्वासाक्षात्कृत्यतद्भावंप्राप्यशांतिमनुपाध्यवस्थांनिरुपाख्यांकैवल्यसंज्ञांऋच्छतिप्राप्नोति । एवंचसोपाधिब्रह्मभावप्राप्तिपूर्वकेवनिरुपाधिप्राप्तिरितिगम्यते यथोक्तंवार्त्तिकसारे । ' सोपाधिर्निरुपाधिश्चद्वेधाब्रह्मविदुच्यते ॥ सोपाधिकःस्यात्सर्वात्मानिरुपाख्योऽनुपाधिकः ॥ जक्षन्क्रीडन्रतिंप्राप्तइतिसोपाधिकस्यतु ॥ छांदोग्येसर्वकामाप्तिःसार्वात्म्यात्स्पष्टमीरिता ॥ अहमन्नंतथाऽन्नादःश्लोककार्यप्यहोअहं ॥ इतितत्त्वविदःसामगानेसर्वात्मताश्रुता ॥ अत्रापिचक्रदृष्टांतात्सोपाधिस्तत्त्वविच्छ्रुतः ॥ अपूर्वानपराद्युक्त्याश्रोष्यतेनिरुपाधिकः ' इति २९ ॥ इति भी० नीलकंठीये भारतभावदीपे श्रीमद्भगवद्गीतार्थप्रकाशे पंचमोऽध्यायः ॥ ५ ॥ पर्वणि०

भोक्तारंयज्ञतपसांसर्वलोकमहेश्वरम् ॥ सुहृदंसर्वभूतानांज्ञात्वामांशांतिमृच्छति २९ ॥ इतिश्रीमहाभा० भीष्मप० श्रीमद्भगव० संन्यासयोगोनामपंचमोऽध्यायः ॥ ५ ॥ पर्वणितुएकोनत्रिंशोऽध्यायः ॥ २९ ॥ ॥ श्रीभगवानुवाच ॥ अनाश्रितःकर्मफलंकार्यंकर्मकरोतियः ॥ ससंन्यासीचयोगीचननिरग्निर्नचाक्रियः १ यंसंन्यासमितिप्राहुर्योगंतंविद्धिपांडव ॥ नह्यसंन्यस्तसंकल्पोयोगीभवतिकश्चन २ आरुरुक्षोर्मुनेर्योगंकर्मकारणमुच्यते ॥ योगारूढस्यतस्यैवशमःकारणमुच्यते ३ यदाहिनेन्द्रियार्थेषुनकर्मस्वनुषज्जते ॥ सर्वसंकल्पसंन्यासीयोगारूढस्तदोच्यते ४ ॥ ॥

॥ २९ ॥ ॥ ॥ पूर्वाध्यायांतेसूत्रितंध्यानयोगंविवरीतुमिच्छंस्तत्राधिकारहेतुत्वात्कर्मयोगंतावत्स्तौतिद्वाभ्यां अनाश्रितइति । यःकर्मणांफलमनाश्रितोऽनपेक्षमाणःकार्यमवश्यकर्त्तव्यंनित्यंकर्मकरोतिसएवफलसंकल्पत्यागात्संन्यासीचयोगीचभवति । नतुनिरग्निर्योविधितःश्रौतस्मार्त्तकर्मत्यागीसएवसंन्यासीनापिअक्रियस्त्यक्तवाङ्मनःकायक्रियएववायोगीति १ केनसाम्येनायंसंन्यासीयोगीचेतिस्तूयतेअतआह यमिति । योहित्यक्तसर्वसंकल्पःससंन्यासीतादृशश्चध्यानयोगीअतोनतयोर्भेदःनिःसंकल्पस्तदस्थस्तिष्ठेदेतन्मोक्षलक्षणमितिमैत्रायणीयोपनिषच्छ्रुतस्यमोक्षलक्षणस्यनिःसंकल्पत्वस्योभयत्रापितुल्यत्वात् । अतोऽयमपिकर्मयोगीफलसंकल्पत्यागान्निःसंकल्पत्वसाम्यात्संन्यासीयोगीचभवतीतिस्तूयतइत्यर्थः । योगाधिकारसिद्धयेनिष्कामकर्माण्यनुष्ठेयानीतिश्लोकद्वयतात्पर्यार्थः २ तत्रकर्मानुष्ठानस्यावधिमाह आरुरुक्षोरिति । यावद्धियोगंयमनियमाद्यष्टांगोपेतमत्यौत्कंठ्यादारोढुमिच्छतितावत्कर्माण्यनुतिष्ठेत् तस्यारुरुक्षोर्मुनेरारुरुक्षाकारणंतीव्रवैराग्योत्पादनद्वाराकर्मभवति । तस्यैवयोगारूढस्ययोगांगानुष्ठानेप्रवृत्तस्यविक्षेपासहस्ययोगारोहेकर्मणांशमःसंन्यासःकारणमुच्यते । नहिकर्मसुव्यापृतोऽनन्यचित्ततयायोगमनुष्ठातुमीष्टे ३ ननुयोगपदेनमुख्ययावृत्त्यानिर्बीजःसमाधिरुच्यतेतमारूढस्यकर्मणांत्यागःस्वतःसिद्धत्वादविधेयइत्याशंक्यप्रकृतेयोगारूढपदस्यार्थमाह यदाहीति । इंद्रियार्थेषुशब्दादिषुरमणीयेषुकर्मसुचतत्प्राप्तिसाधनेषुतद्दर्शनमनुमसज्जतेवैराग्यदार्ढ्यात्सक्तोनभवति । नापिमनसाइदंमेभूयादेतदर्थमहमिदंकर्मकुर्यामितिसंकल्पयति । तादृशश्चसर्वसंकल्पसंन्यासीयदाभवतितदायोगारूढइत्युच्यते । यथातीव्रबुभुक्षयोपेतोऽन्यत्रनीरागोव्यासंगांतरंत्यक्त्वाभोजनारूढएवभवतितथातीव्रारु

रुक्षावान्सर्वत्रवीतरागस्त्यक्तसर्वकर्मायोगारूढएवभवातेतावत्कर्माणिकर्तव्यानिततःपरंत्याज्यानीत्यर्थः ४ उद्धरेदिति । एवंक्रमेणकर्मद्वाराचित्तशुद्धिंसंपाद्ययोगारूढोऽभ्यासवैराग्यबलेनात्मानमुद्धरेत् ।
हियस्मादात्मैवात्मनोबंधुर्नपुत्रादयउद्धर्तुंक्षमाः । आत्मैवरिपुरात्मनःनत्वन्येशत्रवःसंसारेमज्जयितुमेनंक्षमाइत्यर्थः ५ आत्मामनः आत्मनामनसा अनात्मनोऽजितचेतसः आत्मामनएवशत्रुः ६ मन
सोजयेफलमाह जितात्मनइति । शीतोष्णादिषुप्राप्तेषुजितात्मनोनिर्विकारचित्तस्यात्माचित्तंपरमुत्कर्षेणसमाहितःसमाधिप्राप्तोभवति । अतःसमाधिसिद्ध्यर्थंमनोजेतव्यमेवेत्यर्थः ७ समाधिसिद्धेरपिकिंफ
लमतआह ज्ञानेति । ज्ञानंशास्त्रोपदेशजाबुद्धिः । विज्ञानंशास्त्रार्थध्यानजःप्रमारूपोऽनुभवस्ताभ्यांतृप्तःसंजातालंप्रत्ययआत्माचित्तंयस्यसज्ञानविज्ञानतृप्तात्मा । यतस्तृप्तात्माऽतःकूटस्थोऽप्रकंप्यःसंसार
तापानास्कंदितोभवतीतिसमाधिफलम् । अस्यलोकप्रसिद्धंलक्षणमाह विजितेन्द्रियइति । समलोष्टाश्मकांचनइत्येवंविधोयोगीसयुक्तःप्राप्तयोगइत्युच्यतेविद्वद्भिः ८ समत्वमेवस्तौति सुहृदिति ।
सुहृत्प्रत्युपकारमनपेक्ष्योपकर्त्ता । मित्रंस्नेहवान् । अरिःशत्रुः । उदासीनउभयत्रपक्षपातशून्यः । मध्यस्थउभयहितैषी । द्वेष्यआत्मनोऽप्रियः । बंधुःसंबंधी । तेषुसाधुषुपुण्यकृ
त्सुपापेषुपापाचारेषुकस्यकिंकर्मेत्यनालोचयन्तेषुसर्वेषुयःसमबुद्धिःसविशिष्यते ९ योगीयोगाभ्यासपरोरहसिएकांतेस्थितःसन्आत्मानंबुद्धिंयुंजीतसमादध्यात् सततमितिनैरंतर्यमुक्तं । निराशीर्योग
सिद्धेरन्यदप्रार्थयानस्तदेकनिष्ठइतियावत्तेनसत्कारउक्तः । एकाकीअसहायःसंन्यासीत्यर्थः यतौस्थिरीकृतौचित्तंमनआत्मासेन्द्रियंशरीरंयेनसयतचित्तात्मा । तथाअपरिग्रहःएकाकित्वेऽपिकंथापुस्त

उद्धरेदात्मनाऽऽत्मानंनात्मानमवसादयेत् ॥ आत्मैवह्यात्मनोबंधुरात्मैवरिपुरात्मनः ५ बंधुरात्माऽऽत्मनस्तस्ययेनात्मैवाऽऽत्मनाजितः ॥ अनात्मनस्तु
शत्रुत्वेवर्तेताऽऽत्मैवशत्रुवत् ६ जितात्मनःप्रशांतस्यपरमात्मासमाहितः ॥ शीतोष्णसुखदुःखेषुतथामानापमानयोः ७ ज्ञानविज्ञानतृप्तात्माकूटस्थोविजि
तेन्द्रियः ॥ युक्तइत्युच्यतेयोगीसमलोष्टाश्मकांचनः ८ सुहृन्मित्रार्युदासीनमध्यस्थद्वेष्यबंधुषु ॥ साधुष्वपिचपापेषुसमबुद्धिर्विशिष्यते ९ योगीयुं
जीतसततमात्मानंरहसिस्थितः ॥ एकाकीयतचित्तात्मानिराशीरपरिग्रहः १० शुचौदेशेप्रतिष्ठाप्यस्थिरमासनमात्मनः ॥ नात्युच्छ्रितंनातिनीचंचैलाजि
नकुशोत्तरम् ११ तत्रैकाग्रंमनःकृत्वायतचित्तेन्द्रियक्रियः ॥ उपविश्यासनेयुंज्याद्योगमात्मविशुद्धये १२ समंकायशिरोग्रीवंधारयन्नचलंस्थिरः ॥ संप्रेक्ष्य
नासिकाग्रंस्वंदिशश्चानवलोकयन् १३ ॥ ॥ ॥

कादिबहुपरिग्रहशून्यः १० योगंयुंजीतेत्युक्तंतत्कथमित्याकांक्षायांतदंगान्यासनादीन्याह । शुचौदेशेइत्यादिना । शुचौस्वभावतःसंस्कारतोवापुण्येदेशेस्थानेप्रतिष्ठाप्यसुस्थितंकृत्वास्थिरंनिश्चलं आ
स्तेऽस्मिन्नित्यासनंस्थंडिलं निश्चलमित्यनेनमृन्मयमेवस्थंडिलंनतुकाष्ठमयंपीठं आसनमितिपरासनव्यावृत्त्यर्थं नात्युच्छ्रितंनात्युच्चं नातिनीचं चैलाजिनकुशाउत्तरेउपर्युपरियस्यतच्चैलाजिनकुशोत्तरं
अजिनादुपरिचैलंकुशेभ्यउपरिअजिनंस्थंडिलस्योपरिकुशाइत्यर्थः ११ प्रतिष्ठाप्यकिंकुर्यादितितत्राह तत्रेति । तत्रासनेपद्मस्वस्तिकाद्यन्यतमेनासनेनोपविश्य । यताःनिगृहीताश्चित्तस्यक्रियाविषया
णांस्मरणानिइन्द्रियक्रियास्तेषांग्रहणंयेनासौयताचित्तेन्द्रियक्रियः । अतएवमनोबाह्याभ्यंतरविषयानुपरक्ततयाएकंध्येयमेवप्रत्यक्तत्वमग्रेयस्यस्फुरतिनान्यत् तदेकाग्रंवृत्त्यंतरानंतरितब्रह्मैकाकारवृत्तिप्रवाहि
कृत्वाआत्मविशुद्धयेचित्तशुद्ध्यर्थंयोगंवृत्तिप्रवाहस्यापिनिरोधंयुंजादनुतिष्ठेच्चित्तस्यस्थैर्यतापादनेन १२ आसनउपविश्येत्युक्तंतत्कथमित्यतआह समामिति । कायःशरीरमध्यंशिरोग्रीवाचकायशिरोग्री
वंसमंमूलाधारमारभ्यमूर्धांतंअवक्रंअचलंनिष्कंपंधारयन्स्थिरोभूत्वासंप्रेक्ष्यनासिकाग्रंस्वमितिनासिकाग्रावेक्षणंनविधीयतेकिंतुनिमीलनेलयभयमुन्मीलनेविक्षेपभयमतोदिशोऽपिच्चयादिविक्षेपकविषयदर्शनभयादन
वलोकयन्नर्धोन्मीलितनेत्रआसीतेतिउत्तरेणान्वयः १३ ॥ ॥ ॥ ॥ ॥ ॥

एवमासनेउपविष्टेनयत्कर्त्तव्यंतदाह प्रशांतात्मेति । योगयुक्तोयोगीब्रह्मचारिव्रतेभैक्षचर्यायांस्थितः संन्यासीत्यर्थः मच्चित्तोमयिपरमेचित्तंयस्यसएवंभूतोमय्येवमनःसंयम्यमत्परआसीतसप्रशांतात्माभूत्वा विगतभीर्भवतीतियोजना । भवतिहिकश्चिदात्मनोऽन्यमीश्वरंमत्वातच्चित्तस्तमेवाराध्यत्वेनाभिगतस्तत्रैवचमनसःसंयमंकरोतिनतुमत्परस्तमेवपरमपुरुषार्थतयाप्राप्यत्वेनमन्यतेकिंतुतत्प्रीत्यान्यदेवफलंकामयते अयंतुमच्चित्तोमय्येवमनःसंयम्यमत्परोमामेवसर्वांतरंप्रत्यगद्वयंकामयतइति । यतोमत्परोऽतएवप्रशांतात्माप्रकर्षेणबाह्याभ्यंतरविषयत्यागेनसमाधिसुखास्वादत्यागेनचशांतउपरतःआत्माचित्तंयस्यसोऽस्मितामात्रावशेषोविगतभीर्भवति । इयमेवावस्थासत्वपुरुषान्यताख्यातिरितिब्रह्मसाक्षात्कारइतिचविकल्प्यते । सर्वथातस्यांसिद्धायांपुरुषःपरमपुरुषार्थभाग्भवति १४ अस्याःफलमाह युंजन्निति । एवमनेनप्रकारेणसदानिरंतरंदीर्घकालंचात्मानंमनोयुञ्जन्समादधानोयोगी नियतंख्यातिफलादपिनिगृहीतंमानसंयेनसनियतमानसः शान्तिपरमवैराग्यबलात्ख्यातिमपिनिरुध्यनिर्विकल्पंपदंनिर्वाणंमोक्षस्तदेवपरमानिष्ठायस्याःशान्तेस्तांमत्संस्थांमय्येवसंस्थाएकीभावेनावस्थानंसमाप्तिर्वायस्यास्तामधिगच्छतिप्राप्नोति । ख्यातिफलंचसूत्रकृतादर्शितंप्रसंख्यानेऽप्यकुसीदस्यसर्वथाविवेकख्यातेर्धर्ममेघःसमाधिरितितत्परंपुरुषख्यातेर्गुणवैतृष्ण्यमितिसत्वपुरुषान्यताख्यातिमात्रात्सर्वज्ञातृत्वंसर्वभावाधिष्ठातृत्वंचेतिसूत्रत्रयेणप्रसंख्यानेध्याने अकुसीदस्यवणिजइवफलानिच्छोःसर्वथाविवेकख्यातिरेवभवतितस्याश्चफलंधर्ममेघःसमाधिःसचप्रागेवव्याख्यातः । तद्वैराग्यंपरंपरसंज्ञंपुरुषख्यातेःफलम् । तस्यलक्षणंगुणेषुदिव्यादिव्यविषयेषुवैतृष्ण्यम् । एतस्यैवहिनांतरीयकंफलंकैवल्यमितियोगावदन्ति । तृतीयसूत्रोक्तंफलंसार्वज्ञ्यादिकंत्वभिप्रेत्यश्रूयते । कस्मिन्नुभगवोविज्ञातेसर्वमिदंविज्ञातंभवतीतिसर्वस्यवशीसर्वस्येशानःसर्वस्याधिपतिरित्यादिकम् १५ एवंयोगाभ्यासनिष्ठस्याहारादिनियममाहद्वाभ्यां नात्यश्नतइति । एकान्तमतिशयेन जाग्रतइत्यत्राप्यतिशब्दोयोज्यः १६ युक्ताःपरिमिताआहारादयोयस्यसतथा १७ निर्वाणपरमांशान्तिंप्राप्तस्यलक्षणान्याह यदेत्यादिभिःषड्भिः । विनियतंविशेषेणएकाग्रताभूमेरपिनिरुद्धमात्मनिप्रत्यगात्मन्येवावतिष्ठतेनत्वस्मितादिरूपेणउद्गिच्यतेतदायोगीसर्वेभ्योजाग्रत्स्वप्नसबीजसमाधिषूपस्थितेभ्यः ल्यब्लोपेपंचमी सार्वात्म्यप्राप्त्यैवतान्प्राप्यतेषुनिःस्पृहोभवतितदायुक्तोनिर्विकल्पकइत्युच्यते १८ एकाग्रतावस्थायांयोगिचित्तस्योपमामाह यथेति । नेंगतेनचलतितद्वत् यतंचतच्चित्तंचयतचित्तंतस्य एकाग्रतांप्राप्तंचित्तंनिवातप्रदीपवन्नचलतीत्यर्थः आत्मनोयोगंसमाधियुञ्जतोऽनुतिष्ठतः १९ यत्रेति । एवंचित्तमेकाग्रीभूतंसत्योगसेवयानिरुद्धंयत्रयस्यामवस्थायामुपरमतेविलीनंभवतियत्रवाआत्मनाचित्तेनात्मानंनिर्विकल्पंपश्यन्नात्मनितुष्यतिनबाह्यार्थेतुष्टिंभजते २० किंच सुखमिति । आत्यन्तिकमनंतंयत्सुखंतत्केवलंबुद्धिग्राह्यंसौषुप्तसुखवद्यतोऽतीन्द्रियमिन्द्रियागोचरंयत्रसुखेस्थितोऽयंनवेत्तिवेद्याभावान्नकिञ्चिदनुभवतिनापितत्त्वतश्चलति । बुद्धितादात्म्याध्यासकालेचलतीवेतिभातिपरंतुतत्त्वतोनचलति । तथाचश्रुतिर्ध्यायतीवलेलायतीवेतीवशब्दंप्रयुंजानाध्यानादेस्तात्त्विकत्वंदर्शयति बुद्धौध्यायंत्यांध्यायतीवेतिलेलायन्त्यांलेलायतीवेतिश्रुत्यर्थः । यद्वातत्सुखंयत्रायंनचैववेत्तिकिमपिनैवानुभवति यत्रेत्यादिभिर्व्वाक्यम् २१ ॥ ॥ ॥

प्रशान्तात्माविगतभीर्ब्रह्मचारिव्रतेस्थितः ॥ मनःसंयम्यमच्चित्तोयुक्तआसीतमत्परः १४ युंजन्नेवंसदाऽत्मानंयोगीनियतमानसः ॥
शान्तिंनिर्वाणपरमांमत्संस्थामधिगच्छति १५ नात्यश्नतस्तुयोगोऽस्तिनचैकांतमनश्नतः ॥ नचातिस्वप्नशीलस्यजाग्रतोनैवचार्जुन १६
युक्ताहारविहारस्ययुक्तचेष्टस्यकर्मसु ॥ युक्तस्वप्नावबोधस्ययोगोभवतिदुःखहा १७ यदाविनियतंचित्तमात्मन्येवावतिष्ठते ॥ निस्पृहःसर्वकामेभ्यो
युक्तइत्युच्यतेतदा १८ यथादीपोनिवातस्थोनेंगतेसोपमास्मृता ॥ योगिनोयतचित्तस्ययुंजतोयोगमात्मनः १९ यत्रोपरमतेचित्तंनिरुद्धंयोगसेवया ॥
यत्रचैवात्मनाऽत्मानंपश्यन्नात्मनितुष्यति २० सुखमात्यन्तिकंयत्तद्बुद्धिग्राह्यमतीन्द्रियम् ॥ वेत्तियत्रनचैवायंस्थितश्चलतितत्त्वतः २१ ॥

दुःखेनशस्त्रपातादिलक्षणेन गुरुणामहता २२ तमिति। यत्रोपरमतेचित्तमित्यादिनाउक्तलक्षणंतंदुःखसंयोगस्याप्यंतःकरणसंबंधस्यवियोगमेवसंतंविरुद्धलक्षणयायोगसंज्ञितंविद्यात । योगफलमुपसंहृत्य पुनर्निश्चयानिर्वेदयोःसाधनत्वविधानपूर्वकंतमेवशतकृत्वोऽपिपथ्यंवदितव्यमितिन्यायेनविधत्तेसइत्यादिनासयोगोनिश्चयेनाध्यवसायेनानिर्विण्णंनिर्वेदरहितंचेतोयस्यतेनयोक्तव्योऽभ्यसनीयः । यद्वा'शांतो दांतउपरतस्तितिक्षुःसमाहितोभूत्वाऽऽत्मन्येवात्मानंपश्येत'इतिश्रुतिविहितंश्रुत्यंतरदृष्टंश्रद्धावित्तपदोपेतंशमादिषट्कमत्रक्रमतोविधीयते । तत्रनिश्चयेनेतिगुरुवेदवाक्यादौफलावश्यंभावनिश्चयलक्षणाश्रद्धाऽत्रनिश्चयपदेनगृह्यते । तथानिर्विण्णचेतसेतिवैराग्येणद्वंद्वसहिष्णुत्वलक्षणातितिक्षाविधीयतेइतिज्ञेयम २३ अथशमदमोपरमसमाधानानिक्रमेणश्लोकद्वयेनविधत्ते संकल्पेति । संकल्पइदंमेभूयादितिचेतोवृत्तिस्ततउद्भवोयेषांतान्कामान्काम्यमानान्विषयानशेषतोवासनोच्छेदपूर्वकंसंकल्पनिरोधेनत्यक्त्वा । एतेनांतरिंद्रियनिग्रहलक्षणःशमउक्तः । बाह्येन्द्रियनिग्रहलक्षणंदममाह मनसैवेति । विषयदोषदर्शिनामनसैवसर्वतःसर्वप्रकारेणश्रोत्रादिकमिंद्रियग्रामंसमंततःसर्वेभ्योविषयेभ्योविनियम्यउपरमेदित्युत्तरेणान्वयः २४ शनैःशनैरिति । भूमिकाजयक्रमेणदिव्यादिव्यविषयेभ्यउपरमेत व्यावृत्तोभवेत कथं धृतिगृहीतयाबुद्ध्येति । धृतिः ' धृत्याययाधारयतेमनःप्राणेन्द्रियक्रियाः ॥ योगेनाव्यभिचारिण्याधृतिःसापार्थसात्त्विकी'इत्युक्तलक्षणातयागृहीतयावशीकृतयाबुद्ध्याउपरमेत् । तथाएवमुपरतंमनःआत्मनिस्वरूपेसंस्थास्थितिर्यस्यनतुदृश्येद्रष्टरिवातत्तथाआत्मैकाकारमेकाग्रमित्यर्थः । द्रष्टृदृश्योपरक्तंचित्तंसर्वार्थंसर्वार्थतैकार्थतयोःक्षयोदयौचित्तस्यैकाग्रतापरिणामइतिसूत्रितमैकाग्र्यंप्रापयेत । सूत्रार्थस्तुअहमि

यंलब्ध्वाचापरंलाभंमन्यतेनाधिकंततः ॥ यस्मिन्स्थितोनदुःखेनगुरुणाऽपिविचाल्यते २२ तंविद्याद्दुःखसंयोगवियोगंयोगसंज्ञितम् ॥ सनिश्चयेनयोक्तव्योयोगोनिर्विण्णचेतसा २३ संकल्पप्रभवान्कामांस्त्यक्त्वासर्वानशेषतः ॥ मनसैवेन्द्रियग्रामंविनियम्यसमंततः २४ शनैःशनैरुपरमेद्बुद्ध्या धृतिगृहीतया ॥ आत्मसंस्थंमनःकृत्वानकिंचिदपिचिन्तयेत २५ यतोयतोनिश्चरतिमनश्चंचलमस्थिरम् ॥ ततस्ततोनियम्यैतदात्मन्येववशंनयेत २६ प्रशान्तमनसंह्येनंयोगिनंसुखमुत्तमम् ॥ उपैतिशांतरजसंब्रह्मभूतमकल्मषम् २७ ॥ ॥ ॥

दंपश्यामीत्यनुभवेहिद्रष्टादृश्यंदर्शनंचभासते तत्रदर्शनभानमप्रत्याख्येयमतोद्रष्टरिदृश्येचोपरक्तंचित्तंसर्वार्थमिति । नतुदर्शनोपरक्तताऽपिसर्वार्थतायांगणिता तदभावेचित्तस्यनाशापत्तेः द्रष्टृदृश्योपरागाभावेतुएकार्थतदुच्यते । यथास्वप्ने तत्रहिदृश्यंनास्तीतिपामराणामपिप्रसिद्धं द्रष्टाऽपिनास्ति तदाइंद्रियाणामभावात । आत्मेन्द्रियमनोयुक्तंभोक्तेतिश्रुत्यैवभोक्तृत्वस्येन्द्रियसन्नियोगशिष्टत्वात् । किंचद्रष्टृदृश्यवासनावासितंचित्रपटसदृशमेकंमनएवास्ति तच्चस्वयंज्योतिषापुरुषेणभास्यमानंजाग्रद्वत्स्वप्नेऽपिद्रष्टृदृश्योपरागंप्रकाशयति तद्वासनावासितत्वात । एवंसतियदासर्वार्थतायाःक्षयःएकार्थतायाः उदयश्चतदाचित्तस्यैकाग्रतारूपःपरिणामोभवतीति । तदेवमात्मसंस्थंमनःकृत्वेतिसंप्रज्ञातसमाधिरुक्तः । तत्रापिपूर्वाभ्यासवशाच्चित्तस्यद्रष्टृदृश्योपरागोवासनामयोभातीतितन्निवारणेनअसंप्रज्ञातसमाधिमाह नकिंचिदपिचिंतयेदिति । ध्यातृध्यानध्येयविभागमपिनस्मरेत किंतुअखंडैकरससंविदात्मनासुषुप्तवत्तिष्ठेदित्यर्थः २५ शनैःशनैरित्येतंश्लोकंव्याचष्टे यतोयतइतित्रिभिः । यतोयतोहेतोर्यंयंविषयंग्रहीतुंमनोनिश्चरतिबहिर्गच्छतिततस्ततस्तत्रतत्रदोषदर्शनेनततस्ततोविषयात्एतन्मनोनियम्यप्रत्याहृत्यआत्मनिस्वरूपेएववशंनयेतपर्यवस्थापयेत एतेनपूर्वार्धंव्याख्यातम २६ एवमात्मवशेमनसिकिंस्यादित्याशंक्याह प्रशांतेति । हियस्मात्एनंप्रशांतमनसंप्रकर्षेणउपरतचेतसंयोगिनंएकाग्रताभूमौउत्तमंसुखंसंप्रज्ञातसमाधिफलभूतंउपैति भौतिकानांबाह्यानांमानोरथिकानामांतराणांचविषयाणांत्यागात्शांतरजसंप्रक्षीणमोहादिक्लेशंब्रह्मभूतंसद्वस्तुरूपं अकल्मषंधर्माधर्मवर्जितं यथोक्तंयोगभाष्ये यस्त्वेकाग्रेचेतसिसद्भूतमर्थंप्रद्योतयतिकर्मबंधनानिश्लथयतिनिरोधमभिमुखीकरोतिक्षिणोतिचक्लेशान्ससंप्रज्ञातोयोगइत्याख्यायतइति एते

नात्मसंस्थंमनःकृत्वेतिव्याख्यातम् २७ अस्यफलमाह युंजन्निति । एवमनेनप्रकारेणयोगीआत्मानंमनोयुंजन्समादधानःविगतकल्मषोनिरस्ताविद्यादिक्लेशःसुखेनअनायासेनब्रह्मसंस्पर्शं निर्विशेषंब्रह्मणाऐक्यंत्रिविधोपाधिप्रविलयात्अश्नुतेप्राप्नोति कीदृशंब्रह्मसंस्पर्शंअत्यंतंअंतोद्रष्टृदृश्यभावेनपरिच्छेदस्तमतिक्रांतंनिर्विशेषंसुखंपरमानंदैकरूपं एतेननकिंचिदपिचिंतयेदितिचतुर्थपादोव्याख्यातः २८ द्विविधस्यापियोगस्यफलमाह सर्वेति । 'सोपाधिर्निरुपाधिश्चद्वेधाब्रह्मविदुच्यते ॥ सोपाधिकःस्यात्सर्वात्मानिरुपाख्योऽनुपाधिकः'इतिवार्तिकोक्तरीत्यासंप्रज्ञातेआत्मनःसार्वात्म्यमनुभवन्योगीसर्वेषुभूतेषुउपादानतयास्थितंआत्मानंईक्षतेपश्यति । तथाअसंप्रज्ञातेसर्वाणिभूतानिब्रह्मादिस्तंबपर्यंतानिआत्मन्येकतांगतानिरज्ज्वामिवाध्यस्तसर्पदंडधारादीनितद्वत्पश्यति । योगयुक्तात्मायोगेनसमाहितचित्तः । अस्यैवव्युत्थानावस्थामाह सर्वत्रेति । सर्वेषुब्रह्मादिस्थावरांतेषुविषमेषुभूतेषुसमंनिर्विशेषंब्रह्मात्मैकत्वविषयंदर्शनंयस्यससर्वत्रसमदर्शनः तथाचश्रुतयः 'यस्तुसर्वाणिभूतानिआत्मन्येवानुपश्यति ॥ सर्वभूतेषुचात्मानंततोनविजुगुप्सते । सर्वस्यात्माभवति । ब्रह्मदाशाब्रह्मदासाब्रह्मेमेकितवाउत । इदंसर्वंयदयमात्मा'इत्यादयएतमर्थंप्रतिपादयंति । यत्तुयोयोगयुक्तात्मायोवासर्वत्रसमदर्शनःसआत्मानमीक्षतइतियोगिसमदर्शिनावाऽऽत्मेक्षणाधिकारिणावुक्तौ । यथाहिचित्तवृत्तिनिरोधःसाक्षिसाक्षात्कारहेतुस्तथाजडविवेकेनसर्वानुस्यूतचैतन्यपृथक्करणमपि नावश्यंयोगएवापेक्षितइति तन्न । 'समाहितोभूत्वाऽऽत्मन्येवात्मानंपश्यति । ततस्तुतंपश्यतिनिष्कलंध्यायमानः'इत्यादिश्रुतिभिःसमाधिध्यानापरपर्याययोगस्यैवात्मदर्शनहेतुत्वप्रतिपादनात् । तत्कारणंसांख्ययोगाभिपन्नंविद्यामेतांयो

युंजन्नेवंसदाऽऽत्मानंयोगीविगतकल्मषः ॥ सुखेनब्रह्मसंस्पर्शमत्यन्तंसुखमश्नुते २८ सर्वभूतस्थमात्मानंसर्वभूतानिचात्मनि ॥ ईक्षतेयोगयुक्तात्मासर्वत्रसमदर्शनः २९ योमांपश्यतिसर्वत्रसर्वंचमयिपश्यति ॥ तस्याहंनप्रणश्यामिसचमेनप्रणश्यति ३० ॥

गविधिचकृत्स्नमितिलिंगाच्चज्ञानयोगयोःसमुच्चयावगमात् । नचश्रौतंयौक्तिकविवेकमात्राज्जडाजडयोर्देहात्मनोःपृथक्करणंसंभवति सोपाधिकस्यभ्रमस्यउपाधिनिवृत्तिमंतरेणनिवृत्त्यसंभवात् । आदर्शाद्यनिवृत्तावपिप्रतिबिंबादिभ्रमनिवृत्त्यनुपपत्तेः अतएवाधिष्ठानज्ञानदार्ढ्येसतितत्रकल्पितस्यचित्तस्यतद्दृश्यस्यचादर्शनमनायासेनैवोपपद्यतइतिनिरस्तं । योगंविनाऽधिष्ठानज्ञानस्यैवासंभवात् यदाहदक्षः 'स्वसंवेद्यंहितद्ब्रह्मकुमारीस्त्रीसुखंयथा ॥ अयोगीनैवजानातिजात्यंधोहियथाघटं'इति । यत्तूक्तंभगवत्पूज्यपादैः ब्रह्मविदःकुत्रापियोगापेक्षांनव्युत्पादयांबभूवुरिति । तद्यथातोब्रह्मजिज्ञासेत्यत्राथशब्दसूचितमुमुक्षुविशेषणीभूतसाधनचतुष्टयांतर्गतंशमाद्युपेतसमाधिमद्दृष्ट्योक्तमितिनदोषः । द्वौक्रमावितिवसिष्ठवाक्यतात्पर्यंतुपरस्परनिरपेक्षमार्गद्वयोपगमेनान्यःपंथाइतिश्रुतिबाधापत्त्याप्रतिपत्तिक्रमभेदमात्रपरतयाप्रागेववर्णितमितिदिक् । किंचयोगप्रकरणेयोगानपेक्षमार्गांतरप्रतिपादनमसंगतं नचतत्सूचकोऽत्रकश्चिच्छब्दोवर्तते । संभवतिवाउक्तयुक्तेरतोयोवासमदर्शनइतिवापदाध्याहारोऽप्यसंगतइतिदिक् २९ अस्यात्मैकत्वदर्शनस्यापिफलमाह योमामिति । सर्वत्रास्मच्छब्दःप्रत्यगात्मपरः योयोगीआत्मानंसर्वत्रपश्यतिसर्वंचात्मनिपश्यतितस्ययोगिनःज्ञातआत्मानप्रणश्यतिअदर्शनंनगच्छतिज्ञातआत्मानपुनस्तिरोभवति । सकृन्नष्टस्यमूलाज्ञानस्यबीजाभावेनपुनरुदयासंभवादित्यर्थः । ननुकार्यकारणसंघाताभिमानिनाशुक्तिरूप्यवद्ब्रह्मण्यध्यस्तेनतदभिमानत्यागपूर्वकंज्ञातंस्वाधिष्ठानभूतंब्रह्ममातिरोधायि बुद्धेस्तत्त्वपक्षपातित्वात् । ब्रह्मदृष्ट्याभुक्तजीवस्यनिरन्वयोच्छेदोभवतीत्याशंक्याह सचमेनप्रणश्यतीति । सचविद्वान्मेममनप्रणश्यतिनतिरोभवतिमदभिन्नत्वात् । भवेदेतदेवंयदिजीवोमयिअध्यस्तोवाममविकारोवाभवेत्तदानिरन्वयोच्छेदंप्राप्नुयात् । अहमेवतुसः । तत्त्वमस्यहंब्रह्मास्मिअयमात्माब्रह्मेत्यादिशास्त्रात् तस्मायुक्तमुक्तंसचमेनप्रणश्यतीति ३० ॥ ॥ ॥

यस्मात्सर्वात्मैकत्वदर्शी अहमेवास्तोनास्यमोक्षःप्रतिबध्यतइत्याह सर्वभूतेति । सर्वोपादानतयासर्वेषुभूतेषुसत्तारूपेणस्फुरणरूपेणचस्थितंमांपरमात्मानमेकत्वंजीवब्रह्मणोरैक्यमास्थितःसन्भजतिनिर्विकल्पेनस
माधिनासेवतेसयोगीव्युत्थानदशायांप्रारब्धकर्मवशात्बाधितानुवृत्त्यादेहमारूढःसर्वथासर्वप्रकारेणयाज्ञवल्क्यादिवत्कर्मत्यागेनवावसिष्ठजनकादिवद्विहितकर्मणावादत्तात्रेयादिवन्निषिद्धकर्मणावावर्त्तमानोऽपि
व्यवहरन्नपिमय्येववर्त्ततेनमत्तश्च्युतोभवति । यतोदेवेभ्योऽपिनास्यभयमितिश्रूयते । 'तस्यहनदेवाश्चनाभूत्याईशतआत्माह्येषांसभवति'इतिच । नेत्यव्ययमप्यर्थे देवाअपितस्यब्रह्मविदःअभूत्यै
अनैश्वर्यायनईशतेनसमर्थाभवंति यतोऽयमेषामात्मेतिश्रुत्यर्थः सनपुनःसंसारीपूर्ववद्भवतीत्यर्थः ३१ यद्यपिनिषिद्धकर्मणाऽप्यात्मविन्नबध्यतेतथापिशीलवानेवयोगीश्रेष्ठइत्याह आत्मौपम्येनेति ।
यथास्वस्यसुखमिष्टंदुःखमनिष्टंतद्वत्परस्यापीतिबुद्ध्यायोऽन्यस्मैदुःखंनप्रयच्छतिसोऽहिंसकःपरमयोगीमतइत्यर्थः ३२ साम्ययोगमशक्यंमन्वानउपायांतरबुभुत्सयाऽर्जुनउवाच योऽयमिति । योऽयंयोगस्त्व
यासाम्येनप्रोक्तोऽहिंसाप्राधान्येनसंन्यासपूर्वकतयावर्णितः हेमधुसूदन तस्ययोगस्यसर्ववृत्तिनिरोधरूपस्यस्थिरांस्थितिंनपश्यामि मनसश्चंचलत्वादितिशेषः ३३ एतदेवोपपादयति चंचलंहीति । प्रमा

सर्वभूतस्थितंयोमांभजत्येकत्वमास्थितः ॥ सर्वथावर्त्तमानोऽपिसयोगीमयिवर्त्तते ३१ आत्मौपम्येनसर्वत्रसमंपश्यतियोऽर्जुन ॥ सुखंवायदिवा
दुःखंसयोगीपरमोमतः ३२ ॥ योऽयंयोगस्त्वयाप्रोक्तःसाम्येनमधुसूदन ॥ एतस्याहंनपश्यामिचंचलत्वात्स्थितिंस्थिराम् ३३ चञ्चलंहिमनःकृष्ण
प्रमाथिबलवद्दृढम् ॥ तस्याहंनिग्रहंमन्येवायोरिवसुदुष्करम् ३४ ॥ श्रीभगवानुवाच ॥ असंशयंमहाबाहोमनोदुर्निग्रहंचलम् ॥ अभ्यासेनतु
कौन्तेयवैराग्येणचगृह्यते ३५ असंयतात्मनायोगोदुष्प्रापइतिमेमतिः ॥ वश्यात्मनातुयतताशक्योऽवाप्तुमुपायतः ३६ ॥ अर्जुनउवाच ॥ अय
तिःश्रद्धयोपेतोयोगाच्चलितमानसः॥अप्राप्ययोगसंसिद्धिंकांगतिंकृष्णगच्छति३७ कच्चिन्नोभयविभ्रष्टश्छिन्नाभ्रमिवनश्यति ॥ अप्रतिष्ठोमहाबाहोविमूढो
ब्रह्मणःपथि ३८ एतन्मेसंशयंकृष्णछेत्तुमर्हस्यशेषतः ॥ त्वदन्यःसंशयस्यास्यछेत्तानह्युपपद्यते ३९ ॥ श्रीभगवानुवाच ॥ पार्थनैवेहनामुत्रवि
नाशस्तस्यविद्यते ॥ नहिकल्याणकृत्कश्चिद्दुर्गतिंतातगच्छति ४० ॥ ॥ ॥ ॥

थिबहुदस्युवदेकस्यप्रमथनशीलम् ३४ मनसोदुर्ग्रहत्वमभ्युपेत्यभगवानुवाच यद्यप्येवंतथाप्यभ्यासवैराग्याभ्यांसमुच्चिताभ्यांदुर्निग्रहमपिमनोनिगृह्यते । तत्राभ्यासोनामकस्यांचिच्चित्तभूमौसमानप्र
त्ययावृत्तिः । वैराग्यंतुदृष्टादृष्टेष्टभोगेषुससाधनेषुदोषदर्शनेनवैतृष्ण्यं । तत्रयथाकैदारिकःकेदारेषुकुल्याजलंसंचारयन्नेकस्यद्वारंपिधायापरस्योद्घाटयतितद्वद्वैराग्येणविषयस्रोतःखिलीक्रियतेअभ्यासेन
कल्याणस्रोतउद्घाटयतइतिद्वयोरप्यावश्यकत्वं तथाचसूत्रम् । अभ्यासवैराग्याभ्यांतन्निरोधइति ३५ असंयतात्मनाअजितचित्तेन वश्यात्मनाजितचित्तेन उपायतोऽभ्यासवैराग्यरूपात् ३६
मनसोदुर्निग्रहत्वाद्योगसिद्धौविघ्नंपश्यन्नर्जुनउवाच हेकृष्ण योगात्कर्मयोगाच्चलितमानसस्त्यक्तकर्मासंन्यासीत्यर्थः श्रद्धयोपेतोयोगमार्गंप्रविष्टोऽपिअयतिःआयुषोल्पत्वाद्वावैराग्यदौर्बल्याद्वाअ
ल्पप्रयत्नः । अलवणायवागूरितिवदत्राल्पार्थेनञ् । सकदाचित्योगसंसिद्धिंयोगफलंसम्यक्दर्शनमप्राप्यमृतश्चेत्कांगतिंगच्छति ३७ कच्चिदिति । कच्चिन्नोभयविभ्रष्टःकर्ममार्गाद्योगमार्गाच्चविभ्रष्टश्छिन्ना
भ्रमिवपूर्वमपरंवामेघसंघमप्राप्यमध्येएवनश्यतितद्वत् अप्रतिष्ठोनिराश्रयः हेमहाबाहो विमूढोब्रह्मणःपथिब्रह्मप्राप्तिमार्गे ३८ एतत्एतं स्पष्टमन्यत् ३९ अत्रोत्तरंभगवानुवाच पार्थेति ।
हेतातेतिवात्सल्यात्संबोधयति तस्येहविनाशोनीचयोनिप्राप्तिः अमुत्रविनाशोनरकप्राप्तिस्तदुभयमपिनजायते । हियतःकल्याणकृच्छुभकृत्दुर्गतिंनैवप्राप्नोति ४० ॥ ॥

इहामुत्रचतस्यमहत्त्वमेवास्तीत्याह प्राप्येति । उषित्वावासंकृत्वा शाश्वतीःसमाःनित्यान्वत्सरान्योगभ्रष्टोरागीचेदल्पकालाभ्यस्तयोगश्चेत्श्रीमतांगेहेजायते । तत्रापिश्रीमानयोगच्छतीत्याशंक्यशुचीनामित्युक्तं । शुचयोहिसत्कार्येष्वेवश्रियमुपयुंजानाःपूर्वापेक्षयामहत्तरंस्थानमासादयंतीत्यर्थः ४१ सयोगीविरक्तश्चिराभ्यस्तयोगोवाचेत्तस्यगतिमाह । अथवेति ४२ तत्रद्विविधेऽपिजन्मनिपौर्वदेहिकंपूर्वदेहप्राप्तंबुद्धिसंयोगम् । यावतीचयोगभूमिःपूर्वजन्मनिजितातत्रचयावान्बुद्धिलाभोजातस्तावंतंबुद्धिसंयोगंपूर्वाभ्यासादल्पेनैवाभ्यासेनलभतेतस्मादपिभूयस्यांबहुधांसंसिद्धौऊर्ध्वभूमिलाभार्थमित्यर्थः यततेयत्नंकरोति ४३ कुतोयततेऽशिक्षितोपीत्यतआह पूर्वेति । अवशोऽपिमहादादिवत्पित्रादिभिरन्यथानीयमानोऽपितेनैवपूर्वाभ्यासेनबलवताह्रियतेयोगप्रवणःक्रियते । यतोयोगस्यजिज्ञासुर्ज्ञानमात्रमिच्छन्योभवतिसोपिशब्दब्रह्मकर्मकांडंवेदमप्यतिक्रम्यवर्त्ततेकिंपुनःपित्राद्याज्ञाम् । इत्थंपूर्वाभ्यासबलंयन्महांतमपिपित्रादियत्नंवृथाकरोतीत्यर्थः ४४ एवंयोगभ्रष्टगतिमुक्त्वायोविषयैर्ह्रियमाणोऽपिप्रयत्नेनयोगमेवाभ्यसितुंप्रवर्ततेतस्यगतिमाह प्रयत्नादिति । प्रयत्नात्प्रकृष्टात्हठात्वायुनिरोधादिरूपात्खेचर्यादिमुद्राविशेषाभ्यासाद्योयतमानःसंशुद्धकिल्बिषोनिष्पापोभवति यदाहमनुः 'प्राणायामैर्दहेदेनः' इति । हठयोगानांसर्वेषांपापनिवृत्त्युपयोगित्वंनतत्त्वसाक्षात्कारेसाक्षात्साधनत्वमित्यर्थः । अतएवसःअनेकैर्जन्मभिःसंसिद्धः प्राप्तयोगोभूत्वाततःपरांगतिंमोक्षंयाति । एतेनचक्षुश्चैवांतरेभ्रुवोरि

प्राप्यपुण्यकृतांल्लोकानुषित्वाशाश्वतीःसमाः ॥ शुचीनांश्रीमतांगेहेयोगभ्रष्टोऽभिजायते ४१ अथवायोगिनामेवकुलेभवतिधीमताम् ॥ एतद्धिदुर्लभतरंलोकेजन्मयदीदृशम् ४२ तत्रतंबुद्धिसंयोगंलभतेपौर्वदेहिकम् ॥ यततेचततोभूयःसंसिद्धौकुरुनन्दन ४३ पूर्वाभ्यासेनतेनैवह्रियतेह्यवशोऽपिसः ॥ जिज्ञासुरपियोगस्यशब्दब्रह्मातिवर्त्तते ४४ प्रयत्नाद्यतमानस्तुयोगात्संशुद्धकिल्बिषः ॥ अनेकजन्मसंसिद्धस्ततोयातिपरांगतिम् ४५ तपस्विभ्योऽधिकोयोगीज्ञानिभ्योऽपिमतोऽधिकः ॥ कर्मिभ्यश्चाधिकोयोगीतस्माद्योगीभवार्जुन ४६ योगिनामपिसर्वेषांमद्गतेनान्तरात्मना ॥ श्रद्धावान्भजतेयोमांसमेयुक्ततमोमतः ४७ ॥ इति श्री०भीष्मपर्वणिश्रीमद्भगवद्गीता० अध्यात्मयोगोनामषष्ठोऽध्यायः ॥ ६ ॥ पर्वणितुत्रिंशोऽध्यायः ॥ ३० ॥ ॥ श्रीभगवानुवाच ॥ ॥ मय्यासक्तमनाःपार्थ योगंयुंजन्मदाश्रयः ॥ असंशयंसमग्रंमांयथाज्ञास्यसितच्छृणु १ ॥ ॥ ॥ ॥ ॥

तिपंचमांतेयत्सूत्रितंतद्व्याख्यातम् ४५ एवंयोगिनंस्तौति तपस्विभ्यइति । तपस्विनोऽत्रकृच्छ्रचांद्रायणमासोपवासादिकर्त्तारः । ज्ञानिनश्चशास्त्रीयपांडित्यवंतः । कर्मिणोऽग्निहोत्राद्यनुष्ठातारःतेभ्यःसर्वेभ्योयोगीयतोऽधिकोमतस्तस्माद्योगीभवार्जुन ४६ समाप्तःकर्मप्रधानस्त्वंपदार्थविवेकः । अतःपरमुपासनाप्राधान्येनतत्पदार्थंनिरूपयितुकामस्तदुपासनांमहाफलत्वेनस्तौति योगिनामिति । दैवमेवापरेयज्ञमित्यादिनाचतुर्थाध्यायप्रोक्ताद्वादशयोगास्तद्वतांयोगिनांसर्वेषांमध्येयोमद्गतेनमयिवासुदेवेसमर्पितेनांतरात्मनाचित्तेनश्रद्धावान्सन्मांभजतेसमेममयुक्ततमोऽतिशयेनयुक्तःश्लाघ्योमतोऽभिप्रेतः । तस्मान्मद्भक्तोभवेतिभावः ४७ ॥ इतिश्रीमत्पदवाक्यप्रमाणमर्यादाधुरंधर०नीलकंठकृतौभार० भीष्मपर्वणिभगवद्गीता०षष्ठोध्यायः । त्वंपदार्थविवेकश्चसमाप्तिमगमत् ॥ ६ ॥ पर्वणि ॥ ३० ॥ पूर्वाध्यायांतेयोमांभजतेसमेयुक्ततमोमतइत्युक्तं तत्रकीदृशंपूर्वोक्तनिष्कामकर्मयोगापेक्षयाविलक्षणंतवभजनंकेनवागुणेनपूर्वयोगापेक्षयातस्ययुक्ततमत्वमित्येतामर्जुनस्याशंकांस्वयमेवपरिहरन्भगवानुवाच मयीति । कश्चिद्राजाश्रयोधनमानासक्तमनाभवति । अयंतुमदाश्रयेणमामेवपरमपुरुषार्थभूतंप्राप्तुमिच्छन्नित्यर्थः । ईदृशोयोगंयुंजन्समाधिमनुतिष्ठन् । त्वंपदार्थविवेककारंभ्यद्यपिसार्वज्ञ्यमस्तिसर्वभूतस्थमात्मानमित्यादिवचनात्तथापिस्वस्मादन्यईश्वरोऽस्तिनवेतिपातंजलकापिलयोस्तार्किकमीमांसकयोर्वासेश्वरानीश्वरयोर्मतभेदात्संशयःकारणाज्ञानाच्चासमग्रंतत्सार्वज्ञ्यमितिमत्वाआह असंशयंसमग्रमिति । मांतत्पदार्थमीश्वरंयथाज्ञास्यसितत्तंप्रकारंशृणु । अत्रवक्ष्यमाणरीत्यासर्वंब्रह्मवासुदेवात्मकमितिभजनेवैलक्षण्यंकारणज्ञातृत्वमस्ययोगिनःपूर्वयोग्यपेक्षयाऽऽधिक्यमितिभावः १ ॥ ॥

॥ ४३ ॥

एतदेवाह ज्ञानमिति । ज्ञानंशुद्धमज्ञानघनंब्रह्म । 'सत्यंज्ञानमनंतंब्रह्म विज्ञानमानंदंब्रह्म'इतिश्रुतेः। तेतुभ्यमहंवक्ष्यामि अशेषतःसाधनकलापसहितं । किंवचनमात्रजेनपरोक्षज्ञानेनशब्दस्यस्वविषयेपरोक्षज्ञान
जनकत्वनियमादित्याशंक्याह सविज्ञानंअनुभवसहितं दशमस्त्वमसीत्यादौशब्दादप्यपरोक्षज्ञानोत्पत्तिदर्शनात् । कस्मिन्नुभगवोविज्ञातेसर्वमिदंविज्ञातमित्येकविज्ञानात्सर्वविज्ञानप्रतिज्ञांश्रौतीमेववर्णयति
यज्ज्ञात्वेति । जगत्कारणाधिष्ठानस्यज्ञानरूपस्यब्रह्मणोज्ञानेसंशयोच्छेदात्सर्वस्यात्ममात्रत्वेनज्ञातव्यानवशेषोयुक्तइत्यर्थः २ एतदेवज्ञानंदौर्लभ्यप्रदर्शनेनस्तौति मनुष्याणामिति । यततांयतमानानाम् ३
एवमेकविज्ञानात्सर्वविज्ञानंप्रतिज्ञायतदुपपत्तयेसर्वस्यजडाजडप्रपंचस्यज्ञानात्मकब्रह्मप्रभवत्वमाहत्रिभिः भूमिरिति । अत्रभूम्यादिपदैस्तत्तत्कारणान्येवगृह्यंते प्रकृतिरित्यधिकारात्स्थूलभूम्यादेश्चविकृतिमा
त्रत्वात् । तथाचभूमिरितिगंधतन्मात्रं । आपइतिरसतन्मात्रं । अनलइतिरूपतन्मात्रं । वायुरितिस्पर्शतन्मात्रं । खमितिशब्दतन्मात्रं । मनइतितत्कारणमहंकारः । बुद्धिरितिसमष्टिबुद्धिर्म
हत्तत्त्वं । अहंकरोत्यनयेत्यहंकारोमूलप्रकृतिः । करणेघञोदुर्लभत्वेऽप्यगत्याबाहुलकात्तद्बोध्यम् । इयंमेमत्तोऽभिन्नाऽपृथक्सिद्धाशुक्तिशकलादिवरजतं अष्टधाअष्टप्रकाराप्रकृतिर्जडप्रपंचोपादान
भूता । यद्वा नात्राव्यक्तमहदहंकारपंचतन्मात्राण्येवाष्टौसांख्याभिमताएवप्रकृतयोग्राह्याइतिनियमोऽस्ति । 'मनसाह्येवपश्यतिमनसाशृणोति'इतिमनसइंद्रियांतरप्रकृतित्वश्रवणेनसंतुनवापिप्रकृतयः ।
तथाचैवंयोज्यं इयंमेमदभिन्नाप्रकृतिरव्याकृताख्याभूम्यादिभेदेनाष्टधेतिमूलप्रकृतेरत्रभूम्यादिभिःसहपाठाज्जन्यत्वमवगम्यतेनसांख्यानामिवाजन्यत्वं । 'तस्मादव्यक्तमुत्पन्नंत्रिगुणंद्विजसत्तम'इति ।

ज्ञानंतेऽहंसविज्ञानमिदंवक्ष्याम्यशेषतः ॥ यज्ज्ञात्वानेहभूयोऽन्यज्ज्ञातव्यमवशिष्यते २ मनुष्याणांसहस्रेषुकश्चिद्यततिसिद्धये ॥ यततामपिसि
द्धानांकश्चिन्मांवेत्तितत्त्वतः ३ भूमिरापोऽनलोवायुःखंमनोबुद्धिरेवच ॥ अहंकारइतीयंमेऽभिन्नाप्रकृतिरष्टधा ४ अपरेयमितस्त्वन्यांप्रकृतिंविद्धिमे
पराम् ॥ जीवभूतांमहाबाहोययेदंधार्यतेजगत् ५ एतद्योनीनिभूतानिसर्वाणीत्युपधारय ॥ अहंकृत्स्नस्यजगतःप्रभवःप्रलयस्तथा ६ मत्तःपरत
रंनान्यत्किंचिदस्तिधनंजय ॥ मयिसर्वमिदंप्रोतंसूत्रेमणिगणाइव ७ रसोऽहमप्सुकौन्तेयप्रभास्मिशशिसूर्ययोः ॥ प्रणवःसर्ववेदेषुशब्दःखेपौरुषंनृषु ८

अव्यक्तंपुरुषेब्रह्मन्निष्कलेप्रविलीयते'इतिचतस्या अपिप्रभवप्रलययोःस्मरणात् ४ एवंक्षेत्रात्मिकांप्रकृतिमुक्त्वाक्षेत्रज्ञात्मिकांतामाह अपरेयमिति । इयंप्रागुक्तासाऽपराअश्रेष्ठाजडत्वात् । इतस्तुविलक्षणा
मन्यांपरांचेतनत्वेनमदनन्यत्वादुत्कृष्टांमेमत्संबंधिनींप्रकृतिंजीवभूतांप्राणधारणनिमित्तभूतांक्षेत्रज्ञाख्यांविद्धिजानीहि .हेमहाबाहो ययाप्रकृत्याऽन्तःप्रविष्टयेदंजगत्स्थावरजंगमशरीरात्मकंधार्यते ५ एतदिति ।
एतेपरापरेक्षेत्रक्षेत्रज्ञरूपेप्रकृतीयोनिरुत्पत्तिलयस्थानंयेषांभूतानांतान्येतद्योनीनिभूतानिचतुर्विधानीत्येतदुपधारयसम्यग्जानीहि । किंपातंजलानामिवएतेप्रकृतीईश्वरादन्येइत्याशंक्याह अहमिति । कृत्स्न
स्यस्वस्वप्रकृतिसहितस्यजगतोजडाजडरूपस्यप्रभवःप्रभवत्यस्मादितिप्रभवउत्पत्तिकारणं । तथाप्रलीयतेऽस्मिन्निति प्रलयःलयस्थानंच । अतस्तेउभेअपिप्रकृतीमत्तोनातिरिच्येते ६ एवमेकविज्ञानात्सर्व
विज्ञानंप्रकृतमात्मनोजगदुपादानत्वेनोपपाद्यततएवात्मनोनिर्विकारत्वहानेप्राप्तेआह मत्तइति । कारणान्मृदादेःपरंपृथग्भूतंघटादि व्यवहारेतयोर्भेदानुभवात् । परतरंतुगवाश्वादिमृदनुपादानकत्वात् ।
एवंब्रह्मणःपरतरंतदनुपादानकंकिंचिदपिनास्ति हेधनंजय । एवंप्रपंचेब्रह्माव्यतिरेकंप्रदर्श्यब्रह्मणिप्रपंचव्यतिरेकंसदृष्टांतमाह मयीति । मयिसद्रूपेणस्फुरणरूपेणचसूत्रवत्सर्वत्रानुस्यूते । यदिदंसर्वमणिग
णवत्परस्परव्यावृत्तंतत्प्रोतंतेनव्यावृत्तेभ्योऽनुवृत्तंभिन्नमितिन्यायेनप्रपंचातीतोऽहमतोनममविकारित्वमित्यर्थः ७ नन्वेवंप्रपंचपरमात्मनोर्मणिसूत्रवदुपादानोपादेयभावोऽपिनस्यात् । नह्युपादानंचाननु
वृत्तंचेतिघटते । मृद्घटादावदर्शनादित्याशंक्यस्वप्नमायेन्द्रजालरज्जूरगतुल्यत्वंप्रपंचस्योपपाद्योभयमप्यविरुद्धमित्युपदिष्टंचेदयमकस्माद्बुद्धिप्रोभविष्यतीतिमत्वाद्दृष्टांतांतरैरेवानुवृत्तिव्यावृत्तिचिज्जडयोर्दर्शयति

रसइति । यथारसोऽप्सुएकमप्यप्परमाणुमपरित्यज्यानुस्यूतोदृश्यतेऽतोरसरूपेमयिआपःप्रोताः एवंप्रभायांचंद्रादयःप्रोताःप्रणवेसर्वेवेदाःप्रोताः । तद्यथा'शंकुनासर्वाणिपर्णानिसंतृण्णान्येवमोङ्कारेणसर्वावा
क्संतृण्णा'इतिवाङ्मात्रेप्रणवानुस्यूतिश्रवणात् । संतृण्णानिसंग्रथितानि । एवमाकाशेशब्दःसारभूतस्तस्मिन्मयिसर्वंप्रोतं । सर्वपुरुषेषुसारंपौरुषंशौर्यधैर्यादिरूपंतत्रपुरुषाःप्रोताः । एवमग्रेऽपिद्रष्ट
व्यम् ८ पुण्यइति । रसादिष्वपिद्रष्टव्यं अपुण्यस्यसर्वस्याविद्यामात्रविलसितत्वात् विभावसौवन्हौतेजःदहनशक्तिः । जीवंत्यनेनेतिजीवनमन्नंविराजं तत्रहिसर्वाणिभूतानिप्रोतानि । अन्येतुजीव
नमायुरितिव्याचक्षते । तपश्चेति । तपोधर्मस्तद्रूपेमयितपस्विनःप्रोताः ९ बीजंकारणं सर्वभूतानांपिंडब्रह्मांडात्मकानांबीजेमयिपिंडादिकंप्रोतं कनकेकुंडलादिवत् । सनातनंनित्यंबीजांतरादनु
त्पन्नं । बुद्धिरूपेमयिबुद्धिमंतःप्रोताः तेजःप्रागल्भ्यंतद्रूपेमयिप्रगल्भाःप्रोताः १० बलरूपेमयिबलवंतःप्रोताः कामरागविवर्जितं कामस्तृष्णा रागोरंजना तौहिअविद्यकौ अतोनिरविद्यस्य
बलंतद्वर्जितं एवंधर्माविरुद्धकामरूपेमयिईदृशाःकामवंतःप्रोताः ११ सात्विकाधर्मज्ञानवैराग्यैश्वर्यादयः राजसालोभप्रवृत्त्यादयः तामसानिद्रालस्यादयः तान्सर्वान्मत्तएवरसतन्मात्रादिरूपात्सूत्रात्म
नोनिर्गताइतिविद्धि । नन्वेवंतवसर्वजगदात्मनोविकारित्वापत्त्याकौटस्थ्यहानिरित्याशंक्याह नत्वहंतेषुतेमयीति । येष्वबादयःप्रोतास्तेषुसूत्रावयवभूतेषुरसादिष्वनृतजडरूपेष्वबाधितात्मचिन्मात्ररूपोघट
शरावोदंचनादाविवमृदस्मि । अनृतस्यास्यसत्त्वास्फुरणेएवस्वकीयेमयच्छामिनत्वनृतात्माभवामीत्यर्थः । तेतुमय्येवाध्यस्तामदनन्याः यथारज्ज्वामध्यस्ताःसर्पादयोरज्ज्वनन्याः । तदनन्यत्व

**पुण्योगन्धःपृथिव्यांचतेजश्चास्मिविभावसौ ॥ जीवनंसर्वभूतेषुतपश्चास्मितपस्विषु ९ बीजंमांसर्वभूतानांविद्धिपार्थसनातनम् ॥ बुद्धिर्बुद्धिमता
मस्मितेजस्तेजस्विनामहम् १० बलंबलवतांचाहंकामरागविवर्जितम् ॥ धर्माविरुद्धोभूतेषुकामोऽस्मिभरतर्षभ ११ येचैवसात्विकाभावाराजसा
स्तामसाश्चये ॥ मत्तएवेतितान्विद्धिनत्वहंतेषुतेमयि १२ त्रिभिर्गुणमयैर्भावैरेभिःसर्वमिदंजगत् ॥ मोहितंनाभिजानातिमामेभ्यःपरमव्ययम् १३
दैवीह्येषागुणमयीमममायादुरत्यया ॥ मामेवयेप्रपद्यन्तेमायामेतांतरन्तिते १४ ॥ ॥ ॥**

मारंभणशब्दादिभ्यइतिन्यायात् । अनन्यत्वंव्यतिरेकेणाभावः । नखल्वनन्यत्वमित्यभेदंब्रूमःकिंतुभेदंनिषेधामः कुतः आरंभणशब्दात् । वाचाऽऽरंभणंविकारोनामधेयमितिविकारस्यवागा
लंबनत्वेनस्वप्नमायेन्द्रजालिकविषयसाम्यश्रुतेः । नह्यात्मनोविचित्रप्रपंचात्मत्वेतेमयीत्यंशाविरोधेऽपिनत्वहंतेष्वित्यंशेविरोधपरिहारोयुज्यतेकार्यस्यकारणात्मकत्वावश्यंभावात् । तस्माद्विवर्तवादाश्र
येणैवब्रह्मणोजगदुपादानत्वकूटस्थत्वेनिर्वहतइतिसाधूक्तंनत्वहंतेषुतेमयीति १२ कथंतर्हिस्थूलसूक्ष्मप्रपंचबाधेनजनाआत्मानंनावगच्छंतीत्याशंक्याह त्रिभिरिति । एभिःपूर्वोक्तैस्त्रिभिस्त्रिविधैर्भावैःप्रकाश
प्रवृत्तिनियमाद्यैर्गुणमयैःसत्वरजस्तमोगुणविकारैरिदंचराचरंप्राणिजातंजगच्छब्दवाच्यंमोहितंसदेभ्योगुणेभ्यःपरंमांनजानाति । यथारज्ज्वांसर्पभ्रमेणव्याकुलःसर्पात्परांरज्जुंनजानातितद्वत् । पर
त्वेहेतुः अव्ययं एतेभावाःपरिणामित्वात्व्ययवंतः अहंतुतद्विपरीतःसाक्षीइत्यव्ययः १३ देवस्यजीवरूपेणलीलयाक्रीडतोममसंबंधिनीयंदेवी हिप्रसिद्धा पिंडब्रह्मांडरूपेणवितताएषाममचिन्मात्रस्य
मायामामहंनजानामीतिसाक्षिप्रत्यक्षत्वेनापलापानर्हाऽनृतस्यप्रपंचस्येन्द्रजालादेरिवप्रकाशिका गुणमयीसत्वरजस्तमोगुणमयी दुरत्ययादुरतिक्रमायेमामेवसर्वभूतस्थंभगवंतंवासुदेवंप्रपद्यंतेविषयीकुर्वंतितएवै
तांमायांतरंति । अधिष्ठानज्ञानेनैवसमूलस्यभ्रमस्योच्छेदोभवतिनतुज्ञानांतरेणवाद्वृत्तिनिरोधेनवेत्यर्थः । अयमर्थः जीवेश्वरविभागशून्येशुद्धचिन्मात्रेकल्पितोमायादर्पणाश्रितप्रतिबिंबरूपंजीवंवशीकृत्य
बिंबचैतन्यमनुरुध्यप्रचलति अयस्कांतमनुरुध्येवलोहशलाका इदमेवईश्वराधीनत्वंमायायाः ईश्वरस्यचमायाद्वारासर्वस्रष्टृत्वमपि तथाचश्रुतिः 'अस्मान्मायीसृजतेविश्वमेतत्तस्मिंश्चान्योमाययासंनिरुद्धः'

इति । तथाचैकैवमायाजीवेश्वरयोरुपाधिर्दर्पणइवबिंबप्रतिबिंबयोर्बिंबमतिबिंबभावानाक्रांतमुभयानुस्यूतंशुद्धचिन्मात्रमन्यत्तृतीयं मुक्तप्राप्यंजीवेश्वरौचोपाधिपक्षपातद्दशायामल्पज्ञत्वसर्वज्ञत्वशास्यत्वशासि
तृत्वादिभावंभजेते । तावेवतदभावेउपाधिप्रचारदर्शिनाबुदासीनबोधरूपनयाजीवसाक्षीश्वरसाक्षीतिशब्दाभ्यांव्यवह्रियेते । एवंचजीवईश्वराराधनावाप्तप्रत्यक्तत्त्वज्ञानेनमायायांनष्टायांतत्कार्यस्यापिनाशे
नसाक्ष्याभावात्साक्षित्वमपिपरित्यज्यबिंबप्रतिबिंबानुस्यूतंशुद्धंतृतीयंचैतन्यंगच्छतीतितदिदमुक्तंदैवीमायेति । ममायेतिचैकस्याएवजीवेश्वरसंबंधित्वंजीवस्येश्वरभजनेनमायातरणमितिच १४ कुतस्तर्हिस
र्वेत्वांप्रपद्यमायांनतरंतीत्याशंक्याह नमामिति । यतोदुष्कृतिनोऽतश्चित्तशुद्ध्यभावान्मूढाःआत्मानात्मविवेकहीनाः अतएवनराधमामांनप्रपद्यंते । कुतोदुष्कृतिनः । यतोमाययाऽपहृतंतिरस्कृतंज्ञानमखंडसं
विद्रूपंब्रह्मयेषांतेअपहृतज्ञानाः । एतेनमायायाआवरणशक्तिरुक्ता । किंच आसुरंअसुराणांविरोचनादीनांभावंचित्ताभिप्रायमात्मैवेहमह्य्यइत्यादिनाश्रुतंदेहेन्द्रियसंघातएवसम्यक्संतर्पणीयइत्येवंवि
धमाश्रिताः । एतेनमायायाविक्षेपशक्तिरुक्ता । तदेवंमाययास्वरूपानंदमावृत्यदेहात्मभ्रमेजनितेमतितदभिमानाद्देहादिपुष्ट्यर्थंदुष्कृतंकुर्वंतितेनचमूढाःसंतोनराधमामांनप्रपद्यंते । सर्वानर्थमूलंमाये
वेत्यर्थः १५ येतुसत्यपिदेहाद्यध्यासेमत्तोबिभ्यतिमत्प्रीत्यर्थंसुकृतमेवाचरन्तितेऽपिचतुर्विधानकेवलंसर्वेमदेककामाइत्याशयेनाह । चतुर्विधाइति । आर्त्तःपीडितःपीडापरिहारार्थी । जिज्ञासुःस्वा
ज्ञाननाशार्थी । अर्थार्थीधनाद्यर्थी । ज्ञानीचेतिचतुर्विधामांभजंते १६ किंसर्वेऽपिसमाएतेसुकृतिनइतिसाधारण्येनविशेषणादतआह तेषामिति । तेषांमध्येज्ञानीविशिष्यते यतोनित्ययुक्तः आर्त्ता

नमांदुष्कृतिनोमूढाःप्रपद्यंतेनराधमाः ॥ माययाऽपहृतज्ञानाआसुरंभावमाश्रिताः १५ चतुर्विधाभजंतेमांजनाःसुकृतिनोऽर्जुन ॥ आर्तोजिज्ञासुर
र्थार्थीज्ञानीचभरतर्षभ १६ तेषांज्ञानीनित्ययुक्तएकभक्तिर्विशिष्यते ॥ प्रियोहिज्ञानिनोऽत्यर्थमहंसचममप्रियः १७ उदाराःसर्वएवैतेज्ञानीत्वात्मैव
मेमतम् ॥ आस्थितःसहियुक्तात्मामामेवानुत्तमांगतिम् १८ बहूनांजन्मनामन्तेज्ञानवान्मांप्रपद्यते ॥ वासुदेवःसर्वमितिसमहात्मासुदुर्लभः १९
कामैस्तैस्तैर्हृतज्ञानाःप्रपद्यन्तेऽन्यदेवताः ॥ तंतंनियममास्थायप्रकृत्यानियताःस्वया २० योयोयांयांतनुंभक्तःश्रद्धयाऽर्चितुमिच्छति ॥ तस्यत
स्याचलांश्रद्धांतामेवविदधाम्यहम् २१ ॥ ॥ ॥ ॥

दयोहिकामिनःकामपूर्त्तौनमद्भजनेयुक्ताभवंति अयंतुनित्ययुक्तएकभक्तिश्चैकभावेनभजनंकरोति । तथाहि आर्त्तारोगिणःसूर्यंभजंते । जिज्ञासवःसरस्वतीम् । अर्थार्थिनःकुबेरादीनितितेषां
तत्तत्कामार्थित्वेनानेकभक्तित्वंदृश्यते । तस्यनित्ययुक्तत्वेचहेतुः हियतः ज्ञानिनोऽहमत्यर्थंप्रियः आत्मत्वादेव आत्माचप्रियः निरुपाधिप्रेमगोचरत्वात् । 'तदेतत्प्रेयःपुत्रात्प्रेयोवित्तात्प्रेयोऽन्य
स्मात्सर्वस्मादांतरंयदयमात्मा'इतिश्रुतेश्च सचज्ञानीममप्रियोभक्तानांदुर्लभत्वादितिभावः १७ उदाराइति । सर्वेऽप्येतेउदाराउत्कृष्टाएव । ज्ञानीतुममात्मैवेतिममतंनिश्चितं हियतःसयुक्तात्मा
अहमेवभगवान्वासुदेवइत्यभेदेनमयिसमाहितचित्तोमामेवानुत्तमांश्रेष्ठांगतिमास्थितोनतुमत्तोऽन्यदारोग्यादिकंकामयानोमद्भक्तिंकरोति किंतर्हिमत्प्राप्त्यर्थमेवमांभजतइत्यर्थः १८ किंच वासुदेवःसर्व
मितिज्ञानवान्योबहूनांजन्मनामन्तेचरमजन्मनिमांप्रपद्यतेसम्यग्दर्शनेनापरोक्षीकरोति समहात्माब्रह्मभूतःसुदुर्लभइतियोजना १९ अन्येतुतैस्तैःकामैःपुत्रपश्वादिविषयैः हृतज्ञानाः हृतंदूरीकृतंज्ञानंविवे
१६ कोयेषांते अन्यदेवताः अहमेतस्याआराधनेनेदंफलमवाप्स्यानीतिभेदबुद्ध्याप्रपद्यंतेइंद्रादीन् तंतंनियमंचतुर्दश्युपवासादिकमास्थाय स्वयाप्रकृत्यावक्ष्यमाणविधयादैव्याआसुर्यावानियताःनिगृहीताः
२० किंच योयोभक्तःसात्त्विकोराजसस्तामसोवायांयांतनुंतादृशीमेवदेवादिरूपांयक्षरक्षोरूपांभूतप्रेतरूपांवामूर्तिंश्रद्धयातादृश्यैवार्चितुमिच्छतितस्यतस्यभक्तस्यतामेवश्रद्धांसात्त्विकींराजसींतामसींवाऽहंसर्वे

श्वरोऽचलांविदधामि २१ ततश्चसतयाश्रद्धयायुक्तःसन्तस्यामूर्तेराराधनंससाधनंवशीकरणमीहतेऽच्छति ततश्चकामान्विषयान्लभते मयैवविहितानाज्ञापितान् हितान् ईप्सिताम् एतेनसर्वासां देवतानांस्वाज्ञावशवर्त्तित्वंदर्शितम् २२ अल्पमेधसां 'अथयत्रान्यत्पश्यत्यन्यच्छृणोतिअन्यन्मनुतेऽन्यद्विजानातितदल्पम्'इतिश्रुतेः द्वैतमल्पंतत्रैवमेधायेषांतेबाह्यार्थाभिलाषिणामित्यर्थः । तेषांतत्फलमंतवदसर्वस्यबाह्यार्थस्यांतवत्त्वादेव । तुशब्दोऽभेदेनेश्वरभक्तेभ्योविभेदार्थः यतोदेवयजोदेवान्यजंतेइतिदेवयजस्तेदेवानंतयुक्तानेवयांति । एवंयक्षरक्षोभक्तायक्षादीनेवयांति भूतप्रेतभक्ताश्चभूतादीनेवेत्यपिद्रष्टव्यं । मद्भक्तास्तुमामेवानंतंयांति । अतस्तेऽनंतफलभाजइत्यर्थः २३ एवंतर्हिकुतस्त्वामेवसर्वेनप्रतिपद्यंतइत्याशंक्याज्ञानादित्याह अव्यक्तमिति । अव्यक्तंसर्वोपाधिशून्यत्वेनास्पष्टमपिवासुदेवशरीरेणव्यक्तिमापन्नं अस्मदादिवच्छरीराभिमानिनंमामबुद्धयोमन्यंते । यतोममपरंभावंपरत्वमुत्कृष्टत्वमजानंतः । उत्कृष्टत्वमेवविशिनष्टि अव्ययंनव्येतीत्यव्ययमविनाशिनं अनुत्तमंयस्मादन्यदुत्कृष्टंचनास्ति निरतिशयमखंडैश्वर्यरूपमित्यर्थः २४ कुतस्त्वद्विषयमज्ञानंलोकस्येत्यतआह नाहमिति। हेयोगयोगिन् अर्शआद्यच्प्रत्ययांतोऽयंयोगशब्दः अहंतत्पदार्थःसर्वस्ययोगिनस्त्वंपदार्थमात्राभिज्ञस्यनप्रकाशोऽस्मि तत्रहेतुः मायासमावृतइति । भाष्येतुयोगोयुक्तिर्गुणानांघटनंसैवयोगमायाचित्तसमाधिर्वायोगोभगवतस्तत्कृतामायेति भगवत्संकल्पवशवर्त्तिनीमायेत्यर्थः उत्तरार्धःस्पष्टार्थः २५ ननुत्वदभिन्नंलोकंत्वन्मायामोहयतिचेत्त्वन्मायात्वांकुतोनमोहयतीत्यतआह वेदाहमिति। सत्यं सत्यपिलोकस्यममचाभेदेऔपाधिकभेदस्यसत्त्वादुपाधिधर्माभिमानित्वाल्लोकोमूढः । तदभावाच्चाहंसर्वज्ञ

सतयाश्रद्धयायुक्तस्तस्याराधनमीहते ॥ लभतेचततःकामान्मयैवविहितान्हितान् २२ अंतवत्तुफलंतेषांतद्भवत्यल्पमेधसाम् ॥ देवान्देवयजोयांति मद्भक्तायांतिमामपि २३ अव्यक्तंव्यक्तिमापन्नंमन्यन्तेमामबुद्धयः ॥ परंभावमजानंतोममाव्ययमनुत्तमम् २४ नाहंप्रकाशःसर्वस्ययोगमायासमावृतः ॥ मूढोऽयंनाभिजानातिलोकोमामजमव्ययम् २५ वेदाहंसमतीतानिवर्तमानानिचार्जुन ॥ भविष्याणिचभूतानिमांतुवेदनकश्चन २६ इच्छाद्वेषसमुत्थेनद्वंद्वमोहेनभारत ॥ सर्वभूतानिसंमोहंसर्गेयांतिपरंतप २७ येषांत्वंतगतंपापंजनानांपुण्यकर्मणाम् ॥ तेद्वंद्वमोहनिर्मुक्ताभजंतेमांदृढव्रताः २८ जरामरणमोक्षायमामाश्रित्ययतंतिये ॥ तेब्रह्मतद्विदुःकृत्स्नमध्यात्मंकर्मचाखिलम् २९ ॥ ॥

इतिविशेषः अक्षरार्थःस्पष्टः २६ केनपुनर्निमित्तेनातीतादीनिभूतानिनजानंतीत्याशंक्याह इच्छेति । इच्छारागःद्वेषस्ताभ्यांसमुत्थितोद्वंद्वमोहःशोभनाशोभनसत्यासत्यनित्यानित्यात्मसुविपर्ययःअशोभनेशोभनबुद्धिःशोभनेवाअशोभनबुद्धिरित्येवंरूपस्तेन । हेभारतभरतान्वय । सर्वभूतानिसर्गेसृष्टिविषयेमोहंअविवेकंयांति हेपरंतप । अयंभावः योहिसृष्टेरुपादानंस्वरूपंचतत्त्वतोजानातिसब्रह्मवित्सर्वज्ञत्वादतीतादीन्जानाति । सृष्टौचसर्वेषांमोहोऽस्ति अशोभनेस्त्र्यादौशोभनाध्यासात् । असत्येप्रपंचेसत्यत्वाध्यासात् । सत्येचात्मनोऽसंगत्वेऽसत्यत्वाध्यासात् । अनित्येस्वर्गादौनित्यत्वाध्यासात् । अनात्मनिदेहादावात्माध्यासात् । अतोविपर्ययेणसृष्टिज्ञानंप्रतिबद्धंतेनचसार्वज्ञ्यंनजायतेऽस्मदादीनामिति २७ केषांतर्हिसार्वज्ञ्यंभवतीत्याशंक्याह येषांत्वितिद्वाभ्यां । येषांपुनर्जनानांपुण्यकर्मणांपापं अंतगतंअंतंनाशंप्राप्तं द्वितीयाश्रितेतिसमासः तेद्वंद्वमोहउक्तलक्षणस्तेननिर्मुक्ताःसंतःप्रथमंदृढव्रताःशमदमादिदार्ढ्यभाजोभूत्वामांभजंते २८ ततश्चजरामरणयोःप्रवाहादात्मनोमोक्षायमामाश्रित्यमयिसमाहितचेतसोभूत्वायेयतंतियतंतेज्ञानलाभायवेदांतश्रवणादौ तेतत्सर्ववेदांतप्रसिद्धंकृत्स्नंब्रह्मविदुः विराडाद्युपासकास्त्वकृत्स्नब्रह्मविदःसूत्रकारणयोर्मिश्रफलस्यचाज्ञानात् । श्रीगोपालबालोपासकास्तुतत्पदलक्ष्यकृत्स्नब्रह्मविदोऽतस्तेध्यात्मादिकंकात्स्न्येंनजानंतिसर्वविदोभवंतीत्यर्थः । अनेन'यज्ज्ञात्वानेहभूयोऽन्यज्ज्ञातव्यमवशिष्यते'इत्येकविज्ञानात्सर्वविज्ञानप्रतिज्ञायापूर्वकृतातस्याउपसंहारोदर्शितः । अध्यात्मंआत्मनिशरीरेस्थितंप्रत्यगात्मविषयंवस्तुशुद्धंत्वंपदार्थमित्यर्थः । कर्मचतत्त्वंपदार्थज्ञानयोःसाधनंश्रवणादिकंसर्वंविदुः २९ ॥ ॥

एवंतत्पदार्थविवेकसधोमुक्तिहेतुंसमाप्यतत्प्राप्त्युपायभूतान्युपासनानिक्रममुक्तिफलानिविस्तरेणवक्तुकामःसंक्षेपेणसूत्रयति साधिभूतेति । अधिभूतंचअधिदैवंचताभ्यांसहितंसाधिभूताधिदैवं तथाऽधियज्ञे नसहितंसाधियज्ञंचमांयेविदुःउपासतेतेयुक्तचेतसः । यतोनित्यंसमाहितचित्तास्ततोमांप्रयाणकालेऽपिसर्वजनव्यामोहकेविदुरेव । भावनादार्ढ्यान्मरणकालेपितस्यज्ञानस्यप्रमोषोनभवत्यतोभगवतिनैरंत र्येणदृढाभावनाकर्तव्येतिभावः । अधिभूतादिपदार्थंतुभगवानेवव्याख्यास्यतीतिनोक्तवंतोवयम् ३० ॥ इतिभीष्मपर्वणिनीलकंठीयेभारतभावदीपेसप्तमोऽध्यायः ॥ ७ ॥ पर्वणि० ॥ ३१ ॥

॥ पूर्वस्मिन्नध्यायेमायोपहितंब्रह्मजगत्कारणमुक्तंतच्चउत्तमानामनुपाधिब्रह्मप्रतिपत्तावुपलक्षणंमध्यमानामुपास्यंचेतिमत्वाप्रतिपत्तव्यंब्रह्मतद्विषयएकःउपासनाविषयाश्चषट् एवंसप्तप्रश्नविषयास्तेब्रह्मतद्विदु रित्यध्यायांतेसार्धश्लोकेनभगवतासूत्रितास्तद्वृत्तिरूपोऽयमध्यायआरभ्यते । तत्रसूत्रितानांब्रह्मादिशब्दानामर्थंबुभुत्सुरर्जुनउवाच किंतत्कृत्स्नंब्रह्मेतिप्रथमःप्रश्नः शेषःस्पष्टार्थःश्लोकः १ अधियज्ञः कथंकोऽत्रकइतिस्वरूपप्रश्नः कथंज्ञेयइतिपदाकर्षेणतत्तदुपासनाप्रकारप्रश्नश्चेतिद्वयंमिलित्वाएकएवप्रश्नः शेषंस्पष्टम् २ क्रमेणैषांप्रश्नानामुत्तरमाह अक्षरमित्यादिभिस्त्रिभिः । तत्रकिंतद्ब्रह्मेत्यस्योत्तरमक्ष रंपरमंब्रह्मेति यत्परममक्षरंतद्ब्रह्मेतियोजना अक्षरशब्दस्यवर्णेषुरूढत्वात् ओमित्येतदक्षरमित्यादिश्रुतौओमित्येकाक्षरंब्रह्मेतिस्मृतौचदर्शनेनात्रापिप्रणवस्याक्षरशब्देनग्रहणेपरममितिविशेषणं प्रणव स्यपरब्रह्मत्वासंभवात् । अतश्च'एतद्वैतदक्षरंगार्गिब्राह्मणाअभिवदंत्यस्थूलमनण्वह्रस्वमदीर्घम्'इतिश्रुतिप्रसिद्धमखंडैकरसंवस्तुअक्षरशब्दितंतद्ब्रह्मेतिप्राञ्चः यद्वा । अक्षरशब्देनजीवः 'कूटस्थोऽक्ष

साधिभूताधिदैवंमांसाधियज्ञंचयेविदुः ॥ प्रयाणकालेऽपिचमांतेविदुर्युक्तचेतसः ३० ॥ इतिश्रीम० भीष्मपर्वणिभगवद्गीतासूपनिषत्सुब्रह्मविद्यायां योगशास्त्रे श्रीकृष्णार्जुनसंवादे ज्ञानयोगोनामसप्तमोऽध्यायः ॥ ७ ॥ पर्वणितुएकत्रिंशोऽध्यायः ॥ ३१ ॥ अर्जुनउवाच ॥ किंतद्ब्रह्मकिमध्यात्मंकिं कर्मपुरुषोत्तम ॥ अधिभूतंचकिंप्रोक्तमधिदैवंकिमुच्यते १ अधियज्ञःकथंकोऽत्रदेहेऽस्मिन्मधुसूदन ॥ प्रयाणकालेचकथंज्ञेयोऽसिनियतात्मभिः २ ॥ श्रीभगवानुवाच ॥ अक्षरंब्रह्मपरमंस्वभावोऽध्यात्ममुच्यते ॥ भूतभावोद्भवकरोविसर्गःकर्मसंज्ञितः ३ अधिभूतंक्षरोभावःपुरुषश्चाधिदैवतम् ॥ अधियज्ञोऽहमेवात्रदेहेदेहभृतांवर ४ ॥ ॥ ॥ ॥ ॥

रउच्यतेउत्तमःपुरुषस्त्वन्यः'इतिगीतासु । 'क्षरंप्रधानममृताक्षरंहरःक्षरात्मानावीशतेदेवएकः'इतिश्रुतौचकूटस्थपदेनामृतपदेनचविशेषितस्याक्षरपदस्यजीववाचित्वदर्शनात् अमृतोऽक्षरमित्यपेक्षितेउत्वा भावश्छांदसः यथाचाक्षरंजीवाख्यंपरमंब्रह्म परममितिविशेषणेनसोपाधिकस्यपूर्वाध्यायोक्तस्यव्यावृत्तिः नहिजीवस्यसोपाधिकस्यब्रह्मभावःसंभवति व्यावर्तकोपाधौमायादर्पणेजाग्रतितयोरभेदायो गात् । किंतद्ब्रह्मेतिप्रश्नेपरममितिविशेषणाभावेऽपितेब्रह्मतद्विदुःकृत्स्नमितिप्रश्नोत्थापकेसूत्रेपरमत्ववाचिनाकृत्स्नपदेनब्रह्मणोविशेषितत्वादुत्तरेपिब्रह्मणएवपरममितिविशेषणंयुज्यतएव प्रश्नेपितच्छब्दे नकृत्स्नत्वस्यैवग्रहात् । ततश्चकिंतत्कृत्स्नंब्रह्मेतिप्रश्नेयदक्षरंजीवाख्यंतदेवापेतोपाधिसंबंधंसत्कृत्स्नंब्रह्मेतितत्त्वमसीतिमहावाक्यार्थःप्रतीचोब्रह्मभावःप्रतिपादितोभवतीतिहृद्यम् । तथास्त्रोऽनागंतु कोभावःस्वरूपंस्वभावःशुद्धस्त्वंपदार्थःसोध्यात्ममुच्यते । भाष्येतुतस्यैवपदस्यब्रह्मणःप्रतिदेहंप्रत्यगात्मभावःस्वभावोऽध्यात्ममुच्यते अध्यात्मशब्देनाभिधीयतइति । विसर्गोदेवतोद्देशेनद्रव्यत्यागा त्मकोयागःसकर्मसंज्ञितः । तमेवशिनष्टि भूतेति । भूतानांभावःसात्विकादिःस्वभावःउद्भवश्चतयोःकरणाद्भूतभावोद्भवकरः तथाहि बुद्धिःकर्मानुसारिणीतिकर्मानुसारित्वंभावस्यस्मर्यते । तथाउद्भवोऽपिकर्मतएवस्मर्यते । 'अग्नौप्रास्ताहुतिःसम्यगादित्यमुपतिष्ठते । आदित्याज्जायतेवृष्टिर्वृष्टेरन्नंततःप्रजाः'इति ३ क्षरोभावोजनिमद्वस्तुकर्मफलभूतंतत्साधनभूतंचतदधिभूतमित्युच्यते । अधिदैवतंपुरुषःसर्वानुपूर्धुवसतीतिसर्वकरणानुग्राहकःसकलदेवतात्माहिरण्यगर्भः ः अधियज्ञोयज्ञाभिमानीविष्णुरन्तर्यामीसोऽहमेवदेहस्मिअत्रास्मिन्देहे देहभृतांवर ४ अत्रषट्प्रश्नोत्तरेषुप्रथमेजीवस्य

ब्रह्मभावउक्तः तंजानतांप्रयाणमेवनास्ति । 'नतस्यप्राणाउत्क्रामंत्यत्रैवसमवनीयंते ब्रह्मैवसन्ब्रह्माप्येति'इतिश्रुतेः । द्वितीयेशुद्धस्त्वंपदार्थउक्तस्तज्ज्ञानस्यापिवस्तुतत्त्वविषयत्वान्नतत्रभावनापेक्षा
ऽस्तीतिनभावनाफलभूतकालेतत्प्रत्ययोऽपेक्षते । तृतीयचतुर्थयोस्तुकर्मतत्साधनभूतंचजन्यवस्तूक्तं तत्रापिनभावनापेक्षाऽस्ति अंतकालेप्रबलेनैवकर्मणाचित्तस्यावरोधात्तत्साधनफलभूतस्यैवस्मरणा
वश्यंभावेनतत्रभावनायावैयर्थ्यात् । परिशेषादंत्ययोरेवकार्यकारणब्रह्मणोःसोपाधिकनिरुपाधिकयोरन्यतरस्यभावनासुदृढाचेदंतकालेतत्प्रत्ययोऽवश्यंभावीतितयोरन्यतररूपंपरमात्मानंस्मरन्यःकलेवरंमु
क्त्वार्चिरादिमार्गेणप्रयातिसब्रह्मलोकप्राप्तिद्वाराक्रमेणमद्भावंमोक्षंयातीत्याह । अंतकालेचेति । स्पष्टायोजना । नास्त्यत्रसंशयइतिसोपाधिकब्रह्मोपास्तिप्रकृत्य 'शतंचैकाचहृदयस्यनाड्यस्तासांमूर्द्धानम
भिनिःसृतैका ॥ तयोर्ध्वमायन्नमृतत्वमेतिविष्वगन्याउत्क्रमणेभवंति' इतितदुपासकस्यगतिपूर्वकस्यामृतत्वस्यश्रवणात् । यस्तुशुद्धत्वंपदार्थरूपमध्यात्मवस्तुमात्रंवेदअसौब्रह्मात्मैक्यज्ञानाभावान्नत
स्यप्राणउत्क्रामंतीत्येतद्वाक्यविषयोनभवतिकिंतुशतंचैकाचेत्येतस्यैवविषयः । ननुतस्यानुपासकत्वात्कथमेतदितिचेन्न । नहिकल्याणकृत्कश्चिद्दुर्गतिंतातगच्छतीतिन्यायेनतस्योभयभ्रष्टत्वासंभवात् ।
कठवल्लीषुनिष्कलप्रत्यगात्मविदंकेवलयोगिनंप्रकृत्यशतंचैकाचेत्याम्नानाच्च । 'वेदांतविज्ञानसुनिश्चितार्थाः संन्यासयोगाद्यतयःशुद्धसत्त्वाः ॥ तेब्रह्मलोकेतुपरांतकालेपरामृतात्परिमुच्यन्तिसर्वे'इतिश्रुतेर्निश्चि
तार्थानांशोधितत्वंपदार्थानामेवक्रममुक्तिरवगम्यते नचात्रसुनिश्चितार्थाइत्यनेनब्रह्मात्मैक्यनिश्चयवंतोग्रहीतुंशक्याः तेषांगत्यभावस्यप्रोक्तत्वात् । नाप्युपासकाः असंभवात् । उपासनाहिनाम
अतस्मिंस्तद्बुद्धिः यथाशालग्रामेविष्णुबुद्धिरेवंसूत्रविराडंतर्यामिष्वात्मबुद्धिरितिनतद्वंतःसुनिश्चितार्थाइतिवक्तुंशक्यम् । तस्मादध्यात्मविदांब्रह्मात्मैक्यानवगमादनुपासकत्वेनांत्यप्रत्ययाभावेऽप्यर्चिरादि

अंतकालेचमामेवस्मरन्मुक्त्वाकलेवरम् ॥ यःप्रयातिसमद्भावंयातिनास्त्यत्रसंशयः ५ यंयंवापिस्मरन्भावंत्यजत्यंतेकलेवरम् ॥ तंतमेवैतिकौन्तेयसदा
तद्भावभावितः ६ तस्मात्सर्वेषुकालेषुमामनुस्मरयुध्यच ॥ मय्यर्पितमनोबुद्धिर्मामेवैष्यस्यसंशयम् ७ अभ्यासयोगयुक्तेनचेतसानान्यगामिना ॥
परमंपुरुषंदिव्यंयातिपार्थानुचिंतयन् ८ ॥ ॥ ॥ ॥ ॥

गतिप्राप्तिरस्तीतिसर्वमनवद्यम् ५ नकेवलंकार्यकारणब्रह्मणोरेवभावनांत्यप्रत्ययवशात्तद्भावप्राप्तिहेतुरपितुकीटस्यजीवतएवभावनाबलाद्भाव्यवस्तुभावप्राप्तिर्दृश्यते नंदिकेश्वरस्यचस्मर्यते सहिमहादेवंभाव
यंस्तत्सारूप्यंदेहान्तरंविनैवप्राप्तइतियोगशास्त्रेऽपिप्रसिद्धम् तत्रकिमुवक्तव्यमंतप्रत्ययवशाद्देहांतरेभाव्यभावप्राप्तिरस्तीतिमत्वातमेवार्थमन्यत्रापिदर्शयति यंयमिति । तद्भावभावितःभाव्याकारवासनया
रंजितइत्यर्थः ६ यस्मादेवंतस्मात्सर्वेषुकालेषुमामनुस्मरअंतकालेमत्स्मृत्यामद्भावप्राप्त्यर्थम् । युध्यचेतिचकारात्कर्मोपास्त्योःसमुच्चयोऽवगम्यते । ज्ञानकर्मसमुच्चयकर्त्तरीवतदुभयानुष्ठातर्येकस्मि
न्नेवाधिकारिणिकर्तृत्वाकर्तृत्वप्रत्ययकृतविरोधाभावात् । मयिअर्पितेमदेकनिष्ठतांनीतेमनोबुद्धीयेनसमय्यार्पितमनोबुद्धिस्त्वंअसंशयंमामेवैष्यसिप्राप्स्यसि अंतकालेस्मरणेनेतिशेषः ७ एतदेवश्लोक
त्रयेणविवृणोति । अभ्यासेति । अभ्यासयोगयुक्तेन तत्रस्थितौयत्नोऽभ्यासइतिसूत्रितोऽभ्यासः तत्रध्येयवस्तुनिचित्तस्यस्थिरीकरणार्थोयत्नःसचविजातीयप्रत्ययानंतरितसजातीयप्रत्ययप्रवाहीकरणरू
पःसोऽत्राभ्यासः । तत्रभाव्योविषयःसिद्धःविष्णुप्रतिमादिर्विराडादिर्वा । असिद्धस्तुमानसप्रतिमादिः । तत्रासिद्धेमनसःप्रतिमाकारतासंपादनेतत्रस्थैर्यसंपादनेचेतिविषयभेदाद्द्विगुणोयत्नःकर्त
व्योभवति । सिद्धेतुचित्तस्थिरीकरणार्थएकएवयत्नः । तत्रयथास्वतःस्वच्छःस्फटिकोजपाकुसुमोपरागाल्लोहितःस्फटिकइतितत्रलौहित्याध्यासः । तत्प्राबल्यात्तत्रैवस्फटिकधीप्रमोषेपद्मरागत्वा
ध्यासः । पद्मरागेऽपिचंद्रिकायामिंद्रनीलत्वाध्यासस्तत्रैवतदानीमेवकिंचिद्दूरस्थेनिहीनोपलत्वाध्यासइत्युत्तरोत्तराध्यासक्रमेणशुद्धएकएवस्फटिकःपंचविधोभवति । एवंस्वतःशुद्धंचैतन्यंमायोपरागात्तदेवेश्वरः ।

मायाप्राबल्येतस्यैवेश्वरत्वांशप्रमोषितत्रैवसूत्रात्माध्यासःसूत्रेऽप्यज्ञानदार्ढ्याद्विराडध्यासः । ततएवविराडेकदेशेषुशरीरादिषुआत्मत्वभ्रमः । तत्रयथाघटांतर्गतःप्रदीपोघटमात्रंभासयतिघटच्छिद्रात्वबहि
र्गतःकिंचित्स्वप्रभयासंस्पृष्टंविषयमवभासयति सर्वात्मनाघटाद्बहिर्गतस्तुकृत्स्नंभवनोदरवर्त्तिपदार्थजातंप्रकाशयति । तद्वद्देहांतर्गताचितिर्देहमात्रंभासयति । देहच्छिद्राच्चक्षुरादेर्बहिर्गतासतीतत्सन्नि
कृष्टंकंचिद्विषयंरूपादिकमवभासयति । सर्वात्मनागुरूक्तयुक्त्यादेहकृतपरिच्छेदाभिमानेसक्तेत्वपरिच्छिन्नासतीकृत्स्नंविराडात्मानमवभासयति यथोक्तंबाह्यग्रंथेष्वपि । 'मणिहुतवहतारासोमसूर्यादयो
ऽपिक्षितिविषयमिहाल्पंबाह्यमुद्योतयंति ॥ सहजलयसमुत्थंद्योतयेज्ज्योतिरंतस्त्रिभुवनमपिसूक्ष्मस्थूलभेदक्रमेण'इति । सहजलयसमुत्थंसहजःस्वाभाविकोदेहकृतपरिच्छेदाभिमानस्तस्यलयमात्रादेवउत्थितं
क्रमेणसंकल्पक्रमेण सदीक्षणमात्राभिनिर्वृत्तत्वात्सर्वस्यप्राक्संकल्पादसत्त्वाव तथाचश्रुतिः । 'सयदिपितृलोककामोभवतिसंकल्पादेवास्यपितरःसमुत्तिष्ठंति'इति । दोषनिमित्तंरूपादयोविषयाःसंक
ल्पकृताइत्यक्षपादसूत्राच्च । दोषारागादयः तदेवंप्रकाशमानोविराजिअहमेवेदंसर्वोऽस्मीतिमन्यतेसोऽस्यपरमोलोकइतिशास्त्रप्रामाण्यादुपासकेनगृहीतोऽहंग्रहोयद्यपिवस्तुतत्त्वापेक्षयाभ्रांतिरूपस्तथाऽपिस्वा
भाविकादेहाहंग्रहात्सत्यरूपः । यथास्फटिकेहीनोपलत्वग्रहापेक्षयाइंद्रनीलत्वग्रहस्तद्वत्यथाचस्फटिकेप्रणिधीयमानंचक्षुरुत्तरोत्तरपाटवविवृद्धाविंद्रनीलत्वंबाधित्वापद्मरागत्वंतद्बाधेनलोहितस्फटिकत्वंतद्बाधेन
शुद्धत्वंचावगच्छति । एवंगुरूक्तयुक्त्याप्रत्यगात्मनिप्रणिधीयमानंमनोऽस्यबाह्यंबाह्यंरूपमपोह्यआंतरेआंतरेअवतिष्ठते । चरमंविशुद्धंरूपंप्राप्यतुस्वयमेवविलीयते यथोक्तं । 'येनत्यजसितत्त्यजेति' येन
मनसात्यजसिविराडादिभावंतदपिमनस्त्यजेत्यर्थः । तदेवंव्यवहारापेक्षयासिद्धेषुविराट्सूत्रांतर्यामिषुमनसःस्थिरीकरणार्थोयत्नोऽभ्यासस्तत्फलभूतोयोगः । समाधिर्ध्येयवस्तुन्येवचेतसःस्थैर्यंतेनगुणेन

कविंपुराणमनुशासितारमणोरणीयांसमनुस्मरेद्यः ॥ सर्वस्यधातारमचिंत्यरूपमादित्यवर्णंतमसःपरस्तात् ९ प्रयाणकालेमनसाऽचलेनभक्त्यायुक्तो
योगबलेनचैव ॥ भ्रुवोर्मध्येप्राणमावेश्यसम्यक्सतंपरंपुरुषमुपैतिदिव्यम् १० ॥ ॥ ॥ ॥

युक्तंयच्चेतस्तेन नान्यगामिनाअनन्यगामिना नैकधेतिवत्समासः तेनचेतसापरमंसर्वोत्कृष्टंपुरुषंनिरस्ताशेषदोषं । यत्सर्वेषांपुरस्तात्सर्वान्पाप्मनऔषत्तस्मात्पुरुषइतिनिर्वचनात् । दिव्यंद्योतमानमनु
चिंतयन्नहमेवभगवान्सर्वात्मावासुदेवइतिसततमाचार्योपदेशमनुध्यायन् तमेवनदीसमुद्रन्यायेनयातिहेपार्थ तथाचश्रुतिः । 'यथानद्यःस्यंदमानाःसमुद्रेऽस्तंगच्छंतिनामरूपेविहाय ॥ तथाविद्वान्पुण्यपापे
विधूयपरात्परंपुरुषमुपैतिदिव्यं'इति परात्सूत्रात्परंअंतर्यामिणं ८ तदेवमुपासनायाःस्वरूपमुक्त्वाउपास्यस्यस्वरूपमाह कविमिति । कविंक्रांतदर्शिनंसर्वज्ञं पुराणंचिरंतनं अनुशासितारंजगतोऽन्तर्या
मिणं अणोःसूक्ष्मादप्याकाशादेरणीयांसंसूक्ष्मतरं योऽनुस्मरेत् अनुचिंतयेत् । सर्वस्यकर्मफलस्यधातारंविभागेनप्रदातारं । अचिंत्यरूपंविद्यमानमपिकेनचिच्चिंतयितुंशक्यं । आदित्यवर्णंआदित्य
स्येवनित्यप्रकाशरूपोवर्णोदीप्यमानतायस्यतंआदित्यवर्णंसर्वजगदवभासकमित्यर्थः । तमसोदेहेन्द्रियादावनात्मन्यात्माभिमानरूपाऽविद्यातःपरस्तात्पराचीनंसतिदेहाभिमानेप्रकाशतेयोगयुक्त्यात्यक्तेतुत
स्मिन्स्वयमेवप्रकाशतइत्यर्थः ९ उपासनायाःफलमाह प्रयाणेति । प्रयाणकालेमनसाऽचलेनवृत्त्यंतरवर्जितेन । भक्त्याभगवतिवासुदेवेआराध्यत्वबुद्ध्यायुक्तोयोगबलेनयोगोमनःप्राणेन्द्रियक्रि
यानिरोधोहृदयपुंडरीकेतेषांवशीकरणमित्यर्थः । तस्यैवबलेनचयुक्तोभूमिकाजयक्रमेणप्रागेवमूलाधारादिब्रह्मरंध्रांतःस्थानेष्वारोहावरोहक्रमेणसंचारितपवनोऽन्तकाले भ्रुवोर्मध्येआज्ञाचक्रेप्राणंआवेश्यसु
षुम्नयानाड्यामूलाधारादुत्थापनपूर्वकंसम्यक्निवेश्यस्थापयित्वा स्थापनप्रयोजनंतुअन्यविस्मरणपूर्वकंदिव्यपुरुषाचिंतनं तच्चभ्रूमध्यादुपर्युन्नीयमानेवायौमनोमूर्च्छामापद्यतइति तस्यामवस्थायांनभवतीत्यं
त्यप्रत्ययस्तत्रैवसंपाद्यस्ततोऽर्चिरादिमार्गपर्वणाअमानवस्यपुरुषस्यस्थानविशेषप्रापकस्यप्राप्यस्थानस्यचतस्मिन्नेवस्मरणंकर्त्तव्यं । तद्वासनावासितंमनोभ्रूमध्याद्योगिनाऊर्ध्वयानाड्याउत्क्षिप्तेप्राणेमुक्तेषुव

ब्रह्मांडखर्परंभित्वाप्रचलितेसतितलब्धदृष्टचित्तंकंभूत्वापूर्वसंस्कारप्राबल्याद्योगमहात्म्याच्चदिव्योपाध्युपेतमर्चिरादिपर्वदेवताभिरभिपूज्यमानमुत्तरोत्तरंस्थानंप्रत्यतिवाह्यमानममानवेनचपुरुषेणसंगच्छमानंतेनचयथा
भिलषितंस्थानंप्रापितमात्मानंपश्यति । तदिदमुक्तंभ्रुवोर्मध्येसम्यक्प्राणमावेश्येति । सएवंकृत्वायोगीकविंपुराणमित्युक्तलक्षणंपरंपुरुषंहिरण्यगर्भाख्यंसर्वस्यभूतजातस्यजनयितारंनारायणादिशब्दप्र
तिपाद्यमुपैतिसमीपेप्राप्नोति तल्लोकंप्राप्नोतीत्यर्थः । नहिपौराणिकानामिववैदिकानांमतेब्रह्मविष्णुरुद्रलोकानामुपर्युपरिकल्पनाऽस्ति । किंतर्हिसर्वेहिरण्यगर्भलोकाख्येसत्यलोकएवांतर्भवंति ।
पराहिसोपासनकर्मार्जितैर्हिरण्यगर्भप्राप्यंतेतिबृहदारण्यकेतद्भाष्यादौचस्पष्टम् १० भ्रुवोर्मध्येप्राणमावेश्येत्युक्तंतत्किंकृत्वाकर्तव्यंतत्कृत्वाचकिंकर्तव्यमित्येतद्द्वयंत्रदिष्यंस्तत्रप्रतीकत्वेनाचिंत्यंप्रणवंतावद्वा
च्यवाचकयोरभेदविवक्षयास्तौति यदक्षरंप्रणवाख्यंवाचकंवेदविदोवेदादौवदंति । यद्वायदक्षरंब्रह्मतद्वाच्यम् । 'एतद्वैतदक्षरंगार्गिब्राह्मणाअभिवदंत्यस्थूलमनण्वह्रस्वमदीर्घम्'इत्येवंलक्षणंवावेदवि
दउपनिषद्विदोवदंति । यच्चयतयोविशंतिब्रह्मप्रतीकत्वेनशरणीकुर्वंति । पक्षे सम्यग्दर्शनेसतिसरित्सागरन्यायेनयत्प्रविशंतियतयःयदक्षरमिच्छंतोब्रह्मचर्यंचरंतीतिपक्षद्वयेऽपिसमानम् । तत्तेपदं
वर्णत्रयात्मकंपदनीयंवास्थानंविष्णोःपरमंपदंसंग्रहेणप्रवक्ष्ये अयंचवाच्यवाचकयोरभेदःश्रुतिच्छाययागम्यते । अन्यत्रधर्मादन्यत्राधर्मादितिसर्वधर्मातीतंब्रह्मप्रकृत्य । 'सर्वेवेदायत्पदमामनंतितपां
सिसर्वाणिचयद्वदंति ॥ यदिच्छंतोब्रह्मचर्यंचरंतितत्तेपदंसंग्रहेणब्रवीम्योमित्येतत्'इत्योंकारेणोपसंहारात्तत्फलंचप्रतीकभावात् । ओंकारंप्रतीकत्वेनप्रकल्प्यतद्द्वाराशुद्धंशबलंवाब्रह्मप्रतिपत्तव्यं त
थाचश्रुत्यंतरे । एतद्वैसत्यकामपरंचापरंचब्रह्मयदोंकारइत्युपक्रम्यतस्मादेवंविद्वानेतेनैवायतनेनैकतरमन्वेतीतिस्पष्टम् । आयतनंशालग्रामवत्प्रतीकंतेन ११ भ्रुवोर्मध्येकथंप्राणमावेशयेदित्यतआह सर्वेति ।

यदक्षरंवेदविदोवदंतिविशंतियद्यतयोवीतरागाः ॥ यदिच्छंतोब्रह्मचर्यंचरंतितत्तेपदंसंग्रहेणप्रवक्ष्ये ११ सर्वद्वाराणिसंयम्यमनोहृदिनिरुध्यच ॥ मू
र्ध्न्याधायात्मनःप्राणमास्थितोयोगधारणाम् १२ ओमित्येकाक्षरंब्रह्मव्याहरन्मामनुस्मरन् ॥ यःप्रयातित्यजन्देहंसयातिपरमांगतिम् १३ अन
न्यचेताःसततंयोमांस्मरतिनित्यशः ॥ तस्याहंसुलभःपार्थनित्ययुक्तस्ययोगिनः १४ मामुपेत्यपुनर्जन्मदुःखालयमशाश्वतम् ॥ नाप्नुवंतिमहा
त्मानःसंसिद्धिंपरमांगताः १५ ॥ ॥ ॥ ॥ ॥

सर्वाणिशब्दादिविषयग्रहणद्वाराणींद्रियाणिसंयम्यनिगृह्यतथाहृदिमनोऽपिनिरुध्य तेषांकंचुकभूतंप्राणंमूर्द्धन्यनाड्यासुषुम्नाख्ययामूर्ध्निभ्रुवोर्मध्येआधाय कथं योगधारणांयोगशास्त्रोक्तांधारणांमनसोदेशविशेष
निर्बंधिनीमास्थितः अनुतिष्ठन्सन् १२ मूर्ध्निप्राणमाधायकिंकुर्यादितआह ओंकाररूपंएकाक्षरंएकंचतदक्षरंचवर्णोब्रह्मचतद्व्याहरन्उच्चरन्मांचब्रह्मभूतंअनुस्मरन् योहिदेवदत्तंस्मृत्वातन्नामव्याहरतितस्मै
देवदत्तोऽभिमुखोभवत्येवंब्रह्मणोनामोच्चारणेनसन्निहिततरंव्यापकंब्रह्मसाधकस्यसन्निधीयते सन्निहितेचब्रह्मणियोदेहंत्यजन्म्रियमाणःप्रयातिऊर्ध्वनाड्याउत्क्रामतिसपरमांगतिंसन्निकृष्टब्रह्मरूपांयाति ब्रह्मै
वप्रकृत्यश्रूयते 'एषाऽस्यपरमागतिरेषाऽस्यपरमासंपदेषोस्यपरमआनंदः'इति । तामेवगतिंशुद्धंब्रह्मैवप्राप्नोतिब्रह्मलोकप्राप्तिद्वारा १३ इयंमतिरतीवदुर्लभेतिमामंस्थाइत्याह अनन्येति । नास्ति
अन्यत्रचेतोयस्यासौअनन्यचेताइत्यनेनस्मरणेआदरउच्यते । सततमितिनैरंतर्यम् । योमांस्मरतिनित्यशइतिदीर्घकालत्वंयावज्जीवंस्मरतीत्यर्थः तस्याहंसुलभःपार्थनित्ययुक्तस्यनित्येयोगिनामाव
श्यकेयुक्ताहारविहारादौयमनियमादौचयुक्तस्यावहितस्य योगिनःयोगमनुतिष्ठतः १४ त्वल्लाभेऽपिकिंस्यादतआह मामिति । मामुपेत्यपुनर्द्वितीयवारंजन्मनाप्नुवंति । यज्जन्मदुःखानामालयभू
तंमृदृष्ट्यार्किंचित्सुखालयत्वेऽपिअशाश्वतंनश्वरंतुच्छमित्यर्थः । केनाप्नुवंति महात्मानोयोगेनजितचित्ताः अतएव परमांसंसिद्धिंमोक्षंगताःअगताअपिप्रत्यासन्नत्वाद्गताएव । तथाब्रह्मलोकगतान्प्र
कृत्यस्मर्यते । 'ब्रह्मणासहतेसर्वेसंप्राप्तेप्रतिसंचरे ॥ परस्यांतेकृतात्मानःप्रविशंतिपरंपदम्'इति प्रतिसंचरेप्राकृतप्रलये परस्यचतुर्मुखस्यअंतेनाशे १५ ॥ ॥

त्वदलाभेऽपिकिंस्यादतआह आब्रह्मेति । आब्रह्मभुवनात्ब्रह्मलोकमभिव्याप्यब्रह्मलोकेनसहैवेत्यर्थः लोकाःपुनरावर्त्तिनः पुनरावृत्तिस्वभावाः हेअर्जुन। शेषंस्पष्टं। अत्रेयंव्यवस्था येक्रममुक्तिफ
लाभिर्दहरादिविद्याभिर्ब्रह्मलोकंगतास्तेतत्रैवज्ञानंप्राप्यब्रह्मणासहमुच्यन्ते। येतुपंचाग्निविद्याभिर्ब्रह्मलोकंगतास्तेऽनुपासितपरमेश्वराःपुनरावर्त्ततइति १६ आवृत्तिभाजांकालपरिच्छेदमाह सहस्रेति।
युगशब्दोऽत्रचतुर्युगपर्यायः । 'चतुर्युगसहस्रंतुब्रह्मणोदिनमुच्यते'इतिपुराणांतरदर्शनात् सहस्रंचतुर्युगानिपर्यन्तोऽवसानंयस्य चतुर्युगसहस्रंब्रह्मणोदिनंरात्रिरपितावतीत्याह रात्रिमिति। अत्रा
पिचतुर्युगसहस्राणांअंतेभवतितांचतुर्युगसहस्रांतां तेप्रसिद्धाअहोरात्रविदोजनाविदुः १७ किंब्रह्मणोऽह्निजायतेकिंवारात्राविसतआह अव्यक्तादिति । अत्रदैनंदिनसृष्टिप्रलययोःप्रकृतत्वाद
व्यक्तशब्देननाव्याकृतंवियदादिकारणमिहग्राह्यं तदाआकाशादीनांसत्त्वात् । किंतर्हिप्रजापतेःस्वापावस्थैवेहाव्यक्तशब्दार्थः । अयंभावः। प्रजापतेःस्वापकालेतत्कल्पितःस्थावरजंगमप्रपंचःसर्वोऽपि
तदीयेऽज्ञानेऽव्याकृताख्येलीयतेराऽयागमे । तथादिवसागमेपुनस्ततएवयथापूर्वमाविर्भवति । एवंदृष्टिसृष्टिन्यायेनास्मत्कल्पितोऽप्ययंवियदादिप्रपंचोऽस्मत्सुषुप्तौलीयतेअस्मत्प्रबोधेयथापूर्वंप्रादुर्भवतीति
१८ कृतहानाकृताभ्यागमदोषापनुत्तयेबंधमोक्षशास्त्रप्रवृत्तिसाफल्यायचअविद्यादिवशादवशोऽयंभूतग्रामःपुनःपुनर्भूत्वापुनःपुनःप्रलीयतइत्याहवैराग्योत्पादनार्थं भूतग्रामइति। अहरागमेभूत्वाभूत्वाराऽया
गमेप्रलीयतइतियोजना सएवभूत्वाप्रलीयतेनान्योऽभिनवोभवतीत्यर्थः । कुतः यतोऽवशःअविद्याकामकर्माधीनस्तस्मात्सर्वानर्थबीजभूतायाअविद्यायाविद्ययाउच्छेदेजन्ममरणप्रवाहविच्छेदायावश्यं
यतितव्यमित्यर्थः १९ एवंब्रह्मभुवनांतानामावृत्तिंव्याख्याययत्प्राप्तानामावृत्तिर्नास्तितदक्षरंपरमंब्रह्मेत्युपक्रांतंवस्तुलक्षयति परस्तस्मादितित्रिभिः परइति। तस्मादव्यक्तात्भूतग्रामबीजभूतादवि

आब्रह्मभुवनाल्लोकाःपुनरावर्तिनोऽर्जुन ॥ मामुपेत्यतुकौन्तेयपुनर्जन्मनविद्यते १६ सहस्रयुगपर्यन्तमहर्यद्ब्रह्मणोविदुः ॥ रात्रिंयुगसहस्रांतांतेऽहोरात्रविदोजनाः १७
अव्यक्ताद्व्यक्तयःसर्वाःप्रभवंत्यहरागमे ॥ रात्र्यागमेप्रलीयंतेतत्रैवाव्यक्तसंज्ञके १८ भूतग्रामःसएवायंभूत्वाभूत्वाप्रलीयते ॥ रात्र्यागमेऽवशःपार्थप्रभवत्यहरागमे
१९ परस्तस्मात्तुभावोऽन्योऽव्यक्तोऽव्यक्तात्सनातनः ॥ यःससर्वेषुभूतेषुनश्यत्सुनविनश्यति २० अव्यक्तोऽक्षरइत्युक्तस्तमाहुःपरमांगतिम् ॥ यंप्राप्यननिवर्त्तंतेत
द्धामपरमंमम २१ पुरुषःसपरःपार्थभक्त्यालभ्यस्त्वनन्यया ॥ यस्यान्तःस्थानिभूतानियेनसर्वमिदंततम् २२ यत्रकालेत्वनावृत्तिमावृत्तिंचैवयोगिनः ॥ प्रयातायांतितं
कालंवक्ष्यामिभरतर्षभ २३ ॥ ॥ ॥ ॥ ॥ ॥ ॥

द्यालक्षणादन्यात् अन्योऽत्यंतविलक्षणोभावःसत्ता तुशब्दात्पराभिमतंसत्तासामान्यंवारयति । तस्यसामान्यादिभ्योव्यावृत्तत्वात् अस्यचसर्वानुगतत्वात्। सनातनोनित्यैकरूपः उपाधिमान्हिउपा
धिविक्रिययानित्यंविक्रियतइवभाति । अयंत्वनुपाधित्वान्नित्यैकरूपएव । यःसभावःसर्वेषुभूतेषुवियदादिषुनश्यत्सुनविनश्यतिकेवलसत्तारूपत्वात्। एतेनतस्यकालत्रयाबाध्यत्वंनित्यत्वंचोक्तम् २० अव्यक्तो
नव्यज्यतइतिदृश्यत्वंनिरस्तं । अक्षरोऽश्नुतेव्याप्नोतीतित्रिविधपरिच्छेदशून्यत्वमुक्तं । तंभावंपरमांगतिं ब्रह्मलोकांतागतिरपरमा कार्यत्वात् इयंतुपरमा कार्यकारणातीतत्वात् आहुः
एषाऽस्यपरमागतिरित्यादयःश्रुतयः। यंभावंप्राप्यननिवर्त्तंतेपुनःसंसारेनपतंति। तदितिविधेयापेक्षंक्लीबत्वं। सएवममविष्णोःपरमंउपाध्यस्पृष्टंधामप्रकाशः तद्विष्णोःपरमंपदमितिश्रुतिप्रसिद्धंनिष्कलंब्रह्म २१
एवंज्ञेयंप्रत्यगभिन्नंब्रह्मोक्त्वाजगत्कारणमुपासनीयमितोऽन्यदित्याह पुरुषइति । तुशब्दःपूर्ववैलक्षण्यद्योतनार्थः हेपार्थ योऽयंभक्त्याआराधनेनउपासनेनेतियावत् कीदृश्या अनन्ययानास्त्यन्यो
यस्यांसातया उपास्योपासकभेदमंतरेणअहंग्रहरूपयेत्यर्थः । तयाभक्त्यायोलभ्यःसपरःपूर्वोक्तादव्यावृत्तानुगतादक्षरादन्यःकारणात्मेतियावत् । लभ्यत्वादेवास्यान्यत्वमपिनह्यात्माचलभ्यश्चेतियुज्यते।
अस्यकारणत्वमेवाह यस्येति । यस्यपुरुषस्यांतःस्थानिबीजेद्रुमइवसर्वाणिवियदादीनिस्थावरजंगमानिचयेनचइदंसर्वंततंव्याप्तमुपादानत्वात्सभक्त्यालभ्यतइतियोजना २२ पूर्वोक्तानामोंकारद्वारासगु
णब्रह्मविदांक्रममुक्तिभाजांब्रह्मप्रतिपत्तयेउत्तरोमार्गोवक्तव्यइत्यतआह यत्रेति। आवृत्तिमार्गोपन्यासोऽनावृत्तिमार्गस्तुत्यर्थः। योगिनइति। योगिनः कर्मिणश्चोच्यंतेतेषांयथायोगंमार्गद्वयविभागः शेषंस्पष्टम् २३

तत्रोपासकानांदेवयानंपंथानमाह अग्निरिति । अग्निर्ज्योतिरित्यर्चिरभिमानिनीदेवतालक्ष्यते । एवंअहरित्यहरभिमानिनी । एवंशुक्लपक्षस्यषण्मासमितोत्तरायणस्यचाभिमानिन्यौदेवतेएव । एतच्चान्यासामप्युपलक्षणम् । तत्रप्रयाताउत्क्रांताब्रह्मकार्यंब्रह्मतद्द्वारापरंचगच्छंति ब्रह्मविदोब्रह्मोपासकाजनाः २४ एतेनचधूमोरात्रिरित्येषोऽपिधूमादिमार्गःकर्मिणामपक्वयोगिनांचउचितआवृत्तिफलश्चव्याख्यातः २५ उक्तौमार्गावुपसंहरति शुक्लेति । शुक्लाज्ञानहेतुत्वादर्चिरादिगतिः तदभावात्कृष्णाधूमादिगतिः एकयाशुक्लया अन्ययाकृष्णया २६ एतेसृतीमार्गौआवृत्त्यनावृत्तिफलेजानन्योगीनमुह्यतियोगभ्रष्टोऽयतिरल्पप्रयत्नश्चयोगीनभवति कश्चनकोऽपि यस्मादेवंतस्मात्सर्वेष्वित्यादिस्पष्टम् २७ पुनःश्रद्धाभिवृद्धयेयोगंस्तौति वेदेष्विति । वेदेषुसम्यगधीतेषु यज्ञेषुतपःसुचसम्यगनुष्ठितेषु दानेषुचसम्यग्दत्तेषुयत्पुण्यंतत्फलंचेतिपुण्यफलंसर्वेषुसमुच्चितेषुयत्प्रदिष्टंशास्त्रेषुतत्सर्वंयोगीअत्येतिअतिक्रामतिकार्यब्रह्मलोकंप्राप्नोतीत्यर्थः किंकृत्वा इदंपूर्वोक्तमुपासनंविदित्वाज्ञात्वाऽनुष्ठायच । ततश्चकिमित्यतआह यत्स्थानंनिर्विशेषंब्रह्मउपैतिप्राप्नोतिचक्रमेणेत्यर्थः । आद्यंनतुकेनचिन्निर्भिंतं तदनेनाध्यायेनध्येयस्तत्पदार्थोव्याख्यातः अग्रिमेऽध्यायेज्ञेयंब्रह्मव्याख्यास्यति २८ ॥ इतिभीष्मपर्वणि नीलकंठीये भारतभावदीपे गीतार्थप्रकाशे अष्टमोऽध्यायः ॥ ८ ॥ पर्वणि० ॥ ३२ ॥ ॥
पूर्वाध्यायेकिंतद्ब्रह्मेत्यादिसप्तप्रश्न्यामक्षरंब्रह्मपरममित्यादिनासंक्षिप्यव्याख्यातायांतज्ज्ञानस्यपृथक्प्रयोजनाकांक्षायांकर्मविदआदिभौतिकंधूमादिमार्गप्राप्यंस्थानमितिनिरूपणेनप्राप्यप्रापकादिविभागोद

अग्निर्ज्योतिरहःशुक्लःषण्मासाउत्तरायणम् ॥ तत्रप्रयातागच्छंतिब्रह्मब्रह्मविदोजनाः २४ धूमोरात्रिस्तथाकृष्णःषण्मासादक्षिणायनम् ॥ तत्रचांद्रमसंज्योतिर्योगीप्राप्य निवर्त्तते २५ शुक्लकृष्णेगतीह्येतेजगतःशाश्वतेमते ॥ एकयायात्यनावृत्तिमन्ययाऽऽवर्त्ततेपुनः २६ नैतेसृतीपार्थजानन्योगीमुह्यतिकश्चन ॥ तस्मात्सर्वेषुकालेषुयोगयुक्तोभवार्जुन २७ वेदेषुयज्ञेषुतपःसुचैवदानेषुयत्पुण्यफलंप्रदिष्टम् ॥ अत्येतितत्सर्वमिदंविदित्वायोगीपरंस्थानमुपैतिचाद्यम् २८ ॥ इतिश्रीम० भीष्मपर्वणिश्रीमद्भगवद्गीतासूपनिषत्सुब्रह्मविद्यायांयोगशास्त्रेश्रीकृष्णार्जुनसंवादेअष्टमोऽध्यायः ॥ ८ ॥ पर्वणितुद्वात्रिंशोऽध्यायः ॥ ३२ ॥ ॥ श्रीभगवानुवाच ॥ इदंतुते गुह्यतमंप्रवक्ष्याम्यनसूयवे ॥ ज्ञानंविज्ञानसहितंयज्ज्ञात्वामोक्ष्यसेऽशुभात् १ राजविद्याराजगुह्यंपवित्रमिदमुत्तमम् ॥ प्रत्यक्षावगमंधर्म्यंसुसुखंकर्तुमव्ययम् २

र्शितः तेनकर्माधिभूतेव्याख्याते । तथासूत्रांतर्यामिणोरुपासकस्यार्चिरादिमार्गेणक्रममुक्तिस्थानप्राप्तिरित्युक्तंतेनाधिदैवाधियज्ञौव्याख्यातौ । ओमित्येकाक्षरमित्यादिनाअंतकालेकथंज्ञेयोऽसीत्यस्योत्तरंव्याख्यातम् । तदेवंध्येयब्रह्मविद्यासांगानिरूपिता । परिशिष्टमाद्यंज्ञेयब्रह्मविषयंप्रश्नद्वयंकिंतद्ब्रह्मकिमध्यात्ममितितद्विवरणायनवमोऽध्यायआरभ्यते । नकेवलमर्चिरादिगतिप्राप्याकालांतरएवमुक्तिरस्तिकिंत्विहैवसद्योमुक्तिरस्तीतिविशेषंवक्तुं श्रीभगवानुवाच इदंतुतेइति । इदंवक्ष्यमाणं तुपूर्वस्माद्ध्येयाद्विलक्षणंज्ञेयंतेतुभ्यंगुह्यतममतिगोप्यंप्रवक्ष्यामि । अनसूयवेअसूयागुणेषुदोषाविष्करणंतद्रहिताय । ज्ञानंज्ञप्तिमात्रस्वरूपंब्रह्म । विज्ञानेनानुभवेनसहितंनतुकेवलंपारोक्ष्येणयद्ज्ञानंज्ञात्वासाक्षात्कृत्यअशुभात्संसारान्मोक्ष्यसे । अत्रयत्सप्तमादौ ज्ञानंतेऽहंसविज्ञानमिदंवक्ष्याम्यशेषतइतिप्रतिज्ञातं यस्यचविज्ञानायशाखाचंद्रन्यायेनोपलक्षणीभूतंजगत्कारणंब्रह्मतत्रैवनिरूपितं । यद्विज्ञानेऽधिकारसंपत्त्यर्थंतस्यैवसगुणस्योपासनमुक्तंतदिहसर्वशेषीभूतंब्रह्मवक्तव्यमितितथैवप्रतिजानीतेवचनमात्रेणैवात्रापरोक्षंज्ञानंजायतइतितच्चतत्रैवव्युत्पादितंनविस्मर्त्तव्यं १ एतदेवस्तौति राजविद्येति । विद्यानांराजाइतिराजविद्याअध्यात्मविद्या गुह्यानांराजाइतिराजगुह्यं । राजदंतादिषुपरमित्युपसर्जनस्यपरनिपातः । पवित्रंपावनं उत्तमंपूर्वापरदुरितनाशाश्लेषहेतुत्त्वात्प्रायश्चित्ताद्यपेक्षयाश्रेष्ठं । प्रत्यक्षावगमं प्रत्यक्षंनित्यापरोक्षंयत्प्रत्यगात्मवस्तुतदेवयाथात्म्येनावगम्यतेऽनेनेतिप्रत्यक्षावगमं प्रत्यक्षेणसुखादिवदवगमोयस्येतिवा । अस्मिन्पक्षेविज्ञानसहितमितिविशेषणस्यश्लोकांतरस्थत्वान्नतेन

पौनरुक्त्यदोषः । तर्ह्यपूर्वत्वाभावान्निष्फलंस्यादतआह धर्म्यंधर्मादनपेतं । तथाहि क्षणमपिप्रत्यगात्माकारवृत्तौसत्यांश्रूयते । क्षणमेकंक्रतुशतस्यचतुःसप्तत्यायत्फलंतदवा
प्नोतीति । तर्हिदुःसाध्यंस्यान्नेत्याह सुसुखंकर्तुमिति । कर्त्तुंसंपादयितुंआविष्कर्त्तुंसुसुखंअनायाससाध्यं अज्ञानापनयमात्रसिद्धत्वात् । तर्हिआशुविनाशिफलंचेत् अव्ययं वस्तु
मात्रविषयत्वादनंतफलंनतुकर्मफलवन्नश्यति २ तर्हिकुतएतज्ज्ञानंसर्वेनसंपादयंतीत्याह अश्रद्दधानाइति । स्पष्टार्थःश्लोकः ३ एवंस्तुत्याऽभिमुखीकृत्ययद्वक्तव्यंतदाह मयेति । मयाइदंसर्वंजगत्ततं
व्याप्तंउपादानत्वात् कनकेनेवकुंडलादीनि । ननुप्रागेवैतदुक्तंअहंसर्वस्यजगतःप्रभवःप्रलयस्तथेति तथाचराजविद्येत्यादिस्तुतिरस्थानेएवकृतास्यात् वक्तव्यविशेषाभावादितिचेत् अत्रब्रूमः
यथा ' यतोवाइमानिभूतानिजायंते येनजातानिजीवंति यत्प्रयंत्यभिसंविशंति तद्विजिज्ञासस्व तद्ब्रह्मेति' इति ज्ञेयस्यब्रह्मणोलक्षणंजगज्जन्मादिहेतुत्वमुक्त्वातस्यानुगममन्नादिशब्दशब्दितेषुविराडादिषु
दर्शयति । 'अन्नाद्ध्येवखल्विमानिभूतानिजायंते प्राणाद्ध्येव'इत्यादिना । तस्यनिर्णयवाक्यंतु । 'आनंदाद्ध्येवखल्विमानिभूतानिजायंते'इति 'सैषाभार्गवीवारुणीविद्या'इति । तत्रैवविद्या
याःपर्यवसानाभिधानात् । एवमिहापिसप्तमे भूमिरापोऽनलोवायुरित्यादिनासर्वभूतात्मकस्यविराजोजगज्जन्मादिहेतुत्वंप्रदर्श्यपश्चादहंसर्वस्यजगतःप्रभवःप्रलयस्तथेत्यनेनमायाशबलेऽपितत्प्रदर्श्येदानींशु
द्धेप्रत्यगात्मन्येवतद्दर्शयतिस्थूलारुंधतीन्यायेनप्रतिपत्तिसौकर्यार्थमितिगम्यते राजविद्येत्यादिनास्तुतत्वात् । यथाकश्चिद्दुर्लक्ष्यांसूक्ष्मामरुंधतींदिदर्शयिषुस्तत्समीपस्थांस्थूलांतारामरुंधतीतिग्राहयतिप्र
तिपद्यतेचानेनैवक्रमेणप्रतिपत्तिः एवमिहापिकार्यकारणप्रतिपत्तिद्वाराअकार्यकारणस्यशुद्धस्यप्रतिपत्तिर्युक्ता अतएवभगवान्भाष्यकारोमयाततमिदंसर्वमित्यत्रमयाममयःपरोभावस्तेनततंव्याप्तमितिव्याच
ख्यौ । नत्वहंसर्वस्यजगतःप्रभवइत्यत्रममयःपरोभावःससर्वस्यजगतःप्रभवइति । सचभगवतःकारणात्मनःपरोभावःपरमानंदएवतेनैवचेदंततं । आनंदाद्ध्येवेत्युदाहृतश्रुतेस्तस्यैवजगदुपादनत्वेन

अश्रद्दधानाःपुरुषाधर्मस्यास्यपरंतप ॥ अप्राप्यमांनिवर्त्तंतेमृत्युसंसारवर्त्मनि ३ मयाततमिदंसर्वंजगदव्यक्तमूर्तिना ॥ मत्स्थानिसर्वभूतानिनचाहंतेष्ववस्थितः ४
नचमत्स्थानिभूतानिपश्यमेयोगमैश्वरम् ॥ भूतभृन्नचभूतस्थोममात्माभूतभावनः ५ ॥ ॥ ॥ ॥

तदीयसत्तास्फूर्तिभ्यांजगतोव्याप्तत्वात् । अतएवाव्यक्तमूर्तिनेतिविशेषणं । मायाशबलंहिकारणंबुद्धिग्राह्यत्वात्करणगोचरःशुद्धंहिबुद्धेःपरत्वात्करणागोचरइति । किंभूताकारेणानंदःपरिणमतइ
त्यतआह मत्स्थानीति । मयिप्रत्यगानंदेरज्ज्वांस्रक्सर्पदंडधारादयइवसर्वभूतानिस्थितान्यतोमत्स्थानीत्युपचारादुच्यंतेअधिष्ठानाध्यस्तयोर्वास्तवसंबंधायोगात् । एतदेवाह नचेति । नचाहंपरमानंदस्ते
षुभूतेष्ववस्थितोऽस्मिघटादाविवमृत्अपरिणामित्वादेव ४ एवमभ्युपगतमानंदस्यजगद्विवर्त्ताधिष्ठानत्वंतदप्यपवदति नचमत्स्थानीति । अयंभावः । ' अस्यद्वैतेंद्रजालस्ययदुपादानकारणम् । आज्ञा
नंतदुपाश्रित्यब्रह्मकारणमुच्यते'इतिवार्तिकोक्तेरज्ञानमेवजगत्कारणंतच्चतुच्छं । अहंचासंगः । ततश्चतुच्छतरेणतत्कार्येणभूतसंघेननममासंगस्याधाराधेयभावसंबंधोऽनिर्वचनीयोऽप्यस्ति । आवृतंहिरज्ज्वा
दिकमनिर्वचनीयेनसर्पादिनासंबध्यते । अहंतुसर्वदाऽनावृतःसाक्षिरूपत्वात्तत्संबंधशून्यइतिनचमत्स्थानिभूतानीत्युक्तमिति । ननुसाक्षिणस्तवब्रह्मणोयुवासुखीचेतिप्रतीच्येवभूतसंबंधानुभवात्कथंनचम
त्स्थानीत्युक्तिरित्याशंक्याह पश्यमेयोगमैश्वरमिति । मेममभूतैःसहयोगंयुक्तिघटनांपश्य ऐश्वरंईश्वरेणमायाविनानिर्मितं गगनेगंधर्वनगरमिव । अतएवममकारणशरीरस्यात्माप्रत्यगानंदोभूतभृदपिभूत
स्थोन चकारोऽप्यर्थेऽभिन्नक्रमश्च खमिवगंधर्वनगरभृदपितत्स्थंन तस्यतदाकारेणपरिणामासंभवात् । एवंरूपोऽपिपरानंदरूपोममात्मासभूतभावनःभूतानांवृद्धिकरः । 'एतस्यैवानंदस्यान्यानि
भूतानिमात्रामुपजीवंति कोह्येवान्यात्कःप्राण्यात् यदेषआकाशआनंदोनस्यात्'इत्यादिश्रुतिभ्यः आकाशेअव्याकृताख्येस्वाधिष्ठानभूतआनंदोऽनुस्यूतोनस्यात्तर्हिप्राणापानक्रियांकश्चिदपिनकुर्यात्
कारणगतजाड्यंकार्येऽपिस्यात् । आकाशेआनंदानुवेधेतुकारणस्यचेतनत्वात्कार्यमपिचेतनावत्स्यादितिश्रुत्यर्थः । बृहदारण्यकेऽपि । 'यदूर्ध्वंगार्गिदिवोयदावाक्पृथिव्यायदंतराद्यावापृथिवीइमे ॥ यद्भू
तंचभवच्चभविष्यच्चेत्याचक्षतआकाशएवतदोतंचप्रोतंच'इति मायाविनिसर्वस्योतप्रोतत्वमुक्त्वाकस्मिन्नुखल्वाकाशओतश्चप्रोतश्चेत्यस्योत्तरमेतस्मिन्खल्वक्षरेगार्गिआकाशओतश्चप्रोतश्चेत्यस्थूलादिलक्षणस्याक्षर

स्याकाशाधारत्वमुक्तं । तस्माद्युक्तमुक्तमाकाशशरीरेणभगवताकारणोपाधिनिष्कृष्टचिन्मात्राभिप्रायेणममात्माभूतभावनइति ५ श्लोकद्वयोक्तेऽर्थेदृष्टांतमाह यथेति । यथालोकेआकाशेस्थितोनित्यंसदा वायुःसर्वत्रगःपरिमाणतश्चमहान् । तथासर्वाणिभूतानिसर्वगतेमयिअसंश्लेषेणैवस्थितानीत्येवमुपधारयेतिप्राश्चः । किंतद्ब्रह्मेतिप्रश्नस्योत्तरमुक्तंअक्षरंपरमंब्रह्मेति अक्षरसंज्ञंशुद्धस्त्वंपदार्थएवनिरुपाधिकंब्रह्मेत्युक्तं । तत्रनिरुपाधिकंब्रह्मश्लोकद्वयेनव्याख्यातं । इदानींतस्यक्षराख्येनजीवेनाभेदंसदृष्टांतमाह यथेति । वायुःसूत्रात्मा । 'वायुर्वैगोतमतत्सूत्रं'इतिश्रुतेः । सर्वत्रगइतिसमष्टिलिंगत्वात्तस्यसर्वगतत्वं । महानितिबाह्यवायुव्यावृत्त्यर्थं । सयथाआकाशस्थितःअव्याकृताकाशेस्वकारणेस्थितः । नित्यमितिकालत्रयेऽपितस्याकाशसंबंधउक्तः । सर्वाणिभूतानिउपाधिनिष्कृष्टत्वंपदार्थरूपीचेतनवर्गः । बहुत्वंलोकाभिप्रायेण । यथाकार्यंसर्वमुत्पत्तेःप्राङ्नाशादूर्ध्वंमध्येचस्वकारणएवाभेदेनतिष्ठति । एवंसर्वोऽपिजीववर्गउपाध्युत्पत्तेःप्राक्तन्नाशादूर्ध्वंमध्येवाघटाकाशोमहाकाशादिवपरस्माद्ब्रह्मणःकालत्रयेऽपिनातिरिच्यतइत्यर्थः । एतेनजीवब्रह्माभेदकथनेनस्वभावोध्यात्ममुच्यतइतियत्प्रागुक्तंब्रह्मैवजीवइतितद्विवृतम् ६ नन्वेवमुपाधिरहितस्यैवब्रह्मणिलयश्चेदुपाधेःकागतिरित्याशंक्याह सर्वेति । सर्वाणिभूतानिस्थावरजंगमशरीराणिमामिकांममायाविनःप्रकृतिंत्रिगुणात्मिकामपरांसूक्ष्मभूम्याद्यात्मिकांयांतिप्रविशंति कदायांतिकल्पक्षये । पुनश्चतान्येवभूतानिप्रकृतौसुप्तावित्संस्कारात्मनास्थितानिएकतांगतानि कल्पादौविसृजामिविविधरूपेणसृजाम्यहंकारणात्मामायावी ७ एतदेवाह प्रकृतिमिति । एवमविद्यालक्षणांस्वांप्रकृतिमवष्टभ्यआश्रित्यतांविनाकेवलस्यस्रष्टृत्वासंभवात् इमंभूतग्राममंपुनःपुनर्विवि

यथाऽऽकाशस्थितोनित्यंवायुःसर्वत्रगोमहान् ॥ तथासर्वाणिभूतानिमत्स्थानीत्युपधारय ६ सर्वभूतानिकौन्तेयप्रकृतिंयांतिमामिकाम् ॥ कल्पक्षयेपुनस्तानिकल्पादौविसृजाम्यहम् ७ प्रकृतिंस्वामवष्टभ्यविसृजामिपुनःपुनः ॥ भूतग्राममिमंकृत्स्नमवशंप्रकृतेर्वशात् ८ नचमांतानिकर्माणिनिबध्नंतिधनंजय ॥ उदासीनवदासीनमसक्तंतेषुकर्मसु ९ मयाऽध्यक्षेणप्रकृतिःसूयतेसचराचरम् ॥ हेतुनाऽनेनकौन्तेयजगद्विपरिवर्त्तते १० अवजानंतिमांमूढामानुषींतनुमाश्रितम् ॥ परंभावमजानंतोममभूतमहेश्वरम् ११ मोघाशामोघकर्माणोमोघज्ञानाविचेतसः ॥ राक्षसीमासुरींचैवप्रकृतिंमोहिनींश्रिताः १२ महात्मानस्तुमांपार्थदैवींप्रकृतिमाश्रिताः ॥ भजंत्यनन्यमनसोज्ञात्वाभूतादिमव्ययम् १३ सततंकीर्त्तयन्तोमांयतन्तश्चदृढव्रताः ॥ नमस्यन्तश्चमांभक्त्यानित्ययुक्ताउपासते १४ ॥ ॥

धंसृजामि किंभूतंप्रकृतेर्वशात्स्वभाववशात् अवशंरागद्वेषाद्यधीनम् ८ ननुविषमांसृष्टिंकुर्वतस्तवचैषम्यनैर्घृण्येस्यातामतआह नचेति । तानिविषमसृष्टिरूपाणिकर्माणिमांननिबध्नंति तत्रहेतुः उदासीनवदासीनमिति । यथापर्जन्योबीजविशेषेषुरागं केषुचिद्द्वेषंचाकृत्वाउदासीनःसन्वर्षति एवमीश्वरोऽपिपुण्यवत्सुरागंपापिषुद्वेषंचाकुर्वन्जगत्सृजति । तत्तदसाधारणकर्मबीजवशात्तेतेविभिन्नंफलंप्राप्नुवंतीतिनेश्वरवैषम्यादीत्यर्थः ९ ननुविसृजामिउदासीनवदासीनमितिपरस्परविरुद्धमुच्यतइत्याशंक्याह मयेति । मयाकूटस्थेनअध्यक्षेण अयस्कांतकल्पेनप्रवर्त्तकेनप्रकृतिश्चराचरंजगत्सूयतेउत्पादयति । अनेनअध्यक्षत्वेनैवहेतुना हेकौन्तेय जगद्विपरिवर्त्ततेजन्माद्यवस्थासुभ्रमति । अयस्कांतवदहमुदासीनश्चसृष्टिप्रवर्त्तकश्चभवामीतिभावः । तथाचमंत्रवर्णः । 'एकोदेवःसर्वभूतेषुगूढःसर्वव्यापीसर्वभूतांतरात्मा ॥ कर्माध्यक्षःसर्वभूताधिवासःसाक्षीचेताकेवलोनिर्गुणश्च'इति एकस्यैवदेवस्यसर्वाध्यक्षत्वंसाक्षित्वंचप्रतिपादयति १० एवंभूतंमांसंमूढाःअवजानंति यतोमानुषींतनुंआश्रितंमनुष्यदेहेनव्यवहरंतं । ममपरंप्रकृष्टंभावंतत्त्वंअजानंतःभूतानांमहेश्वरंमामवजानंतीतिसंबंधः ११ मदवज्ञानाच्चतेमोघाशाःवृथैवआशाआशिषोयेषांतेमोघाशाः तथामोघकर्माणःनिष्फलोद्योगाः मोघज्ञानाःनिष्फलज्ञानाः यतोविचेतसःनिर्विवेकाः यतोराक्षसींआसुरींचरजस्तमःप्रधानांमोहिनींमोहकरींप्रकृतिंश्रिताः छिंधिभिंधिपिबखादपरस्वमपहरेत्येवंशीलाःक्रूरकर्माणोभवंतीत्यर्थः १२ तथा येमहात्मानःअक्षुद्रचित्ताः तुपूर्वेभ्योऽत्यंतंविलक्षणाःमांभजंति यतोदैवींप्रकृतिंसत्वप्रधानांआश्रिताः अनन्यमनसःएकाग्रचेतसः । किंगतानुगतिकतयादंभेनवाभजंतिन किंतर्हिमांभूतादिंसर्वभूतकारणंअव्ययंज्ञात्वामत्वाभजंति १३ भजनस्वरूपमाह सततमिति । यतंतःइंद्रियोपसंहारशमदमादिषुप्रयतमानाःदृढान्यहिंसादीनिव्रतानियेषांतेदृढव्रताःनमस्यंतश्चमांहृदयेशयंप्रतिमादिरूपंवाभक्त्यानित्ययुक्ताःनित्यमवहिताःसंतउपासते १४ ॥ ॥

ज्ञानयज्ञेननिर्विकल्पसमाधिनापातंजलाः । एकत्वेनअहमेवभगवान्वासुदेवइत्यभेदेनोपनिषदाः । पृथक्त्वेनअयमीश्वरोममस्वामीतिबुद्ध्याप्राकृताः । अन्येपुनर्बहुधाबहुप्रकारंविश्वतोमुखंमर्वैर्द्वारैर्यत्किंचिद्दृष्टंतद्भ
गवत्स्वरूपमेवयच्छुतंतन्नामैव यद्दत्तंभुक्तंवातत्तदर्पितमेवेत्येवंविश्वतोमुखंयथास्यात्तथामांउपासते १५ इदमेवोपासनंविवृणोति अहमिति । क्रतुःसंकल्पोदेवताध्यानरूपः । यज्ञःश्रौतःस्मार्त्तश्चदेवतोद्देशे
नद्रव्यत्यागः । स्वधापितॄणामन्नं । औषधंमनुष्याणामन्नं । मंत्रोयेनदीयतेसः । आज्यंहविः । अग्निः । हुतंप्रक्षेपक्रिया । इदंसर्वंयस्मादहमेवातस्तेषांविश्वतोमुखमुपासनंयुक्त
तरमित्यर्थः १६ धाताकर्मफलानांविकर्ता वेद्यंवेदितव्यंब्रह्म । पवित्रंपावनंतपआदिकं १७ गतिर्मुक्तप्राप्यंस्थानं । भर्ताकर्मफलदानेनपोषकः । प्रभुःअंतर्यामी । साक्षीकृता
कृतावेक्षकः । निवसंत्यस्मिन्निनितिनिवासआश्रयोयजमानादिः । शरणंरक्षकः । सुहृदुपकारमनपेक्ष्यउपकर्ता । प्रभवउत्पत्तिस्थानं । प्रलयोलयस्थानं । स्थानंस्थितिस्थानं ।
निधानंकर्मफलसमर्पणस्थानंकालांतरेफलप्रसवार्थं । बीजंप्ररोहकारणंप्ररोहधर्मिणां । अव्ययंयावत्संसारभावित्वात १८ अहंतपामि आदित्योभूत्वा । अहंवर्षंवृष्टिःतांनिगृह्णामिअष्टसुमासेषुकैश्चिद्र
श्मिभिःउत्सृजामिचचतुर्षुमासेषुकैश्चिदिति । अमृतंजीवनं । मृत्युर्मरणं । अमृतंदेवान्नंवा । सत्साधु असत्असाधु एतत्सर्वमहमेव अतस्तेषांविश्वतोमुखंममभजनंकुर्वतांसर्वरूपेणाहम

ज्ञानयज्ञेनचाप्यन्येयजन्तोमामुपासते ॥ एकत्वेनपृथक्त्वेनबहुधाविश्वतोमुखम् १५ अहंक्रतुरहंयज्ञःस्वधाऽहमहमौषधम् ॥ मंत्रोऽहमहमेवाज्यमहमग्निरहंहुतम् १६
पिताहमस्यजगतोमाताधातापितामहः ॥ वेद्यंपवित्रमोंकारऋक्सामयजुरेवच १७ गतिर्भर्त्ताप्रभुःसाक्षीनिवासःशरणंसुहृत् ॥ प्रभवःप्रलयःस्थानंनिधानंबीजमव्य
यम् १८ तपाम्यहमहंवर्षंनिगृह्णाम्युत्सृजामिच ॥ अमृतंचैवमृत्युश्चसदसच्चाहमर्जुन १९ त्रैविद्यामांसोमपाःपूतपापायज्ञैरिष्ट्वास्वर्गतिंप्रार्थयन्ते ॥ तेपुण्यमासाद्यसुरेन्द्र
लोकमश्नंतिदिव्यान्दिविदेवभोगान् २० तेतंभुक्त्वास्वर्गलोकंविशालंक्षीणेपुण्येमर्त्यलोकंविशंति ॥ एवंत्रयीधर्ममनुप्रपन्नागतागतंकामकामालभन्ते २१ अनन्याश्चिं
तयंतोमांयेजनाःपर्युपासते ॥ तेषांनित्याभियुक्तानांयोगक्षेमंवहाम्यहम् २२ येऽप्यन्यदेवताभक्तायजंतेश्रद्धयाऽन्विताः ॥ तेऽपिमामेवकौन्तेययजंत्यविधिपूर्वकम् २३
अहंहिसर्वयज्ञानांभोक्ताचप्रभुरेवच ॥ नतुमामभिजानंतितत्त्वेनातश्च्यवंतिते २४ यांतिदेवव्रतादेवान्पितॄन्यांतिपितृव्रताः ॥ भूतानियांतिभूतेज्यायांतिमद्याजिनो
ऽपिमाम् २५ पत्रंपुष्पंफलंतोयंयोमेभक्त्याप्रयच्छति ॥ तदहंभक्त्युपहृतमश्नामिप्रयतात्मनः २६ ॥ ॥ ॥

नुग्रहंकरोमीतिभावः१९ येपुनरुक्तेषुप्रकारेष्वन्यतमेनापिमांनभजंतेतेकेवलकर्मठाःकांगतिंप्राप्नुवंतीतिशृणु त्रैविद्याइति । तिस्रःऋग्यजुःसामरूपाःविद्यायेषांतेत्रिविद्याः तएवत्रैविद्याः। सोमपाः सोमपायिनोयाज्ञि
काः यज्ञैर्मामिष्ट्वास्वर्गतिंफलंप्रार्थयंते दिव्यान्अप्राकृतान्संकल्पमात्रोपनतान्दुःखासंभिन्नान् २० त्रयीवेदत्रयीतस्यामुक्तंधर्मंत्रयीधर्मंकाम्ययज्ञं कामकामाःविषयकामुकाःगतागतंयातायातंसातत्येनल
भंते तथाचश्रुतिः । ‘ प्लवाह्येतेअदृढायज्ञरूपाअष्टादशोक्तमवरंयेषुकर्म ॥ एतच्छ्रेयोयेऽभिनंदन्तिमूढाजरामृत्युंतेपुनरेवापियंति ’ इति अष्टादशषोडशर्त्विजःयाजमानःपत्नीचेतिद्वौ २१
एवंकर्मिणामावृत्तिफलंचोक्त्वाभक्तानामपिमद्भजनेनैवसर्वसिद्धिरित्याह अनन्याइति । नास्तिअन्यउपास्योयेषांअहमेवभगवान्वासुदेवइतिअभेदेनचिंतयंतइत्यर्थः । येजनाःपर्युपासतेपरितःसाकल्येन
कात्स्न्र्येनाद्वैतदृष्ट्येत्यर्थः उपासते तेषांनित्याभियुक्तानांसततााभियोगिनां योगःअप्राप्तस्यअन्नादेर्योगभूमिकायावाप्रापणं । क्षेमःतस्यैवप्राप्तस्यसंरक्षणंतदुद्वयंअहमेववहामिनिर्वहामि ।
तैरन्नाद्यर्थंवायोगभूमिपूर्वोर्ध्वभूमिलाभार्थंवाचिंतानकर्त्तव्येत्यर्थः । अनन्यचेतसांतेषांमदभिन्नत्वात्सर्वंसेत्स्यतीत्यर्थः तथाचोक्तं ज्ञानीत्वात्मैवमेमतमिति २२ अविधिपूर्वकंविधिरभेदबुद्धिस्तद्रा
हित्यादविधिपूर्वकत्वंतदीयभजनस्य २३ हियतःसर्वयज्ञानामहमेवसर्वदेवतारूपेणभोक्ताप्रभुःफलदाताच । एवंसतितेमांप्रत्यगभिन्नंतत्त्वेनयाथातथ्येननजानंति अतश्च्यवंतिज्ञाननिष्ठामलब्ध्वा
संसारगर्तेपतंति २४ सर्वेभक्तायथाभजनंप्राप्नुवंतिस्वाराध्यसान्निध्यमित्याह यांतीति । भूतार्थमिज्यायेषांतेभूतेज्याः २५ मद्भक्तिरतिसुकरादेवतांतरभक्तिस्तुबहुवित्तव्ययायास

साध्येत्याशयेनाह पत्रमिति । भक्तिरेवकेवलंममापेक्षितानान्यदितिभावः भक्त्युपहृतंभक्त्यासमर्पितम् २६ अतःसर्वमदर्पणंकुर्वित्याह यदिति । कत्करोषिगमनादिकंतद्भगवतएवप्रदक्षिणादिकंकरोमी तिमत्प्रीत्यर्थमेवतदर्पणंकुर्वित्ति । एवंवचनादिष्वपिनामकीर्तनादिदृष्ट्याऊह्यम् २७ एवंकुर्वतःफलमाह शुभाशुभेति । शुभाशुभफलैःइष्टानिष्टफलैःकर्मरूपैर्बंधनैः एवंकुर्वन्त्वंमोक्ष्यसे भगवदर्पणबुद्ध्यायत्किं चित्कर्मकुर्वतःकर्मलेपोनास्तीत्यर्थः । अयमेवोक्तलक्षणःकर्मफलसंन्यासरूपोमार्गस्तत्रयुक्तात्मासमाहितचित्तःसन्विमुक्तःकर्मबंधनैर्विमुक्तःसन्मांसर्वेषांप्रत्यगात्मानंउपैष्यसि २८ यतोभक्तानेवानुगृह्णातिनेतरानित्यतोरागद्वेषवान्भगवानित्यतआह समोहमिति । यथाऽग्निःरागादिशून्योऽपिसमीपस्थानामेवशीतंनाशयतिनदूरस्थानांतद्वत्सर्वत्रसमोऽप्यहंशरणागतानामेवबंधनाशयामिनान्येषामित्यर्थः । अतोममनरागद्वेषावितिभावः । मयितेतेषुचाप्यहंभक्ताअनन्यशरणतयामय्येववर्त्तन्तेअहमपितेष्वेववर्ते । अभक्तचित्तानांरागाद्याक्रांतत्वेनतत्रममविशेषतोऽभिव्यक्तिर्नास्तीतिभावः २९ भक्तेर्माहात्म्यमाह अपिचेदिति । अत्यंतपापिष्ठोऽपिमांयद्यनन्यचेताःसन्भजतेतथापिससाधुरेवमंतव्यः हियतःससम्यग्व्यवसितःसम्यग्वृत्तः ३० सम्यग्व्यवसितत्वादेवक्षिप्रंशीघ्रंधर्मात्माभवति शांतिचशश्वत्निगच्छतिप्राप्नोति । हेकौन्तेय त्वमेवमदाज्ञयाप्रतिजानीहिप्रतिज्ञांकुरु मेममभगवतोहरेर्भक्तोननश्यतीति ३१. किंचहेपार्थ हिप्रसिद्धंमांव्यपाश्रित्यआश्रित्ययेऽत्यंतपापयोनयःस्त्र्यादयस्तेऽपिपरांगतियांति ३२ ब्राह्मणादयःपुनःपुण्याःमदाश्रयेणपरांगतियांतीत्यत्रकिंचित्रं अतस्त्वंइमंमर्त्यलोकंअनित्यंनश्वरंअसुखंसुखलेशहीनंप्राप्यमांपरमात्मानंभजस्व लोकांतरेभजनंन

यत्करोषियदश्नासियज्जुहोषिददासियत् ॥ यत्तपस्यसिकौन्तेयतत्कुरुष्वमदर्पणम् २७ शुभाशुभफलैरेवंमोक्ष्यसेकर्मबन्धनैः॥ संन्यासयोगयुक्तात्माविमुक्तोमामुपैष्यसि २८ समोऽहंसर्वभूतेषुनमेद्वेष्योऽस्तिनप्रियः॥ येभजंतितुमांभक्त्यामयितेतेषुचाप्यहम् २९ अपिचेत्सुदुराचारोभजतेमामनन्यभाक् ॥ साधुरेवसमंतव्यःसम्यग्व्यवसितोहिसः ३० क्षिप्रंभवतिधर्मात्माशश्वच्छांतिंनिगच्छति ॥ कौन्तेयप्रतिजानीहिनमेभक्तःप्रणश्यति ३१ मांहिपार्थव्यपाश्रित्ययेऽपिस्युःपापयोनयः ॥ स्त्रियोवैश्यास्तथाशूद्रास्तेऽपियांतिपरांगतिम् ३२ किंपुनर्ब्राह्मणाःपुण्याभक्काराजर्षयस्तथा ॥ अनित्यमसुखंलोकमिमंप्राप्यभजस्वमाम् ३३ मन्मनाभवमद्भक्तोमद्याजीमांनमस्कुरु ॥ मामेवैष्यसियुक्त्वैवमात्मानंमत्परायणः ३४ ॥ इतिश्रीमहाभारतेभीष्मपर्वणिश्रीमद्भगवद्गीतासू० राजविद्याराजगुह्ययोगोनामनवमोऽध्यायः ॥ ९ ॥ पर्वणितुत्रयस्त्रिंशोऽध्यायः ॥ ३३ ॥ ॥ श्रीभगवानुवाच ॥ भूयएवमहाबाहोशृणुमेपरमंवचः ॥ यत्तेहंप्रीयमाणायवक्ष्यामिहितकाम्यया १ ॥ ॥

भविष्यतीत्यर्थः तथाचश्रुतिः । 'इहचेदवेदीदथसत्यमस्तिनचेदवेदीन्महतीविनष्टिः' इति ३३ भजनप्रकारंदर्शयति मन्मनाइति । मय्येवमनोयस्यनपुत्रादौसमन्मनाः । ममैवभक्तोनराजादेर्धनाद्यर्थंसमद्भक्तः । मद्याजीमदर्थमेवयजतेनस्वर्गाद्यर्थंसमद्याजीतादृशोभव । मामेवनमस्कुरुशरणंव्रजनत्वन्यान् । एवमनेनप्रकारेणयुक्त्वायोगंकृत्वामामेवात्मानंसर्वांतरंएष्यसिप्राप्स्यसि अभेदेनघटाकाशइवमहाकाशं । यतोमत्परायणःअहमेवसर्वोपाधिशून्यश्चिदात्मापरंसर्वोत्कृष्टंअयनंप्राप्यंयस्यसमत्परायणः तथाचश्रूयते । 'यथानद्यःस्यंदमानाःसमुद्रेऽस्तंगच्छंतिनामरूपेविहाय । तथाविद्वान्नामरूपाद्विमुक्तःपरात्परंपुरुषमुपैतिदिव्यम्'इति ३४ ॥ ॥ इतिभीष्मपर्वणिनीलकंठीयेभारतभावदीपे गी० नवमोऽध्यायः ॥ ९ ॥ पर्वणितु० ॥ ३३ ॥ ॥ ॥ ॥ ॥ सप्तमेत्वंपदवाच्योर्थोनिरूपितःतदुपासनाच्चक्रममुक्तिरित्यष्टमेप्रोक्तं नवमेतत्पदलक्ष्यार्थउक्तस्तत्प्राप्तयेचविश्वतोमुखंसर्वत्रभगवद्भावभावनात्मकंभगवद्भजनमुक्तं तद्रागद्वेषकलुपितमनसामशक्यमितिमन्वानोभगवांस्तत्सिद्धयेस्वविभूतीःकेषुचिदेवपदार्थेषुभगवद्बुद्धिविधानार्थास्तावद्दर्शयतिदशमे । तत्फलभूतंविश्वतोमुखस्योपासनंतेनचविश्वरूपदर्शनमेकादशे । द्वादशेपुनस्तत्पदलक्ष्यस्याव्यक्तस्योपासनंतदुपासकलक्षणानिचोक्त्वाउपासनाकांडंतत्पदार्थशोधनार्थंसमापयिष्यति तत्रवात्सल्यात्स्वयमेवश्रीभगवानुवाच भूयएवेति । हेमहाबाहो भूयःप्रागुक्तमपिपुनर्मेपरमंनिरतिशयवस्तुनः

प्रकाशकंवचःशृणु प्रीयमाणायअमृतपानादिवन्मद्वचनात्प्रीतिमनुभवतेवक्ष्यामि हितकाम्ययातवहितेच्छया १ दुर्ज्ञेयत्वान्ममस्वरूपस्याहंत्वांब्रवीमीत्याह नमेइति । प्रभवंप्रकृष्टंभवंऐश्वर्यंवियदादिसृष्टि
सामर्थ्यंनविदुः तत्रहेतुः अहमिति । अयंभावः । देहोत्पत्त्यनंतरंहिदेवादीनांबुद्ध्यादिलाभोनचार्वाचीनैर्बुद्ध्यादिभिःस्वोत्पत्तिप्राक्कालीनोर्थःपरिच्छेत्तुंशक्यतइति पदार्थःस्पष्टः २
कस्तर्हित्वांवेत्तीत्यतआह यइति । यःअसंमूढःसमांवेत्तिसएवचसर्वपापैःप्रमुच्यतइतिसंबंधः जडाजडयोर्बुद्ध्यात्मनोरेकीभावेनान्योन्याध्यासलक्षणेनमूढःसंमूढस्तद्विपरीतोऽसंमूढस्तत्त्वज्ञानेनबाधिताध्या
सःसएवात्मवित्त्वादितरस्यजनिमनुभवन्मांप्रत्यगात्मानंलोकमहेश्वरमनादिंआदिःकारणंतच्छून्यमतएवाजमजातंवेत्तिससर्वैःकृतैःक्रियमाणैर्वापापैःप्रमुच्यते मर्त्येषुमध्ये ३ ममहेश्वरत्वादेवमत्तोबुद्ध्या
दयोभवंतीत्याह बुद्धिरिति । बुद्धिःअंतःकरणस्यसूक्ष्मार्थाववोधनेसामर्थ्यं । ज्ञानंआत्मानात्मादिपदार्थाववोधः । असंमोहःप्रत्युत्पन्नेषुबोद्धव्येष्वव्याकुलतयाविवेकपूर्विकाप्रतिपत्तिः । क्षमा
आक्रुष्टस्यताडितस्यवाअविकृतचित्तता । सत्यंप्रमाणेनावगतस्यार्थस्ययथार्थत्वेनभाषणं । दमोबाह्येंद्रियनियमः । शमोमनोनिग्रहः । सुखमाह्लादः । दुःखंतापः । भवउत्पत्तिः । भावः
सत्ता । अभावस्तद्विपर्ययः । भयंत्रासः । अभयमेवचतद्विपरीतम् ४ अहिंसाप्राणिनामपीडा । समतामित्रामित्रादौसमचित्तता । तुष्टिःसंतोषोलब्धेपर्याप्तबुद्धिः । तपइंद्रियसंयमपूर्वकंश
रीरपीडनं । दानंयथाशक्तिसंविभागः यशोधर्मनिमित्ताकीर्तिः । अयशोऽधर्मनिमित्ताअकीर्तिः । एतेबुद्ध्यादयोविंशतिभावामत्तएवप्राणिनांभवंति । पृथग्विधाःप्रत्येकंनानाप्रकाराः । ततउत्तम
गुणलाभायाहमेवत्वयाशरणीकरणीयइतिभावः ५ एतदेवशिष्टाचारप्रदर्शनेनद्रढयति महर्षयइति । सप्तभृग्वाद्याश्चत्वारःसनकादयश्चपूर्वेप्रसिद्धामहर्षयइतिसंबंधः तथामनवश्चतुर्दशप्रसिद्धाः तेसर्वेमानसाहिरण्यग

नमेविदुःसुरगणाःप्रभवंनमहर्षयः ॥ अहमादिर्हिदेवानांमहर्षीणांचसर्वशः २ योमामजमनादिंचवेत्तिलोकमहेश्वरम् ॥ असंमूढःसमर्त्येषुसर्वपापैःप्रमुच्यते ३ बुद्धि
र्ज्ञानमसंमोहःक्षमासत्यंदमःशमः ॥ सुखंदुःखंभवोभावोभयंचाभयमेवच ४ अहिंसासमतातुष्टिस्तपोदानंयशोऽयशः ॥ भवंतिभावाभूतानांमत्तएवपृथग्विधाः ५
महर्षयःसप्तपूर्वेचत्वारोमनवस्तथा ॥ मद्भावामानसाजातायेषांलोकइमाःप्रजाः ६ एतांविभूतिंयोगंचममयोवेत्तितत्त्वतः ॥ सोऽविकम्पेनयोगेनयुज्यतेनात्रसंशयः ७
अहंसर्वस्यप्रभवोमत्तःसर्वंप्रवर्त्तते ॥ इतिमत्वाभजन्तेमांबुधाभावसमन्विताः ८ मच्चित्तामद्गतप्राणाबोधयन्तःपरस्परम् ॥ कथयन्तश्चमांनित्यंतुष्यंतिचरमंतिच ९
तेषांसततयुक्तानांभजतांप्रीतिपूर्वकम् ॥ ददामिबुद्धियोगंतंयेनमामुपयान्तिते १० ॥ ॥ ॥

र्भरूपस्यममनसएवोद्भूताअयोनिजाजाताउत्पन्नाः इमाःप्रजाश्चतुर्विधाअयंलोकश्चतदाधारभूतः तदुभयंयेषांयत्संबंधिसंततिर्येषांसंततिरित्यर्थः यद्वा येषामितिषष्ठीपंचम्यर्थे येभ्यइमाःप्रजाअयंलोकश्चजात
इत्यर्थः । तेऽपिमद्भावामय्येवभावोमनोयेषांते । प्रसिद्धमहिमानोऽप्येतेयतोमामेवोपासतेऽतस्त्वमपिमामुपास्वेतिभावः ६ उपास्तावधिकारिणमाह एतामिति । एतांवक्ष्यमाणांविभूतिंयोगंचविश्वतो
मुखेभगवतिमनःसमाधानंयस्तत्त्वतोवेत्तिसम्यगनुष्ठातुंज्ञातुंचसमर्थोभवतिसोऽविकंपेनाचलेननिर्विकल्पकेनषष्ठाध्यायोक्तेनयोगेनमद्विषयेणसमाधिनायुज्यते ततश्चकृतकृत्योभवति । नात्रसंशयइतिप्रवृत्त्यतिशयार्थमु
च्यते भगवद्वचसिसंशयासंभवात् ७ उपासनास्वरूपमाहद्वाभ्यां अहमिति । बुधामांप्रत्यगात्मानमितिमत्वाभजंते इतिकथं अहमेवसर्वस्यजगतःप्रभवउत्पत्तिः मत्तोमदनुग्रहंमाप्यैवसर्वंबुद्ध्या
दिकंस्वस्वकार्यायप्रवर्त्तते । अहमेवजगतःकर्त्तान्तर्यामीचेत्यदृढग्रहेणात्मानमुपासीतेतिभावः भावसमन्विताःभावनायुक्ताः एतच्चोत्तरार्थम् ८ एवंध्यानेभावनाप्रकारमुक्त्वाव्युत्थानेतमाह मच्चित्ताइति ।
अहमेवचित्तेयेषांतेमच्चित्ताः तथाऽहमेवगतोविद्यमानोयेषुतेमद्गतास्तथाविधाःप्राणाइंद्रियाणियेषांतेमद्गतप्राणाः । चित्तेनेंद्रियैर्वायद्गृह्यतेतत्सर्वंप्रत्यगात्मावासुदेवइतिभावयंतइत्यर्थः । इममेवार्थंप
रस्परंबोधयंतःश्रुतियुक्तिप्रदर्शनेनसमानानांसमुदायंज्ञापयंतः कथयंतश्चशिष्यान्प्रति तुष्यंतितेनैवज्ञानेनेनतुमिष्टाशनादिना रमंतिचतत्रैवनतुरूपादावित्यर्थः ९ उपासनायाःफलमाह तेषामिति । सततयुक्तानां
नित्योत्साहवतां प्रीतिःप्रेमातत्पूर्वकंभजतांसेवमानानां तेभ्योददामि तंबुद्धियोगंज्ञानरूपंयोगंसमाधिज्ञाननिष्ठामित्यर्थः तांददामियेनययानिष्ठयातेमामुपयांतिसमुद्रमिवनद्योऽभेदेनप्रविशंति १०

किंच । तेषांभक्तानामुपर्यनुकंपार्थंनस्वप्रयोजनसिद्ध्यर्थंराजवत् । बुद्धियोगप्रदानेनाज्ञानजमविवेकादुत्थितंमिथ्याप्रत्ययलक्षणंमोहांधकारंतमोनामकंसर्वानर्थनिदानमूलाज्ञाननाशेननाशयामिआत्मभा
वस्थःआत्मनोभावोऽन्तःकरणगृहंतत्स्थः ज्ञानरूपेणदीपेन भास्वताप्रबलेन अयंभावः । तत्त्वमसीतिवाक्यजाब्रह्माकारांतःकरणवृत्तिः स्वोत्पत्तयेश्रवणमननध्यानानिशमादीनिकर्माणिचा
पेक्षते यथादीपःस्वोत्पत्तयेतैलवर्त्यग्न्यादीन् । उत्पन्नातुतमोनाशेनस्वविषयप्रकाशनार्थंप्रत्ययावृत्तिलक्षणंप्रसंख्यानंचकर्मभिरुपकारंवानापेक्षते । नहिज्ञातेघटेतदाकारप्रत्ययावृत्तिर्वाकर्मापेक्षावा
तज्ज्ञानदार्ढ्यायापेक्षतेप्रमाणव्याप्तिमात्रसापेक्षत्वाज्ज्ञानस्य । तस्माद्येउत्पन्नज्ञानानामपिप्रसंख्यानापेक्षांकर्मभिरुपकारापेक्षांचवदंतितेबलादेवमोक्षस्यकृतकतामनित्यतांचप्रार्थयंतइतिदिक् ११ एवमेतांविभूतियोगं
चेत्यादिनाविभूतिज्ञानस्यफलोदर्कंश्रुत्वातत्प्राप्त्युत्सुकःप्रथमंस्तुत्याभगवंतमार्जवयन्नर्जुनउवाच परमिति । परंब्रह्मनत्वपरमुपास्यं 'तदेवब्रह्मत्वंविद्धिनेदंयदिदमुपासते' इतिश्रुतेः परंधामज्योतिर्नत्वपरंवृत्तिरूपं
ज्ञानं । 'एतस्यह्रीर्धीर्भीरित्येतत्सर्वंमनएव' इतिश्रुतेर्वृत्तिरूपत्वात् परमंपवित्रंनतुतीर्थादिवदपरंभवान् । तत्रप्रमाणमाह पुरुषमितिसार्धेन । पुरुषंदेहांतरस्थं शाश्वतंनित्यं दिव्यंदिविहार्दाकाशेआ
विर्भूतं आदिदेवंसूत्रात्मनोऽप्याद्यं अतएवअजं विभुंव्यापकं त्वांऋषयआहुरितिसंबंधः १२ । १३ व्यक्तिंप्रभवं १४ हेभूतभावनभूतानांभावक १५ एवंस्तुत्वात्मनोबुभुत्सितमाह वक्तुमिति १६

तेषामेवानुकंपार्थमहमज्ञानजंतमः ॥ नाशयाम्यात्मभावस्थोज्ञानदीपेनभास्वता ११ ॥ अर्जुनउवाच ॥ परंब्रह्मपरंधामपवित्रंपरमंभवान् ॥ पुरुषंशाश्वतंदिव्यमा
दिदेवमजंविभुम् १२ आहुस्त्वामृषयःसर्वेदेवर्षिर्नारदस्तथा ॥ असितोदेवलोव्यासःस्वयंचैवब्रवीषिमे १३ सर्वमेतदृतंमन्येयन्मांवदसिकेशव ॥ नहितेभगवन्व्यक्तिं
विदुर्देवानदानवाः १४ स्वयमेवात्मनाऽत्मानंवेत्थत्वंपुरुषोत्तम ॥ भूतभावनभूतेशदेवदेवजगत्पते १५ वक्तुमर्हस्यशेषेणदिव्याह्यात्मविभूतयः ॥ याभिर्विभूतिभिर्लो
कानिमांस्त्वंव्याप्यतिष्ठसि १६ कथंविद्यामहंयोगिंस्त्वांसदापरिचिंतयन् ॥ केषुकेषुचभावेषुचिन्त्योऽसिभगवन्मया १७ विस्तरेणात्मनोयोगंविभूतिंचजनार्दन ॥
भूयःकथयतृप्तिर्हिशृण्वतोनास्तिमेऽमृतम् १८ ॥ श्रीभगवानुवाच ॥ हन्ततेकथयिष्यामिदिव्याह्यात्मविभूतयः ॥ प्राधान्यतःकुरुश्रेष्ठनास्त्यन्तोविस्तरस्यमे १९
अहमात्मागुडाकेशसर्वभूताशयस्थितः॥अहमादिश्चमध्यंचभूतानामंतएवच२०आदित्यानामहंविष्णुर्ज्योतिषांरविरंशुमान्॥ मरीचिर्मरुतामस्मिनक्षत्राणामहंशशी२१

योगंऐश्वर्यंतद्वन्हेयोगिन् त्वांकथंचर्मचक्षुषाविद्यांनकथमपीतिविश्वरूपदर्शनस्यदौर्लभ्यंमन्वानःकतिपयेष्वेवस्थानेषुभगवंतंचिंतयिष्यामिविश्वरूपदर्शनेऽधिकारसिद्ध्यर्थमित्याशयेनाह केष्विति १७
योगंवैश्वरूप्यं विभूतिंध्यानालंबनं अमृतममृतस्यमोक्षस्यसाधनम् १८ अत्रोत्तरंश्रीभगवानुवाच हंतेति । हंतइदानीं हंतेत्यनुमतौवा दिव्याःपुराणांतरेष्वपिश्रेष्ठत्वेनप्रसिद्धायाआत्मविभूतयस्ताः
कथयामीतियोजना । प्राधान्यतइति योगोपकारित्वेनविभूतयइहप्राधान्येन योगस्तुसंक्षेपेणैवोच्यते तस्याग्रेवक्ष्यमाणत्वादितिभावः । अन्यथायोगंविभूतिंचकथयेतिपृष्टेविभूतिमात्रकथनेना
नवहितचित्तत्वंभगवतःस्यात् । नास्त्यंतोविस्तरस्यमेविभूतीनामितिविपरिणामेनानुषंजनीयं १९ संक्षेपेणयोगमाह अहमिति । हेगुडाकेशहेजितनिद्र घनकेशेतिवा । अहंवासुदेवआत्माअतती
त्यात्माव्यापकःअतएवसर्वेषांभूतानामाशयएकीभावस्थानं जलानामिवकासारोजलाशयस्तद्वदहंसर्वभूताशयः स्थितोऽचलः । खर्परेशरिवाविसर्गलोपोवक्तव्यइतिवार्तिकेनपक्षेविसर्गलोपः ।
भाष्येतुसर्वेषांभूतानामाशयेऽन्तर्हृदिस्थितइतिव्याख्यातं । सर्वभूताशयत्वादेवाहंआदिर्जन्मकारणं । मध्यंस्थितिकारणं । भूतानामंतोलयस्थानं । सर्वमिदंब्रह्मांडमय्येवास्तीतिभावः २०
योगमुक्त्वाविभूतीराह आदित्यानामित्यादिनायावदध्यायसमाप्ति । आदित्यानांद्वादशानांमध्येविष्णुनामाऽदित्योऽहं वामनावतारोवा । ज्योतिषामग्न्यादीनांमध्येरविरंशुमान्अत्यंतं

प्रतपनशीलोनिदाघमध्याह्नेतीव्रातपवान्रविरहमेवेत्यर्थः । मरुतां सप्तसप्तकानांमध्येमरीचिरहम् । नक्षत्राणांताराणां । अत्रप्रायेणनिर्द्धारणेषष्ठी भूतानामस्मिचेतनेत्यादौसंबंधेऽपि । शशीचंद्रमाः २१ सामवेदोगानेनरमणीयत्वात् वासवोदेवराजत्वात् मनइंद्रियांतरप्रवर्त्तकत्वात् चेतनाधीवृत्तिःचिदभिव्यक्तिहेतुत्वात् एतेवेदादीनांमध्येश्रेष्ठाः २२ रुद्राणामेकादशानां वसूनामष्टानां । शिखराणिरत्नविशेषास्तद्वतांमध्येमेरुरहम् २३ पुरोधसांपुरोहितानांबृहस्पतिं देवराजपुरोहितत्वात् । सेनानीनांसेनापतीनांस्कंदःकार्त्तिकेयः सरसांजलाशयानाम् २४ एकमक्षरंओंकाराख्यं जपयज्ञोहिंसाशून्यत्वात् स्थावराणांस्थितिमताम् २५ । २६ अमृतोद्भवंअमृतमथनावसरेउद्भवोयस्यतम् २७ प्रजनोऽपत्यजनयिताकंदर्पःकामःनतुवृथामैथुनरूपः २८ नागानांसर्पावांतरभेदानां यादसांजलचारणां संयमतांनियमनकर्तृणाम् २९ कलयतांगणनंकुर्वताम् ३० पवतांपावयितृणांवेगवतांवा रामोदाशरथिः रामादीनांपरमेश्वराणामपिविभूतिमध्येगणनंध्यानार्थं । झषाणांमत्स्यादीनां मकरोजातिभेदः स्रोतसांनदीनाम् ३१ सर्गाणांभौतिकानांभूतानामादिरंतइतिप्रागेवोक्तत्वात् विद्यानांचतुर्दशसंख्यानांमध्येअध्यात्मविद्या बंधच्छेदहेतुत्वात् । प्रवदतांप्रवक्तृद्वारेणवदनभेदाएववादजल्पवितंडाइहगृह्यंते तेषांमध्येवादस्तत्त्वनिर्णयार्थत्वादहम् ३२ अक्षराणांमध्येअकारः । 'अकारोवैसर्वावाक्'इतिश्रुतेः । सामासिकस्यसमाससमुदायस्यमध्येऽहंद्वंद्वोऽस्मिउभयपदार्थप्रधानत्वादितिप्राञ्चः । समंएकत्रासनंसमासोविदुषांवागुरुशिष्याणांवामंत्रार्थकथनार्थंवाएकत्रावस्थानंतत्रविदितमर्थजातंसामासिकम् । चातुरर्थिकष्ठक् ठस्येकइतीकादेशः यस्येतिचेत्यलोपः । तस्यमध्येद्वंद्वोरहस्योऽर्थोऽहम् । द्वंद्वंरहस्येतिसूत्रेद्वंद्वशब्दस्यरहस्यवाचित्वंशाब्दिकप्रसिद्धं । अक्षयःक्षयहीनः कालःक्षणादिःपरोवाईश्वरः कालस्यापिकालोऽस्मि । धाताकर्मफलप्रदः विश्वतोमुखः सर्वप्राणितृप्त्यातृप्यामीत्यर्थः ३३ सर्वहरःप्रलयकालिकोमृत्युरस्मि भविष्यतांभाविकल्याणानामुद्भवऐश्वर्योत्कर्षोऽहं कीर्त्यादिसप्तकमप्यहं यासांसंश्रयमात्रेणमनुष्येषुकृतार्थताबुद्धिर्भवति ३४ बृहत्साम'त्वामिद्धिहवामहे'इत्यस्यामृचिगीयमानंसामपृष्ठयस्तोत्रेविनियुक्तमिंद्रदेवत्यंतत्साम्नांमध्येऽहमस्मि । छंदसांमध्येगायत्रीद्विजत्वसंपादनात्सोमाहरणाच्चश्रेष्ठाऽहमस्मि । कुसुमाकरोवसंतः ३५

वेदानांसामवेदोऽस्मिदेवानामस्मिवासवः ॥ इंद्रियाणांमनश्चास्मिभूतानामस्मिचेतना २२ रुद्राणांशंकरश्चास्मिवित्तेशोयक्षरक्षसाम् ॥ वसूनांपावकश्चास्मिमेरुः शिखरिणामहम् २३ पुरोधसांचमुख्यंमांविद्धिपार्थबृहस्पतिम् ॥ सेनानीनामहंस्कंदःसरसामस्मिसागरः २४ महर्षीणांभृगुरहंगिरामस्म्येकमक्षरम् ॥ यज्ञानांजपयज्ञोऽस्मिस्थावराणांहिमालयः २५ अश्वत्थःसर्ववृक्षाणांदेवर्षीणांचनारदः ॥ गंधर्वाणांचित्ररथःसिद्धानांकपिलोमुनिः २६ उच्चैःश्रवसमश्वानांविद्धिमाममृतोद्भवम् ॥ ऐरावतंगजेन्द्राणांनराणांचनराधिपम् २७ आयुधानामहंवज्रंधेनूनामस्मिकामधुक् ॥ प्रजनश्चास्मिकंदर्पःसर्पाणामस्मिवासुकिः २८ अनंतश्चास्मिनागानांवरुणोयादसामहम् ॥ पितॄणामर्यमाचास्मियमःसंयमतामहम् २९ प्रह्लादश्चास्मिदैत्यानांकालःकलयतामहम् ॥ मृगाणांचमृगेन्द्रोऽहंवैनतेयश्चपक्षिणाम् ३० पवनःपवतामस्मिरामःशस्त्रभृतामहम् ॥ झषाणांमकरश्चास्मिस्रोतसामस्मिजाह्नवी ३१ सर्गाणामादिरन्तश्चमध्यंचैवाहमर्जुन ॥ अध्यात्मविद्याविद्यानांवादःप्रवदतामहम् ३२ अक्षराणामकारोऽस्मिद्वन्द्वःसामासिकस्यच ॥ अहमेवाक्षयःकालोधाताऽहंविश्वतोमुखः ३३ मृत्युःसर्वहरश्चाहमुद्भवश्चभविष्यताम् ॥ कीर्तिःश्रीर्वाक्चनारीणांस्मृतिर्मेधाधृतिःक्षमा ३४ बृहत्सामतथासाम्नांगायत्रीछंदसामहम् ॥ मासानांमार्गशीर्षोऽहमृतूनांकुसुमाकरः ३५ ॥ ॥ ॥

व्यवसायोनिश्चयउद्यमोवा ३६ वृष्णीनांयादवानां उशनाशुक्रः ३७ दमयतांराजादीनांदमनसाधनंदंडोऽहमस्मि । जिगीषतांजेतुमिच्छतांजयसाधनंनीतिरस्मि । मौनंवाचोनिग्रहः ३८ सर्वभूतानांबीजमित्यनेनसर्वभूतानिमद्विभूतिरितिदर्शितं । तदेवोपपादयति । नतदस्तीति । मयाविनाभूतंकिमपिनास्ति उपादेयस्योपादानमंतरेणस्थित्यसंभवात् ३९ नांतोऽस्तीति उद्देशतएकदेशेनविभूतेर्विस्तरोविस्तारोमयाप्रोक्तः ४० सर्वभूतानांबीजमहमित्युक्त्यास्वस्यसार्वात्म्योक्तेःसर्वस्वविभूतिरित्युक्तमेवतथापितद्ग्रहणाशक्तंप्रतिप्राह यद्यदिति । यद्यत्सत्वंप्राणि विभूतिमदैश्वर्ययुक्तं श्रीर्लक्ष्मीःशोभावातद्युक्तं ऊर्जितंबलाद्यतिशययुक्तं तत्तत्सर्वंममतेजसश्चिच्छक्तेरंशसंभवंअंशात्संभूतंत्वमवगच्छजानीहि । लोकेयदतिरमणीयंतद्भगवतोरूपमितिध्यायेदित्यर्थः ४१ उत्तमाधिकारिणमुद्दिश्याह अथवेति । मूढान्प्रत्येतदुक्तंत्वंतुएतावदेवविद्धि एकांशेनएकदेशेनाहमिदंविष्टभ्यव्याप्यस्थितोऽस्मि । 'पादोऽस्यविश्वाभूतानि'इतिश्रुतेः । तस्मात्परिच्छिन्नंदर्शनंत्यक्त्वासर्वत्रब्रह्मबुद्धिमेवकुर्वित्याशयः ४२ ॥ इतिभीष्मपर्वणिनीलकंठीये भारतभावदीपे श्रीमद्गीतार्थप्र० दशमोऽध्यायः ॥ १० ॥ पर्वणि० ॥ ३४ ॥ ॥ ॥ पूर्वस्मिन्नध्यायेयोगोविभूतिश्चव्याख्येयत्वेनप्रतिज्ञातौ एतांविभूतिंयोगंचममयोवेत्तीति । आत्मनोयोगंविभूतिंचजनार्दन भूयःकथयेतीतरेणचश्रोतव्यत्वेनप्रार्थितौ । तत्राहमात्मागुडाकेशसर्वभूताशयस्थितइतिसंक्षेपेणयोगो

द्यूतंछलयतामस्मितेजस्तेजस्विनामहम् ॥ जयोऽस्मिव्यवसायोऽस्मिसत्त्वंसत्ववतामहम् ३६ वृष्णीनांवासुदेवोऽस्मिपांडवानांधनंजयः ॥ मुनीनामप्यहंव्यासः कवीनामुशनाकविः ३७ दंडोदमयतामस्मिनीतिरस्मिजिगीषताम् ॥ मौनंचैवास्मिगुह्यानांज्ञानंज्ञानवतामहम् ३८ यच्चापिसर्वभूतानांबीजंतदहमर्जुन ॥ नतदस्ति विनायत्स्यान्मयाभूतंचराचरम् ३९ नान्तोस्तिममदिव्यानांविभूतीनांपरंतप ॥ एषतूद्देशतःप्रोक्तोविभूतेर्विस्तरोमया ४० यद्यद्विभूतिमत्सत्त्वंश्रीमदूर्जितमेववा ॥ तत्तदेवावगच्छत्वंममतेजोंऽशसंभवम् ४१ अथवाबहुनैतेनकिंज्ञातेनतवार्जुन ॥ विष्टभ्याहमिदंकृत्स्नमेकांशेनस्थितोजगत् ४२ ॥ इतिश्रीमहाभारते भीष्मपर्वणि भगवद्गीतासू० विभूतियोगोनामदशमोऽध्यायः ॥ १० ॥ ॥ पर्वणितुचतुस्त्रिंशोऽध्यायः ३४ ॥ ॥ ॥ ॥ अर्जुनउवाच ॥ ॥ मदनुग्रहायपरमंगुह्यमध्यात्मसंज्ञितम् ॥ यत्त्वयोक्तंवचस्तेनमोहोऽयंविगतोमम १ भवाप्ययौहिभूतानांश्रुतौविस्तरशोमया ॥ त्वत्तःकमलपत्राक्षमाहात्म्यमपिचाव्ययम् २ एवमेतद्यथात्थत्वमात्मानंपरमेश्वर ॥ द्रष्टुमिच्छामितेरूपमैश्वरंपुरुषोत्तम ३ ॥ ॥ ॥ ॥

भगवतःसर्वभूताधारत्वलक्षणउक्तःप्राग्विभूतिकथनात् । तदंतेचविष्टभ्याहमिदंकृत्स्नमेकांशेनस्थितोजगदितिकुसूलेनधान्यमिवमयेदंजगद्विष्टब्धमित्युक्त्यासएवस्मारितस्तदेवभगवतःसर्वभूताधारत्वंसाक्षात्कर्तुकामोऽर्जुनउवाच मदनुग्रहायेति । मयिअनुग्रहोऽनुकम्पातदर्थंमदनुग्रहाय परमंसद्यःशोकमोहनिवर्त्तकत्वेनोत्कृष्टंगुह्यंगोप्यं । अध्यात्मसंज्ञितमात्मानात्मविवेकार्थंशास्त्रमध्यात्मंतत्संज्ञितं । यत्त्वयावचः अशोच्यानन्वशोचइत्यादिनाषष्ठाध्यायपर्यंतंत्वंपदार्थशुद्धिप्रधानंनायंहंतिनहन्यतइत्यात्मनोऽकर्तृत्वाभोक्तृत्वप्रतिपादकंतेनममयोहःअविवेकोऽयंविशेषेणगतोनष्टः अत्रप्रथमेपादेऽक्षराधिक्यमार्षम् १ भवेति । तथासप्तमाध्यायमारभ्यदशमपर्यन्तंत्वयाभूतानांभवाप्ययावप्युक्तौअहंसर्वस्यप्रभवोमत्तःसर्वंप्रवर्त्ततइति । तावपिमयाविस्तरशस्त्वत्तःश्रुतौहेकमलपत्राक्ष अव्ययंमाहात्म्यमपिनचमांतानिकर्माणिलिंपन्तीतिविषमसृष्टिकर्त्तुरपिवैषम्यनैर्घृण्यदोषोनास्तिजगत्कर्त्तुरपिविकारगंधोनास्तीत्येवमादिरूपतत्पदार्थशुद्धिप्रधानंश्रुतमित्यनुषंगः २ एवमिति । यच्चत्वंविष्टभ्याहमिदंकृत्स्नमेकांशेनस्थितोजगदितिआत्मानंजगदाधारमात्थतदपिइत्थमेवनममात्रासंभावनाऽस्ति । हेपरमेश्वरतेतवरूपंऐश्वरमीश्वरस्येदंविश्वात्मकंमायामयमित्यर्थः । हेपुरुषोत्तमक्षराक्षरातीत विश्वरूपंमायामयंवास्तवंतुरूपंमायातीतमित्यैश्वरमितिपुरुषोत्तमेतिचपदाभ्यांलभ्यते तथाचवक्ष्यति । 'मायाह्येषामयासृष्टायन्मांपश्यसिनारद ॥ सर्वभूतगुणैर्युक्तंनैवंमांज्ञातुमर्हसि'इति । उक्तंच शुद्धंरूपमभिप्रेत्य अव्यक्तोऽयमचिंत्योऽयमिति ३ ॥

मन्यसइति । हेयोगेश्वरयोगिनांयोगानामीश्वर । तद्रूपंयदिमयाद्रष्टुंशक्यमितिमन्यसेयदिमयितद्दर्शनाधिकारंपश्यसिततस्तर्हिमेमह्यमव्ययंमायामयमात्मानंदर्शय । मायामयत्वादेवास्याव्ययत्वं मायायांहिसर्वंस
र्वात्मकंसर्वदाऽस्तीतिप्रसिद्धंयथोक्तंवसिष्ठेन । 'वर्त्तमानमतीतंचभविष्यत्स्थूलमण्वपि ॥ तथादूरमदूरंचनिमेषःकल्पइत्यपि ॥ चिद्रात्मनिस्थितान्येवपश्यमायाविजृंभितम्'इति । नहिमरुमरीचि
सरसीक्रमशःशुष्यति । अतोमायामयत्वादेवास्यैश्वरस्यरूपस्याप्यव्ययत्वं ४ एवंप्रार्थितःसन्भगवानुवाच पश्येति । शतशइत्यादिनाअनंतानीत्युक्तं नानावर्णानिनानाकृतीनिच ५ दिव्यानितावदाह
पश्यादित्यानिति । अदृष्टपूर्वाण्याश्चर्याण्यद्भुतानिचतुर्मुखपंचमुखषण्मुखादीनि ६ हेगुडाकेशजितनिद्र इहममदेहेएकस्थमेकस्मिन्नेवावयवेनखाग्रमात्रेस्थितंकृत्स्नंवर्त्तमानंजगत्पश्य यच्चान्यत्अतीतमना
गतंविप्रकृष्टंव्यवहितंस्थूलंसूक्ष्मंवातत्सर्वमिहपश्य ७ यत्तूक्तंमन्यसेयदितच्छक्यंमयाद्रष्टुमितितत्राह नत्विति । शक्यसेशक्नोषि पदविकरणव्यत्ययआर्षः अनेनप्राकृतेन दिव्यमप्राकृतं ऐश्वरमीश्वरसं
बंधिनंयोगंविश्वाश्रयत्वलक्षणंसामर्थ्यम् ८ एवमुक्त्वाभगवानर्जुनायदिव्यंरूपंदर्शितवान्सचदृष्ट्वाविस्मयाविष्टोभगवंतंविज्ञापितवानितीमंवृत्तांतमेवमुक्त्वेत्यादिषड्भिःश्लोकैर्धृतराष्ट्रंप्रतिसंजयउवाच एवमुक्त्वे
त्यादि । ततःदिव्यचक्षुःप्रदानानंतरं राजन्हेधृतराष्ट्र महांश्चासौयोगेश्वरश्चेतिविग्रहः महतोयोगस्यवाईश्वरः परमंदिव्यंरूपं ऐश्वरंमायाविसंबंधिनतुमायातीतं दर्शयामास ९ तदेवरूपं
विशिनष्टिद्वाभ्यां अनेकेत्यादिना । अनेकान्यनंतानिवक्त्राणिनयनानिचयस्मिन्तदनेकवक्त्रनयनं । अनेकान्यद्भुतानिदर्शनानियस्मिंस्तदनेकाद्भुतदर्शनं । अनेकानिदिव्यान्याभरणानिय

मन्यसेयदितच्छक्यंमयाद्रष्टुमितिप्रभो ॥ योगेश्वरततोमेत्वंदर्शयात्मानमव्ययम् ४ ॥ श्रीभगवानुवाच ॥ पश्यमेपार्थरूपाणिशतशोऽथसहस्रशः ॥ नानाविधानि
दिव्यानिनानावर्णाकृतीनिच ५ पश्यादित्यान्वसून्रुद्रानश्विनौमरुतस्तथा ॥ बहून्यदृष्टपूर्वाणिपश्याश्चर्याणिभारत ६ इहैकस्थंजगत्कृत्स्नंपश्याद्यसचराचरम् ॥
ममदेहेगुडाकेशयच्चान्यद्द्रष्टुमिच्छसि ७ नतुमांशक्यसेद्रष्टुमनेनैवस्वचक्षुषा ॥ दिव्यंददामितेचक्षुःपश्यमेयोगमैश्वरम् ८ ॥ संजयउवाच ॥ एवमुक्त्वाततोराजन्महा
योगेश्वरोहरिः ॥ दर्शयामासपार्थायपरमंरूपमैश्वरम् ९ अनेकवक्त्रनयनमनेकाद्भुतदर्शनम् ॥ अनेकदिव्याभरणंदिव्यानेकोद्यतायुधम् १० दिव्यमाल्यांबरधरंदिव्य
गंधानुलेपनम् ॥ सर्वाश्चर्यमयंदेवमनंतंविश्वतोमुखम् ११ दिविसूर्यसहस्रस्यभवेद्युगपदुत्थिता ॥ यदिभाःसदृशीसास्याद्भासस्तस्यमहात्मनः १२ तत्रैकस्थंजगत्कृत्स्नंप्र
विभक्तमनेकधा ॥ अपश्यद्देवदेवस्यशरीरेपाण्डवस्तदा १३ ततःसविस्मयाविष्टोहृष्टरोमाधनंजयः ॥ प्रणम्यशिरसादेवंकृतांजलिरभाषत १४ ॥

स्मिन् । दिव्यान्यनेकानिचउद्यतानिआयुधानिचक्रादीनियस्मिन् १० विश्वतोमुखमिति । पूर्वोक्तस्यएकत्वेनपृथक्त्वेनबहुधाविश्वतोमुखमित्यस्यायंपरामर्शः अनंतंसर्वतःपरिच्छेदरहितम् ११
दिविअंतरिक्षे भाःदीप्तिः भासःदीप्तेः अभूतोपमेयं निरुपमतामेवतस्यदीप्तेर्दर्शयति । उभौयदिव्योम्निपृथक्प्रवाहावित्यादिवत् १२ इहैकस्थंजगत्कृत्स्नंपश्येतियत्प्राक्भगवताउक्तंतदप्यप
श्यदित्याह तत्रेति । अनेकधाप्रविभक्तमित्येतत्वर्षासूत्थितातितिणिबीजसूक्ष्मरूपेणतरुर्दृश्यतेतद्वन्माभूदितिदर्शयितुंसावकाशं अनेकधाविभागयुक्तंविविक्तंअपश्यत् एकस्थंएकावयवस्थं
अयमर्थः । यदाभगवतश्चतुर्भुजंरूपंचिंत्यतेतत्रचचेतसिलब्धपदेसतिक्रमशस्तदीयावयवांस्त्यक्त्वामुखेस्मितेवापदनखेवाचित्तंध्रियते तत्रापिलब्धपदेतस्मिंस्तदपित्यक्त्वाविश्वरूपमारोहतिदिव्यंचक्षुर
पिएवंसूक्ष्मतामापादितंमनएव । 'मनोस्यदैवंचक्षुःसएतेनदैवेनचक्षुषामनसैतान्कामान्पश्यन्रमते'इतिश्रुतेः । कामान्विषयान् एतान्हार्दाकाशाख्यसगुणब्रह्मगतानितिश्रुतिपदयोरर्थः यथोक्तं
श्रीभागवते । 'तत्रलब्धपदंचित्तमाकृष्यैकत्रधारयेत् ॥ नान्यानिचिंतयेद्भूयःसुस्मितंभावयेन्मुखम् ॥ तत्रलब्धपदंचित्तमाकृष्यव्योम्निधारयेत् ॥ तच्चत्यक्त्वामदारोहोनाकिंचिदपिचिंतयेत्'इति
तत्रमूर्त्तौ एकत्रअंगे व्योम्निकारणे मदारोहोनिर्विकल्पेब्रह्मण्यारूढः तदिदमुक्तं देवदेवस्यशरीरेकृत्स्नंजगदेकस्थंपांडवोऽपश्यदिति १३ हृष्टरोमारोमांचितगात्रः १४ ॥

देवानादित्यादीन्भूतविशेषाश्चतुर्विधाजरायुजादयस्तेषांसंघान्समूहान् ब्रह्माणंचतुर्मुखं ईशंईशितारं कमलासनस्थमित्यनेनदूरदर्शनमुक्तं उरगान्पातालस्थाननंतादीन्दिव्यान्कैलासादौस्थितान्वासुकिप्रमु खान्एतेनव्यवहितदर्शनमुक्तम् १५ अनेकेअनंताःबाहवःउदराणिवक्त्राणिनेत्राणिचयस्मिंस्तदनेकबाहूदरवक्त्रनेत्रं सर्वतश्चतुर्दिक्षुउपर्यधश्चअनंतमपरिच्छिन्नंरूपमस्यतं । अनंतत्वमेवाह नांतमिति । दीर्घरज्ज्वाइवतवाद्यन्तौदैशिकौनस्तइत्यर्थः १६ किरीटगदाचक्रधारिणं दीप्तिमत्त्वादेवदुर्निरीक्ष्यंद्रष्टुमशक्यं समंतात्सर्वतोयेदीप्ताअनलाअर्काश्चतद्वद्द्युतिर्यस्यतंसमन्ताद्दीप्तानलार्कद्युतिमित्येकंपदं अतएवाप्रमेयंद्रष्टुमशक्यपरिच्छेदं १७ एवंतवयोगैश्वर्यदर्शनात्त्वामेवमवैमीतिवदन्नप्रमेयत्वमेवविवृणोति त्वमिति । परममक्षरमस्थूलादिलक्षणं अक्षरंब्रह्मपरममित्यत्रप्रागुक्तंनिष्कलंब्रह्मतदेवत्वमसि एतेनसगुणरूपस्यनिर्गुणज्ञापकत्वमुक्तं शाखाग्रस्येवचंद्रज्ञापकत्वं अतएववेदितव्यंवेदांतप्रमाणेनज्ञातुंयोग्यंनतूपासनीयं । सगुणंब्रह्मापित्वमेवेत्याह त्वमस्येति । निधानंलयस्थानं एतेनकारणत्वमुक्तं अव्ययःअ मृतः देवत्वात् शाश्वतस्यवैदिकस्यधर्मस्यगोप्तेत्यनेनकार्यब्रह्मभूतहिरण्यगर्भरूपत्वमुक्तं । सनातनश्चिरंतनोऽनादिपुरुषोजीवात्मासोऽपित्वमेवमेममतः । एवंविश्वरूपदर्शनेजीवब्रह्मणोरैक्यं शाखयाचंद्रइवाधिगम्यतइत्युक्तं १८ एतदेवाह अनादीति । देशतःकालतश्चादिमध्यांतहीनत्वादनादिमध्यांतं । दीप्तोहुताशोवक्त्रेयस्येतिभास्वरदंतत्वंव्यज्यते । स्वतेजसाचैतन्यज्योतिषाइदं

॥ अर्जुनउवाच ॥ पश्यामिदेवांस्तवदेवदेहेसर्वांस्तथाभूतविशेषसंघान् ॥ ब्रह्माणमीशंकमलासनस्थमृषींश्चसर्वानुरगांश्चदिव्यान् १५ अनेकबाहूदरवक्त्रनेत्रंपश्यामित्वां सर्वतोऽनन्तरूपम् ॥ नान्तंनमध्यंनपुनस्तवादिंपश्यामिविश्वेश्वरविश्वरूप १६ किरीटिनंगदिनंचक्रिणंचतेजोराशिंसर्वतोदीप्तिमन्तम् ॥ पश्यामित्वांदुर्निरीक्ष्यंसमन्ताद्दी प्तानलार्कद्युतिमप्रमेयम् १७ त्वमक्षरंपरमंवेदितव्यंत्वमस्यविश्वस्यपरंनिधानम् ॥ त्वमव्ययःशाश्वतधर्मगोप्तासनातनस्त्वंपुरुषोमतोमे १८ अनादिमध्यांतमनन्तवीर्य मनन्तबाहुंशशिसूर्यनेत्रम् ॥ पश्यामित्वांदीप्तहुताशवक्त्रंस्वतेजसाविश्वमिदंतपन्तम् १९ द्यावापृथिव्योरिदमन्तरंहिव्याप्तंत्वयैकेनदिशश्चसर्वाः ॥ दृष्ट्वाऽद्भुतंरूपमुग्रंतवेदं लोकत्रयंप्रव्यथितंमहात्मन् २० अमीहित्वाऽसुरसंघाविशंतिकेचिद्भीताःप्रांजलयोगृणंति ॥ स्वस्तीत्युक्त्वामहर्षिसिद्धसंघाःस्तुवंतित्वांस्तुतिभिःपुष्कलाभिः २१ रुद्रादित्याव सवोयेचसाध्याविश्वेऽश्विनौमरुतश्चोष्मपाश्च ॥ गंधर्वयक्षासुरसिद्धसंघावीक्षंतेत्वांविस्मिताश्चैवसर्वे २२ रूपंमहत्तेबहुवक्त्रनेत्रंमहाबाहोबहुबाहूरुपादम् ॥ बहूदरंबहुदं ष्ट्राकरालंदृष्ट्वालोकाःप्रव्यथितास्तथाऽहम् २३ नभःस्पृशंदीप्तमनेकवर्णंव्यात्ताननंदीप्तविशालनेत्रम् ॥ दृष्ट्वाहित्वांप्रव्यथितान्तरात्माधृतिंनविंदामिशमंचविष्णो २४

विश्वंविश्वरूपंतपंतंप्रकाशयंतं । अनादित्वादिसर्वविशेषणविशिष्टंविश्वंतपिकर्मीभूतं तापयंतंत्वांपरज्योतीरूपंपश्यामिजानामि । चित्रपटस्थानीयंविश्वरूपंसकलकारकात्मकधीवासनोपेतं । येन ज्योतिषाप्रकाशतेतदेवत्वमसीतिजानामीतिभावः १९ एवंस्वयंकृतविश्वरूपदर्शनेनकृतकृत्योभूत्वातदुपसंहारमिच्छन्स्तौति द्यावापृथिव्योरिति । हेमहात्मन् हिप्रत्यक्षं त्वयाएकेनइदंद्यावापृथिव्योरंतरंमध्यं सर्वाःदिशश्चव्याप्ताः अतस्तवेदं अद्भुतंउग्रंरूपंदृष्ट्वालोकत्रयंप्रकर्षेणव्यथितं अतःपरमिदमुपसंहरेत्यभिप्रायः २० व्यथामेवाह अमीति । हियतःअमीत्वात्वांअसुरसंघाःअसुरांशाःदुर्योधनादयःत्वांपतं गाःपावकमिवअदृष्टप्रेरिताःविशंतिमरणायेत्यर्थः । केचिद्भीताःप्रांजलयोबद्धांजलयोगृणंतिस्तुवंति २१ किंच । येत्वदनुगृहीताःरुद्रादयस्तेपिविस्मिताःसंतःसर्वेत्वांवीक्षंतइत्याह रुद्रादित्या इति । साध्याविश्वेचदेवगणविशेषौरुद्रादित्यवज्ज्ञेयौ ऊष्मपाःपितरः गंधर्वाणांयक्षाणामसुराणांसिद्धानांजातिभेदानांसंघाःसमूहाः शेषंस्पष्टम् २२ पुनर्लोकानामात्मनश्चव्यथामाह रूपमि ति । महत्आदिमध्यांतहीनं हेमहाबाहो तेतवकरालंमहारूपंदृष्ट्वालोकाव्यथितास्तथाऽहंचव्यथितइतियोजना २३ करालत्वप्रपंचनेनस्वव्यथामेवाह नभइति । नभःस्पृशंव्योमव्यापिनं दीप्तमग्निवज्ज्वाज्वल्यमानं व्यात्ताननंविस्तारितमुखं दीप्तविशालनेत्रंरक्तनेत्रमित्यर्थः । हिमत्यक्षंत्वात्त्वांदृष्ट्वाप्रव्यथितांतरात्माप्रकर्षेणव्यथितचित्तोधृतिंधैर्यंनविंदामिनलभेशमंचशांतिंस्वास्थ्यंचनलभे

हेविष्णोऽव्यापक । भयानकंत्वदाक्रांतंदेशंत्यक्त्वाऽन्यत्रगंतुमशक्यंतवव्यापकत्वादितिभावः २४ कालानलःप्रलयाग्निस्तत्तुल्यानि । प्रसीदप्रसन्नःसुखदोभवेत्यर्थः २५ अमीत्वांविशंतीत्यग्रिमश्लोकाद
पकृष्यते २६ तेभीष्मादयः उत्तमांगैःशिरोभिः । अयंभावः । धृतराष्ट्रस्यपुत्राःपापिष्ठाःभवंतमेवत्रैलोक्यशरीरंविशंति पापानुरूपंतस्यपायुस्थानस्थितान्नरकानेवगच्छंतीतितत्रत्वांविशंतीत्येवोक्तं ।
भीष्मादयस्तुभक्तायतोऽग्निर्ब्राह्मणावेदाश्चप्रसूतास्तद्भगवतोमुखंप्रविशंतीतिवैषम्यगतिसूचनार्थंत्वांधृतराष्ट्रस्यपुत्राविशंतिभीष्मादयस्तेवक्त्राणिविशंतीतिविभागदर्शनंयुक्तमिति २७ इदमेवसदृष्टांतमाह यथेति ।
तववक्त्राणिविशंतीतिसंबंधः अभिविज्वलंतिसर्वतःजाज्वल्यमानानि २८ बुद्धिपूर्वकमेवतेत्वद्वक्त्राणिप्रविशंतीतिसदृष्टांतमाह यथाप्रदीप्तमिति २९ येचपतंतस्तांस्त्वंकरुणावानपिनवारयसिप्रत्युतग्र
सितुमिच्छस्येवेत्याह लेलिह्यसेभूयोभूयोऽतिशयेनवाऽऽस्वादयसि कीदृशस्त्वं समंताज्ज्वलद्भिर्वदनैर्लोकान्समग्रान्ग्रसमानः एवंनिर्घृणस्यापितवतेजोनहीयतेप्रत्युतवर्द्धतएवेत्याह तेजोभिरिति । हेविष्णोऽव्या
पनशीलसमग्रंजगत्तेजोभिरापूर्यतवउग्राःस्प्रष्टुमशक्याभासोदीप्तयःप्रतपंतीतियोजना पदार्थःस्पष्टः ३०एवंदीप्त्याऽऽकुलीभूतोऽर्जुनोभगवानयमितिविस्मृत्याह आख्याहीति।एवमुग्ररूपःक्रूरकर्माभवान्कोऽसीतया

दंष्ट्राकरालानिचतेमुखानिदृष्ट्वैवकालानलसन्निभानि ॥ दिशोनजानेनलभेचशर्मप्रसीददेवेशजगन्निवास २५ अमीचत्वांधृतराष्ट्रस्यपुत्राःसर्वेसहैवावनिपालसंघैः॥ भीष्मो
द्रोणःसूतपुत्रस्तथाऽसौसहास्मदीयैरपियोधमुख्यैः २६ वक्त्राणितेत्वरमाणाविशंतिदंष्ट्राकरालानिभयानकानि ॥ केचिद्विलग्नादशनांतरेषुसंदृश्यन्तेचूर्णितैरुत्तमांगैः
२७ यथानदीनांबहवोऽम्बुवेगाःसमुद्रमेवाभिमुखाद्रवंति ॥ तथातवामीनरलोकवीराविशन्तिवक्त्राण्यभिविज्वलंति २८ यथाप्रदीप्तंज्वलनंपतंगाविशंतिनाशायसमृद्ध
वेगाः ॥ तथैवनाशायविशन्तिलोकास्तवापिवक्त्राणिसमृद्धवेगाः २९ लेलिह्यसेग्रसमानःसमंताल्लोकान्समग्रान्वदनैर्ज्वलद्भिः ॥ तेजोभिरापूर्यजगत्समग्रंभासस्तवोग्राः
प्रतपंतिविष्णो ३० आख्याहिमेकोभवानुग्ररूपोनमोऽस्तुतेदेववरप्रसीद ॥ विज्ञातुमिच्छामिभवंतमाद्यंनहिप्रजानामितवप्रवृत्तिम् ३१ ॥ श्रीभगवानुवाच ॥ कालो
ऽस्मिलोकक्षयकृत्प्रवृद्धोलोकान्समाहर्तुमिहप्रवृत्तः ॥ ऋतेऽपित्वानभविष्यंतिसर्वेयेऽवस्थिताःप्रत्यनीकेषुयोधाः ३२ तस्मात्त्वमुत्तिष्ठयशोलभस्वजित्वाशत्रून्भुंक्ष्वरा
ज्यंसमृद्धम् ॥ मयैवैतेनिहताःपूर्वमेवनिमित्तमात्रंभवसव्यसाचिन् ३३ द्रोणंचभीष्मंचजयद्रथंचकर्णंतथान्यानपियोधवीरान् ॥ मयाहतांस्त्वंजहिमाव्यथिष्ठायुद्ध्यस्व
जेतासिरणेसपत्नान् ३४ ॥ संजयउवाच ॥ एतच्छ्रुत्वावचनंकेशवस्यकृतांजलिर्वेपमानःकिरीटी ॥ नमस्कृत्वाभूयएवाहकृष्णंसगद्गदंभीतभीतःप्रणम्य ३५

ख्याहि अमुकोऽस्मीतिकथय प्रसीदशांतोभव त्वामहंविज्ञातुमिच्छामि यतस्तवप्रवृत्तिंचेष्टांनजानामि ३१ एवमर्जुनेनप्रार्थितोभगवानुवाच कालइति । इहास्मिन्संग्रामेलोकान्समाहर्तुंभक्षितुंप्रवृत्तः
प्रवृद्धोमहान्लोकक्षयकृत्कालोनामपरमेश्वरोऽस्मि यस्मादेवंतस्मात्ऋतेऽपित्वात्त्वांविनाऽपिसर्वेनभविष्यंतिमरिष्यंति केते सर्वेयेप्रत्यनीकेषुशत्रुसैन्येषु योधाःशूराभीष्मादयोऽवस्थितास्ते ३२
तस्मादिति । यस्मात्त्वांविनाऽप्येतेमरिष्यंतितस्मात्त्वमुत्तिष्ठयुद्धाय शेषंस्पष्टम् ३३ माव्यथिष्ठाःएतेमहांतःकथंहंतुंशक्याइत्याकुलीभावंमागाइत्यर्थः जेतासिजेष्यसि सपत्नान्शत्रून् ३४ भगवतैवमु
क्तेसतिपश्चात्किंवृत्तमित्यपेक्षायांसंजयउवाच अत्रकृतांजलित्वादिनाचिह्नेनभगवद्वाक्योल्लंघनंकिरीटीनकरिष्यतीतिसूच्यते सगद्गदंभयहर्षाद्यावेशेनगद्गदेनकंठाकंपनेनसहवर्त्ततइतिसगद्गदंयथाभवतितथाआहउक्त
वान् भीतभीतोऽत्यंतंभीतःसन्नाहेतिसंबंधः । अत्रआहेतिपदच्छेदेपुनरर्जुनउवाचेतिपुनरुक्तंस्यात् अतःप्रणम्यअर्जुनउवाचेत्येवसंबंधोनतुप्रणम्यआहेति । कातर्हिआहेतिक्रियायागतिः नेयंक्रिया

किंतुआहेतिप्रसिद्ध्यर्थमव्ययमित्यदोषः ३५ एकादशभिःश्लोकैरर्जुनउवाच स्थानेइति । हेहृषीकेशसर्वेंद्रियप्रवर्तकअंतर्यामिन् तवप्रकीर्त्यानामसंकीर्तनेनजगत्प्रहृष्यतियत्तत्स्थानेयुक्तम् । स्थानेइत्यव्ययंयुक्तमित्यर्थे । यत्तवप्रकीर्त्याजगदनुरज्यतेतदपिस्थानेयुक्तम् । यत्तवप्रकीर्त्यारक्षांसिभीतानिसंतिदिशोद्रवंतिपलायंतेतदपिस्थानेयुक्तम् । यच्चत्वांसर्वेसिद्धसंघाःकपिलादीनांसमुदायानमस्यंतितदपिस्थाने । अयंश्लोकोरक्षोघ्नमंत्रत्वेनमंत्रशास्त्रेप्रसिद्धः सचनारायणाष्टाक्षरसुदर्शनास्त्रमंत्राभ्यांसंपुटितोज्ञेयइतिरहस्यम् ३६ कुतोमांसिद्धसंघानमस्यंतियतस्तेऽप्यहमिवब्रह्मांडशतानिस्रष्टुमर्हंतीत्यतआह कस्मादिति । हेमहात्मन्कस्माद्धेतोस्तेत्वांननमेरन्नपितुनमेरन्नेव । तत्रहेतुः गरीयसे तेऽपिगुरवस्त्वमपिगुरुस्तथाऽपित्वमतिशयितोगुरुरसीत्यर्थः । कुतोममैवातिशयस्तेषांममचसमानेऽपिसत्यसंकल्पत्वादौसत्यतश्चाह ब्रह्मणोहिरण्यगर्भस्यापिआदिकर्त्रेपितामहाय पंचमहाभूतसृष्टिद्वाराब्रह्माणंसृजतेइत्यर्थः । जगद्व्यापारवर्जं प्रकरणादसन्निहितत्वाच्चेतिन्यायेननित्यसिद्धेश्वरस्यतवाज्ञयातेसर्वेऽप्यैश्वर्यभाजोभवंतिनतुत्वत्समास्ते अतएवहेअनंत हेदेवानांईश जगन्निवासजगतामालयभूत त्वमक्षरंशुद्धंब्रह्म कीदृशमक्षरं यत्सदसत्तत्परं सच्चअसच्चसदसतीताभ्यांपरंचसदसत्तत्परं कार्यंकारणंतदुभयातीतंचेतित्रिविधमित्यर्थः ३७ पुनरपिस्तौति त्वमिति । आदिदेवोजगतःस्रष्टृत्वात् पुरुषःसर्वशरीरशायी पुराणःशरीरनाशादिनाऽप्यविनश्यन् विश्वस्यास्यत्वंपरंनिधानंनिधीयतेऽस्मिन्नितिलयस्थानम् । सांख्यानांजडांप्रकृतिंवारयति वेत्ताज्ञाता वेद्यंतद्दृश्यंचत्वमेवपरंवेत्तृवेद्याभ्यामन्यत्धामचैतन्यं त्वयाविश्वंततंव्याप्तंस्वसत्तास्फूर्तिभ्यां हेअनंतरूपत्रिविधपरिच्छेदशून्यस्वरूप ३८ सर्वदेवतात्मत्वेनस्तौति वायुरिति । प्रजापतिर्दक्षादिश्चतुर्मुखोवा प्रपितामहश्चतुर्मुखपिता ३९ हेअनंतवीर्ययतःसर्वंसमाप्नोषिएकीभावेनासमंताद्व्याप्नोषिततोहेतोःसर्वइतितवनाम । पुरस्तात्कर्मणामादौ पृष्ठतस्तेषांसमाप्तौ सर्वतोमध्येऽपितेनमोस्तु ४० एवंस्तुत्वास्वापराधान्क्षमापयते सखेतीति । अयंममसखाइतिमत्वाप्रसभंस्वोत्कर्षाविष्करणपूर्वकंयद्मयाउक्तंहेकृष्णहेयादवहेसखेइति इतिशब्देनसंधिरार्षः । कुतउक्तंतवेदमेवंविधंमहिमानंमाहात्म्यंअजानताकदाचित्प्रमादाच्चित्तविक्षेपात्कदाचित्प्रणयेनस्नेहेनच ४१ तथायच्चअवहासार्थंविहारादिष्वसत्कृतोऽसिपरिभूतोऽसि । एकोवासखीनांनियोगकालेवातत्समक्षंसखिजनसमक्षंवाऽसत्कृतोऽसितत्क्षामयेक्षमापये यतस्त्वमप्रमेयोऽचिंत्यस्वभावःकरुणापरः । यतःशत्रुभ्योऽपिशिशुपालादिभ्यउत्तमांगतिंदत्तवानसीत्यर्थः ४२ अप्रमेयत्वमेवाहपिताऽसीति यतस्त्वमस्माकंपिताऽसिअतोऽस्माभिःशिशुभिःकृताअपराधास्त्वयाक्षंतव्याएवेतिभावः ४३ एतदेवाह तस्मादिति । यस्मात्त्वंपितागुरुश्चतस्मात्कायंशरीरंप्रणिधायभूमौकृत्वादंडवत्प्रणम्यत्वांप्रसादये ईड्यंस्तुत्यं स्पष्टमन्यत् ४४एवंस्तुत्वास्वेष्टंप्रार्थयते अदृष्टपूर्वमिति । हेदेव कदाचिदपिपूर्वंनदृष्टंतादृशमदृष्टपूर्वंतवरूपंदृष्ट्वाहृषितउत्फुल्लोऽस्मि । तथाविकरालरूपदर्शनजेनभयेनचमेममनःप्रव्यथितं

॥ अर्जुनउवाच ॥ स्थानेहृषीकेशतवप्रकीर्त्याजगत्प्रहृष्यत्यनुरज्यतेच ॥ रक्षांसिभीतानिदिशोद्रवंतिसर्वेनमस्यंतिचसिद्धसंघाः ३६ कस्माच्चतेननमेरन्महात्मन्गरीयसेब्रह्मणोऽप्यादिकर्त्रे ॥ अनन्तदेवेशजगन्निवासत्वमक्षरंसदसत्तत्परंयत् ३७ त्वमादिदेवःपुरुषःपुराणस्त्वमस्यविश्वस्यपरंनिधानम् ॥ वेत्तासिवेद्यंचपरंचधामत्वयाततंविश्वमनन्तरूप ३८ वायुर्यमोऽग्निर्वरुणःशशांकःप्रजापतिस्त्वंप्रपितामहश्च ॥ नमोनमस्तेऽस्तुसहस्रकृत्वःपुनश्चभूयोऽपिनमोनमस्ते ३९ नमःपुरस्तादथपृष्ठतस्तेनमोऽस्तुतेसर्वतएवसर्व ॥ अनंतवीर्यामितविक्रमस्त्वंसर्वंसमाप्नोषिततोऽसिसर्वः ४० सखेतिमत्वाप्रसभंयदुक्तंहेकृष्णहेयादवहेसखेति ॥ अजानतामहिमानंतवेदंमयाप्रमादात्प्रणयेनवाऽपि ४१ यच्चावहासार्थमसत्कृतोऽसिविहारशय्यासनभोजनेषु ॥ एकोऽथवाऽप्यच्युततत्समक्षंतत्क्षामयेत्वामहमप्रमेयम् ४२ पितासिलोकस्यचराचरस्यत्वमस्यपूज्यश्चगुरुर्गरीयान् ॥ नत्वत्समोऽस्त्यभ्यधिकःकुतोऽन्योलोकत्रयेऽप्यप्रतिमप्रभाव ४३ तस्मात्प्रणम्यप्रणिधायकायंप्रसादयेत्वामहमीशमीड्यम् ॥ पितेवपुत्रस्यसखेवसख्युःप्रियःप्रियायाऽर्हसिदेवसोढुम् ४४ अदृष्टपूर्वंहृषितोऽस्मिदृष्ट्वाभयेनचप्रव्यथितंमनोमे ॥ तदेवमेदर्शयदेवरूपंप्रसीददेवेशजगन्निवास ४५

अतस्तदेवधारणाविषयभूतंरूपंमेमह्यंदर्शय ४५ तदेवरूपमाह किरीटिनमिति। एतेनार्जुनस्यचक्रगदाकिरीटोपेतंचतुर्भुजंभगवतोरूपंधारणाविषयइतिदर्शितं । हेसहस्रबाहो हेविश्वमूर्ते सहस्रबाहुत्वादिक मुपसंहृत्यतेनैवरूपेणभवप्रकटोभव ४६ एवमर्जुनेनप्रार्थितस्तंस्तुवन्भगवानुवाच मयेतित्रिभिः। हेअर्जुन प्रसन्नेनमयातवतुभ्यमिदंपरंरूपंदर्शितं आत्मयोगात्स्वसामर्थ्यात्करुणया । नतुतवदश नेऽधिकारोस्ति तथाचप्रागुक्तं कर्मण्येवाधिकारस्तइति । तेजोमयंचिद्रूपंदिव्यंविश्वंविश्वात्मकंआद्यमनादिअनंतंचयत्रूपंत्वदन्येनकदाचिदपिनपूर्वदृष्टंदृष्टपूर्वम् ४७ योगैकगम्यमेतत्कर्मिणांदुष्प्राप मित्याह नवेदेति । वेदानांयज्ञानांचाध्ययनैरधिगमैःनचदानैर्नचक्रियाभिःस्मृत्युक्ताभिरापूर्तादिभिर्वापीकूपारामादिभिस्तपोभिःकृच्छ्रचांद्रायणाद्यैः उग्रैर्मासोपवासाद्यैः नृलोकेएवंरूपोऽहंद्रष्टुंनश क्यः रोरुत्वाभावआर्षः त्वदन्येनकुरुप्रवीर ४८ इदमतिदुर्लभदर्शनंरूपंदृष्ट्वाऽपिचेद्व्यथसेतर्हिउपसंहरामीदमित्याशयेनाह मातेइति । ममेदंईदृक्घोरंरूपंदृष्ट्वातेतवव्यथामाभूदितिशेषः विमूढभा वोमोहश्चतेमाभूत् व्यपेतभीर्निर्भयःप्रीतमनाश्चपुनस्त्वंभूत्वातदेवयत्त्वयाद्रष्टुंप्रार्थितंमेममेदंरूपंप्रपश्य ४९ संजयउवाच इतीति । वासुदेवोअर्जुनंप्रतिइतिपूर्वोक्तरीत्याउक्त्वायथापूर्वमासीत्तथास्वकंमानु षंरूपंभूयःपुनर्दर्शयामास । यदर्जुनेनप्रार्थितंचतुर्भुजंधारणाविषयंरूपंतदपितिरोदधेइत्यर्थः । तथामहात्माव्यापकोऽपिसन्सौम्यवपुरनुग्रहदेहोभूत्वाभीतमेनमाश्वासयामासच ५०

किरीटिनंगदिनंचक्रहस्तमिच्छामित्वांद्रष्टुमहंतथैव ॥ तेनैवरूपेणचतुर्भुजेनसहस्रबाहोभवविश्वमूर्ते ४६ ॥ श्रीभगवानुवाच ॥ मयाप्रसन्नेनतवार्जुनेदंरूपंपरंदर्शितमा त्मयोगात् ॥ तेजोमयंविश्वमनन्तमाद्यंयन्मेत्वदन्येननदृष्टपूर्वम् ४७ नवेदयज्ञाध्ययनैर्नदानैर्नचक्रियाभिर्नतपोभिरुग्रैः ॥ एवंरूपःशक्यअहंनृलोकेद्रष्टुंत्वदन्येनकुरुप्र वीर ४८ मातेव्यथामाचविमूढभावोदृष्ट्वारूपंघोरमीदृङ्ममेदम् ॥ व्यपेतभीःप्रीतमनाःपुनस्त्वंतदेवमेरूपमिदंप्रपश्य ४९ ॥ संजयउवाच ॥ इत्यर्जुनंवासुदेवस्तथो क्त्वास्वकंरूपंदर्शयामासभूयः ॥ आश्वासयामासचभीतमेनंभूत्वापुनःसौम्यवपुर्महात्मा ५० ॥अर्जुनउवाच ॥ दृष्ट्वेदंमानुषंरूपंतवसौम्यंजनार्दन ॥ इदानीमस्मिसंवृत्तः सचेताःप्रकृतिंगतः ५१ ॥ श्रीभगवानुवाच ॥ सुदुर्दर्शमिदंरूपंदृष्टवानसियन्मम ॥ देवाअप्यस्यरूपस्यनित्यंदर्शनकांक्षिणः ५२ नाहंवेदैर्नतपसानदानेननचेज्य या ॥ शक्यएवंविधोद्रष्टुंदृष्टवानसिमांयथा ५३ भक्त्यात्वनन्ययाशक्यअहमेवंविधोऽर्जुन ॥ ज्ञातुंद्रष्टुंचतत्त्वेनप्रवेष्टुंचपरंतप ५४ मत्कर्मकृन्मत्परमोमद्भक्तःसंगवर्जि तः ॥ निर्वैरःसर्वभूतेषुयःसमामेतिपांडव ५५ ॥ इतिश्रीमहाभारते भीष्मपर्वणिश्रीमद्भगवद्गीतासु० विश्वरूपदर्शनंनामैकादशोऽध्यायः ॥ ११ ॥ पर्वणि० ॥ ३५

ततोनिर्भयःसन्नर्जुनउवाच दृष्ट्वेति । सचेताअव्याकुलः प्रकृतिंगतःस्वास्थ्यंप्राप्तः संवृत्तोजातोऽस्मि ५१ अस्यविश्वरूपदर्शनस्यदौर्लभ्यंदर्शयन्श्रीभगवानुवाच सुदुर्दर्शमिति । दर्शनकांक्षिणः दर्शनं कांक्षंतेएवनतुलभंते ५२ नाहमिति । नवेदयज्ञाध्ययनैरित्यनेनोक्तएवार्थःपुनरुच्यतेविश्वरूपदर्शनस्यातिदौर्लभ्यसूचनाय स्पष्टार्थश्चश्लोकः ५३ कथंतर्हिद्रष्टुंशक्यस्त्वमतआह भक्त्येति । भक्त्याआराधनेन अनन्ययाअव्यभिचरितयाअखंडयेत्यर्थः । अहमेवंविधोज्ञातुंशक्यस्त्वंपदार्थशोधकशास्त्रतः । द्रष्टुंशक्योध्यानतः । तत्त्वेनयाथात्म्येनप्रवेष्टुंशक्यस्तत्त्वमसिवाक्यार्थजज्ञानतः । हेपरंअज्ञानशत्रुंतापयतीतिपरं तप ५४ शास्त्रसर्वस्वंसंगृह्णाति मत्कर्मकृदिति । मदर्थमेवकर्माणिकरोतीतिमत्कर्मकृत् अहमेवपरमोनिष्कलःप्राप्योयस्येतिसमत्परमः । एतेनकृत्स्नःकर्मयोगोध्यानयोगश्चत्वंपदार्थशोधकउक्तः । ममभक्तआराधनकृदित्युपासनाकांडार्थसंग्रहः । संगवर्जितइत्यनेनएकतोभगवद्ध्याननिष्ठइत्युक्तं । निर्वैरइतिविश्वंभगवदात्मनापश्येदित्युक्तं । अन्यथाभेदबुद्धिमतोनिर्वैरत्वासंभवात् । एवंभूतो यःसमांतत्पदलक्ष्यार्थभूतमखंडानंदैकघनमेतिप्राप्नोतिप्रत्यगभेदेन हेपांडवविशुद्धवंशज त्वमेवैतज्ज्ञातुंशक्नोषीतिभावः ५५ ॥ इतिभीष्मपर्वणिनीलकंठीये भा०गी०एकादशोऽध्यायः ॥ ११ ॥ प० ॥३५॥

सप्तममारभ्यैतावताग्रंथेनतत्पदवाच्यार्थोनिरूपितः इदानींतत्पदार्थशोधनमुपासनाकांडंचसमापयिष्यन्निहार्थतःप्राधान्येनतत्पदलक्ष्यमर्थंतद्विदांलक्षणानिचप्रदर्श्यन्ते । शब्दतस्तुलौ किकबुद्ध्यनुसारेणतत्पदवाच्यस्यैवोपासनादिकंप्रपंच्यते तत्रपूर्वाध्यायांतेमत्कर्मकृन्मत्परमइत्यादिनास्वभजनमुक्तं । तत्रमच्छब्दार्थःकिंसगुणमुतनिर्गुणंब्रह्म उभयत्राप्यस्मच्छब्दस्यपूर्वंप्रयोगदर्शनात्संदि हानःपृच्छति एवमिति । एवमित्यव्यवहितंमत्कर्मकृदित्यादिनोक्तंप्रकारंपरामृशति । अनेनप्रकारेणयेसततयुक्तानित्यंसमाहितचित्ताभक्ताः सगुणवेदिनस्त्वांपर्युपासतेयेचाप्यक्षरमस्थूलादिलक्षणमव्य क्तंबुद्ध्याद्यगोचरमुपासते तेषांमध्येयोगवित्तमाःकेकतरेइत्यर्थः १ निर्गुणस्यदुष्प्रापत्वोक्त्यैवश्रेष्ठत्वंसूचयन्सगुणप्राशस्त्यंचशब्दतोदर्शयन्श्रीभगवानुवाच मयीति । मयिसगुणेब्रह्मणिमनआवेश्यप्रवे श्य येनित्ययुक्ताःसदोद्युक्तामांपरमेश्वरमुपासतेचिंतयंति श्रद्धयाआस्तिक्यबुद्ध्यापरयासात्विक्याअवश्यंपरमात्माऽयमाराधितोऽस्मांस्तारयिष्यतीत्येवंनिश्चयरूपयाश्रद्धयाउपेतास्तेमेममज्ञानीत्वात्मैवमेमतमि तिज्ञानिनमात्मत्वेनैवपश्यतोमूर्खेष्वपिकारुण्यात्पक्षपातवतःसर्वज्ञस्ययुक्ततमामताः २ एवमुपासकान्स्तुत्वाअव्यक्तविदांज्ञानिनांदौर्लभ्यंश्लोकत्रयेणाह येत्विति । तुशब्दःसगुणाद्वैलक्षण्यार्थः अक्ष रं'एतद्वैतदक्षरंगार्गिब्राह्मणाअभिवदंत्यस्थूलमनण्वह्रस्वमदीर्घं'इत्यादिश्रुत्यासर्वधर्मशून्यंनिरूपितं अतएवानिर्देश्यंनिर्देष्टुमशक्यंवाचा अव्यक्तंचवाचामगोचरत्वात्बुद्धेरप्यविषयइत्यर्थः । तथाचश्रुतिः 'यतोवाचोनिवर्त्तंते अप्राप्यमनसासह'इतिब्रह्मणोवाङ्मनसातीतत्वंदर्शयति पर्युपासतेसर्वप्रकारेणोपासते उपासनमिहानात्मनामदर्शनमेव यथोक्तं। ' अनात्मादर्शनेनैवपरात्मानमुपास्महे'इति । ननु तर्ह्येवंविधस्यशून्यकल्पस्यसत्त्वेकिंमानमतआह सर्वत्रगमिति । सत्तारूपेणस्फुरणरूपेणचसर्वत्रगतं यत्सत्तयासर्वंसत्तावद्भवतिकथंतस्यासत्त्वंवाच्यमितिभावः । नन्वेवंतार्किकाभिमतंसत्तासामान्यमु क्तंस्यात् तद्धिघटःसन्पटःसन्नितिसर्वत्रानुगतंदृश्यतइत्याशंक्याह अचिंत्यमिति। सत्तासामान्यंहिप्रत्यक्षंतदपिब्रह्मसत्तानुवेधेनैवात्मानंलभतेनस्वतःसिद्धंसामान्यंसत्जातिःसतीघटत्वंसदितिप्रसंगात् ।

॥ अर्जुनउवाच ॥ एवंसततयुक्तायेभक्तास्त्वांपर्युपासते ॥ येचाप्यक्षरमव्यक्तंतेषांकेयोगवित्तमाः १ ॥ ॥ श्रीभगवानुवाच ॥ ॥ मय्यावेश्यमनोयेमांनित्ययु क्ताउपासते ॥ श्रद्धयापरयोपेतास्तेमेयुक्ततमामताः २ येत्वक्षरमनिर्देश्यमव्यक्तंपर्युपासते ॥ सर्वत्रगमचिन्त्यंचकूटस्थमचलंध्रुवम् ३ संनियम्येन्द्रियग्रामंसर्वत्रसम बुद्धयः ॥ तेप्राप्नुवन्तिमामेवसर्वभूतहितेरताः ४ ॥ ॥ ॥ ॥

सामान्यस्यसदितिप्रत्ययागोचरत्वेतुतस्यासत्त्वापत्त्यापदार्थत्वमेवनस्यात् । तस्मात्सर्वाधिष्ठानभूतंब्रह्मरूपादिहीनत्वाच्चिंतयितुमशक्यंदूरेतस्यसर्वगतत्वेनप्रत्यक्षगोचरत्वमित्यर्थः । ननुमत्सदितिप्रत्ययस्या न्यथाप्युपपत्तौसत्तासामान्यवादिनंप्रतितेनाधिष्ठानभूतंब्रह्मनसाधयितुंशक्यमतआह कूटस्थमिति । वस्तुतोसदपिसदिवावभासमानंकूटंयथाकूटकार्षापणंकूटतुलेतितद्वत्कूटःअहंकारःप्रतीच्यभेदेनभासमान त्वेसतिकादाचित्कत्वाद्योयदभेदेनकदाचिद्भातिसतत्रमिथ्याकल्पितोयथारज्जूरगस्तथाचायमहंकारोमिथ्यात्वात्कूटसंज्ञस्तत्रतिष्ठतितद्भासकत्वेनेतिकूटस्थंचैतन्यं अहमनुभवेह्यहंकारोदृश्यतयाभातितद्भासकंच चैतन्यंततोऽन्यत् यथावटभासकोऽर्कोघटादन्यस्तद्वत् एतेननित्यापरोक्षत्वंब्रह्मणःसाधितं नन्वहमनुभवएवात्मविषयोऽतोऽहमर्थएवात्माततोऽन्यआत्माऽस्तीत्याशंक्याह अचलमिति। अहमर्थोहिसुखी दुःखीपरिणाम्याविर्भावतिरोभावशीलश्चातश्चंचलः आत्मातुनतथा तस्यतथात्वेऽनिर्मोक्षापत्तेः वन्ह्यौष्ण्यवद्दुःखादिधर्मिणआत्यंतिकदुःखनाशस्यमोक्षस्यधर्मिनाशमंतरेणासंभवात् । घटेयावद्रूपनाशादर्श नात् । आत्मनस्तिरोभावेचजगदांध्यंप्रसज्येत सुषुप्तावपितत्रत्यसुखाज्ञानसाक्षित्वेनाविर्भूतस्वरूपएवात्माऽस्ति अन्यथासुप्तोत्थितस्यसुखमहमस्वाप्समितिपरामर्शायोगात् । ननुसुषुप्तौसन्नप्यात्मान प्रकाशतेतत्प्रकाशकस्यमनःसंयोगस्याभावात्कर्त्राव्याप्रियमाणंहिकरणंक्रियांसाधयति नचसुषुप्तौकरणव्यापारोऽस्ति तस्मान्नित्यस्तवास्यस्तत्क्षेवात्मासुषुप्तौज्ञानादिगुणहीनोऽप्रकाशमानोऽस्त्येवेत्याशंक्याह ध्रुवमिति । नन्वात्माकिंसत्तामात्रेणायस्कांतवत्कारणानिप्रवर्त्तयतिउतव्यापाराविष्टःसन् नाद्यःइष्टापत्तेः त्वन्मतेचआत्मनःकर्तृत्वासिद्धेः । नांत्यः अनित्यत्वापत्तेः व्यापारोहिस्पंदः सचप रिच्छिन्नस्यैवयुज्यतेनविभोः विभुत्वहानेचाणुत्वामभ्युपगमात् मध्यमपरिमाणत्वेघटादिवदनित्यतापत्तिः । तस्माद्ध्रुवमप्रच्युतस्वभावमक्षरमित्यर्थः ३ एवंविधमक्षरंकथमुपासनीयमित्यतआह

संनियम्येति । सर्वत्रकालेसर्वदा एतेनध्यानस्यनैरंतर्यमुक्तं इंद्रियग्रामंसमनस्कानींद्रियाणिसंनियम्यएकीभावेनात्मनिवशेकृत्वा स्वकारणेप्रविलाप्येत्यर्थः समाचांचल्यहीनाबु
द्धिर्येषांतेसमबुद्धयोयेभवंति । तेऽपिमामेवनिर्विकल्पंपरंब्रह्मपरांकाष्ठांप्राप्नुवंति श्रुतिश्च । 'यदापंचावतिष्ठंतेज्ञानानिमनसासह ॥ बुद्धिश्चनविचेष्टतितामाहुःपरमांगतिम्'इति सर्व
भूतहितेरताइत्यनेनसर्वभूताभयदानेनसंन्यासोऽपिध्यानांगमितिविधीयते ४ अस्यागतेर्दुष्प्रापत्वमाह क्लेशइति । यद्यपिसगुणावंदामधिकःक्लेशोऽस्त्येवतथापितेसालंबनाध्यायंति सो
पानारोहक्रमेणपरांकाष्ठांप्रविशंति । येषांतुनिरालंबंध्यानमाकाशयुद्धसमंतेषांनिर्विषयेचेतःस्थिरीकरणेऽधिकतरःक्लेशोऽस्ति । तत्रक्रमिकध्यानप्रयोगः शुद्धेचिन्मात्रेविश्वरूपंमा
ययाऽध्यस्तं तत्रचकेवलमातिवाहिकंकृत्स्नंजडमाधिभौतिकमध्यस्तं यथोक्तंवसिष्ठेन । 'आतिवाहिकएवायंत्वादृशैश्चित्तदेहकः ॥ आधिभौतिकयाबुद्ध्यागृहीतश्चिरभा
वनात्'इति । अतिक्रम्यपाषाणादीन्वहतिइष्टदेशंनयत्यभिमानिनमित्यतिवाहिसर्वत्राप्रतिहतगतिकंभूतसूक्ष्मंतेननिर्वृत्तआतिवाहिकोऽयंकृत्स्नःप्रपंचोयतश्चित्तदेहकःचित्तमेवदेहःस्वरूपमस्येति
स्वप्नतुल्यएवसन् चिरभावनात्वज्रपंजरवत्काठिन्येनोपेतआधिभौतिकयास्थूलभूतप्रभवयाबुद्ध्यागृहीतइतिश्लोकार्थः । एवंचयथातीव्राभिनिवेशेननिरीक्ष्यमाणोरज्जूरगःस्वयंशाम्यतितदधिष्ठा
नभूतारज्जुश्चाविर्भवति । तथावस्तुतश्चिद्रूपायामपिमाथवादिमूर्त्तौजाड्यमध्यस्तं । तामेवाभिनिवेशेनचिरकालंचर्मचक्षुषैवपश्यतस्तस्यामूर्त्तेर्जाड्यंतिरोधीयतेचैतन्यमाविर्भवति
अतएवबाणादयःस्वाराध्यैःसार्द्धंस्वामिभृत्यन्यायेनव्यवहरंतीतिसर्वत्रोपाख्यायते । एवमचेतनायामूर्त्तेरपितत्त्वंविश्वरूपमेवेतिमूर्तिमेवात्यादरेणपश्यंस्तस्यास्तत्त्वंविश्वरूपमवगच्छति यदपश्यदर्जुनोवासुदे

क्लेशोऽधिकतरस्तेषामव्यक्तासक्तचेतसाम् ॥ अव्यक्ताहिगतिर्दुःखंदेहवद्भिरवाप्यते ५ येतुसर्वाणिकर्माणिमयिसंन्यस्यमत्पराः ॥ अनन्येनैवयोगेनमांध्यायन्तउपा
सते ६ तेषामहंसमुद्धर्तामृत्युसंसारसागरात् ॥ भवामिनचिरात्पार्थमय्यावेशितचेतसाम् ७ मय्येवमनआधत्स्वमयिबुद्धिंनिवेशय ॥ निवसिष्यसिमय्येवअतऊ
र्ध्वंनसंशयः ८ अथचित्तंसमाधातुंनशक्नोषिमयिस्थिरम् ॥ अभ्यासयोगेनततोमामिच्छाप्तुंधनंजय ९ ॥ ॥ ॥

वदेहे । एतदेववितर्कजंप्रत्यक्षंप्रकृत्योक्तंभगवतायोगभाष्यकारेणबादरायणेन । तत्परंप्रत्यक्षंतच्चश्रुतानुमानयोर्बीजमिति । स्थूलालंबनसमाधिर्वितर्कः विश्वरूपस्याप्यस्मितामात्रेऽध्यासात्तस्यावलो
कनेऽस्मितामात्रमवशिष्यते । अस्मितायाअपिशुद्धायांचितावध्यस्तत्वात्तस्यामपिसमाहितेमनसिसहैवमनसाऽस्मितातिरोधीयतेशुद्धाचितिरेवावशिष्यतेइति । एवंव्यक्तासक्ताःसोपानारोहक्रमेणप
रांकाष्ठांप्रतिपद्यंते । येतुअव्यक्तासक्ताःपक्षिवदकस्मादूर्ध्वंपदमारुरुक्षंतितेलयेनविक्षेपेणचभृशंबाध्यंते लयमेवचकदाचित्समाधित्वेनाभ्युपगच्छंतीतितेषांपराभवसंभावनाऽप्यस्तीत्यतउक्तं क्लेशोऽधिकत
रस्तेषामव्यक्तासक्तचेतसामिति । हियस्माद्व्यक्तानिरालंबनागतिःपदप्राप्तिर्देहवद्भिर्देहाभिमानिभिर्दुःखंयथास्यात्तथाअवाप्यते नतुसासुखप्राप्येतिभावः ५ नन्वव्यक्तासक्तचेतसांक्लेशाधिक्येऽपिक्ले
शांतेसद्यःकैवल्यसिद्धिरस्तीतिकिंविलंबसाध्येनव्यक्तभावनेनेत्याशंक्याह येत्वितिद्वाभ्यां । सर्वाणिनित्यनैमित्तिकस्वाभाविकादीनिसंन्यस्यसमर्प्य मत्पराअहमेवपरःसर्वकर्मभिःप्राप्योयेषांतेमत्परामद्भया
नपरावा अनन्येनभेदशून्येनअहमेवभगवान्वासुदेवइतिपरमेश्वरेऽहंग्रहलक्षणेनयोगेनचेतःसमाधानेनमांध्यायंतउपासतेतत्रैवध्यानेस्थैर्यंलभंते ६ तेषांध्यायिनांनचिरात्शीघ्रमेवाहंसमुद्धर्त्तासमुद्धरण
कर्त्ता यतस्तेमयिसगुणेविश्वरूपेआवेशितचेतसोभवंति अतोव्यक्तासक्ताअपिशीघ्रमेवपरंपदमारोढुमर्हाइतिनाव्यक्तेऽत्यन्ताभिनिवेष्टव्यमितिभावः ७ यस्मादेवंतस्मान्मय्येवविश्वरूपेईश्वरेमनःसंकल्प
विकल्पात्मकमाधत्स्वस्थापय मय्येवाध्यवसायंकुर्वतींबुद्धिंनिवेशय तत्फलंच निवसिष्यसिनिवत्स्यसिनिश्चयेन मदात्मनामयिवासंकरिष्यसि । अतःशरीरपातादूर्ध्वंनसंशयःकर्तव्यः ८
विश्वरूपधारणायामशक्तंप्रतिप्राह अथेति । मयिविश्वेश्वरेविश्वरूपे अथयदिचित्तंसमाधातुंनिवेशितुमचलंधारयितुं नशक्नोषि ततस्तर्ह्यभ्यासयोगेनचित्तस्यैकस्मिन्नाभ्यंतरेबाह्येवाप्रतिमादावालंबने

सर्वतः समाहृत्य पुनःपुनः स्थापनमभ्यासस्तत्पूर्वको योगः समाधानलक्षणस्तेनाभ्यासयोगेन मां विश्वरूपमाप्तुं प्राप्तुमिच्छ प्रार्थयस्व हे धनंजय ९ अभ्यासेऽपीति । अभ्यासे पूर्वश्लोकोक्ते मत्कर्म । 'श्रवणं कीर्तनं विष्णोः स्मरणं पादसेवनं । अर्चनं वंदनं दास्यं सख्यमात्मनिवेदनं' इति नवविधभजनात्मकं भगवत्प्रीत्यर्थं कर्म मत्कर्मशब्दितं तदेव परममात्रश्यकं यस्य तादृशो भव । कर्माणि श्रवणादीनि सिद्धिं सत्त्वशुद्धिं १० मद्योगं श्रवणादौ निष्ठां तर्हि पूर्वोक्तं श्रौतस्मार्तं सर्वकर्मफलत्यागं कुर्वित्यर्थः । यतात्मवान् यतश्च नियमादिमांश्च आत्मवान् जितचित्तश्चेति यतात्मवान् ११ इममेव त्यागं सर्वपुरुषार्थमूलत्वात्स्तौति श्रेयोहीति । अभ्यासान्निदिध्यासनाद्वज्ञानं श्रवणमननजं परोक्षं श्रेयः । ज्ञानादपि ध्यानं विष्णोः श्रवणकीर्तनादि विशिष्यते । ततोऽपि कर्मफलत्यागः श्रेयान् । यस्मादनंतरमव्यवधानेन शान्तिर्मोक्षोऽस्तीति चित्तशुद्ध्याद्युत्पादनद्वारेण । अत्र बाह्यसाधनं सुकरत्वात्पूर्वपूर्वापेक्षया प्रशस्तमित्युच्यते तत्रैव प्रवृत्त्यतिशयाय । यद्वा श्रवणाद्यभ्यासाद्वत्तज्जं ज्ञानं तत्त्वनिश्चयात्मकं श्रेयः । ततोऽपि ज्ञातस्यार्थस्य साक्षात्कारार्थं ध्यानं श्रेयः । ततोऽपि कर्मफलत्यागः । योगी हि सर्वकर्मत्यागी प्रजहाति यदा कामानिति प्रोक्तः । अयमपि कर्मफलत्यागेन कामान् जहात्येवेति तेन समइति स्तूयते १२ परमप्रकृतस्याक्षरस्योपासकं स्तौति तद्गुणकथने हि साधकानां तेषु गुणेष्वादरो भविष्यतीति बुद्ध्या ऽऽह अद्वेष्टेति । अद्वेष्टा चेदुदासीनः स्यान्नेत्याह मैत्रः मित्रमेव मैत्रो न तूदासीनः कदाचिदपि । नन्वन्यस्मिन् शत्रौ सति कथं मैत्रत्वं स्यात्तत्राह करुण इति । दुःखदातारमपि करुणया न बाधितुमीष्टे अपि तु त्रातुमेवेच्छति एतेन सर्वभूताभयप्रदः संन्यासी उक्तः । अतएव तस्य निर्मम इति विशेषणं युज्यते । मुख्यमक्षरविदो लक्षणं निरहंकार इति । अहंकारो हि सर्वानर्थनिदानं स एव निर्गतो यस्मात्स निरहंकारः अतएव समे दुःखसुखे यस्य । 'तत्र को मोहः कः शोक एकत्वमनुपश्यतः' इति श्रुतेः ।

अभ्यासेऽप्यसमर्थोऽसि मत्कर्मपरमो भव ॥ मदर्थमपि कर्माणि कुर्वन्सिद्धिमवाप्स्यसि १० अथैतदप्यशक्तोसि कर्तुं मद्योगमाश्रितः ॥ सर्वकर्मफलत्यागं ततः कुरु यतात्मवान् ११ श्रेयो हि ज्ञानमभ्यासाज्ज्ञानाद्ध्यानं विशिष्यते ॥ ध्यानात्कर्मफलत्यागस्त्यागाच्छांतिरनंतरम् १२ अद्वेष्टा सर्वभूतानां मैत्रः करुण एव च ॥ निर्ममो निरहंकारः समदुःखसुखः क्षमी १३ संतुष्टः सततं योगी यतात्मा दृढनिश्चयः ॥ मय्यर्पितमनोबुद्धिर्यो मे भक्तः स मे प्रियः १४ यस्मान्नोद्विजते लोको लोकान्नोद्विजते च यः ॥ हर्षामर्षभयोद्वेगैर्मुक्तो यः स च मे प्रियः १५ अनपेक्षः शुचिर्दक्ष उदासीनो गतव्यथः ॥ सर्वारंभपरित्यागी यो मद्भक्तः स मे प्रियः १६ यो न हृष्यति न द्वेष्टि न शोचति न कांक्षति ॥ शुभाशुभपरित्यागी भक्तिमान्यः स मे प्रियः १७ ॥ ॥ ॥

क्षमी क्षमावान् परिभवप्राप्तावपि स्वस्थचित्तः । अन्योऽपि मुमुक्षुरेतान् धर्माननुतिष्ठेदित्यर्थः १३ संतुष्टो यदृच्छालाभेनैव संजातालंप्रत्ययः । सततं सर्वदा योगी श्रवणादौ समाहितचित्तः । यतात्मा संयतशरीरेंद्रियादिसंघातः । दृढः स्थिर आत्मतत्त्वविषये निश्चयो यस्य स दृढनिश्चयोऽसंभावनाशून्यो दृढश्रद्धावान् । मयि निर्गुणे ब्रह्मण्यर्पिते निहिते प्रविलापिते वा मनः संकल्पादिरूपं बुद्धिरध्यवसायस्ते उभे येन स मय्यर्पितमनोबुद्धिः । एतादृशो यो मम भक्तः स मे मम प्रियः आत्मत्वादेव परमप्रेमास्पदं ज्ञानी त्वात्मैव मे मतमित्युक्तं । एतेन पूर्वश्लोकोक्तायानिरहंकारतायाः साधनान्युक्तानि १४ स च निरहंकारो द्विविधः समाधिस्थो व्युत्थितश्च तयोर्लक्षणं क्रमेणाह द्वाभ्यां यस्मादिति । यस्मात्समाधिस्थत्वेन काष्ठसमाल्लोको नोद्विजते न त्रस्यति लोकादपि यो निर्मनस्कत्वान्नोद्विजते । अतएव हर्षे इष्टलाभे सति मनस उत्फुल्लता । अमर्षः असहिष्णुता । भयमात्मोच्छेदशंका । उद्वेगस्तत्कृतैव व्याकुलता । एतैर्निर्मनस्कत्वादेव स्वयमेव मुक्तस्त्यक्तः नत्वेतान् स्वयं त्यक्तुं यतते साधकवत् ईदृशो यो मद्भक्तः स च मे प्रियः १५ अस्यैव व्युत्थानावस्थामाह अनपेक्ष इति । सुखप्राप्तौ दुःखहानेवा तत्साधनेवा लिप्साशून्योऽनपेक्षः । शुचिः बाह्याभ्यंतरशौचवान् पुण्यापुण्याभ्यामलिप्तो वा । दक्षः भगवद्भजनादावनलसः । उदासीनो मानापमानादौ समवृत्तिः । अतएव गतव्यथा चेतःपीडा यस्य स गतव्यथः । सर्वारंभपरित्यागी संन्यासित्वादेव यो मद्भक्तः स मे प्रियः १६ एतमेव श्लोकं व्याचष्टे त्रिभिः श्लोकैः यो नेति । इष्टलाभे सति न हृष्यति । अनिष्टप्राप्तौ न द्वेष्टि । इष्टवियोगे सति न शोचति । इष्टसंयोगमनिष्टपरिहारं वा न कांक्षति अनपेक्षत्वात् ।

शुभंकल्याणंपुण्यंच अशुभममंगलंपापंचतेउभेपरित्यक्तुंशीलमस्यसशुभाशुभपरित्यागी एतेनशुचित्वंव्याख्यातं । भक्तिमान्भक्तौसततोद्युक्तइतिदक्षइत्यर्थः १७ उदासीनत्वंव्याचष्टे समइति । गतव्य
थत्वमुपपादयति संगविवर्जितइति । संगीहिव्यथतेनतुतद्वर्जितइत्यर्थः १८ सर्वारंभपरित्यागीत्येतद्याचष्टे तुल्येति । शिष्टेषुविगीतोनस्यामितित्रालोकेषुप्रख्यातःस्यामितित्राइदंमेभूयादितिवाकामय
मानःकिंचिदारभतेनत्वयं तुल्यनिंदास्तुतित्वात्संतुष्टत्वाच्च मौनीसंन्यासी अतएवानिकेतोगृहशून्यः कुटीमपिवासार्थंनारभते यतःस्थिरमतिःस्थितप्रज्ञोभक्तिमान्योगीमेममप्रियोनरःपुरुषः १९
मुक्तलक्षणान्येवमुमुक्षोःसाधनत्वेनविधत्ते येत्विति । येमुमुक्षवः तुपूर्वोक्तमुक्तापेक्षयाविलक्षणाः इदमद्वेष्टासर्वभूतानामित्यादिनाग्रन्थेनप्रतिपादितंधर्मजातंतदेवामृतस्यमोक्षस्यासाधनत्वादमृतंधर्मा
मृतं यथोक्तमुक्तानतिक्रमेणपर्युपासतेसाकल्येनानुतिष्ठंति श्रद्दधानाःश्रद्धायुक्ताः मत्परमाः अहमेवभगवान्वासुदेवोऽक्षराख्यसर्वविशेषरहितःपरमानंदरूपःपरमःपार्यन्तिकःप्राप्योयेषांतेमत्परमाः
भक्ताःशांतिदांत्यादिमंतोमद्भजनशीलास्तेऽतीवमेममप्रियाः ज्ञानीतुभगवतआत्मैव परिशेषादतीवप्रियत्वंभक्तेष्वेवपर्यवसन्नं योमुक्तानांस्वाभाविकोधर्मःसमुमुक्षुणायत्नतोऽनुष्ठेयइत्यर्थः यथोक्तंवार्तिके
‘उत्पन्नात्मप्रबोधस्यह्यद्वेष्टृत्वादयोगुणाः ॥ अयत्नतोभवंत्येवनतुसाधनरूपिणः’ इति । समाप्तउपासनाप्रधानस्तत्पदार्थविवेकः । अतःपरंवाक्यार्थविचारोजीवब्रह्माभेदप्रतिपादकोभ
विष्यति २० ॥ इतिभीष्मपर्वणिनीलकंठीयेभारतभावदीपेगी० द्वादशोऽध्यायः ॥ १२ ॥ समाप्तश्चायमुपासनाकांडः ॥ प० ३६ ॥ ॥ ननु ‘अव्यक्तोऽयमचिंत्योऽयमविकार्योऽयमुच्यते ॥
नित्यःसर्वगतःस्थाणुरचलोयंसनातनः’इतिद्वितीयेत्वंपदार्थस्वरूपमुक्तम् । तथाद्वादशे ‘येत्वक्षरमनिर्देश्यमव्यक्तंपर्युपासते ॥ सर्वत्रगमचिंत्यंचकूटस्थमचलंध्रुवम्’इतितत्पदार्थस्वरूपमुक्तम् । नचतयो

**समःशत्रौचमित्रेचतथामानापमानयोः ॥ शीतोष्णसुखदुःखेषुसमःसंगविवर्जितः १८ तुल्यनिंदास्तुतिर्मौनीसंतुष्टोयेनकेनचित् ॥ अनिकेतःस्थिरमतिर्भक्तिमान्मे
प्रियोनरः १९ येतुधर्मामृतमिदंयथोक्तंपर्युपासते ॥ श्रद्दधानामत्परमाभक्तास्तेऽतीवमेप्रियाः २० ॥ इतिश्रीमहाभारतेभीष्मपर्वणिभगवद्गीता० द्वादशोऽध्यायः ॥
॥ १२ ॥ पर्वणिषट्त्रिंशोऽध्यायः ॥ ३६ ॥ अत्रक्षिप्तोऽयंटीकायाअभावात् ॥ अर्जुनउवाच ॥ प्रकृतिंपुरुषंचैवक्षेत्रंक्षेत्रज्ञमेवच ॥ एतद्वेदितुमिच्छामिज्ञानं
ज्ञेयंचकेशव १ ॥ ॥ श्रीभगवानुवाच ॥ ॥ इदंशरीरंकौन्तेयक्षेत्रमित्यभिधीयते ॥ एतद्योवेत्तितंप्राहुःक्षेत्रज्ञइतितद्विदः १ ॥ ॥**

भेदःसंभवति लक्षणैक्यात् लक्षणंहितयोरव्यक्तत्वमचिंत्यत्वमचलत्वंसर्वगतत्वंचेत्यादिसमानम् । नचद्वयोःसर्वगतत्वंसंभवति अन्योन्यव्यावृत्तत्वेनासर्वगतत्वापत्तेः नचलक्षणभेदाभावेऽपितत्त
दात्मगतविशेषाःसंतियेमुक्तात्मनांजीवेशयोश्चान्योन्यंभेदमावहंतिस्वात्मानंचस्वाश्रयात्स्वयमेवव्यावर्त्तयंतीतिवाच्यं विशेषाणांसत्त्वेप्रमाणाभावात् । ननुमासंतुविशेषाः बंधमोक्षादिव्यवस्थान्यथा
नुपपत्त्यातुनिर्विशेषेष्वपिपुरुषेषुभेदःसिध्यति यथोक्तंसांख्यवृद्धैः । जन्ममरणकरणानांप्रतिनियमादयुगपत्प्रवृत्तेश्च पुरुषबहुत्वंसिद्धंत्रैगुण्यविपर्ययाच्चैवेतिजन्मादिव्यवस्थातोयुगपत्प्रवृत्त्यदर्शना
त्सात्त्विकराजसादिभेदाच्चनपुरुषैक्यमित्यर्थइतिचेन्न व्यापकानेकात्मवादेभोगसांकर्यप्रसंगात् । नह्येकत्रांतःकरणेसुखादिरूपेणपरिणतेतत्प्रतिसंवेदीएकएवचेतनइतिनियंतुंशक्यं सर्वेषांसान्निध्याविशेषेणप्रतिसं
वेदनापत्तेरवर्जनीयत्वात् । श्रोत्रस्यैकस्यापिकर्णशष्कुलीरूपोपाधिभेदादिवान्तःकरणरूपोपाधिभेदादेकस्याप्यात्मनःशब्दग्रहव्यवस्थावज्जन्मादिव्यवस्थाऽपिसेत्स्यतीतिनपुरुषबहुत्वंवक्तव्यम् । ततश्चजीवेशयो
र्लक्षणैक्यादभेदेसिद्धेकिमुत्तरग्रंथेनतत्प्रतिपादनार्थेनेतिचेत्सत्यम् । यत्रत्वस्यसर्वमात्मैवाभूत्तत्केनकंपश्येदितिश्रुतेर्विद्यावस्थायांभेदाभावेऽप्यविद्यावस्थायां‘अंतःप्रविष्टःशास्ताजनानाम् एषह्येवसा
धुकर्मकारयति तंयमेभ्योलोकेभ्यउन्निनीषते’इतिव्यवहारदशायांशास्यशासितृभावेनकर्तृकारयितृभावेनचप्रसक्तस्यजीवेश्वरयोर्भेदस्यनिरासार्थत्वादुत्तरग्रंथस्यारंभउपपद्यते । तत्रानुपदोक्तेनतत्पदार्थेनसहास्याभे
दंवक्तुंयोग्यतायै भास्यभासकभावेनक्षेत्रात्क्षेत्रज्ञस्यकुंभाद्भास्वतइवविवेकंदर्शयति इदमिति । इदमनात्मत्वेनभास्यंघटाद्यहंकारांतंशरीरंविशरणधर्मि हेकौंतेय क्षेत्रंक्षिणोत्यात्मानमविद्ययात्रायतेचविद्ययेतिक्षेत्रंकर्म
बीजप्ररोहस्थानंक्षेत्रशब्देनोच्यते एतद्योवेत्तिभासयतितंचिदात्मानंक्षेत्रज्ञइत्यन्वर्थसंज्ञंप्राहुः केप्राहुः तद्विदः क्षेत्रक्षेत्रज्ञविदः एतेनगच्छामिपश्यामिभुंजेइतिअनुभवाद्देहेंद्रियाहंकाराःप्रतीतितोभासक

कोटिनिविष्टाइवभांति तथापितेषांतत्त्वतोभास्यत्वलक्षणोऽनात्मभावःसिद्धः १ तमेवंलक्षणमुपाधितोनिष्कृष्टंक्षेत्रज्ञंचातक्षेत्रमपिमांपरमेश्वरमेवउभयरूपेणसंतंविद्धि ‘ तत्त्वमस्यहंब्रह्मास्मिब्रह्मैवेदंसर्वंसर्वंखल्विदंब्रह्म’इतिशास्त्रात् । यस्मादुभयात्माऽहंतस्मात्क्षेत्रक्षेत्रज्ञयोर्यज्ज्ञानंक्षेत्रस्यबाध्यत्वेनक्षेत्रज्ञस्यसर्वबाधावधिभूतत्वेनचयज्ज्ञानमापरोक्ष्येणतत्त्वानिश्चयस्तदेवज्ञानंममममद्विषयंसम्यग्ज्ञानंएतयोरेवज्ञानंब्रह्मज्ञानमितिमतंनिश्चितंब्रह्मविद्भिः । नेहनानास्तिकिंचनेतिक्षेत्रस्यबाधान्नान्योतोऽस्तिद्रष्टेतिक्षेत्रज्ञादन्यस्यद्रष्टुर्निषेधाच्च । यद्यपिसर्वस्यब्रह्माभिन्नत्वाद्यत्किंचिदपिज्ञानंतत्सर्वंब्रह्मविषयमेवभवतितथापिरज्जुंसर्पात्मनापश्यतोनतुरज्जुविषयंसर्पविषयंवासम्यग्ज्ञानमस्ति । नापितस्यज्ञानस्यरज्जुव्यतिरेकेणविषयांतरंवास्तवमस्ति । किंतुयदासर्पबाधेनरज्जुतत्त्वमधिगच्छतितदैवसर्पमिथ्यायभितिसम्यग्जानातिरज्जुंच । तद्वदिहाप्युभयविदेवसम्यग्ज्ञानीत्यर्थः । नह्यन्यतरस्यतत्त्वेज्ञातेकृतकृत्यताऽस्ति । नहिसांख्योनिर्विशेषात्मविदपिप्रपंचमबाधमानःशून्यवादीवाप्रपंचंतुच्छत्वेनपश्यन्नधिष्ठानंब्रह्मनास्तीतिब्रुवाणःकृतकृत्योभवतीतिवक्तुंयुक्तमतोद्वयोरपितत्त्वंबोध्यमेव २ क्षेत्रक्षेत्रज्ञपदेविवरीतुमारभते तदिति । यत्त्वेदंक्षेत्रंनिर्दिष्टंतत्याद्दृक्याद्दृशंस्वकीयैर्धर्मैरस्ति । यद्विकारियेचतस्यविकारायतश्चयत्यस्माद्विकाराद्यज्जायतइतिप्राश्नः । तत्पूर्वोक्तंक्षेत्रंयच्चयत्स्वरूपंयाद्दृक्यत्प्रकारकंयद्विकारियेचतस्यविकाराःयतश्चक्षेत्रावयवाद्यज्जायतेतत्शृणुतथासचक्षेत्रज्ञःयोयत्स्वरूपःयत्प्रभावश्चतदपिमत्तःशृणु ३ वक्ष्यमाणेऽर्थेप्रमाणमाह ऋषिभिरिति । ऋषिभिर्वसिष्ठाद्यैर्बहुधागीतंयोगवासिष्ठादौप्रतिपादितं । छंदोभिर्वेदैर्मंत्रैर्वापृथक्प्रतिशाखमनेकप्रकारंगीतं । ब्रह्मसूत्रपदैःब्रह्मणःसूचकानिपदानिसमुच्चित्यवाक्यभावमापन्नानितैर्ब्रह्मसूचकैर्ब्राह्मणवाक्यैस्तत्त्वमसीत्याद्यैरित्यर्थः । हेतुमद्भिः‘अन्नेनसोम्यशुंगेनापोमूलमन्विच्छअद्भिःसोम्यशुंगेनतेजोमूलमन्विच्छतेजसासोम्यशुंगेनसन्मूलमन्विच्छसन्मूलाःसोम्येमाःप्रजाः’ इत्यादिनाकार्यलिंगान्यनुमानानिब्रह्माधिगमायप्रदर्शयंतोहेतवस्तद्वद्भिः । विनिश्चितैःअसकृदभ्यासेनसकलशंकापंकक्षालनेननिश्चितार्थैःक्षेत्रक्षेत्रज्ञयोःस्वरूपमेतैःसर्वैर्यद्गी

क्षेत्रज्ञंचापिमांविद्धिसर्वक्षेत्रेषुभारत ॥ क्षेत्रक्षेत्रज्ञयोर्ज्ञानंयत्तज्ज्ञानंमतंमम २ तत्क्षेत्रंयच्चयादृक्चयद्विकारियतश्चयत् ॥ सचयोयत्प्रभावश्चतत्समासेनमेशृणु ३ ऋषिभिर्बहुधागीतंछंदोभिर्विविधैःपृथक् ॥ ब्रह्मसूत्रपदैश्चैवहेतुमद्भिर्विनिश्चितैः ४ महाभूतान्यहंकारोबुद्धिरव्यक्तमेवच ॥ इंद्रियाणिदशैकंचपंचचेंद्रियगोचराः ५ इच्छाद्वेषःसुखंदुःखंसंघातश्चेतनाधृतिः ॥ एतत्क्षेत्रंसमासेनसविकारमुदाहृतम् ६ ॥ ॥ ॥

तंतत्शृणुइतिपूर्वेणसंबंधः४ तच्चयच्चयादृक्चयद्विकारिचेत्येतद्व्याचष्टे महाभूतानीति। चकारोभिन्नक्रमोबुद्धिश्चेतिबुद्धिपदादुपरिद्रष्टव्यः। यत्क्षेत्रंशरीराख्यमुक्तंतदव्यक्तमेव । शरीरंरथमेवत्वितिश्रुतौअव्यक्तपदेनतस्यैवग्रहणात् । क्षेत्रस्वरूपमुक्त्वातत्प्रकारमाह महाभूतान्यहंकारोबुद्धिश्चेतिसप्तप्रकारैरंकुरितं । महाभूतशब्देनपंचतन्मात्राउच्यंतेअहंकारोबुद्धिरितिमहत्तत्त्वमुच्यते । स्वप्नेहिएतान्येवकरणानिभासंतेतत्प्रकारकएवभूतगणइतितावत्प्रकारकमेवक्षेत्रमित्युक्तं । यद्विकारीत्यस्योत्तरमाह इंद्रियाणीति। इंद्रियाणिदशैकंचेत्येकादश । पंचज्ञानेंद्रियाणिश्रोत्रत्वक्चक्षुरसनघ्राणानिपंचकर्मेन्द्रियाणिवाक्पाणिपादपायूपस्थाख्यानिमनश्चेत्येकादश । इंद्रियाणांगोचराविषयाःस्थूलावियदादयःपंच । अयंषोडशकोविकारएव एतान्येवसांख्यैश्चतुर्विंशतितत्त्वानिगण्यंते एतावांस्त्वस्माकंविशेषः तैःस्वतंत्रासत्याचप्रकृतिरुच्यतेअस्माभिर्मायारूपामिथ्याईश्वराधीनाचोच्यतेइति तथाचश्रुतिः ‘मायांतुप्रकृतिंविद्यान्मायिनंतुमहेश्वरम्’इति तस्मात्सांख्यप्रक्रियाऽत्रभगवताऽऽश्रितेतिनभ्रमितव्यं ५ यतश्चविकाराद्यज्जायतइत्युक्तंतदाह इच्छेति। इच्छासुखेतत्साधनेवास्पृहारूपाचित्तवृत्तिरिदंमेभूयादितिसाकामइतिरागइतिचोच्यते । द्वेषोदुःखेतत्साधनेचेदंमेमाभूदितिस्पृहाविरोधिनीचेतोवृत्तिः। सुखदुःखेप्रसिद्धे । संघातः‘आत्मेंद्रियमनोयुक्तंभोक्तेत्याहुर्मनीषिणः’इतिश्रुतोरिंद्रियमनाश्चिदात्मनामेकलोलीभावरूपोभोक्ता । चेतनायापूर्वोक्ताबुद्धिःसैवशुद्धासत्त्वमयत्वाद्रिमलादर्शवच्चित्प्रतिबिंबग्राहिणीतप्तायःपिंडेवह्नित्वमिवस्वयमचेतनापिचेतनात्वंप्राप्तायया व्याप्तःस्थूलपिंडोऽपिचेतनएवप्रतीयतेसेयंचेतनामनःसंज्ञितासैवइच्छादिरूपापरिणमते तथाचश्रुतिः ‘कामःसंकल्पोविचिकित्साश्रद्धाऽश्रद्धाधृतिरधृतिर्ह्रीर्धीर्भीरित्येतत्सर्वंमनएव’इति कामादीनांमनोवृत्तित्वमाह। एतत्क्षेत्रमव्यक्ताख्यंसविकारंविकारेणमहदादिनातद्विकारेणचेच्छादिनासहितमुदाहृतमुक्तं। नन्विच्छादयोहंप्रत्ययविषयस्या

त्मनोधर्माइतिकाणादावदंति । सत्यमेववदंतितेपरंतुसोऽस्माकंमुख्यआत्मैवनभवतितस्यशुद्धायांचितिअभेदेनाध्यस्तत्वादितिप्रागेवोक्तं । अतःक्षेत्रांतर्गतस्याहमर्थस्यदृश्यस्यतादृशाएवदृश्याइच्छादयोधर्माः
संतुननःकिंचिच्छिन्नंआत्मनोऽसंगत्वमहंकारस्यानृतत्वंचानुभवसिद्धंश्रुती अप्यनुवदतः । असंगोह्ययंपुरुषइतिअमृतेनहिप्रत्यूढाइति ६ इदानींज्ञानसाधनानिविधत्ते अमानित्वमिति । अमानित्वा
दयोऽपिचेतोवृत्तिविशेषाद्दृश्यत्वाच्चतत्क्षेत्रविकाराएवसंतःसत्त्वगुणकार्यत्वाद्ज्ञानस्यसाधनभूताअप्युपचाराज्ज्ञानपदवाच्याभवंति । एतज्ज्ञानमितिप्रोक्तमित्युपसंहारात् । तत्रविद्यमानैरविद्यमा
नैर्वागुणैरात्मनःश्लाघित्वंमानित्वं । लाभपूजाख्यात्यर्थंस्वधर्मस्यप्रकटीकरणंदंभित्वं । कायवाङ्मनोभिःप्राणिनांपीडनंहिंसा । तेषांवर्जनममानित्वमदंभित्वमहिंसाच । परेणापकृतेऽपि
चित्तस्यनिर्विकारत्वंक्षांतिः । आर्जवमकौटिल्यं । आचार्योपासनंस्पष्टं । शौचंमृज्जलाभ्यांबाह्यं । भावशुद्धिरांतरं । स्थैर्यंमोक्षसाधनेप्रवृत्तस्यविघ्नसद्भावेपितदगणनं । आत्मविनिग्र
होदेहेंद्रियादिप्रचारसंकोचः ७ इंद्रियार्थेषुदृष्टेषुआनुश्रविकेषुवाशब्दादिषुवैराग्यंरागाभावः । अनहंकारोदर्पराहित्यं । अयोगव्यवच्छेदार्थएवकारः समुच्चयार्थश्चकारः । जन्मादिषुयज्जायमा
नंदुःखंपरस्यव्यथादोषाश्चदैन्यादयस्तेषामनुदर्शनं ८ असक्तिरिति । सक्तिःपुत्रादौममतामात्रं । अभिष्वंगस्तेनसहतादात्म्याभिमानोऽयमेवाहमितिच । पुत्रादेःसुखेऽहमेवसुखीतस्यदुःखेऽहमेव
दुःखीतिसंगाभिष्वंगौतद्वर्जनमित्यर्थः । समचित्तत्वंहर्षविषादराहित्यं । कुत्र इष्टानिष्टोपपत्तिषुइष्टप्राप्तौहर्षाभावोऽनिष्टप्राप्तौविषादाभावः ९ मयीतिश्लोकःस्पष्टार्थः १० अध्यात्मशा
स्त्रजेज्ञानेनिष्ठावहमध्यात्मज्ञाननित्यत्वं । तत्त्वज्ञानस्यार्थःप्रयोजनमविद्यानिवृत्तिरानंदावाप्तिश्चतयोर्दर्शनं । एतदमानित्वादितत्त्वज्ञानार्थदर्शनांतंविंशकंज्ञानंज्ञानसाधनमितिप्रोक्तंवेदेषु । अज्ञानंज्ञा

अमानित्वमदंभित्वमहिंसाक्षांतिरार्जवम् ॥ आचार्योपासनंशौचंस्थैर्यमात्मविनिग्रहः ७ इंद्रियार्थेषुवैराग्यमनहंकारएवच ॥ जन्ममृत्युजराव्याधिदुःखदोषानु
दर्शनम् ८ असक्तिरनभिष्वंगःपुत्रदारगृहादिषु ॥ नित्यंचसमचित्तत्वमिष्टानिष्टोपपत्तिषु ९ मयिचानन्ययोगेनभक्तिरव्यभिचारिणी ॥ विविक्तदेशसेवित्वमर
तिर्जनसंसदि १० अध्यात्मज्ञाननित्यत्वंतत्त्वज्ञानार्थदर्शनम् ॥ एतज्ज्ञानमितिप्रोक्तमज्ञानंयदतोऽन्यथा ११ ज्ञेयंयत्तत्प्रवक्ष्यामियज्ज्ञात्वाऽमृतमश्नुते ॥
अनादिमत्परंब्रह्मनसत्तन्नासदुच्यते १२ सर्वतःपाणिपादंतत्सर्वतोऽक्षिशिरोमुखम् ॥ सर्वतःश्रुतिमल्लोकेसर्वमावृत्यतिष्ठति १३ ॥ ॥

नविरोधिइतोऽन्यथायत्तद्मानित्वादिकमित्यर्थः । तस्मात्तत्परित्यागेनामानित्वादिकमेवोपादेयमितिभावः ११ एवंक्षेत्रंव्याख्यायसचयोयत्प्रभावश्चेत्युक्तंक्षेत्रज्ञस्वरूपंतस्यमायिकंप्रभावंव्याचष्टे
ज्ञेयमिति । एतैर्ज्ञानसाधनैर्यद्ज्ञेयंतत्प्रवक्ष्यामि । यज्ज्ञेयंज्ञात्वाअमृतंमोक्षमश्नुतेप्राप्नोति । तस्यस्वरूपंतावदाह अनादिमदिति । आदिमदव्यक्तंतस्मादव्यक्तमुत्पन्नमितितदुत्पत्तिस्मरणात् तद
न्यदनादिमत् । अनादीत्येतावत्युक्तेप्रवाहनित्यत्वमव्यक्तादीनामप्यस्तीतितेषामप्यनादितायांप्राप्तायांतत्प्रतिषेधार्थमनादिमदित्युक्तं । यद्वा आदिमच्चततःपरंचआदिमत्परेकार्यकारणेताभ्यामन्य
दनादिमत्परमिति । अतएवपरंनिर्विशेषंनत्वपरंसविशेषं ब्रह्मत्रिविधपरिच्छेदशून्यं । नसत्प्रधानपरमाण्वादिवत्सदितिनोच्यते नाप्यसत्शून्यवदसदपिनोच्यते । तथाचश्रुतिः'नासदासी
न्नोसदासीत्तदानीं नासीद्रजोनोव्योमापरोयत्'इति । असच्छब्दितस्यशून्यस्यसच्छब्दितस्यप्रधानस्यरजःशब्दितानांपरमाणूनांपरव्योमशब्दितस्यास्मदभिमतस्याव्यक्तस्यापिसृष्टेःप्राक्निषेधंदर्शयति १२
एवंसचयइत्येतत्क्षेत्रज्ञस्वरूपमपास्तसमस्तविशेषमुपपाद्ययत्प्रभावइतिप्रतिज्ञातंतस्यप्रभावंवैश्वरूप्यलक्षणमुपपादयति सर्वतइति । सर्वतःसर्वासुदिक्षुअंतर्बहिश्चपाणयःपादाश्चास्यसंतीतिसर्वतः
पाणिपादं । एवंसर्वतःअक्षीणिशिरांसिमुखानिचयस्यतत्सर्वतोऽक्षिशिरोमुखं । सर्वतःश्रुतिमत्श्रवणवत् । लोकेसर्वमावृत्यव्याप्यतिष्ठति यथास्वप्नदृक्तैजसोवासनामयेनैवपाणिपादादिनास्वाप्नंप्र
पंचमनुभवति तस्यचजाग्रत्कालेउपाधिभूतंपिंडगतमेवपाणिपादादिकंतदेवस्थूलप्रपंचानुभवसंस्काराधानद्वारावासनामयस्यप्रपंचस्यकारणं वासनामयश्चस्थूलप्रपंचस्यकारणमितिबीजांकुरन्यायेनानयोर
न्योन्यस्मिन्नन्योन्यसद्भावोऽन्योन्यकारणत्वंचास्तीति । एवंसकलप्राणिधीवासनोपरक्ताज्ञानोपाधिकंचैतन्यंसकलप्राणिधीवासनामयंसमष्टिसूक्ष्मप्रपंचमवभासयति । अस्यचोपाधिभूतंब्रह्मांडगतसकल

प्राणिपाणिपादादिकमेव । एवंचपूर्ववत्स्थूलसूक्ष्मयोरपिसमष्टिप्रपंचयोरन्योन्यंबीजांकुरन्यायेनकार्यकारणभावमन्योन्यस्यान्योन्यस्मिन्सद्भावंचाभिप्रेत्योक्तंभगवताभाष्यकारेणसकलप्राणिकरणोपाधिद्वा रेणज्ञेयब्रह्मणोऽस्तित्वंप्रतिपाद्यतइतिकार्यद्वाराकारणास्तित्वसिद्धौचकारणाभावोऽप्यपोह्यते । 'अनादिमत्परंब्रह्मनसत्तन्नासदुच्यते'इति । ननुप्रक्षालनाद्धिपंकस्यदूरादस्पर्शनंवरमितिन्यायेनव्यर्थस्तर्हिका रणोपन्यासइतिचेन्न तंविनाशुद्धाधिगमायोगात् शाखाचंद्रन्यायेनहिसगुणंनिर्गुणस्यवस्तुनोज्ञापकं यथोक्तंभाष्ये । उपाधिकृतमिथ्यारूपमप्यस्तित्वाधिगमायज्ञेयधर्मवत्परिकल्प्योच्यते सर्वतःपा णिपादमित्यादि । तथाहिसंप्रदायविदांवचनमध्यारोपापवादाभ्यांनिष्प्रपंचंप्रपंच्यतइति १३ ननुयूपाहवनीयादिवदलौकिकमपिब्रह्मकार्यकारणप्रपंचविशिष्टंचित्रमेवसर्वतःपाणिपादंतदित्यादिनाशास्त्रेणकार्य शेषतयासमर्थ्यते । नचवाच्यंउपासनापरंशास्त्रंनब्रह्मणोवैचित्र्यंप्रतिपादयितुमीष्टेइति । देवताधिकरणन्यायेनदेवताविग्रहादिवत्तद्वैचित्र्यस्याप्यवांतरतात्पर्यविषयतयासिद्धेः । नचदेवताविग्रहादे र्व्यावहारिकमेवसत्त्वंनपारमार्थिकंब्रह्मज्ञानेनतस्यबाधादितिवाच्यं सत्ताद्वैविध्यस्याप्रसिद्धेः । तस्मात्सर्वतःपाणिपादत्वादिकंब्रह्मणोवास्तवमेवेतिनापवादमर्हतीत्याशंक्याह सर्वेंद्रियेति । सर्वाण्यांतरा णिबाह्यानिचेंद्रियाणिमनोबुद्ध्यहंकारचित्ताख्यानिश्रोत्रादीनिचेतिग्राहकमात्रंसंगृहीतं । गुणाश्चविषयास्तेनग्राह्यमात्रंगृह्यते समस्तग्राह्यग्राहकवदाभासतेनतुग्राह्यग्राहकस्वरूपंविचित्रं यथाजलसूर्योऽ धःस्थइवकंपतइवाभासतेनतुवस्तुतोऽधःस्थःकंपतेवातद्वदात्मनोग्राह्यग्राहकाकारत्वंमिथ्येत्यर्थः । कुतएतत् यतःसर्वेंद्रियविवर्जितं इंद्रियेतिगुणानामप्युपलक्षणं । नहिब्रह्मणिकिंचिद्ग्राह्यंरूपादिग्राह कंवामनआदिवर्तते । 'अशब्दमस्पर्शमरूपमव्ययं । अप्राणोह्यमनाःशुभ्रः । यत्तदद्रेश्यमग्राह्यमचक्षुःश्रोत्रंतदपाणिपादम्'इत्यादिशास्त्रात्तस्मान्नप्रपंचविशिष्टंविचित्रंब्रह्म । कथंतर्हिसर्वंब्रह्मे तिशास्त्रमित्याशंक्याह असक्तंसर्वभृच्चैवेति । अत्रसर्वभृदितिसर्वाधारत्वोक्त्यासर्वस्मात्पृथग्भूतमित्युक्तं । सर्वस्यब्रह्मणासहाधाराधेयभावोऽपिकिंघटरूपयोरिवसमवायसंबंधेनकुंडबदरयोरिवसंयोगसंबंधेनवे त्याशंक्यसंबंधंविनैवसर्वभृत्त्वंब्रह्मणइत्याह असक्तमिति । ननुव्याहतमेतत् असक्तमितिसर्वभृदितिचेति नैषदोषः नह्युषरभूमिर्मरीचिकोदकेनसंसक्ताअथचतदाधारभूताऽपिभवतितद्वदेतद्भविष्यति । नन्वेवंप्रपंच

सर्वेन्द्रियगुणाभासंसर्वेंद्रियविवर्जितम् ॥ असक्तंसर्वभृच्चैवनिर्गुणंगुणभोक्तृच १४ बहिरंतश्चभूतानामचरंचरमेवच ॥ सूक्ष्मत्वात्तदविज्ञेयंदूरस्थंचान्तिकेचतत् १५

स्यमिथ्यात्वमापततीति तथाचकर्मोपास्तिविधयउपरुध्येरन् न ब्रह्मात्मैकत्वज्ञानेनयावद्द्वैतंनबाध्यतेतावत्क्रियाकारकादिसर्वव्यवहारस्यसत्यत्वोपगमात्प्राणावैसत्यंतेषामेषसत्यमितिश्रुत्याऽपिप्राणोपलक्षित स्यकृत्स्नस्यप्रपंचस्यव्यावहारिकंसत्यत्वमुक्त्वाततोऽप्यधिकंपरमार्थसत्यंब्रह्मदर्शितं । सत्यत्वंचाबाध्यत्वंतत्किंचित्कालंप्राणानामस्तिब्रह्मणस्तुसार्वदिकमितियथाभूपतीनांभूपतिरित्युक्तेऐश्वर्याल्पत्वभूयस्त्वकृतो भेदःस्पष्टएवमिहापिद्रष्टव्यं तस्माद्ब्रह्मणःसविशेषत्वंनिष्कलात्मबोधात्प्रागेवनतूर्ध्वमित्यवश्यंतत्त्वज्ञानेनबाधितुंशक्यमित्यनुपाधिकंब्रह्मनकेनचित्कार्यशेषतांनेतुंशक्यं । तदधिगमेक्रियाकारकादिद्वैतोपमर्दादुपा स्योपासकोपासनाभेदस्यबाधितत्वात् । तस्माद्युक्तमुक्तमुपाधिकृतंरूपंमिथ्येति । किंच निर्गुणंगुणभोक्तृच ग्राह्यग्राहकसंबंधशून्यमपिग्राहकेषुबुद्ध्यादिषुग्राह्यसंबंधात्सुखाद्याकारेणपरिणतेषुसत्सुकेवलं तत्प्रकाशकत्वमात्रेणगुणभोक्तृत्वमप्यस्यचिदाभासरूपस्योपपद्यते । यथाप्रतिबिंबरूपेरवावुपाधिगतंचलनादिकं तथाचश्रुतिः । ध्यायतीवलेलायतीवेतिबुद्धौध्यायंत्यांतत्रप्रविष्टश्चिदाभासोध्यायतीवविषयान् बुद्धौलेलायंत्यांविषयप्रदेशंगच्छंत्यांसोऽपिलेलायतीवनतुस्वतोध्यायतिलेलायतिवेतिप्रतिपादयति । एतेन'अपाणिपादोजवनोग्रहीतापश्यत्यचक्षुःसशृणोत्यकर्णः'इत्यपिब्रह्मणउपाधिगुणानुगुण्यभजनश क्तिमत्त्वेनैवव्याख्येयं । अयमपादोऽपिपादेजववतिजववान्भवतीति । अंधोमणिमविंददित्यादिकंवचनजातंचात्रानुसंधेयं । तस्माद्युक्तमुक्तंनिर्गुणंगुणभोक्तृचेति । भाष्येतु निर्गुणंसत्त्वादिगुणरहि तमपितेषांगुणानांसुखदुःखमोहात्मकत्वेनपरिणतानांभोक्तृचउपलब्धृचेतिव्याख्यातम् १४ नन्वसक्तमसंबद्धंचेत्कथमुपलब्धंस्यादित्याशंक्याह बहिरिति । भूतानांप्राणिनामेकादशेंद्रियाणिस्थूलभूता निचकेवलविकारत्वेनव्यवहितत्वात्बहिरित्युच्यंते । महदहंकारपंचतन्मात्राव्यक्तानिप्रकृतिरूपत्वेनसंनिहितत्वादंतरित्युच्यंतेचराचरमिति । उभयनिकृष्टाश्चराचरोपाध्युपलक्षिताअवधिभूताःपुरुषाश्च रमचरंचेत्यनेनोच्यंते । तत्रचराचरंज्ञेयमितिसामानाधिकरण्यात्पुरुषाणांज्ञेयब्रह्मभावउक्तः । बहिरंतश्चज्ञेयमितिषोडशसुविकारेष्वष्टासुप्रकृतिषुचज्ञेयस्यसंबंधउक्तः सचसंबंधोयादृशोयक्षस्तादृशो-

वलिरितिन्यायेनाध्यस्तप्रकृतिविकृतिनिरूपितत्वेनाध्यस्तएव । एवंचपुरुषस्योपलब्धिमात्रशरीरस्यगुणैःसहाध्यासिकसंबंधसत्त्वात्गुणोपलब्धृत्वंयुज्यते । यथाप्रकाशमात्रस्वरूपस्यरवेःप्रकाश्यसं
बंधापेक्षंप्रकाशयितृत्वंतद्वदित्यर्थः । ननुनित्यापरोक्षःपुरुषप्रकृतिविकारसंबद्धश्चतर्हिकुतोनसर्वैर्गृह्यतइत्याशंक्याह सूक्ष्मत्वात्दुर्लक्षत्वात्तज्ज्ञेयं अविज्ञेयंदुर्विज्ञेयं । यथाजपाकुसुमोपहितस्यस्फ
टिकस्यशौक्ल्यंसन्निहितमपिरूपांतरविक्षेपेणतिरोहितंसन्नगृह्यते । एवंनित्यापरोक्षमप्यसंगंब्रह्मोपाध्युपधानाद्विविक्ततयानग्रहीतुंशक्यंकिंत्वौपाधिकधर्मोपेतमेवगृह्यतेमूढैः । विद्वद्भिस्तूपाधिप्रविलापनेन
सुग्रहमित्याशयः । एतदेवाह दूरस्थंचांतिकेचतदिति । यथामूढोजलसूर्यंबिंबसूर्याद्दूरस्थंमन्यते । विद्वांस्तुउपाधिप्रतिहतनयनरश्मीनामुपर्युत्प्लुत्यगतानांबिंबग्राहित्वंस्पष्टं । बिंबस्याधस्थत्वग्रह
णंतुपूर्वप्रवृत्ताधोमुखवृत्तिसंस्कारापेक्षमितिजानन्बिंबदेशेएवप्रतिबिंबंपश्यति । बिंबेएवजलस्थत्वमध्यस्यतेनतुजलेप्रतिबिंबइति उपाधौधर्म्यध्यासकल्पनातोविषयस्योपाधिसंसर्गमात्राध्यासकल्पनेलाघ
वात् । एवंबिंबभूतंब्रह्मप्रतिबिंबभूताज्जीवान्मूढानांविप्रकृष्टंविदुषांत्यत्यंतंसंनिकृष्टमिति १५ एतदेवोपपादयत्यर्द्धेन अविभक्तंचेति । 'एकएवतुभूतात्माभूतेभूतेव्यवस्थितः ॥ एकधाबहुधाचै
वदृश्यतेजलचंद्रवत्' इतिश्रुतेर्भूतेषुकार्यकारणसंघातापन्नेषुजलपात्रेषुचंद्रस्येवब्रह्मणःप्रतिबिंबाजीवास्तेचोक्तरीत्याबिंबादनन्याइतितद्रूपेणभूतेष्वविभक्तंचविभागमप्राप्तमपिज्ञेयवस्तुमूढदृष्ट्याविभक्तमिवदूरदेशस्थ
मिवचाद्रिभिन्नमिवचस्थितं । एवंतर्हिचंद्रादुदपात्राणामिवभूतानांपृथक्सत्त्वापत्तिरित्याशंक्याह भूतभर्तृचेति । अधिष्ठानत्वेनसर्वाणिभूतानिधारयतीतिनततस्तेषांपृथक्सत्ताऽस्तिरज्जुतइवतदध्यस्ता
नांसर्पदंडधारादीनामित्यर्थः । एतदेवाह ग्रसिष्णुप्रभविष्णुच यथारज्जुस्तत्त्वज्ञानदशायांसर्पादीन्ग्रसति अज्ञानदशायांचतानेवप्रसूते तद्वदज्ञातंब्रह्मसर्वभूतानिग्रसिष्णुग्रसनशीलमज्ञातंच ।
सर्वभूतानांप्रभविष्णुउत्पादनशीलम् १६ एवंज्ञेयस्यतटस्थलक्षणमुक्त्वास्वरूपलक्षणमाह ज्योतिषामिति । ज्योतिषांबाह्यानामादित्यादीनामांतराणांचबुद्ध्यादीनामितरावभासकानामपितज्ज्ञेयं

अविभक्तंचभूतेषुविभक्तमिवचस्थितम् ॥ भूतभर्तृचतज्ज्ञेयंग्रसिष्णुप्रभविष्णुच १६ ज्योतिषामपितज्ज्योतिस्तमसःपरमुच्यते ॥ ज्ञानंज्ञेयंज्ञानगम्यंहृदिसर्वस्यधि
ष्ठितम् १७ इतिक्षेत्रंतथाज्ञानंज्ञेयंचोक्तंसमासतः ॥ मद्भक्तएतद्विज्ञायमद्भावायोपपद्यते १८ प्रकृतिंपुरुषंचैवविद्ध्यनादीउभावपि ॥ विकारांश्चगुणांश्चैव
विद्धिप्रकृतिसंभवान् १९ ॥ ॥ ॥ ॥ ॥

ब्रह्म ज्योतिरवभासकं चैतन्यज्योतिषोजडज्योतिरवभासकत्वोपपत्तेः तथाचश्रुतयः 'येनसूर्यस्तपतितेजसेद्धः । तस्यभासासर्वमिदंविभाति'इत्याद्याः । वक्ष्यतिच यदादित्यगतंतेजइत्यादितमसोऽ
ज्ञानात्भूतग्रासप्रसवहेतोःपरंदूरस्थंतदुच्यते । ननुयथाचांद्रस्यज्योतिषोऽवभासकंतत्सजातीयंसौरंज्योतिरितिज्योतिःशास्त्रप्रसिद्धं । एवंसौरादिज्योतिषामप्यवभासकंकिंचित्तत्सजातीयंज्योतिरलौकि
कंस्यादित्याशंक्याह ज्ञानमिति । केवलज्ञप्तिमात्रशरीरंयज्ज्योतिर्नतुभौतिकंतदेवज्ञेयंवस्तु आप्तत्वात्ज्ञानेनप्राप्तुमिष्टतमं । कुतस्तर्हितज्ज्ञानमतआह ज्ञानगम्यमिति । यतस्तज्ज्ञानेनामानित्वादि
नाज्ञानसाधनेनगम्यंप्राप्यं । किंतर्हिग्रामांतरवद्देशव्यवहितंवाबाल्ययौवनाद्यवस्थांतरवत्कालव्यवहितंवातत्प्राप्यमस्तीत्यतआह हृदिसर्वस्यधिष्ठितमिति । स्वात्मभूतमेवतदंतर्दृष्टीनांसम्यक्प्रकाशतइ
त्यर्थः १७ उक्तमर्थजातमुपसंहरति इतीति । क्षेत्रंमहाभूतादिधृत्यंतं । ज्ञानंज्ञानसाधनममानित्वादितत्त्वज्ञानार्थदर्शनांतं । ज्ञेयमनादिमत्परमित्यादिधिष्ठितमित्यंतं श्रुतिभ्यःस्मृतिभ्यश्च
समासतःसंक्षेपतउक्तं । मद्भक्तएतत्त्रयंविज्ञायमद्भावायब्रह्मभावायोपपद्यतेयुक्तोभवति भक्त्यैवप्राप्यंब्रह्मयत्प्राप्यब्रह्मैवभवति तथाचश्रुतिः 'यस्यदेवेपराभक्तिर्यथादेवेतथागुरौ ॥ तस्यैतेकथिताह्यर्थाः
प्रकाशंतेमहात्मनः'इति । 'ब्रह्मवेदब्रह्मैवभवति'इतिच १८ एवंक्षेत्रंशरीराख्यमव्यक्तमुक्तंतत्प्रकाराश्चमहदाद्यास्त्रयोविंशतिस्तद्विकाराइच्छादयोज्ञानाज्ञानशब्दिताअमानित्वमानित्वादयः । पुरुषश्च
उक्तः । इदानींक्षेत्रक्षेत्रज्ञयोर्मध्येयस्माद्यज्जायतेतच्चक्षेत्रज्ञस्यप्रभावश्चेतिद्वयंवक्तव्यंतत्राद्यंविवृणोतित्रिभिः प्रकृतिमिति । सप्तमाध्यायेऽष्टधायाप्रकृतिरपराउक्तासाऽत्रप्रकृतिः । यातुजीवभूतापराप्र
कृतिरुक्तासाऽत्रपुरुषशब्देनोच्यते । एतौहिसंपृक्तौसंसारंजनयतःवियोगश्चतयोर्मोक्षः । तत्रताबुभावप्यनादीविद्धि तयोरादिमत्त्वेसंसारस्याकस्मिकत्वापातात्कृतहानाकृताभ्यागमप्रसंगश्चेत्यन्यत्रविस्तरः ।

विकारानइच्छादीन् गुणान्बुद्धींद्रियादींश्च प्रकृतिसंभवान्विद्धि १९ उभयोरपिसंसारंप्रतिकारणत्वेद्वारमाह कार्येति । कार्यंशरीरंतदारंभकाणिभूतानिविषयाश्च । कारणंत्रयोदशेंद्रियाणितदाश्रिताश्चसुखदुःखमोहात्मकागुणाश्च । करणेतिपाठेऽपिसएवार्थः एतयोःकार्यकारणयोःकर्तृत्वेनिमित्तेसतिकर्तृत्वेनेत्यर्थः । हेतुःसंसारस्यकारणंप्रकृतिर्भवति । तथापुरुषःसुखदुःखानांभोक्तृत्वेन संसारस्यहेतुरिति । यदिहिकार्यकारणसुखदुःखस्वरूपहेतुफलात्मनाप्रकृतिर्नपरिणमेततदापुरुषःकिमुपलभेत अनुपलब्ध्वावाकथंसंसारीस्यात् ।· अनुपलब्धृकावाप्रकृतिःकुत्रोपयुज्येत । तस्मादुपलभ्योपलब्धृसंयोगःसंसारकारणमितियथाभाष्यंव्याख्यातं । यद्वा पुरुषस्यकार्यत्वेकारणत्वेकर्तृत्वेचप्रकृतिरेवपुरुषतादात्म्यंप्राप्ताहेतुर्भवति । वह्नितादात्म्यंप्राप्तंलोहंवन्हेश्चतुष्कोणत्वादाविव हेतुर्भवति । तथाप्रकृतेःसुखदुःखभोक्तृत्वेस्वच्छायाप्रदानेनपुरुषःकारणं । वन्हिरिवलोहस्यस्वच्छायाप्रदानेनदग्धृत्वे तथाहि । कार्यत्वादयःप्राकृतदेहेंद्रियबुद्धिधर्माःसंतश्चिदात्मन्यारोप्यंतेगौरोऽहंमनुष्यपुत्रोऽहंकाणोऽहंखंजोऽहंकरोम्यहमकार्षमहमिति । तथाचिच्छायापन्नाबुद्धिश्चेतयाम्यहंसुखदुःखादीनुपलभेइतिमन्यते । सोऽयंप्रकृतिपुरुषयोरन्योन्यधर्माध्यासःसंसारस्यकारणमित्युपपादितंभवति । सांख्याभिमतंपुरुषस्यभोक्तृत्वमपिनिरस्तंभवति । अन्यथाप्रकृतिःकर्त्रीपुरुषोभोक्तेतिकर्तृत्वभोक्तृत्वयोर्वैयधिकरण्यमापद्येत । नचभोक्तुःपुरुषस्यनिर्विकारत्वमपित्रकुंशक्यमित्यन्यत्रविस्तरः । द्वंद्वांतेश्रूयमाणंपदंप्रत्येकमभिसंबध्यतइतित्वप्रत्ययस्यपूर्वाभ्यामपिसंबंधेकार्यत्वंकारणत्वंकर्तृत्वंचेतिविग्रहः । द्वंद्वैकवद्भावश्चप्रातिपदिकार्थलिंगपरिमाणवचनमात्रेप्रथमेत्यादिवत् २० ननुयथाबौद्धंकर्तृत्वंपुंस्यारोप्यतेएवंपौंस्नंभोक्तृत्वंबुद्धावस्त्वित्येतंभ्रमंवारयति पुरुषइति । हिप्रसिद्धं प्रकृतिस्थःदेहेंद्रियमनःसंघातमध्यारूढस्तत्तादात्म्यंगतइत्यर्थः । प्रकृतिजान्सुखदुःखमोहात्मकान्गुणान्भुंक्ते उपलभते । यदातुसुप्तिसमाधिमूर्च्छादौप्रकृतिस्थत्वंनास्तितदानसुखादीनुपलभते । तेनोपाधिगतान्येवसुखादीनितदभावेनप्रतीयंतइतिसिद्धं । श्रुतिरपि'आत्मेंद्रियमनोयुक्तंभोक्तेत्याहुर्मनीषिणः'इतींद्रियमनोयोगादेवात्मनिभोक्तृत्वंदर्शयंतीशुद्धस्यकेवलस्यभोक्तृत्वंनास्तीतिदर्शयति । कुतस्तर्हिभोक्तुरप्यस्यप्राकृतोबंधइतितत्राह कारणमिति । अस्यपुरुषस्यसदसद्योनिजन्मसु । तत्रसद्योनिजन्मानोदेवाः । असद्योनिजन्मभाजस्तिर्यंचःस्थावराश्च । सदसद्योनिजन्मानोमनुष्याः एतेषुत्रिष्वपिजन्मसुप्राप्येषुअस्यपुंसोगुणसंगःसुखादिष्वभिष्वंगःकारणंहेतुः तथाहि । सात्विकादेवाभवंतिराजसामनुष्यास्तामसाश्चपशवस्तेषांतत्तद्योनिप्राप्तौतद्गुणप्राधान्यमेवकारणं वक्ष्यतिच ऊर्ध्वंगच्छंतिसत्वस्थाइत्यादि । यद्वा प्रकृतिस्थोविद्वानविद्वान्वागुणान्भुंक्ते पश्वादिभिश्चाविशेषादितिन्यायात् । तर्हिंकिविद्वानिवाविद्वानपिकुतोनमुच्यतेअविद्वानिवविद्वान्वाकुतोनबध्यतइत्याशंक्याह कारणमिति । गुणेषुदेहेंद्रियविषयेषुसंगःअहमिदंममेदमित्यभिनिवेशःसएवजन्मकारणं । विदुषांतुतदभावान्नजन्म समानेऽपिदेहसंबंधेयदायक्षोदेहाभिमानंधत्तेतदासएवदेहपीडयापीड्यतेनतुदेहपतिर्जीवः । यदात्वयंदेहाभिमानंधत्तेतदानेतरइतिप्रसिद्धं । संगस्यबंधकत्वंनतुसांनिध्यमात्रंबंधकं । अतोविद्वदविदुषोःसमानेऽपिदेहसंबंधेसंगतदभावकृतोमहान्विशेषइतिभावः २१ सचयोयत्प्रभावश्चेतिक्षेत्रज्ञतत्प्रभावौव्याख्येयत्वेनप्रतिज्ञातौ तत्रक्षेत्रज्ञःप्रागेववर्णितस्तस्येदानींप्रभावमाह उपद्रष्टेति । तत्रपूर्वंगुणसंगोजन्मकारणमित्युक्तं तत्रसंगश्चतुर्विधः पुरुषापलापेनगुणमात्रप्राधान्येनवातमंतर्भाव्यगुणप्राधान्येनवागुणानांसमप्राधान्येनवाअप्राधान्येनवेति । तत्राद्येदेहेंद्रियमनआदिरूपंगुणसंघातमेवआत्मत्वेनपश्यन्भोक्ताभवति यथाचार्वाकादिः । द्वितीयेगुणानांप्राधान्यादात्मनिवास्तवकर्तृत्वाद्यभिमानेनकर्मफलानांभर्त्तासंचेताभवति यथातार्किकादिः । तृतीयेगुणानांसमप्राधान्येनगुणगतमपिभोक्तृत्वमसंगेऽप्यात्मनिवस्त्रेभल्लातकांकवदनुमन्यतेयथासांख्यः । चतुर्थेसर्वथाऽपिगुणधर्माणामात्मनिसंक्रममपश्यन्नुदासीनबोधरूपत्वेनगुणप्रचारदर्शीउपद्रष्टाभवति यथाऽस्माकंसाक्षी । एतेषुचतुर्ष्वपिगुणसंगिषूपद्रष्टोत्तमः । अनुमंताध्यमः । भर्त्ताअधमः । भोक्ताअधमाधमः । सएवगुणान्वशीकृत्ययदाक्रीडतितदामहेश्वरइत्युच्यते ।

कार्यकारणकर्तृत्वेहेतुःप्रकृतिरुच्यते ॥ पुरुषःसुखदुःखानांभोक्तृत्वेहेतुरुच्यते २० पुरुषःप्रकृतिस्थोहिभुंक्तेप्रकृतिजान्गुणान् ॥ कारणंगुणसंगोऽस्यसदसद्योनिजन्मसु २१ उपद्रष्टाऽनुमंताचभर्त्ताभोक्तामहेश्वरः ॥ परमात्मेतिचाप्युक्तोदेहेऽस्मिन्पुरुषःपरः २२ ॥ ॥ ॥

यःसर्गस्थित्यंतकर्त्ताप्रभुर्जगदंतर्यामीसएवगुणानपहायस्थितःपरमात्मेतिचाप्युक्तोभवति । यद्यप्युपद्रष्टाऽपिगुणानपहायतत्साक्षित्वेनस्थितोभवति तथापितस्यैवसंघातोपहितस्यसंघातांतरप्रचारदर्शित्वा
भावादयंसकलसंघातप्रचारदर्शीतिसर्वोत्कृष्टत्वात्परमोऽयमात्मा । तमेनंवक्ष्यति ‘उत्तमःपुरुषस्त्वन्यःपरमात्मेत्युदाहृतः । योलोकत्रयमाविश्यबिभर्त्यव्ययईश्वरः’इति । एतावपिगुणसंगिनौ एत्र
मेकएवदेहेस्मिन्विद्यमानःपरोगुणातीतःस्वात्मनिगुणान्प्रविलाप्यस्थितोऽखंडैकरसआत्मागुणसंगेनषड्विधोभवति अयमेवास्यप्रभावः तत्रअनुमंतृभर्तृभोक्तृभिस्त्रिभीरूपैरयंबध्यतेउपद्रष्टृमहेश्वरपरमात्मरूपैस्तु
नित्यमुक्तएकएवेतिज्ञेयम् । अत्रभाष्यार्थोऽप्यनुसंधेयोविस्तरभयात्तुनप्रदर्शितः २२ एवंयथोक्तलक्षणात्मज्ञानेफलमाह एवमिति । गुणैःस्वविकारैःसर्वथाविहितेननिषिद्धेनवाकर्मणावर्तमानोऽपि
नसभूयोऽभिजायतेपुनर्जन्मनलभतेमुक्तोभवतीत्यर्थः २३ एवंविधात्मदर्शनेऽधिकारिभेदेनोपायविकल्पानाह ध्यानेनेति । अत्रयेआत्मानंविविदिषंतितेनिष्कामकर्मणापरमेश्वरमाराधयंतितेकर्मयो
गिनः । ततएवोत्पन्नविविदिषावेदांतश्रवणेप्रवर्तंते ततःप्रमाणगतासंभावनानिवृत्तौसत्यांतस्यैवार्थस्यमननेप्रवर्त्ततेप्रमेयगतासंभावनानिवृत्त्यर्थंतेसांख्याः । ततःप्रमाणप्रमेयगतासंभावनाया
निवृत्त्यनंतरमनात्मनिदेहादावात्मबुद्धिरूपायाविपरीतभावनायानिवृत्त्यर्थंनिदिध्यासनंविजातीयप्रत्ययतिरस्कारपूर्वकसजातीयप्रत्ययप्रवाहीकरणलक्षणंकर्तुंप्रवर्तन्ते ततस्तत्परिपाकेआत्मनिबुद्धिवृत्तौआत्मा
नंपरमेश्वरंपश्यंतितेध्यायिनः । तत्रयेकर्मसांख्ययोर्निष्णातास्तेध्यानेनात्मनिदेहेआत्मानंपरमेश्वरंआत्मनाबुद्ध्यापश्यंति । अन्येत्वकृतकर्माणःसांख्येनयोगेनविचारात्मकेनयोगेनध्यानद्वारापश्यंति ।
अन्येपुनःकर्मयोगेनैवपूर्वोक्तलक्षणेनसांख्याध्यानद्वारापश्यंतीतिसाधनत्रयस्यसमुच्चयोनतुविकल्पः २४ पक्षांतरमाह अन्येत्विति । अन्येऊहापोहकौशलहीनाः तुशब्देनपूर्वोक्तेभ्योविलक्षणाः

यएवंवेत्तिपुरुषंप्रकृतिंचगुणैःसह ॥ सर्वथावर्तमानोऽपिनसभूयोऽभिजायते २३ ध्यानेनात्मनिपश्यंतिकेचिदात्मानमात्मना ॥ अन्येसांख्येनयोगेनकर्मयोगेनचापरे
२४ अन्येत्वेवमजानंतःश्रुत्वाऽन्येभ्यउपासते ॥ तेऽपिचातितरन्त्येवमृत्युंश्रुतिपरायणाः २५ यावत्संजायतेकिंचित्सत्त्वंस्थावरजंगमम् ॥ क्षेत्रक्षेत्रज्ञसंयोगात्तद्विद्धि
भरतर्षभ २६ समंसर्वेषुभूतेषुतिष्ठन्तंपरमेश्वरम् ॥ विनश्यत्स्वविनश्यन्तंयःपश्यतिसपश्यति २७ ॥ ॥ ॥ ॥

एवंपूर्वोक्तप्रकारमजानंतोऽन्येभ्यआचार्येभ्यःश्रुत्वाआत्मनोनिर्विशेषब्रह्मचैतन्यरूपत्वंतदुपासनमार्गंचाधिगत्यउपासतेयथोक्तप्रकारेणध्यायंतितेऽपिचमृत्युंसंसारंतरंत्येव । अपिशब्दात्पूर्वश्लोकोक्तास्त
रंतीत्यत्रकिमाश्चर्यमितिगम्यते । एवशब्दात्तेषांमुख्यक्रमाभावेऽपितरणेसंशयोनास्ति । यतस्तेश्रुतिपरायणाःश्रुतिःश्रवणंतदेवपरंअयनंमोक्षसाधनंयेषांतेतथा । ध्यानेप्रवृत्त्यतिशयान्नतेषांचित्त
शुद्ध्यर्थंकर्मापेक्षा । वेदोक्ततत्त्वेदृढनिश्चयाच्चासंभावनानिवृत्त्यर्थंश्रवणमननापेक्षेतिभावः । अयंचब्रह्मसाक्षात्कारःसंवादिभ्रमरूपइतिकेचित् प्रमारूपइत्यन्ये । तथाहि यथाकश्चिन्मणि
प्रभांमणिबुद्ध्यापश्यन्भ्रांतएवतथाऽपितद्ग्रहणकालेमणिंलभतेऽतःससंवादिभ्रमः । एवंत्वंपदार्थंतत्पदार्थमणिप्रभाभूतंतत्पदार्थबुद्ध्याभावयन्व्यवहारतोभ्रांतएवतथापितत्साक्षात्कारकालेतदनन्यस्यत
त्पदार्थस्यसाक्षात्कारोऽपिसंवादिभ्रमन्यायेनजायतेइति । तथाचवसिष्ठः ‘असत्येसत्यतासाधोशाश्वतीपरिदृश्यते । शून्येनध्यानयोगेनशाश्वतंप्राप्यतेपदं’इति व्यवहारतोनिर्विशेषस्वरूपत्वेनासत्येआ
त्मनितत्रनिर्विशेषत्वभावनंशून्योनिर्विषयोऽयंध्यानयोगोयोषित्यग्निध्यानवत्तथाऽपितेनशाश्वतीसत्यताप्राप्यतेदृश्यतइतिवसिष्ठवाक्यार्थः । कल्पद्रुमाचार्यास्तु वेदांतवाक्यजध्यानभावनाजाऽपरोक्षधीर्मूल
प्रमाणदार्ढ्येनभ्रमत्वंप्रतिपद्यतेइतिप्राहुः २५ पूर्वंकार्यकारणकर्तृत्वेइत्यत्रचिदचितोःपुंप्रकृत्योरन्योन्यधर्माध्यासउक्तस्तस्यैवगुणसंगरूपस्यकारणंगुणसंगोऽस्येतिनानाजन्महेतुत्वंचोक्तंतद्विशदयति यावत्
दिति । सत्त्वंजीवरूपं गुणसंगोऽत्ररूपाद्यासक्तिर्नकिंतुक्षेत्रक्षेत्रज्ञयोःसंयोगोऽन्योन्यस्मिन्नन्योन्यात्मकताध्यासलक्षणोबोध्यः शेषंस्पष्टम् २६ तन्नाशोपायमाह सममिति । सममपरिणामिनंकूटस्थंनित्यं
२१ सर्वेषुभूतेषुदेहाद्याकारेणपरिणतेषुतिष्ठंतं । एतेनदेहएवतदधिगमस्थानमित्युक्तं । परमेश्वरमंतर्यामिणंसर्गस्थित्यंतकर्तारं । अतएवांतर्मुखदृष्ट्याविनश्यत्सुनेषुभूतेषुरज्जूरगादिवत्कल्पितत्वाददर्शनंगच्छत्सु

विभुत्वादात्मत्वाश्रित्यदृश्यत्वाच्चाविनश्यंतंसर्वास्वप्यवस्थास्वदर्शनमगच्छंतंयःपश्यतिसएवपश्यति । अन्येऽन्धाइत्यर्थः २७ दर्शनफलमाह सममिति । स्वदेहेइवसर्वत्रदेहमात्रेसमवस्थितंसम्यगवस्थितमीश्वरं समंसमतयापश्यन्हियतःससर्वाभेददर्शीआत्मनादेहादिनाआत्मानंईश्वरंनहिनस्तिनानायोनिसंकटेषुपातनेननपीडयतिकिंतुततःपरांगतिंमोक्षंयाति यद्वा ऐकात्म्यदर्शित्वात्स्वात्मानमिवान्यमपिनहिनस्ति सर्वत्रदयालुर्भवतीतिभावः । ततश्चपरांगतिंयाति २८ ननुविषमस्वभावानिभूतानिकःसमबुद्ध्यापश्यत्यग्निमिवशीतबुद्ध्येत्याशंक्याह प्रकृत्यैवेति । सर्वशःसर्वप्रकारेणकर्माणिवाङ्मनः कायैरारब्धानिप्रकृत्यैवक्रियमाणानीतियःपश्यति तथाआत्मानंचाकर्तारंयःपश्यतिपूर्वोक्तरीत्यासएवसर्वत्रसमंपश्यतीतिपूर्वेणान्वयः २९ ननुकथंप्रकृतेरेवकर्तृत्वंनत्वात्मनइत्याशंक्याह यदेति । भूतानांवि यदादीनांजरायुजादीनांचपृथग्भावंनानाभावेनावस्थानंपरिदृश्यमानमिदंयदाएकस्थंएकस्मिन्नात्मनिस्थितंरज्ज्वांसर्पादिवत्कनकेवाकुंडलादिवद्विलीनंशास्त्राचार्योपदेशमनुपश्यति । ततएवैकस्माद्विस्तारं चभूतपृथग्भावस्यव्युत्थानावस्थामनुस्वप्नादिवत्पश्यतितदाब्रह्मसंपद्यतेब्रह्मैवभवति । अयंभावः कर्तृत्वंहिक्रियावत्त्वंक्रियाचपरिस्पंदःसचपरिच्छिन्नस्यपृथग्भूतस्यप्राकृतस्यबुद्ध्यादेरेवसंभवतिनतुव्यापक स्यसर्वभूतपृथग्भावग्रसिष्णोरात्मनइति ३० नन्वात्मनोविभुत्वेनरूपेणकर्तृत्वंमास्त्वीकारिदेहाद्यवच्छिन्नेनतुरूपेणतद्वक्तव्यमन्यथाऽनुभवविरोधादित्याशंक्याह अनादित्वादिति । अयंसर्वेषांप्राणिनांनित्याप रोक्षः । परमोदेहादिभ्योऽपरमेभ्यआत्मभ्योऽन्यःकोशपंचकातीतआत्मापरमात्मा । अव्ययःनव्येतिपरिच्छिद्यतेदेशतःकालतोवस्तुतश्चेत्यव्ययः । अव्ययत्वेहेतुः अनादित्वादिति । यद्धिआदिमदाकाशादितन्नेतिनत्वयंव्येतिअनादित्वात् । नन्वनादिभावस्यानंत्यनियमेनात्मनःकालतःपरिच्छेदोमाऽस्तु । तथादेशतःपरिच्छिन्नस्यनाशावश्यंभावादनादित्वायोगाच्चदेशतो

समंपश्यन्हिसर्वत्रसमवस्थितमीश्वरम् ॥ नहिनस्त्यात्मनाऽऽत्मानंततोयातिपरांगतिम् २८ प्रकृत्यैवचकर्माणिक्रियमाणानिसर्वशः ॥ यःपश्यतितथाऽऽत्मानम कर्त्तारंसपश्यति २९ यदाभूतपृथग्भावमेकस्थमनुपश्यति ॥ ततएवचविस्तारंब्रह्मसंपद्यतेतदा ३० अनादित्वान्निर्गुणत्वात्परमात्माऽयमव्ययः ॥ शरीरस्थोपि कौन्तेयनकरोतिनलिप्यते ३१ यथासर्वगतंसौक्ष्म्यादाकाशंनोपलिप्यते ॥ सर्वत्रावस्थितोदेहेतथाऽऽत्मानोपलिप्यते ३२ यथाप्रकाशयत्येकःकृत्स्नंलोकमिमंर विः ॥ क्षेत्रंक्षेत्रीतथाकृत्स्नंप्रकाशयतिभारत ३३ ॥ ॥ ॥ ॥

ऽपिपरिच्छेदोब्रह्मणोमाऽस्तु । ननुपरमाणुवद्भविष्यतीतिचेन्न दशदिगवच्छेद्यप्रदेशभेदवतोद्रव्यस्यनिरवयवत्वरूपाणुत्वासिद्धेः । नहिपरमाणोःपूर्वदिगवच्छिन्नोभागःपश्चिमयाप्यवच्छेत्तुं शक्यतेअनुभवविरोधात् । देशतःपरिच्छेदाभावादेवसजातीयविजातीयवस्तुसद्भावकृतःपरिच्छेदोऽपिमास्तुतथापिविचित्रशक्तियुक्तस्याभिनवप्रपंचरचनापटीयसःपरस्यसर्वेश्वरत्वसर्वज्ञत्वादि गुणयुक्तस्यस्वगतभेदोऽवश्यंभावी स्वशक्तिमायावच्छिन्नेनरूपेणजगत्कर्तृत्वंदेहावच्छेदेनाग्निहोत्रादिकर्तृत्वंचावश्यंवक्तव्यमित्याशंक्याह निर्गुणत्वादिति । योहिगुणवानाकाशादिःससंयोगंविभागंवोपाधिंप्राप्यस्व गुणंशब्दमाविष्करोतिनतुस्वस्मिन्नसंतंस्पर्शंकेनचिदपिउपाधिनादर्शयितुमीष्टे । एवंआत्मासर्वगुणहीनःसत्यप्यवच्छेदलाभेकर्तृत्वादिकंगुणमाविष्कर्तुंनसमर्थइति । फलितमाह शरीरस्थोऽपीति । स्पष्टा र्थमेतत् ३१ निर्गुणत्वान्नकरोतीतिसिद्धंअसंगत्वान्नोपलिप्यतइत्याह यथेति । यथाआकाशोधूमादिनानलिप्यतेसौक्ष्म्यादसंगस्वभावत्वात् । एवमात्मापुण्यपापादिनानोपलिप्यतइत्यर्थः ३२ नकरोति नलिप्यतइतिद्वयमपिदृष्टांतांतरेणप्रतिपादयति यथेति । यथासूर्यःस्वसत्तामात्रेणविश्वंप्रकाशयतिनतुव्यापाराविष्टतयाकुविंदइवपटं । यथाचैषप्रकाश्यैर्दुर्गंधादिभिर्नलिप्यतेएवमयंक्षेत्रीक्षेत्रज्ञःसूर्यवदेकएव सन्ननेकधाभूतंक्षेत्रंमहाभूतानीत्यादिनाचतुर्विंशतितत्त्वात्मकमिच्छाद्वेषादिविकारयुक्तमुक्तंतत्स्वसत्तामात्रेणप्रकाशयतिहेभारतनतुव्यापाराविष्टतयातत्संपादयति । तद्धर्मैर्वापुण्यपापादिभिर्नलिप्यते । सूर्य दृष्टांतेनैकत्वमकर्तृत्वमयुक्तमलेपत्वंचदर्शितं तथाचश्रुतयः 'यथाह्ययंज्योतिरात्माविवस्वानपोभिन्नाबहुधैकोऽनुगच्छन् ॥ उपाधिनाक्रियतेभेदरूपोदेवःक्षेत्रेष्वेवमजोऽयमात्मा ॥ सूर्योयथासर्वलोकस्य

चक्षुर्नलिप्यतेचाक्षुषैर्बाह्यदोषैः ॥ एकस्तथासर्वभूतांतरात्मानलिप्यतेलोकदुःखेनबाह्यः'इति ३३ अध्यायार्थंकृत्स्नमुपसंहरति क्षेत्रेति । क्षेत्रक्षेत्रज्ञयोःपूर्वोक्तयोरेवमुक्तरीत्याअंतरंभेदंजडत्वाजडत्व
कर्तृत्वाकर्तृत्वविकारित्वाविकारित्वकृतंवैलक्षण्यंज्ञानचक्षुःशास्त्राचार्योपदेशात्मप्रत्ययजनितेनज्ञानचक्षुषायेविदुस्तेपरंमोक्षंयांतिप्राप्नुवंति । किंसांख्यानामिवास्माकमपिगुणपुरुषांतरज्ञानादेवकैवल्यमु
च्यतेइत्याशंक्याह भूतप्रकृतिमोक्षमिति । भूतानांवियदादीनांप्रकृतिरुपादानंत्रिगुणात्मिकाअविद्यातस्याविद्ययामोक्षंनिरन्वयोच्छेदंचयेविदुस्तएवपरंयांतिनतुक्षेत्रक्षेत्रज्ञयोरंतरमात्रविदइत्यर्थः । यद्ये
कासत्याविभ्वीचप्रकृतिस्तर्हिविभूनामक्लिष्टदृशांबहूनांपुरुषाणांमुक्तानामपितद्दर्शनमपरिहार्यंतथाचतेषामपिबंधप्रसक्तिः । यदितुमिथ्यातर्हियस्यैवात्मसाक्षात्कारोजातस्तद्दृष्ट्यासर्वथैवरज्जूरगवद्बाधिताका
लत्रयेऽपिनास्ति । इतरेषांत्वनादिरनंतास्त्येवेतिवक्तुंशक्यम् । तस्मान्नप्रकृतिपुरुषांतरज्ञानमात्रात्कैवल्यंकिंतुप्रकृतिबाधेनपुरुषज्ञानात्सर्पबाधेनरज्जुदर्शनात्भयनिवृत्तिवद्बंधनिवृत्तिरितिसिद्धम्
३४ ॥ इतिभीष्मपर्वणि नीलकंठीये भारतभावदीपे त्रयोदशोऽध्यायः ॥ १३ ॥ ॥ पर्वणि ॥ ३७ ॥ पूर्वाध्यायांतेभूतप्रकृतिमोक्षंचयेविदुस्तेपरंयांतीत्युक्तंतत्रकावाभूतप्रकृतिःकिमाश्रये
णतस्याभूतजनकत्वंकथंवाबंधकत्वंकथंचततोमोक्षः किंचमुक्तानांलक्षणमित्येतदर्थजातंविवरीतुंचतुर्दशोऽध्यायआरभ्यते । तत्ररुच्युत्पादनार्थंपरंज्ञानंस्तुवन्श्रीभगवानुवाच परमिति । परंसर्वो
त्कृष्टंब्रह्मविषयत्वात्ज्ञानंभूयःपुनःअसकृदुक्तमपिप्रवक्ष्यामि । किंतत्स्वरूपं आह ज्ञानानाममानित्वादीनांयज्ञादीनांज्ञानसाधनानांमध्येयदुत्तमंमोक्षफलत्वादंतरंगंतदेवतत् । अहंघटंजानामीत्यत्रा
हमर्थस्यघटाकारवृत्तेर्घटस्यचज्ञानमस्तीतिविषयभेदात्ज्ञानत्रयमस्ति । तत्राद्यद्वयंनांतरीयकंयच्चउत्तमंचरमंघटप्रकाशफलरूपंज्ञानंतदेवपरंब्रह्मेत्यर्थः । यथोक्तंवार्तिककारैः 'परागर्थप्रमेयेषुयाफलत्वे

क्षेत्रक्षेत्रज्ञयोरेवमंतरंज्ञानचक्षुषा ॥ भूतप्रकृतिमोक्षंचयेविदुर्यान्तितेपरम् ३४ इतिश्रीमहाभारतेभीष्मपर्वणिश्रीमद्भगवद्गीतासू० क्षेत्रक्षेत्रज्ञविभागयोगोनामत्रयो
दशोऽध्यायः ॥ १३ ॥ पर्वणितुसप्तत्रिंशोऽध्यायः ॥ ३७ ॥ ॥ श्रीभगवानुवाच ॥ परंभूयःप्रवक्ष्यामिज्ञानानांज्ञानमुत्तमम् ॥ यज्ज्ञात्वामुनयःसर्वेपरां
सिद्धिमितोगताः १ इदंज्ञानमुपाश्रित्यममसाधर्म्यमागताः ॥ सर्गेऽपिनोपजायन्तेप्रलयेनव्यथंतिच २ ममयोनिर्महद्ब्रह्मतस्मिन्गर्भंदधाम्यहम् ॥ संभवःसर्वभूतानां
ततोभवतिभारत ३ सर्वयोनिषुकौन्तेयमूर्त्तयःसंभवंतियाः ॥ तासांब्रह्ममहद्योनिरहंबीजप्रदःपिता ४ ॥ ॥ ॥ ॥

नसंमता ॥ सवित्सैवेहज्ञेयोऽर्थोवेदांतोक्तिप्रमाणतः' इति । यत्ज्ञानंज्ञात्वावेदांतवाक्यजन्ययाधीवृत्त्याअपरोक्षीकृत्यपरांसिद्धिंमोक्षमितःसंसारात्संसारंविहायगताःप्राप्ताः १
इदंज्ञानंविषयविषयिरूपविकल्पविनिर्मुक्तमुपाश्रित्यममईश्वरस्यसाधर्म्यंसर्वात्मत्वंसर्वनियंतृत्वंसर्वभावाधिष्ठातृत्वमित्यादिधर्मसाम्यंसाधर्म्यमागताः । तथाचश्रुतयो'यएवंवेदाहंब्रह्मास्मीति सइदंसर्वभवति स
र्वस्यवशीसर्वस्येशानःसर्वस्याधिपतिःसनसाधुनाकर्मणाभूयान्नोएवासाधुनाकनीयान्'इतिज्ञानफलमीश्वरसाधर्म्यप्राप्तिमाहुः । किंच भुशुंडिप्रभृतयोज्ञानबलादेवसर्गेऽपिनजायंतेप्रलयकालेचतच्छू
तभावंगच्छंतोनप्रलयाग्न्यादिभिर्व्यथंतेव्यथांप्राप्नुवंति । इदंश्लोकद्वयंभाष्येवक्ष्यमाणज्ञानस्तुत्यर्थत्वेनैवव्याख्यातम् । तज्ज्ञानमुपाश्रित्यज्ञानसाधनमनुष्ठायेतिपदार्थः शेषंस्पष्टम् २ अथेदानींकावा
भूतप्रकृतिःकिमाश्रयेणतस्याभूतजनकत्वंतदाह ममेति । ममशुद्धचिन्मात्रस्ययोनिःप्रवेशस्थानं महद्ब्रह्ममहत्तत्त्वस्यप्रथमकार्यस्यब्रह्मबृंहकंकारणमव्यक्ताव्याकृतापरपर्यायंत्रिगुणात्मकमायाख्यंतस्मिन्गर्भंस्वप्र
तिबिंबरूपंदधामिअर्पयामि अहंचिदात्माततोमत्प्रतिबिंबगर्भितायामायाततःसर्वेषांभूतानांभवनधर्माणांमहदादीनांहिरण्यगर्भादीनांचसंभवउत्पत्तिर्भवति हेभारत । एतेनचित्प्रतिबिंबसापेक्षत्वोपपादनेनप्रकृतेः
सांख्याभिमतंस्वातंत्र्यंनिरस्तम् ३ किंच सर्वेषुभूतेषुयोनिषुउपादानभूतेषुपृथिव्यामोषधयइवयामूर्त्तयःशरीराणिसुरनरातिर्यक्स्थावरात्मकानिचतुर्विधानिसंभवंतितासांमूर्तीनांब्रह्ममहत्पूर्वोक्तंमहतो
४ ब्रह्मब्रह्ममहत् राजदंतादित्वादुपसर्जनस्यपरनिपातः । मायैवयोनिरित्यर्थः । अहंतुतासांबीजप्रदःपितातास्वपिस्वप्रतिबिंबस्यार्पयिता । यथापुरुषोभार्यायामनुशयिसंपृक्तंरेतोनिषिंचतितद्वोभार्यातः

पिंडोत्पत्तिःरेतोंशतस्तत्रचैतन्योत्पत्तिरितिचैतन्यविशिष्टस्यापिताऽहंमाताचमायेत्यर्थः ४ एवमीश्वराश्रयेणप्रकृतिर्भूतानिसृजतीत्युक्तम् इदानींसाकथंभूतानिबध्नातीतितदुच्यते सत्वमिति । प्रकृतिःसत्वरजस्तमसांसाम्यावस्था ततःसकाशात्परस्परांगांगीभावेनवैषम्येणोद्रिच्यमानाःप्रकृतिसंभवाइत्युच्यंतेनतुप्रकृतितोवैशेषिकाणामिवद्रव्यावगुणाअन्येएते हेमहाबाहो ! देहेअव्ययमविकारिणमपिदेहिनंस्थूणायांवत्समिवरशनाभूतागुणानिबध्नंति ५ तत्रकःकेनसंगेनबध्नातीत्युच्यते तत्रेति । तत्रतेषुगुणेषुसत्वंनिर्मलत्वाद्दुःखमोहाख्यमलराहित्यात्प्रकाशकमालोकवत्सर्वार्थावद्योतकम् । यतोऽनामयंरजस्तमोभ्यामनभिभूतंतत्सुखसंगेनज्ञानसंगेनचचरमवृत्त्यातिरोहितस्वरूपज्ञानानंदमहंसुख्यहंज्ञानीत्यभिमानेनांतःकरणवृत्तिधर्मयोःसुखज्ञानयोरात्मन्यारोपेणबध्नाति हेअनघअव्यसनिन् ६ रजोगुणोरागोरंजनात्तदात्मकंविद्धि । तृष्णा प्राप्यमाणेष्वप्यर्थेष्वतृप्तिः । संगः प्राप्तेविषयेमनसःप्रीतिलक्षणःसंश्लेषस्तयोःसमुद्भवंनिदानभूतंतद्रजो हेकौंतेय । कर्मसंगेदृष्टादृष्टार्थेषुकर्मसुसंगस्तत्परतातेननिबध्नाति देहिनंदेहाभिमानिनम् ७ तमोगुणः तुपूर्वाभ्यांविलक्षणः अज्ञानंमायायाआवरणशक्तिस्ततउद्भूतमज्ञानजंविद्धि अतःसर्वेषांदेहिनां मोहनंभ्रांतिहेतुः । प्रमादोऽनवहितत्वंसचसत्वकार्यप्रकाशविरोधी । आलस्यंजडतातच्चरजःकार्यप्रवृत्तिविरोधि । उभयकार्यनिरोधिनीतमोगुणालंबनावृत्तिर्निद्रा ताभिस्तत्तमोनितरां

सत्वंरजस्तमइतिगुणाःप्रकृतिसंभवाः ॥ निबध्नन्तिमहाबाहोदेहेदेहिनमव्ययम् ५ तत्रसत्वंनिर्मलत्वात्प्रकाशकमनामयम् ॥ सुखसंगेनबध्नातिज्ञानसंगेनचानघ ६
रजोरागात्मकंविद्धितृष्णासंगसमुद्भवम् ॥ तन्निबध्नातिकौन्तेयकर्मसंगेनदेहिनम् ७ तमस्त्वज्ञानजंविद्धिमोहनंसर्वदेहिनाम् ॥ प्रमादालस्यनिद्राभिस्तन्निबध्नातिभा
रत ८ सत्वंसुखेसंजयतिरजःकर्मणिभारत ॥ ज्ञानमावृत्त्यतुतमःप्रमादेसंजयत्युत ९ रजस्तमश्चाभिभूयसत्वंभवतिभारत ॥ रजःसत्त्वंतमश्चैवतमःसत्वंरजस्तथा
१० सर्वद्वारेषुदेहेस्मिन्प्रकाशउपजायते ॥ ज्ञानंयदातदाविद्याद्विवृद्धंसत्त्वमित्युत ११ लोभःप्रवृत्तिरारंभःकर्मणामशमःस्पृहा ॥ रजस्येतानिजायंतेविवृद्धेभरतर्षभ १२
अप्रकाशोऽप्रवृत्तिश्चप्रमादोमोहएवच ॥ तमस्येतानिजायंतेविवृद्धेकुरुनंदन १३ यदासत्वेप्रवृद्धेतुप्रलयंयातिदेहभृत् ॥ तदोत्तमविदांलोकानमलान्प्रतिपद्यते १४
रजसिप्रलयंगत्वाकर्मसंगिषुजायते ॥ तथाप्रलीनस्तमसिमूढयोनिषुजायते १५ ॥ ॥ ॥

बध्नाति हेभारत देहिनमित्यनुवर्तते ८ सत्त्वसुखकृष्टंसत्वसुखदुःखकारणमभिभूयसंजयतिसंश्लेषंजनयति एवमुत्तरत्रापि । ज्ञानंप्रकाशमावृत्त्यप्रमादेअवश्यकर्तव्यस्याकरणे ९ सत्त्वादयःकदास्वस्वकार्येप्रभवंतीत्याशंक्येतरेतरयोरभिभवेसतीत्याह रजइति । रजस्तमसीअभिभूयसत्त्वंभवतिवर्धते । एवंरजोऽपिसत्त्वतमसीअभिभूयभवति । तथातमोऽपिसत्त्वरजसीअभिभूयभवतीत्यर्थः १० तत्तद्गुणोद्भवलिंगान्याहत्रिभिः सर्वेति । अस्मिन्देहेयदासर्वेषुद्वारेषुबाह्याभ्यंतरविषयोपलब्धिसाधनेषुबाह्याभ्यंतरकरणेषु प्रकाशःस्वस्वविषयावरणविरोधीपरिणामविशेषोजायतेतेनचज्ञानंशब्दादिविषयस्ययाथात्म्येनप्रकाशोयदाजायतेतदासत्त्वंविवृद्धमितिविद्याज्जानीयात् । उतअपि सुखादिलिंगेनापिजानीयादित्यर्थः ११ लोभःप्राप्ताधिकेगर्धः । प्रवृत्तिरग्निहोत्रादौ । आरंभोगृहादेः । कर्मणामशमःसतामसतांवाकार्याणामनुपरमः । स्पृहादृष्टेपरधनादावुपादित्सा । रजसिविवृद्धेसतिएतानिलिंगानिजायंते हेभरतर्षभ १२ सत्यपिबोधकेगुर्वादावप्रकाशःसत्त्वकार्यप्रकाशानुदयः । अप्रवृत्तिःसत्यपिप्रवृत्तिनिमित्तेरजःकार्यप्रवृत्त्यनुदयः । प्रमादःकार्याकार्यविवेकराहित्यं । मोहोनिद्रालस्यादिरूपः १३ प्रलयंमरणं उत्तमविदांहिरण्यगर्भाद्युपासकानांदेवानांवालोकान् अमलान्निर्दुःखान् १४ कर्मसंगिषुश्रौतस्मार्तकर्मानुष्ठातृषुमनुष्येषु मूढयोनिषुतिर्यक्स्थावरचांडालादिषु १५ ॥

सुकृतस्यसात्विकस्यकर्मणःफलंनिर्मलंदुःखाज्ञानमलशून्यंसात्विकंज्ञानवैराग्यादिकं । रजसोराजसस्यकर्मणःफलंदुःखं । तमसस्तामसस्यकर्मणःफलमज्ञानं । सात्विकादिकर्मलक्षणंचनियतंसंगरहि
तमित्यादिनाऽष्टादशेवक्ष्यति १६ एतादृशफलवैचित्र्येपूर्वोक्तमेवहेतुमाह सत्त्वादिति १७ यतःसत्त्वादिभ्योज्ञानादीनिजायंतेऽतःसत्त्वादिवृद्धिकालेप्रलयंगच्छंतःक्रमेणोत्तममध्यमाधमा
सुयोनिषुजायंतइत्याह ऊर्ध्वमिति । ऊर्ध्वंदेवभावे । मध्येमानुषभावे । अधोनरकतिर्यक्स्थावरभावे । जघन्यंनिंद्यंयद्गुणवृत्तंनिद्रालस्यप्रमादादितत्स्थास्तामसाः १८ कथंप्रकृतिःपु
रुषंबध्नातीत्यस्योत्तरमुक्तं । कथंवाततोऽस्यमुक्तिरित्यस्योत्तरमाह नान्यमिति । गुणेभ्यःकार्यकारणविषयाकारपरिणतेभ्योऽन्यंदृशिमात्रमात्मानंद्रष्टाजीवःकर्तारंनानुपश्यतिविवेकमनुनप
श्यति किंतुगुणाएवकर्तारइत्येवपश्यतिनत्वहंकर्त्तेति । तथागुणेभ्यःपरंगुणव्यापारसाक्षिभूतंमांयदावेत्तितदासवेदितामद्भावंब्रह्मभावंगच्छति अन्यदातुगुणभावंगतोभवति १९ कथंत्वद्भा
वंगच्छतीतितत्राह गुणानिति । एतान्गुणान्महदादित्रयोविंशतिविकारात्मनापरिणतान् देहसमुद्भवान्स्थूलदेहस्यसमुद्भवोयेभ्यस्तानतीत्यजीवन्नेवातिक्रम्यनिर्विकल्पकसमाध्यभ्यासेनबा
धित्वाऽमृतंमोक्षमश्नुतेप्राप्नोति । एतेनानंदावाप्तिर्गुणात्ययप्रयोजनमुक्तं । यतोमुक्तोजन्ममृत्युजरादुःखैर्विमुक्तःसन्निवितुअनर्थनिवृत्तिरुक्ता २० प्रकृतितोमुक्तिप्रकारेउक्तेऽथमुक्तलक्षणा
निपृच्छन्नर्जुनउवाच कैरिति । कैर्लिंगैश्चिन्हैस्त्रीन्गुणानेतान्व्याख्यातानतीतोभवतिपुमान् हेप्रभो । सचकिमाचारःकोऽस्याचारःकथंकेनचप्रकारेणैतांस्त्रीन्गुणानतिक्रम्यवर्तते २१ तत्राद्य

कर्मणःसुकृतस्याहुःसात्विकंनिर्मलंफलम् ॥ रजसस्तुफलंदुःखमज्ञानंतमसःफलम् १६ सत्वात्संजायतेज्ञानंरजसोलोभएवच ॥ प्रमादमोहौतमसोभवतोऽज्ञान
मेवच १७ ऊर्ध्वंगच्छंतिसत्त्वस्थामध्येतिष्ठंतिराजसाः ॥ जघन्यगुणवृत्तस्थाअधोगच्छंतितामसाः १८ नान्यंगुणेभ्यःकर्तारंयदाद्रष्टाऽनुपश्यति ॥ गुणेभ्यश्च
परंवेत्तिमद्भावंसोऽधिगच्छति १९ गुणानेतानतीत्यत्रीन्देहीदेहसमुद्भवान् ॥ जन्ममृत्युजरादुःखैर्विमुक्तोऽमृतमश्नुते २० ॥ ॥ अर्जुनउवाच ॥ ॥ कै
र्लिंगैस्त्रीन्गुणानेतानतीतोभवतिप्रभो ॥ किमाचारःकथंचैतांस्त्रीन्गुणानतिवर्तते २१ ॥ श्रीभगवानुवाच ॥ प्रकाशंचप्रवृत्तिंचमोहमेवचपांडव ॥ नद्वेष्टिसंप्रवृत्तानि
ननिवृत्तानिकांक्षति २२ उदासीनवदासीनोगुणैर्योनविचाल्यते ॥ गुणावर्तन्तइत्येवयोऽवतिष्ठतिनेङ्गते २३ ॥ ॥ ॥

स्योत्तरमाह प्रकाशमिति । प्रकाशप्रवृत्तिमोहाःसत्वरजस्तमसांकार्याणिव्युत्थानावस्थायांतानि सम्यक्प्रवृत्तानि सामान्येनपुंसकं तान्भंप्रवृत्तान्नद्वेष्टि । नापिसमाध्यवस्थायांतानिनिवृत्तानि संति कांक्षति ।
सोऽयंनित्यसमाधिस्थोब्रह्मविद्वरिष्ठः यंप्रकृत्यश्रीभागवतेस्मर्यते ' देहंचनश्वरमवस्थितमुत्थितंवासिद्धोनपश्यति' इति । अत्रवासिष्ठेसप्तयोगभूमयउक्ताः ' ज्ञानभूमिःशुभेच्छाख्याप्रथमासमु
दाहृता ॥ विचारणाद्वितीयातुतृतीयातनुमानसा ॥ सत्त्वापत्तिश्चतुर्थीस्याततोऽसंसक्तिनामिका ॥ पदार्थाभावनीषष्ठीसप्तमीतुर्यगास्मृता'इति । तत्रयथोक्तासाधनसंपत्मुमुक्षांताप्रथमा ।
श्रवणमननाख्यविचारात्मिकाद्वितीया । निदिध्यासनरूपातृतीया । एताःसाधनभूमयः । सत्त्वापत्तिर्ब्रह्मसाक्षात्काररूपाचतुर्थीफलभूता यस्यांयोगीकृतार्थोऽपिजीवन्मुक्तिसुखंपुष्कलंनानुभ
वति । परास्तिस्रोजीवन्मुक्तेरवांतरभेदाः । तत्रापिपंचम्यांभूमौस्वयंस्थितःस्वयमेवव्युत्तिष्ठति षष्ठ्यांपरप्रयत्नेन सप्तम्यांतुनस्वतःपरतोवाव्युत्तिष्ठतिसोऽयंनित्यसमाधिस्थःप्रकाशमित्यनेनश्लो
केनोक्तः २२ अथषष्ठ्यांपदार्थाभावन्यांगतोब्रह्मविद्वरीयानुच्यते उदासीनवदिति । योऽयंसमाधावुदासीनइवास्तेव्युत्थानेकिमपिप्रयोजनमपश्यन्इदंममकर्तव्यमस्तीतिवासनाशून्यत्वात् यथा
स्तेएवनतुपरप्रयत्नमंतरेणकदाचिदपिगुणैर्विचाल्यते । परेणव्युत्थापितोऽपिगुणान्पश्यन्गुणावर्ततइत्येवज्ञात्वायोऽवतिष्ठतिस्तब्धएववर्ततेनतुगुणकृतैरिष्टानिष्टस्पर्शैरिंगतेचलति अयमर्थः यथा
कश्चिद्भुंजानोरसनामौढ्यात्स्वयंशाकादिरसंनविंदति परेणज्ञापितोऽपिकंचिद्रसविशेषमुपलभ्यापितत्रोदासीनएवास्ते झटित्येवविशेषदर्शनस्यतिरोधानात्नतत्कृतंसुखंदुःखंवापश्यतितद्वदयंज्ञेयः २३

अथपंचम्यांभूमावसंसक्तिनामिकायांस्थितोब्रह्मविद्वरउच्यते समेति । समाधौसमेदुःखसुखेयस्यससमदुःखसुखः स्वस्थःस्वेनैवस्वेच्छयैवतिष्ठतीतिस्वस्थः । यदातुनसमाधाविच्छातदास्वयमेवव्युत्तिष्ठतीति भावः । सोऽपिव्युत्थानावस्थायांसमलोष्टाश्मकांचनोविरक्तइत्यर्थः । तुल्यप्रियाप्रियःतुल्यनिंदात्मसंस्तुतिश्च प्रियाप्रिययोर्निंदास्तुत्योश्चप्राप्तौतुल्योहर्षविषादशून्यः अत्रहेतुर्धीरइति । यथाकश्चिच्छूरस्तीव्र प्रहारवेदनार्त्तोऽपिनव्यामुह्यतिधैर्याद्वेदनांचानुभवति तद्वदयंहर्षविषादावनुभवन्नपिधैर्यान्नचलति । पूर्वस्यतुजातायामपिवेदनायांहर्षाद्युदयएवनास्ति तत्पूर्वस्यतुवेदनैवनास्तीतिभेदः । एतेनश्लोकत्रयेणसर्वेषां जीवन्मुक्तानांसमाधौलिंगानितत्संवेद्यान्याचाराश्चपरसंवेद्यानिलिंगान्युक्तानि २४ अथचतुर्थ्यांभूमौसत्त्वापत्तिसंज्ञायांस्थितस्ययोगिनःसमाधिसुखाभावेनस्वसंवेद्यलिंगाभावात्तत्त्वनिश्चयेनद्वैतस्यबाधाल्लिंगमा चारश्चपरसंवेद्यएवतदाह मानेति । यथाहिपरीक्षकःकूटकार्षापणस्यलाभेविनाशेवाहर्षविषादशून्योनचतल्लाभार्थंयत्नमारभते । मूढस्तुताभ्यांबाध्यतेतल्लाभार्थंयत्नंचारभते । एवंविद्वान्द्वैतंमरुमरीचिकाहदसमानंप श्यन्नतत्रमानापमानयोर्वामित्रारिपक्षयोर्वातुल्यएवनत्वन्यतरलाभायपरिहारायवायत्नमारभते अतोगुणातीतइत्युच्यते सर्वत्रपदार्थःस्पष्टः २५ अथकथंत्रीन्गुणानतिवर्ततइत्यस्योत्तरंविवक्षन्साधनभूतामुतिसृषु भूमिषुतृतीयांतनुमानसामाह मांचेति । यश्चसाधकोमांप्रत्यगात्मानं चकारस्त्वर्थेपूर्वभूमिस्थापेक्षयाअस्यवैलक्षण्यंद्योतयति अव्यभिचारेणत्वस्यंतरानंतरितेनभक्तियोगेनमयिभगवतितैलधारावदविच्छिन्नवृत्ति प्रवाहिमनःप्रणिधानरूपेणयोगेनसेवतेध्यायतिसएवंसूक्ष्मीकृतचित्तएतान्गुणान्समतीत्यध्यानपरिपाकांतेसत्त्वमपिबाधित्वाब्रह्मभूयायब्रह्मभावायकल्पतेयोग्योभवति । भुवोभावइतिभवतेर्भावेक्यप् २६ विषयप्रदर्शनद्वाराविचारणाख्यांद्वितीयांभूमिमाह ब्रह्मणोहीति । ब्रह्मणोवेदस्यप्रतिष्ठातात्पर्येणपर्यवसानस्थानमहमेव । अमृतस्यकर्मब्रह्मोभयदर्शनद्वाराऽमृतसाधनस्य अव्ययस्यअनादित्वादनंत

समदुःखसुखःस्वस्थःसमलोष्टाश्मकांचनः ॥ तुल्यप्रियाप्रियोधीरस्तुल्यनिंदात्मसंस्तुतिः २४ मानापमानयोस्तुल्यस्तुल्योमित्रारिपक्षयोः ॥ सर्वारंभपरित्यागीगु णातीतःसउच्यते २५ मांचयोऽव्यभिचारेणभक्तियोगेनसेवते ॥ सगुणान्समतीत्यैतान्ब्रह्मभूयायकल्पते २६ ब्रह्मणोहिप्रतिष्ठाऽहममृतस्या व्ययस्यच ॥ शाश्वतस्यचधर्मस्यसुखस्यैकांतिकस्यच २७ ॥ इतिश्रीमहाभारतेभीष्मपर्वणि श्रीमद्भगवद्गीतासू० गुणत्रयविभागयोगोनामचतुर्दशोऽध्यायः ॥ १४ ॥ पर्वणितुअष्टत्रिंशोऽध्यायः ॥ ३८ ॥ ॥ श्रीभगवानुवाच ॥ ऊर्ध्वमूलमधःशाखमश्वत्थंप्राहुरव्ययम् ॥ छन्दांसियस्यपर्णानियस्तंवेदसवेदवित् १ ॥

त्वाच्चापौरुषेयत्वेनाप्रामाण्यशंकाकलंकशून्यस्यस्वतःप्रमाणभूतस्येत्यर्थः । एतेनोपक्रमोपसंहारादिपर्यालोचनयावेदाविरुद्धतर्कोपकरणयाकृत्स्नस्यवेदस्यतात्पर्यंमद्दर्शनकामेननिर्णेतव्यमितिविचारणाख्या द्वितीयाभूमिरुक्ता । हेतुफलोपदर्शनमुखेनशुभेच्छाख्यांप्रथमांभूमिमाह शाश्वतस्येति । काम्यधर्मवत्फलदानेननाशाभावादभगवत्यर्पितोनित्योधर्मःशाश्वतः विविदिषादिपारंपर्येणमोक्षाख्यशाश्वत फलहेतुत्वात् । शाश्वतस्यचधर्मस्यप्रतिष्ठापरमप्राप्यंफलमहमेव । तथाऐकांतिकंविषयसंगजन्यसुखव्यभिचारिस्वरूपभूतंमोक्षसुखंतस्यापिप्रतिष्ठापराकाष्ठाअहमेव । एवंनिष्कामधर्मेणविशुद्धचि त्तस्यैकांतिकसुखेच्छाभवतिसेयंशुभेच्छाख्याप्रथमाभूमिः । अत्रपरांपरांभूमिमारोढुमशक्तस्यपूर्वापूर्वाभूमिरुपदिश्यते । यथाध्यानेनात्मनिपश्यंतीत्यत्रनिदिध्यासनाशक्तस्यसांख्यनामाविचारस्तत्रा प्यशक्तस्यकर्मयोगउपदिश्यतेतद्वत् २७ ॥ इतिभीष्मपर्वणि नीलकंठीये भारतभावदीपे चतुर्दशोऽध्यायः ॥ १४ ॥ ॥ पर्वणि ॥ ३८ ॥ ॥ पूर्वाध्यायांतेसुखस्यैकांतिकस्यप्रतिष्ठापराकाष्ठाऽह मित्युक्तंतत्रकिंलक्षणंतत्सुखंकेनवाआप्नंकेनवासाधनेनास्यावरणभंगःकेनवाऽधिकारिणातत्प्राप्यमित्यादिवर्णयितुंपंचदशोऽध्यायआरभ्यते ऊर्ध्वमूलमिति । 'आनंदाद्ध्येवखल्विमानिभूतानिजायंते' इतिश्रुतिप्रसिद्धंमानुषानन्दमारभ्योत्तरोत्तरशतगुणविवृद्धानंदसोपानपंक्तेरुपरिस्थितंपरमानंदाद्वयंवस्तुऊर्ध्वंतदेवमूलंमूलकारणमस्यसंसाराश्वत्थस्यतमूर्ध्वमूलम् । अधःशाखंऊर्ध्वादधोधःसोपानस्थानी याःशाखाइवशाखाःअव्यक्तमहदहंकारपंचतन्मात्राषोडशविकाराहिरण्यगर्भविराट्प्रजापतिसुरगंधर्वासुरनरतिर्यक्स्थावररूपायस्यसोधःशाखस्तम् । नश्वोऽपिस्थातेतियोग्यमनृतत्वादश्वत्थंसंसारवृक्षम् ।

तथाऽप्यव्ययंमूढानामनाद्यनंतंप्राहुर्वेदाः । ऊर्ध्वमूलोऽवाक्शाखएषोऽश्वत्थःसनातनइत्यादयः । छंदांसिवेदास्तदुपलक्षितायज्ञादयस्तएवपर्णानिपर्णसंघातवत्शोभाहेतवोयस्यतरोस्तमश्वत्थंयोवेदमिथ्यात्वेन सएववेदवित्विदितवेद्यइत्यर्थः । अत्राश्वत्थरूपकेणसंसारोवर्ण्यते १ अधश्चमानुषेभ्यस्तिर्यक्स्थावरादयोवीच्यंताः । ऊर्ध्वंचमानुषेभ्यएवोपरिचगंधर्वयक्षादिहिरण्यगर्भपर्यंतंप्रसृताःप्रसरंप्राप्तास्त स्यशाखाः । गुणैःसत्वादिभिःप्रकर्षेणवृद्धाःगुणप्रवृद्धाः । विषयाएवरंजकतयाकोमलपल्लवरूपाणिप्रवालानियासांताः । संसारवृक्षस्योपरिमूलंब्रह्मउक्तम् । अधश्चइहमनुष्यलोके चतस्यमूलानिवासनारूपाण्यवांतरमूलान्यनुसंततानिप्रवाहनित्यानि । यतःकर्मानुबंधीनिकर्मभिर्धर्माधर्माख्यमनुबंधःपश्चाद्भावियेषांतानिकर्मानुबंधीनि । वासनाभ्यःकर्माणिकर्मभ्योवासनाइत्यनवरतसंता नोऽयंवृक्षइत्यर्थः २ ननुश्वोऽपिस्थातुमनर्हश्चाव्ययश्चेत्युक्तेप्रतिक्षणविनाशिविज्ञानसंतानरूपोवाव्रीह्यादिवत्प्रवाहनित्योवाऽयंसंसारस्तर्हिदुरुच्छेद्योवासनानांकर्मणांचबीजांकुरवदन्योन्यजन्महेतुत्वस्यावर्ज नीयत्वादित्याशंक्यसत्वासत्वाभ्यामनिर्वचनीयोऽयमित्येतंपक्षमाश्रित्यपरिहरति नरूपमिति । रज्जूरगस्येवास्यरूपंसम्यग्दृशावीक्ष्यमाणंसन्नोपलभ्यते इहजीवत्येवदेहे । यथापूर्वमज्ञानदशायांतथा नोपलभ्यतेज्ञानदशायां । तेनास्यमृषात्वमनुभवैकवेद्यमित्युक्तं एतेनानुपलभ्यरूपत्ववचनेनस्वप्रकाशानांविज्ञानानांरूपवतांबीजादीनांचसादृश्यस्यव्यावृत्तिः नर्हिशशविषाणवत्तुच्छएवायं स्यादित्यतआह नांतोनचादिरिति । उपादानस्यमूलाज्ञानस्याद्यंतशून्यत्वादयमप्याद्यंतशून्यइत्यर्थः । नर्ह्यात्मवद्परिहार्यःस्यादित्याशंक्याह । नचसंप्रतिष्ठा अस्यप्रतिष्ठाख्यंलयस्थानंवृक्षस्यभू मिरिवनास्ति । नचायंब्रह्मणोविकारोयेनतत्रैवलीयेत नचेष्टापत्तिः ब्रह्मणःकौटस्थ्यभंगापत्तेः । किंतर्हितुच्छमज्ञानमस्योपादानंतस्मिंश्चज्ञानेनविनष्टेसमूलस्यास्योच्छेदोभवत्यज्ञानस्यचतुच्छत्वं'तु च्छेनाभ्वपिहितंयदासीत्'इत्यादिश्रुत्या । तत्कार्यस्यरज्जूरगादेःप्रलयेतदनुपलंभस्यानुभवेनचसिद्धं । तस्मादस्यप्रतिष्ठानोपलभ्यतइतियुक्तमेवोक्तं । तमेनमश्वत्थंवासनानांदार्ढ्यात्सुविरूढमूलंदृढतरमूलमप्य

अधश्चोर्ध्वंप्रसृतास्तस्यशाखागुणप्रवृद्धाविषयप्रवालाः ॥ अधश्चमूलान्यनुसंततानिकर्मानुबंधीनिमनुष्यलोके २ नरूपमस्येहतथोपलभ्यतेनांतोनचादिर्नचसंप्रतिष्ठा ॥ अश्वत्थमेनंसुविरूढमूलमसंगशस्त्रेणदृढेनच्छित्वा ३ ततःपदंतत्परिमार्गितव्यंयस्मिन्गतानननिवर्त्ततिभूयः ॥ तमेवचाद्यंपुरुषंप्रपद्येयतःप्रवृत्तिःप्रसृतापुराणी ४ निर्मानमोहाजितसंगदोषाअध्यात्मनित्याविनिवृत्तकामाः ॥ द्वन्द्वैर्विमुक्ताःसुखदुःखसंज्ञैर्गच्छंत्यमूढाःपदमव्ययंतत् ५ नतद्भासयतेसूर्योनशशांकोनपावकः ॥ यद्ग त्वाननिवर्त्तन्तेतद्धामपरमंमम ६ ॥ ॥ ॥ ॥ ॥

संगशस्त्रेणसंगोदेहादितादात्म्यबुद्धिस्तद्वर्जनमसंगःसएवशस्त्रंतेनदृढेनपरिपक्वेनच्छित्वा ततःपदंतत्परिमार्गितव्यमित्युत्तरेणान्वयः । यद्यपिस्थूलसूक्ष्मयोःसंसारयोरसंगःसुषुप्तौस्वयमेवजायते तेनतन्मूलवास नाभिरप्यात्मनोऽसंगोऽनुमीयतेतथापिवासनामूलस्याज्ञानस्यज्ञानेनानुच्छेदान्नासंगधीर्दृढाभवतितस्मान्निर्विकल्पसमाध्यभ्यासेनकारणशरीरस्याप्यसंगःसाध्यःतेनचासंगशस्त्रेणास्यच्छेदोमूलोच्छेदोलवणोदकवद्र ज्जूरगवद्वाप्रविलापनरूपःकर्तव्यः । नतुसांख्यानामिवस्वरूपेणसतःपरिवर्जनमात्रम् ३ तमिममश्वत्थंछित्वाकिंकर्तव्यमतआह ततइति । नकेवलंनिर्विकल्पसमाधिनातदसंगमात्रेणकृतार्थताकिंतर्हिततोऽसं गानंतरंतत्श्रुतिप्रसिद्धंपदंपदनीयंब्रह्मपरिमार्गितव्यंश्रुतियुक्तिबलेनाहमेवब्रह्मास्मीतिज्ञातव्यम् । यस्मिन्पदेनिर्विकल्पेगताःप्राप्ताःसंतोननिवर्ततिनपुनर्निवर्तंते । तमेवप्रत्यगानंदमाद्यंपुरुषंपुरिशरीरे शयानमहमपिप्रपद्येशरणागतोऽस्मीतिभावयेत् । भगवतएववाइदंवचनंलोकशिक्षार्थं वर्तएवचकर्मणीतिवत् । कोऽसौपुरुषः यतःपुराणीआद्याप्रवृत्तिः । 'सोऽकामयतबहुस्यांप्रजायेयेति'इत्येवंरू पाप्रसृताअस्मास्वपिप्रवृत्ता । यतोवयमपिइदानींकामयामहेधनादिनावयंभूयांसःस्यामप्रजयाप्रजायेमहीतिचेति । येनेयंप्रवृत्तिर्दर्शिताततप्रणामेनैवसानिवर्तिष्यतइत्यर्थः ४ एवमैकांतिकस्यसुखस्याच्छा दकंसंसाराश्वत्थंतच्छेदकमसंगशस्त्रंचोक्त्वातस्यसुखस्यप्राप्तावधिकारिणंतस्यस्वरूपंचाहद्वाभ्यां निर्मानेति । मानोदर्पः मोहोविपर्ययस्तद्रहिताःनिर्मानमोहाः । जितःसंगःकर्ताहमित्यभिमानोदोषोरागा दिश्चयैस्तेजितसंगदोषाः । अध्यात्मंआत्मनिनित्याःनिष्ठावंतःआत्मध्यानपराइतियावत् । विनिवृत्तकामाःत्यक्तसर्वपरिग्रहाः । द्वंद्वैःसुखदुःखेत्युपलक्षणंशीतोष्णादीनामपि तैर्विमुक्तास्तितिक्षाव तइत्यर्थः । अमूढाःविद्ययाऽविद्यानाशंकृतवंतः । तत्पदंअव्ययंअपुनरावृत्तिंगच्छंति ५ ननुयदितदूर्ध्वंपदंगच्छंतितर्हिततःपातोऽप्यवश्यंभावीपतनांताःसमुच्छ्रयाइतिन्यायात् । ततश्चयस्मिन्गता

ननिवर्ततीत्यनुपपन्नमित्याशंक्यतस्यपदस्यस्वरूपमाह नतदिति । तत्पदंसूर्योनभासयति रूपादिहीनत्वेनचक्षुरयोग्यत्वात् । एतेनसर्वेषांबाह्येंद्रियाणांनिवृत्तिः । यद्धिरूपवच्चक्षुर्योग्यंतत्सूर्येणचक्षुरनुग्राहकेणभास्यंइदंतुनतथेत्यर्थः । नशशांकश्चंद्रोऽपिभासयति यन्मनोग्राह्यंवस्तुतच्चंद्रेणमनोनुग्राहकेणभास्यंइदंतुनतथा । यन्मनसानमनुतइतिश्रुत्याऽस्यमनोग्राह्यत्वनिषेधात् । नापिपावकोभासयति यद्धिवाचाग्राह्यंतत्तदनुग्राहकेणपावकेनभास्यंइदंतुनतथा यद्वाचाऽनभ्युदितमितिश्रुत्यास्यवाग्गोचरत्वनिषेधात् । नचक्षुषागृह्यतेनापिवाचेत्यादिश्रुत्यंतरंच । यतश्चक्षुर्मनोवाचामगम्यंतेनस्थूलसूक्ष्मकारणप्रपंचातीतंप्रत्यगद्रूपं । 'नांतःप्रज्ञंनबहिःप्रज्ञंअस्थूलमनणु'इत्यादिश्रुतिभिःसर्वविशेषरहितंयत्प्रतिपादितंतत्ममपरमंधामहृत्तिरूपज्ञानादपरमादन्यज्ज्योतिश्चिन्मात्रं ममेतिसंबंधोराहोःशिरइतिवदुपचाराद् मदभिन्नंज्योतिःस्वयंप्रकाशमित्यर्थः अतएवयद्गत्वाप्राप्यज्ञात्वेत्यर्थः । ननिवर्ततेनिवृत्तिकारणस्यमूलाज्ञानस्याभावात् । एवंव्याख्यानेहि'यदाह्येवैषएतस्मिन्नदृश्येऽनात्म्येऽनिरुक्तेऽनिलयनेऽभयंप्रतिष्ठांविंदते अथसोऽभयंगतोभवति'इतिश्रुत्यर्थानुगमोदृश्यते । अदृश्येइतिदृग्योग्यत्वेनसूर्यभास्यत्वंपर्युदस्यते । अनात्म्येआत्मनोमनसोयोग्यंआत्म्यंतदन्यत्रअनात्म्येइतिमनसोऽप्ययोग्यत्वेनचंद्रमोभास्यत्वंनिरस्यते । अनिलयनेनिलीयतेऽस्मिन्सर्वंस्थूलंसूक्ष्ममितिनिलयनंकारणंतद्भिन्ने । अतएवानिरुक्तेनिर्वचनायोग्येवाचामगोचरइत्यर्थः । तेनपावकाप्रकाश्येइतिसिद्धम् । येतुसूर्याद्यप्रकाश्यमर्चिरादिमार्गगम्यंसत्यलोकादप्युपरितनमप्राकृतंवैष्णवंपदंनित्यंदेशांतरेऽस्तितद्गत्वापुनर्ननिवर्ततइतिव्याचक्षते । तेषांनरूपमस्येहतथोपलभ्यतइतिदृश्यस्यतुच्छत्वादेवतादृशस्यापितुच्छत्वमपरिहार्यंदृश्यत्वाविशेषात् तस्माद्यथोक्तएवश्लोकार्थः ६ ननुयदिसूर्याद्यभास्यज्योतीरूपस्त्वंक्षेत्रज्ञंचापिमांविद्धीतिस्वस्यैवक्षेत्रज्ञत्वंब्रूषेतर्हिक्षेत्रज्ञस्यसतस्तवघटादिप्रकाशेकिमितिसूर्याद्यपेक्षादृश्यते । नहिस्वयंज्योतीरूपःस्वविषयावभासनेज्योतिरंतरमपेक्षतेदीपादिष्वदर्शनादित्याशंक्याहत्रिभिः । ममैवेति । यद्यस्मादीश्वरोजगत्स्रष्टाशरीरंअवाप्नोति 'सएषइहप्रविष्टआनखाग्रेभ्यः । तत्सृष्ट्वातदेवानुप्राविशत्'इत्यादिश्रुतिभ्यः ईश्वरएवशरीरधारी तथायद्यस्माद्धेतोः अपिशब्दोऽवधारणार्थे चःसमुच्चयार्थे । 'कस्मिन्नहमुत्क्रांतउत्क्रांतोभविष्यामिकस्मिन्वाप्रतिष्ठितेप्रतिष्ठास्यामीतिसप्राणमसृजत'इतिश्रुतेः । प्राणधारणेनोपाधिना

ममैवांशोजीवलोकेजीवभूतःसनातनः ॥ मनःषष्ठानींद्रियाणिप्रकृतिस्थानिकर्षति ७ शरीरंयदवाप्नोतियच्चाप्युत्क्रामतीश्वरः ॥ गृहीत्वैतानिसंयातिवायुर्गंधानिवाशयात् ८ श्रोत्रंचक्षुःस्पर्शनंचरसनंघ्राणमेवच ॥ अधिष्ठायमनश्चायंविषयानुपसेवते ९ उत्क्रामंतंस्थितंवापिभुंजानंवागुणान्वितम् ॥ विमूढानानुपश्यंतिपश्यंतिज्ञानचक्षुषः १० यतन्तोयोगिनश्चैनंपश्यंत्यात्मन्यवस्थितम् ॥ यतन्तोऽप्यकृतात्मानोनैनंपश्यन्त्यचेतसः ११ ॥ ॥ ॥

ईश्वरएवचउत्क्रामतिततोहेतुद्वयाज्जीवलोकेसंसारेयोजीवभूतःप्राणीससनातनःसर्वदैकरूपोऽहमेवेतिवक्तव्येयथाऽग्नेःक्षुद्राविस्फुलिंगाव्युच्चरंत्येवमेवैतस्मादात्मनःसर्वएतआत्मानोव्युच्चरंतीतिवन्हिविस्फुलिंगन्यायेनसममैवांशइत्यंशांशिभावोक्तिः । यद्यपिवन्हेर्भेदःपरिमाणंचस्वगतंनदृश्यतेतथापितूपाधिगतमेवतदुभयंतत्राप्युपचर्यतेअयमग्निरस्मादग्नेर्भिन्नःअयमस्यस्फुलिंगःअयमस्मादल्पइति । एवमस्थूलमनण्वह्रस्वमदीर्घमितिश्रुतेश्चतुर्विधपरिमाणशून्येब्रह्मणिममैवांशइत्यंशांशिभावेनभेदोऽल्पत्वमहत्त्वेचोपचारादौपाधिकेध्येये तथाचश्रुतिः 'बुद्धेर्गुणेनात्मगुणेनचैवह्याराग्रमात्रोह्यवरोऽपिदृष्टइति । समःप्लुषिणासमोमशकेनसमोनागेनसमएभिस्त्रिभिर्लोकैः'इतिच । तथाचविस्फुलिंगोवन्हिरेवनतुवन्ह्यंशः । एवंजीवोऽपिब्रह्मैवनतुब्रह्मांशः । ब्रह्मदाशाब्रह्मदासाब्रह्मेमेकितवाउतेतिदाशादिष्वपिपिंडेषुगोत्वस्येवकात्स्न्येनएकैकस्मिन्ब्रह्मभावपरिसमाप्तिदर्शनात् निरंशेऽशांशिकल्पनायाअयोग्यत्वाच्च । सएवंजीवभूतईश्वरोममैवांशइवांशोरूपभेदोमनःषष्ठंयेषुतानिमनसासहषडिंद्रियाणिप्रकृतिस्थानिइंद्रियाणांप्रकृतिःस्वभावोविषयप्रावण्यंतत्रस्थितानि । कर्षतिसुप्तिप्रलयसमाधिकालेषुसंकोचयति ७ तथैतान्येवआशयात्स्वलयस्थानाद्गृहीत्वासंयातिविषयदेशंप्रतिगच्छतिप्रबोधसर्गव्युत्थानकालेषु । तत्रदृष्टांतः वायुर्गंधानिवाशयात् गंधाश्रयात्पुष्पात् ८ कानितानिमनःषष्ठानि तानिगृहीत्वागत्वाचायंकिंकरोतीत्यतआह श्रोत्रमिति । अधिष्ठायव्यापारवंतिकृत्वाविषयान्शब्दादीनुपसेवतेप्रकाशयति । यथादीपःस्वस्यवृत्तिलाभायतैलवर्त्याद्यपेक्षमाणोऽपिस्वविषयावभासनेस्वयमेवप्रभुः । एवंजीवोपिघटाकारत्वलाभायमनःषष्ठानींद्रियाणिसूर्यादींश्चापेक्षतेतथाऽपिघटावभासंस्वयमेवकरोतिनेतराणिइंद्रियसूर्यादीनिस्वभास्यत्वात्तैलवर्त्यादिवदित्याशयः ९ तमेवंभूतंमनःषष्ठानींद्रियाणिप्राणंचाधिष्ठायतेषामुत्क्रमणेनोत्क्रामंतंतेषांस्थित्यास्थितंतेषांभोगेनभुंजानंतेषांसत्वरजस्तमोगुणयुक्तत्वेनगुणान्वितंघटसूर्यमिवघटाकाशमिववाघटगमनादिनागमनादिमंतंस्वतस्तूत्क्रमणादिशून्यमपिविमूढास्तात्त्विकरूपंनानुपश्यंति । ज्ञानचक्षुषस्तुपश्यंतिउपाधेरेवोत्क्रमणादिकंनतूपहितस्यात्मनइतिजानंत्येवेत्यर्थः १० यतंतोयत्नशीलायोगिनश्च

एनंआत्मनिबुद्धाववस्थितंविमुमुत्क्रांत्यादिहीनमसंगंपश्यंति । यतंतोऽपिअकृतात्मानः येयज्ञादिभिरशोधितचित्ताःएनंनपश्यंति यतःअचेतसःअनिर्जितचित्ताः पाषाणतुल्याइत्यर्थः ११ कथंतर्हिसू
र्यादीनामपिभासकत्वंलोकेदृश्यतेतदपिमदावेशादेवेत्याह यदादित्येति । अत्राप्यादित्यादिपदैःकरणाधिष्ठाऽयोदेवतास्तदधिष्ठेयानिकरणानिचतंत्रेणैवगृह्यंते यदादित्यादिषुबाह्यकारणाधिष्ठातृषुतत्तद
धिष्ठेयेषुबाह्यकरणेषुचगतंविद्यमानंतेजोविषयप्रकाशनसामर्थ्यंसर्वंजगद्भासयतेतत्तेजोमामकंमदीयंविद्धि 'येनसूर्यस्तपतितेजसेद्धः । येनचक्षूंषिपश्यंति'इत्यादिश्रुतिभ्यः । एवंमनश्चंद्रमसोर्यदांतरमपं
चप्रकाशनसामर्थ्यंतदपिमामकमेव । तथायद्वागग्न्योरव्याकृतादिविषयप्रकाशनसामर्थ्यंतदपिमामकमेवेत्यर्थः । अक्षरयोजनास्पष्टा १२ नकेवलमादित्यादिगतप्रकाशनसामर्थ्यंमामकमपितुपृथिव्यादि
गतंभूतधारणव्यापनसामर्थ्यमपिमदीयमेवेत्याह गामिति । गांपृथिवीमाविश्यतांपृथिवींदृढांकृत्वाभूतान्यहमेवधारयामिओजसाबलेन अन्यथापृथिवीसिकतामुष्टिवद्विशीर्येत तथाचमंत्रवर्णः 'येनद्यौ
रुग्रापृथिवीचदृढेति । सदाधारपृथिवीमितिच । तथाऽहमेवसोमोरसात्मकोजलात्मकः' । 'रसोजलंरसोहर्षः'इत्यनेकार्थमंजरी जलमयोभूत्वासर्वाओषधीःपुष्णामिचरसवतीःपुष्टाश्चकरोमि सोमोहिस्वा
त्मरसानुप्रवेशेनसर्वाओषधीःपुष्णातीतिप्रसिद्धं १३ अहंवैश्वानरसंज्ञउदरस्थोऽग्निर्भूत्वाप्राणिनांसर्वेषांदेहमाश्रितःसन्प्राणापानाभ्यांवायुभ्यांसमायुक्तःसमुद्दीपितश्चतुर्विधमन्नमदनीयंभक्ष्यंदंतव्यापारापेक्षमपू
पादि । भोज्यंतदनपेक्षंपायसादि । लेह्यंगुडशर्करादि । चोष्यंनिश्चोष्यत्यज्यमानमिक्षुदंडादि । एतेनसर्वत्रसर्वाशक्तिर्यादृश्यतेसामदीयैवेतिभावः । तदेवंभोक्तावैश्वानरोऽग्निर्भोज्यमन्नंसोमस्तदेव

यदादित्यगतंतेजोजगद्भासयतेऽखिलम् ॥ यच्चन्द्रमसियच्चाग्नौतत्तेजोविद्धिमामकम् १२ गामाविश्यचभूतानिधारयाम्यहमोजसा ॥ पुष्णामिचौषधीःसर्वाःसोमो
भूत्वारसात्मकः १३ अहंवैश्वानरोभूत्वाप्राणिनांदेहमाश्रितः ॥ प्राणापानसमायुक्तःपचाम्यन्नंचतुर्विधम् १४ सर्वस्यचाहंहृदिसन्निविष्टोमत्तःस्मृतिर्ज्ञानमपोह
नंच ॥ वेदैश्चसर्वैरहमेववेद्योवेदांतकृद्वेदविदेवचाहम् १५ द्वाविमौपुरुषौलोकेक्षरश्चाक्षरएवच ॥ क्षरःसर्वाणिभूतानिकूटस्थोऽक्षरउच्यते १६ उत्तमःपुरुषस्त्व
न्यःपरमात्मेत्युदाहृतः ॥ योलोकत्रयमाविश्यबिभर्त्यव्ययईश्वरः १७ यस्मात्क्षरमतीतोऽहमक्षरादपिचोत्तमः ॥ अतोऽस्मिलोकेवेदेचप्रथितःपुरुषोत्तमः १८ योमा
मेवमसंमूढोजानातिपुरुषोत्तमम् ॥ ससर्वविद्भजतिमांसर्वभावेनभारत १९ ॥ ॥ ॥ ॥

मुभयमग्नीषोमौसर्वमितिपश्यतोऽन्नदोषलेपोनभवतीत्यपिद्रष्टव्यम् १४ किंचसर्वस्यप्राणिजातस्याहंहृदिसन्निविष्टआत्मेत्यर्थः । अतोमत्तआत्मनस्तेषांस्मृतिर्ज्ञानंचपुण्यवतां । पापिनांतुतयोरपोहनंवि
स्मरणमज्ञानंचभवति । तथाचसर्वैर्वेदैःकर्मोपास्तिज्ञानकांडात्मकैरहमेवपरमात्मावेद्योवेदांतकृद्वेदांतोक्तविद्यासंप्रदायकृद्वेदविद्वेदार्थविच्चाहमेव । एतेनवेदांतविद्वेदविच्चस्वविभूतिरित्युक्तंभवति १५
सर्वशास्त्रहृदयंसंगृह्णाति द्वाविति । लोकेप्रसिद्धौइमौद्वावेवपुरुषौ क्षरोविनाशीसचसर्वाणिभूतानिप्राणवंतिकर्मक्षयेसुप्तिप्रलयकैवल्यादावुपाधिनाशमनुविनाशशीलोजीवोब्रह्मप्रतिबिंबभूतोजलार्कोपमः ।
'प्रज्ञानघनएवैतेभ्योभूतेभ्यःसमुत्थायतान्येवानुविनश्यति'इतिश्रुतेः । कूटस्थोनिर्विकारोमायोपाधिरक्षरः तदुपाधेरकर्मजत्वेननाशासंभवात उपाधिदोषेणावशीकृतत्वाच्चासौनक्षरतिस्वरूपान्नच्यवतइत्य
क्षरः १६ एताभ्यांकार्यकारणोपाधिभ्यामन्योनिरुपाधिरुत्तमःपुरुषः योऽसौपरमात्मेत्युदाहृतःशास्त्रे । योऽसौमाययाईश्वरोभूत्वालोकत्रयमुत्तममध्यमाधमशरीररूपमाविश्यप्रविश्यधारयतिशरीरत्रयं ।
अथापिअव्ययःसर्वज्ञत्वेनईश्वरधर्मेणअल्पज्ञत्वेनजीवधर्मेणवानव्येतिवर्धतेक्षीयतेवेत्यर्थः १७ यस्मादिति । क्षरमुपाधिमक्षरंचोपाधिमतीतोऽतिक्रम्यस्थितोऽहमतोऽक्षरादपिचेतिचशब्दात्क्षरादपिउत्तमःउ
त्कृष्टतमः । जडात्क्षररूपादुपाधेरुत्कृष्टस्तदुपहितोजीवश्चेतनत्वात् । ततोऽप्युत्कृष्टतरोमायोपाधिःस्वतंत्रत्वात् । ततोऽप्युत्कृष्टतमोऽनुपाधिरनागंतुकरूपत्वात् । अक्षरार्थःस्पष्टः १८ एतद्विज्ञानफ
लमपिभक्तिरेवेत्याह योमामिति । असंमूढःममपुरुषोत्तमत्वेसंशयविपर्यासादिहीनःसएवसर्वविद्यतोमांपुरुषोत्तमंजानाति तत्फलंचमांसर्वभावेनसर्वात्मनासर्वैःप्रकारैर्भजति १९ ॥ ॥ ॥

अस्मिन्नध्यायेभगवत्तत्त्वज्ञानस्यमोक्षफलत्वमुक्त्वाऽथेदानींतत्स्तौति इतीति । इतिएवदुह्यतममत्यंतरहस्यंशास्त्रं यद्यपिइयमष्टादशाध्यायीकृत्स्नाशास्त्रंतथाऽप्यस्मिन्नध्यायेकृत्स्नस्यशास्त्रार्थस्यप्रदर्शनादयम पिशास्त्रं । अत्रहिकार्यकारणविभागःसंसारवृक्षस्यानित्यत्वंभगवतोविभूतयोयस्तंवेदसवेदवित्वेदैश्चसर्वैरहमेववेद्यइत्यादिनासर्वःशास्त्रार्थोदर्शितोऽस्ति । इदंमयोक्तं हेअनघनिर्व्यसन एतद्रहस्यंबुद्ध्वाबु द्धिमान्ज्ञानीस्यात्आत्मविद्भवेत् तावताकृतकृत्यः । सर्वंहिकृत्यंपरमात्मावगतिपर्यन्तंतत्रैवकृत्स्नपुरुषार्थसमाप्तेः । चात्माप्राप्तप्रापणीयश्चस्यात्भवतिनातःपरंकर्त्तव्यमवशि ष्यतेइत्यर्थः २० ॥ इतिभीष्मपर्वणि नीलकंठीये भारतभावदीपे पंचदशोऽध्यायः ॥ १५ ॥ पर्वणि ॥ ३९ ॥ नवमेध्यायेराक्षसीआसुरीदैवीचेतितिस्रःसंपदउक्तास्तासुराक्षसीमासुर्या मेवांतर्भाव्यद्वेएवसंपदावत्रव्युत्पाद्येते । द्वयाहप्राजापत्यादेवाश्चासुराश्चेतिश्रुतौअभयसत्वशुद्ध्यादिधीवृत्तयोदेवाःदंभदर्पादिधीवृत्तयोऽसुराइतिद्वैराश्यस्यैवदर्शनात् । पूर्वाध्यायांतेइद मुक्तंमयाऽनघेत्यर्जुनंसंबोधयताऽनघत्वंदैवसंपत्तिमत्त्वंतद्विपर्ययस्त्वासुरीसंपदितिदर्शयितुंश्रीभगवानुवाच अभयमिति । अभयंस्वोच्छेदबुद्ध्यभावः । सत्वसंशुद्धिश्चित्तनैर्मल्यंज्ञानंश्रवणादिजन्यंयोगोज्ञातेऽ र्थेचित्तप्रणिधानंतयोर्व्यवस्थितिर्निष्ठा । एषामुख्यादैवीसंपत् दानंयथाशक्तिसंविभागोऽन्नादीनां । दमोबाह्येंद्रियनियमः । यज्ञःश्रौतस्मार्तादिःस्वाध्यायोवेदाध्ययनं । तपोवक्ष्यमाणलक्षणं शारीरादित्रिविधं । आर्जवमृजुत्वंसर्वदा १ किंच अहिंसाप्राणिपीडावर्जनं । सत्यमप्रियानृतवर्जनंयथाभूतार्थभाषणं । अक्रोधःपरैराक्रुष्टस्याभिहतस्यवाप्राप्तस्यक्रोधस्योपशमनं । त्यागःसर्व

इतिगुह्यतमंशास्त्रमिदमुक्तंमयाऽनघ ॥ एतद्बुद्ध्वाबुद्धिमान्स्यात्कृतकृत्यश्चभारत २० ॥ इतिश्रीमहाभारतेभीष्मपर्वणिश्रीमद्भगवद्गीतासू० पुरुषोत्तमयोगो नामपंचदशोऽध्यायः ॥ १५ ॥ पर्वणि ऊनचत्वारिंशोऽध्यायः ॥ ३९ ॥ ॥ ॥ ॥ श्रीभगवानुवाच ॥ अभयंसत्वसंशुद्धिर्ज्ञानयोगव्यवस्थितिः ॥ दानंदमश्चयज्ञश्चस्वाध्यायस्तपआर्जवम् १ अहिंसासत्यमक्रोधस्त्यागःशांतिरपैशुनम् ॥ दयाभूतेष्वलोलुत्वंमार्दवंह्रीरचापलम् २ तेजःक्षमाधृतिःशौचमद्रो होनातिमानिता ॥ भवंतिसंपदंदैवीमभिजातस्यभारत ३ दंभोदर्पोऽभिमानश्चक्रोधःपारुष्यमेवच ॥ अज्ञानंचाभिजातस्यपार्थसंपदमासुरीम् ४ दैवीसंपद्वि मोक्षायनिबंधायासुरीमता ॥ माशुचःसंपदंदैवीमभिजातोऽसिपांडव ५ द्वौभूतसर्गौलोकेऽस्मिन्दैवआसुरएवच ॥ दैवोविस्तरशःप्रोक्तआसुरंपार्थमेशृणु ६ प्रवृत्तिंचनिवृत्तिंचजनानविदुरासुराः ॥ नशौचंनापिचाचारोनसत्यंतेषुविद्यते ७ ॥ ॥ ॥

कर्मसंन्यासः । पूर्वंदानस्योक्तत्वात् शांतिरंतःकरणस्योपरमः । पैशुनंपरदोषप्रकाशनंअपैशुनंतद्वर्जनं । दयादुःखितेषुभूतेषुकृपा । अलोलुप्त्वमिंद्रियाणांविषयसंनिधावप्यविक्रिया । मार्दवं मृदुता । ह्रीर्लज्जा । अचापलंअसतिप्रयोजनेवाक्पाणिपादादीनामव्यापारयितृत्वं २ किंच तेजःप्रागल्भ्यंनतूग्रता । क्षमाआक्रुष्टस्यताडितस्यवांतर्विक्रियानुत्पत्तिः । उत्पन्नायाविक्रियायाः प्रशमनमक्रोधइत्युक्तं । धृतिर्देहेंद्रियेष्ववसादंप्राप्तेषुतस्यप्रतिषेधकोऽन्तःकरणवृत्तिविशेषोयेनोत्तंभितानिदेहादीनिनावसीदंति । शौचंद्विविधं मृज्जलाभ्यांबाह्यमांतरंमनोबुद्ध्योर्नैर्मल्यं मायारागादिकालु ष्याभावः । अद्रोहःपरजिघांसायाअभावः । नातिमानिताअत्यंतमानराहित्यं । एतानिअभयादीनिदैवींसत्वप्रधानांसंपदमभिलक्ष्यजातस्यस्वभावतोभवंतिहेभारत ३ अथेदानींरजस्तमोमयी आसुरीसंपदुच्यते दंभइति । दंभोधर्मध्वजित्वं । दर्पःधनाभिजननिमित्तउत्सेकः । अभिमानआत्मनिपूज्यताबुद्धिः । क्रोधःप्रसिद्धः । पारुष्यंनिष्ठुरभाषणं । अज्ञानमविवेकजनितोमिथ्याप्र त्ययः । एतेनआसुरींसंपदमभिलक्ष्यजातस्यभवंति हेपार्थ ४ अनयोःसंपदोःकार्यमाह दैवीति । दैवीपूर्वोक्ता अर्जुनस्यशंकाकिमहमासुर्यांसंपदिजातोऽस्मीतितामपनुदति माशुचइति ५ द्वौद्विसंख्यौ भूतसर्गौभूतानांस्वभावौमेमद्वचनाच्छृणु ६ प्रवृत्तिंविधिवाक्यंनिवृत्तिंनिषेधवाक्यंनविदुः धर्माधर्मयोरिष्टानिष्टहेतुत्वज्ञानरहिताइत्यर्थः ७ ॥ ॥ ॥ ॥

असत्यंसत्यवर्जितंजगत्प्राणिजातं तथाऽप्रतिष्ठंधर्माधर्माख्याप्रतिष्ठाआश्रयस्तच्छून्यं । अनीश्वरमनियंतृकं आहुः । अपरस्परसंभूतं अपरस्पराःक्रियासातत्येइतिसुट् बीजांकुरवत्परस्परकारणीभूतानांधर्माधर्म
तद्वासनानांयत्सातत्यंतस्मात्संभूतंकिमन्यल्लोकेऽस्तिनकिंचिदपिधर्माद्यपेक्षयाउत्पद्यतेकिंतुसर्वंकामहैतुकंस्त्रीपुंसयोर्मिथुनीभावःकामस्तदुत्थमेव स्वभावादेवजंतुर्जायतेनत्वदृष्टादित्यर्थः ८ एतामनुपदोक्तांलौ
कायतिकानामभिप्रेतांदृष्टिमवष्टभ्यतामाश्रित्यनष्टात्मानःकामादिवशेननष्टधैर्याः । यतोऽल्पेक्षुद्रेदृष्टसुखेएवंबुद्धिर्येषांतेऽल्पबुद्धयः । अहिताःहिंस्राः ९ असद्ग्राहान्वश्याकर्षणनिध्यंजनकायसिद्ध्यादिसा
धनेषुअसत्सुअसमीचीनेषुग्राहानिर्बंधाअत्यंताभिनिवेशास्तान्गृहीत्वाअशुचीनिमद्यमांसादिसापेक्षाणिव्रतानिनियमविशेषायेषांतेतथाभूताःसंतःकुमार्गप्रवर्तनेनप्रवर्तंते जगतःक्षयायेतिसंबंधः १० चिंतांयो
गक्षेमविषयांप्रलयांतांमरणावधिं एतावद्देहएवात्माकामभोगएवपुरुषार्थइतोऽन्यन्नास्तीतिनिश्चिताःनिश्चयवंतः तथाचबार्हस्पत्यंसूत्रं । चैतन्यविशिष्टःकामःपुरुषः । कामएवैकःपुरुषार्थइतिच ११
अन्यायेनपरवंचनादिना अर्थसंचयान्धनराशीन् ईहंतेलिप्संते १२ आशापाशान्विवृणोति इदमद्यइति १३ क्रोधपरायणत्वंकामपरायणत्वंचपूर्वोत्तराभ्यामर्धाभ्यामाह असाविति । ईश्वरःसम
र्थःसर्वेषांनिग्रहे । सिद्धःलब्धाखिलभोगसाधनः बलवान्विषयोपभोगेसमर्थः अतएवसुखी १४ आढ्योधनी । अभिजनवान्कुलीनः । अज्ञानेनअविवेकेनमोहिताःविविधंभ्रमंप्रापिताः १५

असत्यमप्रतिष्ठंतेजगदाहुरनीश्वरम् ॥ अपरस्परसंभूतंकिमन्यत्कामहैतुकम् ८ एतांदृष्टिमवष्टभ्यनष्टात्मानोऽल्पबुद्धयः ॥ प्रभवंत्युग्रकर्माणःक्षयायजगतो
ऽहिताः ९ काममाश्रित्यदुष्पूरंदम्भमानमदान्विताः ॥ मोहाद्गृहीत्वाऽसद्ग्राहान्प्रवर्त्तन्तेऽशुचिव्रताः १० चिंतामपरिमेयांचप्रलयांतामुपाश्रिताः ॥ कामोपभोग
परमाएतावदितिनिश्चिताः ११ आशापाशशतैर्बद्धाःकामक्रोधपरायणाः ॥ ईहन्तेकामभोगार्थमन्यायेनार्थसंचयान् १२ इदमद्यमयालब्धमिमंप्राप्स्येमनोरथम्
॥ इदमस्तीदमपिमेभविष्यतिपुनर्धनम् १३ असौमयाहतःशत्रुर्हनिष्येचापरानपि ॥ ईश्वरोऽहमहंभोगीसिद्धोऽहंबलवान्सुखी १४ आढ्योभिजनवानस्मि
कोऽन्योस्तिसदृशोमया ॥ यक्ष्येदास्यामिमोदिष्यइत्यज्ञानविमोहिताः १५ अनेकचित्तविभ्रांतामोहजालसमावृताः ॥ प्रसक्ताःकामभोगेषुपतंतिनरकेऽशुचौ
१६ आत्मसंभाविताःस्तब्धाधनमानमदान्विताः ॥ यजंतेनामयज्ञैस्तेदंभेनाविधिपूर्वकम् १७ अहंकारंबलंदर्पंकामंक्रोधंचसंश्रिताः ॥ मामात्मपरदेहेषुप्रद्विषं
तोऽभ्यसूयकाः १८ तानहंद्विषतःक्रूरान्संसारेषुनराधमान् ॥ क्षिपाम्यजस्रमशुभानासुरीष्वेवयोनिषु १९ ॥ ॥ ॥

अनेकंनास्तिएकंचिंतनीयंयस्यतत् अनेकंबहुषुविषयेषुपूर्वोक्तेषुलग्नंचित्तंयेषांतेअनेकचित्तास्तेचतेविभ्रांताश्चकिमिदमादौसाधनीयमिदमादौसाधनीयमितिविक्षेपेणभ्रांत्याकुलाअनेकचित्तविभ्रान्ताः । मोहः
असत्स्वपिसद्बुद्धिस्तदेवजालंतेनसम्यगावृताः । प्रसक्ताःप्रकर्षेणलग्नाः । अशुचौविण्मूत्रादिमये १६ आत्मनैवात्मानंमहांतंमन्यंतेतेआत्मसंभाविताः । स्तब्धाःअप्रणताः । धननिमित्तोमानो
गर्वोमदउन्मत्ततातताभ्यामन्विताःधनमानमदान्विताः नामयज्ञैर्नाममात्रैर्यज्ञैः दंभेनधर्मध्वजितयाअविधिपूर्वकंयथोक्तधनज्ञानस्वयमृत्विक्पत्न्यादिशुद्धिरहितंयजंते १७ अहंकारोऽहमेवसर्वश्रेष्ठइतिबु
द्धिः । बलंशारीरंधनाभिजननिमित्तंच । दर्पंपरावज्ञां । कामंक्रोधंचसंश्रिताः मांसर्वदेहेषुप्रविष्टं आत्मदेहेस्वदेहशोषणेन 'कर्षयंतःशरीरस्थंभूतग्राममचेतसः । मांचैवांतःशरीरस्थंतान्विद्ध्या
सुरनिश्चयान्'इतिवक्ष्यमाणदिशापरदेहेचाहिंसादिनाप्रद्विषंतः । अभ्यसूयकाःसर्वत्रगुणेषुवेदोक्तेषुशमादिषुअशक्तत्वादिलक्षणंदोषमारोपयंतः १८ तेषांफलमाह तानिति । सर्वभूतसमोऽप्यहंतान्
वेदोक्तशासनातिगान्भूतद्रोहकर्तॄन् अहमंतरात्मानतुतटस्थोयेनममवैषम्यंस्यात् । पूर्वसंस्कारात्तेतथैवपापंकुर्वन्तितदनुरूपंफलंचप्राप्नुवंतीत्यर्थः १९ ॥ ॥ ॥

आसुरयोनिमाप्तेरपिफलमाह आसुरीमिति । अधमांनारकीं तिर्यक्स्थावरादिरूपांवा २० संक्षेपयासुर्याःसंपत्तेराह त्रिविधमिति २१ कामादित्रयत्यागेकिंस्यादतआह एतैरिति । तमोद्वारैः
तमसोनरकस्यदुःखमोहात्मकस्यद्वारभूतैर्विमुक्तःसन् आत्मनःश्रेयःकल्याणंभगवदाराधनादिकंआचरति । ततःपरांगतिंमोक्षंयाति तस्मात्कामादित्रयंत्यजेदिति २२ नकेवलंकाष्ठतपस्विवत्का
मादित्यागमात्रेणोच्छास्त्रवर्तीसिद्ध्यतीत्याह यइति । शास्त्रविधिंशास्त्रेणइष्टसाधनतयानिष्टसाधनतयाचज्ञापितं ब्राह्मणोयजेतनसुरांपिबेदित्यादिनाविहितंनिषिद्धंचउत्सृज्यविहितमकरणेनंनिषि
॥ ६५ ॥ द्धमाचरणेनचउत्सृज्ययोवर्ततेकामकारतइच्छयासःसिद्धिंचित्तशुद्धिंसुखंवैराग्यादिजनितांतृप्तिंपरांगतिंमोक्षंचनावाप्नोति २३ यस्माच्छास्त्रातिगःशुद्ध्यादिकंत्रयंनाप्नोतितस्मात्त्वेतवशुद्ध्यादिकामस्यशास्त्र
मेवप्रमाणंकिंकार्यंकिंनकार्यमित्यस्यांव्यवस्थायां । एवंज्ञात्वाशास्त्रंइदंकर्तव्यमिदंनकर्तव्यमितिशासनंवेदाज्ञारूपं । विधानंचतदुल्लंघनेप्रतिसमाधानं । अग्निहोत्राद्यकरणेऽयंदोषस्तत्परिहारार्थमिदंकृ
च्छ्रादिकंप्रायश्चित्तं । ब्रह्महत्यादिकरणेऽयंदोषस्तत्परिहारार्थमिदमश्वमेधादिअन्यद्वाप्रायश्चित्तं । शास्त्रंचविधानंचताभ्यामुक्तंकर्मइहमनुष्यलोकेकर्तुमर्हसि । लोकांतरेकर्मस्वनधिकारंदर्शयितुमिहेत्युक्तं । ॥ १७ ॥
तदेवंशास्त्रानुवर्तिनएवचित्तशुद्ध्यादिकंनान्यस्येतिसिद्धं २४ ॥ इतिभीष्मपर्वणिनीलकंठीयेभारतभावदीपेषोडशोऽध्यायः ॥ १६ ॥ ७० ॥ ४० ॥ तस्माच्छास्त्रंप्रमाणंतइतिप्रश्नबीजमुपलभ्यार्जुनउवाच य
इति । येपुरुषाःशास्त्रविधिं शास्त्रपदेनात्रश्रुतिसदाचारकुलाचाराग्रह्यंते सर्वेषांतेषांधर्मेप्रमाणत्वात् । तत्रयोऽधिगतोविधिर्विधेयंतदुत्सृज्यसर्वात्मनापरित्यज्ययजंतेपूजयंतितातकूपादीन् मत्पित्राकृतोयंकूपोगंगा

आसुरींयोनिमापन्नामूढाजन्मनिजन्मनि ॥ मामप्राप्यैवकौन्तेयततोयांत्यधमांगतिम् २० त्रिविधंनरकस्येदंद्वारंनाशनमात्मनः ॥ कामःक्रोधस्तथालोभस्त
स्मादेतत्त्रयंत्यजेत् २१ एतैर्विमुक्तःकौन्तेयतमोद्वारैस्त्रिभिर्नरः ॥ आचरत्यात्मनःश्रेयस्ततोयातिपरांगतिम् २२ यःशास्त्रविधिमुत्सृज्यवर्ततेकामकारतः॥ नससि
द्धिमवाप्नोतिनसुखंनपरांगतिम् २३ तस्माच्छास्त्रंप्रमाणंतेकार्याकार्यव्यवस्थितौ ॥ ज्ञात्वाशास्त्रविधानोक्तंकर्मकर्तुमिहार्हसि २४ ॥ इतिश्रीमहाभारतेभीष्मप
र्वणिश्रीमद्भ०दैवासुरसंपद्विभागयोगोनामषोडशोऽध्यायः ॥ १६ ॥ ॥ ॥ पर्वणि चत्वारिंशोऽध्यायः ॥ ४० ॥ ॥ अर्जुनउवाच ॥ येशास्त्रवि
धिमुत्सृज्ययजन्तेश्रद्धयाऽन्विताः ॥ तेषांनिष्ठातुकाकृष्णसत्वमाहोरजस्तमः १ ॥ श्रीभगवानुवाच ॥ त्रिविधाभवतिश्रद्धादेहिनांसास्वभावजा ॥ सात्विकीरा
जसीचैवतामसीचेतितांशृणु २ सत्वानुरूपासर्वस्यश्रद्धाभवतिभारत ॥ श्रद्धामयोऽयंपुरुषोयोयच्छ्रद्धःसएवसः ३ ॥ ॥ ॥

शतादप्यधिकोऽत्रैवस्नानपानावगाहनपरिचर्याप्रदक्षिणप्रक्रमणरूपादेतत्सेवनादहमिष्टंफलमवश्यंप्राप्स्यामीतितत्रदृढतरयाश्रद्धयाऽन्विताःसंतस्तेषांनिष्ठाइयंकाकीदृशी । किंसत्वंसात्विकीवापिऽयेकूपेश्रद्धाधिक्य
दर्शनात् । किंरजःराजसीवातेषांनिष्ठाशास्त्रातिक्रमेणकामकाररूपत्वात् । आहोइतिप्रश्ने किंतमःतामसीवासानिष्ठारंगेरजतधीरिवाशास्त्रीयायाअल्पेमहत्त्वबुद्धेर्विपर्यासरूपायादर्शनात् । यदपितुभाष्येवृद्धव्यव
हारदर्शनादेवश्रद्दधानतयादेवादीन्यजंतइत्युक्तं तत्राप्यविगीतएववृद्धव्यवहारोग्राह्यः अविगीतेऽस्मिंस्तामसत्वादिशंकायाअयोगात् १ एवंसामान्यतःपृष्टेसामान्यमेवोत्तरंश्रीभगवानुवाच त्रिविधेति । स्वभावः
प्राग्भवीयौधर्माधर्मौततोजातास्वभावजा यदिप्राग्भवेसात्विकोदेवतापूजादिधर्मोऽनेनानुष्ठितस्तर्हितस्यशुद्धसात्विक्येवश्रद्धाभवति । यदिराजसोयक्षादिपूजारूपस्तर्हिराजस्येव । यदितामसोभूतप्रेतादिपूजारूपस्त
र्हितामसीश्रद्धाभवति । एवंत्रिविधाश्रद्धादेहिनांदेहाभिमानवतांभवतितांमयाव्याख्यास्यमानांशृणु २ ननुश्रद्धान्वितोभूत्वाऽत्मन्येवात्मानंपश्येदितिश्रद्धयाआत्मदर्शनसाधनेष्वंतरंगत्वमुच्य
तेकथंतस्याराजसत्वंतामसत्वंचोच्यतइत्यतआह सत्वेति । प्राक्कर्मसंस्कारोपेतंयादृशंबुद्धिसत्वंसात्विकंराजसंवातदनुरूपैवसात्त्विक्यादिरूपादेवतादिपूजासुफलावश्यंभात्वनिश्चयात्मिकाश्रद्धाऽपिभवति ।
तथाऽयंपुरुषोऽपिश्रद्धामयःश्रद्धाप्रधानोयोयच्छ्रद्धोयोययाश्रद्धयोपेतःसएवसइतिसात्विक्याश्रद्धयाउपेतःसात्विकएव राजस्याराजसस्तामस्यातामसइति एवंसतियदितातकूपभक्तःपूर्वपुण्यवशात्तानंदेवत्वन्म

॥
न्यतेतर्हितंसात्विकंपुंडलीकमिवदेवा अनुगृह्णंतिनित्यकर्मत्यागनिमित्तमपिदोषमस्यापनुदंति । यदित्वेनंमंत्रादिभासिद्धंपूर्वधामनाबशाधक्षादिरूपंमन्यतेतदातंराजसंराजसायक्षाएवानुगृह्णंति । नास्यकामकार
वतोनित्यकर्मत्यागजंदोषमपनेतुमर्हन्ति । नहिदेवतापराधीयत्रैस्त्रातुंशक्यते । यदित्वयंप्रेतःपितामत्कुटुंबंमाबाधिष्ठेतिसर्वधर्मत्यक्त्वाएनमस्यप्रियंकूपंपूजयामीतिमन्यतेतदातंपितरिप्रेतत्वबुद्धियोगाद्विपर्यस्तंता
मसंप्रेताएवानुगृह्णंतिक्षुद्रभोगैर्देत्वाश्चनरकेपातयंति ३ कुतएतदेवंकल्प्यतेयस्मात्सात्विकाद्योदेवादीनेवयजंतेइत्याह यजंतइति । यजंतेपूजयंति ४ सात्विकानांदौर्लभ्यमभिप्रेत्याह अशास्त्रेति । शास्त्रंवेदादि
तद्विरोधिनाकौलिकाद्यागमेनविहितंघोरंस्वमांसहोमेनब्राह्मणलोहितादिनावादेवतासंतर्पणाद्यात्मकंयेजनास्तपस्तप्यंतेतानासुरनिश्चयान्विद्धीतिद्वयोःसंबंधः । दंभोधर्मध्वजित्वं अहंकारःस्वस्मिन्पूज्यताबुद्धि
स्ताभ्यांसंयुक्ताः । कामरागोविषयाभिलाषः । बलंसाहसेनापिविषयसाधने उत्साहस्ताभ्यामन्विताः ५ कर्शयंतःकृशंकुर्वन्तः भूतग्रामंकरणसमूहं अचेतसोमूढाः मांचांतःशरीरस्थंभोक्तृरूपेणशरीरांतः
स्थंमांपरमेश्वरंवाभोग्यस्यशरीरस्यकृशीकरणेनमदाज्ञालंघनेनवा कृशीकुर्वन्तःतान्विद्ध्यासुरनिश्चयान् ६ अत्रसात्विकानांश्रद्धयाराध्याहारयज्ञतपोदानानांपरिग्रहार्थंराजसतामसानांवर्जनार्थंचतेषांप्रत्येकंत्रैविध्यं
विधीयते । तत्रापिश्रद्धात्रैविध्यमाराध्यत्रैविध्यंचप्रागेवोक्तं । आहारादीनांत्रैविध्यंप्रतिज्ञापूर्वकमाह आहारस्त्विति । आह्रियतइत्याहारोऽन्नं अतःपरंप्रायेणपदार्थःस्पष्टः तथापिकचित्कश्चित्किंचि

यजंतेसात्विकादेवान्यक्षरक्षांसिराजसाः ॥ प्रेतान्भूतगणांश्चान्येयजन्तेतामसाजनाः ४ अशास्त्रविहितंघोरंतप्यन्तेयेतपोजनाः ॥ दम्भाहंकारसंयुक्ताःकामरागब
लान्विताः ५ कर्शयन्तःशरीरस्थंभूतग्राममचेतसः ॥ मांचैवान्तःशरीरस्थंतान्विद्ध्यासुरनिश्चयान् ६ आहारस्त्वपिसर्वस्यत्रिविधोभवतिप्रियः ॥ यज्ञस्तपस्त
थादानंतेषांभेदमिमंश्रृणु ७ आयुःसत्वबलारोग्यसुखप्रीतिविवर्धनाः ॥ रस्याःस्निग्धाःस्थिराहृद्याआहाराःसात्विकप्रियाः ८ कट्वम्ललवणात्युष्णतीक्ष्णरूक्षवि
दाहिनः ॥ आहाराराजसस्येष्टादुःखशोकामयप्रदाः ९ यातयामंगतरसंपूतिपर्युषितंचयत् ॥ उच्छिष्टमपिचामेध्यंभोजनंतामसप्रियम् १० अफलाकांक्षिभि
र्यज्ञोविधिदृष्टोयइज्यते ॥ यष्टव्यमेवेतिमनःसमाधायससात्विकः ११ अभिसन्धायतुफलंदम्भार्थमपिचैवयत् ॥ इज्यतेभरतश्रेष्ठतंयज्ञंविद्धिराजसम् १२ विधिहीन
मसृष्टान्नंमन्त्रहीनमदक्षिणम् ॥ श्रद्धाविरहितंयज्ञंतामसंपरिचक्षते १३ देवद्विजगुरुप्राज्ञपूजनंशौचमार्जवम् ॥ ब्रह्मचर्यमहिंसाचशारीरंतपउच्यते १४ अनुद्वेगकरं
वाक्यंसत्यंप्रियहितंचयत् ॥ स्वाध्यायाभ्यसनंचैववाङ्मयंतपउच्यते १५ ॥ ॥ ॥ ॥ ॥

द्व्याख्यायते ७ आयुर्जीवनं । सत्वमुत्साहः । बलंशक्तिः । आरोग्यंरोगराहित्यं । सुखंचित्तप्रसादः । प्रीतिःअभिरुचिः । एतेषांविवर्धनाद्वृद्धिकराःतेआयुःसत्वबलारोग्यसुखप्रीतिविवर्धनाः ।
रस्याःरसोपेताः । स्निग्धाःस्नेहवंतः । स्थिराः देहेरसांशेनचिरकालस्थायिनः । हृद्याःदृष्टमात्राएवहृदयप्रियाः । आहाराःघृतक्षीरसितादयःसात्त्विकप्रियाः ८ कट्विति । अतिशब्दःसर्वत्रसंबध्यते
अतिकटुर्निबादि । अत्यम्लातिलवणात्युष्णाःप्रसिद्धाः। अतितीक्ष्णोमरिचादिः। अतिरूक्षःस्नेहशून्यःकंगुकोद्रवादिः। अतिविदाहीराजिकादिः। दुःखंतात्कालिकीपीडा । शोकःपश्चाद्भावीदौर्मनस्यं । आमयो
धातुवैषम्यापादनेनरोगस्तत्प्रदाः ९ यातयामंप्रहरात्प्राक्कृतंशीतलतांगतमित्यर्थः । यातयामंअर्धपक्वंनिर्वीर्यस्यगतरसेनैवोक्तत्वावइतिभाष्यं । गतरसंरसविमुक्तं । पूतिदुर्गन्धि । पर्युषितंपक्वंसद्रात्र्यंतरितं ।
उच्छिष्टंभुक्तावशिष्टं । अमेध्यंयज्ञानर्हम् । भोजनमन्नंतामसप्रियम् १० यज्ञत्रैविध्यमाह अफलेति । विधिदृष्टःआवश्यकतयाविहितः यष्टव्यमेवनतुयज्ञाद्दृष्टमदृष्टंवाफलंप्राप्तव्यमितिमनःसमाधायसमाहितं
कृत्वायोयज्ञइज्यतेससात्विकः ११ राजसंयज्ञमाह अभिसंधायेति १२ विधिहीनंशास्त्रोक्तविधिहीनं असृष्टंनदत्तमन्नंयस्मिन्तंअसृष्टान्नं १३ देवाःविष्ण्वाद्याः । द्विजाब्राह्मणाः । गुरवोमातृपित्राचा
र्यादयः । प्राज्ञाःब्रह्मनिष्ठाः तेषांपूजनं । आर्जवमकौटिल्यम् १४ प्रियंचततत्हितंचप्रियहितंश्रवणकालेपरिणामेचसुखदमित्यर्थः १५ ॥ ॥ ॥ ॥

मनःप्रसादःरागद्वेषादिराहित्यं । सौम्यत्वंपरहितैषित्वं । मौनंवाक्संयमः । आत्मविनिग्रहोमनोनिरोधः । भावशुद्धिःपरैर्व्यवहारकालेमायाराहित्यं इतिएवंप्रकारंअन्यद्दयादिकं एतन्मानसंतपउच्यते
१६ त्रिविधंकायिकवाचिकमानसभेदेन युक्तैःअवहितैः १७ सत्कारःलोकेसाधुरयमितिवाक्पूजा । मानःअभ्युत्थानाभिवादनादिकायिकीपूजा पूजालाभादि एतदर्थंदंभेनचयत्तपःक्रियतेतद्राजसं चलं
विनाशि अध्रुवंअनिश्चितफलं १८ मूढग्राहेणअविवेककृतेनदुराग्रहेणआत्मनःशरीरस्यउत्सादनार्थंविनाशार्थम् १९ दातव्यमेवेतिबुद्ध्यायद्दानंप्रदेयद्रव्यंदीयतेनतुफलमुद्दिश्यदीयते कस्मै अनुपकारिणे
प्रत्युपकाराऽसमर्थाय देशेकुरुक्षेत्रादौ कालेसंक्रांत्यादौ यद्दीयतेतत्सात्विकमितिसंबंधः यच्चपात्रेदानंसमर्पणंतदपिसात्विकमितियोजना अत्रआद्योदानशब्दःकर्मणिव्युत्पन्नःप्रदेयद्रव्यवाचीकर्मभूतःतत्संयोगात्सं
प्रदानेचतुर्थ्यपेक्षा । द्वितीयस्तुभावव्युत्पन्नस्त्यागमात्रवाचीतेनतत्रपात्रभूतेपुंसिनचतुर्थ्यपेक्षा । कर्मणायमभिप्रैतिससंप्रदानमितिहिपारिभाषिक्याःसंप्रदानसंज्ञायाअत्रकर्मविभक्त्यभावेनाप्रवृत्तेः तेनपात्रे
इतिचतुर्थ्यर्थेसप्तमीतिवापात्रशब्दस्यचतुर्थीयमितिवाकल्पनंव्यर्थमेव दानशब्दस्यावृत्त्याचदेशकालानुपकारित्वविशिष्टेदानमित्येकाकोटिः । पात्रेदानमित्यपरा । उभयंसमुच्चयेतुमहान्गुणइतिभावः
२० परिक्लिष्टंकथमेतावद्व्ययःकर्तव्यइत्याकुलतायुक्तंयथास्यात्तथादीयतेइतिक्रियाविशेषणं २१ असत्कृतंप्रियभाषणपादप्रक्षालनादिपूजासत्कारस्तद्रहितं । अवज्ञातंपात्रपरिभवयुक्तं दानंप्रदेयं
हिरण्यादि २२ अदृष्टार्थानांयज्ञदानतपःप्रभृतीनांवैकल्यशंकायांसाद्गुण्यसिद्ध्यर्थंप्रायश्चित्तमुपदिश्यतेओंतत्सदिति । ओमितितदितिसदितिचत्रिविधस्त्रिप्रकारोऽयंब्रह्मणोनिर्देशोनाम्नांपाठः । यथास

मनःप्रसादःसौम्यत्वंमौनमात्मविनिग्रहः ॥ भावसंशुद्धिरित्येतत्तपोमानसमुच्यते १६ श्रद्धयापरयातप्तंतपस्तत्त्रिविधंनरैः ॥ अफलाकांक्षिभिर्युक्तैःसात्विकंपरिचक्षते
१७ सत्कारमानपूजार्थंतपोदम्भेनचैवयत् ॥ क्रियतेतदिहप्रोक्तंराजसंचलमध्रुवम् १८ मूढग्राहेणात्मनोयत्पीडयाक्रियतेतपः ॥ परस्योत्सादनार्थंवातत्तामसमुदाहृतम्
१९ दातव्यमितियद्दानंदीयतेऽनुपकारिणे ॥ देशेकालेचपात्रेचतद्दानंसात्विकंस्मृतम् २० यत्तुप्रत्युपकारार्थंफलमुद्दिश्यवापुनः ॥ दीयतेचपरिक्लिष्टंतद्दानंराजसंस्मृतम्
२१ अदेशकालेयद्दानमपात्रेभ्यश्चदीयते ॥ असत्कृतमवज्ञातंतत्तामसमुदाहृतम् २२ ओंतत्सदितिनिर्देशोब्रह्मणस्त्रिविधःस्मृतः ॥ ब्राह्मणास्तेनवेदाश्चयज्ञाश्चविहि
ताःपुरा २३ तस्मादोमित्युदाहृत्ययज्ञदानतपःक्रियाः ॥ प्रवर्त्तन्तेविधानोक्ताःसततंब्रह्मवादिनाम् २४ तदित्यनभिसंधायफलंयज्ञतपःक्रियाः ॥ दानक्रियाश्चवि
विधाःक्रियन्तेमोक्षकांक्षिभिः २५ ॥ ॥ ॥ ॥ ॥

हस्रनाम्नांपाठेसहस्रंनामानिएवमस्मिन्नपिनामपाठेत्रीण्येवनामानीत्यर्थः । ओमितिब्रह्मेतितैत्तिरीयकेतदितिवाएतस्यमहतोभूतस्यनामभवतीत्यैतरेयकेसदेवसोम्येदमग्रआसीदितिछांदोग्येचएतेषांशब्दानां
ब्रह्मनामत्वप्रसिद्धेः । तेननामत्रयेणब्राह्मणादयोविहिताःपुरासर्गादौब्राह्मणाःएतन्नामत्रयोच्चारणसामर्थ्येनैवविधात्राविप्रादयोविहिताःप्रकाशिताइत्यर्थः २३ यस्मादेतन्नामत्रयपूर्वकंएतेषांविधानंसर्गा
दौदृष्टंतस्मात्त्रिष्वेतेषुनामसुओमित्येकमेवनामउदाहृत्यब्रह्मवादिनांवैदिकानांविधानोक्ताःवेदोक्ताःयज्ञादयःक्रियाःसततंप्रवर्तन्ते तथाचश्रुतिः । 'ओमितिब्रह्माप्रसौतिओमितिशस्त्राणिशंसंति ओमित्यध्व
र्युःप्रतिगरंप्रतिगृणाति ओमितिसामानिगायंति'इतियज्ञेसर्वेषामृत्विजांक्रियाओंकारपूर्विकाइत्येतद्दर्शयति २४ ओमितिनाम्नःकाम्याकाम्यकर्मसाधारण्येनयज्ञादौविनियोगमुक्त्वातदितिनाम्नोनिष्कामेषुमुमुक्षुक
र्मसुविनियोगंदर्शयति तदिति । मोक्षकांक्षिभिःफलंअनभिसंधायविविधाःयज्ञतपःक्रियाःदानक्रियाश्चक्रियंतेइतियोजना । ननुफलंचेन्नाभिसंधीयतेतर्हिकिमभिसंधायक्रियंतइत्याकांक्षायामाह तदिति। क्रियंतेइति।
सर्वाःक्रियास्तदितिब्रह्मेतिक्रियंते । यथाब्रह्मवादिभिः'ब्रह्मार्पणंब्रह्महविर्ब्रह्माग्नौब्रह्मणाहुतं । ब्रह्मैवतेनगंतव्यंब्रह्मकर्मसमाधिना'इत्युक्तदिशासर्वाःससाधनफलाःक्रियाःब्रह्मैवेदंसर्वमितिबुद्ध्याक्रियंते तथामुमु
क्षुभिरपीत्यर्थः । यदेवहिमुक्तानांस्वाभाविकंशीलंतदेवमुमुक्षूणांशास्त्रेणविधीयतइतिप्रसिद्धेः । फलमनभिसंधायेतिसाभिप्रायात्तदितीत्यत्रापिसामर्थ्यादभिसंधायेतिलभ्यते तेनफलमनभिसंधायतदित्यभिसंधाय
क्रियाःप्रवर्तन्तइत्यन्वयोऽपिसुलभएव । तदितिब्रह्माभिधानमुच्चार्येतिभाष्येऽपिउदाहृत्येतिपूर्वश्लोकोक्तक्रियानुवृत्त्यायोजनमस्मदुक्ताभिप्रायेणैवव्याख्येयं उच्चारणस्यापिब्रह्मानुसंधानार्थत्वादितिदिक् २५

ओंतच्छब्दयोर्विनियोगमुक्त्वासच्छब्दस्यविनियोगमाहद्वाभ्यां सद्भावेइति । सद्भावेअस्तित्वेसाधुभावेसमीचीनत्वेसच्छब्दः सदिदंकर्मेतिप्रशस्तेकर्मणिसत्सच्छब्दोवेदोक्तत्वादस्त्येवेतिसच्छब्दःप्रयुज्यतेआस्तिकैः २६ किंच । यज्ञादौस्थितिर्निष्ठासदितिसमीचीनेतिउच्यते तदर्थःसच्छब्दार्थोब्रह्मतदर्थीयंतदर्थंकृतंतदर्थीयंपरमेश्वरप्राप्त्यर्थंकृतंकर्मसदित्येवसमीचीनमित्येवाभिधीयतेलोके तदेवंअसात्त्विकंविगुणंवायज्ञादिकंश्रद्धापूर्वकंब्रह्मणोभिधानत्रयोच्चारणेनसात्त्विकंसद्गुणंचसंपादितंभवति २७ सर्वत्रश्रद्धैवसाद्गुण्यहेतुरितिव्यतिरेकमुखेनाह अश्रद्धयेति । हुतंहोमः दत्तंदानं तपस्तप्तमनुष्ठितं कृतमश्रद्धयाविहितंभगवन्नामस्मरणमपियच्चान्यत्तत्सर्वमसत् अभावभूतमित्युच्यते । पार्थअतएवतत्प्रेत्यमृत्वापरलोकेनोपयुज्यते इहास्मिन्लोकेवानोनैवोपयुज्यते । तस्मात्श्रद्धैवसात्त्विकीमातेत्रमुमुक्षुकामैःशरणीकरणीयेतिभावः २८ ॥ इतिश्री०नी० भा० सप्तदशोऽध्यायः ॥ १७ ॥ ॥ पर्वणि ॥ ४१ ॥ अस्यामष्टादशाध्याय्यांप्रथमेउपोद्घातितानांद्वितीयेसूत्रितानां शेषैर्व्युत्पादितानामर्थानांकात्स्न्र्येनोपसंहारार्थोऽयमंतिमोऽध्यायआरभ्यते तत्रपूर्वाध्यायांतेऽश्रद्धयाकृतंसर्वंव्यर्थमित्युक्तं तत्रफलावश्यंभावनिश्चयःश्रद्धासाचफलवतांकर्मणामेवांगंनतुकर्माविरहरूपस्यसंन्यासस्यभावरूपफलवर्जितस्य । अभावाद्भावोत्पत्तेरयोगात् । तस्माच्छ्रद्धासापेक्षकर्मापेक्षयाश्रद्धानपेक्षःसंन्यासःश्रेयान् नचास्यैवंरूपस्यश्रद्धात्रैविध्यप्रयुक्तंसात्त्विकादिभेदेनत्रैविध्यंसंभवति येनफलेतारतम्यंस्यात् तत्फलस्यदृष्टविक्षेपनिवृत्तिरूपस्यसर्वत्रतुल्यत्वात् । सचसंन्यासोयदिकर्मत्यागएवतर्हिसिद्धंनःसमीहितं । यदितुतौभिन्नौतर्हितयोर्वैलक्षण्यंविचार्यमित्याशयेनार्जुनउवाच संन्यासस्येति हेमहाबाहो हेहृषीकेश हेकेशिनिषूदनेतिबहुकृत्वःसंबोधयन्जिज्ञासितेर्थेऽत्यादरंदर्शयति । संन्यासस्यतत्त्वंयाथात्म्यंत्यागात्पृथग्भूतंवेदितुमिच्छामि त्यागस्ययाथात्म्यंसंन्यासात्पृथग्भूतंवेदितुमिच्छामीतिचकारेणानुवर्त्यते १ अत्रोत्तरंश्रीभगवानुवाच काम्यानामिति । काम्यानांरागतःप्राप्तानांपुत्रकामेष्ट्यादीनां । ननुफलस्यकामनाविषयत्वात्सर्वस्यकर्मणःफलवत्त्वनियमात्सर्वंकर्मकाम्यमेवेतिनित्यादीनामपिमुमुक्षोस्त्यागःस्यादितिसिद्धंनःसमीहितमित्याशंक्याह सर्वेति । सर्वेषांनित्यनैमित्तिककाम्यानांकर्मणांफलत्यागमेवत्यागंविचक्षणाःप्राहुर्नस्वरूपतस्त्यागंप्राहुः अतोनत्वदिष्टःसंन्यासःसिद्ध्यतीत्यर्थः । अयमाशयः । यद्यपिसंन्यासत्यागशब्दौनिवृत्तिमेवब्रूतः तथापिसावैराग्याद्वाकायक्लेशभयाद्वामौढ्याद्वाभवतीतितत्कारणानांसात्त्विकादिभेदेनभिन्नत्वात्तस्याअपिसात्त्विकराजसतामसभेदेनत्रैविध्यंत्रिविधश्रद्धाप्रभवत्वंचदुर्वारं । नचाविरक्तोश्रद्दधानश्चत्यक्तकर्माऽपिदृष्टविक्षेपहीनोदृश्यते यथोक्तंवार्त्तिकाचार्यैः । 'प्रमादिनोबहिश्चित्ताःपिशुनाःकलहोत्सुकाः । संन्यासिनोऽपिदृश्यंतेदैवसंदूषिताशयाः'इति । तस्मादविरक्तकृतसंन्यासापेक्षयानिष्कामकर्माचरणमेवश्रेयइत्याशयेनभगवताकाम्यकर्मत्यागःसंन्यासत्वेननित्यादिकर्मणांफलानभिसंधानंचत्यागत्वेनस्तूयतइति । तस्मादश्रद्धयाकृतःसंन्यासोऽप्यसन्नेवेतिसंन्यासाद्ब्रह्मणःस्थानमितिस्मृतंस्वफलंदातुंनसमर्थइतियुक्तमुक्तंभगवताअश्रद्धयाकृतंसर्वंव्यर्थमिति । यत्तुनित्यानामेवविविदिषायोगात्काम्यानांस्वरूपतोऽपित्यागःपूर्वार्द्धस्यार्थः । सर्वेषांकर्मणांफलतस्त्यागइत्युत्तरार्द्धार्थइतिव्याख्यानंपक्षद्वयप्रदर्शनपरंतदाग्रमेणश्लोकेनपौनरुक्त्यमावहतीत्युपेक्षितं २ इदमेवपक्षद्वयमाह त्याज्यमिति । एकेमुख्यामनीषिणोमनोनिग्रहसमर्थाःपरपात्मन्युत्पन्नविविदिषाणांपुरुषाणांदोषवद्रागादयोयथात्याज्यास्तद्वत्कर्मत्याज्यमितिप्राहुः । अपरेतुविविदिषार्थिनायज्ञादिकंनत्याज्यमितिवाप्राहुरित्यनुवर्त्तते तथाचद्विविधाःश्रुतयउपलभ्यन्ते ' नकर्मणानप्रजयाध

सद्भावेसाधुभावेचसदित्येतत्प्रयुज्यते ॥ प्रशस्तेकर्मणितथासच्छब्दःपार्थयुज्यते २६ यज्ञेतपसिदानेचस्थितिःसदितिचोच्यते ॥ कर्मचैवतदर्थीयंसदित्येवाभिधीयते २७अश्रद्धयाहुतंदत्तंतपस्तप्तंकृतंचयत् ॥ असदित्युच्यतेपार्थनचतत्प्रेत्यनोइह २८ ॥ इतिश्रीमहाभारतेभीष्मपर्वणिभगवद्गीतासू० श्रद्धात्रयविभागयोगोनामसप्तदशोऽध्यायः ॥ १७ ॥ पर्वणितुएकचत्वारिंशोऽध्यायः ॥ ४१ ॥ ॥ अर्जुनउवाच ॥ संन्यासस्यमहाबाहोतत्त्वमिच्छामिवेदितुम् ॥ त्यागस्यचहृषीकेशपृथक्केशिनिषूदन १ ॥ श्रीभगवानुवाच ॥ काम्यानांकर्मणांन्यासंसंन्यासंकवयोविदुः ॥ सर्वकर्मफलत्यागंप्राहुस्त्यागंविचक्षणाः २ त्याज्यंदोषवदित्येकेकर्मप्राहुर्मनीषिणः ॥ यज्ञदानतपःकर्मनत्याज्यमितिचापरे ३ ॥ ॥ ॥

नेनत्यागेनैकेअमृतत्वमानशुः । कुर्वन्नेवेहकर्माणिजिजीविषेच्छतंसमाः' इत्याद्याः । अविद्वद्विषयमेवैतत्पक्षद्वयं विदुषांतुकर्मप्रवृत्तिकारणस्याज्ञानस्यनष्टत्वात्स्वतःसिद्धएवत्यागइतिनतान्प्रतिकर्मविधि र्वातत्त्यागविधिर्वाप्रवर्त्तते । यथोक्तं 'नकर्माणित्यजेद्योगीकर्मभिस्त्यज्यतेह्यसौ' इति ३ निश्चयमिति । तत्रकर्मणांत्यागात्यागविषयेविप्रतिपत्तौसत्यांप्रथमोपात्तेत्यागेविषयेमेमद्वचनान्निश्चयंशृणुहियस्मात्हे पुरुषव्याघ्रत्यागस्त्रिविधःसात्विकराजसतामसभेदेनत्रिप्रकारःपरिकीर्तितःशास्त्रे । दृढवैराग्यपूर्वकःकर्मसंन्यासःसात्विकः । आयासभयात्तत्त्यागोराजसः । मौढ्यात्तत्त्यागस्तामसइति । तस्माद्दुह नत्वात्त्यागोनिश्चयेनविचारणीयइत्यर्थः ४ सूचीकटाहन्यायेनत्यागस्वरूपकथनात्प्राक्परमतत्यागपक्षमुपन्यस्यति यज्ञेति । यज्ञादिकंकर्मनत्याज्यंकिंतुकार्यमेवविशिष्टगृहीतेनेवपुंसाअवश्यमनुष्ठेयमेवतत् अकरणेप्रत्यवायश्रवणात् चकारोहेत्वर्थः । यस्माद्यज्ञोदानंतपश्चैवमनीषिणांनिष्कामानांदंभादिरहितानांपावनानिचित्तशोधकानि तथाचश्रुतिः । 'त्रयोधर्मस्कंधायज्ञोऽध्ययनंदानमितिप्रथमस्तपएवद्वि तीयोब्रह्मचर्याऽऽचार्यकुलवासीतृतीयःसर्वएतेपुण्यलोकाभवंति' इतियज्ञादीनांगृहस्थधर्माणांतपसोवनस्थधर्मस्याचार्यकुलवासस्यब्रह्मचारिधर्मस्यचपावनत्वंदर्शयति । अत्रापियज्ञदानशब्देनगृहस्थधर्माज्ञे यास्तपइतिवानप्रस्थधर्माःपरिशेषात्कर्मेतिब्रह्मचारिधर्माश्चज्ञेयाः ५ एवमत्यागपक्षमुक्त्वाऔत्सुक्यात्प्रथमंस्वाभिमतंत्यागात्यागसमुच्चयपक्षंदर्शयति एतानीति । तुशब्दःपूर्वोपन्यस्तात्पक्षाद्वैलक्षण्यंदर्श यति अपिशब्दएवशब्दार्थः एतान्येवकर्माणियज्ञदानतपांसिसंगंत्यक्त्वाअहमेतेषांकर्तामयावश्यमेतानिकर्त्तव्यानीत्यभिमानंवयोवर्णाद्यध्यासनिमित्तंत्यक्त्वाएतैःकृतैरहंस्वर्गवाचित्तशुद्धिंवाज्ञानंवाप्राप्स्यामी तिफलानिचत्यक्त्वाचकारादेषामकरणेममप्रत्यवायोभविष्यतीत्येतमप्यभिसंधिंत्यक्त्वाब्रह्मनिष्ठेनेवासंगस्वभावेनपुरुषेणकर्त्तव्यानि इतिएवंप्रकारंमेममतमुत्तमंपूर्वमतात्श्रेष्ठं । तत्रहिकर्तृत्वाभिमानरूपे णसंगेनप्रत्यवायोत्पादभयाच्चकर्मानुष्ठानंविहितं अत्रतुतदभावादसंगत्वांशेनकर्मणांत्यागस्वरूपेणात्यागइतिभेदः ६ प्राक्प्रतिज्ञातंत्यागत्रैविध्यमाह नियतस्येति । तुशब्दःपूर्वोक्तपक्षद्वयवैलक्षण्यार्थः

निश्चयंशृणुमेतत्रत्यागेभरतसत्तम ॥ त्यागोहिपुरुषव्याघ्रत्रिविधःसंप्रकीर्तितः ४ यज्ञदानतपःकर्मनत्याज्यंकार्यमेवतत् ॥ यज्ञोदानंतपश्चैवपावनानिमनीषिणाम् ५ एता न्यपितुकर्माणिसंगंत्यक्त्वाफलानिच ॥ कर्तव्यानीतिमेपार्थनिश्चितंमतमुत्तमम् ६ नियतस्यतुसंन्यासःकर्मणोनोपपद्यते ॥ मोहात्तस्यपरित्यागस्तामसःपरिकीर्तितः ७ दुःखमित्येवयत्कर्मकायक्लेशभयात्त्यजेत् ॥ सकृत्वाराजसंत्यागंनैवत्यागफलंलभेत् ८ कार्यमित्येवयत्कर्मनियतंक्रियतेऽर्जुन ॥ संगंत्यक्त्वाफलंचैवसत्यागःसात्विकोमतः ९

यस्मादधिकृतस्यमुमुक्षोर्नियतस्यावश्यानुष्ठेयस्यकर्मणःसंन्यासःस्वरूपेणत्यागोनोपपद्यतेनयुज्यतेअज्ञस्यशुद्ध्यपेक्षत्वात् । एवंसतियोमोहादज्ञानात्तस्यनियतस्यकर्मणःपरित्यागःसतामसःपरिकीर्त्तितः आवश्यकंचत्यज्यतेचेतिविप्रतिषेधात् ७ एवंतामसंत्यागमुक्त्वाराजसंत्यागमाह दुःखमिति । योदुःखरूपमेवेदंकर्मेतिमत्वाकायक्लेशभयात्त्यजेत्सपुमान्तस्मादेवहेतोःराजसंरजोगुणनिष्टंत्यागंकृत्वा त्यागफलंचित्तशुद्धिद्वारामोक्षंनैवलभेत्लभेत ८ एवंद्वाभ्यांश्लोकाभ्यांतामसराजसौमुख्यावेवत्यागावुक्तौ । तामसराजसयोरमुख्यत्यागयोरसंभवस्यभगवतैवमोहात्तस्यपरित्यागइतिकायक्लेशभयाद्यस्त्यजे दितिचसूचनात्नह्येवंसंभवति मूढश्चकरोतिचेतिविप्रतिषेधात् यदिकरोतिनैवमूढोयदिमूढस्तर्हिनैवकरोति । एवंयदिकायक्लेशाद्बिभेतिनैवकरोति यदिकरोतिनैवकायक्लेशाद्बिभेतितस्मात्करोतिचकायक्ले शाद्बिभेतिचेतिविप्रतिषिद्धं । अतस्तामसराजसयोरमुख्यत्यागयोरसंभवात्तौनैवोक्तौ । सात्त्विकस्त्वमुख्यत्यागःसंभवति । यथास्फटिकेजपाकुसुमाश्रितेलौहित्यंविवेकिनांप्रतीतितएवास्तिनवस्तु तएवमात्मनिईश्वराधीनेविवेकिनांकर्तृत्वंप्रतीतितएवास्तिनवस्तुतइतिवक्तुंशक्यं एवंचकर्तृत्वाभिनिवेशशून्यःपुमान्प्रतीतितःकरोत्येवनवस्तुतइतिसंभवत्यमुख्योऽपिसात्त्विकस्त्यागइतितमेवमुख्यत्यागे धिकारहेतुंप्रथममाह कार्यमिति । कार्यंकर्त्तव्यमित्येवयत्कर्मनियतंनित्यंक्रियतेहेअर्जुन संगंफलंचत्यक्त्वेत्येवधारणंप्रागुक्तस्यात्यागपक्षस्यव्यावृत्त्यर्थं । सएवंभूतस्त्यागःसात्त्विकोमतो वेदेदृष्टः । तथाचश्रुतिः । 'ईशावास्यमिदंसर्वंयत्किंचजगत्यांजगत् ॥ तेनत्यक्तेनभुंजीथामागृधःकस्यस्विद्धनम्' इति । ईशाईशेनपरमेश्वरेणसर्वकार्यकरणकर्त्रात्मप्रवर्त्तकेनइदंजगत्स्थावर जंगमंजगत्यांब्रह्मांडेस्थितंवास्यमाच्छादितंव्याप्तं येनहेतुनासर्वंतदधीनंतेनकारणेनत्यक्तेनत्यागेनकर्तृत्वभोक्तृत्वाभिमानवर्जनेनभुंजीथाःविषयान्भुंक्ष्व । मागृधःगर्द्धंमाकार्षीः कस्यस्विद्धनंनकस्यापितत्स्वामि

त्वमस्तीतिक्ष्यैवतत्रगर्द्धइत्यर्थः । एवंकर्माण्यपियज्ञादीनिकर्तृत्वाभिमानंत्यक्त्वाकुर्वतस्तवकर्मलेपोनभविष्यति । एतद्व्यतिरेकेणतवोपायांतरंचनास्तीत्यग्रिममंत्रेणप्रदर्श्यते । कुर्वन्नेवेहकर्माणिजिजीविषे
च्छतंसमाः । एवंत्वयिनान्यथेतोऽस्तिनकर्मलिप्यतेनरे'इति । इदमेवमुख्यंस्वमतंभगवताप्रदर्शितमेतान्यपितुकर्माणीतिश्लोके । ननुनित्यानांफलमेवनास्तीतिकिंत्यक्तव्यमितिचेत् इतएवभगवद्वचनात्तेषामपिफल
मस्तीतिजानीहि निष्फलस्यवेदेनानुष्ठापनासंभवात् । तथाचापस्तंबस्तद्यथाऽऽम्रेफलार्थेनिर्मितेछायागंधइत्यनूत्पद्येतेएवंधर्मंचर्यमाणमर्था अनूत्पद्यंतइतिआनुषंगिकंफलंनित्यानांदर्शयति । अकरणेप्रत्यवाय
स्मृत्याऽपितेषांप्रत्यवायपरिहारःफलमितिप्रदर्श्यते । धर्मेणपापमपनुदतीत्यादिनाचनित्येष्वपिकर्मसुफलंदृश्यतेतदेववक्तव्यमितिनकोऽपिदोषः ९ एवंमुख्यंसात्विकत्यागमुक्त्वाऽमुख्यंतमाह नद्वेष्टीति । सत्वे
नसम्यमाविष्टोव्याप्तस्त्यागीमुख्यःसात्विकस्त्यागीसंन्यासीत्यर्थः । अकुशलमसुखप्रदंकर्मत्रिषवणस्नानचतुर्गुणशौचभिक्षाटनादिप्रयासरूपंनद्वेष्टि । कुशलेमिष्टान्नभिक्षादौनानुषज्जतेनसंगंकाकवत्प्रीतिंकरोति ।
यद्वा कर्मकुशलेसेवादिकर्मकुशलेशिष्यादौनसज्जतेतत्राकुशलंवातंनद्वेष्टि । एतेनरागद्वेषशून्यत्वमस्यदर्शितं । तदपिकुतइत्यपेक्षायामाह मेधावीति । ऊहापोहकुशलतयानित्यानित्यवस्तुविवेचनादौप्रज्ञावान् ।
अतएवच्छिन्नसंशयःकिंकर्माण्येवमुक्तिसाधनानिउतसंन्यासएवेतिविचिकित्सारहितः । एवंचत्यागीत्यनेनयज्ञोदानंतपःकर्मनत्याज्यमित्युक्तादत्यागाद्व्यावृत्तिः । मेधावीत्यनेनमोहात्तस्यपरित्यागइत्युक्तात्ताम
सत्यागाद्व्यावृत्तिः । पूर्वार्द्धेनरागद्वेषाभावप्रतिपादनेनकायक्लेशभयात्त्यजेदित्युक्ताद्राजसत्यागाद्व्यावृत्तिः । छिन्नसंशयइत्यनेनकार्यमित्येवयत्कर्मेत्युक्तादमुख्यसात्विकत्यागाद्व्यावृत्तिः । नचासौकर्मणांतुच्छ
त्वंसंन्यासस्यमहाभाग्यत्वंचतत्त्वतोवेदवेदचेत्क्षणमपिकर्मसुनतिष्ठेत् । नहिदाहोपशमार्थीनिकटस्थंजाह्नवीमहाह्रदंजानन्ग्रीष्मोष्मप्रतप्तपांथासिपल्वलेक्षणमपिरमेत । संशयच्छेदेऽपिहेतुः सत्वसमाविष्टइति यतःस
त्वेनैवकर्त्रासम्यगाविष्टोऽयंनत्वयंसत्वमाश्रितइतिमहान्विशेषः । एवंचपूर्वश्लोकोक्तस्यसात्विकत्यागरूपस्यकर्मयोगस्यफलभूतोऽयंमुख्यःसंन्यासोविविदिषूणामनुष्ठेयो । ' यदहरेवविरजेत्तदहरेवप्रव्रजेत् । एत
मेवप्रव्राजिनोलोकमिच्छंतःप्रव्रजंति ' इतिश्रुतिप्रसिद्धः । भाष्येतु ननुकर्मपरित्यागस्त्रिविधःसंन्यासइतिचप्रकृतस्तत्रतामसोराजसश्चोक्तस्त्यागःकथमिहसंगफलत्यागस्तृतीयत्वेनोच्यते ।

नद्वेष्ट्यकुशलंकर्मकुशलेनानुषज्जते ॥ त्यागीसत्त्वसमाविष्टोमेधावीछिन्नसंशयः १० नहिदेहभृताशक्यंत्यक्तुंकर्माण्यशेषतः ॥ यस्तुकर्मफलत्यागीसत्यागीत्य
भिधीयते ११ अनिष्टमिष्टंमिश्रंचत्रिविधंकर्मणःफलम् ॥ भवत्यत्यागिनांप्रेत्यनतुसंन्यासिनांक्वचित् १२ ॥ ॥

यथात्रयोब्राह्मणाआगतास्तत्रषडंगविद्द्वौक्षत्रियस्तृतीयइतितद्वत् नैषदोषः त्यागसामान्येनस्तुत्यर्थत्वात् अस्तिकर्मसंन्यासस्यफलाभिसंधित्यागस्यचत्यागत्वंसामान्यं तत्रराजसतामस
त्वेनकर्मत्यागनिंदयाकर्मफलाभिसंधित्यागःसात्विकत्वेनस्तूयते सत्यागःसात्विकोमतइतिग्रंथेनत्यागत्रैविध्यंसमाधायैवंसंगफलत्यागपूर्वकंनित्यकर्मानुष्ठानेनविशुद्धांतःकरणस्यात्मज्ञानाभिमुखस्यतन्निष्ठाक्रमक
थनार्थोऽयंश्लोकइत्युक्तं । तथैवश्लोकंव्याख्यायपूर्वोक्तस्यकर्मयोगस्यप्रयोजनमनेनश्लोकेनोक्तमित्युपसंहृतं । अन्येतुफलाभिसंधिविशिष्टस्यकर्मणस्त्यागस्त्रिविधः विशेषणाभावा
द्विशेष्याभावादुभयाभावाच्च । आद्योऽत्रैवविधित्सितोद्वितीयस्तुतामसराजसभेदेनद्विविधोऽप्यत्रैवनिंदितः । तृतीयस्तुकर्मानधिकारिणाविविदिषुणाविदुषाचकर्तुंयोग्योद्विविधः । तत्रांत्यःस्थितप्रज्ञ
लक्षणादौप्राग्व्याख्यातः । आद्यस्तुनैष्कर्म्यसिद्धिंपरमामित्यत्रवक्ष्यते । तत्रभाष्येतिस्रस्त्यागविधाःप्रतिज्ञायद्वेयथावत्प्रदर्श्यतृतीयाऽपिकेनचित्सामान्येनप्रतिपादिता । अत्रतुएकस्यांद्वयोरंतर्भावंकृत्वा
द्वेएवविधेउपपाद्यतृतीयाप्रदेशांतरेप्रक्षिप्तेतिप्रकृतेप्रतिज्ञाया अनिर्वाहइतिविशेषः १० अमुख्यमेवसात्विकंत्यागमनूद्यतत्प्रयोजनमाहद्वाभ्यां नहीति । देहभृतादेहाभिमानिनाहियस्मादशेषतःकर्माणित्य
क्तुंनशक्यंअशक्यं प्राणयात्रालोपप्रसंगात् तस्मादधिकृतःसन्यःकर्मफलत्यागशीलः तुशब्दएवार्थे सएवत्यागीत्युच्यते । यस्त्वशेषतःकर्माणित्यक्तुंशक्नोतिपरमार्थदर्शीसमुख्यस्त्यागीत्यर्थः ११ एवं
भूतस्यत्यागस्यफलमाह अनिष्टमिति । अनिष्टंनरकतिर्यगादिरूपं । इष्टंदेवतादिरूपं । मिश्रंमानुषभावइतिकर्मणःकर्मजातीयस्यफलंत्रिविधंप्रेत्यमरणानंतरमत्यागिनांपूर्वोक्तमुख्यसंन्यासहीनानांभ
वति मुख्यसंन्यासिनांतुनक्वचित्तद्भवति तेषांकर्तृत्वाभिमानाभावात् । अन्येतुगौणसंन्यासिनामेवायंकर्मालेपइत्याहुः । तथाचव्याख्यातंकार्यमित्येवयत्कर्मेत्यत्र । अन्यथासंन्यासिनांगौणसंन्या
सिनांचविशेषोनस्यात् नचैवंमुख्यसंन्यासिनांगौणसंन्यासिनांचाविशेषापत्तिरितिवाच्यं उभयेषामुत्तरकर्माश्लेषसाम्येऽपिपूर्वकर्मदाहादाहकृतस्यविशेषस्यसत्वात् । गौणसंन्यासिनांजन्मांतरादिक

मपिपूर्वकर्मभिरेवभविष्यतिआपस्तंबोक्ताम्रनिदर्शनेनयोगभ्रष्टगतिवन्नांतरीयकंवानतुतस्यप्रधानंफलंस्वर्गादिभवितुमर्हत्यनुद्दिष्टत्वादिति १२ मन्वात्मनःकर्मालेपनिमित्तंयदकर्तृत्वानुसंधानं तत्किंयोषिदग्नि दृष्ट्यादिवदाहार्यमुतवास्तवमेवसदविध्यस्तकर्तृत्वेनाहतमितिशास्त्रदृष्ट्याकर्तृत्वतिरोधानेनाकर्तृत्वमेवभाव्यतेइत्याशंक्याग्नित्वेनदृष्टायांयोषितिदग्धृत्वादर्शनेनेवकल्पितेनाकर्तृत्वेनवास्तवस्यकर्मालेपस्यासंभवादा द्यंनिरस्यद्वितीयमुपपादयिष्यन्पीठिकामारचयति पंचेति । हेमहाबाहोसर्वकर्मणांसिद्धयेइमानिवक्ष्यमाणानिपंचकारणानिनिर्वर्तकानिमेमद्वचनान्निबोधबुध्यस्व। स्ववचनेविश्वासोत्पादनार्थकारणानांसमूलत्वमाह सांख्येकृतांतेप्रोक्तानीति सम्यग्विविच्यख्यायंतेप्रकटीक्रियंतेतत्त्वान्यात्मानात्मपदार्थरूपाणियस्मिंस्तत्सांख्यंवेदांतशास्त्रं । तदेवविशिनष्टि कृतांतेकृतस्यकर्मणोंतःपरिसमाप्तिर्यस्मिन् । सर्वेकर्माखि लंपार्थज्ञानेपरिसमाप्यतइत्यात्मज्ञानेसतिसर्वकर्मणांसमाप्तिदर्शनात् तस्मिन्सांख्येकृतांतेप्रोक्तानि १३तान्येवपंचगणयति अधिष्ठानमिति। अधिष्ठानमिच्छाद्वेषसुखदुःखज्ञानादीनामभिव्यक्तेराश्रयोदेहःतस्यानात्मत्वं चार्वाकव्यतिरिक्तसमस्तवादिसिद्धं । तथाकर्ताबुद्धिविशिष्टश्चिदाभासःप्रमातानामाहंप्रत्ययविषयोऽहंकारस्तथेत्यनेनतद्वदेवानात्मत्वेनज्ञेयइत्युक्तं देहस्यैवसृष्टौप्रलयेचतस्याव्युत्पत्तिविनाशयोर्दर्शनात् । एतच्चविशेषणनाशाद्विशिष्टनाशंविशेषणोत्पत्त्याचविशिष्टोत्पत्तिमभिप्रेत्यश्रूयते । विज्ञानघनएवैतेभ्योभूतेभ्यःसमुत्थायतान्येवानुविनश्यतीति । यथाग्नेःक्षुद्राविस्फुलिंगाव्युच्चरंत्येवमेतस्मादा त्मनःसर्वएतआत्मानोव्युच्चरंतीतिचविशिष्टस्यचानतिरेकादर्शनादनात्मत्वंसिद्धं । करणंचशब्दाद्युपलब्धिसाधनंपृथग्विधंद्वादशविधंपंचकर्मेंद्रियाणिपंचज्ञानेंद्रियाणिमनोबुद्धिश्च । तथाविविधाश्चपृथक् चेष्टावायवीयाःप्राणनादिरूपाः । दैवंपुण्यपापरूपंतत्तत्करणानुग्राहकसूर्यादिदेवतारूपं पंचमंपंचानांपूरणं १४ शरीरेति । न्याय्यंधर्म्यंशास्त्रीयं विपरीतमन्याय्यमधर्म्यमशास्त्रीयं । ननुशरीरादि भिस्त्रिभिरारभ्यतेपंचैतेतस्यहेतवइतिचविप्रतिपिद्धमुच्यते नैषदोषः अत्रापिशरीरपदेनाधिष्ठानस्यनरपदेनकर्तुर्वाङ्मनइतिकरणस्यारभतइतिचेष्टानांन्याय्यमितिधर्माधर्मरूपस्यदैवस्यचसंग्रहात् । सर्वेषुकर्मसु

पंचैतानिमहाबाहोकारणानिनिबोधमे ॥ सांख्येकृतांतेप्रोक्तानिसिद्धयेसर्वकर्मणाम् १३ अधिष्ठानंतथाकर्ताकरणंचपृथग्विधम् ॥ विविधाश्चपृथक्चेष्टादैवंचैवात्रपं चमम् १४शरीरवाङ्मनोभिर्यत्कर्मप्रारभतेनरः ॥ न्याय्यंवाविपरीतंवापंचैतेतस्यहेतवः १५तत्रैवंसतिकर्तारमात्मानंकेवलंतुयः॥ पश्यत्यकृतबुद्धित्वान्नसपश्यतिदुर्मतिः १६यस्यनाहंकृतोभावोबुद्धिर्यस्यनलिप्यते ॥ हत्वाऽपिसइमाँल्लोकान्नहंतिननिबध्यते १७ज्ञानंज्ञेयंपरिज्ञातात्रिविधाकर्मचोदना ॥ करणंकर्मकर्तेतित्रिविधःकर्मसंग्रहः १८

पंचानांसमानेऽप्युपयोगेविधिप्रतिषेधलक्षणंत्रिविधमेवकर्मशास्त्रेप्रसिद्धमिति । इदंशारीरंकर्मेदंमानसमिदंवाचिकमितिव्यपदेशोदेहादीनांप्राधान्यापेक्षइतिनकश्चिद्विरोधः १५ एतत्प्रतिपादनफलंकर्तृ त्वस्यारोपितत्वसिद्धिरकर्तृत्वस्यस्वाभाविकत्वसिद्धिश्चेतिद्वाभ्यांश्लोकाभ्यांदर्शयति तत्रेति । तत्रतस्मिन्कर्मणिएवमुक्तरीत्यापंचभिर्निर्वर्त्येसति केवलंत्वकर्तारमप्यात्मानंचेतनम् । 'साक्षीचेताकेव लोनिर्गुणश्च'इतिश्रुतेः । अधिष्ठानादिपंचकप्रचारदर्शिनमुदासीनमपियःकर्तारंकर्तृत्वाश्रयंपश्यतिसदुर्मतिःपापाभिभूतमतिर्नपश्यत्यंधएवसः । अदर्शनेहेतुःअकृतबुद्धित्वादिति शास्त्राचार्योपदेशशमद मादिसंस्कृताबुद्धिर्यस्यसकृतबुद्धिस्तद्विपरीतोऽकृतबुद्धिस्तस्यभावस्तत्त्वंतस्मात् । यथास्वमुखस्योदपात्रसंसर्गिकत्वंपश्यताजलचांचल्यमपितत्रारोप्यतएवमात्मनोबुद्धिसंसृष्टत्वंपश्यताबुद्धिधर्मःकर्तृत्वादिर प्यात्मन्यारोप्यतइतिभावः १६ द्वितीयंप्रयोजनमाह यस्येति । यस्यप्रमातुर्भावःप्रत्ययमात्रस्वरूपआत्मा नाहंकृतःअहमिवकृतोऽहंकारतादात्म्यंप्रापितोऽहंकृतस्तथान । यस्यबुद्धिर्नलिप्यतेआ त्मभावेनरंजितानभवति यस्यबुद्धेर्व्यतिरिक्तमात्मानंपश्यतोबुद्धिधर्माःकर्तृत्वादयोनात्मनिप्रतीयंतेइतिकर्त्रात्मवादितार्किकनिरासः । यस्यचआत्मधर्माश्चैतन्यादयोबुद्धौनसंसृज्यंतइतिबुद्धिमेवचेतनांवदतो बौद्धस्यनिरासः । चिदचितोरन्योन्यस्मिन्नन्योन्यधर्माध्यासोबाध्यतइतिदुःखादिसंसर्गनिषेधेनभोक्तृत्वाभावोदर्शितः । हत्वाऽपिमइमाँल्लोकान्नहंतिननिबध्यतेइतितुस्तुतिमात्रं कर्तृत्वस्यैवबाधेनहंतृत्वा योगात् । दग्धपटवत्कर्तृत्वानुवृत्तावपिहननक्रियायांप्रवर्तकस्यरागद्वेषादेरभावाच्च । एतेनात्मनस्तात्त्विकमकर्तृत्वंभावयताकृतंकर्मातात्त्विककर्तृत्वाभिमाननिमित्तंस्वफलंप्रस्तोतुंनार्हतीतिदर्शितम् । न हिरज्जुसर्पेरज्जुबुद्धिंकृत्वाप्रहरतःसर्पक्षोभजंदंशनादिफलंभवति । सर्पेतुतथाकुर्वतस्तद्भवत्येवतद्वदिदमपिज्ञेयम् १७ समाप्तःसात्त्विकत्यागोपपादनोपयोगीआत्मनोऽकर्तृत्वोपपादनप्रकारः अत्राहसां ख्यः । यदुक्तंपंचैतेतस्यहेतवइतियच्चोक्तंनहंतीतितन्मृष्यामहे नह्यपरिणामिचेतनःपरिस्पंदात्मकस्यकायिकादिभेदेनत्रिविधस्यकर्मणःकर्ताभवतीतिवक्तुंयुज्यते । यत्तुननिबध्यतइतिभोक्तृत्वमुक्तमपि

प्रत्याख्यातंतन्नमृष्यामहे । नहिकुलालादयःस्वप्रयुक्ताएवघटादीन्निर्वर्तयंतिकिंतुभोक्तृपुरुषप्रयुक्ताः । अन्यथाभोक्तॄणामभावेऽप्यर्थैवतत्प्रवृत्तिरित्यापततिति । एवंप्रधानमात्रभूताःकर्त्रादयःपुरु
षस्यभोगापवर्गसाधनप्रयुक्ताःसर्वाणिकर्माणिनिर्वर्तयंतितस्मात्पुरुषस्यभोक्तृस्वभावत्वादकर्तृत्वानुसंधानपूर्वकमपिकृतंकर्मभोक्ताऽवश्यमेवभोक्तव्यमितिसात्विकत्यागेऽपिकर्मालेपवचनमसंगतमिति । अत्रप्रति
विधत्ते । ज्ञानंज्ञेयमितिज्ञानंज्ञायतेप्रकाश्यतेवस्तुतत्त्वमनेनेतिप्रत्यक्षादिप्रमाणजन्योघटादिप्रकाशःसचवर्तमानोऽतीतोवा । ज्ञेयंबोधविषयोघटादिः । परिज्ञाताविषयीसाभासधीरूपायोभोक्तेत्युच्यते ।
एवंरूपप्रकारत्रयवतीत्रिविधाकर्मणांचोदना । त्रयंसमुच्चितंसत्कर्मणिप्रवर्तकमित्यर्थः । सत्यपिज्ञेयेज्ञातरिवाज्ञानेप्रवृत्त्यनुपपत्तेः ज्ञानेज्ञातरिचसतिदेशकालव्यवहितेज्ञेयेप्रवृत्त्यनुपपत्तेः । सत्यपि
संस्कारात्मकेज्ञानेज्ञेयेचसन्निहितेतथाऽपिसुषुप्तौप्रमातृभावात्प्रवृत्त्यदर्शनादेतत्त्रयंत्रिदंडविष्टंभवदन्योन्यापेक्षंसत्हानोपादानोपेक्षाबुद्धिरूपंकार्यंजनयित्वाहानाद्यनुकूलेव्यापारेप्रवर्तयतीतिकर्तृपदाभिधेयमि
त्यर्थः । चोदनेतिकर्तरिनंद्यादिल्युप्रत्ययांतत्वेनचोदनाशब्दःकर्तृवाची । लिंगंत्वविवक्षितं लिंगमशिष्यंलोकाश्रयत्वाल्लिंगस्येतिवा तथाकरणमिंद्रियम् कर्मतेनयत्क्रियमाणंविषयग्रहणम् कर्तापू
र्वोक्तएवपरिज्ञाता एतत्त्रयंसमुदितंसत्कर्मसंग्रहःकर्मणईप्सिततमस्यभोग्यस्यसंग्रहःसंगृह्यतेऽस्मिन्नितिसंश्लेषस्थानंभोक्तेत्यर्थः । सत्यपिभोक्तरिकरणेचक्रियांविनाभोगासंभवात्क्रियायाश्चाश्रयंविनास्व
रूपालाभादाश्रयस्यकरणंविनाभोक्तृत्वांगकर्तृत्वानुपपत्तेश्चैतत्त्रयंमिलितंसत्भोक्तेत्युच्यतइत्यर्थः तथाचश्रुतिः । 'आत्मेंद्रियमनोयुक्तंभोक्तेत्याहुर्मनीषिणः' इति इंद्रियप्रसिद्धम् । मनइत्यनेनबु
द्धिरपिगृह्यते युक्तमिंद्रियद्वारामतेर्भोग्येनसहसंबंधक्रिया । इंद्रियंचमनश्चयुक्तंचेतिविग्रहेइंद्रियमनोयुक्तमितिद्वंद्वैकवद्भावः एतत्त्रयंभोक्ताआत्मेत्याहुर्मनीषिणइतिश्रुत्यर्थः । एवंहिश्रुतिस्मृत्यो
र्व्याख्यानेतयोर्मूलमूलिभावोयुज्यतेनान्यथा । तथाचकर्तृवत्भोक्तुरप्यनात्मगणपतितत्वाद्भोक्तृत्वंभोगकर्तृत्वमितिनिर्वचनाद्यःकर्तासएवभोक्तेतिप्रतिपादनादहमकर्ताऽभोक्तेतिचानुसंधानपूर्वकंकर्माणिकुर्व
तःकर्तृत्वभोक्तृत्वकृतःकर्मलेपोनास्तीतिसिद्धं । भाष्यस्यचायमेवार्थः येतुकरणंक्रियायाःसाधकतमंदशविधंबाह्यंमनोबुद्धिरूपमांतरंकर्मकर्तुरीप्सिततमंक्रिययाव्याप्यमानमुत्पाद्यमाप्यंविकार्यंसंस्कार्यंचेति

ज्ञानंकर्मचकर्त्ताचत्रिधैवगुणभेदतः ॥ प्रोच्यतेगुणसंख्यानेयथावच्छृणुतान्यपि १९ सर्वभूतेषुयेनैकंभावमव्ययमीक्षते ॥ अविभक्तंविभक्तेषुतज्ज्ञानंविद्धिसात्विकम्
२० पृथक्त्वेनतुयज्ज्ञानंनानाभावान्पृथग्विधान् ॥ वेत्तिसर्वेषुभूतेषुतज्ज्ञानंविद्धिराजसम् २१ ॥ ॥ ॥

चतुर्विधं । कर्ताकारकांतरप्रयोजकश्चिदचिद्ग्रंथिः । एतत्त्रयंकर्मसंग्रहः कर्माश्रयःकर्तेत्यर्थः । तथाज्ञानंविषयप्रकाशनशक्तिः । ज्ञेयंविषयः । परिज्ञाताज्ञानाश्रयोभोक्ता एतत्त्रयंकर्मणि
प्रवर्तकमितिव्याचक्षते । तेषामप्यात्मानकर्तानापिसांख्यानामिवभोक्तृत्वेनप्रकृतेःप्रवर्तकइत्येवाशयः । तथापिक्रिययाव्याप्यमानस्यवक्ष्यमाणसात्विकादिभेदानर्हस्यघटादिरूपस्यकर्मणःकर्तृकोटौ
प्रवेशायोगः । तस्यक्रियाश्रयत्वमात्रविवक्षायांप्रकृतेतत्कथनानुपयोगश्चस्पष्टः । तथाऽस्माकंतुघटादिव्यापकक्रियायाःकर्मशब्दवाच्यत्वंमुख्यं । कर्तृकोटिप्रवेशश्चक्रियाक्रियावतोर्धर्मधर्मि
णोरभेदापेक्षयायुज्यते । तथाज्ञानंप्रकाशनक्रियेतिमतेक्रियारूपेऽस्मिन्प्रवर्तकज्ञानांतरस्यापेक्षेतितत्रतत्रान्यस्यान्यस्यापेक्षेत्यनवस्थादुर्निवारा १८ पूर्वश्लोकोक्तज्ञानादिषट्केपरिज्ञाताकर्ताचैकएवे
तिपरिशिष्टाःपंचतेषांसर्वेषांप्राकृतत्वेनत्रिगुणात्मत्वेप्राप्तेज्ञेयकरणयोर्जडयोर्घटकुठारकल्पयोःपरिसंख्यार्थंत्रयाणामेवप्रत्येकंत्रिविधत्वंविवरीतुंप्रतिजानीते ज्ञानमिति। ज्ञानंकर्मकर्ताचेतित्रयमेवगुणभेदतस्त्रि
धानतुज्ञेयकरणे । गुणसंख्यानेकापिलेशास्त्रे यद्यपितत्रैकस्यांप्रमदायांभर्तुःसुखंजायते तंप्रतितस्याःसत्वोद्भूतत्वात् । तामविंदतश्चैत्रस्यदुःखंजायतेतंप्रतितस्यारजउद्भूतत्वात् । तस्यामेवसपत्न्या
द्वेषस्तांप्रतितस्यास्तमउद्भूतत्वात । प्रमदयैवसर्वेभावाव्याख्याताइतिकापिलानांज्ञेयकरणयोरपित्रैविध्यंप्रसिद्धं । तथापिप्रमदादयएकस्यैवपुंसोनिमित्तभेदेनप्रीतिदुःखद्वेषविषयाअपिभवंतीतिपूर्वोक्तव्य
वस्थायानिर्मूलत्वात् । प्रीत्यादीनांकर्तृसमवायितयाप्रतीयमानानामालंबनभूतायाःप्रमदायाःप्रीत्याद्यात्मकत्वंकल्पयितुंनशक्यतइतिनभगवतातयोस्त्रिविधत्वंव्याख्यायते अक्षरार्थःस्पष्टः १९ एवंज्ञाना
दित्रयस्यत्रैविध्यंवक्तुंप्रतिज्ञायज्ञानत्रैविध्यंतावदाह सर्वभूतेष्विति । यथाकटककुंडलादिषुव्यावर्तमानेषुतत्त्वविदेकंकांचनमेवेदमितिपश्यति । एवंयेनज्ञानेनसर्वभूतेषुविभक्तेषुनानानामरूपभेदभिन्नेष्वव्य
यमपरिणामिनमेकंभावंचिन्मात्ररूपमीक्षतेसर्वंब्रह्मैवेदमितिपश्यतितज्ज्ञानंसात्विकंविद्धि ऐकात्म्यज्ञानमेवसात्विकमित्यर्थः २० भेदज्ञानेराजसत्वमाह यत्पृथक्त्वेनेति । पृथक्त्वेनभिन्नत्वेनज्ञानंतद्राजसमिति

संबंधः । पृथक्त्वेनेत्येतद्विवृणोति सर्वेषुभूतेषुपांचभौतिकत्वेनाविशिष्टेषुनानाभावान्सुरनरतिर्यक्स्थावरत्वभेदेननानात्वानि बहुवचनमत्यंतभेदप्रदर्शनार्थं पृथग्विधान्एकजातीयेष्वपिनरादिषुप्रत्ये कंविभिन्नप्रकारान् यज्ज्ञानंवेत्तिविषयीकरोतीति । येनज्ञानेनवेत्तीतिवक्तव्येएधांसिपचंतीतिवत्यज्ज्ञानंवेत्तीतिकरणेकर्तृत्वोपचारोबोध्यः । तेनात्मनांपरस्परभेदस्तेषामीश्वराद्भेदस्तेभ्यईश्वराद न्योन्यतश्चजडवर्गस्यभेदइत्यनौपाधिकभेदपंचकज्ञानंकुतार्किकाणांराजसमेवेत्यभिप्रायः २१ यत्तुज्ञानमेकस्मिन्कार्येदेहेप्रतिमादौवाकृत्स्नवत्परिपूर्णवदेतावानेवात्माईश्वरोवेतिसक्तमभिनिवेशयुक्तं । अहै तुकंनिरुपपत्तिकं । अतत्त्वार्थवत्परमार्थावलंबनशून्यं । अल्पंतुच्छविषयत्वादल्पफलत्वाच्च । यदेवंभूतंज्ञानंतत्तामसमुदाहृतम् २२ अथकर्मत्रैविध्यमाह नियतमित्यादिना । नियतंनित्यं संग रहितमभिमानवर्जितं रागइष्टेप्रीतिर्द्वेषोऽनिष्टेऽप्रीतिस्ताभ्यांकृतमिष्टानिष्टप्राप्तिपरिहारार्थंकृतंरागद्वेषतःकृतंतदन्यदरागद्वेषतःकृतंनिष्काममित्यर्थः । फल्गुचलीयतेचेतिफलंक्रिययाप्राप्यमनात्मवस्तुतदन्य दफलमनागंतुकंपरिपूर्णमविनाशिआत्मतत्त्वंतत्प्रेप्सुनाकृतंविविदिषंतियज्ञेनेतिश्रुत्याआत्मलाभार्थंयज्ञादेर्विनियोगात् तत्कर्मसात्त्विकमुच्यते २३ यत्तुकामेप्सुनाफलार्थिनासाहंकारेण यद्यपिसात्त्विकोऽ प्यनात्मवित्साहंकारस्तथाप्यहमेवकर्मकुशलोमहान्श्रोत्रियइत्यभिमानोहंकारस्तद्वतासाहंकारेण वाशब्दश्चार्थे क्रियतेबहुलायासमतिश्रमकरंतत्कर्मराजसमुदाहृतम् २४ अनुबध्यतेऽनेनेत्यनुबंधःफलं । क्षयंशक्तेरर्थानांचनाशं । हिंसांपरपीडां । पौरुषंस्वसामर्थ्यं अनपेक्ष्यानालोच्यकेवलंमोहादविवेकतोयदारभ्यतेकर्मतत्तामसमुदाहृतम् २५ कर्तृत्रैविध्यमाह मुक्तेत्यादिना । मुक्तसंगस्त्यक्ताभिनिवे

यत्तुकृत्स्नवदेकस्मिन्कार्येसक्तमहेतुकम् ॥ अतत्त्वार्थवदल्पंचतत्तामसमुदाहृतम् २२ नियतंसंगरहितमरागद्वेषतःकृतम् ॥ अफलप्रेप्सुनाकर्मयत्तत्सात्त्विकमुच्यते २३
यत्तुकामेप्सुनाकर्मसाहंकारेणवापुनः ॥ क्रियतेबहुलायासंतद्राजसमुदाहृतम् २४ अनुबंधंक्षयंहिंसामनपेक्ष्यचपौरुषम् ॥ मोहादारभ्यतेकर्मयत्तत्तामसमुच्यते २५
मुक्तसंगोऽनहंवादीधृत्युत्साहसमन्वितः ॥ सिद्ध्यसिद्ध्योर्निर्विकारःकर्तासात्त्विकउच्यते २६ रागीकर्मफलप्रेप्सुर्लुब्धोहिंसात्मकोऽशुचिः ॥ हर्षशोकान्वितःकर्ताराज
सःपरिकीर्तितः २७ अयुक्तःप्राकृतःस्तब्धःशठोनैकृतिकोऽलसः ॥ विषादीदीर्घसूत्रीचकर्तातामसउच्यते २८ बुद्धेर्भेदंधृतेश्चैवगुणतस्त्रिविधंशृणु ॥ प्रोच्यमानमशे
षेणपृथक्त्वेनधनंजय २९ प्रवृत्तिंचनिवृत्तिंचकार्याकार्येभयाभये ॥ बंधंमोक्षंचयावेत्तिबुद्धिःसापार्थसात्त्विकी ३० ययाधर्ममधर्मंचकार्यंचाकार्यमेवच ॥ अयथावत्प्र
जानातिबुद्धिःसापार्थराजसी ३१ अधर्मंधर्ममितियामन्यतेतमसाऽऽवृता ॥ सर्वार्थान्विपरीतांश्चबुद्धिःसापार्थतामसी ३२ ॥ ॥

शः । अनहंवादीपूर्वोक्ताहंकारोक्तिरहितः । धृतिःधैर्यं । उत्साहःसाधयिष्याम्येवेतिबुद्धिनिश्चयः । ताभ्यांसमन्वितः सिद्ध्यसिद्ध्योः कर्मणआरब्धस्येतिशेषः । निर्विकारोहर्षविषादशून्यः कर्तासात्त्विकउच्यते २६ रागीविषयलोलुपः । अतएवकर्मणःफलंप्रेप्सतीतिकर्मफलप्रेप्सुः । लुब्धःपरद्रव्यादौसंजाततृष्णस्तीर्थादौवाद्रव्यापरित्यागी । हिंसात्मकःपरपीडाकरस्वभावःअशुचि र्बाह्यांतःशौचवर्जितइष्टानिष्टप्राप्तौहर्षशोकान्वितश्चयःकर्तासराजसःपरिकीर्तितः २७ अयुक्तोऽनवहितः । प्राकृतोत्यंतमसंस्कृतबुद्धिर्बालसमः । स्तब्धोदंडवन्ननमतिकस्मैचित् । शठःशक्तिगूहन कारी । नैकृतिकोवंचकःपरावमानीवा । अलसःअप्रवृत्तिशीलःकर्तव्येष्वपि । विषादीसर्वदाअवसन्नस्वभावः । दीर्घसूत्रीचिरकारी एकाहसाध्यंकार्यंमासेनापिनकरोतीत्यर्थः । यएवंभूतःसक र्तातामसउच्यते २८ बुद्धिधृतीत्रैविध्येनव्याख्यातुमाह बुद्धेरिति । तत्रबुद्धिर्विशिष्टश्चिदाभासःकर्ताज्ञानंचप्रागुक्तं । अत्रतुकेवलाबुद्धिर्वृत्तिमतीतदीयवृत्त्यंतरोपलक्षणार्थंतद्वृत्तिविशेषोधृतिश्चत्रैवि ध्येनकथ्यतइत्यर्थः २९ प्रवृत्तिनिवृत्तीशास्त्रविहितप्रतिषिद्धविषये यजेतस्वर्गकामोनसुरांपिबेदित्यादिरूपे । कार्यंकृतिसाध्यंस्वर्गादि । अकार्यंनित्यसिद्धं तेननित्यानित्यवस्तुनीउक्ते भयाभयेका र्याकार्यनिमित्ते । बंधंमोक्षंचयावेत्तियया वेत्तीतिपूर्ववत्करणेकर्तृत्वोपचारः बुद्धिःसापार्थसात्त्विकी ३० अयथावत्संदेहास्पदत्वेन स्पष्टमन्यत् ३१ अधर्ममिति । विपरीतग्राहिणीबुद्धिस्तामसीत्यर्थः ३२

ययाधृत्याअव्यभिचारिण्यासमाध्यनुगतयामनःप्राणेंद्रियाणांक्रियाश्चेष्टाः संकल्पंश्वासप्रश्वासौशब्दादिग्रहणंचयोगेनचित्तवृत्तिनिरोधेनऐकाग्र्येणत्रासंयत्तास्तास्तथैवनिरोधावस्थायामैकाग्र्यावस्थायां
वाधारयतेचिरमवस्थापयतिसाधृतिःपार्थसात्विकी ३३ ययाधृत्त्याधर्मादीन्धारयतेऽनुरोध्यतयानिश्चिनोति प्रसंगेनधर्मादेःसंबंधेनफलाकांक्षीचभवतिपुरुषोधृतिःसापार्थराजसी
३४ स्वप्नंनिद्रां । भयंत्रासं । शोकंप्रसिद्धं । विषादंविषण्णतां । मदमशास्त्रीयविषयसेवयाचित्तस्यविवशत्वं । एतान्नविमुंचतिधारयत्येवययाधृत्यासाधृतिःपार्थतामसी ३५
गुणभेदेनक्रियाणांकारकाणांचत्रैविध्यमुक्तंतत्फलस्यसुखस्यत्रैविध्यमाह सुखंत्विदानींत्यादिना अभ्यासात्पौनःपुन्येनसेवनात् यत्रसात्त्विकेराजसेतामसेवासुखेरमतेरतिंप्राप्नोति । ययारत्यादुःखस्यपुत्र
शोकादेरप्यंतमवसानंनिगच्छतिनिश्चयेनप्राप्नोति । तत्सुखंत्रिविधंशृणुयदात्वयमप्यर्थःसात्विकसुखस्यैवलक्षणार्थस्तदायत्रसमाधिसुखेअभ्यासाद्रमतेनतुविषयसुखइवरागाद्दुःखांतंमोक्षंचनिगच्छतीत्यर्थः ३६
यत्तत्प्रसिद्धंसर्वप्राणिप्रेमास्पदं अग्रेसमारंभकालेमनःप्राणेन्द्रियस्पंदनिरोधेनयज्ञेसंज्ञप्यमानस्यपशोरिवजायमानं । विषमिवातितीव्रवेदनाकरं । परिणामेसात्विक्याधृत्यानिरुद्धासुमनआदिक्रियासुअ
मृतोपममत्याह्लादकरं । आत्मनःस्वस्यैवबुद्धेःप्रसादोनैर्मल्यंरजस्तमोमलराहित्यंतस्मादाविर्भूतंनतुविषयसंगजंनिद्रालस्यादिजंवातत्सुखंसात्विकंप्रोक्तम् ३७ राजसंसुखमाह विषयेति । अग्रेभोगकाले
परिणामेविषमिववियोगकालेइहामुत्रचदुःखप्रदत्वात् ३८ अग्रेआरंभे अनुबंधेपरिणामे मोहनंमोहकरं आत्मनोबुद्धेः यतोनिद्रादिजम् ३९ प्रकरणार्थमुपसंहरत्यनुक्तमपिसंगृह्णन् नतदस्तीति ।
सत्वंप्राणिजातं इदमुपलक्षणंजडस्यापि सर्वस्यत्रिगुणविकारत्वात् प्रकृतिजैर्जन्मांतरीयधर्माधर्मसंस्कारजैर्मायाप्रभवैर्वा शेषंस्पष्टम् ४० एवंपंचदशेसंसाराश्वत्थमसंगशस्त्रेणच्छित्वापरंपदंमार्गितव्यमि

धृत्याययाधारयतेमनःप्राणेंद्रियक्रियाः ॥ योगेनाव्यभिचारिण्याधृतिःसापार्थसात्विकी ३३ ययातुधर्मकामार्थान्धृत्याधारयतेऽर्जुन ॥ प्रसंगेनफलाकांक्षीधृतिः
सापार्थराजसी ३४ ययास्वप्नंभयंशोकंविषादंमदमेवच ॥ नविमुंचतिदुर्मेधाधृतिःसापार्थतामसी ३५ सुखंत्विदानींत्रिविधंशृणुमेभरतर्षभ ॥ अभ्यासाद्रमतेयत्रदुः
खांतंचनिगच्छति ३६ यत्तदग्रेविषमिवपरिणामेऽमृतोपमम् ॥ तत्सुखंसात्विकंप्रोक्तमात्मबुद्धिप्रसादजम् ३७ विषयेंद्रियसंयोगाद्यत्तदग्रेऽमृतोपमम् ॥ परिणामे
विषमिवतत्सुखंराजसंस्मृतम् ३८ यदग्रेचानुबंधेचसुखंमोहनमात्मनः ॥ निद्रालस्यप्रमादोत्थंतत्तामसमुदाहृतम् ३९ नतदस्तिपृथिव्यांवादिविदेवेषुवापुनः ॥
सत्त्वंप्रकृतिजैर्मुक्तंयदेभिःस्यात्त्रिभिर्गुणैः ४० ब्राह्मणक्षत्रियविशांशूद्राणांचपरंतप ॥ कर्माणिप्रविभक्तानिस्वभावप्रभवैर्गुणैः ४१ ॥

त्युक्तंतत्रात्मनोऽसंगत्वोपपादनायक्रियाकारकफललक्षणस्यकृत्स्नस्यसंसारस्यत्रिगुणात्मकत्वमुक्तम् । नह्यात्मानात्मनोर्गुणातीतगुणात्मकयोःसंगःसंभवतिनह्याकाशांतर्वर्तिपृथिव्यादिगुणेनगंधादिनाऽऽका
शःसंसृज्यतेतद्वदित्युक्तम् समाप्तःशास्त्रार्थः । अथेदानींसर्वगीताशास्त्रार्थमुपसंहर्तुमसंगशस्त्राप्त्युपायंचप्रदर्शयितुंप्रकरणांतरमारभते ब्राह्मणेत्यादिना । शूद्राणामसमासकरणंवेदानधिकारात् प्रविभक्तान्य
संकीर्णानि । तत्रहेतुमाह स्वभावप्रभवैर्गुणैः स्वभावईश्वरस्यप्रकृतिस्त्रिगुणात्मिकासैवप्रभवोहेतुर्येषांगुणानांतेस्वभावप्रभावास्तैः । यद्वा ब्राह्मणस्वभावस्यसत्वगुणएवप्रभवःशांतत्वात् । क्षत्रियस्वभा
वस्यसत्वोपसर्जनंरजःईश्वरस्वभावत्वात् । वैश्यस्वभावस्यतमउपसर्जनंरजःकृष्यादिस्वभावत्वात् । शूद्रस्वभावस्यरजउपसर्जनंतमःशुश्रूषास्वभावत्वात् । अथवास्वभावःप्राग्भवीयःसंस्कारस्तत्प्रभवैर्नतुजा
तिमात्रप्रभवैःपक्षिणामाकाशगमनवत् । अतएवजात्यंतरव्यावृत्तानांधर्माणांशमादिषुपाठोनदृश्ये । नहिशूद्राद्व्यावृत्तंत्रैवर्णिकानामध्ययनादिकंवाइतरद्वयाद्व्यावृत्तंब्राह्मणानामध्यापनादिकंवेहपठ्यतेकिंतु
सर्वेसर्वजातीयानांसाधारणाधर्माःशमादयोदृश्यंते । यथाहिद्रोणादिषुब्राह्मणेष्वपिशौर्यादिकंभरतादिषुक्षत्रियेष्वपिशमादिकंदृष्टं एवमितरत्र । तस्माद्यस्मिन्कस्मिंश्चिद्वर्णेशमादयोदृश्यंतेसशूद्रोऽप्येतैर्लक्ष
णैर्ब्राह्मणएवज्ञातव्यः । यत्रचब्राह्मणेऽपिशूद्रधर्मादृश्यंतेसशूद्रएव । तथाचारण्यकेसर्पभूतंनहुषंप्रतियुधिष्ठिरवाक्यं 'सत्यंदानंक्षमाशीलमानृशंस्यंतपोघृणा ॥ दृश्यन्तेयत्रनागेन्द्रसब्राह्मणइतिस्मृतः' । तथा
'यत्रैतल्लक्ष्यतेसर्पवृत्तंसब्राह्मणःस्मृतः ॥ यत्रैतन्नभवेत्सर्पतंशूद्रमितिनिर्दिशेत्'इति । जातिधर्मास्तुमनुनादर्शिताः । 'अध्यापनंचाध्ययनंयजनंयाजनंतथा ॥ दानंप्रतिग्रहंचैवब्राह्मणानामकल्पयत् ॥ प्रजा

नारक्षणंदानमिज्याध्ययनमेवच ॥ विषयेष्वप्रसक्तिंचक्षत्रियस्यसमादिशत् ॥ पशूनांरक्षणंदानमिज्याध्ययनमेवच ॥ वणिक्पथंकुसीदंचवैश्यस्यकृषिमेवच ॥ एकमेवतुशूद्रस्यप्रभुःकर्मसमादिशत् ॥ एतेषामेववर्णानांशुश्रूषामनसूयया’इति । तस्मात्शमादयोयत्राब्राह्मणेब्राह्मणेवादृश्यंतेसएवब्राह्मणइत्यत्रविवक्षितम् । ‘स्वेस्वेकर्मण्यभिरतःसंसिद्धिंलभतेपरां’इत्यत्रतुमनूक्तान्यध्यापनादीन्येवस्वकर्माणिग्राह्याणिनतुशमदमादीनि । नहिज्ञानविज्ञानवतोऽन्यासंसिद्धिर्लब्धव्यास्ति । तस्माच्छमदमादयोब्रह्मिष्ठस्यैवब्राह्मणस्यलक्षणमितिदिक् ४१ ब्राह्मणकर्माण्याह शमइति । अंतःकरणनिग्रहःशमः । बाह्येन्द्रियनिग्रहोदमः । तपःपूर्वोक्तंशारीरादिभेदेनत्रिविधम् । शौचंबाह्यंमृज्जलाभ्यामाभ्यंतरंभावशुद्धिः । क्षांतिःक्षमा । आर्जवमकौटिल्यं । ज्ञानंशास्त्रीयंकर्मब्रह्मविषयम् । विज्ञानंतदनुष्ठानानुभवात्मकम् । आस्तिक्यंश्रद्धा एतन्नवकंब्रह्मकर्मब्राह्मणत्वजात्यभिव्यंजकंकर्म स्वभावजंप्राचीनधर्मसंस्कारजम् ४२ शौर्यंपराक्रमः । तेजःप्रागल्भ्यम् । धृतिर्धैर्यम् । दाक्ष्यंयुद्धेकौशलमुत्साहोवा । दानमौदार्यम् । ईश्वरभावःउन्मार्गवर्तिनांनियमनशक्तिः । एतत्क्षात्रंकर्मस्वभावजम् ४३ वैश्यशूद्रयोःकर्माण्याह कृषीति । स्पष्टार्थःश्लोकः ४४ कर्मप्रविभागफलमाह स्वेस्वेइति । स्वेस्वेमन्वादिभिरुक्तेऽध्यापनादावसाधारणेशमदमादौसाधारणेचकर्मण्यभिरतोनिष्ठावान्संसिद्धिंज्ञानयोग्यतांलभतेनरः । एतदेवविवरीतुंप्रतिजानीते स्वेति । सिद्धिंवक्ष्यमाणांमुख्यसंन्यासलक्षणनैष्कर्म्यसिद्धिं यथायेनप्रकारेण ४५ तमेवप्रकारमाह यतइति । प्रवृत्तिःकायवाङ्मनोनिर्वर्त्याचेष्टा यतोहेतोरंतर्यामिणः । येनवागभ्युद्यतइत्यादिश्रुतेः । येनइदंसर्वंदृश्यंततंव्याप्तमुपादानत्वात् स्वकर्मणातमभ्यर्च्यसंतर्प्यसिद्धिंमोक्षंविन्दतिलभतेमानवः । मनुष्याधिकारिकत्वाच्छास्त्रस्यपरमेश्वरेनित्यकर्मणामर्पणमेवमोक्षद्वारमित्यर्थः ४६ स्वकर्मणेतिविशेषणस्यफलमाह श्रेयानिति । स्वधर्मोविगुणःकिंचिदंगहीनोऽपिश्रेयान्प्र

शमोदमस्तपःशौचंक्षांतिरार्जवमेवच ॥ ज्ञानंविज्ञानमास्तिक्यंब्रह्मकर्मस्वभावजम् ४२ शौर्यंतेजोधृतिर्दाक्ष्यंयुद्धेचाप्यपलायनम् ॥ दानमीश्वरभावश्चक्षात्रंकर्मस्वभावजम् ४३ कृषिगोरक्ष्यवाणिज्यंवैश्यकर्मस्वभावजम् ॥ परिचर्यात्मकंकर्मशूद्रस्यापिस्वभावजम् ४४ स्वेस्वेकर्मण्यभिरतःसंसिद्धिंलभतेनरः ॥ स्वकर्मनिरतःसिद्धिंयथाविंदतितच्छृणु ४५ यतःप्रवृत्तिर्भूतानांयेनसर्वमिदंततम् ॥ स्वकर्मणातमभ्यर्च्यसिद्धिंविंदतिमानवः ४६ श्रेयान्स्वधर्मोविगुणःपरधर्मात्स्वनुष्ठितात् ॥ स्वभावनियतंकर्मकुर्वन्नाप्नोतिकिल्बिषम् ४७ सहजंकर्मकौन्तेयसदोषमपिनत्यजेत् ॥ सर्वारंभाहिदोषेणधूमेनाग्निरिवावृताः ४८ असक्तबुद्धिःसर्वत्रजितात्माविगतस्पृहः ॥ नैष्कर्म्यसिद्धिंपरमांसंन्यासेनाधिगच्छति ४९ सिद्धिंप्राप्तोयथाब्रह्मतथाऽऽप्नोतिनिबोधमे ॥ समासेनैवकौंतेयनिष्ठाज्ञानस्ययापरा ५० बुद्ध्याविशुद्धयायुक्तोधृत्याऽऽत्मानंनियम्यच ॥ शब्दादीन्विषयांस्त्यक्त्वारागद्वेषौव्युदस्यच ५१ ॥ ॥ ॥ ॥ ॥

शस्यतरः किमपेक्ष्यश्रेयान् परधर्मात्स्वनुष्ठितात्सम्यग्विहितादपि उक्तंच । स्वधर्मेनिधनंश्रेयःपरधर्मोभयावहइति । स्वभावनियतंपूर्वोक्तत्रिविधस्वभावाज्जातंकर्मकुर्वन्किल्बिषंदोषंनाप्नोति विषकृमेर्विषमिवनदोषकरम् । तस्मात्तवभैक्ष्यंहिंसाशून्यमपिनयुक्तंकिंतुहिंसायुक्तोऽपिस्वधर्मएवप्रशस्यतरः । धर्मत्वेनविहितेऽस्मिन्नग्नीषोमीयपश्वालंभेइवकृतेसतिनकिल्बिषप्रसंगोऽस्तीत्यर्थः ४७ किंचसहजंस्वाभाविकंक्षात्रंकर्मसदोषंहिंसामिश्रमपिनत्यजेत् हियस्मात्सर्वारंभाःसर्वाणिकर्माणिदोषेणहिंसादिनाआवृताएव । यस्माच्चपरधर्मोभयावहस्तस्मात्स्वकर्मनत्यजेदित्यर्थः ४८ स्वकर्मणामीश्वरेसमर्पणंकर्तव्यमित्युक्त्वाऽनंतरश्लोकद्वयेनस्वकर्मणामावश्यकत्वमुक्त्वातेषांपरमेश्वरेर्पणेनकिंफलंस्यादित्यतआह असक्तेति । संन्यासेन ‘कार्यमित्येवयत्कर्मनियतंक्रियतेऽर्जुन ॥ संगंत्यक्त्वाफलंचैवसत्यागःसात्विकोमतः’इतिपूर्वोक्तेनामुख्यसात्विकत्यागेन असक्तबुद्धिःपुत्रदारादिषुसक्तिपदेष्वासक्तिवर्जिताबुद्धिर्यस्यसोऽसक्तबुद्धिर्विरक्तइत्यर्थः अतएवजितात्माशांतचित्तः विगतस्पृहःविशेषेणगतास्पृहातृष्णायस्यतादृशोभूत्वानैष्कर्म्यसिद्धिंकात्स्न्येनस्वरूपतःकर्मत्यागलक्षणांपारिव्राज्यसिद्धिंपरमांपूर्वोक्तांमुख्यत्यागापेक्षयाऽतिश्रेष्ठांनद्वेष्ट्यकुशलंकर्मेतिश्लोकेव्याख्यातांअधिगच्छतिप्राप्नोति ४९ स्वकर्मनिरतःसिद्धिंयथाविन्दतीत्येतत्प्रतिज्ञातमुपपादितम् । इदानींनैष्कर्म्यसिद्धिंप्राप्तोऽपिपरिव्राड्ज्ञीकारसंज्ञकवैराग्यवान्यथाब्रह्मप्राप्नोतितथावक्तुंप्रतिजानीते सिद्धिमिति । सिद्धिंनैष्कर्म्यसिद्धिंनिबोधबुध्यस्व मेमद्वचनात्समासेनसंक्षेपेणैव हेकौन्तेय यायत्प्राप्यंब्रह्म विधेयापेक्षंस्त्रीत्वं ज्ञानस्यपरानिष्ठायदपेक्षयाऽन्यज्ज्ञेयमांतरतरंनास्तीत्यर्थः ५० तमेवब्रह्मप्राप्तिप्रकारमाहत्रिभिः बुद्ध्येति । बुद्ध्यावेदांतश्रवणमननपरि

पाकोत्थयाऽहंब्रह्मास्मीतिपरोक्षनिश्चयरूपयाविशुद्धयासर्वभूतेषुमैत्र्यादिभावनयासम्यग्विशोधितया । धृत्याधैर्येणयोगक्षेमादिनिमित्तवैयग्र्यराहित्येन । आत्मानंदेहेन्द्रियसंघातंनियम्य दृढमनोभूत्वेत्यर्थः । चकारात्प्राणंचनियम्य शब्दादीन्विषयांस्त्यक्त्वाततइंद्रियाणिप्रत्याहृत्येत्यर्थः । प्रत्याहृतकरणोऽप्यंतर्मनसैवविषयान्स्मरतितत्परित्यागमाह रागद्वेषौव्युदस्यचेति । संकल्पंत्यक्त्वेत्यर्थः । सहित्रिविषयंपरिकल्प्यतत्ररागंजनयतीतिप्रसिद्धं यथाचाक्षपादाचार्यसूत्रम् । दोषनिमित्तंरूपादयोविषयाःसंकल्पकृताइति दोषोरागादिः चकारादयमहमस्मीत्येतमपिभावंव्युदस्येतिज्ञेयं ततोब्रह्मभूयायब्रह्मभावायतंप्राप्तुंकल्पतेयोग्योभवतीतितृतीयेनसंबंधः ५१ केनसाधनजातेनैवंभूतोभवतीत्यतआह विविक्तेति । यत्तच्छब्दाध्याहारेणयोज्यं नित्यमितिसर्वत्रसंबंधनीयम् । योनित्यंविविक्तसेवीएकांतशीली । लघ्वाशीमिताशनशीलश्च । तथानित्यंवैराग्यंरागाभावंसमुपाश्रितश्च । तथानित्यंध्यानयोगःषष्ठाध्यायोक्तस्तत्परश्चयोनित्यंभवतिसयतवाक्कायमानसोभवति यतकायआसनदार्ढ्येन । यतवाग्विषयेभ्यइंद्रियाणांप्रत्याहरणेन । यतमानसःसर्वसंकल्पत्यागेन । अत्रचतुर्भिःसाधनैर्यतवाक्कायमानसत्वंसाध्यम् । नित्यंविविक्तसेवादिशीलःसन्यतवाक्कायमनसोभूत्वाब्रह्मभूयायकल्पतइत्युत्तरेणान्वयः ५२ एवंयतवाक्कायमानसस्ययोगिनोयोगजाःसिद्धयउपतिष्ठंति ताश्चश्रुतौदर्शिताः 'पृथिव्यप्तेजोनिलखेसमुत्थितेपंचात्मकेयोगगुणेप्रवृत्ते ॥ नतस्यरोगोनजरानमृत्युःप्राप्तस्ययोगाग्निमयंशरीरं'इति । तथा 'यंयंलोकंमनसासंविभातिविशुद्धसत्वःकामयतेयांश्चकामान् ॥ तंतंलोकंजयतेतांश्चकामान्तस्मादात्मज्ञंह्यर्चयेद्भूतिकामः'इतिच । संविभातिसंकल्पयति लोकंलोचनीयमतीतानागतमर्थजातं कामान्काम्यमानान्विषयान् जयतेउपलभतेइतिश्रुतिपदानामर्थः । तथा 'नाविरतोदुश्चरितान्नाशांतोनासमाहितः ॥ नाशांतमानसोवापिप्रज्ञानेनैनमाप्नुयात्'इति । प्रज्ञानेनशास्त्राचार्योपदेशजेनज्ञानेनदुश्चरितादिसेवनाद्विरक्तःशांतोजितचित्तःसमाहितोनिरुद्धचित्तवृत्तिरप्यशांतमानसोयोगैश्वर्यासक्तचित्तःएनमात्मानंनप्राप्नुयादितिश्रुत्यर्थः । तदिदमाह अहंकारमिति । यदातुयोगीयतमानसोऽस्मितामात्र

विविक्तसेवीलघ्वाशीयतवाक्कायमानसः॥ ध्यानयोगपरोनित्यंवैराग्यंसमुपाश्रितः ५२ अहंकारंबलंदर्पंकामंक्रोधंपरिग्रहम्॥ विमुच्यनिर्ममःशांतोब्रह्मभूयायकल्पते ५३ ब्रह्मभूतःप्रसन्नात्मानशोचतिनकांक्षति॥ समःसर्वेषुभूतेषुमद्भक्तिंलभतेपराम् ५४ भक्त्यामामभिजानातियावान्यश्चास्मितत्त्वतः॥ ततोमांतत्त्वतोज्ञात्वाविशतेतदनंतरम् ५५

प्रत्ययोभवतितदासैवास्मितावस्थितिर्विषयाभिमुखाहंकारइत्युच्यतेविषयविमुखात्वस्मितेतिततस्तमहंकारंनिगृह्णीयात् । तदनिग्रहेयोगीवलंसत्यसंकल्पत्वादिसामर्थ्यमात्मनःपश्यन्दर्पंकरोतिनमत्तुल्योऽन्योस्तीतिमन्यते ततश्चदृप्तोधर्ममतिक्रामतीत्यापस्तंबवचनाद्दिव्यान्कामानिच्छति । तत्रकेनचिन्निमित्तेनकामप्रतिबंधेसतिक्रोधवान्भवतिततःपरोत्सादनायभूयांसंशिष्यादिपरिग्रहंसंपादयतिततोनश्यतीति । तस्मात्सर्वानर्थमूलभूतमहंकारमेवविमुच्यततइतरान्सर्वान्विमुंचति । अहंकारविमोकेऽपिनिर्ममत्वंतत्प्रदर्शितेषुविषयेषुममताशून्यत्वेसत्यहंकारःशिथिलीभूतोविषयवैमुख्यंप्राप्यस्वकारणेऽस्मितायांविलीयते । ततःशान्तोऽस्मितायाअपिप्रलयान्निरिंधनाग्निवदुपरतोयोगीब्रह्मभूयायकल्पते ५३ अस्यैवंशान्तस्यकेवलस्ययोगिनोव्युत्थानावस्थामाह ब्रह्मभूतइति । योहिसुप्तौलयेवानिपतितोयोगीव्युत्थानेजडदेहस्तमोग्रस्तचित्तइवतंद्रालुरुत्तिष्ठति । ब्रह्मभूतस्तुप्रसन्नात्माप्रसन्नचेताःलघुशरीरःअमृतेनेवसमाधिसुखेनतृप्तस्तदेकप्रवणोनशोचतिनष्टं । नाप्यप्राप्तंकांक्षतिदारादिकं सर्वेषुभूतेषुचतुर्विधेषुसमःब्रह्मैवेदंसर्वमितिबुद्ध्यावैषम्यवर्जितःसन्परांमद्भक्तिंद्वैतदृष्टिविवर्जितांभावनांलभते । पातंजलयोगीतुनव्युत्थानेपरांदृष्टिंलभतेभेददर्शित्वात् अयंचभक्तःश्रीभागवतेदर्शितः । 'सर्वभूतेषुयेनैकंभगवद्भावमीक्षते ॥ भूतानिभगवत्यात्मन्येषभागवतोत्तमः' इति । सोऽयंचतुर्थोभक्तोज्ञानीत्वात्मैवमेमतमितिभगवताऽपिदर्शितः ५४ अस्याअद्वैतात्मतत्त्वज्ञानलक्षणायाभक्तेःफलमाह भक्त्येति । मांउक्तविधया भक्त्याज्ञानीअभितःसाकल्येनजानाति साकल्यमेवाह यावानिति । किमहमणुपरिमाणोवादेहसंमितोवातार्किकाणामिवाकाशवत्सकलमूर्तद्रव्यसंयोगित्वलक्षणविभुत्वाश्रयोवासप्रपंचाद्वैतवादिनामिवस्वगतभेदवान्वाऽखंडैकरसोवेतिपरिमाणतस्तत्त्वतोमांतत्पदार्थंजानाति । तथायश्चास्मीति । देहेन्द्रियप्राणमनसामन्यतमःकियत्कालस्थायीवाक्षणिकविज्ञानरूपोवाशून्यंवाकर्ताभोक्तावाजडोवाजडाजडरूपोवाचिद्रूपोभोक्तावाकर्तृत्वभोक्तृत्ववर्जितआनंदघनोवेतितत्त्वतःसर्वसंशयराहित्येनमामजरममरमभयमशोकंजानाति तथाचश्रुतिः । 'भिद्यतेहृदयग्रन्थिश्छिद्यन्तेसर्वसंशयाः ॥

क्षीयंतेचास्यकर्माणितस्मिन्दृष्टेपरावरे'इतिआत्मदर्शनेसतिसर्वसंशयोच्छेदंदर्शयति । एवंक्षेत्रज्ञंचापिमांविद्धिसर्वक्षेत्रेषुभारतेत्युक्तेःसर्वक्षेत्रेष्वेकंमांविभुंसच्चिदानंदघनंतत्त्वतोज्ञात्वासर्वोपाधिविनिर्मुक्तंयाथा त्म्येनज्ञात्वासाक्षात्कृत्यततोव्याप्तोब्रह्मभावंगतोभवतीत्यर्थः । ब्रह्मवेदब्रह्मैवभवतीतिश्रुतेः । यद्वा ततइतिकारणब्रह्मभावापत्तिःसार्वात्म्यरूपाप्रथममुक्ता'यएवंवेदाहंब्रह्मास्मीतिसइदंसर्वंभवति सएत मेवपुरुषंब्रह्मततमपश्यत्'इत्यादिश्रुतिभ्योमुक्तानांसार्वात्म्यावगमात् ततमंततमं एकस्तकारश्छांदस्यांप्रक्रियायांलुप्तोद्रष्टव्यइतिश्रुतिभाष्यम् । अनंतरंकारणभावापत्तेरनुपदमेवतत्ब्रह्मतच्छब्दाभिधेयं । 'तदितिवाएतस्यमहतोभूतस्यनामभवति'इतिश्रुतेः शुद्धंब्रह्मविशतेदर्पणापायेप्रतिबिंबोबिंबमिवप्रविशति कार्योपाधीनांजीवानांकारणोपाधीश्वरप्राप्तिद्वारैवनिष्कलब्रह्मप्राप्तिरित्यावेदितंप्रागेव । यद्वा मांज्ञात्वातद्विशतइत्येतावतैवज्ञानप्रवेशयोःपौर्वापर्येसिद्धेतदनंतरमितिपदेनतच्छब्देनबुद्धिस्थंदेहंपरामृश्यतत्पातानंतरमितिव्याख्येयं । यतोजातेऽपितत्त्वज्ञानेयावद्देहपातंप्रारब्धकर्मणांप्रतिबंधाद्विदेहकैव ल्यंनप्राप्यते । अन्यथाज्ञानसमकालमेवदेहपातापत्तिःस्यात् विमुक्तश्चविमुच्यते भूयश्चांतेविश्वमायानिवृत्तिरितिमुक्तस्यमुक्तिनिवृत्त्ताया।श्चमायायाःपुनर्निवृत्तिवदज्जीवन्मुक्तिशास्त्रंबाधितंस्यात् । यथातार्किकाणांनष्टेऽपिसमवायिकारणेपटादिकंक्षणमात्रमवतिष्ठतेएवमस्माकमप्यनादिकालायादेहाद्युपादानभूतायाअविद्यायाविनाशेऽपिकिंचित्कालंदेहादिप्रतिभानंयुज्यते ईदृशमेवजीवन्मुक्तमपेक्ष्यभगव ताउक्तं । 'उपदेक्ष्यंतितेज्ञानंज्ञानिनस्तत्त्वदर्शिनः'इति । स्थितप्रज्ञलक्षणस्मृतिरपितल्लक्षणाभिधित्सयैवप्रवृत्तेइतिदिक् ५५ ननुतद्यथैषीकतूलमग्नौप्रास्तंप्रदूयेतैवंहास्यसर्वेपाप्मानःप्रदूयंतइतिपूर्वकर्मणां ज्ञानेनप्रायश्चित्तेनैवसत्यपिनाशश्रवणेज्ञानोत्तरकालीनानांकर्मणांनाशाभावाज्ज्ञानोत्तरमपिदेहधारणेस्वाभाविकानांकर्मणांवर्जनस्यासंभवादवश्यंज्ञानिनोऽपिबंधःस्यादित्याशंक्याह सर्वकर्माणीति । मद्व्य

सर्वकर्माण्यपिसदाकुर्वाणोमद्व्यपाश्रयः ॥ मत्प्रसादादवाप्नोतिशाश्वतंपदमव्ययम् ५६ चेतसासर्वकर्माणिमयिसंन्यस्यमत्परः ॥ बुद्धियोगमपाश्रित्यमच्चित्तः सततंभव ५७ मच्चित्तःसर्वदुर्गाणिमत्प्रसादात्तरिष्यसि ॥ अथचेत्त्वमहंकारान्नश्रोष्यसिविनंक्ष्यसि ५८ यदहंकारमाश्रित्यनयोत्स्यइतिमन्यसे ॥ मिथ्यैष व्यवसायस्तेप्रकृतिस्त्वांनियोक्ष्यति ५९ स्वभावजेनकौन्तेयनिबद्धःस्वेनकर्मणा ॥ कर्तुंनेच्छसियन्मोहात्करिष्यस्यवशोऽपितत् ६० ॥ ॥ ॥

पाश्रयोऽहमेवप्रज्ञानघनःप्रत्यगात्माव्यपाश्रयआश्रयोयस्यसमद्व्यपाश्रयोज्ञानी सर्वकर्माणिविहितानिनिषिद्धानिवासदाऽसकृत्कुर्वाणोऽपिमत्प्रसादात्मदनुग्रहाच्छाश्वतंनित्यंअव्ययंपरमसर्वोत्कृष्टंपदंपदनी यंमोक्षमवाप्नोति । ननुज्ञानोत्तरमपिक्रियमाणैःकर्मभिर्बध्यते । 'तस्यपुत्रादायमुपयंतिसुहृदःसाधुकृत्यांद्विषंतःपापकृत्यामिति । नहवाएवंविदिकिंचनरजआध्वंसतेतंविदित्वानलिप्यतेकर्मणापापकेन' इत्यादिशास्त्रेणतत्त्वज्ञानिनःकर्मालेपश्रवणात् ५६ एवंवर्णाश्रमादिधर्मपुरस्कारेणससाधनासफलाचब्रह्मविद्यानिरूपिताअस्याःप्राप्तयेपुनःसाधनत्वेनभक्तिमेवविधत्ते चेतसेति । चेतसाविवेकबुद्ध्यासर्वा णिकर्माणिनित्यनैमित्तिकानिमयिभगवतिवासुदेवेसंन्यस्ययत्करोषियदश्नासीत्युक्तरीत्यासमर्प्यमत्परःअहमेवपरःप्राप्योयस्यनतुमद्भक्त्याअर्थादीन्प्रार्थयानःबुद्धियोगंपूर्वोक्तंसिद्ध्यसिद्ध्योःसमत्वलक्षणंबंधहेतौ रपिकर्मणोमोक्षहेतुत्वसंपादकंअपाश्रित्यआश्रित्यमच्चित्तःमदेकशरणःसततंसर्वदाभव ५७ एतस्यभक्तियोगस्यकरणेगुणमकरणेदोषंचाह मच्चित्तइति । दुर्गाणिआध्यात्मिकाधिलौकिकादीनिसंकटानि अहंका रात्स्वपांडित्याभिमानात्नश्रोष्यसिमद्वाक्यंतर्हिविनंक्ष्यसिपुरुषार्थशून्योभविष्यसि ५८ स्वतंत्रोऽहंत्वदुक्तंनकरिष्यामीत्याशंक्याह यदिति । यत्यदिअहंकारंगर्वमाश्रित्यनयोत्स्येयुद्धंनकरिष्येइतिमन्यसेएषते तवव्यवसायोनिश्चयोमिथ्यायतःप्रकृतिःक्षात्रस्वभावःत्वांनियोक्ष्यति । 'प्रकृतिंयांतिभूतानिनिग्रहःकिंकरिष्यति'इतिचोक्तं ५९ प्रकृतिस्त्वांनियोक्ष्यतीत्येतदेवव्याचष्टे स्वभावजेनेति । स्वभावजेनपूर्वो क्तेनशौर्यादिना अवशोऽपिपरवशएवतत्करिष्यसि ६० ॥ ॥ ॥ ॥ ॥

कोऽसौपरोयद्वशोऽहमस्मीत्यतआह ईश्वरइति । ईश्वरईशनशीलोऽन्तर्यामीपृथिव्यादीनामस्माकंचसर्वभूतानांसर्वप्राणिनांहृद्देशेबुद्धिगुहायांसर्वप्राणिप्रवर्तकस्तिष्ठति कीदृशः सर्वभूतानिभ्रामयन्ऊर्ध्वाधो मार्गेषुसंचारयन्काष्ठपुत्तिकाइवसूत्रधारः यंत्रारूढानियंत्रमिवयंत्रंउत्क्रमणादिसाधनंसर्वप्राणाद्यात्मकंलिंगंतदारूढानिमाययास्वशक्त्याभ्रामयन्नितिसंबंधः । हेअर्जुनशुक्लविशुद्धांतःकरण सेश्वरोसीतिभावः अत्राहंकारपूर्वकंयःकर्मकरोतियश्चईश्वरपरवशोऽहंकरोमीतिबुद्ध्याकरोतिनयोरत्यंतवैलक्षण्यप्रदर्शनार्थोमंत्रोभाष्येउदाहृतः । 'अहश्चकृष्णमहरर्जुनंचविवर्तेतेरजसीवेद्याभिः'इतिभारद्वाजार्षम् अहश्चकृष्णमहर र्जुनंचेत्यग्निमारुतस्यप्रतिपदितिब्राह्मणेनआग्निमारुतेशस्त्रेविनियुक्तामथमेयमृक् यस्मिन्दिवसेसोमःसूयतेयागार्थंतदेवजन्मसाफल्यदिनंमुख्यमहःशब्दवाच्यं अन्यत्तुदिनमदिनमेवनिष्फलत्वात् तथाचस्मृ तिः । 'दशभिर्जन्मभिर्वेदाआधानंशतजन्मभिः । सहस्रैर्जन्मभिःसोमंब्राह्मण्यंपातुमर्हति'इतिसोमयागस्यदौर्लभ्यंदर्शयति तदयमहःशब्दःकालवचनोऽपिसौम्येकर्मणिवर्तते । यथादर्शपौर्णमासशब्दौ । तत्रैवंसतिअहःयागःकृष्णंअविदुषाकृतमप्रकाशमिवभवति । तथाऽहरर्जुनंस्वच्छंतदेवविदुषाकृतंप्रकाशरूपमिवभवति । तेएतेउभेअपिविद्वदविद्वत्कृतेअ हनीरजसीप्रवृत्तिरूपत्वात्रजोगुणकार्येअपिवेद्याभिर्विद्याभिःकर्मांगावबद्धोपासनारूपाभापरमेश्वरेसर्वकर्मार्पणरूपाभाअहंकरोमीत्यभिमानरूपाभाविद्याविज्ञानानिताभिर्विवर्तेतेवैपरीत्येनवर्तेते सोपासनं कर्मश्वेतंपरमात्मतत्त्वप्रकाशकंबंधविच्छेदहेतुः मूढकृतंकर्मकृष्णंस्वरूपावरकंबंधहेतुरित्यर्थः । तदेवंभगवान्पार्थअर्जुनेतिसंबोधयन्एतस्यस्वच्छांतःकरणत्वद्योतनेनशुक्लेधर्मेऽधिकारंदर्शयति ६१ तमेवईश्वरंसर्वभावेनसर्वात्मनाशरणमाश्रयंगच्छश्रयस्व तत्प्रसादात्तदनुग्रहात्परांशांतिंउपरतिंसमाधिमिनियावत् तथाचसूत्रं । समाधिसिद्धिरीश्वरप्रणिधाना दिति । स्थानंचपरंविष्णोःपदंमोक्षंशाश्वतंनित्यंप्राप्स्यसि ६२ सर्वगीतार्थमुपसंहरति इतीति । इतिएवंप्रकारंतेतुभ्यंमयासर्वज्ञेनपरमकारुणिकेनज्ञानंआख्यातम् ।

ईश्वरःसर्वभूतानांहृद्देशेऽर्जुनतिष्ठति ॥ भ्रामयन्सर्वभूतानियंत्रारूढानिमायया ६१ तमेवशरणंगच्छसर्वभावेनभारत ॥ तत्प्रसादात्परांशांतिंस्थानंप्राप्स्यसिशाश्वतम् ६२ इतितेज्ञानमाख्यातंगुह्याद्गुह्यतरंमया ॥ विमृश्यैतदशेषेणयथेच्छसितथाकुरु ६३ सर्वगुह्यतमंभूयःशृणुमेपरमंवचः॥ इष्टोऽसिमेदृढमितिततोवक्ष्यामितेहितम् ६४ मन्मनाभवमद्भक्तोमद्याजीमांनमस्कुरु ॥ मामेवैष्यसिसत्यंतेप्रतिजानेप्रियोऽसिमे ६५ ॥ ॥ ॥ ॥ ॥

गुह्यान्मंत्रतंत्ररसायनरूपाद्गुह्यतरंअतिशयितंरहस्यं । एतद्यथोक्तंशास्त्रार्थजातंविमृश्यसम्यगालोच्ययथेच्छसितथाकुरु ६३ एवंयथेष्टकरणमभ्यनुज्ञायाप्यतिवात्सल्यात्श्लोकद्वयेनैवकृत्स्नं शास्त्रार्थमुपदेक्ष्यंस्तद्ग्रहणेऐकाग्र्यमस्यसंपादयितुमाह सर्वेति । सर्वेभ्योगुह्येभ्यःअतिशयितंगुह्यंसर्वगुह्यतमंभूयःपुनरसकृदुक्तमपिमेममवचनंशृणु परमंपरमार्थविषयत्वात् नलोभान्नापिभयात्त्वांवक्ष्या मिकिंतर्हिमेममइष्टोऽसिपरमाप्तोसिइतिहेतोः दृढंअतिशयितंतेतवहितंयतस्ततोवक्ष्यामि । तवइष्टत्वात्विद्यायाश्चहितत्वात्तद्वचनंआप्तेत्वयिअवश्यंवक्तव्यमितिभावः ६४ तदेवगुह्यतमंहितमाह मन्म नाइति । अहंप्रत्यगात्मानंदैकघनःपरिपूर्णस्तदाकारंमनोयस्यसमन्मनाःभव एतेनब्रह्मात्माभेदोऽपिसाक्षात्करणीयइत्युत्तरषट्कार्थउक्तः । कथमेवंविधाज्ञाननिष्ठालभ्यतेऽतआह मद्भक्तोभव एतेनभगवदुपासनात्मकोमध्यमषट्कार्थउक्तः । कथमल्पपुण्यस्यभक्तिरुदेष्यतीत्यतआह मद्याजीभगवदर्थकर्मकरणशीलोभव एतेनकर्मप्रधानआद्यषट्कार्थोविवृतः । ननुयस्यभगवद्याजित्वंनसं भवतिदारिद्र्यात्क्रय्याद्यभावाद्वातस्यभगवद्भक्तिदौर्लभ्याद्ब्रह्माकाराचेतोवृत्तिर्दुर्लभतरेत्याशंक्याह मांनमस्कुरु प्राकृतभक्त्यैवप्रतिमादौभगवंतंसर्वोपचारसमर्पणेननमस्कारादिनासम्यगाराधयेत्यर्थः । तथाचाश्वलायनोनमस्कारस्यैवयज्ञत्वमुदाहरति 'योनमसास्वध्वरइतियज्ञोवैनमइतिहिब्राह्मणंभवति'इतिच । एवमुक्तस्यसोपानत्रयारूढस्यफलमाह मामिति । मामेवतत्पदार्थंसर्वजगत्कारणं सर्वेश्वरंसर्वशक्तिमखंडैकरसंत्वंएष्यसिप्राप्स्यसिबिंबइवप्रतिबिंबंघटाकाशइवमहाकाशं । अस्मिन्नर्थेशपथंकरोतितेतवपुरःसत्यंअबाधितार्थभूतंप्रतिजानेप्रतिज्ञांकरोमिमामेवैष्यसीति । प्रियोऽसिमे यत
२५ स्त्वंमेममप्रियोऽसिअतःप्रतारणानर्हेत्वयिसत्यमेवाहंब्रवीमीत्यर्थः ६५ ॥ ॥ ॥ ॥

एवंनमनयजनभजनमननक्रमेणसांख्यनिष्ठाउक्ता । यापूर्वंध्यानेनात्मनिपश्यंतीत्यनेनश्लोकेनदर्शिता । इदानीं'अन्येत्वेवमजानंतःश्रुत्वाऽन्येभ्यउपासते । तेऽपिचातितरंत्येवमृत्युंश्रुतिपरायणाः'
इतिकेवलोपास्तिनिष्ठायोगाख्योक्तातामाह सर्वेति । सर्वेषांवर्णानामाश्रमाणांदेहेन्द्रियबुद्धीनांचधर्माननिग्रहोत्रादीनसुखदुःखादींश्चत्यक्त्वामामेकंसर्वेश्वरंसर्वशक्तिसोपाधिनिरुपाधिवाऽखंडैकरसमानंद
घनंपरमात्मानं शरणंशृणातिहिनस्त्यविद्यादीनक्लेशादीनशरणमाश्रयःपरायणंगच्छप्राप्नुहि मदेकशरणोभवेत्यर्थः । अत्रअन्नंभुक्त्वैवतृप्यतिनतुजलमात्रंपीत्वेतिवद्हेतुत्वंक्त्वाप्रत्ययार्थः सर्वधर्मप
रित्यागेनमांशरणंव्रजेत्यर्थः यथोक्तम् 'अनात्मदर्शनेनैवपरात्मानमुपास्महे'इति । एतस्यभगवच्छरणीकरणस्यफलमाह अहंत्वेति । अहंप्रत्यगात्मासूर्यांतर्यामीनारायणःसकलपाप्मवि
निर्मुक्तःसम्यग्ज्ञातःसन्त्वात्वांसर्वपापेभ्यःसंचितक्रियमाणेभ्योगोत्रवधादिजेभ्योमोक्षयिष्यामिमाशुचःशोकंमाकार्षीः तथाहि । तत्त्वज्ञानफलंपापास्पर्शःशोकतरणंचसर्वश्रुतिस्मृतिप्रसिद्धंआदित्यांतर्व
र्तिनंनारायणंप्रकृत्यच्छांदोग्येश्रूयते 'सएषसर्वेभ्यःपाप्मभ्यउदितउदेतिहवैसर्वेभ्यःपाप्मभ्योयएवंवेद । तरतिशोकमात्मवित्तत्रकोमोहःकःशोकएकत्वमनुपश्यतः'इति । उदितःऊर्ध्वमितोगतः
पापान्युत्क्रम्यगतोनिष्पापइतिश्रुतिपदार्थः । वर्णाश्रमधर्मसंन्यासपूर्वकंषष्ठाध्यायेनोक्तेनयोगेनदेहादीनांधर्मांश्चत्यक्त्वानिर्विकल्पमात्मानंसाक्षात्कुर्वतोनकर्मलेपइत्यर्थः ६६ एवंश्लोकद्वयेनज्ञान
योगेनसांख्यानांकर्मयोगेनयोगिनामितिसांख्ययोगौद्वितीयाध्यायेदर्शितावुपसंहृत्यविद्यासंप्रदायविधिमाह इदमिति । अतपस्कायतपआलोचनंतद्रहितायअयत्नशीलायेत्यर्थः । अभक्ताय
श्रद्धाहीनायअशुश्रूषवेगुरुसेवामकुर्वते । मांपरमात्मानंयोऽभ्यसूयतिमदीयगुणासहिष्णुतयामयिदोषारोपपरोभवतितस्मै नञःप्रत्येकंसंबद्धत्वादेतेषांविशेषणानामन्यतमाभावेऽपिकदाचनमह
त्यपिसंकटेइदंनवाच्यंनोपदेष्टव्यम् । अत्र'विद्याहवैब्राह्मणमाजगामगोपायमाशेवधिष्टेऽहमस्मि ॥ असूयकायानृजवेऽयतायनमांब्रूयावीर्यवतीतथास्याम् । यस्यदेवेपराभक्तिर्यथादेवेतथागुरौ ॥

सर्वधर्मान्परित्यज्यमामेकंशरणंव्रज ॥ अहंत्वासर्वपापेभ्योमोक्षयिष्यामिमाशुचः ६६ इदंतेनातपस्कायनाभक्तायकदाचन ॥ नचाशुश्रूषवेवाच्यंनचमांयोऽभ्यसूय
ति ६७ यइदंपरमंगुह्यंमद्भक्तेष्वभिधास्यति ॥ भक्तिंमयिपरांकृत्वामामेवैष्यत्यसंशयः ६८ नचतस्मान्मनुष्येषुकश्चिन्मेप्रियकृत्तमः ॥ भवितानचमेतस्मादन्यःप्रिय
तरोभुवि ६९ अध्येष्यतेचयइमंधर्म्यंसंवादमावयोः ॥ ज्ञानयज्ञेनतेनाहमिष्टःस्यामितिमेमतिः ७० श्रद्धावाननसूयश्चशृणुयादपियोनरः ॥ सोऽपिमुक्तःशुभाँल्लोका
न्प्राप्नुयात्पुण्यकर्मणाम् ७१ ॥ ॥ ॥ ॥ ॥

तस्यैतेकथिताह्यर्थाःप्रकाशंतेमहात्मनः'इतिश्रवणादसूयारहितायार्जवोपेतायाभ्यासशीलायगुरुपरमेश्वराराधनपरायचएतद्रहस्यंदेयंनान्यस्मैइत्यर्थः ६७ एवंसंप्रदायविधिमुक्त्वासंप्रदायकर्तुःफलमाह यइ
दमिति । इदंपरमंगुह्यंयोभक्तिहीनोमानपूजार्थीसन्मद्भक्तेष्वभिधास्यतिसोऽपिततएवपुण्यान्मयिपरमेश्वरेचिदेकरसेपरांभक्तिमद्वैतलक्षणामुपासनांकृत्वातत्रादरंप्राप्यतामनुष्ठायचमामेवैष्यतिमुक्तिंमाप्स्यती
त्यर्थः असंशयःसंशयोऽत्रनास्ति । स्मर्यतेहिअजामिलादीनांभक्तिगंधहीनानामपिपुत्रसंकेतितेननारायणेतिनाम्नास्नेहवशादाह्वयतांतावन्मात्रतुष्टेनभगवतासद्गतिर्दत्ताकिमुवक्तव्यंयोवाचाएतावच्छास्त्र
हस्यंप्रतिपादयतितस्यभक्तिलाभादिक्रमेणकृतकृत्यत्वंभविष्यतीति ६८ ननुअश्रद्धयाकृतंसर्वंव्यर्थमितित्वयैवोक्तंकथमभक्तस्याप्येतच्छास्त्राभिधानतोभक्त्यादिलाभःसंभवेदित्याशंक्याह नचेति । तस्मा
देतच्छास्त्रप्रवर्तकादन्योमनुष्येषुमेममप्रियकृत्तमोनचकश्चिदस्ति । इयमेवममहतीवाचिकीभक्तिस्तांकृत्वासोपानारोहक्रमेणमेममप्रियतरोभविताभविष्यति । 'अनिच्छयाऽपिसंस्पृष्टोदहत्येवहिपावकः'
इति । नचभुविएतस्मादन्यत्परमार्थसाधनमस्तीतिभावः । अक्षरार्थःस्पष्टः ६९ अध्यापकस्यफलमुक्त्वाऽध्येतुःफलमाह अध्येष्यतेचेति । ज्ञानयज्ञेननिर्विकल्पसमाधिनाइष्टःपूजितःसहिधर्मंघनामापु
ष्कलपुण्यवृष्टिकरस्तद्वदेतस्यशास्त्रस्याध्ययनमपीत्यर्थः । इतिमेममसर्वेश्वरस्यमतिः तेनात्रस्तुतिमात्रमेतदितिनमंतव्यंकिंतुभूतार्थवादएवायमितिभावः ७० प्रवक्तुरध्येतुश्चफलमुक्त्वाश्रोतुरपिफलमाह श्रद्धावानि
ति । शृणुयादपिअक्षरश्रवणंकुर्यादपिकिमुवक्तव्यमादरेणार्थग्रहणंयःकुर्यात्सउक्तंफलंप्राप्नुयादिति स्पष्टार्थःश्लोकः । तथाचोक्तंश्रीभागवते । 'वासुदेवकथाप्रश्नःपुरुषांस्त्रीन्पुनातिहि ॥ वक्तारंपृच्छकं
श्रोतॄंस्तत्पादसलिलंयथा'इति ७१ ॥ ॥ ॥ ॥ ॥ ॥

सर्वांतर्यामीसर्वज्ञोऽपिभगवाँल्लोकशिक्षार्थंशिष्यस्यज्ञानंजातंनवेतिपृच्छति अन्यथापुनःपुनःस्वयमेत्यउपदेशंकृतवताऋभुणानिदाघइवमयाऽयंशतकृत्वोऽप्युपदेशेनकृतार्थःकर्तव्यइत्याशयेनाह कच्चिदिति ।
कच्चिदितिकामप्रवेदने हेपार्थएतत्त्वयाएकाग्रेणचेतसाश्रोतव्यंशब्दतोऽर्थतश्चबोद्धव्यमितिममकामोऽस्तिततस्त्वांपृच्छामिकिमिदंत्वयाश्रुतमिति । श्रुतवतोऽपितवअज्ञानकृतःसंमोहोविपर्ययःअना
त्मन्यात्मधीरूपःस्वधर्मेयुद्धेचाधर्मधीरूपइतिसद्विविधोऽपिनष्टःकच्चित् । मच्छ्रमसाफल्यमिच्छुस्त्वामहंपृच्छामीत्यर्थः ७२ एवंपृष्टःस्वस्यकृतकृत्यतांज्ञापयन्नर्जुनउवाच नष्टोमोहइति । मोहः
पूर्वोक्तोद्विविधोऽपिनष्टः । स्मृतिरयमहमस्मिपरंब्रह्मेत्यात्मानुसंधानरूपाआत्मतत्त्वविषयालब्धा । यस्यालाभेनसर्वहृदयग्रंथीनांयावान्यश्चास्मितत्त्वतइत्यत्रोदाहृतानांचिज्जडैक्यभ्रमप्रभवानां
विमोक्षोभवति तथाचश्रूयते । स्मृतिलंभेसर्वग्रंथीनांविमोक्षइति त्वत्प्रसादान्मयाऽच्युतस्मृतिर्लब्धेतिसंबंधः । स्थितोऽस्मित्वच्छासनेइतिशेषः । गतसंदेहोनष्टसंदेहइत्यनेनानात्मन्यात्म
धीरूपोमोहोनष्टइतिदर्शितं । करिष्येवचनंतवेत्यनेनस्वधर्मेयुद्धेचाधर्मधीरूपोऽपिमोहोनष्टइतिदर्शितं ७३ समाप्तःशास्त्रार्थः इदानींकथाप्रबंधमेवानुवर्तयन्संजयउवाच इतीति । अद्भुतंचेतसोवि
स्मयकरं रोमहर्षणंरोमांचोद्भेदजनकं शेषंस्पष्टं ७४ कथमयंत्वयादूरस्थयोरपिवासुदेवार्जुनयोःसंवादःश्रुतइत्यतआह व्यासप्रसादादिति । भगवताव्यासेनदिव्यंचक्षुःश्रोत्रादिकंमह्यंदत्तं
येनाहंव्यवहितंविप्रकृष्टंवासर्वंकरतलामलकवद्विजानामि । अतोव्यासप्रसादादेतच्छास्त्रंपरंगुह्यंगोप्यंअहंश्रुतवान् । योगंच पश्यमेयोगमैश्वरमितिप्रतिज्ञापूर्वकंप्रदर्शितंवैश्वरूप्यं तमपिदृष्टवानिति
शेषः । स्वयंकथयतइत्युक्तेअस्यमहतोभूतस्यनिःश्वसितमेतद्यदृग्वेदइतिश्रुतेःस्वनिःश्वसितंवेदंशिष्याचार्यपरंपरयाकथयतइत्यायाति । तदर्थंसाक्षात्कथयतइति । सृष्ट्यादौब्रह्माणंप्रतीवेदा
नीमर्जुनंप्रतिसाक्षात्कथयतःश्रुतवानहमित्यर्थः । तेनभगवदनुग्रहपात्रतयाब्रह्मणासमत्वंस्वस्यद्योत्यते । अत्रएतद्योगमित्यभेदेनान्वयेतुगुह्यपदापेक्षयाएतद्योगमितिपुन्नपुंसकलिंगयोरपिसामा

कच्चिदेतच्छ्रुतंपार्थत्वयैकाग्रेणचेतसा ॥ कच्चिदज्ञानसंमोहःप्रनष्टस्तेधनंजय ७२ ॥ अर्जुनउवाच ॥ नष्टोमोहःस्मृतिर्लब्धात्वत्प्रसादान्मयाऽच्युत ॥ स्थितोऽस्मिग
तसंदेहःकरिष्येवचनंतव ७३ ॥संजयउवाच ॥ इत्यहंवासुदेवस्यपार्थस्यचमहात्मनः ॥ संवादमिममश्रौषमद्भुतंरोमहर्षणम् ७४व्यासप्रसादाच्छ्रुतवानेतद्गुह्यमहंपरम्
योगंयोगेश्वरात्कृष्णात्साक्षात्कथयतःस्वयम् ७५राजन्संस्मृत्यसंस्मृत्यसंवादमिममद्भुतम् ॥ केशवार्जुनयोःपुण्यंहृष्यामिचमुहुर्मुहुः ७६तच्चसंस्मृत्यसंस्मृत्यरूपमत्यद्भु
तंहरेः ॥ विस्मयोमेमहान्राजन्हृष्यामिचपुनःपुनः ७७ ॥ ॥ ॥ ॥ ॥

नाधिकरण्यंशक्यंचयत्किंचिदक्षताऽपिक्षुदुपहंतुमित्यादाविवपूर्वप्रवृत्तलिंगसंस्कारप्राबल्यादुत्तरत्रभिन्नलिंगविशेष्यलाभेऽपिपूर्वसंस्कारोननिवर्त्ततइतिसामानाधिकरण्यंविलिंगयोरपिवक्तुंशक्यमितिज्ञेयं ७५
केशवार्जुनसंवादश्रवणजंविश्वरूपाख्ययोगदर्शनजंचाह्लादंक्रमेणश्लोकद्वयेनाह राजन्निति । हेराजन्हेधृतराष्ट्र पुण्यंपुण्यकरंपापहरंचेत्यर्थात् संस्मृत्यसंस्मृत्येतिसंभ्रमेद्विरुक्तिः शेषंस्पष्टार्थं ७६ तच्चेति ।
रूपंविश्वरूपं एतद्दर्शनेहिब्रह्माणमीशमितिदेशतोविप्रकृष्टं वक्त्राणितेत्वरमाणाविशंतीतिकालतोव्यवहितंभीष्मादिक्षयंचकरतलामलकवद्दृष्टवान् । तच्चजगतोमिथ्यात्वमंतरेणनसंभवतीतिप्रतिपादितंवेदांतक
तके 'अतीतानागतंवस्तुवीक्ष्यतेकरबिल्ववत् । योगीसंकल्पमात्रोत्थमितिशास्त्रेषुडिंडिमः ॥ १ ॥ मायायांसर्वदासर्वंसर्वावस्थमिदंजगत् ॥ अस्तीतितदुपाधिश्चित्सार्वात्म्यात्सर्वमीक्षते
॥ २ ॥ आरंभपरिणामाभ्यांस्वेनरूपेणयन्नसत् ॥ अतीतानागतंवस्तुयोगीतद्वीक्षतांकथम् ॥ ३ ॥ संकल्पमात्रभातंवस्त्वतीतादियदीष्यते ॥ नष्टस्त्रीदर्शनाभंतत्स्याद्योगिज्ञानमप्रमा
॥ ४ ॥ योगिसंकल्पमात्रेणवस्योत्पत्तिर्यदीष्यते ॥ ईशसंकल्पमात्रेणसर्वोत्पत्तिस्तदेष्यतां ॥ ५ ॥ आरंभपरिणामेवादेशकालाद्यतिक्रमः ॥ नैवदृष्टःक्वचित्सोऽयंस्वप्नमायादिषुस्फुटः
॥ ६ ॥ युगपद्गृह्यतेकुंभोनानादेशस्थयोगिभिः ॥ जलसूर्यइवास्माभिस्तेनासौकल्पितःस्फुटं ॥ ७ ॥ योगिभिर्गृह्यमाणत्वाद्घटःसर्वत्रसर्वदा ॥ सन्नेवास्तीतिचेत्कार्यंकथमीदृग्विधंभवेत् ॥ ८ ॥
व्यावृत्तंहीष्यतेकार्यंयुगपद्भिन्नदेशता ॥ चेत्कल्पनांविनास्येष्टादृष्टांतस्तत्रनास्तिवः ॥ ९ ॥ तस्मान्नाणुभिरारब्धमितिवन्नापिगव्यवत् ॥ प्रकृतेःपरिणामोवाजगत्किंत्विंद्रजालवत् ॥ १० ॥ सत्यंबद्धदृ
शामिंद्रजालंविश्वपराग्दृशां ॥ अधिष्ठानादृतेशुद्धदृशांनास्त्येवतद्द्वयम्'इति ॥ ११ ॥ स्पष्टार्थोमूलश्लोकः ७७ ॥ ॥

यस्मादनंतैश्वर्यो भगवांस्तदनुगृहीतोऽर्जुनश्च युधिष्ठिरपक्षेऽस्ति अतस्त्वया जयाशा न कार्येत्याह यत्रेति। यत्रपक्षे ध्रुवेति सर्वत्र संबध्यते श्रीर्दिव्यसभादिशोभा । विजयः प्रसिद्धः भूतिरैश्वर्यं सर्वनियंतृत्वम् । नीतिर्नयश्च एतत्सर्वं तत्र तस्मिन्पक्षे ध्रुवमिति मम मतिः अतः पांडवैः सह संधिरेव कर्तव्य इति भावः ७८ ॥ इतिश्रीमत्पदवाक्यप्रमाणज्ञमर्यादाधुरंधरचतुर्धरवंशावतंसश्रीगोविंदसूरिसूनोः श्रीनीलकंठसूरिविरचिते भारतभावदीपे भीष्मपर्वणि गीतार्थप्रकाशे अष्टादशोऽध्यायः ॥ १८ ॥ पर्वणितु० ॥ ४२ ॥ गीतासुगीताकर्तव्या इत्यादयः सार्धाः पंच श्लोका गौडैर्न पठ्यंते १ । २ । ३ । ४ ५ एवं गीतांतिमन्मनाभवेत्यादिना निष्कामानामात्मनिष्ठानां भविष्यसीत्यात्मप्राप्तिश्च तत्फलभूतादर्शिता । सकामानांत्वर्थाधीना कामसिद्धिः । अर्थश्च सतामपि पांडवानामिव गुरुत्वधानृताद्याश्रयेणैव सिद्धय

यत्रयोगेश्वरः कृष्णो यत्र पार्थो धनुर्धरः ॥ तत्र श्रीर्विजयो भूतिर्ध्रुवा नीतिर्मतिर्मम ७८ ॥ इतिश्रीमहाभारते भीष्मपर्वणि भगवद्गीतासूपनिषत्सु ब्रह्मविद्यायां योगशास्त्रे श्रीकृष्णार्जुनसंवादे संन्यासयोगो नाम अष्टादशोऽध्यायः ॥ १८ ॥ पर्वणि तु द्विचत्वारिंशोऽध्यायः ॥ ४२ ॥ समाप्तं भगवद्गीतापर्व ॥ अथ भीष्मवधपर्व ॥ वैशंपायन उवाच ॥ गीतासुगीता कर्तव्या किमन्यैः शास्त्रसंग्रहैः ॥ या स्वयं पद्मनाभस्य मुखपद्माद्विनिःसृता १ सर्वशास्त्रमयी गीता सर्वदेवमयो हरिः ॥ सर्वतीर्थमयी गंगा सर्ववेदमयो मनुः २ गीता गंगा च गायत्री गोविंदेति हृदि स्थिते ॥ चतुर्गकारसंयुक्ते पुनर्जन्म न विद्यते ३ षट्शतानि सविंशानि श्लोकानां प्राह केशवः ॥ अर्जुनः सप्तपंचाशत्सप्तषष्टिं तु संजयः ४ धृतराष्ट्रः श्लोकमेकं गीतायामानमुच्यते ॥ भारतामृतसर्वस्वं गीताया मथितस्य च ॥ सारमुद्धृत्य कृष्णेन अर्जुनस्य मुखे हुतम् ५ ॥ संजय उवाच ॥ ततो धनंजयं दृष्ट्वा बाणगांडीवधारिणम् ॥ पुनरेव महानादं व्यसृजंत महारथाः ६ पांडवाः सोमकाश्चैव ये चैषामनुयायिनः ॥ दध्मुश्च मुदिताः शंखान्वीराः सागरसंभवान् ७ ततो भेर्यश्च पेश्यश्च क्रकचा गोविषाणिकाः ॥ सहसैवाभ्यहन्यंत ततः शब्दो महानभूत् ८ तथा देवाः सगंधर्वाः पितरश्च जनाधिप ॥ सिद्धचारणसंघाश्च समीयुस्ते दिदृक्षया ९ ऋषयश्च महाभागाः पुरस्कृत्य शतक्रतुम् ॥ समीयुस्तत्र सहिता द्रष्टुं तद्वैशसं महत् १० ततो युधिष्ठिरो दृष्ट्वा युद्धाय समवस्थिते ॥ ते सेने सागरप्रख्ये मुहुः प्रचलिते नृप ११ विमुच्य कवचं वीरो निक्षिप्य च वरायुधम् ॥ अवरुह्य रथात्क्षिप्रं पद्भ्यामेव कृतांजलिः १२ पितामहमभिप्रेक्ष्य धर्मराजो युधिष्ठिरः ॥ वाग्यतः प्रययौ येन प्राङ्मुखो रिपुवाहिनीम् १३ तं प्रयांतमभिप्रेक्ष्य कुंतीपुत्रो धनंजयः ॥ अवतीर्य रथात्तूर्णं भ्रातृभिः सहितोऽन्वयात् १४ वासुदेवश्च भगवान्पृष्ठतोऽनुजगाम तम् ॥ तथा मुख्याश्च राजानस्तच्चित्ता जग्मुरुत्सुकाः १५ ॥ अर्जुन उवाच ॥ किं ते व्यवसितं राजन्यदस्मानपहाय वै ॥ पद्भ्यामेव प्रयातोऽसि प्राङ्मुखो रिपुवाहिनीम् १६ ॥ भीमसेन उवाच ॥ क्व गमिष्यसि राजेंद्र निक्षिप्तकवचायुधः ॥ दंशितेष्वरिसैन्येषु भ्रातॄनुत्सृज्य पार्थिव १७ ॥ नकुल उवाच ॥ एवंगते त्वयि ज्येष्ठे मम भ्रातरि भारत ॥ भीर्मे दुनोति हृदयं ब्रूहि गंता भवान्क्व नु १८ ॥ सहदेव उवाच ॥ अस्मिन्रणसमूहे वै वर्तमाने महाभये ॥ उत्सृज्य क्व नु गंतासि शत्रूनभिमुखो नृप १९ ॥ संजय उवाच ॥ एवमाभाष्यमाणोऽपि भ्रातृभिः कुरुनंदनः ॥ नोवाच वाग्यतः किंचिद्गच्छत्येव युधिष्ठिरः २० ॥

तिसोऽपि बलवदनुग्रहात् । अन्येषां तु कौरवाणामिव साध्यमानो निरन्वयोच्छेदाय भवतीति दर्शयिष्यन्युद्धप्रधानं ग्रंथं सौप्तिकपर्वांतमारभते ऽर्थस्यानर्थहेतुत्वं विवरीतुं ततो धनंजयं दृष्ट्वेति । ततः अर्जुनस्य करिष्ये वचनं तवेत्येवंरूपप्रतिज्ञानंतरं धनंजयं युद्धार्थं सन्नद्धं दृष्ट्वेत्यर्थः ६।७ भेर्यो बृहत्योढक्काः पेश्यः काहलाः। क्रकचा जयमंगलाः । गोविषाणिका गवादिशृंगाणि । सहसा युगपदेव अभ्यहन्यंत अवाद्यंत ८।९।१०।११ वरायुधं धनुःश्रेष्ठं अवरुह्य अवतीर्य १२ येन विजयाख्येन प्रयोजनेन स्वयं युधिष्ठिरः संग्रामे दृष्टबुद्धिस्तत्सिद्ध्यर्थं अभिप्रेक्ष्य आलोच्य प्रथमं पितामहं प्रति प्रययौ रिपुवाहिनीं प्रविश्येति शेषः १३। १४।१५।१६।१७।१८ ।१९।२०

२१ गौतमंकृपं २२ पुराकल्पेप्राचीनशास्त्रे २३ । २४ । २५ मिथोऽन्योन्यं एषोहीतिसुलोपाभावआर्षः २६ व्यक्तंनियतं भीष्मस्यअंतिकंसमीपं २७ । २८ । २९ । ३० । ३१ धिक्कृत्वाधिक्कृत्य
असमासआर्षः धिगित्यकरोदितिवा ३२ विवक्षितंवक्तुमिष्टं ३३ । ३४ । ३५ । ३६ । ३७ पराभावायपराकृतोनिरस्तोभावःसत्तायत्रसःतस्मैमरणायेत्यर्थः परश्चासावभावश्चेतिविग्रहेऽपिसएवार्थः

तानुवाचमहाप्राज्ञोवासुदेवोमहामनाः ॥ अभिप्रायोऽस्यविज्ञातोमयेतिप्रहसन्निव २१ एषभीष्मंतथाद्रोणंगौतमंशल्यमेवच ॥ अनुमान्यगुरून्सर्वान्योत्स्यतेपार्थिवो
ऽरिभिः २२ श्रूयतेहिपुराकल्पेगुरूननुमान्ययः ॥ युध्यतेसभवेद्व्यक्तमपध्यातोमहत्तरैः २३ अनुमान्ययथाशास्त्रंयस्तुयुध्येन्महत्तरैः ॥ ध्रुवस्तस्यजयोयुद्धेभवेदिति
मतिर्मम २४ एवंब्रुवतिकृष्णेऽत्रधार्त्तराष्ट्रचमूंप्रति ॥ हाहाकारोमहानासीन्निःशब्दास्त्वपरेऽभवन् २५ दृष्ट्वायुधिष्ठिरंदूराद्धार्त्तराष्ट्रस्यसैनिकाः ॥ मिथःसंकथयांचक्रु
रेषोहिकुलपांसनः २६ व्यक्तंभीतइवाभ्येतिराजाऽसौभीष्ममंतिकम् ॥ युधिष्ठिरःससोदर्यःशरणार्थंप्रयाचकः २७ धनंजयेकथंनाथेपांडवेचवृकोदरे ॥ नकुलेसहदेवेच
भीतिरभ्येतिपांडवम् २८ ननूनंक्षत्रियकुलेजातःसंप्रथितेभुवि ॥ यथाऽस्यहृदयंभीतमल्पसत्वस्यसंयुगे २९ ततस्तेसैनिकाःसर्वेप्रशंसंतिस्मकौरवान् ॥ हृष्टाःसुमन
सोभूत्वाचैलानिदुधुवुश्चह ३० व्यनिंदंश्वतथासर्वेयोधास्तवविशांपते ॥ युधिष्ठिरंससोदर्यंसहितंकेशवेनहि ३१ ततस्तत्कौरवंसैन्यंधिक्कृत्वातुयुधिष्ठिरम् ॥ निःशब्द
मभवत्तूर्णंपुनरेवविशांपते ३२ किंनुवक्ष्यतिराजाऽसौकिंभीष्मःप्रतिवक्ष्यति ॥ किंभीमःसमरश्लाघीकिंनुकृष्णार्जुनाविति ३३ विवक्षितंकिमस्येतिसंशयःसुमहानभूत्
॥ उभयोःसेनयोराजन्युधिष्ठिरकृतेतदा ३४ सोऽवगाह्यचमूंशत्रोःशरशक्तिसमाकुलाम् ॥ भीष्ममेवाभ्ययात्तूर्णंभ्रातृभिःपरिवारितः ३५ तमुवाचततःपादौकराभ्यां
पीड्यपांडवः ॥ भीष्मंशांतनवंराजायुद्धायसमुपस्थितम् ३६ ॥ युधिष्ठिरउवाच ॥ आमंत्रयेत्वांदुर्धर्षत्वयायोत्स्यामहेसह ॥ अनुजानीहिमांतातआशिषश्चप्रयोजय
३७ ॥ भीष्मउवाच ॥ यद्येवंनाभिगच्छेथायुधिमांपृथिवीपते ॥ शपेयंत्वांमहाराजपराभावायभारत ३८ प्रीतोऽहंपुत्रयुध्यस्वजयमाप्नुहिपांडव ॥ यत्तेऽभिलषितं
चान्यत्तदवाप्नुहिसंयुगे ३९ व्रियतांचवरःपार्थकिमस्मत्तोऽभिकांक्षसि ॥ एवंगतेमहाराजनतवास्तिपराजयः ४० अर्थस्यपुरुषोदासोदासस्त्वर्थोनकस्यचित् ॥ इति
सत्यंमहाराजबद्धोस्म्यर्थेनकौरवैः ४१ अतस्त्वांक्लीबवद्वाक्यंब्रवीमिकुरुनंदन ॥ भृतोऽस्म्यर्थेनकौरव्ययुद्धादन्यत्किमिच्छसि ४२ ॥ युधिष्ठिरउवाच ॥ मंत्रयस्वम
हाबाहोहितैषीममनित्यशः ॥ युध्यस्वकौरवस्यार्थेममैषसततंवरः ४३ ॥ भीष्मउवाच ॥ राजन्किमत्रसाह्यंतेकरोमिकुरुनंदन ॥ कामंयोत्स्येपरस्यार्थेब्रूहियत्तेविव
क्षितम् ४४ ॥ युधिष्ठिरउवाच ॥ कथंजयेयंसंग्रामेभवंतमपराजितम् ॥ एतन्मेमंत्रयहितंयदिश्रेयःप्रपश्यसि ४५ भीष्मउवाच ॥ नैनंपश्यामिकौन्तेययोमांयुध्यंतमा
हवे ॥ विजयेतपुमान्कश्चित्साक्षादपिशतक्रतुः ४६ ॥ युधिष्ठिरउवाच ॥ हंतपृच्छामितस्मात्त्वांपितामहनमोऽस्तुते ॥ वधोपायंब्रवीहित्वमात्मनःसमरेपरैः ४७

३८ । ३९ एवंगतेईदृगाचरणवतित्वयि ४० । ४१ क्लीबवत्त्वस्योक्तस्यवरस्ययुद्धादन्यदितिस्वेनैवसंकोचनात्कातरवत्भृतःपोषितः युद्धात्प्रातिभट्यात् ४२ । ४३ साह्यंसाहाय्यम् ४४ श्रेयःप्रपश्यसियदि
वक्तुंयोग्यमितिमन्यसेतर्हिवदेत्यर्थः ४५ । ४६ । ४७ ॥ ॥ ॥ ॥ ॥ ॥ ॥ ॥

म.भा.टी. भीष्म० ६ अ० ॥ ४३ ॥

तावत्संप्रति ४८ । ४९ । ५० आत्मनिःश्रेयसंस्वहितसाधनं ५१ अहंरिपून्कथंजयेतत्त्वंविगतकल्मषःसन्कथयेतिशेषः ५२ । ५३ । ५४ । ५५ । ५६ । ५७ । ५८ ध्रुवोऽवश्यंभावी अभिजानामिअनुजाना

भीष्मउवाच ॥ नस्मतंतातपश्यामिसमरेयोजयेतमाम् ॥ नतावन्मृत्युकालोऽपिपुनरागमनंकुरु ४८ ॥ संजयउवाच ॥ ततोयुधिष्ठिरोवाक्यंभीष्मस्यकुरुनंदन ॥ शिरसाप्रतिजग्राहभूयस्तमभिवाद्यच ४९ प्रायात्पुनर्महाबाहुराचार्यस्यरथंप्रति ॥ पश्यतांसर्वसैन्यानांमध्येनभ्रातृभिःसह ५० सद्रोणमभिवाद्याथकृत्वाचाभिप्रदक्षिणम् ॥ उवाचराजादुर्धर्षमात्मनिःश्रेयसंवचः ५१ आमंत्रयेत्वांभगवन्योत्स्येविगतकल्मषः ॥ कथंजयेयंरिपून्सर्वाननुज्ञातस्त्वयाद्विज ५२ ॥ द्रोणउवाच ॥ यदिमांनाभिगच्छेथायुद्धायकृतनिश्चयः ॥ शपेयंत्वांमहाराजपराभावायसर्वशः ५३ तद्युधिष्ठिरतुष्टोऽस्मिपूजितश्चत्वयाऽनघ ॥ अनुजानामियुध्यस्वविजयंसमवाप्नुहि ५४ करवाणिचतेकामंब्रूहित्वमभिकांक्षितम् ॥ एवंगतेमहाराजयुद्धादन्यत्किमिच्छसि ५५ अर्थस्यपुरुषोदासोदासस्त्वर्थोनकस्यचित् ॥ इतिसत्यंमहाराजबद्धोऽस्म्यर्थेनकौरवैः ५६ ब्रवीम्येतत्क्लीबवत्त्वांयुद्धादन्यत्किमिच्छसि ॥ योत्स्येऽहंकौरवस्यार्थेतवाशास्योजयोमया ५७ ॥ युधिष्ठिरउवाच ॥ जयमाशास्वमेब्रह्मन्मंत्रयस्वचमद्धितम् ॥ युद्ध्यस्वकौरवस्यार्थेवरएषवृतोमया ५८ ॥ द्रोणउवाच ॥ ध्रुवस्तेविजयोराजन्यस्यमंत्रीहरिस्तव ॥ अहंत्वामभिजानामिरणेशत्रून्विमोक्ष्यसे ५९ यतोधर्मस्ततःकृष्णोयतःकृष्णस्ततोजयः ॥ युध्यस्वगच्छकौन्तेयपृच्छमांकिंब्रवीमिते ६० ॥ युधिष्ठिरउवाच ॥ पृच्छामित्वांद्विजश्रेष्ठशृणुयन्मेऽभिकांक्षितम् ॥ कथंजयेयंसंग्रामेभवंतमपराजितम् ६१ ॥ द्रोणउवाच ॥ नतेऽस्तिविजयस्तावद्यावद्युद्ध्याम्यहंरणे ॥ ममाशुनिधनेराजन्यतस्वसहसोदरैः ६२ ॥ युधिष्ठिरउवाच ॥ हंततस्मान्महाबाहोवधोपायंवदात्मनः ॥ आचार्यप्रणिपत्यैषपृच्छामित्वांनमोऽस्तुते ६३ ॥ द्रोणउवाच ॥ नशत्रुंतातपश्यामियोमांहन्याद्रथेस्थितम् ॥ युध्यमानंसुसंरब्धंशरवर्षौघवर्षिणम् ६४ ऋतेप्रायगतंराजन्न्यस्तशस्त्रमचेतनम् ॥ हन्यान्मांयुधियोधानांसत्यमेतद्ब्रवीमिते ६५ शस्त्रंचाहंरणेजह्यांश्रुत्वातुमहदप्रियम् ॥ श्रद्धेयवाक्यात्पुरुषादेतत्सत्यंब्रवीमिते ६६ ॥ संजयउवाच ॥ एतच्छ्रुत्वामहाराजभारद्वाजस्यधीमतः ॥ अनुमान्यतमाचार्यंप्रायाच्छारद्वतंप्रति ६७ सोऽभिवाद्यकृपंराजाकृत्वाचापिप्रदक्षिणम् ॥ उवाचदुर्मर्षतमंवाक्यंवाक्यविदांवरः ६८ अनुमानयेत्वांयोत्स्येऽहंगुरोविगतकल्मषः ॥ जयेयंचरिपून्सर्वाननुज्ञातस्त्वयाऽनघ ६९ ॥ कृपउवाच ॥ यदिमांनाभिगच्छेथायुद्धायकृतनिश्चयः ॥ शपेयंत्वांमहाराजपराभावायसर्वशः ७० अर्थस्यपुरुषोदासोदासस्त्वर्थोनकस्यचित् ॥ इतिसत्यंमहाराजबद्धोऽस्म्यर्थेनकौरवैः ७१ तेषामर्थेमहाराजयोद्धव्यमितिमेमतिः ॥ अतस्त्वांक्लीबवद्ब्रूयांयुद्धादन्यत्किमिच्छसि ७२ ॥ युधिष्ठिरउवाच ॥ हंतपृच्छामितेतस्मादाचार्यशृणुमेवचः ॥ इत्युक्त्वाव्यथितोराजानोवाचगतचेतनः ७३ ॥ ॥ ॥

मि विमोक्ष्यसेशत्रून्जीवितादितिशेषः ५९।६० । ६१ । ६२ हंतविषादे ६३ । ६४ प्रायगतंमरणायनियतं अचेतनंयोगबलेनत्यक्तदेहं योधानांमध्येकश्चिदितिशेषः ६५ जह्यांत्यजेयं श्रद्धेयवाक्यात्आदेयवचनात् ६६ । ६७ । ६८ । ६९ । ७० । ७१ । ७२ । ७३ ॥ ॥ ॥ ॥ ॥ ॥

॥ ७४ ॥

७४ । ७५ । ७६ । ७७ परान्प्रकृष्टान् ७८ । ७९ । ८० । ८१ । ८२ । ८३ । ८४ । ८५ । ८६ । ८७ । ८८ । ८९ । ९० । ९१ । ९२ । ९३ । ९४ इदंवक्ष्यमाणवचनंयुधिष्ठिरंप्रत्यब्रवीत् ९६

॥ संजयउवाच ॥ तंगौतमःप्रत्युवाचविज्ञायास्यविवक्षितम् ॥ अवध्योऽहंमहीपालयुद्ध्यस्वजयमाप्नुहि ७४ प्रीतस्तेऽभिगमेनाहंजयंतवनराधिप ॥ आशा
सिष्येसदोत्थायसत्यमेतद्ब्रवीमिते ७५ एतच्छ्रुत्वामहाराजगौतमस्यविशांपते ॥ अनुमान्यकृपंराजाप्रययौयेनमद्रराट् ७६ सशल्यमभिवाद्याथकृत्वाचाभिप्रद
क्षिणम् ॥ उवाचराजादुर्धर्षमात्मनिःश्रेयसंवचः ७७ अनुमानयेत्वांदुर्धर्षयोत्स्येविगतकल्मषः ॥ जयेयंनुपरान्राजन्ननुज्ञातस्त्वयारिपून् ७८ ॥ शल्यउवा
च ॥ यदिमांनाधिगच्छेथायुद्धायकृतनिश्चयः ॥ शपेयंत्वांमहाराजपराभावायवैरणे ७९ तुष्टोऽस्मिपूजितश्चास्मियत्कांक्षसितदस्तुते ॥ अनुजानामिचैवत्वां
युध्यस्वजयमाप्नुहि ८० ब्रूहिचैवपरंवीरकेनार्थःकिंददामिते ॥ एवंगतेमहाराजयुद्धादन्यत्किमिच्छसि ८१ अर्थस्यपुरुषोदासोदासस्त्वर्थोनकस्यचित् ॥ इति
सत्यंमहाराजबद्धोऽस्म्यर्थेनकौरवैः ८२ करिष्यामिहितेकामंभागिनेययथेप्सितम् ॥ ब्रवीम्यतःक्लीबवत्त्वांयुद्धादन्यत्किमिच्छसि ८३ ॥ युधिष्ठिरउवाच ॥ मंत्र
यस्वमहाराजनित्यंमद्धितमुत्तमम् ॥ कामंयुद्ध्यपरस्यार्थेवरमेतंवृणोम्यहम् ८४ ॥ शल्यउवाच ॥ किमत्रब्रूहिसाह्यंतेकरोमिनृपसत्तम ॥ कामंयोत्स्येपर
स्यार्थेबद्धोऽस्म्यर्थेनकौरवैः ८५ ॥ युधिष्ठिरउवाच ॥ सएवमेवरःशल्यउद्योगेयस्त्वयाकृतः ॥ सूतपुत्रस्यसंग्रामेकार्यस्तेजोवधस्त्वया ८६ ॥ शल्यउवाच ॥
संपत्स्यत्येषतेकामःकुंतीपुत्रयथेप्सितम् ॥ गच्छयुध्यस्वविश्रब्धःप्रतिजानेवचस्तव ८७ ॥ संजयउवाच ॥ अनुमान्याथकौन्तेयोमातुलंमद्रकेश्वरम् ॥ निर्ज
गाममहासैन्याद्भ्रातृभिःपरिवारितः ८८ वासुदेवस्तुराधेयमाहवेऽभिजगामवै ॥ ततएनमुवाचेदंपांडवार्थेगदाग्रजः ८९ श्रुतंमेकर्णभीष्मस्यद्वेषात्किलनयो
त्स्यसे ॥ अस्मान्वरयराधेययावद्भीष्मोनहन्यते ९० हतेतुभीष्मेराधेयपुनरेष्यसिसंयुगम् ॥ धार्तराष्ट्रस्यसाहाय्यंयदिपश्यसिचेत्समम् ९१ ॥ कर्णउवाच ॥
नविप्रियंकरिष्यामिधार्तराष्ट्रस्यकेशव ॥ त्यक्तप्राणंहिमांविद्धिदुर्योधनहितैषिणम् ९२ ॥ संजयउवाच ॥ तच्छ्रुत्वावचनंकृष्णःसंन्यवर्ततभारत ॥ युधिष्ठिरपु
रोगैश्चपांडवैःसहसंगतः ९३ अथसैन्यस्यमध्येतुप्राक्रोशत्पांडवाग्रजः ॥ योऽस्मान्वृणोतितमहंवरयेसाह्यकारणात् ९४ अथतान्समभिप्रेक्ष्ययुयुत्सुरिदमब्रवीत् ॥
प्रीतात्माधर्मराजानंकुंतीपुत्रंयुधिष्ठिरम् ९५ अहंयोत्स्यामिभवतःसंयुगेधृतराष्ट्रजान् ॥ युष्मदर्थेमहाराजयदिमांवृणुषेऽनघ ९६ ॥ युधिष्ठिरउवाच ॥ एह्येहिस
र्वेयोत्स्यामस्तवभ्रातॄनपंडितान् ॥ युयुत्सोवासुदेवश्चवयंचब्रूमसर्वशः ९७ वृणोमित्वांमहाबाहोयुद्ध्यस्वममकारणात् ॥ त्वयिपिंडश्चतंतुश्चधृतराष्ट्रस्यदृश्यते ९८
भजस्वास्मान्राजपुत्रभजमानान्महाद्युते ॥ नभविष्यतिदुर्बुद्धिर्धार्तराष्ट्रोऽत्यमर्षणः ९९

 भवतःभवत्संबंधी मिषतइतिपाठेपश्यतस्तवेतिशेषः ९६ । ९७ तंतुःसंततिः पिंडःपितृयज्ञः अन्येसर्वेमरिष्यंतीतिभावः ९८ भजस्वेति । अभजमानःसर्वोऽपिधृतराष्ट्रपुत्रोनभविष्यतिमरिष्यतीत्यर्थः ९९

१०० । १०१ । १०२ पुष्करान्दीर्घकाहलान् एकपुष्करानितिपाठेमुरजान् १०३ । १०४ गौरवंमान्यत्वं १०५ सौहृदंमैत्रीं कृपांस्नेहं दयांपरदुःखप्रहाणेच्छाम् ६ कीर्तिमतांपांडवानांस्तुति संहितावाचइतिसंबंधः १०७ आर्याःकुलीनाः वृत्तंचरितं । मदप्रमदपीडादेर्वाग्भंगगद्गदंविदुः १०८ । १०९ ॥ इतिभीष्मपर्वणिनीलकंठीयेभारतभावदीपे त्रिचत्वारिंशोऽध्यायः ॥ ४३ ॥

॥ ७५ ॥ ॥ संजयउवाच ॥ ततोयुयुत्सुःकौरव्यान्परित्यज्यसुतांस्तव ॥ जगामपांडुपुत्राणांसेनांविश्राव्यदुंदुभिम् १०० ततोयुधिष्ठिरोराजासंप्रहृष्टःसहानुजः ॥ ज ग्राहकवचंभूयोदीप्तिमत्कनकोज्ज्वलम् १०१ प्रत्यपद्यंततेसर्वेस्वरथान्पुरुषर्षभाः ॥ ततोव्यूहंयथापूर्वंप्रत्यव्यूहंततेपुनः १०२ अवादयन्दुंदुभींश्चशतशश्चैवपुष्क रान् ॥ सिंहनादांश्चविविधान्विनेदुःपुरुषर्षभाः १०३ रथस्थान्पुरुषव्याघ्रान्पांडवान्प्रेक्ष्यपार्थिवाः ॥ धृष्टद्युम्नादयःसर्वेपुनर्जहृषिरेतदा १०४ गौरवंपांडु पुत्राणांमान्यान्मानयतांचतान् ॥ दृष्ट्वामहीक्षितस्तत्रपूजयांचक्रिरेभृशम् १०५ सौहृदंचकृपांचैवप्राप्तकालंमहात्मनाम् ॥ दयांचज्ञातिषुपरांकथयांचक्रिरेनृपाः १०६ साधुसाध्वितिसर्वत्रनिश्चेरुःस्तुतिसंहिताः ॥ वाचःपुण्याःकीर्तिमतांमनोहृदयहर्षणाः १०७ म्लेच्छाश्चार्याश्चयेतत्रददृशुःशुश्रुवुस्तथा ॥ वृत्तंतत्पांडुपुत्राणांरुरु दुस्तेसगद्गदाः १०८ ततोजघ्नुर्महाभेरीःशतशश्चसहस्रशः ॥ शंखांश्चगोक्षीरनिभान्दध्मुर्हृष्टामनस्विनः १०९ ॥ इतिश्रीमहाभारतेभीष्मपर्वणिभीष्मवधप० भीष्मा दिसंमाननेत्रिचत्वारिंशोऽध्यायः ॥ ४३ ॥ ॥ धृतराष्ट्रउवाच ॥ एवंव्यूढेष्वनीकेषुमामकेष्वितरेषुच ॥ केपूर्वंप्राहरंस्तत्रकुरवःपांडवानुकिम् १ संजय उवाच ॥ भ्रातृभिःसहितोराजन्पुत्रोदुःशासनस्तव ॥ भीष्मंप्रमुखतःकृत्वाप्रययौसहसेनया २ तथैवपांडवाःसर्वेभीमसेनपुरोगमाः ॥ भीष्मेणयुद्धमिच्छन्तःप्रय युर्हृष्टमानसाः ३ क्ष्वेडाःकिलकिलाशब्दाःक्रकचागोविषाणिकाः ॥ भेरीमृदंगमुरजाहयकुंजरनिःस्वनाः ४ उभयोःसेनयोर्ह्यासंस्ततस्तेऽस्मान्समाद्रवन् ॥ वयंतान्प्रतिनर्दन्तस्तदासीत्तुमुलंमहत् ५ महांत्यनीकानिमहासमुच्छ्रयेसमागमेपांडवधार्त्तराष्ट्रयोः ॥ चकंपिरेशंखमृदंगनिःस्वनैःप्रकंपितानीववनानिवायुना ६ नरेंद्रनागाश्वरथाकुलानामभ्यागतानामशिवेमुहूर्ते ॥ बभूवघोषस्तुमुलश्चमूनांवातोद्धुतानामिवसागराणाम् ७ तस्मिन्समुत्थितेशब्देतुमुलेलोमहर्षणे ॥ भीमसेनो महाबाहुःप्राणदद्गोवृषोयथा ८ शंखदुंदुभिनिर्घोषंवारणानांचबृंहितम् ॥ सिंहनादंचसैन्यानांभीमसेनरवोऽभ्यभूत् ९ हयानांहेषमाणानामनीकेषुसहस्रशः ॥ सर्वानभ्यभवच्छब्दान्भीमस्यनदतःस्वनः १० तंश्रुत्वानिनदंतस्यसैन्यास्तववितत्रसुः ॥ जीमूतस्येवनदतःशक्राशनिसमस्वनम् ११ वाहनानिचसर्वाणिशकृन्मूत्रं प्रसुस्रुवुः ॥ शब्देनतस्यवीरस्यसिंहस्येवेतरेमृगाः १२ दर्शयन्घोरमात्मानंमहाभ्रमिवनादयन् ॥ विभीषयंस्तवसुतान्भीमसेनःसमभ्ययात् १३ तमायांतंम हेष्वासंसोदर्याःपर्यवारयन् ॥ छादयंतःशरव्रातैर्मेघाइवदिवाकरम् १४ ॥ ७५ ॥

एवमिति । एवंव्यूढेष्वित्यादेर्दृष्ट्वाभीष्मस्यविक्रममित्यंतस्यसर्वातिशायीभीष्मस्यपराक्रमइतितात्पर्यार्थः १ । २ । ३ क्ष्वेडाःसिंहनादाः मृदंगाःमर्दलाः मुरजाःक्षुद्रमर्दलाः ४ समाद्रवन्अन्योन्यंसंगता अभूवन् ५ महान्समुच्छ्रयःसंप्रहारोयत्र ६ । ७ गोवृषोबलीवर्दश्रेष्ठः ८ अभ्यभूत्अभिभूतवान् ९ । १० सैन्याःसेनामुख्याः ११ । १२ नादयन्नादंकुर्वन् १३ सोदर्याःराजानुजाः १४

१५ । १६ निर्मुक्ताःमुक्तकंचुकाश्चाशीविषाउपमायेषांतान् १७ । १८ । १९ भीमाः भयंकराःज्यानांतलानांचनिःस्वनायेतैः २० लाघवंक्षिप्रहस्ततां निमित्तंलक्ष्यं २१ । २२ भीमंभयंकरं २३ जातसंरंभा
श्चिरसंभृतकोपाः कृतागसःकृतापराधाः भीमोऽपिबाल्येधार्तराष्ट्रान्मर्दयन्कृतापराधोस्तीत्युक्तंपरस्परेति । व्यायच्छंतव्यायामंचक्रुः २४ पटेइतिसप्तम्यंतं २५ । २६ । २७ अंतर्धीयतअंतर्हितः अडभावआर्षः

दुर्योधनश्चपुत्रस्तेदुर्मुखोदुःशलःशलः ॥ दुःशासनश्चातिरथस्तथादुर्मर्षणोनृप १५ विविंशतिश्चित्रसेनोविकर्णश्चमहारथः ॥ पुरुमित्रोजयोभोजःसौमदत्तिश्चवीर्यवान्
१६ महाचापानिधुन्वंतोमेघाइवसविद्युतः ॥ आददानाश्चनाराचान्निर्मुक्ताशीविषोपमान् १७ अथतेद्रौपदीपुत्राःसौभद्रश्चमहारथः ॥ नकुलःसहदेवश्चधृष्टद्युम्नश्च
पार्षतः १८ धार्तराष्ट्रान्प्रतिययुरर्दयंतःशितैःशरैः ॥ वज्रैरिवमहावेगैःशिखराणिधराभृताम् १९ तस्मिन्प्रथमसंग्रामेभीमज्यातलनिःस्वने ॥ तावकानांपरेषांच
नासीत्कश्चित्पराङ्मुखः २० लाघवंद्रोणशिष्याणामपश्यंभरतर्षभ ॥ निमित्तवेधिनांचैवशरानुत्सृजतांभृशम् २१ नोपशाम्यतिनिर्घोषोधनुषांकूजतांतथा ॥ विनि
श्चेरुःशरादीप्ताज्योतींषीवनभस्तलात् २२ सर्वेत्वन्येमहीपालाःप्रेक्षकाइवभारत ॥ ददृशुर्दर्शनीयंतंभीमंज्ञातिसमागमम् २३ ततस्तेजातसंरंभाःपरस्परकृतागसः ॥
अन्योन्यस्पर्धयाराजन्व्यायच्छंतमहारथाः २४ कुरुपांडवसेनेतेहस्त्यश्वरथसंकुले ॥ शुशुभातेरणेऽतीवपटेचित्रार्पितेइव २५ ततस्तेपार्थिवाःसर्वेप्रगृहीतशरासनाः ॥
सहसैन्याःसमापेतुःपुत्रस्यतवशासनात् २६ युधिष्ठिरेणचादिष्टाःपार्थिवास्तेसहस्रशः ॥ विनदंतःसमापेतुःपुत्रस्यतववाहिनीम् २७ उभयोःसेनयोस्तीव्रःसैन्यानांसस
मागमः ॥ अंतर्धीयतचादित्यःसैन्येनरजसाऽऽवृतः २८ प्रयुद्धानांप्रभग्नानांपुनरावर्तिनामपि ॥ नात्रस्वेषांपरेषांवाविशेषःसमदृश्यत २९ तस्मिंस्तुतुमुलेयुद्धेवर्तमानेम
हाभये ॥ अतिसर्वाण्यनीकानिपितातेऽभिव्यरोचत ३० ॥ इतिश्रीमहाभारतेभीष्मपर्वणिभीष्मवध० युद्धारंभेचतुश्चत्वारिंशोऽध्यायः ॥ ४४ ॥ ॥ संजयउवाच ॥
पूर्वाह्णेतस्यरौद्रस्ययुद्धमह्नोविशांपते ॥ प्रावर्ततमहाघोरंराज्ञांदेहावकर्तनम् १ कुरूणांसृंजयानांचजिगीषूणांपरस्परम् ॥ सिंहानामिवसंह्रादोदिवमुर्वींचनादयन् २
आसीत्किलकिलाशब्दस्तलशंखरवैःसह ॥ जज्ञिरेसिंहनादाश्चशूराणांप्रतिगर्जताम् ३ तलत्राभिहताश्चैवज्याशब्दाभरतर्षभ ॥ पत्तीनांपादशब्दश्चवाजिनांचमहा
स्वनः ४ तोत्रांकुशनिपातश्चआयुधानांचनिःस्वनः ॥ घंटाशब्दश्चनागानामन्योन्यमभिधावताम् ५ तस्मिन्समुदितेशब्देतुमुलेलोमहर्षणे ॥ बभूवरथनिर्घोषः
पर्जन्यनिनदोपमः ६ तेमनःक्रूरमाधायसमभित्यक्तजीविताः ॥ पांडवानभ्यवर्ततसर्वएवोच्छ्रितध्वजाः ७ अथशांतनवोराजन्नभ्यधावद्धनंजयम् ॥ प्रगृह्यकार्मुकं
घोरंकालदंडोपमंरणे ८ अर्जुनोऽपिधनुर्गृह्यगांडीवंलोकविश्रुतम् ॥ अभ्यधावततेजस्वीगांगेयंरणमूर्धनि ९ तावुभौकुरुशार्दूलौपरस्परवधैषिणौ ॥ गांगेयस्तुरणे
पार्थंविद्ध्वानाकंपयद्बली १०

सैन्येनसेनाभवेन २८ । २९ अति अतिक्रम्य ३० ॥ इतिभीष्मपर्वणिनीलकंठीयेभारतभावदीपेचतुश्चत्वारिंशोऽध्यायः ॥ ४४ ॥ ॥ ॥ पूर्वाह्णेइति । तस्याह्नःपूर्वार्द्धेपूर्वभागे १ सृंजयानांपांचालभे
दानाम् २ तलंज्याघातवारणम् ३ । ४ तोत्रंगजदमनंवेणुकाख्यंवेणुबुध्नसमाकारम् ५ । ६ । ७।८ रणमूर्धनिरणांगने ९ । १०

महेष्वासःमहानिष्वासोधनुर्यस्य ११ । १२ आनर्च्छतुःपीडितवंतौ तक्षमाणौतनूकुर्वाणौ १३ पुष्पैःशबलौविचित्रौ किंशुकौपलाशौ १४ । १५ । १६ शिताभ्यांतीक्ष्णाभ्यांध्वजंचिच्छेदेत्यन्वयः एकेनपार्ष्णि

तथैवपांडवोराजन्भीष्मंनाकंपयद्युधि ॥ सात्यकिस्तुमहेष्वासःकृतवर्माणमभ्ययात् ११ तयोःसमभवद्युद्धंतुमुलंलोमहर्षणम् ॥ सात्यकिःकृतवर्माणंकृतवर्माचसात्य
किम् १२ आनर्च्छतुःशरैर्घोरैस्तक्षमाणौपरस्परम् ॥ तौशराचितसर्वांगौशुशुभातेमहाबलौ १३ वसंतेपुष्पशबलौपुष्पिताविवकिंशुकौ ॥ अभिमन्युर्महेष्वासंबृहद्ब
लमयोधयत् १४ ततःकोसलराजाऽसावभिमन्योर्विशांपते ॥ ध्वजंचिच्छेदसमरेसारथिंचन्यपातयत् १५ सौभद्रस्तुततःक्रुद्धःपातितेरथसारथौ ॥ बृहद्बलंमहाराजवि
व्याधनवभिःशरैः १६ अथापराभ्यांभल्लाभ्यांशिताभ्यामरिमर्दनः ॥ ध्वजमेकेनचिच्छेदपार्ष्णिमेकेनसारथिम् १७ अन्योन्यंचशरैःक्रुद्धौततक्षातेपरस्परम् ॥ मानिनं
समरेदृप्तंकृतवैरंमहारथम् १८ भीमसेनस्तवसुतंदुर्योधनमयोधयत् ॥ तावुभौनरशार्दूलौकुरुमुख्यौमहाबलौ १९ अन्योन्यंशरवर्षाभ्यांववृषातेरणाजिरे ॥ तौवीक्ष्य
तुमहात्मानौकृतिनौचित्रयोधिनौ २० विस्मयःसर्वभूतानांसमपद्यतभारत ॥ दुःशासनस्तुनकुलंप्रत्युद्यायमहाबलम् २१ अविध्यन्निशितैर्बाणैर्बहुभिर्मर्मभेदिभिः ॥
तस्यमाद्रीसुतःकेतुंसशरंचशरासनम् २२ चिच्छेदनिशितैर्बाणैःप्रहसन्निवभारत ॥ अथैनंपंचविंशत्याक्षुद्रकाणांसमार्पयत् २३ पुत्रस्तुतवदुर्धर्षोनकुलस्यमहाहवे ॥
तुरंगांश्चिच्छिदेबाणैर्ध्वजंचैवाभ्यपातयत् २४ दुर्मुखःसहदेवंचप्रत्युद्यायमहाबलम् ॥ विव्याधशरवर्षेणयतमानंमहाहवे २५ सहदेवस्ततोवीरोदुर्मुखस्यमहारणे ॥
शरेणभृशतीक्ष्णेनपातयामाससारथिम् २६ तावन्योन्यंसमासाद्यसमरेयुद्धदुर्मदौ ॥ त्रासयेतांशरैर्घोरैःकृतप्रतिकृतैषिणौ २७ युधिष्ठिरःस्वयंराजामद्रराजानमभ्य
यात् ॥ तस्यमद्राधिपश्चापंद्विधाचिच्छेदमारिष २८ तदपास्यधनुश्छिन्नंकुंतीपुत्रोयुधिष्ठिरः ॥ अन्यत्कार्मुकमादायवेगवद्बलवत्तरम् २९ ततोमद्रेश्वरंराजाशरैःसन्न
तपर्वभिः ॥ छादयामाससंक्रुद्धस्तिष्ठतिष्ठेतिचाब्रवीत् ३० धृष्टद्युम्नस्ततोद्रोणमभ्यद्रवतभारत ॥ तस्यद्रोणःसुसंक्रुद्धःपरासुकरणंदृढम् ३१ त्रिधाचिच्छेदसमरेपांचा
ल्यस्यतुकार्मुकम् ॥ शरंचैवमहाघोरंकालदंडमिवापरम् ३२ प्रेषयामाससमरेसोऽस्यकायेन्यमज्जत ॥ अथान्यद्धनुरादायसायकांश्चचतुर्दश ३३ द्रोणंद्रुपदपुत्रस्तुप्र
तिविव्याधसंयुगे ॥ तावन्योन्यंसुसंक्रुद्धौचक्रतुःसुभृशंरणम् ३४ सौमदत्तिंरणेशंखोरभसंरभसोयुधि ॥ प्रत्युद्ययौमहाराजतिष्ठतिष्ठेतिचाब्रवीत् ३५ तस्यवैदक्षिणं
वीरोनिर्बिभेदरणेभुजम् ॥ सौमदत्तिस्तथाशंखंजत्रुदेशेसमाहनत् ३६ तयोस्तदभवद्युद्धंघोररूपंविशांपते ॥ दृप्तयोःसमरेपूर्वंवृत्रवासवयोरिव ३७ बाह्लीकंतुरणेक्रुद्धं
क्रुद्धरूपोविशांपते ॥ अभ्यद्रवदमेयात्माधृष्टकेतुर्महारथः ३८

पृष्ठगोपं एकेनसारथिमितिच १७ । १८ १९ कृतिनौयुद्धकुशलौ २० । २१ । २२ क्षुद्रकाणांबाणविशेषाणां २३ । २४ । २५ । २६ । २७ । २८ । २९ । ३० परासुकरणंमारणसाधनं ३१ । ३२ । ३३ । ३४
रभसंसत्वरं ३५ वीरःशंखः जत्रुदेशेअंससंधौ ३६ । ३७ धृष्टकेतुःशिशुपालसुतः ३८

३९ । ४० समीयतुःअन्योन्यस्पर्धयासंश्रिलितौ ४१ । ४२ । ४३ सन्नतपर्वभिःअलक्षितग्रंथिभिः ४४ । ४५ । ४६ । ४७ सुपीतेनसुष्ठुपायितेन तीक्ष्णेनसूक्ष्मधारेण यतोनिशितेनशाणोल्लीढेन

बाल्हीकस्तुरणेराजन्धृष्टकेतुममर्षणः ॥ शरैर्बहुभिरानर्च्छत्सिंहनादमथानदत् ३९ चेदिराजस्तुसंक्रुद्धोबाल्हीकंनवभिःशरैः ॥ विव्याधसमरेतूर्णंमत्तोमत्तमिव
द्विपम् ४० तौतत्रसमरेक्रुद्धौनर्दंतौचपुनःपुनः ॥ समीयतुःसुसंक्रुद्धावंगारकबुधाविव ४१ राक्षसंरौद्रकर्माणंक्रूरकर्माघटोत्कचः ॥ अलंबुषंप्रत्युदियाद्बलंश
क्रइवाहवे ४२ घटोत्कचस्ततःक्रुद्धोराक्षसंतंमहाबलम् ॥ नवत्यासायकैस्तीक्ष्णैर्दारयामासभारत ४३ अलंबुषस्तुसमरेभैमसेनिंमहाबलम् ॥ बहुधादारयामा
सशरैःसन्नतपर्वभिः ४४ व्यभ्राजेतांततस्तौतुसंयुगेशरविक्षतौ ॥ यथादेवासुरेयुद्धेबलशक्रौमहाबलौ ४५ शिखंडीसमरेराजन्द्रौणिमभ्युद्ययौबली ॥ अश्व
त्थामाततःक्रुद्धःशिखंडिनमुपस्थितम् ४६ नाराचेनसुतीक्ष्णेनभृशंविद्ध्वाह्यकंपयत् ॥ शिखंड्यपिततोराजन्द्रोणपुत्रमताडयत् ४७ सायकेनसुपीतेनतीक्ष्णेननि
शितेनच ॥ तौजघ्नतुस्तदाऽन्योन्यंशरैर्बहुविधैर्मृधे ४८ भगदत्तंरणेशूरंविराटोवाहिनीपतिः ॥ अभ्ययात्त्वरितोराजंस्ततोयुद्धमवर्तत ४९ विराटोभगदत्तंतुश
रवर्षेणभारत ॥ अभ्यवर्षत्सुसंक्रुद्धोमेघोवृष्ट्याइवाचलम् ५० भगदत्तस्ततस्तूर्णंविराटंपृथिवीपतिम् ॥ छादयामाससमरेमेघःसूर्यमिवोदितम् ५१ बृहत्क्षत्रं
तुकैकेयंकृपःशारद्वतोययौ ॥ तंकृपःशरवर्षेणच्छादयामासभारत ५२ गौतमंकैकयःक्रुद्धःशरवृष्ट्याऽभ्यपूरयत् ॥ तावन्योन्यंहयान्हत्वाधनुश्छित्वाचभारत ५३
विरथावसियुद्धायसमीयतुरमर्षणौ ॥ तयोस्तदभवद्युद्धंघोररूपंसुदारुणम् ५४ द्रुपदस्तुततोराजन्सैन्धवंवैजयद्रथम् ॥ अभ्युद्ययौहृष्टरूपोहृष्टरूपंपरंतपः ५५
ततःसैन्धवकोराजाद्रुपदंविशिखैस्त्रिभिः ॥ ताडयामाससमरेसचतंप्रत्यविध्यत ५६ तयोस्तदभवद्युद्धंघोररूपंसुदारुणम् ॥ ईक्षणप्रीतिजननंशुक्रांगारकयोरिव ५७
विकर्णस्तुसुतस्तुभ्यंसुतसोमंमहाबलम् ॥ अभ्ययाज्जवनैरश्वैस्ततोयुद्धमवर्तत ५८ विकर्णःसुतसोमंतुविद्ध्वानाकंपयच्छरैः ॥ सुतसोमोविकर्णंचतदद्भुतमिवाभ
वत् ५९ सुशर्माणंनरव्याघ्रश्चेकितानोमहारथः ॥ अभ्यद्रवत्सुसंक्रुद्धःपांडवार्थेपराक्रमी ६० सुशर्मातुमहाराजचेकितानंमहारथम् ॥ महताशरवर्षेणवा
रयामाससंयुगे ६१ चेकितानोऽपिसंरब्धःसुशर्माणंमहाहवे ॥ प्राच्छादयत्तमिषुभिर्महामेघइवाचलम् ६२ शकुनिःप्रतिविंध्यंतुपराक्रांतंपराक्रमी ॥ अभ्य
द्रवतराजेंद्रमत्तःसिंहइवद्विपम् ६३ यौधिष्ठिरस्तुसंक्रुद्धःसौबलंनिशितैःशरैः ॥ व्यदारयतसंग्रामेमघवानिवदानवम् ६४ शकुनिःप्रतिविंध्यंतुप्रतिविध्यंतमाहवे ॥
व्यदारयन्महाप्राज्ञःशरैःसन्नतपर्वभिः ६५ सुदक्षिणंतुराजेन्द्रकांबोजानांमहारथम् ॥ श्रुतकर्मापराक्रांतमभ्यद्रवतसंयुगे ६६ सुदक्षिणस्तुसमरेसाहदेविंमहा
रथम् ॥ विद्ध्वानाकंपयतवैमैनाकमिवपर्वतम् ६७

मृधेसंग्रामे ४८ । ४९ वृष्ट्याइवेत्यसंधिरार्षः ५० । ५१ । ५२ । ५३ । ५४ । ५५ । ५६ । ५७ तुभ्यंतव सुतसोमंभैमसेनिं ५८ । ५९ चेकितानोयादवः ६० । ६१ । ६२ । ६३ । ६४ । ६५ । ६६ । ६७

म. भा. टी. भीष्म० अ० ४६

६८ इरावानर्जुनपुत्रः ६९। ७० गदाग्रेणगदामुखेन ७१ संसज्जतुः संसक्तावभूतां ७२ तयोर्द्वंद्वयोः ७३ तेएवद्वंद्वेद्वाभ्यामाह अनुविंदइति ७४ । ७५ । ७६ । ७७ । ७८ । ७९ । ८० द्वंद्वंद्वयोर्द्वयोर्युद्धं ८१ ८२ । ८३ । ८४ । ८५विपरीतंअतीतक्रमम् ८६ । ८७ ॥ इतिभीष्मपर्वणिनीलकंठीयेभारतभावदीपेपंचचत्वारिंशोऽध्यायः ॥ ४५ ॥ ॥ ॥ राजन्निति । निर्मर्यादंअपेतव्यवहारं प्रयुद्धानियुद्धं

॥ ७७ ॥ श्रुतकर्माततःक्रुद्धःकांबोजानांमहारथम् ॥ शरैर्बहुभिरानर्च्छद्दारयन्निवसर्वशः ६८ इरावानथसंक्रुद्धःश्रुतायुषमरिंदमम् ॥ प्रत्युद्ययौरणेयत्तोयत्तरूपंपरंतपः ६९ आर्जुनिस्तस्यसमरेहयान्हत्वामहारथः ॥ ननादबलवन्नादंतत्सैन्यंप्रत्यपूरयत् ७० श्रुतायुस्तुततःक्रुद्धःफाल्गुनेःसमरेहयान् ॥ निजघानगदाग्रेणततोयुद्ध मवर्तत ७१ विंदानुविंदावावंत्यौकुंतिभोजंमहारथम् ॥ ससेनंससुतंवीरंसंससज्जतुराहवे ७२ तत्राद्भुतमपश्यामतयोर्घोरंपराक्रमम् । अयुध्येतांस्थिरौभूत्वा महत्यासेनयासह ७३ अनुविंदस्तुगदयाकुंतिभोजमताडयत् ॥ कुंतिभोजश्चतंतूर्णंशरव्रातैरवाकिरत् ७४ कुंतिभोजसुतश्चापिविंदंविव्याधसायकैः ॥ सचतं प्रतिविव्याधतदद्भुतमिवाभवत् ७५ केकयाभ्रातरःपंचगांधारान्पंचमारिष ॥ ससैन्यास्तेससैन्यांश्चयोधयामासुराहवे ७६ वीरबाहुश्चतेपुत्रोवैराटिंरथसत्तमम् ॥ उत्तरंयोधयामासविव्याधनिशितैःशरैः ७७ उत्तरश्चापितंवीरंविव्याधनिशितैःशरैः ॥ चेदिराट्समरेराजन्नुलूकंसमभिद्रवत् ७८ तथैवशरवर्षेणउलूकंसमविद्धयत ॥ उलूकश्चापितंबाणैर्निशितैर्लोमवाहिभिः ७९ तयोर्युद्धंसमभवद्घोररूपंविशांपते ॥ दारयेतांसुसंक्रुद्धावन्योन्यमपराजितौ ८० एवंद्वंद्वसहस्राणिरथवारणवाजि नाम् ॥ पदातीनांचसमरेतवतेषांचसंकुले ८१ मुहूर्तमिवतद्युद्धमासीन्मधुरदर्शनम् ॥ ततउन्मत्तवद्राजन्नप्राज्ञायतकिंचन ८२ गजोगजेनसमरेरथिनंचरथी ययौ ॥ अश्वोऽश्वंसमभिप्रायात्पदातिश्चपदातिनम् ८३ ततोयुद्धंसुदुर्धर्षंव्याकुलंसमपद्यत ॥ शूराणांसमरेतत्रसमासाद्येतरेतरम् ८४ तत्रदेवर्षयःसिद्धाश्चा रणाश्चसमागताः ॥ प्रैक्षंततद्रणंघोरंदेवासुरसमंभुवि ८५ ततोदंतिसहस्राणिरथानांचापिमारिष ॥ अश्वौघाःपुरुषौघाश्चविपरीतंसमाययुः ८६ तत्रतत्रप्रदृश्यं तेरथवारणपत्तयः ॥ सादिनश्चनरव्याघ्रयुध्यमानामुहुर्मुहुः ८७ ॥ इतिश्रीमहाभारतेभीष्मपर्वणिभीष्मव० द्वंद्वयुद्धेपंचचत्वारिंशोऽध्यायः ॥ ४५ ॥ ॥

संजयउवाच ॥ राजन्शतसहस्राणितत्रतत्रपदातिनाम् ॥ निर्मर्यादंप्रयुद्धानितत्तेवक्ष्यामिभारत १ नपुत्रःपितरंजज्ञेपितावापुत्रमौरसम् ॥ नभ्राताभ्रातरंतत्र स्वस्रीयंनचमातुलः २ नमातुलंचस्वस्रीयोनसखायंसखातथा ॥ आविष्टाइवयुध्यंतेपांडवाःकुरुभिःसह ३ रथानीकंनरव्याघ्राःकेचिदभ्यपतन्रथैः ॥ अभज्यं तयुगैरेवयुगानिभरतर्षभ ४ रथेषाश्चरथेषाभिःकूबरारथकूबरैः ॥ संगतैःसहिताःकेचित्परस्परजिघांसवः ५ नशेकुश्चलितुंकेचित्सन्निपत्यरथारथैः ॥ प्र भिन्नास्तुमहाकायाःसन्निपत्यगजागजैः ६ बहुधाऽदारयन्क्रुद्धाविषाणैरितरेतरम् ॥ सतोरणपताकैश्चवारणावरवारणैः ७

कृतवंति १ जज्ञेज्ञातवान् तत्रकाले स्वस्रीयोभागिनेयः २ आविष्टाइवभूतादिनागृहीताइव ३ युगानिअश्वस्कंधार्पितानिदारूणि ४ रथेषारथदंडः कूबरोयुगकीलः संगतैःसंमुखागतैः सहितामि लिताः ५ संनिपत्यमिलित्वा प्रभिन्नाश्च्योतन्मदाः ६ विषाणैर्दन्तैः तोरणानिचतुःस्तंभमंडपाकारस्यगजपल्याणस्य 'अंबारी' इतिभाषयाप्रसिद्धस्यद्वाराणि पताकाश्चतत्रैवस्तंभशेखरस्थाः ७

८ अभिनीताःसुशिक्षिताः अप्रभिन्नाःअनुद्भिन्नमदाः संमुखाभिमुखाःअन्योन्यसंमुखाइत्यर्थः ९ । १० प्रणीताःप्रयुक्ताः ऋष्टयोहस्तक्षेप्याःक्षुद्रभल्लाः विंध्याटव्यांकर्कांडीतिप्रसिद्धाः तोमरादीर्घदंडाभल्लाः नाराचामहाशल्याविस्तीर्णफलकाःशराः ११ । १२ परश्वधैःकुठारैः १३ भिंदिपालैःपरशवैःमहाराष्ट्राणां'गोफण'इतिप्रसिद्धैः परिघैर्दण्डैः निर्स्त्रिंशैःखड्गैः १४ द्रवमाणाधावंतः १५ । १६ अवक्षिप्तावधूतानां अधोमुखंपातितानां परेषांमर्मसुपततामसीनामितिसंबंधः १७ रुग्णस्तीव्राघातार्तः भिन्नोनिकृत्तांगः अवभिन्नःक्षतांगः १८ प्रेतानांनारकाणां १९ हयैःकरणभूतैः चामरापीडाश्चामरकलापास्तद्धारिभिः अतएव

अभिसृत्यमहाराजवेगवद्भिर्महागजैः ॥ दंतैरभिहतास्तत्रचुकुशुःपरमातुराः ८ अभिनीताश्वशिक्षाभिस्तोत्रांकुशसमाहताः ॥ अप्रभिन्नाःप्रभिन्नानांसंमुखाभिमुखाययुः ९ प्रभिन्नैश्चापिसंसक्ताःकेचित्तत्रमहागजाः ॥ क्रौंचवन्निनदंकृत्वादुद्रुवुःसर्वतोदिशम् १० सम्यक्प्रणीतानागाश्चप्रभिन्नकरटामुखाः ॥ ऋष्टितोमरनाराचैर्निर्विद्धावरवारणाः ११ प्रणेदुर्भिन्नमर्माणोनिपेतुश्चगतासवः ॥ प्राद्रवंतदिशःकेचिन्नदंतोभैरवान्रवान् १२ गजानांपादरक्षास्तुव्यूढोरस्काःप्रहारिणः ॥ ऋष्टिभिश्चधनुर्भिश्चविमलैश्चपरश्वधैः १३ गदाभिर्मुसलैश्चैवभिंदिपालैःसतोमरैः ॥ आयसैःपरिघैश्चैवनिर्स्त्रिंशैर्विमलैःशितैः १४ प्रगृहीतैःसुसंरब्धाद्रवमाणास्ततस्ततः ॥ व्यदृश्यंतमहाराजपरस्परजिघांसवः १५ राजमानाश्चनिर्स्त्रिंशाःसंसिक्तानरशोणितैः ॥ प्रत्यदृश्यंतशूराणामन्योन्यमभिधावताम् १६ अवक्षिप्तावधूतानामसीनांवीरबाहुभिः ॥ संजज्ञेतुमुलःशब्दःपततांपरमर्मसु १७ गदामुसलरुग्णानांभिन्नानांचवरासिभिः ॥ दंतिदंतावभिन्नानांमृदितानांचदंतिभिः १८ तत्रतत्रनरौघाणांक्रोशतामितरेतरम् ॥ शुश्रुवुर्दारुणावाचःप्रेतानामिवभारत १९ हयैरपिहयारोहाश्चामरापीडधारिभिः ॥ हंसैरिवमहावेगैरन्योन्यमभिविद्रुताः २० तैर्विमुक्तामहाप्रासाजांबूनदविभूषणाः ॥ आशुगाविमलास्तीक्ष्णाःसंपेतुर्भुजगोपमाः २१ अश्वैरग्र्यजवैःकेचिदाप्लुत्यमहतोरथान् ॥ शिरांस्याददिरेवीराराथिनामश्वसादिनः २२ बहूनपिहयारोहान्भल्लैःसन्नतपर्वभिः ॥ रथीजघानसंप्राप्यबाणगोचरमागतान् २३ नवमेघप्रतीकाशाश्चाक्षिप्यतुरगान्गजाः ॥ पादैरेवविमृद्नंतिमत्ताःकनकभूषणाः २४ पाट्यमानेषुकुंभेषुपार्श्वेष्वपिचवारणाः ॥ प्रासैर्विनिहताःकेचिद्विनेदुःपरमातुराः २५ साश्वारोहान्हयान्कांश्चिदुन्मथ्यवरवारणाः ॥ सहसाचिक्षिपुस्तत्रसंकुलेभैरवेसति २६ साश्वारोहान्विषाणाग्रैरुत्क्षिप्यतुरगान्गजाः ॥ रथौघानभिमृद्नन्तःसध्वजानभिचक्रमुः २७ पुंस्त्वादतिमदत्वाच्चकेचित्तत्रमहागजाः ॥ साश्वारोहान्हयान्जघ्नुःकरैःसचरणैस्तथा २८ अश्वारोहैश्चसमरेहस्तिसादिभिरेवच ॥ प्रतिमानेषुगात्रेषुपार्श्वेष्वभिचवारणान् ॥ आशुगाविमलास्तीक्ष्णाःसंपेतुर्भुजगोपमाः २९ नराश्वकायान्निर्भिद्यलौहानिकवचानिच ॥ निपेतुर्विमलाःशक्त्योवीरबाहुभिरर्पिताः ३०

हंसैरिवअभिविद्रुताःसंमुखमुपागताः २० प्रासाहस्तक्षेप्याभल्लाःसैंतीतिप्रसिद्धाः कुंताइत्यपरे आशुगाःशीघ्रगाः २१ अग्र्यजवैरुत्तमवेगैः २२ भल्लैर्दीर्घफलकैर्बाणैः २३ । २४ । २५ सहसाबलेन अतर्कितंवासतिविद्यमाने २६ अभिचक्रमुःअभितोबभ्रमुः २७ पुंस्त्वाद्वीर्यवत्त्वात् अतिमदत्वादुद्भिन्नमदत्वात् २८ प्रतिमानेषुललाटेषु गात्रेषुअंगेषु वारणानभिगजानामभितः षष्ठ्यर्थेद्वितीया । आशुगाबाणाः अश्वारोहादिभिःप्रक्षिप्ताइतिशेषः २९ शक्तयःशक्तयः कृत्स्नालोहदंडास्तएवमहोल्काप्रतिमाइत्युत्तरेणसंबंधः ३०

द्वीपीचित्रव्याघ्रः ३१ विकोशैः प्रयोगकाले । ' अभीतस्याभिमुख्येनसर्पणंस्यादभिप्लुतम् । तदेवस्यादभिक्रुद्धमोष्ठदंशादिसंयुतं । वामपक्षाश्रितंयानमेकपार्श्वावदारितम् ' ३२ चर्मप्रहारवारणं 'ढाल'इतिप्रसिद्धं भाषायां । आक्षिप्याकृष्य ३३ सर्वशब्दगाः सर्वेषामाक्षेप्तॄणांशब्दमनुगच्छंतितेतथा शंकुभिःकीलैःकंटकदंडादिगतैः ३४ । ३५ व्याक्रोशंतव्याक्रोशंकृतवंतः बंधुभिःसखिभिः ३६ भग्नसक्थाभग्नोरवः ३७

महोल्काप्रतिमाघोरास्तत्रतत्रविशांपते ॥ द्वीपिचर्मावनद्धैश्चव्याघ्रचर्मच्छदैरपि ३१ विकोशैर्विमलैःखड्गैरभिजग्मुःपरान्रणे ॥ अभिप्लुतमभिक्रुद्धमेकपार्श्वावदारितम् ३२ विदर्शयंतःसंपेतुःखड्गचर्मपरश्वधैः ॥ केचिदाक्षिप्यकरिणःसाश्वानपिरथान्करैः ३३ विकर्षंतोदिशःसर्वाःसंपेतुःसर्वशब्दगाः ॥ शंकुभिर्दारिताःकेचित्संभिन्नाश्चपरश्वधैः ३४ हस्तिभिर्मृदिताःकेचित्क्षुण्णाश्चान्येतुरंगमैः ॥ रथनेमिनिकृत्ताश्चनिकृत्ताश्चपरश्वधैः ३५ व्याक्रोशंतनराराजंस्तत्रतत्रस्मबांधवान् ॥ पुत्रानन्येपितॄनन्येभ्रातॄंश्चसहबंधुभिः ३६ मातुलान्भागिनेयांश्चपरानपिचसंयुगे ॥ विकीर्णांत्राःसुबहवोभग्नसक्थाश्चभारत ३७ बाहुभिश्चापरेछिन्नैःपार्श्वेषुचविदारिताः ॥ क्रंदन्तःसमदृश्यन्ततृषिताजीवितेप्सवः ३८ तृषापरिगताःकेचिदल्पसत्वाविशांपते ॥ भूमौनिपतिताःसंख्येमृगयांचक्रिरेजलम् ३९ रुधिरौघपरिक्लिन्नाःक्लिश्यमानाश्चभारत ॥ व्यनिंदन्भृशमात्मानंतवपुत्रांश्चसंगतान् ४० अपरेक्षत्रियाःशूराःकृतवैराःपरस्परम् ॥ नैवशस्त्रंविमुंचंतिनैवक्रंदंतिमारिष ४१ तर्जयंतिचसंहृष्टास्तत्रतत्रपरस्परम् ॥ आदश्यदशनैश्चापिक्रोधात्स्वरदनच्छदम् ४२ भ्रुकुटीकुटिलैर्वक्त्रैःप्रेक्षंतिचपरस्परम् ॥ अपरेक्लिश्यमानास्तुशरार्ताव्रणपीडिताः ४३ निष्कूजाःसमपद्यंतदृढसत्वामहाबलाः ॥ अन्येचविरथाःशूरारथमन्यस्यसंयुगे ४४ प्रार्थयानानिपतिताःसंक्षुण्णावरवारणैः ॥ अशोभंतमहाराजसपुष्पाइवकिंशुकाः ४५ संबभूवुरनेकेपुबहवोभैरवस्वनाः ॥ वर्तमानेमहाभीमेतस्मिन्वीरवरक्षये ४६ निजघानपितापुत्रंपुत्रश्चपितरंरणे ॥ स्वस्रीयोमातुलंचापिस्वस्रीयंचापिमातुलः ४७ सखासखायंचतथासंबंधीबांधवंतथा ॥ एवंयुयुधिरेतत्रकुरवःपांडवैःसह ४८ वर्त्तमानेतथातस्मिन्निर्मर्यादेभयानके ॥ भीष्ममासाद्यपार्थानांवाहिनीसमकंपत ४९ केतुनापंचतारेणतालेनभरतर्षभ ॥ राजतेनमहाबाहुरुच्छ्रितेनमहारथे ॥ बभौभीष्मस्तदाराजंश्चंद्रमाइवमेरुणा ५० ॥ इतिश्रीमहाभारतेभीष्मपर्वणिभीष्मव०संकुलयुद्धे षट्चत्वारिंशोध्यायः ॥ ४६ ॥ संजयउवाच ॥ गतपूर्वाह्णभूयिष्ठेतस्मिन्नहनिदारुणे ॥ वर्तमानेतथारौद्रेमहावीरवरक्षये १ दुर्मुखःकृतवर्माचकृपःशल्योविविंशतिः ॥ भीष्मंजुगुपुरासाद्यतवपुत्रेणचोदिताः २ एतैरतिरथैर्गुप्तःपंचभिर्भरतर्षभः ॥ पांडवानामनीकानिविजगाहेमहारथः ३

३८ तृषापिपासया अल्पसत्वाधैर्यवर्जिताः मृगयांचक्रिरेयाचंते ३९ । ४० । ४१ रदनच्छदमोष्ठं ४२ । ४३ निष्कूजानिःशब्दाः रथमन्यस्यगंतुंप्रार्थयानामध्येमार्गेनिपतिताइतियोज्यं ४४ । ४५ । ४६ ४७ । ४८ । ४९ केतुनेतिसार्धः । अत्रचंद्रकेत्वोर्मेरुसरथभीष्मयोश्चोपमोपमेयभावः भीष्मस्यरुक्मरथत्वात् ५० ॥ ॥ इतिभीष्मपर्वणिनीलकंठीयेभारतभावदीपे षट्चत्वारिंशोऽध्यायः ॥ ४६ ॥ ॥ गतेति । गतोऽतीतःपूर्वाह्णस्यभूयिष्ठोभागोयस्मिन्नहनि १ । २ । ३

४ । ५ नृत्यतोनृत्यमिवकुर्वतः ६ पिशंगैःपिंगलैः ७ कर्णिकारेणकर्णिकारद्रुमोपमेन ८ अनुरथैःपार्ष्णिगोपादिभिः ९ । १० पूर्णायतविसृष्टेनआकर्णाकृष्टत्यक्तेन प्रणिहितेनप्रेरितेन ११ । १२ कार्तस्वरं

चेदिकाशिकरूषेषुपंचालेषुचभारत ॥ भीष्मस्यबहुधातालश्चलत्केतुरदृश्यत ४ सशिरांसिरणेऽरीणांरथांश्चसयुगध्वजान् ॥ निचकर्तमहावेगैर्भल्लैःसन्नतपर्वभिः ५
नृत्यतोरथमार्गेषुभीष्मस्यभरतर्षभ ॥ भृशमार्तस्वरंचक्रुर्नागामर्मणिताडिताः ६ अभिमन्युःसुसंक्रुद्धःपिशंगैस्तुरगोत्तमैः ॥ संयुक्तंरथमास्थायप्रायाद्भीष्मरथंप्रति ७
जांबूनदविचित्रेणकर्णिकारेणकेतुना ॥ अभ्यवर्ततभीष्मंचतांश्चैवरथसत्तमान् ८ सतालकेतोस्तीक्ष्णेनकेतुमाहत्यपत्रिणा ॥ भीष्मेणयुयुधेवीरस्तस्यचानुरथैःसह ९
कृतवर्माणमेकेनशल्यंपंचभिराशुगैः ॥ विद्ध्वानवभिरानर्च्छच्छिताग्रैःप्रपितामहम् १० पूर्णायतविसृष्टेनसम्यक्प्रणिहितेनच ॥ ध्वजमेकेनविव्याधजांबूनदपरिष्कृ
तम् ११ दुर्मुखस्यतुभल्लेनसर्वावरणभेदिना ॥ जहारसारथेःकायाच्छिरःसन्नतपर्वणा १२ धनुश्चिच्छेदभल्लेनकार्तस्वरविभूषितम् ॥ कृपस्यनिशिताग्रेणतांश्चतीक्ष्ण
मुखैःशरैः १३ जघानपरमक्रुद्धोनृत्यन्निवमहारथः ॥ तस्यलाघवमुद्वीक्ष्यतुतुषुर्देवताअपि १४ लब्धलक्षतयाकार्ष्णेःसर्वेभीष्ममुखारथाः ॥ सत्ववंतममन्यंतसाक्षादि
वधनंजयम् १५ तस्यलाघवमार्गस्थमलातसदृशप्रभम् ॥ दिशःपर्यपतच्चापंगांडीवमिवघोषवत् १६ तमासाद्यमहावेगैर्भीष्मोनवभिराशुगैः ॥ विव्याधसमरेतूर्णमा
र्जुनिंपरवीरहा १७ ध्वजंचास्यत्रिभिर्भल्लैश्चिच्छेदपरमौजसः ॥ सारथिंचत्रिभिर्बाणैराजघानयतव्रतः १८ तथैवकृतवर्माचकृपःशल्यश्चमारिष ॥ विध्वानाकंपयत्का
र्ष्णिमैनाकमिवपर्वतम् १९ सतैःपरिवृतःशूरोधार्तराष्ट्रैर्महारथैः ॥ ववर्षशरवर्षाणिकार्ष्णिःपंचरथान्प्रति २० ततस्तेषांसहस्राणिसंवार्यशरवृष्टिभिः ॥ ननादबलवान्
कार्ष्णिर्भीष्मायविसृजन्शरान् २१ तत्रास्यसुमहद्राजन्बाह्वोर्बलमदृश्यत ॥ यतमानस्यसमरेभीष्ममर्दयतःशरैः २२ पराक्रांतस्यतस्यैवभीष्मोऽपिप्राहिणोच्छरान् ॥
सतांश्चिच्छेदसमरेभीष्मचापच्युतान्शरान् २३ ततोध्वजममोघेषुर्भीष्मस्यनवभिःशरैः ॥ चिच्छेदसमरेवीरस्ततउच्चुकुशुर्जनाः २४ सराजतोमहास्कंधस्तालोहेमविभू
षितः ॥ सौभद्रविशिखैश्छिन्नःपपातभुविभारत २५ तंतुसौभद्रविशिखैःपातितंभरतर्षभ ॥ दृष्ट्वाभीमोननादोच्चैःसौभद्रमभिहर्षयन् २६ अथभीष्मोमहास्त्राणिदिव्या
निसुबहूनिच ॥ प्रादुश्चक्रेमहारौद्रेरणेतस्मिन्महाबलः २७ ततःशरसहस्रेणसौभद्रंप्रपितामहः ॥ अवाकिरदमेयात्मातदद्भुतमिवाभवत् २८ ततोदशमहेष्वासाःपांड
वानांमहारथाः ॥ रक्षार्थमभ्यधावंतसौभद्रंत्वरितारथैः २९ विराटःसहपुत्रेणधृष्टद्युम्नश्चपार्षतः ॥ भीमश्चकेकयाश्चैवसात्यकिश्चविशांपते ३० तेषांजवेनापततांभीष्मः
शांतनवोरणे ॥ पांचाल्यंत्रिभिरानर्च्छत्सात्यकिंनवभिःशरैः ३१ पूर्णायतविसृष्टेनक्षुरेणनिशितेनच ॥ ध्वजमेकेनचिच्छेदभीमसेनस्यपत्रिणा ३२

सुवर्णं तान्सर्वान् १३ । १४ कार्ष्णेःअभिमन्योः सत्ववंतंबलवंतं १५ अलातसदृशप्रभंभ्राम्यमाणोल्मुकसमंमंडलाकारमित्यर्थः १६ । १७ । १८ । १९ । २० । २१ । २२ । २३ । २४ । २५ । २६ २७ । २८ । २९ पुत्रेणोत्तरेण ३० । ३१ । ३२

केसरीसिंहः ३३ । ३४ मगृहीताग्रहस्तेनकुंडलीकृतशुंडाग्रेण ३५ तस्यवेगमितिसंबंधः रथेरथोपरि ३६ तस्यशल्यस्य बृहतःपुष्टान् साधुवाहिनःसम्यग्वहनशीलान् ३७ । ३८ तमःमोहं प्रमुक्तंहस्तादुज्झितमंकुशा

जांबूनदमयःश्रीमान्केसरीसनरोत्तम ॥ पपातभीमसेनस्यभीष्मेणमथितोरथात् ३३ ततोभीमस्त्रिभिर्विद्ध्वाभीष्मंशांतनवंरणे ॥ कृपमेकेनविव्याधकृतवर्माणमष्टभिः
३४ प्रगृहीताग्रहस्तेनवैराटिरपिदंतिना ॥ अभ्यद्रवतराजानंमद्राधिपतिमुत्तरः ३५ तस्यवारणराजस्यजवेनापततोरथे ॥ शल्योनिवारयामासवेगमप्रतिमंशरैः ३६
तस्यक्रुद्धःसनागेन्द्रोबृहतःसाधुवाहिनः ॥ पदायुगमधिष्ठायजघानचतुरोहयान् ३७ सहताश्वेरथेतिष्ठन्मद्राधिपतिरायसीम् ॥ उत्तरांतकरींशक्तिंचिक्षेपभुजगोपमाम्
३८ तयाभिन्नतनुत्राणःप्रविश्यविपुलंतमः ॥ सपपातगजस्कंधात्प्रमुक्तांकुशतोमरः ३९ असिमादायशल्योऽपिअवप्लुत्यरथोत्तमात् ॥ तस्यवारणराजस्यचिच्छेदाथ
महाकरम् ४० भिन्नमर्माशरशतैश्छिन्नहस्तःसवारणः ॥ भीममार्तस्वरंकृत्वापपातचममारच ४१ एतदीदृशकंकृत्वामद्रराजोनराधिप ॥ आरुरोहरथंतूर्णंभास्वरंकृत
वर्मणः ४२ उत्तरंवैहतंदृष्ट्वावैराटिर्भ्रातरंतदा ॥ कृतवर्मणाचसहितंदृष्ट्वाशल्यमवस्थितम् ४३ श्वेतःक्रोधात्प्रजज्वालहविषाहव्यवाडिव ॥ सविस्फार्यमहच्चापंशक्रचापो
पमंबली ४४ अभ्यधावज्जिघांसन्वैशल्यंमद्राधिपंबली ॥ महतारथवंशेनसमंतात्परिवारितः ४५ मुंचन्बाणमयंवर्षंप्रायाच्छल्यरथंप्रति ॥ तमापतंतंसंप्रेक्ष्यमत्तवार
णविक्रमम् ४६ तावकानांरथाःसप्तसमंतात्पर्यवारयन् ॥ मद्रराजमभीप्संतोमृत्योर्दंष्ट्रांतरंगतम् ४७ बृहद्बलश्चकौसल्योजयत्सेनश्चमागधः ॥ तथारुक्मरथोराजन्
शल्यपुत्रःप्रतापवान् ४८ विंदानुविंदावावंत्यौकांबोजश्चसुदक्षिणः ॥ बृहत्क्षत्रस्यदायादःसैन्धवश्चजयद्रथः ४९ नानावर्णविचित्राणिधनूंषिचमहात्मनाम् ॥ विस्फा
रितान्यदृश्यंतेतोयदेष्विवविद्युतः ५० तेतुबाणमयंवर्षंश्वेतमूर्धन्यपातयन् ॥ निदाघांतेऽनिलोद्धूतामेघाइवनगेजलम् ५१ ततःक्रुद्धोमहेष्वासःसप्तभल्लैःसुतेजनैः ॥
धनूंषितेषामाच्छिद्यममर्दपृतनापतिः ५२ निकृत्तान्येवतानिस्मसमदृश्यंतभारत ॥ ततस्तेतुनिमेषार्धात्प्रत्यपद्यन्धनूंषिच ५३ सप्तचैवपृषत्कांश्चश्वेतस्योपर्यपातयन् ॥
ततःपुनरमेयात्माभल्लैःसप्तभिराशुगैः ॥ निचकर्तमहाबाहुस्तेषांचापानिधन्विनाम् ५४ तेनिकृत्तमहाचापास्त्वरमाणामहारथाः ॥ रथशक्तीःपरामृश्यविनेदुर्भैरवान्
रवान् ५५ अन्वयुर्भरतश्रेष्ठसप्तश्वेतरथंप्रति ॥ ततस्ताज्वलिताःसप्तमहेंद्राशनिनिःस्वनाः ५६ अप्राप्ताःसप्तभिर्भल्लैश्चिच्छेदपरमास्त्रवित् ॥ ततःसमादायशरं
सर्वकायविदारणम् ५७ प्राहिणोद्भरतश्रेष्ठश्वेतोरुक्मरथंप्रति ॥ तस्यदेहेनिपतितोबाणोवज्रातिगोमहान् ५८ ततोरुक्मरथोराजन्सायकेनदृढाहतः ॥ निषसादरथो
पस्थेकश्मलंचाविशन्महत् ५९ तंविसंज्ञंविमनसंत्वरमाणस्तुसारथिः ॥ अपोवाहनसंभ्रांतःसर्वलोकस्यपश्यतः ६० ततोऽन्यान्षट्समादायश्वेतोहेमविभूषितान् ॥
तेषांषण्णांमहाबाहुर्ध्वजशीर्षाण्यपातयत् ६१

दिकंयस्य ३९ । ४० । ४१ । ४२ हतंशक्तिप्रहारेण वैराटिःशंखः ४३ । ४४ । ४५ । ४६ । ४७ । ४८ । ४९ । ५० । ५१ । ५२ । ५३ । ५४ । ५५ । ५६ । ५७ । ५८ । ५९ । ६० । ६१

६२ । ६३ । ६४ । ६५ । ६६ । ६७॥ इतिश्री० नीलकंठीये भारतभावदीपे सप्तचत्वारिंशोऽध्यायः॥ ४७ ॥ ॥एवमिति १।२।३।४।५।६।७।८ । ९ । १० । ११ । १२। १३

हयांश्वतेषांनिर्भिद्यसारथींश्चपरंतप ॥ शरैश्वेतान्समाकीर्यप्रायाच्छल्यरथंप्रति ६२ ततोहलहलाशब्दस्तवसैन्येषुभारत ॥ दृष्ट्वासेनापतिंतूर्णयांतंशल्यरथं
प्रति ६३ ततोभीष्मंपुरस्कृत्यतवपुत्रोमहाबलः ॥ वृतस्तुसर्वसैन्येनप्रायाच्छ्वेतरथंप्रति ६४ मृत्योरास्यमनुप्राप्तंमद्रराजममोचयत् ॥ ततोयुद्धंसमभवत्तुमुलं
लोमहर्षणम् ६५ तावकानांपरेषांचव्यतिषक्तरथद्विपम् ॥ सौभद्रेभीमसेनेचसात्यकौचमहारथे ६६ कैकेयेचविराटेचधृष्टद्युम्नेचपार्षते ॥ एतेषुनरसिंहेषुचेदिम
त्स्येषुचैवह ॥ ववर्षशरवर्षाणिकुरुवृद्धःपितामहः ६७ ॥ इतिश्रीमहाभारतेभीष्मपर्वणिभीष्मव० श्वेतयुद्धेसप्तचत्वारिंशोऽध्यायः ॥ ४७ ॥ ॥ ॥
॥ धृतराष्ट्रउवाच ॥ एवंश्वेतेमहेष्वासेप्राप्तेशल्यरथंप्रति ॥ कुरवःपांडवेयाश्चकिमकुर्वतसंजय १ भीष्मःशांतनवःकिंवातन्ममाचक्ष्वपृच्छतः ॥ संजयउवाच ॥
राजन्शतसहस्राणिततःक्षत्रियपुंगवाः २ श्वेतंसेनापतिंशूरंपुरस्कृत्यमहारथाः ॥ राज्ञोबलंदर्शयंतस्तवपुत्रस्यभारत ३ शिखंडिनंपुरस्कृत्यत्रातुमैच्छन्महा
रथाः ॥ अभ्यवर्ततभीष्मस्यरथंहेमपरिष्कृतम् ४ जिघांसंतंयुधांश्रेष्ठंतदाऽऽसीत्तुमुलंमहत् ॥ तत्तेऽहंसंप्रवक्ष्यामिमहावैशसमच्युत ५ तावकानांपरेषांचयथा
युद्धमवर्तत ॥ तत्राकरोद्रथोपस्थान्शून्यान्शांतनवोबहून् ६ तत्राद्भुतंमहच्चक्रेशरैरार्छद्रथोत्तमान् ॥ समावृणोच्छरैरर्कमर्कतुल्यप्रतापवान् ७ नुदन्समंतात्सम
रेरविरुद्यन्यथातमः ॥ तेनाजौप्रेषिताराजन्शराःशतसहस्रशः ८ क्षत्रियांतकराःसंख्येमहावेगामहाबलाः ॥ शिरांसिपातयामासुर्वीराणांशतशोरणे ९ गजान्कं
टकसन्नाहान्वज्रेणेवशिलोच्चयान् ॥ रथारथेषुसंसक्ताव्यदृश्यंतविशांपते १० एकेरथंपर्यवहंस्तुरगाःसतुरंगमम् ॥ युवानंनिहतंवीरंलंबमानंसकार्मुकम् ११
उदीर्णाश्चहयाराजन्वहंतस्तत्रतत्रह ॥ बद्धखड्गनिषंगाश्चविध्वस्तशिरसोहताः १२ शतशःपतिताभूमौवीरशय्यासुशेरते ॥ परस्परेणधावंतःपतिताःपुनरुत्थिताः
१३ उत्थायचप्रधावंतोद्वंद्वयुद्धमवाप्नुवन् ॥ पीडिताःपुनरन्योन्यंलुठंतोरणमूर्धनि १४ सचापाःसनिषंगाश्चजातरूपपरिष्कृताः ॥ विस्रब्धहतवीराश्चशतशः
परिपीडिताः १५ तेनतेनाभ्यधावंतविसृजंतश्चभारत ॥ मत्तोगजःपर्यवर्तद्धयांश्चहतसादिनः १६ सरथारथिनश्चापिविमृद्नंतःसमंततः ॥ स्यंदनादपतत्कश्चिन्नि
हतोऽन्येनसायकैः १७ हतसारथिरप्युच्चैःपपातकाष्ठवद्रथः ॥ युध्यमानस्यसंग्रामेव्यूढेरजसिचोत्थिते १८ धनुःकूजितविज्ञानंतत्रासीत्प्रतियुद्ध्यतः ॥ गात्र
स्पर्शेनयोधानांव्यज्ञास्तपरिपंथिनम् १९ युद्ध्यमानंशरैराजन्सिंजिनीध्वजिनीरवात् ॥ अन्योन्यंवीरसंशब्दोनाश्रूयतभटैःकृतः २० शब्दायमानेसंग्रामेपटहे
कर्णदारिणि ॥ युध्यमानस्यसंग्रामेकुर्वतःपौरुषंस्वकम् २१ नाश्रौषंनामगोत्राणिकीर्तनंचपरस्परम् ॥ भीष्मचापच्युतैर्बाणैरार्तानांयुद्धतांमृधे २२ परस्परे
षांवीराणांमनांसिसमकंपयन् ॥ तस्मिन्नत्याकुलेयुद्धेदारुणेलोमहर्षणे २३ पितापुत्रंचसमरेनाभिजानातिकश्चन ॥ चक्रेभग्नेयुगेच्छिन्नेएकधुर्येहयेहतः २४

१४ । १५ । १६ । १७ । १८ । १९ । २० । २१ । २२ । २३ । २४

आक्षिप्तः स्यंदनाद्वीरः ससारथिरजिह्मगैः ॥ एवंचसमरेसर्वेवीराश्वविरथीकृताः २५ तेनतेनस्मदृश्यंतेधावमानाःसमंततः ॥ गजोहतःशिरश्छिन्नंमर्मभिन्नंहयोह
तः २६ अहतःकोऽपिनैवासीद्भीष्मेनिघ्नतिशात्रवान् ॥ श्वेतःकुरूणामकरोत्क्षयंतस्मिन्महाहवे २७ राजपुत्रान्रथोदारानवधीच्छतसंघशः ॥ चिच्छेदरथि
नांबाणैःशिरांसिभरतर्षभ २८ सांगदाबाहवश्चैवधनूंषिचसमंततः ॥ रथेषांरथचक्राणितूणीराणियुगानिच २९ छत्राणिचमहार्हाणिपताकाश्वविशांपते ॥ हयौघाश्व
रथौघाश्वनरौघाश्चैवभारत ३० वारणाःशतशश्चैवहताःश्वेतेनभारत ॥ वयंश्वेतभयाद्भीताविहायरथसत्तमम् ३१ अपयातास्तथापश्चाद्विभुंपश्यामधृष्णवः ॥ शर
पातमतिक्रम्यकुरवःकुरुनंदन ३२ भीष्मंशांतनवंयुद्धेस्थिताःपश्यामसर्वशः ॥ अदीनोदीनसमयेभीष्मोऽस्माकंमहाहवे ३३ एकस्तस्थौनरव्याघ्रोगिरिर्मेरुरिवा
चलः ॥ आददानइवप्राणान्सविताशिशिरात्यये ३४ गभस्तिभिरिवादित्यस्तस्थौशरमरीचिमान् ॥ समुमोचमहेष्वासःशरसंघाननेकशः ३५ निघ्नन्नमित्रान्
समरेवज्रपाणिरिवासुरान् ॥ तेवध्यमानाभीष्मेणप्रजहुस्तंमहाबलम् ३६ स्वयूथादिवतेयूथान्मुक्तंभूमिषुदारुणम् ॥ तमेवमुपलक्ष्यैकोहृष्टःपुष्टःपरंतप ३७
दुर्योधनप्रियेयुक्तःपांडवान्परिशोचयन् ॥ *जीवितंदुस्त्यजंत्यक्त्वाभयंचसुमहाहवे ३८ पातयामाससैन्यानिपांडवानांविशांपते ॥ प्रहरंतमनीकानिपितादेव
व्रतस्तव ३९ दृष्ट्वासेनापतिंभीष्मस्त्वरितःश्वेतमभ्ययात् ॥ सभीष्मंशरजालेनमहतासमवाकिरत् ४० श्वेतंचापितथाभीष्मःशरौघैःसमवाकिरत् ॥ तौवृषा
विवनर्दन्तौमत्ताविवमहाद्विपौ ४१ व्याघ्राविवसुसंरब्धावन्योन्यमभिजघ्नतुः ॥ अस्त्रैरस्त्राणिसंवार्यततस्तौपुरुषर्षभौ ४२ भीष्मःश्वेतश्चयुयुधेपरस्परवधैषिणौ ॥
एकाह्नानिर्दहेद्भीष्मःपांडवानामनीकिनीम् ४३ शरैःपरमसंक्रुद्धोयदिश्वेतोनपालयेत् ॥ पितामहंततोदृष्ट्वाश्वेतेनविमुखीकृतम् ४४ प्रहर्षंपांडवाजग्मुःपुत्रस्तेवि
मनाभवत् ॥ ततोदुर्योधनःक्रुद्धःपार्थिवैःपरिवारितः ४५ ससैन्यःपांडवानीकमभ्यद्रवतसंयुगे ॥ दुर्मुखःकृतवर्माचकृपःशल्योविशांपतिः ४६ भीष्मंजुगुपुरा
साद्यतवपुत्रेणनोदिताः ॥ दृष्ट्वातुपार्थिवैःसर्वैर्दुर्योधनपुरोगमैः ४७ पांडवानामनीकानिवध्यमानानिसंयुगे ॥ श्वेतोगांगेयमुत्सृज्यतवपुत्रस्यवाहिनीम् ४८
नाशयामासवेगेनवायुर्वृक्षानिवौजसा ॥ द्रावयित्वाचमूंराजन्वैराटिःक्रोधमूर्च्छितः ४९ आपतत्सहसाभूयोयत्रभीष्मोव्यवस्थितः ॥ तौतत्रोपगतौराजन्शरदी
प्तौमहाबलौ ५० अयुध्येतांमहात्मानौयथोभौवृत्रवासवौ ॥ अन्योन्यंतुमहाराजपरस्परवधैषिणौ ५१ निगृह्यकार्मुकंश्वेतोभीष्मंविव्याधसप्तभिः ॥ पराक्रमं
ततस्तस्यपराक्रम्यपराक्रमी ५२ तरसावारयामासमत्तोमत्तमिवद्विपम् ॥ श्वेतःशांतनवंभूयःशरैःसन्नतपर्वभिः ५३ विव्याधपंचविंशत्यातदद्भुतमिवाभवत् ॥
तंप्रत्यविध्यद्दशभिर्भीष्मःशांतनवस्तदा ५४

सविद्धस्तेनबलवान्नाकंपतयथाऽचलः ॥ वैराटिःसमरेक्रुद्धोभृशमायम्यकार्मुकम् ५५ आजघानततोभीष्मंश्वेतःक्षत्रियनंदनः ॥ संप्रहस्यततःश्वेतःसृक्किणीपरिसंलि
हन् ५६ धनुश्चिच्छेदभीष्मस्यनवभिर्दशधाशरैः ॥ संधायविशिखंचैवशरंलोमप्रवाहिनम् ५७ उन्ममाथततस्तालंध्वजशीर्षेमहात्मनः ॥ केतुंनिपतितंदृष्ट्वाभीष्मस्य
तनयास्तव ५८ हतंभीष्मममन्यंतश्वेतस्यवशमागतम् ॥ पांडवाश्चापिसंहृष्टादध्मुःशंखान्मुदायुताः ५९ भीष्मस्यपतितंकेतुंदृष्ट्वातालंमहात्मनः ॥ ततोदुर्योधनःक्रो
धात्स्वमनीकमनोदयत् ६० यत्ताभीष्मंपरीप्सध्वंरक्षमाणाःसमंततः ॥ मानःप्रपश्यमानानांश्वेतान्मृत्युमवाप्स्यति ६१ भीष्मःशांतनवःशूरस्तथासत्यंब्रवीमिवः ॥
राज्ञस्तुवचनंश्रुत्वात्वरमाणामहारथाः ६२ बलेनचतुरंगेणगांगेयमन्वपालयन् ॥ बाल्हीकःकृतवर्माचशलःशल्यश्चभारत ६३ जलसंधोविकर्णश्चचित्रसेनोविविंशतिः ॥
त्वरमाणास्त्वराकालेपरिवार्यसमन्ततः ६४ शस्त्रवृष्टिंसुतुमुलांश्वेतस्योपर्यपातयन् ॥ तान्क्रुद्धोनिशितैर्बाणैस्त्वरमाणोमहारथः ६५ अवारयदमेयात्मादर्शयन्पाणि
लाघवम् ॥ सनिवार्यतुतान्सर्वान्केसरीकुंजरानिव ६६ महताशरवर्षेणभीष्मस्यधनुराच्छिनत् ॥ ततोऽन्यद्धनुरादायभीष्मःशांतनवोयुधि ६७ श्वेतंविव्याधराजेन्द्र
कंकपत्रैःशितैःशरैः ॥ ततःसेनापतिःक्रुद्धोभीष्मंबहुभिरायसैः ६८ विव्याधसमरेराजन्सर्वलोकस्यपश्यतः ॥ ततःप्रव्यथितोराजाभीष्मंदृष्ट्वानिवारितम् ६९ प्रवी
रंसर्वलोकस्यश्वेतेनयुधिवैतदा ॥ निष्ठानकश्चसुमहांस्तवसैन्यस्यचाभवत् ७० तंवीरंवारितंदृष्ट्वाश्वेतेनशरविक्षतम् ॥ हतंश्वेतेनमन्यंतेश्वेतस्यवशमागतम् ७१ ततः
क्रोधवशंप्राप्तःपितादेवव्रतस्तव ॥ ध्वजमुन्मथितंदृष्ट्वातांचसेनांनिवारिताम् ७२ श्वेतंप्रतिमहाराजव्यसृजत्सायकान्बहून् ॥ तानावार्यरणेश्वेतोभीष्मस्यरथिनांवरः
७३ धनुश्चिच्छेदभल्लेनपुनरेवपितुस्तव ॥ उत्सृज्यकार्मुकंराजन्गांगेयःक्रोधमूर्च्छितः ७४ अन्यत्कार्मुकमादायविपुलंबलवत्तरम् ॥ तत्रसंधायविपुलान्भल्लान्सप्त
शिलाशितान् ७५ चतुर्भिश्चजघानाश्वान्श्वेतस्यपृतनापतेः ॥ ध्वजंद्वाभ्यांतुचिच्छेदसप्तमेनचसारथेः ७६ शिरश्चिच्छेदभल्लेनसंक्रुद्धोऽलघुविक्रमः ॥ हताश्वसूता
त्सरथादवप्लुत्यमहाबलः ७७ आमर्षवशमापन्नोव्याकुलःसमपद्यत ॥ विरथंरथिनांश्रेष्ठंश्वेतंदृष्ट्वापितामहः ७८ ताडयामासनिशितैःशरसंघैःसमंततः ॥ सताड्यमानः
समरेभीष्मचापच्युतैःशरैः ७९ स्वरथेधनुरुत्सृज्यशक्तिंजग्राहकांचनीम् ॥ ततःशक्तिंरणेश्वेतोजग्राहोग्रांमहाभयाम् ८० कालदंडोपमांघोरांमृत्योर्जिह्वामिवश्वसन् ॥
अब्रवीच्चतदाश्वेतोभीष्मंशांतनवंरणे ८१ तिष्ठेदानींसुसंरब्धःपश्यमांपुरुषोभव ॥ एवमुक्त्वामहेष्वासोभीष्मंयुधिपराक्रमी ८२ ततःशक्तिममेयात्माचिक्षेपभुजगोप
माम् ॥ पांडवार्थेपराक्रांतस्तवानर्थंचिकीर्षुकः ८३ हाहाकारोमहानासीत्पुत्राणांतेविशांपते ॥ दृष्ट्वाशक्तिंमहाघोरांमृत्योर्दण्डसमप्रभाम् ८४

॥ ८१ ॥ श्वेतस्यकरनिर्मुक्तांनिर्मुक्तोरगसन्निभाम् ॥ अपतत्सहसाराजन्महोल्केवनभस्तलात् ८५ ज्वलंतीमंतरिक्षेतांज्वालाभिरिवसंवृताम् ॥ असंभ्रांतस्तदाराजन्पितादेवव्रत अ० ४८
स्तव ८६ अष्टभिर्नवभिर्भीष्मःशक्तिंचिच्छेदपत्रिभिः ॥ उत्कृष्टहेमविकृतांनिकृतांनिशितैःशरैः ८७ उच्चुकुशुस्ततःसर्वेतावकाभरतर्षभ ॥ शक्तिंविनिहतांदृष्ट्वावैराटिः
क्रोधमूर्च्छितः ८८ कालोपहतचेतास्तुकर्तव्यंनाभ्यजानत ॥ क्रोधसंमूर्च्छितोराजन्वैराटिःप्रहसन्निव ८९ गदांजग्राहसंहृष्टोभीष्मस्यनिधनंप्रति ॥ क्रोधेनरक्तन
यनोदंडपाणिरिवांतकः ९० भीष्मंसमभिदुद्रावजलौघइवपर्वतम् ॥ तस्यवेगमसंवार्यंमत्वाभीष्मःप्रतापवान् ९१ प्रहारविप्रमोक्षार्थंसहसाधरणींगतः ॥ श्वेतःक्रोधस
माविष्टोभ्रामयित्वातुतांगदाम् ९२ रथेभीष्मस्यचिक्षेपयथादेवोधनेश्वरः ॥ तयाभीष्मनिपातिन्यासरथोभस्मसात्कृतः ९३ सध्वजःसहसूतेनसाश्वःसयुगबंधुरः ॥
विरथंरथिनांश्रेष्ठंभीष्मंदृष्ट्वारथोत्तमाः ९४ अभ्यधावंतसहिताःशल्यप्रभृतयोरथाः ॥ ततोऽन्यंरथमास्थायधनुर्विस्फार्यदुर्मनाः ९५ शनकैरभ्ययाच्छ्वेतंगांगेयःप्रहस
न्निव ॥ एतस्मिन्नंतरेभीष्मःशुश्रावविपुलांगिरम् ९६ आकाशादीरितांदिव्यामात्मनोहितसंभवाम् ॥ भीष्मभीष्ममहाबाहोशीघ्रंयत्नंकुरुष्ववै ९७ एषह्यस्यजयेकालो
निर्दिष्टोविश्वयोनिना ॥ एतच्छ्रुत्वातुवचनंदेवदूतेनभाषितम् ९८ संप्रहृष्टमनाभूत्वावधेतस्यमनोदधे ॥ विरथंरथिनांश्रेष्ठंश्वेतंदृष्ट्वापदातिनम् ९९ सहितास्त्वभ्यवर्त्त
तपरीप्संतोमहारथाः ॥ सात्यकिर्भीमसेनश्चधृष्टद्युम्नश्चपार्षतः १०० कैकेयोधृष्टकेतुश्चअभिमन्युश्चवीर्यवान् ॥ एतानापततःसर्वान्द्रोणशल्यकृपैःसह १ अवारयद ५८१
मेयात्मावारिवेगानिवाचलः ॥ सनिरुद्धेषुसर्वेषुपांडवेषुमहात्मसु २ श्वेतःखड्गमथाकृष्यभीष्मस्यधनुराच्छिनत् ॥ तदपास्यधनुश्छिन्नंत्वरमाणःपितामहः ३ देवदू
तवचःश्रुत्वावधेतस्यमनोदधे ॥ ततःप्रचरमाणस्तुपितादेवव्रतस्तव ४ अन्यत्कार्मुकमादायत्वरमाणोमहारथः ॥ क्षणेनसज्यमकरोच्छक्रचापसमप्रभम् ५ पितातेभर
तश्रेष्ठश्वेतंदृष्ट्वामहारथैः ॥ वृतंतंमनुजव्याघ्रैर्भीमसेनपुरोगमैः ६ अभ्यवर्ततगांगेयःश्वेतंसेनापतिंद्रुतम् ॥ आपतंतंततोभीष्मोभीमसेनंप्रतापवान् ७ आजघ्नेविशिखैः
षष्ट्यासेनान्यंसमहारथः ॥ अभिमन्युंचसमरेपितादेवव्रतस्तव ८ आजघ्नेभरतश्रेष्ठस्त्रिभिःसन्नतपर्वभिः ॥ सात्यकिंचशतेनाजौभरतानांपितामहः ९ धृष्टद्युम्नंचविं
शत्याकैकेयंचापिपंचभिः ॥ तांश्चसर्वान्महेष्वासान्पितादेवव्रतस्तव ११० वारयित्वाशरैर्घोरैःश्वेतमेवाभिदुद्रुवे ॥ ततःशरंमृत्युसमंभारसाधनमुत्तमम् ११ विकृ
ष्यबलवान्भीष्मःसमाधत्तदुरासदम् ॥ ब्रह्मास्त्रेणसुसंयुक्तंतंशरंलोमवाहिनम् १२ ददृशुर्देवगंधर्वाःपिशाचोरगराक्षसाः ॥ सतस्यकवचंभित्वाहृदयंचामितौजसः १३
जगामधरणींबाणोमहाशनिरिवज्वलन् ॥ अस्तंगच्छन्यथादित्यःप्रभामादायसत्वरः १४ एवंजीवितमादायश्वेतदेहाज्जगामह ॥ तंभीष्मेणनरव्याघ्रंतथावि ॥ ८१ ॥
निहतंयुधि ११५

१६ । १७ । १८ । १९ । २० । १२१ ॥ इतिभीष्मपर्वणिनीलकंठीये भारतभावदीपेअष्टाचत्वारिंशोऽध्यायः ॥ ४८ ॥ श्वेतइति १ । २ । ३ । ४ । ५ । ६ । ७ । ८ । ९ । १०

प्रपतंतमपश्यामगिरेःशृंगमिवच्युतम् ॥ अशोचन्पांडवास्तत्रक्षत्रियाश्चमहारथाः १६ प्रहृष्टाश्चसुतास्तुभ्यंकुरवश्चापिसर्वशः ॥ ततोदुःशासनोराजन्श्वेतंदृ
ष्ट्वानिपातितम् १७ वादित्रनिनदैर्घोरैर्नृत्यतिस्मसमन्ततः ॥ तस्मिन्हतेमहेष्वासेभीष्मेणाहवशोभिना १८ प्रावेपंतमहेष्वासाःशिखंडिप्रमुखारथाः ॥ ततोधनं
जयोराजन्वार्ष्णेयश्चापिसर्वशः १९ अवहारंशनैश्चक्रुर्निहतेवाहिनीपतौ ॥ ततोऽवहारःसैन्यानांतवतेषांचभारत २० तावकानांपरेषांचनर्दतांचमुहुर्मुहुः ॥ पा
र्थाविमनसोभूत्वान्यवर्ततमहारथाः ॥ चिंतयंतोवधंघोरंद्वैरथेनपरंतपाः १२१ ॥ इतिश्रीम० भीष्मपर्वणिभीष्मव० श्वेतवधेअष्टाचत्वारिंशोऽध्यायः ॥ ४८ ॥
॥ धृतराष्ट्रउवाच ॥ श्वेतेसेनापतौतातसंग्रामेनिहतेपरैः ॥ किमकुर्वन्महेष्वासाःपंचालाःपांडवैःसह १ सेनापतिंसमाकर्ण्यश्वेतंयुधिनिपातितम् ॥ तदर्थंय
ततांचापिपरेषांप्रपलायिनाम् २ मनःप्रीणातिमेवाक्यंजयंसंजयशृण्वतः ॥ प्रत्युपायंचिन्तयंतःसज्जनाःप्रस्रवंतिमे ३ सहिवीरोऽनुरक्तश्चवृद्धःकुरुपतिस्तदा ॥
कृतंवैरंसदातेनपितुःपुत्रेणधीमता ४ तस्योद्वेगभयाच्चापिसंश्रितःपांडवान्पुरा ॥ सर्वबलंपरित्यज्यदुर्गसंश्रित्यतिष्ठति ५ पांडवानांप्रतापेनदुर्गंदेशंनिवेश्यच ॥
सपत्नान्सततंबाधन्नार्यवृत्तिमनुष्ठितः ६ आश्चर्यंवैसदातेषांपुराराज्ञांसुदुर्मतिः ॥ ततोयुधिष्ठिरेभक्तःकथंसंजयसूदितः ७ प्रक्षिप्तःसंमतःक्षुद्रःपुत्रोमेपुरुषाधमः ॥
नयुद्धंरोचयेद्भीष्मोनचाचार्यःकथंचन ८ नकृपोनचगांधारीनाहंसंजयरोचये ॥ नवासुदेवोवार्ष्णेयोधर्मराजश्चपांडवः ९ नभीमोनार्जुनश्चैवनयमौपुरुषर्षभौ ॥
वार्यमाणोमयानित्यंगांधार्याविदुरेणच १० जामदग्न्येनरामेणव्यासेनचमहात्मना ॥ दुर्योधनोयुध्यमानोनित्यमेवहिसंजय ११ कर्णस्यमतमास्थायसौबल
स्यचपापकृत् ॥ दुःशासनस्यचतथापांडवानन्वचिंतयत् १२ तस्याहंव्यसनंघोरंमन्येप्राप्तंतुसंजय ॥ श्वेतस्यचविनाशेनभीष्मस्यविजयेनच १३ संक्रुद्धःकृष्णस
हितःपार्थःकिमकरोद्युधि ॥ अर्जुनाद्धिभयंभूयस्तन्मेतातनशाम्यति १४ सहिशूरश्चकौन्तेयःक्षिप्रकारीधनंजयः ॥ मन्येशरैःशरीराणिशत्रूणांप्रमथिष्यति १५ ऐ
न्द्रिमिंद्रानुजसमंमहेन्द्रसदृशंबले ॥ अमोघक्रोधसंकल्पंदृष्ट्वावःकिमभून्मनः १६ तथैववेदविच्छूरोज्वलनार्कसमद्युतिः ॥ इंद्रास्त्रविदमेयात्माप्रपतन्समितिंजयः १७
वज्रसंस्पर्शरूपाणामस्त्राणांचप्रयोजकः ॥ सखड्गाक्षेपहस्तस्तुघोषंचक्रेमहारथः १८ ससंजयमहाप्राज्ञोद्रुपदस्यात्मजोबली ॥धृष्टद्युम्नःकिमकरोच्छ्वेतेयुधिनिपातिते १९
पुराचैवापराधेनवधेनचचमूपतेः ॥ मन्येमनःप्रजज्वालपांडवानांमहात्मनाम् २० तेषांक्रोधंचिन्तयंस्तुअहःसुचनिशासुच ॥ नशांतिमधिगच्छामिदुर्योधनकृते
नहि ॥ कथंचाभूज्महायुद्धंसर्वमाचक्ष्वसंजय २१ ॥ संजयउवाच ॥ शृणुराजन्स्थिरोभूत्वातवापनयनोमहान् ॥ नचदुर्योधनेदोषमिममाधातुमर्हसि २२

११ । १२ । १३ । १४ । १५ । १६ । १७ । १८ । १९ । २० । २१ । २२

२३ । २४ । २५ । २६ । २७ । २८ । २९ । ३० । ३१ । ३२ । ३३ । ३४ । ३५ । ३६ । ३७ । ३८ । ३९ । ४० । ४१ । ४२ । ४३ । ४४ । ४५ । ४६ । ४७ । ४८ । ४९ । ५०

गतोदकेसेतुबंधोयादृक्तादृङ्गतिस्तव ॥ संदीप्तेभवनेयद्वत्कूपस्यखननंतथा २३ गतपूर्वाह्णभूयिष्ठेतस्मिन्नहनिदारुणे ॥ तावकानांपरेषांचपुनर्युद्धमवर्तत २४ श्वेतंतुनिहतंदृष्ट्वाविराटस्यचमूपतिम् ॥ कृतवर्मणाचसहितंदृष्ट्वाशल्यमवस्थितम् २५ शंखःक्रोधात्प्रजज्वालहविषाहव्यवाडिव ॥ सविस्फार्यमहच्चापंशक्रचापोपमंबली २६ अभ्यधावज्जिघांसन्वैशल्यंमद्राधिपंयुधि ॥ महतारथसंघेनसमंतात्परिरक्षितः २७ सृजन्बाणमयंवर्षंप्रायाच्छल्यरथंप्रति ॥ तमापतंतंसंप्रेक्ष्यमत्तवारणविक्रमम् २८ तावकानांरथाःसप्तसमंतात्पर्यवारयन् ॥ मद्रराजंपरीप्संतोमृत्योर्दंष्ट्रांतरंगतम् २९ बृहद्बलश्चकौसल्योजयत्सेनश्चमागधः ॥ तथारुक्मरथोराजन्पुत्रःशल्यस्यमानितः ३० विंदानुविंदावावंत्यौकांबोजश्चसुदक्षिणः ॥ बृहत्क्षत्रस्यदायादःसैन्धवश्चजयद्रथः ३१ नानाधातुविचित्राणिकार्मुकाणिमहात्मनाम् ॥ विस्फारितान्यदृश्यंततोदयेष्विवविद्युतः ३२ तेतुबाणमयंवर्षंशंखमूर्ध्न्यपातयन् ॥ निदाघांतेऽनिलोद्धूतामेघाइवनगेजलम् ३३ ततःक्रुद्धो महेष्वासःसप्तभल्लैःसुतेजनैः ॥ धनूंषितेषामाच्छिद्यननर्दपृतनापतिः ३४ ततोभीष्मोमहाबाहुर्विनद्यजलदोयथा ॥ तालमात्रंधनुर्गृह्यशंखमभ्यद्रवद्रणे ३५ तमुद्यंतमुदीक्ष्याथमहेष्वासंमहाबलम् ॥ संत्रस्तापांडवीसेनावातवेगहतेवनौः ३६ ततोऽर्जुनःसंत्वरितःशंखस्यासीत्पुरःसरः ॥ भीष्माद्रक्ष्योऽयमद्येतिततोयुद्धमवर्तत ३७ हाहाकारोमहानासीद्योधानांयुधियुध्यताम् ॥ तेजस्तेजसिसंपृक्तमित्येवंविस्मयंययुः ३८ अथशल्योगदापाणिरवतीर्यमहारथात् ॥ शंखस्यचतुरोवाहानहनद्भरतर्षभ ३९ सहताश्वाद्रथात्तूर्णंखड्गमादायविद्रुतः ॥ बीभत्सोश्चरथंप्राप्यपुनःशांतिमविंदत ४० ततोभीष्मरथात्तूर्णमुत्पतंतिपतत्रिणः ॥ यैरंतरिक्षंभूमिश्चसर्वतःसमवस्तृता ४१ पंचालानथमत्स्यांश्चकेकयांश्चप्रभद्रकान् ॥ भीष्मःप्रहरतांश्रेष्ठःपातयामासपत्रिभिः ४२ उत्सृज्यसमरेराजन्पांडवंसव्यसाचिनम् ॥ अभ्यद्रवतपांचाल्यंद्रुपदंसेनयावृतम् ४३ प्रियंसंबंधिनंराजन्शरानवकिरन्बहून् ॥ अग्निनेवप्रदग्धानिवनानिशिशिरात्यये ४४ शरदग्धान्यदृश्यंतसैन्यानिद्रुपदस्यह ॥ अत्यतिष्ठद्रणेभीष्मोविधूमइवपावकः ४५ मध्यंदिनेयथाऽऽदित्यंतपंतमिवतेजसा ॥ नशेकुःपांडवेयस्ययोधाभीष्मंनिरीक्षितुम् ४६ वीक्षांचक्रुःसमंमात्तेपांडवाभयपीडिताः ॥ त्रातारंनाध्यगच्छंतगावःशीतार्दिताइव ४७ सातुयौधिष्ठिरीसेनागांगेयशरपीडिता ॥ सिंहेनेवविनिर्भिन्नाशुक्लागौरिवगोपतेः ४८ हतेविप्रद्रुतेसैन्येनिरुत्साहेविमर्दिते ॥ हाहाकारोमहानासीत्पांडुसैन्येषुभारत ४९ ततोभीष्मःशांतनवोनित्यंमंडलकार्मुकः ॥ मुमोचबाणान्दीप्ताग्रानहीनाशीविषानिव ५० शरैरेकायनींकुर्वन्दिशःसर्वायतव्रतः ॥ जघानपांडवरथानादिश्यादिश्यभारत ५१ ततःसैन्येषुभग्नेषु मथितेषुचसर्वशः ॥ प्राप्तेचास्तंदिनकरेनप्राज्ञायतकिंचन ५२

एकायनींकुर्वन्एकमार्गाःकुर्वन् ५१ । ५२

५३ ॥ इतिभीष्मपर्वणि नीलकंठीयेभारतभावदीपे एकोनपंचाशत्तमोऽध्यायः ॥ ४९ ॥ ॥ कृतेऽवहारेइति । १ । २ । ३ । कक्षंतृणं ४ । ५ । ६ । ७ अप्लवेउडुपशून्ये ८ । ९ । १० । ११ । १२

भीष्मंचसमुदीर्यंतंदृष्ट्वापार्थोमहाहवे ॥ अवहारमकुर्वंतसैन्यानांभरतर्षभ ५३ ॥ इतिश्रीम० भीष्मप० भीष्मव० शंखयुद्धेप्रथमदिवसावहारेएकोनपंचाशत्तमोऽध्यायः
॥ ४९ ॥ ॥ संजयउवाच ॥ कृतेऽवहारेसैन्यानांप्रथमेभरतर्षभ ॥ भीष्मेचयुद्धसंरब्धेहृष्टेदुर्योधनेतथा १ धर्मराजस्ततस्तूर्णमभिगम्यजनार्दनम् ॥ भ्रातृभिःसहितः
सर्वैःसर्वैश्चैवजनेश्वरैः २ शुचापरमयायुक्तश्चिंतयानःपराजयम् ॥ वार्ष्णेयमब्रवीद्राजन्दृष्ट्वाभीष्मस्यविक्रमम् ३ कृष्णपश्यमहेष्वासंभीष्मंभीमपराक्रमम् ॥ शरैर्दहंतं
सैन्यंमेग्रीष्मेकक्षमिवानलम् ४ कथमेनंमहात्मानंशक्ष्यामःप्रतिवीक्षितुम् ॥ लेलिह्यमानंसैन्यंमेहविष्मंतमिवानलम् ५ एतंहिपुरुषव्याघ्रंधनुष्मंतंमहाबलम् ॥ दृष्ट्वा
विप्रद्रुतंसैन्यंसमरेमार्गणाहतम् ६ शक्योजेतुंयमःक्रुद्धोवज्रपाणिश्चसंयुगे ॥ वरुणःपाशभृद्वापिकुबेरोवागदाधरः ७ नतुभीष्मोमहातेजाःशक्योजेतुंमहाबलः ॥ सो
ऽहमेवंगतेमग्नोभीष्मागाधजलेऽप्लवे ८ आत्मनोबुद्धिदौर्बल्याद्भीष्ममासाद्यकेशव ॥ वनंयास्यामिवार्ष्णेयश्रेयोमेतत्रजीवितुम् ९ नत्वेतान्पृथिवीपालान्दातुंभीष्मा
यमृत्यवे ॥ क्षपयिष्यतिसेनांमेकृष्णभीष्मोमहास्त्रवित् १० यथाऽनलंप्रज्वलितंपतंगाःसमभिद्रुताः ॥ विनाशायोपगच्छंतितथामेसैनिकोजनः ११ क्षयंनीतोस्मि
वार्ष्णेयराज्यहेतोःपराक्रमी ॥ भ्रातरश्चैवमेवीराःकर्शिताःशरपीडिताः १२ मत्कृतेभ्रातृहार्देनराज्याद्भ्रष्टास्तथासुखात् ॥ जीवितंबहुमन्येऽहंजीवितंह्यद्यदुर्लभम् १३
जीवितस्यचशेषेणतपस्तप्स्यामिदुश्चरम् ॥ नघातयिष्यामिरणेमित्राणीमानिकेशव १४ रथान्मेबहुसाहस्रान्दिव्यैरस्त्रैर्महाबलः ॥ घातयत्यनिशंभीष्मःप्रवराणांप्र
हारिणाम् १५ किंनुकृत्वाहितंमेस्याद्ब्रूहिमाधवमाचिरम् ॥ मध्यस्थमिवपश्यामिसमरेसव्यसाचिनम् १६ एकोभीमःपरंशक्त्यायुध्यत्येवमहाभुजः ॥ केवलंबाहुवीर्ये
णक्षत्रधर्ममनुस्मरन् १७ गदयावीरघातिन्यायथोत्साहंमहामनाः ॥ करोत्यसुकरंकर्मरथाश्वनरदंतिषु १८ नालमेषक्षयंकर्तुंपरसैन्यस्यमारिष ॥ आर्जवेनैवयुद्धेनवी
रवर्षशतैरपि १९ एकोऽस्त्रवित्सखातेऽयंसोऽप्यस्मान्समुपेक्षते ॥ निर्दह्यमानान्भीष्मेणद्रोणेनचमहात्मना २० दिव्यान्यस्त्राणिभीष्मस्यद्रोणस्यचमहात्मनः ॥
धक्ष्यंतिक्षत्रियान्सर्वान्प्रयुक्तानिपुनःपुनः २१ कृष्णभीष्मःसुसंरब्धःसहितःसर्वपार्थिवैः ॥ क्षपयिष्यतिनोनूनंयादृशोऽस्यपराक्रमः २२ सत्वंपश्यमहाभागयोगे
श्वरमहारथम् ॥ भीष्मंयःशमयेत्संख्येदावाग्निंजलदोयथा २३ तवप्रसादाद्गोविंदपांडवानिहतद्विषः ॥ स्वराज्यमनुसंप्राप्तामोदिष्यंतेसबांधवाः २४ एवमुक्त्वाततः
पार्थोध्यायन्नास्तेमहामनाः ॥ चिरमंतर्मनाभूत्वाशोकोपहतचेतनः ॥ शोकार्तंतमथोज्ञात्वादुःखोपहतचेतसम् २५ अब्रवीत्तत्रगोविंदोहर्षयन्सर्वपांडवान् ॥ माशुचो
भरतश्रेष्ठनत्वंशोचितुमर्हसि २६ यस्यतेभ्रातरःशूराःसर्वलोकेषुधन्विनः ॥ अहंचप्रियकृद्राजन्सात्यकिश्चमहायशाः २७

१३ । १४ । १५ । १६ । १७ । १८ आर्जवेनअकुटिलेन दिव्यास्त्रमायाहीनेन १९ । २० । २१ । २२ । २३ । २४ अंतर्मनाःविमनाः २५ । २६ । २७

२८ । २९ निधनंनिधनहेतुः ३० । ३१ भाषितमुक्तं ३२ मद्वंमम ३३ । ३४ । ३५ । ३६ । ३७ । ३८ । ३९ । ४० । ४१ । ४२ । ४३ । आकाशगइवपक्षीव ४४ रथचर्यासुरथवर्त्मसु ४५ परमोपेतः

विराटद्रुपदौचैवभौधृष्टद्युम्नश्चपार्षतः ॥ तथैवसबलाश्चेमेराजानोराजसत्तम २८ त्वत्प्रसादंप्रतीक्षंतेत्वद्भक्ताश्चविशांपते ॥ एषतेपार्षतोनित्यंहितकामःप्रियेरतः २९ सैनापत्यमनुप्राप्तोधृष्टद्युम्नोमहाबलः ॥ शिखंडीचमहाबाहोभीष्मस्यनिधनंकिल ३० एतच्छ्रुत्वाततोधर्मोधृष्टद्युम्नंमहारथम् ॥ अब्रवीत्समितौतस्यांवासुदेवस्यशृण्वतः ३१ धृष्टद्युम्ननिबोधेदंयत्त्वांवक्ष्यामिमारिष ॥ नातिक्रम्यंभवेत्तच्चवचनंममभाषितम् ३२ भवान्सेनापतिर्मह्यंवासुदेवेनसंमितः ॥ कार्तिकेयोयथानित्यंदेवानामभवत्पुरा ३३ तथात्वमपिपांडूनांसेनानीःपुरुषर्षभ ॥ सत्वंपुरुषशार्दूलविक्रम्यजहिकौरवान् ३४ अहंचतेऽनुयास्यामिभीमःकृष्णश्चमारिष ॥ माद्रीपुत्रौचसहितौद्रौपदेयाश्चदंशिताः ३५ येचान्येपृथिवीपालाःप्रधानाःपुरुषर्षभ ॥ ततउद्धर्षयन्सर्वान्धृष्टद्युम्नोऽभ्यभाषत ३६ अहंद्रोणांतकःपार्थविहितःशंभुनापुरा ॥ रणेभीष्मंकृपंद्रोणंतथाशल्यंजयद्रथम् ३७ सर्वानद्यरणेदृप्तान्प्रतियोत्स्यामिपार्थिव ॥ अथोत्क्रुष्टंमहेष्वासैःपांडवैर्युद्धदुर्मदैः ३८ समुद्यतेपार्थिवेन्द्रेपार्षतेशत्रुसूदने ॥ तमब्रवीत्ततःपार्थःपार्षतंपृतनापतिम् ३९ व्यूहःक्रौंचारुणोनामसर्वशत्रुनिबर्हणः ॥ यंबृहस्पतिरिंद्रायतदादेवासुरेऽब्रवीत् ४० तंयथावत्प्रतिव्यूहंपरानीकविनाशनम् ॥ अदृष्टपूर्वंराजानःपश्यंतुकुरुभिःसह ४१ यथोक्तःसनृदेवेनविष्णुर्वज्रभृतायथा ॥ प्रभातेसर्वसैन्यानामग्रेचक्रेधनंजयम् ४२ आदित्यपथगःकेतुस्तस्याद्भुतमनोरमः ॥ शासनात्पुरुहूतस्यनिर्मितोविश्वकर्मणा ४३ इंद्रायुधसवर्णाभिःपताकाभिरलंकृतः ॥ आकाशगइवाकाशेगंधर्वनगरोपमः ४४ नृत्यमानइवाभातिरथचर्यासुमारिष ॥ तेनरत्नवतापार्थःसचगांडीवधन्वना ४५ बभूवपरमोपेतःसुमेरुरिवभानुना ॥ शिरोऽभूद्द्रुपदोराजामहत्यासेनयावृतः ४६ कुंतिभोजश्चचैद्यश्चचक्षुर्भ्यांतौजनेश्वरौ ॥ दाशार्णकाःप्रभद्राश्चदाशेरकगणैःसह ४७ अनूपकाःकिराताश्चग्रीवायांभरतर्षभ ॥ पटच्चरैश्चपौण्ड्रैश्चराजन्पौरवकैस्तथा ४८ निषादैःसहितश्चापिपृष्ठमासीद्युधिष्ठिरः ॥ पक्षौतुभीमसेनश्चधृष्टद्युम्नश्चपार्षतः ४९ द्रौपदेयाभिमन्युश्चसात्यकिश्चमहारथः ॥ पिशाचादारदाश्चैवपुंड्राःकुंडीविषैःसह ५० मारुताधेनुकाश्चैवतंगणाःपरतंगणाः ॥ वाल्हिकास्तित्तिराश्चैवचोलाःपांड्याश्चभारत ५१ एतेजनपदाराजन्दक्षिणंपक्षमाश्रिताः ॥ अग्निवेशास्तुहुंडाश्चमालवादानभारयः ५२ शबराउद्भसाश्चैववत्साश्चसहनाकुलैः ॥ नकुलःसहदेवश्चवामंपक्षंसमाश्रिताः ५३ रथानामयुतंपक्षौशिरस्तुनियुतंतथा ॥ पृष्ठमर्बुदमेवासीत्सहस्राणिचविंशतिः ५४ ग्रीवायांनियुतंचापिसहस्राणिचसप्ततिः ॥ पक्षकोटिप्रपक्षेषुपक्षांतेषुचवारणाः ५५ जग्मुःपरिवृताराजंश्चलंतइवपर्वताः ॥ जघनंपालयामासविराटःसहकेकयैः ५६ काशिराजश्चशैब्यश्चरथानामयुतैस्त्रिभिः ॥ एवमेनंमहाव्यूहंव्यूह्यभारतपांडवाः ५७

पराउत्कृष्टाचासौमालक्ष्मीश्चेतिपरमातयाउपेतः ४६ । ४७ । ४८ । ४९ । ५० । ५१ । ५२ । ५३ । ५४ । ५५ । ५६ । ५७

५८ ॥ इतिभीष्मपर्वणिनीलकंठीये भारतभावदीपेपंचाशत्तमोऽध्यायः ॥ ५० ॥ ॥ ॥ ॥ ॥ ॥ ॥ क्रौंचमिति १ । २ । ३ । ४ । ५

सूर्योदयंतइच्छंतःस्थितायुद्धायदंशिताः ॥ तेषामादित्यवर्णानिविमलानिमहांतिच ॥ श्वेतच्छत्राण्यशोभंतवारणेषुरथेषुच ५८ ॥ इतिश्रीमहाभारतेभीष्मप
र्वणिभीष्मव० क्रौंचव्यूहनिर्माणेपंचाशत्तमोऽध्यायः ॥ ५० ॥ ॥ ॥ संजयउवाच ॥ क्रौंचंदृष्ट्वाततोव्यूहमभेद्यंतनयस्तव ॥ रक्ष्यमाणंमहाघोरंपार्थे
नामिततेजसा १ आचार्यमुपसंगम्यकृपंशल्यंचपार्थिव ॥ सौमदत्तिंविकर्णंचसोऽश्वत्थामानमेवच २ दुःशासनादीन्भ्रातॄंश्चसर्वानेवचभारत ॥ अन्यांश्चसुबहू
न्शूरान्युद्धासनमुपागतान् ३ प्राहेदंवचनंकालेहर्षयंस्तनयस्तव ॥ नानाशस्त्रप्रहरणाःसर्वेयुद्धविशारदाः ४ एकैकशःसमर्थाहियूयंसर्वेमहारथाः ॥ पांडुपुत्रा
न्रणेहंतुंससैन्यान्किमुसंहताः ५ अपर्याप्तंतदस्माकंबलंभीष्माभिरक्षितम् ॥ पर्याप्तमिदमेतेषांबलंभीमाभिरक्षितम् ६ संस्थानाःशूरसेनाश्चवेत्रिकाःकुकुरास्त
था ॥ आरोचकास्त्रिगर्ताश्चमद्रकायवनास्तथा ७ शत्रुंजयेनसहितास्तथादुःशासनेनच ॥ विकर्णेनचवीरेणतथानंदोपनंदकैः ८ चित्रसेनेनसहिताःसहिताः
पारिभद्रकैः ॥ भीष्ममेवाभिरक्षंतुसहसैन्यपुरस्कृताः ९ ततोभीष्मश्चद्रोणश्चतवपुत्राश्चमारिष ॥ अव्यूहंतमहाव्यूहंपांडूनांप्रतिबाधकम् १० भीष्मःसैन्येनम
हतासमंतात्परिवारितः ॥ ययौप्रकर्षन्महतींवाहिनींसुरराडिव ११ तमन्वयान्महेष्वासोभारद्वाजःप्रतापवान् ॥ कुंतलैश्चदशार्णैश्चमागधैश्चविशांपते १२ विंद
भैर्मेकलैश्चैवकर्णप्रावरणैरपि ॥ सहिताःसर्वसैन्येनभीष्ममाहवशोभिनम् १३ गांधाराःसिंधुसौवीराःशिबयोऽथवसातयः ॥ शकुनिश्चस्वसैन्येनभारद्वाजमपालयत्
१४ ततोदुर्योधनोराजासहितःसर्वसोदरैः ॥ अश्वातकैर्विकर्णैश्चतथाचांबष्ठकोसलैः १५ दरदैश्चशकैश्चैवतथाक्षुद्रकमालवैः ॥ अभ्यरक्षतसंहृष्टःसौबलेयस्यवाहि
नीम् १६ भूरिश्रवाःशलःशल्योभगदत्तश्चमारिषः ॥ विंदानुविंदावावंत्यौवामंपार्श्वमपालयन् १७ सौमदत्तिःसुशर्माचकांबोजश्चसुदक्षिणः ॥ श्रुतायुश्चाच्युतायुश्च
दक्षिणंपक्षमास्थिताः १८ अश्वत्थामाकृपश्चैवकृतवर्माचसात्वतः ॥ महत्यासेनयासार्धंसेनापृष्ठेव्यवस्थिताः १९ पृष्ठगोपास्तुतस्यासन्नानादेश्याजनेश्वराः ॥
केतुमान्वसुदानश्चपुत्रःकाश्यस्यचाभिभूः २० ततस्तेतावकाःसर्वेहृष्टायुद्धायभारत ॥ दध्मुःशंखान्मुदायुक्ताःसिंहनादांस्तथोन्नदन् २१ तेषांश्रुत्वातुहृष्टानांवृ
द्धःकुरुपितामहः ॥ सिंहनादंविनद्योच्चैःशंखंदध्मौप्रतापवान् २२ ततःशंखाश्चभेर्यश्चपेश्यश्चविविधाःपरैः ॥ आनकाश्चाभ्यहन्यंतसशब्दस्तुमुलोऽभवत् २३ ततः
श्वेतैर्हयैर्युक्तेमहतिस्यंदनेस्थितौ ॥ प्रदध्मतुःशंखवरौहेमरत्नपरिष्कृतौ २४ पांचजन्यंहृषीकेशोदेवदत्तंधनंजयः ॥ पौंड्रंदध्मौमहाशंखंभीमकर्मावृकोदरः २५ अ
नंतविजयंराजाकुंतीपुत्रोयुधिष्ठिरः ॥ नकुलःसहदेवश्चसुघोषमणिपुष्पकौ २६ काशिराजश्चशैब्यश्चशिखंडीचमहारथः ॥ धृष्टद्युम्नोविराटश्चसात्यकिश्चमहारथः २७

 अपर्याप्तमपरिमेयं ६ । ७ । ८ । ९ । १० । ११ । १२ । १३ । १४ । १५ । १६ । १७ । १८ । १९ अभिभवत्यभिभूःक्विप् २० । २१ । २२ । २३ । २४ । २५ । २६ । २७

२८ । २९ । ३० ॥ इतिभीष्मपर्वणिनीलकंठीये भारतभावदीपे एकपंचाशत्तमोऽध्यायः ॥ ५१ ॥ ॥ ॥ ॥ एवमिति १ । २ । ३ । ४ । ५ । ६ । ७ । ८ । ९ । व्यतिकरोमेलकः समा

पांचाल्याश्चमहेष्वासाद्रौपद्याःपंचचात्मजाः ॥ सर्वेदध्मुर्महाशंखान्सिंहनादांश्चनेदिरे २८ सघोषःसुमहांस्तत्रवीरैस्तैःसमुदीरितः ॥ नभश्चपृथिवींचैवतुमुलो व्यनुनादयत् २९ एवमेतेमहाराजप्रहृष्टाःकुरुपांडवाः ॥ पुनर्युद्धायसंजग्मुस्तापयानाःपरस्परम् ३० ॥ इतिश्रीम० भी० भी० कौरवव्यूहरचनायांएकपं चाशत्तमोऽध्यायः ॥ ५१ ॥ ॥ धृतराष्ट्रउवाच ॥ एवंव्यूढेष्वनीकेषुमामकेष्वितरेषुच ॥ कथंप्रहरतांश्रेष्ठाःसंप्रहारंप्रचक्रिरे १ ॥ संजयउवाच ॥ समं व्यूढेष्वनीकेषुसन्नद्धरुचिरध्वजम् ॥ अपारमिवसंदृश्यसागरप्रतिमंबलम् २ तेषांमध्येस्थितोराजन्पुत्रोदुर्योधनस्तव ॥ अब्रवीत्तावकान्सर्वान्युद्धध्वमिति दंशिताः ३ तेमनःक्रूरमाधायसमभित्यक्तजीविताः ॥ पांडवानभ्यवर्तंतसर्वएवोच्छ्रितध्वजाः ४ ततोयुद्धंसमभवत्तुमुलंलोमहर्षणम् ॥ तावकानांपरेषांचव्यति षक्तरथद्विपम् ५ मुक्तास्तुरथिभिर्बाणारुक्मपुंखाःसुतेजसः ॥ सन्निपेतुरकुंठाग्रानागेषुचहयेषुच ६ तथाप्रवृत्तेसंग्रामेधनुरुद्यम्यदंशितः ॥ अभिपत्यमहाबा हुर्भीष्मोभीमपराक्रमः ७ सौभद्रेभीमसेनेचसात्यकौचमहारथे ॥ कैकेयेचविराटेचधृष्टद्युम्नेचपार्षते ८ एतेषुनरवीरेषुचेदिमत्स्येषुचाभिभूः ॥ ववर्षशरवर्षाणि वृद्धःकुरुपितामहः ९ अभिद्यतततोव्यूहस्तस्मिन्वीरसमागमे ॥ सर्वेषामेवसैन्यानामासीद्व्यतिकरोमहान् १० सादिनोध्वजिनश्चैवहतप्रवरवाजिनः ॥ विप्रद्रुत रथानीकाःसमपद्यंतपांडवाः ११ अर्जुनस्तुनरव्याघ्रोदृष्ट्वाभीष्मंमहारथम् ॥ वार्ष्णेयमब्रवीत्क्रुद्धोयाहियत्रपितामहः १२ एषभीष्मःसुसंक्रुद्धोवार्ष्णेयममवाहि नीम् ॥ नाशयिष्यतिसुव्यक्तंदुर्योधनहितेरतः १३ एषद्रोणःकृपःशल्योविकर्णश्चजनार्दन ॥ धार्तराष्ट्राश्चसहितादुर्योधनपुरोगमाः १४ पंचालान्निहनिष्यंतिरक्षि तादृढधन्वना ॥ सोऽहंभीष्मंवधिष्यामिसैन्यहेतोर्जनार्दन १५ तमब्रवीद्वासुदेवोयत्तोभवधनंजय ॥ एषत्वांप्रापयिष्यामिपितामहरथंप्रति १६ एवमुक्त्वाततः शौरीरथंतंलोकविश्रुतम् ॥ प्रापयामासभीष्मस्यरथंप्रतिजनेश्वर १७ चलद्बहुपताकेनबलाकावर्णवाजिना ॥ समुच्छ्रितमहाभीमनदद्वानरकेतुना १८ मह तामेघनादेनरथेनामिततेजसा ॥ विनिघ्नन्कौरवानीकंशूरसेनांश्चपांडवः १९ प्रायाच्छरणदःशीघ्रंसुहृदांहर्षवर्धनः ॥ तमापतंतंवेगेनप्रभिन्नमिववारणम् २० त्रासयंतंरणेशूरान्मर्दयंतंचसायकैः ॥ सैंधवप्रमुखैर्गुप्तःप्राच्यसौवीरकेकयैः २१ सहसाप्रत्युदीयायभीष्मःशांतनवोऽर्जुनम् ॥ कोहिगांडीवधन्वानमन्यःकुरुपि तामहात् २२ द्रोणवैकर्तनाभ्यांवारथीसंयातुमर्हति ॥ ततोभीष्मोमहाराजसर्वलोकमहारथः २३ अर्जुनंसप्तसप्तत्यानाराचानांसमाचिनोत् ॥ द्रोणश्चपंच विंशत्याकृपःपंचाशताशरैः २४ दुर्योधनश्चतुःषष्ट्याशल्यश्चनवभिःशरैः ॥ सैंधवोनवभिश्चैवशकुनिश्चापिपंचभिः २५

गमइत्यर्थः १० । ११ । १२ । १३ । १४ दृढधन्वनाभीष्मेण १५ यत्तःयत्नवान् १६ । १७ । १८ । १९ । २० । २१ । २२ । २३ । २४ । २५

२६ । २७ । २८ । २९ । ३० । ३१ । ३२ । ३३ । ३४ । ३५ । ३६ ३७ । ३८ । ३९ । ४० । ४१ । ४२ । ४३ । ४४ । ४५ । ४६ । ४७ । ४८ । ४९ । ५०

विकर्णोदशभिर्भल्लैराजन्विव्याधपांडवम् ॥ सतैर्विद्धोमहेष्वासःसमंतान्निशितैःशरैः २६ नविव्यथेमहाबाहुर्भिद्यमानइवाचलः ॥ सभीष्मंपंचविंशत्याकृपंचनव
भिःशरैः २७ द्रोणंषष्ट्यानरव्याघ्रोविकर्णंचत्रिभिःशरैः ॥ शल्यंचैवत्रिभिर्बाणैराजानंचैवपंचभिः २८ प्रत्यविध्यदमेयात्माकिरीटीभरतर्षभ ॥ तंसात्यकिर्वि
राटश्चधृष्टद्युम्नश्चपार्षतः २९ द्रौपदेयाऽभिमन्युश्चपरिवव्रुर्धनंजयम् ॥ ततोद्रोणंमहेष्वासंगांगेयस्यप्रियेरतम् ३० अभ्यवर्ततपांचाल्यःसंयुक्तःसहसोमकैः ॥ भी
ष्मस्तुरथिनांश्रेष्ठोराजन्विव्याधपांडवम् ३१ अशीत्यानिशितैर्बाणैस्ततोऽक्रोशंततावकाः ॥ तेषांतुनिनदंश्रुत्वासहितानांप्रहृष्टवत् ३२ प्रविवेशततोमध्यंनर
सिंहःप्रतापवान् ॥ तेषांमहारथानांसमध्यंप्राप्यधनंजयः ३३ चिक्रीडधनुषाराजँल्लक्ष्यंकृत्वामहारथान् ॥ ततोदुर्योधनोराजाभीष्ममाहजनेश्वरः ३४ पीड्यमानंस्वकंसै
न्यंदृष्ट्वापार्थेनसंयुगे ॥ एषपांडुसुतस्तातकृष्णेनसहितोबली ३५ यततांसर्वसैन्यानांमूलंनःपरिकृंतति ॥ त्वयिजीवतिगांगेयद्रोणेचरथिनांवरे ३६ त्वत्कृतेचैवकर्णो
ऽपिन्यस्तशस्त्रोविशांपते ॥ नयुध्यतिरणेपार्थैहितकामःसदामम ३७ सतथाकुरुगांगेययथाहन्येतफाल्गुनः ॥ एवमुक्तस्ततोराजन्पितादेवव्रतस्तव ३८ धिक्क्षात्रं
धर्ममित्युक्त्वाप्रायात्पार्थरथंप्रति ॥ उभौश्वेतहयौराजन्संसक्तौप्रेक्ष्यपार्थिवाः ३९ सिंहनादान्भृशंचक्रुःशंखान्दध्मुश्चमारिष ॥ द्रौणिर्दुर्योधनश्चैवविकर्णश्चतवात्मजः
४० परिवार्यरणेभीष्मंस्थितायुद्धायमारिष ॥ तथैवपांडवाःसर्वेपरिवार्यधनंजयम् ४१ स्थितायुद्धायमहतेततोयुद्धमवर्तत ॥ गांगेयस्तुरणेपार्थमानर्च्छन्नवभिःशरैः
४२ तमर्जुनःप्रत्यविध्यद्दशभिर्मर्मभेदिभिः ॥ ततःशरसहस्रेणसुप्रयुक्तेनपांडवः ४३ अर्जुनःसमरश्लाघीभीष्मस्यावारयद्दिशः ॥ शरजालंततस्तत्तुशरजालेनमा
रिष ४४ वारयामासपार्थस्यभीष्मःशांतनवस्तदा ॥ उभौपरमसंहृष्टावुभौयुद्धाभिनंदिनौ ४५ निर्विशेषमयुध्येतांकृतप्रतिकृतैषिणौ ॥ भीष्मचापविमुक्तानिशरजाला
निसंघशः ४६ शीर्यमाणान्यदृश्यंतभिन्नान्यर्जुनसायकैः ॥ तथैवार्जुनमुक्तानिशरजालानिसर्वशः ४७ गांगेयशरनुन्नानिप्रापतंतमहीतले ॥ अर्जुनःपंचविंशत्याभी
ष्ममार्च्छच्छितैःशरैः ४८ भीष्मोऽपिसमरेपार्थंविव्याधनिशितैःशरैः ॥ अन्योन्यस्यहयान्विध्वाध्वजौचसुमहाबलौ ४९ रथेषांरथचक्रेचचिक्रीडतुररिंदमौ ॥ ततः
क्रुद्धोमहाराजभीष्मःप्रहरतांवरः ५० वासुदेवंत्रिभिर्बाणैराजवानस्तनांतरे ॥ भीष्मचापच्युतैस्तैस्तुनिर्विद्धोमधुसूदनः ५१ विरराजरणेराजन्सपुष्पइवकिंशुकः ॥
ततोऽर्जुनोभृशंक्रुद्धोनिर्विद्धंप्रेक्ष्यमाधवम् ५२ सारथिंकुरुवृद्धस्यनिर्बिभेदशितैःशरैः ॥ यतमानौतुतौवीरावन्योन्यस्यवधंप्रति ५३ नशक्नुतांतदाऽन्योन्यमभिसं
धातुमाहवे ॥ तौमंडलानिचित्राणिगतप्रत्यागतानिच ५४ अदर्शयेतांबहुधासूतसामर्थ्यलाघवात ॥ अंतरंचप्रहारेषुतर्कयंतौपरस्परम् ५५

५१ । ५२ । ५३ । ५४ अंतरंछिद्रं तर्कयंतौचिंतयंतौ ५५

अंतरमार्गस्थौछिद्रान्वेषणपरौ ५६ । ५७ । ५८ चिन्हंध्वजः ५९ । ६० । ६१ । ६२ । ६३ । ६४ । ६५ । ६६ । आलोकात्आसंसारस्थितेः ६८ । ६९ । ७० । ७१ । ७२

राजन्नंतरमार्गस्थौस्थितावास्तांमुहुर्मुहुः उभौसिंहरवोन्मिश्रंशंखशब्दंचचक्रतुः ५६ तथैवचापनिर्घोषंचक्रतुस्तौमहारथौ ॥ तयोःशंखनिनादेनरथनेमिस्वने नच ५७ दारितासहसाभूमिश्चकंपेचननादच ॥ नोभयोरंतरंकश्चिद्ददृशेभरतर्षभ ५८ बलिनौयुद्धदुर्धर्षावन्योन्यसदृशावुभौ ॥ चिन्हमात्रेणभीष्मंतुप्रजज्ञुस्तत्र कौरवाः ५९ तथापांडुसुताःपार्थंचिह्नमात्रेणजज्ञिरे ॥ तयोर्नृवरयोर्दृष्ट्वातादृशंतंपराक्रमम् ६० विस्मयंसर्वभूतानिजग्मुर्भारतसंयुगे ॥ नतयोर्विवरंकश्चिद्रणेपश्यति भारत ६१ धर्मेस्थितस्यहियथानकश्चिद्वृजिनंक्वचित् ॥ उभौचशरजालेनतावदृश्यौबभूवतुः ६२ प्रकाशौचपुनस्तूर्णंबभूवतुरुभौरणे ॥ तत्रदेवाःसगंधर्वाश्चारणाश्च र्षिभिःसह ६३ अन्योन्यंप्रत्यभाषंतततयोर्दृष्ट्वापराक्रमम् ॥ नशक्यौयुधिसंरब्धौजेतुमेतौकथंचन ६४ सदेवासुरगंधर्वैर्लोकैरपिमहारथौ ॥ आश्चर्यभूतंलोकेषुयुद्धमेत न्महाद्भुतम् ६५ नैतादृशानियुद्धानिभविष्यंतिकथंचन ॥ नहिशक्योरणेजेतुंभीष्मःपार्थेनधीमता ६६ सधनुःसरथःसाश्वःप्रवपन्सायकान्रणे ॥ तथैवपांडवंयु द्धेदेवैरपिदुरासदम् ६७ नविजेतुंरणेभीष्मउत्सहेतधनुर्धरम् ॥ आलोकादपियुद्धंहिसममेतद्भविष्यति ६८ इतिस्मवाचोऽश्रूयंतप्रोच्चरंत्यस्ततस्ततः ॥ गांगेयार्जुनयोः संख्येस्तवयुक्ताविशांपते ६९ त्वदीयास्तुतदायोधाःपांडवेयाश्चभारत ॥ अन्योन्यंसमरेजघ्नुस्तयोस्तत्रपराक्रमे ७० शितधारैस्तथाखड्गैर्विमलैश्चपरश्वधैः ॥ शरैरन्यैश्चबहुभिःशस्त्रैर्नानाविधैरपि ७१ उभयोःसेनयोःशूरान्यकृंततपरस्परम् ॥ वर्तमानेतथाघोरेतस्मिन्युद्धेसुदारुणे ॥ द्रोणपांचाल्ययोराजन्महानासीत्समा गमः ७२ ॥ इ० म० भीष्मप० भीष्मव० भीष्मार्जुनयुद्धेद्विपंचाशत्तमोऽध्यायः ॥ ५२ ॥ धृतराष्ट्रउवाच ॥ कथंद्रोणोमहेष्वासःपांचाल्यश्चापिपार्षतः ॥ उभौसमीयतुर्यत्तौतन्ममाचक्ष्वसंजय १ दिष्टमेवपरंमन्येपौरुषादितिमेमतिः ॥ यत्रशांतनवोभीष्मोनातरद्युधिपांडवम् २ भीष्मोहिसमरेक्रुद्धोहन्याल्लोकांश्चराचरान् ॥ सकथंपांडवंयुद्धेनातरत्संजयौजसा ३ ॥ संजयउवाच ॥ शृणुराजन्स्थिरोभूत्वायुद्धमेतत्सुदारुणम् ॥ नशक्याःपांडवाजेतुंदेवैरपिसवासवैः ४ द्रोणस्तुनिशितैर्बाणै धृष्टद्युम्नमविध्यत ॥ सारथिंचास्यभल्लेनरथनीडादपातयत् ५ तथाऽस्यचतुरोवाहांश्चतुर्भिःसायकोत्तमैः ॥ पीडयामाससंक्रुद्धोधृष्टद्युम्नस्यमारिष ६ धृष्टद्युम्नस्ततोद्रो णंनवत्यानिशितैःशरैः ॥ विव्याधप्रहसन्वीरस्तिष्ठतिष्ठेतिचाब्रवीत् ७ ततःपुनरमेयात्माभारद्वाजःप्रतापवान् ॥ शरैःप्रच्छादयामासधृष्टद्युम्नममर्षणम् ८ आददेचशरं घोरंपार्षतांतचिकीर्षया ॥ शक्राशनिसमस्पर्शंकालदंडमिवापरम् ९ हाहाकारोमहानासीत्सर्वसैन्येषुभारत ॥ तमिषुंसंधितंदृष्ट्वाभारद्वाजेनसंयुगे १० तत्राद्भुतम पश्यामधृष्टद्युम्नस्यपौरुषम् ॥ यदेकःसमरेवीरस्तस्थौगिरिरिवाचलः ११

॥ इति भीष्मपर्वणि नीलकंठीये भारतभावदीपे द्विपंचाशत्तमोऽध्यायः ॥ ५२ ॥ ॥ कथमिति १ । २ नातरत्नलंघितवान् ३ । ४ नीडादवस्थानात् ५ । ६ । ७ । ८ । ९ । १० । ११

१२ । १३ । १४ । १५ । १६ । १७ । १८ । १९ व्यंसयामाससंसक्ताऽपियथानभवतितथावंचयतिस्म २० । २१ पीतान्पायितजलान् २२ । २३ । २४ । २५ । २६ । २७ । २८ । २९

तंचदीप्तंशरंघोरमायांतंमृत्युमात्मनः ॥ चिच्छेदशरवृष्टिंचभारद्वाजेमुमोचह १२ ततउच्चुक्रुशुःसर्वेपंचालाःपांडवैःसह ॥ धृष्टद्युम्नेनतत्कर्मकृतंदृष्ट्वासुदुष्करम् १३
ततःशक्तिंमहावेगांस्वर्णवैदूर्यभूषिताम् ॥ द्रोणस्यनिधनाकांक्षीचिक्षेपसपराक्रमी १४ तामापतंतींसहसाशक्तिंकनकभूषिताम् ॥ त्रिधाचिच्छेदसमरेभारद्वाजोहस
न्निव १५ शक्तिंविनिहतांदृष्ट्वाधृष्टद्युम्नःप्रतापवान् ॥ ववर्षशरवर्षाणिद्रोणंप्रतिजनेश्वर १६ शरवर्षंततस्तत्तुसन्निवार्यमहायशाः ॥ द्रोणोद्रुपदपुत्रस्यमध्येचिच्छेदकार्मु
कम् १७ सच्छिन्नधन्वासमरेगदांगुर्वींमहायशाः ॥ द्रोणायप्रेषयामासगिरिसारमयींबली १८ सागदावेगवन्मुक्ताप्रायाद्द्रोणजिघांसया ॥ तत्राद्भुतमपश्यामभारद्वाज
स्यपौरुषम् १९ लाघवाद्व्यंसयामासगदांहेमविभूषिताम् ॥ व्यंसयित्वागदांतांचप्रेषयामासपार्षतम् २० भल्लान्सुनिशितान्पीतान्रुक्मपुंखान्सुदारुणान् ॥ तेतस्य
कवचंभित्त्वापपुःशोणितमाहवे २१ अथान्यद्धनुरादायधृष्टद्युम्नोमहारथः ॥ द्रोणंयुधिपराक्रम्यशरैर्विव्याधपंचभिः २२ रुधिराक्तौततस्तौतुशुशुभातेनरर्षभौ ॥ वसं
तसमयेराजन्पुष्पिताविवकिंशुकौ २३ अमर्षितस्ततोराजन्पराक्रम्यचमूमुखे ॥ द्रोणोद्रुपदपुत्रस्यपुनश्चिच्छेदकार्मुकम् २४ अथैनंछिन्नधन्वानंशरैःसन्नतपर्वभिः ॥
अभ्यवर्षदमेयात्मावृष्ट्यामेघइवाचलम् २५ सारथिंचास्यभल्लेनरथनीडादपातयत् ॥ अथास्यचतुरोवाहांश्चतुर्भिर्निशितैःशरैः २६ पातयामाससमरेसिंहनादंननाँ
दच ॥ ततोऽपरेणभल्लेनहस्ताच्चापमथाच्छिनत् २७ सच्छिन्नधन्वाविरथोहताश्वोहतसारथिः ॥ गदापाणिरवारोहत्ख्यापयन्पौरुषंमहत् २८ तामस्यविशिखैस्तूर्णं
पातयामासभारत ॥ रथादनवरूढस्यतदद्भुतमिवाभवत् २९ ततःसविपुलंचर्मशतचंद्रंचभानुमत् ॥ खड्गंचविपुलंदिव्यंप्रगृह्यसुभुजोबली ३० अभिदुद्राववेगेनद्रोणस्य
वधकांक्षया ॥ आमिषार्थीयथासिंहोवनेमत्तमिवद्विपम् ३१ तत्राद्भुतमपश्यामभारद्वाजस्यपौरुषम् ॥ लाघवंचास्त्रयोगंचबलंबाह्वोश्चभारत ३२ यदेनंशरवर्षेणवार
यामासपार्षतम् ॥ नशशाकततोगंतुंबलवानपिसंयुगे ३३ निवारितस्तुद्रोणेनधृष्टद्युम्नोमहारथः ॥ न्यवारयच्छरौघांस्तांश्चर्मणाकृतहस्तवत् ३४ ततोभीमोमहा
बाहुःसहसाऽभ्यपतद्बली ॥ साहाय्यकारीसमरेपार्षतस्यमहात्मनः ३५ सद्रोणंनिशितैर्बाणैराजन्विव्याधसप्तभिः ॥ पार्षतंचरथंतूर्णंस्वकमारोहयत्तदा ३६ ततो
दुर्योधनोराजन्भानुमंतमचोदयत् ॥ सैन्येनमहतायुक्तंभारद्वाजस्यरक्षणे ३७ ततःसामहतीसेनाकलिंगानांजनेश्वर ॥ भीमामभ्युद्ययौतूर्णंतवपुत्रस्यशासनात् ३८
पांचाल्यमथसंत्यज्यद्रोणोऽपिरथिनांवरः ॥ विराटद्रुपदौवृद्धौवारयामाससंयुगे ३९ धृष्टद्युम्नोऽपिसमरेधर्मराजानमभ्ययात् ॥ ततःप्रववृतेयुद्धंतुमुलंलोमहर्षणम् ४०

३० । ३१ । ३२ । ३३ । ३४ । ३५ । ३६ । ३७ । ३८ । ३९ । ४०

४१ ॥ इ०भी०नी०भा०त्रिपंचाशत्तमोऽध्यायः ॥ ५३ ॥ तथेति १ । २ । ३ । ४ । ५ । ६ । ७ । ८ । ९ । १० । ११ । १२ । १३ । १४ । १५ । १६ । १७ । १८ । १९ । २० । २१ । २२

कलिंगानांचसमरेभीमस्यचमहात्मनः ॥ जगतःप्रक्षयकरंघोररूपंभयावहम् ४१ ॥ इतिश्रीमहाभारतेभी० भीष्मव० धृष्टद्युम्नद्रोणयुद्धेत्रिपंचाशत्तमोऽध्यायः ॥ ५३ ॥
धृतराष्ट्रउवाच ॥ तथाप्रतिसमादिष्टःकालिंगोवाहिनीपतिः ॥ कथमद्भुतकर्माणंभीमसेनंमहाबलम् १ चरंतंगदयावीरंदंडहस्तमिवांतकम् ॥ योधयामाससमरेका
लिंगःसहसेनया २ संजयउवाच ॥ पुत्रेणतवराजेन्द्रसतथोक्तोमहाबलः ॥ महत्यासेनयागुप्तःप्रायाद्भीमरथंप्रति ३ तामापतंतींमहतींकलिंगानांमहाचमूम् ॥ रथाश्व
नागकलिलांप्रगृहीतमहायुधाम् ४ भीमसेनःकलिंगानामार्च्छद्भारतवाहिनीम् ॥ केतुमंतंचनैषादिमायांतंसहचेदिभिः ५ ततःश्रुतायुःसंक्रुद्धोराज्ञाकेतुमतासह ॥
आससादरणेभीमंव्यूढानीकेषुचेदिषु ६ रथैरनेकसाहस्रैःकलिंगानांनराधिप ॥ अयुतेनगजानांचनिषादैःसहकेतुमान् ७ भीमसेनंरणेराजन्समंतात्पर्यवारयत् ॥ चेदि
मत्स्यकरूषाश्चभीमसेनपदानुगाः ८ अभ्यधावन्तसमरेनिषादान्सहराजभिः ॥ ततःप्रववृतेयुद्धंघोररूपंभयावहम् ९ नप्राजानंतयोधाःस्वान्परस्परजिघांसया ॥ घोर
मासीत्ततोयुद्धंभीमस्यसहसापरैः १० यथेंद्रस्यमहाराजमहत्यादैत्यसेनया ॥ तस्यसैन्यस्यसंग्रामेयुध्यमानस्यभारत ११ बभूवसुमहान्शब्दःसागरस्येवगर्जतः ॥
अन्योन्यंस्मतदायोधाविकर्षंतोविशांपते १२ महींचक्रुश्चितांसर्वांशशलोहितसन्निभाम् ॥ योधांश्चस्वान्परान्वापिनाऽभ्यजानन्जिघांसया १३ स्वानप्याददतेस्वा
श्चशूराःपरमदुर्जयाः ॥ विमर्दःसुमहानासीदल्पानांबहुभिःसह १४ कलिंगैःसहचेदीनांनिषादैश्चविशांपते ॥ कृत्वापुरुषकारंतुयथाशक्तिमहाबलाः १५ भीमसेनंप
रित्यज्यसंन्यवर्तंतचेदयः ॥ सर्वैःकलिंगैरासन्नःसन्निवृत्तेषुचेदिषु १६ स्वबाहुबलमास्थायसंन्यवर्ततपांडवः ॥ नचचालरथोपस्थाद्भीमसेनोमहाबलः १७ शितैरवा
किरद्बाणैःकलिंगानांवरूथिनीम् ॥ कालिंगस्तुमहेष्वासःपुत्रश्चास्यमहारथः १८ शक्रदेवइतिख्यातोजघ्नतुःपांडवंशरैः ॥ ततोभीमोमहाबाहुर्विधुन्वन्रुचिरंधनुः
१९ योधयामासकालिंगंस्वबाहुबलमाश्रितः ॥ शक्रदेवस्तुसमरेविसृजन्सायकान्बहून् २० अश्वान्जघानसमरेभीमसेनस्यसायकैः ॥ तंदृष्ट्वाविरथंतत्रभीमसेनम
रिंदमम् २१ शक्रदेवोऽभिदुद्रावशरैरवकिरन्शितैः ॥ भीमस्योपरिराजेंद्रशक्रदेवोमहाबलः २२ ववर्षशरवर्षाणितपांतेजलदोयथा ॥ हताश्वेतुरथेतिष्ठन्भीमसेनोम
हाबलः २३ शक्रदेवायचिक्षेपसर्वशैक्यायसींगदाम् ॥ सतयानिहतोराजन्कालिंगतनयोरथात् २४ विरथःसहसूतेनजगामधरणीतलम् ॥ हतमात्मसुतंदृष्ट्वाक
लिंगानांजनाधिपः २५ रथैरनेकसाहस्रैर्भीमस्यावारयद्दिशः ॥ ततोभीमोमहाबाहुर्गुर्वींमहागदाम् २६ निस्त्रिंशमाददेघोरंचिकीर्षुःकर्मदारुणम् ॥ चर्म
चाप्रतिमंराजन्नार्षभंपुरुषर्षभ २७ नक्षत्रैरर्धचंद्रैश्चशातकुंभमयैश्चितम् ॥ कालिंगस्तुततःक्रुद्धोधनुर्ज्यामवमृज्यच २८ प्रगृह्यचशरंघोरमेकंसर्पविषोपमम् ॥ प्राहिणो
द्भीमसेनायवधाकांक्षीजनेश्वरः २९

२३ । २४ । २५ । २६ । २७ । २८ । २९

३० । ३१ । ३२ । ३३ भानुमंतंकलिंगात्मजं ३४ । ३५ । ३६ । ३७ । ३८ । ३९ । अंतरायुधिनंगजारूढयोधं ४० । ४१ । ४२ । आविद्धंभ्रामितं ४३ । ४४ । ४५ । ४६ कालांतकयमोपमःप्रलय

तमापतंतंवेगेनप्रेरितंनिशितंशरम् ॥ भीमसेनोद्विधाराजंश्चिच्छेदविपुलासिना ३० उदक्रोशच्चसंहृष्टस्त्रासयानोवरूथिनीम् ॥ कालिंगोऽथततःक्रुद्धोभीमसेनायसंयुगे
३१ तोमरान्प्राहिणोच्छीघ्रंचतुर्दशशिलाशितान् ॥ तानप्राप्तान्महाबाहुःखगतानेवपांडवः ३२ चिच्छेदसहसाराजन्नसंभ्रांतोवरासिना ॥ निकृत्त्यतुरणेभीमस्तोम
रान्वैचतुर्दश ३३ भानुमंतंततोभीमःप्राद्रवत्पुरुषर्षभः ॥ भानुमांस्तुततोभीमंशरवर्षेणछादयन् ३४ ननादबलवन्नादंनादयानोनभस्तलम् ॥ नचतंममृषेभीमःसिंहना
दंमहाहवे ३५ ततःशब्देनमहताविननादमहास्वनः ॥ तेननादेनवित्रस्ताकलिंगानांवरूथिनी ३६ नभीमंसमरेमेनेमानुषंभरतर्षभ ॥ ततोभीमोमहाबाहुर्नर्दित्वावि
पुलंस्वनम् ३७ सासिर्वेगवदाप्लुत्यदंताभ्यांवारणोत्तमम् ॥ आरुरोहततोमध्यंनागराजस्यमारिष ३८ ततोमुमोचकालिंगःशक्तिंतामकरोद्द्विधा ॥ खड्गेनपृथुनामध्ये
भानुमंतमथाच्छिनत् ३९ सोऽन्तरायुधिनंहत्वाराजपुत्रमरिंदमः ॥ गुरुंभारसहंस्कंधेनागस्यासिमपातयत् ४० छिन्नस्कंधःसविनदन्पपातगजयूथपः ॥ आरुग्णः
सिंधुवेगेनसानुमानिवपर्वतः ४१ ततस्तस्मादवप्लुत्यगजाद्भारतभारतः ॥ खड्गपाणिरदीनात्मातस्थौभूमौसुदंशितः ४२ सचचारबहून्मार्गानभितःपातयन्गजान् ॥
अग्निचक्रमिवाविद्धंसर्वतःप्रत्यदृश्यत ४३ अश्ववृंदेषुनागेषुरथानीकेषुचाभिभूः ॥ पदातीनांचसंघेषुविनिघ्नन्शोणितोक्षितः ४४ श्येनवद्व्यचरद्भीमोरणेऽरिषुबलो
त्कटः ॥ छिंदंस्तेषांशरीराणिशिरांसिचमहाबलः ४५ खड्गेनशितधारेणसंयुगेगजयोधिनाम् ॥ पदातिरेकःसंक्रुद्धःशत्रूणांभयवर्धनः ४६ संमोहयामाससतान्कालां
तकयमोपमः ॥ मूढाश्चतेतमेवाजौविनदंतःसमाद्रवन् ४७ सासिमुत्तमवेगेनविचरंतंमहारणे ॥ निकृत्त्यरथिनांचाजौरथेषाश्चयुगानिच ४८ जघानरथिनश्चापिबल
वान्रिपुमर्दनः ॥ भीमसेनश्चरन्मार्गान्सुबहून्प्रत्यदृश्यत ४९ भ्रांतमाविद्धमुद्भ्रांतमाप्लुतंप्रसृतंप्लुतम् ॥ संपातंसमुदीर्णंचदर्शयामासपांडवः ५० केचिदग्रासिना
छिन्नाःपांडवेनमहात्मना ॥ विनेदुर्भिन्नमर्माणोनिपेतुश्चगतासवः ५१ छिन्नदंताग्रहस्ताश्चभिन्नकुंभास्तथापरे ॥ वियोधाःस्वान्यनीकानिजघ्नुर्भारतवारणाः ५२ निपे
तुरुर्व्यांचतथाविनदंतोमहारवान् ॥ छिन्नांश्चतोमरान्राजन्महामात्रशिरांसिच ५३ परिस्तोमान्विचित्रांश्चकक्ष्याश्चकनकोज्ज्वलाः ॥ ग्रैवेयाण्यथशक्तीश्चपताकाः
कणपांस्तथा ५४ तूणीरानथयंत्राणिविचित्राणिधनूंषिच ॥ भिंदिपालानिशुभ्राणितोत्त्राणिचांकुशैःसह ५५ घंटाश्चविविधाराजन्हेमगर्भान्त्सरूनपि ॥ पततः
पातितांश्चैवपश्यामःसहसादिभिः ५६

कालीननाशकयमतुल्यः ४७ । ४८ । ४९ भ्रांतमित्यादि । भ्रांतंमंडलाकृति तदेववक्रमोपेतमाविद्धं भ्रांतमेवोन्नतिसहितमुद्भ्रांतं आप्लुतंकेवलमुत्प्लवनं प्रसृतंसर्वासुदिक्षुप्रसरणं प्लुतमेकस्यांदिशि संपातंवेगं समुदी
र्णंसर्वान्प्रतिसमुद्यमं ५० । ५१ । ५२ तोमरान्बाणविशेषान् महामात्रोहस्तिपकः ५३ कणपान्मुद्गरान् ५४ यंत्राणिसारिप्रभृतीनि तोत्त्राणिकर्णमूलतोदनानि ५५ । ५६

गात्रावरैर्गात्रैः पूर्वकायैः अवरैरधःकायैः 'द्वौपूर्वपश्चाज्जंघादिदेशौगात्रावरौक्रमात्' इतिकोशः ५७ । ५८ खलीनानिअश्वस्यनिर्वेष्टयानि 'कडिआळी' इतिप्रसिद्धानि कक्ष्यागजमध्यबंधनं ५९ आस्तरणा

छिन्नगात्रावरकरैर्निहतैश्चापिवारणैः ॥ आसीद्भूमिःसमास्तीर्णापतितैर्भूधरैरिव ५७ विमृद्यैवंमहानागान्ममर्दान्यान्महाबलः ॥ अश्वारोहवरांश्चैवपातयामाससंयुगे ५८ तद्घोरमभवद्युद्धंतस्यतेषांचभारत ॥ खलीनान्यथयोक्त्राणिकक्ष्याश्चकनकोज्ज्वलाः ५९ परिस्तोमाश्चप्रासाश्चऋष्टयश्चमहाधनाः ॥ कवचान्यथचर्माणिचित्राण्यास्तरणानिच ६० तत्रतत्रापविद्धानिव्यदृश्यंतमहाहवे ॥ प्रासैर्यन्त्रैर्विचित्रैश्चशस्त्रैश्चविमलैस्तथा ६१ सचक्रेवसुधांकीर्णांशबलैःकुसुमैरिव ॥ आप्लुत्यरथिनःकांश्चित्परामृश्यमहाबलः ६२ पातयामासखड्गेनसध्वजानपिपांडवः ॥ मुहुरुत्पततोदिक्षुधावतश्चयशस्विनः ६३ मार्गांश्चचरतश्चित्रान्व्यस्मयंतरणेजनाः ॥ सजघानपदाकांश्चिद्व्याक्षिप्यान्यानपोथयत् ६४ खड्गेनान्यांश्चचिच्छेदनादेनान्यांश्चभीषयन् ॥ ऊरुवेगेनचाप्यन्यान्पातयामासभूतले ६५ अपरेचैनमालोक्यभयात्पंचत्वमागताः ॥ एवंसाबहुलासेनाकलिंगानांतरस्विनाम् ६६ परिवार्यरणेभीष्मंभीमसेनमुपाद्रवत् ॥ ततःकालिंगसैन्यानांप्रमुखेभरतर्षभ ६७ श्रुतायुषमभिप्रेक्ष्यभीमसेनःसमभ्ययात् ॥ तमायांतमभिप्रेक्ष्यकालिंगोनवभिःशरैः ६८ भीमसेनममेयात्माप्रत्यविध्यत्स्तनांतरे ॥ कालिंगबाणाभिहतस्तोत्रार्दितइवद्विपः ६९ भीमसेनःप्रजज्वालक्रोधेनाग्निरिवेंधितः ॥ अथाशोकःसमादायरथंहेमपरिष्कृतम् ७० भीमंसंपादयामासरथेनरथसारथिः ॥ तमारुह्यरथंतूर्णंकौंतेयःशत्रुसूदनः ७१ कालिंगमभिदुद्रावतिष्ठतिष्ठेतिचाब्रवीत् ॥ ततःश्रुतायुर्बलवान्भीमायनिशितान्शरान् ७२ प्रेषयामाससंक्रुद्धोदर्शयन्पाणिलाघवम् ॥ सकार्मुकवरोत्सृष्टैर्नवभिर्निशितैःशरैः ७३ समाहतोमहाराजकालिंगेनमहात्मना ॥ संचुकुशेभृशंभीमोदंडाहतइवोरगः ७४ क्रुद्धश्चचापमायम्यबलवद्बलिनांवरः ॥ कालिंगमवधीत्पार्थोभीमःसप्तभिरायसैः ७५ क्षुराभ्यांचक्ररक्षौचकालिंगस्यमहाबलौ ॥ सत्यदेवंचसत्यंचप्राहिणोद्यमसादनम् ७६ ततःपुनरमेयात्मानाराचैर्निशितैस्त्रिभिः ॥ केतुमंतंरणेभीमोऽगमयद्यमसादनम् ७७ ततःकलिंगाःसंन्नद्धाभीमसेनममर्षणम् ॥ अनीकैर्बहुसाहस्रैःक्षत्रियाःसमवारयन् ७८ ततःशक्तिगदाखड्गतोमरर्ष्टिपरश्वधैः ॥ कलिंगाश्चततोराजन्भीमसेनमवाकिरन् ७९ सन्निवार्यसतांघोरांशरवृष्टिंसमुत्थिताम् ॥ गदामादायतरसासन्निपत्यमहाबलः ८० भीमःसप्तशतान्वीराननयद्यमसादनम् ॥ पुनश्चैवद्विसाहस्रान्कलिंगानरिमर्दनः ८१ प्राहिणोन्मृत्युलोकायतदद्भुतमिवाभवत् ॥ एवंसतान्यनीकानिकलिंगानांपुनःपुनः ८२ बिभेदसमरेतूर्णंप्रेक्ष्यभीष्मंमहारथम् ॥ हतारोहाश्वमातंगाःपांडवेनकृतारणे ८३ विप्रजग्मुरनीकेषुमेघावातहताइव ॥ मृद्नंतःस्वान्यनीकानिविनदंतःशरातुराः ८४ ततोभीमोमहाबाहुःखड्गहस्तोमहाभुजः ॥ संप्रहृष्टोमहाघोषंशंखंप्राध्मापयद्बली ८५

निपर्याच्छादनानि ६० अपविद्धानिपतितानि ६१ । ६२ । ६३ । ६४ । ६५ । ६६ । ६७ । ६८ । ६९ अशोकोविशोकः ७० । ७१ । ७२ । ७३ । ७४ । ७५ । ७६ । ७७ । ७८ । ७९ । ८० ८१ । ८२ । ८३ । ८४ । ८५

८६ । ८७ । ८८ । ८९ । ९० । ९१ । ९२ । ९३ । ९४ । ९५ । ९६ । ९७ पारावताश्वस्यमर्कटतिंदुकसमानवर्णाश्वस्य । 'पारावतःकलरवेद्वैलेमर्कटतिंदुके' इतिविश्वः ९८ । ९९ १००

सर्वकालिंगसैन्यानांमनांसिसमकंपयत् ॥ मोहश्चापिकलिंगानामाविवेशपरंतप ८६ प्राकंपंतचसैन्यानिवाहनानिचसर्वशः ॥ भीमेनसमरेराजन्गजेंद्रेणेवसर्वशः ८७
मार्गान्बहून्विचरताधावताचततस्ततः ॥ मुहुरुत्पततताचैवसंमोहःसमपद्यत ८८ भीमसेनभयत्रस्तंसैन्यंचसमकंपत ॥ क्षोभ्यमाणमसंबाधंग्राहेणेवमहत्सरः ८९
त्रासितेषुचसर्वेषुभीमेनाद्भुतकर्मणा ॥ पुनरावर्तमानेषुविद्रवत्सुचसंवशः ९० सर्वकालिंगयोधेषुपांडूनांध्वजिनीपतिः ॥ अब्रवीत्स्वान्यनीकानियुध्यध्वमितिपा
र्षतः ९१ सेनापतिवचःश्रुत्वाशिखंडिप्रमुखागणाः ॥ भीममेवाभ्यवर्तंतरथानीकैःप्रहारिभिः ९२ धर्मराजश्चतान्सर्वानुपजग्राहपांडवः ॥ महतामेघवर्णेनना
गानीकेनपृष्ठतः ९३ एवंसंचोद्यसर्वाणिस्वान्यनीकानिपार्षतः ॥ भीमसेनस्यजग्राह पार्ष्णिंसत्पुरुषैर्वृतः ९४ नहिपंचालराजस्यलोकेकश्चनविद्यते ॥ भीमसात्यक
योरन्यःप्राणेभ्यःप्रियकृत्तमः ९५ सोऽपश्यच्चकलिंगेषुचरंतमरिसूदनः ॥ भीमसेनंमहाबाहुंपार्षतःपरवीरहा ९६ ननर्दबहुधाराजन्हृष्टश्चासीत्परंतपः ॥ शंखंद
ध्मौचसमरेसिंहनादंननादच ९७ सचपारावताश्वस्यरथेहेमपरिष्कृते ॥ कोविदारध्वजंदृष्ट्वाभीमसेनःसमाश्वसत् ९८ धृष्टद्युम्नस्तुतंदृष्ट्वाकलिंगैःसमभिद्रुतम् ॥ भीम
सेनममेयात्मात्राणायाजौसमभ्ययात् ९९ तौदूरात्सात्यकिंदृष्ट्वाधृष्टद्युम्नवृकोदरौ ॥ कलिंगान्समरेवीरौयोधयेतांमनस्विनौ १०० सतत्रगत्वाशैनेयोजवेनजय
तांवरः ॥ पार्थपार्षतयोःपार्ष्णिंजग्राहपुरुषर्षभः १०१ सकृत्वादारुणंकर्मप्रगृहीतशरासनः ॥ आस्थितोरौद्रमात्मानंकलिंगानन्ववैक्षत २ कलिंगप्रभवांचैव
मांसशोणितकर्दमां ॥ रुधिरस्यंदिनींतत्रभीमःप्रावर्तयन्नदीम् ३ अन्तरेणकलिंगानांपांडवानांचवाहिनीम् ॥ तांसंततारदुस्तारांभीमसेनोमहाबलः ४ भीमसेनं
तथादृष्ट्वाप्राक्रोशंस्तावकान्नृप ॥ कालोऽयंभीमरूपेणकलिंगैःसहयुध्यते ५ ततःशांतनवोभीष्मःश्रुत्वातंनिनदंरणे ॥ अभ्ययात्त्वरितोभीमंव्यूढानीकःसमन्ततः ६
तंसात्यकिर्भीमसेनोधृष्टद्युम्नश्चपार्षतः ॥ अभ्यद्रवंतभीष्मस्यरथंहेमपरिष्कृतम् ७ परिवार्यतुतेसर्वेगांगेयंतरसारणे ॥ त्रिभिस्त्रिभिःशरैर्घोरैर्भीष्ममानर्छुरोजसा ८
प्रत्यविध्यततान्सर्वान्पितादेवव्रतस्तव ॥ यतमानान्महेष्वासांस्त्रिभिस्त्रिभिरजिह्मगैः ९ ततःशरसहस्रेणसन्निवार्यमहारथान् ॥ हयान्कांचनसन्नाहान्भीमस्य
न्यहनच्छरैः ११० हताश्वेसरथेतिष्ठन्भीमसेनःप्रतापवान् ॥ शक्तिंचिक्षेपतरसागांगेयस्यरथंप्रति ११ अप्राप्तामथतांशक्तिंपितादेवव्रतस्तव ॥ त्रिधाचिच्छे
दसमरेसापृथिव्यामशीर्यत १२ ततःशैक्यायसींगुर्वींप्रगृह्यबलवान्गदाम् ॥ भीमसेनस्ततस्तूर्णंपुप्लुवेमनुजर्षभ १३ सात्यकोऽपिततस्तूर्णंभीमस्यप्रियका
म्यया ॥ गांगेयसारथिंतूर्णंपातयामाससायकैः १४ भीष्मस्तुनिहतेतस्मिन्सारथौरथिनांवरः ॥ वातायमानैस्तैरश्वैरपनीतोरणाजिरात् ११५

१ । २ । ३ । ४ । ५ । ६ । ७ आनर्छुःआच्छादितवंतः ८ । ९ । १० । ११ १२ । १३ । १४ वातायमानैःइतस्ततोधावद्भिः ११५

११६ । १७ । १८ । १९ । २० । २१ । २२ । २३ । २४ ॥ इतिभीष्मपर्वणिनीलकंठीये भारतभावदीपे चतुष्पंचाशत्तमोऽध्यायः ॥ ५४ ॥ ॥ गतेति १ । २ । ३ । ४

भीष्म० अ० ५५

भीमसेनस्ततोराजन्नपयातेमहाव्रते ॥ प्रजज्वालयथावह्निर्दहन्कक्षमिवैधितः ११६ सहत्वासर्वकालिंगान्सेनामध्येव्यतिष्ठत ॥ नैनमभ्युत्सहन्केचित्तावकाभरत र्षभ १७ धृष्टद्युम्नस्तमारोप्यस्वरथेरथिनांवरः ॥ पश्यतांसर्वसैन्यानामपोवाहयशस्विनम् १८ संपूज्यमानःपांचाल्यैर्मत्स्यैश्चभरतर्षभ ॥ धृष्टद्युम्नंपरिष्वज्यसमेयादथ सात्यकिम् १९ अथाब्रवीद्भीमसेनंसात्यकिःसत्वविक्रमः ॥ प्रहर्षयन्यदुव्याघ्रोधृष्टद्युम्नस्यपश्यतः १२० दिष्ट्याकलिंगराजश्चराजपुत्रश्चकेतुमान् ॥ शक्रदेवश्चकालिंगःकलिंगाश्चमृधेहताः २१ स्वबाहुबलवीर्येणनागाश्वरथसंकुलः ॥ महापुरुषभूयिष्ठोधीरयोधनिषेवितः २२ महाव्यूहःकलिंगानामेकेनमृदितस्त्वया ॥ एवमुक्त्वा शिनेर्नप्तादीर्घबाहुररिंदम २३ रथाद्रथमभिद्रुत्यपर्यष्वजतपांडवम् ॥ ततःस्वरथमास्थायपुनरेवमहारथः ॥ तावकानवधीत्क्रुद्धोभीमस्यबलमादधत् १२४ ॥ इतिश्री महाभारतेभीष्मपर्वणिभीष्मवध० द्वितीययुद्धदिवसेकलिंगराजवधेचतुष्पंचाशत्तमोऽध्यायः ॥ ५४ ॥ ॥ संजयउवाच ॥ गतपूर्वाह्णभूयिष्ठेतस्मिन्नहनिभारत ॥ रथनागाश्वपत्तीनांसादिनांचमहाक्षये १ द्रोणपुत्रेणशल्येनकृपेणचमहात्मना ॥ समसज्जतपांचाल्यस्त्रिभिरेतैर्महारथैः २ सलोकविदितानश्वान्निजघानमहाबलः ॥ द्रौणेःपांचालदायादःशितैर्दशभिराशुगैः ३ ततःशल्यरथंतूर्णमास्थायहतवाहनः ॥ द्रौणिःपांचालदायादमभ्यवर्षदथेषुभिः ४ धृष्टद्युम्नंतुसंयुक्तंद्रौणिनावीक्ष्यभारत ॥ सौभद्रोऽभ्यपतत्तूर्णंविकिरन्निशितान्शरान् ५ सशल्यंपंचविंशत्याकृपंचनवभिःशरैः ॥ अश्वत्थामानमष्टाभिर्विव्याधपुरुषर्षभः ६ आर्जुनिंतुततस्तूर्णंद्रौणिर्विव्याधपत्त्रिणा ॥ शल्योऽथदशभिश्चैवकृपश्चनिशितैस्त्रिभिः ७ लक्ष्मणस्तवपौत्रस्तुसौभद्रंसमवस्थितम् ॥ अभ्यवर्ततसंहृष्टस्ततोयुद्धमवर्तत ८ दौर्योधनिःसुसंक्रुद्धः सौभद्रंपरवीरहा ॥ विव्याधसमरेराजंस्तदद्भुतमिवाभवत् ९ अभिमन्युःसुसंक्रुद्धोभ्रातरंभरतर्षभ ॥ शरैःपंचाशतैराजन्क्षिप्रहस्तोऽभ्यविध्यत १० लक्ष्मणोऽपिपुन स्तस्यधनुश्चिच्छेदपत्रिणा ॥ मुष्टिदेशेमहाराजततस्तेचुक्रुशुर्जनाः ११ तद्विहायधनुश्छिन्नंसौभद्रःपरवीरहा ॥ अन्यदादत्तवांश्चित्रंकार्मुकंवेगवत्तरम् १२ तौतत्रसमरे युक्तौकृतप्रतिकृतैषिणौ ॥ अन्योन्यंविशिखैस्तीक्ष्णैर्जघ्नतुःपुरुषर्षभौ १३ ततोदुर्योधनोराजादृष्ट्वापुत्रंमहारथम् ॥ पीडितंतवपौत्रेणप्रायात्तत्रप्रजेश्वरः १४ सन्निवृत्ते तवसुतेसर्वएवजनाधिपाः ॥ आर्जुनिंरथवंशेनसमंतात्पर्यवारयन् १५ सतैःपरिवृतःशूरैःशूरोयुधिसुदुर्जयैः ॥ नस्मप्रव्यथतेराजन्कृष्णतुल्यपराक्रमः १६ सौभद्रमथ संसक्तंदृष्ट्वातत्रधनंजयः ॥ अभिदुद्राववेगेनत्रातुकामःस्वमात्मजम् १७ ततःसरथनागाश्वाभीष्मद्रोणपुरोगमाः ॥ अभ्यवर्ततराजानःसहिताःसव्यसाचिनम् १८ उद्धूतं सहसाभौमंनागाश्वरथपत्तिभिः ॥ दिवाकररथंप्राप्यरजस्तीव्रमदृश्यत १९ तानिनागसहस्राणिभूमिपालशतानिच ॥ तस्यबाणपथंप्राप्यनाभ्यवर्ततसर्वशः २०

५ । ६ । ७ । ८ । ९ । १० ११ । १२ । १३ । १४ । १५ । १६ । १७ । १८ । १९ । २०

२१ । २२ । २३ । २४ । २५ । २६ । २७ । २८ । २९ । ३० । ३१ । ३२ । ३३ । ३४ । ३५ । ३६ । यथाकुर्याद्धनंजयःधनंजयोऽग्निरर्जुनोवासयथाकुर्यादित्यसाधारण्योक्तिः ३७ । ३८

प्रणेदुःसर्वभूतानिबभूवुस्तिमिरादिशः ॥ कुरूणांचानयस्तीव्रःसमदृश्यतदारुणः २१ नाप्यंतरिक्षंनदिशोनभूमिर्नचभास्करः ॥ प्रजज्ञेभरतश्रेष्ठशस्त्रसंघैःकिरी
टिनः २२ सादितारथनागाश्वहताश्वारथिनोरणे ॥ विप्रद्रुतरथाःकेचिद्दृश्यंतेरथयूथपाः २३ विरथारथिनश्चान्येधावमानाःसमंततः ॥ तत्रतत्रैवदृश्यंतेसा
युधाःसांगदैर्भुजैः २४ हयारोहाहयांस्त्यक्त्वागजारोहाश्चदंतिनः ॥ अर्जुनस्यभयाद्राजन्समंताद्विप्रदुद्रुवुः २५ रथेभ्यश्चगजेभ्यश्चहयेभ्यश्चनराधिपाः ॥ प
तिताःपात्यमानाश्चदृश्यंतेऽर्जुनसायकैः २६ सगदानुद्यतान्बाहून्सखड्गांश्चविशांपते ॥ सप्रासांश्चसतूणीरान्सशरान्सशरासनान् २७ सांकुशान्सपताकांश्चतत्र
तत्रार्जुनोनृणाम् ॥ निचकर्तशरैरुग्रैरौद्रंवपुरधारयत् २८ परिघाणांप्रदीप्तानांमुद्गराणांचमारिष ॥ प्रासानांभिंदिपालानांनिस्त्रिंशानांचसंयुगे २९ परश्वधानांती
क्ष्णानांतोमराणांचभारत ॥ वर्मणांचापविद्धानांकांचनानांचभूमिप ३० ध्वजानांचर्मणांचैवव्यजनानांचसर्वशः ॥ छत्राणांहेमदंडानांतोमराणांचभारत ३१
प्रतोदानांचयोक्त्राणांकशानांचैवमारिष ॥ राशयःस्मात्रदृश्यंतेविनिकीर्णारणक्षितौ ३२ नासीत्तत्रपुमान्कश्चित्तवसैन्यस्यभारत ॥ योऽर्जुनंसमरेशूरंप्रत्युद्या
यात्कथंचन ३३ योयोहिसमरेपार्थंप्रत्युद्यातिविशांपते ॥ ससंख्येविशिखैस्तीक्ष्णैःपरलोकायनीयते ३४ तेषुविद्रवमाणेषुतवयोधेषुसर्वशः ॥ अर्जुनोवासुदे
वश्चदध्मतुर्वारिजोत्तमौ ३५ तत्प्रभग्नंबलंदृष्ट्वापितादेवव्रतस्तव ॥ अब्रवीत्समरेशूरंभारद्वाजंस्मयन्निव ३६ एषपांडुसुतोवीरःकृष्णेनसहितोबली ॥ तथाकरोति
सैन्यानियथाकुर्याद्धनंजयः ३७ नह्येषसमरेशक्योविजेतुंहिकथंचन ॥ यथाऽस्यदृश्यतेरूपंकालांतकयमोपमम् ३८ ननिवर्तयितुंचापिशक्येयंमहतीचमूः ॥
अन्योन्यप्रेक्षयापश्यद्रवतीयंवरूथिनी ३९ एषचास्तंगिरिश्रेष्ठंभानुमान्प्रतिपद्यते ॥ चक्षूंषिसर्वलोकस्यसंहरन्निवसर्वथा ४० तत्रावहारंसंप्राप्तंमन्येऽहंपुरुषर्ष
भ ॥ श्रांताभीताश्चनोयोधानयोत्स्यंतिकथंचन ४१ एवमुक्त्वाततोभीष्मोद्रोणमाचार्यसत्तमम् ॥ अवहारमथोचक्रेतावकानांमहारथः ४२ ततोवहारःसैन्या
नांतवतेषांचभारत ॥ अस्तंगच्छतिसूर्येऽभूत्संध्याकालेचवर्तति ४३ ॥ इति श्रीम० भीष्म० भीष्मवधप० द्वितीययुद्धदिवसावहारेपंचपंचाशत्तमोऽध्यायः ॥ ५५ ॥
॥ संजयउवाच ॥ प्रभातायांचशर्वर्यांभीष्मःशांतनवस्तदा ॥ अनीकान्यनुसंयानेव्यादिदेशाथभारत १ गारुडंचमहाव्यूहंचक्रेशांतनवस्तदा ॥ पुत्राणांते
जयाकांक्षीभीष्मःकुरुपितामहः २ गरुडस्यस्वयंतुंडेपितादेवव्रतस्तव ॥ चक्षुषीचभरद्वाजःकृतवर्माचसात्वतः ३ अश्वत्थामाकृपश्चैवशीर्षमास्तांयशस्विनौ ॥
त्रैगर्तैरथकैकेयैर्वाटधानैश्चसंयुगे ४ भूरिश्रवाःशलःशल्योभगदत्तश्चमारिष ॥ मद्रकाःसिंधुसौवीरास्तथापांचनदाश्चये ५

अन्योन्यप्रेक्षयापरस्परभंगदर्शनेन ३९ । ४० । ४१ । ४२ वर्ततिवर्तमाने ४३ ॥ इतिभीष्मपर्वणिनीलकंठीये भारतभावदीपे पंचपंचाशत्तमोऽध्यायः ॥ ५५ ॥ ॥ प्रभातायामिति १ । २ । ३ । ४ । ५

६ । ७ । ८ । ९ । १० । ११ । १२ । १३ । १४ । १५ । १६ । १७ । १८ । १९ । २० । २१ । २२ ॥ इतिभीष्मपर्वणि नीलकंठीयेभारतभावदीपे षट्पंचा

जयद्रथेनसहिताग्रीवायांसन्निवेशिताः ॥ पृष्ठेदुर्योधनोराजासोदर्यैःसानुगैर्वृतः ६ विन्दानुविन्दावावंत्यौकांबोजश्चशकैःसह ॥ पुच्छमासन्महाराजशूरसेनाश्चसर्वशः ७ मागधाश्चकलिंगाश्चदासेरकगणैःसह ॥ दक्षिणंपक्षमासाद्यस्थिताव्यूहस्यदंशिताः ८ कारूषाश्चविकुंजाश्चमुंडाःकुंडीवृषास्तथा ॥ बृहद्बलेनसहितावामं पार्श्वमवस्थिताः ९ व्यूढंदृष्ट्वातुतत्सैन्यंसव्यसाचीपरंतपः ॥ धृष्टद्युम्नेनसहितःप्रत्यव्यूहतसंयुगे १० अर्धचंद्रेणव्यूहेनव्यूहंतमतिदारुणम् ॥ दक्षिणंशृंगमा स्थायभीमसेनोव्यरोचत ११ नानाशस्त्रौघसंपन्नैर्नानादेश्यैर्नृपैर्वृतः ॥ तदन्वेवविराटश्चद्रुपदश्चमहारथः १२ तदनंतरमेवासीन्नीलोनीलायुधैःसह ॥ नीलाद नंतरश्चैवधृष्टकेतुर्महाबलः १३ चेदिकाशिकरूषैश्चपौरवैरपिसंवृतः ॥ धृष्टद्युम्नःशिखंडीचपंचालाश्चप्रभद्रकाः १४ मध्येसैन्यस्यमहतःस्थितायुद्धायभारत ॥ तत्रैवधर्मराजोऽपिगजानीकेनसंवृतः १५ ततस्तुसात्यकीराजन्द्रौपद्याःपंचचात्मजाः ॥ अभिमन्युस्ततःशूरइरावांश्चततःपरम् १६ भैमसेनिस्ततोराजन्केकयाश्चमहारथाः ॥ ततोऽभूद्विपदांश्रेष्ठोवामंपार्श्वमुपाश्रितः १७ सर्वस्यजगतोगोप्तागोप्तायस्यजनार्दनः ॥ एवमेतंमहाव्यूहंप्रत्यव्यूहंतपांडवाः १८ वधार्थं तवपुत्राणांतत्पक्षंयेचसंगताः ॥ ततःप्रववृतेयुद्धंव्यतिषक्तरथद्विपम् १९ तावकानांपरेषांचनिघ्नतामितरेतरम् ॥ हयौघाश्चरथौघाश्चतत्रतत्रविशांपते २० संप तंतोव्यदृश्यंतनिघ्नंतस्तेपरस्परम् ॥ धावतांचरथौघानांनिघ्नतांचपृथक्पृथक् २१ बभूवतुमुलःशब्दोविमिश्रोदुंदुभिस्वनैः ॥ दिवस्पृङ्नरवीराणांनिघ्नतामितरेतरम् ॥ संप्रहारेसुतुमुलेतवतेषांचभारत २२ ॥ इतिश्रीमहाभारतेभीष्मपर्वणिभीष्मवधपर्वणितृतीययुद्धदिवसेपरस्परव्यूहरचनायांषट्पंचाशत्तमोऽध्यायः ॥ ५६ ॥ ॥

संजयउवाच ॥ ततोव्यूढेष्वनीकेषुतावकेषुपरेषुच ॥ धनंजयोरथानीकमवधीत्तवभारत १ शरैरतिरथोयुद्धेदारयन्रथयूथपान् ॥ तेवध्यमानाःपार्थेनकालेनेवयुग क्षये २ धार्तराष्ट्रारणेयत्नात्पांडवान्प्रत्ययोधयन् ॥ प्रार्थयानायशोदीप्तंमृत्युंकृत्वानिवर्तनम् ३ एकाग्रमनसोभूत्वापांडवानांवरूथिनीम् ॥ बभंजुर्बहुशोराजंस्ते चासज्जंतसंयुगे ४ द्रवद्भिरथभग्नैश्चपरिवर्तद्भिरेवच ॥ पांडवैःकौरवेयैश्चनप्राज्ञायतकिंचन ५ उदतिष्ठद्रजोभौमंछादयानंदिवाकरम् ॥ नदिशःप्रदिशोवापितत्रह न्युःकथंनराः ६ अनुमानेनसंज्ञाभिर्नामगोत्रैश्चसंयुगे ॥ वर्त्ततेचतथायुद्धंतत्रतत्रविशांपते ७ नव्यूहोभिद्यतेतत्रकौरवाणांकथंचन ॥ रक्षितःसत्यसंधेनभा रद्वाजेनसंयुगे ८ तथैवपांडवानांचरक्षितःसव्यसाचिना ॥ नाभिद्यतमहाव्यूहोभीमेनचसुरक्षितः ९ सेनाग्रादपिनिष्पत्यप्रायुध्यंस्तत्रमानवाः ॥ उभयोः सेनयोराजन्व्यतिषक्तरथद्विपाः १० हयारोहैर्हयारोहाःपात्यंतेस्ममहाहवे ॥ ऋष्टिभिर्विमलाभिश्चप्रासैरपिचसंयुगे ११

शत्तमोऽध्यायः ॥ ५६ ॥ ॥ ततइति १ । २ मृत्युंकृत्वानिवर्तनंमृत्युरेवनिवर्तनहेतुर्नान्यइत्यर्थः ३ । ४ । ५ । ६ ॥ अनुमानेनध्वजादिचिन्हैः संज्ञाभिःसंकेतैश्च ७ । ८ । ९ । १० । ११

१२ । १३ । १४ । १५ । १६ । १७ । १८ । १९ । २० । २१ । २२ । २३ । २४ । २५ परिस्तोमैश्चित्रकंबलैः कुथाभिस्तैरेवक्षुद्रैः कंबलैरांकवैः महाधनैर्महामूल्यैः स्रग्दामैः स्रग्रचितैर्दामभिः

रथीरथिनमासाद्यशरैःकनकभूषणैः ॥ पातयामाससमरेतस्मिन्नतिभयंकरे १२ गजारोहागजारोहान्नाराचशरतोमरैः ॥ संसक्तान्पातयामासुस्तवतेषांचसर्वशः १३
कश्चिदुत्पत्यसमरेवरवारणमास्थितः ॥ केशपक्षेपरामृश्यजहारसमरेशिरः १४ अन्येद्विरददंताग्रनिर्भिन्नहृदयारणे ॥ वेमुश्चरुधिरंवीरानिःश्वसंतःसमंततः १५ कश्चि
त्करिविषाणस्थोवीरोरणविशारदः ॥ प्रावेपच्छक्तिनिर्भिन्नोगजशिक्षास्त्रवेदिना १६ पत्तिसंघारणेपत्तीन्भिंदिपालपरश्वधैः ॥ न्यपातयंतसंहृष्टाःपरस्परकृतागसः १७
रथीचसमरेराजन्नासाद्यगजयूथपम् ॥ सगजंपातयामासगजीचरथिनांवरम् १८ रथिनंचहयारोहःप्रासेनभरतर्षभ ॥ पातयामाससमरेरथीचहयसादिनम् १९ पदाती
रथिनंसंख्येरथीचापिपदातिनम् ॥ न्यपातयच्छितैःशस्त्रैःसेनयोरुभयोरपि २० गजारोहाहयारोहान्पातयांचक्रिरेतदा ॥ हयारोहागजस्थांश्चतदद्भुतमिवाभवत् २१
गजारोहवरैश्चापितत्रतत्रपदातयः ॥ पातिताःसमदृश्यंततैश्चापिगजयोधिनः २२ पत्तिसंघाहयारोहैःसादिसंघाश्चपत्तिभिः ॥ पात्यमानाव्यदृश्यंतशतशोऽथसहस्रशः
२३ ध्वजैस्तत्रापविद्धैश्चकार्मुकैस्तोमरैस्तथा ॥ प्रासैस्तथागदाभिश्चपरिघैःकंपनैस्तथा २४ शक्तिभिःकवचैश्चित्रैःकणपैरंकुशैरपि ॥ निस्त्रिंशैर्विमलैश्चापिस्वर्णपुंखैः
शरैस्तथा २५ परिस्तोमैःकुथाभिश्चकंबलैश्चमहाधनैः ॥ भूर्भातिभरतश्रेष्ठस्रग्दामैरिवचित्रिता २६ नराश्वकायैःपतितैर्दंतिभिश्चमहाहवे ॥ अगम्यरूपापृथिवीमांस
शोणितकर्दमा २७ प्रशशामरजोभौमंव्युक्षितंरणशोणितैः ॥ दिशश्चविमलाःसर्वाःसंबभूवुर्जनेश्वर २८ उत्थितान्यगणेयानिकबंधानिसमंततः ॥ चिन्हभूतानिज
गतोविनाशार्थायभारत २९ तस्मिन्युद्धेमहारौद्रेवर्तमानेसुदारुणे ॥ प्रत्यदृश्यंतरथिनोधावमानाःसमंततः ३० ततोभीष्मश्चद्रोणश्चसैंधवश्चजयद्रथः ॥ पुरुमित्रो
जयोभोजःशल्यश्चापिससौबलः ३१ एतेसमरदुर्धर्षाःसिंहतुल्यपराक्रमाः ॥ पांडवानामनीकानिबभंजुःस्मपुनःपुनः ३२ तथैवभीमसेनोऽपिराक्षसश्चघटोत्कचः ॥
सात्यकिश्चेकितानश्चद्रौपदेयाश्चभारत ३३ तावकांस्तवपुत्रांश्चसहितान्सर्वराजभिः ॥ द्रावयामासुराजौतेत्रिदशादानवानिव ३४ तथातेसमरेऽन्योन्यंनिघ्नन्तःक्षत्रिय
र्षभाः ॥ रक्तोक्षिताघोररूपाविरेजुर्दानवाइव ३५ विनिर्जित्यरिपून्वीराःसेनयोरुभयोरपि ॥ व्यदृश्यंतमहामात्राग्रहाइवनभस्तले ३६ ततोरथसहस्रेणपुत्रोदुर्योधन
स्तव ॥ अभ्ययात्पांडवंयुद्धेराक्षसंचघटोत्कचम् ३७ तथैवपांडवाःसर्वेमहत्यासेनयासह ॥ द्रोणभीष्मौरणेयत्तौप्रत्युद्ययुररिंदमौ ३८ किरीटीचययौक्रुद्धःसमंतात्पा
र्थिवोत्तमान् ॥ आर्जुनिःसात्यकिश्चैवययतुःसौबलंबलम् ३९ ततःप्रववृतेभूयःसंग्रामोलोमहर्षणः ॥ तावकानांपरेषांचसमरेविजयैषिणाम् ४० ॥ इतिश्रीमहाभार
तेभीष्मपर्वणिभीष्मवधपर्वणितृतीयेयुद्धदिवसेसंकुलयुद्धेसप्तपंचाशत्तमोऽध्यायः ॥ ५७ ॥

अनेनस्रजांबाहुल्यंदैर्घ्यंदयदर्शितं २६ । २७ । २८ । २९ । ३० । ३१ । ३२ । ३३ । ३४ । ३५ महामात्राःप्रधानाः ३६ । ३७ । ३८ । ३९ । ४० ॥ इतिभी०नी०भा० सप्तपंचाशत्तमोऽध्यायः ॥ ५७ ॥

तत्तस्तेइति १ कोष्ठकीकृत्यवेष्टयित्वा २ । ३ । ४ । ५ । ६ । ७ । ८ । ९ । १० । ११ । १२ । १३ । १४ । १५ । १६ । १७ । १८ । १९ । २० । २१ । २२ । २३ । २४

॥ ९० ॥ ॥ संजयउवाच ॥ ततस्तेपार्थिवाःक्रुद्धाःफाल्गुनंवीक्ष्यसंयुगे ॥ रथैरनेकसाहस्रैःसमंतात्पर्यवारयन् १ अथैनंरथवृंदेनकोष्ठकीकृत्यभारत ॥ शरैःसुबहुसाहस्रैःसमंता
दभ्यवारयन् २ शक्तीश्चविमलास्तीक्ष्णागदाश्चपरिघैःसह ॥ प्रासान्परश्वधांश्चैवमुद्गरान्मुसलानपि ३ चिक्षिपुःसमरेक्रुद्धाःफाल्गुनस्यरथंप्रति ॥ शस्त्राणामथतांवृ
ष्टिंशलभानामिवायतिम् ४ रुरोधसर्वतःपार्थःशरैःकनकभूषणैः ॥ तत्रतल्लाघवंदृष्ट्वाबीभत्सोरतिमानुषम् ५ देवदानवगंधर्वाःपिशाचोरगराक्षसाः ॥ साधुसाध्वितिराजेंद्र
फाल्गुनंप्रत्यपूजयन् ६ सात्यकिश्चाभिमन्युश्चमहत्यासेनयावृतौ ॥ गांधारान्समरेशूरान्जग्मतुःसहसौबलान् ७ तत्रसौबलकाःक्रुद्धावार्ष्णेयस्यरथोत्तमम् ॥ तिल
शश्चिच्छिदुःक्रोधाच्छस्त्रैर्नानाविधैर्युधि ८ सात्यकिस्तुरथंत्यक्त्वावर्तमानेभयावहे ॥ अभिमन्योरथंतूर्णमारुरोहपरंतपः ९ तावेकरथसंयुक्तौसौबलेयस्यवाहिनीम् ॥
व्यधमेतांशितैस्तूर्णंशरैःसन्नतपर्वभिः १० द्रोणभीष्मौरणेयत्तौधर्मराजस्यवाहिनीम् ॥ नाशयेतांशरैस्तीक्ष्णैःकंकपत्रपरिच्छदैः ११ ततोधर्मसुतोराजामाद्रीपुत्रौच
पांडवौ ॥ मिषतांसर्वसैन्यानांद्रोणानीकमुपाद्रवन् १२ तत्रासीत्सुमहद्युद्धंतुमुलंलोमहर्षणम् ॥ यथादेवासुरंयुद्धंपूर्वमासीत्सुदारुणम् १३ कुर्वाणौसुमहत्कर्मभीमसेन
घटोत्कचौ ॥ दुर्योधनस्ततोऽभ्येत्यतावुभावप्यवारयत् १४ तत्राद्भुतमपश्यामहैडिंबस्यपराक्रमम् ॥ अतीत्यपितरंयुद्धेयदयुध्यतभारत १५ भीमसेनस्तुसंक्रुद्धोदुर्यो
धनममर्षणम् ॥ हृद्यविध्यत्पृषत्केनप्रहसन्निवपांडवः १६ ततोदुर्योधनोराजाप्रहारवरपीडितः ॥ निषसादरथोपस्थेकश्मलंचजगामह १७ तंविसंज्ञंविदित्वातुत्वरमाणो
ऽस्यसारथिः ॥ अपोवाहरणाद्राजंस्ततःसैन्यमभज्यत १८ ततस्तांकौरवींसेनांद्रवमाणांसमंततः ॥ निघ्नन्भीमःशरैस्तीक्ष्णैरनुवव्राजपृष्ठतः १९ पार्षतश्चरथश्रेष्ठोधर्म
पुत्रश्चपांडवः ॥ द्रोणस्यपश्यतःसैन्यंगांगेयस्यचपश्यतः २० जघ्नतुर्विशिखैस्तीक्ष्णैःपरानीकविनाशनैः ॥ द्रवमाणंतुतत्सैन्यंतवपुत्रस्यसंयुगे २१ नाशक्नुतांवारयितुं
भीष्मद्रोणौमहारथौ ॥ वार्यमाणंचभीष्मेणद्रोणेनचमहात्मना २२ विद्रवत्येवतत्सैन्यंपश्यतोर्द्रोणभीष्मयोः ॥ ततोरथसहस्रेषुविद्रवत्सुततस्ततः २३ तावास्थितावेक
रथंसौभद्रशिनिपुंगवौ ॥ सौबलींसमरेसेनांशातयेतांसमंततः २४ शुशुभातेतदातौतुशैनेयकुरुपुंगवौ ॥ अमावास्यांगतौयद्वत्सोमसूर्यौनभस्तले २५ अर्जुनस्तुततःक्रु
द्धस्तवसैन्यंविशांपते ॥ ववर्षशरवर्षेणधाराभिरिवतोयदः २६ वध्यमानंततस्तत्रशरैःपार्थस्यसंयुगे ॥ दुद्रावकौरवंसैन्यंविषादभयकंपितम् २७ द्रवतस्तान्समालक्ष्यभी
ष्मद्रोणौमहारथौ ॥ न्यवारयेतांसंरब्धौदुर्योधनहितैषिणौ २८ ततोदुर्योधनोराजासमाश्वस्यविशांपते ॥ न्यवर्तयततत्सैन्यंद्रवमाणंसमंततः २९ यत्रयत्रसुतस्तुभ्यंयं
यंपश्यतिभारत ॥ तत्रतत्रन्यवर्ततक्षत्रियाणांमहारथाः ३० तान्निवृत्तान्समीक्ष्यैवततोऽन्येऽपीतरेजनाः ॥ अन्योन्यस्पर्धयाराजन्लज्जयाचावतस्थिरे ३१ ॥ ९० ॥

२५ । २६ । २७ । २८ । २९ । ३० । ३१

३२ । ३३ । ३४ । ३५ । ३६ । ३७ । ३८ चिंतयानःअभविष्यमितिशेषः ३९ । ४० । ४१ । ४२ । ४३ । ४४ । ४५ । ४६ ॥ इति भी० नी० भा० अष्टपंचाशत्तमोऽध्यायः ॥ ५८ ॥

पुनरावर्ततांतेषांवेगआसीद्विशांपते ॥ पूर्यतःसागरस्येवचंद्रस्योदयनंप्रति ३२ सन्निवृत्तांस्ततस्तांस्तुदृष्ट्वाराजासुयोधनः ॥ अब्रवीत्त्वरितोगत्वाभीष्मंशांतनवं
वचः ३३ पितामहनिबोधेदंयत्त्वांवक्ष्यामिभारत ॥ नानुरूपमहंमन्येत्वयिजीवतिकौरव ३४ द्रोणेचास्त्रविदांश्रेष्ठेसपुत्रेससुहृज्जने ॥ कृपेचैवमहेष्वासेद्रवतेयद्व
रूथिनी ३५ नपांडवान्प्रतिबलांस्तवमन्येकथंचन ॥ तथाद्रोणस्यसंग्रामेद्रौणेश्चैवकृपस्यच ३६ अनुग्राह्याःपांडुसुतास्तवनूनंपितामह ॥ यथेमांक्षमसेवीरवध्यमानां
वरूथिनीम् ३७ सोऽस्मिवाच्यस्त्वयाराजन्पूर्वमेवसमागमे ॥ नयोत्स्येपांडवान्संख्येनापिपार्षतसात्यकी ३८ श्रुत्वातुवचनंतुभ्यमाचार्यस्यकृपस्यच ॥ कर्णेनस
हितःकृत्यंचिंतयानस्तदैवहि ३९ यदिनाहंपरित्याज्योयुवाभ्यामिहसंयुगे ॥ विक्रमेणानुरूपेणयुध्येतांपुरुषर्षभौ ४० एतच्छ्रुत्वावचोभीष्मःप्रहसन्वैमुहुर्मुहुः ॥
अब्रवीत्तनयंतुभ्यंक्रोधादुद्वृत्यचक्षुषी ४१ बहुशोऽसिमयाराजंस्तथ्यमुक्तोहितंवचः ॥ अजेयाःपांडवायुद्धेदेवैरपिसवासवैः ४२ यत्तुशक्यंमयाकर्तुंवृद्धेनाद्यनृपो
त्तम ॥ करिष्यामियथाशक्तिप्रेक्षेदानींसबांधवः ४३ अद्यपांडुसुतानेकःससैन्यान्सहबंधुभिः ॥ सोऽहंनिवारयिष्यामिसर्वलोकस्यपश्यतः ४४ एवमुक्तेतुभीष्मेण
पुत्रास्तवजनेश्वर ॥ दध्मुःशंखान्मुदायुक्ताभेरीःसंजघ्निरेभृशम् ४५ पांडवाहिततोराजन्श्रुत्वातंनिनदंमहत् ॥ दध्मुःशंखांश्चभेरीश्चमुरजांश्चाप्यनादयन् ४६
॥ ॥ इति श्रीम० भी० भीष्मवधप० तृतीयेयुद्धदिवसेभीष्मदुर्योधनसंवादेअष्टपंचाशत्तमोऽध्यायः ॥ ५८ ॥ ॥ ॥ धृतराष्ट्रउवाच ॥ ॥
प्रतिज्ञातेततस्तस्मिन्युद्धेभीष्मेणदारुणे ॥ क्रोधितोममपुत्रेणदुःखितेनविशेषतः १ भीष्मःकिमकरोत्तत्रपांडवेयेषुभारत ॥ पितामहेवापंचालास्तन्ममाच
क्ष्वसंजय २ ॥ संजयउवाच ॥ गतपूर्वाह्णभूयिष्ठेतस्मिन्नहनिभारत ॥ पश्चिमांदिशमास्थायस्थितेचापिदिवाकरे ३ जयंप्राप्तेषुहृष्टेषुपांडवेषुमहात्मसु ॥ सर्वधर्मविशे
षज्ञःपितादेवव्रतस्तव ४ अभ्ययाज्जवनैरश्वैःपांडवानामनीकिनीम् ॥ महत्यासेनयागुप्तस्तवपुत्रैश्चसर्वशः ५ प्रावर्तततततोयुद्धंतुमुलंलोमहर्षणम् ॥ अस्माकंपांडवैः
सार्धमनयात्तवभारत ६ धनुषांकूजतांतत्रतलानांचाभिहन्यताम् ॥ महान्समभवच्छब्दोगिरीणामिवदीर्यताम् ७ तिष्ठस्थितोऽस्मिविद्ध्यैनंनिवर्तस्वस्थिरोभव ॥
स्थिरोऽस्मिप्रहरस्वेतिशब्दोऽश्रूयतसर्वशः ८ कांचनेषुतनुत्रेषुकिरीटेषुध्वजेषुच ॥ शिलानामिवशैलेषुपतितानामभूद्ध्वनिः ९ पतितान्युत्तमांगानिबाहवश्चवि
भूषिताः ॥ व्यचेष्टंतमहींप्राप्यशतशोऽथसहस्रशः १० हृतोत्तमांगाःकेचित्तुतथैवोद्यतकार्मुकाः ॥ प्रगृहीतायुधाश्चापितस्थुःपुरुषसत्तमाः ११ प्रावर्ततमहावे
गानदीरुधिरवाहिनी ॥ मातंगांगशिलारौद्रामांसशोणितकर्दमा १२ वराश्वनरनागानांशरीरप्रभवातदा ॥ परलोकार्णवमुखीगृध्रगोमायुमोदिनी १३

प्रतिज्ञातेइति १ । २ । ३ । ४ । ५ । ६ । ७ । ८ । ९ । १० । ११ । १२ । १३

म. भा. टी ॥ ९१ ॥ भीष्म० अ० ५९

१४ । १५ । १६ । १७ । १८ । १९ । २० । २१ । २२ । २३ । २४ । २५ । २६ । २७ । २८ । २९ । ३० । पिंडितान्एकस्थान् वर्मितान्कवचिनः ३१ । ३२ । ३३ । ३४ । ३५

नदृष्टंनश्रुतंवापियुद्धमेतादृशंनृप ॥ यथातवसुतानांचपांडवानांचभारत १४ नासीद्रथपथस्तत्रयोधैर्युधिनिपातितैः ॥ गजैश्चपतितैर्नीलैर्गिरिशृंगैरिवावृतः १५ विकीर्णैःकवचैश्चित्रैःशिरस्त्राणैश्चमारिष ॥ शुशुभेतद्रणस्थानंशरदीवनभस्तलम् १६ विनिर्भिन्नाःशरैःकेचिदंत्रापीडप्रकर्षिणः ॥ अभीताःसमरेशत्रूनभ्यधावंतदर्पिताः १७ तातभ्रातःसखेबंधोवयस्यममातुल ॥ मामांपरित्यजेत्यन्येचुकुशुःपतितारणे १८ अथाभ्येहित्वमागच्छकिंभीतोऽसिक्वयास्यसि ॥ स्थितोऽहंसमरेमाभैरितिचान्येविचुकुशुः १९ तत्रभीष्मःशांतनवोनित्यंमंडलकार्मुकः ॥ मुमोचबाणान्दीप्ताग्रानहीनाशीविषानिव २० शरैरेकायनीकुर्वन्दिशःसर्वायतव्रतः ॥ जघानपांडवरथानादिश्यभरतर्षभ २१ सनृत्यन्वैरथोपस्थेदर्शयन्पाणिलाघवम् ॥ अलातचक्रवद्राजंस्तत्रतत्रस्मदृश्यते २२ तमेकंसमरेशूरंपांडवाःसृंजयैःसह ॥ अनेकशतसाहस्रंसमपश्यंतलाघवात् २३ मायाकृतात्मानमिवभीष्मंतत्रस्ममेनिरे ॥ पूर्वस्यांदिशितंदृष्ट्वाप्रतीच्यांददृशुर्जनाः २४ उदीच्यांचैवमालोक्यदक्षिणस्यांपुनःप्रभो ॥ एवंससमरेशूरोगांगेयःप्रत्यदृश्यत २५ नचैवंपांडवेयानांकश्चिच्छक्नोतिवीक्षितुम् ॥ विशिखानेवपश्यंतिभीष्मचापच्युतान्बहून् २६ कुर्वाणंसमरेकर्मसूदयानंचवाहिनीम् ॥ व्याक्रोशंतरणेतत्रनराबहुविधाबहु २७ अमानुषेणरूपेणचरंतंपितरंतव ॥ शलभाइवराजानःपतंतिविधिचोदिताः २८ भीष्माग्निमभिसंक्रुद्धंविनाशायसहस्रशः ॥ नहिमोघःशरःकश्चिदासीद्भीष्मस्यसंयुगे २९ नरनागाश्वकायेषुबहुत्वाल्लघुयोधिनः ॥ भिनत्त्येकेनबाणेनसुमुखेनपतत्रिणा ३० गजकंटकसन्नद्धंवज्रेणेवशिलोच्चयम् ॥ द्वौत्रीनपिगजारोहान्पिंडितान्वर्मितानपि ३१ नाराचेनसुमुक्तेननिजघानपितातव ॥ योयोभीष्मंनरव्याघ्रमभ्येतियुधिकश्चन ३२ मुहूर्तदृष्टःसमयापतितोभुविदृश्यते ॥ एवंसाधर्मराजस्यवध्यमानामहाचमूः ३३ भीष्मेणातुलवीर्येणव्यशीर्यतसहस्रधा ॥ प्राकंपतमहासेनाशरवर्षेणतापिता ३४ पश्यतोवासुदेवस्यपार्थस्याथशिखंडिनः ॥ यतमानाऽपितेवीराद्रवमाणान्महारथान् ३५ नाशक्नुवन्वारयितुंभीष्मबाणप्रपीडितान् ॥ महेंद्रसमवीर्येणवध्यमानामहाचमूः ३६ अभज्यतमहाराजनचद्वौसहधावतः ॥ आविद्धनरनागाश्वंपतितध्वजकूबरम् ३७ अनीकंपांडुपुत्राणांहाहाभूतमचेतनम् ॥ जघानात्रपितापुत्रंपुत्रश्चपितरंतथा ३८ प्रियंसखायंचाक्रंदेसखादैवबलात्कृतः ॥ विमुच्यकवचान्यन्येपांडुपुत्रस्यसैनिकाः ३९ विमुक्तकेशाधावंतःप्रत्यदृश्यंतभारत ॥ तद्गोकुलमिवोद्भ्रान्तमुद्भ्रान्तरथयूथपम् ४० ददृशेपांडुपुत्रस्यसैन्यमार्तस्वरंतदा ॥ प्रभज्यमानंसैन्यंतुदृष्ट्वायादवनंदनः ४१ उवाचपार्थंबीभत्सुंनिगृह्यरथमुत्तमम् ॥ अयंसकालःसंप्राप्तःपार्थयस्तेऽभिकांक्षितः ४२ प्रहरस्वनरव्याघ्रनचेन्मोहाद्विमुह्यसे ॥ यत्त्वयाकथितंवीरपुराराज्ञांसमागमे ४३

३६ । ३७ आक्रन्देयुद्धे ३८ । ३९ । ४० । ४१ । ४२ । ४३

॥ ९१ ॥

४४ । ४५ । ४६ । ४७ । ४८ । ४९ । ५० । ५१ । ५२ । ५३ । ५४ । ५५ । ५६ । ५७ । ५८ । ५९ । ६० । ६१ । ६२ । ६३ । ६४ । ६५

भीष्मद्रोणमुखान्सर्वान्धार्तराष्ट्रस्यसैनिकान् ॥ सानुबंधान्हनिष्वामियेमांयोत्स्यंतिसंयुगे ४४ इतितत्कुरुकौन्तेयसत्यंवाक्यमरिंदम ॥ बीभत्सोपश्यसैन्यंस्वंभज्यमानं
ततस्ततः ४५ द्रवतश्चमहीपालान्पश्ययौधिष्ठिरेबले ॥ दृष्ट्वाहिभीष्मंसमरेव्यात्ताननमिवांतकम् ४६ भयार्ताःप्रपलायंतेसिंहात्क्षुद्रमृगाइव ॥ एवमुक्तःप्रत्युवाचवासु
देवंधनंजयः ४७ नोदयाश्वान्यतोभीष्मोविगाहैतद्बलार्णवम् ॥ पातयिष्यामिदुर्धर्षंवृद्धंकुरुपितामहम् ४८ ॥ संजयउवाच ॥ ततोऽश्वान्रजतप्रख्यान्नोदयामासमा
धवः ॥ यतोभीष्मरथोराजन्दुष्प्रेक्ष्योरश्मिवानिव ४९ ततस्तत्पुनरावृत्तंयुधिष्ठिरबलंमहत् ॥ दृष्ट्वापार्थंमहाबाहुंभीष्मायोद्यतमाहवे ५० ततोभीष्मःकुरुश्रेष्ठसिंहवद्वि
नदन्मुहुः ॥ धनंजयरथंशीघ्रंशरवर्षैरवाकिरत् ५१ क्षणेनसरथस्तस्यसहयःसहसारथिः ॥ शरवर्षेणमहतासंछन्नोनप्रकाशते ५२ वासुदेवस्त्वसंभ्रांतोधैर्यमास्थायसत्त्व
वान् ॥ चोदयामासतानश्वान्विचितान्भीष्मसायकैः ५३ ततःपार्थोधनुर्गृह्यदिव्यंजलदनिःस्वनम् ॥ पातयामासभीष्मस्यधनुश्छित्वात्रिभिःशरैः ५४ सच्छिन्नध
न्वाकौरव्यःपुनरन्यन्महद्धनुः ॥ निमिषांतरमात्रेणसज्जंचक्रेपितातव ५५ विचकर्षततोदोर्भ्यांधनुर्जलदनिःस्वनम् ॥ अथास्यतदपिक्रुद्धश्चिच्छेदधनुरर्जुनः ५६
तस्यतत्पूजयामासलाघवंशांतनोःसुतः ॥ साधुपार्थमहाबाहोसाधुभोपांडुनंदन ५७ त्वय्येवैतद्युक्तरूपंमहत्कर्मधनंजय ॥ प्रीतोऽस्मिसुभृशंपुत्रकुरुयुद्धंमयासह ५८
इतिपार्थंप्रशस्याथप्रगृह्यान्यन्महद्धनुः ॥ मुमोचसमरेवीरःशरान्पार्थरथंप्रति ५९ अदर्शयद्वासुदेवोहययानेपरंबलम् ॥ मोघान्कुर्वन्शरांस्तस्यमंडलान्याचरल्लघु ६०
तथाभीष्मस्तुसुदृढंवासुदेवधनंजयौ ॥ विव्याधनिशितैर्बाणैःसर्वगात्रेषुभारत ६१ शुशुभातेनरव्याघ्रौतौभीष्मशरविक्षतौ ॥ गोवृषाविवसंरब्धौविषाणोल्लिखितांकितौ
६२ पुनश्चापिसुसंरब्धःशरैःशतसहस्रशः ॥ कृष्णयोर्युधिसंरब्धोभीष्मोऽथावारयद्दिशः ६३ वार्ष्णेयंचशरैस्तीक्ष्णैःकंपयामासरोषितः ॥ मुहुरभ्यर्दयन्भीष्मःप्रह
स्यस्वनवत्तदा ६४ ततस्तुकृष्णःसमरेदृष्ट्वाभीष्मपराक्रमम् ॥ संप्रेक्ष्यचमहाबाहुःपार्थस्यमृदुयुद्धताम् ६५ भीष्मंचशरवर्षाणिसृजंतमनिशंयुधि ॥ प्रतपंतमिवादि
त्यंमध्यमासाद्यसेनयोः ६६ वरान्वरान्विनिघ्नंतंपांडुपुत्रस्यसैनिकान् ॥ युगांतमिवकुर्वाणंभीष्मंयौधिष्ठिरेबले ६७ अमृष्यमाणोभगवान्केशवःपरवीरहा ॥ अचिं
तयदमेयात्मानास्तियौधिष्ठिरंबलम् ६८ एकाह्नाहिरणेभीष्मोनाशयेद्देवदानवान् ॥ किंनुपांडुसुतान्युद्धेसबलान्सपदानुगान् ६९ द्रवतेचमहासैन्यंपांडवस्यमहा
त्मनः ॥ एतेचकौरवास्तूर्णंप्रभग्नान्वीक्ष्यसोमकान् ७० प्राद्रवंतिरणेदृष्ट्वाहर्षयंतःपितामहम् ॥ सोऽहंभीष्मंनिहन्म्यद्यपांडवार्थायदंशितः ७१ भारमेतंविनेष्यामि
पांडवानांमहात्मनाम् ॥ अर्जुनोहिशरैस्तीक्ष्णैर्वध्यमानोऽपिसंयुगे ७२

६६ । ६७ । ६८ । ६९ । ७० । ७१ । ७२

७३ । ७४ । ७५ । ७६ । ७७ । ७८ । ७९ । ८० । ८१ । ८२ समुदीर्यमाणंवर्धमानमयत्नं ८३ । ८४ । ८५ । ८६ अश्विनोरश्विपुत्रयोर्नकुलसहदेवयोः ८७ । ८८ । ८९ । ९० । ९१ । ९२ । ९३ । ९४ । ९५

कर्तव्यंनाभिजानातिरणेभीष्मस्यगौरवात् ॥ तथाचिंतयतस्तस्यभूयएवपितामहः ॥ प्रेषयामाससंक्रुद्धःशरान्पार्थरथंप्रति ७३ तेषांबहुत्वात्तुभृशंशराणांदिशश्चसर्वाः
पिहिताबभूवुः ॥ नचान्तरिक्षंनदिशोनभूमिर्नभास्करोऽदृश्यतरश्मिमाली ७४ ववुश्चवातास्तुमुलाःसधूमादिशश्चसर्वाःक्षुभिताबभूवुः ॥ द्रोणोविकर्णोऽथजयद्रथश्चभू
रिश्रवाःकृतवर्माकृपश्च ७५ श्रुतायुरंबष्ठपतिश्चराजाविंदानुविंदौचसुदक्षिणश्च ॥ प्राच्याश्चसौवीरगणाश्चसर्वेवसातयःक्षुद्रकमालवाश्च ७६ किरीटिनंत्वरमाणाऽभि
सस्रुर्निदेशगाःशांतनवस्यराज्ञः ॥ तंवाजिपादातरथौघजालैरनेकसाहस्रशतैर्ददर्श ७७ किरीटिनंसंपरिवार्यमाणंशिनेर्नप्तावारणयूथपैश्च ॥ ततस्तुदृष्ट्वार्जुनवासुदे
वौपदातिनागाश्वरथैःसमंतात् ७८ अभिद्रुतौशस्त्रभृतांवरिष्ठौशिनिप्रवीरोऽभिससारतूर्णम् ॥ सतान्यनीकानिमहाधनुष्मान्शिनिप्रवीरःसहसाऽभिपत्य ७९ चकारसा
हाय्यमथार्जुनस्यविष्णुर्यथावृत्रनिषूदनस्य ॥ विशीर्णनागाश्वरथध्वजौघंभीष्मेणवित्रासितसर्वयोधम् ८० युधिष्ठिरानीकमभिद्रवंतंप्रोवाचसंदृश्यशिनिप्रवीरः ॥ क्वक्ष
त्रियायास्यथनैषधर्मःसतांपुरस्तात्कथितःपुराणैः ८१ मास्वांप्रतिज्ञांत्यजतप्रवीराःस्वंवीरधर्मंपरिपालयध्वम् ॥ तान्वासवानंतरजोनिशाम्यनरेन्द्रमुख्यान्द्रवतःसमं
तात् ८२ पार्थस्यदृष्ट्वामृदुयुद्धतांचभीष्मंचसंख्येसमुदीर्यमाणम् ॥ अमृष्यमाणःसततोमहात्मायशस्विनंसर्वदशार्हभर्ता ८३ उवाचशैनेयमभिप्रशंसन्दृष्ट्वाकुरूनाप
ततःसमग्रान् ॥ येयांतितेयांतुशिनिप्रवीरयेऽपिस्थिताःसात्वततेऽपियांतु ८४ भीष्मंरथात्पश्यनिपात्यमानंद्रोणंचसंख्येसगणंमयाऽद्य ॥ नमेरथीसात्वतकौरवाणां
क्रुद्धस्यमुच्येतरणेऽद्यकश्चित् ८५ तस्मादहंगृह्यरथांगमुग्रंप्राणंहरिष्यामिमहाव्रतस्य ॥ निहत्यभीष्मंसगणंतथाऽऽजौद्रोणंचशैनेयरथप्रवीर ८६ प्रीतिंकरिष्यामिध
नंजयस्यराज्ञश्चभीमस्यतथाऽश्विनोश्च ॥ निहत्यसर्वान्धृतराष्ट्रपुत्रांस्तत्पक्षिणोयेचनरेन्द्रमुख्याः ८७ राज्येनराजानमजातशत्रुंसंपादयिष्याम्यहमद्यहृष्टः ॥ ततःसुना
भंवसुदेवपुत्रःसूर्यप्रभंवज्रसमप्रभावम् ८८ क्षुरांतमुद्यम्यभुजेनचक्रंरथादवप्लुत्यविसृज्यवाहान् ॥ संकंपयन्गांचरणैर्महात्मावेगेनकृष्णःप्रससारभीष्मम् ८९ मदांधमा
जौसमुदीर्णदर्पंसिंहोजिघांसन्निववारणेंद्रम् ॥ सोऽभिद्रवन्भीष्ममनीकमध्येक्रुद्धोमहेंद्रावरजःप्रमाथी ९० व्यालंबिपीतांतपटश्चकाशेघनोयथाखेतडितावनद्धः ॥ सुद
र्शनंचास्यरराजशौरेस्तच्चक्रपद्मंसुभुजोरुनालम् ९१ यथादिपद्मंतरुणार्कवर्णंरराजनारायणनाभिजातम् ॥ तत्कृष्णकोपोदयसूर्यबुद्धंक्षुरांततीक्ष्णाग्रसुजातपत्रम् ९२
तस्यैवदेहोरुसरःप्ररूढंरराजनारायणबाहुनालम् ॥ तमात्तचक्रंप्रणदंतमुच्चैःक्रुद्धंमहेंद्रावरजंसमीक्ष्य ९३ सर्वाणिभूतानिभृशंविनेदुःक्षयंकुरूणामिवचिंतयित्वा ॥ सवासु
देवःप्रगृहीतचक्रःसंवर्तयिष्यन्निवसर्वलोकम् ९४ अभ्युत्पतन्लोकगुरुर्बभासेभूतानिधक्ष्यन्निवधूमकेतुः ॥ तमाद्रवंतंप्रगृहीतचक्रंदृष्ट्वादेवंशांतनवस्तदानीम् ९५

९६। ९७। ९८। ९९। १०० । १ । २ । ३ । ४ । ५ । ६ । ७ । ८ । ९ प्रजिघायप्रेषयामास ११० शरप्रवेकान्बाणश्रेष्ठान् ११ । १२ । १३ । १४ । १५ । १६ । १७ । १८

असंभ्रमंतद्विचकर्षदोर्भ्यांमहाधनुर्गांडिवतुल्यघोषम् ॥ उवाचभीष्मस्तमनंतपौरुषंगोविंदमाजावविमूढचेताः ९६ एह्येहिदेवेशजगन्निवासनमोऽस्तुतेमाधवचक्र
पाणे ॥ प्रसह्यमांपातयलोकनाथरथोत्तमात्सर्वशरण्यसंख्ये ९७ त्वयाहतस्यापिममाद्यकृष्णश्रेयःपरस्मिन्निहचैवलोके ॥ संभावितोस्म्यंधकवृष्णिनाथलोकैस्त्रि
भिर्वीरतवाभियानात् ९८ रथादवप्लुत्यततस्त्वरावान्पार्थोऽप्यनुप्लुत्ययदुप्रवीरम् ॥ जग्राहपीनोत्तमलंबबाहुंबाह्वोर्हरिंव्यायतपीनबाहुः ९९ निगृह्यमाणश्चतदाऽऽ
दिदेवोभृशंसरोषःकिलचात्मयोगी ॥ आदायवेगेनजगामविष्णुर्जिष्णुंमहावातइवैकवृक्षम् १०० पार्थस्तुविष्टभ्यबलेनपादौभीष्मांतिकंतूर्णमभिद्रवंतम् ॥ बला
न्निजग्राहहरिंकिरीटीपदेऽथराजन्दशमेकथंचित् १ अवस्थितंचप्रणिपत्यकृष्णंप्रीतोऽर्जुनःकांचनचित्रमाली ॥ उवाचकोपंप्रतिसंहरेतिगतिर्भवान्केशवपांडवा
नाम् २ नहास्यतेकर्मयथाप्रतिज्ञंपुत्रैःशपेकेशवसोदरैश्च ॥ अंतंकरिष्यामियथाकुरूणांत्वयाऽहमिंद्रानुजसंप्रयुक्तः ३ ततःप्रतिज्ञांसमयंचतस्यजनार्दनःप्रीतमनानिश
म्य ॥ स्थितःप्रियेकौरवसत्तमस्यरथंसचक्रःपुनरारुरोह ४ सतानभीषून्पुनराददानःप्रगृह्यशंखंद्विषतांनिहंता ॥ विनादयामासततोदिशश्चसपांचजन्यस्यरवेण
शौरिः ५ व्याविद्धनिष्कांगदकुंडलंतंरजोविकीर्णांचितपक्ष्मनेत्रम् ॥ विशुद्धदंष्ट्रंप्रगृहीतशंखंविचुकुशुःप्रेक्ष्यकुरुप्रवीराः ६ मृदंगभेरीपणवप्रणादानेमिस्वनादुंदुभिनिः
स्वनाश्च ॥ ससिंहनादाश्चबभूवुरुग्राःसर्वेष्वनीकेषुततःकुरूणाम् ७ गांडीवघोषःस्तनयित्नुकल्पोजगामपार्थस्यनभोदिशश्च ॥ जग्मुश्चबाणाविमलाःप्रसन्नाःसर्वादिशः
पांडवचापमुक्ताः ८ तंकौरवाणामधिपोजवेनभीष्मेणभूरिश्रवसाचसार्धम् ॥ अभ्युद्ययावुद्यतबाणपाणिःकक्षंदिधक्षन्निवधूमकेतुः ९ अथार्जुनायप्रजिघायभल्लान्भू
रिश्रवाःसप्तसुवर्णपुंखान् ॥ दुर्योधनस्तोमरमुग्रवेगंशल्योगदांशांतनवश्चशक्तिम् ११० ससप्तभिःसप्तशरप्रवेकान्संवार्यभूरिश्रवसाविसृष्टान् ॥ शितेनदुर्योधनबाहुमुक्तं
क्षुरेणतत्तोमरमुन्ममाथ ११ ततःशुभामापततींसशक्तिंविद्युत्प्रभांशांतनवेनमुक्ताम् ॥ गदांचमद्राधिपबाहुमुक्तांद्वाभ्यांशराभ्यांनिचकर्तवीरः १२ ततोभुजाभ्यांब
लवद्विकृष्यचित्रंधनुर्गांडिवमप्रमेयम् ॥ माहेन्द्रमस्त्रंविधिवत्सुघोरंप्रादुश्चकाराद्भुतमंतरिक्षे १३ तेनोत्तमास्त्रेणततोमहात्मासर्वाण्यनीकानिमहाधनुष्मान् ॥ शरौ
घजालैर्विमलाग्निवर्णैर्निवारयामासकिरीटमाली १४ शिलीमुखाःपार्थधनुःप्रमुक्तारथान्ध्वजाग्राणिधनूंषिबाहून् ॥ निकृत्यदेहान्विविशुःपरेषांनरेन्द्रनागेन्द्रतुरंग
माणाम् १५ ततोदिशःसोनुऽदिशश्चपार्थःशरैःसुधारैःसमरेवितत्य ॥ गांडीवशब्देनमनांसितेषांकिरीटमालीव्यथयांचकार १६ तस्मिंस्तथाघोरतमेप्रवृत्तेशंखस्व
नादुंदुभिनिःस्वनाश्च ॥ अंतर्हितागांडिवनिःस्वनेनबभूवुरुग्राश्चरथप्रणादाः १७ गांडीवशब्दंतमथोविदित्वाविराटराजप्रमुखाःप्रवीराः ॥ पांचालराजोद्रुपदश्च
वीरस्तंदेशमाजग्मुरदीनसत्त्वाः १८

म.भा.टी. ॥ ९३ ॥ १९।२०।२१ २२।२३।२४।२५।२६।२७।२८।२९।३०।३१।३२।३३।३४।३५।३६ ३७।३८।१३९॥ इतिभी० नी० भा० एकोनषष्टितमोऽध्यायः॥५९॥ व्युष्टामिति। व्युष्टांप्रभातां १ भीष्म० अ० ५९

सर्वाणिसैन्यानितुतावकानियतोयतोगांडिवजःप्रणादः ॥ ततस्ततःसन्नतिमेवजग्मुर्नतंप्रतीपोऽभिससारकश्चित् ११९ तस्मिन्सुघोरेनृपसंप्रहारेहताःप्रवीराःसरथाश्वसूताः ॥ गजाश्वनाराचनिपाततप्तामहापताकाःशुभरुक्मकक्ष्याः १२० परीतसत्वाःसहसानिपेतुःकिरीटिनाभिन्नतनुत्रकायाः ॥ दृढंहताःपत्रिभिरुग्रवेगैःपार्थेन भल्लैर्विमलैःशिताग्रैः २१ निकृत्तयंत्रानिहतेंद्रकीलाध्वजामहांतोध्वजिनीमुखेषु ॥ पदातिसंघाश्वरथाश्वसंख्येहयाश्वनागाश्वधनंजयेन २२ बाणाहतास्तूर्णमपेतसत्वाविष्टभ्यगात्राणिनिपेतुरुर्व्याम् ॥ ऐंद्रेणतेनास्त्रवरेणराजन्महाहवेभिन्नतनुत्रदेहाः २३ ततःशरौघैर्निशितैःकिरीटिनानृदेहशस्त्रक्षतलोहितोदा ॥ नदीसुघोरानरमेदफेनाप्रवर्तितातत्ररणाजिरेवै २४ वेगेनसाऽतीवपृथुप्रवाहापरेतनागाश्वशरीररोधा ॥ नरेन्द्रमज्जोच्छ्रितमांसपंकाप्रभूतरक्षोगणभूतसेविता २५ शिरःकपालाकुलकेशशाद्वलाशरीरसंघातसहस्रवाहिनी ॥ विशीर्णनानाकवचोर्मिसंकुलानराश्वनागास्थिनिकृत्तशर्करा २६ श्वकंकशालावृकगृध्रकाकैःक्रव्यादसंघैश्चतरक्षुभिश्च ॥ उपेतकूलांददृशुर्मनुष्याःक्रूरांमहावैतरणीप्रकाशाम् २७ प्रवर्तितामर्जुनबाणसंघैर्मेदोवसासृक्प्रवहांसुभीमाम् ॥ हतप्रवीरांचतथैवदृष्ट्वासेनांकुरूणामथफाल्गुनेन २८ तेचेदिपांचालकरूषमत्स्याःपार्थाश्वसर्वेसहिताःप्रणेदुः ॥ जयप्रगल्भाःपुरुषप्रवीराःसंत्रासयंतःकुरुवीरयोधान् २९ हतप्रवीराणिबलानिदृष्ट्वाकिरीटिनाशत्रुभयावहेन॥ वित्रास्यसेनांध्वजिनीपतीनांसिंहोमृगाणामिवयूथसंघान् १३० विनेदतुस्तावतिहर्षयुक्तौगांडीवधन्वाचजनार्दनश्च ॥ ततोरविंसंवृतरश्मिजालंदृष्ट्वाभृशंशस्त्रपरिक्षतांगाः ३१ तदैन्द्रमस्त्रंविततंचघोरमसह्यमुद्वीक्ष्ययुगांतकल्पम् ॥ अथापयानंकुरवःसभीष्माःसद्रोणदुर्योधनबाल्हिकाश्च ३२ चक्रुर्निशांसंधिगतांसमीक्ष्यविभावसोर्लोहितरागयुक्ताम् ॥ अवाप्यकीर्तिंचयशश्चलोकेविजित्यशत्रूंश्चधनंजयोऽपि ३३ ययौनरेन्द्रैःसहसोदरैश्चसमाप्तकर्माशिबिरंनिशायाम् ॥ ततःप्रजज्ञेतुमुलःकुरूणांनिशामुखेघोरतमःप्रणादः ३४ रणेरथानामयुतंनिहत्यहतागजाःसप्तशतार्जुनेन ॥ प्राच्याश्चसौवीरगणाश्चसर्वेनिपातिताःक्षुद्रकमालवाश्च ३५ महत्कृतंकर्मधनंजयेनकर्तुंयथानार्हतिकश्चिदन्यः ॥ श्रुतायुरंबष्ठपतिश्चराजातथैवदुर्मर्षणचित्रसेनौ ३६ द्रोणःकृपःसैंधवबाह्लिकौचभूरिश्रवाःशल्यशलौचराजन् ॥ अन्येचयोधाःशतशःसमेताःकृष्णेनपार्थेनरणस्यमध्ये ३७ स्वबाहुवीर्येणजिताःसभीष्माःकिरीटिनालोकमहारथेन ॥ इतिब्रुवंतःशिबिराणिजग्मुःसर्वेगणाभारतयेत्वदीयाः ३८ उल्कासहस्रैश्चसुसंप्रदीप्तैर्विभ्राजमानैश्चतथाप्रदीपैः ॥ किरीटिवित्रासितसर्वयोधाचक्रेनिवेशंध्वजिनीकुरूणाम् १३९ ॥ ॥ इतिश्रीमहाभारतेभीष्मपर्वणिभीष्मवधप० तृतीयदिवसावहारएकोनषष्टितमोऽध्यायः ॥ ५९ ॥ ॥ संजयउवाच ॥ ॥ व्युष्टांनिशांभारतभारतानामनीकिनीनांप्रमुखेमहात्मा ॥ ययौसपत्नान्प्रतिजातकोपोवृतःसमग्रेणबलेनभीष्मः १

॥ ९३ ॥

२ । ३ । ४ । ५ । ६ व्यालोव्यूहविशेषस्तेननानाविधंगूढसारंच ७ । ८ सूपस्करंसुचक्रं सोत्तरबंधुरेषंउत्तरेणाच्छादनेनबंधुरारम्याईषातत्सहितं ९ चतुश्चतुरावृत्तंव्यालानांगजानांसहस्रंकर्णेषु

तंद्रोणदुर्योधनबाल्हिकाश्चतथैवदुर्मर्षणचित्रसेनौ ॥ जयद्रथश्चातिबलोबलौघैर्नृपास्तथाऽन्येप्रययुःसमंतात् २ सतैर्महद्भिश्चमहारथैश्चतेजस्विभिर्वीर्यवद्भिश्चराजन् ॥
रराजराजासतुराजमुख्यैर्वृतःसदेवैरिववज्रपाणिः ३ तस्मिन्ननीकप्रमुखेविषक्तादोधूयमानाश्चमहापताकाः ॥ सुरक्तपीतासितपांडुराभामहागजस्कंधगताविरेजुः ॥
४ सावाहिनीशांतनवेनगुप्तामहारथैर्वारणवाजिभिश्च ॥ बभौसविद्युत्स्तनयित्नुकल्पाजलागमेद्यौरिवजातमेघा ५ ततोरणायाभिमुखीप्रयाताप्रत्यर्जुनंशांतनवाभि
गुप्ता ॥ सेनामहोग्रासहसाकुरूणांवेगोयथाभीमइवापगायाः ६ तंव्यालनानाविधगूढसारंगजाश्वपादातरथौघपक्षम् ॥ व्यूहंमहामेघसमंमहात्माददर्शदूरात्कपिराज
केतुः ७ विनिर्ययौकेतुमतारथेननरर्षभःश्वेतहयेनवीरः ॥ वरूथिनासैन्यमुखेमहात्मावधेधृतःसर्वसपत्नयूनाम् ८ सूपस्करंसोत्तरबंधुरेषंयत्तंयदूनामृषभेणसंख्ये ॥
कपिध्वजंप्रेक्ष्यविषेदुराजौसहैवपुत्रैस्तवकौरवेयाः ९ प्रकर्षतागुप्तमुदायुधेनकिरीटिनालोकमहारथेन ॥ तंव्यूहराजंददृशुस्त्वदीयाश्चतुश्चतुर्व्यालसहस्रकर्णम् १० यथा
हिपूर्वेऽहनिधर्मराज्ञाव्यूहःकृतःकौरवसत्तमेन ॥ तथानभूतोभुविमानुषेषुनदृष्टपूर्वोनचसंश्रुतश्च ११ ततोयथादेशमुपेत्यतस्थुःपांचालमुख्याःसहचेदिमुख्यैः ॥ ततः
समादेशसमाहतानिभेरीसहस्राणिविनेदुराजौ १२ शंखस्वनास्तूर्यरथस्वनाश्चसर्वेष्वनीकेषुससिंहनादाः ॥ ततःसबाणानिमहास्वनानिविस्फार्यमाणानिधनूंषिवीरैः १३
क्षणेनभेरीपणवप्रणादानंतर्दधुःशंखमहास्वनाश्च ॥ तच्छंखशब्दावृतमंतरिक्षमुद्धूतभौमद्भुतरेणुजालम् १४ महावितानावततप्रकाशमालोक्यवीराःसहसाऽभिपेतुः ॥
रथीरथेनाभिहतःससूतःपपातसाश्वःसरथःसकेतुः १५ गजोगजेनाभिहतःपपातपदातिनाचाभिहतःपदातिः ॥ आवर्तमानान्यभिवर्तमानैर्घोरीकृतान्यद्भुतदर्शनानि १६
प्रासैश्चखड्गैश्चसमाहतानिसदश्ववृंदानिसदश्ववृंदैः ॥ सुवर्णतारागणभूषितानिसूर्यप्रभाभानिशरावराणि १७ विदार्यमाणानिपरश्वधैश्चप्रासैश्चखड्गैश्चनिपेतुरुर्व्याम् ॥
गजैर्विषाणैर्वरहस्तरुग्णाःकेचित्ससूतारथिनःप्रपेतुः १८ गजर्षभाश्चापिरथर्षभेणनिपातिताबाणहताःपृथिव्याम् ॥ गजौघवेगोद्धतसादितानांश्रुत्वाविषेदुःसहसाम
नुष्याः १९ आर्तस्वनंसादिपदातियूनांविषाणगात्रावरताडितानाम् ॥ संभ्रांतनागाश्वरथेमुहूर्तेमहाक्षयेसादिपदातियूनाम् २० महारथैःसंपरिवार्यमाणोददर्शभीष्मः
कपिराजकेतुम् ॥ तंपंचतालोच्छ्रितताक्केतुःसदश्ववेगाद्भुतवीर्ययानः २१ महास्त्रबाणाशनिदीप्तिमंतंकिरीटिनंशांतनवोऽभ्यधावत् ॥ तथैवशक्रप्रतिमप्रभावमिंद्रा
त्मजंद्रोणमुखाविसस्रुः २२ कृपश्चशल्यश्चविविंशतिश्चदुर्योधनःसौमदत्तिश्चराजन् ॥ ततोरथानांप्रमुखादुपेत्यसर्वास्त्रवित्कांचनचित्रवर्मा २३ जवेनशूरोऽभिससार
सर्वांस्तानर्जुनस्यात्मसुतोऽभिमन्युः ॥ तेषांमहास्त्राणिमहारथानामसह्यकर्माविनिहत्त्यकार्ष्णिः २४

विदिग्भागेषुयस्यतं १० । ११ १२ । १३ । १४ । १५ । १६ शरावराणिकवचानि । १७ । १८ । १९ । २० । २१ । २२ । २३ । २४

२५ । २६ । २७ । २८ । २९ इतिभीष्मपर्वणिनीलकंठीये भारतभावदीपे षष्टितमोऽध्यायः ॥ ६० ॥ द्रौणिरिरिति । सांयमनेःशलस्यपुत्रः १ । २ । ३ । ४ । ५ । ६ । ७ । ८ । ९ । १०

बभौमहामंत्रहुतार्चिमालीसदोगतःसन्भगवानिवाग्निः ॥ ततःसतूर्णंरुधिरोदफेनांकृत्वानदीमाशुरणेरिपूणाम् २५ जगामसौभद्रमतीत्यभीष्मोमहारथंपार्थमदीनसत्वः ॥ ततःप्रहस्याद्भुतविक्रमेणगांडीवमुक्तेनशिलाशितेन २६ विपाठजालेनमहास्त्रजालंविनाशयामासकिरीटमाली ॥ तमुत्तमंसर्वधनुर्धराणामसक्तकर्माकपिराजकेतुः २७ भीष्मंमहात्माऽभिववर्षतूर्णंशरौघजालैर्विमलैश्चभल्लैः ॥ तथैवभीष्माहतमंतरिक्षेमहास्त्रजालंकपिराजकेतोः २८ विशीर्यमाणंददृशुस्त्वदीयादिवाकरेणेवतमोभिभूतम् ॥ एवंविधंकार्मुकभीमनादमदीनवत्सत्पुरुषोत्तमाभ्याम् ॥ ददर्शलोकःकुरुसंजयाश्चतद्वैरथंभीष्मधनंजयाभ्याम् २९ ॥ इतिश्रीमहाभारतेभीष्मपर्वणि भीष्मवधपर्वणि भीष्मार्जुनद्वैरथेषष्टितमोऽध्यायः ॥ ६० ॥ ॥ ॥ संजयउवाच ॥ द्रौणिर्भूरिश्रवाःशल्यश्चित्रसेनश्चमारिष ॥ पुत्रःसांयमनेश्चैवसौभद्रंपर्यवारयन् १ संसक्तमतितेजोभिस्तमेकंददृशुर्जनाः ॥ पंचभिर्मनुजव्याघ्रैर्गजैःसिंहशिशुंयथा २ नातिलक्ष्यतयाकश्चिन्नशौर्येनपराक्रमे ॥ बभूवसदृशःकार्ष्णेर्नास्त्रेनापिचलाघवे ३ तथातमात्मजंयुद्धेविक्रमंतमरिंदमम् ॥ दृष्ट्वापार्थःसुसंयत्तःसिंहनादमथानदत् ४ पीडयानंतुतत्सैन्यंपौत्रंतवविशांपते ॥ दृष्ट्वात्वदीयाराजेन्द्रसमंतात्पर्यवारयन् ५ ध्वजिनींधार्तराष्ट्राणांदीनशत्रुरदीनवत् ॥ प्रत्युद्ययौससौभद्रस्तेजसाचबलेनच ६ तस्यलाघवमार्गस्थमादित्यसदृशप्रभम् ॥ व्यदृश्यतमहच्चापंसमरेयुध्यतःपरैः ७ सद्रौणिमिषुणैकेनविद्ध्वाशल्यंचपंचभिः ॥ ध्वजंसांयमनेश्चैवसोऽष्टाभिश्चिच्छिदेततः ८ रुक्मदंडांमहाशक्तिंप्रेषितांसौमदत्तिना ॥ शितेनोरगसंकाशांपत्रिणाऽपजहारताम् ९ शल्यस्यचमहावेगानस्यतःसमरेशरान् ॥ निवार्यार्जुनदायादोजघानचतुरोहयान् १० भूरिश्रवाश्चशल्यश्चद्रौणिःसांयमनिःशलः ॥ नाभ्यवर्ततसंरब्धाःकार्ष्णेर्बाहुबलोदयम् ११ ततस्त्रिगर्ताराजेन्द्रमद्राश्चसहकेकयैः ॥ पंचविंशतिसाहस्रास्तवपुत्रेणचोदिताः १२ धनुर्वेदविदोमुख्याअजेयाःशत्रुभिर्युधि ॥ सहपुत्रंजिघांसंतंपरिवव्रुःकिरीटिनम् १३ तौतुतत्रपितापुत्रौपरिक्षिप्तौमहारथौ ॥ ददर्शराजन्पांचाल्यःसेनापतिररिंदम १४ सवारणरथौघानांसहस्रैर्बहुभिर्वृतः ॥ वाजिभिःपत्तिभिश्चैववृतःशतसहस्रशः १५ धनुर्विस्फार्यसंक्रुद्धोनोदयित्वाचवाहिनीम् ॥ ययौतंमद्रकानीकंकेकयांश्चपरंतप १६ तेनकीर्तिमतागुप्तमनीकंदृढधन्वना ॥ संरब्धरथनागाश्वंयोत्स्यमानमशोभत १७ सोऽर्जुनप्रमुखेयांतंपांचालकुलवर्धनः ॥ त्रिभिःशारद्वतंबाणैर्जत्रुदेशेसमार्पयत् १८ ततःसमद्रकान्हत्वादशैवदशभिःशरैः ॥ पृष्ठरक्षंजघानाशुभल्लेनकृतवर्मणः १९ दमनंचापिदायादंपौरवस्यमहात्मनः ॥ जघानविमलाग्रेणनाराचेनपरंतपः २० ततःसांयमनेःपुत्रःपांचाल्यंयुद्धदुर्मदम् ॥ अविध्यत्त्रिंशताबाणैर्दशभिश्चास्यसारथिम् २१ सोऽतिविद्धोमहेष्वासःसृक्किणीपरिसंलिहन् ॥ भल्लेनभृशतीक्ष्णेननिचकर्तास्यकार्मुकम् २२

११ । १२ । १३ । १४ । १५ । १६ १७ । १८ । १९ । २० । २१ । २२

॥ ९४ ॥

२३ । २४ २५ । २६ । २७ । २८ । २९ । ३० । ३१ । ३२ । ३३ । ३४ । ३५ । ३६ ॥ ॥ इतिभीष्मपर्वणि नीलकंठीयेभारतभावदीपे एकषष्टितमो

अथैनंपंचविंशत्याक्षिप्रमेवसमार्पयत् ॥ अश्वांश्चास्यावधीद्राजन्नुभौतौपार्ष्णिसारथी २३ सहताऽश्वेरथेतिष्ठन्ददर्शभरतर्षभ ॥ पुत्रःसांयमनेःपुत्रंपांचाल्यस्यमहा
त्मनः २४ सप्रगृह्यमहाघोरंनिस्त्रिंशवरमायसम् ॥ पदातिस्तूर्णमानर्च्छद्रथस्थंपुरुषर्षभः २५ तंमहौघमिवायांतंखात्पतंतमिवोरगम् ॥ भ्रांतावरणनिस्त्रिंशंकालो
त्सृष्टमिवांतकम् २६ दीप्यमानमिवादित्यंमत्तवारणविक्रमम् ॥ अपश्यन्पांडवास्तत्रधृष्टद्युम्नश्चपार्षतः २७ तस्यपांचालदायादःप्रतीपमभिधावतः ॥ शितनिस्त्रिं
शहस्तस्यशरावरणधारिणः २८ बाणवेगमतीतस्यतथाऽभ्याशमुपेयुषः ॥ त्वरन्सेनापतिःक्रुद्धोबिभेदगदयाशिरः २९ तस्यराजन्सनिस्त्रिंशंसुप्रभंचशरावरम् ॥ हत
स्यपततोहस्ताद्वेगेनन्यपतद्भुवि ३० तंनिहत्यगदाग्रेणसलेभेपरमांमुदम् ॥ पुत्रःपांचालराजस्यमहात्माभीमविक्रमः ३१ तस्मिन्हतेमहेष्वासेराजपुत्रेमहारथे ॥ हाहा
कारोमहानासीत्तवसैन्यस्यमारिष ३२ ततःसांयमनिःक्रुद्धोदृष्ट्वानिहतमात्मजम् ॥ अभिदुद्राववेगेनपांचाल्यंयुद्धदुर्मदम् ३३ तौतत्रसमरेशूरौसमेतौयुद्धदुर्मदौ ॥
ददृशुःसर्वराजानःकुरवःपांडवास्तथा ३४ ततःसांयमनिःक्रुद्धःपार्षतंपरवीरहा ॥ आजघानत्रिभिर्बाणैस्तोत्रैरिवमहाद्विपम् ३५ तथैवपार्षतंशूरंशल्यःसमिति
शोभनः ॥ आजघानोरसिक्रुद्धस्ततोयुद्धमवर्तत ३६ ॥ इतिश्रीमहाभारतेभीष्मपर्वणिभीष्मवधप० चतुर्थयुद्धदिवसेसांयमनिपुत्रवधेएकषष्टितमोऽध्यायः ॥ ६१ ॥
॥ धृतराष्ट्रउवाच ॥ दैवमेवपरंमन्येपौरुषादपिसंजय ॥ यत्सैन्यंममपुत्रस्यपांडुसैन्येनबाध्यते १ नित्यंहिमामकांस्तातहतानेवहिशंससि ॥ अव्यग्रांश्चप्रहृष्टां
श्चनित्यंशंससिपांडवान् २ हीनान्पुरुषकारेणमामकानद्यसंजय ॥ पातितान्पात्यमानांश्चहतानेवचशंससि ३ युध्यमानान्यथाशक्तिघटमानान्जयंप्रति ॥ पांडवा
हिजयंत्येवजीयंतेचैवमामकाः ४ सोऽहंतीव्राणिदुःखानिदुर्योधनकृतानिच ॥ श्रोष्यामिसततंतातदुःसहानिबहूनिच ५ तमुपायंनपश्यामिजीयेरन्येनपांडवाः ॥
मामकाविजयंयुद्धेप्राप्नुयुर्येनसंजय ६ ॥ संजयउवाच ॥ क्षयंमनुष्यदेहानांगजवाजिरथक्षयम् ॥ शृणुराजन्स्थिरोभूत्वातवैवापनयोमहान् ७ धृष्टद्युम्नस्तुशल्येनपी
डितोनवभिःशरैः ॥ पीडयामाससंक्रुद्धोमद्राधिपतिमायसैः ८ तत्राद्भुतमपश्यामपार्षतस्यपराक्रमम् ॥ न्यवारयतयस्तूर्णंशल्यंसमितिशोभनम् ९ नांतरंददृशेतत्रत
योश्चरथिनोस्तदा ॥ मुहूर्तमिवतद्युद्धंतयोःसममिवाभवत् १० ततःशल्योमहाराजधृष्टद्युम्नस्यसंयुगे ॥ धनुश्चिच्छेदभल्लेनपीतेननिशितेनच ११ अथैनंशरवर्षेणच्छा
दयामाससंयुगे ॥ गिरिंजलागमेयद्वज्जलदाजलवृष्टिभिः १२ अभिमन्युस्ततःक्रुद्धोधृष्टद्युम्नेचपीडिते ॥ अभिदुद्राववेगेनमद्रराजरथंप्रति १३

ऽध्यायः ॥ ॥ ६१ ॥ ॥ ॥ ॥ ॥ ॥ ॥ दैवमेवेति १ । २ । ३ । ४ । ५ । ६ । ७ । ८ । ९ । १० । ११ । १२ । १३

ततोमद्राधिपरथंकार्ष्णिःप्राप्यातिकोपनः ॥ आर्तायनिममेयात्माविव्याधनिशितैःशरैः १४ ततस्तुतावकाराजन्परीप्संतोऽऽर्जुनिंरणे ॥ मद्रराजरथंतूर्णंपरि
वार्यावतस्थिरे १५ दुर्योधनोविकर्णश्चदुःशासनविविंशती ॥ दुर्मर्षणोदुःसहश्चचित्रसेनोऽथदुर्मुखः १६ सत्यव्रतश्चभद्रंतेपुरुमित्रश्चभारत ॥ एतेमद्राधिपरथं
पालयंतःस्थितारणे १७ तान्भीमसेनःसंक्रुद्धोधृष्टद्युम्नश्चपार्षतः ॥ द्रौपदेयाभिमन्युश्चमाद्रीपुत्रौचपांडवौ १८ धार्तराष्ट्रान्दशरथान्दशैवप्रत्यवारयन् ॥ ना
नारूपाणिशस्त्राणिविसृजंतोविशांपते १९ अभ्यवर्ततसंहृष्टाःपरस्परवधैषिणः ॥ तेवैसमेयुःसंग्रामेराजन्दुर्मंत्रितेतव २० तस्मिन्दशरथेक्रुद्धेवर्तमानेमहाभये ॥
तावकानांपरेषांवाप्रेक्षकारथिनोऽभवन् २१ शस्त्राण्यनेकरूपाणिविसृजंतोमहारथाः ॥ अन्योन्यमभिनर्दन्तःसंप्रहारंप्रचक्रिरे २२ तेतदाजातसंरंभाःसर्वेऽन्यो
न्यंजिघांसवः ॥ अन्योन्यमभिमर्दंतःस्पर्धमानाःपरस्परम् २३ अन्योन्यस्पर्धयाराजन्ज्ञातयःसंगतामिथः ॥ महास्त्राणिविमुंचंतःसमापेतुरमर्षिणः २४ दु
र्योधनस्तुसंक्रुद्धोधृष्टद्युम्नंमहारणे ॥ विव्याधनिशितैर्बाणैश्चतुर्भिःसमरेद्रुतम् २५ दुर्मर्षणश्चविंशत्याचित्रसेनश्चपंचभिः ॥ दुर्मुखोनवभिर्बाणैर्दुःसहश्चापिसप्त
भिः २६ विविंशतिःपंचभिश्चत्रिभिर्दुःशासनस्तथा ॥ तान्प्रत्यविध्यद्राजेन्द्रपार्षतःशत्रुतापनः २७ एकैकंपंचविंशत्यादर्शयन्पाणिलाघवम् ॥ सत्यव्रतंचस
मरेपुरुमित्रंचभारत २८ अभिमन्युरविध्यत्तुदशभिर्दशभिःशरैः ॥ माद्रीपुत्रौतुसमरेमातुलंमातृनंदनौ २९ अविध्येतांशरैस्तीक्ष्णैस्तदद्भुतमिवाभवत् ॥ ततः
शल्योमहाराजस्वस्रीयौरथिनांवरौ ३० शरैर्बहुभिरानर्छत्कृतप्रतिकृतैषिणौ ॥ छाद्यमानौततस्तौतुमाद्रीपुत्रौनचेलतुः ३१ अथदुर्योधनंदृष्ट्वाभीमसेनोमहा
बलः ॥ विधित्सुःकलहस्यांतंगदांजग्राहपांडवः ३२ तमुद्यतगदंदृष्ट्वाकैलासमिवशृंगिणम् ॥ भीमसेनंमहाबाहुंपुत्रास्तेप्राद्रवन्भयात् ३३ दुर्योधनस्तुसंक्रुद्धोमा
गधंसमचोदयत् ॥ अनीकंदशसाहस्रंकुंजराणांतरस्विनाम् ३४ गजानीकेनसहितस्तेनराजासुयोधनः ॥ मागधंपुरतःकृत्वाभीमसेनंसमभ्ययात् ३५ आपतंतंच
तंदृष्ट्वागजानीकंवृकोदरः ॥ गदापाणिरवारोहद्रथात्सिंहइवोन्नदन् ३६ अद्रिसारमयींगुर्वींप्रगृह्यमहतींगदाम् ॥ अभ्यधावद्गजानीकंव्यादितास्यइवांतकः ॥
३७ सगजान्गदयानिघ्नन्व्यचरत्समरेबली ॥ भीमसेनोमहाबाहुःसवज्रइववासवः ३८ तस्यनादेनमहतामनोहृदयकंपिना ॥ व्यत्यचेष्टंतसंहत्यगजाभीमस्य
गर्जतः ३९ ततस्तुद्रौपदीपुत्राःसौभद्रश्चमहारथः ॥ नकुलःसहदेवश्चधृष्टद्युम्नश्चपार्षतः ४० पृष्ठंभीमस्यरक्षंतःशरवर्षेणवारणान् ॥ अभ्यवर्षंतधावंतोमेघाइवगिरीन्
यथा ४१ क्षुरैःक्षुरप्रैर्भल्लैश्चपीतैश्चांजलिकैःशितैः ॥ व्यहरन्नुत्तमांगानिपांडवागजयोधिनाम् ४२ शिरोभिःप्रपतद्भिश्चबाहुभिश्चविभूषितैः ॥ अश्मवृष्टिरिवाभातिपाणि
भिश्चसहांकुशैः ४३ हृतोत्तमांगाःस्कंधेषुगजानांगजयोधिनः ॥ अदृश्यंताचलाग्रेषुद्रुमाभग्नशिखाइव ४४

४५ । ४६ । ४७ । ४८ । ४९ । ५० । ५१ । ५२ । ५३ । ५४ । ५५ । ५६ । ५७ । ५८ । ५९ । ६० । ६१ । ६२ । ६३ । ६४ । ६५ ॥ इति भीष्मपर्वणि नीलकंठीये भारतभावदीपे

धृष्टद्युम्नहतानन्यानपश्याममहागजान् ॥ पततःपात्यमानांश्चपार्षतेनमहात्मना ४५ मागधोऽथमहीपालोगजमैरावणोपमम् ॥ प्रेषयामाससमरेसौभद्रस्यरथंप्रति ४६
तमापतंतंसंप्रेक्ष्यमागधस्यमहागजम् ॥ जघानैकेषुणावीरःसौभद्रःपरवीरहा ४७ तस्यावर्जितनागस्यकार्ष्णिःपरपुरंजयः ॥ राज्ञोरजतपुंखेनभल्लेनापाहरच्छिरः ४८
विगाह्यतद्गजानीकंभीमसेनोऽपिपांडवः ॥ व्यचरत्समरेमृद्गन्गजानिन्द्रोगिरीनिव ४९ एकप्रहारनिहताभीमसेनेनदंतिनः ॥ अपश्यामरणेतस्मिन्गिरीन्वज्रहता
निव ५० भग्नदंतान्भग्नकटान्भग्नसक्थांश्चवारणान् ॥ भग्नपृष्ठत्रिकानन्यान्निहतान्पर्वतोपमान् ५१ नदतःसीदतश्चान्यान्विमुखान्समरेगतान् ॥ विद्रुतान्भय
संविग्नांस्तथाविशकृतोऽपरान् ५२ भीमसेनस्यमार्गेषुपतितान्पर्वतोपमान् ॥ अपश्यंनिहतान्नागान्राजन्निष्ठीवतोऽपरान् ५३ वमंतोरुधिरंचान्येभिन्नकुंभामहाग
जाः ॥ विह्वलंतोगताभूमिंशैलाइवधरातले ५४ मेदोरुधिरदिग्धांगोवसामज्जासमुक्षितः ॥ व्यचरत्समरेभीमोदंडपाणिरिवांतकः ५५ गजानांरुधिरक्लिन्नांगदांबि
भ्रद्वृकोदरः ॥ घोरःप्रतिभयश्चासीत्पिनाकीवपिनाकधृक् ५६ संमथ्यमानाःक्रुद्धेनभीमसेनेनदंतिनः ॥ सहसाप्राद्रवन्क्लिष्टामृद्नंतस्तवचवाहिनीम् ५७ तंहिवीरंमहे
ष्वासंसौभद्रप्रमुखारथाः ॥ पर्यरक्षंतयुध्यंतंवज्रायुधमिवामराः ५८ शोणिताक्तांगदांबिभ्रदुक्षितांगजशोणितैः ॥ कृतांतइवरौद्रात्माभीमसेनोव्यदृश्यत ५९ व्यायच्छ
मानंगदयादिक्षुसर्वासुभारत ॥ अपश्यामरणेभीमंनृत्यंतमिवशंकरम् ६० यमदंडोपमांगुर्वीमिंद्राशनिसमस्वनाम् ॥ अपश्याममहाराजरौद्रांविशसनींगदाम् ६१ त्रि
मिश्रांकेशमज्जाभिःप्रदिग्धांरुधिरेणच ॥ पिनाकमिवरुद्रस्यक्रुद्धस्याभिघ्नतःपशून् ६२ यथापशूनांसंघातंयष्ट्यापालःप्रकालयेत् ॥ तथाभीमोगजानीकंगदयासम
काल्यत् ६३ गदयावध्यमानास्तेमार्गणैश्चसमंततः ॥ स्वान्यनीकानिमृद्नन्तःप्राद्रवन्कुंजरास्तव ६४ महावातइवाभ्राणिविधमित्वासवारणान् ॥ अतिष्ठत्तुमुलेभी
मःश्मशानइवशूलभृत् ६५ ॥ ॥ इतिश्रीमहाभारते भीष्मपर्वणि भीष्मवधपर्वणि चतुर्थदिवसेभीमयुद्धेद्विषष्टितमोऽध्यायः ॥ ६२ ॥ ॥ संजयउवाच ॥
हतेतस्मिन्गजानीकेपुत्रोदुर्योधनस्तव ॥ भीमसेनंघ्नतेत्येवंसर्वसैन्यान्यचोदयत् १ ततःसर्वाण्यनीकानितवपुत्रस्यशासनात् ॥ अभ्यद्रवन्भीमसेनंनदंतंभैरवान्र
वान् २ तंबलौघमपर्यंतंदेवैरपिसुदुःसहम् ॥ आपतंतंसुदुष्पारंसमुद्रमिवपर्वणि ३ रथनागाश्वकलिलंशंखदुंदुभिनादितम् ॥ अनंतरथपादातंनरेंद्रस्तिमितह्रदम् ४
तंभीमसेनःसमरेमहोदधिमिवापरम् ॥ सेनासागरमक्षोभ्यंवेलेवसमवारयत् ५ तदाश्चर्यमपश्यामपांडवस्यमहात्मनः ॥ भीमसेनस्यसमरेराजन्कर्मातिमानुषम् ६
उदीर्णान्पार्थिवान्सर्वान्साश्वान्सरथकुंजरान् ॥ असंभ्रमंभीमसेनोगदयासमवारयत् ७ ससंवार्यबलौघांस्तान्गदयारथिनांवरः ॥ अतिष्ठत्तुमुलेभीमोगिरिर्मेरुरिवाचलः ८

द्विषष्टितमोऽध्यायः ॥ ६२ ॥ हतेतस्मिन्निति १ । २ ३ । ४ । ५ । ६ । ७ । ८

९ । १० । ११ । १२ । । १३ । । १४ । । १५ । १६ । । १७ । १८ । । १९ । २० । २१ । । २२ । २३ । २४ । । २५ । २६ । । २७ । २८ । २९ । ३० । ३१ । । ३२ । ३३ ॥ इति भीष्मपर्वणि नीलकंठीये

तस्मिन्नुतुमुले वोरे कालेपरमदारुणे ॥ भ्रातरश्चैवपुत्राश्च दृष्ट्वाश्चवार्षितः ९ द्रौपदेयाऽभिमन्युश्च शिखंडीचापराजितः ॥ नपाजहन्भीमसेनंभयेजातेमहाब
लम् १० ततःशैक्यायसीगुर्वीप्रगृह्यमहतींगदाम् ॥ अवावतावकान्योधान्दंडपाणिरिवांतकः ११ पौथयन्रथत्रेदानिवाजित्रन्दानिचाभिभूः ॥ कर्षयन्रथत्रं
दानिबाहुवेगेनपांडवः १२ विनिघ्नन्व्यचरत्संस्यंयुगांतकालवद्भिभुः ॥ ऊरुवेगेनसंकर्षन्रथजालानिपाण्डवः १३ बलानिसममर्दाश्चार्जुनडुलानीवकुंजरः ॥ मुद्रत्रथे
भ्योरधिनःगजेभ्योगजयोधिनः १४ सादिनश्चाश्वपृष्ठेभ्योभ्रामौचापिपदातिनः ॥ गदाव्यधमत्सर्वांश्वातोत्रक्षानिवौजसा १५ भीमसेनोमहाबाहुस्तवपुत्रस्यैवेबलं ॥
साऽपिमज्जावसामांसैःपदिग्वाऽरुधिरेणच १६ अदृश्यतमहारौद्रागदानागाश्वपातनी ॥ तत्रतत्रहतैश्चापिमनुष्यगजवाजिभिः १७ रणांगणेसमभवन्मृत्योरावासस
न्निभम् ॥ पिनाकमिवरुद्रस्यकुद्रस्याभिभ्रतःपशून् १८ यमदंडोपमामुश्राम्इंद्राशनिसमस्वनाम् ॥ दद्युर्भीमसेनस्यरौद्रोविशसर्नांगदाम् १९ आविद्धचतोगदांतस्य
कौन्तेयस्यमहात्मनः ॥ बभौरूपंमहावोरंकालस्यवयुगक्षये २० तंतथामहतींसेनांद्रावयंतंपुनःपुनः ॥ दृष्ट्वामृत्युमिवायांतंसर्वेविमनसोऽभवन् २१ यतोयतःप्रेक्षतेस्म
गदामुद्यम्यपांडवः ॥ तेनेतेनस्मदीयेतेसर्वेसैन्यानिभारत २२ प्रदरयंतेसैन्यानिबलेनामितविक्रमम् ॥ ग्रसमानमनीकानिव्याद्यितास्यमिवांतकम् २३ तंतथा
भीमकर्माणंप्रगृहीतमहागदम् ॥ दृष्ट्वात्रकोदरंभीष्मःसहसैवसमभ्ययात् २४ महतारथघोषेणरथेनादित्यवर्चसा ॥ छादयन्शरवर्षेणपर्जन्यइवत्वृष्टिमान् २५ तमायां
तंतथादृष्ट्वाऽऽत्ताननमिवांतकम् ॥ भीष्मंभीमोमहाबाहुःप्रत्युदीयादमर्षितः २६ तस्मिन्क्षणेसात्यकिःसत्यसंधःशिनिप्रवीरोऽभ्यपतत्पितामहम् ॥ निघ्नन्नमित्रान्
धनुषाऽढेनसंकंपयंस्तवपुत्रस्यसैन्यम् २७ तंयांतमश्चैरजतप्रकाशैःशरान्ववपंतनिशितान्सुपुंखान् ॥ नाशक्नुवन्धारयितुंतदानींसर्वेगणाभारतयेत्वदीयाः २८ अवि
ध्येनंदशभिःपृष्टकैरलंबुषोराक्षसोऽसौतदानीम् ॥ शरैश्चतुर्भिःप्रतिविद्धचतंचननात्राशिनेरभ्यपतद्रथेन २९ अन्वागतंतंवृष्णिवरंनिशम्यतंशत्रुमध्येपरिवर्तमानम् ॥
प्रद्रावयंतंकुरुपुंगबांश्वपुनःपुनश्चप्रणदंतमाजौ ३० योधास्त्वदीयाःशरवर्षेर्वर्षन्तमेवाथभूधरमंबुवेगैः ॥ तथाऽपितंधारयितुंनशेकुमध्यंदिनेसूर्यमिवातपंतम् ३१
नतत्रकश्चिन्नविषण्णआसीद्धितेराजन्सोमदत्तस्यपुत्रात् ॥ सर्वेसमादायधनुमहात्माभूरिश्रवाभारतसौमदत्तिः ३२ दृष्ट्वारथान्स्वान्यपनीयमानान्प्रत्युद्यथौसात्य
किंयोद्धुमिच्छन् ३३ ॥ इतिश्रीमहाभारतेभीष्मपर्वणि भीष्मवधपर्वणि सात्यकिभूरिश्रवःसमागमे त्रिषष्टितमोऽध्यायः ॥ ६३ ॥ ॥ ॥ ॥ ॥
॥ संजयउवाच ॥ ततोभूरिश्रवाराजन्सात्यकिनवभिःशरैः ॥ प्राविध्यद्दशसंकुद्धस्तोत्रैरिवमहाद्विपम् १

भारतभावर्दीपेत्रिषष्टितमोऽध्यायः ॥ ६३ ॥ ततइति १

कौरवंसात्यकिश्चैवशरैःसन्नतपर्वभिः ॥ अवारयदमेयात्मासर्वलोकस्यपश्यतः २ ततोदुर्योधनोराजासोदर्यैःपरिवारितः ॥ सौमदत्तिंरणेयत्तःसमंतात्पर्यवारयत् ३ तंचै
वपांडवाःसर्वेसात्यकिंरभसंरणे ॥ परिवार्यस्थिताःसंख्येसमंतात्सुमहौजसः ४ भीमसेनस्तुसंक्रुद्धोगदामुद्यम्यभारत ॥ दुर्योधनमुखान्सर्वान्पुत्रांस्तेपर्यवारयत् ५
रथैरनेकसाहस्रैःक्रोधामर्षसमन्वितः ॥ नंदकस्तवपुत्रस्तुभीमसेनंमहाबलम् ६ विव्याधविशिखैःषड्भिःकंकपत्रैःशिलाशितैः ॥ दुर्योधनश्चसमरेभीमसेनंमहारथम् ७
आजघानोरसिक्रुद्धोमार्गणैर्नवभिःशितैः ॥ ततोभीमोमहाबाहुःस्वरथंसुमहाबलः ८ आरुरोहरथश्रेष्ठंविशोकंचेदमब्रवीत् ॥ एतेमहारथाःशूराधार्तराष्ट्राःसमागताः ९
मामेवभृशसंक्रुद्धाहंतुमभ्युद्यतायुधि ॥ मनोरथद्रुमोऽस्माकंचिंतितोबहुवार्षिकः १० सफलःसूतचाद्येहयोऽहंपश्यामिसोदरान् ॥ यत्राशोकसमुत्क्षिप्तारेणवोरथनेमि
भिः ११ प्रयास्यंत्यंतरिक्षंहिशरवृंदैर्दिगंतरे ॥ तत्रतिष्ठतिसन्नद्धःस्वयंराजासुयोधनः १२ भ्रातरश्चास्यसन्नद्धाःकुलपुत्रामदोत्कटाः ॥ एतानद्यहनिष्यामिपश्यतस्तेनसं
शयः १३ तस्मान्ममाश्वान्संग्रामेयत्तःसंयच्छसारथे ॥ एवमुक्त्वाततःपार्थस्तवपुत्रंविशांपते १४ विव्याधनिशितैस्तीक्ष्णैःशरैःकनकभूषणैः ॥ नंदकंचत्रिभिर्बाणैरभ्य
विध्यत्स्तनांतरे १५ तंतुदुर्योधनःषष्ट्याविद्ध्वाभीमंमहाबलम् ॥ त्रिभिरन्यैःसुनिशितैर्विशोकंप्रत्यविध्यत १६ भीमस्यचरणेराजन्धनुश्चिच्छेदभासुरम् ॥ मुष्टिदेशे
भृशंतीक्ष्णैस्त्रिभिर्भल्लैर्हसन्निव १७ समरेप्रेक्ष्ययंतारंविशोकंतुवृकोदरः ॥ पीडितंविशिखैस्तीक्ष्णैस्तवपुत्रेणधन्विना १८ अमृष्यमाणःसंरब्धोधनुर्दिव्यंपरामृशत् ॥
पुत्रस्यतेमहाराजवधार्थंभरतर्षभ १९ समादधत्सुसंक्रुद्धःक्षुरप्रंलोमवाहिनम् ॥ तेनचिच्छेदनृपतेर्भीमःकार्मुकमुत्तमम् २० सोपविद्धचधनुश्छिन्नंपुत्रस्तेक्रोधमूर्च्छितः ॥
अन्यत्कार्मुकमादत्तसत्वरंवेगवत्तरम् २१ संदधेविशिखंघोरंकालमृत्युसमप्रभम् ॥ तेनाजघानसंक्रुद्धोभीमसेनंस्तनांतरे २२ सगाढविद्धोव्यथितःस्यंदनोपस्थआवि
शत् ॥ सनिषण्णोरथोपस्थेमूर्छामभिजगामह २३ तंदृष्ट्वाव्यथितंभीममभिमन्युपुरोगमाः ॥ नामृष्यंतमहेष्वासाःपांडवानांमहारथाः २४ ततस्तुतुमुलांवृष्टिंशस्त्रा
णांतिग्मतेजसाम् ॥ पातयामासुरव्यग्राःपुत्रस्यतवमूर्धनि २५ प्रतिलभ्यततःसंज्ञांभीमसेनोमहाबलः ॥ दुर्योधनंत्रिभिर्विद्ध्वापुनर्विव्याधपंचभिः २६ शल्यंचपंच
विंशत्याशरैर्विव्याधपांडवः ॥ रुक्मपुंखैर्महेष्वासःसविद्धोव्यपयाद्रणात् २७ प्रत्युद्ययुस्ततोभीमंतवपुत्राश्चतुर्दश ॥ सेनापतिःसुषेणश्चजलसंधःसुलोचनः २८
उग्रोभीमरथोभीमोवीरबाहुरलोलुपः ॥ दुर्मुखोदुष्प्रधर्षश्चविवित्सुर्विकटःसमः २९ विसृजंतोबहून्बाणान्क्रोधसंरक्तलोचनाः ॥ भीमसेनमभिद्रुत्यविव्यधुःसहिताभृ
शम् ३० पुत्रांस्तुतवसंप्रेक्ष्यभीमसेनोमहाबलः ॥ सृक्किणीविलिहन्वीरःपशुमध्येयथावृकः ३१

३२ । ३३ । ३४ । ३५ । ३६ । ३७ । ३८ । ३९ ।४०।४१ ।४२।४३ । ४४ । ४५ । ४६ सुतेजनैर्बाणैरितिशेषः ४७ । ४८ । ४९ ५० ।५१ ।५२ । ५३ । ५४ ।५५ । ५६ । ५७ । ५८

अभिपत्यमहाबाहुर्गरुत्मानिववेगितः ॥ सेनापतेःक्षुरप्रेणशिरश्चिच्छेदपांडवः ३२ संप्रहस्यचहृष्टात्मात्रिभिर्बाणैर्महाभुजः ॥ जलसंधंविनिर्भिद्यसोऽनयद्यमसादनम् ३३ सुषेणंचततोहत्वाप्रेषयामासमृत्यवे ॥ उग्रस्यसशिरस्त्राणंशिरश्चंद्रोपमंभुवि ३४ पातयामासभल्लेनकुंडलाभ्यांविभूषितम् ॥ वीरबाहुंचसप्तत्यासाश्वकेतुंससारथिम् ३५ निनायसमरेवीरःपरलोकायपांडवः ॥ भीमभीमरथौचोभौभीमसेनोहसन्निव ३६ पुत्रौतेदुर्मदौराजन्ननयद्यमसादनम् ॥ ततःसुलोचनंभीमःक्षुरप्रेणमहामृधे ३७ मिषतांसर्वसैन्यानामनयद्यमसादनम् ॥ पुत्रास्तुतवतंदृष्ट्वाभीमसेनपराक्रमम् ३८ शेषायेऽन्येभवंस्तत्रतेभीमस्यभयार्दिताः ॥ विप्रद्रुतादिशोराजन्वध्यमानामहात्मना ३९ ततोऽब्रवीच्छांतनवःसर्वानेवमहारथान् ॥ एषभीमोरणेक्रुद्धोधार्तराष्ट्रान्महारथान् ४० यथाप्राग्यान्यथाज्येष्ठान्यथाशूरांश्चसंगतान् ॥ निपातयत्युग्रधन्वातंप्रगृह्णीतमाचिरम् ४१ एवमुक्तास्ततःसर्वेधार्तराष्ट्रस्यसैनिकाः ॥ अभ्यद्रवंतसंक्रुद्धाभीमसेनंमहाबलम् ४२ भगदत्तःप्रभिन्नेनकुंजरेणविशांपते ॥ अभ्ययात्सहसातत्रयत्रभीमोव्यवस्थितः ४३ आपतन्नेवचरणेभीमसेनंशिलीमुखैः ॥ अदृश्यंसमरेचक्रेजीमूतइवभास्करम् ४४ अभिमन्युमुखास्तत्तुनामृष्यंतमहारथाः ॥ भीमस्याच्छादनंसंख्येस्वबाहुबलमाश्रिताः ४५ तएनंशरवर्षेणसमंतात्पर्यवारयन् ॥ गजंचशरवृष्ट्यातुबिभिदुस्तेसमंततः ४६ सशस्त्रवृष्ट्याऽभिहतःसमस्तैस्तैर्महारथैः ॥ प्राग्ज्योतिषगजोराजन्नानालिंगैःसुतेजनैः ४७ संजातरुधिरोत्पीडःप्रेक्षणीयोऽभवद्रणे ॥ गभस्तिभिरिवार्कस्यसंस्यूतोजलदोमहान् ४८ संचोदितोमदस्रावीभगदत्तेनवारणः ॥ अभ्यधावततान्सर्वान्कालोत्सृष्टइवांतकः ४९ द्विगुणंजवमास्थायकंपयंश्चरणैर्महीम् ॥ तस्यतत्सुमहद्रूपंदृष्ट्वासर्वेमहारथाः ५० असह्यंमन्यमानाश्चनातिप्रमनसोऽभवन् ॥ ततस्तुनृपतिःक्रुद्धोभीमसेनंस्तनांतरे ५१ आजघानमहाराजशरेणानतपर्वणा ॥ सोऽतिविद्धोमहेष्वासस्तेनराज्ञामहारथः ५२ मूर्च्छयाऽभिपरीतात्माध्वजयष्टिंसमाश्रयत् ॥ तांस्तुभीतान्समालक्ष्यभीमसेनंचमूर्च्छितम् ५३ ननादबलवन्नादंभगदत्तःप्रतापवान् ॥ ततोघटोत्कचोराजन्प्रेक्ष्यभीमंतथागतम् ५४ संक्रुद्धोराक्षसोघोरस्तत्रैवांतरधीयत ॥ सकृत्वादारुणांमायांभीरूणांभयवर्धिनीम् ५५ अदृश्यतनिमेषार्धाद्घोररूपंसमास्थितः ॥ ऐरावणंसमारूढःस्वैमायाकृतंस्वयम् ५६ तस्यचान्येऽपिदिङ्नागाबभूवुरनुयायिनः ॥ अंजनोवामनश्चैवमहापद्मश्चसुप्रभः ५७ त्रयएतेमहानागाराक्षसैःसमधिष्ठिताः ॥ महाकायास्त्रिधाराजन्प्रस्रवन्तोमदंबहु ५८

५९। ६० ६१। ६२। ६३। ६४। ६५। ६६। ६७। ६८। ६९। ७०। ७१। ७२। ७३। ७४। ७५। ७६। ७७। ७८। ७९ ८०। ८१। ८२। ८३। ८४ वद्दयंतःस्पृशंतः ८५। ८६। ८७

तेजोवीर्यबलोपेतामहाबलपराक्रमाः ॥ घटोत्कचस्तुस्वंनागंचोदयामासतंतदा ५९ सगजंभगदत्तंतुहंतुकामःपरंतपः ॥ तेचान्येचोदितानागाराक्षसैस्तैर्महाबलैः ६०
परिपेतुःसुसंरब्धाश्चतुर्दंष्ट्राश्चतुर्दिशम् ॥ भगदत्तस्यतंनागंविषाणैरभ्यपीडयन् ६१ सपीड्यमानस्तैर्नागैर्वेदनार्तःशराहतः ॥ अनदत्सुमहानादमिंद्राशनिसमस्वनम्
६२ तस्यतंनदतोनादंसुघोरंभीमनिःस्वनम् ॥ श्रुत्वाभीष्मोऽब्रवीद्द्रोणंराजानंचसुयोधनम् ६३ एषयुध्यतिसंग्रामेहैडिंबेनदुरात्मना ॥ भगदत्तोमहेष्वासःकृच्छ्रेचपरिवर्त
ते ६४ राक्षसश्चमहाकायःसचराजाऽतिकोपनः ॥ एतौसमेतौसमरेकालमृत्युसमावुभौ ६५ श्रूयतेचैवहृष्टानांपांडवानांमहास्वनः ॥ हस्तिनश्चैवसुमहान्भीतस्यरु
दितध्वनिः ६६ तत्रगच्छामभद्रंवोराजानंपरिरक्षितुम् ॥ अरक्षमाणःसमरेक्षिप्रंप्राणान्विमोक्ष्यति ६७ तेत्वरध्वंमहावीर्याःकिंचिरेणप्रयामहे ॥ महान्हिवर्ततेरौद्रःसं
ग्रामोलोमहर्षणः ६८ भक्तश्चकुलपुत्रश्चशूरश्चपृतनापतिः ॥ युक्तंतस्यपरित्राणंकर्तुमस्माभिरच्युत ६९ भीष्मस्यतद्वचःश्रुत्वासर्वएवमहारथाः ॥ द्रोणभीष्मौपुरस्कृत्य
भगदत्तपरीप्सया ७० उत्तमंजवमास्थायप्रययुर्यत्रसोऽभवत् ॥ तान्प्रयातान्समालोक्ययुधिष्ठिरपुरोगमाः ७१ पंचालाःपांडवैःसार्धंपृष्ठतोऽनुययुःपरान् ॥ तान्यनीका
न्यथालोक्यराक्षसेन्द्रःप्रतापवान् ७२ ननादसुमहानादंविस्फोटमशनेरिव ॥ तस्यतंनिनदंश्रुत्वादृष्ट्वानागांश्चयुध्यतः ७३ भीष्मःशांतनवोभूयोभारद्वाजमभाषत ॥
नरोचतेमेसंग्रामोहैडिंबेनदुरात्मना ७४ बलवीर्यसमाविष्टःससहायश्चसांप्रतम् ॥ नैषशक्योयुधाजेतुमपिवज्रभृतास्वयम् ७५ लब्धलक्षःप्रहारीचवयंचश्रांतवाहनाः ॥
पंचालैःपांडवेयैश्चदिवसंक्षतविक्षताः ७६ तन्नमेरोचतेयुद्धंपांडवैर्जितकाशिभिः ॥ घुष्यतामवहारोऽद्यश्वोयोत्स्यामःपरैःसह ७७ पितामहवचःश्रुत्वातथाचक्रुःस्मकौर
वाः ॥ उपायेनापयानंतेघटोत्कचभयार्दिताः ७८ कौरवेषुनिवृत्तेषुपांडवाजितकाशिनः ॥ सिंहनादान्भृशंचक्रुःशंखान्दध्मुश्चभारत ७९ एवंतदभवद्युद्धंदिवसंभरतर्षभ ॥
पांडवानांकुरूणांचपुरस्कृत्यघटोत्कचम् ८० कौरवास्तुततोराजन्प्रययुःशिबिरंस्वकम् ॥ व्रीडमानानिशाकालेपांडवेयैःपराजिताः ८१ शरविक्षतगात्रास्तुपांडुपुत्राम
हारथाः ॥ युद्धेसुमनसोभूत्वाजग्मुःस्वशिबिरंप्रति ८२ पुरस्कृत्यमहाराजभीमसेनघटोत्कचौ ॥ पूजयंतस्तदाऽन्योन्यंमुदापरमयायुताः ८३ नदंतोविविधान्नादांस्तूर्य
स्वनविमिश्रितान् ॥ सिंहनादांश्चकुर्वंतोविमिश्रान्शंखनिःस्वनैः ८४ विनदंतोमहात्मानःकंपयंतश्चमेदिनीम् ॥ वद्दयन्तश्चमर्माणितवपुत्रस्यमारिष ८५ प्रयाताःशि
बिरायैवनिशाकालेपरंतप ॥ दुर्योधनस्तुनृपतिर्दीनोभ्रातृवधेनच ८६ मुहूर्तंचिंतयामासबाष्पशोकसमाकुलः ॥ ततःकृत्वाविधिंसर्वंशिबिरस्ययथाविधि ॥ प्रदध्यौ
शोकसंतप्तोभ्रातृव्यसनकर्शितः ८७ ॥ इतिश्रीमहाभारतेभीष्मपर्वणिभीष्मवधप० चतुर्थदिवसावहारेचतुःषष्टितमोऽध्यायः ॥ ६४ ॥

इतिभी० नी० भा० चतुःषष्टितमोऽध्यायः ॥ ६४ ॥

भयमिति १ । २ । । ३ । ४ । ५ । ६ । ७ । ८ । ९ । १० । ११ । १२ । १३ । १४ । १५ । १६ । १७ । १८ । १९ । २० । २१ सापह्नवाः

॥ धृतराष्ट्रउवाच ॥ भयंमेसुमहज्जातंविस्मयश्चैवसंजय ॥ श्रुत्वापांडुकुमाराणांकर्मदेवैःसुदुष्करम् १ पुत्राणांचपराभावंश्रुत्वासंजयसर्वशः ॥ चिंतामेमहतीसूतभवि
ष्यतिकथंत्विति २ ध्रुवंविदुरवाक्यानिधक्ष्यंतिहृदयंमम ॥ यथाहिदृश्यतेसर्वंदैवयोगेनसंजय ३ यत्रभीष्ममुखान्सर्वान्शस्त्रज्ञान्योधसत्तमान् ॥ पांडवानामनीकेषुयोधयं
तिप्रहारिणः ४ केनावध्यामहात्मानःपांडुपुत्रामहाबलाः ॥ केनदत्तवरास्तातकिंवाज्ञानंविदंतिते ५ येनक्षयंनगच्छंतिदिवितारागणाइव ॥ पुनःपुनर्नमृष्यामिहतंसैन्यंतुपांडवैः
६ मय्येवदंडःपततिदैवात्परमदारुणः ॥ यथाऽवध्याःपांडुसुतायथावध्याश्चमेसुताः ७ एतन्मेसर्वमाचक्ष्वयाथातथ्येनसंजय ॥ नहिपारंप्रपश्यामिदुःखस्यास्यकथंचन ८ स
मुद्रस्येवमहतोभुजाभ्यांप्रतरन्नरः ॥ पुत्राणांव्यसनंमन्येध्रुवंप्राप्तंसुदारुणम् ९ घातयिष्यतिमेसर्वान्पुत्रान्भीमोनसंशयः ॥ नहिपश्यामितंवीरंयोमेरक्षेत्सुतान्रणे १० ध्रुवं
विनाशःसंप्राप्तःपुत्राणांममसंजय ॥ तस्मान्मेकारणंसूतशक्तिंचैवविशेषतः ११ पृच्छतोवैयथातत्त्वंसर्वमाख्यातुमर्हसि ॥ दुर्योधनश्चयच्चक्रेदृष्ट्वास्वान्विमुखान्रणे १२ भी
ष्मद्रोणौकृपश्चैवसौबलश्चजयद्रथः ॥ द्रौणिर्वाऽपिमहेष्वासोविकर्णोवामहाबलः १३ निश्चयोवाऽपिकस्तेषांतदाह्यासीन्महात्मनाम् ॥ विमुखेषुमहाप्राज्ञममपुत्रेषुसंजय
१४ ॥ संजयउवाच ॥ शृणुराजन्नवहितःश्रुत्वाचैवावधारय ॥ नैवमंत्रकृतंकिंचिन्नैवमायांतथाविधाम् १५ नवैविभीषिकांकांचिद्राजन्कुर्वंतिपांडवाः ॥ युध्यंतितेयथान्यायं
शक्तिमंतश्चसंयुगे १६ धर्मेणसर्वकार्याणिजीवितादीनिभारत ॥ आरभंतेसदापार्थाःप्रार्थयानामहद्यशः १७ नतेयुद्धान्निवर्तंतेधर्मोपेतामहाबलाः ॥ श्रियापरमयायुक्तायं
तोधर्मस्ततोजयः १८ तेनावध्यारणेपार्थाजययुक्ताश्चपार्थिव ॥ तवपुत्रादुरात्मानःपापेष्वभिरताःसदा १९ निष्ठुराहीनकर्माणस्तेनहीयंतिसंयुगे ॥ सुबहूनिनृशंसानि
पुत्रैस्तवजनेश्वर २० निकृतानीहपांडूनांनीचैरिवयथानरैः ॥ सर्वंचतदनादृत्यपुत्राणांतवकिल्बिषम् २१ सापन्हवाःसदैवासन्पांडवाःपांडुपूर्वज ॥ नचैतान्बहुमन्यंतेपुत्रास्त
वविशांपते २२ तस्यपापस्यसततंक्रियमाणस्यकर्मणः ॥ सांप्रतंसुमहद्घोरंफलंप्राप्तंजनेश्वर २३ सत्वंभुंक्ष्वमहाराजसपुत्रःससुहृज्जनः ॥ नावबुध्यसियद्राजन्वार्यमाणः
सुहृज्जनैः २४ विदुरेणाथभीष्मेणद्रोणेनचमहात्मना ॥ तथामयाचाप्यसकृद्वार्यमाणोनबुध्यसे २५ वाक्यंहितंचपथ्यंचमर्त्याःपथ्यमिवौषधम् ॥ पुत्राणांमतमाज्ञायजि
तान्मन्यसिपांडवान् २६ शृणुभूयोयथातत्त्वंयन्मांत्वंपरिपृच्छसि ॥ कारणंभरतश्रेष्ठपांडवानांजयंप्रति २७ तत्तेऽहंकथयिष्यामियथाश्रुतमरिंदम ॥ दुर्योधनेनसंपृष्ट
एतमर्थंपितामहः २८ दृष्ट्वाभ्रातॄन्रणेसर्वान्निर्जितांस्तुमहारथान् ॥ शोकसंमूढहृदयोनिशाकालेस्मकौरवः २९

अपरिख्यातकिल्बिषाः २२ । २३ । २४ । २५ मन्यसिमन्यसे २६ । २७ । २८ । २९

३० । ३१ । ३२ । ३३ । ३४ ॥ पद्मंमम ३५ । ३६ । ३७ । ३८ । ३९ । ४० । ४१ । ४२ । ४३ । ४४ । ४५ । ४६ । ४७ । ४८ । ४९ । ५० । ५१ । ५२

पितामहंमहाप्राज्ञंविनयेनोपगम्यह ॥ यदब्रवीत्सुतस्तेऽसौतन्मेशृणुजनेश्वर ३० ॥ दुर्योधनउवाच ॥ द्रोणश्चत्वंचशल्यश्चकृपोद्रौणिस्तथैवच ॥ कृतवर्माचहार्दिक्यः
कांबोजश्चसुदक्षिणः ३१ भूरिश्रवाविकर्णश्चभगदत्तश्चवीर्यवान् ॥ महारथाःसमाख्याताःकुलपुत्रास्तनुत्यजः ३२ त्रयाणामपिलोकानांपर्याप्ताइतिमेमतिः ॥ पांडवा
नांसमस्ताश्चनातिष्ठंतपराक्रमे ३३ तत्रमेसंशयोजातस्तन्ममाचक्ष्वपृच्छतः ॥ यंसमाश्रित्यकौन्तेयाजयंत्यस्मान्क्षणेक्षणे ३४ ॥ भीष्मउवाच ॥ शृणुराजन्वचो
मह्यंयथावक्ष्यामिकौरव ॥ बहुशश्चमयोक्तोऽसिनचमेतत्त्वयाकृतम् ३५ क्रियतांपांडवैःसार्धंशमोभरतसत्तम ॥ एतत्क्षेममहंमन्येपृथिव्यास्तववाविभो ३६ भुंक्ष्वे
मांपृथिवींराजन्भ्रातृभिःसहितःसुखी ॥ दुर्हृदस्तापयन्सर्वान्नंदयंश्चापिबांधवान् ३७ नचमेक्रोशतस्तातश्रुतवानसिवैपुरा ॥ तदिदंसमनुप्राप्तंयत्पांडून्नवमन्यसे ३८
यश्चहेतुरवध्यत्वेतेषामक्लिष्टकर्मणाम् ॥ तंशृणुष्वमहाबाहोममकीर्तयतःप्रभो ३९ नास्तिलोकेषुतद्भूतंभवितानोभविष्यति ॥ योजयेत्पांडवान्सर्वान्पालिताञ्छा
र्ङ्गधन्वना ४० यत्तुमेकथितंतातमुनिभिर्भावितात्मभिः ॥ पुराणगीतंधर्मज्ञतच्छृणुष्वयथातथम् ४१ पुराकिलसुराःसर्वेऋषयश्चसमागताः ॥ पितामहमुपासेदुःपर्वते
गन्धमादने ४२ तेषांमध्येसमासीनःप्रजापतिरपश्यत ॥ विमानंप्रज्वलद्भासास्थितंप्रवरमंबरे ४३ ध्यानेनावेद्यतद्ब्रह्माकृत्वाचनियतोऽञ्जलिम् ॥ नमश्चकारहृष्टात्मा
पुरुषंपरमेश्वरम् ४४ ऋषयस्त्वथदेवाश्चदृष्ट्वाब्रह्माणमुत्थितम् ॥ स्थिताःप्रांजलयःसर्वेपश्यंतोमहदद्भुतम् ४५ यथावच्चतमभ्यर्च्यब्रह्माब्रह्मविदांवरः ॥ जगादजगतः
स्रष्टापरंपरमधर्मवित् ४६ विश्वावसुर्विश्वमूर्तिर्विश्वेशोविष्वक्सेनोविश्वकर्मावशीच ॥ विश्वेश्वरोवासुदेवोऽसितस्माद्योगात्मानंदैवतंत्वामुपैमि ४७ जयविश्वमहा
देवजयलोकहितेरत ॥ जययोगीश्वरविभोजययोगपरावर ४८ पद्मगर्भविशालाक्षजयलोकेश्वरेश्वर ॥ भूतभव्यभवन्नाथजयसौम्यात्मजात्मज ४९ असंख्येयगुणा
धारजयसर्वपरायण ॥ नारायणसुदुष्पारजयशार्ङ्गधनुर्धर ५० जयसर्वगुणोपेतविश्वमूर्तेनिरामय ॥ विश्वेश्वरमहाबाहोजयलोकार्थतत्पर ५१ महोरगवराहाद्यह
रिकेशविभोजय ॥ हरिवासदिशामीशविश्ववासामिताव्यय ५२ व्यक्ताव्यक्तामितस्थाननियतेंद्रियसत्क्रिय ॥ असंख्येयात्मभावज्ञजयगंभीरकामद ५३ अनंत
विदितब्रह्मन्नित्यभूतविभावन ॥ कृतकार्यकृतप्रज्ञधर्मज्ञविजयावह ५४ गुह्यात्मन्सर्वयोगात्मन्स्फुटसंभूतसंभव ॥ भूताद्यलोकतत्त्वेशजयभूतविभावन ५५ आ
त्मयोनेमहाभागकल्पसंक्षेपतत्पर ॥ उद्भावनमनोभावजयब्रह्मजयप्रिय ५६ निसर्गसर्गनिरतकामेशपरमेश्वर ॥ अमृतोद्भवसद्भावमुक्तात्मन्विजयप्रद ५७ प्रजा
पतिपतेदेवपद्मनाभमहाबल ॥ आत्मभूतमहाभूतसत्वात्मन्जयसर्वदा ५८ पादौतवधरादेवीदिशोबाहूदिवंशिरः ॥ मूर्तिस्तेऽहंसुराःकायश्चंद्रादित्यौचचक्षुषी ५९

५३ । ५४ । ५५ । ५६ । ५७ । ५८ । ५९

म.भा.टी. ६० । ६१ । ६२ । ६३ । ६४ । ६५ । ६६ । ६७ । ६८ । ६९ । ७० । ७१ । ७२ ७३ । ७४ । ७५ ॥ इतिभी०नी०भा०पंचषष्टितमोऽध्यायः ॥ ६५ ॥ ॥ ॥ ततइति १ । २ भीष्म० अ० ६६

॥ ९९ ॥ बलंतपश्चसत्यंचकर्मधर्मात्मकंतव ॥ तेजोग्निःपवनःश्वासआपस्तेस्वेदसंभवाः ६० अश्विनौश्रवणौनित्यंदेवीजिह्वासरस्वती ॥ वेदाःसंस्कारनिष्ठाहित्वयीदंजगदा
श्रितम् ६१ नसंख्यानंपरीमाणंनतेजोनपराक्रमम् ॥ नबलंयोगयोगीशजानीमस्तेनसंभवम् ६२ त्वद्भक्तिनिरतादेवनियमैस्त्वांसमाश्रिताः ॥ अर्चयामःसदा
विष्णोपरमेशंमहेश्वरम् ६३ ऋषयोदेवगंधर्वायक्षराक्षसपन्नगाः ॥ पिशाचामानुषाश्चैवमृगपक्षिसरीसृपाः ६४ एवमादिमयासृष्टंपृथिव्यांत्वत्प्रसादजम् ॥ पद्मना
भविशालाक्षकृष्णदुःखप्रणाशन ६५ त्वंगतिःसर्वभूतानांत्वंनेतात्वंजगद्गुरुः ॥ त्वत्प्रसादेनदेवेशसुखिनोविबुधाःसदा ६६ पृथिवीनिर्भयादेवत्वत्प्रसादात्सदाभवत् ॥
तस्माद्भवविशालाक्षयदुवंशविवर्धनः ६७ धर्मसंस्थापनार्थायदैत्यानांचवधायच ॥ जगतोधारणार्थायविज्ञाप्यंकुरुमेविभो ६८ यत्तत्परमकंगुह्यंत्वत्प्रसादादिदं
विभो ॥ वासुदेवतदेतत्तेमयोद्गीतंयथातथम् ६९ सृष्ट्वासंकर्षणंदेवंस्वयमात्मानमात्मना ॥ कृष्णत्वमात्मनास्राक्षीःप्रद्युम्नंचात्मसंभवम् ७० प्रद्युम्नादनिरुद्धंत्वंयंविदुर्वि
ष्णुमव्ययम् ॥ अनिरुद्धोऽसृजन्मांवैब्रह्माणंलोकधारिणम् ७१ वासुदेवमयःसोऽहंत्वयैवास्मिविनिर्मितः ॥ विभज्यभागशोऽऽत्मानंव्रजमानुषतांविभो ७२ तत्रा
सुरवधंकृत्वासर्वलोकसुखायवै ॥ धर्मंप्राप्ययशःप्राप्ययोगंप्राप्स्यसितत्त्वतः ७३ त्वांहिब्रह्मर्षयोलोकेदेवाश्चामितविक्रम ॥ तैस्तैर्हिनामभिर्युक्तागायंतिपरमात्म
कम् ७४ स्थिताश्चसर्वेत्वयिभूतसंघाःकृत्वाऽऽश्रयंत्वांवरदंसुबाहो ॥ अनादिमध्यांतमपारयोगंलोकस्यसेतुंप्रवदंतिविप्राः ७५ ॥ इतिश्रीमहाभारतेभीष्मपर्वणिभी
ष्मवधप० विश्वोपाख्यानेपंचषष्टितमोऽध्यायः ॥ ६५ ॥ ॥ ॥ भीष्मउवाच ॥ ततःसभगवान्देवोलोकानामीश्वरेश्वरः ॥ ब्रह्माणंप्रत्युवाचेदंस्निग्धगं
भीरयागिरा १ विदितंतातयोगान्मेसर्वमेतत्तवेप्सितम् ॥ तथातद्भवितेत्युक्त्वातत्रैवांतरधीयत २ ततोदेवर्षिगंधर्वाविस्मयंपरमंगताः ॥ कौतूहलपराःसर्वेपितामहम
थाब्रुवन् ३ कोन्वयंयोभगवताप्रणम्यविनयाद्विभो ॥ वाग्भिःस्तुतोवरिष्ठाभिःश्रोतुमिच्छामतंवयम् ४ एवमुक्तस्तुभगवान्प्रत्युवाचपितामहः ॥ देवब्रह्मर्षिगंधर्वा
न्सर्वान्मधुरयागिरा ५ यत्तत्परंभविष्यंचभवितव्यंचयत्परम् ॥ भूतात्माचप्रभुश्चैवब्रह्मयच्चपरंपदम् ६ तेनास्मिकृतसंवादःप्रसन्नेनसुरर्षभाः ॥ जगतोऽनुग्रहार्थायया
चितोमेजगत्पतिः ७ मानुषंलोकमातिष्ठवासुदेवइतिश्रुतः ॥ असुराणांवधार्थायसंभवस्वमहीतले ८ संग्रामेनिहतायेतेदैत्यदानवराक्षसाः ॥ तइमेनृषुसंभूताघोररूपा
महाबलाः ९ तेषांवधार्थंभगवान्नरेणसहितोवशी ॥ मानुषींयोनिमास्थायचरिष्यतिमहीतले १० नरनारायणौयौतौपुराणावृषिसत्तमौ ॥ सहितौमानुषेलोकेसंभूताव
मितद्युती ११ अजेयौसमरेयत्तौसहितैरमरैरपि ॥ मूढास्त्वेतौनजानंतिनरनारायणावृषी १२ ॥ ९९ ॥

३ । ४ । ५ । ६ । ७ । ८ । ९ । १० । ११ । १२

१३ । १४ । १५ । १६ । १७ । १८ । १९ । २० । २१ । २२ । २३ । २४ । २५ । २६ । २७ । २८ । २९ । ३० । ३१ । ३२ । ३३ । ३४ । ३५ । ३६ । ३७ । ३८ कृतलक्षणैः स्वस्वगुणप्रख्यातैः

तस्याहमग्रजःपुत्रःसर्वस्यजगतःप्रभुः ॥ वासुदेवोऽर्चनीयोवःसर्वलोकमहेश्वरः १३ तथामनुष्योऽयमितिकदाचित्सुरसत्तमाः ॥ नावज्ञेयोमहावीर्यःशंखचक्रगदाधरः
१४ एतत्परमकंगुह्यमेतत्परमकंपदम् ॥ एतत्परमकंब्रह्मएतत्परमकंयशः १५ एतदक्षरमव्यक्तमेतद्वैशाश्वतंमहः ॥ यत्तत्पुरुषसंज्ञंवैगीयतेज्ञायतेनच १६ एतत्परम
कंतेजएतत्परमकंसुखम् ॥ एतत्परमकंसत्यंकीर्तितंविश्वकर्मणा १७ तस्मात्सेन्द्रैःसुरैःसर्वैर्लोकैश्चामितविक्रमः ॥ नावज्ञेयोवासुदेवोमानुषोऽयमितिप्रभुः १८ यश्च
मानुषमात्रोऽयमितिब्रूयात्समंदधीः ॥ हृषीकेशमवज्ञानात्तमाहुःपुरुषाधमम् १९ योगिनंतंमहात्मानंप्रविष्टंमानुषींतनुम् ॥ अवमन्येद्वासुदेवंतमाहुस्तामसंजनाः
२० देवंचराचरात्मानंश्रीवत्सांकंसुवर्चसम् ॥ पद्मनाभंनजानातितमाहुस्तामसंबुधाः २१ किरीटकौस्तुभधरंमित्राणामभयंकरम् ॥ अवजानन्महात्मानंघोरेतमसि
मज्जति २२ एवंविदित्वातत्त्वार्थंलोकानामीश्वरेश्वरः ॥ वासुदेवोनमस्कार्यःसर्वलोकैःसुरोत्तमाः २३ ॥ भीष्मउवाच ॥ एवमुक्त्वासभगवान्देवान्सर्षिगणान्पुरा ॥
विसृज्यसर्वभूतात्माजगामभवनंस्वकम् २४ ततोदेवाःसगंधर्वामुनयोऽप्सरसोपिच ॥ कथांतांब्रह्मणागीतांश्रुत्वाप्रीतादिवंययुः २५ एतच्छ्रुतंमयातातऋषीणांभावि
तात्मनाम् ॥ वासुदेवंकथयतांसमवायेपुरातनम् २६ रामस्यजामदग्न्यस्यमार्कंडेयस्यधीमतः ॥ व्यासनारदयोश्चापिसकाशाद्भरतर्षभ २७ एतमर्थंचविज्ञायश्रुत्वाच
प्रभुमव्ययम् ॥ वासुदेवंमहात्मानंलोकानामीश्वरेश्वरम् २८ यस्यचैवात्मजोब्रह्मासर्वस्यजगतःपिता ॥ कथंनवासुदेवोऽयमर्च्यश्चेज्यश्चमानवैः २९ वारितोऽसिम
यातातमुनिभिर्वेदपारगैः ॥ मागच्छसंयुगंतेनवासुदेवेनधन्विना ३० मापांडवैःसार्द्धमितितत्त्वंमोहान्नबुध्यसे ॥ मन्येत्वांराक्षसंक्रूरंतथाचासितमोवृतः ३१ यस्मा
द्द्विषसिगोविंदंपांडवंतंधनंजयम् ॥ नरनारायणौदेवौकोऽन्योद्विष्याद्धिमानवः ३२ तस्माद्ब्रवीमितेराजन्नेषवैशाश्वतोऽव्ययः ॥ सर्वलोकमयोनित्यःशास्ताधात्रीधरो
ध्रुवः ३३ योधारयतिलोकांस्त्रींश्चराचरगुरुःप्रभुः ॥ योद्धाजयश्चजेताचसर्वप्रकृतिरीश्वरः ३४ राजन्सर्वमयोह्येषतमोरागविवर्जितः ॥ यतःकृष्णस्ततोधर्मोयतोधर्म
स्ततोजयः ३५ तस्यमाहात्म्ययोगेनयोगेनात्ममयेनच ॥ धृताःपांडुसुताराजन्जयश्चैषांभविष्यति ३६ श्रेयोयुक्तांसदाबुद्धिंपांडवानांदधातियः ॥ बलंचैवरणेनित्यं
भयेभ्यश्चैवरक्षति ३७ सएषशाश्वतोदेवःसर्वगुह्यमयःशिवः ॥ वासुदेवइतिज्ञेयोयन्मांपृच्छसिभारत ३८ ब्राह्मणैःक्षत्रियैर्वैश्यैःशूद्रैश्चकृतलक्षणैः ॥ सेव्यतेऽभ्यर्च्यतेचै
वनित्ययुक्तैःस्वकर्मभिः ३९ द्वापरस्ययुगस्यन्तेआदौकलियुगस्यच ॥ सात्वतंविधिमास्थायगीतःसंकर्षणेनवै ४० सएषसर्वैःसुरमर्त्यलोकैःसमुद्रकक्ष्यांतरितांपुरींच ॥
युगेयुगेमानुषंचैवसवासंपुनःपुनःसृजतेवासुदेवः ४१ ॥ इतिश्रीमहाभारतेभीष्मपर्वणिभीष्मवधप० विश्वोपाख्यानेषट्षष्टितमोऽध्यायः ॥ ६६ ॥ ॥ ॥

३९ सात्वताःपंचरात्रागमविधिनापूजकास्तदीयंसात्वतं ४० कक्ष्याकांची पुरींद्वारकां ४१ ॥ इ० भी० नी० भा० षट्षष्टितमोऽध्यायः ॥ ६६ ॥ ॥ ॥ ॥ ॥ ॥

वासुदेवइति १ । २ । ३ । ४ । ५ । ६ निधनंमरणं मृत्युंमरणप्रयोजनं प्रभवउत्पत्तिहेतुः अव्ययःप्रलयहेतुः ७ । ८ । ९ । १० । ११ । १२ । १३ कर्णात्स्रवतीतिकर्णस्रोतःकर्णमलं १४

दुर्योधनउवाच ॥ वासुदेवोमहद्भूतंसर्वलोकेषुकथ्यते ॥ तस्यागमंप्रतिष्ठांचज्ञातुमिच्छेपितामह १ ॥ भीष्मउवाच ॥ वासुदेवोमहद्भूतंसर्वदैवतदैवतम् ॥ नपरंपुंडरीकाक्षाद्दृश्यतेभरतर्षभ २ मार्कंडेयश्चगोविंदेकथयत्यद्भुतंमहत् ॥ सर्वभूतानिभूतात्मामहात्मापुरुषोत्तमः ३ आपोवायुश्चतेजश्चत्रयमेतदकल्पयत् ॥ ससृष्ट्वापृथिवींदेवींसर्वलोकेश्वरःप्रभुः ४ अप्सुवैशयनंचक्रेमहात्मापुरुषोत्तमः ॥ सर्वतेजोमयोदेवोयोगात्सुष्वापतत्रह ५ मुखतःसोऽग्निमसृजत्प्राणाद्वायुमथापिच ॥ सरस्वतींचवेदांश्चमनसःससृजेऽच्युतः ६ एषलोकान्ससर्जादौदेवांश्चऋषिभिःसह ॥ निधनंचैवमृत्युंचप्रजानांप्रभवाप्ययौ ७ एषधर्मश्चधर्मज्ञोवरदःसर्वकामदः ॥ एषकर्ताचकार्यंचपूर्वदेवःस्वयंप्रभुः ८ भूतंभव्यंभविष्यच्चपूर्वमेतदकल्पयत् ॥ उभेसंध्येदिशःखंचनियमांश्चजनार्दनः ९ ऋषींश्चैवहिगोविंदस्तपश्चैवाभ्यकल्पयत् ॥ स्रष्टारंजगतश्चापिमहात्माप्रभुरव्ययः १० अग्रजंसर्वभूतानांसंकर्षणमकल्पयत् ॥ तस्मान्नारायणोजज्ञेदेवदेवःसनातनः ११ नाभौपद्मंबभूवास्यसर्वलोकस्यसंभवात् ॥ तस्मात्पितामहोजातस्तस्माज्जातास्त्विमाःप्रजाः १२ शेषंचाकल्पयद्देवमनंतंविश्वरूपिणम् ॥ योधारयतिभूतानिधरांचेमांसपर्वताम् १३ ध्यानयोगेनविप्राश्चतंविदंतिमहौजसम् ॥ कर्णस्रोतोभवंचापिमधुंनाममहासुरम् १४ तमुग्रमुग्रकर्माणमुग्रांबुद्धिंसमास्थितम् ॥ ब्रह्मणोऽपचितिंयातुंजघानपुरुषोत्तमः १५ तस्यतातवधादेवदेवदानवमानवाः ॥ मधुसूदनमित्याहुर्ऋषयश्चजनार्दनम् १६ वराहश्चैवसिंहश्चत्रिविक्रमगतिःप्रभुः ॥ एषमातापिताचैवसर्वेषांप्राणिनांहरिः १७ परंहिपुंडरीकाक्षान्नभूतंनभविष्यति ॥ मुखतःसोऽसृजद्विप्रान्बाहुभ्यांक्षत्रियांस्तथा १८ वैश्यांश्चाप्युरुतोराजन्शूद्रान्वैपादतस्तथा ॥ तपसानियतोदेवोनिधानंसर्वदेहिनाम् १९ ब्रह्मभूतममावास्यांपौर्णमास्यांतथैवच ॥ योगभूतंपरिचरन्केशवंमहदाप्नुयात् २० केशवःपरमंतेजःसर्वलोकपितामहः ॥ एवमाहुर्हृषीकेशंमुनयोवैनराधिप २१ एवमेनंविजानीहिआचार्यंपितरंगुरुम् ॥ कृष्णोयस्यप्रसीदेतलोकास्तेनाक्षयाजिताः २२ यश्चैवैनंभयस्थानेकेशवंशरणंव्रजेत् ॥ सदानरःपठंश्चेदंस्वस्तिमान्ससुखीभवेत् २३ येचकृष्णंप्रपद्यंतेतेनमुह्यंतिमानवाः ॥ भयेमहतिमग्नांश्चपातिनित्यंजनार्दनः २४ सतंयुधिष्ठिरोज्ञात्वायाथातथ्येनभारत ॥ सर्वात्मनामहात्मानंकेशवंजगदीश्वरम् ॥ प्रपन्नःशरणंराजन्योगानांप्रभुमीश्वरम् २५ ॥ इतिश्रीमहाभारते भीष्मपर्वणि भीष्मवधपर्वणि विश्वोपाख्याने सप्तषष्टितमोऽध्यायः ॥ ६७ ॥ ॥ ॥

ब्रह्मणःसकाशादपचितिंसत्कारंयातुंप्राप्तुं । यांतमितिपाठे ब्रह्मणःअपचितिंक्षयंकर्तुमितिशेषः यांतंधावंतं १५ । १६ । १७ । १८ । १९ । २० । २१ । २२ । २३ । २४ । २५ ॥ इतिभीष्मपर्वणिनीलकंठीये भारतभावदीपे सप्तषष्टितमोऽध्यायः ॥ ६७ ॥ ॥ ॥ ॥ ॥ ॥ ॥ ॥ ॥ ॥ ॥ ॥ ॥

॥९९॥

शृण्विति । इदमितिसामान्येनपुंसकं १ । २ । ३ । ४ । ५ । ६ । ७ । ८ । ९ १० । ११ । १२ । १३ । १४ । १५ । १६ । १७ । १८ । १९ । २० ॥ इतिभी०नी०भा० अष्टषष्टितमो

॥ भीष्मउवाच ॥ शृणुचेदंमहाराजब्रह्मभूतंस्तवंमम ॥ ब्रह्मर्षिभिश्चदेवैश्चयःपुराकथितोभुवि १ साध्यानामपिदेवानांदेवदेवेश्वरःप्रभुः ॥ लोकभावनभावज्ञइतित्वांना
रदोऽब्रवीत् २ भूतंभव्यंभविष्यंचमार्कंडेयोऽभ्युवाचह ॥ यज्ञंत्वांचैवयज्ञानांतपश्चतपसामपि ३ देवानामपिदेवंचत्वामाहभगवान्भृगुः ॥ पुराणंचैवपरमंविष्णो
रूपंतवेतिच ४ वासुदेवोवसूनांत्वंशक्रंस्थापयितातथा ॥ देवदेवोऽसिदेवानामितिद्वैपायनोऽब्रवीत् ५ पूर्वेप्रजानिसर्गेचदक्षमाहुःप्रजापतिम् ॥ स्रष्टारंसर्वलोकानामं
गिरास्त्वांतथाऽब्रवीत् ६ अव्यक्तंतेशरीरोत्थंव्यक्तंतेमनसिस्थितम् ॥ देवास्त्वत्संभवाश्चैवदेवलस्त्वसितोऽब्रवीत् ७ शिरसातेदिवंव्याप्तंबाहुभ्यांपृथिवीतथा ॥ जठरंते
त्रयोलोकाःपुरुषोऽसिसनातनः ८ एवंत्वामभिजानंतितपसाभावितानराः ॥ आत्मदर्शनतृप्तानामृषीणांचासिसत्तमः ९ राजर्षीणामुदाराणामाहवेष्वनिवर्तिनाम् ॥
सर्वधर्मप्रधानानांत्वंगतिर्मधुसूदन १० इतिनित्यंयोगविद्भिर्भगवान्पुरुषोत्तमः ॥ सनत्कुमारप्रमुखैःस्तूयतेऽभ्यर्च्यतेहरिः ११ एषतेविस्तरस्तातसंक्षेपश्चप्रकीर्तितः ॥
केशवस्ययथातत्त्वंसुप्रीतोभजकेशवम् १२ संजयउवाच ॥ पुण्यंश्रुत्वैतदाख्यानंमहाराजसुतस्तव ॥ केशवंबहुमेनेसपांडवांश्चमहारथान् १३ तमब्रवीन्महाराजभीष्मः
शांतनवःपुनः ॥ माहात्म्यंतेश्रुतंराजन्केशवस्यमहात्मनः १४ नरस्यचयथातत्त्वंयन्मांत्वंपृच्छसेनृप ॥ यदर्थंनृषुसंभूतौनरनारायणावृषी १५ अवध्यौचयथावीरौसं
युगेष्वपराजितौ ॥ यथाचपांडवाराजन्नवध्यायुधिकस्यचित् १६ प्रीतिमान्हिदृढंकृष्णःपांडवेषुयशस्विषु ॥ तस्माद्ब्रवीमिराजेंद्रशमोभवतुपांडवैः १७ पृथिवींभुंक्ष्व
सहितोभ्रातृभिर्बलिभिर्वशी ॥ नरनारायणौदेवाववज्ञायनशिष्यसि १८ एवमुक्त्वातवपितातूष्णीमासीद्विशांपते ॥ व्यसर्जयच्चराजानंशयनंचविवेशह १९ राजाचशि
बिरंप्रायात्प्रणिपत्यमहात्मने ॥ शिश्येचशयनेशुभ्रेरात्रिंतांभरतर्षभ २० ॥ इतिश्रीमहाभारतेभीष्मपर्वणि भीष्मवधपर्वणिविश्वोपाख्यानेअष्टषष्टितमोऽध्यायः
॥ ६८ ॥ विश्वोपाख्यानंसमाप्तम् ॥ ॥ संजयउवाच ॥ व्युषितायांतुशर्वर्यामुदितेचदिवाकरे ॥ उभेसेनेमहाराजयुद्धायैवसमीयतुः १ अभ्यधावंतसंक्रुद्धाःपर
स्परजिगीषवः ॥ तेसर्वेसहितायुद्धेसमालोक्यपरस्परम् २ पांडवाधार्तराष्ट्राश्चराजन्दुर्मंत्रितेतव ॥ व्यूहौचव्यूह्यसंरब्धाःसंप्रहृष्टाःप्रहारिणः ३ अरक्षन्मकरव्यूहंभी
ष्मोराजन्समंततः ॥ तथैवपांडवाराजन्नरक्षन्व्यूहमात्मनः ४ सनिर्ययौमहाराजपितादेवव्रतस्तव ॥ महतारथवंशेनसंवृतोरथिनांवरः ५ इतरेतरमन्वीयुर्यथाभागमव
स्थिताः ॥ रथिनःपत्तयश्चैवदंतिनःसादिनस्तथा ६ तान्दृष्ट्वाऽभ्युद्यतान्संख्येपांडवाहियशस्विनः ॥ श्येनेनव्यूहराजेनतेनाजय्येनसंयुगे ७ अशोभतमुखेतस्यभी
मसेनोमहाबलः ॥ नेत्रेशिखंडीदुर्धर्षोधृष्टद्युम्नश्चपार्षतः ८

ऽध्यायः ॥ ६८ ॥ व्युषितायामिति । १ । २ । ३ । ४ । ५ । ६ । ७ । ८

॥ ९९ ॥ शीर्षेतस्याभवद्वीरःसात्यकिःसत्यविक्रमः ॥ विधुन्वन्गांडिवंपार्थोग्रीवायामभवत्तदा ९ अक्षौहिण्यासमंतत्रवामपक्षोऽभवत्तदा ॥ महात्माद्रुपदःश्रीमान्सहपुत्रेणसंयुगे अ०
१० दक्षिणश्चाभवत्पक्षःकेकयोऽक्षौहिणीपतिः ॥ पृष्ठतोद्रौपदेयाश्चसौभद्रश्चापिवीर्यवान् ११ पृष्ठेसमभवच्छ्रीमान्स्वयंराजायुधिष्ठिरः ॥ भ्रातृभ्यांसहितोवीरोयमाभ्यां ७०
चारुविक्रमः १२ प्रविश्यतुरणेभीमोमकरंमुखतस्तदा ॥ भीष्ममासाद्यसंग्रामेछादयामाससायकैः १३ ततोभीष्मोमहास्त्राणिपातयामासभारत ॥ मोहयन्पांडुपुत्राणांव्यू ढंसैन्यंमहाहवे १४ संमुह्यतितदासैन्येत्वरमाणोधनंजयः ॥ भीष्मंशरसहस्रेणविव्याधरणमूर्धनि १५ प्रतिसंवार्यचास्त्राणिभीष्ममुक्तानिसंयुगे ॥ स्वेनानीकेनहृष्टेनयुद्धाय समुपस्थितः १६ ततोदुर्योधनोराजाभारद्वाजमभाषत ॥ पूर्वंदृष्ट्वावधंघोरंबलस्यबलिनांवरः १७ भ्रातृणांचवधंयुद्धेस्मरमाणोमहारथः ॥ आचार्यसततंहित्वंहितकामोम मानघ १८ वयंहित्वांसमाश्रित्यभीष्मंचैवपितामहम् ॥ देवानपिरणेजेतुंप्रार्थयामोनसंशयः १९ किमुपांडुसुतान्युद्धेहीनवीर्यपराक्रमान् ॥ सतथाकुरुभद्रंतेयथावध्यंति पांडवाः २० एवमुक्तस्ततोद्रोणस्तवपुत्रेणमारिष ॥ अभिनत्पांडवानीकंप्रेक्षमाणस्यसात्यकेः २१ सात्यकिस्तुततोद्रोणंवारयामासभारत ॥ तयोःप्रववृतेयुद्धंघोररूपंभया वहम् २२ शैनेयंतुरणेक्रुद्धोभारद्वाजःप्रतापवान् ॥ अविध्यन्निशितैर्बाणैर्जत्रुदेशेहसन्निव २३ भीमसेनस्ततःक्रुद्धोभारद्वाजमविध्यत ॥ संरक्षन्सात्यकिंराजन्द्रोणाच्छस्त्रभृ तांवरात् २४ ततोद्रोणश्चभीष्मश्चतथाशल्यश्चमारिष ॥ भीमसेनंरणेक्रुद्धाश्छादयांचक्रिरेशरैः २५ तत्राभिमन्युःसंक्रुद्धोद्रौपदेयाश्चमारिष ॥ विव्यधुर्निशितैर्बाणैःस र्वास्तानुद्यतायुधान् २६ द्रोणभीष्मौतुसंक्रुद्धावापतंतौमहाबलौ ॥ प्रत्युद्ययौशिखंडीतुमहेष्वासोमहाहवे २७ प्रगृह्यबलवद्वीरोधनुर्जलदनिःस्वनम् ॥ अभ्यवर्षच्छ रैस्तूर्णंछादयानोदिवाकरम् २८ शिखंडिनंसमासाद्यभरतानांपितामहः ॥ अवर्जयतसंग्रामंस्त्रीत्वंतस्यानुसंस्मरन् २९ ततोद्रोणोमहाराजअभ्यद्रवततंरणे ॥ रक्षमाण स्तदाभीष्मंतवपुत्रेणचोदितः ३० शिखंडीतुसमासाद्यद्रोणंशस्त्रभृतांवरम् ॥ अवर्जयतसंत्रस्तोयुगांताग्निमिवोल्बणम् ३१ ततोबलेनमहतापुत्रस्तवविशांपते ॥ जुगोपभीष्ममासाद्यप्रार्थयानोमहद्यशः ३२ तथैवपांडवाराजन्पुरस्कृत्यधनंजयम् ॥ भीष्ममेवाभ्यवर्तंतजयेकृत्वादृढांमतिम् ३३ तद्युद्धमभवद्घोरंदेवानांदानवैरिव ॥ जयमाकांक्षतांसंख्येयशश्चसुमहाद्भुतम् ३४ ॥ इतिश्रीमहाभारतेभीष्मपर्वणिभीष्मवधपर्वणिपंचमदिवसयुद्धारंभेऊनसप्ततितमोऽध्यायः ६९ ॥ संजयउवाच ॥ अ करोत्तुमुलंयुद्धंभीष्मःशांतनवस्तदा ॥ भीमसेनभयादिच्छन्पुत्रांस्तारयितुंतव १ पूर्वाह्णेतन्महारौद्रंराज्ञांयुद्धमवर्तत ॥ कुरूणांपांडवानांचमुख्यशूरविनाशनम् २ तस्मिन्नाकुलसंग्रामेवर्तमानेमहाभये ॥ अभवत्तुमुलःशब्दःसंस्पृशन्गगनंमहत् ३

नदद्भिश्चमहानागैर्हेषमाणैश्चवाजिभिः ॥ भेरीशंखनिनादैश्चतुमुलंसमपद्यत ४ युयुत्सवस्तेविक्रांताविजयायमहाबलाः ॥ अन्योन्यमभिगर्जन्तोगोष्ठेष्विवमहर्षभाः
५ शिरसांपात्यमानानांसमरेनिशितैःशरैः ॥ अश्मवृष्टिरिवाकाशेबभूवभरतर्षभ ६ कुंडलोष्णीषधारीणिजातरूपोज्ज्वलानिच ॥ पतितानिस्मदृश्यन्तेशिरांसिभरत
र्षभ ७ विशिखोन्मथितैर्गात्रैर्बाहुभिश्चसकार्मुकैः ॥ सहस्ताभरणैश्चान्यैरभवच्छादितामही ८ कवचोपहितैर्गात्रैर्हस्तैश्चसमलंकृतैः ॥ मुखैश्चचन्द्रसंकाशैरक्तांतनयनैः
शुभैः ९ गजवाजिमनुष्याणांसर्वगात्रैश्चभूपते ॥ आसीत्सर्वासमास्तीर्णामुहूर्तेनवसुंधरा १० रजोमेघैश्चतुमुलैःशस्त्रविद्युत्प्रकाशिभिः ॥ आयुधानांचनिर्घोषःस्त
नयित्नुसमोऽभवत् ११ ससंप्रहारस्तुमुलःकटुकःशोणितोदकः ॥ प्रावर्ततकुरूणांचपांडवानांचभारत १२ तस्मिन्महाभयेघोरेतुमुलेलोमहर्षणे ॥ ववृषुःशरवर्षाणि
क्षत्रियायुद्धदुर्मदाः १३ आक्रोशन्कुंजरास्तत्रशरवर्षप्रतापिताः ॥ तावकानांपरेषांचसंयुगेभरतर्षभ १४ संरब्धानांचवीराणांधीराणाममितौजसाम् ॥ धनुर्ज्यातल
शब्देननप्राज्ञायतकिंचन १५ उत्थितेषुकबंधेषुसर्वतःशोणितोदके ॥ समरेपर्यधावंतनृपारिपुवधोद्यताः १६ शरशक्तिगदाभिस्तेखड्गैश्चामिततेजसः ॥ निजघ्नुःसमरे
न्योऽन्यंशूराःपरिघबाहवः १७ बभ्रमुःकुंजराश्चात्रशरैर्विद्धानिरंकुशाः ॥ अश्वाश्चपर्यधावंतहतारोहादिशोदश १८ उत्पत्यनिपतंत्यन्येशरघातप्रपीडिताः ॥ तावका
नांपरेषांचयोधाभरतसत्तम १९ वाहानामुत्तमांगानांकार्मुकाणांचभारत ॥ गदानांपरिघाणांचहस्तानांचोरुभिःसह २० पादानांभूषणानांचकेयूराणांचसंवशः ॥
राशयस्तत्रदृश्यंतेभीष्मभीमसमागमे २१ अश्वानांकुंजराणांचरथानांचानिवर्तिनाम् ॥ संघाताःस्मप्रदृश्यंतेतत्रतत्रविशांपते २२ गदाभिरसिभिःप्रासैर्बाणैश्चनतप
र्वभिः ॥ जघ्नुःपरस्परंतत्रक्षत्रियाःकालआगते २३ अपरेबाहुभिर्वीरानियुद्धकुशलायुधि ॥ बहुधासमसज्जंतआयसैःपरिघैरिव २४ मुष्टिभिर्जानुभिश्चैवतलैश्चैवविशांपते ॥
अन्योन्यंजघ्निरेवीरास्तावकाःपांडवैःसह २५ पतितैःपात्यमानैश्चविचेष्टद्भिश्चभूतले ॥ घोरमायोधनंजज्ञेतत्रतत्रजनेश्वर २६ विरथारथिनश्चात्रनिस्त्रिंशवरधारिणः ॥
अन्योन्यमभिधावन्तःपरस्परवधैषिणः २७ ततोदुर्योधनोराजाकलिंगैर्बहुभिर्वृतः ॥ पुरस्कृत्यरणेभीष्मंपांडवानभ्यवर्तत २८ तथैवपांडवाःसर्वेपरिवार्यवृकोदरम् ॥
भीष्ममभ्यद्रवन्क्रुद्धास्ततोयुद्धमवर्तत २९ ॥ इतिश्रीमहाभारतेभीष्मपर्वणिभीष्मवध० संकुलयुद्धेसप्ततितमोऽध्यायः ॥ ७० ॥ संजयउवाच ॥ दृष्ट्वाभीष्मेण
संसक्तान्भ्रातॄनन्यांश्चपार्थिवान् ॥ समभ्यधावद्गांगेयमुद्यतास्त्रोधनंजयः १ पांचजन्यस्यनिर्घोषंधनुषोगांडिवस्यच ॥ ध्वजंचदृष्ट्वापार्थस्यसर्वान्नोभयमाविशत् २
सिंहलांगूलमाकाशेज्वलंतमिवपर्वतम् ॥ असज्जमानंवृक्षेषुधूमकेतुमिवोत्थितम् ३

भारतभावदीपेसप्ततितमोऽध्यायः ॥ ७० ॥ ॥ ॥ ॥ ॥ ॥ दृष्ट्वेति १ । २ । ३

बहुवर्णंविचित्रंचदिव्यंवानरलक्षणम् ॥ अपश्यामममहाराजध्वजंगांडीवधन्वनः ४ विद्युतंमेघमध्यस्थांभ्राजमानामिवांबरे ॥ ददृशुर्गांडिवंयोधारुक्मपृष्ठंमहामृधे ५
आशुश्रुमभृशंचास्यशक्रस्येवाभिगर्जतः ॥ सुघोरंतलयोःशब्दंनिघ्नतस्तववाहिनीम् ६ चंडवातोयथामेघःसविद्युत्स्तनयित्नुमान् ॥ दिशःसंप्लावयन्सर्वाःशरवर्षैः
समंततः ७ समभ्यधावद्गांगेयंभैरवास्त्रोधनंजयः ॥ दिशंप्राचींप्रतीचींचनजानीमोऽस्त्रमोहिताः ८ कांदिग्भूताःश्रांतपत्राहताश्वाहतचेतसः ॥ अन्योन्यमभिसंश्लिष्य
योधास्तेभरतर्षभ ९ भीष्ममेवाभ्यलीयंतसहसर्वैस्तवात्मजैः ॥ तेषामार्तायनमभूद्भीष्मःशांतनवोरणे १० समुत्पतंतिवित्रस्तारथेभ्योरथिनस्तथा ॥ सादिन
श्चाश्वपृष्ठेभ्योभूमौचापिपदातयः ११ श्रुत्वागांडीवनिर्घोषंविस्फूर्जितमिवाशनेः ॥ सर्वसैन्यानिभीतानिव्यवालीयंतभारत १२ अथकांबोजजैरश्वैर्महद्भिःशीघ्रगामि
भिः ॥ गोपानांबहुसाहस्रैर्बलैर्गोपायनैर्वृतः १३ मद्रसौवीरगांधारैस्त्रैगर्तैश्चविशांपते ॥ सर्वकालिंगमुख्यैश्चकलिंगाधिपतिर्वृतः १४ नानानरगणौघैश्चदुःशासन
पुरःसरः ॥ जयद्रथश्चनृपतिःसहितःसर्वराजभिः १५ हयारोहवराश्चैवतवपुत्रेणचोदिताः ॥ चतुर्दशसहस्राणिसौबलंपर्यवारयन् १६ ततस्तेसहिताःसर्वेविभ
क्तरथवाहनाः ॥ अर्जुनंसमरेजघ्नुस्तावकाभरतर्षभ १७ रथिभिर्वारणैरश्वैःपादातैश्चसमीरितम् ॥ घोरमायोधनंचक्रेमहाभ्रसदृशंरजः १८ तोमरप्रासनाराचगजाश्व
रथयोधिनाम् ॥ बलेनमहताभीष्मःसमसज्जत्किरीटिना १९ आवंत्यःकाशिराजेनभीमसेनेनसैंधवः ॥ अजातशत्रुर्मद्राणामृषभेणयशस्विना २० सहपुत्रःसहा
मात्यःशल्येनसमसज्जत ॥ विकर्णःसहदेवेनचित्रसेनःशिखंडिना २१ मत्स्यादुर्योधनंजग्मुःशकुनिंचविशांपते ॥ द्रुपदश्चेकितानश्चसात्यकिश्चमहारथः २२ द्रोणेन
समसज्जंतसपुत्रेणमहात्मना ॥ कृपश्चकृतवर्माचधृष्टद्युम्नमभिद्रुतौ २३ एवंप्रव्रजिताश्वानिभ्रांतनागरथानिच ॥ सैन्यानिसमसज्जंतप्रयुद्धानिसमंततः २४ निरभ्रेवि
द्युतस्तीव्रादिशश्चरजसाऽऽवृताः ॥ प्रादुरासन्महोल्काश्चसनिर्घाताविशांपते २५ प्रादुर्भूतोमहावातःपांसुवर्षंपपातच ॥ नभस्यंतर्दधेसूर्यःसैन्येनरजसाऽऽवृतः २६
प्रमोहःसर्वसत्वानामतीवसमपद्यत ॥ रजसाचाभिभूतानामस्त्रजालैश्चतुद्यताम् २७ वीरबाहुविसृष्टानांसर्वावरणभेदिनाम् ॥ संघातःशरजालानांतुमुलःसमपद्यत २८
प्रकाशंचक्रुराकाशमुद्यतानिभुजोत्तमैः ॥ नक्षत्रविमलाभानिशस्त्राणिभरतर्षभ २९ आर्षभाणिविचित्राणिरुक्मजालावृतानिच ॥ संपेतुर्दिक्षुसर्वासुचर्माणिभरत
र्षभ ३० सूर्यवर्णैश्चनिस्त्रिंशैःपात्यमानानिसर्वशः ॥ दिक्षुसर्वास्वदृश्यन्तशरीराणिशिरांसिच ३१ भग्नचक्राक्षनीडाश्चनिपातितमहाध्वजाः ॥ हताश्वाःपृथिवींजग्मु
स्तत्रतत्रमहारथाः ३२ परिपेतुर्हयाश्चात्रकेचिच्छस्त्रकृतव्रणाः ॥ रथान्विपरिकर्षंतोहतेषुरथयोधिषु ३३ शराहताभिन्नदेहाबद्धयोक्त्राहयोत्तमाः ॥ युगानिपर्यक
र्षंतत्रतत्रस्मभारत ३४

३५ वीतमाददिरेभतिगजंमृद्नंतोनिर्वीर्यमपिगजंजगृहुः मत्तगजवृद्धयेतिभावः 'वीतमसारगजे' इतिमेदिनी ३६ । ३७ । ३८ । ३९ । ४० । ४१ । ४२ः । ४३ ॥ इतिभी० नी० भा० एकसप्तति

अदृश्यंतससूताश्वसाश्वाःसरथयोधिनः ॥ एकेनबलिनाराजन्वारणेनविमर्दिताः ३५ गंधहस्तिमदस्रावमाघ्रायबहवोरणे ॥ सन्निपातेबलौघानांवीतमाददिरेगजाः
३६ सतोमरैर्महामात्रैर्निपतद्भिर्गतासुभिः ॥ बभूवायोधनंछन्नंनाराचाभिहतैर्गजैः ३७ सन्निपातेबलौघानांप्रेषितैर्वरवारणैः ॥ निपेतुर्युधिसंभग्नाःसयोधाःसध्वजागजाः
३८ नागराजोपमैर्हस्तैर्नागैराक्षिप्यसंयुगे ॥ व्यदृश्यंतमहाराजसंभग्नारथकूबराः ३९ विशीर्णरथसंघाश्चकेशेष्वाक्षिप्यदंतिभिः ॥ द्रुमशाखाइवाविध्यनिष्पिष्टार
थिनोरणे ४० रथेषुचरथान्युद्धेसंसक्तान्वरवारणाः ॥ विकर्षंतोदिशःसर्वाःसंपेतुःसर्वशब्दगाः ४१ तेषांतथाकर्षतांतुगजानांरूपमाबभौ ॥ सरःसुनलिनीजालं
विषक्तमिवकर्षताम् ४२ एवंसंछादितंतत्रबभूवायोधनंमहत् ॥ सादिभिश्चपदातैश्चसध्वजैश्चमहारथैः ४३ ॥ इतिश्रीमहाभारते भीष्मपर्वणि भीष्मवधप०
संकुलयुद्धेएकसप्ततितमोऽध्यायः ॥ ७१ ॥ ॥ संजयउवाच ॥ शिखंडीसहमत्स्येनविराटेनविशांपते ॥ भीष्ममाशुमहेष्वासमाससादसुदुर्जयम् १
द्रोणंकृपंविकर्णंचमहेष्वासंमहाबलम् ॥ राज्ञश्चान्यान्रणेशूरान्बहूनार्च्छद्धनंजयः २ सैंधवंचमहेष्वासंसामात्यंसहबंधुभिः ॥ प्राच्यांश्चदाक्षिणात्यांश्चभूमि
पान्भूमिपर्षभ ३ पुत्रंचतेमहेष्वासंदुर्योधनममर्षणम् ॥ दुःसहंचैवसमरेभीमसेनोऽभ्यवर्तत ४ सहदेवस्तुशकुनिमुलूकंचमहारथम् ॥ पितापुत्रौमहेष्वासावभ्य
वर्ततदुर्जयौ ५ युधिष्ठिरोमहाराजगजानीकंमहारथः ॥ समवर्ततसंग्रामेपुत्रेणनिकृतस्तव ६ माद्रीपुत्रस्तुनकुलःशूरसंक्रंदनोयुधि ॥ त्रिगर्तानांबलैःसार्धंसम
सज्जतपांडवः ७ अभ्यवर्ततसंक्रुद्धाःसमरेशाल्वकेकयान् ॥ सात्यकिश्चेकितानश्चसौभद्रश्चमहारथः ८ धृष्टकेतुश्चसमरेराक्षसश्चघटोत्कचः ॥ पुत्राणांतरथा
नीकंप्रत्युद्याताःसुदुर्जयाः ९ सेनापतिरमेयात्माधृष्टद्युम्नोमहाबलः ॥ द्रोणेनसमरेराजन्समियायोग्रकर्मणा १० एवमेतेमहेष्वासास्तावकाःपांडवैःसह ॥ समे
त्यसमरेशूराःसंप्रहारंप्रचक्रिरे ११ मध्यंदिनगतेसूर्येनभस्याकुलतांगते ॥ कुरवःपांडवेयाश्चनिजघ्नुरितरेतरम् १२ ध्वजिनोहेमचित्रांगाविचरंतोरणाजिरे ॥
सपताकारथारेजुर्वैयाघ्रपरिवारणाः १३ समेतानांचसमरेजिगीषूणांपरस्परम् ॥ बभूवतुमुलःशब्दःसिंहानामिवनर्दताम् १४ तत्राद्भुतमपश्यामसंप्रहारंसुदा
रुणम् ॥ यदकुर्वन्रणेशूराःसृंजयाःकुरुभिःसह १५ नैवखंनदिशोराजन्नसूर्यंशत्रुतापन ॥ विदिशोवापिपश्यामःशरैर्मुक्तैःसमंततः १६ शक्तीनांविमलाग्राणां
तोमराणांतथाऽस्यताम् ॥ निस्त्रिंशानांचपीतानांनीलोत्पलनिभाःप्रभाः १७ कवचानांविचित्राणांभूषणानांप्रभास्तथा ॥ खंदिशःप्रदिशश्चैवभासयामासुरोजसा
१८ वपुर्भिश्चनरेन्द्राणांचंद्रसूर्यसमप्रभैः ॥ विरराजतदाराजंस्तत्रतत्ररणांगणम् १९

तमोऽध्यायः ॥ ७१ ॥ शिखंडीति १ । २ । ३ । ४ । ५ । ६ शूरसंक्रंदनःशूराणांरोदकः शूरैर्द्रोग्धा ७ । ८ । ९ । १० । ११ । १२ । १३ । १४ । १५ । १६ । १७ ओजसास्त्रप्रभावेण १८ । १९

॥ १०३ ॥ रथमंबानरध्वजाग्रा ममायांतश्चसंयुगे ॥ विरेजुःसमवेगेगजनग्रहाइवनभस्तल २० भीष्मस्तुरथिनांश्रेष्ठोभीमसेनंमहाबलं ॥ अवारयतसंक्रुद्धःसर्वसैन्यस्यपश्यतः २१
ततोभीष्मविनिर्मुक्तारुक्मपुंखाःशिलाशिताः ॥ अभ्यघ्नन्समरेभीमंतैलधौताःसुतेजनाः २२ तस्यशक्तिंमहावेगांभीमसेनोमहाबलः ॥ क्रुद्धाशीविषसंकाशांप्रेषयामासभार
त २३ तामापतंतींसहसारुक्मदंडांदुरासदाम् ॥ चिच्छेदसमरेभीष्मःशरैःसन्नतपर्वभिः २४ ततोऽपरेणभल्लेनपीतेननिशितेनच ॥ कार्मुकंभीमसेनस्यद्विधाचिच्छे
दभारत २५ सात्यकिस्तुततस्तूर्णंभीष्ममासाद्यसंयुगे ॥ आकर्णप्रहितैस्तीक्ष्णैर्निशितैस्तिग्मतेजनैः २६ शरैर्बहुभिरानर्च्छत्पितरंतेजनेश्वर ॥ ततःसंधायवैतीक्ष्णंशरंप
रमदारुणम् २७ वार्ष्णेयस्यरथाद्भीष्मःपातयामाससारथिम् ॥ तस्याश्वाःप्रद्रुताराजन्निहतेरथसारथौ २८ तेनतेनैवधावंतिमनोमारुतरंहसः ॥ ततःसर्वस्यसैन्यस्यनिः
स्वनस्तुमुलोऽभवत् २९ हाहाकारश्चसंजज्ञेपांडवानांमहात्मनाम् ॥ अभ्यद्रवतगृह्णीतहयान्यच्छतधावत ३० इत्यासीत्तुमुलःशब्दोयुयुधानरथंप्रति ॥ एतस्मिन्नेव
कालेतुभीष्मःशांतनवस्तदा ३१ न्यहनत्पांडवींसेनामासुरीमिववृत्रहा ॥ तेवध्यमानाभीष्मेणपंचालाःसोमकैःसह ३२ स्थिरांयुद्धेमतिंकृत्वाभीष्ममेवाभिदुद्रुवुः ॥
धृष्टद्युम्नमुखाश्चापिपार्थाःशांतनवंरणे ३३ अभ्यधावन्जिगीषंतस्तवपुत्रस्यवाहिनीम् ॥ तथैवकौरवाराजन्भीष्मद्रोणपुरोगमाः ३४ अभ्यधावंतवेगेनततोयुद्धमवर्तत
३५ ॥ इतिश्रीमहाभारतेभीष्मपर्वणिभीष्मवधप० पंचमदिवसयुद्धेद्विसप्ततितमोऽध्यायः ॥ ७२ ॥ संजयउवाच ॥ विराटोऽथत्रिभिर्बाणैर्भीष्ममार्च्छन्महारथम् ॥ विव्याध
तुरगांश्चास्यत्रिभिर्बाणैर्महारथः १ तंप्रत्यविध्यद्दशभिर्भीष्मःशांतनवःशरैः ॥ रुक्मपुंखैर्महेष्वासःकृतहस्तोमहाबलः २ द्रौणिर्गांडीवधन्वानंभीमधन्वामहारथः ॥
अविध्यदिषुभिःषड्भिर्दृढहस्तःस्तनांतरे ३ कार्मुकंतस्यचिच्छेदफाल्गुनःपरवीरहा ॥ अविध्यच्चभृशंतीक्ष्णैःपत्रिभिःशत्रुकर्शनः ४ सोन्यत्कार्मुकमादायवेगवान्क्रोधमूर्छितः ॥
अमृष्यमाणःपार्थेनकार्मुकच्छेदमाहवे ५ अविध्यत्फाल्गुनंराजन्नवत्यानिशितैःशरैः ॥ वासुदेवंचसप्तत्याविव्याधपरमेषुभिः ६ ततःक्रोधाभिताम्राक्षःकृष्णेनसहफाल्गुनः ॥
दीर्घमुष्णंचनिःश्वस्यचिंतयित्वापुनःपुनः ७ धनुःप्रपीड्यवामेनकरेणामित्रकर्शनः ॥ गांडीवधन्वासंक्रुद्धःशितान्सन्नतपर्वणः ८ जीवितांतकरान्घोरान्समादत्तशि
लीमुखान् ॥ तैस्तूर्णंसमरेविध्यद्द्रौणिंबलवतांवरः ९ तस्यतेकवचंभित्वापपुःशोणितमाहवे ॥ नविव्यथेचनिर्भिन्नोद्रौणिर्गांडीवधन्वना १० तथैवचशरान्द्रौणिःप्रवि
मुंचन्नविह्वलः ॥ तस्थौससमरेराजंस्त्रातुमिच्छन्महाव्रतम् ११ तस्यतत्सुमहत्कर्मशशंसुःकुरुसत्तमाः ॥ यत्कृष्णाभ्यांसमेताभ्यामभ्यापततसंयुगे १२ सहिनित्यमनी
केषुयुध्यतेऽभयमास्थितः ॥ अस्त्रग्रामंससंहारंद्रोणात्प्राप्यसुदुर्लभम् १३ ॥ १०३ ॥

१४ । १५ । १६ । १७ । १८ । १९ । २० । २१ । २२ । २३ । २४ । २५ । २६ । २७ । २८ । २९ । ३० । ३१ सात्वतीपुत्रंअभिमन्युम्

ममैषआचार्यसुतोद्रोणस्यापिप्रियःसुतः ॥ ब्राह्मणश्चविशेषेणमाननीयोममेतिच १४ समास्थायमतिंवीरोबीभत्सुःशत्रुतापनः ॥ कृपांचक्रेरथश्रेष्ठोभारद्वाजसुतं
प्रति १५ द्रौणिंत्यक्त्वाततोयुद्धेकौन्तेयःश्वेतवाहनः ॥ युयुधेतावकान्निघ्नंस्त्वरमाणःपराक्रमी १६ दुर्योधनस्तुदशभिर्गार्ध्रपत्रैःशिलाशितैः ॥ भीमसेनंमहेष्वासंरुक्म
पुंखैःसमार्पयत् १७ भीमसेनःसुसंक्रुद्धःपरासुकरणंदृढम् ॥ चित्रंकार्मुकमादत्तशरांश्चनिशितान्दश १८ आकर्णप्रहितैस्तीक्ष्णैर्वेगवद्भिरजिह्मगैः ॥ अविध्यत्तूर्णम
व्यग्रःकुरुराजंमहोरसि १९ तस्यकांचनसूत्रस्थःशरैःसंछादितोमणिः ॥ रराजोरसिखेसूर्योग्रहैरिवसमावृतः २० पुत्रस्तुतवतेजस्वीभीमसेनेनताडितः ॥ नामृष्यतय
थानागस्तलशब्दंमदोत्कटः २१ ततःशरैर्महाराजरुक्मपुंखैःशिलाशितैः ॥ भीमंविव्याधसंक्रुद्धस्त्रासयानोवरूथिनीम् २२ तौयुध्यमानौसमरेभृशमन्योन्यविक्षतौ ॥
पुत्रौतेदेवसंकाशौव्यरोचेतांमहाबलौ २३ चित्रसेनंनरव्याघ्रंसौभद्रःपरवीरहा ॥ अविध्यद्दशभिर्बाणैःपुरुमित्रंचसप्तभिः २४ सत्यव्रतंचसप्तत्याविद्ध्वाशक्रसमोयुधि ॥
नृत्यन्निवरणेवीरआर्तिंनःसमजीजनत् २५ तंप्रत्यविध्यद्दशभिश्चित्रसेनःशिलीमुखैः ॥ सत्यव्रतश्चनवभिःपुरुमित्रश्चसप्तभिः २६ सविद्धोविक्षरन्रक्तंशत्रुसंवारणंम
हत् ॥ चिच्छेदचित्रसेनस्यचित्रंकार्मुकमार्जुनिः २७ भित्त्वाचास्यतनुत्राणंशरेणोरस्यताडयत् ॥ ततस्तेतावकावीराराजपुत्रामहारथाः २८ समेत्ययुधिसंरब्धाविव्य
धुर्निशितैःशरैः ॥ तांश्चसर्वान्शरैस्तीक्ष्णैर्जघानपरमास्त्रवित् २९ तस्यदृष्ट्वातुतत्कर्मपरिवव्रुःसुतास्तव ॥ दहंतंसमरेसैन्यंवनेकक्षंयथोल्बणम् ३० अपेतशिशिरेकाले
समिद्धमिवपावकम् ॥ अत्यरोचतसौभद्रस्तवसैन्यानिनाशयन् ३१ तत्तस्यचरितंदृष्ट्वापौत्रस्तवविशांपते ॥ लक्ष्मणोऽभ्यपतत्तूर्णंसात्वतीपुत्रमाहवे ३२ अभिमन्यु
स्तुसंक्रुद्धोलक्ष्मणंशुभलक्षणम् ॥ विव्याधनिशितैःषड्भिःसारथिंचत्रिभिःशरैः ३३ तथैवलक्ष्मणोराजन्सौभद्रंनिशितैःशरैः ॥ अविध्यतमहाराजतदद्भुतमिवाभवत्
३४ तस्याश्वांश्चतुरोहत्वासारथिंचमहाबलः ॥ अभ्यद्रवतसौभद्रोलक्ष्मणंनिशितैःशरैः ३५ हताश्वेतुरथेतिष्ठँल्लक्ष्मणःपरवीरहा ॥ शक्तिंचिक्षेपसंक्रुद्धःसौभद्रस्यरथं
प्रति ३६ तामापतन्तींसहसाघोररूपांदुरासदाम् ॥ अभिमन्युःशरैस्तीक्ष्णैश्चिच्छेदभुजगोपमाम् ३७ ततःस्वरथमारोप्यलक्ष्मणंगौतमस्तदा ॥ अपोवाहरथेनाजौ
सर्वसैन्यस्यपश्यतः ३८ ततःसमाकुलेतस्मिन्वर्तमानेमहाभये ॥ अभ्यद्रवन्जिघांसंतःपरस्परवधैषिणः ३९ तावकाश्चमहेष्वासाःपांडवाश्चमहारथाः ॥ जुह्वंतःसमरे
प्राणान्निजघ्नुरितरेतरम् ४० मुक्तकेशाविकवचाविरथाश्छिन्नकार्मुकाः ॥ बाहुभिःसमयुध्यंतसृंजयाःकुरुभिःसह ४१ ततोभीष्मोमहाबाहुःपांडवानांमहात्मनाम् ॥
सेनांजघानसंक्रुद्धोदिव्यैरस्त्रैर्महाबलः ४२

३२ । ३३ । ३४ । ३५ । ३६ । ३७ । ३८ । ३९ । ४० । ४१ । ४२

४३ ॥ इतिभीष्मपर्वणि नीलकंठीयेभारतभावदीपे त्रिसप्ततितमोऽध्यायः ॥ ७३ ॥ ॥ ॥ अथेति १ । २ । ३ । ४ । ५ । ६ । ७ । ८ । ९ । १० । ११ । १२ । १३ । १४ । १५ । १६ । भा.टी.प्र. भी ८१० अ० ७४ ॥ १०४ ॥

हतैरश्वैर्गजैस्तत्रनरैरश्वैश्चपातितैः ॥ रथिभिःसादिभिश्चैवसमास्तीर्यतमेदिनी ४३ ॥ इतिश्रीमहाभारतेभीष्मपर्वणि भीष्मवधपर्वणिद्वंद्वयुद्धे त्रिसप्ततितमोऽध्यायः ॥ ७३ ॥ ॥ संजयउवाच ॥ अथराजन्महाबाहुःसात्यकिर्युद्धदुर्मदः ॥ विकृष्यचापंसमरेभारसाहमनुत्तमम् १ प्रामुंचत्पुंखसंयुक्ताञ्शरानाशीविषोपमान् ॥ प्रगाढंलघुचित्रंचदर्शयन्हस्तलाघवम् २ तस्यविक्षिपतश्चापंशरानन्यांश्चमुंचतः ॥ आददानस्यभूयश्चसंदधानस्यचापरान् ३ क्षिपतश्चपरांस्तस्यरणेशत्रून्विनिघ्नतः ॥ ददृशेरूपमत्यर्थंमेघस्येवप्रवर्षतः ४ तमुदीर्यंतमालोक्यराजादुर्योधनस्ततः ॥ रथानामयुतंतस्यप्रेषयामासभारत ५ तांस्तुसर्वान्महेष्वासान्सात्यकिःसत्यविक्रमः ॥ जघानपरमेष्वासोदिव्येनास्त्रेणवीर्यवान् ६ सकृत्वादारुणंकर्मप्रगृहीतशरासनः ॥ आससादततोवीरोभूरिश्रवसमाहवे ७ सहिसंदृश्यसेनांतेयुयुधानेनपातिताम् ॥ अभ्यधावतसंक्रुद्धःकुरूणांकीर्तिवर्धनः ८ इंद्रायुधसवर्णंतुविस्फार्यसुमहद्धनुः ॥ सृष्टवान्वज्रसंकाशाञ्शरानाशीविषोपमान् ९ सहस्रशोमहाराजदर्शयन्पाणिलाघवम् ॥ शरांस्तान्मृत्युसंस्पर्शान्सात्यकेश्चपदानुगाः १० नविषेहुस्तदाराजन्दुद्रुवुस्तेसमंततः ॥ विहायसात्यकिंराजन्समरेयुद्धदुर्मदम् ११ तंदृष्ट्वायुयुधानस्यसुतादशमहाबलाः ॥ महारथाःसमाख्याताश्चित्रवर्मायुधध्वजाः १२ समासाद्यमहेष्वासंभूरिश्रवसमाहवे ॥ ऊचुःसर्वेसुसंरब्धायूपकेतुंमहारणे १३ भोभोकौरवदायादसहास्माभिर्महाबल ॥ एहियुध्यस्वसंग्रामेसमस्तैःपृथगेववा १४ अस्मान्वात्वंपराजित्ययशःप्राप्नुहिसंयुगे ॥ वयंवात्वांपराजित्यप्रीतिंधास्यामहेपितुः १५ एवमुक्तस्तदाशूरैस्तानुवाचमहाबलः ॥ वीर्यश्लाघीनरश्रेष्ठस्तान्दृष्ट्वासमवस्थितान् १६ साध्विदंकथ्यतेवीरायद्येवंमतिरद्यवः ॥ युध्यध्वंसहितायत्तानिहनिष्यामिवोरणे १७ एवमुक्ता महेष्वासास्तेवीराःक्षिप्रकारिणः ॥ महताशरवर्षेणअभ्यधावन्नरिंदमम् १८ सोऽपराह्णेमहाराजसंग्रामस्तुमुलोऽभवत् ॥ एकस्यचबहूनांचसमेतानांरणाजिरे १९ तमेकंरथिनांश्रेष्ठंशरैस्तेसमवाकिरन् ॥ प्रावृषीवयथामेघंसिषिचुर्जलदानृप २० तैस्तुमुक्ताञ्शरान्घोरान्यमदंडाशनिप्रभान् ॥ असंप्राप्तानसंभ्रांतश्चिच्छेदाशुमहारथः २१ तत्राद्भुतमपश्यामसौमदत्तेःपराक्रमम् ॥ यदेकोबहुभिर्युद्धेसमसज्जदभीतवत् २२ विसृज्यशरवृष्टिंतांदशराजन्महारथाः ॥ परिवार्यमहाबाहुंनिहंतुमुपचक्रमुः २३ सौमदत्तिस्ततःक्रुद्धस्तेषांचापानिभारत ॥ चिच्छेदसमरेराजन्युध्यमानोमहारथैः २४ अथैषांछिन्नधनुषांशरैःसन्नतपर्वभिः ॥ चिच्छेदसमरेराजञ्शिरांसिभरतर्षभ २५ तेहतान्यपतन्राजन्वज्रभग्नाइवद्रुमाः ॥ तान्दृष्ट्वानिहतान्वीरोरणेपुत्रान्महाबलान् २६ वार्ष्णेयोविनदन्राजन्भूरिश्रवसमभ्ययात् ॥ रथंरथेनसमरेपीडयित्वामहाबलौ २७ तावन्योन्यंहिसमरेनिहत्यरथवाजिनः ॥ विरथावभिवल्गंतौसमेयातांमहारथौ २८

१७ । १८ । १९ । २० । २१ । २२ । २३ । २४ । २५ । २६ । २७ । २८

२९ । ३० । ३१ । ३२ । ३३ । ३४ । ३५ । ३६ ३७ । ३८ । ३९ ॥ इ० भी० नी० भा० चतुःसप्ततितमोऽध्यायः ॥ ७४ ॥ तेइति १ । २ । ३ । ४ । ५ । ६ । ७ । ८ । ९ । १० । ११

प्रगृहीतमहाखड्गौतौचर्मवरधारिणौ ॥ शुशुभातेनरव्याघ्रौयुद्धायसमवस्थितौ २९ ततःसात्यकिमभ्येत्यनिस्त्रिंशवरधारिणम् ॥ भीमसेनस्त्वरन्राजन्रथमारोपयत्तदा
३० तवापितनयोराजन्भूरिश्रवसमाहवे ॥ आरोपयद्रथंतूर्णंपश्यतांसर्वधन्विनाम् ३१ तस्मिंस्तथावर्तमानेरणेभीष्मंमहारथम् ॥ अयोधयंतसंरब्धाःपांडवाभरतर्षभ
३२ लोहितायतिचादित्येत्वरमाणोधनंजयः ॥ पंचविंशतिसाहस्रान्निजघानमहारथान् ३३ तेहिदुर्योधनादिष्टास्तदापार्थनिबर्हणे ॥ संप्राप्यैवगतानाशंशलभाइव
पावकम् ३४ ततोमत्स्याःकेकयाश्चधनुर्वेदविशारदाः ॥ परिवव्रुस्तदापार्थंसहपुत्रंमहारथम् ३५ एतस्मिन्नेवकालेतुसूर्येऽस्तमुपगच्छति ॥ सर्वेषांचैवसैन्यानांप्रमोहः
समजायत ३६ अवहारंततश्चक्रेपितादेवव्रतस्तव ॥ संध्याकालेमहाराजसैन्यानांश्रांतवाहनः ३७ पांडवानांकुरूणांचपरस्परसमागमे ॥ तेसेनेभृशसंविग्नेययतुःस्वंनि
वेशनम् ३८ ततःस्वशिबिरंगत्वान्यविशंस्तत्रभारत ॥ पांडवाःसृंजयैःसार्धंकुरवश्चयथाविधि ३९ ॥ इतिश्रीमहाभारतेभीष्मप० भीष्मवधप० पंचमदिवसावहारेचतुः
सप्ततितमोऽध्यायः ॥ ७४ ॥ संजयउवाच ॥ तेविश्रम्यततोराजन्सहिताःकुरुपांडवाः ॥ व्यतीतायांतुशर्वर्यांपुनर्युद्धायनिर्ययुः १ तत्रशब्दोमहानासीत्तवतेषांचभा
रत ॥ युज्यतांरथमुख्यानांकल्प्यतांचैवदंतिनाम् २ संनह्यतांपदातीनांहयानांचैवभारत ॥ शंखदुंदुभिनादश्चतुमुलःसर्वतोऽभवत् ३ ततोयुधिष्ठिरोराजाधृष्टद्युम्नमभाषत
व्यूहंव्यूहमहाबाहोमकरंशत्रुनाशनम् ४ एवमुक्तस्तुपार्थेनधृष्टद्युम्नोमहारथः ॥ व्यादिदेशमहाराजरथिनोरथिनांवरः ५ शिरोऽभूद्द्रुपदस्तस्यपांडवश्चधनंजयः ॥ चक्षु
षीसहदेवश्चनकुलश्चमहारथः ६ तुंडमासीन्महाराजभीमसेनोमहाबलः ॥ सौभद्रोद्रौपदेयाश्चराक्षसश्चघटोत्कचः ७ सात्यकिर्धर्मराजश्चव्यूहग्रीवांसमास्थिताः ॥ पृष्ठमासी
न्महाराजविराटोवाहिनीपतिः ८ धृष्टद्युम्नेनसहितोमहत्यासेनयावृतः ॥ केकयाभ्रातरःपंचवामपार्श्वंसमाश्रिताः ९ धृष्टकेतुर्नरव्याघ्रश्चेकितानश्चवीर्यवान् ॥ दक्षिणंप
क्षमाश्रित्यस्थितौव्यूहस्यरक्षणे १० पादयोस्तुमहाराजस्थितःश्रीमान्महारथः ॥ कुंतिभोजःशतानीकोमहत्यासेनयावृतः ११ शिखंडीतुमहेष्वासःसोमकैःसंवृतो
बली ॥ इरावांश्चततःपुच्छेमकरस्यव्यवस्थितौ १२ एवमेतंमहाव्यूहंव्यूह्यभारतपांडवाः ॥ सूर्योदयेमहाराजपुनर्युद्धायदंशिताः १३ कौरवानभ्ययुस्तूर्णंहस्त्यश्वरथ
पत्तिभिः ॥ समुच्छ्रितैर्ध्वजैश्छत्रैःशस्त्रैश्चविमलैःशितैः १४ व्यूढंदृष्ट्वातुतत्सैन्यंपितादेवव्रतस्तव ॥ क्रौंचेनमहताराजन्प्रत्यव्यूहतवाहिनीम् १५ तस्यतुंडेमहेष्वासोभारद्वा
जोव्यरोचत ॥ अश्वत्थामाकृपश्चैवचक्षुरासीन्नरेश्वर १६ कृतवर्मातुसहितःकांबोजवरबाह्लिकैः ॥ शिरस्यासीन्नरश्रेष्ठःश्रेष्ठःसर्वधनुष्मताम् १७ ग्रीवायांशूरसेनश्चतव
पुत्रश्चमारिष ॥ दुर्योधनोमहाराजराजभिर्बहुभिर्वृतः १८ प्राग्ज्योतिषस्तुसहितोमद्रसौवीरकेकयैः ॥ उरस्यभून्नरश्रेष्ठमहत्यासेनयावृतः १९

 १२ । १३ । १४ । १५ । १६ । १७ । १८ । १९

२० । २१ । २२ । २३ । २४ । २५ । २६ । २७ । २८ । २९ । ३० । ३१ । ३२ । ३३ । ३४ । ३५ । ३६ । ३७ इति भी० नी० भा० पंचसप्ततितमोऽध्यायः ॥ ७५ ॥ एवमिति १

॥१०५॥ स्वसेनयाचसहितःसुशर्माप्रस्थलाधिपः ॥ वामपक्षंसमाश्रित्यदंशितःसमवस्थितः २० तुषारायवनाश्चैवशकाश्चसहचूचुपैः ॥ दक्षिणंपक्षमाश्रित्यस्थिताव्यूहस्यभारत
२१ श्रुतायुश्चशतायुश्चसौमदत्तिश्चमारिष ॥ व्यूहस्यजघनेतस्थूरक्षमाणाःपरस्परम् २२ ततोयुद्धायसंजग्मुःपांडवाःकौरवैःसह ॥ सूर्योदयेमहाराजततोयुद्धमभून्महत् अ०
२३ प्रतीयूरथिनोनागानागाश्चरथिनोययुः ॥ हयारोहान्रथारोहारथिनश्चापिसादिनः २४ सादिनश्चहयान्राजन्रथिनश्चमहारणे ॥ हस्त्यारोहान्हयारोहारथिनःसादि
नस्तथा २५ रथिनःपत्तिभिःसार्धंसादिनश्चापिपत्तिभिः ॥ अन्योन्यंसमरेराजन्प्रत्यधावन्नमर्षिताः २६ भीमसेनार्जुनयमैर्गुप्ताचान्यैर्महारथैः ॥ शुशुभेपांडवीसेना ७५
नक्षत्रैरिवशर्वरी २७ तथाभीष्मकृपद्रोणशल्यदुर्योधनादिभिः ॥ तवापिचबभौसेनाग्रहैर्द्यौरिवसंवृता २८ भीमसेनस्तुकौन्तेयोद्रोणंदृष्ट्वापराक्रमी ॥ अभ्ययाज्जवनैरश्वै
र्भारद्वाजस्यवाहिनीम् २९ द्रोणस्तुसमरेक्रुद्धोभीमंनवभिरायसैः ॥ विव्याधसमरश्लाघीमर्माण्युद्दिश्यवीर्यवान् ३० दृढाहतस्ततोभीमोभारद्वाजस्यसंयुगे ॥ सारथिंप्रे
षयामासयमस्यसदनंप्रति ३१ ससंगृह्यस्वयंवाहान्भारद्वाजःप्रतापवान् ॥ व्यधमत्पांडवींसेनांतूलराशिमिवानलः ३२ तेवध्यमानाद्रोणेनभीष्मेणचनरोत्तमाः ॥ सृंज
याःकेकयैःसार्धंपलायनपराभवन् ३३ तथैवतावकंसैन्यंभीमार्जुनपरिक्षतम् ॥ मुह्यतेतत्रतत्रैवसमदेववरांगना ३४ अभिद्येतांततोव्यूहौतस्मिन्वीरवरक्षये ॥ आसी
द्व्यतिकरोघोरस्तवतेषांचभारत ३५ तदद्भुतमपश्यामतावकानांपरैःसह ॥ एकायनगताःसर्वेयदयुध्यंतभारत ३६ प्रतिसंवार्यचास्त्राणितेऽन्योन्यस्यविशांपते ॥ युयुधुः
पांडवाश्चैवकौरवाश्चमहाबलाः ३७ इतिश्रीमहाभारतेभीष्मपर्वणिभीष्मवध० षष्ठदिवसयुद्धारंभेपंचसप्ततितमोऽध्यायः ॥ ७५ ॥ ॥ धृतराष्ट्रउवाच ॥ एवंबहुगुणं
सैन्यमेवंबहुविधंपुरा ॥ व्यूढमेवंयथाशास्त्रममोघंचैवसंजय १ हृष्टमस्माकमत्यंतमभिकामंचनःसदा ॥ प्रह्वमव्यसनोपेतंपुरस्ताद्दृष्टविक्रमम् २ नातिवृद्धमबालंचनकृ
शंनचपीवरम् ॥ लघुवृत्तायतप्रायंसारयोधमनामयम् ३ आत्तसन्नाहशस्त्रंचबहुशस्त्रपरिग्रहम् ॥ असियुद्धेनियुद्धेचगदायुद्धेचकोविदम् ४ प्रासर्ष्टितोमरेष्वाजौपरिघे
ष्वायसेषुच ॥ भिंदिपालेषुशक्तीषुमुसलेषुचसर्वशः ५ कंपनेषुचचापेषुकणपेषुचसर्वशः ॥ क्षेपणीयेषुचित्रेषुमुष्टियुद्धेषुचक्षमम् ६ अपरोक्षंचविद्यासुव्यायामेचकृत
श्रमम् ॥ शस्त्रग्रहणविद्यासुसर्वासुपरिनिष्ठितम् ७ आरोहपर्यवस्कंदेसरणेसांतरप्लुते ॥ सम्यक्प्रहरणेयानेव्यपयानेचकोविदम् ८ नागाश्वरथयानेषुबहुशःसुपरीक्षितम् ॥
परीक्ष्यचयथान्यायंवेतनेनोपपादितम् ९ नगोष्ठ्यानोपकारेणनचबंधुनिमित्ततः ॥ नसौहृदबलैर्वापिनाकुलीनपरिग्रहैः १० समृद्धजनमार्यंचतुष्टसंबंधिबांधवम् ॥
कृतोपकारभूयिष्ठंयशस्विचमनस्विच ११

नः अस्मान् अभिकामंआकांक्षमाणं प्रह्वंप्रणतं २ लघुवृत्तंशीकाग्र्यरि आयतप्रायंप्रांशुबहुलं ३ । ४ । ५ । ६ । ७ आरोहेस्त्यादीनां पर्यवस्कंदेहस्त्यादिभ्योऽवतरणे ८ । ९ । १० मनस्विसाहंकारं ११

१२ । १३ अपक्षैःपक्षशून्यैः तथाऽपिगत्यापक्षिसदृशैः १४ । १५ । १६ । १७ । १८ । १९ । २० । २१ । २२ । २३ । २४ । २६ ॥ इतिभी० नी० भा० षट्सप्ततितमोऽध्यायः ॥ ७६ ॥

स्वजनैस्तुनरैर्मुख्यैर्बहुशोदृष्टकर्मभिः ॥ लोकपालोपमैस्तातपालितंलोकविश्रुतम् १२ बहुभिःक्षत्रियैर्गुप्तंपृथिव्यांलोकसंमतैः ॥ अस्मानभिगतैःकामात्सबलैःसप
दानुगैः १३ महोदधिमिवापूर्णमापगाभिःसमंततः ॥ अपक्षैःपक्षिसंकाशैरथैर्नागैश्चसंवृतम् १४ नानायोधजलंभीमंवाहनोर्मितरंगिणम् ॥ क्षेपण्यसिगदाशक्तिशर
प्रासससमाकुलम् १५ ध्वजभूषणसंबाधंरत्नपट्टसुसंचितम् ॥ परिधावद्भिरश्वैश्चवायुवेगविकंपितम् १६ अपारमिवगर्जन्तंसागरप्रतिमंमहत् ॥ द्रोणभीष्माभिसंगुप्तंगुप्तं
चकृतवर्मणा १७ कृपदुःशासनाभ्यांचजयद्रथमुखैस्तथा ॥ भगदत्तविकर्णाभ्यांद्रौणिसौबलबाल्हिकैः १८ गुप्तंप्रवीरैर्लोकैश्चसारवद्भिर्महात्मभिः ॥ यदहन्यतसंग्रामे
दैवमत्रपुरातनम् १९ नैतादृशंसमुद्योगंदृष्टवंतोहिमानुषाः ॥ ऋषयोवामहाभागाःपुराणाभुविसंजय २० ईदृशोऽपिबलौघस्तुसंयुक्तःशस्त्रसंपदा ॥ बध्यतेयत्रसंग्रामे
किमन्यद्भागधेयतः २१ विपरीतमिदंसर्वंप्रतिभातिहिसंजय ॥ यत्रेदृशंबलंघोरंपांडवान्नातरद्रणे २२ पांडवार्थायनियतंदेवास्तत्रसमागताः ॥ युध्यंतेमामकंसैन्यंयथा
वध्यतसंजय २३ उक्तोहिविदुरेणाहंहितंपथ्यंचनित्यशः ॥ नचजग्राहतन्मंदःपुत्रोदुर्योधनोमम २४ तस्यमन्येमतिःपूर्वंसर्वज्ञस्यमहात्मनः ॥ आसीद्यथागतंतातये
नदृष्टमिदंपुरा २५ अथवाभाव्यमेवंहिसंजयैतेनसर्वथा ॥ पुराधात्रायथासृष्टंतत्तथानैतदन्यथा २६ इतिश्रीमहाभारतेभीष्मपर्वणिभीष्मवधप० धृतराष्ट्रचिंतायांषट्सप्त
तितमोऽध्यायः ॥ ७६ ॥ ॥ संजयउवाच ॥ आत्मदोषात्त्वयाराजन्प्राप्तंव्यसनमीदृशम् ॥ नहिदुर्योधनस्तानिपश्यतेभरतर्षभ १ यानित्वंदृष्टवान्राजन्
धर्मसंकरकारिते ॥ तवदोषात्पुरावृत्तंद्यूतमेवविशांपते २ तवदोषेणयुद्धंचप्रवृत्तंसहपांडवैः ॥ त्वमेवाद्यफलंभुंक्ष्वकृत्वाकिल्बिषमात्मना ३ आत्मनैवकृतंकर्मआत्मनै
वोपभुज्यते ॥ इहचप्रेत्यवाराजंस्त्वयाप्राप्तंयथातथम् ४ तस्माद्राजन्स्थिरोभूत्वाप्राप्येदंव्यसनंमहत् ॥ शृणुयुद्धंयथावृत्तंशंसतोमेनराधिप ५ भीमसेनःसुनिशितैर्बा
णैर्भित्वामहाचमूम् ॥ आससादततोवीरःसर्वान्दुर्योधनानुजान् ६ दुःशासनंदुर्विषहंदुःसहंदुर्मदंजयम् ॥ जयत्सेनंविकर्णंचचित्रसेनंसुदर्शनम् ७ चारुचित्रंसुवर्माणं
दुष्कर्णंकर्णमेवच ॥ एतांश्चान्यांश्चसुबहून्समीपस्थान्महारथान् ८ धार्तराष्ट्रान्सुसंक्रुद्धान्दृष्ट्वाभीमोमहारथः ॥ भीष्मेणसमरेगुप्तांप्रविवेशमहाचमूम् ९ अथालो
क्यप्रविष्टंतमूचुस्तेसर्वएवतु ॥ जीवग्राहंनिगृह्णीमोवयमेनंनराधिपाः १० सतैःपरिवृतःपार्थोभ्रातृभिःकृतनिश्चयैः ॥ प्रजासंहरणेसूर्यःक्रूरैरिवमहाग्रहैः ११ संप्राप्यमध्यं
सैन्यस्यनभीःपांडवमाविशत् ॥ यथादेवासुरेयुद्धेमहेन्द्रंप्राप्यदानवान् १२ ततःशतसहस्राणिरथिनांसर्वशःप्रभो ॥ उद्यतानिशरैस्तीव्रैस्तमेकंपरिवव्रिरे १३ सते
षांप्रवरान्योधान्हस्त्यश्वरथसादिनः ॥ जघानसमरेशूरोधार्तराष्ट्रानचिंतयन् १४

आत्मदोषादिति १ । २ । । ३ । ४ । ५ । ६ । ७ । ८ । ९ । १० । ११ । १२ । १३ । १४

॥ १०६ ॥ तेषांव्यवसितंज्ञात्वाभीमसेनोजिघृक्षताम् ॥ समस्तानांवधेराजन्मतिंचक्रेमहामनाः १५ ततोरथंसमुत्सृज्यगदामादायपांडवः ॥ जघानधार्तराष्ट्राणांतंबलौघंमहार्णवम्
१६ भीमसेनेप्रविष्टेतुधृष्टद्युम्नोऽपिपार्षतः ॥ द्रोणमुत्सृज्यतरसाप्रययौयत्रसौबलः १७ निवार्यमहतींसेनांतावकानांनरर्षभः ॥ आससादरथंशून्यंभीमसेनस्यसंयुगे
१८ दृष्ट्वाविशोकंसमरेभीमसेनस्यसारथिम् ॥ धृष्टद्युम्नोमहाराजदुर्मनागतचेतनः १९ अपृच्छद्बाष्पसंरुद्धोनिःश्वसन्वाचमीरयन् ॥ ममप्राणैःप्रियतमःक्वभीमइतिदुः
खितः २० विशोकस्तमुवाचेदंधृष्टद्युम्नंकृतांजलिः ॥ संस्थाप्यमामिहबलीपांडवेयःपराक्रमी २१ प्रविष्टोधार्तराष्ट्राणामेतद्बलमहार्णवम् ॥ मामुक्त्वापुरुषव्याघ्रःप्री
तियुक्तमिदंवचः २२ प्रतिपालयमांसूतनियम्याश्वान्मुहूर्तकम् ॥ यावदेतान्निहन्म्यद्ययइमेमद्वधोद्यताः २३ ततोदृष्ट्वाप्रधावंतंगदाहस्तंमहाबलम् ॥ सर्वेषामेवसैन्या
नांसंहर्षःसमजायत २४ तस्मिन्सुतुमुलेयुद्धेवर्तमानेभयानके ॥ भित्त्वाराजन्महाव्यूहंप्रविवेशवृकोदरः २५ विशोकस्यवचःश्रुत्वाधृष्टद्युम्नोऽथपार्षतः ॥ प्रत्युवाचततः
सूतंरणमध्येमहाबलः २६ नहिमेजीवितेनापिविद्यतेऽद्यप्रयोजनम् ॥ भीमसेनंरणेहित्वास्नेहमुत्सृज्यपांडवैः २७ यदियामिविनाभीमंकिंमांक्षत्रंवदिष्यति ॥ ए
कायनगतेभीमेमयिचावस्थितेयुधि २८ अस्वस्तितस्यकुर्वंतिदेवाःशक्रपुरोगमाः ॥ यःसहायान्परित्यज्यस्वस्तिमानाव्रजेद्गृहम् २९ ममभीमःसखाचैवसंबंधीचमहा
बलः ॥ भक्तोस्मान्भक्तिमांश्चाहंतमप्यरिनिषूदनम् ३० सोहंतत्रगमिष्यामियत्रयातोवृकोदरः ॥ निघ्नंतंमांरिपून्पश्यदानवानिववासवम् ३१ एवमुक्त्वाततोवीरोययौमध्ये
नभारत ॥ भीमसेनस्यमार्गेषुगदाप्रमथितैर्गजैः ३२ सददर्शतदाभीमंदहंतंरिपुवाहिनीम् ॥ वातोवृक्षानिवबलात्प्रभंजंतंरणेरिपून् ३३ तेवध्यमानाःसमरेरथिनःसादिनस्त
था ॥ पादातादंतिनश्चैवचक्रुरार्तस्वरंमहत् ३४ हाहाकारश्चसंजज्ञेतवसैन्यस्यमारिष ॥ वध्यतोभीमसेनेनकृतिनाचित्रयोधिना ३५ ततःकृतास्त्रास्तेसर्वेपरिवार्यवृकोदरम्
॥ अभीताःसमवर्ततशस्त्रवृष्ट्यापरंतप ३६ अभिद्रुतंशस्त्रभृतांवरिष्ठंसमंततःपांडवंलोकवीरः ॥ सैन्येनघोरेणसुसंहितेनदृष्ट्वाबलीपार्षतोभीमसेनम् ३७ अथोपगच्छच्छर
विक्षतांगंपदातिनंक्रोधविषंवमंतम् ॥ आश्वासयन्पार्षतोभीमसेनंगदाहस्तंकालमिवांतकाले ३८ विशल्यमेनंचचकारतूर्णमारोपयच्चात्मरथेमहात्मा ॥ भृशंपरिष्व
ज्यचभीमसेनमाश्वासयामाससशत्रुमध्ये ३९ भ्रातॄनथोपेत्यतवापिपुत्रस्तस्मिन्विमर्देमहतिप्रवृत्ते ॥ अयंदुरात्माद्रुपदस्यपुत्रःसमागतोभीमसेनेनसार्धं ४० तंयामसर्वे
महताबलेनमावोरिपुःप्रार्थयतामनीकम् ॥ श्रुत्वातुवाक्यंतममृष्यमाणाज्येष्ठाज्ञयानोदिताधार्तराष्ट्राः ४१ वधायनिष्पेतुरुदायुधास्तेयुगक्षयेकेतवोयद्वदुग्राः ॥
प्रगृह्यचास्त्राणिधनूंषिवीराज्यानेमिघोषैःप्रविकंपयंतः ४२ शरैरवर्षन्द्रुपदस्यपुत्रंयथांऽबुदाभूधरंवारिजालैः ॥ निहत्यतांश्चापिशरैःसुतीक्ष्णैर्नविव्यथेसमरे ॥ १०६
चित्रयोधी ४३

४४ । ४५ । ४६४७ । ४८ । ४९ ५० । ५१ । ५२ । ५३ । ५४ । ५५ । ५६ । ५७ । ५८ । ५९ । ६० ६१ । ६२ । ६३ । ६४ । ६५ । ६६ । ६७ । ६८ । ६९ । ७० । ७१ । ७२ । ७३

समभ्युदीर्णांश्चतवात्मजांस्तथानिशम्यवीरानभितःस्थितान्रणे ॥ जिघांसुरुग्रंद्रुपदात्मजोयुवाप्रमोहनास्त्रंयुयुजेमहारथः ४४ क्रुद्धोभृशंतवपुत्रेषुराजन्दैत्येषुयद्वत्स
मरेमहेन्द्रः ॥ ततोव्यमुह्यंतरणेनृवीराःप्रमोहनास्त्राहतबुद्धिसत्वाः ४५ प्रदुद्रुवुःकुरवश्चैवसर्वेसवाजिनागाःसरथाःसमंतात् ॥ परीतकालानिवनष्टसंज्ञान्मोहोपेतांस्त
वपुत्रान्निशम्य ४६ एतस्मिन्नेवकालेतुद्रोणःशस्त्रभृतांवरः ॥ द्रुपदंत्रिभिरासाद्यशरैर्विव्याधदारुणैः ४७ सोऽतिविद्धस्ततोराजन्रणेद्रोणेनपार्थिवः ॥ अपायाद्द्रुपदोरा
जन्पूर्ववैरमनुस्मरन् ४८ जित्वातुद्रुपदंद्रोणःशंखंदध्मौप्रतापवान् ॥ तस्यशंखस्वनंश्रुत्वावित्रेसुःसर्वसोमकाः ४९ अथशुश्रावतेजस्वीद्रोणःशस्त्रभृतांवरः ॥ प्रमोह
नास्त्रेणरणेमोहितानात्मजांस्तव ५० ततोद्रोणोमहाराजत्वरितोऽभ्याययौरणात् ॥ तत्रापश्यन्महेष्वासोभारद्वाजःप्रतापवान् ५१ धृष्टद्युम्नंचभीमंचविचरंतौमहा
रणे ॥ मोहाविष्टांश्चतेपुत्रानपश्यत्समहारथः ५२ ततःप्रज्ञास्त्रमादायमोहनास्त्रंव्यनाशयत् ॥ अथप्रत्यागतप्राणास्तवपुत्रामहारथाः ५३ पुनर्युद्धायसमरेप्रययुर्भीम
पार्षतौ ॥ ततोयुधिष्ठिरःप्राहसमाहूयस्वसैनिकान् ५४ गच्छंतुपदवींशक्त्याभीमपार्षतयोर्युधि ॥ सौभद्रप्रमुखावीराःरथाद्वादशदंशिताः ५५ प्रवृत्तिमधिगच्छंतुन
हिशुद्ध्यतिमेमनः ॥ तएवंसमनुज्ञाताःशूराविक्रांतयोधिनः ५६ बाढमित्येवमुक्त्वातुसर्वेपुरुषमानिनः ॥ मध्यंदिनगतेसूर्येप्रययुःसर्वएवहि ५७ केकयाद्रौपदेयाश्च
धृष्टकेतुश्चवीर्यवान् ॥ अभिमन्युंपुरस्कृत्यमहत्यासेनयावृताः ५८ तेकृत्वासमरव्यूहंसूचीमुखमरिंदमाः ॥ बिभिदुर्धार्तराष्ट्राणांतद्रथानीकमाहवे ५९ तान्प्रयातान्म
हेष्वासानभिमन्युपुरोगमान् ॥ भीमसेनभयाविष्टाधृष्टद्युम्नविमोहिता ६० नसंवारयितुंशक्तातवसेनाजनाधिप ॥ मदमूर्छान्वितात्मावैप्रमदेवाध्वनिस्थिता ६१ तेऽ
भिजातामहेष्वासाःसुवर्णविकृतध्वजाः ॥ परीप्संतोऽभ्यधावंतधृष्टद्युम्नवृकोदरौ ६२ तौचदृष्ट्वामहेष्वासावभिमन्युपुरोगमान् ॥ बभूवतुर्मुदायुक्तौनिघ्नंतौतववाहिनीम्
६३ दृष्ट्वातुसहसायांतंपांचाल्योगुरुमात्मनः ॥ नाशंसतवधंवीरःपुत्राणांतवभारत ६४ ततोरथंसमारोप्यकैकेयस्यवृकोदरम् ॥ अभ्यधावत्सुसंक्रुद्धोद्रोणमिष्वस्त्रपार
गम् ६५ तस्याभिपततस्तूर्णंभारद्वाजःप्रतापवान् ॥ क्रुद्धश्चिच्छेदबाणेनधनुःशत्रुनिबर्हणः ६६ अन्यांश्चशतशोबाणान्प्रेषयामासपार्षते ॥ दुर्योधनहितार्थाय
भर्तृपिंडमनुस्मरन् ६७ अथान्यद्धनुरादायपार्षतःपरवीरहा ॥ द्रोणंविव्याधविंशत्यारुक्मपुंखैःशिलाशितैः ६८ तस्यद्रोणःपुनश्चापंचिच्छेदामित्रकर्शनः ॥
हयांश्चचतुरस्तूर्णंचतुर्भिःसायकोत्तमैः ६९ वैवस्वतक्षयंघोरंप्रेषयामासभारत ॥ सारथिंचास्यभल्लेनप्रेषयामासमृत्यवे ७० हताश्वात्सरथात्तूर्णमवप्लुत्यमहारथः ॥
आरुरोहमहाबाहुरभिमन्योर्महारथम् ७१ ततःसरथनागाश्वासमकंपतवाहिनी ॥ पश्यतोभीमसेनस्यपार्षतस्यचपश्यतः ७२ तत्प्रभग्नंबलंदृष्ट्वाद्रोणेनामिततेजसा ॥
नाशक्नुवन्वारयितुंसमस्तास्तेमहारथाः ७३

वध्यमानंतुतत्सैन्यंद्रोणेननिशितैःशरैः ॥ व्यभ्रमत्तत्रतत्रैवक्षोभ्यमाणइवार्णवः ७४ तथादृष्ट्वाचतत्सैन्यंजहृषेतावकंबलम् ॥ दृष्ट्वाऽऽचार्यंसुसंक्रुद्धंपतंतंरिपुवाहि
॥ १०७ ॥ नीम् ॥ चुक्रुशुःसर्वतोयोधाःसाधुसाध्वितिभारत ७५ ॥ इतिश्रीमहाभारतेभीष्मप० भीष्मवधप० संकुलयुद्धेद्रोणपराक्रमेसप्तसप्ततितमोऽध्यायः ॥ ७७ ॥ अ०
॥ संजयउवाच ॥ ततोदुर्योधनोराजामोहात्प्रत्यागतस्तदा ॥ शरवर्षैःपुनर्भीमंप्रत्यवारयदच्युतम् १ एकीभूतास्ततश्चैवतवपुत्रामहारथाः ॥ समेत्यसमरेभीमंयोधया ७८
मासुरुद्यताः २ भीमसेनोऽपिसमरेसंप्राप्यस्वरथंपुनः ॥ समारुह्यमहाबाहुर्ययौयेनतवात्मजः ३ प्रगृह्यचमहावेगंपरासुकरणंदृढम् ॥ सज्जंशरासनंसंख्येशरैर्विव्याध
तेसुतम् ४ ततोदुर्योधनोराजाभीमसेनंमहाबलम् ॥ नाराचेनसुतीक्ष्णेनभृशंमर्मण्यताडयत् ५ सोऽतिविद्धोमहेष्वासस्तवपुत्रेणधन्विना ॥ क्रोधसंरक्तनयनोवेगेनाक्षि
प्यकार्मुकम् ६ दुर्योधनंत्रिभिर्बाणैर्बाह्वोरुरसिचार्पयत् ॥ सतत्रशुशुभेराजाशिखरैर्गिरिराडिव ७ तौदृष्ट्वासमरेक्रुद्धौविनिघ्नंतौपरस्परम् ॥ दुर्योधनानुजाःसर्वेशूराःसंत्यक्तजी
विता० ८ संस्मृत्यमंत्रितंपूर्वंनिग्रहंभीमकर्मणः ॥ निश्चयंपरमंकृत्वानिग्रहीतुंप्रचक्रमुः ९ तानापततएवाजौभीमसेनोमहाबलः ॥ प्रत्युद्ययौमहाराजगजःप्रतिगजानिव
१० भृशंक्रुद्धश्चतेजस्वीनाराचेनसमार्पयत् ॥ चित्रसेनंमहाराजतवपुत्रंमहायशाः ११ तथेतरांस्तवसुतांस्ताडयामासभारत ॥ शरैर्बहुविधैःसंख्येरुक्मपुंखैःसुतेजनैः
१२ ततःसंस्थाप्यसमरेतान्यनीकानिसर्वशः ॥ अभिमन्युप्रभृतयस्तेद्वादशमहारथाः १३ प्रेषिताधर्मराजेनभीमसेनपदानुगाः ॥ प्रतिजग्मुर्महाराजतवपुत्रान्महाब
लान् १४ दृष्ट्वारथस्थांस्तान्शूरान्सूर्याग्निसमतेजसः ॥ सर्वानेवमहेष्वासान्भ्राजमानान्श्रियावृतान् १५ महाहवेदीप्यमानान्सुवर्णमुकुटोज्ज्वलान् ॥ तत्यजुःसमरेभीमं
तवपुत्रामहाबलाः १६ तान्नामृष्यतकौन्तेयोजीवमानागताइति ॥ अन्वीयचपुनःसर्वांस्तवपुत्रानपीडयत् १७ अथाभिमन्युंसमरेभीमसेनेनसंगतम् ॥ पार्षतेनचसंप्रे
क्ष्यतवसैन्येमहारथाः १८ दुर्योधनप्रभृतयःप्रगृहीतशरासनाः ॥ भृशमश्वैःप्रजवितैःप्रययुर्यत्रतेरथाः १९ अपराह्णेमहाराजप्रावर्ततमहारणः ॥ तावकानांचबलिनां
परेषांचैवभारत २० अभिमन्युर्विकर्णस्यहयान्हत्वामहाहवे ॥ अथैनंपंचविंशत्याक्षुद्रकाणांसमार्पयत् २१ हताश्वंरथमुत्सृज्यविकर्णस्तुमहारथः ॥ आरुरोहरथंराजं
श्चित्रसेनस्यभारत २२ स्थितावेकरथेतौतुभ्रातरौकुलवर्धनौ ॥ आर्जुनिःशरजालेनच्छादयामासभारत २३ चित्रसेनोविकर्णश्चकार्ष्णिंपंचभिरायसैः ॥ विव्यधा
तेनचाकंपत्कार्ष्णिर्मेरुरिवस्थितः २४ दुःशासनस्तुसमरेकेकयान्पंचमारिष ॥ योधयामासराजेंद्रतदद्भुतमिवाभवत् २५ द्रौपदेयारणेक्रुद्धादुर्योधनमवारयन् ॥
शरैराशीविषाकारैःपुत्रंतवविशांपते २६ पुत्रोऽपितवदुर्धर्षोद्रौपद्यास्तनयान्रणे ॥ सायकैर्निशितैराजन्नाजघानपृथक्पृथक् २७ ॥१०७

१८ । १९ । २० । २१ । २२ । २३ । २४ । २५ । २६ । २७

२८ । २९ । ३० । ३१ । ३२ । ३३ । ३४ । ३५ । ३६ ॥ ॥ इति भी०नी०भा० अष्टसप्ततितमोऽध्यायः ॥ ७८ ॥ १ । २ । ३ । ४ । ५ । ६ । ७ । ८ । ९ । १० । ११ । १२ । १३ । १४ । १५

तैश्चापिविद्धःशुशुभेरुधिरेणसमुक्षितः ॥ गिरिःप्रस्रवणैर्यद्वद्गैरिकादिविमिश्रितैः २८ भीष्मोऽपिसमरेराजन्पांडवानामनीकिनीम् ॥ कालयामासबलवान्पालःपशु
गणानिव २९ ततोगांडीवनिर्घोषःप्रादुरासीद्दिशांपते ॥ दक्षिणेनवरूथिन्याःपार्थस्यारीन्विनिघ्नतः ३० उत्तस्थुःसमरेतत्रकबन्धानिसमंततः ॥ कुरूणांचैवसैन्येषुपां
डवानांचभारत ३१ शोणितोदंशरावर्तंगजद्वीपंहयोर्मिणम् ॥ रथनौभिर्नरव्याघ्राःप्रतेरुःसैन्यसागरम् ३२ छिन्नहस्ताविकवचाविदेहाश्चनरोत्तमाः ॥ दृश्यंतेपतिता
स्तत्रशतशोऽथसहस्रशः ३३ निहतैर्मत्तमातंगैःशोणितौघपरिप्लुतैः ॥ भूर्भातिभरतश्रेष्ठपर्वतैराचितायथा ३४ तत्राद्भुतमपश्यामतवतेषांचभारत ॥ नतत्रासीत्पुमान्
कश्चिद्योयुद्धंनाभिकांक्षति ३५ एवंयुयुधिरेवीराःप्रार्थयानामहद्यशः ॥ तावकाःपांडवैःसार्धमाकांक्षंतोजयंयुधि ३६ ॥ इतिश्रीमहाभारतेभीष्मपर्वणि भीष्मवधपर्व
णि संकुलयुद्धेअष्टसप्ततितमोऽध्यायः ॥ ७८ ॥ ॥ ॥ ॥ संजयउवाच ॥ ततोदुर्योधनोराजालोहितायतिभास्करे ॥ संग्रामरभसोभीमंहंतुकामोऽभ्यधावत १
तमायांतमभिप्रेक्ष्यनृवीरंदृढवैरिणम् ॥ भीमसेनःसुसंक्रुद्धइदंवचनमब्रवीत् २ अयंसकालःसंप्राप्तोवर्षपूगाभिवांछितः ॥ अद्यत्वांनिहनिष्यामियदिनोत्सृजसेरणम् ३
अद्यकुंत्याःपरिक्लेशंवनवासंचकृत्स्नशः ॥ द्रौपद्याश्चपरिक्लेशंप्रणेष्यामिहतेत्वयि ४ यत्पुरामत्सरीभूत्वापांडवानवमन्यसे ॥ तस्यपापस्यगांधारेपश्यव्यसनमागतम् ५
कर्णस्यमतमास्थायसौबलस्यचयत्पुरा ॥ अचिन्त्यपांडवान्कामाद्यथेष्टंकृतवानसि ६ याचमानंचयन्मोहाद्दाशार्हमवमन्यसे ॥ उलूकस्यसमादेशंयद्ददासिचहृष्टवत् ७
तेनत्वांनिहनिष्यामिसानुबन्धंसबांधवम् ॥ समीकरिष्येतत्पापंयत्पुराकृतवानसि ८ एवमुक्त्वाधनुर्घोरंविकृष्योद्भ्राम्यचासकृत् ॥ समाधत्तशरान्घोरान्महाशनि
समप्रभान् ९ षड्विंशतिमसंक्रुद्धोमुमोचाशुसुयोधने ॥ ज्वलिताग्निशिखाकारान्वज्रकल्पानजिह्मगान् १० ततोऽस्यकार्मुकंद्वाभ्यांसूतंद्वाभ्यांचविव्यधे ॥ चतुर्भिर
श्वान्जवनाननयद्यमसादनम् ११ द्वाभ्यांचसुविकृष्टाभ्यांशराभ्यामरिमर्दनः ॥ छत्रंचिच्छेदसमरेराज्ञस्तस्यनरोत्तम १२ षड्भिश्चतस्यचिच्छेदज्वलंतंध्वजमुत्तमम् ॥
छित्वातंचननादोच्चैस्तवपुत्रस्यपश्यतः १३ रथाच्चसध्वजःश्रीमान्नानारत्नविभूषितात् ॥ पपातसहसाभूमौविद्युज्जलधरादिव १४ ज्वलंतंसूर्यसंकाशंनागंमणिमयंशुभम् ॥
ध्वजंकुरुपतेश्छिन्नंददृशुःसर्वपार्थिवाः १५ अथैनंदशभिर्बाणैस्तोत्त्रैरिवमहाद्विपम् ॥ आजघानरणेवीरःस्मयन्निवमहारथः १६ ततःसराजासिंधूनांरथश्रेष्ठोमहारथः ॥
दुर्योधनस्यजग्राहपार्ष्णिंसत्पुरुषैर्वृतः १७ कृपश्चरथिनांश्रेष्ठःकौरव्यममितौजसम् ॥ आरोपयद्रथंराजन्दुर्योधनममर्षणम् १८ सगाढविद्धोव्यथितोभीमसेनेनसं
युगे ॥ निषसादरथोपस्थेराजन्दुर्योधनस्तदा १९ परिवार्यततोभीमंजेतुकामोजयद्रथः ॥ रथैरनेकसाहस्रैर्भीमस्यावारयद्दिशः २० धृष्टकेतुस्ततोराजन्नभिमन्युश्च
वीर्यवान् ॥ केकयाद्रौपदेयाश्चतवपुत्रानयोधयन् २१

१६ । १७ । १८ । १९ । २० । २१

२२ । २३ । २४ । २५ । २६ । २७ । २८ । २९ । ३० । ३१ । ३२ । ३३ । ३४ । ३५ । ३६ । ३७ । ३८ । ३९ । ४० । ४१ । ४२ । ४३ । ४४ । ४५ । ४६ । ४७ । ४८ । ४९ । ५० । ५१

चित्रसेनःसुचित्रश्चचित्रांगश्चित्रदर्शनः ॥ चारुचित्रःसुचारुश्चतथानन्दोपनन्दकौ २२ अष्टावेतेमहेष्वासाःसुकुमारायशस्विनः ॥ अभिमन्युरथंराजन्समंतात्पर्यवारयन् २३
आजघानततस्तूर्णमभिमन्युर्महामनाः ॥ एकैकंपंचभिर्बाणैःशितैःसन्नतपर्वभिः २४ वज्रमृत्युप्रतीकाशैर्विचित्रायुधनिःसृतैः ॥ अमृष्यमाणास्तेसर्वेसौभद्रंरथसत्त
मम् २५ ववृषुर्मार्गणैस्तीक्ष्णैर्गिरिंमेरुमिवांबुदाः ॥ सपीड्यमानःसमरेकृतास्त्रोयुद्धदुर्मदः २६ अभिमन्युर्महाराजतावकान्समकंपयत् ॥ यथादेवासुरेयुद्धेवज्रपाणि
र्महासुरान् २७ विकर्णस्यततोभल्लान्प्रेषयामासभारत ॥ चतुर्दशरथश्रेष्ठोघोरानाशीविषोपमान् २८ सतैर्विकर्णस्यरथात्पातयामासवीर्यवान् ॥ ध्वजंसूतंहयांश्चैव
नृत्यमानइवाहवे २९ पुनश्चान्यान्शरान्पीतानकुंठाग्रान्शिलाशितान् ॥ प्रेषयामाससंक्रुद्धोविकर्णायमहाबलः ३० तेविकर्णंसमासाद्यकंकबर्हिणवाससः ॥ भित्वा
देहंगताभूमिंज्वलंतइवपन्नगाः ३१ तेशराहेमपुंखाग्राव्यदृश्यन्तमहीतले ॥ विकर्णरुधिरक्लिन्नावमन्तइवशोणितम् ३२ विकर्णंवीक्ष्यनिर्भिन्नंतस्यैवान्येसहोदराः ॥
अभ्यद्रवंतसमरेसौभद्रप्रमुखान्रथान् ३३ अभियात्वातथैवान्यान्रथांस्तान्सूर्यवर्चसः ॥ अविध्यन्समरेऽन्योन्यंसंरंभाद्युद्धदुर्मदाः ३४ दुर्मुखःश्रुतकर्माणंविध्वासप्तभिरा
शुगैः ॥ ध्वजमेकेनचिच्छेदसारथिंचास्यसप्तभिः ३५ अश्वान्जाम्बूनदैर्जालैःप्रच्छन्नान्वातरंहसः ॥ जघानषड्भिरासाद्यसारथिंचाभ्यपातयत् ३६ सहताश्वेरथेतिष्ठन्
श्रुतकर्मामहारथः ॥ शक्तिंचिक्षेपसंक्रुद्धोमहोल्कांज्वलितामिव ३७ सादुर्मुखस्यविमलंवर्मभित्वायशस्विनः ॥ विदार्यप्राविशद्भूमिंदीप्यमानास्वतेजसा ३८ तंदृष्ट्वा
विरथंतत्रसुतसोमोमहारथः ॥ पश्यतांसर्वसैन्यानांरथमारोपयत्स्वकम् ३९ श्रुतकीर्तिस्तथावीरोजयत्सेनंसुतंतव ॥ अभ्ययात्समरेराजन्हंतुकामोयशस्विनम् ४०
तस्यविक्षिपतश्चापंश्रुतकीर्तेर्महास्वनम् ॥ चिच्छेदसमरेतूर्णंजयत्सेनःसुतस्तव ४१ क्षुरप्रेणसुतीक्ष्णेनप्रहसन्निवभारत ॥ तंदृष्ट्वाछिन्नधन्वानंशतानीकःसहोदरम् ४२
अभ्यपद्यततेजस्वीसिंहवन्निनदन्मुहुः ॥ शतानीकस्तुसमरेदृढंविस्फार्यकार्मुकम् ४३ विव्याधदशभिस्तूर्णंजयत्सेनंशिलीमुखैः ॥ ननादसुमहानादंप्रभिन्नइववारणः ४४
अथान्येनसुतीक्ष्णेनसर्वावरणभेदिना ॥ शतानीकोजयत्सेनंविव्याधहृदयेभृशम् ४५ तथातस्मिन्वर्तमानेदुष्कर्णोभ्रातुरंतिके ॥ चिच्छेदसमरेचापंनाकुलेःक्रोधमू
र्च्छितः ४६ अथान्यद्धनुरादायभारसाहमनुत्तमम् ॥ समादत्तशरान्घोरान्शतानीकोमहाबलः ४७ तिष्ठतिष्ठेतिचामंत्र्यदुष्कर्णंभ्रातुरग्रतः ॥ मुमोचास्मैशितान्बा
णान्ज्वलितान्पन्नगानिव ४८ ततोऽस्यधनुरेकेनद्वाभ्यांसूतंचमारिष ॥ चिच्छेदसमरेतूर्णंतंचविव्याधसप्तभिः ४९ अश्वान्मनोजवांस्तस्यकर्बुरान्वातरंहसः ॥ जघा
ननिशितैस्तूर्णंसर्वान्द्वादशभिःशरैः ५० अथापरेणभल्लेनसुयुक्तेनाशुपातिना ॥ दुष्कर्णंसुदृढंक्रुद्धोविव्याधहृदयेभृशम् ५१

सपपाततततोभूमौवज्राहतइवद्रुमः ॥ दुष्कर्णंव्यथितंदृष्ट्वापंचराजन्महारथाः ५२ जिघांसंतःशतानीकंसर्वतःपर्यवारयन् ॥ छाद्यमानंशरव्रातैःशतानीकंयशस्विनम् ५३
अभ्यधावंतसंक्रुद्धाःकेकयाःपंचसोदराः ॥ तानभ्यापततःप्रेक्ष्यतवपुत्रामहारथाः ५४ प्रत्युद्ययुर्महाराजगजानिवमहागजाः ॥ दुर्मुखोदुर्जयश्चैवतथादुर्मर्षणोयुवा ५५ शत्रुं
जयःशत्रुसहःसर्वेक्रुद्धायशस्विनः ॥ प्रत्युद्यातामहाराजकेकयान्भ्रातरःसमम् ५६ रथैर्नगरसंकाशैर्हयैर्युक्तैर्मनोजवैः ॥ नानावर्णविचित्राभिःपताकाभिरलंकृतैः ५७
वरचापधरावीराविचित्रकवचध्वजाः ॥ विविशुस्तेपरंसैन्यंसिंहाइववनाद्वनम् ५८ तेषांसुतुमुलंयुद्धंव्यतिषक्तरथद्विपम् ॥ अवर्ततमहारौद्रंनिघ्नतामितरेतरम् ५९ अन्यो
न्यागस्कृतांराजन्यमराष्ट्रविवर्धनम् ॥ मुहूर्तास्तमितेसूर्येचक्रुर्युद्धंसुदारुणम् ६० रथिनःसादिनश्चाथव्यकीर्यन्तसहस्रशः ॥ ततःशांतनवःक्रुद्धःशरैःसन्नतपर्वभिः ६१
नाशयामाससेनांतांभीष्मस्तेषांमहात्मनाम् ॥ पंचालानांचसैन्यानिशरैर्निन्येयमक्षयम् ६२ एवंभित्वामहेष्वासःपांडवानामनीकिनी ॥ कृत्वाऽवहारंसैन्यानांययौ
स्वशिबिरंनृप ६३ धर्मराजोऽपिसंप्रेक्ष्यधृष्टद्युम्नवृकोदरौ ॥ मूर्ध्निचैतावुपाघ्रायप्रहृष्टःशिबिरंययौ ॥ ६४ ॥ इतिश्रीमहाभारतेभीष्मपर्वणिभीष्मवधप० षष्ठदिवसाव
हारेऊनाशीतितमोऽध्यायः ॥ ७९ ॥ संजयउवाच ॥ अथशूरामहाराजपरस्परकृतागसः ॥ जग्मुःस्वशिबिराण्येवरुधिरेणसमुक्षिताः १ विश्रम्यचयथान्यायंपूजयित्वा
परस्परम् ॥ सन्नद्धाःसमदृश्यंतभूयोयुद्धचिकीर्षया २ ततस्तवसुतोराजंश्चिंतयाभिपरिप्लुतः ॥ विस्रवच्छोणिताक्तांगःपप्रच्छेदंपितामहम् ३ सैन्यानिरौद्राणिभयानका
निव्यूढानिसम्यग्बहुलध्वजानि ॥ विदार्यहत्वाचनिपीड्यशूरास्तेपांडवानांत्वरितामहारथाः ४ संमोह्यसर्वान्युधिकीर्तिमन्तोव्यूहंचतंमकरंवज्रकल्पम् ॥ प्रविश्यभीमेन
रणेहतोऽस्मिघोरैःशरैर्मृत्युदंडप्रकाशैः ५ क्रुद्धंतमुद्वीक्ष्यभयेनराजन्संमूर्च्छितोनलभेशांतिमद्य ॥ इच्छेप्रसादात्तवसत्यसंधप्राप्तुंजयंपांडवेयांश्चहंतुम् ६ तेनैवमुक्तः
प्रहसन्महात्मादुर्योधनंमन्युगतंविदित्वा ॥ तंप्रत्युवाचाविमनामनस्वीगंगासुतःशस्त्रभृतांवरिष्ठः ७ परेणयत्नेनविगाह्यसेनांसर्वात्मनाऽहंतवराजपुत्र ॥ इच्छामिदातुं
विजयंसुखंचनचात्मानंछादयेऽहंत्वदर्थ ८ एतेतुरौद्राबहवोमहारथायशस्विनःशूरतमाःकृतास्त्राः ॥ येपांडवानांसमरेसहायाजितक्लमारोषविषंवमंति ९ तेनैवश
क्याःसहसाविजेतुंवीर्योद्धताःकृतवैरास्त्वयाच ॥ अहंसेनांप्रतियोत्स्यामिराजन्सर्वात्मनाजीवितंत्यज्यवीर १० रणेतवार्थायमहानुभावनजीवितंरक्ष्यतमंममाद्य ॥ सर्वा
स्तवार्थायसदेवदैत्यान्घोरान्दहेयंकिमुशत्रुसेनाम् ११ तान्पांडवान्योधयिष्यामिराजन्प्रियंचतेसर्वमहंकरिष्ये ॥ श्रुत्वैवचैतद्वचनंतदानींदुर्योधनःप्रीतमनाबभूव १२
सर्वाणिसैन्यानिततःप्रहृष्टोनिर्गच्छतेत्याहनृपांश्चसर्वान् ॥ तदाज्ञयातानिविनिर्ययुर्द्रुतंगजाश्वपादातरथायुतानि १३

प्रहर्षयुक्तानितुतानिराजन्महांतिनानाविधशस्त्रवंति ॥ स्थितानिनागाश्वपदातिमंतिविरेजुराजौतवराजन्बलानि १४ शस्त्रास्त्रविद्भिर्नरवीरयोधैरधिष्ठिताःसैन्यगणास्त्वदीयाः ॥ रथौघपादातगजाश्वसंघैःप्रयाद्भिराजौविधिवत्प्रणुन्नैः १५ समुद्धतंवैतरुणार्कवर्णंरजोबभौच्छादयत्सूर्यरश्मीन् ॥ रेजुःपताकारथदंतिसंस्थावातेरिताभ्राम्यमाणाःसमंतात् १६ नानारंगाःसमरेतत्रराजन्मेघैर्युताविद्युतःखेयथैव ॥ वृन्दैःस्थिताश्चापिसुसंप्रयुक्ताश्चकाशिरेदंतिगणाःसमंतात् १७ धनूंषिविस्फारयतांनृपाणांबभूवशब्दस्तुमुलोऽतिघोरः ॥विमथ्यतोदेवमहासुरैर्वैर्यथाऽर्णवस्यादियुगेतदानीम् १८ तदुग्रनागंबहुरूपवर्णंतवात्मजानांसमुदीर्णमेवम् ॥ बभूवसैन्यंरिपुसैन्यहंतृयुगांतमेघौघनिभंतदानीम् १९ ॥ इतिश्रीमहाभारतेभीष्मपर्वणिभीष्मवधप० भीष्मदुर्योधनसंवादेअशीतितमोऽध्यायः ॥ ८० ॥ संजयउवाच ॥ अथात्मजंतवपुनर्गांगेयोध्यानमास्थितम् ॥ अब्रवीद्भरतश्रेष्ठःसंप्रहर्षकरंवचः १ अहंद्रोणश्चशल्यश्चकृतवर्माचसात्वतः ॥ अश्वत्थामाविकर्णश्चभगदत्तोऽथसौबलः २ विन्दानुविन्दावावंत्यौबाह्लीकःसहबाह्लिकैः ॥त्रिगर्तराजोबलवान्मागधश्चसुदुर्जयः ३ बृहद्बलश्चकौसल्यश्चित्रसेनोविविंशतिः॥ रथाश्चबहुसाहस्राःशोभनाश्चमहाध्वजाः ४ देशजाश्चहयाराजन्स्वारुढाहयसादिभिः ॥ गजेन्द्राश्चमदोद्वृत्ताःप्रभिन्नकरटामुखाः ५ पादाताश्चतथाशूरानानाप्रहरणध्वजाः ॥ नानादेशसमुत्पन्नास्त्वदर्थेयोद्धुमुद्यताः ६ एतेचान्येचबहवस्त्वदर्थेत्यक्तजीविताः ॥ देवानपिरणेजेतुंसमर्थाइतिमेमतिः ७ अवश्यंहिमयाराजंस्तववाच्यंहितंसदा ॥ अशक्याःपांडवाजेतुंदेवैरपिसवासवैः ८ वासुदेवसहायाश्चमहेंद्रसमविक्रमाः ॥ सर्वथाऽहंतुराजेन्द्रकरिष्येवचनंतव ९ पांडवांश्चरणेजेष्येमांवाजेष्यंतिपांडवाः ॥ एवमुक्त्वाददावस्मैविशल्यकरणींशुभाम् १० ओषधींवीर्यसंपन्नांविशल्यश्चाभवत्तदा ॥ततःप्रभातेविमलेस्वेनसैन्येनवीर्यवान् ११ अव्यूहतस्वयंव्यूहंभीष्मोव्यूहविशारदः ॥ मंडलंमनुजश्रेष्ठोनानाशस्त्रसमाकुलम् १२ संपूर्णंयोधमुख्यैश्चतथादन्तिपदातिभिः ॥ रथैरनेकसाहस्रैःसमंतात्परिवारितम् १३ अश्ववृन्दैर्महद्भिश्चऋष्टितोमरधारिभिः ॥ नागेनागेरथाःसप्तसप्तचाश्वारथेरथे १४ अन्वश्वंदशधानुष्काधानुष्केदशचर्मिणः ॥ एवंव्यूढंमहाराजतवसैन्यंमहारथैः १५ स्थितंरणायमहतेभीष्मेणयुधिपालितम् ॥ दशाश्वानांसहस्राणिदन्तिनांचतथैवच १६ रथानामयुतंचापिपुत्राश्चतवदंशिताः ॥ चित्रसेनादयःशूराअभ्यरक्षन्पितामहम् १७ रक्ष्यमाणःसतैःशूरैर्गोप्यमानाश्चतेनते ॥ सनद्धाःसमदृश्यंतराजानश्चमहाबलाः १८ दुर्योधनस्तुसमरेदंशितोरथमास्थितः ॥ व्यराजतश्रियाजुष्टोयथाशक्रस्त्रिविष्टपे १९ ततःशब्दोमहानासीत्पुत्राणांतवभारत ॥ रथघोषश्चविपुलोवादित्राणांचनिःस्वनः २० भीष्मेणधार्तराष्ट्राणांव्यूढःप्रत्यङ्मुखोयुधि ॥ मंडलःसमहाव्यूहोदुर्भेद्योऽमित्रघातनः २१

सर्वतःशुशुभेराजन्रणेऽरीणांदुरासदः ॥ मण्डलंतुसमालोक्यव्यूहंपरमदुर्जयम् २२ स्वयंयुधिष्ठिरोराजावज्रंव्यूहमथाकरोत् ॥ तथाव्यूढेष्वनीकेषुयथास्थानमव
स्थिताः २३ रथिनःसादिनःसर्वेसिंहनादमथानदन् ॥ बिभित्सवस्ततोव्यूहंनिर्ययुर्युद्धकांक्षिणः २४ इतरेतरतःशूराःसहसैन्याःप्रहारिणः ॥ भारद्वाजोययौमत्स्यंद्रो
णिश्चापिशिखंडिनम् २५ स्वयंदुर्योधनोराजापार्षतंसमुपाद्रवत् ॥ नकुलःसहदेवश्चमद्रराजानमीयतुः २६ विन्दानुविन्दावावंत्याविरावंतमभिद्रुतौ ॥ सर्वेनृपास्तु
समरेधनंजयमयोधयन् २७ भीमसेनोरणेयान्तंहार्दिक्यंसमवारयत् ॥ चित्रसेनंविकर्णंचतथादुर्मर्षणंविभुः २८ आर्जुनिःसमरेराजंस्तवपुत्रानयोधयत् ॥ प्राग्ज्यो
तिषोमहेष्वासोहैडिंबंराक्षसोत्तमम् २९ अभिदुद्राववेगेनमत्तोमत्तमिवद्विपम् ॥ अलंबुषस्तदाराजन्सात्यकिंयुद्धदुर्मदम् ३० ससैन्यंसमरेक्रुद्धोराक्षसःसमुपाद्र
वत् ॥ भूरिश्रवारणेयत्तोधृष्टकेतुमयोधयत् ३१ श्रुतायुषंचराजानंधर्मपुत्रोयुधिष्ठिरः ॥ चेकितानश्चसमरेकृपमेवान्वयोधयत् ३२ शेषाःप्रतिययुर्यत्ताभीष्ममेवमहा
रथम् ॥ ततोराजसमूहास्तेपरिवव्रुर्धनंजयम् ३३ शक्तितोमरनाराचगदापरिघपाणयः ॥ अर्जुनोऽथभृशंक्रुद्धोवार्ष्णेयमिदमब्रवीत् ३४ पश्यमाधवसैन्यानिधार्त
राष्ट्रस्यसंयुगे ॥ व्यूढानिव्यूहविदुषागांगेयेनमहात्मना ३५ युद्धाभिकामान्शूरांश्चपश्यमाधवदंशितान् ॥ त्रिगर्त्तराजंसहितंभ्रातृभिःपश्यकेशव ॥ ३६
अद्यैतान्नाशयिष्यामिपश्यतस्तेजनार्दन ॥ यइमेमांयदुश्रेष्ठयोद्धुकामारणाजिरे ३७ एतदुक्त्वातुकौन्तेयोधनुर्ज्यामवमृज्यच ॥ ववर्षशरवर्षाणिनराधिपगणान्प्रति
३८ तेऽपितंपरमेष्वासाशरवर्षैरपूरयन् ॥ तडागंवारिधाराभिर्यथाप्रावृषितोयदाः ३९ हाहाकारोमहानासीत्तवसैन्येविशांपते ॥ छाद्यमानौरणेकृष्णौशरैर्दृष्ट्वामहा
रणे ४० देवादेवर्षयश्चैवगंधर्वाश्चसहोरगैः ॥ विस्मयंपरमंजग्मुर्दृष्ट्वाकृष्णौतथागतौ ४१ ततःक्रुद्धोऽर्जुनोराजन्नैन्द्रमस्त्रमुदैरयत् ॥ तत्राद्भुतमपश्यामविजयस्यपराक्रमम्
४२ शस्त्रवृष्टिंपरैर्मुक्तांशरौघैर्यदवारयत् ॥ नचतत्राप्यनिर्भिन्नःकश्चिदासीद्विशांपते ४३ तेषांराजसहस्राणांहयानांदंतिनांतथा ॥ द्वाभ्यांत्रिभिःशरैश्चान्यान्पार्थो
विव्याधमारिष ४४ तेहन्यमानाःपार्थेनभीष्मंशान्तनवंययुः ॥ अगाधेमज्जमानानांभीष्मःपोतोऽभवत्तदा ४५ आपतद्भिस्तुतैस्तत्रप्रभग्नंतावकंबलम् ॥ संचुक्षुभेम
हाराजवातैरिवमहार्णवः ॥ ४६ ॥ इतिश्रीमहाभारतेभीष्मपर्वणिभीष्मव० सप्तमयुद्धदिवसे एकाशीतितमोऽध्यायः ॥ ८१ ॥ ॥ संजयउवाच ॥ ॥
तथाप्रवृत्तेसंग्रामेनिवृत्तेचसुशर्मणि ॥ भग्नेषुचापिवीरेषुपांडवेनमहात्मना १ क्षुभ्यमाणेबलेतूर्णंसागरप्रतिमेतव ॥ प्रत्युद्यातेचगांगेयेत्वरितंविजयंप्रति २ दृष्ट्वादु
र्योधनोराजारणेपार्थस्यविक्रमम् ॥ त्वरमाणःसमभ्येत्यसर्वांस्तानब्रवीन्नृपान् ३ तेषांतुप्रमुखेशूरंसुशर्माणंमहाबलम् ॥ मध्येसर्वस्यसैन्यस्यभृशंसंहर्षयन्निव ४

॥ इतिभीष्मपर्वणि नीलकंठीये भारत० एकाशीतितमोऽध्यायः ॥ ८१ ॥ ॥ तथेति १ । २ । ३ ।४

एषभीष्मःशान्तनवोयोद्धुकामोधनंजयम् ॥ सर्वात्मनाकुरुश्रेष्ठस्त्यक्त्वाजीवितमात्मनः ५ तंप्रयांतंरणेवीरंसर्वसैन्येनभारतम् ॥ संयत्ताःसमरेसर्वेपालयध्वंपितामहम् ६ बाढमित्येवमुक्त्वातुतान्यनीकानिसर्वशः ॥ नरेन्द्राणांमहाराजसमाजग्मुःपितामहम् ७ ततःप्रयातःसहसाभीष्मःशांतनवोऽर्जुनम् ॥ रणेभारतमायांतमाससाद महाबलः ८ महाश्वेताश्वयुक्तेनभीमवानरकेतुना ॥ महतामेघनादेनरथेनातिविराजता ९ समरेसर्वसैन्यानामुपयान्तंधनंजयम् ॥ अभवत्तुमुलोनादोभयाद्दृष्ट्वा किरीटिनम् १० अभीषुहस्तंकृष्णंचदृष्ट्वाऽऽदित्यमिवापरम् ॥ मध्यंदिनगतंसंख्येनशेकुःप्रतिवीक्षितुम् ११ तथाशांतनवंभीष्मंश्वेताश्वंश्वेतकार्मुकम् ॥ नशेकुः पाण्डवाद्रष्टुंश्वेतंग्रहमिवोदितम् १२ ससर्वतःपरिवृतस्त्रिगर्तैःसुमहात्मभिः ॥ भ्रातृभिःसहपुत्रैश्चतथान्यैश्चमहारथैः १३ भारद्वाजस्तुसमरेमत्स्यंविव्याधपत्रिणा ॥ ध्वजंचास्यशरेणाजौधनुश्चैकेनचिच्छिदे १४ तदपास्यधनुश्छिन्नंविराटोवाहिनीपतिः ॥ अन्यदादत्तवेगेनधनुर्भारसहंदृढम् १५ शरांश्चाशीविषाकारान्ज्वलितान् पन्नगानिव ॥ द्रोणंत्रिभिश्चविव्याधचतुर्भिश्चास्यवाजिनः १६ ध्वजमेकेनविव्याधसारथिंचास्यपंचभिः ॥ धनुरेकेषुणाऽविध्यत्तत्राक्रुध्यद्द्विजर्षभः १७ तस्य द्रोणोऽवधीदश्वान्शरैःसन्नतपर्वभिः ॥ अष्टाभिर्भरतश्रेष्ठसूतमेकेनपत्रिणा १८ सहताश्वादवप्लुत्यस्यंदनाद्धतसारथिः ॥ आरुरोहरथंतूर्णंपुत्रस्यरथिनांवरः १९ तत स्तुतौपितापुत्रौभारद्वाजंरथेस्थितौ ॥ महताशरवर्षेणवारयामासतुर्बलात् २० भारद्वाजस्ततःक्रुद्धःशरमाशीविषोपमम् ॥ चिक्षेपसमरेतूर्णंशंखंप्रतिजनेश्वरः २१ सतस्यहृदयंभित्वापीत्वाशोणितमाहवे ॥ जगामधरणींबाणोलोहितार्द्रवरच्छदः २२ सपपातरणेतूर्णंभारद्वाजशराहतः ॥ धनुस्त्यक्त्वाशरांश्चैवपितुरेवसमीपतः २३ हतंतमात्मजंदृष्ट्वाविराटःप्राद्रवद्भयात् ॥ उत्सृज्यसमरेद्रोणंव्यात्ताननमिवांतकम् २४ भारद्वाजस्ततस्तूर्णंपांडवानांमहाचमूम् ॥ दारयामाससमरेशतशोऽथ सहस्रशः २५ शिखंडीतुमहाराजद्रौणिमासाद्यसंयुगे ॥ आजघानभ्रुवोर्मध्येनाराचैस्त्रिभिराशुगैः २६ सबभौरथशार्दूलोललाटेसंस्थितैस्त्रिभिः ॥ शिखरैःकांचनम यैर्मेरुस्त्रिभिरिवोच्छ्रितैः २७ अश्वत्थामाततःक्रुद्धोनिमेषार्धाच्छिखंडिनः ॥ ध्वजंसूतमथोराजंस्तुरगानायुधानिच २८ शरैर्बहुभिराच्छिद्यपातयामाससंयुगे ॥ सहता श्वादवप्लुत्यरथाद्रथिनांवरः २९ खड्गमादायसुशितंविमलंचशरावरम् ॥ श्येनवद्व्यचरत्क्रुद्धःशिखंडीशत्रुतापनः ३० सखड्गस्यमहाराजचरतस्तस्यसंयुगे ॥ नांतरं ददृशेद्रौणिस्तदद्भुतमिवाभवत् ३१ ततःशरसहस्राणिबहूनिभरतर्षभ ॥ प्रेषयामाससमरेद्रौणिःपरमकोपनः ३२ तामापतंतींसमरेशरवृष्टिंसुदारुणाम् ॥ असिना तीक्ष्णधारेणचिच्छेदबलिनांवरः ३३ ततोस्यविमलंद्रौणिःशतचन्द्रंमनोरमम् ॥ चर्माच्छिनदसिंचास्यखंडयामाससंयुगे ३४ शितैस्तुबहुशोराजन्तंचविव्याधपत्रिभिः ॥ शिखंडीतुततःखड्गंखंडितंतेनसायकैः ३५

आविध्यव्यसृजत्तूर्णंज्वलंतमिवपन्नगम् ॥ तमापतंतंसहसाकालानलसमप्रभम् ३६ चिच्छेदसमरेद्रौणिर्दर्शयन्पाणिलाघवम् ॥ शिखंडिनंचविव्याधशरैर्बहुभिरायसैः ३७
शिखंडीतुभृशंराजंस्ताड्यमानःशितैःशरैः ॥ आरुरोहरथंतूर्णंमाधवस्यमहात्मनः ३८ सात्यकिश्चापिसंक्रुद्धोराक्षसंक्रूरमाहवे ॥ अलंबुषंशरैस्तीक्ष्णैर्विव्याधबलिनांवरः
३९ राक्षसेंद्रस्ततस्तस्यधनुश्चिच्छेदभारत ॥ अर्धचंद्रेणसमरेतंचविव्याधसायकैः ४० मायांचराक्षसींकृत्वाशरवर्षैरवाकिरत् ॥ तत्राद्भुतमपश्यामशैनेयस्यपराक्रमम्
४१ असंभ्रमस्तुसमरेवध्यमानःशितैःशरैः ॥ ऐंद्रमस्त्रंचवार्ष्णेयोयोजयामासभारत ४२ विजयाद्यदनुप्राप्तंमाधवेनयशस्विना ॥ तदस्त्रंभस्मसात्कृत्वामायांतांरा
क्षसींतदा ४३ अलंबुषंशरैरन्यैरभ्याकिरतसर्वतः ॥ पर्वतंवारिधाराभिःप्रावृषीवबलाहकः ४४ तत्तथापीडितंतेनमाधवेनयशस्विना ॥ प्रदुद्रावभयाद्रक्षस्त्यक्त्वासात्य
किमाहवे ४५ तमजेयंराक्षसेंद्रंसंख्येमघवताअपि ॥ शैनेयःप्राणदज्जित्वायोधानांतवपश्यताम् ४६ न्यहनत्तावकांश्चापिसात्यकिःसत्यविक्रमः ॥ निशितैर्बहुभिर्बाणै
स्तेऽद्रवंतभयार्दिताः ४७ एतस्मिन्नेवकालेतुद्रुपदस्यात्मजोबली ॥ धृष्टद्युम्नोमहाराजपुत्रंतवजनेश्वरम् ४८ छादयामाससमरेशरैःसन्नतपर्वभिः ॥ सच्छाद्यमानो
विशिखैर्धृष्टद्युम्नेनभारत ४९ विव्यथेनचराजेन्द्रतवपुत्रोजनेश्वर ॥ धृष्टद्युम्नंचसमरेतूर्णंविव्याधपत्रिभिः ५० षष्ट्याचत्रिंशताचैवतदद्भुतमिवाभवत् ॥ तस्यसेनापतिः
क्रुद्धोधनुश्चिच्छेदमारिष ५१ हयांश्चचतुरःशीघ्रंनिजघानमहाबलः ॥ शरैश्चैनंसुनिशितैःक्षिप्रंविव्याधसप्तभिः ५२ सहताश्वान्महाबाहुरवप्लुत्यरथाद्बली ॥ पदा
तिरसिमुद्यम्यप्राद्रवत्पार्षतंप्रति ५३ शकुनिस्तंसमभ्येत्यराजगृद्धीमहाबलः ॥ राजानंसर्वलोकस्यरथमारोपयत्स्वकम् ५४ ततोनृपंपराजित्यपार्षतःपरवीरहा ॥
न्यहनत्तावकंसैन्यंवज्रपाणिरिवासुरान् ५५ कृतवर्मारणेभीमंशरैरार्छन्महारथः ॥ प्रच्छादयामासचतंमहामेघोरविंयथा ५६ ततःप्रहस्यसमरेभीमसेनःपरंतपः ॥
प्रेषयामाससंक्रुद्धःसायकान्कृतवर्मणे ५७ तैरर्द्यमानोऽतिरथःसात्वतःसत्यकोविदः ॥ नाकंपतमहाराजभीमंचार्छच्छितैःशरैः ५८ तस्याश्वांश्चतुरोहत्वाभीमसेनो
महारथः ॥ सारथिंपातयामाससध्वजंसुपरिष्कृतम् ५९ शरैर्बहुविधैश्चैनमाचिनोत्परवीरहा ॥ शकलीकृतसर्वांगोहताश्वःप्रत्यदृश्यत ६० हताश्वश्चततस्तूर्णंवृषक
स्यरथंययौ ॥ स्यालस्यतेमहाराजतवपुत्रस्यपश्यतः ६१ भीमसेनोऽपिसंक्रुद्धस्तवसैन्यमुपाद्रवत् ॥ निजघानचसंक्रुद्धोदंडपाणिरिवांतकः ॥ ६२ ॥ इतिश्रीमहा
भारतेभीष्मपर्वणि भीष्मवधप० द्वैरथे द्व्यशीतितमोऽध्यायः ॥ ८२ ॥ ॥ धृतराष्ट्रउवाच ॥ ॥ बहूनिहिविचित्राणिद्वैरथानिस्मसंजय ॥ पांडूनांमामकैःसार्धम
श्रौषंतवजल्पतः १ नचैवमामकंकिंचित्प्रहृष्टंशंससिसंजय ॥ नित्यंपांडुसुतान्हृष्टानभग्नान्संप्रशंससि २ जीयमानान्विमनसोमामकान्विगतौजसः ॥ वदसेसंयुगे
सूतदिष्टमेतन्नसंशयः ३

भ.भा.टी. ॥ १११ ॥ ४।५।६।७।८।९।१०।११।१२।१३।१४।१५।१६।१७।१८।१९।२०।२१।२२ नागराजः कौरव्यस्तस्य सुता उलूपी तस्याः सुत इरावान् २३।२४।२५।२६।२७।२८।२९।३० निष्ठानकः सव्यथः शब्दः भीष्म अ० ८३

॥ संजयउवाच ॥ यथाशक्तियथोत्साहंयुद्धे बेष्टंतितावकाः ॥ दर्शयानाःपरंशक्त्यापौरुषंपुरुषर्षभ ४ गंगायाःसुरनद्यावैस्वादुभूत्वायथोदकम् ॥ महोदधेर्गुणाभ्या साल्लवणत्वंनिगच्छति ५ तथातत्पौरुषंराजंस्तावकानांपरंतप ॥ प्राप्यपांडुसुतान्वीरान्व्यर्थंभवतिसंयुगे ६ घटमानान्यथाशक्तिकुर्वाणान्कर्मदुष्करम् ॥ नदोषेण कुरुश्रेष्ठकौरवान्गंतुमर्हसि ७ तवापराधात्सुमहान्सपुत्रस्यविशांपते ॥ पृथिव्याःप्रक्षयोघोरोयमराष्ट्रविवर्धनः ८ आत्मदोषात्समुत्पन्नंशोचितुंनार्हसेनृप ॥ नहिरक्षं तिराजानःसर्वथाऽत्रापिजीवितम् ९ युद्धेसुकृतिनांलोकानिच्छंतोवसुधाधिपाः ॥ चमूंविगाह्ययुद्ध्यंतेनित्यंस्वर्गपरायणाः १० पूर्वाह्णेतुमहाराजप्रावर्ततजनक्षयः ॥ तत्त्वमेकमनाभूत्वाशृणुदेवासुरोपमम् ११ आवंत्यौतुमहेष्वासौमहासेनौमहाबलौ ॥ इरावंतमभिप्रेक्ष्यसमेयातांरणोत्कटौ १२ तेषांप्रववृतेयुद्धंसुमहल्लोमहर्षणम् ॥ इरावांस्तुसुसंक्रुद्धोभ्रातरौदेवरूपिणौ १३ विव्याधनिशितैस्तूर्णंशरैःसन्नतपर्वभिः ॥ तावेनंप्रत्यविध्येतांसमरेचित्रयोधिनौ १४ युध्यतांहितथाराजन्विशेषोनव्यदृश्य त ॥ यततांशत्रुनाशायकृतप्रतिकृतैषिणाम् १५ इरावांस्तुततोराजन्ननुविंदस्यसायकैः ॥ चतुर्भिश्चतुरोवाहाननयद्यमसादनम् १६ भल्लाभ्यांचसुतीक्ष्णाभ्यांधनुः केतुंचमारिष ॥ चिच्छेदसमरेराजंस्तदद्भुतमिवाभवत् १७ त्यक्त्वाऽनुविंदोऽथरथंविंदस्यरथमास्थितः ॥ धनुर्गृहीत्वापरमंभारसाधनमुत्तमम् १८ तावेकस्थौरणेवीरा वावंत्यौरथिनांवरौ ॥ शरान्मुमुचतुस्तूर्णमिरावतिमहात्मनि १९ ताभ्यांमुक्तामहावेगाःशराःकांचनभूषणाः ॥ दिवाकरपथंप्राप्यच्छादयामासुरंबरम् २० इरावां स्तुरणेक्रुद्धोभ्रातरौतौमहारथौ ॥ ववर्षशरवर्षेणसारथिंचाप्यपातयत् २१ तस्मिंस्तुपतितेभूमौगतसत्त्वेतुसारथौ ॥ रथःप्रदुद्रावदिशःसमुद्भ्रांतहयस्ततः २२ तौसजि त्वामहाराजनागराजसुतासुतः ॥ पौरुषंख्यापयंस्तूर्णंव्यधमत्तववाहिनीम् २३ सावध्यमानासमरेधार्तराष्ट्रीमहाचमूः ॥ वेगान्बहुविधांश्चक्रेविषंपीत्वेवमानवः २४ हैडिंबोराक्षसेंद्रस्तुभगदत्तंसमाद्रवत् ॥ रथेनादित्यवर्णेनसध्वजेनमहाबलः २५ ततःप्राग्ज्योतिषोराजानागराजंसमास्थितः ॥ यथावज्रधरःपूर्वंसंग्रामेतारकामये २६ तत्रदेवाःसगंधर्वाऋषयश्चसमागताः ॥ विशेषंनस्मविविदुर्हैडिंबभगदत्तयोः २७ यथासुरपतिःशक्रस्त्रासयामासदानवान् ॥ तथैवसमरेराजाद्रावयामासपांडवान् २८ तेनविद्राव्यमाणास्तेपांडवाःसर्वतोदिशम् ॥ त्रातारंनाभ्यगच्छंतःस्वेष्वनीकेषुभारत २९ भैमसेनिंरथस्थंतुतत्रापश्यामभारत ॥ शेषाविमनसोभूत्वाप्राद्रवंतमहारथाः ३० निवृत्तेषुतुपांडूनांपुनःसैन्येषुभारत ॥ आसीन्निष्ठानकोघोरस्तवसैन्यस्यसंयुगे ३१ घटोत्कचस्ततोराजन्भगदत्तंमहारणे ॥ शरैःप्रच्छादयामासमेरुंगिरिमिवांबुदः ३२ निहत्यतान्शरान्राजाराक्षसस्यधनुश्च्युतान् ॥ भैमसेनिंरणेतूर्णंसर्वमर्मस्वताडयत् ३३ सताड्यमानोबहुभिःशरैःसन्नतपर्वभिः ॥ नविव्यथेराक्षसेंद्रोभिद्यमानइवाचलः ३४

३५ । ३६ । ३७ । ३८ । ३९ । ४० । ४१ । ४२ । ४३ । ४४ । ४५ । ४६ । ४७ । ४८ । ४९ । ५० । ५१ । ५२ । ५३ । ५४ । ५५ । ५६ । ५७ ॥ इतिभीष्मपर्वणि नीलकंठीये भा०

तस्यप्राग्ज्योतिषःक्रुद्धस्तोमरांश्चचतुर्दश ॥ प्रेषयामाससमरेतांश्चिच्छेदसराक्षसः ३५ सतांश्छित्वामहाबाहुस्तोमरान्निशितैःशरैः ॥ भगदत्तंचविव्याधसप्तत्याकंक
पत्रिभिः ३६ ततःप्राग्ज्योतिषोराजाप्रहसन्निवभारत ॥ तस्याश्वांश्चतुरःसंख्येपातयामाससायकैः ३७ सहताश्वेरथेतिष्ठन्राक्षसेंद्रःप्रतापवान् ॥ शक्तिंचिक्षेपवेगे
नप्राग्ज्योतिषगजंप्रति ३८ तामापतंतींसहसाहेमदंडांसुवेगिनीम् ॥ त्रिधाचिच्छेदनृपतिःसाव्यकीर्यतमेदिनीम् ३९ शक्तिंविनिहतांदृष्ट्वाहैडिंबःप्राद्रवद्भयात् ॥
यथेंद्रस्यरणात्पूर्वंनमुचिर्दैत्यसत्तमः ४० तंविजित्यरणेशूरंविक्रांतंख्यातपौरुषम् ॥ अजेयंसमरेवीरंयमेनवरुणेनच ४१ पांडवींसमरेसेनांसममर्दसकुंजरः ॥ यथा
वनगजोराजन्मृद्नंश्चरतिपद्मिनीम् ४२ मद्रेश्वरस्तुसमरेयमाभ्यांसमसज्जत ॥ स्वस्रीयौछादयांचक्रेशरौघैःपांडुनंदनौ ४३ सहदेवस्तुसमरेमातुलंदृश्यसंगतम् ॥
अवारयच्छरौघेणमेघोयद्वद्दिवाकरम् ४४ छाद्यमानःशरौघेणहृष्टरूपतरोऽभवत् ॥ तयोश्चाप्यभवत्प्रीतिरतुलामातृकारणात् ४५ ततःप्रहस्यसमरेनकुलस्यमहा
रथः ॥ अश्वांश्चचतुरोराजंश्चतुर्भिःसायकोत्तमैः ४६ प्रेषयामाससमरेयमस्यसदनंप्रति ॥ हताश्वात्तुरथात्तूर्णमवप्लुत्यमहारथः ४७ आरुरोहततोयानंभ्रातुरेवयश
स्विनः ॥ एकस्थौतुरणेशूरौदृढेविक्षिप्यकार्मुके ४८ मद्रराजरथंतूर्णंछादयामासतुःक्षणात् ॥ सच्छाद्यमानोबहुभिःशरैःसन्नतपर्वभिः ४९ स्वस्रीयाभ्यांनरव्याघ्रो
नाकंपतयथाऽचलः ॥ प्रहसन्निवतांचापिशस्त्रवृष्टिंजघानह ५० सहदेवस्ततःक्रुद्धःशरमुद्गृह्यवीर्यवान् ॥ मद्रराजमभिप्रेक्ष्यप्रेषयामासभारत ५१ सशरःप्रेषितस्तेन
गरुडानिलवेगवान् ॥ मद्रराजंविनिर्भिद्यनिपपातमहीतले ५२ सगाढविद्धोव्यथितोरथोपस्थेमहारथः ॥ निषसादमहाराजकश्मलंचजगामह ५३ तंविसंज्ञंनिपति
तंसूतःसंप्रेक्ष्यसंयुगे ॥ अपोवाहरथेनाजौयमाभ्यामभिपीडितम् ५४ दृष्ट्वामद्रेश्वररथंधार्तराष्ट्राःपराङ्मुखम् ॥ सर्वेविमनसोभूत्वानेदमस्तीत्यचिंतयन् ५५ निर्जित्य
मातुलंसंख्येमाद्रीपुत्रौमहारथौ ॥ दध्मतुर्मुदितौशंखौसिंहनादंचनेदतुः ५६ अभिदुद्रुवतुर्हृष्टौतवसैन्यंविशांपते ॥ यथादैत्यचमूंराजन्निन्द्रोपेन्द्राविवामरौ ५७ ॥ इति
श्रीमहाभारते भीष्मपर्वणि भीष्मवधप० द्वंद्वयुद्धेत्र्यशीतितमोऽध्यायः ॥ ८३ ॥ संजयउवाच ॥ ततोयुधिष्ठिरोराजामध्यंप्राप्तेदिवाकरे ॥ श्रुतायुषमभिप्रेक्ष्यप्रेषया
मासवाजिनः १ अभ्यधावत्ततोराजाश्रुतायुषमरिन्दमम् ॥ विनिघ्नन्सायकैस्तीक्ष्णैर्नवभिर्नतपर्वभिः २ ससंवार्यरणेराजाप्रेषितान्धर्मसूनुना ॥ शरान्सप्तमहेष्वासः
कौन्तेयायसमार्पयत् ३ तेतस्यकवचंभित्वापपुःशोणितमाहवे ॥ असूनिवविचिन्वन्तोदेहेतस्यमहात्मनः ४ पांडवस्तुभृशंक्रुद्धोविद्धस्तेनमहात्मना ॥ रणेवराहकर्णेन
राजानंहृद्यविध्यत ५ अथापरेणभल्लेनकेतुंतस्यमहात्मनः ॥ रथश्रेष्ठोरथात्तूर्णंभूमौपार्थोन्यपातयत् ६

भारतदीपे त्र्यशीतितमोऽध्यायः ॥ ८३ ॥ सततइति १ । २ । ३ । ४ । ५ । ६

म.भा.टी. ७।८।९।१०।११।१२।१३।१४।१५।१६।१७।१८।१९।२०।२१।२२।२३।२४।२५।२६।२७।२८।२९।३०।३१ करकर्षःशिशुपालपुत्रः ३२।३३।३४।३५।३६।३७ भीष्म०

॥ ११२ ॥ केतुंनिपतितंदृष्ट्वाश्रुतायुःसतुपार्थिवः ॥ पाण्डवंविशिखैस्तीक्ष्णैराजन्विव्याधसप्तभिः ७ ततःक्रोधात्प्रजज्वालधर्मपुत्रोयुधिष्ठिरः ॥ यथायुगांतेभूतानिदिधक्षुरि अ० वपावकः ८ क्रुद्धंतुपांडवंदृष्ट्वादेवगंधर्वराक्षसाः ॥ प्रविव्यथुर्महाराजव्याकुलंचाप्यभूज्जगत् ९ सर्वेषांचैवभूतानामिदमासीन्मनोगतम् ॥ त्रींल्लोकानद्यसंक्रुद्धोनृपो ८४ ऽयंधक्ष्यतीतिवै १० ऋषयश्चैवदेवाश्चचक्रुःस्वस्त्ययनंमहत् ॥ लोकानांनृपशांत्यर्थंक्रोधितेपांडवेतदा ११ सचक्रोधसमाविष्टःसृक्किणीपरिसंलिहन् ॥ दधारात्मवपुर्घोरं युगांतादित्यसन्निभम् १२ ततःसैन्यानिसर्वाणितावकानिविशांपते ॥ निराशान्यभवंस्तत्रजीवितंप्रतिभारत १३ सतुधैर्येणतंकोपंसन्निवार्यमहायशाः ॥ श्रुतायुषः प्रचिच्छेदमुष्टिदेशेमहाधनुः १४ अथैनंछिन्नधन्वानंनाराचेनस्तनांतरे ॥ निर्बिभेदरणेराजासर्वसैन्यस्यपश्यतः १५ सत्वरंचरणेराजन्तस्यवाहान्महात्मनः ॥ निज घानशरैःक्षिप्रंसूतंचसुमहाबलः १६ हताश्वंतुरथंत्यक्त्वादृष्ट्वाराज्ञोऽस्यपौरुषम् ॥ विप्रदुद्राववेगेनश्रुतायुःसमरेतदा १७ तस्मिन्जितेमहेष्वासेधर्मपुत्रेणसंयुगे ॥ दुर्योध नबलंराजन्सर्वमासीत्पराङ्मुखम् १८ एतत्कृत्वामहाराजधर्मपुत्रोयुधिष्ठिरः ॥ व्यात्ताननोयथाकालस्तवसैन्यंजघानह १९ चेकितानस्तुवार्ष्णेयोगौतमंरथिनांव रम् ॥ प्रेक्षतांसर्वसैन्यानांछादयामाससायकैः २० सन्निवार्यशरांस्तांस्तुकृपःशारद्वतोयुधि ॥ चेकितानंरणेयत्तंराजन्विव्याधपत्रिभिः २१ अथापरेणभल्लेनधनुश्चि च्छेदमारिष ॥ सारथिंचास्यसमरेक्षिप्रहस्तोन्यपातयत् २२ अश्वांश्चास्यावधीद्राजन्नुभौतौपार्ष्णिसारथी ॥ सोऽवप्लुत्यरथात्तूर्णंगदांजग्राहसात्वतः २३ सतयावीर घातिन्यागदयागदिनांवरः ॥ गौतमस्यहयान्हत्वासारथिंचन्यपातयत् २४ भूमिष्ठोगौतमस्तस्यशरांश्चिक्षेपषोडश ॥ शरास्तेसात्वतंभित्वाप्राविशन्धरणीतलम् २५ चेकितानस्ततःक्रुद्धःपुनश्चिक्षेपतांगदाम् ॥ गौतमस्यवधाकांक्षीवृत्रस्येवपुरंदरः २६ तामापतंतींविमलामश्मगर्भांमहागदाम् ॥ शरैरनेकसाहस्रैर्वारयामासगौ तमः २७ चेकितानस्ततःखड्गंक्रोधादुद्धृत्यभारत ॥ लाघवंपरमास्थायगौतमंसमुपाद्रवत् २८ गौतमोऽपिधनुस्त्यक्त्वाप्रगृह्यासिंसुसंयतः ॥ वेगेनमहताराजंश्चेकिता नमुपाद्रवत् २९ तावुभौबलसंपन्नौनिस्त्रिंशवरधारिणौ ॥ निस्त्रिंशाभ्यांसुतीक्ष्णाभ्यामन्योन्यंसंततक्षतुः ३० निस्त्रिंशवेगाभिहतौततस्तौपुरुषर्षभौ ॥ धरणींसमनुप्रा प्तौसर्वभूतनिषेविताम् ३१ मूर्छयाऽभिपरीतांगौव्यायामेनतुमोहितौ ॥ ततोऽभ्यधावद्वेगेनकरकर्षःसुहृत्तया ३२ चेकितानंतथाभूतंदृष्ट्वासमरदुर्मदः ॥ रथमा रोपयच्चैनंसर्वसैन्यस्यपश्यतः ३३ तथैवशकुनिःशूरःस्यालस्तवविशांपते ॥ आरोपयद्रथंतूर्णंगौतमंरथिनांवरम् ३४ सौमदत्तिंतथाक्रुद्धोधृष्टकेतुर्महाबलः ॥ नवत्या सायकैःक्षिप्रंराजन्विव्याधवक्षसि ३५ सौमदत्तिरुरःस्थैस्तैर्भृशंबाणैरशोभत ॥ मध्यंदिनेमहाराजरश्मिभिस्तपनोयथा ३६ भूरिश्रवास्तुसमरेधृष्टकेतुंमहारथम् ॥ ॥ ११२ हतसूतहयंचक्रेविरथंसायकोत्तमैः ३७

३८ । ३९ । ४० । ४१ । ४२ । ४३ । ४४ । ४५ । ४६ । ४७ । ४८ । ४९ । ५० । ५१ । ५२ । ५३ । ५४ । ५५ ॥ इति भीष्मपर्वणि नीलकंठीये भारतभावदीपे चतुरशी

विरथंतंसमालोक्यहताश्वंहतसारथिम् ॥ महताशरवर्षेणच्छादयामाससंयुगे ३८ सतुतंरथमुत्सृज्यधृष्टकेतुर्महामनाः ॥ आरुरोहततोयानंशतानीकस्यमारिष ३९
चित्रसेनोविकर्णश्चराजन्दुर्मर्षणस्तथा ॥ रथिनोहेमसन्नाहाःसौभद्रमभिदुद्रुवुः ४० अभिमन्योस्ततस्तैस्तुघोरंयुद्धमवर्तत ॥ शरीरस्ययथाराजन्वातपित्तकफैस्त्रिभिः
४१ विरथांस्तवपुत्रांस्तुकृत्वाराजन्महाहवे ॥ नजघाननरव्याघ्रःस्मरन्भीमवचस्तदा ४२ ततोराज्ञांबहुशतैर्गजाश्वरथयायिभिः ॥ संवृतंसमरेभीष्मंदेवैरपिदुरासदम्
४३ प्रयान्तंशीघ्रमुद्वीक्ष्यपरित्रातुंसुतांस्तव ॥ अभिमन्युंसमुद्दिश्यबालमेकंमहारथम् ४४ वासुदेवमुवाचेदंकौन्तेयःश्वेतवाहनः ॥ चोदयाश्वान्हृषीकेशयत्रैतेबहुलारथाः
४५ एतेहिबहवःशूराःकृतास्त्रायुद्धदुर्मदाः ॥ यथाहन्युर्नसेनांतथामाधवचोदय ४६ एवमुक्तःसवार्ष्णेयःकौन्तेयेनामितौजसा ॥ रथंश्वेतहयैर्युक्तंप्रेषयामाससंयुगे
४७ निष्ठानकोमहानासीत्तवसैन्यस्यमारिष ॥ यदर्जुनोरणेकुद्धःसंयातस्तावकान्प्रति ४८ समासाद्यतुकौंतेयोराज्ञस्तान्भीष्मरक्षिणः ॥ सुशर्माणमथोराजन्निदंवचन
मब्रवीत् ४९ जानामित्वांयुधांश्रेष्ठमत्यंतंपूर्ववैरिणम् ॥ अनयस्याद्यसंप्राप्तंफलंपश्यसुदारुणम् ५० अद्यतेदर्शयिष्यामिपूर्वप्रेतान्पितामहान् ॥ एवंसंजल्पतस्तस्य
बीभत्सोःशत्रुघातिनः ५१ श्रुत्वाऽपिपरुषंवाक्यंसुशर्मारथयूथपः ॥ नचैनमब्रवीत्किंचिच्छुभंवायदिवाऽशुभम् ५२ अभिगम्यार्जुनंवीरंराजभिर्बहुभिर्वृतः ॥ पुरस्ता
त्पृष्ठतश्चैवपार्श्वतश्चैवसर्वतः ५३ परिवार्यार्जुनंसंख्येतवपुत्रैर्महारथः ॥ शरैःसंछादयामासमेघैरिवदिवाकरम् ५४ ततःप्रवृत्तःसुमहान्संग्रामःशोणितोदकः ॥ तावका
नांचसमरेपांडवानांचभारत ५५ ॥ ॥ इतिश्रीमहाभारतेभीष्मपर्वणि भीष्मवधपर्वणि सप्तमयुद्धदिवसे सुशर्मार्जुनसमागमे चतुरशीतितमोऽध्यायः ॥ ८४ ॥
॥ ॥ ॥ संजयउवाच ॥ सताड्यमानस्तुशरैर्धनंजयःपदाहतोनागइवश्वसन्बली ॥ बाणेनबाणेनमहारथानांचिच्छेदचापानिरणेप्रसह्य १ संछिद्यचापानिचता
निराज्ञांतेषांरणेवीर्यवतांक्षणेन ॥ विव्याधबाणैर्युगपन्महात्मानिःशेषतांतेष्वथमन्यमानः २ निपेतुराजौरुधिरप्रदिग्धास्तेताडिताःशक्रसुतेनराजन् ॥ विभिन्नगात्राः
पतितोत्तमांगागतासवश्छिन्नतनुत्रकायाः ३ महींगताःपार्थबलाभिभूताविचित्ररूपायुगपद्विनेशुः ॥ दृष्ट्वाहतांस्तान्युधिराजपुत्रांस्त्रिगर्तराजःप्रययौरथेन ४ तेषांरथा
नामथपृष्ठगोपाद्वात्रिंशदन्येऽभ्यपतंतपार्थम् ॥ तथैवतेतंपरिवार्यपार्थंविकृष्यचापानिमहारवाणि ५ अवीवृषन्बाणमहौघवृष्ट्यायथागिरिंतोयधराजलौघैः ॥ संपीड्य
मानस्तुशरौघवृष्ट्याधनंजयस्तान्युधिजातरोषः ६ षष्ट्याशरैःसंयतितैलधौतैर्जघानतानप्यथपृष्ठगोपान् ॥ रथांश्चतांस्तानवजित्यसंख्येधनंजयःप्रीतमनायशस्वी ७
अथात्वरद्भीष्मवधायजिष्णुर्बलानिराजन्समरेनिहत्य ॥ त्रिगर्तराजोनिहतान्समीक्ष्यमहात्मनातानथबंधुवर्गान् ८

तितमोऽध्यायः ॥ ८४ ॥ ॥ ॥ ॥ सहति १ । २ । ३ । ४ । ५ । ६ । ७ । ८

भा.टीम.. ९ । १० । ११ । १२ । १३ । १४ । १५ । १६ । १७ । १८ । १९ । २० । २१ । २२ । २३ । २४ अज्ञायमानेपश्चात्स्थिते २५ प्रत्यादेशंभर्त्सनं २६ । २७ । २८ । २९ । ३० । ३१ भी ष्म० अ० ८६

॥ ११३ ॥

रणेपुरस्कृत्यनराधिपांस्तान्जगामपार्थस्त्वरितोवधाय ॥ अभिद्रुतंचास्त्रभृतांवरिष्ठंधनंजयंवीक्ष्यशिखंडिमुख्याः ९ अभ्युद्ययुस्तेशितशस्त्रहस्तारिरक्षिषंतोरथमर्जुनस्य ॥ पार्थोऽपितानापततःसमीक्ष्यत्रिगर्तराज्ञासहितान्नृवीरान् १० विध्वंसयित्वासमरेधनुष्मान्गांडीवमुक्तैर्निशितैःपृषत्कैः ॥ भीष्मंययियासुर्युधिसंददर्शदुर्योधनंसैंधवादींश्चराज्ञः ११ संवारयिष्णूनभिवारयित्वामुहूर्तमायोध्यबलेनवीरः ॥ उत्सृज्यराजानमनंतवीर्योजयद्रथादींश्चनृपान्महौजाः १२ ययौततोभीमबलोमनस्वीगांगेयमाजौशरचापपाणिः ॥ युधिष्ठिरश्चप्रबलोमहात्मासमाययौत्वरितोजातकोपः १३ मद्राधिपंसमभित्यज्यसंख्येस्वभागमाप्तंतमनन्तकीर्तिः ॥ सार्धंसमाद्रीसुतभीमसेनैर्भीष्मंययौशांतनवंरणाय १४ तैःसंप्रयुक्तैःसमहारथाग्र्यैर्गंगासुतःसमरेचित्रयोधी ॥ नविव्यथेशांतनवोमहात्मासमागतैःपांडुसुतैःसमस्तैः १५ अथैत्यराजायुधिसत्यसंधोजयद्रथोऽत्युग्रबलोमनस्वी ॥ चिच्छेदचापानिमहारथानांप्रसह्यतेषांधनुषावरेण १६ युधिष्ठिरंभीमसेनंयमौचपार्थंकृष्णंयुधिसंजातकोपः ॥ दुर्योधनःक्रोधविषोमहात्माजघानबाणैरनलप्रकाशैः १७ कृपेणशल्येनशलेनचैवतथाविभोचित्रसेनेनचाजौ ॥ विद्धाःशरैस्तेऽतिविवृद्धकोपैर्देवायथादैत्यगणैःसमेतैः १८ छिन्नायुधंशांतनवेनराजाशिखंडिनंप्रेक्ष्यचजातकोपः ॥अजातशत्रुःसमरेमहात्माशिखंडिनंक्रुद्धउवाचवाक्यम् १९ उक्त्वातथात्वंपितुरग्रतोमामहंहनिष्यामिमहाव्रतंतम् ॥ भीष्मंशरौघैर्विमलार्कवर्णैःसत्यंवदामीतिकृताप्रतिज्ञा २० त्वयाचनैनांसफलांकरोषिदेवव्रतंयन्ननिहंसियुद्धे ॥ मिथ्याप्रतिज्ञोभवमाऽत्रवीररक्षस्वधर्मंस्वकुलंयशश्च २१ प्रेक्षस्वभीष्मंयुधिभीमवेगंसर्वांस्तपंतंममसैन्यसंघान् ॥ शरौघजालैरतितिग्मवेगैःकालंयथाकालकृतंक्षणेन २२ निकृत्तचापःसमरेऽनपेक्षःपराजितःशांतनवेनचाजौ॥ विहायबंधूनथसोदरांश्चक्वयास्यसेनानुरूपंतवेदम् २३ दृष्ट्वाहिभीष्मंतमनंतवीर्यंभग्नंचसैन्यंद्रवमाणमेवम् ॥ भीतोऽसिनूनंद्रुपदस्यपुत्रतथाहितेमुखवर्णोऽप्रहृष्टः २४ अज्ञायमानेचधनंजयेऽपिमहाहवेसंप्रसक्तेनृवीरे ॥ कथंहिभीष्मात्प्रथितःपृथिव्यांभयंत्वमद्यप्रकरोषिवीर २५ सधर्मराजस्यवचोनिशम्यरूक्षाक्षरंविप्रलापानुबद्धम् ॥ प्रत्यादेशंमन्यमानोमहात्माप्रतत्वरेभीष्मवधायराजन् २६ तमापतंतंमहताजवेनशिखंडिनंभीष्ममभिद्रवंतम् ॥ निवारयामासहिशल्यएनमस्त्रेणघोरेणसुदुर्जयेन २७ सचापिदृष्ट्वासमुदीर्यमाणमस्त्रंयुगांताग्निसमप्रकाशम् ॥ नसंमुमोहद्रुपदस्यपुत्रोराजन्महेन्द्रप्रतिमप्रभावः २८ तस्थौचतत्रैवमहाधनुष्मान्शरैस्तदस्त्रंप्रतिबाधमानः ॥ अथाददेवारुणमन्यदस्त्रंशिखंड्यथोग्रंप्रतिघातमस्य २९ तदस्त्रमस्त्रेणविदार्यमाणंखस्थाःसुरादद्दशुःपार्थिवाश्च ॥ भीष्मस्तुराजन्समरेमहात्माधनुश्चचित्रंध्वजमेवचापि ३० छित्वाऽनदत्पांडुसुतस्यवीरोयुधिष्ठिरस्याजमीढस्यराज्ञः ॥ ततःसमुत्सृज्यधनुःसबाणंयुधिष्ठिरंवीक्ष्यभयाभिभूतम् ३१

॥ ११३

गदांप्रगृह्याभिपपातसंख्येजयद्रथंभीमसेनःपदातिः ॥ तमापतंतंसहसाजवेनजयद्रथःसगदंभीमसेनम् ३२ विव्याधघोरैर्यमदंडकल्पैःशितैःशरैःपंचशतैःसमंतात् ॥
अचिन्तयित्वासशरांस्तरस्वीवृकोदरःक्रोधपरीतचेताः ३३ जघानवाहान्समरेसमंतात्पारावतान्सिंधुराजस्यसंख्ये ॥ ततोऽभिवीक्ष्याप्रतिमप्रभावस्तवात्मजस्त्वरमा
णोरथेन ३४ अभ्याययौभीमसेनंनिहन्तुंसमुद्यतास्त्रोसुरराजकल्पः ॥ भीमोऽप्यथैनंसहसाविनद्यप्रत्युद्ययौगदयातर्जयानः ३५ समुद्यतांतांयमदंडकल्पांदृष्ट्वागदांतंकु
रवःसमंतात् ॥ विहायसर्वेतवपुत्रमुग्रंपातंगदायाःपरिहर्तुकामाः ३६ अपक्रांतास्तुमुलेसंप्रमर्देसुदारुणेभारतमोहनीये ॥ अमूढचेतास्त्वथचित्रसेनोमहागदामापतं
तींनिरीक्ष्य ३७ रथंस्वमुत्सृज्यपदातिराजौप्रगृह्यखड्गंविपुलंचचर्म ॥ अवप्लुतःसिंहइवाचलाग्राज्जगामान्यंभूमिपभूमिदेशम् ३८ गदाऽपिसाप्राप्यरथंसुचित्रंसाश्वं
ससूतंविनिहत्यसंख्ये॥जगामभूमिंज्वलितामहोल्काभ्रष्टाऽम्बराद्गामिवसंपतन्ती ३९ आश्चर्यभूतंसुमहत्त्वदीयादृष्ट्वैवतद्भारतसंप्रहृष्टाः॥ सर्वेविनेदुःसहिताःसमंतात्पुपूजि
रेतवपुत्रस्यशौर्यम्॥ ४० ॥ इतिश्रीमहाभारतेभीष्मपर्वणि भीष्मवधप० सप्तमयुद्धदिवसेपंचाशीतितमोध्यायः॥ ८५॥ संजयउवाच ॥ विरथंतंसमासाद्यचित्रसेनंय
शस्विनम् ॥ रथमारोपयामासविकर्णस्तनयस्तव १ तस्मिंस्तथावर्तमानेतुमुलेसंकुलेभृशम् ॥ भीष्मःशांतनवस्तूर्णंयुधिष्ठिरमुपाद्रवत् २ ततःसरथनागाश्वाःसमकं
पंतसृंजयाः ॥ मृत्योरास्यमनुप्राप्तंमेनिरेचयुधिष्ठिरम् ३ युधिष्ठिरोऽपिकौरव्योयमाभ्यांसहितःप्रभुः ॥ महेष्वासंनरव्याघ्रंभीष्मंशांतनवंययौ ४ ततःशरसहस्रा
णिप्रमुंचन्पांडवोयुधि ॥ भीष्मंसंछादयामासयथामेघोदिवाकरम् ५ तेनसम्यक्प्रणीतानिशरजालानिमारिष ॥ प्रतिजग्राहगांगेयःशतशोऽथसहस्रशः ६ तथैव
शरजालानिभीष्मेणास्तानिमारिष ॥ आकाशेसमदृश्यंतखगमानांव्रजाइव ७ निमेषार्धेनकौन्तेयंभीष्मःशांतनवोयुधि ॥ अदृश्यंसमरेचक्रेशरजालेनभागशः ८ ततो
युधिष्ठिरोराजाकौरव्यस्यमहात्मनः ॥ नाराचंप्रेषयामासक्रुद्धआशीविषोपमम् ९ असंप्राप्तंततस्तंतुक्षुरप्रेणमहारथः॥ चिच्छेदसमरेराजन्भीष्मस्तस्यधनुश्च्युतम् १०
तंतुच्छित्वारणेभीष्मोनाराचंकालसंमितम् ॥ निजघ्नेकौरवेन्द्रस्यहयान्कांचनभूषणान् ११ हताश्वंतुरथंत्यक्त्वाधर्मपुत्रोयुधिष्ठिरः ॥ आरुरोहरथंतूर्णंनकुलस्य
महात्मनः १२ यमावपिहिसंक्रुद्धःसमासाद्यरणेतदा ॥ शरैःसंछादयामासभीष्मःपरपुरंजयः १३ तौतुदृष्ट्वामहाराजभीष्मबाणप्रपीडितौ ॥ जगामपरमांचिंतांभीष्मस्य
वधकांक्षया १४ ततोयुधिष्ठिरोवश्यान्राज्ञस्तान्समचोदयत् ॥ भीष्मंशांतनवंसर्वेनिहतेतिसुहृद्गणान् १५ ततस्तेपार्थिवाःसर्वेश्रुत्वापार्थस्यभाषितम् ॥ महतारथवं
शेनपरिवव्रुःपितामहम् १६ ससमन्तात्परिक्षिप्तःपितादेवव्रतस्तव ॥ चिक्रीडधनुषाराजन्पातयानोमहारथान् १७

१८ । १९ । २० । २१ । २२ । २३ । २४ । २५ । २६ । २७ । २८ । २९ । ३० । ३१ । ३२ । ३३ । ३४ । ३५ । ३६ । ३७ । ३८ । ३९ । ४० । ४१ । ४२ । ४३ । ४४ । ४५ । ४६ । ४७ । ४८

तेचरन्तरणेणपार्थादृद्दृशुःकौरवंयुधि ॥ मृगमध्यंप्रविश्येवयथार्सिहशिशुंवने १८ तर्जयानरणेवीरांन्वासयानंचसायकैः ॥ दृष्ट्वात्रेसुर्महाराजार्सिहंमृगगणाइव १९ रणे भारतर्सिहस्यदृद्दृशुःक्षत्रियागतिम् ॥ अम्बुवायुसहायस्ययथाकक्षंदिधक्षतः २० शिरांसिरथिनांभीष्मःपातयामाससंयुगे ॥ तालेभ्यःपरिपक्कानिफलानिकुशलो नरः २१ पतद्भिश्चमहाराजशिरोभिर्धरणीतलं ॥ बभूवतुमुलःशब्दःपततामश्मनामिव २२ तस्मिन्सुतुमुलेयुद्धेवर्तमानेभयानके ॥ सर्वेषामेवसैन्यानामासी द्व्यतिकरोमहान् २३ भिन्त्रेपुत्त्रव्यूहेपुक्षत्रियाइतरेतरम् ॥ एकमेकंसमाहूययुद्धायैवावतस्थिरे २४ शिखंडीतुसमासाद्यभरतानांपितामहम् ॥ अभिदुद्रावंवेगेन तिष्ठितिष्ठेतिचाब्रवीत् २५ अनाद्यतनतोभीष्मस्तंशिखंडिनमाहवे ॥ प्रयये सं जयान्कुद्धःस्त्रीत्वंचिन्त्यशिखंडिनः २६ सं जयास्तुततोदृष्ट्वाहृष्टंभीष्मंमहारणे ॥ सिंहनादांश्चविविधांश्चकुःशंखविमिश्रितान् २७ ततःप्रवत्तेयुद्धंव्यतिषक्तरथद्विपम् ॥ पश्चिमांदिशमासाद्यस्थितेसवितरिप्रभो २८ धृष्टद्युम्नोऽथपांचाल्यःसा त्यकिश्चमहारथः ॥ पीडयंतौवृषे नंशक्तितोमरवृष्टिभिः २९ शब्दैश्चबहुभीराजन्जघ्नुस्तावकानरणे ॥ तेहन्यमानाःसमरेतावकाभरतर्षभ ३० आर्यौयुद्धम तिकृत्वानत्यजंतिसमंसंयुगम् ॥ यथोत्साहंतुसमरेनिजघ्नुस्तावकारणे ३१ तत्राक्रन्दोमहानासीत्तावकानांमहात्मनाम् ॥ वध्यतांसमेरराजन्पार्षतेनमहात्मना ३२ तेंश्चलतान्निनदंघोरंतावकानांमहारथो ॥ विन्दानुविन्दावावन्त्यौपार्षतंमत्युपस्थितौ ३३ तौत्स्यतुरगान्हत्वात्वरमाणौमहारथौ ॥ छादयामासतुरभौशरवर्षेणपार्षतं ३४ अवक्षुल्याथपांचाल्योरथंतूर्णंमहाबलः ॥ आरुरोहरथंतूर्णंसात्यकेस्तुमहात्मनः ३५ ततोयुधिष्ठिरोराजामहत्यासेनयावृतः ॥ आवंत्यौसमरेकुद्धावभ्यायात्सपरन्तपौ ३६ तथैवतवपुत्रोऽपिसर्वौधोगेनमारिष ॥ विन्दानुविन्दौसमरेपरिवार्यावतस्थिवान् ३७ अर्जुनश्चापिसंकुद्धःक्षत्रियान्क्षत्रियर्षभः ॥ अयोधयतसंग्रामेवज्रपाणिरिवासुरान् ३८ द्रोणस्तुसमरेकुद्धःपुत्रस्यप्रियकृत्तव ॥ व्यधमत्सर्वपंचालांस्तूलराशिमिवानलः ३९ दुर्योधनपुरोगास्तुपुत्रास्तवविशांपते ॥ परिवार्यरणेभीष्मंयुयुधुःपांडवैःसह ४० ततोदुर्योधनोराजालोहितायतिभास्करे ॥ अब्रवीत्तावकान्सर्वांस्त्वरध्वमितिभारत ४१ युध्यतांतुतथातेषांकुर्वतांकंमदुष्करम् ॥ अस्तंगिरिमथारूढेऽप्रका शतिभास्करे ४२ प्रावत्ततनदीघोराशोणितौघतरंगिणी ॥ गोमायुगणसंकीर्णाक्षणेनक्षणदामुखे ४३ शिवाभिरशिवाभिश्चरुवद्भिर्भैरवंरवम् ॥ घोरमायोधनंजज्ञेभूत संघैःसमाकुलम् ४४ राक्षसाश्चपिशाचाश्चतथान्येपिशिताशिनः ॥ समंततोव्यदृश्यंतशतशोऽथसहस्रशः ४५ अर्जुनोऽथसुशर्मादीन्राज्ञस्तान्सपदानुगान् ॥ विजि त्यप्तृतनामध्येयौस्वशिबिरंप्रति ४६ युधिष्ठिरोऽपिकौरव्योभ्रातृभ्यांसहितस्तथा ॥ ययौस्वशिबिरंराजानिशायांसेनयावृतः ४७ भीमसेनोऽपिराजेन्द्रदुर्योधनमुखान् स्थान् ॥ अवजित्यततःसंख्येययौस्वशिबिरंप्रति ४८

४९ । ५० । ५१ । ५२ । ५३ । ५४ । ५५ । ५६ । ५७ ॥ इतिभी॰ नी॰ भा॰ षडशीतितमोऽध्यायः ॥ ८६ ॥ परिणाम्यगमयित्वा १ । २ । ३ । ४ । ५ । ६ । ७ । ८ । ९ । १० । ११

दुर्योधनोऽपिनृपतिःपरिवार्यमहारणे ॥ भीष्मंशांतनवंतूर्णंप्रयातःशिबिरंप्रति ४९ द्रोणोद्रौणिःकृपःशल्यःकृतवर्माचसात्वतः ॥ परिवार्यचमूंसर्वाप्रययुःशिबिरंप्रति
५० तथैवसात्यकीराजन्धृष्टद्युम्नश्चपार्षतः ॥ परिवार्यरणेयोधान्ययतुःशिबिरंप्रति ५१ एवमेतेमहाराजतावकाःपांडवैःसह ॥ पर्यवर्तन्तसहितानिशाकालेपरंतप ५२
ततःस्वशिबिरंगत्वापांडवाःकुरवस्तथा ॥ न्यवसंतमहाराजपूजयंतःपरस्परम् ५३ रक्षांकृत्वाततःशूरान्यस्यगुल्मान्यथाविधि ॥ अपनीयचशल्यानिस्नात्वाचविविधै
र्जलैः ५४ कृतस्वस्त्ययनाःसर्वेसंस्तूयंतश्चबंदिभिः ॥ गीतवादित्रशब्देनव्यक्रीडंतयशस्विनः ५५ मुहूर्तादिवतत्सर्वमभवत्स्वर्गसन्निभम् ॥ नहियुद्धकथांकांचित्तत्रा
कुर्वन्महारथाः ५६ तेप्रसुप्तेबलेतत्रपरिश्रांतजनेनृप ॥ हस्त्यश्वबहुलेरात्रौप्रेक्षणीयेबभूवतुः ५७ ॥ इतिश्रीमहाभारतेभीष्मपर्वणिभीष्मवधपर्वणिसप्तमदिवसयुद्धाव
हारेषडशीतितमोऽध्यायः ॥ ८६ ॥ संजयउवाच ॥ परिणाम्यनिशांतांतुसुखंप्राप्ताजनेश्वराः ॥ कुरवःपांडवाश्चैवपुनर्युद्धायनिर्ययुः १ ततःशब्दोमहानासीत्सैन्य
योरुभयोर्नृप ॥ निर्गच्छमानयोःसंख्येसागरप्रतिमोमहान् २ ततोदुर्योधनोराजाचित्रसेनोविविंशतिः ॥ भीष्मश्चरथिनांश्रेष्ठोभारद्वाजश्चवैनृप ३ एकीभूताःसुसंय
त्ताःकौरवाणांमहाचमूम् ॥ व्यूहायविदधूराजन्पांडवान्प्रतिदंशिताः ४ भीष्मःकृत्वामहाव्यूहंपितातवविशांपते ॥ सागरप्रतिमंघोरंवाहनोर्मितरंगिणम् ५ अग्रतः
सर्वसैन्यानांभीष्मःशांतनवोययौ ॥ मालवैर्दाक्षिणात्यैश्चआवंत्यैश्चसमन्वितः ६ ततोऽनंतरमेवासीद्भारद्वाजःप्रतापवान् ॥ कुलिन्दैःपारदैश्चैवतथाक्षुद्रकमालवैः ७
द्रोणादनंतरंयत्तोभगदत्तःप्रतापवान् ॥ मगधैश्चकलिंगैश्चपिशाचैश्चविशांपते ८ प्राग्ज्योतिषादनुनृपःकौसल्योऽथबृहद्बलः ॥ मेकलैःकुरुविन्दैश्चत्रैपुरैश्चसमन्वितः
९ बृहद्बलात्ततःशूरस्त्रिगर्तःप्रस्थलाधिपः ॥ काम्बोजैर्बहुभिःसार्धंयवनैश्चसहस्रशः १० द्रौणिस्तुरभसःशूरस्त्रैगर्तादनुभारत ॥ प्रययौसिंहनादेननादयानोधरातलम् ११
तथासर्वेणसैन्येनराजादुर्योधनस्तदा ॥ द्रौणेरनंतरंप्रायात्सोदर्यैःपरिवारितः १२ दुर्योधनादनुततःकृपःशारद्वतोययौ ॥ एवमेषमहाव्यूहःप्रययौसागरोपमः १३ रेजु
स्तत्रपताकाश्चश्वेतच्छत्राणिवाविभो ॥ अंगदान्यत्रचित्राणिमाहार्हाणिधनूंषिच १४ तंतुदृष्ट्वामहाव्यूहंतावकानांमहारथः ॥ युधिष्ठिरोऽब्रवीत्तूर्णंपार्षतंपृतनापतिम्
१५ पश्यव्यूहंमहेष्वासनिर्मितंसागरोपमम् ॥ प्रतिव्यूहंत्वमपिहिकुरुपार्षतसत्वरम् १६ ततःसपार्षतःक्रूरोव्यूहंचक्रेसुदारुणम् ॥ शृङ्गाटकंमहाराजपरव्यूहविनाश
नम् १७ शृङ्गाभ्यांभीमसेनश्चसात्यकिश्चमहारथः ॥ रथैरनेकसाहस्रैस्तथाहयपदातिभिः १८ ताभ्यांबभौनरश्रेष्ठःश्वेताश्वःकृष्णसारथिः ॥ मध्येयुधिष्ठिरोराजामाद्री
पुत्रौचपांडवौ १९ अथोत्तरेमहेष्वासाःसहसैन्यानराधिपाः ॥ व्यूहंतंपूरयामासुर्व्यूहशास्त्रविशारदाः २०

१२ । १३ । १४ । १५ । १६ शृंगाटकंचतुष्पथाकारं १७ शृंगाभ्यांशृंगयोः १८ । १९ । २०

२१।२२।२३।२४।२५।२६।२७।२८।२९। ३०।३१।३२।३३।३४।३५।३६।३७।३८।३९।४० ॥इतिभी॰ नी॰ भा॰ सप्ताशीतितमोऽध्यायः॥८७॥भीष्मइति १।२।३।४।५।६।७।८।९।१०

अभिमन्युस्ततःपश्चादिराट्श्वमहारथः ॥ द्रौपदेयाश्वसंहृष्टाराक्षसश्चघटोत्कचः २१ एवमेतंमहाव्यूहंव्यूहभारतपांडवाः ॥ अतिष्ठन्समरेशूरायोद्धुकामाजयैषिणः
२२ भेरीशब्दैश्चविमलैर्विमिश्रैःशंखनिःस्वनैः ॥ इयदितासफोटितोरुक्ष्यैर्नादितासर्वतोदिशः २३ ततःशूराःसमासाद्यसमरेतरपरस्परम् ॥ नेत्रैरनिमिषैराजन्वेक्षंतःपरस्प
रम् २४ नामभिस्तेमनुष्येन्द्रपूर्वयोधाःपरस्परम् ॥ युद्धायसमवर्ततसमाह्वयेतरेतरम् २५ ततःप्रवृत्तेयुद्धंघोररूपंभयावहम् ॥ तावकानांपरेषांचनिघ्नतामितरेतरम्
२६ नाराचानिशिताःसंख्येसंपतंतिस्मभारत ॥ व्यात्ताननाभयकराउरगाइवसंघशः २७ निष्पेतुर्विमलाःशक्तयस्तैलधौताःसुतेजनाः ॥ अंबुदेभ्योयथाराजन्प्राज
मानाःशतहदाः २८ गदाश्चविमलैःपट्टैःपिनद्धाःस्वर्णभूषितैः ॥ पतंत्यस्तत्रदृश्यंतेगिरिशृंगोपमाःशुभाः २९ निस्त्रिंशाश्चव्यदृश्यंतविमलांबरसंनिभाः ॥ आर्षभा
णिविचित्राणिशतचंद्राणिभारत ३० अशोभंतरणेराजन्पात्यमानानिसर्वशः ॥ तेऽन्योन्यंसमरेसेनयुध्यमानेनराधिप ३१ अशोभेतांयथादिवदैत्यसेनेसमुद्यते ॥ अ
भ्यद्रवंतसमरेतेऽन्योन्यंवैसमंततः ३२ रथास्तुरथिभिस्तूर्णप्रेषिताःपरमाहवे ॥ युगेयुगानिसंक्षिप्यप्ययुधुःपार्थिवर्षभाः ३३ दंतिनौयुध्यमानानांसंघर्षात्पावकोऽभ
वव॥ दंतेषुभरतश्रेष्ठसधूमःसर्वतोदिशम् ३४ प्रासैरभिहताःकेचिद्धजयोधाःसमंततः ॥ पतमानाःस्मदृश्यंतेगिरिशृंगान्नगाइव ३५ पादाताश्चाप्यदृश्यंतनिघ्नंतोऽथपर
स्परम् ॥ चित्ररूपधराःशूरान्खरप्रासयोधिनः ३६ अन्योन्यंतेसमासाद्यकुरुपांडवसैनिकाः ॥ अस्त्रैर्नानाविधैर्घोरैरणेनिन्युर्यमक्षयम् ३७ ततःशांतनवोभीष्मोरथ
घोषेणनादयन् ॥ अभ्यागमद्रणेपार्थान्धनुःशब्देनमोहयन् ३८ पांडवानांरथाश्चापिनदंतोभैरवंस्वनम् ॥ अभ्यद्रवंतसंयत्ताधृष्टद्युम्नपुरोगमाः ३९ ततःप्रवृत्तेयुद्धंत
वतेपांचभारत ॥ नराश्वरथनागानांव्यतिषक्तंपरस्परम् ४० ॥ इतिश्रीमहाभारतेभीष्मप॰ भीष्मवधप॰ अष्टमदिवसयुद्धारंभे सप्ताशीतितमोऽध्यायः॥ ८७ ॥
॥ संजयउवाच ॥ भीष्मंतुसमरेकुद्धंप्रतपंतंसमंततः ॥ नशेकुःपांडवाद्रद्धुंप्रतपंतमिवभास्करम् १ ततःसर्वाणिसेन्यानिधर्मपुत्रस्यशासनात् ॥ अभ्यद्रवंतगांगेयमर्दयंतं
शितैःशरैः २ सतुभीष्मोरणश्लाघीसोमकान्सहसंजयान् ॥ पंचालांश्चमहेष्वासान्पातयामाससायकैः ३ तेवध्यमानाभीष्मेणपंचालाःसोमकैःसह ॥ भीष्ममेवाभ्य
वर्तुर्णत्यक्तामृत्युकृतंभयम् ४ सतेषांरथिनांवीरोभीष्मःशांतनवोयुधि ॥ चिच्छेदसहसाराजन्बाहूनथशिरांसिच ५ विस्थान्रथिनश्चक्रेपितादेवव्रतस्तव ॥ पतिता
न्युत्तमांगानिनिहयेभ्योहयसादिनाम् ६ निर्मनुष्यान्श्चमातंगान्अशयानात्पर्वतोपमान् ॥ अपश्याममहाराजभीष्मास्त्रेणप्रमोहितान् ७ नत्रासीत्पुमान्कश्चित्पांडवानां
विशांपते ॥ अन्यत्ररथिनांश्रेष्ठाद्भीमसेनान्महाबलात् ८ सहिभीष्मंसमासाद्यताडयामाससंयुगे ॥ ततोनिष्ठानकोघोरोभीष्मभीमसमागमे ९ बभूवसर्वसैन्यानांघोर
रूपोभयानकः ॥ तथैवपांडवाहृष्टाःसिंहनादमथानदन् १०

ततोदुर्योधनोराजासोदर्यैःपरिवारितः ॥ भीष्मंजुगोपसमरेवर्तमानेजनक्षये ११ भीमस्तुसारथिंहत्वाभीष्मस्यरथिनांवरः ॥ प्रकृताश्वेरथेतस्मिन्द्रवमाणेसमन्ततः १२ सुनाभस्यशरेणाशुशिरश्चिच्छेदभारत ॥ क्षुरप्रेणसुतीक्ष्णेनसहतोऽन्यपतद्भुवि १३ हतेतस्मिन्महाराजतत्पुत्रेमहारथे ॥ नाम्नुष्यंतरणेशूराःसोदराःसमसंयुगे १४ आ
दित्येकतुर्बह्वाशीकुंडधारोमहोदरः ॥ अपराजितःपंडितकोविशालाक्षःसुदुर्जयः १५ पांडवंचित्रसत्राहाविचित्रकवचध्वजाः ॥ अभ्यद्रवंतसंग्रामेयोधुकामारिमर्दनाः
१६ महोदरस्तुसमरेभीमंविव्याधपत्रिभिः ॥ नवभिर्वज्रसंकाशैर्नमुर्चिंतंत्रहायथा १७ आदित्यकेतुःसत्याबह्वाशीचापिपंचभिः ॥ नवत्याकुंडधारश्चविशालाक्षश्चपं
चभिः १८ अपराजितोमहाराजपराजिष्णुमहारथम् ॥ शरैर्बहुभिरानच्छेद्भीमसेनंमहाबलम् १९ रणेपंडितकश्चैनंत्रिभिर्बाणैःसमार्पयत् २० सतन्नममृषेभीमःशत्रुभिर्वि
धमाहवे २० धनुःप्रपीड्यवामेनकरेणामित्रकर्शनः ॥ शिरश्चिच्छेदसमरेशरेणानतपर्वणा २१ अपराजितस्यसुनसंतप्तपुत्रस्यसंयुगे ॥ पराजितस्यभीमेननिपपातशिरो
महीम् २२ अथापरेणभल्लेनकुंडधारंमहारथम् ॥ प्राहिणोन्मृत्युलोकायसर्वलोकस्यपश्यतः २३ ततःपुनरमेयात्मासंधायशिलीमुखम् ॥ प्रेषयामाससमरेपंडितं प्र
तिभारत २४ सशरःपंडितंहत्वाविवेशधरणीतलम् ॥ यथानरंनिहत्याशुभुजगःकालचोदितः २५ विशालाक्षशिरश्चित्वापातयामासभूतले ॥ त्रिभिःशरैरदीनात्मा
स्मरन्क्लेशंपुरातनम् २६ महोदरंमहेष्वासंनाराचेनस्तनांतरे ॥ विव्याधसमरेराजन्सहतोऽन्यपतद्भुवि २७ आदित्यकेतोःकेतुंचच्छित्वाबाणेनसंयुगे ॥ भल्लेनभृशती
क्ष्णेनशिरश्चिच्छेदभारत २८ बह्वाशिनंततोभीमःशरेणानतपर्वणा ॥ प्रेषयामाससंकुद्धोयमस्यसदनंप्रति २९ मद्हुवुस्ततस्तेऽन्येपुत्रास्तवविशांपते ॥ मन्यमाना
हितत्सत्यंसभायांतस्यभाषितम् ३० ततोदुर्योधनोराजाभ्रातृव्यसनकर्शितः ॥ अब्रवीतावकान्योधान्भीमोऽयंयुधिवध्यताम् ३१ एवमेतेमहेष्वासाःपुत्रास्तवविशां
पते ॥ भ्रातृन्संदृश्यनिहतान्प्राप्समारंस्तेहितद्वचः ३२ यदुक्तवान्महाप्राज्ञःक्षत्ताहितमनामयम् ॥ तदिदंसमनुप्राप्तंवचनंदिव्यदर्शिनः ३३ लोभमोहसमाविष्टःपुत्रप्री
त्याजनाधिप ॥ नबुध्यसेपुरायत्तत्त्त्व्यमुक्तंवचोमहव ३४ तथैवचवधार्थायपुत्राणांपांडवोबली ॥ नूनंजातोमहाबाहुर्यथाहंतिस्मकौरवान् ३५ ततोदुर्योधनोराजा
भीष्ममासाद्यसंयुगे ॥ दुःखेनमहताऽऽविष्टोविललापसुदुःखितः ३६ निहताभ्रातरःशूराभीमसेनेनमेयुधि ॥ यत्नानास्तथाऽन्येपिहन्यन्तेसर्ववैसैनिकाः ३७ भवांश्च
मध्यस्थतयानित्यमस्मानुपेक्षते ॥ सोऽहंकुपथमारूढःपश्यदेवमिदंमम ३८ एतच्छ्रुत्वावचःक्रूरंपितादेवव्रतस्तव ॥ दुर्योधनमिदंवाक्यमब्रवीतसाश्रुलोचनः ३९ उक्त
मेतन्मयापूर्वंद्रोणेनविदुरेणच ॥ गांधार्याचयशस्विन्यात्वंवतातनबुद्धवान् ४० समयश्चमयापूर्वंकृतोवैशत्रुकर्शन ॥ नाहंयुधिनियोक्तव्योन्याप्याचार्यःकथंचन ४१

॥ ४।२।४३।४४ ॥ इति भी० नी० भा० अष्टाशीतितमोऽध्यायः ॥ ८८ ॥ दृष्ट्वेति १।२।३।४। ५।६।७ ८।९।१० ११।१२ १।३।१४ १५।१६।१७ १८।१९।२० २१।२२।२३।२४ कूजतांअन्यक्रन्दितानां स्तनतांश्चैः

यंयंहिधार्तराष्ट्राणांभीमोद्रक्ष्यतिसंयुगे ॥ हनिष्यतिरणेनित्यंसत्यमेतद्ब्रवीमिते ४२ सत्त्वराजन्स्थिरोभूत्वारणेकृत्वाद्धृढांमतिम् ॥ योधयस्वरणेपार्थान्त्स्वर्गं कृत्वापरायणम् ४३ नशक्याःपांडवाजेतुंसेन्द्रैरपिसुरासुरैः ॥ तस्मायुद्धेस्थिरंकृत्वामतिंयुद्धस्वभारत ४४ ॥ इतिश्रीमहाभारतेभीष्मप० भीष्मवधप० सुनाभा दिधृतराष्ट्रपुत्रवधेअष्टाशीतितमोऽध्यायः ॥ ८८ ॥ ॥ धृतराष्ट्रउवाच ॥ दृष्ट्वामेनिहतान्पुत्रान्बहूनेकेनसंजय ॥ भीष्मोद्रोणकृपश्चैवकिमकुर्वतसंयुगे १ अह न्यहनिमेपुत्राःक्षयंगच्छंतिसंजय ॥ मन्येअहंसर्वथासूतदैवेनोपहताभृशम् २ यत्रमेतनयाःसर्वेजीयन्तेनजयन्त्युत ॥ यत्रभीष्मश्चद्रोणस्यकृपस्यचमहात्मनः ३ सौम दत्तेश्वीरस्यभगदत्तस्यचोभयोः ॥ अश्वत्थाम्नस्तथातातशूराणामनिवर्तिनाम् ४ अन्येषांचैवशूराणांमध्यगास्तनयाममम ॥ यदह्न्यंतसंग्रामेकिमन्यद्दागधेयतः ५ नहिदुर्योधनोमंदःपुरापोक्तमबुध्यत ॥ वार्यमाणोमयातातभीष्मेणविदुरेणच ६ गांधार्याश्चैवदुर्मेधाःसततंहितकाम्यया ॥ नाबुध्यतपुरामोहात्तस्यप्राप्तमिदंफलम् ७ यद्भीमसेनःसमरेपुत्रान्ममाविचेतसः ॥ अह्न्यहनिसंकुद्धोनयतेयमसादनम् ८ ॥ संजयउवाच ॥ इदंतत्समनुप्राप्तंक्षत्तुर्वचनमुत्तमम् ॥ नबुद्धवानसिविभोमोच्यमानं हितंतदा ९ निवारयसुतान्यूताद्वापांडवान्माद्रुहेतिच ॥ सुहृदांहितकामानांब्रुवतांतत्तदेवच १० नशुश्रूषसियद्वाक्यमेत्यःपथ्यमिवौषधम् ॥ तदेवत्वामनुप्राप्तंवचनं साधुभाषितम् ११ विदुरद्रोणभीष्माणांतथाअन्येषांहितैषिणाम् ॥ अकृत्वावचनंपथ्यंक्षयंगच्छंतिकौरवाः १२ तदेतत्समनुप्राप्तंपूर्वमेववविशांपते ॥ तस्मात्त्वंश्रृणुत् त्वेनयथायुद्धमवर्तत १३ मध्याह्नेसुमहारौद्रःसंग्रामःसमपद्यत ॥ लोकक्षयकरोराजंस्तन्मेनिगदतःश्रृणु १४ ततःसर्वाणिसैन्यानिधर्मपुत्रस्यशासनात ॥ संरब्धा न्यभ्यवर्तन्तभीष्ममेवजिघांसया १५ धृष्टद्युम्नःशिखंडीचसात्यकिश्चमहारथः ॥ युक्तानीकामहाराजभीष्ममेवसमभ्ययुः १६ विराटोद्रुपदश्चैवसहिताःसर्वेसोमकैः ॥ अभ्यद्रवंतसंग्रामेभीष्ममेवमहारथम् १७ केकयाद्धृष्टकेतुश्चकुंतिभोजश्चदंशितः ॥ युक्तानीकामहाराजभीष्ममेवसमभ्ययुः १८ अर्जुनोद्रौपदेयाश्चेकितानश्चवीर्य वान् ॥ दुर्योधनसमादिष्टान्राज्ञःसर्वान्समभ्ययुः १९ अभिमन्युस्तथाशूरोहैडिंबश्चमहारथः ॥ भीमसेनश्चसंकुद्धस्तेऽभ्यधावन्तकौरवान् २० त्रिधाभूतैर्वध्यंतपांड वैःकौरवायुधि ॥ तथैवकौरवैराजन्वध्यंतपरस्परेण २१ द्रोणस्तुरथिनश्रेष्ठान्सोमकान्तंजयैःसह ॥ अभ्यधावतसंकुद्धःप्रेषयिष्यन्यमक्षयम् २२ तत्राक्रंदोमहानासी रथिनांमहात्मनाम् ॥ वध्यतांसमरेराजन्भारद्वाजेनधन्विना २३ द्रोणेननिहतास्तत्रक्षत्रियाबहवोरणे ॥ विचेष्टंतोह्यदृश्यंतव्याधिक्लिष्टानराइव २४ कूजतांक्रंदतां चैवस्तनतांचैवभारत ॥ अनिशंशुश्रुवेशब्दःक्षुद्रक्लिष्टानांतृणामिव २५ तथैवकौरवेयाणांभीमसेनोमहाबलः ॥ चकारकदनंघोरंकुद्धःकालइवापरः २६ वध्यतांतत्र सेन्यानामन्योन्येनमहारणे ॥ प्रावर्त्ततनदीघोरारुधिरौघप्रवाहिनी २७

शब्दायमानानाम् २५। २६।२७

२८ । २९ । ३० । ३१ । ३२ । ३३ । ३४ । ३५ । ३६ निष्कैरुरोभूषणैः ३७ योक्त्रैरीषायोजनरज्जुभिः रश्मिभिरश्वबंधनरज्जुभिः ३८ । ३९ । ४० ॥ इ० भी० नीं० भा० ऊननवतितमोऽ

ससंग्रामोमहाराजघोररूपोऽभवन्महान् ॥ कुरूणांपांडवानांचयमराष्ट्रविवर्धनः २८ ततोभीमोरणेक्रुद्धोरभसश्चविशेषतः ॥ गजानीकंसमासाद्यप्रेषयामामृत्यवे २९ तत्रभारतभीमेननाराचाभिहतागजाः ॥ पेतुर्नेदुश्चसेदुश्चदिशश्चपरिबभ्रमुः ३० छिन्नहस्तामहानागाच्छिन्नगात्राश्चमारिष ॥ क्रौंचवद्व्यनदन्भीताःपृथिवीमधिशेरते ३१ नकुलःसहदेवश्चहयानीकमभिद्रुतौ ॥ तेहयाःकांचनापीडारुक्मभांडपरिच्छदाः ३२ वध्यमानाव्यदृश्यंतशतशोऽथसहस्रशः ॥ पतद्भिस्तुरगैराजन्समास्तीर्यत मेदिनी ३३ निर्जिह्वैश्चश्वसद्भिश्चकूजद्भिश्चगतासुभिः ॥ हयैर्बभौनरश्रेष्ठनानारूपधरैर्धरा ३४ अर्जुनेनहतैःसंख्येतथाभारतराजभिः ॥ प्रबभौवसुधाघोरातत्रतत्रवि शांपते ३५ रथैर्भग्नैर्ध्वजैश्छिन्नैर्निकृत्तैश्चमहायुधैः ॥ चामरैर्व्यजनैश्चैवच्छत्रैश्चसुमहाप्रभैः ३६ हारैर्निष्कैःसकेयूरैःशिरोभिश्चसकुंडलैः ॥ उष्णीषैरपविद्धैश्च पताकाभिश्चसर्वशः ३७ अनुकर्षैःशुभैराजन्योक्त्रैश्चैवसरश्मिभिः ॥ संकीर्णावसुधाभातिवसन्तेकुसुमैरिव ३८ एवमेषक्षयोवृत्तःपांडूनामपिभारत ॥ क्रुद्धेशांतनवे भीष्मेद्रोणेचरथसत्तमे ३९ अश्वत्थाम्निकृपेचैवतथैवकृतवर्मणि ॥ तथेतरेषुक्रुद्धेषुतावकानामपिक्षयः ४० ॥ इतिश्रीम० भी० भीष्मवधपर्वणिअष्टमदिवसयुद्धे ऊननवतितमोऽध्यायः ॥ ८९ ॥ ॥ संजयउवाच ॥ वर्तमानेतथारौद्रेराजन्वीरवरक्षये ॥ शकुनिःसौबलःश्रीमान्पांडवान्समुपाद्रवत् १ तथैवसात्वताराजन् हार्दिक्यःपरवीरहा ॥ अभ्यद्रवतसंग्रामेपांडवानांवरूथिनीम् २ ततःकांबोजमुख्यानांनदीजानांचवाजिनाम् ॥ आरट्टानांमहीजानांसिंधुजानांचसर्वशः ३ वनायु जानांशुभ्राणांतथापर्वतवासिनाम् ॥ वाजिनांबहुभिःसंख्येसमंतात्परिवारयन् ४ येचापरेतित्तिरिजाजवनावातरंहसः ॥ सुवर्णालंकृतैरेतैर्वर्मवद्भिःसुकल्पितैः ५ हयैर्वातजवैर्मुख्यैःपांडवस्यसुतोबली ॥ अभ्यवर्ततततसैन्यंहृष्टरूपःपरंतपः ६ अर्जुनस्यसुतःश्रीमानिरावान्नामवीर्यवान् ॥ स्नुषायांनागराजस्यजातःपार्थेनधी मता ७ ऐरावतेनसादत्ताअनपत्यामहात्मना ॥ पत्यौहतेसुपर्णेनकृपणादीनचेतना ८ भार्यार्थेतांचजग्राहपार्थःकामवशानुगाम् ॥ एवमेषसमुत्पन्नःपरक्षेत्रेऽर्जुना त्मजः ९ सनागलोकेसंवृद्धोमात्राचपरिरक्षितः ॥ पितृव्येणपरित्यक्तःपार्थद्वेषाद्दुरात्मना १० रूपवान्बलसंपन्नोगुणवान्सत्यविक्रमः ॥ इंद्रलोकंजगामाशुश्रुत्वात त्रार्जुनंगतम् ११ सोऽभिगम्यमहाबाहुःपितरंसत्यविक्रमः ॥ अभ्यवादयदव्यग्रोविनयेनकृतांजलिः १२ न्यवेदयतचात्मानमर्जुनस्यमहात्मनः ॥ इरावानस्मिभ द्रंतेपुत्रश्चाहंतवप्रभो १३ मातुःसमागमोयश्चतत्सर्वंप्रत्यवेदयत् ॥ तच्चसर्वंयथावृत्तमनुसस्मारपांडवः १४ परिष्वज्यसुतंचापिआत्मनःसदृशंगुणैः ॥ प्रीतिमानभव त्पार्थोदेवराजनिवेशने १५

ध्यायः ॥ ८९ ॥ वर्तमान इति ॥ १ । २ वाजिनांवेगवतांवाजिनामश्वानांबहुभिर्गणैःपरिवारयन्नितिगणशब्दाध्याहारेणद्वयोःसंबंधः ३ । ४ । ५ पांडवस्यार्जुनस्यसुतइरावान् ६ नागराजस्यऐरावतस्य ७ । ८ । ९ पितृव्येणअश्वसेनेन १० । ११ । १२ । १३ । १४ । १५

म.भा.टी. ॥ ११७॥

१६ साह्यंसाहाय्यं १७ । १८ । १९ । २० । २१ । २२ । २३ । २४ । २५ । २६ । २७ । २८ । २९ । ३० । ३१ । ३२ । ३३ । ३४ । ३५ । ३६ । ३७ । ३८ । ३९

सोऽर्जुनेनसमाज्ञप्तोदेवलोकेतदानृप ॥ प्रीतिपूर्वंमहाबाहुःस्वकार्यंप्रतिभारत १६ युद्धकालेत्वयाऽस्माकंसाह्यंदेयमितिप्रभो ॥ बाढमित्येवमुक्त्वातुयुद्धकालइ
हागतः १७ कामवर्णजवैरश्वैर्बहुभिःसंवृतोनृप ॥ तेहयाःकांचनापीडानानावर्णामनोजवाः १८ उत्पेतुःसहसाराजन्हंसाइवमहोदधौ ॥ तेत्वदीयान्समासाद्यहयसं
घान्मनोजवान् १९ क्रोडैःक्रोडानभिघ्नन्तोघोणाभिश्चपरस्परम् ॥ निपेतुःसहसाराजन्सुवेगाभिहताभुवि २० निपतद्भिस्तथातैश्चहयसंघैःपरस्परम् ॥ शुश्रुवेदारुणःश
ब्दःसुपर्णपतनेयथा २१ तथैवतावकाराजन्समेत्यान्योन्यमाहवे ॥ परस्परवधंघोरंचक्रुस्तेहयसादिनः २२ तस्मिंस्तथावर्तमानेसंकुलेतुमुलेभृशम् ॥ उभयोर
पिसंशांताहयसंघाःसमंततः २३ प्रक्षीणसायकाःशूरानिहताश्वाःश्रमातुराः ॥ विलयंसमनुप्राप्तास्तक्षमाणाःपरस्परम् २४ ततःक्षीणेहयानीकेकिंचिच्छेषेचभारत ॥
सौबलस्यानुजाःशूरानिर्गतारणमूर्द्धनि २५ वायुवेगसमस्पर्शान्जवेवायुसमांश्चते ॥ आरुह्यबलसम्पन्नान्वयःस्थांस्तुरगोत्तमान् २६ गजोगवाक्षोवृषभश्चर्मवानार्ज
वःशुकः ॥ षडेतेबलसंपन्नानिर्ययुर्महतोबलात् २७ वार्यमाणाःशकुनिनातैश्चयोधैर्महाबलैः ॥ सन्नद्धायुद्धकुशलारौद्ररूपामहाबलाः २८ तदनीकंमहाबाहोभित्वा
परमदुर्जयम् ॥ बलेनमहतायुक्ताःस्वर्गायविजयैषिणः २९ विविशुस्तेतदाहृष्टागांधारायुद्धदुर्मदाः ॥ तान्प्रविष्टांस्तदादृष्ट्वाइरावानपिवीर्यवान् ३० अब्रवीत्स
मरेयोधान्विचित्रान्दारुणायुधान् ॥ यथैतेधार्तराष्ट्रस्ययोधाःसानुगवाहनाः ३१ हन्यन्तेसमरेसर्वेतथानीतिर्विधीयताम् ॥ बाढमित्येवमुक्त्वातेसर्वेयोधाइरावतः
३२ जघ्नुस्तेषांबलानीकंदुर्जयंसमरेपरैः ॥ तदनीकमनीकेनसमरेवीक्ष्यपातितम् ३३ अमृष्यमाणास्तेसर्वेसुबलस्यात्मजारणे ॥ इरावंतमभिद्रुत्यसर्वतःपर्यवारयन्
३४ ताडयंतःशितैःप्रासैश्चोदयंतःपरस्परम् ॥ तेशूराःपर्यधावंतकुर्वंतोमहदाकुलम् ३५ इरावानथनिर्भिन्नःप्रासैस्तीक्ष्णैर्महात्मभिः ॥ स्रवतारुधिरेणाक्तस्तोत्रैर्विद्ध
इवद्विपः ३६ पुरतोऽपिचपृष्ठेचपार्श्वयोश्चभृशाहतः ॥ एकोबहुभिरत्यर्थंधैर्याद्राजन्नविव्यथे ३७ इरावानपिसंक्रुद्धःसर्वांस्तान्निशितैःशरैः ॥ मोहयामाससमरेविद्ध्वा
परपुरंजयः ३८ प्रासानुत्कृष्यतरसास्वशरीरादरिंदमः ॥ तैरेवताडयामाससुबलस्यात्मजान्रणे ३९ विकृष्यचशितंखड्गंगृहीत्वाचशरावरम् ॥ पदातिर्द्रुतमागच्छ
ज्जिघांसुःसौबलान्युधि ४० ततःप्रत्यागतप्राणाःसर्वेतेसुबलात्मजाः ॥ भूयःक्रोधसमाविष्टाइरावंतमभिद्रुताः ४१ इरावानपिखड्गेनदर्शयन्पाणिलाघवम् ॥ अभ्य
वर्तततान्सर्वान्सौबलान्बलदर्पितः ४२ लाघवेनाथचरतःसर्वेतेसुबलात्मजाः ॥ अन्तरंनाभ्यगच्छन्तचरंतःशीघ्रगैर्हयैः ४३ भूमिष्ठमथतंसंख्येसंप्रदृश्यततःपुनः ॥
परिवार्यभृशंसर्वेग्रहीतुमुपचक्रमुः ४४ अथाभ्याशगतानांसखड्गेनामित्रकर्शनः ॥ असिहस्तापहस्ताभ्यांतेषांगात्राण्यकृंतत ४५ आयुधानिचसर्वेषांबाहूनपिविभू
षितान् ॥ अपतन्तनिकृत्तांगाःमृताभूमौगतासवः ४६

४० । ४१ । ४२ । ४३ । ४४ । असिहस्तोदक्षिणबाहुविभ्रांतच्छेदः अपहस्तोवामबाहुर्भिन्नांतच्छेदः ४५ । ४६

॥ ११७॥

४७ । ४८ । ४९ । ५० । ५१ । ५२ । ५३ । ५४ । ५५ । ५६ । ५७ । ५८ । ५९ । ६० । ६१ । ६२ । ६३ । ६४ । ६५ । ६६ । ६७ । ६८ । ६९ । ७० । ७१ । ७२ । ७३ । ७४ । ७५ । ७६ ७७

वृषभस्तुमहाराजबहुधाविपरिक्षतः ॥ अमुच्यतमहारौद्रात्तस्माद्वीरावकर्तनात् ४७ तान्सर्वान्पतितान्दृष्ट्वाभीतोदुर्योधनस्ततः ॥ अभ्यधावत्सुसंक्रुद्धोराक्ष
संघोरदर्शनम् ४८ आर्ष्यशृङ्गिंमहेष्वासंमायाविनमरिंदमम् ॥ वैरिणंभीमसेनस्यपूर्वंबकवधेनवै ४९ पश्यवीरयथाह्येषफाल्गुनस्यसुतोबली ॥ मायावीवि
प्रियंकर्तुमकार्षीन्मेबलक्षयम् ५० त्वंचकामगमस्तातमायास्त्रेचविशारदः ॥ कृतवैरश्चपार्थेनतस्मादेनंरणेजहि ५१ बाढमित्येवमुक्त्वातुराक्षसोघोरदर्शनः ॥
प्रययौसिंहनादेनयत्रार्जुनसुतोयुवा ५२ आरूढैर्युद्धकुशलैर्विमलप्रासयोधिभिः ॥ वीरैःप्रहारिभिर्युक्तैःस्वैरनीकैःसमावृतः ५३ हतशेषैर्महाराजद्विसाहस्रैर्हयोत्त
मैः ॥ निहन्तुकामःसमरेइरावन्तंमहाबलम् ५४ इरावानपिसंक्रुद्धस्त्वरमाणःपराक्रमी ॥ हन्तुकामममित्रघ्नोराक्षसंप्रत्यवारयत् ५५ तमापतंतंसंप्रेक्ष्यराक्षसःसु
महाबलः ॥ त्वरमाणस्ततोमायांप्रयोक्तुमुपचक्रमे ५६ तेनमायामयाःसृष्टाहयास्तावन्तएवहि ॥ स्वारूढाराक्षसैर्वीरैःशूलपट्टिशधारिभिः ५७ तेसंरब्धाःसमा
गम्यद्विसाहस्राःप्रहारिणः ॥ अचिराद्गमयामासुःप्रेतलोकंपरस्परम् ५८ तस्मिंस्तुनिहतेसैन्येतावुभौयुद्धदुर्मदौ ॥ संग्रामेसमतिष्ठेतांयथावैवृत्रवासवौ ५९
आद्रवंतमभिप्रेक्ष्यराक्षसंयुद्धदुर्मदम् ॥ इरावानथसंरब्धःप्रत्यधावन्महाबलः ६० समभ्याशगतस्याजौतस्यखड्गेनदुर्मतेः ॥ चिच्छेदकार्मुकंदीप्तंशरावापंच
सत्वरम् ६१ सनिकृत्तंधनुर्दृष्ट्वाखंजवेनसमाविशत् ॥ इरावंतमभिक्रुद्धंमोहयन्निवमायया ६२ ततोऽन्तरिक्षमुत्पत्यइरावानपिराक्षसम् ॥ विमोहयित्वामायाभि
स्तस्यगात्राणिसायकैः ६३ चिच्छेदसर्वमर्मज्ञःकामरूपोदुरासदः ॥ तथासराक्षसश्रेष्ठःशरैःकृत्तःपुनःपुनः ६४ संबभूवमहाराजसमवापचयौवनम् ॥ मायाहिसह
जातेषांवयोरूपंचकामजम् ६५ एवंतद्राक्षसस्यांगंछिन्नंछिन्नंबभूवह ॥ इरावानपिसंक्रुद्धोराक्षसंतंमहाबलम् ६६ परश्वधेनतीक्ष्णेनचिच्छेदचपुनःपुनः ॥
सतेनबलिनावीरश्छिद्यमानइरावता ६७ राक्षसोऽप्यनदद्घोरंसशब्दस्तुमुलोऽभवत् ॥ परश्वधक्षतंरक्षःसुस्रावबहुशोणितम् ६८ ततश्चुक्रोधबलवांश्चक्रेवेगंचसं
युगे ॥ आर्ष्यशृङ्गिस्तथादृष्ट्वासमरेशत्रुमूर्जितम् ६९ कृत्वाघोरंमहद्रूपंग्रहीतुमुपचक्रमे ॥ अर्जुनस्यसुतंवीरमिरावन्तंयशस्विनम् ७० संग्रामशिरसोमध्येस
र्वेषांतत्रपश्यताम् ॥ तांदृष्ट्वातादृशींमायांराक्षसस्यदुरात्मनः ७१ इरावानपिसंक्रुद्धोमायांस्रष्टुंप्रचक्रमे ॥ तस्यक्रोधाभिभूतस्यसमरेष्वनिवर्तिनः ७२ योऽन्व
योमातृकस्तस्यसएनमभिपेदिवान् ॥ सनागैर्बहुभीराजन्निरावान्संवृतोरणे ७३ दधाररुसुमहद्रूपमनंतइवभोगवान् ॥ ततोबहुविधैर्नागैश्छादयामासराक्षसम्
७४ छाद्यमानस्तुनागैःसध्यात्वाराक्षसपुंगवः ॥ सौपर्णरूपमास्थायभक्षयामासपन्नगान् ७५ माययाभक्षितेतस्मिन्नन्वयेतस्यमातृके ॥ विमोहितमिरावंतंन्य
हनद्राक्षसोऽसिना ७६ सकुंडलंसमुकुटंपद्मेन्दुसदृशप्रभम् ॥ इरावतःशिरोरक्षःपातयामासभूतले ७७

म.भा.टी. ॥ ११८ ॥

भीष्म० अ० ९१

७८ । ७९ । ८० । ८१ । ८२ । ८३ । ८४ । ८५ । ८६ । ८७ । ८८ । ८९ । ९० । ९१ आविष्टाःग्रहाद्याविष्टाः ९२ । ९३ ॥ ॥ इतिभीष्मपर्वणि नीलकंठीये भारत० नवतितमोऽध्यायः ॥ ९० ॥

तस्मिंस्तुविहतेवीरेराक्षसेनार्जुनात्मजे ॥ विशोकाःसमपद्यंतधार्तराष्ट्राःसराजकाः ७८ तस्मिन्महतिसंग्रामेताद्दशेभैरवेपुनः ॥ महान्व्यतिकरोघोरःसेनयोःस
मपद्यत ७९ गजाहयाःपदाताश्वविमिश्रादंतिभिर्हताः ॥ रथाश्वादंतिनश्चैवपत्तिभिस्तत्रसूदिताः ८० तथापत्तिरथौघाश्चहयाश्चबहवोरणे ॥ रथिभिर्निहता
राजंस्तवतेषांचसंकुले ८१ अजानन्नर्जुनश्चापिनिहतंपुत्रमौरसम् ॥ जघानसमरेशूरान्राज्ञस्तान्भीष्मरक्षिणः ८२ तथैवतावकाराजन्सृंजयाश्चसहस्रशः ॥
जुह्वतःसमरेप्राणान्निजघ्नुरितरेतरम् ८३ मुक्तकेशाविकवचाविरथाश्छिन्नकार्मुकाः ॥ बाहुभिःसमयुध्यंतसमवेताःपरस्परम् ८४ तथामर्मातिगैर्भीष्मोनिजघान
महारथान् ॥ कंपयन्समरेसेनांपांडवानांपरंतपः ८५ तेनयौधिष्ठिरेसैन्येबहवोमानवाहताः ॥ दंतिनःसादिनश्चैवरथिनोऽथहयास्तथा ८६ तत्रभारतभीष्म
स्यरणेदृष्ट्वापराक्रमम् ॥ अत्यद्भुतमपश्यामशक्रस्येवपराक्रमम् ८७ तथैवभीमसेनस्यपार्षतस्यचभारत ॥ रौद्रमासीद्रणेयुद्धंसात्यकस्यचधन्विनः ८८ दृष्ट्वा
द्रोणस्यविक्रान्तंपांडवान्भयमाविशत् ॥ एकएवरणेशक्तोनिहन्तुंसर्वसैनिकान् ८९ किंपुनःपृथिवीशूरैर्योधव्रातैःसमावृतः ॥ इत्यब्रुवन्महाराजरणेद्रोणेनपीडिताः
९० वर्तमानेतथारौद्रेसंग्रामेभरतर्षभ ॥ उभयोःसेनयोःशूरानामृष्यन्तपरस्परम् ९१ आविष्टाइवयुध्यन्तेरक्षोभूतामहाबलाः ॥ तावकाःपांडवेयाश्चसंरब्धास्ता
तधन्विनः ९२ नस्मपश्यामहेकंचित्प्राणान्यःपरिरक्षति ॥ संग्रामेदैत्यसंकाशेतस्मिन्वीरवरक्षये ९३ ॥ इतिश्रीमहाभारतेभीष्मपर्वणिभीष्मवधपर्वणिइराव
द्वधेनवतितमोऽध्यायः ॥ ९० ॥ धृतराष्ट्रउवाच ॥ इरावंतंतुनिहतंदृष्ट्वापार्थामहारथाः ॥ संग्रामेकिमकुर्वंततन्ममाचक्ष्वसंजय १ ॥ संजयउवाच ॥ इरावंतं
तुनिहतंसंग्रामेवीक्ष्यराक्षसः ॥ व्यनदत्सुमहानादंभैमसेनिर्घटोत्कचः २ नदतस्तस्यशब्देनपृथिवीसागरांबरा ॥ सपर्वतवनाराजंश्चचालसुभृशंतदा ३ अंतरिक्षं
दिशश्चैवसर्वाश्चप्रदिशस्तथा ॥ तंश्रुत्वासुमहानादंतवसैन्यस्यभारत ४ ऊरुस्तंभःसमभवद्वेपथुःस्वेदएवच ॥ सर्वएवमहाराजतावकादीनचेतसः ५ सर्वतःस
मचेष्टंतसिंहभीतागजाइव ॥ नर्दित्वासुमहानादंनिर्घातमिवराक्षसः ६ ज्वलितंशूलमुद्यम्यरूपंकृत्वाविभीषणम् ॥ नानारूपप्रहरणैर्वृतोराक्षसपुंगवैः ७ आजघान
सुसंक्रुद्धःकालांतकयमोपमः ॥ तमापतंतंसंप्रेक्ष्यसंक्रुद्धंभीमदर्शनम् ८ स्वबलंचभयात्तस्यप्रायशोविमुखीकृतम् ॥ ततोदुर्योधनोराजाघटोत्कचमुपाद्रवत् ९ प्रगृह्य
विपुलंचापंसिंहवद्विनदन्मुहुः ॥ पृष्ठतोऽनुययौचैनंस्रवद्भिःपर्वतोपमैः १० कुंजरैर्दशसाहस्रैर्वङ्गानामधिपःस्वयम् ॥ तमापतन्तंसम्प्रेक्ष्यगजानीकेनसंवृतम् ११ पुत्रंत
वमहाराजचुकोपसनिशाचरः ॥ ततःप्रववृतेयुद्धंतुमुलंलोमहर्षणम् १२ राक्षसानांचराजेन्द्रदुर्योधनबलस्यच ॥ गजानीकंचसंप्रेक्ष्यमेघवृंदमिवोदितम् १३

इरावंतमिति १ । २ । ३ । ४ । ५ । ६ । ७ । ८ । ९ । १० । ११ । १२ । १३

अभ्यधावन्तसंक्रुद्धाराक्षसाःशस्त्रपाणयः ॥ नदंतोविविधान्नादान्मेघाइवसविद्युतः १४ शरशक्त्यृष्टिनाराचैर्निघ्नंतोगजयोधिनः ॥ भिंदिपालैस्तथाशूलैर्मुद्गरैःसपरश्वधैः
१५ पर्वताग्रैश्चवृक्षैश्चनिजघ्नुस्तेमहागजान् ॥ भिन्नकुंभान्विरुधिरान्भिन्नगात्रांश्चवारणान् १६ अपश्याममहाराजवध्यमानान्निशाचरैः ॥ तेषुप्रक्षीयमाणे
षुभग्नेषुगजयोधिषु १७ दुर्योधनोमहाराजराक्षसान्समुपाद्रवत् ॥ अमर्षवशमापन्नस्त्यक्त्वाजीवितमात्मनः १८ मुमोचनिशितान्बाणान्राक्षसेषुपरंतप ॥
जघानचमहेष्वासःप्रधानांस्तत्रराक्षसान् १९ संक्रुद्धोभरतश्रेष्ठपुत्रोदुर्योधनस्तव ॥ वेगवंतंमहारौद्रंविद्युज्जिह्वंप्रमाथिनम् २० शरैश्चतुर्भिश्चतुरोनिजघानमहा
बलः ॥ ततःपुनरमेयात्माशरवर्षंदुरासदम् २१ मुमोचभरतश्रेष्ठोनिशाचरबलंप्रति ॥ तत्तुदृष्ट्वामहत्कर्मपुत्रस्यतवमारिष २२ क्रोधेनाभिप्रजज्वालभैमसेनि
र्महाबलः ॥ सविस्फार्यमहच्चापमिंद्राशनिसमप्रभम् २३ अभिदुद्राववेगेनदुर्योधनमरिंदमम् ॥ तमापतंतमुद्वीक्ष्यकालसृष्टमिवांतकम् २४ नविव्यथेमहा
राजपुत्रोदुर्योधनस्तव ॥ अथैनमब्रवीत्क्रुद्धःक्रूरःसंरक्तलोचनः २५ अद्यानृण्यंगमिष्यामिपितॄणांमातुरेवच ॥ येत्वयासुनृशंसेनदीर्घकालंप्रवासिताः २६ यच्च
तेपांडवाराजंश्छलद्यूतेपराजिताः ॥ यच्चैवद्रौपदीकृष्णाएकवस्त्रारजस्वला २७ सभामानीयदुर्बुद्धेबहुधाक्लेशितात्वया ॥ तवचप्रियकामेनआश्रमस्थादुरात्मना
२८ सैन्धवेनपरामृष्टापरिभूयपितॄन्मम ॥ एतेषामपमानानामन्येषांचकुलाधम २९ अन्तमद्यगमिष्यामियदिनोत्सृजसेरणम् ॥ एवमुक्त्वातुहैडिंबोमहद्विस्फा
र्यकार्मुकम् ३० संदश्यदशनैरोष्ठंसृक्किणीपरिसंलिहन् ॥ शरवर्षेणमहतादुर्योधनमवाकिरत् ॥ पर्वतंवारिधाराभिःप्रावृषीवबलाहकः ३१ ॥ इतिश्रीमहा
भारतेभीष्मपर्वणिभीष्मवधपर्व० हैडिंबयुद्धेएकनवतितमोऽध्यायः ॥ ९१ ॥ ॥ ॥ ॥ संजयउवाच ॥ ततस्तद्बाणवर्षंतुदुःसहंदानवैरपि ॥ दधारयु
धिराजेन्द्रोयथावर्षंमहाद्विपः १ ततःक्रोधसमाविष्टोनिःश्वसन्निवपन्नगः ॥ संशयंपरमंप्राप्तःपुत्रस्तेभरतर्षभ २ मुमोचनिशितांस्तीक्ष्णान्नाराचान्पंचविंशतिम् ॥
तेऽपतन्सहसाराजंस्तस्मिन्राक्षसपुंगवे ३ आशीविषाइवक्रुद्धाःपर्वतेगंधमादने ॥ सतैर्विद्धःस्रवन्रक्तंप्रभिन्नइवकुंजरः ४ दध्रेमतिंविनाशायराज्ञःसपिशिता
शनः ॥ जग्राहचमहाशक्तिंगिरीणामपिदारिणीम् ५ संप्रदीप्तांमहोल्काभामशनिंज्वलितामिव ॥ समुद्यच्छन्महाबाहुर्जिघांसुस्तनयंतव ६ तामुद्यतामभिप्रे
क्ष्यवंगानामधिपस्त्वरन् ॥ कुंजरंगिरिसंकाशंराक्षसंप्रत्यचोदयत् ७ सनागप्रवरेणाजौबलिनाशीघ्रगामिना ॥ यतोदुर्योधनरथस्तंमार्गंप्रत्यपद्यत ८ रथंचवा
रयामासकुंजरेणसुतस्यते ॥ मार्गमावारितंदृष्ट्वाराज्ञावंगेनधीमता ९ घटोत्कचोमहाराजक्रोधसंरक्तलोचनः ॥ उद्यतांतांमहाशक्तिंतस्मिंश्चिक्षेपवारणे १० सत
याऽभिहतोराजंस्तेनबाहुप्रमुक्तया ॥ संजातरुधिरोत्पीडःपपातचममारच ११

म.भा.टी. १२।१३।१४।१५।१६।१७।१८।१९।२०।२१।२२।२३।२४।२५।२६।२७।२८।२९।३०।३१।३२।३३।३४।३५।३६ ३७ ३८ ३९ ४०।४१ भी० ष्म

॥११९॥ अ० ९२

पतत्यथगजेचापिवंगानामीश्वरोबली ॥ जवेनसमभिद्रुत्यजगामधरणीतलम् १२ दुर्योधनोऽपिसंप्रेक्ष्यपतितंवरवारणम् ॥ प्रभग्नंचबलंदृष्ट्वाजगामपरमांव्य
थाम् १३ क्षत्रधर्मंपुरस्कृत्यआत्मनश्चाभिमानिताम् ॥ प्राप्तेऽपक्रमणेराजातस्थौगिरिरिवाचलः १३ संधायचशितंबाणंकालाग्निसमतेजसम् ॥ मुमोचपरम
क्रुद्धस्तस्मिन्घोरेनिशाचरे १५ तमापतंतंसंप्रेक्ष्यबाणमिंद्राशनिप्रभम् ॥ लाघवान्मोचयामासमहात्माघटोत्कचः १६ भूयश्चविननादोग्रंक्रोधसंरक्तलोचनः ॥
त्रासयामाससैन्यानियुगांतेजलदोयथा १७ तंश्रुत्वानिनदंघोरंतस्यभीमस्यरक्षसः ॥ आचार्यमुपसंगम्यभीष्मःशांतनवोऽब्रवीत् १८ यथैषनिनदोघोरःश्रूय
तेराक्षसेरितः ॥ हैडिंबोयुध्यतेनूनंराज्ञादुर्योधनेनह १९ नैषशक्योहिसंग्रामेजेतुंभूतेनकेनचित् ॥ तत्रगच्छतभद्रंवोराजानंपरिरक्षत २० अभिद्रुतोमहाभा
गोराक्षसेनमहात्मना ॥ एतद्धिवःपरंकृत्यंसर्वेषांनःपरंतपाः २१ पितामहवचःश्रुत्वात्वरमाणामहारथाः ॥ उत्तमंजवमास्थायप्रययुर्यत्रकौरवः २२ द्रोणश्चसो
मदत्तश्चबाह्लीकोऽथजयद्रथः ॥ कृपोभूरिश्रवाःशल्यआवंत्यःसबृहद्बलः २३ अश्वत्थामाविकर्णश्चचित्रसेनोविविंशतिः ॥ रथाश्चानेकसाहस्रायेतेषामनुया
यिनः २४ अभिद्रुतंपरीप्सन्तःपुत्रंदुर्योधनंतव ॥ तदनीकमनाधृष्यंपालितंतुमहारथैः २५ आततायिनमायांतंप्रेक्ष्यराक्षससत्तमः ॥ नाकंपतमहाबाहुर्मैनाक
इवपर्वतः २६ प्रगृह्यविपुलंचापंज्ञातिभिःपरिवारितः ॥ शूलमुद्गरहस्तैश्चनानाप्रहरणैरपि २७ ततःसमभवद्युद्धंतुमुलंलोमहर्षणम् ॥ राक्षसानांचमुख्यस्यदु
र्योधनबलस्यच २८ धनुषांकूजतांशब्दःसर्वतस्तुमुलोरणे ॥ अश्रूयतमहाराजवंशानांदह्यतामिव २९ अस्त्राणांपात्यमानानांकवचेषुशरीरिणाम् ॥ शब्दःसम
भवद्राजन्गिरीणामिवभिद्यताम् ३० वीरबाहुविसृष्टानांतोमराणांविशांपते ॥ रूपमासीद्वियत्स्थानांसर्पाणामिवसर्पताम् ३१ ततःपरमसंक्रुद्धोविस्फार्यसुमह
द्धनुः ॥ राक्षसेन्द्रोमहाबाहुर्विनदन्भैरवंरवम् ३२ आचार्यस्यार्द्धचंद्रेणक्रुद्धश्चिच्छेदकार्मुकम् ॥ सोमदत्तस्यभल्लेनध्वजंचोन्मथ्यचानदत् ३३ बाह्लीकंचत्रि
भिर्बाणैःप्रत्यविध्यत्स्तनांतरे ॥ कृपमेकेनविव्याधचित्रसेनंत्रिभिःशरैः ३४ पूर्णायतविसृष्टेनसम्यक्प्रणिहितेनच ॥ जत्रुदेशेसमासाद्यविकर्णंसमताडयत् ३५
न्यषीदत्स्वरथोपस्थेशोणितेनपरिप्लुतः ॥ ततःपुनरमेयात्मानाराचान्दशपंचच ३६ भूरिश्रवसिसंक्रुद्धःप्राहिणोद्भरतर्षभ ॥ तेवर्मभित्वातस्याशुविविशुर्धरणी
तलम् ३७ विविंशतेश्चद्रौणेश्चयंतारौसमताडयत् ॥ तौपेततूरथोपस्थेरश्मीनुत्सृज्यवाजिनाम् ३८ सिंधुराज्ञोऽर्द्धचंद्रेणवाराहंस्वर्णभूषितम् ॥ उन्ममाथ
महाराजद्वितीयेनाच्छिनद्धनुः ३९ चतुर्भिरथनाराचैरावन्त्यस्यमहात्मनः ॥ जघानचतुरोवाहान्क्रोधसंरक्तलोचनः ४० पूर्णायतविसृष्टेनपीतेननिशितेनच ॥११९॥
॥ निर्बिभेदमहाराजराजपुत्रंबृहद्बलम् ४१

चिक्षेपनिशितांस्तीक्ष्णाञ्छरानाशीविषोपमान् ॥ बिभिदुस्तेमहाराजशल्यंयुद्धविशारदम् ४३ ॥ इतिश्रीमहाभारतेभीष्मपर्वणि भीष्मवधपर्वणिहैडिंबयुद्धेद्विनवतितमोऽध्यायः ॥ ९२ ॥ ॥ ॥ ॥ संजयउवाच ॥ विमुखीकृत्यसर्वांस्तुतावकान्युधिराक्षसः ॥ जिघांसुर्भरतश्रेष्ठदुर्योधनमुपाद्रवत् १ तमापतन्तंसंप्रेक्ष्यराजानं प्रतिवेगितम् ॥ अभ्यधावन्जिघांसन्तस्तावकायुद्धदुर्मदाः २ तालमात्राणिचापानिविकर्षंतोमहारथाः ॥ तमेकमभ्यधावन्तनदन्तःसिंहसंघवत् ३ अथैनंशरवर्षेणसमंतात्पर्यवाकिरन् ॥ पर्वतंवारिधाराभिःशरदीवबलाहकाः ४ सगाढविद्धोव्यथितस्तोत्रार्दितइवद्विपः ॥ उत्पपाततदाऽऽकाशंसमंताद्वैनतेयवत् ५ व्यनदत्सुमहानादं जीमूतइवशारदः ॥ दिशःखंविदिशश्चैवनादयन्भैरवस्वनः ६ राक्षसस्यतुतंशब्दंश्रुत्वाराजायुधिष्ठिरः ॥ उवाचभरतश्रेष्ठभीमसेनमरिंदमम् ७ युध्यतेराक्षसोनूनंधार्तराष्ट्रैर्महारथैः ॥ यथाऽस्यश्रूयतेशब्दोनदतोभैरवंस्वनम् ८ अतिभारंचपश्यामितस्मिन्राक्षसपुंगवे ॥ पितामहश्चसंक्रुद्धःपंचालान्हन्तुमुद्यतः ९ तेषांचरक्षणार्थाय युध्यतेफाल्गुनःपरैः ॥ एतज्ज्ञात्वामहाबाहोकार्यद्वयमुपस्थितम् १० गच्छरक्षस्वहैडिम्बंसंशयंपरमंगतम् ॥ भ्रातुर्वचनमाज्ञायत्वरमाणोवृकोदरः ११ प्रययौसिंहनादेनत्रासयन्सर्वपार्थिवान् ॥ वेगेनमहताराजन्पर्वकालेयथोदधिः १२ तमन्वगात्सत्यधृतिःसौचित्तिर्युद्धदुर्मदः ॥ श्रेणिमान्वसुदानश्चपुत्रःकाश्यस्यचाभिभूः १३ अभिमन्युमुखाश्चैवद्रौपदेयामहारथाः ॥ क्षत्रदेवश्चविक्रांतःक्षत्रधर्मातथैवच १४ अनूपाधिपतिश्चैवनीलःस्वबलमास्थितः ॥ महतारथवंशेनहैडिम्बंपर्यवारयन् १५ कुंजरैश्चसदामत्तैःषट्सहस्रैःप्रहारिभिः ॥ अभ्यरक्षंतसहिताराक्षसेन्द्रंघटोत्कचम् १६ सिंहनादेनमहतानेमिघोषेणचैवह ॥ खुरशब्दनिपातैश्चकंपयन्तोवसुंधराम् १७ तेषामापततांश्रुत्वाशब्दंतंतावकंबलम् ॥ भीमसेनभयोद्विग्नंविवर्णवदनंतथा १८ परिवृत्तंमहाराजपरित्यज्यघटोत्कचम् ॥ ततःप्रववृतेयुद्धंतत्रतेषांमहात्मनाम् १९ तावकानांपरेषांचसंग्रामेष्वनिवर्तिनाम् ॥ नानारूपाणिशस्त्राणिविसृजंतोमहारथाः २० अन्योन्यमभिधावन्तःसंप्रहारंप्रचक्रिरे ॥ व्यतिषक्तंमहारौद्रंयुद्धंभीरुभयावहम् २१ हयागजैःसमाजग्मुःपादातारथिभिःसह ॥ अन्योन्यंसमरेराजन्प्रार्थयानाःसमभ्ययुः २२ सहसाचाभवत्तीव्रंसन्निपातान्महद्रजः ॥ गजाश्वरथपत्तीनांपदनेमिसमुद्धतम् २३ धूम्रारुणंरजस्तीव्रंरणभूमिंसमावृणोत् ॥ नैवस्वेनपरेराजन्समजानन्परस्परम् २४ पितापुत्रंनजानीतेपुत्रोवापितरंतथा ॥ निर्मर्यादेतथाभूतेवैशसेलोमहर्षणे २५ शस्त्राणांभरतश्रेष्ठमनुष्याणांचगर्जताम् ॥ सुमहानभवच्छब्दःप्रेतानामिवभारत २६ गजवाजिमनुष्याणांशोणितांत्रतरंगिणी ॥ प्रावर्तनदीतत्र केशशैवलशाद्वला २७ नराणांचैवकायेभ्यःशिरसांपततांरणे ॥ शुश्रुवेसुमहाञ्छब्दःपततामश्मनामिव २८

१८ । १९ । २० । २१ । २२ । २३ । २४ । २५ । २६ । २७ । २८

भ.भा.टी. २९ । ३० । ३१ । ३२ । ३३ । ३४ । ३५ । ३६ । ३७ । ३८ । ३९ । ४० । ४१ । ४२ । ४३ ॥ इतिभी० नी० भा० त्रिनवतितमोऽध्यायः ॥ ९३ ॥ स्वसैन्यमिति १ । २ । ३ । ४ । ५ भीष्म.

विशिरस्कैर्मनुष्यैश्चच्छिन्नगात्रैश्चवारणैः ॥ अश्वैःसंभिन्नदेहैश्चसंकीर्णाऽभूद्वसुंधरा २९ नानाविधानिशस्त्राणिविसृजंतोमहारथाः ॥ अन्योन्यमभिधावंतःसंप्रहारार्थ
॥ १२०॥ मुद्यताः ३० हयाहयान्समासाद्यप्रेषिताहयसादिभिः ॥ समाहत्यरणेऽन्योन्यंनिपेतुर्गतजीविताः ३१ नरानरान्समासाद्यक्रोधरक्तेक्षणाभृशम् ॥ उरांस्युरोभिरन्यो अ०
न्यंसमाश्लिष्यनिजघ्निरे ३२ प्रेषिताश्चमहामात्रैर्वारणाःपरवारणैः ॥ अभ्यघ्नन्तविषाणाग्रैर्वारणानेवसंयुगे ३३ तेजातरुधिरोत्पीडाःपताकाभिरलंकृताः ॥ संसक्ताः ९३
प्रत्यदृश्यंतमेघाइवसविद्युतः ३४ केचिद्भिन्नाविषाणाग्रैर्भिन्नकुंभाश्चतोमरैः ॥ विनदंतोऽभ्यधावंतगर्जमानाघनाइव ३५ केचिद्धस्तैर्द्विधाच्छिन्नैश्छिन्नगात्रास्तथाऽपरे ॥
निपेतुस्तुमुलेतस्मिंश्छिन्नपक्षाइवाद्रयः ३६ पार्श्वैस्तुदारितैरन्येवारणैर्वरवारणाः ॥ मुमुचुःशोणितंभूरिधातूनिवमहीधराः ३७ नाराचनिहतास्त्वन्येतथाविद्धाश्चतो
मरैः ॥ विनदंतोऽभ्यधावंतविशृङ्गाइवपर्वताः ३८ केचित्क्रोधसमाविष्टामदांधानिरवग्रहाः ॥ रथान्हयान्पदातींश्चममृदुःशतशोरणे ३९ तथाहयाहयारोहैस्ताडि
ताःप्रासतोमरैः ॥ तेनतेनाभ्यवर्तन्तकुर्वन्तोव्याकुलादिशः ४० रथिनोरथिभिःसार्धंकुलपुत्रास्तनुत्यजः ॥ परांशक्तिंसमास्थायचक्रुःकर्माण्यभीतवत् ४१ स्वयंवरइवा
मर्देप्रजह्रुरितरेतरम् ॥ प्रार्थयानायशोराजन्स्वर्गंवायुद्धशालिनः ४२ तस्मिंस्तथावर्तमानेसंग्रामेलोमहर्षणे ॥ धार्तराष्ट्रंमहत्सैन्यंप्रायशोविमुखीकृतम् ४३ ॥ इति
श्रीमहाभारते भीष्मपर्वणिभीष्मवधपर्वणि संकुलयुद्धेत्रिनवतितमोऽध्यायः ॥ ९३ ॥ ॥ ॥ ॥ संजयउवाच ॥ स्वसैन्यंनिहतंदृष्ट्वाराजादुर्योधनःस्वयम् ॥
अभ्यधावतसंक्रुद्धोभीमसेनमरिंदमम् १ प्रगृह्यसुमहच्चापमिंद्राशनिसमस्वनम् ॥ महताशरवर्षेणपांडवंसमवाकिरत् २ अर्धचन्द्रंचसंधायसुतीक्ष्णंलोमवाहिनम् ॥ भीम
सेनस्यचिच्छेदचापंक्रोधसमन्वितः ३ तदंतरंचसंप्रेक्ष्यत्वरमाणोमहारथः ॥ प्रसंदधेशितंबाणंगिरीणामपिदारणम् ४ तेनोरसिमहाराजभीमसेनमताडयत् ॥ सगाढ
विद्धोव्यथितःसृक्किणीपरिसंलिहन् ५ समालम्बेतेजस्वीध्वजंहेमपरिष्कृतम् ॥ तथाविमनसंदृष्ट्वाभीमसेनंघटोत्कचः ६ क्रोधेनाभिप्रजज्वालदिधक्षन्निवपावकः ॥
अभिमन्युमुखाश्चापिपांडवानांमहारथाः ७ समभ्यधावन्क्रोशंतोराजानंजातसंभ्रमाः ॥ संप्रेक्ष्यैतान्संपततःसंक्रुद्धान्जातसंभ्रमान् ८ भारद्वाजोऽब्रवीद्वाक्यंतावका
नांमहारथान् ॥ क्षिप्रंगच्छतभद्रंवोराजानंपरिरक्षत ९ संशयंपरमंप्राप्तंमज्जन्तंव्यसनार्णवे ॥ एतेक्रुद्धामहेष्वासाःपांडवानांमहारथाः १० भीमसेनंपुरस्कृत्यदुर्योधन
मुपाद्रवन् ॥ नानाविधानिशस्त्राणिविसृजन्तोजयेधृताः ११ नदंतोभैरवान्नादांस्त्रासयंतश्चभूमिपान् ॥ तदाचार्यवचःश्रुत्वासोमदत्तिपुरोगमाः १२ तावकाःसमवर्तन्तपां
डवानामनीकिनीम् ॥ कृपोभूरिश्रवाःशल्योद्रोणपुत्रोविविंशतिः १३ चित्रसेनोविकर्णश्चसैन्धवोऽथबृहद्बलः ॥ आवन्त्यौचमहेष्वासौकौरवंपर्यवारयन् १४

६ । ७ । ८ । ९ । १० । ११ । १२ । १३ । १४ ॥ १२०॥

१५ । १६ । १७ । १८ । १९ । २० । २१ । २२ । २३ । २४ । २५ । २६ । २७ । २८ । २९ । ३० । ३१ । ३२ । ३३ । ३४ । ३५ । ३६ । ३७ । ३८ । ३९ । ४० । ४१ । ४२ । ४३

तेविंशतिपदंगत्वासंप्रहारंप्रचक्रिरे ॥ पांडवाधार्तराष्ट्राश्चपरस्परजिघांसवः १५ एवमुक्त्वामहाबाहुर्महद्विस्फार्यकार्मुकम् ॥ भारद्वाजस्ततोभीमंषड्विंशत्यासमार्प
यत् १६ भूयश्चैनंमहाबाहुःशरैःशीघ्रमवाकिरत् ॥ पर्वतंवारिधाराभिःप्रावृषीवबलाहकः १७ तंप्रत्यविध्यद्दशभिर्भीमसेनःशिलीमुखैः ॥ त्वरमाणोमहेष्वा
सःसव्येपार्श्वेमहाबलः १८ सगाढविद्धोव्यथितोवयोवृद्धश्चभारत ॥ प्रनष्टसंज्ञःसहसारथोपस्थउपाविशत् १९ गुरुंप्रव्यथितंदृष्ट्वाराजादुर्योधनःस्वयम् ॥ द्रौणाय
निश्चसंक्रुद्धौभीमसेनमभिद्रुतौ २० तावापतन्तौसम्प्रेक्ष्यकालांतकयमोपमौ ॥ भीमसेनोमहाबाहुर्गदामादायसत्वरम् २१ अवप्लुत्यरथात्तूर्णंतस्थौगिरिरिवाचलः ॥ समु
द्यम्यगदांगुर्वींयमदंडोपमांरणे २२ तमुद्यतगदंदृष्ट्वाकैलासमिवशृंगिणम् ॥ कौरवोद्रोणपुत्रश्चसहिताववभ्यधावताम् २३ तावापतन्तौसहितौत्वरितौबलिनांवरौ ॥
अभ्यधावतवेगेनत्वरमाणोवृकोदरः २४ तमापतंतंसम्प्रेक्ष्यसंक्रुद्धंभीमदर्शनम् ॥ समभ्यधावंस्त्वरिताःकौरवाणांमहारथाः २५ भारद्वाजमुखाःसर्वेभीमसेनजिघांस
या ॥ नानाविधानिशस्त्राणिभीमस्योरस्यपातयन् २६ सहिताःपांडवंसर्वेपीडयंतःसमंततः ॥ तंदृष्ट्वासंशयंप्राप्तंपीड्यमानंमहारथम् २७ अभिमन्युप्रभृतयःपांडवानां
महारथाः ॥ अभ्यधावन्परीप्संतःप्राणांस्त्यक्त्वासुदुस्त्यजान् २८ अनूपाधिपतिःशूरोभीमस्यदयितःसखा ॥ नीलोनीलांबुदप्रख्यःसंक्रुद्धोद्रौणिमभ्ययात् ॥
२९ स्पर्धतेहिमहेष्वासोनित्यंद्रोणसुतेनसः ॥ सविस्फार्यमहच्चापंद्रौणिंविव्याधपत्रिणा ३० यथाशक्रोमहाराजपुराविव्याधदानवम् ॥ विप्रचित्तिंदुराधर्षंदेवता
नांभयंकरम् ३१ येनलोकत्रयंक्रोधात्त्रासितंस्वेनतेजसा ॥ तथानीलेननिर्भिन्नःसुमुक्तेनपतत्रिणा ३२ संजातरुधिरोत्पीडोद्रौणिःक्रोधसमन्वितः ॥ सविस्फार्य
धनुश्चित्रमिन्द्राशनिसमस्वनम् ३३ दध्रेनीलविनाशायमतिंमतिमतांवरः ॥ ततःसंधायविमलान्भल्लान्कर्मारमार्जितान् ३४ जघानचतुरोवाहान्पातयामासच
ध्वजम् ॥ सप्तमेनचभल्लेननीलंविव्याधवक्षसि ३५ सगाढविद्धोव्यथितोरथोपस्थउपाविशत् ॥ मोहितंवीक्ष्यराजानंनीलमभ्रचयोपमम् ३६ घटोत्कचोऽभिसंक्रु
द्धोज्ञातिभिःपरिवारितः ॥ अभिदुद्राववेगेनद्रौणिमाहवशोभिनम् ३७ तथेतरेचाभ्यधावन्राक्षसायुद्धदुर्मदाः ॥ तमापतंतंसम्प्रेक्ष्यराक्षसंघोरदर्शनम् ३८ अभ्य
धावततेजस्वीभारद्वाजात्मजस्त्वरन् ॥ निजघानचसंक्रुद्धोराक्षसान्भीमदर्शनान् ३९ येऽभवन्नग्रतःक्रुद्धाराक्षसस्यपुरःसराः ॥ विमुखांश्चैवतान्दृष्ट्वाद्रौणिचापच्युतैः
शरैः ४० अक्रुध्यतमहाकायोभैमसेनिर्घटोत्कचः ॥ प्रादुश्चक्रेततोमायांघोररूपांसुदारुणाम् ४१ मोहयन्समरेद्रौणिंमायावीराक्षसाधिपः ॥ ततस्तेतावकाःसर्वे
मायया विमुखीकृताः ४२ अन्योन्यंसमपश्यंतनिकृत्तामेदिनीतले ॥ विचेष्टमानाःकृपणाःशोणितेनपरिप्लुताः ४३ द्रोणंदुर्योधनंशल्यमश्वत्थामानमेवच ॥ प्राय
शश्चमहेष्वासायेप्रधानाःस्मकौरवाः ४४ विध्वस्तारथिनःसर्वेराजानश्चनिपातिताः ॥ हयाश्चैवहयारोहाःसन्निकृत्ताःसहस्रशः ४५

द्रोणादींश्चापश्यंतेतिसंबंध ४४ । ४५

४६ । ४७ । ४८ । ४९ । ५० ॥ इतिभीष्मपर्वणि नीलकंठीयेभारतभावदीपे चतुर्नवतितमोऽध्यायः ॥ ९४ ॥ तस्मिन्निति १ । २ । ३ । ४ । ५ । ६ । ७ । ८ । ९ । १० । ११ । १२ । १३ । १४

तद्दृष्ट्वातावकंसैन्यंविद्रुतंशिबिरंप्रति ॥ ममप्राक्रोशतोराजंस्तथादेवव्रतस्यच ४६ युध्यध्वंमापलायध्वंमायैषाराक्षसीरणे ॥ घटोत्कचप्रमुक्तेतिनातिष्ठंतविमोहिताः
४७ नैवतेश्रद्दधुर्भीतावदतोरावयोर्वचः ॥ तांश्चप्रद्रवतोदृष्ट्वाजयंप्राप्ताश्चपांडवाः ४८ घटोत्कचेनसहिताःसिंहनादान्प्रचक्रिरे ॥ शंखदुन्दुभिनिर्घोषैःसमंतान्ने
दिरेभृशम् ४९ एवंतवबलंसर्वंहैडिम्बेनदुरात्मना ॥ सूर्यास्तमनवेलायांप्रभग्नंविद्रुतंदिशः ५० ॥ इतिश्रीम० भीष्मपर्वणिभीष्मव० अष्टमयुद्धदिवसेघटो
त्कचयुद्धेचतुरधिकनवतितमोऽध्यायः ॥ ९४ ॥ संजयउवाच ॥ तस्मिन्महतिसंक्रन्देराजादुर्योधनस्तदा ॥ गांगेयमुपसंगम्यविनयेनाभिवाद्यच १ तस्यसर्वं
यथावृत्तमाख्यातुमुपचक्रमे ॥ घटोत्कचस्यविजयमात्मनश्चपराजयम् २ कथयामासदुर्धर्षोविनिःश्वस्यपुनःपुनः ॥ अब्रवीच्चतदाराजन्भीष्मंकुरुपितामहम् ३
भवन्तंसमुपाश्रित्यवासुदेवंयथापरैः ॥ पांडवैर्विग्रहोघोरःसमारब्धोमयाप्रभो ४ एकादशसमाख्याताअक्षौहिण्यश्चयामम ॥ निदेशेतवतिष्ठंतिमयासार्धंपरंतप ५
सोऽहंभरतशार्दूलभीमसेनपुरोगमैः ॥ घटोत्कचंसमाश्रित्यपांडवैर्युधिनिर्जितः ६ तन्मेदहतिगात्राणिशुष्कवृक्षमिवानलः ॥ तदिच्छामिमहाभागत्वत्प्रसादा
त्परंतप ७ राक्षसापसदंहंतुंस्वयमेवपितामह ॥ त्वांसमाश्रित्यदुर्धर्षतन्मेकर्तुंत्वमर्हसि ८ एतच्छ्रुत्वातुवचनंराज्ञोभरतसत्तम ॥ दुर्योधनमिदंवाक्यंभीष्मःशांत
नवोऽब्रवीत् ९ शृणुराजन्ममवचोयत्त्वांवक्ष्यामिकौरव ॥ यथात्वयामहाराजवर्तितव्यंपरंतप १० आत्मारक्ष्योरणेतातसर्वावस्थास्वरिंदम ॥ धर्मराजेनसंग्रा
मस्त्वयाकार्यःसदाऽनघ ११ अर्जुनेनयमाभ्यांवाभीमसेनेनवापुनः ॥ राजधर्मंपुरस्कृत्यराजाराजानमार्छति १२ अहंद्रोणःकृपोद्रौणिःकृतवर्माचसात्वतः ॥ शल्य
श्चसौमदत्तिश्चविकर्णश्चमहारथाः १३ तवचभ्रातरःश्रेष्ठादुःशासनपुरोगमाः ॥ त्वदर्थेप्रतियोत्स्यामोराक्षसंतंमहाबलम् १४ रौद्रेतस्मिन्राक्षसेन्द्रेयदितेऽनुशयो
महान् ॥ अयंवागच्छतुरणेतस्ययुद्धायदुर्मतेः १५ भगदत्तोमहीपालःपुरंदरसमोयुधि ॥ एतावदुक्त्वाराजानंभगदत्तमथाब्रवीत् १६ समक्षंपार्थिवेन्द्रस्यवाक्यंवा
क्यविशारदः ॥ गच्छशीघ्रंमहाराजहैडिंबंयुद्धदुर्मदम् १७ वारयस्वरणेयत्तोमिषतांसर्वधन्विनाम् ॥ राक्षसंक्रूरकर्माणंयथेन्द्रस्तारकंपुरा १८ तवदिव्यानिचास्त्राणि
विक्रमश्चपरंतप ॥ समागमश्चबहुभिःपुराभूदमरैःसह १९ त्वंतस्यनृपशार्दूलप्रतियोद्धामहाहवे ॥ स्वबलेनोच्छ्रितोराजञ्जहिराक्षसपुंगवम् २० एतच्छ्रुत्वातुवच
नंभीष्मस्यपृतनापतेः ॥ प्रययौसिंहनादेनपरानभिमुखोद्रुतम् २१ तमाद्रवंतंसम्प्रेक्ष्यगर्जंतमिवतोयदम् ॥ अभ्यवर्तंतसंक्रुद्धाःपांडवानांमहारथाः २२ भीमसेनोऽभि
मन्युश्चराक्षसश्चघटोत्कचः ॥ द्रौपदेयाःसत्यधृतिःक्षत्रदेवश्चभारत २३ चेदिपोवसुदानश्चदशार्णाधिपतिस्तथा ॥ सुप्रतीकेनतांश्चापिभगदत्तोऽप्युपाद्रवत् २४
ततःसमभवद्युद्धंघोररूपंभयानकम् ॥ पांडूनांभगदत्तेनयमराष्ट्रविवर्धनम् २५

अनुशयःपश्चात्तापः १५ । १६ । १७ । १८ । १९ । २० । २१ । २२ । २३ । २४ । २५

२६ । २७ । २८ । २९ ३० । ३१ । ३३ । ३४ । ३५ । ३६ । ३७ ३८ । ३९ । ४० । ४१ । ४२ । ४३ । ४४ । ४५ । ४६

प्रयुक्तारथिभिर्बाणाभीमवेगाःसुतेजनाः ॥ तेनिपेतुर्महाराजनागेषुचरथेषुच २६ प्रभिन्नाश्वमाहानागाविनीताहस्तिसादिभिः ॥ परस्परंसमासाद्यसन्निपेतुरभी
तवत् २७ मदांधारोषसंरब्धाविषाणाग्रैर्महाहवे ॥ बिभिदुर्दन्तमुसलैःसमासाद्यपरस्परम् २८ हयाश्वचामरापीडाःप्रासपाणिभिरास्थिताः ॥ चोदिताः
सादिभिःक्षिप्रंनिपेतुरितरेतरम् २९ पादाताश्वपदात्योघैस्ताडिताःशक्तितोमरैः ॥ न्यपतंततदाभूमौशतशोऽथसहस्रशः ३० रथिनश्चरथैराजन्कार्णिनाली
कसायकैः ॥ निहत्यसमरेवीरान्सिंहनादान्विनेदिरे ३१ तस्मिंस्तथावर्तमानेसंग्रामेलोमहर्षणे ॥ भगदत्तोमहेष्वासोभीमसेनमथाद्रवत् ३२ कुंजरेणप्रभिन्नेनस
प्तधास्रवतामदम् ॥ पर्वतेनयथातोयंस्रवमाणेनसर्वशः ३३ किरञ्छरसहस्राणिसुप्रतीकशिरोगतः ॥ ऐरावतस्थोमघवान्वारिधाराइवानघ ३४ सभीमंशरधा
राभिस्ताडयामासपार्थिवः ॥ पर्वतंवारिधाराभिस्तपान्तेजलदोयथा ३५ भीमसेनस्तुसंक्रुद्धःपादरक्षान्परःशतान् ॥ निजघानमहेष्वासःसंरब्धःशरवृष्टिभिः ३६
तान्दृष्ट्वानिहतान्क्रुद्धोभगदत्तःप्रतापवान् ॥ चोदयामासनागेन्द्रंभीमसेनरथंप्रति ३७ सनागःप्रेषितस्तेनबाणोज्याचोदितोयथा ॥ अभ्यधावतवेगेनभीमसेन
मरिंदमम् ३८ तमापतंतंसम्प्रेक्ष्यपांडवानांमहारथाः ॥ अभ्यवर्त्तंतवेगेनभीमसेनपुरोगमाः ३९ केकयाश्चाभिमन्युश्चद्रौपदेयाश्चसर्वशः ॥ दशार्णाधिपतिःशूरः
क्षत्रदेवश्चमारिष ४० चेदिपश्चित्रकेतुश्चसंरब्धाःसर्वएवते ॥ उत्तमास्त्राणिदिव्यानिदर्शयंतोमहाबलाः ४१ तमेकंकुंजरंक्रुद्धाःसमन्तात्पर्यवारयन् ॥ सविद्धोब
हुभिर्बाणैर्व्यरोचतमहाद्विपः ४२ संजातरुधिरोत्पीडोधातुचित्रइवाद्रिराट् ॥ दशार्णाधिपतिश्चापिगजंभूमिधरोपमम् ४३ समास्थितोऽभिदुद्रावभगदत्तस्य
वारणम् ॥ तमापतंतंसमरेगजंगजपतिःसच ४४ दधारसुप्रतीकोऽपिवेलेवमकरालयम् ॥ वारितंप्रेक्ष्यनागेन्द्रंदशार्णस्यमहात्मनः ४५ साधुसाध्वितिसैन्यानिपां
डवेयान्यपूजयन् ॥ ततःप्राग्ज्योतिषःक्रुद्धस्तोमरान्वैचतुर्दश ४६ प्राहिणोत्तस्यनागस्यप्रमुखेनृपसत्तम ॥ वर्ममुख्यंतनुत्राणंशातकुंभपरिष्कृतम् ४७
विदार्यप्राविशन्क्षिप्रंवल्मीकमिवपन्नगाः ॥ सगाढबिद्धोव्यथितोनागोभरतसत्तम ४८ उपावृत्तमदःक्षिप्रमभ्यवर्ततवेगितः ॥ सप्रदुद्राववेगेनप्रणदन्भैरवं
रवम् ४९ संमर्दयानःस्वबलंवायुर्वृक्षानिवौजसा ॥ तस्मिन्पराजितेनागेपांडवानांमहारथाः ५० सिंहनादंविनद्योच्चैर्युद्धायैवावतस्थिरे ॥ ततोभीमंपु
रस्कृत्यभगदत्तमुपाद्रवन् ५१ किरंतोविविधान्बाणान्शस्त्राणिविविधानिच ॥ तेषामापततांराजन्संक्रुद्धानाममर्षिणाम् ५२ श्रुत्वासनिनदंघोरममर्षाद्गतसा
ध्वसः ॥ भगदत्तोमहेष्वासःस्वनागंप्रत्यचोदयत् ५३ अंकुशांगुष्ठनुदितःसगजप्रवरोयुधि ॥ तस्मिन्क्षणेसमभवत्सांवर्तकइवानलः ५४

४७ । ४८ । ४९ । ५० । ५१ । ५२ । ५३ । ५४

रथसंघांस्तथानागान्हयांश्चहयसादिभिः ॥ पादातांश्चसुसंक्रुद्धःशतशोऽथसहस्रशः ५५ अमृद्गात्समरेनागःसंप्रधावंस्ततस्ततः ॥ तेनसंलोड्यमानंतुपांडवानां
 बलंमहत् ५६ संचुकोचमहाराजचर्मेवाग्नौसमाहितम् ॥ भग्नंतुस्वबलंदृष्ट्वाभगदत्तेनधीमता ५७ घटोत्कचोऽथसंक्रुद्धोभगदत्तमुपाद्रवत् ॥ विकटःपरुषोराजन्दीप्ता
स्योदीप्तलोचनः ५८ रूपंविभीषणंकृत्वारोषेणप्रज्वलन्निव ॥ जग्राहविमलंशूलंगिरीणामपिदारणम् ५९ नागंजिघांसुःसहसाचिक्षेपचमहाबलः ॥ सविस्फुलिंग
मालाभिःसमंतात्परिवेष्टितः ६० तमापतंतंसहसादृष्ट्वाप्राग्ज्योतिषोनृपः ॥ चिक्षेपरुचिरंतीक्ष्णमर्धचंद्रंसुदारुणम् ६१ चिच्छेदतन्महच्छूलंतेनबाणेनवेगवान् ॥
उत्पपातद्विधाच्छिन्नंशूलंहेमपरिष्कृतम् ६२ महाशनिर्यथाभ्रष्टाशक्रमुक्तानभोगता ॥ शूलंनिपतितंदृष्ट्वाद्विधाकृत्तंचपार्थिवः ६३ रुक्मदंडांमहाशक्तिंजग्राहाग्नि
शिखोपमाम् ॥ चिक्षेपतांराक्षसस्यतिष्ठतिष्ठेतिचाब्रवीत् ६४ तामापतंतींसम्प्रेक्ष्यवियत्स्थामशनीमिव ॥ उत्पत्यराक्षसस्तूर्णंजग्राहचननादच ६५ बभंजचैनां
त्वरितोजानुन्यारोप्यभारत ॥ पश्यतःपार्थिवेन्द्रस्यतदद्भुतमिवाभवत् ६६ तदवेक्ष्यकृतंकर्मराक्षसेनबलीयसा ॥ दिविदेवाःसगंधर्वामुनयश्चापिविस्मिताः ६७ पां
डवाश्चमहाराजभीमसेनपुरोगमाः ॥ साधुसाध्वितिनादेनपृथिवीमन्वनादयन् ६८ तंतुश्रुत्वामहानादंप्रहृष्टानांमहात्मनाम् ॥ नामृष्यतमहेष्वासोभगदत्तःप्रताप
वान् ६९ सविस्फार्यमहच्चापमिंद्राशनिसमप्रभम् ॥ तर्जयामासवेगेनपांडवानांमहारथान् ७० विसृजन्विमलांस्तीक्ष्णान्नाराचान्ज्वलनप्रभान् ॥ भीममेकेनविव्याध
राक्षसंनवभिःशरैः ७१ अभिमन्युंत्रिभिश्चैवकेकयान्पंचभिस्तथा ॥ पूर्णायतविसृष्टेनशरेणानतपर्वणा ७२ बिभेददक्षिणंबाहुंक्षत्रदेवस्यचाहवे ॥ पपातसहसातस्य
सशरंधनुरुत्तमम् ७३ द्रौपदेयांस्ततःपंचपंचभिःसमताडयत् ॥ भीमसेनस्यचक्रोधान्निजघानतुरंगमान् ७४ ध्वजंकेसरिणंचास्यचिच्छेदविशिखैस्त्रिभिः ॥ निर्बि
भेदत्रिभिश्चान्यैःसारथिंचास्यपत्रिभिः ७५ सगाढविद्धोव्यथितोरथोपस्थउपाविशत् ॥ विशोकोभरतश्रेष्ठभगदत्तेनसंयुगे ७६ ततोभीमोमहाबाहुर्विरथोरथि
नांवरः ॥ गदांप्रगृह्यवेगेनप्रचस्कंदरथोत्तमात् ७७ तमुद्यतगदंदृष्ट्वासशृंगमिवपर्वतम् ॥ तावकानांभयंघोरंसमपद्यतभारत ७८ एतस्मिन्नेवकालेतुपाण्डवःकृष्णसा
रथिः ॥ आजगाममहाराजनिघ्नन्शत्रून्समंततः ७९ यत्रतौपुरुषव्याघ्रौपितापुत्रौमहाबलौ ॥ प्राग्ज्योतिषेणसंयुक्तौभीमसेनघटोत्कचौ ८० दृष्ट्वाचपांडवोभ्रातॄ
न्युध्यमानान्महारथान् ॥ त्वरितोभरतश्रेष्ठतत्रायुध्यत्किरञ्छरान् ८१ ततोदुर्योधनोराजात्वरमाणोमहारथः ॥ सेनामचोदयत्क्षिप्रंरथनागाश्वसंकुलाम् ८२ तामा
पतंतींसहसाकौरवाणांमहाचमूम् ॥ अभिदुद्राववेगेनपांडवःश्वेतवाहनः ८३ भगदत्तश्चसमरेतेननागेनभारत ॥ विमृद्नन्पांडवबलंयुधिष्ठिरमुपाद्रवत् ८४ तदाऽसीत्सु
महद्युद्धंभगदत्तस्यमारिष ॥ पंचालैःपांडवेयैश्चकेकयैश्चोद्यतायुधैः ८५

८६ ॥ इति भीष्मपर्वणि नीलकंठीये भारतभावदीपे पंचनवतितमोऽध्यायः ॥ ९५ ॥ पुत्रमिति १ । २ । ३ । ४ । ५ । ६ । ७ । ८ । ९ । १० । ११ । १२ । १३ । १४ । १५ । १६ । १७

भीमसेनोऽपिसमरेतावुभौकेशवार्जुनौ ॥ अश्रावयद्यथावृत्तमिरावद्वधमुत्तमम् ८६ ॥ इतिश्रीमहाभारते भीष्मपर्वणि भीष्मवधपर्वणि भगदत्तयुद्धे पंचनवतितमो
ऽध्यायः ॥ ९५ ॥ ॥ ॥ ॥ संजयउवाच ॥ पुत्रंविनिहतंश्रुत्वाइरावन्तंधनंजयः ॥ दुःखेनमहताऽविष्टोनिःश्वसन्पन्नगोयथा १ अब्रवीत्समरेराज
न्वासुदेवमिदंवचः ॥ इदंनूनंमहाप्राज्ञोविदुरोदृष्टवान्पुरा २ कुरूणांपांडवानांचक्षयंघोरंमहामतिः ॥ सततोनिवारितवान्धृतराष्ट्रंजनेश्वरम् ३ अन्येचबहवोवीराःसंग्रामे
मधुसूदन ॥ निहताःकौरवैःसंख्येतथाऽस्माभिश्चकौरवाः ४ अर्थहेतोर्नरश्रेष्ठक्रियतेकर्मकुत्सितम् ॥ धिगर्थान्यत्कृतेह्येवंक्रियतेज्ञातिसंक्षयः ५ अधनस्यमृतंश्रेयोनच
ज्ञातिवधाद्धनम् ॥ किंनुप्राप्स्यामहेकृष्णहत्वाज्ञातीन्समागतान् ६ दुर्योधनापराधेनशकुनेःसौबलस्यच ॥ क्षत्रियानिधनंयांतिकर्णदुर्मंत्रितेनच ७ इदानींचविजाना
मिसुकृतंमधुसूदन ॥ कृतंराज्ञामहाबाहोयाचताचसुयोधनम् ८ राज्यार्धंपंचवाग्रामान्नाकार्षीत्सचदुर्मतिः ॥ दृष्ट्वाहिक्षत्रियाञ्छूराञ्शयानान्धरणीतले ९ निंदामिभृ
शमात्मानंधिगस्तुक्षत्रजीविकाम् ॥ अशक्तमितिमामेतेज्ञास्यंतेक्षत्रियारणे १० युद्धंतुमेनरुचितंज्ञातिभिर्मधुसूदन ॥ संचोदयहयाञ्शीघ्रंधार्तराष्ट्रचमूंप्रति ११ प्रत
रिष्येमहापारंभुजाभ्यांसमरोदधिम् ॥ नायंक्लीबयितुंकालोविद्यतेमाधवक्वचित् १२ एवमुक्तस्तुपार्थेनकेशवःपरवीरहा ॥ चोदयामासतानश्वान्पांडुरान्वातरंहसः १३
अथशब्दोमहानासीत्तवसैन्यस्यभारत ॥ मारुतोद्धूतवेगस्यसागरस्येवपर्वणि १४ अपराह्णेमहाराजसंग्रामःसमपद्यत ॥ पर्जन्यसमनिर्घोषोभीष्मस्यसहपांडवैः १५
ततोराजंस्तवसुताभीमसेनमुपाद्रवन् ॥ परिवार्यरणेद्रोणंवसवोवासवंयथा १६ ततःशांतनवोभीष्मःकृपश्चरथिनांवरः ॥ भगदत्तःसुशर्माचधनंजयमुपाद्रवन् १७ हा
र्दिक्योबाह्लिकश्चैवसात्यकिंसमभिद्रुतौ ॥ अंबष्ठकस्तुनृपतिरभिमन्युमवस्थितः १८ शेषास्त्वन्येमहाराजशेषानेवमहारथान् ॥ ततःप्रववृतेयुद्धंघोररूपंभयावहम्
१९ भीमसेनस्तुसंप्रेक्ष्यपुत्रांस्तवजनेश्वर ॥ प्रजज्वालरणेक्रुद्धोहविषाहव्यवाडिव २० पुत्रास्तुतवकौन्तेयंछादयांचक्रिरेशरैः ॥ प्रावृषीवमहाराजजलदाइवपर्वतम् २१
सच्छाद्यमानोबहुधापुत्रैस्तवविशांपते ॥ सृक्किणीसंलिहन्वीरःशार्दूलइवदर्पितः २२ व्यूढोरस्कंततोभीमःपातयामासभारत ॥ क्षुरप्रेणसुतीक्ष्णेनसोऽभवद्गतजीवितः
२३ अपरेणतुभल्लेनपीतेननिशितेनतु ॥ अपातयत्कुंडलिनंसिंहःक्षुद्रमृगंयथा २४ ततःसुनिशितान्पीतान्समादत्तशिलीमुखान् ॥ ससर्जत्वरयायुक्तःपुत्रांस्तेप्राप्य
मारिष २५ प्रेषिताभीमसेनेनशरास्तेदृढधन्वना ॥ अपातयंतपुत्रांस्तेरथेभ्यःसुमहारथान् २६ अनाधृष्टिंकुंडभेदिंवैराटंदीर्घलोचनम् ॥ दीर्घबाहुंसुबाहुंचतथैवकनक
ध्वजम् २७ प्रपतंतस्मवीरास्तेविरेजुर्भरतर्षभ ॥ वसंतेपुष्पशबलाश्च्युताःप्रपतिताइव २८

१८ । १९ । २० । २१ । २२ । २३ । २४ । २५ । २६ । २७ । २८

२९ । ३० । ३१ । ३२ । ३३ । ३४ । ३५ । ३६ । ३७ । ३८ । ३९ । ४० । ४१ । ४२ । ४३ । ४४ । ४५ । ४६ । ४७ अपविद्धानिपतितानि ४८।४९।५०।५१।५२।५३।५४।५५।५६।५७।५८।५९

ततःप्रदुद्रुवुःशेषास्तवपुत्रामहाहवे ॥ तंकालमिवमन्यन्तोभीमसेनंमहाबलम् २९ द्रोणस्तुसमरेवीरंनिर्दहंतंसुतांस्तव ॥ यथाद्रिंवारिधाराभिःसमंताद्व्यकिरच्छरैः ३०
तत्राद्भुतमपश्यामकुंतीपुत्रस्यपौरुषम् ॥ द्रोणेनवार्यमाणोऽपिनिजघ्नेयत्सुतांस्तव ३१ यथागोवृषभोवर्षंसंधारयतिखात्पतत् ॥ भीमस्तथाद्रोणमुक्तंशरवर्षमदीधरत्
३२ अद्भुतंचमहाराजतत्रचक्रेवृकोदरः ॥ यत्पुत्रांस्तेऽवधीत्संख्येद्रोणंचैवन्यवारयत् ३३ पुत्रेषुतववीरेषुचिक्रीडार्जुनपूर्वजः ॥ मृगेष्विवमहाराजचरन्व्याघ्रोमहाबलः
३४ यथाहिपशुमध्यस्थोद्रावयेतपशून्वृकः ॥ वृकोदरस्तवसुतांस्तथाव्यद्रावयद्रणे ३५ गांगेयोभगदत्तश्चगौतमश्चमहारथाः ॥ पांडवंरभसंयुद्धेवारयामासुरर्जुनम् ३६
अस्त्रैरस्त्राणिसंवार्यतेषांसोऽतिरथोरणे ॥ प्रवीरांस्तवसैन्येषुप्रेषयामासमृत्यवे ३७ अभिमन्युस्तुराजानमंबष्ठंलोकविश्रुतम् ॥ विरथंरथिनांश्रेष्ठंवारयामाससायकैः ३८
विरथोवध्यमानस्तुसौभद्रेणयशस्विना ॥ अवप्लुत्यरथात्तूर्णमंबष्ठोवसुधाधिपः ३९ असिंचिक्षेपसमरेसौभद्रस्यमहात्मनः ॥ आरुरोहरथंचैवहार्दिक्यस्यमहाबलः ४०
आपतंतंतुनिस्त्रिंशंयुद्धमार्गविशारदः ॥ लाघवाद्व्यंसयामाससौभद्रःपरवीरहा ४१ व्यंसितंवीक्ष्यनिस्त्रिंशंसौभद्रेणरणेतदा ॥ साधुसाध्वितिसैन्यानांप्रणादोऽभूद्विशांं
पते ४२ धृष्टद्युम्नमुखास्त्वन्येतवसैन्यमयोधयन् ॥ तथैवतावकाःसर्वेपांडुसैन्यमयोधयन् ४३ तत्राक्रन्दोमहानासीत्तवतेषांचभारत ॥ निघ्नतांदृढमन्योन्यंकुर्वतांकर्म
दुष्करम् ४४ अन्योन्यंहिरणेशूराःकेशेष्वाक्षिप्यमानिनः ॥ नखदन्तैरयुध्यंतमुष्टिभिर्जानुभिस्तथा ४५ तलैश्चैवाथनिस्त्रिंशैर्बाहुभिश्चसुसंस्थितैः ॥ विवरंप्राप्यचान्यो
न्यमनयन्यमसादनम् ४६ न्यहनच्चपितापुत्रंपुत्रश्चपितरंतथा ॥ व्याकुलीकृतसर्वांगायुयुधुस्तत्रमानवाः ४७ रणेचारूणिचापानिहेमपृष्ठानिमारिष ॥ हतानामपवि
द्धानिकलापाश्चमहाधनाः ४८ जातरूपमयैःपुंखैराजतैर्निशिताःशराः ॥ तैलधौताव्यराजंतनिर्मुक्तभुजगोपमाः ४९ हस्तिदन्तत्सरून्खड्गान्जातरूपपरिष्कृतान् ॥
चर्माणिचापविद्धानिरुक्मचित्राणिधन्विनाम् ५० सुवर्णविकृतप्रासान्पट्टिशान्हेमभूषितान् ॥ जातरूपमयाश्चर्ष्टीःशक्तीश्चकनकोज्ज्वलाः ५१ सुसन्नाहाश्चपतिता
मुसलानिगुरूणिच ॥ परिघान्पट्टिशांश्चैवभिंदिपालांश्चमारिष ५२ पतितान्विविधांश्चापांश्चित्रान्हेमपरिष्कृतान् ॥ कुथाबहुविधाकाराश्चामराव्यजनानिच ५३
नानाविधानिशस्त्राणिप्रगृह्यपतितानराः ॥ जीवन्तइवदृश्यन्तेगतसत्वामहारथाः ५४ गदाविमथितैर्गात्रैर्मुसलैर्भिन्नमस्तकाः ॥ गजवाजिरथक्षुण्णाःशेरतेस्मनराःक्षितौ
५५ तथैवाश्वनृनागानांशरीरैर्विबभौतदा ॥ संछन्नावसुधाराजन्पर्वतैरिवसर्वशः ५६ समरेपतितैश्चैवशक्त्यृष्टिशरतोमरैः ॥ निस्त्रिंशैःपट्टिशैःप्रासैरयस्कुन्तैःपरश्वधैः
५७ परिघैर्भिन्दिपालैश्चशतघ्नीभिश्चमारिष ॥ शरीरैःशस्त्रनिर्भिन्नैःसमास्तीर्यतमेदिनी ५८ विशब्दैरल्पशब्दैश्चशोणितौघपरिप्लुतैः ॥ गतासुभिरमित्रघ्नविबभौ
निचितामही ५९

सतलत्रैःसकेयूरैर्बाहुभिश्चंदनोक्षितैः ॥ हस्तिहस्तोपमैश्छिन्नैरूरुभिश्चतरस्विनाम् ६० बद्धचूडामणिवरैःशिरोभिश्चसकुंडलैः ॥ पातितैर्ऋषभाक्षाणांबभौभार
तमेदिनी ६१ कवचैःशोणितादिग्धैर्विप्रकीर्णैश्चकांचनैः ॥ रराजसुभृशंभूमिःशांतार्चिभिरिवानलैः ६२ विप्रविद्धैःकलापैश्चपतितैश्चशरासनैः ॥ विप्रकीर्णैः
शरैश्चैवरुक्मपुंखैःसमंततः ६३ रथैश्चसर्वतोभग्नैःकिंकिणीजालभूषितैः ॥ वाजिभिश्चहतैर्बाणैःस्रस्तजिह्वैःसशोणितैः ६४ अनुकर्षैःपताकाभिरुपासंगैर्ध्वजैरपि ॥
प्रवीराणांमहाशंखैर्विप्रकीर्णैश्चपांडुरैः ६५ स्रस्तहस्तैश्चमातंगैःशयानैर्विबभौमही ॥ नानारूपैरलंकारैःप्रमदेवाभ्यलंकृता ६६ दंतिभिश्चापरैस्तत्रसप्रासैर्गाढवे
दनैः ॥ करैःशब्दंविमुंचद्भिःशीकरंचमुहुर्मुहुः ६७ विबभौतद्रणस्थानंस्यंदमानैरिवाचलैः ॥ नानारागैःकंबलैश्चपरिस्तोमैश्चदंतिनाम् ६८ वैडूर्यमणिदंडैश्चपति
तैरंकुशैःशुभैः ॥ घंटाभिश्चगजेंद्राणांपतिताभिःसमंततः ६९ विपाटितविचित्राभिःकुथाभिरंकुशैस्तथा ॥ ग्रैवेयैश्चित्ररूपैश्चरुक्मकक्ष्याभिरेवच ७० यंत्रैश्च
बहुधाच्छिन्नैस्तोमरैश्चापिकांचनैः ॥ अश्वानांरेणुकपिलैरुक्मच्छन्नैरुरश्छदैः ७१ सादिनांभुजगैश्छिन्नैःपतितैःसांगदैस्तथा ॥ प्रासैश्चविमलैस्तीक्ष्णैर्विमला
भिस्तथर्ष्टिभिः ७२ उष्णीषैश्चतथाचित्रैर्विप्रविद्धैस्ततस्ततः ॥ विचित्रैर्बाणवर्षैश्चजातरूपपरिष्कृतैः ७३ अश्वास्तरपरिस्तोमैराङ्कवैर्मृदितैस्तथा ॥ नरेन्द्रचूडा
मणिभिर्विचित्रैश्चमहाधनैः ७४ छत्रैस्तथाऽपविद्धैश्चचामरैर्व्यजनैरपि ॥ पद्मेन्दुद्युतिभिश्चैववदनैश्चारुकुंडलैः ७५ क्लृप्तश्मश्रुभिरत्यर्थंवीराणांसमलंकृतैः ॥
अपविद्धैर्महाराजसुवर्णोज्ज्वलकुंडलैः ७६ ग्रहनक्षत्रशबलाद्यौरिवासीद्वसुंधरा ॥ एवमेतेमहासेनेमृदितेतत्रभारत ७७ परस्परंसमासाद्यतवतेषांचसंयुगे ॥
तेषुश्रांतेषुभग्नेषुमृदितेषुचभारत ७८ रात्रिःसमभवत्तत्रनापश्यामततोऽनुगान् ॥ ततोऽवहारंसैन्यानांप्रचक्रुःकुरुपांडवाः ७९ रजनीमुखेसुरौद्रेतुवर्तमानेमहा
भये ॥ अवहारंततःकृत्वासहिताःकुरुपांडवाः ॥ न्यविशंतयथाकालंगत्वास्वशिबिरंतदा ॥ ८० ॥ इतिश्रीमहाभा०भीष्मपर्वणिभीष्मवध० अष्टमदिवसयु
द्धावहारेषण्णवतितमोऽध्यायः ॥ ९६ ॥ ॥ ॥ संजयउवाच ॥ ॥ ततोदुर्योधनोराजाशकुनिश्चापिसौबलः ॥ दुःशासनश्चपुत्रस्तेसूतपुत्रश्चदुर्जयः
१ समागम्यमहाराजमंत्रंचक्रुर्विवक्षितम् ॥ कथंपांडुसुताःसंख्येजेतव्याःसगणाइति २ ततोदुर्योधनोराजासर्वांस्तानाहमंत्रिणः ॥ सूतपुत्रंसमाभाष्यसौबलंचम
हाबलम् ३ द्रोणोभीष्मःकृपःशल्यःसौमदत्तिश्चसंयुगे ॥ नपार्थान्प्रतिबाधंतेनजानेतत्रकारणम् ४ अवध्यमानास्तेचापिक्षपयंतिबलंमम ॥ सोऽस्मिक्षीणबलः
कर्णक्षीणशस्त्रश्चसंयुगे ५ निकृतःपांडवैःशूरैरवध्यैर्दैवतैरपि ॥ सोऽहंसंशयमापन्नःप्रहरिष्येकथंरणे ६ तमब्रवीन्महाराजसूतपुत्रोनराधिपम् ॥ ॥ कर्णउवाच ॥
माशोचभरतश्रेष्ठकरिष्येऽहंप्रियंतव ७ भीष्मःशांतनवस्तूर्णमपयातुमहारणात् ॥ निवृत्तेयुधिगांगेयेन्यस्तशस्त्रेचभारत ८

म.भा.टी. ९ । १० । ११ । १२ । १३ । १४ । १५ । १६ । १७ । १८ हयंहययानं रथमितियावत् १९ । २० भंडीपुष्पंमंजिष्ठापुष्पम् २१ । २२ । २३ । २४ । २५ । २६ भीष्म० अ० ९७

॥ १२४ ॥ अहंपार्थान्हनिष्यामिसहितान्सर्वसोमकैः ॥ पश्यतोयुधिभीष्मस्यशपेसत्येनतेनृप ९ पांडवेषुदयांनित्यंसहिभीष्मःकरोतिवै ॥ अशक्तश्चरणेभीष्मोजेतुमेतान्महारथान् १० अभिमानीरणेभीष्मोनित्यंचापिरणप्रियः ॥ सकथंपांडवान्युद्धेजेष्यतेतातसंगतान् ११ सत्वंशीघ्रमितोगत्वाभीष्मस्यशिबिरंप्रति ॥ अनुमान्यगुरुंवृद्धंशस्त्रंन्यासयभारत १२ न्यस्तशस्त्रेततोभीष्मेनिहतान्पश्यपांडवान् ॥ मयैकेनरणेराजन्ससुहृद्गणबांधवान् १३ एवमुक्तस्तुकर्णेनपुत्रोदुर्योधनस्तव ॥ अब्रवीद्भ्रातरंतत्रदुःशासनमिदंवचः १४ अनुयात्रंयथासर्वंसज्जीभवतिसर्वशः ॥ दुःशासनतथाक्षिप्रंसर्वमेवोपपादय १५ एवमुक्त्वाततोराजन्कर्णमाहजनेश्वरः ॥ अनुमान्यरणेभीष्ममेषोऽहंद्विपदांवरम् १६ आगमिष्येततःक्षिप्रंत्वत्सकाशमरिंदम ॥ अपक्रान्तेततोभीष्मेप्रहरिष्यसिसंयुगे १७ निष्पपातततस्तूर्णंपुत्रस्तवविशांपते ॥ सहितोभ्रातृभिस्तैस्तुदेवैरिवशतक्रतुः १८ ततस्तंनृपशार्दूलंशार्दूलसमविक्रमम् ॥ आरोहयद्धयंतूर्णंभ्रातादुःशासनस्तदा १९ अंगदीबद्धमुकुटोहस्ताभरणवान्नृप ॥ धार्तराष्ट्रोमहाराजविबभौसपथिव्रजन् २० भंडीपुष्पनिकाशेनतपनीयनिभेनच ॥ अनुलिप्तःपरार्ध्येनचन्दनेनसुगंधिना २१ अरजोंबरसंवीतःसिंहखेलगतिर्नृप ॥ शुशुभेविमलार्चिष्मान्नभसीवदिवाकरः २२ तंप्रयांतंनरव्याघ्रंभीष्मस्यशिबिरंप्रति ॥ अनुजग्मुर्महेष्वासाःसर्वलोकस्यधन्विनः २३ भ्रातरश्चमहेष्वासास्त्रिदशाइववासवम् ॥ हयानन्येसमारुह्यगजानन्येचभारत २४ रथानन्येनरश्रेष्ठंपरिवव्रुःसमंततः ॥ आत्तशस्त्राश्चसुहृदोरक्षणार्थंमहीपतेः २५ प्रादुर्बभूवुःसहिताःशक्रस्येवामरादिवि ॥ सपूज्यमानःकुरुभिःकौरवाणांमहाबलः २६ प्रययौसदनंराजागांगेयस्ययशस्विनः ॥ अन्वीयमानःसततंसोदरैःपरिवारितः २७ दक्षिणंदक्षिणःकालेसंभृत्यस्वभुजंतदा ॥ हस्तिहस्तोपमंशैक्षंसर्वशत्रुनिबर्हणम् २८ प्रगृह्णन्नंजलीन्नृणामुद्यतान्सर्वतोदिशः ॥ शुश्रावमधुरावाचोनानादेशनिवासिनाम् २९ संस्तूयमानःसूतैश्चमागधैश्चमहायशाः ॥ पूजयानश्चतान्सर्वान्सर्वलोकेश्वरेश्वरः ३० प्रदीपैःकांचनैस्तत्रगंधतैलावसेचितैः ॥ परिवव्रुर्महाराजंप्रज्वलद्भिःसमंततः ३१ सतैःपरिवृतोराजाप्रदीपैःकांचनैर्ज्वलन् ॥ शुशुभेचंद्रमायुक्तोदीप्तैरिवमहाग्रहैः ३२ कांचनोष्णीषिणस्तत्रवेत्रझर्झरपाणयः ॥ प्रोत्साहयंतःशनकैस्तंजनंसर्वतोदिशम् ३३ संप्राप्यतुततोराजाभीष्मस्यसदनंशुभम् ॥ अवतीर्यहयाच्चापिभीष्मंप्राप्यजनेश्वरः ३४ अभिवाद्यततोभीष्मंनिषण्णःपरमासने ॥ कांचनेसर्वतोभद्रेस्पर्द्ध्यास्तरणसंवृते ३५ उवाचप्रांजलिर्भीष्मंबाष्पकंठोऽश्रुलोचनः ॥ त्वांवयंहिसमाश्रित्यसंयुगेशत्रुसूदन ३६ उत्सहेमरणेजेतुंसेन्द्रानपिसुरासुरान् ॥ किमुपांडुसुतान्वीरान्ससुहृद्गणबांधवान् ३७ तस्मादर्हसिगांगेयकृपांकर्तुंमयिप्रभो ॥ जहिपांडुसुतान्वीरान्महेन्द्रइवदानवान् ३८ ॥ १२४ ॥

अन्वीयमानःअनुगम्यमानः २७ दक्षिणंस्वभुजंसंभृत्यसमुद्धृत्य शैक्षंशस्त्रादिशिक्षासंपन्नम् । २८ । २९ । ३० । ३१ । ३२ । ३३ । ३४ । ३५ । ३६ । ३७ । ३८

३९ । ४० । ४१ । ४३ ॥ इतिभी० नी० भा० सप्तनवतितमोऽध्यायः ॥ ९७ ॥ वाक्शल्यैरिति १ । २ । ३ । ४ पर्याप्तंप्राप्तं ५ । ६ । ७ । ८ । ९ । १० । ११ । १२ । १३

अहंसर्वान्महाराजनिहनिष्यामिसोमकान् ॥ पंचालान्केकयैःसार्धंकरूषांश्चेतिभारत ३९ त्वद्वचःसत्यमेवास्तुजहिपार्थान्समागतान् ॥ सोमकांश्चमहेष्वासान्सत्य वाग्भवभारत ४० दययायदिवाराजन्द्वेष्यभावान्ममप्रभो ॥ मंदभाग्यतयावापिममरक्षसिपांडवान् ४१ अनुजानीहिसमरेकर्णमाहवशोभिनम् ॥ सजेष्यतिरणेपा र्थान्ससुहृद्गणबांधवान् ४२ सएवमुक्त्वानृपतिःपुत्रोदुर्योधनस्तव ॥ नोवाचवचनंकिंचिद्भीष्मंसत्यपराक्रमम् ४३ ॥ इतिश्रीमहाभारतेभीष्मपर्वणिभीष्मवधप०भीष्मं प्रतिदुर्योधनवाक्येसप्तनवतितमोऽध्यायः ॥ ९७ ॥ ॥ ॥ संजयउवाच ॥ वाक्शल्यैस्तवपुत्रेणसोऽतिविद्धोमहामनाः ॥ दुःखेनमहताऽऽविष्टोनोवाचाप्रियमण्वपि १ सध्यात्वासुचिरंकालंदुःखरोषसमन्वितः ॥ श्वसमानोयथानागःप्रणुन्नोवाक्शलाकया २ उद्वृत्यचक्षुषीकोपान्निर्दहन्निवभारत ॥ सदेवासुरगंधर्वंलोकंलोकविदांवरः ३ अब्रवीत्तवपुत्रंससामपूर्वमिदंवचः ॥ किंत्वंदुर्योधनैवंमांवाक्शल्यैरपकृंतसि ४ घटमानंयथाशक्तिकुर्वाणंचतवप्रियम् ॥ जुह्वानंसमरेप्राणांस्तववैप्रियकाम्यया ५ यदातु पांडवःशूरःखांडवेऽग्निमतर्पयत् ॥ पराजित्यरणेशक्रंपर्याप्तंतन्निदर्शनम् ६ यदाचत्वांमहाबाहोगन्धर्वैर्हृतमोजसा ॥ अमोचयत्पांडुसुतःपर्याप्तंतन्निदर्शनम् ७ द्रवमाणेषु शूरेषुसोदरेषुतवप्रभो ॥ सूतपुत्रेचराधेयेपर्याप्तंतन्निदर्शनम् ८ यच्चनःसहितान्सर्वान्विराटनगरेतदा ॥ एकएवसमुद्यातःपर्याप्तंतन्निदर्शनम् ९ द्रोणंचयुधिसंरब्धंमांचनिर्जि त्यसंयुगे ॥ वासांसिससमादत्तपर्याप्तंतन्निदर्शनम् १० तथाद्रौणिंमहेष्वासंशारद्वतमथापिच ॥ गोग्रहेजितवान्पूर्वंपर्याप्तंतन्निदर्शनम् ११ विजित्यचयदाकर्णंसदा पुरुषमानिनम् ॥ उत्तरायैददौवस्त्रंपर्याप्तंतन्निदर्शनम् १२ निवातकवचान्युद्धेवासवेनापिदुर्जयान् ॥ जितवान्समरेपार्थःपर्याप्तंतन्निदर्शनम् १३ कोहिशक्तोरणेजेतुं पांडवंरभसंतदा ॥ यस्यगोप्ताजगद्गोप्ताशंखचक्रगदाधरः १४ वासुदेवोऽनन्तशक्तिःसृष्टिसंहारकारकः ॥ सर्वेश्वरोदेवदेवःपरमात्मासनातनः १५ उक्तोऽसिबहुशो राजन्नारदाद्यैर्महर्षिभिः ॥ त्वंतुमोहान्नजानीषेवाच्यावाच्यंसुयोधन १६ मुमूर्षुर्हिनरःसर्वान्वृक्षान्पश्यतिकांचनान् ॥ तथात्वमपिगांधारेविपरीतानिपश्यसि १७ स्वयंवै रंमहत्कृत्वापांडवैःसहसृंजयैः ॥ युद्धयस्वतानद्यरणेपश्यामःपुरुषोभव १८ अहंतुसोमकान्सर्वान्पंचालांश्चसमागतान् निहनिष्येनरव्याघ्रवर्जयित्वाशिखंडिनम् १९ तैर्वाऽहंनिहतःसंख्येगमिष्येयमसादनम् ॥ तान्वानिहत्यसमरेप्रीतिंदास्याम्यहंतव २० पूर्वंहिस्त्रीसमुत्पन्नाशिखंडीराजवेश्मनि ॥ वरदानात्पुमान्जातःसैषावैस्त्रीशि खंडिनी २१ तमहंनहनिष्यामिप्राणत्यागेऽपिभारत ॥ याऽसौप्राङ्निर्मिताधात्रासैषावैस्त्रीशिखंडिनी २२ सुखंस्वपिहिगांधारेश्वोऽस्मिकर्तामहारणम् ॥ यंजनाः कथयिष्यंतियावत्स्थास्यतिमेदिनी २३ एवमुक्तस्तवसुतोनिर्जगामजनेश्वर ॥ अभिवाद्यगुरुंमूर्ध्नाप्रययौस्वंनिवेशनम् २४

१४ । १५ । १६ । १७ । १८ । १९ । २० । २१ । २२ । २३ । २४

म.भा.टी. महाजनंजनसमूहं क्षयंगृहं २५ । २६ । २७ प्रत्यादेशंनिराकरणं २८ निर्वेदंखेदं । २९ । ३० । ३१ । ३२ । ३३ । ३४ । ३५ । ३६ उद्योगेयुद्धात्प्राक् ३७ । ३८ । ३९ । ४० । ४१ । ४२ । ४३ भी० प्र०

आगम्यतुततोराजाविसृज्यचमहाजनम् ॥ प्रविवेशततस्तूर्णंक्षयंशत्रुक्षयंकरः २५ प्रविष्टःसनिशांतांचगमयामासपार्थिव ॥ प्रभातायांचशर्वर्यांप्रातरुत्थायतान्नृपः २६
॥ १२९ ॥ राज्ञःसमाज्ञापयतसेनांयोजयतेतिह ॥ अद्यभीष्मोरणेक्रुद्धोनिहनिष्यतिसोमकान् २७ दुर्योधनस्यतच्छ्रुत्वारात्रौविलपितंबहु ॥ मन्यमानःसतंराजन्प्रत्यादेश अ०
मिवात्मनः २८ निर्वेदंपरमंगत्वाविनिंद्यपरवश्यताम् ॥ दीर्घंदध्यौशांतनवोयोद्धुकामोऽर्जुनंरणे २९ इंगितेनतुतज्ज्ञात्वागांगेयेनविचिंतितम् ॥ दुर्योधनोमहाराज ९८
दुःशासनमचोदयत् ३० दुःशासनरथास्तूर्णंयुज्यंतांभीष्मरक्षिणः ॥ द्वाविंशतिमनीकानिसर्वाण्येवाभिचोदय ३१ इदंहिसमनुप्राप्तंवर्षपूगाभिचिंतितम् ॥ पांडवा
नांससैन्यानांवधोराज्यस्यचागमः ३२ तत्रकार्यतमंमन्येभीष्मस्यैवाभिरक्षणम् ॥ सनोगुप्तःसहायःस्याद्धन्यात्पार्थांश्चसंयुगे ३३ अब्रवीद्धिविशुद्धात्मानाहंहन्यां
शिखंडिनम् ॥ स्त्रीपूर्वकोह्यसौराजंस्तस्माद्वर्ज्योमयारणे ३४ लोकस्तद्वेदयदहंपितुःप्रियचिकीर्षया ॥ राज्यंस्फीतंमहाबाहोस्त्रियश्चत्यक्तवान्पुरा ३५ नैवचाहंस्त्रि
यंजातुनस्त्रीपूर्वंकथंचन ॥ हन्यांयुधिनरश्रेष्ठसत्यमेतद्ब्रवीमिते ३६ अयंस्त्रीपूर्वकोराजञ्छिखंडीयदितेश्रुतः ॥ उद्योगेकथितंयत्तत्तथाजाताशिखंडिनी ३७ कन्या
भूत्वापुमान्जातःसचमांयोधयिष्यति ॥ तस्याहंप्रमुखेबाणान्नमुंचेयंकथंचन ३८ युद्धेहिक्षत्रियांस्तातपांडवानांजयैषिणः ॥ सर्वानन्यान्हनिष्यामिसंप्राप्तान्रणमू
र्धनि ३९ एवंमांभरतश्रेष्ठगांगेयःप्राहशास्त्रवित् ॥ तत्रसर्वात्मनामन्येगांगेयस्यैवपालनम् ४० अरक्ष्यमाणंहिवृकोहन्यात्सिंहंमहाहवे ॥ मावृकेणेवगांगेयंघातयेम
शिखंडिना ४१ मातुलःशकुनिःशल्यःकृपोद्रोणोविविंशतिः ॥ यत्तारक्षंतुगांगेयंतस्मिन्गुप्तेध्रुवोजयः ४२ एतच्छ्रुत्वातुतेसर्वेदुर्योधनवचस्तदा ॥ सर्वतोरथवंशेनगां
गेयंपर्यवारयन् ४३ पुत्राश्चतवगांगेयंपरिवार्यययुर्मुदा ॥ कंपयंतोभुवंद्यांचक्षोभयंतश्चपांडवान् ४४ तेरथैःसुप्रसंयुक्तैर्दन्तिभिश्चमहारथाः ॥ परिवार्यरणेभीष्मंदंशि
ताःसमवस्थिताः ४५ यथादेवासुरेयुद्धेत्रिदशावज्रधारिणम् ॥ सर्वेतस्मव्यतिष्ठंतरक्षंतस्तंमहारथम् ४६ ततोदुर्योधनोराजापुनर्भ्रातरमब्रवीत् ॥ सव्यंचक्रंयुधामन्युरुत्त
मौजाश्चदक्षिणम् ४७ गोप्तारावर्जुनस्यैतावर्जुनोऽपिशिखंडिनः ॥ रक्ष्यमाणःसपार्थेनतथाऽस्माभिर्विवर्जितः ४८ यथाभीष्मंननोहन्याद्दुःशासनतथाकुरु ॥ भ्रातुस्त
द्वचनंश्रुत्वापुत्रोदुःशासनस्तव ४९ भीष्मंप्रमुखतःकृत्वाप्रययौसहसेनया ॥ भीष्मंतुरथवंशेनदृष्ट्वासमभिसंवृतम् ५० अर्जुनोरथिनांश्रेष्ठोधृष्टद्युम्नमुवाचह ॥
शिखंडिनंनरव्याघ्रंभीष्मस्यप्रमुखेनृप ॥ स्थापयस्वाद्यपांचाल्यतस्यगोप्ताहमित्युत ५१ इतिश्रीमहाभारतेभीष्मप० भीष्मवधपर्वणि भीष्मदुर्योधनसंवादेअष्टनव
तितमोऽध्यायः ॥ ९८ ॥ ॥ ॥ संजयउवाच ॥ ॥ ततःशांतनवोभीष्मोनिर्ययौसहसेनया ॥ व्यूहंचाव्यूहतमहत्सर्वतोभद्रमात्मनः १ ॥ १२९ ॥

४४ । ४५ । ४६ । ४७ । ४८ । ४९ । ५० । ५१ ॥ इतिभी० नी० भा० अष्टनवतितमोऽध्यायः ॥ ९८ ॥ ततइति १

कृपश्चकृतवर्माचशैब्यश्चैवमहारथः ॥ शकुनिःसैन्धवश्चैवकांबोजश्चसुदक्षिणः २ भीष्मेणसहिताःसर्वेपुत्रैश्चतवभारत ॥ अग्रतःसर्वसैन्यानांव्यूहस्यप्रमुखेस्थिताः ३ द्रोणोभूरिश्रवाःशल्योभगदत्तश्चमारिष ॥ दक्षिणंपक्षमाश्रित्यस्थिताव्यूहस्यदंशिताः ४ अश्वत्थामासोमदत्तश्चावंत्यौचमहारथौ ॥ महत्यासेनयायुक्तावामंपक्षमपालयन् ५ दुर्योधनोमहाराजत्रिगर्तैःसर्वतोवृतः ॥ व्यूहमध्येस्थितोराजपांडवान्प्रतिभारत ६ अलम्बुषोरथश्रेष्ठःश्रुतायुश्चमहारथः ॥ पृष्ठतःसर्वसैन्यानांस्थितौव्यूहस्य दंशितौ ७ एवंचैतत्तदाव्यूहंकृत्वाभारततावकाः ॥ सन्नद्धाःसमदृश्यन्तप्रतपन्तइवाग्नयः ८ ततोयुधिष्ठिरोराजाभीमसेनश्चपांडवः ॥ नकुलःसहदेवश्चमाद्रीपुत्रावुभावपि ९ अग्रतःसर्वसैन्यानांस्थिताव्यूहस्यदंशिताः ॥ धृष्टद्युम्नोविराटश्चसात्यकिश्चमहारथः १० स्थिताःसैन्येनमहताऽपरानीकविनाशनाः ॥ शिखंडीविजयश्चैवराक्षसश्चघटोत्कचः ११ चेकितानोमहाबाहुःकुंतिभोजश्चवीर्यवान् ॥ स्थिताःरणेमहाराजमहत्यासेनयावृताः १२ अभिमन्युर्महेष्वासोद्रुपदश्चमहाबलः ॥ युयुधानोमहेष्वासोयुधामन्युश्चवीर्यवान् १३ केकयाभ्रातरश्चैवस्थितायुद्धायदंशिताः ॥ एवंतेऽपिमहाव्यूहंप्रतिव्यूह्यसुदुर्जयम् १४ पांडवाःसमरेशूराःस्थितायुद्धायदंशिताः ॥ तावकास्तुरणेयत्ताःसहसेनानराधिपाः १५ अभ्युच्चपूरणार्थांन्भीष्मंकृत्वाऽग्रतोनृप ॥ तथैवपांडवाराजन्भीमसेनपुरोगमाः १६ भीष्मंयोद्धमभीप्संतःसंग्रामेविजयैषिणः ॥ क्ष्वेडाःकिलकिलाःशंखान्क्रकचान्गोविषाणिकाः १७ भेरीमृदंगपणवान्वाद्यंतेष्वपुष्कराः ॥ पांडवाअभ्यवर्तेतनदंतोभैरवान्रवान् १८ भेरीमृदंगशंखानांदुंदुभीनांचनिःस्वनैः ॥ उत्कृष्टसिंहनादैश्चवल्गितैश्चपृथग्विधैः १९ वयंप्रतिदंतस्तानगच्छामत्वरान्विताः ॥ सहसैवाभिसंक्रुद्धास्तदासीनुमुलंमहत् २० ततोऽन्योन्यंप्रधावंतसंप्रहारंप्रचक्रिरे ॥ ततःशब्देनमहताप्रचकंपेवसुंधरा २१ पक्षिणश्चमहावारंव्याहरंतोविबभ्रमुः ॥ सप्रभश्चोदितःसूर्योनिष्प्रभःसमपद्यत २२ ववुश्चवातास्तुमुलाःशंसंतःसुमहद्भयम् ॥ घोराश्चोरनिहादाःशिवास्तत्रववाशिरे २३ वेदयंत्योमहाराजमहद्वैशसमागतम् ॥ दिशःप्रज्वलिताराजन्पांशुवर्षपपातच २४ रुधिरेणसमुन्मिश्रमस्थिवर्षंतथैवच ॥ रुदतांवाहनानांचनेत्रेभ्यःप्रापतज्जलम् २५ सुस्रुवुश्चशकृन्मूत्रंप्रध्यायंतोविशांपते ॥ अंतर्हितामहानादाःश्रूयंतेभरतर्षभ २६ रक्षसांपुरुषादानांद्रुतभैरवरावान् ॥ संपतंतश्चदृश्यंतेगोमायुबलवायसाः २७ श्वानश्चविविधान्नादांस्तत्रमारिष ॥ ज्वलिताश्चमहोल्कावैसमाहत्यदिवाकरम् ॥ निपेतुःसहसाधूर्मोवेदयंत्योमहद्भयम् २८ महान्यनीकानिमहासमुच्चैतेतस्यःपांडवधार्तराष्ट्रयोः ॥ चक्रंपिरेशंखमृदङ्गनिःस्वनैःप्रकंपितानीववनानिवायुना २९ नरेंद्रनागाश्वसमाकुलानामभ्यायतीनामशिवेमुहूर्ते ॥ बभूवघोषस्तुमुलश्चमूनांवातोद्धतानामिवसागराणाम् ३० ॥ इतिश्रीमहाभारतेभी० भी० परस्परव्यूहरचनायांउत्पातदर्शनेऊनशततमोऽध्यायः ॥ ९९ ॥

समुच्छ्रयेमहतियुद्धे । ' युद्धेसमुच्छ्रयःपुमान्'इतिमेदिनी २९ अभ्यायतीनामभिमुखमागच्छंतीनाम् ३० ॥ इतिभीष्मपर्वणिनीलकंठीये भारतभावदीपे ऊनशततमोऽध्यायः ॥ ९९ ॥ ॥ ॥

म.भा.टी.

अभिमन्युरिति १।२।३।४।५।६।७।८।९।१०।११।१२।१३।१४।१५ लघुपुष्ठुचशीघ्रंशोभनंचयथास्यात्तथा १६।१७।१८।१९।२०।२१।२२ आर्ष्यशृंगिमलंबुषं

॥ संजयउवाच ॥ अभिमन्यूरथोदारःपिशंगैस्तुरगोत्तमैः ॥ अभिदुद्रावतेजस्वीदुर्योधनबलंमहत् १ विकिरन्शरवर्षाणिवारिधाराइवांबुदः ॥ नशेकुःसमरेक्रुद्धंसौभद्रम रिसूदनम् २ शस्त्रौघिणंगाहमानंसेनासागरमक्षयम् ॥ निवारयितुमप्याजौत्वदीयाःकुरुनंदन ३ तेनमुक्तारणेराजन्शराःशत्रुनिबर्हणाः ॥ क्षत्रियाननयन्शूरान्प्रेत राजनिवेशनम् ४ यमदंडोपमान्घोरान्ज्वलिताशीविषोपमान् ॥ सौभद्रःसमरेक्रुद्धःप्रेषयामाससायकान् ५ सरथान्रथिनस्तूर्णंहयांश्चैवससादिनः ॥ गजारोहांश्चस गजान्दारयामासफाल्गुनिः ६ तस्यतत्कुर्वतःकर्ममहत्संख्येमहीभृतः ॥ पूजयांचक्रिरेहृष्टाःप्रशशंसुश्चफाल्गुनिम् ७ तान्यनीकानिसौभद्रोद्रावयामासभारत ॥ तूल राशीनिवाकाशेमारुतःसर्वतोदिशम् ८ तेनविद्राव्यमाणानितवसैन्यानिभारत ॥ त्रातारंनाध्यगच्छंतपंकेमग्नाइवद्विपाः ९ विद्राव्यसर्वसैन्यानितावकानिनरोत्तम ॥ अभिमन्युःस्थितोराजन्विधूमोऽग्निरिवज्वलन् १० नचैनंतावकाराजन्विषेहुररिघातिनम् ॥ प्रदीप्तंपावकंयद्वत्पतंगाःकालचोदिताः ११ प्रहरन्सर्वशत्रुभ्यःपांडवानां महारथः ॥ अदृश्यतमहेष्वासःसवज्रइववासवः १२ हेमपृष्ठंधनुश्चास्यददृशेविचरद्दिशः ॥ तोयदेषुयथाराजन्राजमानाशतह्रदा १३ शराश्चनिशिताःपीतानिश्चरंति स्मसंयुगे ॥ वनात्फुल्लद्रुमाद्राजन्भ्रमराणामिवव्रजाः १४ तथैवचरतस्तस्यसौभद्रस्यमहात्मनः ॥ रथेनकांचनांगेनददृशुर्नान्तिरंजनाः १५ मोहयित्वाकृपंद्रोणंद्रौणिंच सबृहद्बलम् ॥ सैन्धवंचमहेष्वासोव्यचरल्लघुसुष्ठुच १६ मंडलीकृतमेवास्यधनुःपश्यामभारत ॥ सूर्यमंडलसंकाशंदहतस्तववाहिनीम् १७ तंदृष्ट्वाक्षत्रियाःशूराःप्रतपंतं तरस्विनम् ॥ द्विफाल्गुनमिमंलोकंमेनिरेतस्यकर्मभिः १८ तेनार्दितामहाराजभारतीसामहाचमूः ॥ व्यभ्रमत्तत्रतत्रैवयोषिन्मदवशादिव १९ द्रावयित्वामहासैन्यंकंप यित्वामहारथान् ॥ नंदयामाससुहृदोमयंजित्वेववासवः २० तेनविद्राव्यमाणानितवसैन्यानिसंयुगे ॥ चक्रुरार्तस्वनंघोरंपर्जन्यनिनदोपमम् २१ तंश्रुत्वानिनदंघोरंत वसैन्यस्यभारत ॥ मारुतोद्धतवेगस्यसागरस्येवपर्वणि २२ दुर्योधनस्तदाराजन्नार्ष्यशृंगिमभाषत ॥ एषकार्ष्णिर्महाबाहोद्वितीयइवफाल्गुनः २३ चमूंद्रावयतेक्रोधा द्वृत्रोदेवचमूमिव ॥ तस्यचान्यन्नपश्यामिसंयुगेभेषजंमहत् २४ ऋतेत्वांराक्षसश्रेष्ठंसर्वविद्यासुपारगम् ॥ सगत्वात्वरितंवीरंजहिसौभद्रमाहवे २५ वयंपार्थंहनिष्यामो भीष्मद्रोणपुरोगमाः ॥ सएवमुक्तोबलवान्राक्षसेन्द्रःप्रतापवान् २६ प्रययौसमरेतूर्णंतवपुत्रस्यशासनात् ॥ नर्दमानोमहानादंप्रावृषीवबलाहकः २७ तस्यशब्देनमह तापांडवानांबलंमहत् ॥ प्राचलत्सर्वतोराजन्वातोद्धूतइवार्णवः २८ बहवश्चमहाराजतस्यनादेनभीषिताः ॥ प्रियान्प्राणान्परित्यज्यनिपेतुर्धरणीतले २९ कार्ष्णिश्चा पिमुदायुक्तःप्रगृह्यसशरंधनुः ॥ नृत्यन्निवरथोपस्थेतद्रक्षःसमुपाद्रवत् ३० ततःसराक्षसःक्रुद्धःसंप्राप्यैवार्जुनिंरणे ॥ नातिदूरेस्थितांतस्यद्रावयामासवैचमूम् ३१

२३।२४।२५।२६।२७।२८।२९।३०।३१

३२ । ३३ । ३४ । ३५ । ३६ । ३७ । ३८ सर्वपारशवैःसर्वलोहमयैः ३९ संस्यूतोग्रथितः ४० । ४१ । ४२ । ४३ । ४४ । ४५ । ४६ । ४७ । ४८ । ४९ । ५० । ५१ । ५२ । ५३ । ५४

तांवध्यमानांचतथापांडवानांमहाचमूम् ॥ प्रत्युद्ययौरणेरक्षोदेवसेनांयथाबलः ३१ विमर्दःसुमहानासीत्तस्यसैन्यस्यमारिष ॥ रक्षसाघोररूपेणवध्यमानस्यसं
युगे ३२ ततःशरसहस्रैस्तांपांडवानांमहाचमूम् ॥ व्यद्रावयद्रणेरक्षोदर्शयन्स्वपराक्रमम् ३४ सावध्यमानाचतथापांडवानामनीकनी ॥ रक्षसाघोररूपेणप्रदु
द्रावरणेभयात् ३५ प्रमृद्यचरणेसेनांपद्मिनींवारणोयथा ॥ ततोऽभिदुद्रावरणेद्रौपदेयान्महाबलान् ३६ तेतुक्रुद्धामहेष्वासाद्रौपदेयाःप्रहारिणः ॥ राक्षसंदुद्रुवुःसं
ख्येग्रहाःपंचरविंयथा ३७ वीर्यवद्भिस्ततस्तैस्तुपीडितोराक्षसोत्तमः ॥ यथायुगक्षयेघोरेचंद्रमाःपंचभिर्ग्रहैः ३८ प्रतिविंध्यस्ततोरक्षोबिभेदनिशितैःशरैः ॥
सर्वपारशवैस्तूर्णैरकुंठाग्रैर्महाबलः ३९ सतैर्भिन्नतनुत्राणःशुशुभेराक्षसोत्तमः ॥ मरीचिभिरिवार्कस्यसंस्यूतोजलदोमहान् ४० विषक्तैःसशरैश्चापितपनीयपरिच्छ
दैः ॥ आर्ष्यशृंगिर्बभौराजन्दीप्तशृंगइवाचलः ४१ ततस्तेभ्रातरःपंचराक्षसेन्द्रंमहाहवे ॥ विव्यधुर्निशितैर्बाणैस्तपनीयविभूषितैः ४२ सनिर्भिन्नःशरैर्घोरैर्भुज
गैःकोपितैरिव ॥ अलंबुषोभृशंराजन्नागेन्द्रइवचुक्रुधे ४३ सोऽतिविद्धोमहाराजमुहूर्तमथमारिष ॥ प्रविवेशतमोदीर्घंपीडितस्तैर्महारथैः ४४ प्रतिलभ्यततःसं
ज्ञांक्रोधेनद्विगुणीकृतः ॥ चिच्छेदसायकांस्तेषांध्वजांश्चैवधनूंषिच ४५ एकैकंपंचभिर्बाणैराजघानस्मयन्निव ॥ अलम्बुषोरथोपस्थेनृत्यन्निवमहारथः ४६ त्वरमा
णःसुसंरब्धोहयांस्तेषांमहात्मनाम् ॥ जघानराक्षसःक्रुद्धःसारथींश्चमहाबलः ४७ बिभेदचसुसंरब्धःपुनश्चैनान्सुसंशितैः ॥ शरैर्बहुविधाकारैःशतशोऽथसहस्रशः
४८ विरथांश्चमहेष्वासान्कृत्वातत्रसराक्षसः ॥ अभिदुद्राववेगेनहन्तुकामोनिशाचरः ४९ तानर्दितान्रणेतेनराक्षसेनदुरात्मना ॥ दृष्ट्वाऽर्जुनसुतःसंख्येराक्षसंस
मुपाद्रवत् ५० तयोःसमभवद्युद्धंवृत्रवासवयोरिव ॥ ददृशुस्तावकाःसर्वेपांडवाश्चमहारथाः ५१ तौसमेतौमहायुद्धेक्रोधदीप्तौपरस्परम् ॥ महाबलौमहाराजक्रो
धसंरक्तलोचनौ ५२ परस्परमवेक्षेतांकालानलसमौयुधि ॥ तयोःसमागमोघोरोबभूवकटुकोदयः ५३ यथादेवासुरेयुद्धेशक्रशंबरयोःपुरा ५४ ॥ ॥ इतिश्री
महाभा०भीष्मपर्वणिभीष्मव०अलंबुषाभिमन्युसमागमेशततमोऽध्यायः ॥ १०० ॥ ॥ धृतराष्ट्रउवाच ॥ ॥ आर्जुनिंसमरेशूरंविनिघ्नन्तंमहारथान् ॥
अलंबुषःकथंयुद्धेप्रत्ययुध्यतसंजय १ आर्ष्यशृंगिंकथंचैवसौभद्रःपरवीरहा ॥ तन्ममाचक्ष्वतत्त्वेनयथावृत्तंस्मसंयुगे २ धनंजयश्चकिंचक्रेममसैन्येषुसंयुगे ॥ भीमो
वारथिनांश्रेष्ठोराक्षसोवाघटोत्कचः ३ नकुलःसहदेवोवासात्यकिर्वामहारथः ॥ एतदाचक्ष्वमेसत्यंकुशलोह्यसिसंजय ४ ॥ संजयउवाच ॥ हंततेऽहंप्रवक्ष्यामिसंग्रा
मंलोमहर्षणम् ॥ यथाऽभूद्राक्षसेन्द्रस्यसौभद्रस्यचमारिष ५ अर्जुनश्चयथासंख्येभीमसेनश्चपांडवः ॥ नकुलःसहदेवश्चरणेचक्रुःपराक्रमम् ६ तथैवतावकाःसर्वे
भीष्मद्रोणपुरःसराः ॥ अद्भुतानिविचित्राणिचक्रुःकर्माण्यभीतवत् ७

॥ इति० भी०नी०भा० शततमोऽध्यायः ॥ १०० ॥ आर्जुनिर्मिति ॥ १ । २ । ३ । ४ । ५ । ६ । ७

अलंबुषस्तुसमरेअभिमन्युंमहारथम् ॥ विनद्यसुमहानादंतर्जयित्वामुहुर्मुहुः ८ अभिदुद्राववेगेनतिष्ठतिष्ठेतिचाब्रवीत् ॥ अभिमन्युश्चवेगेनसिंहवद्विनदन्मुहुः
९ आर्ष्यशृंगिंमहेष्वासंपितुरत्यंतवैरिणम् ॥ ततःसमीयतुःसंख्येत्वरितौनरराक्षसौ १० रथाभ्यांरथिनौश्रेष्ठौयथावैदेवदानवौ ॥ मायावीराक्षसश्रेष्ठोदिव्यास्त्र
श्चैवफाल्गुनिः ११ ततःकार्ष्णिर्महाराजनिशितैःसायकैस्त्रिभिः ॥ आर्ष्यशृंगिंरणेविध्वापुनर्विव्याधपंचभिः १२ अलंबुषोऽपिसंक्रुद्धःकार्ष्णिंनवभिराशुगैः ॥
हृदिविव्याधवेगेनतोत्त्रैरिवमहाद्विपम् १३ ततःशरसहस्रेणक्षिप्रकारीनिशाचरः ॥ अर्जुनस्यसुतंसंख्येपीडयामासभारत १४ अभिमन्युस्ततःक्रुद्धोनवभिर्न
तपर्वभिः ॥ बिभेदनिशितैर्बाणैराक्षसेन्द्रंमहोरसि १५ तेतस्यविविशुस्तूर्णंकायंनिर्भिद्यमर्मसु ॥ सतैर्विभिन्नसर्वांगःशुशुभेराक्षसोत्तमः १६ पुष्पितैःकिंशुकैराज
न्संस्तीर्णइवपर्वतः ॥ संधारयाणश्चशरान्हेमपुंखान्महाबलः १७ विबभौराक्षसश्रेष्ठःसज्वालइवपर्वतः ॥ ततःक्रुद्धोमहाराजआर्ष्यशृंगिरमर्षणः १८ महेंद्रप्रति
मंकार्ष्णिंछादयामासपत्रिभिः ॥ तेनतेविशिखामुक्तायमदंडोपमाःशिताः १९ अभिमन्युंविनिर्भिद्यप्राविशंतधरातलम् ॥ तथैवार्जुनिनामुक्ताःशराःकनकभू
षणाः २० अलंबुषंविनिर्भिद्यप्राविशंतधरातलम् ॥ सौभद्रस्तुरणेरक्षःशरैःसन्नतपर्वभिः २१ चक्रेविमुखमासाद्यमयंशक्रइवाहवे ॥ विमुखंचरणेरक्षोवध्यमा
नंरणेऽरिणा २२ प्रादुश्चक्रेमहामायांतामसींपरतापनाम् ॥ ततस्तेतमसासर्वेवृताश्चासन्महीपते २३ नाभिमन्युमपश्यंतनैवस्वान्नपरान्रणे ॥ अभिमन्युश्च
तद्दृष्ट्वाघोररूपंमहत्तमः २४ प्रादुश्चक्रेऽस्त्रमत्युग्रंभास्करंकुरुनंदनः ॥ ततःप्रकाशमभवज्जगत्सर्वंमहीपते २५ तांचाभिजघ्निवान्मायांराक्षसस्यदुरात्मनः ॥
संक्रुद्धश्चमहावीर्योराक्षसेन्द्रंनरोत्तमः २६ छादयामाससमरेशरैःसन्नतपर्वभिः ॥ बह्वीस्तथान्यामायाश्चप्रयुक्तास्तेनरक्षसा २७ सर्वास्त्रविदमेयात्मावारयामास
फाल्गुनिः ॥ हतमायंततोरक्षोवध्यमानंचसायकैः २८ रथंतत्रैवसंत्यज्यप्राद्रवन्महतोभयात् ॥ तस्मिन्विनिर्जितेतूर्णंकूटयोधिनिराक्षसे २९ आर्जुनिःस
मरेसैन्यंतावकंसंममर्दह ॥ मदांधोगंधनागेंद्रःसपद्मांमब्जिनीमिव ३० ततःशांतनवोभीष्मःसैन्यंदृष्ट्वाऽभिविद्रुतम् ॥ महताशरवर्षेणसौभद्रंपर्यवारयत् ३१ कोष्ठी
कृत्यचतंवीरंधार्तराष्ट्रामहारथाः ॥ एकंसुबहवोयुद्धेततक्षुःसायकैर्दृढम् ३२ सतेषांरथिनांवीरःपितुस्तुल्यपराक्रमः ॥ सदृशोवासुदेवस्यविक्रमेणबलेनच ३३ उभयोः
सदृशंकर्मसपितुर्मातुलस्यच ॥ रणेबहुविधंचक्रेसर्वशस्त्रभृतांवरः ३४ ततोधनंजयोवीरोविनिघ्नंस्तवसैनिकान् ॥ आससादरणेभीष्मंपुत्रप्रेप्सुरमर्षणः ३५ तथैवसम
रेराजन्पितादेवव्रतस्तव ॥ आससादरणेपार्थंस्वर्भानुरिवभास्करम् ३६ ततःसरथनागाश्वाःपुत्रास्तवजनेश्वर ॥ परिवव्रूरणेभीष्मंजुगुपुश्चसमंततः ३७ तथैवपांडवा
राजन्परिवार्यधनंजयम् ॥ रणायमहतेयुक्तादंशिताभरतर्षभ ३८

३९ । ४० । ४१ । ४२ । ४३ । ४४ । ४५ । ४६ । ४७ । ४८ । ४९ । ५० । ५१ ।॥ इतिभीष्मपर्वणिनी० भा० एकाधिकशततमोध्यायः ॥ १०१ ॥कथमिति १ ।२ ।३ ।४ ।५ । ६ ।७ । ८ । ९

शारद्धतस्ततोराजन्भीष्मस्यप्रमुखेस्थितम् ॥ अर्जुनंपंचविंशत्यासायकानांसमाचिनोत् ३९ प्रत्युद्गम्याथविव्याधसात्यकिस्तंशितैःशरैः ॥ पांडवप्रियकामार्थंशा
र्दूलइवकुंजरम् ४० गौतमोऽपित्वरायुक्तोमाधवंनवभिःशरैः ॥ हृदिविव्याधसंक्रुद्धःकंकपत्रपरिच्छदैः ४१ शैनेयोऽपिततःक्रुद्धश्चापमानम्यवेगवान् ॥ गौतमांत
करंतूर्णंसमाधत्तशिलीमुखम् ४२ तमापतंतंवेगेनशक्राशनिसमद्युतिम् ॥ द्विधाचिच्छेदसंक्रुद्धोद्रौणिःपरमकोपनः ४३ समुत्सृज्याथशैनेयोगौतमंरथिनांवरः ॥ अ
भ्यद्रवद्रणेद्रौणिंराहुःखेशशिनंयथा ४४ तस्यद्रोणसुतश्चापंद्विधाचिच्छेदभारत ॥ अथैनंछिन्नधन्वानंताडयामाससायकैः ४५ सोऽन्यत्कार्मुकमादायशत्रुघ्नंभा
रसाधनम् ॥ द्रौणिंषष्ट्यामहाराजबाह्वोरुरसिचार्पयत् ४६ सविद्धोव्यथितश्चैवमुहूर्तंकश्मलायुतः ॥ निषसादरथोपस्थेध्वजयष्टिंसमाश्रितः ४७ प्रतिलभ्यततः
संज्ञांद्रोणपुत्रःप्रतापवान् ॥ वार्ष्णेयंसमरेक्रुद्धोनाराचेनसमार्पयत् ४८ शैनेयंसतुनिर्भिद्यप्राविशद्धरणीतलम् ॥ वसंतकालेबलवान्बिलंसर्पशिशुर्यथा ४९ अथापरे
णभल्लेनमाधवस्यध्वजोत्तमम् ॥ चिच्छेदसमरेद्रौणिःसिंहनादंमुमोचह ५० पुनश्चैनंशरैर्घोरैश्छादयामासभारत ॥ निदाघांतेमहाराजयथामेघोदिवाकरम् ५१ सा
त्यकोऽपिमहाराजशरजालंनिहत्यतत् ॥ द्रौणिमभ्यकिरत्तूर्णंशरजालैरनेकधा ५२ तापयामासचद्रौणिंशैनेयःपरवीरहा ॥ विमुक्तोमेघजालेनयथैवतपनस्तथा
५३ शराणांचसहस्रेणपुनरेवसमुद्यतः ॥ सात्यकिश्छादयामासननादचमहाबलः ५४ दृष्ट्वापुत्रंचतंग्रस्तंराहुणेवनिशाकरम् ॥ अभ्यद्रवतशैनेयंभारद्धाजःप्रतापवान्
५५ विव्याधचसुतीक्ष्णेनपृषत्केनमहामृधे ॥ परीप्सन्स्वसुतंराजन्वार्ष्णेयेनाभिपीडितम् ५६ सात्यकिस्तुरणेहित्वागुरुपुत्रंमहारथम् ॥ द्रोणंविव्याधविंशत्यासर्वपारशवैः
शरैः ५७ तदंतरममेयात्माकौन्तेयःशत्रुतापनः ॥ अभ्यद्रवद्रणेक्रुद्धोद्रोणंप्रतिमहारथः ५८ ततोद्रोणश्चपार्थश्चसमेयेतांमहामृधे ॥ यथाबुधश्चशुक्रश्चमहाराजनभ
स्तले ५९ ॥ इतिश्रीम० भीष्म० भीष्मव० अलंबुषाभिमन्युयुद्धेएकाधिकशततमोऽध्यायः ॥ १०१ ॥ ॥ धृतराष्ट्रउवाच ॥ कथंद्रोणोमहेष्वासःपांडवश्चधनं
जयः ॥ समीयतूरणेयत्तौतावुभौपुरुषर्षभौ १ प्रियोहिपांडवोनित्यंभारद्धाजस्यधीमतः ॥ आचार्यश्चरणेनित्यंप्रियःपार्थस्यसंजय २ तावुभौरथिनौसंख्येहृष्टौसिंहावि
वोत्कटौ ॥ कथंसमीयतुर्यत्तौभारद्धाजधनंजयौ ३ ॥ संजयउवाच ॥ नद्रोणःसमरेपार्थंजानीतेप्रियमात्मनः ॥ क्षत्रधर्मंपुरस्कृत्यपार्थोवागुरुमाहवे ४ नक्षत्रियारणे
राजन्वर्जयंतिपरस्परम् ॥ निर्मर्यादंहियुध्यंतेपितृभिर्भ्रातृभिःसह ५ रणेभारतपार्थेनद्रोणोविद्धस्त्रिभिःशरैः ॥ नाचिंतयच्चतान्बाणान्पार्थचापच्युतान्युधि ६ शरवृ
ष्ट्यापुनःपार्थश्छादयामासतंरणे ॥ सप्रजज्वालरोषेणगहनेऽग्निरिवोर्जितः ७ ततोऽर्जुनंरणेद्रोणःशरैःसन्नतपर्वभिः ॥ छादयामासराजेन्द्रनचिरादेवभारत ८ ततोदुर्यो
धनोराजासुशर्माणमचोदयत् ॥ द्रोणस्यसमरेराजन्पार्ष्णिग्रहणकारणात् ९

म.भा.टी.   १०।११।१२।१३।१४। १५।१६।१७।१८।१९।२०।२१ ।२२।२३ ।२४।२५। २६ । २७।२८।२९।३० ३१।३२।३३ । ३४।३५ । ३६। ३७ ३८। ३९ इतिभी०नी० भारतभावदीपे   भी० द्य

॥१२८॥

त्रिगर्तराडपिकुद्धोऽश्शमाय्म्यकार्मुकम् ॥ छादयामासममरेपार्थबाणैरियोमुखैः १० ताभ्यांमु ःशरारात्रन्तरिक्षेविरेजिरे ॥ हंसाइवमहाराजशरत्कालेनभस्तले
११ तेशराःप्राप्यकोन्तेयंसमंताद्दिविशुःप्रभो ॥ फलभारनतंयद्वत्स्वादुवृक्षंविहंगमाः १२ अर्जुनंतुरणेनादंविनयरथिनांवरः ॥ त्रिगर्तराजंसमरेसपुत्रंविव्य्धेशरैः १३
तेवध्यमानाःपार्थेनकालेनेवयुगक्षये ॥ पार्थमेवाभ्यवर्तंतमरणेकृतनिश्चयाः १४ मुमुचुःशरवृष्टिंचपांडवस्यरथंप्रति ॥ शरवृष्टिततस्तांतुशरवर्षैःसमंततः १५ प्रतिज
ग्राहराजेंद्रतोयवृष्टिमिवाचलः ॥ तत्राद्भुतमपश्यामबीभत्सोहस्तलाघवम् १६ विमुक्तांबहुभिर्योधैःशस्त्रवृष्टिंदुरासदाम् ॥ यदेकोवारयामासमारुतोऽग्रगणानिव १७
कर्मणातेनपार्थस्यतुतुषुर्वदनानवाः ॥ अथकुद्धोरणेपार्थस्त्रिगर्तान्प्रतिभारत १८ मुमोचाश्चं महाराजवाय्वंप्रेतनामुखे ॥ प्रादुरासित्ततोवायुःक्षोभयाणोनभस्तलम्
१९ पातयन्वैतरुगणान्विनिघ्नंश्चैवसैनिकान् ॥ ततोद्रोणोऽभिवीक्ष्यैववायव्यास्त्रंसुदारुणम् २० शैलमन्यन्महाराजघोरमस्त्रंमुमोचह ॥ द्रोणेयुधिनिर्मुक्तेतस्मिन्नस्त्रे
नराधिप २१ प्रशशामततोवायुःप्रसन्नाश्चदिशोदश ॥ ततःपांडुसुतोवीरस्त्रिमर्तस्यरथव्रजान् २२ निरुत्साहानरणेचक्रेविमुखान्विपराक्रमान् ॥ ततोदुर्योधनश्चैवकृप
श्चरथिनांवरः २३ अश्वत्थामातथाशल्यःकांबोजश्चसुदक्षिणः ॥ विंदानुविंदावावन्त्यौवाह्लिकःसहबालिहिकैः २४ महतारथवंशेनपार्थस्यावारयन्दिशः ॥ तथैवभग
दत्तश्चश्रुतायुश्चमहाबलः २५ गजानीकेनभीमस्यतावावारयतांदिशः ॥ भूरिश्रवाःशल्यश्चैव बलश्चविशांपते २६ शरौघैर्विमलैस्तीक्ष्णैर्मांद्रीपुत्रावावारयन् ॥
भीष्मस्तुसंहतःसंख्येधार्तराष्ट्रैःसमैनिकैः २७ युधिष्ठिरंसमासाद्यसवेतःपर्यवारयत् ॥ आपतंतं जानीकंदृष्ट्वापार्थोवृकोदरः २८ लेलिहन्सृक्किणीवीरोराष्ट्रराडिवका
ननने ॥ भीमस्तुरथिनांश्रेष्ठोगदांगृह्यमहाहवे २९ अवहृत्यरथात्तूर्णेवसैन्यान्यभीषयत् ॥ तस्मुद्दं ःश्यगदाहस्तंततस्तेगजसादिनः ३० परिवव्रुरणेयत्ताभीमसेनंसमं
ततः ॥ गजमध्यमनुप्राप्तःपांडवःसव्यराजत ३१ मेघजालस्यमहतोयथामध्यगतोरविः ॥ व्यधमत्सगजानीकंगदयापांडवर्षभः ३२ महाभ्रजालमतुल्ंमात रिश्चेवसंत
तम् ॥ तेवध्यमानाबलिनाभीमसेनेनदंतिनः ३३ आर्तनादंरणेचक्रुर्गर्जंतोजलदाइव ॥ बहुधादारितश्चैवविषाणैस्तत्रदन्तिभिः ३४ फुल्लाशोकनिभःपार्थःशुशुभेरण
मूर्धनि ॥ विषाणेदंतिनंगृह्निर्विषाणमथाकरोत् ३५ विषाणेनचतेनैवकुंभेऽभ्याहत्यदंतिनम् ॥ पातयामासमरेदंडहस्तइवांतकः ३६ शोणिताक्तांगदांबिभ्रन्मेदो
मज्ञाकृतच्छविः ॥ कृताभ्यंगःशोणितेनरुद्रवत्प्रत्यदृश्यत ३७ एवंतेवध्यमानाश्चहतशेषामहागजाः ॥ माद्रवंतिदिशोराजन्निमृद्नंतःस्वकंबलम् ३८ द्रवद्भिस्तैर्महानागैः
समंताद्भरतर्षभ ॥ दुर्योधनबलंसर्वंपुनरासीत्पराङ्मुखम् ३९ ॥ इतिश्रीमहाभारतेभीष्मपर्वणिभीष्मवधपर्वणिमीमपराक्रमेद्वयधिकशततमोऽध्यायः ॥ १०२

द्वयधिकशततमोऽध्यायः ॥ १०२ ॥

॥१२८॥

मध्यंदिनइति १ । २ । ३ । ४ । ५ । ६ स्त्रीमयं अयंभीष्मःस्त्रीध्यात्वाचिंतयित्वा यद्वास्त्रीमयंस्त्रीत्वमयद् ७ । ८ । ९ । १० । ११ । १२ । १३ । १४ । १५ । १६ । १७ । १८ । १९ । २० । २१

॥ संजयउवाच ॥ मध्यंदिनेमहाराजसंग्रामःसमपद्यत ॥ लोकक्षयकरोरौद्रोभीष्मस्यसहसोमकैः १ गांगेयोरथिनांश्रेष्ठःपांडवानामनीकिनीम् ॥ व्यधमन्निशि
तैर्बाणैःशतशोऽथसहस्रशः २ संममर्दचतत्सैन्यंपितादेवव्रतस्तव ॥ धान्यानामिवलूनानांप्रकरंगोगणाइव ३ धृष्टद्युम्नःशिखंडीचविराटोद्रुपदस्तथा ॥ भीष्ममा
साद्यसमरेशरैर्जघ्नुर्महारथम् ४ धृष्टद्युम्नंततोविध्वाविराटंचशरैस्त्रिभिः ॥ द्रुपदस्यचनाराचंप्रेषयामासभारत ५ तेनविद्धामहेष्वासाभीष्मेणामित्रकर्षिणा ॥ चुक्रु
धुःसमरेराजन्पादस्पृष्टाइवोरगाः ६ शिखंडीतंचविव्याधभरतानांपितामहम् ॥ स्त्रीमयंमनसाध्यात्वानास्मैप्राहरदच्युतः ७ धृष्टद्युम्नस्तुसमरेक्रोधेनाग्निरिव
ज्वलन् ॥ पितामहंत्रिभिर्बाणैर्बाह्वोरुरसिचार्पयत् ८ द्रुपदःपंचविंशत्याविराटोदशभिःशरैः ॥ शिखंडीपंचविंशत्याभीष्मंविव्याधसायकैः ९ सोऽतिविद्धोमहारा
जशोणितौघपरिप्लुतः ॥ वसंतेपुष्पशबलोरक्ताशोकइवाबभौ १० तान्प्रत्यविध्यद्गांगेयस्त्रिभिस्त्रिभिरजिह्मगैः ॥ द्रुपदस्यचभल्लेनधनुश्चिच्छेदमारिष ११ सोऽन्यत्कार्मु
कमादायभीष्मंविव्याधपंचभिः ॥ सारथिंचत्रिभिर्बाणैःसुशितैरणमूर्धनि १२ तथाभीमोमहाराजद्रौपद्याःपंचचात्मजाः ॥ केकयाभ्रातरःपंचसात्यकिश्चैवसात्वतः
१३ अभ्यद्रवंतगांगेयंयुधिष्ठिरपुरोगमाः ॥ रिरक्षिषंतःपांचाल्यंधृष्टद्युम्नपुरोगमाः १४ तथैवतावकाःसर्वेभीष्मरक्षार्थमुद्यताः ॥ प्रत्युद्ययुःपांडुसेनांसहसैन्यानरा
धिप १५ तत्रासीत्सुमहद्युद्धंतवतेषांचसंकुलम् ॥ नराश्वरथनागानांयमराष्ट्रविवर्धनम् १६ रथीरथिनमासाद्यप्राहिणोद्यमसादनम् ॥ तथेतरान्समासाद्यनरनागा
श्वसादिनः १७ अनयन्परलोकायशरैःसन्नतपर्वभिः ॥ शरैश्वविविधैर्घोरैस्तत्रतत्रविशांपते १८ रथास्तुरथिभिर्हीनाहतसारथयस्तथा ॥ विप्रद्रुताश्वसमरेदिशो
जग्मुःसमंततः १९ मृद्नंतस्तेनरान्राजन्हयांश्वसुबहून्रणे ॥ वातायमानादृश्यंतेगंधर्वनगरोपमाः २० रथिनश्चरथैर्हीनावर्मिणस्तेजसायुताः ॥ कुण्डलोष्णीषिणः
सर्वेनिष्कांगदविभूषणाः २१ देवपुत्रसमाःसर्वेशौर्येशक्रसमायुधि ॥ ऋद्ध्यावैश्रवणंचातिनयेनचबृहस्पतिम् २२ सर्वलोकेश्वराःशूरास्तत्रतत्रविशांपते ॥ विप्रद्रुताव्य
दृश्यंतप्राकृताइवमानवाः २३ दंतिनश्चनरश्रेष्ठहीनाःपरमसादिभिः ॥ मृद्नंतःस्वान्यनीकानिनिपेतुःसर्वशब्दगाः २४ चर्मभिश्चामरैश्चित्रैःपताकाभिश्चमारिष ॥
छत्रैःसितैर्हेमदण्डैश्चामरैश्वसमंततः २५ विशीर्णैर्विप्रधावंतोदृश्यंतेस्मदिशोदश ॥ नवमेघप्रतीकाशाजलदोपमनिःस्वनाः २६ तथैवदंतिभिर्हीनागजारोहाविशां
पते ॥ प्रधावंतोऽन्वदृश्यंततवतेषांचसंकुले २७ नानादेशसमुत्थांश्चतुरगान्हेमभूषितान् ॥ वातायमानान्द्राक्षंशतशोऽथसहस्रशः २८ अश्वारोहान्हतैरश्वैर्गृहीता
सीन्समंततः ॥ द्रवमाणानपश्यामद्राव्यमाणांश्वसंयुगे २९ गजोगजंसमासाद्यद्रवमाणंमहाहवे ॥ ययौप्रमृद्यतरसापादातान्वाजिनस्तथा ३०

वैश्रवणंकुबेरंचातिअतिक्रांताः २२ । २३ । २४ । २५ । २६ । २७ अद्राक्षमहंसंजयः २८ । २९ । ३०

३१ । ३२ । ३३ । ३४ । । ३५ । ३६ । ३७ । ३८ । ३९ । ४० । ४१ । आगस्कृदपराधी ४२ । ४३ । ४४ । ४५ । ४६ । ४७ । ॥ इतिभीष्मपर्वणि नीलकंठीये भारतभावदीपेत्र्यधिकशततमोऽध्यायः

तथैवचरथान्राजन्प्रममर्दरणेगजः ॥ रथाश्चैवसमासाद्यपतितांस्तुरगान्भुवि ३१ व्यमृद्नन्समरेराजंस्तुरगांश्चनरान्रणे ॥ एवंतेबहुधाराजन्प्रत्यमृद्नन्परस्परम् ३२ तस्मिन्रौद्रेतथायुद्धेवर्तमानेमहाभये ॥ प्रावर्ततनदीघोराशोणितांत्रतरंगिणी ३३ अस्थिसंघातसंबाधाकेशशैवलशाद्वला ॥ रथह्रदाशरावर्ताहयमीनादुरासदा ३४ शीर्षोपलसमाकीर्णाहस्तिग्राहसमाकुला ॥ कवचोष्णीषफेनौघाधनुर्वेगासिकच्छपा ३५ पताकाध्वजवृक्षाढ्यामर्त्यकूलापहारिणी ॥ क्रव्यादहंससंकीर्णायमराष्ट्रविवर्धनी ३६ तांनदींक्षत्रियाःशूरारथनागहयप्लवैः ॥ प्रतेरुर्बहवोराजन्भयंत्यक्त्वामहारथाः ३७ अपोवाहरणेभीरून्कश्मलेनाभिसंवृतान् ॥ यथावैतरणीप्रेतान्प्रेतराजपुरंप्रति ३८ प्राक्रोशन्क्षत्रियास्तत्रदृष्ट्वातद्वैशसंमहत् ॥ दुर्योधनापराधेनगच्छंतिक्षत्रियाःक्षयम् ३९ गुणवत्सुकथंद्वेषंधृतराष्ट्रोजनेश्वरः ॥ कृतवान्पांडुपुत्रेषुपापात्मालोभमोहितः ४० एवंबहुविधावाचःश्रूयन्तेस्मपरस्परम् ॥ पांडवस्तवसंयुक्ताःपुत्राणांतेसुदारुणाः ४१ तानिशम्यततोवाचःसर्वयोधैरुदाहृताः ॥ आगस्कृत्सर्वलोकस्यपुत्रोदुर्योधनस्तव ४२ भीष्मंद्रोणंकृपंचैवशल्यंचोवाचभारत ॥ युध्यध्वमनहंकाराःकिंचिरंकुरुथेतिच ४३ ततःप्रववृतेयुद्धंकुरूणांपांडवैःसह ॥ अक्षद्यूतकृतंराजन्सुघोरंवैशसंतदा ४४ यत्पुरानिगृह्णासिवार्यमाणोमहात्मभिः ॥ वैचित्रवीर्यतस्येदंफलंपश्यसुदारुणम् ४५ नहिपांडुसुताराजन्ससैन्याःसपदानुगाः ॥ रक्षंतिसमरेप्राणान्कौरवावापिसंयुगे ४६ एतस्मात्कारणाद्धोरोवर्ततेस्वजनक्षयः ॥ दैवाद्वापुरुषव्याघ्रतवचापनयान्नृप ४७ ॥ इतिश्रीमहाभारतेभीष्मपर्वणिभीष्मवधपर्वणिसंकुलयुद्धेत्र्यधिकशततमोऽध्यायः ॥ १०३ ॥ ॥ ॥ संजयउवाच ॥

अर्जुनस्तान्नरव्याघ्रःसुशर्मानुचरान्नृपान् ॥ अनयत्प्रेतराजस्यसदनंसायकैःशितैः १ सुशर्माऽपिततोबाणैःपार्थंविव्याधसंयुगे ॥ वासुदेवंचसप्तत्यापार्थंचनवभिःपुनः २ तंनिवार्यशरौघेणशक्रसूनुर्महारथः ॥ सुशर्मणोरणेयोधान्प्राहिणोद्यमसादनम् ३ तेवध्यमानाःपार्थेनकालेनेवयुगक्षये ॥ व्यद्रवंतरणेराजन्भयेजातेमहारथः ४ उत्सृज्यतुरगान्केचिद्रथान्केचिच्चमारिष ॥ गजानन्येसमुत्सृज्यप्राद्रवंतदिशोदश ५ अपरेतुतदाऽऽदायवाजिनागरथान्रणे ॥ त्वरयापरयायुक्ताःप्राद्रवंतविशांपते ६ पादाताश्चापिशस्त्राणिसमुत्सृज्यमहारणे ॥ निरपेक्षाव्यधावंततेनतेनस्मभारत ७ वार्यमाणाःसुबहुशस्त्रैगर्तेनसुशर्मणा ॥ तथाऽन्यैःपार्थिवश्रेष्ठैर्नव्यतिष्ठंतसंयुगे ८ तद्बलंप्रद्रुतंदृष्ट्वापुत्रोदुर्योधनस्तव ॥ पुरस्कृत्यरणेभीष्मंसर्वसैन्यपुरस्कृतः ९ सर्वोद्योगेनमहताधनंजयमुपाद्रवत् ॥ त्रिगर्ताधिपतेरर्थेजीवितस्यविशांपते १० सएकःसमरेतस्थौकिरन्बहुविधान्शरान् ॥ भ्रातृभिःसहितःसर्वैःशेषाहिप्रद्रुतानराः ११

॥ १०३ ॥ अर्जुनइति १ । २ । ३ । ४ । ५ । ६ तेनतेनपथा ७ । ८ । ९ । १० । ११

१२ । १३ । १४ । १५ । १६ । १७ । १८ । १९ महामात्रौश्रेष्ठौ २० । २१ । २२ । २३ । २४ । २५ । २६ । २७ । २८ भारतंभीष्मम् । लोमवाहिभिःलोमच्छेदकैः २९ । ३० । ३१ । ३२

तथैवपांडवाराजन्सर्वोद्योगेनदंशिताः ॥ प्रययुःफाल्गुनार्थाययत्रभीष्मोऽव्यतिष्ठत १२ ज्ञायमानारणेवीर्यैर्घोरंगांडीवधन्वनः ॥ हाहाकारकृतोत्साहाभीष्मंजग्मुःसमं
ततः १३ ततस्तालध्वजःशूरःपांडवानांवरूथिनीम् ॥ छादयामाससमरेशरैःसन्नतपर्वभिः १४ एकीभूतास्ततःसर्वेकुरवःसहपांडवैः ॥ अयुध्यंतमहाराजमध्यंप्राप्तेदिवाकरे
१५ सात्यकिःकृतवर्माणंविध्वापंचभिराशुगैः ॥ अतिष्ठदाहवेशूरःकिरन्बाणान्सहस्रशः १६ तथैवद्रुपदोराजाद्रोणंविद्ध्वाशितैःशरैः ॥ पुनर्विव्याधसप्तत्यासारथिंचास्य
पंचभिः १७ भीमसेनस्तुराजानंबाल्हीकंप्रपितामहम् ॥ विद्ध्वानदन्महानादंशार्दूलइववकानने १८ आर्जुनिश्चित्रसेनेनविद्धोबहुभिराशुगैः ॥ अतिष्ठदाहवेशूरःकिरन्बा
णान्सहस्रशः १९ चित्रसेनंत्रिभिर्बाणैर्विव्याधसमरेभृशम् ॥ समागतौतौतुरणेमहामात्रौव्यरोचताम् २० यथादिविमहाघोरौराजन्बुधशनैश्चरौ ॥ तस्याश्वांश्चतुरोह
त्वासूतंचनवभिःशरैः २१ ननादबलवान्नादंसौभद्रःपरवीरहा ॥ हताश्वात्तुरथात्तूर्णंसोऽवप्लुत्यमहारथः २२ आरुरोहरथंतूर्णंदुर्मुखस्यविशांपते ॥ द्रोणश्चद्रुपदंभित्त्वा
शरैःसन्नतपर्वभिः २३ सारथिंचास्यविव्याधत्वरमाणःपराक्रमी ॥ पीड्यमानस्ततोराजाद्रुपदोवाहिनीमुखे २४ अपायाज्जवनैरश्वैःपूर्ववैरमनुस्मरन् ॥ भीमसेनस्तु
राजानंमुहूर्तादिवबाह्लिकम् २५ व्यश्वसूतरथंचक्रेसर्वसैन्यस्यपश्यतः ॥ ससंभ्रमोमहाराजसंशयंपरमंगतः २६ अवप्लुत्यततोवाहाद्बाह्लीकःपुरुषोत्तमः ॥ आरुरोह
रथंतूर्णंलक्ष्मणस्यमहारणे २७ सात्यकिःकृतवर्माणंवारयित्वामहारणे ॥ शरैर्बहुविधैराजन्नाससादपितामहम् २८ सविध्वाभारतंषष्ट्यानिशितैर्लोमवाहिभिः ॥ ननृत्य
न्निवरथोपस्थेविधुन्वानोमहद्धनुः २९ तस्यायसींमहाशक्तिंचिक्षेपाथपितामहः ॥ हेमचित्रांमहावेगांनागकन्योपमांशुभाम् ३० तामापतंतींसहसामृत्युकल्पांसुदुर्ज
याम् ॥ व्यंसयामासवार्ष्णेयोलाघवेनमहायशाः ३१ अनासाद्यतुवार्ष्णेयंशक्तिःपरमदारुणा ॥ न्यपतद्धरणीपृष्ठेमहोल्केवमहाप्रभा ३२ वार्ष्णेयस्तुततोराजन्स्वांश
क्तिंकनकप्रभाम् ॥ वेगवद्गृह्यचिक्षेपपितामहरथंप्रति ३३ वार्ष्णेयभुजवेगेनप्रणुन्नासामहाहवे ॥ अभिदुद्राववेगेनकालरात्रिर्यथानरम् ३४ तामापतंतींसहसाद्विधाचि
च्छेदभारतः ॥ क्षुरप्राभ्यांसुतीक्ष्णाभ्यांसाव्यशीर्यतमेदिनीम् ३५ छित्वाशक्तिंतुगांगेयःसात्यकिंनवभिःशरैः ॥ आजघानोरसिक्रुद्धःप्रहसञ्छत्रुकर्शनः ३६ ततःसर
थनागाश्वाःपांडवाःपांडुपूर्वजाः ॥ परिवव्रूरणेभीष्मंमाधवत्राणकारणात् ३७ ततःप्रववृतेयुद्धंतुमुलंलोमहर्षणम् ॥ पांडवानांकुरूणांचसमरेविजयैषिणाम् ३८ ॥
इतिश्रीमहाभारते भीष्मपर्वणि भीष्मवधपर्वणि वार्ष्णेययुद्धेचतुरधिकशततमोऽध्यायः ॥ १०४ ॥ ॥ ॥ ॥ संजयउवाच ॥ दृष्ट्वाभीष्मंरणेक्रुद्धंपांडवैरभिसंवृ
तम् ॥ यथामेघैर्महाराजतपांतेदिविभास्करम् १

३३ । ३४ मेदिनींप्राप्येतिशेषः ३५ । ३६ माधवःसात्यकिः ३७ । ३८ ॥ इतिभीष्मपर्वणिनीलकंठीये भारतभावदीपे चतुरधिकशततमोऽध्यायः ॥ १०४ ॥ ॥ ॥ दृष्ट्वेति १

म.भा.टी. २ । ३ । ४ । ५ । ६ । ७ ततइति। सैन्येनेतिपूर्वस्मादनुकृष्यते हयानांसैन्येनपरिवार्यन्यवारयदितितृतीयेनान्वयः ८ । ९ । १० । ११ । १२ । १३ । १४ । १५ । १६ । १७ । १८ । १९ । २० । २१ । २२ । २३ भीष्म० अ० १०९

॥ १३० ॥ दुर्योधनोमहाराजदुःशासनमभाषत ॥ एषशूरोमहेष्वासोभीष्मःशूरनिषूदनः २ छादितःपांडवैःशूरैःसमंताद्भरतर्षभ ॥ तस्यकार्यंत्वयावीररक्षणंसुमहात्मनः ३ रक्ष्य
माणोहिसमरेभीष्मोऽस्माकंपितामहः ॥ निहन्यात्समरेयत्तान्पंचालान्पांडवैःसह ४ तत्रकार्यतमंमन्येभीष्मस्यैवाभिरक्षणम् ॥ गोप्ताह्येषमहेष्वासोभीष्मोऽस्माकं
महाव्रतः ५ सभवान्सर्वसैन्येनपरिवार्यपितामहम् ॥ समरेकर्मकुर्वाणंदुष्करंपरिरक्षतु ६ सएवमुक्तःसमरेपुत्रोदुःशासनस्तव ॥ परिवार्यस्थितोभीष्मंसैन्येनमहतावृतः
७ ततःशतसहस्राणांहयानांसुबलात्मजः ॥ विमलप्रासहस्तानामृष्टितोमरधारिणाम् ८ दर्पितानांसुवेशानांबलस्थानांपताकिनाम् ॥ शिक्षितैर्युद्धकुशलैरुपेतानांनरो
त्तमैः ९ नकुलंसहदेवंचधर्मराजंचपांडवम् ॥ न्यवारयन्नरश्रेष्ठान्परिवार्यसमंततः १० ततोदुर्योधनोराजाशूराणांहयसादिनाम् ॥ अयुतंप्रेषयामासपांडवानांनिवारणे
११ तैःप्रविष्टैर्महावेगैर्गरुत्मद्भिरिवाहवे ॥ खुराहताधराराजंश्चकम्पेचननादच १२ खुरशब्दश्चसुमहान्वाजिनांशुश्रुवेतदा ॥ महावंशवनस्येवदह्यमानस्यपर्वते १३
उत्पतद्भिश्चतैस्तत्रसमुद्धूतंमहद्रजः ॥ दिवाकररथंप्राप्यच्छादयामासभास्करम् १४ वेगवद्भिर्हयैस्तैस्तुक्षोभितापांडवीचमूः ॥ निपतद्भिर्महावेगैर्हंसैरिवमहत्सरः १५
हेषतांचैवशब्देननप्राज्ञायतकिंचन ॥ ततोयुधिष्ठिरोराजामाद्रीपुत्रौचपांडवौ १६ प्रत्यघ्नंस्तरसावेगंसमरेहयसादिनाम् ॥ उद्वृत्तस्यमहाराजप्रावृट्कालेऽतिपूर्यतः १७ पौर्ण
मास्यामंबुवेगंयथावेलामहोदधेः ॥ ततस्तेरथिनोराजन्शरैःसन्नतपर्वभिः १८ न्यकृंतन्नुत्तमांगानिशरेणहयसादिनाम् ॥ तेनिपेतुर्महाराजनिहतादृढधन्विभिः १९
नागैरिवमहानागायथावद्गिरिगह्वरे ॥ तेऽपिप्रासैःसुनिशितैःशरैःसन्नतपर्वभिः २० न्यकृंतन्नुत्तमांगानिविचरंतोदिशोदश ॥ अभ्याहताहयारोहाऋष्टिभिर्भरतर्षभ २१
अत्यजन्नुत्तमांगानिफलानीवमहाद्रुमाः ॥ ससादिनोहयाराजंस्तत्रतत्रनिषूदिताः २२ पतिताःपात्यमानाश्चप्रत्यदृश्यंतसर्वशः ॥ वध्यमानाहयाश्चैवप्राद्रवंतभयार्दिताः
२३ यथासिंहंसमासाद्यमृगाःप्राणपरायणाः ॥ पांडवाश्चमहाराजजित्वाशत्रून्महामृधे २४ दध्मुःशंखांश्चभेरीश्चताडयामासुराहवे ॥ ततोदुर्योधनोदीनोदृष्ट्वासैन्यंपरा
जितम् २५ अब्रवीद्भरतश्रेष्ठमद्रराजमिदंवचः ॥ एषपांडुसुतोज्येष्ठोयमाभ्यांसहितोरणे २६ पश्यतांवोमहाबाहोसेनांद्रावयतिप्रभो ॥ तंवारयमहाबाहोवेलेवमकराल
यम् २७ त्वंहिसंश्रूयसेऽत्यर्थमसह्यबलविक्रमः ॥ पुत्रस्यतवतद्वाक्यंश्रुत्वाशल्यःप्रतापवान् २८ सययौरथवंशेनयत्रराजायुधिष्ठिरः ॥ तदाऽऽपतद्वैसहसाशल्यस्यसु
महद्बलम् २९ महौघवेगंसमरेवारयामासपांडवः ॥ मद्रराजंचसमरेधर्मराजोमहारथः ३० दशभिःसायकैस्तूर्णमाजघानस्तनांतरे ॥ नकुलःसहदेवश्चतंसप्तभिरजिह्मगैः
३१ मद्रराजोऽपितान्सर्वानाजघानत्रिभिस्त्रिभिः ॥ युधिष्ठिरंपुनःषष्ट्याविव्याधनिशितैःशरैः ३२

२४ । २५ । २६ । २७ । २८ । २९ । ३० । ३१ । ३२ ॥ १३० ॥

३३ । ३४ । ३५ ॥ इतिभीष्मपर्वणिनी० भा० पंचाधिकशततमोऽध्यायः ॥ १०५ ॥ ततइति १ । २ । ३ द्वादशाख्यैःद्वादशसंख्यैः ४ । ५ । ६ । ७ । ८ । ९ । १० । ११ । १२ । १३

माद्रीपुत्रौचसंभ्रांतौद्वाभ्यांद्वाभ्यामताडयत् ॥ ततोभीमोमहाबाहुर्दृष्ट्वाराजानमाहवे ३३ मद्रराजरथंप्राप्तंमृत्योरास्यगतंयथा ॥ अभ्यपद्यतसंग्रामेयुधिष्ठिर
ममित्रजित् ३४ ततोयुद्धंमहाघोरंप्रावर्ततसुदारुणम् ॥ अपरांदिशमास्थायपतमानेदिवाकरे ३५ ॥ इतिश्रीमहाभारतेभीष्मपर्वणिभीष्मवधपर्वणिपंचा
धिकशततमोऽध्यायः ॥ १०५ ॥ ॥ संजयउवाच ॥ ॥ ततःपितातवक्रुद्धोनिशितैःसायकोत्तमैः ॥ आजघानरणेपार्थान्सहसेनान्समंततः १ भीमंद्वाद
शभिर्विद्ध्वासात्यकिंनवभिःशरैः ॥ नकुलंचत्रिभिर्विद्ध्वासहदेवंचसप्तभिः २ युधिष्ठिरंद्वादशभिर्बाह्वोरुरसिचार्पयत् ॥ धृष्टद्युम्नंततोविध्वाननादसुमहाबलः ३
तंद्वादशाख्यैर्नकुलोमाधवश्चत्रिभिःशरैः ॥ धृष्टद्युम्नश्चसप्तत्याभीमसेनश्चसप्तभिः ४ युधिष्ठिरोद्वादशभिःप्रत्यविध्यत्पितामहम् ॥ द्रोणस्तुसात्यकिंविध्वाभी
मसेनमविध्यत ५ एकैकंपंचभिर्बाणैर्यमदंडोपमैःशितैः ॥ तौचतंप्रत्यविध्येतांत्रिभिस्त्रिभिरजिह्मगैः ६ तौत्रैरिवमहानागंद्रोणंब्राह्मणपुंगवम् ॥ सौवीराःकितवाः
प्राच्याःप्रतीच्योदीच्यमालवाः ७ अभीषाहाःशूरसेनाःशिवयोऽथवसातयः ॥ संग्रामेनाजहुर्भीष्मंवध्यमानाःशितैःशरैः ८ तथैवान्येमहीपालानानादेशसमा
गताः ॥ पांडवानभ्यवर्तंतविविधायुधपाणयः ९ तथैवपांडवाराजन्परिवव्रुःपितामहम् ॥ ससमंतात्परिवृतोरथौघैरपराजितः १० गहनेऽग्निरिवोत्सृष्टःप्रज
ज्वालदहन्परान् ॥ रथाग्न्यगारश्चापार्चिरसिशक्तिगदेंधनः ११ शरस्फुलिंगोभीष्माग्निर्ददाहक्षत्रियर्षभान् ॥ सुवर्णपुंखैरिषुभिर्गार्ध्रपक्षैःसुतेजनैः १२ कर्णिना
लीकनाराचैश्छादयामासतद्बलम् ॥ अपातयत्ध्वजांश्चैवरथिनश्चशितैःशरैः १३ मुंडतालवनानीवचक्रारसरथव्रजान् ॥ निर्मनुष्यान्रथान्राजन्गजानश्वांश्च
संयुगे १४ अकरोत्समहाबाहुःसर्वशस्त्रभृतांवरः ॥ तस्यज्यातलनिर्घोषंविस्फूर्जितमिवाशनेः १५ निशम्यसर्वभूतानिसमकंपंतभारत ॥ अमोघाह्यपतन्बा
णाःपितुस्तेभरतर्षभ १६ नासज्जंततनुत्रेषुभीष्मचापच्युताःशराः ॥ हतवीरान्रथान्राजन्संयुक्तान्जवनैर्हयैः १७ अपश्याममहाराजह्रियमाणान्रणाजिरे ॥
चेदिकाशिकरूषाणांसहस्राणिचतुर्दश १८ महारथाःसमाख्याताःकुलपुत्रास्तनुत्यजः ॥ अपरावर्तिनःसर्वेसुवर्णविकृतध्वजाः १९ संग्रामेभीष्ममासाद्यव्या
दितास्यमिवांतकम् ॥ निमग्नाःपरलोकायसवाजिरथकुंजराः २० भग्नाक्षोपस्करान्कांश्चिद्भग्नचक्रांश्चभारत ॥ अपश्याममहाराजशतशोऽथसहस्रशः २१ सव
रूथैरथैर्भग्नैरथिभिश्चनिपातितैः ॥ शरैःसुकवचैश्छिन्नैःपट्टिशैश्चविशांपते २२ गदाभिर्भिंदिपालैश्चनिशितैश्चशिलीमुखैः ॥ अनुकर्षैरुपासंगैश्चक्रैर्भग्नैश्चमारिष
२३ बाहुभिःकार्मुकैःखड्गैःशिरोभिश्चसकुंडलैः ॥ तलत्रैरंगुलित्रैश्चध्वजैश्चविनिपातितैः २४ चापैश्चबहुधाच्छिन्नैःसमास्तीर्यतमेदिनी ॥ हतारोहागजाराज
न्हयाश्चहयसादिनः २५ न्यपतंतगतप्राणाःशतशोऽथसहस्रशः ॥ यतमानाश्चतेवीराद्रवमाणान्महारथान् २६ नाशक्नुवन्वारयितुंभीष्मबाणप्रपीडितान् ॥
महेंद्रसमवीर्येणवध्यमानामहाचमूः २७

१४ । १५ । १६ । १७ । १८ । १९ । २० । २१ । २२ । २३ । २४ । २५ । २६ । २७

म.भा.टी. २८ । २९ । ३० । ३१ । ३२ । ३३ । ३४ । ३५ । ३६ । ३७ । ३८ । ३९ । ४० । ४१ । ४२ । ४३ । ४४ । ४५ । ४६ । ४७ । ४८ । ४९ । ५० । ५१ । ५२ । ५३ । ५४ । ५५ । ५६ । ५७ भी० प्प
अ० १०६
॥ १३१ ॥

अभज्यतमहाराजनचद्रासिहधावतः ॥ आविद्धरथनागाश्वंपतितध्वजसंकुलम् २८ अनीकंपांडुपुत्राणांहाहाभूतमचेतनम् ॥ जघानात्रपितापुत्रंपुत्रश्चपितरंतथा २९ प्रियंसखायंचाक्रंदेसखादैवबलात्कृतः ॥ विमुच्यकवचानन्येपांडुपुत्रस्यसैनिकाः ३० प्रकीर्यकेशान्धावंतःप्रत्यदृश्यंतसर्वशः ॥ तद्गोकुलमिवोद्भ्रांतमुद्भ्रांतरथकूबरम् ३१ ददृशेपांडुपुत्रस्यसैन्यमार्तस्वरंतदा ॥ प्रभज्यमानंसैन्यंतुदृष्ट्वायादवनंदनः ३२ उवाचपार्थंबीभत्सुंनिगृह्यरथमुत्तमम् ॥ अयंसकालःसंप्राप्तःपार्थयःकांक्षितस्तव ३३ प्रहरास्मिन्नरव्याघ्रनचेन्मोहाद्विमुह्यसे ॥ यत्पुराकथितंवीरराज्ञांतेषांसमागमे ३४ विराटनगरेतातसंजयस्यसमीपतः ॥ भीष्मद्रोणमुखान्सर्वान्धार्तराष्ट्रस्यसैनिकान् ३५ सानुबंधान्हनिष्यामियेमांयोत्स्यंतिसंगरे ॥ इतितत्कुरुकौन्तेयसत्यंवाक्यमरिंदम ३६ क्षत्रधर्ममनुस्मृत्ययुध्यस्वविगतज्वरः ॥ इत्युक्तोवासुदेवेनतिर्यग्दृष्टिरधोमुखः ३७ अकामइवबीभत्सुरिदंवचनमब्रवीत् ॥ अवध्यानांवधंकृत्वाराज्यंवानरकोत्तरम् ३८ दुःखानिवनवासेवाकिंनुमेसुकृतंभवेत् ॥ चोदयाश्वान्यतोभीष्मःकरिष्येवचनंतव ३९ पातयिष्यामिदुर्धर्षंभीष्मंकुरुपितामहम् ॥ सचाश्वान्रजतप्रख्यांश्चोदयामासमाधवः ४० यतोभीष्मस्ततोराजन्दुष्प्रेक्ष्योरश्मिवानिव ॥ ततस्तत्पुनरावृत्तंयुधिष्ठिरबलंमहत् ४१ दृष्ट्वापार्थंमहाबाहुंभीष्मायोद्यतमाहवे ॥ ततोभीष्मःकुरुश्रेष्ठःसिंहवद्विनदन्मुहुः ४२ धनंजयरथंशीघ्रंशरवर्षैरवाकिरत् ॥ क्षणेनसरथस्तस्यसहयःसहसारथिः ४३ शरवर्षेणमहतानप्राज्ञायतभारत ॥ वासुदेवस्त्वसंभ्रांतोधैर्यमास्थायसत्वरः ४४ चोदयामासतानश्वान्विनुन्नान्भीष्मसायकैः ॥ ततःपार्थोधनुर्गृह्यदिव्यंजलदनिःस्वनम् ४५ पातयामासभीष्मस्यधनुश्छित्वाशितैःशरैः ॥ सच्छिन्नधन्वाकौरव्यःपुनरन्यन्महद्धनुः ४६ निमेषांतरमात्रेणसज्यंचक्रेपितातव ॥ चकर्षचततोदोर्भ्यांधनुर्जलदनिःस्वनम् ४७ अथास्यतदपिकुद्धश्चिच्छेदधनुरर्जुनः ॥ तस्यतत्पूजयामासलाघवंशांतनोःसुतः ४८ गांगेयस्त्वब्रवीत्पार्थंधन्विश्रेष्ठमरिंदम ॥ साधुसाधुमहाबाहोसाधुकुंतीसुतेतिच ४९ समाभाष्यैवमपरंप्रगृह्यरुचिरंधनुः ॥ मुमोचसमरेभीष्मःशरान्पार्थरथंप्रति ५० अदर्शयद्वासुदेवोहययानेपरंबलम् ॥ मोघान्कुर्वन्शरांस्तस्यमंडलानिनिदर्शयन् ५१ शुशुभातेनरव्याघ्रौतौभीष्मशरविक्षतौ ॥ गोवृषाविवसंरब्धौविषाणोल्लिखितांकितौ ५२ वासुदेवस्तुसंप्रेक्ष्यपार्थस्यमृदुयुद्धताम् ॥ भीष्मंचशरवर्षाणिसृजंतमनिशंयुधि ५३ प्रतपंतमिवादित्यंमध्यमासाद्यसेनयोः ॥ वरान्वरान्विनिघ्नंतंपांडुपुत्रस्यसैनिकान् ५४ युगांतमिवकुर्वाणंभीष्मंयौधिष्ठिरेबले ॥ नामृष्यतमहाबाहुर्माधवःपरवीरहा ५५ उत्सृज्यरजतप्रख्यान्हयान्पार्थस्यमारिष ॥ वासुदेवस्ततोयोगीप्रचस्कंदमहारथात् ५६ अभिदुद्रावभीष्मंसभुजप्रहरणोबली ॥ प्रतोदपाणिस्तेजस्वीसिंहवद्विनदन्मुहुः ५७ दारयन्निवपद्भ्यांसजगतीजगदीश्वरः ॥ क्रोधताम्रेक्षणःकृष्णोजिघांसुरमितद्युतिः ५८

॥ १३१ ॥

५९ । ६० मणिरिंद्रनीलः ६१ । ६२ । ६३ । ६४ । ६५ । सर्वतःइहामुत्रच ६६ अन्वक्पश्चाद्गामी ६७ । ६८ । ६९ । ७० । ७१ । ७२ । ७३ । ७४ आपूर्णकलाभिरितिशेषः ७५ । ७६

ग्रसंतइवचेतांसितावकानांमहाहवे ॥ दृष्ट्वामाधवमाक्रन्देभीष्मायोद्यतमंतिके ५९ हतोभीष्मोहतोभीष्मस्तत्रतत्रवचोमहत् ॥ अश्रूयतमहाराजवासुदेवभयात्तदा ६०
पीतकौशेयसंवीतोमणिश्यामोजनार्दनः ॥ शुशुभेविद्रवन्भीष्मंविद्युन्मालीयथाऽम्बुदः ६१ ससिंहइवमातंगंयूथर्षभइवर्षभम् ॥ अभिदुद्राववेगेनविनदन्यादवर्षभः ६२
तमापतन्तंसंप्रेक्ष्यपुंडरीकाक्षमाहवे ॥ असंभ्रमंरणेभीष्मोविचकर्षमहद्धनुः ६३ उवाचचैवगोविंदमसंभ्रान्तेनचेतसा ॥ एह्येहिपुंडरीकाक्षदेवदेवनमोऽस्तुते ६४ मा
मद्यसात्वतश्रेष्ठपातयस्वमहाहवे ॥ त्वयाहिदेवसंग्रामेहतस्यापिममानघ ६५ श्रेयएवपरंकृष्णलोकेभवतिसर्वतः ॥ संभावितोऽस्मिगोविंदत्रैलोक्येनाद्यसं
युगे ६६ प्रहरस्वयथेष्टंवैदासोऽस्मितवचानघ ॥ अन्वगेवततःपार्थःसमभिद्रुत्यकेशवम् ६७ निजग्राहमहाबाहुर्बाहुभ्यांपरिगृह्यवै ॥ निगृह्यमाणःपार्थेनकृष्णो
राजीवलोचनः ६८ जगामैवैनमादायवेगेनपुरुषोत्तमः ॥ पार्थस्तुविष्टभ्यबलाच्चरणौपरवीरहा ६९ निजग्राहहृषीकेशंकथंचिद्दशमेपदे ॥ ततएवमुवाचा
र्तःक्रोधपर्याकुलेक्षणम् ७० निःश्वसंतंयथानागमर्जुनःप्रणयात्सखा ॥ निवर्तस्वमहाबाहोनानृतंकर्तुमर्हसि ७१ यत्त्वयाकथितंपूर्वंनयोत्स्यामीतिकेशव ॥
मिथ्यावादीतिलोकास्त्वांकथयिष्यंतिमाधव ७२ ममैषभारःसर्वोहिहनिष्यामिपितामहम् ॥ शपेकेशवशस्त्रेणसत्येनसुकृतेनच ७३ अन्तंयथागमिष्यामिशत्रूणां
शत्रुसूदन ॥ अद्यैवपश्यदुर्धर्षंपात्यमानंमहारथम् ७४ तारापतिमिवापूर्णमंतकालेयदृच्छया ॥ माधवस्तुवचःश्रुत्वाफाल्गुनस्यमहात्मनः ७५ नकिंचिदु
क्त्वासक्रोधआरुरोहरथंपुनः ॥ तौरथस्थौनरव्याघ्रौभीष्मःशांतनवःपुनः ७६ ववर्षशरवर्षेणमेघोवृष्ट्यायथाऽचलौ ॥ प्राणानादत्तयोधानांपितादेवव्रतस्तव ७७
गभस्तिभिरिवादित्यस्तेजांसिशिशिरात्यये ॥ यथाकुरूणांसैन्यानिबभंजुर्युधिपांडवाः ७८ तथापांडवसैन्यानिबभंजयुधितेपिता ॥ हतविद्रुतसैन्यास्तुनिरुत्साहाविं
चेतसः ७९ निरीक्षितुंनशेकुस्तेभीष्ममप्रतिमंरणे ॥ मध्यंगतमिवादित्यंप्रतपन्तंस्वतेजसा ८० तेवध्यमानाभीष्मेणशतशोऽथसहस्रशः ॥ कुर्वाणंसमरेकर्माण्यति
मानुषविक्रमम् ८१ वीक्षांचक्रुर्महाराजपांडवाभयपीडिताः ॥ तथापांडवसैन्यानिद्राव्यमाणानिभारत ८२ त्रातारंनाध्यगच्छंतगावःपंकगताइव ॥ पिपीलिका
इवक्षुण्णादुर्बलाबलिनारणे ८३ महारथंभारतदुष्प्रकंपंशरौघिणंप्रतपंतंनरेन्द्रान् ॥ भीष्मंनशेकुःप्रतिवीक्षितुंतेशरार्चिषंसूर्यमिवातपंतम् ८४ विमृद्नतस्तस्यतु
पांडुसेनामस्तंजगामाथसहस्ररश्मिः ॥ ततोबलानांश्रमकर्शितानांमनोऽवहारंप्रतिसंबभूव ८५ ॥ इतिश्रीमहाभारतेभीष्मपर्वणि भीष्मवधपर्वणि नवमदिवस
युद्धसमाप्तौ षडधिकशततमोऽध्यायः ॥ १०६ ॥ ॥ ॥ ॥ ॥ ॥ ॥ ॥

७७ । ७८ । ७९ । ८० । ८१ ८२ । ८३ । ८४ । ८५ ॥ ॥ इतिभीष्मपर्वणि नीलकंठीये भारतभावदीपे षडधिकशततमोऽध्यायः ॥ १०६ ॥ ॥ ॥ ॥ ॥ ॥

भ.भा.टी. भीष्म. अ० १०७

युद्ध्यतामिति १ । २ । ३ । ४ । ५ । ६ । ७ । ८ । ९ । १० । ११ । १२ । १३ । १४ । १५ । १६ । १७ । १८ । १९ एकतइतिद्वितीयांतात्तसिः एकंकेवलंमृत्युमेवाभ्येतीत्यर्थः २० । २१

संजयउवाच ॥ युध्यतामेवतेषांतुभास्करेऽस्तमुपागते ॥ संध्यासमभवद्धोरानापश्यामततोरणम् १ ततोयुधिष्ठिरोराजासंध्यांसंदृश्यभारत ॥ वध्यमानंचभीष्मे
णत्यक्तास्त्रंभयविह्वलम् २ स्वसैन्यंचपरावृत्तंपलायनपरायणम् ॥ भीष्मंचयुधिसंरब्धंपीडयंतंमहारथम् ३ सोमकांश्चजितान्दृष्ट्वानिरुत्साहान्महारथान् ॥
चिंतयित्वाततोराजाअवहारमरोचयत् ४ ततोऽवहारंसैन्यानांचक्रेराजायुधिष्ठिरः ॥ तथैवतवसैन्यानामवहारोह्यभूत्तदा ५ ततोऽवहारंसैन्यानांकृत्वातत्रमहा
रथाः ॥ न्यविशंतकुरुश्रेष्ठसंग्रामेक्षतविक्षताः ६ भीष्मस्यसमरेकर्मचिंतयानास्तुपांडवाः ॥ नालभंततदाशांतिंभीष्मबाणप्रपीडिताः ७ भीष्मोऽपिसमरेजित्वा
पांडवान्सहसृंजयान् ॥ पूज्यमानस्तवसुतैर्वंद्यमानश्चभारत ८ न्यविशत्कुरुभिःसार्धंहृष्टरूपैःसमंततः ॥ ततोरात्रिःसमभवत्सर्वभूतप्रमोहिनी ९ तस्मिन्रात्रिमु
खेघोरेपांडवावृष्णिभिःसह ॥ सृंजयाश्चदुराधर्षामंत्रायसमुपाविशन् १० आत्मनिःश्रेयसंसर्वेप्राप्तकालंमहाबलाः ॥ मंत्रयामासुरव्यग्रामंत्रनिश्चयकोविदाः ११
ततोयुधिष्ठिरोराजामंत्रयित्वाचिरंनृप ॥ वासुदेवंसमुद्वीक्ष्यवचनंचेदमाददे १२ कृष्णपश्यमहात्मानंभीष्मंभीमपराक्रमम् ॥ गजंनलवनानीवविमृद्नन्तंबलंमम
१३ नचैवैनंमहात्मानमुत्सहामोनिरीक्षितुम् ॥ लेलिह्यमानंसैन्येषुप्रवृद्धमिवपावकम् १४ यथाघोरोमहानागस्तक्षकोवैविषोल्बणः ॥ तथाभीष्मोरणेक्रुद्ध
स्तीक्ष्णशस्त्रःप्रतापवान् १५ गृहीतचापःसमरेप्रमुंचन्निशिताञ्छरान् ॥ शक्योजेतुंयमःक्रुद्धोवज्रपाणिश्चदेवराट् १६ वरुणःपाशभृच्चापिसगदोवाधनेश्वरः ॥
नतुभीष्मःसुसंक्रुद्धःशक्योजेतुंमहाहवे १७ सोऽहमेवंगतेकृष्णनिमग्नःशोकसागरे ॥ आत्मनोबुद्धिदौर्बल्याद्भीष्ममासाद्यसंयुगे १८ वनंयास्यामिदुर्धर्षश्रेयो
वैतत्रमेगतम् ॥ नयुद्धंरोचतेकृष्णहंतिभीष्मोहिनःसदा १९ यथाप्रज्वलितंवह्निंपतंगःसमभिद्रवन् ॥ एकतोमृत्युमभ्येतितथाऽहंभीष्ममीयिवान् २० क्षयंनी
तोऽस्मिवार्ष्णेयराज्यहेतोःपराक्रमी ॥ भ्रातरश्चैवमेशूराःसायकैर्भृशपीडिताः २१ मत्कृतेभ्रातृसौहार्दाद्राज्यभ्रष्टावनंगताः ॥ परिक्लिष्टातथाकृष्णामत्कृतेमधु
सूदन २२ जीवितंबहुमन्येऽहंजीवितंह्यद्यदुर्लभम् ॥ जीवितस्याद्यशेषेणचरिष्येधर्ममुत्तमम् २३ यदितेऽहमनुग्राह्योभ्रातृभिःसहकेशव ॥ स्वधर्मस्याविरोधेन
हितंव्याहरकेशव २४ एवंश्रुत्वावचस्तस्यकारुण्याद्बहुविस्तरम् ॥ प्रत्युवाचततःकृष्णःसांत्वयानोयुधिष्ठिरम् २५ धर्मपुत्रविषादंत्वंमाकृथाःसत्यसंगर ॥ ॥ यस्य
तेभ्रातरःशूरादुर्जयाःशत्रुसूदनाः २६ अर्जुनोभीमसेनश्चवाय्वग्निसमतेजसौ ॥ माद्रीपुत्रौचविक्रांतौत्रिदशानामिवेश्वरौ २७ मांवानियुंक्ष्वसौहार्दाद्योत्स्येभीष्मेण
पांडव ॥ त्वत्प्रयुक्तोमहाराजकिंनकुर्यांमहाहवे २८ हनिष्यामिरणेभीष्ममाहूयपुरुषर्षभम् ॥ पश्यतांधार्तराष्ट्राणांयदिनेच्छतिफाल्गुनः २९ यदिभीष्मेहतेवी
रेजयंपश्यसिपांडव ॥ हंताऽस्म्येकरथेनाद्यकुरुवृद्धंपितामहम् ३० पश्यमेविक्रमंराजन्महेन्द्रस्येवसंयुगे ॥ विमुंचन्तंमहास्त्राणिपातयिष्यामितंरथात् ३१

२२ अद्येदानीं २३ । २४ । २५ । २६ । २७ । २८ । २९ । ३० । ३१

यःशत्रुःपांडुपुत्राणांमच्छत्रुःसनसंशयः ॥ मदर्थाभवदीयायेयेमदीयास्तवैवते ३२ तवभ्रातामममसखासंबंधीशिष्यएवच ॥ मांसान्युत्कृत्यदास्यामिफाल्गुनार्थेमही
पते ३३ एषचापिनरव्याघ्रोमत्कृतेजीवितंत्यजेत् ॥ एषनःसमयस्ताततारयेमपरस्परम् ३४ समांनियुंक्ष्वराजेन्द्रयथायोद्धाभवाम्यहम् ॥ प्रतिज्ञातमुपप्लव्येयत्तत्पार्थे
नपूर्वतः ३५ घातयिष्यामिगांगेयमितिलोकस्यसन्निधौ ॥ परिरक्ष्यमिदंतावद्वचःपार्थस्यधीमतः ३६ अनुज्ञातंतुपार्थेनमयाकार्यंनसंशयः ॥ अथवाफाल्गुनस्यैष
भारःपरिमितोरणे ३७ सहनिष्यतिसंग्रामेभीष्मंपरपुरंजयम् ॥ अशक्यमपिकुर्याद्धिरणेपार्थःसमुद्यतः ३८ त्रिदशान्वासमुद्युक्तान्सहितान्दैत्यदानवैः ॥ निहन्याद
र्जुनःसंख्येकिमुभीष्मंनराधिप ३९ विपरीतोमहावीर्योगतसत्वोऽल्पजीवनः ॥ भीष्मःशांतनवोनूनंकर्तव्यंनावबुध्यते ४० ॥ युधिष्ठिरउवाच ॥ एवमेतन्महाबाहो
यथावदसिमाधव ॥ सर्वेह्येतेनपर्याप्तास्तववेगविधारणे ४१ नियतंसमवाप्स्यामिसर्वमेतद्यथेप्सितम् ॥ यस्यमेपुरुषव्याघ्रभवान्पक्षेव्यवस्थितः ४२ सेन्द्रानपिरणेदेवा
न्जयेयंजयतांवर ॥ त्वयानाथेनगोविंदकिमुभीष्मंमहारथम् ४३ नतुत्वामनृतंकर्तुमुत्सहेस्वात्मगौरवात् ॥ अयुध्यमानःसाहाय्यंयथोक्तंकुरुमाधव ४४ समयस्तु
कृतःकश्चिन्ममभीष्मेणसंयुगे ॥ मंत्रयिष्येतवार्थायनतुयोत्स्येकथंचन ४५ दुर्योधनार्थेयोत्स्यामिसत्यमेतदितिप्रभो ॥ सहिराज्यस्यमेदातामंत्रस्यैवचमाधव ४६
तस्माद्देवव्रतंभूयोवधोपायार्थमात्मनः ॥ भवतासहिताःसर्वेप्रयाममधुसूदन ४७ तद्वयंसहितागत्वाभीष्ममाशुनरोत्तमम् ॥ नचिरात्सर्ववार्ष्णेयमंत्रंपृच्छामकौरवम् ४८
सवक्ष्यतिहितंवाक्यंसत्यमस्मान्जनार्दन ॥ यथाचवक्ष्यतेकृष्णतथाकर्ताऽस्मिसंयुगे ४९ सनोजयस्यदातास्यान्मंत्रस्यचदृढव्रतः ॥ बालाःपित्राविहीनाश्चतेनसंवर्धि
तावयम् ५० तंचेत्पितामहंवृद्धंहंतुमिच्छामिमाधव ॥ पितुःपितरमिष्टंचधिगस्तुक्षत्रजीविकाम् ५१ ॥ संजयउवाच ॥ ततोऽब्रवीन्महाराजवार्ष्णेयःकुरुनंदनम् ॥
रोचतेमेमहाप्राज्ञराजेन्द्रतवभाषितम् ५२ देवव्रतःकृतीभीष्मःप्रेक्षितेनापिनिर्दहेत् ॥ गम्यतांसवधोपायंप्रष्टुंसागरगासुतः ५३ वक्तुमर्हतिसत्यंसत्वयापृष्टोविशेषतः ॥
तेवयंतत्रगच्छामःप्रष्टुंकुरुपितामहम् ५४ गत्वाशांतनवंवृद्धंमंत्रंपृच्छामभारत ॥ सवोदास्यतिमंत्रंयंतेनयोत्स्यामहेपरान् ५५ एवमामंत्र्यतेवीराःपांडवाःपांडुपूर्व
जम् ॥ जग्मुस्तेसहिताःसर्वेवासुदेवश्चवीर्यवान् ५६ विमुक्तशस्त्रकवचाभीष्मस्यसदनंप्रति ॥ प्रविश्यचतदाभीष्मंशिरोभिःप्रणिपेदिरे ५७ पूजयंतोमहाराजपांडवा
भरतर्षभम् ॥ प्रणम्यशिरसाचैनंभीष्मंशरणमभ्ययुः ५८ तानुवाचमहाबाहुर्भीष्मःकुरुपितामहः ॥ स्वागतंतववार्ष्णेयस्वागतंतेधनंजय ५९ स्वागतंधर्मपुत्राय
भीमाययमयोस्तथा ॥ किंवाकार्यंकरोम्यद्ययुष्माकंप्रीतिवर्धनम् ६० सर्वात्मनाऽपिकर्ताऽस्मियदपिस्यात्सुदुष्करम् ॥ तथाब्रुवाणंगाङ्गेयंप्रीतियुक्तंपुनःपुनः ६१
उवाचराजादीनात्माप्रीतियुक्तमिदंवचः ॥ कथंजयेमसर्वज्ञकथंराज्यंलभेमहि ६२

म.भा.टी. ६३ । ६४ । ६५ । ६६ । ६७ । ६८ । ६९ । ७० । ७१ । ७२ । ७३ । ७४ । ७५ । ७६ । ७७ । ७८ । ७९ । ८० । ८१ । ८२ । ८३ । ८४ । ८५ । ८६ । ८७ । ८८ । ८९ । ९० । ९१ भीष्म०

प्रजानांसंशयोनस्यात्कथंतन्मेवदप्रभो ॥ भवान्हिनोवधोपायंब्रवीतुस्वयमात्मनः ६३ भवंतंसमरेवीरविषहेमकथंवयम् ॥ नहितेसूक्ष्ममप्यस्तिरन्ध्रंकुरुपितामह ६४
मंडलेनैवधनुषादृश्यसेसंयुगेसदा ॥ आददानंसंदधानंविकर्षन्तंधनुर्नच ६५ पश्यामस्त्वांमहाबाहोरथेसूर्यमिवापरम् ॥ रथाश्वनरनागानांहंतारंपरवीरहन् ६६ कोऽथ
वोत्सहतेजेतुंत्वांपुमान्भरतर्षभ ॥ वर्षताशरवर्षाणिसंयुगेवैशसंकृतम् ६७ क्षयंनीताहिपृतनासंयुगेमहतीमम ॥ यथायुधिजयेमत्वांयथाराज्यंभृशंमम ६८ ममसैन्य
स्यचक्षेमंतन्मेब्रूहिपितामह ॥ ततोऽब्रवीच्छांतनवःपांडवान्पांडुपूर्वजः ६९ नकथंचनकौन्तेयमयिजीवतिसंयुगे ॥ जयोभवतिसर्वज्ञसत्यमेतद्ब्रवीमिते ७० निर्जिते
मयियुद्धेनरणेजेष्यथपांडवाः ॥ क्षिप्रंमयिप्रहरध्वंयदीच्छथरणेजयम् ७१ अनुजानामिवःपार्थाःप्रहरध्वंयथासुखम् ॥ एवंहिसुकृतंमन्येभवतांविदितोह्यहम् ७२ हते
मयिहतंसर्वंतस्मादेवंविधीयताम् ॥ युधिष्ठिरउवाच ॥ ब्रूहितस्मादुपायंनोयथायुद्धेजयेमहि ७३ भवंतंसमरेक्रुद्धंदंडहस्तमिवांतकम् ॥ शक्योवज्रधरोजेतुंवरुणोऽथय
मस्तथा ७४ नभवान्समरेशक्यःसेन्द्रैरपिसुरासुरैः ॥ भीष्मउवाच ॥ सत्यमेतन्महाबाहोयथावदसिपांडव ७५ नाहंजेतुंरणेशक्यःसेन्द्रैरपिसुरासुरैः ॥ आत्तशस्त्रोरणे
यत्तोगृहीतवरकार्मुकः ७६ ततोमांन्यस्तशस्त्रंतुएतेहन्युर्महारथाः ॥ निक्षिप्तशस्त्रेपतितेविमुक्तकवचध्वजे ७७ द्रवमाणेचभीतेचतवास्मीतिचवादिनि ॥ स्त्रियांस्त्रीना
मधेयेचविकलेचैकपुत्रिणि ७८ अप्रशस्तेनरेचैवनयुद्धंरोचतेमम ॥ इमंमेशृणुराजेन्द्रसंकल्पंपूर्वचिंतितम् ७९ अमंगल्यध्वजंदृष्ट्वानयुध्येयंकदाचन ॥ यएषद्रौपदोराजं
स्तवसैन्येमहारथः ८० शिखंडीसमरामर्षीशूरश्चसमितिंजयः ॥ यथाऽभवच्चस्त्रीपूर्वंपश्चात्पुंस्त्वंसमागतः ८१ जानंतिचभवंतोऽपिसर्वमेतद्यथातथम् ॥ अर्जुनःसमरे
शूरःपुरस्कृत्यशिखंडिनम् ८२ मामेवविशिखैस्तीक्ष्णैरभिद्रवतुदंशितः ॥ अमंगल्यध्वजेतस्मिन्स्त्रीपूर्वेचविशेषतः ८३ नप्रहर्तुमभीप्सामिगृहीतेषुःकथंचन ॥ तदंतरं
समासाद्यपांडवोमांधनंजयः ८४ शरैर्घातयतुक्षिप्रंसमंताद्भरतर्षभ ॥ नतंपश्यामिलोकेपुमांहन्याद्यःसमुद्यतम् ८५ ऋतेकृष्णान्महाभागात्पांडवाद्वाधनंजयात् ॥ एष
तस्मात्पुरोधायकंचिदन्यंममाग्रतः ८६ आत्तशस्त्रोरणेयत्तोगृहीतवरकार्मुकः ॥ मांपातयतुबीभत्सुरेवंतवजयोध्रुवम् ८७ एतत्कुरुष्वकौन्तेययथोक्तंममसुव्रत ॥ सं
ग्रामेधार्तराष्ट्रांश्चहन्याःसर्वान्समागतान् ८८ ॥ संजयउवाच ॥ तेतुज्ञात्वाततःपार्थाजग्मुःस्वशिबिरंप्रति ॥ अभिवाद्यमहात्मानंभीष्मंकुरुपितामहम् ८९ तथोक्तव
तिगांगेयेपरलोकायदीक्षिते ॥ अर्जुनोदुःखसंतप्तःसव्रीडमिदमब्रवीत् ९० गुरुणाकुरुवृद्धेनकृतप्रज्ञेनधीमता ॥ पितामहेनसंग्रामेकथंयोद्धाऽस्मिमाधव ९१ क्रीडता
हिमयाबाल्येवासुदेवमहामनाः ॥ पांसुरूषितगात्रेणमहात्मापरुषीकृतः ९२

॥ १३३ ॥

परुषीकृतःरूक्षीकृतः ९२

९३ । ९४ । ९५ । ९६ युद्धदुर्मदंयुद्धोत्सुकं ९७ गमिष्यतियमक्षयंभीष्मइतिशेषः ९८ । ९९ । १०० आततायिनमित्यस्यघातकमितिविशेषणमन्येभ्यआततायिभ्योव्यवच्छेदायोक्तं १ । २ निधनंनिध

यस्याहमधिरुह्यांकंबालःकिलगदाग्रज ॥ तातेत्यवोचंपितरंपितुःपांडोर्महात्मनः ९३ नाहंतातस्तवपितुस्तातोऽस्मितवभारत ॥ इतिमामब्रवीद्बाल्येयःसवध्यःकथंमया
९४ कामंवध्यतुसैन्यंमेनाहंयोत्स्येमहात्मना ॥ जयोवाऽस्तुवधोवामेकथंवाकृष्णमन्यसे ९५ (कथमस्मद्विधःकृष्णजानन्धर्मंसनातनम् ॥ न्यस्तशस्त्रेचवृद्धेचप्रहरे
द्धिपितामहे) ॥ वासुदेवउवाच ॥प्रतिज्ञायवधंजिष्णोपुराभीष्मस्यसंयुगे ॥ क्षत्रधर्मेस्थितःपार्थकथंनैनंहनिष्यसि ९६ पातयैनंरथात्पार्थक्षत्रियंयुद्धदुर्मदम् ॥ नाहत्वायु
धिगांगेयंविजयस्तेभविष्यति ९७ दृष्टमेतत्पुरादेवैर्गमिष्यतियमक्षयम् ॥ यद्दृष्टंहिपुरापार्थतत्तथानतदन्यथा ९८ नहिभीष्मंदुराधर्षंव्यात्ताननमिवांतकम् ॥ त्वदन्यः
शक्नुयाद्योद्धुमपिवज्रधरःस्वयम् ९९ जहिभीष्मंस्थिरोभूत्वाशृणुचेदंवचोमम ॥ यथोवाचपुराशक्रंमहाबुद्धिर्बृहस्पतिः १०० ज्यायांसमपिचेद्वृद्धंगुणैरपिसमन्वि
तम् ॥ आततायिनमायांतंहन्याद्घातकमात्मनः १०१ शाश्वतोऽयंस्थितोधर्मःक्षत्रियाणांधनंजय ॥ योद्धव्यंरक्षितव्यंचयष्टव्यंचानसूयुभिः १०२ ॥ अर्जुनउवाच ॥
शिखंडीनिधनंकृष्णभीष्मस्यभविताध्रुवम् ॥ दृष्ट्वैवहिसदाभीष्मःपांचाल्यंविनिवर्तते १०३ तेवयंप्रमुखेतस्यपुरस्कृत्यशिखंडिनम् ॥ गाङ्गेयंपातयिष्यामउपायेने
तिमेमतिः १०४ अहमन्यान्महेष्वासान्वारयिष्यामिसायकैः ॥ शिखंड्यपियुधांश्रेष्ठंभीष्ममेवाभियोधयेत् १०५ श्रुतंहिकुरुमुख्यस्यनाहंहन्यांशिखंडिनम् ॥ कन्या
ह्येषापुराभूत्वापुरुषःसमपद्यत १०६ इत्येवंनिश्चयंकृत्वापांडवाःसहमाधवाः ॥ अनुमान्यमहात्मानंप्रययुर्हृष्टमानसाः ॥ शयनानियथास्वानिभेजिरेपुरुषर्षभाः
१०७ इतिश्रीम०भी०भीष्मवधप०नवमदिवसावहारोत्तरमंत्रे सप्ताधिकशततमोऽध्यायः ॥ १०७ ॥ धृतराष्ट्रउवाच ॥ कथंशिखंडीगांगेयमभ्यवर्ततसंयुगे ॥
पांडवांश्चकथंभीष्मस्तन्ममाचक्ष्वसंजय १ ॥ सजयउवाच ॥ ततस्तेपांडवाःसर्वेसूर्यस्योदयनंप्रति ॥ ताड्यमानासुभेरीषुमृदंगेष्वानकेषुच २ ध्मायत्सुदधिवर्णेषुजल
जेषुसमंततः ॥ शिखंडिनंपुरस्कृत्यनिर्याताःपांडवायुधि ३ कृत्वाव्यूहंमहाराजसर्वशत्रुनिबर्हणम् ॥ शिखंडीसर्वसैन्यानामग्रआसीद्विशांपते ४ चक्ररक्षौततस्तस्य
भीमसेनधनंजयौ ॥ पृष्ठतोद्रौपदेयाश्चसौभद्रश्चैववीर्यवान् ५ सात्यकिश्चेकितानश्चतेषांगोप्तामहारथः ॥ धृष्टद्युम्नस्ततःपश्चात्पंचालैरभिरक्षितः ६ ततोयुधिष्ठिरोराजा
यमाभ्यांसहितःप्रभुः ॥ प्रययौसिंहनादेननादयन्भरतर्षभ ७ विराटस्तुततःपश्चात्स्वेनसैन्येनसंवृतः ॥ द्रुपदश्चमहाबाहोततःपश्चादुपाद्रवत् ८ केकयाभ्रातरःपंचधृष्ट
केतुश्चवीर्यवान् ॥ जघनंपालयामासुःपांडुसैन्यस्यभारत ९ एवंव्यूह्यमहासैन्यंपांडवास्तववाहिनीम् ॥ अभ्यद्रवंतसंग्रामेत्यक्त्वाजीवितमात्मनः १० तथैवकुरवोरा
जन्भीष्मंकृत्वामहारथम् ॥ अग्रतःसर्वसैन्यानांप्रययुःपांडवान्प्रति ११ पुत्रैस्तवदुराधर्षैरक्षितःसुमहाबलैः ॥ ततोद्रोणोमहेष्वासःपुत्रश्चास्यमहाबलः १२

नहेतुः ३ । ४ । ५ । ६ । १०७ ॥ इतिभी० नीलकंठीये भारतभावदीपे सप्ताधिकशततमोऽध्यायः ॥ १०७ ॥कथमिति १ । २ । ३ । ४ । ५ । ६ । ७ । ८ । ९ । १० । ११ । १२

१३ । १४ । १५ । १६ । १७ । १८ । १९ । २० । २१ । २२ । २३ । २४ । २५ । २६ । २७ । २८ । २९ । ३० । ३१ । ३२ । ३३ । ३४ । ३५ । ३६ । ३७ । ३८ । ३९ । ४० । ४१ । ४२ कामंस्वच्छंदंअभ्यसप्रक्षिप ४३

भगदत्तस्ततःपश्चाद्गजानीकेनसंवृतः ॥ कृपश्चकृतवर्माचभगदत्तमनुव्रतौ १३ कांबोजराजोबलवांस्ततःपश्चात्सुदक्षिणः ॥ मागधश्चजयत्सेनःसौबलश्चबृहद्बलः १४ तथैवान्येमहेष्वासाःसुशर्मप्रमुखान्नृपाः ॥ जघनंपालयामासुस्तवसैन्यस्यभारत १५ दिवसेदिवसेप्राप्तेभीष्मःशांतनवोयुधि ॥ आसुरानकरोद्व्यूहान्पैशाचानथ राक्षसान् १६ ततःप्रववृतेयुद्धंतवतेषांचभारत ॥ अन्योन्यंनिघ्नतांराजन्यमराष्ट्रविवर्धनम् १७ अर्जुनप्रमुखाःपार्थाःपुरस्कृत्यशिखंडिनम् ॥ भीष्मंयुद्धेऽभ्यवर्ततकिरंतोविविधान्शरान् १८ तत्रभारतभीमेनताडितास्तावकाःशरैः ॥ रुधिरौघपरिक्लिन्नाःपरलोकंययुस्तदा १९ नकुलःसहदेवश्चसात्यकिश्चमहारथः ॥ तवसैन्यंसमासाद्यपीडयामासुरोजसा २० तेवध्यमानाःसमरेतावकाभरतर्षभ ॥ नाशक्नुवन्वारयितुंपांडवानांमहद्बलम् २१ ततस्तुतावकंसैन्यंवध्यमानंसमंततः॥ सुसंप्राप्तंदशदिशःकाल्यमानंमहारथैः २२ त्रातारंनाध्यगच्छंततावकाभरतर्षभ ॥ वध्यमानाःशितैर्बाणैःपांडवैःसहसृंजयैः २३ ॥ धृतराष्ट्रउवाच ॥ पीड्यमानंबलंदृष्ट्वापार्थैर्भीष्मःपराक्रमी ॥ यदकार्षीद्रणेक्रुद्धस्तन्ममाचक्ष्वसंजय २४ कथंवापांडवान्युद्धेप्रत्युद्यातःपरंतपः ॥ विनिघ्नन्सोमकान्वीरस्तदाचक्ष्वममानघ २५ ॥ संजयउवाच ॥ आचक्षेतेमहाराजयदकार्षीत्पितातव ॥ पीडितेतवपुत्रस्यसैन्येपांडवसृंजयैः २६ प्रहृष्टमनसःशूराःपाण्डवाःपांडुपूर्वज ॥ अभ्यवर्ततनिघ्नंतस्तवपुत्रस्यवाहिनीम् २७ तंविनाशंमनुष्येंद्रनरवारणवाजिनाम् ॥ नामृष्यततदाभीष्मःसैन्यघातंरणेपरैः २८ सपांडवान्महेष्वासःपंचालांश्चैवसृंजयान् ॥ नाराचैर्वत्सदन्तैश्चशितैरंजलिकैस्तथा २९ अभ्यवर्षतदुर्धर्षस्त्यक्त्वाजीवितमात्मनः ॥ सपांडवानांप्रवरान्पंचराजन्महारथान् ३० आत्तशस्त्रोरणेयत्नाद्वारयामाससायकैः ॥ नानाशस्त्रास्त्रवर्षैस्तान्वीर्यामर्षप्रवेरितैः ३१ निजघ्नेसमरेक्रुद्धोहस्त्यश्वंचामितंबहु ॥ रथिनोऽपातयद्राजन्रथेभ्यःपुरुषर्षभ ३२ सादिनश्चाश्वपृष्ठेभ्यःपादातांश्चसमागतान् ॥ गजारोहान्गजेभ्यश्चपरेषांजयकारिणः ३३ तमेकंसमरेभीष्मंत्वरमाणंमहारथम् ॥ पांडवाःसमवर्ततवज्रहस्तमिवासुराः ३४ शक्राशनिसमस्पर्शान्विमुंचन्निशिताञ्छरान् ३५ दिक्ष्वदृश्यतसर्वासुघोरंसंधारयन्वपुः ॥ मंडलीभूतमेवास्यनित्यंधनुरदृश्यत ३६ संग्रामेयुद्ध्यमानस्यशक्रचापोपमंमहत् ॥ तद्दृष्ट्वासमरेकर्मपुत्रास्तवविशांपते ३७ विस्मयंपरमंगत्वापितामहमपूजयन् ॥ पार्थाविमनसोभूत्वाप्रैक्षंतपितरंतव ३८ युद्ध्यमानंरणेशूरंविप्रचित्तिमिवामराः ॥ नचैनंवारयामासुर्व्यात्ताननमिवांतकम् ३९ दशमेऽहनिसंप्राप्तेरथानीकंशिखंडिनः ॥ अदहन्निशितैर्बाणैःकृष्णवर्त्मेवकाननम् ४० तंशिखंडीत्रिभिर्बाणैरभ्यविध्यत्स्तनांतरे ॥ आशीविषमिवक्रुद्धंकालसृष्टमिवांतकम् ४१ सतेनातिभृशंविद्धःप्रेक्ष्यभीष्मःशिखंडिनम् ॥ अनिच्छन्निवसंक्रुद्धःप्रहसन्निदमब्रवीत् ४२ काममभ्यसवामावानत्वांयात्स्येकथंचन ॥ यैवहित्वंकृताधात्रासैवहित्वंशिखंडिनी ४३

४४ । ४५ । ४६ । ४७ । ४८ सुदृष्टःक्रियतांनपुनर्द्रक्ष्यसिलोकमिममितिभावः ४९ । ५० । ५१ । ५२ । ५३ । ५४ साश्रयपक्षस्त्रीकुरुजहित्वा ५५ । ५६ । ५७ । ५८ । ५९ । ६० इतिभीष्मपर्वणि

तस्यतद्वचनंश्रुत्वाशिखंडीक्रोधमूर्च्छितः ॥ उवाचैनंतथाभीष्मंसृक्किणीपरिसंलिहन् ४४ जानामित्वांमहाबाहोक्षत्रियाणांक्षयंकरम् ॥ मयाश्रुतंचतेयुद्धंजामदग्न्येनवैसह ४५ दिव्यश्चतेप्रभावोऽयंमयाचबहुशःश्रुतः ॥ जानन्नपिप्रभावंतेयोत्स्येऽद्याहंत्वयासह ४६ पांडवानांप्रियंकुर्वन्नात्मनश्चनरोत्तम ॥ अद्यत्वांयोधयिष्यामिरणेपुरुषसत्तम ४७ ध्रुवंचत्वांहनिष्यामिशपेसत्येनतेऽग्रतः ॥ एतच्छ्रुत्वाचमद्वाक्यंयत्कृत्यंतत्समाचर ४८ काममभ्यसवामावानमेजीवन्प्रमोक्ष्यसे ॥ सुदृष्टःक्रियतांभीष्मलोकोऽयंसमितिंजय ४९ ॥ संजयउवाच ॥ एवमुक्त्वाततोभीष्मंपंचभिर्नतपर्वभिः ॥ अविध्यतरणेभीष्मंप्रणुन्नंवाक्यसायकैः ५० तस्यतद्वचनंश्रुत्वासव्यसाचीमहारथः ॥ कालोऽयमितिसंचिंत्यशिखंडिनमचोदयत् ५१ अहंत्वामनुयास्यामिपरान्विद्रावयञ्शरैः ॥ अभिद्रवसुसंरब्धोभीष्मंभीमपराक्रम ५२ नहितेसंयुगेपीडांशक्तःकर्तुंमहाबलः ॥ तस्मादद्यमहाबाहोयत्नाद्भीष्ममभिद्रव ५३ अहत्वासमरेभीष्मंयदियास्यसिमारिष ॥ अवहास्योऽस्यलोकस्यभविष्यसिमयासह ५४ नावहास्यायथावीरभवेमपरमाहवे ॥ तथाकुरुरणेयत्नंसाधयस्वपितामहम् ५५ अहंतेरक्षणंयुद्धेकरिष्यामिमहाबल ॥ वारयन्रथिनःसर्वान्साधयस्वपितामहम् ५६ द्रोणंचद्रोणपुत्रंचकृपंचाथसुयोधनम् ॥ चित्रसेनंविकर्णंचसैन्धवंचजयद्रथम् ५७ विंदानुविंदावावन्त्यौकांबोजंचसुदक्षिणम् ॥ भगदत्तंतथाशूरंमागधंचमहाबलम् ५८ सौमदत्तिंतथाशूरमार्ष्यशृंगिंचराक्षसम् ॥ त्रिगर्तराजंचरणेसहसर्वैर्महारथैः ५९ अहमावारयिष्यामिवेलेवमकरालयम् ॥ कुरूंश्चसहितान्सर्वान्युध्यमानान्महाबलान् ॥ निवारयिष्यामिरणेसाधयस्वपितामहम् ६० ॥ इतिश्रीमहाभारतेभीष्मपर्वणिभीष्मवधपर्वणिभीष्मशिखंडिसमागमेअष्टाधिकशततमोऽध्यायः ॥ १०८ ॥ ॥ ॥ ॥ धृतराष्ट्रउवाच ॥ कथंशिखंडीगांगेयमभ्यधावत्पितामहम् ॥ पांचाल्यःसमरेक्रुद्धोधर्मात्मानंयतव्रतम् १ केऽरक्षन्पांडवानीकेशिखंडिनमुदायुधाः ॥ त्वरमाणास्त्वराकालेजिगीषंतोमहारथाः २ कथंशांतनवोभीष्मःसतस्मिन्दशमेऽहनि ॥ अयुध्यतमहावीर्यःपांडवैःसहसृंजयैः ३ नमृष्यामिरणेभीष्मंप्रत्युद्यातंशिखंडिना ॥ कच्चिन्नरथभंगोऽस्यधनुर्वाऽशीर्यतास्यतः ४ ॥ संजयउवाच ॥ नाशीर्यतधनुश्चास्यरथभंगोनचाप्यभूत् ॥ युध्यमानस्यसंग्रामेभीष्मस्यभरतर्षभ ५ निघ्नतःसमरेशत्रूञ्शरैःसन्नतपर्वभिः ॥ अनेकशतसाहस्रास्तावकानांमहारथाः ६ तथादंतिगणाराजन्हयाश्चैवसुसज्जिताः ॥ अभ्यवर्तन्तयुद्धायपुरस्कृत्यपितामहम् ७ यथाप्रतिज्ञंकौरव्यसचापिसमितिंजयः ॥ पार्थानामकरोद्भीष्मःसततंसमितिक्षयम् ८ युध्यमानंमहेष्वासंविनिघ्नंतंपराञ्शरैः ॥ पंचालाःपांडवैःसार्धंसर्वेतेनाभ्यवारयन् ९ दशमेऽहनिसंप्राप्तेततस्तांरिपुवाहिनीम् ॥ कीर्यमाणांशितैर्बाणैःशतशोऽथसहस्रशः १०

नीलकंठीयेभारतभावदीपेअष्टाधिकशततमोऽध्यायः ॥ १०८ ॥ ॥ ॥ कथमिति १ । २ । ३ । ४ । ५ । ६ । ७ समितिंजयःसंग्रामजित् समितियुद्धे ८ । ९ । १०

११ । १२ । १३ । १४ । १५ । १६ । १७ । १८ । १९ द्रवतेद्रावयति २० । २१ गतिंधामआश्रयमितियावत् स्थानेअवस्थाने २२ । २३ । २४ । २५ । २६ आह्निकंदिवसकार्यं २७ शेष्येस्वप्स्यामि

नहिभीष्मंमहेष्वासंपांडवाःपांडुपूर्वज ॥ अशक्नुवन्रणेजेतुंपाशहस्तमिवांतकम् ११ अथोपायान्महाराजसव्यसाचीधनंजयः ॥ त्रासयन्रथिनःसर्वान्बीभत्सुरपरा
जितः १२ सिंहवद्विनदन्नुच्चैर्धनुर्ज्यांविक्षिपन्मुहुः ॥ शरौघान्विसृजन्पार्थोव्यचरत्कालवद्रणे १३ तस्यशब्देनवित्रस्तास्तावकाभरतर्षभ ॥ सिंहस्येवमृगारा
जन्व्यद्रवंतमहाभयात् १४ जयन्तंपांडवंदृष्ट्वात्वत्सैन्यंचाभिपीडितम् ॥ दुर्योधनस्ततोभीष्ममब्रवीद्भृशपीडितः १५ एषपांडुसुतस्तातश्वेताश्वःकृष्णसारथिः ॥
दहतेमामकान्सर्वान्कृष्णवर्त्मेवकाननम् १६ पश्यसैन्यानिगांगेयद्रवमाणानिसर्वशः ॥ पांडवेनयुधांश्रेष्ठकाल्यमानानिसंयुगे १७ यथापशुगणान्पालःसंकाल
यतिकानने ॥ तथेदंमामकंसैन्यंकाल्यतेशत्रुतापन १८ धनंजयशरैर्भग्नंद्रवमाणंततस्ततः ॥ भीमोऽप्येवंदुराधर्षोविद्रावयतिमेबलम् १९ सात्यकिश्चेकितानश्चमाद्रीपुत्रौ
चपांडवौ ॥ अभिमन्युःसुविक्रांतोवाहिनींद्रवतेमम २० धृष्टद्युम्नस्तथाशूरोराक्षसश्चघटोत्कचः ॥ व्यद्रावयेतांसहसासैन्यंममममहारणे २१ वध्यमानस्यसैन्यस्यसर्वैरेतैर्म
हारथैः ॥ नान्यांगतिंप्रपश्यामिस्थानेयुद्धेचभारत २२ ऋतेत्वांपुरुषव्याघ्रदेवतुल्यपराक्रम ॥ पर्याप्तस्तुभवान्शीघ्रंपीडितानांगतिर्भव २३ ॥ संजयउवाच ॥ एवमुक्तो
महाराजपितादेवव्रतस्तव ॥ चिंतयित्वामुहूर्तंतुकृत्वानिश्चयमात्मनः २४ तवसंधारयन्पुत्रमब्रवीच्छांतनोःसुतः ॥ दुर्योधनविजानीहिस्थिरोभूत्वाविशांपते २५
पूर्वकालंतवमयाप्रतिज्ञातंमहाबल ॥ हत्वादशसहस्राणिक्षत्रियाणांमहात्मनाम् २६ संग्रामाद्व्यपयातव्यमेतत्कर्ममामाह्निकम् ॥ इतितत्कृतवांश्चाहंयथोक्तंभरतर्षभ
२७ अद्यचापिमहत्कर्मप्रकरिष्येमहाबल ॥ अहंवाऽद्यहतःशेष्येहनिष्येवाऽद्यपांडवान् २८ अद्यतेपुरुषव्याघ्रप्रतिमोक्ष्येऋणंतव ॥ भर्तृपिंडकृतंराजन्निहतःपृतना
मुखे २९ इत्युक्त्वाभरतश्रेष्ठक्षत्रियान्प्रवपञ्छरैः ॥ आससाददुराधर्षःपांडवानामनीकिनीम् ३० अनीकमध्येतिष्ठंतंगांगेयंभरतर्षभ ॥ आशीविषमिवक्रुद्धंपांडवाःप्र
त्यवारयन् ३१ दशमेऽहनिभीष्मस्तुदर्शयन्शक्तिमात्मनः ॥ राजन्शतसहस्राणिसोऽवधीत्कुरुनंदन ३२ पंचालानांचयेश्रेष्ठाराजपुत्रामहारथाः ॥ तेषामादत्ततेजांसि
जलंसूर्यइवांशुभिः ३३ हत्वादशसहस्राणिकुंजराणांतरस्विनाम् ॥ सारोहाणांमहाराजहयानांचायुतंतथा ३४ पूर्णेशतसहस्रेद्वेपादातानांनरोत्तमः ॥ प्रजज्वा
लरणेभीष्मोविधूमइवपावकः ३५ नचैनंपांडवेयानांकेचिच्छेकुर्निरीक्षितुम् ॥ उत्तरंमार्गमास्थायतपंतमिवभास्करम् ३६ तेपांडवेयाःसंरब्धामहेष्वासेनपीडिताः ॥
वधायाभ्यद्रवन्भीष्मंसृंजयाश्चमहारथाः ३७ संयुद्ध्यमानोबहुभिर्भीष्मःशांतनवस्तथा ॥ अवकीर्णोमहामेरुःशैलोमेघैरिवावृतः ३८ पुत्रास्तुतवगांगेयंसमंतात्प
र्यवारयन् ॥ महत्यासेनयासार्धंततोयुद्धमवर्तत ३९ इतिश्रीमहाभारतेभीष्मपर्वणिभीष्मवधपर्वणिभीष्मदुर्योधनसंवादे नवाधिकशततमोऽध्यायः ॥ १०९ ॥

२८ । २९ । ३० । ३१ । ३२ । ३३ । ३४ । ३५ । ३६ । ३७ । ३८ । ३९ ॥ इतिभीष्मपर्वणिनीलकंठीये भारतभावदीपेनवाधिकशततमोऽध्यायः ॥ १०९ ॥

अर्जुनइति १ । २ । ३ । ४ । ५ । ६ । ७ । ८ । ९ । १० । ११ । १२ । १३ । १४ । १५ । १६ । १७ रभसंकृतोत्साहं १८ । १९ । २० । २१ । २२ । २३ प्रलयानिवप्रलयकालीना

॥ संजयउवाच ॥ अर्जुनस्तुरणेराजन्दृष्ट्वाभीष्मस्यविक्रमम् ॥ शिखंडिनमथोवाचसमभ्येहिपितामहम् १ नचापिभीस्त्वयाकार्याभीष्मादद्यकथंचन ॥ अहमेनंशरै
स्तीक्ष्णैःपातयिष्येरथोत्तमात् २ एवमुक्तस्तुपार्थेनशिखंडीभरतर्षभ ॥ अभ्यद्रवतगांगेयंश्रुत्वापार्थस्यभाषितम् ३ धृष्टद्युम्नस्तथाराजन्सौभद्रश्चमहारथः ॥ हृष्टावाद्र
वतांभीष्मंश्रुत्वापार्थस्यभाषितम् ४ विराटद्रुपदौवृद्धौकुंतिभोजश्चदंशितः ॥ अभ्यद्रवतगांगेयंपुत्रस्यतवपश्यतः ५ नकुलःसहदेवश्चधर्मराजश्चवीर्यवान् ॥ तथेतरा
णिसैन्यानिसर्वाण्येवविशांपते ६ समाद्रवंतगांगेयंश्रुत्वापार्थस्यभाषितम् ॥ प्रत्युद्ययुस्तावकाश्चसमेतांस्तान्महारथान् ७ यथाशक्तियथोत्साहंतन्मेनिगदतःशृणु ॥
चित्रसेनोमहाराजचेकितानंसमभ्ययात् ८ भीष्मप्रेप्सुंरणेयांतंवृषंव्याघ्रशिशुर्यथा ॥ धृष्टद्युम्नंमहाराजभीष्मांतिकमुपागतम् ९ त्वरमाणंरणेयत्तंकृतवर्मान्यवारयत् ॥
भीमसेनंसुसंक्रुद्धंगांगेयस्यवधैषिणम् १० त्वरमाणोमहाराजसौमदत्तिर्न्यवारयत् ॥ तथैवनकुलंशूरंकिरंतंसायकान्बहून् ११ विकर्णोवारयामासइच्छन्भीष्मस्यजीवि
तम् ॥ सहदेवंतथाराजन्यांतंभीष्मरथंप्रति १२ वारयामाससंक्रुद्धःकृपःशारद्वतोयुधि ॥ राक्षसंक्रूरकर्माणंभैमसेनिंमहाबलम् १३ भीष्मस्यनिधनंप्रेप्सुंदुर्मुखोऽभ्यद्र
वद्बली ॥ सात्यकिंसमरेयांतंतवपुत्रोन्यवारयत् १४ अभिमन्युंमहाराजयांतंभीष्मरथंप्रति ॥ सुदक्षिणोमहाराजकांबोजःप्रत्यवारयत् १५ विराटद्रुपदौवृद्धौसमेताव
रिमर्दनौ ॥ अश्वत्थामाततःक्रुद्धोवारयामासभारत १६ तथापांडुसुतंज्येष्ठंभीष्मस्यवधकांक्षिणं ॥ भारद्वाजोरणेयत्तोधर्मपुत्रमवारयत् १७ अर्जुनंरभसंयुद्धेपुरस्कृत्य
शिखंडिनम् ॥ भीष्मप्रेप्सुंमहाराजभासयंतंदिशोदश १८ दुःशासनोमहेष्वासोवारयामाससंयुगे ॥ अन्येचतावकायोधाःपांडवानांमहारथान् १९ भीष्मस्याभिमु
खान्यातान्वारयामासुराहवे ॥ धृष्टद्युम्नस्तुसैन्यानिप्राक्रोशंस्तुपुनःपुनः २० अभ्यद्रवतसंरब्धोभीष्ममेकंमहारथः ॥ एषोऽर्जुनोरणेभीष्मंप्रयातिकुरुनंदन २१ अभ्य
द्रवतमाभैष्टभीष्मोहिप्राप्स्यतेनवः ॥ अर्जुनंसमरेयोद्धुंनोत्सहेतापिवासवः २२ किमुभीष्मोरणेवीरागतसत्वोऽल्पजीवितः ॥ इतिसेनापतेःश्रुत्वापांडवानांमहारथाः
२३ अभ्यद्रवंतसंहृष्टागांगेयस्यरथंप्रति ॥ आगच्छमानान्समरेवार्योघान्प्रलयानिव २४ अवारयंतसंहृष्टास्तावकाःपुरुषर्षभाः ॥ दुःशासनोमहाराजभयंत्यक्त्वामहा
रथः २५ भीष्मस्यजीविताकांक्षीधनंजयमुपाद्रवत् ॥ तथैवपांडवाःशूरागांगेयस्यरथंप्रति २६ अभ्यद्रवंतसंग्रामेतवपुत्रान्महारथाः ॥ तत्राद्भुतमपश्यामचित्ररूपं
विशांपते २७ दुःशासनरथंप्राप्ययत्पार्थोनात्यवर्तत ॥ यथावारयतेवेलाक्षुब्धतोयंमहार्णवम् २८ तथैवपांडवंक्रुद्धंतवपुत्रोन्यवारयत् ॥ उभौतौरथिनांश्रेष्ठावुभौभारत
दुर्जयौ २९ उभौचंद्रार्कसदृशौकांत्यादीप्त्याचभारत ॥ तथातौजातसंरम्भावन्योन्यवधकांक्षिणौ ३०

निव २४ । २५ । २६ अद्भुतंअभूतपूर्वं २७ । २८ । २९ । ३०

म.भा.टी. ३१ । ३२ । ३३ । ३४ । ३५ । ३६ । ३७ । ३८ । ३९ । ४० अप्रैषीत्उपसर्गात्पूर्वोऽडागमस्तुच्छांदसः एवमन्यत्रापि ४१ । ४२ । ४३ । ४४ । ४५ द्वीपआश्रयः ४६ । ४७ । ४८ ॥ इतिभी० नी० भा० दश भीष्म०

।१३६॥ समीयतुर्महासंख्येमयशक्रौयथापुरा ॥ दुःशासनोमहाराजपांडवंविशिखैस्त्रिभिः ३१ वासुदेवंचविंशत्याताडयामाससंयुगे ॥ ततोऽर्जुनोजातमन्युर्वार्ष्णेयंवीक्ष्यपीडि अ०
तम् ३२ दुःशासनंशतेनाजौनाराचानांसमार्पयत् ॥ तेतस्यकवचंभित्वापपुःशोणितमाहवे ३३ दुःशासनस्त्रिभिःक्रुद्धःपार्थंविव्याधपत्रिभिः ॥ ललाटेभरतश्रेष्ठशरैः १११
सन्नतपर्वभिः ३४ ललाटस्थैस्तुतैर्बाणैःशुशुभेपांडवोरणे ॥ यथामेरुर्महाराजशृंगैरत्यर्थमुच्छ्रितैः ३५ सोऽतिविद्धोमहेष्वासःपुत्रेणतवधन्विना ॥ व्यराजतरणेपार्थः किंशुकःपुष्पवानिव ३६ दुःशासनंततःक्रुद्धःपीडयामासपांडवः ॥ पर्वणीवसुसंक्रुद्धोराहुःपूर्णंनिशाकरम् ३७ पीड्यमानोबलवतापुत्रस्तवविशांपते ॥ विव्याधसमरे पार्थंकंकपत्रैःशिलाशितैः ३८ तस्यपार्थोधनुश्छित्वारथंचास्यत्रिभिःशरैः ॥ आजघानततःपश्चात्पुत्रंतेनिशितैःशरैः ३९ सोऽन्यत्कार्मुकमादायभीष्मस्यप्रमुखेस्थि तः ॥ अर्जुनंपंचविंशत्याबाह्वोरुरसिचार्पयत् ४० तस्यक्रुद्धोमहाराजपांडवःशत्रुतापनः ॥ अप्रैषीद्विशिखान्घोरान्यमदंडोपमान्बहून् ४१ अप्राप्तानेवतान्बाणांश्चि च्छेदतनयस्तव ॥ यतमानस्यपार्थस्यतदद्भुतमिवाभवत् ४२ पार्थंचनिशितैर्बाणैरविध्यत्तनयस्तव ॥ ततःक्रुद्धोरणेपार्थःशरान्संधायकार्मुके ४३ प्रेषयामाससमरेस्व र्णपुंखाञ्छिलाशितान् ॥ न्यमज्जंस्तेमहाराजतस्यकायेमहात्मनः ४४ यथाहंसामहाराजतडागंप्राप्यभारत ॥ पीडितश्चैवपुत्रस्तेपांडवेनमहात्मना ४५ हित्वापार्थं रणेतूर्णंभीष्मस्यरथमाव्रजत् ॥ अगाधेमज्जतस्तस्यद्वीपोभीष्मोऽभवत्तदा ४६ प्रतिलभ्यततःसंज्ञांपुत्रस्तवविशांपते ॥ अवारयत्ततःशूरोभूयएवपराक्रमी ४७ शरैःसुनि शितैःपार्थंयथावृत्रंपुरंदरः ॥ निर्बिभेदमहाकायोविव्यथेनैवचार्जुनः ४८ ॥ ॥ इतिश्रीमहाभारतेभीष्मपर्वणि भीष्मवधपर्वणि अर्जुनदुःशासनसमागमेदशाधिक शततमोऽध्यायः ॥ ११० ॥ ॥ ॥ ॥ ॥ ॥ संजयउवाच ॥ सात्यकिंदंशितंयुद्धेभीष्मायाभ्युद्यतंरणे ॥ आर्ष्यशृंगिर्महेष्वासोवारया माससंयुगे १ माधवस्तुसुसंक्रुद्धोराक्षसंनवभिःशरैः ॥ आजघानरणेराजन्प्रहसन्निवभारत २ तथैवराक्षसोराजन्माधवंनवभिःशरैः ॥ अर्दयामासराजेंद्रसंक्रुद्धःशिनिपुं गवम् ३ शैनेयःशरसंघंतुप्रेषयामाससंयुगे ॥ राक्षसायसुसंक्रुद्धोमाधवःपरवीरहा ४ ततोरक्षोमहाबाहुंसात्यकिंसत्यविक्रमम् ॥ विव्याधविशिखैस्तीक्ष्णैःसिंहनादंन नादच ५ माधवस्तुभृशंविद्धोराक्षसेनरणेतदा ॥ वार्यमाणश्चतेजस्वीजहासचननादच ६ भगदत्तस्ततःक्रुद्धोमाधवंनिशितैःशरैः ॥ ताडयामाससमरेतोत्रैरिवमहाग जम् ७ विहायराक्षसंयुद्धेशैनेयोरथिनांवरः ॥ प्राग्ज्योतिषायचिक्षेपशरान्सन्नतपर्वणः ८ तस्यप्राग्ज्योतिषोराजामाधवस्यमहद्धनुः ॥ चिच्छेदशतधारेणभल्लेनकृतह स्तवत् ९ अथान्यद्धनुरादायवेगवत्परवीरहा ॥ भगदत्तंरणेक्रुद्धंविव्याधनिशितैःशरैः १० सोऽतिविद्धोमहेष्वासःसृक्किणीपरिसंलिहन् ॥ शक्तिंकनकवैदूर्यभूषिता ॥१३६॥
मायसींदृढाम् ११

धिकशत तमोऽध्यायः ॥ ११० ॥ सात्यकिमिति १ । २ । ३ । ४ । ५ । ६ । ७ । ८ । ९ । १० । ११

यमदंडोपमांघोरांचिक्षेपपरमाहवे ॥ तामापतन्तींसहसातस्यबाहुबलेरिताम् १२ सात्यकिःसमरेराजन्द्विधाचिच्छेदसायकैः ॥ ततःपपातसहसामहोल्केवहतप्रभा
१३ शक्तिंविनिहतांदृष्ट्वापुत्रस्तवविशांपते ॥ महतारथवंशेनवारयामाससमाधवम् १४ तथापरिवृतंदृष्ट्वावार्ष्णेयानांमहारथम् ॥ दुर्योधनोभृशंक्रुद्धोभ्रातॄन्सर्वानुवा
चह १५ तथाकुरुतकौरव्यायथावःसात्यकोयुधि ॥ नजीवन्प्रतिनिर्यातिमहतोऽस्माद्रथव्रजात् १६ तस्मिन्हतेहतंमन्येपाण्डवानांमहद्बलम् ॥ तथेतिचवचस्तस्य
परिगृह्यमहारथाः १७ शैनेयंयोधयामासुर्भीष्मायाभ्युद्यतंरणे ॥ काम्बोजराजोबलवान्वारयामाससंयुगे १८ आर्जुनिंनृपतिर्विद्धाशरैःसन्नतपर्वभिः ॥ पुनरेवचतुः
षष्ट्याराजन्विव्याधतंनृप १९ सुदक्षिणस्तुसमरेपुनर्विव्याधपंचभिः ॥ सारथिंचास्यनवभिरिच्छन्भीष्मस्यजीवितम् २० तद्युद्धमासीत्सुमहत्तयोस्तत्रसमागमे ॥
यदाऽभ्यधावद्गांगेयंशिखंडीशत्रुकर्शनः २१ विराटद्रुपदौवृद्धौवारयंतौमहाचमूम् ॥ भीष्मंचयुधिसंरब्धावाद्रवंतौमहारथौ २२ अश्वत्थामारणेक्रुद्धःसमियाद्रथस
त्तमः ॥ ततःप्रववृतेयुद्धंतयोस्तस्यचभारत २३ विराटोदशभिर्भल्लैराजघानपरंतप ॥ यतमानंमहेष्वासंद्रौणिमाहवशोभिनम् २४ द्रुपदश्चत्रिभिर्बाणैर्विव्याधनिशितै
स्तदा ॥ गुरुपुत्रंसमासाद्यप्रहरंतौमहाबलौ २५ अश्वत्थामाततस्तौतुविव्याधबहुभिःशरैः ॥ विराटद्रुपदौवीरौभीष्मंप्रतिसमुद्यतौ २६ तत्राद्भुतमपश्यामवृद्धयोश्चरि
तंमहत् ॥ यद्द्रौणिसायकान्घोरान्प्रत्यवारयतांयुधि २७ सहदेवंतथायांतंकृपःशारद्वतोऽभ्ययात् ॥ यथानागोवनेनागंमत्तोमत्तमुपाद्रवत् २८ कृपश्चसमरेशूरोमाद्री
पुत्रंमहारथम् ॥ आजघानशरैस्तूर्णंसप्तत्यारुक्मभूषणैः २९ तस्यमाद्रीसुतश्चापंद्विधाचिच्छेदसायकैः ॥ अथैनंछिन्नधन्वानंविव्याधनवभिःशरैः ३० सोऽन्यत्कार्मु
कमादायसमरेभारसाधनम् ॥ माद्रीपुत्रंसुसंहृष्टोदशभिर्निशितैःशरैः ३१ आजघानोरसिक्रुद्धइच्छन्भीष्मस्यजीवितम् ॥ तथैवपांडवोराजञ्छारद्वतममर्षणम् ३२
आजघानोरसिक्रुद्धोभीष्मस्यवधकांक्षया ॥ तयोर्युद्धंसमभवद्घोररूपंभयावहम् ३३ नकुलंतुरणेक्रुद्धोविकर्णःशत्रुतापनः ॥ विव्याधसायकैःषष्ट्यारक्षन्भीष्मंमहा
बलम् ३४ नकुलोऽपिभृशंविद्धस्तवपुत्रेणधीमता ॥ विकर्णंसप्तसप्तत्यानिर्बिभेदशिलीमुखैः ३५ तत्रतौनरशार्दूलौभीष्महेतोःपरंतपौ ॥ अन्योन्यंजघ्नतुर्वीरौगोष्ठे
गोवृषभाविव ३६ घटोत्कचंरणेयांतंनिघ्नंतंतववाहिनीम् ॥ दुर्मुखःसमरेप्रायाद्भीष्महेतोःपराक्रमी ३७ हैडिंबस्तुरणेराजन्दुर्मुखंशत्रुतापनम् ॥ आजघानोरसिक्रुद्धःशरे
णानतपर्वणा ३८ भीमसेनसुतंचापिदुर्मुखःसुमुखैःशरैः ॥ षष्ट्यावीरोनदन्हृष्टोविव्याधरणमूर्धनि ३९ धृष्टद्युम्नंतथायांतंभीष्मस्यवधकांक्षिणम् ॥ हार्दिक्योवारया
मासरथश्रेष्ठंमहारथः ४० हार्दिक्यःपार्षतंचापिविद्ध्वापंचभिरायसैः ॥ पुनःपंचाशतातूर्णंतिष्ठतिष्ठेतिचाब्रवीत् ४१ आजघानमहाबाहुःपार्षतंतंमहारथम् ॥ तंचैवपार्षतो
राजन्हार्दिक्यंनवभिःशरैः ४२

४३ । ४४ । ४५ । ४६ । ४७ । ४८ । ४९ । ५० । ५१ । ५२ । ५३ । ५४ । ५५ । ५६ । ५७ लोड्यतेआकुलीक्रियते ५८ ॥ इतिभीष्मपर्वणिनीलकंठीयेभारतभावदीपे एकादशाधिकशततमो

विव्याधनिशितैस्तीक्ष्णैःकंकपत्रैरजिह्मगैः ॥ तयोःसमभवद्युद्धंभीष्महेतोर्महाहवे ४३ अन्योन्यातिशयेयुक्तंयथावृत्रमहेन्द्रयोः ॥ भीमसेनंतथायांतंभीष्मंप्रतिमहा
रथम् ४४ भूरिश्रवाभ्ययात्तूर्णंतिष्ठतिष्ठेतिचाब्रवीत् ॥ सौमदत्तिरथोभीममाजघानस्तनांतरे ४५ नाराचेनसुतीक्ष्णेनरुक्मपुंखेनसंयुगे ॥ उरःस्थेनबभौतेनभीमसेनःप्रताप
वान् ४६ स्कंदशक्त्यायथाक्रौञ्चःपुरानृपतिसत्तम ॥ तौशरान्सूर्यसंकाशान्कर्मारपरिमार्जितान् ४७ अन्योन्यस्यरणेक्रुद्धौचिक्षिपातेनरर्षभौ ॥ भीमोभीष्मवधा
कांक्षीसौमदत्तिंमहारथम् ४८ तथाभीष्मजयेगृध्नुःसौमदत्तिस्तुपांडवम् ॥ कृतप्रतिकृतेयत्तौयोधयामासतूरणे ४९ युधिष्ठिरंतुकौंतेयंमहत्यासेनयावृतम् ॥ भीष्मा
भिमुखमायांतंभारद्वाजोन्यवारयत् ५० द्रोणस्यरथनिर्घोषंपर्जन्यनिनदोपमम् ॥ श्रुत्वाप्रभद्रकाराजन्समकंपंतमारिष ५१ सासेनामहतीराजन्पांडुपुत्रस्यसंयुगे ॥
द्रोणेनवारितायत्तानचचालपदात्पदम् ५२ चेकितानंरणेयत्तंभीष्मंप्रतिजनेश्वर ॥ चित्रसेनस्तवसुतःक्रुद्धरूपमवारयत् ५३ भीष्महेतोःपराक्रांतश्चित्रसेनःपराक्रमी ॥
चेकितानंपरंशक्त्यायोधयामासभारत ५४ तथैवचेकितानोऽपिचित्रसेनमवारयत् ॥ तद्युद्धमासीत्सुमहत्तयोस्तत्रसमागमे ५५ अर्जुनोवार्यमाणस्तुबहुशस्तत्रभारत ॥
विमुखीकृत्यपुत्रंतेसेनांतवममर्दह ५६ दुःशासनोऽपिपरयाशक्त्यापार्थमवारयत् ॥ कथंभीष्मंननोहन्यादितिनिश्चित्यभारत ५७ सावध्यमानासमरेपुत्रस्यतववाहि
नी ॥ लोड्यतेरथिभिःश्रेष्ठैस्तत्रतत्रैवभारत ५८ ॥ इतिश्रीमहाभारतेभीष्मपर्वणिभी० द्वंद्वयुद्धे एकादशाधिकशततमोऽध्यायः ॥ १११ ॥ संजयउवाच ॥ अथवी
रोमहेष्वासोमत्तवारणविक्रमः ॥ समादायमहच्चापंमत्तवारणवारणम् १ विधुन्वानोनरश्रेष्ठोद्रावयाणोवरूथिनीम् ॥ पृतनांपांडवेयानांगाहमानोमहाबलः २ निमित्ता
निनिमित्तज्ञःसर्वतोवीक्ष्यवीर्यवान् ॥ प्रतपंतमनीकानिद्रोणःपुत्रमभाषत ३ अयंहिदिवसस्तातयत्रपार्थोमहाबलः ॥ जिघांसुःसमरेभीष्मंपरंयत्नंकरिष्यति ४ उत्प
तंतिहिमेबाणाधनुःप्रस्फुरतीवच ॥ योगमस्त्राणिगच्छंतिक्रूरेमेवर्ततेमतिः ५ दिक्ष्वशांतानिघोराणिव्याहरंतिमृगद्विजाः ॥ नीचैर्गृध्रानिलीयंतेभारतानांचमूंप्रति ६
नष्टप्रभइवादित्यःसर्वतोलोहितादिशः ॥ रसतेव्यथतेभूमिःकंपतीवचसर्वशः ७ कंकगृध्राबलाकाश्चव्याहरंतिमुहुर्मुहुः ॥ शिवाश्चैवाशिवाघोरावेदयंत्योमहद्भयम् ८
पपातमहतीचोल्कामध्येनादित्यमंडलात् ॥ सकबंधश्चपरिघोभानुमावृत्यतिष्ठति ९ परिवेषस्तथाघोरश्चंद्रभास्करयोरभूत् ॥ वेदयानोभयंघोरंराज्ञांदेहावकर्तनम् १०
देवतायतनस्थाश्चकौरवेंद्रस्यदेवताः ॥ कंपंतेचहसंतेचनृत्यंतिचरुदंतिच ११ अपसव्यंग्रहाश्चकुरलक्ष्माणंदिवाकरम् ॥ अवाक्शिराश्चभगवानुपातिष्ठतचंद्रमाः १२

ऽध्यायः ॥ १११ ॥ अथेति १ । २ । ३ । ४ । ५ घोराणिभयंकराणि अशांतानिअनुपरतानि ६ रसतेशब्दायते व्यथतेबिभेतीवकंपतइवच ७ । ८ । ९ । १० । ११ अलक्ष्माणंप्रचंडलक्षणलक्षितं अवाक्
शिराअधोमुखकोटिद्वयः १२

१३ । १४ आस्थायआलंब्य १५ । १६ । १७ । १८ । १९ । २० अस्त्रसमारंभःउग्रमपात्रंनतुपूर्ववदस्त्राणामुपस्थितिः २१ । २२ । २३ । २४ । २५ । २६ । २७ हेपुत्रउपजीविभिरनुगतैः २८ । २९

वपूंषिचनरेन्द्राणांविगताभानिलक्षये ॥ धार्तराष्ट्रस्यसैन्येपुनचभ्राजंतिदंशिताः १३ सेनयोरुभयोश्चापिसमंताच्छ्रूयतेमहान् ॥ पांचजन्यस्यनिर्घोषोगांडीवस्य
चनिःस्वनः १४ ध्रुवमास्थायबीभत्सुरुत्तमास्त्राणिसंयुगे ॥ अपास्यान्यान्रणेयोधानभ्येष्यतिपितामहम् १५ हृष्यंतिरोमकूपाणिसीदतीवचमेमनः ॥ चिंतयि
त्वामहाबाहोभीष्मार्जुनसमागमम् १६ तंचेहनिकृतिप्रज्ञंपांचाल्यंपापचेतसम् ॥ पुरस्कृत्यरणेपार्थोभीष्मस्यायोधनंगतः १७ अब्रवीच्चपुराभीष्मोनाहंहन्यांशि
खंडिनम् ॥ स्त्रीह्येषाविहिताधात्रादैवाच्चसपुनःपुमान् १८ अमंगल्यध्वजश्चैवयाज्ञसेनिर्महाबलः ॥ नचामंगलिकेतस्मिन्प्रहरेदापगासुतः १९ एतद्विचिंतयान
स्यप्रज्ञासीदतिमेभृशम् ॥ अभ्युद्यतोरणेपार्थःकुरुवृद्धमुपाद्रवत् २० युधिष्ठिरस्यचक्रोधोभीष्मश्चार्जुनसंगतः ॥ ममचास्त्रसमारंभःप्रजानामशिवंध्रुवम् २१
मनस्वीबलवान्शूरःकृतास्त्रोलघुविक्रमः ॥ दूरपातीदृढेषुश्चनिमित्तज्ञश्चपांडवः २२ अजेयःसमरेचापिदेवैरपिसवासवैः ॥ बलवान्बुद्धिमांश्चैवजितक्लेशोयुधांवरः
२३ विजयीचरणेनित्यंभैरवास्त्रश्चपांडवः ॥ तस्यमार्गंपरिहरन्द्रुतंगच्छयतव्रत २४ पश्याद्यैतन्महाघोरेसंयुगेवैशसंमहत् ॥ हेमचित्राणिशूराणांमहांतिचशुभानि
च २५ कवचान्यवदीर्यन्तेशरैःसन्नतपर्वभिः ॥ छिद्यन्तेचध्वजाग्राणितोमराश्चधनूंषिच २६ प्रासाश्चविमलास्तीक्ष्णाःशक्त्यश्चकनकोज्ज्वलाः ॥ वैजयंत्यश्चना
गानांसंक्रुद्धेनकिरीटिना २७ नायंसंरक्षितुंकालःप्राणान्पुत्रोपजीविभिः ॥ याहिस्वर्गंपुरस्कृत्ययशसेविजयायच २८ रथनागहयावर्तांमहाघोरांसुदुर्गमाम् ॥
रथेनसंग्रामनदींतरत्येषकपिध्वजः २९ ब्रह्मण्यतादमोदानंतपश्चचरितंमहत् ॥ इहैवदृश्यतेपार्थेभ्राताचस्यधनंजयः ३० भीमसेनश्चबलवान्माद्रीपुत्रौचपांडवौ ॥
वासुदेवश्चवार्ष्णेयोयस्यनाथोव्यवस्थितः ३१ तस्यैषमन्युप्रभवोधार्तराष्ट्रस्यदुर्मतेः ॥ तपोदग्धशरीरस्यकोपोदहतिभारतीम् ३२ एषसंदृश्यतेपार्थोवासुदेवव्यपा
श्रयः ॥ दारयन्सर्वसैन्यानिधार्तराष्ट्राणिसर्वशः ३३ एतदालोक्यतेसैन्यंक्षोभ्यमाणंकिरीटिना ॥ महोर्मिनद्धंसुमहत्तिमिनेवमहाजलम् ३४ हाहाकिलकिला
शब्दाःश्रूयंतेचचमूमुखे ॥ याहिपांचालदायादमहंयास्येयुधिष्ठिरम् ३५ दुर्गमंह्यंतरंराज्ञोव्यूहस्यामिततेजसः ॥ समुद्रकुक्षिप्रतिमंसर्वतोऽतिरथैःस्थितैः ३६
सात्यकिश्चाभिमन्युश्चधृष्टद्युम्नवृकोदरौ ॥ पर्यरक्षंतराजानंयमौचमनुजेश्वरम् ३७ उपेन्द्रसदृशःश्यामोमहाशालइवोद्गतः ॥ एषगच्छत्यनीकाग्रेद्वितीयइवफा
ल्गुनः ३८ उत्तमास्त्राणिचाधत्स्वगृहीत्वाचमहद्धनुः ॥ पार्षतंयाहिराजानंयुध्यस्वचवृकोदरम् ३९ कोहिनेच्छेत्प्रियंपुत्रंजीवन्तंशाश्वतीःसमाः ॥ क्षत्रधर्मंतु
संप्रेक्ष्यततस्त्वांनियुनज्म्यहम् ४० एषचातिरणेभीष्मोदहतेवैमहाचमूम् ॥ युद्धेषुसदृशस्तातयमस्यवरुणस्यच ४१ ॥ इतिश्रीमहाभारतेभीष्मपर्वणिभीष्म
वधपर्वणि द्रोणाश्वत्थामसंवादे द्वादशाधिकशततमोऽध्यायः ॥ ११२ ॥

 पार्थेयुधिष्ठिरे ३० । ३१ तस्यधर्मस्यमन्युर्दैन्यंभारतींसेनामितिशेषः ३२ । ३३ । ३४ । ३५ । ३६ । ३७ । ३८ । ३९ । ४० । ४१ ॥ इति भी०नी०भा० द्वादशाधिकशततमोऽध्यायः ॥ ११२ ॥

॥ संजयउवाच ॥ ॥ भगदत्तःकृपःशल्यःकृतवर्मातथैवच ॥ विंदानुविंदावावन्त्यौसैन्धवश्चजयद्रथः १ चित्रसेनोविकर्णश्चतथादुर्मर्षणादयः ॥ दशैतेतावकायोधाभीमसेनमयोधयन् २ महत्यासेनयायुक्तानानादेशसमुत्थया ॥ भीष्मस्यसमरेराजन्प्रार्थयानामहद्यशः ३ शल्यस्तुनवभिर्बाणैर्भीमसेनमताडयत् ॥ कृतवर्मात्रिभिर्बाणैःकृपश्चनवभिःशरैः ४ चित्रसेनोविकर्णश्चभगदत्तश्चमारिष ॥ दशभिर्दशभिर्बाणैर्भीमसेनमताडयन् ५ सैन्धवश्चत्रिभिर्बाणैर्भीमसेनमताडयत् ॥ विंदानुविंदावावंत्यौपंचभिःपंचभिःशरैः ६ दुर्मर्षणस्तुविंशत्यापांडवंनिशितैःशरैः ॥ सतान्सर्वान्महाराजराजमानान्पृथक्पृथक् ७ प्रवीरान्सर्वलोकस्यधार्तराष्ट्रान्महारथान् ॥ जघानसमरेवीरःपांडवःपरवीरहा ८ सप्तभिःशल्यमाविध्यत्कृतवर्माणमष्टभिः ॥ कृपस्यसशरंचापंमध्येचिच्छेदभारत ९ अथैनंछिन्नधन्वानंपुनर्विव्याधसप्तभिः ॥ विन्दानुविंदौचतथात्रिभिस्त्रिभिरताडयत् १० दुर्मर्षणंचविंशत्याचित्रसेनंचपंचभिः ॥ विकर्णंदशभिर्बाणैःपंचभिश्चजयद्रथम् ११ विध्वाभीमोनदद्धृष्टःसैन्धवंचपुनस्त्रिभिः ॥ अथान्यद्धनुरादायगौतमोरथिनांवरः १२ भीमंविव्याधसंरब्धोदशभिर्निशितैःशरैः ॥ सविद्धोदशभिर्बाणैस्तोत्रैरिवमहाद्विपः ॥ १३ ततःक्रुद्धोमहाराजभीमसेनःप्रतापवान् ॥ गौतमंताडयामासशरैर्बहुभिराहवे १४ सैन्धवस्यतथाश्वांश्चसारथिंचत्रिभिःशरैः ॥ प्राहिणोन्मृत्युलोकायकालांतकसमद्युतिः १५ हताश्वात्तुरथात्तूर्णमवप्लुत्यमहारथः ॥ शरांश्चिक्षेपनिशितान्भीमसेनस्यसंयुगे १६ तस्यभीमोधनुर्मध्येद्वाभ्यांचिच्छेदमारिष ॥ भल्लाभ्यांभरतश्रेष्ठसैन्धवस्यमहात्मनः १७ सच्छिन्नधन्वाविरथोहताश्वोहतसारथिः ॥ चित्रसेनरथंराजन्नारुरोहत्वरान्वितः १८ अत्यद्भुतंरणेकर्मकृतवांस्तत्रपांडवः ॥ महारथान्शरैर्विद्ध्वावारयित्वाचमारिष १९ विरथंसैन्धवंचक्रेसर्वलोकस्यपश्यतः ॥ तदानमममृषेशल्योभीमसेनस्यविक्रमम् २० ससंधायशरांस्तीक्ष्णान्कर्मारपरिमार्जितान् ॥ भीमंविव्याधसमरेतिष्ठतिष्ठेतिचाब्रवीत् २१ कृपश्चकृतवर्माचभगदत्तश्चवीर्यवान् ॥ विंदानुविंदावावंत्यौचित्रसेनश्चसंयुगे २२ दुर्मर्षणोविकर्णश्चसिंधुराजश्चवीर्यवान् ॥ भीमंतेविव्यधुस्तूर्णंशल्यहेतोररिंदमाः २३ सचतान्प्रतिविव्याधपंचभिःपंचभिःशरैः ॥ शल्यंविव्याधसप्तत्यापुनश्चदशभिःशरैः २४ तंशल्योनवभिर्भित्त्वापुनर्विव्याधपंचभिः ॥ सारथिंचास्यभल्लेनगाढंविव्याधमर्मणि २५ विशोकंप्रेक्ष्यनिर्भिन्नंभीमसेनःप्रतापवान् ॥ मद्रराजंत्रिभिर्बाणैर्बाह्वोरुरसिचार्पयत् २६ तथेतरान्महेष्वासांस्त्रिभिस्त्रिभिरजिह्मगैः ॥ ताडयामाससमरेसिंहवद्विननादच २७ तेहियत्तामहेष्वासाःपांडवंयुद्धकोविदम् ॥ त्रिभिस्त्रिभिरकुंठाग्रैर्भृशंमर्मस्वताडयन् २८ सोऽतिविद्धोमहेष्वासोभीमसेनोनविव्यथे ॥ पर्वतोवारिधाराभिर्वर्षमाणैरिवांबुदैः २९ सतुक्रोधसमाविष्टःपांडवानांमहारथः ॥ मद्रेश्वरंत्रिभिर्बाणैर्भृशंविध्वामहायशाः ३० कृपंचनवभिर्बाणैर्भृशंविध्वासमंततः ॥ प्राग्ज्योतिषंशतैराजौराजन्विव्याधसायकैः ३१

सात्वतस्यकृतवर्मणः ३२ । ३३ । ३४ । ३५ मत्वातृणेनतांस्तुल्यानितितुल्यशब्दोपादानान्नद्वितीयाचतुर्थ्यौकिंतुतुल्यार्थैरतुलोपमाभ्यामितितृतीया ३६ । ३७ । ३८ । ३९ । ४० । ४१ । ४२

ततस्तुसशरंचापंसात्वतस्यमहात्मनः ॥ क्षुरप्रेणसुतीक्ष्णेनचिच्छेदकृतहस्तवत् ३२ तथाऽन्यद्धनुरादायकृतवर्मावृकोदरम् ॥ आजघानभ्रुवोर्मध्येनाराचेनपरं
तपः ३३ भीमस्तुसमरेविध्वाशल्यंनवभिरायसैः ॥ भगदत्तंत्रिभिश्चैवकृतवर्माणमष्टभिः ३४ द्वाभ्यांद्वाभ्यांतुविव्याधगौतमप्रभृतीन्रथान् ॥ तेऽपितंसमरेरा
जन्विव्यधुर्निशितैःशरैः ३५ सतथापीड्यमानोऽपिसर्वशस्त्रैर्महारथैः ॥ मत्वातृणेनतांस्तुल्यान्विचचारगतव्यथः ३६ तेचापिरथिनांश्रेष्ठाभीमायनिशितान्श
रान् ॥ प्रेषयामासुरव्यग्राःशतशोऽथसहस्रशः ३७ तस्यशक्तिंमहावेगांभगदत्तोमहारथः ॥ चिक्षेपसमरेवीरःस्वर्णदंडांमहामते ३८ तोमरंसैन्धवोराजापट्टिशंचम
हाभुजः ॥ शतघ्नींचकृपोराजञ्छरंशल्यश्चसंयुगे ३९ अथेतरेमहेष्वासाःपंचपंचशिलीमुखान् ॥ भीमसेनंसमुद्दिश्यप्रेषयामासुरोजसा ४० तोमरंचद्विधाचक्रेक्षुरप्रे
णानिलात्मजः ॥ पट्टिशंचत्रिभिर्बाणैश्चिच्छेदतिलकांडवत् ४१ सबिभेदशतघ्नींचनवभिःकंकपत्रिभिः ॥ मद्रराजप्रयुक्तंचशरंछित्त्वामहारथः ४२ शक्तिंचिच्छेदसहसा
भगदत्तेरितांरणे ॥ तथेतरान्शरान्घोरान्शरैःसन्नतपर्वभिः ४३ भीमसेनोरणश्लाघीत्रिधैकैकंसमाच्छिनत् ॥ तांश्चसर्वान्महेष्वासांस्त्रिभिस्त्रिभिरताडयत् ४४ ततोधनंजय
स्तत्रवर्तमानेमहारणे ॥ आजगामरथेनाजौभीमंदृष्ट्वामहारथम् ४५ निघ्नन्तंसमरेशत्रून्योधयानंचसायकैः ॥ तौतुतत्रमहात्मानौसमेतौवीक्ष्यपांडवौ ४६ नशशंसुर्जयंत
त्रतावकाःपुरुषर्षभाः ॥ अथार्जुनोरणेभीमंयोधयन्तंमहारथान् ४७ भीष्मस्यनिधनाकांक्षीपुरस्कृत्यशिखंडिनम् ॥ आससादरणेवीरांस्तावकान्दशभारत ४८
येस्मभीमंरणेराजन्योधयंतोव्यवस्थिताः ॥ बीभत्सुस्तानथाविध्यद्भीमस्यप्रियकाम्यया ४९ ततोदुर्योधनोराजासुशर्माणमचोदयत् ॥ अर्जुनस्यवधार्थायभीमसे
नस्यचोभयोः ५० सुशर्मन्गच्छशीघ्रंत्वंबलौघैःपरिवारितः ॥ जहिपांडुसुतावेतौधनंजयवृकोदरौ ५१ तच्छ्रुत्वावचनंतस्यत्रैगर्तःप्रस्थलाधिपः ॥ अभिद्रुत्य
रणेभीममर्जुनंचैवधन्विनौ ५२ रथैरनेकसाहस्रैःसमंतात्पर्यवारयत् ॥ ततःप्रववृतेयुद्धमर्जुनस्यपरैःसह ५३ ॥ इतिमहाभारते भीष्मपर्वणि भीष्मवधपर्वणि
भीमपराक्रमेत्रयोदशाधिकशततमोऽध्यायः ॥ ११३ ॥ ॥ संजयउवाच ॥ ॥ अर्जुनस्तुरणेशल्यंयतमानंमहारथम् ॥ छादयामाससमरेशरैःसन्न
तपर्वभिः १ सुशर्माणंकृपंचैवत्रिभिस्त्रिभिरविध्यत ॥ प्राग्जोतिषंचसमरेसैन्धवंचजयद्रथम् २ चित्रसेनंविकर्णंचकृतवर्माणमेवच ॥ दुर्मर्षणंचराजेन्द्रआवंत्यौच
महारथौ ३ एकैकंत्रिभिरानर्च्छत्कंकबर्हिणवाजितैः ॥ शरैरतिरथोयुद्धेपीडयन्वाहिनींतव ४ जयद्रथोरणेपार्थंविध्वाभारतसायकैः ॥ भीमंविव्याधतरसाचित्रसे
नरथेस्थितः ५ शल्यश्चसमरेजिष्णुंकृपश्चरथिनांवरः ॥ विव्यधातेमहाराजबहुधामर्मभेदिभिः ६

४३ । ४४ । ४५ । ४६ । ४७ । ४८ । ४९ । ५० । ५१ । ५२ । ५३ ॥ इतिभीष्मपर्वणिनीलकंठीये भारतभावदीपे त्रयोदशाधिकशततमोध्यायः ॥ ११३ ॥ अर्जुनइति १ । २ । ३ । ४ । ५ । ६

म.भा.टी. ॥ ७ । ८ । ९ । १० । ११ । १२ । १३ । १४ । १५ । १६ । १७ । १८ । १९ । २० । २१ । २२ । २३ बर्हिणवाजानांमयूरपक्षवतांबाणानाम् २४ । २५ । २६ । २७ । २८ । २९ मागधोजयत्सेनः ॥ भीष्म० अ० ११४

॥ १३२ ॥

चित्रसेनादयश्चैवपुत्रास्तवविशांपते ॥ पंचभिःपंचभिस्तूर्णंसंयुगेनिशितैःशरैः ७ आजघ्नुरर्जुनंसंख्येभीमसेनंचमारिष ॥ तौतत्ररथिनांश्रेष्ठौकौन्तेयौभरतर्षभौ ८
अपीडयेतांसमरेत्रिगर्तानांमहद्बलम् ॥ सुशर्माऽपिरणेपार्थंशरैर्नवभिराशुगैः ९ ननादबलवन्नादंत्रासयानोमहद्बलम् ॥ अन्येचरथिनःशूराभीमसेनधनंजयौ १०
विव्यधुर्निशितैर्बाणैरुक्मपुंखैरजिह्मगैः ॥ तेषांचरथिनांमध्येकौन्तेयौभरतर्षभौ ११ क्रीडमानौरथोदारौचित्ररूपौव्यदृश्यताम् ॥ आमिषेप्सूगवांमध्येसिंहाविव
मदोत्कटौ १२ छित्वाधनूंषिशूराणांशरांश्चबहुधारणे ॥ पातयामासतुर्वीरौशिरांसिशतशोनृणाम् १३ रथाश्चबहवोभग्नाहयाश्चशतशोहताः ॥ गजाश्चसगजा
रोहाःपेतुरुर्व्यांमहामृधे १४ रथिनःसादिनश्चापितत्रतत्रनिषूदिताः ॥ दृश्यन्तेबहवोराजन्वेपमानाःसमंततः १५ हतैर्गजपदात्यौघैर्वाजिभिश्चनिषूदितैः ॥ रथैश्चब
हुधाभग्नैःसमास्तीर्यतमेदिनी १६ छत्रैश्चबहुधाच्छिन्नैर्ध्वजैश्चविनिपातितैः ॥ अंकुशैरपविद्धैश्चपरिस्तोमैश्चभारत १७ केयूरैरंगदैर्हारैरांकवैर्मृदितैस्तथा ॥ उष्णीषै
र्ऋष्टिभिश्चैवचामरव्यजनैरपि १८ तत्रतत्रापविद्धैश्चबाहुभिश्चंदनोक्षितैः ॥ ऊरुभिश्चनरेन्द्राणांसमास्तीर्यतमेदिनी १९ तत्राद्भुतमपश्यामरणेपार्थस्यविक्रमम् ॥ शरैः
संवार्यतान्वीरान्यज्जघानमहाबलः २० पुत्रस्तुतवतंदृष्ट्वाभीमार्जुनपराक्रमम् ॥ गांगेयस्यरथाभ्याशमुपजग्मेमहाबलः २१ कृपश्चकृतवर्माचसैन्धवश्चजयद्रथः ॥ विं
दानुविंदावावंत्यौनाजहुःसंयुगंतदा २२ ततोभीमोमहेष्वासःफाल्गुनश्चमहारथः ॥ कौरवाणांचमूंवीरौभृशंदुद्रुवतूरणे २३ ततोबर्हिणवाजानामयुतान्यर्बुदानिच ॥
धनंजयरथेतूर्णंपातयंतिस्मभूमिपाः २४ ततस्तान्शरजालेनसन्निवार्यमहारथान् ॥ पार्थःसमंतात्समरेप्रेषयामासमृत्यवे २५ शल्यस्तुसमरेजिष्णुंक्रीडन्निवमहारथः ॥
आजघानोरसिक्रुद्धोभल्लैःसन्नतपर्वभिः २६ तस्यपार्थोधनुश्छित्वाहस्तावापंचपंचभिः ॥ अथैनंसायकैस्तीक्ष्णैर्भृशंविव्याधमर्मणि २७ अथान्यद्धनुरादायसमरेभार
साधनम् ॥ मद्रेश्वरोरणेजिष्णुंताडयामासरोषितः २८ त्रिभिःशरैर्महाराजवासुदेवंचपंचभिः ॥ भीमसेनंचनवभिर्बाह्वोरुरसिचार्पयत् २९ ततोद्रोणोमहाराजमागध
श्चमहारथः ॥ दुर्योधनसमादिष्टौतंदेशमुपजग्मतुः ३० यत्रपार्थोमहाराजभीमसेनश्चपांडवः ॥ कौरव्यस्यमहासेनांजघ्नतुःसुमहारथौ ३१ जयत्सेनस्तुसमरेभीमंभी
मायुधंयुधि ॥ विव्याधनिशितैर्बाणैरष्टभिर्भरतर्षभ ३२ तंभीमोदशभिर्विध्वापुनर्विव्याधपंचभिः ॥ सारथिंचास्यभल्लेनरथनीडादपातयत् ३३ उद्भ्रांतैस्तुरगैःसोऽथ
द्रवमाणैःसमंततः ॥ मागधोऽपसृतोराजासर्वसैन्यस्यपश्यतः ३४ द्रोणश्चविवरंदृष्ट्वाभीमसेनंशिलीमुखैः ॥ विव्याधबाणैर्निशितैःपंचषष्टिभिरायसैः ३५ तंभीमःस
मरश्लाघीगुरुंपितृसमंरणे ॥ विव्याधपंचभिर्भल्लैस्तथाषष्ट्याचभारत ३६ अर्जुनस्तुसुशर्माणंविध्वाबहुभिरायसैः ॥ व्यधमत्तस्यतत्सैन्यंमहाभ्राणियथाऽनिलः ३७ ॥ १३९ ॥

३० । ३१ । ३२ । ३३ । अपसृतः पलायितः ३४ । ३५ । ३६ । ३७

३८ । ३९ । ४० । ४१ । ४२ । ४३ । ४४ । ४५ । ४६ । ४७ ॥ इति भी॰ नी॰ भा॰ चतुर्दशाधिकशततमोऽध्यायः ॥ ११४ ॥ १ । २ । ३ । ४ । ५ । ६ । ७ । ८ । ९ निर्विद्यतनिर्वेदंजगाम १०

ततोभीष्मश्वराजाचकौसल्यश्वबृहद्बलः ॥ समवर्तंतसंकृद्धाभीमसेनधनंजयौ ३८ तथैवपांडवाःशूराधृष्टद्युम्नश्वपार्षतः ॥ अभ्यद्रवंत्रणेभीष्मव्यादितास्यमिवांतकम् ३९ शिखंडीतुसमासाद्यभरतानांपितामहम् ॥ अभ्यद्रवत्संहृष्टोभयंत्यक्त्वामहारथात् ४० युधिष्ठिरमुखाःपार्थाःपुरस्कृत्यशिखंडिनम् ॥ अयोधयन्रणेभीष्मंसहिताःसर्वसंजयैः ४१ तथैवतावकाःसर्वेपुरस्कृत्ययतव्रतम् ॥ शिखंडिप्रमुखान्पार्थान्योधयंतिस्मसंयुगे ४२ ततःप्रवव्रतेयुद्धंकौरवाणांभयावहम् ॥ तत्रपांडुसुतैःसार्धं भीष्मस्यविजयंप्रति ४३ तावकानांजयेभीष्मोग्रहआसीद्दिशांपते ॥ तत्रहिद्यूतमासक्तंविजयायेतरायवा ४४ धृष्टद्युम्नस्तुराजेंद्रसर्वसैन्यान्यचोदयत् ॥ अभ्यद्रवतगांगेयमाभैरथसत्तमाः ४५ सेनापतिवचःश्रुत्वापांडवानांवरूथिनी ॥ भीष्मंसमभ्ययात्तूर्णंप्राणांस्त्यक्त्वामहाहवे ४६ भीष्मोऽपिरथिनांश्रेष्ठःप्रतिजग्राहतांचमूम् ॥ आपतंतींमहाराजवेलामिववमहोदधिः ४७ ॥ इतिश्रीमहाभारतेभीष्मपर्वणिभीष्मवधपर्वणि भीमार्जुनपराक्रमेचतुर्दशाधिकशततमोऽध्यायः ॥ ११४ ॥

॥ धृतराष्ट्रउवाच ॥ कथंशान्तनवोभीष्मोदशमेऽहनिसंजय ॥ अयुध्यतमहावीर्यःपांडवैःसहसंजयैः १ कुरवश्वकथंयुद्धेपांडवान्प्रत्यवारयन् ॥ आचक्ष्वमेमहायुद्धंभीष्मस्याह्वदशोभिनः २ ॥ संजयउवाच ॥ कुरवःपांडवैःसार्धंयदयुध्यंतभारत ॥ यथाचतद्भूद्युद्धंतनुवक्ष्यामिसांप्रतम् ३ गमिताःपरलोकायपरमास्त्रैःकिरीटिना ॥ अह्न्यह्निसंकृद्धास्तावकानांमहारथाः ४ यथाप्रतिज्ञंकौरव्यःसचापिसमितिंजय ॥ पार्थानामकरोद्भीष्मःसततंसमितिक्षयम् ५ कुरुभिःसहितंभीष्मंयुध्यमानंपरंतप ॥ अर्जुनश्चसपांचाल्यंसंशयोविजयेऽभवत् ६ दशमेऽहनितस्मिंस्तुभीष्मार्जुनसमागमे ॥ अवर्तंतमहारौद्रःसततंसमितिक्षयः ७ तस्मिन्नयुतशोराजन्भूयश्वपरंतप ॥ भीष्मःशांतनवोयोधान्जघानपरमास्त्रवित् ८ येषामज्ञातकल्पानिनामगोत्राणिपार्थिव ॥ तेहतास्तत्रभीष्मेणशूराःसर्वेऽनिवर्तिनः ९ दशाहानिततस्त्वाभीष्मःपांडववाहिनीम् ॥ निर्विद्यतधर्मात्माजीवितेनपरंतप १० सक्षिप्रंवधमन्विच्छन्नात्मनोऽभिमुखेरणे ॥ नह्न्यांमानवश्रेष्ठान्संग्रामेसुबहूनिति ११ चिंतयित्वामहाबाहुःपितादेवव्रतस्तव ॥ अभ्याशस्थंमहाराजपांडवंवाक्यमब्रवीत् १२ युधिष्ठिरमहाप्राज्ञसर्वशास्त्रविशारद ॥ शृणुष्ववचनंतातधर्म्यस्वर्ग्यंचजल्पतः १३ निर्विण्णोऽस्मिभृशंतातदेहेनानेनभारत ॥ घ्नतश्वमेगतःकालःसुबहून्प्राणिनोरणे १४ तस्मात्पार्थंपुरोधायपंचालान्संजयांस्तथा ॥ मद्वधेक्रियतांयत्नोममचेदिच्छसिप्रियम् १५ तस्यतन्मतमाज्ञायपांडवःसत्यदर्शनः ॥ भीष्मंप्रतिययौराजासंग्रामेसहसंजयैः १६ धृष्टद्युम्नस्ततोराजन्पांडवश्वयुधिष्ठिरः ॥ श्रुत्वाभीष्मस्यतांवाचंचोद्यामासतुर्बलम् १७ अभिद्रवध्वंयुद्ध्यध्वंभीष्मंजयतसंयुगे ॥ रक्षिताःसत्यसंधेनजिष्णुनारिपुजिष्णुना १८

११ । १२ । १३ निर्विण्णोविरक्तः १४ । १५ । १६ । १७ । १८

म.भा.टी.

१९ । २० ब्रह्मलोकपराः बृहत्त्वात्महांतंलोकंप्रतियतमानाः २१ । २२ । २३ । २४ । २५ । २६ । २७ । २८ । २९ । ३० । ३१ । ३२ । ३३ । ३४ । ३५

॥ १४० ॥

अयंचापिमहेष्वासःपार्षतोवाहिनीपतिः ॥ भीमसेनश्चसमरेपालयिष्यतिवोध्रुवम् १९ मावोभीष्माद्भयंकिंचिदस्त्वद्ययुधिसंजयाः ॥ ध्रुवंभीष्मंविजेष्यामःपुरस्कृत्य शिखंडिनम् २० तेतथासमयंकृत्वादशमेऽहनिपांडवाः ॥ ब्रह्मलोकपराभूत्वासंजग्मुःक्रोधमूर्छिताः २१ शिखंडिनंपुरस्कृत्यपांडवंचधनंजयम् ॥ भीष्मस्यपातनेय त्नंपरमंतसमास्थिताः २२ ततस्तवसुतादिष्टानानाजनपदेश्वराः ॥ द्रोणेनसहपुत्रेणसहसेनामहाबलाः २३ दुःशासनश्चबलवान्सहसर्वैःसहोदरैः ॥ भीष्मंसमरमध्य स्थंपालयांचक्रिरेतदा २४ ततस्तुतावकाःशूराःपुरस्कृत्यमहाव्रतम् ॥ शिखंडिप्रमुखान्पार्थान्योधयंतिस्मसंयुगे २५ चेदिभिस्तुसपंचालैःसहितोवानरध्वजः ॥ ययौ शांतनवंभीष्मंपुरस्कृत्यशिखंडिनम् २६ द्रोणपुत्रंशिनेर्नप्ताधृष्टकेतुस्तुपौरवम् ॥ अभिमन्युःसहामात्यंदुर्योधनमयोधयत् २७ विराटस्तुसहानीकःसहसेनंजयद्रथम् ॥ वृद्धक्षत्रस्यदायादमाससादपरंतप २८ मद्रराजंमहेष्वासंसहसैन्यंयुधिष्ठिरः ॥ भीमसेनोऽभिगुप्तस्तुनागानीकमुपाद्रवत् २९ अप्रधृष्यमनावार्यंसर्वशस्त्रभृतांवरम् ॥ द्रौणिंप्र तिययौयत्तःपांचाल्यःसहसोदरैः ३० कर्णिकारध्वजंचैवसिंहकेतुररिंदमः ॥ प्रत्युज्जगामसौभद्रंराजपुत्रोबृहद्बलः ३१ शिखंडिनंचपुत्रास्तेपांडवंचधनंजयम् ॥ राजभिः समरेपार्थमभिपेतुर्जिघांसवः ३२ तस्मिन्नतिमहाभीमेसेनयोर्वैपराक्रमे ॥ संप्रधावत्स्वनीकेषुमेदिनीसमकंपत ३३ तान्यनीकान्यनीकेषुसमसज्जंतभारत ॥ तावकानां परेषांचदृष्ट्वाशांतनवंरणे ३४ ततस्तेषांप्रतप्तानामन्योन्यमभिधावताम् ॥ प्रादुरासीन्महाशब्दोदिक्षुसर्वासुभारत ३५ शंखदुन्दुभिघोषश्चवारणानांचबृंहितैः ॥ सिंहना दश्चसैन्यानांदारुणःसमपद्यत ३६ साचसर्वनरेंद्राणांचन्द्रार्कसदृशीप्रभा ॥ वीरांगदकिरीटेषुनिष्प्रभासमपद्यत ३७ रजोमेघास्तुसंजज्ञुःशस्त्रविद्युद्भिरावृताः ॥ धनुषां चापिनिर्घोषोदारुणःसमपद्यत ३८ बाणशंखप्रणादाश्चभेरीणांचमहास्वनाः ॥ रथघोषश्चसंजज्ञेसेनयोरुभयोरपि ३९ प्रासशक्त्यृष्टिसंघैश्चबाणौघैश्चसमाकुलम् ॥ निष्प्रकाशमिवाकाशंसेनयोःसमपद्यत ४० अन्योन्यंरथिनःपेतुर्वाजिनश्चमहाहवे ॥ कुंजरान्कुंजराजघ्नुःपादातांश्चपदातयः ४१ तत्रासीत्सुमहद्युद्धंकुरूणांपांडवैःसह ॥ भीष्महेतोर्नरव्याघ्रश्येनयोरामिषेयथा ४२ तेषांसमागमोघोरोबभूवयुधिसंगतः ॥ अन्योन्यस्यवधार्थायजिगीषूणांमहाहवे ४३ ॥ इतिश्रीम० भीष्मप० भीष्मव० भीष्मोपदेशेपंचदशाधिकशततमोऽध्यायः ॥ ११५ ॥ संजयउवाच ॥ अभिमन्युर्महाराजतवपुत्रमयोधयत् ॥ महत्यासेनयायुक्तंभीष्महेतोःपराक्रमी १ दुर्योधनो रणेकार्ष्णिंनवभिर्नतपर्वभिः ॥ आजघानोरसिक्रुद्धःपुनश्चैनंत्रिभिःशरैः २ तस्यशक्तिंरणेकार्ष्णिर्मृत्योर्घोरांस्वसामिव ॥ प्रेषयामाससंक्रुद्धोदुर्योधनरथंप्रति ३ तामाप तंतींसहसाघोररूपांविशांपते ॥ द्विधाचिच्छेदतेपुत्रःक्षुरप्रेणमहारथः ४ तांशक्तिंपतितांदृष्ट्वाकार्ष्णिःपरमकोपनः ॥ दुर्योधनंत्रिभिर्बाणैर्बाह्वोरुरसिचार्पयत् ५

३६ । ३७ । ३८ । ३९ । ४० । ४१ । ४२ । ४३ ॥ इतिभीष्मपर्वणिनीलकंठीयेभारतभावदीपेपंचदशाधिकशततमोऽध्यायः ॥ ११५ ॥ अभिमन्युरिति १ । २ । ३ । ४ । ५

॥ १४० ॥

६।७।८।९।१०।११।१२।१३।१४।१५।१६।१७।१८।१९।२०।२१।२२।२३।२४।२५ चित्रसेनइति। पांडवपक्षीयःसुशर्माऽयमपरोत्रार्थक्षेमिर्नतुत्रैगर्तः २६।२७।२८

पुनश्चैनं [illegible]वीरैराजन्बानस्तनांतरे ॥ दशभिर्भरतश्रेष्ठभरतानांमहारथः ६ तद्युद्धमभवद्धोरंचित्ररूपंचभारत ॥ इंद्रियप्रीतिजननंसर्वपार्थिवपूजितम् ७ भीष्मस्य
निधनं[illegible]पार्थस्यविजयायच ॥ युयुधातरणेवीरौसौभद्रकुरुपुंगवौ ८ सात्यकिंरभसंयुद्धेद्रौणिर्ब्राह्मणपुंगवः ॥ आजघानोरसिक्रुद्धोनाराचेनपरंतपः ९ शैने
योऽपिगुरोःपुत्रंसर्वमर्मसुभारत ॥ अताडयदमेयात्मानवभिःकंकवाजितैः १० अश्वत्थामातुसमरेसात्यकिंनवभिःशरैः ॥ त्रिंशताचपुनस्तूर्णंबाह्वोरुरसिचार्पयत् ११
सोऽतिविद्धोमहेष्वासोद्रोणपुत्रेणसात्वतः ॥ द्रोणपुत्रंत्रिभिर्बाणैराजघानमहायशाः १२ पौरवोधृष्टकेतुंचशरैराच्छाद्यसंयुगे ॥ बहुधादारयांचक्रेमहेष्वासंमहारथः १३
तथैवपौरवंयुद्धेधृष्टकेतुर्महारथः ॥ त्रिंशतानिशितैर्बाणैर्विव्याधाशुमहाभुजः १४ पौरवस्तुधनुश्छित्वाधृष्टकेतोर्महारथः ॥ ननादबलवन्नादंविव्याधचशितैःशरैः १५
सोऽन्यत्कार्मुकमादायपौरवंनिशितैःशरैः ॥ आजघानमहाराजत्रिसप्तत्याशिलीमुखैः १६ तौतुतत्रमहेष्वासौमहामात्रौमहारथौ ॥ महताशरवर्षेणपरस्परमविध्यताम्
१७ अन्योन्यस्यधनुश्छित्वाहयान्हत्वाचभारत ॥ विरथावसियुद्धायसमीयतुरमर्षणौ १८ आर्षभेचर्मणीचित्रेशतचंद्रपुरस्कृते ॥ तारकाशतचित्रेचनिस्त्रिंशौसुमहाप्रभौ
१९ प्रगृह्यविमलौराजंस्तावन्योन्यमभिद्रुतौ ॥ वासितासंगमेयत्तौसिंहाविवमहावने २० मंडलानिविचित्राणिगतप्रत्यागतानिच ॥ चेरतुर्दर्शयन्तौचप्रार्थयंतौ
परस्परम् २१ पौरवोधृष्टकेतुंतुशंखदेशेमहासिना ॥ ताडयामाससंक्रुद्धस्तिष्ठतिष्ठेतिचाब्रवीत् २२ चेदिराजोऽपिसमरेपौरवंपुरुषर्षभम् ॥ आजघानशिताग्रेणजत्रुदे
शेमहासिना २३ तावन्योन्यंमहाराजसमासाद्यमहाहवे ॥ अन्योन्यवेगाभिहतौनिपेततुररिंदमौ २४ ततःस्वरथमारोप्यपौरवंतनयस्तव ॥ जयत्सेनोरथेनाजावपो
वाहरणाजिरात् २५ धृष्टकेतुंतुसमरेमाद्रीपुत्रःप्रतापवान् ॥ अपोवाहरणेक्रुद्धःसहदेवःपराक्रमी २६ चित्रसेनःसुशर्माणंविध्वाबहुभिरायसैः ॥ पुनर्विव्याधतंषष्ट्यापु
नश्चनवभिःशरैः २७ सुशर्मातुरणेक्रुद्धस्तवपुत्रंविशांपते ॥ दशभिर्दशभिश्चैवविव्याधनिशितैःशरैः २८ चित्रसेनश्चतंराजंस्त्रिंशतानतपर्वभिः ॥ आजघानरणेक्रुद्धःस
चतंप्रत्यविध्यत २९ भीष्मस्यसमरेराजन्यशोमानंचवर्धयन् ॥ सौभद्रोराजपुत्रंतुबृहद्बलमयोधयत् ३० पार्थहेतोःपराक्रान्तोभीष्मस्यायोधनंप्रति ॥ आर्जुनिंकोसलें
द्रस्तुविध्वापंचभिरायसैः ३१ पुनर्विव्याधविंशत्याशरैःसन्नतपर्वभिः ॥ सौभद्रःकोसलेन्द्रंतुविव्याधाष्टभिरायसैः ३२ नाकंपयतसंग्रामेविव्याधचपुनःशरैः ॥ कौसल्य
स्यधनुश्चापिपुनश्चिच्छेदफाल्गुनिः ३३ आजघानशरैश्चापित्रिंशताकंकपत्रिभिः ॥ सोऽन्यत्कार्मुकमादायराजपुत्रोबृहद्बलः ३४ फाल्गुनिंसमरेक्रुद्धोविव्याधबहुभिः
शरैः ॥ तयोर्युद्धंसमभवद्भीष्महेतोःपरंतप ३५ संरब्धयोर्महाराजसमरेचित्रयोधिनोः ॥ यथादेवासुरेयुद्धेबलिवासवयोरभूत् ३६

२९।३०।३१।३२।३३।३४।३५।३६

३७ । ३८ । ३९ । ४० । ४१ । ४२ । ४३ । ४४ समुदयंसंग्रामं । 'भवेत्समुदयःसंघेसंयुगेचसमुद्गमे' इतिमेदिनी ४५ । ४६ । ४७ । ४८ । ४९ । ५० । ५१ । ५२ । ५३ । ५४ । ५५ । ५६ । ५७

भीमसेनोगजानीकंयोधयन्बह्वशोभत ॥ यथाशक्रोवज्रपाणिर्दारयन्पर्वतोत्तमान् ३७ तेवध्यमानाभीमेनमातंगागिरिसन्निभाः ॥ निपेतुरुर्व्यांसहितानादयंतोवसुंधराम् ३८ गिरिमात्राहितेनागाभिन्नांजनचयोपमाः ॥ विरेजुर्वसुधांप्राप्ताविकीर्णाइवपर्वताः ३९ युधिष्ठिरोमहेष्वासोमद्रराजानमाहवे ॥ महत्यासेनयागुप्तंपीडयामास संगतम् ४० मद्रेश्वरश्चसमरेधर्मपुत्रंमहारथम् ॥ पीडयामाससंरब्धोभीष्महेतोःपराक्रमी ४१ विराटंसैन्धवोराजाविध्वासन्नतपर्वभिः ॥ नवभिःसायकैस्तीक्ष्णै स्त्रिंशतापुनरार्पयत् ४२ विराटश्चमहाराजसैन्धवंवाहिनीपतिः ॥ त्रिंशद्भिर्निशितैर्बाणैराजवानस्तनांतरे ४३ चित्रकार्मुकनिस्त्रिंशौचित्रवर्मायुधध्वजौ ॥ रेजतु श्चित्ररूपौतौसंग्रामेमत्स्यसैन्धवौ ४४ द्रोणःपांचालपुत्रेणसमागम्यमहारणे ॥ महासमुदयंचक्रेशरैःसन्नतपर्वभिः ४५ ततोद्रोणोमहाराजपार्षतस्यमहद्धनुः ॥ छित्वा पंचाशतेषूणांपार्षतंसमविध्यत ४६ सोऽन्यत्कार्मुकमादायपार्षतःपरवीरहा ॥ द्रोणस्यमिषतोयुद्धेप्रेषयामाससायकान् ४७ ताञ्छराञ्छरघातेनचिच्छेदसमहारथः॥ द्रोणोद्रुपदपुत्रायप्राहिणोत्पंचसायकान् ४८ ततःक्रुद्धोमहाराजपार्षतःपरवीरहा ॥ द्रोणायचिक्षेपगदांयमदंडोपमांरणे ४९ तामापतंतींसहसाहेमपट्टविभूषि ताम् ॥ शरैःपंचाशताद्रोणोवारयामाससंयुगे ५० साछिन्नाबहुधाराजन्द्रोणचापच्युतैःशरैः ॥ चूर्णीकृताविशीर्यंतीपपातवसुधातले ५१ गदांविनिहतांदृष्ट्वापा र्षतःशत्रुतापनः ॥ द्रोणायशक्तिंचिक्षेपसर्वपारसवींशुभाम् ५२ तांद्रोणोनवभिर्बाणैश्चिच्छेदयुधिभारत ॥ पार्षतंचमहेष्वासंपीडयामाससंयुगे ५३ एवमेतन्महा युद्धंद्रोणपार्षतयोरभूत् ॥ भीष्मंप्रतिमहाराजघोररूपंभयानकम् ५४ अर्जुनःप्राप्यगांगेयंपीडयन्निशितैःशरैः ॥ अभ्यद्रवतसंयत्तोवनेमत्तमिवद्विपम् ५५ प्रत्युद्य यौचतंराजाभगदत्तःप्रतापवान् ॥ त्रिधाभिन्नेननागेनमदांधेनमहाबलः ५६ तमापतंतंसहसामहेन्द्रगजसन्निभम् ॥ परंयत्नंसमास्थायबीभत्सुःप्रत्यपद्यत ५७ ततो गजगतोराजाभगदत्तःप्रतापवान् ॥ अर्जुनंशरवर्षेणवारयामाससंयुगे ५८ अर्जुनस्तुततोनागमायांतंरजतोपमैः ॥ विमलैरायसैस्तीक्ष्णैरविध्यतमहारणे ५९ शिखं डिनंचकौन्तेयोयाहियाहीत्यचोदयत् ॥ भीष्मंप्रतिमहाराजजह्येनमितिचाब्रवीत् ६० प्राग्ज्योतिषस्ततोहित्वापांडवंपांडुपूर्वज ॥ प्रययौत्वरितोराजन्द्रुपदस्यरथंप्रति ६१ ततोऽर्जुनोमहाराजभीष्ममभ्यद्रवद्द्रुतम् ॥ शिखंडिनंपुरस्कृत्यततोयुद्धमवर्तत ६२ ततस्तेतावकाःशूराःपांडवंरभसंयुधि ॥ समभ्यधावन्क्रोशंतस्तदद्भुतमिवा भवत् ६३ नानाविधान्यनीकानिपुत्राणांतेजनाधिप ॥ अर्जुनोव्यधमत्कालेदिवीवाभ्राणिमारुतः ६४ शिखंडीतुसमासाद्यभरतानांपितामहम् ॥ इषुभिस्तूर्णमव्य ग्रोबहुभिःसमाचिनोत् ६५ रथाग्न्यगारश्चापार्चिरसिशक्तिगदेन्धनः ॥ शरसंघमहाज्वालःक्षत्रियान्समरेऽदहत् ६६ यथाग्निःसुमहानिद्धःकक्षेचरतिसानिलः ॥ तथाजज्वालभीष्मोऽपिदिव्यान्यस्त्राण्युदीरयन् ६७

५८ । ५९ । ६० । ६१ । ६२ । ६३ । ६४ । ६५ । ६६ । ६७

६८ । ६९ । ७० । ७१ । ७२ । ७३ । ७४ । ७५ । ७६ । ७७ । ७८ । ७९ । ८० ॥ इतिभीष्मपर्वणिनीलकंठीये भारतभावदीपे षोडशाधिकशततमोऽध्यायः ॥ ११६ ॥ ॥ ॥ ॥

सोमकांश्चरणेभीष्मोजघ्नेपार्थपदानुगान् ॥ न्यवारयततत्सैन्यंपांडवस्यमहारथः ६८ सुवर्णपुंखैरिषुभिःशितैःसन्नतपर्वभिः ॥ नादयन्सदिशोभीष्मःप्रदिशश्चमहाहवे
६९ पातयन्रथिनोराजन्हयांश्चसहसादिभिः ॥ मुण्डतालवनानीवचकारसरथव्रजान् ७० निर्मनुष्यान्रथान्राजन्गजानश्वांश्चसंयुगे ॥ चकारसमरेभीष्मःसर्वशस्त्र
भृतांवरः ७१ तस्यज्यातलनिर्घोषंविस्फूर्जितमिवाशनेः ॥ निशम्यसर्वतोराजन्समकंपन्तसैनिकाः ७२ अमोघान्यपतन्बाणाःपितुस्तेमनुजेश्वर ॥ नासज्जंतशरीरेषु
भीष्मचापच्युताःशराः ७३ निर्मनुष्यान्रथान्राजन्सुयुक्ताञ्जवनैर्हयैः ॥ वातायमानानद्राक्षंह्रियमाणान्विशांपते ७४ चेदिकाशिकरूषाणांसहस्राणिचतुर्दश ॥
महारथाःसमाख्याताःकुलपुत्रास्तनुत्यजः ७५ अपरावर्तिनःशूराःसुवर्णविकृतध्वजाः ॥ संग्रामेभीष्ममासाद्यसवाजिरथकुंजराः ७६ जग्मुस्तेपरलोकायव्यादितास्य
मिवांतकम् ॥ नतत्रासीद्रणेराजन्सोमकानांमहारथः ७७ यःसंप्राप्यरणेभीष्मंजीवितेस्ममनोदधे ॥ तांश्चसर्वान्रणेयोधान्प्रेतराजपुरंप्रति ७८ नीतानमन्यंतजना
दृष्ट्वाभीष्मस्यविक्रमम् ॥ नकश्चिदेनंसमरेप्रत्युद्यातिमहारथः ७९ ऋतेपांडुसुतंवीरंश्वेताश्वंकृष्णसारथिम् ॥ शिखंडिनंचसमरेपांचाल्यममितौजसम् ८० ॥ इतिश्री
महाभारतेभीष्मपर्वणिभीष्मवधपर्वणिसंकुलयुद्धेषोडशाधिकशततमोऽध्यायः ॥ ११६ ॥ ॥ ॥ ॥ संजयउवाच ॥ शिखंडीतुरणेभीष्ममासाद्यपुरुषर्ष
भम् ॥ दशभिर्निशितैर्भल्लैराजघानस्तनांतरे १ शिखंडिनंतुगाङ्गेयःक्रोधदीप्तेनचक्षुषा ॥ संप्रेक्षतकटाक्षेणनिर्दहन्निवभारत २ स्त्रीत्वंतस्यस्मरन्राजन्सर्वलोकस्यपश्य
तः ॥ नाजघानरणेभीष्मःसचतन्नावबुद्धवान् ३ अर्जुनस्तुमहाराजशिखंडिनमभाषत ॥ अभिद्रवस्वत्वरितंजहिचैनंपितामहम् ४ किंतेविवक्षयावीरजहिभीष्मंमहा
रथम् ॥ नह्यन्यमनुपश्यामिकंचिद्यौधिष्ठिरेबले ५ यःशक्तःसमरेभीष्मंप्रतियोद्धुमिहाहवे ॥ ऋतेत्वांपुरुषव्याघ्रसत्यमेतद्ब्रवीमिते ६ एवमुक्तस्तुपार्थेनशिखंडीभरत
र्षभ ॥ शरैर्नानाविधैस्तूर्णंपितामहमवाकिरत् ७ अचिंतयित्वातान्बाणान्पितादेवव्रतस्तव ॥ अर्जुनंसमरेक्रुद्धंवारयामाससायकैः ८ तथैवचचमूंसर्वांपांडवानांमहा
रथः ॥ अप्रैषीत्सशरैस्तीक्ष्णैःपरलोकायमारिष ९ तथैवपांडवाराजन्सैन्येनमहतावृताः ॥ भीष्मंसंछादयामासुर्मेघाइवदिवाकरम् १० ससमंतात्परिवृतोभारतोभरत
र्षभ ॥ निर्ददाहरणेशूरान्वनेवह्निरिवज्वलन् ११ तत्राद्भुतमपश्यामतवपुत्रस्यपौरुषम् ॥ अयोधयच्चयत्पार्थंजुगोपचपितामहम् १२ कर्मणातेनसमरेतवपुत्रस्यध
न्विनः ॥ दुःशासनस्यतुतुषुःसर्वेलोकामहात्मनः १३ यदेकःसमरेपार्थान्सार्जुनान्समयोधयत् ॥ नचैनंपांडवायुद्धेवारयामासुरुल्बणम् १४ दुःशासनेनसमरेरथिनो
विरथीकृताः ॥ सादिनश्चमहेष्वासाहस्तिनश्चमहाबलाः १५

शिखंडीति १ । २ । ३ । ४ विवक्षयाविचारेणसंशयेनवा ५ । ६ । ७ । ८ । ९ । १० । ११ । १२ । १३ उल्बणमुग्रं १४ । १५

म.भा.टी. १६ । १७ भारतमहामात्रंभरतवंशश्रेष्ठं १८ । १९ । २० । २१ । २२ । २३ । २४ । २५ । २६ । २७ शर्मसुखहेतुत्वात् वर्मरक्षाहेतुत्वात् २८ समासितुंउपमर्दितुं भीष्म० अ० ११७ ॥ १४२ ॥

विनिर्भिन्नाःशरैस्तीक्ष्णैर्निपेतुर्वसुधातले ॥ शरातुरास्तथैवान्येदंतिनोविद्रुतादिशः १६ यथाग्निरिन्धनंप्राप्यज्वलेद्दीप्तार्चिरुल्बणम् ॥ तथाजज्वालपुत्रस्तेपांडुसेनांविनिर्दहन् १७ तंभारतमहामात्रंपांडवानांमहारथः ॥ जेतुंनोत्सहतेकश्चिन्नाभ्युद्यातुंकथंचन १८ ऋतेमहेन्द्रतनयाच्छ्वेताश्वात्कृष्णसारथेः ॥ सहितंसमरेराजन्निर्जित्य दिजयोऽर्जुनः १९ भीष्ममेवाभिदुद्रावसर्वसैन्यस्यपश्यतः ॥ विजितस्तवपुत्रोऽपिभीष्मबाहुव्यपाश्रयः २० पुनःपुनःसमाश्वस्यप्रायुध्यतमदोत्कटः ॥ अर्जुनस्तु रणेराजन्योधयन्संव्यराजत २१ शिखंडीतुरणेराजन्विव्याधैवपितामहम् ॥ शरैरशनिसंस्पर्शैस्तथासर्पविषोपमैः २२ नचस्मतेरुजंचक्रुःपितुस्तवजनेश्वर ॥ स्मयमानस्तुगांगेयस्तान्बाणान्जगृहेतदा २३ उष्णार्तोहिनरोयद्वज्जलधाराःप्रतीच्छति ॥ तथाजग्राहगांगेयःशरधाराःशिखंडिनः २४ तंक्षत्रियामहाराजददृशुर्घोरमाहवे ॥ भीष्मंदहन्तंसैन्यानिपांडवानांमहात्मनाम् २५ ततोऽब्रवीत्तवसुतःसर्वसैन्यानिमारिष ॥ अभिद्रवतसंग्रामेफाल्गुनंसर्वतोरणे २६ भीष्मोवःसमरेसर्वान्पालयिष्यतिधर्मवित् ॥ तेभयंसुमहत्त्यक्त्वापांडवान्प्रतियुध्यत २७ हेमतालेनमहताभीष्मस्तिष्ठतिपालयन् ॥ सर्वेषांधार्तराष्ट्राणांसमरेशर्मवर्मच २८ त्रिदशाऽपिसमुद्युक्तानालंभीष्मंसमासितुम् ॥ किमुपार्थामहात्मानंमर्त्यभूतामहाबलाः २९ तस्माद्द्रवतमायोधाःफाल्गुनंप्राप्यसंयुगे ॥ अहमद्यरणेयत्तोयोधयिष्यामिपांडवम् ३० सहितःसर्वतोयत्तैर्भवद्भिर्वसुधाधिपैः ॥ तच्छ्रुत्वातुवचोराजंस्तवपुत्रस्यधन्विनः ३१ सर्वेयोधाःसुसंरब्धाबलवंतोमहाबलाः ॥ तेविदेहाःकलिंगाश्चदासेरकगणाश्चह ३२ अभिपेतुर्निषादाश्चसौवीराश्चमहारणे ॥ बाह्लीकादरदाश्चैवप्रतीच्योदीच्यमालवाः ३३ अभीषाहाःशूरसेनाःशिवयोऽथवसातयः ॥ शाल्वाःशकास्त्रिगर्ताश्चअंबष्ठाःकेकयैःसह ३४ अभिपेतूरणेपार्थंपतंगाइवपावकम् ॥ शलभाइवराजेन्द्रपार्थमप्रतिमंरणे ॥ एतान्सर्वान्सहानीकान्महाराजमहारथान् ३५ दिव्यान्यस्त्राणिसंचिन्त्यप्रसंधाय धनंजयः ॥ सतैरस्त्रैर्महावेगैर्ददाहसुमहाबलः ३६ शरप्रतापैर्बीभत्सुःपतंगानिवपावकः ॥ तस्यबाणसहस्राणिसृजतोदृढधन्विनः ३७ दीप्यमानमिवाकाशेगांडीवंसमदृश्यत ॥ तेशरार्तामहाराजविप्रकीर्णमहाध्वजाः ३८ नाभ्यवर्तन्तराजानःसहितावानरध्वजम् ॥ सध्वजारथिनःपेतुर्हयारोहाहयैःसह ३९ सगजाश्वगजारोहाःकिरीटिशरताडिताः ॥ ततोऽर्जुनभुजोत्सृष्टैरावृताऽऽसीद्वसुंधरा ४० विद्रवद्भिश्चबहुधाबलैराज्ञांसमंततः ॥ अथपार्थोमहाराजद्रावयित्वावरूथिनीम् ४१ दुःशासनायसुबहून्प्रेषयामाससायकान् ॥ तेतुभित्त्वातवसुतंदुःशासनमयोमुखाः ४२ धरणींविविशुःसर्वेवल्मीकमिवपन्नगाः ॥ हयांश्चास्यततोजघ्नेसारथिंचन्यपातयत् ४३ विविंशतिंचविंशत्याविरथंकृतवान्प्रभुः ॥ आजघानभृशंचैवपंचभिर्नतपर्वभिः ४४

॥ १४२ ॥ नाशयितुंवा मर्त्यभूताःमर्त्यस्वरूपाः २९ । ३० । ३१ । ३२ । ३३ । ३४ । ३५ । ३६ । ३७ । ३८ । ३९ । ४० । ४१ । ४२ । ४३ । ४४

४५ । ४६ । ४७ । ४८ । ४९ । ५० । ५१ ५२ । ५३ । ५४ । ५५ । ५६ । ५७ । ५८ महाधनाः बहुमुल्याः ५९ । ६० । ६१ । ६२ । ६३ । ६४ । ६५ । इति श्री० नी० भारतभावदीपे

कृपंविकर्णंशल्यंचविध्वाबहुभिरायसैः ॥ चकारविरथांश्चैवकौन्तेयःश्वेतवाहनः ४५ एवंतेविरथाःसर्वेकृपःशल्यश्चमारिष ॥ दुःशासनोविकर्णश्चतथैवचविविंशतिः ४६
संप्राद्रवंतसमरेनिर्जिताःसव्यसाचिना ॥ पूर्वाह्णेभरतश्रेष्ठपराजित्यमहारथान् ४७ प्रजज्वालरणेपार्थोविधूमइवपावकः ॥ तथैवशरवर्षेणभास्करोरश्मिवानिव ४८ अ
न्यानपिमहाराजतापयामासपार्थिवान् ॥ पराङ्मुखीकृत्यतथाशरवर्षैर्महारथान् ४९ प्रावर्तयतसंग्रामेशोणितोदांमहानदीम् ॥ मध्येनकुरुसैन्यानांपांडवानांच
भारत ५० गजाश्वरथसंघाश्चबहुधारथिभिर्हताः ॥ रथाश्चनिहतानागैर्हयाश्चैवपदातिभिः ५१ अंतराच्छिद्यमानानिशरीराणिशिरांसिच ॥ निपेतुर्दिक्षुसर्वासुग
जाश्वरथयोधिनाम् ५२ छन्नमायोधनंराजन्कुण्डलांगदधारिभिः ॥ पतितैःपात्यमानैश्चराजपुत्रैर्महारथैः ५३ रथनेमिनिकृत्तैश्चगजैश्चैवावपोथितैः ॥ पादाताश्चा
प्यधावंतसाश्वाश्चहययोधिनः ५४ गजाश्वरथयोधाश्चपरिपेतुःसमंततः ॥ विकीर्णाश्चरथाभूमौभग्नचक्रयुगध्वजाः ५५ तद्गजाश्वरथौघानांरुधिरेणसमुक्षितम् ॥
छन्नमायोधनंरेजेरक्तान्भ्रमिवशारदम् ५६ श्वानःकाकाश्चगृध्राश्चवृकागोमायुभिःसह ॥ प्रणेदुर्भक्ष्यमासाद्यविकृताश्चमृगद्विजाः ५७ ववुर्बहुविधाश्चैवदिक्षुसर्वासुमा
रुताः ॥ दृश्यमानेषुरक्षःसुभूतेषुचनदत्सुच ५८ कांचनानिचदामानिपताकाश्चमहाधनाः ॥ धूयमानाव्यदृश्यन्तसहसामारुतेरिताः ५९ श्वेतच्छत्रसहस्राणिसध्व
जाश्चमहारथाः ॥ विकीर्णाःसमदृश्यंतशतशोऽथसहस्रशः ६० सपताकाश्चमातंगादिशोजग्मुःशरातुराः ॥ क्षत्रियाश्चमनुष्येन्द्रगदाशक्तिधनुर्धराः ६१ समंतत
श्चदृश्यंतेपतिताधरणीतले ॥ ततोभीष्मोमहाराजदिव्यमस्त्रमुदीरयन् ६२ अभ्यधावतकौन्तेयंमिषतांसर्वधन्विनाम् ॥ तंशिखंडीरणेयांतमभ्यद्रवतदंशितः ६३ ततः
समाहरद्भीष्मस्तदस्त्रंपावकोपमम् ॥ त्वरितःपांडवोराजन्मध्यमःश्वेतवाहनः ६४ निजघ्नेतावकंसैन्यंमोहयित्वापितामहम् ६५ ॥ इतिश्रीमहाभारतेभीष्मपर्वणि
भीष्मवधपर्वणिसंकुलयुद्धेसप्तदशाधिकशततमोऽध्यायः ॥ ११७ ॥ ॥ ॥ संजयउवाच ॥ समंव्यूढेष्वनीकेषुभूयिष्ठेष्वनिवर्तिनः ॥ ब्रह्मलोकपराःसर्वेसमपद्यंत
भारत १ नह्यनीकमनीकेनसमसज्जतसंकुले ॥ रथानरथिभिःसार्धंपादातानपदातिभिः २ अश्वानाश्वैरयुध्यंतगजानगजयोधिभिः ॥ उन्मत्तवन्महाराजयुध्यन्तेतत्रभा
रत ३ महान्व्यतिकरोरौद्रःसेनयोःसमपद्यत ॥ नरनागगणेष्वेवंविकीर्णेषुचसर्वशः ४ क्षयेतस्मिन्महारौद्रेनिर्विशेषमजायत ॥ ततःशल्यःकृपश्चैवचित्रसेनश्चभारत ५
दुःशासनोविकर्णश्चरथानास्थायभास्वरान् ॥ पांडवानांरणेशूराध्वजिनींसमकंपयन् ६ सावध्यमानासमरेपांडुसेनामहात्मभिः ॥ भ्राम्यतेबहुधाराजन्मारुतेनेवनौ
र्जले ७ यथाहिशैशिरःकालोगवांमर्माणिकृंतति ॥ तथापांडुसुतानांवैभीष्मोमर्माणिकृंतति ८

सप्तदशाधिकशततमोऽध्यायः ॥ ११७ ॥ ॥ ॥ मर्माणिति १ । २ । ३ व्यतिकरःक्षोभः ४ । ५ । ६ । ७ । ८

तथैवतवसैन्यस्यपार्थेनचमहात्मनाँ ॥ नवमेघप्रतीकाशाःपातिताबहुधागजाः ९ मृद्यमानाश्चदृश्यन्तेपार्थेननरयूथपाः ॥ इषुभिस्ताड्यमानाश्चनाराचैश्चसहस्रशः १० पेतुरार्तस्वरंघोरंकृत्वातत्रमहागजाः ॥ आनद्धाभरणैःकायैर्निहतानांमहात्मनाम् ११ छन्नमायोधनंरेजेशिरोभिश्चसकुंडलैः ॥ तस्मिन्नेवमहाराजमहावीरवरक्षये १२ भीष्मेचयुधिविक्रांतेपांडवेचधनंजये ॥ तेपराक्रांतमालोक्यराजन्युधिपितामहम् १३ अभ्यवर्तन्ततेपुत्राःसर्वेसैन्यपुरस्कृताः ॥ इच्छंतोनिधनंयुद्धेस्वर्गंकृत्वापरायणम् १४ पांडवानभ्यवर्तन्ततस्मिन्वीरवरक्षये ॥ पांडवाऽपिमहाराजस्मरन्तोविविधान्बहून् १५ क्लेशान्कृतान्सपुत्रेणत्वयापूर्वंनराधिप ॥ भयंत्यक्तारणेशूराब्रह्मलोकायतत्पराः १६ तावकास्तवपुत्रांश्चयोधयंतिप्रहृष्टवत् ॥ सेनापतिस्तुसमरेप्राहसेनांमहारथः १७ अभिद्रवतगांगेयंसोमकाःसृंजयैःसह ॥ सेनापतिवचःश्रुत्वासोमकाःसृंजयाश्चते १८ अभ्यद्रवंतगांगेयंशरवृष्ट्यासमाहताः ॥ वध्यमानस्ततोराजन्पिताशांतनवस्तव १९ अमर्षवशमापन्नोयोधयामाससृंजयान् ॥ तस्यकीर्तिमतस्तातपुरारामेणधीमता २० संप्रदत्ताऽस्त्रशिक्षावैपरानीकविनाशनी ॥ सतांशिक्षामधिष्ठायकुर्वन्परबलक्षयम् २१ अहन्यहनिपार्थानांवृद्धःकुरुपितामहः ॥ भीष्मोदशसहस्राणिजघानपरवीरहा २२ तस्मिंस्तुदशमेप्राप्तेदिवसेभरतर्षभ ॥ भीष्मेणैकेनमत्स्येषुपंचालेषुचसंयुगे २३ गजाश्वममितंहत्वाहताःसप्तमहारथाः ॥ हत्वापंचसहस्राणिरथानांप्रपितामहः २४ नराणांचमहायुद्धेसहस्राणिचतुर्दश ॥ दंतिनांचसहस्राणिहयानामयुतंपुनः २५ शिक्षाबलेननिहतंपित्रातवविशांपते ॥ ततःसर्वमहीपानांक्षपयित्वावरूथिनीम् २६ विराटस्यप्रियोभ्राताशतानीकोनिपातितः ॥ शतानीकंचसमरेहत्वाभीष्मःप्रतापवान् २७ सहस्राणिमहाराजराज्ञांभल्लैरपातयत् ॥ उद्विग्नाःसमरेयोधाविक्रोशंतिधनंजयम् २८ येचकेचनपार्थानामभियाताधनंजयम् ॥ राजानोभीष्ममासाद्यगतास्तेयमसादनम् २९ एवंदशदिशोभीष्मःशरजालैःसमंततः ॥ अतीत्यसेनांपार्थानामवतस्थेचमूमुखे ३० सकृत्वासुमहत्कर्मतस्मिन्वैदशमेऽहनि ॥ सेनयोरंतरेतिष्ठन्प्रगृहीतशरासनः ३१ नचैनंपार्थिवाःकेचिच्छक्ताराजन्निरीक्षितुम् ॥ मध्यंप्राप्तंयथाग्रीष्मेतपंतंभास्करंदिवि ३२ यथादैत्यचमूंशक्रस्तापयामाससंयुगे ॥ तथाभीष्मःपांडवेयांस्तापयामासभारत ३३ तथाचैनंपराक्रांतमालोक्यमधुसूदनः ॥ उवाचदेवकीपुत्रःप्रीयमाणोधनंजयम् ३४ एषशांतनवोभीष्मःसेनयोरंतरेस्थितः ॥ सन्निहत्यबलादेनंविजयस्तेभविष्यति ३५ बलात्संस्तंभयस्वेनंयत्रैषाभिद्यतेचमूः ॥ नहिभीष्मशरानन्यःसोढुमुत्सहतेविभो ३६ ततस्तस्मिन्क्षणेराजंश्चोदितोवानरध्वजः ॥ सध्वजंसरथंसाश्वंभीष्ममंतर्दधेशरैः ३७ सचापिकुरुमुख्यानामृषभःपांडवेरितान् ॥ शरव्रातैःशरव्रातान्बहुधाविदुधावतान् ३८ ततःपंचालराजश्चधृष्टकेतुश्चवीर्यवान् ॥ पांडवोभीमसेनश्चधृष्टद्युम्नश्चपार्षतः ३९

४० । ४१ । ४२ । ४३ । ४४ । ४५ । ४६ । ४७ । ४८ । अदीनात्माअक्षीणस्वभावः ४९ । ५० । ५१ । ५२ । ५३ । ५४ इतिभी० नी० भा० अष्टाधिकशततमोऽध्यायः ॥ ११८ ॥ एवमिति १ । २

यमौचचेकितानश्चकेकयाःपंचचैवह ॥ सात्यकिश्चमहाबाहुःसौभद्रोऽथघटोत्कचः ४० द्रौपदेयाःशिखंडीचकुंतिभोजश्चवीर्यवान् ॥ सुशर्माचविराटश्चपांडवे
यामहाबलाः ४१ एतेचान्येचबहवःपीडिताभीष्मसायकैः ॥ समुद्धृताःफाल्गुनेननिमग्नाःशोकसागरे ४२ ततःशिखंडीवेगेनप्रगृह्यपरमायुधम् ॥ भीष्ममेवा
भिदुद्रावरक्ष्यमाणःकिरीटिना ४३ ततोऽस्यानुचरान्हत्वासर्वान्रणविभागवित् ॥ भीष्ममेवाभिदुद्राववीभत्सुरपराजितः ४४ सात्यकिश्चेकितानश्चधृष्टद्युम्नश्चपा
र्षतः ॥ विराटोद्रुपदश्चैवमाद्रीपुत्रौचपांडवौ ४५ दुद्रुवुर्भीष्ममेवाजौरक्षितादृढधन्वना ॥ अभिमन्युश्चसमरेद्रौपद्याःपंचचात्मजाः ४६ दुद्रुवुःसमरेभीष्मंस
मुद्यतमहायुधाः ॥ तेसर्वेदृढधन्वानःसंयुगेष्वपलायिनः ४७ बहुधाभीष्ममानर्छुर्मार्गणैःक्षतमार्गणैः ॥ विधूयतान्बाणगणान्येमुक्ताःपार्थिवोत्तमैः ४८ पांडवानामदी
नात्माव्यगाहतवरूथिनीम् ॥ चक्रेशरविघातंचक्रीडन्निवपितामहः ४९ नाभिसंधत्तपांचाल्येस्मयमानोमुहुर्मुहुः ॥ स्त्रीत्वंतस्यानुसंस्मृत्यभीष्मोबाणान्शिखं
डिने ५० जघानद्रुपदानीकेरथान्सप्तमहारथः ॥ ततःकिलकिलाशब्दःक्षणेनसमभूत्तदा ५१ मत्स्यपांचालचेदीनांतमेकमभिधावताम् ॥ तेनराश्वरथव्रातैर्मा
र्गणैश्चपरंतप ५२ तमेकंछादयामासुर्मेघाइवदिवाकरम् ॥ भीष्मंभागीरथीपुत्रंप्रतपन्तंरणेरिपून ५३ ततस्तस्यचतेषांचयुद्धेदेवासुरोपमे ॥ किरीटीभीष्ममानर्च्छ
त्पुरस्कृत्यशिखंडिनम् ५४ ॥ इतिश्रीमहाभारतेभीष्मपर्वणिभीष्मव० भीष्मपराक्रमेअष्टादशाधिकशततमोऽध्यायः ॥ ११८ ॥ ॥ ॥ ॥ संजयउवाच ॥
एवंतेपांडवाःसर्वेपुरस्कृत्यशिखंडिनम् ॥ विव्यधुःसमरेभीष्मंपरिवार्यसमंततः १ शतघ्नीभिःसुघोराभिःपरिघैश्चपरश्वधैः ॥ मुद्गरैर्मुसलैःप्रासैःक्षेपणीयैश्च
सर्वशः २ शरैःकनकपुंखैश्चशक्तितोमरकंपनैः ॥ नाराचैर्वत्सदन्तैश्चभुशुंडीभिश्चसर्वशः ३ अताडयन्रणेभीष्मंसहिताःसर्वसृंजयाः ॥ सविशीर्णतनुत्राणःपीडितो
बहुभिस्तदा ४ नविव्यथेतदाभीष्मोभिद्यमानेषुमर्मसु ॥ संदीप्तशरचापाग्निरस्त्रप्रसृतमारुतः ५ नेमिनिर्ह्रादसंतापोमहास्त्रोदयपावकः ॥ चित्रचापमहाज्वा
लोवीरक्षयमहेन्धनः ६ युगांताग्निसमप्रख्यःपरेषांसमपद्यत ॥ विनिष्पत्यरथसंघानामंतरेणविनिःसृतः ७ दृश्यतेस्मनरेन्द्राणांपुनर्मध्यगतश्चरन् ॥ ततःपंचालराजंच
धृष्टकेतुमचिंत्यच ८ पांडवानीकिनीमध्यमाससादविशांपते ॥ ततःसात्यकिभीमौचपांडवंचधनंजयम् ९ द्रुपदंचविराटंचधृष्टद्युम्नंचपार्षतम् ॥ भीमघोषैर्महावेगैर्मर्मा
वरणभेदिभिः १० षडेतान्निशितैर्भीष्मःप्रविव्याधोत्तमैःशरैः ॥ तस्यतेनिशितान्बाणान्संनिवार्यमहारथाः ११ दशभिर्दशभिर्भीष्ममर्दयामासुरोजसा ॥ शिखंडीतुमहाबा
णान्यान्मुमोचमहारथः १२ नचक्रुस्तेरुजंतस्यस्वर्णपुंखाःशिलाशिताः ॥ ततःकिरीटीसंरब्धोभीष्ममेवाभ्यधावत १३ शिखंडिनंपुरस्कृत्यधनुश्चास्यसमा
च्छिनत् ॥ भीष्मस्यधनुषश्छेदंनामृष्यंतमहारथाः १४

२ । ६ । ७ । ८ । ९ मर्मावरणंवर्म देहचर्मवा १० । ११ । १२ । १३ । १४

भा.टी. १५ । १६ । १७ । १८ । १९ । २० । २१ । २२ । २३ । २४ । २५ आत्तमात्तंगृहीतंगृहीतं २६ । २७ । २८ । २९ । ३० । ३१ । ३२ । ३३ । ३४ । ३४ । ३५ । ३६ व्यवसितंनिश्चितं

॥ १४४ ॥

द्रोणश्चकृतवर्माचसैन्धवश्चजयद्रथः ॥ भूरिश्रवाःशलःशल्योभगदत्तस्तथैवच १५ सप्तैतेपरमक्रुद्धाःकिरीटिनमभिद्रुताः ॥ तत्रशस्त्राणिदिव्यानिदर्शयंतोमहारथाः
१६ अभिपेतुर्भृशंक्रुद्धाश्छादयंतश्चपांडवम् ॥ तेषामापततांशब्दःशुश्रुवेफाल्गुनंप्रति १७ उद्धृतानांयथाशब्दःसमुद्राणांयुगक्षये ॥ घ्नतानयतगृह्णीतविद्ध्यध्व
मवकर्तत १८ इत्यासीत्तुमुलःशब्दःफाल्गुनस्यरथंप्रति ॥ तंशब्दंतुमुलंश्रुत्वापांडवानांमहारथाः १९ अभ्यधावन्परीप्सन्तःफाल्गुनंभरतर्षभ ॥ सात्यकिर्भीमसेनश्च
धृष्टद्युम्नश्चपार्षतः २० विराटद्रुपदौचोभौराक्षसश्चघटोत्कचः ॥ अभिमन्युश्चसंक्रुद्धःसप्तैतेक्रोधमूर्छिताः २१ समभ्यधावंस्त्वरिताश्चित्रकार्मुकधारिणः ॥ तेषांस
मभवद्युद्धंतुमुलंलोमहर्षणम् २२ संग्रामेभरतश्रेष्ठदेवानांदानवैरिव ॥ शिखंडीतुरणेश्रेष्ठोरक्ष्यमाणःकिरीटिना २३ अविध्यद्दशभिर्भीष्मंछिन्नधन्वानमाहवे ॥ सा
रथिंदशभिश्चास्यध्वजंचैकेनचिच्छिदे २४ सोऽन्यत्कार्मुकमादायगांगेयोवेगवत्तरम् ॥ तदप्यस्यशितैर्बाणैस्त्रिभिश्चिच्छेदफाल्गुनः २५ एवंसपांडवःक्रुद्धआत्तमात्तंपुनः
पुनः ॥ धनुश्चिच्छेदभीष्मस्यसव्यसाचीपरंतपः २६ सच्छिन्नधन्वासंक्रुद्धःसृक्किणीपरिसंलिहन् ॥ शक्तिंजग्राहतरसागिरीणामपिदारणीम् २७ तांचचिक्षेपसंक्रुद्धः
फाल्गुनस्यरथंप्रति ॥ तामापतंतींसंप्रेक्ष्यज्वलंतीमशनीमिव २८ समादत्तशितान्भल्लान्पंचपांडवनन्दनः ॥ तस्यचिच्छेदतांशक्तिंपंचधापंचभिःशरैः २९ संक्रुद्धोभरत
श्रेष्ठभीष्मबाहुप्रवेरिताम् ॥ सापपाततथाच्छिन्नासंक्रुद्धेनकिरीटिना ३० मेघवृंदपरिभ्रष्टाविच्छिन्नेवशतह्रदा ॥ छिन्नांतांशक्तिमालोक्यभीष्मःक्रोधसमन्वितः ३१
अचिन्तयद्रणेवीरोबुद्ध्यापरपुरंजयः ॥ शक्तोऽहंधनुषैकेननिहन्तुंसर्वपांडवान् ३२ यद्येषांनभवेद्गोप्ताविष्वक्सेनोमहाबलः ॥ कारणद्वयमास्थायनाहंयोत्स्यामिपांड
वान् ३३ अवध्यत्वाच्चपांडूनांस्त्रीभावाच्चशिखंडिनः ॥ पित्रातुष्टेनमेपूर्वंयदाकालीमुदावहम् ३४ स्वच्छंदमरणंदत्तमवध्यत्वंरणेतथा ॥ तस्मान्मृत्युमहंमन्येप्राप्तकाल
मिवात्मनः ३५ एवंज्ञात्वाव्यवसितंभीष्मस्यामिततेजसः ॥ ऋषयोवसवश्चैववियत्स्थाभीष्ममब्रुवन् ३६ यत्तेव्यवसितंताततदस्माकमपिप्रियम् ॥ तत्कुरुष्व
महाराजयुद्धेबुद्धिंनिवर्तय ३७ अस्यवाक्यस्यनिधनेप्रादुरासीच्छिवोऽनिलः ॥ अनुलोमःसुगंधीचपृषतैश्चसमन्वितः ३८ देवदुन्दुभयश्चैवसंप्रणेदुर्महास्वनाः ॥
पपातपुष्पवृष्टिश्चभीष्मस्योपरिमारिष ३९ नचतच्छुश्रुवेकश्चित्तेषांसंवदतांनृप ॥ ऋतेभीष्मंमहाबाहुंमांचापिमुनितेजसा ४० संभ्रमश्चमहानासीत्त्रिदशानांविशां
पते ॥ पतिष्यतिरथाद्भीष्मेसर्वलोकप्रियेतदा ४१ इतिदेवगणानांचवाक्यंश्रुत्वामहातपाः ॥ ततःशांतनवोभीष्मोबीभत्सुंनात्यवर्तत ४२ भिद्यमानःशितैर्बाणैः
सर्वावरणभेदिभिः ॥ शिखंडीतुमहाराजभरतानांपितामहम् ४३ आजघानोरसिक्रुद्धोनवभिर्निशितैःशरैः ॥ संतनाभिहतःसंख्येभीष्मःकुरुपितामहः ४४

३७ निधनेसमाप्तौ ३८ । ३९ मुनितेजसाव्यासप्रभावेण ४० । ४१ । ४२ । ४३ । ४४

॥

४५ । ४६ । ४७ । ४८ । ४९ । ५० । ५१ । ५२ । ५३ । ५४ । ५५ । ५६ । ५७ । ५८ । ५९ । ६० अव्यवच्छिन्नाःसंतताः ६१ । ६२ । ६३ । ६४ । ६५ 'माघमाकर्कटीप्रोक्तातदपत्यंतुतेगवा' ॥

नाकंपतमहाराजक्षितिकंपेयथाचलः ॥ ततःप्रहस्यबीभत्सुर्व्याक्षिपन्गांडिवंधनुः ४५ गांगेयंपंचविंशत्याक्षुद्रकाणांसमार्पयत् ॥ पुनःपुनःशतैरेनंत्वरमाणोध
नंजयः ४६ सर्वगात्रेषुसंक्रुद्धःसर्वमर्मस्वताडयत् ॥ एवमन्यैरपिभृशंविद्धयमानःसहस्रशः ४७ तानप्याशुशरैर्भीष्मःप्रविव्याधमहारथः ॥ तैश्चमुक्ताञ्छरान्
भीष्मोयुधिसत्यपराक्रमः ४८ निवारयामासशरैःसमंसन्नतपर्वभिः ॥ शिखंडीतुरणेबाणान्यान्मुमोचमहारथः ४९ नचकुस्तेरुजंतस्यरुक्मपुंखाःशिलाशिताः ॥
ततःकिरीटीसंक्रुद्धोभीष्ममेवाभ्यवर्तत ५० शिखंडिनंपुरस्कृत्यधनुश्चास्यसमाच्छिनत् ॥ अथैनंनवभिर्विद्ध्वाध्वजमेकेनचिच्छिदे ५१ सारथिंविशिखैश्चास्यद
शभिःसमकंपयत् ॥ सोऽन्यत्कार्मुकमादायगांगेयोबलवत्तरम् ५२ तदप्यस्यशितैर्भल्लैस्त्रिधात्रिभिरघातयत् ॥ निमेषार्धेनकौन्तेयआत्तमात्तंमहारणे ५३ एव
मस्यधनूंष्याजौचिच्छेदसुबहून्यथ ॥ ततःशांतनवोभीष्मोबीभत्सुंनात्यवर्तत ५४ अथैनंपंचविंशत्याक्षुद्रकाणांसमार्पयत् ॥ सोऽतिविद्धोमहेष्वासोदुःशासनम
भाषत ५५ एषपार्थोरणेक्रुद्धःपांडवानांमहारथः ॥ शरैरनेकसाहस्रैर्मामेवाभ्यहनद्रणे ५६ नचैषसमरेशक्योजेतुंवज्रभृताअपि ॥ नचापिसहितावीरादेवदा
नवराक्षसाः ५७ मांचापिशक्तानिर्जेतुंकिमुमर्त्यामहारथाः ॥ एवंतयोःसंवदतोःफाल्गुनोनिशितैःशरैः ५८ शिखंडिनंपुरस्कृत्यभीष्मंविव्याधसंयुगे ॥ ततो
दुःशासनंभूयःस्मयमानइवाब्रवीत् ५९ अतिविद्धःशितैर्बाणैर्भृशंगांडीवधन्वना ॥ वज्राशनिसमस्पर्शाअर्जुनेनशरायुधि ६० मुक्ताःसर्वेऽव्यवच्छिन्नानेमेबाणाः
शिखंडिनः ॥ निकृंतमानामर्माणिदृढावरणभेदिनः ६१ मुसलाइवमेघ्नंतिनेमेबाणाःशिखंडिनः ॥ वज्रदंडसमस्पर्शावज्रवेगदुरासदाः ६२ ममप्राणानारुजंति
नेमेबाणाःशिखंडिनः ॥ नाशयंतीवमेप्राणान्यमदूताइवाहिताः ६३ गदापरिघसंस्पर्शानेमेबाणाःशिखंडिनः ॥ भुजगाइवसंक्रुद्धालेलिहानाविषोल्बणाः ६४
समाविशंतिमर्माणिनेमेबाणाःशिखंडिनः ॥ अर्जुनस्यइमेबाणानेमेबाणाःशिखंडिनः ६५ कृन्तन्तिममगात्राणिमाघमांसेगवाइव ॥ सर्वेह्यपिनमेदुःखंकुर्युरन्येनरा
धिपाः ६६ वीरंगांडीवधन्वानमृतेजिष्णुंकपिध्वजम् ॥ इतिब्रुवञ्छांतनवोदिधक्षुरिवपांडवान् ६७ शक्तिंभीष्मःसपार्थायततश्चिक्षेपभारत ॥ तामस्यविशि
खैश्छित्वात्रिधात्रिभिरपातयत् ६८ पश्यतांकुरुवीराणांसर्वेषांतवभारत ॥ चर्माथादत्तगांगेयोजातरूपपरिष्कृतम् ६९ खड्गंचान्यतरप्रेप्सुर्मृत्योरग्रेजयायवा ॥
तस्यतच्छतधाचर्मव्यधमत्सायकैस्तथा ७० रथादनवरूढस्यतदद्भुतमिवाभवत् ॥ ततोयुधिष्ठिरोराजास्वान्यनीकान्यचोदयत् ७१ अभिद्रवतगांगेयंमावोऽस्तु
भयमण्वपि ॥ अथतेतोमरैःप्रासैर्बाणौघैश्चसमन्ततः ७२ पट्टिशैश्चसुनिस्त्रिंशैर्नाराचैश्चतथाशितैः ॥ वत्सदन्तैश्चभल्लैश्चतमेकमभिदुद्रुवुः ७३

यथामाघमांकर्कटींमातरंसेगवास्तदपत्यानिकृन्तन्तिउदरस्थान्यपत्यानिपृष्ठंविदार्यबहिर्निर्गच्छंतितद्वदित्यर्थः तेनप्राणापहारिवेदनाजनकत्वंबाणानां नेदंशिखंडिबाणेषुसंभवति तेषांमदंगेपुष्पतुल्यत्वात् ६६ । ६७
६८ । ६९ अग्रेतेषां मृत्योरितिचतुर्थ्यर्थेषष्ठी मृत्यवेइत्यर्थः ७० । ७१ । ७२ । ७३

म.भा.टी. । ७४ । ७५ । ७६ । ७७ । ७८ । ७९ । ८० । ८१ । ८२ । ८३ । ८४ । ८५ । ८६ । ८७ । ८८ । ८९ । ९० । ९१ । ९२ । ९३ । ९४ । कालंमृत्युं ९५ । ९६ । ९७ । ९८ । ९९ । १०० दक्षिणे भीष्म० अ० ११९

। १४५ ॥ सिंहनादस्ततोघोरःपांडवानामभूत्तदा ॥ तथैवतवपुत्राश्चनेदुर्भीष्मजयैषिणः ७४ तमेकमभ्यरक्षंतसिंहनादांश्चचक्रिरे ॥ तत्रासीत्तुमुलंयुद्धंतावकानांपरैःसह ७५ दशमेऽहनिराजेन्द्रभीष्मार्जुनसमागमे ॥ आसीद्गांगइवावर्तोमुहूर्तमुदधेरिव ७६ सैन्यानांयुध्यमानानांनिघ्नतामितरेतरम् ॥ असौम्यरूपापृथिवीशोणिताक्ताऽभवत्तदा ७७ समंचविषमंचैवनप्राज्ञायतकिंचन ॥ योधानामयुतंहत्वातस्मिन्सदशमेऽहनि ७८ अतिष्ठदाहवेभीष्मोभिद्यमानेषुमर्मसु ॥ ततःसेनामुखेतस्मिन्स्थितःपार्थोधनुर्धरः ७९ मध्येनकुरुसैन्यानांद्रावयामासवाहिनीम् ॥ वयंश्वेतहयाद्भीताःकुंतीपुत्राद्धनंजयात् ८० पीड्यमानाःशितैःशस्त्रैःप्राद्रवामरणेतदा ॥ सौवीराःकितवाःप्राच्याःप्रतीच्योदीच्यमालवाः ८१ अभीषाहाःशूरसेनाःशिबयोऽथवसातयः ॥ शाल्वाश्रयास्त्रिगर्ताश्चअंबष्ठाःकेकयैःसह ८२ सर्वएतेमहात्मानःशरार्तात्रणपीडिताः ॥ संग्रामेनजहुर्भीष्मंयुध्यमानंकिरीटिना ८३ ततस्तमेकंबहवःपरिवार्यसमंततः ॥ परिकाल्यकुरून्सर्वान्शरवर्षैरवाकिरन् ८४ निपातयतगृह्णीतयुध्यध्वमवकृंतत ॥ इत्यासीत्तुमुलःशब्दोराजन्भीष्मरथंप्रति ८५ निहत्यसमरेराजन्शतशोऽथसहस्रशः ॥ नतस्यासीदनिर्भिन्नंगात्रेद्व्यंगुलमंतरम् ८६ एवंभूतस्तवपिताशरैर्विशकलीकृतः ॥ शिताग्रैःफाल्गुनेनाजौप्राक्शिराःप्रापतद्रथात् ८७ किंचिच्छेषेदिनकरेपुत्राणांतवपश्यताम् ॥ हाहेतिदिविदेवानांपार्थिवानांचभारत ८८ पतमानेरथाद्भीष्मेबभूवसुमहास्वनः ॥ संपतन्तमभिप्रेक्ष्यमहात्मानंपितामहम् ८९ सहभीष्मेणसर्वेषांप्रापतन्हृदयानिनः ॥ सपपातमहाबाहुर्वसुधामनुनादयन् ९० इंद्रध्वजइवोत्सृष्टःकेतुःसर्वधनुष्मताम् ॥ धरणींनसपस्पर्शशरसंघैःसमावृतः ९१ शरतल्पेमहेष्वासंशयानंपुरुषर्षभम् ॥ रथात्प्रपतितंचैनंदिव्योभावःसमाविशत् ९२ अभ्यवर्षत्पर्जन्यःप्राकंपतचमेदिनी ॥ पतन्सददृशेचापिदक्षिणेनदिवाकरम् ९३ संज्ञांचोपालभद्वीरःकालंसंचिन्त्यभारत ॥ अंतरिक्षेचशुश्रावदिव्यावाचःसमंततः ९४ कथंमहात्मागांगेयःसर्वशस्त्रभृतांवरः ॥ कालंकर्तानरव्याघ्रःसंप्राप्तेदक्षिणायने ९५ स्थितोऽस्मीतिचगांगेयस्तच्छ्रुत्वावाक्यमब्रवीत् ॥ धार[१]यामासचप्राणान्पतितोऽपिमहीतले ९६ उत्तरायणमन्विच्छन्भीष्मःकुरुपितामहः ॥ तस्यतन्मतमाज्ञायगंगाहिमवतःसुता ९७ महर्षीन्हंसरूपेणप्रेषयामासतत्रवै ॥ ततःसंपातिनोहंसास्त्वरितामानसौकसः ९८ आजग्मुःसहितादृष्टुंभीष्मंकुरुपितामहम् ॥ यत्रशेतेनरश्रेष्ठःशरतल्पेपितामहः ९९ तेतुभीष्मंसमासाद्यऋषयोहंसरूपिणः ॥ अपश्यञ्छरतल्पस्थंभीष्मंकुरुकुलोद्वहम् १०० तेतंदृष्ट्वामहात्मानंकृत्वाचापिप्रदक्षिणम् ॥ गांगेयंभरतश्रेष्ठंदक्षिणेनचभास्करम् १०१ इतरेतरमामंत्र्यप्राहुस्तत्रमनीषिणः ॥ भीष्मःकथंमहात्मामन्संस्थातादक्षिणायने २ इत्युक्त्वाप्रस्थिताहंसादक्षिणामभितोदिशम् ॥ संप्रेक्ष्यवैमहाबुद्धिश्चिंतयित्वाचभारत ३

नदक्षिणमार्गस्थंभास्करंचदृष्ट्वेत्यन्वयः १०१ संस्थातामरिष्यति २ । १०३ ॥ १४५ ॥

१ धारयिष्याम्यहंप्राणानितिवापाठः

४ । ५ ऐश्वर्येणस्वसामर्थ्येनभूतःप्राप्तःस्वच्छंदमृत्युत्वात् ६ । ७ । ८ । ९ । १० । ११ । १२ । १३ । १४ । १५ । १६ । १७ । १८ । १९ । २० । २१ । २२ ॥ इतिभीष्मपर्वणिनीलकंठीये

तानब्रवीच्छांतनवोनाहंगंताकथंचन ॥ दक्षिणावर्तआदित्येएतन्मेमनसिस्थितम् १०४ गमिष्यामिस्वकंस्थानमासीद्यन्मेपुरातनम् ॥ उदगायनआदित्येहंसाःसत्यं ब्रवीमिवः ५ धारयिष्याम्यहंप्राणानुत्तरायणकांक्षया ॥ ऐश्वर्यभूतःप्राणानामुत्सर्गेहियतोमम ६ तस्मात्प्राणान्धारयिष्येमुमूर्षुरुदगायने ॥ यश्चदत्तोवरोमह्यंपित्रा तेनमहात्मना ७ छंदतोमृत्युरित्येवंतस्यचास्तुवरस्तथा ॥ धारयिष्येततःप्राणानुत्सर्गेनियतेसति ८ इत्युक्त्वातांस्तदाहंसान्सशेतेशरतल्पगः ॥ एवंकुरूणांपतिते शृंगेभीष्मेमहौजसि ९ पांडवाःसृंजयाश्चैवसिंहनादंप्रचक्रिरे ॥ तस्मिन्हतेमहासत्वेभरतानांपितामहे ११० नकिंचित्प्रत्यपद्यंतपुत्रास्तेभरतर्षभ ॥ संमोहश्चैवतुमुलः कुरूणामभवत्तदा ११ कृपदुर्योधनमुखानिःश्वस्यरुरुदुस्ततः ॥ विषादाच्चचिरंकालमतिष्ठन्विगतेंद्रियाः १२ दध्युश्चैवमहाराजनयुद्धेदधिरेमनः ॥ ऊरुग्राहगृहीताश्च नाभ्यधावंतपाडवान् १३ अवध्येशन्तनोःपुत्रेहतेभीष्मेमहौजसि ॥ अभावःसहसाराजन्कुरुराजस्यतर्कितः १४ हतप्रवीरास्तुवयंनिकृत्ताश्चशितैःशरैः ॥ कर्तव्यंनाभि जानीमोनिर्जिताःसव्यसाचिना १५ पांडवाश्चजयंलब्ध्वापरत्रचपरांगतिम् ॥ सर्वेदध्मुर्महाशंखान्शूराःपरिघबाहवः १६ सोमकाश्चसपंचालाःप्राहृष्यंतजनेश्वर ॥ ततस्तूर्यसहस्रेषुनदत्सुसमहाबलः १७ आस्फोटयामासभृशंभीमसेनोननादच ॥ सेनयोरुभयोश्चापिगांगेयेनिहतेविभौ १८ संन्यस्यवीराःशस्त्राणिप्राध्यायंतसमंततः ॥ प्राक्रोशन्प्राद्रवंश्चान्येजग्मुर्मोहंतथाऽपरे १९ क्षत्रंचान्येऽभ्यनिंदन्तभीष्मंचान्येऽभ्यपूजयन् ॥ ऋषयःपितरश्चैवप्रशशंसुर्महाव्रतम् २० भरतानांचयेपूर्वेतेचैनंप्रशशं सिरे ॥ महोपनिषदंचैवयोगमास्थायवीर्यवान् २१ जपन्शांतनवोधीमान्कालाकांक्षीस्थितोऽभवत् १२२ ॥ इतिश्रीमहाभारतेभीष्मपर्वणिभीष्मवधपर्वणिभीष्मनि पातनेऊनविंशत्यधिकशततमोध्यायः ॥ ११९ ॥ धृतराष्ट्रउवाच ॥ कथमासंस्तदायोधाहीनाभीष्मेणसंजय ॥ बलिनादेवकल्पेनगुर्वर्थेब्रह्मचारिणा १ तदैवनिहता न्मन्येकुरूनन्यांश्चपांडवैः ॥ नप्राहरद्यदाभीष्मोघृणित्वाद्द्रुपदात्मजम् २ ततोदुःखतरंमन्येकिमन्यत्प्रभविष्यति ॥ अद्याहंपितरंश्रुत्वानिहतंस्मसुदुर्मतिः ३ अश्म सारमयंनूनंहृदयंममसंजय ॥ श्रुत्वाविनिहतंभीष्मंशतधायन्नदीर्यते ४ यदन्यन्निहतेनाजौभीष्मेणजयमिच्छता ॥ चेष्टितंकुरुसिंहेनतन्मेकथयसुव्रत ५ पुनःपुनर्न मृष्यामिहतंदेवव्रतंरणे ॥ नहतोजामदग्न्येनदिव्यैरस्त्रैरयंपुरा ६ सहतोद्रौपदेयेनपांचाल्येनशिखंडिना ॥ संजयउवाच ॥ सायाह्नेनिहतोभूमौधार्तराष्ट्रान्विषादयन् ७ पंचालानांददौहर्षंभीष्मःकुरुपितामहः ॥ सशेतेशरतल्पस्थोमेदिनीमस्पृशंस्तदा ८ भीष्मेरथात्प्रपतितेप्रच्युतेधरणीतले ॥ हाहेतितुमुलःशब्दोभूतानांसमपद्यत ९

भारतभावदीपेएकोनविंशत्यधिकशततमोऽध्यायः ॥ ११९ ॥ ॥ ॥ ॥ ॥ ॥ ॥ ॥ कथमिति १ । २ । ३ । ४ । ५ । ६ । ७ । ८ । ९

सीमावृक्षेइति । ननुकौरवाणांतावद्भीष्मेसेनापतौपतितेभयमुचितंप्रधानविमाशेजयाशाविच्छेदात् । पांडवानांतुकथंभयमग्रेतेषांहर्षस्यकथनात् । उच्यते । पांडवानामपिमहद्भयमुपपद्यतएवसंधिवांछाविच्छेदात् अयंभावः । उभयोःसीमास्थानीयोभीष्मोजीवन्नस्माकंसंधिंकरिष्यति । तेनचपुत्रसुहृद्विनाशधनव्ययप्रसवायानभविष्यंति । हतेत्वेतस्मिन्सुतरांसंध्याशाविच्छेदएवजातइतिपुत्रसुहृद्विनाशादिप्रयुक्तंभयंयुज्यत

सीमावृक्षेनिपतितेकुरूणांसमितिंजये ॥ सेनयोरुभयोराजन्क्षत्रियान्भयमाविशत् १० भीष्मंशांतनवंदृष्ट्वाविशीर्णकवचध्वजम् ॥ कुरवःपर्यवर्तन्तपांडवाश्वविशांपते ११ खंतमःसंवृतमभूदासीद्भानुर्गतप्रभः ॥ ररासपृथिवीचैवभीष्मेशांतनवेहते १२ अयंब्रह्मविदांश्रेष्ठोह्ययंब्रह्मविदांवरः ॥ इत्यभाषंतभूतानिशयानंपुरुषर्षभम् १३ अयंपितरमाज्ञायकामार्त्तंशन्तनुंपुरा ॥ ऊर्ध्वरेतसमात्मानंचकारपुरुषर्षभः १४ इतिस्मशरतल्पस्थंभरतानांमहत्तमम् ॥ ऋषयस्त्वभ्यभाषंतसहिताःसिद्धचारणैः १५ हतेशांतनवेभीष्मेभरतानांपितामहे ॥ नकिंचित्प्रत्यपद्यंतपुत्रास्तवहिमारिष १६ विषण्णवदनाश्चासन्हतश्रीकाश्चभारत ॥ अतिष्ठन्व्रीडिताश्चैवह्रियायुक्ताह्यधोमुखाः १७ पांडवाश्चजयंलब्ध्वासंग्रामशिरसिस्थिताः ॥ सर्वेदध्मुर्महाशंखान्हेमजालपरिष्कृतान् १८ हर्षात्तूर्यसहस्रेषुवाद्यमानेषुचानघ ॥ अपश्याममहाराजभीमसेनंमहाबलम् १९ विक्रीडमानंकौन्तेयंहर्षेणमहतायुतम् ॥ निहत्यतरसाशत्रुंमहाबलसमन्वितम् २० संमोहश्चापितुमुलःकुरूणामभवत्ततः ॥ कर्णदुर्योधनौचापिनिःश्वसेतांमुहुर्मुहुः २१ तथानिपतितेभीष्मेकौरवाणांपितामहे ॥ हाहाभूतमभूत्सर्वंनिर्मर्यादमवर्तत २२ दृष्ट्वाचपतितंभीष्मंपुत्रोदुःशासनस्तव ॥ उत्तमंजवमास्थायद्रोणानीकमुपाद्रवत् २३ भ्रात्राप्रस्थापितोवीरःस्वेनानीकेनदंशितः ॥ प्रययौपुरुषव्याघ्रःस्वसैन्यंसविषादयन् २४ तमायांतमभिप्रेक्ष्यकुरवःपर्यवारयन् ॥ दुःशासनंमहाराजकिमयंवक्ष्यतीतिच २५ ततोद्रोणायनिहतंभीष्ममाचष्टकौरवः ॥ द्रोणस्तत्राप्रियंश्रुत्वामुमोहभरतर्षभ २६ ससंज्ञामुपलभ्याशुभारद्वाजःप्रतापवान् ॥ निवारयामासतदास्वान्यनीकानिमारिष २७ विनिवृत्तान्कुरून्दृष्ट्वापांडवाऽपिस्वसैनिकान् ॥ दूतैःशीघ्राश्वसंयुक्तैःसमंतात्पर्यवारयन् २८ निवृत्तेषुचसैन्येषुपारंपर्येणसर्वशः ॥ निर्मुक्तकवचाःसर्वेभीष्ममीयुर्नराधिपाः २९ व्युपरम्यततोयुद्धाद्योधाःशतसहस्रशः ॥ उपतस्थुर्महात्मानंप्रजापतिमिवामराः ३० तेतुभीष्मंसमासाद्यशयानंभरतर्षभम् ॥ अभिवाद्यावतिष्ठंतपांडवाःकुरुभिःसह ३१ अथपांडून्कुरूंश्चैवप्रणिपत्याग्रतःस्थितान् ॥ अभ्यभाषतधर्मात्माभीष्मःशांतनवस्तदा ३२ स्वागतंवोमहाभागाःस्वागतंवोमहारथाः ॥ तुष्यामिदर्शनाच्चाहंयुष्माकममरोपमाः ३३ अभिमंत्र्याथतानेवंशिरसालंबताऽब्रवीत् ॥ शिरोमेलंबतेऽत्यर्थमुपधानंप्रदीयताम् ३४ ततोनृपाःसमाजह्रुस्तनूनिचमृदूनिच ॥ उपधानानिमुख्यानिनैच्छत्तानिपितामहः ३५ अथाब्रवीन्नरव्याघ्रःप्रहसन्निवतान्नृपान् ॥ नैतानिवीरशय्यासुयुक्तरूपाणिपार्थिवाः ३६

इति तस्माद्युक्तमुक्तंसेनयोरुभयोरिति । हर्षकथनंत्वापाततोज्ञेयम् १० पर्यवर्तंतपरिवृत्तवंतः ११ । १२ । १३ । १४ । १५ । १६ व्रीडिताःव्रीडावंतः व्रीडाचान्यतः ह्रीश्चाकार्यकरणात् १७ । १८ १९ । २० । २१ । २२ । २३ । २४ । २५ । २६ । २७ । २८ पारंपर्येणक्रमेण २९ । ३० । ३१ । ३२ । ३३ उपधानंउपबर्हम् ३४ । ३५ । ३६

१ 'परभाग्नैतत्प्रमुतान्स्थितानुद्वीक्ष्य भारत इत्यधिकम्'

३७ इहवीरशय्यायां ३८ । ३९ । ४० । ४१ । ४२ व्यवसायमुचितोद्योगम् ४३ । ४४ अन्वगृह्णात् अवतष्टंभे ४५ । ४६ । ४७ उपहितंउपधानीयंदत्तम् ४८ । ४९ पांडवानभिसंस्थितान् पांडवानांस

ततोवीक्ष्यनरश्रेष्ठमभ्यभाषतपांडवम् ॥ धनंजयंदीर्घबाहुंसर्वलोकमहारथम् ३७ धनंजयमहाबाहोशिरोमेतातलंबते ॥ दीयतामुपधानंवैयद्युक्तमिहमन्यसे ३८
॥ संजयउवाच ॥ समारोप्यमहच्चापमभिवाद्यपितामहम् ॥ नेत्राभ्यामश्रुपूर्णाभ्यामिदंवचनमब्रवीत् ३९ आज्ञापयकुरुश्रेष्ठसर्वशस्त्रभृतांवर ॥ प्रेष्योऽहंतवदु
र्धर्षक्रियतांकिंपितामह ४० तमब्रवीच्छांतनवःशिरोमेतातलंबते ॥ उपधानंकुरुश्रेष्ठफाल्गुनोपदधत्स्वमे ४१ शयनस्यानुरूपंवैशीघ्रंवीरप्रयच्छमे ॥ त्वंहिपार्थ
समर्थोवैश्रेष्ठःसर्वधनुष्मताम् ४२ क्षत्रधर्मस्यवेत्ताचबुद्धिसत्वगुणान्वितः ॥ फाल्गुनोऽपितथेत्युक्त्वाव्यवसायमरोचयत् ४३ गृह्यानुमंत्र्यगांडीवंशरान्सन्नतपर्वणः ॥
अनुमान्यमहात्मानंभरतानांमहारथम् ४४ त्रिभिस्तीक्ष्णैर्महावेगैरन्वगृह्णाच्छिरःशरैः ॥ अभिप्रायेतुविदितेधर्मात्मासव्यसाचिना ४५ अतुष्यद्भरतश्रेष्ठोभीष्मो
धर्मार्थतत्त्ववित् ॥ उपधानेनदत्तेनप्रत्यनंदद्धनंजयम् ४६ प्राहसर्वान्समुद्वीक्ष्यभरतान्भारतंप्रति ॥ कुंतीपुत्रंयुधांश्रेष्ठंसुहृदांप्रीतिवर्धनम् ४७ शयनस्यानुरूपं
मेपांडवोपहितंत्वया ॥ यद्यन्यथाप्रपद्येथाःशपेयंत्वामहंरुषा ४८ एवमेवमहाबाहोधर्मेषुपरिरितिष्ठता ॥ स्वप्तव्यंक्षत्रियेणाजौशरतल्पगतेनवै ४९ एवमुक्त्वातु
बीभत्सुंसर्वांस्तानब्रवीद्वचः ॥ राज्ञश्चराजपुत्रांश्चपांडवानभिसंस्थितान् ५० पश्यध्वमुपधानंमेपांडवेनाभिसंधितम् ॥ शिश्येऽहमस्यांशय्यायांयावदावर्तनंरवेः
५१ येतदामांगमिष्यंतितेचप्रेक्ष्यंतिमांनृपाः ॥ दिशंवैश्रवणाक्रांतांयदागन्तादिवाकरः ५२ नूनंसप्ताश्वयुक्तेनरथेनोत्तमतेजसा ॥ विमोक्ष्येऽहंतदाप्राणान्सुहृदः
सुप्रियानिव ५३ परिखाःखन्यतामत्रममावसदनेनृपाः ॥ उपासिष्येविवस्वंतमेवंशरशताचितः ५४ उपारमध्वंसंग्रामाद्वैरमुत्सृज्यपार्थिवाः ॥ संजयउवाच ॥
उपातिष्ठन्नथोवैद्याःशल्योद्धरणकोविदाः ५५ सर्वोपकरणैर्युक्ताःकुशलैःसाधुशिक्षिताः ॥ तान्दृष्ट्वाजाह्नवीपुत्रःप्रोवाचतनयंतव ५६ धनंदत्वाविसृज्यन्तांपूजयित्वा
चिकित्सकाः ॥ एवंगतेमयेदानींवैद्यैःकार्यमिहास्तिकिम् ५७ क्षत्रधर्मप्रशस्तांहिप्राप्तोऽस्मिपरमांगतिम् ॥ नैषधर्मोमहीपालाःशरतल्पगतस्यमे ५८ एभिरे
वशरैश्चाहंदग्धव्योऽस्मिनराधिपाः ॥ तच्छ्रुत्वावचनंतस्यपुत्रोदुर्योधनस्तव ५९ वैद्यान्विसर्जयामासपूजयित्वायथार्हतः ॥ ततस्तेविस्मयंजग्मुर्नानाजनपदेश्वराः
६० स्थितिंधर्मेपरांदृष्ट्वाभीष्मस्यामिततेजसः ॥ उपधानंततोदत्वापितुस्तेमनुजेश्वराः ६१ सहिताःपांडवाःसर्वेकुरवश्चमहारथाः ॥ उपगम्यमहात्मानंशयानंशयने
शुभे ६२ तेऽभिवाद्यततोभीष्मंकृत्वाचत्रिःप्रदक्षिणम् ॥ विधायरक्षांभीष्मस्यसर्वएवसमंततः ६३ वीराःस्वशिबिराण्येवध्यायंतःपरमातुराः ॥ निवेशायाभ्युपागच्छ
न्सायाह्नेरुधिरोक्षिताः ६४ निविष्टान्पांडवांश्चैवप्रीयमाणान्महारथान् ॥ भीष्मस्यपतनेहृष्टानुपगम्यमहाबलः ६५

मीपवर्तिनः ५० । ५१ । ५२ । ५३ ममावसदनेमन्निवासस्थाने ५४ । ५५ । ५६ । ५७ । ५८ । ५९ । ६० । ६१ । ६२ । ६३ । ६४ । ६५

६६ । ६७ चक्षुषाहंतीतितथातंदृष्टिमात्रेणहननक्षमम् ६८ । ६९ । ७० । ७१ ॥ इतिभीष्मपर्वणिनीलकंठीयेभारतभावदीपे विंशाधिकशततमोऽध्यायः ॥ १२० ॥ व्युष्टायामिति १ । २ । ३ पृथग्जनाः

उवाचमाधवःकालेधर्मपुत्रंयुधिष्ठिरम् ॥ दिष्ट्याजयसिकौरव्यदिष्ट्याभीष्मोनिपातितः ६६ अवध्योमानुषैरेवसत्यसंधोमहारथः ॥ अथवादैवतैःसार्धंसर्वशास्त्रस्य पारगः ६७ त्वांतुचक्षुर्हणंप्राप्यदग्धोघोरेणचक्षुषा ॥ एवमुक्तोधर्मराजःप्रत्युवाचजनार्दनम् ६८ तवप्रसादाद्विजयःक्रोधात्तवपराजयः ॥ त्वंहिनःशरणंकृष्ण भक्तानामभयंकरः ६९ अनाश्चर्योजयस्तेषांयेषांत्वमसिकेशव ॥ रक्षितासमरेनित्यंनित्यंचापिहितेरतः ७० सर्वथात्वांसमासाद्यनाश्चर्यमितिमेमतिः ॥ एवमु क्तःप्रत्युवाचस्मयमानोजनार्दनः ॥ त्वय्येवैतद्युक्तरूपंवचनंपार्थिवोत्तम ७१ ॥ इतिश्रीमहाभारते भीष्मपर्वणिभीष्मवधप० भीष्मोपधानदानेविंशाधिकशततमोऽध्यायः ॥ १२० ॥ संजयउवाच ॥ व्युष्टायांतुमहाराजशर्वर्यांसर्वपार्थिवाः ॥ पांडवाधार्तराष्ट्राश्चउपातिष्ठन्पितामहम् १ तंवीरशयनेवीरंशयानंकुरुसत्तम ॥ अभिवा द्योपतस्थुर्वैक्षत्रियाःक्षत्रियर्षभम् २ कन्याश्चंदनचूर्णैश्चलाजैर्माल्यैश्चसर्वशः ॥ अवाकिरञ्छांतनवंतत्रगत्वासहस्रशः ३ स्त्रियोवृद्धास्तथाबालाःप्रेक्षकाश्चपृथ ग्जनाः ॥ समभ्ययुःशांतनवंभूतानीवतमोनुदम् ४ तूर्याणिशतसंख्यानितथैवनटनर्तकाः ॥ शिल्पिनश्चतथाऽऽजग्मुःकुरुवृद्धंपितामहम् ५ उपारम्यचयु द्धेभ्यःसन्नाहान्विप्रमुच्यते ॥ आयुधानिचनिक्षिप्यसहिताःकुरुपांडवाः ६ अन्वासंतदुराधर्षंदेवव्रतमरिन्दमम् ॥ अन्योन्यंप्रीतिमंतस्तेयथापूर्वंयथावयः ७ सापार्थिवशताकीर्णासमितिर्भीष्मशोभिता ॥ शुशुभेभारतीदीप्तादिवीवादित्यमंडलम् ८ विबभौचनृपाणांसागंगासुतमुपासताम् ॥ देवानामिवदेवेशंपितामहमु पासताम् ९ भीष्मस्तुवेदनांधैर्यान्निगृह्यभरतर्षभ ॥ अभितप्तःशरैश्चैवनिःश्वसन्नुरगोयथा १० शराभितप्तकायोऽपिशस्त्रसंपातमूर्छितः ॥ पानीयमितिसंप्रेक्ष्य राज्ञस्तान्प्रत्यभाषत ११ ततस्तेक्षत्रियाराजन्नुपाजह्रुःसमंततः ॥ भक्ष्यानुच्चावचान्राजन्वारिकुंभांश्चशीतलान् १२ उपानीतंतुपानीयंदृष्ट्वाशांतनवोऽब्रवीत् ॥ नाद्याऽतीतामयाशक्याभोगाःकेचनमानुषाः १३ अपक्रांतोमनुष्येभ्यःशरशय्यांगतोह्यहम् ॥ प्रतीक्षमाणस्तिष्ठामिनिवृत्तिंशशिसूर्ययोः १४ एवमुक्त्वाशांतन वोनिन्दन्वाक्येनपार्थिवान् ॥ अर्जुनंद्रष्टुमिच्छामीत्यभ्यभाषतभारत १५ अथोपेत्यमहाबाहुरभिवाद्यपितामहम् ॥ अतिष्ठत्प्रांजलिःप्रह्वःकिंकरोमीतिचाब्रवीत् १६ तंदृष्ट्वापांडवंराजन्नभिवाद्याग्रतःस्थितम् ॥ अभ्यभाषतधर्मात्माभीष्मःप्रीतोधनंजयम् १७ दह्यतीवशरीरंमेसंवृतस्यतवेषुभिः ॥ मर्माणिपरिदूयंतेमुखंचपरिशुष्यति १८ वेदनार्तशरीरस्यप्रयच्छापोममार्जुन ॥ त्वंहिशक्तोमहेष्वासदातुमापोयथाविधि १९ अर्जुनस्तुतथेत्युक्त्वारथमारुह्यवीर्यवान् ॥ अधिज्यंबलवत्कृत्वागांडीवंव्याक्षिपद्ध नुः २० तस्यज्यातलनिर्घोषंविस्फूर्जितमिवाशनेः ॥ वित्रेसुःसर्वभूतानिसर्वेश्रुत्वाचपार्थिवाः २१ ततःप्रदक्षिणंकृत्वारथेनरथिनांवरः ॥ शयानंभरतश्रेष्ठंसर्वशस्त्रभृतांवरम् २२

प्राकृताःजनाःभूतानिप्राणिनोगंधर्वादीनिवा तमोनुदंसूर्यम् ४ । ५ । ६ । ७ । ८ । ९ । १० । ११ । १२ । १३ । १४ । १५ । १६ । १७ परिदूयंतेपरितप्यंते १८ । १९ । २० । २१ । २२

२३ । २४ । २५ विकुर्वतोविशेषेणकुर्वतः २६ । २७ व्याविध्यन्भ्रामितवंतः २८ । २९ । ३० । ३१ । निधनंनिधनहेतु :तद्विदोदेवरहस्यज्ञाः ३२ । ३३ जगतिभूलोके ३४ । ३५ । ३६

संधायचशरंदीप्तमभिमंत्र्यसपांडवः ॥ पर्जन्यास्त्रेणसंयोज्यसर्वलोकस्यपश्यतः २३ अविध्यत्पृथिवींपार्थःपार्श्वेभीष्मस्यदक्षिणे ॥ उत्पपातततोधारावारिणोविमला
शुभा २४ शीतस्यामृतकल्पस्यदिव्यगंधरसस्यच ॥ अतर्पयत्ततःपार्थःशीतयाजलधारया २५ भीष्मंकुरूणामृषभंदिव्यकर्मपराक्रमम् ॥ कर्मणातेनपार्थस्यश
क्रस्येवविकुर्वतः २६ विस्मयंपरमंजग्मुस्ततस्तेवसुधाधिपाः ॥ तत्कर्मप्रेक्ष्यबीभत्सोरतिमानुषविक्रमम् २७ संप्रावेपंतकुरवोगावःशीतार्दिताइव ॥ विस्मया
च्चोत्तरीयाणिव्याविध्यन्सर्वतोनृपाः २८ शंखदुंदुभिनिर्घोषस्तुमुलःसर्वतोऽभवत् ॥ तृप्तःशांतनवश्चापिराजन्बीभत्सुमब्रवीत् २९ सर्वपार्थिववीराणांसन्निधौपूजय
न्निव ॥ नैतच्चित्रंमहाबाहोत्वयिकौरवनन्दन ३० कथितोनारदेनासिपूर्वर्षिरमितद्युते ॥ वासुदेवसहायस्त्वंमहत्कर्मकरिष्यसि ३१ यन्नोत्सहतिदेवेन्द्रःसहदेवैरपिध्रुवम्
विदुस्त्वांनिधनंपार्थसर्वक्षत्रस्यतद्विदः ३२ धनुर्धराणामेकस्त्वंपृथिव्यांप्रवरोनृषु ३३ मनुष्याजगतिश्रेष्ठाःपक्षिणांपतगेश्वरः ॥ सारितांसागरःश्रेष्ठोगौर्वरिष्ठाचतु
ष्पदाम् ३४ आदित्यस्तेजसांश्रेष्ठोगिरीणांहिमावान्वरः ॥ जातीनांब्राह्मणःश्रेष्ठःश्रेष्ठस्त्वमसिधन्विनाम् ३५ नवैश्रुतंधार्तराष्ट्रेणवाक्यंमयोच्यमानंविदुरेणचैव ॥ द्रो
णेनरामेणजनार्दनेनमुहुर्मुहुःसंजयेनापिचोक्तम् ३६ परीतबुद्धिर्हिविसंज्ञकल्पोदुर्योधनोनचतच्छ्रद्दधाति ॥ सशेष्यतेवैनिहतश्चिरायशास्त्रातिगोभीमबलाभिभूतः
३७ एतच्छ्रुत्वातद्वचःकौरवेन्द्रोदुर्योधनोदीनमनाबभूव ॥ तमब्रवीच्छांतवोऽभिवीक्ष्यनिबोधराजन्भववीतमन्युः ३८ दृष्टंदुर्योधनैतत्तेयथापार्थेनधीमता ॥ जलस्य
धाराजनिताशीतस्यामृतगंधिनः ३९ एतस्यकर्तालोकेऽस्मिन्नान्यःकश्चनविद्यते ॥ आग्नेयंवारुणंसौम्यंवायव्यमथवैष्णवम् ४० ऐन्द्रंपाशुपतंब्राह्मंपारमेष्ठ्यंप्रजा
पतेः ॥ धातुस्त्वष्टुश्चसवितुर्वैवस्वतमथापिवा ४१ सर्वस्मिन्मानुषेलोकेवेत्त्येकोहिधनंजयः ॥ कृष्णोवादेवकीपुत्रोनान्योवेदेहकश्चन ४२ अशक्यःपांडवस्ता
तयुद्धेजेतुंकथंचन ॥ अमानुषाणिकर्माणियस्यैतानिमहात्मनः ४३ तेनसत्ववतासंख्येशूरेणाहवशोभिना ॥ कृतिनासमरेराजन्संधिर्भवतुमाचिरम् ४४ यावत्कृ
ष्णोमहाबाहुःस्वाधीनःकुरुसत्तम ॥ तावत्पार्थेनशूरेणसंधिस्तेताततयुज्यताम् ४५ यावन्नतेचमूःसर्वाःशरैःसन्नतपर्वभिः ॥ नाशयत्यर्जुनस्तावत्संधिस्तेतातयुज्यता
म् ४६ यावत्तिष्ठंतिसमरेहतशेषाःसहोदराः ॥ नृपाश्चबहवोराजंस्तावत्सन्धिःप्रयुज्यताम् ४७ ननिर्दहतितेयावत्क्रोधदीप्तेक्षणश्चमूम् ॥ युधिष्ठिरोरणेतावत्सं
धिस्तेतातयुज्यताम् ४८ नकुलःसहदेवश्चभीमसेनश्चपांडवः ॥ यावच्चमूंमहाराजनाशयंतिनसर्वशः ४९ तावत्तेपांडवैर्वीरैःसौहार्दंममरोचते ॥ युद्धंमदंतमेवास्तुतातसं
शाम्यपांडवैः ५० एतत्तुरोचतांवाक्यंयदुक्तोऽसिमयाऽनघ ॥ एतत्क्षममहंमन्येतवचैवकुलस्यच ५१

३७ । ३८ । ३९ । ४० । ४१ । ४२ । ४३ । ४४ । ४५ । ४६ । ४७ । ४८ । ४९ । ५० क्षेमंहितं ५१

फाल्गुनेनयत्कृतंएतदेतावदेवपर्याप्तमस्तु चशब्दादेतावतांभ्रातॄणामंतादपीति ५२ । ५३ । ५४ । ५५ योज्ययोगधारणायुक्तंकृत्वा ५६ । ५७ ॥ इतिभी० नी० भारतभावदीपेएकविंशाधिकशततमोऽध्यायः ॥

त्यक्त्वमन्युंव्युपशाम्यस्वपार्थैःपर्याप्तमेतद्यत्कृतंफाल्गुनेन ॥ भीष्मस्यांतादस्तुवःसौहृदंचजीवंतुशेषाःसाधुराजन्प्रसीद ५२ राज्यस्यार्धंदीयतांपांडवानामिन्द्रप्रस्थं धर्मराजोऽभियातु ॥ मामित्रध्रुक्पार्थिवानांजघन्यःपापांकीर्तिंप्राप्स्यसेकौरवेन्द्र ५३ ममावसानाच्छांतिरस्तुप्रजानांसंगच्छंतांपार्थिवाःप्रीतिमन्तः ॥ पितापुत्रंमा तुलंभागिनेयोभ्राताचैवभ्रातरंप्रैतुराजन् ५४ नचेदेवंप्राप्तकालंवचोमेमोहाविष्टःप्रतिपत्स्यस्यबुद्ध्या ॥ तप्स्यस्यन्तेएतदन्ताःस्थसर्वेसत्यामेतांभारतीमीरयामि ५५ एत द्वाक्यंसौहृदादापगेयोमध्येराज्ञांभारतंश्रावयित्वा ॥ तूष्णीमासीच्छल्यसंतप्तमर्मायोज्यात्मानंवेदनांसंनियम्य ५६ ॥ संजयउवाच ॥ धर्मार्थसहितंवाक्यं श्रुत्वाहितमनामयम् ॥ नारोचयतपुत्रस्तेमुमूर्षुरिवभेषजम् ५७ ॥ इतिश्रीम० भी० भी० दुर्योधनंप्रतिभीष्मवाक्येएकविंशाधिकशततमोऽध्यायः ॥

॥ १२१ ॥ संजयउवाच ॥ ततस्तेपार्थिवाःसर्वेजग्मुःस्वानालयान्पुनः ॥ तूष्णींभूतेमहाराजभीष्मेशांतनुनन्दने १ श्रुत्वातुनिहतंभीष्मंराधेयःपुरुषर्षभः ॥ ईषदा गतसंत्रासस्त्वरयोपजगामह २ सददर्शमहात्मानंशरतल्पगतंतदा ॥ जन्मशय्यागतंवीरंकार्तिकेयमिवप्रभुम् ३ निमीलिताक्षंतंवीरंसाश्रुकण्ठस्तदावृषः ॥ भीष्मभी ष्ममहाबाहोइत्युवाचमहाद्युतिः ४ राधेयोऽहंकुरुश्रेष्ठनित्यमक्षिगतस्तव ॥ ॥ द्वेष्योऽहंतवसर्वत्रइतिचैनमुवाचह ५ तच्छ्रुत्वाकुरुवृद्धोहिबलीसंवृत्तलोचनः ॥ शनैरु द्वीक्ष्यसस्नेहमिदंवचनमब्रवीत् ६ रहितंधिष्ण्यमालोक्यसमुत्सार्यचरक्षिणः ॥ पितेवपुत्रंगांगेयःपरिरभ्यैकपाणिना ७ एह्येहिमेविप्रतीपस्पर्धसेत्वंमयासह ॥ यदि मांनाधिगच्छेथानतेश्रेयोध्रुवंभवेत् ८ कौन्तेयस्त्वंनराधेयोनतवाधिरथःपिता ॥ सूर्यजस्त्वंमहाबाहोविदितोनारदान्मया ९ कृष्णद्वैपायनाच्चैवतच्चसत्यंनसंशयः ॥ नचद्वेषोऽस्तिमेतातत्वयिसत्यंब्रवीमिते १० तेजोवधनिमित्तंतुपरुषंत्वाऽहमब्रुवम् ॥ अकस्मात्पांडवान्सर्वानवाक्षिपसिसुव्रत ११ येनासिबहुशोराज्ञाचोदितःसूत नंदन ॥ जातोऽसिधर्मलोपेनततस्तेबुद्धिरीदृशी १२ नीचाश्रयान्मत्सरेणद्वेषिणीगुणिनामपि ॥ तेनासिबहुशोरूक्षंश्रावितःकुरुसंसदि १३ जानामिसमरेवीर्यं शत्रुभिर्दुःसहंभुवि ॥ ब्रह्मण्यतांचशौर्यंचदानेचपरमांस्थितिम् १४ नत्वयासदृशःकश्चित्पुरुषेष्वमरोपम ॥ कुलभेदभयाच्चाहंसदापरुषमुक्तवान् १५ इष्वस्त्रेचास्त्रसं धानेलाघवेऽस्त्रबलेतथा ॥ सदृशःफाल्गुनेनासिकृष्णेनचमहात्मना १६ कर्णकाशिपुरंगत्वात्वयैकेनधनुष्मता ॥ कन्यार्थेकुरुराजस्यराजानोमृदितायुधि १७ तथाच बलवान्राजाजरासंधोदुरासदः ॥ समरेसमरश्लाघिन्नत्वयासदृशोभवत् १८

यः ॥ १२१ ॥ ततइति १ । २ जन्मशय्यागतंजन्मकालेशरशय्यागतंशरजन्मत्वात् ३ । ४ । ५ । ६ । ७ । ८ । ९ । १० । ११ । १२ । १३ । १४ पुरुषेषुमानुषेषु एवंसत्यपिअतिसंभावितःपांडवान तिपीडयेरितिनिश्चित्यातिरथोऽप्यर्धरथत्वेनगणितइतिभावः १५ । १६ । १७ । त्वयासदृशोनाभवत् त्वयाजितइत्यर्थः इयंकथाराजधर्मे अनेननागायुतबलत्वंकर्णस्यसूचितम् १८

युधिसंप्रहारे १९ । २० । २१ निर्वृत्तंसमाप्तं २२ । २३ अवकीर्णस्त्यक्तः २४ । २५ । २६ । २७ निवर्तितुंनिवर्तयितुं २८ । २९ पाडूनर्जुनंविहायचतुरः अर्जुनेनयोत्स्येअन्यान्विजेष्येइतिभावः ३० । ३१
३२ । ३३ विप्रतीपंविरुद्धम् ३४ । ३५३६ । ३७ । ३८ । ३९ ॥ इतिभीष्मपर्वणि नीलकंठीये भारतभावदीपे द्वाविंशाधिकशततमोऽध्यायः ॥ १२२ ॥ समाप्तोभीष्पपर्वार्थप्रकाशः ॥ ॥

ब्रह्मण्यःसत्त्वयोधीचतेजसाचबलेनच ॥ देवगर्भसमःसंख्येमनुष्यैरधिकोयुधि १९ व्यपनीतोऽद्यमन्युर्मेयस्त्वांप्रतिपुराकृतः ॥ दैवंपुरुषकारेणनशक्यमतिवर्तितुम्
२० सोदर्याःपांडवावीराभ्रातरस्तेऽरिसूदन ॥ संगच्छतैर्महाबाहोममचेदिच्छसिप्रियम् २१ मयाभवतुनिर्वृत्तंवैरमादित्यनंदन ॥ पृथिव्यांसर्वराजानोभवंत्वद्यनिराम
याः २२ ॥ कर्णउवाच ॥ जानाम्येवमहाबाहोसर्वमेतन्नसंशयः ॥ यथावदसिमेभीष्मकौन्तेयोऽहंनसूतजः २३ अवकीर्णस्त्वहंकुंत्यासूतेनचविवर्धितः ॥ भुक्त्वादुर्योधनै
श्वर्यंनमिथ्याकर्तुमुत्सहे २४ वसुदेवसुतोयद्वत्पांडवायदृढव्रतः ॥ वसुचैवशरीरंचपुत्रदारंतथायशः २५ सर्वंदुर्योधनस्यार्थेत्यक्तंमेभूरिदक्षिण ॥ माचैतद्व्याधिमरणंक्षत्रंस्या
दितिकौरव २६ कोपिताःपांडवानित्यंसमाश्रित्यसुयोधनम् ॥ अवश्यभावीह्यर्थोऽयंयोनशक्योनिवर्तितुम् २७ दैवंपुरुषकारेणकोनिवर्तितुमुत्सहेत् ॥ पृथिवीक्षयशं
सीनिनिमित्तानिपितामह २८ भवद्भिरुपलब्धानिकथितानिचसंसदि ॥ पांडवावासुदेवश्चविदिताममसर्वशः २९ अजेयाःपुरुषैरन्यैरितितांश्चोत्सहामहे ॥ विजयिष्ये
रणेपांडूनितिमेनिश्चितंमनः ३० नचशक्यमवसृष्टुंवैरमेतत्सुदारुणम् ॥ धनंजयेनयोत्स्येऽहंस्वधर्मप्रीतमानसः ३१ अनुजानीष्वमांतातयुद्धायकृतनिश्चयम् ॥ अनु
ज्ञातस्त्वयावीरयुद्धयेयमितिमेमतिः ३२ दुरुक्तंविप्रतीपंवारभसाचापलात्तथा ॥ यन्मयेहकृतंकिंचित्तन्मेत्वंक्षन्तुमर्हसि ३३ ॥ भीष्मउवाच ॥ नचेच्छक्यमवसृष्टुंवैर
मेतत्सुदारुणम् ॥ अनुजानामिकर्णत्वांयुद्धयस्वस्वर्गकाम्यया ३४ निर्मन्युर्गतसंरंभःकृतकर्मारणेस्मह ॥ यथाशक्तियथोत्साहंसतांवृत्तेषुवृत्तवान् ३५ अहंत्वामनुजाना
मियदिच्छसितदाप्नुहि ॥ क्षत्रधर्मजितांल्लोकानवाप्स्यसिधनंजयात् ३६ युध्यस्वनिरहंकारोबलवीर्यव्यपाश्रयः ॥ धर्म्याद्धियुद्धाच्छ्रेयोऽन्यत्क्षत्रियस्यनविद्यते ३७
प्रशमेहिकृतोयत्नःसुमहान्सुचिरंमया ॥ नचैवशकितःकर्तुंकर्णसत्यंब्रवीमिते ३८ ॥ संजयउवाच ॥ इत्युक्तवतिगांगेयेअभिवाद्योपमंत्र्यच ॥ राधेयोरथमारुह्यप्रायात्
त्वसुतंप्रति ३९ ॥ इतिश्रीमहाभारतेशतसाहस्र्यांसंहितायांवैयासक्यांभीष्मपर्वणिभीष्मवधपर्वणि भीष्मकर्णसंवादे द्वाविंशाधिकशततमोऽध्यायः ॥ १२२ ॥ ॥
॥ समाप्तंभीष्मवधपर्व भीष्मपर्वच ... स्यानन्तरंद्रोणपर्वभविष्यति ॥ तस्यायमाद्यःश्लोकः ॥ तमप्रतिमसत्त्वौजोबलवीर्यसमन्वितम् ॥ हतंदेवव्रतंश्रुत्वापांचाल्येन
शिखंडिना १

श्वेतोपाख्यानसमाप्त्यनंतरग्रंथप्रभृतिआपर्वसमाप्तिलिखिताटीकाअन्यैव नचतुर्धरप्रणीतेतिशंक्यते टीकांतरपुस्तकेषूपलंभाल्लेखसादृश्याभावाच ॥

॥ अस्मिन्पर्वणिआदिपर्वोक्ताध्यायश्लोकसंख्यान्यूनाधिक्यंपूर्ववल्लेखकादिदोषादेवबोध्यम् ॥

॥ इति श्रीमहाभारते भीष्मपर्व समाप्तम् ॥